S. LOUIS IX. DV NOM,
Roy de France.

# HISTOIRE
## DE
## S. LOVYS
### IX. DV NOM
### ROY DE FRANCE,
ECRITE PAR IEAN SIRE DE IOINVILLE
Senéchal de Champagne:

*Enrichie de nouuelles Obseruations & Dissertations Historiques.*
AVEC LES E'TABLISSEMENS DE S. LOVYS,
le Conseil de PIERRE DE FONTAINES, & plusieurs autres Pieces concernant ce regne, tirées des Manuscrits.
*Par* CHARLES DV FRESNE, *sieur du Cange, Conseiller du Roy, Tresorier de France, & General des Finances en la Generalité de Picardie.*

A PARIS,
Chez SEBASTIEN MABRE-CRAMOISY, Imprimeur du Roy,
ruë S. Iacques, aux Cicognes.

M. DC. LXVIII.

NEC PLVRIBVS IMPAR.

# AV ROY

IRE,

Ie violerois toutes les loix de la Iustice, si je ne consacrois cette Histoire de S. Lovis à Vostre Majesté, puisque tout ce qui regarde ce Grand Prince Vous appartient par vn droit hereditaire, & que Vous trauaillez auec vne si

## EPISTRE.

*vigoureuse application sur les nobles desseins, qui ont fait le bonheur & la gloire de son regne. Cét excellent ouurage de la prudence politique, & cette reforme générale dans tous les ordres du Royaume, que Vous entreprenez auec tant de soin & d'assiduité, ne nous permettent pas de douter que nous ne voyions reuiure dans la suite des années cette felicité parfaite, que la haute vertu de ce Monarque auoit établie dans ses Etats. Ce qui me fait auancer, sans flaterie, que le méme Genie qui inspira à S. LOVIS de si judicieux conseils dans toutes les actions de sa vie, Vous conduit par les mémes routes, & veut que Vous ne soyez pas moins l'heritier de ses autres vertus Royales, que de son Sceptre & de sa Couronne.*

*Et veritablement, SIRE, les commencemens & les progrés de la vie de cét incomparable Monarque ont beaucoup de rapport auec ceux de Vostre Majesté. Il a paru comme Vous sur le Thrône de la France dans vne tendre jeunesse. La Reine Blanche de Castille sa mere, & la Reine Mere de Vostre Majesté, toutes deux d'vne méme nation, ont tenu le timon de l'Etat durant vos Minoritez. L'vne & l'autre également pieuses & prudentes ont dissipé les factions domestiques, qui partageoient cette Monarchie, &*

## EPISTRE

la menaçoient de sa ruine. Elles ont toutes deux inspiré à leurs Augustes Pupilles des sentimens d'une heroïque pieté, & les ayant formez dans la pratique des vertus Royales, elles les ont conduits comme par la main sur le Thrône pour les y faire regner auec la Iustice & la Paix.

Chacun sçait, SIRE, que la Iustice a esté la compagne inseparable de ce grand Prince, & qu'il ne se contentoit pas de presider en ses Parlemens, mais qu'il descendoit souuent de ces sacrez Tribunaux, pour aller à la porte de son Palais receuoir les Requétes de ses sujets. C'est aussi l'application particuliere de Vostre Majesté, qui par l'accés libre & fauorable, qu'Elle donne indifferemment à ceux qui viennent Luy porter leurs plaintes, fait voir à tout le monde cette vertueuse ambition, qu'Elle a d'estre vne image acheuée des plus charmantes qualitez de S. LOVIS. Il est sans doute que cette maniere de rendre la Iustice est le caractere d'vn Prince qui a de la tendresse pour ses sujets: elle pouruoit aux inconueniens qui alienent ordinairement leurs esprits : elle tient en méme temps les Gouuerneurs & les Iuges dans la dépendance du Souuerain, qui veille par cette adresse sur leurs actions. C'est pourquoy Charles VIII. vn des plus sages & des plus

# EPISTRE.

*moderez de nos Rois, ayant appris que c'eſtoit le moyen que* S. Lovis *auoit employé, comme le plus aſſûré, pour gagner l'affection de ſes peuples, & s'attirer les benedictions du Ciel, commanda aux Officiers de la Chambre des Comptes de Paris, de rechercher exactement dans leurs Regiſtres la maniere auec laquelle ce Prince agiſſoit en ces occaſions, pour s'y conformer.*

*Ce fut encore* S. Lovis *qui donna la premiere atteinte aux Gages de batailles, aux duels, & à ces guerres priuées introduites dans la France par de funeſtes coûtumes dés le commencement de la Monarchie, par vne ſurſeance de quarante jours, dont il inuenta l'vſage. Ie ne doute pas,* Sire, *que ce ne ſoit à ſon exemple, que Vous ayez entrepris d'arrêter par la rigueur de vos Edits la manie & la fureur de ces mémes duels, que la chaleur vn peu trop viue, d'vne Nation, qui n'a pas d'autre paſſion que les armes, auoit fait renaître dés long-temps, & que l'impunité auoit fomentée. Et comme* S. Lovis *fut le premier qui commença à rendre la Iuſtice entre les Grands, qui ne vouloient pas reconnoître d'autres Iuges de leurs démêlez que leurs épées, & que dans la ſuite il attira les reſſorts de leurs differents à ſa Perſonne, & les commit aprés à ſon Parlement: Voſtre Majeſté,*

Sire,

# EPISTRE.

SIRE, semble en vser de la méme maniére, ayant ordonné que les Maréchaux de France soient les arbitres des querelles d'honneur, qui suruiennent entre les Gentilshommes de son Royaume.

Mais entre tant de vertus Royales, qui ornerent l'ame de ce Grand Roy, le zele qu'il témoigna durant sa vie pour le maintien de la Religion Catholique, a esté sans doute l'vne des plus éclatantes. Il fut celuy de nos Princes qui eut de plus fortes passions pour arréter les heresies, qui commençoient de son temps à infecter ses Etats. Il y employa le fer & le feu pour les retrancher, & on peut dire qu'il n'épargna aucun des moyens qui pouuoient contribuer à les exterminer entierement. Vous n'auez pas fait parétre, SIRE, jusques à present moins d'ardeur pour la deffense de nostre Religion. Vous ne vous estes pas serui de ces remedes caustiques & violens pour arracher les desordres qui s'y estoient glissez, & que quelques Peres de la primitiue Eglise n'ont pû approuuer. Vous en auez choisi de plus doux & de plus benins, mais qui n'ont point eu des succés moins heureux. Vous auez affoibli l'heresie, qui auoit fait tant de rauages dans la France, par les voies que saint Augustin auoit tracées autrefois, en luy opposant de pieux & de sçauans Prelats, qui l'ont combatuë auec vigueur,

S. August. epist. 48,50. 104.105. 129.159.

# EPISTRE.

& qui ont fait regner la verité & la sainteté du Christianisme dans toute l'étenduë de Vos Prouinces. Vous auez renfermé ce monstre dans les bornes des Edits & des Declarations, & en luy conseruant ses priuileges, que la necessité & les conjonctures des temps auoient extorquez des Rois Vos predecesseurs, Vous auez renuersé presque autant de ses Temples qu'il en auoit éleuez. De sorte qu'on peut dire que si le Ciel continuë de seconder les nobles intentions de Vostre Majesté, on le verra terrassé dans peu de temps, & abatu aux pieds de Vostre Thrône.

C'est aussi sur l'exemple de ce religieux Monarque que Vous auez banni de Vos Etats les juremens, les blasphemes, & les autres execrations qui sembloient attaquer la Diuinité, & en affoiblissoient insensiblement la creance dans les esprits. Vous les auez écartez auec tant de vigueur, qu'il ne se trouue plus à present de ces écoles d'impieté, ni de ces assemblées de libertinage, où le vice s'apprenoit auec methode, comme la science & la vertu.

Enfin ce Prince dont les pensées se partageoient entre la Religion & la Iustice, mais qui se reünissoient toutes au bien de l'Etat, voyant qu'il estoit de l'interest public de donner plus de force & de stabilité à tant de beaux reglemens, qui auoient

## EPISTRE.

esté faits contre les desordres de la Iustice, prit dessein d'en tirer ce qui estoit de plus important, pour composer vn corps de nouuelles loix, qu'il fit publier dans son Parlement. Ce sont ces Etablissemens, SIRE, que j'ose presenter à Vostre Majesté, auec l'Histoire de ce Prince. Que s'ils ne peuuent pas tout-à-fait seruir de regle & d'autorité pour le siecle où nous viuons, parce que la Iurisprudence de ces temps-là, n'a presque rien de commun auec celle d'aujourd'huy ; ils seruiront au moins à marquer la ferueur & le zele de ce Monarque pour reformer les abus que la corruption auoit fait naître dans la Iustice. Ils feront voir aussi que Vous marchez sur ses illustres vestiges, & que comme luy Vous auez entrepris de retrancher toutes les procedures inutiles des procés. Ce qui nous donne lieu d'esperer que la France verra refleurir ce bel ordre dans l'administration de la Iustice, auquel tant de Rois Vos predecesseurs ont trauaillé auec assez peu de succés.

S. LOVIS ne borna pas sa conduite, & la partie actiue de sa vie aux seuls ouurages de la prudence politique. Il rechercha de justes & de glorieuses occasions de faire éclater sa generosité dans les armes, & de montrer à toute la terre que la pieté n'estoit pas incompatible auec la valeur. On sçait que c'estoit le reproche ordinaire que

# EPISTRE.

S. Auguſt. ep. 3. & 4.

les Payens faiſoient aux Chrétiens, que les maximes de noſtre Religion ne s'accordoient pas auec les vertus guerrieres, eſtimant qu'elles en émouſſoient la pointe & la vigueur. Mais ce Prince a renuerſé fortement cette erreur dans ſa perſonne. Car aprés auoir reduit à ſon obeïſſance les rebelles qui troubloient le repos de ſon Royaume, il alla porter ſes armes victorieuſes contre les Infideles, où ſon courage & ſa pieté combatirent de concert, & éclaterent juſques au prodige. Ce

Ioinuille p. 45.

qui a fait dire à l'Hiſtorien de ſa vie, fidele témoin de cette chaleur martiale, qu'il ne vit jamais perſonne dans les batailles où il ſe rencontra, qui eut fait de ſi belles actions, ni qui eut affronté les ennemis auec plus de hardieſſe. Que ſi les ſecours qu'il conduiſit dans la Terre Sainte, n'eurent pas des ſuites ſi fauorables, par des ſecrets reſſorts de la Prouidence, ils arrêterent au moins les torrens impetueux, & les débordemens de ces peuples, qui la menaçoient d'vne ruine entiere.

C'eſt ſur le modele de ce Grand Monarque, SIRE, que Vos ayeuls, les plus illuſtres rejettons de cette tige Royale ont entrepris de ſignaler leur valeur dans les guerres contre les Infideles,

Froiſſart. Dorronuille.

& que Louïs II. Duc de Bourbon alla brauer les Sarazins, & mettre le ſiege deuant la vil-

# EPISTRE.

le d'*Afrique*, *capitale de leurs Etats. C'est encore ce glorieux exemple*, *que le Pape Pie* II. *proposa à Iean* II. *Duc de Bourbon, lors qu'il l'exhorta d'aller faire la guerre aux Turcs :* luy ayant representé, que toutes les Histoires n'auoient rien de si grand ni de si magnifique, que ce que ses predecesseurs auoient entrepris pour la deffense du nom Chrétien : qu'il auoit dans sa famille d'excellens Princes, & entre autres le DIVIN LOVYS Roy de France, que l'Eglise reuere parmi les Saints de Dieu, qu'il deuoit & pouuoit imiter d'autant plus facilement qu'il estoit dans la vigueur de son âge, infatigable, & éleué dés son enfance dans les exercices des armes : de sorte que soit que la guerre se fît sur terre, ou sur mer, il pouuoit y donner des preuues de sa conduite, de son autorité & de sa valeur.

*Vostre Majesté*, SIRE, *qui fait aujourd'huy la gloire de cette Auguste branche de nos Rois*, & *dont les premieres démarches dans la guerre, aussi bien que dans la paix, ont esté des prodiges, ne s'est pas contentée d'obliger ses ennemis à des soûmissions extraordinaires : Elle a porté ses armes triomphantes contre les peuples que* S. LOVIS *auoit autrefois combattus*, & *les a*

*Quid enim, Fili dilecte, audiuisti unquam, aut legisti ex omni tuorum memoriâ, illustrius, præclariusue, quàm quod progenitores tui pro Christi nominis defensione gesserunt ? Habes ex tuâ familiâ, vt nosti, excellentes Principes*, & DIVINVM *illum Francorum Regem* LVDOVICVM, *quem hodie inter Sanctos Dei veneratur Ecclesia, quos possis* & *debeas imitari faciliùs, quò es Dei benignitate ad perferendos labores ætate* & *corpore robustiore, ac proinde studiis militaribus ita à puero exercitatus, vt in ea ipsâ re, siue terrâ, siue mari bellum geratur, consilio, autoritate*, & *viribus plurimùm valeas.*
Bulla Pii II. PP. dat 5. id. Ianu.. A. 1463.

## EPISTRE.

contraints de donner la paix à ses Alliez qu'ils auoient attaquez. Mais si vne petite poignée de François, sous les auspices d'vn Roy toûjours Victorieux, a jetté de la terreur dans les esprits des Othomans, nous auons tout sujet d'esperer que lors que Vostre Majesté emploira de plus grandes forces contre cét ennemi commun des Chrétiens, elle justifiera ce que j'auançai lors que j'eus l'honneur de luy presenter l'Histoire de l'Empire de Constantinople sous les Empereurs François, que la ruine de cét vsurpateur arrêtée dans les conseils diuins, & signifiée aux hommes par les astres, est reseruée à Vostre Majesté. Les auantages extraordinaires de valeur & de conduite, dont Elle a encore donné de si illustres preuues en la derniere Campagne, & les autres incomparables qualitez, dont le Ciel l'a comblée auec tant de profusion, ne nous permettent pas de jetter les yeux sur aucun autre que sur Vostre Personne sacrée ; puisque par l'aueu méme de ces Infideles, ce colosse d'orgueil & de puissance tyrannique éleué sur les ruines du Christianisme doit estre vn jour renuersé par vn Prince de nostre Nation. Il ne reste donc plus rien, SIRE, pour l'accomplissement de ces predictions, sinon que Vostre Majesté en presse l'execution, & que parmi l'éclat & la pompe de tant de triomphes,

# EPISTRE.

*Elle porte son bras inuincible jusques dans le cœur des Etats de cét vsurpateur: afin qu'ayant ajoûté ces dernieres marques de sa pieté & de sa valeur à tant d'autres que nous auons admirées, Elle acheue de copier sur sa personne tous les traits de ce grand original que je prens la liberté de Luy presenter. C'est l'attente de toute la France, c'est la crainte des Othomans, & ce sont les vœux les plus ardans de celuy qui est auec respect,*

SIRE,

DE VOSTRE MAIESTÉ,

Le tres-humble, tres-obeïssant, & tres-fidéle seruiteur & sujet CHARLES DV FRESNE.

# PREFACE
## SVR L'HISTOIRE
## DE SAINT LOVYS
CONTENANT TOVTE L'OECONOMIE
DE CE VOLVME.

OMME le Roy S. Lovys a esté sans doute, vn des plus grands Princes, qui ayent regné dans la France, non seulement à cause de sa Sainteté, qui doit rendre sa memoire venerable à tous les siecles, mais encore par les euenemens singuliers & extraordinaires, qui sont arriuez durant sa vie, plusieurs Auteurs tant Anciens que Modernes ont entrepris d'écrire son Histoire. Iean Sire de Ioinville, qui accompagna ce Grand Monarque en son premier voyage de la Terre Sainte, & qui se trouua souuent depuis en sa Cour, est le premier, qui en forma le dessein. Son Histoire fut publiée d'abord par Antoine Pierre de Rieux, natif de Toulouse, & fut imprimée à Poictiers sur

ẽ

PREFACE.

vn exemplaire Manuscrit trouué dans la Bibliotheque de René Roy de Sicile, laquelle estoit au château de Beaufort en Vallée au pays d'Anjou. Mais comme Pierre de Rieux changea tout l'ordre, & méme le discours de l'Auteur, & y mesla plusieurs circonstances, qu'il auoit tirées de Guillaume de Nangis, M. Menard Lieutenant en la Preuôté d'Angers, ayant recouuré vn original de cette Histoire, la donna au public en l'an 1617. auec des Obseruations & diuers Traitez Latins, qui concernent la Vie de ce Prince, sans auoir marqué le lieu, où il l'auoit trouué. Ce liure fut reçû auec l'applaudissement de tous les Sçauans qui aiment la verité toute simple qu'elle est, & qui ont du respect pour l'antiquité, méme dans ses rides. On ne la peut mieux rencontrer que dans les Auteurs, qui ont esté presens aux actions qu'ils racontent, & à qui d'ailleurs la dignité jointe à la noblesse du sang, peut faire meriter vne créance entiere pour ce qu'ils écriuent. Il y a quelques années que j'ay publié l'Histoire de Geoffroy de Ville-Hardoüin Maréchal de Champagne & de Romanie, qui a décrit exactement tout ce qu'il a vû dans les guerres, que nos François entreprirent dans l'Empire d'Orient : laquelle ayant esté fauorablement reçuë, j'ay esté sollicité par mes amis de donner vne seconde fois au public l'Histoire de Saint Lovys, écrite par le Sire de Ioinuille, & de l'accompagner de quelques nouuelles Obseruations : à quoy je me suis rendu d'autant plus facilement, qu'il ne se trouue plus d'exemplaires de la premiere edition.

I'eusse souhaité de rencontrer quelque Manu-

PREFACE.

scrit de cette Histoire, pour le conferer auec ce que Monsieur Menard en a fait imprimer, parce que j'ay peine à croire que le Sire de Ioinuille l'ait écrite en vn langage si poly pour le temps auquel il viuoit, pour les raisons que j'ay marquées en l'eloge de ce Seigneur. Mais j'aouë icy auec regret que quelque diligence que j'y aye apportée, je n'ay pû satisfaire en cela mon desir, ni ma curiosité. Et il me souuient que feu M. du Puy Garde de la Bibliotheque du Roy me dit autrefois qu'il en auoit fait la recherche inutilement pour M. Menard, qui l'en auoit prié. De sorte que j'ay esté obligé de me contenter des deux exemplaires imprimez, que j'ay conferez, & ay inseré dans mes Obseruations quelques circonstances qui se sont trouuées dans celuy de Pierre de Rieux, qui ne se sont pas rencontrées dans celui de M. Menard, laissant d'ailleurs la liberté aux Lecteurs d'en juger. Ie n'ay pas crû toutefois y deuoir mettre les premiers Chapitres de celui de Pierre de Rieux, lesquels marquent quelques particularitez qui regardent les enfans, & les freres de S. Louys, parce qu'elles semblent auoir esté tirées de Guillaume de Nangis, & qu'elles sont assés triuiales.

Mais afin d'enrichir cét Ouurage, & pour ne le pas laisser paroître seul en public, j'ay crû que je pouuois y joindre quelques pieces concernant l'Histoire & le Regne de S. Louys, qui n'ont pas encore esté publiées. A cét effet, pour donner quelque ordre à ce volume, je l'ay diuisé en trois Parties; dont la premiere contient l'Histoire de ce Roy écrite par le Sire de Ioinuille, que j'ay fait suiure de la Vie du méme

# PREFACE.

Roy, tirée de l'Hiſtoire de France, compoſée en vers François par GVILLAVME GVIART natif d'Orleans, qui lui a donné pour titre *la Branche aus Royaus lignages*, & qui la finit en l'an 1307. auquel temps cét Auteur viuoit. Comme cette Hiſtoire, dont je conſerue le Manuſcrit, contient quelques circonſtances aſſez curieuſes, les Sçauans pourront rencontrer dequoi profiter dans cét extrait, comme auſſi dans les expreſſions, qui ſont à preſent hors d'vſage.

Le Sermon de ROBERT DE SAINCERIAVX ſur la mort de S. Louys, écrit auſſi en vers au temps de ce funeſte accident, a dû trouuer place en cette premiere Partie, puiſqu'il appartient à ſon Hiſtoire : & quoi qu'il ne nous aprene rien de fort particulier, il ſeruira pour le moins à faire voir la naïueté de nôtre Langue au temps de ce Prince, & la difference qu'il y a entre ce Poëte, & ceux de ce ſiecle.

J'ay eſté perſuadé de joindre à ce Sermon la Vie d'Iſabelle Fondatrice de l'Abbaye de Long-Champ, & ſœur de S. Louys, qui a eſté écrite par AGNES DE HARCOVRT troiſiéme Abbeſſe de ce Monaſtere, auec le Teſtament de PIERRE Comte d'ALENÇON frere du meſme Roy. Ces trois dernieres pieces m'ont eſté communiquées par Monſieur de VYON Seigneur de Herouual, Conſeiller du Roy & Auditeur en ſa Chambre des Comptes, duquel je parleray plus amplement cy-aprés.

La ſeconde Partie de cét Ouurage contient les Obſeruations ſur l'Hiſtoire de S. Louys, écrite par le Sire de Ioinuille, dont voicy l'œconomie. Ie commence par la Genealogie de la Maiſon de

PREFACE.

Ioinville, qui est l'vne des plus illustres du Comté de Champagne. Ie l'ay dressée sur les Auteurs qui en ont parlé, & sur plusieurs Titres ou Manuscrits que je cite aux marges, & j'y ay inseré vn eloge abregé de Iean Sire de Ioinville, Auteur de cette Histoire.

Ie donne rang ensuite à mes Obseruations, que j'ay tâché d'enrichir de plusieurs circonstances historiques, tirées tant des Auteurs imprimez, que des pieces manuscrites, qui appartiennent au regne de Saint Louis. Mais afin de ne pas lasser les Lecteurs par de trop longs Commentaires, j'en ay tiré les matières les plus belles, & les plus curieuses, pour en composer des Dissertations, & me donner la liberté de m'étendre sans aucune contrainte: ayant imité en cette occasion quelques Commentateurs de Tacite, dont les vns ont fait des Digressions historiques, comme Lipse, les autres ont fait des Dissertations politiques, comme Scipion Ammirato Florentin, Gruter, Chokier, & quelques autres. J'ay de méme suiui mon genie, & je me suis attaché particulierement à la recherche de quelques-vnes de nos Antiquitez Françoises: m'estant efforcé de traiter celles que j'ay entreprises auec le plus d'exactitude qu'il m'a esté possible.

Plusieurs blâmeront peut-estre ce genre d'écrire, par differentes raisons. Les vns, parce que comme il y a des sujets qui peuuent fournir de la matiere à des liures entiers, ils ne les y trouueront pas traitez dans toute leur étenduë: Les autres, parce qu'ils ne pourront goûter ces Digressions ennuyeuses, & qui semblent n'appor-

# PREFACE.

ter aucune lumiere à l'Auteur, que je me propose d'expliquer :

<small>Terentian. Maurus.</small>

*Forsitan & aliquis verbosum dicere librum Non dubitet.*

Mais je répondray aux vns & aux autres par des termes de S. Augustin. Aux premiers, par

<small>S. August. l. 1. quæst.</small>

ceux-cy : *Si quas quæstiones propositas inuenerint, nec solutas, non ideò sibi nihil collatum putent : nonnulla enim pars inuentionis est nosse quid quæras.* Et pour ceux qui se plaindront de la prolixité de ces Obseruations j'emploieray ces autres paroles tirées

<small>Idem de Doctrina Christ. l. 4. cap. vlt.</small>

du méme Pere : *Legenti vel audienti, cui gratus est liber, longus non est. Cui autem longus est, per partes eum legat, qui habere vult cognitum. Quem verò ejus cognitionis piget, de longitudine non queratur.*

I'ose cependant me promettre que cette maniere d'écrire ne sera pas desagreable à ceux qui ayment nos Antiquitez, & qui voudront juger sans passion de cette methode de les traiter. Ils trouueront dequoi se satisfaire par vn assez grand nombre de pieces curieuses qui n'ont point encore paru, & que je dois pour la plûpart à la generosité de Monsieur de Vyon Seigneur de HEROVVAL, qui me les a communiquées liberalement, & sans le secours duquel non seulement cét Ouurage auroit esté imparfait, mais encore je n'aurois pû en entreprendre aucun jusques à present.

<small>Licentius in Carm. ad S. August. epist. 39.</small>

——*Iacet omnis enim mea cura legendi, Hoc non dante manum, & consurgere sola veretur.*

Ie sçay bien que je ne suis pas le seul qui lui sois redeuable en cette occasion. Tous les liures des Sçauans de ce siecle publient trop

### PREFACE.

son merite, sa belle curiosité, & son humeur obligeante. Il importoit à l'Empire des Lettres, qu'il y eust quelqu'vn qui succedât aux fameux Messieurs Pithou, Du Puy, de Peiresc, & autres grands personnages, pour secourir ceux qui écriuent. C'est ce que fait aujourd'hui Monsieur de Herouual auec tant de succés, qu'on peut dire que comme rien n'échappe à sa diligence & à son exactitude, personne n'entreprend aucun ouurage, qui ne tire de lui dequoy l'enrichir :

*Sint Mecenates, non deerunt, Flacce, Marones.*

Il a ce bonheur, qui semble lui estre tout particulier : qu'il n'y a rien de si caché dans les Bibliotheques qu'il ne découure, rien de curieux dans la Chambre des Comptes de Paris, dans les Registres du Parlement, & dans les Archiues des Monasteres, dont il n'ait vne parfaite connoissance, & qu'il ne déchiffre auec vne grande facilité : si bien qu'on peut lui appliquer auec beaucoup de justice ce commencement de Poëme, ou d'Epigramme, qu'Ausone fit au sujet d'vn des Professeurs de son temps. *Auson. in Professs. Carm. 23.*

*Victori studiose, memor, celer, ignoratis*
   *Assiduè in libris, nec nisi operta legens,*
*Exesas tineis, opicasque euoluere chartas,*
   *Major quàm promptis cura tibi in studiis,* &c.

Quoy que j'aye reconnu en plusieurs endroits de mes Obseruations, & de mes Dissertations les pieces curieuses que je lui dois, j'ay reserué à faire en cét endroit vn aueu plus general, que la plûpart des Manuscrits que j'ay citez, & dont je donneray la table à la fin de ce volu-

PREFACE.

me, m'ont encore efté communiquez par lui, en forte que s'il y a quelque chofe de curieux en tout cét ouurage, le public lui en fera redeuable.

Enfin les Ordonnances, ou ainfi qu'on les appelloit alors, LES E'TABLISSEMENS que Saint LOVYS fit publier au Parlement auant fon depart pour le voiage de Thunis, appartiennent trop à fon Hiftoire, pour ne les pas joindre à l'Auteur qui l'a écrite. Ie les ay referuez pour la troifiéme Partie de cét ouurage, auec *le Confeil que* PIERRE DE FONTAINES *donna à fon amy*, ces Traitez eftant comme les fondemens de nôtre ancienne Iurifprudence Françoife, comme je feray voir en la Preface fur cette partie.

Quant aux pieces Latines, qui fe trouuent dans l'Edition de M. Menard, j'ay crû qu'il eftoit inutile d'en enfler ce volume, parce que Monfieur du Chefne les a inferées entieres dans fon Recueil des Hiftoriens de France, & que quelques-vnes fe rencontrent encore dans *Surius*, & ailleurs.

# TABLE
## DE CE QVI EST CONTENV
### EN CE VOLVME.

### I. PARTIE.

PREFACE *sur l'Histoire de* S. LOVYS, *contenant toute l'œconomie de cét Ouurage.*

*Histoire de* S. LOVYS IX. *du nom Roy de France, écrite par* IEAN *Sire* DE IOINVILLE *Senéchal de Champagne.*

*Histoire de la Vie du méme Roy, tirée de l'Histoire de France Manuscrite de* GVILLAVME GVIART, *intitulée,* la Branche aus Royaus lignages.

*Sermon en vers de* ROBERT DE SAINCERIAVX *sur la mort de* S. LOVYS, *tiré du* MS. *de Monsieur de Vyon Seigneur de Herouual, Conseiller du Roy, & Auditeur en sa Chambre des Comptes.*

*Vie d*'ISABELLE DE FRANCE, *sœur de* S. LOVYS, *Fondatrice de l'Abbaye de Long-Champ: écrite par* AGNES DE HARCOVRT *troisiéme Abbesse de ce Monastere, communiquée par Monsieur de Herouual.*

*Testament de* PIERRE DE FRANCE *Comte d'Alençon, communiqué encore par Monsieur de Herouual.*

*Table des matieres plus remarquables contenuës en l'Histoire de* S. LOVYS *écrite par le Sire de* IOINVILLE.

*Table des personnes dont il est fait mention en la méme Histoire.*

### II. PARTIE.

GENEALOGIE *de la Maison de* IOINVILLE *en Champagne, auec l'eloge, & vn abbregé de la vie de* IEAN *Seigneur de* IOINVILLE, *Senéchal de Champagne, Auteur de cette Histoire.*

*Obseruations du sieur* DV CANGE *sur l'Histoire de* S. LOVYS *écrite par Iean Sire de Ioinuille.*

*Dissertations ou Reflexions du sieur* DV CANGE *sur l'Histoire*

# TABLE.

de S. LOVYS écrite par Iean Sire de Ioinuille.

Obseruations de CLAVDE MENARD Conseiller du Roy & Lieutenant en la Preuosté d'Angers, sur l'Histoire du Roy S. LOVYS.

Table des matieres plus remarquables, contenuës dans les Obseruations & les Dissertations du sieur DV CANGE.

## III. PARTIE.

PREFACE sur cette troisiéme Partie.

ESTABLISSEMENS DE S. LOVYS Roy de France, selon l'Vsage de Paris & d'Orleans, & de Court de Baronnie, tirez du MS. qui a appartenu à M. LE FEVRE CHANTEREAV, Conseiller du Roy Tresorier de France en la Generalité de Soissons, conferé par M. MENARD, Maire de la ville de Tours, & Auocat au Parlement, auec vn autre MS. qui appartient à M. NVBLE' aussi Auocat au Parlement.

CONSEIL que PIERRE DE FONTAINES donne à son amy, ou Traité de l'ancienne Iurisprudence des François, tiré d'vn MS. qui est conserué en l'Hôtel public de la ville d'Amiens.

Notes, ou Obseruations du sieur DV CANGE sur les Establissemens de S. LOVYS.

Table de plusieurs pieces manuscrites inserées dans les Obseruations, & les Dissertations des Sieurs DV CANGE & MENARD.

Table des Auteurs, & de diuers autres Liures & Registres MSS. citez dans les Obseruations & dans les Dissertations du sieur DV CANGE sur l'Histoire du Sire de Ioinuille, & sur les Establissemens de S. LOVYS.

Table de quelques termes de la basse Latinité, qui sont expliquez dans les mêmes Obseruations & Dissertations du sieur DV CANGE.

# HISTOIRE
## DE
# S. LOVYS
### IX. DV NOM
## ROY DE FRANCE
PAR IEAN SIRE DE IOINVILLE,
Grand Senéchal de Champagne.

Hiſtoire & Vie du méme Roy, tirée de l'Hiſtoire de France manuſcrite de GVILLAVME GVIART, intitulée, *la Branche aus Royaus lignages.*

Sermon en vers de ROBERT DE SAINCERIAVX ſur la mort de S. LOVYS, tiré du MS. de Monſieur de VYON Seigneur de Herouual, Conſeiller du Roy, & Auditeur en ſa Chambre des Comptes.

Vie d'ISABELLE DE FRANCE, ſœur de S. LOVYS, Fondatrice de l'Abbaye de Long-Champ, écrite par AGNES DE HARCOVRT troiſiéme Abbeſſe de ce Monaſtere, communiquée par le méme M. de Herouual.

Teſtament de PIERRE DE FRANCE Comte d'Alençon, communiqué encore par M. de Herouual.

## *PARTIE I.*

A TRES-NOBLE,
TRES-EXCELLENT,
ET TRES-PVISSANT ROY,
# LOYS,
FILZ DE TRES-DIGNE
& de tres-sainte memoire le Roy S. Loys, par
la grace de Dieu Roy de France, de Nauarre,
de Champaigne, & de Brie, Conte Palatin.

IEHAN SIRE DE IONVILLE, SENESCHAL
de Champaigne, humble & entiere amour vous doint
Iesvs à ma priere, & salut.

TRES-NOBLE ET PVISSANT SEIGNEVR, *Vous plaise sauoir que feuë ma tres-excellante Dame vostre mere, que Dieu absoille, en son temps pour la grant amour qu'elle auoit à moy; aussi qu'elle sauoit bien que tres-loiallement j'auoye amé & seruy ledit Seigneur Roy saint* Loys *son bon*

A

espoux, & suiuy en maints lieux & places : me pria & requist tant affectueusement qu'elle put, que pour l'onneur de Dieu je feisse faire & escrire vn Liuret & Traité des tres-dignes, & tres-saints faitz & ditz dudit Seigneur Roy saint LOYS. Ce que tres-humblement luy promis faire & accomplir à mon pouoir. Et parce que à vous, TRES EXCELLANT ET PVISSANT SEIGNEVR, qui estes l'aisné filz & hoir, & qui auez succedé au Royaume après ledit Seigneur Roy saint LOYS vostre-dit pere, enuoye le Liuret, comme congnoissant que à nul autre vif plus que à vous n'appartient de l'auoir. Affin que vous, & tous autres qui l'aurez, & l'orrez lire, y puissiez prouffiter par imitation des euures & exemples que y trouuerez ; & que Dieu nostre pere createur en soit seruy & honoré.

# HISTOIRE
## DE
# SAINT LOYS,
### IX. DV NOM,
## ROY DE FRANCE.
PAR IEHAN SIRE DE IONVILLE,
Grand Seneschal de Champaigne.

*PREFACE.*

N nom de la tres-sainte & tres-souueraine Trinité, le Pere, le Fils, & le saint Esperit, amen. Ie Iehan Sire de Ionville, grant Seneschal de Champaigne, soys escrire & rediger en memoire la vie & tres-saints faits & dits de tres-digne & tres-sainte memoire Monseigneur saint Loys Roy de France, ce que j'en vis & ouy le temps & espace de six ans entiers, moy estant en sa compaignie ou saint veage & pelerinage d'ou-tre-mer, & depuis aprés que fusmes reuenus. Lequel Liuret est diuisé en deux parties. La premiere partie parle & enseigne comment le-dit Seigneur Roy saint Loys soy regit & gouuerna selon Dieu, & nostre Mere sainte Eglise, & au prouffit & vtilité de son Royaume. La seconde partie parle de ses grans cheualleries & faits d'armes,

A ij

# HISTOIRE

affin de trouuer l'vn aprés l'autre, & pour esclercir & esleuer l'entendement de ceulx qui le liront & oyrront. Par lesquelles choses on pourra voir & congnoistre clerement, que jamés nul homme de son temps viuant dés le commencement de son regne & jusques à la fin n'a vescu si saintement & justement, qu'il sist. Pourtant me semble, que on ne luy a mye assez fait, que on ne l'a mis ou nombre des Martyrs, pour les grans paines qu'il souffrit ou pelerinage de la Croiz, par l'espace de six ans, que je fu en sa compaignie. Car ainsi que nostre Seigneur Dieu est mort pour l'umain lignage en la Croiz, à semblable mourut croisé à Tunes le bon Roy S. Loys. Et pource que nul bien n'est à preferer à l'ame raisonnable, à ceste cause je commenceray à la premiere partie, qui parle de ses bons enseignemens & saintes paroles, qui est pour la norriture de l'ame.

## PREMIERE PARTIE
### de l'Histoire.

CElvy saint homme Roy saint Loys toute sa vie ayma & craignit Dieu de tout son pouoir sur toute rien, & si l'ensuiuit en ses euures, & bien l'appert. Car ainsi comme Dieu est mort pour tout son peuple, comme dit est deuant : aussi semblablement a mis le bon Roy saint Loys par plusieurs foiz son corps en danger & auenture de mort pour le peuple de son Royaume, ainsi que sera touché cy-aprés. Le bon Seigneur Roy, lui estant par vne foiz en grant maladie, qu'il eut à Fontaine-bliaut,
„ dist à Monseigneur Loys son aisné filz : Beau filz, je te pry que tu
„ te faces amer au peuple de ton Royaume. Car vraiement je ay-
„ merois mieulx que vng Escossoys vint d'Escosse, ou quelque au-
„ tre loingtain estrangier, qui gouuernast le peuple du Royaume
„ bien & loïaument, que tu te gouuernasses mal à point, & en re-
„ prouche.

Le saint Roy ama tant verité, que aux Sarrazins & infidelles propres ne voulut il jamés mentir, ne soy desdire de chose, qu'il leur eust promise : nonobstant qu'ilz fussent ses ennemis, comme touché sera cy-aprés. De sa bouche fut-il tres-soubre & chaste. Car onques en jour de ma vie ne luy oy deuiser ne souhaitier nulles viandes, ne grant appareil de chouses delicieuses en boire ne en manger, comme font maints riches homs : ainçois mengeoit & prenoit paciemment ce que on luy ataignoit & mettoit deuant lui. En ses paroles il fut si atrampé, que jamés jour de ma vie ne luy oy dire aucune mauuaise parole de nully, ne onques ne lui oy nommer le deable, lequel nom est bien espandu, & à present fort commun par le monde : ce que je croy fermement n'estre pas agreable à

## DV ROY SAINT LOYS.

Dieu, mais ainçois luy defplaift grandement. Son vin atrampoit par mefure, felon la force & vertu que auoit le vin, & qu'il le pouoit porter. Il me demanda par vne foiz en Chippre, pourquoy je ne metoye de l'eau en mon vin. Et je luy refpondy, que ce faifoient les Medecins & Cirurgiens, qui me difoient que j'auois vne groffe tefte, & vne froide fourcelle, que je n'auroye pouoir d'endurer. Et le bon Roy me dift, qu'ils me decepuoient, & me confeilla de le tramper; & que fi je ne apprenoye à le tramper en ma jeuneffe, & que je le vouliffe faire en vieilleffe, les goutes & les maladies que j'auoye en la fourcelle me croiftroient plus fort : ou bien fi je beuuois vin pur en ma vieilleffe, que à tous les coups je m'en yureroye : ce qu'eft trop laide chofe à vaillant homme de foy enyurer.

Le bon Seigneur Roy me demanda vne foiz, fi je voulois eftre honnouré en ce monde préfent, & en la fin de moy auoir Paradis. Auquel je refpondy que ouy, je le vouldroye bien ainfi. Adonc me dift-il : Gardez-vous donques bien, que vous ne facez ne diez aucune villaine chofe à voftre efcient, que fi tout le monde le fauoit & congnoiffoit, que vous n'ayez honte & vergoigne de dire : l'ay ce fait, ou j'ay ce dit. Et me dift pareillement, que jamés je ne dementiffe ne dédiffe nully de ce qu'il diroit deuant moy, fi ainfi eftoit que je n'y euffe honte, dommage, ou peché à le fouffrir. Et difoit, que fouuentesfois de defdire aucun fourdent dures paroles & rudes, & dont plufieurs foiz les hommes s'entretuënt & diffament, & que mil hommes en eftoient morts.

Il difoit auffi, que on fe deuoit porter, veftir, & aourner chacun felon fon eftat & condition, & de moienne maniere; affin que les preudes gens & anciens de ce monde ne puiffent dire ne reprocher à autrui, Tel en fait trop : & auffi que les jeunes gens ne difent, Tel en fait peu, & ne fait point d'onneur à fon eftat. Et par ce dit me remembré-ge vne foiz du bon Seigneur Roy, pere du Roy qui ors eft, pour les pompes & bobans d'abillemens & cottes brodées, que on fait tous les jours maintenant és armes. Et difoie audit Roy de prefent, que onques en la voie d'outre mer, où je fûz auecques fon pere, & s'armée, ie ne viz vne feule cotte brodée, ne felle du Roy fondit pere, ne felles d'autruy. Et il me refpondit, que à tort il les auoit brodées de fes armes, & qu'elles lui auoient coufté huit liures parifiz. Et je luy dis, qu'il les euft mieux emploiez, de les auoir donné pour Dieu, & auoir fait fes atours de bon fendal renforcé batu à fes armes, comme le Roy fon pere faifoit.

Le bon Roy m'appella vne foiz, & me dift qu'il vouloit parler à moy, pour le fubtil fens qu'il difoit congnoiftre en moy. Et en prefence de plufieurs me dift : l'ay appellé ces freres qui cy font, & vous fois vne queftion & demande de chofe qui touche Dieu. La demande fut telle : Senneschal, dift-il, quelle chofe eft-ce que Dieu? Et je lui refpons : Sire, c'eft fi fouueraine & bonne chofe, que meil-

» leure ne peut eſtre. Vraiement, fit-il, c'eſt moult bien reſpondu.
» Car cette voſtre reſponce eſt eſcripte en ce Liuret que ie tiens en
» ma main. Autre demande vous foys-je, Sauoir lequel vous ai-
» meriez mieulx, eſtre mezeau & ladre, ou auoir commis & commet-
» tre vn pechié mortel. Et moy, qui onques ne luy voulu mentir, luy
» reſpondi, Que j'aimeroie mieulx auoir fait trante pechez mortelz,
» que eſtre mezeau. Et quand les freres furent departis de là, il me
» rappelle tout ſeulet, & me fiſt ſeoir à ſes piedz, & me diſt : Com-
» ment auez-vous ozé dire ce que auez dit? Et je luy reſpons, que enco-
» re je le diſoye. Et il me va dire: Ha! foul muſart, muſart, vous y eſtes
» deceu. Car vous ſçauez que nulle ſi laide mezellerie n'eſt, comme
» de eſtre en peché mortel; & l'ame, qui y eſt, eſt ſemblable au dea-
» ble d'enfer. Parquoy nulle ſi laide mezellerie ne peut eſtre. Et bien
» eſt vray, fiſt-il. Car quand l'omme eſt mort, il eſt ſane & guery de
» ſa mezellerie corporelle. Mais quand l'omme, qui a fait pechié
» mortel, meurt, il ne ſçet pas, ny n'eſt certain qu'il ait en ſa vie eu
» telle repentence, que Dieu lui vueille pardonner. Parquoy grant
» paours doit-il auoir, que celle mezellerie de pechié lui dure lon-
» guement, & tant que Dieu ſera en Paradis. Pourtant vous prie, fiſt-
» il, que pour l'amour de Dieu premier, puis pour l'amour de moy,
» vous retiengnez ce dit en voſtre cueur : & que vous aimez beau-
» coup mieulx, que mezellerie & autres maulx & meſchiefs vous vien-
» ſiſſent au corps, que commettre en voſtre ame vn ſeul pechié
» mortel, qui eſt ſi infame mezellerie.

Auſſi illeques me enquiſt, ſi je lauoye les piez aux pouures le
» jour du Ieudi ſaint. Et je lui dis: Fy, fy en malheur ; ja les piedz de
» ces vilains ne laueray-je mie. Vraiement, fiſt-il, c'eſt tres-mal dit.
» Car vous ne deuez mie auoir en deſdaing ce que Dieu fiſt pour nouſtre
» enſeignement. Car lui, qui eſtoit le Maiſtre & Seigneur, laua le-
» dit jour d'icelui Ieudi ſaint les piedz de tous ſes Apouſtres, & leur diſt
» Que ainſi que lui qui eſtoit leur Maiſtre, leur auoit fait, que ſem-
» blablement ilz fiſſent les vngs aux autres. Ainſi donques vous prie,
que pour l'amour de luy premier, & de moy, le vueillez acouſtu-
mer de faire. Il ama tant toutes gens, qui craignoient & aymoient
Dieu parfaitement, que pour la grant renommée qu'il oyt dire
de mon frere, Sire Gilles de Bruyn, qui n'eſtoit pas de France,
de craindre & amer Dieu, ainſi que ſi faiſoit-il, il luy donna la Con-
neſtablie de France.

Aduint par vne fois, que pour la grant renommée, qu'il oyt de
Maiſtre Robert de Sorbon, d'eſtre preudoms, il le fit venir à luy, &
boire & manger à ſa table. Et eſtions vne fois lui & moy l'vn auprés
l'autre, buuans & mangeans à la table dudit Seigneur Roy. Et par-
lions conſeil l'vn à l'autre. Quoy voyant le bon Roy, nous reprint,
» en diſant : Vous faites mal de conſeiller cy. Parlez haut, afin que
» voz compaignons ne doubtent que vous parlez d'eulx en mal, & que

en mediſſez. Si en mengeant en compaignie vous auez à parler au- «
cunes choſes qui ſoient à dire, & plaiſantes : ſi parlez lors hault, que «
chacun vous entende; ou ſi non, ſi vous taiſez. «

Quant le bon Roy eſtoit en joie, il me faiſoit queſtions, pre-
ſent Maiſtre Robert, & me demanda par vne foiz: Senneſchal, or me «
dictes la raiſon, pourquoy c'eſt que preudomme vault mieulx que «
jeune homme. Lors commençoit noiſe & diſputation entre Maiſtre «
Robert & moy. Et quant nous auions longuement debatu, & diſ-
puté la queſtion, le bon Roy rendoit ſa ſentence, & diſoit ainſi:
Maiſtre Robert, je vouldroie bien auoir le nom de predoms, més «
que fuſſe bon preudomme, & le remenant vous demouraſt. Car preu- «
domme eſt ſi tres-grant choſe, & ſi bonne, que ce mot, PREVDOM- «
ME, à nommer empliſt la bouche. Au contraire diſoit le bon Seigneur
Roy, que malle choſe eſtoit l'autrui prandre. Car le rendre eſtoit ſi
tres-grief, que ſeulement à le nommer il eſcorchoit la gorge, pour
les rr, qui y ſont: leſquelles rr ſignifient les rentes au deable, qui
tous les jours atire à lui, ceulx qui veullent rendre le chaſteil d'au-
truy. Et bien ſubtilement le fait le deable: Car il ſeduit ſes vſuriers &
rapineurs, & les eſmeut de donner à l'Egliſe leurs vſures & rapines pour
Dieu; ce qu'ils deuſſent rendre, & ſauent à qui. Il me diſt eſtant
ſur ce propos, que je deiſſe de par lui au Roy Thibault ſon filz,
qu'il ſe pranſiſt garde de ce qu'il faiſoit: & qu'il ne encombraſt ſon
ame, cuidant eſtre quite des grans deniers qu'il donnoit & laiſ-
ſoit à la Maiſon des Freres Preſcheurs de Prouins. Car le ſage hom-
me, tandis qu'il vit, doit faire tout ainſi que bon executeur d'vn
teſtament; c'eſt à ſauoir, que le bon executeur premierement, &
auant autre euure, il doit reſtituer & reſtablir les tors & griefz faiz
à autrui par ſon treſpaſſé: & du reſidu de l'auoir d'icelui mort
doit faire les aulmoſnes aux poures de Dieu, ainſi que le Droit eſcript
l'enſeigne.

Le ſaint Roy fut vng jour de Pentecouſte à Corbeil accompaigné
de bien trois cens Cheualiers, où nous eſtions Maiſtre Robert de
Sorbon & moy. Et le Roy aprés diſner ſe deſcendit au prael deſſus la
Chappelle, & ala parler au Conte de Bretaigne pere du Duc, qui
à preſent eſt, de qui Dieu ait l'ame. Et deuant tous les autres me
print ledit Maiſtre Robert à mon mantel, & me demanda en la pre-
ſence du Roy, & de toute la noble compaignie: Sauoir mon ſi le «
Roy ſe ſeoit en ce prael, & vous alliſſiez ſeoir en ſon banc plus «
hault de lui, ſi vous en ſeriez point à blaſmer? Auquel je reſpondy, «
que ouy vraiement. Or donques, fiſt-il, faites vous bien à blaſmer, «
quant vous eſtes plus richement veſtu que le Roy. Et je lui dis: «
Maiſtre Robert, je ne fois mie à blaſmer, ſauf l'onneur du Roy, «
& de vous. Car l'abit que je porte, tel que le voiez, m'ont laiſſé «
mes pere & mere, & ne l'ay point fait faire de mon auctorité. Mais «
au contraire eſt de vous, dont vous eſtes bien fort à blaſmer & re- «

## 8 HISTOIRE

» prandre. Car vous qui eftes filz de villain & de villaine, auez laiffé
» l'abit de voz pere & mere, & vous eftes veftu de plus fin came-
» lin, que le Roy n'eft. Et lors je prins le pan de fon furcot, & de
celuy du Roy, que je jongny l'vn préz de l'autre, & lui dis : Or
» regardez fi j'ay dit voir. Et adonc le Roy entreprint à defendre Mai-
ftre Robert de parolle, & luy couurir fon honneur de tout fon po-
uoir, en monftrant la grant humilité qui eftoit en lui, & comme
il eftoit piteable à chacun. Aprés ces chofes, le bon Roy appella
Meffeigneurs Phelippe pere du Roy qui or eft, & auffi le Roy Thi-
bault, fes filz : & s'affit à l'uis de fon Oratoire, & mift la main à
» terre, & dift à fefditz filz: Seez-vous icy prés de moy, qu'on ne vous
» voye. Ha ! SIRE, firent-ilz, pardonnez-nous, fi vous plaift : il ne
» nous appartient mye de feoir fi prés de vous. Et il me dift : Sennef-
» chal, feez vous cy. Et ainfi le fis-je fi prés de lui, que ma robbe
toucheoit la fienne; & les fift affeoir emprés moy. Et adonques dift:
» Grant mal auez fait, quant vous, qui eftes mes enfans, n'auez fait
» à la premiere foiz, ce que je vous ay commandé : & gardez que ja-
» més il ne vous aduiengne. Et ilz luy dirent, que non feroit-il. Et
lors il me va dire, qu'il nous auoit appellez pour fe confeffer à
moy, de ce que à tort il auoit defendu & fouftenu Maiftre Robert
» contre moy. Mais, fift-il, je le fis, pource que je le vy fi tres-efbahy,
» qu'il auoit affez meftier que lui fecouruffe & aidaffe. Nonobftant
» que ne le fiz pas pour Maiftre Robert defendre, & ne le croyez pas
» auffi. Car ainfi comme dit le Senneschal, on fe doit veftir bien hon-
» neftement, afin d'eftre mieulx aimé de fa femme, & auffi que voz gens
» vous en priferont plus. Et auffi dit le Saige, que l'on fe doit veftir en
telle maniere, & porter felon fon eftat, que les preudes du monde ne
puiffent dire; Vous en faites trop: n'auffi les jeunes gens, Vous en
faites peu, comme dit eft deuant.

Cy aprés oirrez vng enfeignement, que le bon Roy me donna à
congnoiftre. Quant nous reuenions d'oultre mer, & nous eftant de-
uant l'Ifle de Chippre, par vng vent qu'on appelle garbun, qui n'eft
pas des quatre maiftres vens regnans en mer; que noftre nef hurta
& donna vng grant coup à vng roc, tellement que les mariniers en
furent tous efperduz, & tous defefperez, en deffirant leurs robbes &
leurs barbes : le bon Roy faillit hors de fon lit tout defchaux, vne cot-
te veftuë, fans plus, & fe alla getter en croiz deuant le corps precieux
de noftre Seigneur, comme celui qui ne attendoit que la mort.
Et tantoft aprés fe appaifa le vent. Le landemain me appella le Roy,
» & me dift: Senneschal, fachez que Dieu nous a monftré vne partie
» de fon grant pouoir. Car vng de ces petiz vens, que à peine le fceit-
» on nommer, a cuidé noyer le Roy de France, fa femme, enfans, &
famille. Et dit faint Anceaume, que ce font des menaffes de no-
ftre Seigneur; ainfi que fi Dieu vouloit dire: Or voyez & congnoiffez,
que fi j'euffe voulu permettre, tous fuffiez noyez. Et le bon Roy ref-
pont:

point: Sire Dieu, pourquoy nous menaſſes-tu? Car la menaſſe que
tu nous faiz, n'eſt point pour ton preu, ne pour ton aduantage: &
ſi tu nous auoys tous perduz, tu n'en ſeroys ja plus pouure. Et auſſi ſi
tu ne nous auoys tous perduz, tu n'en ſerois ja plus riche. Donques la
menaſſe de toy c'eſt pour noſtre prouffit, non point pour le tien; ſi
nous le ſauions congnoiſtre, & entendre. Par cette menaſſe, fait le
ſaint Roy, deuons nous ſauoir, que ſi en nous a aucune petite choſe deſplaiſante à Dieu, que nous la deuons haſtiuement ouſter: &
auſſi à ſemblable, ce que ſauons lui plaire à eſtre fait, ſoigneuſement & à diligence le deuons nous faire & accomplir. Et ſi ainſi
le faiſons, noſtre Seigneur nous donnera plus de bien en ce monde & en l'autre, que n'en ſçaurions deuiſer. Auſſi, ſi autrement faiſons, il nous fera comme le ſeigneur fait à ſon mauuais ſergent.
Car ſi le mauuais ſergent ne ſe veult chaſtier pour la menaſſe de ſon
ſeigneur, ſondit ſeigneur le fiert en corps, en biens, & juſques à
la mort, ou pis ſi poſſible eſtoit. Donques ſi fera noſtre Seigneur
au mauuais pecheur, qui pour ſa menaſſe ne ſe veult amender. Car
il le frappera en ſoy, ou en ſes choſes cruellement.

Le bon ſaint homme Roy ſe efforça de tout ſon pouoir à me faire croire fermement la loy Chreſtienne, que Dieu nous a donnée,
ainſi que vous orrez. Et diſoit, que nous deuons ſi fermement croire les articles de la foy, que pour nul meſchief qu'on nous peuſt
faire au corps, nous ne deuons aller, faire, ne dire au contraire. Et
outre diſoit, que l'ennemy de humaine nature, qui eſt le deable,
eſt ſi ſubtil, que quant les gens meurent, il ſe trauaille de tout ſon
pouoir à les faire mourir en aucune doubte des articles de la
foy. Car il voit & congnoiſt bien que il ne peut tollir à l'omme
les bonnes euures qu'il a faites, & qu'il en a perdu l'ame s'il meurt
en vraie creance de la foy Catholique. Pour ce doit-on ſe prandre
garde de ceſt affaire, & y auoir telle ſehureté de creance, que on
puiſſe dire à l'ennemy, quant il donne telle temptation: Va-t'en
ennemy de nature humaine, tu ne me mettras ja hors de ce que je
croy fermement, c'eſt des articles de la foy. ainçois mieulx aymerois, que tu me fiſſes tous les membres trancher, & vueil viure, &
mourir en ceſtui point. Et qui ainſi le fait, il vainqt l'ennemy du
baſton, dont l'ennemy le vouloit occire.

Pourtant diſoit le bon Roy, que la foy & creance de Dieu
eſtoit vne choſe, où nous deuions croire parfaitement, ſans doubte;
& n'en fuſſions nous certains ſeulement que par l'oir dire. Et ſur
ce point me fiſt le bon Seigneur vne demande, c'eſt à ſauoir comment mon pere auoit nom. Et je lui reſpons, qu'il auoit nom Simon. Et comment le ſauez vous? fiſt-il. Et je luy dis, que bien en
eſtois certain, & le crois fermement, pour tant que ma mere le
m'auoit dit par pluſieurs fois. Adonques fiſt-il: Deuez vous croire
parfaitement les articles de la foy, que les Apouſtres noſtre Seigneur

B

,, vous tefmoignent, ainfi que vous ouez chanter ou CREDO tous les
Dimanches. Il me dift ; que vng Euefque de Paris nommé Guil-
laume en fon droit nom lui compta vng jour fut, que vng grant
Maiftre en fainte Theologie eftoit venu à lui, pour parler, & foy
confeiller à lui. Et quant il deult dire fon cas, il fe print à pleurer
" tres-fort. Et l'Euefque lui dift : Maiftre ne pleurez point, & ne vous
" defconfortez. Car nul ne peut eftre fi grant pecheur, que Dieu ne
" foit plus puiffant de lui pardonner. Ha! dift le Maiftre, fachez Mon-
" feigneur l'Euefque, que je n'en puis mais fi je pleure. Car j'ay grant
" paeur de eftre mefcreant pour vng point, c'eft que je ne puis bon-
" nement eftre affeuré ou faint Sacrement de l'Autel, ainfi que fain-
" te Eglife l'enfeigne & commande à croire, dont mon cueur ne peut
" eftre affeuré. & croy, fift le Maiftre, que ce me vient de tempta-
" tion de l'ennemy. Maiftre, lui dift l'Euefque, or me dittes, quant
" l'ennemy vous enuoie telle temptation, & vous met en telle er-
" reur, ce vous plaift-il point ? Dift le Maiftre, Certainement nenny;
" mais au contraire me defplaift & ennuye tant, que plus ne pour-
" roit eftre. Or je vous demande, fift l'Euefque, fi vous prandriez or,
" ne argent, ne aucun bien mondain, pour regnier de voftre bouche
" riens qui touchaft au faint Sacrement de l'Autel, ny à aucun des
" faints Sacrements de l'Eglife ? Vraiement, fift le Maiftre, foiez cer-
" tain que nulle chofe terrienne n'eft, que j'en voulfiffe auoir prinfe:
" ainçois aymerois-je mieulx que l'on me defmembraft tout vif
" membre à membre, que auoir regnié le moindre defdiz faints Sa-
cremens. Adonques l'Euefque lui remonftra par exemple le grant
merite qu'il gaignoit en la paine qu'il fouffroit en ladite temptation.
" Et lui dift: Vous fauez, Maiftre, que le Roy de France guerroye
" contre le Roy d'Angleterre. Et fauez que le chafteau, qui eft le
" plus prés de la marche defdiz deux Roy, c'eft la Rochelle en Poi-
" tou. Donques refpondez moy, fi le Roy de France vous auoit fait
" bailler à garder le chafteau de la Rochelle qui eft fi prés de la mar-
" che ; & il m'euft baillé, ou fait bailler le chaftel de Montlehery à
" garder, qui eft ou fin cueur de France : auquel deueroit le Roy en
" la fin de fa guerre fauoir meilleur gré, à vous, ou à moy, de lui
" auoir ainfi gardé fes chafteaux de perdre ? Certes, Sire, fift le Mai-
" ftre, je croy que ce feroit à moy, qui lui auroie bien gardé la Ro-
" chelle, qui eft en lieu plus dangereux : & y eft la raifon affez bon-
" ne. Maiftre, fift l'Euefque, je vous certifie, que mon cueur eft fem-
" blable au chaftel de Montlehery. car je fuis tout affeuré du faint
" Sacrement de l'Autel, & des autres auffi, fans aucune doubte y auoir.
" Pourtant vous dy, que pour vng gré que Dieu noftre createur me
" fceit de ce que je le croy feurement & en paix, que au double vous
" en fceit-il gré, de ce que vous lui gardez voftre cueur en perpleci-
" té & tribulation, & que pour nul bien terrien, ne pour quelcon-
" que mal & aduerfité qu'on vous peuft faire au corps, vous ne le

vouldriez jamais regnier, ne abandonner d'auecques voſtre foy & «
creance. Dont je vous dis, que beaucoup mieulx lui plaiſt en ce «
cas voſtre eſtat, que ne fait le mien. Dont ſuis tref-joieux, & vous «
prie que l'aiez en ſouuenance, & il vous ſecourera à vos beſoings. «
Quant le Maiſtre eut ce entendu, il ſe agenouïlla deuant l'Eueſque,
& ſe tint de lui moult content & bien paié.

Le ſaint Roy me compta, que vne fois en Albigeois les gens du païs ſe tirerent par deuers le Conte de Montfort, qui lors gardoit pour le Roy la terre d'Albigeois : & lui diſdrent qu'il vienſiſt veoir le corps de noſtre Seigneur, lequel eſtoit deuenu en char & en ſang entre les mains du Prebſtre. dont ilz eſtoient fort emerueillez. Et « le Conte leur diſt : Allez y vous autres qui en doubtez. Car quant « à moy, je croy parfaitement & ſans doubte le ſaint Sacrement de « l'Autel, ainſi que noſtre mere ſainte Egliſe le nous teſmoigne & enſei- « gne. Parquoy j'eſpere pour le croire ainſi, en auoir vne couronne en « Paradis plus que les Anges, qui le voient face à face, parquoy il faut « bien qu'ilz le croient. «

Encor me compta le bon ſaint Roy, Que vne fois aduint, que au Mouſtier de Clugny y eut vne grant diſputation de Clercs & de Iuifz : & que là ſe trouua vng Cheualier viel, & ancien, lequel requiſt à l'Abbé d'icelui Mouſtier, qu'il euſt vng peu d'audiance & congié de parler. ce que à paine lui octroia. Et adonc le bon Cheualier ſe lieue de deſſus ſa potence, qu'il portoit à ſoy ſouſtenir. Et diſt qu'on lui fiſt venir le plus grant Clerc, & le plus grant Maiſtre d'iceulx Iuifz. ce que lui fut fait. Et le Cheualier lui va faire ceſte demande : « Maiſtre, reſpondez. croyez vous en la Vierge Marie, qui porta no- « ſtre Sauueur IESVS CHRIST en ſes flans, & puis en ſes braz, & « qu'elle l'a enfanté vierge, & ſoit mere de Dieu? Et le Iuif lui reſ- pond, que de tout ce il ne croyoit riens. Et le Cheualier lui diſt : « Moult follement auez dit, & eſtes tres-fol hardy, quant vous, qui « ne le croiez, auez entré en ſon Mouſtier, & en ſa maiſon. Et vraie- « ment, fiſt le Cheualier, preſentement le comparerez. Et il lieue ſa « potence, & fiert le Iuif bien eſtroit ſur l'ouye, tant qu'il le coucha à terre renuerſé. Et ce voiant les autres Iuifz, ilz vont leuer leur Maiſtre, tout blecé, & s'enfuyent. dont par ce demoura la diſputation des Clercs & des Iuifz finee. Lors vint l'Abbé à icelui Cheualier, & lui diſt : Sire Cheualier, vous auez fait folie, de ce que « auez ainſi frappé. Et le Cheualier lui reſpond : Mais vous auez fait « encor plus grant folie, d'auoir ainſi aſſemblé & ſouffert telle diſpu- « tation d'erreurs. Car ceans auoit moult grant quantité de bons « Chreſtiens, qui s'en feuſſent allez tous meſcreans par l'argu des Iuifz. « Auſſi vous dy-je, me fiſt le Roy, que nul, ſi n'eſt grant Clerc & « Theologien parfait, ne doit diſputer aux Iuifz. Mais doit l'omme « lay, quant il oit meſdire de la foy Chreſtienne, defendre la choſe « non pas ſeulement de parolles, mais à bonne eſpee tranchant, & en «

B ij

## HISTOIRE

» frapper les mefdifans & mefcreans à trauers du corps, tant qu'elle
» y pourra entrer.

Son gouuernement fut tel, que tous les jours il oyoit fes Heures à note, & vne Meffe baffe de REQVIEM; & puis l'office du jour du Saint ou Sainte, s'il efcheoit à note. Tousjours aprés difner il fe repoufoit en fon lit, & puis quant il eftoit fus, il difoit des Mors auecques vn de fes Chappelains, & puis Vefpres: & tous les foirs il oit fes Complies.

Vng jour fut, que vng bon Cordelier vint deuant le bon Roy au chaftel de Yeres, où nous defcendifmes de mer. Et lui dift par enfeignement celui Cordelier, qu'il auoit leu la Bible, & autres bons Liures parlans des Princes mefcreans : més que jamais il ne trouua que Royaume fe perdift, fuft entre creans ou mefcreans, fors
» que par faulte de droiêture. Or fe preigne, fift le Cordelier, donc-
» ques bien garde le Roy, que je voy cy, qui s'en va en France, qu'il fa-
» ce adminiftrer bonne juftice & droiêture diligemment à fon peuple;
» à ce que noftre Seigneur lui feuffre & permette joir de fon Royau-
» me, & le tenir en paix & tranquillité tout le cours de fa vie. Et dit-on que ce bon preudom Cordelier, qui enfeigna ainfi le bon Roy, gift à Maffeille, là où noftre Seigneur fait par lui maints beaux miracles. Icelui bon Cordelier ne voulut onques démourer auecques le Roy, pour priere & requefte qu'il lui fift, que vne feulle journée.

Le bon Roy n'oublia pas l'enfeignement du bon Cordelier, ainçois a gouuerné fon Royaume bien & loiaument felon Dieu ; & a tousjours voulu juftice eftre faite & adminiftrée, comme vous oirrez. Car de couftume, aprés ce que les Sires de Neelles, & le bon Seigneur de Soiffons, moy, & autres de fes prouches, auions efté à la Meffe, il failloit que nous aliffions oir les pletz de la porte, que maintenant on appelle les Requeftes du Palais à Paris. Et quant le bon Roy eftoit au matin venu du Mouftier, il nous enuoioit querir, & nous demandoit comment tout fe portoit, & s'il y auoit nul qu'on ne peuft defpefcher fans lui. Et quant il en y auoit aucuns, nous le lui difions. Et alors les enuoioit querir, & leur demandoit: à quoy il tenoit qu'ilz n'auoient aggreable l'offre de fes gens. & tantoft les contentoit, & mettoit en raifon & droiêture: & tousjours de bonne couftume ainfi le faifoit le faint homme Roy. Maintesfois ay veu, que le bon Saint, aprés qu'il auoit ouy Meffe en Efté, il fe alloit efbatre au bois de Vicennes, & fe feoit au pié d'vn chefne, & nous faifoit feoir tous emprés lui: & tous ceulx qui auoient affaire à lui venoient à lui parler, fans ce que aucun Huiffier ne autre leur donnaft empefchement. Et demandoit haultement de fa bouche, s'il y auoit nul qui euft partie. Et quant il y en auoit aucuns, il leur
» difoit, Amys, taifez-vous, & on vous deliurera l'vn aprés l'autre. Puis fouuentesfoiz appelloit Monfeigneur Pierre de Fontaines, &

## DV ROY SAINT LOYS.

Monseigneur Geffroy de Villette, & leur disoit : Deliurez moy ces «
parties. Et quant il veoit quelque chose à amender en la parolle de «
ceulx qui parloient pour aultrui, lui mesmes tout gracieusement
de sa bouche les reprenoit. Aussi plusieurs foiz ay veu, que oudit
temps d'Esté le bon Roy venoit au jardin de Paris, vne cotte de ca-
melot vestuë, vng surcot de tiretaine sans manches, & vn mantel
par dessus de sandal noir : & faisoit là estendre des tappiz pour nous
seoir emprés lui, & là faisoit despescher son peuple diligemment,
comme vous ay deuant dit du bois de Vicennes.

Ie vy vne journée, que tous les Prelatz de France se trouuerent à
Paris, pour parler au bon saint LOYS, & lui faire vne requeste.
Et quant il le sceut, il se rendit au Palais, pour là les oir de ce qu'ilz
vouloient dire. Et quant tous furent assemblez, ce fut l'Euesque Guy
d'Auseure, qui fut filz de Monseigneur Guilleaume de Melot, qui
commença à dire au Roy, par le congié & commun assentement de
tous les autres Prelatz : SIRE, sachez que tous ces Prelatz, qui cy «
sont en vostre presance, me font dire que vous lessez perdre toute «
la Chrestienté, & qu'elle se pert entre vos mains. Adonc le bon Roy «
se signe de la croiz, & dit : Euesque, or me dittes commant il se fait, «
& par quelle raison. SIRE, fist l'Euesque, c'est pour ce qu'on ne «
tient plus compte des excommuniés. Car aujourd'ui vn homme «
aymeroit mieulx mourir tout excommunié, que de se faire absoul- «
dre, & ne veult nully faire satisfaction à l'Eglise. Pourtant, SIRE, «
ilz vous requierent tous à vne voiz pour Dieu, & pour ce que ainsi le «
deuez faire, qu'il vous plaise commander à tous vos Baillifz, Preuostz, «
& autres administrateurs de justice : que où il sera trouué aucun en «
vostre Royaume, qui aura esté an & jour continuellement excom- «
munié, qu'ilz le contraignent à se faire absouldre par la prinse de «
ses biens. Et le saint homme respondit, que tres-voulentiers le
commanderoit faire de ceulx qu'on trouueroit estre torçonniers à
l'Eglise, & à son presme. Et l'Euesque dist, qu'il ne leur appartenoit
à congnoistre de leurs causes. Et à ce respondit le Roy, que il ne
le feroit autrement. Et disoit, que ce seroit contre Dieu & raison,
qu'il fist contraindre à soy faire absouldre ceulx, à qui les Clercs fe-
roient tort, & qu'ilz ne fussent oiz en leur bon droit. Et de ce leur
donna exemple du Conte de Bretagne, qui par sept ans à plaidoié
contre les Prelatz de Bretaigne tout excommunié, & finablement
a si bien conduite & menée sa cause, que nostre saint Pere le Pape les
a condampnez enuers icelui Conte de Bretaigne. Parquoy disoit,
que si dés la premiere année il eust voulu contraindre icelui Conte
de Bretaigne à soy faire absouldre, il lui eust conuenu laisser à iceulx
Prelatz contre raison ce qu'ilz lui demandoient outre son vouloir :
& que en ce faisant il eust grandement meffait enuers Dieu & enuers
ledit Conte de Bretaigne. Aprés lesquelles choses ouyes pour tous
iceulx Prelatz, il leur suffisit de la bonne responce du Roy, & on-

ques puis ne ouy parler, qu'il fuſt fait demande de telles choſes.

La paix qu'il fiſt auecques le Roy d'Angleterre fut contre le vou-
» loir de tout ſon Conſeil, qui lui diſoit : SIRE, il nous ſemble que
» vous faites vng grant mal à voſtre Royaume, de la terre que vous
» donnez & laiſſez à ce Roy d'Angleterre : & nous ſemble bien qu'il
» n'y a aucun droit, parce que ſon pere la perdit par jugement. A
» quoy reſpondit le bon Roy, qu'il ſauoit bien que le Roy d'Angle-
» terre n'y auoit point de droit. Mais il diſoit, que à bonne cauſe il
» la luy deuoit bien donner, diſant ainſi : Nous deux auons chacun
» l'vne des deux ſeurs à femme, dont noz enfans ſont couſins ger-
» mains. Parquoy il affiert bien qu'il y ait paix & vnion. Et m'eſt grant
» plaiſir, diſt le Roy, d'auoir fait la paix auecques le Roy d'Angle-
» terre, pource qu'il eſt à preſent mon homme, ce qu'il n'eſtoit pas
» deuant.

La loyauté du bon Roy a eſté aſſez congnuë ou fait de Monſeigneur
Regnault de Troie, lequel apporta à icelui ſaint homme vnes let-
tres, par leſquelles il diſoit qu'il auoit donné aux hoirs de la Con-
teſſe de Boulongne, qui puis n'aguere eſtoit morte, la Conté de
Dammartin. Deſquelles lettres les ſeaulx du Roy, qui autresfoiz y
auoient eſté, eſtoient tous briſez & caſſez : & n'y auoit plus deſdiz
ſeaulx que la moitié des jambes de l'image du ſeel du Roy, & le
chantel ſurquoy le Roy auoit les piedz. Et le Roy monſtra leſdites
lettres à nous, qui eſtions de ſon Conſeil, pour le conſeiller en ce.
Et tous fuſmes d'opinion, que le Roy n'eſtoit tenu à icelle lettre
mettre à execution, & qu'ilz ne deuoient joir dudit Conté. Et tan-
touſt il appella Iehan Sarrazin ſon Chambellan, & lui diſt, qu'il lui
baillaſt vne lettre qu'il lui auoit commandé faire. Et quant il eut
la lettre veuë, il regarda au ſeel qui y eſtoit, & au remenant du ſeel
» des lettres dudit Regnault. & nous diſt : Seigneurs, veez cy le ſeel
» de quoy je vſoye auant mon partement du veage d'oultre mer, &
» reſſemble ce demourant de ſeel à l'impreſſion du ſeel entier. Parquoy
» je n'oſeroye ſelon Dieu & raiſon ladite Conté de Dammartin rete-
» nir. Et lors appella-il mondit Seigneur Regnault de Troie, & lui
» diſt : Beau ſire, je vous rens la Conté que vous demandez.

## SECONDE PARTIE
### de l'Hiſtoire.

CY commance la ſeconde partie dudit preſent Liure, en la-
quelle, comme j'ay dit deuant, pourrez veoir de ſes grans faiz
& Cheualleries. On nom de Dieu le tout puiſſant, icelui bon Roy
ſaint LOYS, auquel par pluſieurs foiz ouy dire, fut né le jour & fe-
ſte Monſeigneur ſaint Marc Apoſtre & Euangeliſte. Celui jour por-
toit-on les croiz en proceſſion en pluſieurs lieux en France, & les

appelloit-l'on les Croix noires. Qui fut vne chofe comme demie prophecie des gens, qui en grant multitude, & prefque en nombre infiny moururent crucifiez és veages du faint pelerinage : c'eſt aſſauoir en Egipte, & en Cartaige. Dont maint grant deul en a eſté fait & mené en ce monde, & maintenant s'en mayne grant joie en Paradis, de ceulx qui en ce faint pelerinage moururent vrais crucifiez, & en la foy de Dieu.

Il fut couronné le premier Dimenche des Auans, duquel Dimenche la Meſſe fe commance à cez mots : AD TE LEVAVI ANIMAM MEAM. Qui vault à dire : Beau Sire Dieu, j'ay leué mon ame & mon cueur enuers toy, je me fie en toy. Efquelles parolles auoit le bon Roy grant fiance, en le difant de fa perfonne, pour la grant charge qu'il venoit à prandre. Il eut en Dieu moult grant fiance dés fon enfence, & jufques à la mort. Car à la fin de fes darreniers jours toujours reclamoit Dieu, fes Saints & Saintes : & par efpecial pour interceſſeurs auoit-il fouuent Monfeigneur faint Iaques & Madame fainte Geneuieuue. Pour laquelle chofe fut-il gardé de Dieu dés s'enfence jufques au darrenier point, quant à fon ame. Et auſſi par les bons enfeignemens de fa mere, qui bien l'enfeigna à Dieu croire, craindre, & amer en jeuneſſe ; il a depuis tres-bien & faintement vefqu felon Dieu. Sa mere lui atrayfit toutes gens de Religion, & lui faifoit ouir aux Dimenches & feſtes & fermons la parolle de Dieu. Dont pluſieurs foiz fe recorda, & que fa mere lui auoit dit fouuentesfoiz, qu'elle ameroit mieulx qu'il fuſt mort, qu'il euſt commis vng feul peché mortel.

Bien lui fut befoing, que dés fon jeune aage Dieu lui aidaſt. Car fa mere eſtoit d'Efpaigne, païs eſtrange, & demoura fans nulz autres parens ne amis en tout le Royaume de France. Et pour ce que les Barons de France le virent lui & fa mere perfonnes eſtranges, fans fupport, forz que de Dieu, ilz firent du Conte de Boulongne, qui eſtoit oncle du Roy darreinerement trefpaſſé fon pere, leur Cheuetaine, & le tenoient comme pour leur Seigneur & Maiſtre. Et aduint que, aprés que le bon Roy fut couronné, pour commencement de guerre aucuns defdiz Barons de France requifdrent à fa mere, qu'elle leur voulfiſt donner certaine grant quantité de terres ou Royaume de France. Et pource qu'elle ne voulut, par ce que à elle n'appartenoit de diminuer le Royaume oultre le vouloir de fon filz, qui eſtoit ja Roy couronné, iceulx Barons fe aſſemblerent tous à Courbeil. Et me compta le faint Roy, que lui & fa mere, qui eſtoient à Montlehery, ne ozerent aller jufques à Paris, tant que ceulx de la ville les vindrent querir en armes, en moult grant quantité. Et me diſt, que depuis Montlehery jufques à Paris le chemin eſtoit plain & ferré des couſtes de gens d'armes, & autres gens, qui crioient tous à haulte voix à noſtre Seigneur : Qu'il lui donnaſt bonne vie & profperité, & le voulfiſt garder contre tous fes ennemis. Ainfi que

Dieu fift en plufieurs lieux & paffages, ainfi comme vous oirrez cy aprés.

Aduint que les Barons de France fe affemblerent à Courbeil, & machinerent entr'eux d'vn commun affentement, qu'ilz feroient que le Conte de Bretaigne fe efleüeroit contre le Roy. Et lui promifdrent, pour grant traifon faire au bon Roy, qu'ilz yroient au mandement du Roy, & que fe il les vouloit enuoiér contre icelui Conte de Bretaigne guerroier, qu'ils ne meneroient auecques eulx que chacun deux Cheualiers ; afin que plus aifeement le Conte peuft conuaincre le bon Roy Loys, & fa mere, qui eftoit femme d'eftrange païs, comme auez ouy. Et ainfi que iceulx Barons promifdrent audit Conte de Bretaigne, auffi firent-ilz. Et ay ouy dire à plufieurs, que le Conte euft deftruit & fubjugué le Roy & fa mere, fi n'euft efté l'aide de Dieu, qui jamais ne luy faillit. Car comme par permiffion diuine, au grant befoing du bon Roy, & à fa grant deftreffe, le Conte Thibault de Champaigne s'efmeut à vouloir aller veoir le Roy. Et de fait, fe partit auecques bien trois cens Cheualiers moult bien en point, & arriuerent à bonne heure, la grace à Dieu. Car par le fecour d'icelui Conte de Champaigne, il conuint au Conte de Bretaigne foy rendre au Roy, & lui crier mercy. Et le bon Roy, qui nullement ne appetoit vengeance, confidera que la victoire, qu'il auoit euë, eftoit par la puiffance & bonté de Dieu, qui auoit promeu le vaillant Conte de Champaigne à l'aller veoir, & receut le Conte de Bretaigne à merci. Et lors alla le Roy feurement par fon païs.

Pourtant que aucunesfoiz en aucunes matieres aduiennent des incidens feruans au propos, ie laifferay vng peu le principal de ma matiere. Et ce nonobftant, icy orrez aucunes chofes, dont eft befoing les reciter pour entendre le traité & matiere, dequoy on veult parler. Et dirons ainfi, & verité. Le bon Conte Hanry le Large eut de la Conteffe Marie fon efpoufe, qui eftoit feur du Roy de France, & de Richart Roy d'Angleterre, deux filz ; dont l'aifné eut nom Hanry : & l'autre Thibault. Celui Hanry s'en alla croifié en la Terre fainte en pelerinage auecques le Roy Phelippe & le Roy Richart, lefquelz trois affiegerent la cité d'Acre, & la prindrent. Et tantouft qu'elle fut prinfe, le Roy Phelippe s'en reuint en France, dont il fut moult blafmé. Et demoura le Roy Richart en la Terre fainte, & là fift de tres-grans faiz d'armes fur les mefcreans & Sarrazins. Tant qu'ilz le doubterent fi fort, ainfi qu'il eft efcript ou Liure de l'Iftoire du veage de la fainte Terre, que quant les petiz
,, enfans des Sarrazins crioient, leurs meres leur difoient : Taifez-vous,
,, taifez, veez cy le Roy Richart, qui vient vous querir. Et tantouft de la paour que iceulx petiz enfans Sarrazins auoient feullement de oir nommer le Roy Richart, ilz fe taifoient. Et femblablement quant les Sarrazins & Turcs eftoient à cheual aux champs, & que

leurs

## DV ROY SAINT LOYS.

leurs cheuaulx auoient paour de quelque vmbre ou buisson, & qu'ilz s'en effraioient, ilz disoient à leurs cheuaulx en les picquant de l'esperon : Et cuides-tu que ce soit le Roy Richart? Qui est clerement à demonstrer, qu'il faisoit de grantz faitz d'armes sur eulx, quant il estoit si craint. Celui Roy Richart tant pourchassa par ses beaux faiz, qu'il fist donner à femme au Conte Hanry de Champaigne, qui estoit demouré auecques lui, comme ay dit deuant, la Royne de Ierusalem. Et eut icelui Hanry de Champaigne de la Royne sa femme deux filles, dont la premiere fut Royne de Chippre, & l'autre eut à femme Messire Ayrart de Brienne, dont grant lignaige est issu, ainsi qu'il appert en France & en Champaigne. De la femme de mondit Seigneur Ayrart de Brienne ne vous dirai-je à present riens, ainçois vous parleray de la Royne de Chippre, pour ce qu'il est licite & conuenable à continuer ma matiere. Et dirons ainsi.

Aprés que le bon Roy eut subjugué & vaincu le Conte Pierre de Bretaigne o l'aide du Conte Thibault de Champaigne, les Barons de France furent moult indignez contre icelui Conte Thibault de Champaigne; & furent d'opinion entr'eulx pour desheriter ledit Conte Thibault, qui estoit filz du second filz de Champaigne, qu'ilz enuoieroient querir la Royne de Chippre. Laquelle chose ne leur apparut pas trop prouffitable. mais furent aucuns d'iceulx Barons, pour ce qu'ilz ne pouoient venir à leurs fins, & qu'ilz veoient qu'on pouoit clerement congnoistre leur mal, entrepreneurs de la paix faire entre lesditz Conte Pierre de Bretaigne, & le Conte Thibault de Champaigne. Et fut la chose tant pourparlée d'vn cousté & d'autre, que pour l'appointement de paix faire entr'eulx, icelui Conte Thibault de Champaigne promist prendre à femme & espouse la fille du Conte Pierre de Bretaigne. Et fut la journée assignée à ce faire, & qu'on deuoit la Demoyselle amener audit Conte de Champaigne pour la espouser, à vne Abbaie de l'Ordre des Freres Prescheurs qui est lez Chasteautierry, en vne ville que l'on appelle Valserre. Et ainsi comme j'ay entendu, le Conte Pierre de Bretaigne, auecques les Barons de France, qui estoient presque tous parens, se partirent pour vouloir la Demoyselle amener espouser au Moustier de Valserre; & manderent le Conte Thibault de Champaigne, qui estoit à Chasteautierry, qu'il vienfist la Demoyselle espouser selon sa promesse. & bien le vouloit faire. Mais soudain arriua à lui Messire Geffroy de la Chappelle, qui lui presenta vnes lettres de par le Roy, par lesquelles il lui rescripuoit: Sire Thibault de Champaigne, j'ay entendu que vous auez conuenancé & promis à prandre à femme la fille du Conte Pierre de Bretaigne. Pourtant vous mande, que si cher que auez tout quant que amez ou Royaume de France, que ne le facez pas. La raison pourquoy vous sauez bien, je jamais n'ay trouué pis qui mal m'ait voulu faire, que lui. Et quant

C

le Conté Thibault eut ce entendu, qui eſtoit ja parti pour la Deſ
moyſelle aller eſpouſer, s'en retourna à Chaſteauthierry, dont il eſtoit
party.

Quant le Conte Pierre de Bretaigne, & les Barons de France contraires du bon Roy, qui eſtoient attendans à Valſerre, virent que le Conte Thibault de Champaigne les auoit trompez & deceuz: tout ſubit par deſpit, & en grant hayne, que lors ilz conceurent contre icelui Conte de Champaigne, ilz manderent la Royne de Chippre, qui tantouſt arriua à eulx. Et ſi touſt qu'elle fut venuë, tout d'vn commun aſſentement, aprés leur parlementer, ilz enuoierent querir chacun de ſa part tant de gens d'armes comme ilz en peurent auoir, & partirent en faiz d'armes pour entrer par deuers la France és païs dudit Conte Thibault, meſmement en Brie & en Champaigne. Et auſſi auoient ilz intelligence auec le Duc de Bourgoigne, qui auoit à femme la fille du Conte Robert de Dreues: & que de de ſa part il entreroit en la Conté de Champaigne par deuers la Bourgoigne. Et à la journée aſſignée, qu'ilz ſe deuoient tous trouuer enſemble deuant la cité de Troie, pour la prandre: le bon Roy Loys le ſçeut, qui pareillement manda tous ſes gens d'armes, pour aller au ſecour du Conte Thibault de Champaigne. Et de fait, les Barons ardoient & bruſloient de leur part tout le païs, par où ilz paſſoient: & auſſi faiſoit le Duc de Bourgoigne, qui s'entendoit auecques eulx. Et quant le bon Conte Thibault de Champaigne ſe vit ainſi fort aſſailli d'vne part & d'autre, lui-meſmes bruſla & deſtruiſit pluſieurs des villes de ſon païs; par eſpecial Eſparné, Vertu, & Sezanne: affin que les Barons & Duc de Bourgoigne ne les trouuaſſent garnies auecques les autres villes & citez, & qu'elles lui feuſſent nuiſibles. Et quant les bourgeois de Troye virent qu'ilz auoient perdu le ſejour de leur bon Maiſtre & Seigneur Conte de Champaigne, ils manderent ſubit SIMON Seigneur de Ionuille, pere du Seigneur de Ionuille qui à preſent eſt, & dont le nom eſt eſcript ou Prologue de ce preſent Liure, qu'il les vienfiſt ſecourir. & ainſi le fiſt le bon Seigneur. Car incontinant à toute ſa gent vint aprés les nouuelles à lui venuës, & fut deuant la cité de Troye auant que le jour fuſt, & de ſa part fiſt merueilles de ſecourir aux bourgeois, & tant que les Barons faillirent à la cité prandre. Et force fut auſdiz Barons paſſer outre ladite cité, & s'en aller loger en la praierie auecques le Duc de Bourgoigne. Et quant le bon Roy de France ſceut qu'ilz furent-là, il auecques ſa gent s'adreſſa droit à eulx pour les combatre. Et ce voyans les Barons, lui manderent par priere & requeſte: Que ſon plaiſir fuſt ſoy tirer arriere ſon corps, qu'ilz yroient combatre à l'encontre du Conte de Champaigne & du Duc de Lorraine, & à tous leurs gend'armes, auec trois cens Cheualiers moins que lui, le Conte, & le Duc n'auroient. Et le Roy leur reſpondit, que nullement ilz ne ſe combatroient à ſa gent, s'il n'y eſtoit en perfonne. Quoy voiant les Barons, incontinant presque confus lui manderent, que tres-voulentiers ilz feroient entendre la Royne de Chippre à faire paix auecques le Conte Thibault de Champaigne. A quoy le bon Roy leur manda, que à nulle paix n'entendroit, ne ne souffreroit que le Conte de Champaigne y entendist, jusques à ce qu'ilz eussent vuidé la Conté de Champaigne. Et deslors la responce ouye, ilz s'en partirent de là, & d'vn repoux s'allerent loger dessoubz Iuly. Et le Roy s'alla loger à Ylles, dont il les auoit chassez. Et quant les Barons virent que le Roy les poursuiuoit ainsi de prés, ils deslogerent de Iuly, & allerent loger à Langres, qui estoit en la Conté de Neuers, qui tenoit de leur party. Et ainsi le bon Roy saint Loys accorda la Royne de Chippre auecques le Conte de Champaigne, outre le gré & entreprinse des Barons. Et la paix faite entr'eux en telle maniere, que pour partage & droit successif, le Conte de Champaigne donna à la Royne de Chippre en tout deux mil liures de terre & reuenu; en oultre quarante mil liures, que le Roy paia pour le Conte de Champaigne à vne foiz paier, pour les deffraiz de ladite Royne. Pour lesquelz quarante mil liures le Conte de Champaigne vendit au Roy les fiefs & seigneuries qui s'ensuiuent : C'est assauoir le fyé de la Conté de Blois, le fyé de la Conté de Chartres, le fyé de la Conté de Sanserre, & le fyé de la Viconté de Chasteaudun. Et disoient aucuns, que le Royne tenoit lesdiz fiez que pour engaigement. Mais ce n'est mye verité. Car je le demandé au bon Roy oultre mer, qui me dist que c'estoit par achapt.

La terre que le Conte Thibault donna à la Royne de Chippre tient le Conte de Brienne, qui à present est, & le Conte de Ioingny : pour ce que la ayeulle du Conte de Brienne fut fille de la Royne de Chippre, & femme du grant Conte Gaultier de Brienne. Et affin que saichez dont vindrent les fiez que le Seigneur de Champaigne vendit au Roy, dont cy-deuant est faite mention : je vous fois assauoir que le grant Conte Thibault, qui gist à Laingny, eut trois filz, dont le premier eut nom Hanry, le second Thibault, & le tiers Estienne. Celui Hanry, qui estoit l'aisné, fut depuis Conte de Champaigne & de Brie, & fut appellé le Large Conte Hanry. Car large & abandonné fut-il tant enuers Dieu que enuers le monde. Enuers Dieu fut-il large & abandonné, comme il appert à l'Eglise de saint Estienne de Troie, & aux autres Eglises qu'il fonda, & des grans dons qu'il y faisoit, chascun jour, comme assez de memoire en est en Champaigne. Enuers le monde fut-il large, comme bien apparut ou fait de Arthault de Nogent, & en moult d'autres lieux, qui seroient trop longs à raconter. Mais du fait dudit Arthault feray cy mention. Celui Arthault estoit le bourgeois vng temps fut, en qui icelui Conte Hanry croioit le plus. Et fut ledit Arthault si riches homs, que de ses deniers il fist faire le chasteau de Nogent.

C ij

Or aduint que le Conte Hanry voulut vng jour defcendre de fon Palais de Troie, pour aller ouïr Meffe à faint Eftienne le jour d'vne Panthecoufte. Et aux piedz des degrez de l'Eglife fe trouua à genoulz vng pouure Cheualier, lequel à haulte voix s'efcrie, & dift : » Sire Conte, je vous requier ou nom de Dieu, qu'il vous plaife me » donner dequoy je puiffe marier mes deux filles, que veez-cy. car je » n'ay dequoy le faire. Et Arthault de Nogent, qui eftoit derriere le » Conte, dift à icelui Cheualier: Sire Cheualier, vous faites mal, de » demander à Monfeigneur à donner. Car il a tant donné, qu'il n'a plus quoy. Et quant le Conte eut ce ouy, il fe tourne deuers Ar- » thault, & lui dift: Sire villain, vous ne dittes mie voir, de dire que je » n'ay plus que donner : & fi ay encores vous mefmes. Et je vous don- » ne à lui. Tenez, Sire Cheualier, je le vous donne, & le vous garantiray. Subit le pouure Cheualier ne fut mie efbahy, mais empoigne le bourgeois par fa chappe bien eftroit. Et lui dift, qu'il ne le laifferoit point aller jufques à ce qu'il euft finé à lui. Et force lui fut finer au Cheualier à cinq cens liures. Le fecond frere d'icelui Hanry le Large fut Thibault, qui fut Conte de Blois. Et le tiers fut Eftienne, qui fut Conte de Sanfferre. Et ces deux freres là tindrent leurs Contez & Seigneuries de leur frere aifné Hanry le Large, & aprés lui de fes hoirs, qui tenoient le païs de Champaigne ; jufques ad ce que le Conte Thibault les vendit au Roy faint L o y s, comme dit eft deuant.

Or reuenons à noftre proupoux & matiere, & dirons que aprés ces chofes le Roy tint vne grant court & maifon ouuerte à Saumur en Anjou. & ce que j'en diray, c'eft pour ce que je y eftoie. Et vous certiffie que ce fut la nompareille chofe que je veiffe onques, & la mieulx aournée & appreftée. A la table du Roy mengeoient le Conte de Poitiers, lequel il auoit fait nouuellement Cheualier le jour d'vne faint Iehan, qui n'aguere eftoit paffée : le Conte Iehan de Dreux, qu'il auoit auffi fait nouuel Cheualier : le Conte de la Marche, le Conte Pierre de Bretagne. Et à vne autre table deuant le Roy, à l'endroit du Conte de Dreux, mengeoit le Roy de Nauarre, qui moult eftoit paré & aourné de drap d'or, en cotte & mantel, la çainture, fermail, & chappel d'or fin : deuant lequel je tranchoie. Deuant le Roy faint L o y s feruoient du manger, le Conte d'Artois & fon frere, & le bon Conte de Soiffons, qui trancheoit du couftel. Et pour la table du Roy garder, eftoit Meffire Ymbert de Beljeu, qui puis fut Conneftable de France, & Meffire Honourat de Coucy, & Meffire Archimbault de Bourbon. Et y auoit darriere ces trois Barons, bien trente de leurs Cheualiers, en cotte de draps de foye, pour garde. Et darriere ces Cheualiers, y auoit grant quantité de Huiffiers d'armes & de falle, qui eftoient au Conte de Poitiers, portans fes armes batuës fur fendal. Le Roy fi eftoit habillé honnourablement, le plus qu'il auoit fceu le faire. qui feroit chofe merueilleufe

& longue à racompter. Et ouy dire à pluſieurs de la compaignie, que jamais ilz n'auoient veu tant de ſurcotz, ne d'autres garnimens de drap d'or à vne feſte, comme il y auoit à celle-là.

Aprés celle feſte, le Roy conduiſit le Conte de Poitiers juſques audit lieu de Poitiers, pour reprandre ſes fiefz & ſeigneuries. Inconuenient arriua lors au Roy du Seigneur de la Marche, qui meſmes auoit mengié à ſa table à Saumur. Car il aſſembla ſecretement grans genſd'armes, pour ſoy armer contre le Roy, tant qu'il en peut finer, & ſe tindrent à Leſignen lez Poitiers. Le bon Roy euſt bien voulu eſtre à Paris. Et lui fut force de ſejourner à Poitiers quinze jours, ſans qu'il oſaſt ſortir. Et diſoit-on, que le Roy & le Conte de Poitiers auoient fait mauuaiſe paix au Conte de la Marche. Parquoy il conuint que le Roy, pour s'accorder, allaſt parler au Conte de la Marche, & à la Royne d'Angleterre ſa femme, qui eſtoit mere du Roy d'Angleterre.

Et tantouſt aprés que le Roy s'en fut retourné de Poitiers à Paris, ne tarda gueres que le Roy d'Angleterre & le Conte de la Marche ſe allierent à vng, à guerroier contre le bon Roy ſaint LOYS, & à tout moult grant compaignie de guerre, tant qu'ilz en peurent amaſſer. Et ſe rendirent de Gaſcoigne deuant le chaſtel de Taillebourc, qui eſt aſſis ſur vne tres-malle riuiere, qu'on appelle Carente : en laquelle n'auoit là prés que vng petit pont de pierre bien eſtroit, par où l'on peuſt paſſer. Et quant le Roy le ſceut, il s'auança d'aller vers eulx à Taillebourc. Et ſi touſt comme nos gens apperceurent les gens de l'oſt de noz ennemis, qui auoient le chaſtel de Taillebourc de leur couſté ; incontinant moult perilleuſement ſe prindrent à paſſer les vngs par deſſus le pont, les autres par bateaux, & commancerent à courir ſur les Anglois. Et tantouſt y eut de grans coups donnez. Quoy voiant le bon Roy, il ſe va en grant peril mettre parmi les autres. Et y eſtoit le peril moult grant. Car pour vng homme que le Roy auoit paſſé quant il fut paſſé, les Anglois en auoient bien cent. Mais ce nonobſtant, quant les Anglois virent le Roy paſſé, tous ſe commancerent à effraier, ainſi comme Dieu voulut, & s'en entrerent dedans la cité de Saintes. Et aduint que en la meſlée y eut pluſieurs de noz gens parmy les Anglois, qui entrerent auec eulx en la cité, & furent prins.

Et ay depuis ouy dire à aucuns d'eulx, que celle nuitée le Roy d'Angleterre & le Conte de la Marche eurent grant diſcord l'vn à l'autre en ladite cité de Saintes, ainſi qu'ilz oirent. Et diſoit le Roy d'Angleterre, que le Conte de la Marche l'auoit enuoié querir, & qu'il lui auoit promis qu'il trouueroit grant ſecour en France. Et ſur ce debat ſe meut le Roy d'Angleterre de la cité de Saintes, & s'en alla en Gaſcongne, dont il eſtoit premier party. Et voiant le Conte de la Marche qu'il eſtoit ſeul demouré, congnoiſſant qu'il ne pouoit amender le mal fait, ſe rendit priſonnier du Roy, lui, ſa

C iij

femme, & ſes enfans. Dont de ce le Roy eut grant quantité des terres du Conte, la paix faiſant. Mais je ne ſçay combien, pour ce que n'y eſtoie preſent. car alors n'auois-je encor veſtu nul haubert. Bien ay ouy dire, que auec les terres que le Roy eut, encores le Conte de la Marche lui quitta dix mil liures pariſis de rente, qu'il auoit ſur lui par chacuns ans.

Aprés ces chouſes, aduint que le Roy cheut en vne tres-grant maladie à Paris, & tellement fut au bas, ainſi que lui ouy dire; que vne des Dames, qui le gardoit en ſa maladie, cuidant qu'il fuſt oul-tre, lui voulut couurir le viſaige d'vn linceul, diſant qu'il eſtoit mort. Et de l'autre part du lit, ainſi que Dieu voulut, y eut vne autre Da-me, qui ne voulut ſouffrir que ainſi fuſt couuert le viſaige, & que on le enſepulturaſt. mais touſjours diſoit, que encores auoit-il vie. Et tantoſt ſur le diſcort d'icelles Dames, noſtre Seigneur ouura en lui, & lui donna la parolle. Et demanda le bon Roy, que on lui ap-portaſt la croix. ce que fut fait. Et quant la bonne Dame ſa mere ſceut, qu'il eut recouuert la parolle, elle en eut ſi grant joie, que plus ne pouoit. Mais quant elle le vit croiſié, elle fut auſſi tranſſie, comme s'elle l'euſt veu mort.

Et pourtant que le bon Roy ſe croiſa, auſſi ſe croiſerent Robert Conte d'Artois, Alphons Conte de Poitiers, Charles Conte d'An-jou, qui fut depuis Roy de Sicille, qui tous trois eſtoient freres du Roy: & Hugues Duc de Bourgoigne, Guillaumme Conte de Flan-dres, ſon frere Guion de Flandres, qui puis n'aguere mourut à Com-piaigne : le vaillant Conte Hugues de ſaint Paoul, Meſſire Gaultier ſon neueu, lequel moult bien ſe porta oultre mer, & euſt moult vallu, s'il euſt longuement veſqu. Auſſi y furent, le Conte de la Marche, dont n'aguere parlions, & Meſſire Hugues le Brun, & ſon filz, le Conte de Salebruche, Meſſire Gaubert * de Premot, & ſes freres. En la compaignie duquel je IEHAN DE IONVILLE, pour ce que nous eſtions couſins, paſſé la mer en vne petite nef, que nous loüiaſmes. Nous eſtions vingt Cheualiers, dont de ſa part il faiſoit le dixiſme, & moy de ma part l'autre dixiſme. Et fut après Paſ-ques l'an de grace mil CC XLVIII. Et auant mon partement je manday mais hommes & ſubgetz de Ionuille, qui vindrent par de-uers moy la vigille de Paſques meſmes, qui fut le jour que naquit Iehan mon filz, Seigneur d'Ancaruille, qui fut de premiere fem-me, ſeur du Conte de Grant-pré. Ie fuz toute la ſepmaine à faire feſtes & banquetz auecques mon frere de Vauquelour, & tous les riches homs du païs qui là eſtoient, & diſoient après que auions beu & mangé chanzons les vngs après les autres, & demenoit grant joie ,, chaſcun de ſa part. Et quant ce vint le Vendredy, je leur dis : Sei-,, gneurs, ſaichez que je m'en vois oultre mer. Ie ne ſçay ſi je reuien-,, dray jamés, ou non. Pourtant s'il y a nul, à qui j'aye jamés fait au-,, cun tort, & qui ſe vueille plaindre de moy, ſe tire auant. Car je le

* D'Apre-mont.

veulx amender, ainſi que j'ay de couſtume de faire à ceulx qui ſe «
plaignent de moy, ne de mes gens. Et ainſi le feys par commun «
dict des gens du païs, & de ma terre. Et affin que je n'euſſe point
de ſupport, leur conſeil tenant, je me tiré à cartier, & en voulu
croire tout ce qu'ilz en rapporteroient ſans contredict. Et le faiſoie
pource que je ne vouloie emporter vng ſeul denier à tort. Et pour
faire mon cas je engaigé à mes amys grant quantité de ma terre,
tant qu'il ne me demoura point plus hault de douze cens liures de
terre de rente. Car Madame ma mere viuoit encores, qui tenoit la
plus part de mes choſes en doüaire. Ie party moy dixiſme de Cheualiers, comme j'ay deuant dit, auecques trois banieres. Et ces choſes vous raconté-je, pour ce que ſi n'euſt eſté l'aide & ſecour de Dieu,
qui jamés ne me oublia, je n'euſſe ſceu porter tel fays par le temps
de ſix ans, que je fuz en la terre ſainte en pelerinage.

Quant je fu preſt de partir, & tout ainſi que je vouloie mouuoir,
Iehan Sire d'Apremont & le Conte de Salebruche enuoierent
par deuers moy ſauoir, ſi je vouloie que nous alliſſions enſemble,
& qu'ilz eſtoient tous preſtz eulx dixiſmes de Cheualiers. Ce que
tres-voulentiers je conſenty, & feiſmes leuer vne nef à Maſſeille,
qui nous porta & conduiſit tous enſemble, harnois & cheuaulx.

Et ſaichez que auant le partir, le Roy manda à Paris tous les Barons de France, & leur fiſt faire foy & hommage, & jurer que
loyaulté ilz porteroient à ſes enfans, s'aucune malle choſe auenoit
de ſa perſonne ou ſaint veage d'oultre mer. Et auſſi me manda-il.
Mais moy, qui n'eſtois point ſubget à lui, ne voulu point faire de
ſerement. & auſſi n'eſtoit point m'entention de demourer. Et quant
je voulu partir, & me mettre à la voye, je enuoié querir l'Abbé de
Cheminon, qui pour lors eſtoit tenu le plus preudomme, qui fuſt
en toute l'Ordre blanche, pour me reconcillier à lui. Et me bailla &
ceignit mon eſcherpe, & me miſt mon bourdon en la main. Et tantoſt je m'en pars de Ionuille, ſans ce que rentraſſe onques puis ou
chaſtel, juſques au retour du veage d'oultre mer. Et m'en allay premier à de ſaints veages, qui eſtoient illeques prés; c'eſt aſſauoir à
Bleicourt en pelerinage, à ſaint Vrban, & és autres lieux qui eſtoient
prés de Ionuille, tout à pié, deſchaux, & en lange. Et ainſi que je
allois de Bleicourt à ſaint Vrban, qu'il me failloit paſſer auprés du
chaſtel de Ionuille, je n'ozé onques tourner la face deuers Ionuille,
de paeur d'auoir trop grant regret, & que le cueur me attendriſt,
de ce que je laiſſois mes deux enfans, & mon bel chaſtel de Ionuille, que j'auoys fort au cueur. Mais ſubit tiré oultre auecques le
Conte de Salebruche mon compaignon, & nos gens & Cheualiers.
Et alaſmes diſner à la Fontaine-l'Arceueſque deuant Dongeux. Et
illec l'Abbé de ſaint Vrban, à qui Dieu face pardon, me donna à
moy & à mes Cheualiers de beaux joyaulx. Et puis priſmes congié
de lui, & nous en alaſmes droit à Auſonne; & nous miſmes nous &

nos harnois en bateaux en la Saonne jufques à Lyon. & nos che‑
uaulx & deftriers amenoit-on en main par deffus la riuiere. Et quant
nous fufmes à Lion, nous entrafmes en ce point en la riuiere du
Rofne, pour aller en Arles-le-Blanc. Et ay bien fouuenance, que def‑
fus le Rofne, à la riue, nous trouuafmes vng chafteau, qu'on appelloit
la Roche-gluy. lequel chafteau le Roy auoit fait abatre, pour ce que
le Sire du chafteau, que on appelloit Rogier, auoit grant bruit de
mauuais renom, de deftrouffer & piller tous les marchands & pelle‑
rins, qui là paffoient.

 Nous entrafmes ou mois d'Aouft celui an en la nef à la Roche de
Maffeille, & fut ouuerte la porte de la nef pour faire entrer nos che‑
uaulx, ceulx que deuions mener oultre mer. Et quant tous furent en‑
trez, la porte fut recloufe & eftouppée, ainfi comme l'on vouldroit
faire vn tonnel de vin: pour ce que quant la nef eft en la grant mer,
toute la porte eft en eauë. Et tantoft le Maiftre de la nau s'efcria à fes
„ gens, qui eftoient ou bec de la nef : Eft voftre befongne prefte ?
„ fommes nous à point ? Et ilz dirent, que oy vraiement. Et quant les
Prebftres & Clercs furent entrez, il les fift tous monter ou chafteau
de la nef ; & leur fift chanter ou nom de Dieu, qui nous voulfift
bien tous conduire. Et tous à haulte voix commencerent à chanter
*Imne. ce bel *Igne, VENI CREATOR SPIRITVS, tout de bout en
bout. Et en chantant, les mariniers firent voille de par Dieu. Et in‑
continant le vent s'entonne en la voille, & tantoft nous fift perdre la
terre de veuë, fi que nous ne vifmes plus que ciel & mer. & chaf‑
cun jour nous efloignafmes du lieu, dont nous eftions partiz. Et par
ce veulx-je bien dire, que icelui eft bien fol, qui fceut auoir aucune
chofe de l'autrui, & quelque peché mortel en fon ame, & fe boute
en tel dangier. Car fi on s'endort au foir, l'on ne fceit fi on fe trou‑
uera au matin au fous de la mer.

 Et vous diray la premiere chofe merueilleufe qui nous arriua en
mer. Ce fut vne grant montaigne toute ronde, que nous trouuaf‑
mes deuant Barbarie, entour l'eure de Vefpres. Et quant nous l'euf‑
mes paffée, nous tirafmes oultre toute celle nuyt. Et quant vint au
matin, nous cuidions bien auoir fait cinquante lieuës, & plus. mais
nous nous trouuafmes encor deuant celle grant montaigne. Qui fut
efbahy ce fut nous, & tantouft nageafmes comme deuant tout celui
jour, & la nuytée enfuiuant. mais ce fut tout vng. Car nous nous
trouuafmes encore là. Adonc fufmes tous efbahiz plus que deuant,
& efperions eftre tous en peril de mort. Car les mariniers difoient,
que tantouft les Sarrazins de Barbarie nous viendroient courir fus.
Lors y eut vng tres-bon prodomme d'Eglife, que on appelloit le
„ Doyan de Mauru, qui nous dift : Seigneurs, jamais je ne vy perfecu‑
„ tion en paroiffe par force d'eaulx, ou qu'il en fuft befoing, ou quel‑
„ que autre inconueniant, que quant l'on auoit fait deuotement à
„ Dieu la proceffion par trois foys au jour de Sabmedi, que Dieu &

fa

## DV ROY SAINT LOYS.

sa mere ne les deliurast du mal, & les ramenast à ce qu'ilz demandoient. Saichez que Sabmedi estoit ce jour. Et tantoust commenceasmes à faire procession à l'entour des maatz de la nef. Et me souuient bien, que moy-mesmes m'y fiz mener & conduire par dessoubz les bras, pour ce que j'estoie tres-fort malade. Et incontinant perdismes la veuë d'icelle montaigne, & fusmes en Chippre le tiers Sabmedi d'aprés que fut faite nostres tierce procession.

Quant fusmes arriuez en Chippre, le bon Roy saint Loys, estoit ja là, qui auoit fait faire prouisions de viure à grant habondance. Car vous eussiez dit, que ses celiers, quant on les veoit de loing, que ce fussent grans maisons de tonneaux de vin, qui estoient les vngs sur les autres, que ses gens auoient achatez dés deux ans deuant, qui estoient parmy les champs. Et semblablement les greniers de fromens, orges, & autres blez, qui estoient à monceaulx aux champs; & sembloit quant on les veoit que ce fussent montaignes, tant estoient grans les monceaulx. Et deuez sauoir, que bien eussiez creu, que eussent esté montaignes. Car la pluie, qui auoit batu les blez de long temps, les fist germer par dessus, tellement que on n'en veoit que l'erbe verte. Et aduint que, quant on les voulut leuer de là pour mener en Egipte, où tout l'ost du Roy aloit, on abatit les croustes de dessus auecques l'erbe, & trouua-l'on les blez dessoubz aussi beaux & frois, comme qui n'aguere les eust batuz. Le bon Roy auoit tel desir d'aller en Egipte sans sejourner, ainsi que je luy ouy dire, que si n'eussent esté les Barons, & autres ses prouches, qui là lui firent attendre ses gens, qui n'estoient encore tous venuz, que il fust hardiement parti seullet, ou o peu de compaignie.

Tandis que le Roy sejournoit en Chippre, le grant Roy de Tartarie enuoya par deuers luy son Ambaxade, qui moult lui disdrent de bonnes paroles & debonnaires; nonobstant que ne fust s'entention. Entre lesquelles paroles lui mandoit le Roy de Tartarie, qu'il estoit tout prest & à son command, à lui aider à conquerir la terre sainte, & deliurer Ierusalem de la main des Sarrazins & Payans. Le Roy receut benignement icelle Ambaxade, & enuoia de ses gens pareillement en Ambaxade deuers icelui Roy de Tartarie, qui furent deux ans auant que retourner. Et enuoia le Roy au Roy de Tartarie vne tente faite à la guise d'vne Chappelle, qui estoit moult riche, & bien faite. La tente estoit de bonne escarlate fine. Et ce faisoit, pour veoir, s'il pourroit atraire le Roy de Tartarie & sa gent à nostre foy & creance. Il fist entailler & enleuer par image l'Anunciacion de la Vierge Marie mere de Dieu, auec tous les autres points de la foy. Et porterent ladite tente deux Freres Mineurs, qui entendoient le langaige Sarrazin, que le Roy y enuoya affin de les enorter & enseigner comment ilz deuoient croire la foy de Dieu. Et tantost s'en retournerent les deux Freres Mineurs deuers le Roy, le cuidant trouuer en Acre. Mais il estoit ja à Cezaire. Et lors s'en retournerent en France.

D

De sauoir comment les autres messagiers, que le Roy auoit transmis deuers le Roy de Barbarie, furent receuz; ce seroit merueilles à raconter, ainsi que je le ouy compter au Roy, & à eulx, mesmement depuis par plusieurs foiz le leur demandé. Mais je n'en diray icy riens, de paeurs de desrompre le principal de ma matiere encommancée.

Vous deuez sauoir, que du temps que je party de France pour venir oultre mer ; je ne tenois alors point plus de douze cens liures de rente : & si me chargé moy dixisme de Cheualiers, comme j'ay dit deuant, auecques trois bannieres. Et quant je fu arriué en Chippre, je n'auoie plus que douze vingtz liures tournois d'or ne d'argent, quant je eu payé ma nef. Tellement que plusieurs de mes Cheualiers me disdrent, qu'ilz me habandonneroient, si ne me pourueoye de deniers. Lors fu quelque peu esbahy en mon courage. mais tousjours auoye fiance en Dieu. Et quant le bon Roy saint L o y s, sceut ma desconuenuë, il me enuoia querir, & me retint à lui : & me donna le bon Seigneur huit cens liures tournois. Et tantoust regracié Dieu. Car j'auois plus deniers, qu'il ne m'en faisoit besoing.

Des Princes du païs d'oultre mer, pource qu'il est besoing de parler de leur Estat & puissance, je vous en diray: & premier du Souldan de Connie. Ce Souldan estoit le plus puissant Roy de toute Paiennie, & fist faire vne chose merueilleuse. Car il fist fondre vne partie de son or, & en fist faire de grans vesseaux en façon de potz de terre, là où on met le vin oultre mer. Et tenoit bien chacun de ces potz trois ou quatre muiz de vin. Et puis après il fist rompre les potz, & en estoient les pièces au descouuert en vng sien chastel. Et pouoit veoir & toucher vng chascun, qui entroit en ce chastel, les masses d'or desdiz potz rompuz. Et disoit-on, qu'il auoit bien six ou sept de ces grans potz d'or. Sa grant richesse apparut bien en vng pauillon, que le Roy d'Armenie enuoya au Roy de France, qui estoit en Chippre. Le pauillon estoit estimé valoir cinq cens liures. Et lui manda le Roy d'Armenie, que l'vn des Serrais du Souldan de Connie le lui auoit donné. Et deuez sauoir, que ce Serrais estoit celui, qui auoit en garde & gouuernement les pauillons du Souldan, & qui auoit la charge de lui faire nettoier chascun jour ses salles & maisons.

Celui Roy d'Armenie, qui estoit en seruage enuers le Souldan de Connie, s'en alla par deuers le grant Roy de Tartarie ; & lui compta comment chascun jour icelui Souldan de Connie lui faisoit la guerre, & le tenoit en grant seruage. Et pria le Roy de Tartarie, qu'il le voulsist secourir & aider. Et mais qu'il lui baillast de ses gens d'armes grant quantité, lui dist qu'il estoit content d'estre son homme & subgect. Ce que le Roy de Tartarie voulut tres-voulentiers faire, & lui bailla grant nombre de gens d'armes. Lors s'en alla le

## DV ROY SAINT LOYS.

Roy d'Armenie à toute sa gent combatre au Souldan de Connie, & auoient assez puissance l'vn pour l'autre. Mais les Armeniens & Tartarins deffirent grant quantité de gens d'icelui Souldan, & tellement fist le Roy d'Armenie, que pour la grant renommée, qui estoit en Chippre de celle bataille, qu'il auoit faite contre le Souldan, o l'aide des Tartarins, qu'il ne lui fut onques puis serf ne subgect. Et y eut beaucop de noz gens, qui passerent en Armenie, pour aller en la bataille gaigner & proufiter : desquelz onques puis n'en ouyt-on nouuelles.

Du Souldan de Babiloine vous diray. Il se pensoit, que le Roy allast guerroier le Souldan de Hamault, qui estoit son ancien ennemy. & ainsi attendit le Roy jusques au temps nouuel, pour se vouloir joindre auecques luy à aller contre ledit Souldan de Hamault. Et quant le Souldan de Babiloine vit, que le Roy ne venoit vers lui, il se partit, & alla assieger ledit Souldan deuant la cité de Hamault mesmes, où il estoit. Et quant le Souldan de Hamault se vit ainsi assiegé, il ne sceut pas trop bien comment se cheuir. Car bien sauoit, que si le Souldan de Babiloine regnoit longuement, qu'il le conquerroit & confondroit Mais il fist tant par dons & promesses à vng des Varletz de chambre dudit Souldan de Babiloine, à qui il parla, qu'il le fist empoisonner. Et la maniere du faire fut, que ce Varlet de chambre, que on appelloit en office le Serrais en leur mode, congnoissant que souuentesfoiz aprés que le Souldan auoit joüé aux escheez, il se alloit couscher sur des nates, qui estoient au pié de son lit : la nate, sur laquelle se seoit tous les jours le Souldan, il enuenima de poisons. Et aduint que le Souldan tout deschaux se mist sur celle natte enuenimée, & se tourna sur vne escorcheure de mal, qu'il auoit en vne de ses jambes. Et incontinant le venin lui entra par celle escorcheure de mal ou corps, tellement qu'il deuint perclus de tout le cousté du corps de celle jambe. Et quant le venin le poignoit au cueur, il estoit bien deux jours sans boire, menger, ne parler. Ainsi ce fut cause, que le Souldan de Hamault demoura en paix, & faillut que le Souldan de Babiloine fust emmené en Egipte par ses gens.

Tantoust que fusmes ou mois, il fut crié & fait commandement de par le Roy, que toutes les nauires fussent rechargées de viures, pour estre prestz à partir quant le Roy le commanderoit. Et quant la chose fut faite & acomplie, le Roy, la Royne, & toute sa gent, se retirerent chascun en sa nef. Et le propre Vendredi deuant la Penthecouste celui an, le Roy fist crier que tous tirassent aprés lui le landemain, & que on allast droit en Egipte. Et le landemain jour de Sabmedi toutes les naux se partirent, & firent voille. qui estoit plaisante chose à veoir. Car il sembloit que toute la mer, tant qu'on pouoit veoir, fust toute couuerte de toilles, de la grant quantité des voilles, qui estoient tendus au vent. & y auoit dix-huit cens ves-

D ij

feaux, que grans, que petitz.

 Le Roy arriua le jour de Penthecoufte au bout d'vn tertre, qu'on appelloit la Pointe de Lymeffon, auecques les autres vaiffeaux d'entour lui. & defcendirent à terre, & oirent Meffe. Mais grant defconfort arriua à celle foiz. Car de bien deux mil huit cens Cheualiers qui eftoient partiz pour aller aprés le Roy, ne s'en trouua auecques lui à terre que fept cens: & tout le demourant vng vent orrible, qui vint de deuers l'Egipte, les fepara de leur voie, & de la compaignie du Roy, & les getta en Acre, & en autres païs eftranges bien loing. & ne les reuit le Roy de long-temps. Dont il & fa compaignie furent toute celle journée moult doulans & efbahiz. Car on les croioit tous mors, ou en grant peril.

 Le landemain de la Penthecoufte le vent fut à gré. Et adonc le Roy & nous tous, qui eftions o lui, fifmes voile de par Dieu, pour tousjours tirer auant. Et aduint que en allant nous rencontrafmes le Prince de la Morée & le Duc de Bourgoigne enfemble, lefquelz auoient pareillement fesjourné au lieu de la Morée. Et arriua le Roy & fa compaignie à Damiete le Ieudi d'aprés la Penthecoufte, là où auoit grant compaignie à nous attendre. Car fur la riue de la mer nous trouuafmes toute la puiffance du Souldan, qui eftoient tres-belles gens à regarder. Le Souldan portoit les armes de fin or fi tres-reluifant, que quant le foleil y frappoit, il fembloit que ce fuft proprement le foleil. Le tumulte qu'ilz menoient auecques leurs cors & naccaires eftoit vne efpouuentable chofe à ouïr, & moult eftrange aux François.

 Ce voiant le Roy appella tous fes Barons & Confeillers, pour fauoir qu'il eftoit de faire. Et ilz lui confeillerent qu'il attendift fes gens à reuenir, pour ce qu'il ne lui en eftoit pas demouré la tierce partie, par la fortune du vent, comme j'ay deuant dit. Mais le Roy de ce ne voulut rien croire, & difoit que par ce faifant il donneroit courage à fes ennemis. Et auffi par ce qu'il n'y auoit en la mer illecques prés aucun port, là où il fe peuft defcendre pour attendre fes gens à feureté. Et auffi difoit, que vng fort vent le pourroit bien prandre, qui nous pourroit getter & feparer loing les vngs des autres en païs eftranges, comme il auoit fait fes autres Cheualiers le jour de la Penthecoufte darreniere. Et fut accordé à fon plaifir, que le Vendredi deuant la Trinité le Roy defcendroit, & yroit combatre contre les Sarrazins, fe à eulx ne tenoit. Et commanda le Roy à Monfeigneur Iehan de Belmont, qu'il fift bailler à Monfeigneur Airart de Brienne, auecques qui j'eftoie, vne gallée pour nous defcendre nous & noz gens d'armes; pour ce que les grans nefz ne pouoient venir jufques à la riue de la mer à terre. Et ainfi que Dieu voulut, je me mis de ma nef en vne petite gallée, que je cuidoie auoir perduë, où eftoient huit de mes cheuaulx. Laquelle gallée m'auoit donnée Madame de Baruth, qui coufine germaine eſtoit du Conte de Montbelial. Et au Vendredi, Monſeigneur Airart de Brienne & moy tous armez alaſmes deuers le Roy, pour lui demander ladite gallée, qu'il nous auoit octroiée. Mais Miſſire Iehan de Belmont nous reſpondit, preſent le Roy, que nous n'en aurion ja point. Parquoy pouez congnoiſtre, que le bon Roy auoit autant affaire à entretenir ſa gent en paix, comme il auoit à ſupporter ſes fortunes & pertes.

Quant nos gens virent, que nous ne amenions point de gallée, ilz ſe laiſſerent cheoirs en la barque à grant force. Et quant les mariniers virent, que la barque affondroit en la mer peu à peu, ilz ſe retirerent en la nef, & habandonnerent mes Cheualiers en la barque. Lors je m'eſcrié, & demandé au Maiſtre, de combien ilz auoit trop de gens en la barque. Et il me diſt, qu'il y en auoit trop de dix-huit hommes d'armes. Et tantoſt l'en deſchargé d'autant, & les mis en la nef, où eſtoient mes cheuaulx. Et ainſi que je menois de ces gens d'armes, vng Cheualier fut, qui eſtoit à Monſeigneur Airart de Brienne, nommé Plouquet, qui voulut deſcendre de la grant nef en la barque: & la barque s'eſloigne, & le Cheualier cheut en la mer, & ſe noya.

Lors nous commençaſmes à nauiger par darriere la barque de la grant nef du Roy, & alaſmes à terre. Et tantouſt que les gens du Roy, qui venoient à terre comme nous, virent que nous allions pluſtouſt qu'ilz ne faiſoient, ilz nous eſcrierent, que aliſſions arriuer à l'enſeigne ſaint Denis. Mais je ne les en voulu croire, ains alaſmes arriuer deuant vne groſſe bataille de Sarrazins & de Turcs, là où il y auoit bien ſix mil hommes à cheual. Leſquelz ſi touſt qu'ilz nous virent à terre, ilz frapperent des eſperons droit à nous. Et nous de ficher noz lances & noz eſcuz à terre en la ſable, les pointes deuers eulx. Et tantouſt qu'ilz virent ce, & que nous cheminions à terre, ilz s'en retournerent tout ſouldain, & s'enfuirent.

Le bon preudom Miſſire Baudouyn de Reims me manda, tantouſt que fu à terre deſcendu, par l'vn de ſes Eſcuiers, que je l'attendiſſe. Et je lui mandé par ſon meſſagier, que tres-voulentiers le ferois, & que vng ſi vaillant homme, comme il eſtoit, valloit bien d'eſtre attendu. Dont il me ſceut bon gré toute ſa vie. Et tantouſt arriua à noſtre compaignie, auec bien mil Cheualiers auecques lui. Et ſaichez, que quant je fu à terre, je n'auoye lors auecques moy pié ne compaignon de tous mes gens, que j'auoie amenez de mon païs. Mais non pource Dieu m'a tousjours aidé de ſa grace, dont je l'en lo.

A noſtre main ſeneſtre arriua le Conte de Iaphe, qui eſtoit couſin germain du Conte de Montbelial, & du lignaige de la maiſon de Ionuille. Celui Conte de Iaphe arriua moult noblement à terre. Car ſa gallée eſtoit toute painte & dedans & dehors à eſcuſſons de ſes armes. leſquelles armes ſont d'or à vne croix de gueulles pa-

## HISTOIRE

tée. Il auoit bien trois cens mariniers en sa gallée, qui chascun d'eulx portoit vne targe à ses armes: & à chascune targe y auoit vng penoncel de ses armes batu à or. Et quant il alloit sur mer, le faisoit bon veoir, à cause du bruit que menoient les panonceaux, & aussi le son des naccaires, tabours, & cors Sarrazinois, qu'il auoit en sa gallée. Si toust que la gallée eut frappé en la sable, le plus auant qu'ilz la peurent mener; lui, & ses Cheualiers, & gens de guerre, sortirent moult bien armez & en point, & vindrent arriuer couste nous. Et tantoust fist le Conte de Iaphe tendre ses pauillons. Et si tost comme les Sarrazins les virent tenduz, ilz se assemblerent en grant nombre, & reuindrent courans contre nous, ferans cheuaulx des esperons. Et quant ilz virent, que nous ne nous espouentasmes point, & que les attendions pié quoy; & eulx de tourner le dos, & de s'en fuir arriere.

A la main destre arriua la gallée de l'enseigne saint Denis, à bien vne portée d'arbaleste de nous. Et aduint que, si comme elle fut à terre, vng Sarrazin s'en vint courant contre les gens d'icelle gallée. Or ne sçay pourquoy il le faisoit, ou qu'il ne peust son cheual arrester, ou bien cuidoit-il auoir secours de ses gens. Mais le pouure fut tantoust tout decouppé, & mis en pieces.

Quant le bon Roy saint LOYS sceut, que l'enseigne saint Denis fut arriuée à terre, il sortit de son vessel, qui ja estoit prés de la riue. & n'eut pas loisir que le vesseau, où il estoit, fust à terre: ains se gette outre le gré du Legat, qui estoit auecques lui, en la mer, & fut en eauë jusques aux espaulles. Et s'en alla à eulx l'escu au coul, son heaume en la teste, & son glaiue ou poing. Et quant il fut à sa gent, il congneut les Sarrazins de leur couste; & demanda quelz gens c'estoient. Et on lui dist, que c'estoient Turcs & Sarrazins. Et il cuide prandre courre sur eulx tout seullet, pour leur courir sus. Mais ses gens le firent arrester, & demourer, jusques à ce que tous ses gens d'armes fussent en leurs places, & tous armez.

Tantost enuoierent les Sarrazins vers le Souldan par leur messager, qui estoit appellé Coullon, lui mandans que le Roy estoit arriué. & par trois foiz le lui manderent. Mais onques responce n'en eurent, par ce que le Souldan estoit malade. Et ce voians les Sarrazins, habandonnerent la cité de Damiete, cuidans que leur Souldan fust mort. Quant le Roy en ouit la nouuelle, il enuoia sauoir jusques à Damiete par l'vn de ses Cheualiers. Et tantoust le Cheualier retourna deuers le Roy, & lui rapporta, qu'il estoit vray qu'il estoit mort, & s'en estoient fuiz les Sarrazins; & qu'il auoit esté jusques dedans leurs maisons. Lors le Roy fist appeller le Legat, & tous les Prelatz de l'ost, & fist chanter, TE DEVM LAVDAMVS, tout du long. Et tantost le Roy monta à cheual, & toute sa gent: & nous en alasmes loger deuant Damiete. Les Turcs mal aduertiz partirent trop souldain, qu'ilz ne nous coupperent les pontz, qu'ilz

## DV ROY SAINT LOYS.

auoient faitz de nefz, dont grant defplaifir nous euffent fait. Mais par autre voie ilz nous firent tres-grant mal & dommaige, de ce qu'ilz bouterent le feu par tous les endroiz de la Soulde, là où toutes leurs marchandifes & leur auoir de pris eftoient ; qu'ilz firent brufler à cautelle, de paeurs que nous en fuffions aucunement auancez. Et fut vne mefme chofe, comme qui bouteroit demain le feu ou petit pont à Paris. dont Dieu nous gard de tel dangier.

Or difons en nous mefmes, quelle grace nous fift Dieu noftre createur, quant il nous deffendit de mort & de peril à l'ariuer que fifmes; quant nous courufmes à joie fur noz ennemis, qui eftoient à cheual? Quelle autre plus grant grace nous fift le bon Seigneur quant il nous liura Damiete fans dangier de noz corps ; laquelle jamais n'euffions peu auoir, fi nous ne l'euffions euë par affamer? La grace eft moult grande, bien le pouons dire & veoir tout cler. Le Roy IEHAN bien l'auoit autresfoiz prinfe par famine, du temps de nos predeceffeurs. Mais je doubte, que le bon Seigneur Dieu peult autant dire de nous, comme il fift des enfans d'Ifraël, quant il les eut conduiz & menez en la terre de promiffion. Dont il leur reproucha, difant: ET PRO NIHILO HABVERVNT TERRAM DESIDERABILEM, & quæ fequuntur. Et le difoit, pource qu'ilz l'auoient oublié, & il leur auoit tant fait de biens. Il les auoit fauluez, & mis hors de la captiuité de Pharaon, & leur donna la terre de promiffion. Ainfi pourra-il de nous, qui l'oubliafmes, comme dit fera cy-aprés.

Et commenceray en la perfonne du Roy mefmes, lequel fift conuoquer & appeller tous fes Barons, & les Prelatz, qui eftoient venuz auec lui, & leur demanda confeil: Qu'il deuoit faire des biens, qu'il auoit trouuez en la cité de Damiete, & comment ilz fe deuoient departir. Vng Patriarche, qui là eftoit, parla le premier, & lui dift: SIRE, il me femble qu'il eft bon, que vous retiengnez tous les « fromens, orges, ris, & autres viures ; affin que la ville ne demeure « point defgarnie, & que vous facez crier en l'oft, que tous les autres « meubles foient apportez en la maifon du Legat, fur peine de fen- « tence d'excommunie. Auquel confeil fe accorderent tous les Barons, & autres. & ainfi fut fait. Et ne furent trouuez valoir les biens meubles, qui furent apportez cheux le Legat, que fix mil liures. Et quant tout fut affemblé en la maifon dudit Legat, le Roy & les Barons enuoyerent querir le bon preudoms Miffire Iehan de Valori. Et quant il fut venu, le Roy lui dift ce qu'il auoit fait, & qu'il auoit efté trouué par fon Confeil, que le Legat lui bailleroit les fix mil liures, que valloient les meubles qu'on auoit laiffez, & portez en fa maifon: affin qu'il defpartift lefditz fix mil liures là où il verroit eftre à faire par raifon, & où il feroit le mieulx emploié. SIRE, fift le « preudoms, je vous remercie tres-humblement de l'onneur que me « faites. Mais ne vous defplaife. car l'offre ne prandray-je point. Ia «

» si Dieu plaist ne desferay les bonnes coustumes anxiennes, & telles
» que les ont tenus noz predecesseurs en la Terre sainte. Car quant
» on a prins sur ses ennemis aucune cité, ou gaigné aucun gros bu-
» tin : de telz biens qu'on treuue en telle cité le Roy n'en doit auoir
» que le tiers, & les deux pars en doiuent auoir les pelerins. Et ceste
» coustume tint moult bien le Roy IEHAN, quant autresfois il print
» Damiete. Et ainsi que j'ay ouy dire à mes aisnez, le Roy de Ieru-
» salem, qui fut deuant le Roy Iehan, tint ceste coustume sans faillir
» d'vn point. Mais auisez, si vous me voulez bailler les deux pars des
» fromens, orges, ris, & des autres choses qu'auez retenuz, & tres-vou-
» lentiers les disperseray aux pelerins, pour l'onneur de Dieu. Le Roy
ne eut pas aggreable ce conseil, & demoura ainsi la chose. Dont
maintes gens se tindrent tres-mal contens du Roy, de quoy il auoit
desrompu les bonnes coustumes anxiennes.

Les gens du Roy, quant ils furent à leur aise, & bien logez en
celle cité de Damiete; eulx, qui deussent auoir entretenu debonnai-
rement les marchans & gens suyuans l'ost auec leurs denrées & mar-
chandises, leur loüoient & affermoient les estaux & ouurouers, pour
vendre leurs marchandises aussi chiers comme ilz le pouoient faire.
Dont de ce la renommée en fut és païs estranges, à ceulx qui ve-
noient de loingtain païs amener les viures à l'ost, qui se demourerent
à venir. qui fut vng tres-grant mal & dommage.

Les Barons, Cheualiers, & autres, qui deussent auoir bien gar-
dé leur bien, & l'auoir espergné pour s'en secourir en lieu & en temps,
se prindrent à faire grans banquetz les vngs aux autres en habon-
dance de viandes delicieuses. Et le commun peuple se print à forcer
& violer femmes & filles. Dont de ce aduint grant mal. Car il fail-
lut que le Roy en donnast congié à tout plain de ses gens & Offi-
ciers. Car ainsi que le bon Roy me dist, il trouua jusques à vng gect
de pierre prés & à l'entour de son paueillon plusieurs bordeaux, que
ses gens tenoient. Et d'autres maulx y auoit plus, que en ost qu'il
eust jamés veu.

Or reuenons au principal de nostre matiere, & disons ainsi. Quant
nous eusmes ainsi esté en ceste cité de Damiete, le Souldan auec-
ques tout vne grosse armée assaillirent nostre ost par deuers la terre.
Et incontinant le Roy & ses gensd'armes se arment & mettent en
point. Et affin de deffendre que les Turcs ne se meissent en nos her-
bergemens, que auions aux champs, je allé par deuers le Roy tout
armé: lequel je trouué pareillement armé, & aussi tous ses Cheua-
liers d'entour lui seans sur formes. Et lui requis humblement, qu'il
me donnast congié d'aller mes gens & moy jusques hors l'ost, cou-
rir sus aux Sarrazins. Mais tantoust que Messire Iehan de Beaumont
eut ouy ma requeste, il s'escria moult fort, & me commanda de
par le Roy, que je ne fusse si hardy issir de mon herbergier, jus-
ques à ce que le Roy me le commanderoit. Vous deuez sauoir, que

auecques

auecques le Roy y auoit huit bons Cheualiers & vaillans, qui auoient eu & gaigné maintesfoiz le pris d'armes tant deczà la mer que oultre mer, & les fouloit-on appeller les bons Cheualiers. D'entre lefquelz y eſtoient Meſſire Geffroy de Sargines, Meſſire Mahom de Marby, Meſſire Phelippe de Nantuel, Meſſire Ymbert de Beau-jeu Conneſtable de France : leſquelz n'eſtoient mie là à ce jour, mais eſtoient aux champs hors de l'oſt, & auſſi le Maiſtre des Arbaleſtriers auecques grande quantité de gens d'armes, pour garder que les Turcs ne approuchaſſent de noſtre oſt. Et aduint que Meſſire Gaultier d'Entrache ſe fiſt armer à point, & bailler ſon eſcu & ſa lance, & monta à cheual : & tantoſt fiſt leuer le pan de ſon paueillon, & feroit des eſperons courant contre les Turcs. Et ainſi qu'il partit de ſon paueillon tout ſeullet fors vn ſien homme nommé Caſtillon, ſon cheual le getta par terre tout eſtendu, & s'enfuit ſon cheual tout couuert de ſes armes vers noz ennemis. Pour ce que la pluſpart des Sarrazins eſtoient montez ſur jumens, pour ceſte cauſe le cheual ala vers eulx courir aux jumens. Et oy dire à ceulx, qui diſoient l'auoir veu, que quatre Turcs vindrent au Seigneur d'Entrache, qui giſoit à terre : & en paſſant & rapaſſant par deuant lui, lui donnerent de grans coups de maſſes. Et tellement fut en peril, que tantouſt euſt eſté mort, ſi le Conneſtable de France ne le fuſt allé eſcourre auecques pluſieurs des gens du Roy, qu'il auoit auecques lui. Et fut ramené par les bras juſques en ſon paueillon, dont il eſtoit parti. Et tellement eſtoit nauré des grans coups de maſſes, qu'il auoit ſouffert, qu'il ne pouoit plus parler. Tantouſt lui furent adreſſez pluſieurs Medecins & Chirurgiens. Et pour ce que leur ſembloit, qu'il n'eſtoit point en peril de mort, ilz le firent ſeigner ou braz, dont mal en print. Car quant ce vint deuers le ſoir, Meſſire Aubert de ......... me pria que nous l'aliſſions veoir ; pour ce qu'il eſtoit homme de grant renom & vaillance. Ce que tres-voulentiers fiſmes, & alaſmes vers lui. Et en entrant en ſon paueillon, l'vn de ſes Eſcuiers nous vint à l'encontre dire, que nous alliſſions bellement, de paeur de l'eſueiller. Ce que nous fiſmes, & le trouuaſmes giſant ſur ſon couuertoir de menu ver, dont il eſtoit enueloppé : & nous tiraſmes tout doulcement vers ſa face, & le trouuaſmes mort. Dont nous & pluſieurs fuſmes tres-dolans d'vn ſi preudom auoir perdu. Et quant on l'eut dit au Roy, il reſpondit, Qu'il n'en vouldroit mie auoir aucuns, qu'ilz ne vouluſſent autrement le croire, & obeïr à ſes commandemens, que auoit fait celui Seigneur d'Entrache, & que par ſon deffault meſmes il s'eſtoit fait tuër.

Or ſaichez que le Souldan donnoit de chaſcune teſte de Chreſtien, à qui la lui portoit, vng beſant d'or. Et ces traiſtres Sarrazins entroient la nuyt en noſtre oſt, & là où ils trouuoient des gens de l'oſt dormans çà & là, leur coupoient la teſte. Et aduint qu'ilz tuerent la guette du Seigneur de Corcenay *, & en emporterent la  *Cortenay.

E

teſte, & laiſſerent le corps giſant ſur vne table. Et deuez ſauoir, qu'ilz congnoiſſoient aucunement le train de noſtre oſt & armée. Car les batailles de noz gens par les compaignies guettoit chaſcun ſon ſoir l'vn aprés l'autre l'oſt à cheual. Et les Sarrazins, qui congnoiſſoient ce train, entroient en l'oſt aprés que le guet à cheual eſtoit paſſé, & feſoient ſecretement moult de maux & de meurtres. Et quant le Roy fut de ce aduerti, il ordonna que deformais ceulx qui ſouloient faire le guet à cheual, le feroient à pié. Et eſtoit noſtre oſt ſi tres-ſerré, qu'ilz eſtaignoyent froment de la foulle de gens du guet, qui les vous tenoient ſi à vng, que chaſcun s'entretouchoit ſans qu'il y euſt vne ſeulle place vuyde.

Et fuſmes ainſi longuement à Damiete. Car le Roy ne trouuoit point en ſon Conſeil qu'il deuſt tirer oultre, juſques ad ce que ſon frere le Conte de Poitiers, que le vent en auoit emmené en Acre, comme j'ay deuant dit, fuſt venu; pour ce qu'il auoit auecques lui l'arriereban de France. Et de paeurs que les Turcs ne ſe feriſſent parmy l'oſt auec leurs cheuaulx, le Roy fiſt clourre le parc de l'oſt à grans fouſſez, & ſur les fouſſez y auoit arbaleſtriers à force, & autres gens, qui guettoient la nuyt, comme j'ay dit. La feſte ſaint Remy fut paſſée auant que aucunes nouuelles fuſſent du Conte de Poitiers, ne de ſes gens. Dont le Roy, & tous ceulx de l'oſt furent à grant malaiſe & meſchief. Car on doubtoit, pour ce que autrement il ne venoit, qu'il fuſt mort, ou en grant peril. Lors me ſouuint du bon Doian de Maru, & racompté au Legat la façon & maniere, comment par trois proceſſions qu'il nous auoit fait faire ſur la mer, nous fuſmes deliurez du grant peril où nous eſtion, ainſi que j'ay deuant eſcript. Le Legat creut mon conſeil, & fit crier trois proceſſions en l'oſt, qu'on feroit par trois Sabmediz. La premiere proceſſion commença en la maiſon du Legat, & allerent au Mouſtier noſtre Dame en la ville de Damiete. Et eſtoit le Mouſtier en la Mahommerie des Turcs & Sarrazins, & l'auoit fait dedier celui Legat en l'onneur de la mere de Dieu la glorieuſe Vierge Marie. Et ainſi par deux Sabmediz fut fait. Et faiſoit à chacune des fois Sermon le Legat. Là eſtoit le Roy, & autres grans Seigneurs, à qui le Legat donnoit grant pardon aprés qu'ilz auoient ouy le Sermon. Dedans le tiers Sabmedi arriua le bon Conte de Poitiers auecques ſes gens. Et bien lui fut meſtier, de n'eſtre point venu durant le temps des deux Sabmediz premiers. Car je vous promets, que ce temps durant il y eut ſans ceſſer ſi grant tourmente en la mer deuant Damiete, qu'il y eut bien douze vingtz veſſeaulx, que grans, que petitz, tous briſez & perduz, & les gens qui les gardoient noiez. Parquoy ſi le Conte de Poitiers fuſt lors venu, il euſt eſté en grant dangier d'eſtre noyé. Et croy que ainſi fuſt-il, ſi Dieu ne lui euſt aidé.

Quant le Conte de Poitiers, qui eſtoit frere du Roy, fut arriué,

## DV ROY SAINT LOYS.

grant joye s'esmeut en toute l'armée. Et manda querir le Roy ses prouches Barons & autres gens de son Conseil, & leur demanda quel voie il deuoit prandre, ou en Alixandrie, ou en Babilonne. Le Conte Pierre de Bretaigne, auecques plusieurs des autres Barons, furent d'opinion, que le Roy allast en Alixandrie ; pource que deuant la ville auoit bon port à arriuer les nefz & bateaux, pour auitailler l'ost. Mais à ceste opinion fut contraire le Conte d'Artois, & dist que ja il n'yroit en Alixandrie, premier que on eust esté en Babilonne, qui estoit le chief de tout le Royaume d'Egipte. Et disoit par ses raisons, que qui vouloit occir le serpent, il lui deuoit premier escacher la teste. A ce conseil se tint le Roy, & laissa la premiere opinion.

A l'entrée des Aduens se partit le Roy, & tout son ost, pour aller en Babilonne, ainsi que lui conseilla le Conte d'Artois. Et en la voie assez prés de Damiete trouuasmes vng fleuue, qui issoit de la grant riuiere: & fut aduisé que le Roy sejourneroit là vng jour, tandis qu'on estoupperoit ledit fleuue, afin qu'on ne peust passer. Et fut la chose faite assez aiseement. Car on estouppa ledit fleuue ras à ras de la grant riuiere, en telle façon que l'eauë d'vn cousté & d'autre ne se haulsa point, & qu'on pouoit passer à son aise. Que fist le Souldan? Il enuoya deuers le Roy, cuidant le faire par cautelle, cinq cens de ses Cheualiers des mieulx montez qu'il sceut choisir, disans au Roy qu'ils estoient venuz pour le secourir lui & tout son ost. Mais c'estoit seulement pour delaier nostre venuë. Le jour de S. Nicolas le Roy commanda que tout le monde montast à cheual, & defendit sur paine de rebellion, que nul de ses gens ne fust tant hardi, qui touchast en mal à vng de ces Turcs Sarrazins, que le Souldan auoit enuoiez deuers lui. Or aduint, que quant les Sarrazins virent que l'ost du Roy fut esmeu à partir, & que le Roy auoit fait defendre, que nul ne les ouzast toucher: ilz s'en vindrent de grant courage tous en vng troppel aux Templiers, qui auoient la premiere bataille. Et l'vn de ces Turcs-là donna de sa masse à l'vn des Cheualiers de la premiere bataille, qu'il getta deuant les piedz du cheual du frere de Regnault de Bichers, qui estoit leur Mareschal du Temple. Quoy voyant le « Mareschal, il s'escria à ses gens d'armes : Or auant compaignons ; à « eulx de par Dieu, car ce ne pourrois-je souffrir. Et adonc il fiert son « cheual des esperons, & court sus aux Sarrazins, & toute la compaignie de l'ost aussi. Et saichez que les cheuaulx des Turcs estoient tous foullez & trauaillez, & les nostres tous frois & respousez. dont mal leur en arriua. Car j'ay depuis assez ouy dire, qu'il n'en eschappa pas vng tout seul, que tous ne fussent tuez, ou contraintz de leur getter en la mer, & se noier.

Icy conuient parler du fleuue, qui passe par le païs d'Egipte, & vient de Paradis terrestre. Car ces chouses faut sauoir, qui veult entendre ma matiere. Cetui fleuue est diuers sur tous autres riuieres. Car quant

E ij

en vne groſſe riuiere, plus y chiet de petites riuieres & de eauës, tant plus s'eſparpille la riuiere en de lieux à petitz ruiſſeletz. Mais celui fleuue vient tousjours d'vne façon, & quant il eſt en Egipte, de lui meſme il gette ſes branches çà & là parmy le païs d'Egipte. Et quant ce vient le temps d'enuiron la ſaint Remy, ſe eſpandent de lui ſept branches en riuieres, qui quierent les terres plaines. Et puis quant les eauës ſe ſont retirées, les laboureux du païs viennent labourer la terre aprés le cours de l'eauë, o charrues ſans roes; & ſement là fromens, orges, ris, commins, & y viennent ſi bien, que ou ne ſauroit que amender. On ne ſceit dont celle crue vient, fors que de la grace de Dieu. Et ſi elle n'eſtoit, il ne viendroit nulz biens ou païs d'Egipte, pour les grans chaleurs, qui y reignent; pource qu'ilz ſont prés du Souleil leuant, & n'y pleut comme point, & de loing à loing. Celui fleuue eſt tout trouble de la preſſe que y mainent les gens du païs, & autres, vers le ſoir, pour auoir de l'eauë à boire. Et ne font ſeulement que eſcacher en celle eauë, qu'ilz y prennent, quatre amendes, ou quatre febues: & le landemain elle eſt tant bonne à boire, que merueilles. Quant celui fleuue entre en Egipte, il y a gens tous expers & acouſtumez, comme vous diriez les peſcheurs des riuieres de ce pays-cy, qui au ſoir gettent leurs reyz ou fleuue, & és riuieres: & au matin ſouuent y trouuent & prannent les eſpiceries qu'on vent en ces parties de par deçà bien chierement, & au pois: Comme cannelle, gingembre, rubarbe, girofle, lignum aloes, & pluſieurs bonnes chouſes. Et dit-on ou païs, que ces choſes-là viennent de Paradis terreſtre, & que le vent les abat des bonnes arbres, qui ſont en Paradis terreſtre; ainſi comme le vent abat és foreſtz de ce païs le bois ſec. & ce qui chiet en ce fleuue l'eauë amene, & les marchans le recuïllent, qui le nous vendent au pois.

Ilz diſoient ou païs de Babilonne, que maintesfoiz le Souldan auoit eſſaié de ſauoir, dont venoit le fleuue, par gens expers, qui ſuiuirent le hault du cours d'icelui fleuue; & pourtoient auecques eulx pour viure du pain, qu'on appelle biſcuit, pour ce qu'ilz n'en euſſent point trouué. Et lui rapporterent vne foiz ſes gens, qu'ilz auoient ſuiuy celui fleuue contremont, tant qu'ilz eſtoient allez juſques à vng grant tertre de riches taillées: ſur lequel roc & tertre il n'eſtoit poſſible de monter. & de ce hault tertre cheoit le fleuue. Et leur ſembloit auis, que ou hault de la montaigne y auoit des arbres grant foiſon. Et ſur icelui tertre diſoient auoir veu grant quantité de diuerſes beſtes ſauuages, & de façons fort eſtranges: comme lions, ſerpens, elephans, & autres beſtes; qui les venoient regarder deſſus la riue de l'eauë, ainſi comme ilz les veoient monter contremont. Et tantouſt les gens du Souldan s'en retournerent, & n'ouſerent paſſer, ne aller plus auant.

Donques pour pourſuir noſtre matiere, diſons que celui fleuue vient en Egipte, & gette ſes branches parmy la terre commune, comme j'ay ja dit : dont l'vne de ſes branches vient à Damiete, l'autre en Alixandrie, l'autre à Tunis, & l'autre à Rexi. A celle branche, qui vient à Rexi, alla le Roy de France à tout ſon oſt, & ſe logea entre le fleuue de Damiete & le fleuue de Rexi. Et trouuaſmes tout le pouoir du Souldan logié ſur le riuage du fleuue de Rexi, de l'autre part de nous, pour nous defendre & garder le paſſaige. Ce que leur eſtoit vne choſe bien aiſée à faire. Car nul de nous n'euſt ſeu paſſer, s'il ne ſe fuſt mis à nou, & n'y auoit point de paſſage. Le Roy eut conſeil en lui de faire faire vne chauſſée par à trauers la riuiere, pour paſſer aux Sarrazins. Et pour garder ceulx qui feroient ladite chauſſée, il fit faire deux baſſraiz, que on appelle chas chateilz. Car il y auoit deux chateilz deuant les chas, & deux maiſons darriere pour receuoir les coups, que les Sarrazins gettoient à engis ; dont ilz en auoient ſeize tous droiz, dont ilz faiſoient merueilles. Le Roy fiſt faire dixhuit engins, dont vng nommé Iouſſelin de Couruant fut le maiſtre inuenteur & facteur. & de ces engins gettoient les vngs auerſaires aux autres. Le frere du Roy guettoit de jour les chas, & nous autres Cheualiers guettions la nuyt. Et furent la ſepmaine de deuant Noël, que les chas chateilz furent faiz. Et puis on commença à faire la chauſſée. Mais autant qu'on en faiſoit, les Sarrazins en deſſaiſoient autant de leur part. Car ils faiſoient de leur couſté de grans caues en la terre, & comme l'eauë ſe reculoit pour la chauſſée qui ſe faiſoit de noſtre part, les fouſſez des Sarrazins ſe rempliſſoient d'eauë : & auenoit, que tout ce que nous faiſions en trois ſepmaines, ou vng mois, ilz le deffaiſoient en vng jour ou en deux, & gaſtoient nos gens à coups de traitz, qui portoient la terre à faire ladite chauſſée.

Les Turcs, quant leur Souldan fut mort de la maladie qui lui print deuant Hamault, firent leur Cheuetain d'vn Sarrazin, qu'on appelloit Scecedun filz du Seic. lequel Cheuetain l'Empereur Ferrait auoit fait Cheualier. Et tantouſt celui Scecedun enuoia vne partie de ſes gens paſſer par deuers Damiete, à vne petite ville nommée Sourmeſac, qui eſt ſur le fleuue de Rexi, & vindrent frapper de ce couſté ſur nos gens. Et le propre jour de Noël, tandis que j'eſtois à diſner, mon compaignon Pierre d'Aualon, moy, & tous noz gens ; les Sarrazins entrerent en noſtre oſt, & tuerent beaucoup de pouures de l'oſt, qui s'eſtoient eſcartez aux champs. Et incontinant nous montaſmes à cheual, pour aller à l'encontre : dont grant meſtier en eſtoit à Monſeigneur Perron noſtre oſte, qui eſtoit hors de l'oſt aux champs. Car auant que fuſſions là, les Sarrazins l'auoient ja prins & l'emmenoient lui, & ſon frere le Seigneur du Val. Alors nous picaſmes des eſperons, & couruſmes ſus aux Sarrazins, & recouyſmes ces deux bons Cheualiers, qu'ilz auoient ja mis par terre à force de coups, & les ramenaſmes en l'oſt. Les Templiers, qui eſtoient aux criz, firent bien & hardiement l'arriere-garde. Auſſi venoient bien de courage les Turcs contre nous de ce cousté-là, & nous guerroierent fort & ferme, jusques à ce que nostre oft fut fait clourre de foussez deuers Damiete, depuis le fleuue de là jusques au fleuue de Rexi.

Celui Scecedun Cheuetaine des Turcs, dont j'ay parlé cy-deuant, estoit tenu le plus vaillant & preux de toute Paiennie. Il portoit en ses bannieres les armes de l'Empereur, qui l'auoit fait Cheualier. Et estoit sa banniere bandée, dont en l'vne des bandes il portoit pareilles armes du Souldan de Hallape : & en l'autre bande d'vn cousté estoient les armes du Souldan de Babilonne. Son nom estoit Scecedun, comme j'ay dit, filz au Seic, qui vault autant à dire en leur langaige, comme le filz au Vieil. Son nom tenoient-ilz entr'eulx à grant chose. Car ce sont les gens, ainsi qu'on dit, qui plus honnourent les anciennes gens & vieulx, mais qu'ils se soient gardez en leur jeunesse d'aucun mauuais reproche. Ce Cheuetain là, ainsi qu'il fut rapporté au Roy par ses espies, se venta qu'il mengeroit en la tente du Roy dedans le jour saint Sebastien, qui prouchain venoit.

Et quant le Roy eut ce entendu, il dist qu'il s'en prandroit bien garde. Et lors serra son ost, & fut fait ordre à ses gensd'armes. Dont le Conte d'Artois son frere fut commis à garder les baffroiz & engins. Le Roy, & le Conte d'Anjou, qui depuis fut Roy de Sicille, furent establiz à garder l'ost du cousté deuers Babilonne, & le Conte de Poitiers, & moy Seneschal de Champaigne, à garder le cousté de l'ost deuers Damiete. Or aduint tantoust, que celui Cheuetaine des Turcs deuant nommé fist passer ses gens en l'Isle, qui estoit entre le fleuue de Damiete, & le fleuue de Rexi, où estoit nostre ost logié : & fist arrenger ses batailles dés l'vn des fleuues jusques à l'autre fleuue. Le Conte d'Anjou, qui estoit à celui endroit, courut sus ausditz Turcs, & en desconsit moult, & tant qu'il les mist à la fuite. & moult en y eut de noyez en chascun desditz fleuues. Mais toutesuoies il en demoura grant partie, à qui on ne ouza aller heurter, pour les diuers engins qu'ilz auoient. Dont ilz nous faisoient beaucoup de maulx, de ce qu'ilz nous en tiroient. A ceste foiz, que ledit Conte d'Anjou assallit les Turcs, le Conte Guy de Ferrois, qui estoit en sa compaignie, à celle cource passa à cheual lui & ses Cheualiers la bataille des Turcs, & tira oultre jusques à vne autre bataille de Sarrazins, & là fist merueilles. Mais nonobstant, il fut getté par terre, & eut la jambe brisée : & le ramenerent deux de ses Cheualiers par les braz. Et saichez que à moult grant paine peut-on retirer le Conte d'Anjou de celle bataille, où il fut plusieurs foiz en grant peril. & depuis fut moult prisé de celle journée. Au Conte de Poitiers & à moy acourut vne autre grant bataille desdits Turcs. Mais soiez certains, que tres-bien furent receuz, & seruiz de mesmes. Et bien besoing leur fut, qu'ilz trouuassent la voie par où ilz estoient venuz au deliure. & en demoura grant quantité de tuez. Et à saueté retournasmes à

l'oſt en noſtre garde, ſans auoir comme riens perdu de noz gens.
 Vng ſoir aduint, que les Turcs amenerent vng engin, qu'ilz appelloient la Perriere, vng terrible engin à mal faire: & le miſdrent vis à vis des chaz chateilz, que Meſſire Gaultier de Curel & moy guettions de nuyt. Par lequel engin ilz nous gettoient le feu Gregois à planté, qui eſtoit la plus orrible choſe, que onques jamés je veiſſe. Quant le bon Cheualier Meſſire Gaultier mon compagnon vit ce feu, il s'eſcrie, & nous diſt: Seigneurs, nous ſommes perduz à « jamais ſans nul remede. Car s'ilz bruſlent noz chaz chateilz, nous ſom- « mes ars & bruſlez: & ſi nous laiſſons nos gardes, nous ſommes ahon- « tez. Pourquoy je conclu, que nul n'eſt, qui de ce peril nous peuſt « defendre; ſi ce n'eſt Dieu noſtre benoiſt Createur. Si vous conſeil- « le à tous, que toutes & quantes foiz, qu'ils nous getteront le feu « Gregois, que chaſcun de nous ſe gette ſur les coudes, & à genoulz: « & crions mercy à noſtre Seigneur, en qui eſt toute puiſſance. Et « tantouſt que les Turcs getterent le premier coup du feu, nous nous miſmes acoudez & à genoulz, ainſi que le preudoms nous auoit enſeigné. Et cheut le feu de cette premiere foiz entre noz deux chaz chateilz, en vne place qui eſtoit deuant, laquelle auoient faite noz gens pour eſtoupper le fleuue. Et incontinant fut eſtaint le feu par vng homme, que auions, propre à ce faire. La maniere du feu Gregois eſtoit telle, qu'il venoit bien deuant auſſi gros que vng tonneau, & de longueur la queuë en duroit bien comme d'vne demye canne de quatre pans. Il faiſoit tel bruit à venir, qu'il ſembloit que ce fuſt fouldre qui cheuſt du ciel, & me ſembloit d'vn grant dragon vollant par l'air: & gettoit ſi grant clarté, qu'il faiſoit auſſi cler dedans noſtre oſt comme le jour, tant y auoit grant flamme de feu. Trois foys celle nuytée nous getterent ledit feu Gregois o ladite perriere, & quatre foiz auec l'arbeleſte à tour. Et toutes les fois que noſtre bon Roy ſaint Loys oyoit, qu'ils nous gettoient ainſi ce feu, il ſe gettoit à terre, & tendoit ſes mains la face leuée au ciel. Et crioit à haulte voix à noſtre Seigneur, & diſoit en pleurant à grans larmes: Beau « Sire Dieu Iesvs-Christ, garde moy & tout ma gent. Et croy « moy, que ſes bonnes prieres & oraiſons nous eurent bon meſtier. Et « dauantage, à chacune foiz que le feu nous eſtoit cheu deuant, il nous enuoioit vng de ſes Chambellans, pour ſauoir en quel point nous eſtion, & ſi le feu nous auoit greuez. L'vne des foiz que les Turcs getterent le feu, il cheut de couſte le chaz chateil, que les gens de Monſeigneur de Corcenay* gardoient, & ferit en la riue du fleuue, *Cortenay. qui eſtoit là deuant: & s'en venoit droit à eulx, tout ardant. Et tantouſt veez-cy venir courant vers moy vn Cheualier de celle compaignie, qui s'en venoit criant: Aidez nous, Sire, ou nous ſommes tous « ars. Car veez-cy comme vne grant haie de feu Gregois, que les Sar- « razins nous ont traict, qui vient droit à noſtre chaſtel. Tantouſt couriſmes là, dont beſoing leur fut. Car ainſi que diſoit le Cheualier,

ainſi eſtoit-il. Et eſtaigniſmes le feu à grant ahan & malaiſe. Car de l'autre part les Sarrazins nous tiroient à trauers le fleuue tres̄t & pi-lotz, dont eſtions tous plains.

Le Conte d'Anjou frere du Roy guettoit de jour les chaz chateilz, & tiroit en l'oſt des Sarrazins auecques arbeleſtes. Or auoit comman-dé le Roy, que aprés que le Conte d'Anjou ſon frere y auoit fait le guet le jour, nous autres de ma compaignie le faiſions la nuyt. Dont à tres-grant paine eſtion, & à tres-grant ſoulcy. Car les Turcs auoient ja briſé & froiſſé nos tandeis & gardes. Aduint que ces traiſtres Turcs amenerent deuant noz gardes leur perriere de jour, & alors faiſoit la guette ledit Conte d'Anjou. Et auoient tous accouplez leurs en-gins, dont ilz gettoient le feu Gregois ſur la chauſſée du fleuue, vis à vis de noz tandeis & gardes. Dont il aduint, que nul ne ſe ouzoit trouuer, ne monſtrer. Et furent noz deux chaz chateilz en vng mo-ment conſumez & bruſlez. Pour laquelle choſe ledit Conte d'Anjou, qui les auoit à garder celui jour, en deuint preſque hors du ſens, & ſe vouloit getter dedans le feu pour l'eſtaindre. Et lors mes Cheua-liers & moy loüaſmes Dieu. Car s'ilz euſſent attendu à la nuyt, nous euſſions eſté tous ars & bruſlez.

Et ce voyant le Roy, il fiſt vne requeſte à ſes Barons, qu'ilz luy donnaſſent & trouuaſſent façon d'auoir du merrain des vaiſſeaux qu'ilz auoient ſur mer, chaſcun de ſa part le plus qu'il pourroit. Car il n'y auoit là bois, dont ilz ſe fuſſent peu aider, & ainſi le leur re-monſtroit le Roy. Dont chaſcun lui en bailla ce qu'il peut. Et auant que le chaz chateil fuſt acheué, & acomply, le merrain, qui y fut emploié, fut eſtimé valoir dix mille liures, & plus. Parquoy pouez congnoiſtre, que maint bateaux en fut perdu, & que nous eſtions lors à grant deſtreſſe. Quant le chaz fut fait & acomply, le Roy ne vou-lut pas qu'il fuſt mis ne planté, que juſques au jour que le Conte d'Anjou ſon frere deuoit faire le guet. Et commanda qu'il fuſt mis ou propre lieu, où les deux autres auoient eſté bruſlez. Et ce faiſoit-il, affin de recouurer l'onneur de ſondit frere, au guet duquel auoient eſté bruſlez les deux autres chaz chateilz. Et ainſi que le Roy le vou-lut, ainſi fut-il fait. Quoy voiant les Sarrazins, ilz attirerent tous leurs engins, dont ilz en auoient ſeize; & les coupplerent en façon, que tous tiroient à noſtre chaz chateil, qui auoit eſté fait de neuf. Et quant ilz virent, que noz gens doubtoient d'aller & venir au chas pour les pierres qu'ilz tiroient, ilz adreſſerent la perriere droit au chat chateil, & le ardirent derechief auec feu Gregois. Et ſecondement grant grace nous fiſt noſtre Seigneur, à mes Cheualiers & à moy. Car s'ilz euſſent attendu juſques à la nuyt venant, que deuions faire le guet, nous euſſions eſté ars & bruſlez, comme j'auoiz pareillement dit deuant.

Ce voyant le Roy, & toute ſa gent, fut moult troublé; & appella tous ſes Barons pour le conſeiller qu'il deuoit faire. Et virent par
entr'eulx,

## DV ROY SAINT LOYS. 41

entr'eux, que possible n'estoit de pouoir faire chaussée à passer aux Turcs & Sarrazins. Car noz gens ne pouoient tant faire d'vne part, comme ilz en desrompoient de l'autre part. Lors Messire Humbert de Beaujeu Connestable de France dist au Roy, que vng homme Beduins estoit venu à lui, & lui auoit dit; Que se on lui vouloit donner cinq cens besans d'or, qu'il nous enseigneroit vn bon gué à passer bien aiseement à cheual. A quoy le Roy respondit, que tres-voulentiers s'i accordoit, mais qu'il tensist verité de sa part. Et ne voulut celui homme enseigner le gué, que premier il n'eust ses deniers, qui lui auoient esté promis.

Par le Roy fut accordé, que le Duc de Bourgoigne, & les riches hommes du païs d'oultre mer, qui estoient accordans auec lui, guetteroient l'ost de paeurs des Sarrazins. Et que lui & ses trois freres, qui estoient le Conte de Poitiers, le Conte d'Artois, & le Conte d'Anjou, qui depuis fut Roy de Sicile, comme j'ay dit deuant, auecques leurs gens à cheual yroient veoir & essaier le gué, que le Beduin leur deuoit monstrer. Et fut mis & assigné jour à vng jour de Caresme-prenant. Et quant vint icelui jour, nous montasmes à cheual, & allasmes au gué d'icelui Beduin tous en point de guerre. Et en cheuauchant, aucuns se tiroient prés de la riue du fleuue, & la terre y estoit coulante & mouïllée; & ilz cheoient eulx & leurs cheuaulx dedans le fleuue, & se noioient. Et le Roy, qui l'aperceut, le monstra aux autres; affin qu'ils se donnassent garde de n'y tumber. Et entre autres cheut & se noya Messire Iehan d'Orleans le vaillant Cheualier, qui portoit banniere à l'armée. Et quant nous fusmes au gué, nous veismes de l'autre part du fleuue, bien trois cens Sarrazins tous à cheual, qui gardoient celui passage. Lors nous entrasmes dedans le fleuue, & trouuerent nos cheuaulx assez bon gué & ferme terre; & tirasmes contremont le fleuue, bonne riue à passer oultre, tant que la mercy Dieu nous passasmes tous sans dangier. Et quant les Sarrazins nous virent ainsi passer, ilz s'enfuirent à grant erre.

Auant que partir, le Roy auoit appointé que les Templiers feroient l'auant-garde, & le Conte d'Arthois son frere meneroit la seconde bataille. Mais si toust que le Conte d'Arthois eut passé le fleuue, lui & tous ses gensd'armes, & virent que les Sarrazins s'enfuioient deuant eulx, ilz picquent cheuaulx des esperons, & commancent à courre contre les Sarrazins. Dont de ce ceulx, qui faisoient l'auant-garde, furent courroucez contre le Conte d'Arthois, parce qu'il ne leur ouzoit respondre pour la paeur de Messire Foucquault dou Melle, qui le tenoit par le fraim de son cheual. Et lequel Messire Foucquault ne oioit chose que les Templiers deissent au Conte d'Arthois, par ce qu'il estoit sourt: & crioit Messire Foucquault à plaine voix: Or à eulx, « or à eulx. Quant les Templiers virent ce, ils se penserent estre ahon- « tez & diffamez, s'ils laissoient aller le Conte d'Arthois deuant eulx. Lors tout d'vn accord vont ferir des esperons tant qu'ilz peurent, &

F

fuyuirent les Sarrazins fuyans deuant eulx tout parmy la ville de la Maſſourre juſques aux champs par deuers Babilonne. Quant ilz cuiderent retourner arriere, les Turcs leur lançoient par à trauers les ruës, qui eſtoient eſtroites, force de treƈt & d'artillerie. Là fut tué le Conte d'Arthois, & le Sire de Coucy, qu'on appelloit Raoul, & tant d'autres Cheualiers, juſques au nombre de trois cens. Et les Templiers, ainſi comme le Maiſtre Capitaine me diſt, perdirent bien quatorze vingts hommes d'armes & de cheual.

Et mes Cheualiers, genſd'armes & moy veiſmes à main ſeneſtre grant quantité de Turcs, qui ſe armoient encores; & incontinant couruſmes ſur eulx. Et ainſi que les chaſſions parmy leur oſt, j'apperceu vng grant Sarrazin, qui montoit ſus ſon cheual, & luy tenoit le frain de ſon cheual vng ſien Cheualier. Et tandis que le Sarrazin mit les mains à la ſelle de ſon cheual pour vouloir monter, je lui donné de m'eſpée par deſſoubs les eſſelles, tant comme je peu la mettre auant, & le tué tout mort d'vn coup. Quant ſon Cheualier vit ſon Sire mort, il habandonne Maiſtre & cheual, & m'eſpia au retourner, & me vint frapper de ſon glayue ſi grant coup entre les eſpaulles, qu'il me gitta ſur le coul de mon cheual, & me tint ſi preſſé, que je ne pouoie tirer mon eſpée que j'auois ceinte: mais me faillit tirer vne autre eſpée, que j'auoie à la ſelle de mon cheual. dont bien meſtier m'en fut. Et quant il vit que j'eu mon eſpée ou poing, il tira ſon glaiue à lui, que j'auoie ſaiſi, & ſe recula de moy. Or aduint que mes Cheualiers & moy nous trouuaſmes hors de l'oſt des Sarrazins, & par cy par là en veiſmes bien prez de ſix mil, qui eſtoient allez aux champs, & auoient habandonné leurs logis. Et quant ilz nous eurent apperceuz à l'eſquart, ilz nous vindrent courir ſus de grant rendon; & là tuerent Meſſire Hugues de Trichatel Seigneur d'Eſconflans, qui portoit la banniere de noſtre compaignie. Et pareillement prindrent Meſſire Raoul de Wanon de noſtredite compaignie, lequel ilz auoient abatu à terre. Et comme ilz l'emmenoient, mes Cheualiers & moy le congneuſmes, & le allaſmes hardiement reſcourre, & le deliurer de leurs mains. Et en retournant de celle bataille, les Turcs me donnerent de ſi grans coups, que mon cheual ſe agenoulla à terre du grant poix qu'il ſentoit, & me jetterent oultre par deſſus les oreilles de mon cheual. Et tantouſt me redreſſay mon eſcu au coul, & mon eſpée ou poing. Et ſe tira par deuers moy Monſeigneur Errart d'Eſmeray, que Dieu abſoille; lequel à ſemblable ilz auoient abatu à terre. Et nous retiraſmes luy & moy auprés d'vne maiſon, qui illeques prés auoit eſté abatuë; pour attendre là le Roy, qui venoit. Et trouué façon de recouurer cheual. Et ainſi que nous en allions à celle maiſon, veez-cy vne grant bande de Turcs, qui viennent ſur nous courans, & paſſans oultre à autre compaignie de nos gens, qu'ilz veoient là prés. Et en paſſant ilz me gettent à terre, mon eſcu hors de mon coul, & paſſoient par deſſus moy, cuidans que fuſſe mort. dont il n'en failloit

## DV ROY SAINT LOYS.

gueres. Et quant furent paſſez, Meſſire Errart mon compaignon me vint releuer ſus, & nous en allaſmes juſques aux murs de celle maiſon deffaite. A ces murs de maiſon ſe rendirent à nous Meſſire Hugues d'Eſcoſſé, Meſſire Ferreys de Loppei, Meſſire Regnault de Menoncourt, & autres pluſieurs. Et là nous vindrent aſſaillir les Turcs de plus belle de toutes pars. Et en deſcendit vne partie d'eulx dedans la maiſon où nous eſtions, & longuement furent bataillans contre nous à la pointe. Lors mes Cheualiers me baillerent cheual qu'ilz tenoient, de paeur qu'il s'enfuit. Et eulx de nous defendre vigoureuſement contre les Turcs, & en telle maniere, que grandement loüez en furent de pluſieurs preudes homs qui les veoient. Là fut nauré Meſſire Hugues d'Eſcoſſé de trois grans plaies ou viſage, & ailleurs. Meſſire Raoul, & Meſſire Ferreis à ſemblable, fut chacun d'eulx blecié par les eſpaules, tellement que le ſang ſortoit de leurs plaies tout ainſi que d'vn tonneau ſort le vin. Meſſire Errart d'Eſmeray fut nauré parmy le viſage d'vne eſpée, qui luy trancha tout le neys, tant qu'il luy cheoit ſur la bouche. Adonc en celle deſtreſſe me ſouuint de Monſeigneur ſaint IAQVES, & lui dis: Beau Sire ſaint Iaques, je te ſupply aide moy, & me ſecours à ce beſoing. Et tantouſt que j'eu fait ma priere, Meſſire Errart me diſt: Sire, ſi vous ne penſiez que je le feiſſe pour m'enfuir, & vous habandonner, je vous allaſſe querir Monſeigneur le Conte d'Anjou, que je voy là en ces champs. Et je lui dis: Meſſire Errart, vous me feriez grant honneur, & grant plaiſir ſi vous nous alliez querir aide pour nous ſauuer les vies. Car la voſtre eſt bien en auenture. Et je diſoie voir. car il en mourut de celle bleſſeure. Et tous furent auſſi d'opinion, qu'il nous allaſt querir ſecour. Lors lui laiſſé aller ſon cheual, que je tenoie par le frain. Adonc s'en courut au Conte d'Anjou, lui requerir qu'il nous vienſiſt ſecourir ou dangier, où nous eſtions. Dont il y eut vng grant Sire auecques lui, qui l'en voulût garder. Mais le bon Seigneur n'en voulut riens croire, ains tourna ſon cheual, & acourut auecques de ſes gens picquans des eſperons. Et quant les Sarrazins le virent venir, ilz nous laiſſerent. Et quant furent arriuez, & virent les Sarrazins, qui tenoient Meſſire Raoul de Wanon, & l'emmenoient tout blecié, incontinant l'allerent recourir tout blecié, & en bien piteux point.

Et tantouſt je vy venir le Roy, & toute ſa gent, qui venoit à vng terrible tempeſte de trompettes, clerons, & cors. Et ſe arreſta ſur vng hault chemin auecques tous ſes genſd'armes, pour quelque choſe qu'il auoit à dire. Et vous promets, que onques ſi bel homme armé ne veis. Car il pareſſoit par deſſus tous depuis les eſpaulles en amont. Son heaume, qui eſtoit doré, & moult bel, auoit-il ſur la teſte, & vne eſpée d'Almaigne en ſa main. Et tantouſt qu'il fut arreſté, pluſieurs de ſes Cheualiers apperceurent en la bataille des Turcs grant quantité d'autres Cheualiers, & des gens du Roy: & ilz ſe vont lancer parmy la bataille auec les autres. Et deuez ſauoir, que à ceſte

F ij

foiz-là furent faiz les plus beaux faiz d'armes qui onques furent faiz ou veage d'oultre mer, tant d'vne part, que d'autre. Car nul ne tiroit d'arc, d'arbelefte, ne d'autre artillerie. Mais eſtoient les coups, qu'on donnoit l'vn ſur l'autre, à belles maſſes, eſpées, & fuſtz de lances, tout meſlé l'vn parmy l'autre. Et de ce que je veoie, moult tardoit à mes Cheualiers & à moy, tous bleciez comme nous eſtions, que n'eſtions dedans la bataille auec les autres. Et veez-cy tantouſt venir à moy vng mien Eſcuier, qui s'en eſtoit fuy à tout ma banniere par vne foiz, & me amena vng de mes deſtriers Flamant. & fuz tantouſt monté. Lors me tiré couſte à couſte du Roy. Là fut le bon preudomme Meſſire Iehan de Valori, qui veoit bien que le Roy ſe vouloit aller frapper ou fort de la bataille: & lui conſeilla, qu'il ſe tiraſt à couſte la main deſtre deuers le fleuue, affin que ſi dangier y auoit, qu'il peuſt auoir ſecours du Duc de Bourgoigne, & de l'armée qui gardoit ſon oſt, que nous auions leſſez; & auſſi à ce que ſes gens ſe peuſſent refraichir, & auoir à boire. Car le chault eſtoit ja moult eſleué. Le Roy manda querir & faire retirer ſes Barons, Cheualiers, & autres ſes gens de Conſeil, qui eſtoient en la bataille des Turcs. Et tantouſt qu'ilz furent venuz, il leur demanda conſeil de ce qu'il eſtoit de faire. Et pluſieurs reſpondirent, que le bon Cheualier Meſſire Iehan de Valory, qu'il auoit auec lui, le conſeilleroit moult bien. Lors ſelon le conſeil d'icelui Valory, que pluſieurs accorderent eſtre bon, le Roy ſe tira à couſte de main deſtre vers le fleuue. Et veez-cy venir Meſſire Hymbert de Beaujeu, Conneſtable de France, qui diſt au Roy, que ſon frere le Conte d'Arthois eſtoit en grant preſſe en vne maiſon à la Maſſourre, & ſe deffendoit à merueilles: mais ce nonobſtant, qu'il auoit bon beſoing d'eſtre ſecouru. & pria le Roy de l'aler ayder. Et le Roy diſt: Conneſtable picquez deuant, & je vous ſuyuray de prés. Et à ſemblable moy de Ionuille dys au Conneſtable, que je ſeroie vng de ſes Cheualiers, & le ſuyurois à tel affaire. dont il me mercia de bon cueur. Et tantouſt chaſcun de nous commence à ferir des eſperons droit à celle Maſſourre, parmy la bataille des Turcs. Et furent tantouſt pluſieurs de noſtre compaignie deſſeurez & departis de la preſence l'vn de l'autre, entre la force des Turcs & Sarrazins.

Et vng peu aprés, veez-cy venir vng Sergent à maſſe au Conneſtable, auec qui j'eſtois, & lui diſt que le Roy eſtoit arreſté des Turcs, & en grant dangier de ſa perſonne. Qui fut eſbahy ce fut nous, & à grant effroi. Car entre le lieu où eſtoit le Roy auec les Turcs, & nous, y auoit bien mil ou douze cenz Turcs; & nous n'eſtions que ſix de noſtre part. Lors je dis au Conneſtable, puis que nous n'auions pouoir de paſſer parmy telle foulle de Turcs, qu'il nous valoit mieulx aller paſſer par amont au deſſus d'eulx. Et ainſi tout ſubit le fiſmes nous. Et y auoit vng grant fouſſé par le chemin que nous priſmes, entre nous & les Sarrazins. Et ſaichez, que s'ilz ſe fuſſent prins garde

## DV ROY SAINT LOYS.

de nous, tantouſt ilz nous euſſent touz tuez & occis: mais ilz entendoient au Roy, & aux autres groſſes batailles. & auſſi qu'ilz cuidoient que nous fuſſions de leurs gens. Et ainſi que nous arriuions de deuers le fleuue, tirant en bas entre le ruel & le fleuue, nous viſmes que le Roy s'eſtoit retiré ou haut du fleuue, & que les Turcs en emmenoient les autres batailles. Et ſe aſſemblerent toutes leurs batailles auecques les batailles du Roy ſur le fleuue, & là y eut piteuſe deſconueuuë. Car la pluſpart de noz gens, qui ſe trouuoient des plus febles, cuidoient paſſer à nous deuers l'oſt, où eſtoit le Duc de Bourgoigne. Mais il n'eſtoit poſſible. car leurs cheuaulx eſtoient ſi las & trauaillez, & faiſoit vne chaleur extreme. Et en deſcendant à val le fleuue, nous voions l'eauë toute couuerte de picques, lances, eſcuz, gens & cheuaulx qui periſſoient & noioient. Quant nous viſmes la fortune, & le piteux eſtat, qui couroit ſus nos gens, je commençay à dire au Conneſtable, que nous demouraſſon deçà le fleuue, pour garder à vng poncel, qui eſtoit illecques prés. Car ſi nous le laiſſons, lui fis-je, « ilz viendront charger ſur le Roy par deçà: & ſi noz gens ſont aſſail- « liz par deux lieux, nous pourrons trop auoir du pire. Et ainſi de- « mouraſmes nous. Et ſoiez certains, que le bon Roy fiſt celle journée des plus grans faiz d'armes que j'amais j'aye veu faire en toutes les batailles où je fu oncq. Et dit-on, que ſi n'euſt eſté ſa perſonne, en celle journée nous euſſions eſté tous perduz & deſtruiz. Mais je croy que la vertu & puiſſance qu'il auoit luy doubla lors de moitié par la puiſſance de Dieu. Car il ſe boutoit ou meilleu, là où il veoit ſes gens en deſtreſſe, & donnoit de maſſes & d'eſpée des grans coups à merueilles. Et me conterent vng jour le Sire de Courcenay\*, & Meſ- \* *Courtenay.* ſire Iehan de Salenay, que ſix Turcs vindrent au Roy celuy jour, & le prindrent par le frain de ſon cheual, & l'emmenoient à force. Mais le vertueux Prince s'eſuertuë de tout ſon pouoir, & de ſi grant courage frappoit ſur ces ſix Turcs, que lui ſeul ſe deliura. Et ainſi que pluſieurs virent, qu'il faiſoit telz faiz d'armes, & qu'il ſe deffendoit ſi vaillamment, prindrent courage en eulx, & habandonnerent le paſſage qu'ilz gardoient, & allerent ſecourir le Roy.

Aprés vng peu, d'illecq veez-cy droit à nous, qui gardions le poncel ad ce que les Turcs ne paſſaſſent, le Conte Pierre de Bretaigne, qui venoit de deuers la Maſſourre, là où il y auoit eu vne autre terrible eſcarmouche. Et eſtoit tout blecié ou viſage, tellement que le ſang lui ſortoit de la bouche à planté, comme s'il euſt voulu vomir de l'eauë qu'il euſt en la bouche. Et eſtoit ledit Conte de Bretaigne ſur vng gros courtault bas, & aſſez bien fourny, & eſtoient toutes ſes regnes briſées & rompuës à l'arçon de la ſelle: & tenoit ſon cheual à deux mains par le coul, de paeurs que les Turcs, qui eſtoient derriere lui, & qui le ſuyuoient de prés, ne le feiſſent cheoir de deſſus ſon cheual. Nonobſtant qu'il ſembloit, qu'il ne les doubtaſt pas gramment. Car ſouuent il ſe tournoit vers eulx, & leur diſoit parol-

F iij

les en figne de moquerie. Et en la fin de celle bataille vindrent vers nous le Conte Iehan de Soiffons, & Meffire Pierre de Nouille que on appelloit Cayer: qui affez auoient fouffert de coups celle journée, qui eftoient encores demourez derriere ladite bataille. Et quant les Turcs le virent, ilz fe cuiderent efmouuoir à leur venir au deuant. Mais quant ilz nous eurent apperceuz gardant le pont, & que nous eftions les faces tournées vers eulx, ilz les laifferent paffer oultre. doubtans que les fuffions allez fecourir, ainfi que euffions fait. Et puis je dis au Conte de Soiffons, qui eftoit mon coufin germain ;
„ Sire, je vous pry, que vous demourez cy à garder ce poncel,
„ & vous ferez bien. Car fi vous le leffez, ces Turcs, que vous
„ voiez là deuant nous, viendront frapper parmy; & ainfi le Roy de-
„ mourera affailly par darriere & par deuant. Et il me demande, s'il demouroit, fi je vouldrois auffi demourer auec lui. Et je lui refpons, que oy moult vouleutiers. Et lors quant le Conneftable oyft noftre accord, il me dift que je gardaffe bien ce paffage fans partir, & qu'il nous alloit querir du fecour. Et ainfi que j'eftoie là fur mon roucin, demourant au poncel entre mon coufin le Conte de Soiffons à main deftre, & Meffire de Nouille à la feneftre ; veez-cy venir vng Turc, qui venoit de deuers l'armée du Roy, & vint par darriere frapper Meffire Pierre de Nouille d'vne groffe maffe pefante vng grant coup. Tellement qu'il le coufcha fur le coul de fon cheual, & puis print la cource par à trauers du pont, & s'enfuit deuers fa gent, cuidant que le voulfiffions fuiuir ; affin de habandonner le pont, & qu'ilz le peuffent gaigner. Et quant ilz virent, que nullement ne voulions laiffer le poncel, ilz fe mifdrent à paffer le ruffel ; & fe demourerent entre le ruffel & le fleuue. Et quant nous les vifmes, nous approchafmes d'eulx en telle maniere que nous eftions tous preftz de leur courir fus, s'ilz fe fuffent plus auancez de venir.

Deuant nous auoit deux Heraulx du Roy, dont l'vn auoit nom Guilleaume de Bron, & l'autre Iehan de Gaymaches: aufquelz les Turcs, qui eftoient entre le ru & le fleuue, comme j'ay dit, amenerent tout plain de villains à pié, gens du païs, qui leur gettoient bonnes mottes de terre, & de groffes pierres à tour de braz. Et au darrenier, ilz amenerent vng autre villain Turc, qui leur gecta trois foiz le feu Gregois. Et à l'vne des foiz il print la robbe de Guilleaume de Bron, & l'eftaignit tantoft. dont befoing lui fut. Car s'il fe fuft allumé, il fuft tout bruflé. Et nous eftions tous couuers de pilles & de tretz, qui efchappoient des Turcs, qui tiroient à ces deux Heraulx. Or me aduint, que je trouué illec prés vng gaubifon d'eftouppe, qui auoit efté à vng Sarrazin : & je tourné le fendu deuers moy, & en fis efcu, dont grant befoing m'eut. Car je ne fu blecié de leurs pilles, que en cinq lieux, & mon cheual l'eftoit en quinze lieux. Et Ainfi tantouft comme Dieu le voulut, arriua illecques vng de mes bourgeois de Ionuille, qui me apportoit vne banniere à mes

## DV ROY SAINT LOYS. 47

armes, & vng grant coufteau de guerre dont je n'auois point. Et deformais que ces villains Turcs, qui eftoient à pié, faifoient preffe à ces Heraulx, nous leur courions fus ; & tantouft s'enfuyoient.

Et ainfi que nous eftions là gardans ce poncel, le bon Conte de Soiffons, quant nous eftions retournez de courir aprés ces villains, fe railloit auecques moy, & me difoit : Senneſchal, leſſons crier & « braire cefte quenaille. Et par la creffe Dieu, ainfi qu'il juroit, en- « cores parlerons nous vous & moy de cefte journée en chambre de- « uant les Dames. «

Aduint que fur le foir enuiron le foleil couſchant le Conneſtable Meſſire Himbert de Beaujeu nous amena les Arbaleftriers du Roy à pié, & fe arrengerent deuant. Et nous autres de cheual defcendiſmes à pié en l'ombre des Arbaleftriers. Et ce voians les Sarrazins, qui là eftoient, incontinant s'enfuirent, & nous laiſſerent en paix. Et lors me dift le Conneftable, que nous auions bien fait d'auoir ainfi bien gardé le poncel. Et me dift, que je m'en allaffe deuers le Roy hardiement, & que je ne l'abandonnaffe jufques à ce qu'il fuft defcendu en fon paueillon. Et ainfi m'en allay deuers le Roy. Et tantouft que je fu deuers ledit Seigneur, à luy arriua Meſſire Iehan de Valory, lui faire vne requefte, qui eftoit ; Que le Sire de Chaftillon le prioit, qu'il lui donnaft l'arriere-garde. Ce que le Roy lui octroia moult voulentiers. Et puis le Roy fe mift à chemin pour fe retirer en fon paueillon, & lui leuay fon heaume de la tefte, & lui baillay mon chappel de fer, qui eftoit beaucoup plus legier, affin qu'il euft vent. Et ainfi que nous cheminions enfemble, à lui vint Frere Henri Prieur de l'Ofpital de Ronnay, qui auoit paffé la riuiere, & luy vint baifer la main toute armée : & lui demanda s'il fauoit aucunes nouuelles de fon frere le Conte d'Arthois ? Et le Roy luy refpondit, que ouy bien ; c'eft affauoir, qu'il fauoit bien qu'il eftoit en Paradis. Et le Prieur Frere Henry, en le cuidant refconforter de la mort de fondit frere le Conte d'Arthois, lui dift : SIRE, onques fi grant honneur « n'auint à Roy de France, comme à vous. Car de grant courage vous « & toute voftre gent, auez paſſé à nous vne malle riuiere, pour aller « combatre voz ennemis. Et tellement auez fait, que vous les auez « chaſſez, & gaigné le champ auec leurs engins, dont ilz vous faifoient « grant guerre à meruelles : & gerrez encores anuyt en leurs her- « bergemens & logeis. Et le bon Roy refpondit, que Dieu fuft adoré « de quant qu'il lui donnoit. Et lors lui commencent à cheoir groffes larmes des yeulx à force, dont maints grans perfonnages, qui virent ce, furent moult oppreſſez d'angoeffe & de compaffion, de la pitié qu'ilz auoient de le veoir ainfi pleurer, & en loüant le nom de Dieu, de ce qu'il lui faifoit endurer. Et quant nous fufmes arriuez à noz herbergemens, nous trouuafmes grand nombre de Sarrazins à pié, qui tenoient les cordes d'vne tente, laquelle ilz deftendoient à force contre plufieurs de noftre gent menuë, qui la tendoit. Et le

Maiſtre du Temple, qui auoit l'auant-garde, & moy, couruſmes ſus à ceſte quenaille, & les miſmes à la fuite. & demoura à nos gens icelle tente. Mais non pour tant y eut grant bataille, dont pluſieurs, qui eſtoient en grans bobans, ſe trouuerent moult honteuſement. Les noms deſquelz je nommeroie bien. Mais ie m'en deporte, parce que ilz ſont mors; & n'affiert à aucun, mal dire des treſpaſſez. De Meſſire Guion Maluoiſin vous vueil bien dire. Car le Conneſtable & moy le rencontraſmes en chemin, venant de la Maſſourre, bien ſe maintenant: & ſi eſtoit aſſez pourſuy, & preſſé de prés. Car ne plus ne mains que les Turcs auoient dés pieça rebouté & chaſſé le Conte de Bretaigne & ſa bataille, comme je vous ay deuant dit: ainſi reboutoient & chaſſoient-ilz Monſeigneur Guyon, & ſa gent. Mais non pourtant eut-il grant los de celle journée. Car moult vaillamment ſe porta-il, & toute ſa bataille. & n'eſtoit pas de merueille. Car j'ay depuis ouy dire à ceulx, qui ſauoient & congnoiſſoient ſon lignage, & tous ſes genſd'armes à peu prés, qu'il n'en failloit gueres, que tous ſes Cheualiers ne fuſſent de ſon lignage, & gens qui eſtoient ſes hommes de foy & hommage lige. Parquoy beaucoup plus grant courage auoient-ilz à leur Cheuetaine.

Aprés que nous euſmes deſconfitz les Turcs, & chaſſez hors de leurs herberges; les Beduns, qui eſtoient moult grans gens, ſe ferirent parmy l'oſt aux Sarrazins & Turcs, & prindrent & emporterent tout quant qu'ilz peurent trouuer; & ce que auoient laiſſé les Sarrazins. Dont je fu fort emerueillé. Car les Beduns ſont ſubgectz & tributaires aux Sarrazins. Mais onques ne ouy dire, qu'ilz en euſſent pis d'iceulx Sarrazins, de choſe qu'ilz leur euſſent tolluë & pillée. Et diſoient que leur couſtume eſtoit, de touſjours courir ſus aux plus febles. qui eſt la nature de chiens. Car quant il en y a vng, à qui l'autre court, & on y hue, les autres tous lui courent ſus.

Et pour ce qu'il affiert à ma matere, je vieulx dire quelque choſe, & quelles gens ſont que les Beduns. Les Beduns ne croient mye en Mahommet, comme font les Turcs: mais ilz croient en la loy Hély, qu'ilz diſent eſtre oncle de Mahommet, & ſe tiennent en montaignes & deſers. Et ont en creance, que quant l'vn d'eulx meurt pour ſon Seigneur, ou autre quelque bonne intention, que ſon ame va en vng autre meilleur corps, & eſt à plus grand aiſe que deuant. Et pour ce ne font compte de mourir pour le commandement de leurs anciens & ſuperieurs. Ces Beduns ne demeurent ne en ville, ne en cité: mais giſent touſjours aux champs, & en deſers. Et quant il fait mauuais temps, eulx, leurs femmes & enfans, fichent en terre vne façon de habitacle, qui eſt fait de tonnes & de cercles liez à des perches, ainſi que font les femmes à ſeicher les buées: & ſur ces cercles & perches gectent des peaux de grans moutons qu'ilz ont, que on appelle peaux de Somas, courroyées en alun. Et les Beduns

meſ-

## DV ROY SAINT LOYS.

mesmes ont grans pelices, qui sont à grant poil, qui leur couurent tout le corps. Et quant ce vient le soir, ou qu'il fait mal temps, ilz s'encloent & retirent en leurs pelices; & ont leurs cheuaulx ceulx qui suiuent les guerres, la nuyt pessans emprés eulx, & ne leur font que ouster les brides, & les lesser pestre. Puis le landemain ilz estandent leurs pelices au souleil, & les froutent quant sont seiches, & ne pert point qu'elles ayent esté moüillées. Ceulx qui suyuent les guerres, ne sont jamés armez, parce qu'ils dient & croient, que nul ne peut mourir que à son jour. Et pourtant ont-ilz entr'eux ceste façon, que quant ilz maudient leurs enfans, ilz leur disent: Tu sois mauldit comme celui qui se arme de paeur de mort. En bataille ne portent-ilz que le glaiue fait à la mode de Turquie, & sont presque tous vestuz de linges ressemblans à sourpeliz. Et sont laides gens & hideux à regarder. Car ilz ont tous les cheueux & les barbes longs, & tous noirs. Ilz viuent de l'affluence du let de leurs bestes. Et y en a si grant nombre, que nul ne les sauroit estimer. Car il en y a ou Royaume d'Egipte, de Ierusalem, & par toutes les terres des Royaumes Sarrazins, & mescreans, ausquelz ilz sont tributaires.

Ad ce propoux des Beduns, je dy que j'ay veu depuis mon retour d'oultre mer aucuns portans le nom de Chrestien, qui tiennent la loy des Beduns. Car sont aucuns qui disent, que nul ne peut mourir que à vng jour determiné, sans aucune faille. qui est vne chose faulce. Car autant je estime telle creance, comme s'ilz vouloient dire, que Dieu n'eust point de puissance de nous mal faire ou aider, & de nous eslonger ou abregier les vies. qui est vne chose heretique. Mais au contraire, je dy que en lui deuons nous croire, & qu'il est tout puissant, & a pouoir de toutes choses faire: & ainsi de nous enuoier la mort toust ou tart à son bon plaisir. Qui est le contraire de la creance des Beduns, qui disent leur jour de mort estre determiné sans faille, & sans qu'il soit possible qu'il puisse estre eslongné ne abregé.

Pour reuenir à ma matiere, & icelle poursuir, aduint que au soir, que fusmes retournez de la piteuse bataille, dont j'ay deuant parlé, & que nous fusmes logiez ou lieu, dont nous auions getté & expulsé les Sarrazins: mes gens m'apporterent de nostre ost vne tente, que le Maistre des Templiers, qui auoit l'auant-garde, m'auoit donnée: & la fis tendre à droit des engins, que auions gaignez des Sarrazins. Et chacun de nous bien se vouloit respouser. car bien mestier en auions, pour les plaies & naureures que auions des coups d'icelle piteuse bataille. Mais auant le point du jour, on commença en l'ost à crier: A l'arme, à l'arme. Et tantoust je fis leuer mon Chambelan, qui gisoit prés moy, pour aller veoirs que c'estoit. Et ne tarda gueres qu'il ne retournast tout efraié, me criant: Sire, or sus, or sus. Car veez-cy les Sarrazins à pié & à cheual, qui ont ja desconfit les gens, que le Roy auoit ordonnez à faire le guet, & à garder les engins des Sarrazins, que nous auions gaignez. Et estoient les engins deuant

G

les paueillons du Roy, & de nous autres prouches de lui. Et fur piez me leuay, & gicté ma curaſſe fur le dos, & vng chappel de fer fur la teſte. Et appellé nos gens, qui tous bleciex, comme nous eſtions rebouta ſmes les Sarrazins hors de deuant les engins qu'ilz vouloient reſcourre. Et puis le Roy, pour ce que nous ne pouions veſtir nos haubers, nous enuoya Meſſire Gaultier de Chaſtillon, lequel ſe logea entre nous & les Turcs, pour eſtre au deuant des engins.

Quant Meſſire Gaultier de Chaſtillon eut rebouté les Sarrazins par pluſieurs foiz, qui vouloient deſrober de nuyt les engins que nous auions gaignez, & que les Sarrazins virent qu'ilz n'y pouoient riens faire ne ſourprandre : ilz ſe retirerent à vne groſſe bataille de leurs gens à cheual, qui eſtoient arrengez deuant noſtre oſt tout ras à ras, pour garder que de nuyt nous ne ſourprinſons leur oſt, qui eſtoit derriere eulx. Six des Cheuetaines des Turcs ſe deſcendirent moult bien armez, & vindrent faire vng tandeis de groſſes pierres de taille : affin que noz arbaleſtriers ne les bleczaſſent du trect. Et eulx-meſmes tiroient à la vollée parmy noſtre oſt, & ſouuent bleczoient pluſieurs de nos gens. Et quant mes genſd'armes & moy, qui auions à garder celui endroit, veiſmes leur tandeis de pierre, nous prinſmes conſeil enſemble, que la nuyt venuë nous yrions deffaire leurdit tandeis, & emporterions les pierres. Or auoys-je vn Prebſtre, qui auoit nom Meſſire Iehan de Wayſy, qui oyt noſtre conſeil & entrepriſe : & de fait n'attendit pas tant, ainçois ſe deſpartit de noſtre compaignie tout ſeullet, & alla vers les Sarrazins, ſa curaſſe veſtuë, ſon chappel de fer ſur la teſte, & ſon eſpée ſoubs l'eſſelle, de paeur qu'on l'apperceuſt. Et quant il fut prés des Sarrazins, qui ne ſe penſoient ne doubtoient de lui, parce qu'il eſtoit tout ſeul, il leur courut ſus aſprement, & lieue ſon glaiue, & fiert ſur ces ſix Capitaines Turcs, ſans que nully d'eulx euſt pouoir de ſoy deffendre. & force leur fut de prandre la fuite. Dont de ce furent moult eſbahiz les autres Turcs & Sarrazins. Et quant ilz virent ainſi leurs Seigneurs enfuir, ilz picquerent des eſperons, & coururent ſus à mon Prebſtre, qui ſe retourna vers noſtre oſt : dont il partit bien cinquante de nos genſd'armes à l'encontre des Turcs, qui le pourſuiuoient à cheual. Mais les Turcs ne vouldrent joindre à noz gens, ains gauchirent par deuant eulx par deux ou par trois foiz. Et arriua à l'vne des foiz, que vng de noz gens d'armes gecta ſa dague à vng de ces Turcs, & lui donna entre les couſtes, & emporta la dague en ſon corps, & en mourut. Quant les autres Turcs virent ce, ilz n'y oſerent onques puis acourir. Et adonc noz gens en apporterent toutes les pierres de leurs tandeys. Et deſormais fut mon Prebſtre bien congneu en noſtre oſt, & lui diſoit-on quant on le veoit : Veez-cy le Prebſtre, qui a tout ſeul deſconfit les Sarrazins.

Les choſes deſſuſdictes aduindrent le premier jour de Careſme. Et celuy jour meſmes firent les Sarrazins vng Cheuetaine nouueau

## DV ROY SAINT LOYS.

d'vn tres-vaillant Sarrazin, ou lieu de leur Cheuetaine nommé Scecedun, dont il est deuant fait mention, qui mourut en la bataille le jour de Caresme-prenant: là où semblablement fut occis le bon Conte d'Arthois frere du Roy saint Loys. Icelui Cheuetaine nouueau entre les autres morts trouua le Conte d'Arthois, qui auoit esté moult vaillant & preux en icelle bataille, & estoit habillé richement, comme appartenoit à vng Prince. Et print ledit Cheuetaine la cotte d'armes dudit Conte d'Arthois, & pour donner courage aux Turcs & Sarrazins, la leua hault deuant eulx, & leur disoit que c'estoit la cotte d'armes du Roy leur ennemy, qui estoit mort en la bataille. Et pourtant Seigneurs, faisoit-il, bien vous deuez esuertuer. Car « corps sans chief n'est plus riens, n'aussi armée sans Prince ou Cheue- « taine. Et par ce conseille, que nous les deuons durement assaillir, « & m'en deuez croire. Et Vendredi prouchain les deuons auoir, & « tous prandre, puis qu'ainsi est qu'ilz ont perdu leur Cheuetaine. Et « Et tous s'accorderent liement les Sarrazins au conseil de leurdit Cheuetaine. Or deuez sauoir, que en l'ost des Sarrazins, le Roy auoit plusieurs espies, qui oyoient & sauoient souuentesfois leurs entreprises, & ce qu'ilz vouloient faire. Dont il s'en vint aucunes des espies anoncer au Roy les nouuelles & entreprises des Sarrazins, & qu'ilz le croioient mort, & que l'armée estoit sans Chief. Et adonc le Roy fist venir tous ses Capitaines de s'armée, & leur commanda qu'ilz feissent armer tous leurs gensd'armes, & estre en aguect & tous prestz à la mynuit, & que chascun se mist hors des tentes & pauillons jusques au deuant de la lice, qui auoit esté faite affin que les Sarrazins n'entrassent à cheual, & à grant nombre en l'ost du Roy: mais estoit seulement faite en façon qu'on y entroit à pié. Et tantoust fut fait selon le commandement du Roy.

Et ne doubtez, que ainsi que le Chief d'iceulx Sarrazins auoit ordonné & conclu, que pareillement il se mist en diligence de executer le fait. Et au matin d'icelui jour de Vendredi, à l'eure & endroit de Souleil leuant, veez-le-cy venir à tout quatre mil Cheualiers bien montez & armez: & les fist tous arrenger par batailles tout le long de nostre ost, qui estoit le long du fleuue de deuers Babiloine, passant prés de nostre ost, & tirant jusques à vne ville qu'on appelle Ressil. Et quant ce Cheuetaine des Sarrazins eut ainsi fait arrenger deuant nostre ost ses quatre mil Cheualiers, tantoust nous amena vne autre grant armée de Sarrazins à pié, en telle quantité, qu'ilz nous enuironnoient de l'autre part tout l'autre cousté de nostre ost. Aprés ces deux grandes armées ainsi arrengées comme je vous ay dit, il fist renger & mettre à part illec joignant tout le pouoir du Souldan de Babiloine, pour les secourir & aider si besoing en estoit. Quant celui Cheuetaine des Sarrazins eut ainsi ordonné ses batailles, il venoit lui-mesme tout seul sur vng petit roussin vers nostre ost, pour veoir & auiser les ordonnances & departement des batailles du Roy. Et

G ij

selon qu'il congnoiſſoit que noz batailles & armées eſtoient en endroits les plus groſſes & plus fortes, il renforçoit de ſes gens ſes batailles contre les noſtres. Aprés ce, il fiſt paſſer bien trois mil Beduns, deſquelz j'ay deuant parlé, de leurs natures, & perſonnages, par deuers l'oſt que le Duc de Bourgoigne gardoit à part, qui eſtoit entre les deux fleuues. Et ce fiſt-il cuidant que le Roy euſt partie de ſes genſd'armes en l'oſt du Duc, & que l'armée du Roy, qui eſtoit auec lui, en fuſt plus feble; & que les Beduns garderoient, que n'euſſions ſecour du Duc de Bourgoigne.

En ces choſes icy faire & appreſter miſt le Cheuetaine des Sarrazins juſques enuiron l'eure de midy. Et ce fait il fiſt ſonner leurs naquaires & tabours tres-impetueuſement à la mode des Turcs: qui eſtoit moult eſtrange choſe à ouïr, à qui ne l'auoit acouſtumé. Et ſe commancerent à eſmouuoir de toutes pars à pié & à cheual. Et vous diray tout premier de la bataille du Conte d'Anjou, qui fut le premier aſſailly, parce qu'il leurs eſtoit le plus prouche du couſté de deuers Babilonne. Et vindrent à lui en façon de jeu d'eſchetz. Car leurs gens à pié venoient courant ſus à ſes gens, & les bruſloient de feu Gregois, qu'ilz geƈtoient auecques inſtrumens qu'ilz auoient propices. D'autre part parmy ſe fourroient les Turcs à cheual, qui les preſſoient & opprimoient à merueilles ; tellement qu'ilz deſconfirent la bataille du Conte d'Anjou, lequel eſtoit à pié entre ſes Cheualiers à moult grant malaiſe. Et quant la nouuelle en vint au Roy, & qu'on lui eut dit le meſchief, où eſtoit ſon frere ; le bon Roy n'eut en lui aucune temperance de ſoy arreſter, ne d'attendre nully : mais ſoudain ferit des eſperons, & ſe boute parmy la bataille l'eſpée ou poing, juſques ou meillieu, où eſtoit ſon frere, & tres-aſprement frappoit ſur ces Turcs, & au lieu où il veoit le plus de preſſe. Et là endura-il maints coups, & lui emplirent les Sarrazins toute la culliere de ſon cheual de feu Gregois. Et alors eſtoit bon à croire, que bien auoit-il ſon Dieu en ſouuenance & deſir. Car à la verité luy fut noſtre Seigneur à ce beſoing grant amy, & tellement lui aida, que par celle pointe, que le Roy fiſt, fut reſcours ſon frere le Conte d'Anjou; & chaſſerent encore les Turcs de leur oſt & bataille.

Aprés la bataille du Conte d'Anjou, eſtoient Capitaines de l'autre prochaine bataille des Barons d'oultre mer, Meſſires Gui Guiuelins & Baudouin ſon frere, qui eſtoient joignans la bataille de Meſſire Gaultier de Chaſtillon le preux homme & vaillant ; qui auoient grant nombre de preudoms & de grant Cheualerie. Et firent tellement ces deux batailles enſemble, que vigoureuſement tindrent contre les Turcs, ſans qu'ilz fuſſent aucunement reboutez ne vaincuz. Mais pouurement print à l'autre bataille ſubſequant, que auoit Frere Guilleaume Sonnac Maiſtre du Temple, à tout ce peu de genſd'armes, qui luy eſtoient demourez du jour de Mardi, qui eſtoit Careſmeprenant. Ouquel jour y eut de treſ-merueilleuſes batailles & durs

## DV ROY SAINT LOYS.

aſſaulx. Icelui Maiſtre des Templiers, par ce qu'il auoit de gens fiſt faire au deuant de ſa bataille vne deffenſe des engins, qu'on auoit gaignez ſur les Sarrazins. Mais ce nonobſtant riens ne lui valut. Car les Templiers y auoient mis grant force de planches de ſappin, & les Sarrazins y miſdrent le feu Gregois: & tout incontinant y print le feu de legier. Et les Sarrazins voyans qu'il y auoit peu gens à reſiſter contr'eulx, ils n'attendirent mye le feu à eſbraſer, & qu'il euſt couru par tout: mais ſe bouterent parmy les Templiers aſprement, & les deſconfirent en peu de heure. Et ſoiez certains, que darriere les Templiers y auoit bien à l'environ d'vn journau de terre, qui eſtoit ſi couuert de pilles, de dars, & de autre trect, qu'on n'y veoit point de terre. tant auoient trect les Sarrazins contre les Templiers. Le maiſtre Capitaine de celle bataille auoit perdu vng œil à la bataille du Mardi, & à ceſte-cy y perdit-il l'autre œil. Car il y fut tué, & occis. Dieu en ait l'ame.

De l'autre bataille eſtoit Maiſtre & Capitaine le preudoms & hardy Meſſire Guy Maluoiſin, lequel fut fort blecié en ſon corps. Et voians les Sarrazins la grant conduite & hardieſſe, qu'il auoit & donnoit en ſa bataille, ilz lui tiroient le feu Gregois ſans fin. Tellement que vne foiz fut, que à grant paine le lui peurent eſtaindre ſes gens à heure. Mais nonobſtant ce, tint-il fort & ferme, ſans eſtre vaincu des Sarrazins.

De la bataille de Meſſire Guy Maluoiſin deſcendoit la lice, qui venoit clourre l'oſt où j'eſtoys, le long du fleuue, bien au gect d'vne pierre legiere. Et paſſoit la lice par deuant l'oſt de Monſeigneur le Conte Guillaume de Flandres: lequel oſt eſtoit à couſte, & s'eſtendoit juſques au fleuue, qui deſcendoit en la mer. Et à l'endroit & vis à vis du fleuue, qui venoit de deuers Meſſire Guy Maluoiſin, eſtoit noſtre bataille. Et voians les Sarrazins, que la bataille de Monſeigneur le Conte de Flandres leur eſtoit en couſte de leurs viſaiges, ilz ne ouſerent venir ferir en la noſtre. dont je loüé Dieu. Car mes Cheualiers ne moy n'auions pas vng harnois veſtu, pour les bleceures qu'auions euës en la bataille du iour de Careſme-prenant, dont ne nous eſtoit poſſible veſtir aucuns harnois.

Monſeigneur Guilleaume Conte de Flandres, & ſa bataille, firent merueilles. Car aigrement & vigoureuſement courirent ſus à pié & à cheual contre les Turcs, & faiſoient de grans faiz d'armes. Et quant ie vy ce, commandé à mes Arbeleſtriers, qu'ilz tiraſſent à foiſon tretz ſur les Turcs, qui eſtoient en celle bataille à cheual. Et tantouſt qu'ilz ſentirent qu'on les bleczoit eulx & leurs cheuaulx ilz commancerent à fuir & à habandonner leurs gens à pié. Et quant le Conte de Flandres & s'armée virent, que les Turcs fuyoient, ils paſſerent par deſſoubz la lice, & coururent ſus les Sarrazins, qui eſtoient à pié: & en tuerent grant quantité, & gaignerent pluſieurs de leurs targes. Et là entre autres s'eſprouua vigoureuſement Meſſire Gaul-

G iij

tier de la Horgne, qui pourtoit la bannierre à Monseigneur le Conte d'Aspremont.

Aprés celle bataille estoit la bataille de Monseigneur le Conte de Poitiers frere du Roy, laquelle bataille estoit toute de gens de pié, & n'y auoit que le Conte seul à cheual. dont mal en aduint. Car les Turcs deffirent celle bataille à pié, & prindrent le Conte de Poitiers. Et de fait l'emmenoient, si n'eust esté les bouchiers, & tous les autres hommes & femmes, qui vendoient les viures & denrées en l'ost. Lesquelz, quant ilz oirent, qu'on emmenoit le Conte de Poitiers frere du Roy, s'escrierent en l'ost, & s'esmeurent tous : & tellement coururent sus aux Sarrazins, que le Conte de Poitiers fut rescoux, & chasserent les Turcs hors de l'ost à force.

Aprés la bataille du Conte de Poitiers estoit vne petite bataille, & la plus feble de tout l'ost, dont vng nommé Messire Iocerant de Brançon estoit le Maistre & Chief : & l'auoit amené en Egipte mondit Seigneur le Conte de Poitiers. La bataille d'icelui Iocerant de Brançon estoit de Cheualiers à pié, & n'y auoit à cheual que lui, & Messire Henry son filz. Celle bataille deffaisoient les Turcs à tous coustz. Et voiant ce Messire Iocerant & son filz, ilz venoient par derriere contre les Turcs, frappant à coups d'espées. Et si bien les pressoient par derriere, que souuentesfois les Turcs se reuiroient contre Messire Iocerant de Brançon, & lessoient ses gens pour lui courir sus. Toutesuoies au long aller, ce ne leur eust gueres valu. Car les Turcs les eussent tous desconfiz & tuez, si n'eust esté Messire Henry de Cone, qui estoit en l'ost du Duc de Bourgoigne, sage Cheualier & prompt, qui congnoissoit bien la bataille de Monseigneur de Brançon estre trop feble. Et toutes les foiz qu'il veoit les Turcs courir sus audit Seigneur de Brançon, il faisoit tirer les Arbalestriers du Roy contre les Turcs. Et fist tant, que le Sire de Brançon eschappa de tel meschief celle journée ; & perdit de vingt Cheualiers, qu'on disoit qu'il auoit, les douze, sans ses autres gensd'armes. Et lui mesme en la par fin, des grans coups qu'il eut, mourut de celle journée au seruice de Dieu, qui bien l'en a guerdonné, ce deuons croire. Icelui Seigneur estoit mon oncle. Et lui ouy dire à sa mort, qu'il auoit esté en son temps en trente six batailles & journées de guerres, desquelles souuentesfoiz il auoit emporté le pris d'armes. & d'aucunes ay-je bien congnoissance. Car vne foiz, lui estant en l'ost du Conte de Mascon, qui estoit son cousin, il s'en vint à moy, & à vng mien frere, le jour d'vn Vendredi saint en Caresme, & nous dist : Mes nepueuz, venez moy aider à toute vostre gent, à courir sus aux Allemans, qui abatent & rompent le Monstier de Mascon. Et tantoust sur piedz fusmes prestz, & allasmes courir contre lesdiz Allemans, & à grans coups & pointes d'espées les chassasmes du Monstier. & plusieurs en furent tuez & naurez. Et quant ce fut fait, le bon preudom s'agenoulla deuant l'autel, & cria à haulte voix à nostre Seigneur, lui

## DV ROY SAINT LOYS.

priant qu'il lui pleuſt auoir pitié & mercy de ſon ame, & qu'il mouruſt vne foiz pour lui, & en ſon ſeruice, ad ce que en la fin il lui donnaſt ſon Paradis. Et ces choſes vous ay racomptées, affin que congnoiſſez, comme je foiz, & croy, que Dieu lui octroia ce que auez ouy cy-deuant de lui.

Aprés ces choſes, le bon Roy manda querir tous ſes Barons, Cheualiers, & autres grans Seigneurs. Et quant ilz furent deuant lui venuz, il leur diſt benignement: Seigneurs & amys, or pouez vous veoir « & congnoiſtre clerement les grans graces, que Dieu noſtre createur « nous a faites puis n'agueres, & fait par chacun jour, dont grans « loüenges lui en ſommes tenuz rendre : & que Mardi darrenier, qui « eſtoit Careſme-prenant, nous auons à ſon aide chaſſé & debouté « noz ennemys de leurs logeis & herbergemens, eſquelz nous ſommes « logez à preſent. Auſſi ce Vendredi qui eſt paſſé, nous nous ſommes « deffenduz à pié, & les aucuns non armez, contr'eulx bien armez, à « pié & à cheual, & ſur leurs lieux. Et moult d'autres belles paroles « leur diſoit, & remonſtroit tant doulcement le bon Roy. Et ce faiſoit-il pour les reconforter, & donner tousjours bon couraige, & fiance en Dieu.

Et pour ce que en pourſuiuant noſtre matiere, il nous y conuient entre-lacer aucunes choſes, & les reduire à memoire, affin d'entendre & ſauoir la maniere que le Souldan tenoit en la faczon de ſes genſd'armes, & dont ils venoient ordinairement : Il eſt vray, que le plus de ſa Cheuallerie eſtoit faicte de gens eſtranges, que les marchans allans, & venans ſur mer vendoient, leſquelz gens les Egiptiens de par le Souldan achaptoient, & venoient d'Orient. Car quant vng des Roys d'Orient auoit desconfit & conquis l'autre Roy, celui Roy qui auoit eu victoire, & ſes gens, prenoient les poures gens qu'ilz pouoient auoir à priſonniers, & les vendoient aux marchans, qui les ramenoient reuendre en Egipte, comme j'ay dit deuant. Et de telz gens ſortoit des enfans, que le Souldan faiſoit nourrir & garder. Et quant ilz commançoient à auoir barbe, le Souldan les faiſoit aprandre à tirer de l'arc par eſbat : & chacun jour, quant il eſtoit deliberé, les faiſoit tirer. Et quant on veoit qu'il y en auoit aucuns, qui commançoient d'enforcer, on leur ouſtoit leurs febles arcs, & leur en bailloit-on de plus forts ſelon leur puiſſance. Ces jeunes gens portoient les armes du Souldan, & les appelloit-on les Bahairiz du Souldan. Et tout incontinant que barbe leur venoit, le Souldan les faiſoit Cheualiers: & portoient ſes armes, qui eſtoient d'or pur & fin, ſauf que pour differance on y mettoit des barres vermeilles, roſes, oiſeaux, griffons, ou quelque autre differance à leur plaiſir. Et telz gens eſtoient appellez les gens de la Haulcqua comme vous diriez les Archiers de la garde du Roy; & eſtoient tousjours prés du Souldan, & gardans ſon corps. Et quant le Souldan eſtoit en guerre, ilz eſtoient tousjours logez prés de lui, comme gardes de ſon corps. Et encores plus prés de lui auoit-il autres gardes, comme Portiers, & Meneſtriers. Et ſonnoient iceulx Meneſtriers au point du jour, au leuer du Souldan, & au ſoir à ſa retraicte: & o leurs inſtruments faiſoient tel bruit, que ceulx, qui eſtoient illecques prés, ne ſe pouoient oir ne entendre l'vn l'autre; & les oyoit-on clerement parmy l'oſt. Et ſaichez, que de jour ils n'euſſent eſté ſi hardiz d'auoir ſonné, ſinon par le congié du Maiſtre de la Haulcqua. Et quant le Souldan vouloit quelque choſe, ou commander à ſes genſd'armes, il diſoit au Maiſtre de la Haulcqua, lequel faiſoit venir ſes Meneſtriers, qui ſonnoient, & diſoient de leurs cors Sarrazinois, tabours & naquaires: & à ce ſon ſe aſſembloit toute ſa gent deuant le Souldan. Et lors le Maiſtre de la Haulcqua diſoit le bon plaiſir du Souldan, & incontinant le faiſoient à leur pouoir. Quant le Souldan eſtoit en perſonne en guerre combatant, celui des Cheualiers de la Haulcqua, qui mieux s'eſprouuoit, & faiſoit des faiz d'armes, le Souldan le faiſoit Admiral, ou Capitaine; ou bien lui bailloit & donnoit charge de genſd'armes, ſelon ce qu'il le meritoit. Et qui plus faiſoit, plus lui donnoit le Souldan. Et par ce chacun d'eulx s'efforçoit de faire oultre leur pouoir, s'ilz euſſent peu le faire.

La faczon & maniere de faire du Souldan eſtoit, que quant aucuns de ſes Cheualiers de ſa Haulcqua par leurs proueſſes ou Cheualerie auoient gaigné du bien tant qu'ilz n'auoient plus de ſouffreté, & qu'ilz ſe pouoient paſſer de lui: de paeur qu'il auoit qu'ilz ne le deboutaſſent ou tuaſſent, il les faiſoit prandre & mourir en ſes priſons ſecretement, & prenoit tout le bien que leurs femmes & enfans auoient. Et ceſte choſe fut eſprouuée durant que fuſmes ou païs de par de là. Car le Souldan fiſt prandre & empriſonner ceulx, qui auoient prins les Contes de Montfort & de Bar, pour leur vaillance & hardieſſe: & en hayne & enuie qu'il auoit contr'eulx, & auſſi pource qu'il les doubtoit, les fiſt mourir. Et à ſemblable fiſt-il des Boudendars, qui ſont gens ſubgetz audit Souldan. Et pour ce que, aprés qu'ilz eurent deſconfit le Roy d'Ermenie, vng jour ilz vindrent deuers le Souldan lui racompter la nouuelle; & le trouuerent chaſſant aux beſtes ſauuaiges, & tous deſcendirent à pié pour lui faire la reuerence & le ſaluer; cuidans auoir bien fait, & eſtre remunerez de lui. Et il leur reſpondit malicieuſement, qu'il ne les ſaluoit mye, & qu'ilz lui auoient fait perdre ſa chaſſe, & de fait leur fit coupper les teſtes.

Or reuenons à noſtre matiere, & diſons que le Souldan, qui darrenierement eſtoit mort, auoit vng filz, qui eſtoit de l'eage de vingt cinq ans, moult ſaige, inſtruit, & ja malicieux. Et pourtant que le Souldan doubtoit qu'il le voulſiſt desheriter, ne l'auoit point voulu tenir emprés lui; mais lui auoit donné vn Royaume, qu'il auoit en Orient. Et tantouſt que le Souldan ſon pere fut mort, les Admiraulx de Babiloine l'enuoierent querir, & le firent leur Souldan. Et quant

## DV ROY SAINT LOYS.

il se vit Maistre & Seigneur, il ousta aux Connestable, Mareschaux, & Senneschaux de son pere, les verges d'or & offices qu'ilz auoient, & les donna à ceulx qu'il auoit amenez auecques lui d'Orient. Dont de ce tous furent esmeuz en leurs courages, & aussi ceulx, qui auoient esté du conseil de son pere, en eurent grant despit. Et doubtoient fort, qu'il voulsist faire d'eulx, aprés ce que il leur auoit osté leurs biens, comme auoit fait le Souldan, qui auoit fait mourir ceulx, qui auoient prins le Conte de Montfort & le Conte de Bar, dont j'ay deuant parlé. Et pourtant furent-ilz tous d'vn commun assentement, de le faire mourir : & trouuerent façzon, que ceulx que on appelloit de la Haulcqua, qui deuoient garder le corps du Souldan, leur promisdrent qu'ilz le occiroient.

Aprés ces deux batailles, dont je vous ay deuant parlé, qui furent grandes & fortes à merueilles, l'vne le Mardi de Caresmentrant, & le premier Vendredi de Caresme ; commença à venir en nostre ost vng autre tres-grant meschief. Car au bout de neuf ou dix jours, les gens, qui auoient esté occis & tuez en celles batailles sur la riue du fleuue, qui estoit entre noz deux ostz, & qu'on auoit gectez dedans, tous se leuerent sur l'eauë. Et disoit-on, que c'estoit aprés ce qu'ilz auoient le fiel creué, & pourry. Et descendirent cesdiz corps mors aual dudit fleuue, jusques au poncel, qui estoit à trauers dudit fleuue, par où nous passions de l'vne part à l'autre. Et pour ce que l'eauë, qui estoit grande, toucheoit & joignoit à icelui pont, les corps ne pouoient passer. Et en y auoit tant, que la riuiere en estoit si couuerte de l'vne riue jusques à l'autre, que l'on ne veoit point l'eauë, & bien le gect d'vne petite pierre contremont ledit poncel. Et loüa le Roy cent hommes de trauail, qui furent bien huit jours à separer les corps des Sarrazins d'auecques les Chrestiens, que on congnoissoit assez les vngs d'auecques les autres. Et faisoient passer les Sarrazins à force oultre le pont, & s'en alloient aual jusques en la mer: & les Chrestiens faisoit mettre en grans fosses en terre, les vns sur les autres. Dieux sache quelle puanteur, & quelle pitié, de congnoistre les grans personnages, & tant de gens de bien qui y estoient ! Ie y vis le Chambellan de feu Monseigneur le Conte d'Arthois, qui cerchoit le corps de son Maistre : & moult d'autres querans leurs amys entre les morts. Mais oncques depuis ne ouy dire, que de ceulx qui estoient là regardans, & endurans l'infection & pueur de ces corps, qu'il en retournast vng. Et saichez, que toute celle Caresme nous ne mengeons nulz poissons, fors que de burbotes : qui est vng poisson glout, & se rendent tousjours aux corps morts, & les mengeoient. Et de ce, & aussi que ou païs de là ne pluuoit nulle foiz vne goute d'eau, nous vint vne grant persecution & maladie en l'ost : qui estoit telle, que la chair des jambes nous dessecheoit jusques à l'os, & le cuir nous deuenoit tanné de noir & de terre, à ressemblance d'vne vieille houze, qui a esté long-temps mucée derriere

H

les coffres. Et oultre, à nous autres, qui auions celle maladie, nous venoit vne autre perfecution de maladie en la bouche, de ce que auions mengié de ces poiſſons, & nous pourriſſoit la chair d'entre les genciues. dont chacun eſtoit orriblement puant de la bouche. Et en la fin gueres n'en eſchappoient de celle maladie, que tous ne mouruſſent. Et le ſigne de mort que on y congnoiſſoit continuellement, eſtoit quant on ſe prenoit à ſeigner du neys: & tantouſt on eſtoit bien aſſeuré d'eſtre mort de brief. Et pour mieulx nous guerir, à bien quinze jours de là les Turcs, qui bien ſauoient nouſtre maladie, nous affamerent en la faczon que vous diray. Car ceulx qui partoient de noſtre oſt pour aller contremont le fleuue à Damiete, qui eſtoit à l'enuiron d'vne groſſe lieuë, pour auoir des viures; ces paillars & infames Turcs les prenoient, & n'en retournoit pas vng à nous. dont moult de gens s'eſbahirent. Et n'en ouzoit venir vng de Damiete à nous, apporter aucuns viures, & autant qu'il y en alloit, autant en demouroit. Et jamés n'en peuſmes rien ſauoir, que par vne des gallées du Conte de Flandres, qui eſchappa outre leur gré, & à force; & nous diſdrent les nouuelles, & que les gallées du Souldan eſtoient en l'eauë, qui guettoient ceulx qui alloient à Damiete, & auoient ja bien gaigné quatre-vingtz de noz gallées, & qu'ilz tuoient les gens qui eſtoient dedans. Et par ce aduint en l'oſt ſi tres-grant chereté, que tantouſt que la Paſque fut venuë, vng beuf eſtoit vendu quatre-vingtz liures, vng mouton trente liures, vng porc trente liures; le muy de vin dix liures, & vng euf douze deniers. & ainſi de toutes autres choſes.

Quant le Roy & ſes Barons virent celle chouſe, & que nul autre remede n'y auoit; tous s'accorderent, que le Roy fiſt paſſer ſon oſt deuers la terre de Babilonne, en l'oſt du Duc de Bourgoigne, qui eſtoit de l'autre part du fleuue, qui alloit à Damiete. Et pour retraire ſes gens aiſément, le Roy fiſt faire vne barbacanne deuant le poncel, dont je vous ay deuant parlé. Et eſtoit faite en maniere, que on pouoit aſſez entrer dedans par deux couſtez tout à cheual. Quant celle barbacanne fut faite & appreſtée, tous les gens de l'oſt ſe armerent; & là y eut vng grant aſſault des Turcs, qui virent bien que nous en allions oultre en l'oſt du Duc de Bourgoigne, qui eſtoit de l'autre part. Et comme on entroit en icelle barbacanne, les Turcs frapperent ſur la queuë de noſtre oſt: & tant firent, qu'ils prindrent Meſſire Errart de Vallory. Mais tantouſt fut reſcoux par Meſſire Iehan ſon frere. Toutesfoiz le Roy ne ſe meut, ne toute ſa gent, juſques à ce que tout le harnois & armeures fuſſent portez oultre. Et alors paſſaſmes tous aprés le Roy, fors que Meſſire Gaultier de Chaſtillon, qui faiſoit l'arriere-garde en la barbacanne. Quant tout l'oſt fut paſſé oultre, ceulx qui demourerent en la barbacanne, qui eſtoit l'arriere-garde, furent à grant malaiſe des Turcs, qui eſtoient à cheual. Car ilz leur tiroient de viſée force de trect, pour ce que la

## DV ROY SAINT LOYS.

la barbacanne n'eſtoit pas haulte. Et les Turcs à pié leur gectoient groſſes pierres & motes dures contre les faces, & ne ſe pouoient deffendre ceulx de l'arriere-garde. Et euſſent eſté tous perduz & deſtruiz, ſi n'euſt eſté le Conte d'Anjou frere du Roy, qui depuis fut Roy de Sicille, qui les alla reſcourre aſprement, & les amena à ſauueté.

Le jour deuant Careſme-prenant, je vis vne choſe que je vueil bien racompter. Car celui jour mourut vn tres-vaillant, preux, & hardy Cheualier, qui auoit nom Meſſire Hugues de Landricourt, qui eſtoit auec moy à banniere: & fut enterré en ma Chappelle. Et ainſi que je oyoie Meſſe, ſix de mes Cheualiers eſtoient là appuiez ſur des ſacs d'orge, qui eſtoient en madite Chappelle: & parloient hault l'vn à l'autre, & faiſoient ennuy au Preſtre, qui chantoit Meſſe. Et je me leué, & leur allé dire qu'ilz ſe teuſſent, & que c'eſtoit choſe villaine à Gentils-hommes, de parler ainſi hault tandis qu'on chantoit la Meſſe. Et ilz commancerent à rire, & me diſdrent, qu'ilz parloient enſemble de remarier la femme d'icelui Meſſire Hugues, qui eſtoit là en biere. Et de ce je les reprins durement, & leur dis que telles paroles n'eſtoient bonnes, ne belles; & qu'ilz auoient trop toſt oublié leur compaignon. Or aduint-il, que le landemain, qui fut la grant bataille, dont j'ay deuant parlé, du jour de Careſme-prenant*. Car on ſe pouoit bien rire de leur follie, & en fiſt Dieu telle vengeance, que de tous les ſix n'en eſchappa pas vng, qu'ilz ne feuſſent tuez, & non point enterrez. & en la fin a conuenu à leurs femmes leur remarier toutes ſix. Parquoy eſt à croire, que Dieu ne laiſſe riens impugny de ſon malfait. Quant eſt de moy, je n'auois pas pis ne mieulx que les autres. Car j'eſtois nauré griefuement, & blecié de ladicte journée de Careſme-prenant. Et en oultre ce, j'auois le mal des jambes & de la bouche, dont j'ay deuant parlé; & la ruyme en la teſte, qui me filloit à merueilles par la bouche, & par les narilles. Et auecques ce j'auoie vne fieure double, qui eſt fieure quarte, dont Dieu nous gard. Et de ces maladies acouſché au lit enuiron la my-Careſme, où je fu longuement. Et ſi j'eſtoie bien malade, pareillement l'eſtoit mon poure Prebſtre. Car vng jour aduint, ainſi qu'il chantoit Meſſe deuant moy, moy eſtant au lit malade, quant il fut à l'endroit de ſon Sacrement, je l'apperceu ſi tres-malade, que viſiblement je le veoie paſmer. Et quant je vy qu'il ſe vouloit laiſſer tomber en terre, je me gecté hors de mon lit tout malade comme j'eſtois, & prins ma cotte, & l'allé embraſſer par derriere: & lui dis qu'il fiſt tout à ſon aiſe & en paix, & qu'il prenſiſt courage & fiance en celui qu'il deuoit tenir entre ſes mains. Et adonc s'en reuint vng peu, & ne le leſſé juſques ad ce qu'il euſt acheué ſon Sacrement. ce qu'il fiſt. Et auſſi acheua-il de celebrer ſa Meſſe, & onques puis ne chanta, & mourut. Dieu en ait l'ame.

Pour rentrer en noſtre matiere, il fut bien vray que entre les confeils du Roy & du Souldan fut fait aucun parlement de accord & de paix faire entr'eulx: & ad ce fut mis & assigné jour. Et estoit le traicté de leur accord tel, que le Roy deuoit rendre au Souldan la cité de Damiete. Et le Souldan deuoit rendre au Roy tout le Royaume de Ierusalem, & semblablement lui deuoit garder tous les malades qui estoient dedans Damiete, & lui rendre les chairs sallées qui y estoient, parce que les Turcs & Sarrazins n'en mengeussent point: & aussi lui rendroit les engins du Roy. Et pouoit le Roy enuoier querir toutes ces choses audit lieu de Damiete. Que fut-il fait? Le Souldan fist demander au Roy, quelle seureté il lui bailleroit de lui rendre sa cité de Damiete. Et ad ce leur fut offert, qu'ilz detensissent prisonnier l'vn des freres du Roy, jusques à l'accomplissement de la promesse du Roy, ou le Conte d'Anjou, ou le Conte de Poitiers. Les Turcs de telle offre ne voulurent, ains demandoient en houstaige la personne du Roy. Et ad ce respondit le bon Cheualier Messire Geffroy de Sergines, que ja n'auroient les Turcs la personne du Roy: & qu'il aymoit beaucoup mieulx que les Turcs les eussent tous tuez, qu'il leur fust reproché qu'ilz eussent baillé leur Roy en gaige. Et ainsi demoura la chose. Tantoust la maladie, dont je vous ay deuant parlé, commença à renforcer en l'ost: tellement qu'il failloit que les Barbiers arrachassent & coupassent aux malades de celle maladie de grosse char, qui surmontoit sur les genciues, en maniere que on ne pouoit mengier. Grant pitié estoit là de oyr crier & braire par tous les lieux en l'ost ceulx à qui on couppoit celle char morte. Il me ressembloit de pouures femmes, qui trauaillent de leurs enfans, quant ilz viennent sur terre. & ne saurois dire la pitié que c'estoit.

Quant le bon Roy saint LOYS veoit celle pitié, il joignoit les mains, la face leuée ou ciel, en beneissant nostre Seigneur de tout ce qu'il lui donnoit. Et voiant qu'il ne pouoit ainsi longuement demourer, sans qu'il ne mourust, lui, & toute sa gent: il ordonna de mouuoir de là le Mardi au soir aprés les octaues de Pasques, pour s'en retourner à Damiete. Et fist commander de par lui aux mariniers des gallées, qu'ilz apprestassent leurs vaisseaux, & qu'ilz recuillissent tous les malades, pour les mener à Damiete. Aussi commanda-il à vng nommé Iosselin de Coruant, & autres ses Maistres d'euures & Ingenieux; qu'ilz couppassent les cordes, qui tenoient des ponts d'entre nous & les Sarrazins. Mais riens n'en firent, dont grant mal en arriua. Quant je vis que chacun s'apprestoit pour s'en aller à Damiete, je me retiré en mon vaissel, & deux de mes Cheualiers, que j'auoye encore de remenant auecques mon autre mesgnie. Et sur le soir, qu'il commença fort à faire noir, je commandé à mon marinier, qu'il leuast son encre, & que nous en alassons aual. Et il me respondit, qu'il n'ouzeroit, & que entre nous & Damiete estoient les grans gallées du Souldan, qui nous prandroient, & occiroient tous. Les mariniers du Roy auoient fait de grans feuz, pour recuillir & chauffer

## DV ROY SAINT LOYS.

les poures malades en leurs gallées. Et eſtoient leſdiz malades attendans les vaiſſeaux ſur la riue du fleuue. Et ainſi que admonneſtoie mes mariniers de nous en aller peu à peu, j'aperceu les Sarrazins à la clarté du feu, qui entrerent en noſtre oſt, & tuoient les malades ſur la riue. Et ainſi que mes mariniers tiroient leur encre, & que commançaſmes vng peu à vouloir deſcendre aual, veez-cy venir les mariniers, qui deuoient prandre les poures malades, qui apperceurent que les Sarrazins les tuoient: & coupperent haſtiuement leurs cordes de leurs encres, & de leurs grans gallées, & acouurirent mon petit vaiſſel de tous couſtez, & n'attendoie l'eure qu'ilz ne nous affondraſſent au fons de l'eauë. Quant nous fuſmes eſchappez de ce peril, qui eſtoit bien grant, nous commençaſmes à tirer aual le fleuue. Et voiant le Roy, qui auoit la maladie de l'oſt & la menoiſon comme les autres, que nous le laiſſions; & ſi ſe fuſt bien garenty s'il euſt voulu és grans gallées, mais il diſoit qu'il aymoit mieulx mourir que laiſſer ſon peuple: il nous commença à hucher & crier, que demouraſſon. Et nous tiroit de bons garrotz pour nous faire demourer, juſques à ce qu'il nous donnaſt congié de nager. Or je vous lerray icy, & vous diray la façon & maniere comme fut prins le Roy, ainſi que lui meſmes me compta. Ie luy ouy dire, qu'il auoit laiſſé ſes genſd'armes & ſa bataille, & s'eſtoient mis lui & Meſſire Geffroy de Sergines en la bataille de Meſſire Gaultier de Chaſtillon, qui faiſoit l'arriere-garde. Et eſtoit le Roy monté ſur vng petit courſier, vne houſſe de ſoie veſtuë. Et ne lui demoura, ainſi que lui ay depuis oy dire, de tous ſes genſd'armes, que le bon Cheualier Meſſire Geffroy de Sergines, lequel le rendit juſques à vne petite ville nommée Caſel, là où le Roy fut prins. Mais auant que les Turcs le peuſſent auoir, luy oy compter que Meſſire Geffroy de Sergines le deffendoit en la façzon, que le bon ſeruiteur deffend le hanap de ſon Seigneur, de paeurs des mouſches. Car toutes les foiz que les Sarrazins l'approuchoient, Meſire Geffroy le deffendoit à grans coups d'eſpée & de pointe, & reſſembloit ſa force luy eſtre doublée d'oultre moitié, & ſon preux & hardi courage. & à tous les coups les chaſſoit de deſſus le Roy. Et ainſi l'emmena juſques au lieu de Caſel, & là fut deſcendu ou giron d'vne bourgeoiſe, qui eſtoit de Paris. Et là le cuiderent veoir paſſer le pas de la mort, & n'eſperoient point que jamais il peuſt paſſer celui jour ſans mourir.

Tantouſt arriua deuers le Roy Meſſire Phelippe de Montfort, & lui diſt qu'il venoit de veoirs l'Admiral du Souldan, à qui il auoit autresfoiz parlé de la treue : & que ſi c'eſtoit ſon bon plaiſir, que encores derechief il lui en yroit parler. Et le Roy lui pria de le faire ainſi, & qu'il la vouloit tenir & faire en la maniere qu'ilz le vouloient. Adonc partit Monſeigneur Phelippe de Montfort, & s'en alla vers les Sarrazins, leſquelz auoient oſté leurs toailles de leurs teſtes. Et bailla le Sire de Montfort ſon anel, qu'il tira du doy, à l'Admiral des Sarrazins, en aſſeurance de tenir les treues ; & cependant, que

H iij

l'en feroit l'appointement tel qu'ilz l'auoient demandé autresfoiz, comme a esté touché cy-deſſus. Or aduint, que aprés ce fait, vng traistre mauuais Huiſſier, nommé Marcel, commença à crier à noz
„ gens à haulte voix: Seigneurs Cheualiers, rendez vous tous, le Roy
„ le vous mande par moy, & ne le faites point tuer. A ces motz furent tous effroiez, & cuidoient que le Roy leur euſt ainſi mandé, & chacun rend aux Sarrazins ſes baſtons & harnois. Quant l'Admiral vit, que les Sarrazins emmenoient prinſonniers les gens du Roy, il diſt à Meſſire Phelippe de Montfort, qu'il ne lui aſſeuroit mye la treue, & qu'il veoit ja que tous ſes gens eſtoient prins des Sarrazins. Et voiant Meſſire Phelippe, que tous les gens du Roy eſtoient prins, il fut bien eſbahy. Car il ſauoit bien, nonobſtant qu'il fuſt meſſagier de demander la treue, que tantouſt il ſeroit auſſi prins; & ne ſauoit à qui auoir recours. Or en Paiennie y a vne tres-mauuaiſe couſtume. Car quant entre le Souldan & aucun des Roys d'icelui païs enuoient leurs meſſagiers l'vn à l'autre pour auoir ou demander treues, & l'vn des Princes ſe meurt; le meſſagier, s'il eſt trouué, & que la treue ne ſoit donnée, il ſera prins prinſonnier, de quelque part que ce ſoit, ſoit-il meſſagier du Souldan, ou du Roy.

Or deuez ſauoir, que nous autres, qui eſtions en noz vaiſſeaux en l'eauë, cuidans eſchapper juſques à Damiete, ne fuſmes point plus habilles que ceulx, qui eſtoient demourez à terre. Car nous fuſmes prins, comme vous orrez cy-aprés. Il eſt vray que nous eſtans ſur l'eauë, il s'eſleua vng terrible vent contre nous, qui venoit de deuers Damiete, qui nous tollut le cours de l'eau, en faczon que ne pouions monter: & nous conuint retourner arriere vers les Sarrazins. Le Roy auoit bien laiſſé & ordonné pluſieurs Chéualiers à garder les malades ſur la riue de l'eauë, mais ce ne nous ſeruit de riens pour nous retirer à eulx. car ilz s'en eſtoient tous fuiz. Et quant vint vers le point du jour, nous arriuaſmes au paſſage, ouquel eſtoient les gallées du Souldan, qui gardoient que aucuns viures ne fuſſent amenez de Damiete à l'ouſt, dont a eſté touché cy-deuant. Et quant ilz nous eurent apperceuz, ilz menerent grant bruit, & commancerent à tirer à nous, & à d'autres de noz gens de cheual, qui eſtoient de l'autre couſté de la riue, grant foizon de pilles auec feu Gregois, tant qu'il reſſembloit que les eſtoilles cheuſſent du ciel. Et ainſi que mes mariniers nous eurent remis au cours de l'eauë, & que nous voulions tirer oultre; nous trouuaſmes ceulx que le Roy auoit laiſſez à cheual pour garder les malades, qui s'enfuioient vers Damiete. Et le vent ſe va releuer plus fort que deuant, & nous gecta à couſte à l'vne des riues du fleuue. Et à l'autre riue y auoit ſi grant quantité de vaiſſeaux de noz gens, que les Sarrazins auoient prins & gaignez, que nous ne ouzaſmes en approcher. Et auſſi nous voions bien, qu'ilz tuoient les gens qui eſtoient dedans, & les gectoient en l'eauë. Et leur voions tirer hors des nefz les coffres & les harnois, qu'ilz auoient gaignez,

## DV ROY SAINT LOYS.

Et pour ce que ne voulions aller aux Sarrazins, qui nous menaczoient, ilz nous tiroient force de tret. Et lors je me fis vestir mon haubert, affin que les pilles, qui cheoient en nostre vessel, ne me bleczassent. Et au bout de nostre vessel y auoit de mes gens, qui me vont escrier: Sire, Sire, nostre marinier, pour ce que les Sarrazins le menacent, nous veult mener à terre, là où nous serions tantoust tuez & occis. Adonc je me fis leuer, pour ce que j'estois malade, & prins m'espée toute nue, & leur dis que je les turoie s'ilz tiroient plus auant à me vouloir mener à terre aux Sarrazins. Et ilz me vont respondre, qu'ilz ne me sauroient passer oultre: & pour ce, que aduisasse lequel j'amois le mieulx, ou qu'ilz me menassent à riue, ou qu'ilz m'encrassent en la riuiere. Et j'aymé mieux, dont bien me print, ainsi que vous orrez, qu'ilz m'encrassent ou fleuue, que qu'ilz me menassent à riue, où ie veoie noz gens tuer. & ainsi me crurent. Mais ne tarda gueres, que tantoust veez-cy venir vers nous quatre des gallées du Souldan, esquelles auoit dix mil hommes. Lors je appellé mes Cheualiers, & requis qu'ilz me conseillassent de ce qu'estoit de faire, ou de nous rendre aux gallées du Souldan, qui venoient : ou de nous aller rendre à ceulx qui estoient à terre. Et fusmes tous d'vn accord, qu'il valoit mieulx se rendre à ceulx des gallées qui venoient, par ce qu'ilz nous tiendroient tous ensemble : que de nous rendre aux autres, qui estoient en terre, qui nous eussent tous separez les vngs d'auecques les autres, & nous eussent par aduenture venduz aux Beduins, dont je vous ay deuant parlé. A ce conseil ne se voulst mye consentir vng mien Clerc que j'auoie, més disoit que tous nous deuions laisser tuer, affin d'aler en Paradis. Ce que ne voulusmes croire. car la paeurs de la mort nous pressoit trop fort.

Quant ie viz, qu'il estoit force de me rendre, je pris vng petit coffret que j'auoie, où estoient mes joyaulx & mes reliques, & gecté tout dedans le fleuue. Et me dist l'vn de mes mariniers, que si je ne lui laissois dire aux Sarrazins, que j'estois cousin du Roy, qu'ilz nous tueroient tous. Et je lui respondy, qu'il dist ce qu'il vouldroit. Et adonc veez-cy arriuer à nous la premiere des quatre gallées, qui venoit de trauers, & gecterent leur ancre prés de nostre vessel. Lors m'enuoia Dieu, & ainsi le croy, vng Sarrazin, qui estoit de la terre de l'Empereur, qui seullement auoit vnes braies vestues d'vne toille escrue: & vint noant parmy l'eauë droit à mon vessel, & m'embrassa par les flans, & me dist: Sire, si vous ne me croiez, vous estes perdu. Car il vous conuient pour sauueté vous mettre hors de vostre vessel, & vous gecter en l'eauë: & ilz ne vous verront mye, par ce qu'ilz s'attendront au gaing de vostre vessel. Et il me fist gecter vne corde de leur gallée sur l'escot de mon vessel. Et adonc je sailli en l'eauë, & le Sarrazin aprés moy: dont besoing me fut, pour me soustenir & conduire en la gallée. Car j'estois si feble de maladie, que j'alloie tout chancellant, & fusse cheu au fons du fleuue.

Ie fuz tiré jufques dedans la gallée, en laquelle auoit bien encore quatre-vingtz hommes ; oultre ceulx, qui eftoient entrez en mon veffel. & ce poure Sarrazin me tenoit embraffé. Et tantouft fu porté à terre, & me coururent fus pour me vouloir coupper la gorge, & bien m'y attendoys : & celui, qui m'euft tué, cuidoit bien eftre à honneur. Et celui Sarrazin, qui m'auoit tiré hors de mon veffel, ne me vouloit lafcher, & leur crioit : Le coufin du Roy, le coufin du Roy. Et alors je fentois le coutel emprés la gorge, & m'auoient ja mis à genoullons à terre. Et Dieu de ce peril me deliura o l'aide de ce poure Sarrazin, lequel me mena jufques au chaftel, là où les Sarrazins eftoient. Et quant je fu auecques eulx, ilz me oufterent mon haubert : & de pitié qu'ils eurent de moy, me voiant ainfi malade, ilz me gecterent fur moy vne mienne couuerte d'efcarlate fourrée de menu ver, que Madame ma mere m'auoit donnée. Et vng autre d'eulx m'apporta vne courroie blanche, dequoy je me ceigny par deffus mon couuertouer. Et vng autre des Cheualiers Sarrazins me bailla vng chapperonnet, que je mis fur ma tefte. Et tantouft je commençay à trembler des dens, tant de la grant paeur que j'auoie, que auffi de la maladie. Ie demandé à boire, & on me alla querir de l'eauë en vng pot. Et fi touft que j'en eu mis en ma bouche, pour cuider l'enuoier aual, elle me fault par les narilles. Dieux fceit en quel piteux point j'eftoie ! Car j'efperoie beaucoup plus la mort, que la vie. car j'auois l'apouftume en la gorge. Et quant mes gens me virent ainfi fortir l'eauë par les narilles, ilz commancerent à pleurer, & mener deul. Et le Sarrazin, qui m'auoit fauué, dont j'ay deuant parlé, demanda à mes gens, pourquoy ilz pleuroient. Et ilz lui firent entendre, que j'eftois prefque mort, & que j'auois l'apouftume en la gorge, qui m'eftrangleroit. Et icelui bon Sarrazin, qui tousjours auoit eu pitié de moy, le va dire à vng des Cheualiers Sarrazins : lequel Cheualier Sarrazin lui dift, qu'il me reconfortaft, & qu'il me donneroit tantouft quelque chofe à boire, dont je ferois guery dedans deux jours. & ainfi le fift. Et tantouft fu guery o l'aide de Dieu, & du breuuage, que me donna le Cheualier Sarrazin.

Tantouft aprés que je fu guery, l'Admiral des gallées du Souldan m'enuoia querir deuant lui, pour fauoir fi j'eftois coufin du Roy, comme l'on difoit. Et je lui refponds, que non. Et lui comptay comment ce auoit efté fait, ne pourquoy. Car ce auoit efté le marinier, qui le m'auoit ainfi confeillé, de paeurs que les Sarrazins des gallées, qui nous prindrent, nous tuaffent tous. Et l'Admiral me refpondit, que moult bien auoie efté confeillé. Car autrement nous euffent-ils tuez fans faille, & gectez dedans le fleuue. Derechief me demanda ledit Admiral, fi j'auoie aucune congnoiffance de l'Empereur FERRY d'Almaigne, qui lors viuoit ; & fi j'eftoie mie de fon lignage. Et je lui refpondy la verité, que j'entendois que Madame ma mere eftoit fa coufine née de germain. Et l'Admiral me refpondit qu'il m'en

aymoit

## DV ROY SAINT LOYS.

aymoit de tant mieulx. Et ainsi comme nous estions là mengeans & buuans, il m'auoit fait là venir deuant moy vng bourgeois de Paris. Quant le bourgeois me vit menger, il me va dire : Ha! Sire, que faites-vous? Que je fays ? fis-je. Et le bourgeois me va aduertir de par Dieu, que je mengeoié au jour du Vendredi. Et subit je lancé mon escuelle, où je mengeois, arriere. Et ce voiant l'Admiral, demanda au Sarrazin, qui m'auoit sauué, qui estoit tousjours auecques moy, pourquoy j'auoie laissé à mengier. Et il lui dist, que c'estoit pource qu'il estoit Vendredi, & que je n'y pensois point. Et l'Admiral respondit, que jà Dieu ne l'auroit à desplaisir, puis que je ne l'auois fait à mon escient. Et saichez, que souuant le Legat, qui estoit venu auecques le Roy, me tenczoit dequoy je jeunois, & que j'estois ainsi malade : & qu'il n'y auoit plus auecques le Roy homme d'Estat que moy, & pourtant que je faisois mal de jeuner. Mais non pourtant que je fusse prinsonnier, point ne laissé à jeuner tous les Vendrediz en pain & eauë.

Le Dimanche d'aprés que je fu prins, l'Admiral nous fist tous descendre du chastel aual le fleuue sur la riue, ceulx qui auoient esté prins sur l'eauë. Et quant je fu là, Messire Iehan mon Chappellain fut tiré de la soulte de la gallée, & quant il vit l'air il se pasma. Et incontinant le tuerent les Sarrazins deuant moy, & le gecterent ou fleuue. Son Clerc, qui aussi n'en pouoit plus de la maladie de l'ost qu'il auoit, les Sarrazins lui gecterent vn mortier sur la teste, & le tuerent ; puis le gecterent ou fleuue, aprés son Maistre. Et semblablement faisoient-ilz des autres prisonniers. Car ainsi qu'on les tiroit de la soulte des gallées, où ilz auoient esté prinsonniers, il y auoit des Sarrazins propices, qui dés ce qu'ilz en veoient vng mal disposé ou feible, ilz le tuoient, & gectoient en l'eauë. & ainsi estoient traictez les pouures malades. Et en regardant celle tirannie, je leur fis dire par mon Sarrazin, qu'ilz faisoient grant mal : & que c'estoit contre le commandement de Saladin le paien, qui disoit que on ne deuoit tuër ne faire mourir homme, puis qu'on lui auoit donné à mengier de son pain & de son sel. Et ilz me firent respondre, que ce n'estoient mie hommes d'aucune valuë, & qu'ilz ne pouoient plus faire aucune œuure puis qu'ilz estoient ainsi malades. Et aprés ces choses, ilz me firent venir deuant moy tous mes mariniers, & me disoient qu'ilz estoient tous regniez. Et je leur dis, qu'ilz n'y eussent jà fiance, & que c'estoit seulement de paeurs qu'on les tuast : & qu'aussi toust qu'ilz seroient trouuez en lieu & en païs, incontinant ilz se retourneroient à la foy. Et ad ce me respondit l'Admiral, qu'il m'en croioit bien : & que Saladin disoit, que jamés on ne vit d'vn Chrestien bon Sarrazin, n'aussi d'vn bon Sarrazin Chrestien. Et tantoust l'Admiral me fist monter sur vng pallefroy, & cheuauchions l'vn joignans l'autre. Et me mena passer à vng pont, jusques au lieu où estoit saint Loys, & ses gens prinsonniers. Et à l'entrée d'vn

I

grant pauillon trouuasmes l'escriuain, qui escriuoit les noms des prinsonniers de par le Souldan. Et là me faillut nommer mon nom, que ne leur voulu celer : & fut escript comme les autres. Et à l'entrée dudit pauillon, celui Sarrazin, qui tousjours m'auoit suyui & acompaigné, & qui m'auoit sauué en la gallée, me dist: Sire, je ne vous puis plus suiure, & me pardonnez. Et vous recommande ce jeune enfant que auez auecques vous, & vous pry que le tenez tousjours par le poing, ou autrement je sçay que les Sarrazins le tuëront. L'enfant auoit nom Berthelemy de Montfaucon, filz du Seigneur de Montfaucon de Bar. Tantoust que mon nom fut escript, l'Admiral nous mena le jeune filz & moy dedans le pauillon, où estoient les Barons de France, & plus de dix mil autres personnes auecques eulx. Et quant je fu dedans entré, tous commencerent à mener si grant joie de me veoir, qu'on ne pouoit rien ouïr, pour le bruit de joie qu'ilz en faisoient. Car ilz me cuidoient auoir perdu.

Et ainsi que nous estions ensemble, esperans l'aide de Dieu, nous ne demourasmes gueres, que vng grant richomme Sarrazin nous mena tous plus auant en vng autre pauillon, & faisions chiere piteuse. Moult d'autres Cheualiers, & d'autres de nos gens estoient aussi prisonniers, encloux en vne grant court, qui estoit clouze de murailles de terre. Et ceulx-là faisoient tirer hors les prisonniers l'vn après l'autre, & leur demandoient, si se vouloient regnoier. Et ceulx qui disoient, oy, & qui se regnoient, estoient mis à part: & ceulx-là qui ne le vouloient faire, tout incontinant on leur couppoit la teste.

Tantoust après nous enuoia le Souldan son Conseil parler à nous, & demanda le Conseil, auquel de nous il diroit le message du Souldan. Et tous nous accordasmes, que ce fust au Conte Pierre de Bretaigne, par vng Trucheman que auoient les Sarrazins, qui parloit l'vn & l'autre des langaiges, François & Sarrazins. Et furent telles les paroles : Seigneurs, le Souldan nous enuoie par deuers vous, sauoir si vous vouldriez point estre deliurez, & que vous lui vouldriez donner ou faire pour vostre deliurance auoir. Et à ceste demande respondit le Conte Pierre de Bretaigne, que moult voulentiers vouldrions estre deliurez des mains du Souldan, ou auoir jà fait & enduré ce que possible seroit par raison. Et lors le Conseil du Souldan demanda au Conte de Bretaigne, si nous vouldrions point donner pour nostre deliurance aucuns des chasteaux & places appartenans aux Barons d'oultre mer. Et le Conte respondit, que ce ne pouoyons nous faire. La raison si estoit, pource que lesdiz chasteaux & places estoient tenuz de l'Empereur d'Almaigne, qui lors estoit: & que jamais il ne consentiroit que le Souldan tiensist rien soubz lui. Derechief demanda le Conseil du Souldan, si nous vouldrions randre nulz des chasteaux du Temple, ou de l'Ospital de Rodes, pour nostre deliurance. Et le Conte respondit, qu'il ne se pouoit faire. Car ce

## DV ROY SAINT LOYS.

seroit contre le serement acoustumé, qui est, que quant on met les Chastellains & Gardes desdiz lieux, ilz juroient à Dieu que pour la deliurance de corps de homme ilz ne rendroient nulz desdiz chasteaux. Et les Sarrazins ensemble respondirent, qu'il sembloit que nous n'auions nul tallent ne enuie d'estre deliurez : & qu'ils nous iroient enuoier les joueurs d'espées, qui nous feroient comme aux autres. Et sur ce s'en allerent. Et tantoust après que le Conseil du Souldan s'en fut allé, veez-cy venir à nous vng grant viel Sarrazin de grant apparence, lequel auoit auecques lui vne grant multitude de jeunes gens Sarrazins, qui tous auoient chacun vne espée ceinte au cousté. dont fusmes tous effroiez. Et nous fist demander celui anxien Sarrazin par vng Trucheman, qui entendoit & parloit nostre langue: S'il estoit vray que nous creussions en vng seul Dieu, qui auoit esté né pour nous, crucifié & mort pour nous, & au tiers jour après sa mort ressuscité pour nous? Et nous respondismes, que oy vraiement. Et lors il nous respondit, que puis que ainsi estoit, que nous ne nous deuions desconforter, d'auoir souffert ne de souffrir telles persecutions pour lui, & que encores n'auions nous point enduré la mort pour lui, comme il auoit pour nous fait : & que s'il auoit eu pouuoir de soy ressusciter, que certainement il nous deliureroit de brief. Et adonc s'en alla ce Sarrazin auecques tous ses jeunes gens, sans autre chose nous faire. Dont je fu moult joieux & haitié. Car m'entencion estoit, qu'ils nous fussent venuz coupper les testes à tous. Et ne tarda après gueres de temps, que n'eussions nouuelles de nostre deliurance.

Après ces choses dessusdictes, le Conseil du Souldan reuint à nous, & nous dist que le Roy auoit tant fait, qu'il auoit pourchassé noz deliurances; & que nous lui enuoiassions quatre de nous autres, pour ouïr, & sauoir la maniere du traicté de nostre deliurance. Et à ce faire lui enuoiasmes Messeigneurs Iehan de Valory, Phelippe de Montfort, Baudouyn d'Ebelin Senneschal de Chippre, & Guion d'Ebelin son frere Connestable de Chippre, qui estoit l'vn des beaux & des bien conditionnez Cheualiers qu'onques je congnusse, & qui moult aymoit les gens de ce païs. Lesquelz quatre Cheualiers dessus nommez nous rapporterent tantoust la façon & maniere de nostre deliurance. Et pour essaier le Roy, le Conseil du Souldan lui fist telles & semblables demandes, qu'il nous auoit faites cy-deuant. Et ainsi qu'il pleut à nostre Seigneur, le bon Roy saint LOYS leur respondit autelle & semblable responce à chascune des deux demandes, comme nous auions fait par la bouche du Conte Pierre de Bretaigne. Et voians les Sarrazins, que le Roy ne vouloit optemperer à leurs demandes, ilz le menasserent de le meetre en bernicles: qui est le plus grief tourment, qu'ilz puissent faire à nully. Et sont deux grans tisons de bois, qui sont entretenans au chief. Et quant ilz veullent y meetre aucun, ilz le couschent sur le cousté, entre ces deux tisons, & lui font passer les jambes à trauers de grosses cheuilles: puis

I ij

couſchent la piece de bois, qui eſt là deſſus, & font aſſeoir vng homme deſſus les tiſons. Dont il aduient, qu'il ne demeure à celui, qui eſt là couſché, point demy pié d'oſſemens, qu'il ne ſoit tout deſrompu & eſcaché. Et pour pis lui faire, au bout des trois jours lui remettent les jambes, qui ſont groſſes & enflées, dedans celles bernicles, & le rebriſent derechief, qui eſt vne choſe moult cruelle à qui ſauroit entendre : & le lient à gros nerfz de beuf par la teſte, de paeur qu'il ne ſe remue de là dedans. Mais de toutes celles menaces ne fiſt compte le bon Roy, & leur diſt qu'il eſtoit leur prinſonnier, & qu'ilz pouoient faire de lui à leur vouloir.

Quant les Sarrazins virent, qu'ilz ne peurent vaincre le Roy par menaſſes, ilz retournerent à lui, & lui demanderent combien il vouldroit donner de finance au Souldan en oultre Damiete, qu'il leur rendroit. Et le Roy reſpondit, que ſi le Souldan vouloit prandre pris & ranczon raiſonnable, qu'il manderoit à la Royne, qu'elle le paiaſt pour la ranczon de ſa gent. Et les Sarrazins lui demanderent, pourquoy il le vouloit mander à la Royne. Et il leur reſpondit, que c'eſtoit bien raiſon qu'il le fiſt ainſi, & qu'elle eſtoit ſa Dame & compaigne. Et adonc le Conſeil du Souldan alla ſauoir audit Souldan combien il demandoit au Roy. Et tantouſt retournerent vers le Roy, & lui diſdrent ; que ſi la Royne vouloit paier dix cens mille beſans d'or, qui valoient lors cinq cens mil liures, qu'elle deliureroit le Roy, par ce faiſant. Et le Roy leur demanda par leur ſerement, ſi la Royne leur paioit les cinq cens mil liures, ſi le Souldan conſentiroit ſa deliurance. Et ilz retournerent ſauoir au Souldan, s'il le vouloit ainſi faire, & promettre. Et rapporterent les gens de ſon Conſeil, qu'il le vouloit bien. & lui en firent le ſerement. Et ſi touſt que les Sarrazins lui eurent juré & promis en leur foy, d'ainſi le faire, & de le deliurer : le Roy promiſt qu'il paieroit vouluntiers pour la ranczon & deliurance de ſa gent cinq cens mil liures, & pour ſon corps qu'il rendroit Damiete au Souldan : & qu'il n'eſtoit point tel, qu'il ſe voulſiſt redimer, ne auoir pour aucune finance de deniers la deliurance de ſon corps. Quant le Souldan entendit la bonne voulen-
» té du Roy, il diſt : Par ma loy, franc & liberal eſt le François qui
» n'a voulu barguigner ſur ſi grant ſomme de deniers : mais a octroié
» faire & paier ce qu'on lui a demandé. Or lui allez dire, fiſt le Soul-
» dan, que je lui donne ſur ſa ranczon cent mil liures, & ne paiera que
» quatre cens mil.

Adonc le Souldan tantouſt fiſt mettre en quatre gallées ſur le fleuue tous les plus grans gens que le Roy euſt, & les plus nobles, pour les mener à Damiete. Et eſtoient en la gallée, où je fu mis, le bon Conte Pierre de Bretaigne, Guilleaume Conte de Flandres, Iehan le bon Conte de Soiſſons, Meſſire Hymbert de Beau-jeu Coneſtable, & les deux bons Cheualiers Meſſires Baudouyn d'Ebelin, & Guy ſon frere. Et ceulx de la gallée nous firent aborder deuant

## DV ROY SAINT LOYS.

vne grant maifon, que le Souldan auoit fait tendre fur le fleuue. Et eftoit fait ce hebergement, qu'il y auoit vne belle tour faite de perches de fapin, & toute cloufe à l'entour de vne toille taynte. Et à l'entrée de la porte y auoit vng grant pauillon tendu. Et là laiffoient les Admiraulx du Souldan leurs efpées & baftons, quant ilz vouloient aller parler au Souldan. Aprés celui pauillon y auoit vne autre belle grant porte, & par celle porte on entroit en vne grant falle, qui eftoit la falle du Souldan. Empres celle falle y auoit vne autre tour faite comme la premiere, par laquelle feconde tour on montoit en la chambre du Souldan. Ou meilleu d'icelui hebergement, y auoit vng grant prael. Et y auoit en icelui prael vne tour plus grant que toutes les autres. Et par celle haulte tour le Souldan montoit, pour veoir tout le païs d'illec enuiron, & l'oft d'vne part & d'autre. Et y auoit en icelui prael vne allée tirant vers le fleuue. Et au bout d'icelle allée le Souldan auoit fait tendre vng pauillon fur l'orée du fleuue, pour s'aller baigner. Et eftoit celui logeis tout couuert par deffus le fuft de trillis, & par deffus le trillis couuert de toille de Ynde, affin qu'on ne peuft veoir de dehors dedans. Et eftoient toutes les tours couuertes de toilles. Deuant celui hebergement arriuafmes le Ieudi deuant la fefte de l'Afcencion noftre Seigneur en celui temps. Et illecqués prés fut defcendu le Roy en vng pauillon pour parler au Souldan, & lui accorder que le Sabmedi d'aprés le Roy lui rendroit Damiete.

Et ainfi comme on eftoit fur le partement à vouloir venir à Damiete pour la rendre au Souldan, l'Admiral, qui auoit efté du temps du pere du jeune Souldan, qui lors eftoit, eut en lui aucun remors du defplaifir que lui auoit fait ce jeune Souldan. Car à fon auenement, & que icelui Admiral l'eut enuoié querir pour eftre Souldan aprés fon pere, qui mourut à Damiete, & pour pouruoeir fes gens, qu'il auoit amenez auecques lui d'eftranges terres: il defapointa l'Admiral qui auoit efté ou viuant de fon pere, & pareillement les Conneftable, Marefchaux & Sennefchaux de fon pere. Et pour cefte caufe prindrent confeil en eulx, & difoient l'vn à l'autre; Seigneurs, « vous voiez le deshonneur que le Souldan nous a fait. Car il nous « a oufté des preheminences & gouuernemens, efquelz le Souldan « fon pere nous auoit mis. Pour laquelle chofe, nous deuons eftre cer- « tains, que s'il rentre vne foiz dedans les forterefles de Damiete, il « nous fera puis aprés tous prandre & mourir en fes prinfons, de paeurs « que par fucceffion de temps nous prenfiffon vengeance de lui: ainfi « comme fift fon ayeul de l'Admiral, & des autres, qui prindrent les « Contes de Bar & de Montfort. Et pourtant vault-il mieulx, que nous « le faffons tuer auant qu'il forte de noz mains. Et ad ce fe confenti- « rent tous. Et de fait s'en allerent parler à ceulx de la Haulcqua, dont j'ay deuant parlé, qui font ceulx qui ont la garde du corps du Souldan. Et leur firent femblables remonftrances, comme ilz auoient

I iij

### HISTOIRE

euës entr'eulx. Et les requiſdrent, qu'ilz tuaſſent le Souldan. Et ainſi le leur promiſdrent ceulx de la Haulcqua.

Et ainſi comme vng jour le Souldan conuia à diſner ſes Cheualiers de la Haulcqua, aduint que aprés diſner ſe voulut retirer en ſa chambre. Et ainſi qu'il eut prins congié de ſes Admiraulx, vng des Cheualiers de la Haulcqua, qui portoit l'eſpée du Souldan, ferit le Souldan ſur la main, & la lui fendit juſques emprés le braz entre les quatre doiz. Et adonc le Souldan ſe retourna vers ſes Admiraulx, qui auoient conclud le fait, & leur diſt : Seigneurs, je me plains à vous de ceulx de la Haulcqua, qui m'ont voulu tuer, comme vous pouez veoir à ma main. Et ilz lui reſpondirent tous à vne voix, qu'il leur valoit beaucoup mieulx qu'ilz le tuaſſent, que qu'il les fiſt mourir : ainſi qu'il le vouloit faire, ſi vne foiz il eſtoit és forтereſſes de Damiete. Et ſaichez, que cauteleuſement le firent les Admiraulx. Car ils firent ſonner les trompetes & nacquaires du Souldan, & tout l'oſt des Sarrazins ſe aſſembla, pour ſauoir que le Souldan vouloit faire. Et les Admiraulx, leurs complices & alliez diſdrent, que Damiete eſtoit prinſe, & que le Souldan s'y en alloit, & leur auoit commandé, que tous allaſſent en armes aprés lui. Et ſubit tous ſe armerent, & s'en allerent picquans des eſperons, vers Damiete. dont nous autres fuſmes à grant malaiſe. Car nous cuidions, que de vray Damiete fuſt prinſe.

Et ce voiant le Souldan, qui eſtoit encore jeune, & la malice qui auoit eſté conſpirée contre ſa perſonne ; il s'enfuit en ſa haute tour, qu'il auoit prés de ſa chambre, dont j'ay deuant parlé. Car ſes gens meſme de la Haulcqua lui auoient ja abatu tous ſes pauillons, & enuironnoient celle tour, où il s'en eſtoit fouy. Et dedans la tour y auoit trois de ſes Eueſques, qui auoient mengé auecques lui, qui lui eſcrierent, qu'il deſcendiſt. Et il leur diſt, que vouluntiers il deſcendroit, mais qu'ilz l'aſſeuraſſent. Et ilz lui reſpondirent, que bien le feroient deſcendre par force, & malgré lui ; & qu'il n'eſtoit myé encor à Damiete. Et tantouſt ilz vont geĉter le feu Gregois dedans celle tour, qui eſtoit ſeullement de perches de ſappin, & de toille, comme j'ay deuant dit. Et incontinant fut embraſée la tour. Et vous promets, que jamais ne viz plus beau feu, ne plus ſouldain. Quant le Souldan vit que le feu le preſſoit, il deſcendit par la voie du prael, dont j'ay deuant parlé, & s'enfuit vers le fleuue. Et en s'enfuyant, l'vn des Cheualiers de la Haulcqua le ferit d'vn grant glaiue parmy les couſtes, & il ſe geĉte o tout le glaiue dedans le fleuue. Et aprés lui deſcendirent enuiron de neuf Cheualiers, qui le tuerent là dedans le fleuue aſſez prés de noſtre gallée. Et quant le Souldan fut mort, l'vn deſdits Cheualiers, qui auoit nom Faracataic, le fendit, & lui tira le cueur du ventre. Et lors il s'en vint au Roy, ſa main toute enſanglantée, & lui demanda : Que me donneras-tu, dont j'ay occis ton ennemy, qui t'euſt fait mourir s'il euſt

## DV ROY SAINT LOYS.

vefcu? Et à cefte demande ne lui refpondit onques vng feul mot le bon Roy faint LOYS.

Quant ilz eurent ce fait, il en entra bien trente en noftre gallée auecques leurs efpées toutes nuës és mains, & au coul leurs haches d'armes. Et je demanday à Monfeigneur Baudouyn d'Ebelin, qui entendoit bien Sarrazinois, que c'eftoit que celles gens difoient. Et il me refpondit, qu'ilz difoient qu'ilz nous venoient coupper les teftes. Et tantouft je viz vng grant trouppeau de noz gens, qui là eftoient, qui fe confeffoient à vng Religieux de la Trinité, qui eftoit auecques Guilleaume Conte de Flandres. Mais endroit moy ne me fouuenoit alors de mal, ne de pechié que onques j'euffe fait: & ne penfois finon à receuoir le coup de la mort. Et je me agenoillé aux piez de l'vn d'eulx lui tendant le coul, & difant ces motz en faifant le figne de la croix: Ainfi mourut fainte Agnes. Encoufte moy fe agenoilla Meffire Guy d'Ebelin Conneftable de Chippre, & fe confeffa à moy: & je lui donnay telle abfolucion comme Dieu m'en donnoit le pouoir. Mais de chofe qu'il m'euft dite, quant je fu leué onques ne m'en recorday de mot.

Nous fufmes tantouft mis en la foulte de la gallée, tous couschez adans: & cuidions beaucoup de nous, qu'ilz ne nous ouzaffent affaillir tous à vn coup, mais pour nous auoir l'vn après l'autre leans. Fufmes à tel mefchief toute la nuyt. Et auoie mes piez à droit du viz à Monfeigneur le Conte Pierre de Bretaigne: & auffi les fiens piez eftoient à l'endroit du mien viz. Aduint que le landemain nous fufmes tirez hors de celle foulte, & nous enuoyerent dire les Admiraulx, que nous leur aliffions renouueller les conuenances que nous auions faictes au Souldan. Et y allerent ceulx qui peurent aller. Mais le Conte de Bretaigne, & le Conneftable de Chippre, & moy, qui eftions griefuement malades, demourafmes.

Ceux qui allerent parler aux Admiraulx, c'eft affauoir le Conte de Flandres, le Conte de Soiffons, & les autres qui y peurent aller, racompterent la conuencion de noz deliurances. Et les Admiraulx promifdrent, que fi touft comme on leur auroit deliuré Damiete, ilz deliureroient le Roy, & les autres grans perfonnages, qui eftoient prinfonniers. Et lui difdrent, que fi le Souldan euft vefcu, qu'il euft fait coupper la tefte au Roy & à tous eulx; & que jà contre les conuenances qu'il auoit faites & promifes au Roy, il auoit fait emmener vers Babilonne plufieurs de leurs grans riches hommes: & qu'ilz l'auoient fait tuër, parce qu'ils fauoient bien que fi touft qu'il auroit Damiete, qu'il les feroit auffi tous tuër, ou mourir en fes prinfons.

Par cefte conuenance le Roy deuoit jurer en oultre faire à leur gré de deux cens mil liures auant qu'il partift du fleuue, & les deux autres cens mil il les leur bailleroit en Acre: & qu'ilz detiendroient pour feureté de paiement les malades qui eftoient en Damiete,

auec les arbaleftes, armeures, engins, & les chars fallées, jufques ad
ce que le Roy les enuoieroit querir, & enuoieroit les deux darreniers
cens mil liures. Le ferement, qui deuoit eftre fait entre le Roy &
les Admiraulx, fut deuifé. Et fut tel le ferement des Admiraulx,
que ou cas qu'ils ne tenoient au Roy leurs conuencions & promef-
fes, qu'ilz vouloient eftre ainfi honnis & deshonnorez, comme cil
qui par fon peché alloit en pellerinage à Mahommet, la tefte toute
nuë, & celui qui laiffoit fa femme, & la reprenoit aprés. Et en ce
cas fecond nul ne pouoit felon la loy de Mahommet laiffer fa fem-
me, & puis la reprandre, auant qu'il euft veu aucun autre gifant ou
lit auecques elle. Le tiers ferement eftoit, qu'ilz fuffent deshono-
rez & deshontez, comme le Sarrazin qui mengeuë la char de porc.
Et receut le Roy les feremens deffufditz, parce que Maiftre Nicolle
d'Acre, qui fauoit leur façon de faire, lui dift que plus grans fere-
mens ne pouoient-ilz faire.

 Quant les Admiraulx eurent juré & fait leurs feremens, ilz firent
efcripre, & baillerent au Roy le ferement tel qu'ilz vouloient qu'il
feift, qui fut tel, & par le confeil d'aucuns Chreftiens regnoiez qu'ilz
auoient: Que ou cas que le Roy ne leur tenoit fa promeffe, & les
conuencions d'entr'eulx, qu'il fuft feparé de la compaignie de Dieu,
& de fa digne Mere, des douze Apouftres, & de tous les autres Saints
& Saintes de Paradis. Et à celui ferement fe accorda le Roy. L'au-
tre eftoit, que oudit cas que le Roy ne tenoit lefdites chofes pro-
mifes, qu'il fuft reputé parjure comme le Chreftien qui a regnié
Dieu, & fon Baptefme, & fa Loy; & qui en defpit de Dieu crache
fur la croix, & l'efcache o les piez. Quant le Roy oyt celui ferement
il dift que jà ne le feroit-il.

 Et quant les Admiraulx fceurent, que le Roy n'auoit voulu jurer,
ne faire fe ferement ainfi qu'ilz le requeroient; ilz enuoierent de-
uers lui ledit Maiftre Nicolle d'Acre, lui dire, qu'ilz eftoient tres-
mal contens de lui, & qu'ilz auoient à grant defpit de ce qu'ilz
auoient juré tout ce que le Roy auoit voulu, & que à prefent il ne
vouloit jurer ce qu'ilz requeroient. Et lui dift ledit Maiftre Nicolle,
qu'il fuft tout certain que s'il ne juroit ainfi qu'ils le vouloient, qu'ilz
lui feroient coupper la tefte, & à tous fes gens. A quoy le Roy ref-
pondit, qu'ilz en pouoient faire à leurs voulentez, & qu'il aymoit
trop mieulx mourir bon Chreftien, que de viure ou courroux de Dieu,
de fa Mere, & de fes Saints.

 Il y auoit vng Patriarche auecques le Roy, qui eftoit de Ierufa-
lem, de l'eage de quatre-vingtz ans, ou enuiron. Lequel Patriarche
auoit autresfoiz pourchaffé l'affeurance des Sarrazins enuers le Roy,
& eftoit venu vers le Roy pour lui aider auffi à auoir fa deliurance
enuers les Sarrazins. Or eftoit la couftume entre les Paiens & les
Chreftiens, que quant aucuns Princes eftoient en guerre l'vn vers
l'autre, & l'vn fe mouroit durant qu'ilz euffent enuoyé des Ambaffa-
deurs

deurs en meſſage l'vn à l'autre : les Ambaſſadeurs demouroient en celuy cas prinſonniers & eſclaues, fuſt en Paiennie ou en Chreſtienté. Et pour ce que le Souldan, qui auoit donné ſehureté à icelui Patriarche, dont nous parlons, auoit eſté tué : pour ceſte cauſe le Patriarche demoura prinſonnier aux Sarrazins, auſſi bien comme nous. Et voians les Admiraulx, que le Roy n'auoit nulle crainte de leur menaſſe, l'vn d'iceulx Admiraulx diſt aux autres, que c'eſtoit le Patriarche qui ainſi conſeilloit le Roy. Et diſoit l'Admiral, que ſi on le vouloit croire, qu'il feroit bien jurer le Roy. Car il coupperoit la teſte du Patriarche, & la lui feroit voler ou giron du Roy. Dont de ce pas ne le voulurent croire les autres Admiraulx, mais prindrent le bon homme de Patriarche, & le lierent deuant le Roy à vng pouſteau, les mains darriere le dos ſi eſtroitement, que les mains luy enflerent en peu de temps groſſes comme la teſte : tant que le ſang lui ſailloit par pluſieurs lieux de ſes mains. Et du mal, qu'il enduroit, il crioit au Roy : Ha! Sire, Sire, jurez hardiement. Car j'en « prens le peché ſur moy & ſur mon ame, puis que ainſi eſt que auez « deſir & voulenté d'acomplir voz promeſſes, & le ſerement. Et ne « ſçay, ſi en la fin le ſerement fut fait. Mais quoy qu'il en ſoit, les Admiraulx ſe tindrent au darrenier, acontens du ſerement que le Roy leur auoit fait, & des autres Seigneurs qui là eſtoient.

Or deuez ſauoir, que quant les Cheualiers de la Haulcqua eurent occis leur Souldan, les Admiraulx firent ſonner leurs trompettes & nacquaires à merueilles deuant le pauillon du Roy. Et diſt-on au Roy, que les Admiraulx auoient eu grant enuie, & par conſeil, de faire le Roy Souldan de Babilonne. Et me demanda vng jour le Roy, ſi je penſois point qu'il euſt prins le Royaume de Babilonne, s'ilz le lui euſſent offert. Et je lui reſpondi, qu'il euſt fait que foul, veu qu'ilz auoient ainſi occis leur Seigneur. Et nonobſtant ce, le Roy me diſt, qu'il ne l'euſt mye reffuſé. Et ſaichez, qu'il ne tint, ſinon que les Admiraulx diſoient entr'eulx, que le Roy eſtoit le plus fier Chreſtien qu'ilz euſſent jamais congneu. Et le diſoient, pour ce que quant il partoit de ſon logeis, il prenoit touſjours ſa croix en terre, & ſeingnoit tout ſon corps du ſigne de la croix. Et diſoient les Sarrazins, que ſi leur Mahommet leur euſt autant leſſé ſouffrir de meſchief, comme Dieu auoit leſſé endurer au Roy, que jamés ilz ne l'euſſent adoré, ne creu en lui. Tantouſt après que entre le Roy & les Admiraulx furent faites, accordées, & jurées les conuencions d'entr'eulx : il fut appointé, que le landemain de la feſte de l'Aſcencion noſtre Seigneur, Damiete ſeroit rendue aux Admiraulx, & que le corps du Roy, & de tous nous autres priſonniers, ſerions deliurez. Et furent encrées noz quatre gallées deuant le pont de Damiete. Et là fiſt-on tendre au Roy vng pauillon pour ſoy deſcendre.

Quant vint le jour enuiron l'eure de ſouleil leuant, Meſſire Geffroy de Sergines alla en la ville de Damiete, pour la faire rendre aux Ad-

K

miraulx. Et tantouſt ſur les murailles de la ville furent miſes les armes du Souldan. Et entrerent les Cheualiers Sarrazins dedans ladite ville, & commancerent à boire des vins qu'ilz y trouuerent, tellement qu'ilz s'en yurerent beaucoup en y eut. Et entre autres en vint vng en noſtre gallée, qui tira ſon eſpée toute ſanglante, & nous diſoit qu'il auoit tué ſix de noz gens. qui eſtoit vne choſe villaine à dire à vng Cheualier, ne à autre. Et ſaichez que la Royne, auant que rendre Damiete, fut retirée en noz nefz auecques tous noz gens, fors les poures malades, que les Sarrazins deuoient garder, & les rendre au Roy en leur baillant deux cens mil liures, dont deſſus eſt faite mencion. Et ainſi l'auoient juré & promis les Sarrazins. Et ſemblablement lui deuoient rendre ſes engins, les chars ſallées dont ilz ne mengeoient point, & leurs baſtons & harnois. Mais au contraire, la traiſtre quenaille tuerent tous les poures malades, decoupperent les engins, & autres choſes qu'ilz deuoient garder & rendre en temps & lieu : & de tout firent vng lit, & y miſdrent le feu, qui fut ſi grant, qu'il dura tous les jours du Vendredi, du Sabmedi, & du Dimanche enſuiuans.

Et aprés qu'ils eurent ainſi decouppé, & tué tout, & mis le feu parmy : nous autres, qui deuions eſtre deliurez dés le ſouleil leuant, fuſmes juſques au ſouleil couſchant ſans boire ne mengier, ne le Roy, ne aucun de nous. Et furent les Admiraulx en diſputacion les vngs contre les autres, tous machinans noſtre mort. L'vn des Admiraulx
» diſoit aux autres : Seigneurs, ſi vous me croiez, & tous ces gens que
» voiez cy auecques moy, nous tuerons le Roy, & tous ces grans par-
» ſonnages, qui ſont auecques lui. Car d'icy à quarante ans nous n'aurons
» garde, pour ce que leurs enfans ſont encor petitz. & nous auons Da-
» miete. Parquoy nous le pouons faire ſeurement. Vng autre Sarrazin, qu'on appeloit Scebrecy, qui eſtoit natif de Morentaigne, diſoit au contraire, & remonſtroit aux autres, que s'ilz tuoient le Roy aprés ce qu'ilz auoient tué leur Souldan, on diroit que Egipciens ſeroient les plus mauuais & iniques de tout le monde, & les plus deſloyaux. Et celui Admiral, qui nous vouloit faire mourir, diſoit à l'encontre par autres remonſtrances palliées. Et diſoit, que voirement ilz s'eſtoient meſpris d'auoir occis leur Souldan, & que c'eſtoit contre le commandement de Mahommet, qui diſoit par ſon commandement, qu'ilz deuoient garder leur Seigneur comme la prunelle de l'œil. Et en monſtroit celui Admiral le commandement par eſcript en vng
» Liure qu'il tenoit en ſa main. Mais, faiſoit-il, or eſcoutez, Seigneurs,
» l'autre commandement. Et tournoit adonc le fueillet du Liure, & leur diſoit que Mahommet commande, que en l'aſſeurance de ſa foy on deuoit tuer l'ennemy de la Loy. Et puis diſoit, pour reuenir à ſon
» entente : Or regardez le mal que nous auons fait, d'auoir tué noſtre
» Souldan, contre les commandemens de Mahommet : & encores le
» grant mal que nous ferions, ſi nous laiſſons aller le Roy, & que ne

## DV ROY SAINT LOYS.

le tuon; quelque affeurance qu'il ait de nous. Car c'eft le plus grant « ennemy de la Loy des Paiens. Et à ces motz, à peu prés que noftre « mort ne fut accordée. Et de ce aduint, que l'vn d'iceulx Admiraulx, qui nous eftoit contraire, cuidant qu'on nous deuft tous faire mourir, vint fur la riue du fleuue, & commença à crier en Sarrazinois à ceulx qui nous conduifoient és gallées : & o la toaillolle, qu'il ofta de fa tefte, leur faifoit vng figne, difant, qu'ilz nous remenaffent vers Babilonne. Et de fait, fufmes defancrez & remenez arriere vers Babilonne bien vne grant lieuë. Dont de ce fut mené par entre nous vng tres-grant dueil, & maintes larmes en yffirent des yeulx. Car nous efperions tous qu'on nous deuft faire mourir.

Ainfi comme Dieu voulut, qui jamés n'oublie fes feruiteurs, il fut accordé enuiron le foleil couſchant entre les Admiraulx, que nous ferions deliurez, & nous fift-on reuenir vers Damiete. Et furent mifes nos quatre gallées prés du riuage du fleuue. Adonc requifmes, que l'on nous mift à terre. Mais on ne le voulut pas faire jufques à ce que nous euffions mengé. Et difoient les Sarrazins, que ce feroit honte aux Admiraulx, de nous laiffer fortir de leurs prinfons tous jugns. Et tantouft nous firent venir de l'oft de la viande à menger, c'eft affauoir des bignetz de fromage, qui eftoient rouftiz au foleil, affin que les vers n'y cuilliffent: & des œufz durs, cuitz de quatre ou cinq jours. Et pour l'onneur de noz perfonnes, ilz les nous auoient fait paindre par dehors de diuerfes couleurs.

Et aprés que nous eufmes repeu, on nous mift à terre. Et nous en allafmes deuers le Roy, que les Sarrazins amenoient du pauillon, où ilz l'auoient tenu, vers le fleuue. Et y auoit bien vingt mil Sarrazins à pié aprés le Roy, leurs efpées ceintes. Et aduint que ou fleuue deuant le Roy fe trouua vne gallée de Geneuois, en laquelle il ne appareffoit que vng foul: lequel, quant il vit que le Roy fut audroit de leur gallée, il commença à fiffler. Et tantouft veez-cy fortir de la foulte de leur gallée bien quatre-vingtz arbaleftriers bien equippez, leurs arbaleftres tenduës, & le trect deffus. Et fi touft que les Sarrazins les eurent apperceuz, ilz commancerent à fuir comme brebis, qui font efbahies, ne onques aueccques le Roy n'en demoura que deux ou trois. Les Geneuois geéterent vne planche à terre, & recuillirent le Roy, le Conte d'Anjou fon frere, qui depuis a efté Roy de Sicille, Monfeigneur Geffroy de Sergines, & Meffire Phelippe de Nemours, & le Marefchal de France, & le Maiftre de la Trinité, & moy. Et demoura prinfonnier, que les Sarrazins garderent, le Conte de Poitiers; jufques ad ce que le Roy leur euft paié les cent mil liures qu'il leur deuoit bailler auant que de partir du fleuue.

Le Sabmedi d'aprés l'Afcencion, qui fut le landemain que nous eufmes efté deliurez, vindrent prandre congié du Roy, le Conte de Flandres, le Conte de Soiffons, & plufieurs autres grans Seigneurs. Aufquelz le Roy pria, qu'ils voulfiffent attendre jufques à ce que le

K ij

Conte de Poitiers fon frere fuſt deliuré. Et ilz lui reſpondirent, qu'il ne leur eſtoit poſſible, pour ce que leurs gallées eſtoient preſtes à partir. Et alors allerent monter en gallée, & à leur en venir en France. Et eſtoit auecques eulx le Conte Pierre de Bretaigne, lequel eſtoit griefuement malade, & ne veſquit puis que trois ſepmaines, & mourut ſur mer.

Le Roy ne voulut mye laiſſer ſon frere le Conte de Poitiers, & voulut faire le paiement de deux cens mil liures. Et miſt on à faire ledit paiement le Sabmedi & le Dimanche tout à journée. Et bailloit-on les deniers au pois de la balance, & valloit chacune ballance dix mil liures. Quant vint le Dimanche au ſoir, les gens du Roy, qui faiſoient le paiement, lui manderent qu'il leur failloit bien encores trente mil liures. Et auecques le Roy, n'y auoit que ſon frere le Conte d'Anjou, le Mareſchal de France, & le Miniſtre de la Trinité, & moy: & tous les autres eſtoient à faire le paiement. Lors je dis au Roy, qu'il lui valloit mieulx prier au Commandeur & au Mareſchal du Temple, qu'ilz lui preſtaſſent leſdiz trente mil liures pour deliurer ſon frere. Et du conſeil que je donnois au Roy me reprint Frere Eſtienne de Outricourt, qui eſtoit Commandeur du Temple, & me
» diſt: Sire de Ionuille, le conſeil que vous donnez au Roy ne vault rien,
» ne n'eſt point raiſonnable. Car vous ſauez bien que nous receuons
» les Commandes à ſerement, & ſans que nous en puiſſions bailler les
» deniers, fors à ceulx qui nous font faire les ſeremens. Et le Mareſchal du Temple, pour cuider contenter le Roy, lui diſoit: SIRE, laiſſez
» en paix les noiſes & tenczons du Sire de Ionuille, & de noſtre Com-
» mandeur. Car ainſi comme dit noſtredit Commandeur, nous ne
» pouons rien bailler des deniers de nouſtre Commande, ſinon contre
» noſtre ſerement, & que ſoions parjurez. Et ſaichez, que le Senneſ-
» chal vous dit mal, de vous conſeiller, que ſi ne vous en baillons,
» que vous en preignez: nonobſtant que vous en ferez à voſtre vou-
» lenté. Mais ſi vous le faites, nous nous en deſdommagerons bien ſur
» le voſtre, que auez en Acre. Et quant j'eu entendu la menaſſe qu'ilz faiſoient au Roy, je lui dis, que j'en yrois querir s'il vouloit. Et il me commanda ainſi le faire. Et tantouſt m'en allay à vne des gallées du Temple, & vins à vng coffre dont l'on ne me vouloit bailler les clefz: & o vne congnée, que je trouuay, je voulu faire ouuerture de par le Roy. Et ce voiant le Mareſchal du Temple, il me fiſt bailler les clefz du coffre, lequel je ouury, & y prins de l'argent aſſez: & l'apporté au Roy, qui moult fut joieux de ma venuë. Et fut fait & paracheué le paiement de deux cens mil liures, pour la deliurance du Conte de Poitiers. Et auant que paracheuer ledit paiement, aucuns conſeilloient au Roy, qu'il ne fiſt du tout paier les Sarrazins pluſtoſt qu'ilz lui euſſent deliuré le corps de ſon frere. Mais il diſoit, puis qu'il leur auoit promis, qu'il leur bailleroit tous leurs deniers auant que partir du fleuue. Et ſur ces paroles Meſſire Phelippes de Mont-

## DV ROY SAINT LOYS.

fort dist au Roy, qu'on auoit mescompté les Sarrazins d'vne ballance, qui valoit dix mil liures. Dont le Roy se corrouça asprement, & commanda audit Messire Phelippes de Montfort sur la foy qu'il lui deuoit, comme son homme de foy, qu'il fist paier lesditz dix mil liures aux Sarrazins, s'ils n'estoient paiez. Et disoit le Roy, que jà ne partiroit jusques ad ce qu'il eust paié tous les deux cens mil liures. Moult de gens voians que le Roy estoit tousjours en dangier des Sarrazins, lui prioient souuent, qu'il se voulsist retirer en vne gallée qui l'attendoit sur mer, pour fuir des mains des Sarrazins. Et firent tant, qu'ilz le firent retirer. Et lui-mesme disoit, qu'il pensoit auoir bien acquité son serement. Et adonc commençasmes à nauiger sur mer, & alasmes bien vne grant lieuë de mer, sans pouoir riens dire l'vn à l'autre du mesaise que nous auions, d'auoir lessé le Conte de Poitiers en la prinson. Et ne tarda gueres, que veez-cy Messire Phelippes de Monfort qui estoit demouré à faire le paiement desditz dix mil liures, lequel s'escria au Roy: SIRE, Sire, attendez vostre frere le Conte de Poitiers, qui s'en va à vous en celle autre gallée. Et le Roy commença à dire à ses gens, qui là estoient: Alume, alume. Et tantoust y eut grant joie entre nous tous de la venuë du frere du Roy. Et y eut vng pouure pescheurs qui alla dire à la Contesse de Poitiers, qu'il auoit deliuré le Conte de Poitiers des mains des Sarrazins. Et elle lui fist donner vingt liures parisiz. Et lors chacun monta en gallée.

Pas ne vueil oublier aucunes besongnes, qui arriuerent en Egipte tandis que nous y estion. Premierement vous diray de Monseigneur Messire Gaultier de Chastillon, duquel je ouy parler à vng Cheualier, qui l'auoit veu en vne ruë prés du Kasel, là où le Roy fut prins: & auoit son espée toute nuë ou poing. Et quant il veoit les Turcs passer par celle ruë, il leur couroit sus, & les chassoit à tous les coups de deuant lui. Et en fuiant de deuant lui, les Sarrazins, qui tiroient aussi derriere comme deuant eux, le couurirent tout de pilles. Et me dist celui Cheualier, que quant Messire Gaultier les auoit ainsi chassez, qu'il se deflichoit de ses pilles qu'il auoit sur lui, & se armoit de rechief. Et long-temps fut-il là ainsi combatant, & le vit plusieurs foiz se esleuer sur les estriefz, criant: Ha! Chastillon, Cheualier! Et où sont mes preudes hommes? Mais ne s'en trouuoit pas vng. Et vng jour aprés comme j'estois auec l'Admiral des gallées, je m'enquis à tous ses gensd'armes, s'il y auoit nully, qui en sceust à dire aucunes nouuelles. Mais je n'en peu jamés rien sauoir, fors à vne foiz, que je trouuay vng Cheualier qui auoit nom Messire Iehan Frumons: qui me dist, que quant l'on l'emmenoit prisonnier, il vit vng Turc qui estoit monté sur le cheual de Messire Gaultier de Chastillon, & que le cheual auoit la culliere toute sanglante: & qu'il lui demanda, qu'estoit deuenu le Cheualier, à qui estoit le cheual. Et le Turc lui dist, qu'il luy auoit couppé la gorge tout dessus son cheual, & que le cheual estoit ainsi ensanglanté de son sang.

Il y auoit vng moult vaillant homme en noſtre oſt, qui auoit nom Meſſire Iaques du Chaſtel, Eueſque de Soiſſons : lequel, quant il vit que nous en reuenion vers Damiete, & que chacun s'en vouloit reuenir en France, il ayma mieulx demourer auecques Dieu, que de s'en retourner ou lieu dont il eſtoit né. Et ſe alla frapper lui ſeullet dedans les Turcs, comme s'il les euſt voulu combatre tout ſeul. Mais tantouſt l'enuoierent à Dieu, & le miſdrent en la compaignie des Martyrs. Car ilz le tuerent en peu d'eure.

Vne autre choſe viz, ainſi que le Roy attendoit ſur le fleuue le paiement qu'il faiſoit faire pour auoir ſon frere le Conte de Poitiers ; il vint au Roy vng Sarrazin moult bien habillé, & fort bel homme à regarder. Et preſenta au Roy du lart prins en potz, & des fleurs de diuerſes manieres, qui eſtoient moult odorantes : & lui diſt, que c'eſtoient les enfans du Nazac du Souldan de Babilonne, qui auoit eſté tué, qui lui faiſoient le preſent. Quant le Roy ouyt celui Sarrazin parler François, il lui demanda, qui le lui auoit aprins. Et il reſpondit au Roy, qu'il eſtoit Chreſtien regnoyé. Et incontinent le Roy lui diſt, qu'il ſe tiraſt à part hors de deuant lui, & qu'il ne parleroit plus à lui. Lors je le tiray à quartier, & l'enquis comment il auoit regnyé, & dont il eſtoit. Et celui Sarrazin me diſt, qu'il eſtoit né de ″ Prouins, & qu'il eſtoit venu en Egipte auec le feu Roy IEHAN : & ″ qu'il eſtoit marié en Egipte, & qu'il y auoit de moult grans biens. Et je lui dis : Ne ſauez vous pas bien que ſi vous mourez en tel point, que vous deſcendrez tout droit en enfer, & ſerez dampné à jamais ? Et il me reſpondit, que certes ouy, & qu'il ſauoit bien qu'il n'eſtoit ″ loy meilleure que celle des Chreſtiens. Mais, fiſt-il, je crains ſi je al-″ lois vers vous, la pouureté où je ſerois, & les grans infames reprou-″ ches qu'on me donneroit tout le long de ma vie, en me appellant, ″ Regnoié, Regnoié. Pourtant j'aime mieulx viure à mon aiſe, & ri-″ chomme, que de deuenir en tel point. Et je lui remonſtray, qu'il valloit trop mieulx craindre la honte de Dieu & de tout le monde, quant au bout du jugement tous meſſaiz ſeront magnifeſtez à chacun, & puis aprés eſtre dampné. Mais tout ce ne me ſeruit de riens. ains s'en partit de moy, & oncques puis ne le vy.

Cy-deuant auez veu & entendu les grans perſecucions & miſeres, que le bon Roy ſaint LOYS, & tous nous auons ſouffertes & endurées oultre mer. Auſſi ſachez que la Royne la bonne Dame n'en eſchappa pas, ſans en auoir ſa part, & de bien aſpres au cueur, ainſi que vous orrez cy-aprés. Car trois jours auant qu'elle acouſchaſt, lui vindrent les nouuelles que le Roy ſon bon eſpoux eſtoit prins. Deſquelles nouuelles elle fut ſi tres-troublée en ſon corps, & à ſi grant meſaiſe, que ſans ceſſer en ſon dormir il lui ſembloit que toute la chambre fuſt plaine de Sarrazins, pour la occir : & ſans fin s'eſcrioit : ″ A l'aide, à l'aide. là où il n'y auoit ame. Et de paeurs que le fruit qu'elle auoit ne periſt, elle faiſoit veiller tout nuyt vng Cheualier au bout de son lit, sans dormir. Lequel Cheualier estoit viel & anxien, de l'eage de quatre-vingtz ans, & plus. Et à chascune foiz qu'elle s'escrioit, il la tenoit parmy les mains, & lui disoit: Madame n'aiez garde, je suis auecques vous, n'aiez paeurs. Et auant que la bonne Dame fust acouschée, elle fist vuider sa chambre des parsonnages qui y estoient, fors que de celui viel Cheualier, & se geeta la Royne à genoulz deuant lui: & lui requist, qu'il lui donnast vng don. Et le Chevalier le lui octroia par son serement. Et la Royne lui va dire : Sire " Cheualier, je vous requier sur la foy que vous m'auez donnée, que si " les Sarrazins prennent ceste ville, que vous me couppez la teste auant " qu'ilz me puissent prandre. Et le Cheualier lui respondit, que tres- " voulentiers il le feroit, & que jà l'auoit-il eu en pensée d'ainsi le faire, si le cas y escheoit.

Ne tarda gueres, que la Royne acouscha audit lieu de Damiete d'vn filz, qui ot nom Iehan, & en son surnom Tristan. La raison estoit, pour ce qu'il auoit esté né en tristesse & en pouureté. Et le propre jour que elle acouscha, on lui dist que tous ceulx de Pise, de Gennes, & toute la poure commune, qui estoit en la ville, s'en vouloit fuir, & laisser le Roy. Et la Royne les fist tous venir deuant elle, & leur demanda, & dist: Seigneurs, pour Dieu mercy je vous supply, " qu'il vous plaise ne abandonner mie ceste ville. Car vous sauez bien " que Monseigneur le Roy, & tous ceulx qui sont auecques lui, seroient " tous perduz. Et pour le moins, s'il ne vous vient à plaisir de ainsi le " faire : au moins aiez pitié de ceste pouure chestiue Dame, qui cy " gist, & vueillez attendre tant que soie releuée. Et tous lui respon- " dirent, qu'il n'estoit possible, & qu'ilz mouroient de fain en ceste ville. Et elle leur respondit, que jà ne mourroient-ilz de fain : & qu'elle feroit achater toutes les viandes qu'on pourroit trouuer en la ville, & qu'elle les retenoit desormais aux despens du Roy. Et ainsi lui conuint le faire, & fist achapter des viandes ce qu'on en pouoit finer. Et en peu de temps auant qu'elle fust releuée, lui cousta troiz cens soixante mil liures, & plus, pour nourrir celles gens. Et ce nonobstant conuint à la bonne Dame soy leuer auant son terme, & qu'elle allast attendre en la ville d'Acre, par ce qu'il failloit deliurer la cité de Damiete aux Turcs & Sarrazins.

Tous deuez sauoir, que ce nonobstant que le Roy eust souffert moult de maulx, encores quant il entra en sa nef, ses gens ne lui auoient riens appareillé, comme de robbes, lit, cousche, ne autre bien. Mais lui conuint gesir par six jours sur les matelaz, jusques à ce que fussions en Acre. Et n'auoit le Roy nulz abillemens, que deux robbes que le Souldan lui auoit fait tailler, qui estoient de samys noir fourrées de vers & de gris. & y auoit grant foisson de boutons d'or. Tandis que nous fusmes sur mer, & que nous allions en Acre, je me seoie tousjours emprés le Roy, pour ce que j'estois malade. Et lors me compta le Roy, comment il auoit esté prins, & comme il auoit depuis pourchaffé fa renczon & la noftre par l'aide de Dieu. Auffi lui faillit compter comme j'auoie efté prins fur l'eauë, & comment vng Sarrazin m'auoit faulué la vie. Et me difoit le Roy, que grandement eftoie tenu à noftre Seigneur, quant il m'auoit deliuré de fi grans perilz. Et entre autres chofes le bon faint Roy plaignoit à merueilles la mort du Conte d'Arthois fon frere. Vng jour demanda que faifoit le Conte d'Anjou fon frere, & fe plaignoit qu'il ne lui tenoit autrement compaignie vng feul jour, veu qu'ilz eftoient en vne gallée enfemble. Et on rapporta au Roy, qu'il joüoit aux tables auecques Meffire Gaultier de Nemours. Et quant il eut ce entendu, il fe leua, & alla tout chancellant, pour la grant feblefle de maladie qu'il auoit. Et quant il fut fur eulx, il print les dez & les tables, & les gecta en la mer, & fe courouffa tres-fort à fon frere, de ce qu'il s'eftoit fi touft prins à joüer aux dez, & que autrement ne lui fouuenoit plus de la mort de fon frere le Conte d'Arthois, ne des perilz defquelz noftre Seigneur les auoit deliurez. Mais Meffire Gaultier de Nemours en fut le mieux paié. Car le Roy gecta tous fes deniers, qu'il vit fur les tabliers, aprés les dez & les tables en la mer.

 Cy endroit veulx-je bien racompter aucunes grans perfecucions & tribulacions qui me furuindrent en Acre: defquelles les deux, en qui j'auoie parfaicte fiance, me deliurerent. Ce furent noftre Seigneur Dieu, & la benoifte Vierge Marie. Et ce di-ge affin de efmouuoir ceulx qui l'entendroit à auoir parfaite fiance en Dieu, & pacience en leurs aduerfitez & tribulacions: & il leurs aidera ainfi qu'il a fait à moy par plufieurs foiz. Or difons, quant le Roy arriua en Acre, ceulx de la cité le vindrent receuoir jufques à la riue de la mer, o leurs proceffions, à tres-grant joie. Et bien touft aprés le Roy m'enuoia querir, & me commanda expreffément fur tant que j'auois s'amour chiere, que je demouraffe à menger auecques lui foir & matin; jufques à tant qu'il euft auifé fi nous en yrions en France, ou deliberé de demourer là. Ie fu logé cheux le Curé d'Acre, là où l'Euefque dudit lieu m'auoit inftitué mon logeis, où je fu griefuement malade. Et de tous mes gens ne demoura qu'vn feul varlet, que tous ne demouraffent au lit malades comme moy. Et n'y auoit ame, qui me refconfortaft d'vne feulle foiz à boire. Et pour mieulx me resjoüir, tous les jours je veoie apporter par vne feneftre, qui eftoit en ma chambre, bien vingt corps mors à l'Eglife pour enterrer. Et quant je oye chanter, LIBERA ME, je me prenois à pleurer à chaudes larmes, en criant à Dieu mercy: & que fon plaifir fuft me garder, & mes gens, de celle peftilence qui regnoit. & auffi fift-il.

 Tantouft aprés le Roy fift appeller fes freres, & le Conte de Flandres, & tous les autres grans parfonnages qu'il auoit auecques luy, à certain jour de Dimanche. Et quant tous furent prefens, il leur dift: Seigneurs, je vous ay enuoié querir, pour vous dire des nouuelles de France. Il eft vray que Madame la Royne ma mere m'a mandé,

## DV ROY SAINT LOYS.

mandé, que je m'en voife haftiuement, & que mon Royaume eft en « grant peril. Car je n'ay ne paix ne treues auecques le Roy d'Angle- « terre. Et les gens de cefte terre me veullent garder de m'en aller; « & que fi je m'enuois, que leur terre fera perduë & deftruicte, & qu'ilz « s'en viendront tous aprés moy. Pourtant vous pry, que y vueillez pen- « fer, & que dedans huit jours m'en rendez refponfe. «

Le Dimanche enfuiuant tous nous prefentafmes deuant le Roy, pour lui donner refponfe de ce qu'il auoit chargé lui dire, de fon al-lée ou demourée. Et pourta pour tous les parolles Monfeigneur Meffire Guion Maluoifin, & dift ainfi: SIRE, Meffeigneurs vos freres, & « les autres parfonnages, qui cy font, ont efgard à voftre Eftat: & ont « congnoiffance que vous n'auez pas pouoir de demourer en ce païs à « l'onneur de vous, ne au prouffit de voftre Royaume. Car en premier « lieu, de tous voz Cheualiers, que amenaftes en Chippre, de deux « mil huit cens il ne vous en eft pas demouré vng cent. Par autre part, « vous ne auez point de habitation en cefte terre, n'auffi voz gens n'ont « plus nulz deniers. Parquoy tout confideré tous enfemble vous con- « feillons que vous en aillez en France pourchaffer genfd'armes, & de- « niers, parquoy vous puiffez haftiuement reuenir en ce païs, pour ven- « geance prandre des ennemys de Dieu & de fa loy. «

Quant le Roy eut ouy le confeil de Meffire Guy, il ne fut point content de ce, ains demanda en particulier à chacun ce que bon lui fembloit de cefte matere: & premier au Conte d'Anjou, au Conte de Poitiers, au Conte de Flandres, & autres grans parfonnages, qui eftoient deuant lui. Lefquelz tous refpondirent, qu'ilz eftoient de l'opinion de Meffire Guy Maluoifin. Mais bien fut contraint le Conte de Iaphe, qui auoit des chafteaux oultre mer, de dire fon opinion de cefte affaire: lequel, aprés le commandement du Roy, dift que fon opinion eftoit, que fi le Roy pouoit tenir maifon aux champs, que ce feroit fon grant honneur de demourer, plus que de s'en retourner ainfi vaincu. Et moy, qui eftois bien le quatorziefme là affiftant, refpondy en mon ranc, que je tenoie l'opinion du Conte de Iaphe. Et difoie par ma raifon, que l'on difoit, que le Roy n'auoit encore mis ne employé nulz des deniers de fon trefor, mais auoit feulement defpencé les deniers des Clercs de fes finances: & que le Roy deuoit enuoier querir és païs de la Morée, & oultre mer, Cheualiers & genfd'armes à puiffance: & que quant on oirra dire, qu'il donnera largement de gaiges, il aura tantouft recouuert gens de toutes pars, & par ce pourra le Roy deliurer tant de pouures prinfonniers, qui ont efté prins au feruice de Dieu, & du fien, que jamais n'en yftront, s'il s'en va ainfi. Et fachez, que de mon opinion ne fuz-je mie reprins. mais plufieurs fe prindrent à plorer. Car il n'y auoit gueres celui, qui n'euft aucun de fes parens prinfonnier és prinfons des Sarrazins. Aprés moy Monfeigneur Guillaume de Belmont dift, que mon opinion eftoit tres-bonne, & qu'il fe accordoit à ce que j'auoie dit.

L.

Aprés ces choufes, & que chafcun eut refpondu endroit foy, le Roy fut tout troublé pour la diuerfité des opinions de fon Confeil: & print terme d'autres huit jours, de declarer ce qu'il en vouldroit faire. Mais bien deuez fauoir, que quant nous fufmes hors de la prefence du Roy, chacun des Seigneurs me commença à affaillir; & me
„ difoient par defpit & enuie : Ha ! certes le Roy eft foul, s'il ne vous
„ croit, Sire de Ionuille, par deffus tout le Confeil du Royaume de
„ France. Et je me tais tout coy.

Tantouft les tables furent mifes pour aller menger, le Roy qui tousjours auoit de couftume de me faire feoir à fa table, fi fes freres n'y eftoient: & auffi que en mengeant il me difoit tousjours quelque chofe. Mais oncques mot ne me dift, ne ne tourna fon vis vers moy. Alors me penfay, qu'il eftoit mal content de moy, pour ce que j'auois dit qu'il n'auoit encore defpencé fes deniers, & qu'il en deuoit defpendre largement. Et ainfi qu'il eut rendu graces à Dieu aprés fon difner, je m'eftois retiré à vne feneftre, qui eftoit prés du cheuet du lit du Roy, & tenois mes bras paffez parmy la grille de celle feneftre tout penfif. Et difois en mon courage, que fi le Roy s'en alloit à cefte foiz en France, que je m'en yroie vers le Prince d'Antioche, qui eftoit de mon parenté. Et ainfi comme j'eftois en telle penfée, le Roy fe vint apuier fur mes efpaulles par darriere, & me tenoit la tefte o fes deux mains. Et je cuidois que ce fuft Monfeigneur Phelippe de Nemours, qui m'auoit fait trop d'ennuy celle journée, pour le
„ confeil que j'auois donné. Et je lui commençay à dire : Leffez m'en
„ paix, Meffire Phelippe, en malle aduenture. Et je tourné le vifage, & le Roy m'y paffe la main par deffus. Et tantouft je fceu bien que c'eftoit la main du Roy, à vne efmeraude qu'il auoit ou doy. Et tantouft je me voulu remuer, comme celuy qui auoit mal parlé. Et le
„ Roy me fift demourer tout coy, & me va dire : Venez çà, Sire de
„ Ionuille, comment auez-vous efté fi hardy, de me confeiller fur tout
„ le Confeil des grans parfonnages de France, vous qui eftes jeune
„ homme, que je doy demorer en cefte terre? Et je lui refpondy, que fi je l'auois bien confeillé, qu'il creuft à mon confeil: & fi mal le confeilloie, qu'il n'y creuft mie. Et il me demanda, s'il demouroit, fi je vouldrois demourer auecques lui. Et je lui dis que ouy certes, fuft à mes defpens, ou à autrui defpens. Et lors le Roy me dift, que bon gré me fauoit de ce que je lui auois confeillé fa demeure, mais que ne le deiffe à nully. Dont toute celle fepmaine je fu fi joieux de ce qu'il m'auoit dit, que nul mal ne me greuoit plus. Et me deffendois hardiement contre les autres Seigneurs, qui m'en affailloient. Et fachez, qu'on appelle les païfans de celle terre, poulains. Et fut aduerty Meffire Pierre d'Auallon, qui eftoit mon coufin, qu'on me appelloit poulain: pour ce que j'auoie confeillé au Roy fa demeure auecques les poulains. Si me manda mon coufin, que je m'en deffendiffe contre ceulx qui m'y appelleroient: & que je leur diffe, que j'amois mieulx

## DV ROY SAINT LOYS. 83

eſtre poulain, que Cheualier recreu comme ilz eſtoient.

La ſepmaine paſſée, que fuſmes à l'autre Dimanche, tous retournaſmes deuers le Roy. Et quant tous fuſmes preſens, il commença à ſoy ſeigner du ſigne de la croix ; & diſoit que c'eſtoit l'enſeignement de ſa mere, qui lui auoit dit, que quant il voudroit dire quelque parolle, qu'il le fiſt ainſi, & qu'il inuocaſt le nom de Dieu, & l'aide du ſaint Eſperit. Et furent telles les parolles du Roy : Seigneurs, je « vous remercie, ceulx qui m'auez conſeillé de m'en aller en France : « & pareillement foyz-je ceulx qui m'ont conſeillé que je demouraſſe « en ce païs. Mais je me ſuis depuis auiſé, que quant je demourray, « que mon Royaume n'en ſera jà pluſtouſt pour ce en peril. Car Ma- « dame la Royne ma mere a aſſez gens pour le deffendre. Et ay auſſi eſ- « gard au dict des Cheualiers de ce païs, qui diſent, que ſi je m'enuois, « que le Royaume de Ieruſalem ſera perdu : par ce qu'il ne demoure- « ra nully aprés moy. Pourtant ay-je regardé, que je ſuis cy venu pour « garder le Royaume de Ieruſalem, que j'ay conquis, & non pas pour « le laiſſer perdre. Ainſi, Seigneurs, je vous dy, & à tous les autres, « qui vouldront demourer aueeques moy, que le diez hardiement : & « vous promets que je vous donneray tant, que la couppe ne ſera pas « mienne, mais voſtre. Ceulx qui ne vouldront demourer, de par Dieu « ſoit. Aprés ces parolles, pluſieurs en y eut d'eſbahiz, & commencerent à pleurer à chauldes larmes.

Aprés que le Roy eut declairé ſa volonté, & que s'entencion eſtoit de demourer là, il en laiſſa venir en France ſes freres. Mais je ne ſçay pas bien, ſi ce fut à leurs requeſtes, ou par la volenté du Roy. & fut ou temps d'enuiron la ſaint Iehan Baptiſte. Et tantouſt aprés que ſes freres furent partiz d'auec lui, pour leur en venir en France : vng peu aprés le Roy voulut ſauoir comment ſes gens, qui eſtoient demourez auecques lui, auoient fait diligence de recourrer gensd'armes. Et le jour de la feſte Monſeigneur ſaint Iaques, dont j'auois eſté pelerin, pour les grans biens qu'il m'auoit faiz; aprés que le Roy ſe fut retiré en ſa chambre, ſa meſſe ouye, appella de ſes principaux, & gens de conſeil : c'eſt aſſauoir Meſſire Pierre Chambellan, qui fut le plus loial homme, & le plus droicturier, que je veiſſe oncques en la maiſon du Roy : Meſſire Geffroy de Sergines le bon Cheualier, Meſſire Gilles le Brun le bon preudomme, & les autres gens de ſon Conſeil : auec leſquelz eſtoit le bon preudomme, à qui le Roy auoit donné la Conneſtablie de France aprés la mort de Meſſire Ymbert de Beljeu. Et leur demanda le Roy, quelz gens & quel nombre ilz auoient amaſſé pour remettre ſon armée ſus, & comme courrouſſé diſoit : Vous « ſauez bien qu'il y a vng mois, ou enuiron, que je vous declairé que « ma voulenté eſtoit de demourer : & n'ay encores ouy aucunes nou- « uelles, que vous aiez fait armée de Cheualiers, ne d'autres gens. Et « ad ce lui reſpondit Meſſire Pierre Chambellan pour tous les autres : Sire, ſi nous n'auons encore de ce riens fait, ſi n'en pouons nous «

L ij

» mais. Car fans faulte chafcun fe fait fi chier, & veult gaigner fi
» grant pris de gaiges, que nous ne leur ozerions promettre de donner
» ce qu'ilz demandent. Et le Roy voulut fauoir à qui ilz auoient parlé,
& fauoir qui eftoient ceulx-là qui demandoient ainfi gros pris de
gaiges. Et tous refpondirent, que ce eftois-je, & que je ne me vouloie contenter de peu de chofe. Et ouy toutes ces chofes, moy
eftant en la chambre du Roy. Et difoient au Roy les gens de fon
Confeil deffus nommez telles parolles de moy, pour ce que lui auois
confeillé contre leur opinion qu'il demouraft, & que ainfi ne s'en
deuoit-il retourner en France. Lors me fift appeller le Roy, & tantouft
allé à lui, & me gecté à genoulz deuant lui: & il me fift leuer & feoirs.
» Et quant je fu affis, il me va dire: Senneschal, vous fauez bien que
» j'ay toufjours eu fiance en vous, & vous ay tant aymé: & toutefuois
» mes gens m'ont rapporté, que vous eftes fi dur, qu'ilz ne vous peuent
» contenter de ce qu'ils vous promectent de gaiges. comment en va-
» il? Et je lui refponds: SIRE, je ne fçay qu'ilz vous rapportent. Mais
» quant eft de moy, fi je demande bon falaire, je n'en puis mais. Car
» vous fauez bien, que quant je fu prins fur l'eauë, alors je perdy quan-
» que j'auoie, fans qu'il me demouraft autre chofe que le corps: & par
» ce ne pourrois-je entretenir mes gens o peu de chofe. Et le Roy me
demanda, combien je vouloie auoir pour ma compagnie, jufques au
temps de Pafques, qui venoient, qui eftoient les deux pars de l'année.
» Et je luy demanday deux mille liures. Or me dictes, fift le Roy,
» auez vous quis nulz Cheualiers auecques vous ? Et je lui dis: SIRE,
» j'ay fait demourer Meffire Pierre du Pontmolain, lui tiers à bannie-
» re, qui me couftent quatre cens liures. Et alors compta le Roy par
» fes doigts, & me dift: Sont, fift-il, douze cens liures, que vous cou-
» fteront voz Cheualiers, & genfd'armes. Et je lui dis: Or regardez
» donques, SIRE, s'il ne me fauldra pas bien huit cens liures pour me
» monter de harnois & cheuaulx, & pour donner à menger à mes Che-
» ualiers, jufques au temps de Pafques ? Lors le Roy dift à fes gens,
qu'il ne veoit point en moy d'outrage; & me va dire, qu'il me retenoit à lui.

Tantouft aprés ne tarda gueres, que l'Empereur FERRY d'Almaigne enuoia en Ambaxade deuers le Roy, & lui enuoia lettres de creance, & comment il efcripuoit au Souldan de Babilonne, qui eftoit
mort, mais il n'en fauoit riens: qu'il creuft à fes gens qu'il enuoioit
deuers lui, & comment qu'il fuft, qu'il deliuraft le Roy & tous fes
gens. Et moult bien me fouuient, que plufieurs difdrent, que pas
n'euffent voulu, que l'Ambaxade d'icelui Empereur Ferry les euft encore trouuez prifonniers. Car ilz fe doubtoient, que ce faifoit l'Empereur, pour nous faire plus eftroitement tenir, & pour plus nous
encombrer. Et quant ilz nous eurent trouuez deliurez, ilz s'en retournerent deuers leur Empereur.

Pareillement aprés celle Ambaxade, vint au Roy l'Ambaxade du

## DV ROY SAINT LOYS.          85

Souldan de Damas jufques en Acre. Et fe plaingnoit au Roy le Souldan par fes lettres des Admiraulx d'Egipte, qui auoient tué leur Souldan de Babilonne, qui eftoit fon coufin. Et lui promettoit, que s'il le vouloit fecourir contr'eulx, qu'il lui deliureroit le Royaume de Ierufalem qu'ilz tenoient. Le Roy refpondit aux gens du Souldan, qu'ilz fe retiraffent en leur logeis, & que de brief leur manderoit refponce à ce que le Souldan de Damas lui mandoit. Et ainfi s'en allerent loger. Et tantouft aprés qu'ilz furent logez, le Roy trouua en fon Confeil, qu'il enuoieroit la refponce au Souldan de Damas par fes meffagiers, & y enuoieroit auecques eulx vng Religieux, qui auoit nom Frere Yues le Breton, qui eftoit de l'Ordre des Freres Prefcheurs. Et tantouft lui fut fait venir Frere Yues. Et l'enuoia le Roy deuers les Ambaffadeurs du Souldan de Damas, leur dire que le Roy vouloit qu'il s'en allaft auecques eux deuers le Souldan de Damas, lui rendre refponce que le Roy lui enuoioit par lui, pour ce qu'il entendoit Sarrazinois. & ainfi le fift ledit Frere Yues. Mais bien vous veulx icy racompter vne chofe, que ouy dire audit Frere Yues. Qui eft, que en s'en allant de la maifon du Roy au logeis des Ambaffadeurs du Souldan faire le meffage du Roy, il trouua parmy la ruë vne femme fort anxieune, laquelle portoit en fa main deftre vne efcuelle plaine de feu, & en la main feneftre vne fiolle plaine d'eauë. Et Frere Yues lui « demanda: Femme, que vieulx-tu faire de ce feu, & de celle eauë, « que tu portes? Et elle lui refpondit, que du feu elle vouloit brufler Paradis, & de l'eauë elle en vouloit eftaindre Enfer: affin que jamais ne fuft plus de Paradis, ne d'Enfer. Et le Religieux lui demanda, pourquoy elle difoit telles parolles. Et elle lui refpondit : Pour ce, « fift-elle, que je ne vieulx mye que nully face jamais bien en ce mon- « de pour en auoir Paradis en guerdon, n'auffi que nul fe garde de pe- « cher pour la crainte du feu d'Enfer. Mais bien le doit-on faire pour « l'entiere & parfaite amour, que nous deuons auoir à noftre createur « Dieu, qui eft le bien fouuerain, & qui tant nous a aymez, qu'il s'eft « foubmis à mort pour nouftre redemption, & qu'icelle mort a fouf- « fert pour le peché de noftre premier pere Adam, & pour nous faul- « uer.                                                                                      «

Tandis comme le Roy fejournoit en Acre, vindrent deuers lui les meffagiers du Prince des Beduins, qui fe appelloit le Viel de la Montaigne. Et quant le Roy eut ouye fa meffe au matin, il voulut ouïr ce que les meffagiers du Prince des Beduins lui vouloient dire. Et eulx venuz deuant le Roy, il les fift affeoir pour dire leur meffage. Et commença vng Admiral, qui là eftoit, de demander au Roy, s'il congnoiffoit point Meffire leur Prince de la Montaigne. Et le Roy lui refpondit, que non. Car il ne l'auoit jamais veu. Mais bien auoit ouy parler de luy. Et l'Admiral dift au Roy : Sire, puis que « vous auez ouy parler de Monfeigneur, je m'efmerueille moult, que « vous ne lui auez enuoié tant du voftre, que vous euffiez fait de lui « 

L iij

» voſtre amy, ainſi que font l'Empereur d'Almaigne, le Roy de Hon-
» grie, le Souldan de Babilonne, & pluſieurs autres Roys & Princes,
» tous les ans: par ce qu'ilz congnoiſſent bien, que ſans lui ilz ne pour-
» roient durer ne viure, ſinon tant qu'il plairoit à Monſeigneur. Et
» pour ce nous enuoie-il par deuers vous, pour vous dire & aduertir
» que le vueillez ainſi faire: ou pour le moins, que le facez tenir quicte
» du trehu qu'il doit par chacun an au grant Maiſtre du Temple, & à
» l'Oſpital, & en ce faiſant il ſe tiendra à paié à vous. Bien dit Mon-
» ſeigneur, que s'il faiſoit tuer le Maiſtre du Temple, ou de l'Oſpital,
» que tantouſt il y en auroit vng autre auſſi bon. Et par ce ne veult-
» il mye mettre ſes gens en peril, en lieu où il ne ſçauroit riens gaigner.
Le Roy leur reſpondit, qu'il ſe conſeilleroit, & qu'ils reuienſiſſent ſur
le ſoir deuers lui, & qu'il leur en rendroit reſponce.

Quant vint au veſpre, qu'ilz furent reuenuz deuant le Roy, ilz
trouuerent auec le Roy, le Maiſtre du Temple d'vne part, & le Mai-
ſtre de l'Oſpital d'autre part. Lors que les meſſagiers furent entrez
deuers le Roy, il leur diſt que derechief ilz lui deiſſent leur cas, & la
demande qu'ilz lui auoient faite au matin. Et ilz lui reſpondirent,
qu'ilz n'eſtoient pas conſeillez de le dire encores vne fois, fors de-
uant ceulx qui eſtoient preſens au matin. Et adonc les Maiſtres du
Temple & de l'Oſpital leur commanderent, qu'ilz le deiſſent en-
cores vne foiz. Et ainſi le fiſt l'Admiral, qui l'auoit dit au matin
deuant le Roy, tout ainſi qu'eſt cy deſſus contenu. Aprés laquelle
choſe, les Maiſtres leur diſdrent en Sarrazinois, qu'ilz vienſiſſent au
matin parler à eulx, & qu'ilz leur diroient la reſponce du Roy. Et au
matin, quant ilz furent deuant les Maiſtres de l'Oſpital & du Temple,
iceulx Maiſtres leur dirent: Que moult follement, & trop hardiement,
leur Sire auoit mandé au Roy de France telles choſes, & tant du-
res parolles: & que ſi n'eſtoit pour l'onneur du Roy, & pour ce qu'ilz
eſtoient venus deuers lui comme meſſagiers, que ilz les feroient
tous noier & gecter dedans l'orde mer d'Acre, en deſpit de leur Sei-
» gneur. Et vous commandons, firent les deux Maiſtres, que vous vous
» en retournez deuers voſtre Seigneur, & que dedans quinze jours
» vous apportez au Roy lettres de voſtre Prince, par leſquelles le Roy
» ſoit content de lui, & de vous. Au dedans de laquelle quinzaine,
les meſſagiers d'icelui Prince de la Montaigne reuindrent deuers le
» Roy & lui dirent: SIRE, nous ſommes reuenuz à vous de par noſtre
» Sire, & vous mande, que tout ainſi que la chemiſe eſt l'abillement
» le plus prés du corps de la perſonne: auſſi vous enuoie-il ſa chemiſe,
» que veez-cy, dont il vous fait preſent, en ſigniffiance que vous eſtes
» celui Roy, lequel il ayme plus auoir en amour, & à entretenir. Et
» pour plus grande aſſeurance de ce, veez-cy, ſon annel, qu'il vous en-
» uoie, qui eſt de fin or pur, & ouquel eſt ſon nom eſcript. Et d'icelui
» annel vous eſpouſe noſtre Sire, & entend que deſormais ſoiez tout à
» vng, comme les doiz de la main. Et entre autres chouſes enuoia au

## DV ROY SAINT LOYS. 87

Roy vn elephan de criſtal, & des figures de hommes de diuerſes façons de criſtal, tables, eſcheƈtz de criſtal: le tout fait à belles fleuretés d'ambre, liées ſur le criſtal à belles vignetes de fin or. Et ſachez, que ſi touſt que les meſſagiers eurent ouuert l'eſtui, où eſtoient celles chouſes toute la chambre fut incontinant enbaſmée de la grant & ſouefue oudeur que ſentoient icelles chouſes.

Le Roy, qui vouloit guerdonner le preſent, que lui auoit fait & enuoié le Viel Prince de la Montaigne, lui enuoia par ſes meſſagiers, & par Frere Yues le Breton, qui entendoit Sarrazinois, grant quantité de veſtemens d'eſcarleƈte, couppes d'or, & autres vaiſſeaux d'argent. Et quant Frere Yues fut deuers le Prince des Beduins, il parla auecques lui, & l'enquiſt de ſa loy. Mais ainſi qu'il rapporta au Roy, il trouua qu'il ne croioit pas en Mahommet, & qu'il croioit en la loy de Hely, qu'il diſoit eſtre oncle de Mahommet. Et diſoit que celui Hely miſt Mahommet en l'onneur, où il fut en ce monde: & que quant Mahommet eut bien conquis la ſeigneurie & preheminence du peuple, il ſe deſpita & s'eſlongna d'auecques Hely ſon oncle. Et quant Hely vit la felonnie de Mahommet, & qu'il le commença fort à ſupediter, il tira à ſoy du peuple ce qu'il en peult auoir, & le mena habiter à part és deſers des montaignes d'Egipte: & là leur commença à faire & bailler vne autre loy que celle de Mahommet n'eſtoit. Et ceulx-là, qui de preſent tiennent la loy de Hely, dient entr'eulx que ceulx qui tiennent la loy de Mahommet ſont meſcreans. Et ſemblablement au contraire diſent ceulx de Mahommet, que les Beduins, qui tiennent la loy de Hely, ſont meſcreans. Et chacun d'eulx dit vray. Car tous ſont meſcreans d'vne part & d'aultre.

L'vn des points & commandemens de la loy de Hely ſi eſt tel: Que quant aucun homme ſe fait tuer, pour faire & acomplir le commandement de ſon Seigneur, l'ame de lui, qui ainſi eſt mort, va en vng autre corps plus aiſe, plus bel, & plus fort qu'il n'eſtoit. Et pour ce ne tiennent compte les Beduins de la Montaigne de leur faire tuer pour le vouloir de leur Seigneur faire: croians que leur ame retourne en autre corps, là où elle eſt plus à ſon aiſe que deuant. L'autre commandement ſi eſt de leur loy, que nul homme ne peut mourir, que juſques au jour qui lui eſt determiné. Et ainſi le croient les Beduins. Car ilz ne ſe veullent armer quant ilz vont en guerre, & s'ilz le faiſoient, ilz cuideroient faire contre le commandement de leur loy cy-deſſus. Et quant ilz maudiſent leurs enfans, ilz leur diſent: Mauldit ſoies tu comme l'enfant qui s'arme de paeurs de la mort. Laquelle choſe ilz tiennent à grant honte. qui eſt vne grant erreur. Car il ſembleroit que Dieu n'auroit pouoir de nous allonger ou abregier la vie, & qu'il ne feroit pas tout-puiſſant. ce qu'eſt faux. Car en lui eſt toute puiſſance.

Et ſaichez, que quant Frere Yues le Breton fut deuers le Viel de la Montaigne, là où le Roy l'auoit enuoié, il trouua au cheuet du lit

88 HISTOIRE

d'icelui Prince de la Montaigne vng Liuret, ouquel y auoit en efcript plufieurs belles parolles, que noftre Seigneur autresfoiz auoit dictes à Monfeigneur faint Pierre, lui eftant fur terre, auant fa paf-
» fion. Et quant Frere Yues les eut leuës, il lui dift : Ha!à, Sire, moult
» feriez bien fi vous lifiez fouuant ce petit Liure. Car il y a de tres-
» bonnes efcriptures. Et le Viel de la Montaigne lui dift, que fi faifoit-il, & qu'il auoit moult grant fiance en Monfeigneur faint Pierre. Et difoit, que au commencement du monde, l'ame d'Abel, quant fon frere Cayn l'eut tué, entra depuis ou corps de Noé : & que l'ame de Noé, aprés qu'il fut mort, reuint ou corps de Abraham : & depuis, l'ame d'Abraham eft venuë ou corps de Monfeigneur faint Pierre, qui encore y eft en terre. Quant Frere Yues le ouyt ainfi parler, il lui remonftra que fa creance ne valoit riens, & lui enfeigna plufieurs beaux ditz, & des commandemens de Dieu. mais onques n'y voulut croire. Et difoit Frere Yues, ainfi que je lui ouy compter au Roy, que quant celui Prince des Beduins cheuauchoit aux champs, il auoit vng homme deuant lui, qui portoit fa hache d'armes, laquelle auoit le manche couuert d'argent : & y auoit ou manche tout plain de coteaux tranchans. Et crioit à haulte voix celui qui portoit celle ha-
» che en fon langaige : Tournez vous arriere, fuiez vous de deuant ce-
» lui qui pourte la mort des Roys entre fes mains.

Ie vous auoys laiffé à dire la refponce que le Roy manda au Souldan de Damas, qui fut telle. C'eft affauoir, que le Roy enuoieroit fauoir aux Admiraulx d'Egipte, s'ilz lui relieueroient & rendroient la treue qu'ilz lui auoient promife : laquelle ilz lui auoient jà rompuë, comme eft deuant dit. Et que s'ilz en faifoient reffuz, que tres-voulentiers le Roy lui aideroit à venger la mort de fon coufin le Souldan de Babilonne, qu'ilz auoient tué.

Aprés ces chofes, le Roy durant qu'il eftoit en Acre enuoya Meffire Iehan de Vallance en Egipte deuers les Admiraulx, leur requerir, que les oultraiges & violances, qu'ilz auoient faites au Roy, qu'ilz les luy fatisfeiffent, tant qu'il fuft content d'eulx. Ce que les Admiraulx lui promifdrent faire, mais que le Roy fe voulfift allier d'eulx, & leur aider à l'encontre du Souldan de Damas deuant nommé. Et pour amollir le cueur du Roy, aprés les grans remonftrances, que Meffire Iehan de Vallance le bon preudomme leur fift, en les blafmant & vituperant des grans griefs & torts qu'ilz tenoient, & commant en venant contre leur loy ilz lui auoient rompu les treues & conuenances qu'ilz lui auoient faictes : ilz enuoierent au Roy, & deliurerent de leurs prinfons tous les Cheualiers qu'ils detenoient prinfonniers. Et auffi lui enuoierent les os du Conte Gaultier de Brienne, qui mort eftoit, affin qu'ils fuffent enfepulturez en terre fainte. Et en amena Meffire Iehan de Vallance deux cens Cheualiers, fans autre grant quantité de menu peuple, qui eftoient és prinfons des Sarrazins. Et
* Sayete. quant il fut venu en Acre, Madame de Secte*, qui eftoit coufine germaine

maine dudit Meſſire Gautier de Brienne, print les os dudit feu, & les fiſt enſepulturer en l'Egliſe de l'Oſpital d'Acre bien & honnourablement : & y fiſt faire grant ſeruice à merueilles, en telle maniere que chacun Cheualier offrit vng cierge & vng denier d'argent. Et le Roy offrit vng cierge auecques vng bezant des deniers de Madame de Secte. dont chacun s'eſmerueilla. Car jamais on ne lui auoit veu offrir nulz deniers, que de ſa monnoie. Mais le Roy le fiſt par ſa courtoiſie.

Entre les Cheualiers que Meſſire Iehan de Vallance ramena d'Egipte, j'en congneu bien quarante de la Court de Champaigne, qui eſtoient tous deſerpillez, & mal atournez. Leſquelz tous quarante je feis abiller & veſtir à mes deniers, de cotes & ſurcorz de vert ; & les menay tous deuant le Roy, lui prier qu'il les vouſſiſt tous retenir en ſon ſeruice. Et quant le Roy eut ouye la requeſte, il ne me diſt mot quelconque. Et fut vng des gens de ſon Conſeil, qui là eſtoit, qui me reprint : en diſant, que je faiſois tres-mal, quant je apportois au Roy telles nouuelles, & que en ſon Eſtat y auoit excés de plus de ſept mil liures. Et je lui reſpondy, que la malle aduenture l'en faiſoit parler : & que entre nous de Champaigne auion bien perdu au ſeruice du Roy trente-cinq Cheualiers tous portans bannieres de la Court de Champaigne. Et dis haultement, que le Roy ne faiſoit pas bien, s'il ne les retenoit, veu le beſoing qu'il auoit de Cheualiers. Et ce diſant commençay à pleurer. Lors le Roy me appaiſa, & me octroia ce que lui auois demandé : & retint tous ces Cheualiers, & les me miſt en ma bataille.

Quant le Roy eut ouy parler les meſſagiers des Admiraulx d'Egipte, qui eſtoient venuz auecques Meſſire Iehan de Vallance, & qu'ilz s'en voulurent retourner : le Roy leur diſt, qu'il ne feroit nulle treue à eulx, premier qu'ilz lui euſſent rendu toutes les teſtes des Chreſtiens morts, qui pendoient ſur les murs du Quaſſere, dés le temps que les Contes de Bar & de Montfort furent prins : & qu'ilz lui enuoiaſſent auſſi tous les enfans, qui auoient eſté prins petiz, qu'ilz auoient faiz regnoier, & croire à leur loy ; & oultre, qu'ilz le tienſiſſent quicte des deux cens mil liures, qu'il leur deuoit encores. Et auecques eux renuoia le Roy ledit Meſſire Iehan de Vallance, pour la grant ſageſſe & vaillance qui eſtoit en lui, pour adnoncer de par le Roy le meſſage aux Admiraulx.

Durant ces choſes le Roy ſe partit d'Acre, & s'en alla à Ceſare auecques tout ce qu'il auoit de gens : & reffiſt faire les murs & cloaiſons de Ceſare, que les Sarrazins auoient rompuë & abatuë. Et eſtoit à bien douze lieuës d'Acre, tirant deuers Ieruſalem. Et vous dy, que je ne ſçay pas bien commant, mais que par la voulenté de Dieu il peut faire ce qu'il fiſt. Ne onques durant l'année & le temps que le Roy fut à Ceſare pour la reffaire, n'y eut onques nul qui nous feiſt aucun mal, ne auſſi en Acre, là où nous n'eſtions gueres de gens.

M

Par deuers le Roy eſtoient venuz, comme j'ay deuant dit, les meſſagiers du grant Roy de Tartarie, durant que nous eſtions en Chippre. Et diſoient au Roy, qu'ilz eſtoient venuz pour lui aider à conquerir le Royaume de Ieruſalem ſur les Sarrazins. Le Roy les renuoia, & auecques eulx deux notables Freres Preſcheurs, qui tous deux eſtoient Prebſtres. Et lui enuoia vne Chappelle d'eſcarlate, en laquelle il fiſt tirer à l'eſguille toute noſtre creance, l'Annonciacion de l'Ange Gabriel, la Natiuité, le Bapteſme, & comment Dieu fut baptizé: la Paſſion, l'Aſcenſion, & l'Aduenement du S. Eſperit. Et lui enuoia calices, liures, ornemens, & tout ce qui faiſoit beſoing à chanter la Meſſe. Et ainſi que j'ay depuis ouy racompter au Roy par les meſſagiers qu'il y auoit enuoiez, les meſſagiers monterent ſur mer, & allerent arriuer au port d'Antioche. Et diſoient, que du port d'Antioche juſques au lieu où eſtoit le grant Roy de Tartarie, ilz miſdrent bien vng an: & faiſoient dix lieuës par jour. Et trouuerent toute la terre qu'ilz cheuauchoient ſubgecte aux Tartarins. Et en paſſant par le païs, trouuerent en pluſieurs lieux en villes & citez, grans monſſeaux d'ouſſemens de gens morts. Les meſſagiers du Roy s'enquidrent, comment ilz eſtoient venuz en ſi grant auctorité, & comment ilz auoient peu ſubjuguer tant de païs, & deſtruit & confondu tant de gens, dont ilz veoient les ouſſemens. Et les Tartarins leur diſdrent la maniere, & premierement de leur naiſſance. Et diſoient qu'ilz eſtoient venuz, nez, & concreez d'vne grant berrie de ſablon, là où il ne croiſſoit nul bien. Et commançoit celle berrie de ſable à vne roche, qui eſtoit ſi grande, & ſi merueilleuſement haute, que nul homme viuant ne la pouoit jamais paſſer. & venoit de deuers Orient. Et leur diſdrent les Tartarins, que entre celle roche & autres roches, qui eſtoit vers la fin du monde, eſtoient enclos les peuples de Got & Magot, qui deuoient venir en la fin du monde auecques l'Antecriſt, quant il viendra pour tout deſtruire. Et de celle berrie venoit le peuple des Tartarins, qui eſtoient ſubgetz à Prebſtre-Iehan d'vne part, & à l'Empereur de Perſe d'autre part. lequel Empereur de Perſe les joignoit d'vn couſté de ſa terre. Et eſtoient entre pluſieurs autres meſcreans, auſquelz pour le ſouffrir ilz rendoient grans trehuz & deniers chacuns ans. & auſſi pour le paſturage de leurs beſtes, dont ilz viuoient ſeulement. Et diſoient les Tartarins, que celui Preſtre-Iehan, l'Empereur de Perſe, & les autres Roys, à qui ilz deuoient leſditz trehuz, les auoient en ſi grant orreur & deſpit, que quant ilz leur portoient leurs rentes & deniers, ilz ne les vouloient recepuoir deuant eulx, mais leur tournoient le dos. Dont aduint, que vne foiz entre les autres, vng ſaige homme d'entr'eulx cercha toutes les berries, & alla parler çà & là aux hommes des lieux, & leur remonſtra le grant ſeruage en quoy ils eſtoient, & à diuers Seigneurs: en les priant, qu'ilz vouſiſſent trouuer façon & maniere, par quelque conſeil, qu'ilz peuſſent ſortir du meſchief en quoy ilz eſtoient.

## DV ROY SAINT LOYS. 91

Et de fait, fist tant celui saige homme, qu'il assembla à certain jour au chief de celle berrie de sable, à l'endroit de la terre de Prebstre-Iehan. Et aprés plusieurs remonstrances, que icelui saige homme leur eut faictes, ilz se accorderent à faire quant qu'il vouldroit. Et lui requisdrent, qu'il feist & deuisast ce que bon lui sembloit, pour paruenir aux fins de ce qu'il leur disoit. Et il leur dist, qu'ilz ne pouoient riens faire s'ilz n'auoient vng Roy, qui fust maistre & seigneur sur eulx, lequel ilz obeïssent & creussent à faire ce qu'il leur commanderoit. Et la maniere de faire leur Roy fut telle : Que de cinquante deux generacions qu'ilz estoient de Tartarins, il fist que chacune d'icelles generacions lui apporteroit vne sajette, qui seroit signée du seing & nom de sa generacion. Et fut accordé par tout le peuple, que ainsi se feroit. & ainsi fut fait. Puis les cinquante-deux sajettes furent mises deuant vng enfant de cinq ans; & de la generacion, de laquelle seroit la sajette que l'enfant leueroit, seroit fait leur Roy. Quant l'enfant eut leué l'vne des cinquante-deux sajettes, celui saige homme fist tirer & mettre arriere toutes les autres generacions. Et puis aprés fist eslire de celle generacion, dont estoit la sajette, que l'enfant auoit leué, cinquante-deux hommes des plus sauans & vaillans, qui fussent en toute celle generacion. Et quant ilz furent ainsi esleuz, celui mesme sage homme en estoit l'vn des cinquante-deux hommes, qui tous eurent chacun sa sajette à part, signée de son nom. Et en firent leuer vne à icelui petit enfant de cinq ans : & celui, à qui seroit la sajette que l'enfant leueroit, seroit leur Roy & gouuerneur. Et par sort arriua, que l'enfant leua la sajette d'icelui sage homme, qui ainsi les auoit enseignez. Dont tout le peuple fut moult joieulx, & en menoient tres-grant joie. Et lors il les fist taire, & leur dist : Seigneurs, si vous voulez que je soie vostre Seigneur, « vous jurerez par celui qui a fait le ciel & la terre, que vous tiendrez « & obseruerez mes commandemens. Et ainsi le jurerent. «

Aprés ces chouses, il leur donna & establit des enseignemens, qui furent moult bons, pour conseruer le peuple en paix les vngs auecques les autres. L'vn des establissemens, qu'il leur donna, fut tel : Que nul ne prandroit le bien d'autrui oultre son gré, ne à son deceu. L'autre fut tel : Que l'vn ne frapperoit l'autre, s'il ne vouloit perdre le poing. L'autre fut tel : Que nully n'auroit compaignie de la femme ne de la fille d'autrui, s'il ne vouloit perdre la vie. Et plusieurs autres beaux enseignemens & commandemens leur donna, pour auoir paix & amour entr'eulx.

Et quant il les eut ainsi enseignez & ordonnez, il leur va remonstrer, comment le plus anxien ennemy, qu'ilz eussent, que c'estoit le Prebstre-Iehan, & comment il les auoit en grant hayne & despit de long-temps. Et pour ce, fist-il, je vous commande à tous, que de- « main soiez prestz & appareillez pour lui courir sus. Et s'il aduient « qu'ilz nous desconfissent, dont Dieu nous gard, chacun face du «

M ij

» mieulx qu'il pourra. Aussi si nous les desconfissons, je vous comman-
» de, que la chose dure jusques à la fin, & fust jusques à trois jours &
» trois nuiz, sans que nully ne soit si hardy de mettre la main à nul
» gaing, mais que à gens occire & mettre à mort. Car aprés que nous
» aurons bien eu victoire de nos ennemis, je vous departiray le gaing
» si bien & loiaument, que chacun s'en tiendra à paié & content. Et
tous se accorderent à ce faire tres-voulentiers.

 Le landemain venu, ainsi qu'ilz auoient deliberé de faire, ainsi le firent. Et de fait coururent estroitement sur leurs ennemis. Et ainsi que Dieu, qui est tout puissant, voulut, ilz desconfirent leurs ennemys: & tout quant qu'ilz en trouuerent en armes deffensables, ilz les tuerent tous. Mais ceulx qu'ilz trouuerent portans habiz de Religion, & les Prebstres, ilz ne les tuerent pas. Et tout l'autre peuple de la terre de Prebstre-Iehan, qui n'estoit en bataille, se rendirent à eulx, & se misdrent en leur subjection.

 Vne merueilleuse chose arriua aprés celle conqueste. Car l'vn des grans Maistres de l'vne des generacions deuant nommées fut bien perdu & absent du peuple des Tartarins par trois jours, sans qu'on en peust auoir ne ouyr aucunes nouuelles. Et quant il fut reuenu au bout des trois jours, il rapporta au peuple, qu'il ne cuidoit auoir demouré que vng soir, & qu'il n'auoit enduré ne faim ne soif. Et racompta qu'il auoit monté sur vng tertre, qui estoit hault à merueilles. Et que sur icelui tertre il auoit trouué vne grant quantité des plus belles gens qu'il eust jamais veuz, & les mieulx vestuz & aournez. Et ou meilleu d'icelui tertre y auoit vng Roy assis, qui estoit le plus bel à regarder de tous les autres, & le mieulx paré: & estoit en vng trosne reluisant à merueilles, qui estoit tout d'or. A sa destre auoit six Roys tous couronnez & bien parez, à pierres precieuses. A sa senestre autant y en auoit. Prés de lui à la destre main y auoit vne Royne agenoullée, qui lui disoit & prioit, qu'il pensast de son peuple. A la main senestre y auoit agenoullé vng moult beau jouuenceau, qui auoit deux aelles aussi resplendissans comme le souleil. Et entour celui Roy y auoit moult grant foeson de belles gens aellez. Celui Roy
» appella celui sage homme, & lui dist: Tu es venu de l'ost des Tar-
» tarins. Sire, fist-il, ce suis mon. Tu t'en tourneras, & diras au Roy de
» Tartarie, que tu m'as veu, qui suis Seigneur du ciel & de la terre. Et
» que je lui mande, qu'il me rende graces & loüenges de la victoire,
» que je lui ay donnée sur Prebstre-Iehan, & sur sa gent. Et lui diras
» de par moy, que je lui donne puissance de mettre en sa subjection
» toute la terre. Sire, fist celui grant Maistre des Tartarins, commant
» m'en croira le Roy de Tartarie? Tu lui diras, que il te croie à telles
» enseignes, que tu te yras combatre à l'Empereur de Perse auec trois
» cens hommes de tes gens: & que de par moy tu vaincras l'Empe-
» reur de Perse, qui se combatra à toy à tout trois cens mil Cheualiers
» & hommes d'armes, & plus. Et auant que tu voises combatre l'Em-

pereur de Perſe, tu requerras au Roy de Tartarie, qu'il te donne tous « les Prebſtres, gens de Religion, & autre menu peuple, qui eſt de-« mouré de ceulx-là qu'il a prins en la bataille de Prebſtre-Iehan : & « ce qu'ilz te diront & teſmoigneront, tu le croiras. Car ilz ſont de mes « gens & ſeruiteurs. Sire, fiſt celui homme, je ne m'en ſçaurois aller, « ſi tu ne me fais conduire. Et adonc le Roy ſe tourna, & appella vng « de ſes belles gens, & lui diſt : Vien çà, George, va t'en conduire ceſt « homme juſques à ſon herbergement, & le rends à ſauueté. Et tan-« touſt fut tranſporté celuy ſage homme des Tartarins. Quant il fut rendu, tout le peuple & les gens de l'oſt des Tartarins le virent; ilz firent grant chiere à merueilles. Et tantouſt il demanda au Roy de Tartarie, qu'il lui donnaſt les Prebſtres, & gens de Religion, comme lui auoit enſeigné le Roy qu'il trouua au hault du tertre. Ce qui lui fut octroié. Et debonnairement receut celui Prince des Tartarins & tous ſes gens l'enſeignement de ceulx qu'on lui auoit donnez, & tous ſe firent baptizer. Et quant tous furent baptizez, il print ſeullement trois cens de ſes hommes d'armes, & les fiſt confeſſer & appareiller. Et de là s'en alla aſſaillir l'Empereur de Perſe, & le conuainquit & chaſſa hors de ſon Empire & de ſa terre. Et s'en alla fuyant juſques ou Royaume de Ieruſalem. Et fut celui, qui depuis deſconfit noz gens, & print le Conte Gaultier de Brienne, ainſi comme vous orrez cy-aprés. Le peuple de ce Prince Chreſtien ſe multiplia tellement, & fut en ſi grant nombre, ainſi que depuis je ouy dire aux meſſagiers, que le Roy auoit enuoiez en Tartarie, qu'ilz auoient compté en ſon oſt huit cens Chapelles ſur chars.

Or reuenons à noſtre matere, & dirons ainſi : Que tandis que le Roy feroit fermer Ceſaire, dont j'ay deuant parlé, il arriua au Roy vng Cheualier, qui ſe nemmoit Meſſire Elenars de Seningaan, qui diſoit, qu'il eſtoit party du Royaume de Norone, & là monta ſur mer, & vint paſſant & enuironnant toute Eſpaigne, & paſſa par les deſtroitz de Maroc : & que à moult grans perilz & dangiers il auoit paſſé & ſouffert beaucoup de mal, auant qu'il peuſt venir à nous. Le Roy retint celui Cheualier, lui dixiſme d'autres Cheualiers. Et lui ouy dire, que les nuitz en la terre du Royaume de Norone eſtoient ſi courtes en Eſté, qu'il n'y auoit nuyt là où l'on ne veiſt bien encores le jour au plus tard de la nuyt. Quant celui Cheualier fut acongneu ou païs, il ſe print à chaſſer aux lions, lui, & ſes gens. Et pluſieurs en prindrent perilleuſement, & en grant dangier de leurs corps. Et là façzon du faire, qu'ilz auoient en ladite chaſſe, eſtoit, qu'ilz couroient ſus aux lions à cheual : & quant ilz en auoient trouué aucun, ilz lui tiroient du trect d'arc, ou d'arbeleſte. Et quant ilz en auoient attaint quelqu'vn, celui lion, qui auoit eſté attaint, couroit ſus au premier qu'il veoit : & ilz s'en fuyoient picquans des eſperons, & laiſſoient cheoir à terre aucune couuerte, ou vne piece de quelque viel drap : & le lion la prenoit & deſſiroit, cuidant tenir l'omme qui l'a-

M iij

uoit frappé. Et ainſi que le lion ſe arreſtoit à deſſirer celle vielle pie-
ce de drap, les autres hommes leur tiroient d'autre trect, & puis le
lion laiſſoit ſon drap, & couroit ſus à ſon homme, lequel s'enfuioit,
& laiſſoit cheoir vne autre vieille piece de drap, & le lion ſe y arre-
ſtoit. Et ainſi ſouuentesfoiz ilz tuoient les lions de leur trect.

 Vng autre Cheualier moult noble vint au Roy, durant qu'il eſtoit
*Tocy.* à Ceſaire, qui ſe diſoit eſtre de ceulx de Coucy*. Et diſoit le Roy,
que celui Cheualier eſtoit ſon couſin, par ce qu'il eſtoit deſcendu
d'vne des ſeurs du Roy Phelippe, que l'Empereur de Conſtantino-
ple eut à femme. Lequel Cheualier le Roy retint, lui dixiſme de
Cheualiers, juſques à vng an. Et aprés l'an paſſé, il s'en retourna
en Conſtantinople, dont il eſtoit venu. A icelui Cheualier ouy dire,
& comme il le diſoit au Roy, que l'Empereur de Conſtantinople &
ſes gens ſe allierent vne foiz d'vn Roy, qu'on appelloit le Roy des
Commains, pour auoir leur aide pour conquerir l'Empereur de Gre-
ce, qui auoit nom Vataiche. Et diſoit icelui Cheualier, que le Roy
du peuple des Commains, pour auoir ſeureté & fiance fraternel de
l'Empereur de Conſtantinople pour ſecourir l'vn l'autre; qu'il fail-
lit qu'ilz & chacun de leurs gens d'vne part & d'autre ſe feiſſent ſei-
gner, & que de leur ſang ilz donnaſſent à boire l'vn à l'autre en ſi-
gne de fraternité, diſans qu'ilz eſtoient freres, & d'vn ſang. Et ainſi
le conuint faire entre noz gens & les gens d'icelui Cheualier, & meſ-
lerent de leur ſang auecques du vin, & en buuoient l'vn à l'autre : &
diſoient lors, qu'ilz eſtoient freres d'vn ſang. Et encore firent-ils
vne autre choſe. Car ilz firent paſſer vng chien entre noz gens &
eulx, qui eſtoient ſeparez d'vne part & d'autre, & decoupperent tout
le chien à leurs eſpées; diſans, que ainſi fuſſent-ilz decouppez, s'ilz
failloient l'vn à l'autre.

 Vne autre grande & merueilleuſe choſe compta au Roy celui Che-
ualier de Coucy. Et diſoit, que ou pays du Roy des Commains eſtoit
mort vng grant riche terrien & Prince, auquel, quant il fut mort, on
fiſt vne grant fouſſe moult large en terre: & fut aſſis celui mort en
vne chaiere moult noblement parée & ornée. Et deſcendit-on auec-
ques lui en celle fouſſe le meilleur cheual qu'il euſt, & l'vn de ſes ſer-
gens, tous vifz, homme & cheual. Et diſoit que le ſergent, auant
que entrer en la foſſe, il prenoit congié du Roy & des autres grans
parſonnages, qui là eſtoient, & que le Roy luy bailloit vne grant foe-
ſon d'or & d'argent, que on lui mettoit en eſcharpe à ſon coul. Et
lui faiſoit promettre le Roy, que quant il ſeroit en l'autre monde,
qu'il lui rendroit ſon or & ſon argent. & ainſi le lui promettoit. Et
aprés le Roy lui bailloit vnes lettres adreſſans à leur premier Roy,
& lui mandoit par icelles; que celui preudomme auoit moult bien
veſcu, & qu'il l'auoit bien ſeruy, & par ce lui prioit, qu'il le vouſſſt
bien guerdonner. Et aprés ilz couurirent celle foſſe ſur celui hom-
me mort, & ſur ſon ſergent & ſon cheual, tous vifz, de planches de

bois bien cheuillées. Et auant que dormir, en memoire & remembrance de ceulx, qu'ilz auoient enterrez, ilz faisoient sur la fosse vne grant montaigne de pierres & de terre.

Quant vint le temps que nous fusmes prés de Pasques, je me parti d'Acre, & allé veoir le Roy à Cesaire, qu'il faisoit clorre & refermer. Et quant je fu vers lui, je le trouuay en sa chambre parlant auecques le Legat, qui auoit tousjours esté auecques lui oultre mer. Et quant il me vit, il lessa le Legat, & vint vers moy. Et me va dire: Sire de Ionuille, il est bien vray, que je ne vous ay retenu que jusques à Pasques, qui viennent. Pourtant je vous prie, que me dictes combien je vous donneray de Pasques jusques à vng an prouchain venant. Et je lui dis, que je n'estoie mie venu deuers lui pour telle chose marchander, & que de ses deniers ne voulois-je plus: mais qu'il me fist autre marché & conuencion. C'est assauoir, qu'il ne se courroufast de chose que lui demandasse, ce qu'il faisoit souuent: & je lui promettois, que de ce qu'il me refuseroit, je ne me courrousseroys mie. Quant il oit ma demande, il se commença à rire, & me dist qu'il me retenoit par tel conuenant & pact. Et me prist lors par la main, & me mena deuant le Legat & son Conseil: & leur recita la conuencion de lui & de moy. Dont chacun fut joieux dequoy je demourois.

Cy-aprés orrez les justices & jugemens que je vy faire à Cesaire, tandis que le Roy y sejourna. Tout premier d'vn Cheualier, qui fut prins au bordel, auquel on partit vn jeu: ou que la ribaulde, auecques laquelle il auoit esté trouué, le meneroit parmy l'ost en sa chemise, vne corde liée à ses genitoires, laquelle corde la ribaulde tiendroit d'vn bout: ou s'il ne vouloit telle chose souffrir, qu'il perdroit son cheual, ses armures & harnois, & qu'il seroit dechassé & fourbany de l'ost du Roy. Le Cheualier esleut, qu'il ayma mieulx perdre son cheual & armeures, & s'en partir de l'ost. Quant je viz que le cheual fut confisqué au Roy, je le lui requis pour vng de mes Cheualiers pouure Gentilhomme. Mais le Roy me respondit, que ma requeste n'estoit pas raisonnable, pour ce que le cheual valloit bien de quatre-vingtz à cent liures, qui n'estoit pas petite somme. Et je lui dis: SIRE, vous auez rompu les conuenances d'entre vous & moy, quant vous vous courroussez de ce que je vous ay requis. Et le Roy se print à rire, & me dist: Sire de Ionuille, vous direz quant que vous vouldrez: mais non pourtant si ne m'en courrousseray-je jà plustoust. Et toutesfoiz je n'eu point le cheual pour le pouure Gentilhomme.

La seconde justice que je vy, fut de aucuns de mes Cheualiers, qui par vng jour allerent à la chasse chasser à vne beste qu'on appelle Gazel, qui est comme vng cheureul. Et les Freres de l'Ospital allerent à l'encontre de mes Cheualiers, & se combatirent à eulx, tellement qu'ilz firent grans oultraiges aux Cheualiers. Pour lequel oultrage je me allay plaindre au Maistre de l'Ospital, & menay auec moy les Cheualiers, qui auoient esté oultragez. Et quant le Maistre eut ouyé ma complainte, il me promist de m'en faire la raison selon le droit & vsaige de la sainte Terre, qui estoit tel : qu'il feroit menger les Freres, qui auoient fait l'outrage, sur leurs manteaux ; & ceulx, à qui l'outrage auoit esté fait, se y trouueroient, & leueroient les manteaux des Freres. Aduint que le Maistre de l'Ospital fist menger les Freres, qui l'outrage auoient fait, sur leurs manteaux. Et je me trouuay là present auecques les Cheualiers ; & requismes au Maistre, qu'il fist leuer les Freres de dessus leurs manteaux, ce qu'il cuida reffuser. Mais en la fin, force fut que ainsi le fist. Car nous assismes auecques les Freres pour menger auecques eulx, & ilz ne le voulurent souffrir : & faillut qu'ilz se leuassent d'auecques nous pour aller menger auecques leurs autres Freres à la table, & nous laisserent leurs manteaux.

L'autre justice fut pour vng des sergens du Roy, qui auoit nom le Goullu : lequel mist la main à vng de mes Cheualiers, & le bouta rudement. Ie m'en allay plaindre au Roy, lequel me dist, que de ce je me pouoie bien deporter ; veu que le sergent n'auoit fait que bouter mon Cheualier. Et je lui dis, que je ne m'en deporterois jà, mais plustoust lui laisserois son seruice, s'il ne me faisoit justice : & que il n'appartenoit à sergens de mettre main és Cheualiers. Et ce voiant le Roy, il me fist droit, qui fut tel : que selon l'vsage du païs le sergent vint en mon hebergement tout deschaux, & en sa chemise, & auoit vne espée en son poing : & se vint agenoiller deuant le Cheualier qu'il auoit oultragé, & lui tendit l'espée par le pommel, & lui dist:
» Sire Cheualier, je vous cry mercy, de ce que j'ay mis la main en vous.
» Et vous ay apporté ceste espée, que je vous presente, affin que vous
» m'en couppez le poing, s'il vous plaist le faire. Lors je priay le Cheualier, qu'il lui pardonnast son maltallent, & il le fist. Et plusieurs autres diuers jugemens y vi faire, selon les droiz & vsaiges de la sainte Terre.

Vous auez deuant ouy, comme le Roy auoit mandé aux Admiraulx d'Egipte, que s'ilz ne lui satisfaisoient des oultrages & viollances, qu'ilz lui auoient faictes, qu'il ne leur tiendroit aucune treue, Et sur ce à present sont venuz deuers lui les messagiers d'Egipte, & lui vindrent apporter par lettres, que les Admiraulx lui vouloient faire tout ce qu'il leur auoit mandé, comme est dit deuant. Et prindrent le Roy & les messagiers des Admiraulx journée, de eulx trouuer ensemble à Iaphe. Et là deuoient jurer les Admiraulx, & promettre au Roy, qu'ilz lui rendroient le Royaume de Ierusalem. Et aussi le Roy & ses plus grans parsonnages deuoient jurer & promettre de leur part, qu'ilz aideroient aux Admiraulx à l'encontre du Souldan de Damas. Et aduint, que quant le Souldan de Damas sceut, que nous estions alliez auecques ceulx d'Egipte, & la journée qui auoit esté prinse, de soy trouuer à Iaphe : il enuoia bien vingt mil Turcs, pour garder le passage. Mais non portant ne laissa point le Roy, qu'il ne ne se meust pour aller à Iaphe. Et quant le Conte de Iaphe vit que le Roy venoit, il assorta & mist son chastel de Iaphe en tel point, qu'il ressembloit bien vne bonne ville deffensable. Car à chascun creneau de son chastel il y auoit bien cinq cens hommes à tout chacun vne targe & vng penoncel à ses armes. Laquelle chose estoit fort belle à veoir. Car ses armes estoient de fin or, à vne croix de gueulles patée, faictes moult richement. Nous nous logeasmes aux champs, tout à l'entour d'icelui chastel de Iaphe, qui estoit seant lez de la mer, & en vne Isle. Et fist commancer le Roy à faire fermer & ediffier vne bourge tout à l'entour du chastel, dés l'vne des mers jusques à l'autre, en ce qu'il y auoit de terre. Et disoit le Roy à ses ouuriers, pour leur donner courage : I'ay maintesfoiz porté la hote, pour « gaigner le pardon. Les Admiraulx d'Egipte n'ouzerent venir, de « paeurs des gens, que le Souldan de Damas auoit mis és gardes de leurs passages. Mais ce nonobstant, ilz enuoierent au Roy toutes les testes des Chrestiens, qu'ilz auoient panduës sur les murs du Kayre, comme le Roy le leur demandoit. Et les fist le Roy mettre en terre benoiste. Et lui enuoierent tous les enfans qu'ilz auoient retenuz, & qu'ilz auoient jà faict regnoier la foy de Dieu. Et aussi lui enuoierent vng elephant, que le Roy enuoya en France.

Ainsi comme le Roy & tout son ost sejournoit à Iaphe, pour soy fortiffier contre ceulx qui estoient au chastel; vindrent au Roy nouuelles, que desja les gens du Souldan de Damas estoient sur les champs en aguect, & que l'vn des Admiraulx du Souldan estoit venu fauciller & degaster les blez d'vn Karet estant illecques prés, à l'enuiron de trois lieuës de l'ost du Roy. Tantoust le Roy y enuoia veoir, & y allé en personne. Mais si tost que icelui Admiral nous sentit venir, il commença à prandre la fuite. Et de noz gens coururent aprés à bride abatuë. Et y eut vng jeune Gentilhomme de noz gens, qui les aconceupt : & mist par terre deux Turcs à belle pointe de lance, & sans la briser. Et quant l'Admiral vit, qu'il n'y auoit encores que celui Gentilhomme, il se tourna vers lui : & le Gentilhomme lui donna vng grant coup de glaiue tellement, qu'il blecza l'Admiral asprement dedans le corps, & puis s'en tetourna à nous.

Quant les Admiraulx d'Egipte sceurent, que le Roy & tout son ost estoit Iaphe, ilz enuoierent deuers lui pour auoir derechief de lui autre assignacion de jour, qu'ilz pourroient venir par deuers lui sans aucune faulte. Et le Roy leur assigna encore vne journée, à laquelle ilz promisdrent au Roy qu'ilz viendroient deuers lui, pour conclurre de leurs choses, & qu'estoit à faire d'vne part, & d'aultre. Durant celui temps, que nous attendions à venir la journée, que le Roy auoit assignée aux Admiraulx d'Egipte, pour venir deuers lui : le Conte de Den vint deuers le Roy, & amena auecques lui le bon Cheualier Arnould de Guymene\*, & ses deux freres : lesquelz dixismes de Cheua- *Guines.*

N

liers le Roy retint à son seruice. Et là le Roy sist le Conte de Den Cheualier, qui estoit encores vng jeune jouuencel.

Semblablement vindrent deuers le Roy le Prince d'Antioche & sa mere. Ausquelz le Roy sist grant honneur, & les receut honnourablement. Et sist le Roy Cheualier le Prince d'Antioche, qui n'estoit que de l'eage de seize ans. Mais onques si sage enfant ne vy de tel eage. Et quant il fut Cheualier, il sist vne requeste au Roy: c'est assauoir, qu'il parlast à lui de quelque chose qu'il vouloit dire en la presence de sa mere. Ce que lui fut octroié. Et fut sa demande telle, & dist: SIRE, il est bien vray que Madame ma mere, qui cy est presente, me tient en bail, & m'y tiendra encore jusques à quatre ans. Parquoy elle joist de toutes mes choses, & n'ay puissance encores de riens faire. Toutesfoiz, si me semble-il qu'elle ne doit mye lesser perdre, ne dechoirs ma terre, & le vous*. Car ma cité d'Antioche se pert entre ses mains. Pourtant, Sire, je vous supply humblement, que le lui vueillez remonstrer, & faire tant qu'elle me baille deniers & gens; affin que je aille secourir mes gens, qui sont dedans ma cité, ainsi qu'elle le doit bien faire. Aprés que le Roy eut entendu la demande, que le Prince faisoit, il sist & pourchassa tant à sa mere, qu'elle lui bailla grans deniers. Et s'en alla le Prince d'Antioche à sa cité, là où il sist merueilles. Et dés lors, pour l'onneur du Roy, il escartela ses armes, qui sont vermeilles, auecques les armes de France.

Et pour ce que bonne chouse est à racompter, & reduire à memoire les faitz & vertuz d'aucun excellant Prince: pourtant icy parlerons du bon Conte de Iaphe Messire Gautier de Brienne, lequel en son temps & viuant, & à grant force de faitz d'armes, & de cheuallerie, tint la Conté de Iaphe par plusieurs années: lui estant assailly des Egipciens, & sans ce qu'il joist d'aucun reuenu, mais seulement de ce qu'il pouoit gaigner és courses qu'il faisoit sur les Sarrazins & ennemys de la foy Chrestienne. Et aduint par vne foiz, qu'il desconsit vne grant quantité de Sarrazins, qui menoient grant foeson de draps de soie de diuerses sortes: lesquelz il gaigna, & en apporta. Et quant il fut à Iaphe, il les departit tous à ses Cheualiers, sans qu'il en demourast riens. Et auoit telle maniere de faire, que le soir, qu'il s'estoit parti d'auecques ses Cheualiers, il entroit en sa Chappelle, & là estoit longuement à rendre graces & loüenges à Dieu; & puis s'en venoit gesir auecques sa femme, qui moult bonne Dame estoit, & estoit seur du Roy de Chippre.

Or auez ouy cy-deuant, commant l'vn des Princes des Tartarins auoit expulsé & debouté à tout trois cens Cheualiers, l'Empereur de Perse à tout trois cens mil Cheualiers, par l'aide de Dieu, hors de son Royaume & Empire de Perse. Maintenant saurons la voie que print icelui Empereur de Perse, qui auoit nom Barbaquan. Icelui Barbaquan s'en vint ou Royaume de Ierusalem, & sist à sa venuë moult de mal. Car il print le chaftel de Tabarie, qui appartenoit à Meffire Heude de Montbeliar ; & tua tant de nos gens qu'il peult trouuer hors du Chaftel-Pelerin, hors d'Acre, & hors de Iaphe. Quant il eut fait tous les maulx qu'il peult faire, il fe tira vers Babilonne, affin d'auoir fecour du Souldan de Babilonne, qui deuoit venir à lui pour courir fur noz gens. & fur ce print les Barons du païs. Et les Patriarches auiferent, qu'ilz yroient combatre à l'Empereur auant qu'il euft fecour du Souldan de Babilonne. Et enuoierent querir pour leur fecour le Souldan de la Chamelle, qui eftoit l'vn des meilleurs Cheualiers, & des plus loiaux, qui fuft en toute Paiennie. Lequel vint à eulx, & le receurent à tres-grant honneur en Acre. Puis aprés tous enfemble fe partirent d'Acre, & vindrent à Iaphe. Quant toute celle armée fut enfemble à Iaphe, noz gens prierent le Conte Gautier, qu'il voulfift venir auec eulx contre l'Empereur de Perfe. Lequel refpondit, que tres-voulentiers y viendroit, par ainfi que le Patriarche d'Acre le abfoulift, qui de pieça l'auoit excommunié: pour ce qu'il ne vouloit rendre vne tour, qui eftoit en fon chaftel de Iaphe. laquelle tour fe appelloit la tour du Patriarche. Et par ce difoit celui Patriarche, qu'elle lui appartenoit. Mais le Patriarche ne voulut onques de ce riens faire. Et pour ce ne leffa point le Conte Gautier à venir auec nous en bataille. Et fut fait trois batailles, dont Meffire Gautier eut la premiere, le Souldan de la Chamelle l'autre, & le Patriarche & les Barons du païs l'autre. Et auecques la bataille de Meffire Gautier eftoient les Cheualiers de l'Ofpital.

Quant arroy euft efté mis en ces trois batailles, tout fe meut, & picquerent fur les champs. Et tantouft virent à l'œil leurs ennemys, lefquelz fçauans la venuë de noz gens fe arrefterent fur les champs, & defpartirent pareillement leur armée en trois batailles. Et quant le Conte Gautier de Brienne vit, que leurs ennemys faifoient leurs batailles, il s'efcria : Seigneurs, que faifons-nous? nous leur donnons « pouoir de mettre arroy & ordre en leurs batailles, & auffi leur don- « nons courage quant ilz nous voient icy fejournans. Et par ce je vous « prie pour Dieu, que nous leur allon courir fus. Mais onques n'y eut « celui, qui l'en vouluft croire. Et lui voyant, que ame ne s'en vouloit mouuoir, il fe tira par deuers le Patriarche, pour lui demander s'abfolucion. Mais riens n'en voulut faire. Et auecques le Conte fe trouua vng tres-notable Clerc, qui eftoit Euefque de Rainnes, lequel auoit fait plufieurs beaux faitz de Cheuallerie en la compaignie du Conte Gautier. Lequel Euefque dift au Conte: Ne vous trou- « blez mye en voftre confcience de l'excommuniement du Patriar- « che, car il a tres-grant tort, & de ma puiffance je vous abfoulz on « nom du Pere, & du Filz, & du faint Efperit, amen. Et dift: Sus, al- « lon, marchon fur eulx. Et lors ferirent des efperons, & fe affem- « blerent à la bataille de l'Empereur de Perfe, qui eftoit la derreniere; en laquelle auoit trop grant foefon de gens pour la puiffance du

Conte Gautier. Et là y eut d'vne part & d'autre grant quantité de gens occis. Mais ce nonobstant fut prins le Conte Gautier. Car tous les gens s'enfuirent tres-dehonteusement, & plusieurs par desespoir s'en allerent gicter en la mer. Et la cause du desespoir fut, par ce que l'vne des batailles de l'Empereur de Perse se vint combatre au Souldan de la Chamelle : lequel se deffendoit à si grans coups, & par si tres-grans faitz d'armes, combien qu'il eust trop feble puissance contre celle bataille, que de deux mil Turcs il ne lui en demoura que enuiron de quatre-vingtz, & force lui fut soy retirer ou chastel de la Chamelle.

Et voiant l'Empereur de Perse, qu'il auoit eu victoire, print en lui conseil, qu'il yroit assieger le Souldan jusques en son chasteau de la Chamelle. ce qu'il voulut faire. Mais saichez que icelui Souldan, comme bien aduisé & conseillé, ses gens appella, & leur remonstra,
„ & dist : Seigneurs, si nous nous lessons assieger, nous sommes perduz.
„ Pourtant, il vault mieulx que nous allons courir sur eulx. Et de fait, il enuoia ses gens ceulx qui estoient mal armez par darriere vne vallée couuerte, leur frapper en l'ost de l'Empereur. Ce qu'ilz firent, & se prindrent à tuer femmes & enfans. Et quant l'Empereur, qui marchoit tousjours deuant, ouït la clameur de son ost, il se tourna arriere pour les vouloir secourir. Et quant il fut tourné le dos, le Souldan de la Chamelle auecques ce qu'il auoit de gensd'armes se gecta sur eulx. Et aduint que des deux coustez l'Empereur fut si durement assailly, que de bien vingt-cinq mil hommes qu'il auoit, ne lui demoura homme ne femme, que tous ne fussent tuez, & liurez à mort.

Or vous deuez sauoir, que l'Empereur de Perse auant qu'il se partist pour deuoir aller assieger le chastel de la Chamelle, il auoit mené le bon Conte de Iaphe Messire Gautier de Brienne deuant sa cité de Iaphe, & là le fist pandre par les braz à vnes fourches, deuant ceulx qui estoient ou chastel de Iaphe. Et leur faisoit dire, que jamais il ne feroit despandre leur Conte jusques à ce qu'on lui eust rendu le chastel de Iaphe. Et ainsi que le poure Conte pandoit, il s'escrioit à haulte voix à ses gens, que pour nulle riens qu'ilz lui veissent faire, qu'ilz ne rendissent le chastel : & que s'ilz le faisoient, que l'Empereur les feroit tous mettre à mort. Et quant l'Empereur vit, qu'il n'y pouoit autre chose faire, il enuoia le Conte Gautier au Souldan de Babilonne, & lui en fist present : ensemble du Maistre de l'Ospital, & de plusieurs autres prinsonniers grans parsonnages, qu'il auoit prins. Et y auoit à conduire le Conte Gautier, & les autres prinsonniers, jusques en Babilonne, bien trois cens Cheualiers, à qui il print trop bien. Car ilz ne se trouuerent pas à la murterie, qui fut faicte deuant le chastel de la Chamelle, de l'Empereur de Perse, & de ses gens, dont a esté parlé cy-deuant.

Quant les marchans de Babilonne sceurent, que le Souldan auoit

## DV ROY SAINT LOYS.

en ses prinsons le Conte Gautier, ilz se assemblerent, & tous allerent faire vne clameur au Souldan, qu'il leur fist droit du Conte de Iaphe Gautier de Brienne, lequel les auoit destruiz par plusieurs foiz, & fait de grans domages. Et en optemperant à leur requeste, le Souldan leur habandonna le corps du Conte Gautier, pour eulx venger de lui. Et ces traistres chiens entrerent en la prinson, là où le Conte Gautier estoit; & là le despiecerent, & hachierent par pieces, & plusieurs martires lui firent. dont nous deuons croire que glorieux est en Paradis.

Or reuenons au Souldan de Damas, lequel retira ses gens qu'il auoit à Gadres, & entra en Egipte, & là vint assaillir les Admiraulx d'Egipte. Et deuez sauoir, que de la fortune de leurs batailles, la bataille du Souldan de Damas desconfit l'vne des batailles des Admiraulx, l'autre bataille des Admiraulx d'Egipte vainquit l'vne des batailles du Souldan de Damas. Et par ce s'en reuint arriere à Gadres le Souldan de Damas, bien nauré & blecié en la teste, & autres lieux. Et durant qu'il se tint à Gadres, les Admiraulx enuoierent en Ambassade deuers lui, & là firent paix & accord entr'eulx. Et par ce demorasmes moquez d'vne part & d'autre. Car dés lors en auant nous n'eusmes ne paix ne treue, ne au Souldan ne aux Admiraulx. Et saichez, que nous n'estions nulle foiz en nostre ost de gensd'armes, que quatorze cens ou enuiron des gens deffensables. Si toust comme le Souldan de Damas fut apaisé auecques les Admiraulx d'Egipte, il fist tous amasser ses gens qu'il auoit à Gadres: & se partit, & vint passer prés de nostre ost auecques bien vingt mil Sarrazins, & dix mil Beduins. & passerent à prés de deux lieuës prés de nous. Mais oncques ne nous ouzerent assaillir. Et fusmes en aguect, le Roy, & le Maistre de son artillerie, bien trois jours: de paeur qu'ilz se ferissent en nostre ost secretement.

Le jour de la saint Iehan prouchaine d'aprés Pasques, durant que le Roy oyoit son Sermon, il vint vng des gens du Maistre de l'artillerie du Roy, lequel entra tout armé en la Chappelle du Roy, & lui dist que les Sarrazins auoient encloux le Maistre des Arbalestriers sur les champs. Lors je requis au Roy, qu'il me donnast congié d'y aller. Et il si fist, & me fist bailler jusques à cinq cens hommes d'armes qu'il nomma. Et si toust comme nous fusmes hors de l'ost, & que les Sarrazins, qui tenoient en presse le Maistre des Arbalestriers, nous virent; ilz se retirerent deuers vng Admiral, qui estoit sur vng tertre deuant nous, à tout bien mil hommes d'armes. Lors se commença la bataille entre les Sarrazins & la compaignie du Maistre des Arbalestriers. Et comme celui Admiral veoit que ses gens estoient pressez, incontinant il les renforçoit de gens. Et pareillement faisoit le Maistre des Arbalestriers, quant il veoit que ses gens estoient des plus febles. Et durant que nous estions ainsi combatans, le Legat & les Barons du païs disdrent au Roy, que grant fo-

N iij

lie eſtoit, dont il m'auoit leſſé aller aux champs. Et lors commanda, que l'on me vienſiſt querir, & auſſi le Maiſtre des Arbaleſtriers. Et adonc ſe deſpartirent les Turcs, & nous en reuinſmes en l'oſt. Et moult de gens s'eſbahiſſoient, dont les Turcs nous auoient leſſez en repoux, ſans nous auoir courù ſus. Sinon que aucuns diſoient, que ce auoit eſté pour ce que leurs cheuaulx eſtoient tous affamez, de ce qu'ilz s'eſtoient tant tenuz à Gadres, là où ilz furent bien vng an entier.

Les autres Turcs, qui eſtoient partiz de deuant Iaphe, s'en vindrent deuant Acre. Et manderent au Seigneur d'Aſur, qui eſtoit Conneſtable du Royaume de Ieruſalem, qu'il leur enuoiaſt cinquante mil beſans, ou qu'ilz deſtruiroient les jardrins de la ville. Et le Seigneur d'Aſur leur manda, qu'il ne leur enuoieroit riens. Lors ilz arrengerent leurs batailles, & s'en vindrent le long des ſables d'Acre ſi prés de la ville, qu'on euſt bien tiré juſques en la ville auec vne arbaleſte de tour. Et adonc ſortit hors de la ville le Seigneur d'Aſur, & s'en alla mettre au mont, là où eſtoit le Cymetiere de S. Nicolas, pour deffendre les jardrins. Et quant les Turcs approucherent, il ſortit de noz gens de pié d'Acre, qui leur commancerent à tirer d'arcs & d'arbaleſtres à grant force. Et de paeurs qu'ilz ſe meiſſent en peril, le Seigneur d'Aſur les fiſt retirer par vng jeune Cheualier, qui eſtoit de Gennes.

Et ainſi que celui Cheualier de Gennes retiroit celles gens de pié, vng Sarrazin vint à lui tout effraié, & eſmeu en courage. Et lui diſt en ſon Sarrazinois, qu'il jouſteroit à lui s'il vouloit. Et le Cheualier lui reſpondit fierement, que tres-voulentiers le receueroit. Et quant il voulut ſus courir à icelui Sarrazin, il apperceut illecques prés à ſa main ſeneſtre huit ou neuf Sarrazins, qui s'eſtoient là demourez pour veoir qui gaingneroit d'icelui tournay. Et le Cheualier leſſa à courir ſus au Sarrazin, à qui il deuoit jouſter, & print ſa courſe au tropel des huit Sarrazins. Et en ferit vng parmy le corps, & le percza d'oultre en oultre de ſa lance, & mourut tout roide. Et il s'en retourne à noz gens, & les autres Sarrazins lui acoururent ſus: & y en eut vng, qui lui donna vn grant coup de maſſe ſur ſon haubert. Et le Cheualier, au retour qu'il fiſt, donna au Sarrazin, qui l'auoit frappé, vng tel coup d'eſpée ſur la teſte, qu'il lui fiſt ſaillir les toailles, qu'il auoit en la teſte juſques à terre. Et ſaichez, que de celles touailles ils receuoient de grans coups. Pourtant les pourtoient-ilz quant ilz alloient en bataille, & ſont entortillées l'vne ſur l'autre durement. Lors vng autre Sarrazin cuida deſcendre vng grant coup de ſon glaiue turquin ſur le Cheualier: & il gyncha tant, que le coup ne l'ataignit mie. Et au retour que fiſt le Sarrazin, le Cheualier lui donna vne arriere-main de de ſon eſpée parmy le braz, qu'il lui fit voller le glaiue à terre, & lors en amena ſes gens de pié. Et ces trois beaux coups fiſt le Cheualier deuant le Seigneur d'Aſur, & deuant les grans parſonnages d'Acre, qui eſtoient montez ſur les murs pour veoir celles gens. De là ſe partirent les Sarrazins de deuant Acre. Et pour ce qu'ilz oirent que le Roy faiſoit fermer Sajecte, & qu'il auoit peu de bons gens-d'armes, ilz ſe tirerent celle part. Et quant le Roy ſceut la nouuelle, pour ce qu'il n'auoit mye aſſez puiſſance de reſiſter contre eulx; il ſe retira, lui & le Maiſtre de ſon artillerie, & le plus de gens qu'il peult logier, dedans le chaſtel de Sajecte, qui eſtoit bien fort & bien cloux. Mais gueres n'y entra de gens, par ce que le chaſteau eſtoit trop petit & eſtroit. Et tantouſt les Sarrazins arriuerent, & entrerent dedans Sajecte, là ne trouuerent nulle deffence. Car elle n'auoit pas encores eſté paracheuée de clorre. Et tuerent bien deux mil poures gens de noſtre oſt. Et quant ilz eurent ce fait, & pillé la ville, s'en allerent à Damas.

Quant le Roy ſceut que les Sarrazins auoient tout abatu, & deſrompu Sajecte, il en fut moult dolant. Mais il ne le pouoit amender. Et les Barons du païs en furent bien joieux. Et la raiſon eſtoit, pour ce que le Roy vouloit aprés cela aller fermer vng tertre, là où jadis y ſouloit auoir vng chaſtel, du temps des Macabées. Et eſtoit ſeant celui chaſtel, ainſi comme l'on va de Iaphe en Ieruſalem. Et pour ce qu'il eſtoit bien à cinq lieuës loing de mer, les Barons ſe diſcordoient qu'il fuſt fermé: par ce qu'ilz diſoient, & bien vray diſoient, que jamais on ne l'euſt peu auitailler, que les Sarrazins ne tolluſſent à force l'auitaillement, par ce qu'ilz eſtoient les plus forts. Et pour ce remonſtrerent les Barons au Roy, qu'il lui valloit beaucoup mieulx refaire Sajecte, & pour ſon honneur, que d'aller entreprandre autre nouuel edifice, qui eſtoit ſi loing de mer. Et ad ce s'accorda le Roy.

Durant le temps que le Roy eſtoit à Iaphe, on lui diſt que le Souldan de Damas le ſouffreroit aller en Ieruſalem, & par bon aſſeurement. Et l'euſt tres-voulentiers voulu faire le Roy. Mais grant Conſeil eut, qui l'en deſtourna: par ce que il lui conuenoit laiſſer la cité en la main des ennemys. Ce que les Seigneurs du païs ne voulirent conſentir. Et lui remonſtrerent par exemple, qui fut tel: Que quant le Roy Phelippe ſe partit de deuant Acre pour aller en France, il leſſa tous ſes gens en l'oſt du Duc Hugues de Bourgoigne, qui eſtoit ayeul du Duc darrenier mort. En celui temps & ainſi que le Duc Hugues de Bourgoigne & le Roy Richart d'Angleterre eſtoient ſejournans en Acre, il leur fut apporté nouuelles, qu'ilz prandroient bien le landemain Ieruſalem s'ilz vouloient; par ce que la grant puiſſance des Cheualiers d'Egipte s'en eſtoient allez au Souldan de Damas, à vne guerre qu'il auoit à Neſſa, contre le Souldan du lieu. Et furent tantouſt prés le Duc de Bourgoigne & le Roy Richart de deſmarcher pour aller vers Ieruſalem. Et diuiſerent leurs batailles, dont le Roy d'Angleterre menoit la premiere, & le Duc l'autre d'emprés auecques les gens du Roy de France, qui eſtoient demourez. Et ain-

si qu'ilz furent prés de Ierusalem, & prés de prandre la ville ; il fut mandé de la bataille du Duc de Bourgoigne au Roy d'Angleterre, que le Duc s'en retournoit, seullement affin que l'on n'eust peu dire, que les Anglois eussent prins Ierusalem. qui lui procedoit d'enuie. Et ainsi qu'ilz estoient sur ces parolles, ce fut l'vn des gens du Roy d'Angle-
» terre, qui s'escria, & lui dist : SIRE, Sire, venez jusques icy, & je vous
» monstreray Ierusalem. Et il gecte deuant ses yeulx sa cocte d'armes
» tout en pleurant, & disant à nostre Seigneur à haulte voix : Ha ! Sire
» Dieu, je te pry que je ne voie mye ta sainte cité de Ierusalem; puis que
» ainsi va, que je ne la puis deliurer des mains de tes ennemis.

Cest exemple fut monstré au Roy saint LOYS, pour ce qu'il estoit le plus grant Roy des Chrestiens, & que s'il faisoit son pellerinage en Ierusalem sans la deliurer des mains des ennemis de Dieu ; tous les autres Roys, qui viendroient audit veage, se tiendroient apaiez, de faire seullement leur pelerinage, ainsi que auroit fait le Roy de France.

Celui Richart Roy d'Angleterre fist tant de faitz d'armes ou temps qu'il y fut, que quant les cheuaulx aux Sarrazins auoient paeurs d'au-
» cune vmbre, ou d'vn buisson, leurs maistres leur disoient : Cuides-tu,
» que le Roy d'Angleterre y soit? Et ce disoient-ilz par coustume, par ce que maintesfoiz il les auoit desconfitz & vainquz. Et pareillement quant les petitz enfans des Turcs & Sarrazins crioient, leurs meres
» leur disoient : Tays-toy, tays-toy : ou je yray querir le Roy Richart
» d'Angleterre. Et de paeurs qu'ilz auoient, ilz se taisoient, comme j'ay dit par cy-deuant.

Du Duc de Bourgoigne Hugues, dont aussi ay deuant parlé, vous diray. Il fut moult bon Cheualier de sa main, & cheuallereux. Mais il ne fut oncques tenu à saige, ne à Dieu, ne au monde. Et bien y apparut en ses faitz deuant dictz. Et de lui dist le grant Roy Phelip-pe, quant il sceut que le Conte Iehan de Chalons auoit eu vng filz,
» qui auoit nom Hugues : Dieu le vueille faire preuhomme, & preu-
» domme. Car grant difference disoit estre entre preuhomme, & preu-domme : & que maint Cheualier y auoit entre les Chrestiens & en-tre les Sarrazins, qui estoient assez preux, mais ilz n'estoient pas preu-dommes. Car ilz ne craignoient, ne amoient Dieu aucunement. Et disoit, que grant grace faisoit Dieu à vng Cheualier, quant il auoit ce bien, que par ses faitz il estoit appellé preuhomme & preu-domme. Mais celui, dont nous auons dit cy-deuant, pouoit bien estre appellé preuhomme, par ce qu'il estoit preux & hardy de son corps : mais non point de s'ame. Car il ne craignoit point à pecher, ne à mesprandre enuers Dieu. Des grans deniers, que le Roy mist à fermer Iaphe, ne conuient-il mye parler, pour ce qu'ilz sont sans nombre. Car il ferma le bourg dés l'vne des mers jusques à l'autre. Et y auoit bien vingt-quatre tours, que grans, que petites. Et estoient les douues curées, & faites dedans & dehors. Et y auoit trois grans portes,

## DV ROY SAINT LOYS.

portes, dont le Legat auoit eu commiſſion d'en faire faire vne des trois, & de la muraille depuis celle porte juſques à l'autre. Et pour congnoiſtre par exſtimacion ce que la choſe peut couſter au Roy, il eſt verité que vne foiz me demanda le Legat, combien je eſtimoye bien ce que auoit couſté la porte & le pan de mur, qu'il auoit fait faire. Et je eſtimé, que la porte lui auoit bien couſté cinq cens liures, & la muraille trois cens liures. Et lors le Legat me diſt, que j'eſtois bien loing du compte, & que ſe Dieu lui aidaſt, que la porte & le mur lui auoient bien couſté trente mil liures. Parquoy peut-on bien penſer, que à ce pris le tout auroit beaucoup couſté.

Quant le Roy eut paracheué de fermer & clorre Iaphe, il lui print enuye de faire à Sajecte comme il auoit fait à Iaphe: & de la reffaire fermante, ainſi comme elle eſtoit, auant que les Sarrazins l'euſſent abatuë. Et s'eſmeut pour y aller lui & ſon oſt, le jour de la feſte de Meſſeigneurs ſaint Pierre & ſaint Paoul Apouſtres. Et quant le Roy fut deuant le chaſtel d'Aſſur à tout ſon oſt, ſur le ſoir le Roy appella ſes gens de Conſeil, & leur demanda d'vne choſe qu'il auoit enuye de faire: c'eſt aſſauoir, qu'il vouloit prandre vne cité de Sarrazins, qu'on appelloit Naples, qui ſe nomme és eſcriptures de la Bible & de l'anxien Teſtament Samarie. Lors les Seigneurs du Temple, les Barons, & Admiraulx du païs lui conſeillerent, qu'il le deuoit faire: mais qu'il n'y deuoit point eſtre en perſonne, de paeurs des dangiers diſans, que s'il eſtoit prins ou tué, que toute la terre ſeroit perduë. Et il leur reſpondit, qu'il n'y lerroit jà aller ſes gens s'il n'y eſtoit lui-meſmes auecques eulx. Et pour tel diſcord demoura l'entrepriſe. Adonc nous partiſmes, & vymmes juſques aux ſables d'Acre. Et là ſe logea le Roy & tout ſon oſt celle nuytée. Et au landemain vint à moy vne grant quantité de peuple de la grant Hermenie, qui alloient en pellerinage en Ieruſalem. Et me vint ſupplier celui peuple, pour ce qu'ilz auoient ouy dire de moy, que j'eſtois le prouche du Roy, que je leur vouſſiſſe monſtrer le bon Roy Loys, par vng Trucheman Latin qu'ilz auoient. Et lors m'en allay deuers le Roy, & lui dis que vne grant tourbe de gens de la grant Hermenie, qui alloient en Ieruſalem, le vouloient veoir. Et il ſe print à rire, & me diſt que je les fiſſe venir deuant lui. Et tantouſt lui amené celui peuple, qui le virent moult voulentiers, & lui firent moult grant honneur. Et puis quant ilz l'eurent veu, le commanderent à Dieu, & il eulx auſſi.

Le landemain le Roy & ſon oſt ſe partit, & alaſmes loger en vng lieu, que on appelloit Paſſe-poulain: là où il y auoit de moult belles eauës de fontaines, dequoy on arrouſe ou païs les cannes, dont vient le ſucre. Et quant je fu logié, l'vn de mes Cheualiers me diſt: Sire, « or vous ay-je logié beaucoup mieulx que n'eſtiez yer deuant ſaint « Sur. Et l'autre de mes Cheualiers, qui m'auoit logié celui jour deuant, lui va dire ; Vous eſtes trop fol hardy, quant à Monſeigneur «

O

„ vous allez blafmer chofe que j'ay faite. Et quant il eut ce dit, il faillit fur le Cheualier, & le print par les cheueux. Et quant j'apperceu l'outrecuidance d'icelui Cheualier, qui deuant moy auoit prins aux cheueux l'autre mien Cheualier; je lui allay courir fus, & lui donnay vng coup de poing entre les efpaulles. & il leffa lors le Cheualier qu'il tenoit aux cheueux. Et je lui dis, qu'il fortift hors de mon logis; & que jamais, ainfi m'aift Dieux, il ne feroit de ma Maifon. Adonc s'en alla dehors celui Cheualier, à grant deul menant. Et s'en alla vers Meffire Gilles le Brun, qui eftoit lors Conneftable de France: lequel s'en vint tantouft à moy, me prier que je voulliffe reprandre celui mon Cheualier, & que grant repentence auoit-il de fa folie. Et je lui dis, que je n'en ferois jà riens, premier que le Legat m'euft donné abfolucion du ferement que j'en auois fait. Et le Conneftable s'en alla deuers le Legat, lui compter tout le cas, & lui requerir qu'il me voulfift abfouldre du jurement que j'auois fait. Et le Legat lui refpondit, qu'il n'auoit pouoir de m'abfoudre, veu que à bon droit j'auoie fait le ferement: & qu'il eftoit raifonnable, par ce que le Cheualier l'auoit grandement defferuy. Et cefte chofe ay-je voulu efcripre és faitz de ce petit Liuret, affin de donner exemple à chafcun, qu'on ne face ferement, s'il n'auient à faire de raifon. Car le Saige dit, que qui voulentiers & à coup jure, fouuent il fe parjure.

L'autre jour enfuiuant, le Roy & fon oft s'en alla deuant la cité de Sur, qui eft appellée Thiry en la Bible. Et fut le Roy pareillement entalenté d'aller prandre vne cité, qui eftoit illecques prés, qu'on appelloit Belinas. Et lui confeillerent fes gens, qu'il le deuoit faire, mais qu'il n'y deuoit point eftre. & ad ce s'acorda à grant paine. Et fut appointé, que le Conte d'Anjou yroit, & Meffire Phelippes de Montfort, le Sire de Sur, Meffire Gilles le Brun Conneftable de France, Meffire Pierre le Chambellan, les Maiftres du Temple & de l'Ofpital, leurs genfd'armes. Et puis fur la nuyt nous nous armafmes, & veinfmes vng peu après le point du jour en vne plaine, qui eftoit deuant la cité de Belinas, appellée en l'anxienne Efcripture Cefaire Philippi. Et eft feant celle cité fur vne belle fontaine, qu'on appelle Iour. Et és plains, qui font deuant celle cité, y a vne autre moult belle fontaine, qu'on appelle Dain. Et s'entre-affemblent les ruiffeaux de ces deux fontaines affez loing de la cité, & en eft appellé le fleuue d'icelles fontaines, le fleuue Iourdain, là où noftre Seigneur Iefus Chrift fut batizé.

Par le confeil du Conte d'Anjou, des Maiftres du Temple, de l'Ofpital, & des Barons du païs, fut aduifé que la bataille du Roy, où j'eftoie auecques mes Cheualiers pour lors, en laquelle auffi eftoient les quarante Cheualiers que le Roy m'auoit baillez dés piecza de la Maifon de Champaigne, Meffire Geffroy de Sergines, & les preudommes du pays, qui eftoient auecques nous, yrions entre le chaftel

& la cité, & les terriers entreroient en la cité à main feneftre, & les Hofpitaliers à main deftre, & le Maiftre du Temple & fa compaignie entreroient la droite voie, que nous autres de la premiere bataille eftions venuz. Et adonc chafcun s'efmeut à partir, & approuchafmes jufques encontre la cité par derriere: & trouuafmes plufieurs de noz gens morts, que les Sarrazins auoient tuez dedans la cité, & giétez dehors. Et deuez fauoir, que le coufté par où nous deuions aller eftoit tres-perilleux. Car en premier lieu, nous auions trois murs à paffer, & y auoit vne coufte, qui eftoit fi defrompuë, que nully ne s'y pouoit tenir à cheual. Et au hault du tertre y auoit grant quantité de Turcs à cheual, là où il nous conuenoit monter. Et tantouft je apperceu que de noz gens à vng endroit rompoient les murs de la ville: & je me voulu tirer à eulx en cheuauchant. Vng homme à cheual de noz gens cuida paffer le mur, & il cheut fon cheual fur lui. Quant je vy ce, je me defcendi à pié, & prins mon cheual par le frain, & montafmes hardiement contremont celui tertre. Et lors que les Turcs, qui eftoient ou hault, nous virent ainfi hardiement aller à eulx, ainfi que Dieu voulut, ilz s'enfuirent, & nous laifferent la place. Et en celle place y auoit vng chemin fur la roche, qui defcendoit en la cité. Et quant nous fufmes au hault du rochier, de là, où s'eftoient fuiz les Sarrazins, les Sarrazins, qui eftoient en la cité, ne ouzerent venir à nous, & s'enfuirent dehors de la cité, & la lefferent à noz gens fans nul debat de guerre. Et durant que j'eftois au hault d'icelui tertre, le Marefchal du Temple ouït dire, que j'eftois en grant peril, & s'en vint amont à moy. Or auoys-je auecques moy les Almans, lefquelz quant ilz virent que les Turcs à cheual s'enfuioient droit au chaftel, qui eftoit affez longuet de la cité, ilz s'efmeurent tous à courir à eulx malgré moy: nonobftant que je leur deiffe, qu'ilz faifoient mal. Car nous eftions à bout de noftre entreprinfe, & de ce qu'il nous auoit efté commandé faire. Le chaftel eftoit deffus la cité, & auoit nom Subberbe: & eft bien prés de demi lieuë hault en la montaigne, qu'on appelle Liban. Et y a de tresgrans roches à paffer jufques au chaftel. Et quant les Almans virent, que follement ilz pourfuiuoient ceulx qui auoient monté au chaftel, qui fauoient moult bien les deftours de celles roches, ils s'en reuindrent arriere. Et voians les Sarrazins, que les Almans s'en retournoient, ilz fe mifdrent à pié, & leur acoururent fus. Et en defcendant des rochiers, ilz leur donnoient de grans coups de maffes, & tellement, qu'ilz les reboutoient afprement jufques deuers le lieu, où j'eftois. Et quant les gens, qui eftoient auecques moy, virent les mefchiefz que les Sarrazins faifoient aux Almans au defcendre, & qu'ilz les pourfuyuoient tousjours, ilz fe commencerent à effroier, & auoir paeurs. Et je leur dis, que s'ilz s'enfuyoient, que je les ferois tous caffer, & mectre hors des gaiges du Roy pour jamais. Et ilz me refpondirent: Sire de Ionuille, nous auons beaucoup pire que »

» vous. Car vous eftes à cheual, pour vous enfuir quant vous vouldrez:
» & nous autres fommes à pié, & par ce fommes nous en grant dangier
» d'eftre tuez, fi les Sarrazins viennent jufques cy. Et lors je me defcendi à pié auecques eulx, pour leur donner bon courage: & enuoiay mon cheual en la bataille du Temple, qui eftoit bien à vne grant portée d'arbalefte de nous. Et ainfi comme les Sarrazins chaffoient les Almans, là fe trouua vng mien Cheualier, que vng Sarrazin ferit d'vn carrel parmy la gorge, & cheut deuant moy tout mort. Et alors me dift vn Cheualier, qui auoit nom Meffire Hugues d'Efcoffé, oncle de mon Cheualier mort; que je lui allaffe aider à porter fon neueu aual, pour le faire enterrer. Mais je n'en voulu riens faire. Car le Cheualier eftoit allé laffus courir auecques les Almans oultre mon gré. Ainfi doncques, fi mal lui en eftoit prins, que je n'en pouoie més. Tantouft que Meffire Iehan de Valencienne oyt dire, que nous eftions en grant defarroy, & en grant peril de noz vies, il s'en alla par deuers Meffire Oliuier de Termes, & à fes autres Capitaines de la torte
» langue, & leur dift: Seigneurs, je vous pri, & commande de par le
» Roy, que vous me venez aider à auoir le Sennefchal de Champaigne. Et vng Cheualier, qui auoit nom Meffire Guilleaume de Beaumont, s'en vint à lui, & lui dift que j'eftois mort. Mais nonobftant ne s'efpargna mye le bon Meffire Oliuier de Termes, & voulut fauoir ou de ma mort, ou de ma vie, pour en dire au Roy feures nouuelles. Et vint contremont montant jufques ou hault de la montaigne, là où nous eftions. Lors me rendy à lui.

Quant Meffire Oliuier fut monté, & vit que nous eftion en trop grant peril, & que nous n'euffion peu defcendre par où nous eftion montez, il nous donna bon confeil. Car il nous fift defcendre par vng pendant, qui eftoit en celle montaigne, comme fi nous euffion voulu aller à Damas. Et difoit, que les Sarrazins fe penferoient, que nous les voulliffon aller fourprandre par derriere. Et puis quant nous fufmes defcendus jufques au plain, il fift mectre le feu en de grans taas de fromens, qui eftoient parmy les champs. Et par noz petiz nous fifmes tant, que vymmes à fauueté par le bon confeil de Meffire Oliuier de Termes: & nous rendifmes le landemain à Sajecte, là où eftoit le Roy. Et trouuafmes, que le bon faint homme auoit fait enterrer les corps des Chreftiens, qui auoient efté tuez: & lui-mefme aidoit à les porter en terre. Et fachez que en y auoit aucuns, qui eftoient infaiz & puans; tant que ceulx, qui les pourtoient, s'en eftoupoient les nées. mais le bon Roy ne le faifoit mye. Et quant nous fufmes arriuez deuers lui, il nous auoit desja fait faire nos places & logeis.

Durant ces chofes, vng jour moy eftant deuant le Roy lui demanday congié d'aller en pellerinage à noftre Dame de Tourtouze, qui eftoit vng veage tres-fort requis. Et y auoit grant quantité de pelerins par chacun jour, pour ce que c'eft le premier autel qui onques

## DV ROY SAINT LOYS. 109

fuſt fait en l'onneur de la Mere de Dieu, ainſi qu'on diſoit lors. Et y faiſoit noſtre Dame de grans miracles à merueilles. Entre leſquelz elle en fiſt vng d'vn pouure homme, qui eſtoit hors de ſon ſens & demoniacle. Car il auoit le maling eſperit dedans le corps. Et aduint par vng jour, qu'il fut amené à icelui autel de noſtre Dame de Tourtouze. Et ainſi que ſes amys, qui l'auoient là amené, prioient à noſtre Dame, qu'elle lui voulſiſt recouurer ſanté & gueriſon ; le deable, que la pouure creature auoit ou corps, reſpondit : Noſtre Dame « n'eſt pas icy, elle eſt en Egipte pour aider au Roy de France & aux « Chreſtiens qui aujourd'hui arriuent en la Terre ſainte contre toute « Paiennie, qui ſont à cheual. Et fut mis en eſcript le jour, que le deable profera ces motz, & fut apporté au Legat, qui eſtoit auecques le Roy de France : lequel me diſt depuis, que à celui jour nous eſtion arriuez en la terre d'Egipte. Et ſuis bien certain, que la bonne Dame Marie nous y eut bien beſoing.

Le Roy tres-voulentiers me donna congié d'aller à icelui pellerinage de noſtre Dame, & me chargea que je lui achaptaſſe pour cent liures de camelotz de diuerſes couleurs, & qu'il les vouloit donner aux Cordeliers quant nous ſerions retournez en France. Et lors je me penczay, qu'il ne demoureroit plus gueres longuement à s'en reuenir en France. Et quant je fu à Triple, là où eſtoit le lieu de mon pellerinage, je fiz mon oblacion à Dieu & à noſtre Dame de Tourtouze : & puis aprés je achaptay les camelotz, que le Roy m'auoit enchargé d'achapter. Et voians mes Cheualiers, que je les achaptoie, me demanderent que j'en vouloie faire. Et je leur feis acroire, que je les achatoie pour y gaigner.

Aprés que nous fuſmes là arriuez, le Prince de celle terre, qui ſceut que j'eſtois parti de l'oſt du Roy de France, vint au deuant de nous, & nous fiſt moult grant honneur, & nous offrit de grans dons. Dont humblement le remerciaſmes, & n'en voulusſmes riens prandre, fors que des reliques, que j'apporté au Roy auecques ſes camelotz. Et ſaichez, que la Royne auoit bien ouy nouuelles, que j'auoie eſté en pellerinage, & que j'auoie apporté des reliques. Et je lui enuoiay par vng de mes Cheualiers quatre pieces de camelotz, que j'auoie achaptez. Et quant le Cheualier entra deuers elle en ſa chambre, elle ſe commença à agenouller deuant ſes camelotz, qui eſtoient enueloppez en vne toaille. Et quant le Cheualier vit, que la Royne ſe agenoulloit deuant lui, il ne ſauoit pourquoy. & il ſe va auſſi gecter à genoulz. Et adonc la Royne lui diſt : Leuez ſus, Sire Cheualier, « vous ne vous deuez mie agenouller quant vous portez de ſaintes re- « liques. Lors mon Cheualier lui diſt, que ce n'eſtoient pas reliques, mais que c'eſtoient camelotz que je lui enuoioie. Quant la Royne & ſes Demoyſelles entendirent, que ce n'eſtoient pas reliques, elles ſe prindrent à rire. Et la Royne diſt : Sire Cheualier mau jour ſoit donné « à voſtre Seigneur, quant il m'a fait agenouller deuant ſes camelotz. «

O iij

Tantouft aprés, le Roy eftant à Sajecte eut nouuelles, que Madame fa mere eftoit morte. Dont il mena fi grant deul, qu'il fut par deux jours en fa chambre, fans qu'on peuft parler à lui. Et aprés deux jours paffez, il m'enuoia querir par vng de fes Varletz de chambre. Et quant je fu deuant lui, il s'efcria en me eftandant fes braz,
» difant: Ha! Senneschal, j'ay perdu ma mere. Et je lui dis: Sire, je
» ne m'en efbahis point. Car vous fauez, qu'elle auoit vne fois à
» mourir. Mais je m'efmerueille du grant & oultrageux deul, que
» vous en menez, vous qui eftes tant fage Prince tenu. Et vous fauez
» bien, fis-je, que le Sage dit, que le mefaife, que le vaillant homme
» a en fon cueur, ne lui doit apparoir au vifage, ne le donner à con-
» gnoiftre. Car celui qui le fait, il donne grant joie au cueur à fes en-
» nemys, & en donne courroux & malaife à fes amys. Et lors je l'appaifay vng peu. Et adonc il fift faire oultre mer tant de beaux feruices pour l'ame de la feuë bonne Dame fa mere. Et auffi enuoia il en France vng grant fommier chargé de pierres precieufes & joiaulx aux Eglifes de France, auecques lectres miffiues; leur priant qu'ilz voulfiffent prier Dieu pour lui, & pour ladite Dame fa mere.

Bien touft aprés, le Roy voulut ordonner de fes befongnes, fauoir mon s'il s'en deuoit retourner en France, ou encores demourer là. Et ainfi qu'il eftoit fur ce proupos, lui eftant à Sajecte, qu'il auoit prefque refermée; il appella le Legat, qui eftoit auecques lui, & lui fift faire plufieurs proceffions, en requerant à Dieu qu'il lui donnaft congnoiftre, lequel il feroit le mieulx à fon plaifir, ou de s'en aller en France, ou de demourer là. Aprés que les proceffions furent faictes, vng peu aprés j'eftoie allé à certain jour auecques les riches hommes du païs à l'efbat en vng prael. Et le Roy me fift appeller, & eftoit le Legat auecques lui. Lors me va dire le Legat en la pre-
» fence du Roy: Senneschal, le Roy fe louë grandement des bons &
» aggreables feruices que vous lui auez faitz, & defire fort voftre preu
» & honneur. Et me fait vous dire, affin qu'en preignez en voftre
» cueur aucun foulas de joye, que fon intencion eft de s'en aller en
» France dedans Pafques, qui viennent. Et adonc je refpondi, que noftre Seigneur lui laiffaft faire à fa bonne voulenté. Aprés ces parolles, le Legat fe partit d'auecques le Roy, & me pria que je lui feiffe compagnie jufques à fon logeis. ce que je fys voulentiers. Et me fift entrer en fa garderobbe: & il me commença à lermoier, &
» me print par les mains, & me dift: Senneschal, je fuis tres-joieux,
» & dont je rends graces à Dieu, dequoy vous eftes ainfi efchappez
» des grans perilz, là où vous auez efté en cefte terre. Et de l'autre
» part je fuis moult trifte & dollant de cueur, dont il me conuient lef-
» fer vos tres-bonnes & faintes compaignies, pour m'en retorner en
» Court de Romme entre fi defloiaux gens, comme il y a. Mais je
» vous diray, mon intencion eft de demourer encores vng an aprés
» vous en Acre, pour defpandre tous mes deniers à faire fermer &

## DV ROY SAINT LOYS.                                                III

clorre le faulxbourc d'Acre, tant que j'auray aucun denier; affin «
qu'on ne me viegne riens impugner à reprouche, ne courir fus. «

Quant je fu retourné deuers le Roy, le landemain il me commanda armer, & mes Cheualiers. Et quant je fu armé, je lui demanday, qu'il lui plaifoit que je feiffe. Et adonc me dift, que je menaffe la Royne & fes enfans jufques à Sur, là où il y auoit bien fept lieuës. Et de ce ne le voulu pas defdire, nonobftant que grant peril y euft à paffer. Car nous ne auions lors nuyt ne jour treues ne paix auecques les Egipciens, ne à ceulx de Damas. Et nous partifmes, & vinmes la mercy Dieu tout en paix, fans aucun empefchement à Sur à coufcher. Tantouft aprés le Patriarche & les Barons du païs, qui longuement auoient acompaigné le Roy, voians qu'il auoit fermé Sajecte de grans murs, & fait faire groffes tours, & les douues curées dedans & dehors, s'en vindrent à lui: & lui rendirent humblement graces & loüenges des grans biens, honneurs, & plaifirs qu'il leur auoit faitz en la fainte Terre. Car il auoit fait reffaire de neuf la cité de Sajecte, Cefaire, Iaphe; & auoit moult enforcié la cité d'Acre de grans murailles & groffes tours. Et lui difdrent: SIRE, nous voion bien clerement, que voftre demourée «
auecques nous ne peut plus durer en faczon, qu'il en viengne defor- «
mais plus de prouffit au Royaume de Ierufalem. Pour ce nous «
confeillons tous enfemble, que vous en aillez en Acre, & là com- «
mencez à faire mectre fus & à point voftre paffage, à l'enuiron de «
cefte Carefme: parquoy vous puiffez retourner feurement en France. «
Et ainfi par leur confeil le Roy fe partit de Sajecte, & s'en vint à Sur, là où nous auions amené la Royne & fes enfans. Et à l'entrée de Carefme vinmes en Acre tous enfemble.

Tout le Carefme le Roy fit apprefter fes nefz, pour s'en reuenir en France. Dont il y auoit quatorze que nefz que gallées. Et la vigille de la fefte faint Marc aprés Pafques, le Roy & la Royne fe recuilirent en leur nef: & commença tout à s'efbranler fur mer. & eufmes affez bon vent au partir. Et me dift le Roy, qu'il auoit efté né le propre jour faint Marc. Et je lui dis, qu'il pouoit bien dire, que encore il y auoit efté né, & que affez eftoit rené, qui efchappoit de celle perilleufe terre, où nous auions efté tant longuement.

Le Sabmedi enfuiuant nous arriuafmes en l'Ifle de Chippre. Et y auoit vne montaigne emprés l'Ifle, qu'on appelloit la montaigne de la Croix: à laquelle montaigne on congnoiffoit de loing qu'on approuchoit de ladite Ifle de Chippre. Et faichez, que celui Sabmedi fur le vefpre fe leua vne tres-grant bruyne, qui defcendit de la terre en mer: & tellement, que nos mariniers cuidoient eftre beaucoup plus loing de l'Ifle, qu'ilz n'eftoient. Car ilz perdirent la montaigne de veuë, pour ladicte bruyne. Et aduint, que pour cuider arriuer de heure à l'Ifle, noz mariniers s'efforcerent de nauiger de grant force, & allafmes aborder fur vne queuë de fable, qui eftoit en mer. Et fi par-

aduenture nous ne nous fuffon affablez, nous fuffions allé hurter à de grans rochiers, qui eftoient illecques prés couuers : & fuffion tous perillez, & noyez. Et encores fufmes-nous à grant mefchief là où nous eftion aterrez. Car chacun cuida eftre noyé & perdu, & que la gallée fe fendift. Vng marinier gecta fa plombée en mer, & trouua que la nef n'eftoit plus aterrée. Lors chacun commença à fe resjouir, & rendre graces à Dieu. Et y en auoit plufieurs deuant le corps noftre Seigneur, qui eftoit en la nef, tous adans, & crians pardon à Dieu. car chacun fe actendoit de noier. Et tantouft qu'il fut jour, nous vifmes les rochiers, aufquelz nous euffon hurté, fi n'euft efté la fortune de la greue de fable. Et au matin le Roy enuoia querir les Maiftres mariniers des nefz, qui amenerent auecques eulx quatre plungeons; gens, qui vont à nou au fond de l'eauë comme poiffons. Et lefquelz quatre plungeons les Maiftres mariniers firent defcendre au fond de la mer à celui endroit. Lefquelz plungeons fe gecterent en mer, & pafferent par deffoubz la nef, où eftoit le Roy, & nous autres. Et quant ilz furent venuz fus l'eauë, on les ouyt tous quatre l'vn à par foy, pour fauoir qu'ilz auoient trouué. Mais chacun d'eulx rapporta, que au lieu, où auoit hurté noftre nef, le fable auoit bien emporté trois toifes du tifon, fur quoy eftoit la nef fondée. Et quant-on les eut ouiz ainfi rapporter l'vn comme l'autre, le Roy & tous nous autres fufmes bien eftonnez. Lors demanda le Roy aux mariniers, quel confeil ilz donneroient de celle chofe. Lefquelz mariniers lui
» difdrent: SIRE, pour tout confeil, fi nous voulez croire, vous defcen-
» drez de cefte nef en vne autre. Car nous entendons bien, que puis
» que le fondement de cefte nef a fouffert tel heurt, que toutes les
» aides de la nef font tous eflochées. Parquoy, nous doubton grande-
» ment, que quant viendra en la grant mer, que la nef ne puiffe en-
» durer les corps des vndes de l'eauë, fans qu'elle periffe. Car tel exem-
» ple en auons nous veu, quant vous partiftes de France, d'vne autre
» nef, qui auoit ainfi hurté & enduré tel coup, comme a celle-cy. Et
» quant elle fut en la grant mer, elle ne peut endurer les coups des vn-
» des de l'eau & fe defrompit & defpieça: & furent tous noiez ceulx
» qui eftoient dedans, fans qu'il en efchappaft, fors que vne jeune fem-
» me à tout fon petit enfant, qu'elle auoit entre les braz, qui d'auen-
» ture demourerent fur vne des pieces de la nef, que l'eauë emmena.
Et quant le Roy eut ouy ce que les mariniers lui auoient confeillé, & donné l'exemple: moy-mefmes tefmoigné qu'ilz difoient veoir. Car j'auoie veu la femme & fon enfant, qui eftoient arriuez deuant la cité de Baphe: & les vy en la maifon du Conte de Ioingny, qui les faifoit nourrir pour l'onneur de Dieu. Lors le Roy appella fes gens de Confeil, pour fauoir qu'il eftoit de faire. Et tous lui confeillafmes faire ce que les mariniers lui auoient confeillé. Encores appella le Roy les mariniers, & leur demanda, fur la foy & loiauté qu'ilz lui deuoient; fi la nef eftoit leur, & qu'elle fuft plaine de marchan-
difes

# DV ROY SAINT LOYS.

difes, fauoir s'ils en defcendroient. Et ilz lui refpondirent tout enfemble, que nenny: & qu'ils aimeroient mieulx mectre leurs corps en aduenture, que de lefler perdre vne telle nef, qui leur coufteroit quarante ou cinquante mil liures. Et pourquoy, fift le Roy, me con- « feillez-vous donques, que j'en defcende ? Et ilz lui refpondirent: « SIRE, vous & nous n'eft pas tout vng, ne jeu pareil. Car or ne ar- « gent ne pourroit eftre fi grant, qu'il fuft prifé ne eftimé comme le « corps de vous, de la Royne voftre efpoufe, & de voz trois enfans, « que auez cy. Et pourtant, jamais ne vous confeillerions, que vous « vous meiffez en tel dangier & aduenture. Or vous diray-je, fift le « Roy, le mien confeil & aduis. Que fi je defcens de cefte nef, il y a « cinq ou fix cens perfonnes ceans, qui demoureront en l'Ifle de Chip- « pre, pour la paeur du peril de la nef, où font leurs corps. Et n'y a, « fift le Roy, celui ceans, qui n'ayme autant fon corps, comme je fois le « mien. Et fi vne foiz nous defcendons, jamais n'auront efpoir de re- « tourner en leur païs. Pourtant vous dy, que j'aime mieulx mectre « moy, la Royne, & mes enfans en dangier, & en la main de Dieu, que « de faire tel dommage à fi grant peuple, comme il y a ceans. «

Le grant mal & dommage que le Roy euft fait, s'il fuft defcendu, bien y apparut en Meffire Oliuier de Termes le puiffant Cheualier, qui eftoit en celle nef, où eftoit le Roy. Lequel Meffire Oliuier eftoit l'vn des plus vaillans, & des plus hardiz hommes qu'onques je congneuffe en la fainte Terre. Toutesfoix ne oza-il demourer, & fe defcendit en l'Ifle. Et aduint que lui, qui eftoit vng grant & notable parfonnage, & moult riche d'auoir, il eut tant de empefchemens & deftourbiers, qu'il fut plus d'vn an & demy auant qu'il s'en peuft reuenir deuers le Roy. Or entendez donc, que euffent peu faire tant de petiz parfonnages, qui n'euffent eu dequoy paier ne finer aux trehuz; veu que fi grant richomme y auoit eu tant de deftourbier?

Aprés que Dieu nous eut efchappez de ce peril, où nous auions ainfi efté deuant l'Ifle de Chippre, nous entrafmes en vng autre. Car il fe leua vng fi terrible & merueilleux vent en mer, que à force, & malgré nous, il nous regectoit tousjours fur l'Ifle de Chippre, que nous auions jà paffée. Et gecterent les mariniers quatre de leurs encres en mer. Mais onques ne fceurent arrefter noftre nef, jufques ad ce que la cinquiefme encre y fut gectée. Et faichez, qu'il conuint abatre les apparoiz de la chambre, où fe tenoit le Roy. Et eftoit tel le vent, que onques n'y oza demourer en celle chambre perfonne, de paeur que le vent ne le gectaft en mer. La Royne tantouft s'en vint en la chambre du Roy, là où elle le cuidoit trouuer; & n'y trouua que Meffire Gilles le Brun Conneftable de France, & moy, qui eftions là couschez. Et quant je la vy, je lui demanday, qu'elle vouloit. Et elle nous dift, qu'elle demandoit le Roy, pour lui prier qu'il voulfift faire quelques veuz à Dieu, ou à fes Saints, affin que nous peuf-

P

son eftre deliurez de celle tourmente ; & que les mariniers lui auoient
" dit, que nous eftions en grant peril de noier. Et je lui dis: Madame,
" promectez à faire le veage à Monfeigneur faint Nicolas de Varenge-
" uille; & je me fois fort, que Dieu nous rendra à fauueté en France.
" Lors elle me refpondit: Ha ! Senneschal, j'auroie paeur que le Roy
" ne voulfift que feiffe le veage, & que ne le peuffe acomplir. Au moins,
" Madame, promectez lui, que fi Dieu vous rend en France fauue-
" ment, que vous lui donnerez vne nef de cinq marcs d'argent pour
" le Roy, pour vous, & voz enfans. Et fi ainfi le faictes, je vous pro-
" mect & affeure, que à la priere de faint Nicolas Dieu vous rendra en
" France. Et je promect moy-mefmes, que moy retourné à Ionuille,
" que je le yray veoir jufques au lieu à pié, & tout defchaux. Lors elle
promift à S. Nicolas, de lui donner la nef d'argent : & me requift,
que je lui en fuffe pleige. ce que voulu. Et tantouft elle retourna à
nous, & nous vint dire, que Dieu à la fupplication de S. Nicolas nous
auoit garentiz de ce peril. Quant la Royne fut reuenuë en France,
elle fift faire la nef, qu'elle auoit promife à Monfeigneur faint Ni-
colas: & y fift enleuer le Roy, elle, & leurs trois enfans, les mariniers,
le maft, les cordaiges & les gouuernailz, tout d'argent, & coufuz à fil
d'argent. Laquelle nef elle m'enuoia, & me manda que je la con-
duififfe à Monfeigneur faint Nicolas. & ainfi le fis. Et encores depuis
long-temps aprés la y vige, quant nous menafmes la feur du Roy au
Roy d'Allemaigne.

Or reuenons au proupoux, là où nous eftions en la mer : & difons,
que quant le Roy vit que nous fufmes efchappez de ces deux grans
perilz, il fe leua fur le ban de la nef. & eftois là prefent deuant lui.
" Lors il me va dire: Or regardez, Senneschal, fi Dieu ne nous a pas
" bien monftré fon grant pouoir, quant par vng feul des quatre vens
" de mer, le Roy, la Royne, fes enfans, & tant d'autres parfonnages
" ont cuidé eftre noiez? Pourtant je lo, que grans graces lui en deuons
" nous bien rendre.

Le bon faint Roy ne fe pouoit taire de me parler du dangier, en
quoy nous auions efté : & comment Dieu nous auoit bien monftré fa
" grant puiffance. Et me difoit : Senneschal, quant telles tribulacions
" aduiennent aux gens, ou autres fortunes de maladies, les Saints di-
" fent que ce font les menaffes de noftre Seigneur. Et par ce je dy, fai-
" foit le bon Roy, que les dangiers, là où nous auons efté, font des me-
" naffes de noftre Seigneur, qui peult dire : Or voiez-vous bien, que
" je vous euffe tous leffez noier & periller, fi j'euffe voulu. Parquoy, di-
" foit le bon Roy, que nous deuons bien regarder, qu'il n'y ait en nous
" chofe qui deuft defplaire à Dieu noftre createur. Et fi touft que nous
" y trouuons aucune chofe à fon defplaifir, nous la deuons incontinant
" oufter & mectre hors. Et fi ainfi le faifons, il nous aymera moult,
" & nous gardera tousjours des dangiers. Auffi fi nous faifons le con-
" traire, aprés qu'il nous aura ainfi bien menaffez, il enuoiera fur nous

## DV ROY SAINT LOYS.

quelque grant mal, ou de mort, ou de dommage de corps, ou nous «
leſſera deſcendre en enfer à jamais pardurablement. Et me diſoit le «
bon Roy ſaint L o y s: Senneſchal, le ſaint homme Iob diſoit à Dieu: «
Seigneur Dieu, pourquoy nous menaſſes-tu? Car ſi tu nous auois per- «
duz, tu n'en ſerois jà plus pouure: & ſi tu nous auois tous atirez à toy, «
tu n'en ſerois jà plus puiſſant, ne plus riche. Dont pouons nous veoir, «
faiſoit il, que les menaſſes que Dieu nous fait ſont ſeullement pour «
la grant amour qu'il a à nous, & pour noſtre preu, & non pas pour le «
ſien : & affin que nous puiſſons congnoiſtre clerement noz faultes «
& deſmerites, & que nous ouſtons hors de noz conſciences les cho- «
ſes, qui lui ſont mal agreables. Pourtant donc faiſons le ainſi, & nous «
ferons que ſages. «

De là en auant, & aprés que nous euſmes prins en l'Iſle de Chippre eauë freſche, & autres petites noz neceſſitez, & que la tourmente fut ceſſée; nous partiſmes de là, & vynmes à vne autre Iſle, qu'on appelloit l'Iſle de Lampieuſe. Et là deſcendiſmes à terre, & prinſmes grant quantité de connilz. Et là trouuaſmes vng heremitage aux dedans des roches, & vng beau jardin, qui eſtoit affié d'oliuiers, figuiers, ſeps de vigne, & pluſieurs autres arbres fruictaux. Et y auoit vne belle fontaine d'eauë doulce, dont le ru defflluoit parmy le jardrin d'icelui heremitage. Le Roy & ſa compaignie alla juſques au chief dudit jardrin. Et trouuaſmes vng Oratoire, dont en la premiere voulte, que trouuaſmes, qui eſtoit blanche de champ, y auoit vne belle croix de terre vermeille. Et en vne autre voulte plus auant trouuaſmes deux corps morts, qui auoient les mains ſur le pis; & n'y auoit plus que les couſtes, qui s'entretienſiſſent. Et eſtoient ces corps couſchez vers Orient, ainſi qu'on a de couſtume de mectre les autres morts en terre. Et quant nous euſmes bien veu par tout, le Roy & ſa compaignie ſe retira en la nef. Et quant nous fuſmes entrez, il ſe faillit l'vn de noz mariniers, dont le Maiſtre marinier ſe penſa en lui, qu'il ſauoit bien lequel c'eſtoit, & qu'il ſe vouloit demourer là pour eſtre & viure deſormais en heremite. Et pour ce le Roy à l'auenture fiſt laiſſer trois ſacs plains de biſcuit ſur la riue d'icelle Iſle; affin que icelui marinier, qui eſtoit demouré, les trouuaſt, & qu'il en veſquiſt.

Peu aprés arriua vne aduenture en mer en la nef de Meſſire d'Argones, qui eſtoit l'vn des plus puiſſans Seigneurs de Prouuence. C'eſt aſſauoir, que lui eſtant vne matinée en ſon lit, le ſouleil lui frappoit ſur le viſage par vng pertuis. Lors ledit Meſſire d'Argones appella vng de ſes Eſcuiers, & lui diſt, qu'il allaſt eſtoupper le pertuis, où paſſoit le ſouleil. Et l'Eſcuier voiant, qu'il ne pouoit eſtoupper le pertuis, s'il ne ſortoit hors de la nef, il ſe miſt dehors: & en allant le cuider eſtoupper, le pié lui fouyt, & il cheut en la mer. Tantouſt qu'il fut cheut, la nef s'eſlongna, & n'y auoit point de petite barque de couſte, qu'on l'euſt peu ſecourir. Nous le viſmes de loing, qui eſtions en

P ij

la nef du Roy, qui venions aprés bien à demie lieuë loing de la nef, dont il eſtoit cheut. Et cuidions que ce fuſt quelque choſe, qui fuſt en la mer. Car celui Eſcuier ne ſe mouuoit, ne ne s'aydoit en aucune façon. Et quant nous l'euſmes apperceu de prés, l'vne des nefz du Roy le recuillit, & le miſdrent en noſtre nef. Et quant il fut dedans entré, il nous compta comment il eſtoit cheut. Et nous lui demandaſmes, pourquoy c'eſtoit qu'il ne ſe aidoit autrement, ou à nager, ou s'eſcrier aux gens de la nef. Et il nous diſt, qu'il n'auoit nul be‑
„ ſoing de le faire. Car en cheant il s'eſtoit eſcrié, Noſtre Dame de Valbert; & qu'elle le ſouſtenoit par les eſpaulles, juſques à tant que la gallée du Roy fuſt arriuée à lui. Et en l'onneur de la benoiſte Vierge Marie de ce merueilleux miracle, j'ay fait paindre en ma Chappelle à Ionuille ledit miracle, & és verrines de l'Egliſe de Blecourt, pour memoire.

A la fin de dix ſepmaines, que nous euſmes eſté en mer à nager, arriuaſmes au port d'Yeres, deuant le chaſtel, qui eſtoit au Conte de Prouuence, qui fut depuis Roy de Sicile. Et la Royne, & tout le Conſeil du Roy lui conſeillerent, qu'il deſcendiſt là, & qu'il eſtoit en la terre de ſon frere. Mais le Roy diſt, qu'il ne deſcendroit pas, tant qu'il fuſt en Aiguemortes, qui eſtoit ſa terre. Et ſur ce differant nous tint le Roy le Mecredi & le Ieudi, ſans que nul le peuſt faire accorder à ſoy deſcendre. Et le Vendredi, comme le Roy eſtoit aſſis ſur vng des rancs de la nef, il me appella, & me demanda conſeil, s'il ſe
„ deuoit deſcendre, ou non. Et je lui dis: SIRE, il me ſemble que
„ vous deuez deſcendre, & que vne foiz Madame de Bourbon eſtant
„ à ceſt meſmes port ne ſe voulut deſcendre; ains ſe remiſt ſur mer,
„ pour aller deſcendre en Aiguefmortes. Mais elle demoura bien ſept
„ ſepmaines & plus ſur mer. Et adonc le Roy à mon conſeil s'accorda de deſcendre à Yeres, dont la Royne & la compagnie furent tres‑joieux.

Ou chaſtel d'Yeres ſejourna le Roy, la Royne, & leurs enfans, & nous tous, tandis qu'on pourchaſſoit des cheuaulx pour s'en venir en France. L'Abbé de Cluny, qui fut depuis Eueſque de l'Oliue, enuoia au Roy deux pallefroiz, l'vn pour lui, l'autre pour la Royne. Et diſoit-on lors, qu'ilz valloient bien chacun cinq cens liures. Et quant le Roy eut prins ces deux beaux cheuaulx, l'Abbé lui requiſt qu'il peuſt parler auecques lui le landemain touchant ſes affaires. Et le Roy le lui octroia. Et quant vint au landemain, l'Abbé parla au Roy, qui l'eſcouta longuement, & à grant plaiſir. Et quant celui Abbé s'en fut parti, je demanday au Roy, ſauoir ſi je lui demandoie quelque choſe à recongnoiſtre, s'il le feroit.
„ Et il me diſt, que ouy voulentiers. Adonc je lui demanday: SIRE,
„ n'eſt-il pas vray, que vous auez eſcouté l'Abbé de Cluny ainſi lon‑
„ guement, pour le don de ſes deux cheuaulx? Et le Roy me reſpondit: que certes ouy. Et je lui dis, que je lui auois fait telle demande,

## DV ROY SAINT LOYS.

affin qu'il deffendift aux gens de fon Confeil juré, que quant ilz ar‑
riueroient en France, qu'ilz ne pranfiffent riens de ceulx, qui auroient
à befongner par deuant lui. Car foiez certain, fys‑je, que s'ilz pren‑ «
nent, ilz en efcouteront plus diligemment, & plus longuement, ain‑ «
fi que vous auez fait de l'Abbé de Cluny. Lors le Roy appella tout «
fon Confeil, & leur compta en riant la demande que je lui auois fai‑
te, & la raifon de ma demande. Toutesfois lui difdrent les gens de
fon Confeil, que je lui auois donné tres‑bon confeil.

A Yeres y auoit nouuelles d'vn tres‑vaillant homme Cordelier,
qui alloit prefchant parmy le pays, & s'appelloit Frere Hugues. Le‑
quel le Roy voulut voulentiers veoir, & oir parler. Et le jour qu'il ar‑
riua à Yeres, nous allafmes au deuant fon chemin, & vifmes que tres‑
grant compagnie de hommes & femmes le alloient fuyuant à pié.
Quant il fut arriué, le Roy le fift prefcher, & le premier Sermon qu'il
fift ce fut fur les gens de Religion, qu'il commencza à blafmer, par
ce que en la compagnie du Roy en y auoit grant foifon. Et difoit,
qu'ilz n'eftoient pas en eftat d'eulx fauuer, ou que les faintes Efcri‑
ptures mentoient. ce qui n'eftoit vray. Car les faintes Efcriptures di‑
fent, que vng Religieux ne peut viure hors fon cloaiftre, fans cheoir
en plufieurs pechez mortelz: nemplus que le poiffon ne fçauroit viure
hors de l'eauë, fans mourir. Et la raifon eftoit. Car les Religieux, qui
fuiuent la Court du Roy, boiuent & mengeuffent plufieurs foiz di‑
uers vins & viandes; qu'ilz ne feroient pas, s'ilz eftoient en leurs cloi‑
ftres. Parquoy l'ayfe qu'ilz y prennent les amonnefte à pechier, plus
que s'ilz menoient aufterité de vie. Au Roy aprés commença‑il à
parler, & lui donna enfeignement à tenir, que s'il vouloit longue‑
ment viure en paix, & au gré de fon peuple, qu'il fuft droicturier.
Et difoit, qu'il auoit leu la Bible, & les autres Liures de l'Efcripture
fainte: mais que jamais il n'auoit trouué, fuft entre les Princes & hom‑
mes Chreftiens, ou entre les mefcreans, que nulle terre ne Seigneu‑
rie euft efté transferée ne muée par force d'vn Seigneur à autre, fors
que par faulte de faire juftice & droicture. Pour ce, fift le Cordelier,
fe garde‑je bien le Roy, qu'il face bien adminiftrer juftice à chacun
en fon Royaume de France: affin qu'il puiffe jufques à fes derreniers
jours viure en bonne paix & tranquilité, & que Dieu ne lui tolle le
Royaume de France à fon deshonneur & dommage. Le Roy par plu‑
fieurs foiz lui fift prier, qu'il demouraft auecques lui, tandis qu'il fe‑
journeroit en Prouuence. Mais il refpondoit tousjours, qu'il ne de‑
moureroit point en la compaignie du Roy. Celui Cordelier ne fut
que vng jour auecques nous, & le landemain s'en alla contremont.
Et ay depuis oy dire, qu'il gift à Maffeille, là où il fait moult de beaux
miracles.

Aprés ces choufes, le Roy fe partit d'Yeres, & s'en vint en la cité
d'Aix en Prouuence, pour l'onneur de la benoifte Magdalaine, qui
gifoit à vne petite journée prés. Et fufmes au lieu de la Bafme, en vne

P iij

roche moult hault, là où l'on difoit que la fainte Magdalaine auoit vefqu en hermitage longue efpace de temps. Puis de là veinfmes paffer le Rofne à Beaucaire. Et quant je vy que le Roy eftoit en fa terre, & en fon pouoir, je prins congié de lui, & m'en vins par la Daulphine de Viennois ma niepce: & de là paffé par deuers le Conte de Chalons mon oncle, & par deuers le Conte de Bourgoigne fon filz, & arriué à Ionuille. Auquel lieu, quant je y eu fejourné vng peu, je m'en allay deuers le Roy, lequel je trouuay à Soiffons. Et quant je fu deuers lui, il me fift fi grant joie, que tous s'en efmerueilloient. Là je trouuay le Conte Iehan de Bretaigne & fa femme, & la fille du Roy Thibault. Et pour la difcencion, qui eftoit entre le Roy de Nauarre & la fille de Champaigne, pour quelque droit que le Roy de Nauarre pretendoit ou païs de Champaigne, le Roy les fift tous venir à Paris en Parlement, pour ouïr les parties, & pour leur faire droit.

A ce Parlement demanda le Roy Thibault de Nauarre à auoir en mariage Yfabel fille du Roy. Et m'auoient mené noz gens de Champaigne, pour profferer les parolles de la demande d'icelui mariage; pour ce qu'ilz auoient veu la grant chiere que le Roy m'auoit faite à Soiffons. Et m'en vins deliberément au Roy parler d'icelui maria-
„ ge. Et il me dift: Senneschal, allez vous-en premier accorder, &
„ faire voftre paix auecques le Conte de Bretaigne : & puis cela fait, le
„ mariage fe acomplira. Et je lui dis: Sire, vous ne deuez point laiffer à faire, pour tout quant qu'il y a. Et il me refpondit, que pour nulle riens il ne marieroit fa fille oultre le gré de fes Barons, & jufques à ce que la paix fuft faicte au Conte de Bretaigne.

Tantouft je m'en retourné deuers la Royne Marguerite de Nauarre, au Roy fon filz, & à leur confeil; & leur racompté la refponce du Roy. Laquelle ouye, incontinant o diligence s'en allerent faire leur paix auecques le Conte de Bretaigne : Et quant la paix fut faite, le Roy donna Yfabel fa fille au Roy Thibault de Nauarre. Et furent les nopces faites à Melun, grans & plainieres. Et de là amena le Roy Thibault fa femme à Prouins, là où ilz furent receuz à grant honneur de Barons, & à grans defpens.

De l'eftat du Roy, & comme il fe maintint dorenauant, qu'il fut venu d'oultre mer, vous diray. C'eft affauoir, que onques puis en fes habitz ne voulut porter ne menu ver, ne gris, ne efcarlate, ne eftriefz ne eperons dorez. Ses robbes eftoient de camelin, ou de pers, & eftoient les fourreures de fes mentelines & de fes robbes de peaulx de garnutes, & de jambes de lieures. En fa bouche fut-il tres-fobre, & jamais ne deuifa qu'on lui appareillaft diuerfes viandes, ne delicieufes: mais prenoit paciamment ce que on lui mectoit deuant lui. Son vin attrempeoit d'eauë felon la force du vin, & beuuoit en vng verre. Communément quant il mengeoit auoit-il darrieres lui les pouures, qu'il faifoit repaiftre; & puis après leur faifoit donner de

## DV ROY SAINT LOYS.

ſes deniers. Et aprés diſner, il auoit ſes Prebſtres deuant lui, qui lui rendoient ſes graces. Et quant quelque grant parſonnage eſtrange mengeoit auecques lui, il leur eſtoit de moult bonne compaignie, & amiable. De ſa ſageſſe vous diray. Car il eſtoit tenu le plus ſage homme, qu'il euſt en tout ſon Conſeil. Et quant il lui arriuoit aucune choſe, dont il failloit reſpondre neceſſairement, jamais il n'attendoit ſon Conſeil, quant il veoit que la choſe requeroit celerité & droicture.

Puis aprés le bon Roy ſaint Loys pourchaſſa tant qu'il fiſt venir à lui en France le Roy d'Angleterre, ſa femme, & leurs enfans, pour faire paix & accord entr'eulx. A laquelle paix faire eſtoient tres-contraires les gens de ſon Conſeil, & lui diſoient: SIRE, nous ſommes « grandement eſmerueillez, comment vous voulez conſentir à bail- « ler & leſſer au Roy d'Angleterre ſi grant partie de voſtre terre, que « vous & voz predeceſſeurs auez aquiſes ſur lui, & par ſes meffaitz. Dont « il nous ſemble que n'en ſoiez pas bien aduerty, & que gré ne grace « ne vous en ſauront-ilz. A cela le Roy leur reſpondit, qu'il ſauoit bien « que le Roy d'Angleterre & ſon predeceſſeur auoient juſtement, & à bon droit perdu les terres qu'il tenoit: & qu'il ne entendoit leur rendre aucune choſe, à quoy il fuſt tenu le faire. Mais le faiſoit-il ſeulement pour amour, paix, & vnion auoir, nourrir, & entretenir entr'- eulx & leurs enfans, qui ſont couſins germains. Et diſoit le Roy: Ie « penſe, fait-il, que en ce faiſant je feray moult bonne euure. Car en « premier lieu je feray & conquerray paix, & en aprés je le feray mon « homme de foy, qu'il n'eſt pas encores. Car il n'eſt point encores en- « tré en mon hommage. «

Le Roy ſaint Loys fut l'omme du monde, qui plus ſe trauailla à faire & meċtre paix & concorde entre ſes ſubgeċtz: & par eſpecial entre les Princes & Seigneurs de ſon Royaume, & des voiſins, meſmement entre le Conte de Chalons mon oncle, & le Conte de Bourgoigne ſon filz, qui auoient grant guerre enſemble, au retour que fuſmes venuz d'oultre mer. Et pour la paix faire entre le pere & le filz, il enuoia pluſieurs gens de ſon Conſeil juſques en Bourgoigne à ſes propres couſtz & deſpens: & finablement fiſt tant, que par ſon moien la paix des deux parſonnages fut faite. Semblablement par ſon pourchaz la paix fut faite entre le ſecond Roy Thibault de Nauarre, & les Contes de Chalons & de Bourgoigne, qui auoient dure guerre enſemblément les vngs contre les autres: & y enuoia pareillement des gens de ſon Conſeil, qui en firent l'accord, & les appaiſerent.

Aprés celle paix commença vne autre grant guerre entre le Conte Thibault de Bar & le Conte de Luxembourg, qui auoit ſa ſeur à femme. Et leſquelz ſe combatirent l'vn contre l'autre main à main deſſoubz Pigny. Et print le Conte de Bar le Conte de Luxembourg, & aprés gaigna le chaſteau de Ligney, qui eſt au Conte de Luxembourg à cauſe de ſa femme. Pour laquelle guerre appaiſer le Roy y enuoia Monseigneur Perron le Chambellan, qui estoit l'omme du monde, en qui le Roy croioit plus, & aux despens du Roy. Et tant se y trauailla le Roy, que leur paix fut faicte. Les gens de son grant Conseil le reprenoient aucune foiz, pour ce qu'il prenoit ainsi grant paine à appaiser les estrangiers : & qu'il fait mal, quant il ne les laissoit guerroier, & que les appointemens s'en feroient mieulx aprés. A ce leur respondit le Roy, & leur dist, qu'ilz ne disoient pas bien. ″ Car, ce faisoit-il, si les Princes & grans Seigneurs, qui sont voisins ″ de mon Royaume, veoient que je les laissasse guerroier les vngs aux ″ autres, ilz pourroient dire entr'eulx, que le Roy de France par sa ma- ″ lice & ingratitude nous lesse guerroier. Et par ce pourroient-ilz con- ″ querir hayne contre moy, & me pourroient venir courir sus. Dont ″ je pourroye bien souffrir mal, & dommaige à mon Royaume : & da- ″ uantaige encourir l'ire de Dieu, qui dit que benoist soit celui, qui ″ s'efforce de mectre vnion & concorde entre les discordans. Et saichez, que pour le bien que les Bourgoignons & les Lorrains veoient en la personne du Roy, & pour la grant paine qu'il auoit prinse à les mectre à vnion, ilz l'amoient tant, & l'obeïssoient, qu'ilz furent tous contens de venir plaidoier deuant lui des discords qu'ilz auoient les vngs vers les autres. Et les y vy venir plusieurs foiz à Paris, à Reims, à Melun, & ailleurs, là où le Roy estoit.

Le bon Roy ayma tant Dieu, & sa benoiste Mere, que tous ceulx qu'il pouoit actaindre d'auoir fait aucun villain serement, ou dit quelque autre villaine chose, & deshonneste, il les faisoit griefuement pugnir. Et vis vne foiz à Cesaire oultre mer, qu'il fist eschaller vng orfeure en braies & chemise moult villainement à grant deshonneur. Et aussi ouy dire, que depuis qu'il fut retourné d'oultre mer, durant que j'estois à Ionuille allé, qu'il auoit fait brusler & mercher à fer chault le neys & la bauliure d'vn bourgeois de Paris, pour vng blapheme qu'il auoit fait. Et ouy dire au bon Roy de sa propre bouche, qu'il eust voulu auoir esté seigné d'vn fer tout chault, & il eust peu tant faire, qu'il eust ousté tous les blaphemes & juremens de son Royaume.

En sa compaignie ay-je bien esté par l'espace de vingt-deux ans. Mais oncques en ma vie, pour quelque courroux qu'il eust ne lui ouy jurer ne blaphemer Dieu, ne sa digne Mere, ne aucun Saint ne Sain- ″ te. Et quant il vouloit affermer aucune chose, il disoit ; Vraiement il ″ est ainsi, ou ; Vraiement il n'en va pas ainsi. Et bien apparut, que pour nulle rien il n'eust voulu regnier ne jurer Dieu ; quant le Souldan & les Admiraulx d'Egipte lui voulurent faire regnier Dieu pour la foy bailler, ou cas qu'il ne tenoit l'appointement de paix qu'ils vouloient faire. Car le saint Roy, quant il y fut ainsi rapporté, que les Turcs vouloient qu'il fist tel serement, jamés ne le voulut faire ; ains plustoust eust amé mourir, comme est dit deuant. Iamais ne lui ouy nommer ne appeller le deable, si n'auoit esté en aucun Liure,

là

là où il le faillift nommer par exemple. Et eft vne tres-honteufe chofe au Royaume de France de celui cas, & aux Princes de le fouffrir ne oyr nommer. Car vous verrez, que l'vn ne dira pas trois motz à l'autre par mal, qu'il ne die: Va de par le deable, ou en autres langaiges. Le faint Roy me demanda vne foiz, fi je lauoys les pieds aux poures le jour de Ieudi abfolu en Karefme. Et je lui refpondy, que non, & qu'il ne me fembloit mye eftre chofe honnefte. Adonc le bon Roy me dift : Ha ! Sire de Ionuille, vous ne deuez pas auoir en defdaing & defpit ce que Dieu a fait pour noftre exemple, qui les laua à fes Apouftres, lui qui eftoit leur Maiftre & Seigneur. Et croy que bien à tart feriez ce que le Roy d'Angleterre, qui à prefent eft, fait. Car à celui jour du Ieudi faint il laue les piedz aux mezeaux, & puis les baife.

Auant que le bon Seigneur Roy fe couchaft, il auoit fouuent de couftume de faire venir fes enfans deuant lui, & leur recordoit les beaux faitz & ditz des Roys & autres Princes anxiens : & leur difoit que bien les deuoient fauoir & retenir, pour y prandre bon exemple. Et pareillement leur remonftroit les faitz des mauuais hommes, qui par luxures, rapines, auarices, & orgueilz auoient perdu leurs terres & leurs Seigneuries; & que mauuaifement leur en eftoit aduenu. Et ces chofes, difoit le Roy, vous en gardez de faire ainfi comme ilz ont fait, & que Dieu n'en preigne courroux contre vous. Il leur faifoit à femblable apprandre les Heures de noftre Dame, & leur faifoit oir chacun jour & dire deuant eulx les Heures du jour, felon le temps; affin de les acouftumer à ainfi le faire quant ilz feroient à tenir leurs terres. C'eftoit vng tres-large aumofnier. Car par tout où il alloit en fon Royaume, il vifitoit les poures Eglifes, les Malladeries, & les Hofpitaulx. Et s'enqueroit des poures Gentilzhommes, des poures femmes veufues, des poures filles à marier. Et par tous les lieux, où il fauoit auoir neceffité, & eftre fouffreteux, il leur faifoit largement donner de fes deniers. Et à poures mendians faifoit donner à boire & à menger. Et lui ay veu plufieurs foiz lui-mefmes leur coupper du pain, & leur donner à boire. En fon temps il a fait faire & edifier plufieurs Eglifes, Monafteres, & Abbaies. C'eft affauoir Reaumont, l'Abbaie de faint Anthoine lez Paris, l'Abbaie du Lis, l'Abbaie de Malboiffon, & plufieurs autres Religions de Prefcheurs & de Cordeliers. Il fift femblablement faire la Maifon-Dieu de Ponthoife, celle de Vernon, la Maifon des Quinze-vingts de Paris, & l'Abbaie des Cordelieres de faint Clou, que Madame Yfabel fa feur fonda à la requefte de lui. Les benefices des Eglifes, qui efcheoient en fa donaifon, auant qu'il en vouluft pourueoir aucun, il s'enqueroit à bonnes perfonnes de l'eftat & condicion de ceulx qui les demandoient, & fauoir s'ils eftoient clercs & lectrez. Et ne vouloit jamais que ceulx, à qui il donnoit les benefices, qu'ilz en tienfiffent plus d'autres, que à leur eftat n'appartenoit. & tousjours les don-

Q

noit par grant conseil de gens de bien.

Cy-aprés verrez commant il corrigea ses Baillifz, Iuges, & autres Officiers: & les beaux establissemens nouueaux, qu'il sist & ordonna estre gardez par tout son Royaume de France. qui sont telz:

„ Nous Loys par la grace de Dieu Roy de France, Establissons que
„ tous Baillifz, Preuostz, Maires, Iuges, Receueurs, & autres, en quel-
„ que office qu'il soit, que chascun d'eulx dorenauant fera serement;
„ que tandis qu'ilz seront esdits offices, ils feront droit & iustice à vng
„ chascun, sans auoir aucune accepcion de personnes, tant à poures
„ comme à riches, à l'estrangier comme au priué. Et garderont les vs &
„ coustumes, qui sont bonnes & approuuées. Et si par aucuns d'eulx est
„ fait au contraire de leur serement, nous voulons & expressement en-
„ joignons, qu'ilz en soient pugniz en biens & en corps, selon l'exigen-
„ ce des cas. La pugnicion desquelz noz Baillifz, Preuostz, Iuges, &
„ autres Officiers, nous reseruons à nous & à nostre congnoissance: & à
„ eulx, de leurs inferieurs & subgetz. Noz Tresoriers, Receueurs, Pre-
„ uostz, Auditeurs des Comptes, & autres Officiers & entremecteurs de
„ noz finances jureront, que bien & loiaument ilz garderont noz ren-
„ tes & dommaines auecques tous & chascuns noz droiz, libertez, &
„ preheminences, sans lesser ne souffrir en estre riens sourtrait, ousté, ne
„ amenusé. Et auecques ce, qu'ilz ne prandront, ne lairront prandre,
„ eulx ne leurs gens & Commis, aucuns dons ne presens, qu'on leur
„ vueille faire, eulx ne à leurs femmes & enfans, ne à autres, pour &
„ en leur faueur. Et si aucun don en est receu, qu'ilz le feront inconti-
„ nant & sans delay rendre & restituer. Et semblablement, qu'ilz ne
„ feront faire aucuns dons ne presens à nulles personnes, dont ilz soient
„ subgetz, pour quelque faueur ou support. Et auecques ce jureront,
„ que là où ilz sçauront, & congnoistront aucuns Officiers, Sergens, ou
„ autres, qui sont rapineurs, & abuseurs en leurs offices, parquoy ilz
„ doiuent perdre leurs offices & nostre seruice, qu'ilz ne les soustien-
„ dront ne celeront, par don, faueur, promesse, ne autrement: ains qu'ilz
„ les pugniront & corrigeront selon que le cas le requerra, en bonne
„ foy & equité, & sans aucune hayne ne rancune. Et voulons, jaczoit
„ ce que lesdiz seremens soient prins deuant nous, que ce nonobstant
„ ilz soient publiez deuant les Clercs, Cheualiers, Seigneurs, & toutes
„ autres gens de Commune: affin que mieulx, & plus fermement ilz
„ soient tenuz & gardez, & qu'ilz aient crainte d'encourir le vice de par-
„ jures, non pas seulement pour la crainte & pugnicion de noz mains,
„ & de la honte du monde: mais aussi de la paeur, & pugnicion de Dieu.
„ En aprés nous deffendons & prohibons à tous nosditz Baillifz, Preuostz,
„ Maires, Iuges, & autres noz Officiers, qu'ilz ne jurent ne blaphement
„ le nom de Dieu, de sa digne Mere, & benoistz Saints & Sainctes de
„ Paradis: & à semblable, qu'ilz ne soient joüeux de dez, ne frequen-
„ tans les tauernes & bordeaux, sur paine de priuacion de leur office,
„ & de pugnicion telle, que au cas appartiendra. Nous voulons à sem-

## DV ROY SAINT LOYS.

blable, que toutes les folles femmes de leurs corps, & communes, soient mises hors des maisons priuées, & separées d'auecques les autres personnes: & que on ne leur louëra ne affermera quelques maisons ne habitacions, pour faire & entretenir leur vice & pechié de luxure. Aprés ce, nous prohibons, & deffendons, que nulz de noz Baillifz, Preuostz, Iuges & autres Officiers & administrateurs de Iustice, ne soient tant hardiz de conquerir ne achapter, par eulx ne par autres, aucunes terres ne possessions és lieux, dont ilz auront la justice en main, sans nostre congié, licence, & permission, & que soions premierement acertainez de la chose. Et si au contraire le font, nous voulons & entendons lesdites terres & possessions estre confisquées en nostre main. Ne à semblable ne voulons point que noz dessusdiz Officiers superieurs, tant qu'ilz seront en noustre seruice, marient aucuns de leurs filz, filles, ne autres parens qu'ilz aient, à nulle autre personne, que en leurs Bailliages & ressors, sans nostre congié especial. Et tout ce desdiz acquestz & mariages deffenduz ne entendons point auoir lieu entre les autres Iuges & Officiers inferieurs, ne entre autres mineurs d'office. Nous deffendons aussi, que Baillif, Preuost, ne autre, ne tiengne trop grant nombre de Sergens ne de Bedeaux, en façon que le commun peuple en soit greué. Nous deffendons pareillement, que nulz de noz subgets ne soient prins au corps, ne emprisonnez pour leurs debtes personnelles, fors que pour les nostres: & que il ne soit leué amende sur nul de nosdiz subgetz pour sa debte. Auecques ce, nous establissons, que ceulx qui tiendront noz Preuostez, Vicontez, ou autres noz Offices, qu'ilz ne les puissent vendre ne transporter à autre personne, sans nostre congié. Et quant plusieurs seront compaignons en vng Office, nous voulons que l'vn la exerce pour tous. Nous deffendons aussi, qu'ilz ne dessaisissent homme de saisine qu'il tienne, sans congnoissance de cause, ou sans nostre especial commandement. Nous ne voulons qu'il soit leué aucunes exactions, pilleries, tailles, ne coustumes nouuelles. Aussi nous voulons, que noz Baillifz, Preuostz, Maires, Vicontes, & autres noz Officiers, qui par aucun cas seront mis hors de leurs Offices & de nostre seruice, qu'ilz soient, aprés ce qu'ilz seront ainsi depousez, par quarante jours residans ou pais desdictes Offices, en leurs personnes, ou par procureur especial: affin qu'ilz respondent aux nouueaux entrez esdictes Offices, à ce qu'ilz leur vouldront demander de leurs meffaictz, & de leurs plaintes.

Par lesquelz establissemens cy-dessus le Roy amenda grandement son Royaume, & tellement que chascun viuoit en paix & en tranquilité. Et saichez, que ou temps passé l'Office de la Preuosté de Paris se vendoit au plus offrant. Dont il aduenoit, que plusieurs pilleries & malefices s'en faisoient; & estoit totalement justice corrompuë par faueurs d'amys, & par dons & promesses. Dont le commun ne ouzoit habiter ou Royaume de France, & estoit lors presque vague.

Q ij

Et souuentesfoiz n'auoit-il aux pletz de la Preuosté de Paris, quant le Preuost tenoit ses assises, que dix personnes au plus : pour les injustices & abusions qui se y faisoient. Pourtant ne voulut-il plus que la Preuosté fust venduë, ains estoit Office, qu'il donnoit à quelque grant sage homme, auecques bons gaiges & grans. Et fist abolir toutes mauuaises coustumes, dont le poure peuple estoit greué auparauant. Et fist enquerir par tout le païs, là où il trouueroit quelque grant sage homme, qui fust bon justicier, & qui pugnist estroictement les mal-faicteurs, sans auoir esgard au riche plus que au poure. Et lui fut amené vng, qu'on appelloit Estienne Boyleauë, auquel il donna l'Office de Preuost de Paris : lequel depuis fist merueilles de soy maintenir oudit Office. Tellement que desormais n'y auoit larron, murtrier, ne autre mal-faicteur, qui ozast demourer à Paris, que tantoust qu'il en auoit congnoissance, qui ne fust pendu, ou pugny à rigueur de justice, selon la quantité du mal-faict. Et n'y auoit faueur de parenté, ne d'amys, ne or, ne argent, qui l'en eust peu garentir : & grandement fist bonne justice. Et finablement par laps de temps le Royaume de France se multiplia tellement, pour la bonne justice & droicture qui y regnoit ; que le dommaine, censifz, rentes, & reuenuz du Royaume croissoit d'an en an de moitié. & en amenda moult le Royaume de France.

Dés le temps de son jeune eage fut-il piteux des pauures & des souffreteux : & tellement se y accoustuma, que quant il fut en son regne il auoit tousjours communément six-vingts poures qui estoient repeuz chascun jour en sa Maison, quelque part qu'il fust. Et en Karesme le nombre des poures croissoit. Et souuentesfoiz les lui ay veu seruir lui mesmes : & leur faisoit donner de ses propres viandes. Et quant ce venoit aux festes annuelles, le jour des vigiles, auant qu'il beust ne mengeast, il les seruoit. Et quant ilz estoient repeuz, ilz emportoient tous certaine somme de deniers. Et à bref dire, faisoit le Roy saint LOYS tant d'aumosnes, & de si grandes, que à paine les pourroit-on toutes dire & declairer. Dont y eut aucuns de ses familiers, qui murmuroient de ce qu'il faisoit si grans dons & aumosnes : & disoient, qu'il y despendoit moult. Mais le bon Roy respondoit, qu'il aimoit mieulx faire grans despens à faire aumosnes, que en boubans & vanitez. Ne pour quelque grans aumosnes qu'il feist, ne laissoit-il à faire grant despence & large en sa Maison, & telle qu'il appartenoit à tel Prince. Car il estoit fort liberal. Et aux Parlemens & Estatz, qu'il tint à faire ses nouueaux establissemens, il faisoit tous seruir à sa Court les Seigneurs, Cheualiers, & autres, en plus grant habondance, & plus haultement, que jamais n'auoient fait ses predecesseurs. Il aymoit moult toutes manieres de gens, qui se mectoient au seruice de Dieu. Dont il a depuis fondé & fait plusieurs beaux Monasteres & Maisons de Religion par tout son Royaume. Et mesmement enuironna-il toute la ville de Paris de gens de Religion, qu'il y ordonna, logea, & fonda à ses deniers.

Aprés ces choses dessusdites le Roy manda tous les Barons de son Royaume, pour aller à lui à Paris en vng temps de Caresme. Et aussi m'enuoia-il querir à Ionuille. dont je me cuidé assez excuser de venir, pour vne fieure quarte que j'auois. Mais il me manda, qu'il auoit assez gens, qui sauoient donner guerison de fieures quartes ; & que sur toute s'amour, que je allasse à Paris. ce que je fys. Et quant je fu là, onques je ne sceu sauoir, pourquoy il auoit ainsi mandé les grans Seigneurs de son Royaume. Et aduint, que le jour de la feste nostre Dame en Mars je m'endormy à Matines. Et en mon dormant me fut aduis, que je veoie le Roy à genoulz deuant vng autel, & qu'il y auoit plusieurs Prelatz qui le reuestoient d'vne chaisible rouge, qui estoit de sarge de Reims. Et tantoust que je fu esueillé, je racomptay ma vision à vng mien Chappelain, qui estoit tres-saige homme : lequel me dist, que le Roy se croizeroit le landemain. Et je lui demanday, commant il le sauoit ? Et il me dist, qu'il le sauoit par mon songe & aduis : & que la chasible rouge, que je lui veoie mectre sus, signiffioit la croix de nostre Seigneur Iesus Christ, laquelle fut rouge de son precieux sang, qu'il espandit pour nous. Et ainsi que la chasible estoit de sarge de Reims, que ainsi la croiserie seroit de petit exploict, ainsi qu'il disoit que je verrois le landemain.

Or aduint que le landemain le Roy & ses trois filz se croiserent: & fut la croisure de petit exploict, tout ainsi que mon Chappelain le m'auoit recité le jour dauant. Parquoy je creu, que c'estoit Prophecie. Ce fait, le Roy de France & le Roy de Nauarre me pressoient fort de me croisser, & entreprandre le chemin du pelerinage de la croix. Mais je leur repondi, que tandis que j'auois esté oultre mer ou seruice de Dieu, que les gens & Officiers du Roy de France auoient trop greué & foullé mes subgetz, tant qu'ilz en estoient a-pouriz : tellement que jamais il ne seroit, que eulx & moy ne nous en santissons. Et veoie clerement, si je me mectoie au pellerinage de la croix, que ce seroit la totale destruction de mesdiz pouures subgetz. Depuis ouy-je dire à plusieurs, que ceulx, qui lui conseillerent l'entreprinse de la croix, firent vng tres-grant mal, & pecherent mortellement. Car tandis qu'il fut ou Royaume de France, tout son Royaume viuoit en paix, & regnoit justice. Et incontinant qu'il en fut hors, tout commença à decliner, & à empirer. Par autre voie firent-ilz grant mal. Car le bon Seigneur estoit si tres-feble & debilité de sa personne, qu'il ne pouoit souffrir ne endurer nul harnois sur lui, & ne pouoit endurer estre longuement à cheual. Et me conuint vne foiz le porter entre mes braz depuis la maison du Conte d'Auserre jusques aux Cordeliers, quant nous mismes à terre au reuenir d'oultre mer.

Du chemin qu'il print pour aller jusques à Tunes, je n'en escripray riens, par ce que je n'y fu pas. Et ne veulx mectre ne escripre en

Q iij

ce Liure aucune chofe, dequoy je ne fois certain. Mais nous dirons du bon Roy faint LOYS, que quant il fut à Tunes deuant le chaftel de Cartaige, vne maladie de flux de ventre le print. Et pareillement à Monfeigneur Phelippes fon filz aifné print ladite maladie auecques les fieures quartes. Le bon Roy fi acoufcha au lit, & congnut bien que il deuoit deceder de ce monde en l'autre. Lors appella-il Meffeigneurs fes enfans. Et quant ilz furent deuant lui, il adreffa fa parolle à fon aifné filz, & lui donna des enfeignemens qu'il lui commanda garder, comme par teftament, & comme fon hoir principal. Lefquelz enfeignemens j'ay ouy dire que le bon Roy mefmes les efcripuit de fa propre main & font telz.

„ Beau filz, la premiere chofe que je t'enfeigne & commande à gar-
„ der, fi eft, que de tout ton cueur, & fur toute rien, tu aymes Dieu.
„ Car fans ce nul homme ne peult eftre fauué. Et te garde bien de fai-
„ re chofe, qui lui defplaife: c'eft affauoir pechié. Car tu deuerois pluf-
„ toft defirer à fouffrir toutes manieres de tourmens, que de pecher
„ mortellement. Si Dieu t'enuoie aduerfité, reçoy-la benignement, &
„ lui en rends graces: & penfe, que tu l'as bien defferuy, & que le tout
„ te tournera à ton preu. S'il te donne profperité, fi l'en remercie tres-
„ humblement, & gardes que pour ce tu n'en foies pas pire par orgueil,
„ ne autrement. Car l'on ne doit pas guerroier Dieu de fes dons, qu'il
„ nous fait. Confeffe toy fouuent, & eflis Confeffeur ydone, qui preu-
„ domme foit, & qui te puiffe feurement enfeigner à faire les choufes
„ qui font neceffaires pour le falut de ton ame, & auffi les chofes dont
„ tu te dois garder: & que tu foies tel, que tes Confeffeurs, tes parens
„ & familiers te puiffent hardiement reprandre de ton mal, que tu au-
„ ras fait, & auffi à t'enfeigner tes faitz. Efcoute le feruice de Dieu &
„ de noftre mere fainte Eglife, deuotement, de cueur & de bouche;
„ & par efpecial à la Meffe, depuis que la confecracion du corps noftre
„ Seigneur fera, fans bourder, ne truffer auecques autrui. Aies le cueur
„ doulx & piteux aux poures, & les conforte & aide en ce que pourras.
„ Maintien les bonnes couftumes de ton Royaume, & abbaiffe & corri-
„ ge les mauuaifes. Garde-toy de trop grant conuoitife, ne ne boute pas
„ fus trop grans tailles ne fubcides à ton peuple; fi ce n'eft par trop
„ grant neceffité, pour ton Royaume deffendre. Si tu as en ton cueur
„ aucun malaife, dy-le incontinant à ton Confeffeur, ou à aucune bon-
„ ne perfonne, qui ne foit pas plain de villaines parolles. Et ainfi le-
„ gerement pourras pourter ton mal, par le reconfort qu'il te donnera.
„ Prens toy bien garde, que tu aies en ta compaignie preudes gens &
„ loiaux, qui ne foient point plains de conuoitife: foient gens d'Egli-
„ fe, de Religion, feculiers, ou autres. Fuy la compaignie des mau-
„ uais, & t'efforce d'efcouter les parolles de Dieu, & les retien en ton
„ cueur. Pourchaffe continuellement prieres, oraifons, & pardons.
„ Ame ton honneur. Gardes toy de fouffrir autrui, qui foit fi hardi de
„ dire deuant toi aucune parolle, qui foit commencement d'efmouuoir

## DV ROY SAINT LOYS. 127

nully à peché: ne qui mefdie d'autrui darrieres, ou deuant, par detra-
ction. Ne ne feuffre aucune villaine chofe dire de Dieu, de fa digne
Mere, ne de Saint ou Sainte. Souuent regracie Dieu des biens, & de
la profperité qu'il te donnera. Auffi fais droicture, & juftice à chaf-
cun, tant au pouure comme au riche. Et à tes feruiteurs fois loial, li-
beral, & roide de parolle; ad ce qu'ilz te craignent, & ayment com-
me leur Maiftre. Et fi aucune controuerfité ou action fe meut, en-
quiers toy jufques à la verité, foit tant pour toy que contre toy. Si
tu es aduerti d'auoir aucune chofe de l'autrui, qui foit certaine, foit
par toy, ou par tes predeceffeurs; fay la rendre incontinant. Regar-
de o toute diligence, commant les gens & fubgetz viuent en paix
& en droicture deffoubz toy, par efpecial és bonnes villes & citez, &
ailleurs. Maintien les franchifes & libertez, efquelles tes anxiens les
ont maintenuz & gardez, & les tiens en faueur & amour. Car par
la richeffe & puiffance de tes bonnes villes, tes annemys & aduer-
faires doubteront de te affaillir, & de mefprandre enuers toy, par
efpecial tes pareilz, & tes Barons, & autres femblables. Ayme &
honnoure toutes gens d'Eglife & de Religion, & garde bien qu'on
ne leur tolliffe leurs reuenuz, dons, & aumofnes, que tes anxiens &
dauanciers leur ont leffez & donnez. On racompte du Roy Phelip-
pes mon ayeul, que vne foiz l'vn de fes Confeillers lui dift, que les
gens d'Eglife lui faifoient perdre & amenufer les droiz & libertez,
mefmement fes juftices; & que c'eftoit grant merueille, comment
il le fouffroit ainfi. Et le Roy mon ayeul lui refpondit, qu'il le croioit
bien: mais que Dieu lui auoit tant fait de biens & de gratuitez, que
il aimoit mieulx leffer aller fon bien, que d'auoir debat ne contens
aux gens de fainte Eglife. A ton pere & à ta mere pourte honneur
& reuerence, & garde de les courouffer par defobeiffance de leurs
bons commandemens. Donne les benefices, qui te appartiendront,
à bonnes perfones & de nette vie: fi le fay par le confeil de preudes
gens & fages. Gardes toy d'efmouuoir guerre contre homme Chreftien
fans grant confeil, & que autrement tu n'y puiffes obuier. Et fi au-
cune guerre y as, fi garde les gens d'Eglife, & ceulx qui en riens ne
t'auront meffait. Si guerre & debat y a entre tes fubgetz, appaife
les au pluftoft que tu pourras. Prens garde fouuent à tes Baillifz,
Preuoftz, & autres tes Officiers, & t'enquiers de leur gouuernement:
affin que fi chofe y a en eulx à reprandre, que tu le faces. Et garde,
que quelque villain peché ne regne en ton Royaume, mefmement
blapheme ne herefie: & fi aucun en y a, fay-le tollir & oufter. Et
garde toy bien, que tu faces en ta maifon defpence raifonnable, &
de mefure. Et te fupply mon enfant, que en ma fin tu aies de moy
fouuenance, & de ma pouure ame: & me fecoures par Meffes, orai-
fons, prieres, aumofnes, & biensfaiz, par tout ton Royaume. Et
me octroie part & porcion en tous tes biensfaiz, que tu feras. Et je
te donne toute benediction, que jamais pere peut donner à enfant.

» Priant à toute la Trinité de Paradis, le Pere, le Filz, & le faint Ef-
» perit, qu'il te garde, & deffende de tous maulx, par efpecial de mou-
» rir en pechié mortel. Ad ce que nous puiffons vne foiz, aprés cefte
» mortelle vie, eftre deuant Dieu enfemble, à lui rendre graces &
» loüenges fans fin en fon Royaume de Paradis, amen.

 Quant le bon Roy faint LOYS eut ainfi enfeigné & endoctriné Monfeigneur Phelippes fon filz, la maladie qu'il auoit lui commença incontinant à croiftre durement. Et lors demanda les Sacremens de fainte Eglife, lefquelz lui furent adminiftrez en fa plaine vie, & bon fens, & ferme memoire. & bien l'apparut. Car quant on le mectoit en vnction, & qu'on difoit les fept Seaupmes, lui mefmes refpondoit les verfetz defdiz fept Seaupmes, auecques les autres, qui refpondoient au Prebftre, qui lui bailloit la fainte vnction. Et ouy depuis dire à Monfeigneur le Conte d'Alenczon fon filz, que ainfi que le bon Roy approucheoit de la mort, il fe efforçoit d'appeller les Saints & Saintes de Paradis, pour lui venir aider & fecourir à celui trefpas. Et par efpecial euocquoit-il Monfeigneur faint Iaques, en difant fon oraifon, qui commence : ESTO DOMINE. Monfeigneur faint Denis de France appella-il,
» en difant fon oraifon, qui valoit autant à dire : SIRE Dieu, donne
» nous grace de pouoir defprifer & mectre en oubly la propreté de
» ce monde, en maniere que nous ne doubtons nulle aduerfité. Madame fainte Geneuieue reclamoit-il auffi. Et aprés, il fe fift mectre en vng lit couuert de cendres, & mift fes mains fur fa poitrine. Et en regardant vers le ciel, rendit l'ame à fon Createur, à telle mefme heure que noftre Seigneur IESVS-CHRIST rendit l'efperit en l'arbre de la croix, pour le falut de fon peuple.

 Piteufe choufe eft, & digne de pleurer, le trefpaffement de ce faint Prince; qui fi faintement a vefqu, & bien gardé fon Royaume, & qui tant de beaux faitz enuers Dieu a faitz. Car ainfi que l'Efcripuain enlumine fon Liure, pour eftre plus beau & honnoré: femblablement le faint Roy auoit enluminé & efclarcy fon Royaume par grans aumofnes, & par Monafteres & Eglifes, qu'il a faictes & fondées en fon viuant. dont Dieu eft aujourdui loüé, & honnoré nuyt & jour. Le landemain de la fefte faint Bertholomy Apouftre trefpaffa-il de ce fiecle en l'autre; & en fut apporté le corps à faint Denis en France. Et là fut enfeueli ou lieu, où il auoit defpieça efleu fa fepulture. Auquel lieu Dieu par fes prieres a depuis fait maints beaux miracles.

 Tantouft aprés par le commandement du Saint Pere de Romme vint vng Prelat à Paris, qui eftoit Arceuefque de Roüan, & vng autre Euefque auecques lui: & s'en allerent à faint Denis en France. Auquel lieu ilz furent long-temps, pour eulx enquerir de la vie, des euures, & des miracles du bon Roy faint LOYS. Et me manderent venir à eulx, & là fu par deux jours, pour fauoir de moy ce qu'en fauoie.

## DV ROY SAINT LOYS.

sauoie. Et quant ilz se furent par tout bien enquis du bon Roy saint Loys, ilz en emporterent en Court de Romme l'enqueste. Laquelle veuë bien & à bon droit, ilz le misdrent ou nombre des Confesseurs. Dont grant joie fut, & doibt estre à tout le Royaume de France, & moult grant honneur à tout son lignaige, voire ceulx qui le vouldront ensuir. Aussi grant deshonneur sera à ceulx de son lignaige, qui ne le vouldront ensuir, & seront monstrez o le doy: en disant, que à tart le bon saint homme eust fait telle mauuaistié, ou telle villennie.

Aprés que ces bonnes nouuelles furent venuës de Romme, le Roy donna & assigna journée pour leuer le saint corps. Et le leuerent l'Arceuesque de Reims qui lors estoit, Messire Henry de Villiers Arceuesque de Lyon, qui estoit lors, le porterent deuant: & plusieurs autres Arceuesques & Euesques le portoient aprés, dont je ne sçay les noms. Aprés qu'il fut leué, Frere Iehan de Semours le prescha deuant le monde; & entre autres de ses faitz ramenta souuent vne chose, que je lui auois dicte du bon Roy. C'estoit de sa grant loiaulté. Car, comme j'ay deuant dit, quant il y auoit aucune chose promise de sa seulle & simple parolle aux Sarrazins ou veage d'oultre mer; il n'y auoit remede, qu'il ne la leur tiensist selon sa promesse. Ne pour auoir perdu cent mil liures, il ne leur eust voulu faillir de promesse. Aussi prescha ledit Frere Iehan de Semours toute sa vie, comme elle est cy-deuant escripte. Tantoust que le Sermon fut finé, le Roy, & ses freres remporterent le corps du Roy leur pere en ladite Eglise de saint Denys, auecques l'aide de leur lignaige: pour faire honneur au corps, qui grant honneur auoit fait, si à eulx ne tenoit, ainsi comme j'ay dit deuant.

Encores escripray-je quelque chose en l'onneur du bon Roy saint Loys. C'est assauoir, que moy estant en ma Chappelle à Ionuille, il me fut aduis à certain jour, qu'il estoit deuant moy tout joieux. Et pareillement estois bien à mon aise, de le veoir en mon chastel. Et lui disoie: Sire, quant vous partirez d'icy, je vous meneray logier en vne autre mienne maison, que j'ay à Cheuillon. Et il m'estoit aduis, qu'il m'auoit respondu en riant: Sire de Ionuille, foy que dois à vous, je ne me partiray pas si toust d'icy, puis que je y suis. Quant je m'esueillay, je pensay en moy que c'estoit le plaisir de Dieu & de lui, que je le herbergeasse en ma Chappelle. Ce que je fis incontinant aprés. Car j'ay fait faire vng autel en l'onneur de Dieu & de lui: & là y ay estably vne Messe perpetuelle par chacun jour, bien fondée en l'onneur de Dieu, & de Monseigneur saint Loys. Et ces choses ay-je ramentuës à Monseigneur Loys son filz, affin que en faisant le gré de Dieu, & de Monseigneur saint Loys, je puisse auoir quelque partie des reliques du vray corps Monseigneur saint Loys, pour tenir en ma Chappelle à Ionuille: affin que ceulx, qui

R

verront son autel, puissent auoir à icelui Saint plus grant deuocion.

 Et foys assauoir à tous les lecteurs de ce petit Liuret, que les choses, que je dis auoir veuës & sceuës de lui, sont vraies, & fermement le doiuent croire. Et les autres choses, que je ne tesmoigne que par oir, prenez-les en bon sens s'il vous plaist. Priant à Dieu, que par la priere de Monseigneur saint LOYS, il lui plaise nous donner ce qu'il sceit nous estre necessaire, tant aux corps, que aux ames. amen.

# LA VIE
## DE
# S. LOVYS
## ROY DE FRANCE,
TIRE'E
DE L'HISTOIRE DE FRANCE
manuscrite de GVILLAVME GVIART, intitulée
*la Branche aux Royaux lignages.*

# LA VIE
# DE S. LOVYS
### ROY DE FRANCE,
TIRE'E DE L'HISTOIRE DE FRANCE
manuscrite de GVILLAVME GVIART, intitulée
*la Branche aux Royaux lignages.*

V Roi que mordant tria,
Quant a Montpancier deuia,
Demourerent quatre enfans malles,
S. L o i s, *Robert, Alfons, Challes.*
Cil firent en maintes terres,
Contans, & batailles, & guerres,
Pour Chrestienté essaucier,
Et pour la loi Dieu souhaucier.
Maintes mesaises en endurerent,
Tant come en cest siecle durerent,
Et maintes grans douleurs ameres.
Le mois ensiuant que li peres
Que le morsel de mort quassa,
Hors de cest siecle trespassa,
Où toute creature habonne,
Reçût S. L o i s, la coüronne
Des mains l'Euesque de Sessons,
Car se le voir n'entrelessons,
Par quoi soions empeschié
De Rains vacoit l'Archeueschié.
Là dut la Couronne estre encline.
En celi meismes termine,

Duquel cest liure descrit ores,
N'auoit-il pas douze ans encores.
Més tout fust-il Rois à tel haste,
Il iert simple, souffrant, & chaste,
Droituriers, plains de verité.
Foi, Esperance, Charité
Si parfaitement de lacierent,
Que du tout le saintefierent;
Car à Dieu le Puissant plaisoit.
Cis S. Rois chascun jour faisoit
A l'onneur du bon Roi celestre
Six-vingt poures à sa Court pestre,
Et tres-souuent deuant eux tailloit,
Et les viandes leur bailloit,
Pour ce faire souffroit grant paine.
Tout l'Auent & la Quarantaine
Estoit par son commant creus
Le nombre des *Ramenteus.*
Deux cens fust à chans ou à viles
En seruoit aus hautes Vegiles,
Ainçois qu'il menjast ne beust,
Comment que talent en eust.
Miex en iert du vrai Dieu prisiés
Quatre vieux hommes debrisiés,
Que defaut de corps encoupoit,
Au disner, & quant il soupoit

R iij

Si con li fougiet les chanjoient,
En tout tens deuant lui menjoient.
Et d'autiex més les aaifoit,
Comme foi meifmes faifoit.
Aprés leur donnoit le preudomme .
Deniers vne certaine fomme,
Defquiex il les esjoïffoit,
Cil S. Rois fe reflargiffoit
A autres gieux que lefcheries:
Car hofpitaus, maladeries
De bours, de chaftiaus, de citez,
Gentis hommes desheritez
Gennes Clerz pour Dieu pain prians,
Viex Meneftriex mendians,
Par foiblecesaconcueillies,
Damoifelles defconfeillies,
Poures pucelles orphelines,
Et fames mifes en gefines,
Qui greuées fe detortoient,
Tant du fien par an emportoient,
Que nombre ne puis auenir.
Dés qu'il vint à terre tenir,
Commença il en plufieurs guifes
A faire edifier Yglifes
Cà & là par fa region,
Et maifons de religion.
Pour s'ame rendre à Dieu plus clere,
A fon gré commença fa mere,
La debonnaire, la courtoife,
Maubuiffon qui fiet lez-Pontoife.
Cis Rois ce fage des oüan
Fonda S. Mahieu de Roüan.
Auffi eftabli-il au Mont
Portelaueur, & Reaumont.
Par cens, par difmes, par richece
De Longchamp, & de la hautece
Refift-il faire les cloftures,
Les parois & les couuertures,
Pour s'ame à l'Ennemi eftordre.
Et mift les Sachez en leur ordre,
Dont puis perdiront les faifines.
Aueugles, Filles-Dieu, Beguines,
Sainte Croix, le Carme, Chartreufe
Et autre gent religieufe,
De laquelle nous nous taifons
Pourfuit à Paris de maifons
Par lui refte la parfaite tele
En l'oftel le Roy la Chapele,
Que ge ne croi que nus homs die,
Que il veift plus bele en fa vie.
A bref parler ge ne pourroie,
Iaçoit ce que je le vouroie,
De fa tres-precieufe vie
Conter la moitié, ne denrie.
 L'an propre fi con ci lifon,

Que S. Lois, dont nous difon,
Fu couronnez à Roi de France,
Firent contre lui aliance
Pierre *Mauclerc Quens de Bretaigne*,
Et Thibavt *li Quens de Champaigne*,
O eux, pour eftre plus grant charche,
*Hue le Comte de la Marche.*
Pierre *Mauclerc*, felon mon efme,
Fift adonc garnir Belefme,
Ou de fore fuft ot maint cheuron,
Et puis S. Iaques de Beuron,
Que les murs ne fuffent quaffez.
Li bons Rois, qui iert trepaffez,
Les li auoit bailliez en garde.
Li Rois S. Lois plus ne tarde,
Si toft comme il oit mencion
De cele confpiration,
Que li troi Comte ont faite enfemble,
Ses oz, & fon pouoir affemble.
A lui viennent qui que s'en efloingne,
Ses oncles li *Dus de Bourgoingne*:
*Cil de Dreuës* le r'accompaingne.
Vont s'en li François vers Chápaingne,
Banieres leuées à tire.
Quant le Comte Tybavt l'oit dire,
Au Roi vient en propre perfonne,
Merci crie, & cil li pardonne:
Car le cœur a franc & loial.
Aprés ce fait par ban royal
Les deus à fa Court apeler,
Qui talent ont d'eux reueler,
Li quel diftrent que tant feroient
Qu'à Chinon à lui parleroient.
En cefte guife l'otroierent,
Més ne vindrent, ne n'enuoierent,
Se l'iftoire trufle, ne preuue,
Li Rois qui defaillans les treuue
D'accorder droit, & de refpondre,
Les fait par leurs voifins femondre,
Qu'à fa Court à certain jour foient.
Cil qui plus & plus fe defuoient,
Se vantent feul de li meffaire.
Au tiers apel con leur fait faire,
A Vandofme, ou li Rois iert, viennent,
Si obeïffans i deiuennent,
Pour eus efcufer fimplement,
Que i ont paiz enterinement.
Puis orent li Baron enuie
De ce que de la tuterie
Du regne iert Blanche la Royne
La mere le Roi en faifine,
Pourquoy contre li fe tournerent,
Comme tous, & le deffierent.
Es coftez deuers Alemaingne
Entrerent par force en Champaingne,

Li vns le pas, l'autre la courſe,
Tout gaſtere juſque Caourſe,
Qui comment con i priſt proces,
Siet entre Bar-ſus-Saine & Troies,
La ville cuiderent conquerre,
Més S. Lois vint là grant erre,
A belles gens qui le ſuirent,
Et cil en l'eure s'enfuirent.
Toſt aprés que ceſt ſens ouurerent
A leur Seigneur ſe r'accorderent.
*Pierre Mauclerc* r'eſmuet la guerre,
Et Henris li Rois d'Engleterre,
Leurs routes, qui çà & là bruient,
La terre S. Lois deſtruient,
Qui coiteus de ſoi replégier,
Va tantoſt Beleſme aſſegier.
Son oſt juſque là ne s'eſtanche,
Aueuc lui eſt ſa mere Blanche:
Serjans au logier ſe deduiſent,
Engigneurs engins chapuiſent,
François au lancier & au traire,
Font murs fondre, & ſoudoiers braire,
Car tiex beſoignes i afierent,
A force le chaſtel conquierent.
HENRIS qui le ſot par enquerre,
R'ala adont en Engleterre,
Sans ce qu'il penſaſt à rien el.
Lors priſt la Haie Paienel
Pour S. Lois Iean des Vignes.
El tiers an comme a droites lignes
Volenteis du Roi requerre,
R'eſmuet *Pierre Mauclerc* la guerre,
Par ce ſeul ſon courrous aliege,
Li Rois met à Adon le ſiege,
Les tours en prent & les chanciaus,
Puis va conquerre Chantanciaus.
*Pierre Mauclerc*, qui le guerroie,
Voit & connoiſt que il foſoie,
A lui merci crier s'atire,
Et cil li repardonne Sire.

1234.  L'an mil deus cens & trente quatre,
Quant tenu ſe fit pour fol naſtre
Pierre de l'Euure deſus dite,
Eſpouſa li Rois MARGVERITE,
La fille du Comte de Prouence.
L'an aprés, ſelont la ſentence,
Que mes cuers loe que ge tiengne,
Fiſt-il Cheualier à Compiegne,
Ou donna pluſieurs pennes veres.
ROBERT l'ainzné de ſes trois freres,
La Comté d'Artois li quita,
Et puis en ce ſe delita.
Qu'il li fiſt prendre aprés le ban,
MAHEVT fille au *Duc de Breban*,
Con tint à courtoiſe & à ſage.

Quatre ans aprés cel mariage,
Fu par quoi France eſt confortée,
De Conſtentinoble aportée,
Si con la Cronique me donne,
La tres-precieuſe Couronne,
La tres-digne, la tres-honneſte,
Que Ieſus Chriſt ot en ſa teſte,
Si con luis l'en abrierent,
Le jour qu'il le crucefierent,
En l'umanité domagent.
De ceus de Grece, dont la gent
Iert adont par guerre endetée,
L'auoit S. Lois achetée,
A Paris quant on li tramiſt,
Dedans ſa Chapelle la miſt.
Ileuc la fiſt-il engagier,
Aprés fiſt li Rois deſgagier
De Dieu ſeruir en eſperance
Le glorieus fer de la lance,
Dont Longis la char Dieu ſeura,
L'eſponge à quoi l'en l'abeura,
Et grant part de cele Crois ſainte,
Où ſa char fu par nous deſtrainte.
Des mains au Commun de Veniſe
Qui, comme par marcheandiſe,
Orent preſté, pour les auoir,
Aus Gregeois grant planté d'auoir,
Duquel ge ne ſai dire ſomme.
Lors ot S. Lois le preudomme,
Qui tout ce tant ſe trauailla,
Que s'en leur deuoit en bailla,
Et les remiſt, quant il fu quite,
O la couronne deſus dite.
En la gracieuſe maiſon,
En cele meiſmes ſaiſon,
Que François les i oſtelerent,
Cil d'Aubijois ſe reuelerent,
Contre ceus enſemble s'eſmurent,
Qui de par S. Lois là furent,
Et ſus eus auoient la cure.
Quant li Rois ſot cele auenture,
Briement, comme par eſtouuoir,
Fiſt *Iean de Beaumont* mouuoir
A grant oſt, qui s'entrepreſſa,
Iuſqu'en Aubijois ne ceſſa.
En la terre entrent li Roial,
Tant s'efforcent, tant ſi ahannent,
Que maugré ceus dedans le prannent.
Puis ont de guerre ammoneſté,
Vn autre chaſtel conqueſté,
Dont la gent r'eſt empriſonnée.
Lors ſe rent toute la contrée.
Aſſez toſt aprés ceſt ouuraingne,
Fu TYBAVT *li Quens de Champaingne*,
Sans ce qu'aucun i miſt barre,

136 HISTOIRE DE S. LOVYS

Couronnez à *Roi de Nauarre*,
La roiauté à cel tour vt,
Car li Rois ses oncles mourut;
Qui en celui tens, dont je palle,
N'auoit hoir femelle ne malle.

1241.  L'an mille deus cens quarante & vn,
Se du faus ne me desgeun,
Ala S. Lois à Saumur,
Qui lors iert fermé de biau mur.
Son frere ALFONS ô lui mena,
Qu'à Cheualier i ordena.
Cil ot à per & à espouse
La fille au *Comte de Toulouse*,
Qui richement iert herité:
Et li ot S. Lois quité
Poitiers, qui li apartenoit,
Et puis tout ce que il tenoit
En Aubijois & en Auuergne,
Sans auoir eu chastel d'espargne.
Cis dons, duquel nous descrion,
Iert sus tele condition,
Par certainneté de promesse
Que mort le pere & la Contesse,
Toute la terre qu'il tendroit,
A son gendre ALFONS descendroit,
Et en feroit au Roi hommage.
Et se de celui mariage
S'estoit personne aucune née,
Toulouse, & toute la contrée,
Sans parler d'autre conuenance,
Vendroit au Roiaume de France.
Li Rois, qui sus droiture marche,
Requiert le *Comte de la Marche*,
Qui deuant lui est face à face,
Que de sa terre hommage face
Au nouueau Cheualier son frere.
Cil qui r'esmuet la guerre amere,
Ou assez poi gaaingnera,
Respont tantost que non fera,
Et sans congié d'ilenc s'esloingne,
Bien va, ce pense, la besoingne,
Quant la noise est recommencie,
El Roi d'Engleterre se fie.
La qui mere il ot espousée.
Or gart que sa gent soit armée,
Il a l'estrif comme de jouste
Car S. Lois ses oz ajouste,
O la gent, qui li est encline,
Assiet Monstreul en Gastine,
Là sont ses pauillons tendus,
Tant fait que il li est rendus.
Mettre i peut Chastellain ou Iuge,
Puis r'assiet la Tour de Beruge,
Où portes a fortes & entieres,
A mangoniaus & à perieres

Ruant pierres en esleslant,
Va si ceus dedans empressant,
Qu'il se rendent sans eus escondre,
Et il fait toute la tour fondre,
Et les murs crauenter par terre.
Tost aprés va Rouën conquerre,
Duquel tant ne quant dire n'ai,
Et met le siege à Fontenai.
Là ot deus paires de clostures,
Peuplées par droites mesures:
A l'enuiron de tours espesses,
François se logent à grant presses,
N'ont soing du chastel escheuer.
Li Rois fait tours de fust leuer,
Là met serjans qui souuent traient,
Ceus du chastel de quarriaus paient,
Et cil qui la mort leur promettent,
De traire à eus se r'entremetent,
Douteus que le chastel ne praingnent,
Messire ALFONS vn jour ataingnent,
Qui armez iert de son atour;
D'vn quarrel d'arbaleste à tour
Li metent el pié fust & vire.
Quant li Rois LOIS l'oi dire,
Grant douleur au cuer li randonne,
Le chastel aus siens abandonne.
François à dont se desatrochent,
Les murs & les portes aprochent,
Hardiement l'assaut commencent,
Li vn traient, li autre lancent.
Espessement si comme il visent,
Aucuns d'entre eus les portes brisent,
Ens entrent, maint homme i afrontent,
Li autre sus aus creniaus montent:
En plusieurs lieux leans fremissent,
Le chastel & la ville emplissent,
A mettre à mort entre eus estriuent
Grant part de ceus qu'il aconsiuent,
La forteresse entr'eus pourprennent,
Le fils au Comte bastart prennent,
Qui lors vousist estre à Méun
Et Cheualiers quarante & vn,
Et quatre-vingt de leur pietaille,
Et grant nombre de menuaille,
Con voit par courrous desuoier.
Li Rois les fait tous enuoier,
Comment qu'il en ait destreces
En prison par ses forterece s.
Assés briement aprés la prise
De Fontenai, dont ge deuise,
Où tant or maisons & piliers,
Gaaingnié S. Lois Viliers.
Cil iert, tout fust-il bel & fort,
En cel tens Gui de Rochefort.
François, qui là sont au contandre,
Font

Font tous les murs par terre espandre.
Li Rois qui de guerre a le laz
Prent puis Preie & S. Gelaz.
En Mautac fait sa gent embatre,
Qui tantost vont la tour abatre
Iusqu'en terre à chascun coron,
Aprés se rent à lui Thoron.
Cil de dedans esbahis & nus,
Sont ensemble à merci venus;
En vne flote comme en cerne.
S. Lois reconquiert Auterne,
Qui de si grant douleur en erre,
Qu'il le fait tout mettre par terre.
Tours & tourelles en sont fraintes,
Puis conduit les routes vers Saintes,
Où li Rois HENRIS se sejourne,
Là grant ost des Anglois s'atourne,
La cité lessent & le bourc,
Armez s'en vont vers Taillebourc,
Si com leur conduis le destinent.
François cele part s'acheminent,
Coiteus de greuer l'ost contraire,
Font sus vn marais vn pont faire.
Dessis qui à tel fait conuiennent,
Anglois à l'encontre leur viennent,
Garnis, pour chalenger les marches.
De lances a là pluseurs charches,
Maint destrier henniffant si vire,
Auec le Roi HENRI leur Sire,
Que le grant bruit de l'ost resueille,
Est ses freres de Cornoeille
Pour le garder de desconfort,
Aussi est *Symon de Monfort*,
Qui prise ot pour sa bonne fame,
La suer le Roi HENRI à fame,
Et iert adont *Quens de Lincestre*,
Si r'est le *Comte de Glocestre*
A compaingnie parcruë,
Et celui de la *Marche Huë*,
En qui HENRI mult se fia,
Tant d'autres grans Seigneurs ia;
Chascun prest à guerre en sa floté,
Que li conters seroit riote.
Là où li pons est acheuez,
Viennent bruiant les chiés leuez,
Comme gens vistes & apertes,
D'eus sont champaignes couuertes.
François qui aus yex les remirent,
Et d'autres parties s'atirent,
Se vont vers le pont aroutant,
Entour cinq cens serjans, ou tant,
Tout fust ilenc la lée estroite,
Passent premiers outre à grant ioite;
Le remanant de l'ost serre,
S'est d'aler aprés enerre,

Riches & poures si assentent.
Anglois qui de ce s'espouuantent,
Et à paour de mort s'apuient,
Leur tournent les dos, & s'enfuient,
A pleurs, à souspirs, & à plaintes,
Retournent ensemble vers Saintes,
Quelque volenté que il aient.
Et François adont se retraient,
Qui cele meisme semaine,
Le saint jour de la Madelaine,
Communement a liée Chiere,
Passent Carente la riuiere,
De leur fourriers queuurét les fraintes;
Iusques prés des portes de Saintes
Plus vistement qu'aus aseneres
Fichent les feus par les viletes,
Vilains tuent, fames despuçillent,
Les aumailles par tout acueillent,
Aignelets belent, vaches muient,
En pluseurs lieus, là où cil bruient
Deuant Saintes, prés des issuës,
Es chans & és voies batuës,
Où li François prennent les proies
Ne sont pas les criées quoies.
Ains pert que foudres i descendent,
Si comme li fourrier s'estendent.
Car li vns brait, & l'autre huë,
Aus armes court le Comte Huë,
Et ceus qui à sa part se tournent,
Anglois & Escos se r'atournent:
Gascons dars & lances deballent,
A grans flos de la vile saillent,
Mautalentis & prests à guerre,
Vont les fourriers S. Lois querre,
Desireus du bestail rescourre,
Lessent ensemble vers eus courre
Par places cleres & ombrages,
Et cil leur tournent les visages
Vistement, sans les eschcuer,
Pour les vns les autres greuer.
Veissiés lors estendre braces,
Lances brandir, descendre maces,
Hauberjons à haches descoutre,
Gans sauser, targes percier outre,
Aus pesans colées enduire,
Iusarmes, & espées bruire,
Selonc ce que l'en les desserre,
Et couurir çà & là la terre
De diuers atours depeciez,
Tost i a tant d'ommes bleciez,
Les vns és bras, autres és testes,
Que li veoirs est deshonnestes;
En pluseurs lieus sanc s'entrespandent,
Li fourrier trop bien se deffendent,
Poi ja qui sa proie esloingne,

S

Més Anglois, & cil de Gafcoingne,
Empliffent gafchieres & chaumes,
D'efcus, de banieres, de hyaumes,
Eft jà la Champaingne crefpie.
Des fourriers fe part vne efpie,
Bruiant s'en va de grant rauine,
Iufque l'oft de France ne fine,
A haute voix & à Ifnele,
Le *Comte de Bourgoigne* apele,
Sire, dift-il en fes complaintes,
Mal va l'afaire deuant Saintes:
Car plufeurs à mort fe degratent,
Se nos François qui fe combatent,
Qui font hui jufque là courus,
Ne font en l'eure fecourus,
Ains con la proie leur efqueuë,
Iamais n'en verrez pié ne queuë.
Frans homs, fai que ceft oft s'auance,
Li Rois HENRIS, & fa puiffance
Tout pourprengnet-il, mult grant targe,
Sont tous hors de Saintes au large
Au vigueroufement requerre,
Mainnent vos ferjans trop mal erre,
Maintes teftes ià vermeilles,
Sire, ce n'eft mie merueilles,
Se le flo d'entre eus s'efpouuente,
Car il font contre vn plus de trente.
Au Roy, s'il vous plaift, le mandez
Haftez-vous, car trop atendez:
Ne vueilliez foufrir tel domage.
Li Quens prent tantoft vn mefage,
Vers S. Lois aler commande,
Ce con il a conté li mande,
Et il fait à toi les logetes,
En l'eure fonner les trompetes,
Qui vois & alaines degaftent.
Tuit cil de l'oft d'armer fe haftent,
A grans routes des tentes iffent,
Li champ d'ommes armez empliffent,
Et de cointifes defguifées
Les batailles font deuifées :
Car li flos des gens s'alia,
Chafcune fon conduit i a,
Par lequel ele s'affeure,
Vont s'en François grant aleure.
Poi s'eft leur route defmelée,
Tant qu'il viennent à la mellée,
Qui mortel haine refemble,
Lors fe defroutent tous enfemble,
Sans ce que fos fourriers enquierent,
Entre leur ennemi fe fierent,
Comment que il ne fe deflient,
De tous lez à mort les efcrient.
  Es chans où S. Lois arriue
Et l'oft qui aprés lui s'abriue,

Garnis pour venger fa laidure,
Eft grant la noife à defmefure
De gens d'armes & de pietaille,
Et hideufe la commençaille,
Au geter tailles & reuerfes,
Car és deus parties aduerfes
Où maint homme s'entradefa,
Plus de deus cens mil hommes a,
Dont l'en voit plufeurs defroier.
Maint prudomme, & maint foudoier,
Eft là de mourir en balance.
Deuers la part au Roi de France,
Qui Dieu pour victoire auoit prie,
Sont Bourgoignon, & cil de Brie,
Normans, Berruiers, Orlenois,
François, Piquars, & Champenois,
Et mult d'autres, que g'entreleffe.
Anglois r'ont de gent fiere preffe
A cele mortel enuaïe,
Gafcoingne leur eft en aïe,
Si con li Rois HENRI commande,
De Galles, d'Efcoce, d'Illande,
Et d'autres lieus bien habitez,
R'a la ferjans tiex quantitez,
Comment que ge nes nombre mie,
Que tous le païs en fremie.
Li hardi preudomme efleu,
Sont bien ileuc aperceu.
Car és premiers frons s'entreffaient,
Li mort verfent, li nauré braient,
Li fain qui pour les cops gemiffent,
Lancent, dauis, & efcremiffent,
Vns trenchent, autres contrepaffent,
Deftriers les abatus defquaffent,
N'ont ore fanc de renaudie,
MONTIOIE eft là fi refbaudie,
Que gent Englefches & leur fites
Sont du tout en tout defconfites,
Dont vers la vile fe rabriuent,
Et cil de France qui les fiuent
Les vont ociant en dementre.
Li Rois HENRIS en Saintes entre,
Si con l'oft François li entaire
Des fiens à tres-grant perte faite.
Maint en gift mort par les gafchieres.
François qui retournent arrieres,
Ont, fe le voir en deuifons,
Vint deux Cheualiers prifons.
Au Roi S. Lois prefentez,
Et trois clercs richement rentez,
Qui qu'en ait ire ne pefance,
Et il les enuoie en France.
  HENRIS ô lui perfonnes maintes,
Part la nuit meifmes de Saintes,
Charchiez d'armes és poins les glaiues,

Vont s'en à grant routes vers Blaiues.
Cil de Saintes, qui à pais tendent,
Lendemain au faint Roi fe rendent,
Sans li vaer portes ne pons.
Lors vint faire *Renaut de Pons*,
Douteus de receuoir dommage
Au Comte de Poitiers hommage.
Aprés, fe le voir en defcharche,
Se rent le Comte de la Marche,
Qui voit que l'en le desherite.
A mefure ALFONS efaime quite
Les lieus, tout ne li ait on quis,
Que li Rois à fus lui conquis.
Cil que el tens de cefte ouuraingne
Tindrent Mirabel & Mortaingne,
Reuont tantoft l'hommage faire
Au Roi, qui tant eft debonaire,
Et tous les autres, qui qu'en gronde,
Iufqu'à la riue de Gironde,
Vns par amour, autre par craintes.
S. LOIS part aprés de Saintes
Qui tout auffi comme par trace
Le pere au Roi EDOVART chace,
De li nuire eft orendroit tendre,
Més cil n'a talent de l'atendre.
Lui & ceus qui fes os conduient,
Vers Bourdiaus fus Gironde fuient,
Tout foient là les voies grieues,
Puis tant font qu'à cinq ans ont trieues,
Par leur tres-grant humiliance,
Et li Rois s'en reuient en France.

1243.  L'année de grace à mon efme
Mil deus cens quarante troifiefme
Fu S. LOIS le dous, le fade,
De joufte Pontoife malade,
A Maubuiffon en l'Abaie
D'vne trés-cruel maladie,
Tres-venimeufe & tres-amere,
Que l'en appelle Diffintere
Es liures des Phificiens.
Cele le tint en tel liens,
Et le juftifa cel an fi,
Qu'il fut aufi come tranfi.
Le peuple entour lui amaffé
L'ot vne heure pour trefpaffé.
Més Diex, qui pecheeurs refpite,
Li remift el corps l'efperite,
Si qu'il ot viue vois & ferme,
Par quoi tantoft fans querre terme,
Prift la Croix à pleurs & à crainte,
Et voüa qu'en la Terre fainte
Iroit; dont adont li fouuint.
EVDES *de Chafteau roou* vint
Toft aprés fans grant pattoingnance
Legat de par le Pape en France,

Qui tant ne quant n'empeefcha,
Car de la Crois i preefcha,
Où luis le Fils Dieu affiftrent.
A Paris adonques la priftrent
Deus Archeuefques premerains
L'vn de Bourges, l'autre de Rains
Aufquiex on l'a ramenteuë.
Aprés iceux l'ont receuë
Les Euefques que nous foon,
D'Orliëns, de Biauuez, de Loon.
L'an meifmes, fans trop atendre,
La reua ROBERT d'*Artois* prendre.
ALFONS aueuc lui fa compaingne.
S. Pol, Blois, la Marche, Bretaingne,
Se croifent, & en ceft flo cy,
*Dreuës, les Barres, & Coci*,
Et autres de plufieurs lignages.
Aprés eflit li Rois meffages
Qu'en Prouence querre deftine
BEATRIX la fuer la Reyne,
Qui efbahie & entreprife
Iert du Roy d'Arragon affife
Car il vouloit qu'il pleuft
C'vn fien fil à fame l'euft,
Tout ni fuft ele confentant.
Més ens en l'eure qu'il entant
Du Roi S. LOIS la priere,
S'en reua en fa terre arriere,
Et li més, qui d'errer fe painent,
La Damoifelle en France amainent.
De toft arriuer i jaloufe,
CHALLES le frere au *Roi l'efpoufe*,
Et fe ge di du voir la fomme,
Cheualier le fait le preudomme
A Meleun, qui fiet fus Saine,
La Comté d'Anjo & du Maine,
Qui mult a riche tenement,
Li quite tout outreement.

L'an mil deus cens quarante huit   1248.
S. LOIS, & li autre tuit,
Qui deuant ce Croifis fe furent
Du Reaume de France mûrent.
Puis que lores Paris leffa
Li preudons qui vers Dieu pleffa
Son cuer & fa penfée nete,
Ne vefti il vert ne brunete.
Ne drap, ce nous conte l'yftoire,
Que traififl à couleur noire,
Dont petit fe defconforta,
N'en fon harnois l'or porta,
Ains faifoit pour Dieu proprement
Donner acouftumeement
Aus poures con ramenteuoit,
Ce qui li ors coufter deuoit
Sus femaine, ou au Dimanche,

S ij

Aucucques la Reyne BLANCHE,
Qui n'iert conuoiteuſe n'auere,
Leſſa li Rois *Alfons* ſon frere,
Qui à enuis li failli ons.
Sors jert li Papes à Lyons
Au S. Roi de grace poli,
Et au peuple qui ert ô li,
Selon ce qu'il l'enuironna,
Sa beneiçon Dieu donna,
Si con drois eſtoit & raiſon,
En cele meiſme ſaiſon
Iert de la Roche de Gui Sirés,
Vns hons poi trouuaſt on de pires,
Lui & li ſien leur fois quaſſans
Roboient tous les treſpaſſans,
Qui la pouuoient à plouuoir.
S. LOIS fait ſes os mouuoir,
En eſperance qu'ô lui aillent.
Là viennent, le chaſtel aſſaillent,
Duquel la cloſture murée.
Ne pot auoir vers eus durée.
Car maugré ceus qui le deffandent,
En mains lieus par leans s'eſpandent,
A grant quantité i abondent,
Murs rompent, couuertures fondent,
Pour le Seigneur plus adoler,
Font par terre eſpandre & voler,
Sans i leſſier biens ne richeces
Prés de toutes la forcerece.
Puis l'en ſaiſiſt li Rois ariere,
Et le quite en tele maniere,
Ains que il ne ſon oſt s'en aille,
Qu'il li jure & pleges li baille,
Qu'amenez au fiancier a,
Qu'omme jamais ne robera.
Acomplie ſa deliurance,
Se r'acheminent cil de France,
Li Rois, & l'oſt, qui le conforte,
Entrent en mer à Aiguemorte,
O le peuple, qui là habite,
Eſt la Reyne MARGVERITE.
Mainte noble Dame i ſejourne,
La *Conteſſe d'Artois* retourne,
Pour ce qu'adont à ele empainte
Iert du Conte ROBERT ençainte,
Qui par Flamens atainez
Fu puis deuant Courtrai finez,
Si comme ceſt Romans teſmoingne.
La nauie le port s'eſloingne,
Par la grant mer aueuc les nuës
S'en vont les voiles eſtenduës,
Tant qu'il ſont, ce dit la leçon,
En Chypre au port de Nimeçon.
Là a le vent leur flo chacié
Trois jours deuant la S. Macié

Là n'ont doute con les crie,
En la cité de Nicocie,
Vont ens en l'eure pour l'iuer
Sejourner aprés l'ariuer,
Et metent jus les armes cleres,
Et ſi ne demoura plus gueres,
Qu'en icele vile moururent
Pluſeurs pelerins qui là furent,
Et de gens menoient grant queuës,
Comme *Monfort*, *Vandoſme*, & *Dreues*,
Que ge ſans faire rapel lo,
*Bourbon*, *les Barres*, & *Mello*
Refurent là par mort penez
Et de *Biauuez* li ordenez.
L'an mil deus cens quarante-neuf   1249.
Font leur veſſiaus freter de neuf,
En tel guiſe comme eſtre ſeulent,
Francois, qui du port iſſir veulent.
Li Rois, & cil qui l'acompaingnent,
Errans ens en la mer s'empaingnent,
Conuoiteus d'autre choſe faire,
Més il treuuent vent ſi contraire,
Pour lequel entre eus ſe deſtournent,
Qu'à Nimeçon deus fois retournent,
Qu'aucune des nés ne quaſſaſt,
Lors vinſt pour ce qu'ô eus paſſaſt
O mainte armeure dorée
Cil qui *Prince* iert *de la Morée*,
Et vouſt eſtre en cele beſoingne,
Auſſi fiſt li *Dus de Bourgoingne*,
Qui mena gent bien atournée,
Qu'il avoit l'iuer ſejournée
A Rome la bonne cité,
Le ſaint jour de la Trinité.
Partent de là communement,
Sans trop grant eſbahiſſement,
Si comme li vent les conuoient,
Cheminent tant qu'Egypte voient,
Où l'en trouuaſt mainte vilete,
Et la Cité de Damiete,
Que mult trés-volentiers priſſent.
Li veſſel cele part gauchiſſent,
Garnis comme pour contancier,
Font la nauie el port lancier.
Més prés du lieu où ele arriue,
A tant de ſerjans ſur la riue
Les vns à pié, autres montez,
Qu'à poines ſeroient contez
Tant ſeulement li gonfanon,
En vn flum qui Nilus a non,
Qui aſſés prés du port s'eſcoule,
R'a de gent merueilleuſe foule
Serreement amoncelez,
En diuers veſſiaus crenelez,
Et armez de ſi bonne guiſe,

Que ceus que S. Lois juſtiſe,
Comment qu'aucun d'eus s'en deleche,
Ne peuuent iſtre à terre ſeche,
Pour eſſaucier de Dieu le non,
S'a trop grande meſcheance non.
Parquoi leur flo garni de targes
A amne, galies & barges,
En pluſeurs lieus prés des bannieres,
Veillent la nuit à grans lumieres.
Arbaleſtriers l'oſt enuironnent,
Du bien garder s'entreſemonnent,
Chaſcun d'eus en eſt auiué,
Li Rois, & ſon Conſeil priué,
Où gens a hardies & oſes,
Parlent entre eus de maintes choſes,
Et deuiſent que il feront;
Quant il ſe deſancreront,
Car iſuë on la trop cruelle.
La fin de leur conſeil eſt telle,
Si con le courage d'eus cille,
Qu'aſſés prés d'ileuc en vne ille,
Où priſe ot lont tens ains cele erre
Li Rois de Iheruſalem terre,
Et les routes qui le ſiuoient
A lendemain arriueroient.
  Au matin el poin que l'aloë
La douce chançonete loë,
Qu'ele chante d'acouſtumance,
Se deſaancrent cil de France,
Tout ne ſoient leur gens conquiſes,
Du port partent les voiles miſes,
Li veſſel s'en vont eſſeüant
Vers l'ille enditée deuant.
Sarrazins auſi de deſriuent,
Par mer & par terre les ſiuent,
Talent ont que l'iſſir leur veent,
Par les deus os qui s'entreheent;
Oïſſiez lors mainte trompete,
François en aprochant l'illete,
Où li Rois veuſt que leur flo queure,
Vuident les grans veſſiaux en l'eure,
Es petits batelets s'eſpandent,
Ainſi le veulent & commandent
Cil qui ſus eus ont la Seigneurie.
Lors veïſſiez la mer fleurie,
Et couuerte en diuerſes marges,
De nés, de batiaus, & de barges,
Et par toutes leur ordonnances
Hyaumes luire, paumoier lances,
Et bruire tuniques dorées,
Le milieu d'eus, & les orées,
Garnies de targes entieres,
De penonciaus, & de banieres.
Les preſſes des ſerjans fremiſſent
Cil d'eſtrier çà & là heniſſent
A tres-longue haleine & à nete.
Li Rois eſt en vne bargete,
Nul pointet ne ſe deſconforte,
Le Cardinal deuant lui porte
De la vraie crois la ſemblance,
Vn autre veſſel les deuance
Tout parfait d'euure au leur pareille,
Là eſt la baniere vermeille,
Que la gent l'ORIFLAMBE apele,
El quel, & joignant de la quele,
Sont li frere au Roi en eſtant,
Qui ne vont mie contreſtant
Cele ahaſtie, ainçois la loent,
Plenté de cheualiers les cloent,
A juiſarmes & à eſpiez,
Armez juſqu'és plantes des piez,
De chieres armes & honneſtes,
Li deſtrier leur ſont prés des teſtes.
Arbaleſtriers r'a és frontieres
Derriere eus, & és deus coſtieres,
Pour traire con ne leur meſface,
Galies les ſiuent par trace,
Où maint bon ſerjant ſe retarde,
Celes ſont en l'arriere-garde.
Ainſi errent la mer fendant,
Sarrazins les vont atendant
Prés de l'ille ſur le riuage,
Et cil tournent vers eus à nage,
Coment qui li batelet hochent,
A l'aprochier quarriaus deſcochent,
Là où leurs ennemis entreuuent.
Ceus qui des arbaleſtes ſeruent.
Maint en Orient & plaient,
Sarrazins encontre eus retraient
N'ont ore ſoin qu'il s'en eſtanchent,
Quarriaus & ſajetes l'air tranchent,
Endroit les targes con acole,
Plus eſpés que pluie ne vole.
  Vn poi loignet de Damiete,
Prés de la deuant dite illete,
Où l'vn des os l'autre a taïne,
Eſt grant l'eſtrif ſus la marine.
Car François li graindre & li mendre
Veulent à force terre prendre,
Pour metre tout en auenture,
Et Sarrazins n'ont de ce cure.
Parquoi il traient, & il menacent,
Més riens ne vaut choſe qu'il façent.
A fine force les reüſent
Li autre, qui des quarriaus vſent,
Qui là bruient comme tonnerre.
Le front des batiaus vient à terre,
Où l'oſt le Roi les enregiſtre,
Lors en peüſſiez voir iſtre,
Sans querre planches, ne ponciaus,

Arbaleftriers à grant monciaus,
Les arbaleftes és poins prifes,
Et les targes au cols affifes,
Où il a diuerfes teintures,
Saillent en mer jufqu'aus ceintures.
Le peril ne doutent la briche.
Aprés eus fi lancent li Riche,
Haubers veftus, hiaumes laciez.
Li deftrier ne font hors chaciez,
Ià font à fec fur le riuage,
Li Rois monte, & tout fon Barnage,
Et fe rendent és fablonnieres.
Toft aprés meuuent les bannieres.
Sarrazins vont encontre & huent,
Li vens des trompes fe defnuent,
Par lefquiex li cuer coüar tremblent,
Cil d'armes d'vne part affemblent,
Chafcun d'entre eus lance fus fautre,
Et li fodoier de pié d'autre,
Courouciés & maut alentis,
Là où li Rois, & les Gentis
Qui comme tous enfemble poingnent,
Es eftriers s'affichent & joignent
Au grant flo de leur aduerfaires,
Commence hideus li afaires.
Nus n'y penfe ores à vantances,
Aprés le froiffeis des lances,
Qui jà font par terre femées,
Gietent mains à blanches efpées,
Defqueles il s'entrenuaïffent.
Hyaumes & bacinez tentiffent,
Et plufieurs autres ferreures,
Coutiaus tres-perçent armeures
En lieus aparans & ombrages,
Sanc faut de cors & de vifages
Là où li cuire & la chair s'euure,
Li fablons des abatus queuure,
Qui baaillent, & s'engloutiffent.
Sarrazins comme chiens glatiffent.
Leur grant cris, leur horrible druge
Semble le mefchief du deluge,
Que Dieu ait là reprefenté,
Cil qui font par terre adenté,
Et en fanc vermeil fe triboulent,
Si con li deftrier les defoulent,
Voufiffent lors eftre à Naples.
De ceus de pié r'eft fiers li chaples,
Car il s'entre-defamoncelent,
Les vns verfent, autres chancelent,
Les chars nues s'entre-defcirent,
Aucuns qui par terre fe virent
Braient fi trés-haut à l'eftendre,
Que c'eft grant hideur à entendre.
  Fiers fu li bruis à defmefure,
La bataille cruel & dure,

Là où li os des Creftiens
Affemblent aus Egiptiens,
Maint homme eft illeuc en doutance,
L'eftrif en la mer recommance,
Car cil des galies Françoifes
Affaillent les Sarrazinoifes.
Ià en ont plufieurs abordées,
Là r'a tel chappleis d'efpées,
De lances, d'efpiez de juifarmes,
Tiex cris & fi doulereus charmes,
Aus vaines rompre & entamer,
Qu'il pert que le ciel & la mer
Pour les tourmenter & confondre
Doient là en abifme fondre.
Mainte lance i ront, & defferre,
Ainfi font par mer & par terre
Li François de guerre renté,
Pour effaucier Creftienté,
Que Sarrazins tiennent fi baffe,
Là où li Rois S. Lois paffe
O ceus de fon acointement
A merueilleus touoillement,
Si bien le fait cele bataille,
Qu'à force comment qu'il en aille,
La preffe des ennemis route.
Lors n'a vn feul contre leur route,
Qui à la fuie ne fe mete
O l'*Apoftat de Damiete.*
Sont mors à cete defeurance
Deus Amiraus de grant puiffance
Pour qui plufieurs Sarrazins pleurent.
Tel nombre d'autres i demeurent,
Que couuert en eft la marine.
Leur nauie fe r'achemine,
Galies tierces & fecondes
Se vont fuiant fendant les ondes.
Cil de France, qui aprés jupent,
L'entrée de Nilus occupent,
Li veffel queuurent l'yaue viue,
Li Rois fe loge fus la riue,
Qui ceus qu'il a perdus regrete
Deuant les murs de Damiete,
Que Nilus le fleuue enuironne.
Fiche l'oft lendemain fa bonne,
Par qui le païs eft bruis,
Més la nuit s'en furent fuis
Paoureus & desherité
Li Sarrazin de la Cité.
François, dont ge fai mencion,
S'entrent à proceffion,
En paffant outre la riuiere
Par vn pont de nés, qui là iere,
Et font fans grant crierie
Dédier la *Mahommerie*,
Où entr'eus ne treuuent nul ame,

Le feruife de Noftre Dame
Commencent leans Clerc & Moine.
Lors iert Soudan de Babiloine,
Qui de ce fait pas ne fe gieuë
Malade prés à vne lieuë,
Et fu mors en celui contemple.
Sarrazins dont le pais emple,
Pour contrefter l'oft qui les griege,
Metent *Farchadin* en fon fiege :
La veulent qu'eftre le conuiengne,
Tant que le fils au Soudan viengne,
Qu'en Orient tramerent querre.
Li François ceffent de la guerre
De laquele il font entefté,
Ce fe fejournent par l'efté.
Car Nilus qui là habondoit,
Par tout le pais feurondoit,
Ce les fait de guerroier rude.
Le jour S. Simon & S. Iude
Oïrent en la Cité meffe
ALFONS, & *d'Artois la Conteffe*,
Qui à grant gens, & noblement
Furent venus nouuellement.
 Entour la Touffains plus prochaine
S'efmût l'oft dont la terre eft plaine,
Leur route ô S. LOIS s'effeue,
Les vns par terre, autres par eue,
Més les Dames quoies remaingnent.
François qui d'errer ne fe faingnent,
Gaftent le pais toutes voies,
Tout i truiffent petit de proies,
Cil qui s'entremettent de courre,
Tant vont qu'il voient l'Aumaçourre,
Et les os contraires tendus,
Qui là orent atendus
Toute la femaine prefente.
Lors fait li Rois dreffer fa tente,
Sus Thaneos là on affife,
Qui de Nilus prent la deuife,
Si homme de guerre aus efpreuues
Se logent entre les deus fleuues,
Si con chafcun fa place feingne.
Vn Sarrazin puis leur enfeigne
Prés d'eus en Thaneos paffage,
Dont il pourprennent le riuage,
Et qui courant eue & viue a,
La plus grant part de l'oft i va.
Li remanant les loges garde,
Li *Quens d'Artois* fait l'auant-garde,
Sa route i paffe la premiere,
Puis s'en vont à mont la riuiere,
Trompes fonnent, deftriers henniffent,
Sarrazins de l'Aumaçourre iffent,
Tout li mondes eft là ce femble.
Li *Quens d'Artois* à eus affemble,

Qui perilleus feffel embrace,
Veuillent ou non, de champles chace,
De fanc efpandu les eftraine,
Ocis i eft leur Capitaine
Par les tentes dont là a tant,
Les emmainent François batant,
Defquiex li flos maint en affronte.
Aucuns dirent lors au Comte,
Que trop grant folie feroit
Qui plus auant les chaceroit,
Et pourroit perdre groffement.
Més il i ert de tel hardement,
Qu'il ne vouft onc croire parole,
Ains point aprés, l'efcu acole,
Aus dures colées efcourre,
Entre aueuc eus en l'Aumaçourre.
Pechié fu, car puis n'en reuint,
On ne fot onques qu'il deuint,
Non pourquant aucuns deuinerent,
Que Sarrazins l'emprifonnerent.
Autres en maintes places diftrent,
Que certainement il l'occiftrent.
Quant cil qui en la place furent,
Le domage de lui connurent,
A leur pouoir fe recueillirent,
Le Roi S. LOIS attendirent,
Qui aprés eus le pas venoit,
O tel gent comme il amenoit
Pour greuer les os entredites.
Les nouuelles du Comte dites,
Et de la chace la maniere,
S'il ot douleur, nul n'en enquiere,
Pis nel peuft-on en errer.
Lors fait fa gent pluftoft errer,
Et chafcune efchiele s'auance
Entalentez d'auoir venjance
De ce qu'il leur eft auenu.
Cheminent tant qu'il font venu
Endroit leur tente fus la greue
De l'autre partie de l'eue,
Où volentiers vn pont feiffent.
Sarrazins de l'Aumaçourre iffent,
Deuant eus font leur ordenance,
Tantoft fans atendre commance,
A qui que il doie defplaire,
L'vn de s'os contre l'autre o traire.
 SVS Thaneos fu la grant noife
El point que gent Sarrazinoife,
S'eft deuant François eftenduë,
Mainte arbalefte ot là tenduë,
Maint chaillou cornu foupefe,
Et maint arc de cor entefe,
Et d'autre maniere enfement.
Seäites volent druëment
Qui entrent là où eles fraient,

Arbaleſtriers de France traient
Quarriaus agus de tel rauine,
Qu'à force font gent Sarrazine,
Si que nul ne s'en peut reſcourre
Reuſer juſque l'Aumaçourre,
Comment que trop en i apleuue,
Puis s'en vont loger ſus le fleuue.
Où lendemain vn pont compaſſent,
Tuit cil de leur parti paſſent,
Là tendent les tentes faitices,
Puis enuironnent l'oſt de lices.
Sarrazins qui greuer les reuuent,
Au Vendredi matin s'eſmeuuent,
Leur tourbe huant ſe deſſerre,
Prés des tentes les vont requerre,
Par diuers baſtons qu'il debaillent,
Et François à l'encontre ſaillent,
Tant en Orient, & crabacent,
Qu'en l'Aumaçourre les rechacent
Sans termine de mors ou dan.
Adont vint le fils au Soudan,
Qui gent fiertiſe démena,
Tel plenté de gent amena,
Que par les lieus où il iſſoit,
Tout le païs en fremiſſoit.
François maintefois aſſaillirent,
Més touſjours plus d'eus i perdirent,
Car cil fierement ſe maintindrent,
Si longuement les contretindrent,
A batailles dures & grandes,
Qu'il n'orent mais nules viandes.
Par raiſon de cette ſoufrete,
Se r'eſmurent vers Damiete,
Où lors ſejournoit la Reyne;
L'Aumaçourre pour la famine
Par mer & par terre guerpirent
Et Sarrazins les parſuirent.
Leur route qui pas ne s'eſtanche,
Les va ataindre vn Diemanche,
A grant huë, & à grant frainte.
Li Rois pour la journée ſainte
Ne vouſt comment que prés veniſſent,
Que ſi homme ſe combatiſſent,
Parquoi à la mort eſcriez,
Furent tous là pris & liez,
Ains con i euſt tref tendu,
Li Rois eſt au Soudan rendu
Qui ſans parler d'aucun eſſoine,
L'a fait mener en Babiloine.
Sa gent, qui en l'yauë s'i ert miſe,
R'eſt vaincuë par force, & priſe,
L'oſt au Soudan les atrapa.
Li Cardinaus en eſchapa,
Qui du fait deuiſer s'aquite
A la Reyne MARGVERITE,

Laquelle iert el tens dont ge pallé
Groſſe & ençainte d'enfant malle.
Le voir dit de cele deſtrece,
L'enfanta à tres-grant triſtece,
Et vouſt que non li meiſt an
Sans rapel nul, IEHAN TRISTAN.
Or fu, ſi con nous vous diſon,
Li Rois S. Lois en priſon.
Cil qui du garder s'entremiſtrent,
Vn ſien Chapelain ô lui miſtrent,
Leans n'ot plus de Chreſtiens.
Les autres qu'en tint en liens,
Et que nul homme ne cela,
Refurent menez çà & là.
Paiens, qui les empriſonnoient,
A ſi grant vilté les tenoient,
Et à ſi durement amere,
Qu'en deſpiſant Dieu & ſa Mere,
Et à Saints & Saintes & Images,
Leur piſoient ſus les viſages.
Li S. Rois en ſa foi Dieu fermes
Pleure ſouuent à chaudes lermes,
Pour ce qu'en iceles demeures
N'a liure où il diſe ſes heures,
Si comme il ot apris à faire
Mult regrete ſon breuiaire,
Qu'il perdi par meſauenture
Le jour de la deſconfiture.
Mainte fois por lui las ſe claime
Li ſouuerains Iuges qui l'aime,
Et le voit ſans male loſange,
Li tramet vn jour ſont ſaint Ange
Qui en la Chartre li deliure
Et rent celui meiſmes liure,
Duquel j'ay ci mention faite.
Toſt après de paix faire traite,
Tel vouloir li a Dieu donné.
Cil qui le tient empriſonné
Accordez ſont tout maintenant
Entr'eus deux par tel conuenant,
Que S. Lois paier deuoit,
Iaçoit ce que il meſcheuoit.
Et que le meſchef fuſt amer,
Ains qu'il alaſt outre la mer,
Viſiter Sens, ou Aminois,
Huit mille Beſans Sarazinois,
Et de deux pars deliureroient
Ceus qui empriſonnez eſtoient,
Fuſſent gentis ou païſans.
Trieues ont entr'eus à dis ans
Les perſonnes à eux ſouſmiſes,
Et conuient quant eles ſont priſes;
Que le ſaint homme ſe demete
De la cité de Damiete.
Més ſauf conduit li liurera

Soudan,

## DE GVILLAVME GVIART.

Soudan, quant le deliurera,
Qu'aucuns ne li facent vergoingnes,
Pour enteriner ces befoingnes,
Qu'homme viuant debat n'i mete,
Cheuauchent jufqu'à Damiete.
Sarrazins, qui là païs demandent,
Loignet de la vile s'efpandent.
Et toft aprés que il s'i miftrent,
Leur Seigneur le Soudan ociftrent.
Ainfi le feruirent li homme,
Puis efcrierent au preudhomme
Qu'ens en l'heure fans delaiance
Se conuertift à leur creance,
Ou fe ce non entr'eus feroient
Que il le crucefieroient,
Ià n'efchaperoit autrement :
Et il refpondi doucement
Non pas à vois dure n'eftoute,
A mon cors, ce fai ge fans doute,
Pouués-vous bien tolir la vie,
Més l'ame n'ocirés-vous mie.
Cele gent de mauués afaire,
Reuouloient à la pais faire
Que li Rois à ce fe liaft,
Qu'outreement Dieu reniaft,
Sa Mere, & toute leur puiffance,
S'il aloit contre l'acordance,
Et entr'eus quant il i feroient,
Leur Mahomet renieroient.
Liquiex redift, fans trop atendre,
Que malemort le peuft prendre,
Se jà li mos, duquel ge touche,
Iffoit à nul jour de fa bouche.
A briés paroles tant parlerent,
Que Sarazins le deliurérent
Paifiblement, n'i ot celui
Ses freres, la Reyne & lui;
Et grant flo d'autres fans leur nuire
Firent jufqu'en Acre conduire.
Més autrement lors le deçurent
Douze mil prifonniers vrent,
Defquiex jaçoit ce qu'il mefpriftrent
Quatre cens fans plus li tranfmiftrent.
Aprés ceft fait, dont pas n'ot joie,
Son frere ALFONS en France enuoie
Querre fin or, non pas leun,
L'an mil deus cens cinquante & vn,
Sans nombrer à mon retour el
Cheminerent li paftourel,
Qui à eus vanter s'atiroient
Que S. LOIS vengier iroient.
Vns homme menoit cele mefnie,
Con clamoit Meftre de Hongrie,
Il depeçoient mariages,
Et faifoient plufeurs domages,

1251.

Car fol eftoient & teftu.
A Paris fu l'vn d'eus veftu
En guife d'Euefque à grant coite,
Et i fift iauë benoifte,
Si con fi compaignon requiftrent,
Plufeurs clers à Orliens ociftrent.
Des biens du monde defnuez,
Fu leur meftre à Bourges tuez.
Si fougier plus auant n'alerent,
En leur païs s'en retournerent,
N'ont talent d'eus plus esbatre.
L'an mil deus cens cinquante-quatre
Dit-on au Roi con defconforte
Que Blanche fa mere eftoit morte.
Acomplie fa deliurance,
Li preudons s'en reuint en France
Qui de fors murs ot fait parfaire
Acre, Cayphas, & Cefaire,
Iaphet, Sagete la cité,
Et de fon auoir aquité,
Et tout outreement reant,
Maint prifonnier en Dieu creant,
Con voit d'ayde en foufrete.
Dés que m'efteut que m'entremete
Pour miex l'iftoire feurmonter,
Des fais fon frere raconter,
CHALLES, que ge pas ne deuife,
Qui puis conquift toute Secile,
Si comme vous pourrés entendre,
Par les vers où ge vueil defcendre,
Pour qu'il plaife à Dieu que tant face,
Que m'entencion fe parface.
LE retour d'outremer eu
Du S. Roi ci ramenteu
Si con vouft li fouuerains pères,
CHALLES li Quens d'Anjo fes freres,
Li preus, li plains de hardemens,
Li mieudres en tournoïemens,
Et le plus biau ferant d'efpée.
Qui d'aucune eftrange contrée
Peuft venir en fa prefence,
S'en va toft aprés en Prouence
O gent de mainte nation,
Tant fait qu'à fa fubjection
Tout le teniſt-on à merueille,
Soufmet la cité de Marfeille,
Où la grant mer a fes refuges
Et il leffe ferjans & juges.
Ce fait cil de leans falient,
La meilleur partie en ocient,
L'autre à bien-toft fuire s'entent
Quant li bons CHALLES entent
Coment fa gent eft mal menée,
Sans auoir s'ire refrenée.
Tramet par tout fes amis querre,

1254.

T

Pour ceus de Marseille requerre,
Metent à lui aidier science,
Le plus des viles de Prouuence,
Qui amainent viures & vins,
Mansiaus viennent & Angeuins,
Comme à seigneur li obeïssent,
François leurs contrées guerpissent
Pour le Comte passent Lions,
Aussi font autres nations,
Trop grant gent li est apleuë,
Aprés ce s'est l'ost meuë,
Car de cheminer s'appareille,
CHALLES met le siege à Marseille.
Li fourrier qui le païs tracent,
Et par la vilete se glacent,
Où il vont les feus asseant,
Metent tost si tout à neant,
Que sans conter personnes mortes,
N'est à trois lieuës prés des portes
Remese de vigne cepée,
Qui ne soit arse, ou estrepée.
Arbres que diuers fruits desguisent,
Trenchiez joignant de terre gisent,
Tout soit tres-hideus li domages,
Par jardins & par gaaingnages,
Proies n'a là con n'ait cueillies.
En mer n'a li Quens ses galies,
Pour ce que vers la vile n'aille
Aucun vessel qui port vitaille,
Son trauail en tel guise aliege,
Tant le destraint, & tant le griege,
Que leans faut pain & farine,
Par grant destrece de famine,
De laquelle il sont tourmenté,
Se rendent à sa volenté,
Et il fait punir par justise
Les principaus de cele emprise,
L'autre gent laisse sauue & saine.
Boniface de Castelaine,
Vn Baron bien enlignagié,
L'ot par Marseille domagié,
Més il fist tant & pourchaça,
Que de Prouence le chaça,
Et ceus de sa partie ô li,
Et tous ses chastiaus li toli.

1259. L'an mil deus cens & cinquante
Et neuf, se faus ne m'atalante,
Par lequel on die il meserre,
Vint HENRIS li Rois d'Engleterre,
O ceus de son propre mesnage
A Paris en pelerinage,
Où vne piece demoura.
Li Rois S. Lois l'onoura,
Et ioi, si comme il conuint,
Au preudomme adonques s'enuint,

Et si li en desabeli,
Comment si tenancier è li
Orent és fais jà acheuez
Les Rois d'Engleterre greuez,
Des viles arses & maumises,
Et des citez par force prises
Pour voir cuida qu'estre peust,
Que Diex maugré li en seust,
Par quoi au Roi desherité
Donna en don de charité,
Et pour l'amour de lui auoir,
Tres-grant multitude d'auoir,
Et terre plenteiue & bonne,
Vers la riuiere de Dordonne,
Et otroia à cele estrainne
Qu'il fust nommez Duc d'Aquitaine
Es lettres de sa demonstrance,
Et Per du Reaume de France,
Par conuenant qu'il deuenoit
De quanque deçà mer tenoit
Si con son propre vueil eslige,
Au Roi S. Lois homme lige,
Si hoir qui aprés lui vendroient
En cest sens se recontendroient,
Et tant con li siecles seroit,
Vn seul d'eus ne reclameroit,
Ne n'auoueroit seigneurie
Es contrées de Normendie,
N'és autres deçà mer assises
Que François eussent conquises.
Cestes conuenances retraites,
Bonne chartes en furent faites,
Que li Roi qui les acorderent,
De deus parties seelerent.
    L'AN de la paix dessusnommée,
Selonc commune renommée,
Qui mainte chose represente,
MAINFROIS le Prince de Tarente
Se fist par barat & par guille
Couronner à Roi de Sezille
En vne cité prés de Trapes,
Parquoi VRBAINS, qui comme Papes
Lia le peuple & deslia,
En apert l'escommenia,
Et de cele digne puissance,
Que Diex en char & en sustance
Ot ains à saint Pere commise,
Le degeta de sainte Yglise,
Et de tous deuins Seingneurages.
Aprés tramist certains mesages,
Errans par pluies & par halles,
Et fist offrir au Comte CHALLES
Puille, où l'en treuue mainte vile,
Et Calabre, & toute Sezile,
Iusqu'au quart hoit outreement,

## DE GVILLAVME GVIART.

Par fi qu'ô fon efforcement
Et pour la honte Dieu vengier,
Venift la terre chalengier
Contre MAINFROI qui le guerroie.
CHALLES reçoit l'offre à grant joie,
Quant les lettres ot recueillies,
Puis fait garnir nés & galies,
En la guife con li confeille,
Et fe part du port de Marfeille,
Pour fon otroi tenir eftable.
Mariniers efloignent le hable,
Où maint homme de pitié crie,
Vers Rome s'efmuet la nauie,
Tant font fans eftre retenus,
Qu'au port font prés de là venus.
A l'ariuer baiffent les voiles,
CLEMENT iert lors Apoftoiles,
Qui CHALLES quant il l'a veu,
A à grant joie receu,
Pour ce que vers Dieu le fent ferme,
Le mandement VRBAIN conferme,
Et le fait, quant il s'en auife,
Iaçoit ce qu'il eft de l'Yglife
Champion & procurateur,
De Romenie Senateur.
Toft aprés tant fi abandonne,
Li affieft el chief la couronne,
Sus tous autres Rois l'affure,
De tant comme Sezile dure.
L'an, fe du faus ne fuis noifans,
1263.  Mil deus cens foiffante trois ans,
Sans plus d'Incarnation querre,
Fift venir li Rois d'Engleterre
Des fiez qui à lui apartindrent
Tous les Barons qui terre tindrent,
Lefquiex enfemble à Parlement
Il pria debonnairement,
Que communement s'acordaffent
A ce cune couftume oftaffent,
Qu'en ot de tres-longue tenuë
Par fon reaume maintenuë,
Et vous dirai quele en lifant.
S'vns homs Gentis, ou paifant,
Fuft là mors, & enfans euft,
Pleuft li, ou li defpleuft,
L'eftatut à ce s'aportoit
Que l'ainzné le tout emportoit,
Li autre riens ne refcouffent,
Alaffent quel part qu'il voufiffent.
Leur droit iert ainfi deuifez,
Li Baron du fait auifez,
Qu'il connurent à deshonnefte,
Obeïrent à fa requefte,
Et voudrent, tant furent menez,
Que les enfans d'vn pere nez,

S'engendrez furent loiaument,
Partiffent le leur ygaument,
Et felonc l'ordre qu'il deuoient,
Comme cil de France faifoient.
  ESCRIT cel eftabliffement,
Li Rois jura premierement,
Que dementres qu'il regneroit,
Abatre ne le laifferoit,
Pour creature tant fuft ofe,
El tefmoing de laquele chofe
Il fift mettre en la letre atainte
De fon propre feel l'empreinte.
Tuit li haut homme qui l'oirent,
Semblable ferment refirent,
Més comme gens petit eftables,
Et plains de penfers variables,
Toft aprés gueres ne targierent,
Quanqu'il ont fait depecierent,
Tout ramemerent à neant.
SIMON *de Montfort* ce veant,
Dift que pour la mort endurer,
L'en ne le verroit parjurer,
Et quiex contrées qu'il tiendroit
Ce qu'il ot juré fouftendroit.
Parquoi li dis Rois d'Engleterre
Muft tantoft contre lui la guerre,
Si con deuife li efpondre.
Més cil de la cité de Londres
Voudrent adonc de fa part eftre,
Aufi vouft li *Quens de Gloceftre*,
Puis ce qu'il s'entredeffierent,
De deus pars leurs os affemblerent,
Et vindrent enfemble, tant firent,
Au jour nommé fe combatirent,
Ileuc ot grant ocifion
Des gens de cele nacion.
Simon, ce nous conte l'yftoire,
Ot lors à cele fois victoire,
Pris furent comme defconfis
Li Rois, & EDOVART fon fils,
Et mis, fe trufle ne lifon,
En fi aifiée prifon,
Que toutes fois que il vouloient,
Aus chans efbanoier aloient,
El tens que d'eus iert Simon meftre,
Auint que li *Quens de Gloceftre*,
Qu'enuie ou courous beftourna,
Contre le Comte fe tourna,
Et fift tant vn valet pener,
Qu'à EDOVART ala mener
Là prés où il iert demourant
Vn bon deftrier fort & courant,
Sus lequel l'enfant fe frapa,
En cefte maniere efchapa.
Ce feu, tous fes aduerfaires

T ij

Li furent dous & debonnaires,
A sa partie s'alierent,
Et ceux de *Monfort* renierent,
Desireus de leur ennui querre.
Tost aprés vinst en Engleterre
A tres-merueilleuse compaingne
HENRI fils au Roi d'Alemaingne,
Cousin germain d'Edoüart iere,
Qui le receut à liée chiere.
Cil dui tant de peuple cueillirent,
Qu'és routes qui jà les siuirent,
Le jour qu'au cheminer s'esmurent,
Plus de deux cens mil hommes vrent,
Car tous Anglois à eus se tindrent,
Tant firent qu'à Euesend vindrent,
El chastel, qu'enuiron assistrent,
Iert *Simon de Monfort* qu'il quistrent,
Poure de gent & amati,
A eus en champ se combati,
Tout n'eust-il pas à cele heure
Mil hommes pour leur courre seure.
Li chaples dura longuement,
Non pourquant au definement
Auint si que li mil perdirent,
Et li deus cens mil vainquirent.
Simon, si con l'ystoire taille,
Fust ocis en cele bataille.
Anglois puis que mort l'en trecierent
Par pecetes le dépecierent,
Con enterra el tens present
En l'Abaie d'Euesent
Sous vn tombel de pierre dure,
Où Diex, qui bien connoist droiture,
A puis, car pas ne s'iert meffais,
Pour lui mains biaus miracles fais,
Ce tesmoignent communement
Cil du païs meismement.
Iouste le Comte mort rué,
Refu HENRI son fils tué,
Et GVI mis en prison oscure,
Nauré de mainte bleceure,
Ot vn poi de tens là son viure,
Aprés ce qu'il se vit deliure,
Par accordance tres-amere,
Li & PHELIPPES vn sien frere
Firent tant, menant maint preudomme,
Qu'au Roi Challes vindrent à Romme
A compaignie blanche & brune,
Arriue ROBERT *de Betune*
Fils au Comte Gui de Dampierre
Et de Biaumont Guillaume & Pierre,
Volenteis d'aller en feurre,
O eus est l'Euesque d'Auceurre,
Qui poi pense ore aus fais S. Cosme.
Là reuient BOVCHART *de Vandosme*,
Et maint autre bien herité.
François bruient par la cité
Garnis, sans le desotroier,
D'aler sus Mainfroi ostoier.
L'AN à la verité rebatre
Mil deus cens & soissante quatre, 1264.
Sans croistre, n'amenrir la somme,
Se part li Rois CHALLES de Romme
Emprise à tres-merueilleuse euure,
Va s'en l'ost qui le païs queuure,
Où maintes personnes ahannent
Le pont de Chipren entr'eus prannent,
Puis font leurs tentes cheuillier
Deuant S. Germain l'Aguillier.
Là ot, que viex, que iouuenciaus,
Pour contrester les Prouuenciaus,
François, & ceux deuers le Mans,
De Sarrazins, & d'Alemans,
Metans à guerre leur estude,
O les Puillois, grant multitude,
Garçons, qui à enuis labeurent,
Vers les murs de la vile queurent,
Ceux qu'aus creniaus voient cliner
Commencent à atainer,
Et ceus qui leur courages muent,
Traient vers eus, & pierres ruent,
Perciée iot mainte cotele.
Es tentes en va la nouuelle,
Li assés petit se cela.
Tuit cil de l'ost partent de là,
Si con l'en les amoneste,
Leur compaingnie ne s'areste
Iusqu'au pié de la roche bise,
Sus quoi la vile ert assise,
Que li faus Chrestien deffendent,
Cil à cheual adonc descendent,
Baron, Serjant, & Escuier,
Prennent la montaingne apuier,
Qui que les aut aperceuant,
*Bouchart de Vandosme* est deuant,
De grant hardement eureus,
François rampent comme escureus,
Sans faire semblant qu'il s'esmaient,
Arbalestriers çà & là traient,
Sajetes i requeuurent druës,
Ribaus ruent pierres cornuës,
Qu'à mont vers les creniaus estendent,
Cil qui cele bonté leur rendent,
Si con nous vous ramenteurons,
Relancent bas trez & cheurons,
Vers le flo de gent qui aproche,
Et lessent courre à val la roche,
Ot tant ot Chartains & Blezois,
Quarriaus tailleis, feu Grezois,
Tost est mort qui ne les eschieue.

La noife & la criée lieue.
Entre gent Françoife qui monte,
BOVCHART *de Vandofme* le Comte,
Là qui banniere au vent ondoie
Ne left nule chofe que il voie
Vers lui atraire & aualer,
Qu'il ne f...... miex aler
Le hyaume el chief, el poing l'efpée,
La targe deuers lui getée,
N'i atent Chaftelain ne Meres,
Depuis le Sire IEAN fes freres
*Bouchart* que redoute perte,
Efgarde vne pofterne ouuerte,
Haftif de ceus dedans trichier,
Se va par là leans fichier,
O lui gens de guerre efmeuës.
Lors veiffiez à val les ruës
Couftiaus eftendre, bras hochier,
Vns fui͞e, autres entraprochier,
Lances à trenchans alemeles,
Embatre en cointifes nouueles,
Et en fors efcus enarmez,
Fames & hommes defarmez
Mehaingnier, & mettre à martire,
Maifons rober, enfans ocire
Et çà & là à l'afoler,
Teftes & poins, & piés voler,
Sanc vermeil de char nuë traire.
Et oiffiés les naurez braire
De trop defguifée maniere.
BOVCHART fait tant que fa banniere
Eft entre deus creniaus affife.
Quant l'autre gent le Roi l'auife,
Pour là aler s'entredeboutent,
Quarriaus, feu, ne pierre ne doutent,
A criées qui i afierent,
Par la pofterne ens fe reficrent,
La mort des condampnez querant
S'efforcent fi ains l'afferant
Qu'aueuc biens & marcheandife
Eft la vile toute conquife.
Ceus aufquiex il cuidoient nuire
S'en vont fuiant qui s'en peut fuire.
El Bourc S. Germain l'Aguillier
Qui greueux iert à effillier,
Selonc ce que nous entendommes,
Fu li Rois CHALLES & fes hommes,
Deus jours les a là fejournez,
Au tiers s'en eft li os tournez,
Qu'à ben eure tient li Papes,
A eus fe rendent cil de capes,
Puis vont à errer eftriuant,
Tant qu'il auifent Boniuant,
Là fuft l'oft MAINFROI eftenduë.
Quant François l'ont aperceuë

En l'eure à eus logier s'atirent,
Parueillons drecent, cordes tirent,
Cil qui de fe faire font fage,
Puis mande li Rois fon Barnage,
Qu'affés toft fans trop crier a,
Et leur demande qu'il fera,
Car à trop grant gent ont afaire.
Chacun fon vouloir en defclaire
Par diuers dis, més la fin eft,
Que lendemain au matinet,
Si toft con de là partiront,
Rengiez vers MAINFROI s'en iront.
La gent qui le Roi CHALLES a veuë
Feront affembler à la feuë,
En cette guife l'affeurent
Et avec ce dient & jurent,
Que le plus d'entr'eus i mourra,
Ou le païs leur demourra,
D'autre païs ne veulent traitier.
La nuit fe font efchaugaitier
A ceus qui par droit fi otroient,
Més en l'eure que il voient
Le jour par la contrée efpandre,
Li plus grant Seigneur & li mandre
Se lieuent fus, plus n'i fommeillent,
Tuit communement s'apareillent,
Atournez fus leurs armeures
De diuerfes defguifeures,
Chafcun felonc fon auenant,
Vont li Princes l'oft ordenant,
Sans conter fables ne rifées,
Ont quatre batailles deuifées
De la gent qui là lores iere.
Conduire la premiere
PHELIPPES & GVI *de Monfort*,
O eus pour plus de reconfort
Soufri le jour d'armes le pois
Li *Marefchaus de Milepois*,
Puillois, Prouuençaus & Romains,
Bien dix mille poi plus ou mains,
Les fiuent fans effoine aucune.
En l'autre eft ROBERT *de Betune*,
Qui fa gent pour les entroduire,
Fait à GILES *le Brun* conduire,
Cil iert lors *Marefchal de France*.
Ces deus ont en leur aliance,
Sans ce qu'aucuns d'eus les efloingne,
Flamens, & ceus deuers Bouloingne,
Aueuc ce, qui que m'en defdie,
Les nacions de Piquardie,
Comme noble gent & vilaine.
Li Rois CHALLES la tierce maine
Ou poi a ores clers deuins,
Là font Menfiaus & Angeuins,
Qu'efleus ot à fa part ains,

T iij

François, Champenois, & Chartains,
Bourguegnons que ci nommerons,
Blefois, Vandofmois, Biauferons,
O ceus qui les ont amenez.
D'Auceurre eft là li ordenez,
Qui les affouft de Dieu le Peres,
Par tel conuent qui comme freres,
En l'eftont s'entraideroient,
Et de ferir s'efforceroient,
Sus ceus qui la foi Dieu repreuuent,
François ô le Roi CHALLES meuuent,
A qui que il doie defplaire,
Huimais n'i a riens du retraire.
   LES batailles des François faites
Et à leurs propres places traites,
Si con chafcun conduit les guie,
Du flo d'eus fe part vne efpie,
Qui s'en va dreciée la tefte
Iufqu'au Roy Mainfroi ne s'arefte,
De l'oft de France dift nouueles,
Con renge en plains & en vauceles,
Et cil fans fon veuil refrener
Refait fes routes ordener,
De Chaple fouffrir en errées,
A trois grans batailles ferrées
Deuant leurs tentes en la plaine.
A conduire la premeraine
Ont cil qui s'en font entremis
Le *Comte Berthelèmieu* mis,
Entour leqùiel grant flo fe cabre
De Puillois, de ceus de Calabre,
Qui demainent bele fiertife,
IOVRDAIN, & le *Comte de Pife*,
O lefquiex trop de peuple habonde,
Refont meftres de la feconde,
O ceus qui que me le demant,
Sont rengiez tuit li Alemant
Et li Sarrazins de Nochieres,
Es compaingnies defrenieres,
Où gent a plus de treze mile.
Maine MAINFROI ceus de Sezile,
L'orgueil du regne là s'atroche.
L'oft au Roi CHALLES tant s'approche
De hardement amoneftée,
Qu'il n'a pas vne arbaleftée,
Iufques ceus qui les contratendent.
Lors s'areftent tuit & s'eftendent,
Couurant en le la fablonniere
L'efchiele des François premiere.
S'eft fans ce qu'autre voie eflife,
Contre la *Barthelemieu* mife,
Li Roi CHALLES le chief leuant
A *Iourdain & Gauuain* deuant
El front n'a ROBERT *de Betune*
MAINFROI, & ceus de fa commune.

Més fe voirs eft ramenteu,
Quatre tans font li mefcreu,
Et armez d'aufi bonne guife,
Con cil de la part de l'Yglife,
Où gent a courageufe & fiere.
Là veift on mainte banniere
De fil de foie entour bordée,
Et mainte arbalefte encordée,
Mainte efpée fouëf taillant,
Et maint riche deftrier faillant,
Maint bon efcu feur argenté,
De hyaumes luifans tel plenté,
Que tout li païs en refclaire.
Arbaleftries prennent à traire,
Sarrazins, qui braient & crient,
Aus ars getans fe reftudient,
Defquiex ils ont à leur feance.
Le paleteis en commance,
Qui toft gueres ne demourra,
A mortel bataille tourra,
Qui qu'en doie eftre commencierres,
Quartiaus, & fajetes, & pierres,
Ont là en mains lieus leurs repaires,
Les targes i font neceffaires,
Cil qui s'en queuurent folement
Reçoiuent toft leur paiement,
Si comme en traiant s'entreberfent,
Maints hardis foudoiers i verfent,
Qui par les deus rens és frontieres
Oublient à couurir leurs chieres.
   SOVS Boniuant, en la planece,
Où tant a armes & richece,
Et où l'en trait fi druëment,
Eft hydeus l'enuaïffement,
Car trop en i a qui encochent.
Li dui frere de MONFORT brochent,
Comment qu'aucun les en laidenge,
MILEPOIS aueuc eus defrenge,
Criant haut MONIOIE, MONIOIE,
Leur efchiele fe met à voie
Puis mais n'atendront plus qu'il fachet,
Pietons, & gens d'armes deftachent,
Leur gent parmi le champ fremie,
*Berthelemieu* les fiens refcrie,
Ià meuuent fes routes prochaines,
Lors oiffiés tentir araines,
A vois afilées & netes,
Cors Sarazinois, & trompetes,
Pour affembler plus afprement,
Si tres-efpouuentablement,
Que greueus en eft li retraires,
El point du fon des Anacaires,
Et à l'eure cen li feele,
Affemble li reng pelle melle,
Des deus efchieles defufdites,

# DE GVILLAVME GVIART.

Qui furent és premieres fites,
L'vne deuant l'autre ordenées.
Le chaple commence aus efpées,
Dont là ot de mainte manieres,
Sus hyaumes, & fus cerueliéres,
Prennent plommées à defcendre,
Et hafchetes pour tout pourfendre;
Selonc ce que l'en lés foupoife,
La criée enforce, & la noife,
Car tiex befoingnes i afierent,
Li malueillant s'entrerequierent
Es frontieres fi fierement
Au ferir auifeement;
Que grant nombre d'eus i periffent.
Vns chieent, autres eftourdiffent
Par les grans cops que l'en leur donne,
Fer & acier çà & là fonne,
Quant au ferir s'entracompaingnent;
Haubers defmaillent, lances fraingnēt,
Li afolé aide huchent,
Et li nauré à mort trebuchent;
Si toft con la bouche leur ferre.
Cil du Roi CHALLES perdent terre,
A force eft leur preffe defroute.
Li Rois vient, & ceus de fa route,
En efpoir que leur gent refqueuent
Tant con cheuaus porter les peuuent,
Criant MONIOIE à longue alaine
Sus ceus que Berthelemieu maine,
Par lefquiex mains preudōmes meurent
Se fierent, & feure leur queurent,
Et les affaillent aigrement.
Lors defrengent li Alement,
El flo des quatre efchieles jointes
R'entrent à tres-haftiues pointes,
Aus François greuer fe defgoifent,
Sarrazins feaites entoifent,
La criée eft endroit eus tele,
Qu'il pert que la terre i chancele.
IOVSTE Boniuant és gafchieres
Où les trois efchieles entieres
De ferjans de diuers langages
S'entr'affaillent prés des vifages,
Eft la bataille forte & dure.
Alemans, qui felonc nature
Sont grans & gros comme jaiant
Vont là leurs forces effaiant
Mains preudōmes au cops qu'il jonchēt,
Sus les cols des cheuaus enbronchent,
Car les deus mains en haut leuées
Gietent d'vnes longues efpées
Souëf tranchans à larges meures
Tien colées, que toutes heures
Ceus qu'au ferir de droit ataingnent,
Font pleffier cōment qu'il ne faingnēt,
Ou jus des cheuaus les eftortent,
Les François efpées reportent,
Courtes & roides, dont il taillent,
Més aux ennemis naurer faillent,
Sus bras, fus chieres, & fus efchines;
Car armeures ont tres-fines,
Qui tailles & retraites brifent,
Parquoi aucuns qui s'en auifent,
Et font feurs de leur defaute,
Prennent à crier à vois hautes,
D'eftoc, d'eftoc, nul ne s'en aille.
Adont enforce la bataille,
Et le cry hydeus eft creu,
L'eftoc con a ramenteu
Fait metre Alemans par jaueles,
Es chieres, & fous les aifeles,
Qu'affés legierement entaiment;
Les fierent ceus qui poi les aiment
Et d'eus greuer pas ne fe moquent;
Les efpées, dont il eftoquent,
En cors & en vifages plantent,
Par plufeurs lieus les enfanglantent;
D'eftoc lancent, MONIOIE crient,
Alemans verfent, & deuient,
Deftriers trainant leurs bouëles
S'en vont fuiant vuides les feles
Toft con par nuit ou par jour dain
Gauuain, Barthelemie, Iourdain,
En leur propre fanc dediez,
Sont de François pris & liez,
Leur gent eft morte & recreuë
MAINFROI a bien l'euure veuë
Qui de grant peuple debouté
Ne s'iert encore defrouté,
C'eft fait, le va mult efmaiant
En fa bataille retraiant,
Que paour & doutance lace,
Commence lors à vuidier place.
Si homme qui du fait s'auifent,
De tous coftez fe defconfifent,
Douteus qu'aucuns ne les acrochent.
Flamens & Piquards adonc brochent,
Entre lefquiex armes refonnent.
François d'autre part efperonnent,
Grant erre leurs ennemis fiuent,
Ociant quanqu'il aconfiuent,
Sans efpargnier homme viuant,
Entrent ô eus en Boniuant
Que de biens ont tout defnué,
En la chace eft MAINFROI tué.
Més onc nus homs ne fot à dire
Pour certain qui le pot ocire,
Car le jour de cele nuifances
Porta eftranges connoiffances.
Lendemain, fi con j'ai feu,

Fu entre les mors conneu,
Et prés du grant chemin Ferré
Dehors Boniuant enterré.
CHALLES ot aprés cette diffame
Ses enfans, fa fuer, & fa fame,
Et mult d'autres befoingnes cheres,
Puis conquift Naples, & Nochieres,
Et tout le païs enuiron.
L'an aprés, jà n'en mentiron,
Vint au Roi à bele compaingne
Vn fien coufin HENRI d'Efpaingne,
Qui bani hors de fes contrées,
Ot en Sardaingne eu foudées,
Et venoit droitement de là,
Li Rois CHALLES bel l'apela,
Et pour ce que coufin le nomme,
Le fift-il Senateur de Romme.
L'an par certains contes getans,
1267. Mil deus cens foiffante fept ans,
Fu cheualier à fa feance
PHELIPPE fils le Roi de France
O ROBERT d'Artois fon parent.
L'an enfiuant, g'en fui garent,
Coment qu'aucun le faus en pipe,
Nafqui le gracieus PHELIPPE,
Que la Cronique BEL apele,
Qui, fi con c'eft Romans reuele,
Fu pius de perilleufes guerres
Par le Roy EDOVART en erres.
   EL tens fes fais ramenteus,
Qu'és Croniques ai efleus,
Eftoit ô le *Duc de Bayuiere*,
Vn neueu *Gieufroi*, qui mors iere
De vilaine mort & de pefme,
CONRADIN nom en baptefme,
De Calabre ot efté geté,
Quant il fot la certaineté
Du Roi Challes, & l'errement,
O merueilleus efforcement
Se mift, car on l'en reconcile
En Puille par deuers Sezile,
Defireus que la terre praingne
Li traitres HENRI d'Efpaingne,
En qui li Rois tant fe fia,
O les fiens ô lui s'alia,
Que n'en daingna faire celée.
Lors s'iert Nochieres reuelée,
Tout ce fuft ele ainçois renduë,
Deuant iert l'oft le Roi tenduë,
Et li eftoit fi auenu,
Qu'en ftance eftoient reuenu,
Le plus de ceus que cele terre,
Li orent aidié à conquerre.
Non pourquant aprés ces nouuelles
De ces hayneufes quereles,

D'aler contre CONRADIN tendre,
Fait trez & paueillons eftendre.
François partent de la contrée,
Leur gent s'eft en ordre aroutée.
Tant errent droit par fant & baube
Qu'affés prés de la cité d'Aube,
El plain que cele nacion
Apele le champ de Lyon,
Se logent fus vne riuiere.
L'oft CONRADIN d'autre part iere,
Més tant qu'au main le jour connurent,
Les vns des autres mot ne furent,
El point que le Soleil efclaire,
Ont aperceu cele afaire.
Lors ordenent fans repentailles
Des deus parties leurs batailles,
Où mains riches deftriers henniffent,
Alemans deus en eftabliffent,
Qui felonc voir les contera,
Li faus HENRI la premiere a,
Romains font comme en fes liens,
Efpaignols & Siciliens.
Gens miex garnies d'armeures
Ne vit nus en tiex auentures,
Puis que fu mors Salehadin.
L'autre doit mener CONRADIN.
Cil r'a, fe le voir en difons,
Bayuiers, Alemans, & Frifons.
Chafcun preft que fon vueil s'affente
Ces deus conrois, que ge ne mente,
Qui chalengent Puille & Sezille,
Sont bien efmez à trente mille
François, de batailles auifez,
En r'ont tantoft deus deuifez,
Où l'en reuoit mainte arme luire.
El premerain, pour le conduire,
Eft li preus HENRY *de Cofances*,
Cel jour porta les connoiffances
Du Roi, parquoi pluftoft peri,
O lui eft *Iean de Cleri*,
Cil iert fage en lance & en dart,
Si r'eft *Guillaume l'Eftendart*,
Ces trois ont Lombars en leur glanne,
Prouuenciaus, & ceus de Toufcanne,
Et tiex eftranges nourretures.
En l'autre, où gens a plus feures
Et de meilleur entendement,
Eft li Rois CAALLES proprement,
Qui aueuc les Angeuins maine
François, Chartains, & ceus du Maine,
Qu'à preus & à hardis tenoit.
El droit point qu'il les ordenoit
Ariua-là le pas feri
Mefire ERART *de Valeri*,
Vn haut Baron courtois & fage,

Et

Et plain de si grant vasselage,
Que son cors & ses fais looient
Tuit cil qui parler en ooient.
Aucuc lui à cele venuë
Furent *de Bauçoi Gui* & *Hue,*
*Nantueil, de Montegni Guillaumes,*
O deus freres, laciez les hyaumes;
Plus de cent à cheual estoient,
Qui tuit d'outremer retournoient,
Armez de fer en maintes guises,
Bien orent nouueles aprises
Con li Rois CHALLES iert menez,
Parquoi trauailliez & penez,
De jours & de nuis tant errerent,
Qu'en son ost ô lui se serrerent,
De leurs tourbes emplist la voie.
Mult en maine CHALLES grant joie,
Qui comme à miracle le tient,
En sa bataille les retient
Es deus conrois, où l'ost fremie,
Plus de dis mille hommes n'a mie.
 Si tres-tost con de deus pars vrent
Ordenez ceus qui là s'esturent,
Cil des premiers conrois s'auancent,
Prouuenciaus, & Lombars se lancent
Sus le pont de la riuerete,
Que HENRIS outre ne se mete
O sa gent pour leur courre seure.
Arbalestriers tendent en l'eure,
Quarriaus sont là maint nuisances.
Aprés viennent au lonc des lances,
Desquieles aucuns s'entreferent,
A val l'eue passage quierent,
Pour ce que pont passer ne purent
Cil qui auecu CONRADIN furent.
Tant errent que leur route passe
Là où la riuiere est plus basse;
Qu'il tentent à vn penoncel,
Puis se tournent vers le poncel.
Où sont aus Prouuenciaus aïe
Touscans, & ceus de Lombardie,
Que si tost comme il les auisent,
Douteus de mort se desconfisent.
Leur flo finant se desacoutre,
Et li Espaingnol passent outre;
Car le profit d'entr'eus i voient,
Aus cops descendre les conuoient,
Maint en naurent, maint en estonnent,
Leurs trois conduiteurs esperonnent
Con voit és estriers affichier,
Es Espaingnols se font fichier,
Tout aient il poi qui les siue,
Là est la bataille hastiue,
Cà & là s'entredehoneurent,
 Siciliens seure leur queurent,

Coiteus que chascun d'eus remaingne,
Si font Romains, & ceus d'Espaingne
Par cops d'espées & de lances,
Gietent mort *Henri de Cousances,*
Qui emmi eus se tresportoit.
Cil, si comme j'ai dit, portoit
Beles & armes & conuenables
Aus garnemens le Roi semblables,
Parquoi aucuns qui lors là furent,
Et de loing les atours connurent,
Distrent en haut, con gent estoute,
Que CHALLES iert ocis sans doute,
Contre lequel il estriuoient,
Quant l'*Estendart* & *Cleri* voient,
HENRI mourir, & leur gent fuire,
Et qu'il ne peuuent gueres nuire
A ceus qui les assaus leur donnent,
Vers le Rois CHALLES esperonnent,
Qui grant erre à l'eure sans courre
S'iert esmeus pour les secourre
O gens qui à tiex fais conuiennent,
Tant s'esuertuent, qu'à lui viennent
Maugré ceus qui contre eus estriuent,
Car Lombars & Prouuenciaus siuent
Destriers & armes gaaingnant,
En vont grant flote mehaingnant.
 HENRI, qui le fait en embrace,
Plus de deus grans lieuës les chace,
Les compaingnes de mort aoutnent,
François vers CONRADIN trestournent
Tost comme vent, criant MONIOIE,
Comment que chascun d'entreus voie
Leur gent par coüardise esbatre;
Il ont volenté d'eus combatre.
 Grans fu li bruis là où cil brochent,
Qui ô le Roi CHALLES descochent,
Car comme foudre leur rens lessent,
Alemans contre eus se reflessent.
Les luxurieus & les chastes,
Buisines sonnent à tiex hastes,
Qu'il pert à leur debatemens,
Que venus soit li jugemens,
Et que li siecles finer doie.
Cil qui jà font comme à deus doie
De perdre cors, deniers, & viures,
Ne se contiennent pas comme yures,
Ains font d'auis ce qu'il manceurent,
Souuent fierent, souuent requeuurent,
N'entendent pas à sermonner.
Là veissiez aus cops donner,
Qui enseignent doulereus syaumes,
Bacinez fondre, embarrer hyaumes,
Haubers fausser & espaulieres,
Et en traiant le sanc des ciheres
Con espant par les gaaingnages,

V

Trencher nés & fendre visages,
Gent par terre entretouillier,
De ceruelle & de sanc moillier
Fauchons, & coutiaus & espées,
Destriers fuire, seles versées
Esbahis & plains de destrece
Qui lors fust en cele planece,
De laquelle nous descrion,
Et veist la confusion,
Que nul fors Dieu ne puet restraindre,
Et il oist les naurez plaindre,
Qui à mort ferus, ou bersez,
Gisent par les chans enuersez,
Comment qu'aucun ne li seust,
Ià si dur cuer el cors n'eust,
Iaçoit ce qu'il s'en detenist
Que pleurer ne li conuenist.
Mains hardis Serjans i palissent,
Prez & riuieres retentissent
Cent toises loing en cele marche,
Par les grans cops con i descharche.
L'enuahie est si tres-felonne,
Qu'és pars contraires n'a personne
D'escouter chant entalentée,
L'herbe vert r'est ensanglantée,
Les buissons & les blez saiez
Du sanc des mors & des plaiez.
A briez mos que vaut le reprandre
Puis la mort au fier Alixandre,
Qui sus Daire le Roi de Perse
Conquist tante cité diuerse
Tant chastel, tante riche sale,
Ne fu enuahie plus male,
N'emprise à mains de lascheté,
Pitié ne debonnaireté
N'ont là herbergement ne tables,
Durs i est li plus charitables
S'il s'entraiment, leurs anemis puent,
Car à grans flotes s'entretuent,
Des cheus est plaine la lande,
Non pourquant si con Diex comande,
La besoingne va en tele guise,
Qu'Alemans, & ceus deuers Frise
Sont outreement seurmontez,
Tristes, pensis, & ahontez,
Et douteus que là ne perissent,
S'acheminent, le champ guerpissent,
Bruians comme leuriers en lesse,
CONRADINS neis sent la presse,
Plus n'i gauchist, ne ne trestourne,
O les autres fuient se tourne.
VA s'en CONRADIN d'Alemaingne,
Bonne achoison à qu'il se plaingne,
Il an doit son oncle vengier,
*Et de Sezile* chalengier,

Citez, & chastiaus, & viletes,
Ore est venus à ses vnetes,
Tuit cil qui le costoioient pleurent,
Et tiex mil ocis en demeurent,
Qui au matin pas ne creussent
Que cel jour ceuier deussent,
Prisonniers el champ a quité,
Et ont li François grant quantité,
Sans gueres targier la destendent,
A gaaing, n'a proies n'entendent,
Chascun d'eus pensent qu'il auiengne,
Qu'encor combatre les conuiengne,
Parquoi pas ne se desatournent,
Romains & Espaingnols retournent,
Qui ains orent hyaumes laciez,
Lombars & Prouuenciaus chaciez
Des François cuident que il voient
Qu'Alemans & *Conradin* soient,
Més quant les banieres auisent,
Où les fleurs de lis d'or reluisent,
Tuit s'arestent, plus ne enquierent,
Es herberges le Roi se fierent,
Ociant quanqu'il aperçoiuent,
Descendent là, & le vin boiuent,
Puis sont montez ces choses faites
Et s'aroutent espées traites
Vers ceus qui en champ atendent,
Serrez vont, points ne s'espandent,
Et le pas, car nul nes siuoit.
Quant ERART *de Valeri* voit,
En quel guise leur flo s'atire,
Au Roi CHALLES commence à dire,
Sire, ﬁst-il, on doit entendre,
Que ceus là ne pouroit nul fendre,
Il conuient que nous mescheuons,
Se par barat nes deceuons,
Car armez cors, chiers, & genous,
Sont bien la moitié plus de nous,
Mal iert s'ainsi les assailliez,
Douze Cheualiers me bailliez,
Ge les voudrai si entroduire,
Qu'ô moi feront semblant de fuire,
Si-tost con cil aprocheront,
Parquoi il se desrouteront,
Et vous vous ferrez emmi eus
El nom du pere glorieus,
Car entre nous & nos banieres
Leur retourront tantost les chieres,
Comment qu'auenir nous en doie,
Et li Rois dit que il s'otroie.
ERART part de lui, plus ne targe,
Lui douſiéme se met au large
Où il vont du venc ne se hochent,
Tant que li Espaingnol aprochent,
Més adonc de la gaudissent,

## DE GVILLAVME GVIART.

Comme fe fuire fe voufiffent
Au pluftoft randonner deftelent,
Espaingnols fe defatropelent,
Criant, fi con pour voir fauons,
A eus, à eus, nous les auons,
Puifque leur tourbe fe retaille.
Lors vient li Rois & fa bataille,
Qui tant ne quant plus n'atendirent,
*Erart*, & li fien fe reuirent,
Comment que li contraire en grondent
En la grant preffe d'eus s'efcondent
Diuerfes armes abeffant,
Lors va la huée ceffant.

Outre Aube, dont nous parlion,
Là où l'en dit champ de Lyon,
Commence à val la fabloniere,
L'eftour & la bataille fiere
Entre Efpaingnols & ceus de France,
Sans priere & fans fuppliance
Se prennent à felonnir
Pour les vns & les autres honnir,
Non pas comme perfonnes mates,
Fierent fus efcus & fus plates,
De dures efpées blanchies
Et le hachetes emmanchies,
Coutiaus i queurent comme foudre,
La fumée eft tele & la poudre,
Là où li hardi fe flatiffent,
Qu'à grant paine s'entrechoififfent,
Et li cris n'eft pas amoli.
HENRIS, & ceus qui font ô li,
Ou qu'il foient auant n'arriere,
Sont armés de fi grant maniere, [cuiffe,
Qu'entre eus n'a chief, bras, cors, ne
Où arme efmoluë entrer puiffe.
Parquoi François qui là fe chauchent,
Et d'ancienneté cheuauchent,
Miex que nule autre gent viuant,
Se vont au crier eftriuant,
A bras, à bras, jus les tirons,
Autrement nes defconfirons.
Lors les faififfent fans eus faindre,
Au bien fachier, & à l'empaindre,
Les prennent à efpeluchier,
Toft en font tel flo trebuchier,
Que li plus fier s'en efpouuantent.
Deftriers qui defcharchiez fe fentent
Et que fanc & fueur honniffent
Fuient, & leur maiftres guerpiffent.
Aucuns queurent pour boir au fleuue,
Diex, con GVI *de Monfort* fe preuue
Cil eftache, fans faire en feftes
Efcus de cols, hyaumes de teftes,
Cil fait les douleureux cris neftre,
Cil tient vn coutel el poing deftre,

De tous coftez enfanglanté :
Ha ! comme il eft fouuent planté
Es chieres nuës qu'il encerce,
Maugré Efpaingnols leur rens perce,
Et trop grant foifon jus en tire.
A celui point qu'il fe reuire,
Li eft tournée la vifiere
Du hyaume ce deuant derriere,
Toft li feift-on deftourbance,
Més Mefire ERARD là fe lance,
Qui le mefchief a conneu,
L'yaume remet à fon deu
Sans auoir le poing foufleué,
Et GVY a le coutel leué,
Feru l'euft, car il l'acole,
Més il l'entent à la parole
Parcoi doucement l'en mercie.
Grant eft la noife & l'enuahie,
Maintes creatures i braient.
HENRY, & li fien fe retraient,
Efperans qu'encor affaut doingnent,
François leur bataille r'aloingnent
D'aler arriere au fait ireus
Volenteïs & defireus.

Ne demoura pas longuement
Aprés le defaffamblement
Des defufdites ataïnes,
Que François les teftes enclines,
Coutiaus & efpées és poins
Sont leurs deftriers à elles poins
Entalentez qu'encor bataillent.
Efpaingnols & Romains leur faillent,
L'vn des rens en l'autre s'auance,
Le mortel chaple recommance.
Où maint hardy Cheualier faingne,
François mainent li ceus d'Efpaingne,
Comment que li deftrier regietent,
Qui par force de chaples gietent,
Tuit font defconfit fans retour,
Nul ne quiert plus là faire tour,
Soufroiteus de pain & de pafte,
S'enfuient prés l'Aigle à grant hafte.
François, qui aprés fe deftiuent,
Se petit non ne les porfiuent.
HENRIS ô poi de gent chemine,
Tant qu'il vient à Montecaffine.
Si tres-toft comme il puet defcendre,
Fut à l'Abé du lieu entendre,
Qu'il treuue veftu de grifet,
Que li Rois CHALLES ocis eft,
Et comment ce fu li defclaire :
Més l'Abé fot toft le contraire.
Parcoi au Roi, qui l'en proia,
Affés toft aprés l'enuoia,
Si con la Cronique reuele,

Sus vne condition tele,
Que tant comme en vie feroit,
A mort ne le condampneroit
Par homme clerc, ou feculier,
Se cis fait li ert reprouuez.
Aprés fu CONRADIN trouuez,
Auquel CHALLES, fans s'eftanchier,
Fit à Naples le chief tranchier,
Non mie par ferir au vain,
Iourdain, Barthelemieu, Gauuain,
Et deus autres, à ma creance,
R'orent autel penitence,
Là comparerent leur folies.
Ces chofes ainfi acomplies,
A grant entente, & à labour,
Calabre, Terre de Labour,
Et Puille, où maintes villes fiftrent,
Au Roi deuant dit fe foufmiftrent.
En Sezille rierent enc lines
A fon vueil Palerne, & Mefchines,
Où moult trouuaft-on Mors & Mores,
COVRRAT Capuche tenoit lores
Du reaume le remanant.
Li Rois tramet la maintenant,
Si con ge truis ailleurs, ou ci
Biaumont, l'eftendart & Couci,
Cil de Monfort ô eus alerent,
Le Far de Mefchines pafferent,
Tout le pais briement conquiftrent,
Et Courrat à Saint Orle affiftrent.
Pris fu, ne les pot efcheuer,
Les deus yex li firent creuer.
Aprés ce con leur ot rendu,
Puis fu par la gorge pendu,
O maint autre greigneur, ou mendre.
Or reuueil autre chofe reprendre
Et conter fans trufles nefunes,
Con S. LOIS ala en Tunes,
Où par amour Dieu fe laffa,
Et enquel lieu il trefpaffa.

1268. EN l'an fau certain fui luitans
Mil deus cens foixante & huit ans
Prit S. LOIS, dont nous rimon,
La Crois du Cardinal SIMON,
Qu'en France or ains, fe ge ne ment,
Enuoié le Pape CLEMENT,
Et ceus qui de fon confeil furent,
Ses trois fils auffi la reçurent,
PHELIPPES, PIERRE, & IEHAN,
Ne r'atendirent mois ne an
Plufeurs haus hommes qui là jerent,
Més prefent le Roi fe trouuerent,
Qui volentiers les efgarda.
Poi aprés gueres ne tarda
Prit la Crois de ceft fait ci haut

Li Rois de Nauarre THIBAVT,
Qui tint adonc Champaingne & Brie.
Aucuns Contes la r'ont faifie,
Comme *Artois, Flandres*, & *Poitiers*,
Aufquiex en plot li efploitiers,
*S. Pol*, que pas n'entreleffons,
*Vandofme, la Marche, Seffons*,
Et autres dont ge n'ai rien ci,
*Fienles, Nemous, Montmorenci,*
*Preceigni*, lequel ge refcoule,
*Baucey, Brifac, Hubert, Riboule,*
*Vilebayòn*, & *S. Briçon*
Là renaiffent fans friçon,
Quant on leur a ramenteuë.
L'autre an aprés s'eft l'oft meuë,    1269.
Qui vent ne pluie ne refoïngne,
Vont s'en François parmi Bourgoingne,
Enfiuant S. LOIS leur paftre
Cheminent jufqu'au chaftel-Caftre,
Ou leur routes blanches & brunes
S'acordent à aler en Thunes,
Sans faire longue demourée,
Car li Rois de cele contrée
Deuoit par droit bien i ert feu,
Au Roi de Sezile treu,
Que trameire ne li daignoit,
De l'autre partie il faignoit
Qu'affez toft el tent a venir
Deuft Chreftien deuenir,
Et l'auoit ains tant fiert lié
A S. LOIS certifié
Par lettres dignes de creance
Acomplie cele acordance.
Partent de Chaftiau Caftre à nage,
Et vont arriuer fous Cartage,
Vn chaftel bel & fort & frique,
Qui fiet en l'entrée d'Anfrique.
Més de grant flo de gent armée
Iert la riue toute peuplée.
Parcoi François au cols les targes
Entrent en batiaus & en barges,
Qu'à terre à fine force traient,
Maugré que Sarazins en aient,
Iffent à féc, l'eftour commance,
Où maint homme pert fa cheuance,
Toft font cil de là fi menez,
Con les a de fuire eftrenez,
Et toft és batiaus fe recille,
François fe logent en vne Ille,
Li cheual enuiron eus peffent,
Defcouureurs les tentes leffent
Pour fauoir quel lieu en l'Ille a,
Soudoiers a plus de mille là.
Tant vont la voie poi batue,
Qu'entre eus ont vne tour veuë,

Affés gentement façonnée,
Leur voie ont cele part tournée,
Comment que grant gent i habonde,
Il l'affaillent à la reonde,
Plus joins que personne ne dancent,
Tant i traient, & tant il lancent,
Sans semblant de recreantife,
Qu'à fine force l'ont conquife,
Les deffendeeurs blons & mors,
Prennent ileuc de mort le mors,
Et François, defquiex nous difon,
S'i metent comme en garnifon.
   La certaineté conneuë
De la tour ci ramenteuë
Que Creftiens pour prife preuuent,
Cil de la contrée s'efmeuuent,
Comme gens de tiex fais iteufes,
A compaingnies merueilleufes,
Qui n'ont foing d'eus entrefaillir,
Vont ceus de la tour affaillir,
Pour les defmembrer & deffaire,
Commencent de tous lez à traire,
Par cremetilleufes vifées,
Volent fajetes empénées,
Quant des ars getans fe defmalent,
Cil d'en haut quarriaus redeualent,
Sus perfonnes fages & fotes,
Et lancent pierres à tres-flotes,
Là où cil de bas s'atropelent,
Et grant plenté en efceruelent.
Li mort chieent les chieres taintes,
A S. Lois en vont les plaintes,
La tençon greueufe defcrite,
Grant foifon de gent & d'élite,
De laquelle l'illere ondoie
O fes Marefchaus i enuoie,
Cele part cheminent batant.
Sarrazins, dont il a là tant,
Leffent l'affaut, vers eus fe virent,
Leur rens ordenent & atirent,
Le flo d'entre eus s'entredeboute,
Li hus eft grant, fiere la doute,
Quant à l'entraprocher s'efgaient,
Archiers & Arbaleftriers traient,
Qi en tiex fais premiers fe rangent.
François bien toft aprés fe defrangent,
Petit peur eus de perir,
Se vont és Sarrazins ferir,
Defquiex il font les rens trembler,
La noife enforce à l'affembler.
Li coüart failli fe reponnent,
Cors, & tabours, & trompes fonnent,
Là où les preffes font plus druës,
Eft le chaple aus efpées nuës,
  Aus fauchons, aus coutiaus à pointes,

Si merueilleus, que les plus cointes
N'ont ores foing de vanteries,
Hyaumes, haubers, tacles, cuiries
Fondét par les grans cops & fraingnent,
Armes trenchans en chars fe baingnét,
L'vn d'entre eus l'autre deshonneure,
Mais en a là qui à cele heure
Voufiffent eftre à Clereuaus !
Bas entre les piez des cheuaus,
Qui vont efmouuant la poudriere,
Eft fanglante la fablonniere
Du fanc que des cors s'entretraient.
Li nauré à mort fi fort braient,
Si hautement, & longue piece
Qu'il pert, que le firmament chiece,
Là où il braient & murmurent,
François tant de paine i endurent,
Si comme au ferir fe foutillent,
Que Sarrazins fuiant s'en billent.
Aucuns d'eus afichent & jurent,
Qu'en leur viuant tel perte n'urent,
Con la journée orent euë,
Cil qui la tour ont deffenduë.
Defcendent bas, & hors s'en iffent,
O les autres le lieu guerpiffent.
La plenté de gent qui là iere
S'en reuient toute à l'oft arriere.
Li Nobles, qui d'eus ont les cures,
Content au Roi leurs auentures,
Et des Sarrazins le dommage.
Lendemain affiegent Cartage,
Là fe va li os abriuant
Le premier Ieudi enfiuant,
Fait li Rois par le retaillier
Cinq cens arbaleftriers baillier,
Qui fon vouloir pas ne defdient
A ceus qui le nauie guient,
Et de ce le vont enteftant,
Et Cheualiers eftranges tant,
Selonc ce que les l'en tria,
Que quatre batailles i a.
Li marinier mult les honneurent,
Qui toft aprés à l'affaut queurent
Pardeuers eus, que qu'en doie eftre,
Commence la huë à neftre,
Laquele fait tentir les roches,
Car quarriaus iffent jà des coches,
Si con pierres les en erriflent,
Chaillos braient, fajetes fifflent,
Tous tiengnent les penons à cole,
Pierre chieent, feu Grezois vole,
Que cil des creniaus aler leffent,
Trez & cheurons par terre beffent,
Pluftoft que tempefte, ne foudre,
Serjans meurent, li airs s'empoudre,

Comme par brueillaz ou par niele,
En tous les vaiſſiaus n'a eſchiele,
Tant ſoit laide, ne contrefaite,
Con ne r'ait là endroit atraite,
Et ſeront aus murs apuiées,
Ains qu'eles ſoient eſtuiées.
DEVERS mer, joingnant du riuage
Fu l'aſſaut hydeus à Cartage,
Car en pluſeurs lieus s'entreblecent,
Creſtiens leur eſchieles drecent,
Le flo d'eus aus creniaus les plante,
Là en i a plus de ſoiſſante,
Se mençonges ci n'acueillons,
Serjans queurent aus eſchillons,
Courans comme aprés ſouris chates,
Qui les mains garnies de plates
Les eſpaules d'armes fretées
Et les targes ſus eus getées
S'en vont à mont au miex marchier,
Bas reſont li François archier,
Et ceus qui ont les arbaleſtes,
Aus creniaus traient prés des teſtes,
Où tant de gent Sarrazine a,
Si droit qu'entre eus ſi hardi n'a,
Qui oſt eſgarder vis à vis
Ceus qui vers eus puient d'auis,
Et de ſi prés jà les eſſaient,
Qu'aus grans cops lancier s'entrepaiët.
Par ire, & par deſeſperance
La noiſe ſus les mons commance,
Où nus hons ne ſe renuoiſa.
Toute la gent que li Rois a,
Et qui s'eſt ô lui arrée,
Se retient d'autre part ſerrée,
En conroi nul ne s'en eſloche,
Car trop grant peuple les aproche
Tout entalenté de leur nuire.
Là veiſſiez cointiſes bruire,
Et aual le vent freteler,
Hyaumes à or eſtanceler,
Et clers bacinez à viſieres,
Tant r'a panonciaus & banieres,
Es os contraires fremiſſans,
Et deſtriers de pris henniſſans, [les,
Blans,noirs,bruns,bais,baucens,& bail-
Que tuit li rens & les batailles
En reſonnent & reſplendiſſent.
Sarrazins comme chiens glatiſſent,
Meneſtreus leur tons debroiſſent,
Trompes bondonnēt,tabours coiſſent,
Que les deus os de guerre apellent
Li renc de toute part deſtelent
Pluſtoſt que ſenglier ne va viàutres,
Se vont les vns ferir és autres,
Comme gens de combatre gloutes.

Aprés les lances con a routes,
Deſqueles il ſont ores planches,
Gietent mains aus eſpées blanches,
Et autres baſtons plaiſans,
Cops perilleus & meſfaiſans
Con leſſe aler au bras viter,
I ſont maint homme ſoupirer,
Que mort perilleuſe deſuoie,
A brief parler ge qu'en diroie,
Du champ leſſier eſt en ſaiſine,
Qui qu'en ſoit lie gent Sarrazine,
Et tout l'effort de leur Communes,
Le grant cours ſe finent vers Thunes,
Où deus lieuës ot ſeulement.
El point de leur departement
Orent, tant ſe furent coitié,
Li marinier ſi eſploitié,
Qui comme en leur propre heritage
S'eſtoient ferus en Cartage,
Et eſgaudis par les charieres.
Aus creniaus ſont jà les banieres,
Selonc ce que l'en les i drece,
Li ſaint Rois en a grant leece,
Qui juſqu'à la vile ne fine,
Où paſſerent en cela termine
De mort dure & douteuſe l'arche
*Vandoſme*, & li *Quens de la Marche*,
Du ſiecle guerpirent la banne,
Si fiſt le *Comte de Vianne*,
Tout n'euſt il plaie, ne boce,
Si fiſt celui *d'Arſc* en Eſcoce,
Sans ce qu'aucun d'eus languiſt an,
Lors remourut IEAN *Triſtan*,
Duquel nommer ge me deſcombre
Et d'autres haus hômes grant nombre,
Qui puis leur païs ne reuirent,
Sarrazins tant de gent cueillirent
Par mons, & par vaus, & par plaine,
Qu'auſi con chaſcune ſemaine
Requiſtrent François aſprement,
La guerre enforça durement.
Iour aprés autre, & endementre
Fu malade de flux de ventre
Li Rois ô fieure continuë,
Qui de gariſon eſt ſi nuë,
Que la mort à maint homme liure,
Et treſpaſſa,ſelonc ceſt liure,
Liquicx me fait certain & ſage,
Dedans le chaſtel de Cartage,
Que l'en conquiſt, ſi con ge dis,
L'an mil deus cens ſoiſſante dis,
Lendemain,ſe faus n'eſt ci noſtre,
De S. Barthelemi l'Apoſtre.
Les entrailles de lui oſtées
Furent à Palerme aportées,

1270

Où par eles puis qui là vindrent,
Pluſeurs biaus miracles auindrent.
En vn Eſcrin fort & ſerré
Refurent ſes os enſerré,
Deſquiex à ores grant partie
A S. Denis en l'Abaie.
 Le jour & l'eure proprement,
Que Diex par ſon commandement
Ot l'ame S. Lois rauie,
Vint ſous Cartage à grant nauie
Plaine d'enfans, de maintes meres,
Li Rois de Sezille, & ſes freres,
Du duel des François non ſachans.
Arriuent à joie & à chans,
Mariniers qui de ce ſe painent.
Diex! quel noiſe és vaiſſaus demainent
Tabours, & trompes, & leus.
Més quant li voirs eſt conneus,
Eſt toſt li os deſapertis,
En pleurs eſt leur deduit vertis,
Qui d'eſtre dolens les en erre.
Li Rois CHALLES deſcent à terre,
Et monte el palefroi amblant,
De ſon courrous ne fait ſemblant,
Plus que s'il n'i donnaſt deus minces,
Contre lui vont Barons & Princes,
En ſouſpirant, & à vois quaſſes
Le ſaluent, les chieres baſſes,
Et cil ſa raiſon deſliant
Les rebeniſt en riant,
A lie voult, & a raiſon fort,
Comme homme de grant reconfort,
Cheuauche en celant ſon courage
Grant aleure vers Cartage.
Pluſeurs fois en ſon cuer recenſe,
Que s'il monſtroit ce qu'il penſe,
L'oſt, qu'enuiton lui crier oit,
Plus & plus ſe deſuoieroit,
En la retournée otroiant,
Et en ſeroient tuit joiant
Sarrazins, qu'il veut con requiere,
Par ce ne fait ſigne ne chiere,
Ne ne s'eſt à ire eſmeu.
Tant va que ſon frere a veu,
Qui ens en l'eure ains ſa venuë
Auoit à Dieu s'ame renduë.
Lors ne cuidiez qu'il ne gemiſſe.
Quant il li plaiſt que de là iſſe,
Sans penſer eſſoine neſvne,
Vient aus plains, & ſa gent avne,
Dont les rens ſont en lacueillons,
Ses tentes & ſes paueillons
Fait par ordre mettre & ſemer
Du lonc de la riue de mer,
En tel ſens que l'autre eſt eſchieuë

Aſſez plus de demie lieuë.
Vn iour pour les deſbarater
Vindrent Sarrazins paleter,
Qui nel firent pas en oiſeuſes,
A compaingnies merueilleuſes
De gens courtoiſes & defrunes,
Aueuc eus fu li Rois de Thunes,
Qui doutent, comme enfant fait verges,
Creſtiens iſſent des herberges
D'eus defendre tous auiſez
Toſt ſont en conrois deuiſez
Des Reaumes & de l'Empire,
Li Rois CHALLES les ſiens atire,
Que joingnant des autres embarre,
Auſi fait li *Rois de Nauarre*,
Là qui gent n'a talent de fuire,
A S. Lois par Sens conduire,
Où des trompes ſont grans les ſons,
Eſt là le *Comte de Seſſons*,
Armez d'armes qui li aſierent,
Sans qui congié lors deſrengierent,
Pluſtoſt que vent ne maine paille,
De cele meiſme bataille,
*Huë & Gui de Baucei*, deus freres,
Aueuc eus li fils & li peres
*De Preceigni*, qui les ſiuirent,
Entre Sarrazins s'embatirent,
Bruiant comme foudres & acertes.
Més ſi con Diex ſeufre les pertes,
Plus grans, plus petites, ou teles,
L'en n'en ſeut puis d'entre eus nouueles.
Le vent, qui le ſablon leuoit,
François ſi durement greuoit,
En les conduiſant vers leur route,
Qu'il ne veoient comme goute.
Par quoi quant cil des rens s'eſcoudrèt,
Li autre mouuoir ne ſe voudrent,
Sarrazins qui là s'arreſterent
Sans aſſembler s'en retournerent.
 A autre fois, ſelonc la Cronique,
Par qui li voirs tentiſt & clique,
Duquel rimer ge me renuoiſe,
Reuindrent cil menant tel noiſe,
Comme ſe Mauſez les teniſſent,
Leur vois ſonnent & retentiſſent,
Plus horriblement que tonnerre,
Les tentes approchent grant erre,
Où Creſtiens ont leur repaire,
Cil qui là les entendent braire,
En leur venir premierement,
Crient à l'arme clerement,
Con ne face aus François moleſte.
L'oſt s'efforce, chaſcun s'appreſte,
Perſonnes pales & rouuentes
Iſſent és chans tout hors des tentes.

Prez à guerre con nes affaille.
El premier front eft la pictaille,
Qui des gens d'armes fe deuife.
L'*Oriflambe* r'eft au vent mife,
Aual lequel va ondoiant
Le cendal fimple roujoiant,
Sans qu'autre euure i foit pourtraite,
Entour s'eft l'oft de France traite,
Où mainte cointife fretele,
Trompes fonnent, la noife eft tele,
Qu'il pert que terre fondre doie,
François meuuent criant MONIOIE,
Pour courre à leur ennemis feure,
Et cil tournent les dos en l'eure,
Con nes voit à la mort gagent
Li Rois de Sezile, & fa gent,
Va aprés, non pas droite voie,
Comme en pourfiuant les coftoie,
Sans ce que eus aille affemblant,
Puis font lui & li fien femblant
Que par doutance fuire vueillent,
Li defbareté fe racueillent,
Aprés le Roi CHALLES defcochent,
Selonc le dit, qu'aucuns reprochent,
S'il eft qui fuie, affez fera
Qui pour mesfaire chacera.
François, fi con ces vers defcriuent,
S'en vont grant erre, & cil les fiuent,
Huant à val la fablonniere
Prés de demie lieuë entiere,
Grant bruit mainent en leur repaires,
Bien va, fe penfent, li afaires,
Là toute d'eus fon plaifir a,
Més par tens autrement ira.
De mauuaife heure le jour virent,
Car tuit li fuiant fe reuirent,
Par fignes que li Rois fait faire,
Vers l'autre oft, qui leur eft contraire,
Pluftoft que poiffonnez ne noent,
Creftiens Sarrazins encloent
Comme tous à cele reprife
Entre eus & la mer de tele guife,
Que ceus que l'en i hoftel a
Ne peuent fuire çà & là,
Tant fachent toft efperonner.
Lors r'oiffiez trompes fonner,
Cors, tabours, flageus, & cheuretes
Et veiffiez d'efpées netes
Geter en diuerfes manieres,
Bras entifer, & fendre chieres,
L'vn mort fus l'autre crauenter,
Gent Sarrazine efpouuenter,
Qui au huer, & au glatir
Vouffiffent lores eftre à Tyr,
Ou en Lombardie & Plaifance.

Grant nombre d'eus en mer fe lance,
Là les embat, là les empile
Li dous Rois de Sezile,
Et les tourbes qui là fuplient,
Tant en prennent, tant en ocient,
El lieu propre où foupris les ont,
Que fans ceus qui noiez fe font,
Lefquiex on ne pourroit delire,
Ne fauroit nul le conte dire.
BIEN toft puis la confufion,
Que vous ore deuifion,
Où Sarrazins tiex pertes vrent,
En leur vaiffiaus par mer coururent,
Aueucques les Siciliens,
Tous les Mariniers Creftiens,
Si con li haut homme requiftrent,
Cil gaagnairent & conquiftrent
A grant paine & à crierie
Des aduerfaires le nauie,
Qui à durs affaus & afailles,
Leur aportoient les vitailles.
Ioingnant de riues prés des Dunes,
Aprés reuint li Rois de Thunes,
Tout nel feift-on demander
O lui tous ceux qu'il pot mander,
Prés de ceus qui les atendirent,
Tentes & paueillons tendirent,
Et fe l'iftoire ne m'efferre
Entr'eus les alerent requerre.
Affez toft gueres ne targierent,
Més François fus eus defchargierent
A cele fois fi afprement,
Et fi tres-doulereufement,
Par places feches & relentes,
Qu'en paffant paueillons & tentes,
Plaines de diuerfes ouurajngnes,
Les chacierent jufqu'aus montaingnes,
Sus lefquelés mains chaftiaus fiftrent,
D'ileuques au retour fe miftrent,
Autrement qu'ommes recreans
Par les loges des mefcreans,
En merciant Dieu rapafferent,
Et priftrent quanqu'il i trouuerent,
Que que le peuple de là die;
Puis courut vne maladie
Sus ceus defquiex ge cont nouuclé,
Et vne mortalité tele,
Et de fi venimeufe orine,
Que François, & gent Sarrazine
Qui à la mort s'entrenuioient,
Iour aprés autre deuioient
Es plains, chans, en maifons, en crotes
Soutiuement, & à grans flotes,
Par quoi, felonc les voir difans,
Il priftrent trieues à dis ans,

Sans

## DE GVILLAVME GVIART.  161

Sans plus parler d'ires aucunes,
Par conuent que li Rois de Thunes
En tel maniere efploiteroit,
Que l'oir de France paieroit
En fin or, ne targeroit gueres,
Les defpens que li, & fes peres,
L'ame duquel eft ore en joie,
Orent ains fait en cele voie
Pour leurs routes là ahannées,
Et rendroit toutes les années
Comment qu'il i euft domage
Au Roi CHALLES fon treuage,
Duquel il dut eftre rentiers,
Aufi comm'e fes deuanciers.
Acomplies les acordances
De deus pars, fe font leurs feances,
François autrement befoingnerent,
En mer entrent, terre efloignerent,
Vns à duel, autres à jauglois,
EDOVART, fils au Roi Anglois,
Qui fous Cartage iert ariuez,
Ains que cil furent defriuez,
Et tint puis de terre grant acre,
Se fift d'ileuc paffer en Acre,
A compaingnies grans & beles.
Aprés ce li dift l'en nouueles,
Que fes peres iert trefpaffez.
Cil, qui en lermoia affez,
Refift apareillier fon erre,
Et s'en reuint en Angleterre,
Où puis menja fus maintes napes.
François arriuerent à Trapes,

Là perilla lors par tempefte
Mainte bel nef à haute fefte.
Li Rois THIBAVT, s'a faufne fine,
Mourut en icelui termine,
Tout li defpleuft li coitiers,
Et ALFONS *ti Quens de Poitiers*,
Qui n'iert vn des plus excellens,
Si fift *Pierres li Chambellans*.
Ces trois mift la mort en fon cerne,
L'oir de France vint à Palerne
O les routes à lui enclines,
Puis paffa le Far de Mefchines,
Calabre, où a mainte garenne,
Et Puille jufques à Martrenne,
En quil cité main hoftel a,
D'vn cheual chay prés de la
De douleur & d'angoiffe aceinte,
Comme cele qui iert enceinte,
YSABEL femme au Roi de France,
Et trefpaffa puis à Coufance
Selonc ce que Diex deftina.
L'oft de France tant chemina
Par païs de gent habité
Qu'il vint à Paris la cité.
Là virent aucuns fes commeres,
S. LOIS & ALFONS fes freres
Furent des cofres defferrez,
Et à S. Denis enterrez.
Madame YSABEL remift an
Là endroit, & IEHAN *Triftan*,
Cil qui S. LOIS i afiftrent.
Son Chamberlenc à fes piés miftrent.

X

# SERMON
## EN VERS
## DE ROBERT DE SAINCERIAVX
### SVR LA MORT
## DV ROY S. LOVYS.

*Sacheis bien cil qui ceſt eſcrit tendront : Que le mois que li bons Rois Looys treſpaſſa* ROBERT SAINCERIAX *en fit ce Sermon, qui eſt tous dis de verité, & de bone reſons.*

LI haus ſires dou ciel nos doint ferme creance,
Et bone volenté par ſa ſainte poiſſance,
Que nos puiſſons venir à ſaine repentance,
Des pechiés qu'auons fés, & viure en penitance.
 Que qui bien aime Dieu il le doute & le creint,
Poour deuons auoir de la mort qui toſt vient,
Faillus eſt li orgeus, tous ceus qui elle tient,
Nen puet nus eſchaper, tot à morir conuient.
 Que pou dure ciſt ſiecles, ni à fors que treſpas,
Bien la monſtre la mort, qui ne ſejorne pas,
Ains prent poures & riches, & tous orgeus abas,
Tous ceus qui plus ont joie, quant tu veus le fes mas.
 Mort trop i es feleneſſe, ne doute nule gent,
Dou bon Roi Looys eſploita malement,
En Dame Dex ſeruir, auoit mis ſon talent,
Mis las hors de ceſt ſiecle, pechié as durement.
 Trop feis grant outrage, quant ſi toſt le preïs,
Quonques més ne fu Roi qui tant de bien feïſt,
D'amer Deu & le ſiecle eſtoit volenteïs,
Haut confort as tolu la gent de ſon païs.
 Mort dou ſiecle ſeuraſtes le meillor Cheualier,
Le plus proudome Roi, & le plus droiturier,
Qui onques fuſt ſacrés, moult fu bien entechiés,
Plains de toutes bontés, n'ot gure de pechiés.
 De net cuer amoit Dieu, doucement le ſeruoit,
Tous ſes commandemens moult volentiers faiſoit,
La Crois priſt-il por lui, durement l'ennoroit,
Et la poure gent volentiers bien faiſoit.

## SVR LA MORT DV ROY S. LOVYS.

Or en a son loüier, en la joie certaine,
En la haute clarté, qui tant est souueraine,
S'il repairoit ariere, trop souferroit de paine,
Hors de peril l'a mis IESVS CHRIST qui moult l'aime.

De sa mort fu corciée durement la Roine,
De son fil qui est Rois, li doint Dex joie fine,
Por elleecier France il sera medecine,
Par lui aura ou siecle bone pes enterine.

Dame Dex par sa grace le pooir il l'en doint,
Ses peres, ses ancestres furent Roi premerain,
Par la vertu dou Ciel & sacré & enoint,
Au Baron saint Denyse, là en est li tesmoins.

La Virge Mere Deu par sa sainte amisté
Qu'el ot à son chier fil, li pri par sa pité,
Qu'il gart le Roi de France, & treuist de peché,
Et la bone Roine confort li Rois dou Ciel.

Que Fortune li fist la Dame moult grant tort,
Et à ses biaus enfans, Dam le Dex les confort,
Dou tres-bon Roi lor pere que tu prëis trop tost,
Dam le Dex par sa grace en a fet le restor.

Que trop tornas ta rouë en felenesse guise,
La mort fortune ensemble fëistes tel enprise,
Tu prens quan qu'il te plest dou siecle à ta deuise
Ne seroit mendés por nule ome qui viue.

Trop fesis grant domage dou bon Roi Looys,
Que le bien auoit moult durement enpris,
Or se puet bien vanter li Rois de Paradis,
La flor de tous les Princes par deuers lui a mis.

Il doutoit IESVS CHRIST, & ses commandemens,
Et faisoit grans aumosnes, moult amoit poures gens,
Onques més ne fu Rois de si bon escient,
Son cuer auoit à Deu tot enterinement.

Là où li Rois morut ot assez grant doulor,
Onques més ne perdirent nul Baron tel seignor,
Sa gent lessa iriée, & en moult grant tristor,
Or les releest Dex par sa sainte douçor.

Et se ses plesirs fust que il pouist reuiure,
N'ot si grant joie en France dés le tans saint Denyse,
Volentiers essauçoit l'onor de sainte Iglise,
Il li parust moult bien, pris fu à son seruise.

Mors moult parfus vilaine, quant tu ni prëis garde,
Cil qui tant biens faisoit tu l'ocesis sans faille,
Vn de ses fius est Rois, or doint Dex qualtant vaille,
Par vos ot la Roine moult dure desseuraille.

# 164 SERMON DE ROBERT DE SAINCERIAVX,

Moult par encorroças les bonés gens de France,
Ne prëis meillor Roi puis le tans Alixandre,
A la bone Roine auoit grant aliance,
Saintement s'entramoient, en Deu fu lor fiance.

Proudom eftoit & larges & plains de grant onor,
Moult ot en lui proefce, bone amor & douçor
Tous li fiecle l'amoit & tenoit à feignor,
De fon trefpaffement furent gens en dolor.

Il n'eft om qui Dex croie, qui moult n'en foit dolens,
Quaffés fefit de bien s'il vefchift longuement,
Il donoit fans promettre volentiers largement,
Et de fon cors fit-il à Dam le Dex préfent.

Sens, mefure, & refons en lui fu herbergée,
Petit i féiourna, fa gent en fu iriée,
Et la bone Roine durement efmaiée,
Or li enuoit Dex joie de fa bele maifniée.

Or les releeft Dex de lor nouel feignor
Quonquor eft affés ioenes, moult a fens & valor,
Sor tous Rois qui font enprés li criator,
Li doint Dex grant poiffance de bien garder s'onor.

Ne fuft li haus confors qui dou Roi eft iffus,
Mal fuft baillis li fiecles quant Dex le fecorut,
Par fa fainte poiffance, i a mis tel efcu,
Dont France ert onorée, & tenuë en vertu.

Li Rois fe maria ioenés, fi fift moult bien,
Or en eft la corone reffauciée moult bien,
De biaus enfans i a, Dex les efcroiffe en bien,
De faint liu font venu, affés feront de bien.

*Ce Louis fils aifné du Roy Philippes le Hardy mourut l'an 1276. ce qui nous apprend que ce Poëme a efté fait deuant cette année, c'eft à dire dans les fix années qui font entre la mort de S. Lovis l'an 1270. & celle de ce Louis fon petit fils l'an 1276.

Por le pere eft li fius qui a nom L o o y s *,
Dex le face proudome qui en la crois fu mis
Et li doint boen pooir par le fon faint pleifir
Que il foit de tous Princes onorés & feruis.

Et li preft volenté Dame fa bone gent,
D'onor & de proüefce, li face Dex prefent,
Si en deuons prier le glorios dou ciel,
Qu'il le confort en bien, & trefuift d'enconbrier.

Dame Dex noftre pere par fon commandement
Ses traitors confonde, & viuent à torment,
S'amender ne fe voelent li traitor felon,
Et de Deu & dou fiecle aient maleïçon.

De traïfon gart Dex le Roi, & fon barnel,
Et la bone Roine voille Dex conforter,
Et li enuoit grant joie de fa bele maifniée,
Si qu'en foit la corone durement fourhauciée.

## SVR LA MORT DV ROY S. LOVYS.

Moult font bel li enfant, Dex les croiffe & ament,
Et doint bone froichance & bon doutrinement,
Or les gart IESV CRIST noftre pere dou Ciel,
Et les face proudomes & trefuit d'enconbrier.

Dam le Dex lor otroit par fon comandement
Pés & amor enfemble & bon aliement,
Dés qu'il fera einfint con-nos l'auons conté,
En tous païs feront durement redouté.

Il n'eft om terriens qui les oft coroucier
Lors fera li roialmes en tous lius effauciés,
Quans Dex ne benëi, ne ne facra q'un Rois,
Et fi lafift en France por maintenir les drois.

Bien erent maintenu, fe Deu pleft & fes nons,
De biaus enfans i a, qui proudome feront,
Eftrés font de bon liu, de fainte gens venu,
En tous païs feront & douté & cremu.

Einfit le voille Dex qui en la Crois fu mis,
Et vos gart jentix Rois, & treftous vos amis,
Or vos doint Dame le Dex & vertu & pooir,
De garder voftre regne, & de tenir vos drois.

Beneoit foient cil qui bien vos ameront,
Et qui par boene foi bien vos confeilleront,
Haut confors auiés ou bon Vefque Garin*,
Par Deu & par fon fens euftes moult d'amis.

Proudom fu, & l'Aiax, fachiés certainement,
Bien le feut voftre peres qui l'ama durement,
Moult fu de haut confeil, & de tous biens fu plains,
Et ert bien entechiés de loial cuer certains.

Puis le tens Charlemaine qui fu vn Arceuefques
Qu'en apela Turpin, ne fu fi bons Euefques,
Volentiers effauçoit l'onor de fainte Eglife,
Sire, & les vos drois gardoit-il fans faintife.

Moult l'ama li bons Rois qui Felipes ot non,
Et aprés voftre peres qui Dex face pardon,
Et la bone Roine l'amoit & tenoit chier,
Qu'en voftre cort n'auoit nul meillor confeiller.

Par Deu & par l'Euefque fu la pés & l'amor
A treftous les Barons, nul ne fu contre vos,
Ains vos amérent tuit, & gardérent en foi,
Bien tindrent le Couent qui fu en Aubijau.

Que voftre peres ot vers ceus de garnifons,
Por l'amor Deu conquerre furent mort li Baron
Moult tres-haute foudée lor eurent Dame Dex,
Qu'or font auec fes Angles là fus à mont el ciex.

*Guerin E-
uefque de
Senlis.
Rigord A.
1213. 1214.
Will. Brito.
l. 10. Phil.
&c.

## SERMON DE ROBERT DE SAINCERIAVX,

Or le remés de ceus que Dex a pris à foi,
Dam le Dex par fa grace, il maintiegne lou Roi,
Li fires li enuoit difcrecion de fens,
Denorer fainte Iglife & fes commandemens.

Qui de ioenece doit commencier moult tres-bien,
Quautre fint fift fes peres qui affés fift de bien,
Ientix Rois bien vos doit fouuenir dou proudome,
Quonques més ne morut nule meillor perfone.

Por amor dou bon Roi, dont vos eftes eftrés,
Deués coillir proüefces, & onors, & bontés,
Iffit le voille Dex li Rois efperitiés,
Qu'autre fint, a il mis voftre bon pere es ciex.

Or font andui enfemble, deuant Deu en prefent,
Li peres & li fius coroné hautement,
N'a pas Dex oubliés les biens & les onors,
Qu'il li firent en terre, or les a fes feignors.

D'vne des grant hautefce qui eft en Paradis,
Ou Ciel auec Sains les a an deux affis
En la haute clarté, haute & fans tenebror,
Or font en moult grant joie plaine de grant douçor.

Le bon Roi Looys gart li faint Efpiris,
Et Dame le Dex confonde treftous fes anemis,
Qui ne puiffent auoir ne vertu ne pooir,
De faire traifon, ne de nul mal mouuoir.

Ientil bone Roine plaine de grant fimplece,
Dame le Dex par fa grace vos doint joie & fimpleece,
Grant ire aués euë dou plus proudome Roi,
Qui onques fuft en France & Dex l'a pris à foi.

En efchange en aurés moult precieus feignor,
Li Rois Dex Iesvs Crist maintiegne voftre onor,
Dés ormés en auant vos deués leefcier,
Qu'ainques por grant dol faire neiu riens gaaignier.

Si aurés haut confort dou Roi Deu le poiffant,
Qui vos ait en fa garde, & tous vos biaus enfans,
Iffi le voille Dex qui nafqui fans dolor,
Et tiegne en bone vie ceus qui gardent l'onor.

La corone de France & ce qui i apent
Dex lor croiffe bonté, proefce & hardement,
Contre tous ceux qui ont volenté ne talent
De fere traifon au Roi, & à fa gent.

Ientix Quens de Bouloigne, qui Felipes ot non,
Fius fuftes le bon Roi, qui Dex face pardon,
Se vos le refemblaftes affés fuftes proudom.

## SVR LA MORT DE S. LOVYS.

Vos meiftes grant cure ou Roi voftre neueu,
Et fi l'amaftes moult & gardaftes s'onor,
Dex le vos dona fere par la foüe douçor,
Que biens en vint en France, & fi fu voftre preu.

Vn autre Conte i a, par le mien efcient,
*Ferrant*, qui affés ot trauail, paine & torment,
Dedens la tor dou Louure ot anòi longuement,
Mis fu hors de prifon, s'ot le Roi en conuent.

Que jamés ne feroit en France fe bien non,
Il fe repenti moult de la grant traïfon,
Qui féte fu en Flandres par fi grant mefprifon,
Pris i fu, & liés, & treize ans en prifon.

Et Dex le deliura par fa fainte bonté,
Et por ce vout-il France tot adés onorer,
Li Rois en fift feignor, puift l'en fi ouurer,
Qui fu loés en France, & crëus & amés.

Or s'ot-il bien poruoir, que qui onore France,
Et la fert de bon cuer, moult durement s'auance,
Li Quens i mift grant paine, je le fai fans dotance,
Que Dex le deliura de moult grant mefeftance.

Dés que cil dui bon Conte furent à vn accort,
De Boloigne & de Flandres, moult, i ot, haut confort,
Il n'eft om terriens, qui l'or feïft ja tort
Par eus ot li bons Rois & leefce & deport.

Et des autres haus omes, qui ont affés pooir
Qui aiment la coronne & onorent en foi,
Le Conte de Bretaigne doigne Dex tel voloir,
D'auoir pés & concorde & bone amor au Roi.

Or fachent bien tuit cil qui en foi liferont,
Que en ceft fiecle & l'autre haut loüier en auront,
Le Conte de Chanpaigne doint Dex, par fes fains nons,
Pés & bone aliance au Roi & au Barons.

Robers, qui n'a que fere d'aconter faufeté,
Commença ces regrés por la grant loiauté,
Qui eftoit ou bon Roy qui Dex en a porté,
Or l'eurent fa deferte en moult haute clarté.

Dou Roi Looys a Dex fet fon talent,
Ou ciel auec les Angles a pris hebergement,
Et fon fil, qui eft Rois, doint Dex amendement,
Et pooir de fon regne garder peffiblement.

Einfit le voille Dex li fires tout poiffant,
Qui en la fainte Vierge vout prendre char & fanc,
Sire, fi com ceft voirs, & s'en fomes craans,
Maintenés la Roine, & fauués fes enfans.

## SERMON DE ROBERT DE SAINCERIAVX.

La Roine gart Dex, & fa bele mefniée,
Par eux eft douce France redoutée & prifiée,
Dex lor doint bone vie, d'eus iftra tel ligniée,
Dont mers & tote terre ert par eus joftifiée.
 La Roine eft li arbres qui a porté tel fruit,
Dont gens par toutes terres auront pés & deduit,
Dex les efcroiffe en bien, & les treuift danui,
Li fires tous poiffans qui fift & jor & nuit.
 Por la bone Roine, & por fes biax enfans,
Prion la fainte Vierge, qui Dex tint en fes flans,
Que proudomes les face, fages, & bien parlans,
Contre lor anemis, vertuox & poiffans.
 Li verai Dex dou ciel qui longis fift pardon,
Lor voille & confente iffi com nos difons,
Et lor enuoit, pooir, volenté, & refon,
D'ennorer fainte Yglife par bone entencion.
 Quar moult eft grant hautefce d'amer Deu vroiement,
Et d'auoir pés au fiecle de bon cuer fimplement,
On en defert la joie, qui ert fans finement,
Et Dex la lor otroit par fon commandement.
 Dex Rois, peres poiffans, qui dou ciel defcendiftes,
Par anuncion d'Angle, & en terre veniftes,
Dedens la fainte Vierge humanité prenfiftes,
Vierge auant, Vierge aprés, faintement en naquiftes.
 Par le pechié d'Adam grant dolor recoilliftes,
Trente deux ans par terre moult grant paine foufriftes,
Puis vous vendi Iudas, li qui vers ......
Au Guïs mefcreans qui en la Crois vos miftrent.
 Le jor du Vendredi paiffion i foufriftes,
Mis fuftes ou Sepucre fi con vos le defiftes,
Et au tier jor, biau Sire, ceft voirs rexurexiftes,
Et giftaftes d'enfer tous ceux que vos voufiftes.
 En la joie des cieus verais Dex les mefiftes,
Sire, fi con ceft voirs, qu'en fit voufiftes fére,
Et que la fainte Vierge vos fu & fille & mere,
Maintenés la Roine, verais Rois debonnaire.
 Qu'el ne puiffe fere œure qui à vos puift defplere,
Tel pooir li otroit IESV CRIST, noftre pere,
Quant iftra de ceft fiecle qui ne puet durer gueres
Qu'il la mete en fon regne, ou Ciel à fon repere.
 Là fus ouec ces Angles en la grant joie clere,
Ouecques fon feignor mis i a bones eres
S'en difons Pater noftre por Deu & por fa douce Mere.

# LA VIE D'ISABELLE
## SOEVR DE S. LOVYS,
FONDATRICE DE L'ABBAYE DE LONCHAMP.

E'CRITE PAR AGNES DE HARCOVRT
sa Damoiselle suiuante, & depuis troisiéme Abbesse
de ce Monastere.

*Sur le Manuscrit communiqué par Monsieur*
D'HEROVVAL.

NOvs auons proposé d'écrire la vie de nostre Saincte, & benoiste Dame, & Mere Madame ISABEAV DE FRANCE, à la requeste de Monsieur le Roy de Sicile son frere germain, selon ce que Dieu nous donnera sa grace à l'honneur de nostre Seigneur Iesus-Christ, & de cette benoiste Saincte, & à l'edification de la saincte Eglise.

Premierement nous dirons qui elle fut, & de quelles jens extraicte, & aprés dirons de son enfance, de sa conuersation, quelle vie elle mena.

Nostre Saincte Mere & Dame Madame ISABEAV fust extraicte de Royale lignée, & fust fille de tres-noble Roy Louis de France, qui fust fils du Roy Philippes, & fust fille de la tres-noble Reine de France, Madame la Reine Blanche qui fust fille du Roy d'Espagne. Le pere & la mere n'auoient plus de filles, & merueilleusement l'aimoient, & auoient chere, & la tenoit l'on à la plus noble Dame qui fust en terre. En sa jeunesse elle estoit moult gracieuse, & de grande beauté, & jaçoit ce qu'elle fust si noble de lignage, encore fust-elle plus haute, & plus noble de mœurs. Elle sçauoit bien que icelle seule est la vraye noblesse, qui est ornement de l'ame par bonté de l'ame, & par saincte vie, si comme il appaira cy-aprés. Elle fust fille, & espouse & speciale amie de nostre Seigneur Iesus-Christ, & tous ses desirs, & toute l'intention, & tous ses labeurs si furent de destruire pechez, & de planter vertus en soy, & en autruy. Elle fust miroüer d'innocence, exemplaire de penitence, rose de patience, lis de chasteté, fontaine de misericorde. Elle fust escolle de toutes bonnes mœurs; car elle fust escoliere speciale de l'escolle de nostre Seigneur Iesus-Christ, qui dit à ses Disciples: *Approchez, apprenez de moy que je suis doux, & debonnaire, & humble de cœur.* Icelle leçon retint bien especiaument nostre benoiste, & saincte, & noble Dame, & Mere Madame ISABELLE DE FRANCE: car en toutes ses œuures n'apparoist fors humilité de cœur, & debonnaire selon que Salomon enseigne: *Tant comme tu es plus grand, humilie toy en tes œuures en toutes choses.* Ceste benoiste & excellente Dame en sa jeunesse tres-volontiers demeuroit en la chambre, & apprenoit à entendre la diuine Escriture, & ne vouloit aller és esbatemens là où les femmes de ses freres, & les autres Dames alloient, & quand elle fust introduicte des lettres suffisamment, elle s'estudioit à apprendre à ouurer de soye, & faisoit estolles, & autres paremens à saincte Eglise, & quand on luy apportoit Images de Nostre Seigneur, ou de Nostre Dame, elle les receuoit si joyeusement que ce estoit merueilles, & monstroit bien qu'elles les aymoit mieux, & auoit plus

# LA VIE D'ISABELLE,

chers que nul autre prefent d'ornement que l'on ly peut faire. Au temps de fa jeuneffe, quand Madame la Reine Blanche fa mere viuoit, qui merueilleufement l'aimoit tendrement, & faifoit orner fon corps de moult beaux, & haults ornemens, & de riches, elle me dit de fa bouche qu'elle auoit auffi bon cœur, & auffi deuot à Noftre Seigneur quand elle auoit ces riches ornemens en fon chef, & en fon corps, comme elle auoit quand elle euft habit plus religieux, & croy qu'il en y aura des autres, qui bien le témoigneront fi befoing en eft : & cefte chofe monftroit bien que fon cœur eftoit toujours bien attentif à aymer noftre Seigneur, & que l'amour de fon cœur n'eftoit pas aux ornemens, ne à la gloire de ce chetif monde. Elle fut conjurée de fes amys à prendre à mariage au fils de l'Empereur de Rome, qui deuoit eftre heritier de l'Empire, mais onques au mariage corporel ne s'en vout affentir : car elle auoit efleu le perdurable Efpoux Noftre Seigneur Iefus-Chrift, en parfaicte virginité.

*Thomas Cantiprat. l. 2. Myft. Ap. cap. 29. n. 40.*

Monfeigneur le Pape Innocent IV. ly efcrit, & la prefcha merueilleufement de fi marier pour les proufits qui viennent du mariage de telle Dame. Nous en auons encores les lettres en noftre Abbaye, & après qu'il vit qu'il ne pouuoit fon bon propos muer, il y efcrit vne autre lettre, par laquelle il s'efforçoit tant qu'il pouuoit de ly loüer fon bon propos, & l'eftat de virginité ; & ces lettres mêmes auons nous en noftre Abbaye.

Elle auoit trop durement beau chef, & reluifant pour neant fuft ce, & quand l'on ly peignoit, fes damoifelles prenoient les cheueux qui li cheoient, & les gardoient moult foigneufement : fi que vn jour elle leur demanda pourquoy elles faifoient cé, & elles refpondirent, *Madame, nous les gardons, pour ce que quand vous ferez Saincte, nous les garderons comme reliques.* Elle s'en rioit, & tournoit tout au neant, & tenoit à folie ces chofes. Ie Sœur Agnes de Harecourt ouy ces chofes, de la bouche à fes damoifelles qui la feruoient, & encore ay-je de fes cheueux de fa jeuneffe. Il auint que en fa jeuneffe vne trop grande maladie aiguë la prift, & au commencement de la maladie il conuint Madame la Reine Blanche fa mere aller loing vne journée, ou deux, pour les befognes du Royaume, & la laiffa à S. Germain en Laye, & Madame la Reine Marguerite auec li, & tantoft la maladie engrega fi fortement, que l'on n'y attendoit auffi comme point de vie, & on s'en alla querre Madame fa mere, & Monfeigneur le Roy fon frere en grand, hafte, & quand elle vint là, elle la trouua moult malade, & en peril de mourir, dequoy elle fuft moult atteinte de mefaife de fon cœur comme mere. Elle enuoya foigneufement par tout pour requerre oraifon, & efpeciaument en Angleterre, mefmement à vne perfonne moult religieufe, & moult contemplatiue, à qui elle monftroit moult à certes la mefaife de fon cœur, pour ce que celle perfonne contraignit plus atteignement noftre Seigneur par oraifon pour Madame fa fille, & celle perfonne l'y manda par efcript que fa fille repafferoit de cefte maladie, mais fuft elle certaine que jamais fon cœur ne feroit au monde, ne aux chofes du monde, & il y apparut bien : car oncques puis elle ne mit fus fon corps nul de fes riches ornemens, mais de jour en jour, & de plus en plus elle fe donnoit du tout à oraifon, & à œuures de perfection, & en vie religieufe, & de robbes, & de liurée, & de toutes les chofes qu'il l'y conuenoit à fon corps à orner, elle defprifoit toutes richeffes corporelles pour aquerre à l'ame de li ornement de vertu & d'humilité.

Cefte benoifte, & excellente Dame auoit fi grand amour à pureté, & à innocence dés s'enfance, que à peine le pourroit-on raconter, fi comme l'on le peuft apertement congnoiftre en toutes fes œuures. Elle ne pouuoit fouffrire que l'on dict nul mal d'autruy deuant li, ne nulle menfonge, & en auoit fi grand horreur que toute la face l'en muoit, fi qu'il aduenoit aucunes fois que quand aucunes perfonnes venoient à ly demander l'aumofne, ou pour aucunes befognes, elle enuoyoit à eux auant qu'ils vinffent deuant ly, & leur fai-

# SOEVR DE S. LOVYS.

foit dire qu'ils se prinssent bien garde qu'ils ne disent fors que verité, & que s'elle apperceuoit qu'ils disent verité, elle feroit plus volontiers ce que ils ly requerroient. Ie Seur Agnes de Harecourt porte tesmoignage de ceste chose, qui aucune fois fis ce message, & en s'enfance elle estoit si accoustumée à oraison que vis de soubs la couuerture de lict estoit-elle en oraison accoûtée, & à genoux, & se repousoit dessous sa couuerture, si qu'il auint vn matin qu'ils deuoient * heirer, que ciz qui deuoient trousser, & emmaler les licts, & les robbes, embrassa la couuerture & la robbe qu'il cuidoit que la robbe fust ainsi entortillée dedans le lict, & c'estoit nostre benoiste dame & saincte Mere Madame ISABEL qui estoit illecque accosté & à genoux en oraison, & quand il vint prendre la robbe, elle s'escria si haut que les dames y accourutent, & celi fut tout esbahi, & espouuanté : Ie Seur Agnes de Harecourt oy ceste chose de la bouche Monseigneur le Roy sainct Louys, qui le nous raconta, & Mehaut de Godaruille qui fust en son seruice ouy ceste mesme chose de la bouche madame Heluis de Buisemont qui auoit esté auec Madame dés son enfance, icelle mesme madame Heluis disoit qu'elle auoit veu de dix-neuf ans que cette benoiste Dame ne mangea onques son soul de pain, & icelle dame Heluis recordoit que Madame la Reine Blanche sa mere li disoit que s'elle mangeoit vn seul morsel elle dourroit quarante sols aux pauures, & aussi pour parler vne seule parole à Monseigneur le Roy son frere, elle li promettoit aucune fois quarante sols à donner aux pauures, & moult de fois, elle ne le vouloit pas faire pour chose qu'elle promit, pour l'amour qu'elle auoit à l'abstinence & à silence. En sa jeunesse elle jeunoit trois jours en la sepmaine, & quand venoit à l'heure de manger elle mangeoit si tres-petit que nul corps humain n'en peust estre soustenu, si la grace de Dieu ne le fist, & souuentesfois quand elle auoit tout jour jeusné, sa viande estoit vn peu de poirée & de pois baieus. Elle estoit seruie d'assez de mets, & de bonnes viandes, si comme il * offroit à telle Dame, & tout enuoyoit à l'aumosne, & és enfermeries de jens de Religion, & du pire elle mangeoit, & tres-petit, & à chascun morsel qu'elle mangeoit, elle en mettoit dix à l'aumosne pour Dieu, & presque tout son manger elle estoit en oraison & en silence; elle seoit merueilleusement petit à la table, si que souuent elle se leuoit auant que ses femmes qui la seruoient, & rendoit graces si tres-deuotement, & ententiuement que c'estoit merueille : elle faisoit dire le diuin office moult deuotement & moult ententiuement, elle se leuoit pour dire ses matines grand piece deuant le jour, & ne se recouchoit point, & estoit continuëment en oraison jusques à hault midy, & souuentefois elle faisoit ceux qui la seruoient manger auant que ly, pour estre plus longuement en oraison; elle ne parloit point quand elle disoit ses heurs, ne deuant Prime, ne puis qu'elle auoit dict Complie, s'elle n'estoit malade, elle estoit merueilleusement en oraison en Caresme, plus qu'en autre temps, & estoit souuent en grande abondance de larmes, si que quand elle issoit de son oratoire, elle auoit les yeux si enflez, & si rouges qu'il aparoit bien que merueilleusement auoit espanduës des larmes. Elle auoit acoustumé à estre en auraison en son oratoire, jusques à l'heure du haut midy, & adonc elle issoit de son oratoire, & entroit en sa chambre & illec estoit jusques à None en estude des sainctes Escritures, si comme de la Bible, & des sainctz Euangiles, & des autres vies des Sainctz: car elle entendoit moult bien Latin, & si bien l'entendoit que quand les Chapelains l'y auoient escrites ses lettres qu'elle faisoit faire en Latin, & ils l'y apportoient, elle les amendoit, quand il y auoit aucun faux mot, & je seur Agnes de Harecourt veu ceste chose plusieurs fois, & autres personnes aussi. Merueilleusement oyoit la parole nostre Seigneur, & souuent la faisoit dire deuant ly. elle estoit de moult tendre conscience & de moult bonne. Moult volontiers se confessoit, & souuent aussi, comme chacun jour, & moult deuotement, & auoit acoustumé d'auoir à confesseurs moult bonnes personnes & anciennes, & Maistres de Diuinité, & tres-grande reue-

*f. aller

*asseroit

*Partie I.*                         Y ij

# LA VIE D'ISABEL,

rance leur portoit, & quand elle se confessoit, elle se confessoit en sa Capelle, & faisoit moult reueremment asseoir son confesseur deuant ly, pource qu'elle veist qu'il fust bien ententif à ouïr sa Confession, & qu'il n'entendist à autre chose, & qu'il ne sommeillast. Ces choses elle m'a dit de sa bouche, & autrement elle ne fust pas en paix de conscience s'elle ne fust certaine qu'il eust bien entendu ses pechez, & moult tres-humblement elle se tenoit deuant son confesseur, quand elle se confessoit, & aussi en tous autres temps ; & moult estoit obediente à luy pour niant fut vne dame de Religion, & auoit accoustumé quand elle se confessoit que tousjours auoit vne dame & vne damoiselle vn peu loing de ly en telle disposition qu'elles pouuoient voir le confesseur & ly, quand elle se confessoit, & souuent prenoit de moult grandes disciplines, lesquelles madame Heluis, dequi nous dessus parlée qui longuement auoit esté auec ly, dont elle se fioit moult, l'y donnont moult secrettement. Icelle madame Heluis, quand elle la voyoit deuestie, disoit deuant plusieurs dames, *Vos disciplines n'estoient pas comme autres, elles estoient jusques au sang.* elle prenoit ses disciplines, non pas sans plus de simples verges, mais de fracon dont sa robbe estoit souuent teinte de sang. Ceste benoiste dame visitoit humblement, & charitablement en sa propre personne les malades, & les confortoit de ses sainctes paroles, & leur ammonestoit du salut de leurs ames, & les seruoit de ses propres mains, & leur enuoyoit largement de ses biens, & moult longuement se seoit deuant eux, & tastoit leur poulx. moult auoit grande pitié de ceux qui estoient en affliction, & auoit tres-grande jalousie du salut des ames. Pour tout le monde elle n'eust dict vne fausse parole à esciant, nul serment je n'oï oncques issir de sa bouche : quand elle auoit dict vne parole c'estoit sans r'appeller, pour rien elle ne fist en contre. moult s'estudioit d'accomplir les paroles de l'Euangile, especiemment par les œuures de misericorde, dont Nostre Seigneur dict qu'il se loera au general jugement; par grand temps, après ce qu'elle auoit oüy son office auant qu'elle disnast, elle faisoit venir grand multitude de pauures, si que sa chambre en estoit toute enuironnée, & les seruoit de ses propres mains de pain, de vin, & de potage & de pitance, & moult se trauailloit à ces choses faire, les grandes multitudes des aumosnes priuées qu'elle faisoit & aux Religieux, & aux seculiers, tant en y a qu'on ne les pourroit raconter. Vne damoiselle bien jentille femme qui estoit appelée la damoiselle de Meru, estoit en vne maladerie prés de ly, laquelle estoit merueilleusement deffaicte, madame en auoit tres-grande pitié, & estoit tres-diligente de faire ce que besoing li estoit, & li enuoyoit les viandes de sa table, & eslisoit de ses mains celles qu'elle pensoit qui meilleures li estoient, & plus delicieuses, si diligemment que pour neant fust elle sa fille, & semblables choses fist elle plusieurs fois.

Elle fila de ses propres mains vn couurechef, lequel le sainct Roy Louys son frere li demanda, & li pria moult gratieusement qu'elle li donnast, & il le mettroit de nuict sur son chef : elle ne li voulut donner si comme je seur Agnes de Harecourt, qui estois presente, l'ouy de sa bouche de mes aureilles. Elle respondit au Roy, & li dict, *Ie propose qu'il soit donné à Nostre Seigneur, car c'est le premier que je filasse oncques.* & il li pria & dict : *Sœur, or vous prie-je que vous en filiez vn autre que j'aye*, & elle respondit, *je le veux bien si en file plus*, & ce couurechef elle enuoya secretement à vne pauure femme qui gisoit en grand langueur, laquelle elle visitoit tres-soigneusement chascun jour des grands benefices de sa table, & d'especialles precieuses viandes. Dame Ieanne, & dame Peironnelle de Montfort entendirent ceste chose de ce couurechef, & allerent à la pauure femme secretement, & l'acheperent, & li en donnerent tant comme elle voulut prendre, & est aux Nonnains de Sainct Anthoine, & le gardent comme reliques. Monsieur le Roy Loüis son pere li laissa moult grand deniers, quand il mourut, & tout elle donna pour Dieu, & especiamment elle enuoya dix Cheualiers outre mer. Elle assena tant de

*V. M. M. de Sainte-Marthe.*

# SOEVR DE S. LOVYS.

perſonnes en Religion, que nous n'en ſçauons nul nombre. Moult faiſoit de biens & d'aumoſnes à veſues femmes & à orfelins, & merueilleuſement auoit grand compaſſion des gens qui eſtoient à meſaiſe & en affliction.

Elle auoit ceſte couſtume le Ieudy abſolu qu'elle prenoit XIII. pauures, & leur lauoit leurs pieds, & les feruoit de ſes propres mains de deux paires de mets, & leur donnoit ſoulier, & offroit à chaſcun XXX. pariſis en remembrance du prix que noſtre Seigneur fuſt vendu. Moult eſtoit en grand eſtude de faire choſe qui pleuſt à Noſtre Seigneur, & eut moult grande volonté de faire vn Hoſpital, & ne ſçauoit lequel elle deuſt faire, ou vne maiſon de noſtre Ordre, ou vn Hoſpital. Elle enuoya au Chancelier de Paris, & li fit demander ſecretement lequel il cuidoit qui plairoit plus à Dieu, ou qu'elle fondaſt vn Hoſpital, ou vne Maiſon des ſœurs Mineures.* Li Chancelier Hemery, qui eſtoit moult preudhomme, & Maiſtre de Diuinité, qui adonc eſtoit ſon Confeſſeur, li manda que ce n'eſtoit mie comparaiſon de l'Hoſpital, au regard de faire maiſon de Religion, & eſpeciemment de cét Ordre : car la diuine loüange de Noſtre Seigneur y eſt faite & celebrée, & virginité y eſt gardée, & moutepliée, & auec ce les œuures de miſericorde y ſont faites : car les ſeurs ſeruent l'vne l'autre. Et dict encore au meſſaige, dictes li, qu'elle ne demande plus conſeil de cette choſe, mais faſſe la maiſon de Religion, & tantoſt aprés elle fonda noſtre Abbaye, laquelle * qui couſta bien XXX. mille liures de Pariſis. *f. li

Elle fuſt tres-diligente de la Reigle qu'elle fuſt bonne, & ſeure, & la fit eſprouuer par Freres Mineurs, qui eſtoient perſonnes bonnes & eſprouuées, & Maiſtres de Diuinité, ſi comme frere Bonnauenture, frere Guillaume de Milletonne, & frere Eude de Roni, & frere Geoffroy de Vierſon, frere Guillaume de Harcombour, & fit mettre en la Riule ce qui eſtoit és priuileges, & ce qui eſtoit douteable, & perilleux en la Riule, elle fit oſter, & eſtoit en ſi grand eſtude de ceſte choſe qu'elle en veilloit grande partie des nuicts & des jours : Elle y trauailla tant, & eſtudia qu'à peine le pourroit-on raconter. Pluſieurs perſonnes eſtoient en ſa chambre deſquels aucuns liſoient les priuileges, & les autres notoient, & eſtoient toûjours illec freres Mineurs, Maiſtres de Diuinité pour examiner les choſes deuant li en ſa preſence, & tant eſtoit en grand ſoing que rien ne paſſaſt qui fuſt perilleux aux ames, ſi que c'eſtoit merueille, & de ceſte choſe elle eſtoit en ſi grand ſoing & en ſi grand eſtude, que à peine pouuoit elle repoſer, & merueilleuſement auoit grand deſire que ceſte choſe fuſt confirmée du Pape. & ſur toutes choſes elle vouloit que les ſeurs de l'Abbaye fuſſent appellées ſeurs Mineures, & en nulle maniere la Riule ne luy pouuoit ſuffire, ſi ce nom n'y fuſt mis. Son benoiſt cœur elle euſt à mettre en l'Abbaye ce benoiſt nom, auquel le Noſtre Seigneur IESVS CHRIST eſlut noſtre Dame à eſtre ſa mere, c'eſt le nom de l'humilité noſtre Dame qu'elle mit nom à s'Abbaye, & de ce nom elle voulut qu'elle fuſt nommée. Et je ſeur Agnes de Harecourt li demandat, *Dame, dictes moy pour Dieu, ſi vous plaiſt, pourquoy vous auez mis ce nom en noſtre Abbaye*. Elle me reſpondit, *pource que je n'ouy oncques parler de nulle perſonne qui le prit, dont je m'emerueille qui me ſemble qu'ils ont laiſſé le plus haut nom, & le meilleur qu'ils peuſſent prendre, & ſi eſt le nom auquel Noſtre Seigneur eſlut noſtre Dame à eſtre ſa mere, & pour ce l'aye-je pris à mettre à ma maiſon*. Elle fut malade de grande maladie auant que la Riule fuſt confirmée qu'elle eſtoit auſſi comme en langueur de cœur juſques adonc que ceſte choſe fuſt accomplie par grand ſens, & par grande humilité, elle ne vouloit rien requerre à l'Apoſtole, ne eſcrire pour choſe qui appartenoiſt à ſa Riule, ne à s'Abbaye, & non faiſoit elle non plus de nulle grande beſogne qu'elle euſt à faire, mais toutes ces choſes elle faiſoit requerir par Monſeigneur le Roy ſon frere qu'elle faiſoit cheuetin de toutes ſes beſognes, & il le faiſoit moult courtoiſement, & enuoyoit les lettres & les propres meſſages, & celle couſtume elle auoit, que quand ſon ſainct frere le Roy Louys venoit en lieu où elle eſtoit, elle l'alloit ſaluër, & s'enge-

* V. Heineſiü de Acadé Pariſ. p. 125.

Y iij

nouïlloit deuant li de la grande reuerence qu'elle auoit à li, & il la releuoit par les mains, & li blafmoit, ce li defplaifoit moult, ce paroit : mais elle n'en vouloit rien laiffer. Merueilleufement parloit petit, & moult tenoit de filence, & quand elle parloit, c'eftoit mout priément, & mout apenfeement, & aucune fois frere Eude de Roni fon Confeffeur li difoit, *Dame, il faut bien que vous partiffiez, & que vous vous esbatiffiez. Il ne defpleuft pas à Noftre Seigneur fi vous priffiez vn peu de recreation*, & li demandoit pourquoy elle tenoit tant filence, elle li difoit, pource qu'elle auoit aucune fois trop parlé, & dict de paroles oifeufes, fi eftoit bon qu'elle en fift la penitence. Mout auoit de parlemens à fon Confeffeur des biens de vie perpetuele & des diuines Efcritures. Mout auoit grand reuerence à Noftre Seigneur, & mout le craignoit, fi comme elle me conta vne fois fecretement à moy, & à li, que quand elle eftoit reuenuë de fa chapelle d'oraifon, & elle eftoit fur fon lict appuiée, il li remembra des jugemens Noftre Seigneur, elle me dict qu'elle trembloit fi fort que la robbe, & le feure trembloit defous li forment. & aucunes fois vis-je que d'aucunes chofes qui li defplaifoient, elle blafmoit forment aucunes perfonnes deuant moy feur Agnes de Harecourt, & ce pourquoy elle les blafmoit fi eftoit pour aucunes bonnes œuures qu'ils n'auoient pas faites qu'elle leur auoit enchargées, & pource qui li fembloit qu'elle auoit parlé trop afprement, elle leur difoit fa coulpe deuant moy merueilleufement humblement, & mout s'accufoit, & recordoit les parolles qu'elle auoit dictes en agregeant fur li : mout me faifoit grand bien à l'ouïr, & puis m'en a faict bien la remembrance maintes fois. Ie crois qui n'eft nul pecheur en terre qui euft faict mout de pechez mortels, ce il s'humilioit tant deuant Dieu, & euft fi grande repentance comme elle auoit quand elle auoit dict aucune chofe où elle fe doubtoit que il euft peché, ou il n'y en auoit point fi crioit à Dieu mercy, qu'il n'euft largement mifericorde, tant doubtoit à courroucer Noftre Seigneur, & fe gardoit de toutes occafions en foy, & en autruy. Elle eut en fa fin de tres-grandes maladies deux ans auant qu'elle trefpaffat, lefquelles elle receut de fon doux Efpoux tres-doucement, & en grande patience les porta, & tres-deuotement fa vie fina en parfaite virginité, & tres-grande humilité, & charité.

Quand noftre tres-reuerente, & faincte dame & mere viuoit vn des Sergens Monfeigneur le Roy Louys auoit vn enfant qui cheoit de la grande maladie. Iceluy homme pria en grandes larmes à genoux, & à main jointes deuotement à la faincte dame qu'elle priaft Dieu pour fon enfant, qui eftoit fi cruellement malade, & elle s'inclina en figne qu'elle en prieroit Noftre Seigneur : le pere s'en alla à fon hoftel, & trouua que fon enfant eftoit gueri, & n'auoit plus celle maladie. Il retourna à Madame, & s'agenouïlla deuant li, & li dict, *Ma douce Dame, vous fouuient-il de ce que je vous requis pour Dieu, dictes moy fi vous en priaftes Noftre Seigneur.* elle li refpondit, ouy. lors il li dict, *Ma douce Dame, je rends graces à Dieu & à vous que mon enfant eft gueri, & je tiens fermement que c'eft par vos prieres*, & elle li dict, *non, ne tenez pas que ce foit par moy, je ne fuis pas telle que Dieu faffe ces chofes pour moy.* & il li difoit toûjours qu'il veoit que c'eftoit par fes merites, & par fes prieres; quand elle vit qu'elle ne le pouuoit à ce mectre qu'il ne tenift que c'eftoit par li, fi li deffendit, & li fit creancer qu'il n'en diroit rien tant comme elle fut en vie. Madame la grand Reine Marguerite nous conta cefte chofe, & nous dict que li hons qui eftoit pere à l'enfant li conta cefte chofe en verité.

Encores quand madame viuoit fœur Alis de Mucedent fut mout malade d'vne fieure tierçaine, elle euft deuotion à Madame, & li eftoit aduis que fi Madame priaft pour li, qu'elle fut guerie. Icelle feur Alis requit à feur Agnes d'Aneri, qui adonc eftoit Abbeffe, que elle y allaft, elle n'y ofa aller pour la reuerence. Seur Alix en pria feur Agnes de Harecourt, elle y alla, & li monftra la fiance que la malade y auoit. La faincte Dame regarda feur Agnes de Harecourt, & foufrit mout amiablement, & toft après la maladie fuft toute guerie de fa fiebure. Ie fœur Agnes de Harecourt qui portay la parole fuis tefmoing de cefte chofe, & aufli fœur Agnes d'Anery vit toutes ces chofes.

Sœur Sare de Houpelines eut vne maladie moult perilleufe que l'on appelle l'orgueilleux : fon corps eftoit tout entrepris de boces & de taches, & cuidoir l'on que elle en deuft mourir. Madame noftre fainéte mere vint deuers nous, & la regarda piteufement, & toucha la malade de fes benoiftes mains, & tantoft après la fœur fut toute guerie. De cefte chofe plufieurs fœurs font tefmoings qui la virent malade & guerie.

Frere Denys d'Eftampes de l'Ordre des Freres Mineurs, qui demeuroit en cefte Abbaye pour adminiftrer les Sacremens aux fœurs, eut fiebure quartaine par longtemps. Il fut prefent auec les autres Freres Mineurs quand on enhuilla Madame noftre fainéte Mere, & iceluy jour eftoit li jour de fa fiebure : il fut gueri de fa fiebure par les merites de la fainéte Dame, & onques puis n'euft heure quartaine, & vefquit puis long-temps. Cefte chofe il raconta à plufieurs fœurs, & afferma eftre vraye, & li Conuent le vit malade & gueri.

Sœur Erembour de Cerceles diét en verité que en icelle nuiét que noftre benoifte Dame trefpaffa, elle ouït deuant Matines vne voix qui li diét *in pace faétus eft locus ejus*, & tantoft icelle fœur Erembour alla à l'Abbeffe, & li diét que elle auoit ainfi oüy, l'on trouua que la fainéte Dame eftoit trefpaffée, ou eftoit au traiét de la mort, & que c'eftoit chofe veritable de fon trefpas en icelle heure. Et femblablement en icelle heure fœur Iehane de Louuetaines ouït telle mefme voix.

Sœur Clemence d'Argas diét en verité que la nuiét que noftre fainéte & reuerente Dame, & mere trefpaffa vn peu deuant Matines, elle ouurit la feneftre qui eftoit prés fon liét, en intention pour fçauoir fi elle orroit aucun en la court, car elle fçauoit bien que Madame eftoit prés de fa fin, & arregardoit l'air qui eftoit tres-bel, & tres-ferain, elle ouït vne voix mout douce, & mout melodieufe fur la maifon où elle gifoit, & l'ouït fi longuement que li femble en verité que elle n'ouït onques fi longue haleine en cefte mortelle vie. Icelle fœur Clemence mit fon chef hors des fers de la feneftre pour mieux fçauoir qui c'eftoit, & aprés ce l'on fonna Matines, & nous apporta l'on la nouuelle que madame noftre fainéte Mere eftoit trefpaffée.

Auffi fœur Aueline de Hennaut en celle heure oüit chants mout doux, & mout melodieux, & fe leua en fon feant en fon liét, mais elle ne fçait que ce fut. Nous croyons fermement que c'eftoit la melodie des fainéts Anges qui conduifoient fa benoifte ame en la gloire du Ciel : car elle auoit loyaument honnoré Dieu, & feruy en fa vie.

Quand noftre fainéte Dame eut efté en terre par neuf jours, au neufuiefme jour on la leua de la fepulture, pour la mettre en vn autre cercueil plus conuenable que celuy où elle eftoit : elle ne fentit nulle mauuaife odeur, ains parut ainfi comme fi elle dormit. Elle auoit les membres fi beaux & fi plains, & fi traitables, & fi maniables, comme d'vn tendre enfant, & la face li replandiffoit merueilleufement, fi que toutes ces chofes eftoient merueilleufes à regarder, & parce que on la demena tant, li yeux li ouurirent liquels eftoient fi bels fans blefmir, & fans muër, qu'il ne fembloit pas que ils fuffent eftaints de mort. Nous la deueftimes de la robbe que elle auoit eu neuf jours en terre, qui eftoit fi belle & fi nette, qu'il ne fembloit pas que elle euft onques efté veftuë, pource que nous voulions auoir celle robbe comme Reliques, nous la reueftimes de nouuelle robbe, & la tretions tout ainfi comme nous voulions ce vit li Conuent & Madame la Conteffe de Flandres Marguerite, & Madame Marie fa fille qui eft nonnain, & la dame d'Audenarde, & dame *Huloys la veufue, & plufieurs autres perfonnes bourgeoifes de Paris, & Monfeigneur Guillaume de Guife Chanoine de Vernon qui fut fon Chapelain, & deux maçons auec qui eftoient illec pour meétre le cercueil, & toutes ces perfonnes eftoient dedans l'enclos : par dehors à la feneftre furent tant de per-

* Helois

fonnes qui la virent, que nous ne fçaurions dire le nombre & de Religion, & du fiecle: entre lefquels furent frere Eude de Roni Maiftre de Diuinité, qui fut fon confeffeur, frere Pierre de Ville, frere Thomas du Plexi, frere Gilles de Salli, & plufieurs autres freres Mineurs, & y eftoit Madame * la fille au Conte de Flandres, qui fut Ducheffe de Brabant, & plufieurs autres Dames & Cheualiers, & Bourgeois, & menu peuple. Nous ouurifmes la feneftre du monftier, & leuâmes le coffre, & leur montrâmes la fainɛte Dame, comme vn enfant en fon berceau: ils s'efforçoient qui mieux mieux de bailler leurs couurechefs, leurs aniaux, leurs fermans, leurs chappeaux, leurs ceintures, leurs aumofnieres pour toucher au fainɛt corps par grand deuotion, & ce qui y auoit touché, ils tenoient à Reliques.

*Marguerite qui époufa depuis Iean I. Duc deBrabant.

Le frere Denys, de qui nous auons deffus parlé, raconta de fa bouche que aprés huit jours que cefte noftre fainɛte Dame & Mere fut trefpaffée, il couuroit les autels de noftre Eglife en Carefme, & vne moult grande table qui eftoit à l'autel Monfeigneur fainɛt Pierre cheut fur luy: il eftoit foible que de fa force il ne pouuoit de foy leuer, & fut deffous le faiz par longue efpace de temps. En ce peril, & en celle mefaife, il requit l'aide de noftre fainɛte Dame, & tantoft il s'eleua legerement de deffous ce grand faiz fans auoir nulle bleffure, & fit fon office vigoureufement, fi comme deuant. Cefte chofe il raconta à plufieurs fœurs qui en font tefmoings. Frere Gilles de Salli, qui fut par long-tems auec frere Eude de Roni, auoit vn couurechef que cefte fainɛte Dame eut fur fon chef en fa derniere maladie, & y fua la fueur de la mort. Il eftoit malade de fieure tierçaine, il mit par deuotion de la Sainɛte ce couurechef fur fon chef, & tantoft il commença à fuer, & fut gueri. Sœur Agnes d'Aneri, fœur Marie de Cambray, fœur Marie de Tremblay ouïrent cefte chofe de la bouche à ce frere Gilles, & en font tefmoings.

Sœur Ade de Rains diɛt en verité que vne truye li emporta vn des doigts de fa main, en telle maniere que elle n'euft point d'ongle en ce doigt par vingt ans, & plus. Quand Madame noftre reuerente & fainɛte Mere fut enterrée, icelle fœur Ade prit de la terre entour le corps, & la lia fus ce doigt, & li tint par neuf jours, au neufuiefme jour elle le deflia. il fut fi tres-purement gueri, que il n'y paroît qu'il y euft onques eu mal, & eut bel ongle, & entier qui point n'en auoit deuant, & fain toute fa vie, li Conuent vit le doigt malade & fain.

Sœur Ermefent de Paris demeura vne fois toute feule au Monftier fans congé, quand li Conuent mangeoit au fouper en la nouuelleté que Madame noftre benoifte Mere fut trefpaffée; vne tres-grande douleur la prit en fon chef, & y fentoit auec trop grande ardeur, & en cette douleur vne grande peur la prit de ce qu'elle eftoit demeurée fans congé, & penfa qu'elle iroit au Refeɛtoir auec les fœurs, & il li vint vne grande volonté en fon cœur, ainfi comme fi ce fuft vne creature qui parlât à fon cœur, & li diɛt, *Non feras, mais va à ta fainɛte Dame, & li requiers aide.* Elle y alla, & fe bouta deffoubs vne fourme qui eftoit fus le corps, & joint fon chef & fa joue à la terre qui eftoit deffus le corps, & la pria mout diligemment à grand efforcement & grandes larmes par longue piece, & auffi elle s'endormit illec. Quand elle fe leua, elle fe trouua toute guerie. Ie fœur Agnes de Harecourt, qui adonc eftois en l'office d'Abbeffe, porte tefmoing de cefte chofe: car icelle fœur Ermenfent vint tantoft à moy ainfi comme toute effrayée, & me diɛt que à peu qu'elle n'auoit perdu fon fens de la douleur que elle auoit euë en fon chef, & de la peur qu'elle auoit euë, fi Dieu, & Madame ne l'euffent guerie. Sœur Mahaut d'Efcoffe, fœur Marie de Cambray, & plufieurs autres fœurs portent tefmoings de cefte chofe.

Vne autre de nos fœurs perdit fon fens fi outrement, & fut fi frenetique, que quand elle pouuoit efchapper d'entre celles qui la gardoient, elle montoit fus les bancs, & fus les huches, & rompoit parois pour prendre les araignées, & quand elle les en pouuoit prendre elle les mangeoit, & fe boutoit def-
foubs

foubs les tables, & queroit araignées, & barbelotes efclotes, & par tout où elle les pouuoit trouuer elle les mangeoit, & mout d'autres ordures que nous ne voulons pas nommer, elle mangeoit, pour la grande forcenerie, où elle eftoit, & en cefte maladie Madame noftre benoifte mere, qui adonc viuoit, la vifita mout humblement, & en auoit mout grande compaffion, & cette maladie dura à celle fœur trois mois & demy, puis que noftre fainéte Dame fut trefpaffée. On l'emena vne nuiét à la tumbe de la Sainéte, & y veilla toute la nuiét, & les fœurs auec li qui furent en oraifon, & prioient Madame pour li qu'elle la voufit faner de celle maladie. Tout ainfi comme la nuiét s'en alloit, fon fens li reuint, & à la journée elle eut fon fens fi apertement comme elle auoit oncques eu, & oncques puis ne cheut en celle maladie. Li Conuent vit cefte chofe, & en eft tefmoing.

Sœur Iulienne diét en verité que elle eftoit en grande chaleur de fiebure, & en celle chaleur elle eut tres-grand defir de boire par deuotion au hanap, où noftre fainéte Dame beuuoit en fa vie. Si toft comme elle y eut beu, elle fut alegée de la chaleur de la fiebure, & fuft affez toft toute guerie, & plus de dix ans aprés elle ne fentit fiebure.

Icelle mefme fœur Iulienne auoit vn liure, lequel elle aymoit mout pour la deuotion de ce qu'il auoit efté à noftre fainéte Dame. Iceluy liure fuft perdu par male garde, dequoy elle fut mout mefaifiée. Elle alla à fa tumbe, & li requit mout à cerres en pleurant que elle li rendit, car elle l'aimoit mieux, parce qu'il auoit efté fien. Noftre douce fainéte mere li apparut en dormant, & li diét que le liure eftoit perdu, & qu'elle en requit Monfeigneur le Roy fainét Louys fon frere. Quand la fœur s'efueilla elle fift l'oraifon au Sainét, & promit à ambes deux au Sainét vne liure de cire par le congé de l'Abbeffe, & tantoft comme on alla querre le liure on le trouua, & par plufieurs jours deuant ce on ne le pouuoit trouuer, & fi l'auoit l'on mout quis.

Sœur Ermengart de Chartres auoit vne mout fort fiebure tierçaine fi eut volonté & deuotion de faire vne chandelle de fon long à Madame, & la requit, elle fut guerie mout nettement de fa fiebure, fi que oncques puis n'en eut point : elle alla à la tumbe, & fit l'offrande le plus toft qu'elle peut.

Madame la grand'Reine Marguerite, mere au Roy de France, fit apporter Monfeigneur Philippe, le fils au Roy, qui fiebure auoit en efperance qu'il fut gueri : elle le fit coucher en prés la tumbe noftre fainéte Dame fa reuerente tente, il fut gueri, fi comme il mefme a puis diét deuant plufieurs fœurs que elle le guerit, & diét qui li en fouuient bien.

Sœur Marguerite de Guyfe auoit vne buchete en l'vn de fes yeux, elle eftoit à telle angoiffe que elle ne pouuoit ouurir l'œil, elle requit Madame que elle li aidaft, & mit fur fon œil des veftemens de la benoifte Sainéte, & tantoft elle fut guerie.

Sœur Marie de Cambray auoit fi perduë l'ouïe, que elle n'oyoit ainfi comme nulle goute, & ne fçauoit refpondre à ce que l'on li difoit, fi qu'elle en pleuroit forment fouuent, & en eftoit mout mefaifiée : elle eut deuotion de requerre noftre fainéte Dame, & fut en oraifon à fa tumbe par neuf jours, & de jour en jour elle amendoit, & au neufuiefme jour elle fut toute guerie.

Sœur Ifabel de Crecy diét en verité qu'elle eftoit mout grefuement malade, & en peril de mort d'vne enfleute qui la tenoit entour les flancs fi forment qu'elle ne fe pouuoit dreffer ; chofe que l'on li fift ne la pouuoit alleger. Les fœurs li apporterent l'oreiller qui auoit efté en la fepulture Madame par neuf jours, tantoft comme elle le mit fur la fourcele elle allegea, & fut guerie de la maladie. Sœur Agnes de Harecourt, fœur Agnes d'Anery, fœur Marguerite de Guyfe, & plufieurs autres fœurs fe recordent bien de cefte chofe.

Vne autre fois icelle mefme fœur Ifabel auoit trop grande douleur à la fourcele, & fœur Ade de Rains qui adonc viuoit, que Madame auoit gueri de fon doigt li dit, *Allez à la tumbe Madame, & prenez de la terre qui eft fus la tumbe, & en me-*

tez sur vostre fourcele, & vous serez toute guerie. Icelle sœur Isabel dict en verité que en l'heure qu'elle mit de celle terre sur la fourcele, elle fut toute guerie.

Sœur Erembour de Cerceles dict en verité, que elle estoit trop griefuement malade, & li tenoit celle douleur dessous la mammelle si que elle ne pouoit auoir l'halaine: elle eust fiance en nostre saincte benoiste Dame, & Mere, & la requit, & aucune des choses qui auoient esté à la saincte Dame, elle mit au lieu où malade estoit, & tantost elle allegea, & fut guerie. Plusieurs sœurs virent, & asseurent ceste chose.

Sœur Alis de Mucedent auoit la bouche torte, & l'œil, & la face, & le nez, ainsi comme de paralysie, & la parole li estoit si empeschée, que à peine la pouuoit l'on entendre, & en cét estat elle fut bien trois sepmaines, ou vn mois: nulle chose que l'on li pouuoit faire de physique ne li pouuoit rien valoir, & adoncques il li vint deuotion & volunté que elle prit des choses que elle auoit qui furent à nostre saincte Dame & Mere, & que elle les portast à son col, & que elle la requist & allast à sa tumbe. Elle y alla par huict jours faire l'oraison, & à l'huictiesme jour elle offrit vne chandele de la grossesse de son chef & de la longueur de son visage, & tantost aprés ce elle fut toute guerie, & onques puis n'en fut malade, si comme il appert: & de ceste chose sœur Agnes d'Aneri, qui la gardoit, en porte tesmoing, & mout d'autres sœurs qui la virent toute guerie.

Sœur Marie de Tremblay dict en verité, que elle estoit allée esbatre vers le viuier qui est en nostre maison, & s'assit sus les quarreaux qui sont dessus le viuier, & fut vne bonne piece pour prendre de l'air, car elle estoit mout lassée des offices qu'elle auoit eu à faire, & si comme elle estoit illec, le quarreau surquoy elle se debat, despeça dessous li, & cheut au viuier, & brisa la glace, & la sœur cheut auec au viuier, & coula dedans le viuier jusques outre la ceinture, & couloit jusques au fonds: & il li remembra de nostre saincte Dame, elle la requit mout de cœur, & dict, *Ma douce Dame, sauuez moy, si vrayement comme je suis vostre fille,* & tantost nostre Seigneur la deliura merueilleusement, si comme elle qui estoit en grand peril de mort, & tantost elle s'en issit legerement de l'eau, & dict bien que elle n'eut onques si grand angoisse, ne si grand peur de mort, & proposa en son cœur de mieux faire. Plusieurs sœurs virent la griefueté qu'elle auoit, quand elle fut issuë de ce grand peril. Ceste chose elle recorda à plusieurs sœurs, & trouua l'on le quarrel despecié, si comme elle auoit dict.

Icelle mesme sœur Marie de Tremblay gardoit sœur Desirée malade, que l'on luy auoit baillée à garder: la malade li dict que elle li allast querre de l'eau de la fontaine du viuier, & sœur Marie li dict que elle auoit trop grand peur, & trop grand horreur, pource qu'il estoit nuict, aussi comme au premier somme, & toute preste pour accomplir la volonté de la malade elle prit vne chandele & vn pot, & y alla. Si comme elle y alloit, l'ennemy vint encontre li en semblance d'vn chien vert, & auoit les yeux rouges, & estincelans, & si grands & si gros, qu'il sembloit que ce fussent yeux de vaches: elle auoit si grand peur qu'il li sembloit que tout son corps fust esmeu, & que l'on li tirast les cheueux à mont, & tousjours il venoit encontre son visage, & la destourba li d'aller, que elle ne peust onques aller jusques à l'eau, ains la conuint retourner, & au retourner elle se seigna, & le bouta de son bras arrieres, & dit, *Pater, in manus tuas commendo spiritum meum,* & en celle heure il se departit de li, si que elle ne sceut qu'il deuint. Elle prit son tour à aller à la fontaine de la lauanderie, & quand elle fut illec à la fontaine, il se mit outre li, & le fouruel, & li saillit sur les espaules, & la vouloit estrangler. Ainsi comme elle se retourna pour aller s'en, elle se seigna, & dit, *A, ma douse Dame, deffendez moy de ce diable, si comme je suis vostre fille, & je promets à Dieu, & à nostre Dame, & à vous, que je me confesseray generaument, & amenderay ma vie,* & ainsi comme elle vouloit entrer en la maison où la malade gisoit, elle cheut ainſi comme toute paſmée, & n'eut onques pouuoir de fermer l'huis, & li pot que elle tenoit en ſa main cheut, & fut briſé: la malade, qui ne s'en pouuoit remuer, ouït bien lés cris que ſeur Marie cryoit, & li diſoit, *Signez vous, ſignez vous.* Sœur Deſirée fut teſmoing de ceſte choſe, ſe elle fut en vie. Sœur Iehanne de Louuetaines qui garda grand' piece la malade, & ſœur Iulien-ne teſmoignent que ſeur Deſirée leur diſt pluſieurs fois ceſte choſe en ſa vie.

Sœur Iehanne de Louuetaines dit en verité, que en vne grande maladie que elle eut, qui li dura trois mois, elle ſe voüa à Madame noſtre ſainſte Mere, & li pria mout de cœur que elle priaſt noſtre Seigneur qu'il la ſanaſt, & di-ſoit ainſi, *Ma douce Dame, ma douce Mere, je vous prie que vous me donniez ſan-ſté: car je croy certainement, que vos merites ſont plus grands que la neceſſité que j'ay,* & ainſi prioit en grandes larmes, & pluſieurs fois, & li auint qu'vne nuiſt elle fut mout griefuement malade, en telle maniere que il li ſembloit que elle ne peuſt durer, & appella ſœur Mahaut d'Eſcoſſe qui la gardoit, & li diſt, *Signez moy, & me recommandez à Madame noſtre benoiſte Mere*, & tantoſt s'en-dormit. En ce dormir il li ſembloit que elle voyoit Madame, & s'agenoüil-loit deuant li, & li faiſoit ſa priere ainſi comme deuant à jointes mains, & Madame li reſpondoit, *allez à mon frere:* aprés elle li ſembloit que elle voyoit mout de gens ainſi comme Pelerins aller à la tumbe Monſeigneur le Roy, & li eſtoit aduis que elle n'y pouuoit aller, pour ce ſi crioit au Roy, SIRE, *je crie à vous miſericorde, ſenez moy*, & li ſembla que elle fut portée à la tumbe Monſeigneur le Roy, & que Madame y eſtoit, & li ſembloit que li Roy te-noit ſa main dextre en haut deſſus la tumbe, & Madame li diſoit, SIRE, *ſe-gnez, ou ſanez ceſte ſœur*, & il la ſegna, & li diſt, *vous ſerez guerie dedans huiſt jours,* & tantoſt comme elle fut eſueillée, elle conta ceſte choſe à ſeur Ma-haut qui la gardoit, & li dit, Ie ſuis guerie, & cét verité que el fut tantoſt guerie: li Conuent la vit malade, & vit la ſanté.

Icelle meſme ſœur Iehanne de Louuetaines eut vne mout griefue maladie, qui li dura bien trois ans, & peu auoit d'eſperance de jamais auoir ſanté pour la griefueté de la maladie. Elle ſe voüa à Madame noſtre ſainſte Mere, & li promit que elle jeuſneroit en pain & en eau par trois Samedis. Quand elle eut ainſi jeuſné ſi diſt à noſtre ſainſte Dame, A a ma douce Dame or ay-je jeuſ-né par trois Samedis en pain & en eau qui mout m'ont couſté, & encore ne ſuis-je point confortée; elle s'endormit, & li ſembla que elle fuſt portée ſur la tumbe Madame, & que Madame ſe ſeoit ſur la tumbe, dont la malade fut vn peu eſpouuentée, & li ſouuint, & diſt à ſoy-meſmes, *C'eſt celle à qui tu re-quiers aide*, & ſembloit à la ſœur que Madame venoit en contre li, & elle di-ſoit à Madame, *Madame, je vous prie que vous m'aidez enuers Noſtre Seigneur, & me ſanez*, & Madame la prit entre ſes mains, & li dit, *allez à mon frere*. A-donc il ſembloit à la ſœur que elle voyoit vne proceſſion de Roys mout no-blement appareillez, & tous couronnez, & en la fin de celle proceſſion eſtoit Monſeigneur le Roy Louys: Madame prit la ſœur, & la mit deuant luy, & li dit qu'il la ſegnât: Monſeigneur le Roy ſegna la ſœur, & li diſt, *vous ſerez toute guerie*, & certainement la ſœur fut toute guerie, ſi comme il apparut aprés que toutes virent que elle fut guerie, & onques puis n'eut tache de la maladie.

Il auint à ſœur Sare de Houpelines que vn mout felon chien de noſtre maiſon, qui mout auoit faiſt des maux aux ſœurs, eſchappa, & li va ſaillir au viſage, & elle mit ſa main au deuant, le chien la prit par la main, & li fiſt dou-ze playes en la main, & au bras, aprés il la prit par la cuiſſe, de lés le genoüil, & li fit mout de grandes playes. Illec auoit mout de ſœurs qui s'efforçoient de li ſecourre, mais elles ne pouuoient oſter le chien deli. Adonc ſœur Sare requit noſtre Seigneur, & noſtre Dame, & noſtre ſainſte Mere, Madame Iſabel, à qui elle dit ainſi, *Ma douce Mere, me laiſſerez-vous manger aux chiens*, & tantoſt le chien s'en alla de ſa volonté, & la laiſſa, & elle demeura mout griefuement

Z ij

naurée : aprés ce la cuiſſe de la ſœur enfla, & aggreua ſi forment que l'on cuida que elle deût mourir : & adonc elle demeura par congé toute ſeule à la tumbe Madame tant comme li Conuent mangea, & pria Dieu & noſtre Dame, & Madame noſtre ſainᴄte Mere, que elle ly aidaſt, & tantoſt auant que li Conuent euſt mangé, elle ſe ſentit allegée de ſa grande maladie de l'enfleure, & eſt toute guerie, & ce vit ſœur Iſabel de Tremblay qui la gardoit, & pluſieurs autres ſœurs, & nous le voyons que elle eſt toute guerie.

Pluſieurs ſœurs ont veu grand clarté pluſieurs fois entour la tumbe noſtre ſainᴄte Dame & Mere ; entour l'heur de Matines, & autres choſes deuotes qui longues ſont à raconter.

Li Breuiere ſœur Agnes de Paris cheut en eau tout ouuert, & fut ſi dutout mouillé dedans & dehors, qu'il ne ſembloit pas qu'il fuſt jamais conuenable à lire la lettre : l'on le porta par deuotion ſus la tumbe à noſtre ſainᴄte Dame, & le laiſſa l'on illec entour trois heures. Il fut reſtauré en ſon premier eſtat, & eſt beau & liſable comme deuant ce qu'il cheut en l'eau.

Icelle meſme ſœur Agnes auoit ſi mal dedans le conduit de ſa gorge, que elle eſtoit mout effrayée. Si toſt comme elle eut mis ſur le mal aucunes des choſes qui auoient touché au ſainᴄt corps de Madame, elle rendit par la bouche ainſi comme palu, & fut nettement guerie.

Nous pourrions raconter à briefues paroles les biens, & les conſolations ſpiritueles que elle a faiᴄt aux perſonnes qui deuotement li ont requis aide de quelconque tribulation & meſaiſe l'on la requiert : elle ſecourt & conforte iſnelèment qui de vray cœur la prie.

Vne femme de Paris, qui a nom Agnes la Coffriere, auoit vn enfant mout griefuement malade, & n'i attendoit l'on que la mort : elle l'aimoit mout, car elle n'auoit plus d'enfans, elle & autres perſonnes auoient veillé deuant l'enfant, pour ce que l'on attendoit ſa fin. L'on la fit aller repoſer, elle s'endormit, & en ce dormir il li ſembla que elle ouyt vne voix qui li diᴄt, *Agnes, voüe ton enfant à Madame Iſabel prés de S. Clou, & li offre le hanap que ton pere te donna, & ton enfant ſera gueri.* Lendemain elle vint à noſtre maiſon en pelerinage, & offrit le hanap, & li enfant fut gueri.

Vne femme de Surenes, qui a nom Agnes, perdit la veuë de ſes yeux par force de maladie : elle ſe fit amener à noſtre Abbaye, & ſe voüa à noſtre ſainᴄte Dame, & li promit deux yeux de cire : ſitoſt comme elle eut fait ſon vœu, & l'oraiſon au monſtier, elle vit, & en ce jour elle receut plainement la veuë.

Vne pucelle qui eſtoit deux lieuës loing de noſtre Egliſe eſtoit en peril de perdre ſa virginité, & la nuit auant que elle fut liurée, noſtre ſainᴄte Dame li apparut en dormant, & li dit, *Leue ſus, va à m'Abbaye qui eſt prés de ſainᴄt Clou, & tu ſeras deliurée ;* la pucelle ſe leua trés-matin, & comme elle ne ſceut quelle part l'Abbaye fut, elle accourut tout droit, & vint ſi ſuant & ſi laſſée de courre, que à peine pouuoit-elle auoir s'haleine, & pour le grand deſir qu'elle auoit d'eſtre ſauuée elle laiſſa ſon ſercot au boias pour pluſtoſt accourre, & fut li ſercot trouué, ſi comme Dieu veut, & d'illec en auant la pucelle demeura en ſa neteté, & mena belle vie, & honneſte, ſi comme teſmoignent les perſonnes entre qui elle demeura.

Deux hommes deuers Tournay vindrent à noſtre Abbaye, & apporterent à l'offrande deux chandeles de leur long, & requirent que l'on leur monſtraſt la tumbe noſtre ſainᴄte Dame, & dirent que ils eſtoient en priſon & en peril de la mort de la corde, & vne voix leur diᴄt, *Voüez-vous à Madame Iſabel prés de S. Clou, & vous ſerez deliurez.* Et pour ce ils eſtoient venus, & requeroient à grande inſtance à voir la tumbe de la Benoiſte Dame. On leur répondit qu'il n'eſtoit pas accouſtumé d'ouurir ſouuent la feneſtre : on fit ardre leurs chandeles entour la tumbe, & ils s'en ralerent tous deliurez.

La Guete de noſtre maiſon netoyoit le monſtier, & eſtoit aux voutes en vne corbeille tirée à cordes par engin, la corde rompit, & il cheut fur les eftaux du monftier, & fut mout caffé, & eut vne playe en fon chef de ce qui fe bleça au choir, & fut merueille qu'il ne fut tout eceruellez, & doubta l'on qu'il ne mourut, & conuint les freres venir à grand hafte pour luy conconfeffer. Les fœurs en eurent mout grand pitié, & le voüerent à Madame noftre fainte Mere, & dedans brief temps il fut tout gueri, & n'eut nul mehaing de la bleffure.

Quand Madame la Reine demeuroit en noftre maifon, li valet à fon Aumonier fut malade, & cheut en forte frenaifie. Bonnes gens eurent pitié de luy, & le voüerent à Madame noftre fainte Dame & Mere, & li offrirent vne chandelle du long au malade, tantoft li malade reuint en fon fens, & fut gueri de la frenaifie, & fe confeffa, & s'appareilla, & ce virent le frere de noftre maifon, & plufieurs autres gens.

Philippe Procureur de noftre Abbaye auoit fiebure tierçaine fi afpre, que l'en doubtoit qu'il ne perdift fon fens. Il ne pouuoit füer pour rien que l'en li fift: fi-toft comme l'on le coucha fus l'oreiller, que Madame noftre fainte Mere eut en foubs fon chef, tantoft il fua & fut tout gueri.

Le fils Richart aprés ce qu'il euft eu fus foy de la terre qui fut prife entour la fepulture de la fainte Dame, fut gueri de fiebure quotidiane que il auoit eu grand' piece.

X L. Miracles.

Voyez Waddingus in Annalib. Minor. A. 1252. N. 1. & A. 1254. N. 33. 34.

# TESTAMENT
## DE PIERRE COMTE D'ALANÇON
### FILS DE S. LOVYS,

*Communiqué par M<sup>r</sup> DE VYON Seigneur D'HEROVVAL.*

EN non du Pere & du Fils & du Sainct Efperit. Amen. Nous Pierre fils le Roi de France Cuens de Alençon, de Blois, & de Chartres, & Sires de Auefnes, & de Guife; fefons à fauoir à tous que nous en noftre boen fens & en noftre boenne fanté, pour le remede de noftre ame, fefons noftre teftament, & ordenons de noftre derreine volenté, en la maniere qu'il eft efcript ci-aprés. Premierement, nous voulons & ordenons que tout ce que nous deuons, & que nous deurons en tans de noftre mort foit rendu à nos deteurs, & tous nos torfes foient amendé, & tout ce que nous auons acquis mauuefement par nous ou par nos ferians, ou par nos officiaus en non de nous, de coi l'en pourra fauoir la verité foient rendu & reftabli de nos biens à ceus de qui nous les aurons eus. Et pour que cefte chofe foit fete plus haftiuement, nous voulons & commendons que nos executeurs qui feront nommé ci-prés mettent au plus toft qu'ils pourront en boenne maniere aprés noftre decés, deus inquifiteurs en nos terres, c'eft à enquerre, & à reftablir tous nos forfais, & tout ce que nous auons & aurions acquis mauuefement. Et fe il auient que les perfones ou aucunes des perfones à qui la reftitution deuroit eftre faite, ne veniffent auant, ou ne peuffent loiaument eftre trouuées, nous voulons & ordenons pour le remede de noftre ame, & des ames à ceus à qui les biens furent, que li bien qui reftabli leur deuroient eftre, foient defpendus en fecours de la Terre Sainte, felonc l'ordenance de ces meimes executeurs, lefquels nous faifons juges de nos torfes, & de nos detes, en tele maniere que leur fentence foit auffi ferme

& auſſi eſtable, com ſe nous meimes en auions fet reconneſſance par nos Lettres pendans. Et voulons & donnons planier pouoir à nos executeurs, s'il auenoit par auenture que nous peuſſions mie aler en veage de la Crois, pour maladie de cors, que nous euſſons, ou ſe il auenoit que nous mourcuſſions ençois que l'en alaſt en celui veage, que eus puiſſent meimbre le veu de nôtre Crois par certaine quantité des biens meubles, & non meubles que nous aurions en tans de noſtre mort, en maniere que nous euſſions entierement le pardon. Aprés ce nous leſſons à nos meinées qui nous ont ſerui & nous ſeruiront en tans de noſtre mort, & à ceus meimes qui mors ſeroient ſe nous ne leur auions fet ſoufiſant guerredon de leur ſeruice, deus mille liures tournois à departir par nos executeurs à chaſcun ſelonc ce que nous ſerions tenus à eus, & ſelonc le tans qu'il nous auront ſerui, & ſelonc le ſeruice que chaſcun nous aura fet, ſelonc ce qu'il eſt contenu en vn autre teſtament que nous auons fet de noſtre meniée. Item nous leſſons au premier Chapiſtre General de l'Ordre de Ciſtiaus, en quel noſtre obis ſera premierement nonciés cent liures pour pitance, en tele maniere que li argens ne ſoit pas departis par les Abbés en ſoit tous deſpendus au Moines Procureeurs vn jour que les Abbés & les Moines, & les Conuers qui ſeroient preſent au Chapiſtre. Et ce jour nous requerons pour Dieu, qui facent l'Office de Mors pour nous, & requerons de chaſcun Moine preſent à celui Chapiſtre vne Meſſe priuée, au pluſtoſt qu'il pourra quant il en ſera aeſies, & requerons de chaſcun Moine de l'Ordre vne Meſſe, ſe ainſſint n'eſtoit que nous n'euſſions lettres du tout, & ſe nous en auons lettres, il demourront en la fourme qu'il eſt eſcript deſus, & leur requerons pleniere participation en tous les biens fais & à faire par toute l'Ordre à tous jours mes. Au premier Chapiſtre General de l'Ordre de Clugni cinquante liures en autel fourme. Au premier Chapiſtre General de l'Ordre de Premonſtré vint & cinc liures en autel fourme. Au premier Chapiſtre General de Chartreuſe cent ſous en tel fourme. Au premier Chapiſtre General de Grantmont dis liures en autel fourme. Au premier Chapiſtre General de la Trinité cent ſous, en tel fourme. Au premier Chapiſtre General du Val des Eſcoliers cent ſous, en tel fourme. Au premier Chapiſtre General du Val des Chous cent ſous, en tel fourme. Au premier Chapiſtre General de l'Ordre des Freres Preſcheours, puis que noſtre obis ſera ſeus, trente liures pour pitance fere le jour que le Chapiſtre ſera, en autel fourme com deſus. Au premier Chapiſtre Prouincial de cele meime Ordre de France où noſtre obis ſera nonciés dis liures pour pitance en autel fourme. Au premier Chapiſtre General des Freres Meneurs, puis que noſtre obis ſera ſeus, trente liures en autel fourme. Au premier Chapiſtre Prouincial de cele meime Ordre de la Prouince de France, dix liures pour pitance en autel fourme. Au premier Chapiſtre General de l'Ordre de la penitance Ieſus-Criſt qui ſera tenus puis que noſtre obis ſera ſeus, cent ſous pour pitance, en autel fourme. Au premier Chapiſtre Prouincial de cele meimes Ordre de la Prouince de France, cinquante ſous en autel fourme. Au Couuent de ſaint Denis en France, pour pitance, vint liures, & leur requeron l'Office des Mors. Au Couuent de Cleruaus cent ſous pour pitance, en autel fourme; & requerons pour nous & pour noſtre chier ſuer don le cuer i giſt, vne meſſe ſollempnel, cele journée, & que ele ait autele participation en ce qu'il nous ottroieront, cum nous aurons. Au Couuent de Roiaumont dis liures pour pitance, & vint liures pour leurs neceſſités & requerons vne Meſſe ſollempnel, & de chaſcun Preſtre vne Meſſe priuée. Au Couuent de Noſtre Dame la Real de cele meimes Ordre cent ſous pour pitance, & quinze liures pour leurs neceſſités, & requerons Meſſes & oraiſons pour nous, eſqueles nous aqueullons noſtre acole la Raine Blanche qui laiens giſt. Au Couuent du Lis delés Meleun cent ſous pour pitance, & dis liures pour leurs neceſſités, & requerons Meſſes & oroiſons pour nous, eſqueles nous aqueullons noſtre acole la Raine Blanche, dont li cors giſt laiens. Au Cou-

# DE PIERRE COMTE D'ALENÇON.

uent de Porrois quarante fous pour pitance. Au Couuent de Clarai quatre liures pour pitance. Au Couuent de Vernillers delés la Ferté Aalés foiſſante fous pour pitance. Au Couuent de Leue foiſſante fous pour pitance, & dis liures pour leurs neceſſités. A vint poures Abbaies de cele meime Ordre qui ſont Nonnains, des queles i ſemblera bien à nos executeurs à chaſcune quarante fous, pour leurs neceſſités. Au Couuent de S. Antoine de lés Paris ſoiſſante fous pour pitance, & dis liures pour leurs neceſſités, & requerons Meſſes & oroiſons pour nous. Aus Freres Preecheeurs de Paris cent liures. Aus Freres Meneurs de Paris cent liures. Aus Freres Preecheeurs de Chartres vint liures. Aus Freres Meneurs de Chartres vint liures. Aus Freres Preecheeurs du Mans foiſſante fous. Aus Freres Meneurs du Mans foiſſante fous. Aus Freres Meneurs de Sés vint liures. Aus Freres Meneurs de Chaſteaudun cent fous. Au Freres Preecheeurs de Blois dis liures. Au Couuent de Lumilité de lés ſainct Clooſt cent fous pour pitance, & quinze liures pour leurs neceſſités, & requerons Meſſes & oroiſons pour nous, eſqueles nous aqueullons noſtre chiere tante qui giſt laiens. Aus Sereurs de ſaint Dominique de lés Montargis quarante fous pour pitance, & cent fous pour leurs neceſſités, & requerons Meſſes & oroiſons pour nous. Aus Sereurs de ſaint Mahi de lés Roan foiſſante fous pour pitance, & requeron Meſſes & oroiſons pour nous. Aus Nonnains de la Barre pour l'œuure de leur Egliſe vint liures, & foiſſante fous pour pitance, & requerons Meſſes & oroiſons pour nous, eſqueles nous aqueullons noſtre chiere ſuer qui giſt laiens. Aus Freres de la Trinité de Paris foiſſante fous pour pitance, & leur requerons vne Meſſe conuentuel, & de chaſcun frere Preſtre vne Meſſe priuée. Aus Freres de Fontainebliaut de cele meime Ordre quarante fous en autel fourme. Aus Freres du Val des Eſcoliers de Paris foiſſante fous en autel fourme. Aus Freres de la Penitence de IESVS CHRIST de Paris quarante fous pour pitance, & foiſſante fous pour leurs neceſſités en autel fourme. Aus Freres de Vauuert de l'Ordre de Chartreuſe de lés Paris cinquante fous en autel fourme. Aus Beguines de Paris cent fous, & requerons Meſſes & oroiſons pour nous. Aus poures Beguines d'Auaucerre*, à Cambrai, à Niuelle, à Doay, & à Liege foiſſante liures, & leur requerons deuotement Meſſes, & oroiſons pour nous. Aus Filles Dieu de Paris foiſſante fous pour pitance, & leur requerons Meſſes & oroiſons pour nous. Aus Filles-Dieu de Chartres cinquante fous en autel fourme. A l'Abbaie du Iart de lés Meleun, pour acheter rente pour fere noſtre anniuerſaire à tousjours mes trente liures. A ſainct Cheron de lés Chartres quarante fous pour pitance, & requerons l'office de mors pour nous, & de chaſcun Preſtre vne Meſſe priuée. A l'Abbaie de ſainct Martin en Valée dis liures pour leurs neceſſités, & cinquante fous pour pitance, & requerons l'office de mors, & de chaſcun Preſtre vne Meſſe priuée. A l'Abbaie de ſaint Pere en Val autant, & en autel fourme comme à ſaint Martin en Valée. A l'Abbaie de Ioſaphas foiſſante fous pour pitance, & l'office de mors & Meſſes en autel fourme com à ſaint Martin. A l'Abbaie de ſaint Iehan en Valée cinquante liures ſe einſint eſtoit que nous fuſſions tenu à fere leur nulle reſtitution, & ſe nous n'i eſtions tenus, ſi voulons nous qu'il les aient en non de les, & cinquante fous pour pitance, & leur requerons l'office de mors, & à chaſcun Preſtre vne Meſſe priuée. A la Trape quarante fous pour pitance, & dis liures pour leurs neceſſités. A ſaint Martin de Sés cinquante liures en autel fourme com à ſaint Iehan en Valée. A Cheſnegalon vint fous pour pitance, & cent fous pour leurs neceſſités. A Chartreuſe en Alençonnois trente fous pour pitance, & dis liures pour leurs neceſſités. A Tiron foiſſante fous pour pitance, & dis liures pour leurs neceſſités. A Perſeigne vint fous pour pitance, & quatre liures pour leurs neceſſités. A l'Abbaie de Bernai quarante liures en autel fourme comme à S. Iehan en Valée. A l'Abbaie de Troüart quarante liures en autel fourme com à Bernai. A S. Vincent en Bois de lés Chartres quarante fous pour pitance, & dis liures pour leurs neceſſités.

*d'Aucerre

A chafcun lieu de religion qui eft en noftre domaine, & en domaine de noftre tres-chiere compengne, & en nos fiés, & en nos rierefiés, & és fiés & és rierefiés de noftre tres-chiere compengne, où il habite mains de fept perfonnes, foient Moines, ou Nonnains, Chanoines ou Chanoineffes, à qui nous ne fefons les efpecial pour chafcune tele perfonne douze deniers pour pitance, & leur requerons qu'il facent l'office de mors pour nous. A chafcune Mefon-Dieu de Paris pour pitance vint fous. A la Mefon-Dieu de Alençon à acheter rente cent fous. A la Mefon-Dieu de Sés quarante fous. A la Mefon-Dieu de Chartres de lés noftre Dame cinquante fous. A chafcune Mefon-Dieu qui fiet en cité, en chaftel ou en vile de noftre domaine, ou en domaine de noftre chiere compengne, dis fous. A la Mefon-Dieu de Boenne Val pour pitance aus poures vint fous. Au Conuent de Boenne Val foiffante fous pour pitance, & dis liures pour leurs neceffités, & leur requerons l'office de mors, & de chafcun Preftre vne Meffe priuée. Aus Freres Preecheeurs de Prouuins dis liures pour leur ouureingnes, & quarante fous pour pitance, & leur requerons l'office de mors, & de chafcun Preftre vne Meffe priuée, & acompengnons noftre chier frere le Roi Thibaut dont le cuer gift laiens. Aus freres Preecheeurs de Compigne en autel forme cinquante fous. Au Conuent de Sarnai dis liures pour leurs neceffités, & cinquante fous pour pitance, & requerons l'office de mors pour nous, & de chafcun Preftre vne Meffe priuée. A la Maladerie de faint Ladre de Paris pour pitance vint fous, aus Freres & aus Sereurs, & aus malades, & leur requerons que eus facent l'office de mors pour nous. A la Maladerie du Roule de lez Paris dis fous en autel fourme. A la Maladerie de lez Paris en la ban-lieuë dis fous en autel fourme. A la Maladerie de Beaulieu de lez Chartres vint fous en autel fourme. A la ban-lieuë de Chartres vint fous en autel fourme. A la Maladerie de Sés vint fous en autel fourme. A la Maladerie de Alençon vint fous en autel fourme. A chafcun bordiau, où il habite malades en noftre demaine, ou en nos fiés, ou en nos rierefiés, & ou demaine, & en fiés & en rierefiés de noftre tres-chiere compengne douze deniers. Aus malades de faint Liefort dis fous. Au boens Enfans de Paris quarante fous. Aus Efcoliers de faint Thomas de Louure vint fous. Aus Efcoliers de faint Honoré vint fous. Aus poures de Chartres, & de viles apartenans à la Conté de Chartres, qui font de noftre domaine pour departir par nos executeurs en la Conté de Chartres, en la maniere que il verront qui vaudra mieus, cent liures. A l'euure de l'Eglife de Vendieres fous Montmireul dis liures. A departir à poures en la terre d'Auefnes, de Guife, & de Terefche, par nos executeurs en la maniere que eus verront qui vaudra mieus, fis vins liures. A departir à poures en la Conté de Blois en la terre que nous tenons, quant aores, quatre-vins liures en autel fourme. Et pour foulers & buriaus à departir en noftre terre de noftre heritage foiffante liures, & pour menuës aumones en noftre terre de noftre heritage foiffante liures. A poures honteus de la Conté de Chartres vint liures. A poures honteus de noftre terre de noftre heritage trente liures. A trois poures gentis fames de noftre heritage marier trente liures. A fis poures fames marier, non pas gentis fames, en noftre terre de noftre heritage vint liures. Pour buriaus & foulers à departir en la Conté de Chartres par nos executeurs, felonc ce qu'il verront que ce foit le profit de noftre ame, cinquante liures. Et voulons que nos executeurs enquierent diligemment des domages que l'en auroit eu pour refon des entredis (ou enterdis) qu'il auront efté mis, & des fentences en noftre terre, & en la terre de noftre chiere compengne, en noftre tans, jufques au jour de noftre mort, lefquiels domages nous voulons que nos executeurs rendent fe il voient que nous i foions tenus. Et voulons & quemendons que nos executeurs facent reftitution felonc ce qu'il leur fera auis que boen foit, à quoi il verront que nous ferons tenus, au Chapiftre de Chartres, & à toutes autres manieres de gens de noftre terre de Alençon, & de Chartres qui feront venus au Parlement à Paris

par

# DE PIERRE COMTE D'ALENÇON.

par la femonfe de nos gens, ou par autre maniere des defpens qu'ils auront fés en alant, & en venant, & en demourant à Paris, & de ce qu'il i demourroient plus longuement pour noftre deloi cum nous feuffions tenus à les deliurer en nos terres, & en nos païs. Et voulons & ordenons que ce que nous auons donné & donrons à nos meniées pour leur feruices, & à noftre volenté, que tout foit à toutes leur vies, fe nous ne le rapelons, & toutes les chofes que nous leur auons donné & dorrons foit à vie, foit à heritage, nous leur affignons fur noftre heritage. A l'efgart de nos executeurs les bourfes que nous auons donné à Efcoliers & à Conuers, nous voulons qu'elles ceffent aprés noftre mort. Aprés ce nous leffons pour departir à menuës gens par le confeil de nos executeurs pour reftor de domages de blés, & de vignes, & d'autres domages que nous ne poons pas fauoir foiffante liures, & donnons poer à nos executeurs qu'ils puiffent affener fus noftre heritage s'il voient que nous i foions tenus, anffint cum fe nous les i euffions affenés par nos lettres les aumonés deffus dis. Et entendons que fe nous ne fommes tenus à aucune reftitution aus lieus ou aus perfonnes à qui nous fefons lés, & il n'ont pas de nous ou de nos anceffeurs lettres ou preues fouffifans, que nous leur doions ce que nous leur leffons, foit à nous en acquittance, & à eus en acquittance de reftitution, par tant con nous leur leffons. Pour toutes ces reftitutions fere, & tous ces lés paier nous voulons que nos executeurs defous només aient en leur main, & les i metons des orendroit, tout noftre veffelément, nos jouiaus, tous nos cheuaus, & generaument tous nos meubles quel qu'il foient, & en quelque lieu que il foient, que nous auons à prefent, & aurons en tans de noftre mort, defquiels nous nauon autrement ordené ou ordenerons auant noftre mort, & dis mille liures tournois, lefquels noftre tres-chier Seigneur & frere li Roi de France nous a donné à faire noftre teftament. Tous les lés que nous fefons ci defus font à tournois. Toutes nos detes que nous auons fet d'emprunt chés, & à qui nous fommes tenus par nos lettres & fans lettres, ou ferons tenus en tans de noftre mort, nous les affignons fur noftre heritage, & oblijons à ce toute noftre heritage, pour noftre partie des dettes, & nos hoirs foient de noftre cors foient autres, en tele maniere que les dis mille liures defus dites, tous nos joiaux, tout noftre veffellement, & tous nos cheuaus, & tous nos muebles foient conuerti à paier toutes nos reftitutions, des queles enquefte fera fete, & nos lés, pour fere les defpens de noftre execution. Et voulons & ordenons que nos executeurs prengnent les defpens que eus feront à metre noftre execution à fin, fur tous nos biens meubles & non meubles, & les metons defia en leur main, & voulons & commendons que il foient creu des defpens que il feront par refon de l'execution par leur fimple parole fans nulle autre preuue. Noftre fepulture de noftre orde charoigne nous elifons chés les Freres Meneurs de Paris, & la fepulture de noftre mauués cuer nous elifons chés les Freres Preecheeurs de Paris, quelque part que nous muirons. Et s'il auenoit que nous moureuffions fi loings que noftre cors ne peut eftre enticrement apportés, fi volons-nous que nos os & noftre cuer foient apportés à ces lieus defus dis. A toutes ces chofes defus dites loiaument mener à fin, nous eftabliffons nos executeurs, noftre tres-chier & amé Seigneur & frere Philippes par la grace de Dieu Roi de France, auquel nous prions & foupplions tant con nous poons que cefte noftre execution voille receuoir en foi: & fe ne li plefoit à la receuoir, nous li prions que à nos executeurs foit boens aidierres & boens defendierres de noftre execution mettre à fin. Et que à ce grant befoing du falu de noftre ame nous foit loiaus freres & loiaus amis: car l'en dit en prouerbe, que mort n'a ami. Auecques ce nous nommons nos executeurs Meftre Pierre Challon, Doyen de faint Martin de Tours, qui porte le feel noftre chier Seigneur le Roi de France, ou celui qui le portera ou tans de noftre mort. Meftre Hemeri Archediacre de Montfort en l'Eglife dou Mans, Frere Simon du Val de l'Ordre des Freres Preecheeurs, Meftre Guilliaume de Chaftelairaut Prieur de Madame fainte Raagunde de Poitiers no-

A 2

ſtre amé Clerc, Meſtre Aubert de Malle noſtre amé Clerc Chanoine de Loon, Frere Lorens Confeſſor noſtre tres-chier Seigneur & Frere le Roi de France, ou celui qui feroit ſon confeſſor en tans de noſtre mort, Frere Iehan de Samois de l'Ordre des Freres Meneurs, & Oudart du Val noſtre Chamellan. En tele maniere que ſe tuit cil ni puent ou ne veulent eſtre enſemble à ceſte noſtre execution pourſuiure, que li dui, ou li troi de aus, aillent auant en l'execution mettre à fin, & que leur fait ſoit eſtable. Et ſe il auenoit que aucune doutance, ou aucune queſtion naquiſt de noſtre Teſtament, ne de choſe qui ſoit contenuë ou Teſtament, nous voulons que la declaration en ſoit à nos executeurs, & que leur declaration ſoit auſſint tenuë con ſe nous l'auions faite de noſtre bouche. Et ſe ciſt noſtre Teſtament en tout ou en partie ne valoit par reſon de Teſtament, ſi voulons que il vaille en quelcumque Ordenance de derrienne volenté. Et volons & commendons que nos executeurs puiſſent amenuiſer les lés que nous auons ci-deſſus fais par grace s'il voiaent que meſtiers fuſt, exceptés ceus de ſaint Iehan en Valée, de Chartres, & les autres qui ſont en la condition de ſaint Iehan en Valée. Et ſe nos biens montoient plus en tans de noſtre mort, que les lés que nous aurions fais, nous voulons que nos executeurs les departent aus lieus & aus perſonnes deſus dites, & à nos meiniées ſelonc ce qu'il verront que ce ſoit le profit de noſtre ame. De nos reliques, & des veſſiaus en coi eſſont, & de nos paremens & veſtemens & liures & toutes choſes de Chapelle, nous voulons que nos executeurs les departent aus lieus de religions deſus nommés, ſelonc ce que eus verront que ce ſoit le profit de noſtre ame. Et s'il auenoit que li vns ou pluſieurs de nos executeurs mourruſſent ou ne ſe vouſſiſſent, ou ne ſe peuſſent entremettre de noſtre execution, nous voulons que ceus qui demourroient peuſſent mettre un autre ou autres, en lieu de celui ou de ceus qui mourroient, ou qui ne ſe voudroient ou ne ſe pourroient entremettre, & que celuy, ou ceus qu'il mettroient, euſſent autel pooir con ſe nous meiſmes l'auions nommé de noſtre bouche. Et voulons & prions nos executeurs que li vns de eus, ou aucun de par eus ſoit preſent à tous les Chapiſtres, & à tous les lieus deſus nommés, pour fere les pitances, & pour requerre Meſſes & oroiſons pour nous, ſi con il eſt deſus deuiſé. Et voulons & requerons à nos executeurs que eus, ou aucun de eus prie de par nous noſtre tres-chier Seigneur & Frere le Roi de France, noſtre tres-chiere Dame & Mere la Raine, noſtre tres-chiere compengne la Conteſſe, & nos autres amis qu'il nous vueillent aidier & ſecourre de Meſſes, d'oroiſons, & d'aumoſnes, & que eus nous vueillent eſtre loiaus amis à ceſtui grant beſoing, & nous meiſmes les en prions & requerons par les paroles que Iob diſt, *Miſeremini mei, miſeremini mei, ſaltem vos amici mei, quia manus Domini tetigit me.* Et ordenons & prions, & commendons eſtroitement à nos executeurs que eus ne mettent pas plus de cinquante liures tournois en toutes choſes à fere tombe ſur noſtre cors, ne plus de trente liures tournois à faire tombe ſur noſtre cuer. Et pource que ces choſes ſoient fermes & eſtables, nous auons fet ſeeler ce preſent eſcrit de noſtre ſeel. Et requerons & prions nos executeurs que eus mettent leurs ſeaus à ce preſent eſcrit aueques le noſtre en ſigne qu'il aient receu ſeur eus la charge de noſtre execution. Ce fu donné l'an de l'Incarnation noſtre Seigneur mil deus cens quatre-vins & deus en mois de Iuignet.

# TABLE

## DES PRINCIPALES MATIERES
contenuës en l'Histoire de S. Louys, écrite par le Sire de Ioinuille.

### A

Abbayes & Eglises fondées par Saint Louys, 121. c
Abbé de Cheminon. 23
Abbé de Cluny fait present à Saint Louys de deux Palefrois. 116
Acre & son fauxbourg fortifiez par le Legat. 111. a. & par S.Louys. 111. Prise par les Chrétiens. 16. c
Aiguemortes. 116. b
Aix en Prouence. 118
Alemans, Cheualiers de l'Ordre Theutonique. 107. b. c
Ambassade des Tartares à S. Louys. 25. du Vieil de la Montagne. 85. du Sultan d'Egypte. 96. c
Amiral. 56
Arles le Blanc. 24. a
Armoiries du Comte de Iaphe. 29. c. 97. a
Aumosnes des Vsuriers. 7. b

### B

Bahairris, officiers du Sultan. 55. c
Baphe, ville de Cypre. 112. c.
Barons de France conspirent contre S. Louys 16. 17
Bataille de Tallebourg. 21. de la Massoure. 42. 43.
Beduins, peuples de la Tetre Sainte. 41. 48. c 52. 85. c 87. a
Beffrois. 37. b
Belinas, ville de la Terre Sainte. 106. c
Bernicles, quelle sorte de tourment. 67. c
Blasphemateurs punis par S. Louys. 120. c
Blecourt, en Champagne. 23. 116
Boudendars. 56
Bourdons des Pelerins. 23. b
Broderies aux Cotes d'armes. 5
Burbote, espece de poisson. 57. c
Butin comment se partageoit. 32. a

### C

Camelin. 8
Canonization de S. Louys. 129
Casel, ville d'Egypte. 61. c
Cesaire ville de la Terre Sainte. 95

Casarea Philippi. 106. 111. a
Chamelle, siege d'vn Sultan. 100
Chas châteil brûlez. 39. 40.
Chasse aux Lyons. 93. Chasse du Gazel. 95. c
Château des Machabées en la Terre Sainte. 103. b
Chasteil, ou meuble. 7
Chastel pelerin, en la Terre Sainte. 99. a
Cheualier pris au bordel puny. 95
Cheualier ne peut estre arresté par vn Sergeant. 96. b. Vn Sultan fait Cheualier par l'Empereur Frederic II. 96. c
Cheuillon, maison du Sire de Ioinuille. 129. c
Comains. 94. c
Comté de Dammartin. 14. b
Corps de N. S. deuenu chair entre les mains d'vn Prestre. 11. porté dans les vaisseaux. 8. 112. a
Cors Sarrazinois. 30. c 56. a
Cotes d'armes brodées. 5
Cour solemnelle tenuë à Saumur par Saint Louys. 26
Couronnement de S. Louys. 15. a
Croix noires portées dans les processions le jour de S. Marc. 15. a

### D

Damiete prise par le Roy Iean. 31. abandonnée à S. Louys par les Sarrazins. 31. renduë par Saint Louys aux Sarrazins. 67. 68
Dammartin Comté donné aux heritiers de la Comtesse de Boulogne. 14. b
Destroit de Maroc. 93. c
Diable, son nom n'osoit se prononcer par les Chrestiens. 4. c
Dieu, ce que c'est. 5. c
Dispute entre des Clercs & des Iuifs à Cluny. 11. b

### E

Eglise de S. Estienne de Troies bâtie par Henry Comte de Champagne. 19. c
Elephant presenté à S. Louys par les Egyptiens. 97. c
Enfans de tribut chez les Turcs. 55. c
Enqueste pour la Canonization de S. Louys. 128. 129

Aa ij

# TABLE

Enseignemens que S. Louys laissa à Philippes son fils auant sa mort. 126
Eschaller, quelle peine. 120. *b*
Escharpe des Pelerins. 23. *b*
Escossois grands voyageurs. 4. *b*.
Esparnay brûlé par le Comte de Champagne. 18
Esperer, pour craindre. 64. *c*
Excommuniez obligez de se faire absoudre. 13
Executeurs des Testamens. 7. *c*

## F

FEv Gregeois. 39. *a* 46. *c* 52. *b* 53. 61. *c*. 70. *c*
Fontainebliaut. 4. *b*
Fontaine l'Archeuesque. 22
Fondation d'vne Messe perpetuelle en l'honneur de S. Louys par le Sire de Ioinuille en sa Chapelle. 129. *c*
Fraternitez contractées par le sang. 94. *b*

## G

GArbvn, nom d'vn vent. 8. *c*
Garnutes, & leurs peaux. 118. *c*
Gazel, espece d'animal. 95. *c*
Sainte Geneuiéue reclamée par saint Louys. 15. *b*
Guerre du Comte de la Marche. 21. de Gascogne. 21. des Sultans de Babylone & de Hamaut. 27. *b*. des Comtes de Chalon & de Bourgogne. 119. *c*

## H

HAbits, & la moderation qui y est à obseruer. 5. *b* 118. *c*
La Hauqua, Archers de la garde des Sultans. 55. 56. 69. *c* 70
Hugues Cordelier d'Yerres prêche deuant saint Louys. 117. *a*. meurt en reputation de sainteté. *ibid.*

## I

S. Iacqves reclamé par S. Louys. 15. *b*
Iaphe assiegée par le Sultan de la Chamele. 99. 100. fermée par S. Louys. 97. *a* 104. *c* 106. *d*
maniere d'Inhumer le Roy des Comains. 94. *a*
Iourdain, fleuue, d'où ainsi appellé. 106. *c*

## L

LAmpievse, Isle de la mer Mediterranée. 115
Langue torte, pour le Languedoc. 108. *b*
Lauement des pieds des pauures au Ioudy Saint. 6. *c*
Legat du S. Siege. 30. *b* 31. *b* &c.
Liban, montagne de la Terre Sainte. 107. *c*
Ligny, Château. 119. *c*
S. Louys. Sa naissance. 14. *c*. son couronnement. 15. *a*. comment éleué par sa mere. 15.

attaqué par les Barons de France durant sa minorité. 15. 16. secouru par le Comte de Champagne. 16. tient Cour solemnelle à Saumur. 20. fait la guerre au Comte de la Marche. 21. fait la paix auec luy. 22. sa maladie à Paris. 22. se croise pour la Terre Sainte. 22. fait faire des prouisions en Cypre. 25. fait merueilles en guerre. 45. *b*. reçoit les Ambassadeurs des Tartares. 25. arriue à Damiette. 28. inhume les morts. 108. est fait prisonnier par les Sarrazins. 61. sa rançon arrêtée. 68. est déliuré. 74. 75. va à Acre. 79. apprend des nouuelles de la mort de sa mere. 110. *a*. donne ordre à faire faire les seruices. 110 *a*. reuient en France. 111. 112. les perils qu'il courut sur la mer. 114. part de Cypre. 115. vient à Lampieuse. 115. comme il se gouuerne à son retour. 118. 119. aimoit & craignoit Dieu. 4. *b*. estoit sobre & chaste. 4. 5. modeste dans ses habits. 5. *c*. 118. *c* ses autres qualitez. 118. 119. lauoit les pieds des pauures. 6. rendoit la justice en personne. 11. fait paix auec le Roy d'Angleterre. 14. 119. sa loyauté. 14. fonde plusieurs Eglises. 121. *c*. corrige les abus des Baillis & des Iuges. 122. misericordieux & liberal enuers les pauures. 124. *b*. prend la croix pour la seconde fois. 125. sa maladie & sa mort deuant Cartage. 126. 127. 128. sa canonization. 129.
Louys, fils aîné de S. Louys. 4. *b*

## M

MAriage d'Isabel fille de S. Louys, auec le Roy de Nauarre. 118 *b*. de Henry Comte de Champagne, & de la Reyne de Hierusalem. 17
Massoure, ville d'Egypte. 42. *a*
Menoison, maladie d'armée. 61
Mort de Blanche mere de S. Louys. 110. *a*. de Gautier Comte de Brienne. 101. du Comte d'Artois. 40. *a*

## N

NAcaires. 29. 30. 52. *a* 56. *a*
Naples, dite Samarie. 105
Nazac. 78
Nef d'argent vouée par la Reyne à S. Nicolas de Varengeuille. 114. *a*
Nil, fleuue d'Egypte, sa source, & sa nature. 36
Nogent le Châteaubâty par Artaud. 19. *c*
Norone, Royaume. 93. *c*
Nostre Dame de Tortose, pelerinage fameux. 108. *c*
Nostre Dame de Valbert, ou de Vauuert, autre pelerinage. 116. *a*

## O

ORdonnance de S. Louys pour les Baillis & les Preuosts. 122
Ordre Blanc. 23. *b*

## DES MATIERES.

### P

PArlement conuoqué à Paris. 23. *c*
Paſſepoulain, lieu de la Terre Sainte. 105. *c*
Paix auec le C. de la Marche. 22. entre le C. de Champagne, & la Reyne de Cypre. 19. auec l'Anglois. 14. *a* 119. *b*. entre le Roy de Nauarre, & les Comtes de Chalon & de Bourgogne. 119. *c*. entre le Comte de Bar, & le Comte de Luxembourg.  119. *c*
Peauxde Ga rnutes.  118. *c*
Pelerinages de N. D. de Tortoſe. 108. *c*. de Blicourt. 23. *b*. de N. D. de Vauuert.  116
Plaits de la porte.  12. *c*
Prétres vont à la guerre.  50
Preudhomme & preuhomme.  104. *c*
Prenôtez venduës.  123. *c*. 124. *a*

### R

RAnçon de S. Louys.  68. *b*
Reſſil, ville d'Egypte.  51. *c*
Rexi en Egypte.  37. *a* 38. *b*. 51. *c*
Riches hommes.  4. *c*. &*c*.
Rochegluy, château en Prouence.  24. *a*
Roche de Marſeille.  24. *b*

### S

SAiette, ou Sidon, ville de la Terre Sainte, fermée par S. Louys. 103. *a*. 105. *b*. 110. *b*. 111. *b*
Sainte Baume.  117. *c*

Samit, taffetas.  79
Sezanne en Champagne brûlée par le Comte de Champagne.  18. *c*
Sermens des Turcs.  72. *a*
Serrais, Officiers du Sultan.  26. *c*. 27. *b*
Sourmeſac, ville d'Egypte.  37. *c*
Subberbe, Château de la Terre Sainte. 107. *c*
Sultan de Babylone empoiſonné.  27
Sur, ou Tyr.  106. *c*. 111. *a*

### T

TArtares deffont le Sultan de Coni. 27. le Prétre Iean. 92. eſtat du Roy des Tartares.  90. *a*
Teſtes des Chrétiens couppées par les Sarrazins.  33. *c*
Troie aſſiégée par le Comte de Champagne. 18
Turbans des Turcs.  61. *c* 102

### V

VAlserre, Abbaye.  17. *c*
Vertus, brûlée par le Comte de Champagne.  18. *c*
S. Vrban, Abbaye.  23. *c*

### Y

YEres en Prouence.  116. *a*

# TABLE
## DES PERSONNES ET DES FAMILLES,
dont le Sire de Ioinuille fait mention dans son Histoire.

### A

NIcole d'*Acre*. 72. b. c
Le Comte d'*Alençon*. 128
Richard Roy d'*Angleterre*. 16. c 103. 104
Reyne d'*Angleterre*. 21. b
Charles Comte d'*Anjou*. 22. b 38. b 39. a 41. a 43. b 52. a 59. a 75. c 76. b 80. a 81. b 106. e
Iean Seigneur d'*Anseruille*. 22. c
Le Prince d'*Antioche*. 98
*Argones*. 115. c
Le Roy d'*Armenie*. 26. c 27. a 56. c
Robert Comte d'*Artois*. 20. 22. 35. a 41. 42. a 44. b 51. a
Gosbert d'*Aspremont*. 22. b
Iean Sire d'*Aspremont*. 22. b 23. 54
Le Seigneur d'*Assur*. 102. 103
Pierre d'*Aualon*. 37. c 83. c
Aubert le ... 33
Guy Euesque d'*Auxerre*. 13. a
Le Comte d'*Auxerre*. 125. c

### B

LE Sultan de *Babylone*. 27. b 86. a 99. a
Le Comte de *Bar*. 56. c 69. c 89
Thibaud Comte de *Bar*. 119. c
Barbaquan Empereur de *Perse*. 98. c
La Dame de *Baruth*. 28. c
Imbert de *Beaujeu* Connétable de France. 20. c 33. a, b 41. a 44. b 47. a 68. c 83. c
Iean de *Belmont* ou *Beaumont*. 28. c 29. a 32. c
Guillaume de *Belmont*. 81. c 108. b
Renaut de *Bichers* Maréchal du Temple. 35. c
Estienne *Boileau*. 124. b
Thibaud Comte de *Blois*. 20. a
Le Comte de *Boulogne*. 14. b 15. c
Archembaut de *Bourbon*. 20. c
Madame de *Bourbon*. 116. b
Duc de *Bourgogne*. 18. a
Hugues Duc de *Bourgogne*. 22. b 28. 41. 45. a 52. a 58. c 104. c
Le Comte de *Bourgogne*. 118. a 119. c
Iosserand de *Brancion*. 54
Henry de *Brancion*. ibid.
Iean Comte de *Bretagne* 7. c 13. c 15. c 16. c 118. a
Pierre Comte de *Bretagne*. 17. b 18. a 20. 35. c 45. c 66. c 68. c 71. b 76. a
Frere Yues le *Breton*. 85. 87. a
Airard de *Brienne*. 17. a 28. c 29
Gautier Comte de *Brienne*. 19. c 88. c 98. c 99. 100.
Guillaume *Bron*. 46. c

Gilles le *Brun* Connétable de France. 6. 83. c 106. a. b 113. c
Hugues le *Brun* fils du Comte de la Marche. 22

### C

CAstillon. 33. b
Iean Comte de *Chalon*. 104. c 118. 119. c
Pierre le *Chambellan*. 83. c 106. c 119. a
Le Sultan de la *Chamelle*. 99. b 100
Thibaud Comte de *Champagne*. 16. b 17. 19
Henry C. de *Champagne*. 16 c 17. a 19
Geoffroy de la *Chapelle*. 17. c
Iacques du *Chastel* Euesque de Soissons. 78. a
Le Sire de *Chastillon*. 47. b
Gaucher de *Chastillon*. 50. 58. c 61. b 77. b
L'Abbé de *Cluny*. 116. c
Le Roy des *Comains*. 94. b
Henry de *Cone*. 54
Le Sultan de *Cony*. 26. c 27
Raoul Sire de *Coucy*. 41. a
Enguerrand de *Concy*. 20. c
Le Seigneur de *Corcenay*. 33. c 39. c 45. b
Iosselin de *Conruant*. 37. b 60. c
Gautier *Curel*. 39. a
Reyne de *Cypre*. 17. 18

### D

LE Sultan de *Damas*. 96. c 97. 101
Iean Comte de *Dreux*. 20
Robert Comte de *Dreux*. 18. a

### E

GAvtier d'*Entrache*. 33. a
Hugues d'*Escosse*. 43. a 108. a
Erart d'*Esmeray*. 42. c 43. c
Le Comte d'*Eu*. 97. c

### F

FAracataic. 70. c
Ferry Empereur. 84. c
Guillaume Comte de *Flandres*. 22. b 53. c 68. c 71. a c 75. c 80. c
Guy de *Flandres*. 22. b
Pierre de *Fontaine*. 12. c
Guy Comte de *Forest*. 38
Isabel de *France* fille de S. Louys. 118
Iean *Frumons*. 77. c

## ET DES FAMILLES.

### G

Iean de *Gamaches*. 46. c
Goullu Sergeant du Roy. 96. b
Le Comte de *Grandpré*. 21. c
Arnoul de *Guines*. 97. c
Guy *Guiuelins*. 52. c

### H

Le Sultan de *Hamaut*. 27 b
Hely oncle de Mahomet. 87. b
Reyne de *Hierusalem*. 17
Iean Roy de *Hierusalem*.
Patriarche de *Hierusalem*. 31. c 72. 99. a 111. a
Le Roy de *Hongrie*. 86. a
Gautier de la *Horgne*. 54. a
Le Maître de l'*Hospital*. 86. b 100. c 106. c

### I

Le Comte de *Iaphe*. 29. c 81. b 97. a 98. c
Baudoüin d'*Ibelin*. 67 c 68. c 71. a
Guy d'*Ibelin*. 52. c 67. c 68. c 71. a
Le Comte de *Ioigny*. 19. c 112. c
Simon de *Ioinuille*. 9. 18
Iean de *Ioinuille*. 22. b 38

### L

Henry le *Large* Comte de Champagne.
Hugues de *Landricourt*. 59 a
Le Legat du S. Siege. 30. 31. 34. 110
Ferry de *Lopy*. 42. 43
Le Duc de *Lorraine*. 18
Le Comte de *Luxembourg*. 119. c
Louys, fils de S. Louys. 4. b

### M

Guillaume de *Melot* Euesque d'Auxerre. 13. a
Le Comte de la *Marche*. 20. c 21. 22
Marcel Huissier. 62
Mahon de *Marly*. 33. a
Le Comte de *Mascon*. 54. c
Guyon de *Mauuoisin*. 48. a 53 b 81. a
Fouquaut du *Melle*. 41. c
Guillaume *Mellot*. 13. b
Renaut de *Menoncourt*. 43 a
Eudes de *Montbeliart*. 29. a. c 99. a
Barthelemy de *Montfaucon*. 66. a
Le Comte de *Monfort*. 11. a 56. c 69 c 89. c
Philippes de *Monfort*. 61. b. c 67. c 76. c 77. a 106. c
Le Prince de la *Morée*. 28
Le Doyen de *Mauru*. 24. 34

### N

Philippes de *Nanteuil*. 33. a
Le Roy de *Nauarre*. 20. c 118. 125. b
Marguerite Reyne de *Nauarre*. 118. b
Le Sire de *Neelle*. 12. c
Gautier de *Nemours*. 80. a
Philippes de *Nemours*. 75. c 82
Le Roy de *Neronne*. 95
Pierre de *Neuuille*. 46. a. b
Artaut de *Nogent*. 19. c 20. a

### O

Iean d'*Orleans*. 41. b
Estienne d'*Outricourt*. 76. b

### P

Guillaume Euesque de *Paris*. 10. a
L'Empereur de *Perse*. 91. 92
Plouquet. 29. b
Alphonse Comte de *Poitiers*. 20. c 21. a 22. b 34. 38. 41. a 54. 75. c 76. a 77. a 81. b
Pierre de *Pontmolain*. 84. b
Prestre Iean. 90. c

### R

Euesque de *Rame*. 99. c
L'Archeuesque de *Reims*.
Baudoüin de *Reims*. 29. c
Roger Sire de la *Rocheguy*. 24. a
Henry Prieur de l'Hospital de *Ronay*. 47. c

### S

Madame de *Sajette*. 88. c
Hugues Comte de S. *Paul*. 22 b
Gautier de S. *Paul*. 22
Saladin.
Iean de *Salenay*. 45. c
Estienne Comte de *Sancerre*. 19 20. b
Geoffroy de *Sargines*. 33. a 60. b. 61. b. 73. c 75. c 83. c 106. c
Iean *Sarrazin*. 14. c
Le Comte de *Sarrebruche*. 22. 23
Scobrecy 74. c
Iean de *Semours*. 129. b
Lienard *Senigan*. 93 c
Secedun. 37. 38. 51.
Iean Comte de *Soissons* 12. c 20. c 46. a 47. a 68. c
Guillaume de *Sonnac* Maistre du Temple 52. a 48. 49 53. 106. 107
Robert de *Sorbonne*. 6. c 7. a
Le Sire de *Sur*. 106. c

### T

Le Roy de *Tartarie*. 125.
Le Maistre du *Temple*. 48. a 49. c 52. 53 86. a 106. 107. b
Le Mareschal du *Temple*. 76. c 107. b
Oliuier de *Termes*. 108. b 113. b
N. de *Toucy*. 94. a
Hugues de *Trichastel*. 42. c
Le Ministre de la *Trinité*. 75. c

# TABLE DES PERS. ET DES FAMIL.

Renaut de *Trie*.     14. b
Iean *Tristan* fils du Roy S. Louys.    79. b

### V.

IEAN de *Vaisy* Prestre.
Le Seigneur du *Val*.     37. c
Iean de *Valenciennes*.     108. b
Erard de *Valory*.     58. c
Iean de *Valory*.    31. c 44. a 47. b 67. c

Iean de *Valance*.     88. c 89
*Vatan* Empereur des Grecs.    94. b
Le Sire de *Vaucouleur*.     22. c
La Dauphine de *Viennois*.    118. a
Geoffroy de *Villette*.     13. a
Henry de *Villers* Archeuesque de Lyon.    129. a
Le Vieil de la *Montagne*.    85. 86. 87. 88
Raoul de Wanon.    42. c 43. c
Iean de Waify.     50. b

---

## *Fautes suruenuës en l'Impression.*

PAGE 3. l. 9. ON. il faut mettre OV. L'Imprimeur a ftiiny en cela l'Exemplaire de M. Menard, & encore en vn autre endroit.

# OBSERVATIONS
ET
## DISSERTATIONS
SVR L'HISTOIRE DE S. LOVYS,

Auec la Genealogie de la Maifon de IOINVILLE en Champagne, & l'Eloge de IEAN Sire de IOINVILLE, Autheur de cette Hiftoire.

Par CHARLES DV FRESNE, *fieur du Cange*, *Confeiller du Roy*, *Tréforier de France en la Generalité de Picardie*.

Les Obferuations de CLAVDE MENARD Confeiller du Roy, & Lieutenant en la Preuofté d'Angers, fur la méme Hiftoire.

*PARTIE II.*

# GENEALOGIE
## DE
## LA MAISON
## DE
# IOINVILLE
### EN CHAMPAGNE.

*AVEC L'ELOGE ET VN ABBREGE'*
*de la vie de Iean Seigneur de Ioinuille Senéchal de Champagne, Auteur de cette Histoire.*

Seau de Iean Sire de Ioinuille M. CC. LVI.

# TABLE GENEALOGIQUE
## DE LA MAISON DE IOINVILLE.

**I.** Eftienne, dit de Vaux, Comte de Ioigny, & Seigneur de Ioinuille.

**II.** Geoffroy I. du nom, dit le Vieil, Comte de Ioigny, Seigneur de Ioinuille.

**III.** Guy Comte de Ioigny mort fans enfans. — Renaud I. Comte de Ioigny mort fans pofterité. — Geoffroy II. Comte de Ioigny, Seigneur de Ioinuille. — Hilduin Seigneur de Nuilly.

**IV.** Walfrid ou Geoffroy. — Renaud Comte de Ioigny, duquel procedent les autres Comtes de Ioigny. — Roger Seigneur de Ioinuille. — Hadwide Dame d'Afpremont. — Gautier. Guitier. — Hefceline Dame de Nuilly ép. Guy d'Aigremont.

**V.** Geoffroy III. dit le Vieil, Seigneur de Ioinuille, époufa Felicitas de Brienne. — Robert. — Guy de Ioinuille Euefque de Châlons. — Beatrix Comeffe de Grandpré. — N. de Ioinuille Abbeffe d'Auenay.

**VI.** Geoffroy IV. Seigneur de Ioinuille ép. Heluis. — Gertrude femme de Gerard C. de Vaudemont.

**VII.** Geoffroy V. dit Troüillart Seigneur de Ioinuille, fans enfans. — Guy de Ioinuille Seigneur de Sailly eut pofterité. **A** — Robert. — Simon Seigneur de Ioinuille ép. 1. Ermengarde de Moncler. 2. Beatrix de Bourgogne. — Guillaume Euéque de Langres. — Felicitas, femme de Pierre de Bourlaimont. — Ioland ép. Raoul C. de Soiffons. Alix ép. Geoffroy de Faucoigncy. — André Templier.

**VIII.** 2. Iean Seigneur de Ioinuille ép. 1. Alix de Grandpré. 2. Alix de Rifnel. — 2. Geoffroy Seigneur de Vaucouleur eut pofterité. **B** — 2. Guillaume Doyen de Bezançon. — 2. Simon Seigneur de Gex eut pofterité. **C** — 2. Simonette. — 2. Marie.

**IX.** 1. N. de Ioinuille. — 1. Iean de Ioinuille. — 1. Geoffroy Seigneur de Brequenay. — 1. André Seigneur de Bonnay. — 1. N. ép. Iean de Charny. — 2. Iean Sire de Rifnel. — 2. Ancel Sire de Ioinuille ép. 1. Lore de Sarebruche. 2. Marguerite de Vaudemont. — 2. Alix ép. Iean d'Arcies.

**X.** Henry Sire de Ioinuille & C. de Vaudemont, ép. Marie de Luxembourg. — Marguerite Dame de Rifnel fut mariée 2. fois. — Ifabeau ép. Iean de Vergy Seigneur de Mirebeau. — N. de Ioinuille ép. N. de Feneftranges. — Ieanne ép. 1. Iean de Noyers. 2. Aubert de Hangeft.

**XI.** Marguerite Dame de Ioinuillle & Comteffe de Vaudemont, ép. 1. Iean de Bourgogne. 2. Pierre Comte de Geneue. 3. Ferry de Lorraine Seigneur de Guyfe.

## Les Seigneurs de Sailly & de Iuilly de la Maison de Ioinuille.

### A

VII. Guy de Ioinuille Seigneur de Sailly, fils puîné de Geoffroy III. Seigneur de Ioinuille & d'Heluis de Risnel.

VIII.
- Robert de Ioinuille Seigneur de Sailly, épousa Aufelix......
- Guillaume de Ioinuille Seigneur de Iuilly épousa Marie de Tanlay.
- Agnes ép. Ancel Seigneur de Dampierre en Estenois.
- Peronnelle épousa Iean Charrin Cheualier.

IX.
- Guy Seigneur de Sailly sans enfans.
- Simon Seigneur de Sailly épousa 1. Alix de Saissefontaine. 2. Marie....
- Iean Sire de Iuilly.
- Guillaume de Iuilly.

X. 1 Iean. 1 Robert. 1 Agnel. 1 Ieannot. 1 Aufelix. 2 Guy Seigneur de Clermont. 2 Agnes. 2 Lore ép. Iean de Iaucourt.

## Les Seigneurs de Vaucouleur & de Mery de la même famille.

### B

VIII. Geoffroy de Ioinuille Seigneur de Vaucouleur, fils puîné de Simon Seigneur de Ioinuille épousa Mahaut de Lacy.

IX.
- Gautier Seigneur de Vaucouleur.
- Geoffroy de Ioinuille Seigneur de Coruedale en Angleterre, mort sans enfans.
- Pierre de Ioinuille ép. Ieanne fille de Hugues XII. C. de la Marche & d'Angoulesme.

X.
- Iean Seigneur de Vaucouleur, puis de Mery sur Seine.
- N. de Ioinuille.
- Ieanne de Ioinuille épousa Roger de Mortemer Comte de la Marche en Angleterre.
- Mahaut, & Beatrix Religieuses.

XI.
- Amé Seigneur de Mery & de Souderon.
- Iean de Ioinuille.

XII. Isabelle ép. 1. Iean de Sarrebruche Seigneur de Commercy. 2. Charles de Chastillon.

Partie II.                                                          A ij

## Les Seigneurs de Gex de la Maison de Ioinuille.

### C

VIII. Simon de Ioinuille Seigneur de Marnay, fils puîné de Simon Seigneur de Ioinuille, ép. Beatrix de Geneue Dame de Gex.

IX. Hugues de Ioinuille Seigneur de Gex.  —  Pierre de Ioinuille Seigneur de Marnay.

X. Hugues & Pierre, sans enfans. — Guillaume Seigneur de Gex, épousa Ieanne de Sauoie. — Agnes. — Beatrix. — Beraud de Ioinuille Seigneur de Marnay épousa Aimée de Coligny.

XI. Hugard Seigneur de Gex. — Hugues Seigneur de Gex. — Marguerite. — Eleonor. N... — Amé de Ioinuille Seigneur de Diuonna.

XII. Amé de Ioinuille II. Seigneur de Diuonna.

XIII. Louys Seigneur de Diuonna. — Amblard Chanoine de Lyon. — N. de Ioinuille mere de Marie de Gingin.

## La Branche de la Maison de Ioinuille habituée au Royaume de Naples.

Iean de Ioinuille Grand Connétable du Royaume de Sicile épousa Belledame le Roux.

Geoffroy de Ioinuille Seigneur de Venafro & d'Alifi.

Geoffroy de Ioinuille II. du nom, épousa Ieanne des Baux.

Nicolas de Ioinuille Comte de S. Ange & de Terreneuue, épousa 1. Isaria di Sus. 2. Marguerite de Loria.

Amelio de Ioinuille C. de S. Ange Maréchal du Royaume de Naples. — Philippes de Ioinuille ép. Agnes de Pietramala. — Louys de Ioinuille ép. Orsoline Comtesse de Satriano. — Eleazar de Ioinuille Abbé de Sainte Marie de Gualdo.

Ieanne de Ioinuille ép. 1. Louys de Sabran C. d'Ariano. 2. Simon de Sanguin C. de Bugnara. 3. Nicolas Filanger Seigneur de Lapigio.    *Nicolas de Ioinuille bastard.*

# GENEALOGIE
## DE LA MAISON
## DE IOINVILLE
### EN CHAMPAGNE:
*AVEC L'ELOGE DE IEAN SIRE DE IOINVILLE, Senéchal de Champagne, Auteur de cette Histoire.*

NTRE les familles qui ont tenu les premiers rangs en la Cour des Comtes de Champagne, celle de IOINVILLE est l'vne des plus illustres. Elle y a esté particulierement consideré, à cause de l'antiquité de son extraction, & la noblesse de ses alliances. Les grands hommes qu'elle a donnez, ne sont pas moins renommez dans l'Histoire pour leur valeur, qu'ils sont célebres pour les dignitez & les grandes seigneuries qu'ils ont possedées, tant en France qu'aux Royaumes de Naples, & d'Angleterre. Elle tire son nom de IOINVILLE, petite ville de cette prouince, assise sur la riuiere de Marne, entre Chaumont & S. Disier, qu'vn sçauant homme de ce siecle a écrit auoir esté nommée autrefois *Iouis villa*, ou ville de Iupiter, ce qui est encore confirmé par les titres, soit pource que durant le Paganisme elle auroit esté consacrée à cette diuinité, soit parce que quelque temple luy auroit esté dedié, & éleué en ce lieu. Mais il est plus probable que le nom de *Iouis villa* luy fut donné à cause du rapport de celuy de Ioinuille, de méme que la Chronique de Beze parlant de Guy de Ionuelle, duquel il est fait mention en l'Histoire de la Maison de Vergy, surnomme pareillement ce Seigneur de *Iouis villa*, si ce n'est qu'il y faille lire, comme je l'estimerois, *Ionis villa*. Mais toutes ces conjectures sont plus ingenieuses, que probables : car il est constant que la maison de Ioinuille tire son nom de celle de IOIGNY, IOIGNY ou IOINY, comme l'on écriuoit anciennement, de laquelle elle a pris sa premiere origine, comme nous allons voir en la déduction succincte de la Genealogie de cette famille.

*Sirmond. ad Epi. Alexandri III. pp. to. 4. Spicil. p. 242.243.*

*Chr. Besuense p. 669. Hist. de Vergy p. 133.*

A iij

# GENEALOGIE

I. ESTIENNE, surnommé DE VAVX, est celuy qui donna le commencement à la grandeur de la maison de Ioinuille, à laquelle le mariage qu'Engelbert III. du nom Comte de Brienne luy procura auec la Comtesse de Ioigny, contribua beaucoup. Elle estoit fille vnique & heritiere de Fromont Comte de Ioigny & d'Adelais, laquelle aprés la mort de son mary, s'allia en secondes noces auec le Comte Engelbert, à la suite duquel Estienne estoit.

*Alber. 1055.* Cette illustre alliance luy apporta le Comté de Ioigny, & plusieurs autres seigneuries, qui en dépendoient. Alberic remarque qu'il fit construire le châ-
*Vet. Gen.*
*Dom. de*
*Ioinuilla.* teau de IOINVILLE, auquel il donna ce nom par abbreuiation de celuy de Ioigny-ville, le nommant ainsi, comme estant la ville & le chasteau du Comte de Ioigny, d'où vient qu'en plusieurs titres Latins que j'ay veus, les seigneurs de Ioinuille, y sont surnommez de *Ioingniuilla*, ou *Ioniuilla*, ainsi que le mot est exprimé dans le seau de Iean sire de Ioinuille attaché à des lettres de l'an 1256. qui a esté representé au commencement de cette Genealogie. Alberic ajoûte que lorsqu'il se maria, il faisoit sa demeure vers S. Vrban. Les armes que cette famille porte, semblables à celles de la maison de BROYES au même Comté, à la reserue du chef de celles de Ioinuille, peuuent persuader que ces deux maisons ont vne même source, & vne même origine, & qu'Estienne premier seigneur de Ioinuille fut frere puîné d'Isambart seigneur de Broyes & de Beaufort, & fils de Renaut de Broyes & d'Heluise. Car l'vne & l'autre
*Segoin.* portoient pour armes *d'azur à trois broyes d'or*, (que quelques herauds estiment estre certains instrumens de bois, dont on se sert pour rompre & broier la chamure & le lin) Celles de Ioinuille ayant pour difference, *vn chef d'argent à vn demy lion de gueules*, qui est vne brisure assez commune, & vne marque de puîné ; & même il est probable que le lion des armes de Ioinuille, est le blason des anciens Comtes de Ioigny : Outre qu'Estienne peut auoir esté surnommé de Vaux, pour auoir peut-estre possedé le Vicomté de Vaux, prés de Pithiuiers, qui est vne place qui a appartenu à la maison de Broyes.

## *Fils d'Estienne Seigneur de Ioinuille.*

2. GEOFFROY I. Comte de Ioigny.

II. GEOFFROY I. du nom Comte de Ioigny, & seigneur de Ioinuille surnommé LE VIEIL, succéda à son pere & à sa mere en ces seigneuries. Il fit quelques donations à l'Eglise de Vaucouleur, qui dépendoit de l'Abbaye de
*Cart. de*
*Molémes.* Molémes; du consentement de Geoffroy son fils, & d'Hodierne sa femme, qui fut ratifiée par Pibon Euesque de Toul. Et par vne autre charte il donna vn fonds de terre à ce Monastere pour construire vne Abbaye au même lieu de Vaucouleur. Il fit encore d'autres bienfaits à l'Abbaye de Molémes,
*Marty. du*
*Prieuré de*
*Ioigny.* & à l'Abbé Robert, du consentement de Geoffroy son fils. Il est nommé *Gaufridus de Iunciuilla* au titre qui fait mention de ces dernieres donations. Il mourut le 25. jour de Ianuier l'an 1080. Sa femme nommée BLANCHE en vne charte de l'Abbaye de Môntier en Der fut sœur d'Arnoul Chanoine de Verdun, de laquelle il eut les enfans qui suiuent.

## *Enfans de Geoffroy I.*

*Necrol.*
*Iouiniac.*  3. GVY I. du nom Comte de Ioigny fit le voyage de la Terre sainte en l'an 1096. & mourut sans enfans.

3. RENAVD I. du nom Comte de Ioigny aprés son frere, mourut sans posterité de VINDEMODE sa femme.

3. GEOFFROY II. Comte de Ioigny.

*Alber.II 10.*  3. HILDVIN de Ioigny Seigneur de Nuilly mourut en la fleur de son âge, & laissa entre autres enfans, *Gautier*, & *Guitier de Ioigny*, decedez sans po-

## DE LA MAISON DE IOINVILLE.

sterité, & Hesceline Dame Nuilly, mariée à Guy d'Aigremont, fils de Fouques d'Aigremont Seigneur de Sarcelles, duquel elle eut Guerric, pere de Gautier de Nuilly. Ce Guy d'Aigremont fut frere vterin de Tesselin Ior de Fontaines, qui fut pere de S. Bernard Abbé de Cleruaux.

III. GEOFFROY II. du nom Comte de Ioigny & Seigneur de Ioinuille, suiuant l'exemple de son pere, fit quelques bien-faits à l'Abbaye de Molémes, auec la Comtesse HODIERNE DE COVRTENAY sa femme, lesquels furent confirmez par Ricuin Euesque de Toul qui tenoit le Siege depuis l'an 1107. jusques en l'an 1126. *Alber.*1080. 1110. *Cart. de Molémes.*

### Enfans de Geoffroy II.

4. WALFRID ou Geoffroy de Ioinuille, est nommé le premier, auec ses freres, Renard & Roger, en vn titre de l'Abbaye de Bouillencourt au diocese de Troyes. Il est probable qu'il n'eut point de posterité.
4. RENARD Comte de Ioigny, duquel procédérent les autres Comtes de Ioigny, dont nous donnerons la suite ailleurs.
4. ROGER Seigneur de Ioinuille.
4. HADWIDE DE IOIGNY Dame d'Aspremont laissa vne grande posterité.

IV. ROGER DE IOIGNY eut en partage la seigneurie de Ioinuille, dont luy & sa posterité portérent depuis le surnom. Il fut présent à la donation, que Hugues Comte de Champagne fit en la ville de Bar l'an 1001. à l'Eglise de S. Oyen d'Ioux. Il se trouua encore en l'Abbaye de Molémes l'an 1104. auec Erard I. du nom Comte de Brienne, Hugues Comte de Risnel, Miles Comte de Bar sur Seine, Hugues Borel Duc de Bourgogne, & Guillaume Comte de Neuers, lorsque ce Comte y confirma les donations qu'il auoit faites à ce Monastere, au Concile tenu à Troyes. Il quitta en l'an 1112. le village de S. Remy, duquel il auoit esté infeodé par le Comte de Brienne, à Roger Abbé de Montier en Der, en présence du méme Comte, & de Miles Comte de Bar. Il épousa ALDEARDE DE VIGNORRY, fille de Guy Seigneur de Vignorry, & de Beatrix de Bourgogne, fille de Robert de France Duc de Bourgogne, de laquelle il eut plusieurs enfans. *Chifflet. in S. Ber. Gen. asser. p. 538. Cartul. de Molémes. To. 4. Spic. p. 142.143. S. Ber. Genus assert. p. 509. Alber.*1110.

### Enfans de Roger Seigneur de Ioinuille.

5. GEOFFROY III. Seigneur de Ioinuille continua la posterité.
5. ROBERT DE IOINVILLE donna son consentement à la fondation de l'Abbaye de S. Vrban de Ioinuille, faite par son frere Geoffroy l'an 1168.
5. GVY DE IOINVILLE Euesque de Châlons l'an 1163. est appellé oncle de Geoffroy le Ieune Seigneur de Ioinuille, en vne Epitre que le Chapitre de cette Eglise écriuit au Roy Louys le Ieune. *Alberic.* 1163. *To. 4. hist.*
5. BEATRIX DE IOINVILLE fut donnée en mariage au Comte de Grandpré, que je crois estre cét Henry III. du nom, qui fut inhumé en l'Abbaye de Foisny, suiuant Alberic. *Fr. p. 682. Io. Sarisb. ep. 143.*
5. N. DE IOINVILLE Abbesse d'Auenay. Il se voit au Cartulaire de Champagne, qui est en la Bibliotheque de M. de Thou, vne lettre de Guillaume aux Blanches-mains Archeuesque de Reims & Cardinal adressée à Thibaud Comte de Champagne son neueu, par laquelle il s'excuse de ce qu'il auoit fait élire sans son consentement la tante de Geoffroy de Ioinuille Abbesse de ce Monastere, reconnoissant d'ailleurs que l'on ne peut procéder à de semblables élections, qu'auec la permission du Comte. *Camusat aux Antiq. de Troyes. p.379. Cart. Cập. Bibl. Th. f. 308.*

V. GEOFFROY III. du nom Seigneur de Ioinuille fut surnommé LE VIEIL soit à cause de son grand âge, soit pour la difference de son fils, qui portoit méme nom que luy. Il fut aussi surnommé LE GROS, suiuant le rémoignage d'Alberic & de quelques titres. Il estoit encore enfant en l'an 1127. & ayant atteint l'âge de maturité, il donna des preuues de son courage dans les guerres de son temps ; ses bonnes qualitez luy firent meriter les bonnes graces d'Henry I. du nom Comte de Champagné, qui luy fit don de la charge de Seneschal de cette Prouince, pour estre possedée par luy & ses heritiers, auec laquelle qualité il se trouue auoir souscrit quelques titres dez l'an 1154. Il eut quelques differents auec l'Abbé & les Religieux de Môntier en Der, au sujet des aleuz, qu'il auoit à Douleuant, lesquels il termina ciuilement l'an 1184. & mourut enuiron ce temps là, ayant laissé plusieurs marques de sa pieté, par les fondations des Abbayes d'Escure de l'Ordre de Citeaux qu'il fonda en l'an 1144. de celle de S. Vrban de Ioinuille de l'Ordre de Premonstré qu'il fonda en l'an 1168. de la maison de Mascon de l'Ordre de Gramont, du Prioré de filles de l'Ordre de S. Benoist dit le Val Dosne dépendant de Molémes, qu'il fonda auec sa mere, & Geoffroy son fils, & de l'Eglise de S. Laurens au château de Ioinuille. Il épousa FELICITAS DE BRIENNE, fille d'Award I. du nom Comte de Brienne & d'Alix de Roucy. Cette Dame auoit épousé dez l'an 1110. Simon I. du nom Seigneur de Broyes & de Beaufort sur Baye, & viuoit auec Geoffroy son second mary en l'an 1168. au temps duquel elle donna son consentement à la fondation de l'Abbaye de S. Vrban.

*Alberic. 1110.*

*Cartul. de Monst. en Der.*

*Hist. de Broyes ch. 6. Alberic.*

### *Enfans de Geoffroy III. Seigneur de Ioinuille, & de Felicitas de Brienne.*

6. GEOFFROY IV. du nom sire de Ioinuille.
6. GERTRVDE DE IOINVILLE épousa GERARD II. du nom Comte Vaudemont.

VI. GEOFFROY IV. du nom Sire de Ioinuille, fils de Geoffroy III. Seigneur de Ioinuille, & de Felicitas de Brienne, fut surnommé Vaslet, c'est à dire Escuier, & *le Ieune*, ayant eu ces surnoms auant qu'il eust reçû l'Ordre de Cheualerie, & du viuant de son pere, qui fut surnommé le Vieil. Il luy succeda en la seigneurie de Ioinuille, & en la dignité de Seneschal de Champagne vers l'an 1184. Il donna des marques de son courage en toutes les guerres, où il se trouua, & particulierement en celles de la Terre Sainte, où s'estant acheminé auec les Seigneurs François, il assista auec eux au siege d'Acre l'an 1191. & y passa pour *le meilleur Cheualier de son temps* : éloge que Iean Sire de Ioinuille son petit fils, Auteur de cette Histoire, luy donne en l'inscription qu'il luy fit dresser à Cleruaux, où il fut inhumé. Il épousa vne Dame nommée HELVIDE, laquelle le R. P. D. Pierre de sainte Catherine Religieux Feuillant croit estre de la maison de Dampierre en Champagne, à cause des terres de Mailley & de Remignicourt, qu'elle eut pour sa dot, suiuant vn titre de l'Abbaye de S. Vrban de l'an 1188.

### *Enfans de Geoffroy IV. Sire de Ioinuille, & d'Heluide de Dampierre.*

7. GEOFFROY V. Sire de Ioinuille.
7. ROBERT DE IOINVILLE prit la Croix auec Geoffroy son frere, le Comte Thibaud, & autres Seigneurs de Champagne l'an 1199. & suiuit depuis Gautier III. du nom Comte de Brienne son cousin, au

voyage

# DE LA MAISON DE IOINVILLE.

voyage qu'il entreprit en la Pouïlle, pour aller recueillir le Royaume de Sicile, qu'il prétendoit au droit de sa femme, fille du Roy Tancrede, & y finit ses jours sans laisser aucune posterité.

7. SIMON fut Seigneur de Ioinuille après le decés de Geoffroy son frere arriué sans enfans.

7. GVILLAVME DE IOINVILLE fut premierement Archidiacre de Châlons, & Professeur en Theologie, puis fut éleu Euesque de Langres, & enfin fut promû à l'Archeuesché de Reims. Il mourut l'an 1236. au retour de la guerre contre les Albigeois.

7. GVY DE IOINVILLE Seigneur de Sailly, est nommé en quelques titres auec Simon Seigneur de Ioinuille son frere, des années 1210. & & 1215. Par le dernier il reprend en fief & hommage lige de Thibaud Comte de Champagne, du consentement de son frere, le village de Domines, qu'il tenoit auparauant de luy. Par vn autre du mois d'Aoust de l'an 1221. il donna vn acte de reconnoissance au même Comte & à la Comtesse Blanche sa mere, qu'il tenoit d'eux le château & le bourg de Iuilly, jurable & rendable à grande & petite force. Le Cartulaire de Champagne de la Chambre des Comptes en a vn semblable de l'an 1206. où il est enoncé, que le bourg & les dépendances de Iuilly releuoient immediatement de Clérembaud de Chappes son neueu. Il épousa PERONNELLE DE CHAPPES Dame de Iuilly & de Chanlot, fille de Guy de Chappes Seigneur de Iuilly, & d'vne Dame nommée Péronnelle, & en eut entre autres enfans, *Robert* Seigneur de Sailly, *Guillaume* Seigneur de Iuilly. *Agnes* de Sailly Dame de Dommartin, qui épousa Ansel Seigneur de Dampierre en Estenois, duquel elle estoit veuue en l'an 1259. & *Peronnelle* Dame de Château-commun prés de Meaux, femme de Iean de Charin Cheualier, qualifiée sœur de Philippes de Iuilly, en vn titre du Trésor des Chartes du Roy de l'an 1274. ROBERT DE IOINVILLE Seigneur de Sailly, eut pour femme AVFELIX, nommée auec son mary dans vn titre de Iean Sire de Ioinuille de l'an 1256. dont vinrent *Guy* & *Simon* de Sailly Cheualiers, qui se trouuent nommez au mandement du Roy Philippes le Bel fait au mois d'Auril l'an 1303. aux Nobles de Champagne, pour se trouuer à Lagny trois semaines aprés Pasques, pour le fait de la guerre. GVY DE IOINVILLE est qualifié Seigneur de Sailly en vn titre de l'an 1300. dont je parleray cy-aprés. Il mourut vray-semblablement sans posterité, & eut pour heritier son frere. Ie ne sçay si c'est ce Guiot de Ioinuille Cheualier, les fiefs duquel, mouuans du Comté de Bourgogne, furent donnez par l'Empereur Adolphe en l'an 1296. à Henry Comte de Bar en augmentation d'autres fiefs qu'il tenoit de l'Empire. SIMON DE IOINVILLE Seigneur de Sailly, auquel vn ancien Prouincial donne pour armes, *de gueules au chef d'argent, à vne bande des armes Iean de Iainuille.* Il fut marié deux fois, la premiere auec ALIX DE SAISSE-FONTAINE Dame de Clermont, de laquelle il eut *Iean, Robert, Agnel, Ieannot* & *Aufelix* de Ioinuille, ou de Sailly. En secondes noces Simon épousa vne Dame nommée MARIE, de laquelle vinrent *Guy* de Ioinuille Seigneur de Clermont, *Agnes*, & *Lore* Dame des Chanets qui fut mariée en l'an 1326. auec Iean de Iaucourt, dit de Dinteuille, Seigneur de Polisy, Bailly de Chalon, de Dijon & des terres d'Outresaonne. Quant à GVILLAVME DE IOINVILLE fils puîné de Guy I. du nom Seigneur de Sailly, il est formellement qualifié fils de Guy de Sailly en vn ancien registre des fiefs. Il est encore parlé de luy en l'ancien Coûtumier de Champagne en l'an 1270. & en vn titre de l'an 1276. sous le nom de Guillaume de Ioinuille Sire de Iulley. Sa femme y est nommée MARIE DE TANLAY, qu'aucuns font fille de Robert de Cour-

*Partie II.* B

GENEALOGIE

*Trefor des Chart. du Roy laiette Chartres 1. tit. 581.*

*Compte de B. du Drach.*

tenay Seigneur de Tanlay. Il en eut, comme je crois, IEAN Sire de Iuilly, qui en l'an 1312. tranfporta à Louys Roy de Nauarre & Comte de Champagne deux cens liures de rente en terre à Fonchieres, Sauoye, Bierne & ailleurs. Il paroit encore en des titres de l'an 1314. GVILLAVME de Iuilly Cheualier, qui fut tué à la bataille de S. Omer l'an 1339. ainfi qu'il eft remarqué en vn compte de Barthelemy du Drach Tréforier des guerres du Roy, fut auffi fils de Guillaume & de Marie de Tanlay.

7. ANDRÉ DE IOINVILLE Cheualier du Temple, dont Alberic fait mention.

7. IOLAND DE IOINVILLE époufa RAOVL Comte de Soiffons. De cette alliance nafquit Iean Comte de Soiffons, que Iean Sire de Ioinuille appella fon coufin germain.

*Cartul. de l'Euefché de Langres.*

*Tit. de la Cham. des Comptes de Paris.*

7. ALIX DE IOINVILLE époufa Geoffroy de Faucoigney Cheualier, duquel mariage vint Iacques de Faucoigney, ou Fauquigny, qui fut fait Cheualier à la Cheualerie de Philippes, fils du Roy, à la fefte de la Pentecofte l'an 1267. comme j'apprens d'vn Roulleau contenant vn état des dépenfes qui fe firent à cette cérémonie, où il eft qualifié neueu du Senéchal de Champagne. Le P. D. Pierre de fainte Catherine eftime que cette Alix eftoit fille de Robert de Sailly & de fa femme Aufelix.

7. FELICITAS DE IOINVILLE époufa Pierre de Bourlaimont, & fut mere de Geoffroy de Bourlaimont nommé auec elle en vn titre de l'an 1237. Vaffebourg & des Rofiers attribuent encore d'autres filles à Geoffroy IV. dont l'vne peut auoir efté MARGVERITE DE IOINVILLE, femme d'Oger de Dongeux Seigneur de la Fauche.

VII. GEOFFROY V. du nom Seigneur de Ioinuille, furnommé Troullart, comme on recueille de l'infcription qui eft en l'Abbaye de Cleruaux, fucceda à fon pere en la feigneurie de Ioinuille, & en la dignité de Senéchal de Champagne, auant l'an 1197. laquelle qualité il prend en vn titre de cette année-là, où il eft encore fait mention de Robert & de Simon fes freres. Et ainfi ce fut luy qui affifta auec les grans Officiers & les Barons de Champagne à la Cour & à l'Affemblée folennelle, que Thibaud V. Comte de Champagne, fils de de Henry, conuoqua l'an 1199. en la ville de Chartres, pour affigner le doüaire de Blanche, fille du Roy de Nauarre, fon époufe: en laquelle année il prit la Croix auec le méme Comte, & les autres Barons de cette prouince: entre lefquels fut Robert de Ioinuille fon frere, pour faire le voyage de la Terre Sainte. Deux ans aprés, la mort du Comte Thibaud eftant furuenuë, les Barons croifez priérent Geoffroy de fe tranfporter auec Mathieu de Montmorency & Geoffroy de Villehardoüin Maréchal de Champagne, vers Eudes Duc de Bourgogne, pour luy offrir la conduite des troupes, au lieu du Comte de Champagne; ce que ce Duc ayant refufé, le Seigneur de Ioinuille fut prié des deux autres d'aller trouuer Thibaud Comte de Bar, & de luy faire les mémes offres. Enfin ce voyage ayant efté changé en celuy de Conftantinople, & plufieurs des Croifez ayant laiffé le chemin de Venife, pour en prendre d'autres, afin d'arriuer plûtôt en la Terre Sainte, il fut vn de ceux-là, ainfi qu'il y a lieu de préfumer. Car outre que Villehardoüin ne parle point de luy en l'Hiftoire des deux fiéges de Conftantinople, l'infcription de Cleruaux marque affez qu'il paffa dans la Paleftine, où il fit de grans exploits de guerre, qui luy donnerent la reputation d'vn vaillant Cheualier. Enfin il y finit fes jours, fans auoir laiffé aucune pofterité, n'ayant pas remarqué qu'il ait efté marié. Iean Sire de Ioinuille fon neueu apporta fon efcu de la Terre Sainte, lorfqu'il y alla auec S. Lonys, c'eft à dire qu'il le tira de l'Eglife où il fut inhumé, & où il eftoit attaché au deffus de fon tombeau, & le plaça dans l'Egli-

*Villehard. n. 3.*

*Villehard. n. 10.*

*Alb vic. 1201.*

## DE LA MAISON DE IOINVILLE.

se de S. Laurent en son château de Ioinuille, pour conseruer la memoire de ce grand homme, & inuiter les fideles à prier Dieu pour luy, *ou quel escu, aprés la proüesse qu'il fit, & l'onneur que li Rois Richard d'Angleterre ly fit, en ce qu'il parti ses armes à ceux*, ce sont les termes de l'inscription de Cleruaux, desquels il faut tirer cette induction, que Geoffroy accompagna son pere au siége d'Acre, & que s'estant signalé en cette occasion plus que tous les autres Barons, le Roy Richard voulant reconnoître sa valeur extraordinaire, & récompenser ses merites, le gratifia d'vn honneur peu commun, & qui estoit rare en ce temps-là, & ainsi qui marquoit l'estime qu'il faisoit de ce Seigneur, ayant voulu qu'il portât ses armes, parties de celles d'Angleterre. Le Cartulaire de Champagne rapporte deux chartes de luy ; l'vne du mois de Iuillet 1199. par laquelle il reconnoît que ses hommes ne pourront rien acheter, ni prendre en gage des terres des hommes qui sont en l'auoüerie, ou bail, de la Comtesse Blanche. Par l'autre qui est de l'an 1201. il rend, à la priere de cette Comtesse, à Guy du Plesseis, frere d'Eustache de Conflans, cousin de Geoffroy, cinq cens liures que le Comte Thibaud auoit leguées à Eustache : ausquels titres il est nommé *Gauffridus de Ioigniuilla*.

VII. SIMON Seigneur de Ioinuille succeda à Geoffroy IV. son frere en cette seigneurie, & en la Senéchaucée de Champagne, auant l'an 1206. à raison de laquelle dignité il y eut quelque different entre Blanche Comtesse de Champagne, & le Comte Thibaud son fils, d'vne part, & Simon Sire de Ioinuille, qui soûtenoit qu'elle luy appartenoit en heredité, & aux siens, suiuant la concession qui en auoit esté faite à Geoffroy IV. son pere : Mais sans prejudice à cette contestation, la Comtesse Blanche, comme ayant le bail & la tutele de son fils, & jusques à ce qu'il auroit atteint l'âge de vingt & vn an, le reçut à hommage lige, non seulement de la Senéchaucée de Champagne, mais encore de la seigneurie de Ioinuille, à condition que si le jeune Comte estant paruenu à l'âge de majorité ne vouloit pas agréer cette inuestiture, les parties demeureroient en leurs droits, & en pouuoir de les debatre, ainsi qu'elles auiseroient. Par l'acte qui est du mois d'Aoust de l'an 1214. Simon promit d'aider le Comte Thibaud contre les filles du Comte Henry, & contre toutes autres personnes. Nonobstant ce traité, le Seigneur de Ioinuille fut troublé en la possession de cette dignité par la Comtesse : ce qui le porta à renoncer à son hommage, & à se ranger du côté de ses ennemis, vray-semblablement auec le Duc de Lorraine qui estoit alors en guerre auec la Champagne, la Chronique de Vigeois remarquant qu'il estoit auec Thibaud, lorsque le Duc tuä Macher Euesque de Toul son oncle. Mais depuis, la paix ayant esté conclue entre la Comtesse & le Duc, il se fit vn traité particulier entre la Comtesse & le Seigneur de Ioinuille, par lequel la Comtesse & son fils pour le bien de la paix, & afin de conseruer l'amitié du Sire de Ioinuille, *pro bono pacis, & vt ipsum ad amorem nostrum reduceremus*, ainsi que porte l'acte, luy accorderent la Senéchaucée de Champagne, pour la tenir par luy & les siens en heredité, auec promesse du Comte Thibaud de ratifier cét accord, quand il auroit atteint l'âge de majorité, & d'en inuestir Geoffroy, fils aîné de Simon, sauf le droit du pere, tant qu'il viuroit. Au moyen dequoy le Seigneur de Ioinuille promit de retourner en l'hommage de la Comtesse & de son fils, & de les secourir contre Erard de Brienne & sa femme : & pour seureté de ces conuentions, il s'obligea de mettre entre leurs mains son fief de la Fauche, lorsqu'il en seroit possesseur, leur donna Geoffroy son fils en hôtage, & mit entre les mains de l'Euesque de Langres son frere son château de Ioinuille, consentant qu'au cas de contrauention aux conditions du traité, il ne l'amendât en dedans quarante jours, il le liurât à la Comtesse & à son fils, ou son château de Vaucouleur. Ce qui fut arrêté le Ieudy d'aprés la Pentecoste au mois de Iuin l'an 1218. En consequence de cét accord Simon fit hommage au Comte de Champagne de la di-

*Cartul. de Champ.*

*Rich. Mon. in Chron. Vos. c. 57.*

*Cartul. de Champ. de M. de Thou p. 60. & suiu.*

*Du Tillet. Menard.*

Partie II.                                                              B ij

# GENEALOGIE

gnité de Senéchal, & en méme temps il partit pour la Terre Sainte, où eſtant arriué il ſe trouua auec la Nobleſſe Françoiſe au ſiége que le Roy Iean de Brienne mit deuant Damiette, & à la priſe de cette place ſur les Infideles. Les trai-

*Du Tillet.*

tez qu'il auoit faits auec la Comteſſe & ſon fils, ne ſubſiſterent pas long-temps, car le Comte eſtant deuenu majeur, voulut debatre tout ce qui auoit eſté ar-

*Cart. de Champ. de M. de Thou f. 71. 72. 311.*

rété par ſa mere, & par luy-méme encore mineur, & ſur ces nouuelles conteſtations, il ſe fit vne tranſaction entre eux, aux octaues de la Pentecoſte l'an 1224. par laquelle Thibaud accorda au Seigneur de Ioinuille, & à ſon heri-

*L'an. Cont. de Champ. art. 1.*

tier, la Senéchaucée de Champagne, ſans préjudice à la proprieté prétenduë par le Sire de Ioinuille. Enſuite, Simon ſe trouua la méme année auec ce

*Cartul. de Champ. de M. de Thou f. 31. & 314.*

Comte & les autres Barons du pays en l'aſſemblée qu'il fit pour regler les partages des enfans maſles des Nobles entre eux, & au méme temps il fit vne donation à l'Abbaye de Molémes, du conſentement de ſa femme Beatrix, de

*Cart. de Molémes.*

ſa grange, & de ſa bouuerie de Vaucouleur, pour y faire conſtruire vne Chapelle en l'honneur de S. Laurent. En l'an 1227. le Comte Thibaud eſtant attaqué par les Barons de France, qui luy faiſoient la guerre, ſous prétexte de ſecourir la Reyne de Cypre, qui querelloit le Comté de Champagne, mais en effet parce qu'il tenoit le party du Roy S. Louys, il ſe jetta dans la ville de Troyes à la priere des habitans, & fit ſi bien que les Barons, qui auoient deſſein d'attaquer cette place, furent obligez d'en perdre la penſée, & de paſſer

*Alber. 1215. 1217. 1230.*

outre. Il ſe trouua pareillement à la ſuite de Mathieu Duc de Lorraine en la guerre qu'il eut contre le Comte de Bar en l'an 1230. Auquel temps Beatrix ſa

*M. Pérard. p. 416.*

femme luy donna pouuoir de releuer de Hugues Duc de Bourgogne le château de Marnay, qui luy appartenoit de ſon chef. L'acte eſt du mois de Septembre de la méme année. Il paroît encore en quelques titres de l'Abbaye

*Menard. Titre de l'Abb. de Bouillencourt.*

de S. Remy de Reims en l'an 1232. mais il eſtoit decedé auant l'an 1235. en laquelle année Beatrix ſe dit ſa femme, & éxecutrice de ſon teſtament. Il fut marié deux fois. La premiere auec ERMENGARDE Dame de Moncler, au

*Lib. Princ. p. 87. 405.*

diocéſe de Tréves, vers l'an 1206. comme il ſe reconnoît par des lettres du mois de Iuin de cette année-là, par leſquelles Simon ſon mary déclare qu'il luy a accordé en doüaire la moitié de tous les biens qu'il auoit, leſquels releuoient de Blanche Comteſſe de Champagne, qui l'en reçoit à femme, à la priere de ſon mary, & ſans préjudice à ſes droits, ſa vie durant. Elle eſtoit

*Brouuer. l. 14. Annal. Treuir. p. 815.*

iſſuë de Wiric Seigneur de Walcourt, qui fonda en l'an 1130. l'Abbaye de Freiſtorff au diocéſe de Mets auec Adelais ſa femme & ſes enfans, ſçauoir Arnoul, Thierry, & cinq filles. Arnoul Seigneur de Walcourt bâtit le château de Moncler en l'an 1180. & eut pour fille & heritiere Ermengarde femme de Simon, auec qui cette Dame viuoit encore l'an 1218. ce que nous apprenons de quelques lettres du mois de Iuillet de cette année-là, par leſquelles elle renonce au doüaire que ſon mary luy auoit conſtitué, moyennant qu'il la doüé des terres & des ſeigneuries de Vaucouleur, & de Montier ſur Soat, & où elle fait mention de Geoffroy ſon fils aîné, qui pour lors n'auoit pas encore atteint l'âge de quinze ans. Ermengarde eſtant decedée peu aprés cette année-là, Simon prit pour ſeconde femme BEATRIX, fille d'Eſtienne Comte de Bourgogne & d'Auxonne, & de Beatrix Comteſſe de Chalon, & ſœur de Iean Com-

*Hiſt. de la M. de Vergy l. 2. ch. 9.*

te de Chalon, que Iean Sire de Ioinuille en ſon Hiſtoire appelle ſon oncle. C'eſt encore à raiſon de cette alliance qu'il donne le méme titre à Ioſſerand II. du nom Seigneur de Brancion, quoy qu'il fuſt plus éloigné de quelques degrez, & ſeulement oncle à la mode de Bretagne. Car Guillaume I. du nom Comte de Chalon eut deux enfans, Guillaume II. & vne fille mariée à Ioſſerand I. Seigneur de Brancion, pere de Henry, duquel vint Ioſſerand II. Guillaume II. Comte de Chalon fut pere de Guillaume III. Comte de Cha-

*Reg. des fiefs de Bourg.*

lon, & celuy-cy de Beatrix Comteſſe de Chalon, qui d'Eſtienne Comte d'Auxonne eut cette Beatrix, laquelle porta en dot la ſeigneurie de Marnay, ſituée au Duché de Bourgogne, pour raiſon de laquelle Simon eut different auec

## DE LA MAISON DE IOINVILLE.

Iean Comte de Chalon son beau-frere, qui luy en relascha la possession, moiennant qu'il promit de l'aider contre tous, sauf le Comte de Champagne, le Duc de Lorraine, & le Comte de Luxembourg, par acte passé au mois de Iuillet l'an 1225. Elle suruéquit son mary, duquel elle laissa plusieurs enfans. Le Comte Estienne son pere la fit exécutrice de son testament en l'an 1240. & enfin elle deceda le 20. jour d'Auril l'an 1260. & fut inhumée au Chapitre de l'Abbaye de la Charité, auec cét Epitaphe: CI GIST DAME BEATRIX FILLE LO COMTE ESTEVENON DAME DE MERNAY ET DE GYENVILLE. *Le P.Chifflet en sa Beatrix n. 91.*

### Enfans de Simon Sire de Ioinuille, & d'Ermengarde sa premiere femme.

8. GEOFFROY DE IOINVILLE fut fils aîné de Simon & d'Ermengarde sa premiere femme, à laquelle il succeda en la seigneurie de Moncler. Il épousa MARIE DE GARLANDE fille de Guillaume de Garlande V. du nom Seigneur de Liury & d'Alix de Chastillon, pour lors veuue de Henry Comte de Grandpré. Le Comte Thibaud de Champagne comparut au contract, & se fit plége enuers la Comtesse de Grandpré pour les conuentions du doüaire, comme il se reconnoît par des lettres de Simon Seigneur de Ioinuille de l'an 1230. mais ce mariage fut dissous par l'autorité de l'Eglise, & par vne sentence diffinitiue de l'Archeuesque de Reims, ainsi qu'il est porté en termes exprés dans les lettres, & les conuentions de mariage arrétées entre Iean de Ioinuille frere de Geoffroy, & Alix fille de cette Marie de Garlandé, & de Henry Comte de Grandpré son premier mary où l'on oblige Simon Seigneur de Ioinuille de faire ratifier ce jugement par Geoffroy son fils. Ce mariage a esté mal attribué par quelques-vns à Geoffroy, dit Troüillard, Sire de Ioinuille, suiuant lesquels Marie épousa en troisiémes noces Anseric III. du nom Seigneur de Montreal au Duché de Bourgogne. Le Registre des fiefs de Champagne nous apprend que Geoffroy fit hommage lige au Comte de Champagne de la part qu'il auoit en la succession de son pere, & de la dignité de Senéchal; lorsqu'elle luy écherroit après son décés, ensemble du bail du Comté de Grandpré, & du doüaire & des biens de la Comtesse sa femme; de laquelle il n'eut point d'enfans. Après sa mort, qui arriua auant celle de son pere, le château & la seigneurie de Moncler, par faute d'hoirs, retournerent à l'Eglise de Treves, Theodoric II. estant Archeuesque. *Lib. Princ. de la Cham. des Comp. de Paris. Du Chesne en l'hist. de Chast.l. 2. ch. 12. En l'hist. des Ducs de Bourg. ch. 5. En l'hist. de Dreux l. ch.1.p.26. Feoda Campaniæ de la Ch. des Comp. f. 113. Brouuer. l. 15. Annal. Treuir. p. 838.*

8. ISABEAV DE IOINVILLE épousa SIMON Sire de Clermont, auec lequel elle viuoit en l'an 1233.
8. BEATRIX DE IOINVILLE femme de WERMOND Vidame de Châlons.

### Enfans de Simon, Seigneur de Ioinuille, & de Beatrix de Bourgogne.

8. IEAN Seigneur de Ioinuille continua la posterité.
8. GEOFFROY DE IOINVILLE eut en partage la terre de Vaucouleur, dont sa mere auoit joüy en doüaire, a cause dequoy en vn titre de l'an 1239. elle prend la qualité de Dame de Vaucouleur. Iean Seigneur de Ioinuille fait mention de ce sien frere en son Histoire, où il l'appelle *son frere de Vauquelour.* Il y a vn titre de luy au trésor des chartes du *Lib. Princ. Tresor des Char. du Roy, liasse Lorraine I. tit. 10.*

B iij

# GENEALOGIE

Roy de l'an 1250. par lequel il se constituë plége pour Catherine Duchesse de Lorraine, & Ferry son fils, enuers Thibaud Roy de Nauarre & Comte de Champagne, pour vne somme de trois mille liures. Il consentit aussi en la méme année que Simon de Ioinuille son frere jouït de la terre de Marnay. Le Registre des Grans Iours de Champagne nous apprend qu'en l'an 1288. il eut different auec le Roy de Nauarre, touchant vne femme de corps. Il épousa Mahaut de Lacy, fille & heritiere de Gilbert de Lacy, Seigneur Anglois, de la Maison des Comtes de Lincolne, & d'Isabel Bigod, laquelle luy apporta en mariage les seigneuries de Coruedale, de Ludlow, de Mede, de Trime en Irlande, & autres. Il y a des lettres de luy, qui justifient qu'il fit sa residence dans l'Angleterre, & qui font mention de quelques bienfaits qu'il fit auec sa femme à l'Abbaye de Dore au Comté d'Hereford. Elles sont souscrites entre autres de Iean de Vaucouleur. Il y a lieu de croire qu'il estoit decedé auant l'an 1297. puisque *Gautier*, son fils se disoit Seigneur de Vaucouleur en cette année là. Il n'est pas constant s'il estoit issu du mariage de Geoffroy auec Mahaut de Lacy, dautant que les Ecriuains Anglois, qui parlent des enfans issus de cette alliance, ne le nomment pas, mais seulement *Geoffroy* de Ioinuille Cheualier, & *Pierre* son frere. GEOFFROY eut de grans & importans emplois dans la Cour d'Edoüard I. Roy d'Angleterre, qui en l'an 1290. l'enuoya en ambassade vers le Pape Nicolas IV. & en l'an 1299. le deputa pour aller en France jurer en son nom la paix qui auoit esté concluë entre les deux Couronnes à Monstreuïl sur la mer. Incontinent aprés il l'employa pour traiter son mariage auec Marguerite de France, sœur du Roy Philippes le Bel, & celuy de son fils auec Isabel, fille de Philippes. Il mourut sans posterité, & eut pour successeur son frere *Pierre de Ioinuille*, qui épousa *Ieanne*, fille de Hugues XII. Comte de la Marche & d'Angoulesme, & de Ieanne de Fougeres, auec laquelle il est nommé au testament de Hugues XIII. Comte de la Marche frere de Ieanne. De ce mariage sortirent trois filles, *Ieanne, Mahaut, & Beatrix de Ioinuille*. Les deux dernieres furent Religieuses en l'Abbaye d'Acornbury en Angleterre, & l'aînée fut mariée auec Roger de Mortemer premier Comte de la Marche en ce Royaume, de laquelle alliance sont issus les autres Comtes de la Marche, qui par ce moyen succedérent en toutes les terres que la Maison de Ioinuille auoit possedées en Angleterre. Ie crois que Iosselin de Ioinuille, qui pour s'estre engagé dans le party de Thomas Comte de Lancastre, perit miserablement en l'an 1322. estoit de cette famille, & peut-estre fils puîné de Geoffroy Seigneur de Vaucouleur & de Mahaut de Lacy. Thomas de Walsingham le nomme *Gosselinus de Inuilla*, au lieu de *Iuinuilla*. Quant à GAVTIER Seigneur de Vaucouleur, fils aîné de Geoffroy, il est qualifié neueu de Iean Seigneur de Ioinuille, en vn titre de l'an 1300. dont l'original est gardé au château de Polizy. Il auoit succédé, comme je viens de remarquer, en cette seigneurie à son pere auant l'an 1297. ainsi c'est le Seigneur de Vaucouleur qui est nommé auec les autres Nobles de Champagne au mandement du Roy Philippes le Bel du 5. jour d'Aoust l'an 1303. pour se trouuer à Arras, & s'y estant acheminé, il y seruit le Roy en la guerre contre les Flamans, & enfin y perdit la vie en vne bataille qui se donna contre eux l'année suiuante, ainsi que Guillaume Guiart le témoigne en ces vers,

*A cele heure se desrenja,*
*Dont ce fu pitié & douleur,*
*Le drois Sires de* VAVCOVLEVR,
*Qui n'iert vilain ne bobancier,*

# DE LA MAISON DE IOINVILLE.

*Qui s'alla emmi eus lancier*
*Sus la chaucie, & il l'occiſtrent.*

Ce Seigneur de Vaucouleur laiſſa au moins deux fils, ſçauoir Iean Seigneur de Vaucouleur, & vn autre, qui fut pere de IEAN DE IOINVILLE, qualifié couſin germain d'Amé de Ioinuille Seigneur de Mery en vn titre de l'an 1364. & qui ſeruit dans les armées du Roy, du coſté de Bretagne & de Poitou, auec trois Eſcuiers l'an 1374. & 1375. ſous le gouuernement des Ducs d'Anjou & de Berry. IEAN DE IOINVILLE Seigneur de Vaucouleur fit vn traité auec le Roy Philippes de Valois à Paris le 4. jour d'Octobre l'an 1337. par lequel ſur ce que le Roy deſira pour la ſeureté & la deffenſe de ſon Royaume auoir le château & la terre de Vaucouleur, Iean de Ioinuille la luy quitta auec toutes ſes dépendances, au moyen d'autres terres qui luy furent baillées en échange, ſçauoir la ville & la châtellenie de Mery ſur Seine, tant en Iuſtice que domaine, la Iurée de Villers en la Preuôté de Vertus, le tréfons de Lachy, & autres biens ſuiuant la priſée qui en fut faite par des Commiſſaires. Le Roy auoit acquis deux ans auparauant la Seigneurie directe de Vaucouleur d'Anceau Sire de Ioinuille, duquel elle eſtoit mouuante par droit de frerage, & le Roy luy bailla en échange le fief de Poſſeſſe, de Charmont & des dépendances, que Meſſire Iean de Gallande tenoit du Roy, auquel titre, qui eſt du 15. de Ianuier 1335. il eſt qualifié Sire de Ioinuille & de Renel. L'Hiſtoire des Eueſques de Mets parle de luy, & dit qu'il enuoya Amé de Ioinuille ſon fils faire hommage à Adhemar Eueſque de Mets au mois de Septembre l'an 1344. Il paroiſt auec le titre de Seigneur de Mery & de Lachy en vn Compte de la terre de Champagne de l'an 1348. AMÉ DE IOINVILLE ſon fils luy ſuccéda en ſes ſeigneuries auant l'an 1364. Il fut encore Seigneur de Souderon à quatre lieuës de Châlons, & de Straelles, & fit hommage de la derniere à l'Eueſque de Troies l'an 1371. I'ay veu vn titre du 2. de Iuillet 1377. qui contient vn accord entre le Comte de Vertus & cét Amé, tant en ſon nom, que celuy de Iean de Sarrebruche Cheualier, dont il ſe fait fort, par lequel il declare, qu'il entre dans la foy & l'hommage de M. le Comte de Vertus, pour Souderon, Bergieres, la Viezuille, le Meſnil, Courtemblon, Souilleres vers l'Oiſy, Eſtrichy proche de la Villeneuue, Grouges, Raingneuille, Luchy, Rouſſy, les hommes, les ſujets & les appartenances qui furent jadis du domaine & du reſſort de Vertus, baillez en échange de Vaucouleur. Le titre porte encore que ces lieux, comme auſſi la ville de Villeceneur, reſſortiront en arrierefief du Bailliage du Comté de Vertus, ſçauoir en aſſiſes & hors aſſiſes, ſans reſſortir en Preuôté. Ce Iean de Sarrebruche Seigneur de Commercy, eſtoit alors marié auec IZABELLE DE IOINVILLE, fille vnique & heritiere d'Amé: laquelle aprés le decés de ſon mary, s'allia en ſecondes noces auec Charles Seigneur de Châtillon, Grand Maître des eaux & foreſts de France. Vn Prouincial, qui eſt à la fin de l'Hiſtoire de Normandie de Du Moulin, donne pour armes aux Seigneurs de Vaucouleur les armes de Ioinuille, *le chef d'hermines, & le lion couronné d'or.*

8. SIMON DE IOINVILLE Seigneur de Gex, eut pour partage la terre de Marnay, que Beatrix ſa mere luy abandonna, du conſentement du Seigneur de Ioinuille, & du Seigneur de Vaucouleur ſes freres. Il en fit hommage à Iean Comte de Bourgogne Seigneur de Salins ſon oncle au mois de Decembre l'an 1255. Il deuint encore Seigneur de Gex, enſuite du mariage qu'il contracta auec BEATRIX, ſurnommée LIONETTE, fille & heritiere d'Amé de Geneue, qui ſe diſoit Seigneur de Gex en l'an 1225. & de Beatrix de Baugé ſa premiere femme. L'vn & l'autre firent hommage à l'Eueſque de Geneue pour le marché de Gex, qu'ils reconnurent tenir de ſon fief par lettres du 22. jour d'Auril l'an 1261. Simon fut

## GENEALOGIE

*Hist. Gen. de Savoye p. 187. 288. 292. 1172. aux Pr. p. 82.*

présent en l'an 1273. au traité de mariage de Gaston Vicomte de Bearn, & de Beatrix de Sauoye, fille de Pierre Comte de Sauoye. Sa femme viuoit encore en l'an 1294. auquel temps vn titre semble parler d'elle comme veuue: ce qui me feroit douter du second mariage de Simon, qu'on dit qu'il contracta auec Leonor de Foucigny, & duquel ne procedérent aucuns enfans. Aussi d'autres attribuent cette Eleonor à HVGVES de Ioinuille Seigneur de Gez, fils de Simon, auquel ils donnent deux enfans, sçauoir cét Hugues, & Pierre Seigneur de Marnay, dont il sera parlé cy-après. Tant y a que Hugues fut pere de PIERRE DE IOINVILLE Seigneur de Gez decedé sans posterité : de *Guillaume* son frere qui luy succéda en cette seigneurie, d'*Agnes* femme de François Seigneur de Saffenage, & de *Beatrix* mariée à Odon Alaman Seigneur de Champs en Dauphiné, que quelques Auteurs disent auoir esté enfans de Simon. GVILLAVME DE IOINVILLE Seigneur de Gez fit vn semblable hommage que son pere, ou son ayeul le Lundy auant la feste de S. Michel l'an 1314. En l'an 1324. il s'engagea dans le party de Hugues Daufin Baron de Foucigny, & d'Amé III. Comte de Geneue, en la guerre que ces Seigneurs eurent contre Edoüard Comte de Sauoye, & se trouua à la bataille du Mont du Mortier, où ils furent deffaits. Il épousa IEANNE DE SAVOYE, fille de Louys de Sauoye Baron de Vaud, & de Ieanne de Montfort, de laquelle il eut HVGARD Seigneur de Gez mort sans enfans l'an 1338. *Hugues* Seigneur de Gex après son frere, *Marguerite de Ioinuille* mariée en l'an 1325. à Guillaume Seigneur de Montbel & d'Entremont le Neuf, *Eleonor de Ioinuille* épouse de Hugues de Geneue Baron d'Anthon, & N. de Ioinuille, Dame d'Aubonne, femme d'Humbert Alaman Seigneur d'Aubonne & de Copet. HVGVES DE IOINVILLE Seigneur de Gez fut fait Cheualier par Aymon Comte de Sauoye, qui en outre luy donna cent liures de rente en augmentation de fief par lettres du 28. de Ianuier l'an 1343. M. de Guichenon luy donne le nom de Hugard, comme à son frere aisné. Il fit hommage lige en l'an 1339. au Roy Philippes de Valois pour trois cens liures de rente sur le Trésor, duquel hommage il excepta le Dauphin de Vienne, le Comte de Sauoye, le Sire d'Arlay, l'Euesque de Geneue, & l'Abbé de S. Oyen de Ioux. Il se trouua la méme année, & les deux suiuantes dans les armées que le Roy conduisit contre le Comte de Flandres, accompagné de deux Cheualiers Bacheliers, & de quarante-huit Escuiers, tous ses vassaux. Guillaume Paradin écrit qu'ayant receu quelque déplaisir du Dauphin de Viennois, il se départit de son hommage, & se fit vassal & homme lige d'Aymon Comte de Sauoye à cause de sa seigneurie de Gez: mais que depuis estant au lit mortel, il se repentit de cette action, & fit don de la seigneurie de Gez à Hugues de Geneue son beau-frere qu'il institua son heritier, à condition de la releuer du Dauphin. Ce que Hugues ayant exécuté ; le Comte Amé de Sauoye surnommé le Vert, successeur d'Aymon, prit occasion de là d'entrer à main armée dans les pays de Gez, duquel il se rendit maître par droit de commise l'an 1353. M. de Guichenon rapporte vne autre origine de cette guerre. Quoy qu'il en soit, depuis ce temps là cette seigneurie est demeurée en la possession des Ducs de Sauoye, jusques à ce que par le traité conclu à Lyon l'an 1601. elle fut cedée à la France auec celle de Bresse, en échange du Marquisat de Saluces. Quant à PIERRE DE IOINVILLE Seigneur de Marnay, fils puîné de Simon Seigneur de Gez & de Lyonette de Geneue, il fut tuteur de Guillaume Sire de Gez son neueu, à cause dequoy il porta quelque temps le titre de Seigneur de Gez. Il fut pere de BERAVD DE IOINVILLE Seigneur de Marnay & de Diuonna, lequel d'Aymée de Coligny sa femme procrea AMÉ DE IOINVILLE Seigneur de Diuonna. Celuy-cy épousa

*Paradin en l'hist. de Sauoye li. 2. p. 102.*

*Hist. Gen. de Savoye.*

*M. Guichenon en la Gen. de Montbel.*

*Hist. Gen. de Savoye p. 395.*

*Trésor des Chart. du Roy, laiette hommages III. tit. 27. Du Tillet.*

*Compte de Barth. du Drach Trésor. des guer. f. 167.*

*Paradin en l'hist. de Sauoye l. 2. ch. 134. 148.*

*Hist. des Ducs de Bourg. aux preuues, p. 52.*

*Hist. de Sauoye, p. 407. 427.*

*Hist. de la Maison de Coligny.*

## DE LA MAISON DE IOINVILLE. 17

épousa la fille du Vicomte de Courtramblay, & en eut AMÉ' DE IOIN-
VILLE Seigneur de Diuonna, qui fut conjoint auec Catherine Bernier,
& en laiſſa trois enfans, ſçauoir LOVYS DE IOINVILLE Seigneur
de Diuonna, AMBLARD DE IOINVILLE Chanoine de Lyon, & N.
de Ioinuille, mere de Marie de Gingin, qui fut alliée en l'an 1412. auec
Aymon de Coucy Seigneur de Geniſſia.

8. GVILLAVME DE IOINVILLE Archidiacre de Salins, & Doyen *M Guich.*
de Bezançon, fut nommé auec ſon frere Simon Seigneur de Gex, *en l'Hiſt. de*
par Agnes de Foucigny Comteſſe de Sauoye, femme de Pierre Comte *Sauoye p.*
de Sauoye executeur de ſa diſpoſition teſtamentaire, qui eſt du mois *187.*
d'Aouſt 1268.

8. SIMONETTE & MARIE, dont l'vne épouſa Guignes Dauphin de Vien-
nois auant l'an 1252. comme il ſe iuſtifie par vne lettre de Simon Sire de
Gex, qui dit que le Dauphin de Viennois auoit ſa ſœur à femme. Le
P. Dom Pierre de ſainte Catherine eſtime que l'vne de ces filles épouſa le
Seigneur de Traſegnies Connétable de France, que le Sire de Ioinuille
appelle ſon frere.

VIII. IEAN Seigneur de Ioinuille, & Senéchal de Champagne, fils aîné
de Simon Seigneur de Ioinuille, & de Beatrix de Bourgogne ſa ſeconde fem-
me, fut accordé en mariage, ſon pere & ſa mere eſtans encore viuans, auec
ALIX fille de Henry Comte de Grandpré, & de Marie de Garlande. Les con-
uentions de ce mariage furent arrêtées au mois de Iuin l'an 1231. en la préſen-
ce de Thibaud Comte de Champagne, dont les principales conditions furent, *Lib.Princ.*
que la Comteſſe & Henry ſon fils donneroient à leur fille, en faueur de cet-
te alliance, trois cens liures de rente en fonds de terre, monnoye de Paris, &
que moyennant cét auantage, Alix renonceroit aux ſucceſſions de ſon pere &
de ſa mere. Il fut encore ſtipulé, que Simon Sire de Ioinuille, pere de Iean,
feroit en ſorte que Geoffroy de Ioinuille ſon fils approuueroit & ratifieroit
la ſentence de ſeparation d'entre luy & la Comteſſe de Grandpré, renduë par
l'Archeueſque de Reims: d'où l'on peut conjecturer que ce mariage ſe fit pour
appaiſer les differents qui eſtoient entre ces deux Maiſons à l'occaſion de ce
diuorce. Ces conuentions ne furent ſignées que par la Comteſſe de Grand-
pré, en l'abſence de ſon fils, duquel le Comte de Champagne ſe rendit ple-
ge pour leur execution. Elles ne furent toutefois ſi-tôt accomplies, ni
le mariage terminé qu'aprés l'an 1239. auquel temps Iean Sire de Ioinuille qui
auoit ſuccedé à ſon pere en cette ſeigneurie, & en la Senéchaucée de Cham-
pagne, eſtoit encore à marier. Car en cette année-là, il promit au Comte
Thibaud Roy de Nauarre, de ne pas s'allier auec le Comte de Bar, ni de pren- *Lib.Princ.*
dre ſa fille en mariage. Beatrix mere de Iean fit la même promeſſe au Comte,
pour ſon fils. Mais ſon mariage auec Alix ſe fit incontinent aprés, car en vn
titre de l'an 1240. la Dame de Ioinuille eſt qualifiée ſœur de Henry Comte
de Grandpré. Il auoit eſté probablement differé juſques à ce temps là, à cau-
ſe de la trop grande jeuneſſe du Sire de Ioinuille, qui rend ce témoignage de
luy-méme, qu'en l'an 1243. que le traité entre le Roy S. Louys & le Comte de
la Marche fut arrêté, *il n'auoit pas encore vêtu de haubert*, c'eſt à dire qu'il n'a-
uoit pas encore porté les armes, ni reçû l'Ordre de Cheualier, & que lorſ-
qu'il prit la Croix, & qu'il ſe mit en chemin pour paſſer dans la Terre ſainte
auec le Roy S. Louys, il eſtoit encore tout jeune. Ce fut la premiere occaſion
où il entreprit de donner des preuues de ſa valeur, & où il voulut témoigner à
toute la terre qu'il n'auoit en rien dégéneré de la vertu & du courage de ſes
ayeuls. La Croiſade auoit eſté publiée en France dans toutes les Prouinces,
& déja S. Louys, la Reyne ſa femme, leurs enfans, les freres du Roy, & les
principaux Barons du Royaume auoient endoſſé le harnois, & chargé leurs
épaules des marques de noſtre redemption, pour aller retirer la Terre Sainte

*Partie II.* C

des mains des Infidéles, & leur porter la guerre jufques dans leurs Etats. Iean Sire de Ioinuille, à l'exemple de fes prédeceffeurs, qui s'eftoient fignalez dans ces illuftres conquétes, prit auffi la Croix, & réfolut de paffer avec ce grand Roy. Mais comme cette entreprife eftoit hazardeufe & de longue haléne, il voulut auant que de partir non feulement difpofer de fes biens, mais encore laiffer vn chacun fatisfait de fa conduite, fe mettant par ce moyen dans la difpofition qui eftoit neceffaire pour meriter les fruits & les pardons, que ces Croifades produifoient, par la conceffion des Souuerains Pontifes. Ayant appellé fes amis, & conuoqué fes voifins, il leur fit entendre, que fi quelqu'vn auoit le moindre fujet de plainte contre luy, ou qu'il leur eût fait tort en quelque chofe, il eftoit preft de le reparer, & de leur en faire toute la fatisfaction qu'ils auroient pû fouhaiter de luy. D'autre cofté, parce que Beatrix fa mere viuoit encore, & qu'elle jouïffoit de la plufpart de fon bien en doüaire, il fe trouua obligé d'engager la meilleure partie des terres qui luy reftoient, pour fournir aux dépenfes & aux frais d'vn fi long voyage, & d'vne entreprife fi confiderable, de forte qu'à peine il luy refta douze cens liures de rente en terre. Il partit donc de fon château de Ioinuille aprés Pafques l'an 1248. ayant à fa fuite & à fa folde dix Cheualiers, entre lefquels il y en auoit trois Bannerets, fçauoir Hugues de Landricourt, Hugues de Til-Châtel Seigneur de Conflans, & Pierre de Pontmolain. Il fe mit encore en la compagnie de Iean Sire d'Afpremont, de Gofbert d'Afpremont & de fes freres, qui eftoient fes coufins, & du Comte de Sarrebruche, lefquels auoient pareillement pris la Croix. Ils s'embarquerent tous enfemble à Marfeille, d'où ils pafferent en Cypre, où ils trouuerent le Roy S. Louys, qui y eftoit arriué peu de temps auparauant. Ce fut là où le Sire de Ioinuille fe mit premierement au feruice & aux gages de ce grand Roy, duquel il gagna tellement les bonnes graces & les affections, que ce Prince le voulut auoir toûjours prés de fa perfonne, l'employant dans les negociations les plus importantes, & le retenant pour l'vn de fes principaux & plus fidéles Confeillers. De forte que depuis le jour qu'il fe donna au Roy dans l'Ifle de Cypre, jufques à fa mort, il ne l'abandonna prefque point, & fut toûjours à fa fuite l'efpace de vingt & deux ans entiers. Ce feroit icy le lieu de raconter fes auentures, fes combats, & fes voyages, comme il aborda en Egypte, comme il fut attaqué des Sarrazins, comme il les repouffa, comme il fut bleffé, puis atteint de la maladie de l'armée, comme il fut pris des ennemis, fauué & deliuré de leurs mains, comme il paffa à Acre auec le Roy, qui l'y retint derechef & fes Cheualiers à fa folde, & enfin comme aprés auoir efté en ces expeditions l'efpace de fept années, il retourna en France auec le Roy. Mais dautant que cela feroit d'vne longue déduction, & que luy méme en a écrit l'Hiftoire, je paffe outre pour m'arrêter à quelques autres de fes principales actions. Eftant de retour en France, il prit congé du Roy à Beaucaire, d'où, aprés auoir vifité en chemin la Dauphine de Viennois fa parente, le Comte de Chalon fon oncle, & le Comte de Bourgogne fon coufin germain, il arriua en fon château de Ioinuille. Y ayant fejourné quelque temps, il vint à Soiffons trouuer le Roy, qui le reçût auec tant de demonftration de bienueillance & d'amitié, que tous ceux de la Cour en furent furpris, & en eurent de la jaloufie. Ce fut vers ce méme temps que Thibaud II. Roy de Nauarre & Comte de Champagne l'employa pour faire la recherche d'Ifabel, fille du Roy: en laquelle negociation il fe comporta auec tant d'adreffe & de conduite, que nonobftant les difficultez qui fe préfentérent, le mariage fût conclu, & les noces celebrées à Melun auec toute la magnificence Royale l'an 1255. Ce feruice joint aux autres, luy gagna les affections du Roy de Nauarre, qui le gratifia de plufieurs bienfaits, entre lefquels eft le don qu'il

*Lib. Princ.* luy fit, & à fes heritiers, au mois de Ianuier l'an 1258. de tout le droit qu'il auoit au village de Germay, pour en joüir en accroiffement de fief, à la char-

# DE LA MAISON DE IOINVILLE.

ge d'hommage lige. L'année suiuante il souscriuit le testament d'Ebles de *Preuues de* Geneue, fils d'Humbert Comte de Geneue, où toutefois il ne prend aucu- *l'Hist. de* ne qualité; ce qui pourroit faire douter que ce Iean de Ioinuille, ou Gen- *Sauoye, p.* uille, ainsi qu'il y est nommé, soit nostre Senéchal. Il se trouua en suite pres- *74.* que toûjours à la Cour du Roy de Nauarre son Seigneur, & estoit auec luy *Preuues de* en l'an 1267. lorsque ce Prince fit hommage à l'Euesque de Langres pour les *l'Hist. de* villes de Bar sur Aube, de Bar sur Seine, & quelques autres places qui re- *Bar, p.36.* leuoient de cette Eglise, en présence de Guillaume Sire de Grancey, de Renier Vitardore, & d'Eustache de Conflans Maréchaux, & autres Seigneurs de Champagne. Le Roy S. Louys ayant conuoqué à Paris tous ses Barons, au sujet d'vne nouuelle Croisade, il y manda le Sire de Ioinuille, qui estoit pour lors trauaillé d'vne fieure quarte. S'y estant acheminé, le Roy & Thibaud Roy de Nauarre le pressérent de vouloir prendre la Croix, & d'entreprendre auec eux le voyage d'Afrique, mais il s'en excusa sur la pauureté & la disete de ses sujets & de ses vassaux, qui auoient beaucoup souffert durant son premier voyage, par les exactions, que les gens du Roy de France & ses Officiers firent sur eux. Il exerça quelque temps après la Commission de Maître aux Grans Iours & aux Assises de Troyes, & y presida comme le plus *VieuxCoût.* qualifié en l'an 1271. Durant le voyage que le Roy Philippes le Hardy fit en *de Champ.* Arragon l'an 1283. lequel auoit la garde & le bail de Ieanne Reyne de Nauar- *art. 23.* re & Comtesse de Champagne, fille vnique du Roy Henry, il fut étably par luy Gouuerneur & Garde de ce Comté. Il se trouue encore auoir assisté aux *Ib. art. 13.* Assises de Champagne dans les années 1291. & 1296. Ie ne remarque rien de *Assis. de* ses autres actions, & n'ay leû aucun acte, où il soit parlé de luy, jusques en *Champ.* l'an 1303. qu'il se trouue nommé auec Iean de Ioinuille, Seigneur d'Ancer- uille, Anseau de Ioinuille, & autres grans Seigneurs de France & de Cham- *35. & 36.* pagne, en la semonce que le Roy Philippes le Bel leur fit de se trouuer à At- *Reg. du* ras au 5. jour d'Aoust, pour la guerre de Flandres. Il fut encore vn des Sei- *Trésor.* gneurs & des Barons de Champagne qui se liguerent au mois de Nouembre l'an 1314. contre le même Roy, pour des subuentions qu'il auoit entrepris de *Preuues de* leuer sur les Nobles de son Royaume. Ce démeslé ayant esté accommodé *l'Hist. de* l'année suiuante par le Roy Louys Hutin, qui leur accorda des Commis- *Vergy, p.* saires pour faire vne enqueste au sujet de leurs priuileges, par ses Lettres *231.* données au Bois de Vincennes le 17. jour de May l'an 1315. incontinant aprés *Chr. de* le Roy ayant fait publier vne semonce des Nobles de son Royaume pour se *Flandre.* trouuer au mois d'Aoust à Arras pour la guerre contre les Flamens, le Sire *Reg. appar-* de Ioinuille fut mandé par vne lettre particuliere du Roy, de se trouuer à *tenant à M.* Authie à la my-Iuin. Mais sur ce que le terme estoit trop court pour faire son *de Vyon* équipage & ses apprêts, il écriuit au Roy, & luy fit ses excuses de ce qu'il *d'Herou-* ne pouuoit pas se trouuer au jour qui luy auoit esté designé, promettant neant- *ual.* moins de venir dans ses armées le pluftôt qu'il luy seroit possible; & effectiuement j'ay remarqué dans le compte des gens d'armes qui furent en la compagnie de Mons. le Comte de Poitiers receus à Arras; & ailleurs, par ses *Rouleau de* deux Maréchaux, Monf. Renaut de Lor, & le Borgne de Ceris, qu'il s'y trou- *la Chamb.* ua auec vn Cheualier, & six Escuiers. L'original de la lettre qu'il écriuoit *des Compt.* au Roy au sujet de cette semonce, m'ayant esté communiquée par Monsieur *de Paris.* de Vyon, Seigneur d'Herouual, Auditeur des Comptes, assez connu parmy les Sçauans: I'ay crû que j'obligerois le Lecteur si j'en inserois icy la copie, tant pour ce qu'elle contient quelques singularitez remarquables, que pource qu'elle nous fait voir clairement que l'Histoire que nous auons du Sire de Ioinuille a esté alterée en son idiome; ce que l'on peut inferer d'ailleurs, par ce que la Croix du Maine en sa Bibliotheque des Escriuains François, témoigne auoir eu en sa possession cette Histoire écrite en vieux langage. L'inscription porte ces mots: *A son bon amey Seigneur le Roy de France & de Nauarre,* & la teneur de la lettre, ceux-cy: *A son bon Seigneur* L O Y S *par la grace de Dieu*

Partie II.                                                C ij

# GENEALOGIE

*Roy de France & de Nauarre,* IEHANS *Sires de Ioinuille ses Senéchaux de Champ. Salut, & son seruice appareilié. Chiers Sire, il est bien voirs ainsis comes mandey le m'auez que on disoit que vous estiés appaisiés as Flamans, & par ce,* SIRE, *que nous cuidiens que voirs fust, nous n'auiens fait point d'aparoyl pour aleir à vostre mendement, & de ce,* SIRE, *que vous m'auez mandey que vous serez à Arras pour vous edrecier des tors que li Flamainc vous font, il moy semble,* SIRE, *que vous faites bien, & Dex vous en soit en aiide. Et de ce que vous m'auez mendey que ge & ma gent fussiens à Othie à la moiennetey du moys de Ioing,* SIRE, *sauoir vous fez que ce ne puet estre bonnement. quar vos lettres me vinrent le secont Dimange de Ioing, & vinrent viij. jours deuant la recepte de vos lestres. & plus tost que je pourray ma gent seront apparilie pour aleir où il vous plaira.* SIRE, *ne vous desplaise de ce que je au premier parleir ne vous ay apalley que bon Signour, quar autrement ne l'ai-je fait à mes Signeurs les autres Roys qui ont estey deuant vous cuy Dex absoyle nostre Sires soit garde de vous. Donney le secont Dimange dou mois de Ioing que vostre lettre me fut apourtée, l'an mil trois cens & quinze.*

La lettre est pliée & cachetée d'vn seau de cire jaune de la grandeur d'vn grand escu d'or, ayant pour empreinte vn Cheualier auec l'espée & l'escu, la cotte d'armes, & la housse du cheual chargée des armes de Ioinuille : à l'entour, au lieu d'inscription, est vne bordure de fleurs de lys, comme elle se voit aux monnoyes de S. Louys. Il faloit qu'en cette année 1315. le Sire de Ioinuille fust âgé au moins de quatre-vingts dix ou douze ans, puisque dés l'an 1231. son mariage fut arrêté, & qu'il fut consommé en l'an 1240. auquel temps il ne pouuoit pas auoir eu moins de vingt ans. Aussi vn Auteur recent assure qu'il vécut plus de cent ans, & luy-mème dans vn titre de l'Abbaye de S. Vrban prés de Ioinuille, du lendemain de Pasques l'an 13... par lequel il accorda à Robert Abbé, & aux Religieux de ce Monastere certains prez & bois, dit qu'il auoit couru tant au pays des Infidéles, où il auoit esté sept ans auec le Roy S. Louys, qu'ailleurs, dont Dieu par sa misericorde l'auoit garanti & conserué en santé de corps & d'esprit en vn âge, auquel ses predecesseurs n'estoient jamais paruenus. Quoy que je n'aye veû aucun acte qui cotte précisément sa mort, il faut toutefois inferer que ç'a esté vers l'an 1318. en laquelle année Anceau son fils estoit en possession de la terre de Ioinuille, & de la charge de Senéchal de Champagne, comme nous verrons dans la suite. l'ay appris de quelques Officiers de la terre de Ioinuille, que ce Seigneur estoit d'vne haute taille & extraordinaire, robuste de corps, & qu'il auoit la teste d'vne grosseur demesurée, & au double des hommes de ce temps, & qu'elle se voit encore à present en ce lieu, comme aussi l'os d'vne de ses hanches. Ce qui se rapporte à ce qu'il écrit luy-mème de son temperament, & des qualitez de son corps, témoignant qu'il *auoit la teste grosse, & vne froide fourcelle*, c'est à dire, l'estomach froid, à cause dequoy les Medecins luy auoient conseillé de boire son vin pur, pour le réchauffer. Quant aux qualitez de l'esprit, il suffit de dire que ce grand Roy S. Louys le retint pour vn de ces principaux Conseillers & Ministres d'Estat, outre que luy-mème écrit qu'il auoit vn sens subtil. Il est malaisé de determiner le temps precis, auquel il composa son Histoire : car si l'on considere les termes & l'inscription de l'epître liminaire qui est dediée à Louys Hutin Roy de France & de Nauarre & Comte de Champagne, il faut que ç'ait esté après la mort de Philippes le Bel, &

## DE LA MAISON DE IOINVILLE. 21

vers l'an 1315. puifque Louys ne prit le titre de Roy de France qu'aprés la mort de fon pere auenuë en 1314. ayant efté couronné Roy de Nauarre dés l'an 1307. D'autre côté ce qu'il ajoûte en cette lettre, qu'il a entrepris de faire vn traitté des faits & des plus beaux dits du Roy S. Louys, à la priere, & par le commandement de la defunte Reyne époufe du méme Roy, & qu'il ne le peut dédier à autre qu'à fon fils aîné, & qui luy a fuccedé au Royaume, peuuent faire douter de la fidelité de l'infcription, dautant que le Roy Louys Hutin ne fucceda pas à S. Louys immédiatement, & fa mere ne fut point époufe du Roy S. Louys. Ce qui peut faire croire que celuy qui le premier publia cette Hiftoire, changea l'infcription de cette epître, & mit Louys au lieu de Philippes. Mais fi le Sire de Ioinuille entend ce dernier, par les termes que je viens de rapporter : Il fe trouue encore d'autres difficultez; car outre que Philippes le Hardy ne fut point Roy de Nauarre, il dit qu'il a entrepris cette Hiftoire à la priere de la deffunte mere du Roy, auquel il l'a dediée. Or la Reine Marguerite de Prouence, veuue du Roy S. Louys, mourut aprés fon fils Philippes le Hardy : & ainfi il faut que le Roy, auquel il adreffe fon Hiftoire, ait furuécu fa mere. Que fi d'autre part il a entendu parler de Philippes le Bel, il eft conftant qu'il ne fut pas fils, ni fa mere époufe de S. Louys. Neantmoins je n'aurois pas de peine à me perfuader qu'il y auroit erreur en cette infcription, & qu'au lieu de Louys il faut reftituer, & entendre Philippes le Bel : Premierement, par ce qu'il dit formellement en quelques paffages de fon Hiftoire, qu'il l'a compofée fous fon regne. Car à l'endroit où il parle du Roy S. Louys, il écrit en ces termes, *Le bon Roy appella Meffeigneurs Philippes, pere du Roy, qui or eft, & auffi le Roy Thibaud fes fils*, c'eft à dire Philippes le Hardy fils de S. Louys, pere de Philippes le Bel, & ailleurs, *& par ce dit que remembray-je vne fois du bon Seigneur, pere du Roy, qui ores eft, pour les pompes & bobans d'habillemens, cottes brodées que on fait tous les jours maintenant és armées : & difois-je audit Roy de préfent, que onques en la voye d'outremer, où je fus auec fon pere, & s'armée, je ne vis vne feule cotte brodée, ne felle du Roy fondit pere, ne felle d'autruy.* Ce que j'explique pareillement du Roy Philippes le Bel, ne faifant pas de difficulté de croire qu'il prend ce terme de *Pere* pour ayeul. D'ailleurs, il eft conftant que le Sire de Ioinuille acheua non feulement fon Hiftoire depuis la Canonifation de S. Louys, qui fe fit en l'an 1298. mais encore aprés l'an 1305. puifqu'il y parle de la mort de Guy de Dampierre Comte de Flandres auenuë à Compiegne en cette année là. La difficulté donc ne refteroit qu'à l'égard de ce qu'il dit que la Reine, à la priere de laquelle il entreprit de rediger par écrit la vie & les actions de S. Louys, fut femme de ce Roy, ce qui ne peut eftre, fi ce n'eft que le terme de *Mere*, ne fe doiue prendre pour celuy d'ayeule. Toutes ces contradictions auroient pû fe démefler, fi nous euffions pû voir les MSS. fur lefquels Antoine Pierre de Rieus & Claude Ménart ont formé les editions de l'Hiftoire du Sire de Ioinuille : celle de Poitiers, qui eft du premier, ayant efté alterée du langage de l'Auteur, comme il auoüe luy-méme en fa Preface, que j'eftime auoir efté femblable à celle qui a efté en la poffeffion de la Croix du Maine. Mais je laiffe toutes ces circonftances à difcuter, & à éplucher aux plus intelligens, pour acheuer de traitter ce qui refte à examiner de la vie de ce Seigneur, & parler de fes deux femmes : dont la premiere fut, comme j'ay remarqué, ALIX DE GRANDPRE', de laquelle il auoit deux enfans, lorfqu'en l'an 1248. il entreprit le voyage d'outremer auec le Roy S. Louys, comme il témoigne luy-méme, dont l'vn eftoit IEAN DE IOINVILLE, Seigneur d'Anceruille. La feconde femme de Iean Sire de Ioinuille, fut ALIX DE RISNEL, fille & heritiere de Gautier Sire de Rifnel, auec laquelle il viuoit en l'an 1262. auquel temps le pere de cette Dame eftoit decedé : elle mourut l'an 1288.

*Lib. Princ.*
*p. 467.*

C iij

# GENEALOGIE

### Enfans de Iean Sire de Ioinuille, & d'Alix de Grandpré sa premiere femme.

9. N. DE IOINVILLE. Le Sire de Ioinuille fait mention de ce sien fils, sans le nommer, lorsqu'il dit que quand il entreprit le voyage d'outremer il auoit deux enfans, dont le second estoit le Seigneur d'Anceruille, estant toutefois incertain si c'estoit quelque fille, ou le Seigneur de Brequenay.

*Ioinuille, p. 44.*
*Hist. de Chastillon, p. 552.*

9. IEAN DE IOINVILLE nasquit la veille de Pasques l'an 1248. Son pere luy bailla en partage la terre & la seigneurie d'Anceruille, à vne lieuë de S. Disier, qu'il auoit euë en don de Iean I. du nom, Seigneur de S. Disier & de Vignorry. Il se trouue nommé dans le mandement du Roy Philippes le Bel, donné à Lorris au mois d'Auril 1303. enuoyé aux Nobles de Champagne pour se trouuer à Lagny trois semaines après Pasques pour le fait de la guerre, auec Iean Seigneur de Ioinuille son pere, & Riue Anseau de Ioinuille. Ie n'ay rien appris de ses alliances ni de sa posterité, car il n'est pas probable que ce soit luy, qui donna l'origine à la branche de Ioinuille, qui s'établit au Royaume de Naples, laquelle nous representerons à la fin de cette Genealogie ; veu que luy ou son fils auroit succedé à la seigneurie de Ioinuille, à l'exclusion d'Ancel fils puîné de Iean Sire de Ioinuille : ce qui me fait croire qu'il mourut sans enfans. Ie trouue seulement qu'ISABEAV DE LORRAINE, fille de Frederic III. Duc de Lorraine se qualifioit Dame d'Anceruille, & *ante*, ou tante, du Duc de Lorraine, dans vn titre de l'an 1348. auquel temps elle jouïssoit des terres & des seigneuries de Larzicourt, de Nogent l'Artaut, & de Seant en Othe, qui auoient appartenu au Comte de Lancastre, & auoient esté reünies au domaine du Roy, qui pour certaines causes les auoit données à cette Dame, pour en jouïr sa vie durant. Elle deceda le 20. jour de May l'an 1353.

*Compte de la terre de Champagne de l'an 1348. en la Chamb. des Compt.*

9. GEOFFROY DE IOINVILLE Seigneur de Brequenay, est qualifié fils du Seigneur de Ioinuille en vn titre de l'an 1273. où sa femme est nommée MABILE, Dame de Nanteuil, & sœur de Guillaume de Lisignes, de la Maison de Ville-Hardoüin. Elle estoit veuue d'Erart I. du nom, Seigneur de Nanteuil : l'vn & l'autre firent hommage de la terre de Flori à Imbert de Beaujeu Connétable de France en l'an 1280. Mais il n'est pas constant si c'est ce Geoffroy de Ioinuille Cheualier Banneret, qui est nommé entre les Cheualiers de Champagne qui s'acheminerent auec le Roy Philippes le Hardy au siége de Pamiez l'an 1271. lorsqu'il alla faire la guerre au Comte de Foix, ou si c'est Geoffroy de Ioinuille Seigneur de Vaucouleur, qui viuoit au même temps. Tant y a qu'il mourut sans enfans après l'an 1294.

*Lib. Princ.*
*Tabular. Antissiodor.*
*Hist. de Chast.*
*Hist. de Bethune, p. 187.*
*To. 5. hist. Franc. p. 550.*

9. ANDRE' DE IOINVILLE Seigneur de Bonnay, duquel il est parlé dans vn Arrest de l'an 1235. deceda sans alliance.

9. N. DE IOINVILLE femme de IEAN Seigneur de Charny.

### Enfans de Iean Sire de Ioinuille, & d'Alix de Risnel, sa seconde femme.

*Reg. des Gr. Iours de Champ. de l'an 1288. f. 114. en la Ch. des Cōp.*

9. IEAN DE IOINVILLE Sire de Risnel, fit vn accord auec son pere l'an 1288. au sujet de la terre de Risnel, qui luy estoit écheuë par le decés de sa mere, & de tous les reuenus que son pere luy quitta. Il deceda sans posterité après l'an 1300. & auant son pere.

9. ANCEL Sire DE IOINVILLE continua la posterité.

## DE LA MAISON DE IOINVILLE.

9. ALIX DE IOINVILLE (qu'aucuns difent eftre iffuë du premier mariage de Iean) fut accordée en mariage par le Sire de Ioinuille fon pere à IEAN SEIGNEVR D'ARCEES, (ou d'Arcie fur Aube) & de Chacenay Cheualier, par traité paffé à Ioinuille, le jour de la fefte de l'Inuention de fainte Croix l'an 1300. Par lequel Iean Sire de Ioinuille, du confentement de Iean de Ioinuille Seigneur d'Anceruille, & d'Ancel de Ioinuille Seigneur de Remancourt, ou de Ternancourt, fes enfans, donna à fa fille en faueur de mariage trois cens liures de rente en terre à prendre aux terroirs de Traues & de Gerfeins, dont l'affiette deuoit eftre faite par Gautier de Ioinuille Seigneur de Vaucouleur, & Guy de Ioinuille Seigneur de Sailly, auec la fomme de trois mille liures tournois. Ce Seigneur mourut auant l'an 1307. auquel temps Alix de Ioinuille fe difoit la veuue, & en cette qualité elle entra en l'hommage de l'Euefque de Langres, à caufe de la terre de Chacenay l'an 1316. Elle fe dit Dame de Beaufort dans l'acte, parce qu'elle eftoit alors remariée auec HENRY D'ANGLETERRE, dit de Lancaftre, Seigneur de Beaufort & de Nogent, fils d'Emond d'Angleterre Duc de Lancaftre & de Blanche d'Artois, lequel mariage eft remarqué dans vn Arreft de l'an 1327. Iean d'Arcées eftoit frere d'Erard d'Arcées Cheualier, qui fit hommage pour la méme terre de Chacenay à cét Euefque l'an 1283. *Original gardé au château de Polify. Reg. des fiefs de Langres, f. 70.*

IX. ANCEL ou ANCEAV Sire de Ioinuille, fils de Iean Sire de Ioinuille, & d'Alix de Rifnel fa feconde femme, eut premierement en partage la terre de Remancourt, ou de Ternancourt; puis il fucceda à Iean de Ioinuille fon frere aîné de ce mariage en la feigneurie de Rifnel, qu'il poffedoit en l'an 1304. Louys Hutin Roy de Nauarre, & depuis de France, l'employa au Comté de Champagne, vers le Baffigny, auec Simon de Meno & Iean des Barres Cheualiers, & le fit vn des executeurs de fon teftament. Aprés la mort de fon pere, il luy fucceda en la feigneurie de Ioinuille, & en la fenéchaucée de Champagne, fes freres aînez tant du premier que du fecond lit, eftant alors decedez fans pofterité. Il prenoit ces qualitez dés l'an 1317. auquel le Roy Philippes le Bel le choifit auec d'autres Seigneurs pour arbitre de quelque different qu'il auoit auec le Duc de Bourgogne en l'an 1318. Vn rouleau de la Chambre des Comptes de Paris, le comprend parmy les gens d'armes, qui furent enuoyez par le Roy aux frontieres de Flandres, auec le Comte d'Eureux, où il fe trouua accompagné de huit Cheualiers, & de trente-vn Efcuiers. Dans vn autre fans date, il eft nommé parmy les Cheualiers Bannerez, qui furent *du mefnage*, c'eft à dire, de la fuite & de la Maifon de Charles Comte de Poitiers, depuis Roy de France, dont le premier eftoit le méme Comte d'Eureux, & auoit en fa compagnie quatre Cheualiers Bacheliers. Le Roy Philippes le Long le fit vn des executeurs de fon teftament, qui eft du 26. jour d'Aouft l'an 1321. auec plufieurs autres Seigneurs. Et en l'an 1323. le mariage d'Henry IV. du nom Comte de Bar, auec la fille aînée de Iean Roy de Boheme, ayant efté arrêté, il fe rendit plege des conuentions au nom du Comte de Bar, auec Philippes Comte du Mans, & Mathieu de Trie Maréchal de France; comme encore du jugement rendu par le Roy Charles le Bel entre le méme Roy & le Comte, par acte du 28. jour de May. En l'an 1325. il fut vn de ceux qui cautionnerent Robert de Bourgogne Comte de Tonnere, qui auoit efté pris par Guigues VI. Dauphin de Viennois, pour fa rançon. En cette méme année il rendit au Roy Charles quatre cens liures de rente fur les villes de Borbonne & de Chantemerle, que le Roy Louys Hutin luy auoit données, pour en jouir fa vie durant, par acte paffé à Paris au mois de Nouembre. Ie ne trouue rien de ce qu'il fit depuis ce temps là jufques en l'an 1335. que le Roy Philippes de Valois le commit auec le Comte d'Eu Conneftable, & le Sire de Briquebec Maréchal de France, pour receuoir les gens d'armes qui deuoient *Orig. M. Guich. en l'Hift. de Sauoye, p. 376. Tréfor. Bar. tit. 6. Hift. de la M. de Bar. Hift. des Ducs de Bourg. p. 108. Hift. gen. de Sauoye, p. 376. 378. Tréfor de France, laiet. Chap. 2. tit. 17. M. Guich. en la Gen. de la Baum.*

# GENEALOGIE

aller auec luy au voyage d'outremer: ce qui fait voir qu'il eſtoit en grand credit à la Cour, & y tenoit les premiers rangs, ce qui ſe juſtifie d'ailleurs de ce que l'année ſuiuante il fut commis par le Roy, pour aſſiſter au traitté d'alliance, qui fut conclu à Paris; entre le méme Roy, & Fernand Roy de Caſtille, par Fernand Sance Cheualier Caſtillan, Ambaſſadeur de Fernand, & Robert Bertrand Maréchal de France, deputé par le Roy Philippes, le 27. jour de Decembre. Auquel traitté furent encore préſens Iean de Vienne Archeueſque de Vienne, Guy Baudet Eueſque de Langres, le Duc de Normandie, Raoul Connétable, Miles de Noyers Bouteiller, & Mathieu de Trie Maréchal de France, Iean de Chaſtillon, Geoffroy de Beaumont Chambellan du Roy, Guillaume Flotte Seigneur de Reuel, & Hugues Quieret Admiral de France, Cheualiers & Conſeillers du Roy de France: Et de la part du Roy de Caſtille furent préſens Alfonſe Martin, & Hugues de Alcoue Cheualiers du Roy de Caſtille. Il ſe trouue enſuite dans l'armée que Philippes de Valois enuoya en Gaſcogne contre les Anglois l'an 1337. ayant en ſa compagnie & ſous ſa banniere vn Cheualier Banneret, quatorze Bacheliers, & ſoixante-ſept Eſcuiers. Tous ces grands ſeruices luy firent acquerir les bonnes graces, non ſeulement du Roy, mais encore du Duc de Normandie ſon fils aîné, qui luy fit quelques gratifications, & entre autres luy donna tous les fruits & les émolumens qui luy pouuoient appartenir à cauſe de la garde du fils de feu Aubert de Hangeſt Seigneur de Genlis ſon gendre, ſuiuant la Coûtume. Les lettres de ce don ſont de l'an 1338. en laquelle année le Comte de Bar l'enuoya de ſa part vers le Roy, pour remettre tous ſes intereſts entre ſes mains, au ſujet de la guerre, qui eſtoit entre luy & le Duc de Lorraine. Quelques memoires portent qu'il mourut l'an 1340. mais il y a vn titre au Tréſor des Chartes du Roy de l'an 1351. par lequel Ancel Seigneur de Ioinuille & de Riſnel, & MARGVERITE DE VAVDEMONT ſa femme vendent au Roy Philippes de Valois quelques rentes qu'ils auoient droit de prendre ſur la recepte de Champagne. Cette Dame eſtoit ſa ſeconde femme, & ſœur & heritiere de Henry IV. du nom Comte de Vaudemont. Car en premieres noces il auoit épouſé auant l'an 1309. LORE DE SARBRVCHE, fille de Iean Comte de Sarbruche Seigneur de Commercy, de laquelle il n'eut point d'enfans.

*Compte de Iean le Miſtre Tréſorier des guerres du Roy.*

*Tréſor, dons faits par les Rois, tit. 20.*

*Le P. Vigner en la Gen. d'Alſace, p. 163.*

*Laiette. Paris tit. 60.*

### Enfans d'Anſel Sire de Ioinuille, & de Marguerite de Vaudemont, ſa ſeconde femme.

10. HENRY Sire de Ioinuille & Comte de Vaudemont.
10. MARGVERITE DE IOINVILLE eut en partage la terre de Riſnel, ou de Renel. Elle épouſa en premieres noces le Sire de Culant, & en ſecondes HVGVES D'AMBOISE VII. du nom, Seigneur de Chaumont, qui mourut en la bataille d'Azincourt, dont les ſucceſſeurs poſſedent encore à preſent cette terre, auec titre de Marquiſat.
10. ISABEAV DE IOINVILLE fut mariée auec IEAN DE VERGY Seigneur de Mirebeau, auec lequel elle eſtoit encore viuante l'an 1380.
10. N. DE IOINVILLE, alliée en la Maiſon de Feneſtranges.
10. IEANNE DE IOINVILLE épouſa en premieres noces IEAN DE NOYERS Seigneur de Vandœuure & Comte de Ioigny, & en ſecondes AVBERT DE HANGEST Seigneur de Genlis. Il y a au Treſor des Chartes du Roy vne vente faite par Iean de Hangeſt Cheualier, au Roy Philippes de Valois, d'vne rente de deux cens liures ſur le Tréſor du Roy, pour le prix de neuf cens liures, à la charge d'aſſigner à Ieanne de Ioinuille cinquante liures tournois par an, par lettres données à Paris l'an 1338.

*Tréſor de Chart. du Roy, laiette Paris, tit. 68.*

X

# DE LA MAISON DE IOINVILLE.

X. HENRY Sire de Ioinuille, Comte de Vaudemont, & Senéchal de Champagne, eut vn grand differend en l'an 1351. auec Iean de Vergy Seigneur de Fonuens & de Champlite Senéchal de Bourgogne son cousin, lequel il enuoya deffier au combat par vn cartel, qui est inseré en l'Histoire de la Maison de Vergy. Il se trouua en qualité de Cheualier Banneret accompagné de quatre Cheualiers Bacheliers, & de trente-cinq Escuiers de sa compagnie aux guerres de Bretagne l'an 1352. Il accompagna ensuite Iean Roy de France en la guerre contre les Anglois, & se trouua auec luy à la funeste bataille de Poitiers l'an 1356. où il fut fait prisonnier. Il y a quelques actes au Trésor des Chartes du Roy de l'an 1360. où il est qualifié Lieutenant du Roy & du Regent. Il y a d'autres titres de luy de l'an 1361. où il se dit Sire de Ioinuille & de Houdanc. Il posseda cette derniere seigneurie à cause du mariage qu'il contracta vers l'an 1346. auec MARIE DE LVXEMBOVRG, mal nommée Ieanne par la Ruelle, fille de Iean de Luxembourg Châtelain de l'Ille, & d'Alix de Flandres. Elle viuoit encore l'an 1366.

*L. 51. ch. 2.*
*Quittance Orig.*
*Chr. de Flandr. ch. 92. Henric. de Knigth.*
*p. 2613. Trésor, Brochart de Feneſtranges, tit. 5.*

### Filles de Henry Sire de Ioinuille Comte de Vaudemont.

11. MARGVERITE DE IOINVILLE Comtesse de Vaudemont.
11. ALIX DE IOINVILLE épousa THIBAVD Seigneur de Neuchâtel Maréchal de Bourgogne, auquel elle porta en dot les terres de Châtel sur Moselle, de Bainuille, de Chaligny, & de la Ferté sur Amance.

*S. Iulien en ses Mest. Hist.*

XI. MARGVERITE Dame de Ioinuille Comtesse de Vaudemont, fut mariée trois fois; la premiere auec IEAN DE BOVRGOGNE issu d'vn puîné des Comtes de Bourgogne. Estant veuue de luy elle se remaria auec PIERRE COMTE DE GENEVE, frere de Robert de Geneue, qui se disoit Pape Clement VII. par traité du 2. jour de May 1374. qui fut fait en présence de Miles de Noyers Comte de Ioigny, cousin germain de Marguerite, & d'autres Seigneurs. Pierre estant décédé, elle prit pour troisiéme mary FERRY DE LORRAINE Seigneur de Guyse, fils puîné de Iean Duc de Lorraine, qui deuint par cette alliance Seigneur de Ioinuille, & Comte de Vaudemont. Il fut tué à la bataille d'Azincourt, & laissa entre autres enfans, ANTOINE DE LORRAINE Comte de Vaudemont & Sire de Ioinuille, qui fit hommage au Roy à cause de Ioinuille, de Rumigny, d'Aubenton & de Martigny, à Bar sur Aube le 6. jour de Feurier l'an 1440. Il fut pere de FERRY DE LORRAINE Comte de Vaudemont, & Sire de Ioinuille, & de HENRY DE LORRAINE Euesque de Mets, qui aprés la mort de son frere s'empara du château & de la seigneurie de Ioinuille, dont il jouït, & où il fit sa residence ordinaire, tant qu'il vécut. Ferry de Lorraine eut pour fils RENE' II. Duc de Lorraine, qui procrea CLAVDE DE LORRAINE Duc de Guyse, duquel vint FRANÇOIS DE LORRAINE aussi Duc de Guyse, en la personne duquel le Roy Henry II. erigea la Baronnie de Ioinuille en Principauté, par ses Lettres verifiées au Parlement de Paris le 9. jour de May l'an 1552. pour jouïr par le Prince de Ioinuille de la qualité & du titre de Senéchal hereditaire de Champagne, ainsi que ses derniers predecesseurs en auoient jouy, & non autrement. La Comtesse Marguerite mourut l'an 1416. & fut inhumée en l'Eglise de Ioinuille, où l'on voit son Epitaphe.

*1. Reg. des hommages, f. 82.*
*Hist. des Euesques de Mets, p. 595.*
*Chop. lib. 1. Consuet. And.*

### Autres Branches de la Maison de Ioinuille.

IE ne veux point faire passer cette Genealogie de la Maison de Ioinuille pour vne piéce entierement acheuée, mais seulement comme vn leger crayon,

Partie II.   D

qui pourra donner enuie à ceux qui sont plus versez que moy en ce genre d'étude, d'y trauailler serieusement. Ie me suis contenté à mon égard de remarquer la suite des Seigneurs, & les principales alliances de cette illustre famille, & particulierement d'écrire l'eloge & la vie de l'Auteur de cette Histoire, qui a esté le premier dessein de mon entreprise. Neantmoins afin de ne rien oublier de ce qui est venu à ma connoissance sur cette matiere, je ne laisseray pas de parler icy de plusieurs du nom de Ioinuille, qui paroissent dans l'Histoire & dans les titres, dont je n'ay pû apprendre la filiation, pour les joindre au tronc de l'arbre; ce que d'autres pourront faire plus heureusement auec le temps par le secours des Chartes, & autres pieces necessaires pour dresser vne suite Genealogique.

## La Branche de la Maison de Ioinuille, qui s'habitua au Royaume de Naples.

§. IEAN DE IOINVILLE est le premier de cette famille, qui se trouue auoir suiuy la Cour des Rois de Naples, de la Maison d'Anjou, sans que j'aye pû découurir auec certitude de qui il estoit issu. Et Ammirato dit que le Roy Charles I. du nom le fit grand Connétable du Royaume de Sicile, & luy donna les terres d'Alifi & Venafro, mais je crois que ces grans bienfaits se doiuent attribuer à Charles II. dautant qu'en l'an 1283. il n'auoit encore aucune qualité qui le fist remarquer, n'estant qualifié simplement que *Noblehomme*, lorsqu'il fut enuoyé en cette année là par Charles Prince de Salerne vers la Republique de Venise, pour loüer des galeres, ainsi qu'il est porté dans les epîtres du Pape Martin IV. Ie crois pareillement que c'est cette ambassade dont parle le même Ammirato, écriuant qu'il fut enuoyé en qualité d'Ambassadeur vers Iean Dandolo Doge de Venise, qui commença à prendre ce titre l'an 1280. auec Henry de Guini & Mathieu d'Atri Iuge. D'ailleurs Summonte dit en termes exprés que Charles II. le fit grand Connétable de Sicile en l'an 1307. Le méme Roy luy fit encore épouser BELLEDAME, fille de Pierre Ruffo, ou le Roux, Comte de Cantazaro, & luy donna en faueur de ce mariage, & pour le recompenser des grandes dépenses qu'il auoit faites à l'occasion des guerres, mille onces d'or, à la charge que venant à déceder sans enfans mâles, cette somme retourneroit au Roy. Il estoit décédé auant l'an 1315. & laissa le fils qui suit.

GEOFFROY DE IOINVILLE succéda à son pere aux seigneuries de Venafio & d'Alifi. Il est fort renommé dans l'Histoire pour auoir deffendu genereusement le pont de Brindis contre Roger de l'Oria Amiral de Frederic Roy de Sicile, auec lequel il combatit en cette occasion à cheual corps à corps, l'ayant blessé d'vn coup de sa masse, & ayant eu son cheual tué sous luy. Les Ecriuains ajoûtent qu'il mourut prisonnier des ennemis, sans dire si ce fut en cette rencontre. Le Roy Robert luy donna quatre cens onces d'or de reuenu, & luy assigna à cét effet Carinola & Mondragon.

GEOFFROY DE IOINVILLE II. du nom, estoit en France, lorsque Geoffroy son pere mourut. Estant retourné au Royaume de Naples, le Roy Robert luy continua la pension des quatre cens onces d'or qu'il auoit données à son pere, pour quoy il luy assigna Alifi pour cent cinquante, Lettere & Gragnano pour cent, la Roque de sainte Agathe & *Quncùlo* pour cent, *Santo Angelo de Lombardi* pour cinquante. Il semble que c'est ce Geoffroy de Ioinuille qui accompagna en l'an 1326. Charles Duc de Calabre à Florence. Il fut tué par des Routiers & des troupes débandées le penultième jour de Iuin l'an 1335. & laissa de Ieanne des Baux sa femme, le fils qui suit.

NICOLAS DE IOINVILLE estoit fort jeune, lorsque son pere mourut,

# DE LA MAISON DE IOINVILLE.

& demeura sous la tutele de sa mere. Le Roy Robert erigea en sa faueur la terre de S. Ange en Comté. Mais depuis il perdit les bonnes graces de ce Prince, qui luy confisqua tous ses biens, & en donna vne partie aux Religieuses de Sainte Claire de Naples. Mathieu Villani a parlé de luy en son Histoire, lorsqu'il dit que le Comte de S. Ange auec les Sanseuerins & Raymond des Baux, recouurérent cent mille florins pour la deffaite receuë à Meleto, par l'armée du Roy de Hongrie, où ils furent faits prisonniers. Il se rengea ensuite du party de Pierre I V. Roy d'Arragon qui en l'an 1345. l'enuoya en ambassade à Auignon vers le Pape, au sujet du different qu'il auoit pour la restitution du Royaume de Majorque, Surita témoignant qu'il estoit en grand crédit auprés de ce Roy. Il passa incontinent aprés en la Cour de Philippes de Valois, qui l'employa pareillement en plusieurs negociations & voyages, pour la dépense desquels, & aussi par forme de recompense, le Roy luy donna trois mille liurées de bois à Tournois, à prendre au parc de Laichy en Champagne, par lettres du troisiéme jour de Iuin l'an 1347. Il prenoit pour lors la qualité de Comte de Terreneuue, qui luy échût quant l'an 1335. par le mariage qu'il contracta auec Marguerite de l'Oria fille de Roger de l'Oria Grand Admiral de Sicile, & de Saurine, pour lors veuue de Barthelemy de Capouë Grand Protenotaire du Royaume de Naples. Summonte, Campanile & Ammirato écriuent qu'il n'en eut point d'enfans, & que Roger de S. Seuerin Comte de Mileto succeda à la Comtesse, qui estoit sa tante, au Comté de Terreneuue vers l'an 1346. Ainsi il faut qu'

AMELIO ou AMÉ DE IOINVILLE Comte de S. Ange & PHILIPPES DE IOINVILLE, qui viuoient en l'an 1379. & LOVYS DE IOINVILLE, duquel l'Histoire fait mention en l'an 1382. s'ils ont esté fils de Nicolas, qu'ils soient issus d'vn autre mariage de ce Comte; ce qui n'est pas éloigné de probabilité. Car Ammirato témoigne qu'vn Comte de S. Ange de la Maison de Ioinuille épousa aprés l'an 1320. *Ilaria di Sus*, d'vne noble famille, ce mariage ne pouuant s'attribuër qu'à Nicolas, qui eut le premier le titre de Comte de S. Ange: Tant y a que Philippes épousa AGNES PIETRAMALA, fille de Catherine d'Vgot Dame de Campomarino. Louys suiuit la faction de Charles III. Roy de Naples en la guerre des Ducs de Duraz, & se maria auec Orsoline, Comtesse de Satriane, fille d'Angela de Capouë. Et quant à Amé, il fut Comte de S. Ange & Maréchal du Royaume de Naples. Il viuoit encore l'an 1403. Nous ne lisons rien de certain de ses alliances & de sa posterité, sinon qu'il eut vne fille nommée *Ieanne de Ioinuille*, qui fut mariée trois fois. Premierement auec Louys de Sabran Comte d'Ariano, puis auec Simon de Sanguine Comte de Bugnara, & enfin auec Nicolas Filanger Seigneur de Lapigio. Il est encore probable que durant les diuisions de Naples ses biens furent confisquez : Car en l'an 1383. les seigneuries de Serra Capriola, & de Torre Maggiore, qui auoient appartenu à ce Comte, furent données par le Roy Charles III. D'ailleurs Ammirato remarque que peu auant sa mort il ne se disoit que Seigneur de Lauello, & qu'incontinent aprés le Comté de S. Ange fut vendu par le Roy Ladiflas, & acquis par la Maison de Zurlo, de laquelle il passa en celle des Caraccioli, où il estoit de son temps. Il eut encore vn fils naturel, nommé IEAN NICOLAS DE IOINVILLE, qui se trouua auec les autres Barons du Royaume au Parlement d'Alfonse l'an 1441. Le Comte Amé eut aussi pour frere ELEAZAR DE IOINVILLE, Abbé du Monastere de sainte Marie de Gualdo de Mazzica, qui viuoit en l'an 1409.

## GENEALOGIE

### *Autres Seigneurs du nom & des armes de Ioinuille, dont les titres font mention.*

MILON ou MILES DE IOINVILLE Cheualier fut préfent à vne donation faite par Haymon de Brie à l'Abbaye de Moléme fous Robert Euefque de Langres, qui viuoit l'an 1106. Il y a lieu de préfumer qu'il fut fils de Geoffroy II. Seigneur de Ioinuille, & d'Hodierne de Courtenay. Du moins le nom de Miles qui eftoit familier à la Maifon de Courtenay, & le temps auquel il viuoit, y conuiennent.

*Quitt. orig.* IEAN DE IOINVILLE Cheualier, feruit le Roy en l'oft de Flandres l'an 1302.

*Orig.* NICOLAS DE IOINVILLE Cheualier, & Madame PHILIPPES fa femme, fille de Iean Fourrée Cheualier, viuoient en l'an 1321.

*Compte de B. du Drac. Quitt. orig.* ANDRE' DE IOINVILLE Cheualier Banneret Seigneur de Beaupré, du Bailliage de Chaumont, feruit le Roy auec vn Cheualier Bachelier, & quinze Efcuiers en fes armées l'an 1337. & 1338.

IACQVES & ANCEAV DE IOINVILLE font nommez en vn vieux Prouincial, qui donne au premier pour armes, celles de Ioinuille, *le lion affublé d'vne crefte, d'vne arme d'azur au lion d'or, billeté d'or*, au fecond, *vn efcu des* 
*Hift. de la Maifon du Vergy, p. 169.* *mêmes armes*, qui font celles de Conflans, *en l'efpaule du lion*. Ce qui peut faire préfumer qu'ils eftoient freres, & iffus d'vne mere de la Maifon de Conflans, & fi cét Anceau eft celuy que Henry Sire de Ioinuille appelle fon coufin germain en des lettres de l'an 1351. il faut qu'il foit iffu d'vn fils puîné de Iean Sire de Ioinuille.

*Compte du Drach.* ERART DE IOINVILLE Cheualier Seigneur de Douleuant en Champagne, vers Bar-fur-Aube, fe trouua auec quatre Efcuiers en l'armée du Roy l'an 1341. & en la femonce qui fe fit à Arras, où le Connétable de France com-
*Compte de Champ.* mandoit, à la S. Iean de l'an 1342. Il eft qualifié Bailly de Vitry en vn compte de la terre de Champagne de l'an 1348. Ie crois qu'il fut pere de

*3. Reg. Char. Camer. Comp.* IEAN DE IOINVILLE Cheualier Seigneur de Douleuant & de Villers au Chefne qui viuoit l'an 1390. au compte du Bailliage de Meaux de l'an 1375. Il y eft
*Compte du Drach fol. 107.* encore fait mention de Meffire IEAN DE IOINVILLE Seigneur de Douleuant, & de M. Guillaume de Saux Seigneur de Defpanfe Cheualier, qui payerent au Roy cent foixante liures tournois pour le rachat de la terre de Guerart, mouuante du Roy acaufe de fon Châtel de Coulomiers, nouuellement auenuë & écheuë audit Meffire Guillaume, acaufe de Madame IEANNE DE IOINVILLE fa femme, & à Damoifelle MARGVERITE DE IOINVILLE fœurs de deffunt M. Iean de Ioinuille Cheualier Seigneur dudit lieu.

GEOFFROY DE IOINVILLE Chanoine de N. D. de Cambray, fe trouua à la fuite du Roy en l'armée de Flandres auec trois Efcuiers l'an 1341.

ANSEAV DE IOINVILLE Efcuier Seigneur de Bizarre, acaufe de fa femme, fille de Meffire Eftienne de S. Veraix 1349.

*Compte de Du Drach.* IEAN DE IOINVILLE Efcuier Seigneur de Lachy lés Sufanne en Champagne, qui eftoit probablement de la Branche des Seigneurs de Vaucouleur, 
*Compte de la Baillie de Troyes de l'an 1379.* fe trouua en la méme armée auec trois Efcuiers. Il auoit vne fœur nommée MARGVERITE DE IOINVILLE, laquelle époufa Eudes Cheualier Seigneur de Culans, qui releua du Roy la terre fituée au Parc de Lachy, écheuë à fa femme par le decés de Iean de Ioinuille, frere de Marguerite l'an 1379.

*Orig.* IOFFROY DE IOINVILLE Efcuier Sire de Domartin prés d'Eftrées, viuoit l'an 1374. fon feau reprefente les armes de Ioinuille.

*Orig.* AVBERT DE IOINVILLE Efcuier feruit le Roy auec cinq autres Efcuiers de fa Chambre en l'an 1386. fon feau reprefente les armes de Ioinuille,

## DE LA MAISON DE IOINVILLE. 29

& en l'an 1388. le dernier d'Octobre il fit hommage au Roy de tout ce qu'il tenoit de luy au Bailliage de Chaumont.

HENRIETE DE IOINVILLE viuoit auec Iean de Faucogney son mary l'an 1387. *M. Guich.*

PIERRE DE IOINVILLE Seigneur de Bruley eut vne fille vnique nommée IEANNE DE IOINVILLE Dame de Bruley, de laquelle Antoine de Lorraine Comte de Vaudemont obtint le bail du Roy par lettres du 1. d'Auril 1443. auant Pasques. En cette qualité il obtint souffrance de faire foy & hommage de plusieurs terres assises au Bailliage de Chaumont à elle écheuës par le decés de son pere. Quelque temps après, sçauoir le 20. jour de Ianuier 1444. il fit en cette qualité hommage au Roy de la seigneurie de Bruley, qui appartenoit à cette mineure. *1. Reg. des hommages, fol. 84. 85. en la Ch. des Comp.*

ANDRE' DE IOINVILLE tint le Ban de la ville d'Espinal à titre de gagerie, lequel il vendit à Conrad Bayer de Boppart Euesque de Mets, qui viuoit l'an 1440. *Hist. des Euesq. de Mets, p. 562.*

MAHAVT DE IOINVILLE fit hommage au Roy par Iacques de Heraucourt Cheualier son neueu, & son procureur pour la moitié de la rente, & du passage de Bar-sur-Aube, le 15. Feurier 1440.

---

## AVIS AV LECTEVR.

I'AVOIS communiqué la Genealogie de la Maison de Ioinuille, telle que je la viens de representer, au R. P. D. Pierre de sainte Catherine de l'Ordre des Feuïllans, que j'auois appris y auoir trauaillé, & il me donna alors deux ou trois remarques, que j'y ay inserées. Mais depuis que cét ouurage a esté sous la presse, il m'a enuoyé vne table Genealogique de cette famille, qu'il a dressée sur les titres qu'il a veus, qui m'ont fourny de nouueaux éclaircissemens qu'il importe de donner au public, qui luy en aura l'obligation.

Premierement, à l'égard de la branche des Seigneurs de Sailly, voicy comme il la compose. Il donne à GVY I. du nom Seigneur de Sailly trois fils, & deux filles. Les fils sont *Robert* Seigneur de Sailly, *Simon* Seigneur de Dongeux, qui eut posterité, & *Guillaume* Seigneur de Luilly, qui eut deux fils, comme j'ay remarqué. Les filles sont *Agnes* Dame de Dammartin, & *Alix* Prieure de N. D. de Foissy prés de Troyes. ROBERT Seigneur de Sailly, laissa d'Aufelix sa femme *Guy II.* du nom Seigneur de Sailly, *Beatrix* Religieuse de N. D. de Foissy, *Agnes* femme de Iean de Faucogney Vicomte de Vesoul, N. Dame de S. Aoust, & N. Religieuse à Benoiste-Vaux. Tous ces enfans de Robert Seigneur de Sailly sont nommez au Testament d'Aufelix sa femme de l'an 1278. GVY II. du nom Seigneur de Sailly laissa deux enfans, sçauoir *Guy III.* du nom Seigneur de Sailly, & *Simon* qui eut aussi posterité. GVY III. Seigneur de Sailly épousa vne Dame nommée Marguerite, auec laquelle il donna en l'an 1300. vingt sols de rente à l'Abbaye d'Escures pour leur anniuersaire. De leur mariage vint vne fille vnique *Alix* Dame de Sailly, épouse de Renaud de Choiseul, qui se qualifioit Seigneur de Sailly, en l'an 1312. SIMON second fils de Guy III. Seigneur de Sailly, fut Seigneur d'Eschenets. Il fut marié deux fois; la premiere auec Alix de Saisse-Fontaine, puis auec Marie de Clermont. Du premier mariage vinrent *Iean, Robert, Agnes,* & *Aufelix;* Du second, *Guy, Lore,* Dame d'Eschenets, & *Agnes.* Cette Lore épousa en l'an 1326. Iean de Iaucourt, dit de Dinteuille, dont les enfans possederent la Seigneurie d'Eschenets. *Mem. historq. de Camusat p. 213.*

Quant à SIMON de Sailly Seigneur de Dongeux, il fut pere de GVY Seigneur de Dongeux, qui épousa Isabel d'Estrepy, auec laquelle il fonda vn Hospital en l'an 1300. De leur alliance vinrent *Guy* & *Oger.* GVY II. du nom Seigneur de Dongeux épousa Beatrix d'Arziliers, dont il eut Beatrix Dame de Dongeux, femme de Henry Seigneur de Bourlaimont. OGER de Dongeux Sei-

D iij

gneur d'Effincourt & de la Fauche s'allia auec Marguerite d'Yceleu, & en procrea *Marguerite* fille vnique, mariée trois fois, premierement auec Henry de S. Difier Seigneur de la Roche, puis auec Eudes de Sauoify, & enfin auec Croiffant Seigneur de Flaùy.

Pour la branche de Vaucouleur, le P. D. Pierre de S. Catherine nous apprend que GEOFFROY de Ioinuille Seigneur de Vaucouleur eut de Mahaut de Lacy fa femme fix enfans, tous nommez en vn titre de l'an 1294. qui eft vn partage que Geoffroy Seigneur de Vaucouleur fait à *Gautier* fon fils aîné, du confentement de Mahaut fa femme, & de fes autres enfans, fçauoir, *Simon*, *Nicolas*, *Pierre*, *Guillaume*, & *Ieanne* Comteffe de Salmes. Geoffroy, qui fut emploié par le Roy d'Angleterre, n'y eft pas nommé. NICOLAS fut Seigneur de Morencourt, & époufa Ieanne de Lautrey. GAVTIER Seigneur de Vaucouleur, fils aîné de Geoffroy, laiffa quatre enfans, *Iean* Seigneur de Vaucouleur, *Nicolas*, *Pierre*, & *Erard* Seigneur de Douleuant qui eut pofterité. IEAN Seigneur de Vaucouleur, puis de Mery fur Seine, eut deux fils *Amé*. & *Anfel*. AMÉ Seigneur de Mery laiffa trois filles, *Ifabel* Dame d'Eftrailles femme de Iean de Sarebruche Seigneur de Commercy, *Marguerite* mariée auec Eudes de Culant, & *Simone* femme de Charles de Poitiers Seigneur de S. Valier. ERARD Seigneur de Douleuant, fils puîné de Gautier Seigneur de Vaucouleur, fut pere de IEAN Seigneur de Douleuant, & celui-cy eut vn fils, & deux filles, fçauoir *Iean* Seigneur de Douleuant, *Ieanne* mariée en premieres noces à Guillaume de Saux, & en fecondes à Iean de Hans Seigneur de Tenoigne, & *Marguerite* femme de Hugues d'Amboife Seigneur de Chaumont. Par la Genealogie de cette branche il paroît que ceux qui ont attribué pour fille d'Anfel Seigneur de Ioinuille Marguerite femme en premieres noces du Sire de Culant, & en fecondes du Seigneur de Chaumont, fe font mépris: veu que la Dame de Culant eft differente de la Dame de Chaumont, & toutes deux de la branche de Vaucouleur. La premiere rendit vn aueu au Roy en l'an 1378. de la troifiéme partie de la terre de Lachy, qui luy eftoit écheuë par le decés d'Amé de Ioinuille Seigneur de Mery fon pere.

*Hift. des C. de Valentinois tb. II.*

Le P. D. Pierre de fainte Catherine donne encore pour fils à Iean Sire de Ioinuille & à Alix de Rifnel fa feconde femme, ANDRÉ Seigneur de Beaupré, qui d'Ifabel Dame de Bonnet laiffa *Anfel* & *Roger* de Ioinuille. ROGER Seigneur de Beaupré époufa Agnes Dame de Puligny, & en procrea *Aubert* & *André*. AVBERT Seigneur de Beaupré s'allia auec Agathe de Grand, & en eut deux filles, fçauoir *Mahaut* qui époufa Antoine de Ville Seigneur de Haraucourt, & *Ieanne* femme de Gerard de Puligny. ANDRÉ, frere d'Aubert; eftoit Seigneur de Bruley en l'an 1419. Il eut deux fils *Pierre* & *André*. PIERRE Seigneur de Bruley fut pere de Ieanne Dame de Bruley.

Le méme D. Pierre de fainte Catherine ne m'a pas donné de nouuelles lumieres pour la branche qui s'habitua à Naples, finon qu'il eftime que IEAN, qui lui donna l'origine, eftoit fils du Sire de Ioinuille Auteur de l'Hiftoire de S. Louys, & d'Alix de Rifnel fa feconde femme, & que c'eft ce Iean qui eft furnommé *Boutefeu* dans l'Obituaire de S. Laurens de Ioinuille fous le 21. de Nouembre, & à qui Vaffebourg donne pour femme Marguerite de Vaudemont.

# OBSERVATIONS
SVR
L'HISTOIRE
DE S. LOVYS
E'CRITE
PAR IEAN SIRE DE IOINVILLE.

# OBSERVATIONS
## SVR
## L'HISTOIRE DE S. LOVYS
### ESCRITE
### PAR IEAN SIRE DE IOINVILLE.

RAND SENESCHAL] Les Sires de Ioinuille ne se trou- Pag. 3. uent pas auoir jamais pris cette qualité dans les anciennes Chartes que l'on voit d'eux, mais de Senéchal seulement, laquelle ils ont prétendu estre hereditaire en leur famille, comme j'ay remarqué en la Genealogie de cette Maison. Quoy que ce seroit auec raison qu'ils l'auroient pû prendre ; puisqu'en cette qualité ils auoient la superiorité, & l'intendance sur tous les Senéchaux, & les Baillis de Champagne. Les Comtes de Prouence, du Perche, de Pontieu, les Ducs de Guienne, & autres grands Seigneurs du Royaume ont eu pareillement leurs Senéchaux, qui présidoient aux Assises de leurs Baillis, dans l'étenduë de leurs Bailliages. L'Ordonnance d'Edoüard I. du nom Roy d'Angleterre, qui se voit au Registre de la Connétablie de Bourdeaux *fol.* 78. regle la fonction du Grand Senéchal de Guyenne, luy enjoignant, entre autres choses, d'établir des Baillis & des Sous-Senéchaux, de visiter les Bailliages au moins vne fois l'an, de présider aux Assises, &c.

LOVYS SON AISNE' FILS ] Il nâquit l'an 1244. & mourut âgé de seize Pag. 4. ans l'an 1260. *Nangius in S. Lud.* p. 340. Voyez cy devant p. 20. & 21.

VN ESCOSSOIS] Ie nesçay si le Sire de Ioinuille parle icy des Escossois comme des peuples tres-éloignez de la France, & qui habitoient ce qui est appellé *vltima Thule* : ou bien s'il a voulu marquer l'humeur de cette nation, qui se plaisoit tellement aux grands voyages, qu'il n'y auoit presque point de Royaumes, où ils ne se répandissent en grand nombre : ce que *Walefridus Strabo* au liure 2. de la vie de S. Gal ch. 46. a remarqué. D'où vient que nous lisons que presqu'en tous les endroits de la France, il y auoit des Hospitaux fondez pour eux, dont il est parlé dans les Capitulaires de Charles le Chauue tit. 6. & 23. *in Synodo Meld. cap. 14.* & au titre de la fondation de l'Abbaye de Walcourt au Diocé se de Namur, rapporté par *Miræus in Diplom. Belg. lib. 2. cap. 22.* Voyez sur ce sujet *Innocent. Ciron. lib. 1. obseruat. Iur. Canon. cap. 13.*

*Pag. 5.* ILLES AVOIT BRODE'ES A SES ARMES] Ie traite amplement des Cottes-d'Armes, & de leur vsage parmy nos François, dans la premiere Dissertation sur cette Histoire.

SANDAL.] Ou *Cendal*, qui est ce que nous appellons *Taffetas*. Les Italiens disent *zendado*, & *zendalo:* les Auteurs Latins du moyen temps expriment aussi ce mot diuersement : *Hariulfus in Chr. Centul. lib. 3. cap. 3. melna sericæ 3. Ex pisce 1. ex cendalo 4. Chr. Fontanell. cap. 16. casulas 5. cindadas 12. coloris diuersi. Concil. I. Salisburg. In pileis suffuraturas non habeant nisi forte de nigro centato, vel parmo. Concil. Senon. A. 1346. cap. 2. prohibens à parte exteriori almutias de cendesco, seu de velueto deferre. Rolandin. in Chr. lib. 4. cap. 9. Tunc accessit vnus de popularibus Paduæ ad cendatum pendens de sublimi antennâ Carocii,* &c. Nos Poëtes se seruent souuent de ce mot. Philippes Mouskes en la vie de Chilperic :

*Si prisent mult or & argent,*
*Muls, & palefrois & ceuaux,*
*Et vairs & gris, & bons cendaus.*

Le Roman de Garin le Loherans,

*La veissiés ces haubers endosser,*
*Et ces enseignes de cendau ventelcr.*

Le Compte d'Estienne de la Fontaine, Argentier du Roy, de l'an 1351. qui est en la Chambre des Comptes de Paris : *pour 2. botes de cendal de graine, 120. escus. Pour vne botte de cendal jaune, 52. escus,* &c.

*Pag. 6.* MEZEAV ET LADRE.] Ces deux mots sont synonymes, & signifient les Lepreux, dont le nombre estoit grand alors, & particuliérement en la Terre Sainte. Nangis en la vie de Dagobert ; *Leens estoit demouré vn mezel, qui s'étoit bouté & mussié en vn anglet.* Philippes de Beaumanoir chap. 62. *Quant Mesiax appelle home sain, ou quant li homs sain appelle vn mesel, li Mesiax pot mettre en defence, qu'il est hors de la loy mondaine.* La vieille Coûtume de Normandie MS. *Li mezel ne poent estre heirs à nullui, partant que la maladie soit apparoissante communement, mais ils tendront leur vie n'eritage, que il auoient, ains qu'il fussent mezel.* Les Assises de Hierusalem ch. 128. *qui se vaut clamer par l'assise d'esclaf. ou d'esclaue, que il ait acheté, qui soit mesel, ou meselle, ou que il chict de mauuais mau.* Le Reclus de Moliens.

*Que tes oreilles estoupas*
*Au mesel pauure pelerin*
*Lazaron, sans qui tu soupas.*

Les Italiens se seruent du mot de *miselle*, & entre autres, Iean Villani l. 8. c. 108. Les Auteurs Latins les nomment aussi *Miselli*. Mathieu Paris en l'an 1254. *Ecclesiæ S. Iuliani vbi Miselli,* & *Ecclesiæ S. Mariæ de Pratis, vbi misellæ vix habent vitæ necessaria. Miselli de Meleduno;* en vn titre de l'an 1165. dans les Mélanges hist. du P. Labbe. Voyez la vie de S. Cler Abbé de Vienne dans *Bolandus* ch. 3. n. 6. d'où il paroist assez que le terme a esté pris du Latin *misellus*, miserable. Les Hospitaux, où ces mezeaux se retiroient, sont appellez *misellariæ* dans les anciennes Chartes. Vne de l'an 1245. au Reg. des Comptes de Tolose de la Chambre des Comptes de Paris fol. 45. *Concessit Galhardæ de Mets & Bertrando de Miravel leprosis, & omnibus fratribus & sororibus domus misellariæ portæ Narbonensis,* &c. Voyez les Memoires de Languedoc de Catel p. 262. Le mal de lepre est aussi designé par le méme terme. Le Glossaire Latin François : *Lepra, Elephantia : Mesellerie.* Le Pelerinage de l'humaine lignée :

*Homs, qui ne set bien discerner*
*Entre santé & maladie ,*
*Entre le grant mesellerie ,*
*Entre le moienne & le menre,* &c.

MVSARD] Faineant, qui s'amuse de rien. Guillaume Guiart en l'an 1208.

*Sont il bien tous musars & nices.*

# SVR L'HISTOIRE DE S. LOVYS. 35

L'*Art de ditier & de faire Balades*, &c. MS. par le Prieur de sainte Geneuieue de Marry, en vn Rondeau:

> Ie ne vueil plus à vous, Dame, muser,
> Vous pouuez bien querir autre musart,
> Tart m'apperçoy que on m'a fait muser,
> Ie ne vueil plus, &c.

Adalberon Euesque de Laon au Poëme qu'il a dédié au Roy Robert;

> Si musas celebres, clament musarde Sacerdos.

ET LEVR DIT QVE AINSY QVE LVY] Ie parleray amplement de ce lauement des pieds, que l'Eglise sur l'exemple de nôtre Seigneur a toûjours obserué, *in Glossario ad scriptores mediæ latinitatis, verbo, Mandatum.* Cependant voyez *Gaufrid. de Belloloco, de Vita & Conuersat. S. Ludou. cap. 9.*

GILLES DE BRVYN] Il faut lire *le Brun*, qui est le nom de sobriquet de Gilles de Trasegnies Connétable de France II. Il estoit fils de Gilles Seigneur de Trasegnies Connétable de Flandres, qui mourut au voyage & en l'entreprise de Constantinople l'an 1204. ainsi qu'il est remarqué dans l'Histoire de Geoffroy de Villehardoüin N. 27. & 121. & d'Alix de Boulers, fille de Nicolas de Boulers, & de la fille d'Eustache Seigneur de Roeux. Cette Alix épousa en premieres noces Philippes de Harne, Connétable de Flandres; en secondes Gilles de Trasegnies; & en troisiémes Rasse Seigneur de Gaure : ce que j'apprens d'vne Genealogie MS. de la maison de Trasegnies, à laquelle on peut joindre ce qu'*Aubertus Miræus* a écrit *in Notit. Eccl. Belg. c. 110. & in Chr. Belg. A. 1235.* Quant à Gilles le Brun, il fut éleué par le Roy S. Louys à la dignité de Connétable de France aprés la mort d'Imbert de Beaujeu. Le sieur Hemeré en son Histoire de la ville de S. Quentin, rapporte quelques titres de luy de l'an 1256. où il s'intitule, *Ægidius, dictus li Bruns, de Trasegnies Constabularius Franciæ*. Il y en a vn autre de luy de l'an 1262. au liure 4. des Antiquitez de Paris. Baudoüin d'Auesnes p. 595. & l'Auteur du Lignage de Coucy luy donnent pour fille Marie, femme de Thomas Sire de Mortagne. L'Histoire de France MS. qui est en la Bibliotheque de Monsieur de Mesmes, remarque que le Roy S. Louys luy donna la conduite des troupes qu'il enuoia en Italie pour la conquéte du Royaume de Sicile: où écriuant de la bataille de Beneuent, *Guillaume le Brun Connestable de France, qui là estoit Lieutenant du Roy S. Loys, & si auoit la garde de Robert le fils au Comte de Flandres*. Guillaume Guiart en l'an 1264. parlant de la méme entreprise,

> En l'autre est Robers de Bethune,
> Qui sa gent pour les entroduire
> Fait à Gilles le Brun conduire.
> Cil iert lors \* Mareschal de France,
> Ces deus ont en leur alliance,
> Sans ce qu'aucuns d'eus les esloigne;
> Flamens, & ceus deuers Boloigne.

\* Connéstable

Ce qui est aussi remarqué par Iean Villani l. 7. ch. 4. & 8. Claude Ménard & autres, aprés du Tillet, se sont mépris trop grossierement, quand ils ont auancé que Gilles de Trasegnies estoit de la famille des Lusignans, acause du surnom de *le Brun*, qui y fut commun & familier. Mais il est probable qu'il luy fut donné par forme de sobriquet, pour le distinguer de son pere, qui portoit le méme nom que luy; acause de la couleur de son teint, ou de ses cheueux; de mémes qu'vne Dame dans Ausone *in Parental. Carm. 5.* est surnommée *Maura* pour la méme raison;

> Nomen huic ioculare datum, cute fusca quod olim
> Æquales inter Maura vocata fuit.

Ainsi l'Empereur Iean Comnene, fils d'Alexis Comnene, fut surnommé *Maurus*, suiuant le témoignage de Guillaume Archeuesque de Tyr, liure 15. ch. 23. parce qu'il estoit *carne & capillo niger*; ce qui est aussi remarqué par Anne

Partie II.                                         E ij

## OBSERVATIONS

Comnene sœur de cét Empereur en son Alexiade p. 168. Nous lisons pareillement en nôtre Histoire, que plusieurs Seigneurs furent surnommez *Albi*, blancs, a cause de leur teint. Quant à ce que nôtre Auteur appelle Gilles de Trasegnies son frere, je présume que c'est en suite de quelque étroite amitié qu'ils contractérent ensemble à la Cour du Roy S. Louys, ou peut-estre parce qu'ils estoient freres d'armes, ce que je reserue à expliquer en l'vne de mes Dissertations: dautant qu'il ne paroît pas qu'il y ait eu aucune alliance de mariage entre ces deux Seigneurs, quoy qu'aucuns ayent écrit, sans autre fondement que de ce passage, que le Sire de Trasegnies épousa vne sœur du Sire de Ioinuille.

MAISTRE ROBERT DE SORBON ] Fondateur du College de Sorbonne à Paris, ainsi appellé de son nom. Le P. du Breuil au liu. 2. des Antiq. de Paris, & Estienne Pasquier l. 7. de ses Recherches ch. 15. ont parlé de luy fort au long; Mais parce que le temps de sa mort n'a pas encore esté remarqué; j'ay crû que j'obligerois le public, si je donnois en cét endroit les deux pieces suiuantes, qui m'ont esté communiquées auec plusieurs autres par Monsieur de Vyon Seigneur d'Herouual Auditeur des Comptes à Paris: dont la premiere est la disposition de Robert de Sorbonne de l'an 1270. vers lequel temps probablement il mourut, ou du moins auant 1274. comme il se recueille de la piece qui est à la suite de celle-cy. *Vniuersis præsentes Litteras inspecturis Officialis Curiæ Parisiensis salutem in Domino. Notum facimus quòd in nostra præsentia propter hoc constitutus vir venerabilis Magister Robertus de Sorbona Canonicus Parisiensis in plena sua sanitate & compos mentis suæ, prout primâ facie apparebat, volens sibi præcauere in futurum, de bonis suis immobilibus ordinauit in hunc modum. Primò enim omnia bona sua immobilia quæ tenet in manu mortuâ, videlicet vineas, domos, census, cum eorum pertinentiis, quæ acquisiuit Parif. seu in confinio ejus, vel acquiret in manu mortuâ vsque ad diem mortis ejus, dedit donatione inter viuos congregationi Pauperum Magistrorum Parif. studentium in Theologica Facultate, quorum diu Prouisor extitit, & nunc, dominium & proprietatem dictorum bonorum in ipsos Pauperes Magistros transferendo: Item dilectum suum virum venerabilem Magistrum Gaufridum de Barro Canonicum Parisiensem post decessum ipsius magistri Roberti suum constituit hæredem, videlicet aliorum bonorum suorum immobilium, quæ non tenet in manu mortuâ, videlicet vincarum, domorum, censuum, feodi, cum eorum pertinentiis, seu appendiciis, quæ acquisiuit Parif. vel in confinio ejus, vel quæ acquiret vsque ad diem mortis suæ, exceptâ duntaxat domo quâdam sitâ in monte S. Genouefæ prope domum Magistri Geroldi de Abbatisvillâ, de quâ aliter ordinauit, vt dicebat: conferens & concedens prædictus Magister Robertus ex tunc, scilicet post mortem ipsius Magistri Roberti, eidem Magistro Gaufrido, tanquam hæredi suo, vt dictum est, omnium prædictorum immobilium, quæ non sunt in manu mortuâ, totum jus quod habebat, vel habere poterat in præmissis omnibus qualicumque ratione, saluo sibi quamdiu vixerit prædictus Magister Robertus in omnibus & singulis cum proprietate præmissorum vsufructu, volens siquidem & concedens expressè quòd dictus Magister Gaufredus hæres institutus, vt dictum est, teneat & possideat post decessum ipsius Magistri Roberti omnia supradicta, tanquam possessor pacificè & quietè, absque reclamatione & contradictione qualibet hæredum suorum carnalium, seu etiam aliorum quorumcumque, tali appositâ conditione ex parte ipsius Magistri Roberti, quòd dictus Magister Gaudefredus hæres præmissorum institutus, vt dictum est, pro eodem Magistro Roberto omnibus creditoribus suis satisfacere teneatur de omnibus debitis, in quibus nunc tenetur, vel ea quæ tenebitur tempore mortis suæ. Voluit & prædictus Magister Robertus quòd de bonis prædictis prouideretur Ioanni de Castellario Clerico suo in bursa & hospitio, sicut vni de Pauperibus Magistris prouideretur, siue audiat Logicam, siue Theologiam, donec Dominus sibi prouiderit de beneficio competenti. De bonis autem suis mobilibus per alios ordinauit, vt dicebat. Hæc itaque omnia voluit prædictus Magister Robertus rata esse & firma, nisi eum in vita sua contingeret de iis aliter ordinare. In cujus rei testimonium præsentes Litteras sigillo*

# SVR L'HISTOIRE DE S. LOVYS.

*Curiæ Parisiensis vnà cum sigillo ipsius Magistri Roberti fecimus sigillari. Actum an. Dom. 1270. in die S. Michaëlis.*

*Vniuersis præsentes Litteras inspect. Magister Gaufridus de Barro Decanus Parisiensis æternam in Dom. salutem. Noueritis quòd nos omnia bona, quorum vir venerabilis bonæ memoriæ Magister Robertus de Sorbonio Canonicus Parisiensis suum constituit nos hæredem, pietatis intuitu in puram & perpetuam eleemosynam donamus donatione inter viuos Congregationi Pauperum Magistrorum, seu ipsis Pauperibus Magistris Parisi. in Theologica Facultate studentibus, quorum diu Pronisor extitit Magister antedictus, ex nunc dominium & proprietatem dictorum bonorum cum eorum pertinentiis, seu appendiciis, cum omni iure quod in præmissis omnibus & singulis qualicumque ratione habemus, seu habere possumus, in ipsos Pauperes Magistros transferendo, hac conditione apposita, quòd dicti Magistri & eorum Congregatio & Pronisor eorum nomine dictæ Congregationis & ipsorum Magistrorum, & pro ipsis teneantur satisfacere omnibus creditoribus dicti Magistri Roberti, & omnibus debitis, in quibus dictus Magister Robertus tenebatur tempore mortis suæ, & ad omnia onera in quibus tenemur vel teneri possumus occasione hæreditatis prædictæ. In cujus rei testimonium sigillum nostrum præsentibus duximus apponendum anno Dom. 1274. mense Nouembri.* Robert de Sorbonne soûscrit le testament de Gerard d'Abbeuille Docteur en Theologie & Archidiacre de Pontieu en l'an 1271. rapporté en l'Hist. des Majeurs d'Abbeuille p. 206.

ET PARLIONS CONSEIL] *Parler conseil*, & *conseiller*, en cét endroit, signifient parler en secret, qui est vne expression, dont Villehardoüin s'est pareillement serui. V.n Roman MS. intitulé *le Doctrinal*:

    *Certe j'ay grant merueille d'vne caitiue gent,*
    *Qui blasment les preudommes à conseil coiement.*

Nos François ont exprimé par cette façon de parler celle dont quelques Auteurs Latins du moyen temps vsent assez ordinairement par le mot de *consiliari*, qui signifie tramer vne conspiration secrete contre quelqu'vn : *Lex Saxon. tit. 3. §. 1. qui in regnum, vel Regem Francorum, vel in filios ejus de morte consiliatus fuerit, capite puniatur. Consiliari contra animam Regis, in leg. Longob. lib. 1. tit. 1. §. 1. Annales Franc. & Chron. Reichersperg. an. 788. Comprobatus est ad Auaros se postea transtulisse, & in vitam fidelium Regis consiliasse.*

PREVDOMME] Voyez la Note sur la page 104.

CHASTEIL] ou *Catel, Cateux* : *Catallum*, dans les Auteurs Latins, biens meubles. Voyez les Glossaires de Spelman, de Watsius, de Vossius, de Ragueau, &c.

THIBAVD SON FILS] son gendre, sçauoir Thibaud II. Roy de Nauarre, qui auoit épousé Isabel fille du Roy S. Louys.

LE BON EXECVTEVR] La charge des Exécuteurs des testamens consiste particulierement en l'accomplissement des legs pieux, & en la distribution des aumônes des testateurs. D'où vient qu'ils sont appellez *eleemosynarii* dans les Capitulaires de Charles le Chauue, tit. 43. §. 12. & ailleurs : *eleemosynatores*, en vne ancienne Charte rapportée par M. Perard en ses Memoires de Bourgogne : *Erogatores* dans les loix des Lombards l. 2. tit. 20. §. 5. & *Erogatarii, in synodo Pontigon. cap. 14. Balde ad l. nulli c. de Episc. & Cleric.* se sert de ce dernier mot pour les Exécuteurs Testamentaires, qui semble estre tiré des Iurisconsultes du moyen temps, qui font mention de ceux qui distribuoient les viures aux soldats, que la Loy 16. *Cod. de Castrensi Pecul. lib. 12.* nomme *Erogatores militaris annonæ*, & desquels S. Gregoire a parlé *lib. 7. Ind. 2. Epist. 77. & 130.* comme encore Cassiodore *lib. 12. epist. 11.* le Glossaire Grec-Latin ἐξοδιάζω, *Erogo, expendo.* Ailleurs, ἐξοδιασμός, *Erogatio, distributio.* Browerus *lib. 2. Antiq. Fuld. cap. 10.* remarque que dans les Monasteres il y auoit vn officier, nommé *Testamentarius, penes quem fuit dispositio piorum legatorum, seu ab exteris ea, seu à domesticis proficiscerentur, velut hac in re fidelium testamenta exequerentur.* C'est le même qui est appellé ordinairement *Eleemosynarius*, & dont la fonction est décrite par *Lanfrancus in Decreto pro*

E iij

# OBSERVATIONS

*Ord. S. Bened. c. S. sect. 3. & Vdalricus lib. 3. Consuet. Cluniac. cap. 24.* Le Sire de Ioinuille se raille icy de ceux, qui après auoir bien volé durant le cours de leur vie, croyent s'acquiter enuers Dieu, en faisant quelques aumônes aux Monasteres, & aux Eglises. *Non probatur largitas, si quod alteri largitur, alteri exturqueat, si injustè quaerat, & justè dispensandum putet,* ainsi que S. Ambroise écrit *L. 1. de offic. c. 30.* & S. Pierre Chrysologue au Sermon 54. *Andeo dicere, qui de fraude Deo offert, cumulat crimina, non emundat : quia Deus in tali munere exuuias suorum pauperum, non misericordias intuetur. Sine causâ Deo plorat, quem justè causa pauperis plorauerit Deo.*

AV COMTE DE BRETAGNE] Iean I. du nom, duquel il est parlé en plusieurs endroits de cette Histoire, qui deceda le 8. jour d'Octobre l'an 1286. & fut pere de Iean II. Duc de Bretagne décédé l'an 1305. Ce qui fait voir que le Sire de Ioinuille a écrit son Histoire, ou du moins l'a augmentée & corrigée en diuers temps, puisqu'en cét endroit il dit que Iean II. viuoit encore, & qu'en la page 22. il parle de Guy de Dampierre Comte de Flandres, & de sa mort arriuée à Compiegne en la méme année 1305.

VOVS QVI ESTES FILS DE VILAIN] Il y a eu vne noble famille en Champagne, qui a porté le surnom de Sorbonne, qui est vn lieu dont elle possédoit la seigneurie, & duquel on tient que Robert de Sorbonne estoit issu, a cause dequoy il fut surnommé de Sorbonne, suiuant l'vsage de ce temps là.

*Pag. 8.*  FIN CAMELIN] C'est ce que nous appellons, *Camelot*, qui est vne espece d'étoffe faite de poil de chameaux. Le Compte d'Estienne de la Fontaine Argentier du Roy de l'an 1351. *pour fourrer vne cote hardie de Camelin de Chasteaulandon,* ailleurs, *Camelin d'Amiens.* v. les Orig. de la Langue Fr. de M. Menage.

LE PAN DE SON SVRCOT] Espéce d'habit ou de robe commun aux hommes & aux femmes. Le méme Compte côté cy-dessus: *pour trois pieces & demie de fin velluian en graine, baillés audit Eustache, pour faire vn surcot, vn mantel à parer, & vn chappeau fourré d'Ermines pour le Roy à la feste de l'Estoille, &c. pour ledit surcot, vne fourrure tenant trois cens quarante-six Ermines, les manches, & poignets dudit surcot soixante, la garnache trois cens trente-six, &c.* Philippes Mouskes en la vie de Charlemagne.

        *A tousjors en inier si ot*
        *A mances vn nouuiel surcot,*
\* renard     *Fourré de vair & de goupis\*,*
\* poitrine     *Pour garder son cors & son \* pis.*

Le Roman du dit du Cheualier:
        *Ains qu'on vist l'aube creuer,*
        *A le court vint deuant disner,*
        *Son surcot a la dessouiller.*

*Isaacus Pontanus* en la description de Danemark p. 801. remarque que parmy les Danois le mot de *Serk,* signifie vn habillement de femme. Il pourroit estre que les François ont emprunté ce terme des Normans qui vinrent souuent rauager la France : mais il est plus probable que ce vétement fust ainsi nommé, parce qu'il se mettoit sur la cotte. Ensuite on donna ce nom aux robes des hommes. Tant y a que je crois que c'est cette sorte d'habit, dont Reginon a entendu parler en l'an 753. *& vidi ante altare D. Petrum, & Magistrum Gentium D. Paulum, & totâ mente illos recognoui de illorum surcariis,* où j'estime qu'il faut restituer *surcotiis.*

GARBVN] En Italien *Garbino,* le vent que les Mariniers nomment *Sudoüest.*

DEVANT LE CORPS PRETIEVX DE N. S.] Geoffroy de Beaulieu ch. 29. écrit que le Roy S. Louys estant obligé de se mettre en mer, pour retourner de la Terre Sainte en France, *Ex deuotione suâ fecit poni in naui Corpus Domini I. C. pro communicandis infirmis, ac pro se ipso & suis, quando sibi expediens videretur, & quia alii peregrini quantumcumque magni hoc facere non solebant,*

## SVR L'HISTOIRE DE S. LOVYS.   39

*obtinuit super hoc à Domino Legato licentiam specialem. Hunc autem sacrum Thesaurum in loco nauis dignissimo & conuenientissimo fecit poni, & pretiosum Tabernaculum ibi erigi, pannisque sericis & aureis operiri,* &c. Nostre Auteur en la p. 112. remarque encore la méme chose au sujet du Corps de N. S. qui estoit dans le vaisseau de S. Louys. Il est neantmoins constant qu'auant ce temps-là les Fidéles, qui se mettoient en mer, auoient coûtume de porter auec eux la Sainte Eucharistie. S. Ambroise *lib. de Obitu Satyri fratris. Qui priusquam perfectioribus esset initiatus mysteriis, in naufragio constitutus, cùm ea quâ veheretur nauis, scopuloso illisa vado, & vrgentibus hinc, atque inde fluctibus solueretur, non mortem metuens, sed ne vacuus mysterii exiret è vitâ, quos initiatos esse cognouerat, ab his diuinum illud fidelium Sacramentum poposcit, non vt curiosos oculos inferret arcanis, sed vt fidei suæ consequeretur auxilio.* S. Gregoire témoigne la méme chose *l. 3. Dial. c. 36.* & Mathieu Paris en l'an 1247. écrit qu'vn Cardinal Legat du Pape en Angleterre, *cùm nauem ascensurus esset, — iussit cuidam fratri de Ordine Prædicatorum in ipsâ Missam celebrare, quod & factum est, non sine multorum, qui hoc non præuiderant, admiratione.*

GVILLAVME] Celuy dont nous auons quelques écrits, & sous lequel la *Pag.* 10. question de la pluralité des benefices fut agitée.

ME COVTA] Iean Villani l. 6. ch. 7. attribuë cecy à S. Louys méme, & *Pag.* 11. non au Comté de Montfort.

A BONNE ESPEE TRANCHANT] C'estoit la pensée & la maxime de ce temps-là, qu'il faloit exterminer les Heretiques par le tranchant de l'espée, & par le feu: d'où nous lisons que souuent les Heretiques ont esté condamnez à estre brûlez vifs, particulierement sous le regne de S. Louys, auquel on faisoit viuement la guerre aux Albigeois. Voyez ce que deux sçauans Grecs de ce siecle ont écrit sur ce sujet, *Nicolaus Alamannus in Not. ad Procopij Hist. arcanam. p. 55. 56. 1. Edit.* & *Leo Allatius lib. 2. de Concord. vtriusque Eccl. cap. 13. n. 2.* Mais *Agathias* au l. 1. de son Histoire, tient que l'erreur en fait de Religion est pardonnable, dautant, dit-il, que ceux qui embrassent des opinions erronées & heretiques, s'y portent ordinairement par vne ferme créance qu'ils ont que ce sont les veritables. Et Theodore Balsamon sur le *Nomocanon* de *Photius,* tit. 9. ch. 25. dit qu'il ne peut conceuoir comment le Concile tenu à Constantinople sous le Patriarcat de Michel Oxiste ait condamné les Bogomiles, qui estoient des Heretiques de ce temps-là, au feu, veu que jusques là on ne lit pas qu'aucun Canon ait decerné peine de mort contre les Heretiques. Aussi quelques sçauans Personnages se sont efforcez de monstrer par de solides raisons, qu'il faloit reduire les Heretiques, plûtôt par les voyes de la douceur, que par celles de la rigueur. Voyez la Preface de M. de Thou sur son Histoire, & le Traité imprimé à Magdebourg l'an 1554. qui a pour titre, *De hæreticis, & an sint persequendi, & quomodo cum eis agendum sit, doctorum virorum sententiæ.*

SON GOVVERNEMENT] V. *Gaufrid. de Belloloco c. 13. 21.*   *Pag.* 12.

LE SIRE DE NEELLE] Simon, fils de Raoul de Clermont Seigneur d'Ailly & de Gertrude Dame & heritiere de Neelle. Il fut Regent du Royaume de France durant le second voyage de S. Louys en la Terre Sainte. Voyez l'Histoire de la Maison de Bethune pag. 274. Du Tillet, la Morliere, &c.

LE BON SEIGNEVR DE SOISSONS] Iean II. du nom, surnommé le Begue, fils de Raoul de Neelle Comte de Soissons, & d'Ioland de Ioinuille sa seconde femme, & par consequent cousin germain de nôtre Sire de Ioinuille, ainsi qu'il le qualifie en la p. 46.

LES PLETS DE LA PORTE] C'est icy vne matiere qui merite vn long Commentaire: C'est pourquoy j'ay estimé qu'il seroit à propos d'en faire vne Dissertation, où je feray voir la forme que nos Rois obseruoient pour rendre la justice en personne, c'est la 11.

ON VOVS DELIVRERA] Deliurer en cét endroit, c'est expedier. *Concil.*

*Duziacense l. Part. 2. c. 33. Hincmarus autem respondit, quia febris illum tangebat, & statim se inde vellet deliberare, vt sanguinem possit minuere.*

PIERRE DE FONTAINE] Il est nommé en plusieurs Arrests & Assemblées tenuës sous le regne de S. Louys, entre les Maîtres du Parlement, dans les Memoires de Du Tillet & de Miraumont: c'est luy qui est Auteur du liure intitulé, *Li liures de la Reigne*, qui traite des formes de Iustice, & est souuent cité par Fauchet, Pithou, Chopin, la Croix du Maine, & autres. Le M S. qui se conserue en l'Hostel de ville d'Amiens, a pour titre, *le conseil que Pierres de Fontaines donna à son amy.*

Pag. 13. GEOFFROY DE VILLETTE] Ce Seigneur fut Bailly de Tours en l'an 1261. ainsi que nous apprenons d'vn compte des Baillis de France du terme de la Chandeleur de cette année-là, qui est en la Chambre des Comptes de Paris, où il est ainsi qualifié; *Gaufridus de Villeta Castellanus Turonensis, custos Balliuiæ Turonensis*. Il paroît encore auec le méme titre l'année suiuante, en vn compte du terme de l'Ascension. Par vn autre de l'an 1268. il se reconnoist qu'il fut enuoyé en ambassade vers la Republique de Venise: *Compotus dominorum Gaufridi de Villeta, & Ioannis de Soisiaco Militum pro via Venetiæ.* Gautier de Villette Cheualier se dit encore Bailly de Tours en l'an 1271.

TOVS LES PRELATS DE FRANCE] Cette Assemblée des Prelats de France se fit suiuant le Sire de Ioinuille, pour faire des remonstrances au Roy S. Louys, sur le mépris que les Heretiques, c'est à dire les Albigeois, faisoient des excommunications des Euesques, demandans qu'ils fussent contraints de se faire absoudre, & de retourner par ce moyen à l'vnion de l'Eglise, par saisie, ou confiscation de leurs biens, implorans à cét effet le secours & l'assistance de l'autorité Royale. Cette Assemblée doit auoir esté faite entre l'an 1247. que Guy de Mello Euesque d'Auxerre, qui y porta la parole, commença à tenir le Siége Episcopal, & l'an 1270. qui fut celuy de son décés. Et ainsi on ne peut pas rapporter à cette Assemblée l'Ordonnance que le Roy S. Louys fit sur le méme sujet l'an 1228. qui se trouue aux Registres x. xxvi. & xxvii. du Trésor des Chartes du Roy : laquelle je ne laisseray pas d'inserer en cét endroit, pour faire voir que les Euesques ne demandoient que l'execution de cette Ordonnance.

1228. LVDOVICVS *Dei gratiâ Francorum Rex, vniuersis ciuibus Narbonensibus, & aliis fidelibus suis per Narbonensem Diœcesim constitutis; Salutem & dilectionem. Cupientes in primis ætatis, & Regni nostri primordiis illi seruire à quo Regnum recognoscimus, & id quod sumus, desideramus ad honorem ipsius, qui nobis culmen dedit honoris, quòd Ecclesia Dei, quæ in partibus vestris longo tempore fuit afflicta, & tribulationibus innumeris concussata, in nostro dominio honoretur, & feliciter gubernetur. Vnde de Magnorum & Prudentum consilio statuimus, quòd Ecclesiæ & viri Ecclesiastici in terris constituti prædictis, libertatibus, & immunitatibus vtantur, quibus vtitur Ecclesia Gallicana, & eis plenè gaudeant, secundùm consuetudinem Ecclesiæ memoratæ. Et quia Hæretici longo tempore virus suum in vestris partibus effuderunt, Ecclesiam matrem nostram multipliciter maculantes, ad ipsorum extirpationem statuimus quòd Hæretici, qui à fide Catholica deuiant, quocumque nomine censeantur, postquam fuerint de Hæresi per Episcopum loci, vel per aliam Ecclesiasticam personam, quæ potestatem habeat, condemnati, indilatè animaduersione debita puniantur. Ordinantes etiam, & firmiter decernentes, ne quis Hæreticos receptare, vel defensare quomodolibet, aut ipsis fauere, aut credere quoquomodo præsumat. Et si aliquis contra prædicta facere præsumpserit, nec ad testimonium, nec ad honorem aliquem de cætero admittatur, nec possit facere testamentum, nec successionem hæreditatis habere, omnia bona ipsius, mobilia & immobilia, quòd sint ipso facto publicata decernimus, ad ipsum, vel ad posteritatem ipsius, vlterius nullatenus reuersura. Statuimus etiam, & mandamus, vt Barones terræ, & Bailliui nostri, & alii subditi nostri præsentes & futuri, solliciti sint, & intenti terram purgare Hæreticis, & hæretica fœditate. Et præcipientes quòd prædicti diligenter ipsos inuestigare studeant,*

## SVR L'HISTOIRE DE S. LOVYS.

*deant, & fideliter inuenire : & cùm eos inuenerint, praesentent sine mora dispendio personis Ecclesiasticis suprà memoratis, ut eis praesentibus de errore & haeresi condemnatis, omni odio, prece, pretio, timore, gratia, & amore postpositis, de ipsis festinatè faciant quod debebunt. Verùm quia honorandi sunt, & muneribus prouocandi, qui ad inueniendum & capiendum haereticos sollicitè diligentiam suam exercent : Statuimus, volumus, & mandamus, ut Bailliui nostri, in quorum Bailliuiis capti fuerint Haeretici, pro quolibet Haeretico, postquam fuerit de haeresi condemnatus, usque ad biennium soluant duas Marchas argenti integrè capienti, post biennium autem vnam. Hanc quia Ruptarii solent deuastare ac demoliri terram praedictam ; & quietem Ecclesiae & Ecclesiasticorum virorum turbare, statuimus ut omnino Ruptariis ipsis expulsis, pax perpetuò seruetur in terra, ad quam seruandam dent omnes operam efficacem. Ad haec quia claues Ecclesiae consueuerant in terra illa contemni, statuimus ut Excommunicati vitentur secundùm Canonicas sanctiones. Et si aliqui per annum contumaces extiterint, extunc temporaliter compellantur redire ad Ecclesiasticam vnitatem, ut quos à malo non retrahit timor Dei, saltem poena temporalis compellat. Vnde praecipimus quòd Bailliui nostri omnia bona talium Excommunicatorum mobilia & immobilia post annum capiant, nec eis aliquo modo ea restituant, donec praedicti absoluti fuerint, & Ecclesiae satisfecerint, nec tunc etiam, nisi de nostro speciali mandato. Decimae sanè quibus fuit Ecclesia longo tempore per malitiam inhabitantium defraudata, statuimus & ordinamus quòd restituantur Ecclesiis, & ampliùs laici decimas non detineant, sed eas Ecclesiis liberè habere permittant. Haec statuta inuiolabiliter obseruari iubemus, mandantes quòd Barones, & Vassalli, & bonae villae iurent ista seruare, Bailliuis nostris ad hoc executoribus deputatis, qui infra mensem, postquam fuerint in Bailliniis constituti, publicè, & in loco publico, & die solemni, iurent quòd haec seruabunt, & facient ab omnibus bona fide seruari : quòd si non fecerint, poenam bonorum omnium, & corporis poterunt formidare. Noueritis etiam quòd ista statuta sic volumus obseruari, quòd etiam quando frater noster terram ipsam tenebit, iurabit se haec obseruare, & quòd faciet à suis fidelibus obseruari. Vt autem haec statuta firma & inconcussa permaneant, ea sigilli nostri munimine fecimus communiri. Actum Parisiis, anno gratiae* M. CC. XXVIII. mense Aprili.*

\**In al. Cod. 1229.*

Le Roy S. Louys fit encore vne autre Ordonnance, en interpretation de celle-cy au Bois de Vincennes, au mois d'Aoust l'an 1259. sur quelques difficultez qui s'estoient présentées deuant les Enquesteurs enuoyez aux Sénéchaucées de Carcassonne & de Beaucaire. Philippes le Hardy en fit pareillement vne autre interpretatiue de ces deux, à Paris le Mercredy veille de la feste de S. André Apostre. La Chronique des Abbez de Castres donnée depuis peu au public par le R. P. D. Luc d'Achery au To. 7. de son *Spicilegium*, rapporte quelques vers, qui font voir que les Euesques & les Ecclesiastiques obligeoient par prison les Excommuniez à se faire absoudre; mais comme la peine temporelle regardoit la Iustice seculiere, les Iuges Royaux s'y sont toûjours opposez, & ont soûtenu que cela estoit de leur iurisdiction. C'est en l'Eloge de Godefroy de Muret Abbé de Castres, qui viuoit vers l'an 1110. qui se lit en la p. 342.

> *Adstricti Satanae qui sunt anathemate diro,*
> *Nolúntque absolui, restituíque Deo :*
> *Post annum hos Praesul voluit compellere duro*
> *Carcere, sic artans corpus, & vna animam.*
> *Vincula ferre duo populo renuente, querela*
> *Nascitur hinc ingens inter vtrumque forum.*

GVY D'AVSEVRRE ] Ce Guy Euesque d'Auxerre, frere de Dreux de Melo Seigneur de Loches & de Châtillon sur Indre, fut choisi probablement par le Clergé pour porter la parole, comme personnage éloquent & versé dans les affaires. C'est l'éloge que le Pape Clement IV. luy donne en l'Epître 99. *Dedit tibi Dominus spiritum sapientiae, & linguam contulit eruditam, & sensum tuum insuper multi jam temporis experientia solidauit, ita vt nihil tibi desit in vllà gratiâ.*

Partie II.      F

## OBSERVATIONS

L'EXEMPLE DV COMTE DE BRETAGNE] Voyez d'Argentré en l'Histoire de Bretagne l. 5. ch. 24. & 25. de la 3. édition.

*Pag. 14.* LA PAIX QV'IL FIST AVEC LE ROY D'ANGLETERRE] Cette paix fut premierement concluë & arrêtée à Londres le Lundy d'aprés la feste de S. Valentin l'an 1258. entre Guy Doyen de S. Martin de Tours, Maître Ode Tréforier de l'Eglise de Bayeux, & Messire Richard de Menou Cheualier du Roy de France, Procureurs du méme Roy, d'vne part, & Humfray de Bohun Comte d'Hereford & d'Essex Connétable d'Angleterre, & Guillaume de Fors Comte d'Aubemarle, ou d'Aumale, Procureurs du Roy d'Angleterre, d'autre. Ce premier Traité se voit au Trésor des Chartes du Roy, auec les seaux de ces deux Comtes, & est semblable, dans les termes & dans la substance, à celuy que Claude Ménard a donné en ses Obseruations, à la reserue que le premier est en forme d'arrêté, sur lequel le Traité de Paix fut depuis dressé. Les armes de Guillaume de Fors Comte d'Aumale (issu originairement d'vne famille de Normandie, où la seigneurie de Fors est située) representées en son seau, ont vne croix pattée de vair, ce qui fait voir qu'il y a erreur dans Ralphe Brooke, & dans Vincent Rougecroix son Correcteur, dans le Recueil qu'ils ont dressé des Ducs & des Comtes d'Angleterre, écrit en Anglois, où ils ont donné à ce Comte vn escu *d'argent au chef de gueules*. Ils se sont encore mépris, lorsqu'ils ont donné aux deux Estiennes Comtes d'Aumale, de la Maison de Blois, ou de Champagne, *la Croix pattée de vair*, qui estoient les armes de la Maison de Fors : Celles d'Estienne I. du nom estant vn escusson plein, auec vne bordure componnée, comme André du Chesne a remarqué d'vn seau de ce Comte, en son Histoire Geneālogique de la Maison de Bethune p. 152.

REGNAVT DE TROIE] Il faut lire *de Trie*. La Comtesse de Bologne, de laquelle nôtre Auteur parle en cét endroit, estoit Mathilde fille vnique & heritiere de Renaud Comte de Dammartin, & d'Ide, Comtesse de Bologne. Elle fut mariée deux fois, la premiere auec Philippes de France, surnommé Hurepel, fils du Roy Philippes Auguste & d'Agnes de Meranie. De cette alliance nâquit Ieanne fille vnique, qui fut donnée en mariage à Gaucher de Châtillon Seigneur de S. Agnan, & mourut sans enfans. En secondes noces la Comtesse Mathilde épousa Alphonse, depuis Roy de Portugal, & enfin décéda sans posterité auant l'an 1258. & non en l'an 1260. comme M. Iustel a auancé. Aprés son decés il y eut plusieurs differents pour sa succession, dont il est parlé amplement en l'Histoire de la Maison de Châtillon liure 3. ch. 8. Le Comté de Dammartin échût à ceux de Trie, comme estant les plus prochains heritiers du côté & de la ligne, dont il procedoit. Car Alberic II. Comte de Dammartin laissa entre autres enfans Renaut Comte de Dammartin & de Bologne, pere de la Comtesse Mathilde, & vne fille nommée Alix, qui épousa Iean Seigneur de Trie & de Moucy : duquel mariage nâquirent Mathieu, Renaud, Enguerrand, & Bernard de Trie. Mathieu, selon A. Du Chesne en l'Histoire de la Maison de Dreux l. 1. ch. 4. succéda à Mahaut sa cousine, fille de Renaud, au Comté de Dammartin. Mais le Sire de Ioinuille dit en cét endroit, en termes formels, que celuy qui succéda immediatement à Mahaut en ce Comté, fut Renaud de Trie. Ce qui s'accorde auec ce que j'ay leu dans vn compte des Baillis de France & de Normandie du terme de la Chandeleur de l'an 1268. où Girard de Cheurefis Bailly de Senlis rend compte à la Cham-

*Cham. des Comptes de Paris.* bre des Comptes de Paris, au Chapitre de Clermont, *de rachato Escaëtæ Comitissæ Boloniæ redditæ de nouo per Dom. Regem Comiti de Domnomartino*. De sorte que l'*échoite* de la succession de Mahaut n'ayant esté restituée par le Roy qu'en l'an 1266. ou 1267. il s'ensuit que Mathieu, qui décéda auant ce temps-là sans posterité, ne la recueillit point, mais Renaud son frere, qui delà en auant se qualifia Comte de Dammartin, comme il se justifie de quelques Arrêts rapportez aux Preuues de l'Histoire de la Maison de Châtillon p. 84.

LES SEAVX DV ROY] Il n'est pas aisé de deuiner pourquoy ceux de Trie

# SVR L'HISTOIRE DE S. LOVYS.

obtinrent des lettres de S. Louys pour seureté de la succession de Mahaut, puis-qu'ils en estoient les heritiers legitimes. Le Comté de Dammartin, & les autres Seigneuries de Renaud, pere de Mahaut, furent confisquées sur luy pour sa rebellion; mais elles furent toutes restituées à sa fille en faueur de son mariage auec Philippes de France; lequel en des lettres dattées à Melun au mois de Feurier l'an 1223. qui sont inserées au trente-vn Registre du Trésor des Chartes du Roy *fol.* 73. reconnoît que le Roy Louys VIII. son frere luy auoit baillé en échange de la terre de Constantin, le Comté de Clermont, *& quarterium Domni-Martini in feodis, boscis & planis*, que le Roy Philippes son pere *à rectis eorum hæredibus comparauerat*. Et par d'autres lettres du mois de Ianuier 1233. Mathilde Comtesse de Bologne declare qu'elle a fait hommage au Roy a cause du Comté de Bologne, comme luy estant échû du chef de sa mere: puis elle ajoûte ces mots, *Item feci eidem Domino meo Regi homagium ligium contra omnes homines & feminas qui possunt viuere & mori, de hæreditate quam pater meus Renaldus quondam Comes Boloniæ habuit apud Domnum-Martinum, tamquam de hæreditate ex parte patris mei.* D'où il resulte que le Comté de Dammartin auoit esté restitué aux heritiers de Renaud, sans aucune charge, ni condition: & ainsi la difficulté reste, pourquoy les terres de Mahaut furent saisies par le Roy, & à quel effet ces lettres furent obtenuës; ce qui arriua auant la mort de Mahaut, puisque le Sire de Ioinuille reconnoît que le seau de ces lettres estoit celuy dont le Roy S. Louys se seruoit auant son voyage d'outre-mer, c'est à dire l'an 1248. la Comtesse n'estant décédée qu'en l'an 1258.

LE CHANTEL] ou *Chanteau*, c'est à dire le côté du seau où les pieds du Roy deuoient estre. Philippes Mouskes en la vie de Robert Roy de France:

*La lance & l'escu en cantiel.*

C'est à dire de côté, ainsi que les escus & les boucliers se portoient ordinairement sur le côté, & sous le bras gauche: le Roman de Guarin vse d'autres termes:

*Au col li pendant vn escu de cartier.*

Et ailleurs,

*Quant cop li donne sur l'escu de cartier.*

IEAN SARRAZIN] Ce Iean Sarrazin est qualifié Chambellan du Roy en vn titre de l'an 1266. aux Preuues de l'Histoire de la Maison de Guines p. 379. & dans vn autre de l'an 1269. aux Preuues de l'Histoire de la Maison de Vergy p. 172. & enfin dans vn de l'an 1270. au Trésor des Chartes du Roy, *laiette, obligations* 111. *tit.* 5. Ce fut en cette qualité que le Roy S. Louys le manda pour comparer le seau qui estoit aux lettres de Renaud de Trie, auec celuy qui estoit à d'autres qu'il auoit fait expedier; parce que le grand Chambellan, & en son absence le premier Chambellan portoit le seel du secret du Roy, & en seelloit les lettres du Prince, comme je l'ay justifié en mes Obseruations sur l'Histoire de Villehardoüin. Ce qui pourroit persuader que ces lettres n'estoient pas lettres Patentes, qui d'ordinaire estoient seellées du grand Seau, dont la garde appartenoit au Chancelier. Iean Sarrazin estoit décedé en l'an 1275. comme j'apprens d'vn autre titre du Trésor des Chartes du Roy, où sa veuue est nommée Agnes, *laiette, Pierre la Brosse tit. 159.* Ie crois que la famille de *Saracino* au Royaume de Naples doit son extraction & son origine à la France, d'où elle passa en ce Royaume-là auec le Roy Charles I. Ammirato en fait mention en la Genealogie des Caraffes, & Campanile en celle des *Tufo.*

FVT NÉ] S. Louys nâquit le 25. jour d'Auril, feste de S. Marc, l'an 1215. à Poissy, où l'on voit encore en la Chapelle, dite de S. Louys, de l'Eglise Collegiale, vn grand vase de pierre de taille, releué sur vne haute console, que l'on dit estre les Fonts baptismaux, où S. Louys reçût le Baptesme.

LES CROIX NOIRES] *Durantus in Rationali Diuinor. offic. lib.* 6. *c.* 102. Pag. 15. remarque que cette procession qui se fait le jour de S. Marc, & que toute

*Partie II.* F ij

l'Eglise reconnoît sous le nom de *Litania Major*, instituée par le grand S. Gregoire Pape, pour les raisons qui sont remarquées en sa vie écrite par Iean Diacre, & les Auteurs qui ont traité des Offices diuins, est encore reconnuë sous le nom de *Croix noires*, à cause qu'on couure les Autels & les Croix de noir en ce jour-là, en memoire de la grande mortalité qui arriua à Rome en suite de la peste, ce qui donna sujet à ce grand Pape d'instituer ces prieres publiques. *Litania hæc dicitur Gregoriana, vel Romana. Vocatur etiam Cruces nigræ, quoniam in signum mœroris ex tanta hominum strage, & in signum pœnitentiæ homines nigris vestibus induebantur, & Cruces & altaria nigris velabantur.* Ce qui conuient à ce que S. Gregoire même écrit en l'Epître à l'Euesque de Rauenne, où il appelle cette procession, *tempus cineris & cilicii.* & à la remarque que l'Auteur du Micrologue ch. 57. fait à ce sujet, disant que les saints Peres ont ordonné pour cette raison qu'elle se feroit, *non equitando, non vestibus pretiosis vtendo, sed in cinere & cilicio.* Quant à ce que le Sire de Ioinuille dit, qu'on appelloit en certains lieux cette procession, *les Croix noires*, c'est suiuant la façon de parler de ce temps-là, auquel on appelloit toute sorte de processions *les Croix*. Ainsi dans Wolfard Prêtre au l. 3. des Miracles de Sainte Wauburge ch. 2. n. 11. la semaine des Rogations est appellée, *Hebdomada Crucium*, & plus bas, *Accidit vt eo tempore quo per vniuersum mundum Cruces in Rogationibus solenniter fieri solent*, &c. Iean Robert en ses Commentaires sur la vie de S. Hubert ch. 4. obserue qu'encore à present dans le Luxembourg, on appelle *Croix* toutes les Processions : & celles qui se font dans le détroit & dans l'étenduë des paroisses *Croix bannales*.

Il fvt covronne] Le 1. jour de Decembre l'an 1226. par les mains de l'Euesque de Soissons, l'Archeuesché de Rheims estant alors vacant. Guillaume Guiart,

> Receut Saint Loys la Couronne
> Des mains de l'Euesque de Sessons,
> Car se le voir n'entrelessons,
> Parquoi soions empoesché,
> De Rains vacoit l'Archeuesché.

Philippes Mouskes dit qu'il fut sacré par l'Archeuesque de Sens, & décrit fort au long les cérémonies de ce Sacre, & nomme tous ceux qui y assisterent. Voyez Nangis, Alberic, &c. I'ay rencontré dans vn ancien Rouleau de la Chambre des Comptes de Paris vn Etat par le menu de la dépense qui se fit à ce couronnement, intitulé, *Expensæ pro coronatione Regum*, en ces termes : *Despens fais pour le Couronnement du saint Rois Loys ou mois de Nouemb. 1226. Pain 896. ll. Pain le Roy, pastés & les façons, 38. ll. Vin, 991. ll. Cuisine 1356. ll. 4. den. Cire & fruit 138. ll. la chambre du Roy, 914. ll. 10. s̸. Despens pour la Royne, 320. ll. pour les gaiges & liurisons de lostel le Roy, & pour le Roy d'Outremer, 400. ll. somme toute 4333. ll. 14. s̸.*

Dv Comte de Bovlongne] Toute cette Histoire est déduite fort au long par Mathieu Paris, Guill. de Nangis, Philippes Mouskes, Guill. Guiart, & autres Historiens de France, que l'on peut conférer auec nôtre Auteur.

*Pag.* 16. Comte de Bretagne] Pierre de Dreux surnommé Mauclerc, qui s'estoit retiré de l'hommage du Roy, comme il se recueille de cét acte.
*Vniuersis præsentes Litteras inspecturis P. Dux Britanniæ Comes Richemond. Sal. Noueritis quòd nos mittimus Regi Franciæ per T. Templarium latorem præsentium has præsentes Litteras. Rex adjornauerat Comitem Britanniæ ad Dominicam post Natale apud Meledunum, cui diei ipse dominus Rex noluit interesse : Comes illuc misit, & Regi mandauit, quòd terminus quem ei posuerat, non erat competens, quia non erat de quadraginta diebus, & propter hoc requisiuit alium terminum competentem ab illis qui erant loco Regis ibidem ad faciendum quod debent, & propter hoc Comes fecit scribi omnes querimonias suas & injurias, quas Rex & mater sua & sui ei fecerant,*

# SVR L'HISTOIRE DE S. LOVYS. 45

*& scriptum illud super querimoniis traditum fuit illis qui erant loco Regis. Quod scriptum sicut factum fuit intelligi Comiti, noluit Regina quòd ostenderetur Baronibus & probis hominibus Franciæ, imò aliter eis fecit intelligi, voluntatem suam, Comes nunquam potuit habere emendationem de injuriis, & malis sibi factis per Regem & suos. Nisi hoc quòd ipse Rex fecit desaisiri eundem Comitem de eo quod ab ipso tenebat in Andegauiâ vnde erat homo suus, & Castrum suum de Belismo, quod similiter ab ipso tenebat, obsedit, & terram suam fecit destrui, & homines suos fecit interfici. Hæc mala cum aliis malis fecit ei Rex sine defectu juris quem Comes fecisset, & sine eo quòd nunquam fuisset adjornatus per Regem, nec antè, nec pòst, nisi ad dictum diem propter has injurias, & propter alias de quibus Comes non potuit habere emendationem, mandat ipse Comes Regi quòd se non tenet plus pro homine suo, imò ab homagio suo recedit, & in hoc recessu intelligit Comes dissidationem. Actum anno gratiæ 1229. die Dominica in octauis B. Hilarii.* Voyez d'Argentré, Fauchet l. 2. des Poëtes Franc. ch. 13. & autres.

VEEZ-CY LE ROY RICHARD] Raoul de Coggeshall, dont le MS. est en la Bibliotheque de S. Victor de Paris, Mathieu Paris, Iean Brompton, & autres Historiens Anglois en l'an 1172. Iacques de Vitry l. 1. ch. 99. Sanudo l. 3. part. 11. ch. 1. le Moine de S. Marian d'Auxerre, & autres parlent amplement des grandes actions & des faits d'armes du Roy Richard I. en la Terre Sainte. Mais ils ont tous obmis cette circonstance rapportée par le Sire de Ioinuille, qui l'auoit tirée, ainsi qu'il témoigne en cét endroit de l'Histoire des guerres Saintes écrite en langue vulgaire, que j'ay leuë manuscrite, qui rapporte la méme chose, en ces termes : *Dont il auint, &c. li Rois Richard fu si cremus en la terre, que quant il i auoit vne Sarazine, & ses enfés plouroit, ele disoit à son enfant, taisiés vous pour le Roy Richart, tant estoit cremus & redoutez, ke li enfés en laissoit son pleurer.* Mathieu de Westminster en l'an 1240. raconte que lorsque Richard Comte de Cornoüaille vint en la Terre Sainte, les Sarazins *cœperunt nimis prudentiam & potentiam Comitis formidare, tum quia hoc nomen, Richardus, adhuc Saracenis inimicum ipsum intitulauit, tum quia auro & argento abundauit,* &c. On peut encore appliquer à cette grande estime, que les Sarazins eurent de la valeur de Richard, ces vers qui furent faits à son sujet :

> *Si recolis pro Rege facit Ioppe tua, quam tot*
> *Millibus oppositus solus deffendit, & Acon,*
> *Quam virtute tuâ tibi reddidit, & Crucis hostes,*
> *Quos viuus omnes sic terruit, vt timeatur*
> *Mortuus, ipse fuit sub quo tua tuta fuerunt.*

Voyez encore la page 104.

FIST DONNER A FEMME] Voyez Iacques de Vitry, Mathieu Paris, &c. Pag. 17.

EVT A FEMME MESSIRE AIRARD DE BRIENNE] Henry II. Comte de Champagne laissa d'Isabel Reyne de Hierusalem, pour lors veuue de Conrad de Monferrat, deux filles, Alix mariée à Hugues I. Roy de Cypre, & Philippes, qui épousa en l'an 1204. Airard de Brienne, fils d'André de Brienne Seigneur de Rameru, lequel contesta long-temps le Comté de Champagne contre Thibaud V. frere de Henry. L'histoire de ce different est racontée au long par Du Tillet, Vignier en l'Hist. de la Maison de Luxembourg, Messieurs de Sainte Marthe, *Odoricus Raynald.* en ses Annales Ecclés. & autres.

DONT GRANT LIGNAGE] Voyez le lignage d'Outremer ch. 1. Vignier, Du Chesne aux Histoires des Maisons de Châtillon & de Bethune.

LA REYNE DE CHIPRE] Alix, fille aînée de Henry Comte de Champagne, & de la Reyne de Hierusalem.

LA FILLE DV COMTE PIERRE DE BRETAGNE] Ioland, qui épousa depuis Hugues XI. Comte de la Marche & d'Angouléme.

GEOFFROY DE LA CHAPPELLE] Il est qualifié Panetier de France,

F iij

en vn titre de l'an 1240. aux Preuues de l'Hist. de la Maison de Dreux p. 258. & au serment qui fut fait par les Bourgeois de Paris l'an 1251. le Lundy auant la Natiuité de Saint Iean, à la Reyne Blanche, qui estoit assistée en cette occasion de Philippes Archeuesque de Bourges, de Iean Euesque d'Eureux, d'Estienne Comte de Sancerre, de Geoffroy, du Sire de Meudon, de Maître Guillaume de Sens, & du Doyen de S. Agnan d'Orleans. L'année suiuante il se trouua à quelques jugemens rendus par les Conseillers du Parlement en faueur du Prioré de S. Martin des Champs. Voyez l'Histoire de ce Prioré l. 3. p. 206. 208.

*Pag. 18.*    Le Dvc de Lorraine] Mathieu II. du nom. Voyez Alberic aux années 1229. 1230. & 1234. où il parle amplement de cette guerre du Comte de Champagne.

*Pag. 19.*    Et la paix faite entre eux] Cette paix se fit au mois de Septembre l'an 1234. dont voicy la teneur: *Excellentissimo & Karissimo domino suo Lvdovico Dei gratiâ Francorum Regi, A. eâdem gratiâ R. Cypri, salutem & dilectionem sibi sinceram. Excellentiæ vestræ supplicamus, & vos requirimus, quatenus subscriptis Litteris vestrum apponi faciatis sigillum.* Lvdovicvs *Dei gratiâ Francorum Rex : Nouerint vniuersi præsentem paginam inspecturi, quòd Nobilis mulier* Elipdis *Regina Cypri, in præsentia nostra constituta, quittauit carissimo consanguineo & fideli nostro* Theobaldo *Campaniæ & Briæ Comiti Palatino, omne jus quod habebat, vel dicebat se habere in Comitatibus Campaniæ & Briæ, & pertinentiis eorundem, & de eodem jure se deuestiuit in manu nostra. Et nos ad petitionem dictæ Reginæ inuestiuimus de eodem jure dilectum & fidelem nostrum Archembaldum de Borbonio nomine dicti Comitis, saluo hoc, quòd si dictus Comes decederet sine hærede ab ipso linea matrimoniali descendente, supradicta non obessent dictæ Reginæ, quia posset petere dictos Comitatus, sicut poterat antè, nec propter superscripta jus suum minueretur, vel augmentaretur. Promisimus etiam quòd quando assisia duarum millium librarum terræ erunt factæ dictæ Reginæ, nos omnia sicut continentur in Charta dictæ Reginæ tradita, dicto Comiti faciemus scribi, & sigillari, & tradi dicto Comiti, & iis omnibus supradictis & sigillatis, & dicto Comiti traditis præsentes Litteræ nobis reddentur. Actum anno gratiæ* MCCXXXIIII. *mense Septembri.* Henry Roy de Cypre fils de la Reyne Alix céda depuis tout le droit qu'il auoit en ces Comtez de Champagne & de Brie à Iean de Brienne, fils de Gautier Comte de Brienne, & de Marie de Cypre sa sœur, par Lettres données à Nicosie l'an 1247.

Vendit av Roy] Par l'acte, dont je representeray la copie. Ego *Theobaldus Campaniæ & Briæ Comes Palatinus notum facio, &c. quòd ego charissimo Domino meo Ludouico Regi Francorum illustri vendidi pro* XL. *millib. librar. Turon. de quibus idem Dominus Rex mihi plenè satisfecit, feoda mea Comitatus Carnotensis cum pertinentiis suis, Comitatus Blesensis cum pertinentiis suis, Comitatus Sacrocæsaris cum pertinentiis suis, & Vicecomitatus Castridunensis cum pertinentiis suis, & omnia jura quæ in prædictis habebam, tam in feodis quàm in domaniis ratione prædictorum feodorum, eidem domino Regi & hæredibus suis habenda in perpetuum & tenenda, retento mihi eo quod habeo in Comitatu Particensi in feodis & domaniis quod mouet de feodo Carnotensi, & quod Comes Carnotensis debet de domino Rege tenere. In cujus rei testimonium præsentes Litteras sigilli mei munimine roboraui. Actum anno Incarnat. Dom. 1234. mense Sept.* Cette vente fut ratifiée par Alix Reyne de Cypre. Vniversis *præsentes Litteras inspecturis, A. Dei gratiâ Regina Cypri, salutem in Domino. Notum facimus quòd venditionem illam quam dilectus consanguineus noster Theobaldus Comes Campaniæ fecit illustrissimo Domino* Lvdovico R. *Francorum, de feodo Blesensi, Carnotensi, Castriduni, Sacricæsaris, & eorum pertinentiis pro* XL. *millibus librarum Turonensium, quas idem Dominus Rex nobis soluit pro Comite suprà dicto, & de quibus nos tenemus pro pagatis, volumus, & concedimus, gratum gerimus, & acceptum, & pro nobis & hæredibus nostris, quitamus eidem Domino Regi, & ejus hæredibus in perpe-*

## SVR L'HISTOIRE DE S. LOVYS. 47

*tuum si quid juris in dictis feodis, vel eorum pertinentiis habebamus, vel vllo vnquam tempore habere debebamus. Et licèt in compositione facta inter nos & supradictum Comitem sit contentum, & inter nos conuentum, quòd si idem Comes sine hærede ab ipso matrimoniali linea descendente decederet, jus nostrum si aliquod habebamus in Comitatibus Campaniæ atque Briæ nobis saluum sit, vel ita quòd propter illam compositionem nihil nobis diminutum sit, vel adauctum, non obstante hoc dicta feoda cum eorum pertinentiis eidem Domino Regi, & ejus hæredibus concedimus habenda in perpetuum & tenenda*, &c. *quod vt firmum*, &c. *Actum an. Dom.* M CC XXXIIII. *mense Nouembri*. Ainsi il est euident que ces fiefs ne furent pas engagez à faculté de rachapt, comme l'on tenoit alors, & Alberic en l'an 1236. l'a écrit, mais qu'ils furent vendus & alienez.

LE COMTE DE BRIENNE] Gautier IV. fils de Hugues Comte de Brienne, & petit fils du Comte Gautier III. qui auoit épousé Marie fille de Hugues de Lezignan Roy de Cypre, & d'Alix, fille de Henry Comte de Champagne & d'Isabel Reyne de Hierusalem. Voyez le lignage d'Outremer chap. 2.

CAR LARGE ET ABANDONNE' FVT-IL] On peut rapporter au méme sujet le bel éloge qu'Alberic en l'an 1163. donne à ce Prince; *Florebat in Franciâ Palatinus Campaniæ Comes Henricus, quin potiùs Francia per illum, vir de quo dubium genere nobilior esset, an animo: cui Franciæ Regina soror, & filia Regis vxor, & in quo constabat sibi regnum constituisse virtutes, & regiam plusquam regalis munificentiæ largitatem. Nouum & jocundum in eo spectaculum genus exhibebat inuidiæ, pia contentio, laudis certamen inter famam & meritum ejus, quòd scilicet peragrando circum niterentur inuicem præuenire: famâ tamen & merito vincebatur. Nam quod præcedente merito premebatur à Comite præcisis gestorum titulis, & sparsis longè latéque beneficiorum radiis enitebatur*. Ce n'est donc pas sans raison qu'il fut appellé le Large, c'est à dire le Liberal, d'où vient le mot de *largesse*, pour exprimer la liberalité. Le Doctrinal M S.

*Se vos estes cortois, & larges & metans.*

Les Latins mémes vsent du mot de *largus*, dans la méme signification. *Io. de Ianua; largus, à largior, abundans, affluens, & qui libenter dat, seu largitur.* Saint Gregoire PP.l.7.ind.1.ep.33. *Ne auaritiæ te grauiter culpa redarguat, quem largum erga Monasteria Sacerdotalis magis debuerat munificentia demonstrare.* Et *Iulius Firmicus de errore profan. relig. Illum quem despicis pauperem, largus & diues est*. Où le sçauant Woweren restituë mal à propos *lautus*.

L'EGLISE DE S. ESTIENNE DE TROYES] Camusat en ses Antiquitez de Troyes parle amplement de la fondation de cette Eglise, & rapporte l'epitaphe de ce Comte, & de quelques-vns de ses successeurs, qui y furent inhumez. Alberic au lieu cité en a aussi fait mention en ces termes: *Inter insignia suorum operum illud jubare splendidiore refulsit, quòd Ecclesiam Palatio suo contiguam in honore gloriosi Protomartyris Stephani (prout instruxit eum, quem erga Deum habebat, amor) extruxit, ditauit, prædiis ornauit, holosericis thesauris; Clero laudes exultatione diuinas spiritali decantante celebriter honorauit. Fateor me non vidisse, legisse nec memini tantæ liberalitatis extitisse Principem.*

ARTAVD DE NOGENT] Il est parlé de cét Artaud, ou Hertaud Seigneur de Nogent, & de sa femme Hodierne, en vn titre de l'an 1182. au Cartulaire de S. Germain des Prez. En vn autre de l'an 1206. cette Hodierne est qualifiée Dame de Nogent. Guillaume leur fils y paroît en quelques-vns de l'an 1212. & 1265. auec Mathilde sa femme. Au dernier il prend le surnom d'Acy: *Guillelmus de Aciaco Miles dominus de Nogento Ertaudi*. Il se trouue encore entre ceux qui firent hommage à Thibaud Roy de Nauarre & Comte de Champagne, l'an 1256. en vn Registre de la Chambre des Comptes de Paris. Il est parlé d'vn autre, *Guillelmus de Nogento Artaudi Armiger Suessionensis diæcesis, filius & hæres Guillelmi filii Hodiernæ de Nogento*, en vn titre de l'an 1261. au méme Cartulaire de S. Germain.

TINRENT LEVRS COMTEZ DE LEVR FRERE AISNE'] Ce passa- *Pag.* 20.

ge fournira de titre & de matiere à la 111. Dissertation sur cét Auteur, où je feray voir l'vsage & l'origine du Frerage, & du Parage.

GRANT COVRT A SAVMVR] L'an 1241. Voyez Nangis, Guill. Guiart &c. Et la 1 v. Dissertation auec les quatre suiuantes, où je traite de la magnificence que nos Rois obseruoient dans ces Cours, & ces Assemblées publiques.

LE COMTE DE POITIERS] Alfonse frere de S. Louys, qui auoit esté fait Cheualier par le Roy en la feste de la Natiuité de S. Iean B. l'an 1241. auquel temps il luy donna aussi le Comté de Poitou. V. Mathieu Paris p. 383.

IEAN COMTE DE DREVX] I. du nom, fils de Robert III. Comte de Dreux, & d'Aënor de S. Valery, lequel mourut en Cypre.

LE COMTE DE LA MARCHE] Hugues X. dit le Brun, Comte de la Marche & d'Angouléme.

FERMAIL] Le Fermail estoit vne espece de medaille, ou enseigne, comme les enseignes de pierreries, dont on vse aujourd'huy, qui s'appliquoit non seulement sur l'espaule en l'assemblage de la fente du manteau, de méme que le *latus clauus* des Capitaines Romains, mais aussi au chaperon sur le deuant, comme les enseignes de pierreries : & à la guerre, au camail ou bien en la cotte d'armes, ou en autre lieu apparent. Les femmes le portoient sur la poitrine. Froissart 2. vol. ch. 154. *& si eut pour le prix vn Fermail à pierres precieuses, que Madame de Bourgogne prit en sa poitrine.* C'est pourquoy le Glossaire Latin & François MS. tourne le mot de *Monile* par celuy d'*affiche, ou fermail.* Ailleurs, *Redimiculum, aournement à femme, comme fermail, couronne, ou chainture.* Ioannes de Ianua appelle cét ornement *Fibularium, quod apponitur mantello, vel per quod immittuntur fibulæ, ne dissipetur mantellum.* Mais je crois qu'il a voulu mettre *Fibulatorium*, que le Glossaire Grec Latin dit estre vn diminutif de *Fibula*, Πόρπη, *Fibula.* πόρπη, ϛπυλοεϛικῶϛ, *Fibulatorium*. Ce mot se trouue dans *Trebellius Pollio* en la vie de *Regillianus*, & dans Anastase Bibliothecaire en l'Histoire des Papes p. 72. & 197. *Edit. regiæ.* Constantin Porphyrogenite *de Administ. Imp. cap. 53.* vse de celuy de Φιλατύρα. Voyez Chifflet *in Anastasi Childerici Regis cap. 16.* où il traite amplement *de fibulis aureis & gemmatis veterum*, & Saumaise *in Not. ad Tertull. de Pallio p. 62. 63.*

LE COMTE D'ARTOIS] Robert frere du Roy.

IMBERT DE BELIEV] Imbert, ou Humbert de Beaujeu, Seigneur de Montpensier & d'Aigueperse, fils de Guichard de Beaujeu Seigneur de Montpensier, & de Catherine de Clermont, ou d'Auuergne.

HONORAT DE COVCY] Il faut lire *Enjorrans*, ou *Enguerrand*, qui estoit le nom de ce Seigneur de Coucy, qui en quelques titres Latins s'appelle luy-méme *Injorannus*. V. A. Du Chesne en l'Histoire de la Maison de Coucy l. 6. ch. 6. & aux Preuues. Ainsi dans *Sanudo* l. 3. Part. II. c. 1. Enguerrand de Boues est mal nommé *Emorans*, au lieu d'*Enjorrans*.

*Pag. 21.*    ARCHEMBAVD DE BOVRBON] IX. du nom, fils d'Archembaud VIII. Sire de Bourbon, de la Maison de Dampierre. Il mourut en Cypre. V. *To. 7. Spicileg. p. 223.*

LE COMTE DE LA MARCHE] Guillaume Guiart, & Mathieu de Westminster, entre autres, au traité de cette nouuelle guerre du Comte de la Marche.

*Pag. 22.*    EVT GRANDE QVANTITE' DE TERRES] Qui sont énoncées & specifiées au Traité de Paix, qui se fit alors entre le Roy & le Comte, que je rapporteray entier en cét endroit, tiré du 31. Registre du Trésor des Chartes du Roy.

HVGO *de Lezignam Comes Marchiæ & Angolismæ, & Ysabellis D. G. Regina Angliæ dictorum Comitissa locorum, vniuersis præsentes literas inspecturis, Salutem. Noueritis quòd cùm guerra esset inter nos ex vna parte, & carissimos dominos nostros Ludouicum Regem Francorum illustrem, & Comitem Pictauiensem fratrem ipsius domini Regis ex altera, tandem post plures conquestas, quas idem Dominus fecit su-*

*per*

## SVR L'HISTOIRE DE S. LOVYS.

*per nos, Nos & filii nostri, videlicet Hugo Bruni, Guido, & Gaufridus de Lezignem Milites ad ipsum dominum Regem venientes, Nos & terram nostram altè & bassè ipsius domini Regis supposuimus voluntati, & antequam dominus Rex in sua voluntate nos reciperet, dixit nobis quòd conquestas, quas jam conquiserat per se & gentes suas super nos, videlicet Xantonas cum Castellania cum pertinentiis, Forestam, domum de la Vergna, & totum jus quod habebamus in Ponte Labai, Monsterolium cum appenditiis suis, Fronteneium cum appenditiis, Langestum, S. Gelasium cum appenditiis, Praec cum appenditiis, Taunaium super Votonam cum appenditiis, Clausam, Bauceium feoda, quæ tenebat à nobis Comite Marchiæ Comes Augi, feodum Renandi de Pontibus, feodum Gaufridi de Ranconio, & feoda quæ tenebat Gaufridus de Lezignem à nobis Comite Marchiæ, & grande feodum de Alniaco, & omnes alias conquestas, quas idem dominus Rex fecit super nos, vsque ad hodiernum diem per ipsum, & gentes suas, ipse domino Regi fratri suo prædicti Comiti Pictauiensi, & eorum hæredibus in perpetuum retinebit: quæ nos coram pluribus de Episcopis & Baronibus, & hominibus domini Regis concessimus. Volumus insuper & concessimus, quòd idem dominus Rex esset quitus & immunis de v. millibus librar. Turon. quas dabat nobis quolibet anno, & quòd similiter esset quitus de conuentionibus, quas nobiscum habebat, quòd sine nobis cum Rege Angliæ pacem, & treugam facere non posset. Concessimus insuper quòd omnes aliæ conuentiones, quæ vsque ad hodiernum diem fuerunt inter claræ memoriæ Regem Ludouicum genitorem prædicti Domini Regis, ipsum dominum Regem, & dominum Comitem Pictauiensem fratrem suum, & literæ super dictis conuentionibus factæ irritæ sint & nullæ, & quòd ad eas observandas prædicti dominus Rex, & dominus Comes Pictauiæ frater suus nullo modo de cætero teneantur. Et cùm, vt supradictum est, nos & filii nostri prædicti, nos & terram nostram supposuimus voluntati domini Regis, voluntas ipsius domini Regis, talis fuit, quòd ipse nos Hugonem Comitem Marchiæ recepit in hominem ligium de Comitatu Angolismæ, & Castris & Castellania de Cogniaco, & Iarniaco de Merpino, & de Alba-terra, de villa Boen, & pertinentiis prædictorum, quæ nobis & hæredibus nostris remanebunt, saluis prædictis, quas idem dominus Rex, & gentes suæ conquisiuerunt super nos, quæ eidem domino Regi, & dicto fratri suo domino Comiti Pictauiensi, vt suprà dictum est, in perpetuum remanebunt. Et nos Comes Marchiæ de prædictis, scilicet de Comitatu Engolismæ, Castris & Castellaniis de Coigniaco, de Iarniaco, de Merpino, de Alba-terra, de Villa-Boen, & pertinentiis prædictorum, saluis prædictis conquestis, quæ domino Regi, & dicto domino Comiti Pictauiensi fratri suo, vt suprà dictum est, remanebunt, fecimus eidem domino Regi homagium ligium contra omnes homines & fœminas qui possunt viuere & mori, salua fide prædicti Comitis Pictauiensis fratri sui. Similiter fecimus homagium ligium contra omnes homines & fœminas, qui possunt viuere & mori, prædicto domino Comiti Pictauiensi fratri Regis, & de Lezignem, Comitatu Marchiæ, & pertinentiis eorumdem, saluis prædictis conquestis, quæ domino Regi, & domino Comiti Pictauiensi fratri suo, vt suprà dictum est, remanebunt. Concessit dominus Rex nobis & hæredibus nostris quòd nos in dominio Regis Angliæ, seu Comitis fratris sui, vel hæredum suorum non ponet sine libera voluntate. Prædicta autem, prout superiùs sunt expressa, voluimus & concessimus, & præstito iuramento corporali promissimus nos tenere, observare, & nullo modo per nos, vel per alium contrauenire, nec aliquid attentare: quod vt firmum sit & stabile præsentibus literis sigilla nostra fecimus apponi. Actum in Castris Geria prope villam Pontium, anno Domini MCCXLII. mense Augusto.*

N'AVOIE ENCOR VESTV NVL HAVBERT] Ce qui justifie ce que j'ay auancé en la Genealogie de la Maison de Ioinuille, que Iean Sire de Ioinuille n'estoit pas encore Cheualier en l'an 1243. & par consequent qu'il n'auoit pas atteint l'âge de vingt-vn an, qui estoit l'âge, où l'on pouuoit prendre l'ordre de Cheualerie, & vétir le haubert, qui estoit l'espece d'armes qui estoit particuliere aux Cheualiers. D'où vient qu'en Normandie ceux qui possédoient les fiefs de haubert, *qui per loricas terras suas deseruiebant*, pour vser des termes des loix de Guillaume I. Roy d'Angleterre ch. 2. estoient obligez d'auoir che-

Partie II.   G

ual & armes, & deflors qu'ils auoient atteint l'âge de vingt-vn an, ils deuoient estre faits Cheualiers, afin de se pouuoir trouuer dans les armées au premier mandement du Prince, ou de leur Seigneur dominant, ainsi qu'il est porté dans l'ancien Coûtumier MS. de Normandie 1. part. sect. 3. ch. 8. Et quand l'on voit dans les Auteurs Latins le terme de *Loricati*, il se doit entendre des Cheualiers, qui seuls vétoient le haubert : car auparauant ils ne portoient que les armes des Escuiers. Mais je reserue à parler ailleurs des hauberts, & des fiefs de Hauberts.

CHEVT EN VNE TRES-GRANDE MALADIE] Le Sire de Ioinuille dit que ce fut à Paris : Nangis & l'Auteur de la Chronique de S. Denys *To. 2. Spicileg.* écriuent que ce fut à Pontoise, & Guillaume Guiart designe plus particulierement l'Abbaie de Maubuisson, & la refere à l'an 1243. les autres à l'année suiuante.

COMME ELLE LE VIT CROISIE'] Richer Moine de Senone en sa Chronique ch. 10. dit que le Roy prit la Croix en suite d'vne vision qu'il eut durant cette maladie, laquelle il raconte ainsi : *Rex Francorum graui detentus infirmitate vsque ad mortem ægrotauit, cui talis apparuit visio. Videbat se in transmarinis partibus esse constitutum : Ibi enim nostri Christiani & Saraceni ad pugnam parati erant, & congredientes acriùs inter se pugnabant : & postquam diu pugnatum est, Saraceni nostros vicerunt, & omnes aut interficiebant, aut captiuos ad terram suam deducebant, ita quòd de tanta multitudine nostrorum vix quindecim milites de bello fugientes remansisse dicerentur. Quod cùm Rex Franciæ videret, valde indoluit : cui fertur dictum fuisse, Rex Franciæ hoc irrecuperabile damnum vindica. Rex autem ab vna visione reuersus, vouit se ad Terram Sanctam post duos annos properaturum, & statim sibi crucem dari præcipiens, inuitâ matre dominâ Blanchiâ cruce signatus est. Pugna quippe ab ipso Rege intuita accidit in festo S. Andreæ, & sicut viderat verum fuit.* Sanudo l. 3. part. 12. ch. 1. rapporte assez au long comme le Roy prit la Croix des mains de l'Euesque de Paris durant cette maladie, qui luy arriua vers la feste de S. André. Mathieu Paris & Mathieu de Westminster p. 318. & 319. racontent aussi plusieurs circonstances de cette maladie.

HVGVES DVC DE BOVRGOGNE] IV. du nom.

GVILLAVME COMTE DE FLANDRE] De la Maison de Dampierre.

HVGVES C. DE S. POL] Seigneur de Châtillon, fils puîné de Gaucher III. Seigneur de Châtillon & d'Elizabeth Comtesse de S. Paul. Il mourut en Cypre. V. A. Du Chesne, Ferry de Locres, &c.

GAVTIER SON NEVEV] Les autres le nomment Gaucher, & fut fils de Guy de Châtillon frere aîné du Comte Hugues, & d'Agnes de Donzy.

HVGVES LE BRVN ET SON FILS] La particule, &, ne sert de rien en cét endroit. Il faut mettre *Hugues le Brun son fils*, dautant qu'il parle du fils du Comte de la Marche, qui auoit le même nom que son pere. V. les Addit. à Mathieu Paris p. 109.

GAVBERT DE PREMOT] Il entend parler de Gosbert Sire d'Aspremont. Ce Seigneur estoit fils de Gosbert, & petit fils de Geoffroy, Seigneurs d'Aspremont. Sa mere se nommoit Iuliane, & estoit seconde fille de Roger Seigneur de Rosoy, & d'Alix d'Auesnes. Elle paroit en diuers titres des années 1235. & 1251. au Cartulaire de Champagne, où elle se qualifie Dame d'Aspremont; & mere de Gosbert Sire d'Aspremont & de Guy d'Aspremont. L'Histoire du voyage d'outremer de Frederic I. *To. 5. Antiq. Lect. Canisii*, nous apprend que Gosbert, mary de Iuliane, suiuit cét Empereur en cette expedition l'an 1188. De leur mariage procederent Geoffroy Sire d'Aspremont, qui épousa la Comtesse de Sarebruche, & décéda sans enfans : Gosbert qui succéda à son frere, & est celuy dont le Sire de Ioinuille fait icy mention, Iean d'Aspremont qui embrassa l'état Ecclesiastique, & Guy d'Aspremont Cheualier, qui mourut à Thunis au même temps que S. Louys. Il y eut encore deux filles, dont l'vne fut Religieuse, l'autre fut mariée en Alemagne. Quant à Gos-

## SVR L'HISTOIRE DE S. LOVYS. 51

bert Sire d'Afpremont, duquel nous parlons, il époufa Agnés, fille de Thomas de Coucy, qui lui procrea deux fils, & deux filles, fçauoir Geoffroy & Thomas, qui époufcrent deux fœurs, filles de Nicolas Seigneur de Kieurain. L'aînée des filles nommée Ieanne s'allia auec le Comte de Sarebruche : tout cecy eft tiré des Genealogies de Baudouin d'Auefnes : & pour vne plus grande notion de ce qui concerne cette famille, il faut voir Alberic en l'an 1239. L'Allouete en l'Hift. de Coucy l. 4. ch. 8. A. du Chefne aux Preuues de l'Hift. de la Maifon de Bar p. 24. 33. Louuet en fes Geneal. de la Nobleffe de Beauuaifis, &c.

LES RICHES HOMS] Noftre Auteur fe fert encore de cette façon de parler en d'autres endroits de fon Hiftoire pour defigner les Barons & les grands Seigneurs d'vn pays, à l'imitation des Efpagnols, qui diuifent leur nobleffe en trois ordres, des *Ricos ombres*, des *Caualleros*, & des *Infançons*, qui font ceux qu'on appelle en France les Barons, les Cheualiers, & les Efcuiers. Par le terme de Baron, on entendoit generalement tous ceux qui auoient droit de porter la banniere dans les guerres, que l'on appelloit vulgairement Bannerets, & que les mémes Efpagnols nomment d'vn mot plus fpecifique, *Ricos hombres de Señera*. *Hieronymus Blanca in Comment. Rev. Aragon.* parle fouuent de ces Riches hommes, ou plûtôt de ces *Ricombres* Efpagnols, qui font ordinairement appellez *Rici homines* dans les titres Latins. Monfieur d'Oyenart en a auffi touché quelque chofe en fa Notice de Gafcogne liure 2. chap. 4. Comme auffi André Bofch l. 3. *dels titols de honor de Cathalunya*, pag. 320. qui nous apprend qu'en Arragon & en Catalogne il y auoit deux fortes de ces Riches hommes, fçauoir les *Richs homens de natura*, & les *Richs homens mefnaders*. Les premiers font nommez *Ricos ombres naturales del regno*, au l: 1. des Fors de Nauarre ch. 1. Plufieurs ont eftimé que les *Ricombres* furent ainfi nommez en Efpagne de la fyllabe *Ric*, qui fe rencontre à la fin des noms de la plûpart des Roys Goths : mais je crois qu'il eft plus probable que ce terme vient d'vn autre, qui a efté commun aux peuples du Nort, *Ric*, qui fe trouue à la fin des noms propres de la plûpart de leurs Chefs, qui fignifie *Riche*, d'où les Alemans ont formé celuy de *Riick*, les François celui de *Riche*, & les Efpagnols celui de *Rico*, pour defigner vne perfonne opulente en biens. Et parce que les grands Seigneurs font ordinairement riches & puiffans en terres, on les a ainfi appellez, encore que tous ceux qui abondoient en biens, ne paffoient pas pour *Riches hommes*, la naiffance, les fiefs, les Seigneuries releuées, donnant feules cette qualité. C'eft ce qui a fait dire à Bofch, que *los Richs homens* (d'Arragon, qui en Caftille font appellez *Magnats*) *eran aixi anomenats no per fer richs, o tenier molt bens, fino per effer de clart linatge y podcrofos, qui eran aquells Senyors, que tenien Senyoria en los Feus, ques anomenauan honors*, &c. Et quant à cette façon de parler obferuée en France, nous en auons vn exemple dans vn titre François inferé dans l'Hiftoire de Mathieu Paris en l'an 1247. p. 83. & dans vne Ordonnance de Philippes le Hardy du mois de Decembre 1275. qui eft au 2. Regiftre du Trefor des Chartes du Roy fol. 49. & 58. *Et fe l'en trouuoit aucun Riche home couftumier de faire encontre les Ordonnances, nous voulons*, &c. Guillaume Guiart en l'an 1302.

    *Males & tentes là eftoient,*
    *Où li Riche home la nuit gifent.*

Plus bas,
    *Es rens dehors font li riche home,*
    *Tres bien armés jufques és plantes.*

Et ailleurs fouuent. Gaffe,
    *Moult i out riches homs, gran fu la Baronie.*

Les Affifes de Hierufalem MSS. ch. 202. *Et fe il auient que le Chef Seignor fe doute d'aucun de fes Riches homes, que il ait chaftiau, ou cité, ou ville, & que il ait peuple.*

Partie II.

*d'armes.* Dans les titres Latins, ils sont nommez *Diuites homines.* Vn Rouleau de la Chambre des Comptes de Paris intitulé, *pro robis datis Militibus D. Philippi (filii S. Ludouici) & gentibus Cameræ suæ. Comes Drocensis, Dom. de Borbonio, G. filius Comitis Flandr. pro robis samiti,* &c. *pro coopertoriis,* &c. *pro tribus dextrariis & tribus palefridis dictorum diuitum hominum 300. libr.* où l'on voit que ce titre de Riches hommes est donné aux enfans des Roys, & aux grands Seigneurs. Au contraire le commun peuple est reconnu dans Guillaume Guiart sous les termes de *pauures hommes.* En la vie de Philippes Auguste:

> *En cele part que j'ay descrite,*
> *Que li Rois Iohan leur ot dite,*
> *Ou li poure homme de l'ost ierent.*

S'IL N'Y A NVL] Ceux qui auoient pris la Croix, & se préparoient à ces longs & fâcheux voyages de la Terre Sainte auoient coûtume, auant que de partir, de disposer de toutes leurs affaires, de faire leurs testamens, & de partager leurs enfans. Et comme leur retour estoit tres-incertain, tant pour les difficultez des chemins, que pour le hazard & le peril de la guerre, dont les éuenemens sont toûjours douteux; ils faisoient ordinairement tout ce que ceux, qui se preparent à la mort, ont accoûtumé d'obseruer, comme de restituer les biens enuahis & vsurpez, soit sur les Eglises, soit sur les particuliers, pour la décharge de leurs consciences. Les titres sont pleins de ces restitutions des biens d'Eglise faites par nos Cheualiers, auant leur départ pour la Terre Sainte. Le Sire de Ioinuille, quoy qu'il ne se sentît coupable d'aucune de ces vsurpations, pour satisfaire neantmoins au deuoir de sa conscience, se mit en état, auant que d'entreprendre son voyage, de reparer le tort qu'il pourroit auoir fait à ses voisins, s'il s'en rencontroit aucun, qui lui en fist la moindre plainte. Ainsi Hugues IX. Comte de la Marche *in procinctu itineris transmarini constitutus,* fit son testament en l'an 1248. lequel est au Trésor des Chartes du Roy, qui contient ces mots entre autres : *Deinde statuo quòd si hæreditatem alicujus detinerem minùs justè, nec inde satisfecerim, circa articulum mortis meæ soluo, restituo, & penitus quito: dummodò coram executoribus testamenti mei probare potuerint cognita veritate.* Aussi plusieurs estiment que la plûpart des Monasteres qui ont esté bâtis sur la fin du onziéme siecle, & aux suiuans, n'ont esté fondez que des restitutions, que les grands Seigneurs faisoient, auant que de s'engager dans ces longs voyages. Voyez M. Perard en ses Memoires de Bourgogne p. 202.

*Pag. 23.* IE ENGAGAY] La deuotion de nos premiers conquerans de la Terre Sainte, jointe au courage, & au desir d'acquerir de la gloire & de la reputation dans les guerres, estoit si extraordinaire, qu'ils ne faisoient pas seulement difficulté d'abandonner leurs familles & leurs pays, mais mémes d'aliener & d'engager les plus belles terres de leurs biens. Orderic Vital liu. 9. parlant de la premiere entreprise des guerres Saintes, *Mariti dilectas conjuges domi relinquere disponebant. Illæ verò gementes, relictâ prole cum omnibus diuitiis suis in peregrinatione viros suos sequi cupiebant. Prædia verò hactenus chara, vili pretio nunc vendebantur, & arma emebantur, quibus vltio diuina super allophylos exerceretur.* Henricus Huntindonensis au liure 7. de son Histoire d'Angleterre : *Hoc est miraculum Domini temporibus nostris factum, sæculis omnibus inauditum, vt tam diuersa gentes, tot fortissimi proceres relictis possessionibus splendidis, vxoribus & filiis, omnes vnâ mente loca ignotissima, morte spretâ, petierint.* Et Anne Comnene au liu. 10. de son Alexiade, écriuant sur ce sujet, & parlant de nos Paladins, καὶ χρηματιζόμενοι κατὰ τῶν Τούρκων ἀπέρχεθαι εἰς σκύλκησιν τῶ ἀγίου τάφου, ταῖς ἰδίας ὑπιςράσκον χόερις. L'Histoire de ces guerres nous apprend que Godefroy de Bouillon, Raymond Comte de S. Gilles, Guillaume Duc de Normandie, Boëmond Duc de la Pouïlle, Harpin Comte de Bourges, & autres grands Seigneurs vendirent, ou engagerent leurs Duchez & Comtez pour fournir à la dépense d'vne si longue entreprise, tant leur ferueur estoit grande, à l'imitation

## SVR L'HISTOIRE DE S. LOVYS.

defquels le Sire de Ioinuille, & fuiuant l'exemple de fes ayeuls, ne feignit pas d'engager la meilleure partie de fon bien, quoy qu'il fuft peu confiderable alors, à caufe que fa mere en iouïffoit fous le titre de douaire. Cette facilité que les Croifez apportoient à vendre & à engager leurs biens, pour fubuenir aux frais & à la dépenfe de leur voyage, donna matiere à cette belle réponfe, que Philippes Augufte fit à Iean Roy d'Angleterre ; lequel ayant pris la Croix, & depuis ayant enuoyé fes Ambaffadeurs à Philippes pour lui demander, *vt aliquam partem terræ fuæ, quam bello acquifierat, ei pro certâ pecuniæ quantitate reddere dignaretur*, ce Roy lui fit cette repartie pleine d'efprit. *Mirabile & inauditum effe, vt Crucefignatus vellet emere, qui potiùs diftrahere deberet, fi fuæ peregrinationi infifteret, ficut deberet*. Ce font les termes d'Alberic en l'an 1215. V. Guibert. lib. 2. Hift. Hierof. cap. 6. & Math. Paris A. 1240. & 1250. p. 355. & 517.

AVEC TROIS BANNIERES] Voyez la Differt. ix. x. & les trois fuiuantes.

LEVR FIST FAIRE FOY ET HOMMAGE] Le Roy Louys VIII. fon pere eftant tombé dans vne grande maladie à Montpenfier, de laquelle il mourut, exigea vn femblable ferment des Barons, qui eftoient alors en fa Cour, comme nous apprenons des Lettres de ce Roy, qui fe lifent au Cartulaire de Champagne de la Chambre des Comptes de Paris, intitulé, *Liber Principum*: *LVDOVICVS D. G. Rex Francorum, vniuerfis Amicis & Fidelibus fuis, ad quos Litteræ præfentes peruenerint, falutem & dilectionem. Nouerit vniuerfitas veftra quòd dum nos apud Monpencier graui valetudine corporis laborare contigiffet, timentes de periculo Regni poft deceffum noftrum, prouidâ deliberatione, & præhabito falubri confilio, mandauimus dilectos & fideles noftros Prælatos & Barones, Bituricenfem & Senonenfem Archiepifcopos, Beluacenfem, Nouiomenfem, & Carnotenfem Epifcopos, Comitem Boloniæ, Comitem Montisfortis, Comitem de Sacrocæfare, & Ioannem de Nigella, eófque rogauimus adjurantes, vt jurarent coram nobis, fe quàm citiùs poffet, fi de nobis humanitùs contingeret, Ludouico majori filio noftro fidelitatem & homagium tamquam domino & Regi bonâ fide facturos, & quòd procurarent quòd ipfe, quàm citiùs fieri poffet, coronaretur in Regem*, &c. *Actum apud Monpancier an. 1226. menfe Nouemb.* Il y a de femblables Lettres de ces mémes Barons au Cattulaire de Champagne de la Bibliotheque du Roy fol. 132. lefquelles fe voyent encore au Trefor des Chartes du Roy, Layette, *Meflanges*, & dont l'inuentaire eft inferé au I. Tome du Ceremonial de France p. 142. Le Roy Charles VI. pourueut de la méme maniere à la feureté de la fucceffion royale par fes lettres patentes, leuës publiquement à haute voix en la grande Chambre du Parlement, le Roy feant en fon lit de Iuftice (ce font les termes des lettres) le lendemain de la fefte de Noël 26. Decembre 1407. en préfence du Roy de Sicile, des Ducs de Guienne, de Berry, de Bourbon, & de Bauiere, des Comtes de Mortain, de Neuers, d'Alençon, de Clermont, de Vendôme, de S. Paul, de Tancaruille, &c. du Connetable, des Archeuefques de Sens & de Bezançon, des Euefques d'Auxerre, d'Angers, d'Eureux, de Poitiers, & de Gap, du grand Maître d'Hoftel, & de tous les Officiers des Cours Souueraines : par lefquelles lettres le Roy déclare, & veut *que fon aifné fils, & les aifnez fils, & fes fucceffeurs en quelque petit aage qu'ils foient, & puiffent eftre au temps de fon decez, & de fes fucceffeurs, foient incontinent au temps dudit decez dits, appellez, & reputez Roys de France, & à iceluy Royaume fuccédans, foient couronnez & facrez Roys incontinent aprés fon decez, & de fes fucceffeurs, ou au pluftoft que faire fe pourra, fans qu'aucun autre, tant foit prochain du lignage, puiffe entreprendre bail ou regence & gouuernement du Royaume. Toutefois auenant que fondit fils fuft mineur d'ans, veut que le Royaume foit gouuerné par les bons auis, deliberations, & confeil des Reynes leurs Meres, fi elles viuoient, des plus prochains du lignage, & fang Royal qui lors feroient, & auffi par les aduis & confeil des Connetable & Chancelier de France, & des fages hommes*

G iij

## OBSERVATIONS

*du Conseil.* Ces lettres se trouuent en vn Registre de la Chambre des Comptes de Paris cotté H. contenant les Chartes & les Lettres de Louys Duc de Guienne Dauphin de Viennois, & dans le Traitté de la Majorité des Roys de M. du Puy. Le Roy S. Louys auant son départ laissa la Regence de son Royaume à la Reyne Blanche de Castille sa mere. Les lettres qu'il luy fit expedier sur ce sujet se lisent aux Preuues des Libertez de l'Eglise Gallicane ch. 16. n. 12. joignez le ch. 15. n. 27. 28. Il y a vn titre du mois de Feurier 1249. au Cartulaire du Prioré de Lihons en Sangters, de l'Ordre de Cluny, ch. 12. qui justifie qu'en cette qualité elle prenoit seance aux Parlemens auec les Barons de France : *Coram nobis cognouerunt quòd judicatum fuit per veram sententiam in Curiâ Domini Regis, per Blancham Reginam Franciæ, & alios Barones, qui debent & possunt de jure in Curiâ Domini Regis judicare, quod,* &c.

QVI N'ESTOIT POINT SVIET A LVY ] Pierre de S. Iulien aux Antiquitez de Châlon p. 410. & aprés luy M. Chifflet *in vindiciis Hispan.* se sont serui de ce passage pour justifier, ou plûtôt pour en tirer cette induction, que puisque le Sire de Ioinuille ne s'auoüa pas sujet du Roy, il s'ensuit que le Comte de Champagne, duquel il releuoit, ne releuoit pas non plus du Royaume de France. Et comme c'est vn point important pour nôtre Histoire j'estime qu'il y a lieu d'en faire deux digressions ou dissertations. Par la premiere, je feray voir que ce passage n'induit en aucune façon la consequence qu'on en tire ; & par la seconde, je prétens renuerser l'opinion que Chifflet a auancée, pour acheuer de prouuer cette mouuance du Comté de Champagne de l'Empire, que les Comtes de cette Prouince ont esté Comtes Palatins de l'Empire. V. la XIII. & XIV. Dissert.

L'ABBE' DE CHEMINON ] C'est vne Abbaye du diocése de Châlons, de l'Ordre de Cîteaux, dont Alberic en l'an 1110. & *Cæsarius Heisterbac. lib. 11. Mirac. c. 61.* font mention. I'ay montré en mes Obseruations sur l'Histoire de Villehardoüin, que les Seigneurs & les Gentilshommes prenoient la Croix des mains des Prélats, des Euesques & des Abbez ; & me suis serui de ce passage pour la justifier.

ME MIT MON BOVRDON ] Nous parlerons en la XV. Dissertation, de cette ceremonie de prendre le bourdon.

MON COMPAGNON ] Ce terme est ordinairement employé au méme sens, que *Commilito* chez les Romains, c'est à dire, Compagnon d'armes. Le Roman de Garin le Loherans,

*D'armes soions moy & toy compagnon,*
*Tien toi lés moi, gentil fius à baron.*

Et ailleurs,

*Compagnons d'armes auons esté sept ans.*

Et comme il signifie égalité de condition, il se trouue souuent employé pour marquer vne indépendance de superiorité ; d'où vient que les Gentilshommes qui portoient les armes sous vn méme Chef, par exemple, deux Cheualiers Bacheliers sous vn Banneret, se disoient & s'appelloient Compagnons. Dans l'ancienne Chronique de Flandres ch. 78. Monsieur de Ray est qualifié *Compain du Comte de Montbeliart.* Dans l'Histoire de Charles VII. écrite par Berry Heraut, p. 143. *Flocquet, Compagnon dudit de Brezé en armes.* Quelquefois le mot de *Frere* est joint à celuy de Compagnon, *Frere & Compagnon d'armes,* dans quelques-vns de nos Historiens. Mais il est probable que le mot de *Frere* en ce rencontre dénotoit quelque chose de plus que celuy de Compagnon ; ce que je reserue à discuter plus exactement en la XXI. Dissertation.

LE SIRE DV CHASTEAV ] Guillaume de Puylaurens ch. 48. Nangis, la Chronique de S. Denys, & Guillaume Guiart racontent pareillement cette circonstance.

AV MOIS D'AOVST ] Sur la fin du mois, car le Roy estoit party dés le

# SVR L'HISTOIRE DE S. LOVYS. 55

lendemain de la feste de S. Barthelemy, le 25. jour d'Aoust ; quelques jours auant le Sire de Ioinuille, qui, ailleurs, témoigne que S. Louys estoit déja en l'Isle de Cypre, lors qu'il y aborda.

A LA ROCHE DE MARSEILLE] Il appelle ainsi le promontoire qui ferme le port de Marseille, où est le fort de N. D. de la Garde. Les Auteurs du moyen temps se seruent souuent de ce mot pour désigner vn fort, ou vn château : *Chronicon Ceccanense, seu Fossænouæ, A. 1185. adepti sunt Saloniciam, cum multis ciuitatibus, & castellis, & roccis Romaniæ*. Il est d'ailleurs à remarquer que nostre Auteur appelle cette ville *Masseille*, & non *Marseille*, du mot Latin *Massilia*.

LA PORTE DE LA NEF] Ie me suis serui de ce passage en mes Obseruations sur l'Histoire de Geoffroy de Villehardouin n. 14. pour justifier que les nauires à portes, & à huis, estoient delà nommées *huissieres, vsariæ, vseriæ & wisseriæ*, dans quelques Auteurs Latins, qui est vn terme, qui auoit exercé les sçauans, & particulierement Freher, qui s'estoit persuadé que ce mot estoit corrompu de celuy de *luforiæ*, qui estoit le nom qu'on donnoit à certains vaisseaux du Danube. Philippes de Meziers en la vie de S. Pierre Thomas Patriarche de Constantinople ch. 15. n. 87. les appelle disertement *Huisseria : videlicet 60. nauigia inter galeas, & alia nauigia militum armatorum,* & au n. 91. *inter galeas, Huisseria, ligna, naues, & alia nauigia*. Ces nauires sont appellées *vsserii*, dans le Traité d'entre les Venitiens & les Princes Chrétiens contre les Turcs, *apud Raynald. in Annal. Eccl. A. 1334. n. 8. Visers*, dans Roger de Houeden & Brompton en l'an 1190. *Vsieri*, dans Iean Villani l. 8. c. 49. l. 9. c. 92. l. 10. c. 107. *Vsiheri*, dans Iustinian en l'Hist. de Gennes en l'an 1293. Guillaume Archeuesque de Tyr l. 20. c. 14. parle encore de ces *huis*, & de ces portes des Palandries, ou Passecheuaux, en ces termes, qui autorisent puissament ce que j'auance pour l'origine de ce mot : *Erant sanè in præfato exercitu naues longæ rostratæ geminis remorum instructæ ordinibus, bellicis vsibus habiliores, quæ vulgò Galeæ dicuntur,* 150. *In his majores ad deportandos equos deputatæ, ostia habentes in puppibus ad inducendos, educendósque eos patentia, pontibus etiam, quibus ad ingressum & exitum tam hominum quàm equorum procurabatur commoditas, communitæ,* 60. Où Hugues Plagon, ancien interprete de cét Auteur, a ainsi tourné ce passage, *autres nefs, que l'en claime huissiers à passer cheuaux*. Non seulement on donnoit le nom de *Huissiers* à ces sortes de nauires, mais encore aux fausses portes des sales & des chambres, ajustées en forme de chassis : le compte d'Estienne de la Fontaine Argentier du Roy de l'an 1350. *Pour* 10. *sergettes vermeilles pour mettre aux huissieres & fenestrages de la chambre du Roy*.

EN CHYPRE] Sanudo l. 2. part. 2. c. 3. improuue le chemin que S. Louys *Pag. 25.* prit par l'isle de Cypre pour passer dans l'Egypte, pour deux raisons. La premiere, parce que l'Egypte estant plus saine, & vn pays abondant en meilleures eaux, en plus grand nombre de poissons, & en toute sorte de biens, il étoit inutile de s'y arrêter, sous pretexte de rafraîchir les troupes, & de leur donner quelque relâche. En second lieu, parce qu'il luy eust esté plus auantageux d'attaquer de plein abord les ennemis dans l'Egypte, que de leur donner le temps de se reconnoître, comme il fit, en sejournant en Cypre, pendant lequel temps il auroit pû faire des progrez sur les Sarazins.

PROVISION DE VIVRES] Mathieu Paris écrit que l'armée du Roy estant tombée dans la necessité de viures, les Venitiens, & quelques autres villes qu'il ne nomme point, l'en secourureut, comme aussi l'Empereur Frederic, duquel le Roy se sentit tellement obligé, qu'il écriuit en sa faueur au Pape pour obtenir son absolution. La Reyne Blanche mémes l'en remercia par ses lettres, & par diuers presens qu'elle luy fit, & reconnut l'obligation que la France luy auoit en cette occasion, luy témoignant que toute l'armée Françoise luy estoit redeuable de sa conseruation. L'Histoire des Archeuesques de Breme en l'an 1249. a fait mention de ce secours que nos troupes tirerent de Frederic: *Rex Franciæ cum pluribus sui Regni Militibus Terram Sanctam adiens, circa octauam Pentecostes obtinuit Damiatam, quem Fredericus Imperator multis dicitur obsequiis adjuuisse.* Il y a deux lettres de cét Empereur au Trésor des Chartes du Roy, qui font voir l'estime qu'il faisoit de S. Louys, l'ayant choisi pour arbitre du different, qui estoit entre le Pape & luy, pour estre décidé souuerainement auec ses Pairs: lesquelles font mention de ce secours de viures pour le voyage d'outremer. Ces lettres sont trop à l'honneur de nos Rois & de la France, pour ne les pas inserer en cét endroit.

FREDERICVS *D. G. Romanorum Imperator semper Augustus, Ierusalem & Siciliæ Rex, Vniuersis præsentes literas inspecturis per Regnum Franciæ constitutis, dilectis sibi, Salutem & omne bonum.* CVM *per aliquos retroactos Romanæ Sedis antistites, & præsentem, Nos & alios Reges, Principes orbis, & Nobiles, Regna, Principatus, honores quoslibet & jurisdictiones habentes, grauatos meritò censeamus, ex eo quòd ipsi contra Deum & justitiam posse, sibi jurisdictionem & auctoritatem vsurpant instituendi & destituendi, seu remouendi ab Imperio, Regnis, Principatibus, & honoribus suis, Imperatores, Reges & Principes, seu quoscumque magnates, temporalem auctoritatem in eos temporaliter exercendo: absoluendo etiam à sacramentis, quibus dominis suis vasalli tenentur, contra dominos excommunicationis tantummodo sententia permulgata. Quódque quæstione, siue dissensione inter dominos & vasallos, seu inter duos nobiles & vicinos inuicem contendentes, prout assolet, emergente, prædicti Summi Pontifices ad petitionem vnius partis tantummodo partes suas interponunt, volendo ipsos inuitos in se compromittere, vel aliter ad concordiam coërcere, & alligando se fidelibus contra dominos, aut vni de partibus supradictis, quòd non priùs pacem cum aliis faciant, quàm alligatos sibi ponant in pace: recipiendo similiter promissionem de non faciendo pacem cum dominis à vasallis. Item ex eo quòd prædicti Summi Pontifices in præjudicium jurisdictionis & honoris Regum & Principum prædictorum, ad petitionem Clericorum, seu laicorum, cognitiones causarum de rebus temporalibus, possessionibus feodalibus seu Burgesaticis in Ecclesiastico foro tractandas recipiunt & committunt. Ecce quòd nos ad prædictam injuriam documentis euidentibus ostendendam, & ipsam à nobis, & eis, rationabiliter remouendam, Magistrum* PETRVM DE VINEA *magnæ Curiæ nostræ Iudicem, & G. de Ocra Clericum, dilectos & fideles nostros ad Ludouicum illustrem Regem Francorum Karissimum amicum nostrum prouidimus destinandos: affectuosè rogantes, ac ob tuitionem & conseruationem jurium nostrorum & Imperii, Regum aliorum & Principum, seu quorumcumque Nobilium efficaciter requirentes, eumdem vt congregatis coram se* LAICIS PARIBVS *Regni sui, aliisque Nobilibus tanto negotio opportunis, per se cum eis super omnibus prædictis & singulis audiat jura nostra. Cæterum si ipsa prædicta non duxerit assumenda, cùm nos, qui auctore Domino Romani Imperii, Regnorum Ierusalem & Siciliæ moderamur habenas, tam informem vsurpationem diebus nostris tolerare nolimus, Regem eumdem justa precum intercessione rogamus, quatenus nobis causam nostram, suam, & aliorum Principum, viriliter prosequentibus, se contrarium non opponat: nec de suo Regno aliquos laicos, seu Clericos temporaliter nobis opponi permittat: nullúmque præsenti Summo Pontifici, seu successoribus suis contra nos, discrimine præsenti durante, in Regno, vel de Regno suo præsidium, seu receptaculum tribuat, aut tribui patiatur. Porrò si forsitan Rex prædictus cum* PARIBVS, *& Nobilibus Regni sui, prout tantum Regem, & Regnum condecet, partes suas interponendas viderit in prædictis, Summúmque Pontificem, siue per justitiæ debitum, vel modo quolibet ad istud induxerit, vt velit prædicta grauamina nobis & aliis Christianis Primatibus inrogata, & id specialiter, quod contra nos nuper in Lugdunensi Concilio statuit, quatenus de facto processit, cùm prorsus de jure non valeat, renouare. Nos ob honorem & reuerentiam Dei & Redemptoris nostri, necnon ob amorem, quem ad Regem & Regnum Franciæ præ cæteris singularem habemus, causam quæ inter nos, & summum Pontificem vertitur supradictum, quatenus contingit eumdem, in manibus ponimus Regis ejusdem, parati omnia quæcumque per*
*nos*

## SVR L'HISTOIRE DE S. LOVYS.

*nos idem Rex de consilio* PARIVM, *Nobiliúmque suorum, visis & diligenter auditis nostris iuribus, Ecclesiæ viderit emendanda corrigere, & in statum debitum integrè reformare. Ac deinde pace per hoc inter Nos & Ecclesiam procedente, & reliquiis Longobardorum prout tenentur & debent, vel ad mandatum nostrum, & Imperii redeuntibus, vel prorsus ab Ecclesiæ defensione seclusis, promptos nos offerimus & paratos, vel prædicto Rege ad defensionem Christianitatis, & statum pacificum conseruandum in cismarinis partibus remanente, vel vnà cum eo, si hoc melius viderit eligendum, ad transmarinas partes per Nos, aut Conradum Karissimum filium nostrum Romanorum in Regem electum, & Regni Ierosolymitani hæredem omine prospero transfretare. Ad hoc nos obligantes specialiter & expressim, quòd vel cum Rege Franciæ, siue sine eo terram totam Ierosolymitanam, & quidquid vnquam à diebus antiquis Regno Ierosolymitano pertinuit, ad proprietatem & ditionem Regni ipsius, & Christianitatis cultum, nostris Imperii, & Regnorum nostrorum viribus, laboribus, & sumptibus, curabimus reuocare. Nihilominus tamen, si forte, quod absit, discrimen præsentis discordiæ inter Nos, Ecclesiam, & Lombardos durare contigerit, prædicto Regi, ac omnibus Cruce signatis cum eo, quatenus præsentium negotiorum & temporum qualitas patitur & tempestas, præsidia nostra terra marique cum in nauibus, quàm victualibus promptis affectibus offerimus per præsentes. Supérque omnibus & singulis supradictis quæ præsentium series continet; litterarum auctoritatem, & & mandatum plenum prædictis Magistro Petro de Vinea, & G. de Ocra duximus conferendum : Ratum habentes & firmum quidquid per eosdem in iis pro parte nostri culminis extiterit ordinatum.* DATVM Cremonæ XXII. Septemb. quartæ indictionis. 1246. Seellé d'vne bulle d'or pendante en las de soie d'amarante, ayant d'vne part l'Empereur assis tenant vne Croix Patriarchale d'vn costé, & le globe croisé de l'autre, & l'inscription ordinaire, FRIDERIC9 GRA ROMANORV. IMPATOR ET SEP. AVGVST9. REX SICILIÆ. & de l'autre part la ville de Rome, auec l'inscription ordinaire, ROMA CAPVT MVNDI REGIT ORBIS FRENA ROTVNDI.

FREDERICVS *D. G. Romanorum Imperator semper Aug. Hierusalem & Siciliæ Rex, Iustitiariis, Magistris Camerariis, Magistris Procuratoribus, & vniuersis per Regnum Siciliæ constitutis fidelibus suis, gratiam & bonam voluntatem.* CVM *Ludouicus illustris Rex Francorum dilectus amicus noster, quem sinceri amoris integritate complectimur, ad illius honorem qui Regibus dat salutem, pro Terræ Sanctæ subsidio, signo mirificæ Crucis assumpto, disponat ad partes vltramarinas in festo B. Ioan. proximè futuræ* VI. *indictionis laudabiliter transfretare : volentes eidem fœlicem vtinam transitum, & suorum Regni nostri fertilitate fulciri, fidelitati vestræ præcipiendo mandamus, quatenus cùm in nostrum & Conradi Romanorum in Regem electi, & Regni Hierosolymitani hæredis, carissimi filii nostri, quasi agere videamus, equos, arma, victualia, & necessaria quælibet, tam pro Rege prædicto, quàm pro iis qui de suo sunt hospitio, vel familia, per Regnum nostrum emi sine molestia ad commune pretium, quo ipsi emptionis tempore generaliter distrahetur in Regno, & à Kalendis proximò futuri mensis Martii prædictæ* VI. *indictionis inantea vsque per totum tempus quo prædictus Rex in vltramarinis partibus pro Christi seruitio moram trahet, emi & extrahi de Regno liberè, ac illuc deferri, tam per terram, quàm aquam, pro eodem negotio sine ..... & impedimento quolibet permittatis. Dat. Luteciæ anno Dominicæ Incarn.* MCCXLVI. *mense Nouembri* V. *indict.* Seellé en las de soye rouge de la petite bulle d'or de l'Emp. Frederic, ayant d'vn costé sa figure assise auec l'inscription ordinaire, FRIDERIC. DI. GRA ROMAN. IMPERATOR SEP AVGVST9 REX SICILIE ET IERLEM. & de l'autre la topographie de Naples & de Sicile auec l'inscription. † REGNVM SICIL. DVCAT9 APVLIE 7. PRINCIPAT. CAPVE. V. *Math.* Westmonast. p. 341. 342.

TANDIS QVE LE ROY SEIOVRNOIT] Guillaume Guiart, Mathieu Paris, Nangis & Vincent de Beauuais l. 32. ch. 89. l'Euesque de Tuscule au Pape Innocent IV. To. 7. Spicileg. p. 214. 224. remarquent que plusieurs grands

Partie II. H

## OBSERVATIONS

Barons moururent durant ce sejour du Roy en Cypre.

LE GRAND ROY DE TARTARIE] Ce Roy n'estoit pas le grand Cham de Tartarie, mais vn Roy, ou grand Prince de ses sujets, dont le nom estoit *Ercatay*, ainsi que nous apprenons de G. de Nangis, & de la lettre même de ce Prince, qui se voit dans Vincent de Beauuais l. 32. ch. 90. 91. & 93. & aux Additions sur Mathieu Paris p. 116. Il est nommé *Erchalchai*, dans l'épître de l'Euesque de Tusculc *To. 7. Spicileg. p. 216.*

ET ENVOIA SES GENS] Voyez le même Vincent de Beauuais l. 32. chap. 94.

*Pag.* 26. DV SOVLDAN DE CONIE] Ce Sultan d'*Iconium*, ville de la Cilicie, ou Caramanie, que les Turcs d'aujourd'huy nomment *Coni*, suiuant *Leunclauius in Pand. Turc.* n. 12. 77. 180. s'appelloit *Azatines*, & fut Chrétien, comme Nicephore Gregoras l. 4. & Phranzes l. 1. ch. 24. assûrent. On voit vne lettre de luy écrite au Pape Gregoire IX. qui le vouloit persuader d'embrasser la Religion Chrétienne, dans les Annales Ecclesiastiques d'*Odoricus Raynaldus* en l'an 1235. n. 37. où il est nommé *Alatinus*. Il y prend ces titres, *Magnus Soldanus Iconii, & potestas omnium terrarum per Orientem & Septentrionalem plagam existentium, & magnæ Cappadociæ.* Vincent de Beauuais l. 31. ch. 143. & 144. raconte fort au long la puissance de ce Prince, & la richesse de ses trésors. Quant au terme de *Sultan*, qui se rencontre souuent dans cette Histoire, il y a lieu d'en composer vne Dissertation entiere, qui sera la XVI.

FIT FONDRE VNE PARTIE DE SON OR] Vincent de Beauuais l. 31. ch. 144. *Est autem in ejus regno fortissimum castrum, quod Candelaria dicitur, vbi est Thesaurus ipsius, & dicitur quòd ibi sunt 16. pithariæ plenæ auro depurato, in ipsis liquato, exceptis lapidibus pretiosis, & pecuniâ multâ nimis.*

PAYENNIE] *Paganismus*, terres des Payens, comme *Christianismus*, terres des Chrétiens dans les Auteurs Latins du moyen temps. Le Roman de Garin le Loheran M S.

*De paiennie amenrons paiens tant.*

L'*Ordene de Cheualerie* M S.

*Dont a Huë le congié pris,*
*C'aler s'en veut en paiennie.*

La Chronique M S. de Bertrand du Guesclin:

*Se vn tel estoit Roy au païs de Surie,*
*Et de Ierusalem, de Thebes, & d'Angourie.*
*Dessous luy soûmettroit toute paiennie.*

Ie parleray du mot de *Paganismus* en mon Glossaire Latin.

SES SALES ET MAISONS] Voyez la Dissertation XVII.

CELVY ROY D'ARMENIE] Vincent de Beauuais l. 31. ch. 43. & 44. & Sanudo l. 3. part. 13. chap. 6. racontent pareillement, comme Haiton Roy d'Armenie recherca l'alliance du Tartare, pour se mettre à couuert des continuelles courses des Turcs.

*Pag.* 27. DV SOVLDAN DE BABYLONE] Il s'appelloit, suiuant la Chronique Arabe, donnée au public par *Abraham Echellensis, Saleh Nagem-addim Aiiub*, & estoit fils du Roy *Alcamel Mahomet*, que Vincent de Beauuais l. 32. chap. 100. & 101. nomme *Soldanus Kiemel*, & que j'estime estre le *Chemel*, dont Guillaume de Tyr fait mention au l. 9. chap. 21. & le *Melec Equemel* de Sanudo l. 3. part. 11. chap. 12. Dans vne épître que ce Sultan écriuit au Pape Innocent IV. qui se voit dans les Annales d'*Odoricus Raynaldus* en l'an 1246. n. 52. il se donne ces noms, *Saleh Belfet Aiob Soldani Regis Hadel Robere filii Aiob.* son nom & ses dignitez se voient encore dans Mathieu Paris p. 477.

LE SOVLDAN DE HAMAVLT] Il faut lire *Haman*. Ce Sultan estoit Seigneur d'Halape, ainsi que nous apprenons du Moine Ayton chap. 38. & 39. & de Vincent de Beauuais l. 32. chap. 89. & 95. où il raconte ce different entre les deux Sultans, comme aussi le Legat en l'épître à Innocent IV. tom. 7.

# SVR L'HISTOIRE DE S. LOVYS.

*Spicileg.* p. 223. Il poſſedoit entre autres villes Halape, appellée par les anciens *Chalybon* (car c'eſt ainſi qu'il faut lire dans Foucher de Chartres l. 3. ch. 31. & non *Calypton*, ainſi que porte l'imprimé) *Camela*, & *Haman*: d'où vient qu'il eſt qualifié indifferemment par le Sire de Ioinuille, & les autres Auteurs, Sultan d'Halape & de la Chamelle. Son nom eſtoit *Melec Nazer*, ſelon Aython ch. 29. Quant à la ville de *Haman*, il en eſt parlé ſouuent dans les Ecriuains des guerres ſaintes, *Gauter. de bellis Antioch.* p. 444. Guill. de Tyr l. 5. chap. 1. l. 7. ch. 12. l. 21. chap. 6. 8. Iacques de Vitry l. 1. chap. 92. Vincent de Beauuais l. 31. chap. 144. Sanudo l. 3. part. 6. ch. 22. part. 9. chap. 3. part. 11. ch. 15. part. 13. ch. 7. 8. Aython ch. 15. 36. & 59. I'ay touché quelque choſe de la Chamele en mon Traité hiſtorique du chef de S. Iean Baptiſte.

ESCHECS] Ce jeu a eſté de tout temps fort en vſage parmi le Turcs, & les Sarazins, comme nous apprenons d'Elmacin l. 2. chap. 7. d'Aython chap. 33. & de *Ducas* en ſon Hiſt. chap. 16. mémes il a pris ſon nom d'vn mot Turc, ou Arabe, *Scach*, qui ſignifie Roy, a cauſe de la principale piéce des Eſchecs, qui eſt le Roy, comme il eſt remarqué dans le Pandecte de *Leunclauius* n. 1. 102. 179. Les Grecs du moyen temps, & ceux d'apréſent, le nomment Ζατρίκιον, ainſi que Saumaiſe ſur Pline, & *Meurſius* en ſon Gloſſaire ont obſerué. Anne Comnene au liure 22. de ſon Alexiade, où elle ſe ſert de ce mot, écrit qu'il fut inuenté par les Aſſyriens. Voyez la Chronique de Haynaut de Iacques de Guyſe 1. vol. p. 53. 54. & M. Ménage en ſon Gloſſaire François. *Lucanus in Paneg. ad Piſonem*, a décrit élegamment le jeu des Eſchecs, & aprés luy *Hieronymus Vidas*.

LA POINTE DE LYMESSON] Ce promontoire eſt ainſi nommé de la ville de Lymeſſon, qui eſt ſituée en cét endroit-là, appellée auſſi *Lemiſe*, *Limone*, ou *Nemoſie*, & des anciens *Neapolis*. Voyez Eſtienne de Lezignan en ſon Hiſt. de Cypre ch. 7. p. 19. 20. *Pag. 28.*

LE PRINCE DE LA MOREE] Guillaume de Ville-Hardoüin Prince d'Achaie & de la Morée, Senéchal de Romanie. Guillaume Guiart,

> Lors vint pour ce qu'il eus paſſaſt,
> O mainte armeure dorée,
> Cil qui Prince iert de la Morée.

Voyez Nangis en la vie de S. Louys p. 353. Vincent de Beauuais l. 32. chap. 97. *Acropolita* chap. 48. & ce que j'ay remarqué de ce Prince en la Genealogie de cette Maiſon, & dans l'Hiſtoire de l'Empire de Conſtantinople ſous les Empereurs François.

LE DVC DE BOVRGOGNE] Le Duc de Bourgogne auoit ſejourné tout l'hyuer en la Morée, ſuiuant Vincent de Beauuais l. 32. ch. 97. & comme je le préſume, retournoit alors de Conſtantinople, où il s'eſtoit acheminé pour ſatisfaire à la promeſſe qu'il auoit faite à Baudoüin Empereur, dés l'an 1238. de le ſecourir, ainſi que nous apprenons d'Alberic.

A DAMIETTE] Conferez Vincent de Beauuais l. 32. ch. 97.

NACAIRES] Les Italiens diſent *nacara*, & *gnacara*. Philippo Venuto dit que c'eſt vn *ſtromento muſico, col quale i fanciulli cantano il ſan Martino*. Piétro de la Valle dans ſes Voyages ep. 6. écrit que l'on appelle ainſi vne eſpèce de tambour, qui eſt en vſage parmi la Caualerie Alemande, que nous appellons vulgairement *Tymbales*. Iean d'Orronuille en l'Hiſtoire de Louys Duc de Bourbon chap. 76. attribuë pareillement les Nacaires aux Sarazins d'Afrique; *Le Roy de Thunes, le Roy de Trameſſon, & le Roy de Belgie* (Bugie) *vindrent deuant Afrique en leurs conrois, ſelon leur couſtume, à tout leurs naguéres, tabours, cymbales, freteaux, & glaïs*. Et l'Auteur de la vie de Louys VII. chap. 8. les attribuë auſſi aux Turcs: *Tympanis & nacariis & aliis ſimilibus inſtrumentis reſonabant.* où l'imprimé porte mal, *macariis*. L'Edition de Poitiers a auſſi le mot de *macaires* p. 31. Nos François emprunterent enſuite cét inſtrument des Infidéles, & s'en ſeruirent dans leurs guerres. La Chronique de Bertrand du Gueſclin.

*Partie II.*

# OBSERVATIONS

*Naquaires & buiſines y pouuoit on oïr.*

Et Sanudo l. 2. part. 4. ch. 20. 21. *Sint quatuor tubatores, tibicines, tibiatores, & qui ſciant pulſare nacharas, tympana ſeu tamburla.* Vn Rôlle de la Chambre des Comptes de Paris, qui a pour titre, *les perſonnes qui ſunt du meſnage Monſ. de Poitiers: Ce ſont les Meneſtrels de Monſ. de Poitiers. Raoulin de S. Verain Meneſtrel du Cor Sarazinois. Andrieu & Bernart Trompeurs, Pariſet de Nacaires, Bernart de la Tempeſte.* Guillaume Guiart nomme ces inſtrumens *Anacaires*: en l'an 1214.

*Tabours, trompes, & anacaires,*
*En tant de lieu çà & là ſonnent,*
*Que toute la contrée eſtonnent.*

Et plus bas,
*Lors oïſſiés tentir buiſines*
*A grant paine & à labours,*
*Cors, anacaires & tabours.*

Les Grecs recens vſent auſſi du mot d'ἀνάκαρα, d'où ils ont formé celuy d'ἀνακαρίζω, Ioüeurs de Nacaires, dont Nicetas en la vie de Manuel l. 5. en celle d'Iſâc l. 1. & Codin ſe ſeruent. Le Roman MS. de Beliſſaire écrit en langue Grecque vulgaire : παίζουν τρουμπέτες, ὄργανα, τουπάκια, ἀνακαράδες. Le vieux Dictionaire Latin-François donné au public par le P. Labe en ſes Etymologies Françoiſes, traduit le mot de *Tinctitare*, par *joüer des naquaires*: ou *Tinctitare* eſt noſtre *tinter*. ailleurs, *Tarantarizare: tromper, au naguairer*, c'eſt joüer de nagaires.

IEAN DE BELMONT] Ce Seigneur eſt qualifié Chambellan du Roy en vn titre de l'an 1235. & eſt celuy que le Roy S. Louys enuoya contre les Albigeois en l'an 1239. ſelon G. de Nangis. L'edition de Poitiers le nomme mal *de Briemont*.

AIRART DE BRIENNE] Cét Airard eſtoit fils d'Airard de Brienne Seigneur de Rameru & de Philippes de Champagne, deſquels il a eſté parlé cy-deuant. Voyez le Lignage d'outremer, & la Genealogie de cette Maiſon, en l'Hiſt. Geneal. de France de Meſſieurs de Sainte-Marthe l. 10. chap. 16. de la 3. édition.

MADAME DE BARVTH] Eſchiue de Montbeliard, fille de Gautier de Montbeliard & de Bourgogne de Cypre. Voyez Sanudo l. 3. part. 11. chap. 16. & le Lignage d'outremer, attendant que j'en parle plus amplement dans mes Familles d'Orient.

ET SE NOYA] Aprés ces mots, l'Edition de Poitiers ajoûte ceux-cy, *Et vous veus compter vne merueille, qui aduint en ma petite barque. I'auois prins auec moy deux vaillans Bacheliers, dont l'vn ſe nommoit Villains de Verzy, & l'autre Guillaume de Dammartin, leſquels auoient tant de haine l'vn à l'autre, qu'impoſſible ſeroit de plus, enſorte qu'ils s'eſtoient déja battus par pluſieurs fois, & n'auoit-on pû par aucuns moyens les accorder. Mais quant ſe vint que ma barque vouloit partir pour aller à terre, ſoudainement ces deux Bacheliers, ſans auoir autres paroles, ſe vindrent embraſſer l'vn l'autre, par grand amour en pleurant & demandant pardon chaſcun de ſon offence: qui eſt pour monſtrer, que le danger de la mort chaſſe toute inimitié & rancune.*

Pag. 29. A L'ENSEIGNE S. DENYS] C'eſt à dire au vaiſſeau qui portoit l'enſeigne S. Denys. Plus bas, *arriua la galée de l'enſeigne de S. Denys*, & incontinent aprés, *quant le bon Roy S. Loys ſceut que l'enſeigne S. Denys fut arriuée à terre*. Vincent de Beauuais l. 32. ch. 97. *Præcedente quoque in aliis vaſellis juxta ipſos B. Dionyſii Martyris vexillo*. Cette enſeigne de S. Denys n'eſt autre choſe que l'Oriflamme, qui fournira la matiere de la XVIII. Diſſertation.

LE COMTE DE IAPHE] Ce Comte eſtoit celuy qui auoit ſuccédé au Comte Gautier de Brienne, qui fut fait priſonnier par le Sultan de Perſe vers l'an 1244. Il ſe nommoit Iean d'Ibelin, & eſtoit Seigneur de Baruth; du

## SVR L'HISTOIRE DE S. LOVYS.

chef de Balian d'Ibelin son pere. Sa mere se nommoit Eschiué de Montbeliard, à raison de laquelle alliance Iean d'Ibelin estoit cousin remué de germain de Richard Comte de Montbeliard, fils de Pierre. Et je crois que c'est ainsi qu'il faut entendre le Sire de Ioinuille, lorsqu'il dit que le Comte de Iaphe estoit cousin germain du Comte de Montbeliard. Sanudo liu. 3. part. 11. ch. 5. & 8. luy donne ce titre de Comte de Iaphe en l'an 1257. & rapporte son decés à l'an 1266. Le liure des Assises du Royaume de Hierusalem dit que ce fut luy qui redigea par écrit les loix & les statuts de ce Royaume. Le Lignage d'Outremer luy donne encore la qualité de Seigneur de Baruth. Quant à ce que le Sire de Ioinuille dit, que le Comte de Iaphe estoit du lignage de Ioinuille, cela se doit entendre par alliances de femmes : car les armes qu'il luy donne, font assez voir qu'il n'estoit pas de la famille de Ioinuille.

TABOVRS] Il est parlé du *Cor Sarazinois*, en l'extrait du Rôlle de la Chambre des Comptes de Paris, que j'ay rapporté cy-dessus. La Chronique MS. de Bertrand du Guesclin en fait aussi mention: *Pag. 36.*

*Trompes & chalemelles, & cors Sarazinois.*

I'ay pareillement traité amplement des *Nacaires*, il ne reste plus que de dire quelque chose des *Tambours*, dont nous auons pareillement emprunté l'vsage des Sarazins. Le Sire de Ioinuille nous fait voir qu'on les appelloit de son temps *tabours* : ce qui est confirmé par le Roman de Gerin,

*Les tabours sonnent por les cheuaux lesdir.*

Et par Guillaume Guiart en l'an 1202.

*Ne menà trompes ne tabours.*

Iacques Millet en la Destruction de Troie :

*Faites ces trompettes sonner,*
*Tabours, menestriers, & clarons.*

Sanudo l. 2. part. 4. ch. 21. se sert du mot de *Tamburtum*. Les Espagnols les nomment *Altambors*. Bonauentura Pistofilo 1. part. *della Oplomachia* estime que ces mots ont esté formez du Grec Τώμβ☉, ces instrumens ayant esté inuentez pour donner de l'étonnement, & jetter l'effroy. Mais il est constant que ce terme, aussi bien que l'vsage des tambours, a pris son origine des Sarazins & des Arabes. *Lucas Tudensis* parlant de la mort d'Almanzor chef des Sarazins en Espagne ; *die quà in Canatanazor succubuit, quidam quasi piscator, quasi plangens, modò Chaldaico sermone, modò Hispanico clamabat, dicens, en Canatanazor perdió Almanzor el tambor, id est in Canatanazor perdidit Almanzor tympanum, siue sistrum, hòc est letitiam suam.* Roderic Archeuesque de Tolede en l'Histoire des Arabes ch. 37. attribuë pareillement les tambours aux Sarazins : *& continuò atamoribus* (leg. Altamoribus) *propulsatis, ciuium multitudinem connocauit.* Comme aussi Ioannes Cameniata, lorsqu'il décrit la prise de la ville de Thessalonique par les Sarazins d'Afrique l'an 904. οἱ δὴ τὸ τεῖχος λεηθέντι τόποις ταῖς ναυσὶ διασπαρέντες, βοῇ τε χρησάμενοι βαρβαρικῇ καὶ τραχείᾳ, ἐώρμησαν τῷ τείχει, ταῖς κώπαις ἐλαύνοντες, καὶ τοῖς ἐκ τῶν βυρσέων κατασκευασμένοις τυμπάνοις. Où ces *tympana ex corio facta* ne sont autres que les Tambours, que l'Empereur Leon en ses Tactiques ch. 18. §. 113. & 142. attribuë pareillement aux Turcs. A quoy l'on peut rapporter la description de cét instrument que fait saint Isidore lib. 2. *Orig. c. 21. Tympanum est pellis, vel corium ligno ex vna parte extensum.* Ce qui se peut aussi adapter aux *Tymbales*, qui est vne espece de vase de cuiure arrondi, & couuert par le haut d'vne peau fort étenduë, où nos tambours sont compósez d'vn grand cercle de bois, fermé des deux côtez de peaux étenduës.

DV LEGAT] Odon Euesque de Tuscule, qui a écrit vne relation d'vne partie de ce voyage, qui se lit au tom. 7. du Spicileg. du R. P. D. Luc d'Achery p. 213. Voyez Vincent de Beauuais l. 32. ch. 79. 91. & Odoric. Raynald. A. 1248. n. 29.

SON GLAIVE OV POING] Glaiue en cét endroit signifie *Lance*. Froissart fart 1. vol. ch. 12. & ailleurs souuent, la Chronique de Flandres p. 55. 99. &c.

LEVR SOVDAN FVT MORT] La Chronique Orientale dit que le Sultan de Babylone n'estoit pas encore decedé, lorsque S. Louys prit Damiette, mais qu'il mourut seulement le jour que le Roy en partit, pour aller camper deuant Massoure, qui fut le 25. jour de Nouembre. Ce qui se rapporte à ce que le Roy dit luy-méme en l'Epître qu'il a écrite de sa prise : *Intelleximus autem in ipso itinere Soldanum Babyloniæ de nouo vitam miseram finiuisse*, &c. Vincent de Beauuais dit la méme chose au l. 32. ch. 98.

Pag. 51.

LA SOVLDE] Suiuant le Sire de Ioinuille, *la soude* estoit vne suite de boutiques de marchans. Mais il y a erreur, & faut restituer *la founda*, ainsi qu'il est imprimé dans l'Edition de Bourdeaux. Le Traité fait entre Guermond Patriarche, & les Barons de Hierusalem d'vne part, & Dominico Michiel Doge de Venise, d'autre, au sujet de l'entreprise du siége de la ville de Tyr l'an 1123. rapporté en l'Histoire de Guillaume Archeuesque de Tyr l. 12. ch. 25. *Ipse Rex Hierusalem & nos omnes Duci Venetorum de fundâ Tyri ex parte Regis festo Apostolorum Petri & Pauli trecentos in vnoquoque anno Byzantios Saracenatos ex debiti conditione persoluere debemus*. Où le mot *de funda Tyri*, n'est autre chose que le reuenu qui se tiroit du commerce, & de la bourse commune des marchands. Car *Funda* signifie vne bourse dans *Macrobius l. 2. Saturnal. c. 4.* dans S. Bonauenture en la vie de S. François ch. 7. & quelques Auteurs Grecs citez par *Meursius* en son Glossaire v. Φοῦνδα : d'où peut-estre il est arriué qu'en quelques villes d'Alemagne, du Pays-bas, & d'Angleterre, les lieux publics destinez pour le commerce & pour l'assemblée des marchands & des marchandises ont retenu le nom de *Bourses*: acause que là estoit la bourse commune des Compagnies des Marchans, qui est l'etymologie que Iean Bap. Grammay, aprés quelques autres, donne à ces lieux, en la description d'Anuers ch. 12.

NOVS LIVRA DAMIETE] La Chronique Orientale dit que ce fut aprés deux jours de siége. Vincent de Beauuais l. 32. ch. 99. ajoûte que ce fut aprés la feste de la Sainte Trinité. Guillaume de Tyr l. 20. ch. 16. a ainsi décrit la ville de Damiete: *Est autem Damieta inter Ægypti metropoles, antiqua & nobilis plurimùm, secus ripam Nili sita, vbi secundo ostio prædictus fluuius mare ingreditur, inter fluminis alueum & mare, situ valde commodo posita, à mari tamen quasi milliario distans*. Cinnamus p. 304. la nomme Ταμιάτι.

LE ROY IEAN] Il est amplement traité de cette premiere prise de Damiete par Iean de Brienne Roy de Hierusalem au mois de Nouembre 1219. par Iacques de Vitry l. 3. p. 1140. & dans l'Epître qu'il a écrite sur ce sujet p. 1146. *In Gest. Dei per Francos*, *Oliuerius Scholasticus* au méme volume, la Chronique Orientale p. 102. Vincent de Beauuais l. 31. ch. 87. 88. Sanudo l. 2. part. 2. ch. 9. l. 3. part. 11. ch. 7. 8. & autres Historiens.

VN PATRIARCHE QVI LA ESTOIT] C'estoit le Patriarche de Hierusalem, duquel il est fait encore mention cy-aprés, qui au recit du Sire de Ioinuille estoit âgé de quatre-vingts ans au temps de ce voyage. Il s'appelloit Guy, & estoit originaire de la Poüille. Il estoit Euesque de Nantes en Bretagne, lors que le Pape Gregoire IX. le promut à cette dignité, aprés le decés du Patriarche Girold. Alberic en l'an 1236. *Guido Apuliæ vnus Episcopus ab Imperatore quondam pulsus, factus est à Papa Nannetensis Episcopus*. Et en l'an 1241. *Guido Nannetensis in Britannia fuit Patriarcha Hierosolymitanus*. Le MS. porte mal en cét endroit *Constantinopolitanus*. L'Epître du Pape Gregoire IX. qui fait mention de sa promotion à cette dignité, se lit dans les Annales d'*Odoricus Raynaldus* A. 1240. n. 47.

IEAN DE VALERY] Iean Sire de Valery en Champagne, fils d'Huon Sire de Valory & d'Ode, paroît au Cartulaire de Champagne en vn titre de l'an 1218. Dans vn autre de l'an 1230. il est qualifié frere de Hugues de Valory Cheualier. Il est encore parlé de luy dans les années 1240. & 1261. en l'Histoire de la Maison de Châ-

# SVR L'HISTOIRE DE S. LOVYS. 63

tillon l. 3. ch. 6. l. 11. ch. 8. l. 12. ch. 17. & en vn titre de l'an 1266. au même Cartulaire. Il époufa Clemence Dame de Fonuens, pour lors veuue de Guillaume de Vergy Sire de Mirebeau, fuiuant A. Du Chefne en l'Hift. de la Maifon de Vergy l. 4. ch. 1. Vn titre de l'an 1264. au Cartulaire de Cluny, qui eft en la Bibliotheque de M. de Thou, le fait pere d'Erard de Valory Chambrier de France, & Connétable de Champagne, lequel au retour de la Terre Sainte eftant arriué au Royaume de Naples, fe joignit aux troupes de Charles Duc d'Anjou, où il fe comporta auec beaucoup de valeur au rapport de Guill. de Nangis en la vie de S. Louys p. 379. 382. & de Guillaume Guiart, qui parle auantageufement de fes belles qualitez, comme auffi Brunet Latin au l. 13. de fon Tréfor, en ces termes: *Il auoit entour lui tens deus Cheualiers, c'on ne quidoit qu'en tout le monde euft millors, c'eft Monfeigneur Erart de Valori, & Monfeignor Iean Bridant*, &c. Le Sire de Ioinuille parle de cét Erard en la p. 58.

BORDIAVS] Le mot de *Bordel*, pour defigner vn lieu infame, *lupanar*, vient Pag. 32. de ce qu'ordinairement les garces & autres gens de cette farine habitoient les petites maifons, qu'en vieux langage François on nommoit *bordels*, du diminutif de *Borde*, qui fignifie maifon, & probablement a efté emprunté du *bord* des Saxons-Anglois, où ce mot a la même fignification. Vn titre d'Eadgar Roy d'Angleterre *in Monaftic. Anglic. To. 1. p. 37. videlicet 5. manfas, cum 15. carucis terræ, cum 18. feruis, & 16. villanis, & 10. bordis, cum 60. acris prati*, &c. Vn titre de Pons de Montlor de l'an 1219. au Regiftre de Carcaffonne, de la Chambre des Comptes de Paris f. 39. *& ibidem fcilicet in ftratâ fiet borda communis ad leuandum pedagium*. Le Roman de Garin:

*N'i a mefon, ne borde, ne mefnil*

Voyez le Gloffaire de Spelman. Du mot de *Borde* eft venu le mot de *Bordel*, pour marquer vne petite maifon: Le même Roman,

*N'i ot bordel, qui tant parfu petis,*
*Mien efcient Cheualier n'i gefift.*

Et la Chronique de Bertrand du Guefclin:

*Et bonne ville auffi garnie bien & bel,*
*C'on nommoit S. Maiffens, dehors ot maint bordel.*

Guillaume de Iumieges l. 7. ch. 14. *Domunculam circumdedit cum familiâ: Sorengus verò expergefactus de bordello exiit, & fugiens in vinarium exire voluit*. Et enfin le *Monafticum Angl. To. 2. p. 206. & ortum ante portam atrii cum bordello*. Voyez la Coûtume de Sole tit. 12. art. 2. Il y en a mêmes qui estiment que le terme de *Bort* chez les Gafcons, qui s'en font feruis autrefois pour defigner vn bâtard, a tiré fon origine de celuy de Bordel, comme nez *incerto patre*, & dans ces lieux publics. Voicy vn titre entre autres qui juftifie l'vfage de ce mot, & m'a efté communiqué par M. d'Herouüal. *De par le Roy. Noftre Chancelier, nos gens de nos Comptes & noftre Audiencier. Nous auons quité de grace efpeciale au Bort de Rabaftens tout noftre droit tant de Finances, que de Chancelerie, & du feel de deux Cartes en cire verte, l'vne de legitimation, & l'autre de nobilitation*, &c. *Donné à l'opital de Corbeil le 20. jour de Feurier l'an 1351.*

SEANS SVR FORMES] C'eft à dire, montez fur leurs cheuaux de bataille.

GEOFFROY DE SARGINES] Il eft appellé *Gaufridus de Sarcinis* en vne épître du Pape Vrbain IV. au To. 5. des Hift. de France p. 870. laquelle nous apprend qu'il demeura encore en la Terre Sainte depuis le depart de S. Louys: ce qui eft confirmé par l'Auteur des Affifes de Hierufalem Part. 2. ch. 20. Vn titre qui eft au Tréfor des Chartes du Roy expedié à Acre l'an 1277. & vn autre qui eft au Cartulaire de Champagne de la Bibliotheque du Roy, fol. 78. le qualifient Senéchal de ce Royaume, & parce que ce dernier contient quelques remarques fingulieres pour nôtre Hiftoire, je crois qu'il ne fera pas hors de propos de l'inferer en cét endroit.

# OBSERVATIONS

A TRES-HAVT, tres-puissant Seignor a me Sire THIEBAVT par la grace de Dieu tres-noble Roy de Nauarre & Comte Palazin de Champaigne & de Brie, GVILLAVME par cele meime grace, Patriarche de Iherusalem & Legat de l'Apostoil, sage frere THOMAS BERART Maistre de la poure Cheualerie du Temple, frere HVGVE REVEL Gardeor des Poures de Crist, frere ANRE Meistre de l'ospital des Alemans, IEOFROY DE SERGINES Senechan do Reaume de Iherusalem, salus & accroissemens d'annor an cest siegle, & en la fin la vie perdurable. Sire, il n'est mie mestiers que nos le poure estat & la misere de la Cretianté ou Reaume de Iherusalem ne comant le Soudan ennemis & aduersaires de la foy Chrestienne se painent en quenque il puet jor & nuit de la Crestianté abaissier, & meiment coment en cest mois de May il a gasté les gens & les jardins, & les menors par tout lou plain d'Acre, & coment il s'est retrais ariere aus parties du Saphet, faciens assauoir à vostre Hautere con se soit chose que nos scons certains que il vos a esté fait assauoir par plusors autres, & que vos par les porteors de ces lestres, se il vos plaist, & en puissiez sauoir la pure verité si com par ces qui ou fait ont esté, & l'ont veu & sau, mais sachiez, Sire, que li noble home mon Sire HVGVE COMTE DE BRIENNE, vostre home & vostre seal, si tost con il antandi & oi les decez de son ainé frere IEAN DE BRENE, dont Diex ait l'arme, il fut alez à vos, & fist tout son ator d'aler i por faire enuers vos ce que il doit, se il n'aust esté essoignez de mout de manieres d'essoignes, premierement de maladies, desques il a mout esté tourmantez, si come à nostre Seignor a pleu, aprés por les decez de sa ante, pourquoi il a conueu à quereler auec son cousin me Sire HVGVES DE LESINHAN Bailly de Iherusalem & de Chipre par achoison dou Bailliage ouquel il antandoit auoir raison. Aprés por lo besoin qui a esté ja sont trois ans passé ou Reaume de Iherusalem, ouquel il a esté ô tout son pooir toutes les fois que li bezoins a esté, & mis lo sien à son honor, & au profit de la Crétianté. Et sachiez, Sire, que an cest Auril qui est passez prochienemant il auoit an Chipre, tout atourné son passage por aler à vos. Sor ce il antandi la vennë do Soudan en la Terre de Surie, porquoi il come cil qui est estrais de tex gens, qui onques ne doterent lor sanc à espandre por la deffansion de la Terre ô li fils de Dieu deingna lo sien propre sanc espandre, por tous pecheors des poines d'Enfer racheter, toutes choses arrieres mises son viage ou tout quanque il pot torna vers Acre, & a anqui esté tant come li bessoins aprochains esté sor lo Soudan retrait aus parties dou Saphet par lo conseil & la volanté de nos & de tos les autres prodomes de la terre communemant, il s'est mis ou viage d'aler à vos, por ce que il dotent que vostre Seignorie n'eust por mal ce que il n'estoit plustost à vos alez por recoiure son heritage que il a, & doit auoir en vostre Seignorie, dou quel nos vos prions si humlement, come nos poons, port Dieu, & por misericorde que vos, se il vos plaist, li doiez estre benignes & fauorables en ces besoingnes, & que vos de ces besoingnes le doiez deliurer prochienemant por quoi il puisse prochienemant retorner ou seruice nostre Seignor, de laquelle chose il est mout dessirans, & nos & totes les gens de la Crétianté deçà mer mult desirons, con ce soit chose que sa préfance soit moult ou païs necessaire, & de lui soient tos selonc son pooir aidiez & confortez. Escrites à Atre à XXVII. jors de May.

Ce Seigneur est mal nommé *Galfridus de Seignes* au To. 7. du *Spicileg*. p. 223. En vn Compte des Baillis de France du terme de l'Ascension l'an 1289. il est fait mention de *Pierre de Sargines*, enuoié cette année là par le Roy vers le Roy de Castille, qui est le même qui fut Iuge des Plaits de la Porte en l'an 1285. & qui est nommé entre les Cheualiers du Roy, c'est à dire de son Hostel, dans vn rolle d'vn Compte de l'Hostel de l'an 1287. Il estoit décedé en l'an 1297. & auoit laissé des enfans, comme il se recueille d'vn Compte du Trésor du Roy, où il est aussi parlé d'*Heluis*, fille & heritiere de Geoffroy de Sargines Cheualier, en l'an 1298. au Trésor des Chartes du Roy, *laiette*, *Comptes de Champagne I. tit. 63.* il est fait mention d'Isabeau de Broyes Dame de Sargines, femme de Geoffroy de Sargines Cheualier, pere & mere de Iean & de Geoffroy de Sargines en l'an 1331. I'ay veu l'original d'vn autre titre de Gilles de Sargines Cheualier Chambellan du Roy de l'an 1314. qui a pour armes à son seau *vne fasce*, auec
vne

# SVR L'HISTOIRE DE S. LOVYS.

*vne autre viurée en chef.* Ce Seigneur fut fait Cheualier à la feste que le Roy tint à la Pentecoste à Paris l'an 1313. comme j'apprens d'vn autre Compte du Trésor. Entre les gens d'armes qui firent monstre sous Iean Sire de Trainel au Balliage de Sens l'an 1348. paroissent Geoffroy de Sargines Cheualier, & Droïn de Sargines Escuier. Voyez Fauchet l. 2. des anciens Poëtes François chap. 83.

MAHOM DE MARBY] L'edition de Poitiers porte pareillement cette leçon; mais il faut restituer *Mahieu de Marly*, qui estoit vn Seigneur issu d'vne branche de la famille de Montmorency. Voyez l'Histoire de cette Maison écrite par André Du Chesne l. 11. ch. 5. p. 672.

PHILIPPES DE NANTEVIL] Celuy peut-estre qui se trouua au voyage, & à la conqueste du Royaume de Naples. Guill. Guiart,

 *Auec lui à celle venuë.*
 *Furent de Bauçoy Gui & Huë,*
 *Nanteuil, de Montaigu Guillaume.*

LE MAISTRE DES ARBALESTRIERS] Thiebaud de Montleart eut cette qualité sous S. Louys, auec lequel il est nommé entre les grands Seigneurs du Royaume en vn arrest de l'an 1270. dans Du Tillet.

GAVTIER D'ENTRACHE] Gautier d'Autréche, fils de Guy de Nanteüil Seigneur d'Autréche & Châtellain de Bar. V. l'Hist. de la Maison de Châtillon l. 10. chap. 10. L'Edition de Poitiers porte Antrache.

SON COVVERTOIR DE MENV VAIR] En ce temps-là les couuertures de lits estoient ordinairement faites de peaux de prix, d'où vient que les Auteurs les comprennent parmi les plus riches meubles. Le Roman de Garin :

 *Les palefrois, les muls & les roncins,*
 *Coutes de soie, & couuertoirs hermins,*
 *Tot departi as Cheualiers de pris,*
 *Qu'il n'en retint vaillant vn parisis.*

Au testament de Ieanne Reyne de France & de Nauarre de l'an 1304. *les dras, couuertouërs, coutepointes*, sont nommez entre les meubles de prix : mais particulierement nos Auteurs parlent de ces riches couuertoirs de peaux exquises, au sujet des ceremonies qui se pratiquoient, lors qu'on faisoit des Cheualiers dans les temps de paix. Car aprés qu'ils auoient esté baignez, ils estoient mis dans vn lit de parade, couuert de riches couuertures, où ils estoient visitez de leurs amis. L'Auteur de l'*Ordene de Cheualerie*, aprés auoir dit comme Saladin fut mis au baing par Huës de Tabarie, auant que de luy donner l'Ordre de Cheualerie, il ajoûte qu'*il le mena en son lit tout nouuel, si le couçe ens, & li dit, Sire, chis lit vous donne...... au grant cité de Paradis, que vos deués conquerre par vo chenalerie : & quant il ot jeu, il le leua, & li vesti blanke reube destiée de lin, u de soie.* Le même Roman en vers :

 *Aprés si l'a du baing osté,*
 *Si le coucha en vn bel lit,*
 *Qui estoit fait par grant delit,*
 *Sire, fait-il, che segnefie,*
 *L'on doit par sa Cheualerie*
 *Conquerre lit en Paradis,*
 *Ke Diex otroie à ses amis :*
 *Car chou est li lis de repos,*
 *Qui là ne sera, moût i ert fos.*

La même chose est obseruée dans l'ordonnance, & la maniere de créer & de faire les Cheualiers du baing, selon la coûtume d'Angleterre, rapportée par Edoüard Bisse, Auteur Anglois, en ses Notes sur Nicolas Vpton p. 21. *Ce fait, les Escuiers gouuerneurs prendront l'Escuier hors du baing, & le mettront en son lit, tant qu'il soit seiché, & soit le dit lit simple, sans courtines.* Durant cette ceremonie, ceux que l'on faisoit Cheualiers paroissoient premierement en l'état d'Es-

Partie II.                        I

cuiers, puis de Cheualiers, quand ils en auoient receu l'ordre. Durant le premier, leurs couuertures n'eſtoient pas ſi riches, ni de ſi exquiſes fourrures, qu'au ſecond. Car il n'appartenoit qu'aux Cheualiers d'vſer de couuertures de vair & d'hermines. C'eſt ce que j'apprens du Compte d'Eſtienne de la Fontaine Argentier du Roy de l'an 1351. *Pour cent quatre aunes de noire brunette en pluſieurs pieces, pour faire à chaſcun deſdits nouueaux Cheualiers, couuertoir & demi fourrez de dos d'Eſcuriaux de Calabre à couurir leurs lits pour leurdit eſtat d'Eſcurie, quatrevingts-trois eſcus. Pour deux draps mabrez vermeillez de grant moiſon de Broiſſelles, pour faire à chaſcun deſdits Cheualiers nouueaux couuertoir & demi fourré de menu vair, qu'il orent pour leurdit eſtat de Cheualerie.* Mémes parmi les liurées que nos Rois donnoient aux Princes du Sang, & aux Officiers de leur Hoſtel, eſtoient ces riches couuertures. Vn Rouleau de la Chambre des Comptes de Paris, intitulé, *Pro robis datis Militibus D. Philippi & gentibus Cameræ ſuæ. Pro robis dominorum Ioann. & Petri, & Roberti filiorum Regis pro ſcallatis radiat. & tiretan. Perſiâ & viridi pro coopertorio 88. lib. pro foraturis dictarum robarum, &c. & pro duabus culcitris punctis pro dictis Petro & Ioanne, &c. D. Robertus Atrebat, pro robâ de Samito, robâ de panno aureo foratis de erminis, & 4. pannis ad aur. ad vnum coopertorium foratum de erminis, quod factum fuit pro D. Hemondo, & vnâ culcitrâ punctâ cum fundo panni aurei, quæ fuit facta pro filio Regis Aragoniæ.* Chez les Romains les couuertures de lits eſtoient pareillement de riches étoffes, ainſi que le P. Sirmond a obſerué ſur *Sidonius, l. 1. epiſt. 2.* V. noſtre Auteur p. 64.

LE SOVDAN DONNOIT DE CHASCVNE TESTE ] Les Turcs en vſent encore de la ſorte, comme nos François, qui ſignalérent leur valeur en ces dernieres guerres de l'Empereur contre le Grand Seigneur, ont aſſez veu de leurs propres yeux. Voyez *Gaufrid. Malaterra l. 2. ch. 46.*

CORCENAY ] L'Edition de Poitiers porte *Courcenay*. C'eſt vne famille noble de Champagne aſſez connuë. Cl. Menard n'a pas eu raiſon de mettre à la marge *Courtenay*.

LA GVETTE ] La ſentinelle. La Chron. de Bertrand du Gueſclin,
 *Y auoit vne gaite toute iour à iournée,*
 *Qui ſonnoit vn bacin, quant la pierre eſt leuée.*
Ces vers nous donnent à connoître que celuy qui fait la ſentinelle dans les Beffrois, & qui ſonne le Tocſin des alarmes, eſt de là appellé *Bachinator*, dans quelques Ordonnances du Roy Edoüard touchant la charge de Senéchal de Gaſcogne, *In Reg. Conſtabul. Burdegal. fol. 80. Item ordinatum eſt quòd ſit vnus Bachinator ad ſupervidenda omnia caſtra, & fortalitia Regis in toto Ducatu.* Au Compte de l'Hoſtel du Roy de l'an 1312. *Gueta Luparæ, Gueta Caſtelleti, Gueta Parui Pontis.*

Pag. 34.  LE COMTE DE POITIERS ] Vincent de Beauuais l. 32. chap. 89. & 98. dit qu'Alfonſe Comte de Poitiers demeura en France, auec Blanche mere du Roy, pour gouuerner le Royaume durant ſon abſence; & que vers la feſte de S. Iean 1249. il ſe mit en chemin auec vne puiſſante armée, & s'eſtant embarqué à Aigueſmortes le lendemain de la feſte de S. Barthelemy, il arriua à Damiete le Dimanche deuant la feſte de S. Simon & de S. Iude. Nangis dit la méme choſe.

EN LA MAHOMERIE ] Ainſi à la premiere priſe de Damiete, ce Temple des Infidéles auoit eſté changé par le Legat en vne Egliſe ſous l'inuocation de Nôtre Dame, comme nous apprenons de Iacques de Vitry au l. 3. de ſon Hiſt. où il en donne les dimenſions, en ces termes: *Mahomeria Damiatæ per inuocationem S. Trinitatis immutata eſt in Eccleſiam B. Virginis, in quadrum poſita, tanta ferè eius latitudo quanta longitudo ejus conſideratur: columnis ſuſtentatur marmoreis 150. minùs vnâ, 7. porticus habens, & in medio habens aperturam longam & latam, in quâ pyramis alta ſurſum aſcendit, &c. p. 1143.* Guillaume Guiart en l'an 1248. raconte comme S. Louys, ou plûtoſt le Legat la fit dedier derechef ſous

# SVR L'HISTOIRE DE S. LOVYS. 67

le nom de N. D. Ioignez Vincent de Beauuais l. 32. ch. 98. les Additions à Mathieu Paris p. 109. &c.

A L'ENTREE DES ADVENS] Vincent de Beauuais l. 32. ch. 9. & Guil. *Pag. 55.* de Nangis disent que ce fut le 20. de Nouembre.

ICY CONVIENT PARLER DV FLEVVE ] Plusieurs Auteurs tant anciens que modernes, outre les Geographes, ont parlé amplement du Nil, de ses sources, de ses bouches, & de la vertu de ses eaux : entre autres l'Auteur du traité Grec intitulé, περὶ τῆς Νείλου ἀναπληρώσεως διάφοροι δόξαι, imprimé auec quelques Traitez d'Aristote & de Theophraste par H. Estienne, Theophylacte Simocatta en l'Hist. de l'Emp. Maurice l. 7. ch. 17. Guillaume de Tyr l. 19. c. 22. Sanudo l. 3. part. 14. c. 12. Aithon c. 17. Murtadi fils du Gaphiphe en ses Merueilles d'Egypte, Iean Leon l. 9. Scaliger *ad l. 3. Manil. Quaresmius in elucidat. Terræ Sanct. lib. 8. Peregr. 1. c. 9.* M. de la Chambre, & Isaac *Vossius*, qui en ont fait depuis peu des Traitez particuliers ; & enfin les autres Auteurs qui sont citez par Dauity en sa descript. d'Afrique : Messire Guillaume de Lannoy Seigneur de Villerual Cheualier de la Toison d'or en a aussi touché quelque chose au liure MS. de ses voyages.

LE FLEVVE DE REXI ] Tous les Historiens, qui racontent ce passage, *Pag. 37.* nomment cette riuiere *Thanis*, qui est le nom de la branche du Nil, qui passe à vne place de méme nom, appellée à present *Tanes*, ou *Tenez :* d'où il faut corriger en nostre Auteur *Tanis*, au lieu de *Tunis*. La Chronique Orientale appelle ce fleuue que les François trauerserent alors, *Asmuni*. Guillaume de Tyr l. 22. c. 15. fait mention des eaux du fleuue qu'il nomme *Rasel rasit*. Les Arabes & les Turcs d'aujourd'huy appellent *Rhaschit*, ou *Rasit*, la ville, dite la *Rosette*, d'où cette branche du Nil a pris son nom. On tient que cette riuiere de *Rasit* est la bouche du Nil, que les anciens nomment Canopique, comme celle de *Tenez*, ou *Thanis*, celle qui est appellée Pelusiaque. Voyez outre les Geographes, *Quaresmius l. 8. elucid. T. S. Peregr. 6. cap. 2.*

FIST FAIRE DEVX BAFFRAIS ] Le Beffroy est vne espéce de machine de guerre, en forme de tour, faite de charpenterie, à diuers étages, pour les approches des villes, dans laquelle on mettoit certain nombre de soldats, qui décochoient leurs arbalestes & leurs arcs pardessus les murailles, sur ceux qui défendoient les places. Ces machines rouloient ordinairement sur quatre roües, & afin que le feu Gregeois, ou d'artifice, ne leur pûst nuire, on les couuroit de cuirs de bœuf, ou de cheual boüillis. Froissart au 1. vol. ch. 110. décrit ainsi les Beffrois : *Les Anglois auoient fait charpenter deux beffrois de gros mesrien à trois estages, & estoient ces beffrois au lez de la ville, tous couuers de cuir boullu, pour deffendre du feu & du trait.* Le Roman de Garin :

> La veissiés ces perrieres venir,
> Ces mangoniax & geter, & flatir,
> Et les berfrois as Chastiax assaillir,
> Et ces archers durement aatir.

La Chronique de Bertrand du Guesclin :

> Vn grant beffroy de bois orent fait charpenter,
> Et le firent adonques à Arques apporter,
> Iusque prés des fossés ils le firent traisner,
> Grande plenté de gent y pouuoit bien entrer.

Guillaume le Breton au liure 2. de sa Philippide nomme cette espece de machine, *belfragium*, & la décrit ainsi :

> Cratibus & lignis rudibus belfragia surgunt,
> Turribus alta magis & mœnibus, vnde valerent
> Agmina missilibus, telisque quibuslibet vti,
> Deuexósque hostes facili prosternere jactu.

Et au liure 7.

Partie II.                                           I ij

OBSERVATIONS

*Parte aliâ turres, quibus est belfragia nomen,*
*Roboribus crudis compactæ, atque arbora multâ*
*Intactis dolabrâ ruditer, quibus ascia solos*
*Absciderat ramos, sic educantur, vt vsque*
*Aëra sub medium longo volumine tendant,*
*Vt doleat murus illis depressior esse.*

Guillaume de Malmesbury au l. 4. de son Hist. d'Angleterre nomme cette machine Berfroy : *alterum (machinamentum) fuit pro lignorum penuriâ turris non magna, in modum ædificiorum facta, (berfreid appellant) quod fastigium murorum æquaret.* Comme aussi Simeon de Dunelme en l'an 1123. *Videns autem Rex se non, ac disposuerat, proficere, ligneam turrim, quam* Berfreit *vocant erexit.* Orderic Vital l. 8. l'appelle *Berfredus : Ingentem machinam, quam berfredum vocitant, contra munitionem erexit.* Et au l. 12. *carpentarios berfredum facientes docebat.* Rolandin en sa Chronique l. 1. ch. 8. l. 4. ch. 2. l. 6. ch. 6. l. 12. ch. 6. la nomme *bilfredus,* & Frederic I. Empereur en vne Epître, qui se lit dans Guillaume Heda, en l'an 1190. *verfredus.* Cette sorte de machine est souuent décrite par les Auteurs du moyen temps, qui toutefois en suppriment le nom, comme dans Tudebod l. 5. p. 805. Albert d'Aix l. 6. ch. 11. l. 7. ch. 3. Guibert en son Hist. de Hierus. l. 6. ch. 18. l. 7. ch. 6. Guill. de Tyr l. 8. ch. 12. 15. 18. l. 20. ch. 16. Suger en la vie de Louys VII. ch. 10. *Robert. Monach.* l. 7. *Radeuic. l. 2. de gest. Frider.* ch. 62. *Anna Comnena* p. 384. *Acropolita* p. 190. *Vegetius* l. 4. ch. 17. 18. Gilles Moine d'Orual en la vie d'Alberon II. Euesque de Liege ch. 35. Et enfin Sanudo l. 2. part. 4. ch. 22. enseigne la façon de la construire. Le Roman de Garin depeint ailleurs cette machine, sans la nommer :

*Vn engin fet, de tel parler n'oï,*
*Qui ot de haut cent piés tos enterins.*
*Prés de la porte fist venir tel engins,*
*A set estages tot droit de fust chesnin,*
*Arbalestriers i a mis jusqu'à vint,*
*Bien fit cloés, couuert de cuir boli.*

On a appliqué depuis ce nom de *beffroy,* aux hautes tours des villes frontieres, où l'on met le guet, pour veiller à leurs seureté, & vne cloche, que l'on sonne pour auertir les sentinelles & les gardes des portes. Et ensuite cette cloche a esté employée pour seruir à marquer les temps de retraite des habitans & des garnisons en leurs logis, & autres vsages publics, d'où elle est appellée *Campana bannalis* dans *Hocsemius* en la vie de Hugues Euesque de Liege ch. 23. *Statuta Gildæ Scot.* c. 28. *Nullus regratarius emat pisces, fænum, auenas, —ante pulsationem campanæ in berefrido.* La Chronique de Flandres fait souuent mention des beffrois des villes. Et delà est arriué, que ces tours & les cloches qui y sont éleuées, ont fait partie des priuileges des Communes, comme nous apprenons d'vne Ordonnance de Charles le Bel de l'an 1322. par laquelle il priue ceux de Laon, pour certain meffait, du droit de commune, d'écheuinage, de mairie, de seau, de cloche, *de berfroy,* & de jurisdiction.

CHATS CHATEILS] Le *Chat* estoit proprement vne machine faite à guise de galerie couuerte, (d'où Anne Comnene en son Alexiade p. 383. luy donne le nom de γϛα) que l'on attachoit aux murailles, sous laquelle ceux qui la deuoient sapper, estoient à couuert. Guillaume le Breton au l. 7. de sa Philippide :

*Huc faciunt reptare Catum, tectique sub illo*
*Suffodiunt murum.*

Le Moine de Vaux de Sarnay ch. 48. *Die quodam Comes noster machinam quamdam paruam, quæ linguâ vulgari* Catus *dicitur, faciebat duci ad fodiendum Castri murum.* V. encore les ch. 52. & 63. Le même Guillaume le Breton décrit ainsi cette machine, au l. 2 :

# SVR L'HISTOIRE DE S. LOVYS. 69

―――*Teſtudo texitur, vt ſub*
*Illis tuto latens muri queat ima ſubire*
*Foſſor, & erectis ipſum ſuccidere parmis.*

Radeuic au l. 2. de l'Hiſt. de Frederic I. ch. 63. décriuant le ſiége de Créme, dit que les habitans pour ſe défendre de ceux qui montoient à l'eſcalade, ou qui deſcendoient des beffrois, & des tours de bois, ſur leurs murailles, ſe feruoient de Chats, pour les aller attaquer juſques dans leurs machines : *Magnáque audaciâ ſuper muros, & in ſuis machinis, quas Cattas appellant, operiuntur, & cùm admouerentur pontes* (les ponts des beffrois) *ipſi eos vel occuparent, vel dejicerent, murúmque ſcalis aſcendere nitentes vario modo deterrerent.* Rolandinus l. 8. c. 13. Chron. Antonii Godi Vicentini p. 20. &c. Mathieu Paris en l'an 1236. Io. de Beka in Arnoldo 49. Epiſc. Traject. Suffrid. Petri in Ioan. Heinsberg. Epiſc. Leod. c. 17. Le Moine de Padoüe l. 2. Chr. c. 8. Guillaume de Puylaurens c. 30. Le Duc de Cleues en ſon traité de la guerre p. 57. & autres Auteurs ont parlé de cette machine, dont Vegece l. 4. ch. 15. a donné la deſcription, comme encore Aimoïn au l. 3. de ſon Hiſt. de France ch. 71. Guillaume Guiart parlant du ſiége de Boues par Philippes Auguſte :

>     *Deuant Boues fit l'oſt de France,*
>     *Qui contre les Flamans contance,*
>     *Li mineur pas ne ſoumeillent,*
>     *Vn chat bon & fort appareillent,*
>     *Tant eurent deſſous, & tant cauent,*
>     *Qu'une grant part du mur deſtrauent.*

Et en l'an 1205.

>     *Vn chat font ſus le pont àtraire,*
>     *Dont pieça mention fei ſmes,*
>     *Qui fit de la roche mei ſmes,*
>     *Li mineur deſous ſe lancent,*
>     *Le fort mur à miner commencent,*
>     *Et font le Chat ſi aombrer,*
>     *Que riens ne les peut encombrer.*

On s'en ſeruoit encore pour combler les foſſez, afin de faire approcher les beffrois prés les murailles, qui eſtoit proprement l'vſage des *muſculi* des anciens, ſuiuant le même Vegece l. 4. ch. 16. Iacques de Vitry l. 3. p. 1142. *Cati duo ad foſſatum implendum magnis ſumptibus compoſiti fuerunt.* Ioignez ce que le ſçauant Lipſe écrit *l. 1. πολιορκητικῶν, dial. 7.* & *Angelo Portenari della felicità di Padua l. 5. c. 5. p. 165.* leſquels en ont donné la figure & la deſcription. Le Roy S. Louys fit donc faire deux beffrois, ou tours de bois, pour garder ceux qui trauailloient à la chauſſée : & ces beffrois eſtoient appellez *Chats Chateils*, c'eſt à dire *Cati Caſtellati*, parce qu'au deſſus de ces chats, il y auoit des eſpéces de châteaux. Car ce n'eſtoit pas de ſimples galeries, telles qu'eſtoient les chats, mais des galeries qui eſtoient défendües par des tours & des beffrois. S. Louys en l'Epître de ſa priſe, parlant de cette chauſſée : *Saraceni autem è contra totis noſtris conatibus machinis noſtris quas erexeramus, ibidem machinas oppoſuerunt quamplures, quibus caſtella noſtra lignea, quæ ſuper paſſum collocari feceramus eumdem, conquaſſata lapidibus & confracta combuſſerunt totaliter igne Græco.* Le Sire de Ioinuille dit qu'il y auoit deux *chateils* deuant le chas, & deux maiſons derriere pour receuoir les coups, que les Sarrazins *jettoient à engins*, c'eſt à dire, ainſi que j'explique ce paſſage, que les chats, ou galeries, eſtoient défendües de ces tours, qui deuoient porter tout le faix des pierres, que les ennemis jettoient continuellement auec leurs Perrieres ſur les chats. Et mémes je crois que l'étage inferieur de ces tours eſtoit à vſage de chats & de galeries : à cauſe dequoy ces chats de cette ſorte, eſtoient appellez *Chas châtels*, c'eſt à dire, comme je viens de rémarquer, chats fortifiez de châteaux. L'Auteur qui a décrit le ſiége qui fut mis deuant Zàra par les Venitiens en

I iij

l'an 1346. *lib. 2. c. 6. apud Ioan. Lucium de regno Dalmat.* nous repr esente ainsi cette espéce de chat : *Aliud erat hoc ingenium, vnus Cattus ligneus satis debilis erat confectionis, quem machina Iadræ sæpius iactando penetrabant, in quo erat constructa quædam eminens turris duorum propugnaculorum. Ipsam duæ maximæ carrucæ supportabant.* Et parce que ces machines n'estoient pas de simples chats, elles furent nommées *chats faux*, ou *faux chats*, qui auoient figure de beffrois & de tours, & neantmoins estoient à vsage de chats. Et c'est ainsi que l'on doit entendre ce passage de Froissart 1. vol. ch. 121. *Le lendemain vindrent deux maîtres Engigneurs au Duc de Normandie, qui dirent que s'on leur vouloit liurer du bois & ouuriers, ils feroient quatre chauffaux* (quelques exemplaires ont *chats*) *que l'on menroit aus murs du chastel, & seroient si hauts, qu'ils surmonteroient les murs.* D'où vient le mot d'*Eschaffaux*, parmy nous, pour signifier vn plancher haut éleué. V. le Recueil de Bourgogne de M. Perard p. 395.

SCECEDVM FILS DV SEIC] Ie ne fais pas de doute que ce nom ne soit corrompu en cét endroit, quoy que l'edition de Poitiers porte la méme leçon : & la Mer des Histoires le nomme aussi *Sesedus*, d'vn nom approchant de celuy de *Secedun* : estant constant que ce Seigneur se nommoit, suiuant la Chronique Orientale, *Fachr-addin* : selon Guillaume de Nangis, & l'Epître de S. Louys touchant sa prise & sa déliurance, *Farchardin.* Guillaume Guiart le nomme *Farchadin*, & Vincent de Beauuais l. 32. ch. 99. *Sacardin* d'vn mot plus approchant de celuy de *Scecedun*. Quant à ce que le Sire de Ioinuille le qualifie *fils du Seic*, cela conuient à ce que la Chronique Orientale en écrit, qui le fait pareillement fils du Sciach, *filius Sciachi* : & ajoûte que le Sultan *Nagem-addin* le declara auant sa mort Chef de ses armées, luy recommandant son fils, qui estoit pour lors vers Damas. Iean Selden en son Liure intitulé, *Titles of honor*, 1. part. ch. 4. §. 1. dit que le mot de *Seich*, en Arabe signifie *Senior*, l'ancien, le vieil : ce qui conuient à la signification que le Sire de Ioinuille donne à ce mot cy-aprés.

L'EMPEREVR FERRAIT] Ainsi Saladin auoit esté fait Cheualier par Humfroy de Toron, comme nous apprenons de l'Histoire de Hierusalem p. 1152. *In Gest. Dei per Francos*, & non pas par Huës de Tabarie, comme quelques Romans ont auancé. Ce que je remarque, afin que l'on ne s'étonne pas, si vn payen a bien voulu receuoir l'Ordre de Cheualerie d'vn Seigneur Chrétien. Mais d'autre part nous lisons que S. Louys refusa de le donner, à la priere des siens, à vn Sarazin, qui auoit tué le Sultan, leur disant pour excuse, *Absit à me, vt vel pro seruandâ vitâ, vel morte declinandâ, quemcumque à Christianâ religione alienum, baltheo militari donare velim. Apud* Walding. A. 1254. *n. 26.* Quant à Fracardin, s'il receut l'Ordre de Cheualerie de Frederic, il faut que ç'ait esté durant les tréues que cét Empereur fit auec les Sarazins, & lors qu'il se fit couronner dans Hierusalem l'an 1229. comme Sanudo raconte au l. 3. part. 11. ch. 12.

PIERRE D'AVALON] Il qualifie ailleurs ce Cheualier, son cousin. Il prit femme en la Terre Sainte, & y épousa Heluise, fille de Raoul, qui estoit le dernier fils de Guillaume de Bures Prince de Tabarie. Voyez le Lignage d'Outremer c. 7. Il est fait mention de Iosselin d'Aualon, en vn titre de Guillaume de Nanteüil de l'an 1210. au Cartulaire de Champagne de la Chambre des Comptes de Paris.

*Pag. 38.* ET ESTOIT SA BANNIERE] Il resulte de ce passage que les armoiries estoient en vsage parmy les Mahumetans, & que leurs Sultans ou Princes les faisoient empreindre dans leurs bannieres; j'espere de donner les armes de quelques-vns d'entre-eux, tirées des MS. dans mes familles d'Orient.

LE COMTE GVY DE FERROIS] Ou plûtôt *Forois*, c'est à dire Forest, ainsi que ce nom se trouue écrit en vn titre de l'an 1218. dans les Memoires de M. Perard p. 301. Car il entend parler de Guy V. Comte de Forest. V. Sanudo l. 3. part. 11. c. 15. & l'Histoire de Bourgogne d'André Du Chesne l. 3. c. 75.

## SVR L'HISTOIRE DE S. LOVYS. 71

FEV GREGEOIS] Baldric l. 3. de l'Histoire de Hierusalem p. 125. *Ignem quem Græcum vocant, in machinam jacere.* πῦρ Ῥωμαϊκὸν, dans Theophanes: *ignis Romaicus*, dans Paul Diacre l. 21. *Historiæ Miscellæ*, ce feu estant ainsi appellé acause qu'il fut inuenté premierement chez les Grecs, par Callinique Architecte, natif d'Heliopolis, ville de Syrie, sous Constantin le Barbu, ainsi que le même Theophanes a écrit: & aussi parce que les Grecs furent long-temps les seuls d'entre tous les peuples qui en conseruérent l'vsage, lequel ils ne communiquérent que rarement à quelques-vns de leurs alliez, ainsi que j'ay remarqué en mes Obseruations sur l'Histoire de Ville-Hardoüin n. 113. Anne Comnene dit que ce feu estoit composé de poix, & autres gommes qui se tirent des arbres, meslé auec du souffre, & le tout broyé ensemble. Abbon au l. 1. des guerres de Paris, en a aussi donné la composition en ces vers:

*Addit eis oleum, verámque, picémque ministrans,*
*Mixta simul liquefacta foco feruentia valde,*
*Quæ Danis ceruice comas vrúntque trahúntque.*

L'Auteur de l'Histoire de Hierusalem p. 1167. met aussi de l'huile dans cette composition, du moins il la nomme *Oleum incendiarium, quod ignem Græcum vocant.* & c'est peut-estre la Naphte, que Procope au l. 4. de la guerre des Goths chap. 11. dit que les Grecs appelloient Μηδίας ἔλαιον, & les Medes, la Naphte: d'où Lambec en ses Obseruations sur Codin, estime qu'il faut corriger Μηδίας ἔλαιον, l'huile de Medie, & que c'est pour cela que les mêmes Grecs ont donné le nom à ce feu artificiel de Μηδικὸν πῦρ, qui se rencontre dans *Cinnamus* p. 308. & le même Codin p. 7. de l'Edition Royale. Quoy qu'il y en ait d'autres qui veulent que la Naphte fust nommée Μηδίας ἔλαιον, ou πῦρ, parce que Medée, au recit de Pline l. 2. ch. 105. brûla l'épouse de Iason auec ce feu. Tant y a que Procope au lieu cité nous apprend qu'en la composition de ces feux artificiels on y méloit la Naphte auec le souffre & le bitume. Iacques de Vitry l. 3. ch. 84. dit qu'en certaines contrées de l'Orient il y a vne fontaine, *Ex cujus aquis ignis Græcus efficitur, quibusdam aliis admixtis, qui postquam vehementer fuerit accensus, vix aut nunquam potest extingui, nisi aceto & hominum vrinâ, & sabulo.* Adam de Breme ch. 66. rapporte quelque chose de semblable d'vn lieu du Nort, qu'il nomme *Olla Vulcani, quam incolæ Græcum vocant ignem.* Vanoccio Biringuccio au l. 10. de sa Pyrotechnie chap. 9. a décrit toutes les matieres qui entrent en la composition des feux artificiels, desquels les Grecs se seruoient particulierement pour brûler les vaisseaux ennemis, d'où Theophanes p. 295. appelle le feu πῦρ θαλάσσιον, & en la p. 352. πῦρ ὑγρόν, *feu de mer, feu liquide*. Or ils se seruoient de ce feu sur la mer en deux façons: La premiere estoit dans les brûlots, qu'ils emplissoient de ce feu, & qu'ils faisoient voguer dans les armées nauales des ennemis, qu'ils embrasoient en cette maniere. Ces Brûlots sont nommez par le même Theophanes p. 294. & 352. κακκαβοπυρφόρος, c'est à dire, nauires à feu: & j'ay fait voir ailleurs que les Grecs se seruoient particulierement pour cét vsage de cette sorte de vaisseaux qu'ils nommoient χελάνδια, d'où nous auons emprunté le mot de *Chaland*, qui est le nom que l'on donne aux bâteaux qui sont sur les riuieres de Seine & de Loire, & d'où aussi les Parisiens ont nommé *Pain chaland*, celuy qui leur est amené dans ces bâteaux. Ce n'est pas que l'vsage des brûlots ne fust auant l'Empire de Constantin le Barbu: car Theophanes p. 100. nous apprend que sous celuy de Leon le Grand, Genseric Roy de l'Afrique brûla auec des vaisseaux, qu'il remplit de bois, & de matieres seiches, qu'il laissa voguer au gré du vent, toute l'armée nauale des Grecs; ce qui sert à justifier le P. Mambrun en son Constantin, que l'on auoit blâmé d'auoir établi l'vsage des brûlots dés le regne de cét Empereur: à quoy il a répondu en sa Preface de l'Edition de l'an 1659. Nous auons d'autres exemples de ces brûlots en l'Histoire de Theophanes p. 294. 331. 352. dans Abbon p. 503. & autres Auteurs. L'autre vsage des feux artificiels sur la mer estoit dans les nauires de course, qu'ils nommoient δρόμονες, mettans sur la prouë de grans tuyaux de cuiure, auec lesquels ils souffloient ce feu dans les vaisseaux des ennemis. L'Empereur Leon en ses Tactiques chap. 19. n. 6. en parle ainsi : ἔστω δὲ πάντως τὸν σίφωνα καὶ τὴν σφαῖραν ἔμπροσθεν χαλκῷ ἠμφιεσμένον, ὡς ἔθος, διὰ τοῦτο ἐσκευασμένον πῦρ κατὰ τῶν ἐναντίων ἀκοντίσοι. Il en parle encore aux nn. 46. & 52. d'où nous apprenons que ce sont ces nauires qui sont appellées par Theophanes p. 294. δρόμονες σιφωνοφόροι. Quant à l'vsage du feu Gregeois dans les batailles sur terre, il estoit different: car il y auoit des soldats, qui auec des tuyaux de cuiure le souffloient dans les armées ennemies. C'est ce qu'Anne Comnene au l. 13. de son Alexiade exprime en ces termes : τοῦτο (τὸ πῦρ) μετὰ βίας τριβόμενον ἐμβάλλεται εἰς αὐλίσκους καλάμων, καὶ ἐμφυσᾶται παρὰ τοῦ παίζοντος λαβρῷ καὶ συνεχεῖ πνεύματι. καὶ θ' οὕτως ὁμιλᾷ τῷ πρὸς ἄκρῳ πυρὶ, καὶ ἐξάπτεται. Quelquefois on jettoit des épieux de fer, aigus, enuironnez d'huile, de poix, d'étouppes, &c. auec lesquels on brûloit les machines, dont nous auons des exemples dans Albert d'Aix l. 7. chap. 3. & 5. & dans vne lettre au sujet de la prise de Damiette, qui se lit aux Additions sur Mathieu Paris p. 108. Ioinuille en parle ailleurs : *& commencerent à tirer à nous grant foison de piles auec feu gregois.* Quelquefois on jettoit du feu dans des fioles & des pots, comme il se recueille de cette lettre, & du méme Albert d'Aix l. 10. ch. 4. & de Leon en ses Tactiques ch. 19. n. 55. Enfin on le jettoit auec des perrieres & des arbalétes à tour, ainsi que le Sire de Ioinuille nous enseigne en cét endroit. Albert d'Aix l. 7. ch. 5. remarque que *hujus ignis genus aquâ erat inextinguibile.* Mais il y auoit d'autres matieres auec lesquelles on l'éteignoit; sçauoir le vinaigre, & le sable. Mathieu Paris en l'an 1219. *Nam ignis Græcus de turri eminus projectus fulminis instar veniens pauorem non minimum Fidelibus incussit: sed per liquorem acetosum & sabulum & cætera extinctoria est subuentum.* L'Histoire de Hierusalem : *Ignis iste pernicioso fætore, flammísque liuientibus silices & ferrum consumit: & cùm aquis vinci nequeat, arenâ respersus comprimitur, aceto perfusus sedatur.* Iacques de Vitry l. 3. chap. 84. y ajoûte l'vrine, & *Cinnamus* au lieu cité, écrit que souuent on couuroit les nauires de draps trempez dans du vinaigre pour s'en garantir. Ie passe en cét endroit les autres remarques que j'ay faites au sujet du feu Gregeois en mes Obseruations sur Ville-Hardoüin.

TRECT ET PILOTS] Pilot, *Spiculum. Pilet*, dans le Roman de Garin.
*Volent pilet plus que pluies en pré,*
*Et les sajettes, & carriax empanés.*

Guillaume Guiart en l'an 1214.
*Ribaces qui de l'ost se partent,*
*Par les chams çà & là s'épartent,*
*Li vns vne pilete porte,*
*L'autre croc, ou maçuë torte.*

Plus bas:
*Maçes leuées & piletes,*
*Se fierent parmi les viletes.*

Pag. 40. TANDIS] L'Edition de Poitiers porte mieux en cét endroit & en la page 50. taudies : & c'est ainsi que Froissart, le Duc de Cleues, & autres écriuent ce mot. Il semble que les Grecs du moyen temps ont emprunté de nous, ou nous d'eux, le τέλδον, qui signifie le bagage d'vne armée, qui d'ordinaire est en confusion & pesle-mesle, qui est la signification dans nos Historiens des mots de *toudis* ou *taudis*. Voyez les Glossaires de *Rigaltius* & de *Meursius*.

DV MERRAIN] Matiere de bois de charpente. V. les Glossaires.

IEAN D'ORLEANS] Voyez ce que j'ay écrit de cette famille en mes Obseruations sur Ville-Hardoüin n. 5.

Pag. 41. LE SIRE DE COVCY] Fils d'Enguerrand, duquel il a esté parlé cy-dessus. V. A. du Chesne en l'Histoire de cette Maison l. 6. ch. 7.

IVSQV'AV NOMBRE DE TROIS CENS] La Chronique Orientale dit

## SVR L'HISTOIRE DE S. LOVYS.

dit que les François perdirent en cette deffaite, outre le frere du Roy, quatorze cens Cheualiers.

PAR DESSVS LES OREILLES DE MON CHEVAL] Aprés ces mots, au lieu de ce qui fuit, jufques à la page fuiuante, ligne 3. *A ces murs*, l'Edition de Poitiers reprefente ceux-cy: *Et m'euffent tué les Sarrazins, n'euft efté Meffire Arnaud de Commenge Vicomte de Couzerans, qui me vint fecourir tres-vaillamment: & pour la grand' vertu & proüeffe qui eftoit en lui: il auoit laiffé fes Arbaleftriers qu'il conduifoit au Camp, auec le Duc de Bourgoigne, & auoit fuiui le Comte de Poitiers, lequel il ne vouloit habandonner en aucun grand affaire. Et depuis qu'il m'euft donné ce fecours, il ne fut jamais vn jour de ma vie que je ne l'aimaffe tres-affectueufement. Aprés que je fus refcous des Sarrazins, ledit Vicomte de Couzerans & moy, pour attendre le Roy qui venoit, nous retirafmes auprés d'vne maifon qui auoit efté abatuë, & cependant je trouuay façon de recouurer vn cheual. Mais ainfi que nous eftions auprés d'icelle maifon, voicy venir derechef vne groffe troupe de Sarrazins contre nous, & pource qu'ils virent nos gens au derriere de nous, ils passerent tout outre, pour aller à eux: & en paffant, ils me jetterent à terre, mon efcu hors de mon col, & paffoient deffus moy, cuidans que je fuffe mort, dont il n'en faloit gueres. Et quant ils furent paffez, iceluy Meffire Arnaud de Commenge, aprés auoir bien combatu les Sarrazins, reuint vers moy, & me releua fus: & puis nous en allafmes tous deux jufques aux murs de celle maifon deffaite. A ces murs, &c.* On voit par ce difcours que le Sire de Ioinuille attribuë le fecours qui luy fut donné en cette occafion au Vicomte de Couzerans, où dans l'Edition de Cl. Ménard, il en donne la gloire à Erard d'Eymeray Cheualier. & en la p. 43. l. 17. au lieu des trois lignes fuiuantes, *adonc en cette detreffe*, &c. jufques à *& tantouft*, il y a encore dans l'Edition de Poitiers, *Meffire Arnaud de Commenge fut nauré en deux lieux de fon corps, aux efpaulles, & fur l'vn des bras*. Enfin en la page 54. il y eft parlé de fa valeur, & des armes de fa famille. Peuteftre que Pierre de Rieux, qui eft l'Auteur de cette edition, eftant du pays de Languedoc, a inferé ces lambeaux en l'Hiftoire du Sire de Ioinuille, en faueur de la Maifon de Comminges. Il eft conftant que cét Arnaud Vicomte de Couzerans porta le furnom d'Efpagne, comme on recueille du teftament de Roger IV. Comte de Foix, dont il époufa la fille, de l'an 1264. rapporté par M. de Marca l. 8. de l'Hift. de Bearn, chap. 24. n. 8. 9. Il eftoit fils de Roger de Commenge Vicomte de Couzerans, iffu de Bernard Comte de Commenge, & de Cecile de Foix. Il fut auffi Comte de Pailhars en Efpagne.

VNE ESPEE D'ALEMAGNE] Guillaume Guiart en la vie de Philippes Augufte, parle de ces efpées d'Alemagne: *Pag. 43.*

*A grans efpées d'Alemagne*
*Leur trenchent fouuent les poins outre.*

Et en la defcription de la bataille de Bouines, il dit que les Alemans combatoient auec des efpées grefles & menuës:

*Alemans vns coutiaus auoient,*
*Dont aus François fe combatoient,*
*Grailles & agus à trois quieres,*
*L'en en peut ferir fus pierres.*

Et parlant de la bataille de Beneuent, il leur donne de longues efpées.

*Car les deus mains en haut leuées,*
*Gietent d'vne longues efpées,*
*Souef tranchans à larges meures.*

L'Empereur Nicephore Phocas, dans Luitprand en fon Ambaffade, reproche aux Alemans leurs longues efpées. Dans les vieilles Ordonnances de la ville de Paris il eft parlé des efpées de Lubec. Au contraire les François auoient coûtume de fe feruir de courtes efpées. Guillaume Guiart:

*Li François efpées reportent,*
*Courtes & roides, dont ils taillent.*

Partie II. K

Et en l'an 1301.
> *Espées viennent aus seruises,*
> *Et sont de diuerse semblance,*
> *Més François qui d'accoustumance*
> *Les ont courtes, assés legieres,*
> *Gietent aus Flamens vers les Chieres.*

*Pag. 44.*   CAR NVL NE TIROIT D'ARC ] On n'a jamais reputé parmy les François pour vne action de valeur de tuër son ennemy auec l'arc, l'arbaleste, ou autre artillerie. On ne faisoit état que des coups de main, d'espées & de lances, où on rendoit des marques d'adresse : & c'est pour cela que l'on interdit auec le temps l'vsage des arbalétes, comme encore des fléches & des traits empoisonnez : & parce qu'il ne suffit pas de se deffaire simplement de son ennemy par quelque voye que ce soit ; mais il importe pour le vaincre, d'employer la belle force, & de se seruir des armes qui marquent la dextèrité de celuy qui les employe. Il est constant que ces sortes d'armes ont esté deffenduës par les Papes de temps en temps, & particulierement au Concile tenu à Rome sous le PP. Innocent II. l'an 1139. c. 29. Et l'Empereur Conrad fut vn des Princes Chrestiens, qui en interdirent l'vsage pour cette méme raison, ainsi que nous apprenons de Guillaume de Dole, qui viuoit auant l'an 1200. lorsqu'il introduit Raoul de Houdanc, & luy fait dire que cét Empereur deffendit l'arbaléte :

> *Par effort de lance & d'escu*
> *Conqueroit toz ses ennemis :*
> *Ia arbalestriers ni fu mis*
> *Por sa guerre en autoritez,*
> *Par auoir & par mauuaistié*
> *Les tiennent ore li haut home.*
> *Por demi le thresor de Rome*
> *Ne vosist-il, n'a droit, n'a tort,*
> *Qu'vns en eut vn preud home mort.*

D'où il est aisé de juger qu'il faut interpreter fauorablement les termes du Poëte Breton au l. 2. de sa Philippide, lorsqu'il dit que Richard I. Roy d'Angleterre inuenta les arbalestes, ce que l'on doit expliquer de l'vsage de cette sorte d'armes, qu'il fit reuiure de son temps. Ce que Brompton dit en termes formels : *Ipse siquidem hoc genus sagittandi, quod arcubalistarum dicitur, jamdudum sopitum, vt dicitur, in vsum reuocauit.* Ce qui est tellement vray, que nous lisons à toutes rencontres dans les Histoires des premieres guerres Saintes, qu'on se seruoit des arcs & des arbalétes.

*Pag. 44.*   DVC DE BOVRGOGNE ] A. Du Chesne en son Hist. des Ducs de Bourgogne chap. 9. pouuoit de ce passage, & de trois ou quatre autres du Sire de Ioinuille, leuer le doute qu'il fait, sçauoir si ce Duc accompagna le Roy Saint Louys en son voyage d'Egypte.

*Pag. 46.*   GAVBISON ] Il faut lire *Ganbison*, qui est le nom de cette sorte de vétement. Vn Rouleau de la Chambre des Comptes de Paris de l'an 1322. *Adæ armentario 40. sol. 4. den. pro factione gambesonorum.* Vn Compte des Baillis de France de l'an 1268. *Expensæ pro cendatis, bourrá ad gambesones, tapetis,* &c. Vn titre de Henry Seigneur de Suilly de l'an 1301. pour les franchises de la ville d'Aix : *Quicumque verò 20. librarum, vel ampliùs habebit de mobilibus, tenebitur habere loricam, vel loricale, & capellum ferreum, & lanceam. Qui verò minùs de 20. libris habebit de mobili, tenebitur habere gambesam & capellum ferreum, & lanceam.* Roger de Houedén en l'an 1181. vse du mot de Wanbasia, & en la p. 614. de celuy de Wanbais. Vn Rouleau de la Chambre des Comptes de Paris contenant l'inuentaire des biens meubles de l'execution du Roy Louys Hutin, de l'an 1316. *Item vne cote gamboisée de cendal blanc. Item deux tunicles, & vn gamboison de bordures des armes de France. Item vne couuerture de gamboisons broudées*

## SVR L'HISTOIRE DE S. LOVYS.  75

*des armes le Roy. Item 3. paires de Couuertures gamboisées des armes le Roy, & vnes Indes jazequenées. Item vn Cuisiaux gamboisez. Item vnes Couuertures gamboisées de France & de Nauarre.* I'ay fait voir en mes Obseruations sur Ville-Hardouïn N. 88. que le gamboison estoit vn vétement contrepointé, garny de bourre, ou de laines entassées, & battuës auec du vinaigre, que Pline l. 8. ch. 48. dit resister au fer. Nicetas décrit ainsi le gambeson en la vie de l'Empereur Isaac l. 1. Cette sorte d'ouurage, est appelé *Coachle*, dans Vlpian *l. 25. §. 1. D. de auro arg.* &c. Et dans le *Gloss. Lat. Gr.* où il est traduit par le mot de πιλωτὸν: les ouuriers y sont nommez *Coactiliarii* : & *Lanarii coactores* dans vne ancienne inscription; d'où les sçauans estiment que les termes de *feltrum* & *filtrum* dans les Auteurs du moyen temps, & d'ἀφίλιτρον chez les Grecs, ont la méme signification.

LE SIRE DE CHASTILLON] Gaucher, duquel il a esté parlé cy- Pag. 47.
dessus.

LE MAISTRE DV TEMPLE] Qui est nommé frere Guillaume de Son- Pag. 48.
nac en la p. 52. & dans les Additions à Mathieu Paris p. 110.

GVYON DE MAVVOISIN] II. du nom, Seigneur de Rosny. V. la Ge- Pag. 48.
nealogie de cette Maison en l'Hist. de la Maison de Dreux l. 1. ch. 8. p. 115. & en celle de Bethune l. 6. ch. 5. p. 416. où il est parlé de ce Seigneur & de ses alliances.

LES BEDVNS] Le Sire de Ioinuille confond ici & ailleurs les Beduins auec les Assassins, quoy que Iacques de Vitry en son Hist. de Hierusalem c. 12. (d'où il semble auoir tiré ce qu'il dit de ces peuples) Aython c. 35. 51. & 55. en fassent deux differentes nations. Sanudo l. 2. part. 4. c. 38. l. 3. part. 14. ch. 2. aprés Albert d'Aix, l. 12. ch. 31. & Iacques de Vitry, dit formellement qu'ils estoient Arabes, que leur demeure estoit vers Halape & Crach dans l'Arabie, & que les Assassins habitoient vn canton de la prouince de Phœnicie, enfermé de montagnes, prés de Tortose. Quoy qu'il en soit, tous les Auteurs conuiennent que les Beduins estoient des peuples errans & vagabonds. L'Histoire de l'expedition Asiatique de l'Empereur Frederic I. au to. 5. des leçons de *Canisius* en parle de la sorte: *Est autem consuetudo incolarum illius terre, qui Syluestres, Turci, siue Beduini dicuntur, carere domibus, & omni tempore degendo in tabernaculis de pascuis ad pascua se transferre cum gregibus & armentis. Hi semper in armis ad bella proni sunt & accincti*, &c. Il faut conferer nôtre Auteur auec Iacques de Vitry & Sanudo, aux lieux citez, touchant les opinions du destin qu'ils tenoient, & leurs façons de viure & de combatre, qui sont conformes en tout à ce que le Sire de Ioinuille en a écrit. Arnoul de Lubec l. 7. ch. 10. Brocard en la description de la Terre Sainte, & autres, ont encore parlé de ses peuples.

LA LOY DE HELY] Hely n'estoit pas oncle de Mahomet, mais son cousin & son gendre, ayant épousé *Fatema* sa fille. Guillaume de Tyr l. 1. ch. 4. l. 19. ch. 20. Iacques de Vitry l. 1. ch. 8. & les Ecriuains des Histoires Mahumetanes, racontent fort au long la difference de la Religion établie par Mahomet, & de celle introduite par Hely, dont la derniere fut embrassée par les Calyphes d'Egypte, lesquels pour cette raison sont nommez Fatemites dans la Chronique Orientale, du nom de la femme de Hely. Voyez la pag. 87.

GAVTIER DE CHASTILLON] Lisez *Gaucher*, comme cy-dessus en la Pag. 50.
pag 22.

VN PRESTRE] Anne Comnene au l. 10. de son Alexiade p. 292. reprocha aux Latins de ce que parmy eux, à peine les Ecclesiastiques ont acheué de prendre les ordres de Prétrise, qu'ils endossent le harnois, s'arment de la lance & de l'épée, & vont à la guerre, ce qui est étroitement défendu chez les Grecs. Pierre Diacre au l. 4. de la Chronique du Mont-Cassin fait la méme remarque, en introduisant vn Grec parlant ainsi à vn Latin: *In Occidentali cli-*

*Partie II.*            K ij

*mate propheticum illud videmus impletum, erit vt populus, fic Sacerdos, cùm Pontifices ad bella prodeant, vt Papa vefter Innocentius*. Et sans doute, ce n'eſt pas sans sujet que les Grecs ont fait si souuent ce reproche aux Latins : veu que quoy que par tous les Canons des Conciles il soit défendu aux Prêtres de manier les armes, & de se trouuer dans les occasions de bataille, nous voyons neantmoins que souuent ils s'y sont rencontrez, & ont combatu comme les autres. Ainsi nous lisons qu'Ebles Abbé de Saint Germain des Prez, & Gosselin Euesque de Paris, combatirent vaillamment contre les Normans, qui auoient assiégé cette capitale de la France ; & non seulement ils ont combatu contre les Infidéles, mais encore contre les Chrétiens, témoin l'Euesque de Beauuais, qui à la bataille de Bouines jetta par terre d'vn coup de masse le Comte de Sarisbery. Gregoire de Tours l. 4. de son Hist. ch. 43. l. 5. ch. 20. l. 8. ch. 39. & autres Ecriuains de nôtre Histoire fourniſſent vne infinité d'exemples de cecy, que je paſſe pour ne me pas engager en vne matiere de trop longue haleine. Ie remarque seulement, que le Cardinal *Baronius* en l'an 888. se plaint de ce que nos Historiens donnent des loüanges aux Euesques & aux Abbez qui se trouuoient dans les combats, acause de leur valeur & de leur adreſſe, quoy qu'ils meritaſſent d'eſtre blâmez, comme personnes qui contreuenoient au deuoir de leurs charges, & comme violateurs des Canons. Voyez l'Epître du Pape Adrian à Charlemagne au tom. 3. des Hist. de France p. 794. *Petr. Damian. l. 1. ep. 15.* & le Sire de Ioinuille p. 78.

GECTA SA DAGVE] Ce mot eſt encore connu parmy nous pour vne eſpece de petit coûteau, ou de poignard. Les Espagnols l'appellent *Dagas*, & les Anglois, *Dagger*. Les statuts de Guillaume Roy d'Ecoſſe ch. 23. *Habeat equum, habergeon, capitium è ferro, & cultellum, qui dicitur Dagger*. Thom. Walſingham p. 252. *Extracto cultello, quem Dagger vulgò dicimus, ictum Militi minabatur*. V. le même Auteur en la p. 332. H. Knighton *in Edw. III*. La Chr. de Flandr. p. 232. Monſtrelet 1. vol. ch. 94. &c.

*Pag. 51.* QVI MOVRVT EN LA BATAILLE] L'Epître de S. Louys, au sujet de sa prise, remarque pareillement que la mort de *Fracardin* arriua en la bataille qui fut donnée le jour de Carême-prenant. & la Chronique Orientale dit qu'il fut tué le 75. de son Gouuernement qui reuiendroit au 8. de Feurier, suiuant le calcul ; dautant que le Sultan *Nagem-Addin* mourut le 25. jour de Nouembre.

LE RESSIL] I'ay touché quelque chose de cette place cy-deuant sur la p. 37. laquelle eſt aſſiſe sur la branche du Nil, nommée *Rexi*, & par les Arabes, *Rhafchit*, ou *Rafit*, qui probablement a emprunté son nom de cette ville, que Iean Leon l. 8. p. 263. nomme *Rafid*, Aython ch. 64. *Refint*, Guillaume de Tyr l. 19. ch. 21. 26. *Reſſit*, Sanudo l. 3. part. 11. ch. 9. *Rofith*, & les Latins *Rofetum*.

*Pag. 52.* GVY GVIVELINS] L'Edition de Poitiers porte *Guy de Grimeſins* : mais il y a erreur en l'vne & en l'autre, & il faut lire *d'Ibelin*, comme en la p. 67. 68. 71. Ce Guy d'Ibelin & Baudoüin son frere eſtoient enfans de Iean Seigneur d'Ibelin & de Baruth : Guy fut Connétable, & Baudoüin Senéchal de Cypre. Voyez le Lignage d'Outremer.

*Pag. 54.* DE LA HORGNE] L'Edit. de Poitiers, *de la Horgue*. Ie ne ſçay pourquoy le Sire de Ioinuille donne en cét endroit le titre de Comte au Sire d'Aſpremont, qui ne se trouue en aucun Auteur de ces temps-là.

DE L'HOST A FORCE] Aprés ces mots, l'Edition de Poitiers porte ce qui suit : *Et en cette bataille se monſtra vertueus & hardy Meſſire Arnaud de Commenge Vicomte de Couzerans, dont j'ay cy-deuant parlé, pour cuider secourir le Comtes & portoit icelui de Commenge vne baniere, & ſes armes eſtoient d'or à vn bord de gueules, lefquelles, comme depuis il m'a conté, auoient eſté données à ſes predeceſſeurs, qui portoient le surnom d'Eſpagne, anciennement par le Roy Charlemagne, pour les grans ſeruices qu'iceux Vicomtes de Couzerans lui auoient fait, luy eſtant en Eſpagne contre les Infidéles ; & auſſi qu'ils auoient chaſſé hors du pays de Commen-*

# SVR L'HISTOIRE DE S. LOVYS. 77

*ge les Sarrazins, qui le tenoient occupé, & l'auoient remis en l'obeïssance du Roy Charlemagne.*

IOSSERANT DE BRANÇON]. Iosserand I I. du nom Seigneur de Brancion, (*Brancidunum* en Latin) fils de Henry Gros, & petit fils de Iosserand I. Seigneurs de Brancion. Il accompagna Baudoüin II. Empereur de Constantinople, lors qu'il alla recueillir l'Empire aprés la mort de Iean de Brienne son beau-pere, ainsi qu'Alberic écrit. Il épousa Marguerite de Vienne, fille de Gaucher Sire de Salins, & en procrea Henry III. du nom, pere de Marguerite mariée à Bernard de Choiseul Seigneur de Traues vers l'an 1272. Le Sire de Ioinuille dit en cét endroit que Iosserand estoit son oncle ; ce qu'André Du Chesne en l'Histoire de la Maison de Vergy l. 2. ch. 6. croit deuoir estre entendu à la mode de Bourgongne, vray-semblablement du chef de sa mere. Alberic en l'an 1193. A. Du Chesne au lieu cité, M. Guichenon en son Hist. de Bresse 1. part. ch. 36. & en sa Bibl. Sebusiane p. 174. 244. 344. 357. 366. 433. 434. 437. 444. & 445. Claude de S. Iulien aux Antiquitez de Mâcon p. 282. 319. 346. le P. Vigner en ses Geneal. d'Alsace & de Lorraine, M. Perard aux Memoires de Bourgogne p. 496. 522. & autres, ont amplement parlé de cette famille.

DV COMTÉ DE MASCON] Iean de Dreux, ou de Braine, fils de Robert II. Comte de Dreux & de Mâcon, acause de sa femme Alix, fille vnique de Gerard Comte de Vienne, du chef de laquelle il estoit cousin de Iosserand Seigneur de Brancion, acause de sa femme Marguerite de Vienne, fille de Gaucher de Vienne Sire de Salins, qui fut frere puîné de Guillaume Comte de Mâcon, pere de Gerard.

CAR QVANT VN ROY] C'est encore la coûtume des Turcs de composer leur principale milice, qui est celle des Iannissaires, des enfans de tribut, enuoyans à cét effet de cinq ans en cinq ans des Commissaires dans les prouinces de leur obeïssance, pour en enfans des Chrétiens, qu'ils font instruire en leur loy, & ausquels ils apprennent les exercices de la guerre. Ces soldats ainsi aguerris, ne connoissans ni leurs parens, ni leur extraction, ne reconnoissent pour pere & pour protecteur que le Grand Seigneur; ce qui est parmy les Infidéles vne des principales & des meilleures maximes de leur politique, quoy que contraire à la loy de la Nature. V. sur ce sujet G. de Tyr l. 13. ch. 23. Aython ch. 50. Sanudo l. 1. part. 3. ch. 2. l. 2. part. 2. c. 6. Pachymeres en son Hist. MS. l. 3. c. 3. Iean Leon en sa descript. d'Afrique l. 9. p. 275. & particulierement le Discours & les remarques de M. de Breues Ambassadeur pour le Roy en Turquie, au Traité qu'il a fait Des moyens asseurez de ruiner le Turc. *Pag. 55.*

DE LA HAVLCQVA] L'Edit. de Poitiers, *de la Halcqua.*

ADMIRAL] C'est à dire, ainsi que le Sire de Ioinuille explique ce mot, Capitaine, ou Gouuerneur de prouince & de place, Chef d'armée, ou de troupes. Ce mot vient de l'Arabe *Amir*, ou *Emir*, qui signifie Seigneur, selon Guill. de Tyr l. 21. ch. 23. Rigord en l'an 1195. Sanudo l. 3. part. 3. ch. 5. *Mariana* en l'Hist. d'Espagne l. 6. ch. 11. Victor Cayet *in paradigm. 4. linguar.* M. de Marca en son Hist. de Bearn l. 2. ch. 2. n. 11. Leunclau. Watsius, & autres. La méme chose est remarquée par le Sire de Villerual en ses voyages MSS. au chap. *De la condition & nature des Soudans, de leurs Amiraux, & Esclaues*, &c. *Item à toujours, comme on dit, ledit Soudan de Babylone, tant au Kaire, comme assez prés là enuiron dix mille esclaues à ses gaiges, qu'il tient comme ses gens d'armes, qui lui font sa guerre, quand il en a mestier, montez aucuns à deux cheuaux, & les autres qui en ont plus, ou moins. Et'est assauoir que iceux esclaues sont d'estranges nations, comme de Tartarie, de Turquie, de Bourgerie, (Bulgarie) de Honguerie, de Sclauonie, de Walasquie, & de Roussie, & de Gresse ; tant de pays Chrestiens que d'autres : & ne sont point appellez esclaues du Soudan, s'il ne les a acheptez de son argent, ou ne lui sont enuoyez de present d'estranges terres. Et en ces esclaues chy se confie du tout pour le garder de son corps, & leur donne femmes & casals,* *Pag. 56.*

K iij

78     OBSERVATIONS

*cheuaux & robes, & les met sus de ioneſſe petit à petit, en leur monſtrant la maniere de faire la guerre. & ſelonc ce que chaſcun ſe prent, il fait l'vn Amiral de dix lances, l'autre de vingt, l'autre de cinquante, & l'autre de cent, & ainſi en montant deuiennent l'vn Amiral de Hieruſalem, l'autre Roy & Amiral de Damaſq, l'autre grant Amiral du Kaire, & ainſi des autres Officiers du pays.* Ce mot d'*Amiral* eſt exprimé diuerſement dans les Auteurs. Ils ſont nommez par les Grecs Αμηραἰ, Αμηραῖοι, & par les Latins du moyen temps *Amirabiles*, *Admiraldi*, &c. Tant y a qu'il eſt conſtant que nous auons emprunté de ces nations infidéles, le terme d'*Amiral*, que nous donnons vulgairement aux Chefs des armées nauales, parce qu'elles appelloient ainſi les leurs.

Avoient gagné du bien] M. de Breues au Traité que je viens de citer, remarque que c'eſt encore la forme d'agir des Turcs.

Les Comtes de Montfort et de Bari] Qui furent pris & deſfaits par ceux de Gaza l'an 1239. Voyez G. de Nangis en la vie de S. Louys, & Sanudo l. 3. part. 15. ch. 15.

Le Roy d'Armenie] Conſtans. Voyez Vincent de Beauuais l. 3. ch. 29.

Avoit vn fils] Il ſe nommoit *Aſmoaddamo Gajiat-addin Tarancſiac*; ſuiuant la Chronique Orientale; ou *Melec-Eſmahadin*, ſuiuant le fragment, *De ſtatu Saracenorum, to. 5. Hiſt. Franc.* p. 432. & la Chronique Françoiſe MS. de Guillaume de Nangis. L'épître de S. Louys dit qu'il vint à Maſſoure, *de partibus Orientis*, treize jours après la mort de Frachardin, ſelon la Chronique Orientale, c'eſt à dire vers le 22. jour de Feurier. Voyez cy-deuant où il eſt parlé de ſa mort.

Pag. 57.   Les verges d'or] Les Grecs recens appelloient ces verges des Magiſtrats & des Officiers du Palais de Conſtantinople, δικανίκια, ainſi que nous apprenons de Codin, comme eſtant vne marque de ſuperiorité & de juſtice.

Careſme entrant] Il appelle ainſi le Mardy de Careſme-prenant. Vn titre de l'an 1196. aux Preuues de l'Hiſt. de Sauoye de Guichenon p. 45. *à Natali Domini vſque ad Carementrannum.*

La chair des iambes nous deſſeichoit] *Chronicon incerti Autoris* dans l'Hiſtoire des Comtes de Toloſe de M. Catel en l'an 1250. *Infirmitas verò multa oritur in exercitu Chriſtiano dolore maxillarum & dentium, & tibiarum tumore, qui infra paucos dies morabatur, vixque ſufficiebant mortuos ſepelire.*

Pag. 59.   Hvgves de Landricovrt] Ce Seigneur ou ſon pere, paroît au Cartulaire de la Chambre des Comptes de Paris; en deux titres de Simon Sire de Ioinuille des années 1210. & 1218.

Pag. 60.   Traité de levr accord] Sanudo l. 2. part. 2. ch. 9. dit que par ce Traité le Sultan de Babylone offrit de laiſſer au Roy la ville de Damiete, auec le pays ajacent, pour le laiſſer habiter aux Chrétiens qui demeuroient dans l'Egypte, nommez pour lors *Chriſtiani de cinctura : quia cingulum portabant latum, & veſtimentum, per quod recognoſcebantur ab aliis* ; ( *Iacobitis ſcilicet & aliis Chriſtianis.* ) Ainſi qu'il eſt remarqué dans la Chronique d'Oderic de Frioul, qu'il a conduite juſques au Pontificat de Benoît XII. auquel endroit ils ſont appellez *Centurini*.

Pag. 61.   La menoison] Le Lapidaire MS. au chap. *des Emathyſtes : Ele oſte morte char de plaie, & eſtanche meniſoun.*

Garrots] Traits d'arbaleſtes, ou plûtôt d'eſpringalles. Guillaume Guiart en l'an 1304.

   *Quarriaus traient au cliqueter,*
   *Et font l'eſpringalle geter,*
   *Li garros qui lors de là iſt,*
   *Les plus vigueureus esbahit.*

Plus bas:
   *Et font geter leurs eſpringales,*

# SVR L'HISTOIRE DE S. LOVYS. 79

*Cà & là sonnent li clairain,*
*Li garrot empané d'arain*
*Laissent leur lieus de ce me vent,*
*Pluistost que tempeste ne vent.*

En la méme année:
*Espringales font leur seruise,*
*Dont li garrot en main lieu saillent.*

Fauchet deriue ce mot de *quadrellus*, duquel les Auteurs du moyen temps se seruent pour *quarreau*, ou *trait d'arbaleste*. M. Ménage croit qu'il vient de *verutum*, diminutif de *veru*.

Fv PRINS LE ROY] Le 5. jour d'Auril. V. Vincent de Beauuais l. 32. ch. 100. &c. L'Auteur de la vie de S. Boniface Euesque de Lauzanne ch. 4. n. 15. dans *Bolandus* au 19. de Feurier, remarque que S. Louys estant outremer, il vint vne voix du Ciel, qui dît à ce saint Euesque, durant qu'il estoit en prieres, *Scias pro certo Regem Franciæ hodie tradi in manus gentium, & multos è populo suo occidendos, & reliquos duci captiuos*. Ce qui arriua.

PHILIPPES DE MONTFORT] Qui fut depuis Seigneur de Tyr. Ie parle de luy & de sa Maison en mes Familles d'Orient.

LEVRS TOVAILLES] Leurs turbans, qui sont faits ordinairement de seruiettes ou d'autres linges entortillez, le Sire de Ioinuille en la p. 102. *& saichez que de celles toüailles ils receuoient de grans coups. pourtant les portoient-ils quant ils alloient en bataille: & sont entortillées l'vne sur l'autre durement.* Vincent de Beauuais l. 32. ch. 55. parlant de Saphadin: *Ipse quidem Saphadinus equitans filios suos visitaturus innoluitur purâ syndone caput.* Ce que le Traité M S. des voyages d'outremer a ainsi traduit: *Saphadin li peres, quant il cheualche, va voir ses fiex, si cheualche sa teste counert d'vn vermeil samit.* Voyez *Leunclauius* in Pand. Turc. n. 240. Les Auteurs Latins du moyen temps ont tourné diuersement ce mot de *toüaille*. La Chronique de Fontenelle vse du mot de *Toacula*, Odoric de Frioul de *Toalia*, le Ceremonial Romain M S. de *Tobalea*, Iean de Genes, ou *de Ianua* de *Togilla*. Kero Mon. *Mappula, Dnuahila*.

OR EN PAŸENNIE] Il repete la méme chose encore cy-aprés: & il est probable que c'estoit vne façon d'agir, qui estoit commune aux peuples infideles, puisque les Annales de France tirées de l'Eglise de Mets en l'an 884. l'attribuent aux Normans. *Pag. 62.*

SVR L'ESCOT DE MON VAISSEL] L'Edition de Poitiers porte *sur lesire*. *Pag. 63.*

MONFAVCON DE BAR] V. l'Histoire de la Maison de Bar d'André Du Chesne page 18. *Pag. 66.*

DE L'EMPEREVR D'ALEMAIGNE] Frederic II. qui auoit esté couronné Roy de Hierusalem, & tenoit toutes les places de ce Royaume.

OV DE L'OSPITAL DE RHODES] Ce passage, qui se trouue aussi dans l'Edition de Poitiers, me confirme dans la créance que cette Histoire a esté alterée dans le langage, & mémes en des points essenciels, qui marquent assez que quelques-vns ont touché au discours du Sire de Ioinuille, qui n'est pas si net que celuy-cy, comme il est aisé d'inferer de sa lettre originale que j'ay inferée en son Eloge: veu qu'outre cette circonstance, & les autres que j'ay remarquées, il faut, ou que luy-méme, ou quelque autre l'ait recorrigée aprés l'an 1308. auquel les Cheualiers de S. Iean de Hierusalem s'emparerent de l'Isle de Rhodes sur les Turcs, suiuant Iean Villani l. 9. ch. 104. & où ils s'establirent ensuite.

EN BERNICLES] Voyez la XIX. Dissertation, où il est parlé de ce tourment. *Pag. 67.*

DIX CENS MILLE BEZANS D'OR] Ie reserue à traiter de la rançon de S. Louys en la XX. Dissertation. *Pag. 68.*

BARGVIGNER] C'est à dire marchander. Vn statut pour les Marchans de Paris dans Brodeau sur la Coûtume de Paris art. 89. *Si vne personne bar-gnine denrée à l'estail, ou à l'ouuroer d'vn Marchand, où il vent achepter*, &c. Les Anglois vsent du mot de *bargaine* pour exprimer vn traité , ou vne conuention. Les Capitulaires de Charles le Chauue tit. 28. *Quia & fœminæ barcaniare solent.* où le P. Sirmond dit que *barcaniare, est licitando cunctari*. Vn titre de S. Bernard Abbé de Cleruaux de l'an 1145. qui se lit dans le Cartulaire de l'Euêché d'Auxerre, en explique mieux la force, suiuant le sens de nostre Auteur : *De illis qui pisces vendunt, Comes habet 4. creditarios , in quibus Episcopus nihil accipit. Si ad alios thelonearius Episcopi primus aduenerit, & primus barguinauerit, tantum accipiet, quantum Curia Episcopi necesse habebit, & thelonearius Comitis faciet, si pariter venerint , pariter accipient quod inuenient. Similiter in aliis victualibus facient.* Il est incertain si le mot de *Barganaticum*, qui est vn droit & vne leuée, dont il est fait mention en quelques titres de Charlemagne & autres anciens, qui se lisent dans la Chronique de Verdun de Hugues Abbé de Flauigny en l'an 755. & dans l'Hist. de l'Abbaye de S. Denys de Doublet p. 708. 709. a quelque rapport à cette signification , & si c'estoit vn droit qui se leuoit sur les marchandises qui se vendoient dans les marchez, ou bien si c'en estoit vn qui se leuât sur les barques des riuieres. Ioseph *Scaliger* sur *Festus* , estime que ce mot vient de celuy de *bargena* des Latins, dont la signification neantmoins, que Cujas sur la Nouuelle 43. luy donne , n'a rien de commun auec le barguignement.

*Pag. 70.* ILS LE TVERENT] Vne Chronique publiée par M. Catel en l'an 1249. dit que le Sultan fut tué par les siens au sujet de rançon , qu'il auoit exigée de S. Louys. Le Sire de Ioinuille écrit qu'il fut tué par ceux de la Haulqua : Mathieu Paris dit qu'il fut empoisonné par ses Chambellans : Aython ch. 52. dit que ce fut par les Comains , & enfin la Chronique Orientale dit que ce fut par les Mameluchs : ce qui est aisé à concilier ; car le Sire de Ioinuille a dit cy-deuant, que les Cheualiers de la Haulqua estoient vne des milices des Sultans d'Egypte composée des enfans de tribut. Aython ajoûte que ces enfans de tribut estoient Comains , & que Melec-Sala Sultan d'Egypte ayant appris que les Tartares qui auoient enuahy le Royaume de Comanie, vendoient à vil prix les paures habitans de ce pays là, y enuoya certains marchans auec de grandes sommes de deniers , qui acheterent vn grand nombre de petits enfans, lesquels il fit conduire en Egypte , & qu'aprés leur auoir fait apprendre tous les exercices de la guerre, il les choisit pour estre de sa garde : Leur départit les gouuernemens des Prouinces , & les principaux emplois de ses armées. D'où vient que Guillaume de Nangis, & le Fragment de l'Etat des Sarrazins sous S. Louys au tom. 5. des Hist. de France, disent , que le Sultan fut tué par soixante Amiraux, qui estoient de ces Comains. Ces soldats étrangers estoient nommez *Mameluchs* , en Langue Arabesque, ainsi que nous apprenons de Guill. de Tyr l. 21. chap. 23. ce qui nous découure la raison pourquoy la Chronique Orientale écrit que le Sultan fut tué par les Mameluchs.

*Pag. 73.* LA VILLE DE DAMIETE] Elle estoit pour lors en la garde du Duc de Bourgogne & d'Oliuier de Termes : & le Legat, & nombre de Prelats s'y estoient sauuez : la Reine de France y estoit pareillement, ainsi que Mathieu Paris écrit. Aython ch. 54. dit que les Sarrazins , aprés qu'elle leur eut esté remise entre les mains, la ruinerent, & la rendirent deserte & inhabitée : & éleuérent vne nouuelle ville plus éloignée du fleuue & de la mer , à laquelle ils donnérent le nom de nouuelle Damiete. Sanudo l. 3. part. 11. ch. 10. ajoûte que cette nouuelle ville fut commencée vers l'an 1220. lorsque les Sarrazins voulurent bloquer la ville de Damiete, qui auoit esté prise par Iean Roy de Hierusalem, s'estant campez au delà du riuage du fleuue, & y ayant construit plusieurs maisons, & formé vne espece de ville , à laquelle ils donnérent deslors le nom de nouuelle Damiette.

*Pag. 74.* MORENTAIGNE] Mauritanie.

# SVR L'HISTOIRE DE S. LOVYS.

**Novs esperions**] *Esperer*, pour craindre, se trouue assez souuent dans *Pag. 75.*
nos vieux Auteurs François. Nostre Sire de Ioinuille p. 24. *Et esperions estre tous
en peril de mort*. Et en la p. 64. *I'esperoie beaucoup plus la mort, que la vie*. Les
Latins mêmes en ont vsé. *Autor Breuiloqui, Achirologia, est dictio impropriè posita, vt timeo requiem, spero laborem*. La loy 25. au Code Theodosien, *De petitionib.
& vltro dat. Cùm per Illyrici partes barbaricus speraretur incursus*.

**Phelippe de Nemovrs**] Celuy qui vendit la ville & la Châtellenie *Pag. 75.*
de Nemours au Roy S. Louys. Voyez la Genealogie de cette famille en l'Hist.
de la Maison de Dreux l. 2. ch. 1.

**Le Mareschal de France**] Alberic Clement, qui suiuit le Roy
S. Louys en ce voyage. V. la Chr. de Flandres chap. 20.

**Le Maistre de la Trinite'**] Nicolas, Général de l'Ordre des Mathurins,
que l'on appelloit en ce temps-là, l'Ordre des Asnes, *eo quòd asinos equitabant, non
equos*, ainsi que porte vne vieille Chronique en l'an 1198. *to. 2. Spicileg*. Vn
Compte de l'Hostel du Roy de l'an 1330. *Les freres des asnes de Fontainebliaut,
où Madame fut espousée*. Alberic en sa Chronique, & Iacques de Vitry en son
Hist. d'Occident ch. 25. remarquent pareillement que ceux de cét Ordre, *humilitatis Christi formam expressiùs imitantes, aut pedibus ambulant, aut super asinos
equitantes incedunt*. Ce Général mourut l'an 1256.

**Av poids de la balance**] On reconnoît de ce discours que ce que *Pag. 76.*
Louys Lasserré Prouiseur du College de Nauarre a mis en auant sur ce sujet,
en la vie de S. Louys, laquelle il a dediée auec celle de S. Hierôme, à Louyse
de Bourbon Abbesse de Fonteuraud, & qui a esté imprimée sans le nom de
l'Auteur l'an passé, n'a esté que sur vne erreur populaire : écriuant que la rançon du Roy ayant esté arrêtée à huit cens mille Bezans d'or, elle fut aussi-tôt
forgée à Paris en pareil nombre de Bezans, sous la foule du peuple, & enuoyée
par Charles, Comte d'Anjou son frere, que le Roy S. Louys auoit renuoyé exprés en France pour cét effet. Peut-estre ce que Mathieu Paris raconte en l'an
1250. p. 521. a donné lieu à cét Auteur d'auancer cecy, cét argent ayant esté
enuoyé de France, durant qu'il estoit aux enuirons de Damiete, attaqué de
tous côtez par les Sarrazins. C'est encore vne autre erreur populaire, que S.
Louys paya pour sa rançon autant d'or qu'il pesoit, & qu'il se fit mettre à cét
effet dans vne balance : le terme de Bezans ayant formé l'équiuoque. La
Chronique M S. de Bertrand du Guesclin :

> ✦*Vn jour estoit* ✱ *li Princes leués de son disner*,   ✱ *de Galles.*
> *En chambre de retrait estoit voulu aller*,
> *Auec ses Barons aus espices donner*,
> *Et tant que li Baron prirent à deuiser*.
> *Et d'armes & d'amours, & beaus fais recorder*,
> *De mors, de Cheualiers, de prisons racheter*,
> *Et de pluseurs estats, & des fais d'outremer*,
> *Et comme Saint Louys pour son ame sauuer*,
> *Se laissa prendre en Tunes, & il se fit peser*
> *De fin or en balance, pour son cors deliurer*.

Ie ne veux pas oublier en cét endroit ce que j'ay remarqué dans le Registre
de la Chambre des Comptes de Paris, intitulé *Noster*, qui m'a esté communiqué par Monsieur d'Herouual, que pour fournir la rançon de S. Louys, on
emprunta, ou plûtost l'on prit sur la dépense de son Hostel la somme de 167102.
liures. L'extrait que j'en ay tiré nous apprenant plusieurs circonstances, qui
regardent le regne de S. Louys, & des autres Rois de France, j'ay creû que j'obligerois le public si je l'inserois entier en cét endroit.

*Domina Margareta Comitissa Valesii mater Regis Philippi de Valesio obiit in festo S.
Siluestri anno 1299.*

*Dom. Catharina Comitissa Valesii Imperatrix CPolitana obiit Mart. post S. Siluestrum 1307.*

Partie II.    L

## OBSERVATIONS

D. *Carolus Comes Valesii pater Reg. Philippi de Valesio ob. 16. die Decemb. 1325.*
*Ludouicus de Valesio filius dicti Comitis & frater dicti Regis ob. 2. die Nou. 1328.*
*Rex Philippus de Valesio recessit de Pissiaco de nocte 13. die Iunii 1330. pro eundo in*
 *Massiliam & Auenionem peregrè.*
*Comes Pictauensis ob. an. 1271.*
*S. Ludouicus obiit crastino S. Barthol. 1270. pro cujus redemptione captæ fuerunt per*
 *hospitium suum an. 1250. 167102. lib. 18. sol. 8. d. Tur.*
*Rex Philippus filius suus obiit ante Candelos an. 1285.*
*Rex Philippus Pulcher filius dicti Regis Philippi ob. an. 1316.*
*Rex Ioannes filius Reg. Ludouici obiit in ætate 8. dierum.*
*Rex Philippus Magnus filius Regis Philippi Pulchri, & frater Regis Ludouici obiit*
 *2. Ian. 1321.*
*Rex Carolus frater dicti Regis Pulchri & Ludouici obiit 1. Febr. 1327.*
*Militia dictorum trium fratrum fuit in Pentecoste 1313.*
*Rex Philippus de Valesio natus fuit an. 1293. & deuenit ad Regnum mense Febr. 1327.*
 *Coronatus fuit die S. Trinit. 1328. & habuit victoriam contra Flamingos 23. Augusti.*
*Ad Magdalenam 1294. dicitur incepisse secundum viagium Vasconiæ pro guerra.*
*Anno 1324. incœpit alia guerra Vasconiæ.*
*Terra Ducatus Aquitaniæ fuit in manu Regis Franc. ab O. S. (omnib. Sanctis) 1299. vs-*
 *que ad 3. diem post O. S. 1304. quo fuit reddita Regi Angliæ.*
*Expensæ hospitii S. Ludouici vltra mare pro anno finito ad Ascen. 1251. 48558. lib.*
 *14. sol. 1. den. Tur. & pro gentibus armorum & nauigiis 240400. lib. 14. d. Tur. apud*
 *Accon. & Tyrum.*
*Redemptio dicti Sancti eodem anno 167102. lib. 18. s. 8. d. Tur.*
*Dieta sine guerra & redemptione pro expensis per diem 133. lib. 9. den. Tur.*
*Expensæ ejus hospitii pro anno finito ad Ascensionem 1252. 56407. lib. 18. sol. 10. d.*
 *Tur. & pro gentibus armorum & nauigiis 212164. lib. 13. sol. 11. den. Tur. apud Ac-*
 *conem & Cæsaream ac Castellum.*
*Dieta sine guerra 154. lib. 10. s. 10. den. Tur. pro expensis per diem.*
*Expensæ ejusdem hospitii pro anno finito ad Ascens. 1253. 60680. lib. 10. s. 10. d. Tur. &*
 *pro guerra seu gentib. armorum ac nauigio 270547. lib. 15. s. 5. den. Tur. apud Ioppem.*
*Dieta sine guerra pro expensis per diem 166. lib. 4. s. 11. d. ob. Tur.*
*Dictus S. Ludouicus expendit pro passagio vltramarino ab Ascens. Dom. 1247. vsque*
 *ad Ascens. 1256. per 5. annos 1537570. lib. 13. s. 5. d. ob. Tur. & arripuit iter circa om-*
 *nes Sanctos 1248. & rediit an. 1254.*
*Dom. Karolus Comes Valesii pater Regis Philippi de Valesio expedit. pro viagio Ro-*
 *maniæ pro toto 115960. lib. 19. s. Tur. fort. ab anno Dom. 1302. vsque ad ann. 1313.*
*Valor omnium terrarum Domini Vales. pro vno anno 24000. lib. fort.*
*Valor Regni super Thesaur. 2334000. lib.*
*Expensa totalis pro Coronamento S. Ludouici mense Nou. 1223. 40334. lib. 14. s. P.*
 *captæ super Regem per Comput. hospit. mense No.*
*Expensæ totalis Coronationis Regis Philippi Audacis filii sui 12931. lib. 8. s. id cap-*
 *tum per compotum hospitii ad O. S. 1271.*
*Expensæ totalis pro coronatione Reginæ consortis suæ 22564. lib. 12. s. 5. d. prout in*
 *magna recepta Ascens. 1275.*
*Expensæ totius coronationis Regis Philippi Pulchri 24560. lib. 72. sol. P. captæ per tem-*
 *plum ad candelos. 1285. & pro Militia sua 14684. lib. 12. d. captæ in magna recepta*
 *omn. Sanctor. 1284.*
*Expensa coronationis Regis Ludou. filii sui 20824. lib. 15. s. 2. d. ob. P. captæ per com-*
 *potum hospit. ad Natiuit. Dom. 1315.*
*Expensæ hosp. Reg. S. Lud. pro anno 1271. 111688. lib. 14. sol. 2. d. P.*

Expensæ ⎰ *Hospitii Reg. Philippi Pulchri pro anno 1301. 267888. lib. 14. s. 10. d.*
 ⎪ *Hosp. Ludouici filii sui pro anno 1315. 209771. lib. 16. s. 2. d.*
 ⎨ *Hosp. Philippi Magni fratris dicti Ludo. 184332. lib. 19. s. 11. d. pro vno an.*
 ⎪ *Hosp. Karoli fratris sui . . . .*
 ⎩ *Hosp. Philippi de Valesio Regis moderni pro an. 1329. 347457. lib. 17. s. 6. d.*

## SVR L'HISTOIRE DE S. LOVYS.

ALVME, ALVME] L'Edition de Poitiers porte auec ces mémes mots, qui *Pag.* 77. veulent dire, alumez la chandelle pour voir la bouſſole, & l'endroit où il faut faire voile. C'eſt ainſi que j'eſtime qu'il les faut interpreter. Hugues de Bercy, qui viuoit ſous le regne de S. Louys, en ſa Bible Guyot, dans la deſcription qu'il fait de l'vſage de la bouſſole de ce temps-là, dit que dans l'obſcurité de la nuit les Nautoniers, pour ne pas s'égarer de leur route, faiſoient allumer vne chandele, pour regarder de temps en temps l'aiguille.

 *Quant la nuit eſt obſcure & brune,*
 *Qu'on ne voit eſtoile ne lune,*
 *Lors font à l'aiguille allumer,*
 *Puis ne peuuent-ils s'égarer.*

Voyez Eſt. Paſquier en ſes Recherches de la France l. 4. ch. 25.

IACQVES DV CHASTEL] André Du Cheſne en l'Hiſtoire de la Maiſon *Pag.* 78. de Châtillon l. 11. ch. 6. & ceux qui ont dreſſé le Catalogue des Eueſques de Soiſſons le nomment Guy, & le font fils de Raoul Seigneur de Châteauporcean & d'Agnes de Bazoches. Vincent de Beauuais l. 32. ch. 96. fait mention de luy & de ſon voyage d'Outremer.

NAZAC] L'Edit. de Poitiers, *Nazart.*

TRISTAN] Guillaume Guiart:            *Pag.* 79.
 *L'enfant a trés-grande deſtrece,*
 *Et voult que nom li meiſt an*
 *Sans rapel nul Iean Triſtan.*

Ce Prince fut encore ſurnommé de Damiete pour y auoir pris naiſſance. Le Cartulaire de l'Eueſché de Paris de feu M. du Puy : *A. 1266. Ioannes dictus de Damiete, filius illuſtriſſimi Regis D. Ludouici,* &c.

IOVOIT AVX TABLES] Entre les Ordonnances qui furent faites pour *Pag.* 80. la diſcipline, qui eſtoit à obſeruer dans ces voyages d'Outremer, fut la défenſe des dez : *Statutum eſt etiam, vt nullus enormiter juret, & quòd nullus ad aleas, vel ad decios ludat.* Dans Guill. de Neubourg l. 3. ch. 23.

LES TABLES EN MER] Aprés ces mots, l'Edition de Poitiers repreſente vn Chapitre entier, qui manque dans l'Edition du ſieur Ménard, en ces termes : *Quant nous arriuaſmes en Acre, ceus de la Cité vindrent au deuant du Roy, pour le receuoir juſques à la riue de la mer, auec les proceſſions à trés grand' joye. Ie voulus monter ſur vn palefroy, qu'on m'auoit amené de la ville : mais auſſi-toſt que je fus deſſus, le cœur me faillit : enſorte que je fuſſe tombé par terre, n'euſt eſté que celui qui auoit amené le cheual, me tenoit bien ſerré, & à grand' peine me peut-on conduire juſqu'en la ſale du Roy : & là demourai en vne feneſtre long-temps, que perſonne ne tenoit compte de moy, & n'auois auec moy, de tous mes gens que j'auois amenés en Egypte, qu'vn jeune enfant, qui auoit nom Barthelemy, & eſtoit fils baſtard de Monſieur Amé de Montbelliar Seigneur de Monfaucon, duquel je vous ay parlé cy-deuant. Et ainſi que j'eſtois là attendant, il me vint vn jeune compagnon, qui portoit vne cotte vermeille à deus royes jaunes, qui me ſalua, & me demanda ſi je le connoiſſois point : & je lui reſpondis que non : alors, il me va dire, qu'il eſtoit natif du Chaſteau Deſcler, qui eſtoit à mon oncle : & me demanda ſi je le vouloit retenir à mon ſeruice, & qu'il n'auoit point de maiſtre, ce que je lui accorday trés bien, & le retin mon varlet. Tantoſt il m'alla querir des coiffes blanches, & me pigna moult bien. Aprés cella, le Roy m'enuoia querir pour diſner, & menai quant & moi mon nouueau varlet : lequel couppa deuant moi, & trouua maniere d'auoir viures pour lui & pour le jeune enfant. Aprés le diſner, celui nouueau varlet, qui s'appelloit Guillemin, m'auoit pourchaſſé vn logis tout auprés des bains : affin de me nettoier de l'ordure & ſalleté que j'auois gaignée en la priſon : & quand ſe vint ſur le ſoir, il me miſt dans les bains : mais auſſi-toſt que je fus entré dedans, le cœur me paſma, & m'en allai à l'enuers en l'eau : en ſorte qu'à grand' peine me peut-on tirer vif, & m'apporter juſques en ma chambre. Et deués ſçauoir que je n'auois aucun accouſtrement, qu'vne pouure jaquete, n'aucuns deniers pour en auoir,*

Partie II.                         L ij

ne pour me gouuerner en ma maladie : qui me donnoit si grand' tristesse en mon ame, que j'estois plus tourmenté de me voir en telle extréme indigence, que de me sentir si griefuement malade come j'estois. Come j'estois en telle perplexité, de bonne heure me vint voir vn Cheualier, qui auoit nom Messire Pierre de Bourbrinne, lequel me voyant en si piteus estat, me reconforta à son pouuoir, & me fist deliurer des draps pour me vestir, par vn marchant de la ville d'Acre, & lui mesme respondit pour moi au marchant. Et quant se vint au bout de trois jours, que je fus vn peu guari, & renforcé, je m'en allai deuers le Roy, lequel me blasma fort, dont j'auois esté si long-temps sans le voir : & m'enchargea sur tant que j'auois son amour cher, que je de-mourasse à manger auec lui, soir & matin, jusques à tant qu'il eust auisé si nous en irions en France, ou demeurerions là. Tandis que je fus là auec le Roy, je me complaignis à lui de Messire Pierre de Courcenai, qui me deuoit quatre cens liures de mes gages, qu'il ne me vouloit paier : mais le Roy me fist desliurer incontinent ladite somme de quatre cens liures, dequoy je fus bien joyeus : car je n'auois pas vn poure denier. Quant j'eu receu mon argent, Messire Pierre de Bourbrinne, que j'a-uoie retenu auec moi, me conseilla que je n'en retinsse que quarante liures pour ma despense, & que je baillasse en garde le demourant au Commandeur du Palais du Temple, ce que je fis volontiers. Et quant j'eu despendu ces quarante liures, j'en enuoiai querir autres quarante : mais le Commandeur du Temple me manda qu'il n'auoit aucuns deniers qui fussent à moi : & qui pis estoit, qu'il ne me connoissoit point. Quant j'eu entendu cette response, je m'en allai vers le Maistre du Temple, qui auoit nom Frere Regnaut de Bichiers, auquel j'apportois nouuelles du Roy, & puis après lui di mon infortune, & me plaignis à lui du Commandeur du Palais, qui ne me vouloit rendre mes deniers, que je lui auois baillés en garde : & aussi-tost que je eu dit la parolle, il s'effroia asprement, & me dist : Sire de Ioinuille, je vous aime trop, mais si vous voulés maintenir tel langage, jamais je ne vous voul-drois plus aimer : car il sembleroit à vostre parler, & ainsi que maintenés, que nos Re-ligieus fussent larrons. Et je lui respondi alors que je ne tairois pas la chose, & que c'estoit bien force que j'eusse mes deniers : car je n'auois pas vn blanc pour viure : & sans autre response me despartis ainsi de lui. Et vous assure que je fus en grand' fascherie de mon argent quatre jours durant, & ne sçauois à quel Saint faire vœu pour le recouurer. Durant ces quatre jours, ne fis autre chose qu'aller & reuenir, pour trouuer quelque moien pour le r'auoir. Au bout de quatre jours, le Maistre du Temple vint deuers moi en sousriant, & me dist qu'il auoit trouué mes deniers, & de fait les me rendit, dont je fus bien aise, car j'en auois grant besoing : ne donnai plus la peine à ces Religieus de garder mon argent. Ce discours fait voir que Guil-laume de Sonuac Maître du Temple mourut incontinent après la bataille de Massoure, & peut-estre il y fut tué, puisque Renaud de Vichiers lui auoit succédé lors que le Roy retourna en la Terre Sainte après sa prison. Vn titre qui se voit au Cartulaire de l'Eglise d'Auxerre de l'an 1247. lui donne la qua-lité de *Domorum Militiæ Templi in Franciâ Magister.* Il y en a d'autres dans le Trésor des Chartes du Roy, *Laiette Champagne V I. Titre 100.* qui lui attribuent celle de Maître du Temple en l'an 1255. & Sanudo l. 3. part. 12. ch. 5. dit qu'il suiuit le party des Venitiens en la guerre qu'ils eurent auec les Genois en l'an 1257.

*Pag.* 81. LE COMTE DE IAPHE] Iean d'Ibelin. V. cy-dessus la p. 29.

GVILLAVME DE BELMONT] Ie crois que c'est celui qui paroît au Cartulaire de l'Euesché de Paris, où il fait hommage à l'Euesque pour sa Sei-gneurie de Pierre-Fite l'an 1263.

*Pag.* 82. LE PRINCE D'ANTIOCHE] Boëmond V. Prince d'Antioche & Com-te de Tripoly, qui mourut l'an 1261.

POVLAINS] L'Auteur de la vie de Louys le Gros explique la force de ce mot au ch. 24. *Pullani dicuntur, qui de patre Syriano & matre Francigena gene-rantur.* A quoy se rapporte ce que Sanudo l. 3. part. 8. ch. 2. dit sur le même sujet ; *Illustrium virorum qui ad Terræ Sanctæ tuitionem, perfectámque illius de jugo servitutis liberationem in ipsâ manserunt, degeneres filii, qui ab illis descenderunt, vt rubigo de argento, amurca de oleo, fex de vino, possessionum illorum successores, non morum, Pulani vocantur.* Iacques de Vitry l. 1. ch. 67. parle encore de ces Poulains, & dit qu'ils furent ainsi nommez, parce qu'ils estoient originaires de la Pouïlle : *Pullani dicuntur, qui post Terræ Sanctæ liberationem ex eâ oriundi extiterunt : vel quia recentes, & quasi noui pulli, respectu Surianorum reputati sunt : vel quia principaliter de gente Apuliæ matres secundùm carnem habuerunt. Cùm enim in Occidentali principum exercitu paucas mulieres, respectu virorum, adduxissent nostri, qui in Terrâ Sanctâ remanserunt, de regno Apuliæ, eo quòd propius esset aliis regionibus, vocantes mulieres cum eis matrimonia contraxerunt.* Voyez le même Auteur au ch. 72. Il est encore probable que nos François donnerent ce nom à ceux qui estoient sortis de ces conjonctions irregulieres, acause qu'ils ressembloient à ces jeunes poulains échappez qu'on ne peut arrêter, *Illustrium virorum degeneres filii*, ainsi que Sanudo écrit. Le Sire de Ioinuille dit que l'on appelloit ainsi les paysans de la Terre Sainte, & que ce terme passoit pour vne injure en son temps : ce qui est confirmé par ces vers du Roman de Garin le Loherans :

*Quant li gloton lecheor de pulin
Ma terre gastent, mes homes m'ont ocis.*

Ailleurs :

*Dex, dit Fromond, con puis enragier vis,
Par trois garçons lecheor de pulin,
Que l'Empereres me tient en si por vil.*

La Chronique MS. de Bertrand du Guesclin se sert souuent aussi de ce mot pour injure, & pour vn terme de mépris :

*Là peut on voir maint Sarazin pulant*, &c.
*Vn autre Cheualier à Henry le pulant*, &c.
*En vn sac fu boutés Rois Pietre le pulant.*

Le Sire de Ioinuille parle en quelque endroit d'vn lieu de la Terre Sainte, appellé *Passepoulain*, qui probablement a tiré son appellation des Poulains. Tandis que les François possedoient l'Empire de Constantinople, on appelloit Gasmoules (Γασμοῦλοι) ceux qui estoient nez d'vn François & d'vne femme Grecque, ou pour vser des termes de Pachymeres en son Hist. MS. l. 4. ch. 25. Διγενεῖς, καὶ Ῥωμαίων γυναικῶν γεννηθέντες τοῖς Ἰταλοῖς. Ie me persuade que nos François les nommèrent, non *Gasmoules*, mais *Gastemoules*, par forme de dérision, comme si les enfans issus de ces mariages, qui leur sembloient irreguliers, acause de la difference des nations, & mémes des creances, auoient en quelque façon gâté & souïllé le ventre de leurs mères, qui est le moule, où se forment les enfans. Ainsi dans Antioche ceux qui estoient issus de peres Armeniens, ou Grecs, habitans d'Antioche, & de meres Turques estoient appellez *Turcati* : les Turcs, peu auant que cette place vinst en la puissance des François, ayant donné des femmes de leur nation aux habitans d'Antioche, qui en manquoient, ainsi que nous apprenons de Raymond d'Agiles.

CHEVALIER RECREV] C'est à dire, qui se confessoit vaincu : c'est la force de ce mot *recreu*, qui est tiré de l'vsage des duels. Car quand l'vn des combatans se voyoit terrassé par son ennemy, & qu'il reconnoissoit ne pouuoir plus combatre, il luy auoüoit qu'il estoit *recreant*, ou *recreu*, c'est à dire qu'il n'en pouuoit plus, & confessoit qu'il estoit vaincu. Les Assises MSS. du Royaume de Hierusalem, aux endroits où il est parlé des gages de bataille, introduisent l'appellant, ou le défendeur, disans ces paroles deuant le Iuge : *Ie suis pret de le prouuer de mon cors contre le sien, & le rendray mort ou recreant en vn oure dou jour, & veez cy mon gage*, &c. Les Vsages MSS. de la Cité d'Amiens, parlans du Champion : *Et prendra l'aoüé par le puing destre, & l'en leuera comme parjures & desloial, & par son cors ou par ses armes qui presente en present tel le fera ou mort, ou recreant le rendera en vne heure du jour.* Les mêmes Affises ch. 94. au sujet du duel pour cause de meurtre : *Les gardes dou champ se doiuent traire cele part, & estre plus prés que il porront de yaus, si que l'vn dit le mot dou Recreant, que il puissent ouir, & se il le dit, & il l'oient, il doiuent maintenant dire à l'autre, Laissés, assés aués fait, & maintenant celui prendre, & liurer au commandement dou Seignor, & le Seignor le doit maintenant de là faire trainer jusques as fourches, & pendre le par le goule, & de celui qui aura esté occis, tout n'ait il dit le mot, Recreant.* De sorte que le Sire de Ioinuille repoussoit en cette occasion l'injure par l'injure, & comme on le traitoit de Poulain, il appelloit ces Seigneurs *Cheualiers recrûs*, c'est à dire coüarts, & lâches. Les mêmes Affises ch. 190. *Et se vn home qui a fié, qui soit conneu à vil, recreant, coüart, ou que il soit bossu*, &c. Robert de Bourron en son Roman de Merlin MS. *Car après chou que je mesmes recognoistroie ma recreandise, n'aurois jou jamais honnour : & certes miex vaurroie jou morir cent fois, si cent fois poioie morir, que vne seule fois dire, û faire chose qui tornast à recreandise.* La Charte de la Commune d'Amiens de l'an 1209. *Qui juratum suum recreditum, traditorem*, willot, *id est coup, appellauerit, 20. sol. persoluet*.

QVE LA COVPPE NE SERA PAS MIENNE] L'Auteur de l'Edition de Poitiers explique ainsi ce passage : *Et n'espargneray mes thrésors à recompenser les merites de ceux qui auront fait leur deuoir, jusques que ma couppe, en quoy je boi, ne sera pas mienne, mais vostre.* Mais je crois qu'il s'est mépris, car *coupe* en cét endroit signifie thrésor : parce que lors que les Princes de ce temps-là vouloient faire des largesses à leurs sujets, ils se faisoient apporter les pieces d'or & d'argent en des couppes d'or, & les leur distribuoient, après que les Heraux auoient crié *largesses* ce qui se faisoit ordinairement aux grandes festes, c'est à dire lors que les Rois tenoient leurs *Cours plenieres*, que quelques titres qualifient *Couronnées*, parce qu'ils y paroissoient la Couronne en teste, & auec leurs habits Royaux. Cét vsage des largesses est décrit fort au long par vn Heraud d'armes, qui viuoit sous le regne de Henry VI. Roy d'Angleterre, en vn Traité MS. de l'office des Heraulds, & des Poursuiuans d'armes, & par Thomas Milles, en son liure *de Nobilitate Politicâ vel ciuili*, p. 59. 72. 109. duquel nous apprenons qu'encore à present en Angleterre on fait les criz de largesse en François. Le Cérémonial de France to. 2. p. 742. dit qu'à l'entreueuë des Rois François I. & Henry VIII. prés de Guines l'an 1520. durant le festin, *Il y eut largesse criée par les Roys d'armes & Herauds, ayans vn grand pot d'or bien riche*. Ces couppes & ces pots estoient appellez d'vn terme plus vulgaire *Hanaps*. Vn vieux Poëte François dans Fauchet l. 2. ch. 14.

*N'en vol prendre cheual, ne la mule afeltrée,*
*Peliçon, vair ne gris, mantel, chape fourrée,*
*Ne de buens Parifis vne grant henepée.*

Où Fauchet explique mal ce dernier mot par *poignée*: car *henepée*, en cét endroit veut dire, *vn hanap plein de deniers parisis*. Et delà est arriué qu'en Angleterre on appelloit le thrésor Royal, l'*Hannepier*, ainsi que Spelman a obserué en son Glossaire, non que ce terme signifie vne espéce de panier, où l'on mettoit l'argent, suiuant sa pensée : mais parce que le thrésor du Roy se distribuoit par *Hannepées*, & dans des couppes, lors qu'il exerçoit ses liberalitez. Vn titre du Roy Richard II. dans le *Monasticum Anglic.* to. 1. p. 943. *Rex*, &c. *cùm de gratiâ nostrâ speciali, & pro quodam fine quem Elizabeth, quæ fuit vxor —nobis soluit in Hanaperio nostro*, concesserimus, &c. Et au to. 2. p. 2. vn titre de Henry IV. *De gratiâ tamen nostrâ speciali & pro centum marcis quas Prior & Conuentus — nobis soluerunt in hanaperio nostro, concessimus*, &c.

PIERRE CHAMBELLAN] Pierre de Nemours, ou de Ville-Beon, Chambellan de France sous S. Louys, auec lequel il fut au voyage de Thunis, où il mourut : & fut inhumé à ses pieds en l'Abbaye de S. Denis. V. Guill. de Nangis, & l'Hist. de la Maison de Dreux p. 135.

# SVR L'HISTOIRE DE S. LOVYS. 87

SONT FISTIL 1200. LIVRES] Pour faire ce calcul, il faut préuppo- *Pag. 84.*
ser que la paye des Cheualiers Bannerets eſtoit ou ſimple, ou grande. La ſim-
ple paye n'eſtoit que de 20. ſols tournois par jour, la grande paye, de 30.
ſols. Cela s'apprend des Comptes des Thréſoriers des guerres du Roy,
qui ſont à la Chambre des Comptes de Paris. De ſorte que pour compoſer
la ſomme de 1200. ll. en 8. mois de ſeruice, qui font les deux tiers de l'an-
née, il faut que les trois Cheualiers Bannerets euſſent pour lors la grande paye
châcun: au moyen dequoy le Sire de Ioinuille s'obligeoit de leur payer à châ-
cun d'eux à raiſon de 30. ſols par jour la ſomme de 400. ll. pour les deux
tiers de l'année, qui ſont pour les trois Cheualiers celle de douze cens li-
ures. Ie parleray de la paye des Cheualiers plus au long en la 1 X. Diſſerta-
tion.

DV SOVLDAN DE DAMAS] Il ſe nommoit *Salah*. Voyez Vincent de *Pag. 85.*
Beauuais l. 32. ch. 102. & Sanudo l. 3. part. 11. ch. 15. part. 12. ch. 1.

LE VIEIL DE LA MONTAGNE] Tous les Auteurs qui ont écrit des *Pag. 87.*
guerres Saintes demeurent d'accord que le Vieil de la Montagne, qui y eſt
nommé *Vetulus*, ou *Senex de Montanis*, commandoit aux Aſſaſſins, qui habi-
toient, comme j'ay remarqué ailleurs, dans les montagnes de la Phœnicie,
d'où ce Prince fut nommé le Seigneur des Montagnes: ce que le Sire de Ioin-
uille attribuë aux Beduins, qu'il confond encore en cét endroit auec les Aſ-
ſaſſins. Arnoul de Lubec l. 7. ch. 10. en parle de la ſorte : *In terminis Damaſci,
Antiochiæ & Alapiæ eſt quoddam genus Saracenorum in montanis, quod eorum lin-
guâ vulgari Heiſſeſſim vocatur.* Et plus bas. *In montibus habitant, & ſunt quaſi
inexpugnabiles, quia in munitiſſimis caſtris recipiuntur*, &c. Puis il décrit le Palais,
& la maniere d'agir de ce Prince, qui eſt conforme à ce que le Sire de Ioin-
uille, & la plûpart des Auteurs, qui ont parlé des guerres Saintes, en racon-
tent, & entre autres, Guillaume de Tyr l. 14. ch. 19. l. 20. ch. 21. Mathieu Pa-
ris en l'an 1150. Guill. de Neubourg l. 4. ch. 24. l. 5. ch. 16. Iacques de Vitry l. 1.
ch. 13. & 14. l. 3. p. 1126. Vincent de Beauuais l. 31. ch. 93. Sanudo l. 3. part. 14. ch.
2. &c. C'eſt de ces Auteurs que celui qui a fait le *Traité de la Terre d'Outre-
mer*, MS. a puiſé ce qu'il écrit des Aſſaſſins, & de leur Prince, en ces termes:
*En cele terre de Damas & d'Antioche a vne maniere de Sarazins, con appelle Hauſ-
ſaſſis, & li autres les appellent les gens le Vieil de la Montaingne. Icele gent viuent
ſans loi, & menjuënt char de porc contre le loi des Sarazins, & giſent à toutes les
femes qui puent trouuer, à lors meres, à lors ſerors, ſi hantent es montaingnes, és
grans tours qu'ils ont fetes. Chiele terre eſt mult plaine de beſtes ſauuages, dont il
viuent. Si eſt leur Sire mult crueux, & mult loin de toutes gens, de Sarazins, &
de Chreſtiens : car il en ſoloit mult ochire ſans raiſon. Chil Sires a mult de biax pa-
lais & fors qui ſont enclos de fors murs, & ſi les fet mult bien garder, con y puiſt
entrer, fors que par vne entrée. En chiel palais fait il mettre les fiex de ſes villains,
jà puis chil enfant n'en iſteront deuant chou que li maiſtres qui les apprent &
enſcigne, lor comande. Car il doiuent obeïr as comandemens de lor Seignor, & dient
que par chou puent il auoir Paradis, & non autrement, & li maiſtres li apprend di-
uers langages. Car jà puiſque il ſont enclos en chel palais n'en iſteront deuant che
que lor Sires lor comande à venir deuant lui, ſi leur demande ſe il veulent obeïr à
ſes comandemens, par coi pourront auoir Paradis, cil lor reſpondent ſi come lor mai-
ſtres les a appris, oïl volentiers en toutes manieres. A dont lor donne lor Sires vn
grant coutel agu, & les enuoie là où il veut, por cheli ochire qu'il het, & ſachiés
qu'il l'ochira, ſe il puet auenir, coi qu'il auiengne d'aus ne de mort, ne de vie.*
Quant au nom de ces peuples, Arnoul de Lubec écrit qu'ils ſont nommez en
leur langue *Heiſſeſſin*. Guillaume de Tyr parlant d'eux, *hos tam noſtri, quàm
Saraceni (neſcimus vnde deductô nomine) Aſſiſſinos vocant.* Le Iuif Benjamin les
appelle *HHaſſiſſim* d'vn nom qui approche de celui de χανόται, que Iean Pho-
cas leur donne en la Deſcription de la Terre Sainte ch. 3. & celui-ci n'eſt pas
éloigné du nom de χάται qu'Anne Comnene au l. 6. de ſon Alexiade p. 178. &

Nicetas en la vie de l'Emp. Isâc l. 1. n. 1. & en celle d'Alexis l. 3. n. 6. leur attribuent. Tant y a que de ces appellations ont esté formées celles d'*Hansesisii*, dans Guill. de Neubourg, d'*Aßidei*, dans le Moine de S. Marian d'Auxerre p. 93. d'*Accini*, & d'*Aßaßi*, dans Roger Houeden p. 716. 751. d'*Arsacidæ* dans Rigord, & enfin d'*Hakesins* dans Philippes Mouskes.

*Pag.* 88. EN VN AVTRE CORPS] Ils auoient puisé des Arabes ces opinions touchant la metempsycose. Voyez l'Hist. des Arabes d'*Abraham Ecchellensis* l. 1. ch. 17.

VN LIVRET] Ce Prince auoit suiui en cela l'exemple de ses predecesseurs, qui s'estoient instruits aux mysteres de nostre Religion par la lecture des Euangiles, & des Epîtres de S. Paul. Voyez Guill. de Tyr l. 20. ch. 21. & Sanudo l. 3. part. 6. ch. 23.

LES OS DV COMTE DE BRIENNE] Dont la mort est rapportée cy-aprés.

MADAME DE SECTE] Ou *de Sajette*, car il entend parler de Marguerite Dame & Princesse de Sidon, ou de Sajette, femme de Balian Prince de Sajette, que le Lignage d'Outremer ch. 8. dit auoir esté de niece de Iean de Brienne Reine de Hierusalem: ce qui se rapporte à ce que le Sire de Ioinuille écrit qu'elle estoit cousine germaine de Gautier Comte de Brienne, qui estoit neueu de Iean, & fils de Gautier Comte de Brienne son frere aîné, d'où l'on pourroit se persuader qu'elle fut fille de Guillaume de Brienne, frere de Gautier Comte de Brienne & du Roy Iean, lequel, suiuant Vigner en son Hist. de Luxembourg, decéda vers l'an 1200. & laissa des enfans, qu'il ne nomme point, dont l'vn auroit esté cette Princesse, quoy qu'il y ait lieu de reuoquer en doute que Guillaume ait laissé aucune posterité, veu que le Comte Gautier son frere se disoit son heritier en cette année-là. Quant au nom de *Sagitta*, que l'on donne vulgairement à la ville de Sidon, il se trouue dans Albert d'Aix l. 5. ch. 40. l. 10. ch. 3. & autres Auteurs, d'où aucuns ont formé celui de *Sagette*, en François, & le Sire de Ioinuille celui de *Sette*, qui est le terme dont les Auteurs François du moyen temps se seruent pour exprimer vne fléche, & entre autres, Littleton au ch. 9. sect. 159.

*Pag.* 89. DES DENIERS DE MADAME DE SECTE] Entre les hauts Barons du Royaume de Hierusalem, qui entre autres droits auoient celui de batre monnoye, est le Seigneur de Sagette: Les Assises de ce Royaume, *Le Seignor de Sajette & de Beaufort a Cour, & coins & justice, & a Sajette Cour de bourgeoisie & justice*.

TOVS DESERPILLEZ ET MALATOVRNEZ] L'Auteur de l'Edit. de Poitiers a tourné ce mot *deserpillez*, par celui de *deschirez*. En la Coûtume d'Anjou art. 44. & en celle du Maine art. 51. *Les desserpilleurs & desrobeurs* sont synonymes. En effet dans l'ancienne Coûtume d'Anjou *Esserpillerie* est vne espéce de larcin. *Quant l'en tout a home le sien de nuits, ou de jours en chemin, ou en bois, tel larcin est appellé esserpilerie*. Les Etablissemens de S. Louys, qui ont les mêmes termes, portent *Escharpelerie*. Desorte qu'en cét endroit *deserpillé* signifie vne personne à qui on a enleué ses habits. Ce mot peut venir de *Sarpe*, auec laquelle les jardiniers coupent les branches des arbres, ou plûtôt d'*escharpe*, l'*escharpillerie*, estant vn vol de l'escharpe, c'est à dire d'habit. M. Ménage dit son sentiment sur l'étymologie de ce mot en ses Origines de la langue Françoise p. 789.

EN SON ESTAT] De dépense.

SVR LES MVRS DV QVASSERE] L'Edit. de Poitiers porte du *Quahere*, & le Sire de Ioinuille cy-aprés fait voir qu'il entend la ville du Caire. La Chronique Orientale assure pareillement que les testes de ceux qui furent tuez à la bataille de Massoure, furent apportées au Caire, & posées sur les pointes des lances, sur la porte de Zuaïla, qui est le faubourg du Caire, ainsi que nous apprenons de Iean Leon en sa Description d'Afrique l. 8.

LE

# SVR L'HISTOIRE DE S. LOVYS. 89

LE ROY DE TARTARIE] Il faut conferer ce que le Sire de Ioinuille *pag. 90.*
dit en cét endroit, auec l'Euefque de Tufcule en vne epître au P P. Innocent
IV. tom. 7. *Spicil.* p. 222. Guill. de Nangis en la vie de S. Louys en l'an 1248.
Thomas de Cantimpré l. 2. *de Apib.* ch. 54. n. 14. Sanudo l. 3. part. 13. chap. 3. &
4. Aython ch. 17. 24. & 25. Vincent de Beauuais, &c. où il eft amplement par-
lé de l'origine des Tartares, & des victoires qu'ils remporterent fur le Prétre-
Iean, & le Perfan.

DEVX FRERES PRESCHEVRS] L'Euefque de Tufcule en nomme trois.
BERRIE] Campagne plate. Sanudo l. 2. part. 4. ch. 28. *In quo habitant Arabes,
qui Bedwini vocantur, in beriâ continuè habitantes, feu in locis campeftribus, fub
tentoriis manfiones fuas omni tempore facientes.* Spelman a creû que le mot de *beria*,
ou de *bery*, qui fe trouue à la fin des noms de quelques villes d'Angleterre,
fignifioit *vn bourg*; Mais il eft plus probable qu'elles furent ainfi nommées,
parce qu'elles eftoient bâties en de grandes plaines. Mathieu Paris en l'an 1174.
parle de la berie de S. Emond, *berria S. Edmundi*, qui n'eft autre que cette plai-
ne qui appartenoit au Monaftere de S. Emond.

DE GOT ET DE MAGOT] La Chronique Orientale au Catalogue des
Calyphes Aijubites, dit que ces peuples de Gog & de Magog habitoient le pays
qui joint à la Chine: *Anno 613. fuit irruptio Tartarorum, qui colebant planitiem
Sinarum conterminam, quæ dicitur Hagin-Magin.* Paul le Venitien l. 1. chap. 64.
*Sunt etiam ibi regiones Gog & Magog, quas illi nominant Lug & Mungug.* Arias Mon-
tanus, & Athanafe Kirker *in Prodromo Coptico c. 4.* difent que ces peuples de Gog
& Magog, dont il eft parlé dans l'Ecriture Sainte, & dans les vers des Sibylles,
font ceux du Catay, qui confinent à la Chine. Ioignez Vincent de Beauuais l.
32. ch. 34. la Geographie Arabe *part. 9. Climat. 7. Gallia Chrift. in Epifc. Parif.*
n. 63. & les autres Auteurs citez par le fçauant Gaffarel fur le Rabi Efcha-Ben-
Dauid, *de Fine mundi*, §. 30.

PRESTRE IEAN] C'eft vne vieille erreur, qui eft à préfent diffipée, que l'Em-
pire du Prétre-Iean eft le Royaume des Abyffins en Afrique. Ce feul paffage du
Sire de Ioinuille fuffit pour la détruire, faifant affez voir que le Royaume du
Prétre-Iean eftoit en Afie, & le même que celuy des Indes; ce qui eft confirmé
clairement dans vne epître du PP. Alexandre III. qui fe lit dans Raoul de
Dicet, Mathieu Paris, & Brompton en l'an 1180. & 1181. & vne autre lettre d'vn
Prieur de l'Ordre des Freres Précheurs, dans le même Mathieu Paris en l'an
1237. p. 301. Guillaume de Tripoli, dans Gerard *Mercator*, raconte qu'au temps
de la prife d'Antioche par les François l'an 1098. Coirem Cham eftoit Sei-
gneur ou Roy des Regions orientales de l'Afie: aprés la mort duquel vn certain
Prétre Neftorien s'empara de ce Royaume, & fut nommé Prétre-Iean. Al-
beric en l'an 1145. a parlé de luy amplement, & dit qu'on tenoit qu'il eftoit de
la race des Mages, dont il eft parlé dans l'Euangile: peut-eftre a-t-il auancé
cette opinion, fur ce qu'il auoit leû qu'il commandoit aux pays, que l'Ecri-
ture Sainte nomme Gog & Magog. Et en l'an 1165. il dit que ce Prince enuoya
fes Ambaffadeurs aux Empereurs Manuél & Frederic. Il en parle encore en
l'an 1170. A celuy-cy fucceda fon frere Wth Cham, qui fut défait par Chingis,
Cham, ou Roy des Tartares, auant l'an 1200. ainfi que *Paolo Veneto* raconte
au l. 1. ch. 51. & 52. Ce Roy des Indes, felon Vincent de Beauuais l. 30. chap.
69. & 87. l. 32. chap. 10. & 93. & Sanudo l. 3. part. 13. ch. 4. fe nommoit Dauid,
& eftoit fils du Prétre-Iean. Alberic en fait mention en l'an 1220. & 1222. Le
même Auteur en l'an 1197. & *Paolo Veneto* l. 1. ch. 74. ajoûtent que les Tartares
ayant fubjugué le Royaume des Indes, & tué le Roy, y en établirent vn autre,
qui eftoit de la race du Prétre-Iean, auquel ils impoferent tribut. V. le même
*Paolo* l. 2. chap. 30. & 32. Ce Roy eftoit Chrétien, ainfi que Vincent de Beau-
uais témoigne formellement au l. 32. ch. 92. & 93. écriuant encore, que Chin-
gis Cham prit fa fille en mariage; ce que Thomas de Cantimpré & Sanudo
difent formellement. Et mêmes nos anciens Heraux donnent pour armes au

*Partie II.* M

## OBSERVATIONS

Prêtre-Iean vn écu *d'or au Crucifix d'azur, à costé de deux escorgées de mêmes.* Il y a quelques Auteurs qui ne demeurent pas d'accord que ce Prince qui a donné le nom & l'origine à ces Rois des Indes, ait esté Prêtre ; & estiment que cette erreur s'est glissée, acause qu'ils se faisoient nommer en Langue Persienne *Prestegiani*, qui veut dire en Latin *Apostolicus*, ou vn Roy Chrétien, & Orthodoxe, & qu'en cette qualité il faisoit porter deuant soy, comme les Archeuesques & les Primats, vne Croix, par laquelle il vouloit faire voir à ses peuples qu'il estoit le défenseur & le protecteur de la Religion Chrétienne: C'est la pensée de Ioseph *Scaliger lib. 7. de emendat. Tempor.* & de quelques autres. Mais il n'est pas bien constant quelles furent les prouinces de l'Asie, que ces Princes possederent, dont l'étenduë fut telle, qu'on dit que ce premier Prêtre-Iean subjuga, & rendit tributaires septante-deux Rois. Le P. Kirker estime qu'il commandoit à ces vastes pays du Catay, & nous apprend que le premier qui a introduit dans l'Europe cette fausse opinion, touchant le nom du Prêtre-Iean, qu'on donne au Roy des Abyssins, a esté Pierre Couillon, qui fut enuoyé en Ambassade vers ce Roy par Iean II. Roy de Portugal, lequel ayant appris que le Prêtre-Iean estoit vn Prince Chrétien, & des plus puissans, creût qu'on appelloit ainsi le Roy des Abyssins, parce qu'il estoit pareillement puissant, & faisoit aussi profession de la Religion Chrétienne.

*Pag. 91.* LVY APPORTEROIT VNE SAIETTE] Le Sire de Ioinuille se méprend en cét endroit, attribuant aux Tartares l'élection de leur Roy par les sajettes, ou fléches : laquelle circonstance Guillaume de Tyr, qui viuoit auant que le nom des Tartares fust connû, au l. 1. ch. 7. & Alberic en l'an 1059. racontent au sujet des Turcs, ou Turcomans, qui vinrent s'habituer dans les terres du Roy de Perse.

*Pag. 93.* VNE MERVEILLEVSE CHOSE] Thomas de Cantimpré l. 2. ch. 54. n. 14. raconte aussi cette histoire.

ELENARS DE SENINGAAM] L'Edit. de Poitiers le nomme *Clenard de Semingam*.

NORONE] L'Edit. de Poit. *Nerone*. Il ne me souuient point auoir rien leu de ce Royaume.

CHASSER AVX LIONS] Oppian au l. 4. des Cynegetiques raconte la maniere de chasser aux lions, mais il ne fait pas mention de celle-cy.

*Pag. 94.* DE CEVS DE COVCY] Il faut lire *Toucy*, comme j'ay remarqué en l'Histoire de Constantinople l. 5. n. 2. car ce passage se doit entendre de Philippes de Toucy Bail, ou Regent de l'Empire de Constantinople durant l'absence de Baudoüin II. Ce Seigneur estoit fils de Narjot de Toucy, qui eut la même qualité, & de la fille de Theodore Branas, ou Vranas, grand Seigneur Grec, qui auoit épousé Agnes, sœur du Roy Philippes Auguste, & pour lors veuve de l'Empereur Andronique. On voit au Trésor des Chartes du Roy en la layette, *Mutua vltramarina*, n. 13. vne obligation de Philippes de Toucy Bail de l'Empire de Constantinople au Roy S. Louys, pour la somme de cinq cens liu. tournois, de laquelle il auoit répondu enuers vn Marchant de Valentiennes, dattée du camp deuant Cesarée en Iuillet 1251. ce qui conuient à la circonstance remarquée par le Sire de Ioinuille. Il est encore parlé de luy auec cette qualité de Bail, en vn Rouleau de la Chambre des Comptes de Paris intitulé, *Debita & bosci inter Ascensionem & omnes SS. A. 1252.* dans le Balliage de Sens : *pro D. Philippo de Touciaco Bajulo Imperii Constantinopolitani pro eodem debito 500. lib. ad omnes S S.* Alberic justifie en diuers endroits, non seulement le mariage de Branas auec Agnes, qui est aussi remarqué par Geoffroy de Ville-Hardoüin, mais encore que de cette alliance il nâquit, entre autres enfans, vne fille mariée à Narjot de Toucy, qui en eut vne fille, qui épousa Guillaume de Ville-Hardoüin, frere de Geoffroy Prince d'Achaïe. En l'an 1236. *Frater ejus Guillelmus, qui custodit terram suam, habet filiam Nargaldi, natam de filiâ Li-Vernas, & sororis Regis Franciæ.* En l'an 1239. *Vxor hujus Nargaldi fuit filia Li-Vernas, Græci potentissimi, de illâ Imperatrice quæ fuit soror Philippi Regis Francorum.* & en l'an

# SVR L'HISTOIRE DE S. LOVYS.

1241. il nous apprend qu'il estoit cousin de Guy de Dampierre, qu'il épousa en secondes noces la fille de Ionas Roy des Comains, & qu'il mourut en cette année-là : *Filiam verò Regis Ionæ, qui videbatur esse major in Regibus Comanorum, duxerat Dominus Nargaldus Balinus, qui Nargaldus hoc anno decessit, & prædicta vxor ejus facta est monialis.* Il est probable qu'Anceau de Toucy, duquel Acropolite fait mention au chap. 81. fut aussi son fils. Il est parlé de Narjot de Toucy en diuers titres des années 1174. 1182. & 1191. pere, ainsi que je le presume, de celuy-cy. Quoy qu'il en soit, il estoit de la famille de Toucy en Auxerrois, dont la Genealogie est décrite en l'Hist. de la Maison de Châtillon au l. 10. mais cette branche y est omise, qui semble tirer son origine de Narjot de Toucy, qui auec Hugues son frere, donna à l'Abbaye de Molême quelques heritages, par vne Charte expediée au Château de Toucy, sous Humbaude Euesque d'Auxerre, c'est à dire vers l'an 1100. du consentement d'Ermengarde sa femme, & de Beatrix sa fille. Par vne autre, Narjot estant dans le dessein de faire le voyage de Hierusalem, confirma cette donation, en laquelle il fait mention de ses freres Hugues & Itier, d'Ermengarde sa femme, d'Itier son fils, d'Adeluie sa fille, & de quelques autres enfans, qui n'y sont pas nommez. Les Seigneurs de Toucy se sont signalez particulierement dans les guerres saintes. Itier I. du nom y accompagna le Roy Louys le Ieune l'an 1147. suiuant le témoignage de Suger ch. 3. Itier I I I. & Anseric son frere, duquel les Seigneurs de Baserne sont issus, s'y trouuerent en l'an 1216. comme nous apprenons de la Chronique de S. Marian d'Auxerre : d'où il faut corriger Iacques de Vitry p. 1134. à l'endroit où il remarque la mort d'Itier arriuée à Damiete l'an 1218. où l'imprimé porte mal *Iterius de Tucci*, au lieu de *Toci*, ou *Touci*.

LE ROY DES COMAINS] Ionas qui auoit donné sa fille en mariage à Narjot de Toucy, & dont la mort auenuë à Constantinople est rapportée par Alberic à l'an 1241. *Mortuus est hoc anno Rex Ionas prædictus nondum baptisatus, & idcircò sepultus est extra muros ciuitatis in altissimo tumulo, & octo armigeri appensi sunt viui à dextris & à sinistris, & ita voluntariè mortui, & 26. equi viui similiter ibi fuerunt appensi.* Il est parlé du Royaume de Comanie dans Aython chap. 5. & autres Auteurs que j'ay citez en mes Obseruations sur l'Histoire de Ville-Hardoüin. Claude Ménard s'est mépris, quand il a creu que Guillaume le Breton a entendu parler du Roy des Comains au l. 10. de sa Philippide, écriuant que Pierre Empereur de Constantinople fut pris *à Principe Comaniorum*. Car par ces termes il a entendu le Duc de Duras, de la Maison des Comnenes; & ainsi il faut lire en cét endroit, *à Principe Comeniorum*.

VATAICHE] Iean Duras, surnommé *Vatatzes*, qui tenoit l'Empire des Grecs en Asie, & estoit en guerre auec Baudoüin II. Empereur de Constantinople, dans vn titre duquel de l'an 1243. il est nommé *Vastachius* : dans Thierry de Vaucouleur, *Vacacius* : dans vne epître du PP. Innocent IV. qui se lit dans Waddingue en l'an 1247. *Vatacius* : & dans Vincent de Beauuais l. 31. ch. 143. 144. *Vatachius*.

EN SIGNE DE FRATERNITÉ] Ce passage me donnera occasion de discourir sur vne matiere qui n'a pas encore esté traitée, sçauoir sur les adoptions en frere. Elle est curieuse, peu commune, & peu connuë, comme l'on verra en la XXI. Dissertation. En la suiuante je traiteray de l'Adoption d'honneur en fils.

ILS FIRENT PASSER VN CHIEN] Les Comains auoient emprunté cette ceremonie des peuples Sclauons, chez lesquels elle se trouue auoir esté pratiquée. *Litteræ Iuuanensis Archiepiscopi editæ à Gewoldo post Chronicon Reichersperg. Quod nos præfati Schlaui criminabantur cum Vngaris fidem Catholicam violasse, & per canem, seu lupum, ( fortè lupum) aliásque nefandissimas & ethnicas res sacramenta & pacem egisse.*

ON PARTIT VN IEV] C'est à dire qu'on donna l'alternatiue. Le Roman de Garin.

Partie II.  M ij

# OBSERVATIONS

*Mauuéfement nos eſt li jeus partis.*

L'Ordéne de Cheualerie de Hues de Tabarie :
*Li Princes Hues reſpondi,*
*Puiſque m'aués le giu parti,*
*Ie prendrai donc le raiembre,*
*Se j'ai dequoi, jel puiſſe rendre.*

Raoul de Houdanc au Roman de Meraugis de Porteſguez :
*Vn giu vous part, que volés faire,*
*Se volés miex tançer que taire.*

Voyez Fauchet l. 2. des Poëtes Fr. ch. 107. Mathieu de Weſtminſter en l'an 1253. rapporte vn autre exemple de la rigueur que S. Louys apportoit pour punir les crimes des Cheualiers, & raconte qu'en ayant fait pendre vn, le pere de ce Cheualier en fut ſi outré, qu'il ſe retira parmy les Sarrazins, & quitta ſa religion pour embraſſer celle de Mahomet.

*Pag. 96.*    SELON LE DROIT ET VSAGE] Il n'eſt point parlé de cét vſage dans les Aſſiſes MSS. du Royaume de Hieruſalem : ni de ce qui eſt raconté enſuite, de la peine du Sergeant, qui auoit outragé vn Cheualier.

*Pag. 97.*    D'VN KARECT] L'Edit. de Poitiers porte *Kaſel*. Carret en cét endroit ſemble eſtre vn champ fermé & dreſſé en forme quarrée, où l'on ſemoit des bleds, de mémes qu'on appelle en Anjou des cloſeries, des quartiers de terre, ou de vignes, enfermez de hayes. Vn titre de Maurice Eueſque de Paris, de l'an 1104. au Cartul. de l'Abb. de S. Victor : *Robertus de Chala dedit 5. ſol. ſuper cameras, quas habebat retro domum ſuam, quæ eſt in Carreto Alrici.* Ce mot ſe rencontre encore en la Bibliotheque de Cluny p. 1515. quoy que je ne croie pas que ce ſoit en cette ſignification.

LE COMTE DE DEN] L'Edit. de Poitiers porte les mémes termes ; mais il eſt ſans doute qu'il faut reſtituer *le Comte d'Eu.* Ce paſſage ne ſe peut entendre ni de Raoul d'Iſſoudun II. du nom Comte d'Eu, qui en l'an 1241. auoit eſté marié deux fois : ni d'Alfonſe de Brienne ſon gendre & ſon ſucceſſeur, veu que Mathieu Paris & autres Ecriuains juſtifient que lui & Iean ſon frere eſtoient âgez, lorſque leur pere mourut, c'eſt à dire en l'an 1237. veu d'ailleurs que Geoffroy Archidiacre de Tolede, *In Appendice ad Hiſt. Roder. Tolet.* écrit que ces deux freres reçûrent l'ordre de Cheualerie d'Alfonſe le Sage Roy de Caſtille. Il faut donc que ce Comte d'Eu, que le Sire de Ioinuille dit auoir eſté *vn jeune jouuencel,* lorſqu'il fut fait Cheualier par le Roy S. Louys, vers l'an 1252. ait eſté Iean fils d'Alfonſe, & de Marie Comteſſe d'Eu, laquelle eſtoit fille de Raoul II. & d'Ioland de Dreux ſa ſeconde femme : à quoy la circonſtance des temps ſemble s'accorder. Car Ioland mourut auant l'an 1240. ſelon A. Du Cheſne en l'Hiſt. de la Maiſon de Dreux p. 66. Et d'ailleurs il y a lieu de croire que Ieanne de Bourgogne premiere femme de Raoul eſtant decédée aprés ſon mariage, qui ſe fit en l'an 1222. ſuiuant l'autorité de la Chronique MS. des Comtes d'Eu, il épouſa Ioland incontinent aprés. Et ainſi on peut préſumer que Marie leur fille épouſa du viuant de ſon pere Alfonſe de Brienne, qui en vn titre de l'année 1249. au Cartulaire de Champagne gardé en la Chambre des Comptes de Paris fol. 279. ſe qualifie Comte d'Eu, en ces termes : *Alfonſus filius bonæ memoriæ Ioannis quondam Imperatoris Conſtantinopolitani, Comes Augi.* Deſorte qu'il faut tirer cette induction, qu'Alfonſe eſtoit Comte d'Eu en cette année 1249. Et ce paſſage du Sire de Ioinuille ne ſe pouuant entendre de lui, comme je viens de remarquer, il le faut interpréter de Iean ſon fils, lequel du viuant de ſon pere, qui ne decéda qu'en l'an 1270. prenoit le titre de Comte d'Eu ; ce Comté lui eſtant échû par le decés de ſa mere qui mourut vray-ſemblablement auant l'an 1252. V. l'Hiſt. de la Maiſon de Châtillon l. 3. ch. 8.

ARNOVL DE GVIMENE] L'Edit. de Poitiers porte auſſi ce mot, qu'il faut reſtituer en celui de *Guynes.* Car il entend parler d'Arnoul fils puîné

# SVR L'HISTOIRE DE S. LOVYS.

d'Arnoul II. Comte de Guines & de Beatrix de Bourbourg.

SES DEVX FRERES] Robert & Henry. Voyez A. Du Chefne en l'Hist. des Comtes de Guines l. 5. ch. 1.

LE PRINCE D'ANTIOCHE] Boëmond VI. du nom Prince d'Antioche & Comte de Tripoli, fils du Prince Boëmond V. & de Lucie, que le Lignage d'Outremer qualifie fille du Comte Paul de Rome, & que Sanudo l. 3. part. II. ch. 14. dit auoir esté sœur de l'Euesque de Tripoli. Le méme Sanudo au ch. 4. & 5. raconte comme ce jeune Prince reçût l'ordre de Cheualerie du Roy S. Louys l'an 1252. vn an aprés la mort de son pere.

IVSQVES A QVATRE ANS] D'où on peut inferer qu'en la Principauté d'Antioche, ou du moins à l'égard des Princes, on obseruoit l'vsage receu vniuersellement en France, qui fixoit alors la majorité, & l'âge requis, pour tenir les fiefs, & gouuerner son bien, à vingt-vn an. Car d'ailleurs suiuant les Assises du Royaume de Hierusalem, l'âge de majorité pour les mâles estoit de quinze ans, & pour les filles, de douze accomplis; les vns & les autres ne pouuans tenir fiefs, qu'ils n'eussent atteint cét âge, pendant lequel temps de minorité le bail, ou tuteur, deseruoit le fief. Au chap. 167. *Se sié es-cheit à enfant merme d'aage, quant il a 15. ans complis, se il veut entrer en saisine, il doit venir deuant la Court, & le Seignor, & dire li, Sire, je ay quinze ans d'aage, ou plus, &c. & quant il aura proué son aage, il se puet mettre en son sié toutes les fois que il veaut, sans ce que nul que le baillage tiegne de celui sié, li en puisse contredit mettre pour achaison de baliage, que nul baill ne puet nule chose dire qui vaille contre la preuue de l'aage de l'esir: & se il n'ese Cheualier quant il fait la preuue de son aage, se il fait que sage, quant il aura son aage proué, Sire, donnés moi vn respit raisonable de moi faire Cheualier, pour faire vous le seruice que je vous dois de mon sié, &c.* Puis elles ajoûtent que le Seigneur lui doit donner respit de quarante jours, n'est que lui-méme le fasse Cheualier; aprés quoi il est tenu de le receuoir à homage. Ce qui est repeté, quant à l'âge requis pour la majorité, aux chap. 170. & 190.

IL ESCARTELLA SES ARMES] Il est probable que le jeune Prince d'Antioche ne prit pas les armes de France pour les mettre dans les siennes, de son autorité; mais qu'il obtint du Roy ce priuilege, qui estoit assez en vsage en ce temps-là, comme je le prouue en la XXIII. Dissertation.

SES ARMES QVI SONT VERMEILLES] Nos herauds donnent pour armes à la famille des Boëmonds, & aux Rois de Sicile de cette branche, vn écu de *gueulles à vne bande échiquettée d'argent & d'azur de deux traits.* Voyez Fauyn en son Theatre d'Honneur. Albert d'Aix l. 4. ch. 23. dit que l'étendart, dont Boëmond premier Prince d'Antioche se seruoit aux guerres saintes, étoit vermeil: *Signum nempe Boëmundi, quod sanguinei erat coloris:* Le seau de ce Prince Boëmond VI. qui se voit à vn titre de l'an 1262. au Trésor des Chartes des Hospitaliers de Manosque en Prouence, represente en son escu vne Croix fichée; ce qui fait voir que ses armes n'estoient pas de la simple couleur de gueulles sans aucune piece, comme on pourroit induire des termes du Sire de Ioinuille.

DV COMTE DE IAPHE] Vigner a douté si ce Comte Gautier fut fils de Guillaume frere du Roy Iean, ou s'il fut fils de Gautier Comte de Brienne qui mourut à la conquéte du Royaume de Naples. Mais Sanudo l. 3. part. 12. ch. 1. écrit en termes diserts, qu'il estoit Comte de Brienne, & effectiuement il fut fils posthume de Gautier III. du nom Comte de Brienne, & d'Alberie, fille de Tancrede Roy de Sicile. Sanudo ajoûte en la part. II. c. 4. que durant sa minorité, & lorsqu'il faisoit son sejour en la Pouïlle, Iean de Brienne son oncle fut son tuteur, & tint le Comté de Brienne en qualité de bail. A cause dequoy, suiuant la coûtume de France, & l'vsage receu en ce temps-là, auquel les tuteurs prenoient les titres des Seigneuries, qui appartenoient à leurs pupilles, il s'intitula Comte de Brienne: il est ainsi qualifié par Alberic en l'an 1210. & dans quelques titres du Cartulaire de Champagne de M. de Thou de l'an 1209. & du Prioré de Foicy en Champagne de l'an 1210. Il tint ce Comté, & gouuerna les terres & les seigneuries de son neueu, tant qu'il fust auancé en âge, ayant établi en son nom des Gouuerneurs du Comté de Brienne, durant qu'il estoit outremer auec la qualité de Roy de Hierusalem : entre lesquels paroît dans les titres Iacques de Durnay Cheualier Champenois, qui y prend la qualité de *Comitatus Brenensis procurator pro D. Rege Hieros. Comite Brenæ.* Et quoy qu'il l'eust pû tenir jusques à ce que son neueu eut atteint vingt-vn an, qui estoit l'âge de majorité, suiuant la Coûtume generale de France, il le lui restitua toutefois auant ce temps-là, comme nous apprenons de la lettre qu'il écriuit au mois d'Auril l'an 1221. à Blanche Comtesse de Champagne, & à Thibaud son fils, par laquelle il les pria de mettre Gautier son neueu, fils du Comte Gautier, qui alloit en Champagne, en possession du Comté de Brienne, & de ne le retenir en leur main sous prétexte qu'il lui en a fait hommage ( en qualité de Bail ) & de ce que son

*Cartul. de Champ. p. de M. de Thou fol. 60.*

neueu n'a pas encore son âge, son intention estant qu'il entre en possession de ce Comté. L'année suiuante au mois de Nouembre le jeune Comte fit hommage lige au Comte de Champagne des terres d'Oignon & de Luyeres, que

*Reg. des Fiefs de Champ. f. 93. en la Chambr. des Compt. de Paris.*

le Roy de Hierusalem lui auoit données, auec cette condition toutefois, qu'il ne laisseroit pas d'en pouuoir disposer : & ainsi deuint vassal lige du Comte, quoy qu'il le fust déja pour le Comté de Brienne, comme porte le titre. Estant deuenu possesseur de ses terres & de ses reuenus, il passa en la Terre Sainte, où il posséda le Comté de Iaphe, & y signala sa valeur en plusieurs occasions contre les Sarazins, qui l'ayant fait prisonnier le firent mourir cruellement, & luy firent souffrir le martyre. Sanudo rapporte sa prise à l'an 1244. & Mathieu Paris sa mort à l'an 1251. Ce qui pourroit faire croire qu'il auroit esté gardé prisonnier jusques à ce temps-là; ce que je reserue à discuter dans mes Familles d'Orient. Il épousa Marie fille de Hugues Roy de Cypre, de laquelle il eut trois fils, Iean, qui continua la race des Comtes de Brienne, Hugues, & Aimery.

BARBAQUAN ] Le Sire de Ioinuille en cét endroit, & ailleurs, dit que ce Barbaquan estoit cét Empereur de Perse, qui ayant esté chassé de son Royaume par le Prince des Tartares, vint en la Terre Sainte, où il fit beaucoup de rauages. Sanudo & Vincent de Beauuais l. 30. ch. 88. racontans cette histoire en l'an 1244. disent que comme Saleh Nagen-addin Sultan de Babylone estoit à Gaza, enuiron vingt mille Persans, qui auoient esté chassez par les Tartares, arriuérent en son Camp, & se joignirent à lui, aprés auoir fait de grands degâts dans la contrée de Tripoli, & aprés auoir tué jusques à cinq mille hommes dans celle de Hierusalem. Ils ajoûtent que comme ces Persans, aprés la défaite des Sultans de Damas & de la Chamele, proposoient de faire vne irruption dans l'Egypte, le Sultan de Babylone leur ferma le passage, & que s'estant partagez, & diuisez les vns des autres, ils furent tous défaits par les paysans. Quant à ce Barbaquan, que le Sire de Ioinuille qualifie Empereur de Perse, je ne le trouue nommé en aucun Auteur : & je croy que comme en la Perse il y auoit outre le Calyphe, vn Sultan, qui auoit l'intendance des armées, & la conduite des affaires de l'Estat, celle de la religion estant en la charge du Calyphe, ce Barbaquan faisoit office de Sultan. Car le Calyphe qui fut tué par Haolo, frere de Mango grand Cham des Tartares, s'appelloit, suiuant la Chronique Orientale, *Almostaasami Billa.* Il reste encore vne difficulté sur l'année en laquelle les Tartares se rendirent maîtres de la Perse, ou de Chorazan : Car, selon que le Sire de Ioinuille écrit, il semble que ce fust auant que S. Louys fut retourné de la Terre Sainte, puisqu'il y en receut les nouuelles. Paul le Venitien cotte la prise de Baldach & du Calyphe en l'an 1250. mais Aython ch. 25. & le même Sanudo l. 3. part. 13. ch. 7. disent formellement que ce fut en l'an 1258. à quoy se rap-

# SVR L'HISTOIRE DE S. LOVYS.

porte la Chronique Orientale, qui veut que ce fût en l'an de l'Hegire 655. ou 656. selon Iean Leon en sa description de l'Afrique l. 3. qui reuient à l'an de N. S. 1258. Cela estant ainsi, il faudroit conclure que le Sultan auroit esté chassé de la Perse auant le Calyphe.

EVDES DE MONTBELIARD] Cét Eudes de Montbeliard estoit fils de Gautier de Montbeliard Regent, ou Bail du Royaume de Cypre, & tint la Principauté de Tabarie au droit d'Eschiue sa femme, fille de Raoul, & petite fille de Guillaume de Bures Prince de Tabarie. Voyez més Familles d'Orient. *Pag. 95.*

SOVLDAN DE BABYLONE] Sanudo l. 3. part. 11. ch. 15. part. 12. ch. 1. le nomme *Salah*, & la Chronique Orientale, ainsi que je l'ay déja remarqué, *Saleh Nagem-Addin*.

LE SOVLDAN DE LA CHAMELE] I'ay dit cy-deuant que le Sultan de la Chamele estoit le méme que le Sultan d'Halape & de Haman : ce que Vincent de Beauuais l. 32. ch. 95. dit en termes exprez. Quant à la Chamele, c'est vne ville appellée par les anciens *Emissa*, ou *Emesa*. Voyez Guillaume de Tyr l. 7. ch. 12. l. 21. ch. 6. Albert d'Aix & les autres Auteurs que j'ay citez en mon Traité historique du Chef de S. Iean Baptiste ch. 7. n. 3. & 4. d'autres tiennent que c'est la ville appellée *Gamala* par les Geographes. V. le Thrésor Geogr. d'Ortelius.

L'EVESQVE DE RAINNES] Il faut lire de *Rame*, ou de *Raimes*, qui est le nom d'vne ville Episcopale, celebre dans la Palestine, dont l'Euesque est aussi souuent appellé Euesque de Lidde, acause qu'après la ruine de Rame le siége fut transferé en cette place, d'où vient qu'il est indifferemment qualifié Euesque de Rame & de Lidde dans les Auteurs. L'Histoire de la vraye Croix, qui se conserue en l'Abbaye de Grammont, parle souuent de Bernard Moine de Deols Euesque de Rame & de Lidde, qui l'apporta de la Terre Sainte. Et quoy que ce ne soit pas vne matiere qui regarde le regne de S. Louys, je ne laisseray pas de prendre occasion de mettre au jour mes Conjectures en vne Dissertation particuliere, qui sera la XXIV. sur les circonstances de la translation de ce précieux reliquaire, qui ne sert pas d'vn petit ornement à nôtre France.

A GADRES] Ville située en la contrée de *Decapolis*, nommée par les Auteurs Latins, *Gadara*. V. Guill. de Tyr l. 16. ch. 13. *Pag. 101.*

SEIGNEVR D'ARSVR] *Assur*, ou *Arsuf*, *Arsopha* & *Arsupha*, dans la Chronique Orientale, & dans l'Histoire des Arabes de Georges El-Macin p. 364. est vne ville maritime prés de Iaphe, nommée des anciens *Antipatris*, laquelle estoit pour lors en la possession de la Maison d'Ibelin. Iean d'Ibelin Seigneur de Baruth en auoit épousé l'heritiere, nommée Melissent, & fut pere entre autres enfans de Iean d'Ibelin II. du nom Seigneur d'Arsur, qui mourut l'an 1258. Sanudo, le Lignage d'Outremer, & les Assises du Royaume de Hierusalem, qui parlent de ce Seigneur, ne font point mention de ce titre de Connétable du Royaume de Hierusalem, quelle Sire de Ioinuille luy donne. *Pag. 102.*

IL GYNCHA] *Il guenchit*. Le Lusidaire,
    *Entre els se mit come lupars,*
    *Sos fist guenchir de toutes pars.*
Le Traducteur de Guill. de Tyr l. 20. ch. 20. traduit le mot *declinare*, par celuy de *guenchir*. V. le Gloss. sur Ville-Hard.

AYEVL DV DERNIER MORT] Hugues III. Duc de Bourgogne, pere du Duc Eudes III. & ayeul du Duc Hugues IV. decédé l'an 1272. Sanudo l. 3. part. 10. ch. 6. semble parler de la retraite du Duc de Bourgogne auec moins d'aigreur, que le Sire de Ioinuille, écriuant que comme les Chrétiens auançoient vers Hierusalem, le Duc representa aux François que toute la fleur de la Cheualerie Françoise estoit en sa bataille, qu'au contraire le Roy Richard n'auoit que tres-peu de gens, ausquels neantmoins on donneroit l'honneur de la victoire, ce qui tourneroit au desauantage & à la honte de la France. Ce Duc est *Pag. 103.*

# OBSERVATIONS

auſſi fort blâmé par Raoul de Coggeshall en ſa Chron. M S. Mathieu Paris, & autres.

NESSA] L'Edition de Poitiers porte *Meſſa*. Pline l. 6. ch. 38. place la ville de *Neſſa* dans l'Arabie Heureuſe en la contrée des Amathées. *Agatharchides* en ſes liures de la mer Erythrée en a auſſi fait mention : & vn M S. de Blazons parle du Roy de Neſſe, qu'il range entre les Rois Chrétiens, luy donnant pour armes *d'azur à trois bandes d'argent, ſemé de cœurs de mêmes*.

*Pag.* 104. LE PLVS GRANT ROY DES CHRESTIENS] Voyez la XXV. Diſſertation.

LE COMTE DE CHALON] Iean Comte de Chalon & d'Auxerre, qui auoit épouſé en premieres noces Mahaut, fille de cét Hugues III. Duc de Bourgogne : duquel mariage nâquit Hugues dit de Chalon, ainſi nommé du nom de ſon ayeul maternel, & qui épouſa depuis Alix de Meranie Comteſſe de Bourgogne.

PREVHOMME] S. Louys mettoit la difference entre *Preuhomme*, & *Preudhomme*, en ce que le preuhomme eſtoit vn homme preux, c'eſt à dire vaillant & hardy de ſa perſonne ; & preudhomme, vn homme prude ou prudent, de bonne conſcience, & craignant Dieu. Les mots de, *Preu*, & de *preuhomme*, tirent leur origine du Latin *Probus*, qui dans les Auteurs du moyen temps ſignifie vn homme vaillant, d'où les François ont formé le mot de *Preux*. Saxon le Grammairien au l. 2. de ſon Hiſt. de Danemarc: *Aſſit eidem, Vt probus eſt quiſque, procul hinc procul eſte fugaces*. Vn ancien epitaphe dans les Antiq. de Bezançon de Chifflet :

*Hîc Renaude jaces, vir amabilis, & probe Miles.*

Ainſi le mot de *Probitas* ſe trouue employé pour le courage & la valeur dans *Gauterius Cancell. de Bellis Antioch*. p. 444. Roderic Arch. de Tolede en ſon Hiſt. d'Eſpagne l. 2. ch. 14. & dans cét extrait d'vn Decret du Conſeil de Sienne publié par Chriſtophle Forſtner : *Quòd Mariſcialco & Militibus Theutonicis pro remuneratione probitatis, quam fecerunt heri contra inimicos Communis Senenſis, debeant donari & dari de pecuniâ Communis* D. *libræ denariorum Senenſium*. Et de ce mot nous auons formé celuy de *proüeſſe*, les Eſpagnols *Prozza*, & les Italiens *Prodezza*. S. Louys donc s'eſt arrêté à la ſignification que ce mot auoit de ſon temps, ou plûtôt regardé à la maniere qu'il ſe prononçoit

*Pag.* 105. NAPLES] *Neapolis*, ville de la Samarie, que Baudoüin Roy de Hieruſalem auoit priſe autrefois. V. Albert d'Aix l. 10. ch. 26. Robert le Moine l. 9. Baldric l. 4. Guibert l. 7. ch. 14. Iean Phocas en la Deſcript. de la Terre Sainte n. 13. &c.

*Pag.* 106. LE SIRE DE SVR] Philippes de Montfort.

BELINAS] Dite des anciens *Paneas*, & *Cæſarea Philippi*. Noradin l'auoit priſe ſur Humfroy de Toron l'an 1177.

IOVRDAIN] V. Guill. de Tyr l. 13. ch. 18. l'Hiſt. de Hieruſalem en l'an 1113. Iean Phocas en la Deſcript. de la Terre Sainte n. 22. &c.

*Pag.* 107. LES TERRIERS] Ce mot ne ſe trouue pas en l'Edition de Poitiers.

LES ALMENS] Les Cheualiers Theutons, ou de l'Ordre Theutonique.

*Pag.* 108. IEAN DE VALENCIENNES] I'ay veû vn titre au Tréſor des Chartes du Roy, qui fait mention de Iean de Valentiennes Seigneur de Cayphas en la Terre Sainte, ſous le P P. Clement V.

OLIVIER DE TERMES] Cét Oliuier de Termes eſtoit fils de Raymond Seigneur de Termes en Languedoc grand partiſan des Comtes de Toloſe, duquel le Moine de Vaux de Sarnay parle amplement aux ch. 36. 41. & 42. de ſon Hiſtoire des Albigeois. Il tint, auſſi bien que ſon pere, le parti du Vicomte de Beziers, & de Raymond le jeune Comte de Toloſe, contre le Roy S. Louys, auquel enfin il ſe ſoûmit en l'an 1246. V. l'Hiſtoire des Comtes de Toloſe du ſieur Catel. Il le ſuiuit en ce voyage, ſelon nôtre Auteur & la Chronique de Flandres ch. 21. & retourna derechef en la Terre Sainte l'an 1264. ainſi que nous apprenons

# SVR L'HISTOIRE DE S. LOVYS. 97

apprenons de Sanudo l. 3. part. 12. ch. 7. Et le Roy S. Louys estant passé en A-frique pour la seconde fois, il l'y vint trouuer, selon Guillaume de Nangis. Enfin estant retourné en France aprés la mort du Roy, Philippes le Hardy le renuoya encore en la Terre Sainte auec vingt-cinq Cheualiers, & cent Arbalétriers, qui estoient à la solde du Roy, l'an 1273. & y mourut deux ans aprés, ainsi que le méme Sanudo raconte part. 12. ch. 12. 14.

CAPITAINES DE LA LANGVE TORTE] Du Languedoc. V. Catel en ses Memoires de Languedoc p. 39.

DVRANT CES CHOSES] Deuant ces mots, est vn chapitre entier en l'Edition de Poitiers, qui est le 74. où il est raconté comme le Roy des Tartares s'empara de la ville de Baldach, & du Calyphe qu'il fit mourir de faim, enfermé dans vne cage de fer. Et parce qu'il semble auoir esté retranché dans cette Edition, ou plûtôt dans le M S. dont Claude Ménard s'est serui, & que le discours semble estre de l'Auteur ; j'estime qu'il est à propos de l'inserer en cét endroit. *Cependant que nous estions deuant Sajette, vindrent des Marchans au Roy, lesquelles lui apporterent nouuelles, que le Roy de Tartarie auoit prins la cité de Bandac,& l'appostole des Sarazins,qui estoit le Sire de la ville, & l'appelloit-on le Caliphe de Bandac, & fut telle la maniere de la prinZe : C'est assauoir que le Roy de Tartarie, qui auoit conspiré vne grande cautele, manda au Caliphe de Bandac, aprés l'auoir assiégé, que pour paix & accord faire entre eux, il vouloit qu'il fust fait mariage entre ses enfans, & les enfans d'icelui Caliphe de Bandac, auquel mandement respondit le Caliphe par son conseil, qu'il estoit tres-content. Parquoi le Roy de Tartarie lui manda derechef, qu'il lui enuoiast quarante des plus grans personnages qu'il eut en son conseil, pour traiter & accorder leurs mariages : ce que le Caliphe fit, & ennoya quarante de ses Conseillers, & le Roy de Tartarie les retint : & manda encore au Caliphe, que ce n'estoit pas assés, & qu'il lui enuoyast encores autres quarante hommes des plus riches, & puissans qu'il eust point, affin que leurs traitez de mariages fussent plus seurement faits : & le Caliphe pensant qu'il dist verité, lui enuoia pour la seconde fois autres quarante des plus riches qu'il eust en sa subjettion : & ainsi fit-il encores la troisiéme fois. Et quant le Roy de Tartarie eust deuers lui six-vint des plus grans Capitaines, & des plus riches & puissans hommes de la Cité, il se pensa bien que le demourant n'estoit que menu peuple, qui ne pourroit grandement resister, ne soi deffendre. Parquoi il fit couper la teste à tous six-vint personnages qu'il auoit deuers lui, & puis assaillit la ville aprement, & la print, & le Caliphe leur Seigneur aussi. Quant il eut la ville & sa puissance, il voulut couurir sa desloyauté & trahison, mettant le blasme sur le Caliphe, lequel il fit mettre en vne cage de fer : & là le fit jeusner tant qu'il peut, jusques à l'extrême necessité : & puis s'en vint à lui le Roy de Tartarie, & lui demanda s'il auoit point faim de manger : & le Caliphe lui respondit, qu'ouy vraiement, & que ce n'estoit pas sans cause. Lors le Roy de Tartarie lui fit apporter & presenter deuant lui vn grand'tailloüer d'or, tout chargé de joiaux & pierres precieuses : & le Roy lui demanda, Caliphe, connois-tu point ces joiaux & ces grans trésors que tu voi deuant toi ? & il respondit qu'ony, & que d'autrefois auoient-ils esté siens, & en sa puissance. Et derechef le Roy lui demanda s'il aimoit bien ces grans joiaux ? & le Caliphe lui respondit, qu'oui. Or fit le Roy de Tartarie : puisque tu aimes tant tes trésors, si en prens ce que tu voudras, & en mange pour appaiser ta faim. Le Caliphe lui respondit, que ce n'estoit pas viande à manger. Lors lui dit le Roy de Tartarie : or à present peus-tu voir ta grande faute : car si tu eusses donné de tes trésors, que tu tenois si chers à tes gens d'armes pour les soudoier, tu te fusses bien deffendu contre moy : mais ce que tu as plus aimé, a manqué à ton besoing.*
Le Sire de Ioinuille auoit déja dit quelque chose de cét exploit du Tartare en la p. 93. & 98. maintenant il en raconte les circonstances (si toutefois ce discours est de luy) qui sont conformes à ce qu'Aython raconte au ch. 25. & 26. Voyez encore les Auteurs citez sur la p. 98. Quant au Calyphe de Baldach, ou de Babylone, qui est icy nommé Bandac, ou plûtôt *Baudac*, & *Bâudas* dans Froissart 3. vol. ch. 23. 4. vol. ch. 74. & autres Auteurs de ce temps-là, ce dis-

*Partie II.*                     N

98 OBSERVATIONS

cours lui donne le titre d'Apostole, c'est à dire de Pape, des Sarazins, parce qu'il estoit le Chef de la religion Mahumetane. Iacques de Vitry l. 3. p. 1125. *Machomet tenet regnum de Baudac, vbi est Papa Saracenorum, qui vocatur Calyphas.* Tudebodus en son Hist. des guerres saintes lui donne aussi le titre d'*Apostolicus Turcorum*, Raymond d'Agiles celui de *Papa Turcorum*.

NOSTRE-DAME DE TOVRTOVSE] Il n'est point parlé de ce pelerinage dans les Histoires des guerres saintes, quoy que Claude Ménard en ait écrit. Car Guibert & Guillaume de Tyr, qu'il cite, parlent seulement de la prise de Tortose par le Comte de Tolose. Il est neantmoins vray que Vincent de Beauuais l. 31. ch. 93. & Iacques de Vitry l. 3. 1142. font mention de cette Eglise, comme estant pour lors frequentée par les Chrétiens, acause de la deuotion qui y estoit. Car ils écriuent que le fils du Comte de Tripoly y fut tué par des Assassins, enuoyez par le Vieil de la Montagne, & où vray-semblablement il estoit allé en pelerinage, & pour y accomplir ses deuotions. Auquel endroit l'imprimé de Iacques de Vitry nomme mal cette place *Carchufa*, au lieu de *Tortofa*. Guillaume d'Oldenbourg en son Itineraire de la Terre Sainte, donné au public par le sçauant *Allatius*, en ses Mélanges, assûre que de son temps cette Eglise estoit en grande vénération parmy les Chrétiens & les Infidéles mémes, où parlant de Tortose, il tient ce discours : *Est in eâ Ecclesia parua maximæ venerationis, quam B. Petrus & Paulus cùm Antiochiam properarent, ex Angelicâ admonitione, propriis manibus ex incultis lapidibus, sanctæ Mariæ tunc primò composuerunt, ac si dicerent, Flebile principium melior fortuna sequetur. Hæc erat prima Ecclesia quæ in honorem Dominæ Nostræ sempérque Virginis Mariæ fuit ædificata & dedicata. Et est ea hodie Sedes Episcopalis, vbi Domina Nostra Dei genitrix semper Virgo Maria, etiam ipsis infidelibus Saracenis multa præstat beneficia.* Ce qui est conforme à ce que le Sire de Ioinuille écrit, qu'on disoit alors que c'estoit *le premier autel, qui fut fait en l'honneur de la Mere de Dieu*.

Pag. 109. LE PRINCE DE CELLE TERRE] Boëmond VI. du nom Prince d'Antioche & Comte de Tripoly, & Seigneur de Tortose.

DEVANT SES CAMELOTS] Aprés ces mots, qui se lisent en la derniere ligne de cette page, l'Edition de Poitiers represente encore ceux-ci : *I'auois oblié à vous dire que le Roy estant à Sayecte, vn grand personnage d'Egypte lui enuoia vne pierre tres-merueilleuse : car jamais on n'en vit de semblable. Elle se lenoit par escailles : & quant on auoit leué vne escaille, on trouuoit entre les deux pierres la forme d'vn poisson de mer, qui estoit entaillé là dedans, & au poisson ne failloit rien de couleur, ne de façon : & la matiere estoit de mesme que la pierre. Le Roy m'en donna vne portion : mais on trouua au lieu dont elle fut leuée, la forme d'vne Tanche, en la propre couleur & forme qu'elle doit estre.*

Pag. 110. SA MERE ESTOIT MORTE] V. Geoffroy de Beaulieu ch. 28. & Math. de Westminster p. 351.

POVR LADITE DAME SA MERE] L'Edition de Poitiers ajoûte ce qui suit : *Aprés que je fus parti de la chambre du Roy, Madame Marie de Bonnes vertus me vint prier que j'alasse deuers la Royne, pour la reconforter, & qu'elle menoit vn merueilleux deuil. Quant je fu en sa chambre, & que je la vy pleurer si amerement, je ne me peus tenir de lui dire, qu'il estoit bien vray qu'on ne doit mie croire femme à pleurer, car le deüil qu'elle menoit estoit pour la femme qu'elle haioit plus en ce monde. Et lors elle me dit que ce n'estoit pas pour elle qu'elle pleuroit ainsi, mais que c'estoit pour la grant mesaise, en quoi le Roi estoit, & aussi pour leur fille, qui estoit demeurée en la garde des hommes : laquelle fut depuis Royne de Nauarre. Et la cause pourquoi la Royne n'aimoit pas la mere du Roy, estoit pour les grans rudesses, qu'elle lui tenoit : car elle ne vouloit souffrir que le Roy hantast, ne fust en la compagnie de la Royne sa femme, ains la défendoit à son pouuoir. Et quant le Roy cheuauchoit aucunefois par son Royaume, & qu'il auoit la Royne Blanche sa mere, & la Royne Marguerite sa femme, communément la Royne Blanche les fai-*

## SVR L'HISTOIRE DE S. LOVYS.  99

*soit separer l'vn de l'autre, & n'estoient jamais logez ensemblement. Et aduint vn jour qu'eus estans à Pontoise, le Roy estoit logé au dessus du logis de la Royne sa femme, & auoit instruits ses Huissiers de sale, en telle façon que quant il vouloit aller coucher auec la Royne, & que la Royne vouloit venir en la Chambre du Roy ou de la Royne, ils battoient les chiens, afin de les faire crier : & quant le Roy l'entendoit, il se mussoit de sa mere : Si trouua celui jour la Royne Blanche en la chambre de la Royne, le Roy son mary, qui l'estoit venuë voir, pour ce qu'elle estoit en grand peril de mort, acause qu'elle s'estoit blessée d'vn enfant qu'elle auoit eu, & le trouua caché derriere la Royne, de peur qu'elle ne le vit ; mais la Royne Blanche sa mere l'apperçut bien, & le vint prendre par la main lui disant, Venez-vous en, car vous ne faites rien ici : & le sortit hors de la chambre. Quant la Royne vit que la Royne Blanche separoit son mari de sa compagnie, elle s'escria à haute vois : Helas, ne me laisserés-vous voir mon Seigneur ! ni en la vie, ni à la mort ! & ce disant elle se pâma, & cuidoit-on qu'elle fut morte, & le Roy qui ainsi le croioit, y retourna la voir subitement, & la fit reuenir de pameson.*

CONTRE SI DESLOIAVS GENS] C'est la plainte ordinaire des Auteurs de ce temps-là sur les abus de la Cour Romaine, contre lesquels ils ont inuectiué auec tant d'aigreur, que le Cardinal *Baronius*, & plusieurs autres ont creû que ces traits de médisance auoient esté parsemez auec addresse par les Heretiques dans les Liures qu'ils ont fait imprimer, comme dans Mathieu Paris, & autres Historiens, particulierement Anglois : ce qui est toutefois peu probable, estant constant que cette plainte estoit alors vniuerselle, comme on peut recueillir de l'entretien, que Iean de Sarisbery Euesque de Chartres eut sur ce sujet auec le Pape Adrian IV. ainsi qu'il témoigne lui-méme, *lib. 6. Polycr. cap. 24.* Estant d'ailleurs vne chose digne de remarque, que le Legat, suiuant l'autorité du Sire de Ioinuille, traite ceux de cette Cour *de déloyaux.* Le Reclus, ou le Moine de Moliens, qui viuoit sous le regne de Henry II. du nom Roy d'Angleterre, en son Roman MS. qu'il a intitulé *de Charité*, s'étend fort sur cette matiere, n'épargnant ni le Pape, ni les Cardinaux, & inuectiuant sur l'auarice & les desordres qui regnoient alors en cette Cour. Et quoy que je n'ajoûte pas vne entiere créance à ces inuectiues ; ce liure n'étant qu'vne satyre continuelle contre les desordres de toutes les professions : je ne laisserai pas de donner ici vn échantillon des plaintes de ce Poëte.

§. O Charité la me dit-on
Qui tu jadis en la maison
Del Pape estois conseillere,
Dont ala la cours par raison :
Mais tu n'i fus c'vne saison,
Car on te mist à la foriere,
Par conseil d'vne pantoniere,
C'est conuoitise la bonesiere,
Qui ne redoute traison,
Faire tant à pecune chiere,
Fel cuer tapist sous bele chiere,
Quant on li fait d'argent poison.

§. Ie n'ois pas se grant bien non
Dire du Pape par son nom,
Pape ne set com arains sonne,
Mais cil qui li sont enuiron,
Souuent i tendent leur giron,
Si en font blasmer sa personne,
Tele manie entour lui foisonne,
Dont male nouuelle resonne,
Car volentiers sert d'vn baston
Au poure, si que tout l'estonne,

Ne doit seruir sers qui bastonne,
A Pape, mais à Pilaton.

§. Ne puet poures en Court entrer,
S'il ne se veut faire fautrer,
Mainte teste i a on fautrée,
Li fus fait vnit pot espautrer,
Hom vvis ne puet la porte outrer,
Mais au portant est ire outrée,
Qui porte il a pais encontrée,
Bele chiere fait à l'entrée
Li portiers quant voit ens entrer
Dont espoire argent ou rentrée,
Conuoitise est tout esuentrée,
Ia tant ne sara enuentrer.

§. Quant je me suis mis al retour,
De la grant court je fis vn tour,
La où mainent li Cardounal,
Mais tous les trouuai d'vn atour,
Chà & là tous sont merquatour,
Li bas & li haut curial,
Quel sont amont, tel sont aual,
Par tout trouuai porte venal,

100 OBSERVATIONS

*Moi sonuient, passé sont mains jour,*  *Ie ne vueil estre plus loial,*
*Que vn home dit vn mot ytal,*  *Ne plus preudom de mon Seignour.*
Et plus bas :
§. *Charité tu nas pas masure*  *Se je vueil descrire briement,*
*En Roume qui la gent mesure,*  *Coment on vit Roumainement,*
*Roume mesure home comment*  *Roumains à la lange sece & dure*
*La bourse est grans non l'estature,*  *Ne puet parler sans oignement*
*La lois se taist quant ors murmure*  *Et ses huis siet tant secment,*
*Droit se tapist à son d'argent,*  *Qu'il ne puet ouurir sans ointure.*

Voyez les Recherches de Pasquier l. 3. ch. 21.

*Pag. 112.* PERILLEZ ] Ancienne expression, pour dire, nous fussions tous tombez dans le peril. Les loix Normandes de Guillaume le Bâtard ch. 32. *E si auers trepassent, perilot, a el deuient vnaté, e il ne pussent mustrer ne cri ne force qui l'en su faite, si rendissent l'aueir.* C'est à dire, si les auoirs (le bétail) meurent, ou tombent dans tel peril, que dans la suite ils soient gatez, &c. Ce que j'explique, parce que le docte Selden n'a pas pris le sens. *Anonymus Barensis in Chron. A. 1064. Dux venit in Bari, — & Gozelino perilauit cum suis at Perino.* Voyez la p. 114.

BAPHE ] Ville de Cypre. Voyez Est. de Luzignan en son Hist. de Cypre ch. 7.

*Pag. 114.* LA SOEVR DV ROY ] Blanche, fille de Philippes le Hardy, & sœur de Philippes le Bel Rois de France, laquelle fut mariée à Rodolphe Duc d'Austriche, & depuis Roy de Boheme, fils aîné de l'Empereur Albert I. Ce mariage fut arrêté à l'entreueuë qui se fit prés de Toul en Lorraine, entre le Roy Philippes & Albert Roy des Romains, & la fille qui accompagnoit son pere fut fiancée le jour de la Conception de la Vierge l'an 1299. suiuant l'Histoire Australe. Steron dit que ce mariage ne se fit qu'en l'an 1301. mais il est constant qu'il se fit en l'an 1300. comme on recueille d'vn Compte des Baillis de France du terme de l'Ascension 1302. qui m'a esté communiqué par Monsieur d'Herouual, auquel est inseré vn autre Compte, auec ce titre : *Compotus viagii facti in Alemanniam conducendo Ducissam Austriæ anno 1300. sororem Regis, factus per Mag. Ioannem de S. Iusto.* En ce Compte il est parlé du Sire de Ioinuille entre les Seigneurs qui accompagnerent cette Princesse en Alemagne, en ces termes : *Pro scutiferiâ Dominæ Ducissæ per Hermerum de Montemartyrum pro 29. diebus, & pro pluribus personis, qui cum eâ remanserunt per suis negotiis, 195. ll. 19. s. 2. den. — Item pro denariis traditis Comiti Sacri-cæsaris 132. ll. Ducissæ Lotharingiæ 73. ll. 15. s. Domino de Iainuille 45. ll. 14. s. Domino de Domnapetrâ 168. ll. 16. s. 7. d. Philippo de Pacy de dono 80. ll. &c. Summa totalis dictarum & aliarum expensarum 4763. ll. &c.* Il semble mémes que les noces furent solennisées à Paris, où Rodolphe se trouua à cét effet. Vn Iournal du Trésor commençant au premier de Ianuier 1297. & finissant au dernier de Décembre 1301. 13. *Maii 1300. Guillelmus de Flauacuriâ Miles pro prouisione expensarum pro nuptiis Dominæ Blanchæ sororis Regis, 1000. ll. Par. Martis die 24. Maii 1300. Comes Sacricæsaris Dominus Stephanus, & Rodulphus Croocuria Miles, missi obuiam filio Regis Alemanniæ, pro expensis suis & aliis sibi commissis de mandato Regis, 800. ll. Par.* Ie dois toutes ces remarques curieuses, comme beaucoup d'autres, à Monsieur de Vyon Seigneur d'Herouual Auditeur des Comptes.

*Pag. 115.* L'ISLE DE LAMPCEVSE ] C'est l'isle de Lampadouse, nommée par Ptolemée *Lapadusa,* par les Italiens *Lampadousa,* & *Lipadusa* par Arioste *Cant. 40.* qui la represente inhabitée & sans maisons, aussi bien que le Sire de Ioinuille. Elle est distante de Malte de cent milles. Les Geographes remarquent qu'il y a encore à présent vne Eglise appellée *Sancta Maria de Lampadusa,* diuisée en deux parties, ainsi qu'elle est décrite par nôtre Auteur.

BLANCHE DE CHAMP ] L'Edit. de Poitiers, *blanchie de chaux.*

QV'IL EN VESQVIT ] L'Edition de Poitiers ajoûte ce qui suit. *Aprés par nos jornées nous vinsmes à passer auprés d'vne autre isle, qui auoit nom Pantanclée :*

# SVR L'HISTOIRE DE S. LOVYS.

*laquelle eſtoit peuplée de Sarazins, qui eſtoient ſubjets partie au Roy de Cecille, & partie au Roy de Tunes: & d'auſſi loing que nous deſcouuriſmes cette iſle, la Royne requit au Roy, que ſon plaiſir fuſt, enuoier trois gallées en celle iſle, pour apporter des fruits à ſes trois enfans: & ainſi fiſt le Roy, & leur commanda qu'ils ſe deſpechaſſent hatiuement de nager, afin qu'ils fuſſent tout prés de venir à lui, quand il paſſeroit deuant l'iſle. Or aduint que quand le Roy paſſa deuant le port de ladite iſle, il ne trouua point ceſdites trois gallées. Les mariniers lui reſpondirent, qu'il leur ſembloit que les Sarazins auoient prinzes ſes gallées, & les gens qui eſtoient dedans. Partant, Sire, nous vous conſeillons, firent-ils, que vous ne les attendez pas: car vous eſtes icy prés des Royaumes de Cecile & de Tunes, dont les Rois ne vous aiment gueres, ne l'vn ne l'autre: & ſi vous nous voulez laiſſer nager, nous vous mettrons encores anûit hors de leurs dangers: car nous paſſerons en bref tous leurs deſtroits. Vraiement, dit le Roy, je ne vous en croiray jà, & vous commande que vous tournés les voiles de la nef, & que nous allions querir nos gens. Et quoi qu'il en fuſt, il nous conuint ainſi le faire, & delaiaſmes bien huit jours pour les attendre, pour leur gloutonnie, qu'ils s'eſtoient demourés à manger.* Cette iſle qui eſt ici nommée *Pantenelée*, eſt celle que les Geographes appellent *Pantalarée*, qui eſt aſſiſe entre la Sicile & l'Afrique, aſſez prés de Souſe, ville du Royaume de Tunes. Elle appartient au Roy d'Eſpagne, & eſt ſujette au Viceroy de Sicile. Les habitans quoy que Chrétiens Catholiques, vſent de l'habit & du langage des Mores.

NOSTRE-DAME DE VALBERT] L'Ed. de Poit. *de Vauuert.* *Pag. 116.*

AIGVEMORTES] La ville d'Aiguemortes n'a pas eſté connuë auant le regne de S. Louys, qui fit bâtir en cét endroit la tour, qui s'y voit encore à preſent, & que l'on appelle vulgairement la Tour de Conſtance, pour ſeruir de fanal aux nauires. Il ferma depuis le bourg de murailles, tant pour le peupler d'habitans, que pour le mettre à l'abry des incurſions des pirates, ainſi que nous apprenons d'vne Epître du Pape Clement IV. l. 3. ep. 260. rapportée par le ſieur Catel en ſes Memoires de Languedoc, & par Auguſte Galland en ſon Traité du Franc-aleu, & eſtoit l'vnique port que nos Rois auoient en ce temps-là ſur la mer Mediterranée. Car la Prouence & le Languedoc auoient leurs Seigneurs particuliers. A préſent il n'y a plus de port, & la mer ne vient qu'à demie lieuë d'Aiguemortes, ce qui eſt encore arriué au port de Wiſſan au Comté de Boulenois, que je prétens montrer par vne digreſſion aſſez curieuſe (c'eſt la XXVI.) eſtre le fameux port *Itius*, dont Ceſar & les anciens Geographes ont fait mention. Il y a en la Chambre des Comptes de Paris diuers rouleaux intitulez, *Giſta quæ Domino Regi debentur,* qui contiennent non ſeulement tous les noms des lieux, des Monaſteres, des Eueſques, & autres perſonnes, qui doiuent le droit de Giſte au Roy, leur nombre, & leurs eualuations, mais encore tous les Giſtes que le Roy S. Louys a pris durant le cours de ſa vie en diuers endroits, lors que l'occaſion s'en préſentoit. Ie ne prétens pas rien dire ici de la nature & de l'origine de ce droit, puiſque cela ne fait pas à mon ſujet : mais ſeulement je feray l'extrait des Giſtes qu'il prit en l'an 1254. parce qu'ils marquent exactement le chemin, qu'il prit pour retourner à Paris.

*Giſta quæ Dom. Rex Ludouicus cepit anno Dom. 1254. poſtquam rediit de partibus tranſmarinis.*

*Dominicâ in Vigiliâ S. Laurentii apud Podium pro giſto burgenſium* 120. ll. 100. ſ. *Tourn.*

*Die Lunæ ibidem pro giſto Electi Podienſis* 120. ll. 100. ſ. *T.*

*Die Martis ibidem pro giſto Capituli Podienſis* 120. ll. 100. ſ. *T.*

*Die Mercurii apud Bridam pro giſto villæ,* 100. ll. *T.*

*Die Iouis apud Yſſiodorum pro giſto villæ* 120. ll. 100. ſ. *T.*

*Sabbato apud Clarummontem in Aluernia pro giſto villæ* 120. ll. 100. ſ. *T.*

*Die Martis poſt Aſſumptionem B. Mariæ apud Porthium pro giſto* 75. ll. *T. de*

*quo soluerunt burgenses 50. ll. & Prior pro parte suâ 25. ll.*
 *Die Lunæ ante festum S. Gregorii apud S. Benedictum supra Ligerim, pro gisto Abbatiæ, 100. ll. T.*
 *Die Sabbati ante festum S. Clodoaldi apud Vicenas pro gisto Abbatiæ Fossatensis 120. ll.*
 *Dominicâ sequenti apud S. Dionysium pro gisto Abbatiæ 120. ll.*
 *Die Sabbati ante festum Apostolorum Simonis & Iudæ apud Bruerias, pro gisto villæ 60. ll.*
 *Dominicâ sequenti apud Cerniacum pro eodem 60. ll.*
 *Die Lunæ sequenti apud Velleiacum pro eodem 4. ll.*
 *Die Martis sequenti apud S. Medardum Suession. pro gisto, 100. ll. 54. s. 4. d.*
 *Die Mercurii ibidem in Abbatiâ Monialium pro eod. 120. ll. 54. s. 5. d.*
 EVESQVE D'OLIVE] Guillaume de Pontoise, qui de Prieur de la Charité fut élû Abbé de Cluny, l'an 1244. & ensuite Euesque d'Oliue, & non de Langres, comme M. Ménage a auancé en ses Orig. de la Langue Franc. p. 737. La Bulle du Pape Alexandre donnée à Viterbe *3. Kal. Oct. Pontific. 3.* l'appelle *venerabilis frater Guillelmus Episcopus Olenensis*, en la Bibliotheque de Cluny p. 1513. mais il y faut restituer *Oliuensis*: ce Guillaume ayant esté Euéque d'*Oliua*, qui est vn Euéché suffragant & dépendant de l'Archeuéché de Patras en la Morée : ce qu'Alberic nous enseigne en l'an 1236. parlant de Geoffroy Prince d'Achaie ; *Sub prædicto Domino Gaufredo sunt duo Archiepiscopi, ille de Patras, qui est Primas, & Archiepiscopus Corynthi : primus habet vnum Episcopum de Oliua, id est de Andreuilla*, &c. Le Pape Innocent III. l. 13. ep. 25. & 156. l. 15. ep. 22. fait mention de cét Euéché d'Andreuille, & dit qu'il estoit *vnus de ditioribus & nobilioribus Episcopatibus Romaniæ*. Il en est encore parlé dans le Prouincial Romain, & dans vne epître du Pape *Honorius III.* qui se lit dans les Annales Ecclesiastiques *d'Odoricus Raynaldus*, en l'an 1218. n. 27.

*Pag.* 118.  LA DAVPHINE] Beatrix de Sauoye, fille de Pierre Comte de Sauoye, & d'Agnes de Foucigny, femme de Guigues V. Dauphin de Viennois. Le Sire de Ioinuille la qualifie sa niece, c'est à dire, parente en degré inferieur, ainsi qu'André Du Chesne l'explique en l'Hist. des Dauphins ch. 7. M. de Guichenon en son Hist. de Sauoye, à l'endroit où il traite de cette Princesse, ne parle pas de cette parenté. Il est vray qu'il y auoit de l'alliance entre les Maisons de Ioinuille & de Foucigny : car comme j'ay remarqué en la Genealogie de la Maison de Ioinuille, Simon de Ioinuille Sire de Gex, frere de Iean Sire de Ioinuille, ou plus probablement, Hugues son fils épousa Leonor de Foucigny, sœur d'Agnes de Foucigny mere de Beatrix de Sauoye, & en ce cas Beatrix auroit esté niece d'alliance du Sire de Ioinuille.
 LE COMTE DE CHALON] Voyez cy-aprés la p. 119.
 LA FILLE DE CHAMPAGNE] Blanche, fille de Thibaud VI. & d'Agnes de Beaujeu sa premiere femme, mariée à Iean Comte de Bretagne.
 ISABEL FILLE DV ROY] Voyez l'Histoire de France de Messieurs de Sainte-Marthe. L'Epitaphe de cette Princesse se lit au to. 5. des Hist. de France p. 443.
 EN SES HABITS] La modestie du Roy S. Louys en ses habits est remarquée cy-deuant en la p. 5. & par Guillaume de Nangis en l'an 1248. où il dit que depuis qu'il fut croisé la premiere fois il quitta la pompe des habits, *nec ab illo tempore indutus est scarleto, vel panno viridi seu bruneta, nec pellibus variis, sed veste nigri coloris, vel camelini seu persei.* Le Pape Boniface VIII. au sermon de sa Canonization: *vestes quas habuit, non erant regiæ, sed religiosæ ; non erant Militis, sed viri simplicis.* Voyez encore la Bulle de sa Canonization *to. 5. Hist. Fr.* p. 490. & Geoffroy de Beaulieu *de vitâ & Conuersat. S. Lud. c. 8.* Ce fut à ce sujet qu'vn Docteur de son temps entreprit de le blâmer publiquement, soûtenant qu'vn Prince ne deuoit estre jamais sans la pourpre, *Regem*

# SVR L'HISTOIRE DE S. LOVYS.

*non debere communibus vti vestibus, sed semper purpuratum incedere.* Mais Thomas de Cantimpré a entrepris sa défense contre cét imprudent prédicateur, au l. 2. *de Apib.* c. 57. n. 63. 64.

GARNVTES] L'Edit. de Poitiers, *de Garintes*.

LE COMTE DE CHALON] C'est le Comte Iean, duquel il a esté parlé cy-deuant. Son pere fut Guillaume Comte d'Auxonne, qui épousa Beatrix Comtesse de Chalon, fille de Guillaume III. Comte de Chalon, duquel mariage nâquirent entre autres enfans, Iean Comte de Châlon, & Beatrix seconde femme de Simon Seigneur de Ioinuille Auteur de cette Histoire, auquel Iean Comte de Chalon fut oncle, ainsi qu'il le qualifie en cét endroit, & ailleurs. Iean Comte de Chalon eut vn fils, comme il a esté remarqué, nommé Hugues, qui épousa Alix de Meranie Comtesse de Bourgogne, fille & heritiere d'Othon III. Comte Palatin de Bourgogne. Au moyen duquel mariage le Comté de Bourgogne retourna derechef en la ligne masculine de ces Comtes. Voyez A. Du Chesne en l'Hist. de Bourg. l. 4. Quant au different qui fut entre le pere & le fils, quoy que l'Histoire en ait supprimé les causes, il me donnera sujet de traiter à fonds des Guerres priuées, & ensuite, des Fiefs jurables & rendables, qui sont des matieres peu communes, dans les deux dernieres Dissertations, XXVII. & XXVIII.

LE COMTE THIBAVD DE BAR] L'Histoire des Euesques de Verdun en l'an 1226. *Theobaldus Comes Barri cepit in conflictu Henricum Comitem de Lucemburgo* XV. *Kal. Octob. cepit etiam castrum de Ligneio per insidias ipso anno* III. *Non. Iul.* A. Du Chesne en l'Hist. de Luxemb. part. 3. ch. 1. rapporte les motifs, & les suites de cette guerre.

VILLAIN SERMENT] Guill. de Nangis p. 364. & Geoffroy de Beaulieu ch. 32. appellent ce vilain serment, *inhonestum juramentum.* Les statuts MSS. de l'Ordre de la Couronne d'épines dressez par vn Celestin sous le regne de Charles VI. *celui qui tant seulement jure le vilain serment*, &c. Voyez l'Indice de Ragueau. Cette grande rigueur de S. Louys enuers les blasphemateurs ne fut pas approuuée par le Pape Clement IV. qui lui addressa vne Bulle, qui est au Trésor des Chartes du Roy, *Laiette, contre les blasphemateurs tit.* 1. & 2. donnée à Viterbe le douziéme de Iuillet l'an quatriéme de son Pontificat: par laquelle aprés s'estre plaint du grand nombre des blasphemateurs qui sont en France, il le prie de vouloir établir des peines temporelles contre eux, sans toutefois vser de mutilation de membres, ni de peine de mort, n'entendant pas exclure la Censure canonique, ni faire préjudice à la constitution du Pape Gregoire son prédecesseur : *Sed auxilio mutuo vtriusque gladium credimus adjuuandum, & vt spiritualis mannalem dirigat, & manualis spiritualem fulciat & sustentet.* Et par la bulle de méme datte, qu'il addressa au Roy de Nauarre Comte de Champagne, il l'exhorte de reprimer les desordres qui se commettoient journellement dans les blasphémes : ne lui conseillant pas toutefois d'imiter le Roy de France, pour les peines qu'il auoit ordonnées contre les blasphémateurs, en ces termes : *Sed fatemur quòd in pœnis ejusmodi tam acerbis, eorumdem vestigiis charissimum in Christo filium nostrum Regem Francorum illustrem non deceat inhærere, sed aliæ poterunt reperiri citra membri mutilationem & mortem, quæ à dictis blasphemiis temerarios homines poterunt cohibere. Quocirca Serenitatem tuam monendam duximus & hortandam, quatenus tuam reputans tui redemptoris injuriam, prædicto Regi Francorum consulas & suadeas, quòd ad regnum suum ab hac labe purgandum salubriter statuat de suorum consilio procerum quod ad Dei honorem & gloriam viderit statuendum. Dat. Viterbii* 11. *Id. Aug. Pontif. nostri A.* 1v. Cette epître est au Cartulaire de Champagne de la Bibliotheque du Roy f. 64. Il est probable que ce fut ensuite des remonstrances du Pape, que le Roy S. Louys changea les peines du corps contre les blasphémateurs, en peines pecuniaires par cette Ordonnance, qui se lit au 10. Registre du Trésor des Chartes du Roy f. 54.

# OBSERVATIONS

*Il sera crié par les villes, par les foires & par les marchiez, chascun mois vne fois au moins, Que nuls ne soit si hardy qu'il jure par aucuns des membres de Dieu, ne de nostre Dame, ne des SS. ne qu'il face chose, ne qu'il die villaine parolle, ne par maniere de jurer, ne en autre maniere qui torne à despit de Dieu, ne de N. D. ne des SS. & s'il est fait, ou dit, l'en en prendra vengeance tele comme il est estably: & cil qui l'orra, ou sçaura, est tenu le faire sçauoir à la justice, ou il en sera en la mercy au Seigneur, qui en pourra leuer l'amende, telle comme il verra que bien sera.*

*Se aucune personne de l'aage de XIV. ans ou de plus fait chose ou die parolle en jurant, ou autrement, qui torne en despit de Dieu, ou de N. D. ou de ses SS. & qui fut si horrible, que elle fut villaine à recorder, il paiera XL. liures ou moins, més que ce ne soit mie moins de XX. liures selon l'estat & la condition de l'homme, ou de la personne: & se il estoit si panure que il ne peut paier la peine dessusdite, ne eust autre qui pour luy la voulsist paier, il sera mis en l'Eschiele l'erreure d'vne lieuë, en leu de nostre justice, où les gens ont accoustumé à assembler plus communement, & puis sera mis en la prison par six jors, ou par huit au pain & à l'eau.*

*S'il aduenoit que aucun d'iceluy aage feist, ou dist chose qui tornast à despit de Dieu, ou de N. D. ou des SS. qui fust moult horrible, toutesuoies ne fust elle pas si horrible, comme elle est dite pardessus, il paiera X. liures au mains : més que ce ne soit mie moins que XX. sols, selon la maniere du vilain fait, ou de la vilaine parolle, & l'estat & la condition de la personne, & à ce sera contraint, se mestier est. Et se il estoit si poures, qu'il ne peult paier la paine dessusdite, ne n'eust autre qui pour luy la voulsist paier, il sera mis en l'Eschelle l'erreure d'vne lieuë, en leu de nostre justice, où les gens ont accoustumé assembler, en la maniere que il est dessus dit, & puis sera mis en la prison trois jours au pain & à l'eaue.*

*Et se aucun faisoit chose, ou disoit parolle, tout ne fust elle pas encore si laide, ou si vilaine, més toutesuoies tornat à despit de Dieu, ou de N. D. ou des SS. il payera XI. sols ou moins, més que ce ne soit mie moins de V. sols, selon la maniere du fet, ou de la vilaine parolle, & l'estat & la condition de la personne. Et se il estoit si paoure, que il ne sçeust paier la paine des deniers dessusdites, ne n'eust autre qui pour li la voulsist paier, il sera mis en la prison vn jour & vne nuit au pain & à l'eaue.*

*Et se celle personne qui aura ainsi meffet, ou médit, soit de l'aage de X. ans ou de plus jusques à XIV. ans, il sera battu par la justice du lieu tout nu à verges, en appert, ou plus, ou moins, selon la grieté du fet, ou de la parolle. C'est assauoir li hommes par hommes, & la femme par seules femmes, sans présence d'hommes : se ainsi n'estoit que aucun rachetast maintenant en paiant connecnable paine de deniers, selon la forme dessusdite.*

*Et quant il sera denoncié à la justice d'aucun sur qui l'en mette tel fét, il sera contraint tantost de ce : & se il noit le meffet, & preuues sont prestes tantost, soient oyes, & jurent en la présence de celuy contre qui l'en mettera le fét, soit ou ne soit le dénonceur présent. Et selon ce qui sera prouué, soit sans delay. justicié cil qui sera attaint du meffet, selon ce qu'il est dit cy-dessus.*

*Les tesmoings qui seront nommés à ce prouuer, & ne seront présens, soient contraints, se mestier est, par prise de corps & de leurs biens à venir, & à porter tesmoignage par leurs seremens de ces choses: & se ils sont de diuerses Justices, l'une Justice orra les preuues à la requeste de l'autre, & renuoira seelé & clos ce qui sera prouué au Juge à cui la justice appartendra d'iceluy qui sera dénoncé, ou accusé du meffet, ou du mesdit.*

*Et de la paine d'argent qui sera leuée pour tel meffet, li denonceur auront la quarte partie : cil qui commanderont, ou seront la justice, l'autre quarte partie ; li Sires de la terre l'autre quarte partie à faire sa voulenté : l'autre quarte partie sera gardée pour guerdonner, se mestier est, à l'esgard de la justice, ceux qui feront assauoir les meffets, & les mesdits dessus nommés de ceux qui seront si paoures, qu'ils ni porront riens paier.*

*Et que les choses soient mieux gardées, li Preuos, li Baillifs, li Maires des villes, & les autres justices dessous les Seigneurs jurront que il trauailleront loiaument à tel*

*pechié*

## SVR L'HISTOIRE DE S. LOVYS.

*pechié abbatre, selon la forme qui est dessusdite : & cil qui sera trouvé en deffaute, il en paiera la paine d'argent, autre telle comme s'il eust esté convaincus du mesfet, ou du mesdit : & pour ce ne sera pas quitte cil qui aura meffet ou mesdit. Et cil qui sera assavoir le deffaut de celuy qui devra faire justice, prendra la moitié en la paine d'argent qui sera pour ce levée.*

*Et ces choses commande li Rois estroitement à garder en sa terre par les Baillis, & par les autres justices, & és villes de Communes, par les justices des leus. Et veut que il soit publié en toutes ses assises, & ainsi face chacun Sires garder en sa terre, & crier cil qui ont ban. Et se il avenoit que aucun Seigneur ne puist justicier, si comme il est dit dessus, aucune personne dont la justice li appartinst, il doit requerre le prochain Seigneur pardessus : & se il leur failloit, l'autre pardessus, se nus en i a, jusques à nostre justice. Et nous commandons que nos Baillis, & nos autres justiciers leur doignent force, & ayde, quand il les en requerront, par quoi ils puissent faire la justice.*

*Et est assavoir que li Sergens du Souverain Seigneur ne pourront accuser ni demourer és terres as autres Seigneurs qui auront justice, & qui seront subgiez au Souverain, ne li Sergens des subgiez és terres des Souverains.*

COMMISSION aux Baillis pour l'observance & effet de la precedente Ordonnance.

LVDOVICVS, &c. *Tali Baillivo. Cùm nos in hoc Parlamento Assumptionis B. M. Parif. de assensu Baronum nostrorum quandam ordinationem fecerimus de amovendis blasphemiis, & enormibus juramentis, ac etiam puniendis : quam quidem ordinationem vobis mittimus per latorem præsentium sub contrasigillo nostro inclusam, mandamus vobis quatenus ordinationem istam per villas, nundinas, & mercata præconizari, & in vestris assisis publicari faciatis, eámque in vestra Bailliuia quandiu nobis placuerit teneri firmiter, & servari. Et si forté contigerit aliquem de vestra Bailliuia aliquid dicere, seu facere contra Deum, aut Beatissimam Virginem Mariam Matrem ejus, adeò horribile, quod de pœnis in prædicta ordinatione positis, ad illud non sufficiet vindicandum : Volumus quòd inflicta eidem propter hoc graniori pœna in eadem ordinatione contenta, res deferatur ad nos, & ipse in prisione nostra nihilominus teneatur, quousque nostrum super hoc rescripserimus voluntatem. Partem autem Nos contingentem de emendis quæ proveniunt in vestra Bailliuia de blasphemiis & juramentis hujusmodi, ponetis ad partem ad nostrum beneplacitum inde faciendum, summam partis ipsius in Parlamento omnium Sanctorum nobis reddituri in scriptis, ac etiam relaturi quid de blasphemiis interim erit. Actum,* &c.

En vn autre Registre ce qui suit est ajoûté à cette Ordonnance de S. Louys ; *Il est ordonné que l'en mande aux Baillis & Seneschaux qu'ils voient, enquierent par tous les Chasteaux & les Manoirs le Roy de leur Bailliages, s'il y a Sergent à gaiges, dont l'en se puisse souffrir, & se aucuns en y a que ils en escrissent au Roy les noms de par qui ils sont au Parlement de la Toussains.*

*Item l'en mandera à tous les Baillifs qu'ils paient & envoient au Temple à Paris, tout ce que ils doivent de vieil au Tresorier, & ce soit fait sans delay.*

*Item mandera à tous Baillifs que ils facent garder en leurs Bailliages, & en leurs terres, & aux terres des Barons qui sont en leurs Bailliages ladite Ordonnance, de deffendre les villains sermens, les Bordeaux communs, les jeux de Dez, & leur envoira l'en l'Ordonnance : Mais la peine d'argent pourra bien estre muée en paine de corps, selon la qualité de la personne & la quantité du meffait.*

*Et est sciendum quòd istæ & vltimæ partes, seu clausulæ, sunt de ordinatione facta super omnibus prædictis per Regem Philippum, Parisiis in Parlamento Ascens. anno Dom.* 1272.

Voyez les Constitutions de Clement III. & de Gregoire IX. aux Decretales *tit. de Maledicis*. L'on n'a pas laissé toutefois d'ordonner encore depuis le Regne de S. Louys des peines corporelles contre les blasphemateurs, particulierement dans les cas, où les peines pecuniaires n'ont pû arréter le cours des blasphemes. Et sans aller rechercher les Ordonnances des Rois subse-

*Partie II.*

## OBSERVATIONS

quens, je me contenteray de rapporter les termes d'vne de Iean II. Duc de Bourbonnois & d'Auuergne, donnée au château de Molins le penultiéme jour de Feurier l'an 1474. par laquelle ce Prince voulant éteindre & abolir les blasphemes dans ses Etats, ordonna que ceux qui en seroient atteints & conuaincus, *paieroient pour la premiere fois la somme de cinq sols Tournois, & vne liure de cire à l'Eglise du lieu, qui par reparations ou autrement, en aura mieux besoin : & pour la seconde fois doublant ladite peine, c'est à sçauoir dix sols & deux liures de cire : & pour la tierce fois d'estre mis & lié au pilier, & si pour la quartefois il y renchoit, ordonne l'oreille estre attachée audit pilier, & s'il y renchoit iusqu'à la cinquiéme fois, veut que la langue lui soit percée d'vn fer chaud à plein jour de marché, & s'il persiste, il ordonne le bannissement perpetuel de ses Estats.* Il se voit vne Ordonnance de Richard Roy des Romains donnée à Soleurre au mois de Iuillet l'an 1257. qui ordonne des peines contre les blasphemateurs, suiuant la qualité de leurs blasphemes, mémes de mort : *Si quis datâ industriâ & deliberato animo per Dei nomen, potentiam, misericordiam, baptismum, sacramentum, martyrium, passionem, vulnera, virtutem, & similes sermones blasphemos jurauerit, in primis vt damnatæ blasphemiæ delictum inter publica crimina numeretur, deinde in ipsum reum vltionis gladio animaduertatur. Si quis verò ex irâ aut prauâ consuetudine deliquerit, quoties dejerasse aut blasphemasse auditus fuerit, toties pro vnoquoque blasphemo dicto vel juramento, singulos solidos judici, in cujus districtu crimen commisisse deprehensus fuerit, toties pro vnoquoque blasphemo culpabilis judicetur, (nisi tamen ita grauiter blasphemasse conuincatur, quòd morte dignus existimetur) decernimus, vt secundùm criminis circumstantias pro judicis arbitrio atrociùs in corpore & vitâ puniatur.*

ESCHALLER ] L'échelle estoit vne marque de haute justice, au haut de laquelle on faisoit monter vn criminel pour l'exposer à tout le peuple, & luy faire souffrir la honte, que son crime meritoit. Les Coûtumes d'Auxerre Art. 1. de Sens Art. 1. & 2. de Niuernois Tit. 1. Art. 15. & de Bourbonnois Art. 2. parlent de cette espece de supplice, duquel on voit des vestiges à Paris en l'Echelle du Temple. Il en est encore fait mention aux Assises de Champagne, qui se conseruent en la Chambre des Comptes de Paris *fol. 78*. en ces termes : *Visâ appresiâ factâ super hoc quod Major & Scabini de Pruuino dicebant se esse & fuisse in bonâ saisinâ faciendi & habendi scalam à tempore Dominorum Campaniæ prædecessorum D. Regis apud Pruuinum, in medio vico ante Domum Dei Pruuinensem, ad ponendum ibidem malefactores jurantes* INHONESTA IVRAMENTA, *& justitiandi cosdem in scalâ, siue puniendi secundùm loci consuetudinem, & secundùm delictorum quantitatem, inuentum fuit & probatum dictos Majorem & Iuratos intentionem suam sufficienter probasse. Quare pronunciatum fuit per Curiæ Consilium, quòd ibidem, prout esse consueuerat, saluo jure D. Regis, scala fiet & remanebit.*

APPELLER LE DEABLE] Nos premiers Chrétiens eurent le Diable en telle horreur, comme estant l'ennemy du genre humain, & des bonnes ames qui seruent Dieu, qu'ils faisoient mesmes scrupule de le nommer : C'est pour cela que nous lisons que les Peres de l'Eglise ont affecté de le qualifier du nom de *Mauuais*, en le nommant simplement *Malus*, comme Tertullien *lib. de Pœnitentiâ c. 5. lib. de Patient. c. 11. 14. de cultu fœmin. 2. 5. l. 2. ad Vxor. c. 6.* S. Cyprian *de Orat. Dom. c. 10.* S. Paulin *epist. 4. ad Seuer. Natali 4. 5. & 7.* d'où vient que plusieurs estiment qu'il est entendu sous ce nom en l'Oraison Dominicale : *Sed libera nos à malo* : c'est la pensée de S. Iean Chrysostome, d'*Euthymius*, de Theophylacte, d'Origene sur cette Oraison, & autres. Nos Poëtes François le nomment presque toûjours *Maufez*, parce qu'il fait le mal, & qu'il en est auteur, ou parce qu'il est difforme, & mal-fait, d'où nous auons formé le mot de *Mauuais* qui est à présent en vsage. Le Roman de Garin :

*Mult sçait de guerre, maufez li ont appris.*

Guillaume Guiart en l'an 1302.

# SVR L'HISTOIRE DE S. LOVYS. 107

*Vilains braient come maufez*, &c.

PLVSIEVRS EGLISES] Voyez Guillaume Guiart en la Vie de S. Louys, la Mer des Histoires, Louys Lasseré & autres. *Pag. 121.*

NOVS LOVYS] Cette Ordonnance fut expediée à Paris l'an 1256. & se trouue en quelques Registres de la Chambre des Comptes plus étenduë qu'elle n'est icy. *Pag. 122.*

SE VENDOIT AV PLVS OFFRANT] Voyez l'Ordonnance de Philippes le Bel de l'an 1315. pour la reformation du Royaume Art. 10. & celle de 1302.

PAR QVARANTE IOVRS] V. la Loy 1. Cod. *Vt omnes judices tam ciuiles quàm militares post administrationem depositam 50. dies in ciuitatibus, vel certis locis permaneant.* Et la Nouelle de Theodose & de Valentinian *de Tributis fiscalibus.* Cela s'est aussi pratiqué dans l'Escosse, comme nous apprenons des loix des Barons d'Escosse, intitulées vulgairement, *Quoniam Attachiamenta*, ch. 101. *Pag. 123.*

MAVVAISES COVSTVMES] Leuées, imposts, tributs, vexations. Ce terme est commun & triuial.

ESTIENNE BOYLEAVE] En vn Compte des Baillis de France du terme de l'Ascension de l'an 1262. il est nommé *Stephanus Boileue.* En vn autre du terme de l'Ascension 1266. *Stephanus bibens aquam.* En vn terme de la Chandeleur 1268. *Stephanus Boileauë Præpositus Parisiensis.* L'Auteur de la Vie de S. Louys, dont le M S. est en la Bibliotheque du Roy, cotté 714. ch. 34. fol. 58. dit qu'*au retour de son voyage 1258. aussi-tost qu'il fut arriué à Paris, il assembla plusieurs Prélats, Barons, & de notables Clercs de tous estats, & des gens de son Conseil pour aduiser sur le fait de la justice, fit faire plusieurs Ordonnances qu'il approuua & confirma, & les fit enregistrer & publier en la Cour & Auditoire du Chastelet à Paris, & autres Auditoires des Bailliages & Senéchaucées de son Royaume. Et pour presider en la Cour & Auditoire dudit Chastelet, il y institua vn Bourgeois de Paris bien renommé de preudhomie, nommé Estienne Boileauë, & alloit souuent le Roy audit Chastelet se seoir prés ledit Boileauë, pour l'encourager & donner exemple aux autres Iuges du Royaume, & bien souuent au moins deux fois la semaine donnoit audience en sa maison aux pauures & indigens; souuent commettoit des personnes pour s'informer par les Prouinces des Iuges corrompus & mal faisans. Et aduint qu'vn Bailly d'Amiens ayant esté trouué mauuais Iuge & corrompu, le Roy l'osta, & le fit mettre prisonnier, jusques à ce qu'il eust restitué tout ce qu'il auoit pris.* Cette famille des Boileues subsiste encore à présent à Paris, & dans l'Anjou. L'Auteur de la Mer des Histoires parle aussi auantageusement de la bonne justice de ce Preuost de Paris, & confirme ce que le Sire de Ioinuille dit qu'il n'auoit égard ni à la parenté, ni à l'amitié, racontant qu'*il fit pendre vn sien filleul, pource que la mere luy dit qu'il ne se pouuoit tenir de rober. Item vn sien compere qui auoit nié vne somme d'argent, que son hoste luy auoit baillée à garder.* Louys Lasseré dit la méme chose. *Pag. 124.*

PITEVX DES PAVVRES] Geoffroy de Beaulieu ch. 18. parle fort au long de ses aumônes, & du soin qu'il auoit des pauures. Guillaume Guiart rend aussi le méme témoignage:

> *Cis saints Rois chascun jour fesoit*
> *A l'honneur du bon Roy celestre,*
> *Sis vint poures à sa Cour pestre,*
> *Trés-souuent deuant eus tailloit,*
> *Et les viandes leur bailloit,*
> *Pour ce faire souffroit grant peine.*
> *Tout l'Auent & la Quarantaine*
> *Estoit par son comand creus*
> *Le nombre des Ramenteus.*
> *Deus cens fust à chans ou à villes,*
> *En seruoit aus hautes vigiles,*
> *Ainçois qu'il menjast ne beust.*

Partie II.                                                                     O ij

L'Ordonnance que ce faint Roy fit à Paris au mois d'Octobre l'an 1260. en fournit vne autre preuue, par laquelle il ordonne que, fuiuant ce qui s'eſtoit pratiqué par ſes predeceſſeurs, tous les ans au temps de Careme, *De burſâ Regis vſque ad duo millia centum decem & nouem libras Pariſienſes, & 63. modios bladi, & inſuper 68. millia alecium per manus Eleemoſynarii & Bailliuorum diſtribuantur*: & en augmentation de cette aumône ordinaire il veut que par ſon Aumônier il ſoit diſtribué tous les jours de Careme cent ſols aux menus pauures, &c.

FESTES ANNVELLES] On appelloit ainſi les quatre principales feſtes de l'année. Le titre de Hugues Duc de Bourgogne pour la fondation de la Sainte Chapelle de Dijon de l'an 1172. rapporté par M. Perard en ſes Mem. de Bourgogne: *In feſtis annualibus, id eſt in Natiuitate Domini, in Paſcha, in Pentecoſte, & in omnium Sanctorum.* Vn autre titre de Odo Eueſque de Paris de l'an 1199. *Apud Sammarthan. in Gall. Chriſt. Statuentes vt in ipſo feſto tantùm celebritatis agatur, quantum in cæteris feſtis annualibus fieri conſueuit.* Feſte annuaut en vn titre de Hugues Duc de Bourgogne de l'an 1268. dans le ſieur Perard p. 339.

DE SES FAMILIERS] De ſes officiers domeſtiques. Car c'eſt ainſi qu'on les qualifioit en ce temps-là. Roger de Houeden p. 725. *Robertus de Turneham familiaris Regis.* En la Ratification du teſtament du Roy Philippes le Bel par Louys Hutin, Martin des Eſſars eſt dit *familier du Roy*, comme Gilles de Compiegne au Regiſtre des Grands Iours de Troyes. Il eſt ſouuent parlé dans Falcand en l'Hiſt. de Sicile des *Familiers de la Cour*.

GRANT DESPENSE ET LARGE EN SA MAISON] Nous ne pouuons pas mieux connoître quelle eſtoit alors la dépenſe de la maiſon de S. Louys, que par l'Ordonnance de ſon Hoſtel de l'an 1261. qui ſe trouue en la Chambre des Comptes de Paris, dans vn Rouleau, qui m'a eſté communiqué par M. d'Herouual.

ORDINATIO *hoſpitii & familiæ Dom.* REGIS *facta An. Do. 1261. menſe Auguſto.*

*Cambellani amotis liberationibus ſuis, videlicet Iohannes Sarr... Iohannes Bourg... & Petrus de Land... quilibet 6. ſol. per diem, & tres valetos comedentes ad curiam: & in ſero dimidium ſextarii vini, de candelâ vnam torchiam per ſeptem, etiam per* \* forge *quinque, aliam per quatuor, & 12. pecias candelæ minutæ, & * fabricam ad tres equos.*

*Galterus de Quitriaco Cambellanus 5. ſ. 6. d. per diem, 2. valletos comedentes ad curiam, dimidium ſext. vini, in ſero candelam, & fabricam ſicut alii Cambellani.*

*Valleti Cameræ quilibet 6. d. per diem, vnam præbendam auenæ loco liberationis, & pugneyarum, 6. per diem qui ſunt in curiâ ipſi omnes pro fœno ſummarii ſibi communis 4. den. per diem, & quilibet 6. pecias minutæ candelæ, & fabricam ad vnum equum. Et vult Dom. Rex quòd omnes pugneyæ erogentur ad voluntatem ipſius per manum eleemoſynarii. Item quilibet eorum habet vnum valetum, ad curiam comedent, pro robâ 100. ſ. per annum quilibet partem ſuam æqualiter morſuum candelarum.*

*Guillelmus Brito & Iohannes de Ermenouilla, quilibet 12. den. per diem: 2. præbendas auenæ, 1. valetum, comedent ad curiam, quibus Roba eſt loco liberationis & pugneyarum, 6. d. per diem, candelam, fabricam, & partem ſuam remorſuum candelarum, ſicut Valleti Cameræ.*

*Petrus de Brocia Cyrurgicus & Valletus de camerâ, & Guillelmus de Saltu, quilibet 2. ſ. per diem in curiâ, & extra, 2. præbendas auenæ, 2. valletos comed. pro robâ 100. ſ. de candelâ vnam torchiam per 4. & 8. pecias candelæ minutæ, fabricam ad 2. equos. Item idem Petrus loco liberationis cameræ & pugneyarum 6. d. per diem, quando erit in curiâ.*

*Guetæ quilibet 6. d. per diem, loco liberationis & pugneyarum 6. d. per diem quando ſunt in curiâ, 1. præbendam auenæ, 1. valletum comed. 6. pecias minutæ cand. fabricam ad vnum equum, pro robâ 100. ſ.*

# SVR L'HISTOIRE DE S. LOVYS.

*Iohannes Barberius 6. d. per diem, pro valleto suo & equo hospitand. 3. den. per diem, vnam præbendam auenæ, 1. valletum comed. fabricam ad vnum equum, 6. pecias minutæ cand. pro robâ 100. s.*

## PANETERIA.

*Paneterius, Bartholomæus Tritan, ad 3. equos 6. s. per diem, 3. valletos comed. dimidium sextarii vini in sero, de candelâ vnam torchiam pro septem, aliam pro 5. aliam pro 4. & 12. pecias minutæ candelæ, fabr. ad 3. equos.*

*Alii Paneterii quilibet ad 3. equos, 5. s. 6. d. per diem, 2. valletos comed. dimid. sext. vini in sero, de candelâ 1. torchiam, per 5. aliam per 4. & 12. pecias minutæ candelæ, fabr. ad 3. equos.*

*Michaël de Furno 4. s. per diem ad 2. equos, 2. valletos pro furno, & 1. post se comed. de candelâ 1. torchiam per 5. aliam per 4. & 12. pecias minutæ candelæ, fabr. ad 2. equos, pro robâ pro se 60. s. pro robâ pro 2. valletis 60. s.*

*Iacobus Clericus Paneterii 6. d. per diem loco liberationis pro se, & homines paneterii hospitand. 3. d. per diem, 1. præbendam auenæ, 1. valletum comed. 1. torchiam per 4. & 12. pecias minutæ candelæ, pro seruitio paneter. fabricam ad 1. equum, pro robâ 100. s.*

*Petrus de Paneter. 6. d. per diem, 1. præbend. auenæ, & fabr. ad equum suum pro omnibus.*

*Summularii mapparum quilibet 6. d. per diem pro quolibet summar. hospitand. 3. den. per diem, pro feno cuilibet summario 3. den. per diem, quilibet eorum pro se & roncino suo hospit. loco liberationis 3. d. per diem, 1. præbend. auenæ, 1. valletum comed. fabricam ad 1. equum, de candelâ omnes insimul 1. torchiam per 4. & 12. pecias minutæ candelæ, cuilibet pro roba 30. s.*

*Quatuor portantes Capas, & vnus deuersus Clericos, quilibet 5. den. per diem, & comedant ad curiam omnes insimul, 12. pecias minutæ candelæ, quilibet pro robâ 30. s.*

*Oblearius pro feno equi sui 3. den. per diem, 1. præb. auenæ pro præmio suo 100. s. per annum.*

*Lotrix mapparum loco liberationis suæ 2. s. per diem, vnam præbendam auenæ, 12. pecias candelæ minutæ, & præmium quod habere solet pro mappis leuandis.*

*Quatrigarius Paneter. ad 3. equos, pro feno ipsorum equorum 9. d. per diem, pro pane, vino, coquinâ & victu suo, & pro se & equis hospitandis 21. d. per diem, pro præmio 40. s. per annum, 6. pecias candelæ minutæ per diem.*

## SCANCIONARIA.

*Harcherus de Corbolio ad 3. equos 6. sol. per diem, 3. vallet. comed. dimid. sext. vini in sero, de candelâ 1. torch. per 7. aliam, per 5. aliam per 4. & 12. pecias minutæ candelæ, fabric. ad 3. equos.*

*Alii Scancionarii ad 3. equos quilibet 5. s. 6. d. per diem, 2. vallet. comed. dimid. sext. vini, de candela 1. torch. per 5. aliam per 14. & 12. pecias minutæ candelæ, fabricam ad 3. equos.*

*2. Clerici in Scancionaria, quilibet 6. d. per diem, vnam præbendam auenæ, vnum vallet. comed. vnam quartam vini pro se hospite, 6. pecias minutæ cand. fabricam ad 1. equum, pro robâ 100. s.*

*Guillelmus Madelinarius 6. d. per diem, 1. præbend. auenæ, 1. valletum pro se, & 2. tam pro ciphis, quàm pro vitris quærendis & portandis, comed. 6. pec. minutæ cand. fabricam ad 1. equum, pro robâ 100. s. & si oporteat eum mittere pro vitris, reddetur ei vectura, nec percipiet 12. denar. pro summariis, quos percipere consueuit, quando mittebat pro vitris quærendis, dum Rex distabat à Parisiis vltra 20. leucas.*

*Summularii scancionariæ 4. quilibet 6. d. per diem pro quolibet summario hospitando 3. d. per diem quilibet corum pro se & roncino suo hospitando loco liberationis 3. d. per diem, pro fœno cujuslibet summarii 3. d. per diem, quilibet 1. præbendam auenæ, 1. valletum comed. ad 1. equum, de candela omnes insimul 1. torchiam per 4. & 12. pecias minutæ candelæ, quilibet pro robâ 30. s. & vnus ex istis qui vocatur Coletus afferet aquam ad bibendum pro Rege. Item debent omnes insi-*

# OBSERVATIONS

*mul dimidium sextarii vini qualibet nocte, & 12. d. per diem, quando Rex comedit per viam.*

*Barillarii 5. quilibet 4. d. per diem, & comedet ad curiam, dimid. quarterii vini in sero, 4. pecias minutæ candelæ, pro robâ 30. s.*

*Boutarii 4. quilibet 5. d. per diem, & comedet ad curiam, vinum, candelam, robam, sicut Barillarii.*

*Quadrigarii boutorum ad 3. equos, 4. s. per diem, & comedet ad curiam, vnam quartam vini in sero, reparationem quadrigæ, & æstimabuntur equi sui quando ponet eos in seruitio, & si moriantur in seruitio, reddetur eis seruitium, valletus etiam suus comedet ad curiam.*

*Potarius pro seruitio potorum 2. s. per diem, & comedet ad curiam, ipse & valetus suus.*

*Duo Portantes aquam ad bibendum pro communi, quilibet 3. d. per diem, & comedent ad curiam, & iuuabunt Boutarios.*

*Portator boutorum comedet ad Curiam tantùm.*

## COQVINA.

*Cocci videlicet Nicolaus de Soisiaco, & Guillelmus Guillore, quilibet ad 3. equos, 6. d. per diem, tres valleti comed. dimid. sext. vini in sero, addito quòd Isembertus habebat duo sextaria vini in quolibet sero, de candela quilibet 1. torchiam per 7. aliam per 5. aliam per 4. & 12. pecias minutæ cand. fabricam ad 3. equos. Item ille loco ipsius Isemberti seruiet habebit vinum & candelam sicut & ipse Isembertus.*

*Alii cocci quilibet ad 3. equos 4. s. 6. d. per diem, 2. valletos comed. dimid. sextarii vini in sero, de candelâ quilibet vnam torchiam per 4. & 8. pecias minutæ candelæ, fabricam ad 2. equos.*

*Adjutores, quilibet 2. s. per diem, 1. præbendam auenæ, 1. valletum comed. 6. pecias minutæ candelæ, fabricam ad 1. equum, pro robâ 50. s.*

*Hastatores 14. quilibet 7. d. per diem, & comedet ad curiam, omnes insimul 16. pecias minutæ cand. quilibet pro robâ & calciamento 50. s. & ille qui seruit elecmosynæ, percipiet tamquam Pagius quamdiu seruiet eleemosynæ in isto seruitio.*

*Sufflatores, 4. quilibet pro omnibus ad 1. equum 12. d. per diem, & comedet ad curiam, omnes insimul 18. pecias minutæ candelæ, quilibet pro robâ & calciamento 60. s. & quando præmittentur, habebunt expensas rationabiles.*

*Custos ciborum s. panes & dimid. sextarii vini pro victu suo, 6. pecias minutæ cand. pro robâ & calciamento 60. s. pro equo suo & omnibus aliis 12. d. per diem.*

*Hostiarii coquinæ 2. quilibet 6. d. per diem, & comedent ad curiam, pro robâ 20. s.*

*Quadrigæ coquinæ 2. ad 8. equos, pro fæno & letteriâ 2. s. 8. d. per diem, Aloud. Quadrigarius se quinto pro victu suo, se, equis, hernesso hospitand. 5. s. per diem, 9. præbendæ auenæ per diem, 20. pecias minutæ cand. & pro roba sua & valletorum suorum 20. l. per annum.*

*Quadrigarii Prandii ad 3. equos 4. s. per diem, pro præmio & pro victu suo, & seruientis sui 12. d. per diem, pro quadriga sua & hernesso reparand. & tenendis in bono statu 40. s. per annum, & æstimabuntur equi quando ponet eos in seruitio, & si moriantur in seruitio, reddetur eis seruicium, & 2. valleti qui vadum cum illa quadriga, quilibet eorum 3. d. per diem, pro tunicâ & calciament. 15. s. per annum, & comedent ad curiam.*

*Salsarii 2. in propriâ coquinâ Regis pro quærendis necessariis ad salsam Regis 3. s. 6. d. de candela 12. pecias minutæ candelæ, quilibet eorum pro robâ 40. s. ambo insimul 3. valletos, comedentes, quilibet habebit pro robâ 40. s. & comedent ipsi ambo ad curiam.*

*Scutellarii pro se, equo suo, & 5. valletis hospitandis 18. d. per diem, de candel. 20. pecias minutæ candel. 1. præbendam auenæ, dictos 5. valletos comed. pro robâ 40. s. quilibet dictorum 5. valletorum pro robâ, calciamento & præmio 60. s. per annum. Eleemosynarius habebit amodò panem salis.*

*Lambertus custos 3. summariorum salsar. & scultellar. pro fæno & letteria ipsorum summariorum 12. d. p. diem, pro se & valleto suo, & ipsis summariis hospitandis*

## SVR L'HISTOIRE DE S. LOVYS.

6. d. per diem, pro præmio suo per annum 40. s. & pro præmio valleti sui per annum 20. s. de candelâ 8. pecias minutæ cand. ambo comedent ad curiam.

Clericus coquinæ pro radiis 12. den. per diem, pro fœno summarii 3. d. per diem, pro lacteria summariorum, se, suis valletis, & summario hospitand. 6. d. per diem, 2. præbendas auenæ, de candelâ 1. torchiam per 4. & 12. pecias minutæ cand. comedent autem ipse, & valletus suus, & valletus pro summario ad curiam.

Ioannes de Tieys Pullarius in propriâ coquinâ Regis pro 2. equis in omnibus tenendis 18. d. per diem, comedet ad curiam, & valletus suus, æstimabuntur autem illi duo equi, & si moriantur in seruicio Regis, reddatur ei seruicium.

Radulphus Pullarius de communi pro 4. equis in omnibus tenendis 4. s. 6. d. per diem, comedet ad curiam, & 2. valleti sui, æstimabuntur prædicti 4. equi, & si moriantur in seruicio Regis, reddetur eis pretium.

Furetarius 18. d. per diem, & quando venit ad curiam, ipse & valletus suus comedet ad curiam, pro robâ 70. s. pro filetis & aliis 20. s. per annum.

Piscator 2. s. per diem, & quando venit ad curiam, ipse & valletus suus comedent ad curiam, pro robâ 50. s. pro tramaillio 40. s. per annum.

Auicularius 12. d. per diem, & quando venit ad curiam, ipse & valletus suus comedent ad curiam, pro robâ 40. s. per annum, pro rect. ( f. retibus) 12. s. per annum.

Ioannes Pastillarius 6. d. per diem, pro se & hernesio suo hospitandis, comedet ad curiam, habebit autem pretium pastillorum, tartarum, & flatonum, sicut solet.

10. Garcunculi qui sequuntur curiam in coquina comedent ad curiam.

### FRVCTVARIA.

Ioannes de Clichiaco 12. d. per diem loco liberationis pro se & toto hernesio suo & totâ familiâ suâ hospitandis 2. s. 8. d. per diem, 2. præbendas auenæ, 2. valetos per se comed. pro robâ 30. s. residuum cerei de nocte ardentis in camerâ Regis, & partem suam remorsuum candelarum. Item habet 4. valletos qui faciunt candelam, & vnum qui calefacit ceram, comedentes ad curiam, & habebunt pro dimidio sextarii vini quod percipere solent, & pro cesia 4. d. per diem, & 4. prædicti valleti qui faciunt candelam, & tam ille qui calefacit ceram, quàm qui faciunt eamdem, pro robâ per annum 15. l.

Quatrigarius fructus ad 3. equos 3. præbendas auenæ pro fœno 9. d. pro victu suo & se hospitando cum equis suis, & hernesio, 21. d. per diem, & pro seruicio suo 40. s. per annum.

### SCVTIFERIA.

Scutiferi & Marescalli quilibet pro victu suo & valletis 2. s. per diem pro se omnibus insimul hospitandis 2. s. per diem, pro candelâ 12. d. per diem, quando Rex mutat gistum, quilibet scutifer habet pro lecto suo, & valleti sui, & lecteria equorum suorum 8. d. per diem. Item habent omnes insimul tam Scutiferi quàm Marescalli loco liberationis quam habere solent, quando Rex equitabat ante prandium, vel post, si mutaret gistum 8. s. per diem. Item Pontius & Hugo habent fœnum & auenam & fabricam ad 2. equos. Item in vigiliis & diebus annalibus quærent victualia sua rationabilia, & reddetur eis summa pecuniæ rationabilis quam constabunt. Item quilibet eorum habet pro robâ 100. s. per annum. Scutiferi insimul pro capistragiis suis per annum 36. l. Item in stabulo sunt 3. valleti ad equos, & quidam alii pedites, quorum quilibet qui sequitur curiam habebit 8. d. per diem tantum, & prædicti 3. ad equos habebunt quilibet pro robâ 60. s. per annum.

### FOVRRERIA.

Robertus de Fourreria 2. s. per diem, 1. præbendam auenæ, fabricam ad 1. equum, pro robâ 100. s. & 1. valletum comed.

Ricardus de Fourreria 6. d. per diem, auenam, fabricam, robam, sicut dictus Robertus, 1. vallet. comed.

5. valleti in ipsâ Fourreriâ quilibet 6. d. per diem, pro robâ 20. s. comedent ad curiam, seruiens de aquâ comedet ad curiam tantum.

Adjutores in Fourreriâ mercede conducentur, & non intrabunt hospitium quandiu comedetur.

# OBSERVATIONS

*Capellani & Clerici Capellæ, ſicut ſolent, excepto quòd loco liberationis quilibet Capellanus habebit 4. d. per diem, & quilibet Clericus 2. d. per diem.*

*Theſaurarius Turonenſis 5. ſ. per diem, loco liberationis 3. ſ. per diem.*

*Decanus S. Aniani 4. ſ. per diem, loco liberationis 3. ſ. per diem.*

*Hoſtiarii quilibet 3. ſ. per diem, 2. valletos comed. fabricam ad 2. equos, pro robâ 100. ſ. de candelâ 1. torchiam pro 4. & 8. pecias minutæ candelæ, nec amodo percipiet pugneyas.*

*Portarii quilibet 9. d. per diem, 1. præbendam auenæ, 1. valetum comed. 6. pecias minutæ candelæ, pro robâ 40. ſ. per annum, nec amodo percipient pugneyas.*

*Valleti de porta pro toto anno, pro roba & præmio 60. ſ. comedent ad curiam, & amodo inſtituentur per Regem.*

*Lotrix deuerſus Regem, pro radiis 2. ſ. 6. d. pro victu ſuo & familiæ ſuæ 5. ſ. per diem, 2. præbend. auenæ, de candela 1. torchiam per 4. & 12. pecias minutæ candelæ, pro robâ 6. l. per annum.*

*Quadrigarius cameræ ad 4. equos, 4. præbendas auenæ, pro fœno 12. d. per diem, loco liberationis 2. ſ. per diem, & pro præmio 40. ſ. per annum.*

*Summularius cameræ, & Denariorum ſcriptorum, & fructuariorum, & Capellæ, quilibet pro victu ſuo 8. d. per diem, pro fœno cujuſlibet ſummarii 3. d. per diem, & 1. d. pro cremento ſibi facto pro aliis neceſſariis ſummarii quærendi, & habent omnes inſimul loco liberationis 4. ſ. per diem.*

*Item quilibet eorum habet pro robâ per annum 30. ſ. addito quod 3. ſummularii Capellæ habent quilibet pro robâ 100. ſ. per annum, & in quolibet omnium feſtorum anualium, habent omnes inſimul 50. ſ. & duplum illorum 4. ſolidorum quos habent loco liberationis prædicta.*

*Capellanus S. Michaëlis comedet ad curiam, ſicut ſolet.*

*Capellanus S. Bartholomæi loco liberationis 22. d. per diem.*

*Relicta Ioannis Tailliatoris loco liber. 19. d. per d.*

*24. Conuerſi, quilibet loco ſeruitii ſui quando comedetur bis in curia 14. d. per diem : & quando comedetur ſemel tantummodò in curiâ, quilibet ipſorum conuerſorum 9. d. per diem.*

*8. Rencarii, quilibet loco ſeruitii ſui quando comedetur bis in curiâ 20. d. per diem ; ſed quando comedetur ſemel tantummodo in curiâ, quilibet 13. den. per diem.*

J'ajoûteray à cette Ordonnance vne autre pour l'Hoſtel du Roy Philippes le Bel, & de la Reyne ſa femme faite à Vincennes au mois de Ianuier l'an 1285. ſelon la façon de compter les années de ce temps-là, c'eſt à dire les ſuiuantes, ſuiuant celle dont nous nous ſeruons aujourd'huy, laquelle ſe trouue dans les Regiſtres de la Chambre des Comptes de Paris, intitulez, *Pater, Noſter*, & autres, qui m'ont eſté communiquez par Monſieur de Vyon Seigneur d'Herouüal, & explique la pluſpart des termes Latiniſez, qui ſe rencontrent en celle de S. Louys.

## PANETERIE.

PANETIERS, 3. C'eſt aſſauoir vn pour le Roy, & 2. pour le commun, & doiuent querre le pain, & ſeruir en, & eſtre au paier toutes les fois, que il pourront eſtre, &c.

Item Galeran des Nappes, qui fait le ſiege du Roy.

Item les 2. ſommeliers des nappes, &c. & auront leſdits Sommeliers, & ledit Galeran, vn vallet à gages, pour garder leurs 3. cheuaux.

Item Portechappe, 2.

Le Paſtoier fera les patez le Roy, & du commun, &c.

Le Oublier.

La lauandiere des Nappes.

## ESCHANÇONNERIE.

Il n'aura que 4. Eſchançons enſemble, qui preignent gages, 1. pour le Roy, & pour le commun 3. & doiuent liurer le vin, & acheter, & ſeruir en, & eſtre au

*traire*

# SVR L'HISTOIRE DE S. LOVYS.

*traire, mesmement aus grans festes, & doiuent estre au paier toutefois que il pourront, & prendront au temps à gaiges, & seront de tele condition en toutes choses, comme les Panetiers sont.*

*Item le Clerc de l'Eschançonnerie comptera en la Paneterie, & en fera la paie.*

*Item Barilliers 2. qui merront es sommiers en leurs propres personnes.*

*La charette des vins à 3. cheuaux.*

*Boutiers 2. qui feront le seruice en leurs propres personnes.*

*Le Potier, aura le jour pour ses pos 12. d. & mengera seus à Cour, & n'y aura nuls voires, se ce n'est aus festes annueus.*

## CVISINE.

*Isembart & 4. autres Keuz, desquiex les 2. seront pardeuers le Roy, & les 2. pardeuers le commun, auec Isembart, & deuront estre à la viende querre, & achater, & despecier, & seruir en, & voir où les pieces cherront, & aura Isembart tous gages, come il souloit, & les autres Keuz tous 4. autressi, & si aura Isembart 1. sextier de vin au soir pour la venuë de la cuisine.*

*Item Ardeurs, 4. 2. pour le Roy, & 2. pour le commun, &c.*

*Asteurs, 4. qui prendront leur droit en la cuisine & mangeront à Court, &c.*

*Paiges, 4. qui mangeront à Court, &c.*

*Souffleurs, 2. desquiex l'vn sera moigneus, & mangeront à Court, & prendront le flambet en tele maniere, que le potage n'en vaille pis, sans autre chose prendre.*

*Esfens 4. pour tout l'Ostel, qui vinront de la Court, sauf ce que il ne seront point serui.*

*Les Saussiers du commun, &c. & n'aura que 2. vallez, qui prandront le pain du sel, & auront ensemble 6. d. de gages pour toutes choses, & se praigne garde le Mestre d'Ostel que l'en ne face trop de pain de sel.*

*Le Garde-manger fera la paie.*

*Le Poulailler seruira pour le marché que l'en fera à lui.*

*Huissiers, 2. l'vn deuers la cuisine le Roy, & l'autre deuers le commun, & mangeront à Court, & aura chascun d'eux 4. d. par jour.*

*Les 2. grans charestes de la cuisine auront chascune à 4. cheuax pour toutes choses 8. s. par jour, & il doinent au Roy pour chascun cheual 10. l. ou le cheual.*

*La chareste du petit disner à 3. cheuax aura le jour 5. s. pour toutes choses, & le restor des cheuax pour le prix qui mis y est.*

## FRVITERIE.

*Fruitiers 7. & 3. vallez qui feront la chandelle, desquiex l'vn aidera à seruir du fruit, & les autres 3. mangeront à Court, & auront ensemble, &c.*

*Item sommiers 2. dont l'vn merra le fruit, & l'autre la chandelle, & gerront ces 2. sommiers auec les sommiers de la chambre le Roy, & ceux qui les garderont aussi, & sera ostée la charete du fruit.*

*Item l'en seruira à la table le Roy & de ses freres du fruit, ainsi comme il a esté accoustumé, & aus autres tables des Rois tant seulement, fors que en Caresme, dont en les seruira de figues, de nois, & de roisins tant seulement.*

*Item l'en fera 12. grans torches, 8. pour le Roy, & 4. pour ses freres, & ne seront bailliées à nully pour porter hors, & les autres torches seront auteles, comme au temps le Roy Loys.*

## ESCVRIE.

*Escuiers, 4. Roger, pour le cors le Roy, Denise pour le Tinel, Pierre Ientiens, vn autre pour achater les cheuax, & aura chascun 2. cheuax, 2. prouendes, 1. valet manjant à Court, &c.*

*Item Mareschaux 2. &c.*

*Vallez de forges 3. &c.*

*Vallez d'estable 4. Vallez de Tinel, &c. le Bouteiller, &c.*

*Item ordenné est que le Roy aura 6. Coursiers pour ceux qui iront auec lui en bois, & pour son cors tant que il luy plaira, &c.*

*Le Clerc de l'Escurie sera à le liurer l'auoine.*

Partie II.  P

# OBSERVATIONS

*Vn vallet qui mesurera l'auoine, & aura 7. d. de gages.*

### FOVRRIERE.

*Colin & Guillot de Pontoise seront fourriers, & aura chascun, &c.*
*Item le chariot le Roy à 5. cheuax, &c.*
*Huissiers de salle, 2. &c. & partiront aus poignées, & ne doiuent estre enuoiez nulle part en message.*
*Portiers 3. &c.*
*Vallez de porte 3.*
*Item Chambellenc Pierre de Chambly aura, &c.*
*Item Pierres de Machau, Huë de Bouuille, & Perrot de Chambly prendront chascun, &c.*
*Item Iean Pomin aura, &c.*
*Vallez de Chambre 6. desquiex il y aura 2. Barbiers, 1. Tailleur, & 3. autres, &c.*
*Guettes 2. &c.*
*Sergens d'armes 30. desquiex il aura tousjours à Court sans plus 2. Huissiers d'armes, & 8. autres Sergens auec, & mangeront à Court, & feront le guet quand le Roy mangera, & porteront tousjours leur carquois plein de quarriaus, & ne se pourront partir de Court sans congié.*
*Item les Clers des Arbalestriers, & le sommier des quarriaus seront ostez, & Mestre Pierre de Condé fera le payement aus Arbalestriers.*
*La Lauendiere le Roy.*
*Sommeliers 10. par la chambre le Roy 4. pour la Chapelle 2. se il plaist au Roy, pour les registres & pour les escrits 2. & pour le fruit 2. chascun de ces 10. aura, &c.*
*Item le Mestre des Sommeliers, &c.*

### CLERS.

*L'Euesque de Senlis prent ses manteaus hors & ens.*
*Celui qui porte le seel a 7. s. de gages par jour sens aueine, & si a forge & restor de cheuaux.*
*L'Archidiacre de Saaloigne chascun a 3. prouendes, & 18. d. Guillaume de Crespi, &c.*

### HOTOIERES.

Nicolas de Chartres  ⎱ *Chascun a 2. prouendes, 12. d. de gages, vn vallet man-*
Robert de la Marche ⎰ *geant à Court, &c.*

Geffroy Gorguz,  ⎱
Iean de Dijon,   ⎰ *&c.*

*Iean Bequet,*
*Guillaume Darqueil,*
*Pierre René, Guill. Nogent, Iean Malliere, Iean le Picart, &c.*
*Mestre Geffroy du Temple, &c.*
*Mestre Aleaume de Silly,*
*Monf. Simon qui fait les Escrits le Roy pour le Bouteiller a 12. d. de gages, &c.*
*Mestre Pierre de Condé, &c.*
*Item pour Ieannot son Clerc, &c.*
*Monf. Pierre de Maslée, &c.*

### FISICIENS TROIS.

*Mestre Fouques de la Charité deuers Madame, aura, &c.*
*Deuers le Roy deus, Mestres Dudes, & aura autels gages comme Mestre Fouques.*

### CHAPPELLAINS.

Monff. Aleaume, ⎫
Monf. Nicolas,  ⎬ *Chascun d'iceux aura 6. d. de gages, 2. prouendes, 1. vallet mangeant à Court & 1. à gages.*
Monf. Iean,     ⎭

### CLERS DE CHAPPELLE.

Mestre Estienne,   ⎱ *auront ensemble 18. d. de gages, 3. prou. &c.*
Guill. de Chartres,⎰

*Monf. Eudes de la Chappelle a ses manteaux hors & ens.*

## SVR L'HISTOIRE DE S. LOVYS.

### Clers de Conseill.

Meſtre Gautier de Chambli,    Mᵉ Robert de Harecourt,
Mᶜ Guill. de Poully,              Mᶜ Lorent Vexins,
Mᶜ Iean de Puſeus,                Mᶜ Iean le Duc,
Mᶜ Iean de Morenciées,            Mᶜ Phil. Suars,
Mᶜ Giles Camelin,                 Mᶜ Giles Lambert,
Mᶜ Iaques de Bouloigne,           Mᶜ Robert de Senlis,
Mᶜ Guy de Loy,

Tous iceux nommez ne mangeront point à Court, & prendront chaſcun 3. ſ. de gages, quant ils feront à Court, ou en Parlement, & leurs manteans, quant ils feront aux Feſtes.

Monſ. Pierre de Sargines,  ⎫  Ces 3. orront les plez de la porte, & aura Giles de Com-
Giles de Compiegne,         ⎬  piegne autant de gages comme Mʳ Pierre de Sargines,
Iean Malliere,              ⎭  & mangera auec le Chambellan.

Item il eſt ordené que nul ne giſe en la chambre aus deniers, fors Meſtre Pierre de Condé, & ſon vallet, Monſ. Pierre de Maenloe & ſon vallet, Martin Marcel qui compte les deniers, & Thomaſſin qui garde la chambre, Mʳ Geoffroy du Temple, Mʳ Aleaume & leurs Clers, & Monſ. Simon auſſi comme aont acouſtumé, & celui Thomaſſin mengera en ſale aus derreans.

Item l'Aumoſnier a 2. ſ. 6. d. de gages, 5. prouendes de vin, &c.

### Svrgiens de VX.

Chacun aura, &c.

Item ils feront 2. Portiers au Parlement quant le Roy ni eſt, Phelippot le Conuers, & vn autre, & aura chaſcun 2. ſ. de gages pour toutes choſes, & on leur deffendra que par leur ſerment il ne preignent riens de Prelat & d'autrui, & que il ne leſſe nullui entrer en la chambre des Plez, ſans commendement des Meſtres.

Item Le Roy des Ribaux a 6. d. de gaiges, & vne prouende & 1. valet à gages, & 60. ſ. pour robe par an.

Item Chauſecire a 3. d. de gages, &c.

Meſſager à cheual, 1. &c.

Meſſagiers à pié, 3. &c.

Les paſſieres de l'eaue de Paris, &c.

Maçon, 1. &c. Charpentier 1. le Fruitier, &c. li Oiſelier, &c. le Louuiers, &c. Falconniers 6. Veneurs 3. vallet a les veneurs 1. vallez à chien. deux Archers. Brachers, 6. 12. chiens qui feront la chace, leſquiex auront 12. d. par jour.

### Chevaliers de l'Hostel.

Ceux jurez du Conſueell, & le Meſtre de l'Hoſtel le Roy, & le Meſtre de l'Hoſtel la Royne, auront le jour 4. ſ. comme deuant, & liuroiſon de chandelle, & 2. quartes de vin pour coucher, & les autres Cheualiers ſi comme ils ſoloient.

Item le Meſtre de l'oſtel Monſ. Hue de Villers, & le Meſtre de l'oſtel Madame, Monſ. Iean du Chaſtellet, & auront chaſcun 1. Eſcuier mangeant à Court ſans plus, & n'auront point de chambre en l'oſtel.

Item ordené eſt que il n'ait que 20. vallez à Court enſemble, ceux comme il plaira au Roy, & tous les autres auront leurs robes à Paſques & à la Touſſains, ſe il ſont à la Feſte à Court, & non autre.

Item que nus n'ait chambre en l'oſtel le Roy, ne mez celui qui porte le ſeel, le Grant Meſtre de l'oſtel & la chambre aus deniers, le Chappellain, & l'Aumoſniers.

Item le Confeſſor le Roy aura pour lui & pour ſon compagnon 3. cheuaus ſans plus, & vn valet mangeant à Court, qui les ſeruira, & feront mis leurs cheuaux deuers les Eſcuiers, & le valet qui gardera auſſi, & cil frere, tuit les autres freres qui y venront mangeront en ſale.

Item Gentian achetera tous les draps & les pennes pour le Roy, & pour Madame, &c.

Item le Tailleur le Roy, &c.

Item toutes les femmes qui demourent en l'oſtel le Roy à Paris, ſoient oſtées, c'eſt aſſauoir la Contrepointiere, ou celle qui en ſon leu, la Couſturiere, la femme baudran,

Partie II.                                                                P ij

& *toutes les autres qui sont en certain office.*

Pag. 125.   SE CROISERENT] Voyez Geoffroy de Beaulieu ch. 38. Nangis, & nos Histoires. La lettre que le Pape Clement IV. lui écriuit au sujet de cette croisade auant son départ, merite d'estre inserée en cét endroit, n'ayant pas esté encore donnée au public. CLEMENS *seruus seru. Dei charissimo in Christo filio* LVDOVICO *Regi Francorum illustri, Sal. & Apost. benedictionem. In spiritu pietatis mentem tuam ad Christum, fili charissime, conscendisse percipimus, nam dum in terris corpore militas, cælestem militiam ad quam suspiras, animo contemplaris. Hic profecto labores amplecteris, vt ibi quietis perpetuitate lætaris. Hic etiam indefessum & peruigilem exhibes, vt ibi percepto gloriæ præmio, veluti magnificus triumphator exultes. Tu quidem olim Terræ Sanctæ pressuras oculo clementis propitiationis aduertens illam crucis assumpto signaculo personaliter visitasti, & inibi tam in te quàm in tuis grauissima personarum & rerum dispendia pertulisti. Nunc autem illam solito durius affligi conspiciens, quam manus Agarenorum impia vsque intrinsecus ad intima lacerat & eneruat, motus erga ipsam internæ compassionis affectu, & ad vindicandam redemptoris injuriam, tanquam Princeps victoriosus exurgens, vt misereatur illius regionis oppressæ, cui miserandi tempus aduenisse speratur, hujusmodi crucis signaculum cum tribus liberis tuis, & copiosa tuorum fidelium, tam Baronum quàm Militum, & aliorum multitudine resumpsisti. Vt igitur votum tuum eo efficacius prosequi valeas, quo magis fueris Apostolico fauore munitus, postulationibus tuis fauorabiliter annuentes, Regnum Franciæ, Comitatus, & cætera loca tibi subjecta, nec non terras illorum qui tecum in subsidium prædictum accesserint, quamdiu in prosecutione hujusmodi negotii fueritis, sub B. Petri & nostra protectione suscipimus, & præsentis scripti patrocinio communimus. Inhibentes districtius, ne quis te aut alios prædictos contra hujusmodi protectionis nostræ tenorem in eisdem Regno, Comitatibus, locis, & terris, turbare, molestare, aut tibi, vel illis violentiam inferre præsumat, & in omnes qui contra hanc nostram inhibitionem facere vel venire tentauerint, excommunicationis sententiam promulgamus, absolutionem eorum qui sententiam eamdem incurrerint soli Romano Pontifici, & Legato ejusdem in Regno Franciæ reseruantes. Nulli igit. &c. Dat. Viterbii* XIII. *Kal. Iun. Pontif. nostri anno tertio.*

Pag. 126.   LES BEAVX ENSEIGNEMENS] Claude Ménard les a inserez plus au long dans ses Obseruations, & se voient en plusieurs MSS. de la Chambre des Comptes de Paris, dans l'vn desquels on lit ce qui suit. *L'original de ces enseignemens, lequel estoit écrit d'vne grosse lettre, qui n'estoit mie trop bonne, fut trouué par moy Gerard de Montagu Secretaire du Roy ou trésor de ses Priuileges, Chartes & Registres, dont il estoit garde, & le baillai au Roi en sa Tour du Bois de Vincennes l'an 1374. lequel le bailla lors à Monseigneur le Duc de Bourbon frere de la Reyne, lesquels estoient descendus du Roi S. Louys dessusdit, & me commenda le Roy que j'en retenisse autant, pour garder en sondit trésor, & aussi pareillement bailla lors le Roy audit Duc de Bourbon l'original des enseignemens qui ensuiuent, lesquels aussi furent trouuez au trésor dessusdit.*

BOVRDER] Dire des bourdes, rire, folastrer. Henry de Knyghton: *In tantum erat affabilis Domino Regi, quòd burdando petebat à Rege nundinas sibi concedi pro leporariis & canibus emendis.* Delà vient le mot de *Bourdeurs*, qui estoient ces farceurs ou plaisantins, qui diuertissoient les Princes par le recit des fables & des histoires des Romans. Les Statuts MSS. de l'Ordre de la Couronne d'épines ch. 22. *En cetuy saint disner soit bien gardé que Hiraux & bordeurs ne fassent leur offices, mais à la collation du Roy, & en présence des vaillans Cheualiers se pourront bien reciter en lieu d'instrumens bas aucunes dities à la loüenge de Dieu*, &c. Aucuns estiment que ce mot vient des *Behourds*, qui estoit vne espéce de Tournois & de joûte, qui ne se faisoit que par diuertissement. Mais Ioseph *Scaliger* sur Ausone croit qu'il vient du mot de *Burra*, dont ce Poëte se sert en ces vers:

*At nos illepidum rudem libellum,*

## SVR L'HISTOIRE DE S. LOVYS.

*Burras, quisquiliásque, ineptiásque*
*Credemus gremio cui fouendum.*

Scaliger écriuant à ce sujet dit qu'Ausone s'est serui d'vn terme receu de son temps dans la Guyenne, où encore à présent on appelle des *bourres* des bagatelles.

TRVFFER] Tromper en joüant, railler. *Guillelmus Brito in Vocabul. Nuga dicitur trufa, vnde nugor, aris, nugas facere.* Le Roman du Cheualier au Barisel :

*Mais que gi vois pour aus trufer.*

*Trufari*, dans *Cæsarius Heisterbach.* l. 5. c. 29. Et en la vie de la B. Angela de Fulginio c. 23. apud Boland. Willelm. Thorn. p. 2064. &c. Guill. Guiart:

*Et ne cuit pas emplir mes pages*
*De trufes, ne de fanfeluës,*
*Dont les histoires sont veluës.*

LE COMTE D'ALENÇON] Pierre Comte d'Alençon, qui mourut à Salerne en Italie l'an 1283. Monsieur d'Herouual Auditeur des Comptes à Paris conserue la copie du Testament de ce Prince, qui est du mois de Iuin l'an 1282. par lequel après vn nombre infini de legs pieux aux Eglises & aux Hôpitaux de France, il veut que son corps soit inhumé en l'Eglise des Freres Mineurs de Paris ; & son cœur en celle des Freres Prêcheurs : & nomme pour Executeurs le Roy Philippes son frere, Maistre Pierre de Challon Doyen de S. Martin de Tours, qui porte le seel du Roy, ou celui qui le portera au temps de sa mort : Maître Hemery Archidiacre de Monfort en l'Eglise du Mans : Frere Simon du Val de l'Ordre des FF. Prêcheurs : Maître Guillaume de Châtelairaut, Prieur de sainte Radegonde de Poitiers son clerc : Maître Estienne de Malle, aussi son Clerc, Chanoine de Laon : Frere Laurens Confesseur du Roy de France : Frere Iean de Samois de l'Ordre des FF. Mineurs ; & Oudart du Val son Chambellan.

RENDIT L'AME] Le lendemain de la feste de S. Barthelemy 25. jour d'Aoust à heure de None, l'an 1270. V. I. Villani l. 7. ch. 37. 39. Nangis, &c. Pachymeres au l. 5. de son Histoire, écrit que Michel Paleologue Empereur de Constantinople, enuoia ses Ambassadeurs au Roy S. Louys, pour tâcher de le fléchir à faire condescendre le Roy de Sicile son frere à vne paix, & que s'étant rendus à Thunis, il le trouuérent à l'extrémité, & toutes ses troupes en grand desordre, & qu'enfin y estant decédé durant leur sejour, ils s'en retournerent sans rien faire.

PITEVSE CHOSE] Nous ne pouuons pas mieux exprimer toutes les bonnes qualitez de ce Saint Roy, que par ces paroles de Thomas de Cantimpré, qui viuoit de son temps, au l. 2. ch. 57. n. 63. *Testor Deum, testor Sanctos, testor & fideles omnes, quòd nunquam aliquis Regum, nunquam aliquis Principum tam necessariò, quantùm ad salutem & pacem fidelium, protexit Ecclesiam, dotauit muneribus, & veris honoribus exaltauit.* Mais particulierement le Pape Alexandre IV. en la lettre qu'il luy écriuit en l'an 1258. fait assez voir quels estoient alors les sentimens de l'Eglise, & des personnes d'honneur, au sujet des vertus & des belles qualitez de ce grand Monarque : & parce que je n'estime pas qu'elle ait encore paru au public, il importe qu'elle fournisse à tout le monde vne nouuelle matiere de loüer ce grand Saint, par la bouche de ce Souuerain Pontife.

ALEXANDER *Seruus seru. Dei, Regi Francor. &c. Sic ille lucifer matutinus, qui nescit occasum, & qui humano generi serenus illuxit, in tui claustra pectoris luminis sui gratiam, quod referimus gaudentes, infundit. Quod enim exinde obscuritatis depulsâ caligine tuum serenauit animum claritate virtutum, tuámque mentem luce justitiæ ac rectitudinis fulgore illustrauit, hinc procedit,* FILI CARISSIME, *quòd juxta tui status magnitudinem studuisti semper, & studes opera exercere magnifica, téque lucidis & placidis actibus gratum reddere apud Deum, qui te apud ho-*

## OBSERVATIONS

*mines opibus & honoribus magnificentiùs sublimauit. Hinc procedit quòd ex istis in augmentatione ac defensione cultus Fidei orthodoxæ sollicitus, in conseruatione libertatis Ecclesiasticæ strenuus, in Ecclesiarum aliorúmque piorum locorum constructione beneuolus & benignus, in eorum dotatione ac ditatione largifluus, in gratiis ac beneficiis erga personas Ecclesiasticas, regulares & seculares, & in eleemosynarum erga pauperes largitione valdè munificus, & in denotione ad nos & Ecclesiam stabilis & accensus. Hinc etiam prouenit quòd conscientiæ puritatem & bonitatem per quam altissimo placeas, totis votis amplecteris, & in ea delitiosum extimans & suaue intendere ac vacare virtutibus firmatis ad condignum & honestum affectibus maximè delectaris, vt vdore grato de tuis processibus ad Dominum ascendente merearis sua potenti dextera ab omni nocumento corporis & animæ præseruari. Dignè igitur super his ei gratias deferentes, supplici apud eum deprecatione insistimus, vt tuum in his animum regat & firmet, ac perficiendi ad melius tibi gratiam largiatur. Ex parte sanè tua fuit à nobis petitum, vt cùm tu quædam bona quæ ad te diuersis modis peruenisse noscuntur, personis quarum sunt restituere tenearis, & scias te teneri ad restitutionem bonorum huiusmodi faciendam, ac personæ quibus eorum restitutio fieri debeat, sciri & inueniri non possint, quamquam super his per viros discretos & idoneos feceris diligenter inquiri, prouidere in hac parte tibi Apostolica solicitudine curaremus. Nos igitur qui salutem in te vtriusque hominis totis desideriis affectamus, volentes super hoc conscientiæ tuæ ad remouendum exinde omne scrupulum remedio consulere opportuno, tuis precibus grato concurrentes assensu, excellentiæ tuæ auctoritate præsentium indulgemus, vt liceat tibi huiusmodi bona pauperibus in eleemosynam erogare, ac de his quæ taliter erogaueris, liberationem & absolutionem plenariam consequaris. Verumtamen scire te volumus quòd si personas, &c. Nulli igitur, &c. Si quis, &c. Dat. Viterbii 3. Id. April. Pontific. nostri an. quarto.*

ET FVT APPORTÉ LE CORPS] Ses entrailles furent portées à Montreal, qui est vne Abbaye de l'Ordre de S. Benoist prés de Salerne, au Royaume de Naples, où elles furent déposées sous vn tombeau de marbre, qui a pour inscription ces mots: *Hîc condita sunt viscera Sancti Ludouici Regis Francorum.* L'Auteur de la Mer des Histoires dit la méme chose: mais Guillaume Guiart dit qu'elles furent portées premierement à Palerme en Sicile, confondant peut-estre Salerne auec Palerme :

> Les entrailles de lui ostées
> Furent à Palerme apportées,
> Où par eles puisque là vindrent,
> Plusieurs beaux miracles auindrent:
> En vn escrin fort & serré
> Refurent ses os enserrez;
> Desquiex a or grant partie,
> A Saint Denys en l'Abbaye.

MAINTS BEAVX MIRACLES] Guill. de Nangis, Guillaume de Chartres de l'Ordre des Freres Précheurs, *de Vitâ & Mirac. S. Ludouici*, & Louys Lasseré en rapportent plusieurs. Il y a aussi vn Recueil de plusieurs autres faits en l'Eglise des Iacobins d'Eureux, inseré au tom. 5. des Hist. de France p. 477.

L'ARCHEVESQVE DE ROVEN] L'Archeuesque de Roüen, l'Euesque d'Auxerre, & Roland de Palme Euesque de Spolete furent commis par le PP. pour faire l'enquête au sujet des miracles de S. Louys: lesquels employerent douze ans entiers à faire cette recherche. Estant acheuée, & enuoiée à Rome, le Pape Martin IV. commit trois Cardinaux pour l'examiner. Mais estant décédé incontinent aprés, le rapport n'en fut fait que sous le Pape *Honorius* IV. & comme l'affaire estoit sur le point d'estre concluë, ce Pape mourut ; ensorte que cette canonization fut reseruée au Pape Boniface VIII. qui le mit au nombre des Saints le 11. jour d'Aoust l'an 3. de son Pontificat, & de N. S. 1297. ce que nous apprenons du Sermon qu'il fit à Oruieto sur la canonization de S. Louys, en ce jour, & de sa Bulle pour cette canonization. D'où il resulte

## SVR L'HISTOIRE DE S. LOVYS.

que l'Archeuefque de Rouën, & les deux autres Euefques furent commis pour cette enquête vers l'an 1273. en laquelle année Gregoire X. eftoit Pape, Odon Rigaud Archeuefque de Rouën, & Erard Euefque d'Auxerre. Enfuite de cette canonization Robert Comte de Clermont, fils de ce S. Roy, commença à prendre ce titre, *Robertus filius Sanctiffimi Gonfefforis Regis Ludouici Comes Clarimontis*, comme nous apprenons d'vn titre du mois de Ianuier l'an 1300. qui eft au Cartulaire de Sainte Geneuiéue de Paris. C'eft encore vne circonftance digne de remarque, que nos Rois auoient coûtume de jeuner la veille de la fefte de S. Louys ; ce qui fe recueille d'vn Compte de l'Hoftel du Duc de Normandie & de Guyenne de l'an 1349. qui porte ces mots : *Monfeig. pour aumofnes à plufieurs poures la veille S. Loys qu'il ne jûna pas, vn efcu d'or*. V. la Chronique de Rouën en l'an 1282. *to. 1. Bibl. Labbei*, & *Odoricus Raynald*. en fes Annales Ecclef. A. 1278. n. 38. 1281. n. 19. 1297. n. 18. *Wadding. Bzouius*, &c.

POVR LEVER LE CORPS] Le corps de S. Louys fut leué de fon tombeau, qui eftoit en l'Eglife de S. Denys, & transferé en la Sainte Chapelle de Paris l'an 1298. Le PP. Boniface VIII. ayant donné des Indulgences à tous ceux qui affifteroient à cette éleuation, par fa Bulle donnée à Rome le 1. jour de Iuin, l'an 4. de fon Pontificat. Cette Tranflation fe fit le lendemain de la fefte de S. Barthelemy, non en l'an 1299. ainfi que Thomas Walfingham écrit, mais en l'année precedente. Vne Chronique MS. qui finit à l'an 1322. *En cét an meifmes fift leuer li Rois Phelippes li biau corps S. Lois jadis Rois de France en l'Eglife S. Denys à grant folennité di pueple lendemain de la S. Barthelemy, que là eftoient paffé 28. ans qu'il eftoit deuiez de ceft fiecles.* Guillaume Guiart remarque pareillement que cette Tranflation fe fit en préfence de tous les Prélats & des Grands du Royaume.

> *L'an M. fans leffer rien de vuit*
> *CC IIII<sup>xx</sup>. XVIII.*
> *Fu le cors S. Louys leués,*
> *Préfens, entendre le deueZ,*
> *Le Roy qui poi s'en fift requerre,*
> *Et les Prelats de par fa terre,*
> *La Baronie, nul n'en doute,*
> *I refu auffi come toute,*
> *Sus perfonnes brunes & fores,*
> *Fift Diex mains biaus miracles lores*
> *Par cél Saint, & pour fes defertes*
> *Bien moftra qu'il l'amoit acertes.*

Eftienne Archeuefque de Sens fit l'Office au jour de cette tranflation en l'Eglife de S. Denys, en préfence des Prelats. La ceremonie & la dépenfe y furent grandes, comme on peut recueillir d'vn Iournal du Tréfor du Roy, commençant au 1. jour de Ianuier l'an 1297. jufques au dernier de Decembre 1301. qui eft en la Chambre des Comptes de Paris, qui nous apprend qu'il s'y fit des feftins publics, & de grans appareils, que Raoul de Beaumont Queux du Roy y employa cent liures parifis, Robert de Meudon Panetier du Roy 1500. ll. pour les nappes, Alain Breton Sergeant à cheual du Chaftellet 10. ll. pour mettre en mufique le chant de l'Hiftoire de S. Louys : Maître Guillaume Orfeure 300. ll. pour les ouurages de la châffe ou fiertre : Guillaume de Flauacourt Cheualier 60. ll. pour des dépenfes en diuers ouurages, qui fe firent pour cette fefte : Les Fruitiers du Roy 2000. ll. T. pour le luminaire : Raoul de Beaumont Queux du Roy 1500. ll. P. pour de la vaiffelle : Geoffroy Coquatrix diuerfes grandes fommes, tant pour le vin qui y fut liuré, que pour autres garnifons, enfin que pour l'indemnité des maifons & des étaux qui furent abbatus à Saint Denys, pour cette fefte, il fut donné aux proprietaires 255. ll. 13. f. 6. d. P. Le Roy donna ordre encore à diuerfes perfonnes pour compiler la vie de ce Saint Roy : Sçauoir à Monfieur Geoffroy Chapellain de Monfeigneur Iacques de S. Paul,

Doublet p. 626.

qui eſt celuy dont l'Hiſtoire eſt imprimée : & à Maître Pierre de la Croix, d'A-
miens : & eurent, ſçauoir Geoffroy 30. ll. & Pierre de la Croix 10. ll. Il y eſt en-
core parlé ſous le 16. jour de Mars 1299. d'Artus de Florence Notaire public,
auquel on donna 200. ll. T. *pro expenſis ſcripturarum in examinatione pro cano-*
*nizatione B. Ludouici Regis in Curiâ Romanâ, & apud Sanctum Dionyſium in Fran-*
*ciâ.* Voyez les Annales d'*Odoric. Raynald.* A. 1305. n. 14. & 1317. n. 18.

FRERE IEAN DE SEMOVRS] L'Edit de Poitiers porte *Semoins.* Mais
je croy qu'il faut lire, *frere Iean de Samois*, de l'Ordre des Freres Mineurs, &
que c'eſt celuy qui eſt nommé entre les executeurs du teſtament de Pierre de
France Comte d'Alençon, dont j'ay fait mention cy-deſſus.

REMPORTERENT LE CORPS] Son chef fut depuis tiré & apporté à
Paris en la Sainte Chapelle. Guillaume Guiart, auſſi bien que Louys de Laſſeré,
dit que cette Tranſlation ſe fit en l'an 1306.

> *L'an mil & trois cens & ſix ans,*
> *Ot à Paris joie nouuele,*
> *Car li Rois mit en ſa Chapele*
> *Que S. Loys fiſt tele faire,*
> *Qu'à tout le monde deuroit plaire*
> *Le chief de lui ſi richement,*
> *Et ſi trés-honorablement,*
> *Que par raiſon de la bel euure,*
> *Que li dous Saintuaire queuure,*
> *Le veſſel où l'en l'a mis priſent*
> *Toutes perſonnes qui l'auiſent.*

La Chronique MS. finiſſant à l'an 1322. dit que cette Tranſlation ſe fit en l'an-
née ſuiuante : *En ceſt an fu apporté le chef S. Loys à Paris, ſans le menton, & ſans*
*les genciues, & vne des coſtes par le Rois Phelippes & pluſieurs autres que Prélas,*
*que Barons par l'ottroi du Souuerain Pape, dont la coſte fu miſe en l'Egliſe Noſtre*
*Dame de Paris, & le chef fut mis en la Chapelle du Roy, & fu le Mardy deuant*
*Iaphe.* Le jour de cette Tranſlation eſt plus clairement deſigné par vn ancien
Poëte, cité par A. Du Cheſne en ſon Hiſt. de la Maiſon de Dreux l. 2. ch. 3.
lequel aprés auoir dit que Guillaume l'Archeueſque Seigneur de Partenay,
deceda le Mardy de la Pentecoſte, qui écheoit au 15. de May l'an 1407. ajoû-
te ces vers :

> *Le jour de ſon treſpaſſement*
> *Fut icelui jour proprement,*
> *Que le chief du glorieux Rois*
> *Saint Loys Prince des François,*
> *Que l'on dit Saint en Paradis,*
> *Si fu tranſlaté à Paris.*
> *Ie ne dis pas aquau propre jour,*
> *Que mourut le noble Seignour,*
> *Fut faite ſa tranſlation*
> *En l'an & incarnation,*
> *Du chef de ce glorieux corps*
> *(Car il eſtoit jà pieçà mors)*
> *Mais à celle propre jornée,*
> *Que cele feſte eſt honnorée,*
> *Par chaſcun an en ſainte Egliſe,*
> *Ou mois de May, ſi com j'auiſe.*

Mais ce qui juſtifie l'antiquité de cette feſte eſt vn Compte du Treſor du Roy
du terme de la S. Iean 1316. en ces termes : *Fratres S. Auguſtini pro pitanciâ*
*in vigiliâ & feſto Tranſlationis Capitis B. Ludouici anno præſenti qui fuerunt, & in*
*celebratione officii, in veſperis, & in miſſâ* 27. *den. pro quolibet,* 16. *libr.* 17. *ſol.*
6. *den. per* 28. *Iunii.* Entre les meubles qui auoient appartenu à S. Louys, &
que

# SVR L'HISTOIRE DE S. LOVYS.

que nos Rois conseruoient prétieusement, & comme des reliques, estoit son Missel & sa Coupe d'or, dans laquelle on ne beuuoit pas, par respect. Le Compte des dépenses de l'Hostel de la Reine depuis le 25. Decembre 1329. jusques au 8. Auril 1330. *Mises des Chapelles. L'Aumosnier pour faire lier & couurir le Messel, qui fu Monsieur Saint Louys 20. s.* L'Inuentaire des meubles du Roy Louys Hutin, qui est en vn Rouleau de la Chambre des Comptes de Paris: *C'est l'inuentaire de l'Eschançonnerie,* &c. *Item la Coupe d'or S. Loys, où l'on ne boit point.* C'est encore vne chose digne de remarque, que dés lors que ce grand Roy fut mis au nombre des Saints, nos Rois ses successeurs le choisirent pour le protecteur de leurs personnes sacrées, & de leur Royaume. C'est le titre que le Roi Charles VIII. lui donne dans des lettres d'amortissement, expediées au Pont de Cé au mois d'Auril l'an 1487. dont l'original m'a esté communiqué par M. d'Herouual, par lesquelles *sur la requeste & la priere de son oncle & cousin le Duc de Bourbonnois & d'Auuergne Connétable de France, expositiue qu'en l'an 1450. estant pour lors Lieutenant Général au pays & Duché de Normandie du Roy Charles VII. il auroit eu vne Iournée à l'encontre des Anglois, anciens ennemis de la Couronne de France, à vn champ estant auprés du village de Formigny, au diocése de Bayeux, de laquelle journée Dieu lui donna la victoire, & furent iceux Anglois desconfiz & rompus; dont aprés s'ensuiuit la reduction dudit pays & Duché de Normandie à l'obeissance dudit Roy: de laquelle victoire le Duc voulant rendre graces à Dieu, voüa de faire édifier & construire audit champ où fut ladite journée, vne Chappelle en l'honneur de* MONSEIGNEVR SAINT LOYS NOSTRE ANCIEN PROGENITEVR ET PROTECTEVR DE LA COVRONNE DE FRANCE. (C'est le Roi qui parle) *& en icelle establir deux Chappellains ou Vicaires, pour celebrer par chacun jour vne Messe, & faire certain autre seruice, tel qu'il aduiseroit pour le salut des ames des Nobles & autres morts en ladite journée: & pour l'accomplissement de cette fondation il auroit acquis de Robert de Mannéuille, Escuier Seigneur de la Vigne, la terre & la justice de Colombiers, au pays & Vicomté de Bayeux, tenuë de sa Majesté auec 20. liures de rente, en fief noble, le tout eualué à la somme de cent liures de rente annuelle; ensemble vne piece de terre contenant enuiron trois verges de terre pour poser & edifier ladite Chappelle: lesquels fiefs & terre le Roy amortist par sesdites Lettres.*

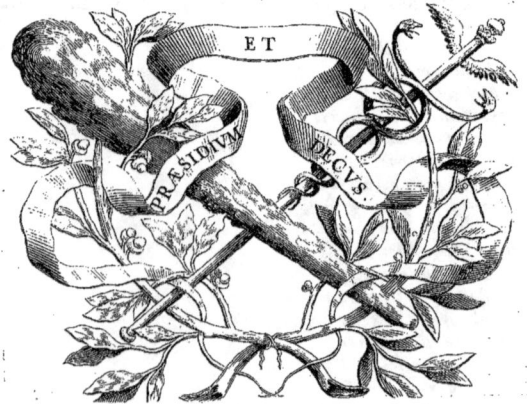

*Partie II.*        Q

# DISSERTATIONS,
## OV REFLEXIONS,
### SVR
# L'HISTOIRE
## DE S. LOVYS
### E'CRITE
## PAR IEAN SIRE DE IOINVILLE.

# TABLE
## DES DISSERTATIONS.

I. **D**ES *Cottes d'armes; & par occasion de l'origine des Couleurs, & des Métaux dans les Armoiries.*

II. *Des plaits de la porte, & de la forme que nos Rois obseruoient pour rendre la Iustice en personne.*

III. *Du Frerage & du Parage.*

IV. *Des assemblées solennelles des Rois de France.*

V. *Des Cours & des Festes solennelles des Rois de France.*

VI. *De l'origine & de l'vsage des Tournois.*

VII. *Des Armes à outrance, des Ioustes, de la Table ronde, des Behourds, & de la Quintaine.*

VIII. *De l'exercice de la Chicane, & du jeu de paume à cheual.*

IX. *Des Cheualiers Bannerets.*

X. *Des Gentilshommes de nom & d'armes.*

XI. *Du cry d'armes.*

XII. *De l'vsage du cry d'armes.*

XIII. *De la mouuance du Comté de Champagne.*

XIV. *Des Comtes Palatins de France.*

XV. *De l'Escarcelle & du Bourdon des Pelerins de la Terre Sainte.*

XVI. *Du nom & de la dignité de Sultan, ou de Souldan.*

XVII. *Du mot de Sale, & par occasion des loix & des terres Saliques.*

XVIII. *De l'Oriflamme, & de la Banniere de S. Denys.*

XIX. *Du Tourment des Bernicles, & du Cippus des anciens.*

XX. *De la rançon de S. Louys.*

XXI. *Des Adoptions d'honneur en Frere, & par occasion des Freres d'armes.*

XXII. *Des Adoptions d'honneur en fils, & par occasion de l'origine des Cheualeries.*

XXIII. *Suite de la Dissertation précedente, touchant les adoptions d'honneur en fils, où deux monnoyes de Theodebert I. & de Childebert II. Rois d'Austrasie sont expliquées.*

XXIV. *Des Couronnes des Rois de France de la premiere,*

Q iij

seconde, & troisiéme Race: de celles des Empereurs d'Orient & d'Occident, des Ducs, des Comtes de France, & des Grands Seigneurs de l'Empire de Constantinople.

XXV. De la communication des Armoiries des familles, ou d'vne partie, accordée par les Princes à diuerses personnes, par forme de priuilege, ou de recompense.

XXVI. Explication des inscriptions de la vraye Croix, qui est en l'Abbaye de Grandmont, & de celle qui est au Monastere du Mont S. Quentin en Picardie.

XXVII. De la Préeminence des Rois de France audeßus des autres Rois de la terre; & par occasion de quelques circonstances qui regardent le regne de Louys VII. Roy de France.

XXVIII. Du Port Itius, ou Iccius.

XXIX. Des guerres priuées, & du droit de guerre par coûtume.

XXX. Des Fiefs jurables & rendables.

# DISSERTATIONS,
## OV REFLEXIONS,
## SVR
## L'HISTOIRE DE S. LOVYS.

*DES COTTES D'ARMES,*
*& par occasion, de l'origine des Couleurs & des Métaux dans les Armoiries.*

### DISSERTATION I.

LA Cotte d'armes a esté le vétement le plus ordinaire des anciens Gaulois : il estoit appellé par eux *Sagum*, d'où nous auons emprunté le mot de *Saye*, ou de *Sayon*. Sa forme estoit comme celle des Tuniques de nos Diacres, & mémes quelques-vns de nos Auteurs lui en donnent le nom. Pour l'ordinaire elle ne passoit pas les genoux, ainsi que Martial a remarqué, *Bayff. de Re vest.*

*Dimidiásque nates Gallica palla tegit.* *L. 1. Epigr. 97.*

Ils s'en seruoient en temps de guerre pardessus la cuirasse, de méme que les Cheualiers François de la cotte d'armes, qui a retenu cette appellation, parce qu'elle se mettoit pareillement dessus les armes : à l'exemple des anciens Grecs, qui vsoient d'vn semblable vétement pardessus la cuirasse, appellé pour ce sujet ἐπιθωρακίδιον & περιθωρακίδιον dans Plutarque, duquel nous apprenons que son principal vsage estoit à l'effet de reconnoître les Caualiers des deux partis. Il est fait mention de ces Cottes d'armes dans quelques Auteurs Grecs du moyen temps, qui les appellent d'vn terme Grec barbare, tantôt ἐπιλώριχιον, tantôt ἐπανωκλίβανον, parce qu'on s'en reuétoit pardessus la cuirasse. Tzetzes les represente fenduës, ainsi qu'estoient les cottes d'armes. *Plut. in Artax. Rigalt. & Meurs. in Gloss. Tzetz. ad Hesiod. opera.*

*Monach.*
*Sangall. l.1.*
*c. 36.*

Les François se seruoient dans les commencemens d'vne sorte de vétement, ou de manteau, qui leur estoit particulier, qui estant mis sur les épaules, venoit jusques en terre deuant & derriere, & par les côtez à peine touchoit aux genoux, qui est la forme du manteau Royal de nos Rois, aux jours de leurs Sacres. Mais depuis qu'ils passerent dans les Gaules, ils quitterent cette sorte d'habit, & prirent la cotte d'armes, ou le sayon des Gaulois, acause que leur vsage leur sembla plus conuenable à la profession qu'ils faisoient de la guerre, & moins embarassant dans les combats : *quia bellicis rebus aptior videretur ille habitus.* Ce sont les termes du Moine de S. Gal.

Toutefois comme la nouueauté plaît, & que les François sont naturellement sujets au changement, ils porterent quelquefois les cottes d'armes plus longues, & jusques à mi-jambes, & mémes jusques aux talons. C'est ainsi que Nicetas represente la cotte d'armes du Prince d'Antioche, Seigneur François, au temps du Tournoy qu'il fit à Antioche à l'arriuée de l'Empereur Manuel Comnene. Il estoit, dit-il, monté sur vn beau cheual plus blanc que neige, reuétu d'vne cotte d'armes fenduë des deux côtez, qui lui battoit jusques aux talons : ἀμπεχόμενος χιτῶνα διαχισὸν ποδηνεκῆ. Et Froissart nous dépeint Iean Chandos Cheualier Anglois, *aorné d'vn grand vestement, qui lui battoit jusqu'à terre, armoié de son armoirie, d'vn blanc saint, à deux paux aiguisez de gueules, l'vn deuant, l'autre derriere.* La Chronique de Flandres parlant de l'Empereur Henry de Luxembourg : *& fut monté sur vn grand destrier, & auoit vestu vn tornicle d'or* (tunica) *à aigle noir, & deux manches liées, qui aloient jusques sur la main : & ce tornicle lui pendoit jusqu'à my-jambe.* Cette forme de cottes d'armes longues se remarque souuent dans les anciens seaux. S. Bernard a ainsi parlé de celles des Cheualiers du Temple ; *Operitis equos sericis, & pendulos nescio quos panniculos loricis superinduitis, depingitis hastas, clypeos, & sellas,* &c.

*Nicet. in*
*Man. l. 3.*

*Froiss. 1.*
*vol.ch. 277.*

*Chr. de Fl.*
*ch. 51.*

*S. Bernard.*
*in exhort.*
*ad Milit.*
*Templi c. 2.*

Mais parce que cette sorte de vétement estoit presque le seul, où les Seigneurs, les Barons, & les Cheualiers pûssent faire éclater leur magnificence, acause qu'il cachoit le surplus des autres habits, & les armes, ils les faisoient ordinairement de draps d'or & d'argent, & de riches pannes ou fourrures d'Hermines, de Martes zebellines, de Gris, de Vair, & autres de cette nature. Et c'est des cottes d'armes, qu'il faut entendre Albert Chanoine d'Aix-la-Chapelle, lorsqu'il décrit les accoûtremens de Godefroy de Bouillon, & des autres Barons François, quand ils vinrent se presenter deuant l'Empereur Alexis Comnene, écriuant qu'ils y parurent *in splendore & ornatu pretiosarum vestium, tam ex ostro, quàm aurifrigio, & in niueo opere Harmellino, & ex Mardrino, Grisio que & Vario, quibus Gallorum Principes præcipuè vtuntur.* Et ailleurs, racontant vne défaite des François, il dit que les Infidéles y firent vn grand butin, & emportérent *molles vestes, pelliccos Varios, Grisios, Harmellinos, Mardrinos, ostra innumerabilia auro texta miri decoris, operis, & coloris.*

*Albert. Aq.*
*l. 2. c. 16.*

*L. 5. c. 20.*

L'abus qui se glissa auec le temps dans le port de ces draps d'or & d'argent, & de ces riches fourrures, vint à vn tel excés, particulierement dans les occasions de la guerre, & aux voyages d'Outremer, qu'on en interdit l'vsage, comme estant vne dépense superfluë & de nul fruit. En celui que le Roy Philippes Auguste & Richard Roy d'Angleterre entreprirent l'an 1190. entre les Ordonnances qui furent dressées, pour établir l'ordre dans la milice ; il fut resolu que l'on s'abstiendroit à l'auenir du port de l'Ecarlate, des peaux de Vair, d'Hermines, & de Gris ; dont la dépense estoit immense, & plus vaine, que necessaire : *Statutum est etiam —— quòd nullus Vario vel Grisio, vel Sabellinis, vel Escarletis vtatur.* Il semble que cét ordre fut encore obserué sous le regne de S. Louys, qui en ses voyages d'Outremer s'abstint de porter l'Ecarlate, le Vair & l'Hermine, *Ab illo enim tempore nunquam indutus est Squarleto, vel panno viridi, seu bruneto, nec pellibus variis, sed veste nigri coloris, vel camelini, seu persci.* Le Sire de Ioinuille rend le méme témoignage, écriuant *qu'onques puis*

*Guill.*
*Neubr. l. 3.*
*c. 22.*
*Guill. de*
*Nang. p.*
*346.*
*Ganfr. de*
*Belloloc c. 8.*
*Ioinuille.*

## SVR L'HISTOIRE DE S. LOVYS.

en ses habits ne voulut porter ne menu Vair, ne Gris, ne Escarlate, ne estriefs, & esperons dorez. Et ailleurs il asseure que tant qu'il fut outremer auec ce Saint Roy, il n'y vit pas vne seule cotte brodée. Comme cét abus continuoit, & qu'il n'y auoit personne qui ne s'incommodât pour se couurir de ces pannes exquises, on fut obligé en Angleterre, aux deux Parlemens qui furent tenus à Londres l'an 1334. & l'an 1363. de faire défense à toutes personnes qui ne pourroient dépenser cent liures par an, d'vser de fourrures. C'est ce qui a donné sujet à deux Auteurs Alemans de se plaindre de cette manie qui auoit cours de leur temps : *Ad marturinam vestem anhelamus quasi ad summam beatitudinem.* C'étoit particulierement dans les occasions de la guerre, où les Grands Seigneurs faisoient parétre leur magnificence dans la richesse des habits & des cottes d'armes. Guillaume de Guigneuille Moine de Challis :

  *Ou sont bannieres desploiées,*
  *Ou sont hyaumes & bachinets,*
  *Tymbres & vestus veluës,*
  *A or batu & à argent,*
  *Et à autre connitoiement.*

Ce n'est pas pourtant que j'estime que l'on ait seulement commencé à porter ces riches fourrures depuis les guerres saintes : estant trop constant que les François en ont vsé dés le commencement de la Monarchie. Eguinard écrit que Charlemagne estoit ordinairement vétu à la Françoise : *Vestitu patrio, hoc est Francico vtebatur :* & que durant l'hyuer, *ex pellibus lutrinis thorace confecto humeros ac pectus tegebat.* D'où nous apprenons que les anciens François se seruoient de fourrures dans leurs vétemens, comme les autres peuples septentrionaux. *Rutilius Numarianus,* Claudian & *Sidonius* nous representent les Goths, & leurs Roys, tout fourrez, y estans appellez *pelliti Reges.* Le méme *Sidonius* témoigne la méme chose des Bourguignons. Odon de Cluny dit que Geraud Comte d'Aurillac *Vestimentis pelliceis super vestibus vtebatur, quia genus istud indumenti solent Clerici vicissim & laici in vsum habere.* A quoy se rapporte ce passage d'Iues Euesque de Chartres, écriuant qu'Estienne, qui se vouloit conseruer en l'Euéché de Beauuais, auoit attiré la plûpart des Chanoines à son party, par le present qu'il fit à chacun d'eux de ces riches fourrures : *quos sibi pelliculis peregrinorum murium, atque aliis hujusmodi vanitatum aucupiis inescauerat.* Roger de Houeden dit que l'Euesque de Lincolne estoit obligé de presenter au Roy d'Angleterre, par forme de reconnoissance, vn manteau de martes zebellines.

Quelques sçauans se sont persuadez auec beaucoup de fondement, que les Herauds ont emprunté de ces cottes d'armes les métaux, les couleurs, & les pannes, qui entrent en la composition des armoiries. Le sçauant Marc Velser est vn des premiers qui a auancé cette opinion, en ces termes : *Atque ego compertum habeo pleraque insignia, quorum meri colores, ex militari primo habitu manasse : seu (quod hactenus eodem recidit) in militum saga migrasse ex clypeis.* Henry Spelman Auteur Anglois l'a aussi touchée en son Aspilogie, lorsqu'il écrit que ces riches peaux ont donné lieu aux Gentilshommes d'en emprunter les couleurs pour les mettre dans leurs écus, & dans leurs armoiries : *Sæpenumerò pelles quædam, quibus aliàs ad honorem & insignia induebantur proceres, colorem clypei subministrant Armellinorum & Zebellinorum.* Et aprés ces grands hommes, vn de nos Auteurs François l'a encore auancée, sans la prouuer, non plus que les autres, écriuant que *c'est par les vestemens qu'on a introduit l'vsage du blazon, c'est à dire la pratique des métaux, couleurs & fourrures, & les termes & les regles, particulierement pour le comportement des armoiries obseruées par les Herauz jusques en ce temps.* Cette opinion est tellement plausible, que je ne fais pas mémes difficulté d'auancer, que c'est effectiuement de ces cottes d'armes, qu'il faut tirer la source & l'origine des métaux, des pannes, & des couleurs, qui composent aujourd'huy les armoiries. Mais comme elle pourroit surprendre d'a-

*The. Walsingh. in Ed. III.*

*Helmod. l. 1. c. 1. Adam Brem. c 227.*

*Guill. de Guign. en son Roman MS. du Pelerinage de l'humaine Lignée.*

*Eguin. in Car. M.*

*Rutil. l. 1. Itin. Claud. in Ruf. Sidon. l. 7. Sidon. l. 5 ep. 7. Odo Clun. l. 2. de Vit. S. Geraldi c. 5. Iuo. Carn. ep. 104.*

*Houed. An. 1195.*

*Velser. l. 4. Rer. Aug.*

*Spelm. Aspileg. p. 76.*

*Charles Seigoing en son Tresor Heraldique.*

Partie II.                R

bord, si elle n'estoit accompagnée de preuues authentiques, je me propose de continuer cette Dissertation, & de prouuer, que ce que nous appellons vulgairement couleurs, en termes de blazons, n'est pas vne simple couleur, comme on a crû jusques à présent, mais vne panne, ou fourrure, ne plus ne moins, que l'Hermine & le Vair, que l'on baptize de ce nom. Car quant aux deux métaux, qui entrent dans les armoiries; il n'est pas bien difficile de conceuoir qu'ils n'ont esté tirez que des cottes d'armes faites de draps d'or & d'argent.

Entre les peaux & les riches fourrures, dont les Auteurs du moyen temps ont fait mention, sont celles de Vair, d'Hermines, de Gris, de Martres, ou Martes, & autres reprises dans les vieilles Ordonnances du peage de Paris, sous le titre de Pelleterie, dans la Coûtume de Normandie, dans le compte d'Estienne de la Fontaine Argentier du Roy de l'an 1351. qui est en la Chambre des Comptes de Paris, & dans diuers Auteurs. Toutes ces fourrures sont reconnuës vulgairement sous le terme general de *Pannes*, qui est vn vieux mot François, encore en vsage parmy nous pour marquer la fourrure, ou la doublure d'vn manteau, & qui est particulierement donné à certaines étoffes de soye, ayant le fil long à guise de peaux, ausquelles elles ont succedé, l'vsage des fourrures ayant cessé. Il se trouue en toutes rencontres dans Froissart, Monstrelet, & autres Auteurs de ce temps-là, lorsqu'ils font vn dénombrement des meubles les plus précieux. Nos Poëtes l'emploient aussi souuent, comme le Roman de la Rose, Guillaume Guiart, Martial d'Auuergne en ses Arrests d'Amour, le Reclus de Moliens, & autres. Quelques Ecriuains Latins l'ont tourné par celui de *Pannus*, & entre autres Geoffroy Prieur du Vigeois en sa Chronique, en ce passage : *Barones tempore prisco munifici largitores vilibus vtebantur pannis, adeò vt Eustorgius Episcopus, Vicecomes Lemonicensis, & Vicecomes Combornensis arietinis ac vulpinis pellibus aliquoties vterentur, quas post illos, mediocres deferre erubescunt.*

Ie ne prétends pas m'étendre sur toutes les riches fourrures, dont les grands Seigneurs se reuétoient : je me renferme seulement en la deduction de celles qui entrent dans la composition des armoiries, dont il y en a deux, qui passent & sont reconnuës sous le nom de Pannes, sçauoir l'Hermine & le Vair : & les cinq autres sous le nom de couleurs, quoy qu'effectiuement ce soient pannes, comme le Vair & l'Hermine, qui est ce que je prétends justifier aprés que j'auray dit quelque chose des deux premieres que les Herauds ont toûjours qualifié pannes & fourrures, acause peut-estre, que les pannes de Gris, de gueules, de sinople, de sable & de pourpre estant simples de leur nature, & sans mélange d'autres peaux & de figures, elles ont passé auec le temps pour les simples couleurs dont on se seruoit pour les exprimer dans les écus : ce que l'on ne pouuoit pas faire de l'Hermine & du Vair, parce qu'estans des peaux composées, ou du moins diuersifiées par la couleur de leur poil ; on a esté obligé de conseruer leurs noms mémes dans les blazons des écus.

L'Hermine est vn petit animal de la grandeur & de la forme d'vn grand rat, & en effet est vne espéce de rat, ainsi nommé par les Naturalistes tant Grecs que Latins. Son museau est pointu & affuronné, sa peau d'vne extréme blancheur, à la reserue de l'extrémité de sa queuë, qui est noire. Pline écrit que ces animaux se tiennent cachez tout le temps de l'hyuer dans leurs tanieres, & qu'ils ont le goust excellent. Ælian dit qu'ils ont vne connoissance de l'auenir, & que lors qu'ils préuoient quelque ruine de bâtiment, ils s'en retirent. Il ajoûte ailleurs que dans vne isle du Pont-Euxin, nommée Heraclée, parce qu'elle estoit dédiée à Hercules, il y auoit vn grand nombre de ces rats, qui auoient du respect pour cette diuinité, ne touchans à aucune chose qui lui estoit consacré. Vn Heraud d'armes qui viuoit sous l'Empereur Frederic d'Austriche & Henry Roy d'Angleterre, en vn Traité qu'il a fait du deuoir des Herauds, remarque vne autre proprieté de cét animal, qui est, qu'il appaise les autres bétes qui sont en dissension les vnes auec

# SVR L'HISTOIRE DE S. LOVYS.

les autres, & que lors qu'il ne peut les accorder, il se conserue dans la neutralité. S. Hierôme parle en quelque endroit de l'odeur agreable des peaux de ces rats. *odoris autem suffitus, & diuersa thymiamata amomum, cyphi, œnanthe, muscus, & peregrini muris pellicula.* Sigismond d'Herberstein, en sa description de la Moscouie, nous apprend qu'il y a des saisons de l'année où les Hermines ne sont pas si blanches, & comme on les debite ordinairement renuersées, il y a des marques à la teste & à la queuë, qui font juger aux Marchans, si elles ont esté prises en bonne saison.

*S. Hier. l. 2. contra Iouin. p. 44.*

La peau des Hermines a esté employée de tout temps à vsage de fourrure, & a esté en grande estime parmi tous les peuples pour son extréme blancheur. Les Rois & les Princes en ont vsé, comme de l'vne des plus exquises, & s'en sont reuétus dans les grandes cérémonies : & les Grands Seigneurs en ont fait des cottes d'armes, qu'ils ont portées dans les armées. D'abord on se contentoit de joindre toutes ces petites peaux, & de les coudre ensemble, en laissant pendre les queuës, dont les extremitez qui sont noires, formoient cette diuersité de couleurs, qui se rencontrent en la panne d'Hermines. Ces peaux ainsi ajustées sont appellées par Ammian, dans le passage que je rapporteray incontinent, *pelles siluestrium murinum consarcinatæ.* Ce qui a donné sujet aux Herauds de blazonner l'Hermine d'vn seul nom, sans exprimer le blanc & le noir, la nature de cét animal estant telle, que sa peau est naturellement diuersifiée de ces deux couleurs. Mais depuis, pour rendre ces fourrures plus vnies, on a retranché les queuës, & on a moucheté cette grande blancheur de petits morceaux de peaux d'agneaux de Lombardie, qui sont fort noirs, auec vne obseruation des distances; en sorte que ce noir ainsi entremeslé seruoit à rehausser la blancheur naturelle de la peau de cét animal.

*Ammian. l. 31.*

Entre les peuples qui ont le plus vsé de ces peaux, ont esté ceux d'Armenie, lesquels suiuant l'autorité de *Iulius Pollux*, auoient vn vétement tout particulier, appellé par les Grecs μυωτός, parce qu'il estoit fait de peaux de rats, qui naissent en ce pays-là. Ἀρμενίων δὲ ὁ μυωτός, ἢ ἐκ μυῶν τῶν παρ' αὐτοῖς συνυφασμένος. Alcuin semble auoir exprimé la force de ce mot, au Poëme qu'il a fait de Charlemagne, où parlant de Berte sa fille, il dit qu'elle auoit à l'entour du col vne peau, qu'il appelle *Murina*, c'est à dire vne peau d'Hermines, ou de rats de Pont :

*Pollux l. 7. c. 13.*
*Alcuin. to. 2. Hist. Fr. p. 192.*

*Lactea quippe ferunt pretiosam colla murinam.*

C'est de l'Armenie, que ces petits animaux ont emprunté le nom qu'ils ont aujourd'huy : car comme ils ont esté appellez premierement Rats de Pont, *Mures Pontici*, non que ce fust vn rat de mer, ainsi que la Colombiere a mis en auant en sa Science Heroique; mais parce que les peaux estoient apportées en Europe, ou de cette Isle, dont Ælian parle aux lieux que j'ay citez, & qu'ailleurs il semble placer prés de l'embousheure du Danube; ou plûtôt, ce qui est plus probable, de la Prouince du Pont en Asie: ainsi dans les derniers siecles on les a nommez Rats d'Armenie, ou du moins on a joint cét adjectif à leurs peaux, parce que le débit s'en faisoit en cette prouince-là, & acause que ces animaux y prennent naissance : d'où vient qu'on appelloit ces peaux vulgairement peaux d'Armenie, ou comme l'on parloit anciennement en France, *peaux des Hermins*, ou *d'Hermins*, c'est à dire des Armeniens, parce que ces peuples auoient coûtume de s'en reuétir, suiuant l'autorité de *Pollux.* Car en vieux François on disoit *Hermenie*, au lieu d'Armenie, & *Hermins* au lieu d'Armeniens. Ville-Hardoüin parlant de Leon premier Roy d'Armenie, ou de la Cilicie, le qualifie *Sire des Hermines*, ou lui-méme en quelques epîtres, qui se voient parmi celles du Pape Innocent III. se dit *Dominus omnium Armeniorum.* Tudebode se sert toûjours du mot d'*Hermenii*, au lieu de celui d'*Armenii.* L'Auteur de la vie de Louys le Gros : *Venerunt in auxilium Soldani Iconiensis Turci duarum Hermeniarum.* Froissart se sert souuent aussi du mot d'*Hermenie*, au lieu d'Armenie, comme encore l'Auteur du Roman de Garin de Loherans :

*p. 45. 46.*
*l. 14. de Anim. c. 25.*

*Apud Odor. Rainal. Tudebod. l. 2. p. 783. 784. 785. &c.*
*Gesta Lud. VI. c. 6. Froiss. 4. vol. ch. 79. &c.*

*Partie II.* R ij

# DISSERTATION I.

*Ge te donrai mon peliçon Hermin,*
*Et de mon col le mantel febelin.*

Et ailleurs :

*Sire, assis l'ont Sarazin & Persent,*
*Et Rox & Hongre, & Hermin & Tirant.*

<small>Petr. Dam.
l. 2. ep. 2.
Albert. Aq.
l. 2. &c.</small>

Quelques Ecriuains Latins qui ont parlé des peaux d'Hermines les nomment *Hermelline*, comme Pierre Damian, Albert d'Aix, & entre les recens Paul Ioue & Alexandre Guaguin en leurs Descriptions de la Moscouie, d'vn terme vsité par les Italiens, pour signifier quelque chose venant d'Armenie : dont ils se seruent encore pour exprimer l'Abricotier, appellé par les Latins *Malus Armeniaca*, lui donnans le nom d'*Armellino*. Les Espagnols nomment les Hermines, *Armiños*, d'vn terme plus approchant du Latin *Armenia*.

Or il n'est pas sans exemple que les riches fourrures, qui ont esté en vsage parmi les Grands, aient esté reconnuës du seul nom adjectif des prouinces, où elles se debitoient, & d'où elles s'apportoient, sans specifier ni le nom, ni l'espece de l'animal. C'est ce que je vay faire voir incontinent, lorsque je parleray des Martes Zebellines. Ce qui n'a pas esté en vsage seulement dans les derniers siecles, mais encore a eu lieu dans l'antiquité. Car je remarque que ces mêmes peaux d'Hermines ont esté autrefois appellées Peaux de Babylone, parce qu'elles se debitoient en cette capitale de l'Assyrie, qui est voisine de 

<small>L. interdum
16. §. 7. D.
do Public.
S. Hier. ep.
ad Latam.
Gloss. Gr.
Lat.</small>

l'Armenie. Le Iurisconsulte Martian en fait mention, comme aussi S. Hierôme en l'vne de ses epîtres, le Glossaire Grec-Latin dit que *Beneuentanum* estoit vne espece de peau de Babylone, Βαβυλωνιȣ̃ δέρματος εἶδος. L'Histoire MS. de Bertrand du Guesclin parle du drap de Beneuent.

*Et getta-on sur lui vn drap de Bonniuent.*

<small>Alypii Antioch. Geogr</small>

Vn Auteur Grec, qui a fait vn abregé de la Description du Monde, dit que le trafic des peaux de Babylone se faisoit en la Cappadoce: Ἐμπορείας δὲ ταύτας βελτίους πανταχȣ̃ πέμπειν αὐτὴν λέγȣσι δασυπόδειων ἔθνησιν, ϰ̀ Βαβυλωνικȣ̃ πέπλιοι. 

<small>Ælian. de
Anim. l. 17.
c. 17.
Iul. Paul.
l. 7. c. 13.
Ammian
l. 23.
Moscopul.
ἀεὶ πρὸςῶν</small>

& Ælian en ses liures de la Nature des animaux fait assez voir que ces peaux estoient les mêmes que celles d'Armenie, écriuant que les peaux de Babylone estoient peaux de Rats, & qu'elles se debitoient chez les Perses, qui les prisoient beaucoup, & en faisoient des robes, ou des couuertures qu'ils appelloient κανδύας, dont Pollux & Ammian font aussi mention. Les Grecs recens appellent encore à present les Hermines Πόντικοι, sans ajoûter l'espece de l'animal, & non seulement les Hermines, mais encore toutes sortes de rats indifferemment.

<small>Corona pretiosa.
Iustin. l. 2.</small>

Les Hermines ne naissent pas seulement dans l'Asie & autres prouinces de l'Orient, mais encore dans les pays Septentrionaux. Iustin au l. 2. de son Histoire dit que les Scythes, qui habitoient les terres occupées aujourd'huy par les Tartares & les Moscouites, se seruoient de peaux de rats pour vétemens, ignorans l'vsage de la laine : *Lanæ iis vsus ac vestium ignotus : & quamquam frigoribus continuis vrantur, pellibus tamen ferinis, aut murinis vestiuntur.* Ne faisant aucun doute qu'il n'ait entendu parler des peaux d'Hermines, veu qu'il est constant que la Moscouie, & autres prouinces voisines abondent en ces animaux: 

<small>Ammien
l. 31.</small>

& cecy est encore confirmé par Ammian Marcellin, lors qu'il parle des Huns, que quelques Auteurs qualifient du nom de Scythes: *Indumentis operiuntur linteis, vel ex pellibus siluestrium murium consarcinatis.* 

<small>Cromer l. 1.
Polon.
Guaguin.</small>

Martin Cromer dit que les marchans Polonois en font grand trafic. Paul Ioue & Alexandre Guaguin asseurent le même des Lappons, & autres peuples tributaires du Grand Duc de Moscouie. 

<small>Benjamin
in Itiner.
extremo.
d'Orronuille ch. 23.
Geogr. Nubiens p. 9.</small>

Le Iuif Benjamin en son Itineraire, & Iean d'Orronuille en la Vie de Louys III. Duc de Bourbon, remarquent aussi qu'il s'en trouue grand nombre dans les forests de la Prusse. *Alderisius* Auteur de la Geographie Arabe témoigne qu'il y en a dans quelques forests de l'Afrique. & enfin la Chronique MS. de Bertrand du Guesclin parle en quelques endroits des peaux d'Hermines, qui s'apportoient des païs appartenans aux Sarrazins :

## SVR L'HISTOIRE DE S. LOVYS.

*Vestus moult noblement de sendaure & d'orfrois,*
*Et de beaus dras ouuers d'Hermins Sarazinois.*

Ie ne veux point m'arrester à ce qui regarde le blazon de l'Hermine, parce qu'outre que cela est hors de mon sujet, cette matiere d'ailleurs a esté traitée amplement par tous ceux qui ont écrit des blazons. Ie remarque seulement que l'Hermine estant l'armoirie des Ducs de Bretagne, en estoit aussi la deuise. Bretagne Roy d'Armes décriuant l'enterrement du cœur d'Anne Duchesse de Bretagne & Reyne de France, dit qu'à l'entrée de l'Eglise des Carmes, où il fut déposé, il y auoit vn grand écu party des armes de France & de Bretagne, couronné de deux Couronnes, & enrichy d'vne cordeliere d'or. *Au dessous dudit escu y auoit vne ermine faite prés du vif, ayant vn fanon d'Ermines au col, passante estoit sur vne mote de verdure* (que la Colombiere a mal pris pour de l'eau) *& disoit celle dite Ermine,* A MA VIE, *qui est l'antique mot du noble pays & Duché de Bretagne.* Ce mot n'est autre, si je ne me trompe, que le cry de guerre des Ducs de Bretagne, n'ayant rien de commun auec l'Hermine : quoy que je n'ignore pas qu'ils ont encore crié *Saint Yues*, ou *Saint Malo* : se pouuant faire qu'vn Comte ou Duc de Bretagne s'estant veû en peril dans le combat, auoit imploré l'assistance des siens, en criant que l'on en vouloit à sa vie : mais cela n'est qu'vne pure conjecture. Chifflet remarque encore que Frederic d'Arragon Roy de Naples institua l'Ordre de l'Hermine en l'an 1497. qui pendoit à vn collier d'or. Voilà ce que j'ay remarqué de l'Hermine : maintenant il faut dire quelque chose du Vair, auant que de parler des couleurs, qui entrent en la composition des armoiries.

*Cevemonial de France p. 139. de la 1. edit.*

*Chiffle. in Anast. Child. c.21.*

Tous les Auteurs conuiennent que le Vair a esté l'vne des plus riches pannes ou fourrures, dont les Princes se soient reuétus. Nos Herauds qui le reconnoissent & l'admettent dans les armoiries, auec l'Hermine, le representent comme parsemé de cloches, les vnes en leur forme naturelle, les autres renuersées, jointes ensemble. *Cæsar Vecellio*, Auteur Italien décriuant les habits & la robe d'*Ordelafo Faliero*, qui estoit Doge de Venise en l'an 1085. dont la figure se voit sur la porte du Trésor de l'Eglise de S. Marc de la méme ville, dit, que la robe de ce Duc est fourrée de peaux de Vair, qu'il represente comme le *Papelonné*. Voicy les termes de cét Auteur, pour faire voir l'estime que l'on faisoit de ces peaux anciennement. *Il manto Dungue era di seta frigiato d'oro, & fodrato di Vari pelli, che in quei tempi Erano di grandissima stima, & di qui nasce che l'Armi & l'insegne di molte famiglie nobili fanno oltre le altre cose queste pelli, che Chiamario Vari, & perciò si vede, che l'Antichi Pittori qualunque volta voleuano ritrar qualche gran personaggio di auttorità; lo depingeuano; ordinariamente con vn manto fodrato di queste pelli.*

*Cæsare Vecellio de gli habiti antiq. & moderni del mondo p. 41.*

La plûpart des Auteurs écriuent que le Vair n'est autre chose qu'vne fourrure composée de petits morceaux de peaux d'Hermines, & de celle d'vne bétellette, nommée GRIS, lesquels estans découpez & taillez artistement en triangles, representent la figure de diuerses cloches renuersées les vnes contre les autres, les droites estans de gris, les renuersées d'hermines, au moyen de ce que le poil venant à s'eslargir au bas du triangle, & à se mesler l'vn parmi l'autre, il prend la figure de la cloche, ou d'vn verre, d'où quelques-vns ont pensé que cette pelleterie auoit pris son nom : de là on infere qu'au blason du Vair, aussi bien qu'en celui de l'Hermine il n'y a point de fonds, c'est à dire qu'il n'y a aucune piece chargeante, ni semée : l'argent qui est emploié pour marquer la blancheur de l'Hermine ; & l'azur, qui represente le Gris, auquel cette couleur tire plus que pas vne autre, est ant Vair : bien qu'improprement on prene aujourd'huy l'Azur pour le Vair, comme l'on fait les mouchetures noires pour les Hermines.

*Fauche. l. 1. des Cheual. ch. 2.*

Ces mémes Ecriuains ajoûtent que c'est pour cela que le nom de Vair a esté donné à cette pelleterie, acause de sa varieté, estant diuersifiée de peaux de differentes couleurs, de méme que parmi les Latins, *Vestis varia dicebatur, quæ erat discolor, diuersisque coloribus consuta*: Car suiuant le dire de Ciceron, *Varie-*

*La Roche-flauin au l. 10. des Parlem. ch. 25. n. 15.*

*Faucher & autres.*

R iij

## DISSERTATION I.

*Ant. Thy-*
*lesius de*
*coloribus. c.*
*13. Alciat.*
*l. 2. Parerg.*
*c. 1.*
*Cicer. l. 2.*
*de finib.*
*Zonar. to.*
*3. p. 11.*

*tas, verbum Latinum est, idque propriè quidem in disparibus coloribus dicitur.* Ceux de Babylone semblent auoir esté les premiers qui ont inuenté ces sortes de fourrures marquetées & diuersifiées. Zonare raconte que Sapor Roy de Perse, qui viuoit du temps du Grand Constantin, ayant fait voir à son fils Adanarses alors jeune enfant, vne superbe tente qui luy auoit esté enuoyée de Babylone, faite de peaux d'animaux, qui naissent en ce pays-là, artistement diuersifiées & marquetées, il luy demanda ce qu'il luy sembloit de ce riche présent : A quoy Adanarses fit réponse, que lorsqu'il seroit Roy, il feroit faire vn pauillon sans comparaison plus exquis, & qu'il le feroit faire de peaux d'hommes. Ce que cét Auteur rapporte de ce jeune Prince pour vn présage de sa cruauté, qui luy fit perdre le Royaume dans la suite du temps : & faisant voir d'ailleurs en cét endroit que ces peaux de Babylone estoient de diuerses couleurs, & comme marquetées : οἰκίην ποτε τῷ πατρὶ διεκομίσθη ἐκ Βαβυλῶνος δέρμασιν ἐγχωρίοις ποικιλώτερον εἰργασμένην.

*S. Hier. ep.*
*ad Lætam.*

S. Hierôme, si nous croions quelques-vns, écriuant à *Læta*, a parlé de ces peaux marquetées de Babylone, *Pro gemmis & serico diuinos Codices amet, in quibus non auri & pellis Babylonicæ vermiculata pictura, sed ad fidem placeat emendata & erudita distinctio.* Mais je ne doute pas que ce passage ne doiue estre entendu du parchemin, ou du velin de ces liures, que l'on ornoit de figures, de peintures & de mignatures : car suiuant l'autorité de Pline, *Colores*

*Plin. l. 8.*
*c. 48.*

*diuersos picturæ intexere Babylon maximè celebrauit, & nomen imposuit.* Quoy qu'il en soit, ayant justifié cy-deuant que les peaux, dont ceux de Babylone faisoient des robes & des couuertures, estoient de Rats ; & Zonare écriuant que la tente de Sapor estoit composée & marquetée de peaux du pays : il est aisé de se persuader qu'ils ont esté les inuenteurs du Vair, qu'ils composerent des peaux d'Hermines & de Gris, qui sont des animaux qui naissent ordinairement sous les mêmes climats. Quelques Sçauans rapportent à ce sujet vn passage de Cal-

*Athen. l. 4.*
*Plut. in*
*Agesil.*

lixene dans Athenée : mais selon mon sentiment cét Auteur semble parler des tapis de Perse diuersifiez de couleurs, & de figures d'animaux, appellez par Plutarque δαπίδες.

*Monet.*

Monet en son Inuentaire des deux Langues écrit que le *Vair* est vne espece *d'Ecurieu* de poil tirant sur le colombin par le haut du corps, & blanc sous le ventre : dont la peau, ce dit-il, sert de fourrure aux manteaux des Rois, laquelle on diuersifie en quarreaux & tauelures de colombin, & de blanc, ores de plus grand,

*Iean le La-*
*boureur en*
*la Relat.*
*du voyage*
*de la Reyne*
*de Pologne.*

ores de moindre volume, qu'on appelle, grand vair, ou petit vair. Vn Auteur de ce temps parlant des Moscouites, dit qu'ils sont pour la plûpart marchans, & font trafic de peaux de Martes Zebellines, & de rats musquez, qui est, ce dit-il, nostre ancien menu ver, dont les Rois & les Grands portoient autrefois des fourrures. Aux Comptes d'Estienne de la Fontaine, Argentier du Roy, des années 1349. 1350. & 1351. au Chapitre des Pannes, il est souuent parlé *de ventres de menu vair*. Du Pinet en sa Traduction de Pline semble donner le nom de Rosereaux aux menus vers. Mais quant à moy j'estime que ces animaux, dont

*Benjamin*
*in Itin. p.*
*114. Edit.*
*Plant.*

tous ces Auteurs parlent, ne sont autres que les Gris, que le Iuif Benjamin suiuant la Traduction d'*Arias Montanus*, appelle d'vn seul mot *Veergares*, ou *Vairs-Gris*, écriuant qu'il s'en trouue vn grand nombre dans les forests de Boheme, *Regio omnis montosa est, syluisque frequentissima, in quibus animalia illa inueniuntur, quæ Veergares dicuntur, eædemque Zibellinæ dictæ.* La Traduction de Constantin l'Empereur porte, *Veergares, aliàs Martes Scythicæ*, où toutefois ces derniers mots semblent estre des Traducteurs : car les Zibellines ou les Martes

*Roland. l. 2.*
*c. 14.*

sont differentes des Gris. Rolandin en sa Chronique de Padouë fait état des Vairs de Sclauonie : Neantmoins les peaux de Gris n'ont pas esté estimées si

*Ceremon.*
*Rom. l. 3.*
*p. 323. b.*

riches que celles de Vair. Le Cérémonial Romain parlant des Chappes des Cardinaux, dit que, *à quartâ feriâ Majoris hebdomadæ vsque ad Sabbatum sanctum, solebant vti Cappis suis obscuris cum pellibus de Griseis, & non de Variis, &c.*

*Gilbert de*
*Varennes.*
*La Columb.*

Nos derniers Herauds ( c'est ainsi que je nomme les Auteurs de nôtre temps, qui ont traitté des armoiries ) écriuans au sujet du Vair, disent qu'il y a vne

## SVR L'HISTOIRE DE S. LOVYS.

sorte de Vair dans les Blazons, qu'on nomme, *Beffroy de Vair*, ce qui est lorsque le vair est representé en figures plus grandes, & qu'il y a moins de traits. Ie voudrois qu'ils m'eussent cité quelque Auteur de consideration pour leur garand; car trouuant cette expression impropre, j'aurois peine à la receuoir. Ie sçay bien que Claude de S. Iulien en ses Mélanges Historiques, parlant de la Maison de Bauffremont, dit qu'elle porte des armes parlantes, sçauoir des *Beffroys-mont*, c'est à dire beaucoup de beffrois : *Surquoy il faut noter*, dit cét Escriuain, *que ceux se trompent, qui blasonnent les armoiries de Bauffremont, Vairées d'or & de gueules. Car le vray Blazon est, semé de Beffroys, ou Bauffrois sans nombre.* termes qui font assez voir que les beffrois sont differens du Vair, qui est vne panne, où l'autre est vne cloche. Car ainsi qu'il dit au méme endroit, *le mot de Beffroy signifioit anciennement vne grosse cloche, qui picquée donnoit bel effroy, c'est à dire grande frayeur*. Ce n'est pas pourtant que je voulusse admettre cette definition du Beffroy, ne me souuenant point auoir leu ailleurs que la cloche du Beffroy ait esté nommée Beffroy, qui estoit vn nom donné ordinairement aux tours de bois dont on se seruoit anciennement pour faire les approches, lorsqu'on assiegeoit vne place, ainsi que j'ay amplement justifié en mes Obseruations. Il est vray neantmoins que Dominicy a traité de cette façon de parler *battre le beffroy*, c'est à dire sonner la cloche de beffroy, & Estienne Pasquier dit que le mot de *Beffroy* est corrompu au lieu d'*effroy*, & que *sonner le Beffroy* en vne ville n'est autre chose que *sonner l'effroy*.

*Mélanges Hist. p. 355.*

*Au traité du Franc aleu ch. 22. Pasquier en ses Rech. l. 8. ch. 62.*

Quoy qu'il en soit, il est fort probable que le Vair a esté distingué du Gris, en ce que le Vair estoit de peaux entieres de gris, qui sont diuersifiées naturellement de blanc & de gris, ces petits animaux ayans le dessous du ventre blanc, & le dos gris, de sorte qu'estant cousuës ensemble sans art, elles formoient vne varieté de deux couleurs. Mais depuis on en a vsé comme aux Hermines, qu'on a tauellées de petits morceaux de peaux noires, au lieu des queuës, qui faisoient le méme effet : car on a composé le Vair des dos de gris, & des peaux des Hermines, qu'on a ajustées en triangle, en égale distance, ainsi que j'ay remarqué, & comme pour exprimer le Vair dans les armoiries, on s'est serui de deux couleurs, sçauoir de l'Azur, pour denoter le Gris, & de l'argent pour marquer l'Hermine : ainsi pour figurer le Gris, dont on se seruoit dans les cottes d'armes, on a employé l'Azur dans les écus, & les boucliers, la couleur grise, qui a emprunté son nom de celle du dos de cét animal, estant vne couleur qui tient également du Noir & du Blanc, appellée par les Grecs φαιὸς, qu'vn Grammairien Grec definit ainsi : φαιὸς, ὁ μέσον λευκοῦ καὶ μέλανος, d'où on a formé ensuite le mot de λευκόφαιος, qui est vne couleur entre le blanc & le brun, & n'est autre que la Grise : Pline & Martial se sont seruis de ce terme qu'ils ont Latinisé. Il y en a méme qui estiment auec beaucoup de fondement que la couleur appellée *Pseudo-sattinus*, en la vie de S. Gregoire le Grand Pape, n'est autre chose que le Gris, n'étant pas tout à fait blanche, & tenant du brun, de méme que dans *Marcellus Empiricus*, la couleur du poil du lion est appellé *Pseudo-flauus*, parce qu'elle n'est pas absolument jaune, *Colore Pseudo-flauo, quasi leonino*. Cét Auteur se plaist à cette maniere d'expression, dans lequel, *Pseudocalidus*, & *Pseudoliquidus*, c'est ce qui n'est qu'à demy-chaud, & à demy-liquide.

*Basil. de exercit. gramm. Plin. l. 32. c. 10. Martial. l. 1. ep. 97. Io. Diac. l. 4. c. 83. Marcell. Empyr. c. 8.*

*C. 6. & vlt.*

La seconde couleur qui entre dans la composition des armoiries est LE GVEVLE. Ceux qui n'ont pas penetré dans la veritable signification de ce mot, se sont persuadez qu'il venoit de *Gula*, ou de la Gueule des animaux, qui d'ordinaire paréssant sanglante, exprimoit naturellement le Rouge. Mais soit que cette pensée ait quelque probabilité, il est constant que le Gueule estoit vne espéce de peau teinte en rouge. Saint Bernard nous l'apprend formellement en l'Epître qu'il écrit à l'Archeuesque de Sens, en ces termes : *Horreant & murium rubricatas pelliculas, quas Gulas vocant, manibus circumdare sacratis*. Donnant à connoitre par cette maniere de parler, que ces peaux estoient de Rats,

*Epist. 42.*

## 136  DISSERTATION I.

c'eſt à dire de Rats de Pont ou d'Hermines, teintes auec artifice. Brunon, qui viuoit quelque temps auant S. Bernard, a ainſi parlé de cette eſpéce de pelleterie, en ſon Hiſtoire de la guerre de Saxe : *Vnus ex illis cujuſdam Nobilis ex curiâ cruſinam gulis ornatam, quaſi furtim præcidit.* Le mot de *Cruſina* dont Ditmar ſe ſert encore au l. 5. de ſon Hiſtoire, ſignifie vne eſpéce d'habit fait de peaux, & eſt vn terme des anciens Saxons. Le Gloſſaire d'Ælfrit, *Maſtruca*, vel *Maſtruga*, *Cruſne*, & celui de Somner, *Cruſene*, *tunica ex ferinis pellibus, Maſtraca.* Anaſtaſe Bibliothequaire en ſon Hiſtoire Eccleſiaſtique, aprés Theophanes, ſemble faire mention de ces peaux rougies κόκκινα δερμάτια, *pelles coccineæ*, qui ſont peut-eſtre, celles que l'Empereur Conſtantin Porphyrogenite appelle δερμάτια ἀλήθινα, n'eſt. que ces peaux ne ſoient peaux coroiées, & teintes en écarlate, que Roger de Houeden appelle *Cordoüan vermeil*, & dont parle *Corippus*, lorſqu'il décrit la chauſſure des Empereurs de Conſtantinople.

*Margin notes:*
*To. 1. Rer. Germ. Frehberi p. 135.*
*Ditmar. l. 5. p. 54.*
*Anaſt. Hiſt. Eccl. p.178.*
*Theophan. p. 422.*
*Conſtant. de adm. Imp. c. 6.*
*Houed. p. 715.*

> *Cruráque puniceis induxit regia vinclis,*
> *Parthica campano dederant quæ tergora fuco.*

*Coripp. l. 2. de Laud. Iuſt.*

Guillaume de la Poüille parlant de ces botines Imperiales :

*Guill. Apul. l. 1 Rer. Norm.*

> *—Aſſumitur Imperialis*
> *Purpura, pes dexter decoratur pelle rubenti,*
> *Quá ſolet, imperii qui curam ſuſcipit, vti.*

Tant y a que le Reclus de Moliens en ſa Patenoſtre MS. ſemble dire, que l'on ſe ſeruoit des peaux de Martes, pour les teindre en rouge, les appellant *Sobelines engoulées*, en ces vers :

*Le Reclus de Moliens.*

> *En tels cuures regnent Deables,*
> *Au regne noſtre Creatour,*
> *Ne gardent mie chu Seignour,*
> *Qui tant ont dras outre raiſon,*
> *Cote, ſurcot, blanchet, plichon,*
> *Houches, mantaus, chappes fourrées,*
> *De Sobelines engoulées.*

Ce qui ſe pourroit encore entendre des Martes blanches, dont Adam de Bréme parle en quelque endroit de ſon Hiſtoire ; qui naiſſent dans la Noruége. Le Roman de Garin donne la méme epithete aux Hermines ; ce qui juſtifie qu'on ſe ſeruoit auſſi des Hermines, pour les teindre en rouge :

*Adam. Brem. c. 139.*

> *Si ot veſtu vn Hermin engolé.*

Ailleurs :

> *Et pardeſſus vn Hermin engolé.*

Il eſt parlé dans la vie de S. Wolphelme Abbé, des peaux de Beliers rougies, *pelles rubricatæ arietum*. Depuis, pour exprimer cette eſpéce de Pelleterie dans les écus & les boucliers, on s'eſt ſerui du vermeillon. Iean de Sariſbery : *Si autem minium, colorve alius quocumque ictu, caſuve à clypeo excidit, hoc garrula lingua, ſi licuerit, memoriale faciet in ſæculum ſæculi.*

*Conrad. Monach. in vita S. Wolphelmi Abb. apud Sur. 10. April.*
*Io. Sariſb. l. 6. Polycr. c. 3.*

La troiſiéme Couleur dont on ſe ſert dans les blazons, eſt le SABLE. Guillaume Guiart en l'an 1304.

> *Es pennonciaus & és bannieres,*
> *Dont li vent tient maintes enuerſes,*
> *Reluiſent les Couleurs diuerſes,*
> *Comme or, azur, argent, & ſable.*

Ceux qui ont eſté puiſer l'origine de ce mot dans le ſable noir, dont Vitruue, *Palladius*, & Thwrocz en ſon Hiſt. de Hongrie ont parlé, ſe ſont notoirement mépris. Car on doit tenir pour conſtant que le ſable eſt vne eſpéce de Pelleterie. Philippes Mouskes en la vie de Louys VIII. autorize aſſez cette penſée par ces vers :

*Vitruu. l. 2. c. 4.*
*Pallad. l. 1. de Re Ruſt. c. 10.*
*Thwrocz. part. 2. c. 3.*

> *S'il y auoit aſſés encor*
> *De rices dras battus à or,*

*De*

# SVR L'HISTOIRE DE S. LOVYS.

*De dras tains, & d'escarlate,*
*Detranciés à grans barates,*
*Sables, Ermins, & Vairs & Gris,*
*As jouuenciaus, & as vious gris.*

Vn judicieux Auteur de ce temps a auancé auec beaucoup de fondement que le mot de *Sable*, a esté formé des *Martes Zebelines*, qui de leur nature sont noires : *Sabulum verò quod est nigrum, non à Sabulo deflexum, sed à muribus Ponticis nigricoloris, quod vocant Martres sabelinas, vel sabulinas.* Quoy que cét Auteur n'ait auancé cette opinion, que par simple conjecture, sans l'auoir autorisée d'aucun passage ; & qu'il se méprenne en confondant les Rats de Pont auec les Martes: Si est-ce qu'il n'y a pas lieu de la reuoquer en doute, aprés ceux que je viens de cotter. Et quant à l'origine de ce mot, j'estime que les Martes furent surnommées zebelines, ou sabelines, acause de Zibel, ou Zibelet, ville maritime de la Terre Sainte, appellée par les anciens *Biblium*, & située entre la ville d'Antioche & le château d'Archas, où elles se debitoient, & d'où elles estoient apportées en Europe. Et comme les Rats de Pont furent simplement nommez Hermines, parce que les peaux de ces animaux se debitoient en Armenie, il en est arriué de mêmes des Martes, dont les peaux ont esté nommées Zebellines, de la ville de Zibel, & en terme plus court Zeble, ou Sable. Guillaume de Neufbourg les appelle *Sabellinæ* simplement, comme encore Arnoul de Lubec en ce passage : *Regina cuilibet Militi addidit pelles varias, & pelliculam Zobellinam.* Le Roman de Garin :

*Or te donrai mon peliçon Hermin,*
*Et de mon co! le mantel Sabelin.*

Iacques Millet en la destruction de Troie :

*Si est le champ fait de broudure*
*De fine Marte Sabeline.*

Cette peau est nommée par Pierre Damian *Pellis Gibellinica*, à l'endroit où il parle d'vn Ecclesiastique mignon : *Hic itaque nitidulus & semper ornatus incedebat, ita vt caput ejus nunquam nisi Gibellinica pellis obtegeret.* Il entend parler de l'aumuce, dont il se couuroit la teste.

Il n'est pas aisé de découurir l'origine du mot de SINOPLE, dont les Herauds se seruent pour designer la couleur verte dans les blazons. Car la Colombiere s'est trop mépris, quand il a dit que le Sinople estoit vne espece de Craie, ou mineral, qui est propre à teindre en vert, & qui se trouue aux enuirons de *Sinope*, ville d'Asie, dautant que le *Sinopis*, dont il a entendu parler, est vne craie rouge, qui se trouue aux montagnes de Sinope, comme nous apprenons d'Auger Busbecq en son Itineraire d'Amasie, auec lequel neantmoins Dioscoride & *Eustathius* ne s'accordent pas, remarquans qu'elle ne naît point vers Sinope, mais qu'elle s'y apportoit de la Cappadoce (où Pline & Strabon écriuent qu'elle croît) & qu'elle s'y debitoit. Quoy qu'il en soit, tous les Auteurs conuiennent que le *Sinopis* estoit vne éspéce de Vermeillon. Il est appellé Ἀσυρίη μίλτος par *Dionysius*, & par Dioscoride μίλτος Σινωπική. *Terentianus Maurus* confond toûjours le Vermeillon auec le *Sinopis* : car où il a dit, *Instar tituli fulgidulâ notabo milto*, ailleurs il dit, *Ex ordine fulgens cui dat locum sinopis.* & plus bas *Titulus præscribet iste discolor Sinopide.* Marcellus Empiricus confond aussi le *Sinopis* auec le *Minium*, ou le Vermeillon. Il est bien vray que Vitruue fait mention d'vne Craye verte qui croît en diuers lieux, & particulierement à Smirne : mais elle n'a rien de commun auec le *Sinopis*. I'auouë aussi que je n'ay pas encore pû découurir la raison pour laquelle on a donné le nom de Sinople, à la pelleterie teinte en vert, & je n'oserois pas asseurer que ce seroit acause qu'elle se debitoit en vne ville maritime de la Cappadoce, qu'Albert d'Aix en deux diuers endroits appelle *Sinoplum*, & Matheo Villani *Sinopoli* : & que du nom de cette ville, où le trafic s'en faisoit par les Europeans, elle fut appellée Sinople, comme les Martes, & les Rats de Pont

## DISSERTATION I.

prirent leur appellation des lieux où telles fourures se debitoient. L'Epitaphe de Gilles de Chin, qui fut tué à la bataille d'Azincourt, emploie le mot de Sinople, pour exprimer le vert.

*Aux Preu-*
*ues de l'Hi-*
*stoire de*
*Guines p.*
*689.*

> *Puis la mort à lui s'ajousta*
> *En vn camp couuert de Sinoble,*
> *ù maint Prince & maint homme noble*
> *Finirent en affaire militant.*

*Iacq. de*
*Guise en ses*
*Ann. de*
*Hain. 1. vol.*
*p. 24.*
*Songe du*
*Verger*
*ch. 148.*

Reste la cinquiéme couleur des blazons, qui est le POVRPRE: quoy qu'elle se rencontre rarement dans les armoiries, si est-ce que Iacques de Guise, l'Auteur du Songe du Verger, Sicile Heraud d'Armes du Roy d'Arragon, en son blazon des couleurs, & autres l'admettent. Ie ne veux pas m'arrêter à ce qu'ils en disent, je remarque seulement, qu'en fait de blazons, le Pourpré est vne panne & vne espéce de pelleterie, ainsi nommée acause de sa couleur fort connuë dans le Compte d'Estienne de la Fontaine, Argentier du Roy, qui commence au 26. jour d'Auril l'an 1350. & finit au 28. jour d'Aoust suiuant, au chap. des pennes & fourrures. *Pour fourrer vne robe de 4. garnemens pour ledit Guillaume Poquaire, pour le jour de sa Cheualerie pour les 2. surcos, 2. foureures de grosses pourpres, 4. liures 10. s. &c.* au même chapitre, *Pour fourrer vne robe pour la femme Michelet Gentil, que le Roy lui donna en mariage, vne foureure de menuës pourpres, 6. liures Par.* Il en est encore parlé souuent dans les Comptes suiuans, & dans *les Coustumes*, ou peages de Paris, qui sont inserez en vn Registre de la Chambre des Comptes, intitulé *Noster*, où sous le titre de Mercerie, sont ces mots: *Item la piece de Porpre & de Mesiniaus 4. den.* & comme cette pelleterie n'a jamais passé entre les plus exquises, sans neantmoins que j'en puisse conjecturer autre raison, que l'on ne se seruoit que de peaux grossieres pour les mettre en cette sorte de teinture, cela a esté cause qu'elle se trouue rarement employée dans les blazons.

*fol. 33. 36.*

Toutes ces remarques prouuent suffisamment, comme j'estime, que ce que jusques à présent nos Herauds ont qualifié couleurs dans les armoiries, sont pannes & fourures, ne plus ne moins que celles d'Hermine & de Vair, ausquelles ils ont appliqué cette appellation. Il se voit aussi que les noms, qu'ils leur ont attribuez, n'ont autre origine, que de ceux de ces espéces de fourures, & qu'ainsi il n'y a pas lieu de faire aucun fondement sur les etymologies ridicules qu'ils leur donnent, ni sur ce qu'ils auancent qu'on a voulu donner des noms inconnus à ces couleurs, pour ne pas rendre la science des armoiries si vulgaire: *Mirum quàm stultâ sapientiâ in istis astrologicantur, philosophantur etiam, ac theologissant paludati isti Heraldi.*

*Cornel. A-*
*grippa de*
*Vanit.*
*scient.*

Mais pour retourner aux cottes d'armes: Comme aux assemblées publiques, & dans les occasions de la guerre, les Seigneurs & les Cheualiers y estoient reconnus par les cottes d'armes, lorsqu'on venoit à parler d'eux, ou qu'on vouloit les faire connoître par quelque marque exterieure, on se contentoit de dire, il porte la cotte d'or, d'argent, de gueules, de sinople, de sable, de Gris, d'Hermines, ou de Vair: ou en termes plus courts, il porte, d'or, de gueules, &c. le mot de cotte d'armes estant sousentendu. D'où il est arriué que pour blazonner les armes d'vn Gentilhomme, nous disons encore aujourd'huy, il porte d'or, d'argent, à vne telle piece. Mais parce que ces marques ne suffisoient pas pour se faire reconnoître, ou distinguer dans les assemblées solennelles, ou dans les armées, où tous les Seigneurs estoient reuêtus de cottes d'armes de draps d'or & d'argent, ou de ces riches fourures, ils s'auisérent dans la suite de les diuersifier, en decouppant les draps d'or & d'argent, & les peaux dont ils estoient reuêtus par dessus leurs armes, ou leurs habits, en diuerses figures de differentes couleurs; obseruant neantmoins cette regle, qu'ils ne mettoient jamais peaux sur peaux, ni le drap d'or sur le drap d'argent, ou le drap d'argent sur le drap d'or, acause que cela n'auroit eu aucun relief, meslant tousjours les draps auec les pennes. Que si l'on en voioit

# SVR L'HISTOIRE DE S. LOVYS.

autrement, parce que ces cottes d'armes n'estoient pas dans le port ordinaire, on difoit qu'elles estoient faites pour enquerre, dautant qu'elles donnoient fujet à tout le monde de demander pourquoy on ne les portoit pas fuiuant la mode receuë, & s'il y auoit quelque raifon particuliere qui obligeât à les porter de la forte. Auquel propos il me fouuient de ce trait du Declamateur, qui parlant d'vne statuë que le Magistrat auoit decernée auec l'habit d'vne femme, à celuy qui auoit tué le Tyran fous cét acoustrement, dit ces paroles : *Statua ergo tua non transibitur, habitus faciet, vt interrogent transcurrentes.* Quintil. Decl. 281.

Auec ces decoupures on forma des bandes, des faces, des chefs, des lambeaux, & autres pieces que les Herauds nomment chargeantes. Le Prieur du Vigeois en fa Chronique en a ainfi parlé · *Dehinc reperta funt pretiofa ac variæ vestes, designantes varias omnium mentes, quas quidam in fphærulis & lingulis minutiffimè frepantes, picti Diaboli formam affumunt.* Ce qui alla à vn tel excés, & fe faifoit auec vne telle dépenfe, qu'au Concile qui fut tenu à Geytinton en Angleterre l'an 1188. fous le Roy Henry II. on fit défenfe de porter l'écarlate & les riches fourures, & les habits decouppez : *Ibi statutum fuit — in Anglorum gente ne quis efcarleto, fabelino, vario, vel grifeo, aut vestibus laqueatis, aut in prandio de cibis ex empto vltra duo fercula vteretur, eo quòd Rex Angliæ cum omnibus ferè Angliæ magnatibus ad Terram Sanctam cum expensis erat non minimis profecturus.* Ce font les termes de Iean Brompton. *Geruasius Dorobernensis : & quòd nullus habeat pannos decifos ac laceatos, ou laqueatos,* où le mot de *pannus* fait affez connoître qu'il entend parler des pannes & des fourures. L'Auteur de la Vie de S. Gerlac, nous apprend que ce faint Ermite auoit coûtume d'inuectiuer contre ces abus, *Milites de percuffione & fciffurâ vestium, de oppreffione pauperum, de vanitate alearum — arguebat.* C'est donc ce que Philippes Mouskes au paffage que j'ay cité cy-deuant, appelle *des dras teins & d'efcarlate, détrantiés à grans barates.* & parce que les jeunes gens s'attachent ordinairement à ces nouueautez, pour fe faire diftinguer d'auec leurs peres, qui portoient les cottes d'armes femblables aux leurs, ils en faifoient pendre des lambeaux, foit au col, foit ailleurs, par forme de difference : & c'est delà que les lambeaux dans les armoiries ont pris leur origine, n'estans pas des efpeces de rateaux, comme Edward Biffe Anglois a écrit. Il en eft parlé fouuent dans les Comptes d'Eftienne de la Fontaine, Argentier du Roy, & particulierement en celuy de l'an 1350. en ces termes. *Pour 7. quartiers de Zatoüin d'Inde, & 7. quartiers de fort Velluiau vermeil pour faire deux cottes à armer, — pour vn marc, 5. efterlins, de perles blanches à femer le champ defdites cottes, faire les Coppons des labeaux pour 160. groffes perles à champoier ledit champ.* Plus bas : *Pour 24. aunes de velluiaux indes fors pour faire 2. couuertures à cheuaux pour ledit Seigneur, & pour 2. aunes de velluiau vermeil & blanc à faire les labeaux de l'armoirie.* Au même chapitre : *pour 4. pieces de cendaux indes & jaunes à faire bannieres & pannonceaux pour ledit Seigneur, pour 2. aunes & demie de cendal blanc & vermeil à faire les labeaux.* Vita S. Gerlaci c. 9. apud Boland.

Biffeus in Nos. ad Vpton.

Il eft arriué enfuite que les Cheualiers ont fait empreindre dans leurs écus, non feulement la couleur des draps d'or & d'argent, & des riches pannes, qu'ils portoient en leurs cottes d'armes, mais encore la figure de ces decoupures, dont ils ont formé les bandes, les jumelles, les faces, les fautoirs, les chefs, & autres pieces. Quelquefois auffi ils ont parfemé leurs cottes d'armes des figures, foit d'animaux terreftres, foit d'oifeaux, ou chofes femblables, qu'ils ont depuis empreintes dans leurs écus, ou bien il les ont empruntées de leurs écus pour en parfemer leurs cottes d'armes, eftant conftant que les boucliers ont eu dés la grande antiquité de femblables empreintes : & c'eft là la penfée de Volfer dans le paffage que j'ay allegué de luy. Quelquefois auffi entre ceux qui diuerfifioient ainfi leurs cottes d'armes, il s'en eft trouué qui n'ont pas voulu les charger d'aucunes pieces, mais fe font contentez de les porter toutes fimples fans decoupure, & de conferuer dans leurs écus la même couleur, qu'ils portoient en leurs cottes d'armes. C'eft ce qui nous ouure la

*Partie II.*          S ij

# DISSERTATION I.

raison pourquoy les Comtes & les Ducs de Bretagne porterent l'Hermine simple dans leurs écus, qui n'estoit autre, que parce qu'ils la portoient de la sorte en leurs cottes d'armes. Ainsi les Seigneurs d'Albret porterent le Gueules, les Captaux de Buch en Guienne, de la Maison de Puy-Paulin l'or plein, les Seigneurs de S. Chaumont le Gris, ou l'azur, parce qu'en leurs cottes d'armes ils portoient les pannes de Gueules & de Gris, & le drap d'or.

Ce que je viens de rapporter du Compte d'Estienne de la Fontaine, fait assez connoître que l'on avoit coûtume de broder les cottes d'armes, & de les enrichir de perles, & qu'ainsi ce sont ces *cottes brodées*, dont le Sire de Ioinuille entend parler. Ces broderies n'estoient que pour relever & marquer les armes du Chevalier, qui y estoient empreintes en relief, en sorte que les mémes figures & les mémes couleurs qui se rencontroient dans son écu, se trouuoient aussi dans sa cotte d'armes. Guillaume le Breton en sa Philippide :

*Vuill. Brito l. 11. Phil.*

> *Quæque armaturæ vestis consuta supremo*
> *Serica, cuique facit certis distinctio notis.*

*Vita Phil. III.*

Et Guillaume de Nangis en la vie de Philippes III. *Franci verò subitâ turbatione commoti, mirâ celeritate ad arma prosiliunt, loricas induunt, & desuper picturis variis, secundùm diuersas armorum differentias se distinguunt.* Et parce que les cottes d'armes estoient parsemées des devises des Chevaliers, on les appella des *habits en devises*. Ainsi Masuer parlant des preuves de la Noblesse, dit que celle-là en est vne, *si ipse & alii prædecessores sui consueuerint portare vestes en devise, vel alias, quas nobiles portare consueuerunt.* C'est en ce sens qu'on doit entendre Froissart, quand il dit que le Comte de Derby vint à Westminster *accompagné de grand nombre de Seigneurs, & leurs gens vestus chascun de sa liurée en devise.* C'est à dire ayans tous leurs cottes d'armes armoiées de leurs armes. Monstrelet en l'an 1410. parlant de l'élection du Pape Iean XXII. dit qu'à la Caualcade qu'il fit, *se trouuérent le Marquis de Ferrare, le Seigneur de Malateste, le Sire de Gaucourt, & des autres quarante-quatre, tant Ducs, Comtes, comme Cheualiers de la terre d'Italie, vestus de paremens de leurs liurées.* George Chastellain, *armez & vestus de cottes d'armes, devises & couleurs.* Et Alain Chartier en son Poëme intitulé, *La Dame sans mercy*, décrivant vn Caualier amoureux, & maltraité par les rigueurs de sa maistresse, le représente revétu de noir *sans devise*, c'est à dire auec vne cotte d'armes toute simple, & non armoiée de ses armes, ce qui estoit vne marque de deuil,

*Masuer. tit. de talliis N. 19.*

*Froiss. 4. vol. ch. 114.*

*Monstrelet 1. vol. ch. 62.*

*Hist. de Iacques de Lalain.*

*Alain Chartier p. 505.*

> *Le noir portoit, & sans devise.*

*Sanut. l. 2. part. 4. c. 8.*

Ce sont ces devises des cottes d'armes, que Sanudo appelle *super insignia*. Les cottes d'armes ainsi armoiées, estoient vne des marques principales de la Noblesse, ainsi que Masuer a obserué, parce que n'y ayant que les Nobles qui eussent droit de porter le haubert, ou la cotte de maille, il n'y avoit aussi qu'eux qui eussent celuy de porter la cotte d'armes, qui n'estoit que pour couvrir celle de mailles. Et comme ordinairement il n'y auoit que les Cheualiers qui portassent l'vne & l'autre dans les guerres : delà est arrivé que pour marquer vn Cheualier, les Historiens se contentent de le désigner par le seul nom de *cottes d'armes*. Froissart écrit que le Sire de Merode perdit en la bataille contre les Frisons, en laquelle Guillaume Comte de Hainaut fut tué, *trente-trois cottes d'armes de son Lignage*, c'est à dire trente-trois Cheualiers de sa parenté. Et Monstrelet parlant de la victoire remportée à Formigny, prés de Bayeux, par les François, sur les Anglois l'an 1450. dit, *qu'à cette bataille furent prins prisonniers Messire Antoine Kiriel, &c. & plusieurs autres Capitaines & Gentilshommes Anglois portans cottes d'armes.* C'est vne expression qu'Anne Comnene en son Alexiade a empruntée de nos François, lorsque racontant les pourparlers qui se firent pour l'entreveuë qui se deuoit faire entre l'Empereur Alexis son pere, & Boëmond Prince d'Antioche, ce Prince insista qu'il pourroit se trouuer avec l'Empereur accompagné de deux cottes d'armes, μετὰ δύο χλαμύδων, c'est à dire avec deux Cheualiers. Cette Princesse ayant

*Froiss. 4. vol. ch. 77.*

*Monstr. 3. vol. p. 27.*

*Anna Com. l. 10 p. 401.*

# SVR L'HISTOIRE DE S. LOVYS.

exprimé la cotte d'armes par le terme de *Chlamys*, * qui estoit vn vétement particulier aux gens de guerre, & aux Caualiers. D'où vient que pour défigner vn Cheualier, vn titre * de Philippes I. Roy de France de l'an 1068. vse de ces paroles : *Aimericus, quem occultabat militaris habitus, & chlamydis obumbrabat aspectus*. Termes qui sont tirez de saint Ambroise en la vie de saint Sebastien, si toutefois il en est l'Auteur, ce que quelques sçauants semblent reuoquer en doute. George Châtellain en l'Histoire de Iacques de Lalain Chevalier de la Toison d'or, attribuë encore assez souuent les cottes d'armes armoiées aux Ecuiers, en sorte que l'on peut conjecturer que dans les derniers siecles ils ont eu ce priuilege, qui auparauant n'auoit appartenu qu'aux Chevaliers.

*L. 1. Cod.*
*Th. de habitu quo uti oport.*
*Nonius.*
*Paulin. ep. 7.*
* *Aux preuues de l'Hist. des Chasteign. p. 179.*
*Vita S. Sebast. c. 3. apud Bol.*
*Georg. Châtell. c. 54. 55. 64. 68. 71. 72.*

I'ay remarqué que l'on découpoit les pannes, ou fourures, des cottes d'armes en diuerses manieres, pour se distinguer les vns des autres. Ces figures & ces découpures sont encore à présent en vsage dans les Blazons des armoiries, mais dans des termes qui à peine nous sont connus. Ce qui me donnera sujet d'en expliquer quelques-vns des plus difficiles. I'ay dit ce que c'étoit que le *Lambel*, lorsque j'ay parlé des découpures des habits.

La *Fasce* est, selon mon sentiment, ce qui est appellé par les Auteurs Latins du moyen temps *Fasciola*, qui estoit vne espèce de jarretiere pour lier les chausses. Il en est parlé souuent dans les constitutions Monastiques. On donnoit encore le nom de *Fascia*, aux petits Sarocs, que les Chanoines Reguliers de S. Augustin portent, lorsqu'ils vont à la campagne, qui n'a de largeur que quatre doits, comme le scapulaire des Moines.

*Regula Magistri Lanfranc. in Decret. Ord. S. Bened. è. 7. 14.*
*Consuet. Cluniac. l. 3. c. 11.*

Le *Pau*, ou le *Pal*, n'est rien autre chose que le *Palus* des Latins, c'est à dire vn pieu, d'où le mot de Palissade est demeuré parmy nous.

*Monach. S. Galli in Carolo M. l. 1. c. 36.*

Le *Sautoir* est l'étrier pour monter & pour sauter sur le cheual. Il est appellé par les Latins du moyen temps *strepa* & *stapha*, & par les nouueaux Grecs σκάλα. Le Ceremonial MS. dit que l'Escuier, qui se trouuoit aux Tournois, ne deuoit point auoir *de sautoir* à sa selle. Le Compte d'Estienne de la Fontaine Argentier du Roy, de l'an 1352. au chapitre des Harnois : *Pour six liures de soye de plusieurs couleurs pour faire las tissus, & aguillettes ausdits harnois, faire sautoüers, & conyeres, & tresses à garnir la selle*. Les sçauants ont remarqué que les étriers n'ont esté en vsage que vers l'Empire du grand Constantin.

*Nebridius Mundeleim in Antiquar. Monast.*
*Codin. de offic.*
*M. de S. Amand au tom. 3. de ses Commenr.*

Les *Macles*, ont tiré leur nom de *Macula*, que *Ioannes de Ianua* interprete *squamma loricæ*, qui est vne petite piéce de fer quarrée, percée de méme, dont les hauberts estoient composez, qui est ce que nous appellons cotte de mailles : ces mailles estant enlassées & entassées les vnes sur les autres, ensorte qu'elles ne laissoient aucun vuide. Nicolas *de Braya* en la vie de Louys VIII.

*Nicol. de Braia p. 300.*

*Nexilibus maclis vestis distincta notatur.*

Et Guillaume le Breton,        *Inter*

*Pectus & ora fidit maculas toracis*, &c.

Et plus bas :

*Restitit vncino maculis hærente plicatis.*

Nos Auteurs ont attribué ce nom aux mailles des Hauberts, parce qu'elles auoient la figure des mailles des rets des pescheurs, qui sont appellées *Maculæ* par les Latins.

*W. Brito l. 2. Phil.*
*Cicero 7. in Verr.*
*Stat. l. 2.*
*Theb.*

Les Herauds represent les *Rustres* de méme figure, sauf qu'ils sont percez en rond. Ie ne sçay si c'est cét instrument que les Latins appellent *Rutrum*, qui estoit vne espèce de *Fossorium, vnde arenæ mouentur, vbi sal efficitur*. ainsi qu'écrit *Ioannes de Ianua*.

*Walafr. Strab. l. 1. de vita S. Galli c. 11.*

Quant aux *Lozanges*, Ioseph Scaliger estime qu'elles sont ainsi dites, *quasi Laurengiæ*, parce qu'elles ont quelque rapport à la figure d'vne feuille de laurier.

*Ioseph. Scal. ad Fest.*

Les *Endentures* ont esté empruntées de ces parchemins, & de ces titres,

142    DISSERTATION II.

*V. Waisſi*
*& Somneri*
*Glossarin.*

qui ſont appellez *Chartæ indentatæ* : parce que comme on les faiſoit doubles pour les deux contractans, on coupoit le parchemin par le milieu en forme de dents, afin qu'on ne puſt les falſifier, ceux qui s'en vouloient ſeruir, eſtant obligez de faire voir que les endentures ſe rapportoient à l'autre original;

*In Gloſſ.*
*Lat. Barb.*

ces titres ſont encore appellez *Chartæ partitæ*, & pour l'ordinaire, *Chirographes*; le reſerue à en parler à fonds ailleurs.

*W. Thorn.*
*cap. 41.*
*Hist. de*
*Knighton.*
*A. 1272. &*
*p. 1721.*
*Spelm.*
*Monaſt.*
*Angl. to. I.*
*p. 654.*

Les *Billetes*, ſont ce que nous appellons billets, qui ont la figure d'vne lettre fermée. Les Hiſtoriens Anglois ſe ſeruent ſouuent du mot de *Billa*, pour vn placet : Guillaume Thorn, *porrectæ fuerunt billæ & petitiones Domino Regi*. Spelman croit que ce mot a eſté formé de *libellus*, d'autres de βιϐλίον. Tant y a que l'on en a deriué celui de *billeta*, dans la même ſignification. *Monaſticum Anglican. Secundùm quod continetur in quadam billetâ inter ſigillum & ſcriptum ante conſignationem affixâ*. Mais je ne m'apperçois pas que je m'engage dans vne matiere qui eſt hors de mon ſujet.

---

## *DES PLAITS DE LA PORTE,*

### *& de la forme que nos Rois obſeruoient pour rendre la Iuſtice en perſonne.*

## DISSERTATION II.

*pour la pag.*
*12.*

SI les Rois ont eſté de tout temps jaloux de leur autorité, & s'ils ont affecté de faire éclater leur puiſſance ſur leurs ſujets, auſſi bien que ſur leurs ennemis; ils ont auſſi voulu ſignaler la douceur & la modération de leur Gouuernement, par la diſtribution de la juſtice, & par l'établiſſement des Gouuerneurs, & des Iuges en toutes les places de leur Royaume, pour la leur rendre en leur nom. Mais comme il arriue ſouuent que les peuples ſont oppreſſez par ceux mêmes qui ſont inſtituez pour les garantir de l'outrage, & que ceux qui ont l'autorité en main pour les défendre, n'en vſent que pour en former leurs auantages particuliers, on a eſté pareillement obligé d'auoir recours aux Princes, & d'apporter les plaintes à leurs trônes, pour obtenir de leur equité, ce que l'abus & l'injuſtice des Iuges ſembloit refuſer. C'eſt ce qui a donné ſujet à nos Rois, pour ne pas remonter plus haut, d'établir des juſtices dans leurs palais mêmes, & d'y préſider en perſonne, pour receuoir & pour décider les plaintes de leurs ſujets. Et parce que les grandes affaires de l'Eſtat, dont ils eſtoient accablez, ne leur permettoient pas toûjours de vaquer à ces exercices penibles, ils y commettoient en leurs places des Comtes, qui y rendoient la juſtice en leur nom, & décidoient les differents en dernier reſſort. Ils enuoioient encore ces Comtes quelquefois, comme je le juſtifie ailleurs, dans les Prouinces éloignées de leurs Royaumes, pour ſoulager leurs ſujets, & leur épargner de longs & fâcheux voyages. D'autre part, pour maintenir les Iuges ordinaires dans leur deuoir, & pour veiller à leurs actions, ils enuoioient en tous les endroits de leurs Etats des Intendans de juſtice, nommez *miſſi Dominici*, qui examinoient leurs jugemens, reformoient les abus qui ſe gliſſoient dans la diſtribution de la juſtice, & receuoient les plaintes des ſujets du Prince.

*Codin. de*
*orig. CP. p.*
*22. edit.*
*Reg.*

Les Empereurs d'Orient jugerent bien qu'il n'eſtoit pas aiſé à leurs ſujets d'aborder leurs palais, ni de préſenter leurs plaintes à leurs perſonnes ſacrées, qui ſont ordinairement enuironnées de gardes & de courtiſans. C'eſt-pourquoy ils voulurent qu'il y eut vn lieu public dans Conſtantinople, où il fut loiſible à vn chacun d'aller porter ſes memoires & ſes billets, qui eſtoient examinez tous les jours par le Prince, qui en faiſoit juſtice ; d'où ce lieu fut

## SVR L'HISTOIRE DE S. LOVYS.

nommé *Pittacium*, c'est à dire, *billet*. Mais nos Rois en ont vsé plus généreusement, & se sont gouuernez auec leurs sujets d'vne maniere plus obligeante & plus facile; ils ont voulu receuoir eux-mêmes leurs plaintes, & pour leur donner vn accés plus libre vers leurs personnes, ils se sont en quelque façon dépoüillez de l'éclat de leur pourpre, sont sortis de leurs sacrez Palais, & se sont venus seoir à leurs portes, pour faire justice indifferemment à tous ceux qui la leur venoient demander. Ce qu'ils faisoient à l'imitation des Hebreux, qui tenoient leurs plaits aux portes des villes, des hôtels, & des temples, tant pour faciliter l'accès des parties, que pour rendre la justice publiquement, & l'exposer à la censure de tous ceux qui y assistoient.

*Zach. 5.*
*Amos 5.*
*Deuter. 22.*
*Ruth. 4.*
*Iob. 29.*
*Isai. 24.*
*Psal. 126.*

C'est la raison pourquoy nous lisons si souuent dans nos Histoires, & dans les Chartes anciennes, que les Iuges des Prouinces tenoient leurs assises & leurs plaits dans les champs, dans les ruës, dans les lieux publics, deuant les portes & dans les Cimetieres des Eglises; ce qui fut depuis défendu par nos Rois dans leurs Capitulaires, à l'égard des lieux sacrez; & enfin deuant les portes des châteaux & des villes, comme on recueille de cét acte qui se lit au Cartulaire de l'Abbaye de Vendôme : *Perrexit illuc Prior noster, iuitque placitum in castro Raynaldi ante portam ipsius castri quæ est à meridie, vbi interrogatus ille quare saisisset plaixitium nostrum, respondit,* &c. C'est ce que S. Louys & nos Rois pratiquoient ordinairement, lorsqu'ils vouloient écouter les plaintes de leurs sujets, & leur rendre justice : car ils descendoient de leurs trônes & de leurs appartemens, pour venir à la porte de leurs palais: ou bien alloient dans des lieux publics, où l'accés estoit libre à vn chacun, & là assistez de quelques-vns de leurs plus fidéles Conseillers, receuoient les requêtes, écoutoient les plaintes, & faisoient expedier promptement les parties; en sorte qu'elles se retiroient satisfaites de la bonne justice qu'elles y auoient receuë. Cette grande facilité, que le Roy S. Louys apportoit pour être approché de ses sujets, est fort bien exprimée par le Sire de Ioinuille, en ces termes : *Maintefois ay veu que le bon Saint, aprés qu'il auoit oüy Messe en été, il se alloit esbattre au Bois de Vicennes, & se séoit au pié d'vn chesne, & nous faisoit seoir tous emprés lui : & tous ceux qui auoient affaire à lui, venoient à lui parler, sans ce que aucun huissier, ne autre leur donnast empeschement : & demandoit hautement de sa bouche, s'il y auoit nul qui eust partie.* Et peu auparauant, cét illustre Auteur nous apprend que cette justice, veritablement Royale, puisqu'elle estoit exercée par la personne même du Roy, estoit reconnuë pour lors sous le nom de *Plaits de la porte*, parce qu'elle se rendoit à la porte du Palais, où il estoit libre à vn chacun de venir plaider sa cause, de déduire ses interests, & d'adresser ses plaintes.

*Capit. Car. e. tit. 39.*

*Tabul. Vindoc. Thuanich. 52.*

Mais depuis que nos Rois eurent établi leurs Parlemens pour distribuer la justice à leurs sujets, ils les diuiserent en diuerses Chambres & Compagnies, suiuant la différence & la nature des affaires. Celles qui se pouuoient terminer par plaidoyers estoient jugées de la Chambre des Plaits, qui est la Grande Chambre, les autres en celles des Enquêtes. Les jugemens qui estoient émanez de ces Cours Souueraines, estoient differents. Car les vns estoient appellez Arrests, *Arresta*, qui estoient ceux qui estoient rendus publiquement par les Iuges sur les plaidoyers des Aduocats, dont la formule estoit, *quibus rationibus vtriusque partis hinc inde auditis, dictum fuit per arrestum Curiæ,* &c. Les autres estoient appellez *judicia*, jugemens : & c'estoit ceux qui estoient rendus sur les procés par écrit, & sur les Enquêtes, ou *Aprises*, faites par l'vn des Iuges commis à cét effet, qui en faisoit son rapport à sa Chambre. La formule de ces jugemens estoit, *Visâ inquestâ, & diligenter inspectâ,* &c. *pronuntiatum fuit per Curiæ judicium,* &c. Il y auoit encore d'autres jugemens qui estoient nommez *Consilia*, qui estoient des délais, qu'on donnoit aux parties pour instruire leurs affaires, qui n'estoient pas encore en estat d'estre jugées, auec le conseil de leurs Aduocat : La formule de ces prononciations estoit : *Dies consilii assignata est tali, super tali lite, ad aliud Parlamentum proxi-*

*mum, aut ad alios dies Trecenses*, &c. C'est delà que la forme de prononcer les appointez au Conseil, & à écrire & produire a pris son origine. Enfin il y auoit d'autres jugemens, appellez *Precepta*, ou *Mandata*, qui estoient des ordres enuoyez par les Iuges du Parlement aux Baillis, aux Senéchaux, & autres Iuges inferieurs, par lesquels il leur estoit enjoint d'obseruer dans leurs Assises, & d'y publier les Ordonnances qui leur auoient esté faites au Parlement, ou de faire les Enquêtes qui leur estoient addressées, ou renuoyées, & generalement tout ce qui leur estoit ordonné de la part des Iuges du Parlement. La formule de ces jugemens estoit, *Injunctum est Baillino tali*, &c.

Il y auoit encore d'autres affaires, qui n'estoient pas de la consequence des autres, & qui se pouuoient terminer par simples exposez & requêtes. Ce qui donna occasion d'établir la Chambre des Requêtes composée de certain nombre de Conseillers, duquel le Roy en tiroit deux, qui deuoient estre à la suite de la Cour. Ceux-cy, dont l'vn estoit Clerc, l'autre Lay, estoient nommez *Poursuiuans le Roy*, & estoient obligez de se trouuer & de seoir chacun jour aux heures accoûtumées, en vn lieu commun, pour ouïr les requêtes, qui leur estoient adressées. Ils faisoient serment de ne passer aucunes Lettres qui fussent contraires aux Ordonnances, & de ne déliurer, ni passer aucune des Requêtes, dont la connoissance deuoit appartenir au Parlement, à la Chambre des Comptes, ou au Trésor, mais de les renuoyer à ces Iustices, suiuant la nature & le sujet de ces Requêtes. Ils estoient encore obligez de donner auis au Roi des Requêtes d'importance, auant que de les juger, comme de recompense de seruices, de restitution de dommages, de graces, & de dire contre Arrests rendus au Parlement. En cette qualité ils estoient logez & deffrayez au dépens du Roy, comme il se recueille des Ordonnances de Philippes le Bel de l'an 1289. & de Philippes le Long des années 1317. & 1320. Celle de la Maison du Roy & de la Reyne faite à Vicennes au mois de Ianuier l'an 1285. qui se trouue en vn ancien Registre, & qui n'a pas esté encore donnée au public, justifie la même chose, en ces termes : *Clercs du Conseil, Maistre Gautier de Chambly, Maistre Guillaume de Pouilly, Maistre Iean de Puseus, M. Iean de Morencies, M. Gilles Camelin, M. Iacques de Bouloigne, M. Guy de Boy, M. Robert de Harrecourt, M. Laurens de Vezins, M. Iean li Duc, M. Philippes Suars, M. Gilles Lambert, M. Robert de Senlis : tuit cist nommez ne mangeront point à court, & prendront chascun cinq sols de gaiges, quant ils seront à court, ou en Parlement, & leurs manteaus, quant ils seront aux Festes. Monseigneur Pierre de Sargines, Gilles de Compiengne, Iean Malliere, ces trois auront les Plez de la Porte, & aura ledit Gilles autant des gaiges, comme Maistre Pierre de Sargines, & mangera auec le Chambellan.* L'Ordonnance de la maison du Roy Philippes le Grand, ou le Long, faite à Lorris en Gâtinois le Ieudy 17. de Nouembre, l'an 1317. specifie plus particulierement ce qui deuoit estre liuré par les Officiers de la maison du Roy à chacun de ceux qui suiuoient la Cour pour ouïr les Requêtes : *De ceux qui suiuront le Roy pour les Requestes, aura toûjours à court vn Clerc & vn Lay, & se ils sont plus, ils ne prendront riens, se il ne sont mandez, & mangeront à court, & seront hebergiez ensemble. Et s'ils ne viennent manger à court, ils n'auront nulle liuroison, & prandront chascun trois prouendes d'auoine, & trente-deux deniers de gaiges chascun pour leurs varlets, & pour toutes autres choses, fors que chascun aura coustes & feurre à l'auenant. Et se les deux gisent en vn hostel, ils auront vne mole de busche, & liuroison de chandelle chascun deux quayers, & douze menuës : & ou temps qu'ils seront en Parlement, auront douze sols de gaiges par jour, & ne prandront nulle autre chose à court. Maistre Philippes le Conuers Clerc des Requestes pourra venir à court toutes les fois qu'il lui plaira, non contrestant la clause dessusdite d'endroit ceux des Requestes, & mangera son Clerc en salle, & son Escuier aura trois prouendes d'auoine pour toutes choses, & n'aura rien plus, ne gaiges, ne autrement.*

De ces Ordonnances & Reglemens, nous apprenons premierement pourquoy

# SVR L'HISTOIRE DE S. LOVYS.

quoy les Maîtres des Requétes, qui ont succedé à ces Iuges de la Porte, ont encore ce que l'on appelle le droit de Manteau, qui n'estoit autre que celuy qui appartenoit à tous les Officiers de la Maison du Roy, ausquels on donnoit les liurées, & les manteaux aux festes solemnelles, & aux changemens des saisons de l'année. En second lieu, il resulte que ces Iuges de la Porte estoient Commensaux du Roy, & en cette qualité, mangeoient auec les autres Officiers de son Hostel, & auoient droit de busche & d'autres liuraisons. Cette qualité de Commensaux du Roy est aussi ancienne que la Monarchie, nos Roys n'ayant reconnu les Officiers de leur Maison, que sous cét illustre nom de *Conuiuæ Regis*. La loy Salique nous en donne vne preuue en ces termes: *Siquis hominem Romanum Conuiuam Regis occiderit, &c.* & celle des Bourguignons: *Quicumque hospiti venienti tectum aut focum negauerit, 3. solidorum inlatione mulctetur. Si Conuiua Regis est, 6. solidos mulctæ nomine soluat.* La Vie de S. Agile Abbé écrite par vn Auteur qui viuoit de son temps: *Fuit quidam ex primis Palatii optimatibus — nobilissimis natalibus oriundus, ejusdémque Regis (Childeberti) Conuiua & Consiliarius, nomine Anghaldus.* Ionas en la vie de saint Columban: *Chanericus Theodeberti Regis Conuiua.* Enfin Fortunat parlant de Condon Domestique, *Lex Sal. tit. 43. §. 6. Lex Burg. tit. 38. Vita S. Agili cap. 1. apud Chiflet. Ionas cap. 28. Lib. 7. Carm. 16.*

 *Iussit & egregios inter residere Potentes,*
 *Conuiuam reddens proficiente gradu.*

I'auouë neantmoins que ce titre n'est pas de l'inuention de nos Roys, & qu'il est probable qu'ils l'ont tirée des Empereurs Romains, veu que Claudian semble l'auoir reconnuë en ces vers, *Claud. in Eutrop. l. 2.*

 ——— *Claro quod nobilis ortu,*
 *Conuiua & Domini.*

De sorte qu'il est à presumer que ce sont ceux, dont parle vne loy, qui se lit au Code Theodosien, *qui & diuinis epulis adhibentur, & adorandi Principis facultatem antiquitus meruerunt.* *l. 1. C. Th. de Comit. & Trib. Schol.*

Mais laissant à part ce qui se peut dire au sujet de cette qualité de Commensaux & de Domestiques de la Maison du Roy, je remarque que nos Princes continuerent cette coûtume introduite de long-temps dans leurs Palais, & obseruée particulierement & exactement par S. Louys, d'ouïr & de juger les requétes en personne. Charles V. alors Regent, en son Edit du 27. jour de Feurier l'an 1359. en donne vne preuue, & en regle la forme; *Nous tiendrons requestes en la presence de nostre Grant Conseil chasque semaine deux fois. Nul de nos Officiers de quelque estat qu'ils soient ne nous feront requestes, si ce n'est par leurs personnes, sinon nostre Chancelier, & nos Conseillers du Grant Conseil, nos Chambellans, nos Maistres des Requestes de nostre Hostel, nostre Confesseur, & nostre Aumosnier.* Et Charles VI. par son Ordonnance du 7. jour de Ianuier 1407. veut que le Vendredy soit adonné à lui seant en son Conseil pour respondre les requestes des dons, graces, & autrement, que seront rapportées par les Maistres des Requestes. De sorte que nous voyons par là que nos Roys ont tousjours affecté de rendre la justice en personne à leurs sujets, & que les Maîtres des Requêtes ont esté tirez premierement de la Chambre des Requêtes du Parlement, que leur premiere fonction fut de faire le rapport au Roy des requétes, & de les juger auec lui, quelquefois mêmes sans le Roy, ce que le Sire de Ioinuille témoigne en termes diserts, écriuant que S. Louys estant sorty de l'Eglise lui demandoit, & au Sire de Neelle & au Comte de Soissons, *comment tout se portoit, & s'il y auoit nul qu'on ne peut depescher sans lui; & quant il y en auoit aucuns, ils le lui disoient, & alors les enuoioit querir, & leur demandoit à quoy il tenoit qu'ils n'auoient aggreable l'offre de ses gens.* Ce qui nous montre euidemment que les Maîtres des Requétes eurent jurisdiction dans les commencemens de leur institution en l'absence de nos Rois; qui auec le temps se dispenserent de ce penible exercice, estant d'ailleurs accablez des affaires importantes de leur Etat. C'est ce qui donna sujet d'en augmenter le nombre. Mais Philippes de Valois *Reg. Patet.*

Partie II.                  T

## DISSERTATION II.

par l'Ordonnance du 8. jour d'Auril 1342. les reduifit à fix, trois Clercs & trois Lais : & comme ils s'eftoient encore accreus en nombre, Charles V. alors Regent, par fon Ordonnance du 27. de Feurier 1359. les reduifit à huit, fçauoir quatre Clercs & quatre Lais, comme fit auffi Charles VIII. par fa Declaration du 5. de Feurier 1488. Depuis ce temps-là le nombre des Maîtres des Requétes, auffi bien que leur pouuoir a efté notablement augmenté, & particulierement depuis que la venalité des Offices a efté introduite en France.

*Ord. du Parlem. fol. III. V. les Ord.*

Quant aux gages des premiers Maîtres des Requétes, je les ay obferuez dans vn Compte des Aydes impofez pour la deliurance du Roy Iean, commençant au premier jour d'Auril 1368. en ces termes: *Maiftre Pierre Bourneseau Clerc & Maiftre des Requeftes de l'Hoftel du Roy, lequel icelui Seigneur a retenu fon Conf. & Maiftre des Requeftes de fon Hoftel, en lieu de Maiftre Anceau Chotart, & lui a ottroié le Roy que il ait tel gaiges comme prenoit ledit feu Anceau en fon viuant, c'eft affauoir fix cens francs par an, & iceux gaiges lui a affigné à prenre des deniers des Aydes.*

*En la Ch. des Comp. de Paris.*

Mais comme les Iuges embraffent aifément les occafions d'augmenter & d'étendre leur jurifdiction, l'on a efté obligé de temps en temps de limiter & de reftraindre celle des Maîtres des Requétes. Philippes de Valois enfuite des Etats tenus à Noftre Dame des Champs prés de Paris, fit cette Ordonnance fur ce fujet, le 15. jour de Feurier l'an 1345. *Comme plufieurs de nos fujets fe foient dolus de ce qu'ils font trauailleẑ pardeuant les Maiftres de nos Requeftes, nous ordonnons que lefdits Maiftres des Requeftes de noftre Hoftel n'aient pouuoir de nul faire adjourner pardeuant eux, ne tenir court, ne cognoiffance, fe ce n'eft pour caufe d'aucun Office donné pour nous, duquel foit debat entre parties, ou que l'en feift aucune demande pure perfonnelle contre aucun de noftre hoftel. Item par tele maniere ordonnons que les Maiftres de noftre Hoftel, de noftredite Compagne, & de nofdits enfans, n'ayent aucune connoiffance, fe ce n'eft des perfonnes de noftre Hoftel, ou cas que l'on feroit quelque demande pure perfonnelle.* Et plus bas : *Item pource que plufieurs fe doulent defdits Maiftres de noftre Hoftel, de ce qu'ils taxent plufieurs amendes exceffiuement, & en prenans grans profits, nous ordonnons que nule amende ne foit taxée par eux, fe ce n'eft en noftre prefence, quant nous orrons nos requeftes.*

Ie paffe en cét endroit ce qui fe pourroit dire au fujet de la jurifdiction des Maîtres des Requétes, qui m'emporteroit au delà de ce que je me fuis propofé : Ie remarque feulement que plufieurs eftiment que ces mots qui fe trouuent dans les deux Editions de noftre Auteur au fujet des *Plets de la Porte : que maintenant on appelle les Requeftes du Palais*, ne font pas de lui, mais ont efté ajoutez dans le texte par forme d'explication : ce qui eft probable, non que l'établiffement des Requétes du Palais foit pofterieur au temps du Sire de Ioinuille, comme ils prétendent, mais parce que les Requétes de l'Hoftel & les Requétes du Palais eftoient differentes, quoy que celles de l'Hoftel fiffent originairement partie de celles du Parlement, comme j'ay remarqué. Car les anciennes Ordonnances qui concernent l'établiffement des Parlemens juftifient pleinement qu'il y auoit des Iuges députez & deftinez pour ouir les Requétes. Vne de l'an 1291. tirée d'vn Regiftre de la Chancellerie de France : *Per totum Parlamentum pro Requeftis audiendis qualibet die fedeant tres perfonæ de Confilio noftro*, &c. Vne autre fans date, du même temps, *A oïr les Requeftes feront deux Clers & deux Lais, & deux Notaires qui neant ne receuront par leur ferment, & ce que il deliureront li Chancelier fera tenu à feeller, fi comme il eft deffus dit, & ce que il ne pourront deliurer, il rapporteront à ceux de la Chambre.* L'Ordonnance de Philippes le Long de l'an 1320. parle auffi amplement des Maîtres & Iuges des Requétes du Parlement, que le Roy Charles VII. reduifit en vn Corps feparé, compofé de Prefidens & de Confeillers, par fon Edit du 15. jour d'Auril 1453. rapporté aux Ordonnances Barbines.

*ib. 61.*

*fol. 150.*

Telle donc a efté la forme obferuée par nos Roys, particulierement de la derniere race, pour diftribuer en perfonne la juftice à leurs Sujets, car pour

## SVR L'HISTOIRE DE S. LOVYS.

celle qui fut gardée par ceux de la premiere & seconde, je me reserue à en parler cy-apres, lorsque je traitteray des Comtes du Palais. Mais comme le gouuernement du grand & auguste Roy S. Louys a esté plein de justice, de legalité, & de fidelité, nos Rois l'ont tousjours enuisagé comme vn riche Patron de leurs plus belles actions, & comme vn rare exemplaire sur lequel ils auoient à se conformer : jusques là méme que dans les plaintes que leurs Sujets ont faites dans les Assemblées des Etats, & dans d'autres occasions, de l'affeblissement & de l'alteration des monnoyes, ils ont accordé qu'elles fussent remises en l'état qu'elles estoient sous le regne de ce saint Roy. Ainsi Charles VIII. ayant dessein de trauailler à la reformation de son Royaume, & sçachant bien qu'il importoit à vn grand Prince comme il estoit, d'écouter lui-méme les plaintes de ses peuples, & de leur donner audiance dans les occasions les plus pressantes, & où ils ne pouuoient tirer la justice des Iuges ordinaires, s'enquit curieusement de la forme que S. Louys obseruoit pour la rendre en personne, & écriuit vne lettre sur ce sujet à la Chambre des Comptes de Paris, dont l'Original m'a esté communiqué par Monsieur d'Herouual, duquel j'ay parlé tant de fois, qui merite d'estre icy couchée pour fermer cette Dissertation. *A nos amez & feaux les gens de nos Comptes à Paris, de par le Roy. Nos amez & feaux, parce que nous voulons bien sçauoir la forme que ont tenu nos predecesseurs Rois à donner audience au pauure peuple, & mesmes comme Monseigneur S. Loys y procedoit: Nous voulons & vous mandons qu'en toute diligence faites rechercher par les Registres & papiers de nostre Chambre des Comptes ce qui s'en pourra trouuer, & en faites faire vn extrait, & incontinent aprés le nous enuoiez. Donné à Amboise le 22. jour de Decembre.* Signé, *Charles*, & plus bas, *Morelot*. au dessus est écrit, *apporté le 30. jour de Decembre 1497.*

## DV FRERAGE ET DV PARAGE.
## DISSERTATION III.

*Pour la page 20.*

NOs Coûtumes donnent le nom de *Frerage*, ou de *Fraresche*, aux partages, qui se font dans les successions entre Freres, d'où vient qu'elles font ordinairement synonymes ces mots, *Frarescheurs*, & *Coheritiers*, & dans les Etablissements de S. Louys, *Freragier*, est partager auec ses coheritiers : mais particulierement on appelloit Frerage vn partage des choses qui d'elles mémes semblent ne pouuoir se diuiser : par exemple d'vne rente fonciere, dont les détenteurs, quoy que plusieurs en nombre, sont obligez au payement de la totalité, comme freres & representans le premier preneur leur auteur. Ce terme se trouue encore employé souuent pour les partages des fiefs, dont les hommages estoient autrefois indiuisibles, parce qu'ils ne se rendoient aux Seigneurs Dominans, que par vn seul, pour la totalité des fiefs qui releuoient d'eux : En sorte que lorsqu'ils estoient diuisez, & que quelques portions écheoient aux puinez par droit de *Frerage*, c'est à dire de partage entre freres, les puinez en faisoient hommage à l'aîné, qui le faisoit pour le total au Seigneur Dominant.

Il y a plusieurs titres, qui font mention du Frerage en cette signification. Chopin rapporte vn Arrest du Parlement de l'an 1269. dans l'énoncé duquel il paroit que la Comtesse de Leicestre, *petebat, ratione Frarragii partem suam*, dans le Comté d'Angoulême : le Comte soutenant au contraire, que ce Comté, *non erat partibilis, nisi per Apanamentum*, c'est à dire qu'il n'estoit obligé que de luy asseoir vn viage sur iceluy, parce que les frerages aussi bien que les *Parages*, ne pouuoient estre pris sur les Baronnies. Mathieu Seigneur de Montmorency traitant le mariage d'Erard son frere auec Ieanne de Longueual en

*Coust. d'Anjou, du Maine, de Poistou, &c. Establ. de S. Louys l. 1.*

*Chop. l. 2. de Dom. tit. 4. §. 8.*

*Coust. de Tours art. 129. A. Du Chesne.*

*Partie II.* T ij

l'an 1296. promit de *faire audit Erart 500. liurées de terre de Freraige, prifes & af-*
*fifes en la Terre de Montmorency.* Dans vn Regiftre du Tréfor des Chartes du
Roy, *Domina Margareta Vicecomitiffa quondam Thoarcenfis eft fœmina ligia Do-*
*mini Comitis, & tenet ab eo Caftellaniam de Bridiers. Item quidquid habet in ho-*
*nore de Coperniaco, ratione Frarefchiæ fuæ.* Il y a d'autres femblables titres dans

§. 177. 178. les Preuues de l'Hiftoire d'Auuergne de M. Iuftel, qui font mention de ce
mot de *Frayrefchia,* en cette fignification.

Quant à ce que j'ay dit que les puînez faifoient hommage à l'aîné pour les
portions démembrées du Fief, cela eft juftifié par vn hommage rendu à Paris
*Reg. du* le 19. d'Octobre l'an 1317. à Guillaume de Melun Archeuêque de Sens, par
*Parlem.* Iean, Robert, & Louys de Melun fes freres, *Tanquam Primogenito, causâ*
*commen-*
*çant en* *Fratriagii, & prout Fratriagium de confuetudine patriæ requirebat, ratione Caftri de*
1316. *fol.* *S. Mauricio.* Cela auoit lieu non feulement lorfqu'vn fief fingulier eftoit dé-
340. membré, mais encore quand il y en auoit plufieurs qui releuoient d'vn mê-
me Seigneur. Car en ce cas le partage eftant fait de tous ces fiefs entre l'aî-
né & les puînez, ceux qui écheoient aux puînez, releuoient de l'aîné par droit
de Frerage, & les puînez eftoient obligez d'en faire hommage à l'aîné, qui le
faifoit pour tous fes freres à fon Seigneur Dominant: par exemple, Guillau-
*Nangius* me de Nangis dit que la terre de Boues, prés d'Amiens, dont il eft fort parlé en
*in S. Lud.*
*A. 1256.* l'Hiftoire de Philippes Aufufte, & celle de Gournay, auoient efté démem-
brées de la terre de Coucy par Frerage ; *Terra de Bouis & de Gornaio à terrâ de*
*Couciaco per Fraternitatis partitionem decifa fuerat.* A caufe dequoy la terre de
Boues releue encore à préfent de celle de Coucy, quoy qu'elle en foit fort
éloignée, & qu'elle n'ait rien de commun auec cette feigneurie : mais feule-
ment parce qu'elle a efté vn partage des puînez de la Maifon de Coucy, aux
aînez defquels ils ont fait hommage, fuiuant l'vfage qui a efté reçu de tout
*Oth. Frif.*
*l. 2. de Geft.* temps en France, comme nous apprenons d'Othon de Frifingen : *Mos in illâ,*
*Frid. c. 19.* *qui penè in omnibus Galliæ prouinciis feruatur, remanfit, quòd femper feniori fra-*
*tri, ejúfque liberis, feu maribus, feu fœminis, paternæ hæreditatis cedat auctoritas,*
*cæteris ad illum, tamquam ad Dominum refpicientibus.*

La raifon de cét vfage eft à mon auis, parce que les vaffaux qui poffe-
doient plufieurs terres, qui releuoient d'vn même Seigneur, en faifoient vn
feul hommage : comme fi tous ces fiefs eftant reünis en la perfonne d'vn feul
poffeffeur, n'en euffent compofé qu'vn feul. Eftant vray de dire, que puif-
qu'il n'y auoit qu'vn vaffal à l'égard de tous ces fiefs, il ne deuoit y auoir qu'vn
hommage, fi ce n'eft que les conditions des hommages pour la diuerfité des
fiefs ne fuffent différents. Et encore en ce cas-là le vaffal faifoit hommage en
même temps de tous ces fiefs, en y fpecifiant les conditions qui eftoient an-
nexées aux hommages d'aucuns d'eux. D'ailleurs, cette coûtume fut d'abord
introduite à l'auantage du Seigneur Dominant, qui ne vouloit pas que fes
hommages fuffent partagez. Auffi tant s'en faut que fon fief fuft démem-
bré, & le feruice amoindry, qu'il en eftoit augmenté. Car en cas de guerre
tous les puînez qui releuoient de leur aîné, fe rangeoient fous fa banniere
auec leurs arriere-vaffaux, & enfloient notablement fes troupes. D'autre côté
les poffeffeurs des fiefs auoient grand intereft de fe conferuer les hommages
de leurs puînez, & de ne pas diminuer leurs fiefs par vn eclipfement, qui
leur auroit efté tres-dommageable, parce que le feruice, qui leur eftoit dû
acaufe des fiefs, auroit paffé en la perfonne du Seigneur Dominant, qui n'en
auroit pas tant reçeu d'auantage & de profit, que le vaffal en auroit eu de dom-
mage.

*Ioinuille.* C'eft donc à raifon de Frerages, que les Comtes de Blois & de Sancerre
tenoient leurs Comtez du Comte de Champagne leur aîné, parce qu'ils les
auoient eus en partage, ou *Frerefche,* & que ces Fiefs releuoient originaire-
ment d'vn même Seigneur, qui eftoit le Roy. La lettre de Geoffroy de Vil-
le-Hardoüin Maréchal, & de Miles de Braibans Grand Bouteiller de Roma-

# SVR L'HISTOIRE DE S. LOVYS. 149

nie, à Blanche Comtesse de Champagne, rapportée dans les Observations N. 4. sur l'Histoire du même Ville-Harduïn : *Sciatis quòd Comes Theobaldus Blesensis, & Comes Sacricæsaris sunt vestri homines ligij, & quidquid possident, est de Feodo vestro: & Sacrumcæsaris est vestrum prædium, sed eum Comes tenet in feodum de Campaniæ Comitatu.*

Non seulement ces Comtes estoient vassaux de la Champagne acause de ces deux Fiefs, ou Comtez; mais encore acause de plusieurs autres terres, qui sont énoncées dans le Registre des Fiefs de Champagne, lesquelles ils possedoient pareillement par Frerage. En voicy l'extrait que j'en ay fait, *fol. 66.* pour justifier quelle a esté l'acquisition que Saint Louys fit du Comte de Champagne, dont le Sire de Ioinuille a fait mention : *Comes Carnotensis & Blesensis tenet Comitatum cum omnibus feodis appendentibus à Comite Campaniæ, & est suus homo Ligius, & Chasteldun, & la Ferté de Vilenuel cum feodis eisdem appendentibus : Et Blesium, & Castrum Renardi, & le Maantiz, & Marchaisnay, & Alueel, & Galardun, quæ sunt de feodo Carnoti, cum omnibus feodis appendentibus : Et Baugenci, & Braceaux, & Vierzin. Comes Andegauiæ tenet Turonum à Ludouico Comite Carnoti, Ludouicus Comes à Domino Campaniæ cum feodis appendentibus. Dominus de Ambasia tenet Galnum montem à Ludouico Comite de feodo de Blesio, Ludouicus Comes à Domino Campaniæ cum feodis appendentibus. Dominus de Virsun tenet Virsun à Ludouico Comite, Comes Ludouicus à domino Campaniæ. Item dominus de Virsun tenet Manestont à Com. Lud. Comes Ludou. à domino Camp. Dominus de S. Aniano tenet sanctum Aniamum, & Celam, & Remorentin, & Vestam à Ludouico Comite de honore de Blesio; & Comes Lud. tenet hoc à domino Camp. & Nogentum le Rotrou similiter, & Brai. Comes de Sacro-Cæsaris tenet Sacrum-Cæsaris cum omnibus feodis appendentibus à domino Camp. & omnia quæ dominus Erchambaudus de Soilliaco tenet in Bituria de feodo Sacri-Cæsaris, & omnia quæ Comes Sacri-Cæsaris habet apud Cercium, & quidquid habet apud Concorceaut; & quidquid habet apud S. Briccium in feodo & in Domanio, & quidquid habet apud Chasteillun super Loein, tenet Comes Sacri-Cæsaris à domino Campaniæ, & quidquid tenet est Alodum præter S. Briccium, & .... quod Comes Campaniæ tenet à domino Rege, & ipse à Comite.*

Quoy que dans l'apparence, & pour les raisons que j'ay marquées, les Seigneurs n'eussent pas vn grand interest à ce que les puînez releuassent ainsi des aînez pour les parts & portions de Fiefs qui écheoient dans leur partage; si est-ce que sous le regne de Philippes Auguste il s'en trouua plusieurs qui firent leur effort pour éteindre cét vsage. En effet Eudes Duc de Bourgogne, Renaud Comte de Bologne, le Comte de S. Paul, Guy de Dampierre, & plusieurs autres Grands Seigneurs de France conuinrent ensemble, & d'vn consentement vniuersel ordonnerent, *Vt à primo die Maii quidquid tenetur de Domino Ligié, vel alio modo, si contigerit per successionem heredum, vel quocumque alio modo diuisionem inde fieri, quocumque modo fiat, omnes qui de illo feodo tenebunt, de domino feodi principaliter, & nullo medio tenebunt, sicut vnus antea tenebat, priusquam diuisio facta esset, & quandocumque contigit pro illo totali feudo seruitium domino fieri, quilibet eorum, secundùm quod de feodo ille tenebat, seruitium tenebitur exhibere, & illi domino deseruire, & reddere rachatum & omnem justitiam.* Puis, est ajoûté que cette Ordonnance n'estoit que pour l'auenir à commencer de ce premier jour de May. Ces Barons firent autoriser ce resultat par le Roy Philippes Auguste, qui en expedia ses lettres le premier jour de May à Villeneuue le Roy prés de Sens l'an 1209. elles sont inserées dans vn Registre de ce Roy qui appartient à M. d'Herouual, dans les Commentaires de M. Pithou sur la Coûtume de Troyes, dans les Contredits de M. de la Guesle Procureur General du Parlement pour le Comté de S. Paul, & dans Chopin.

*Pithou art. 14. Chop. l. 2. de Dom. tit. 13. Art. 2. & l. 1. de Morib. Parif. tit. 2. art. 11.*

Ie crois que c'est cette Ordonnance, que l'Euesque de Beauuais allegue dans vn ancien Arrest de l'an 1254. qui porte ces termes : *Episcopus Beluacen-*

T iij

# DISSERTATION III.

*M. Pithou ibid.*

fis dicebat quòd Rex Philippus tempore suo statuerat, quod de partibus terræ, quas fratres fratribus vel sororibus faciebant, non ad ipsos fratres, qui partes faciebant fratribus, vel sororibus suis, homagia dictarum partium veniebant, sed ad dominos, de quorum feodo ipsi fratres * annati tenebant dictas partes, quas faciebant. J'ay rapporté l'extrait de cét Arrest, pour faire voir que le resultat des Barons se fit de l'autorité du Roy, & par forme d'Ordonnance. Mais comme elle se passa sans la participation des vassaux, qui n'y furent pas appellez, cela n'eut aussi pas d'effet, du moins vniuersellement : ce que l'on peut assez conjecturer de l'Arrest de l'an 1317. pour l'Archeuesque de Sens dont j'ay parlé. Il semble neantmoins qu'on apporta dans la suite du temps vne moderation & vn temperament à cette Ordonnance, qui fut qu'on laisseroit la liberté aux puiſnez de releuer de l'aîné, ou du Seigneur de l'aîné, auquel cas l'on dit qu'ils releuent aussi noblement que leur aîné. Cette liberté se trouue exprimée dans les Coûtumes de Mante, de Senlis, de Troies, d'Anjou, & autres Il y en a encore quelques-vnes qui veulent que les puisnez ne puissent releuer en ces cas de leurs aînez, que pour la premiere fois.

*ainez*

*Troies art. 14.*
*Mante ch. 1. art. 5.*
*Senlis tit. 7. art. 32.*
*Amiens art. 79.*
*Bourg. ch. Comté de S. art. 18.*
*Bouteiller en sa Somme Rurale tit. 84.*
*Coust. de Norm ch. 9. art. 118.*
*Établ. de S. Louys l. 1.*
*Coust. de Tours art. 116.*
*Anjou art. 213. 220. Blois ch. 6. art. 71.*
*Angoumois art. ch. 1. art. 16.*
*Preuues de l'Hist de Dreux p. 181.*
*Anjou art. 215.*

La tenuë en *parage* a beaucoup de rapport auec la tenuë en Frerage. *Tenir en parage*, selon Bouteiller, est lors que l'aîné faisant partage à ses puisnez, lui abandonne vne partie de son Fief, par exemple le tiers, ou moins, suiuant que les Coûtumes ordonnent; car alors les puisnez tiennent en parage de leur aîné la partie, qui leur est écheuë *par la raison de parage & de succession*. Et alors *les aînez font les hommages aux chefs Seigneurs pour eux & leurs puisnez, & les puisnez tiennent des aînez par parage, sans hommage*. Ce sont les termes de la Coûtume de Normandie. La tenuë par parage differe de celle par frerage, en ce que par la derniere, le puiné estoit obligé de faire hommage à son aîné, d'abord qu'il estoit saisi de partie du Fief, ce qui n'estoit pas du *Parageau*, c'est à dire du puiné possesseur du Fief en parage, qui n'estoit obligé à l'hommage enuers son aîné *Parager*, qu'en trois cas. Le premier, lorsque la parenté venoit à finir, & que l'on pouuoit s'allier par mariage sans dispense, que la Coûtume de Normandie reduit au sixiéme dégré incluſiuement, celles de Tours & d'Anjou au quatriéme : le second, quand le Parage des puisnez estoit transporté à des personnes étranges: & le troisiéme, quand le *parageau* en auoit fait hommage au Chef Seigneur, sans le consentement de son aîné, qui pouuoit en ce cas obliger le puiné à lui faire hommage. Bouteiller ajoûte que le puiné tient son parage *aussi noblement que l'aîné fait le Gros* ; ce qui est aussi exprimé dans la Coûtume d'Anjou : & qu'*en tenure de parage l'aîsné a sus celuy, qui ainsi tient, la justice & contrainte de ses rentes, & des seruices qui appartiennent au Seigneur souuerain, de tort fait à luy, ou à ses gens, & de non plus de chose*. Par les vsages d'Orleans, celui qui tient en parage a la même justice que l'aîné, & n'est tenu de faire aide, ou seruice, qu'au Chef Seigneur. La Coûtume d'Anjou dit que c'est le cas auquel le vassal peut *depecer* son Fief au préjudice de son Chef Seigneur. Celle de Poictou dit la méme chose, en ces termes : *Et est vn cas, auquel le vassal peut empirer le Fief de son Seigneur. Car ce qui estoit directement en son fief, n'est plus qu'en son arrierefief*. Dans cette Coûtume l'aîné *Parager* est appellé *Chemier*, qui est vn terme, que les interpretes n'ont pas entendu. Mais il y faut restituer *Chemiez*, c'est à dire *Chef de mez, Caput mansi*, l'aîné & le chef de la maison. Le Cartulaire de l'Eglise d'Amiens : *Cùm verò Caput mansi obierit, debet 7. sol. pro releuatione*. Ie passe les autres circonstances qui regardent les parages, parce que ces matieres ont esté traitées par les commentateurs des Coûtumes qui en parlent.

*Part. 207.*
*Poictou art. 127.*
*Chop. in Cons. Par. l. 1. tit. 2. §. 11. in Cons. And. l. 2.*

Bouteiller dit que ces terres sont dit estre tenuës en parage, parce que tant l'aîné, que les puisnez *sont paraux en lignage*, c'est à dire pareils, égaux, & sortis de méme famille. Et comme le parage n'auoit lieu qu'entre les personnes nobles, & pour les choses sujettes à hommage, ainsi qu'il est porté dans la Coûtume d'Anjou, le mot de Parage, a esté pris auec le temps pour la No-

*Anjou art. 212.*
*Chop. l. 2. de Dom. tit. 3. §. 3.*

## SVR L'HISTOIRE DE S. LOVYS. 151

blesse, non pour la raison que Chopin en rend, *quòd* PARIVM *dignitate soli honestentur Nobiles, natalibúsque generosi* : mais parce que ceux qui tenoient les parages estoient nobles de méme lignage que leurs aînez, & marchoient du pair auec eux. D'où vient que les Constitutions de Sicile veulent que les Barons soient tenus de marier les filles des Cheualiers & des Bourgeois dont ils ont la garde & la tutele, *pro modo facultatum, & secundùm paragium*, c'est à dire selon leur condition & la qualité de leurs familles : de sorte que si le Baron en vsoit autrement, on disoit qu'il *déparageoit* sa pupille ; ce que les Auteurs Latins appellent *disparagare*, comme nous verrons cy-après.  *Constit. Sic. l. 3. tit. 23.*

*Dissert.* X.

Les Etablissemens de France selon les vsages du Chastellet de Paris, d'Orleans, & de Baronnie, disent que si quelqu'vn se faisoit faire Cheualier, *Et ne fust pas Gentilhomme de parage, tout le fust-il de par sa mere*, il ne le pourroit pas estre de droit, & le Roy, ou son Seigneur, dans la Châtellenie duquel il seroit, pourroit lui trancher ses éperons sur le fumier, & prendre tous ses meubles à son profit, *Car vsage n'est mie que femme affranchisse homme, mais li hom franchist la femme.* Il resulte de ces termes qu'estre *Gentilhomme de parage*, c'est estre Gentilhomme de lignage, du costé paternel. Car suiuant le Sire de Beaumanoir, *Gentillesse si est tousjours rapportée de par les peres, & non de par les meres*; ce qui se doit entendre de la Noblesse de sang, & non de la Noblesse de nom & d'armes, de laquelle nous traitterons dans la suite. En effet, je remarque que le mot de *parage* est emploié dans les Auteurs pour la Noblesse de sang : & estre issu *de haut parage*, c'est estre descendu d'vne famille illustre. Le Roman de Garin : *Ch.* 128.

*Beaumanoir ch.* 45.

> *Ià es tu riche, & trop de haut parage,*
> *Quatorze Comtes as tu de ton Lignage.*

Guillaume Guiart :

> *Pris i fu Mahieu de Mailly,*
> *Comment quant Roy de France annuie,*
> *Et Messire Pierre de la Truye,*
> *Et maint autre de haut parage, &c.*

Au contraire *bas parage*, est vne famille moins noble. Le Doctrinal M.S.

> *Celui qui vaillans est, & bel le set auoir,*
> *S'il est de bas parage, ne vos en puet caloir.*

De sorte que *Parage*, n'est autre chose que *Parentage*, & peut-estre il a esté formé de ce mot par abbregé, de méme que *Barnage* de *Baronage*. Le méme Roman de Garin :

> *Ne me laißiez vergonder & hounir,*
> *Toz nos parage en esteroit plus vil.*

Et ailleurs :

> *Maugré en aient Fromond & si ami,*
> *Et li parage, quanques vos estes ci.*

*Surita l.* 1. *c.* 9.
*Beuter l.* 27 *c.* 14.
*Diago l.* 2. *c.* 3.
*Thomic. c.* 29.
*Chialano en la hist. de Valentia to.* 1. *c.* 27. *n.* 12. 13.
*André Bosch. dels Titols de honor de Catalunya l.* 3. *p.* 328.
*Hist. des Euesques de Mets en la Preface p.* 17.

Il y auoit dans la Catalogne vne espéce de Gentilshommes, qui estoient appellez *Homens de Paratge*, qui differoient des autres Cheualiers. Les Historiens d'Espagne en rapportent l'origine à Ramon Borel Comte de Barcelonne, lequel manquant de Cheualiers & de soldats, pour chasser les Mores de Barcelonne, accorda des franchises & des libertez militaires à ceux qui le voudroient accompagner à cheual en cette guerre, & à leurs descendants : & s'étans trouuez au nombre de neuf cens, ils furent nommez *hommes de Parage*, parce qu'ils estoient égaux entre eux, en honneur & en condition. Ensuite les Roys d'Arragon en créerent d'autres auec les mémes prérogatiues, qui sont semblables à ceux des Cheualiers, desquels ils ne different que de nom. Mais j'estimerois plûtost qu'ils furent ainsi nommez, parce qu'ils passerent auec le temps pour des personnes de haute Noblesse. L'Euesque de Madaure dit que la ville de Mets fut gouuernée autrefois par les Nobles, qui estoient diuisez en cinq corps, qui estoient appellez *Parages*, ou *Paraiges*, qui estoient

## DISSERTATION IV.

comme autant de familles, aux priuileges defquelles les enfans des filles participoient. Ce qui a fait dire à M. Pithou, qu'à Mets, la mere part au Patriciat de Mets, dit Parage, *id est liberos pares gignit*.

*Pithou fur la Confl. de Troies art.1.*

---

## DES ASSEMBLEES SOLENNELLES
### des Rois de France.

*Pour la page 10.*

## DISSERTATION IV.

*\* Flod. l. 1. Hift. Rem. c. 13. Vita S. Remig. \* Greg. Tur. l. 2. Hift. c. 27. Aimoin l. 1. c. 12. Gefta Fr. c. 10. Flod. vita S. Rem. V. Autor. cit. à Refino l. 6. c. 11. Vita S. Eleuther.c. 2. §. 5. Hift. di Verona l. 7. p. 435. Velfer. l. 5. Rer. Vend. Trebel.Poll. in Claudio.*

DANS le premier établiffement de la Monarchie Françoife, nos Roys ont choifi vne faifon de l'année pour faire des Affemblées générales de leurs peuples, pour y receuoir leurs plaintes, & pour y faire de nouueaux Reglemens, & de nouuelles Loix, qui deuoient eftre receuës d'vn confentement vniuerfel. Ils y faifoient encore vne reueuë exacte de leurs troupes & de leurs foldats, acaufe dequoy * quelques Auteurs ont écrit que ces Affemblées furent nommées Champs de Mars, du nom de la Deité qui prefidoit à la guerre. * Gregoire de Tours parlant de Clouis : *Tranfacto verò anno juffit omnem cum armorum apparatu aduenire Phalangam, oftenfuram in campo Martio fuorum armorum nitorem*. Et veritablement il femble que nos François donnerent ce nom à ces reueuës generales des troupes, à l'exemple des Romains, qui auoient coûtume de les faire dans le champ de Mars, proche de la ville de Rome, & où ils exerçoient ordinairement leurs foldats; d'où vient que nous lifons que la plûpart des grandes villes des prouinces qui leur ont appartenu, ont eu prés de leurs murs ces champs de Mars, à l'imitation de celle de Rome : ce que la vie de S. Eleuthere remarque à l'égard de celle de Tornay, dont il eftoit Euefque, *Girolamo dalla corte* de Verone, & Velfer pour plufieurs autres. *Trebellius Pollio* en la vie de l'Empereur *Claudius* fait affez voir que ces exercices de la guerre fe faifoient dans les campagnes : *Fecerat hoc etiam adolefcens in militiâ, cùm ludicro Martiali in campo luctamen inter fortiffimos quofque monftraret*.

*Chr. Fred.*

*In Chr. Fontanell. c. 1.*

*Decret. Taffil. t. 2. §. 12. Fredeg. A. 766. Aimoin l. 4. c. 67.*

Mais il eft bien plus probable que ces Affemblées furent ainfi nommées, parce qu'elles fe faifoient au commencement du mois de Mars. La Chronique de Fredegaire parlant de Pepin : *Euoluto anno præfatus Rex à Kal. Mart. omnes Francos, ficut mos Francorum eft, Bernaco villa ad fe venire præcepit*. Vn titre de Dagobert eft foufcrit, *die Calendarum Martiarum in Compendio Palatio*, qui eftoit le jour auquel on commençoit ces Affemblées. Il y a mémes lieu de croire que nos premiers François prirent occafion de commencer les années de ce jour-là ; ce qu'on peut recueillir des termes du Decret de Taffilon Duc de Bauiere: *Nec in publico mallo tranfactis tribus Kalendis Martiis poft hæc ancilla permaneat*. Car ce qui eft icy appellé *Mallum publicum*, eft nommé *Placitum* dans Fredegaire : *Conuentus* en ce paffage d'Aimoin : *Bituricam veniens, Conuentum, more Francico, in campo egit*. Ailleurs il le nomme *Conuentus generalis*.

*Id. c.68.70. 71. 85. Fre.A.766. Annal. Fr. tom. 2. Hift. Fr. p.7. & apud Lab. to. 2. Bibl. p.734. Vita S. Remig.*

Cette coûtume de conuoquer les peuples au premier jour de Mars eut cours long-temps fous la premiere race de nos Rois. Mais Pepin jugeant que cette faifon n'eftoit pas encore propre pour faire la reueuë des troupes, & encore moins pour les mettre en campagne, changea ce jour au premier de May. C'eft ce que nous apprenons de Fredegaire : *Ibi placitum fuum campo Madio, quod ipfe primus pro campo Martio pro vtilitate Francorum inftituit, tenens, multis muneribus à Francis & proceribus fuis ditatus eft*. Quelques Annales rapportent que ce changement fe fit en l'an 755. & l'Auteur de la vie de S. Remy Archeuefque de Reims, marque affez que ce fut pour la raifon que je viens de dire : *quem Conuentum pofteriores Franci Maii campum, quando Reges ad bella folent*

# SVR L'HISTOIRE DE S. LOVYS.

*lent procedere, vocari instituerunt.* Depuis ce temps-là ces assemblées changent de nom dans les Auteurs, dans lesquels elles sont appellées indifferemment *Campi Magii*, ou *Madii*. Quelques-vns ont écrit que la ville de *Maienfeld* au Diocese de Coire, au Canton des Grisons, fut ainsi nommée acause de ces assemblées qui se tenoient au mois de May. Car *Maienfeld* signifie champ de May. Non seulement on y traittoit des affaires de la guerre, mais encore generalement de toutes les choses qui regardoient le bien public. Fredegaire: *Omnes Optimates Francorum ad Dura in Pago Riguerinse ad campo Madio pro salute patriæ & vtilitate Francorum tractandâ, placito instituto, ad se venire præcepit,* ce qui est aussi touché par le Moine Aigrad en la vie de S. Ansbert Archeuesque de Rouën.

Chr. Moiss. A. 777. 790. Chr S. Gall. A. 775. & seq. Goldast. Fredeg. A. 761. Aigrad. in vitis S. Ansber. c. 5. n. 12.

Les Roys receuoient en ces assemblées les présens de leurs sujets, ce qui est particulierement remarqué par le passage de Fredegaire, que je viens de citer, & par tous les Auteurs qui ont parlé de la grande autorité des Maires du Palais, lorsqu'ils écriuent qu'ils gouuernoient l'Etat auec vn tel pouuoir, qu'il ne restoit aux Princes que le seul nom de Roys, lesquels se contentoient de mener vne vie casaniere dans leur Palais, & de se faire voir vne fois l'an en ces assemblées, où die receuoient les présens de leurs peuples: *In die autem Martis campo, secundùm antiquam consuetudinem, dona illis Regibus, à populo offerebantur.* Ce sont les paroles de la Chronique d'Hildesheim. Ce qui est encore exprimé par Theophanes, en ces termes, au sujet des Rois de la premiere race:

Annal. Fuld. Mar. Scot. A. 750. Chr. Tur. A. 670. Andr. Sylu. A. 662. Chr. Hildes. A. 750.

ἔθος γὰρ ἦν αὐτοῖς τὸν κύριον αὐτῶν, ἤτοι τὸν Ρῆγα, ἐπὶ γενοῦς ἄρχειν, ἢ μηδὲν πράττειν, ἢ διοικεῖν, πλὴν ἀλόγως ἐσθίειν ἢ πίνειν, οἴκοι τε διατρίβειν, ἢ κατὰ Μάϊον μῆνα πρώτῃ τῷ μηνὸς προκαθέζεσθαι ἐπὶ παντὸς τῷ ἔθνος, ἢ προσκυνεῖσθαι αὐτοῖς, ἢ προσκομίζεσθαι ὑπ᾽ αὐτῶν, ἢ δωροφορεῖσθαι ἐκ τῶν συνηθειῶν, ἢ ἀποδίδοναι αὐτοῖς, ἢ ἕως ἕως τῆς ἄλλης Μαΐου καθ᾽ ἑαυτὸν διάγειν. Les Annales de France tirées de l'Eglise de Mets remarquent plus particulierement ce qui se pratiquoit en ces assemblées, tant à l'égard des affaires qui s'y traittoient, que de ces présens qui se faisoient aux Roys. C'est à l'endroit où il parle de Pepin l'Ancien, Maire du Palais: *Singulis verò annis in Kalendis Martii generale cum omnibus Francis, secundùm priscorum consuetudinem, concilium agebat. In quo ob Regii nominis reuerentiam, quem sibi ipse propter humilitatis & mansuetudinis magnitudinem præfecerat, præsidere jubebat: donec ab omnibus Optimatibus Francorum donariis acceptis, verbóque pro pace & defensione Ecclesiarum Dei & pupillorum, & viduarum facto, raptúque fœminarum, & incendio solito decreto interdicto, exercitui quoque præcepto dato, vt quacumque die illis denuntiaretur, parati essent in partem, quam ipse disponeret, proficisci.* Nous apprenons de ce passage la raison pour laquelle Pepin fils de Martel transfera ces assemblées au premier jour de May, & que ce fut pource que la saison n'estant pas encore assez auancée, l'on ne pouuoit pas mettre les troupes en campagne: De sorte qu'il faloit prescrire le jour auquel les peuples se deuoient trouuer sous les armes, pour marcher contre les ennemis, estant ainsi obligez de s'assembler vne seconde fois. Hincmar Archeuesque de Reims dit que ces présens se faisoient par les peuples aux Roys, pour leur donner moyen de trauailler à leur defense & à celle de l'Etat: *Causa suæ defensionis.* Quant à ce qu'il les appelle dons annuels, cela est confirmé par plusieurs passages de nos Annales, qui se seruent souuent de ces termes: Celles qui ont esté tirées de l'Abbaye de S. Bertin: *Ibique habito generali conuentu, & oblata sibi* ANNVA DONA *solenni more suscepit, & legationes plurimas, quæ tam de Roma & Beneuento, quàm & de aliis longinquis terris ad eum venerant, audiuit, atque absoluit.* Ce qui montre encore qu'on reseruoit les occasions de ces assemblées pour receuoir les Ambassadeurs, afin de leur faire voir la magnificence de ces Cours Royales. Ces dons & ces présens sont appellez tantôt * *Annualia dona*, & souuent * *Annua*, parce qu'ils se faisoient tous les ans, & mémes d'abord au commencement de l'année: acause dequoy les Auteurs leur donnent quelquefois le nom d'Etrénes, nos Roys en ayant vsé comme ces anciens Roys Romains, qui

Theophan. p. 337. Annal. Fr. Met. l. 691. Hincmar. in Quatern. p. 405. apud Cellot. Annal. Fr. Bert. A. 819. * Annal. Eghin. Ann. Bert. A. 832.835. 837. * Annal. Egh. A. 829. Bert. A. 864. 869. 874. Lup. Ferrar. ep. 32. Hincmar. Quatern. Frot. ep. 11.

Partie II.                                                                                        V

## DISSERTATION IV.

*Feſt. Symm.*  en inuenterent le nom & la coûtume. Vn Poëte du moyen temps:
*l. 1. ep. 4.*
*Metellus in*     *Strenæ præterea nitent*
*Quirinal.*      *Plures aureolæ munere regio,*
*tom. 1.*     *Olim Principibus probis*
*Caniſii p.*      *Iani principiis auſpicio datæ,*
*44. 45.*     *Fauſto temporis omine:*
    *Vt ferret ducibus ſtrenua ſtrennis*
   *Annus geſta recentior.*
    *Illas nobilitas Cæſaribus piis,*
   *Rex dignis procerum dabat,*
    *Vrbis quas Latiæ tum iuueni dedit*
   *Rex Titus Tatius prior,*
    *Feſtas accipiens, paupere munere,*
   *Verbenas, ſtudio patrum*
    *Solers poſteritas quas creat aureas.*
   *Seruant dona tamen*
    *A luco veteri nomine ſtrenuæ.*

  Du moins je remarque que ces préſens ſont ſouuent appellez *xenia* dans Flo-
*Flod. l. 1.*  doard en l'Hiſtoire de l'Egliſe de Reims, qui fait voir que l'vſage en eſtoit
*Hiſt. Rem.*  en France ſous Clouis, & les premiers Roys, & je crois que c'eſt pour la mé-
*c. 14. 18. l.*  me raiſon que les tributs, que les peuples de Dalmatie payoient aux Roys
*2. c. 11. 17.*  de Hongrie, & à la Republique de Veniſe, lorſqu'ils leur ont eſté ſujets,
*19.*  eſtoient nommez *ſtrinæ* ou *ſtrinnæ*, d'vn terme tiré du Latin *ſtrena*, parce que
c'eſtoient des dons gratuits & volontaires, qui ne ſe faiſoient que par forme
de reconnoiſſance. Ce qui ſemble eſtre exprimé dans vn titre de Sebaſtiano
*Apud Io.*  Ziani Dogé de Veniſe de l'an 1174. pour les habitans de Trau : *Nolumus vt*
*Lucium l. 3.*  *aliquo modo offendantur, neque tollatur eis aliqua inconſueta ſtrinna, niſi quam ipſi*
*de Regn.*  *ſponte dare voluerint.* Cela eſt conforme à ce que Conſtantin Porphyroge-
*Dalm. c.*  nite écrit, que l'Empereur Baſile ſon ayeul perſuada aux Dalmates de payer
*10. l. 6. c. 2.*  aux Sclauons pour acheter la paix d'eux, ce qu'ils auoient coûtume de payer
*Statuta*  à leurs Gouuerneurs, & de donner quelque peu de choſe à ces mêmes Gou-
*Raguſii*  uerneurs, pour marque de dépendance, & de leur ſoûmiſſion à l'Em-
*l. 7. c. 56.*  pire.
*Conſt.*
*Porph. de*
*Adm. Imp.*
*c. 29.*

  Ie ne doute pas encore, que ce n'ait eſté à l'exemple de nos Roys, que les
Seigneurs particuliers ont emprunté ces expreſſions de dons, pour les leuées
qu'ils ont faites ſur leurs ſujets, ayant de tout temps cherché des termes
*To. 1. Mo-*  doux & plauſibles pour déguiſer leurs injuſtes exactions. Vn titre de Guil-
*naſt. Angl.*  laume le Bâtard : *Vt liber ſit ab omni conſuetudine, — Geldo, Scoto, & auxilio,*
*p. 352.*  *& dono, & Danegeldo.* Le Cartulaire de l'Egliſe d'Amiens ; *In omni territorio*
*Tabul.*  *communi Nigellæ habent Canonici tres partes terragii, & medietatem doni, & in ter-*
*Eccl. Amb.*  *râ Vauaſſorum medietatem terragii, & medietatem doni.* Il eſt ſouuent parlé en
*fol. 2. 19.*  ce Cartulaire de ce *Don*, d'où le nom eſt demeuré encore à préſent à la leuée,
*20. 27.*  qui ſe fait dans Amiens pour les marchandiſes qui y entrent par le courant
de la riuiere. Ce qui juſtifie que ces Dons, qui d'abord n'eſtoient que gra-
tuits, deuinrent à la fin forcez ; & paſſerent auec le temps pour des impoſi-
tions ordinaires.

  Les préſens qui ſe faiſoient aux Roys, n'eſtoient pas toûjours en argent,
*Capit. ad*  mais en eſpéces, & ſouuent en cheuaux. Ce que nous aprenons de quelques
*Leg. Sal. §.*  additions à la Loy Salique, qui ordonnent que ces cheuaux auront le nom de
*13.*  ceux qui les préſentent. *Et hoc nobis præcipiendum eſt, vt quicumque in* Dono
Regio *Caballos detulerint, in vnumquemque ſuum nomen habeant ſcriptum.* Et
ce afin qu'on ſçût qui eſtoient ceux qui auoient ſatisfait à ce deuoir & à cet-
te reconnoiſſance, & ceux qui n'y auoient pas ſatisfait. Ces préſens y ſont ap-
*Frothar. ep.*  pellez Royaux, de même qu'en vne Epître de Frothaire Eueſque de Thoul,
*21.*  qui confirme encore ce que je viens de remarquer, que ces préſens ſe faiſoient

# SVR L'HISTOIRE DE S. LOVYS.

souuent en cheuaux : *Nam ad horum itinerum incommoda, quæ vel nunc egimus, vel acturi sumus, seu ad* DONA REGALIA, *quæ ad Palatium dirigimus, penè quidquid ex optimis equis habuimus, distribuere compulsi sumus.* Nos Annales disent que le Roy Pepin ayant défait les Saxons, ces peuples s'obligerent de lui faire présent tous les ans de trois cens cheuaux, lorsqu'il tiendroit ses assemblées generales : *Et tunc demùm polliciti sunt Regis Pipini voluntatem facere, & honores, sine* DONA, *in suo placito præsentandos, id est per annos singulos equos trecentos.* Où le terme d'*Honores* merite vne reflexion, nous apprenant que les présens qui se faisoient dans ces occasions, estoient des présens d'honneur & de reconnoissance; ainsi les Annales d'Eguinard portent ces mots : *Et singulis annis honoris causa ad generalem Conuentum equos* CCC. *pro munere daturos.* Ces cheuaux, qui se donnoient aux Princes par forme de tribut, ou de redeuance annuelle, sont appellez *Equi Canonici*, dans le Code Theodosien.

Les Monasteres n'estoient pas exempts de ces présens. Car comme ils ne se faisoient que pour subuenir à la necessité de l'Etat, & pour contribuer aux dépenses que les Roys estoient obligez de faire pour la conseruation de leurs peuples, & de leurs biens : Les Ecclesiastiques y estoient aussi obligez acause de leurs domaines, qu'ils tenoient pour la plûpart de la liberalité des Princes. Ce qui a fait dire à Hincmar, *Per jura Regum Ecclesia possidet possessiones.* Le méme Ecriuain à ce sujet, *Causa suæ defensionis, Regi ac Reipublicæ vegtigalia, quæ nobis* ANNVA DONA *vocantur, præstat Ecclesia, seruans quod jubet Apostolus, cui honorem, honorem, cui vegtigal, vegtigal, subauditur præstare Regi ac defensoribus vestris,* &c. Les Epîtres de Frothaire Euesque de Toul, & de Loup Abbé de Ferrieres, que j'ay citées, confirment la méme chose. Entre ces Monasteres il y en auoit qui estoient obligez de fournir non seulement les dons & ces présens, mais encore des soldats, il y en auoit d'autres qui n'estoient tenus qu'aux présens : & enfin il y en auoit qui ne deuoient ni l'vn ni l'autre, mais seulement estoient obligez de faire des prieres pour la santé des Princes, & de la Maison Royale, & pour la prosperité des affaires publiques. Il se voit vne Constitution de l'Empereur Louys le Debonnaire, qui contient vn dénombrement des Monasteres de ses Etats, *quæ dona & militiam facere debent, quæ sola dona sine militia, & quæ nec dona nec militiam, sed solas orationes pro salute Imperatoris, vel filiorum ejus, ac stabilitate Imperii.* Ie crois que c'est de là qu'on peut tirer l'origine des secours d'argent, que nos Roys tirent de temps en temps du Clergé de France, particulierement depuis que les milices des Fiefs ont esté abolies. Car au temps que tous les fieuez estoient tenus de se trouuer dans les armées des Roys, & des Souuerains, les Ecclesiastiques estoient pareillement obligez d'y seruir, mémes en personne, acause de leurs Terres, de leurs Regales, & de leurs Fiefs : non qu'ils y portassent les armes, comme les Seculiers, mais pour y conduire leurs vassaux, tandis que de leur part ils employoient leurs prieres pour la prosperité des armes du Prince.

Le Camerier, c'est à dire le Garde du Trésor du Roy, auoit la charge de receuoir ces présens, & estoit soûmis en cette fonction à la Reyne, à qui elle appartenoit de droit. Hincmar écriuant de l'ordre du Palais de nos Roys : *De honestate verò Palatii, seu specialiter ornamento regali, nec non & de* DONIS ANNVIS *Militum, absque cibo & potu, vel equis, ad Reginam præcipuè, & sub ipsâ ad Camerarium pertinebat.* Puis il ajoûte qu'il estoit encore de la charge du Camerier, de receuoir les présens des Ambassadeurs étrangers, c'est à dire qu'il les deuoit auoir en sa garde, comme faisans parties du Trésor Royal. Car d'ailleurs ces dons se faisoient par les sujets aux Roys directement, qui les receuoient de ceux qui les leur présentoient, tandis que leurs principaux Ministres, ou Conseillers regloient les affaires publiques. *Interim verò, quo hæc in Regis absentiâ agebantur, ipse Princeps reliquâ multitudini in suscipiendis muneribus, salutandis proceribus,* — *occupatus erat.*

Ces assemblées générales se tinrent d'abord vne fois l'année, au premier jours de Mars, ce qui fut depuis remis au premier de May, ainsi que j'ay remarqué. Mais sous la seconde race, comme les Etats de nos Princes, & par consequent les affaires s'accrûrent extraordinairement, ils furent aussi obligez de multiplier ces assemblées, pour donner ordre aux necessitez publiques, & pour regler les differents, qui naissoient de temps en temps entre les peuples. Desorte qu'ils en tenoient deux, l'vne au commencement de l'an, l'autre sur la fin, vers les mois d'Aoust, ou de Septembre. Hincmar, *Consuetudo autem tunc temporis erat, vt non sapius, sed bis in anno, Placita duo tenerentur.* Et afin que l'on fust certain des jours, ausquels elles se deuoient tenir, on designoit dans la derniere assemblée le temps de la prochaine : les Annales de France : *Vbi etiam denuò annuntiatum est Placitum generale Kalendas Septembris Aurelianis habendum.* Et ailleurs, *ad Placitum suum generale, quod in Strimniaco prope Lugdunum ciuitatem se habiturum indixerat, profectus est.* Hincmar dit que la premiere assemblée, qui se tenoit au commencement de l'année, estoit beaucoup plus solennelle que la seconde, parce qu'en celle-là on regloit les affaires de toute l'année, & l'on ne renuersoit pas ordinairement ce qui y auoit esté arresté, qu'auec grande necessité. *Ordinabatur status totius Regni ad anni vertentis spatium: quod ordinatum nullus euentus rerum, nisi summa necessitas, quæ similiter toti Regno incumbebat, mutabatur.* Et comme on y traitoit des affaires de haute consequence, tous les Etats du Royaume estoient obligez de s'y trouuer : *In quo Placito generalitas vniuersorum majorum, tam Clericorum, quàm Laicorum, conueniebat.* Mais quant à l'autre assemblée, qui se tenoit sur la fin de l'an, il n'y auoit que les principaux Seigneurs & Conseillers qui s'y trouuassent, où l'on regloit les projets des affaires de l'année suiuante : & c'estoit en cette seconde assemblée où les Roys receuoient les présens de leurs sujets. *Cæterùm autem propter* DONA *generaliter danda aliud Placitum cum senioribus tantùm, & præcipuis consiliariis habebatur. In quo jam futuri anni status tractari incipiebatur, si fortè talia aliqua se præmonstrabant, pro quibus necesse erat præmeditando ordinare.* Ce qui est confirmé par nos Annales à l'égard des présens, qui se faisoient en cette seconde assemblée, laquelle on remettoit à ce temps-là, a cause de la saison plus commode pour les chemins : car on y venoit à cét effet de toutes les prouinces de l'Etat : les Annales tirées de l'Abbaye de Fulde: *Rastizen graui catenâ ligatum sibi præsentari jussit, eúmque Francorum judicio, & Bajoariorum, nec non & Sclauorum, qui de diuersis Regni prouinciis Regi munera deferentes aderant, morte damnatum, luminibus tantùm oculorum priuari præcepit.*

Ce passage fait voir que dans ces Assemblées generales de nos François, on ne traitoit pas seulement des affaires d'Etat & de la guerre ; mais qu'on y décidoit encore les grands differents d'entre les Princes & les Seigneurs de la Cour. De sorte que si quelque Duc, Comte, ou Gouuerneur estoit accusé enuers le Roy, ou l'Empereur, de trahison, de conspiration, ou de lâcheté, il estoit cité à ces assemblées, où il estoit obligé de répondre sur les chefs de l'accusation. Et s'il estoit trouué coupable, il y estoit condamné par le jugement souuerain du Prince & des Grands Seigneurs qui l'assistoient. Ce qui a donné lieu dans la suite des temps à la Cour des Pairs, dans laquelle les Barons, c'est à dire les Grands Seigneurs, & ceux qui releuoient immediatement du Roy, estoient jugez par leurs égaux & leurs Pairs. Il y a vne infinité d'exemples dans nos Annales des jugemens rendus en ces grandes Assemblées pour les crimes d'Etat, lesquelles furent appellées pour cette raison *Placita*, parce qu'on y décidoit les differents d'importance : & pour les distinguer des Plaits ordinaires, les Auteurs les appellent souuent *Placita magna & generalia.* Il y aura occasion ailleurs de parler de l'origine de ce mot *Placitum*, qui est synonyme à celui de *Mallum*, comme j'ay remarqué. Ces Assemblées generales commencerent à cesser sur la fin de la seconde race, lorsque toute la France se trouua plongée dans les diuisions intestines. Durant la troi-

## SVR L'HISTOIRE DE S. LOVYS.

fiéme, on en fit d'autres sous le nom de Parlemens, & d'Etats généraux, où l'on resoluoit des affaires publiques, & des secours, que les ordres du Royaume deuoient faire aux Roys pour les guerres, & les necessitez pressantes.

Les anciens Anglois semblent auoir emprunté de nos François, l'vsage de ces Assemblées, & de ces Champs de May. Car nous lisons dans les Loix d'Edoüard le Confesseur, que ces peuples estoient obligez de s'assembler tous les ans, *In Capite Kalendarum Maii*, où ils renouuelloient les sermens entre eux pour la défense de l'Etat, & l'obeïssance qu'ils deuoient à leur Prince. C'est à cette coûtume qu'il faut rapporter ce que quelques Auteurs Anglois écriuent en l'an 1094. *Denuò in Campo Martii connenere, vbi illi, qui sacramentis inter illos pacem confirmauere, Regi omnem culpam imposuere.* Ce qui montre que quoy que ces assemblées se tinssent au premier jour de May, elles ne laissoient pas toutefois de conseruer le nom de Champs de Mars, & qu'elles furent encore en vsage sous les premiers Roys Normans. <small>LL. Edvv. Conf. c. 35. Simeon Dunelm. de gest. Angl. Flor. Wigorn. & Brompton A. 1094.</small>

Les présens mêmes y estoient faits pareillement aux Roys. Orderic Vital parlant de Guillaume le Conquerant : *Ipsi verò Regi, vt fertur, mille & sexaginta libræ Sterilensis monetæ, solidique triginta, & tres oboli ex justis reditibus Angliæ per singulos dies redduntur : exceptis* MVNERIBVS REGIIS, *& reatuum redemptionibus, aliisque multiplicibus negotiis, quæ Regis ærarium quotidie adaugent.* Peut-estre que par ces termes de présens Royaux, cét Auteur entend les redeuances en espéces, que les peuples estoient obligez de faire de jour en jour, pour la subsistance de la maison du Prince, dautant que *in primitino Regni statu post conquisitionem, Regibus de fundis suis non auri vel argenti pondera, sed sola victualia soluebantur :* ainsi qu'écrit Geruais de Tilesbery. Mais d'ailleurs il est constant que ces présens faits aux Princes par leurs sujets ont esté en vsage depuis le temps, auquel Guillaume le Bâtard vécut : veu que nous lisons qu'au Royaume de Sicile, où des Roys Normans de nation commandoient, les sujets leur donnoient des étrénes au premier jour de Ianuier. D'où vient que Falcand remarque que l'Amiral Majon ayant esté tué sous prétexte d'auoir voulu s'emparer du Royaume, sur ce que l'on auoit trouué des Couronnes d'or dans sa maison, ses amis l'en excuserent, disans qu'il ne les auoit fait faire, que pour en faire présent au Roy au jour des étrénes, suiuant la coûtume : *Falsum enim quidquid ipse cædisque factæ socii aduersus Admiratum confixerant : nec illum inuenta in thesauris ejus diademata sibi præparasse, sed Regi, vt eodem in Calendis Ianuarii Strenarum nomine, juxta consuetudinem ei transmitteret.* <small>Orderic. l. 4. p. 523. Geruas. Tilesb. apud Selden. ad Eadmer. p. 116. Hugo Falcand. de Sicil. Calam. p. 657.</small>

---

## DES COVRS ET DES FESTES SOLENNELLES dès Roys de France.

## DISSERTATION V.

OVTRE ces Champs de Mars, ou de May, & ces assemblées générales, que nos Roys conuoquoient tous les ans pour les affaires publiques, ils en faisoient encore d'autres aux principales festes de l'année, où ils se faisoient voir à leurs peuples & aux étrangers, auec vne pompe & vne magnificence digne de la Majesté Royale. Ce qui fut pratiqué pareillement dés le commencement de la Monarchie Chrétienne. Car nous lisons dans nostre Histoire que Chilperic estant venu à Tours, y solennisa la feste de Pasques auec appareil : *Chilpericus Toronis venit, ibique & dies sanctos Paschæ tenuit.* Eguinart témoigne que Pepin obserua les mémes ceremonies aux festes de Pasques & de Noël dans <small>Pour la page 10. Greg. Tur. l. 5. Hist. c. 2.</small>

## DISSERTATION V.

tout le cours de sa vie, ce qui fut continué par ses successeurs : Le même Auteur écrit que Charlemagne auoit coûtume de parêtre dans ces grandes festes reuêtu d'habits de drap d'or, de brodequins brodez de perles, & des autres vétemens Royaux, auec la couronne sur la teste : *In festiuitatibus veste auro textâ, & calciamentis gemmatis, & fibulâ aureâ sagum astringente, diademate quoque ex auro, & gemmis ornatus incedebat.* Thegan fait la même remarque de Louys le Debonnaire: *Nunquam aureo resplenduit indumento, nisi tantùm in summis festiuitatibus, sicut patres ejus solebant agere. Nihil illis diebus se induit præter camisiam, & feminalia nisi cum auro texta, lembo aureo, baltheo præcinctus, & ense auro fulgente, ocreas aureas, & chlamydem auro textam, & coronam auream auro fulgentem in capite gestans, & baculum aureum in manu tenens.* Ie crois que ces deux Empereurs François voulurent imiter en cela ceux de Constantinople, qui auoient coûtume de se trouuer dans les Eglises aux grandes festes de l'année, reuêtus de leurs habits Imperiaux, & auec la couronne sur la teste, ce que Theophanes nous apprend en la vie du grand Iustinian. Du moins il est constant que Charles le Chauue fils de Louys le Debonnaire, affecta particulierement de les imiter, ainsi que les Annales de Fulde rapportent: *Karolus Rex de Italiâ in Galliam rediens, nouos & insolitos habitus assumpsisse perhibetur. Nam talari Dalmaticâ indutus, & baltheo desuper accinctus pendente vsque ad pedes, necnon capite inuoluto serico velamine, ac diademate desuper imposito, Dominicis & festis diebus ad Ecclesiam procedere solebat. Omnem enim consuetudinem Regum Francorum contemnens, Græcas glorias optimas arbitrabatur.*

Mais ces termes regardent la forme des vétemens & celle de la couronne. Car quant aux habits des François de ces siecles-là, le Moine de S. Gal en fait la description, & fait voir qu'ils estoient bien differents de ceux des Grecs. Dautant que nos Princes portoient alors au dessus de leurs habits, & de leur baudrier, vn manteau blanc, ou bleu, de forme quarrée, court par les côtez, & long deuant & derriere. *Vltimum habitus eorum erat pallium canum, vel saphirinum quadrangulum, duplex, sic formatum, vt cùm imponeretur humeris, ante & retro, pedes tangeret, de lateribus verò vix genua contegeret.* Tertullian parle en quelque endroit de ces manteaux quarrez, que les Grecs nomment τιτράγωνα. C'est ainsi que Charlemagne est representé à Rome en l'Eglise de sainte Susanne, en vn tableau à la Mosaïque, où il est à genoux deuant S. Pierre, qui lui met entre les mains vn étendart bleu parsemé de roses rouges, auec ces caracteres audessus, † D. N. CARVLO REX. de l'autre côté est le Pape Leon, auec ces mots, † SCISSIMVS D. N. LEO PP. au dessus de la teste de S. Pierre, SCS PETRVS. au dessous de ses pieds, est le fragment de cette inscription, ........ DONAS ....... BICTO ..... IA. Cette forme de manteau s'est tousjours conseruée depuis ce temps-là en France. Manuel Comnene Empereur de Constantinople, estant à Antioche, voulant faire voir aux François qu'il n'estoit pas moins adroit qu'eux à manier la lance dans les Tournois, y parut à la Françoise, couuert d'vn manteau, qui estoit fendu par la droite, & attaché d'vne agraffe, afin d'auoir le bras libre pour combatre : χλαμύδα κοσμησάμενος ἀξιοτέραν περὶ τὸν δεξιὸν ὦμον περονημένην, καὶ ἀφιῶσαν ἐλευθέραν τὴν χεῖρα κ᾽ τὸ πόρπημα. De sorte que c'est cette espece de manteau, dont il est parlé au testament de S. Euerard Duc de Frioul, *Mantellum vnum de auro paratum, cum fibulâ aureâ.* Le Compte d'Estienne de la Fontaine Argentier du Roy de l'an 1351. décrit ainsi les manteaux de nos Roys, des Princes du Sang, & des Cheualiers: *pour XX. aulnes & demie de fin velluiau vermeil de fors, pour faire vne garnache, vn long mantel fendu à vn costé, & chaperon de meismes tout fourré d'Ermines pour le Roy à la derniere feste de l'Estoille, &c. pour fourrer vn surcot, vn mantel long fendu à vn costé, & chaperon de meismes, que le Roy d'vne escarlate vermeille, pour cause de ladite feste. & ailleurs, Pour le Duc d'Orliens, pour fourrer vn grand surcot, vn mantel fendu à vn costé, & chaperon de meismes, que ledit*

# SVR L'HISTOIRE DE S. LOVYS.

*Seigneur ot d'vne escarlate vermeille.* Ce manteau representoit le *Paludamentum* des Romains, & est encore entre les habits Royaux de nos Princes, d'où les Presidens à mortier du Parlement les ont empruntez. J'ay fait cette reflexion en passant à l'égard des manteaux des anciens François, acause que le Sire de Ioinuille remarque que le Roy de Nauarre parut *en cotte & en mantel* à la Cour solennelle que le Roy S. Louys tint à Saumur en l'an 1242.

Il est constant que non seulement les Roys de la seconde race ont solennisé les grandes festes auec ces ceremonies, & cét appareil, mais encore ceux de la troisiéme. Helgaud parle des Cours solennelles que le Roy Robert tint aux jours de Pasques en son Palais de Paris, où il fit des festins publics. Orderic Vital écrit que le Roy Philippes I. ayant esté excommunié acause de son mariage auec Bertrade de Montfort, cessa deslors de porter la couronne, & de se trouuer à ces festes solennelles : *Nunquam diadema portauit, nec purpuram induit, neque solennitatem aliquam regio more celebrauit.* Et quoy que le Roy S. Louys affecta la modestie dans ses habits, neantmoins il obserua tousjours dans ces occasions la bien-seance qui estoit requise à la dignité Royale : comme il fit en cette *Cour & Maison ouuerte*, qu'il tint à Saumur, où, au recit du Sire de Ioinuille, il fut vétu superbement, & où il ne se vit jamais tant d'habits de drap d'or. & quoy qu'il ne dise pas qu'il y parut la couronne sur la teste, cela est neantmoins à presumer, puisque le Roy de Nauarre, qui s'y trouua present, y estoit *moult paré & aourné de drap d'or, en cotte & mantel, la cainture, fermail, & chappel d'or fin.* Nangis confirme cette magnificence de S. Louys, en ces termes : *In solennitatibus Regiis, & tam in quotidianis sumptibus domus suæ, quàm in Parlamentis & Congregationibus Militum & Baronum, sicut decebat Regiam dignitatem, liberaliter ac largiter se habebat, &c.* Ce qu'il semble auoir tiré de nostre Auteur : *Aux Parlemens & Etats qu'il tint à faire ses nouueaux establissemens, il faisoit tous seruir à sa Court les Seigneurs, Cheualiers, & autres, en plus grande abondance, & plus hautement, que jamais n'auoient fait ses predecesseurs.* Mais ce qui justifie que nos Roys portoient la couronne en ces occasions, est le testament de Philippes de Valois, qu'il fit au Bois de Vincennes le 2. de Iuillet l'an 1350. par lequel il donna à la Reyne Blanche de Nauarre sa femme tous ses joyaux, *exceptée tant seulement nostre couronne Royale, de laquelle nous auons usé, ou accoustumé d'vser en grands festes, ou en solennitez, & de laquelle nous vsâmes, & la portâmes à la Cheualerie de Iean nostre ainsné fils*, ce sont les termes du testament. C'est donc acause de la couronne que les Roys portoient sur la teste en ces grandes festes, que ces Cours solennelles sont appellées *Curiæ Coronatæ*, dans le titre de la Commune, qui fut accordée à la ville de Laon par le Roy Louys le Ieune l'an 1138. *Pro his igitur, & aliis beneficiis, quæ prædictis ciuibus regali benignitate contulimus, ipsius Pacis homines hanc nobis conuentionem habuerunt, quod exceptâ* CVRIA CORONATA, *siue expeditione, vel equitatu, tribus vicibus in anno singulas procurationes, si in ciuitatem venerimus, pro eis* xx<sup>m</sup>. *libr. nobis persoluent.*

La Cour des Princes est tousjours remplie de Courtisans, & c'est assez de dire que le Roy est en vn lieu, pour inferer qu'il est frequente d'vn grand nombre de personnes. Ce qui a fait dire à *Guntherus* :

*Non est magnorum cum paucis viuere Regum.*
*Quotlibet emittat, plures tamen Aula reseruat.*
*Nec Princeps latebras, nec sol desiderat vmbras :*
*Abscondat solem, qui vult abscondere Regem.*
*Siue noui veniant, seu qui venere recedant,*
*Semper inexhaustâ celebratur Curia turbâ.*

Toutefois les Roys ont choisi les occasions des festes solennelles, pour y faire parétre leur magnificence par le nombre des Seigneurs & des Prelats, qui y arriuoient de toutes parts pour composer leur Cour, par l'éclat de leurs habits, & de ceux des Officiers de la Maison Royale, par les splendides fe-

160   DISSERTATION V.

ſtins, les largeſſes & les liberalitez ; & enfin par les grandes ceremonies & particulierement celles des Cheualeries, qu'on referuoit pour ces jours-là. Ainſi c'eſt auec raiſon qu'on appelloit ces grandes aſſemblées, *Cours* *plenieres*, *ſolennelles*, *publiques*, *generales*, *ouuertes*. La Chronique de Bertrand du Gueſclin :

*Monaſt.*
*Angl.to. 2.*
*p. 281. to. 1.*
*p. 44.*
*To. 4. Spicil. p. 550.*
*Goldaſt.to.1.*
*Conſtit.*
*Imp. p. 366.*
*208.*
*Thuuroex.*
*W. Hoda*
*p. 334. 1.*
*Edit.*
*Chr. Longipont.*
*Ioinuille.*
*Gunther. l.*
*5. p. 110.*

    *Et toute ſa vaiſſelle faſſe amener droit là,*
    *Pource que Cour plainiere ce dit tenir voudra.*

Ils choiſiſſoient toûjours à cét effet vn de leurs Palais, ou quelque grande ville, capable de loger toute leur ſuite, comme les Annales d'Eguinhart, & les Auteurs font foy, & entre autres le méme *Guntherus*, en ces vers, parlant de l'Empereur Frederic I.

    *Inſtabat veneranda dies, quà Chriſtus in vnâ*
    *Æqualis Deitate Patri, ſine temporis ortu,*
    *Natus ab æterno, ſub tempore, temporis auctor*
    *Cœlitus infusâ voluit de Virgine naſci, &c.*
    *Hunc celebrare diem digno meditatus honore*
    *Cæſar, vbi illuſtrem legeret ſibi Curia ſedem,*
    *Quæ poſſet pleno tot millia paſcere cornu,*
    *Wormatiam petiit, &c.*

*Eguinhart.*
*Apud Doublet. p. 823.*
*& in prob.*
*Hiſt. Mont. mor. p. 9.*
*Chr. Longip. p. 8.*
*Iuo ep. 190.*

Dans la ſeconde race de nos Roys, je ne remarque preſque que les Feſtes de Paſques & de Noël, où ils tinſſent ces aſſemblées : mais dans la troiſiéme il y en auoit d'autres. Vn titre du Roy Robert, par lequel il exempte le Monaſtere de S. Denys de ces Cours ſolennelles, y ajoûte les Feſtes des Roys, & de la Pentecoſte. Vn autre du Roy Louys le Gros de l'an 1133. eſt ainſi ſouſcrit, *Actum Sueſſioni Generali Curiâ Pentecoſtes coram Archiepiſcopis, & Epiſcopis, & coram optimatibus Regni noſtri.* Iues Eueſque de Chartres parle en l'vne de ſes epîtres de la Cour, *quæ Aurelianis in Natali Domini congreganda erat :* où il fait voir qu'on y traittoit des affaires publiques.

*Compte de*
*l'Hoſtel du*
*Roy de l'an*
*1285. rapporté dans*
*les Obſerv.*
*Rigalt. &*
*Meurſ.*
*Gloſſ.*
*V. λιβρέον*
*V. Spelman.*
*Will.*
*Malmeſb.*
*l. 2. Hiſt.*
*Nou. p. 178.*
*Houed. p. 758.*
*Math.*
*Paris A.*
*1243.*
*Id. p. 143.*
*157. 172.*
*255.*
*Quoniam*
*attach. c. 13.*
*§. 2.*
*Coripp. l. 4.*
*de laud.*
*Iuſtini p. 57.*
*Mon. Sangall. l. 2. c.*
*41.*

Mais afin que les Princes du ſang, toute la Maiſon Royale, les Grands Officiers de la Couronne, & ceux de l'Hoſtel, ou de la Maiſon du Roy, y paruſſent auec éclat, les Roys leur faiſoient donner des habits ſuiuant le rang qu'ils tenoient, & qui eſtoient conuenables aux ſaiſons auſquelles ces Cours ſolennelles ſe celebroient : ces habits eſtoient appellez *liurées*, parce qu'ils ſe liuroient & ſe donnoient des deniers prouenans des coffres du Roy, & dans les Auteurs Latins *Liberatæ*, & *Liberationes* : & ſouuent *les nouuelles Robes*. *Mathieu Paris, Appropinquante verò & imminente præclaræ Dominicæ Natiuitatis feſtiuitate, quâ mutatoria recentia, quæ vulgariter Nouas robas appellamus, Magnates ſuis domeſticis diſtribuere conſueuerunt,* &c. Il parle encore ailleurs en diuers endroits des robes de Noël. C'eſt delà qu'on dit que celui qui porte les liurées, ou les robes de quelque Seigneur, eſt cenſé eſtre de ſa maiſon. Les loix des Barons d'Eſcoce, *Dummodo non ſit perſona ſuſpecta, vtpote ſi fuerit tenens ſuus, vel de familiâ ſuâ, vel portans robas ſuas,* &c. Et aujourd'huy nous appellons *liurées* les habits des domeſtiques & des valets des Seigneurs, qui ſont ordinairement d'vne méme couleur, ainſi que *Corippus* décrit ceux de la ſuite de Iuſtin.

    *ætas quibus omnibus vna,*
    *Par habitus, par forma fuit, veſtíſque rubebat*
    *Concolor, atque auro lucebant cingula mundo.*

Le Moine de S. Gal dit que l'Empereur Louys le Debonnaire faiſoit des préſens à ſes domeſtiques, & donnoit des habits à chacun d'eux, ſelon leurs qualitez : *Cunctis in Palatio miniſtrantibus, & in curiâ regiâ ſeruientibus, juxta ſingulorum perſonas donatiua largitus eſt : ita vt nobilioribus quibuſcumque, aut baltheos, aut flaſcilones, pretioſiſſimáque veſtimenta à latiſſimo imperio perlata, diſtribui juberet ; inferioribus verò ſaga Freſonica omnimodi coloris darentur.* Les Comptes d'Eſtienne de la Fontaine Argentier du Roy de l'an 1351. font mention

de

# SVR L'HISTOIRE DE S. LOVYS.

des liurées qui se donnoient à la Maison du Roy, aux festes de Noël, de la Chandeleur, de la Pentecoste, de la my-Aoust, & de la Toussains, & nous apprennent qu'elles se donnoient aux Reynes, aux Princes du Sang, aux Officiers de la Couronne, aux Cheualiers de l'Hostel, qui sont nommez vulgairement *les Cheualiers du Roy*, & généralement à tous les Officiers de la Maison du Roy, & encore à ceux qui estoient faits Cheualiers par le Roy en ces solemnitez. On appelloit encore ces liurées *Manteaux*, & en Latin *Pallia*, parce qu'aux vns on donnoit des manteaux, aux autres des robes. Vn Compte du Trésor de l'an 1300. *Pallia Militum de termino Pentecost. &c. Pallia Clericorum, &c. Robæ Valletorum & aliorum hospitii*, &c. En vne Ordonnance de Charles V. de l'an 1364. pour le Parlement : *Wadia & Pallia*. Vne autre de Charles VII. pour les Officiers du Parlement du 24. de Feur. 1439. porte que les Présidens, les Conseillers, les Greffiers, & les Notaires du Parlement seront payez de leurs gages & de leurs Manteaux par *debentur*, Ce droit de Manteaux appartenoit pareillement aux Maîtres des Requétes, aux Maîtres des Comptes, & aux Trésoriers de France, comme on peut recueillir de la lecture des anciennes Ordonnances. Cela ne fut pas particulier à nos François, puisque nous lisons dans le Code Theodosien que cette coûtume fut encore pratiquée par les Empereurs d'Orient, qui donnoient des habits aux Officiers de leur Palais : *Olim statuimus, vt vltra definitas dignitates nullus nec annonas, nec strenas perciperet. Sed quia plerosque de diuersis Palatinis Officiis sub occasione indepti honoris strenas & vestes, cæteraque solennia vltra statutum numerum percepisse cognouimus, & id quod ex superfluo præbitum est exigi facias, & deinceps vltra statutas dignitates nihil præberi permittas*. Ces étreines, qui estoient données aux Officiers, furent depuis appellées *Rogæ*.

*Communiqué par M<sup>r</sup> d'Herouuall.*

*Ordon. Bar- bines fol. 51.*

*L.11. C.Th. de Palatin. Sacrar. Largit.*

*Luithpr. V. Meurs. Gloss.*

Helgaud, le Sire de Ioinuille, & les autres Auteurs remarquent encore qu'à ces Festes solemnelles il se faisoit des festins publics, où les Roys mangeoient en présence de toute leur suite, & y estoient seruis par les Grands Officiers de la Couronne, & de l'Hostel, chacun selon la fonction de sa charge. Il y auoit avec cela les diuertissemens des *Menestrels*, ou des Menétriers. Sous ce nom estoient compris ceux qui joüoient *des Naquaires, du demy-Canon, du Cornet, de la Guiterne Latine, de la Flaste Behaigne*, (Bohemiene) *de la Trompette, de la Guiterne Moresche, & de la Vieille*, qui sont tous nommez dans vn Compte de l'Hostel du Duc de Normandie & de Guienne de l'an 1348. Il y auoit encore des farceurs, des jongleurs (*joculatores*) & des plaisantins, qui diuertissoient les compagnies par leurs faceties & par leurs comedies, pour l'entretien desquels les Roys, les Princes, & les simples Seigneurs faisoient de si prodigieuses dépenses, qu'elles ont donné lieu à Lambert d'*Ardres*, & au Cardinal Iacques *de Vitry*, d'inuectiuer contre ces superfluitez de leur temps, qui auoient ruiné des familles entieres. Ce que S. Augustin auoit fait auant eux, en ces termes : *Donare res suas histrionibus, vitium est immane, non virtus. Illa sanies Romæ recepta, & fauoribus aucta, tandem collabefecit bonos mores, & ciuitates perdidit, coëgitque Imperatores sæpius eos expellere*. Les Annales de France justifient encore que les Menétriers & les farceurs estoient appellez à ces Cours solennelles, lorsqu'elles parlent de Louys le Debonnaire : *Nunquam in risu exaltauit vocem suam, nec quando in summis festiuitatibus ad lætitiam populi procedebant Thymelici, scurræ, & mimi, cum Coraulis & Citharistis ad mensam coram eo*, &c. Ils sont appellez *Ministrels*, ou *Ministelli, quasi parui Ministri*, c'est à dire les petits Officiers de l'Hostel du Roy.

*Iac. de Vitriaco in Hist. occid. l. 2. c. 3. Lambert. Ard. p. 247. D. Aug. tract. 100. in Io. cap. 6. Annal. Fr. Met. A. 873.*

Mais ce qui faisoit particulierement parêtre la magnificence des Princes en ces occasions, estoient les liberalitez qu'ils exerçoient à l'endroit de leurs principaux Officiers, leur donnant diuers joyaux, & particulierement ceux qu'ils portoient sur leurs habits. Mathieu Paris, *Eodem celeberrimo festo* (*Natalis Dominici*) *licèt omnes prædecessores sui indumenta Regalia, & jocalia pretiosa consueuissent ab antiquo distribuere, ipse tamen Rex — nulla penitus Militibus distri-*

*Math. Paris A. 1151. p. 540.*

Partie II.                                                                                                                                   X

*buit, vel Familiaribus.* Enfin comme les anciens Empereurs & les Confuls de Rome & de Conftantinople, lorfqu'ils prenoient poffeffion de leurs dignitez faifoient répandre quantité de piéces d'or & d'argent, que les Auteurs Latins appellent *Miſſilia*, & les Grecs ὑπατικα ; ainſi nos Roys faifoient crier *Largeſſe* par leurs Roys d'armes, & leurs Heraux, durant les feſtins, chacun d'eux tenans en la main de grands *Hanaps*, ou de grandes couppes, remplis de toute ſorte de monnoyes, qu'ils jettoient dans le peuple. Le Compte de Guillaume Charrier Receueur Général des Finances, qui commence en l'an 1422. confirme ceci en ces termes : *A Touraine & Pontoiſe Heraux du Roy, la ſomme de 41. ll. 6. ſ. en 30. eſcus d'or, à eux donnée par ledit Seigneur au mois de May 1448. tant pour eux, que pour autres Heraux, Pourſuiuans, Meneſtrels, & Trompetes, pour auoir le jour de la Pentecoſte ondit an crié* LARGESSE *deuant ſa perſonne, ainſi qu'il eſt accouſtumé.* Comme encore le quatriéme Comte de Mathieu Beauuarlet Receueur Général des Finances de Languedoc, qui commence au premier d'Octobre 1452. *A Pontoiſe, Berry, & Guyenne Heraux du Roy pour auoir crié* LARGESSE *au diſner dudit Seigneur le jour & feſte de Touſſains, ainſi qu'il eſt accouſtumé de faire.*

*En la Ch. des Comp. de Paris, Com. par M. de Herouual.*

La forme de crier & de publier ces largeſſes par les Roys d'armes dans ces feſtes ſolennelles, eſt ainſi décrite par vn Heraud qui viuoit ſous Henry VI. Roy d'Angleterre, en ſon Traité MS. du deuoir & de l'office des Herauds, & des Pourſuiuans d'Armes. *Aprés Heraulx & Pourſuiuans doiuent cognoiſtre quand ils ſont deuers les Princes & Grands Seigneurs, comme ils doiuent crier leur Largeſſes, leſquelles ſe crient aux grans Feſtes : & ſe doit la largeſſe crier quand ils ſont à diſner, quand le ſegont Cours & Entremais ſont ſeruis. Et doit le Grand Maiſtre d'Hoſtel en vne aumuche ou ſachet honnorable appeller le Roy d'armes, Mareſchal, ou Herauld, ou Pourſuinant le plus notable en l'abſence de Herault, & luy dire, Vecy que Monſeigneur ou le Prince vous preſente. Et deuant ſa table doit crier, Largeſſe, Largeſſe, Largeſſe, & prendre garde de quel eſtat il eſt, & ſelon les ſalutations cy-deſſus eſcrites, ſelon l'eſtat de quoy eſt celuy qui fait la feſte en la maniere de la ſalutation qui luy eſt deuë, doit nommer aprés, Largeſſe de tres, &c. auec les titres de la Seigneurie dont les Heraux au deuant doiuent eſtre informez, & par prenant garde en cette maniere, a paine peuuent faillir. Et aprés quand il a crié, tous Heraux & Pourſuiuans doiuent crier aprés luy, Largeſſe, ſans dire autre choſe, & en pluſieurs lieux, au long de la ſalle, ou palais, doit eſtre fait en telle maniere que chaſcun l'oë, &c. Et pour mieux faire entendre Cris de Largeſſe, en ſera mis deux cy-aprés, l'vn pour l'Empereur, l'autre pour le Roy, &c. Largeſſe de Ferry le tres-haut des haults de tous Princes, Empereur Auguſte Roy des Romains, & Duc en Autriche Largeſſe, Largeſſe, Largeſſe. Et au premier ſe doit crier trois fois, & en la fin tous les Herauds le doiuent crier & pourſuiure tous enſemble ſeulement Largeſſe, &c. Largeſſe, Largeſſe, Largeſſe de Henry par la grace de Dieu tres-haut & tres-Chreſtien & tres-puiſſant Roy Franc des François & Anglois, Seigneur d'Irlande, Largeſſe, Largeſſe, Largeſſe, &c.* Thomas Milles Auteur Anglois écrit qu'encore à preſent en Angleterre on fait les cris de *Largeſſe*, en François : ce qui eſt confirmé par le Céremonial, lorſqu'il parle de l'entreueuë du Roy François I. & d'Henry VIII. Roy d'Angleterre entre Guines & Ardres l'an 1520.

*Thomas Milles de Nobilit. Polit. p. 59. 72. 109. Ceremon. de Fr. 10. 2. p. 742.*

L'vſage de ces feſtes Royales, car c'eſt ainſi que Mathieu Paris les appelle, (*Regalia feſta*) fut introduit en Angleterre par Guillaume le Bâtard, aprés qu'il eut conquis ce Royaume. Orderic Vital, *Inter bella Guillelmus ex ciuitate Guenta jubet afferri Coronam, aliàque ornamenta regalia & vaſa, & dimiſſo exercitu in caſtris, Eboracum venit, ibique Natale Saluatoris noſtri concelebrat.* Guillaume de Malmesbury écrit la méme choſe de lui en ces termes : *Conuinia in precipuis feſtiuitatibus ſumptuoſa & magnifica inibat. Natale Domini apud Gloceſtriam, Paſcha apud* Wintoniam, *Pentecoſten apud* Weſtmonaſterium *agens quotannis, quibus in Angliâ morari liceret : omnes eò cujuſcumque profeſſionis Magnates Regium edictum accerſebat, vt exterarum gentium legati ſpeciem multitudinis, appa-*

*Math. Paris A. 1135. p. 51. Order. l. 4. p. 515. Will. Malmesb. l. 3. p. 112.*

## SVR L'HISTOIRE DE S. LOVYS. 163

*túmque deliciarum mirarentur, nec vllo tempore comior, aut indulgendi facilior erat, vt qui aduenerant largitatem ejus cum diuitiis coaequadrare vbique gentium jactitarent.* Les Annales de France nous font voir en quelques endroits, que nos Roys de la seconde race choisissoient pareillement ces occasions, pour receuoir les Ambassadeurs étrangers.

Guillaume le Roux fils & successeur de Guillaume le Bâtard, continua ces festes solennelles. Le Roy Henry I. les celebra pareillement auec de grandes magnificences. Eadmer, qui rend ce témoignage de lui, appelle ces jours de solennitez, *les jours de la Couronne du Roy*, parce qu'il la portoit en ces occasions. *In subsequenti festiuitate Pentecostes Rex Henricus Curiam suam Londoniæ in magnâ gloriâ, & diuite apparatu celebrauit, qui transactis* CORONÆ *suæ festiuioribus diebus, cœpit agere cum Episcopis & regni Principibus, quid esset agendum.* Il nous apprend encore que les Roys se faisoient mettre la couronne sur la teste par l'Archeuesque, ou l'Euesque le plus qualifié, à la Messe, qui se disoit le jour de la feste. *In sequenti Natiuitate Domini Christi Regnum Angliæ ad Curiam Regis Lundoniæ pro more conuenit, & magna solennitas habita est, atque sublimis. Ipsâ die Archiepiscopus Eboracensis, se loco Primatis Cantuariensis Regem coronaturum, & Missam sperans celebraturum, ad id animo paratum se exhibuit. Cui Episcopus Lundoniensis non acquiescens coronam capiti Regis imposuit, eúmque per dexteram induxit Ecclesiæ, & officium diei percelebrauit.* Et ailleurs il raconte comme lorsqu'Henry épousa Alix de Brabant sa seconde femme, Raoul Archeuéque de Cantorbery, qui auoit le droit de couronner le Roy d'Angleterre, aprés auoir commencé la Messe, l'ayant apperceu auec la couronne dans son siége, quitta l'autel, & vint lui demander, qui la luy auoit mise sur la teste, & ensuite il l'obligea de la tirer. Mais les Barons firent tant enuers lui, qu'il la luy rendit. Ces Cours solennelles cesserent en Angleterre sous le regne du Roy Estienne, qui fut obligé d'en abandonner l'vsage, acause des grandes guerres qu'il eut sur les bras, & parce que de son temps tous les tresors du Royaume furent épuisez. Guillaume de Malmesbury, parlant de Guillaume le Bâtard: *Quem morem conuiuandi primus successor obstinatè tenuit, tertius omisit.* Ce qui est encore témoigné par les Historiens Anglois, & entre autres par Henry d'Huntindon, *Curiæ solennes, & ornatus regii schematis ab antiquâ serie descendens prorsus euanuerunt.* Mais Henry II. son successeur les rétablit, Roger de Houeden remarquant qu'il se fit couronner jusques à trois fois auec la Reyne Eleonor sa femme, & qu'à la troisiéme fois en vne feste de Pasques, l'vn & l'autre estant venus à l'offrande, y quitterent leurs couronnes, & les mirent sur l'autel, *vouentes Deo, quòd nunquam in vitâ suâ de cetero coronarentur.* Ce que j'interprete de ces Cours solennelles. Le Roy Iean en l'an 1201. *Celebrauit Natale Domini apud* Guildenford, *vbi multa Militibus suis festiua distribuit indumenta.* & au jour de Pasques suiuant estant venu à Cantorbery, *ibidem die Paschæ cum Reginâ suâ coronam portauit.* Mathieu de Westminster dit qu'Henry III. celebra pareillement ces festes auec appareil en l'an 1249. à Westminster, *Vbi cum dapsili valde conuiuio, vt solet, dies transegit Natalitios, cum multitudine Nobilium copiosâ.* Et en l'en 1253. il remarque qu'à vne feste qu'il tint à Wincestre à Noël, les habitans de cette ville, *juxta ritum tantæ solennitatis fecerunt (Regi) xenium nobilissimum.* Ce qui sert encore pour justifier qu'en ces occasions les Roys receuoient des presens de leurs sujets, & que les habitans des villes où ces festes se solennisoient estoient tenus de contribuer à vne partie des dépenses: ce qui est exprimé dans le titre de la Commune de Laon, dont j'ay fait mention. Edoüard I. les mit aussi en vsage, au recit de Thomas de Walsingham, *Rex verò Bristoliam veniens, ibique festum Dominicæ Natiuitatis tenuit eo anno.* Comme aussi Edoüard II. suiuant le même Auteur, *Rex iter versus insulam Eliensem arripuit, vbi solennitatem Paschalem tenuit nobiliter, & festiuè.* Où il faut remarquer ces termes de *tenir feste*, qui estoit vne expression Françoise: Guillaume Guiart en l'an 1202. parlant de Philippes Auguste:

*Partie II.* X ij

Eadmer l. 4. Hist. Nouor. p. 101.

Id. l. 2. vita S. Anselmi Cant. c. 3.

Id. p. 105.

Lib. 6. p. 137

Rog. Houed. part. 2. p. 491.

Henric. Huntind. l. 8. p. 390. Rob. de Monte A. 1139. Gesta Steph. Reg. Math. Paris p. 51. Rog. Houed. part. 2. p. 491. Math. west. A. 1101. Math. West. A. 1249. 1253.

Th. Walsingh. p. 12. Id. p. 104.

# DISSERTATION V.

*Tint li Rois leans vne feste,*
*Où moult dépendi grant richece.*

<small>Addit. ad Vvill. Gemet. p. 317.</small> Les grands Seigneurs ont aussi affecté à l'exemple des Souuerains de tenir leurs Cours solennelles aux grandes festes de l'année. Vn ancien Auteur dit que Richard II. Duc de Normandie, auoit coûtume de tenir sa Cour aux festes de Pasques au Monastere de Fescan, qui auoit esté bâti par son pere: *Ibi erat solitus ferè omni tempore suam Curiam in Paschali solennitate tenere.* Il est <small>Reg. Bigorr. fol. 13.</small> souuent parlé des Cours plenieres des Seigneurs dans les titres, particulierement dans vn de Pierre Comte de Bigorre, qui porte ces mots: *Curia namque ibi erat magna & plenaria.* Mais je crois que ces Cours plenieres estoient des assemblées des Pairs de fief, & où le Seigneur se trouuoit, dans lesquelles on decidoit & on jugeoit les differents des fiéuez. Il y a au Cartulaire de Vendôme <small>Tabular. Vindoc. fol. 150.</small> vn jugement rendu *plenariâ Curiâ vidente.* Aussi cette Cour pleniere estoit vne dépendance des grands fiefs, & qui estoit accordée par le Prince. Guillaume le Bâtard la donna à l'Eglise de Dunelme: *Et vt Curiam suam plenariam, & Vrech in terrâ suâ liberè, & quietè in perpetuum habeant, concedo & confirmo.* <small>Monaster. Angl. to. 1. p. 44. Ib. to. 2. p. 281.</small> Il se trouue vne autre Charte d'Henry III. aussi Roy d'Angleterre pour le Prioré de Repindon au Comté de Derby, qui porte de semblables termes, *Et Curiam suam plenariam, preterquam de furtis, & de hominibus Comitis,* &c. Ce qui fait voir que ces Cours plenieres des Seigneurs regardoient pour l'ordinaire leur justice & la connoissance des cas qui en dépendent. Il y a au Cartu<small>Cart. de Valoires.</small>laire de l'Abbaye de Valoires, au Diocese d'Amiens, vn titre d'Enguerrand Vicomte de Pont de Remy de l'an 1274. par lequel l'Abbé & les Moines de ce Monastere reconnoissent qu'ils sont obligez de le loger, & sa suite dans les maisons qui leur appartiennent dans Abbeuille, le jour de la Pentecoste, & les trois suiuans, & de lui fournir des estables, deux charetes de fourage, des cuisines, des tables, & des napes, au cas que le Comte de Pontieu l'obligeât de venir à Abbeuille, lorsqu'il y tiendroit sa Cour. Ce qui fait voir que les vassaux estoient obligez à raison de leurs fiefs de se trouuer aux Cours solennelles de leurs Seigneurs. Conformément à cét vsage, j'ay leu vn autre titre de Renaud d'Amiens <small>Tabular. Pinconiense f. 57.</small> Cheualier Seigneur de Vinacourt, de l'an 1210. par lequel il reconnoît qu'il est homme lige d'Enguerrand Seigneur de Pinquegny, & qu'il luy doit six semaines de seruice au méme lieu auec armes, à ses propres dépens, s'il en a besoin pour sa guerre. Puis ajoûte ces mots, *Et si dictus Vicedominus me pro festo faciendo summonuerit, ego cum vxore meâ per octo dies secum ad custumum meum debeo remanere,* &c. Par vn autre aueu de l'an 1280. Dreux d'Amiens Seigneur de Vinacourt, reconnoît qu'il doit *huit jours de stages, & huit jours de feste* au Vidame d'Amiens; où il est à remarquer que ce qui est icy appellé *festum*, est appellé dans vn autre titre du méme Enguerrand de l'an 1218. *dies hastiludii*, & dans vn autre de Iean Vidame d'Amiens de l'an 1271. *le jour du Bouhordeis*, parce qu'en ces jours-là on faisoit des *Behourds*, des Tournois, & des Ioustes: Et afin que ces assemblées fussent plus celebres, les Seigneurs obligeoient, ainsi que j'ay dit, leurs vassaux de s'y trouuer à leurs dépens, & leur enuoioient faire les *semonces* à cét effet. Mais parce que la matiere des Tournois & des *Behourds* est curieuse, & que leur origine est peu connuë, je prendray icy occasion d'en faire quelques Dissertations, qui ne sçauroient estre qu'agreables, puisqu'elles en découuriront la source, & en feront voir l'vsage, & les abus.

Non seulement les vassaux estoient tenus de se trouuer aux Festes de leurs Seigneurs, mais encore ils y estoient obligez à quelques deuoirs particuliers <small>M. de Boissieu au Traité des Droits Seig. ch. 4.</small> suiuant les conditions des infeodations. Dans vn acte passé l'an 1340. Humbert Dauphin donne à Aynard de Clermont la terre de Clermont en Trieues, auec le titre de Vicomté, à la charge que lorsque le Dauphin, ou son fils aîné seroit fait Cheualier, le Vicomte porteroit l'espée deuant luy, & qu'aux jours de Cheualerie & de mariage, il seruiroit à cheual, ou à pied, selon que la FESTE le requerroit, pour raison dequoy il prendroit deux plats & quatre

## SVR L'HISTOIRE DE S. LOVYS.

assietes d'argent de seize marcs, & si la Feste duroit plus d'vn jour, vn plat de quatre ou cinq marcs chaque jour.

# DE L'ORIGINE ET DE L'VSAGE des Tournois.

## DISSERTATION VI.

TOvs les peuples qui ont aimé la guerre, & qui en ont fait le principal but de leur gloire, ont tâché de s'y rendre adroits par les exercices militaires. Ils ont crû qu'ils ne deuoient pas s'engager d'abord dans les combats, sans en auoir appris les maximes & les regles. Ils ont voulu former leurs soldats, & leur apprendre à manier les armes, auant que de les employer contre leurs ennemis : *Ars enim bellandi, si non præluditur, cùm necessaria fuerit, non habetur*, dit Cassiodore. C'est pour cette raison que S. Isidore écrit que les Goths, qui estoient estimez grands guerriers, *in armorum artibus spectabiles*, auoient coûtume de s'exercer par des combats innocens : *Exercere enim sese telis, ac præliis præludere maximè diligunt, ludorum certamina vsu quotidiano gerunt*.

Les François qui ont esté effectiuement les plus belliqueux d'entre toutes les nations, les ont aussi cultiuez plus que les autres. Ce sont eux qui sont les inuenteurs des Tournois & des Ioustes, qu'ils n'ont mis en vsage, que pour tenir les Gentilshommes en haleine, & pour les préparer pour les combats. Ce qui a fait dire à vn Poëte de ce temps :

*Ante homines domuisse feras Gens Gallica ab olim*
*Sanxit, & ad duros belli armorúmque labores,*
*Exercere domi rigidæ præludia pugnæ.*

Et comme les Tournois ne furent inuentez que pour exercer les jeunes Gentilshommes ; c'est pour cela qu'ils sont appellez par Thomas de Walsingham *Ludi militares*, par Roger de Howeden *Militaria exercitia*, par Lambert d'Ardres *Gladiaturæ*, par l'Auteur de l'Histoire de Hierusalem *Imaginaria bellorum prolusiones*, & enfin par Guillaume de Neubourg, *Meditationes militares, armorum exercitia, belli præludia, quæ nullo interueniente odio, sed pro solo exercitio, atque ostentatione virium fiebant*.

Alexandre Necham, Lazius, Chifflet, & autres Auteurs estiment que le nom, aussi bien que l'origine des Tournois, vient de ces Courses de cheuaux des anciens, qui sont nommez *Trojæ*, & *Trojani Ludi*, & qui furent inuentez premierement par Enée, lorsqu'il fit inhumer Anchise son pere dans la Sicile, d'où ces Courses passerent ensuite chez les Romains. On ne peut pas douter que ces jeux Troyens n'ayent beaucoup de rapport auec les Tournois, comme on peut recueillir de la description que Virgile nous en a donnée : car ils ne consistoient pas dans de simples courses de cheuaux, comme le P. d'Outreman a écrit, puisque Virgile témoigne assez le contraire par ces vers :

—*pugnæque cient simulachra sub armis,*
*Et nunc terga fugæ mandant, nunc spicula vertunt*
*Infensi : factâ pariter nunc pace feruntur.*

Il est constant toutefois, qu'il se faisoit d'autres exercices dans les Tournois & d'autres combats. Il est mémes probable que le nom de Tournois ne vient pas de *Troja, quasi Trojamentum*, comme les Auteurs, que je viens de nommer, ont écrit, mais plûtot du mot François *Tourner*, qui signifie marcher, ou courir en rond. C'est ainsi que *Papias* interprete ce mot de *Tornat, in gyrum mittit*. Terme qui ne semble pas nouueau, puisque Paul Diacre & l'Empereur Maurice en ses Tactiques nous apprennent que celui de *Torna* estoit en vſage dans les combats, pour obliger les ſoldats à *tourner* aux occaſions qui ſe preſentoient. Auſſi pluſieurs eſtiment que ces femmes qui ſont appellées *Tornatrices* dans Hincmar, ont ce nom, acauſe qu'elles danſoient en rond. C'eſt encore de là que nos anciens François ont emprunté le mot de *Returnar*, qui ſe trouue dans le traité de Paix d'entre Louys & Charles le Chauue ſon frere, & de *Retornare* dans les Capitulaires du méme Charles le Chauue, qui eſt à preſent commun parmy nous, pour *reuenir de quelque endroit*.

*Hincmar. 10. 1. p. 714. Cap. 3. diſſ. S. de conſecr. Nithard. l. 3 Capit. Car. C. tit. 16. §. 14. Nithard. l. 353. Hiſt. p. 375.*

Ces exercices militaires ont eſté en vſage parmy nos premiers François: du moins Nithard nous apprend qu'ils eſtoient connus ſous la ſeconde race de nos Roys. Car décriuant l'entreueuë de Louys Roy d'Alemagne & de Charles le Chauue Roy de France en la ville de Straſbourg, & racontant comme ils ſe donnerent toutes les marques d'vne amitié reciproque, il ajoûte que pour rendre cette aſſemblée plus ſolennelle, il ſe fit des combats à cheual entre les Gentilshommes de la ſuite des deux Princes, pour donner des preuues de leur adreſſe dans les armes: *Ludos etiam hoc ordine ſæpe causâ exercitii frequentabant. Conueniebant autem quocumque congruum ſpectaculo videbatur: & ſubſiſtente hinc omni multitudine, primùm pari numero Saxonorum, Waſconorum, Auſtraſiorum, Britannorum, ex vtraque parte, veluti ſibi inuicem aduerſari vellent, alter in alterum veloci curſu ruebat; hinc pars terga verſa vmbonibus ad ſocios inſectantes euadere ſe velle ſimulabant. At verſa vice iterùm illos, quos fugiebant, perſequi ſtudebant: donec nouiſſimè vtrique Reges cum omni iuuentute, ingenti clamore, equis emiſſis, haſtilia criſpantes exiliunt, & nunc his, nunc illis terga dantibus, inſiſtunt. Erátque res digna pro tantâ Nobilitate, nec & moderatione, digna ſpectaculo. Non enim quiſpiam in tantâ multitudine ac diuerſitate generis, vti ſæpe inter pauciſſimos, & notos contingere ſolet, alicui, aut læſionis, aut vituperii quippiam inferre audebat.* On ne peut pas reuoquer en doute, aprés ce paſſage, que les Tournois ne ſe ſoient faits deuant la troiſiéme race de nos Roys.

*Chr. Tur. A. 1066. Chr. S. Martini Turon. A. DuChesne en l'Hiſt. des Chaſteigners. Lamb. Ard. p. 13.*

Cependant les anciennes Chroniques en attribuent l'inuention à Geoffroy Seigneur de Preuilly, qui fut pere d'vn autre Geoffroy, qui donna l'origine aux Comtes de Vendôme. Celle de Tours rend ce témoignage de lui: *Anno 1066. Gauſridus de Pruliaco, qui Torneamenta inuenit, apud Andegauum occiditur.* Et celle de S. Martin de Tours: *Anno Henrici Imp. 7. & Philippi Regis 6. fuit proditio apud Andegauum, Gauſridus de Pruliaco & alii Barones occiſi ſunt. Hic Gauſridus de Pruliaco Torneamenta inuenit.* D'autre part nous liſons dans Lambert d'Ardres que Raoul Comte de Guines, fils du Comte Ardolphe, eſtant venu en France pour y frequenter les Tournois, reçut dans vn de ces combats vn coup mortel, qui lui fit perdre la vie. Or Raoul viuoit auant Geoffroy de Preuilly: car le méme Auteur écrit qu'Euſtache ſon fils ayant appris la mort de ſon pere, vint auſſi-tôt en Flandres, & fit hommage de ſon Comté au Comte Baudoüin le Barbu, qui tint le Comté de Flandres depuis l'an 989. juſques en l'an 1034.

De ſorte que j'eſtime que ce Seigneur n'inuenta pas ces combats & ces exercices militaires, mais qu'il fut le premier qui en dreſſa les loix & les regles, & mêmes qui en rendit la pratique plus commune & plus frequente. Ce qui eſt d'autant plus probable, que nous ne liſons pas le mot de Tournoy auant ce temps-là. D'ailleurs la pluſpart des Ecriuains étrangers reconnoiſſent ingenuëment que les Tournois eſtoient particuliers aux François. C'eſt pourquoy ils ſont appellez par Mathieu Paris *Conflictus Gallici*, les combats ordinaires des François, en ce paſſage: *Henricus Rex Anglorum junior mare tranſiens in* CONFLICTIBVS GALLICIS, *& profuſioribus expenſis, triennium peregit, regiáque Majeſtate prorſus depoſitâ, totus eſt de Rege tranſlatus in Militem, & flexis in gyrum frenis, in variis congreſſionibus triumphum reportans, ſui nominis famam circumquaque reſperſit.* Raoul de Coggeshall en ſa Chronique Manuſcrite rend le méme témoignage, écriuant que Geoffroy de Mandeuille

*Math. Paris A: 1179. p. 95.*

*Raduſf. Coggesh. in Chr. MS.*

mourut en la ville de Londres, d'vne blessure qu'il reçut, *dum* MOR<sup>E</sup> FRANCORVM, *cum hastis, vel contis, se se cursim equitantes vicissim impeterent*.

 Aussi les Auteurs ont remarqué que les François ont esté adroits en ces exercices plus que les autres nations. Le Comte Baltazar de Castillon en son Courtisan parle de cette adresse de nostre nation. *Nel Torneare, tener vn passo, combatere vna sbarra.* & comme la lance estoit la principale arme, dont on se seruoit en cette sorte de combat, ils y ont tousiours excellé : ce qui a donné suiet à Foucher de Chartres de dire qu'ils estoient *probissimi bellatores, & mirabiles de lanceis percussores*. Albert d'Aix fait vne description de leurs lances: & Anne Comnene, Nicetas, & *Cinnamus* rendent cét honneur à la Noblesse Françoise d'auoir eu vne adresse toute particuliere pour les manier, & pour s'en seruir dans les occasions. *Balth. Cast. nel. Corteg. l. 1.*
*Fulcher. Carnot. l. 2. c. 41. Alb. Aq. l. 4. c. 6.*
*Anna Cōn. in Alex. p. 171. 172. 207. 277. 445. 469.*

 Les Anglois emprunterent des François l'vsage des Tournois, qui ne commencerent à estre connus d'eux, que sous le regne du Roy Estienne, *Cùm per eius indecentem mollitiem nullus esset publicæ vigor disciplinæ*, ainsi que Guillaume de Neubourg écrit. Car alors, & sous le regne du Roy Henry I I. qui succéda à Estienne, les Anglois *Tyronum exercitiis in Angliâ prorsus inhibitis, qui fortè armorum affectantes gloriam exerceri volebant, transfretantes in terrarum exercebantur confiniis*. Roger de Howeden & Brompton confirment cette remarque, racontant que Geoffroy Comte de Bretagne ayant esté fait Cheualier par le Roy Henry I I. son pere, passa de l'Angleterre en Normandie, & que dans les confins de cette prouince & de celles de France, il se trouua dans les Tournois, où il eut la satisfaction de se voir rangé au nombre des Cheualiers qui excelloient dans ces sortes de combats. Mais le Roy Richard fut le premier qui en introduisit la pratique dans l'Angleterre. Car cét illustre Prince considerant que les François estoient d'autant plus vaillans, qu'ils estoient exercez, *tanto esse acriores, quanto exercitatiores atque instructiores, sui quoque Regni Milites in propriis finibus exerceri voluit, vt ex bellorum solenni præludio, verorum addiscerent artem vsūmque bellorum, nec insultarent Galli Anglis Militibus, tanquam rudibus & minùs gnaris*. Mathieu Paris dit la mème chose, ce qu'il semble rapporter à l'an 1194. *Eodem tempore Rex Richardus in Angliam transiens, statim per loca certa Torneamenta fieri, hac fortassis inductus ratione, vt Milites Regni vtriusque concurrentes vires suas flexis in gyrum frenis experirentur: vt si bellum aduersus Crucis inimicos, vel etiam finitimos mouere decernerent, agiliores ad prælium, & exercitatiores redderentur*. Mais ce grand Roy est blâmé de ce que voiant l'ardeur extraordinaire que les siens auoient pour se trouuer à ces exercices militaires, il en prit occasion pour leuer de l'argent sur ceux qui voudroient y aller : *Rege id decernente, & à singulis qui exerceri vellent indictæ pecuniæ modulum exigente*. *Nicet. in Man. l. 3. c. 3. Cinn. l. 2. Will. Neub. l. 5. c. 4.*
*Roger Houued. & Brompt. A. 1177.*
*Will. Neub. loco cit.*
*Math. Par. A. 1194.*
*Math. Vuestm. A. 1194.*
*Id. Neubrig.*
*Brompton. p. 1261.*

 Les Alemans ne mirent pareillement les Tournois en vsage, qu'aprés qu'ils les eurent receûs des François. Ie sçay bien que *Modius* en fait l'origine beaucoup plus ancienne en ces pays-là, nous ayant donné des Tournois qui furent celebrez en Alemagne long-temps auant Geoffroy de Preuilly. Mais aussi ceux qui sont tant soit peu versez dans l'Histoire, n'ignorent pas que ce liure est remply de fables, & il faut auoüer que son Auteur a passé les bornes de l'impudence, lorsqu'il nous a donné vn Antoine Marquis de Pont à Mouçon, Claude Comte de Tolose, Paul Duc de Bar, Ligore Comte de Bourgogne, Sigismond Comte d'Alençon, Louys Comte d'Armagnac, Philippes Comte d'Artois, Antoine Comte de Boulogne, & autres Princes imaginaires, qui se trouuerent, à ce qu'il dit, auec l'Empereur Henry I. en la guerre contre les Hongrois. Il est bien vray que Munster a écrit que les Tournois commencerent à paroître dans l'Alemagne en l'an 1036. en laquelle année il s'en fit vn dans la ville de Magdebourg. Que si ce qu'il dit est veritable, cela se fit au même temps que Geoffroy de Preuilly les inuenta, n'estant pas hors de probabilité de croire *Fr. Modius in Pandect. Triumph. A. Fauyn. l. 10. du Theatre d'Honneur. Id. Modius. to. 2. l. 1. p. 15.*
*Munster. Geogr. l. 3. p. 896.*

que les Alemans en apprirent l'vsage de lui, au même temps que les Fran-
çois.

Mais entre tous les Auteurs, qui ont écrit des Tournois, les Grecs auouënt franchement que ceux de leur nation en ont tiré la pratique des Latins, c'est à dire des François, qui en furent les inuenteurs. Nicephore Gregoras en parle de la sorte, εἶτα ᾳ᾽ ἀγῶνας ἐξετέλεσε δύο, μίμησιν τινα τῶν Ὀλιμπιακῶν ἀποσώζοντας, — οἱ δὴ τοῖς Λατίνοις πάλαι ἐπιειδήται γυμνασίας ἕνεκα σώματος, ὁπόθεν σχολὴ ἄγοιεν τῶν πολεμικῶν. Iean Cantacuzene designe plus distinctement le temps auquel on commença à vser des Tournois dans l'Empire d'Orient : sçauoir lorsqu'- Anne de Sauoie, fille d'Amé I V. Comte. de Sauoye, vint à Constantinople pour y épouser le jeune Andronique Paleologue Empereur ( ce mariage se fit en l'an 1326.) car alors la Noblesse de Sauoie & de France, qui auoit accompagné cette Princesse, fit des Tournois dans cette capitale de l'Empire, & en apprit ainsi l'vsage aux Grecs : ᾳ᾽ τὴν λεγομένην τζυςρίαν, ᾳ᾽ τὰ τερπνότατα αὐτοὶ πρῶτοι ἐδίδαξαν Ῥωμαίοις, ὕπω πρότερον περὶ τοιούτων εἰδότας οὐδέν. Mais il y a lieu de douter si les Tournois ne commencerent à estre celebrez dans l'Empire Grec, que depuis ce temps-là. Car Nicetas nous apprend que l'Empereur Manuel Comnene estant en la ville d'Antioche, les Grecs combatirent contre les Latins dans vn Tournoy, & luimême voulant faire voir qu'il ne cedoit en rien aux François dans la dexterité à manier la lance, il s'y trouua, & y combatit auec ceux de sa nation. Il y a même lieu de croire que ce Prince les mit en vsage dans ses Estats. Car *Cinnamus* écrit qu'estant paruenu à l'Empire, il enseigna à ses peuples vne nouuelle façon de combattre, leur ordonnant d'vser à l'auenir de longs écus, au lieu de ronds, d'apprendre à manier de longues lances, comme les François, & à monter à cheual, puis il les obligea de s'exercer entre eux par des combats innocens, qui ne sont autres que les Tournois: voicy les termes de cét Auteur : ὡς γὰρ τῶν πολεμων ἀνέσεις, πολέμων ἀκριβῶς ποιεῖσθαι βέλον προσκευαι, ἱππεύεσθαι ἀκὼς τὲ πολλὰ, χήμιτε πολέμῳ πεποιημένος, προσβολέξεις τινας ἀντιμετώπους ἀλλήλαις ἴσα. ὑπο τε δορασιν ἐπελαύνων τοῖς αὐτεξύλοις, κινέων ἐγυμνάσαντο τὴν ἐν τοῖς ὅπλοις. Anne Comnene semble encore parler de ces exercices des Tournois, & faire voir qu'ils estoient en quelque façon en vsage sous l'Empire d'Alexis son pere: ἐπιμελῶς τε ἐκπαιδεύσει ὅπως δεῖ τόξον τείνειν, ᾳ᾽ δόρυ κραδαίνειν, ἵπποντε ἐλαύνειν, ᾳ᾽ μαχιμᾶς ποιεῖσθαι συντάξεις. ces dernieres paroles designent assez les Tournois, où les combats se faisoient en troupes.

Le principal but de l'vsage des Tournois estoit pour exercer ceux qui faisoient profession des armes, pour apprendre à les manier, & à monter à cheual, & pour donner des preuues de leur valeur : *pro solo exercitio, atque ostentatione virium*, ainsi qu'écrit Guillaume de Neubourg, ἕνεκα σώματος, comme parle Gregoras, & enfin, *vt ex solenni bellorum præludio verorum addisceretur ars vsúsque bellorum*. Car il est malaisé de faire de belles actions dans les combats, si on n'a passé par les exercices militaires, & si on n'a fait les épreuues necessaires pour entreprendre vn métier si difficile, & si dangereux. Roger de Howeden parlant au sujet des Tournois, aprés s'estre serui du passage de Cassiodore, que j'ay cité, ajoûte ces paroles : *Non potest Athleta magnos spiritus ad certamen afferre, qui nunquam suggillatus est. Ille qui sanguinem suum vidit, cujus dentes crepuerunt sub pugno, ille qui supplantatus aduersarium toto tulit corpore, nec projecit animum projectus, qui quoties cecidit contumacior surrexit, cum magnâ spe descendit ad pugnam*.

Comme donc on ne combattoit aux Tournois, que pour y apprendre le métier de la guerre, & pour s'y exercer, aussi on n'y employoit aucunes armes qui pussent blesser ceux qui entroient en lices. Dion écrit que l'Empereur Marc Aurele voulut que les Gladiateurs vsassent d'épées, dont les pointes seroient émoussées & rabatuës, & au bout desquelles il y auroit vn bouton, σιδήριον ἔχον οὐδεν ἐν αὐτῷ ὀξὺ ἔδωκεν, ἀλλὰ καὶ ἀμβλέσιν ὡσπερεὶ σφωραμβόροις πάντες ἐμάχοντο. Seneque appelle cette sorte d'armes *lusoria arma, lusoria tela*,

# SVR L'HISTOIRE DE S. LOVYS.

*cela*, & nos François *des Glaiues Courtois*, c'est à dire des lances innocentes, sans aucune pointe de fer. Le Traité des Cheualiers de la Table ronde, dit que ces Cheualiers *ne portoient nulles espées, fors glaiues courtois, qui estoient de sapin, ou d'if, auec cours fers, sans estre trenchant, ne esmolus*. Mémes les *Diseurs*, ou les Iuges des Tournois, faisoient faire sermens aux Cheualiers qui y deuoient combatre, *qu'ils ne porteroient épées, armures, ne bastons affustiez, ne enfonceroient leurs armes, ne estaquettes assises par iceux Diseurs*, ainsi qu'il est porté dans vn Traité Manuscrit des Tournois, mais combatroient à espées *sans pointe & rabatuës, & auroit chascun Tournoyant vn baston pendu à sa selle, & feroient desdites espées & bastons tant qu'il plairoit ausdits Diseurs*. Vn autre Traité des Tournois ajoûte que les Cheualiers *Tournoioient d'espées rabatuës, les taillans & pointes rompuës, & de bastons, tels que à Tournoy appartient, & deuoient frapper de haut en bas, sans tirer, ne sans saquier*. Le cry des Tournois, dans Iacques Valere en son Traité de la Noblesse, porte que les Tornoyans *doiuent estre montez & armez de nobles harnois de Tournoy, chascun armoié de ses armes, en hautes selles, pissiere, & chanfrain, pour Tournoyer de gratieuses espées rabatuës, & pointes brisées, & de cours bastons*. Et plus bas, il est dit qu'ils deuoient *fraper du haut en bas sans le bouter d'estocq, ou hachier, ne tournoyer mal courtoisement. Car en ce faisant il ne gaigneroit riens, ne point de prix d'armes n'auroit, mais l'amenderoit ou dit des Iuges*. Vn ancien Auteur écrit à ce sujet que *Torneamentum percutiendo non etiam infringendo, juxta solitum exercetur*. Si donc le Tournoiant en auoit vsé autrement, il estoit blâmé par les Iuges du Tournoy. Mathieu Paris en l'an 1252. dit que Roger de Lemburne Cheualier Anglois ayant blessé mortellement à la gorge Hernaud de Montigny de la pointe d'vne lance non émoussée, *lanceæ mucrone, qui prout debebat non erat hebetatus*, quoy qu'il se dît innocent, fut neantmoins soupçonné d'auoir vsé de trahison en cette occasion ; mais s'il arriuoit que quelqu'vn eut blessé, ou tué son aduersaire auec les armes ordinaires du Tournoy, pourueu qu'il n'eut rien fait contre les loix des Tournois, il ne receuoit aucun blâme. Ce qui est remarqué particulierement par Gregoras en ces termes : ἐπεὶ δὲ τὸν πρώταντα, ἢ καὶ ἀποκτείνοντα συμβαίη οὑτωσί πως, κᾂν τοῖς ἀγῶσιν ἀμφοτέραις, ἀνέγκλητον ἐτίναι σφίσιν ἰὸ μιμον ἦν.

Ceux qui estoient commis en cette qualité de Iuges des Tournois mesuroient & examinoient les lances des Cheualiers & leurs autres armes, & prenoient garde s'ils n'estoient pas liez à leurs selles, ce qui estoit défendu par les loix des Tournois, comme il est exprimé au Traité MS. que je viens de citer : *à laquelle entrée se tiennent les susdits deux Iuges & Officiers d'armes de la marche, lesquels rauissent leurs espées, pour sçauoir si elles sont raisonnables, & aussi le baston s'il est de muison. Le cry des Tournois : & lendemain tenir fenestre comme dessus, & aprés disner à l'heure dessus nommée venir és pleins rens, montez & armez à tout lances mesurées & muisonnées de lances de muison, & courtois rochets : c'est asauoir mesurées à la gauge qui y sera commise & ordonnée de Messieurs les Aduentureux, sans estre liez ne attachez. Car se il estoit seu, ne trouué, jaçoit ce qu'il Forjoustast, si perdroit il son pris pour la journée : & qui jousteroit de plus longue lance qu'il ne deuroit, il perdroit la lance garnie. Et qui jousteroit de Forcours, il peut bien perdre & rien gagner.*

Quoy que les inuenteurs des Tournois, & de leurs loix, semblent auoir apporté toutes les précautions necessaires pour éuiter les inconueniens qui en pouuoient arriuer, souuent neantmoins il en suruenoit de grands par la chaleur du combat, ou par la haine & la jalousie des Tournoyans. Car il y en auoit qui n'estans pas maîtres d'eux-mesmes, se laissoient emporter à la passion, & à l'ardeur qu'ils auoient de vaincre, & qui n'obseruans pas entierement les regles qui leur estoient prescrites, faisoient tous leurs efforts pour renuerser leur aduersaire, de quelque maniere que ce fust. Il y en auoit d'autres qui prenoient ces occasions pour se venger de leurs ennemis. C'est pour-

Partie II.                                                                                                          Y

## DISSERTATION VI.

*W. Hedain Hist. Episc. Traject.*
*Henr. Knighton. l. 2. de E- tent. Angl. 2459.*
*Math. Par. p. 583.*
*a Lamb. Ard. p. 13.*
*b Vv. Mal- mesb. l. 3. Hist. Angl. p. 105.*
*c Math. Par. p. 194.*
*d Io. Iscka, Vv. Heda Io. à Leydis l. 22. c. 16.*
*e Godef. Mon. A. 1234. Hist. Archiep. Brem. p. 110.*
*f Math. Pa- ris p. 385. Math. Vvestm. p. 305.*
*g Id. f. 566.*
*h Chr. Au- stral. A. 1269. Chr. Cittzense p. 813.*
*i Gesta Phil. III. Reg Fr.*
*k Chr. Au- stral. A. 1189.*
*l Mag. Chr. Belg. A. 1294. Chr. de Flandr. ch. 31. Math. Vvestm. A. 1295.*
*m To. 2 Mo- nast. Angl. p. 120. 121. Petrarch. Epist. fa- mil. 73. M. Chr. Belg. A. 1240.*
*n Baron. A. 1148 n. 12.*
*o Conc. Lat. p To. 5. Hist. Fr. p. 753.*
*q Cæsar. Heist. de Mirac. l. 12. c. 16. 17.*
*r Math. Par. p. 137.*
*s M. Chr. Belg. A. 1240.*
*t S. Ber. ep. 358. Theoder. Abb. in vi- ta S. Bern.*

quoy on jugea à propos d'obliger ceux qui se faisoient faire Cheualiers, de faire serment qu'ils ne frequenteroient les Tournois, que pour y apprendre les exercices de la guerre, *se tirocinia non nisi causa militaris exercitii frequentaturos.* Car souuent ces combats qui d'abord ne se faisoient que par diuertissement, & pour s'exercer, se tournoient en querelles, & en de veritables guerres. Henry Knighton parlant du Tournoy qui se fit à Chalon en l'an 1274. où le Roy Edoüard auec les Anglois combatit contre le Comte de Chalon & les Bourguignons, dit que les deux partis s'y portérent auec tant de chaleur & de jalousie, que plusieurs y demeurerent sur la place, *adeò vt non torneamen- tum, sed paruum bellum de Chalon communiter diceretur.* Et Mathieu Paris racon- tant vn autre Tournoy en l'an 1241. *Fuerunt autem ibidem multi tam Milites, quam Armigeri vulnerati, & clauis cæsi, & grauiter læsi, eo quòd inuidia multorum ludum in prælium commutauit.*

Les Histoires sont remplies de ces funestes accidens qui arriuoient aux Tour- nois. Raoul Comte de Guines y perdit la vie au recit de ª Lambert d'Ar- dres. ᵇ Robert de Hierusalem Comte de Flandres y fut blessé à mort. ᶜ Geof- froy de Magneuille Comte d'Essex en Angleterre y fut tué en l'an 1216. ᵈ Flo- rent Comte de Hainaut & Philippes Comte de Bologne & de Clermont pe- rirent pareillement au Tournoy qui fut tenu en la ville de Corbie, en l'an 1223. ᵉ comme aussi le Comte de Hollande à celuy qui fut tenu à Neumague l'an 1234. ᶠ Gilbert Comte de Pembroch en l'an 1241. ᵍ Hernaud de Monti- gny Cheualier Anglois en l'an 1252. ʰ Iean Marquis de Brandebourg en l'an 1269. ⁱ Le Comte de Clermont y fut tellement blessé, qu'il en perdit l'esprit l'an 1279. ᵏ Louys fils du Comte Palatin du Rhin y perdit la vie en l'an 1289. ˡ Iean Duc de Brabant en l'an 1294. Et plusieurs autres personnes de condi- tion, que je passe, dont les Auteurs ᵐ font mention.

Ces funestes accidens donnerent occasion aux Papes d'interdire les Tour- nois, auec de griéues peines, excommuniant ceux qui s'y trouueroient, & défendant d'inhumer dans les Cimetieres sacrez ceux qui y perdroient la vie. Innocent ⁿ I I. Eugene I I I. & après eux Alexandre I I I. au Concile de La- tran de l'an 1179. furent les premiers qui fulminerent leurs Anathemes, dé- clamant contre les Tournois, & les appellant ᵒ *Detestabiles nundinas vel ferias, quas vulgò Torneamenta vocant, in quibus Milites ex condicto conuenire solent, & ad ostentationem virium suarum & audaciæ temerè congrediuntur, vnde mortes ho- minum & pericula animarum sæpe prouenient.* Ce Concile ajoûte ces mots : *& si quis eorum ibi mortuus fuerit, quamuis ei pœnitentia non denegetur, Ecclesiasticâ tamen careat sepulturâ.* Innocent III. ᵖ les interdit pareillement pour cinq ans sous peine d'excommunication. C'est ce qui a fait dire à *Cæsarius* ᑫ qu'il ne faisoit pas de dif- ficulté d'auancer, que ceux qui estoient tuez dans les Tournois estoient dam- nez : *De his verò qui in Torneamentis cadunt, nulla quæstio est, quin vadant ad in- feros, si non fuerint adjuti beneficio contritionis.* Il parle ensuite d'vne vision qu'vn Prestre Espagnol eut de quelques Cheualiers qui auoient esté tuez dans les Tournois, qui demandoient d'estre secourus par les prieres des Fidéles. A quoy l'on peut rapporter vne autre vision, dont Mathieu Paris ʳ parle en l'an 1227. écriuant, que Roger de Toëny vaillant Cheualier s'apparut à Raoul son frere, & lui tint ce discours : *Iam & pænas vidi malorum, & gaudia Beato- rum : nec non supplicia magna, quibus miser deputatus sum, oculis meis conspexi. Væ væ mihi, quare vnquam Torneamenta exercui, & ea tanto studio dilexi.* ˢ La gran- de Chronique Belgique raconte qu'en l'an 1240. il se fit vn Tournoy à Nuis prés de Cologne après la Pentecoste, où soixante tant Cheualiers qu'E- cuyers ayant perdu la vie, pour auoir esté pour la plûpart suffoquez de la poussiere, on entendit après leur mort les cris des Demons, qui y parurent en guise de corbeaux & de vautours, au dessus de leurs corps. C'est donc des termes de ces Conciles, que les Tournois sont appellez par S. Bernard ᵗ, l'Au- theur de sa vie, *Cæsarius,* & Lambert d'Ardres, *nundinæ execrabiles, & maledictæ.*

*l. 1. c. 11. Cæsar. l. 7. c. 39. l. 12. c. 17. Lambert. Ard. p. 13. 29.*

Innocent IV. n'apporta pas moins de rigueur pour abolir les Tournois, que ses predecesseurs. Mais ne pouuant en empécher entierement l'vsage, il les défendit pour trois ans au Concile tenu à Lyon l'an 1245. prenant pour pretexte qu'ils empêchoient les Gentils-hommes d'aller aux guerres d'outremer. On prenoit encore celuy de la dépense que les Cheualiers faisoient dans ces occasions, que l'on tâchoit d'arréter, aussi bien que toutes les autres, comme superfluës, & qui les mettoient dans l'impuissance de fournir à celles qu'il leur faloit faire pour les guerres Saintes. Lambert d'Ardres, *Cùm omninò tunc temporis propter Dominici sepulchri peregrinationem in toto orbe interdicta fuissent Torniamenta.* Et veritablement les Gentils-hommes faisoient de prodigieuses dépenses dans ces rencontres, soit à cause de la magnificence de leurs habits, & de leurs suites, & le prix de leurs cheuaux, que parce qu'ils estoient souuent obligez d'entreprendre de longs voyages pour en aller chercher les occasions: ce qui a fait tenir ces paroles au Cardinal Iacques de Vitry, au sujet des peuples qui souffroient infiniment par ces dépenses des Seigneurs : *Maximè cùm eorum domini prodigalitati vacantes & luxui pro Torneamentis & pomposâ sæculi vanitate expensis superfluis & debitis astringebantur, & vsuris.* & le méme Lambert parlant des prodigalitez d'Arnoul le jeune Seigneur d'Ardres, *Licèt extra patriam munificus & liberalis, & expensaticus diceretur, & circa militiam quicquid militantium & Torniamentantium consuetudo poscebat & ratio, quasi prodigaliter expenderet.*

<small>Math. Par. p.455. Concil. Lug.</small>

<small>Lambert. Ard. p. 250.</small>

<small>Iac. de Vit. l. 2. Hist. Occid. c. 3.</small>

<small>Lambert. Ard. p. 167.</small>

Le Pape Nicolas IV. témoigna le méme zele pour éteindre les Tournois, particulierement en France, où ils se faisoient plus fréquemment que dans les autres Royaumes, excommuniant ceux qui contreuiendroient à ces défenses. Et sur ce que le Cardinal de Sainte Cecile Legat du Saint Siege, qui les auoit fait publier, en accorda la surseance pour trois ans à la priere du Roy, il l'en reprit aigrement par la lettre qu'il lui écriuit, qui est inserée dans les Annales Ecclesiastiques.

<small>Od. Raynald. A. 1279. n. 16. 17.</small>

Clement V. interdit pareillement les Tournois, principalement à cause du dessein qu'il auoit de faire entreprendre aux Princes Chrétiens la guerre contre les Infideles. Sa Bulle est datée à Peraen de Gransille prés de Malausane au diocese de Bazas, le 14. de Septembre l'an 8. de son Pontificat, de laquelle j'ay extrait ce qui sert à mon sujet : *Cùm enim in Torneamentis & justis in aliquibus partibus fieri solitis multa pericula immineant animarum & corporum, quorum destructiones plerumque contingunt, nemini vertitur in dubium sanæ mentis, quin illi qui Torneamenta faciunt, vel fieri procurant, impedimentum procurant Passagio faciendo, ad quos homines, equi, & pecunia & expensæ fore necessaria dinoscuntur, quorum Torneamentorum factura cum graui pœnæ adjectione à nostris prædecessoribus est interdicta.*

<small>Orig.</small>

Mais l'ardeur de la Noblesse estoit si grande, pour les occasions qui s'offroient de donner des preuues de sa valeur dans les temps de paix, qu'il n'y auoit point d'Anatheme, ni de Bulle des Papes qui en pût arréter le cours. Ce qui a fait dire à Guillaume de Neubourg, *Licèt solemnem illum Tironum concursum tanta sub graui censurâ vetuerit Pontificum autoritas, feruor tamen juuenum armorum vanissimam affectantium gloriam, gaudens fauore Principum probatos habere Tirones volentium, Ecclesiasticæ prouisionis spreuit decretum.* Et Henry de Knyghton en l'an 1191. *Fiebant interea ad Tironum exercitium intermissa diu Torneamenta, quasi bellorum præludia, nonobstante Papali prohibitione.*

<small>W. Neubr.</small>

<small>H. Knygh. p. 2408.</small>

Comme donc le peril qui se trouuoit dans les combats des Tournois estoit si grand, que cela a donné premierement sujet aux Papes de les interdire sous les peines d'excommunication, l'on jugea aussi à propos d'en dispenser au moins les Souuerains, & les Princes de leur Sang, à cause de l'importance de leurs personnes. Du Tillet raconte que le Roy Philippes Auguste prit au mois de May l'an 1209. le serment de Louys de France son fils aîné, & de Philippes Comte de Bologne son autre fils, qu'ils n'iroient en aucun Tournoy sans son

<small>Fauyn to. 2. p. 1751.</small>

<small>Du Tillet p. 313.</small>

Partie II.   Y ij

congé, sous pretexte d'y faire signaler leur valeur, & d'y remporter le prix: leur permettant toutefois que s'il s'en faisoit quelqu'vn prés d'eux, d'y aller, sans y porter les armes comme Cheualiers, mais seulement auec l'halecret & l'armet. Petrarque écriuant à Hugues Marquis de Ferrare, dit qu'il n'appartient qu'à de simples Cheualiers de se trouuer aux Tournois, qui n'ont pas d'autres moyens, ni d'autres occasions pour donner des preuues de leur valeur & de leur adresse, & dont la mort est de petite consequence. Mais que les Princes pouuans faire éclater leur courage en mille autres rencontres, & d'ailleurs leur vie estant importante à leurs peuples, s'en doiuent abstenir.

*Petrarch. ep. ad March. Ferrar.*

Nous lisons neantmoins que souuent, non seulement les Princes de haute condition se sont trouuez à ces exercices militaires, & qu'ils y ont combatu comme simples Cheualiers, mais mémes les Empereurs & les Roys. Nicetas écrit que l'Empereur Manuel Comnene auec les Grecs combatit au Tournoy qui se fit à Antioche par le Prince Raymond, & qu'il jetta par terre d'vn seul coup de lance deux Cheualiers François, lesquels il renuersa l'vn sur l'autre. L'Empereur Andronique Paleologue le jeune combatit en personne au Tournoy qu'il fit à Didymotique pour la naissance de Iean son fils. Edoüard III. Roy d'Angleterre combatit en vn Tournoy dans la ville de Chalon, comme j'ay remarqué. Froissart dit que Charles VI. aux noces de Guillaume de Hainaut auec Marguerite de Bourgogne, solennisées à Cambray, l'an 1385. jousta à vn Cheualier de Hainaut, qui s'appelloit Nicole d'Espinoit. Le Roy François I. & Henry VIII. Roy d'Angleterre à leur entreueuë qui se fit entre Ardres & Guines l'an 1520. combatirent au Tournoy qui s'y fit. Enfin le Roy Henry II. jousta à Paris contre le Comte de Montgomery, & reçût vne blessure en l'œil, dont il mourut.

*Nicet. in Man. l. 3. c. 3.*

*Niceph. Greg. p. 340.*

*Froiss. 1. vol. c. 131.*

*Cerem. de Fr. 1. vol. p. 743.*

Les Princes seculiers interdirent aussi quelquefois les Tournois, mais pour d'autres raisons que celles qu'eurent les Papes. Guillaume de Nangis écrit que S. Louys ayant receuü Pape en l'an 1260. les nouuelles de la défaite des Chrétiens dans la Terre Sainte, & dans l'Armenie par les Infidéles, fit faire des prieres publiques, défendit les Tournois pour deux ans, & ne voulut point qu'on s'adonnât à d'autres jeux, qu'à l'exercice de l'arc & de l'arbaléte. Le Roy Philippes le Hardy prorogea les défenses qui auoient esté faites pour vn temps des Ioustes & des Tournois, par vne Ordonnance qui fut registrée au Parlement de la Pentecoste l'an 1280. Ces prohibitions se firent particulierement durant les guerres que nos Roys auoient auec leurs voisins, comme on peut recueillir des Ordonnances de Philippes le Bel des années 1304. & 1305. qui se lisent dans vn Registre du Trésor des Chartes du Roy. Dans vne autre du penultiéme jour de Decembre l'an 1311. qui est inserée dans vn Registre de la Chambre des Comptes de Paris, qui m'a esté communiqué par Monsieur d'Herouual, dont voicy l'extrait, le même Roy ne prend pas d'autre pretexte que celuy des desordres qui en arriuoient.

*Vv. Nang. in S. Lud. p. 371.*

*Regist. du Parlement. 36. Reg. du Trésor des Chart. du Roy Chart. 191. 217. 240. 1. Vol. Memorabil. Camera Comput. Paris. f. 16. 55. Reg. du Trésor des Chart. du Roy.*

PHILIPPVS D. G. *Francorum Rex vniuersis & singulis Baronibus, & quibuscumque Nobilibus Regni nostri, necnon omnibus Bailliuis & Senescallis, & aliis quibuscumque Iustitiariis Regni ejusdem, ad quos præsentes litteræ peruenerint, Salutem. Periculis & incommodis quæ ex Torneamentis, congregationibus armatorum, & armorum portationibus in diuersis Regni nostri partibus hactenus prouenisse noscuntur, obuiare volentes, ac super hoc prorsus nostro tempore prout ex officii nostri debito tenemur, salubriter prouidere, vobis & cuilibet vestrûm sub fide qua nobis tenemini, & sub omni pœna quam vobis infligere possumus, præcipimus & mandamus quatenus congregationes armatorum & armorum portationes facere, vel ad Torneamenta accedere, quas & quæ præsentibus prohibemus sub pœna prædicta, vllatenus de cetero præsumatis, nec in contrarium fieri permittatis à quocumque, vósque Senescalli, Bailliui & Iustitiarii nostri prædicti in assisiis, & aliis in locis vestris ac ressortus eorum facietis prædicta celeriter publicari. Contrarium attentantes capiatis cum eorum familiis, equis, armis, harnesiis, necnon terris. & hæreditatibus eorum. Quas terras & hæreditates cum aliis eorum quibuscumque bonis teneatis & expletetis sine omni deliberatione de*

# SVR L'HISTOIRE DE S. LOVYS. 173

*recredentiâ faciendâ de his sine nostro speciali mandato. Præmissam Torneamentorum prohibitionem durare volumus, quamdiu nostræ placuerit voluntati, ex omnibus subiectis nostris sub fide qua nobis adstricti tenentur Torneamenta hujusmodi prohibemus. Datum Pissiaci penultima die Decemb. an. D. 1311.*

Philippes le Long prohiba pareillement les Tournois par vne Ordonnance générale du 23. jour d'Octobre l'an 1318. & dans vne autre particuliere du 8. de Feurier de l'année suiuante addressée au Bailly de Vermandois. Le Roy rend la raison de sa défense, en ces termes : *Quar se nous les souffrions à faire, nous ne pourrions pas auoir les Nobles de nostre Royaume si prestement pour nous aidier à nostre guerre de Flandres,* &c.

Quelquefois on a défendu les Tournois & les Ioustes pour vn temps, acause de quelque grande solennité, de crainte que les grans Seigneurs & les Cheualiers, qui desiroient faire parétre leur adresse dans ces occasions, negligeassent de se trouuer à ces ceremonies, qui auroient esté moins solennelles, s'ils ne s'y fussent pas trouuez. Ainsi le Roy Philippes le Bel ayant dessein de faire ses enfans Cheualiers, & d'en rendre la ceremonie plus magnifique, fit vne semblable défense en l'an 1312. par vne Ordonnance tirée de l'original, qui est conserué en la Chambre des Comptes de Paris, laquelle je ne feray pas de difficulté d'inserer entiere en cét endroit, d'autant plus qu'elle parle d'vne forme de Tournois, ou de Iouste, qu'elle nomme *Tupineiz*, qui est vn terme qui m'est inconnu, ne l'ayant pas encores leu ailleurs, & qui peut-estre signifie les Tables Rondes. Elle m'a esté communiquée auec quantité d'autres pieces par Monsieur d'Herouual.

*Philippe par la grace de Dieu Roy de France, à nostre Gardien de Lions, Salut. Comme nous entendons à donner à nostre tres-cher ainzné fils Loys Roy de Nauarre Comte de Champaigne, & de Brie Palazin, & à nos autres deux fils ses freres en ce nouuiau temps, ordre de Cheualerie : & jà pieça par plusieurs fois nous eussions fait défendre generalement par tout nostre Royaume toutes manieres d'armes, & de Tournoiemens, & que nuls sur quanques il se pooient messaire enuers nous, n'allast à tournoiemens en nostre Royaume ne hors, ou feist ne alast à joustes, Tupineiz, ou fist autres fais ou portemens d'armes, pource que plusieurs Nobles & grans personnes de nostre garde se sont fait faire, & se sont accoustumez de eux faire faire Cheualiers esdits Tournoiemens, & seur ce qu'ils ont fait contre nostre dite defense vous n'ayez mis remede, laquelle chose nous desplaist moult forment : Nous vous mandons & commandons si estroitement comme nous poons plus, & sur peine d'encourir nostre maliuolence, que tous ceux que vous saurez de nostre garde qui ont esté puis nostre dite defense à Tournoiemens, Ioustes, Tupineiz, ou en autres faiz d'armes, ou que ce ait esté en nostre Royaume, ou hors, que vous sans delay les faciez prandre & mettre en prison pardeuers vous en mettant en nostre main tous leurs biens. Et quant il seront deuers vous en prison, si leur faites amander ce qu'il auront fait contre nostre dite defense : & ce fait si leur recreez leur biens, & auec ce quant il auront amendé, si leur faites jurer sus Sains, & auec ce leur defendez de par nous sus poine d'ancourir nostre indignation & de tenir prison chascun vn an, & sus poine de perdre vne année chascun les fruiz de sa terre, qu'il tendront les Ordenances que nous auons fait sus le fait d'armes, qui sont teles : C'est asauoir que nuls ne soit si hardi de nostre Royaume qui voist à Tournoiemens, à Ioustes, Tupineiz oue en autre fait d'armes, soit en nostre Royaume ou hors, jusques à la feste S. Remy prochaine venant, & leur faites bien sauoir que encores auons nous ordené que s'il font au contraire de ce, que leur cheuaux & leur harnois nous auons abandonné aux Seigneurs sous qui jurisdiction il seront trouué, & quant il auront ensi juré, si leur deliurez leur cors. Encore vous mandons nous que l'Ordenance dessusdite vous faciez crier &*

Y iij

publier solempnellement sans delay par les lieux de vostre garde, où vous saurez qu'il sera à faire, & de défendre de par nous que nuls ne soit si hardy sur la peine dessusdite d'aler aux armes à Tournoiemens, Ioustes, ou Tupineiz, en nostre Royaume, ou hors, jusques à ladite feste de S. Remy, & faites cette besogne si diligemment, que vous n'en puissiez estre repris de negligence, ou de inobedience, auquel cas se il auient, nous vous punirons en tele maniere, que vous vous en aperceurez. Donné à Fontainebliant le 28. jour de Decemb. l'an de grace 1312.

*Pour la page 20.*

## DES ARMES A OVTRANCE, DES JOVSTES, de la Table Ronde, des Behourds, & de la Quintaine.

## DISSERTATION VII.

LEs Tournois, dont je viens de parler, n'estoient que jeux & passe-temps, & ne se faisoient que pour exercer la Noblesse : c'est pourquoy on n'y employoit que des armes innocentes : & s'il y arriuoit quelquefois de funestes accidens, c'estoit contre l'intention & l'esprit de ceux qui les inuenterent, lesquels tâcherent d'y remedier par les regles & les loix qu'ils y prescriuirent. Mais dans la suite des temps on en mit d'autres en vsage, où l'on combatoit auec les armes, dont on se sert dans les guerres, c'est à dire auec des lances & des épées, dont les pointes n'estoient pas émoucées. D'où Mathieu Paris a pris sujet d'appeller cette espéce de Tournoy, *Torneamentum aculeatum*, & *hostile*, parce que les deux partis y venoient aux mains auec des armes offensiues, comme auec des ennemis. Nos François luy ont donné le nom d'*Armes à outrance*, dautant que ces combats ne se terminoient presque jamais sans effusion de sang, ou sans la mort de ceux qui entroient en lice, ou sans l'aueu & la confession de celui qui estoit terrassé & vaincu.

*Math. Par. p. 554. 372.*

L'Ordonnance de Philippes le Bel pour les duels, & Hardoüin de la Iaille en son Traité sur le méme sujet, qu'il dédia à René Roy de Sicile, admettent plusieurs cas, ausquels on estoit tenu pour vaincu dans les duels. Le premier est lorsque l'vn des combatans auoüoit le crime dont il estoit accusé, & se rendoit volontairement à son accusateur. L'autre estoit quand l'vne des parties estoit jettée hors des lices, ou qu'elle auoit pris la fuite. Et enfin le troisiéme estoit lorsqu'elle auoit esté tuée dans le combat. Car en tous ces cas *le gage de bataille estoit outré*, ainsi que parle le Roy : ( auquel endroit André Fauyn a mis mal à propos le mot *ottroié* ) c'est à dire qu'il estoit terminé par la mort, la fuite, ou la confession de l'vne des parties. Car *outrer* signifioit proprement percer son ennemy de l'épée, ou de la lance ; d'où nous disons, *il lui a percé le corps d'outre en outre*. Robert de Bourron en son Roman de Merlin : *Il ne cuide pas qu'il ait vn seul Cheualier el monde, qui dusques à outrance le puest mener, ou dusques à la mort*. Georges Châtellain, en l'Histoire de Iacques de Lalain Cheualier de la Toison d'or, a aussi vsé de ce mot en cette signification : *Mais ne demeura gueres de grand haste & ardeur, que le Seigneur de Haquet auoit de ferir & outrer Messire Simon de Lalain*.

*Ord. de Phil. le Bel dans Fauyn, Sauaron. &c. Hard. de la Iaille MS.*

*Roman de Merlin MS.*

*Georg. Chast. ch. 55.*

On appelloit donc particulierement *Armes à outrance*, les combats qui se faisoient auec armes offensiues, de commun accord, & de commun consentement, sans aucune ordonnance de Iuges, & neantmoins deuant des Iuges qui estoient nommez & choisis par les parties, & sous des conditions, dont on demeuroit d'accord reciproquement. En quoy ces combats, s'ils estoient singuliers, c'est à dire d'homme à homme, differoient des duels, qui se faisoient toûjours par l'ordonnance du Iuge.

Les armes à outrance se faisoient ordinairement entre ennemis, ou entre per-

# SVR L'HISTOIRE DE S. LOVYS.  175

sonnes de differentes nations, sous de differents Princes, auec les défis & les conditions du combat, qui estoient portez par les Roys d'armes & les Herauds ; les Princes donnoient à cét effet des lettres de sauf-conduit à ceux qui deuoient combattre dans les endroits des deux Etats, dont on conuenoit. Les Iuges du combat estoient aussi choisis par les Princes, & mêmes les Princes s'y trouuoient quelquefois en cette qualité. Souuent ces défis se faisoient en termes généraux, sans désigner les noms des personnes qui deuoient combattre : mais on y marquoit seulement le nombre de ceux qui deuoient faire le combat, la qualité des armes, & le nombre des coups qu'on deuoit donner. D'où vient que Iacques Valere en son Traité de la Noblesse appelle cette espéce de combat, *Champs à articles, ou à outrance*, à cause des conditions qui y estoient apposées : Et Froissart, *jouftes mortelles, & à champ*. *Iacq. Valere MS. Froiff. 4. vol. c. 6.*

Quoy que le nombre des coups qu'on deuoit donner fust ordinairement limité : souuent neantmoins les parties ne se séparoient point sans qu'il y en eut de morts, ou de griéuement blessez. C'est pourquoy Froissart décriuant le combat d'entre Renaud de Roye Cheualier Picard, & Iean de Holland Cheualier Anglois, tient ce discours : *Or regardez le peril où tels gens se mettoient pour leur honneur exaucer. Car en toutes choses n'a qu'vne seule mesauenture : & vn coup à meschef.* Et ailleurs racontant le combat d'entre Pierre de Courtenay Cheualier Anglois, & le Seigneur de Clary en Picardie, *Puis leur furent baillez leurs glaiues à pointes acerées de Bourdeaux, tranchans & affilez. Es fers n'y auoit point d'espargne, fors l'auenture, telle que les armes l'enuoient*. *Froiff. 4. vol. ch. 6.*

Ces combats, quoy que mortels, se faisoient ordinairement entre des personnes, qui pour le plus souuent ne se connoissoient pas, ou du moins qui n'auoient aucun démélé particulier entre eux ; mais seulement pour y faire parétre la brauoure, la generosité, & l'adresse dans les armes. C'est pour cela qu'on auoit encore étably des loix & des regles générales pour cette maniere de combattre, ausquelles neantmoins on dérogeoit quelquefois par des conditions, dont on conuenoit, ou qu'on proposoit. La plus ordinaire de ces loix estoit, que si on combattoit auec l'épée ou la lance, il faloit frapper entre les quatre membres : que si on frappoit ailleurs, on estoit blâmé & condamné par les Iuges. D'où vient que Froissart parlant d'vn Cheualier qui en cette occasion auoit frappé sur la cuisse de son ennemy, écrit, *qu'il fut dit que c'estoit villainement poussé*. La peine de ceux qui n'obseruoient pas la loy du combat estoit la perte de leurs armes & de leurs cheuaux. Le même Auteur, ailleurs, *Les Anglois virent bien qu'il s'estoit mesfait, & qu'il auoit perdu armes & cheual, si les François vouloient*. Il y a vne infinité d'exemples de cette espéce de combats dans Mathieu Paris, dans le même Froissart, dans l'Histoire de Louys Duc de Bourbon écrite par d'Orronuille, dans Georges Châtellain, Monstrelet, Coxton, & autres Auteurs, qui font voir qu'ils se faisoient pour l'ordinaire en attendant les occasions d'vn combat général entre les Nations ennemies, en estant comme le prelude, ainsi que parle Roderic Archeuesque de Tolede : *Agareni etiam in modum Torneamenti circa vltimam partem castrorum quædam belli præludia attentabant*. Desorte qu'on vsoit du terme vulgaire de *Tournoier*, lorsqu'on faisoit de legers combats contre les ennemis auant la bataille, que les écriuains nomment *bellum Campale*. La lettre d'Arnaud Archeuesque de Narbonne au sujet de la victoire remportée par les Roys de Castille, d'Arragon, & de Nauarre sur les Mores l'an 1212. parlant des escarmouches qui se firent la veille du combat : *Arabibus etiam ex parte ipsorum torneantibus cum nostris, non more Francico, sed secundùm aliam suam consuetudinem torneandi cum lanceis sine cannis*. Le Sire de Ioinuille parle d'vne joûte mortelle que fit vn Cheualier Genois contre vn Sarrazin. *Froiff. 2. vol. ch. 64. 4. vol. c. 12. Math. Par. p. 492. 554. 572. Froiff. 1. vol. c. 64. 3. vol. c. 49. 119. 4. vol. ch. 6. 12. Dorronuille ch. 44. Georg. Chatelain ch. 54. Coxton ad Polychr. l. vlt. c. 7. Monstrelet 1. vol. ch. 14. 23. 52. 71. vol. p. 68. 105. 106. Rod. Tolet. l. 8. Hist. Hisp. c. 8. Vgheil. in Epist. Sabin. Ioinuille p. 102.*

Quelquefois les armes à outrance se faisoient entre des personnes qui n'étoient pas ennemies d'Etat, le défi se proposant contre tous ceux qui voudroient entrer en lices, suiuant les conditions qui estoient arrétées par ceux qui faifoient les défis. Ce genre de combat eft appellé par Mathieu Paris *Torneamentum quafi hoftile*. Car comme il ne fe faifoit pas entre des perfonnes ennemies, les effets neantmoins eftoient femblables, puifque l'on y employoit les armes dont on fe fert dans la guerre contre les ennemis, & que les fuites auoient les mêmes perils. Nous auons vn exemple fingulier d'vn Tournoy de cette nature, qui fut propofé & entrepris par Iean Duc de Bourbon en l'an 1414. Et parce que les lettres de défi, qu'il fit publier, nous découurent l'vfage de cette efpéce de combat, outre que d'ailleurs elles n'ont pas efté publiées, je les infereray en cét endroit, après auoir reconnu que je les ay tirées des Memoires de M. de Peirefc. NOVS IEAN DVC DE BOVRBONOIS *Comte de Clermont, de Fois, & de l'Ifle, Seigneur de Beaujeu, Per & Chambrier de France, defirans efchiner oifiueté, & explecter noftre perfonne, en aduançant noftre honneur par le meftier des armes, penfant y acquerir bonne renommée, & la grace de la tres-belle, de qui nous fommes feruiteurs, auon n'aguéres voüé & empris, que nous accompagné de feize autres Cheualiers & Efcuyers de nom & d'armes, c'eft afauoir l'Admiral de France, Meffire Iean de Chalon, le Seigneur de Barbafen, le Seigneur du Chaftel, le Seigneur de Gaucourt, le Seigneur de la Heuze, le Seigneur de Gamaches, le Seigneur de S. Remy, le Seigneur de Monfures, Meffire Guillaume Bataille, Meffire Droüet d'Afnieres, le Seigneur de la Fayette, & le Seigneur de Poularques Cheualiers: Carmalet, Loys Cochet, & Iean du Pont Efcuyers, porterons en la jambe feneftre chafcun vn fer de prifonnier pendant à vne chaifne, qui feront d'or pour les Cheualiers, & d'argent pour les Efcuyers par tous les Dimanches de deux ans entiers, commençans le Dimanche prochain après la date de ces prefentes ou cas que plûtoft ne trouuerons pareil nombre de Cheualiers & Efcuyers de nom, & d'armes fans reproche, que tous enfemblement nous vueillent combattre à pied jufques à Outrance, armez chafcun de tels harnois qu'il luy plaira, portant lance, hafche, Efpée, & Dague, ou moins de bafton de telle longueur que chafcun voudra auoir, pour eftre prifonniers les vns des autres, par telle condition que ceux de noftre part qui feront outrez, foient quittes en baillant chafcun vn fer & chaifne pareils à ceux que nous portons: & ceux de l'autre part qui feront outrez feront quittes chafcun pour vn bracelet d'or aux Cheualiers & d'argent aux Efcuiers pour donner la où bon leur femblera, &c. Vn autre article fait voir que des armes fe deuoient faire en Angleterre. Item, & ferons tenu nous Duc de Bourbonnois quand nous irons en Angleterre, ou deuant le Iuge que fera accordé, de le faire fçauoir à tous ceux de noftre Compaignie que ne feroient pardeça, & de bailler à nofdits Compagnons telles lettres de Monfeigneur le Roy, qui leur feront neceffaires pour leur licence & congé, &c. Fait à Paris le premier de Ianuier l'an de grace 1414.*

Comme il fe faifoit des Tournois de cette nature, c'eft à dire des combats généraux, il s'en faifoit auffi des particuliers. Tel fut le combat de Philippe Boyle Cheualier Arragonnois, contre Iean Aftley Efcuier Anglois, qui fe fit en la ville de Londres, en préfence d'Henry VI. qui en voulut eftre le Iuge, & qui après qu'il fut acheué, fit Aftley Cheualier, & lui donna cent marcs d'argent. Le même Efcuier auoit combatu auparauant de cette forte de combat contre Pierre Maffe Efcuier François, auec cette condition, que celui qui feroit vainqueur, remporteroit le Heaume du vaincu, par forme de prix, qu'il préfenteroit à fa maîtreffe. Ce combat fe fit à Paris deuant S. Antoine le 29. jour d'Aouft l'an 1428. en préfence du Roy Charles VII. dans lequel l'Anglois perça de fa lance la tefte du François. Quant au Cheualier Arragonnois, il auoit fpecifié dans fon défi qu'il lui auoit efté commandé de fe battre à outrance contre toute forte de Cheualiers & d'Efcuiers, pour l'honneur & le feruice du Roy d'Arragon & de Sicile fon maître, & que n'ayant trouué perfonne en France, qui eut voulu entrer dans le combat auec lui, il auoit paffé dans l'Angleterre, pour accomplir fon *Emprife*, auec cette condition, que le vainqueur remporteroit pour marque de la victoire le heaume, ou l'épée du vaincu. Tels furent encore les combats que Poton de Saintrail-
le

# SVR L'HISTOIRE DE S. LOVYS.

le Cheualier entreprit au mois d'Auril l'an 1423. en la ville d'Arras contre Lionel de Vandonne Cheualier Boulonois, & en l'an 1429. contre Nicolas Menton Cheualier, au même lieu, en préfence d'vn grand nombre de Nobleffe.

Le mot de Tournoy eftoit vn terme général, qui comprenoit tous les combats, qui se faifoient par forme d'exercice. Mais proprement on appelloit ainfi ceux qui se faifoient en troupes, & où plufieurs combatoient en même temps contre plufieurs, reprefentans la forme d'vne bataille. C'eft ainfi que Nicephore Gregoras décrit les Tournois des Latins, μειζονται καιταυτα κτ᾽ φυλας κỳ δήμως, κỳ φραςρίας, κỳ ὁπλίζονται πάντες ὁμȣ̃. Et Thomas de Walfingham racontant le Tournoy de Chalon, dont j'ay parlé ailleurs : *Die itaque statuto congrediuntur partes, gladiifque in alterutrum ingementes ictus, vires fuas exercent.* <small>Niceph. Greg. l. 10. p. 339. Vvalfingh. in Hypod. Neuftr.</small>

Aprés que ces combats généraux eftoient acheuez, on venoit aux combats particuliers. Car alors ceux qui auoient deffein de donner des preuues de leur adreffe, & de fe faire remarquer comme vaillans, entreprenoient des combats finguliers, & y combatoient, ou de leurs efpées, ou de leurs lances, contre ceux qui fe prefentoient. Les coups qu'vn châcun deuoit donner, y eftoient limitez pour l'ordinaire à trois. Ces combats eftoient appellez par nos François *Iouftes*. Guillaume de Malmefbury : *Tentauere primò Regii præludium pugnæ facere, quod juftam vocant, quia tali arte erant periti.* Il n'eft pas aifé de deuiner l'origine de ce mot, fi ce n'eft que nous difions qu'il vient du Latin *juxta*, & du François, *jouxte*, parce qu'ils fe faifoient de prés, comme fe font les combats finguliers. Auffi Gregoras, qui les appellé Iouftes, τζȣ̃ςρα, auffi bien que Iean Cantacuzene, dit qu'ils reprefentoient vne forme de duel, & auoient μονομαχίας ἔνδειξιν. Iean Moine de Mairmoutier, en l'Hiftoire de Geoffroy Duc de Normandie décriuant le Tournoy, qui fe fit entre les Cheualiers Normans, & les Bretons, en fuite du mariage de ce Duc, dit qu'aprés que l'on eut combatu en troupes, les Normans propoferent la Iouste aux Bretons : *Normanni verò confufione inopinatâ dejecti, fingulare certamen Britonibus proponunt.* Et de là vient que le Reclus de Moliens en fon *Miferere*, a vfé des termes de *gagner Iouftes au Tournoy*, c'eft à dire remporter le prix du combat fingulier dans le Tournoy. La grande Chronique de Flandres décrit ainfi la Iouste que fit Iean Duc de Brabant en l'an 1294. *Sed nobiliffimus Princeps, cùm eo die — ab omnibus optaretur, vt fuæ Militiæ probitatem armorum exercitio præfentibus oftentaret, annuit votis optantium, & circa horam vefpertinam armis accinctus, vnum ex præfentibus præcipuæ probitatis Militem ad fingularem concurfum elegit, cui fcilicet eques occurreret, & ambo fe fe lancearum incurfionibus per deputatas ad hoc vices exercerent,* &c. <small>Vuill. Malmefb. l. 1. Hift. Nouel. p. 187. Gregoras. Io. Cantac. Io. Monac. l. 1. Hift. Ganfr. p. 13. Le Reclus de Moliens MS. M. Chr. Belg. A. 1294.</small>

Les Iouftes ne fe faifoient pas feulement dans les occafions des Tournois, mais fouuent feparément, on en faifoit les publications & les cris, de la part des Cheualiers qui les propofoient, lefquels s'offroient de combatre contre tous venans feul à feul, dans les lieux qu'ils defignoient, & aux conditions qui eftoient portées dans les lettres de leurs deffis. Ces combats font appellez en l'Hiftoire du Maréchal Boucicaud, *Iouftes à tous venans, grandes, & plenieres.* <small>La Colomb. en fon Th. d'Honn. to. 1. p. 48. Cerem. MS. Hift. de Bouc. p. 31. Froiff. 2. vol. ch. 154.</small>

Or il eftoit plus honnorable de combatre aux Tournois, qu'aux Iouftes : ce qui paroît en ce que celuy qui combatoit aux Tournois pour la premiere fois, eftoit obligé à fon depart de donner fon Heaume aux Rois & Herauds d'armes ; comme auffi celuy qui combatoit aux Iouftes pour la premiere fois. Mais celuy qui ayant combatu au Tournoy, venoit à combatre pour la premiere fois à la Iouste, n'eftoit pas obligé de donner vne feconde fois fon Heaume aux Herauds, ce qui n'eftoit pas de celuy qui ayant combatu à la Iouste venoit aprés combatre au Tournoy, car il ne laiffoit pas d'eftre encore obligé de laiffer fon Heaume. C'eft ce que nous apprenons de ces termes d'vn Traité des Tournois : *Item pour les Nobles qui tournoient, s'ils n'ont autrefois* <small>Traité MS. des Tournois.</small>

*Partie II.* Z

*tournoié*, doiuent leurs Heaumes aux officiers d'armes, ores qu'ils ont autrefois jouſté. Car la lance ne peut affranchir l'eſpée, mais l'eſpée affranchit la lance. Mais il eſt à noter, ſi vn noble homme tournoie, & qu'il ait paié ſon heaume, il eſt affranchi du heaume de la jouſte: mais le heaume de la Iouſte ne peut affranchir celui du *Tournoy*. D'où on recueille encore que l'eſpée eſtoit l'arme du Tournoy, & la lance celle de la Iouſte.

Ces *Iouſtes plenieres*, dont je viens de parler, eſtoient proprement ce que l'on appelloit les combats de la *Table Ronde*: que les Auteurs confondent auec les Iouſtes. Car ils remarquent qu'ils differoient des Tournois, en ce que les combats des Tournois eſtoient des combats en troupes, & ceux de la Table Ronde eſtoient des combats ſinguliers. Mathieu Paris en l'an 1252. *Milites vt exercitio militari peritiam ſuam & ſtrenuitatem experirentur, conſtituerunt vnanimiter, non in Haſtiludio illo quod communiter & vulgariter Torneamentum dicitur, ſed potiùs in illo ludo militari, qui* MENSA ROTVNDA *dicitur, vires attentarent.* Puis, il adjoûte que les Cheualiers qui s'y trouuerent, y jouſterent: *Et ſecundùm quod conſtitutum eſt in illo ludo Martio, illâ die & craſtinâ quidam Milites Angiici nimis & viriliter, & delectabiliter, ita vt omnes alienigenæ ibidem præſentes admirarentur, jocabantur.* La Bulle de Clement V. de laquelle j'ay fait mention cy-deuant, confond pareillement les combats de la Table Ronde, auec les Iouſtes: *Quinetiam in faciendis juſtis prædictis, quæ* TABVLÆ ROTVNDÆ *in aliquibus partibus vulgariter nuncupantur, eadem damna & pericula imminent, quæ in Torneamentis prædictis, idcirco certa cauſa idem jus ſtatuendum exiſtit.* C'eſt donc des Iouſtes, qu'il faut entendre ce paſſage d'Alberic: *Multi Flandriæ Barones apud Heſdinum, vbi ſe exercebant ad Tabulam Rotundam, cruce ſignantur.* Mathieu de Weſtminſter en l'an 1252. *Factum eſt Haſtiludium, quod Tabula Rotunda vocatur, vbi periit ſtrenuiſſimus Miles Hernaldus de Munteinni* en l'an 1285. *Multi Nobiles tranſmarini — apud Neuyn in Suanduna, in choreis & haſtiludiis, Rotundam Tabulam celebrarunt.* & en l'an 1295. *Eodem anno Dux Brabantiæ, vir magni nominis, fecit Rotundam Tabulam in partibus ſuis, — & ipſe Dux in primo congreſſu à quodam Milite Franciæ lanceâ percuſſus, obiit ipſo die.* Thomas de Walſingham: *Illuſtris Miles Rogerus de Mortuo mari apud KelingWorthe ludum militarem, quem vocant Rotundam Tabulam, centum Militum, ac tot Dominarum conſtituit, ad quam pro armorum exercitio de diuerſis regnis confluxit Militia multa nimis.* Preſque la méme choſe eſt rapportée de ce Roger de Mortemer dans Mathieu de Weſtminſter, en l'an 1279. & en l'Hiſtoire du Prioré de Wigmore en Angleterre.

Les anciens Romains donnent au fameux Arthus Roy des Bretons la gloire de l'inuention des Tournois, des Iouſtes, & de la Table Ronde. Les Anglois méme ſe perſuadent que c'eſt cette Table qui ſe voit encore à préſent attachée aux murailles du vieux château de Winceſter en Angleterre: ce que le ſçauant Cambden reuoque en doute auec ſujet, écriuant que cette Table eſt d'vne fabrique bien plus recente. Thomas de Walſingham dit que le Roy Edoüard III. fit bâtir au château de Windſore vne maiſon, à laquelle il donna le nom de Table Ronde, dont le diametre eſtoit de deux cens pieds. L'ancienne Chronique de Boheme eſt en cette erreur, à l'égard du Roy Artus. *Acceſſerunt ad Regem quidam juuenes Baronum filii, plus leuitate quàm ſtrenuitate moti, dicentes, Domine Rex, per Torneamenta & Haſtiludia — veſtra diffundetur gloria, — edicite itaque Tabulam Rotundam Regis Artuſii Curiam, & gloriam ex hac reportabitis perpetuis temporibus reportandam.*

Pluſieurs eſtiment auec beaucoup de probabilité, qu'on appella ainſi les Iouſtes, acauſe que les Cheualiers qui y auoient combatu, venoient au retour ſouper chez celuy qui eſtoit Auteur de la Iouſte, & eſtoient aſſis à vne Table Ronde, ce qui ſe pratiquoit à l'exemple des anciens Seigneurs Gaulois, qui, au recit d'Athenée, auoient coûtume de s'aſſeoir autour d'vne Table Ronde, ayans chacun derriere eux leur Eſcuier, & ce vray-ſemblablement pour éuiter les diſputes qui arriuent ordinairement pour les préſeances. Le Traité des

## SVR L'HISTOIRE DE S. LOVYS.  179

Tournois remarque que lorsque les Cheualiers qui auoient combatu au Tour- *Traité MS.*
nois, ou à la Iouste, estoient retournez dans leurs hostels, ils se desarmoient, & *des Tour-*
se lauoient le visage, puis ils venoient souper chez les Seigneurs qui faisoient *nois.*
la ceremonie de ces exercices militaires. Et tandis qu'ils estoient assis à la Table pour manger, les principaux iuges des Tournois, qu'il nomme *Diseurs*, auec le Roy d'armes, accompagnez de deux Cheualiers, qu'ils choisissoient, procedoient à l'enquête de ceux qui y auoient le mieux reüssi ; ce qui se faisoit de la sorte. Ils demandoient l'auis de châcun des Cheualiers, qui auoient assisté à ces combats, qui en nommoient trois ou quatre de ceux qui s'estoient le mieux aquité de leur deuoir, & de ce nombre-là ils s'arrêtoient à la fin à vn, à qui on donnoit le prix.

Comme les François n'estoient pas moins ciuils & courtois enuers les Dames, qu'ils estoient vaillans dans les armes, souuent ils les constituoient Iuges des Tournois & des Ioustes. Le vieux Ceremonial : *Le Roy Artus d'Angleterre* *Cerem. MS.*
*& le Duc de Lencastre ordonnerent & firent la Table Ronde, & les Behours, Tournois, & Ioustes, & moult d'autres choses nobles, & iugemens d'armes, dont ils ordennerent pour iuger, Dames & Damoiselles, Roys d'Armes & Heraux.* L'Auteur de la Chronique Latine qui commence à l'an 1380 & finit à l'an 1415. décri- *Chr. MS.*
uant comme Louys II. Roy de Sicile, & Charles son frere furent faits Chevaliers par le Roy Charles VI. en l'an 1389. dit qu'à cette ceremonie on fit des Tournois & des Ioustes, & que le prix en fut donné par les Dames : *Tum Dominæ, quarum ex arbitrio sententia brauii dependebat, nominarunt quos honorandos & præmiandos singulariter censuerunt.* Le Traité des Tournois ne dit pas que les Dames en aient esté les Iuges, mais bien qu'elles donnoient le prix, qui estoit *au mieux frappant vne espée de Tournoy, & au mieux défendant* *Schol. Pind.*
*vn Heaume, tel qu'à Tournoy appartient.* Chez les Grecs, les loix défendoient aux *Olymp.*
Dames de se trouuer aux combats Gymniques, ainsi que remarque le Scho- *od. 7.*
liaste de Pindare : dont la raison est renduë par Ælian, en ces termes : ὁ μὲν *Ælian. de*
γὰρ καὶ τῆς ἀγωνίας, καὶ τῆς κατ' αὐτὴν σωφροσύνης νόμος ἐλαύνει τὰς γυναῖκας. *Animal.*
*l. 5. c. 17.*

On peut ranger sous les Ioustes *les Pas d'armes* : car c'estoient des combats particuliers, qui s'entreprenoient par vn, ou plusieurs Cheualiers. Ils choisissoient vn lieu, pour le plus souuent en plaine campagne, qu'ils proposoient de défendre contre tous venans, comme vn pas, ou passage, qu'on ne pouuoit trauerser qu'auec cette condition de combatre celui ou ceux qui le gardoient. Mathieu Paris donne ce nom aux chemins étroits, qui sont appel- *Math. Par.*
lez dans les Auteurs Latins, *cluse, clause, clausura. Dum per quoddam iter arctissimum, quod vulgariter Passus dicitur, forent transituri.* Les entrepreneurs de ces Pas faisoient attacher leurs armoiries à vn bout des escus, auec quelques autres escus de simples, mais differentes couleurs, qui designoient la maniere des *Emprises*, & des armes auec lesquelles on deuoit combatre. De sorte *Georg. Cha-*
que ceux qui se trouuoient là, & venoient à dessein de faire des armes, choi- *stell. ch. 25.*
sissoient la maniere du combat, en touchant à l'vn de ces escus qui la spe- *31.*
cifioit. Au *Pas de l'Arc Triomphal* qui fut entrepris par François Duc de *Cerem. de*
Valois & de Bretagne, & neuf Cheualiers de nom & d'armes de sa compa- *France.*
gnie, en la ruë de S. Antoine à Paris, l'an 1514. pour la solennité du mariage du Roy Louys XII. il y eut cinq escus attachez à cét Arc Triomphal, le premier d'argent, le second d'or, le troisiéme de noir, le quatriéme tanné, & le cinquiéme gris. Le premier signifioit le combat de quatre courses de lances ; Le second d'vne course de lances, & à coups d'espée sans nombre : Le troisiéme à pied à pouls de lance, & à coups d'espée d'vne main : Le quatriéme à pied, à vn iet de lance, & à l'espée à deux mains : Et le cinquiéme estoit pour la défense d'vn Behourt, ou d'vn bastillon. Ces manieres de combats estoient specifiez au long dans les deffis, & les articles qui se publioient de la part de l'entrepenant par les Herauds d'armes dans les Prouinces, & dans les Royaumes étrangers. A l'endroit de ces escus il y auoit des Offi-

*Partie II.* Z ij

ciers d'armes, qui auoient soin de recueillir & d'enregistrer les noms de ceux qui touchoient aux escus, pour estre depéchez à tour de rôlle, selon qu'ils auoient touché à ces escus.

*Geor. Chast. ch. 59. 69. La Colomb. en sa Science Heroique ch. 43. & au 1. vol. de son Theatre d'Honneur p. 215. 218.*

Il semble que cette espece de Iouste a esté la plus en vsage dans les derniers siecles. Nous en auons des exemples dans l'Histoire de Georges Châtelain, dans la Science Heroïque du Sieur de la Colombiere, & en son Theatre d'Honneur. Le Tournoy ou la Iouste, où le Roy Henry II. perdit la vie, estoit aussi vn Pas d'armes, & parce que le Cartel qui en fut publié pour lors, n'est pas commun, il ne sera pas hors de propos de l'inserer en cét endroit, comme vne piece curieuse pour nostre Histoire.

DE PAR LE ROY. *Aprés que par vne longue guerre, cruelle, & violente les armes ont esté exercées & exploitées en diuers endroits auec effusion de sang humain, & autres pernicieux actes, que la guerre produit, & que Dieu par sa sainte grace, clemence, & bonté a voulu donner repos à cette affligée Chrétienté par vne bonne & seure paix : il est plus que raisonnable que chacun se mette en deuoir auec toutes demonstrations de joyes, plaisirs, & allegresses de loüer & celebrer vn si grand bien, qui a conuerty toutes aigreurs & inimitiez en douceurs & parfaites amitiez, par les estroites alliances de consanguinité, qui se font moiennant les mariages accordez par le Traité de ladite paix. C'est à sçauoir de tres-haut, tres-puissant, & tres-magnanime Prince PHILIPPE Roy Catholique des Espagnes, auec tres-haute & tres-excellente Princesse Madame Elizabeth fille aisnée de tres-haut, tres-puissant & tres-magnanime Prince Henry second de ce nom Tres-Chrestien Roy de France nostre souuerain Seigneur: Et aussi de tres-haut & puissant Prince Philibert-Emanüel Duc de Sauoye, auec tres-haute & tres-excellente Princesse Madame Marguerite de France Duchesse de Berry, sœur vnique dudit Seigneur Roy Tres-Chrestien nostre souuerain Seigneur, lequel considerant que auec les occasions qui s'offrent & presentent, les armes maintenant esloignées de toute cruauté & violence, se peuuent & doiuent emploier auec plaisir & vtilité parceux qui desirent s'esprouuer, & exerciter en tous vertueux & loüables faits & actes. Fait à sçauoir à tous Princes, Seigneurs, Gentils-hommes, Cheualiers, & Escuyers, suiuant le fait des armes, & desirans faire preuue de leurs personnes en icelles, pour inciter les jeunes à vertu, & recommander la proüesse des experimentez. Qu'en la ville capitale de Paris le PAS est ouuert par sa Majesté Tres-Chrestienne, & par les Princes de Ferrare, Alfonse d'Est, François de Lorraine Duc de Guyse, Pair & Grand Chambellan de France, & Iacques de Sauoye Duc de Nemours, tous Cheualiers de l'Ordre, pour estre tenu contre tous venans deuëment qualifiez, à commencer au seiziéme jour de Iuin prochain, & continuant jusques à l'accomplissement & effet des Emprises, & articles qui s'ensuiuent. La 1. Emprise à cheual en lice, en double piece 4. coups de lance & vne pour la Dame. La 2. Emprise, à coups d'espée à cheual, vn à vn, ou deux à deux à la volonté des Maistres du camp. La 3. Emprise à pied, 3. coups de pique, & 6. d'espée en harnois d'homme de pied, fourniront lesdits Tenans de lances de pareille longueur & grosseur, d'espées & piques, aux choix des assaillans. Et si en courant aucun donne au cheual, il sera mis hors des rancs, sans plus y retourner, si le Roy ne l'ordonne. Et à tout ce que dessus seront ordonnez 4. Maistres de Camp, pour donner ordre à toutes choses. Et celuy des assaillans qui aura le plus rompu, & le mieux fait, aura le prix dont la valeur sera à la discretion des Iuges. Pareillement celuy qui aura le mieux combattu à l'espée & à la pique, aura aussi le prix à la discretion desdits Iuges. Seront tenus les Assaillans tant de ce Royaume, comme Estrangers, de venir toucher à l'vn des escus qui seront pendus au perron, au bout de la lice, selon les dessusdites Emprises, ou toucher à plusieurs d'eux, à leur choix, ou à tous, s'ils veulent: & là trouueront vn Officier d'Armes, qui les receura pour les enroller, selon qu'ils voudront, & les escus qu'ils auront touchez. Seront aussi tenus les Assaillans d'apporter ou faire apporter par vn Gentil-homme, audit Officier d'Armes leur Escu armoié de leurs armoiries, pour iceluy pendre audit Perron trois jours durant, auant le commencement dudit Tournoy: & en cas que dans ledit temps ils n'apportent ou enuoient leurs Escus, ils ne seront receus audit Tournoy, sans le congé*

# SVR L'HISTOIRE DE S. LOVYS. 181

*des Tenans*. *En signe de verité, Nous Henry par la grace de Dieu Roy de France auons signé ce present Escrit de nostre main. Fait à Paris le 22. May 1559. Signé,* HENRY, & DV THIER.

Montjoye Roy d'armes de France en la description du Pas d'armes de l'Arc Triomphal dont je viens de parler, remarque que *la cinquiéme Emprise* de ce Pas estoit, *que les Tenans se trouueroient dans vn Behourt, autrement dit Bastillon, deliberez se deffendre contre tous venans, auec harnois de guerre*. Ainsi le *Behourt*, estoit vne espéce de Bastion, ou de Château, fait de bois, ou d'autre matiére, que les Tenans entreprenoient de défendre contre tous ceux qui voudroient l'attaquer. Cét exercice militaire estoit encore vne dépendance des Tournois, dont le terme comprenoit tous ceux qui se pratiquoient pour apprendre à la Noblesse le métier de la guerre, & ne fut inuenté que pour lui enseigner la maniere d'attaquer & d'escalader les places. Spelman ne s'est pas éloigné de cette signification, ayant expliqué le mot de *Bohorder*, ou de *Bordiare, ad palos dimicare*, c'est à dire combattre aux barrieres des places, ce que nos Ecriuains François appellent vulgairement *Paleter, quasi ad palos pugnare*, combattre aux lices des villes assiegées.

<small>Ceremde France.</small>

<small>Spelman. in Bordiare.</small>

Le nom de cét exercice militaire est differemment écrit dans les Auteurs, qui le nomment tantost *Bohourd*, tantost *Behourd*. Mais le premier est le plus commun. Le Roman de Garin, dont l'Auteur viuoit sous Louys le Ieune, vsa toûjours du mot de *Bohorder*:

> *Ses escus prennent, bohorder vont és prés.*

Ailleurs:

> *La veissiez le bon chastel garnir,*
> *Tresches & baus encontre lui venir,*
> *Et des vallez bohorder plus de mil.*

Alain Chartier au debat des deux fortunes d'Amour:

> *Ioustes, Essais, Bouhors, & Tournoiemens.*

<small>Alain Chart. p.</small>

Lambert d'Ardres, *vt illic bohordica frequentarer & Torniamenta*. On a ensuite abregé ce mot en celui de *border*. Le Traité des Tournois des Cheualiers de la Table ronde: *Ainsi bordoient, & brisoient lances jusques à basses vespres, que la retraite estoit sonnée*. Delà celui de *Burdare*, dans vne semonce d'armes, qui se lit aux additions sur Mathieu Paris, *ad Turniandum, & burdandum*. Ie crois méme que c'est de ce mot qu'il faut tirer l'origine du terme de *bourde*, & de *bourder*, dont nous vsons ordinairement pour vne *chose feinte*, & *mentir*, acause que les combats des *Bohours* n'estoient que combats feints. Les Statuts de l'Ordre de la Couronne d'épine vsent du mot de *Bourdeur*: *En cetui saint disner soit bien gardé que Hiraux & Bourdeurs ne facent leur office*, où les *Bordeurs* sont ceux que les Histoires appellent *Menestrels*.

<small>Lambert. 566.</small>
<small>Art. p.146.</small>
<small>Traité de la Table Ronde MS.</small>
<small>In addit. ad Math. Par.</small>

<small>Statuts de l'ordre de la Couronne d'épine ch. 12.</small>

Plusieurs Ecriuains vsent aussi du terme de *Behourd*, & de *Behourder*. La Chronique de Bertrand du Guesclin:

> *Encore vous vaulsist il miex aler esbanoier,*
> *Et serur les Behours, Iouster, & Tournoier.*

<small>Chr. MS. Bertrand du Guesclin</small>

Robert Bourron au Roman de Merlin: *Alerent li Cheualier Behourd defors la vile as chans, si alerent li plus jeune pour voir le Behourdeis*. La Chronique de Flandres: *& disoit qu'il voloit aler behourder*.

<small>Roman de Merlin MS.</small>
<small>Chr. de Fland. ch. 130.</small>

Il n'est pas aisé de deuiner d'où ce mot a pris son origine. Car je n'oserois pas auancer qu'il soit tiré du mot de *Bord*, Saxon, qui signifie vne maison, vn hostel, d'où nous auons emprunté celui de *borde* en la méme signification, & qu'ainsi *border*, ou *bohorder*, seroit attaquer vne maison, comme on feroit vn château. On pourroit encore le deriuer de l'Aleman *Horde*, ou *Hurde*, qui signifie vne claie, dont on se sert pour faire ce que nous appellons *hourdis*, lorsqu'on veut éleuer quelque bâtiment, parce qu'en ces occasions on éleuoit des espéces de châteaux & de bastions, qui n'estoient faits, que de bois & de claies. Le mot de *boord*, chez les Anglois signifie vne Table, comme *Bord*

<small>Somner. in Gloss. Sax.</small>

<small>Kilian.</small>
<small>Spelm. v. Hurdicium.</small>

Z iij

# DISSERTATION VII.

<small>Somner, in Gloss. Sax.</small> chez les anciens Saxons, d'où l'on pourroit se persuader que le *Bohourd* seroit le combat de la Table ronde, & que ce terme auroit esté introduit par les Anglois.

Mais laissant à part toutes ces etymologies, qui pour le plus souuent sont incertaines, il est constant que le terme de *Behourd* est pris pour l'ordinaire dans les Auteurs que je viens de citer, pour le combat du Tournois, ou de la Iouste. Vn titre de Iean Vidame d'Amiens de l'an 1271. parle du *jour du* <small>Cartul. de Piquigny.</small> *Bouhourdeis*, qui est appellé dans vn autre du Vidame Enguerran de l'an 1218. <small>Dies hastiludii.</small> Ces jeux & ces combats sont ainsi exprimez dans vn Compte <small>Compte du Dom. de Bologne de l'an 1402.</small> du Domaine du Comté de Bologne de l'an 1402. qui est en la Chambre des Comptes de Paris, sous le chapitre intitulé, *Recepte des Behourdichs*: c'est a sa- <small>Communiqué par M. d'Herouual.</small> uoir que tous ceus qui vendront poissons à haut estal ou marquiet de Boulogne, doiuent ce jour jouster, ou faire jouster à la Quintaine que Monseigneur leur doit trouuer, & doiuent jouster de tilleux pelez, ou de plançons d'armes, & les doit-on monstrer au Vicomte, qu'il ne soient cassez de consteaux, ou autrement. Et ou cas qu'ils ne joustent, ou font jouster, ils doiuent à ce jour à ladite Vicomté 2. sols Par. Neant receu pour l'an de ce compte, pour ce qu'ils firent tous courre. Ce qui fait voir que l'on exerçoit encore les Communes aux exercices de la guerre, pour pouuoir se seruir des armes, lorsqu'elles seroient obligées de se trouuer dans les guerres de leurs Seigneurs, ou des Princes. C'est à ce même vsage qu'il faut rapporter les *jeux de l'espinette*, qui ont esté si frequens dans la ville de <small>Buzelin. l. 3. Gallofl.c.23. Vander Haer. en ses Chåtelains de l'Ille.</small> l'Ille en Flandres, qui estoient des espéces de Tournois & de joustes, qui se faisoient par les habitans, & dans lesquels les Grands Seigneurs ne faisoient pas de difficulté de se trouuer. Ces jeux & ses tournois estoient appellez du terme général de *Bouhourd*, ainsi que Buzelin a remarqué, qui ajoûte que quelques-vns en rapportent l'origine & l'institution au Roy S. Louys.

Aprés tous ces exercices militaires, que je viens de nommer, est celui de la Quintaine, qui est vne espéce de bust posé sur vn poteau, où il tourne sur vn piuot, en telle sorte que celui qui auec la lance n'adresse pas au milieu de la poitrine, mais aux extrémitez le fait tourner ; & comme il tient dans la main droite vn baston, ou vne épée, & de la gauche vn bouclier, il en frappe celui qui a mal porté son coup. Cét exercice semble auoir esté inuenté pour ceux qui se seruoient de la lance dans les joûtes, qui estoient obligez d'en frapper entre les quatre membres, autrement ils estoient blâmez, comme mal- <small>Robert. Mon. l. 5. Hist. Hier. p. 51.</small> adroits. Il est parlé de la Quintaine dans Robert le Moine en son Histoire de Hierusalem : *Tentoria variis ornamentorum generibus venustantur, terræ infixis sudibus scuta apponuntur, quibus in crastinum Quintanæ ludus scilicet equestris* <small>Math. Paris A. 1253. p. 578.</small> *exerceatur.* Mathieu Paris, *Iuuenes Londinenses, statuto Pauone pro brauio, ad stadium, quod vulgariter Quintena dicitur, vires proprias & equorum cursus sunt* <small>Chr. de Du Guesclin MSS.</small> *experti.* La Chronique de Bertrand du Guesclin :

*Quintaines y fist drecier, & jouster y faisoit,*
*Et donnoit vn beau prix celui qui mieux joustoit.*

<small>Ch. 3. Roman de Merlin.</small> Vne autre Chronique Manuscrite du mémé du Guesclin : *Fist faire Quintaines, & joustes d'enfans, & manieres de Tournois.* Enfin le Roman de la Malemarastre : *Emmy les prez auoit vne assemblée de Barons de cette ville, & tantque* <small>Balsamon in Nomoc. tit. 13. c. 29.</small> *ils drechoient vne Quintaine, & qui mieux le faisoit, si auoit grant loange.* Les Grecs mémes ont connu cét exercice que Balsamon appelle Κοντοσκοπυντας, parce que l'on s'y exerçoit auec le *Contus*, ou la lance. Mais je crois qu'il n'a <small>Chifflet en sa Beatrix p. 42. Coust. d'Angers art. 35. Isid. l. 15. orig. c. 2. Papias. Gloss. Sax. Ælfr.</small> pas bien rencontré, lorsqu'il a dit que ce jeu a esté ainsi appellé du nom de *Quintus*, son inuenteur. Il est plus probable qu'il fut ainsi nommé, parce que les habitans des villes, à qui il estoit plus familier, l'alloient exercer dans la campagne qui en estoit voisine, & dans la ban-lieuë, que les coûtumes & les titres appellent *Quintes*, ou *Quintaines*. Isidore, Papias, & Ælfric, disent que *Quintana*, est cette partie de la ruë, où vn chariot peut tourner, *pars plateæ, quâ carpentum prouehi potest.* D'où l'on pourroit recueillir, que comme les ha-

## SVR L'HISTOIRE DE S. LOVYS.

bitans des villes choisissoient les carfours, comme des lieux spacieux pour tirer à la Quintaine, le nom leur seroit demeuré de ces Quintaines, ou carfours. I'ay fait voir cy-deuant comme les Seigneurs obligeoient leurs sujets de courir la Quintaine, sous la peine de quelque amende. Cela est encore confirmé par les remarques que Ragueau fait a ce sujet. *Ragueau v. Quintaine.*

La Noblesse estoit tellement portée pour les Tournois, que plusieurs en choisissoient les occasions pour s'y faire faire Cheualiers. Et tant plus on s'y estoit trouué, tant plus on estoit en reputation de valeur & d'adresse. Iean Duc de Brabant qui perdit la vie dans vne ioûte l'an 1294. s'estoit rencontré en soixante & dix Tournois, tant en France, en Angleterre, en Alemagne, qu'autres païs éloignez. De sorte que pour loüer vn vaillant Cheualier, on disoit qu'il auoit frequenté les Tournois: éloge qui est donné à Roger de Mortemer Cheualier Anglois, en son Epitaphe, qui se voit au Prioré de Wigmore. *M. Chr. Belg. A. 1294.*
*Monast. Angl. to. 2. p. 229.*

*Militiam sciuit, semper * tormenta subiuit.*

Aussi les Rois fauorisoient tellement les Gentilshommes dans ces occasions, qu'ils ordonnerent qu'ils ne pourroient estre arrétez en leurs personnes, ni leurs biens saisis pour leurs détes, tandis qu'ils seroient aux Tournois. Ce que i'apprens d'vn ancien acte contenant *la vente faite par Iean de Flandres Cheualier Sire de Creuecœur & d'Alleuz de onze vint sept liures dix-huit sols huit deniers de rente auec faculté de le pouuoir prendre, & arrêter, & de tenir, luy ses hoirs & successeurs, & leurs biens, — en Tournoy, & hors Tournoy en Parlement & hors Parlement, & nommément par tout où ils seront trouuez, jusques adonc qu'ils auroient fait gré à plain de la rente eschenë, & de la peine, &c. Ladite rente ratifiée par Beatrix de S. Paul sa femme, & confirmée par le Roy, comme Sires Souuerains, au mois de Mars 1316. confirmée par le Roy en May 1317.* 
*\* pro Tormeamenta.*
*Reg. du Parlem. commençant à l'an 1316. f. 242.*

Ie finiray cette Dissertation par l'Ordonnance faite sur les Tournois, tirée de l'ancien Cérémonial, laquelle est conceuë en ces termes. *V. le Theatre d'honneur de la Colombiere to. 1. p. 48.*

*C'est la maniere & l'Ordonnance, & comment on souloit faire anciennement les Tournois.*

ITEM *le cry est tel.* OR OYEZ, *Seigneurs Cheualiers, que je vous fais asçauoir le grand digne pardon d'armes, & le grand digne Tournoyement de par les François, & de par les Vermandoiciens & Beauuoisins, de par les* ᵃ *Poitiers, & les Corbeiois, de par les Arthisiens, & les Flamens, de par les Champenois & les Normans, de par les Angeuins, Poiteuins, & Tourangeaux, de par les Bretons & Manceaux, de par* ᵇ *les Riues &* ᶜ *Hasbegnons, & de par tous autres Cheualiers, qui accordez s'y sont, & accorderent qui venir y vouldront, à estre aus hosticux accompagnez le Dimanche aprés S. Remy, & les Diseurs prins Percheual de Varennes, & Witasse Sire de* ᵈ *Campregny, & Conseillers le Sire de Meullant, & le Sire de Hangest, & pour faire Fenestre le Lundy, pour Tournoier le Mardy,* ᵉ *& de batesist marthe, pource qu'il ne auroit pas ses cheuaus, ne son harnois, il pourroit faire cesser le Tournois jusques à Ieudy, qu'il est fin de la sepmaine, & qui ne le voudroit attendre, & que l'on tournoyast, ce seroit vn tournoyement sans accord, & doiuent le Heraut crier, que l'on boute hors les bannieres, blasons, ou Housses d'escu, ou enseignes d'armes, pourquoi on puisse tournoier par accord.*
ᵃ *Picards, ceux des enuirons de Pois.*
ᵇ *Ripuarii, Alemans vers le Rhin.*
ᶜ *Nauarrois, Hasbanienses.*
ᵈ *Campremy.*
ᵉ *Sic in MS.*

ITEM *doiuent les Diseurs aller auec les Herauts aux lieux, où les Seigneurs donnent à manger aux Cheualiers, ou aux places où ils pourroient trouuer lesdits Cheualiers, qu'ils viennent armez pour Tournoier, & prendre les fois desdits Cheualiers, qui ne porteront espées, armures, ne bastons affustiez, n'enforceront les armes, estaquetes assises par lesdits Diseurs, & tiendront le dit desdits Diseurs.*

ITEM *la veille du Tournoy doiuent faire, s'il leur plaist, les Cheualiers mettre les selles sur leurs cheuaux, & de leurs Escuiers, pincheres, & chamfroy de leurs armes, affin qu'on puisse voir & connoistre l'estoffe & l'estat de chascun endroit soy, & ne peut auoir chascun Cheualier que deux Escuiers, s'il ne veut mentir, tant soit grand Sire.*

ITEM *le jour du Tournoy doiuent les Cheualiers aller aux Meſſes, & faire faire les places à l'eſpée, & doiuent les Diſeurs aller voir la place où le Tournoy doit eſtre fait ſans aduantage, & attacher les attaches en chaſcune route, és batailles il y doit auoir deus eſtachettes de part, & l'autre d'autre part, & là doiuent les Cheualiers eſſongniés cheuaux & harnois tout aſſeurez, ſans qu'on leur puiſſe rien meſſaire, s'ils ne veulent fiancer leur ſerment, & mentir leur foy.*

* L'Iſſez.  ITEM *doiuent les Diſeurs à l'heure qu'ils verront qu'il ſera temps, ſoit à jour de Tournoier au matin, ou aux Veſpres faire crier * laiſſer : & lors ſe doiuent toutes manieres de Cheualiers & Eſcuiers eux armer, & doiuent les Herauts aſſés-toſt aprés crier, Iſſez hors, Seigneurs Cheualiers, Iſſez hors. Et quand les Cheualiers ſont hors, & chaſcun eſt retrait en ſa Banniere, & en ſa route, ou en la route de ſon iſſuë, les Diſeurs viennent pardeuant les batailles, & font paſſer ceux qui ont ordonné pour paſſer, pour faire le Tournoy à compte de chaſcun Cheualier, toutefois au dit des Seigneurs ſous qui ils ſont.*

ITEM *ce fait, les deux Diſeurs ſe doiuent mettre en place deuant les batailles, & ſe doiuent quitter la foy l'un à l'autre, & lors eſt le Tournoy par accord, & ſe mettront les pays chaſcun au droit de ſon iſſuë, & doiuent les Herauz porter les bannieres, & des communes de chaſcun pays, ſelon ce que ils ont accouſtumé, & au cas qu'ils ne voudroient quitter leur foy l'un à l'autre, le Tournoy ſeroit ſans accord.*

ITEM *ſi-toſt que le Roy des Heraux, & les autres Heraux verront que le Tournoy aura aſſés duré, & qu'il ſera ſur le tard, & temps de partir, ils doiuent faire leuer les Eſtaches, & crier, Seigneurs Cheualiers allez-vous en, vous ne pouuez huymets ne perdre, ne gagner, car les eſtachettes ſont leuées.*

ITEM *quand les Cheualiers ſeront reuenus à leurs hoſtels, ils ſe deſarmeront, & laueront leurs viſages, & viendront manger deuers les Seigneurs, qui donnent à manger, & tandis que les Cheualiers ſeront aſſis au ſoupper, ſeront prins leſdits Diſeurs, auec le Roy deſdits Heraux, accompagnez de deux Cheualiers, tels comme ils voudront prendre, pour faire l'enqueſte des bienfaiſans : & en l'enqueſte faiſant, les Cheualiers qui parleront, diront leurs aduis, ils en nommeront trois ou quatre, ou tant qu'il leur plaira des bienfaiſans, & au derrain ils ſe rapporteront à vn, lequel ils nommeront, & celui emportera la voix, & ainſi ce fait de main en main à tous les Cheualiers, & prennent morceaux de pain, & celui qui plus en a, c'eſt celluy qui paſſe route : & ceux qui font l'enqueſte font ſerment qu'ils le feront bien & loyaument.*

ITEM *& ou cas que le Tournoy ſe feroit ſans accord, la partie qui ſeroit déconfite, celui qui demourroit derrenier à cheual d'icelle partie deſconfite auroit le Heaume, comme le mieux deffendant, & l'autre partie celui qui ſeroit le mieux aſſaillant auroit l'Eſpée.*

ITEM *le lendemain du Tournoy s'il y a aucun deſtord de droit d'armes, tant de ceulx gagnez ou pardus, comme des Cheualiers tirez à terre, depuis les eſtaches leuées, & comme de tous autres droits, ſoient d'oſtel prins, d'oſtel armeures, ou autres choſes quelconques, il en eſt à l'ordonnance & juges des Cheualiers.*

ITEM *on doit parler aux Eſcheuins, aux Majeurs & Gouuerneurs des bonnes villes, où le Tournoy ſe doit faire, d'auoir prix raiſonnable de ce qui eſt neceſſaire, c'eſt à ſçauoir de foing, auoyne, nappes, toüailles, & de toute autre vaiſelle és hoſtieux, chaſcun endroit ſoy, là où il ſera logié, ou faire prix ſur les hoſtelaiges, lits, & vaiſſeaux, & au cheual foing & auoyne de hors ; & eſt dit que ſe aucun Cheualier n'a dequoy payer ſon hoſtelaige, qu'il faſſe courtoiſement fin & accord.*

S'ENSVIT *la declaration des Harnois qui appartiennent pour armer vn Cheualier, & vn Eſcuier.*

*Premierement vn harnois de jambes couuert de cuir couſu à eſguillettes au long de*
* brayer.   *la jambe, juſques au genoüil, & deux attaches larges pour attacher à ſon * barruier, & ſouleres valuës attachez aux gruës.*

ITEM *Cuiſſés & Poullains de cuir, armoiez de Varennes des armes au Cheualier.*

ITEM

## SVR L'HISTOIRE DE S. LOVYS.

ITEM vne chauſſe de mailles pardeſſus le harnois de jambes, attachée au brayer, comme dit eſt, pardeſſus les cuiſſes, & vns eſperons dorez, qui ſont attachez à vne cordelette au tour de la jambe, afin que la Molette ne tourne deſſous le pied.

ITEM vns anciens, & vnes eſpaulieres.

ITEM paus & manchez qui ſont attachez à la cuirie, & la cuirie à tout ſes eſgrappes ſur les eſpaules; & vne ſeurſeliere ſur le * pis dauant.   \* Pectus.

ITEM Bracheres à tout les Houſon, & le han eſcuçon de la banniere ſur le col couuert de cuir, auec les tonnerres pour les attacher au braier, à la cuirie : & ſur le bacinet vne * coiffe de mailles, & vn bel orfroy pardeuant au front, qui veult.   \* al. Creſte.

ITEM Bracellets attachez aux eſpaules à la cuirie.

ITEM vn gaignepain pour mettre és mains du Cheualier.

ITEM vn heaume, & le Tymbre, tel comme il voudra.

ITEM deux chaines à attachier à la poitrine de la cuirie, vne pour l'eſpée, & l'autre pour le baſton en deux * vigeres pour le Heaume attacher.   \* In alio MS. Viſickes.

ITEM le harnois de l'Eſcuier ſera tout pareil, excepté qu'il ne doit auoir nulles chauces de maille, ne coiffette de maille ſur le bacinet, mais doit auoir vn chappeau de Montauban, & ſi ne doit auoir nulles bracheres, & des autres choſes ſe peut armer comme vn Cheualier, & ne doit point auoir de ſautour à ſa ſelle.

---

## DE L'EXERCICE DE LA CHICANE,
### ou du jeu de paume à cheual.
### DISSERTATION VIII.

Pour la page 20.

JE me ſuis trop engagé dans la matiere des exercices militaires, pour ne rien dire de la CHICANE, qui y appartient. C'eſt vn ſujet qui n'eſt pas indigne de la curioſité, puiſqu'il eſt connu de peu de perſonnes, & qu'il nous découure vne eſpece de manége pratiqué particulierement par les nouueaux Grecs, qui ſemble auoir eſté ignoré dans l'Occident. Il ne leur a pas eſté toutefois ſi particulier, qu'on ne puiſſe dire auec fondement qu'ils l'ont emprunté des Latins, puiſqu'il eſt conſtant que le nom en eſt François, & qu'il eſt encore en vſage parmy nous.

La ſcience & l'adreſſe de bien manier vn cheual, qui eſt ce que nous appellons *Manége*, terme tiré de l'Italien, eſt l'vn des exercices des plus neceſſaires pour ceux qui font le métier de la guerre. Auſſi nous liſons qu'il a eſté pratiqué de tout temps par les Romains & les Grecs, qui inuentérent pour cét effet les Courſes des cheuaux. Ils trouuerent encore non ſeulement la methode de les dreſſer, en telle ſorte qu'ils puſſent tourner de part & d'autre au gré du Caualier, & au moindre ſignal qu'il en donneroit ; mais ils voulurent que le Caualier appriſt à ſe tenir ferme deſſus la ſelle, ſans que pour quelque mouuement extraordinaire du cheual, il puſt eſtre jetté par terre, y eſtant comme collé, & pour vſer des termes de Nicetas, ὅπως ἱππότης ὡς ἐφ' τῇ ἐφεστρίδι ἐμπεπόρπηται. Ce ſont ces exercices que Suetone appelle *exercitationes equorum campeſtres*, parce qu'ils ſe faiſoient dans les campagnes : acauſe dequoy les cheuaux de manége ſemblent eſtre nommez *Equi campitores*, en deux paſſages de Dudon Doyen de S. Quentin. Theodoric dans Caſſiodore appelle encore ces exercices *Equina exercitia : Si quando enim releuare libuit animum rei publicæ curâ fatigatum, Equina exercitia petebamus, vt ipſâ varietate rerum, ſoliditas ſe corporis, vigorque recrearet.*

Nicet. in Alex. Ang. l. 1. n. 3.
Suet. in Aug. c. 83.
Dudo de art. Norm. p. 94. 124.
Caſſiod. l. 5. ep. 41.

Ces exercices de manége ſont encore décrits dans le Moine Robert en ſon Hiſtoire de la guerre Sainte : *Alex ſcaci, veloces curſus equorum, flexis in gyrum frenis non defuerunt.* & dans Radeuic : *Cœpitque vertibilem equum modò impetu vehementi dimittere, modò ſtrictis habenis in gyrum, vt huic negotio mos eſt, reuoca-*

Rob. Mon. l. 5
Hiſt. Hier. p. 51.
Radeuic. l. 3. de geſt. Frid. c. 37.

Partie II.   Aa

re, *móxque varios, perplexófque per amfractus difcurrere*. C'eſt ce qu'Anne Comnene en ſon Alexiade appelle ἵππον ἐλαύνειν. Mais entre autres, Procope a décrit élegamment ces exercices dans ſon Hiſtoire des guerres des Goths dans vn paſſage que je paſſe à deſſein.

Ces cheuaux de manége, qui ſont ſi bien appris à tourner à toutes mains, & à faire le caracol, ſemblent eſtre nommez pour cette raiſon *Sphæriſtæ* par Gregoire de Tours : *Putáſne videbitur vt bos piger palæſtræ ludum exerceat ? aut aſinus ſegnis inter ſphæriſtarum ordinem celeri volatu diſcurrat ?* on peut auſſi appliquer ce paſſage à ces exercices de cheuaux, dont les Auteurs Byzantins font ſouuent mention, qui eſtoit celuy de jouër à la paume à cheual. Ce jeu eſt appellé par eux, d'vn terme barbare, Τζυκανιστήριον, qui eſtoit auſſi le nom du lieu qui ſeruoit à ces exercices. Ce lieu eſtoit dans l'enclos du grand Palais de Conſtantinople, prés de l'Appartement doré, que les Grecs appellent χρυσοτρικλίνιον, ainſi que nous apprenons de Luithprand : *ex eâ parte, qua Zucaniſtrii magnitudo protenditur*, *Conſtantinus per cancellos crines ſolutus caput expoſuit*. Codin le place proche des Thermes de Conſtantin : & ailleurs il dit que des quatre Galeries, ou Portiches qui furent conſtruites par Eubule, & qui du Palais tiroient vers les murs de terre ferme, l'vne auoit ſa longueur depuis le *Tzycaniſterium*, juſques à l'Egliſe de S. Antoine. Scylitzes le place prés de l'Hippodrome, & la Galerie des gardes du Palais. Leon le Grammairien parle de la deſcente pour aller à ce lieu, ou plûtôt de l'eſplanade de ce lieu, qu'il appelle καταβασίνιον τῦ Τζυκανιστηρίε, & Codin fait mention du Τεικύμβαλον τῦ Τζυκανιστηρία. Nous apprenons du même Auteur que ce fut l'Empereur Theodoſe le Ieune qui le fit conſtruire, & que Baſile le Macedonien l'agrandit.

Ce lieu eſtoit d'vne vaſte étenduë, comme on recueille des termes de Luithprand, *qua Zucaniſtrii magnitudo protenditur*. Ce qu'Anne Comnene, Conſtantin Porphyrogenite, & Theophanes témoignent encore, & veritablement il faloit qu'il fût bien grand, pour pouuoir y faire ces exercices, qu'il ne nous ſeroit pas aiſé de conceuoir, ſi *Cinnamus* ne nous en auoit donné la deſcription : où toutefois il ſupprime le mot de Τζυκανιστήριον, comme barbare, affectant la pureté du diſcours dans tous ſes écrits. Il dit donc que les anciens inuentérent vn honneſte exercice, qui n'eſtoit que pour les Empereurs, ſes enfans, & les grands Seigneurs de ſa Cour, & eſtoit tel. Les jeunes Princes ſe diuiſans en deux bandes, en nombre égal, ſe tenoient à cheual, aux deux extremitez d'vn lieu ſpacieux, entendant par là le Τζυκανιστήριον; puis on jettoit dans le milieu vne balle faite de cuir, de la grandeur d'vne pomme. Alors les Caualiers des deux bandes partoient à brides abatuës, & couroient à cette balle, tenans châcun en la main vne raquette, telle que ſont celles dont nous nous ſeruons aujourd'huy pour jouër à la paume, dont l'inuention paroît par là n'eſtre pas ſi recente, comme Eſtienne Paſquier nous veut perſuader. C'eſtoit à qui pourroit attraper cette balle, pour la pouſſer auec la raquette au delà des limites, qui eſtoient marquez : en ſorte que ceux qui la pouſſoient plus auant demeuroient & reſtoient vainqueurs. Cét Auteur remarque que c'eſtoit vn exercice dangereux, où l'on couroit ſouuent riſque de ſa perſonne, & d'eſtre culbuté, ou bleſſé griéuement : *Ludus periculoſæ plenus aleæ*. Car il faloit que ces Caualiers couruſſent à cette balle ſans ordre, & pour l'attrapper auec leurs raquettes, ils eſtoient obligez de ſe pancher des deux côtez juſques en terre. Souuent ils ſe pouſſoient & ſe bleſſoient reciproquement, & ſe jettoient les vns les autres à bas de leurs cheuaux. Auſſi Anne Comnene écrit qu'Alexis ſon pere s'exerçant vn jour à ce jeu, Tattice l'vn de ceux qui jouïoient auec luy, fut emporté par ſon cheual vers l'Empereur, & le bleſſa aux genoux & au pied, dont il ſe ſentit le reſte de ſa vie. *Cinnamus* dit pareillement, que l'Empereur Manuel petit fils d'Alexis s'exerçant à ce jeu de paume, ( j'vſe de ce mot, quoy qu'impropre) tomba de ſon cheual, & ſe bleſſa ſi griéuement à la cuiſſe & à la main, qu'il en fut malade à l'extremité.

## SVR L'HISTOIRE DE S. LOVYS. 187

Mais j'estime qu'il importe de donner en cét endroit la description que *Cinnamus* nous a tracée de cette *Sphæromachie*, qui est vn terme dont Seneque, & Stace se sont serui, parce que l'vsage n'en est pas connu dans nos Ecriuains. Ie sçay bien que plusieurs n'approuuent pas ces longues citations en Langue Grecque, qui n'est pas familiere à vn châcun: mais aussi je ne le fais que pour contenter les plus curieux, & pour les soûlager de la peine d'aller chercher ce que je mets en auant dans les Auteurs que je cite: outre que ceux qui n'entendent pas le Grec, se peuuent contenter de ce que j'en ay écrit. ἐξῆκε δὲ ὁ χειμὼν, ἀναχεθαμένη δὲ ἀχλυώδης, ἐπὶ τὸ σωφρονικὸν κᾀθιεὶν γυμνάσιον ἑαυτὸν, εἰθισμένον ὂν Βασιλεῦσι καὶ παισὶ Βασιλέων ἀνέκζεν. νεανίαι τινὲς εἰς ἴσα διαιρεθέντες, ἀλλήλοις σφαῖραν ὀξύτητι μὲν πεποιημένην, μῆλα δὲ ἐμφερῆ τὸ μέγεθος, εἰς χῶρόν τινα ἀφιᾶσιν, ὃς αὖ δηλαδὴ συμμετρησάμενος αὐτοῖς δόξῃ, ἐπ' αὐτὴν, οἱονοῦν ἆθλον, ἐν ματαιμύλῳ κειμένῳ ὑπὸ ῥυτῆρος αὐτηχέοιν ἀλλήλοις. ῥάβδον εἰ δεξιᾷ χειριζόμενος ἕκαστος, συμμέτρως μὲν ἐπιμήκη, εἰς τὸ καμπὴν τινα πλατεῖαν ἄφνω τελευτῶσαν, ἧς τὸ μέσον χόρδαις ποσὶ χρόνῳ μὲν ἀναστήσαις, ἀλλήλαις δὲ δικτυωτῶν τινα συμπεπλεγμέναις διαλαμβάνεται τρόπον. αὐτῶντι μένοι ἑκάτερον πεποίηται μέρος, ὅπως ἂν ἐπὶ θάτερον σπωτείσαντες μετάγωσι πέρας, ὃ δηλονότι αὐτῆθεν αὐτοῖς ἀποδίδαται. ἐπειδὴ γὰρ ταῖς ῥάβδοις εἰς ὁποτέραν ἐπειρώμενος, ὁ σφαίρας ἀφίκηται πέρας, τοῦτῳ ἡ νίκη ἐκείνῳ τῷ μέρει γίνεται. ἡ μὲν παιδία τοιάδε τις ἐστιν ὀλιγηρὰ πάντῃ καὶ κινδυνώδης. ὑπιδιάζειν γὰρ ἀεὶ, καὶ ἰξιάζειν ἀνάγκη τὸν ταύτην μετιόντα, ἐν κύκλῳ δὲ τὸν ἵππον περιελάσαι, καὶ παμπόδαπαν ποιεῖσθαι τὰς δρόμας, τοσούτοις τε κινήσεων ὑπεκπέχθαι εἴδεσιν, ὅσοις ὅλως ἡ τῆς σφαίρας ξυμβαίνει.

*Seneca ep. 80.*
*Stat. lib. 4. sylu.*

Voilà les termes de *Cinnamus*, qui nous font voir que cét exercice n'appartenoit qu'aux grands Seigneurs. Ce que Constantin Porphyrogenite témoigne encore en l'Histoire de l'Empereur Basile son ayeul, en ceux-cy: ἄλλον εὑρήσεις ἱππομήκη τῷ πρὸς βοῤῥᾶν καὶ ἰσόδρομον δίαυλον, ἄχρι τῆς Βασιλικῆς αὐλῆς καὶ αὐτῇ παρατείνοντα, καθ' ἣν μεθ' ἱππυ σφαιρίζειν Βασιλεῦσιν, καὶ τοῖς ἐκκρίμασι παισὶ καθέηκε συνηθες. C'est donc de là qu'il faut interpreter *Achmet* en ses Onirocritiques ou interpretations des songes, lorsqu'il écrit que si quelqu'vn a songé qu'il a joüé à la paume à cheual auec l'Empereur, ou auec quelque grand Seigneur, cela luy pronostique qu'il luy doit arriuer autant de bonheur qu'il aura poussé la balle bien loin, & que le cheual sur lequel il estoit monté se sera bien gouuerné. De mémes si l'Empereur en songe auoit joüé à cét exercice, que cela signifioit que le succés de ses affaires deuoit estre heureux, ou malheureux, suiuant qu'il auroit bien, ou mal poussé la balle: ausquels endroits cét Auteur se sert du mot de Τζυκανίζειν, & de *σφαῖραν ἐλαύνειν, pour *joüer à la balle à cheual*. Ce qui fait voir que les termes qui se rencontrent dans Anne Comnene, de εἰς ἱππηλάσιον ἐξιέναι, *& de σφαιρίζειν, sont synonymes à celuy de Τζυκανίζειν. Nous apprenons encore de ces Auteurs, que c'est de ces exercices, dont il faut entendre Leon le Grammairien, & Scylitzes, lorsqu'ils racontent, comme l'Empereur Alexandre, frere de Leon le Philosophe, aprés quelques excés de débauches, les bains, & le sommeil, entreprit d'aller joüer à la paume: & que durant cét exercice, luy estant suruenu des contorsions de boyaux & des douleurs cuisantes, acause de l'abondance du vin & des viandes, dont il auoit chargé son estomach, fut obligé de retourner au Palais, où il mourut le lendemain d'vne aimorragie qui luy prit par le nez & par les parties honteuses. Zonare le dit en termes plus exprés, & montre que lorsqu'Alexandre joüa à la paume, il estoit à cheual: ἅπαξ ἀκεισάμενος μεθ' ἱδρῶν, καὶ κοίλη χρησάμενος τῇ γαστρὶ, ἀπλήστως ἀκρατισάμενος, σφαιρίζειν προέθετο, καὶ καταπίνας τὸ σῶμα τῇ ἱππασίᾳ, καὶ ταῖς τῆς σφαίρας ἐκπράγμασιν, ῥῆξιν ὑπέστη, καὶ ἅμα διά τε ῥινὸς κεκώσας καὶ τῆς αἰδοῖς, μίαν μόνην ἡμέραν διέλιπεν.

*Const. Porp. in Basilio c. 55.*
*Achmes Onirocr. c. 155.*
*Anna Com. p. 174. 466.*
*Ead. p. 257. 434. & 440.*
*Leo Gram. & Scylit. in Alexand.*
*Zonar. in Alexand.*

Cette espece d'exercice ressemble à l'*Arenata pila* des anciens, où l'on auoit coûtume de joüer en troupes, *Quam in grege ex circulo astantium spectantiúmque emissam, vltra justum spatium excipere & remittere consueuerant*,

*Hier. Mercurialis.*

Partie II.      Aa ij

## DISSERTATION VIII.

*Isid. l. 1. 18.*
*Orig. c. 69.*
*Papias.*
*Sidon. ep. 17.*
*Iul. Pollux l. 9.*
*Martial.*
*l. 4. Epigr. 19. l. 7.*
*Ep. 66. l. 12.*
*Ep. 84. & l. 14. Ep. 48.*

ainsi qu'écrit Isidore. D'où *Sidonius* a pris sujet de dire, *sphæristarum se turmalibus immiscuit.* C'est pourquoy ce jeu de la balle est nommé ἐπίκοινος dans Pollux, où toutefois quelques-vns lisent ἐπίκοινος, parce qu'on y joüoit dans vne plaine, qu'on parsemoit de sable, acause dequoy ce jeu a pris le nom d'*Arenatapila*, ce que Martial fait assez connoître en diuers endroits de ses Epigrammes, où il lui donne le nom d'*Harpastus*, parce que châcun des partis faisoit ses efforts pour s'arracher & s'enleuer la balle. Pollux ayant dit que les joüeurs se partageoient en deux bandes, ajoûte, que la balle estoit jettée sur la ligne du milieu, & qu'aux deux extrémitez, derriere les lieux où les joüeurs estoient placez, il y auoit deux autres lignes, au delà desquelles on tâchoit de porter la balle, ce qui ne se faisoit pas sans la pousser & repousser auparauant de part & d'autre.

*Lipsf. ad Senec. ep. 80.*

Le jeu de la chole, qui est encore à présent en vsage parmy les païsans de nos Prouinces, a aussi quelque rapport auec ces exercices du *Tzycanisterium*, sauf qu'il se fait entre personnes qui sont à pied. En certains jours solennels de l'année, & le plus souuent aux festes des Patrons des villages, les païsans inuitent leurs voisins à ces exercices. A cét effet on jette vne espéce de balon dans vn grand chemin, au milieu des confins de deux villages, & châcun le pousse du pied auec violence, tant que les plus forts le font approcher prés des leurs, qui de cette sorte remportent la victoire, & le prix qui est proposé.

*Lambert. Ard.*

Lambert d'Ardres en son Histoire des Comtes de Guines en fait mention, en ces termes : *Locus, qui nunc Ardensium populi frequentatur accessu, pascuus erat, & raro cultus habitatore. Mansit tamen in medio agri pascui secus viam, in loco vbi nunc Ardea forum rerum frequentatur venalium, quidam cereuisiæ brasiator, vel Cambarius, vbi rustici homines & incompositi ad bibendum, vel ad Cheolandum, vel etiam hercandum, propter agri pascui largam & latam planitiem conuenire solebant.* Et mémes j'ose auancer que c'est ce jeu de la balle des anciens, appellé *Pila Paganica*, parce qu'elle estoit en vsage parmy les paysans. Martial en a fait aussi la description.

*Mart. l. 4. Epig. 45.*

Mais pour retourner au jeu de la balle à cheual, que les Grecs appellent *Tzycanisterium*, il semble que ces peuples en doiuent l'origine à nos François, & que d'abord il n'a pas esté autre que celui qui est encore en vsage dans le Languedoc, que l'on appelle le jeu de la Chicane, & en d'autres Prouinces le jeu de Mail : Sauf qu'en Languedoc ce jeu se fait en plaine campagne, & dans les grands chemins, où l'on pousse auec vn petit maillet, mis au bout d'vn bâton d'vne longueur proportionée, vne boulle de buis. Ailleurs, cela se fait dans de longues allées plantées exprés, & garnies tout à l'entour de planches de bois. De sorte que *Chicaner*, n'est autre chose que le Τζυκανίζειν des Grecs; qui ont coûtume d'exprimer le C ou le CH des Latins, par le TZ, comme *Eustathius* sur *Dionysius* nous apprend : ce qui est d'ailleurs confirmé par plusieurs exemples, que M. Rigaud & *Meursius* en ont donnez en leurs Glossaires. Ensuite, ce que les nostres ont fait à pied, les Grecs l'ont pratiqué montez sur des cheuaux, & auec des raquettes, qui estoit la forme de leur chicane.

*Eustath. Schol. ad Dionys. Perieg. p. 100. Rigalt. & Meurs. Gloss.*

Quant à l'origine de ce mot, comme toutes les conjectures, dont on se sert en de semblables rencontres, sont pour le plus souuent incertaines, je ne sçay si je dois m'y engager. Car je n'oserois pas auancer qu'il vienne de l'Anglois *Chicquen*, qui signifie vn poullet ; en sorte que chicaner seroit imiter les poullets, qui ont coûtume de courir les vns aprés les autres pour s'arracher le morceau hors du bec; que se font ceux qui joüent à la chicane à la façon des Grecs, jettans vne balle au milieu d'vn champ, & chacun tâchant de l'enleuer à son compagnon.

Quoy qu'il en soit, on ne doit pas, ce me semble, reuoquer en doute que le terme de chicane, dont nous nous seruons aujourd'huy, pour marquer les détours des plaideurs (*vitiligatores*) & que nos vieux praticiens appelloient *Barres*, ne soit tiré de ces exercices. Car châcun de son costé faisant ses ef-

SVR L'HISTOIRE DE S. LOVYS. 189

forts pour dilayer par des fuites affectées, & par des procedures inutiles, tâche d'embarasser sa partie, les vns & les autres se renuoyans ainsi la balle, comme nous disons vulgairement. Ce que font ceux qui joüent à la chicane, lorsqu'ils se renuoient la balle, & par les embaras qu'ils se forment reciproquement, font durer le jeu plus long-temps.

Ie sçay bien que quelques sçauans ont cherché vne autre origine au terme de chicane en fait de plaideurs, & qu'il y en a qui le dériuent de Σικχρὸς, qui selon Galien en quelque endroit signifie vne malice mélée de tromperies: rapportans la raison de cette signification au naturel des Siciliens, nommez Σικχροὶ par les anciens, *quorum natura facilis fuit ad querelas*, dit Cassiodore. Il y en a d'autres qui le tirent des termes de *Chico*, & de *Chiqui*, dont l'vn est Espagnol, l'autre Gascon, qui signifient *petit*; ensorte que chicaner seroit s'arrêter aux choses de petite consequence, & aux bagateles.

*Simon d'Oliue l. 2. des quest. de droit ch. 1. Galen. in Lexic. Hippocr. Cluuer. l. 1. Sicil. Antiq. c. 17. Cassiod. l. 1. epist. 3. Oyhen. in Not. Vasc.*

---

## DES CHEVALIERS BANNERETS.
## DISSERTATION IX.

*Pour la pag. 23.*

LA Noblesse a toûjours esté dans vne particuliere estime en tous les Etats de l'Vniuers, & il n'y a presque à present que celui des Turcs, où elle n'est pas consideree. Ils deferent tout à la vertu & aux belles qualitez des personnes, sans considerer le sang & la naissance. *Turcæ neminem, ne suorum quidem, nisi ex se pendunt, solâ domo Othomanorum exceptâ, quæ suis censetur natalibus*: Ce sont les paroles d'vn Ambassadeur de l'Empereur Ferdinand I. Mais la France a esté le Royaume du monde, où elle a eu les plus grands auantages; y composant vn ordre particulier, qui y tient le premier & le principal rang, les honneurs & les Gouuernemens des prouinces & des places n'y sont confiez qu'aux Gentilshommes, & l'on a toûjours crû que la force de l'Etat reside dans leurs personnes, acause de la generosité naturelle, & de la grandeur de courage qui les accompagne.

*Busbeq. in itiner. CP.*

Encore bien que le caractere de la Noblesse soit vniforme, & qu'il est en quelque façon vray de dire qu'vn Gentilhomme n'est pas plus Gentilhomme qu'vn autre: si est-ce qu'il y a toûjours eu diuers dégrez entre les Nobles, qui ont composé des differents ordres entre eux. Car les vns ont esté plus releuez que les autres, à raison des dignitez qui leur estoient conferées par le Prince: les autres par les prerogatiues, que les qualitez & les titres de Cheualiers leur donnoient. Desorte que nous remarquons qu'il y a eu en France trois dégrez & trois ordres de Noblesse. Le premier est celuy de BARONS, qui comprenoit tous les Gentilshommes qui estoient éleuez en dignitez, tant acause des titres qui leur auoient esté accordez par les Rois, qu'acause de leurs Fiefs; en vertu desquels ils auoient le droit de porter la Banniere dans les armées du Roy, d'y conduire leurs vassaux, & d'auoir vn cry particulier. C'est pourquoy ils sont ordinairement reconnus sous le nom de BANNERETS, & souuent sous le terme general de *Barons*. Ce qui a fait dire à *Diuæus*, que, *Barones vocari solent ii proceres, qui vexillum in bellum efferunt*. Le second ordre estoit celui des *Bacheliers*, où des simples Cheualiers; & le troisiéme celui des *Escuiers*.

*P. Diuæus l. 7. Rer. Brabant. p. 85.*

La Noblesse de Bearn estoit pareillement distinguée en Barons, en *Cauers*, ou Cheualiers, & en *Dommangers*, ou Damoiseaux, qui sont ceux que nous appellons Escuiers. Le Royaume d'Arragon auoit aussi ces trois ordres dans sa Noblesse: Le premier estoit celuy des *Ricos hombres*; le second celui des *Caualleros*; & le troisiéme des *Infançons*, qui sont les Damoiseaux, ou Escuiers. Les *Ricos hombres*, ou les Riches hommes, estoient les principaux Barons du

*Hist. de Bearn. l. 6. ch. 24. Hier. Blanca. in Comment. Rer. Arag.*

Aa iij

Royaume. Ils auoient part au gouuernement du pays, & possedoient les grands Fiefs mouuans de la Couronne. Ils deuoient acause de ces Fiefs seruir le Prince dans ses guerres, & estoient obligez d'y conduire leurs vassaux sous leurs bannieres, d'où ils furent appellez *Ricos hombres de Señera*, c'est à dire Bannerets, & parce que ces riches hommes qui conduisoient leurs vassaux à la guerre sous leurs bannieres, estoient ordinairement reuêtus de la qualité de Cheualier ; il est arriué delà que ces Barons sont reconnus pour le plus souuent sous les noms de Cheualiers Bannerets.

Les autres Cheualiers, qui n'auoient pas cette prérogatiue, sont nommez vulgairement *Bacheliers*, c'est à dire *bas Cheualiers*, acause qu'ils estoient d'vn second ordre, & inferieurs en dignité aux Barons. C'est la raison pourquoy ils sont nommez *Milites secundi & tertii ordinis*, dans Brunon en l'Histoire de la guerre de Saxe : & dans Guillaume le Breton, en ces vers :

*Bruno de bello Sax. p. 133.*
*Will. Brito l.8. Philipp. p. 193.*

> *Intra Murellum cum Simone contulerant se*
> *Personæ primi multæ, pluréfque secundi*
> *Ordinis.*

*Lib.3.p.121*

& ailleurs il designe ainsi ce second ordre des Nobles :

> *Exemplo quorum proceres, Comitésque, Ducésque,*
> *Ordóque Militiæ minor Ecclesiæque ministri, &c.*
> *Signo se signare Crucis properanter auebant.*

*Math. Par. A. 1225.*
*Gesta Gull. p. 207.*

Dans Mathieu Paris le Bachelier est nommé *minor Miles*. Guillaume Archidiacre de Lisieux, en l'Histoire de Guillaume le Bâtard Roy d'Angleterre, appelle les Bacheliers, *Milites mediæ nobilitatis*. Desorte qu'il estoit de ces Cheualiers, comme de ces Comtes du premier, du second, & du troisième ordre, dans la Cour des Empereurs Romains. Mais parce que mon dessein n'est à present que de parler des Cheualiers Bannerets, acause que je m'y suis engagé dans mes Obseruations sur l'Histoire du Sire de Ioinuille ; je ne diray rien icy des Cheualiers Bacheliers, ni de ce second ordre de Noblesse.

J'ay déja remarqué que le terme de *Banneret* estoit général pour le premier ordre des Nobles, & qu'il comprenoit les Gentilshommes, d'vne dignité releuée, & qui auoient le droit de porter la banniere dans les armées du Prince. La plûpart des Auteurs s'en sont seruis en ce sens. Rigord parlant des Seigneurs qui furent pris à la bataille de Bouines, par Philippes Auguste :

*Rigord.*

*Eodem vespere cùm adducti fuissent ante conspectum Regis Proceres qui capti fuerant, quinque videlicet Comites, & xxv. alii, qui tantæ erant nobilitatis, vt eorum quilibet vexilli gauderet insignibus, præter alios quamplurimos inferioris dignitatis.*

Guillaume Guiart :

> *En esté con ne voit point negier,*
> *Va li Rois la ville assiegier,*
> *O lui mains Princes à bannieres, &c.*

*Monstrel. 1. vol.ch. 149.*
*Ch. 79.*

Monstrelet dit qu'à la bataille d'Azincourt *il fut trouué qu'à compter les Princes y auoit mors cent à six vints bannieres*. La Chronique de Flandres comprend entre les Bannerets, les Ducs & les Comtes : *adonc fesirent tous les Bannerets à toutes leurs batailles, fors le Duc de Bourgogne, & le Comte d'Armagnac*. Les Prouinciaux, qui sont les liures des Heraulds d'armes, qui representent les armoiries des Nobles de chaque Prouince, reduisent d'ordinaire les Nobles sous les deux titres de Bannerets & de Bacheliers, mettans sous le premier indifferemment les Cheualiers Bannerets, & les Ducs, les Comtes & les Barons.

*Galland au Traité du Franc aleu.*

D'autre part nous voyons que souuent les Cheualiers Bannerets sont reconnus dans les autres Auteurs sous le terme simple de Barons. Les loix de Simon Comte de Montfort pour les habitans d'Alby, de Carcassonne, de Beziers & de Razez, dressées l'an 1212. comprennent formellement les Cheualiers Bannerets sous ce nom, les distinguant d'auec les simples Cheualiers, qui sont les Bacheliers : *Si inde conuicti, aut confessi fuerint, dabunt singuli x.*

# SVR L'HISTOIRE DE S. LOVYS. 191

*libras, si fuerint Barones : si simplices Milites, centum solidos, &c.* Froissart en a ainsi vsé en diuers endroits de sa Chronique, comme lorsqu'il rapporte les noms des grands Seigneurs, qui passérent auec le Roy d'Angleterre en France, l'an 1346. & ailleurs, parlant d'vn combat qui se fit auprés de Calais: *Tous ceux estoient Barons & à banniere.* Et la Chronique de Flandres, décriuant la bataille de Bonne, a compris sous le mot de *Barons* les Bannerets: *Tant y eut pris de Barons, de Bacheliers, & de Sergens, que ce fu merueille.* Il faut neantmoins demeurer d'accord qu'il y auoit de la différence entre les Barons & les Bannerets. Car on appelloit Barons tous les Nobles qui possedoient les grands Fiefs qui releuoient de la Couronne, ou de quelque Souueraineté. Et parce qu'il n'y auoit point de Barons qui n'eussent le droit de faire porter la banniere dans les armées, acause qu'ils possedoient de grandes Seigneuries, & des terres considerables, qui auoient beaucoup de vassaux; il est arriué que ce titre a esté communiqué indistinctement à tous les Bannerets. Du Tillet dit que le Comte de Laual débatit au Seigneur de Couëquen en Bretagne le titre de Baron, soûtenant qu'il n'estoit que Banneret, & qu'il auoit leué Banniere, acause dequoy on se railla de lui, & on l'appella le Cheualier au drapeau quarré.

*Froiss.1. vol. ch. 121. 151. Chron. de Flandr. ch. 15. Du Tillet to. 1. p. 431.*

Pour paruenir à la dignité de Banneret, il ne suffisoit pas d'estre puissant en Fiefs, & en vassaux, il falloit estre Gentilhomme de nom & d'armes; cette qualité requise estoit essencielle; & parce que je n'ay pas remarqué que pas-vn Auteur ait bien expliqué la force de ces termes, je me propose d'en dire mon sentiment dans la Dissertation suiuante.

*Gregor. Tolos. l. 6. c. 9.*

Le vieux Ceremonial décrit ainsi la forme & la maniere de faire les Bannerets: *Comme vn Bachelier peut leuer banniere, & deuenir Banneret. Quant vn Bacheler a* <sup>a</sup> *grandement serui & suiuy la guerre, & que il a terre assez,* <sup>b</sup> *& qu'il puisse auoir de Gentils-hommes, ses hommes, & pour accompagner sa banniere, il peut licitement leuer banniere, & non autrement. Car nul homme ne doit porter, ne leuer banniere en batailles, s'il n'a du moins cinquante hommes d'armes, tous ses hommes, & les Archiers & Arbalestriers qui y appartiennent. Et s'il les a, il doit à la premiere bataille, où il se trouuera, apporter vn pennon de ses armes, & doit venir au Connestable, ou aux Mareschaux, ou à celuy qui sera Lieutenant de l'ost, pour le Prince requerir qu'il porte banniere* <sup>c</sup>*, & s'il luy octroient,* <sup>d</sup> *doit sommer les Heraulx pour tesmoignage, & doiuent coupper la queuë du pennon, & alors le doit porter & leuer auant les autres bannieres, au dessoubs des autres Barons.* Il y a en ce même Ceremonial vn autre Chapitre, qui regarde encore le Banneret, & est conceu en ces termes: *Comme se doit maintenir vn Banneret, en bataille. Le Banneret doit auoir cinquante lances, & les gens de trait qui y appartiennent : c'est asauoir les xxv. pour combattre, & les autres xxv. pour lui* <sup>e</sup>*, & sa banniere garder. Et doit estre sa banniere dessoubs des Barons. Et* <sup>f</sup> *s'il y a autres bannieres, ils doiuent mettre leurs bannieres à l'onneur, chascun selon son endroit, & pareillement tout homme qui porte banniere.*

Ceremonial MS. & celui qui est imprimé auec vn Liure intitulé la Diuision du Monde l'an 1539. <sup>a</sup> al. longuement. <sup>b</sup> al. tant comme il puisse tenir 50. Gentils-hommes. <sup>c</sup> soit banneret. <sup>d</sup> Faire sonner les trópetes pour témoigner. <sup>e</sup> garder son corps & sa banniere. <sup>f</sup> Et s'il y a autres bannieres en honneur selon qu'ils sont Nobles, & pareillement tous hommes qui portent banniere.

I'ay rapporté les termes entiers de ce Ceremonial, afin de n'estre pas obligé de les diuiser dans la suite de ce discours, & aussi pour auoir sujet de les examiner, & de les conferer auec ce que les Auteurs ont écrit des Bannerets. Et pour commencer par les premieres conditions qu'il requiert pour paruenir à cette dignité; il remarque qu'il faut que celui qui veut se faire Banneret, soit Cheualier, & qu'il ait esté souuent dans les occasions de la guerre : il est constant que ceux qui vouloient *leuer Banniere*, deuoient estre Cheualiers : & l'Histoire nous fournit vne infinité d'exemples, comme ceux, qui dans les occasions de la guerre vouloient *leuer banniere*, & qui n'estoient pas encore Cheualiers, se faisoient donner ce titre auant que de *leuer Banniere*. La Chronique de Flandres : *Acce jour leua Banniere, le Comte de Maubuisson, qui fut au Comte d'Armagnac, & fut ce jour nouueau Cheualier.* Froissart: *Là furent faits Cheualiers, & leuerent banniere à vne saillie, que ceux de la Charité firent hors, Messire*

*Chr. de Fland. ch. 79. Froiss.1. vol. ch. 225.*

## DISSERTATION IX.

<small>4. vol. ch. 28. 72.</small> *Robert d'Alençon, fils du Comte d'Alençon, & Meſſire Louys d'Auxerre, qui eſtoit fils du Comte d'Auxerre, & le frere du Comte d'Auxerre.* & ailleurs il dit que le Comte de Neuers, fils du Duc de Bourgogne, conducteur des troupes Françoiſes au ſecours du Roy de Hongrie contre le Turc, eſtant entré dans le païs ennemy y fut fait Cheualier par ce Roy, *& leua banniere.* Les fils des Rois n'eſtoient <small>2. vol. c. 10.</small> pas diſpenſez de cette loy: Le même Froiſſart parlant d'vne bataille, qui fut donnée entre les Eſcoſſois & les Anglois: *Adonques fiſt le Comte de Douglas ſon fils Cheualier, nommé Meſſire Iacques, & lui fiſt leuer banniere: & là fiſt-il deux Cheualiers des fils du Roy d'Eſcoſſe, Meſſire Robert & Meſſire Dauid, & tous deux leuerent banniere.*

L'autre condition pour eſtre fait Banneret, & qui eſtoit la plus neceſſaire, eſtoit qu'il faloit eſtre puiſſant en biens, & auoir vn nombre ſuffiſant de vaſſaux, pour accompagner la banniere. C'eſt pourquoy les Eſpagnols appelloient les Bannerets *Ricos hombres,* & les François, *les Riches hommes,* comme j'ay juſtifié en mes Obſeruations. Au contraire les ſimples Cheualiers ſont nommez *pauures hommes,* dans le Rôlle des Cheualiers qui accompagnerent Saint Louys au voyage de Thunes: *Et eſt à ſauoir qu'il doit paſſer à chaſcun Banneret vn cheual, & li cheuaux emporte le garçon qui le garde, & doit paſſer le Banneret lui ſixiéme de perſonne, & le pauure homme ſoi tiers.*

Quant au nombre de vaſſaux, le Ceremonial veut que le Banneret ait ſous ſa conduite cinquante hommes d'armes, outre les Archers, & les Arbalétriers, <small>Froiſſ. 4. vol.</small> qui y appartiennent: c'eſt à dire cent cinquante cheuaux. Car Froiſſart dit en quelque endroit que vingt mille hommes d'armes, faiſoient ſoixante mille hommes de guerre: châque homme d'armes ayant deux hommes à cheual à ſa ſuite. Oliuier de la Marche écrit que ſuiuant l'ancienne coûtume, il faloit que le Pennon de celui qui pretendoit à cette dignité fuſt accompagné de vingt-cinq hommes d'armes au moins. Mais les Comptes des Treſoriers des Guerres du Roy nous apprennent le contraire, & nous font voir qu'il y auoit ſouuent des Cheualiers Bannerets, qui auoient vn beaucoup moindre nombre de vaſſaux à leur ſuite, dont les vns eſtoient Bacheliers, les autres Eſcuiers. Auſſi vn autre Ceremonial veut qu'vn Cheualier ou Eſcuier, pour eſtre fait Banneret, *ſoit accompagné au moins de quatre ou cinq nobles hommes, & continuellement de douze ou ſeize cheuaux.* Il eſt vray que pour l'ordinaire les Cheualiers Bannerets allans à la guerre du Prince, comme la pluſpart eſtoient grands Seigneurs, auoient vn bien plus grand nombre de vaſſaux, entre leſquels il y en auoit des Cheualiers, qui auoient pareillement leurs vaſſaux à leur ſuite, ce qui formoit vne compagnie fort raiſonnable ſous la conduite du Banneret. Et <small>Albert. Aq. l. 12. c. 31.</small> ainſi ce ſont les Bannerets qu'Albert d'Aix a deſigné par ces termes: *Ad quinquaginta in arcu, lanceâ, & gladio ceciderunt viri fortiſſimi, & vſque ad hanc diem in omnibus præliis inuictiſſimi, ſinguli redditibus terrarum, & locorum poſſeſſionibus ditati, & ipſi equites ſub ſe habentes, alius viginti, alius decem, alius quinque, alius* <small>Gaufr. Malat. l. 1. c. 40. Anna Com. l. 1.</small> *duo ad minus.* Et Geoffroy de Maleterre, pour faire voir que Tancrede, pere du fameux Robert Guiſchard, auoit la qualité de Cheualier Banneret, & qu'ainſi il n'eſtoit pas de ſi baſſe extraction, comme Anne Comnene, & quelques autres Auteurs ont écrit, dit qu'il eſtoit à la Cour de Richard II. du nom Duc de Normandie, commandant à dix Cheualiers: *In Curiâ Comitis decem Milites ſub ſe habens ſeruiuit.*

Le Banneret eſtoit fait par le Prince, ou le Lieutenant général de l'armée en cette maniere. Le Cheualier qui eſtoit aſſez puiſſant en reuenus de terres, & en nombre de vaſſaux pour ſoûtenir l'état & la condition de Banneret, prenoit l'occaſion de quelque bataille qui ſe deuoit donner, & venoit ſe preſenter deuant le Prince, ou le Chef de l'armée, tenant en ſa main vne lance, à laquelle eſtoit attaché le pennon de ſes armes enueloppé, & là il faiſoit ſa requéte ou lui-même, ou par la bouche d'vn Heraud d'armes, & le prioit de le faire Banneret, attendu la nobleſſe de ſon extraction, & les ſeruices rendus

dus

# SVR L'HISTOIRE DE S. LOVYS.

dus à l'Etat par ses prédecesseurs : veu d'ailleurs qu'il auoit vn nombre suffisant de vassaux. Alors le Prince, ou le Chef d'armée, déueloppant le pennon, en coupoit la queuë, & le rendoit quarré, puis le remettoit entre les mains du Cheualier, en lui disant, ou faisant dire par son Heraud, ces paroles, ou de semblables : *Receuez l'honneur que vostre Prince vous fait aujourd'huy, soiez bon Cheualier, & conduisez vostre banniere à l'honneur de vostre lignage.* Froissart décrit ainsi cette ceremonie : *Là entre les batailles apporta Messire Iean Chandos sa banniere, laquelle encore n'auoit nullement boutée hors de son estuy. Si la presenta au Prince, auquel il dit ainsi : Monseigneur veez-cy ma banniere : je vous la baille par telle maniere qu'il vous plaise la desuelopper, & qu'aujourd'huy je la puisse leuer : car Dieu mercy, j'ay bien dequoy en terre & heritage pour tenir estat comme appartient à ce. Ainsi print le Prince, & le Roy Dom Pietre qui là estoit, la banniere entre leurs mains, qui estoit d'argent à vn pieu aiguisé de gueules, si la desueloperent, & la luy rendirent par la hante, en disant ainsi : Messire Iean, veez cy vostre banniere, Dieu vous en laisse vostre preu faire. Lors se partit Messire Iean Chandos, & rapporta entre ses mains sa banniere, & dit ainsi : Seigneurs, veez cy ma banniere & la vostre, si la gardez ainsi qu'il appartient. Adonc la prindrent les Compaignons, & en furent tous resjoüis, & dirent que s'il plaisoit à Dieu & à S. Georges, ils la garderoient bien, & s'en aquitteroient à leur pouuoir. Si demoura la banniere és mains d'vn bon Escuier Anglois, qu'on appelloit Guillaume Alery, qui la porta seurement ce jour, & qui loyanment s'en aquitta en tous estats.* Le même Auteur décrit encore ailleurs cette cérémonie, en ces termes : *Là furent appellez tous ceux qui nouueaux Cheualiers vouloient estre, & premierement Messire Thomas Triuet apporta sa banniere toute enuelopée deuant le Comte de Bouquingam, & luy dit, Monseigneur, s'il vous plaist, je desueloperay aujourd'huy ma banniere, car, Dieu mercy, j'ay assez de reuenu pour maintenir estat comme à la banniere appartient. Il nous plaist bien, dit le Comte, adonc prit la banniere par la hante, & lui rendit en sa main, disant, Messire Thomas, Dieu vous en laisse vostre preu faire cy & autre part.*

Le Pennon, ou le Pennonceau estoit l'enseigne *du Cheualier Bachelier*, sous lequel il conduisoit ses vassaux. Le Cerémonial au chapitre *de l'Ordonnance du Roy quand il va en armes*, le dit en termes exprés : *Aprés les Pages viennent les Trompettes, aprés les Trompettes viennent les Pennons des Bacheliers, aprés les Pennons viennent les bannieres des derrains Bannerets.* Et à l'endroit où il décrit les cérémonies des obseques : *La quatriesme offrande doit estre d'vn cheual couuert du trespassé, & sera monté dessus vn Gentil-homme, ou amy du trespassé, qui portera sa banniere, s'il est Banneret, ou s'il est Bachelier, son Pennon.* Froissart attribuë pareillement en plusieurs endroits de son Histoire les Pennons aux Bacheliers, & fait voir qu'ils estoient armoiez de leurs armes. Quelquefois les grands Seigneurs portoient en même temps la banniere & le pennon. Le Cerémonial attribuë ce droit non seulement aux Roys & aux Souuerains, mais encore aux Ducs, aux Marquis, & aux Comtes, & ajoûte que c'est en cela qu'est la difference d'entre le Comte & le Baron. Mais Froissart nous apprend le contraire, nous representant diuers Seigneurs qui n'estoient pas reuêtus de ces hautes qualitez, qui portoient la banniere & le pennon en même temps : *Là estoit Messire Huë le Despensier à pennon, & là estoit à banniere & à pennon, le Sire de Beaumont, Messire Huë de Caurelée, & Messire Guillaume Helmen, à pennon sans banniere Messire Thomas Dracton,* &c. Mêmes Georges Châtelain attribuë vne banniere & vn pennon en même temps à vn Escuier. Il est constant que les Souuerains auoient la Banniere & le Pennon, & à l'égard du Roy de France, sa banniere estoit en la charge du Grand Chambellan, & son Pennon en celle de son premier Vallet Trenchant. Froissart parle en quelque endroit du Pennon du Roy de France. Et la raison pour laquelle les grands Seigneurs auoient la banniere & le pennon en même temps, est que comme ils auoient vn grand nombre de vassaux, les Bannerets se rangeoient dans les guerres sous

Partie II.   B b

banniere, & les Bacheliers, qui releuoient immediatement d'eux sous son pennon. Le pennon differoit de la banniere, en ce que la banniere estoit quarrée,& le pennon auoit vne queuë,semblable à ces enseignes que les Latins nommoient Dragons. C'est cette queuë que l'on coupoit, lorsqu'on faisoit les Bannerets.

*Froiss. 1. vol. c. 225. 2. vol. c. 125. 159. 164. 3. vol. ch. 14. 4. vol. ch. 18. &c. Iacq. Valere M S.*

Comme les Bannerets se faisoient aux occasions des batailles, ou de quelques entreprises militaires, ce qui est remarqué par Froissart, Monstrelet, Oliuier de la Marche, & autres Auteurs : Il s'en faisoit aussi quelquefois dans les occasions des festes solennelles, ou des Tournois. Iacques Valere en son Traité d'Armes de Noblesse. *S'il est Roy, ou Prince qui soit audit Tournoy, & s'il luy plaist peust faire de grace Cheualiers, & d'vn Cheualier vn Banneret, pour alors prendre banniere.* & plus bas: *Celui qui lieue banniere en Tournoy, ou en bataille, doit au Roy d'armes, ou Heraux de la marche, dix liures parisis.*

Cette qualité de Banneret en la personne du Cheualier, le faisoit reconnoître ordinairement sous le nom de *banniere*, comme on recueille des Auteurs, & particulierement de ce passage du Sire de Ioinuille, où il écrit qu'il accompagna le Roy S. Louys, *lui troisiéme de bannieres*, c'est à dire auec deux autres Cheualiers *portans bannieres: Milites vexilla ferentes*, comme ils sont nommez par Matthieu Paris, qui sont appellez *vexillarii* dans vne Ordonnance de Philippes le Hardy. De là vient le prouerbe vsité en ce temps-là, *cent ans banniere, cent ans ciuiere*, pour marquer la decadence des familles, & je ne sçay si on ne doit pas rapporter à ce mot de *ciuiere*, ces deux vers, qui se lisent en l'Histoire des Atcheuesques de Breme :

*Math. Paris p. 396. 403. To. 5. Hist. Fr. p. 553. Hist. Arch. Brem. p. 116.*

*Erat Dacus nobilis sanguine Regalis*
*Ex matre, sed genitor miles ciueralis.*

C'est à dire vn Cheualier du dernier ordre. Du Tillet dit encore que la famille des Bannerets, pour marque de prérogatiue & de noblesse, estoit appellée *hostel noble & banniere*, & que ce titre est donné à la maison de Saueuses en Picardie, dans vn ancien Arrest du Parlement de Paris. J'ajoûte à ces remarques que dans vne Ordonnance de Charles VIII. de l'an 1495. pour les droits de geolage, la femme du Banneret y est nommée *vne Dame Bannerete.*

Ce nom de *Banniere* estoit encore attribué à la terre du Cheualier Banneret, & estoit ainsi nommée, parce qu'elle auoit vn grand nombre de fiefs qui en dépendoient, & par consequent assez de vassaux, pour obliger celuy qui en estoit Seigneur, de leuer banniere, ce qui est tellement vray, que le titre de Banneret passoit à tous ceux qui la possedoient, mémes auant qu'ils eussent esté reuêtus du titre de Cheualiers. C'est pourquoy dans les Comptes de Iean le Mire, de Barthelemy du Drack, de Iean du Cange, & autres Tresoriers des guerres du Roy, qui sont en la Chambre des Comptes de Paris, nous y voions *les Escuiers Bannerets* au seruice du Roy, auec leur suite, composée de Cheualiers & d'Escuiers : mais auec cette difference, que jusques à ce qu'ils eussent esté faits Cheualiers, ils marchoient aprés les Bacheliers, dont ils auoient les gages & la paye, & estoient nommez par leur nom propre, & non point du titre de *Messire*, ou de *Monseigneur*, qui n'appartenoit qu'aux Cheualiers. De sorte que les *terres Bannieres*, estoient comprises sous le nom general de *Militia*, qui se rencontre souuent dans les titres, pour designer les *fiefs des Cheualiers*, nommez *Milites feudales* en d'autres, & les *fiefs de Haubert*, pour les raisons que nous dirons ailleurs. Car quant aux fiefs des Bacheliers, c'est à dire des Cheualiers simples, ils semblent estre nommez *Baccalariæ* dans diuers titres du Cartulaire de l'Abbaye de Beaulieu en Limosin, que j'ay leus, & dont plusieurs ont esté transcrits par M. Iustel en son Histoire d'Auuergne, & de Turenne. Il est encore parlé de cette espéce de fief dans les Coûtumes d'Anjou & du Maine. Quelques Ecriuains Flamans ont donné le dénombrement des terres Bannieres du Comté de Flandres.

*In Gloss. Lat. barb.*

*Coust. d'Anjou art. 63. Du Maine art. 72. L'Espinoy.*

Celuy-là donc qui estoit possesseur d'vne terre *Banniere*, c'est à dire qui

## SVR L'HISTOIRE DE S. LOVYS. 195

auoit assez de Fiefs dépendans pour fournir le nombre de vassaux suffisant pour former vn Banneret, & qui auoit esté possedée par des Bannerets, prenoit l'occasion d'vne bataille pour *déployer, déuelopper, leuer, releuer,* & *mettre hors sa banniere.* Car les Auteurs se seruent de toutes ces façons de parler. Il y auoit toutefois difference entre *releuer banniere,* & *entrer en banniere.* Car celui-là *entroit en banniere,* qui se faisoit donner par le Prince le priuilege de Banneret, acause d'vne ou plusieurs terres, dont il estoit possesseur, & qui lui fournissoient vn nombre suffisant de vassaux, pour maintenir cette dignité. Et celui-là *leuoit* ou *releuoit banniere,* qui déueloppoit & déployoit la banniere de sa terre, qui lui estoit écheuë de succession, ou qui se faisoit banneret acause d'vne terre qui auoit eu le titre de Banniere, & dont il deuenoit possesseur. Nous apprenons cette distinction d'Oliuier de la Marche, dont je rapporteray ici les termes: *La vey je Messire Louys de la Vieuille, Seigneur de Sains, releuer banniere,* & *le presenta le Roy d'armes de la Toison d'or,* & *ledit Messire Louys tenoit en vne lance le pennon de ses plaines armes,* & *dit ledit Toison, Mon tres-redouté* & *souuerain Seigneur, voicy vostre tres-humble sujet Messire Louys de la Vieuille, issu d'anticnne banniere à vous sujete,* & *est la Seigneurie de leur banniere entre les mains de leur aisné,* & *ne peut, ou doit, sans mesprendre, porter banniere quant à la cause de la Vieuille, dont il est issu: mais il a par partage la Seigneurie de Sains, anciennement terre de banniere, parquoi il vous supplie, consideré la Noblesse de sa natiuité,* & *les seruices faits par ses predecesseurs, qu'il vous plaise le faire Banneret,* & *releuer banniere. Il vous presente son pennon armoié, suffisamment accompagné de vingt-cinq hommes d'armes pour le moins, comme est,* & *doit estre l'ancienne Coûtume. Le Duc lui respondit, que bien fust-il venu,* & *que volontiers le feroit. Si bailla le Roi d'armes vn couteau au Duc,* & *prit le pennon en ses mains,* & *le bon Duc sans oster le gantelet de la main senestre,* & *fit vn tour au tour de sa main de la queuë du pennon,* & *de l'autre main couppa ledit pennon,* & *demoura quarré,* & *la banniere faite, le Roy d'armes bailla la banniere audit Messire Loys,* & *lui dit, Noble Cheualier receuez l'honneur que vous fait aujourd'huy vostre Seigneur* & *Prince,* & *soyez aujourd'huy bon Cheualier,* & *conduisez vostre banniere à l'honneur de vostre lignage. Ainsi fut le Seigneur de Sains releué en banniere. Et prestement se présenta Messire Iaques Seigneur de Harchies en Hainaut,* & *porta son pennon suffisamment accompagné de gens d'armes, siens,* & *d'autres qui l'accompagnoient. Celuy Messire Iaques requit à son souuerain Seigneur, comme Comte de Hainaut, qu'il le fist Banneret en la Seigneurie de Harchies. Et à la verité bien lui denoit estre accordé, car il estoit vn tres-vaillant Cheualier de sa personne,* & *auoient lui* & *les siens honnorablement serui en toutes guerres. Si lui fut accordé,* & *fut fait banneret celui jour le Seigneur de Harchies. Et de ces deux bannieres je fais difference: dautant que l'vn releue sa banniere,* & *l'autre entre en banniere,* & *tous deux sont nouueaux Bannerets celui jour, comme dit est.* Ce qui sert pour entendre vn ancien Prouincial, ou recueil de Blazons, qui après auoir donné les armes des Cheualiers Bannerets de Hainaut, fait vn autre Chapitre, auec ce titre: *Cy-après s'ensuiuent les noms* & *les armes d'aucuns Seigneurs à banniere, qu'on a veu en Hainaut, qui sont morts sans releuer.* Et ensuite il met, *le Sire de Beaumont, frere au bon Comte Guillaume, le Sire d'Auesnes, le Sire de Roeux,* & autres: faisant assez voir par là que ces Cheualiers, ou Seigneurs, qui possedoient des Fiefs de banniere, estoient décedez, auant que l'occasion se fust presentée de la releuer en quelque rencontre de guerre par la permission du Prince.

Ie trouue que c'est auec raison que le vieux Cérémonial a inferé delà, que la banniere est la marque d'inuestiture du Banneret, lorsqu'il dit que le Duc reçoit l'inuestiture par la Couronne, le Marquis par le Rubis qu'il mettoit au doit du milieu, le Comte par le Diamant, le Vicomte par la Verge d'or, & les Barons & les Bannerets par la Banniere. Quoy que ce qu'il met en auant des Marquis & des autres dignitez soit sujet à la censure, il est au moins

*Partie II.* Bb ij

# DISSERTATION IX.

conſtant que le Banneret eſtoit inueſty de ſa dignité par la banniere. Car comme la banniere eſt vne eſpéce d'étendart, ſous lequel les vaſſaux ſe rangent, pour aller à la guerre du Prince, il eſt conſtant que toutes les inueſtitures qui ſe font des terres, de quelque qualité qu'elles ſoient, qui donnent le droit à ceux qui les poſſedent, de conduire leurs vaſſaux à la guerre, ſe font toûjours faites par la banniere. C'eſt ce que nous liſons dans l'ancien droit des Saxons: *Imperator confert cum ſceptro, ſpiritualibus, & cum vexillis, ſæcularibus feuda omnia illuſtriæ dignitatis. Nec licet ei feudum vexilli vacans per annum & diem non collatum tenere.* Et quelque peu aprés, il nous fait voir que ſous le nom de Fief de Banniere, eſtoient compris les grandes Seigneuries auec dignitez: *Septem vexillorum feuda in Saxoniâ ſunt definita, Ducatus Saxoniæ, Palantia, Marchia Brandeburgenſis, Landgrauionatus Turingiæ, &c.* Il nomme quelquefois ces grands Fiefs *vexilla feudalia*, quelquefois *feuda vexilli*. Le Droit des Fiefs de Saxe les appelle *Feudovexilla*, ou *Feuda vexilla habentia*. Et enfin dans quelques Arreſts les terres à Bannieres y ſont nommées, *feuda vexillorum*, & les Cheualiers *Milites vexillati*.

*Specul. Sa-xov. l. 3.*
*art. 60. §. 1.*
*Art. 58. §. 2.*
*Art. 62. §. 2.*

*Art. 52. §. 3.*
*Art. 53. §. 1.*
*Ius Feuda-le Sax.*
*cap. 16. §. 3.*
*4. 7.*
*Cap. 24. §. 1.*

Nous liſons ſouuent dans les Auteurs, conformément à ce qui eſt porté dans le Droit des Saxons, qu'en Alemagne les Duchez & autres grands Fiefs eſtoient conferez par les Empereurs par la Banniere. Othon Eueſque de Friſingen dit que la coûtume eſtoit en la Cour Imperiale, *Vt regna per gladium, prouinciæ per vexillum à Principe tradantur*; *vel recipiantur*. Ce fut donc ſuiuant cét vſage que l'Empereur Henry inueſtit ſon beau-frere du Duché de Bauiere, par la banniere, *Cúmque haſtâ ſigniſera Ducatum dedit*. Philippes Roy des Romains inueſtit en l'an 1207. Thomas Comte de Sauoye de ce Comté, & autres terres par trois bannieres, *juxta priſcam Imperii conſuetudinem*. Ce qui s'eſt encore pratiqué en d'autres royaumes. Car nous liſons que Welphe Marquis de Toſcane, couſin germain de l'Empereur Frederic I. diſtribua ſept Comtez à certains Barons, & les en inueſtit auec autant d'étendarts, *Baronibus terræ ſeptem Comitatus cum tot vexillis conceſſit*. Ainſi Frederic Roy de Sicile inueſtit Richard frere du Pape Innocent III. du Comté de Sore, *per regale vexillum, quod illi tranſmiſit*. Baudoüin II. Roy de Hieruſalem en vſa de méme, lorſqu'il donna le Comté d'Edeſſe à Ioſſelin de Courtenay: comme encore le Pape Honorius à l'endroit de Roger Comte de Sicile, lorſqu'il l'inueſtit du Duché de la Poüille & de Calabre, & le méme Roger, lorſqu'il donna la Principauté de Capoüe à Alphonſe ſon fils. Les Comtes de Goritie receuoient l'inueſtiture des Ducs de Veniſe par vn étendart de taffetas rouge, & les Dauphins de Viennois par l'épée Delphinale, & par la banniere de S. Georges. Ie paſſe tous les autres exemples qui ſe peuuent tirer des Auteurs, qui font de ſemblables remarques. Ce que je viens de rapporter, ſuffit pour juſtifier ce que j'ay mis en auant, que tous les grands Fiefs, ſont Fiefs de Banniere, & que la banniere eſtoit la marque de l'inueſtiture de cette eſpéce de Fiefs.

*Ragneau v. Banneret.*
*Otho Friſ. l. 2. de geſt. Frid. c. 5. 32.*
*Ditmar. l. 6*
*Langius.*
*Guichenon.*
*Abb. Vſ-perg.*
*Geſta In-noc. III. p. 27.*
*Will. Tyr. l. 11. c. 4.*
*Alexander Cebeſin. l. 1. f. 16.*
*Id. l. 3. c. 16.*
*Sanſouin. nelle fami. d'Ital.*
*A. DuCheſ-ne en l'Hiſt. des Dauph. p. 165.*
*d'Argentré.*
*Fr. Marci deciſ. Delph. to. 1. q. 339. & 386.*
*G. Papa deciſ. 346. & 513.*

Quant aux moindres Fiefs, qui eſtoient ornez du titre de banniere, ils auoient des priuileges particuliers. Car au Duché de Bretagne ils auoient droit de haute juſtice, de leuer juſtice à quatre piliers, & les poſſeſſeurs de porter leurs armes en banniere, c'eſt à dire en vn écuſſon quarré. En Dauphiné les Bannerets ont pareillement toute juſtice dans l'étenduë de leurs Seigneuries, & le droit de faire viſiter les grands chemins, d'auoir Procureur Fiſcal, les conſiſcations pour crime d'hereſie, & autres prérogatiues, qui ſont remarquées par quelques Iuriſconſultes de ces pays-là.

Les Bannerets auoient encore le priuilege de cry de guerre, que l'on appelle *cry d'armes*, qui leur eſtoit particulier, & leur appartenoit priuatiuement à tous les Bacheliers, comme ayans droit de conduire leurs vaſſaux à la guerre, & d'eſtre chefs de troupes, & d'vn nombre conſiderable de gens d'armes. Mais comme c'eſt encore vne matiere curieuſe, & que l'vſage de ces

# SVR L'HISTOIRE DE S. LOVYS. 197

cris est peu connu d'vn châcun, je reserue à en traiter à fonds dans les Dissertations suiuantes.

A l'égard des armes en banniere, c'estoit vn des principaux priuileges des Bannerets du Duché de Bretagne, & de quelques autres prouinces, comme de celle de Poitou, dont la Coûtume porte en termes exprés, *que tout Seigneur qui a Comté, Vicomté, ou Baronnie*, (elle designe assez les Bannerets par ces mots) *peut en guerre, ou armoiries, porter ses armes en quarré, ce que ne peut le Seigneur Chastellain, lequel les peut seulement porter en forme d'escusson*. Le Traité Manuscrit des armes des familles éteintes en Normandie, que j'ay leu parmy les Recueils de M. Peiresc, marque cette difference en deux endroits, en ces termes : *Le Sire de Mailleuille est d'ancien lignage, & porte les armes de Quernoüaille, qui a esté anciennement banniere, & Chief d'armes, & pour ce sont mises en targe, qui signifie Bacheler, & Banneret.* Et ailleurs, au sujet des armes d'Ermenonuille : *Et pour ce que ledit Sire d'Ermenonuille ne a point portées à banniere, laquelle chose il peut faire selon le deuis du liure de Monjoie, comme ailleurs est dit, sont mises icy en targe, qui signifient Banneret & Bacheler, & se doiuent ainsi porter, jusques à ce que la banniere en soit releuée. La figure de la targe est presque quarrée par le bas, & vn peu arrondie par le haut, & fenduë aussi en haut au premier quartier.* Ie ne veux pas m'arrêter à ce que Pierre de S. Iulien & la Colombiere ont écrit, que les Bannerets auoient droit de porter au dessus de leurs armes vn Chappellet, ou Cercle d'or, rehaussé de quelques perles, parce que cela est destitué de fondement.

Les Cheualiers Bannerets, lorsqu'ils alloient à la guerre du Roy, auoient le double de la paye des Bacheliers. La paye ordinaire des Bannerets estoit de vingt sols Tournois par jour ; celle des Cheualiers Bacheliers, & des Escuiers Bannerets de dix sols châcun, des Escuiers simples de cinq sols, des Gentilshommes à pied deux sols, des Sergens à pied de douze deniers, & des Arbalestriers de quinze deniers. En quelques Comptes des Tresoriers des guerres du Roy de l'an 1340. la paye de l'Escuier monté au prix, c'est à dire sur vn cheual de prix, est de sept sols tournois, de l'Escuier à moindre prix de cinq sols, de Gentilhomme à pied de deux sols six deniers, & du Sergent & de l'Arbalétrier à pied de quinze deniers. Quelquefois le Roy augmentoit cette solde, qui s'appelloit la grande paye, & alors il declaroit qu'il n'entendoit pas qu'elle passât pour gages, mais pour vne maniere de prest, comme il fit en l'an 1315. ou pour vne grace, comme il est énoncé au commencement du compte de Iean du Cange de l'an 1340. dans lequel *on compte par jour aux Cheualiers à Banniere trente sols tournois, aux Cheualiers Bacheliers 15. sols T. à l'Escuier monté sur cheual de 25. liures, & au dessus, 7. sols 6. den. à l'Escuier monté sur cheual de prix dessous 25. liures, 5. sols T. & à chascun Sergent de pied 2. sols T.*

Ie pourrois fermer cette Dissertation par les Bannerets d'Angleterre, que plusieurs Auteurs estiment estre les mémes que les Bannerets de France; mais parce que c'est vne matiere, qui est hors de mon sujet, & que d'ailleurs elle a esté traitée par deux sçauans Auteurs Anglois, Spelman & Selden; je croy qu'il suffit d'y renuoyer le Lecteur, outre que peut-estre l'occasion se presentera d'en dire quelque chose ailleurs. Le dernier a aussi traité doctement à son ordinaire [a] des Bannerets, [b] & des Fiefs de Banniere.

*Coût. de Poitou art. X.*

*3. vol.*

*P. S. Iulien en ses Mesl. Hist. p. 571. Science Heroiq. p. 384. Comptes des Tresoriers des guerres. Du Tillet des Trait. d'Angl. p. 218.*

*Spelm. in Gloss. Selden. Titles of honor 2. part. c. 5. §. 46.*
[a] *Seld. 2. part. c. 5. §. 25. 39.*
[b] *Cap. 1. §. 26.*

Bb iij

# DISSERTATION X.

*Pour la pag. 23.*

## DES GENTILSHOMMES DE NOM
### & d'Armes.

## DISSERTATION X.

DAns l'état & la condition de la Nobleſſe, il ſemble qu'il n'y a aucune prérogatiue, qui éleue l'vn plus que l'autre, & qu'il en eſt comme de l'ingenuité parmy les Iuriſconſultes, laquelle ne reçoit ni le plus ni le moins. Il y a toutefois lieu de préſumer que la qualité de *Gentilhomme de Nom & d'Armes*, a quelque choſe de plus releué, & eſt d'vn degré plus eminent que de ſimple Gentilhomme ; puiſque lorſqu'il eſt beſoin de choiſir des Seigneurs de haute extraction, & dont la Nobleſſe doit entrer en conſideration, comme dans les ordres de Cheualerie, on a deſiré qu'ils fuſſent reuétus de cette qualité. Philippes Duc de Bourgogne en l'Ordonnance de l'Ordre de la Toiſon d'or, veut que les trente-ſix Cheualiers qui y ſeront admis, *ſoient Gentilshommes de nom & d'armes ſans reproche*. Le Roy Louys XI. en l'établiſſement de l'Ordre de S. Michel ; *Ordonnons qu'en ce préſent Ordre y aura trente-ſix Cheualiers, Gentilshommes de nom & d'armes ſans reproche, dont nous ſerons l'vn, Chef & Souuerain, &c.* Le Roy Henry III. en l'art. 15. de celui de l'Ordre du S. Eſprit, veut que ceux qui y entreront ſoient pareillement *Gentilshommes de nom & d'armes de trois races pour le moins*. L'Ordonnance de Blois veut que *nul ne ſoit pourueu aux Eſtats de Bailly, ou de Seneſchal, qui ne ſoit Gentilhomme de nom & d'armes*. L'Ordonnance de Moulins & celle d'Orleans requierent ſeulement qu'ils ſoient Gentilshommes. Cette façon de parler ſe trouue encore ſouuent dans les Auteurs. En la deſcription du Tournoy, qui ſe fit à Nancy le 8. Octobre l'an 1517. il eſt ſpecifié que les Tenants eſtoient *ſix Gentilshommes de nom & d'armes, tous de la maiſon du Duc de Lorraine*. Froiſſart : *Eſtes-vous noble homme de nom & d'armes*. Et ailleurs, *Ils perdirent enuiron ſoixante Cheualiers & Eſcuyers, tous de nom & d'armes*. Dans Monſtrelet, *Gentilshommes de nom & d'armes ſans reproche*. Dans le méme Froiſſart, *Cheualier du Royaume de France de nom, d'armes, & de nation*. *nobiles in armis*, en vn Arreſt du Parlement de Grenoble de l'an 1496. *Gentilhomme d'armes*, dans Monſtrelet. Tous leſquels termes ſignifient vn veritable Gentilhomme, & auquel on ne peut reprocher aucun defaut en ſa nobleſſe. Froiſſart voulant deſigner vn bon François, l'appelle *François de nom & d'armes* ; dans l'Hiſtoire du Mareſchal Boucicault, *Renommez de nom & d'armes*. De toutes ces remarques je veux conclure que les Gentilshommes de nom & d'armes ont quelque choſe qui les releue pardeſſus le commun. Car en vain on demanderoit ce titre, s'il n'eſtoit pas plus eminent que celui de la ſimple nobleſſe. Mais comme il y a pluſieurs opinions ſur ce ſujet, il eſt à propos d'en faire la déduction, & de les diſcuter toutes, auant que de m'engager plus auant ſur cette matiere.

*Scohier c. 17.* Iean Scohier en ſon Traitté de l'état & comportement des armes, eſtime que ceux-là ſont Gentilshommes de nom & d'armes, qui portent le nom de quelque Prouince, Ville, Bourg, Château, Seigneurie, ou Fief noble, ayant armes particulieres, encore bien qu'ils ne ſoient Seigneurs de telles Seigneuries : & ſur ce fondement il forme pluſieurs queſtions. Mais je ne vois pas quelle eſt la prérogatiue, ni l'eminence de cette Nobleſſe pardeſſus les autres. Car combien y a-t-il de familles releuées qui n'ont point le nom d'vne terre, & leſquelles pour cela ne laiſſent pas d'entrer journellement dans les Ordres de Cheualerie, & d'eſtre admiſes aux grandes charges, où cette qualité eſt requiſe ? Auoir le nom d'vne terre, ne releue pas la perſonne ni la Nobleſſe,

## SVR L'HISTOIRE DE S. LOVYS. 199

Vn Duc, ou Comte, qui tirera son extraction d'vne personne anciennement annoblie, & qui n'a jamais porté le nom d'aucune terre, ne laissera pas d'entrer dans les Ordres de Cheualerie, & de passer pour veritable Gentil-homme.

D'autres tiennent que les Gentils-hommes de nom & d'armes sont ainsi appellez, non acause des armoiries, mais acause des armes, dont ils font profession; pour les distinguer disent-ils, des *Cheualiers en Loys*, qui sont ceux de la robe, que le Prince a honorez du titre de Cheualerie, & qui ne font aucun métier des armes. Il est parlé de ces Cheualiers en Loix dans Froissart, Monstrelet, d'Argentré & autres. Mais qui se persuadera que ç'ait esté la pensée des Fondateurs des Ordres Militaires, & des Rois qui ont fait les Ordonnances, de restraindre la seule Noblesse à l'espée. D'ailleurs pourquoy qualifier tels Gentils-hommes de nom, comme si cette adjection faisoit & ajoûtoit quelque degré à la noblesse de sang.

*Iean Chenu en son liure des Offices tit. 40. c. 39. Froiss. 1. vol. c. 178. 4. vol. c. 34. Monstr. 1. vol. p. 105. b. 143. b. Argent. au Traitté des Nobles quest. 14. Pasq. en ses Recher. l. 2. c. 16.*

Il y en a d'autres qui croient que les Gentils-hommes de nom & d'armes sont ceux qui portent les armes affectées au nom de leur famille, sans toutefois que cette qualité les mette au dessus de ceux que l'on qualifie simplement Gentils-hommes: cette adjection *de nom & d'armes*, n'estant que pour designer vne Noblesse bien fondée, & sans reproche, dautant qu'entre les preuues, dont vn Gentil-homme se sert pour prouuer sa Noblesse, il y en a vne par laquelle il justifie que le surnom & les armes qu'il porte, ont esté portez par son pere, son ayeul, & son bisayeul. Et il semble que c'est là le sentiment d'André Duchesne, lequel écriuant de la Maison de Du Plessis, & parlant du Cardinal de Richelieu, dit ces paroles, *Il estoit aussi Chef des armes de sa maison, composées d'vn escu d'argent à 3. cheurons de gueulles, lesquelles ses descendans ont tousjours portées & retenuës jusques à present, auec le mesme surnom de Du Plessis. De sorte qu'à juste titre il doit participer à la gloire, & à la renommée de ceux qui ont esté reconnus de toute antiquité pour Gentils-hommes de nom & d'armes.* Et en l'Histoire de la Maison de Bethune, *Les armes ou armoiries sont si propres, & si essentielles aux Nobles, qu'il n'y a qu'eux qui puissent justement en porter; d'où vient que pour exprimer la vraie noblesse, l'on dit ordinairement qu'il est Gentil-homme de nom & d'armes.*

*A. du Chesn. en l'Hist. du Plessis c. 1. p. 10. En l'Hist. de Bethune l. 1. c. 5. p. 32.*

Quoy que cette opinion ait quelque fondement en apparence, toutefois s'il m'est permis de m'en départir, sans blesser l'autorité d'vn Auteur si judicieux, & de ceux qui l'ont embrassée, je tiens qu'il est plus probable que l'on appelle Gentils-hommes de nom & d'armes, ceux qui peuuent justifier leur noblesse, non seulement de leur estat, c'est à dire par leur pere & leur ayeul, en faisant voir qu'ils ont tousjours fait profession de noblesse, qu'ils ont esté reputez Gentils-hommes, & que le nom & les armes qu'ils portent, ont esté portez par leurs pere & ayeul, qui est la forme ordinaire de justifier vne noblesse simple; mais encore par les quatre quartiers ou lignes. Cecy se faisoit en montrant que leur ayeul & ayeule paternels, ayeul & ayeule maternels estoient nobles. Ce qui se prouue par le plan de la Genealogie, & par les armes des ayeuls & des ayeules, tant du côté paternel que maternel. Dautant que les armes estant les veritables marques de la noblesse, puisqu'elles n'appartiennent qu'aux nobles, celuy qui peut justifier dans sa Genealogie que ses ayeuls & ayeules paternels & maternels ont porté des armes ou armoiries, il s'ensuit que ces ayeuls & ayeules sont nobles, & partant qu'il est sorty & issu de parens nobles de quatre diuerses maisons, qui est ce que nous appellons lignes.

Ie m'explique, & dis qu'il est necessaire à celuy qui se dit Gentil-homme de nom & d'armes, de justifier la noblesse de ses ayeuls & de ses ayeules, tant du côté paternel que maternel, qui sont quatre personnes; dont la premiere est l'ayeul paternel duquel il faut prouuer la noblesse, pour justifier que celuy qui est issu de luy est noble de nom, c'est à dire de son chef qui est designé par ce mot: car faisant voir qu'ayant porté le même nom que son ayeul, qui estoit noble, il s'ensuit que luy, qui en est issu, est pareillement noble. Et afin qu'il puisse d'abondant se dire noble d'Armes, il luy est necessaire de prouuer que son ayeule paternelle, son ayeul & son ayeule maternels estoient nobles : ce qu'il fera en justifiant qu'ils ont porté des armes ou armoiries. Et alors il luy sera loisible de faire apposer à son tombeau, & par tout ailleurs, outre ses armes, celles de ses ayeuls & ayeules, dont il est descendu, & de prendre qualité de Gentil-homme de nom & d'armes.

*La Colomb.*
*to. 1. du*
*Theatr.*
*d'honn. c. 7.*

Cecy semble estre expliqué par René Roy de Sicile aux Statuts de l'Ordre du Croissant qu'il institua le 11. jour d'Aoust l'an 1448. où il declare, que *Nul ne pourra estre receu, ne porter ledit Ordre, sinon que il soit ou Prince, Marquis, Comte, Vicomte, ou issu d'ancienne Cheualerie, & Gentil-homme de ses quatre lignes, & que sa personne soit sans vilain cas, & sans reproche*. Termes qui sont synonymes, & ont méme force que ceux qui sont couchez dans les Statuts des autres Ordres militaires, & dans les Edits de nos Rois cy-deuant rapportez, sçauoir que nul ne sera admis ausdits Ordres, s'il n'est Gentil-homme de nom & d'Armes sans reproche. Les Statuts de la Iarretiere le disent plus clairement, expli-

*Statuts de*
*de l'Ordre*
*de la Iarre-*
*tiere MS.*

quans ces termes, *Item est accordé que nul ne sera esleu compagnon dudit Ordre, s'il n'est Gentil-homme de sang, & Cheualier sans reproche*. A la suite desquels mots sont ceux-cy pour explication : *Et quant à la declaration d'vn Gentil-homme de sang, il est declaré & determiné qu'il sera extrait de trois descentes de noblesses, à sçauoir de nom & d'armes tant du costé du pere que de la mere*. Fr. Modius

*Fr. Modius*
*to. 2. de*
*Hastilud. l.*
*1. fol. 9. verso*

parlant de ceux qui pouuoient se trouuer aux Tournois, décrit ainsi cette Noblesse de nom & d'armes : *Quisquis recentioris est notæ nobilis, & non talis, vt à stirpe nobilitatem suam & origine quatuor saltem generis auctorum proximorum Gentilitiis insignibus probare possit, is quoque ludis his exesto*.

Or ce n'est pas sans raison que les Rois, & les Chefs ou Instituteurs des Ordres militaires n'ont voulu admettre à ces Ordres & aux plus hautes charges de l'Etat, que ceux qui estoient nobles à bon titre, & sur lesquels il n'y auoit aucun reproche, soit en ce qui concerne la personne, soit pour la naissance & l'extraction ; en vn mot, qui estoient Gentils-hommes de nom & d'armes : dautant qu'en France on a tousjours tant fait d'estime de la Noblesse, qu'il n'estoit pas permis aux Gentils-hommes de prendre alliance ailleurs que dans les familles nobles, à peine de décheoir des principales prerogatiues qui appartenoient aux Nobles, & d'estre notez en quelque façon d'infamie. Ce qui a eu lieu dés le commencement de la Monarchie, les François n'ayant pas voulu admettre au Royaume d'Austrasie les enfans du Roy Theodoric, *Quia erant*

*Aimoin. l. 4.*
*c. 1.*

*materno latere minùs nobiles*, & ce suiuant les premieres loix des Saxons & des

*Adam*
*Brem. c. 5.*

peuples Septentrionaux, dont parlent Eguinhart & Adam de Breme, qui ne souffroient point que les Nobles prissent alliance ailleurs que dans des familles nobles : *Generis quoque ac Nobilitatis suæ prouidissimam curam habentes, nec facilè vllis aliarum gentium, vel sibi inferiorum connubiis infecti, propriam & sinceram, tantúmque sibi similem gentem facere conati sunt. Quatuor igitur differentiis gens illa consistit, Nobilium scilicet, liberorum, libertorum, & seruorum. & id legibus firmatum, vt nulla pars in copulandis conjugiis propriæ sortis terminos transferat, sed Nobilis Nobilem ducat vxorem, & liber liberam, libertus coniungatur libertæ, & & seruus ancillæ. Si verò quispiam horum sibi non congruentem, & genere præstan-*

*Ialcat in*
*lib. Esther.*
*Const. Porp.*
*de adm.*
*Imp. c. 45.*
*Beniam. in*
*itiner.*

*tiorem duxerit vxorem, cum vitæ suæ damno componat*. Ainsi les Iuifs, les Samaritains & les Iberes, ne permettoient à aucun d'eux de prendre alliance dans les nations étrangeres : tant ils faisoient état de la leur, laquelle ils ne vouloient point estre mélangée d'autre sang, que de celuy qui le premier leur auoit donné l'estre. Cette estime que l'on a fait en France des alliances par femmes est fondée sur la raison naturelle, dautant que les enfans estant pro-

*Fr. l'Alouet.*
*en son Trait.*
*des Nobles*
*l. 1. c. 4.*

creez de l'homme & de la femme, & par consequent prenans les qualitez de l'vn & de l'autre, ils participent ordinairement à leurs bonnes ou mauuaises inclinations. Car comme les nobles sont procreez d'vn sang plus épuré, & qu'à
raison

## SVR L'HISTOIRE DE S. LOVYS.

raison de leur nourriture & de leur education ils sont portez au bien & à l'honneur par vne pente naturelle, il ne se peut presque faire autrement, que leurs enfans n'ayent part à ces bonnes inclinations :   *Horat.*

> *Fortes creantur fortibus & bonis,*
> *Est in iuuencis, & in equis patrum*
> *Virtus : nec imbellem feroces*
> *Progenerant aquilæ columbam.*

C'est pourquoy *Sidonius* a raison de dire, *Est quidem Princeps in genere mon-* *Sidon. l. 4.* *strando partis paternæ prærogatiua, sed tamen multum est quod debemus & matribus.* *ep. 21.* Au contraire les enfans qui naissent de ces conjonctions inégales, participent aux inclinations basses & viles de leurs peres ou de leurs meres, qui n'ont point de naissance & d'extraction, soit qu'elles passent auec le sang dans leurs personnes, soit que l'education qu'ils contractent dans leur enfance en imprime insensiblement les caracteres. Mais la principale raison qui a donné sujet d'interdire ciuilement ces sortes d'alliances roturieres aux Gentils-hommes, a esté, parce qu'ils auilissoient par là la Noblesse & le lustre de leur famille. C'est celle que Theodose rend, lorsqu'il défend aux femmes nobles d'é- *Nou. Theod.* pouser leurs esclaues, *Ne insignium familiarum clara nobilitas indigni consortii* *de mulierib.* *fœditate vilescat, & quod splendore forsitan Senatoriæ generositatis obtinuerat, con-* *seru. jun-* *tactu vilissimæ societatis amittat.* A quoy est conforme ce que la loy des Wi- *xerunt.* sigoths dit à ce sujet : *Generosa nobilitas inferioris tactu fit turpis, & claritas ge-* *Lex Wisig.* *neris sordescit commixtione abjectæ conditionis.* C'est ce qui est appellé dans la *§. 17.* Chronique d'Autriche, *depressio generis*, & par nos François, *abbaissement de* *Chr. Austr.* *lignage ou de mariage.* *A. 1270.*

Ce que j'ay auancé des Gentils-hommes qui se mesallioient, est tellement vray, qu'à peine on reputoit nobles ceux qui prenoient des alliances roturieres. Les termes du vieux Ceremonial au chapitre des Obseques, le font assez voir, *Ceremonial* où aprés auoir dit que les quatre cierges qui se mettoient aux quatre coings *M S.* du cercueil, armoiez des escussons & des armes des quatre lignes, deuoient estre portez par les plus proches du lignage, dont sont lesdites armes ; il ajoûte ces mots : *Et par les armes, & ceux qui portent les cierges à l'accompagner, est cogneu les quatre lignes se sont, dont il est descendu, & quelque ancienneté qu'il ait selon le lignage de quatre lignes il doit estre honoré. Car quand homme a prins ligne de quatre lignes en la maniere susdite, il se peut dire Gentil-homme, & à qui noblesse appartient. Et se vn noble homme d'ancienneté est issu aprés sa noblesse de quatre lignes non nobles, c'est à sçauoir de celle de *lesle & de suselle, & de mere, il* *ayeule &* *ne se deuroit plus nommer Gentil-homme ; & pour cete cause tout noble homme doit* *bisayeule.* *desirer à soy marier à noble lignie. Car se ce n'est en celle faute, sa lignie sera tousjours dite noble, quelque chose qu'elle face, combien que le noble homme de sa nature doit tousjours faire nobles œuures, ou il fait honte à sa nature.*

D'où il est arriué que tels Gentils-hommes qui auoient *forligné*, pour vser *Monstrelet* du terme de Monstrelet & de Georges Chastellain, c'est à dire qui auoient *1. vol. c. 44.* pris alliance en maison roturiere, encore qu'ils conseruassent le titre de noblesse, & en cette qualité fussent exempts de tailles, & d'autres subsides, ausquels *Iacq.de La-* les roturiers sont sujets, ils ne pouuoient pas toutefois aspirer aux dignitez *lain c. 2.* eminentes, ni se trouuer dans les assemblées des Cheualiers aux Tournois, ou ailleurs, quoy que leurs enfans peussent paruenir à l'ordre de Cheualerie. Car suiuant les établissemens de France selon l'vsage du Châtellet de Paris, *S'vns* *Chap. 128.* *hom de grant lignage prenoit la fille à vng villain à femme, si enfans porroient bien estre Cheualier par droit, se il vouloient.* Ils estoient mêmes exclus de toute compagnie de noblesse, & il leur estoit défendu de se trouuer aux Tournois, ainsi qu'il est formellement exprimé dans le Traitté que René Roy de Sicile a *Traitté des* fait sur ce sujet ; où il est porté qu'aprés que tous les Cheualiers & les Escuiers, *Tournois.* qui se doiuent presenter pour combatre aux Tournois, sont arriuez dans la ville où ils se doiuent faire, *Ils enuoient dans le lieu de leur assemblée, qui est*

Partie II.   C c

# DISSERTATION X.

ordinairement vn Cloiſtre, leurs bannieres, heaumes, & tymbres : & là ſont rangez par le Roy d'Armes: puis viennent les Iuges du Tournoy auec les Dames, les Cheualiers, & Eſcuiers pour les viſiter, vn Herant ou pourſuiuant, nommant tout haut les noms de ceux à qui ils appartiennent; afin que s'il y a quelqu'vn qui ait meſdit des Dames, ou commis laſcheté ou crime ſur la denonciation deſdites Dames ou Cheualiers, le Cheualier tournoiant ſoit puny ſelon l'exigence du cas, & empeſché de tournoier. Le Roy René rapporte trois cas, outre le premier qui touche l'honneur des Dames, qui meritent punition : Le premier eſt quand vn Gentil-homme s'eſt trouué faux & mauuais menteur en cas d'honneur; Le ſecond, quand il ſe trouue vſurier; & le troiſiéme, lorſqu'il s'eſt rabaiſſé par mariage, & s'eſt marié à femme roturiere & non noble. Deſquels trois cas les deux premiers & principaux ( ce ſont les propres termes du Traitté ) ne ſont point remiſſibles, ainçois leur doit-on garder au Tournoy toute rigueur de juſtice, ſe ils ſont ſi fols & ſi outrecuydez d'eux y trouuer, aprés ce que l'on leur aura notifié & bouté leur heaume à terre. Eſtant à noter que s'il vient aucun au Tournoy qui ne ſoit point Gentilhomme de toutes ſes lignes, & que de ſa perſonne il ſoit vertueux, il ne ſera point batu de nul pour la premiere fois, fors ſeulement des Princes & grands Seigneurs, deſquels ſans luy malfaire, ſe jouëront à luy de leurs eſpées & maſſes, comme s'ils le vouſiſſent battre: & celuy ſera à touſjours mais attribué à grand honneur à luy fait par leſdits Princes & grands Seigneurs, & ſera ſigne que par grand' bonté & vertu il merite d'oreſenauant eſtre du Tournoy: & ſans ce que on luy puiſſe jamais en rien reprouuer ſon lignage en lieu d'honneur où il ſe trouue, tant oudit Tournoy qu'ailleurs, & là auſſi pourra porter tymbre nouuel, ou adjouſter à ſes armes comme il voudra pour le maintenir ou temps aduenir pour luy & ſes hoirs. Nous apprenons de ce paſſage que la peine que l'on faiſoit ſouffrir à ceux qui ne s'eſtoient pas bien comportez dans les Tournois, eſtoit d'eſtre baſtonné, ou d'eſtre mis *à la bacule*, terme qui vient de *Baculus*. Mathieu Paris parle de cette peine pratiquée dans les Tournois, en pluſieurs endroits de ſon Hiſtoire.

*Math. Paris p. 500. 554. 578. 623.*

Quoy que ces mariages fuſſent permis par les loix Canoniques, neantmoins les loix ciuiles & politiques, ou plûtoſt les vſages introduits par vn commun conſentement de la Nobleſſe, ont établi des peines pour les empeſcher. Parmy les Wiſigoths, vne fille Noble, qui s'eſtoit meſalliée, *Quæ honeſtatis ſuæ oblita, perſonæ ſuæ non cogitans ſtatum, ad inferiorem fortè maritum deuenerat*, perdoit la ſucceſſion qu'elle auoit euë, ou deuoit auoir de ſon pere, & eſtoit excluë de celles de ſes freres & ſœurs. Par cette raiſon il n'eſtoit pas permis aux Barons, qui auoient la garde-noble des filles des Gentils-hommes, de les marier qu'à des perſonnes nobles, & ne pouuoient pas les *déparager* ſans encourir la peine qui eſtoit ordonnée par les Statuts, & particulierement par celuy de Merton en Angleterre, dont il eſt parlé dans Littleton, & dans les loix des Barons d'Eſcoſſe: *Hæredes maritentur ſine diſparagatione*, ainſi qu'il eſt porté dans la grande Charte des Franchiſes d'Angleterre.

*Lex Vviſig. l. 3. tit. 1. §. 8.*
*Math. Par. A. 1115. & p. 171.*
*Aſſiſes de Hieruſ. 190.*
*W. Tyr. l. 11. c. 11.*
*Littlet. ſect. 103. 107.*
*LL. Baron. Scot. c. 91. & 92.*

De ces remarques il eſt vray de dire, qu'en France on n'a jamais reputé pour veritables Gentils-hommes, que ceux qui eſtoient Gentils-hommes de nom & d'armes, c'eſt à dire de quatre lignes. C'eſt cette nobleſſe que Pierre de S. Iulien en ſes Meſlanges paradoxales qualifie, à proprement parler, *Nobleſſe de nom & d'armes*, laquelle il ſouſtient ne receuoir ni le plus ni le moins : Vn Gentil-homme de cette maniere, quoy que pauure, n'eſtant pas moins Gentil-homme qu'vn Seigneur riche & opulent, non plus qu'vn Roy n'eſt pas plus Roy qu'vn autre, quoy qu'il ſoit plus riche: l'étenduë de pays qui eſt ſous ſa domination, ne le faiſant pas plus ou moins ſouuerain. Ce fut là la penſée du Roy Eumenes, lequel bien qu'il n'euſt plus qu'vn château en ſon pouuoir, toutefois quand il fut queſtion de capituler auec *Antigonus* Roy d'Aſie, qui vouloit auoir la prerogatiue d'honneur ſur luy, il fit réponſe qu'il ne reconnoîtroit jamais plus grand que ſoy, tant qu'il auroit l'eſpée au poing.

*S. Iulien en ſes Meſl. Hiſt. p. 632. 640.*

*Plut. in Eumen.*

# SVR L'HISTOIRE DE S. LOVYS. 203

Pour conclure ce discours, & justifier par d'autres autoritez ce que je viens d'auancer de la noblesse de nom & d'armes, je ne puis pas mieux appuier cette opinion, que par les expressions dont on se seruoit, il y a deux cens ans, & plus, pour marquer vne veritable noblesse. Georges Chastellain Historiographe de Philippes le Bon Duc de Bourgogne, en la vie de Messire Iacques de Lalain, voulant designer vn homme veritablement noble, se sert de diuerses façons de parler, mais qui disent toutes la même chose. En sa Preface, *Noble venant de toutes lignes, & procreé de droite ligne comme de pere à fils.* Au Chap. 32. *Gentilhomme de toutes lignées, & sans reproche.* Au Chap. 33. *Cheualiers & Escuyers, nobles de quatre lignes, sans nulle villaine reproche.* Au Chap. 34. *Cheualier partant de bonne maison & sans reproche.* Et plus bas, *sans auoir jamais fait faute nulle.* Au Chap. 60. *Nobles de toutes lignes, & sans reproche.* C'est ce qu'il dit ailleurs en termes plus ordinaires, *Gentilhomme, noble, Cheualier, Escuyer de nom & d'armes*, qui sont qualitez & conditions, que l'on requeroit en ceux qui se présentoient aux Tournois, & dont ils estoient obligez d'apporter attestation bien & deuëment expediée & signée par le Seigneur, duquel ils estoient sujets, ou de ses Officiers. Ce qui se pratiquoit particulierement lorsque les Gentilshommes alloient aux Royaumes & aux Prouinces éloignées, où leur Noblesse n'estoit pas connuë, comme l'on peut remarquer en cette Histoire.

*Georges Chast. en l'Hist. de Iacq. de Lalain. p. 4. 86. 170.*

*C. 14. 48. 54.*

*Ch. 60.*

## DV CRY D'ARMES.
## DISSERTATION XI.

*Pour la pag. 25.*

LEs Coûtumes particulieres & les loix municipales qui ont déferé aux aînez la prérogatiue de porter les pleines armes de la famille, dont ils sont issus, leur ont presquè toutes attribué en même temps, le cry d'armes, comme vne dépendance de l'écu d'armoiries, auec lequel il est ordinairement placé, tant aux tombeaux & autres lieux, qu'en leurs déchiffremens & blazons faits par les Herauds. Les Coûtumes de Troyes, de Chaumont, de Bar, & de Sens y sont formelles, & portent en termes exprés que *le nom cry & armes de la maison appartiennent à l'aisné*. René Roy de Sicile en ses statuts de l'Ordre du Croissant par lui institué le onziéme jour d'Aoust l'an 1448. ordonne entre autres choses que dans l'Eglise Cathedrale d'Angers seront posez & assis grands tableaux de bois de la hauteur de quatre pieds ou enuiron, sur lesquels seront les armes auec les tymbres & cry d'vn chascun des Cheualiers & Escuyers de l'Ordre. Oliuier de la Marche en la préface sur ses Memoires joint aussi le surnom auec le cry, *& commencerons à cette tres-haute & renommée maison d'Austriche, qui est vostre surnom, vostre cry & premier titre*. La Chronique de Flandres se sert du terme de *Releuer le cry*, c'est à dire le nom & les armes d'vne famille, *à l'assembler fut occis le Sire de Beaujeu, par trop hastiuement assaillir ses ennemis: mais Guichard son frere releua le cry de Beaujeu*. Plusieurs ont ignoré l'origine, l'vsage & la signification du cry d'armes, & ceux qui en ont touché quelque chose, n'en ont pas écrit assez exactement: ce qui m'a porté à en faire la recherche, & de rapporter en cét endroit ce que les Liures m'en ont appris.

*Coust. de Troyes art. 14. Chaumont art. 8. Bar art. 111. 117. Sens art. 101. La Colombiere l.10. du Theatre d'honn. c. 7. p. 112. Oliuier de la Marche. Chron. de Flaud. c.92.*

Le cry d'armes n'est autre chose qu'vne clameur conceuë en deux ou trois paroles, prononcée au commencement, ou au fort du combat & de la mélée, par vn Chef, ou par tous les soldats ensemble, suiuant les rencontres & les occasions: lequel cry d'armes estoit particulier au Général de l'armée, ou au Chef de chaque troupe. Il est diuersement exprimé par les Auteurs Latins, estant appellé *Bellicus clamor* par Paul Diacre, & Robert le Moine: *Signum militare* par le même Robert, & par Guillaume de Tyr: *Signum clamo-*

*Hist. misc. l. 18. p. 537. Rob. Mon. l. 1. p. 35. Id. l. 3. p. 69. Tyrius.*

Partie II. Cc ij

# DISSERTATION XI.

*Raym.d'A-*
*giles p. 140.*
*Fulcher. l.*
*1. c. 9.*
*Guibert. l. 3.*
*c. 9.*
*Raduic. l.*
*3. c. 16.*
*V v. Malmsb. l. 4. p.*
*18.*
*Gilo Paris.*
*l. 4.*
*Orderic. p.*
*849.*
*Tudeb. l. 1.*
*p. 849.*
*Abbas Vsperg.*
*Voill. Brito l. 2. Phil.*

ris dans Raymond d'Agiles : *Signum exclamationis* dans Foucher de Chartres : *Signum bellicum* dans Guibert : *Signum castrorum* dans Radeuic : *Signum militare* dans Guillaume de Malmesbury : *Signum* simplement dans Gilon de Paris, *Tudebodus*, & Orderic Vital : *Symbolum* dans Conrad Abbé d'Vsperge : *Sonus* dans le méme *Tudebodus*, & *vox* dans Guillaume le Breton. Quelques-vns de nos Ecriuains se sont seruis du mot d'Enseigne. Le Roman de Garin :

*Chastel escrie por s'ensagne esbaudir.*

Ailleurs,

*S'ensagne crie, Cheualiers ferez y.*

La Chronique MS. de Bertrand de Guesclin :

*Chascuns crie s'enseigne, sans estre recreans.*

En vn autre endroit,

*En l'estour se feri, si com l'istoire crie,*
*Auec vne gent qui sont de la partie,*
*De la gent aus Anglois, & leur enseigne crie.*

Froissart & quelques autres Auteurs vsent encore de ce mot.

Comme le bruit & le tintamarre que le tonnerre fait dans les nuës, en même temps que le carreau de la foudre vient à se lancer sur la terre, ajoûte beaucoup à l'étonnement que ce meteore a coûtume de former dans les esprits : Il en est de méme des cris des soldats qui vont à la charge. Car ces voix confuses poussées auec allegresse, augmentent l'effroy & l'épouuante des ennemis, qui les prennent pour des preuues indubitables de courage; le silence au contraire estant vne marque de crainte, laquelle au dire d'vn ancien Auteur est le lien de la langue. C'est pourquoy Caton, au rapport de Plutarque, entre les perfections d'vn bon soldat, vouloit qu'il fust non seulement hardy, & prompt de la main pour l'execution, mais encore que son visage, & particulierement sa voix ressentist je ne sçay quoy de Martial, & qui pût jetter de l'effroy dans le cœur de son ennemy ; c'est la raison pourquoy les hommes vaillans sont appellez par Homere βοὴν ἀγαθοί. Aussi l'experience a fait reconnoître que les cris des soldats, mémes auant la mélée, ont mis plusieurs fois les ennemis en fuitte : & a fait que presque toutes les nations du monde ont commencé les batailles par là, suiuant la remarque de Cesar : *Neque frustra antiquitus institutum est, vt signa vndique concinerent, clamorémque vniuersi tollerent ; quibus rebus & hostes terreri, & suos incitari existimauerunt.* Les Liures des anciens Auteurs, tant Grecs que Latins, sont remplis de semblables obseruations qui ont esté ramassées par ceux qui ont écrit sur la Politique de Tacite.

*Achill. Tatius l. 2.*
*Plut. in Cat. majore.*

*Homer.*
*Leon. Tact.*
*c. 10. §. 114.*

*Caes. l. 3.*
*bell. Ciuil.*
*Scipione Ammirato nel discorso polit. l. 14.*
*c. 5.*
*Ian. Gruter.*
*in discurs.*
*ad Tacit. p. 103.*

Ces cris n'estoient pas toûjours des voix incertaines, & confuses, mais souuent articulées, & qui consistoient en la prononciation de quelques mots, par lesquels les soldats s'excitoient les vns les autres à faire quelque action de generosité : *Clamor permistus exhortatione*, dans Salluste, lequel cry est pour cette raison appellé des Grecs ἐγκελευσμός. On remarque que les Germains & les Gaulois, entre tous les peuples, en ont vsé plus que les autres : ayant coûtume auant la mélée de s'exciter à la valeur par certaines chansons, ou plûtôt clameur, appellée en leur langue *Barditus*, du nom des Bardes Prétres Gaulois, qui suiuant Ammian Marcellin chantoient en vers au son de la lyre, les actions vertueuses de leurs Rois & de leurs ancêtres. Tacite parlant des Germains, *Sunt illis quoque carmina, quorum relatu, quem Barditum vocant, accendunt animos, futuræque pugnæ fortunam ipso cantu augurantur : terrent enim trepidantve prout sonuit acies, nec tam vocis ille, quàm virtutis concentus videtur. affectatur præcipuè asperitas soni, & fractum murmur objectis ad os scutis, quo plenior & grauior vox repercussa intumescat.* De ce cry d'armes des Germains & des Gaulois, les Romains ont retenu le mot de *Barditus*, pour signifier le cry des soldats, auant, ou dans la mélée : encore qu'il paroisse que Vegece semble lui donner le nom de *Barritus*, acause de la ressemblance de ces cris aux mugis-

*Sallust. de bello Iug.*
*Const. Manasses p. 231.*
*1. Edit. Gr.*

*Amm. Marc. l. 15.*

*Tacit. de mor. Germ.*

*Veget. l. 3.*
*c. 18. 24.*

## SVR L'HISTOIRE DE S. LOVYS.

sement que les Elephans font ordinairement : *Clamor autem quem Barritum vocant, prius non debet attolli, quàm acies vtraque se junxerit : imperitorum enim vel ignauorum est vociferari de longè, cùm hostes magis terreantur, si cum telorum ictu clamoris horror accesserit.* Cette coûtume de chanter les loüanges des grands hommes deuant les combats, s'est encore conseruée sous nos Rois François, sous lesquels ces chansons estoient reconnuës du nom de *chansons de Rolland*, parce que l'on y exaltoit les hauts faits du fabuleux Rolland, & des anciens Paladins François : Guillaume de Malmesbury parlant de Guillaume le Bâtard prest à entrer dans le combat : *Tunc Cantilena Rollandi inchoata, vt Martium viri exemplum pugnaturos accenderet : inclamatóque Dei auxilio prælium vtrimque consertum.* Ces cris de guerre estoient appellez par les Grecs ἀλαλαγμοί, parce que les soldats entrans dans le combat, auoient coûtume de prononcer le mot *Alala* : c'est pour la méme raison que dans Constantin Manassés ils sont appellez λαλαγαί ἀρήιαι.

*Willel. Malmesb. l. 3. de Gest. Angl. Alberic. an. 1066. Matth. Vvestmon. p. 223. Manass. edit. Meurs. p. 233.*

Tel donc a esté l'vsage des cris de guerre composez de quelques paroles, qui portoient les soldats à la valeur, & les excitoient à fondre genereusement sur leurs ennemis. Mais les Chrétiens, qui ont toûjours referé le succés des combats à Dieu seul, qui dans les Prophetes se dit si souuent le Dieu des armées, & qui donne les victoires & les triomphes à qui il lui plaist, laissans les coûtumes des Payens, inuentérent des cris d'armes composez de quelques mots conçûs en termes d'inuocation, qui estoient proferez par tous les soldats au méme temps que le signal de la bataille estoit donné. Ce qui semble auoir esté mis en vsage par le grand Constantin, aprés qu'il eut embrassé la veritable religion ; Eusébe remarquant qu'il enjoignit à ses soldats d'inuoquer Dieu dans les occasions de la guerre ; il leur prescriuit mémes cette priere, qui est rapportée par le méme Auteur ; σὲ μόνον οἴδαμεν θεόν, σὲ βασιλέα γνωρίζομεν, σὲ βοηθὸν ἀνακαλούμεθα, ϛῷ σοῦ τὰς νίκας ἠράμεθα, &c. *Nous sçauons que vous estes le seul Dieu, nous vous reconnoissons pour Roy, nous inuoquons vostre aide, c'est vous qui nous auez donné les victoires, &c.* Cette loüable coûtume continua depuis en la personne de ses successeurs, & generalement de tous les Princes Chrétiens, qui ne liuroient jamais aucun combat, qu'ils n'eussent auparauant inuoqué l'assistance du Dieu des armées, & que dans les commencemens des batailles ils n'eussent fait proferer à tous leurs soldats son saint nom. Anne Comnene racontant le combat que l'Empereur Alexis son pere liura aux Scythes, dit qu'au méme temps qu'il eut fait sonner la trompette, ses soldats, auant que de commencer la mêlée, inuoquérent tout d'vne voix le Tout-puissant ; τὸν ὅλων κύριον εἰς ἔλεον μιᾷ φωνῇ ἐπικαλεσάμενοι : *Christi inuocata clementia.* Dans Albert d'Aix, & *Guntherus* décriuant l'armée de l'Empereur Frederic Barberousse, lorsqu'il passa en Italie,

*Eusib. l. 4. de vita Const. c. 19. 20. de laud. Const. p. 465.*

*Anna Com. l. 8. p. 232.*

*Albert. 29. l. 4. c. 52. Gunther. l. 7. Ligur.*

  *Sic pulchro fœlix acies instructa tenore,*
  *Carmine belligero, longéque sonantibus hymnis*
   *Diuinam sibi poscit opem.*

Quoy que ces cris fussent pour le plus souuent differens en paroles, ils étoient neantmoins conceus en termes d'inuocation. L'Empereur Leon en ses Constitutions militaires, prescriuant l'ordre qu'il faut tenir dans les combats, veut qu'auant que de les commencer, & lorsque l'armée est proche de l'ennemy, il y en ait vn qui crie à haute voix, βοήθει, *aydez*, & que tous les soldats répondent vnanimement, Θεός. Le méme Empereur témoigne que l'on crioit encore νίκη τῷ ϛαυρῷ, ou comme il est écrit dans *Cedrenus* en la vie de Basile, ϛαυρὸς νενίκηκε. Cry qui semble auoir esté institué par Constantin aprés qu'il eut défait Maxence par la puissance de la Croix qui parut au Ciel à l'instant du combat. Le méme *Cedrenus* fait mention d'vn autre cry semblable à celui dont parle Leon, Χριϛὲ βοήθει. Et Maurice en ses Strategiques veut qu'auant la bataille les Prétres & le Général méme commencent & entonnent le Κύριε ἐλέησον, qui a seruy souuent de cry aux Chrétiens. Luithprand parlant

*Leo in Tact. c. 7. §. 74.*

*C. 12. §. 69. 106. Cedren. in Basil. p. 572. Cedrenus p. 781. Mauric. l. 3. Strateg. c. 19.*

Cc iij

# DISSERTATION XI.

*Luithprand l. 2. c. 9. Conrad. Abb. Vsp. p. 215. Ditmar. l. 5. p. 56.*

du combat d'entre l'Empereur Henry I. & les Hongrois, *Haud mora bellum incipitur, atque ex Christianorum parte sancta mirabilisque vox* Κύριε, *ex eorum turpis & diabolica Hui, Hui, frequenter auditur.* Ditmar Euesque de Merse-bourg décriuant vne bataille entre les troupes de l'Empereur Henry II. & les Polonois, *Vt primùm castra visis agnouere tentoriis, altâ voce per Kyrie eleison socios conuocantes, hostes effugarunt.* Et *Robertus Monachus* écrit qu'à la prise d'An-tioche les Chrétiens y criérent Κύριε ἐλέησον, afin de se faire distinguer des

*Robert. mon. l. 6. p. 55.*

Turcs, *vt per hoc nostris innotescerent, quòd non Turci, sed Christiani essent.* L'Empereur Rodolfe en vn combat qu'il eut contre Ottocar Roy de Bohe-

*Hist. Austr. an. 1278.*

me l'an 1278. fit crier à ses soldats, *Christus, Christus.* L'Auteur de la vie de S. Germain Euesque, qui porta la Religion Chrétienne dans l'Angleterre,

*Constantius in vita S. Germ. l. 1. c. 19. apud Sur. ib. 4.*

raconte que ce Saint s'estant joint aux Bretons, qui deuoient combatre contre leurs ennemis, fit crier trois fois *Alleluya*, par les Prétres, qui ensuite fut crié par tous les soldats : *Securísque hostibus qui se insperatos adesse considerent, Alleluya tertiò repetitum sacerdotes inclamant. Sequitur vna vox omnium, & eleuatum cla-morem, repercusso aëre, montium inclusa multiplicant.*

Entre les cris, dont les Grecs se seruoient encore, estoit celui de Θεὸς μεθ' ἡμῶν, dont il est parlé dans Anne Comnene en son Alexiade, & dans Ve-

*Anna Com. Veget. l. 3. c. 5. Mauric. l. 3. Strat. c. 19. S. Greg. Nyss. orat. 1. de resurr. Dom. Iuuencus l. 1.*

gece, *Deus nobiscum:* Νοβίσκουμ, dans les Strategiques de Maurice. *Emanuel* en Hebreu a la méme signification que ce cry d'armes, suiuant la remarque de S. Gregoire de Nysse, & de *Iuuencus* en son Histoire Euangelique,

*Hanc cecinit vates futuram ex origine prolem,*
*Nobiscum Deus est cui nomen.*

Les Turcs méme ont coûtume d'implorer le secours de Dieu dans leurs com-bats, qu'ils commencent ordinairement par ces mots, *Allah Allhah*, qui signifient *Dieu Dieu*, & qui sont les premieres paroles de la priere que Mahomet prescriuit

*Scipione Ammirato l. 14. c. 5. Saracenica Sylburg. p. 71. Ioan. Ca-nan. p. 195.*

aux siens, *Allah Allha vah Cubar Allha*, qui est interpretée par vn Auteur Grec. *Ioannes Cananus* décriuant le siége que Bajazet mit deuant Constanti-nople l'an 1422. dit que le Sultan s'approchant des rangs, s'écrioit, *Rasul Ra-sul Mahometh*, & quelquefois, *Alach tancry Rasul Mahometh.*

En suitte de cette loüable coûtume, les Roys & les Princes ont inuenté des cris d'armes, qui leur ont esté particuliers, & à tous les soldats de leur ar-mée, pour estre proferez dans le commencement, ou dans le fort de la mé-lée. Par ces cris ils inuoquoient l'assistance de Dieu dans les perils euidens des batailles, quelquefois par l'intercession de la Vierge, ou de quelques au-tres Saints, qu'ils reclamoient, & en la protection desquels ils auoient mis

*Roder. l. 8. de Reb. Hisp. c. 6.*

leurs personnes & leurs Etats : Car il est vray de dire que les premiers cris d'armes estoient conçûs en termes d'inuocation, d'où ils sont appellez *voces fidei* dans Roderic Archeuesque de Tolede ; c'est à dire des cris de confian-ce en l'assistance de Dieu ; & s'il y en a eu d'autres, ç'a esté pour quelque rencontre, ou excellens faits d'armes, qu'ils ont esté choisis par quelques Seigneurs particuliers, comme la suite de ce discours le fera voir.

*[a] Fulch. Carnot. l. 1. c. 18. l. 2. c. 10. l. 3. c. 42. 46. 50. Ge-sta Franc. expug. Hier. l. 1. c. 26. 43. [b] Gesta Dei p. 602. Raymond d'Agil. p. 151. Roderic. To-let. l. 19. de reb. Hisp. c. 16.*

Les François qui se trouuérent à la premiere conquéte de la Terre Sainte, auoient pour cry general ces mots, *Adjuua Deus*, ainsi que nous apprenons de [a] Foucher de Chartres, & d'vn autre ancien Auteur, [b] ou bien *Eia Deus adiuua nos*, suiuant l'Histoire de Hierusalem. Raymond d'Agiles rapporte la cause & l'origine de ce cry à la vision de Pierre Barthelemy, qui trouua la sainte Lance au temps que les Turcs assiegeoient la ville d'Antioche sur les nostres : Car durant ce siége S. André luy estant apparu plusieurs fois, il luy en-joignit de persuader aux Chrétiens d'auoir recours à Dieu dans les fatigues du siége, & de la faim qu'ils enduroient, & de prendre dans les combats pour cry d'armes ces mots *Deus adjuua* : *Et fit signum clamoris vestri*, DEVS AD-IVVA, *& reuera Deus adiunabit vos*, qui sont les paroles de S. André. Roderic Archeuesque de Tolede dit qu'au siége & à la prise de Cordoüe sur les Sar-razins d'Espagne, les Chrétiens crierent aussi *Deus adjuua.* Ils ajoustoient

## SVR L'HISTOIRE DE S. LOVYS. 207

quelquefois à ce cry ces mots *Deus vult*, ou pour parler en langage du temps, & suiuant qu'ils sont enoncez en la Chronique du mont Cassin, *Diex el volt*, dont l'origine est rapportée au Concile de Clermont en Auuergne, où le Pape Vrbain II. ayant fait vne forte exhortation pour porter les Princes Chrétiens à prendre les armes pour aller retirer la Terre Sainte des mains des Infidéles, *Ita omnium qui aderant affectus in vnum concitauit, vt omnes acclamarent*, *Deus volt, Deus volt*. Aprés quoy le Pape, ayant rendu graces à Dieu, dit entre autres paroles celle-cy, *Sit ergo vobis vox ista in rebus bellicis militare signum, quia verbum hoc à Deo est prolatum, cùm in hostem fiet bellicosi impetus congressio, erit vniuersis hæc ex parte Dei vna vociferatio, Deus vult, Deus vult*. D'où on recueille pourquoy le cry est appellé *Signum Dei* dans quelques Auteurs. Boëmond, qui faisoit la guerre en la Pouille, ayant appris qu'il estoit arriué vn grand nombre de gens de guerre, qui alloient degager le S. Sepulcre du joug des Infidéles, s'enquit à l'instant qui ils estoient, quelles armes ils portoient, & quel cry ils crioient, *Quod signum (hæc gens) in certamine sonat. Cui per ordinem dicta sunt omnia. Deferunt arma jugiter ad bellum congruentia, in dextrâ, vel inter vtrasque scapulas Crucem Christi bajulant, sonum verò Deus hoc vult, Deus hoc vult, Deus hoc vult, simul vna voce conclamant*. Nous lisons qu'ils ont encore crié ces mots, *Christus vincit, Christus regnat, Christus imperat*, que nos Rois ont depuis fait grauer dans leurs monnoyes d'or & d'argent, & particulierement dans celles que nous appellons Escus. Cæsarius nous apprend qu'ils crioient encore, *Dieu aide & le S. Sepulcre, Deus adjuua, & sanctum Sepulcrum*.

*Gesta Fran. expug. Hier. l. 1. c. 26.*
*Chr. Cass.*
*Besly des Ducs de Guienne c. 9.*
*Rob. Mon. l. 1.*

*Gesta Fran. exp. Hier. l. 1. c. 8.*
*Tudebod. l. 1.*

*Fulch. Car. l. 2. c. 31.*
*Gesta Fran. exp. Hier. l. 1. c. 56.*
*Hist. Hier. p. 607.*
*Cæsarius l. 10. c. 12.*

C'est de ces cris de guerre de nos Paladins François, & de nos Conquerans de la Terre Sainte, que les Ducs de Normandie ont receu le leur, conceû en ces termes, *Diex aie, Dame Diex aie*, par lesquels ils reclamoient l'assistance de Dieu, ces mots signifians *Domine Deus adjuua* : au lieu dequoy quelques-vns ont pensé qu'ils signifioient, *Nostre Dame Dieu aide*, à cause de *Dame* qui signifie en cét endroit *Seigneur*. Defait ceux qui ont écrit l'Histoire d'Angleterre les ont tournez par ceux-cy, *inclamato Dei auxilio*. Orderic Vital parlant des premieres guerres Saintes, *Illi verò jam acriter pugnantes inuenerunt, & signum Normannorum Deus adiuua, fiducialiter vociferati sunt*.

*Loiseleu l'Hist. de Beauuais p. 154.*

*Vvillelm. Malmesb. l. 4. p. 101.*
*Orderic. l. 10. p. 798.*

Ainsi les Seigneurs de Montmorancy auoient pour cry, suiuant vn Prouincial MS. *Dieux aieue*, ou selon les autres *Dieu aide au premier Chrestien*. Quelques Historiens en rapportent l'origine au premier Seigneur de Montmorancy, qu'ils nomment *Lisoie*, qui fut le premier des Gentils-hommes François, qui embrassa le Christianisme auec le Roy Clouis, & qui fut baptisé par S. Remy. Ses successeurs ayant pris ce sujet de crier en guerre, *Dieu aide au premier Chrestien*, comme estant vn honneur deû à cette Maison d'auoir produit le premier qui aprés son Prince ait quitté les erreurs du Paganisme, pour embrasser la veritable Religion. La Maison de Bauffremont en Lorraine & en Bourgogne auoit vn cry semblable à celuy de Montmorancy, les Seigneurs de cette famille crians en guerre, *Bauffremont au premier Chrestien*, ainsi que nous apprenons de quelques Prouinciaux, à cause peut-estre qu'vn de cette Maison fut le premier d'entre les Bourguignons, qui vinrent s'établir en ces prouinces, qui embrassa la Foy Chrétienne.

*Prouincial MS.*
*Chr. MS. de France parlant de la bat. de Bouines.*
*Ph. Mor. Doublet aux Antiq. de S. Denys l. 1. c. 17.*

*Prouincial MS.*

Plusieurs Princes ont reclamé le secours de la tres-sainte Vierge dans leurs cris, comme les Ducs de Bourgogne, dont le cry estoit selon [a] Monstrelet, Georges Chastellain, & quelques Heraulds, *Nostre Dame Bourgongne*. [b] Les Ducs de Bourbon de la Maison Royale crioient *Bourbon nostre Dame*, ainsi que nous apprenons de Iean Dorronuille qui a écrit l'histoire & la vie de Louys troisiéme Duc de Bourbon. [c] Les Comtes de Foix auoient pour cry de guerre *Nostre Dame Bierne*, ou *Bearn*. [d] La Maison de Vergy ces mots, *Vergy à nostre Dame*. Froissart fait mention de plusieurs Seigneurs qui crioient *Nostre Dame* dans les combats. [e] Le Comte d'Auxerre crioit *Nostre Dame Au-*

[a] *Monstrel. 1. vol. c. 47. Hist. de Lac. de Lal. c. 14.*
[b] *D'Orron. en la vie de Louys Duc de Bour. c. 50.*
[c] *Prouin.*
[d] *Hist. de la Maison de Vergy l. 1. c. 3.*
[e] *Froiss. l. vol. c. 222.*

# DISSERTATION XI.

*xerre.* ᶠ Le Connétable du Guefclin, *Noſtre Dame Guefclin* : ᵍ Le Comte de Sancerre, *Noſtre Dame Sancerre* : ⁱ Le Roy de Portugal, *Noſtre Dame Portugal* : ᵏ Le Duc de Gueldres, *Noſtre Dame Gueldres* : ˡ Le Seigneur de Coucy, *Noſtre Dame au Seigneur de Coucy* : Le Comte de Henault dans ᵐ Monſtrelet, crie *Noſtre Dame Hainault* : mémes les Rois de France, ſuiuant l'autorité ⁿ d'vne Chronique M S. qui finit au regne de Charles V I. laquelle dit que le Roy Philippe Auguſte à la bataille de Bouines cria, *Noſtre Dame S. Denys Montjoie*.

Les Papes auoient auſſi leur cry de guerre, auſſi bien que les Princes ſeculiers, & crioient, ſuiuant les Prouinciaux, *Noſtre Dame S. Pierre*, inuoquans particulierement outre la ſainte Vierge le Prince des Apôtres, que Ieſus-Chriſt a établi Chef de ſon Egliſe, dont ils tiennent la place, en l'honneur duquel ils font des Cheualiers appellez Cheualiers de S. Pierre, & conferent ce degré de Cheualerie à l'Empereur méme, lorſqu'il vient à Rome pour s'y faire couronner. Gautier Comte de Brienne eſtant au Royaume de Naples pour pourſuiure les droits de ſa femme, ſçauoir la Principauté de Tarente & le Comté de Liches, qui luy auoient eſté confirmez par le Pape Innocent I I I. & ayant eſté établi Bail & Regent du Royaume durant la minorité de Frederic, ſe préparant au combat contre Diepold Lieutenant général des armées de l'Empereur, en préſence du Legat Apoſtolique, cria *S. Pierre* ; *Confortatus in Domino*, diſent les Actes de ce Pape, *proſiliit ad arma cum ſuis, & benedictione ac remiſſione à Legato receptâ, cùm idem Legatus maledixiſſet hoſtibus, in nomine Domini Comes altâ voce Sanctum Petrum inuocans adjutorem, proceſſit ad pugnam*. Brunon en ſes Liures de la guerre de Saxe aſſeure encore que les Saxons de ſon temps crioient dans les combats, *S. Pierre* : *Ibi quidam de noſtris aduerſarium ſibi videns obuium, velut ſuum ſalutauit ſocium, dicens Sancte Petre, quod nomen Saxones pro ſymbolo tenebant omnes in ore*, &c.

Outre la Chronique M S. dont je viens de parler, vn Prouincial cité par les Sieurs de Sainte-Marthe en leur Hiſtoire Genealogique de la Maiſon de France, porte que les Rois de France ont pour cry, *Noſtre Dame Montjoie S. Denys au tres-Chreſtien Roy de France*. Ce qui ſemble eſtre confirmé par la Chron. M S. de Bertrand du Guefclin :

*Et approuchent Anglois, en diſant Dieu aye*
*Montjoie noſtre Dame au Roy de ſaint Denye*.

Toutefois on ne lit point dans les autres Prouinciaux, ni dans nos Hiſtoires, que nos Rois aient eu autre cry d'armes que celuy de *Montjoie S. Denys* ſimplement. Non ſeulement ils reconnurent ce Saint pour Patron de leur Royaume, d'abord qu'ils eurent embraſſé le Chriſtianiſme qu'il auoit établi & cimenté par l'effuſion de ſon ſang à Montmartre : mais encore ils voulurent qu'il fuſt reclamé dans les combats, *Quem ipſius Eccleſiæ ſponſum, ſub auxilii & honoris titulo, in bellorum diſcrimine vindicare Majeſtas Regia conſueuit*, ce ſont les termes d'vn titre du Roy Charles V. du mois de Iuillet de l'an 1367. rapporté par Claude Emeré en ſon Traité de l'Vniuerſité de Paris. Orderic Vital dit en termes formels que *Montjoie* eſtoit le cry des François. *Latitantes verò ſub ſtramine ſubitò proruperunt, & regale ſignum Anglorum cum plebe vociferantes ad munitionem cucurrerunt. Sed ingreſſi, meum gaudium, quod Francorum ſignum eſt, versâ vice clamauerunt*. Mathieu Paris dit la méme choſe, *Quaſi pro edicto frequenter proclamante altâ & reboante voce eodem Conſtantino Montis-gaudium, Montis-gaudium, adjuuet Dominus, & Dominus noſter Lodouicus*. Et ailleurs, *Et facto congreſſu acclamatum eſt terribiliter ad arma, ad arma, hinc Regales, Regales, inde Montis-gaudium, ſcilicet Regis vtriuſque inſigne*. Le Roy Philippes Auguſte cria *Montjoie* au ſiége d'Acre l'an 1191. ſuiuant Guillaume Guiart, & à la bataille de Bouines l'an 1214. ſuiuant Mathieu de Weſtminſter, & la Chronique de Flandre. Philippes Mouskes parlant de la méme bataille :

*Souuent oiſſiés à grant joie*
*Nos François s'eſcrier Montjoie*.

Là

# SVR L'HISTOIRE DE S. LOVYS.

Là méme,
>*Et huçoient à grant haleine,*
>*Quant on auoit sonné l'araine,*
>*Montjoie Dieux & S. Denys.*

Et plus bas :
>*Et quant on escrie Montjoie,*
>*N'iot Flamen qui ne s'apploie.*

Et ailleurs :
>*Maintefois oïssiez le jour,*
>*Crier Montjoie sans sejour,*
>*Cis mos esmaia les Flamens,*
>*Cis mos leur fu paine & tormens,*
>*Cis mos les a tous abaubis,*
>*Cis mos abati blaus & vis,*
>*Cis cris les esmaia si fort,*
>*Que foible deuiennent li fort,*
>*Et li hardy furent coüart,*
>*Les Ciés tornérent d'autre part.*

Le Roman de Garin,
>*Monjoie escrie l'ensagne S. Denis.*

Les François crierent *Montjoie S. Denys* au siége de Damiete sous S. Louys, en la bataille de Furnes l'an 1297. en celle du Pont à Vendin l'an 1303. en la rencontre prés de Rauenberg en la méme année ; en la bataille de Mons en Puelle en l'an 1304. & celle de Cassel, suiuant la Chronique de Flandres. Monstrelet parlant des François, lorsqu'ils firent leuer le siége que les Anglois auoient mis deuant Montargis l'an 1426. *Ferirent vaillamment & de grande volonté sur les logis des Anglois, qui de ce ne se donnoient garde, crians Montjoie S. Denys.* Et à la prise de Pontoise l'an 1441. le Roy Charles VII. & tous les autres Seigneurs & Capitaines *firent armer & habiller leurs gens, & les exhortérent, tous eux crians à haute voix, S. Denys ville gaignée.*

La difficulté n'est pas aisée à resoudre pourquoy en l'inuocation de S. Denys Patron de la France, on a ajoûté le mot de *Montjoie.* La plûpart de ceux qui en ont écrit, ont estimé que le Grand Clouis fut le premier qui prit ces mots pour cry, lorsque s'estant trouué en peril en la bataille qu'il liura aux Allemans à Tolbiac, il reclama l'assistance de S. Denys, qu'il protesta de vouloir adorer à l'auenir, & de reconnoître pour son Ioue, ou son Iupiter, s'il remportoit la victoire sur ses ennemis. Il est bien vray qu'on dit que Clouis reclama en cette occasion le Dieu que Chlotilde sa femme adoroit, & protesta que s'il remportoit la victoire, que ce seroit le sien : *Nam ex hoc die tu solus mihi eris Deus, & veneranda potestas* : ainsi que nous lisons dans la Vie de S. Vaast Euesque d'Arras. Raoul de Praesles en la Preface de la Traduction qu'il fit des liures de S. Augustin de la Cité de Dieu, & qu'il a adressée à Charles V. semble conuenir que Clouis fut le premier de nos Rois qui prit ce cry d'armes, en ces termes : *Clouis premier Roy Chrestien combatant contre Dandat qui estoit venu d'Allemagne aux parties de France, & qui auoit mis & ordonné son siége à Conflans sainte Honorine, dont combien que la bataille commencée en la vallée, toutefois fut-elle acheuée en la montagne, en laquelle est à présent la tour de Montjoie, & là fut prins premierement & nommé vostre cry en armes, c'est à sçauoir Montjoie S. Denys.* Estienne Pasquier se persuade qu'il est plus probable que le mot de *Montjoie* a esté pris au lieu de *Ma joie*, par Clouis, ou celuy de ses successeurs qui le premier a choisi ce cry d'armes, par lequel il vouloit donner à connoître que S. Denys estoit sa joie, son espoir, & sa consolation, & auquel il auoit toute confiance, ayant employé vn article impropre de *Mon*, au lieu de *Ma*, ainsi que nous voions que les Allemans, les Anglois, & autres étrangers pratiquent assez souuent quand ils n'ont pas encore acquis vne par-

*Partie II.*

*Chron. de Fland. c. 13. 34. 36. 43. 44. 67. 95.*

*Monstr. 2. vol. p. 32. 186.*

*Rob. Cenal. Fauchet aux Antiq. de France l. 2. c. 17. Vita S. Vedasti apud Boland. 6. Febr. p. 795. Pasquier l. 8. des Recherch. de la France ch. 21.*

# DISSERTATION XI.

faite connoissance de nostre Langue ; ce qui peut estre arriué à Clouis, dont les ayeuls estoient sortis de la Germanie. Il semble qu'Orderic Vital au passage que je viens de citer, auoit ainsi conceû le sens de ce mot, l'ayant tourné par *Meum Gaudium*.

*Seb. Rouill. en la vie de S. Isabel Reyne de France.*

Mais sans faire tort aux sentimens de ces grands hommes, j'estime qu'il est peu probable que le mot de *Montjoie* ait esté pris, ni pour *mon joue*, ni pour *ma joie*, & encore moins pour *Moult de joie*, comme veut Rouillard ; toutes ces explications estant forcées, & peu naturelles. Il y a bien plus de fondement de croire que nos Rois se sont seruis d'vn terme pur François, que non pas déguisé, comme l'on veut se persuader, & que par le cry de *Montjoie Saint Denys*, ils ont entendu la montagne ou la colline de Montmartre, où S. Denys souffrit le martyre auec ses compagnons sous *Decius*, ( laissant à part la question tant agitée des deux Saints Denys. ) Car *Montjoie* en vieux François est vn diminutif de *Mont*, & signifie vne colline, qui est la raison pourquoy la tour de Conflans sainte Honorine est appellée *la tour de Montjoie*, c'est à dire la tour éleuée sur vne colline, non que le cry d'armes de nos Rois ait pris delà son origine, comme veut Raoul de Praesles : estant constant que la bataille, dont il fait mention ne fut pas donnée prés de Paris, mais prés de Cologne. Othon de Frisingen décriuant comme l'Empereur Frederic I. entra dans Rome par la ville Leonine ( qui est le *Borgo* ) & par la porte Dorée ; dit qu'il descendit auec ses troupes par le panchant d'vne *Montjoie*, & entra ainsi dans la ville : *Rex castra mouens, armatus cum suis per decliuum montis Gaudii descendens, eâ portâ, quam Auream vocant, Leoninam vrbem, in quâ B. Petri Ecclesia sita noscitur, intrauit*. Ce que Guntherus a ainsi exprimé :

*Otho Fris. l. 2. de gest. Frid. c. 22.*

*Gunther. l. 4. Ligur. initio.*

> *Iamque per oppositi Princeps decliuia montis*
> *Adueniens, claram quam nondum viderat vrbem*
> *Aspicit, huic populi festinum Gaudia nomen*
> *Imposuere loco : si quidem qui moenia clara*
> *Illâ parte petunt, ex illo vertice primum*
> *Vrbem conspiciunt, & te sacra Roma salutant.*

Mais cét Auteur se trompe en la raison qu'il rend de cette appellation, qu'il auoit veuë dans Othon, qui ne s'est seruy de ce mot, *Mons gaudii*, que pour exprimer la petite colline qui est prés de Rome, par vn terme familier & vsité de son temps, & particulierement des François, auec lesquels il auoit eu communication en son voiage d'outremer. L'Auteur du Panegyrique de Berenger a parlé de cette colline :

*Panegyr. Bereng. p. 33.*

> *Interea Princeps collem, qui prominet Vrbi,*
> *Praeteriens, &c.*

Otton Morena la place vers la porte, à laquelle il donne le nom de *Viridaria*, du côté de S. Pierre : *Ad portam Romae, quae dicitur porta Viridaria, quae est ex parte S. Petri, versus montem gaudii veniens*. Et la Chronique du Mont Cassin dit que cette colline, est celle qui fut appellée par les anciens Mont de Mars : *Misit in occursum ejus in Montem gaudii, qui & Martii dicitur*, &c. De sorte que ces Montjoies prés de Rome, ne sont autre chose que ces collines du Vatican, appellées *Montes Vaticani* dans Ciceron, & *Vaticani colles* dans *Festus*, au bas desquelles estoit le Champ de Mars. L'Auteur qui a écrit des Miracles de Saint Foursy, a aussi fait mention de ce *Mons gaudii* prés de Rome.

*Otto Mor. Landensis A: 1167.*
*Chr. Cass. l. 4. c. 39.*

*Cicero ad Attic. l. 13. epist. 35. Fest.*
*Apud Boland. 16. Ianu. p. 50.*

Quelques Auteurs Latins & François se seruent encore de ce mot *Mons gaudii* en cette signification. Adhemar de Chabanois parle de la Monjoie ou colline, qui est prés de Limoges. Ceux de Languedoc en ont formé leur *Mongaufs* pour vne petite montagne, *Monticulus*. Alain Chartier en diuers endroits de ses Poëmes, pour dire le sommet d'honneur, se sert de ces façons de parler,

*Ademar. Cab. p. 173. 272. apud Labenum M. Chron. Belg. an. 1160.*
*Al. Char. p. 529. 545. 722. 524.*

> *C'est d'honneur la droite Montjoie.*

# SVR L'HISTOIRE DE S. LOVYS.

Ailleurs,
> *Car je vy d'honneur la Montjoie.*

Et plus bas,
> *C'estoit Montjoie de doulours.*

Doublet remarque que la Royale Abbaye de S. Denis a conservé pour devise de ses armes, ces mots, *Montjoye S. Denis.* La Chronique MS. de France de la Bibliotheque de M. de Mesmes donne pour cry au Comte de S. Paul, à la bataille de Bouines, *Montjoye à Chastillon,* qui estoit composé de celuy du Roy, & de celuy de sa famille.

Comme les Rois de France invoquoient dans leur cry d'armes l'assistance de S. Denis, comme le principal protecteur de leur Royaume: ainsi les Rois de Castille imploroient celle de l'Apôtre S. Iacques, Patron tutelaire de leurs Etats, dont le corps & les prétieuses reliques reposent à Compostelle au Royaume de Galice, par ce cry, *San Iago,* qu'ils crioient dans les combats. La Chron. MS. de Bertrand du Guesclin décrivant la guerre d'entre Pierre le Cruel Roy de Castille, & Henry le Bâtard,
> *Car j'ay ouy S. Iacques reclamer & huchier.*

Ils commencerent à vser de ce cry depuis le regne de Dom Ramir Roy de Leon, qui défit plus de soixante mille Mores l'an 944. en la bataille de Clauijo, laquelle il auoit entreprise à la persuasion de ce Saint qui lui apparut en songe, où il lui promit la victoire, & de se trouuer lui-méme au combat, comme protecteur de l'Espagne; ce qu'il fit, y ayant paru monté sur vn cheual blanc, auec vn étendart de même couleur, chargé d'vne croix rouge, combattant & encourageant les Chrétiens. *Extunc hæc invocatio invaleuit, Deus adjuna & sanctè Iacobe,* ainsi qu'écrit Roderic Archeuesque de Toléde: quelques Auteurs toutefois reuoquent en doute la verité de cette histoire.

Les Rois d'Angleterre crioient *S. George,* ainsi que nous apprenons de Froissart, de Monstrelet, & autres. Thomas de Walsingham parlant d'vn combat d'Edoüard III. prés de Calais: *Rex Eduardus providè frendens apri more, & ab irâ & dolore turbatus, euaginato gladio, sanctum Edwardum, & sanctum Georgium invocauit dicens, Hà S. Edwarde, Ha saint George.* Robert d'Artois combatant en Flandres auec les Anglois contre les François, y cria *S. George.* Martial de Paris parlant de la prise de Pontoise l'an 1437.
> *Quand ils se virent les plus forts,*
> *Commencerent à pleine gorge,*
> *Crier tant qu'ils peurent alors,*
> *Ville gagnée, viue S. George.*

Roger Comte de Sicile, fils de Tancrede, le reclama pareillement dans les combats. La Maison de Vienne au Duché de Bourgogne crioit *Saint Georges au puissant Duc.* La deuotion des Empereurs & des Princes a esté de tout temps tres-grande enuers S. George; ils l'ont invoqué dans les batailles, & plusieurs d'entre eux, ayant ressenti des secours visibles par son intercession, lui ont dressé des autels, & bâty des temples. Les Empereurs d'Orient le représentoient dans l'vn de leurs XII. étendarts, dont ils se seruoient dans les ceremonies; & ceux d'Occident, qui ont eu pareillement vne grande confiance en l'intercession de ce Saint, en ont vn qui se porte conjointement auec l'aigle de l'Empire aux entrées solennelles des Empereurs. Les Dauphins de Viennois receuoient l'inuestiture du Dauphiné par l'épée ancienne du Delphinat, & la banniere de S. Georges. Les Ethiopiens & les Abyssins l'auoient aussi en grande vénération, comme il est remarqué par le *Tasso.* Ceux que l'on appelle *Georgiens* dans l'Orient, sont ainsi nommez, a cause que dans les batailles contre les Infidéles ils invoquent S. George, & parce qu'ils ont vne particuliere confiance en son intercession, suivant la remarque du Cardinal Iacques de Vitry; laquelle se trouue confirmée par ces vers de Gautier de Mets, tirez de son Roman intitulé la Mappemonde,

*Partie II.*          D d ij

# DISSERTATION XI.

*Celle gent sont boin Crestien,*
*Et ont à nom Georgien :*
*Car S. Georges crient toûjours*
*En bataille, & és estours*
*Contre Paiens, & si l'aourent*
*Sur tous autres, & l'honnourent.*

<small>Baron. ad Martyr.
Godefr. Mon. an. 1190.
Tagano Patau. Hist. exped. Asiat. Frid. 1. to. 5. Canis.
Guido Pap. quest. 622.
Gesta Franc. exp. Hierus. p. 574.
Thom. Smith. de rep. Angl. l. 1.
Baron. isto cit.</small>   L'Eglise Romaine a coûtume de l'inuoquer auec S. Maurice & S. Sebastien dans les guerres que les Chrétiens ont contre les ennemis de la Foy. Enfin c'est le Patron des Cheualiers : & dans les sermens qui se faisoient par ceux qui deuoient se battre en duel, il y est appellé *S. Georges le bon Cheualier*. Lorsqu'on faisoit les Cheualiers, ils se faisoient *Au nom de Dieu & de Monsieur S. George*. Vn Auteur ancien remarque que Robert Comte de Flandres qui se trouua aux premieres guerres Saintes, fut surnommé *filius Georgii*, parce qu'il estoit vaillant Cheualier. Les Rois d'Angleterre l'ont choisi pour patron de l'Ordre de la Iarretiere, dont le collier porte l'image de ce Saint figuré en Caualier déliurant vne Dame, preste d'estre déuorée d'vn serpent : Le Cardinal Baronius a donné la raison pourquoy il est ainsi représenté par l'Eglise Romaine ; Car les Grecs le figuroient & le dépeignoient autrement, ainsi qu'*Augerius Busbequius* a remarqué. Il y a eu encore d'autres Ordres erigez sous son nom, que je passe sous silence, aussi bien que tout ce que le sçauant Selden a ramassé sur le sujet de ce Saint.

<small>Busbeq. in Itiner. p. 58.
V. Selden. titles of Honors. & ce que je remarque sur Ann.Comn.
A. DuChesne l'Hist. de Montmor. l. 1. c. 4.
Monstrel. 3. vol.
Berry en l'Hist. de Charl. VII. p. 168.
Hist. de la Mais. de Chastillon. Froiss.1.vol. c. 220. 2. vol. c. 10. 148.
Monstrelet 1. vol. c. 17.
Ægid.Mon. Aur. Vall. c. 18.
Guibert.l. 2.c.1.
Perard en ses Mem. de Bourg. p.311.
Pithou és Mem. des Comtes de Champ. p. 570.
Hist. de Montmor. l.1.c.4.
Phil.Monet en son traité des armoir.</small>   Les Ducs de Bretagne auoient pour cry *Malou*, ou selon quelques Prouinciaux, *S. Malo au riche Duc*. Monstrelet & Berry Heraud d'armes en l'Histoire de Charles VII. disent que les Bretons à la prise du Pont de l'Arche l'an 1449. crièrent *S. Yues Bretagne*. L'Histoire remarque que Charles Duc de Bretagne, de la Maison de Châtillon, portoit vne deuotion si particuliere à ce Saint qu'il voüa d'aller nus pieds jusques à l'Eglise de Triguier, où son corps repose, depuis le lieu de la Rochedarien, où il auoit esté pris en bataille. Froissart écrit que Bertrand du Guesclin, Connétable de France & Gentilhomme Breton, crioit *S. Yues Guesclin*. Le Comte de Douglas Escossois dans le même Froissart, crioit *Douglas S. Gilles*, qui estoit en vénération parmy les Escossois, particulierement dans Edimbourg Capitale d'Escosse. Les Liegeois, dans Monstrelet, crient *S. Lambert*, Patron du Liége. Tous les cris de guerre n'estoient pas toûjours conçûs en termes d'inuocation : car souuent ils estoient tirez de quelques deuises des ancêtres, qui auoient leur origine de quelque auanture notable, ou de quelques mots qui marquoient la dignité, ou l'excellence de la Maison ; Ils estoient même quelquefois tirez des armoiries : & le plus ordinairement le simple nom de la famille, seruoit de cry. Nous auons plusieurs exemples de la premiere sorte de de ces cris enoncez en forme de deuises, tirées pour la plûpart de quelque action genereuse, ou de quelque discours de brauade tenus dans les occasions de la guerre. Ce sont ces cris qui sont appellez par Guibert Abbé de Nogent *arrogans varietas Signorum*, lorsqu'il parle de nos François qui alloient en la guerre Sainte : *Remotâ autem arroganti varietate signorum, humiliter in bellis fideliterque conclamabunt, Deus id vult*. Ce qui fait voir l'antiquité de ces cris d'armes, & qu'ils estoient en vsage parmy nos François auant les guerres d'Outremer. Tel fut le cry des Comtes de Champagne & de Sancerre, *Passauant li Meillor*, ou *Passauant la Thibaut*, qui leur fut si familier, qu'aucuns d'eux le portérent en leur contresceel pour deuise, comme l'on peut voir en vn sceau de Thibaut IV. surnommé le Posthume, qui est pendant à vne Charte de l'an 1217. dont l'original est au trésor de S. Martin de Paris, & à vne autre de l'an 1223. qui a esté représenté par M. Perard. La vieille Chronique de Normandie, après Gasce en son Roman, donne aussi à Thibaut I. dit le Tricheur Comte de Chartres le cry de *Passauant*, au combat qu'il fit contre Richard I. Duc de Normandie, sur la riuiere d'Arque : je reduis encore sous

cette espéce de cris de guerre les suiuans : le cry de la Maison de Montoison *Hilarion de* en Dauphiné, *A la recousse Montoison*, que Philibert de Clermont Seigneur *la Coste aux* de Montoison obtint du Roy Charles VIII en la bataille de Fournoüe, *Eloges des* ainsi qu'il est amplement rapporté par vn Auteur de ce temps. Celuy des *s. 4.* Ducs de Brabant, *Lembourg à celui qui l'a conquis*, que Iean I. Duc de Bra- *Chron. de* bant prit, aprés auoir conquis le Duché de Limbourg, qui lui estoit disputé *Flandr. c.* par le Comte de Gueldres, qu'il défit en la bataille de Waronck l'an 1288. *19.* Car les Ducs de Brabant auoient auant ce temps-là pour cry *Louuain au Ri-* *Maison de* *che Duc*. Le cry de la Maison d'Anglure, *Saladin*, ou *Damas*, dont l'origine *l. 3. c. 8.* est racontée par Papire Masson en l'Eloge du Seigneur de Giury. Mais je se- *Prouincial* rois trop long, si par vne curieuse recherche j'entreprenois de m'estendre sur *MS.* l'origine & le sujet de ces cris : c'estpourquoy je me contenteray d'en faire *Pap. Mas-* le dénombrement suiuant la distinction que j'ay établie cy-dessus. *son.*

La Maison de Chauuigny en Berry, suiuant l'Auteur du Roy d'armes, auoit *Roy d'ar-* pour cry, *Cheualiers pleuuent*. Mais vn Prouincial MS. dit que le Seigneur de *mes.* Chauuigny crie *Hierusalem*, plainement.

Le Seigneur de la Chastre, *A l'attrait des bons Cheualiers*.

Le Seigneur de Culant, *au peigne d'or*.

Saluaing-Boissieu en Dauphiné, *à Saluaing le plus Gorgius*. *La Colom-*

Vaudenay, *au bruit*. *biere.*

La Maison de Sauoye, crioit quelquefois *Sauoye*, quelquefois *S. Maurice*, & *M. Guicke-* souuent *Bonnes nouuelles*. *non p. 140.*

Le Seigneur de Rosiere en Barrois, *Grand joye*.

Le Vicomte de Villenoir en Berry, *à la belle*.

Le Seigneur de Chasteauuillain, *Chasteluilain à l'arbre d'or*.

Le Seigneur d'Eternac, *Main droitte*.

Le Seigneur de Neufchastel en Suisse, *Espinart à l'Escosse*.

Le Seigneur de Waurins en Flandres, *Mains que le pas*.

Le Seigneur de Kercournadeck en Bretagne, *En Diex est*. *La Colom-*

Ceux de Bar, *au feu, au feu*. *biere.*

Ceux de Prie, *Cans d'oiseaux*.

Ceux de Buues en Artois, *Buues tost assis*.

La Maison de Molac, *Gric à Molac*, qui signifie, Silence. *Science He-*

Messire Simon Morhier, Grand Maistre d'Hostel de la Reine de France *roïque.* *Prouincial* ( ce sont les termes d'vn Prouincial) Preuost de Paris sous Charles VI. & *MS.* grand partisan des Anglois, crioit, *Morhier de l'extrait des Preux*. *Le Feron.*

Les Cheualiers du S. Esprit au droit desir, autrement de l'*Enneü*, ou del *Ordonnan-* *Nodo*, instituez par Louys de Tarente Roy de Sicile le jour de la Pentecoste *ces MS. du-* l'an 1352. aprés auoir crié le cry de leurs familles, crioient le cry de l'Ordre, *dit Ordre.* qui estoit *Au droit desir*.

Les anciens Seigneurs de Preaux en Normandie auoient pour cry, *Cesar* *Traité MS.* *Auguste*. *des armes*

Il y auoit de ces cris de guerre qui marquoient la dignité annexée à la famil- *de Norm.* le, dont le Prince ou Seigneur estoit issu. Ainsi les premiers Ducs de Bour- *esteintes.* gogne auoient pour cry *Chastillon au Noble Duc* : Les Ducs de Brabant *Lou-* *Chron. de* *nain au Riche Duc* : Le Duc de Bretagne, *S. Malo au Riche Duc* : Le Comte de *Flan. c. 67.* Mœurs, *Mœurs au Comte* : Les Comtes de Hainault, *Hainault au Noble Com-* *vol. c. 25.* *te*, ou *Hainault* simplement, dans la Chronique de Flandres : Les Comtes *Froiss. 4.* Dauphins d'Auuergne, *Clermont au Dauphin d'Auuergne* : Les Ducs de Milan *vol. c. 25.* dans Froissart, *Pauie au Seigneur de Milan*. *Renerus* parlant du Comte de Los, *uill. in not.* *Clamans tertio titulum sui Comitatus*, scilicet Loz, *audacter hostium cuneos pe-* *ad Ægid.* *netrauit*. Les anciens Comtes d'Anjou crioient *Valie*, qui est le nom d'vn pays *aur. Vall.* voisin du Comté d'Anjou, que l'on nomme Vallée, où est Beaufort. Philip- *Mon. c. III.* pes Mouskes en la vie de Charles le Simple, parlant des Normans:

*Lors s'en alérent à gens tantes,*

Dd iij

## DISSERTATION XI.

*Qu'ils ardent la Cité de Nantes,*
*Touraine, & Angers, & Ango*
*Le Mans, & Valie & Poito.*

Il y en auoit qui estoient tirez de quelques epithetes d'honneur attribuez aux familles. Ainsi la Maison de Bousies en Hainault crioit *Bousies au bon fer*: Les Seigneurs de Maldenghen en Flandres, *Maldenghen la loiale*: Les Seigneurs de Coucy en Picardie, *Coucy à la merueille*, ou selon d'autres, *Place à la banniere*: Les Seigneurs de Vilain issus des Chastellains de Gand, *Gand à Vilain sans reproche*.

<small>Hist. de la Maison de Gand.</small>

On en remarque d'autres tirez & extraits du blason des armes de la famille: tel estoit le cry des Comtes de Flandres, *Flandres au Lyon*: & celui de la Maison de Waudripont en Hainault, *Cul à Cul Waudripont*, parce qu'elle porte en armes deux lyons adossez.

Quelques Princes paruenus à des Royaumes, ou Principautez souueraines, pour marquer l'origine de leur ancienne extraction, en ont conserué la memoire par le nom de leur famille, dont ils estoient issus, qu'ils ont pris pour cry d'armes. C'est pour cela que les Rois de Nauarre, si nous croyons André Fauyn, auoient pour cry de guerre, *Begorre, Begorre*, comme issus & prenans leur extraction des anciens Comtes de Bigorre. Iean de Bailleul Roy d'Escosse retint toûjours le cry de sa Maison, *Hellicourt en Pontieu*, qui est vne Baronnie située au Comté de Pontieu, laquelle lui appartenoit de son propre, auec les Seigneuries de Bailleul en Vimeu & de Harnoy, & qui est à present en la Maison de Rouhaut-Gamaches. D'où on recueille l'erreur de Nicolas Vigner en sa Bibliotheque Historiale, de la Croix-du-Maine en sa Bibliotheque Françoise, & de Denis Sauuage sur la Chronique de Flandres, qui ont crû que ce Roy estoit Seigneur de Harcourt en Normandie, l'ayant confondu auec Hellicourt, qui est au Comté de Pontieu. Dans Froissart le Comte de Derby, de la Maison de Lancastre, crie *Lancastre au Comte Derby*.

<small>A Fauyn.

Prouinc. MS. Vigner sous l'An 1286. Biblioth. Franc.p.528. Chron. de Fland.p.85. Froiss.1.vol. c. 32.</small>

Souuent les Rois & les Princes ont crié le nom de la capitale de leurs Etats. L'Empereur Othon à la bataille de Bouines cria *Rome*, Philippes Mouskes,

<small>Philippes de Mousk.</small>

*Li Rois Othe pour son reclaim*
*Cria Roume trois fois s'enseigne,*
*Si come proesse li enseigne.*

Ottocar Roy de Boheme en vn combat contre les Allemans cria *Prague, Prague*; les Ducs de Brabant crioient *Louuain*, comme j'ay déja remarqué. le Comte Raymond de S. Gilles, en la premiere guerre d'Outremer, crioit *Tolose, & acclamata Tolosa, quod erat signum Comitis, discessit*, dit Raymond d'Agiles. Et Willebrand d'Oldenbourg écrit que les Rois d'Armenie crioient *Nauers*, ou *Nauarzan*, qui estoit le nom d'vn fort Château d'Armenie.

<small>Hist. Austr. an. 1278. p. 329. Ray. d'A-giles.p.140. Vvillebr. d'Oldenb.in Itiner. Terr.Sanct. p. 139. 140.</small>

Les communes crioient ordinairement le nom de la ville principale de leur contrée. Les Normans dans Philippes Mouskes crient *Rouën*, les Gascons, Bordeaux.

<small>Il Loredan. l. 5.p. 231. Phil. de Mousk. en la vie de Charlemag. Chron. de Fland.s.10.</small>

*Et Ruen escrient li Normant,*
*Bretagne huçent li Breton,*
*Boyrdeaux & Blaues li Gascon.*

Les Aualois, qui sont ceux des enuirons de Cologne, terme que Sauuage n'a pas entendu en la Chronique de Flandres, crierent à la bataille de Bouines, suiuant le même Poëte, *Cologne*,

*Li Aualois crient Coulongne.*

Les Flamens reuoltez contre leur Prince, dont les principaux estoient ceux de Gand, crioient *Gand, Gand*, suiuant Froissart.

<small>Froiss.2.vol. c.97.98.143.</small>

Mais pour le plus souuent le cry d'armes estoit le nom de la Maison; d'où vient que nous lisons presque à toutes rencontres dans les Prouinciaux, ou recueils de Blasons, *il porte de &c. & crie son nom*. C'est à dire que le cry d'armes est semblable au nom de la famille. Dans Froissart, le Seigneur de Roye crie, *Roye au Seigneur de Roye:* Guillebert de Berneuille en l'vne de ses chansons parlant d'Erard de Valory,

> *Va sans t'arrester*
> *Erard saluer,*
> *Qui Valory crie.*

Ainsi le Comte de Montfort en la guerre contre les Albigeois crioit *Montfort*, comme Pierre Moine du Vaux de Sarnay nous l'apprend, & aprés luy Philippes Mouskes. Roderic de Tolede parlant de celuy qui portoit l'étendart du Comte Gomez en la bataille contre le Roy d'Arragon: *Miles quidam de domo Oleæ, qui vexillum Comitis in suâ acie præferebat, occiso equo ad terram cecidit, & amputatis manibus, solis brachiis vexillum tenens non cessabat, Oleam, Oleam fortiter inclamare.*

*Froiss.1.vol. c. 208,109. Guill. de Berneuill.*

*Pet. Vall. Sarn. in Hist. Albig. c. 40. 58. Philipp. de Mousk. Roder.Tol. l. 7. de Reb. Hisp. c. 2.*

## DE L'VSAGE DV CRY D'ARMES.
## DISSERTATION XII.

*Pour la page 23.*

TOVS les Gentils-hommes & tous les Nobles n'auoient pas le droit du cry d'armes : C'estoit vn priuilege qui n'appartenoit qu'à ceux qui estoient Chefs & conducteurs de troupes, & qui auoient banniere dans l'armée. C'est pourquoy ceux-là ont raison, qui entre les prerogatiues du Cheualier Banneret, y mettent celle d'auoir cry d'armes : dautant que le cry seruoit proprement à animer ceux qui estoient sous la conduite d'vn Chef, & à les rallier dans le besoin. De sorte qu'il arriuoit que dans vne armée il y auoit autant de cris, comme il y auoit de bannieres, châque cry estant pour le particulier de châque compagnie, troupe, ou brigade, ou pour parler en termes du temps, de châque route. D'où vient que Guillaume Guiart se sert du terme de *crier banniere* en l'an 1195.

*A. Fauyn au Theatre d'Hon. l. 1. p. 24.*

> *Et r'oïssiez crier Montjoie,*
> *Que la bataille ne remaingne*
> *S. Pol, Ponti, Drues, Champaingne,*
> *Melun, Bourgoingne, Ferrieres,*
> *Et autres diuerses bannieres.*

Froissart & les autres vsent des termes de *crier les enseignes*, comme j'ay remarqué.

Mais outre ces cris particuliers il y en auoit vn qui estoit general pour toute l'armée, different du mot du guet, lequel cry estoit ordinairement le cry de la Maison du General de l'armée, & de celuy qui commandoit aux troupes, si ce n'est que le Roy y fust en personne : car alors le cry general estoit celuy du Roy. Ce que nous apprenons de Froissart, écriuant de la bataille de Cocherel. *Quand ceux de France eurent toutes ordonnées leurs batailles à leurs aduis, & que chascun sçauoit quelle chose il deuoit faire, ils parlerent entre eux, & regarderent longuement quel cry pour la journée ils crieroient, & à quelle banniere, ou pennon, ils se trairoient. Si furent grand temps sur tel estat que de crier Nostre Dame Auxerre, & de faire le Comte d'Auxerre leur souuerain pour ce jour : mais ledit Comte ne s'y voulut oncques acorder, ains s'excusa moult genereusement, disant, Messeigneurs, grand mercy de l'honneur que me portez & voulez faire ; mais quant à moy je ne veux point cette charge, car je suis encore trop jeune pour encharger si grand faix, & tel honneur, car c'est la premiere journée arrêtée où je fus onques. C'est pourquoy vous prendrez vn autre que moy : icy auez plusieurs bons Cheualiers, comme Monseigneur Bertrand du Guesclin, &c. & peu aprés, Si fut ordonné d'vn commun accord qu'on crieroit Nostre Dame Guesclin, & qu'on s'ordonneroit cette journée du tout par ledit Messire Bertrand.* Le même Froissart fait encore cette re-

*Froiss. 1. vol. c. 162. 2. vol. c. 121. Froiss. 1. vol. c.111.*

*2. vol. c. 10.*

# DISSERTATION XII.

marque ailleurs touchant le cry général, en ces termes, *Adonc prirent vn cry* *les Escossois, & me semble que tous deuoient crier, Douglas S. Gilles.* & au 3. vol. *Là eurent-ils parlement pour sçauoir quel cry ils crieroient ; on voulut prendre le cry Messire Bertrand, mais il ne le voulut plus: & encore plus, il dit qu'il ne bouteroit ja hors ce jour banniere, ne pennon, mais se vouloit combatre dessous la banniere de Messire Iean de Bueil.* Quelquefois il y auoit deux cris généraux dans vne méme armée : mais c'estoit lorsqu'elle estoit composée de deux differentes nations. Ainsi en la bataille qui fut donnée entre le bâtard Henry de Castille, & le Roy Dom Pietre, on cria de la part des Espagnols, *Castille au Roy Henry*, & de la part des François qui estoient au secours, & dans l'armée du même Henry, sous la conduite de Bertrand du Guesclin, on cria *Nostre Dame Guesclin*.

*3. vol. c. 75.*

*Froiss. 1. vol. c. 245.*

Souuent toutefois dans les batailles on crioit le cry du Prince, quoy qu'il n'y fust pas présent. La Chronique de Flandres racontant vn combat qui fut donné en Gascongne entre le Comte d'Artois, Général du Roy Philippes le Bel, & les Gascons & les Anglois, le Comte de Foix qui estoit joint aux troupes de France *s'auança & cria Montjoie à haute voix, & assembla à ses ennemis.* En la bataille de Furnes l'an 1297. le même Comte d'Artois y cria encore *Montjoie*. Il est vray que le cry des Comtes d'Artois estoit aussi *Montjoie*, comme il sera dit cy-après ; ce qui pourroit faire douter que l'on ait alors crié son cry, plûtôt que celuy du Roy. Quoy qu'il en soit, on peut justifier par quelques passages de Monstrelet, & autres, que l'on a souuent crié le cry du Roy de France en son absence. Mais quant au cry du Banneret, il ne se crioit point en son absence, quoy que ses troupes fussent en l'armée, comme nous apprenons de Froissart.

*Chron. de Fland. c. 34. 36.*

*Froiss. 2. vol. c. 116. 117.*

Le cry général se prononçoit vnanimement par tous les soldats en même temps, & auant que de venir aux mains auec les ennemis, ou plûtôt dans l'instant de la mélée, & lorsqu'on s'approchoit de prés. Ce qui se faisoit, tant pour implorer l'assistance du Dieu des armées par des cris & des termes d'inuocation, que pour s'animer les vns les autres à combatre vaillamment, & à défendre l'honneur & la reputation du Général. Ces cris se poussoient auec vigueur & auec alegresse, qui marquoient tout éloignement de frayeur & de crainte : d'où vient que Godefroy Moine de Pantaleon de Cologne dit qu'à la mort d'vn certain Seigneur Alleman qui fut tué par les Turcs, *Omnes clamorem bellicum mutauerunt in vocem flentium.* Aussi Conrad Abbé d'Vsperge prend ces cris pour des marques d'arrogance, *Aquitani mox genitali tumentes fastu Symbola conclamant*, &c. Aussi bien que Guibert, quand il dit, *Arrogans signorum varietas.* Tudebodus parlant du siége d'Antioche témoigne que ces cris se prononçoient gaiement, *Cœperunt jocundâ voce clamare Deus hoc vult.* Dans GuillaumeGuiart en l'an 1191.

*Godef. Mon. an. 1190.*

*Abbas Vsp. an. 1101.*

*Guibert. Tudebod. l. 3. p. 793.*

*Lors fu Montjoie resbaudie.*

Ie pourrois confirmer cét vsage des cris par vn grand nombre d'autoritez, n'étoit que je crains d'ennuier le Lecteur par vne déduction d'vne chose commune, & qui se trouue à toutes rencontres dans les Histoires du moyen temps. Ie remarque seulement que cette coûtume ne nous a pas esté particuliere, & que les peuples les plus barbares l'ont pratiquée à méme fin. Ioseph à Costa raconte qu'en la bataille que les Mexiquains liurérent aux Tapanecas, sous la conduite du Roy Iscoalt, & du fameux Capitaine Tsacaëllec, le signal ayant esté donné ils vinrent fondre auec allegresse sur leurs ennemis, crians tous d'vne voix *Mexique, Mexique*, se remettans en memoire par ces mots la vertu & l'ancienne gloire des Mexiquains, pour la défense de laquelle ils ne deuoient pas épargner ni leurs corps, ni leurs vies.

*Fulch. Car. l. 2. c. 10. 21. l. 3. c. 42. 46. 50.*
*Froiss. 2. vol. c. 97. 3. vol. c. 32. &c.*
*Ios. à Costa en l'Hist. des Indes l. 7. c. 13.*

Aux assauts des villes, & lorsqu'on montoit à l'escalade, on crioit ordinairement le cry général ; [a] à celuy d'Antioche les Pélerins criérent *Dieu le veult* : [b] à celuy de Hierusalem, les mêmes y criérent *Deus adjuua* [c] *Deus vult.* A

*Froiss. 3. vol. c. 102.*
[a] *Fulcher. l. 1. c. 9. Gui-bert. l. 5. c. 5. Gest. Franc. exp. Hier. l. 1. c. 19. Tudebod. l. 3. p. 793.* [b] *Gest. Fr. exp. Hier. l. 1. c. 26.* [c] *Fulcher. l. 1. c. 18.*

l'assaut

## SVR L'HISTOIRE DE S. LOVYS. 217

l'assaut de Rosse <sup>d</sup> en la Macedoine les soldats de Raymond Comte de S. Gilles <sup>e</sup> crièrent *Tolose*. <sup>e</sup> A celuy de Rome les soldats de Robert Guichard Duc de la Pouille montèrent à l'escalade, *Guiscardum clamoribus ingeminando*. Ainsi à la prise de la ville de Luxembourg par les Bourguignons, les soldats y crièrent *Bourgongne*, comme témoignent quelques vers MSS. faits en ce temps-là.

d *Raym.*
d'*Agiles*
p. 140.
e *Malater.*
l. 3. c. 37.

    Neantmains par subtile maniere,
    Prit-on la ville en toutes parts,
    Et au prendre eut mainte bannieres
    Desploiées, & tant d'estendars,
    Tant de glaines & tant de dars,
    De lances en la compagnie,
    Qu'ils bouterent hors les soldats,
    En haut criant ville gagnie.
    Puis pour au chef de la besongne
    Accroistre le nom en tous lieux,
    Crioient Bourgongne, Bourgongne,
    Trestous ensemble qui mieux mieux.

Le cry général, aussi bien que le particulier, seruoit encore aux soldats pour se reconnoître dans la mêlée. Nous en auons vn exemple dans Brunon au liure qu'il a fait de la guerre de Saxe. *Ibi quidam de nostris aduersarium sibi videns obuium, velut suum salutauit socium, dicens, Sancte Petre, quod nomen Saxones pro symbolo tenebant omnes in ore. Ille verò nimiùm superbus, & tantum deridere nomen exorsus, in ejus vertice librato mucrone; hæc, inquit, tibi tuus Petrus mittit pro munere*, &c. L'on se sert aujourd'huy du terme, *Qui viue*. Mais comme le cry estoit connu également des deux partis, il arriuoit souuent que les ennemis s'en preualoient, & lorsqu'ils estoient en peril de leurs personnes, ils crioient le cry de leur ennemy, & à sa faueur s'euadoient. Pierre Moine de Vaux de Sarnay en cotte deux exemples en son Histoire des Albigeois. *Dominum etiam Cabareti Petrum Rogerium bis vel ter cepissent, sed ipse cum nostris cœpit clamare, Monsfortis, Monsfortis, præ timore, ac si noster esset, sicque euadens & fugiens rediit Cabaretum*. Et ailleurs, *Fugientes hostes præ timore mortis exclamabant fortiter Monsfortis, Monsfortis, vt sic se fingerent esse de nostris, & manus persequentium euaderent arte tali*, &c.

Saxo de bello Sax. p. 137.

Petr. Mon. Vall. Sar. c. 40. 57.

Quant au cry particulier, il estoit ordinairement prononcé par les Chefs, pour animer dans la mêlée les troupes qui estoient sous leur conduite: & le plus souuent par le Chef méme, ou celuy qui portoit sa banniere, qui marchoit deuant luy: afin de les porter par les cris d'allegresse à la défendre courageusement. La Chronique de Bertrand du Guesclin:

    — *lors cria gentement*
    *Son enseigne & son cry pour resjouir sa gent.*

Guillaume Guiart en l'an 1207.

    *Li flos des François qui aproche*
    *Les a en criant enuahis,*
    *A eus, à eus, il sont trahis,*
    *De toutes parts Montjoie huchent*
    *A l'assembler tant en trébuchent.*

Le Roman de Garin:

    *Crient Montjoie por lor gent esbaudir.*

Ailleurs, *Bologne escrie por les siens esbaudir.*

Que s'il arriuoit qu'vn Cheualier Banneret commandât à plusieurs Bannieres, ou Compagnies, comme le plus ancien, ou le plus qualifié, & qu'il fust enuoié pour attaquer, ou défendre vne place, ou contre des troupes ennemies, alors le cry de ce Banneret estoit général pour tous ceux qui estoient sous sa conduite. Froissart en fournit quelques exemples.

Froiss. 1. vol. c. 208, 109.

Comme le principal vsage des cris de guerre, estoit de les pousser auec vi-

## DISSERTATION XII.

gueur, & quelque sorte d'allegresse, dans les attaques, & dans les occasions, où la bonne fortune sembloit fauoriser pour animer dauantage les soldats contre leurs ennemis : ainsi lors qu'vn Chef estoit en peril, pour estre viuement attaqué, ou enuironné de tous côtez, & hors de pouuoir de se tirer sans l'assistance des siens : luy-même, ou ceux qui estoient prés de luy, crioient son cry, afin d'attirer du secours de toutes parts pour le venir dégager. Raymond d'Agiles, *Tandem exclamauimus signum solitum in necessitatibus nostris, Deus adjuua, Deus adjuua*. Ainsi Robert Duc de Normandie, aprés la prise de Nicée, voyant ses troupes viuement repoussées par les Turcs, faisant tourner bride à son cheual, & tenant en sa main vne enseigne dorée, cria le cry des Pelerins, *Dieu le veut*, & par ce moyen les rassura. *Robertus Monachus : Et nisi citò Comes Normannus aureum vexillum in dextrâ vibrans equum conuertisset, & geminatis vocibus militare signum, Deus vult, Deus vult, exclamasset, nostris illa dies nimis exitiabilis esset*. Ce que Gilon de Paris a ainsi exprimé :

*Et nisi dum fugerent, dum palmam penè tenerent*
*Turci vincentes, se conuertisset in hostes,*
*Dux Normannorum, Signum clamando suorum,*
*Lux ea plena malis nostris foret exitialis.*

De mêmes dans Guillaume Guiart en l'an 1207. le Comte de Montfort estant en peril de sa personne, appella ses gens à son aide par le cry de *Montjoie*.

*Douteus de mort prent à crier,*
*Pour sa gent vers luy rallier,*
*Qu'il a adonc souhaidiez*
*Montjoie S. Denys aidiez,*
*Vray Diex en qui nous nous fion*
*Secourez vostre Champion.*
*François qui les cris en entendent,*
*Grant erre cela part destendent.*

La Chronique MS. de Bertrand du Guesclin :

*S'enseigne va criant pour auoir le secours.*

Froissart parlant du Comte de Derby, *Et s'auança si auant du premier assaut qu'il fut mis par terre, & là luy fut Monseigneur de Mauny bon confort : car par appertise d'armes, il le releua, & osta de tous perils, en escriant Lencastre au Comte d'Erby*. Et ailleurs parlant du Comte de Flandres, qui estoit descendu au marché de Bruges, pour faire teste aux Gantois, qui auoient pris la ville, dit qu'il y entroit à grande foison de falots, en criant, *Flandres au Lyon au Comte*. D'Orronuille en la vie de Louys III. Duc de Bourbon, raconte que ce Duc faisant armes en vne mine au siege de Vertueil contre Renaut de Montferrand, vn des siens qui apprehendoit pour la personne de ce Prince, s'escria *Bourbon Bourbon Nostre Dame* : auquel cry Renaut ayant reconnu qu'il auoit affaire au Duc de Bourbon, se retira, & s'excusa enuers luy. Nous auons quelque chose de semblable en l'Histoire du Maréchal Boucicault, & dans Monstrelet. Philippes Auguste, selon la Chronique de Flandres, en la bataille de Bouines, ayant eu son cheual abatu ou tué sous luy, *Cria Montjoie à haute voix, & fut aussi-tost remonté sur vn autre destrier*. La même Chronique parlant du siege de Damiete entrepris par S. Louys, *Quand les Chrestiens virent le Roy s'abandonner, tous saillirent hors des Nefs, prirent terre, & criérent tous à haute voix Montjoie S. Denys*. En la bataille de Mons en Puelle l'an 1304. le Roy Philippes le Bel voyant *Que les Flamens auoient jà tué deux Bourgeois de Paris, qui à son frein estoient, & Messire Gilbert de Cheureuse qui gisoit mort deuant luy, l'Oriflambe entre ses bras, s'escria le noble Roy, Montjoie S. Denys, & se ferit en l'estour*. Tels cris estoient appellez, *cris à la recousse*, ainsi que Froissart nous enseigne en plusieurs endroits : *Quand les François les virent issir, & ils ouïrent crier Mauny à la recousse, ils reconnurent bien qu'ils estoient trahis*. Et ailleurs, *Là criérent leurs cris à la recousse*. Et comme par les cris on faisoit venir du secours, il en arriuoit quelquefois inconuenient, specialement dans les querelles particulieres, où ceux qui se battoient crioient les cris de leurs Seigneurs, a- fin d'attirer par ce moyen à eux ceux de leur party & de leur brigade. Ce qui donna occasion à l'Empereur Frederic I. en ses Constitutions militaires de faire celle-cy. *Si alter cum altero rixatus fuerit, neuter debet vociferari signa Castrorum, ne inde sui concitentur ad pugnam.* Et cette autre, *Nemo vociferabitur si- gno Castrorum, nisi quærendo hospitium suum.* *Radeuic. de gest. Frid. l.3. c. 26. Gunther. l. 7. Ligur. p. 158.*

Non seulement on crioit le cry général au commencement de la bataille, mais encore châque soldat crioit le cry de son Capitaine, & châque Caua- lier celuy de son Banneret, d'où vient que Guillaume le Breton voulant di- re que la bataille n'estoit pas encore commencée, se sert de cette façon de parler, *Willel. Bri- tol. 2. Phi- lipp.*

— *Nec dum vox vlla sonabat.*

Froissart parlant du combat qui se fit au Pont à Comines l'an 1382. & racon- tant comme vne petite troupe de Caualiers François attaqua vn grand nom- bre de Flamens, sous la conduite du Maréchal de Sancerre, écrit que ce Ma- réchal, auant le combat, leur tint ces paroles: *Tenons-nous icy tous ensemble, & attendons tant qu'il soit jour, & que nous voyons deuant nous les Flamens, qui sont à leur fort à leur aduantage pour nous assaillir, & quand ils viendront, nous crierons nos cris tous d'vne voix, chascun son cry ou le cry de son Seigneur à qui il est: jaçoit que tous les Seigneurs ne soient pas icy: par cette voix & cris nous les esbahirons, & puis frapperons en eux de grande volonté.* Et au Chapitre suiuant, *Si dirent entre eux quand ils viendront sur nous (ils ne peuuent sçauoir quel nom- bre de gens nous sommes) chascun s'escrie quand viendra à assaillir l'enseigne de son Seigneur dessous qui il est, jaçoit qu'il ne soit pas icy, & le cry que nous ferons, & la voix que nous entre eux espanderons, les esbahira tellement qu'ils s'en deuront descon- fire, auec ce nous les recueillerons aux lances & aux espées.* Puis parlant du combat, *Là crioit-on S. Py, Laual, Sancerre, Anguien, & autres cris qu'ils crierent dont il auoit gendarmes.* La Chronique de Flandres rapportant la rencontre prés de Rauemberg en Flandres, vers l'an 1303. *Aussi-tost que le Comte Othe (de Bour- gongne) & les autres hauts hommes les virent approcher, incontinent serirent à eux chascun criant son cry à haute voix, & commença l'estour mult crueux.* Et ailleurs parlant de la bataille du Pont à Vendin en la méme année, *Quand les Fran- çois les eurent apperceus si serirent en eux, crians leurs cris à haute voix.* La Chron. MS. de Bertrand du Guesclin, *Chron. de Flandr. c. 43. 44.*

*François montent à mont, chascun crie son cry.*

On crioit encore le cry des Cheualiers dans les occasions des Tournois, lors- que les Cheualiers Tournoyans estoient prêts d'entrer en lice, & au combat. Les Ordonnances du Tournoy dressées par René d'Anjou Roy de Sicile, *Et cela fait, criera ledit Roy d'Armes par le commandement des Iuges par trois grandes hallenées, & trois grandes reposées, couppez cordes, & hurtez batailles quand vous voudrez; & lorsque le troisiéme cry sera fait, ceux qui seront ordonnez à cordes coupper, les coupperont: & adonc crieront ceux qui porteront les bannieres, auec les ser- uiteurs à pied & à cheual, les cris chascun de leurs maistres tournoyans. Puis les deux batailles se assembleront, & se combatteront tant si longuement, & jusques à ce que les trompettes sonneront la retraitte par l'Ordonnance des Iuges.* George Châ- tellain en fournit diuers exemples en l'Histoire de Iacques de Lalain Cheua- lier de la Toison d'or. On crioit aussi le cry du Seigneur prédominant, lors- qu'on arboroit la banniere au Château de son vassal, quand il luy faisoit hom- mage. Vn titre de l'an 1245. contenant l'hommage de *Signis* veuue de Cen- tulle Comte d'Estrac, & de son fils Centulle au Comte Raymond de Tolose, dit que le Viguier de Tolose de l'ordre du Comte monta au principal châ- teau, & que là il arbora sa banniere *ratione & jure majoris dominii*, puis, qu'il y fit préconizer & crier à haute voix le cry de guerre du Comte, qui estoit, *Tolose. Fecit ascendere vexillum, seu banneriam dicti domini Comitis Tolosani, &* *La Colomb. an Theatr. d'honn. 1. vol. c.5.p.75* *Ch. 12. 16.* *Registre de Tolos.p.109.*

# DISSERTATION XII.

*ex parte ipsius ter præconizari, & clamare altâ voce signum dicti Comitis, scilicet, Tolosam.* Vn autre de Raymond Pelet Seigneur d'Alet de l'an 1217. *Cæterum ad mutationem domini debetis vos & hæredes vestri* ( parlant à Simon Comte de Monfort) *leuare vexillum vestrum in turri meâ de Alesto, & signum, seu edictum vestrum facere ibi clamare.*

Comme il n'estoit pas loisible aux puînez de prendre les armes de la Maison qu'auec brisure, de même ils ne pouuoient pas en prendre le cry qu'auec différence ; dautant que par la regle générale receuë vniuersellement, les plaines armes, le nom & le cry de la famille appartenoient à l'aîné, comme je l'ay justifié par quelques articles de nos Coûtumes. Ce qui se pratiquoit ordinairement, en souftrayant, ou ajoûtant quelques paroles aux mots qui compofoient le cry d'armes. Les exemples s'en peuuent obseruer en la Maison Royale de France, dont le cry estoit *Montjoye S. Denys* ; car les Princes de cette famille ont voulu conseruer les marques de cette illustre extraction, non seulement dans les armes qu'ils ont portées auec brisure, mais encore dans le cry de *Montjoye* qu'ils ont retenu, auquel mot ils en ont ajoûté d'autres pour difference de celuy du Roy de France, Chef de la Maison. Ainsi les derniers Ducs d'Anjou crioient *Montjoye Anjou :* ce dernier mot qui faisoit la différence du cry principal, marquoit l'excellence du Duché d'Anjou, qui appartenoit & donnoit le nom à cette branche. Vn Heraut blasonnant les armes de René Roy de Sicile & Duc d'Anjou,

*A. Fauyn.*
*La Colomb.*

*Il crie Montjoye Anjou, car tel est son plaisir,*
*Pour deuises Chauffrettes il porte d'ardant desir.*

*Chron. de Fland. c. 27.*
*Chifflet en ses Cheu. de la Toison d'or p. 3.*
*Parad. de antiq. stat. Burg.*
*Chifflet. in Vesont. l. t. c. 48.*

Charles Comte d'Anjou combattant contre Mainfroy Roy de Sicile, cria le cry du Roy de France son frere, sous les auspices duquel il auoit entrepris cette conqueste, *Et Sire Charles suiuit l'estour criant à haute voix Montjoye S. Denys.* Les Ducs de Bourgogne, tant de la premiere, que de la seconde branche, toutes deux issuës de la Maison Royale de France, auoient pour cry *Montjoye au Noble Duc*, ou *Montjoye S. Andrieu*, àcause de la particuliere deuotion qu'ils portoient à ce Saint, qu'ils auoient choisi pour Patron. Les Historiens de Bourgogne racontent qu'Estienne Roy de Bourgogne fut le premier qui prit pour enseigne de guerre la Croix de S. André, & que ce fut lui qui l'ayant apportée de l'Achaïe, la donna au Monastere des Religieuses de Weaune proche de Marseille, d'où depuis elle fut transferée en l'Eglise de S. Victor vers l'an 1250. où elle se voit à present. Quelques-vns estiment que cét Estienne Roy de Bourgogne, n'est autre que Gundioche, qui mourut en la bataille de Châlons contre Attila, dautant qu'il ne se lit point qu'il y ait eu aucun Roy de ce nom dans la Bourgogne, & que d'ailleurs l'on pourroit présumer que Gundioche estant mort Catholique, auroit eu le nom d'Estienne au Baptême, quoy que tous les Historiens de ce temps-là ne fassent aucune mention de ce nom. Le Duc Iean de Bourgogne, fils de Philippes le Hardy, la remit en vogue : car lorsque la Bourgogne fut réünie à la Couronne de France, les Bourguignons auoient pris la Croix droite, & Philippes le Hardy qui estoit bon François l'auoit toûjours portée. Ce qui me donne sujet de croire que ce fut le même Duc qui prit ce cry d'armes de *Montjoye S. Andrieu*, que Chifflet en ses Cheualiers de la Toison d'or remarque auoir esté pris par les Ducs. Tant y a que Monstrelet, Berry, & autres Historiens témoignent que depuis ce temps-là la Croix de S. André a seruy d'enseigne aux Bourguignons. Vn Prouincial donne encore pour cry aux Ducs de Bourgogne, *Nostre Dame Bourgogne*, & vn autre dit que les premiers Ducs, c'est à dire de la premiere race, crioient *Chastillon au noble Duc*, peut-estre àcause de la Seigneurie de Châtillon sur Seine, qui leur appartenoit, & laquelle ils tenoient en fief de l'Euesque de Langres.

*Olivier de la Marche en son Introd. ch. 3.*
*Monstrelet 1. vol. c. 127. 192. t. vol. p. 114.*
*Berry en l'Hist. de Charl. VII. sous l'an 1418. p. 42.*
*Preuues de l'Hist. de la Maison de Chast. p. 2.*
*Prouinc. MS.*

Les Comtes d'Artois, suiuant les mêmes Prouinciaux, crioient *Montjoye au blanc espreuier ;* Ce qui peut auoir pris son origine de l'épreuier, dont le Roy

## SVR L'HISTOIRE DE S. LOVYS. 221

Philippes le Bel fit présent enuiron l'an 1293. à Robert II. Comte d'Artois, *Berfarius*
ayant ordonné qu'à l'auenir il tiendroit son Comté de la Couronne de Fran- *apud Locrik*
ce au relief du méme oiseau, qu'il lui seroit loisible de prendre en la Faucon- *in Chron.*
nerie du Roy. Les Lettres Patentes en forme de Commission decernées l'an *Belg. an.*
1330. par le Roy Philippes de Valois au Duc de Bourgogne, portent ces mots, 1193.
*Que comme ledit Duc acause de la Duchesse sa femme, & comme bail d'icelle, le re-*
*quiert que comme la Reine Ieanne estoit en possession, & saisine, & en sa foy & hom-*
*mage du Comté d'Artois, & du Fief de l'Esprenier*, &c. Et c'est pour cela qu'en-
core à present la Cour des Pairs de la ville d'Arras dans le seau dont elle se
sert, a la figure d'vn Caualier, ayant vn épreuier sur la main droite. Les
Comtes d'Artois le portoient encore pour cimier de leurs armes, entre vn dou-
ble vol, ainsi que l'on peut voir en vne vitre de S. Pierre de Lille en Flan- 
dres, en la Chapelle de Nôtre Dame, dont la représentation est inserée en *Hist. de la*
l'Histoire de la Maison de Bethune dressée par André Du Chesne. *Maison de*
 *Beth. l. 3.*
 *c. 5.*
Il semble que cette méme coûtume d'ajoûter quelques mots pour differen-
ce aux cris des aînez s'est obseruée en la Maison Royale d'Angleterre, dont le
cry estoit *S. George*, sans addition d'aucun mot. Car nous lisons dans Frois- *Froiss.1.vol.*
sart que le Prince de Galles, à la bataille de Poitiers, & à celle de Nauar- *c. 162. 241.*
ret, cria *S. George Guienne*, parce qu'il auoit esté inuesty du Duché de Guien-
ne, ce dernier mot faisant la difference du cry principal, qui appartenoit au *Chron. de*
Roy d'Angleterre. Toutefois se trouue en la Chronique de Flandres que Ri- *Fland. c. 9.*
chard Roy d'Angleterre estant en la Terre Sainte, au siége de Iaffe, cria *Guien-* 36.
*ne au Roy d'Angleterre*. A la bataille de Furnes le Roy d'Angleterre, dit la
méme Chronique, *issit hors à bannieres desployées en criant Guienne à haute voix,*
*& se ferit en la commune*. Il en estoit de méme de toutes les familles particu-
lieres, dont les puînez crioient le cry ou le nom de la Maison, mais auec ad-
dition du nom de leurs Seigneuries : & c'est en ce sens qu'il faut entendre les
Prouinciaux, quand ils disent que les cadets, dont ils blasonnent les armes,
crioient le nom de la famille. Car le cry simple, aussi bien que les armes, ap-
partiennent à l'aîné.

Depuis que le Roy Charles VII. eut étably des Compagnies d'Ordon-
nance, & dispensé les Gentilshommes fieuez d'aller à la guerre, & d'y con-
duire leurs vassaux, & par consequent d'y porter leurs bannieres, l'vsage du
cry d'armes s'est aboly.

Il est aisé d'inferer de toutes ces remarques que je viens de faire, que le
cry d'armes, est bien different du *Tessera* des Latins, du σύνθημα des Grecs,
& du *Mot du Guet* des François, quoy que l'vn & l'autre consistent en la pro-
nonciation de quelques mots, & qu'ils conuiennent en quelque chose pour
l'vsage méme, qui est pour reconnoistre les partis. Car le mot du guet se
change tous les jours par le Général, *Ne ex vsu*, ce dit Vegece, *hostes signum* *Veget. l. 2.*
*agnoscant, & exploratores inter nos versentur impunè* : où le cry d'armes est per-
petuel, & attaché à la famille; & partant presque autant connu des ennemis *Phil. Duc*
que des autres. Neantmoins le mot du guet est quelquefois appellé *Cry*, *deCleues en*
comme dans le Traitté de la guerre, que Philippes Seigneur de Rauestain & *son traité de*
Duc de Cleues composa pour l'Empereur Charles V. & quelquefois cry de la *la guerre 1.*
nuit. La Chronique Scandaleuse s'est seruie du terme de Nom de la nuit. *part. p.38.*
Bouteiller en sa Somme Rurale, parlant des droits des Connétables de Fran- *Chr. Scan-*
ce, l'appelle aussi Cry de la nuit. Item à la charge de demander au Roy toutes les *Bouteiller*
nuits le cry de la nuit, & de le faire sçauoir aux Mareschaux, les Mareschaux de le *en sa Som-*
faire sçauoir aux Capitaines de Gensdarmes. Et plus bas, parlant du Grand Maî- *me Rur.*
tre des Arbalestriers, *Assiet les escoutes, & enuoye querre le cry de la nuit*.

E e iij

# DISSERTATION XIII.

*Pour la pag. 23.*

## DE LA MOVVANCE DV COMTE' de Champagne.

## DISSERTATION XIII.

LE Sire de Ioinuille écrit que le Roy S. Loüys auant que d'entreprendre le voyage d'Afrique en l'an 1248. fit vne assemblée de tous les Barons de son Royaume à Paris, pour donner ordre aux affaires publiques durant son absence, & particulierement s'il arriuoit mal de sa personne. Le Roy fit l'honneur à ce Seigneur de le conuier de s'y trouuer : mais il s'en excusa ciuilement, sur ce que *n'estant pas son sujet*, il ne pouuoit s'engager à lui faire serment. Ce passage a donné matiere à diuers Auteurs d'inferer delà, que puisque le Sire de Ioinuille n'estoit pas sujet du Roy, que le Comte de Champagne, duquel il estoit vassal, n'estoit pas aussi vassal du Roy, & ne releuoit pas de la Couronne de France, mais de l'Empire. C'est l'induction que Pierre de S. Iulien aux Antiquitez de Chalon, Pierre Pithou en ses Memoires des Comtes de Champagne, & Iean Iacques Chifflet en la Défense qu'il a faite de l'Espagne contre la France, ont tirée. Mais ces Auteurs ne se sont point apperçûs de l'ancien vsage des Fiefs, ou l'ont dissimulé auec dessein, comme je le présume du dernier, qui est trop éclairé dans l'Histoire, pour estre tombé dans vne erreur si grossiere. Dautant qu'il est constant que les arrierevassaux ne deuoient ni serment ni hommage, à raison de leurs fiefs à leurs Seigneurs dominans, ou Chefs-Seigneurs. Et ainsi le Sire de Ioinuille auoit eu juste sujet de refuser de prêter le serment de fidelité, & de faire aucun acte de soûmission de vassal au Roy ; ce qu'il n'auroit pû faire sans se méprendre, c'est à dire sans déroger au deuoir de vassal, auquel il estoit tenu enuers le Comte de Champagne, dont il estoit homme lige, soit acause de la Senéchaucée de Champagne, soit pour la Seigneurie de Ioinuille, & autres qu'il possédoit en ce Comté.

*P. de S. Iulien p. 410.*
*Chifflet. in Vindic. Hisp. p. 124.*

D'ailleurs il n'auoit aucune terre qui releuât nuëment du Roy, & acause de laquelle il lui dût hommage, comme les autres Barons de France, qui seuls estoient appellez à cette assemblée, c'est à dire ceux qui releuoient nuëment & immediatement du Roy, & qui lui deuoient hommage lige sans reserue : c'est la force du mot de Baron. De sorte que si le Sire de Ioinuille y fut conuié par le Roy, ce ne fut que par honneur, & parce qu'il estoit alors à la suite de la Cour. Car il est sans doute que les arriere-vassaux n'estoient pas conuoquez à ces assemblées, & qu'ils ne deuoient, ni ne pouuoient faire aucun hommage, ou serment de fidelité au Souuerain, ou au Seigneur prédominant, pour leurs fiefs : mais seulement à leurs Seigneurs immédiats, qui lui faisoient hommage, tant pour eux, que pour leurs vassaux. C'est pourquoy s'il arriuoit quelquefois que le Roy, ou le Chef Seigneur exigeât l'hommage, ou le serment des arriere-vassaux, ils le faisoient agréer par ses Barons, Seigneurs prédominans de ces arriere-vassaux : ainsi Geoffroy de Lezignan II. du nom Sire de Vouuent & de Meruent déclara par ses Lettres du mois d'Auril de l'an 1243. qu'il auoit fait hommage à Alfonse Comte de Poitiers, de ses châteaux & fiefs de Vouuent, de Fontenay, de Soûbize, & de toute autre terre qu'il tenoit de Noble homme Hugues Comte de la Marche, *per licentiam & voluntatem ejusdem Comitis*, c'est à dire par la permission du Comte de la Marche, duquel il releuoit immédiatement. Et le Roy Philippes Auguste écriuant à Raoul d'Issoudun I. du nom Comte d'Eu, pour le porter à le seruir dans ses guerres de Poitou, offrit de mettre en son pouuoir tout ce qu'il possédoit en Poitou, à condition, que pour seureté de sa fidelité & de sa foy, il lui remettroit ; & lui déliureroit tous ses châteaux qu'il

## SVR L'HISTOIRE DE S. LOVYS.

auoit en Normandie, & qu'il commanderoit à ses hommes & à ses vassaux de luy faire hommage & seruice, tant qu'il les tiendroit: *Quòd vos tradetis ei terram, & fortericias vestras Normanniæ pro habendà securitate, quòd vos interim legitimè seruietis ei, & hominibus vestris præcipietis, vt ei facerent fidelitatem, quòd ei legitimè seruirent vsque ad prædictum terminum.* Il y a quelque chose de semblable en vn titre de Raymond Vicomte de Turenne de l'an 1253. aux Preuues de l'Histoire de ces Vicomtes, d'où il se recueille euidemment que si le Comte de Poitiers, ou le Roy Philippes Auguste eussent eu droit d'exiger l'hommage, ou le serment de leurs arriere-vassaux, ils n'auroient pas requis le consentement de leurs vassaux leurs Chefs-Seigneurs.

p. 55.

Ainsi Chifflet s'est par trop mépris, lorsqu'il s'est voulu seruir de ce discours du Sire de Ioinuille pour en induire la mouuance du Comté de Champagne de l'Empire, & quoy que d'ailleurs il soit tres-sçauant & tres-judicieux, c'est auec vn aussi foible fondement qu'il emploie quelques passages des Auteurs anciens pour la justifier, dont l'vn est celuy d'Herman Contract en l'an 1054. qui a pareillement imposé au Sieur Pithou, & l'a fait tomber dans la méme erreur. C'est à l'endroit où il dit que l'Empereur Henry estant à Mayence, Thibaud II. Comte de Champagne, fils de Eudes, l'estant venu trouuer, *de Galliis veniens, Miles ejus effectus est*, c'est à dire se fit son vassal. Ceux qui sçauent l'vsage des fiefs n'ignorent pas que l'on peut estre vassal de deux ou diuers Seigneurs pour diuerses seigneuries, & ainsi il n'est pas inconuenient que le Comte Thibaud ait fait hommage à l'Empereur pour quelque terre qu'il auroit possédée mouuante de l'Empire. Il se peut faire encore, que comme il vint au secours de l'Empereur, (*auxilium suum illi pollicitus est*) il s'engagea à son seruice auec des conditions, qui l'obligeoient à luy faire hommage, soit pour des terres qu'il luy auroit données mouuantes de l'Empire, soit pour des fiefs, que l'on nommoit *de bourse*, c'est à dire des rentes, ou sommes de deniers, que l'on perceuoit sur le Trésor du Prince, tant que l'on estoit à son seruice. Du Tillet fournit vne infinité de ces sortes d'hommages, que les Seigneurs Alemans ont faits aux Rois de France, lorsqu'ils s'engageoient à leur seruice durant leurs guerres: desquels on ne pourroit pas tirer cette induction, que l'Alemagne releuoit de la France.

*Au Recueil des Trait. d'entre les Rois de France & d'Anglet.*

Mais voicy vne autre preuue conuaincante, qui justifie absolument que la Champagne n'a jamais releué de l'Empire. Durant le schisme, qui trauailla long-temps l'Eglise sous le regne de Frederic I. Henry Comte de Champagne s'engagea à l'Empereur de luy procurer vne entreueuë auec Louys VII. Roy de France, pour appaiser & pour terminer ces diuisions, qui troubloient les esprits des Catholiques. Et méme il s'obligea enuers l'Empereur, que si le Roy ne vouloit pas consentir à cette entreueuë, il quitteroit son hommage, & se feroit son vassal. Ce que le Comte dit en termes formels au Roy, par forme de menaces: *Si tua Majestas noluerit nec prædictis pactionibus acquiescere, nec arbitrio judicum assensum præbere, ego jurejurando juraui, quòd ad partes illius transibo, & quicquid de fisco Regis in feodum habeo, Imperatori tradens, ab illo tenebo.* Et sur ce que le Roy faisoit quelque difficulté pour cette entreueuë, *Venit Comes Henricus ad Regem in Palatio Ducis Burgundiæ, allegans Regem nequaquam esse à pactionibus liberum, ideóque se necessario discessurum ab ea, & se traditurum in manu Imperatoris, ita vt totam terram, quam de feodo Regis hactenus tenuerat, modò Imperatori traditam ab eo reciperet, & hominium illi faceret.* Quoy que l'Histoire remarque que le Roy s'estant mis en deuoir de sa part d'accomplir cette entreueuë, qui n'eut point d'effet par la faute de Frederic, qui ne se trouua pas au lieu qui auoit esté conuenu, le Comte Henry soit demeuré d'accord, que sa Majesté estoit quitte des traittez dont on estoit conuenu pour ce regard: Il est neantmoins constant, qu'attendu que l'Empereur en rejettoit la faute sur le Roy, le Comte Henry pour satisfaire à sa parole, fut obligé de passer en sa prison. Ensuite, pour obtenir sa liberté, il luy accorda de luy

*Hugue Pictam. l. 4. Hist. Vezel. p. 580, 581.*

## DISSERTATION XIII.

faire hommage de quelques places de la Champagne, qu'il tenoit du Roy auec le reste de ce Comté. C'est ce que nous apprenons d'vne ancienne enquête, qui se lit dans le Registre de la Chambre des Comptes de Paris, intitulé *Feoda Campaniæ*, où elle est conceuë en ces termes: *Girardus Euentatus dixit, quòd super quibusdam conuentionibus, quas Rex Franciæ & Imperator Alemanniæ habebant inter se tempore schismatis, fuit fidejussor Comes Campaniæ ex parte Regis Franciæ, quòd Rex conuentiones illas teneret: sed cùm Rex in conuentionibus illis tenendis deficeret, Comes Campaniæ init in captionem Imperatoris, tanquam fidejussor; & cùm in captione illâ aliquamdiu mansisset, & videret quòd Rex Franciæ eum non liberaret, petiit ab Imperatore, vt quitaret eum à captione & fidejussione, & ipse caperet de eo nescio quot castella, & ita factum fuit de quibusdam castellis. Vnum est Hyz, quod est iuxta Clarum-montem in Bassigniaco: aliud est Musterolium in Bassigniaco: aliud Gollemont versus Bondricourt: aliud Raucourt, quod Comes Barri Ducis tenet. Girardus Euentatus nescit nominare alia, sed scit castella illa fuisse plusquam quatuor. Item Conradus Episcopus Metensis & Spirensis Imperialis aulæ Cancellarius, dicit hæc esse castella, quæ Comes Campaniæ tenet de Imperatore Alemanniæ, & ita inuenit in scriptis Imperatoris, Burmont, Dampierre, Porsesse, Risnel, la Sessie, Gondricourt, Karnay, Raucourt, Bearazin.* L'enquête faite sous Maximilian I. au sujet des terres de l'Empire, rapportée par Chifflet, fait mention du château de Hais, ou Hyz en Champagne, qu'on a prétendu releuer de l'Empire.

*Communiqué par M. d'Hereuual. fol. 66.*

Le Comte de Champagne se départit de la mouuance de France pour ces châteaux, suiuant le pouuoir que l'vsage reçû pour lors vniuersellement dans les Fiefs luy donnoit: par lequel, comme le vassal estoit obligé de seruir son Seigneur, & luy en faisoit la promesse dans l'hommage, sous peine de commise & de confiscation de son fief: ainsi le Seigneur promettoit à son vassal de défendre, tant sa personne que son fief. Nous auons la formule de ces obligations du Seigneur en plusieurs titres des Comtes de Tolose de la Chambre des Comptes de Paris, qui sont ordinairement conçûs en ces termes: *Ad hoc nos dictus Comes recipientes dictam confessionem & recognitionem fidelitatis & homagium à vobis dicto N. pro prædictis feudis, in formâ præscriptâ, promittimus vobis, quòd tam personam vestram, quàm dicta feuda, & omnia jura quæ in eis habetis, contra quoslibet molestatores, qui super hoc eis jniuriari voluerint, bonâ fide defendemus.* C'est ce qui a fait dire à Philippes de Beaumanoir en sa Coûtume de Beauuaisis, que *li Sires doit autant foi & loiaté à son home, come li homs fét à son Seigneur.* En sorte que si le vassal estoit attaqué par ses ennemis, & n'estoit pas défendu par son Seigneur, le Seigneur perdoit sa mouuance, & le vassal pouuoit se donner à vn autre Seigneur, & releuer son fief de luy, qui est presque le cas, où le Comte Henry prit sujet de releuer quelques châteaux de son Comté, de l'Empereur, parce qu'estant son prisonnier pour le fait du Roy, le Roy ne se mettoit pas en deuoir de luy faire obtenir sa liberté. Le Roman de Garin le Loherans a touché en diuers endroits cét vsage:

*Beaumanoir, ch. 58.*

*Pepins li Rois, dont deuoie tenir*
*Mon fié, ma terre, & trestot mon païs,*
*Li Rois ne m'est vilainement faillis,*
*Mes ma cité ont Sarazin assis,*
*Desconfit sont, se vos tenés ami,*
*Se vos del siege les poués départir,*
*De toi tiendrai ma terre & mon païs.*

Et ailleurs:

*Or vien à vos, Empereres gentis,*
*Que vos aillés vostre fié garantir,*
*Se vos nel faites, mal en somes baillis,*
*Et tuit Baron doiuent de vos tenir,*
*I'en parlerai, ce dit le Rois Pepin,*

## SVR L'HISTOIRE DE S. LOVYS.

*Qui que ge faille, vos ne dois ge faillir.*

Il y a plusieurs exemples dans l'Histoire, des renuois, des remises, & des changemens d'hommages en ces cas; dont les formes sont prescrites dans les loix de Henry I. Roy d'Angleterre, en ces termes : *Si Dominus terram suam, vel feodum suum auferat homini suo, vnde est homo suus : vel si eum in mortali necessitate deserat, supernacuè forisfacere potest dominium suum erga eum : sustinere tamen debet homo dominum suum, si faciet ei contumeliam, vel injuriam ejusmodi in guerrà 30. dies, in pace vnum annum & diem, & interim priuatè per compares, per vicinos, & per domesticos, & per extraneos, per legem requirere eum de recto.* Ie me suis vn peu étendu sur cette matiere, afin d'expliquer les raisons qui portérent Henry Comte de Champagne à se soustraire de l'hommage du Roy de France pour ces quatre ou cinq châteaux, & à les releuer de l'Empire : ce qu'il fit probablement pour donner quelque satisfaction à Frederic, qui ne voulut pas qu'on luy imputât de n'auoir pas tenu sa parole pour l'entreueuë, qui auoit esté arrêtée, s'estant trouué au lieu designé aprés la retraite du Roy. De sorte que ce fut aprés cét hommage que Frederic écriuit cette lettre à Henry, où il le qualifie *fidelis & consanguineus suus*, d'où Chifflet infere qu'il estoit sujet de l'Empereur : ce qui est vray à l'esgard de ces châteaux, que je viens de nommer, mais non pas de toute la Champagne. Ce qui paroît assez par la substance & la teneur de ces lettres. Mais auant ce temps-là, lorsque Frederic se seruit de luy pour moyenner vne entreueuë auec le Roy, cét Empereur declare en termes formels, qu'il n'estoit pas son vassal, mais du Roy : *Sanè quæcumque necessaria sunt ad conseruandam inter nos mutuæ dilectionis integritatem, cum dilecto consanguineo nostro, fideli tuo, Henrico Comite Trecarum amicè & plenariè ordinauimus*, &c.

Le Sire de Ioinuille nous fournit encore vne autre preuue de la mouuance de la Champagne, de la Couronne de France, écriuant que le Roy S. Louys & le Roy de Nauarre l'ayant pressé de vouloir entreprendre auec eux le voyage d'Afrique en l'an 1270. il s'en excusa, sur ce que tandis qu'il auoit esté outremer au voyage précédent, *les gens & les Officiers du Roy de France auoient trop greué & foulé ses subgets, tant qu'ils en estoient apouris, tellement que jamais il ne seroit que eux & luy ne s'en santissent.* Car je voudrois demander à Chifflet, en quelle qualité les Officiers du Roy greuoient les sujets du Sire de Ioinuille, si ce n'est parce que le Roy S. Louys estoit Seigneur prédominant de la Champagne, & en cette qualité auoit droit d'y enuoier ses Officiers ; ce qu'il n'auroit pû faire, si elle eust esté vne terre dépendante de l'Empereur, & si les Comtes de cette Prouince, eussent esté Comtes Palatins de l'Empire, comme il s'est faussement persuadé. Ce second point estant important & curieux, merite d'estre discuté exactement dans vne Dissertation, ou digression particuliere : où je me propose de découurir l'origine des Comtes Palatins de France, & de montrer que les Allemans n'ont emprunté cette dignité que de nous.

## DES COMTES PALATINS DE FRANCE.

### DISSERTATION XIV.

SOvs la premiere & la seconde race de nos Rois, les Comtes faisoient la fonction dans les Prouinces & dans les villes capitales du Royaume, non seulement de Gouuerneurs, mais encore celle de Iuges. Leur principal employ estoit d'y décider les differents & les procés ordinaires de leurs justiciables ; & où ils ne pouuoient se transporter sur les lieux, ils commettoient à cét effet leurs Vicomtes & leurs Lieutenans. Quant aux affaires d'importance,

*Partie II.* Ff

& qui meritoient d'eſtre jugées par la bouche du Prince, nos mêmes Rois auoient des Comtes dans leurs Palais, & prés de leurs perſonnes, auſquels ils en commettoient la connoiſſance & le jugement, qui eſtoient nommez ordinairement, acauſe de cét illuſtre employ, *Comtes du Palais*, ou *Comtes Palatins*. Iean de Sariſbery Eueſque de Chartres nous apprend cette diſtinction, & la fonction de ces Comtes, en ces termes: *Sicut alii præſules in partem ſollicitudinis à ſummo Pontifice euocantur, vt ſpiritualem exerceant gladium, ſic à Principe in enſis materialis communionem Comites quidam, quaſi mundani juris præſules aſciſcuntur. Et quidem qui hoc officii gerunt in Palatio juris auctoritate, Palatini ſunt, qui in Prouinciis, Prouinciales. Vtrique verò gladium portant, non vtique quò carnificinas expleant veterum tyrannorum, ſed vt diuinæ pareant legi, & ad normam ejus vtilitati publicæ ſeruiant, ad vindictam malefactorum, laudem verò bonorum.*

*Epiſt. 263.*

Mais laiſſant à part les Comtes Prouinciaux, que l'on ne peut pas reuoquer en doute auoir fait office de Iuges dans les prouinces, où ils eſtoient enuoiez: il eſt certain que les Comtes du Palais ont eu auſſi juriſdiction. Ils eſtoient commis par les Rois pour exercer les jugemens, & pour decider les differents qui leur eſtoient déuolus, ſoit par appel, ſoit en premiere inſtance, ſuiuant l'importance de l'affaire dont il s'agiſſoit: nos Princes ſe déchargeans ſur eux de ces jugemens qu'ils leur laiſſoient, comme à des perſonnes experimentées, & capables de les terminer dans la juſtice. Hincmar Archeueſque de Reims en l'épitre qu'il a faite de l'ordre & des charges du Palais, juſtifie cecy en ces termes, *Comitis Palatii, inter cætera penè innumerabilia, in hoc maximè ſollicitudo erat, vt omnes legales quæ alibi ortæ propter æquitatis judicium Palatium aggrediebantur, juſtè ac rationabiliter determinaret, ſeu peruersè judicata ad æquitatis tramitem reduceret.* D'où il ſe recueille que les affaires d'importance eſtoient jugées directement & en premiere inſtance par les Comtes du Palais, comme auſſi celles qui eſtoient déuoluës par appel, lorſque les parties ſe plaignoient de l'injuſtice du jugement rendu par les Comtes Prouinciaux; ce que le Capitulaire de Charlemagne de l'an 797. publié par *Holſtenius* montre clairement. Les affaires de cette nature ſont nommées *cauſæ Palatinæ*, par le même Hincmar, & dans vne ancienne Notice du Monaſtere de S. Denys, qui porte ces mots: *Coram Gilone Comite, qui cauſas Palatinas in vice Fulconis audiebat, vel diſcernebat.* On appelloit encore ainſi les Audiences publiques, qui ſe tenoient par les Comtes du Palais, comme nous apprenons d'vne autre Notice de Charles le Chauue: *Iuſſit vt præcepta Carlomanni & Caroli, ſed & ſuum præceptum coram ſuis fidelibus in generali placito ſuo apud Donziacum in cauſis Palatinis legerentur.*

*De ord. & offic. Palatii cap. 21. opuſc. 14.*

*Capit. Car. M. §. 4. Hincm. ib. c. 33 Doublet p. 716. In append. ad Flod. & apud Hinc. opuſc. 60.*

Et ce n'eſt pas ſans raiſon que ces plaits publics eſtoient ainſi nommez, parce que les jugemens eſtoient prononcez & les plaits tenus par les Comtes du Palais, dans le Palais même de nos Rois. La vie de S. Priet Eueſque & Martyr, *Ad Palatium properat, & vt mos eſt, apud Regis aulam, in loco vbi cauſæ ventilantur, introiit.*

*Vita S. Præjecti Epiſc. & Mart. c.3.n.11. apud Bol. cap. 19.*

Hincmar ajoûte que comme il eſtoit de la charge de l'Apocriſiaire, ou du Chapelain du Palais, d'introduire vers la perſonne du Prince ceux qui auoient à l'entretenir des affaires Eccleſiaſtiques, il en eſtoit de même du Comte du Palais pour les affaires ſeculieres, l'vn & l'autre en prenans les inſtructions, pour les communiquer, & en faire le rapport au Prince. Que ſi c'eſtoit vne affaire ſecrete dont le Prince ſeul dût eſtre entretenu, ils deuoient les luy préſenter: *De omnibus ſæcularibus cauſis vel ſuſcipiendi curam inſtanter habebat, ita vt ſæculares prius Domnum Regem abſque ejus conſultu inquietare haberent, quouſque ille præuideret, ſi neceſſitas eſſet, vt cauſa ante Regem meritò venire deberet. Si verò ſecreta eſſet cauſa, quam prius congrueret Regi, quàm cuiquam alteri dicere, eumdem dicendi locum eidem ipſi præpararet, introducto prius Rege, vt hoc juxta modum perſonæ, vel honorabiliter, vel patienter, vel etiam miſericorditer ſuſciperet.* Caſſiodore attribuë vne ſemblable fonction au Maître des Offices parmi les Empereurs Romains: & Eguinard en fournit vn exemple, pour les Comtes du

*Caſſiod. lib. 6. ep. 6. Eguin. in vita Caroli M.*

Palais, parlant de Charlemagne : *Cùm calciaretur & amiciretur, non tantùm amicos admittebat, verùm etiam si Comes Palatii litem aliquam esse diceret, quia sine ejus jussu definiri non posset, statim litigantes introducere jubebat, & velut pro tribunali sederet, lite cognitâ sententiam dicebat.* Et en l'Epître 1 x. qu'il écrit à Geboïn Comte du Palais : *Rogo dilectionem vestram, vt hunc pagensem, nomine Dauid, necessitates suas tibi referre volentem exaudire digneris : & si causam ejus rationabilem esse cognoueris, locum ei facias ad domnum Imperatorem se reclamare.*

Non seulement les affaires ciuiles estoient de leur jurisdiction & de leur connoissance, mais encore les criminelles, comme nous apprenons de l'Auteur de la vie de S. Leger Euesque d'Autun, & de celle de S. Cibar Euesque d'Angoulême. Quant aux affaires Ecclesiastiques, Hincmar a fait voir par vn ouurage particulier, dont Flodoard fait mention, qu'il ne lui estoit pas permis d'en prendre connoissance. Mais la principale fonction du Comte du Palais estoit de décider, & de juger souuerainement les affaires, où le Prince auoit interest, soit pour sa personne, soit pour le bien de son Etat, qui pour cette raison sont appellées *Causa Reipublicæ*, dans les Capitulaires de Charles le Chauue, *Causæ publicæ*, dans les Annales de France tirées du Monastere de Fulde, & dans la vie de Francon Euesque du Mans, & *causa pro salute patriæ & vtilitate Francorum*, dans la Chronique de Fredegaire écrite par le commandement de Nebelong. Par exemple si quelqu'vn auoit enfraint la paix, & le repos public, & auoit troublé la Prouince par des conspirations, ou des assemblées secrétes & illicites, il estoit jugé par ces Comtes, ainsi que nous apprenons des Capitulaires de Carloman : *Quòd si aliquis corruptâ pace rapinam exercuerit, per regiam autoritatem, & Missi nostri jussionem, ad Palatinum adducatur audientiam, vt secundùm quod in Capitulis antecessorum continetur, legali multetur judicio.* Ou si quelqu'vn auoit enuahi les biens & les possessions du Prince. Les Annales de Fulde au lieu cité, parlant de Louys II. Empereur, *habito generali conuentu, tam causas populi ad se perlatas, justo absoluit examine, quàm ad se pertinentes possessiones juridicorum gentis recepit.*

Ce fut sur ce fondement que les Princes d'Alemagne s'estant souleuez contre Albert Roy des Romains, le citerent deuant le Comte Palatin du Rhin, lui imputans d'auoir fait mourir le Roy Adolphe : *asserentes ad Comitem Palatinum pertinere, quod sit officium Palatinæ dignitatis, ex quadam consuetudine, de causis cognoscere quæ ipsi Regi mouebantur.* Ce sont les termes de Henry de Rebdorf en l'an 1300. qui sont conformes au droit ancien des Saxons : *Scultetus est judex culpæ judicii, & Palatinus, seu Palansgrauius, Imperatoris judex est : Burgrauius verò, id est, perpetuus castellanus, judex est Marchionis.* Mais la Bulle d'or de l'Empereur Charles IV. qui attribuë cette même prérogatiue, & ce droit, au Comte Palatin du Rhin, y a mis vne restriction : *Et quamuis Imperator, siue Rex Romanorum, super causis, pro quibus impetius fuerit, habeat, sicut ex consuetudine introductum dicitur, coram Comite Palatino Rheni respondere, illud tamen judicium Comes ipse Palatinus non alibi præterquam in Imperiali curiâ, vbi Imperator, seu Romanorum Rex præsens extiterit, poterit exercere.* C'est par la même raison qu'en Angleterre le Comte de Chester, à la dignité duquel celle de Comte Palatin est attachée, par vn priuilege special, a droit de veiller sur les actions du Roy, & de le corriger, s'il tombe en quelque faute, contre les loix de l'Etat, *Regem, si oberret, de jure potestatem habet cohibendi*, ainsi que parle Mathieu Paris. Ce qui semble auoir pris son origine de ce que les Empereurs & les Rois se sont soûmis volontairement à la rigueur des loix qu'ils ont eux-mêmes établies, suiuant l'exemple de ces bons Princes, qui instituent des Procureurs Généraux, non tant pour conseruer leurs droits, que pour répondre en jugement à ceux qui ont à former quelques plaintes contre eux. Pline parlant à Trajan, en son Panegyrique, *dicitur Actori atque etiam Procuratori tuo, in jus veni, sequere ad tribunal.*

Il y a lieu de croire que dans la premiere race de nos Rois, & mêmes dans

## DISSERTATION XIV.

le commencement de la seconde, la charge de Comte du Palais n'estoit exercée que par vn seul, qui jugeoit les differens, assisté de quelques Conseillers Palatins, qui sont appellez *Scabini Palatii*, Echeuins du Palais, dans la Chronique de S. Vincent *de Wlturne*: D'où vient que nous voyons dans le Moine de S. Gal le Comte du Palais, rendant la justice au milieu de ses Conseillers, *Comitem Palatii in medio procerum suorum concionantem*, où ce n'est pas sans raison qu'il appelle ces Conseillers & ces Assesseurs, *Proceres* : Car non seulement les Echeuins du Palais, ou les Docteurs, *legum Doctores*, ainsi qu'ils sont nommez dans vn titre de Pepin Maire du Palais, assistoient à ces jugemens, mais souuent les Comtes, & autres grands Seigneurs & mémes les Euesques qui estoient choisis à cét effet par le Roy : toute l'autorité neantmoins residant en la personne du Comte du Palais. La Chronique de S. Benigne de Dijon : *Rodulfus Rex Burgundiam adiit, residénsque castro Diuion. mense Aprili, cùm causas suas teneret Robertus Comes Palatii, & Gislebertus Comes Burgundiæ, aliique plures tam Comites, quàm nobiles viri, interpellatus est Vicecomes*, &c.

Souuent aussi les Comtes du Palais ne tenoient pas le premier lieu dans ces assises, quoy que l'instruction & le rapport des affaires leur appartinssent, mais estoient précedez par des Archeuesques, ou Euesques, & par d'autres personnes d'vne qualité plus eminente. Le Cartulaire de l'Abbaye de Casaure, qui est en la Bibliotheque du Roy, en fournit la preuue, en vn jugement, qui commence par ces mots : *Dum præstantissimus ac gloriosissimus domnus H Ludouuicus Imperator per Romaniam transiens fines adisset Spoletinos pro justitiarum commoditate, & malignorum astutiâ deprimendâ, instituit fideles & optimates suos, scilicet Wichosdum venerabilem Episcopum, Adelbertum Comitem Stabuli, quos ad distringendum in eodem placito præfecit, & Hucbaldum Comitem Palatii, Hechideum Pincernam primum, Ruatemirum Sacri Palatii Archinotarium, Winigisum Armigerum Begeri optimatem, & fratrem suum Othonem, Bebonem consiliarium, Reginarium Capellanum, vel de reliquis quampluribus Palatii*, &c. On ne peut pas toutefois disconuenir qu'il n'y ait eu en méme temps plusieurs Comtes du Palais. Car Eguinard en vne de ses Epîtres, dit en termes exprés qu'Adalard & Geboïn estoient Comtes du Palais en méme temps. Et vn titre de Louys le Debonnaire de l'an 938. qui se lit aux Antiquitez de l'Abbaye de Fulde est souscrit de ce *Gebawinus*, ou *Gebuinus*, & de *Ruadbertus*, qui y prennent qualité de Comtes du Palais. Il y a vn titre du méme Empereur dans le Trésor des Chartes du Roy, expedié en l'an 819. pour le Monastere de S. Antonin, qui porte ces mots, *Consilio fidelium nostrorum, quorum nomina hæc sunt, Bernardus, & Emenonus & Bernardus, & Ranulfus, isti sunt Comites Palatii nostri*. Delà vient que nous lisons quelquefois les Comtes du Palais nommez en pluriel, comme dans les anciennes Formules de Lindenbrog. Vn titre de Louys II. Empereur, *In præsentia Ducum vel Comitum Palatii mei*. Vn autre de Pepin Roy de France & d'Aquitaine, pour la méme Abbaye de S. Antonin, *ad acclamationes Comitum suorum Palatinorum, Monasterium S. Petri Apostoli, quod dicitur Mormacus, situm in pago Caturcino, super fluuium Auanionis, in perpetuum tradidit Monasterio B. Antonini Martyris*. Ie sçay bien qu'on peut croire que ces Comtes Palatins, n'estoient pas Comtes du Palais, mais Comtes Prouinciaux, qui se troutoient à la Cour au temps de l'expedition de ces patentes, ou bien des Seigneurs qui n'auoient que le simple titre de Comtes, qui estoient à la suite du Prince.

Souuent mémes les Rois assistoient en personne aux assises des Comtes du Palais, & les jugemens qui y interuenoient estoient inscrits de leur nom, lesquels ordinairement faisoient mention que le Roy les auoit rendus sur le rapport, & à la relation du Comte du Palais : ou bien qu'il confirmoit ce qui auoit esté arrêté par eux. Marculfe nous a donné la formule d'vn jugement prononcé par le Roy, & nous en auons l'exemple dans vn de Clotaire II. rapporté par M. Bignon, & dans vn autre de Charles le Chauue, qui se voit

# SVR L'HISTOIRE DE S. LOVYS.

dans les Mélanges du P. Labbe, où le Comte du Palais ne laisse pas de faire la fonction de Président & de principal Iuge. Mais ce qui mût nos Rois à multiplier les Comtes du Palais, fut l'accroissement de leurs Etats, qu'ils étendirent dans l'Alemagne, dans l'Italie, & autres Prouinces. Car comme il estoit souuent necessaire de faire des enquêtes sur les lieux, mêmes d'y décider les differends acause de l'éloignement de la Cour, & de la grande distance de la demeure du Prince, souuent ils choisissoient l'vn de ces Comtes du Palais, pour se transporter en quelque contrée éloignée, pour y terminer les procés en dernier ressort. Ce qu'ils faisoient, soit que la nature de l'affaire requist celerité, ou que nos Rois voulussent épargner la peine de leurs sujets, par des voyages longs & de grande dépense, ou enfin parce qu'il importoit au bien de l'Etat qu'ils fussent décidez aux lieux, où ils auoient pris origine. Eguinard en ses Annales, dit que Lothaire ayant eu ordre de son pere, Louys le Debonnaire, de faire ou d'aller exercer la iustice en Italie, (*ad justitias faciendas*) c'est à dire, d'y tenir les plaits, le vint trouuer à Pauie. *Qui cùm Imperatori de justitiâ in Italiâ à se partim factâ, partim inchoatâ fecisset indicium, missus est in Italiam Adalhardus Comes Palatii, jussûmque est vt Mauringum Brixiæ Comitem secum assumeret, & inchoatas justitias perficere curaret.* *Eguin. Æ. 813.*

Les Empereurs d'Alemagne semblent auoir conserué delà cette coûtume d'enuoyer en Italie des Comtes du Palais, pour exercer la iustice souueraine en leur nom, & en leur absence, lorsqu'ils y possedoient quelques prouinces. Luithprand fait mention d'Odolric Comte du Palais, lequel auec plusieurs autres Seigneurs s'engagea dans vne conspiration contre le Roy Berenger, & fut tué par les Hongrois: il peut estre toutefois que ce Seigneur exerça la charge de Comte du Palais sous le même Berenger, lorsqu'il possedoit le Royaume d'Italie. Car il est constant que les Rois d'Italie faisoient exercer leur iustice par des Comtes du Palais, entre lesquels Hubert Marquis se trouue auoir pris ce titre sous les Rois Hugues & Lothaire, en vne ancienne Charte rapportée par Francesco Maria, en la vie de la Comtesse Mathilde. Leon d'Ostie parle de Gregoire Comte Palatin en Italie, qui viuoit vers l'an 1070. mais je ne sçay s'il n'estoit pas de ces Comtes, qui estoient appellez Comtes du Palais de Latran, de la dignité & de la fonction desquels il y a vne constitution de Louys IV. Empereur de l'an 1328. rapportée par Goldast. *Guntherus* remarque que de son temps les Empereurs auoient vn Comte Palatin en Italie, qui faisoit sa residence ordinaire à Lunello, Château qui estoit des dépendances de l'Empire: *Luithpr. l. 1. c. 26.* *Memoriali Mathilda lib. 3. v. 43.* *Leo Ost. l. 3. c. 36.* *To. 1. Constit. Imper.* *Gunther. l. 3. Ligur.*

> *Aspice quàm turpi Lunelli nobile Castrum,*
> *Atque Palatini sedem, fidósque penateis*
> *Verterat illa dolo, Comitem ciueisque vocabat*
> *Persida, &c.*

Et incontinent aprés il décrit ainsi la fonction de ce Comte, en ces vers,

> *Et nunc iste Comes consors & regius aulæ,*
> *Ille potens Princeps, sub quo Romana securis*
> *Italia punire reos de more vetusto*
> *Debuit, injustè victrici cogitur vrbi,*
> *Vt modicus seruire cliens, nullóque relicto*
> *Iure sibi, domina metuit mandata superbæ.*

Mais il est sans doute qu'il y a erreur en ces vers de *Guntherus*, & qu'au lieu de *Lunelli nobile Castrum*, il y faut restituer *Lumelli*, ou *Lomelli*. Car il entend parler des Comtes Palatins de *Lomello*, dans le district de Pauie, dont il est fait mention dans les Patentes de l'Empereur Frederic I. de l'an 1164. par lesquelles il donne à Guy, Geoffroy, & Ruffin, qui y sont qualifiez *Comites Palatini de Lomello*, le Château de Poblezano, assis au Comté & en l'Eueschê de Plaisance, & prend tous leurs biens en sa protection. Elles sont inserées dans vn grand Registre de la Chambre des Comptes de Paris, contenant les priui- *Com. par M. d'Herouual.*

F f iij

# DISSERTATION XIV.

<small>Fol. 51. & seq. & fol. 237. & seq.</small>

leges des Nobles des citez de Pauie, de Cumes, de Verceilles, de Nouare, & d'Alexandrie, auec plusieurs autres Chartes des Empereurs d'Alemagne expediées en faueur de cette famille, desquelles il resulte, que les Comtes Palatins de *Lomello* auoient entre autres prérogatiues, à raison de cette dignité, le priuilege de porter l'épée deuant l'Empereur, lorsqu'il estoit en Lombardie : pour marque de la justice souueraine, appellée *jus Gladii*, par les Iurisconsultes, qui leur auoit esté accordée dans l'Italie. Ce titre de Comte Palatin en Italie a esté changé depuis en celui de Vicaire de l'Empire, qui a esté donné par les Empereurs à diuers Princes & Potentats d'Italie.

Les Comtes du Palais estant enuoyez dans les Prouinces, commettoient quelquefois des Lieutenans aux endroits, où ils ne pouuoient se transporter, lesquels sont appellez *Vicomtes du Palais*, en la Chronique de S. Vincent de Vlturne, & *Lieutenans* dans vne Notice de S. Martin de Tours, où il est fait mention d'*Adalardus, locum tenens vice Ragenarii Comitis Palatii.* Quelquefois mêmes les Comtes des lieux estoient commis par eux pour juger souuerainement en leurs places les differens des parties. Comme nous apprenons du Cartulaire du Monastére de Casaure. *Ego Heribaldus Comes in vice Comitis Palatii* (*Hucboldi scilicet, qui sub Ludou. II. Imp. id muneris obiisse dicitur in eod. Tabul.*) *ad singulas hominum justitias faciendas, vel deliberandas, residentibus mecum Lecinaldo & Erifredo, & Caripranto bassis domini Imperatoris, Adelberto, Ioanne, Majulfo judicibus*, &c. Ce titre fait voir encore que les vassaux du Prince estoient appellez aux jugemens des Comtes du Palais, auec les Iuges des lieux : ce qui peut auoir donné l'origine à la Iustice & à la Cour des Pairs, qui n'estoient autres que les vassaux d'vn Seigneur, ainsi nommez, parce qu'ils estoient égaux entre eux, & releuoient également d'vn autre. Il est encore parlé de cét Heribald en vn autre jugement rendu la vingt-quatriéme année de l'Empire de Louys II. le quatriéme du mois de Decemb. Indict. 7. au méme Cartulaire, où la qualité de *Comes sacri Palatii* lui est donnée. Mais ce qui est remarquable, est qu'il y reconnoît lui-méme qu'il ne sçait écrire, dans la souscription, en ces termes : *Signum Heribaldi Comitis sacri Palatii, qui ibi fui, & propter ignorantiam litterarum, signum S. Crucis feci.* D'où il s'ensuit que ces dignitez n'estoient pas toûjours conferées aux personnes sçauantes, & qu'elles n'ont pas toûjours esté du nombre de celles, que Cassiodore appelle *Litterarum dignitates*, parlant de la charge de Questeur.

<small>Chr. S. Vincent. lib. 2. To. 3. Hist. Fr. p. 690. Pancharta Nigra.</small>

<small>Tabul. Casaur. N. 257.</small>

<small>Cassiod. l. 1. ep. 12. l. 5. ep. 4. l. 8. ep. 18.</small>

Comme donc il y a eu des Comtes Prouinciaux, ausquels on a commis le Vicariat, ou la Lieutenance des Comtes Palatins, pour exercer en leur absence les jugemens souuerains, & ceux des affaires qui regardoient le bien de l'Etat dans le district de leurs Comtez : il y en a eu d'autres qui ont obtenu la dignité de Comtes du Palais, conjointement auec celle de leurs Comtez, ou gouuernemens particuliers, pour en faire la fonction seulement dans leur étenduë, & pour en consequence du pouuoir qui y est annexé, juger les differens en dernier ressort, ayans à cét effet la puissance & l'autorité royale en toutes choses. Bracton, Auteur Anglois, aprés auoir dit qu'il n'y a que le Roy qui puisse juger les traîtres & les criminels de leze-Majesté, ajoûte, *Et hæc vera sunt, nisi sit aliquis in regno, qui regalem habeat potestatem in omnibus, sicut sunt Comites Paleys.* D'où nous apprenons que Richard I. Roy d'Angleterre a entendu parler de cette jurisdiction, ou justice souueraine, lorsqu'il donne à l'Euesque, & à l'Eglise de Dunelme, certaines possessions, *cum dominio & libertatibus Comitis Palatini,* c'est à dire auec toute haute justice, telle qu'est celle qui appartient au Comte du Palais. Car ainsi qu'il est énoncé en vne ancienne Constitution, touchant la fonction du Comte Palatin, rapportée par Goldast, le Comte Palatin *adeò amplam potestatem, jurisdictionem, & auctoritatem habet, vt demptâ regiâ dignitate, nullus omninò justitiariorum ampliorem, sed neque parem habeat.*

<small>Bracton l. 3. de Corona c. 3. §. 4.</small>

<small>To. 1. Monast. Angl. p. 47.</small>

<small>Goldast. to. 2. Constit. Imper. p. 405.</small>

Toutefois en ce cas la dignité de Comte du Palais n'estoit pas tellement

## SVR L'HISTOIRE DE S. LOVYS. 231

annexée à celle de Comte Prouincial, qu'il ne fust en la liberté du Prince de l'en separer, s'il le jugeoit à propos, & d'en priuer le Comte, si le cas y écheoit, qui pour cela ne laissoit pas de demeurer en la iouissance de sa premiere dignité de Comte Prouincial. Arnoul de Lubec fait voir clairement cette verité, écri- *Arnold.* uant au sujet du Comte Palatin du Rhin, *Palatinus sanè qui partes fratris in- Lubec.l.6.* *stanter iuuabat, continuas minas à Philippo audiebat, quòd dignitatem Palatii, quam* *c. 6.* *circa Rhenum habebat, perderet, nisi à fratre recederet; dicebat enim se nolle tolerare,* *quòd rebus Palatii grauaretur, quas ipse & non alius dispensare videretur.* où il est à obseruer que le Comte Palatin est dit auoir eu cette charge aux enuirons du Rhin: ce qui est conforme à ce que *Guntherus* écrit du Comte Herman: *Lib. 5. Li-*
  —*Hermannus sacræ Comes additus aulæ,* *gur.*
  *Cujus erat tumido tellus circumflua Rheno.*
Les Empereurs Allemans, suiuans le méme vsage, ont établi des Comtes Palatins dans les autres prouinces de leur Empire, ayant communiqué cette dignité à diuers Comtes. Quelquefois ils ont donné ce titre à quelques Seigneurs dans l'étenduë de la seigneurie des Ducs ou des Comtes Prouinciaux, pour y exercer la jurisdiction Imperiale en leur nom: car il est hors de controuerse qu'il y a eu des Comtes Palatins dans Saxe, dont *Rineccius* a donné la Ge- *In append.* nealogie, qui estoient autres que les Ducs de Saxe: & l'Histoire parle souuent *ad Witiki.* des Palatins de Schiern & de Witelespach, qui l'ont possedée dans la Bauiere, qui auoit ses Ducs. Mémes les Palatins du Rhin auoient cette dignité dans la *Lamb.* Franconie, qui auoit aussi les siens. La Lusace en a eu pareillement, au re- *Schaffnab.* cit de Lambert de Schaffnabourg. L'Empereur Frederic I. joignit ou plûtôt *Gol.l.2.rer.* confera la dignité de Comte du Palais à Othon son fils Comte de Bourgogne *Seq.c.37.* en l'étenduë de ses Etats. La Chronique d'Hildesheim fait mention d'vn *An.1034.* grand nombre d'autres Comtes Palatins d'Allemagne. Enfin pour vser des ter- *1095.1099.* mes du *Speculum Saxon. Quælibet prouincia terræ Theutonicæ habet suum Palans- 1105.1108.* *grauionatum, Saxonia, Bauaria, & Franconia.* *1111.1113.*
  *1120.*
Les Rois de Bourgogne ont eu aussi leurs Comtes Palatins, entre lesquels je *Hist. de* remarque vn Odolric reuétu de ce titre en vne Patente du Roy Conrad de *Mets p.309.* de l'an 900. qui se voit dans le Cartulaire de l'Abbaye de Cluny de la Bibliothe- *3.arr.53.§.1.* que de M. de Thou. La Pologne, & la Hongrie ont eu pareillement de tout *Fol. 199.* temps leurs Palatins, dont la dignité & l'autorité est grande encore à présent en ces Royaumes-là. Mais je ne prétends pas en cét endroit m'étendre sur les Comtes Palatins d'Allemagne, & des autres pays, pource que cette matiere a *Freher. de* été traittée par les Auteurs Allemans, & par le sçauant Selden en son liure des *orig. Comit.* Titres d'honneur: aussi je n'ay entrepris cette Dissertation qu'au sujet des Com- *Palat.* tes Palatins de France, & pour faire voir que nos Rois ont eu ces Officiers dans *Selden Titles of honor-* leurs Palais dés la naissance de la Monarchie, qu'ils les ont conseruez long- *part. 2. c.1.* temps, méme bien auant dans la troisiéme race, & enfin que toutes les autres *§.33. & seq.* nations ne les ont empruntez que d'eux.

Pour justifier ce que j'auance, je me sens obligé d'en faire succinctement le dénombrement. Le premier donc qui paroît dans nostre Histoire auec le titre *Greg.Tur.* de Comte du Palais, est *Gucilion*, sous Sigebert Roy d'Austrasie, dans Gre- *l. 5. c. 19.* goire de Tours. Le méme Auteur donne encore cette qualité à *Trudulfe*, & à *Id. l. 9, c. 12.* *Romulfe* sous Childebert, & y fait voir clairement que le Comte du Palais estoit *Aim. l.3. c.* different du Maire du Palais, quoy qu'Aimoin, [a] l'Auteur de la vie de Saint *91. l. 4. c.38.* Draufin, Philippes Mouskes & autres les confondent imprudemment. [b] *Ta- Fr. p. 680.* *cilon* fut Comte du Palais sous Dagobert I. L'Auteur de la vie de S. Wandril, *gob. c.37.* la Chronique de Maillezais, & *Molanus* donnent encore ce titre à ce Saint sous *c Vita S.* le méme regne, comme [c] plusieurs Auteurs à *Badefrid*, pere de Sainte Austre- *Ristrud.* berte. Vne patente de Clouis II. fils de Dagobert pour le Monastere de Saint *Vita S.* Denys, fait mention d'*Aygulfe* Comte du Palais sous ce Roy. La Chronique *n.4.* de Fredegaire donne aussi cette qualité à *Berthaire* sous le méme Clouis, com- *Flor. Wig.* me l'Auteur de la vie de Sainte Berthe, à *Rigobert* pere de cette Sainte, qui *Fred. c.90.*

## DISSERTATION XIV.

y est nommé Comte Palatin. *Andobald* est qualifié Comte du Palais sous Clotaire III. dans vn titre de S. Benigne de Dijon, & *Chrodebert* sous Thierry I. en la vie de S. Leger, qui probablement est le méme que ce *Chunrodebald*, dont il est parlé en vn titre de l'Abbaye de S. Denys, & dans Miraumont. Quoy que l'Auteur de la vie de *S. Hubert* donne à ce Saint la qualité de Comte Palatin sous le Roy Thierry, si est-ce que je n'oserois pas asseurer qu'il ait eu celle de Comte du Palais, laquelle est attribuée par Gregoire de Tours à *Temulfe*, sous le Roy Childebert II.

*Vita Sancti Leod. c. 14. Doublet. Vita S. Huberti c. 1. Greg. Tur. de Mirac. S. Mart. l. 4. c. 6.*

Sous la seconde race de nos Rois nous en trouuons plusieurs reuétus de certe dignité: Et premierement sous [a] le Roy Pepin, *Wicbert*: sous Charlemagne, *Anselme*, *Vorade*, ou ainsi qu'il est nommé en vn titre pour l'Eglise de S. Pierre de Treues, *Voradin*, & *Treante*: sous Louys le Debonnaire, [c] *Regnier*, [d] *Bernard*, [e] *Ranulfe*, [f] *Adhalard*, & *Bertric* successeur d'Adhalard, [h] *Morhard*, [i] *Geboin*, & *Ruodbert*, desquels Eguinard fait mention en diuers endroits: sous Lothaire, [k] *Ansfrid*: sous Louys II. [l] *Rodolfe*: sous Charles le Chauue, [m] *Adhalard*, [n] *Bodrad*, [n] *Hilmerad*, [o] *Boson*, & [p] *Fouques*: sous Eudes, *Eldouin*: sous Charles le Simple, [q] *Guy*: sous Raoul, ou Rodolphe, [r] *Robert*: sous Louys IV. [s] *Ragenaire*: enfin sous Lothaire fils de Louys, *Heribert III.* du nom Comte de Vermandois & de Troyes, que ce Roy qualifie *Comte de son Palais*, en vn titre de l'an 980. qui se lit aux Antiquitez de Troyes [t] de Camusat.

[a] *Doublet p. 693.* [b] *Eguin. Gesta Fran. Episc. Colonian.* [c] *Vita Lud. P. an. 817.* [d] *Vet. carta an. 819.* [e] *End. carta.* [f] *Eguin. an. 822, 823, 824.* [g] *Eguin.* [h] *Thegan.*

c. 45. [i] *Eguin. ep. 9. Thom. Leod. p. 13.* [k] *Notit. Eccl. Belg. c. 32.* [l] *Annal. Fr. Fuld. an. 857.* [m] *Capit. Car. C. tit. 45.* [n] *Ibid. tit. 41.* [n] *Chron. Fontanell. Mem. de Languedoc p. 559.* [o] *Camusat p. 87.* [p] *Flod. l. 3. Hist. Rem. c. 16.* [q] *Tabul. Aremar.* [r] *Chron. S. Benigni p. 416.* [s] *Panch. Nigra S. Mart. Turon.* [t] *p. 86.*

Nous trouuons aussi des Comtes du Palais dans la troisiéme race de nos Rois: entre lesquels *Hugues de Beauuais* paroît auec cette dignité, qu'il obtint du Roy Robert, au recit de *Glaber*. Ensuite l'on remarque plusieurs Comtes Prouinciaux reuétus de cette qualité, sçauoir les Comtes de Champagne, au sujet desquels nous auons entrepris ce discours, les Comtes de Tolose, de Guienne, & de Flandres, qui en consequence de ce titre auoient droit d'exercer la justice souueraine, & presque Royale, dans l'étenduë de leurs Comtez.

*Glaber l. 3. c. 2.*

A l'égard de ceux de Tolose, plusieurs Patentes justifient qu'ils ont pris la qualité de Palatins, conjointement auec celle de Comtes de Tolose, entre autres, le Comte Pons, qui viuoit en l'an 1056. qui en vne Charte du Cartulaire de Moissac, s'intitule *Poncius Dei gratia Comes Palatinus*. Et dans vne autre de l'an 1063. qui se voit au méme endroit, & est rapportée par M. Catel en son Histoire des Comtes de Tolose, il est parlé de Pons & de Guillaume son fils, en ces termes: *Mei seniores ac Palatini Comites, Poncius, & ejus filius Willermus.* Non seulement ces deux Comtes se sont ainsi qualifiez, mais encore Raymond, surnommé de S. Gilles, Comte de Tolose, fils de Pons, & frere de Guillaume, comme nous apprenons de ses Monnoyes, entre lesquelles Monsieur Charron Conseiller du Roy & Auditeur en sa Chambre des Comptes de Paris, tres-curieux en cette sorte d'antiquité, en conseruoit vne petite d'argent, qui est à présent dans le cabinet de Medailles du Roy, dont nous representons icy l'empreinte. D'vn côté, est vne croix de Tolose, vuidée, clechée, & pommetée aux extremitez, telle que fut celle que le Grand Constantin éleua dans le marché de Constantinople, semblable à celle qu'il auoit veuë au ciel, lors qu'il combatit Maxence, qui estoit garnie de petites pommes aux extremitez, ἐν τοῖς ἀκρωτηριακοῖς μέρεσι σφαιροξύλοις μήλοις, ainsi que nous apprenons de Codin aux origines de Constantinople: ces mots se trouuent dans le cercle d'alentour R. COMES PALAT II. à l'autre reuers est vn Croissant surmonté d'vne étoile, & pour legende il y A ces mots, DVX MARCHIO PV. c'est à dire *Prouinciæ*, d'où il paroît assez que les Comtes de Tolose ont eu la dignité de Comtes du Palais, & qu'en cette

*Catel l. 1. c. 3.*

## SVR L'HISTOIRE DE S. LOVYS.

cette qualité ils ont exercé toute la justice, qui y estoit attribuée, dans l'étenduë de leurs Comtez, & aussi qu'on ne peut pas dire, sans s'exposer au ridicule, qu'ils l'auoient obtenuë des Empereurs d'Alemagne.

Quant aux Ducs de Guyenne, la Chronique de S. Estienne de Limoges semble la leur attribuer, en ces termes: *A. 1137. v. Id. April. obiit* Willelmus Palatinus *Comes Pictauensis, vltimus Dux Aquitanorum.* I'auouë neantmoins qu'on peut auec justice disputer cette qualité aux Comtes de Poitou & aux Ducs de Guyenne, veu que dans le grand nombre des titres de ces Ducs, & de ces Comtes, que Besly a inserez en son Histoire, il ne se trouue pas qu'ils l'y ayent prise. Au contraire il est probable que les Escriuains de ces siecles-là se sont seruis de ces termes pour designer les Pairs de France, comme a fait Mathieu Paris, dans lequel l'Euesque de Noion est appellé, *Comes Palatinus & vnus de* XII. *Paribus Franciæ.* Ie ne sçay pas méme si l'on ne doit pas donner ce sens aux paroles de Lambert d'Ardres, lorsqu'il attribuë le titre de Palatin à Arnoul le Grand Comte de Flandres, fils du Comte Baudoüin le Chauue : *Hic siquidem Arnoldus cognomento Magnus, vel Vetulus, à Balduino Ferreo tertius, à Lidrico Harlebeccensé, qui ab Incarnatione Domini anno* DCCXCII. *Flandriæ Comes factus & constitutus est primus, in Genealogiæ lineâ sextus computatur Comes & Palatinus.* *Chron. S. Steph. Lemouic.* *Math. Par. A. 1249.*

Mais comme je demeure d'accord qu'on peut douter de ces titres de Comtes Palatins, à l'égard des Comtes de Poitiers & de Flandres, il faut aussi tenir pour indubitable que les Comtes de Champagne en ont joüy depuis leur établissement, jusques à ce que ce Comté a esté reüny à la Couronne de France, soit qu'ils aient obtenu cette dignité de temps en temps de nos Rois, ou qu'ils se la soient fait confirmer aux Inuestitures; ou enfin, ce que je tiens plus vray-semblable, qu'ils se la soient conseruée, comme descendus des Comtes de Troyes, qui en joüissoient au temps de la decadence de ce Royaume. Car après la funeste bataille de Fontenay, qui commença à épuiser le sang, & la Noblesse de la France, & en suite des irruptions des Normans, qui acheuérent de déchirer ce miserable Etat, la plûpart des Gouuerneurs des Prouinces & des places, méprisans l'autorité, ou plûtôt la féblesse de nos Rois, s'arrogérent en propre leurs Gouuernemens, auec les mémes titres & qualitez qu'ils les possedoient, & les transmirent à leurs heritiers. De sorte que les Comtes de Troyes s'estant trouuez alors reuétus du titre de Comtes Palatins, leurs successeurs continuérent de le prendre, & de le joindre à celuy de leurs Gouuernemens.

I'ay remarqué cy-deuant que Heribert III. Comte de Vermandois, & de Troyes en estoit reuétu en l'an 980. estant probable qu'il le transmit au Comte Estienne son fils : au droit duquel Eudes Comte de Blois & de Chartres, qui après le decés d'Estienne, s'empara, malgré le Roy Robert, du Comté de Champagne, continua de se dire Comte du Palais *Comes Palatinus*, comme il est qualifié en vne Charte de Geoffroy Vicomte de Châteaudun de l'an 1031. & dans le titre de fondation de l'Abbaye de S. Satur prés de Sancerre en Berry. L'on voit ensuite le Comte Thibaud, fils du Comte Eudes, auec le méme titre en vne Charte de Geoffroy Comte de Mortagne, qui se lit en la Bibliotheque de Cluny : Estienne Comte de Blois, fils de Thibaud paroît auec cette qualité dans Orderic Vital, & dans Yues Euesque de Chartres en vne de ses epîtres, qui dans vne autre qualifie Adele femme d'Estienne *Palatina Comitissa*: Thibaud, fils *d'Estienne*, est pareillement qualifié Comte Palatin dans Suger en la vie de Louys le Gros. *Tab. Clun.* *Bibl. Clun. p. 542.544.* *Ord. l. 10.* *Iuo Car. ep. 49. 136.* *Vita Lud. VI. c. 9.20.*

Ensuite tous les autres Comtes de Champagne, se sont tousjours inscrits *Palatins*, & souuent *Cuens Palais*, d'vn vieux terme François vsité en ces temps-là, & entre autres Thibaud Roy de Nauarre en vne Charte d'Aubert Abbé de Châtris, au Cartulaire de Champagne, de la Bibliotheque de M. de Thou, en ces termes, *Thibaus Rois de Nauarre, de Champagne & de Brie Cuens Palais*, façon de parler, dont le Roman de Garin le Loherans se sert quelquefois. *Fol. 342.*

*Partie II.*                        Gg

# DISSERTATION XIV.

*Et dit li més, merueilles ay oï,
Quant Cuens Palés Roy de France aatift
De tornoier, & il li faut einfi.*

<small>Mappem.
MS. c. 14.</small> Et Gautier de Mets en fa Mappemonde MS. parlant de Charlemagne,
*Si manda fon fil Loeys,
Et les Barons de lor pays,
Euefques, Dus, & Quenfpalais.*

<small>Camufat p. 83. b.</small> Ie ne doute pas auffi que le nom de *Confpalatius*, qui eft donné dans vn titre d'Heribert Comte de Vermandois & de Troyes, à Fouques Comte du Palais de Charles le Chauue, n'ait efté formé du François *Cuenfpalais*, ce Fouques y eftant qualifié *Imperatoris Confpalatius*, de mémes qu'Eldouïn *Comes & Confpalatius*, en vne Notice de l'an 898. qui fe lit au Cartulaire de l'Abbaye de Montier en Der, rapportée par André du Chefne aux Preuues de l'Hiftoire <small>p. 19.</small> de Vergy. Quelquefois ils fe difoient *Palazins*, & *Cuens Palazins*, d'vn terme, dont Philippes Mouskes s'eft pareillement ferui, lorfqu'il parle d'Ebroïn Maire du Palais, confondant, comme j'ay remarqué, les Maires auec les Comtes du Palais:

*Mais lues (Archenoald) moru, & Eurezins,
Vns rices Ber, Quens Palazins,
Fu primes fais, & Mariskaus,
Et de toute la tiere baus.*

Et le méme Roman de Garin:

*Or vo dirai del mefage Pepin,
Qui aloit querre le Comte Palazin.*

Enfuite les Comtes de Champagne s'eftant apperçûs que les Empereurs auoient accordé le titre de Comtes Palatins à plufieurs Seigneurs dans l'Alemagne, (ce que je crois auoir fuffifamment juftifié) pour faire voir qu'ils ne tenoient pas cette dignité de l'Empire, mais qu'ils la deuoient à la bonté & à la liberalité de nos Rois, defquels ils releuoient, fe font fouuent intitulez *Comtes Palatins de France.* Eudes entre autres dans vn titre de l'Abbaye du Val- <small>Apud Sammarth. in Gall. Chr.</small> Secret, fe dit *Odo Francorum Comes Palatinus*. Thibaud IV. fils du Comte Eftienne, dans vne Patente de l'an 1147. qu'il expédia pour la Maladerie des Deux-Eaux prés de Troyes, fe qualifie *Gloriofus Francorum Regni Comes Palatinus*. & Henry I. du nom, furnommé le Large, ou le Liberal au Nécrologe <small>p. 329.</small> de S. Martin de Troyes, prend le titre de *Comes Palatinus Galliæ*, ainfi que Camufat a remarqué.

Quelquefois mémes ils ont fupprimé le titre de Palatins, & fe font dits *Comtes de France*, ou *des François* fimplement, & par excellence, parce qu'ils eftoient prefque les feuls qui poffedoient le titre de Comtes Palatins dans le Palais de nos Rois, dont ils exerçoient la juftice fouuerainement, & comme leurs Lieutenans. Heribert Comte de Vermandois & de Troyes, duquel nous auons <small>Camufat p. 85.</small> parlé, en vne Patente de l'an 969. qui eft rapportée par Camufat, prend ces titres, *Heribertus gloriofus Francorum Comes*. Et Eudes qui le premier de la famille des Comtes de Chartres poffeda le Comté de Troyes, eft nommé *Comes* <small>Vippo A. 1036.
Vvib. c. 14.
Patriarch.
Bitur. c. 58.
Tabul.
Aganon.</small> *Odo de Franciâ*, dans Wippon en la vie de Conrad le Salique: dans Wibert en la vie du Pape Leon IX. *Odo vicinæ Commarchiæ Francorum Comes*: dans le titre de l'Abbaye du Val-Secret, dont j'ay parlé, *Odo Francorum Comes Palatinus*: dans d'autres d'Aymon Archeuefque de Bourges, & dans le Cartulaire d'Aganon de l'Eglife de Chartres, fimplement *Comes Palatii*. Enfin dans vn autre de l'Abbaye de Saint Germain de Paris il y prend ces qualitez, *Ego Odo Comes quarumdam prouinciarum Galliæ fcilicet & Franciæ*. Le fçauant Chifflet peut faire vne ferieufe reflexion fur ces mots, qui luy juftifient affez que Eudes n'eftoit pas Comte dans les terres de l'Empire, comme il a voulu perfuader, mais en France. Ainfi Thibaud III. du nom Comte de Champagne, & Eftienne Comte de Meaux fon frere, s'infcriuent *gratia Dei Franco-*

# SVR L'HISTOIRE DE S. LOVYS. 235

*rum Comites*, en vne Charte qui se lit dans le Cartulaire du Chapitre de Nostre Dame d'Amiens, & qui a esté inserée par M. Du Chesne aux Preuues *Preuues de l'Hist. de la M. de Coucy* de l'Histoire de la Maison de Coucy. Le méme Thibaud est encore ainsi qua- *l. 6, ch. 1.* lifié dans vne Epître à Hugues Abbé de Cluny, *Theobaldus Dei gratiâ Francorum Comes* : Et dans le Cartulaire de l'Abbaye de Bourgueil : *Est autem Curtis* *To. 6. Spicileg. p. 409.* *vel Ecclesia ipsa ex fisco Theobaldi Comitis Franciæ*. Enfin Estienne Comte de *Tabul. Burgul. fol. 37.* Blois & de Chartres, qui ayant quitté à son frere puîné le Comté de Troyes, retint la dignité de Comte Palatin, qui sembloit estre affectée à l'aîné de la famille, est appellé par Anne Comnene au Liure XI. de son Alexiade Κόμης *Anna Com.* Φραγγίας, *Comte de France*, titre qui luy est encore donné par Hugues Abbé de *l. 11. p. 124.* Flauigny en sa Chronique : *Et sic Hierosolymam profectus, ab eodem Abbate vs-* *Chr. Vird.* *que ad vicum, qui dicitur Pons Arliæ, comitatui ejus Stephano Comite Franciæ, &* *A. 1095.* *Roberto Comite Flandriæ adhærentibus, deductus est*. Que si on vouloit soûtenir que les Comtes de Champagne n'exercerent pas cette dignité dans toute l'étenduë du Royaume, il faut au moins tenir pour constant qu'ils l'exercerent en celle du Comté de Champagne. Ce qui paroît assez par les Lettres du Roy *Apud Sammarth. in* Henry, de l'an 1043. par lesquelles il declare que le Monastere de S. Pierre *Gall. Chr.* du Mont, au diocése de Châlons, ou plûtôt le bourg, où il est bâti, auec *in Abb.* ses dépendances, *est ab omni banno Palatinæ potestatis liberrimum*. Ce qui justifie assez que les Comtes de Champagne exerçoient en ce Comté les droits annexez à la dignité de Comte Palatin.

On peut ajoûter à toutes ces remarques, celle que Meier fait au sujet des Comtes de Flandres, que nous auons dit auoir esté qualifiez Comtes Palatins, *Meier. A.* écriuant qu'ils se sont souuent intitulez, *Comites regni*, & *Comites Francorum*, *863.* probablement à cause de cette dignité de Comte Palatin, qu'ils possedoient. Jean Du Bosc en son Histoire de Vienne rapporte vne ancienne Patente, où *Hist. Vien.* Charles le Chauue appelle vn certain Odulfe, *Comes noster Galliarum* : mais je *p. 55.* n'oserois pas assûrer qu'il ait fait la fonction de Comte du Palais. Aprés ces autoritez je n'estime pas qu'il reste aucun sujet de douter que les Comtes de Champagne n'ayent possedé la qualité de Comtes Palatins dans l'étenduë du Royaume de France, & qu'ils ne l'ayent euë par la concession de nos Rois, & non pas Empereurs, dont ils auoient esté les vassaux, comme Chifflet a auancé.

## DE L'ESCARCELLE ET DV BOVRDON *Pour la* des Pelerins de la Terre Sainte. *pag. 23.*

### DISSERTATION XV.

CASSIAN traitant des habits & des vétemens des anciens Moines d'Egypte, dit qu'ils se reuétoient d'vn habit fait de peaux de cheure, que *L. De habit.* l'on appelloit *Melotes*, & qu'ils portoient ordinairement l'escarcelle & le bâ- *in Monach.* ton. Les termes de cét Auteur ne sont pas toutefois bien clairs, en cét endroit-là : *Vltimus est habitus eorum pellis Caprina, quæ melotes, vel pera appellatur,* *& baculus*. Car il n'est pas probable que cét habit de peaux de cheure ait esté appellé *Pera*. Ce qui a donné sujet à quelques Commentateurs de restituer *Penula*. Neantmoins Isidore & Papias, comme aussi Ælfric dans son *Isidor. l. 19.* Glossaire Saxon, ont écrit aprés Cassian, que *Melotis*, estoit la méme chose *c. 24.* que *Pera*. Quant à moy j'estime que Cassian a entendu dire que ces Moines, *Ælfric.* outre ce vétement fait de peaux, auoient encore coûtume de porter vn pe- *Gloss.* tit sachet, & vn bâton, dont ils se seruoient durant leurs pelerinages. Ce qui se peut aisément concilier, en restituant le mot *appellatur*, ou le sousentendant, aprés *Melotes*. Tant y a que Cassian parle du bâton des Moines au Cha-

Partie II. Gg ij

pitre suiuant ; & dans l'vne de ses Collations, il fait assez voir que lorsqu'ils entreprenoient quelque voyage, ils prenoient l'vn & l'autre : *Cùm accepissemus peram & baculum, vt ibi moris est Monachis vniuersis iter agentibus.* Le Moine d'Angoulême écrit que le corps de Charlemagne, après sa mort, fut inhumé auec tous ses habits Imperiaux, & que pardessus on y posa l'escarcelle d'or, dont les pelerins se seruent ordinairement, & qu'il auoit coûtume de porter lorsqu'il alloit à Rome : *& super vestimentis Imperialibus pera peregrinalis aurea posita est, quam Romam portare solitus erat.* D'où il resulte que le bâton & l'escarcelle ont toûjours esté la marque particuliere des Pelerins, ou comme parle Guillaume de Malmesbury, *Solatia & indicia itineris.*

<small>Collat. II. c. 5.

Monach. Engol. inuita Car. M. A. 814.

Vvill. Malmesb. l. I. de Gest. Pontif. Angl. p. 221.

Fol. 89.</small>

Les Pelerins de la Terre Sainte, auant que d'entreprendre leurs pelerinages, alloient receuoir l'escarcelle & le bourdon des mains des Prestres dans l'Eglise : Vn titre de Sebrand Chabot, qui viuoit en l'an 1135. au Cartulaire d'Absie en Gastine : *Siebrandus Chabot volens ire Hierusalem, coram Deo & reliquiis SS. accepto baculo & perâ in Ecclesiâ B. Nicolai, reconcessit Raynerio Abbati & Monachis Absiæ terragia.* La Chronique de Beze, *Hugo Miles — in die quâ peram assumpsit ad Hierosolymitanum iter faciendum.* Et celle de Vezelay : *assumpto baculo & perâ, quasi B. Dionysii petiturus oracula.* Et cela s'est pratiqué mémes par nos Rois, lorsqu'ils ont voulu entreprendre ces longs & fâcheux voyages d'outremer. Car après auoir chargé leurs épaules de la figure de la Croix, ils auoient coûtume de venir en l'Abbaye de S. Denys, & là, après la celebration de la messe, ils receuoient des mains de quelque Prélat le bâton de Pelerin & l'escarcelle, & mémes l'Oriflamme, ensuite dequoy ils prenoient congé de S. Denis, Patron du Royaume. C'est ainsi que l'on parloit alors : L'Auteur de la vie de Louys le Ieune, écriuant au sujet de ce Roy, lorsqu'il se croisa pour le voyage de Hierusalem : *Venit Rex, vt moris est, ad Ecclesiam B. Dionysii, à Martyribus licentiam accepturus, & ibi post celebrationem missarum baculum peregrinationis, & vexillum S. Dionysii, quod Oriflambe Gallicè dicitur, valde reuerenter accepit.* Eudes de Dieuil parlant du Roy Louys VII. *Dum igitur à B. Dionysio vexillum & abeundi licentiam petiit, qui mos semper victoriosis Regibus fuit,* &c. Et plus bas, *Deinde sumpto vexillo desuper altari, & perâ, & benedictione à Summo Pontifice, in Dormitorio Monachorum, multitudini se subducit.* Philippes Auguste en vsa de la méme maniere, lorsqu'il eut le dessein de passer en la Terre Sainte. Car il vint en la méme Abbaye, *causâ licentiæ accipiendi*, pour prendre congé des Martyrs : puis, *Ab oratione surgens, sportam & baculum peregrinationis de manu Guillelmi Remensis Archiepiscopi auunculi sui Apostolicæ Sedis Legati deuotissimè ibidem accepit.* Richard Roy d'Angleterre, qui partit au méme temps que Philippes Auguste pour le méme voyage, vint à Tours, *& ibi recepit peram & baculum peregrinationis suæ de manibus Willelmi Turonensis*, ainsi que Roger de Howeden écrit. Brompton dit que ce fut à Vezelay, & Mathieu Paris semble insinuer que ce fut en l'Eglise de S. Denys. Mais je crois qu'il y a erreur & qu'on y a tronqué quelques termes qui se trouuent dans Brompton qui éclarcissent ce point.

<small>Chr. Besuense p. 653.

Chr. Vezeliac. l. 3. p. 561.

Vita S. Teliai Episc. Landau. apud Bol. 9. Febr. c. 21. n. 6.

Vita Lud. VI.

Vita Lud. VI. c. 4.

Od. de Diogil. l. 1.

Rigord. A. 1190.

Brompton p. 1173.

Math. Par.</small>

La Chronique de S. Denys nous apprend que S. Louys à son premier voyage de la Terre Sainte reçut pareillement l'escarcelle & le bourdon dans l'Eglise de S. Denys des mains du Legat. *Hoc anno (1248.) Feriâ VI. Pentecostes Ludouicus Rex accepit vexillum, & peram, & baculum, in Ecclesiâ B. Dionysii, & fratres ejus ab Odone Cardinale, & post accepit licentiam in Capitulo nostro*, &c. Il fit le méme à son second voyage, au recit de Guillaume de Nangis, qui écrit qu'il reçut en l'Eglise de S. Denys l'Oriflamme *cum perâ & baculo peregrinationis*. Ce qui est aussi remarque dans le petit Cartulaire de l'Euéché de Paris de la Bibliotheque de M. du Puy, en ces termes : *Anno 1269. mense Martio pridie idus, die veneris, Dominicâ, quâ cantatur Reminiscere, Ludouicus Rex Franciæ arripuit iter ad partes transmarinas de S. Dionysio, & ibi accepit peram & baculum peregrinationis suæ, quos benedixit & reddidit sibi in Ecclesiâ S. Dionysii Ra-*

<small>Chron. S. Dion. A. 1248. 10. 2. Spicil.</small>

# SVR L'HISTOIRE DE S. LOVYS. 237

*dulfus Episcopus Albanensis, tunc Apostolicæ Sedis Legatus in Franciâ & partibus*    Chron. de
*transmarinis.* La Chronique de Flandres dit que S. Louys aprés auoir pris l'é-   Flandr. ch.
charpe & le bourdon en l'Eglise de Nostre Dame de Paris, vint à S. Denys,   20.
où il reçut l'Oriflamme.

    Nos Auteurs emploient ordinairement le mot d'écharpe, au lieu d'escarcel-
le, parce qu'on attachoit ces escarcelles aux écharpes, dont on ceignoit les
Pelerins, d'où les mots de *Pera*, ou *Perula*, dans le Glossaire Latin-François
MS. sont traduits par celuy d'*Escharpe*. Guillaume Guiart en l'an 1190.

      *Li Rois en icel tems s'apreste,*
      *Si come Dieu l'en auisa,*
      *Delà aler où promis a,*
      *Autrement cuideroit mesprendre,*
      *L'escherpe & le bourdon va prendre,*
      *A Saint Denis dedans l'Eglise,*
      *Puis a l'Oriflambe requise,*
      *Que l'Abbés de leans li baille.*

    La Chronique de France MS. qui est en la Bibliotheque de M. de Mesmes,
en cette méme année, parlant de Philippes Auguste : *Et prist l'Oriflambe &
l'emporta, & prist l'escharpe & bourdon de la maison de son oncle l'Archenesque de
Rains, & prist deux chandelles, & deux enseignes de croisettes dessus les chasses au
benois Sains,* &c.

    Ces escarcelles, ces écharpes, & ces bourdons estoient benis par les Prê-
tres, qui y prononçoient des prieres & des oraisons, qui se lisent dans le Sa-
cerdotal Romain, & dans les Illustrations du P. le Royer sur l'Histoire de   P. 611.
l'Abbaye de Monstier S. Iean, au diocése de Langres, à raison dequoy il y a-
uoit de certains droits qui appartenoient aux Curez, dont il est fait mention
en vn titre de Pierre Euesque d'Angoulême de l'an 1162. *Quæ offeruntur à pe-
regrinis, cùm eis Capellanus baculum & peram tradiderit.* Et dans vn autre de Ma-
nasses Euesque de Langres de l'an 1185. *Reliqua medietas sit Presbyteri, cum ju-
re presbyteratus, quod tale est : Pera peregrinorum, oblationes sponsi & sponsæ,* &c.
De cét vsage obserué par les Pelerins, & ceux qui entreprenoient les voyages
d'outremer, de porter des bourdons, les Heretiques Albigeois prirent sujet de se
railler des Croisez qui auoient entrepris de les combattre, en les appellant   Monach.
bourdonniers, ainsi que nous apprenons du Moine de Vaux de Sarnay : *Bur-*   Vall. Sarn.
*donarios autem vocabant peregrinos, eò quòd baculos deferre solerent, quos linguâ*   c. 62.
*communi Burdones vocamus.* Quant au mot de Bourdon, & pourquoy il a esté
appliqué aux bâtons des Pelerins, il n'est pas aisé de le deuiner. Papias, qui   Papias.
viuoit en l'an 1053. suiuant le témoignage d'Alberic, nous fait voir que de
son temps il estoit en vsage en cette signification : *verubus, virgis ferreis,
burdonibus.* Ie crois neantmoins qu'on a donné ce nom à ces sortes de bâtons,
parce que les Pelerins pour l'ordinaire, & le plus souuent faisans leurs voya-
ges, & leurs pelerinages à pied, ces bâtons leur tenoient lieu de montures,   L. item Le-
ou de mulets, que l'on appelloit alors bourdons, & *Burdones* dans les Auteurs   gato.de Le-
du moyen temps, qui est vn terme, dont le Iurisconsulte Vlpian s'est mémes   gat. 3. V.
serui. Euerard de Bethune nous définit ainsi le Bourdon :   Obs. c. 16.
      *Burdonem producit equus conjunctus asellæ,*   & Gloss.
      *Procreat & mulum junctus asellus equæ.*   nostr. ad
    Comme les Pelerins de la Terre Sainte, lorsqu'ils entreprenoient leurs   scrip. mediæ
voyages, y alloient auec le bourdon & l'escarcelle : ainsi quand ils les a-   Latinit.
uoient acheuez, & qu'ils estoient sur le point de retourner dans leurs pays, ils   Eberard.
coupoient des branches de Palmiers, qui sont frequens en la Terre Sainte,   Beth. de
& les rapportoient comme vne marque de l'accomplissement de leurs peleri-   Gracismo.
nages : Guillaume de Tyr parlant du Comte de Flandres, *Completis oratio-*   Will. Tyr.
*nibus, & sumptâ palmâ, quod est apud nos consummatæ peregrinationis signum, quasi*   l. 21. c. 17.
*omnino recessurus, Neapolim abiit.* Foucher de Chartres semble dire qu'on al-   Fulcher. l. 1.
                                                 Gg iij

238   DISSERTATION XVI.

loit couper ces branches de palme vers Hiericho: *In Hiericho ramis palmarum cæsis, ad deferendum, vt mos est, omnes assumpsimus, & secundâ die iter remeabi-le cepimus.* Pierre Damian marque encore qu'on les portoit en la main: *Ex Hierosolymitanâ peregrinatione deueniens, palmam ferebat in manu.* Et Herbert dit que la palme estoit aussi vne marque de pelerinage: *Vidit —stantem, instar alicujus Hierosolymitani palmâ, perâ, & baculo insignitum.* Enfin Gotefroy de Viterbe parlant du retour de ceux qui accompagnerent l'Empereur Conrad: *Palmigeríque viri pauci redeunt rediuini.*

Roger de Howeden dit que le Pape donna des palmes à ceux qui auoient accompagné Philippes Auguste au voyage de la Terre Sainte, quoy qu'ils n'eussent pas accompli entierement leur vœu: *Et licèt votum non soluissent, tamen palmas iis distribuit, & cruces collis eorum suspendit, statuens quòd essent peregrini.* Les Pelerins estant ainsi de retour dans leurs maisons, venoient rendre graces à Dieu dans les Eglises du bon succés de leurs voyages, & pour marque de l'accomplissement de leurs vœux, ils presentoient leurs palmes aux Prétres, qui les posoient sur l'autel. La Chronique de Beze: *Paritérque palmas, quas testes peregrinationis suæ à Iericho tulerat, altari superponi rogauit.*

## DV NOM ET DE LA DIGNITÉ de Sultan, ou de Souldan.

## DISSERTATION XVI.

VN Auteur de ce temps en sa Préface sur l'Histoire des Sarazins écrite par El-Macin, dit que le nom de Sultan, ou de Soldan, est vn terme Turc, & qu'il ne fut connu parmy les Arabes, que lorsque Tegralbet Seigneur Turc, ayant défait les Sarazins, & Mesgud leur Prince, s'empara de toute leur Seigneurie l'an 1055. Ce Seigneur est nommé par El-Macin *Abutalib Mahometh Tegralbet*, par les Grecs *Tangrolipix*, & par Aython, *Dogrissa*. Leunclauius en son Pandecte semble auoir esté aussi de cette opinion, qui d'ailleurs est appuyée de ce que Nicephore *Bryennius*, Scylitzes, & Zonare écriuent, que Tegralbet, aprés auoir empieté la principauté sur les Sarazins, se fit appeller & proclamer Sultan, c'est à dire en leur langue, παντοκράτωρ, χỳ βασιλεὺς βασιλέων, le *Tout-puissant, & le Roy des Rois*, ainsi que *Bryennius* & Scylitzes expliquent ce mot. Mais il y a lieu de reuoquer en doute cette proposition auancée par cét Auteur, parce qu'il est fait mention des Sultans beaucoup auparauant le Regne de Tegralbet, dans Constantin Porphyrogenite: comme encore dans Scylitzes & Zonare en la vie de Basile le Macedonien, lesquels font mention du Sultan d'Afrique qui viuoit sous cét Empereur. Et mémes il y a lieu de croire que les Sarazins ont emprunté ce terme des Persans, veu que les Rois de Perse, qui florissoient sous les premiers Empereurs de Constantinople, affectoient d'en prendre le titre; ce que nous apprenons de cette rare Medaille d'argent de Chosroes, fils de Cabades, Roy de Perse, dont l'empreinte nous a esté communiquée par M. de S. Amant en ses doctes Commentaires Historiques, & que j'ay jugé à propos de représenter encore vne fois en cét endroit pour autoriser dauantage ce que j'auance. Cette Medaille porte en l'vn de ses reuers cette inscription en caracteres Arabes, qui sont ces mots

écrits en caracteres communs : D'HERB NICHIN MAHER ASSOLTAN ALADHAM YYATH ADDONIA VALDIN KAIKOSRO BEY KAY KABAD. C'est à dire en Latin, *Impressio notarum sigilli Sultani maximi siue monarchæ, refugii mundi & religionis, Kaikosroæ, filii Kabadis.* Auquel endroit M. de S. Amant remarque fort à propos que le terme & le titre de *Sultan,* ou d'*Assoltan*, n'est autre que celuy de *Roy des Rois*, que Chosroes prend dans *Menander Protector*, en vne epitre qu'il écrit à l'Empereur Iustinian, où il se donne toutes les qualitez qui marquent assez l'extrauagance & l'humeur altiere de ces Princes : Θεῖος, Ἀγαθὸς, Εἰρηνοπάτριος, Ἀρχαῖος Χοσρόης, Βασιλεὺς Βασιλέων, Εὐτυχὴς, Εὐσεβὴς, &c. comme encore cét autre Chosroes, fils d'Hormisdas, aussi Roy de Perse, dans Theophylacte Simocatta, Βασιλεὺς Βασιλέων, Δυναστευόντων Δεσπότης, Κύριος ἐσῶν, &c. Ces Escriuains Grecs ayant ainsi exprimé la force du terme de Sultan, suiuant *Bryennius*. L'Auteur de la Chronique de Reichersperg a touché la vanité de ces Rois dans leurs titres imaginaires, lorsque parlant de Chosroes fils d'Hormisdas, il tient ce discours : *Qui in tantam ausus est prorumpere audaciam, & superbiam, vt ab incolis vicinarum gentium, quos impetu vastans barbarico suo nefando subjugauerat dominio, & coli se juberet vt Deum, & vocari se Regem Regum & Dominum Dominantium.* Mais ce qui confirme la veritable explication de ce mot de Sultan, ou plûtost, que les Rois de Perse en ont affecté le titre, est ce que le Iuif Benjamin écrit en son Itineraire, où parlant d'vn Senigat Sa, fils de Sa, l'vn des plus puissans Rois de la Perse, dit qu'il s'appelloit en Arabe, *Sultan Alporos Alkabir*, c'est à dire le grand Roy de Perse, suiuant que Benjamin explique ce mot. Il y a méme lieu de croire que les anciens & les premiers Rois de Perse ont affecté le titre de Roy des Rois, veu qu'il est donné au grand *Cyrus* dans son Epitaphe, rapporté par *Eustathius* sur *Dionysius*, en ce vers :

ἔνθα δ' ἐγὼ κεῖμαι Κύρος βασιλεὺς βασιλέων.

De sorte qu'il est vray de dire que les Sarazins & les Turcs ont emprunté des Perses cette dignité de Sultan, qui est demeurée particulierement à ceux qui sous l'autorité du Caliphe, qui estoit la premiere de l'Etat, gouuernoient les Prouinces & les Royaumes, qui estoient soûmis à son gouuernement. Aython parle de la sorte de cette dignité : *Agareni Imperatorem sibi elegerunt quemdam de progenie Mahometi, ipsum vocauerunt Caliph, & ordinauerunt quòd sedem teneret in Baldach opulentissimâ ciuitate, in qualibet verò aliorum regnorum, quæ subjugauerant Agareni, constituerunt vnum Dominum, quem vocauerunt Soldan.* Ce qui confirme ce que Constantin Porphyrogenite, Scylitzes, & Zonare écriuent du Sultan d'Afrique. Toutefois cela n'est pas tellement vray, que l'on n'y doiue apporter de l'explication : car il est constant que d'abord les Gouuerneurs des prouinces n'estoient pas appellez Sultans, mais Amiraux, & leurs gouuernemens, μεραρχίαι, par les Grecs. Mais depuis que cette suprême puissance fut ostée aux Caliphes, ausquels on ne laissa que l'intendance sur la Religion, auec vn pouuoir imaginaire sur le reste de l'Etat, & que le gouuernement des affaires politiques & militaires, fut empieté par les Sultans, ils deuinrent comme la principale dignité du Royaume, auec vne puissance absoluë sur les peuples, quoy qu'en apparence ils respectassent le Caliphe, comme leur Seigneur, & qu'ils luy rendissent toute sorte de respect, comme il est remarqué par Guillaume Archeuesque de Tyr. D'où Orderic Vital faisant allusion au mot de *Soldan*, dit qu'ils sont ainsi nommez, *quasi soli Domini*, dautant qu'ils commandoient à tous les Gouuerneurs auec pleine autorité. Vn autre Auteur a fait la méme allusion, en ces termes : *Sicut Principes vestri, vel Imperatores dicuntur, vel Reges, sic apud illos qui præeminent, Soldani, quasi soli dominantes vocantur.* Dans la suite, comme la plûpart des Gouuerneurs secoüerent le joug du Premier Sultan, & qu'ils se rendirent indépendans de luy, reconnoissant neantmoins le Caliphe pour leur Seigneur superieur, ils se qualifierent tous Sultans, & c'est pour cela que nous voyons dans le Sire

240  DISSERTATION XVII.

*Zacuth. in Ioucaſin. El-Macinus.* de Ioinuille & ailleurs tant de Sultans, qui dans quelques autres Auteurs sont nommez Rois. Quant aux Sultans, qui les premiers se tirerent de l'obeïssance des Calyphes, ce furent les enfans de Bouia, ou de Buja, qui estoient de la race d'Isdegerde Roy de Perse, dont la posterité finit en la personne de Melec-Rachim, sur lequel Tecralbet empieta le gouuernement l'an 1055. ainsi que j'ay remarqué, aprés l'auoir tenu l'espace de 127. ans. J'espere parler ailleurs plus amplement de toutes ces dignitez des Sarazins & des Turcs.

---

*Pour la page 26.*  **DV MOT DE SALE, ET PAR OCCASION,**
*des loix & des terres Saliques.*

## DISSERTATION XVII.

*Vitruue li. 6. c. 5. Plin. l. 36. c. 25. Stat.* LE mot de *Sale* signifie vulgairement les grandes chambres de nos maisons, qui sont appellées par Vitruue & les autres Auteurs Latins *Oeci*, par Pline & Stace, *Asarota*. Philander sur le méme Vitruue estime qu'elles sont ainsi nommées, *à saltando*, parce que l'on a coûtume d'y faire les festins de noces, & d'y danser: ou bien *à salutatione*, a cause que ce sont ordinairement les lieux, où les maîtres des logis reçoiuent ceux qui viennent les saluër, ou visiter, de méme que ces chambres voisines des Eglises, que les Historiens Ecclesiastiques appellent ἀσπαςμεια, & *salutatoria*, où les Euesques receuoient ceux qui les venoient voir. Mais comme ce n'est pas là la veritable etymologie de ce mot, ce n'est pas aussi son ancienne signification: Car au temps de S. Louys, & beaucoup deuant, le mot de *Sale* signifioit vn palais, vne grande maison, comme en cét endroit de l'Histoire du Sire de Ioinuille, qui forme la matiere de cette reflexion: *Ce Serrais eſtoit celuy qui auoit en garde & gouuernement les pauillons du Souldan, & qui auoit la charge de nettoier chaſcun jour ſes ſalles & maiſons.* Hugues de Bercy, qui viuoit sous nostre S. Roy, se plaignant que de son temps les Princes & les Grands Seigneurs commençoient à abandonner les villes, pour se retirer à la campagne, se sert pareillement de ce terme en cette signification:

*Mais le Roy, li Duc, & li Comte,
Aux grandes Feſtes font grant honte,
Qu'ils n'aiment mais Palais, ne ſales,
En ordes maiſons & en ſalles
Se reponent, & en bocages,
Lors cours & ert pauures & vmbrages,
Or fuient-ils les bonnes villes.*

*Mappem. MS. c. 14.* Gautier de Mets en sa Mappemonde MS. parlant du Palais d'Aix la Chapelle, bâti par Charlemagne:

*A Aix Sale & Capelle fiſt.*

*LL. Alem. tit. 81.* C'est ainsi que les loix des Alemans vsurpent celuy de *Sala*: *Siquis super aliquem focum in nocte miserit, vt domum ejus incendat, seu & salam, 40. solidis componat. Si enim domum infra curtem incenderit, 52. solidis componat.* L'on voit dans ce passage la difference que ces loix font de celuy qui a brûlé vne maison, ou vne sale, d'auec celuy qui a brûlé la maison de la basse-court, & ainsi la sale estoit la maison du Seigneur, & l'autre la maison du fermier. Cette distinction *LL. Long. l. 1. tit. 11.* se reconnoît encore dans les loix des Lombards, qui font difference de celuy qui auoit le soin du bétail de la *sale*, & de celuy qui estoit *sub massario*, c'est à dire le Fermier. *Si quis seruum alienum bubulcum de salâ occiderit, componat solidis 20. Si quis seruum alienum rusticanum, qui sub Massario est occiderit, componat solidis 16.* où la mort du seruiteur & du valet de la sale, est punie d'vne plus grande amende, que celle du valet du Fermier: Aussi les premiers seruoient ceux qui y sont appellez hommes libres, c'est à dire Gentils-hommes.

# SVR L'HISTOIRE DE S. LOVYS.

mes. *De illis verò pastoribus dicimus, qui apud liberos homines seruierunt, & de salâ propriâ exierunt.* De sorte que *sala* est proprement le château ou la maison d'vn Seigneur de village. C'est ainsi que ce mot se trouue emploié dans vne epitre du Pape Gregoire III. à Charles Martel, au sujet des Lombards : *Omnes sa-* *To. 3. Hist.* *las S. Petri destruxerunt, & peculia quæ remanserant abstulerunt :* comme encore *Franc. p.* en ce titre de Pierre Consul de Rome & Duc, de l'an 19. de l'Empire de Louys, *705.* fils de Lothaire, dans le Cartulaire de l'Abbaye de Casaure : *Pro solario habitatio-* *Tabul.* *nis meæ, cum areâ in quâ extat, cum curte & salâ, seu capellâ, quæ inibi ædificata est.* *Casaur.* Et plus bas, *cum curte, capellâ, salâ, balneo, & viridario.* Et dans le Synode de *Cap. 17.* Rauenne tenu sous Iean VIII. P P. dans la collection Romaine d'*Holstenius* : *Cortes, massas, & salas, tam per Rauennam & Pentapolem,* &c. Hariulfe en la Chro- *Hariulf.* nique de S. Riquier l'vsurpe encore pour vne maison , *& sic per portam S. Ga-* *l. 2. c. 11.* *brielis, ac per salam Domni Abbatis ambulando,* &c. Enfin les Gascons, & particulierement ceux de la Basse Nauarre, appellent encore aujourd'huy *sales* les maisons des Gentils-hommes à la campagne. Guillaume Morin en l'Histoire *Hist. du* du Gâtinois dit qu'on appelloit ainsi le château de Paucourt, prés de Mon- *Gastinois* targis. *l. 1. ch. 3.*

Auentin en ses Annales de Bauiere a esté le premier, qui a écrit que les *Sa-* *Auentin. l.* *lii,* dont il est parlé dans les Histoires d'Ammian, & de Zozime, & ensuite ceux *4. p. 185.* qui sont appellez *Salici,* ont pris leur nom de *sala,* estant les principaux d'entre les François, qui auoient part au gouuernement de l'Etat, & qui estoient de la *sale,* c'est à dire de la Cour, ou de la Maison du Prince. Cette opinion a esté suiuie par Isaac Pontanus en ses origines des François, & par Godefroy Wen- *Isaac. Pont.* delin, qui tiennent que les *Loix Saliques* ont pareillement tiré leur nom de ce *l. 6. orig.* méme mot, estant ainsi appellées, parce qu'elles contenoient des Reglemens *Fr. & c. 17.* particuliers pour les grans Seigneurs, & leurs terres, qui y sont appellées *Terræ* *Gotefr.* *Salicæ* : ce qui semble conforme à ce qui s'est pratiqué depuis entre les Princes *Wendelin* François, comme on recueille du Contract de mariage de Robert Prince de *in Natali* *solo legum* Tarente, & Empereur de Constantinople auec Marie de Bourbon de l'an 1347. *Salic. & in* dans lequel l'vn & l'autre déclarerent, qu'ils entendoient viure suiuant la coû- *Gloss.* tume des Princes du Sang de France : *more Regalium, & Francorum jure vtentes.* *V. l'Hist. des* *Empp. de* Ces Auteurs confirment encore l'etymologie & l'origine des loix Saliques, *C P. l. 8.* par vn vsage qui s'est pratiqué long-temps depuis : faisant voir que les Prin- *n. 9.* ces & les Seigneurs rendoient ordinairement leurs jugemens dans leurs *sales,* & dans leurs maisons, & par consequent y dressoient leurs loix & leurs statuts. Ce qui est conforme à vne Notice qui se lit au Cartulaire de Casaure : *Dum re-* *Tabul.* *sidissemus nos Odelerius Missus Berengarii & Ildeberti Comitum in placito, in Mar-* *Casaur.* *sâ, salâ publicâ Domni Regis, pro singulorum causis audiendis, vel deliberandis.* *1. Part.* C'est pour cela qu'en plusieurs lieux de la Flandre, du Brabant & du Haynaut, on appelle encore à présent du nom de *sale,* les auditoires publics, & les endroits où l'on rend la justice, comme à Lille, suiuant le témoignage de Vander Haer en l'Histoire des Châtellains de Lille : à Valentiennes, & en diuers lieux *Hist. des* du Brabant rapportez par Wendelin : & méme en Alemagne, au recit de Fre- *Chast. de* her en ses origines des Comtes Palatins. De toutes ces remarques on con- *Lille l. 1.* *p. 66.* clud que les loix Saliques sont celles, qui ont esté dressées pour les Officiers, *Freher.* & les Gentils-hommes de la Maison du Prince, ou bien qui ont esté dressées en *p. 56.* sa maison, & en sa sale, & où il faisoit encore rendre les jugemens par ses Officiers.

Cecy peut estre appuié d'vne autre obseruation que Wendelin fait au sujet des *Malberges,* remarquant que les premieres loix Saliques, qui ont esté faites par les Rois de France payens, telles que sont celles qui ont esté publiées par Herold, portent presque à châque chapitre, ou titre, les lieux, où elles ont esté premierement arrétées, qui y sont appellez *Malbergia, Mallobergia,* ou *Malberga,* auec l'addition du nom du lieu. De sorte qu'il estime que ce terme signifie en vieux idiome Thiois, ou Aleman, la maison où l'on tenoit

*Partie II.* H h

les plaids, eſtant compoſé de *Mallum*, qui ſignifie *plait*, ou jugement, & de *Berg* qui ſignifie maiſon, ſelon la ſignification qu'il donne à ce mot, qui n'eſt pas éloignée de celle que Kilian luy attribuë. Mais il y a lieu de reuoquer en doute cette etymologie, eſtant plus probable que *Mallobergium* vient du mot de *Mallum*, & de *Berg* qui ſignifie vne montagne, de ſorte que *Mallobergium* ſignifieroit le Mont, ou la montagne des Plaits, *Mons placiti*, ainſi qu'il eſt tourné dans les loix de Malcolme II. du nom Roy d'Eſcoſſe, en ces termes: *Dominus Rex Malcolmus dedit & diſtribuit totam terram Regni Scotiæ hominibus ſuis, & nihil ſibi retinuit in proprietate, niſi regiam dignitatem, & Montem Placiti in villâ de Scona.* Où *Skeneus* Iuriſconſulte Eſcoſſois fait cette belle remarque: *Montem, ſeu locum intelligit, vbi placita, vel Curiæ Regiæ de placitis & querelis ſubditorum ſolent teneri, vbi Barones compareant, & homagium, ac alia ſeruitia debita offerant, & vulgò* OMNIS TERRA *vocatur, quia ex terræ mole & congerie exædificatur: quam Regni Barones, aliiſque ſubditi ibi comparentes, vel coronandi Regis cauſâ, vel ad Comitia publica, vel ad cauſas agendas & dicendas, coram Rege, in vnum quaſi cumulum & monticulum conferebant.* De ſorte que ceux qui alloient aux lieux où l'on tenoit les Plaits, ſoit pour y faire la fonction de Iuges, ſoit pour y plaider deuant eux, pour faire voir que les premiers auoient toute ſorte de liberté dans leurs jugemens, & les autres dans la pourſuite de leurs droits, portoient tous dans le pan de leurs robes de la terre de leurs maiſons, ou heritages, & la déchargeoient aux lieux où ſe tenoient les Plaits, & comme il y auoit vn grand nombre de plaideurs, ils en formoient vne eſpece de montagne, où chacun d'eux ſe tenoit comme dans vne terre commune, qui appartenoit également à tous, & qui eſtoit *Omnium terra*, & ainſi indépendante de toutes les puiſſances ſeculieres. Partant je ne fais pas de difficulté de croire que les Eſcoſſois n'ayent emprunté ces *Monts de Plaits* des Malberges des premiers François, & que les François mêmes n'ayent obſervé ces ceremonies pour la tenuë de leurs *Aſſiſes*. Nous auons encore vn reſte de ce nom en la *Tour de Maubergeon* en la ville de Poitiers, que Beſly eſtime eſtre ainſi appellée des Malberges.

Comme je ne veux pas combatre directement les opinions que ces grands hommes ont auancées au ſujet de l'origine des loix Saliques: auſſi je ne puis pas conuenir de tout ce qu'ils en ont écrit. Car quoy que les Saliens fuſſent François, & que depuis qu'ils paſſerent le Rhin, on ait appellé ainſi ceux de ces peuples qui tenoient le premier rang entre eux: j'eſtime pareillement qu'il faut demeurer d'accord, qu'auant que les François vinſſent dans les Gaules, les Saliens y formoient vn peuple particulier: de même que les *Leti*, les *Chamaui*, les *Bructeri*, & les autres qui ſont nommez dans les Auteurs, compoſoient pareillement d'autres peuples. Il n'eſt pas toutefois facile de rechercher l'origine de tous ces noms, qu'ils peuuent auoir empruntez des Pays Septentrionaux, d'où ils eſtoient ſortis. Cecy eſt, à mon auis, tres-bien juſtifié par ceux qui ont fait mention des Saliens: Ammian Marcelin parlant de l'Empereur Iulian le dit clairement: *Petit primos omnium Francos, quos conſuetudo Salios appellauit, auſos olim in Romano ſolo apud Toxandriam-locum habitacula ſibi figere prælicenter.* Car il n'eſt pas probable qu'il ait voulu dire qu'il n'y ait eu que les grands Seigneurs François, qui aient oſé paſſer dans les terres de l'Empire, & y établir leurs demeures: mais il a dit que les peuples d'entre les François, qui eſtoient appellez Saliens, paſſerent dans les terres des Romains. Auſſi Zozime parlant d'eux, dit qu'ils faiſoient vne portion des François, τῶν Φράγκων ἀπόμοιρον, c'eſt à dire que c'eſtoient des peuples particuliers, qui auec pluſieurs autres compoſoient la nation Françoiſe. Cét Auteur écrit que l'Empereur Iulian entreprit de faire la guerre aux Quades, peuples Saxons, qui auoient chaſſé les Saliens de leurs terres, & les auoient obligez de ſe retirer dans l'Iſle de Batauie, qui appartenoit alors aux Romains, & qui enſuite s'eſtoient encore établis dans la contrée de Teſſander-Lo au Brabant. Il defit les premiers, &

# SVR L'HISTOIRE DE S. LOVYS.

quoy qu'il eust trouué mauuais que les Saliens eussent occupé les terres de l'Empire, neantmoins il ne voulut pas qu'on leur courust sus, parce que ce qu'ils en auoient fait, n'auoit esté qu'acause qu'ils auoient esté chassez de leurs terres par les Quades. De sorte qu'il les traitta fauorablement, & leur permit d'habiter les terres de l'Empire, ce qu'ils firent, ayant quitté la Batauie, & estant venus s'établir dans le Tessander-lo. *Libanius* fait mention de ce cy, quoy qu'en termes genéraux, écriuant que ces peuples demanderent des terres à l'Empereur, & qu'il leur en accorda, καὶ γὴν ἤτουν, ἢ ἐλάμβανον. Ce que Iulian fait encore voir plus disertement, disant qu'il chassa les *Chamaues*, peuples pareillement François, & qu'il reçut les Saliens : ὑπεδεξάμην μὲν μοίραν τῦ Σαλίων ἔθνες, χαμαβές ἐξήλασα. Où il faut remarquer le mot ἔθνος, qui montre assez que les Saliens furent des peuples, de mémes que les Chamaues, & non pas les principaux Seigneurs François comme ces Auteurs prétendent. Wendelin dit que depuis ce temps-là ils furent employez par les Romains dans l'infanterie, parce qu'ils habiterent vn pays plus propre au labourage, qu'à nourrir des cheuaux de guerre : & que c'est pour cela que dans la Notice de l'Empire les *Salii Gallicani* sont sous le commandement du *Magister Peditum*. C'est aussi pour la méme raison que *Sidonius* dit que les Saliens estoient recommandables pour leur infanterie :

*Liban. orat. Funeb. in mortem Iuliani.*
*Iulian. Ep. ad Athen.*

*Pag. 91.*

— *vincitur illic*
*Cursu Herulus, Chunnus iaculis, Francúsque natatu,*
*Sauromates clypeo, Salius pede, falce Gelonus.*

*Sid. Carm. 7.*

Vignier, Sauaron, & autres interpretent ce passage de la disposition du corps & des pieds de ces peuples, & estiment mémes qu'ils furent ainsi nommez *à saliendo* : mais je laisse toutes ces recherches, qui sont à present trop triuiales, aprés ce que tant d'Auteurs ont écrit sur ces matieres.

*Vignier de l'orig. des anciens Franç.*

Comme les Saliens s'établirent dans les Gaules auec l'agrément de l'Empereur Iulian, il est probable qu'ils obtinrent de lui plusieurs priuileges, qui les firent reconnoître dans la suite pour les principaux d'entre les François. Ce qui a fait dire à Othon Euesque de Frisingen parlant au sujet de la loy Salique ; *Hac nobilissimi Francorum, qui Salici dicuntur, adhuc vtuntur*. Et quelques-vns estiment que l'Empereur Conrad fut surnommé *Salicus*, acause de la noblesse de son extraction. Ces prérogatiues consisterent principalement dans la franchise des terres qui leur furent accordées par Iulian, & que les principaux & les chefs de ces peuples se départirent entre eux, à condition de le seruir dans ses guerres, & d'y conduire leurs vassaux : ce qui se fit eu égard au nombre de terres que chácun d'eux possedoit. Car c'est de ces distributions des terres militaires, que les sçauans tirent l'origine des Fiefs, les Romains ayans coûtume de les distribuer à leurs vieux soldats, & mémes aux nouueaux, à condition de les seruir dans leurs guerres, particulierement pour la garde de leurs frontieres. Ces terres sont nommées κλήματα στρατιωτικὰ dans vne Nouelle de l'Empereur Constantin Porphyrogenete, & celles qui estoient obligées à des seruices de Cheualiers, sont appellées κλῆροι ἱππικοί, dans vn Decret des Smyrneens donné au public par Selden, qui estoient semblables à ces Fiefs, qui sont nommez Fiefs de Haubert, ou de Cheualier. C'est donc pour cette raison que ces terres ne passoient pas par succession aux filles, parce qu'elles estoient incapables de porter les armes, & de rendre aucun seruice de guerre. *Lampridius* dit que l'Empereur Alexandre Seuere donna aux Capitaines & aux soldats, qui estoient en garnison sur les frontieres de l'Etat, les terres qui auoient esté prises sur les ennemis : *Ita vt eorum ita essent, si haeredes eorum militarent*. C'est-là le motif de cét article de la loy Salique ; *De terrâ verò Salicâ nulla portio haereditatis mulieri veniat, sed ad virilem sexum tota terrae haereditas peruenit*. Ce qui s'est obserué long-temps dans l'vsage des Fiefs, qui ne pouuoient estre tenus que par des hommes & des majeurs. Car s'ils écheoient aux filles, lorsqu'elles venoient dans vn âge nubile, elles

*Otho Fris. l. 4. Chr. c. 32.*

*ApudCarol. Labbeum. Marmora Arundel.*

*Lamprid. in Alex. Seu.*

*Tit. 62.*

*Partie II.*

estoient obligées de se marier, au gré du Seigneur, à vne personne qui pût deseruir le Fief. Et s'ils écheoient à des mineurs, les tuteurs les deseruoient, & mémes s'en disoient Seigneurs tant qu'ils les possedoient en cette qualité, comme je l'ay justifié ailleurs.

*En l'Hist. de CP.*

Le partage que les Saliens firent entre eux, des terres, qui leur furent accordées par l'Empereur Iulian, se fit de la sorte. Les principaux Seigneurs & les Capitaines distribuerent à leurs soldats les terres pour le labourage, à condition de quelques redeuances, & de les suiure dans les guerres. Quant à eux, ils s'en reseruerent vne partie, auec les châteaux & les plus belles maisons des lieux, où leurs lots leur échurent, ou bien ils y en bâtirent, qui furent appellées *Sales*, acause que c'estoit la demeure des Chefs des Saliens. Et comme ils tenoient ces Seigneuries auec toute sorte de franchise, n'estant sujets aux Empereurs à raison d'aucune redeuance, mais seulement estant obligez de les seruir dans leurs guerres; & veu d'ailleurs qu'ils estoient les principaux d'entre les peuples François, il est arriué que les personnes libres, & non sujettes à ces impositions, ont esté reconnuës dans la suite des temps sous le terme de Francs. *Papias, Liber, Francus homo*. D'où vient que les terres qui estoient possedées par les Gentilshommes, estoient appellées *Mansi ingenuiles*, ce que je reserue à discuter dans vne autre occasion. Ces prérogatiues des terres possedées par les François-Saliens ont éclaté particulierement par la comparaison de celles qui furent nommées *Letales*, ou *Lidiales mansi*, dont *Casarius* Abbé de Prum parle en son Glossaire, en ces termes: *Ledilia mansa sunt quæ multa quidem dominis commoda ferebant, sed continuò seruiebant*. Ils sont appellez *Mansi letales & seruiles* dans vn titre de Louys le Debonnaire; & ceux qui les labouroient sont nommez dans les anciennes loix, & dans les Chartes *Liti*, qui estoient vne espéce de serfs, d'où le mot de *litge* a esté formé, comme je justifieray ailleurs. Ces terres ainsi sujettes à ces conditions viles, & à des redeuances foncieres, sont les mémes qui sont nommées *Terræ Leticæ*, dans le Code Theodosien, acause qu'elles furent distribuées par les Empereurs aux peuples appellez *Leti*, (qui estoient aussi François, ou du moins Gaulois) dans diuerses prouinces des Gaules, à condition de les labourer, d'en payer les redeuances au fisc, & de seruir pareillement à la guerre. Il est parlé de ces peuples dans Ammian, Zozime, *Eumenius*, & dans le Panegyrique qui fut prononcé deuant l'Empereur Constans, qui marquent assez que cét Empereur les reçut dans ses troupes, & leur donna des terres abandonnées, *arua jacentia*, pour les cultiuer. Ceux-cy furent distribuez, comme je viens de dire, en diuerses prouinces des Gaules, comme on peut recueillir de la Notice de l'Empire. Il y en a mémes qui estiment que la Bretagne Armorique fut nommée *Letauia*, acause de ces peuples qui l'habiterent. Mais depuis que les François-Saliens se rendirent maîtres de toutes les Gaules, ils établirent la méme franchise qu'ils auoient dans leur premiere demeure, en celles qu'ils y conquirent, ayant toutefois laissé les terres qui estoient sujettes à ces impositions en l'état qu'elles estoient lorsqu'ils les enuahirent. Et c'est-là la veritable origine des terres franches & seruiles, comme aussi des Fiefs.

*Papias.*

*Apud Brouuer. i Ann. Fuld. Apud Chapeauill. to. 1. Hist. Leod. p. 148.*

*L. 9. Cod. Th. de Censitor.*

*Ammian. l. 16. Zozim. l. 2. Eumen. Paneg.*

*Cambden. Vitas. Gildæ sap. c. 3. n. 16.*

---

*Pour la page 29.*

# DE LA BANNIERE DE S. DENYS, & de l'Oriflamme.

## DISSERTATION XVIII.

L'ORIFLAMME estoit la banniere & l'enseigne ordinaire, dont l'Abbé & les Moines de la Royale Abbaye de S. Denys se seruoient dans leurs guerres particulieres, c'est à dire dans celles qu'ils entreprenoient pour retirer leurs biens des mains des vsurpatuurs, ou pour empécher qu'ils ne leur

# SVR L'HISTOIRE DE S. LOVYS.

fuſſent enleuez. Et comme leur condition & l'état Eccleſiaſtique, où ils étoient engagez, ne ſouffroit pas qu'ils maniaſſent les armes, ils abandonnoient cette charge à leur Aoüé, qui receuoit des mains de l'Abbé cette enſeigne, auec des cérémonies & des prieres, dont nous parlerons dans la ſuite, & la portoit dans les combats. Car c'eſt-là le veritable vſage de l'Oriflamme, quoy que quelques ſçauans en ayent écrit autrement, & ayent auancé des choſes peu conformes à la verité : Ce qui m'oblige de repaſſer deſſus leurs remarques, & d'examiner diligemment ce ſujet, en rapportant l'hiſtoire entiere de cette banniere, ſi fameuſe, & ſi celebre dans nos Hiſtoires.

Pour commencer par la recherche du nom d'Oriflamme, la plûpart des Ecriuains eſtiment, qu'on le doit tirer de ſa matiere, de ſa couleur, & de ſa forme. Quant à ſa figure, il eſt hors de doute qu'elle eſtoit faite comme les bannieres de nos Egliſes, que l'on porte ordinairement aux proceſſions, qui ſont quarrées, fenduës en diuers endroits par le bas, ornées de franges, & attachées par le haut à vn bâton de trauers, qui les tient étenduës, & eſt ſoutenu d'vne forme de pique. Ils ajoûtent que ſa matiere eſtoit de ſoye, ou de tafetas, ſa couleur rouge, & tirant ſur celle du feu, & de la ſandaraque, à laquelle Pline attribuë celle de la flamme. Il eſt vray que pour la couleur, tous les Ecriuains conuiennent qu'elle eſtoit rouge. Guillaume le Breton en ſa Philippide, la décrit ainſi :

*Plin. l. 35.*
*c. 6.*
*Guill. Brit.*
*l. 2. p. 228.*

> *Aſt Regi ſatis eſt tenues criſpare per auras*
> *Vexillum ſimplex, cendato ſimplice textum,*
> *Splendoris rubei, Letania qualiter vti*
> *Eccleſiana ſolet, certis ex more diebus.*
> *Quod cùm flamma habeat vulgariter aurea nomen,*
> *Omnibus in bellis habet omnia ſigna preire.*

Guillaume Guiart en ſon Hiſtoire de France, en la vie de Philippes Auguſte, a ainſi traduit ces vers:

> *Oriflamme eſt vne banniere,*
> *Aucun poi plus forte que quimple,*
> *De cendal roujoiant & ſimple,*
> *Sans pourtraiture d'autre affaire.*

La Chronique de Flandres conuient pareillement en cette deſcription de l'Oriflamme, en ces termes: *Et tenoit en ſa main vne lance, à quoi l'Oriflamme eſtoit attachié, d'vn vermeil ſamit, à guiſe de Gonfonon à trois queuës, & auoit entour houppes de ſoye verte.* Enfin Guillaume de Preſles, Aduocat Général, au Traité qu'il en a adreſſé au Roy Charles V. la décrit ainſi: *Et ſi portez ſeul d'entre les Rois, ô Roy, l'Oriflambe en bataille, c'eſt à ſçauoir vn glaiue* (lance) *tout doré, où eſt attaché vne banniere vermeille.* Il paroiſt aſſez de ces deſcriptions, quelles ont eſté la matiere, la couleur, & la forme de l'Oriflamme. Mais on n'en peut pas induire pour cela que la couleur *vermeille & roujoiante,* ait donné ſujet au nom d'*Oriflamme.* Au contraire il eſt bien plus probable que ce nom fut donné à cette banniere, du mot *flammulum,* qui dans les Auteurs du moyen temps ſignifie la même choſe, comme dans *Vegetius, Modeſtus, Anaſtaſius,* & autres: & de la matiere de la lance, qui la ſoûtenoit, qui eſtoit dorée, ainſi que Guillaume de Preſles remarque, & aprés luy l'Auteur de la vie de Charles VI. lorſqu'il raconte comme le Roy donna la charge de porter l'Oriflamme au Seigneur d'Aumont: *Sic vexillum ferre dignum duxit, donec ingruente belli neceſſitate, haſtæ aureæ applicaſſet.* Le nom de *flammulum,* ou de *flamme,* ayant eſté donné à cette eſpéce de banniere, parce qu'elle eſtoit découpée par le bas en la figure de flammes, ou parce qu'eſtant de couleur vermeille, lorſqu'elle voltigeoit au vent, elle paroiſſoit de loin en guiſe de flammes.

*Doublet en l'Hiſt. de S. Denys l. 1. ch. 41.*

*Veget. l. 2. c. 1.*
*Modeſt. de vocab. rei Milit.*
*Anaſtaſ. in Steph. IV.*
*Rigalt. Meurſ. & Fabrot. in Gloſſ. Scriptor. vitæ Caroli VI. ex Bibl. Thuana.*

L'Oriflamme eſtoit l'enſeigne particuliere de l'Abbé & du Monaſtere de S. Denys, qu'ils faiſoient porter dans leurs guerres par leur Aoüé. Car c'eſtoit-là la principale fonction des Aouëz, qui en qualité de défenſeurs & de protecteurs des Monasteres & des Eglises, entreprenoient la conduite de leurs vassaux pour la défense de leurs droits, & portoient leurs enseignes à la guerre : d'où vient qu'ils sont ordinairement appellez les porte-enseignes des Eglises, *signiferi Ecclesiarum*, comme j'espere justifier ailleurs. Les Comtes du Vexin & de Pontoise auoient ce titre dans le Monastere de S. Denys, dont ils estoient les Aouëz, & les Protecteurs, & en cette qualité ils portoient l'Oriflamme dans les guerres qui s'entreprenoient pour la défense de ses biens. D'où vient que pour le plus souuent cette banniere est nommée *vexillum S. Dionysii*, l'enseigne de S. Denys, dans les Auteurs, non parce qu'elle estoit conseruée en l'Eglise de ce Monastere, mais parce qu'elle estoit la banniere ordinaire qu'on portoit dans les guerres de cette Abbaye. L'Auteur de la vie de Louys VII. *Vexillum B. Dionysii, quod Gallicè Oriflambe dicitur*. Le Roman de Guarin le Loherans :

*A. DuChesne en l'Hist. de Bethune l. 1. ch. 3.*

*Gesta Lud. VII. c. 4.*

> Ie vo comant l'enseigne saint Denys.

Plus bas :

> Et Garin porte l'enseigne saint Denise.

Et ailleurs :

> Deuant en vient l'enseigne saint Denys,
> Blanche & vermeille, nus plus bele ne vit.

En vn autre endroit, il luy donne le nom d'Oriflamme de S. Denys :

> Les gens Girbert vit venir tos rengiés,
> Et l'Oriflambe saint Denys baloier.

Rigord en l'an 1215. *Reuocatur vexillum B. Dionysii, quod omnes præcedere in bella debebat*. Plus bas, *Adueniunt legiones Communiarum, quæ ferè ad hospitia processerant, & vexillum B. Dionysii*. Nangis en la vie de S. Louys. *Præcedente quoque juxta ipsos in alio nacello B. Dionysii Martyris vexillo*. Le Sire de Ioinuille parlant de la même chose, la nomme aussi *la banniere de S. Denys*.

*Nang. A. 1249.*

Ces Auteurs justifient assez par ces passages que l'Oriflamme estoit la banniere ordinaire de l'Abbaye de S. Denys : d'où l'on peut induire qu'elle n'a esté portée par nos Rois dans leurs guerres, qu'aprés qu'ils sont deuenus proprietaires des Comtez de Pontoise & de Mante, ce qui du Vexin ; ce qui arriua sous le regne de Philippes I. ou de Louys le Gros son fils. Car l'Histoire remarque que Simon Comte de Pontoise & d'Amiens, ayant dessein de se retirer au Monastere de S. Claude, donna à l'Abbaye de Cluny la ville de Mante, & ses dépendances, & que le Roy Philippes s'en estant emparé, vraysemblablement comme d'vne place frontiere, & necessaire à l'Estat, sur les plaintes qui luy en furent faites, en fit la restitution à ce Monastere, par acte passé à Mante l'an mille soixante & seize, qui est l'année que Simon se retira à S. Claude. Mais il y a lieu de croire que le Roy s'en accommoda depuis, auec les Moines de Cluny, dautant que nous lisons qu'incontinant aprés cette place fut en sa possession, & qu'il en disposa comme d'vn bien qui luy appartenoit. Car Guillaume de Iumieges parlant du siege que Guillaume le Bâtard Roy d'Angleterre mit deuant la ville de Mante l'an mille quatre-vingts sept, en laquelle année il mourut, dit en termes formels que cette place appartenoit en propre au Roy Philippes. Et Orderic Vital assure que le même Roy voulant appaiser Louys, surnommé le Gros, son fils, qui vouloit se venger de Bertrade de Monfort sa belle-mere, qui l'auoit voulu empoisonner, luy fit don de Pontoise, de Mante, & de tout le Comté du Vexin. Suger ajoûte que Louys, à la priere de son pere, consentit depuis que Philippes, fils du Roy & de Bertrade, jouïst du Comté de Mante : & ce en faueur du mariage, que le Roy & Bertrade procurerent à ce jeune Prince auec l'heritiere de Montlhery. Tant y a qu'il paroît assez de discours, que le Comté du Vexin tomba au domaine de nos Rois en ce temps-là, & qu'ainsi ce fut en cette qualité qu'ils ont commencé à faire porter l'Oriflamme, ou l'enseigne de S. Denys, dans leurs guerres : l'Histoire n'en faisant aucune

*Preuues de l'Hist. de Coucy p. 313. Bibl. Clun. p. 527.*

*Will. Gemet. l. 7. c. 44.*

*Orderic. l. 8. 11. 12. p. 700. 813. 884.*

*Suger. in Lud. c. 2. 17.*

## SVR L'HISTOIRE DE S. LOVYS. 247

mention auant le regne de Louys le Gros: Car je ne m'arréte pas au discours de ceux qui ont auancé qu'elle estoit connuë dés le temps de Dagobert, de Pepin, & de Charlemagne, toutes ces Histoires, qui ont debité ces fables, estant à bon droit reputées pour apocryphes. Ie ne laisseray pas neantmoins de representer en cét endroit ce qu'ils en disent, & entre autres Guillaume Guiart, dont je conserue le manuscrit:

*A, 1190.*

Li Rois en icel tams s'appreste,
Si come Dieu l'en auisa,
De là aller où promis a,
Autrement cuideroit mesprendre,
L'escherpe & le bourdon va prendre
A S. Denys dedens l'Yglise.
Puis a l'Oriflambe requise,
Que l'Abbés de leans li baille
Deuant lui l'aura en bataille,
Quant entre Sarazins sera,
Plus seur en assemblera,
S'orrois ci la raison entiere,
Oriflambe est vne banniere,
Aucun poi plus forte que Guimple,
De cendal roujoiant & simple,
Sans portraiture d'autre affaire,
Li Rois Dagobert la fist faire
Qui S. Denys ça en arrieres,
Fonda de ses rentes premieres,
Si come encore appert leans,
Es Chappleis des mescreans,
Deuant lui porter la faisoit,
Toutes fois qu'aler li plaisoit,
Bien attachée en vne lance,
Pensant qu'il eut remembrance,
Au rauiser le cendal rouge,
Ou la mort pot au fils Dieu plaire
Pour nous des peines d'enfer traire,
Et que quelque part qu'il venist
De son cher sang li souuenist,
Qui à terre fut espandu,
Le jour qu'on l'ot en crois pendu.
Et qu'il eust en l'esgardant,
Cuer de sa foi garder ardant,
Cil rois qui ainsi en vsa,
Maint orgueilleus ost reüsa,
Et vainquit mainte fiere emprise.
Par lui fust à S. Denys mise,
Li Moine en leur trésor l'assistrent,
Si successeur aprés li pristrent,
Toutesfois que ce s'arroierent,
Que Turcs ou Paiens s'arroierent,
Qui parfaitement sont damnez,
Ou faus Chrestiens condamnez,
S'a autre voulssent mesfaire,
Ils la voussent contrefaire,
D'eure semblable & aussi plaine.
Pepins & ses fils Karlemaine,
Qui tant Sarasins desconfirerent
En maint fort estour le monstrerent,
Et en mainte diuerse place,
Et Dieu li donna si grant grace,
Que souuent sans joindre fuioient,
Li contraire qui la veoient,
Au fuer de gent desconfortée.
Et coment que l'en ait portée
Par nacions blances & mores,
Elle est à S. Denys encores,
Là l'ai-je n'agueres veuë.

Ie ne m'arréte donc pas à toutes ces fables qui n'ont aucun fondement certain, & non pas mémes à ce que quelques sçauans ont mis en auant, que l'Oriflamme estoit connuë auant le regne de Louys le Gros. A l'effet dequoy ils se veulent seruir d'vne Patente du Roy Robert de l'an neuf cens quatre-vingts-dix-sept, qui se lit dans l'Histoire de l'Abbaye de S. Denys, dont voicy les termes: *Hac itaque regiæ largitionis nostræ indulgentiâ cupimus S S. Martyrum Dionysii, Rustici, & Eleutherij, quibus olim omnem spei nostræ fiduciam commisimus, patrocinia promereri, quatenus hostibus nostris & victrices dextras inferre, ac cum triumpho victoriæ, inuictâ, annuente Deo, exinde de eorum subjectione vexilla referre.* Car qui ne s'apperçoit pas que ces derniers termes n'ont autre force, & autre signification, que de remporter vne victoire. Ie ne m'arréte pas encore à ce que quelques Auteurs anciens ont donné à l'Oriflamme le nom de *Banniere de Charlemagne*, par ce que ce n'a esté que sur de fausses traditions, & pour n'auoir pas sceu son origine. Vn Auteur Anglois en l'an 1184. est en cette erreur, écriuant ainsi de cette Banniere: *Protulit hac vice Rex Francorum Philippus signum Regis Karoli, quod à tempore præfati principis, vsque in præsens, signum erat in Francia mortis vel victoria.* Comme aussi l'Auteur de la Chronique du Monastere de Senone: *Rex verò secum de Parisiis vexillum Caroli Magni, quod vulgò Auriflamma vocatur, quod nunquam, vt fertur, à tempore ipsius Caroli pro aliquâ necessitate à secre-*

*Chifflet.in Vind.Hisp.*

*Doublet l. 3. ch. 11.*

*Geruas. Dorob. A. 1184.*

*Chron. Senonienfe l. 3. c. 15.*

## DISSERTATION XVIII.

*tario Regis expositum fuerat, in ipso bello apportauerat.*

Il faut donc tenir pour constant que Louys le Gros fut le premier de nos Rois, qui en qualité de Comte du Vexin tira l'Oriflamme de dessus l'autel de l'Eglise de S. Denys, & la fit porter dans ses armées, comme la principale enseigne du Protecteur de son Royaume, & dont il inuoquoit le secours dans son cry d'armes. Ce fut particulierement lorsqu'ayant appris que Henry V. Roy d'Alemagne venoit en France auec ses troupes, *Communicato cum Palatinis consilio, ad SS. Martyrum Basilicam, more antecessorum suorum perrexit, ibíque præsentibus regiis optimatibus, pro regni defensione eosdem patronos suos super altare eorumdem eleuari pro affectu & amore effecit :* Ainsi qu'il est enoncé en vne Patente de ce Roy de l'an 1124. où il ajoûte ces mots : *Præsenti itaque venerabili Abbate præfatæ Ecclesiæ Sugerio, quem fidelem & familiarem in Consiliis nostris habebamus, in præsentia optimatum nostrorum vexillum de altario beatorum Martyrum, ad quos Comitatus Vilcassini, quem nos ab ipsis in feodum habemus, spectare dinoscitur, morem antiquum antecessorum nostrorum seruantes & imitantes, significari jure, sicut Comites Vilcassini soliti erant, suscepimus,* D'où il est euident que le Roy Louys ne reçut des mains de l'Abbé de S. Denys l'Oriflamme, qu'en qualité de Comte du Vexin, *more antecessorum suorum,* c'est à dire en la maniere que les Comtes du Vexin ses predecesseurs en ce Comté, auoient coûtume de la receuoir.

*Doublet l.3. ch. 13.*

Il est arriué dans la suite que nos Rois, qui estoient entrez dans les droits de ces Comtes, s'en sont seruis, pour leurs guerres particulieres, comme estant la banniere qui portoit le nom du Protecteur de leur Royaume, ainsi que j'ay remarqué, la tirans de dessus l'autel de l'Eglise S. Denys, auec les mémes cérémonies, & les mémes prieres, que l'on auoit accoûtumé d'obseruer, lorsqu'on la mettoit entre les mains des Comtes du Vexin pour les guerres particulieres de ce Monastere. Ces cérémonies sont ainsi décrites par Raoul de Presle, au Traité dont je viens de parler, en ces termes : *Premierement la procession vous vient à l'encontre jusques à l'issuë du Cloistre, & aprés la procession, atteints les benoists corps Saints de Monsieur S. Denys, & ses Compagnons, & mis sur l'autel en grande reuerence, & aussi le corps de Monsieur S. Louys, & puis est mise cette banniere ployée sur les corporaux, où est consacré le Corps de N. S. Iesus Christ, lequel vous receuez dignement aprés la celebration de la Messe : si fait celuy lequel vous auez esleu à bailler, comme au plus prud-homme & vaillant Cheualier : & ce fait, le baisez en la bouche, & luy baillez, & la tient en ses mains par grande reuerence, afin que les Barons assistans le puissent baiser comme reliques & choses dignes, & en luy baillant pour le porter, luy faites faire serment solemnel de le porter & garder en grande reuerence, & à l'honneur de vous & de vostre Royaume.* Iuuenal des Ursins a aussi touché ces cérémonies, qui s'obseruoient, lorsqu'on confioit l'Oriflamme au Cheualier qui la deuoit porter. *Le Roy s'en alla à S Denys, visita les corps SS. fit ses offrandes, fit benir l'Oriflamme par l'Abbé de S. Denys, & la bailla à Messire Pierre de Villers, lequel fit le serment accoustumé.* Le méme Auteur ailleurs : *Le Roy alla à S. Denys &c. les corps de S. Denys & de ses Compagnons furent descendus & mis sur l'autel. Le Roy sans chapperon & sans ceinture, les adora, & fit ses oraisons bien & deuotement & ses offrandes, & si firent les Seigneurs. Ce fait, il fit porter l'Oriflamme, & fut baillée à vn vieil Cheualier, vaillant homme, nommé Pierre de Villers l'ancien, lequel reçut le Corps de N. S. & fist les sermens en tel cas accoustumez : & aprés s'en retourna le Roy au Bois de Vinciennes.* L'Histoire Latine du Roy Charles VI. dit la méme chose en la méme année : *His ergo ritè peractis, cùm Rex de manibus ejus (Abbatis) videlicet vexillum suscepisset, illud Petro de Villaribus Domus Regiæ Magistro, cum pacifico osculo, tradidit deferendum.* Le méme Ecriuain en l'an 1412. *Vexilliferum etiam regium multipliciter commendauit (Abbas) qui priùs percepto Eucharistiæ sacramento, inter Regem & Abbatem flexis genibus, & sine caputio mansit, donec verbis finem fecit ; & cùm publicè super Corpus Christi jurasset, quod illud vsque ad mortem fideliter custodiret, mox illud Rex de manu Abbatis recipiens, cum pacis osculo, ad collum ejus suspendit, priscorum*

*I. des Ursins A.1381.*

*Id. A. 1382.*

## SVR L'HISTOIRE DE S. LOVYS. 249

*rum ceremonias obseruans.* Enfin cét Auteur en l'an 1414. parlant du Seigneur de Bacqueuille, qui porta l'Oriflamme en cette année-là, remarque encore la forme de porter cette Banniere: *Et illud, quasi pretiosissimum monile, à collo vsque ad pectus dependens detulit multis feriis successiuis ante Regem, donec Siluanectum peruenisset.*

L'oraison qui se recitoit par l'Abbé de S. Denys, lorsqu'il donnoit l'Oriflamme, se voit dans l'Histoire de cette Abbaye ; mais quant au serment qui estoit fait par celuy à qui on en donnoit la charge, je l'insereray en cét endroit, parce qu'il n'a pas encore esté publié : *C'est le serement que fait le Cheualier, à qui le Roy baille l'Oriflambe à porter. Vous jurez & promettez sur le precieux Corps de Iesus Christ sacré cy-présent, & sur le corps de Monseigneur S. Denys & ses Compagnons qui cy sont, que vous loyalment en vostre personne tendrez & gouvernerez l'Oriflambe du Roy Monseigneur, qui cy est, à l'honneur & profit de luy, & de son Royaume, & pour doute de mort, ne autre auanture, qui puisse venir, ne la delaisserez, & ferez par tout vostre devoir, comme bon & loyal Cheualier doit faire enuers son souuerain & droiturier Seigneur.* <small>Doublet l. l. c. 41.</small>

Plusieurs sont tombez en cette erreur, qu'ils ont crû que l'Oriflamme n'estoit tirée de l'Eglise de S. Denys, que lorsque nos Rois auoient de fâcheuses guerres sur les bras pour repousser leurs ennemis, qui venoient attaquer leurs Etats, & pour les défendre contre leurs insultes. *& non mie quand on veut conquester autre pays*, ainsi que Iuuenal des Vrsins parle en quelque endroit de son Histoire, ou bien lorsqu'on faisoit la guerre aux Infidéles, ainsi que Froissart a auancé: parce qu'il est sans doute que cette enseigne a tousjours passé pour la principale de nos armées, soit que la guerre fust entreprise pour la défense des frontieres, soit qu'elle fust au dedans contre les ennemis de l'Etat. Mémes le Poëte Breton témoigne qu'elle se portoit deuant toutes les autres Bannieres : <small>Des Vrsins A. 1386. Froiss. 2. vol. c. 125.</small>

*Omnibus in bellis habet omnia signa preire.*

Ce que Rigord assure pareillement, en ces termes, *Vexillum S. Dionysii, quod omnes praecedere in bella solebat.* Il y en a mémes qui estiment que le Poëte Florentin a fait allusion à cette coûtume, lorsqu'il a donné le nom à la Vierge, d'*Oria fiamma, Pacifica :* parce que comme l'Oriflamme precedoit toutes les autres bannieres, ainsi cette Reine des Cieux estoit la conductrice des Compagnies bienheureuses des Saints : <small>Rigord. A. 1115. Dante nel Parad. Cant. 31.</small>

*Cosi quella pacifica Oria fiamma,*
*Nel mezzo s'auuiuaua è d'ogni parte,*
*Per equal modo alientaua la fiamma.*

Mais afin qu'il ne reste aucun sujet de douter que cette sacrée banniere de S. Denys n'ait esté portée en toute sorte de guerre de nos Rois, il est à propos d'en donner toute l'histoire, & de marquer exactement les occasions où elle a esté employée.

Pour commencer par Louys le Gros, qui fut le premier qui deuint possesseur du Comté de Vexin, j'ay remarqué qu'il la fit porter dans ses armées, lorsqu'il marcha contre l'Empereur Henry V. Son fils Louys VII. ayant entrepris le voyage d'outremer en l'an 1147. *Ad iter tantae peregrinationis venit, vt moris est, ad Ecclesiam B. Dionysii à Martyribus licentiam accepturus : & ibi post celebrationem Missarum, baculum peregrinationis, & vexillum B. Dionysii, quod Oriflambe Gallicè dicitur valdè reuerenter accepit, sicut moris est antiquorum Regum, quando solent ad bella procedere, vel votum peregrinationis adimplere.* Philippes Auguste, fils de Louys, estant sur le point de faire le méme voyage, *Ad Ecclesiam beatissimi Martyris Dionysii cum maximo comitatu venit causâ licentiam accipiendi. Consueuerat enim antiquitus Reges Francorum, quod quandocumque contra hostes arma mouebant, vexillum desuper altare B. Dionysii pro tutelâ, seu custodiâ secum portabant, & in primâ acie pugnatorum ponebant.* Le méme Roy en la bataille de Bouines y porta encore l'Oriflamme, ou l'enseigne de S. Denys, *Vexillum S. Dionysii, cum si-* <small>Gesta Lud. V I I. c. 4. Rigord A. 1190. Odo de Diogilo l. 1. Id. Rigord. A. 1115.</small>

Partie II.             I i

## DISSERTATION XVIII.

*gno Regali, vexillo scilicet floribus lilii distincto, quod ferebat die illâ Galo de Mon-*
*tiniaco Miles fortissimus, sed non dives.* Ce que Guillaume le Breton témoigne

Will.Brito
l. 2. Philip.
p. 228.

encore, en ces vers :

*Ast Regi satis est tenues crispare per auras*
*Vexillum simplex cendato simplice textum,*
*Splendoris rubei, letania qualiter uti*
*Ecclesiana solet certis ex more diebus,*
*Quod cùm flamma habeat vulgariter aurea nomen,*
*Omnibus in bellis habet omnia signa preire*
*Quod Regi * præstare solet Dionysius Abbas,*
*Ad bellum quoties sumptis proficiscitur armis.*

* Gall.
prester.

Puis distinguant l'Oriflamme de la Banniere de France, il ajoûte :

*Ante tamen Regem signum regale tenebat*
*Montiniacensis vir fortis corpore Galo.*

Ph. Mousk.

Et ainsi il paroît evidemment que Philippes Mouskes en son Histoire de France s'est mépris, lorsqu'il a confondu ces deux Bannieres :

*Et par le conseil de sa gent,*
*Si a fait bailler esramment*
*L'Oriflambe de saint Denyse,*
*A un Chevalier par devise,*
*Walo de Montigny ot nom*
*Qui moult estoit de grant renom.*

Chron. Se-
non. c. 15.

L'Auteur de la Chronique de l'Abbaye de Senone est aussi tombé en cette erreur. Louys VIII. fils de Philippes porta encore l'Oriflamme en la guerre contre les Albigeois, au recit du même Philippes Mouskes :

*Armet se sont, & si ont prise*
*L'enseigne au Roy de S. Denyse,*
*Vers Auignon u mult ot tors, &c.*

Math. Par.
p. 399.

Aprés Louys VIII. suit le Roy S. Louys son fils, qui selon Mathieu Paris, fit porter l'Oriflamme en la guerre qu'il eut contre Henry Roy d'Angleterre l'an 1242. *Mane autem facto, ecce nostri Anglici viderunt Oloflammam Regis Francorum, & eorum papiliones, cum vexillis.* Il la fit encore porter dans les deux voyages qu'il entreprit en la Terre Sainte. Le Sire de Ioinuille en rend le témoignage à l'égard de celuy de l'an 1248. *A la main destre arriua la Gallée de l'enseigne de S. Denys, &c.* Et aprés luy Guillaume de Nangis : *Rex cum legato sacrosanctam crucem Domini triumphalem deferente nudam & apertam, in quodam nassello erat, præcedente quoque juxta ipsos in alio nassello B. Dionysii Martyris vexillo.* Guillaume Guiart nomme cette Banniere de S. Denys, l'Oriflamme :

*Vn autre vaissel les deuant,*
*Tout parfait d'cuure au leur pareille,*
*Là est la Banniere vermeille,*
*Que la gent l'Oriflambe appelle,*
*El quel, & joignant laquelle,*
*Sont li frere au Roy en estant.*

Math. Par.
A. 1250.

Comme encore Mathieu Paris : *Progrediuntur qui eorum præstantiores videbantur, prænia Oloflammâ subsecuti.* Quant à l'entreprise de Tunes, les termes de Guillaume de Nangis sont singuliers : *Rebus bellicis in portu Aquarum mortuarum præparatis, Rex deuotus cum filiis & multis regni proceribus ad S. Dionysium patronum suum, secundum antiquam Regum Francorum consuetudinem, licentiam accepturus accessit. Itaque Martyres B. Dionysium, Rusticum, & Eleutherium deuotissimè cum multis precibus interpellans, vexillum de altario S. Dionysii, ad quod comitatus Vilcassini pertinere dinoscitur, quem etiam Comitatum Rex Franciæ debet tenere de dictâ Ecclesiâ in feodum, morem antiquum prædecessorum suorum seruare volens, signiferi iure, sicut Comites Vilcassini soliti erant suscipere, suscepit cum perâ & baculo peregrinationis.* Et Guillaume Guiart parlant d'vn combat prés

## SVR L'HISTOIRE DE S. LOVYS.

de Thunes, aprés la mort de saint Louys.

> *L'Oriflambe est au vent mise*
> *A val, lequel va ondoiant*
> *Le cendal simple roujoiant,*
> *Sans ce qu'autre euure i soit portraite,*
> *Entour s'est l'ost de France traite,*
> *Où mainte cointise fretele.*

Philippes le Hardy, fils de S. Louys, fit aussi déployer l'Oriflamme en la guerre qu'il eut contre Alphonse Roy de Castille l'an mille deux cens soixante & seize. L'Auteur de sa vie ayant remarqué, qu'auant que de se mettre en chemin, *Vt moris est antiquis Francorum Regibus, visitato patrono suo, scilicet S. Dionysio cum sociis, & auditâ missâ ad altare Martyrum, vexillum B. Dionysii de manu Abbatis illius Ecclesiæ tunc accepit.* Ainsi sous Philippes le Bel, en la bataille de Monts en Puele l'an mille trois cens quatre, cette méme Oriflamme y fut portée par Anseau de Cheureuse, vaillant Cheualier, qui y perdit la vie, ayant esté étouffé de la chaleur & de la soif, *qui ferebat tunc, & alias pluries tulerat de præcepto Regis, ob fidelitatem & integritatem eximiam,* ainsi qu'vn Auteur de ce temps-là, cité par Vignier raconte. Meier écrit que les François la perdirent en cette bataille, & qu'elle fut prise & déchirée par les Flamens. Il est vray que la Chronique de Flandres dit que la nuit qui suiuit ce combat, elle fut à terre sur le champ, où la bataille fut donnée. Mais Guillaume Guiart, qui y fut présent, ainsi qu'il raconte luy-méme, assure que l'Oriflamme, qui y fut perduë en ce combat, n'estoit pas la veritable, mais vne Oriflamme contrefaite, que le Roy auoit fait éleuer en ce jour-là, pour échauffer le courage des soldats:

*Gesta? hist.*

*Chron. de Fland.c. 47.*

> *Aussi li Sires de Cheureuses*
> *Porta l'Oriflambe merueille,*
> *Par droite semblance pareille*
> *A cele s'éle voit esgarde,*
> *Que l'Abbé de S. Denys garde.*

Et plus bas:

> *Anssiau le sieur de Cheureuse*
> *Fut, si come nous apprismes,*
> *Esteint en ses armes meismes,*
> *De trop grande halene & retraite,*
> *Et l'Oriflamme contrefaite*
> *Chaï à terre, & la saisirent*
> *Flamens, qui aprés s'enfuirent.*

Il n'y a donc pas lieu de s'étonner, si les Flamens se persuaderent alors qu'ils s'estoient rendus maîtres de l'Oriflamme, n'ayant pû distinguer la fausse d'auec la veritable. Ce qui est d'autant plus probable, que nous voyons qu'incontinent aprés elle parut encore dans nos armées. Car en l'an 1315. le Roy Louys Hutin la fit porter en la guerre qu'il eut contre les mémes Flamens, & en donna la garde à Herpin d'Erquery. Ensuite nous lisons que Miles de Noiers Cheualier du Duché de Bourgogne la porta en la bataille de Mont-Cassel l'an mille trois cens vingt-huit. Gilles de Roye parlant de ce combat: *Ordinauit decem acies, in quarum mediâ, scilicet in quintâ, erat Rex armatus, & ante ipsum quatuor vexilla cæteris altiùs eleuata, in quorum medio eminebat Olaflamina Regis.* Et plus bas, *postea Rex Franciæ ad S. Dionysium venit, & obtulit Oliflammam suam, quâ contra Flamingos vsus fuerat.* Le méme Roy la fit encore éleuer en ses troupes, à la funeste bataille de Crecy, où Miles de Noiers la porta, & aussi lorsqu'il alla au secours de Calais, qui estoit assiégée par les Anglois, en l'an mille trois cens quarante-sept. Le méme Auteur: *Philippus Francorum Rex Oliflammam suam apud S. Dionysium accepit, & congregato exercitu venit ad succursum illorum de Calesiâ à Rege Anglorum obsessorum.* Et Iean Villani, parlant de

*Chron. de Fland.*

*Meier. l. 12.*

*Æg. de Roya A. 1347.*
*Gio. Villa-*
*ni l. 12. c. 85.*

Partie II.

cette expedition : *Fere trarre di san Dionigi l'ensegna d'oro e fiamma, la quale per vsanza non si trae mai, se non à grandi bisogni, e necessita del Re e del reame. La quale è addogata d'oro e di vermiglio, e quella diede al siri di ... ( f. Noieri ) di Borgogna, nobile gentilhuomo, e prode in arme.* Nous lisons qu'ensuite nos autres Rois l'ont fait porter dans leurs guerres par les plus vaillans Cheualiers de leur Royaume. Car en l'an mille trois cens cinquante-six Geoffroy Seigneur de Charny la porta à la bataille de Poitiers. Arnoul d'Audeneham Maréchal de France, fut choisi par le Roy Charles V. pour la porter en ses armées. La Chronique de Bertrand du Guesclin parlant de ce Seigneur,

*Froiss. 1. vol. ch. 164. Chr. de B. du Guesclin MS.*

    Li Mareschaus par la, qui fu bien doctrinez,
    Du Roy de France fu moult prisiez & amez,
    Car pour le plus preudhomme, qui peut estre trouuez,
    Li fu li Oriflans bailliez & deliurez.

*Com. par M. d'Herouual.*

Au Compte de Iean l'Huissier Receueur general des Aydes, qui est en la Chambre des Comptes de Paris, il y a vn mandement du Roy du vingt-sixiéme jour de Nouembre l'an mille trois cens soixante & dix, par lequel il ordonne de payer la somme de deux mille liures, au Seigneur d'Audeneham Cheualier son Conseiller établi pour porter l'Oriflamme, *aux gages de deux*

*Iuuen. des Vrsins. Hist. Caroli VI. Froiss. 2. vol c. 114. Chron. de Fland. c. 11. Des Vrsins. Vita Car. VI. Galand des Estendarts de France. Texere, &c.*

*mille liures francs par an à sa vie, pour soustenir son estat, lorsqu'il luy commit la garde de son Oriflambe.* Aprés la mort d'Arnoul, le Roy Charles VI. en donna la garde à Pierre de Villiers Seigneur de l'Isle-Adam Grand Maître d'Hostel de France, qui la porta dans les guerres de Flandres en l'année mille trois cens quatre-vingts vn, & la suiuante. En l'an mille trois cens quatre-vingts trois Guy de la Trimoüille Cheualier, en fut chargé par le méme Roy, à la recommandation du Duc de Bourgogne, lorsque l'on fit marcher les troupes contre les Gantois reuoltez. Ensuite, l'Histoire remarque que Pierre d'Aumont, surnommé Hutin, premier Chambellan du Roy, en fut chargé en l'an mille quatre cens douze, le Roy, comme Iuuenal des Vrsins écrit, estant venu à S. Denys, ainsi qu'il est accoûtumé, & l'ayant prise, la bailla à ce Seigneur, qui reçût le corps de N. S. & fit les sermens ordinaires. Estant décé-

*Des Vrsins. Vita Car. VI.*

dé incontinent aprés, le Roy la donna à Guillaume Martel Seigneur de Bacqueuille son Chambellan, qui en fit les sermens, & parce qu'il estoit auancé en âge, on luy donna pour aide son fils aîné, & Iean de Betac Cheualier. Depuis ce temps-là, l'Histoire ne fait plus de mention de l'Oriflamme, estant probable que nos Rois cesserent de la faire porter dans leurs armées, depuis que les Anglois se rendirent maîtres de Paris, & de la meilleure partie de la France sous le regne de Charles VII. qui aprés les auoir chassez ayant établi vne nouuelle maniere de faire la guerre, & institué des Compagnies d'or-

*Doublet.*

donnance, inuenta aussi la Cornette blanche, qui a esté dans la suite la principale banniere de nos armées. Quant à l'Oriflamme, l'Auteur de l'Histoire de l'Abbaye de S. Denys rapporte qu'en l'Inuentaire du Trésor de cette Eglise fait par les Commissaires de la Chambre des Comptes en l'an mille cinq cens trente-quatre, elle se trouue énoncée sous ces termes : *Etendart d'vn cendal fort espais, fendu par le milieu en façon d'vn gonfanon, fort caduque, enuelopé autour d'vn baston, couuert d'vn cuiure doré, & vn fer longuet, aigu au bout.* Le méme Auteur ajoûte qu'il a vû cét étendart repris en cét Inuentaire, encore aprés la reduction de Paris par le Roy Henry IV.

Pour conclure cette Dissertation, je rapporteray icy les vers de Philippes Mouskes, qui font voir l'estime que l'on faisoit de son temps de l'Oriflamme. C'est en la vie de Louys VIII.

    *Quar par raison doit-on douter*
    *France, & le Roy par tot le monde,*
    *Quar c'est la couronne la plus monde,*
    *Et plus nette & plus deliteuse*
    *Et adiés plus ceualeureuse ;*

# SVR L'HISTOIRE DE S. LOVYS.

*France a les ceualiers hardis,*
*Et sages par fais & par dis;*
*France tient & porte l'espée*
*De justice, & deuelopée*
*L'enseigne saint Denys de France*
*Ki François oste de souffrance.*

Enfin j'ajoûte à toutes ces remarques, que l'Auteur de la vie de l'Empereur Henry VII. semble luy attribuer entre ses bannieres, l'Oriflamme, *nec minùs extemplo aquilas, aureámque flammam explicans, in Florentiæ fines processit.* Mais il est probable qu'il a entendu par cette façon de parler, ou le *Carrocio* des Italiens, ou du moins la principale banniere de ses troupes. De même que le Roman de Guiteclin se sert de ce terme, pour toute sorte d'enseignes. *Albert. Muffat. de gest. Henri ci VII.c. 2.*

*Por tel que en bataille porteras l'Oriflor.*

Ailleurs :

*Mainte enseigne i baloie tainte en greine*
*L'Oriflambe Karlin est deuant premieraine.*

Vn autre Roman :

*Requourent cele part, où virent l'Oriflour.*

---

## DV TOVRMENT DES BERNICLES, & du Cippus des anciens.
### DISSERTATION XIX.

*Pour la page. 67.*

LE Sire de Ioinuille dit que le Sultan de Babylone, ou son Conseil fit faire au Roy des propositions peu raisonnables, croyant qu'il y consentiroit pour obtenir sa déliurance, & celle de ceux de sa suite, qui auoient esté faits prisonniers auec luy en la bataille de Massoure. Et sur ce que le Roy refusa absolument d'y donner les mains, il le voulut intimider, & le menaça de luy faire souffrir de grands tourmens. Mathieu Paris : *Cùm frequenter à Saracenis cum terribilibus comminationibus sollicitaretur Rex vt Damiatam redderet; & noluit vllà ratione, postularunt summam sibi pecuniæ persolui sine diminutione; vel diuturno cruciatu vsque ad mortem torqueretur.* Ce tourment est appelé par le Sire de Ioinuille *les Bernicles*, lequel il décrit en ces termes. *Et voyans les Sarazins que le Roy ne vouloit obtemperer à leurs demandes, ils le menacerent de le mettre en Bernicles : qui est le plus grief tourment qu'ils puissent faire à nully : Et sont deux grans tisons de bois, qui sont entretenans au chef. Et quant ils veulent y mettre aucun, ils le couschent sur le cousté entre ces deux tisons, & luy font passer les jambes à trauers de grosses cheuilles : puis couschent la piece de bois, qui est là-dessus, & font asseoir vn homme dessus les tisons. Dont il auient qu'il ne demeure à celuy qui est là couché point demy pied d'ossemens, qu'il ne soit tout desrompu & escaché. Et pour pis luy faire, au bout des trois jours luy remettent les jambes, qui sont grosses & enflées, dedens celles bernicles; & le rebrisent derechief, qui est vne chose moult cruelle à qui sauroit entendre : & la lient à gros nerfs de bœuf par la teste, de peur qu'il ne se remuë là dedans.*

Plusieurs estiment auec beaucoup de probabilité que ce tourment n'est autre que le *Cippus* des Latins, & le ποδοκάκη des Grecs, qui estoit vne espéce de machine de bois, composée de telle maniere, qu'on faisoit passer les jambes du criminel par des trous fort éloignez, les faisans demeurer long-temps en cette posture, auec les jambes si écartées & si ouuertes, qu'il leur estoit impossible de se remuer. Notker en son Martyrologe a parlé de ce tourment : *Diu in carcere maceratus, & in cippo missus, deinde in mare demersus est.* Et la vie de S. Lupere Martyr : *Deinde eum jussit in carcerem trudi, & in arcto cippo extendi.* Mais il est décrit plus exactement par S. Paulin en ces vers : *2. Ianu.*

## DISSERTATION XIX.

*Paul. Nat. 4.*
*Primus supplicii de carcere texitur ordo.*
*Ferrea junguntur tenebrosis vincula claustris,*
*Stat manibus collóque chalybs, neruóque rigescunt*
*Diducente pedes.*

*Prudent. περὶ στεφ. in S. Vincent.*
Et par Prudence,
*In hoc barathrum conjicit*
*Truculentus hostis Martyrem,*
*Lignóque plantas inserit*
*Diuaricatis cruribus.*

Puis parlant des trous, par où on faisoit passer les jambes du criminel, que le Sire de Ioinuille nomme improprement, cheuille;
*Dupléxque morsus stipitis*
*Ruptis cauernis diffilit.*

*Lucian, in Toxari.*
Ce tourment est encore exprimé par Lucian, où parlant d'vn certain Antiphile accusé d'auoir volé le temple d'Anubis, il dit que dans la prison, on luy faisoit passer les jambes dans les trous d'vn bois, en sorte qu'il ne pouuoit les étendre: ὑπεῦδεν τοιγαροῦν ὁδὴν, καὶ πονήρως εἶχεν, οἷον εἰκὸς χαμαὶ καθεύδοντα, καὶ τῆς

*Lysias orat. 1. contra Theomnest. p. 117.*
νυκτὸς οὐδὲ ἐπιτεῖναι τὰ σκέλη δυνάμενον, ἐν τῷ ξύλῳ κατακεκλεισμένα. C'est ce que l'Orateur Lysias appelle ἐν τῷ ξύλῳ δεδέσθαι. Harpocration parlant du ποδοκάκη, dit que c'est τὸ ξύλον τὸ ἐν δεσμωτηρίῳ, & Suidas, comme aussi les Gloses dans les Basiliques: ποδοκάκη, ξύλον τὸ ἐν εἱρκτῇ, εἰς τὸ τοὺς πόδας ἐμβάλλοντες συνέχουσιν, ὁ παρὰ Ῥωμαίοις καλεῖται κέππος. D'où il se recueille que ce tourment estoit composé de pieces de bois troüées & percées, & que l'on faisoit passer les jambes des criminels par les trous qui estoient éloignez les vns des autres, afin de les obliger à les auoir écartées, en sorte que cela leur causoit vne sensible douleur, n'ayant pas la liberté de les rejoindre. Ces piéces

*S. Cyprian. ep. 77.*
de bois sont appellées *Transuersariæ*, dans vne Epître de S. Cyprian: *O pedes compedibus & transuersariis cunctabundi, sed celeriter ad Christum glorioso itinere cursuri.*

Il y auoit en cette piéce de bois diuers trous, dont les vns estoient plus éloignez que les autres, par lesquels on faisoit passer les jambes du criminel, suiuant la qualité de son crime, ou de la peine qu'on vouloit encore luy faire souffrir. Simeon Metaphraste en la vie de S. Lucian décriuant le ποδοκάκη, dit que c'est vn bois qui a quelque longueur, & est percé en quatre endroits: & que lorsque l'on fait passer les jambes du criminel par les plus éloignez, c'est l'extrémité du supplice, ξύλον δὲ προμηκές ἐστι τετρελωτημένον, ἀμφοτέρους αὐτοῦ τοὺς πόδας ἐπεβίβαζον, ἐπὶ πλεῖστα τρήματα διελκύσαντες, ὅπερ ἐστὶ τὸ τῆς τιμωρίας ταύτης βαρύτερον. Ce qui conuient à la description qu'Eusebe en a fait en son Hi-

*Euseb. l. 5. c. 1. Salm. ad Tertull. Pall. Tibull. l. 1.*
stoire Ecclesiastique, où il met jusques à cinq trous: ταῖς καθ' εἱρκτὴν ἐν τῷ σκότει καὶ τῷ χαλεπωτάτῳ χωρίῳ συγκλεισθείς, καὶ τοὺς ἐν τῷ ξύλῳ διαταθεὶς τοὺς πόδας, ἐπὶ τὸ πέμπτον διατεινόμενοι τρύπημα. C'est à ces trous éloignez que quelques sçauans rapportent ces vers de Tibulle:
*Spes etiam durâ solatur compede vinctum,*
*Crura licèt longo cuspite vincta sonent.*

où ils restituent ainsi aprés les MSS. ce second vers: *Cuspis* estant cet anneau de fer, auec lequel on attachoit la partie inferieure de la lance. De sorte que *Cuspus* & *Cippus* ont esté formez delà, qui n'est autre chose qu'vn anneau de bois, ou vn trou dans le bois. Ce qui est confirmé par *Eustathius* sur Homere, qui dit qu'on appelloit ainsi le cercle, ou l'anneau, dans lequel on mettoit le bout de la lance, ὃν ἡ ἀπεικονίστη γλῶσσα κέππον καλεῖ, ἐκ μεταφορᾶς τοῦ περὶ τοὺς πόδας ξυλίνου δεσμοῦ. Ces trous donc sont appellez anneaux, & ceux à qui on faisoit souffrir ce tourment *Annulati*, comme on recueille de l'ancien Glossaire, qui traduit ce mot, par celuy de συμποδισθέντες, y restituant *Annulati*, au lieu d'*Anati*, ainsi que porte l'imprimé. Apulée s'est aussi seruy de cette façon de parler, *pedes seruorum annulati*.

## SVR L'HISTOIRE DE S. LOVYS. 255

Il semble que les jambes estant ainsi passées, estoient liées étroitement auec des nerfs & des cordes, afin qu'elles ne pussent s'en retirer. C'est ce que S. Paulin dit formellement :

———*Neruóque rigescunt*
*Diducente pedes.*

Et Guillaume le Breton de l'Ordre des Freres Mineurs en son Vocabulaire MS. cite ces vers, tirez probablement de l'Auteur du Grecisme, qui confirment cecy :

*Nervo torqueris, in Cippo quando teneris :*
*Membráque firmantur neruis quibus ossa ligantur.*

L'Epître de S. Phileas, qui se lit dans Eusebe & Nicephore Calliste, remarque que les Tyrans exercerent toute sorte de tourmens contre luy & ses compagnons, & entre autres qu'ils leur firent passer les jambes dans des trous d'vne piece de bois, & mémes jusques au quatriéme, ensorte qu'ils estoient obligez de se tenir renuersez : ἦσαν δὲ οἳ ϰ μετὰ αἰκισμοὺς ἐπὶ τῷ ξύλῳ κείμενοι διὰ τῶν προσωτέρω ὀπῶν ἀντιτετραμένοι ἄμφω τὼ πόδε, ὡς κατ' ἀνάγκην αὐτοὺς ἐπὶ τῷ ξύλῳ ὑπτίους εἶναι. Où Gregoire, qui viuoit du temps de ces Martyrs, & qui en a décrit les Actes, explique ainsi cette espece de tourment : *Tanta verò in his crudelitas erat,—ut posteaquam omne corpus vel tormentis, vel verberibus fuisset absumptum, trahi rursum pedibus iuberentur ad carcerem, atque neruo pedibus conclusis, recentibus adhuc vulneribus, rejicerentur in solum, testarum fragmentis substerstratum.* De sorte qu'il y a lieu de douter, si le *Neruus* des anciens, estoit le méme tourment que le *Cippus*, veu que l'on doit tenir pour constant que dans le *Cippus*, les pieds estoient liez, ce qui a donné sujet à l'Orateur Lysias d'vser de ces termes, ἐν τῷ ξύλῳ δεδέϑαι, *in ligno poni*, dans les Actes des Martyrs, & mémes le criminel y estoit attaché au col, ainsi qu'on peut remarquer de quelques Ecriuains, ce qui est aussi specifié par le Sire de Ioinuille à l'égard des Bernicles. Le méme Auteur ajoûte qu'au tourment des Bernicles on faisoit tomber vne piece de bois sur les jambes du criminel, sur laquelle on faisoit asseoir vn homme, afin de peser dessus, & d'écraser les os. Ie remarque quelque chose de semblable en vn passage de Gregoire de Tours, qui se lit encore dans Flodoard : *Erat enim hujusmodi carcer, ut super struem tignorum axes validi superpositi pulpitarentur, ac deinceps qui eosdem opprimerent, insignes fuerant lapides collocati.*

Aprés toutes ces remarques, je ne fais pas de difficulté d'auancer que l'Auteur du Roman de Garin le Loherans a entendu parler de ce tourment, sous le nom de *buie*, qu'il décrit en ces vers :

*Sor vne coute se gist el palé cler,*
*En vne Buies auoit les piés boutés,*
*A deux * chaarres fétes de fer trempé,*
*Dont li * coron tiennent el mur serré,*
*N'en pot * esir, neque el ciel monter.*

Plus bas,

*Deuant lui gardé vit vn pestel ester,*
*Dont l'en soloit les * poisons destremper,*
*Quant le pestel ot sessi & coubré*
*Par tel vertu s'est jus del ius colés,*
*Que les grans Buies, qui ne porent torner,*
*Tranchent la char, li sans en est colés,* &c.

En cette description je remarque premierement que le criminel estoit assis sur *vne coute*, c'est à dire vn lit ; ce qui pourroit faire croire que dans le Sire de Ioinuille il faudroit lire, *il le couchent sur vne coûte*, au lieu de *sur le costé*, ce qui est plus difficile à conceuoir : Secondement, que les pieds estoient passez dans les trous de ces *Buies* : En troisiéme lieu, que le criminel estoit attaché au mur, ce qui est aussi obserué par le Sire de Ioinuille ; & enfin qu'auec vne piece de bois, qu'il appelle *Pestel*, ou poteau, on brisoit la chair du criminel, en sorte que le sang en découloit.

*Euseb. l. 8. c. III.*
*Niceph. l. 7. c. 9.*

*Apud Boland. 4. Febr. c. 1. n. 4.*

*V. Baron. ad 3. Febr.*

*Acta Mar. Scillit. apud Baron. A. 202. n. 2. Festus Isidor. l. 9.*

*Greg. Tur. l. 4. de Mir. S. Mart. c. 26.*
*Flod. l. 4. Hist. Rem. c. 50.*

* chaisnes.
* cordons.
* sortir, issir.

* prisons.

# DISSERTATION XIX.

<small>Fest. Isid.
Papias.
Plaut.Glos.
Lat. Gr.
Gloss. Æsr.
S. Hier. l.5.
Guillaume
in Herem.
c. 27.
Metell. in
Quir. & al.
à nobis lau-
dandi in
Gloss.
Anon. de
Mirac.
S. Fid. c. 14.
Vdalric.
l. 3. c. 3.
Isid. l. 5.
c. 27.
S. Audoën.
l. 2. c. 77.
Ch. 4.
Gloss. Basil.

Giou. Vill.
l. 6. c. 37.</small>

Quant au terme de *Buie*, il est tiré du Latin *Boia*, qui signifie vne espéce de chaîne, ou collier, auec lequel on attachoit le criminel. Papias vse du mot de *Bogia*, l'Auteur des Miracles de sainte Foy, de celuy de *Bodia*, & Vdalric dans les Coûtumes de l'Ordre de Cluny, de celuy de *Boga*. Guillaume Plagon en sa version Françoise de l'Histoire de Guillaume Archeuesque de Tyr l. 11. ch. 22. traduit ainsi ces mots Latins, *præcepit captum vinculis mancipari*, en ceux-cy, *il fut pris, & mis en bonnes buies*. Or il ne faut pas s'étonner si le Roman de Guarin a donné le nom de *Buie* au *Cippus* des anciens, veu que nous auons remarqué qu'il estoit encore appellé *Neruus*, parce que le criminel y estoit attaché auec des nerfs de bœuf, d'où vient que S. Isidore écrit que *Boia* est dit, *quasi jugum bouis*, les termes de *Boia*, & de *Cippus* estant depuis deuenus synonymes, pour ce que l'vn & l'autre estoient effectiuement des especes de chaînes & de colliers. S. Oüen en la vie de S. Eloy : *Cippi etiam fracti, & claudorum bacterii in argumento ostenduntur.* Et comme on lioit les criminels dans les prisons, les Concierges sont appellez *Chepiers*, & *Cepiers* dans les loix Normandes de Guillaume le Bâtard, & ailleurs : qui sont les mêmes qui sont nommez dans les Gloses des Basiliques Κυσπάτορες, & φυλακιςαί.

L'obseruation que l'on fait à ce sujet, que l'on peut appliquer à ces buies, & à ce tourment des Bernicles, la remarque de Iean Villani, a beaucoup de probabilité. Sçauoir que S. Louys ayant recouuré la liberté, & qu'estant de retour en France, en memoire de sa prison, & des tourments dont on l'auoit menacé, il en fit empreindre les figures en ses Tournois, ou Monnoies, du côté de la Pile, sçauoir les buies & les menottes des prisonniers, jusques à ce que luy ou ses Barons en eussent tiré la vengeance. Voicy les termes de cét Auteur : *Et come lo Re Luis & suoi Baroni furono liberati & ricomperati, furono pagate dette monete, & si ritornarono in Ponente, & per ricordanza della detta pressura, accioche vendetta ne fosse fatta, o per lui, o per li suoi Baroni, il detto Re Luis fece fare nella moneta del Tornese Grosso, dal lato della pila le Boie da prigioni.* Il est vray que nous ne voyons pas que ces figures qui se rencontrent dans les Tournois de S. Louys, & de quelques-vns de ses successeurs, ayent esté empreintes dans les monnoyes de ses predecesseurs Rois de France. I'en ay remarqué seulement vne presque semblable, dans vne monnoye d'argent de

<small>Lindan. in
Tenerem.
n. 225.
Hist. des C.
de Guines
l. 4. c. 6.</small>

Philippes d'Alsace Comte de Flandres, que ce Comte fit frapper à Alost, aprés qu'il se fut rendu maître de cette seigneurie vers l'an 1166. laquelle d'vn côté a ces mots, MONETA ALOST. & de l'autre vne double legende : la premiere, GRACIA DOMINI DEI NRI FACTVS SVM : la seconde celle-cy : PH. COMES FLAND. où toutefois j'auouë qu'il y a quelque difference pour la figure d'auec les monnoyes de S. Louys.

D'autre part, je ne sçay si S. Louys n'auroit pas plûtôt voulu remettre en vogue & en vsage la marque que Louys le Debonnaire faisoit empreindre en ses monnoyes, qui estoit vne espéce d'Eglise, sommée d'vne croix auec cette legende XHRISTANA RELIGIO. où il est à remarquer que ce temple est soûtenu de diuers piliers, ce qui me porte à croire que le mot de *Pile*, qui est demeuré parmi nous à vn reuers de nos monnoyes, vient de ces piliers qui s'y voient exprimez, ou du moins en celles de S. Louys, comme à l'autre celuy de *Croix*, à cause de la croix qui y est représentée. Guillaume Guiart en l'an 1295.

*Coment qu'il pregnent Croix, ou Pile.*

Et la Chonique de Bertrand du Guesclin ;

*Ie n'aime ne crois, ne pile, si ait m'ame pardon.*

Le Glossaire Latin François MS. donne le nom de *Pile* aux reuers des monnoyes : *nomisma, figure qui est au denier, pile, ou denier*. D'où il semble qu'on peut inferer que nos François ayant donné le nom de pile à ces reuers, ont pris ces figures pour des piles, ou piliers, ignorans peut-estre que ce fussent des buies, estant vray que ces figures, qui sont aux monnoyes de S. Louys, & d'aucuns

de

# SVR L'HISTOIRE DE S. LOVYS.

de ses successeurs, & mêmes de quelques-vns des Barons François, qui de tout temps ont affecté de faire les leurs approchantes en figures de celles de nos Rois, ont quelque rapport auec la description que le Sire de Ioinuille fait des Bernicles: Car comme il dit que ce tourment est composé de deux pieces de bois, qu'il appelle en cét endroit & ailleurs, d'vn terme impropre, *Tisons*, qui s'entretiennent, c'est à dire qui se joignent par le chef & par le haut, cela se voit dans la figure qui est aux monnoyes de S. Louys, les deux pieces estant percées par le bas, qui pourroit estre l'endroit par où on faisoit passer les jambes du criminel. Quant à l'autre piece de bois surlaquelle il dit que l'on faisoit seoir vn homme, elle semble estre representée au dessous, percée pareillement par les deux bouts, le surplus de la figure n'estant que pour l'ornement de la monnoye. J'ay veû plusieurs de ces monnoyes qui representent ces buies, tant de S. Louys que de Philippes le Hardy, de Philippes le Bel, du Roy Iean, d'Alphonse Comte de Poitiers, & d'autres, dont nous verrons vn jour les figures dans les Curieuses Recherches, que M. Bouteroüé Conseiller en la Cour des Monnoyes, a faites sur ce sujet.

*V. les Observ. de Cl. Menard.*

## DE LA RANCON DE S. LOVYS.
## DISSERTATION XX.

*Pour la page 68.*

PAr le Traité qui se fit pour la deliurance du Roy S. Louys, & des autres prisonniers faits à la bataille de Massoure & ailleurs, entre les deputez de sa Majesté & du Sultan de Babylone, il fut conuenu que le Roy payeroit au Sultan dix cens mille Besans d'or, qui valoient alors, au recit du Sire de Ioinuille, cinq cens mille liures: c'est ainsi que porte l'Edition de Claude Menard, car celle de Poitiers porte mal deux cens mille Besans. Le Besan estoit vne monnoye d'or des Empereurs d'Orient, ainsi appellée du nom de *Byzantium*, qui est la ville de Constantinople. Baldric de Dol en son Histoire de Hierusalem: *Direxerunt itaque legationem Constantinopolim, quæ vocabulo antiquiori Byzantium dicta fuit: vnde & adhuc monetas ciuitatis illius Denarios Byzanteos vocamus.* Guillaume de Malmesbury: *Constantinopolis primùm Byzantium dicta: formam antiqui vocabuli præferunt Imperatorii nummi Byzantini vocati.* Et Guntherus en son Histoire de Constantinople, parlant de cette capitale de l'Orient: *Græco nomine Byzantion vocabatur, vnde & apud modernos nummi aurei, qui in illâ formari consueuerant, à nomine ipsius vrbis Byzantii appellabantur.* Ce terme estoit général pour toutes les monnoyes d'or des Empereurs de Constantinople, lesquelles ne laissoient d'auoir leurs noms chacune en leur particulier. Par exemple on appelloit *Michalati*, celles qui auoient le nom & la figure de Michel Ducas; *Manuelati*, celles qui auoient esté battuës par l'Empereur Manuel Comnene, & ainsi des autres, dont je traiteray ailleurs. Il est parlé de ces Besans d'or tres-souuent dans les Auteurs. Ie trouue mémes qu'il y auoit des monnoyes d'argent ausquelles on donnoit ce nom de Besans, ayant remarqué dans vn titre de l'an 1399. expedié en l'Isle de Cypre, par lequel on fait don au Conuent des FF. Prêcheurs de Nicossie, où Hugues de Lezignan Prince de Galilée auoit esté inhumé, de mille Besans blancs de Cypre, ( *byzantii albi de Cypro*) pour la fondation de l'anniuersaire de ce Prince.

*Baldric. Dol. l. 1.*

*Malmesb. l. 4. do gest. Angl.*
*Gunther. cap. 15.*

*Tudeb. l. 4. Capit. Radelch. Princ. Beneu. c. 20. 27. & al.*

Mais il ne s'agit pas icy de cette espèce de Besans d'or de l'Empire de Constantinople: Car S. Louys en la lettre qu'il a écrite au sujet de sa prise & de sa deliurance, Guillaume de Nangis en la vie du même Roy, Vincent de Beauuais, & Guillaume Guiart disent qu'il fut conuenu qu'on paieroit au Sultan huit cens mille Besans Sarazinois, auquel nombre le Sultan reduisit

*Vinc. Belu. l. 32. c. 101.*

Partie II. K k

sa demande, suiuant le Sire de Ioinuille. Ces Besans Sarazinois, qui sont nom- mez *Byzantii Saracenati*, dans les Auteurs de ces siecles-là, estoient proba- blement tant la monnoye des Sultans de Babylone, que des Sultans de Coni, ou de la Cappadoce. Ceux-cy estoient plus particulierement reconnus sous le nom de *Soldans*, ou de Sultanins. Guillaume de Nangis, Vincent de Beauuais, & autres Auteurs en parlent souuent. L'vne & l'autre de ces monnoyes ne por- toient aucune figure, parce que chez les Sarazins & les Turcs, cela est défen- du, comme par vne maxime opposée à celle des Chrétiens : mais ils estoient mar- quez de caractéres Arabes. Theodulfe Euesque d'Orleans les a ainsi exprimez :

*Iste graui numero nummos fert diuitis auri,*
  *Quos Arabum sermo, siue character arat.*

Quelques Sçauans se sont persuadez que ces monnoyes des Sarazins, ainsi marquées de caractéres Arabes, auoient esté reconnuës en France sous le nom de Barbarins, dont il est parlé dans vne epître de Geoffroy Abbé de Ven- dôme, dans la Chronique de S. Martial de Limoges, & en celle de S. Estienne de la méme ville en l'an 1263. mais les termes de ces Chroniques justifient plei- nement que ce nom de Barbarins estoit celuy de la monnoye des anciens Vi- comtes de Limoges, encore que j'auoüe qu'il est malaisé de deuiner la raison de cette appellation. Quant aux Besans Sarazinois qui estoient inscrits des mots Arabes, El-Macin en sa Chronique nous apprend que ce fut le Calyphe Abi- melech, appellé par les Arabes Gabdomelic, & Abd-Amalech, qui le premier des Princes Arabes fit batre de la monnoye, & qui la fit marquer de ces ca- ractères, ALLAHO SAMADON, qui signifient *Dieu est le Seigneur* : car auant ce temps-là les Arabes ne se seruoient que de la monnoye de Perse d'argent, & de celle d'or des Grecs : ce que cét Auteur rapporte à l'an de N. S. 695. & Theophanes deux ans auparauant.

Le Sire de Ioinuille remarque en cét endroit, ou du moins donne à connoî- tre, que châque cent mille de Besans d'or, faisoit la somme de cinquante mil- le liures d'or. Vn Auteur Anglois dit que toute la somme, qui composa la ran- çon de S. Louys, fut de soixante mille liures d'or fin, sans les autres deniers communs, sçauoir les Esterlins, les Tournois, les Parisis, qui allerent à l'infini : *Summa autem redemptionis Regis Francorum erat sexaginta millia librarum auri pri- mi & purissimi, absque aliis denariis communibus, videlicet Esterlingis, Turonen- sibus, & Parisiensibus, qui ad infinitum numerum ascenderunt.* Il appelle *aurum primum*, ce que nous disons *or fin*, les Latins *obryzum* ; à la difference de l'or al- lié auec d'autres metaux, qui seroit nommé *secundum*, de méme que l'argent allié auec du cuiure est nommé dans *Cinnamus*, δεύτερον, & dans Iuuenal, *te- nue argentum, venæque secundæ*. Pour la méme raison l'argent fin est nommé πρῶτον, dans l'Auteur de la Narration de l'Image de N. S. dite τῷ Ἀντιφωνητῷ, dans Constantinople, donnée au public par le R. P. Combefis, laquelle fait mention du premier & du second argent, en ces termes : ὁ μὲν γὰρ κρατίστηρος εὑρέθη μεταβληθεὶς εἰς ἀργύριον πρῶτον, τὸν καλύμενον πενταφραγίςον, ὁ δὲ μόλιβδος εἰς ἔλατιον μὲν, δοκιμὸν δὲ. ὅμως δὲ αὐτὸς μεταπεποίηται εἰς δεύτερον ἀργύριον. Ainsi en la vie de *Claudius* la moindre huile est appellée *Oleum secundum*. Les Espagnols appellent cét argent second, *acendrado*, comme nous apprenons de Couarruuias.

Mathieu Paris écrit que les Sarazins ayant demandé au Roy pour la rançon de ses gens cent mille liures d'or, ils le quitterent pour cent mille Marcs d'ar- gent. A quoy se rapporte la lettre du Chancelier écrite au Comte de Cor- noüaille, dans le méme Auteur, l'Histoire des Archeuesques de Bréme, & Sa- nudo, qui disent que le Roy paya les cent mille Marcs d'argent. D'où il faut conclure que les huit cens mille Besans d'or, à quoy la rançon de S. Louys, ou plûtôt celle de ses gens fut arrétée, valoient alors quatre cens mille liures, & par consequent faisoient en argent cent mille Marcs ; c'est ce qui est à exa- miner. Et pour parler premierement de l'eualuation, ou de la reduction des

# SVR L'HISTOIRE DE S. LOVYS.

huit cens mille besans d'or à la somme de quatre cens mille liures, il faut présupposer qu'en France la liure a toûjours valu vingt sols, aussi bien qu'à présent, ce que nous apprenons particulierement de ce passage tiré des Annales de France en l'an 882. *Munera autem talia erant : in auro & argento bis mille libræ, & 70. vel paulò plus, quam libram per viginti solidos computamus expletam.* D'où il s'ensuit que les cent mille besans ayans valu pour lors cinquante mille liures, châque besant en son particulier valoit dix sols en argent, qui est à peu prés le prix que Raymond d'Agiles donne à la monnoye d'or des Sarazins de son temps, sinon qu'il la fait valoir moins d'vn sol, ou deux. Ce qui me feroit croire que les besans Sarazinois du temps du Sire de Ioinuille, auroient esté plus forts, ou ce qui est plus probable, que l'or auroit augmenté de prix depuis le temps auquel cét Auteur viuoit, qui estoit au commencement du onziéme siécle, & par consequent cent cinquante ans auant le regne de S. Louys. Les termes de cét Historien sont : *Volebat nobis dare Rex Tripolis quindecim millia aureorum Saracenicæ monetæ, — valebat quippe vnus aureus octo vel nouem solidos monetæ nostri exercitus.* Ce qui se rapporte encore au prix que Sanudo donne aux Besans d'or vieux, qui valoient de son temps quelque peu plus qu'vn Florin d'or : car le Florin, ou denier d'or valoit dix sols parisis, comme on recueille de quelques titres, encore que pour dire le vray il est malaisé d'establir vn fondement certain sur l'eualuation de ces monnoyes, qui s'est diuersifiée selon les temps. Par exemple je trouue dans vn titre de Godard de Godaruille, Gentilhomme Norman de l'an 1215. que le besant estoit eualué à sept sols de la monnoye courante : *Reddendo inde nobis & hæredibus nostris de Ecclesiâ Fiscanensi singulis annis ad Natale Domini duos Byzantios vel quatuordecim solidos monetæ currentis.* Et dans vn Arrest rendu au Parlement de Paris en l'an 1282. *Byzantius auri quem Comes Suessionensis debet annuatim Ecclesiæ B. Mariæ Suession. æstimatus fuit octo solidis Turon. quam æstimationem procurator Ecclesiæ acceptauit.* Quoy que ces estimations des besans d'or regardent peut-estre les monnoyes d'or des Empereurs de Constantinople, on en peut neantmoins tirer cette induction, que les besans Sarazinois estoient à peu prés de méme poids & de méme prix.

Quant aux cent mille Marcs d'argent, ausquels les Auteurs, que j'ay citez, eualuent la rançon de S. Louys, s'ils faisoient la somme des 400000. l. que valoient les 800000. Besans d'or, il s'ensuit que châque marc d'argent valoit alors huit Besans en or, & quatre liures ou 80. sols en argent, & que châque Besant valoit dix sols, qui est le prix, que nous luy auons donné. Ce qui ne s'accorde pas auec vn titre de l'an 1198. qui fait voir qu'en cette année-là le Marc d'argent n'estoit eualué qu'à cinquante sols, d'où il s'ensuiuroit que les monnoyes auroient augmenté notablement au temps de S. Louys : ce qui n'est pas hors de créance : veu que nous lisons dans quelques memoires, qui contiennent les eualuations des Marcs d'or & d'argent, que ces eualuations changeoient notablement, non seulement tous les ans, mais mêmes presque tous les mois. Par exemple le marc d'argent a valu depuis l'an 1288. jusques en 1295. 58. s. Tourn. la méme année à Pasques 61. s. T. à la Trinité de 1296. 66. s. T. à Noël suiuant 68. s. T. en 1299. 4. l. 5. s. T. en 1304. 6. l. 5. s. T. & ainsi du reste. On pourroit encore remarquer en cét endroit qu'il y auoit au temps de S. Louys quatre sorte de Marcs de differents poids, sçauoir celuy de Troyes, qui estoit le plus général, ayant cours non seulement en France, mais encore dans les pays Étrangers, le Marc de Limoges, le Marc de Tours, & le Marc de la Rochelle, ou d'Angleterre. Mais il se présentera occasion d'en parler ailleurs.

Resteroit à voir si l'on peut accorder Mathieu Paris auec le Sire de Ioinuille : Car suiuant son calcul si l'on fait que les cent mille liures d'or, que les Sarazins demanderent d'abord à S. Louys pour sa rançon, ayent valu vn million, c'est à dire les dix cens mille Besans d'or, dont parle le Sire de Ioinuille : & en ce cas la liure d'or auroit valu dix besans d'or, & le besant deux sols

260   DISSERTATION XXI.

*Budaus de Asse.*
*Couarruu.*
*Scaliger.*
*Sirmond. ad Capit. Car. C.*

d'or. Mais je ne veux pas m'engager à préfent dans cette difcuffion, qui eft de trop longue haleine, il fuffit que les curieux peuuent auoir recours à ce que les fçauans en ont écrit.

Tout cela ne s'accorde pas auec l'extrait d'vn Regiftre de la Chambre des Comptes de Paris, que j'ay rapporté fur la page 76. de l'Hiftoire du Sire de Ioinuille, qui marque que la rançon de S. Louys monta à la fomme de 167102. liures, 18. fols 8. den. Tournois, laquelle fut prife fur les deniers de fon Hoftel. Iean Villani ne s'éloigne pas de ce calcul, écriuant que la rançon de ce Prince fut de deux cens mille liures de Parifis. Mais à l'égard de ce qui eft rapporté dans cét extrait, cela fe doit entendre que cette fomme de 167102. ll. fut prife fur celle qui eftoit deftinée pour la dépenfe de l'Hoftel du Roy, le furplus des 400. mille liures ayant efté pris fur les deniers deftinez pour la dépenfe de la guerre.

---

## DES ADOPTIONS D'HONNEVR EN FRERE,
### & par occafion des Freres d'armes.

*Pour la page 94.*

## DISSERTATION XXI.

LEs anciens Romains n'ont reconnu en quelque façon que ce foit les adoptions en frere, parce qu'elles ne pouuoient eftre fondées fur aucune des raifons, qui ont introduit l'vfage des adoptions: τὴν δὲ ἀδελφοποιΐαν οὐδεμία εἰσάγει τρόφασις, ainfi qu'écrit vn Iurifconfulte Grec. Ce qui a fait dire à Harmenople, que cette forte d'adoption eftoit du nombre & de la qualité de ces chofes qui ne fe peuuent faire, & qui ne fe font pas ordinairement. D'où il s'enfuit qu'on n'y peut pas appliquer les termes de la loy 58. *De Hæred. inftitut.* en laquelle *frater dicitur, qui fraternâ charitate diligitur.* Il eft vray toutefois, que comme l'étroite amitié qui fe contracte entre deux perfonnes, a ferui de fondement aux adoptions en fils, qui fe faifoient par honneur, ainfi les adoptions honoraires en freres n'ont efté fondées que fur cette amitié reciproque de deux amis, qui s'entraimoient d'vne bienueillance fraternelle. *Quæ enim poteft effe amicitia tam felix, quæ imitetur fraternitatem?* dit le Declamateur. Il eft donc indubitable que l'origine de ces adoptions foit en fils, foit en frere, ne doit pas eftre puifée dans le droit Romain, mais dans vne pratique & dans vn vfage, qui s'eft obferué de long-temps parmi les Princes barbares & Septentrionaux. Car ils affecterent d'adopter en fils, ou en freres les Princes voifins de leurs Etats, ou leurs enfans, d'vne maniere extraordinaire, & qui ne donnoit aucun droit de fucceffion aux enfans, ou aux freres adoptez, ces adoptions eftant faites feulement par honneur.

*Math. Blaft. l. 8. Iur. Græcorom. Harmenop. l. 4. tit. 6. §. 20.*

*Quintil. decl. 321.*

L'Adoption en frere fe trouue auoir efté pratiquée en deux manieres par les peuples étrangers, que les Grecs & les Latins qualifient ordinairement du nom de Barbares. Car parmy ceux dont les mœurs & les façons d'agir reffentoient effectiuement quelque chofe de rude & d'inhumain, elle fe faifoit en fe piquant reciproquement les veines, & beuuant le fang les vns des autres. Baudoüin Comte de Flandres & Empereur de Conftantinople reproche cette deteftable coûtume aux Grecs mémes, non qu'ils en vfaffent entre eux: mais parce que dans les alliances qu'ils contractoient auec les peuples barbares, pour s'accommoder à leurs manieres d'agir, ils eftoient obligez de fuiure leurs vfages, & de faire ce qu'ils faifoient ordinairement en de femblables occafions. *Hæc eft,* ce dit-il, *quæ fpurciffimo gentilium ritu pro fraternâ focietate, fanguinibus alternis ebibitis, cum infidelibus fæpe aufa eft amicitias firmare ferales.* L'Empereur Frederic I. auoit fait auparauant ce mefme reproche aux Grecs, ainfi que nous apprenons de Nicetas. Mais ce que les Grecs firent par neceffité, nos François qui eftoient refferrez dans Conftantinople, & attaquez

*In Epift. de Vrb. CP. expugn.*

*Nicet. in Ifaac. l. 2. n. 5.*

# SVR L'HISTOIRE DE S. LOVYS.

par dehors de toutes parts, furent contraints de le faire, & de subire la méme loy, en s'accommodant au temps, pour se parer des insultes de leurs ennemis. C'est ce que le Sire de Ioinuille dit en ces termes : *A iceluy Cheualier oüi dire, & comme il le disoit au Roy, que l'Empereur de Constantinoble, & ses gens, se alliérent vne fois d'vn Roy, qu'on appelloit le Roy des Comains, pour auoir leur aide, pour conquerir l'Empereur de Grece, qui auoit nom Vataiche. Et disoit iceluy Cheualier, que le Roy du peuple des Comains pour auoir seurté & fiance fraternel l'vn l'autre, qu'il faillit qu'ils & chascun de leur gens d'vne part & d'autre se fissent saigner, & que de leur sang ils donnassent à boire l'vn à l'autre, en signe de fraternité, disans qu'ils estoient freres, & d'vn sang, & ainsi le conuint faire entre nos gens, & les gens d'iceluy Roy, & meslérent de leur sang auec du vin, & en beuuoient l'vn à l'autre, & disoient lors qu'ils estoient freres d'vn sang.* Georges Pachymeres raconte la méme chose des Comains. Et Alberic en l'an 1187. nous fait assez voir que cette coûtume eut pareillement cours parmy les Sarazins, écriuant que la funeste alliance que le Comte de Tripoly contracta auec le Sultan des Sarazins, se fit auec cette cérémonie, & qu'ils y bûrent du sang l'vn de l'autre. Ie passe ce que Saluste, Minutius Felix, Lucian & autres ont dit sur ce sujet, me contentant de remarquer que les Hibernois employoient les mémes cérémonies pour confirmer leurs alliances, & établir vne espéce de fraternité auec leurs alliez. Mathieu Paris parlant de ces peuples : *Barbari illi, & eorum Duces ac magistratus, sanguinem venæ præcordialis in magno vase per minutionem fuderunt, & fusum sanguinem insuper perturbantes, miscuerunt, & mixtum postea sibi ad inuicem propinantes exhauserunt, in signum quòd essent ex tunc in antea indissolubili, & quasi consanguineo fœdere colligati, & in prosperis & diuersis vsque ad capitum expositionem indiuisi.*

*Pachym. l. 3.*
*Hist. c. 3.*
*Alberic. MS.*

*Salust. in Catil.*
*Minut. Fel.*
*Lucian. in Toxari.*
*Math. Par. A. 1236.*

Telle fut donc cette alliance & cette adoption fraternelle, qui se pratiquoit par les nations entierement barbares. Mais celle qui fut en vsage parmi les peuples qui estoient plus policez & plus ciuils, quoy que payens, ne fut point souïllée de cette espéce d'inhumanité, ni de cét épanchement de sang reciproque. Car elle se faisoit comme l'adoption honoraire en fils, *more gentium*, pour vser des termes de Cassiodore, c'est à dire, à la mode des Gentils, ou plûtôt des nations étrangeres, par les armes, *per arma*, en enuoyant les armes, ou bien par vn échange reciproque qu'ils en faisoient. C'est ce que nous apprenons particulierement de Geoffroy de Malaterre en son Histoire de la Conquête de la Sicile par les Normans, écriuant qu'vn des plus puissans Seigneurs Sarazins du Château-Iean, nommé Brahen, feignit de contracter auec Serlon, frere de Robert Guichard, vne alliance tres-étroite, afin de le faire tomber dans le piége qu'il auoit dessein de lui dresser, & que l'vn & l'autre contractérent cette fraternité par les armes, à la mode des Sarazins de Sicile : *Saracenus autem de potentioribus Castri Ioannis, nomine Brahen, cum Serlone, vt eum faciliùs deciperet, fœdus inierat, eorúmque more per arma adoptiuum fratrem alter alterum factum vicissim susceperat.* Où l'imprimé porte mal *per aurem*, au lieu de *per arma* : ce que la suite du discours justifie assez, faisant voir que le Sarazin enuoya ses armes à Serlon : *Sciat fraternitas adoptiui mei, quòd tali vel tali die, &c.* C'est le Sarazin qui parle, appellant ainsi Serlon du titre de frere : puis parlant de Serlon, qui sur le bruit de l'approche des ennemis, prit les armes, *arma sibi delata corripiens adoptiui, &c.*

*Cassiod. l. 4. &c.*

*Gaufr. Malat. l. 2. c. 46.*

Cette communication des armes estoit reciproque entre les freres adoptifs, se les donnans reciproquement, tant pour attaquer leurs ennemis, que pour se défendre contre eux, ne pouuans donner vne plus grande marque de leur amitié, qu'en se communiquant ce qu'ils auoient de plus cher. C'est en ce sens qu'on doit entendre ce passage d'Ethelred Abbé de Rieual, lorsqu'il raconte comme Edmond Roy d'Angleterre contracta vne étroite alliance auec Knuth Roy des Danois au sujet du partage du Royaume : *Quid plura ? annuit Edmundus, & Knutho de regni diuisione consentit. — dispositis itaque armis, in oscula ruunt, — deinde in*

*Ethelred. Math. Vuestm.*

# DISSERTATION XXI.

*signum fœderis vestem mutant & arma, reuersique ad suos, modum amicitiæ pacisque præscribunt, & sic cum gaudio ad sua quisque reuertitur.* Vn autre Auteur dit

<small>Florent. Vuigorr. p. 628.</small>

en termes plus formels, que ces deux Princes contracterent en cette occasion vne fraternité, auec les sermens ordinaires : *Vbi pace, amicitia, fraternitate pacto & sacramento firmatâ, regnum diuiditur.*

Certes il n'y a pas lieu de douter que cette communication des armes n'ait esté reciproque en cette espéce d'adoption, veu que l'vn & l'autre adoptoit, & estoit adopté en frere, & que le nom de freres qu'ils se donnoient, emporte auec soi, *& communitatem amoris, & dignitatis æqualitatem*, pour vser des termes d'*Eumenius* : ce qui n'estoit pas dans les adoptions en fils, où l'vn tenoit lieu de pere, l'autre d'enfant, l'vn adoptoit, l'autre estoit adopté, & enfin l'vn donnoit les armes, & l'autre les receuoit. Ie ne fais pas de doute que ce n'ait esté auec ces mémes ceremonies qu'Humfroy de Toron Connétable du Royaume de Hierusalem contracta vne fraternité auec vn grand Seigneur Turc, auquel, *fraterno fœdere junctus erat, & in eo tenacissimus, domesticus erat & familiaris*, ainsi que parle Guillaume Archeuesque de Tyr.

<small>Eumen. in grat. act.</small>

<small>Tyr. l. 17. c. 17.</small>

Cette fraternité se contractoit encore par l'attouchement des armes, en les faisant toucher reciproquement les vnes aux autres. Cette coûtume estoit particuliere aux Anglois, auant que les Normans se rendissent maîtres de l'Angleterre, principalement lorsque des communautez entieres faisoient entre eux vne alliance fraternelle, en vsans de cette maniere, au lieu du changement reciproque des armes, qui n'auroit pas pû s'executer si facilement. C'est ce que nous apprenons des loix d'Edoüard le Confesseur : *Cùm quis accipiebat præfecturam Wapentachii, die statuto, in loco vbi consueuerant congregari, omnes majores natu contra eum conueniebant, & descendente eo de equo suo, omnes assurgebant ei. Ipse verò erectâ lanceâ suâ ab omnibus secundùm morem fœdus accipiebat : omnes enim quotquot venissent cum lanceis suis ipsius hastam tangebant, & ita confirmabant per contactum armorum, pace palam concessâ.* Et plus bas, *Quamobrem potest cognosci, quòd hac de causâ totus ille conuentus dicitur Wapentac, eo quòd per tactum armorum suorum ad inuicem confœderati sunt.* C'est en suite de cette ceremonie que les sujets de ces premiers Rois d'Angleterre se qualifioient entr'eux freres conjurez, *fratres conjurati*, parce qu'ils faisoient serment de s'aimer & de se proteger, comme freres, contre leurs ennemis, & de maintenir vnanimement le Royaume contre tous les étrangers qui voudroient l'empiéter. Les mémes loix d'Edoüard : *Statutum est quòd ibi debent populi omnes & gentes vniuersæ singulis annis semel in anno conuenire, scilicet in capite Maii, & se fide & sacramento non fracto ibi in vnum & simul confœderare & consolidare, sicut conjurati fratres, ad defendendum regnum contra alienigenas*, &c. Ce qui eut lieu méme aprés que les Normans se furent emparez de l'Angleterre, comme nous apprenons des loix de Guillaume le Bâtard : *Statuimus etiam vt omnes liberi homines totius regni sint fratres conjurati ad Monarchiam nostram & regnum nostrum defendendum.* Où les sujets du Royaume sont appellez *freres conjurez*, parce qu'ils s'obligeoient tous par vn méme serment, à la défense de l'Etat, & à vne mutuelle protection de leurs personnes contre leurs ennemis communs : ce qui se faisoit d'abord auec la ceremonie du tact des armes, dont il est parlé dans les loix d'Edoüard. De sorte qu'en consequence de ce serment, si le Royaume estoit attaqué par les ennemis, chácun estoit obligé de prendre les armes, & de se trouuer dans les troupes du Prince, aprés qu'ils auoient esté sommez par luy, suiuant la force de leurs facultez, & le nombre des fiefs & des terres qu'ils possedoient, & auec les espéces d'armes, qui estoient specifiées par les loix.

<small>Leg. S. Edw. Conf. c. 32.</small>

<small>Cap. 35.</small>

<small>Leg. Vuill. Nothi c. 59.</small>

Ceux qui furent premierement appellez freres conjurez, furent depuis appellez *jurati ad arma*, soit parce qu'ils auoient fait le serment sur les armes, duquel nous auons plusieurs exemples dans l'Histoire, & dont je parleray ailleurs, ou acause qu'ils l'auoient fait, lorsqu'ils touchoient la lance & les ar-

<small>In Gloss. ad script. mediæ Latinit.</small>

## SVR L'HISTOIRE DE S. LOVYS.

mes de leur Gouuerneur : ou enfin parce qu'ils faisoient ce ferment à l'effet de prendre les armes pour la défense du Royaume. Tout cecy s'apprend de deux Semonces, ou de deux Ordonnances du Roy Henry I. qui ont pour titre, *Mandata super juratis ad arma*, qui se voient aux Additions à Mathieu Paris, De ces remarques, il est aisé de voir, que M. du Chesne en son Histoire de la Maison de Coucy ne s'est pas apperçû de la force du mot *juratus*, en ce vers de Guillaume le Breton :   *L. 6. ch. 12.*

*Cui preerat Comitis juratus in arma Radulfus.*   *Lib. 2. Phil.*

l'ayant interpreté, comme si Raoul eust esté l'ennemi capital du Comte de Flandres : ce qui est entierement opposé à ce que cét Auteur dit dans la suite. Ce Poëte se seruant d'ailleurs de cette façon de parler en vn sens contraire, & particulierement en ces vers :   *L. 4. Phil.*

—— *Tu nuper Regis amicus*
*Vsurpatiui contra nos bella gerebas,*
*Impia Tancredi juratus in arma, meámque*
*Vxorem patris solio priuare volebas.*

Mais entre tant de cérémonies qui se sont obseruées pour contracter vne fraternité, celle qui a esté pratiquée par les peuples Chrétiens, est la plus plausible & la plus raisonnable : car pour abolir & pour éteindre entierement les superstitions qui les accompagnoient, & qui tenoient du paganisme, ils en ont introduit vne autre plus sainte & plus pieuse en la contractant dans l'Eglise, deuant le Prétre, & en faisant reciter quelques prieres ou oraisons, nous en auons la formule dans l'*Euchologium*. Les Grecs donnérent le nom d'Ἀδελφοποιία à cette   *Euch. Gr.*
sorte d'Adoption, parce qu'elle se faisoit auec le serment prété deuant le Corps de N. S. suiuant la remarque du docte Alaman. Ce qui auoit aussi lieu dans les   *Alaman. ad Procop. Hist. Arc.*
Adoptions en fils, ainsi que nous apprenons d'vne Nouelle de l'Empereur Leon, où il est porté qu'elles se faisoient dans l'Eglise, μετὰ πλετῆς, c'est à   *Leo No. 24.*
dire auec des prieres, & durant le sacrifice de la Messe. Leon le Grammairien   *Leo Gram. in Basil.*
rend le méme témoignage de l'Adoption fraternelle, lorsqu'il raconte comme Basile le Macedonien, depuis Empereur, fut adopté en frere par Iean, fils d'vne Dame nommée Danielis : καὶ ἐλθὼν ἐν τῇ ἐκκλησίᾳ, ἐποίησεν ἀδελφοποιησιν. Dans Constantin Porphyrogenite en la vie de cét Empereur son ayeul, où il   *Const. Poph. in Basil. c.*
rapporte la méme circonstance, cette espece d'adoption est appellée vne fraternité spirituelle, πνευματικὴ ἀδελφότης, parce qu'elle estoit contractée dans l'E-   *10. 53.*
glise deuant le Prétre. D'où il faut inferer que *Strategius Magister*, & *Seuerus   Codinus in
Patrice*, dont le premier est qualifié frere adoptif, ἀδελφοποιητός, de l'Empe-   *orig. & Am-*
reur Iustinian I. du nom, l'autre de Iustinian qui fut tué en Sicile, dans les   *bo. io editis*
Origines de Constantinople de Codin, n'auoient contracté cette fraternité   *p. 53. 71.*
que de cette maniere : aussi bien que Nicetas Patrice auec S. Iean l'Aumônier,   *Simeon Me-*
Patriarche d'Alexandrie, & Nicephore Bryennius auec l'Empereur Romain   *taphr. in vi-*
Diogene, dans Anne Comnene.   *ta S. Ioan.
eleemos. c. 1.
n. 4. apud
Boland.*

Hugues Falcand au Traité qu'il a fait des miseres de la Sicile, écrit, que Majon Grand Amiral de ce Royaume contracta vne fraternité auec l'Archeues-   *Anna Com.*
que de Palerme, & en raconte ainsi les circonstances : *Dictum est præterea quòd ii,*   *10. Alex. p.
juxta consuetudinem Siculorum, fraternæ fœdus societatis contraxerint, seséque inui-*   *276.
cem jurejurando astrinxerint, vt alter alterum modis omnibus promoueret, & tam in*   *Hug. Falc.*
*prosperis quàm in aduersis vnius essent animi, vnius voluntatis atque consilii, quis-*
*quis alterum læderet amborum incurreret offensam.* Auquel endroit cét Auteur a
bien remarqué que cette fraternité & cette alliance entre ces deux Seigneurs se
fit suiuant la coûtume qui s'obseruoit en Sicile : Mais il en a oublié les principa-
les cérémonies, qui sont obseruées par *Pamphilio Costanzo* en son Histoire de   *Costanzo*
Sicile, où il raconte la méme chose, & dit que cette fraternité ne fut pas seu-   *part. 1.*
lement confirmée par des sermens solennels : mais encore par le prétieux Corps   *lib. 5.*
de N. S. dont l'vn prit vne partie, & l'autre vne autre : *& per agevolare la testura*
*dell' ordita tela, si fece con l'Arciuescouo (come si dice in Sicilia) Fratello in Christo,*

## DISSERTATION XXI.

*partando si la sacra Eucharistia nella Communione, & con tema di Dio a chi fosse per contaminar la.* On peut rapporter à cette circonstance les paroles que le Pape Pascal II. tint durant le sacrifice de la Messe, à l'Empereur Henry V. auec lequel il s'estoit reconcilié, où aprés qu'il luy eut mis la couronne sur la teste, *Cùm ad hostiæ confractionem venisset, partem ipse sumens, reliquam Imperatori tradidit, dicens, sicut pars ista vinifici corporis diuisa est, ita diuisus sit à regno Christi qui pactum istud rumpere ac violare tentauerit.*

<small>Petr. Diac. l. 4. Hist. Coss. c. 42. Masson. in Not. ad ep. Inon.</small>

Mais entre les exemples de cette espece d'adoption, il n'y en a pas de plus singulier que celuy, que l'Histoire de Hongrie nous représente en la personne de Ladislas Roy de Hongrie, qui pour donner vn témoignage certain à Ladislas & à Mathias, enfans du grand Huniades, qu'il leur pardonnoit de tout son cœur l'assassinat qu'ils auoient commis en la personne du Comte de Cilcy son oncle, *Vtrosque Comites, Ladislaum scilicet & Mathæum, fideli sub juramento super sacratissimo corpore Christi præstito in fratres adoptauit.* Enfin les Irlandois semblent auoir pratiqué quelque chose de semblable, suiuant l'Auteur de la Description de l'Hibernie: *Sub religionis & pacis obtentu ad sacrum aliquem locum conueniunt cum eo quem oppetere cupiunt: Primò compaternitatis ( l. confraternitatis) fœdera jungunt, deinde ter circa Ecclesiam se inuicem portant. Postmodum Ecclesiam intrantes, coram altari, reliquiis Sanctorum appositis, sacramentis multifariè præstitis, demùm Missæ celebratione, & orationibus sanctorum Sacerdotum, tanquam desponsatione quadam indissolubiliter fœderantur.* Mais ce qu'il ajoûte, & ce que Mathieu Paris a aussi remarqué que *ad majorem amicitiæ confirmationem, & quasi negotii consummationem,* ils beuuoient le sang les vns des autres, ressent la barbarie de ces peuples, qui se rendoient par là indignes du nom Chrétien. Mauro Orbini écrit encore que Thomas, dernier Roy de Bosne, ayant découuert Mahomet II. Sultan des Turcs, qui estoit entré dans ses Etats pour les reconnoître, afin de les enuahir ensuite, comme il fit, *fatta seco certa fratellanza, come vsauano quelle genti, lo lasciò andare libero.* Mais il est malaisé de deuiner quelles furent ces cérémonies auec ce Prince infidéle.

<small>Thuurocz. in Ladisl. c. 59.</small>

<small>Siluester Girald. in Topogr. Hibern. dist. 3. c. 22.</small>

<small>Nella Hist. de gli Slani p. 370.</small>

Les Adoptions fraternelles n'ont pas esté pratiquées seulement par les Grecs, & par les autres peuples que je viens de nommer, mais encore par les François. Nostre Histoire nous en fournit des exemples, & entre autres Iuuenal des Vrsins, à l'endroit où il parle des diuisions des Maisons d'Orleans & de Bourgogne: *Tousjours y auoit quelque grumelis entre les Ducs d'Orleans & de Bourgogne, & souuent falloit faire alliances nouuelles: tellement que le Dimanche vintiesme jour de Nouembre Monseigneur de Berry & autres Seigneurs assemblérent lesdits Seigneurs d'Orleans & de Bourgongne, ils ouïrent tous la Messe ensemble, & receurent le Corps de Nostre Seigneur; & prealablement jurérent bon amour & fraternité par ensemble, mais la chose ne dura gueres.* Le méme Auteur parlant ailleurs des mémes Ducs d'Orleans & de Bourgogne: *Ils auoient promis l'vn à l'autre sur les saints Euangiles de Dieu & sur le saint Canon, pour ce corporellement toûchans, présens aucuns Prélats & plusieurs autres gens de grand estat, tant du conseil de l'vn, comme de l'autre, qu'ils ne pourchasseroient mal, domage aucun, ne vilenie l'vn à l'autre, &c. & firent en outre au regard de ce plusieurs grandes & solennelles promesses en tels cas accoustumez: Car en signe & demonstrance de toute affection & perfection d'amour, & d'vne vraye vnité, & comme s'ils eussent & peussent auoir vn mesme cœur & courage, firent, jurérent & promirent solennellement vraye fraternité & compagnée d'armes ensemble par especiales conuenances sur ce faites; laquelle chose doit de soi emporter telle & si grande loiauté & amour mutuel, comme sçauent tous les nobles hommes.*

<small>Iuu. des Vrsins A. 1470.</small>

<small>Id. A. 1411.</small>

Ces paroles, *vraye fraternité & compagnée d'armes,* meritent vne obseruation particuliere, parce que c'est enfin delà que nous apprenons qui sont ceux qu'on appelloit en France *Freres d'armes:* qui estoient proprement ceux qui contractoient entre eux vne amitié fraternelle, confirmée par sermens, & par la diuine Eucharistie qu'ils receuoient des mains du Prétre, se promettans vne

protection

# SVR L'HISTOIRE DE S. LOVYS.

protection & vn secours mutuel, au cas qu'ils fussent attaquez de leurs enne- mis, & protestans de prendre les armes, & de défendre celuy d'eux qui seroit attaqué. Le méme des Vrsins parlant du Duc de Bourgogne : *Au Duc d'Or-* *Id. A.1419.* *leans mort, peu de temps auant qu'il le fist tuër en la maniere dessusdite, il fist le ser-* *ment sur le Corps de Nostre Seigneur sacré, d'estre son vray & loyal parent, & promit* *d'estre son frere d'armes, portoit son ordre, & luy faisoit bonne chere.* Ainsi dans l'Hi- *Berry.* stoire de Charles VII. de Berry Heraud d'armes, & dans Monstrelet il est dit *Monstrelet* que le Roy de Castille fut *frere d'armes & allié du Roy* : dans l'Histoire de Bour- *A.1445.* gogne de Iacques du Clercq, que le Roy d'Arragon & Philippes Duc de Bour- gogne estoient *freres & compagnons d'armes* : & enfin dans l'Histoire d'Artus Duc de Bretagne & Connétable de France, écrite par Iacques Gruel, que ce *Gruel.* Duc & le Duc de Bourgogne estoient *freres d'armes*. L'emprise à outrance de Iean Duc de Bourbonnois & de ses Cheualiers, de l'an 1414. que j'ay leuë dans les Memoires MSS. de M. de Peiresc, touche cette façon de parler : *Item nous tous* *jurons, promettons, & serons tenus de nous entre-aymer & entretenir en bon & loyal* *amour, — & de faire & tenir les vns vers les autres, durant ladite emprise, toute* *loiauté & confraternité, que freres & compagnons se doiuent faire & entretenir.* En *Berry p. 143.* tous ces passages les freres d'armes sont encore appellez *Compagnons d'armes*, *Chron. de* parce qu'ils se promettoient reciproquement de porter les armes ensemble, fai- *Fland.c.78.* sans entre eux vne alliance offensiue, & défensiue, auquel sens Berry, l'Auteur *stel. en la* de l'ancienne Chronique de Flandres, & Georges Châtelain vsent de ces *vie de I. de* termes. *46.*

Ie suis neantmoins contraint d'auoüer que ces especes de fraternité n'estoient pas tousjours contractées dans l'Eglise, & auec les cérémonies que je viens de remarquer. Car Monstrelet en l'an 1458. dit en termes formels que le Roy d'Arragon se fit *frere d'armes* du Duc de Bourgogne, lequel il n'auoit jamais veu : *Ce Roy icy eust esté frere & compagnon d'armes au Duc Philippes de Bourgogne : &* *jaçoit ce que ils fussent loin l'vn de l'autre, neantmoins ils s'entraimoient tellement,* *qu'ils portoient les ordres l'vn de l'autre, & si ne virent onques l'vn l'autre.* Il se peut faire toutefois que ces fraternitez furent contractées entre ces Princes absens par leurs Ambassadeurs dans l'Eglise, & auec les cérémonies accoû- tumées, ou du moins par traitez particuliers. Telle fut celle qui fut contractée entre le Roy Louys XI. & Charles dernier Duc de Bourgogne, comme on pour- ra voir par cét extrait tiré de la Chambre des Comptes de Paris, que je dois à M. d'Herouual.

*Loys, &c. à tous, &c. Comme puis nagaires bonne paix & amitié ait esté faite Sur le dos* *& traitée entre Nous, & nostre tres-cher & tres-amé frere & cousin le* Dvc de *est écrit,* Bovrgogne, *& pour icelle encore mieux affermer, & en maniere qu'elle soit perpe- Minute pre-* *tuellement inuiolable, aussi pour y mettre & enraciner plus parfaite & cordiale amour, faite pour* *ait esté fait ouuerture de contracter fraternité d'armes entre nous : Sçauoir faisons que M. le Gref-* *Nous cognoissans le grant bien qui est, & peut venir à toute la chose publique de nostre laume de* *Royaume, pour l'vnion & jointure, & Fraternité d'armes d'entre Nous & de nostre dit Cerisay de* *Frere & Cousin : Considerant aussi la grande vaillance, proüesse, honneur, loiauté, sens, la fraterni-* *prudence, conduite, & autres hautes & excellentes vertus, qui sont en sa personne, Il estoit* *& la singuliere & parfaite amour qu'auons especialement à lui par dessus tous autres, Greffier du* Nous *de nostre certaine science, & par grant auis & meure deliberation, auons fait, en l'an* *contracté, & conclud, faisons, contractons, & concluons par ces presentes, bonne, 1470.* *vraye, seure, & loyale* Fraternite d'armes, *auec nostredit Frere & Cousin V. Ph. de* *de Bourgogne, & l'auons prins & accepté, prenons & acceptons en nostre seul* Frere *Commines* d'armes, *& Nous faisons, constituons & declarons le sien, & lui auons promis & Louure p.* *promettons icelle Fraternité continuer & entretenir sans jamais nous en departir : & 441.* *auec de le porter, aider, soustenir, fauoriser, & secourir de nostre personne, & de* *toute nostre puissance en toutes ses questions & querelles contre quelconques personnes* *que ce soient, ou puissent estre, qui peuuent viure & mourir, sans personne quelcon-* *que excepter, & en tous ses affaires, & en toutes choses faire son fait le nostre pro-*

Partie II. Ll

*pre, sans lui faillir de rien, jusques à la mort inclusiuement. Toutes lesquelles choses dessusdites, & chascune d'icelles, Nous auons promises & jurées, promettons & jurons par la foy & serment de nostre corps sur les saints Euangiles de Dieu sur nostre honneur, & en parole de Roy, auoir & tenir fermes, estables, & agreables sans jamais venir au contraire en quelque forme ou maniere que ce soit, & quant à ce Nous submettons, &c.*

Ie puis joindre à ce Traité vn autre que je dois aussi à Monsieur d'Herouual, qui n'est pas moins curieux, qui fut fait entre Bertrand du Guesclin Connétable de France, & le Seigneur de Cliçon, qui nous apprend quel estoit l'effet de ces fraternitez, & de ces ligues offensiues & deffensiues.

A TOVS CEVX qui ces lettres verront BERTRAN DV GVERCLIN *Duc de Mouline, Connestable de France,* & OLLIVIER SEIGNEVR DE CLIÇON, *Salut. Sçauoir faisons que pour nourrir bonne paix & amour perpetuellement entre nous & nos hoirs, nous auons promises, jurées & accordées entre nous les choses qui s'ensuiuent. C'est à sçauoir que nous Bertran du Guerclin voulons estre alliez, & nous allions à tousjours à vous Messire Olliuier Seigneur de Cliçon contre tous ceulx qui peuent viure & mourir, exceptez le Roy de France, ses Freres, le Vicomte de Rohen, & nos autres Seigneurs de qui nous tenons terre: & vous promettons aidier & conforter de tout nostre pouoir toutesfois que mestier en aurez & vous nous en requerrez. Item que ou cas que nul autre Seigneur de quelque estat ou condition qu'il soit, à qui vous seriez tenu de foy & hommage, excepté le Roy de France, voudroit desheriter par puissance, & vous faire guerre en corps, en honnour, & en biens, nous vous promettons aidier, deffendre, & secourir de tout nostre pooir, se vous nous en requerez. Item voulons & consentons que de tous & quelconques proufitz & droitz, qui nous pourront venir, & echoir dore en auant, tant de prisonniers pris de guerre par nous ou nos gens, dont le prouffit nous pourroit appartenir, comme de païs raenconné, vous aiez la moitié entierement. Item ou cas que nous sçaurions aucune chose qui vous peust porter aucun dommage, ou blasme, nous le vous ferons sçauoir, & vous en accointerons le plustost que nous pourrons. Item garderons vostre corps à nostre pooir, comme nostre* FRERE. *Et nous Olliuier Seigneur de Cliçon, voulons estre alliez, & nous allions à tousjours à vous, Messire Bertran du Guerclin dessus nommé, contre tous ceulx qui peuent viure & mourir, exceptez le Roy de France, ses Freres, le Vicomte de Rohen, & nos autres Seigneurs de qui nous tenons terre, & vous promettons aidier & conforter de tout nostre pooir toutesfois que mestier en aurez, & vous nous en reqnerrez. Item que ou cas que nul autre Seigneur de quelque estat ou condition qu'il soit, à qui vous seriez tenu de foy ou hommage, excepté le Roy de France, vous voudroit desheriter par puissance, & vous faire guerre en corps, en honneur, ou en biens, nous vous promettons aidier, defendre, & secourir de tout nostre pooir, se vous nous en requerrez. Item voulons & consentons que de tous ou quelconques proufitz & droitz qui nous pourront venir & écheoir dore en auant, tant de prisonniers pris de guerre par nous, ou nos gens, dont le prouffit nous pourroit appartenir, comme de pays raenconné, vous aiez la moitié entierement. Item ou cas que nous sçaurions aucune chose qui vous peust porter dommage aucun, ou blasme, Nous le vous ferons sçauoir, & vous en accointerons le plustost que nous pourrons. Item garderons vostre corps à nostre pooir comme nostre* FRERE. *Toutes lesquelles choses dessusdites & chacune d'icelles, Nous Bertran & Olliuier dessus nommez auons promises, accordées, & jurées, promettons, accordons, & jurons sur les saintz Euangiles de Dieu corporellement touchiez par nous & chacun de nous, & par les foys & sermens de nos corps bailliez l'vn à l'autre tenir, garder, enteriner, & accomplir, l'vn à l'autre, sans faire, ne venir en contre par nous, ne les nostres, ou de l'vn de nous, & les tenir fermes & agreables à tousjours. En tesmoing desquelles choses nous auons fait mettre nos seaulx à ces Presentes Lettres, lesquelles nous auons fait doubler. Donné à Pontorson le 24. jour d'Octobre l'an de grace mil trois cens soixante & dix. Et sur le reply est écrit,* Par *Monsieur le Duc de Mouline Connestable de France. Signé,* VOISINS.

Cette sorte de Traité n'est pas tant vne fraternité, qu'vne espece d'alliance

# SVR L'HISTOIRE DE S. LOVYS. 267

étroite, ou de ligue offenſiue & défenſiue, en vertu duquel les contractans, s'obligeoient à vn mutuel ſecours dans les occaſions, tel que deux freres ſeroient tenus de ſe donner. I'ay leu le traité qui fut fait entre Sigiſmond Roy de Hongrie, Marquis de Brandebourg, Gouuerneur du Royaume de Boheme, & Louys II. Roy de Sicile Duc d'Anjou, du 13. de Feur. 1407. indict. 15. par lequel ils s'vniſſent enſemble contre Ladiſlas fils de Charles de Duras, leur ennemy commun, contractans entre eux, *amicitiam*, FRATERNITATEM, *vnionem, ligam, & fidelem confœderationem*. I'ay encore veû vne inſtruction donnée à Monſ. Moreau de Wiſſant Chambellan, M. Pierre Roger de Biſſac Maître d'Hoſtel de M. d'Anjou, & Thibaud Hocie Secretaire du Roy, enuoyez par le Duc d'Anjou au Roy de Caſtille, au ſujet du different qu'il auoit pour la ſucceſſion des Rois de Majorque & des Comtes de Rouſſillon & de Cerdagne, qui porte ces mots : *Premierement diront audit Roy de Caſtille donnant ledit Monſeigneur d'Anjou, pour le tres-grant bien & vaillant de ſa perſonne l'a eſleu en* FRERE, *& en ſingulier & eſpecial ami, & mis en lui ſa fiance & ferme eſperance ſur tous les Rois & Princes du monde, après le Roy ſon tres-cher Seigneur & frere, pour y auoir refuge, & trouuer ayde, conſeil, & confort en tous ſes beſoins*. En tous les actes de cette ambaſſade que je tiens de Monſieur d'Herouual, ces deux Princes ſe traitent toûjours de freres.

Quant à ce que Chifflet en la Deffenſe de l'Eſpagne contre la France écrit que l'on appelloit *Freres d'armes* ceux qui eſtoient Cheualiers, & qui portoient le Collier d'vn même Ordre, ſe refute aiſément par ce que je viens de remarquer, & encore par vn autre paſſage du même Iuuenal des Vrſins, lorſqu'il raconte ce qui ſe fit à la reconciliation des Ducs d'Orleans & de Bourgogne : *Et encore pour plus grande confirmation deſdites fraternité & compagnée d'armes, ils prirent & portèrent l'ordre & le collier l'vn de l'autre*. Auſſi ceux qui ſont Cheualiers d'vn même Ordre de Cheualerie, ne ſont pas appellez *Freres d'armes*, mais *Freres & Compagnons de l'ordre*, comme dans les ſtatuts de celui de S. Michel inſtitué par Louys XI. Roy de France, *Compagnons de l'ordre*, en celui de la Iarretiere art. 4. Georges Châtelain en la vie de Iacques de Lalain : *Ce gentil Cheualier Iacques de Lalain fut éleu à eſtre Frere & Compagnon d'icelui ordre de la Toiſon d'or*. *Ch. 79.*

Chifflet. in Vindic. Hiſp.

Enfin pour acheuer cette Diſſertation au ſujet des adoptions en Freres, je tiens qu'il eſt fort probable que ces Princes & ces Seigneurs Anglois, qui ſe diſoient entre eux *Conjurati*, & *Adjurati Fratres*, n'auoient contracté cette alliance que par ces mêmes ceremonies. Simeon de Dunelme en l'Hiſtoire de Wichtrede Comte de Northumbelland: *Tandem amicorum inſtantiâ reducti in concordiam, alternâ ſeſe ſatisfactione mediantibus amicis placabant, atque adeò in amorem alterutrum ſunt adunati, vt fratres adjurati ſimul Romam tenderent*. Le même Auteur en l'Hiſtoire d'Angleterre, en l'an 1072. *Aldredus nihil mali ſuſpicans à Carl conjurato ſibi fratre occiditur*. Roger de Howeden : *Malcolmus Rex Scotorum ſui conjurati fratris Toſti Comitatum, id eſt Northumbriam fortiter depopulatur*. Et ailleurs, il fait parêtre le Roy Richard, qui qualifie le Roy Philippes Auguſte, *Dominum ſuum & ſocium adjuratum in peregrinatione Hieroſolymitanâ*. Adam de Breme, *Archiepiſcopus tempori ſeruiens, vt conjuratos tantùm fratres ab inuicem diuelleret, Hermannum Comitem adoptauit in Militem*. Ailleurs, *Conjurati Sodales*. termes qui ſont aſſez connoître que ces fraternitez eſtoient contractées auec des ſermens ſolemnels.

Simeon Dunelm. degeſt. Angl.

Adam. Brem.c.159.

Les adoptions en Freres n'ont tiré leur ſource que de ſemblables adoptions en fils, qui ne ſe faiſoient pareillement que par honneur. Et comme la pratique en a eſté fort commune parmy les peuples Septentrionaux, & en ſuite dans l'Orient & dans l'Occident, & que c'eſt delà que les Sçauans tirent l'origine des Cheualeries, je me perſuade que j'obligeray les curieux, ſi je donne encore en cét endroit ce que j'ay remarqué ſur vne matiere aſſez peu commune.

C.247.

*Partie II.* Ll ij

# DISSERTATION XXII.

*Pour la page 94.*

## DES ADOPTIONS D'HONNEVR EN FILS,
### & par occasion de l'origine des Cheualeries.

## DISSERTATION XXII.

*Ecclef. c. 30.*
*Philastr. de Haref.*
*Leo Nou. 26.*
*Id. Nou. 27*
*§. Minorem instit. de adopt. l. 23. de lib. & posth. Calpurn. Flacc. decl. 30.*

LE mariage est l'vn des plus grands biens, dont l'homme soit redeuable au souuerain Auteur de la Nature, puisqu'il le garantit en quelque façon du tombeau, & le rend participant de l'immortalité. La procreation & la succession continuelle des enfans, fait qu'il ne meure pas ; ce qui a fait dire au Sage, que celuy-là ne doit pas estre reputé mort, qui laisse son semblable a- prés soy : *mortuus est, sed quasi non est mortuus, reliquit enim similem sibi.* Cet- te pensee a donné sujet à certains Heretiques de croire, que la resurrection des corps, dont il est parlé dans l'Ecriture Sainte, deuoit estre interpretée, non à la lettre, mais dans vn sens allegorique, sçauoir de la procreation des en- fans, qui fait reuiure l'homme vne seconde fois, & le rend immortel. D'ail- leurs on ne peut pas souhaiter vne satisfaction plus grande, dit l'Empereur Leon, ni des soulagemens plus doux dans les tracas, & les chagrins de la vie, & particulierement dans les incommoditez d'vn âge auancé, que ceux qu'on tire des enfans. Mais dautant, dit le méme Prince, que cét auantage n'est pas tellement vniuersel, qu'il ne se trouue plusieurs qui en sont priuez, les Legisla- teurs y ont apporté le remede par l'adoption, & ont suppleé par le secours de la loy aux defauts de la nature. Car ce qui a donné la premiere occasion aux adoptions, a esté le defaut des enfans, & particulierement des mâles. Auec le temps on a permis indifferemment d'adopter à ceux qui en auoient, com- me à ceux qui n'en auoient point. Or comme l'adoption imite la nature, selon les Iurisconsultes, ces mémes Legislateurs ont voulu que les enfans adoptez fussent semblables en tout, quant aux effets ciuils, aux enfans naturels : que les peres adoptifs eussent la puissance de la vie & de la mort sur eux, comme sur leurs enfans naturels : que ces enfans prissent le nom du pere adoptif, comme estant entrez & entez dans sa famille: que comme les naturels ils eussent part à leur succession, & que comme eux ils pûssent estre des-he- ritez.

*Niceph. Bryenn. l. 4. c. 38. Procop. l. 1. de bello Perf. cap. 2.*

Ces adoptions ont eu lieu long-temps sous les Romains, mais depuis que les nations du Nort se sont répanduës dans leur Empire, on y en a veu paroître vne autre espéce, laquelle n'estoit pas tant vne adoption qu'vne alliance entre les Princes, qui se communiquoient par là reciproquement les titres de pere & de fils, & par ce moyen contractoient entre eux vne liaison de bienueillance beaucoup plus étroite. Ces adoptions n'estoient que par honneur, & ne donnoient au- cune part au fils adoptif en la succession de celui qui adoptoit. C'est pourquoy Nicephore *Bryennius* dit qu'elles ne se faisoient que μεχρι λόγȣ, c'est à dire en apparence & non en effet, n'y ayant rien qui approchât de l'adoption des Ro- mains, que les noms de pere & de fils, qu'ils se donnoient. Ce que Iustin fit assez connoître, lorsque les Ambassadeurs de Cabades Roy de Perse lui of- frirent la paix de la part de leur maître, au cas qu'il vouluft adopter Cosroes, fils de la sœur de ce Prince : Cét Empereur leur ayant fait réponse, qu'il le vouloit bien, pourueu que ce fust à la mode des Barbares, & des Etrangers, ὡς βαρβάρῳ προσήκει, mais non pas de cette adoption pratiquée par les Ro- mains, qui donne le droit aux enfans adoptifs dans la succession de celui qui adopte.

*a Iornand. de reb. Get. c. 53. 57.*

[a] Hunimond Roy des Sueuiens fut adopté de cette espéce d'adoption par Theodemir, frere de Walemir Roy des Goths, qui l'ayant fait prisonnier dans vn combat, *Veniam condonauit, reconciliatusque cum Sueuis, eumdem quem*

# SVR L'HISTOIRE DE S. LOVYS.

*ceperat adoptans sibi filium, remisit cum suis in Sueuiam.* Ce sont les termes de *Iornandes*. Le méme Auteur écrit que l'Empereur Zenon adopta de cette adoption Theodoric Roy des Goths: non qu'elle eust esté alors en vsage dans l'Empire d'Orient, mais parce que probablement Theodoric rechercha cét honneur de ce Prince, auec lequel il contractoit alliance, suiuant la coûtume des peuples de sa nation, qui la pratiquoient en de semblables rencontres. ᵇ Ce fut donc ainsi que le Roy des Herules fut adopté par le méme Theodoric: ᶜ Athalaric Roy des Goths par le méme Iustinian, ᵈ ou comme le docte Alaman écrit, par le méme Iustin, ᵉ Cosroes Roy de Perse par l'Empereur Maurice: ᶠ Boson par Iean XXII. Pape, ᵍ Louys fils de Boson par l'Empereur Charles le Gras: ʰ Isâc & Alexis Comnene, dont le dernier fut depuis Empereur, par l'Imperatrice Marie, femme de Nicephore Botaniate: ⁱ Godefroy de Boüillon Duc de la Basse-Lorraine, par le méme Alexis: ᵏ Andronique Ducas par Andronique Comnene le Tyran; ˡ Iathatin Sultan de Coni par l'Empereur Isâc l'Ange: & ᵐ enfin le Roy de Hongrie par l'Empereur Rodolphe.

ⁿ Cassiodore est celui qui nous a representé les ceremonies qui s'obseruoient en ces adoptions honoraires, particulierement parmi les peuples du Nord: écriuant que c'estoit vn honneur & vne faueur considerable chez les nations étrangeres, d'estre adopté par les armes: *Per arma posse fieri filium grande inter gentes constat esse præconium.* Ailleurs, *desiderio quoque concordiæ factus est per arma filius.* Termes qui justifient ce que j'ay écrit, que ces adoptions se faisoient pour lier dauantage vne alliance & vne confederation. En vn autre endroit: *Gensimundus ille toto orbe cantabilis solùm armis filius factus.* Conformément à ces passages, Iornandes parlant de Theodoric adopté par Zenon, *Et post aliquod tempus ad ampliandum honorem ejus in arma sibi eum filium adoptauit.* Le méme Cassiodore explique encore diserstement cette maniere d'adopter, dont il nous a representé la formule, nous apprenant qu'elle se faisoit, en reuétant celui qui estoit adopté, de toute sorte d'armes, qui lui estoient données par celui qui adoptoit: *Et ideò more gentium, & conditione virili, filium te præsenti munere procreamus, vt competenter per arma nascaris filius, qui bellicosus esse dignosceris. Damus quidem tibi equos, enses, clypeos, & reliqua instrumenta bellorum, sed quæ sunt omnibus fortiora, largimur tibi nostra indicia.*

Ces façons de parler, & ces expressions, *inter gentes, more gentium*, &c. montrent que cette sorte d'Adoption fut particulierement pratiquée par les peuples barbares, ou étrangers, qui vsoient en cette occasion de la tradition des armes. Ce que Procope asseure encore en ces termes, οὐ γράμμασιν οἱ βάρβαροι τοὺς παῖδας ποιοῦσθαι, ἀλλ' ὅπλων σκευῇ. Ce qui me fait croire qu'il faut rapporter à cét vsage, ce que Gontran pratiqua lorsqu'il adopta Childebert son neueu, lui ayant mis sa lance entre les mains, pour marque qu'il le tenoit pour son fils. Les Annales de France tirées du Monastere de Fulde, disent qu'en l'an 873. les Ambassadeurs de Sigebert Roy des Danois, & d'Halbden son frere prierent l'Empereur Louys II. *Vt Rex dominos suos Reges in loco filiorum habere dignaretur, & illi eum quasi patrem venerari vellent cunctis diebus vitæ suæ.* A cét effet il lui presenterent vne épée, dont le pommeau estoit d'or massif. Mais il semble que cette espée n'estoit que pour marquer la forme de leurs sermens: *Iurabant enim juxta ritum gentis suæ per arma sua, quòd nullus deinceps de regno dominorum suorum Regnum Regis inquietare, aut alicui in illo læsionem inferre deberet.* C'estoit encore vne coûtume établie parmi les Lombards, que le fils du Roy ne pouuoit seoir à la table de son pere, qu'il n'eust reçû auparauant ses premieres armes des mains de quelque Prince Etranger.

Les Histoires Byzantines n'ont pas specifié les ceremonies, dont les Empereurs de Constantinople se seruirent, lorsqu'ils pratiquerent ces adoptions. Anne Comnene dit qu'Isâc son oncle, & Alexis son pere, furent adoptez par l'Imperatrice Marie, suiuant l'vsage reçû en ces occasions: κατὰ τὸν ϖϱοχου-

*a Cassiod. l. 4. ep. 2.*
*e Senator. l. 8. ep. 1.*
*d Aleman. ad Procop. anecd. p. 18. 1. edit.*
*c Euagr. l. 6. c. 16.*
*Theoph. Annast.*
*Annal. Fuld. A: 887.*
*f Io. VIII. ep. 119.*
*g Herman. Contr. A. 886.*
*h Niceph: Bryenn. l. 4. c. 38.*
*Anna Com. l. 2. Alex. p. 44.*
*i Albert. Aq. l. 2. c. 16.*
*W. Tyr. l. 2. c. 1. Abb. Vsperg.*
*k Nicet. in Andr. l. 1. c. 11.*
*l Acrop. c. 9.*
*m Hist. Austral. 1297.*
*n Senator. l. 4. ep. 2. l. 8. ep. 1. 9.*
*Iornand. c. 57.*

*Procop. l. 1. de bello Pers. c. 11.*
*Greg. Tur. l. 5. Hist. c. 18. l. 7. c. 33.*

*Annal. Franc. Fuld. an. 873.*

*Paul. Vuarnefr. de Gest. Langob. c. 33. 34.*
*Anna Com. l. 2. Alex. Alb. Aq. l. Vuill. Tyr. l. 2. c. 2.*

L l iij

## DISSERTATION XXII.

λυθέσαντα περὶ τῶν τοιέτων πάλαι τύπων. Albert d'Aix parlant de l'adoption de Godefroy de Boüillon par l'Empereur Alexis Comnene, se contente de dire, qu'il fut adopté en fils, *sicut mos est terræ*: Et Guillaume Archeuesque de Tyr, *adhibitâ juxta morem Curiæ solennitate quadam, quam in ejusmodi arrogationibus fieri solet, secundùm regionis morem.* De sorte qu'il est incertain quelle fut cette cerémonie, & si cette adoption se faisoit par les armes, comme celle des Barbares, ce qui d'abord ne paroît pas éloigné de la probabilité. Car l'on ne doit pas trouuer étrange qu'en cette occasion l'Imperatrice Marie ait adopté par les armes les deux freres Comnenes, puisque nous lisons dans Orderic Vital, que Cecile, fille de Philippes I. Roy de France, & pour lors veuve du fameux Tancréde Prince d'Antioche, donna l'ordre de Cheualerie à Geruais Seigneur Breton, fils d'Haimon Vicomte de Dol, dont la cerémonie se faisoit auec les armes. Ie trouue encore dans vn compte de l'Hostel du Roy, du terme de l'Ascension de l'an 1262. que la Reine de France fit le Seigneur de S. Yon Cheualier en vne feste de Pasques.

*Orderic. l. II.*

*En la Ch. des Comptes de Paris.*

Mais d'ailleurs je remarque dans l'Histoire des guerres saintes qu'il se pratiquoit anciennement vne autre ceremonie pour les adoptions d'honneur, que celle par les armes: qui estoit, que celui qui adoptoit faisoit passer l'adopté sous sa chemise, ou son manteau: faisant connoître par là qu'il le tenoit comme son fils, & comme sorti de lui. Le Prince d'Edesse adopta de cette maniere Baudoüin, frere de Godefroy de Boüillon, qui fut depuis Roy de Hierusalem: *Balduinum sibi filium adoptiuum fecit, sicut mos regionis illius & gentis habetur, nudo pectori suo illum astringens, & sub proximo carnis suæ indumento semel hunc inuestiens, fide vtrimque data & accepta.* Ce sont les termes d'Albert d'Aix. Guibert Abbé de Nogent raconte la même chose en ceux-cy: *Adoptationis autem talis pro gentis consuetudine dicitur fuisse modus. Intra lineam interulam, quam nos vocamus camisiam, nudum intrare eum faciens sibi astrinxit: & hæc omnia osculo libato firmauit. Idem & mulier postmodum fecit*, &c. Comme Foucher de Chartres, qui accompagna Baudoüin en cette expedition, Guillaume de Tyr, & Conrad Abbé d'Vsperg écriuent en termes formels, que celui qui l'adopta, estoit vn Prince Grec, qui auoit esté enuoyé en cette place par l'Empereur de Constantinople pour y commander, il semble plus probable que cette façon d'adopter, estoit celle qui estoit pratiquée par les Grecs. Ce que l'on peut encore recueillir de ce que Mauro Orbini en son Histoire des Sclauons remarque que Marie Paleologue Reine de Bulgarie adopta ainsi Svestislas, qui fut Roy du même pays aprés Smiltze; *Alla fine Maria si ricolse d'adottare per figliuolo esso Svestislau, & questo fece publicamente nella chiesa. abbraciando con vna parte del suo manto Suetoslau, & con l'altra Michele figliuolo di ley.* C'est ce qui a donné sujet à Surita de dire que c'estoit la maniere ordinaire des adoptions de ces temps-là; *adoptionis jus illorum temporum instituto more: rite sancitum tradunt, vt qui inoleuerat, vt qui adoptaret, per stolæ fluentis sinus cum qui adoptaretur traduceret.* On pourroit encore rapporter à cette ceremonie celle qui est racontée par le Sire de Ioinuille, lorsqu'il parle de l'alliance que le Prince de la Montagne contracta auec S. Louys par sa chemise & son anneau qu'il lui enuoya. Les Grecs adoptoient aussi dans l'Eglise, deuant les Prêtres, qui recitoient des prieres à cét effet, comme nous verrons dans la suite.

*Albert. Aq. l. 3. c. 21. Guibert. l. 3. Gest. Dei c. 13.*
*Fulcher. Carnot. l. 1. c. 6.*
*W. Tyr. l. 4. c. 2. Conrad. Vsperg.*

*Orbini nella Hist. degli Slaui p. 464.*

*Surita l. 1. Ind. A. c. 1034.*

*Ioinuille p. 86.*

Il ne faut pas douter, que la Cheualerie n'ait tiré son origine de cette espéce d'adoption, qui se faisoit par les armes, & de la ceremonie qui s'y obseruoit, où l'on reuétoit d'armes pour la guerre celui qui estoit adopté. Ce qui se pratiquoit aussi lorsqu'on faisoit quelqu'vn Cheualier. Car comme dans ces adoptions d'honneur, on présentoit toute sorte d'armes au fils adoptif, pour s'en seruir dans les premieres occasions des batailles: ainsi celui qui faisoit vn Cheualier, lui donnoit l'épée, le haubert, le heaume, & generalement le reuétoit de toutes les armes qui sont necessaires à vn bon soldat pour se

*Selden. Titles of honor 2. part. c. 1.*

# SVR L'HISTOIRE DE S. LOVYS.

trouuer dans les combats. C'eſt-pourquoy il eſtoit alors appellé *Miles :* parce qu'il commençoit à entrer dans la profeſſion de la guerre, & ſe faiſoit armer de toutes pieces, pour y faire le métier d'vn vaillant ſoldat.

Le Moine de Mairemontier décriuant les cérémonies qui s'obſeruérent lorſ- *Io. Monach.* que Geoffroy Duc de Normandie fut fait Cheualier, dit qu'on l'équippa de *l. 1. Hiſt.* toute ſorte d'armes. Voicy comme il en parle: *Adducti ſunt equi, allata ſunt* *Gauf. Duc.* *arma, —induitur loricâ incomparabili, quæ maculis duplicibus intexta, nullius lanceæ vel jaculi cujuſlibet ictibus transforabilis haberetur. Calciatus eſt caligis ferreis ex maculis itidem duplicibus compactis : calcaribus aureis pedes ejus aſtricti ſunt : clypeus leunculos aureos imaginarios habens collo ejus ſuſpenditur : impoſita eſt capiti ejus caſſis multo lapide pretioſo relucens, quæ talis temperaturæ erat, vt nullius enſis acumine incidi, vel falſificari valeret. Allata eſt ei haſta fraxinea ferrum Pictauenſe prætendens. ad vltimum allatus eſt ei enſis de Theſauro regio,* &c. Ce paſſage fait aſ- ſez voir, qu'anciennement lorſqu'on faiſoit des Cheualiers, on les reuêtoit de toute ſorte d'armes, ce que l'on appelloit *adouber vn Cheualier.* L'ordene de *L'ord. de* Cheualerie de Huës de Tabarie ; *Cheual.* *MS.*

  *Sire Chou eſt li remembranche,*
  *De celuy qui l'a adoubé*
  *A Cheualier, & ordené,* &c.

Le Roman de Garin le Loherans :
  *Fétes més freres Cheualiers le matin,*
  *Si m'aideront cette guerre à tenir.*
  *Et dit li peres, Volentiers, Biax Amis,*
  *Il les adoube, & Cheualiers en fiſt.*

Ailleurs :
  *Mon droit Seigneur, qui ſoef me norri,*
  *Qui m'adouba, & Cheualier me fiſt.*

Les vieilles ordonnances qui ſont dans les Archiues de la ville de Padouë, *Apud Felic.* veulent, que celuy qui ſera Podeſtat de Vicenza, *Faciat ſe fieri Militem adoba-* *Oſmum.* *tum.*

Mais les expreſſions les plus ordinaires en ces occaſions eſtoient celles de *Roman de* *donner des armes,* au lieu de dire, *faire vn Cheualier.* Robert Bourron con- *Merlin MS.* joint le mot d'*adouber,* auec ceux-cy : *Or aten juſques à le matin, que je t'adouberay, & te donray armes.* Dans les Auteurs Latins il n'y a rien de plus com- mun que ceux de *armare, dare arma, arma accipere,* dans le même ſens. Vn titre *Chiffiet. in* d'Alfonſe Roy de Caſtille, vulgairement appellé l'Empereur de l'an 1194. por- *Vind. Hiſt.* te cette date : *Hæc carta fuit facta eo anno quo dictus Imperator armauit filium* *p. 395.* *ſuum Fernandum Militem in Palentia, in feſto Natalis Domini.* Guillaume de Malmeſbury parlant de la Cheualierie de Henry fils de Guillaume le Bâtard : *Will. Mal-* *Anno ætatis 19. in Pentecoſte apud* W*eſtmonaſterium ſumpſit arma à patre.* Howe- *meſb. l. 5.* den parlant du même Henry, ſe ſert de ces termes, *Filium ſuum Henricum ar-* *Rog. Hoüed.* *mis Militaribus honorauit.* Et Henry d'Huntindon de ceux-cy, *Henricum filium* *Hen. Hunt.* *ſuum juniorem virilibus induit armis.* Le même Auteur en vn autre endroit : *Hen-* *Id. p. 395.* *rico nepoti ſuo Dauid Rex Scotorum virilia tradidit arma.* Vne ancienne Chro- nique citée par Selden : *Alexander Rex Scotiæ Ioannem Scotum Comitem de Hun- tedone, & plures alios nobiles viros armis Militaribus induit in die Pentecoſtes.* Le *Le Roman* Roman de Garin ſe ſert auſſi en quelques endroits de cette façon de parler : *de Garin* *MS.*

  *Et ſi vos mandes comme eſtes amis,*
  *Que dogniés armes l'enfant Girberc s'en fuis,*
  *Si hautement que li Dus n'en menteiſt,*
  *Par grant chierté le vos enuoie icy,*
  *Car bien trouaſt Cheualier en feiſt.*

En en vn autre endroit :
  *Et Cheualier a fet de Garnerin,*
  *C'eſt li plus janes de tos les fuis Herui,*

# DISSERTATION XXII.

*Cheual li donne, armes, & ver & gris.*

C'eſtoit proprement la premiere occaſion où le jeune Gentilhomme prenoit des armes: Car juſques là, s'il s'eſtoit trouué dans les combats, ce n'auoit eſté qu'à la ſuite d'vn Cheualier, & en qualité d'Eſcuyer ou de Valet. C'eſt ce qu'vn vieux Gloſſaire appelle *Armatura prima*, dautant qu'alors il s'armoit de *pleines armes*, qui eſt le terme, dont on qualifioit les armes du Cheualier, & commençoit à deuenir ſoldat, *Miles*, qui eſtoit le titre qui luy eſtoit donné. Ie ſçay bien qu'on peut prendre encore ce mot d'*Armatura*, pour les exercices militaires, qu'Ammian Marcellin appelle *proludia diſciplinæ Caſtrenſis*.

Nos Hiſtoires nous fourniſſent encore vne autre eſpéce d'Adoption d'honneur, qui ſe faiſoit en coupant les cheueux de celuy qui eſtoit adopté en fils; lorſqu'elles racontent que Charles Martel enuoia Pepin ſon fils à Luithprand Roy des Lombards, afin qu'il luy coupât ſes premiers cheueux, & que par cette cérémonie il luy tinſt à l'auenir lieu de Pere. C'eſt ce que nous apprenons de Paul Warnefrid en ſon Hiſtoire des Lombards : *Circa hæc tempora Karolus Princeps Francorum Pipinum ſuum paruulum filium, ad Luithprandum direxit, vt ejus juxta morem, capillum ſuſciperet: qui ejus cæſariem incidens, ei pater effectus eſt, multiſque eum ditatum Regiis muneribus genitori remiſit.* La Chronique de Noualeze dit cecy en d'autres termes: *Vt ei juxta morem ex capillis totonderet, & fieret ei Pater ſpiritalis, quod & fecit.* Warnefrid fait voir que Pepin eſtoit alors fort jeune, d'où il faut conjecturer que c'eſtoit pour la premiere fois qu'on luy coupoit les cheueux. C'eſt donc à cette cérémonie qu'on doit rapporter ce qu'Anaſtaſe Bibliothecaire raconte de l'Empereur Conſtantin le Barbu, qui enuoia au Pape Benoît I I. les floccons de cheueux de Iuſtinian & d'Heraclius ſes enfans, voulant donner à connoître par là, ainſi que quelques ſçauans ont obſerué, qu'il vouloit qu'ils reconnuſſent le Pape & le ſouuerain Pontife de Rome, comme leur pere ſpirituel : *Hic vnà cum Clero & exercitu ſuſcepit mallones capillorum Domni Iuſtiniani & Heraclei filiorum clementiſſimi Principis, ſimul & juſſionem per quam ſignificat eoſdem capillos direxiſſe.*

Cette cérémonie a eſté fort en vſage parmy les Payens, comme on peut recueillir de diuers Auteurs, & particulierement de ces vers de Stace:

*Accipe laudatos juuenis Pœbeïe crines,*
*Quos tibi Cæſareus donat puer, accipe lætus,*
*Intonſóque oſtende Patri.*

Elle s'eſt touſjours pratiquée par les Chrétiens, leſquels ne pouuans & n'oſans pas abolir entierement les ſuperſtitions des Payens, s'accommoderent à la foibleſſe de leurs eſprits, & aimerent mieux les purifier par des oraiſons & des prieres, que de les irriter en voulant les abolir abſolument : *Pertinaci paganiſmo mutatione ſubuenientes, cùm rei in totum mutatio potiùs irritaſſet.* Ainſi qu'écrit le Venerable Bede. Ammian Marcellin raconte qu'vne ſedition s'eſtant éleuée dans Alexandrie, la populace payenne ſe jetta ſur *Dracontius*, & ſur *Diodore* Comte, qu'elle fit mourir : Le premier, parce qu'ayant la garde du Temple éleué à la Deeſſe *Moneta* il l'auoit jetté par terre, aprés qu'il ſe fut fait Chrétien, ainſi qu'il faut preſumer : L'autre, parce qu'ayant eſté employé pour édifier vne Egliſe, il ne laiſſoit pas de couper les cheueux des jeunes enfans, eſtimant que cette cérémonie n'appartenoit pas à la Religion des Chrétiens, mais bien à la leur : *Alter quòd dum ædificandæ præeſſet Eccleſiæ, cirros puerorum licentiùs detondebat, id quoque ad Deorum cultum exiſtimans pertinere.* Ce paſſage, qui a donné de la peine aux ſçauans Interpretes de cét Auteur, juſtifie que dans les commencemens de l'Egliſe naiſſante, on continua de couper les cheueux aux jeunes enfans. Mais dans la ſuite, cette cérémonie fut purifiée, & ſe fit dans les Egliſes. Le liure des Sacremens de S. Gregoire nous repreſente la priere que le Prêtre faiſoit dans l'Egliſe, lorſqu'on coupoit les cheueux pour la premiere fois aux jeunes enfans, dont le titre eſt *Oratio ad capillaturam* : Il y en a d'autres dans l'*Euchologium* des Grecs, qui appellent ces premiers cheueux coupez,

# SVR L'HISTOIRE DE S. LOVYS.

pez, *les premices*. Elles font encore voir que dans ces occasions on se choisissoit des parrains : τὸν προσελθόντα δῆλόν σε τόνδε ἀπαρχὴν ποιήσαδαι κείρεδαι τὴν κόμην τῆς κεφαλῆς αὐτῷ εὐλόγησον ἅμα τῷ αὐτῷ ἀναδοχῳ. Mathieu *Blastares* ajoûte que le Prêtre mettoit ces floccons de cheueux coupez entre les mains du parrain, qui selon quelques-vns les enuelopoit dans de la cire, où il imprimoit vne image de nostre Seigneur, & les conseruoit comme vn gage d'vne chose qui auoit esté consacrée à Dieu : ὁ ἱερεὺς παραδίδωσι τὰς τρίχας εἰς τὰς χεῖρας τῷ ἀναδοχῳ, ᾗ αὐτὸς προσκυνήσας τὸν ἱερέα, ἀπολύει. Simeon Metropolitain de Thessalonique semble dire que le Prêtre gardoit ces cheueux dans vn lieu sacré : & Nicetas écrit à ce sujet que ceux qui s'estoient ainsi fait couper les cheueux, en conseruoient la memoire par vne solennité annuelle, qu'il appelle κυρόσυνα. Cette coupe des cheueux se faisoit, lorsqu'aprés auoir passé l'âge d'adolescence, on entroit en celle de la jeunesse. L'ancienne loy Salique, c'est à dire celle qui fut redigée par nos Rois encore Payens, ainsi qu'on prétend, nous apprend que la cérémonie de couper les cheueux aux enfans estoit en vsage parmi les François, & qu'elle se faisoit au dessus de l'âge de douze ans : *Si quis puerum infra duodecim annorum non tonsoratum occiserit, &c.* Et ailleurs : *Si quis puerum crinitum sine consilio aut voluntate parentum totonderit, &c.* Termes qui font voir encore que les enfans estoient présentez par leurs peres, qui auec le temps choisirent dans ces occasions vn Parrain, qui est appellé Pere spirituel dans la Chronique de Noualese ; ce que fit Charles Martel lorsqu'il choisit Luithprand pour couper les cheueux de Pepin son jeune fils.

La mème cérémonie se pratiquoit, lorsqu'on se faisoit couper les premiers poils de la barbe. Aimoin dit que Clouis enuoya ses Ambassadeurs à Alaric pour traiter de paix auec luy, & le prier de luy toucher sa barbe, c'est à dire la couper, & d'estre par ce moyen son pere adoptif : *Et Alaricus, juxta morem antiquorum, barbam Clodouæi tangens, adoptiuus ei fieret Pater :* Vn autre Auteur, *Cùm pacem inire cœpissent hujus conuenientiæ, vt Alaricus barbam tangeret Clodouæi effectus Patrinus.*

Ce n'est pas sans raison qu'Aimoin se sert de ces termes : *juxta antiquorum morem*, parce qu'effectiuement ce n'estoit pas vn vsage nouueau, mais tres-ancien, & qui auoit esté obserué tant par les Grecs, que par les Romains. Car les vns & les autres auoient coûtume de se faire couper les premiers poils de la barbe par leurs amis, & de les consacrer à leurs deïtez. Ce que *Callimachus* témoigne à l'égard des habitans de l'Isle de Delos :

— παῖδες δὲ θέρος τὸ πρῶτον ἰούλῳ
ἄρσενες ἠϊθέοισιν ἀπαρχόμενοι φορέουσιν.

Il y a encore quelques Epigrammes dans l'Anthologie Grecque, qui justifient cette coûtume sous le titre de ὑπὸ ἰεῶν. Les Romains solennisoient les jours ausquels on faisoit cette cérémonie, auec des festins, & beaucoup d'appareil : ce que leurs Histoires racontent au sujet des Empereurs Auguste, Caligula, & Neron : Ce dernier donna mème à cette solennité le nom de Iuuenales, au recit de Xiphilin, & ayant fait mettre les floccons de sa barbe dans vne boëte d'or, comme fut celle de Trimalcion dans Petrone, il les consacra à Iupiter Capitolin. C'est pour cela que dans quelques Glossaires le mot de *Iuuenalia* est interpreté ἰεῶν ἑορτή. Dion & Xiphilin font la mème remarque des Empereurs Helagabale & Auitus.

Comme les Chrétiens purifierent la cérémonie de la coupe des cheueux des enfans par des prieres saintes, ils firent le mème pour celle des premiers poils de la barbe. Les oraisons que l'Eglise Latine & la Grecque ont introduites pour ce sujet, sont inserées pareillement dans le liure des Sacremens de Saint Gregoire, & dans l'*Euchologium* des Grecs. M. de Valois l'vn des plus sçauans que nous ayons aujourd'huy en France, a écrit que cette cérémonie estoit appellée *barbatoria*, terme qui est interpreté dans les Glossaires Grecs par celuy de πωρνοκυρία, & qui est vsurpé en ce sens dans le pretendu fragment de Petrone donné depuis peu au public, que les Doctes rejettent auec fondement. De sorte qu'il estime que c'est de cette cérémonie, de laquelle il faut entendre Gregoire de Tours, lorsqu'il dit que l'Abbesse de Poitiers fut accusée, d'auoir souf-

*Math. Blastar. in Iure Gr. Ro. Iac. Gear.*

*Simeon Thess. Nicet. ad orat.S.Greg. Theol. de sancto Bapt.*

*Lex Sal.Ed. Herold.i tit. 38.§.1.11.*

*Aimoin.l. 1. de gest. Fr. c. 20. Collect. Hist. apud Canis.to. 2. Antiq.Lect.*

*Callimach. Hym. εἰς Δῆλον V. 298.*

*Anth.Græc. l. 6. c. 22.*
*Dial. 48.79. Suet.in Cal. c. 10. in Nerone.*
*Xiphilin. in Nerone. Petr. Satyr Gl. Gr.Lat. V. Petr. Fabr. l. 1. Semest.c.20. Lipsi.adTacit. l. 24.*
*Saueron.ad Sid.Car.13.*
*S. Greg.lib. Sacr. Euch. Gr. Had.Vales. Not.ad Paneg. Bereng. Gloss. S. Bened. & Græcolat. V vageysal. & Valesius. Greg. Tur. l. 10. Hist. c. 16.*

## DISSERTATION XXII.

fert qu'on fift cette cérémonie dans l'enclos de fon Monaftere : *Quòd vittam de auro exornatam nepti fuæ fuperfluè dederit, barbatorias intus eo quòd celebraverit.*

*M. de la Lande in Gloff. ad Suppl.Conc. Gall.*

Mais d'autres veulent, que *Barbatorias facere* en cét endroit, eft faire des mafcarades, qui eft vn terme encore à préfent fort commun dans la plûpart des prouinces de France, où l'on appelle les mafques, dont on fe fert pour fe déguifer, des *barboires*, comme en Picardie ; *Barbadoüires* dans le Geuaudan, & *Barbauts* dans l'Auuergne : parce qu'ordinairement on accompagne ces mafques de barbes, faites d'eftranges & differentes figures : ce qui a fait dire à vn Pere de l'Eglife parlant des déguifemens qui fe faifoient aux Bachanales : *In iftis diebus miferi homines, & quod pejus eft etiam aliqui baptizati fumunt formas adulteras, fumunt fpecies monftruofas*, &c. Il y a de femblables paroles dans le Decret de la Faculté de Paris de l'an 1444. au fujet de la *Fefte des Fols*, qu'on abolit en ce temps-là, & qui n'eftoit autre que celle des Bachanales. Ie fçay bien qu'on peut interpreter ces mots des déguifemens en cerfs, & autres animaux, qui fe faifoient en ces rencontres-là.

*Fauft. Epif. in Serm. in Kal. Ianu.*

Dans ces Adoptions par la coupe des cheueux, & de la barbe, il fe contractoit vne affinité fpirituelle, qui faifoit donner le nom de pere à celuy qui eftoit pris pour Parrain, & celuy de fils à l'enfant de qui on coupoit les cheueux, & le poil de la barbe. Cette méme affinité fe contractoit auec beaucoup plus de fondement entre les enfans qui eftoient baptizez, & ceux qui en eftoient les Parrains. Car en ces occafions, comme les Parrains prenoient le titre de peres fpirituels, ainfi les baptizez prenoient celuy d'enfans adoptifs. Procope dit que c'eftoit la maniere ordinaire d'adopter parmi les Chreftiens, lorfqu'il raconte que Beliffaire eftant fur fon départ pour l'Afrique, adopta ainfi auec Antonine fa femme vn certain Theodofe, qu'il auoit éleué dans fa maifon : ἔλυσε μὲν ὁ Βελισάριος τὸ θεῖον λουτρόν, καὶ χερσὶν ἀνελόμενος ἐνθένδε οἰκείαις, διαποιητὸν ἐποιήσατο ξὺν τῇ γυναικὶ παῖδα, ᾗπερ εἰσαποιεῖσθαι νόμος. C'eft en ce fens qu'il faut entendre S. Nicephore, quand il écrit que l'Empereur *Heraclius* feignit de vouloir faire baptizer fon fils, & de le faire adopter ou tenir fur les fonts par *Crifpus* : σκήπλεται δὲ ὁ Ἡράκλειος τῷ θείῳ λυτρῷ τὸν υἱὸν καταγνίζειν, ὑοθετεῖσθαι δὲ αὐτὸν ὑπὸ Κείσου. Le méme Auteur fe fert encore ailleurs de cette façon de parler ; καὶ τὰς ἐκείνων γαμετὰς αἱ τούτων αὐτῶν τῷ θείῳ λυτρῷ ἐτεκνώσαντο οὐζύγοι. Alaman rapporte à cette efpéce d'adoption l'Ordonnance de l'Empereur Leon, qui condamna celles qui fe faifoient fans les cérémonies de l'Eglife, ἄνευ τελετῆς, καὶ ἱερῶν ᾠδίνων, *fine ceremoniis, & facræ regenerationis ritu*, où quelques-vns reftituënt ᾠδῶν au lieu d'ᾠδίνων. Ie n'eftime pas toutefois que cette Nouelle fe doiue entendre des adoptions qui fe faifoient par le baptéme, mais generalement des veritables adoptions, ce qu'il defigne affez, lorfqu'il défend les alliances de mariage entre les freres naturels & les adoptifs, lefquelles n'eftoient pas défendües dans les affinitez qui fe contractoient par le baptéme entre les enfans baptizez, & les enfans de leurs parrains. C'eft donc de ces adoptions par le baptéme, dont Theophanes a parlé, quand il raconte que Tzath Roy des Lazes eftant venu à Constantinople vifiter Iuftinian, & ayant receu la Couronne de luy par honneur, voulut auffi fe faire Chrétien : & qu'alors l'Empereur l'ayant tenu fur les fonts le qualifia fon fils. ὁ δὲ βασιλεὺς αὐτὸν δεξάμενος, ἐφώτισεν αὐτὸν, καὶ υἱὸν ἀνηγόρευσεν. S. Rembert en la vie de S. Anfchaire Archeuefque de Hambourg, dit que l'Empereur Louys le Debonnaire ayant perfuadé Herold Roy des Danois de fe faire baptizer, *Ipfe de facro fonte fufcepit, filique in filium adoptauit*. Ainfi Anlaf Roy de Northumberland eftant venu pareillement vifiter Eadmond Roy des Anglois, ce Roy le fit baptizer par l'Euefque de Wincefter : *Confirmari ab Epifcopo fecit ; fibi in filium adoptauit, regióque munere donauit*. Ce font les termes de Florent de Wigorne, qui fe fert en cét endroit de *confirmari*, au lieu de *baptizari* : peut-eftre parce qu'anciennement le Sacrement de Confirmation fuiuoit immediatement celuy du Baptéme. Auffi vn autre Auteur qui raconte la méme chofe, fe fert du dernier : *Eodem anno Rex Anlafum Regem —— de lauacro fanctæ regenerationis fufcepit,*

*Procop.Hift. Arcana p.3. l.edit.*

*Niceph.CP. in Heracl. p.12.1.edit.*

*Alam. ad Procop. Leo Nou.24.*

*Gothofr.*

*Theoph.p. 144.*

*Anaft.Hift. Eccl.*

*S. Rembert. in vita S. Anfch.c. 3. n.10.*

*Flor. Wig. p.610. Ench. Gr. p.356.*

*Simeon Dunelm. & Bromton A. 943.*

# SVR L'HISTOIRE DE S. LOVYS.

*regióque munere donauit.* Comme ceux qui sont baptisez reçoiuent le nom de fils, ou plûtôt de filleul (*filiolus*, dans les Capitulaires d'Herard Archeuesque de Tours,) ainsi les parrains tiennent lieu de peres en cette ceremonie. Ce qui a fait dire à l'Euesque de Poitiers :

*Germine qui non est, fit tibi fonte parens.*

La circonstance que Procope remarque dans le passage, que je viens de citer, est considerable, qui est que Belissaire voulant adopter Theodose, le prit entre ses mains pour le presenter au Baptéme, χερσὶν ἀνελόμενος εἰ̓ς τὲ δὲ οἰκείας, ou plûtôt le prit par la main pour le presenter au Prétre. Car Theodose estoit alors auancé en âge, puisque le méme Procope écrit qu'incontinent aprés auoir esté baptisé, il suiuit Belissaire, en qualité d'homme de guerre, en son expedition d'Afrique. Theophanes se sert du mot de δεξάμενος, & encore à present nous vsons de ceux de *tenir sur les fonts de Baptesme.* C'est pourquoy les parrains sont appellez *Gestantes* dans S. Augustin, ἀναδόχοι, *susceptores*, dans S. Denys l'Areopagite, *Sponsores* dans Tertullien, *Fidejussores* dans le méme S. Augustin : parce qu'ils portoient les enfans entre leurs bras ; ou si c'estoient des grandes personnes ils les prenoient par la main, & les presentoient aux Prétres, pour estre baptisez, se faisoient pléges de leur foy & de leur creance, respondoient en cette qualité pour eux aux interrogations des Prétres ; & enfin ils s'obligeoient de les instruire, & d'en auoir le méme soin, comme de leurs propres enfans. Dés lors il se formoit vne étroite affinité entre les parrains & les filleuls, qui estoit telle, qu'il ne se pouuoit contracter aucune alliance de mariage entre eux. Le Pape Nicolas répondant aux demandes des Bulgares : *Est inter patres & filios spirituales gratuita & sancta communio, quæ non est dicenda consanguinitas, sed potius habenda spiritualis proximitas : vnde inter eos non arbitramur fieri posse quodlibet conjugale connubium, quandoquidem nec inter eos qui naturâ, & eos qui in adoptione filii sunt venerandæ Romanæ leges matrimonium contrahi permittunt.*

A l'exemple de ces anciens Empereurs & des Princes Etrangers, qui ont adopté par honneur ceux, auec lesquels ils ont voulu contracter vne alliance étroite, les Rois & les Princes des derniers siécles ont inuenté vne autre maniere d'adoption, par la communication qu'ils ont faite de leurs noms, & de leurs armes, ou armoiries, à quelques-vns de leurs plus affidez qu'ils ont admis par ce moyen dans leur famille. Ce qui ne s'est fait pareillement que par honneur, sans que pour cela les Adoptez pûssent pretendre aux successions, & aux autres droits & priuileges des Maisons. Ainsi nous lisons que Sigismond Roy de Pologne adopta Emilio Maluezzo, Gentilhomme Bolonois, & le fit de sa famille : *Fu adottato & fatto da lui della famiglia sua Reale*, comme Sansouino écrit. Le méme raconte que *Hercole Bentiuoglio* fut adopté de la méme maniere en la famille de la Rouère, *Tiberto Brandolino*, & Nicolas Comte de Corregio en celle des Visconti ; & ajoûte que Louys Sforce Duc de Milan traita le dernier du nom de fils. Mathias Roy de Hongrie, au recit de cét Auteur, adopta de cette adoption Borso Comte de Corregio : *Fu da quel Re molto honorato, in tanto che lo fece della sua famiglia, & li donò l'arme, laquel Borso inquarto con l'arme Corregia.* Ferdinand Roy de Naples adopta Philippes de Croy Comte de Chimay, & lui permit de porter le surnom & les armes d'Arragon. La lettre qu'il lui écriuit à ce sujet dattée de Castelnouo de Naples du 13. jour d'Auril 1475. porte ces termes : *Illustrissimo viro Philippo de Croy de Aragonia, Comiti Simacensi, amico nostro charissimo, Rex Siciliæ. Illustrissime Vir amice nobis charissime, si gratum, vt litteris vestris significastis, quòd in nostram domum vos susceperimus, & nostræ domus cognomine, armísque donauerimus, maximè lætamur,* &c. Deux ans aprés le méme Roy accorda ce priuilege à Iean Bentiuoglio, second fils d'Annibal Bentiuoglio, par Philippes Salaruol son Ambassadeur, *Per lo quale il detto Re lo haueua fatto di casa Arragona co suoi figliuoli & descendenti in perpetuo, donando li l'arme & le de-*

Partie II.

*Iacq. Valere en son Traité MS. de la Noblesse. Bemb. l. 1. Chr. Venet. Sansouino. Eff. Luzignan en ses Geneal. ch. 48.*

nise regali, con prouisione de quatro mila Ducati d'oro l'anno. Le Duc de Milan, ainsi que Iacques Valere écrit, *donna ses armes à Nicolas Picchesino, lequel il lustra, & le fit de son lignage.* On peut ranger en cét endroit les adoptions honoraires, que la Republique de Venise fit de Catherine Cornare Reine de Cypre, qui donna ce Royaume aux Venitiens : & de Blanche Capello, fille de Barthelemy Capello, Senateur & Cheualier Venitien, seconde femme de François de Medici Grand Duc de Toscane : ayant toutes deux pris le titre de filles de la Republique. Les Venitiens permirent aux Cornares de porter les armes de Cypre, parties de celles de leur famille, en consideration d'vn présent de cette consequence, que cette Reine, qui en estoit issuë, leur fit.

On pratique encore à présent dans l'Italie, particulierement dans l'Etat de Gennes, vne forme d'adoption, que l'on appelle Albergue. Elle se fait par le consentement de toute vne famille, qui depute des Procureurs pour traiter auec ceux, ausquels elle desire communiquer son nom, ses armes, & ses prérogatiues. Charles Venasque produit deux exemples de cette maniere d'adopter. En la famille des Grimaldi, qui ont communiqué leur nom & leurs armes à quelques Gentilshommes du surnom d'Oliua & de Ceba, par deux actes passez à Gennes l'an 1448. par lesquels ces Gentilshommes sont admis en la famille des Grimaldi, auec faculté de se trouuer à l'auenir en toutes les assemblées de la famille, à condition de fournir aux dépenses qu'il conuiendra faire, pour la conseruation & le maintien de sa dignité. Reciproquement les Procureurs au nom de la famille de Grimaldi, déclarent qu'ils reçoiuent les adoptez, auec leurs enfans & leur posterité, en la famille de Grimaldi, *Cum omnibus signis, insignibus, decore, claritudine, honore, dignitate, cognomento, ac juribus quomodolibet competentibus, & competituris cæteris antiquis & verá origine Grimaldis.* Saluste Tibere de Corneto en son Formulaire a aussi donné la formule de ces Adoptions, ou Albergues, que Selden a inserée en ses Titres d'honneur.

*Geneal. de la Maison de Grimaldi.*

*Impr. à Roma 1621. Titles of honnor 2. part. c. 8. §. 3.*

---

## SVITE DE LA DISSERTATION précedente, touchant les Adoptions d'honneur en fils, où deux monnoyes de Theodebert I. & de Childebert II. Rois d'Austrasie sont expliquées.

## DISSERTATION XXIII.

COMME dans les veritables adoptions il se contractoit vne affinité, non seulement entre le pere adoptif, & les enfans qui estoient adoptez; mais encore entre les parens des vns & des autres : ainsi dans les adoptions d'honneur, quoi qu'elles ne donnassent aucun droit aux successions, l'alliance passoit aux enfans, & aux parens de ceux qui estoient adoptez en fils, ou en freres. Athalaric Roy des Goths d'Italie, dans Cassiodore, écriuant à Iustinian, ou plûtôt à Iustin, comme veut Alaman, dit qu'il a droit de se dire son parent & son petit fils, puisque Theodoric son ayeul auoit eu l'honneur d'être adopté par luy : *atque adeò pacem non longinquus, sed proximus peto, quia tunc mihi dedistis gratiam nepotis, quando meo parenti adoptionis gaudia præstitistis.* Ainsi dans Anne Comnene, le faux Diogene qualifie Nicephore Bryennius son oncle, parce que ce Seigneur auoit contracté vne adoption en frere auec l'Empereur Romain Diogene, dont il prétendoit estre le fils.

La qualité de pere que Theodebert I. & Childebert II. du nom Rois d'Austrasie donnent dans leurs lettres, l'vn à l'Empereur Iustinian, l'autre à l'Em-

*Senator l. 8. ep. 1. Aleman. ad Procop. Hist. arcan.*

*Anna Com. l. 10. Alex.*

pereur Maurice, pourroit faire préfumer qu'il fe fit de femblables adoptions d'honneur entre ces Princes, en fuite des traitez d'alliance, que l'vn & l'autre de ces Rois firent auec ces Empereurs. Car comme ceux qui eftoient adoptez s'eftimoient honorez lorfqu'ils pouuoient fe dire les enfans de ceux qui les adoptoient, il eft probable qu'ils leur donnoient en même temps le titre de pere. Conrad Abbé d'Vfperg parlant de l'Empereur Alexis Comnene, qui adopta de cette maniere quelques-vns de nos Princes François, qui alloient à la conquéte de la Terre Sainte : *Singularum turmarum principes Alexius, more fuo, fub appellatione* FILIORVM *fufcepit, eifdémque poft manus acceptas, facramentáque firmata,* — *munera difpertiuit.* Comme donc Alexis reconnoiffoit ces Princes fous le nom de fes enfans, il ne faut pas douter qu'ils ne lui ayent donné celui de pere.

*Conrad. Vfperg. A. 1101.*

Pour commencer par Theodebert. Freher & aprés lui M. Du Chefne ont donné au public trois lettres que ce Roy écriuit à Iuftinian. L'infcription de la premiere ne lui donne autre titre que celui-cy : *Domino illuftri, inclito triumphatori, ac femper Augufto, Iuftiniano Imperatori.* Mais dans celles des deux fuiuantes, Iuftinian y eft qualifié pere, en ces termes : *Domino illuftri & præcellentiffimo Domino &* PATRI *Iuftiniano Imperatori.* On recueille de la premiere lettre, que cét Empereur recherca le premier l'amitié & l'alliance de Theodebert, pour auec fon feeours combatre les Goths en Italie ; & afin de l'y porter plus puiffamment il lui enuoya des Ambaffadeurs & de riches préfens. De forte que comme il n'y auoit pas encore pour lors aucun traité entre ces Princes, Theodebert répondant à la lettre de Iuftinian ne lui donne que le titre qui eftoit donné ordinairement aux Empereurs. Mais depuis qu'il y eut des traitez entre eux, Theodebert donna le titre de Pere à Iuftinian dans les infcriptions des lettres qu'il lui écriuit. Ce qui pourroit faire préfumer, comme j'ay auancé, qu'il y eut alors des adoptions d'honneur contractées entre eux, en vertu defquelles Theodebert qualifia Iuftinian du nom de pere.

*Freheri ep. Franc. Du Chefn. to. 1. Hift. Fr. p. 862.*

L'vne des trois lettres que ce Prince écriuit à cét Empereur marque euidemment qu'il y eut des traitez entre eux, probablement aprés la mort de Theodat, dont Theodebert femble entreprendre la défenfe dans la premiere de ces lettres, fi ce n'eft qu'il entende parler de Theodoric, ce que je tiendrois plus probable, à qui les loüanges, qu'il donne à ce Prince qu'il défend, conuiennent beaucoup mieux qu'à Theodat. Procope dit en termes exprés, que Theodebert s'obligea de feruir l'Empereur dans fes guerres d'Italie, écriuant que Vitiges Roy des Goths ayant voulu engager à fon fecours Childebert, Theodebert, & Chlotaire, qui commandoient en ce temps-là dans la France, ces Princes lui firent réponfe, qu'ils ne le pouuoient pas faire ouuertement, mais qu'ils lui enuoyeroient fecretement des troupes tirées des prouinces qui leur appartenoient, parce qu'ils s'eftoient obligez peu auparauant enuers l'Empereur de le feruir en cette guerre, ἐπεὶ ὀλίγῳ πρότερον Βασιλῆ ἐς τόνδε τὸν πόλεμον ξυλλήψεσθαι ὡμολόγησαν. Où il eft à remarquer que Iuftinian traita auec Childebert Roy de Paris, parce qu'il auoit vne partie de fes Etats dans la Prouence, & particulierement la ville d'Arles, comme on peut recueillir de l'Auteur qui a écrit la vie de S. Cæfarius, & des epîtres du Pape Vigilius. Le même Procope rapporte ailleurs l'irruption que Theodebert fit dans les terres qui appartenoient à Iuftinian dans l'Italie, dit que Beliffaire, qui commandoit alors les troupes de l'Empereur écriuit à Theodebert & fe plaignit de ce qu'en cette occafion il auoit fi fort méprifé les traitez, qu'il auoit jurez fi folennellement auec fon maître, qu'il ne faifoit aucune difficulté de les violer, & d'y contreuenir; ce qui eftoit indigne d'vn Prince puiffant, comme il eftoit. De forte qu'il n'y a pas lieu de douter qu'il n'y ait eu des traitez d'alliance entre Iuftinian & Theodebert, ce qui eft d'ailleurs confirmé par Gregoire de Tours, lorfqu'il parle de *Mummolus,* qui fut enuoyé par Theodebert à Conftantinople en qualité d'Ambaffadeur. Comme donc depuis ces alliances

*Epift. 19.*

*Procop. l. 1. de bello Goth. c. 14.*

*Meffian. Presb. l. 1. vita S. Caf. Vigilii PP. epift. apud Baron. A. 538. 28. 545. 4. 546. 61. Procop. l. 2. c. 25.*

*Greg. Tur. l. 1. de Glar. Mart. c. 31.*

# DISSERTATION XXIII.

Theodebert commença à traiter l'Empereur du titre de pere, ce qu'il ne faisoit pas auparauant, on pourroit présumer que Iustinian l'adopta d'vne adoption d'honneur, en vertu de laquelle il ait pû prendre celui de son fils. Ce qui est d'autant plus probable, que ces adoptions se faisoient alors assez souuent par les Empereurs, lorsqu'ils s'allioient auec les Princes Etrangers, qui les inuentérent & en apportérent l'vsage & la coûtume dans l'Europe, où elles estoient inconnuës auparauant. On peut dire la méme chose de Childebert I. dont je viens de parler, qui traitoit pareillement Iustinian du titre de pere, comme nous apprenons de quelques lettres que le Pape Pelage écriuit à Childebert, où parlant de Iustinian, il vse de ces termes, PATER *vester præcellentissimus Imperator*. Aussi je remarque qu'ensuite de ces alliances Childebert & ses sujets auoient des déferences toutes particulieres pour l'Empereur, comme s'ils eussent esté ses vassaux.

*Pelag. PP. epist. apud Baron. A. 556. 27. 29. Baron. A. 545. 7.*

On peut opposer à cét égard que cette qualité de Pere, que Theodebert & les deux Childeberts donnent dans leurs lettres aux Empereurs Iustinian & Maurice, n'est qu'vn stile de Chancelerie, & que les Princes Etrangers traitoient ainsi ordinairement les Empereurs. C'est ce qu'il y a lieu de reuoquer en doute, veu que l'inscription de la premiere lettre de Theodebert semble marquer le contraire, puisqu'elle ne porte pas ce titre, mais seulement celles des deux suiuantes, qui furent écrites aprés les traitez d'alliance. D'ailleurs Marculfe, qui n'estoit pas éloigné de ces siecles-là, & qui a dressé les formules, c'est à dire le stile de la Chancelerie de France, nous apprend que nos Rois écriuans à d'autres Rois, les traitoient de freres, en ces termes: *Domino glorioso atque præcellentissimo fratri, illi Regi, in Dei nomine ille Rex*. Où le terme de *Præcellentissimus* est à remarquer, qui se trouue dans les inscriptions des lettres, que Theodebert & Childebert I. écriuirent à Iustinian, & qui est vn titre qu'on donnoit méme à nos Rois, comme on recueille des epitres de S. Gregoire le Grand. Cét vsage est conforme à ce que Gregoire de Tours écriuit, qu'Alaric Roy des Goths traitoit du nom de frere le Roy Clouis I. En second lieu nous ne voyons pas que les Princes de ce temps-là écriuans aux Empereurs, les ayent jamais traité de peres, mais bien de freres. Constantin le Grand écriuant à Sapor Roy de Perse lui donne ce titre. L'Empereur Iustin donne à Cabades, aussi Roy de Perse, le nom de frere, dans Theophanes: & Cosroes dans vn autre Auteur à l'Empereur Iustinian. Vn autre Cosroes en vse de méme à l'égard de l'Empereur Heraclius. Charlemagne dans les lettres qu'il écriuit à l'Empereur Nicephore, le qualifie aussi son frere. Ce qui a fait dire à Eguinart, que ce Prince ayant pris la qualité d'Empereur, *Inuidiam suscepti nominis, Constantinopolitanis Imperatoribus super hoc indignantibus, magnâ tulit potentiâ, vicitque eorum contumaciam magnanimitate, quâ ei procul dubio longè præstantior erat, mittendo ad eos crebras legationes, & in epistolis eos fratres appellando*. Dans Anne Comnene l'Empereur Alexis traite l'Empereur Henry de frere. Isâc l'Ange écriuant à Louys VII. Roy de France, au recit d'vn Auteur de leur temps, *Prolixam adulationem depinxit, Regem nostrum nominando sanctum, amicum, & Fratrem*. Ie ne veux pas icy enfler mon discours des autres exemples qu'on pourroit rapporter des Rois & des Princes qui se sont traitez de freres, parce qu'outre qu'ils ont esté obseruez par quelques Auteurs de ce temps; je n'ay entrepris de marquer que ceux qui font au sujet des Empereurs. De sorte qu'on peut dire qu'on ne lit pas que les Rois les ayent qualifié du titre de peres, hors cette occasion de l'adoption d'honneur. Il est vray que Cosroes Roy de Perse écriuant à l'Empereur Maurice, lui demande la permission de se dire son fils, & son suppliant, Χοσρόης ὁ σὸς υἱὸς ϰ ἰκέτης. Mais ce fut la seconde qualité qui lui fit rechercher la premiere, estant tombé dans la disgrace de la Fortune, qui lui fit reclamer le secours de l'Empereur contre Varam, qui l'auoit depossedé de ses Etats. Mais lorsque les Empereurs accordoient les adoptions d'honneur aux Princes

*Marculf. l. 1. form. 9.*

*Greg. M. l. 4. ep. 1. 52. l. 11. ep. 10. Greg. Tur. l. 2. Hist. c. 35. Euseb. l. 4. de vita Const. Theoph. p. 143. Menander Prot. in Legat. Chron. Alex. p. 918. Alcuin. ep. 111. Eghin. Baron. A. 871. 54. Anna Com. l. 2. p. 93. Odo de Diogila p. 15. Otho. Fris. l. 1. de gest. Frid. c. 23. 24. 10. 4. Hist. Fr. p. 539. Meurs. in Ἀδέσποτον Hadr. Valesius ad Ammian. l. 17. Simocatta l. 4. c. 11.*

# SVR L'HISTOIRE DE S. LOVYS.

étrangers, comme la plûpart de ces Princes n'auoient pas de peine de leur ceder en dignité, ils ne faisoient pas aussi de difficulté d'embrasser la qualité de fils, & de leur accorder celle de peres.

Ie ne sçay pas si je dois rapporter à ces traitez d'alliance, que Theodebert fit auec Iustinian, deux monnoyes d'or de ce Prince François, qui nous ont esté representées par M. Bouterouë Conseiller en la Cour des Monnoyes dans les curieuses & sçauantes Recherches qu'il a faites sur celles de nos Rois de la premiere race. D'vn côté il paroît vn Prince   armé & couuert à la Romaine, le jauelot sur l'épaule droite, le bouclier dans le bras gauche, sur lequel est empreint vn Caualier auec le jauelot en la main. La teste du Prince est couuerte d'vne Couronne, ou d'vn Diadéme en forme de casque, dont je feray la description plus exacte dans la Dissertation suiuante, & pour inscription on y lit ces mots, DN. THEODEBERTVS. VICTOR. en l'autre reuers est vne Victoire auec des aisles, tenant de la main droite vne longue croix, auec ces caracteres à l'entour, VICTORIA AVCCCI. au dessous de la figure est le CONOB. qui se rencontre en la plûpart des Medailles du bas Empire. L'vne de ces monnoyes a encore aux côtez & aux pieds de la Victoire ces deux lettres R. E.

*M. Bouteroüé en ses Monnoyes de France p. 230.*

Cette espece de monnoye peut receuoir deux explications. Car en premier lieu, comme elle represente en ses deux faces, ou reuers, les mémes figures qui se rencontrent dans les Medailles de Iustinian, on pourroit auancer auec beaucoup de fondement, que Theodebert ayant conclu les traitez d'alliance auec cét Empereur, dont j'ay parlé cy-dessus, & ayant esté adopté par luy à la mode des Gentils (si toutefois on doit presumer cette adoption des termes de ses lettres) pour donner des marques de l'estime qu'il faisoit de son amitié, fit empreindre, & la figure & les deuises de Iustinian, telles qu'il les faisoit marquer dans ses monnoyes, qui sont entierement semblables à celles qui se rencontrent dans les monnoyes de Theodebert, comme on peut aisément recueillir en les conferant auec celles de Iustinian, dont Alaman nous a donné l'empreinte. Baronius, Lipse, & Gretzer nous en ont representé d'autres de cét Empereur auec les mémes figures, sauf qu'au lieu de jauelot il porte vn monde croisé. Chifflet en son Childeric nous a pareillement donné les empreintes de plusieurs monnoyes du bas Empire, & entre autres de Theode le jeune, de Valentinian III. de Marcian, de Leon, de Zenon, de Nepos, & de Basilique, qui y sont tous figurez auec le même diadéme, le jauelot & le bouclier orné de la figure du Caualier; ce qui peut donner sujet d'inferer que la figure qui se rencontre dans la monnoye de Theodebert, est celle d'vn Empereur.

*Alam. ad Procop. Hist. arc. p. 145. edit. reg. Gretzer. de Cruce p. 1855. Lips. l. 3. de Cruce c. 16. Baron: A. 527. 62. M. Bouter. p. 131. 133. Chifflet. in Anast. Child. p. 17.*

Quant à l'autre reuers, il se trouue pareillement semblable dans les monnoyes de Iustinian : en sorte qu'il semble confirmer que la figure qui est representée en l'autre est celle de cét Empereur, puisque l'inscription y marque les victoires d'vn Empereur, ce que l'on ne pourroit pas attribuer à Theodebert, qui ne s'arrogea jamais ce titre, mais se contenta de celuy de Roy, qui luy est attribué dans ses autres monnoyes. Le CONOB. estoit particulier pour les monnoyes de l'Empire, ou des Empereurs, ne se trouuant que tres-rarement en d'autres. Et parce que l'explication de ces lettres, ou plûtôt les conjectures qu'on peut apporter sur ces caracteres, ont esté données par les sçauans, aussi bien que sur les trois G C C. ou G G G. qui suiuent A V. & la lettre I, qui se rencontre aprés ces lettres, je n'en diray rien en cét endroit. Ie remarque seulement que les Rois Goths d'Italie, qui ont tousjours contrecarré les Empereurs, & qui au rapport de Procope se sont arrogez les mémes ornemens qu'eux, n'ont jamais entrepris de faire grauer dans leurs monnoyes ni le CONOB. ni le VICTORIA AVGGG. Theodat qui fut souuent en guerre auec Iustinian,

*Anto. Aug. Dial. 7. de numism. Gretzer. to. I. de S. Cruce l. 2. c. 56. Occo p. 566. S. Amant to. 1. p. 505. Chifflet. in Anast. p. 263. 264.*

# DISSERTATION XXIII.

& qui eut peine à s'abbaisser aux hommages & aux reconnoissances de ses prédecesseurs, paroît dans ses monnoyes auec les ornemens Imperiaux, & auec vn bonnet ou diadéme fermé, different de celuy des Empereurs, auec ces caracteres : DN. THEODAHATVS. REX. mais quoy qu'en l'autre reuers il y ait vne Victoire postée sur la pointe d'vn vaisseau, ou sur vn *lituus*, il se contenta d'y faire grauer ces mots, VICTORIA. PRINCIP. ou comme ils se trouuent écrits dans vne autre monnoye de cuiure de ce Roy, VICTORIA PRINCIPVM. termes qui semblent marquer ses victoires en particulier, quoy que Baronius estime qu'il voulut par là flater Iustinian au sujet de celles qu'il remporta sur le Roy des Vandales. Enfin on ne remarque en aucune autre monnoye de nos Rois la forme de la Couronne qui est figurée en celle de Theodebert : au contraire ils y paroissent presque tousjours auec le diadéme de perles, ou auec la couronne de rayons, l'ombelle, le mortier, & le casque, comme je feray voir dans la Dissertation suiuante.

*Oct. Strada p. 230.*<br>*Baron. A. 534. 72.*<br>*Monnoye de Theodat appart. à M. du Mont Conseiller à Amiens.*

Il n'est pas sans exemple que des Princes ayent fait battre leurs monnoyes, sous l'image & la figure d'vn autre Prince. L'Histoire de ce siecle-là, auquel Theodebert vécût, nous en fournit dans les personnes d'Athalaric, de Theodat, de Vitiges & de Thelas Rois des Goths d'Italie, dont les monnoyes ont d'vn côté les portraits des Empereurs Iustin, Iustinian, & Anastase, auec l'inscription de leurs noms, & dans l'autre reuers vne couronne de laurier auec les noms de ces Princes au milieu. Il est vray que ces Rois Goths rendirent ces deferences aux Empereurs en suite de la promesse que Theodoric fit à Zenon, que s'il conqueroit l'Italie sur Odoacre qui la possedoit, il la tiendroit de luy, & en seroit son vassal. C'est-pourquoy nous lisons que Theodoric affecta tousjours de conseruer la paix auec les Empereurs, jusques-là qu'ayant declaré Athalaric, fils de sa fille, son successeur en ses Etats, *Et in mandatis dedit, ac si testamentali voce denuntians, vt Principem Orientalem placatum semper propitiúmque haberet.* Ce fut donc sur la politique de ce Prince que Totilas l'vn de ses successeurs rechercha d'estre en paix auec Iustinian, au recit de Procope. Pour paruenir à l'obtention de cette paix, ces Princes furent obligez d'accorder les principaux honneurs aux Empereurs, & de les reconnoître pour leurs Souuerains. Theodat méme s'obligea par le traité qu'il fit auec Iustinian de ne pas souffrir qu'on luy éleuât aucune statuë, qu'on ne fist le méme à Iustinian, qui deuoit auoir la sienne à la droite. Ainsi il est à présumer, quoy que l'Histoire n'en fasse pas mention, que dans les traitez de paix que les Empereurs firent auec les Goths d'Italie, il fut arrêté que leurs portraits y tiendroient pareillement le premier lieu.

Ie demeure d'accord qu'on ne peut pas dire la méme chose de Theodebert I. & des deux Childeberts : & je conuiens que comme nos premiers Rois n'ont jamais esté vassaux des Empereurs d'Orient, il n'est pas probable qu'ils se soient abbaissez à cette lâcheté, que de consentir par des traitez que leurs monnoyes portassent la figure & les deuises des Empereurs : Mais il n'est pas inconuenient que pour flater ces Seigneurs du monde, ainsi qu'on les qualifioit alors, ils n'ayent quelquefois fait battre des monnoyes en leur honneur, & qu'ils n'ayent souffert qu'on y imprimât, ou leurs figures, ou leurs deuises, pour gagner par là leurs affections. Car alors nos Rois, non plus que les autres Monarques, ne faisoient pas de difficulté d'accorder les deferences d'honneur aux Empereurs, dont la domination estoit d'vne étenduë bien plus grande, que celle de ces petits Princes, qui se faisoient plus signaler par leur valeur & par leurs armes, que par le nombre des prouinces qui estoient sous leur gouuernement. C'est-pourquoy nous lisons si souuent qu'ils tenoient à honneur de receuoir les titres des dignitez de la Cour de l'Empire, qui leur estoient deferez par les Empereurs. Ainsi Theodoric Roy des Ostrogoths ayant esté mandé par Zenon en sa Cour, cét Empereur *digno suscipiens honore inter proceres Palatii collocauit.* Quelque temps aprés il l'adopta d'vne adoption d'honneur,

## SVR L'HISTOIRE DE S. LOVYS. 281

neur, & le fit Conful ordinaire : *Quod fummum bonum, primúmque in mundo decus edicitur*, ainfi qu'écrit *Iornandes*. Car les premieres dignitez qu'il poffeda en cette Cour furent celles de *Magifter Militum* & de Patrice. Sigifmond Roy de Bourgogne y obtint auffi celle de Patrice de l'Empereur Anaftafe, qui confera pareillement celle de Conful à Clouis I. du nom, qui en fit les fonctions, ou du moins les cérémonies.  *Auitus ep. 7. Greg. Tur. l. 2. Hift. c. 38.*

C'eft donc à ces dignitez qu'il faut rapporter ces termes dont le même Sigifmond Roy de Bourgogne vfe dans la lettre qu'il écriuit à Anaftafe : *Nam licèt mundum latere nequeat veftra profperitas, & orbem fuum radiis perfpicuæ claritatis illuftret: dulce tamen eft, fi hi quos militiæ fafcibus, & peculiaris gratiæ pietate fuftollitis, quos in extremis terrarum partibus aulæ pollentis contubernio, & venerandâ Romani nominis participatione ditatis, fpecialiter gaudia veftræ perennitatis agnofcant, quæ generaliter cunctis fama concelebrat.*  Mais ce que ce Prince ajoûte dans la fuite, monftre clairement que ces petits Souuerains ne feignoient pas de fe dire vaffaux & fujets de l'Empire, quoy qu'ils n'en releuaffent point: *Ornat quippe Imperii veftri amplitudinem longinquitas fubjectorum, & diffufionem reipublicæ veftræ afferit quod remotius poffidemur.*  Et dans vne autre épître il tient vn femblable difcours: *Vefter quidem eft populus meus, fed me plus feruire vobis, quàm præeffe delectat. Traxit iftud à proauis generis mei apud vos, decefforéfque veftros, femper animo Romana deuotio, vt illa nobis magis claritas putaretur, quàm veftra per militiæ titulos porrigeret celfitudo, cunctifque autoribus meis femper magis ambitum eft quod à Principibus fumerent, quàm quod à Patribus attuliffent. Cúmque gentem noftram videamur regere, non aliud nos quàm milites veftros credimus ordinari.*  Termes qui font voir que ce Prince s'abbaiffoit jufques à ce point que de fe dire vaffal de l'Empereur, quoy qu'il fuft indépendant de luy. Tant il eft vray que tous les petits Souuerains de ce temps-là n'eftoient rien en comparaifon des Empereurs, & qu'il n'y en auoit pas-vn qui ne leur rendift les dernieres foûmiffions: *Non minuit Majeftatem veftram*, dit le même Prince, *quod accurrere non omnes valent: fatis ad reuerentiam vobis debitam fufficit, quod omnes è propriis fedibus vos adorant.* Ce n'eft pas que j'eftime que le terme de *miles* en cét endroit fignifie vn vaffal, comme il a efté vfurpé dans la fuite du temps, mais feulement vn Officier, comme on peut recueillir encore de quelque paffage de Gregoire de Tours. En tout cas nous voyons que Theodoric Roy des Oftrogoths parlant à Zenon, ne fait pas de difficulté de luy tenir ce difcours : *Ego qui fum feruus vefter & filius.*  *Epift. 83. 84. Aut. ep. 69. Greg. Tur. l. 4. Hift. c. 36. Iornand. c. 57.*

Toutes ces foûmiffions de ces petits Princes enuers les Empereurs, dont nous auons d'autres exemples en l'Hiftoire Byzantine, peuuent faire préfumer auec beaucoup de fondement qu'ils ont pû s'abbaiffer à celle de faire frapper de la monnoye en leur honneur, quoy qu'ils fuffent indépendans de ce vafte Empire quant au gouuernement de leurs Etats. Car ce que l'on auance fi vniuerfellement qu'il n'y en a pas, que des Souuerains aient jamais fait fabriquer de la monnoye en leurs terres, fous le nom, la figure, & les marques d'autres Princes étrangers, fe détruit par les monumens contraires, que l'antiquité a referuée pour nos fiecles. Car les antiquaires conferuent des monnoyes, ou des medailles, de Roemetalces Roy de Thrace, qui ayant reçû de puiffans fecours de l'Empereur Augufte en la guerre qu'il eut contre Vologefe, fit battre vne monnoye en l'honneur de cét Empereur, où d'vn côté eft fon portrait auec ces mots, ΚΑΙΣΑΡΟΣ ΣΕΒΑΣΤΟΥ. en l'autre reuers font deux vifages l'vn fur l'autre, que M. Seguin Doyen de S. Germain l'Auxerrois de Paris, qui nous a donné les empreintes de ces Monnoyes, eftime eftre de ce Roy & de fa femme; ou bien d'Augufte, & de Liuie, auec ces termes, ΒΑΣΙΛΕΩΣ ΠΟΙΜΗΤΑΛΚΟΥ. Il s'en voit vne autre de Demetrius Roy de Syrie, auec cette infcription ΔΗΜΗΤΡΙΟΥ ΒΑΣΙΛΕΩΣ. & en l'autre reuers ΣΕΒΑΣΤΟΥ. ΒΑΣΙΛΕΩΣ. qui fait voir qu'elle fuft frappée par ce Roy en l'honneur du même Empereur. M. Seguin nous a donné l'empreinte d'vne  *Petr. Seguin, in felect. numif. p. 33. Otto p. 82. p. 41.*

Partie II.            Nn

medaille tres-curieufe, d'Herode Roy de la Calcide, que ce Prince fit frapper en l'honneur de l'Empereur Claudius, dont il eftoit amy, auec ces mots au milieu d'vne couronne de laurier, ΚΛΑΥΔΙΩ. ΚΑΙΣΑΡΙ. ΣΕΒΑΣΤΩ. en l'autre reuers eft la figure d'Herode, auec ces caracteres, ΒΑΣΙΛΕΥΣ. ΗΡΩ......ΔΙΟΣ. où M. Seguin reftituë judicieufement le mot entier de ΦΙΛΟΚΛΑΥΔΙΟΣ. au lieu de ces caracteres effacez. Enfin le public lui eft encore redeuable de cette belle Medaille de Lucille, femme de l'Empereur *Lucius Verus*, qui porte d'vn côté la figure de cette Imperatrice, auec ces mots, ΛΟΥΚΙΛΛΑ. CΕΒΑCΤΗ. de l'autre vne Ceres, auec ces caracteres, ΒΑCΙΛΕΥC. ΜΑΝΝΟC. ΦΙΛΟΡΩΜΑΙΟC. termes qui monftrent clairement que le Roy *Mannus*, qui eftoit vn Prince dans l'Arabie, n'auoit fait battre cette monnoye qu'en qualité d'amy & d'allié, & non de fujet de l'Empire, en l'honneur de cette Imperatrice, auec laquelle probablement il auoit eu quelques entretiens familiers, lorfqu'elle fut à Antioche auec fon mary. Il en eft de même des monnoyes des Abgares Rois des Ofrhoëniens & des Edeffeniens, où d'vn côté ces Princes paroiffent auec vn Diadéme ouuert par les côtez en forme de Croiffant, femblable à la tiare des Perfes, dont parle *Sidonius* en ce vers:

*Flectit Achæmenius lunatam Perfa tiaram.*

Et de l'autre, les Empereurs Marc Aurele, Septimius Seuere, & Gordian III. car tous les fçauans demeurent d'accord que ces monnoyes furent frappées par ces Rois, qui y firent empreindre les figures & les titres de ces Empereurs, pour vne marque d'honneur & d'amitié.

Il n'eft donc pas fans exemple que des Princes fouuerains ayent fait battre de la monnoye en l'honneur des Empereurs : & je ne fçay pas mémes fi on ne doit pas rapporter à cette pratique, & à cét vfage celles qui portent le nom de Childeric & de Chlotaire conjointement, où le C O N O B. fe rencontre: eftant conftant que Childeric fit diuers traitez auec les Empereurs d'Orient, & particulierement auec Tibere, qui le regala de plufieurs préfens, & entre autres, de diuerfes grandes medailles d'or, châcune du poids d'vne liure, qui auoient d'vn côté fon portrait, auec ces mots, TIBERII CONSTANTINI PERPETVI AVGVSTI. & de l'autre le méme Prince dans vn char tiré de quatre cheuaux, auec ceux-cy, GLORIA ROMANORVM. Quant à Chlotaire, j'ay remarqué qu'il entra pareillement en traité auec Iuftinian pour la guerre d'Italie, au méme temps que Theodebert & Childebert I. De forte qu'on pourroit auancer, non fans fondement que toutes les monnoyes de nos Rois de la premiere race, qui ont ces mots, VICTORIA AVGGG. & le CONOB. ont efté frappées en l'honneur des Empereurs par nos Princes, lorfqu'ils ont voulu gagner leurs affections, & les engager dans leur protection. M. Petau nous en a reprefenté vne d'or, où d'vn côté eft la figure d'vn Roy, auec ces mots, VICTVRIA AVGS. & de l'autre, vne Victoire tenant de la gauche vne Croix auec ces caracteres, VICTVRIAVG. & au deffous, CON. M. Bouteroüe nous en a donné vne autre, qui d'vn côté a la figure d'vn Roy auec le nom du Monetaire, DOCCIO MONET. & de l'autre vne Victoire, auec ces mots, VICTORIA AVG. CONOB. Cette monnoye fut frappée à Lyon, comme le peut recueillir d'vne qui porte le nom du méme Monetaire, & celuy de la ville de Lyon. Ce qui me fait auancer, que la plûpart de cette efpéce de monnoye fut frappée par les Rois de Bourgogne, ou d'Auftrafie, qui eurent alliance auec les Empereurs. Mais ce qui peut former quelque difficulté fur ce fujet, eft vn paffage de Procope, qui dit que les Rois François n'auoient pas coûtume de battre leurs monnoyes d'or qu'auec leurs figures, & non auec celles des Empereurs, comme les autres Princes auoient accoûtumé de faire, indiquant par là les Rois Goths d'Italie, & nommant auffi entre ces Princes les Rois de Perfe. A quoy l'on peut repliquer que cela eft vray à l'égard de nos Rois, qui n'ont jamais reconnu les Empereurs pour leurs Souuerains : mais fi Theodebert &

## SVR L'HISTOIRE DE S. LOVYS.

quelques autres ont fait imprimer leurs figures & leurs deuises, ce n'a esté que pour les flater, & non point par deuoir. Ce qui me fait croire que la monnoye de Theodat, dont j'ay fait la description, & où la figure de ce Prince paroît, fut frappée durant les guerres qu'il eut auec Iustinian, ne se trouuant que cette monnoye d'entre celles des Rois Goths, qui n'ait pas la figure des Empereurs.

Voila à peu prés ce qui se peut dire en faueur de cette opinion, touchant l'explication des monnoyes de Theodebert. Mais comme tout cela n'est fondé que sur des conjectures; on peut aussi tourner la medaille, & dire que ce Prince les fit frapper auec ces figures & ces deuises, pour contrecarrer la vanité de Iustinian, qui prenoit dans ses titres celui de FRANCICVS, ou de Vainqueur des François. Car l'Histoire remarque que cela irrita tellement ce Prince victorieux & magnanime, qu'il resolut de rompre les traitez qu'il auoit faits auec cét Empereur, & de passer dans l'Italie auec vne armée de cent mille, ou selon Freculfe, de deux cens mille hommes. Gregoire de Tours dit qu'il y fut en personne jusques à Pauie, qu'il y fit de grands progrés, & qu'enfin ayant esté obligé de retourner en ses Etats acause de la maladie qui attaqua ses troupes, il y laissa Buccelin & Mummolene pour Chefs, qui défirent Narses Général de l'Empereur en plusieurs rencontres, & conquirent vne grande partie de l'Italie. Les Auteurs rapportent cette entreprise de Theodebert à l'an de Nostre Seigneur 540. c'est à dire deux ans aprés la défaite de Vitiges par Belissaire. De sorte qu'on pourroit auancer auec quelque fondement, que Theodebert ayant ainsi vaincu Iustinian dans l'Italie, & s'estant rendu maître de la plus grande partie des prouinces que les Goths y auoient possedées, il en prit le titre de Roy, & comme eux s'arrogea les ornemens Imperiaux. Ce qui peut confirmer cette conjecture est l'inscription de ses monnoyes, qui a beaucoup de rapport auec celles des Rois Goths d'Italie, qui à l'exemple de quelques Empereurs de leur temps mettoient deuant leurs noms ces deux lettres D. N. c'est à dire *Dominus noster*, ce que fait Theodebert en celles-cy, n'ayant pas remarqué qu'aucun de nos Rois les ait fait grauer dans ses monnoyes.

*Agath. l. 1.*
*p. 15. edit.*
*reg.*
*Proc. loc. cit.*
*Vita Sancti*
*Ioann. Abb.*
*Reom. l. 1.*
*c. 1. §. 4.*
*Greg. Tur.*
*l. 3. Hist. c.*
*32.*
*Freculf. to.*
*2. l. 5. c. 21.*

Theodebert toutefois n'y prend pas le nom de Roy, mais seulement le glorieux titre de Vainqueur, VICTOR, pour marquer les auantages qu'il remporta, tant sur Iustinian, que sur ses autres ennemis, & pour montrer qu'il auoit plus de sujet que lui de se l'arroger. Et veritablement il a esté l'vn de nos Princes qui a le plus signalé sa valeur dans les occasions, qui a le plus remporté de victoires, & qui a eu le bonheur de pousser bien auant toutes ses conquétes. Ce qui a fait dire à Aurelian Archeuesque d'Arles en la lettre qu'il lui écriuit, *Multum namque tuis onusta virtutibus currit fama cum pondere, & veris opinionibus jam adsueta de te tantum didicit non mentiri.* Puis exaggerant ses hautes actions & son courage inuincible: *Cedant si qua sunt mandata literis, facta priscorum supergrederis, antiquitatem exemplis, tempora meritis, maximus dominio, quia magnus in voto, felix conscientia, cùm pius in vita.* Cette reputation de ce grand Prince alla si loin, que Iustinian eut la curiosité de sçauoir quelles estoient les Prouinces qu'il auoit conquises, & qui estoient les peuples qui lui obeïssoient. A quoy Theodebert répondant, il les lui marque auec vne espèce de brauade en l'vne de ses lettres, en ces termes: *Id verò quod dignamini esse solliciti in quibus prouinciis habitemus, aut quæ gentes nostræ sint Deo adjutore ditioni nostræ subjectæ, Dei nostri misericordiâ feliciter subactis Thuringis, & eorum prouinciis acquisitis, extinctis ipsorum tunc temporis regibus, Norsauorum gentis nobis placata Majestas colla subdidit, Deâque propitio* Wisigothis *qui incolebant Franciæ Septemtrionalem plagam, Pannoniam cum Saxonibus Euciis, qui se nobis voluntate propria tradiderunt, per Danubium & limitem Pannoniæ, vsque in Oceani littoribus, custodiente Deo, dominatio nostra porrigitur.* Où il est à remarquer qu'il paroît par ce discours que Iustinian n'auoit eu autre pensée que de sça-

*To. 1. Hist.*
*Fr. p. 857.*

*Partie II.*

uoir le nombre & la qualité de ſes conquétes, & ſi il auoit étably ſa Cour & ſa reſidence en quelques-vnes, n'ayant pas douté que ſon partage fuſt dans la France, comme celui des autres Rois.

Il ne faut donc pas s'étonner ſi toutes ces victoires remportées ſur tant d'ennemis, lui firent meriter à bon droit cét illuſtre titre de Vainqueur, qu'il affecta de prendre dans les monnoyes qui font la matiere de ce diſcours, & dans deux autres, l'vne deſquelles porte ces caracteres à l'entour de ſa figure, qui eſt ornée d'vn bandeau de Perle, THEODEBERTI A— c'eſt à dire *Theodeberti Victoris*, le dernier mot eſtant deſigné par l'V renuerſé, que quelques-vns prennent pour vn C. Dans l'autre la teſte de ce Prince eſt couuerte d'vne eſpéce de diadéme en forme de caſque, auec ce mot VICTORIA au reuers eſt vne tour, ſur laquelle eſt écrit METIS, qui eſt le nom de la ville de Metz capitale de l'Auſtraſie, où elle fut frappée, & à l'entour VICTORIA THEODIBERTI.

*M. Bouter. p. 231. 232. 233.*

*Sirmond. ad Auitum.*

Quant à ce que dans les reuers de celles dont nous traitons, il y a VICTORIA AVGGG. & le CONOB, on peut ſe perſuader que comme Theodebert affecta dans les autres d'y paretre auec les habits & les accoutremens Imperiaux, il voulut auſſi en ceux-cy faire repreſenter les deuiſes ordinaires de l'Empire, pour marquer à tout l'vniuers ſon indépendance & ſa ſouueraineté, & pour contrecarrer & brauer en tout la vanité ambitieuſe de Iuſtinian, qui auoit témoigné par les titres imaginaires qu'il prenoit ſi publiquement, que toute la nation Françoiſe eſtoit ſoûmiſe à ſes ordres & à ſon empire. On pourroit encore dire que Theodebert, & ceux qui ont fait frapper les monnoyes qui portent les deuiſes des Empereurs, dont nous auons parlé, en vſérent de la ſorte, pour leur donner vn plus grand cours dans les pays étrangers, comme nous voyons que dans la troiſiéme race de nos Rois, les Ducs & les Comtes qui auoient droit de faire battre monnoye, affectoient de les rendre à peu prés ſemblables en figures à celles des Rois. I'ay étalé toutes les raiſons qui peuuent autoriſer les deux explications pour les monnoyes de Theodebert, laiſſant à vn châcun la liberté de prendre tel party qu'il voudra : *Hæc putaui colligenda, tu ſequere quod voles.*

*Terentian. Maur.*

Mais ſi les conjectures qu'on peut apporter ſur le ſujet des monnoyes de ce Prince peuuent partager les eſprits des plus ſçauans, celle qui a encore eſté repreſentée par M. Bouteroüé, & qui porte le nom de l'Empereur Maurice, n'a pas moins formé de differentes opinions. Cette monnoye eſt d'or, & a d'vn côté la figure de cét Empereur, auec ces mots à l'entour, DN. MAVRICIVS PP. AV. De l'autre eſt la figure du *Labarum*, auec l'A, & l'Ω. qui cependant ne ſe rencontre en aucune autre des monnoyes de Maurice. A l'entour ſont ces mots, VIENNA DE OFFICINA LAVRENTI. Cette derniere inſcription m'a fait auancer que cette monnoye a eſté frappée en la ville de Vienne en Dauphiné, & par conſequent par vn de nos Rois, qui viuoit ſous l'Empereur Maurice, puiſqu'il eſt conſtant que de ſon temps les Empereurs n'auoient aucune ſouueraineté dans la France.

*P. 136.*

Les raiſons ſur leſquelles j'appuie ma penſée me ſemblent ſi fortes, que je n'eſtime pas qu'il y ait lieu d'en douter. La premiere eſt, qu'au temps de Maurice il n'y auoit aucune ville dans l'Europe qui portât le nom de *Vienna* : & ainſi on ne peut pas dire que cette monnoye ait eſté frappée ailleurs qu'en la ville de Vienne en France. Ie ſçay bien que quelques ſçauans ſe ſont perſuadez qu'elle peut auoir eſté frappée à Vienne en Auſtriche par les Auares, qui la tenoient alors, & qu'il ſe peut faire que par quelque paix, qui fut concluë entre le Chagan, ou le Roy des Auares, & Maurice, il fuſt accordé par ce Prince infidéle, qu'il feroit frapper ſes monnoyes dans ſes villes auec la figu-

# SVR L'HISTOIRE DE S. LOVYS.

re de l'Empereur & ſes deuiſes. Mais j'aurois peine à me rendre à cette conjecture pour beaucoup de raiſons qu'il eſt neceſſaire de déduire, auant que de paſſer plus outre.

L'Hiſtoire remarque que les Auares, que quelques Auteurs appellent Huns, ou Chuns, qui tenoient au temps de Maurice vne partie des Pannonies, & qui habitoient les contrées voiſines du Danube, furent long-temps en guerre auec cét Empereur, & qu'ils ne conclurent la paix qu'à condition, que quoy que ce fleuue dût ſeruir de borne aux deux Empires, il leur ſeroit permis neantmoins de le trauerſer pour aller faire la guerre aux Sclauons. Par ce traité Maurice s'obligea de leur fournir vne ſomme de vingt mille ſols d'or, par forme de tribut, & pour obtenir la paix de ces peuples inquiets. Il reſulte premierement de ce traité, que la ville de Vienne en Auſtriche, ſi toutefois elle paroiſſoit alors ſous ce nom, eſtant ſur la riue gauche du Danube, eſtoit par conſequent dans les Etats du Chagan des Auares. En ſecond lieu il n'eſt pas probable qu'vn Prince victorieux, & qui auoit obligé cét Empereur à lui payer vn tribut, euſt ſouffert qu'on forgeât des monnoyes dans ſes terres en l'honneur d'vn Prince, à qui il auoit donné la loy. D'ailleurs les Ecriuains de ce temps-là remarquent que le Chagan eſtoit d'vne humeur ſi altiere, qu'il mépriſoit les Empereurs, & ſe donnoit des titres, qui marquoient aſſez ſa vanité & ſon ambition, prenant celui de Deſpote des ſept nations, & de Seigneur des ſept Climats du monde. Enfin il n'eſt pas vray-ſemblable qu'vn Prince infidéle, & qui faiſoit la guerre, non tant aux ſujets de l'Empire, qu'à leur religion, en ait voulu faire empreindre les marques dans ſes monnoyes, auſquelles il ait voulu donner cours dans ſes Etats. Et quand bien ce Prince les auroit fait frapper, il eſt à préſumer que les inſcriptions auroient eſté en ſa langue, qui n'eſtoit pas la Latine, comme furent celles des Huns ſous Attila, auquel il auoit ſuccedé.

*Paul Warneſr. l. 1. de geſt. Longob. c. 27.*
*Geſta Dagob. c. 28.*
*Theop. Simocatt. al. 7. c. 15.*

*Id. l. 1. c. 5.*
*l. 7. c. 7.*

Quant à la ville de Vienne en Auſtriche, il eſt encore conſtant que ſi elle ſubſiſtoit alors, elle n'eſtoit pas au moins connuë ſous le nom de *Vienna*, qui ne ſe trouue dans les Auteurs que long-temps depuis Maurice. Car à peine les Hiſtoriens en font mention auant le regne de l'Empereur Frederic I. Othon Eueſque de Friſingen, qui viuoit de ſon temps, en a parlé en ces termes ; *In vicinum oppidum Hyenis, quod olim à Romanis inhabitatum Fauianis dicebatur, declinauit.* Où il faut reſtituer indubitablement *Wienis*, ayant voulu exprimer le nom vulgaire de cette place *Wien*, que pluſieurs eſtiment lui auoir eſté donné de la petite riuiere de même nom, qui l'arroſe. La Charte de la fondation de l'Abbaye des Eſcoſſois bâtie en cette ville par Henry Duc d'Auſtriche l'an 1158. montre euidemment que ce terme de Vienne eſtoit moderne alors : *Abbatiam — in prædio noſtro fundauimus, in territorio ſcilicet Fauianæ, quæ à modernis Wienna nuncupatur.* Ce qui eſt ſi conſtant, qu'*Eugippius*, qui viuoit au même ſiecle que Maurice, & qui écriuit la vie de S. Seuerin vers l'an 511. parlant de cette place, la nomme auſſi *Fauianis*, en ces termes : *Eodem tempore ciuitatem nomine Fauianis ſæua fames oppreſſerat.* Où Velſer, qui a le premier publié cét Auteur en l'an 1595. dit ces mots : *In confeſſo, quod pluribus oſtendit Laʒius, Fabianis, truncatis vtrimque ſyllabis, & A in E mutatâ, Wien vulgò eſſe, Windebona aliàs.* Et quand on voudroit dire que de *Fauiana* on en auroit formé *Viana* dans la ſuite du temps, on ne rencontreroit pas encore le nom de *Vienna*, qui ſe trouue en cette monnoye : enſorte que pour l'attribuer à la ville de Vienne en Auſtriche, il faudroit cotter vn Auteur ancien, qui l'euſt reconnuë ſous ce nom, ce qu'il ne ſeroit pas aiſé de rencontrer.

*Otho l. 1. de geſt. Frid.*

*Eugipp. c. 3. edit. Velſeri c. 1. §. 9. edit. Boland. 8. Ioan. Irenic. l. 11. Exegeſ. Germ. p. 115.*

Mais outre ces raiſons, qui ſont aſſez fortes, il y en a d'autres qui ne meritent pas moins vne ſerieuſe reflexion, pour montrer clairement que cette monnoye a eſté frappée en France. Ie ne veux pas mettre en ce rang celle qu'on peut tirer de ce qu'elle s'y rencontre, ayant eſté tirée du cabinet de M.

Nn iij

Seguin, dont j'ay parlé, estant probable, qu'elle a esté trouuée en France, & qu'elle n'y a pas esté apportée de l'Austriche. Celle qu'on peut tirer du mot MAVRICIVS, est plus considerable, où l'S du milieu, quoy qu'inutile est couché, cette lettre ainsi figurée ne se rencontrant que dans les monnoyes de France, où elle se trouue si souuent, que M. Boutetoüe ayant dressé vn Alphabet des lettres, dont nos premiers François vsoient, l'y a comprise. D'ailleurs le mot d'*Officina*, qui s'y rencontre, semble leur auoir esté familier, pour marquer le lieu où l'on battoit la monnoye, dont il ne faut autre preuue que cette medaille d'or de Iulian l'Apostat, qui a pour inscription de son reuers, OFFICINÆ LVGDVNENSIS. Ce qui fait voir qu'on appelloit ainsi vulgairement en France les forges des monnoyes, ausquelles les Latins donnoient le nom de *Moneta*, & les Grecs celui d'Ἀργυροκοπεῖον. Cecy est encore confirmé par vn passage de S. Oüen en la vie de S. Eloy Euesque de Noyon, écriuant que le pere de ce Saint, ayant reconnu l'addresse de son fils dans les ouurages des mains, *Tradidit eum imbuendum honorabili viro, Abboni vocabulo, qui eo tempore in vrbe Lemouicâ publicam fiscalis monetæ* OFFICINAM *gerebat, à quo in breui hujus officii vsu plenissimè doctus, cœpit inter vicinos & propinquos in Domino laudabiliter honorari.* En effet, S. Eloy paroît ensuite en la Cour de nos Rois en qualité de Monetaire, ayant esté employé par eux pour fabriquer les monnoyes du Palais, appellées *Monetæ Palatinæ* dans leurs inscriptions, & dont il est parlé dans les Capitulaires de Charles le Chauue, se trouuant nommé auec ce titre en quelques-vnes, dont les figures ont esté representées par M. Bouteroüe. Il est vray que ce terme d'*Officina* en cette signification n'est pas particulier pour la France, puisqu'il se rencontre dans diuerses inscriptions, qui se voyent à Rome, dont l'vne porte ces mots, P. LOLLIO. MAXIMO. NVMMVLARIO. PRIMO. OFFIC. MONET. ARGENT. Vne autre ceux-ci. D. M. M. VLP. SECVNDO. NVMMVLARIO. OFFIC. MONETAE. Et enfin vne troisiéme est ainsi conceuë, HERCVLI, AVG. SACRVM. OFFICINATORES. ET. NVMMVLARI. OFFICINARVM. ARGENTARIARVM. FAMILIAE. MONETARI. Dans la premiere de ces inscriptions le Maître de la monnoye, ou des forges, & qui auoit l'intendance sur tous les autres ouuriers, est appellé *Nummularius primus*, & dans la derniere *Officinator*: terme qui est synonyme, & est ainsi expliqué dans l'ancien Glossaire Grec-Latin, *Officinatores*, ἐργαστηρίαρχοι. Il est aussi employé en ce sens par Vitruue & Apulée, pour des maîtres de boutiques. Mais quoy que le terme d'*Officina*, pour vne forge de monnoye, soit Latin, il ne s'ensuit pas pour cela que nos François de ce temps-là ne l'ayent pû employer, aussi bien que celui de *Monetarius* qui ne l'est pas moins, pour vn maître de la monnoye, n'y ayant pas plus de raison pour l'vn que pour l'autre. Et quoy que l'élegance du discours Latin ne regnât pas alors si vniuersellement en France, à cause des incursions des nations étrangeres, qui auoient banny l'vsage des lettres : il ne laissoit pas d'y auoir vn grand nombre de personnes sçauantes, qui écriuoient assez elegamment, particulierement dans les prouinces qui auoisinent l'Italie, dont il ne faut autre preuue, que les ouurages de *Sidonius*, d'*Auitus*, d'*Aurelianus*, & autres qui ont vécu sous nos premiers Rois. Aussi le même *Sidonius* congratule deux Orateurs de son temps, de ce qu'ils auoient remis en vogue la pureté de la langue Latine, & de ce qu'ils en auoient banny la barbarie : & Sigismond Roi de Bourgogne écriuant à l'Empereur Anastase, dit qu'il lui enuoye vn de ses Conseillers, *qui quantum ad ignorantiam Gallicanam, cæteros præire literis æstimatur.* Tant il est vray que quoy que l'eloquence Gauloise, estimée par les anciens *, ait esté alterée dans le commun du peuple, elle ne laissoit pas de se conseruer en certain nombre de sçauans. Mais on pourroit auancer que le mot de *Moneta* estoit incomparablement plus élegant que celui d'*Officina*, puisque c'est ainsi que les Latins appelloient le lieu où l'on battoit la monnoye ; jusque-là même que

## SVR L'HISTOIRE DE S. LOVYS.

quelques Auteurs l'ont employé pour toute sorte d'Officines, comme Seneque, Macrobe & *Sidonius Apolinaris*.

Ce n'est pas encore vn petit argument, à mon auis, pour conuaincre que cette monnoye a esté frappée en France, de ce que le nom du Monetaire s'y trouue exprimé. Car je n'ay pas remarqué que cette coûtume se soit obseruée ailleurs, non pas méme dans les monnoyes des Rois des Visigoths en Espagne, dont les empreintes nous ont esté données par *Antonius Augustinus*. Le nom méme de ce Monetaire qui y est marqué, estoit familier alors dans la prouince Viennoise, comme on peut recueillir de quelques epîtres d'*Auitus* Archeuesque de Vienne, qui fait mention en diuers endroits d'vn *Laurentius*, auquel il donne le titre de *vir illustris*, qui en estoit originaire. D'ailleurs on ne trouue pas que les noms des villes, où les monnoyes estoient frappées, soient inscrits dans les cercles, sinon en celles de nos Rois, & en quelques-vnes des Visigoths d'Espagne. Car en celles du bas Empire, ils se trouuent souuent exprimez en abregé au-dessous de la figure du reuers.

*Macrob.l.1 in somn. Scip. c. 6. Seneca de Benef.l. 3. c. 35. Sidon.l. 4. ep. 1.*

*Auitus ep. 74l. 42. 43.*

*M. Bouter. p. 179.*

Il a esté necessaire d'établir pour fondement de ce que j'ay à dire de cette monnoye dans la suite, qu'elle a esté frappée à Vienne en Dauphiné, pour inferer de là que ç'a esté par quelqu'vn de nos Rois, puisqu'il est certain qu'on ne la peut pas appliquer à Maurice, qui n'a jamais rien possedé dans la France, ni dans le Royaume de Bourgogne. Pour découurir cette verité; & le Prince à qui on la peut attribuer; il faut remarquer qu'au temps de cét Empereur Gontran estoit Roy de la Bourgogne, qui aprés la mort de ses enfans adopta le jeune Childebert II. Roy d'Austrasie son neueu, incontinent aprés celle de Sigebert I. pere de Prince, qui mourut en l'an 575. Childebert ensuite de cette adoption traita son oncle du nom de pere, & Gontran le reconnut pour son vnique heritier, luy donnant le pouuoir de disposer de toutes choses, & reconnoissant que tout ce qu'il possedoit estoit à luy, *Omnia enim quæ habeo ejus sunt*, ainsi qu'il parle dans Gregoire de Tours: toutefois la correspondance qui deuoit estre entre ces deux Princes fut souuent broüillée durant le cours de leur regne par diuers incidens, au sujet des successions des oncles de Childebert, & quoy que Gontran se déchargeât souuent de ses affaires sur son neueu, si est-ce qu'il ne laissoit pas d'agir de son chef, jusques à ce que sur la fin de ses jours il s'enferma dans vn Monastere, où il mourut en reputation de sainteté.

*Greg.Tur. l. 5. c. 6. 18. 26.*

*Id.l.8.c 13. Id.l.9.c.20. Aimoin.l. 3. c. 79.*

*To.2. Spicil. Acheriani p. 41. Sigeb.*

Cela presupposé, il est probable que l'vn de ces deux Princes fit battre cette monnoye. Mais comme il est aussi à presumer que la ville de Vienne estant la capitale du Royaume de Bourgogne, appartenoit à Gontran, on pourroit en méme temps auancer que ce fut lui qui l'y fit frapper en l'honneur de Maurice: car Gregoire de Tours semble confirmer cecy à l'égard de la possession de la ville de Vienne, écriuant que *Sabaudus* Euesque d'Arles estant mort, *Licerius* Referendaire de Gontran lui succeda, & qu'*Euantius* Euesque de Vienne estant pareillement decedé, *Virus* l'vn des Senateurs lui fut substitué par le choix que le Roy en fit: ce terme de Roy ne se pouuant entendre que de Gontran, duquel il auoit esté parlé peu auparauant.

*Greg.Tur. l. 8. c. 39.*

Cependant on ne voit pas de raison assez puissante pour porter à croire que cette monnoye fut frappée par Gontran en l'honneur de Maurice, dautant que l'Histoire ne parle d'aucuns traitez qu'il ait faits auec cét Empereur, mais bien de ceux que Childebert fit auec ce Prince. Ce qui m'a fait auancer qu'on la doit plûtôt attribuer à Childebert, qu'à Gontran: car comme ces Etats confinoient à l'Italie, Sigebert son pere ayant succedé à ceux de Theodebert & de Thibaud son fils, qui en estoient voisins, comme on peut recueillir des guerres que ces Princes eurent en Italie, il se presenta souuent occasion de faire des traitez d'alliance entre eux. Il est vray que ce qui donna sujet d'abord à ces pourpalers, fut la captiuité du jeune Athanagilde neueu de Childebert, qui auoit esté conduit à Constantinople aprés la mort d'Ingonde sa mere. Mais

*Greg.Tur. l.6. c. 40. ep. Fr.10.1. Hist.Fr.p. 867. 873.*

## DISSERTATION XXIII.

*Ibid. ep. 25.*
*39. 42. 44.*
*45.*
depuis ce temps-là Childebert rechercha auec beaucoup d'empreſſement par ſes Ambaſſadeurs l'alliance de Maurice, auquel il donne le titre de pere en la plûpart de ſes lettres : ce qui pourroit faire préſumer la même choſe que j'ay remarquée de Theodebert, que ce Prince fut adopté par honneur par cét Empereur. Il écriuit à cét effet à tous les grands Seigneurs de la Cour de Maurice, au Patriarche, au Legat Apoſtolique, à Paul, pere de l'Empereur, au fils de Maurice, & autres pour les prier de donner leurs entremiſes pour l'obtenir : En celle qu'il écriuit au fils de l'Empereur, il vſe de ces termes : *Et quia ad ſereniſſimum atque piiſſimum* PATREM *noſtrum, genitorem veſtrum, Mauritium Imperatorem.— Legatarios direximus.*
Et dans vne autre qui fut adreſſée à Childebert de la part de Maurice, cét Empereur y eſt traité du titre de pere, & l'Imperatrice de celui de ſœur de ce Prince. Ce qui monſtre que celui de pere eſtoit perſonnel pour l'Empereur, probablement acauſe de l'adoption d'honneur, & que celui de ſœur regardoit le commun des Souuerains & des Rois, qui ſe traitoient reciproquement du nom de freres. Les conuentions de ces traitez furent que Maurice feroit deliurer à Childebert cinquante mille ſols, & que Childebert ſeroit tenu d'aller faire la guerre aux Lombards d'Italie. Enſuite de ces traitez, Childebert paſſa dans l'Italie en l'an 584. & obligea ces peuples à demander la paix, laquelle ayant eſté arrêtée, il enuoya ſes troupes dans l'Eſpagne. Cela n'agrea pas à Maurice, qui ſe plaignit du mauuais employ de ſon argent, & de ce qu'il l'amuſoit de belles promeſſes, ſans en venir aux effets. Enfin preſſé par ſes Ambaſſadeurs, il y retourna l'année ſuiuante, & probablement continua cette guerre en ſa faueur : veu qu'en l'an 588. il fit demander du ſecours à Gontran ſon oncle pour chaſſer les Lombards d'Italie, afin de reprendre cette partie qui auoit appartenu à ſon pere, & de rendre le ſurplus à l'Empereur. Gregoire de Tours remarque qu'il y enuoya alors des troupes, aprés en auoir donné auis à Maurice par ſes Ambaſſadeurs, & qu'elles y furent taillées en piéces. Cette bonne intelligence de Childebert auec ce Prince, reçût quelque alteration par la rencontre d'vn mauuais traitement que quelques Gentilshommes de la ſuite de Grippon Ambaſſadeur de Childebert, qui alloit de ſa part à Conſtantinople, reçût en Afrique. Mais l'Empereur ayant ſatisfait Grippon, Childebert enuoya auſſi-tôt ſes troupes dans l'Italie, où ſes Chefs trouuerent les Ambaſſadeurs de Maurice, qui leur donnerent auis d'vn grand ſecours, qui leur arriuoit de la part de leur maître. Mais outre que ce ſecours ne parût pas, la maladie s'eſtant miſe dans les troupes de Childebert, cette entrepriſe fut ſans effet. Enfin les Lombards fatiguez des frequentes irruptions des François, enuoierent leurs Ambaſſadeurs à Gontran pour obtenir la paix, auec promeſſe de lui obeïr, & de lui conſeruer la même fidelité que leurs predeceſſeurs. Gontran renuoya ces Ambaſſadeurs à Childebert, qui les congedia, auec promeſſe de leur faire ſçauoir ſa réponſe. Ce qui fait voir que cette guerre d'Italie ſe faiſoit auec la participation, & ſous l'autorité de Gontran. Nous ne liſons pas ſi Childebert retourna depuis ce temps-là dans l'Italie, ni s'il fit de nouueaux traitez auec l'Empire depuis la mort de Gontran ſon oncle, enſuite deſquels il auroit pû faire frapper cette monnoye en l'honneur de Maurice : mais ſeulement que Theodoric ſon fils, qui lui ſuccéda au Royaume de Bourgogne, enuoya ſes Ambaſſadeurs à cét Empereur pour lui offrir ſon ſecours contre les Auares, au cas qu'il vouluſt lui fournir de l'argent pour la leuée & l'entretenement de ſes troupes.

Pour appliquer plus preciſément toutes ces obſeruations au ſujet de cette monnoye, qui porte le nom de Maurice : je dis qu'il ſe peut faire que Gontran l'ait fait frapper dans la ville de Vienne, en conſequence des traitez d'alliance qu'il eut auec cét Empereur pour marque de déference & d'honneur, quoy que l'Hiſtoire n'en faſſe aucune mention : car il eſt conſtant que tous nos Rois François de la premiere race eurent & firent des alliances auec les Empereurs,

## SVR L'HISTOIRE DE S. LOVYS.

pereurs, ce qu'*Auitus*, & les épîtres de Theodebert & de Childebert, dont j'ay parlé, disent en termes formels ; ce que l'on peut présumer d'autant plus de Gontran, que, comme j'ay remarqué, Childebert son neueu faisoit la guerre en Italie sous son aueu, & encore que nostre Histoire ne parle pas des traitez qu'il fit auec Maurice, il ne s'ensuit pas qu'il n'en ait pas fait, veu que Procope nous apprend que Childebert I. & Chlotaire estoient joints auec Theodebert en ceux que ces Princes firent auec Iustinian, quoy que nos Ecriuains ne parlent en cette occasion que du dernier. Il se peut faire encore que Childebert neueu & successeur de Gontran la fit frapper dans la ville de Vienne aprés la retraite & la mort de son oncle, ou même de son viuant. Car comme il entra en quelque maniere dans le gouuernement des affaires de Gontran, aprés qu'il en eut esté reconnu heritier, on peut aussi présumer qu'il agissoit auec autorité dans ses Etats, comme dans ceux des siens. D'autre part comme il est sans doute que les partages des Princes François de ce temps-là estoient meslez & engagez les vns dans les autres, & que les villes mêmes estoient souuent partagées par moitié, & appartenoient quelquefois à deux & à trois, il n'est pas inconuenient de croire que Childebert ait possedé celle de Vienne de son chef, ou qu'il y ait eu part., puisque nous lisons que Gontran lui fit don de la moitié de Marseille, & qu'il posseda la ville d'Auignon, ces deux places cependant faisans partie du Royaume de Bourgogne. Quant à ce qu'on dit que la ville de Vienne n'est pas comprise entre les villes qui appartenoient, ou qui échûrent à Childebert par le traité d'Andelo, il ne faut pas s'en étonner; veu que ce traité ne se fit que pour les places qui auoient appartenu à Charibert, ou qui estoient en contestation entre Gontran & Childebert, n'y estant pas parlé non plus de Marseille, d'Auignon, & d'autres, qui constamment appartinrent à Childebert. Tout ce discours peut justifier que l'Histoire n'a pas bien éclaircy cette circonstance.

*Marius Auentit.*
*S. Greg. M. l. 4. ep. 2.*
*Greg. Tur. l. 8. c. 12.*
*Fredeg. Child. c. 5.*
*Greg. Tur. l. 9. c. 10.*
*l. 7. c. 12.*

Ie me suis vn peu étendu sur ces monnoyes, que j'estime effectiuement estre de tres-riches ornemens pour nostre Histoire, quand on aura bien pénétré dans le veritable motif de ceux de nos Princes, qui les ont fait frapper. Que si je me suis départi de quelques opinions qui ont esté auancées sur ce sujet, ce n'a pas esté auec vn dessein de les combatre directement, mais parce que j'ay crû qu'il importoit de déterrer ces belles antiquitez, & d'en rechercher les origines. D'ailleurs j'ay vsé en cette occasion de la liberté qui est donnée à vn châcun de produire ses sentimens, & ses conjectures sur ces enigmes : c'est ainsi que Prudence appelle les reuers des Medailles, *Argentea ænigmata*, dont le sens n'est pas tousjours facile à conceuoir.

*Prudent. Hym. in S. Laurent.*

---

## DES COVRONNES DES ROIS DE FRANCE
*de la premiere, seconde & troisiéme race: de celles des Empereurs d'Orient & d'Occident, des Ducs, des Comtes de France, & des Grands Seigneurs de l'Empire de Constantinople.*

### DISSERTATION XXIV.

APRE's auoir examiné assez exactement ce qui se peut dire au sujet des monnoyes de Theodebert I. & de Childebert II. du nom, Rois d'Austrasie, il ne reste plus que de m'acquiter de la promesse que j'ay faite de traiter des Couronnes, que nos Rois ont portées. Mais dautant qu'ils ne les ont empruntées que des Empereurs Romains & de Constantinople, je me trouue engagé de parler en général de toutes les Couronnnes, dont les Empereurs

*Partie II.*

# DISSERTATION XXIV.

*Car. Paſ-*
*chal. lib. de*
*Coronis.*

ont vſé, & dans la ſuite, de celles que les Princes non Souuerains ont portées, tant dans l'Empire d'Orient, que dans la France. Quoy que M. Paſchal ſemble auoir épuiſé cette matiere par ſes ſçauantes & curieuſes recherches, j'eſpere toutefois de faire voir qu'il n'a pas tellement moiſſonné ces fertiles campagnes, qu'il n'y reſte encore vn grand nombre d'eſpics à leuer, n'eſtant pas entré dans ce détail qui regarde le moyen temps, qui cependant eſt neceſſaire pour reconnoître toutes les differences, & la diuerſité des Couronnes, que les Princes, qui y ont vécu, ont portées.

Pour commencer par celles, dont nos Rois de la premiere race ornoient leurs teſtes ſacrées, j'en trouue particulierement de quatre ſortes. La premiere eſt le Diadéme de perles, fait en forme de bandeau auec les lambeaux, qui pendent au derriere de la teſte. Ce Diadéme eſt ſemblable à celuy qui ſe rencontre dans la plûpart des Medailles des Empereurs Romains, d'où nos Rois l'ont emprunté. L'Hiſtoire remarque que Iules Ceſar refuſa de porter le Diadéme. Caligula fit le méme, ſes Courtiſans luy ayant perſuadé que cela eſtoit au deſſous du rang qu'il tenoit, & que ſa dignité eſtoit incomparablement plus releuée que celles des Rois & des Princes. Ce fut donc Helagabale, qui porta le premier vn rang de perles ſur la teſte pour Diadéme, *Quia pulchrior fieret, & magis ad fœminarum vultum aptus*: mais il ne le porta que dans ſon Palais, au recit de celuy qui a écrit ſa vie. Aurelian parut enſuite dans le public auec le Diadéme. Car c'eſt ainſi que les Sçauans eſtiment qu'il faut entendre ces mots d'*Aurelius Victor. Primus apud Romanos Diadema capiti innexuit, gemmiſque & auratâ omni veſte, quod adhuc ferè incognitum Romanis moribus videbatur, vſus eſt.* En effet, il eſt conſtant que les Empereurs, qui précéderent Aurelian, porterent le Diadéme, comme on peut recueillir de leurs Medailles. Mais particulierement celuy de perles a eſté fort en vſage depuis le temps du Grand Conſtantin, qui ſelon Victor, *habitum regium gemmis, & caput exornauit perpetuo Diademate.* Cette eſpece de Diadéme ſe voit ſouuent exprimé dans les Medailles, mais auec cette difference que quelquefois il eſt compoſé d'vn double rang de perles, quelquefois il eſt entremeſlé de pierres precieuſes enchâſſées dans l'or, & de perles: & enfin quelquefois ce double rang de perles eſt enrichy & orné à l'endroit du front d'vne pierre precieuſe, dont la grandeur tient celle des deux rangs de perles. Tel donc a eſté le Diadéme de Iulian l'Apoſtat, qu'Ammian appelle *ambitioſum diadema, lapidum fulgore diſtinctum*, Libanius λιθοκόλλητον ταινίαν, Euſebe, ἐκ λίθων διαδήμα ταινίων. C'eſt encore à cette eſpéce de Diadéme compoſé de pierres precieuſes qu'il faut rapporter ce que dit *Mamertinus* au Panegyrique de Maximian: *Trabeæ veſtræ triumphales, & faſces conſulares, & ſellæ curules, & hæc obſequiorum ſtipatio, & fulgor, & illa lux diuinum verticem claro orbe complectens, veſtrorum ſunt ornamenta meritorum, &c.* où il entend marquer l'éclat & le brillant des diamants & des perles. Nous ne voyons rien de ſemblable dans les monnoyes de nos Rois de la premiere race, qui pour l'ordinaire n'ont pour Diadéme qu'vn ſeul rang de perles.

Quelquefois ces mémes monnoyes les font voir auec la Couronne de rayons. Cette eſpéce de Couronne a eſté en vſage parmi les Rois de la plus grande antiquité, qui pour ſe rendre plus auguſtes, & pour ſe donner plus de majeſté, en ornoient leurs teſtes, afin que comme le Soleil, ils paruſſent à leurs peuples pleins d'éclat & de lumiere. C'eſt ainſi que Virgile repreſente celle du Roy *Latinus*:

*Suëton.*

*Lamprid.*

*Victor.*

1.
2.
3.

*Ammian.*
*l. 21.*
*Liban.*
*Euſeb. l. 4.*
*de vita*
*Conſt. c. 7.*
*Mamert.*
*Paneg.*
*Maxim.*
*c. 3.*

4.
*M. Bouteroüé p. 206.*
*207. 209.*
*112. 121.*

*Virgil. l. 12.*
*Æneid.*

— *Cui tempora circum*
*Aurati bis ſex radii fulgentia cingunt,*
*Solis aui ſpecimen.*

*Mar. Capell. l. 1.*

Il compoſe cette couronne de douze rayons, parce que c'eſtoit vne opinion receuë parmi les anciens, que le ſoleil en auoit vn pareil nombre, que *Martianus Capella* rapporte aux douze mois de l'année. Les Hiſtoriens Ro-

# SVR L'HISTOIRE DE S. LOVYS.

mains remarquent qu'on présenta en plein theatre à Iules Cesar vne couronne toute éclatante de rayons, & que celle que Caligula prit, lorsqu'il voulut s'arroger la diuinité, estoit semblable. Les Medailles des Empereurs Romains sont pleines de cette espéce de couronne. *Valer. Flac. l. 4. Argen. Flor. l. 4. c. 2.*

Le Diadéme dont la teste de Theodebert est couuerte, est le méme que celui, dont les Empereurs de Constantinople de son temps se seruoient, ainsi que j'ay obserué. C'est cette espéce de couronne, à laquelle Anastase Bibliothecaire donne en diuers endroits le nom de *Spanoclista*, terme qui est tiré du Grec ἐπανώκλειςος, c'est à dire, vne couronne couuerte par le haut. Constantin Porphyrogenite semble attribuer l'inuention de ce Diadéme au Grand Constantin, écriuant qu'il se seruit de cét affublement de teste, que les Grecs appelloient Καμηλαύκιον: d'où quelques Auteurs Latins ont formé *Camelaucum*, *Calamaurus*, & *Calamaurum*, pour vne espéce de chapeau, qu'ils attribuent tantôt aux Papes, tantôt aux Moines. Sa figure & sa forme estoit en guise d'vn casque. Rusin, & Bede traduisans ces mots de l'Histoire de Iosephe, ὑπὲρ τῆς κεφαλῆς φορεῖ πῖλον ἄκωνον, les ont ainsi tournez en Latin : *super caput autem gestat pileum in modum paruuli calamauci, siue cassidis, qui extendebatur supra capitis summitatem*. Theophanes attribuë à Totila Roy des Goths vn de ces chapeaux tout couuert de pierreries, καμηλαύκιν διάλιθον. Anastase & Paul Diacre semblent encore donner ce nom aux turbans des Turcs. Theophanes dit qu'il couuroit les oreilles. Le méme Anastase l'attribuë aux Papes, comme aussi Papias qui en donne ainsi la description : *Pileum, calamaucum ex bysso rotundum, quasi sphæra, caput tegens sacerdotale, in occipitio vittâ constrictum, hoc Græci & nostri Tiaram vocant*. Isàc Auteur Grec écrit que tous les Euesques d'Armenie en ont leurs chefs couuerts, lorsqu'ils celebrent l'office Diuin. Et Allassi assure qu'encore à present les Moines d'Orient le portent au lieu de chapeau. Il en fait la description, & dit qu'il est ainsi appellé, parce qu'il fut fait d'abord de poils de chameaux, ce qui est conforme à ce que *Cedrenus* a écrit. De sorte que ce mot a esté pris indifferemment pour toute sorte de chapeaux. *In Vitis PP. Conft. Porph. de Adm. Imp. c. 12. Rufin. Beda l. 3. de Tabern. c. 8. Ioseph. l. 3. c. 8. Theoph. Anast. Hist. Eccl. Id. Anast. p. 353. Hist. Misc. Theoph. in Zenone. Anast. in Const. PP. Papias. Gloss. Isid. Odo Fossat. in vita Burch. Isaac. inuect. 2. in Armen. p. 414. Allat. de vtriusq. Eccl. Conf. l. 3. c. 8. n. 12.*

L'on appella donc ainsi cette espéce de couronne, dont Constantin introduisit l'vsage, qui n'estoit pas tant vne couronne, qu'vne espéce de couurechef, ou de bonnet, dont il se seruoit ordinairement, lequel ayant esté enrichy dans la suite du temps de perles & de pierreries, passa pour le principal diadéme des Empereurs. Ie ne fais pas de doute, que ce ne soit ce diadéme qu'vn Auteur, qui viuoit en son siécle, & qui écriuoit en l'an 448. lui attribue particulierement, écriuant qu'il l'inuenta, pour arréter ses cheueux, qui s'écartoient de son front : *Constantinus Senior, qui Christianæ religionis ministros priuilegiis communiuit, diadema capiti suo propter restuentes de fronte propriâ capillos, (pro quâ re saponis ejusdem cognominis odorata confectio est) quo constringerentur, inuenit, cujus more hodie custoditur*. Ce qui est tellement vray, que nous voyons que dans la plûpart des medailles de ses successeurs leurs chefs en sont ornez, comme en celles de Constantin, de Gratian, de Valentinian le Ieune, de Theodose, d'Honorius, de Marcian, & de quelques autres qui les ont suiuis, qui ont esté représentées par Octauius Strada, Baronius, Gretzer, & autres, où les portraits des Empereurs paroissent de profil. Ces diadémes sont arrondis en forme de casque, tels que Beda décrit les camelauques. Ce qui me fait croire que c'est cette espéce de couronne, que les Anglois-Saxons appelloient *Cyne-helm*, c'est à dire *le Heaume royal*, parce que leurs Rois, qui affectérent le titre de βασιλεύς, ou d'Empereur, empruntérent des Grecs cette sorte de couronne. Elle est composée du diadéme de perles, d'vn ou de deux rangs, qui ceint le front, & est lié par le derriere de la teste, auec deux lambeaux aussi de perles, qui y pendent. De ce diadéme part vne espéce de bonnet enrichy de pierreries, au dessus duquel paroît vn cercle de perles, rehaussé encore d'vn autre ornement en forme de plumes, *Cedr. p. 169. Gloss. Isid. Gloss. Ælfr. Ptolemæus Siluius in Laterculo. 5. Oct. Strada p. 198. Gloss. Ælfrici.*

*Partie II.*                                            Oo ij

# DISSERTATION XXIV.

ce cercle commençant au derriere de la teste, & finissant à l'endroit du front, en forme de creste de casque, d'où ces couronnes sont appellées *Cristatæ* par les Auteurs qui en ont parlé dans celles de Constantius, de Romulus, de Zenon, de Basilisque, d'Anastase, de Iustinian, & de Iustin, comme les portraits y sont de face, il ne paroît au haut de ce couurechef qu'vne espéce de houppe, qui part du derriere de la teste, à l'endroit où sont les lambeaux de perles.

*Oct. Strada p. 228. 254. 251. 264. Alam. ad Procop. Lips. l. 3. de Cr. c. 15. 16. Chifflet. in Anast. Child. Io. Tzetz. Chil. 8. c. 184.*

Cét ornement, qui paroît au dessus de ces diadémes, est appellé par les Grecs recens, Τύφα & Τύφα, d'où ils ont donné le nom à cette espéce de couronne, ainsi que nous apprenons de Tzetzes, en ces vers:

Τιάρα σκέπη κεφαλῆς ὑπῆρχε ᾧ Πέρσαις,
ὕστερον ἐν ταῖς νίκαις δὲ ἡμῖν οἱ Στεφηφόροι
σφῶν κεφαλαῖς ἐπέθεντο Τιάρας, ἤτοι Τύφας,
οἵας ἔφιππος φορεῖ ὁ αὐδριας Σκένθ
ὁ Ιυστινιανός τοῦ κίονος ἐπάνω.

Quant à ce que cét Auteur dit que c'estoit la couronne, dont les Empereurs Grecs se seruoient, lorsqu'ils retournoient de leurs expeditions militaires, & aprés auoir remporté des victoires sur leurs ennemis, cela peut estre fondé sur la forme de ce diadéme, qui auoit en quelque maniere celle d'vn casque. D'ailleurs, nous lisons que Basile Porphyrogenite aprés auoir défait les Bulgares, entra dans Constantinople, en habit de Triomphe, ayant cette couronne sur la teste, στεφάνω χρυσῷ λόφον ὑπερθεν ἔχοντι ἐστεφανωμένος, ainsi qu'écriuit Scylitzes; ou selon Zonaras, Τιάρᾳ ταινιωθεὶς ὀρθία, ἣν Τύφαν καλεῖ ὁ δημώδης, *ayant la teste couuerte d'vne Tiare droite, que le vulgaire*, dit cét Auteur, *appelle Toffe, ou Touffe*. Il est constant que comme les Empereurs Grecs empruntérent la plûpart de leurs ornemens Imperiaux des Rois de Perse, ils tirerent aussi d'eux cette sorte d'affublement de teste, qui est appellé par Xenophon, *Eunapius*, & autres, ὀρθὴ Τιάρα, *vne Tiare droite*, laquelle estoit enuironnée au bas, & à l'endroit du front, d'vn diadéme, comme estoit la couronne des Empereurs, dont je fais la description. Le même Xenophon parlant de *Cyrus*, εἶχε δὲ διάδημα περὶ τῇ τιάρᾳ. Ce qui me fait croire que la couronne des Rois de Perse n'estoit pas beaucoup differente dans la forme, de celle de Grand Prétre des Iuifs, dont il est parlé dans l'Exode : *pones tiaram in capite ejus, & collocabis coronam sacram super tiaram*. Où le mot *corona*, est ce qui est appellé ailleurs *lamina*. Pour le mot de Τύφα, il ne signifie rien autre chose, qu'vne espéce de houppe, d'aigrette, ou de bouquet de plumes, dont les casques des soldats estoient ornez pour l'ordinaire, comme nous apprenons des ordonnances militaires de l'Empereur Leon, qui leur donne ce nom, comme encore à ces autres ornemens qui se mettoient aux crouppieres des cheuaux. Et comme ce terme est barbare, quoy que Zonare lui ait attribué vne origine Grecque, il est probable que les nouueaux Grecs l'emprunterent des nations du Nord. Ce qui est d'autant plus vraysemblable, que les Anglois-Saxons, c'est à dire les anciens Alemans, appelloient cét ornement de casque, qui est nommé par les Latins *Apex*, *Helmes-top*, c'est à dire *la toffe du Heaume*, ainsi que nous lisons dans le Glossaire d'Ælfric. L'on donn eencore pour cette méme raison le nom de *Tufa* à vne espéce d'étendart, dont les Empereurs se seruoient dans leurs armées, parce qu'il soûtenoit au dessus d'vne pique vne *touffe* de plumes, qui est vn terme qui a passé depuis parmi nous, & qui se voit exprimé dans vne ancienne Charte Françoise rapportée par Edoüard Bisse, en ses notes sur l'Aspilogie de Spelman. Dans la suite du temps, les Empereurs, voulans donner des marques exterieures de leur pieté, firent mettre au dessus de ces diadémes vne croix, au lieu de ces toffes, ou houppes. Phocas est le premier qui paroît de cette maniere dans ses medailles, & a esté secondé par les autres Empereurs qui lui ont succedé. Le P. Gretzer a donné toutes les empreintes des medailles, qui representent cette croix au dessus des couronnes.

*Scylitz. & Zonar. in Basil.*
*Xenophon. de Inst. Cyri l. 8.*
*Eunapius in præfatio p. 54.*
*Demetr. l. περὶ ἑρμηνείας.*
*Ioseph. l. 5. c. 15.*
*S. Hieron. ep. 128.*
*Exod. 29. 7. Ib. v. 30. Leuit. 8. v. 9.*
*Leo in Tactic. c. 6. §. 11. & 25. Idem §. 3. & 10. Mauric. & Porphyr. in Tactic.*
*Codin. de offic. c. 17. n. 48.*
*Gloss. Ælfric.*
*Veget. l. 3. c 5.*
*Beda l. 2. Hist. c. 16. Henr. Huntind. l. 7.*
*Rigalt. Gloss.*
*Ed. Bissens in Not. ad Spelm. Asp. p. 104.*
*Gretzer. t. 1. de S. Cruc. l. 2. c. 52.*

# SVR L'HISTOIRE DE S. LOVYS.

Ie ne doute pas que la couronne que l'Empereur Anaſtaſe enuoya à Clo-uis auec le breuet de Conſul, n'ait eſté de la forme des camelauques, c'eſt à dire des couronnes fermées. Les Auteurs ſe contentent de la décrire pleine de pierreries. D'autres lui donnent le nom de *Regnum*, comme Anaſtaſe Bibliothequaire, écriuant que Clouis en fit preſent à l'Egliſe de Rome : *Eodem tempore venit Regnum cum gemmis pretioſis à Rege Francorum Clodouæo Chriſtiano donum Beato Petro Apoſtolo*. Flodoard lui donne auſſi ce nom; & Gregoire de Tours ſemble dire que ce Prince en couurit ſa teſte, lorſqu'il parut en public en qualité de Conſul, *imponens vertici diadema*. Ce qui me perſuade que ce diadéme eſtoit vne couronne Imperiale & fermée, eſt que le méme Anaſtaſe racontant l'entreueuë du Pape Conſtantin, & de Iuſtinian Rhinotmete, dit que cét Empereur ſe proſterna en terre deuant le Souuerain Pontife, ayant ſa couronne ſur la teſte, *cum Regno in capite ſeſe proſtrauit*. Cét Auteur employe enſuite ce mot de *Regnum* en diuers paſſages * de ſon Hiſtoire des Papes, pour les couronnes, que l'on faiſoit pendre au deſſus des Autels. L'on donna encore auec le temps ce nom à la couronne des Papes : Iacques Cardinal, parlant du couronnement du Pape Boniface VIII.

*Sic igitur vadens redimitus tempora Regno,*
*Summus apex propriam ſignabat acumine dextræ.*

Nous ne voyons pas quelle autre raiſon peut auoir donné le nom de *Regnum* à la couronne Imperiale, ſinon parce qu'elle eſtoit la marque de la royauté & de la ſouueraineté. Ou bien parce qu'Anaſtaſe, qui ſemble le premier l'auoir employé en ce ſens, ou en tout cas les Ecriuains Eccleſiaſtiques ont voulu diſtinguer ce diadéme Imperial, & les couronnes qui pendoient ſur les autels, d'auec les couronnes de chandeles, ou de lampes, qui pendoient dans les Egliſes, auſquelles ils donnent ordinairement le nom de *Corona*, ou de *Pharus*.

La troiſiéme ſorte de couronne, dont les Rois de la premiere race ont vſé, eſt le Mortier, tel que les Grands Preſidens du Parlement le portent à preſent. Monſieur Bouteroüe nous repréſente deux monnoyes de ces Rois auec cét affublement. Il eſt conſtant que nos Rois l'ont encore emprunté des Empereurs de Conſtantinople, qui en auoient vn ſemblable : ce que l'on recueille d'vne vieille peinture à la Moſaïque, qui ſe voit en la ville de Rauenne, & que le docte Alaman a repréſenté en ſes Obſeruations ſur l'Hiſtoire cachée de Procope, où l'Empereur Iuſtinian paroît auec ce Mortier, qui eſt enuironné par le bas, à l'endroit du front, d'vn rang de perles, & par le haut d'vn pareil rang de perles. A l'endroit des oreilles pendent de châque coté deux lambeaux, aux bas deſquels eſtoit de groſſes perles. Ces ornemens des couronnes ſont appellez par les Latins *Vittæ*, & par Achmes ϲκϵπηα, & κρεμαϲμαϲα τῠ ϕέμματϘ̵. *Octauius Strada* nous a donné l'empreinte d'vne medaille de Iuſtinian, qui a ſur la teſte cette eſpéce de diadéme, mais beaucoup plus riche, n'ayant preſque rien de commun auec celui d'Alaman, que la forme. Quant à ce que le méme Alaman eſtime que c'eſt celui qui eſt appellé par *Codinus* προπαιϲγεια, & Ιϵυπιανδιον, il s'eſt infailliblement mépris, dautant que cét Auteur n'a déſigné par ces termes, que la couronne, ou le bonnet Imperial, dont la teſte de Iuſtinian eſt couuerte en ſa ſtatuë equeſtre, qu'il fit éleuer deuant le Temple de ſainte Sophie, ainſi que Tzetzes a remarqué. Cette eſpéce de diadéme a paſſé dans la ſeconde & dans la troiſiéme race de nos Rois. M. Petau nous a repréſenté vne vieille peinture, qu'il dit auoir tirée d'vn ancien MS. où Charlemagne eſt figuré auec le Mortier. Aux vitres de la ſainte Chapelle de Paris, ſaint Louys y paroît auſſi auec le méme ornement. Et Chifflet écrit que dans les vieux tableaux, où les Comtes de Flandres & de Hainaut ſont repréſentez auec leurs Pairs, ils y paroiſſent auec le Mortier. L'on tient méme par vne traditiue que nos Rois, ayant abandonné le Palais de Paris, pour en dreſſer vn temple à la Iuſtice, communiquérent en même temps leurs ornemens royaux à ceux qui y deuoient présider, afin que les jugemens qui sortiroient de leurs bouches, eussent plus de poids & d'autorité, & fussent reçûs des peuples, comme s'ils estoient émanez de la bouche même du Prince. C'est donc à ces concessions qu'il faut rapporter les Mortiers, les écarlattes, & les hermines des Chanceliers de France, & des Presidens du Parlement, dont les manteaux ou les epitoges sont encore à present faits à l'antique, estant troussez sur le bras gauche, & attachez à l'épaule auec vne agraffe d'or, tels que furent les manteaux de nos Rois, comme j'ay obserué ailleurs. Le Mortier du Chancelier est de drap d'or, & celuy des Presidens de velours noir, à vn bord de drap d'or par en haut. Le nom de Mortier est donné à ce diadéme, parce qu'il est fait comme des mortiers, qui seruent à piler quelque chose, qui sont plus larges en haut qu'en bas.

*D'Orleans en ses Ouuert. des Parlemens. La Roche-flauyn en ses Parlem. l. 10. ch. 25. Ceremon. de France. Chifflet. in Child.p.139.*

La quatriéme sorte de diadéme, ou plûtôt de couurechef, que j'obserue dans les monnoyes de nos Rois, est en forme de chapeau pyramidal, qui finit en vne pointe, surmontée d'vne grosse perle. En d'autres, le diadéme & le rang de perles se rencontrent sur le front, auec les lambeaux. Ce qui peut faire présumer qu'en ceux-cy, ce qui couure la teste est pour vn second ornement, ou pour la commodité du Prince, qui desiroit auoir la teste couuerte. Le bonnet Royal dont la teste de Theodahat Roy d'Italie est ornée dans vne de ses monnoyes de cuiure, a quelque rapport pour la forme à celui de nos Rois. On peut dire encore que ce chapeau pyramidal estoit l'affublement de teste ordinaire de nos premiers Rois, estant fait à guise d'vne Ombelle, pour se défendre du soleil, & de la pluye, tels que furent les chapeaux des derniers Empereurs de Constantinople, qu'ils appelloient σκιάδια, parce qu'ils estoient faits pour donner de l'ombre au visage, & pour le garantir des ardeurs du soleil, cette sorte de chapeau est appellé *Vmbellum* dans vn ancien Glossaire, *Vmbellum*, σκιάδιον: Car c'est ainsi que je restituë, au lieu de ces mots, *libellum*, σκιάδρον, qui n'ont aucun sens: outre que ce mot d'*Vmbellum* est mis sous le titre des Peaux, dont les Ombelles sont faites, qui se plient & s'ouurent suiuant les besoins qu'on en a, ainsi qu'ils sont décrits par Aristophane. Ouide:

*M. Bouter. p. 248. 251. 253.*

12.
13.
14.

*Gloss. S. Bened. cap. de Pellib. Aristophan. in Auib. Ouid. in Fast. Claudian.l. 1. in Eutrop. Id. in 4. Consul. Honor.*

*Aurea pellebant tepidos vmbracula soles.*

Claudian:
— *Iam non vmbracula gestant*
*Virginibus.*

Et ailleurs:
— *Neu defensura calorem*
*Aurea summoueant rapidos vmbracula soles.*

L'ombelle a esté en vsage chez les Empereurs de Constantinople, comme j'ay auancé: de sorte qu'il est incertain si nos Rois l'ont empruntée d'eux, ou les Empereurs de nos Rois. Ce qui est plus probable. Car Nicetas dit en termes exprés que cette sorte de chapeau auoit esté empruntée des Barbares, c'est à dire des étrangers, par les Grecs: καὶ πίλον βαρβαρικὸν τῇ κεφαλῇ περιέμενος, ὅς εἰς ὀξὺ λήγων πυραμιδεῖ ἔυκεται. Je ne remarque pas qu'il en soit parlé auant la famille des Comnenes. Le même Nicetas estant le premier qui en fasse mention, lorsqu'il raconte comme Andronique le Tyran fut forcé en apparence par les grands Seigneurs de la Cour de prendre la pourpre Imperiale. Car alors, dit cét Auteur, l'ayant porté sur le trône, ils tirerent de sa teste le chapeau pyramidal noir, & lui en mirent vn de pourpre, ἄλλοι δὲ τὴν καππυρὰν καὶ πυραμοειδῆ τιάραν τῆς κεφαλῆς ἀφελόμενοι, πυρὸν αὐτῷ περιέθυτο. Ce qui fait voir que les chapeaux des Grecs de ces siécles-là estoient faits en pointe. C'est pourquoy il faut entendre Acropolite de cette sorte de chapeau, lorsqu'il dit, qu'Isâc l'Ange Empereur ayant esté défait par les Bulgares, tous les ornemens & les habits Imperiaux vinrent en leur puissance, entre lesquels estoit celuy auquel il donne

*Nicet. in Andr. l. 2. n. 11.*

15.
*Nicet. in Alex. Max. F. n. 12. 18.*

*Acropol. c. 11.*

## SVR L'HISTOIRE DE S. LOVYS. 295

le nom de Πυραμίς. Tel fut encore le chapeau de Michel Paleologue Em- *Gregoras* pereur, fils de l'Empereur Andronique le Vieil, qui vint pareillement au pou- *lib. 6.* uoir des Turcs, après qu'il eut esté deffait par eux : ἡ βασιλικὴ καλύπτρα, κεκοσμημένη συνήθως τῷ τε λίθῳ, ϗ ταῖς τῶν μαργάρων σειραῖς, ainsi qu'écrit Gregoras, dont les termes font voir que ces chapeaux estoient ornez de rangs de perles, & d'vne pierre precieuse à la pointe d'enhaut. C'est la forme de ces chapeaux, qui paroist dans les medailles de nos Rois de la premiere race, à la reserue *Cantacuz.* qu'au lieu de la pierre precieuse, il n'y paroît qu'vne perle. Cantacuzene, qui *l. 3. c. 27.* appelle ce chapeau βασιλικὸν πῖλον, en fait la méme description, & dit qu'il *l. 4. c. 37.* estoit orné d'vne pierre precieuse à la pointe de la Pyramide, & dans le corps, de diuers rangs de perles : c'est à l'endroit où il décrit le couronnement de Mathieu Cantacuzene son fils : ϗ πῖλος ἐπέθετο τῇ κεφαλῇ, λίθῳ τε κεκοσμημένῳ ϗ μαργάροις, ὥσπερ ἔθος τοῖς Βασιλεῦσι. En vn autre endroit il appelle ce chapeau du nom de la pierre precieuse qui se met sur la teste, a cause de celle qui estoit *Id. l. 2. c. 14.* sur la pointe : ὁ ἐπὶ τῆς κεφαλῆς λίθος. Nicephore Gregoras décrit la matiere, *Gregor. l. 11.* dont ces chapeaux estoient composez, lorsqu'il dit que sous les premiers Em- *extremo.* pereurs, les Seigneurs, qui estoient auancez en âge, se trouuoient à la Cour auec des chapeaux qui auoient la figure d'vne Pyramide, qui estoient couuerts de soye, suiuant la dignité d'vn chacun : ἐπὶ τῶν προτέρων Βασιλέων ἔθος τοὺς μὲν χρόνῳ προβεβηκότας ἐν τοῖς βασιλείοις χρῆσθαι καλύπτραις, πυραμίδος μὲν ἐχούσαις σχῆμα, σηρικοῖς δὲ ἐνδύμασι, κτ τὸ αἰδιλογον ἑκάστῳ ἀξίωμα, καλυπομένης. C'est ce taffetas ou ce velours, que le méme Gregoras dit auoir esté tout par- *Gregor. l. 6.* semé de perles; d'où Codin dit que le Sciade, ou l'ombelle des Empereurs, estoit ὁλομάργαρον, tout de perles. Celuy de l'Empereur differoit des Sciades des autres grands Seigneurs de la Cour, premierement par cette grande pierre precieuse, qui estoit au sommet : en second lieu par la couleur, qui estoit de pourpre, & c'est cette difference, qui est remarquée par Codin, lorsqu'il dit que le Sciade des Despotes estoit tout semblable à celuy des Empereurs, πλὴν τοῦ *Codin. de* κόμβου ϗ τῶν φοινίκων, excepté au nœud, c'est à dire au sommet, & en la couleur de *off. c. 3. n. 1.* pourpre : Car ceux des Despotes & des Sebastocrators estoient d'vne couleur meslée d'or & de pourpre, χρυσοκόκκινα. C'est delà qu'on doit tirer l'explica- *Id. n. 14.* tion de la description que Gregoras fait du chapeau Pyramidal, qu'Andronique Paleologue le Vieil accorda à Muzalon grand Logothete : écriuant qu'il luy permit de porter vn couuerchef (καλύπτραν) dessus sa teste couuert d'vn taffetas, ou velours de couleur meslée d'or & de pourpre dans le corps du cha- *Gregor. l. 6:* peau, ne differant de ceux des enfans & des parens de l'Empereur, qu'aux *p. 112.* bords, qui estoient sans aucun ornement : où ceux des parens de l'Empereur estoient ornez de clouds, ou de petits cercles d'or. Mais il importe de rapporter les termes de cét Auteur, parce qu'ils ne sont pas faciles à estre entendus : εἰ ϗ δὴ ϗ τιμήν τινα ταύτην ἔχει ἐξαίρετον μόνος τῶν πάλαι τὸ ὅμοιον αὐτῷ προειληφότων ἀξίωμα, καλύπτραν φέρειν ἐπὶ κεφαλῆς χρυσοκοκκίνῳ κεκαλυμμένην ἐνδύματι, ὅσον τὸ ἄνω, ϗ πρὸς τῇ Πυραμίδι τῆς ἐπιφανείας χῶμα. ἐν τούτῳ παραλλάξασαν μόνῳ τῇ παραπλησίαν εἶναι καθάπαξ τῇ τῶν τοῦ Βασιλέως ἐγγόνων, ὅτι μὴ ϗ τῷ κάτω, ϗ τῇ κοίλῃ ἐπιφανείᾳ εἶχε κυκλίσκοις πεποικιλμένην χρυσοειδέσιν, ἀλλὰ λείαν τελείως. Ie ne doute pas que Gregoras par ces termes de ἐπιφανεία κοίλη ϗ κάτω, n'ait entendu le bord du chapeau, & cette partie du Sciade, qui est appellée ἀὴρ par Codin, qu'il dit auoir esté diuersifiée de petits clouds d'or, ce qu'il a exprimé par le mot de χρυσοκλαβαρικός, c'est à dire *auroclauatus*. Car ce que Gregoras appelle petits cercles, est appellé par Codin petits clouds, qui estoient disposez de telle sorte, qu'ils formoient le nom de celuy qui le portoit. Les vieilles peintures, & les vignettes qui sont aux impressions des Historiens Byzantins du Louure, representent la forme de ces Sciades, qui ne differe qu'au bord d'auec ceux de nos Rois de la premiere race, où il ne pa- *V. Acropol.* roist pas : ce bord faisant vne espéce de bec. Ce qui me fait croire que le *edit. Reg.* chapeau que Charles V. Roy de France auoit sur la teste, lorsqu'il alla au *p. 303.*

## DISSERTATION XXIV.

*Entreueuë de Charles V. & de l'Empereur Charles IV.*
*16. 17.*
*M. Bouter. p. 203. 336.*
*M. 4. 6. 15. p. 364. M. 10. p. 370. M. 18. M. Petau in Gnovifm.*
*Statuta Maffilienfis MSS. A. 1193. Antiq. de Vienne de I. le Lieure ch. 26. Hift. de Noyō p. 1313. Chr. Wind. l. 1. c. 42. l. 2. c. 5. 10. 1. Mon. Ang. p. 464. to. 2. Spicil. p. 132. 335. Chron. de Flan. c. 105. Contin. de Nang. MS. In Gloff. Lat. barb. Paul. Pet. Affer. Gall. p. 250. Chiffl. aux Antiq. de Tourβ p. 262. Annal. Fr. Ful. A. 876. Sigeb.*

deuant de l'Empereur Charles IV. qui venoit à Paris, eſtoit de la méme forme, que les Sciades des Empereurs de Conſtantinople : comme on peut recueillir des termes de l'Auteur, qui a écrit l'Hiſtoire de cette entreueuë, *Et auoit ſur ſa teſte vn chapeau à bec, de la guiſe ancienne, brodé & couuert de perles tres-richement.* Car les Sciades eſtoient faits & ornez de cette maniere.

Enfin le dernier affublement de teſte, que j'ay obſervé dans les monnoyes des Rois de France de la premiere race, eſt l'aumuce : c'eſt ainſi que j'appelle ce que M. Bouterouë nomme chaperon, les aumuces ne ſe portoient pas comme à preſent, ſur le bras ; elles ſeruoient à couurir la teſte, & n'eſtoient pas particulieres aux Chanoines, mais tous les hommes les portoient indifferemment. La Chronique de Flandres nous apprend que le chapeau ſe mettoit ſur l'aumuce, lorſqu'elle parle de Charles V. qui alla au deuant de l'Empereur Charles IV. qui venoit en France : *Or iſſirent-ils hors de Paris, & encontra le Roy l'Empereur ſon oncle aſſez prés de la Chapelle, entre S. Denys & Paris, à leur aſſemblée, l'Empereur oſta aumuſſe & chaperon tout jus : & le Roy oſta ſon chapel tant ſeulement.* Le Continuateur de Nangis dit que *l'Empereur oſta ſa barrete & ſon chaperon, & auſſi le Roy.* De ſorte qu'vne Barrete qui eſt le Birretto des Italiens, eſt la méme choſe que l'aumuce. Nos Rois mémes mettoient l'aumuce, auant que de mettre la Couronne, ce que nous apprenons du Compte d'Eſtienne de la Fontaine Argentier du Roy, de l'an 1351. que m'a communiqué M. d'Herouual, qui au Chapitre *de l'Orfauerie* met ces mots, *99. groſſes perles rondes baillées à Guillaume de Vaudetar, pour mettre en l'aumuce qui ſoûtint la Couronne du Roy, à la Feſte de l'Eſtoille.* C'eſt ainſi que ces aumuces ſont repreſentées dans les Monnoyes, dont je viens de parler, auec des perles. Ie reſerue à traiter ailleurs de cette ſorte de vétement.

Les premiers Rois & les premiers Empereurs de la ſeconde race paroiſſent dans leurs monnoyes, la teſte ceinte d'vn double rang de perles. Dans leurs ſceaux leurs teſtes y ſont de profil couronnées d'vne couronne de laurier. Le P. Chifflet nous a repreſenté de cette ſorte celuy de Louys le Debonnaire : à l'entour duquel ſont ces mots ΧΡΕ. PROTEGE. HLVDOVICVM IMPERATOREM. Les Annales de France tirées du Monaſtere de Fulde nous apprennent que Charles le Chauue, aprés s'eſtre fait couronner Empereur, quitta les couronnes & les habits des Rois de France ſes prédéceſſeurs, & prit les Diadémes & les vétemens des Empereurs Grecs, s'eſtant couuert d'habits, qui lui battoient juſques aux talons, & pardeſſus d'vn grand baudrier, qui venoit juſques aux pieds, ſe couurant la teſte d'vn affublement de ſoye, ſur lequel il mettoit ſa Couronne. Voicy les termes de ces Annales, qui demandent vne reflexion toute particuliere : *Carolus Rex de Italiâ in Galliam rediens, nouos & inſolitos habitus aſſumpſiſſe perhibetur. Nam talari tunicâ indutus, & baltheo deſuper accinctus pendente vſque ad pedes, necnon capite inuoluto ſerico velamine, ac Diademate deſuper impoſito, Dominicis & Feſtis diebus ad Eccleſiam procedere ſolebat. omnem enim conſuetudinem Regni Francorum contemnens, Græcas glorias optimas arbitrabatur.* Octauius Strada nous a donné deux monnoyes, l'vne de Charles le Chauue, l'autre de Charles le Gras, Empereurs, qui ont quelque rapport auec cette deſcription : où il eſt à remarquer que la Couronne ou le Diadéme ſe mettoit pardeſſus le bonnet. C'eſt ainſi que les Empereurs Grecs en vſoient, comme on peut recueillir de Scylitzes, qui donne au Roy de Bulgarie (qui portoit la qualité de Βασιλεὺς, ou d'Empereur, auſſi bien que l'Empereur de Conſtantinople, & auoit les mémes ornemens) vne Couronne d'or, auec vne tiare d'écarlate, σφαιρίον ἐκ χρυσοῦ, ἣ τιάραν νενησμένην ἐκ ὕσσον.

*18.*
*19.*
*Scyl. in Io. Zimiſc.*
*Oct. Strada.*

Les Medailles ou Monnoyes des Empereurs des ſiecles voiſins du temps de Charles le Chauue repreſentent leurs Diadémes compoſez d'vn double rang de perles, & d'vne eſpéce de bonnet qui eſt ſommé d'vne Croix, & non d'vne Couronne d'or maſſif, ſi ce n'eſt que ces perles & ces pierreries n'ayent eſté enchâſſées dans l'or, ce qu'il eſt malaiſé de diſtinguer, les figures des Empereurs
-eſtans

## SVR L'HISTOIRE DE S. LOVYS. 297

estans de toute leur hauteur, & par consequent les traits n'y paroissans presque point. Anne Comnene en son Alexiade nous a donné la description du Diadéme Imperial, qui n'est pas beaucoup differente de celuy de Charles le Chauue, écriuant qu'il estoit fait comme la moitié d'vne sphere arrondie, qui enuironnoit la teste de tous côtez, qu'il estoit parsemé de perles & pierreries, les vnes releuées & en bosse, les autres enfermées dans la broderie, & qu'aux côtez pendoient des lambeaux de perles. Voicy ses termes : τὸ μὲν γὰρ Βασιλικὸν διάδημα, καθάπερ ἡμισφαίριον εὔγυρον, τὴν κεφαλὴν διαδεῖ πανταχόθεν, μαργάροις κοσμούμενον, τοῖς μὲν ἐγκειμένοις, τοῖς δὲ ἐξηρτημένοις. ἑκατέρωθεν γὰρ τῶν κροτάφων ὁρμαθοί τινες ἀπαιωροῦσι διὰ μαργάρων τε καὶ λίθων, καὶ τὰς παρειὰς ἐπιξέοσι. C'est cette espece de Diadéme, que Nicetas appelle λιθόφορον, *parsemé de pierreries :* & Luithprand, parlant de la Couronne de l'Empereur Conrad, *gemmis pretiosissimis non solùm ornatum, sed etiam granatum.* Tel estoit le Diadéme, dont Romain Diogene Empereur se trouue auoir la teste chargée, au couuercle d'yuoire d'vn liure d'Euangiles dans Chifflet. Mais dans la description qu'Anne Comnene a faite du Diadéme Imperial, il n'est point parlé du cercle d'or. I'ay veu vne monnoye d'or de l'Empereur Alexis son pere, qui a appartenu à M. Charron Auditeur en la Chambre des Comptes de Paris, & qui est à present dans le cabinet de Medailles du Roy, qui est concaue ou conuexe, & par consequent de l'espece de celles, qui sont appellées καμίλαυκοι, dans vne Nouelle de Iustinian, où Alexis est representé auec vne Couronne, ou vn Diadéme tout fermé, duquel pendent de châque côté deux lambeaux : mais comme la figure est entiere, & par consequent petite, on n'y peut pas distinguer les traits du Diadéme. Il est vetu d'vne longue robe ouuerte à l'endroit de la droite, de laquelle il tient vn Ναρθηξ, tel que je l'ay décrit dans le Recueil des titres pour l'Histoire de Constantinople, tenant de la gauche vn monde croisé. & pour inscription il y a ces caracteres au côté droit de la figure, ΑΛΕΞΙΩ. ΔΕCΠΟΤ. à l'autre reuers est vn Christ assis sur vn throne, auec ces caracteres au dessus de la teste IC. HS. & à l'entour, X. KEPO. NO. Manuel Comnene, petit fils d'Alexis, est representé dans vne autre monnoye d'or, auec les mémes figures, excepté que pour inscription du costé de Manuel, il y a ces caracteres, ΜΑΝѴΙΛ ΔΕCΠΟΤ.ΤΩ ΠΟΡ ΦΥΡΟΓ. Cette monnoye de Manuel est appelléé *Mannelatus*, ou *Manulatus*, dans vn traité fait entre les Venitiens & Theodore Lascaris Empereur, & *Manlat*, dans Arnoul de Lubec. Mais on ne peut pas y distinguer non plus les traits du Diadéme. De sorte que le doute reste tousjours, sçauoir si les Diadémes des derniers Empereurs auoient des cercles & des couronnes d'or, ou si les cercles qui paroissent dans quelques figures que nous auons d'eux, estoient faits auec la broderie : comme en celle de l'Empereur Michel Paleologue, qui se voit à Constantinople dans l'Eglise de N. D. surnommée Πικριβλεπτος, auec les statuës de sa femme & de son fils, dont nous auons les figures tirées sur les originaux dans l'Histoire de Geoffroy de Villehardoüin de l'edition de Lyon. Le Diadéme de Michel y est fait en forme de bonnet, qui excede la rondeur de la teste, & est vn peu plus large au haut. au bas est vn cercle à l'endroit du front garny de pierreries, duquel partent deux autres de méme façon, qui prenent du front, & finissent au derriere de la teste, s'eslargissans en haut, & faisans la figure de la mitre de la couronne des Empereurs d'Occident, dont je feray aussi la description. Entre ces deux cercles est vn gros diamant, & au sommet du bonnet vne autre pierre precieuse enuironnée de perles : à châque côté de ce Diadéme pendent deux lambeaux de perles.

Il ne faut pas douter que les autres Empereurs d'Occident qui ont succedé aux Empereurs François, n'ayent continué de porter le méme Diadéme que Charles le Chauue, & d'autant plus qu'Adam de Breme écrit qu'ils ont tousjours affecté d'imiter les Grecs dans leurs habits & dans leurs ornemens Imperiaux. Suger dit que celuy de l'Empereur Lothaire estoit composé d'vne

*Anna Com.*
*l. 3. Alex.*
*p. 78.*

*Nicetas in*
*Alexio l. 1.*
*n. 1.*
*Luithp. l.*

*Chiffl. in*
*lint. Sepul.*
*c. 10.*

*Nou. 105. c.*
*1. §. 1.*

*Apud Io. à*
*Puteo in*
*Geneal.*
*Famil. Las-*
*Arnol. Lub.*
*l. 3. c. 33.*

*Leon. Pand.*
*Villehar. de*
*l'edit. de*
*Lyon.*
*Crusii*
*Turcogr.*
*20.*

*Adā Brem.*
*c. 149.*
*Suger. in*
*Lud. VI.*

Partie II.  Pp

## DISSERTATION XXIV.

mitre, & enuironné par le haut d'vn cercle d'or en guise de casque : *Capiti ejus Frigium, ornamentum Imperiale, instar galeæ circulo aureo circinnatum, imponunt.* De sorte que ce cercle d'or, qui donnoit la forme d'vn casque à ce Diadéme, prenoit du front, & finissoit au derriere de la teste. L'ancienne Chronique de Flandres parlant du couronnement de l'Empereur Henry de Luxembourg, tient ce discours; *Le Legat auec tous les Barons lui mit le Diadéme en son chef, qui estoit fait en guise de couronne, puis couuert pardessus en aguisant contremont : & pardessus sied vne fleur pleine de pierres precieuses en segnifiance, que sa Couronne surmonte toutes les autres. Car entre celles des autres Rois, elle est seule couuerte pardessus.* Cette description est defectueuse, n'exprimant pas nettement la forme & la figure de ce Diadéme, quoy qu'elle remarque la difference de la Couronne Imperiale d'auec celle des Rois, qui est aussi exprimée par Arnoul de Lubec, lorsqu'il parle de Philippes de Suaube, qui auoit esté sacré Roy, & saluë Empereur, *Romanorum Augustus*, écriuant qu'en cette cérémonie sa femme qui estoit fille d'Isâc l'Ange, Empereur de Constantinople, y parut auec le cercle d'or, mais non pas auec la Couronne, c'est à dire le Diadéme Imperial : *Ibi quoque Regina, regio diademate non tamen coronata, sed circulata processit.* Tant y a que dans les derniers siecles la Couronne des Empereurs d'Occident a esté composée d'vn cercle d'or, enrichy de pierreries, & rehaussé de fleurons, comme les autres Couronnes des Rois, auec vne mitre ouuerte en forme de Croissant à l'endroit du front, ayant en cette ouuerture vn autre cercle d'or, au haut duquel est vne croix. L'Auteur du Cérémonial Romain, qui fut Secretaire du Pape Pie II. décrit ainsi cette Couronne des Empereurs d'Occident : *Differt forma Coronæ Imperialis ab aliis : nam ea sub se Tiaram quamdam habet in modum ferè Episcopalis mitræ, humiliorem tamen, magis apertam, & minùs acutam : estque ejus apertura à fronte, non ab aure : & semicirculum alium habet per ipsam aperturam aureum, in cujus summitate crux paruula eminet.* Puis il ajoûte, *& quoniam hanc imperialem Coronam bis aut ter in Germaniâ vidimus, dum Cæsar regalia quibusdam Principibus concederet, ideò illam exprimere conati sumus.* Chifflet nous a donné la figure de la Couronne qu'Alphonse VI. Roy de Castille, qui prit le titre d'Empereur d'Espagne, porta, & qu'il dit auoir tirée d'vn MS. qui a quelque rapport auec la Couronne des Empereurs d'Alemagne. La Couronne qu'vne ancienne medaille du Roy Abgare donne à ce Prince dans les Commentaires Historiques de M. de S. Amant, n'est pas aussi beaucoup differente du Diadéme Imperial, sinon qu'il se portoit comme les mitres de nos Euesques.

Dans la troisiéme race de nos Rois je n'obserue qu'vne méme sorte de Couronne dans leurs monnoyes, & dans leurs seaux, sçauoir vn cercle d'or, enrichy de pierreries, & rehaussé de fleurs de lys, à laquelle les Ecriuains Byzantins donnent le nom de χρυσωνία, comme à celle qui est composée de fleurons, comme furent les Couronnes, qui sont appellées *Hetruscæ* par les Latins, celuy de πετράφυλλοϊ. Ce qui me fait croire que les derniers Empereurs de Constantinople emprunterent ces espéces de Couronnes de nos François. Codin dit qu'ils s'en seruoient en quelques-vnes de leurs cérémonies publiques. Dominicy nous a representé les seaux de Robert & de Henry I. Rois de France auec cette espéce de Couronne, où les fleurs de lys sont assez mal figurées. Les monnoyes de Philippes le Bel, & des Rois, qui luy ont succedé, ont la figure de ces Princes auec cette méme Couronne. Quelques Auteurs ont auancé que ce fut François I. qui commença à la porter fermée, pour contrecarrer, à ce qu'ils disent, Charles V. Roy d'Espagne, qui auoit esté élû Empereur, & pour monstrer qu'il estoit Roy d'vn Royaume, qui ne releuoit que de Dieu, & à la souueraineté duquel on peut appliquer ces vers de *Corippus* :

——— *Medias inter super omnia gentes*
*Regna micat, claro tantùm vni subdita cœlo.*

# SVR L'HISTOIRE DE S. LOVYS.

Quoy que cette opinion ait quelque fondement, neantmoins nous lisons qu'à l'entrée de Louys XII. dans Paris l'an 1498. le Grand Escuyer porta *son Heaume & tymbre sur lequel y auoit vne couronne de fines pierres precieuses, & au dessus du Heaume, au milieu de ladite couronne, y auoit vne fleur de lys d'or, comme Empereur.* Ce sont les termes du Cerémonial de France, qui semblent marquer que cette couronne estoit fermée ayant au sommet vne fleur de lys. Et aux joustes qui se firent à l'occasion de cette entrée, nous lisons encore dans le même Cerémonial, qu'*il y fut planté vn lys au milieu des Lisses, en la grande ruë S. Antoine, duquel sortoient six fleurons, & au dessus d'iceux vn sion vert, au haut duquel estoit posé vn escu de France, à trois Fleurs de lys d'or, richement bordé tout autour d'vn collier de l'ordre de S. Michel, semé de coquilles, & par dessus ledit escu estoit vne riche couronne tymbrée en forme d'Empereur.* Il faut neantmoins demeurer d'accord que dans les monnoyes de ce Prince la couronne n'est qu'vn cercle rehaussé de Fleurs de lys, comme en la monnoye d'or, qu'il fit battre au sujet du Pape Iules II. qui a pour inscription, du côté de la figure du Roy, LVDO. FRANC. REGNI NEAP. R. & de l'autre, où est vn escu de France couronné, PERDAM BABILONIS NOMEN. Le même Roy dans les testons qu'il fit forger à Milan est representé auec vn bonnet retroussé, & vne couronne de Fleurs de lys sur le retroussis. François I. est pareillement figuré dans quelques testons auec ce même bonnet : mais il y a cette difference, que la couronne de Fleurs de lys est au dessus du retroussis. Il paroît encore en quelques-vns auec vne couronne entremeslée de fleurs de lys & de rayons. Et enfin il est representé en d'autres auec vne couronne rehaussée de fleurs de lys & de fleurons, & fermée par en haut, ce qui a esté continué par ses successeurs.

Il est constant que les Rois n'ont porté la couronne fermée, que dans les derniers siécles : ce qui a donné sujet à l'Auteur de l'ancienne Chronique de Flandres de dire, qu'entre les couronnes des Rois, celle de l'Empereur est seule couuerte par dessus. Mais je ne sçay si l'on doit ajoûter créance à ceux qui ont écrit que François I. prit la couronne fermée pour contrecarrer Charles V. car j'estimerois plûtost que ce qu'il en fit, fut parce qu'il s'apperçût que les Rois d'Angleterre, qui lui estoient inferieurs en dignité, la portoient de la sorte, il y auoit long-temps. En effet, non seulement toutes les monnoyes d'or & d'argent de Henry VIII. le representent auec la couronne fermée, mais mêmes dans celles de Henry VI. & de Henry VII. elle est figurée de la même maniere. Ie crois que cette couronne est celle de S. Edoüard le Confesseur, dont les Rois d'Angleterre sont couronnez au jour de leur Sacre, *laquelle couronne est archée en croix*, ce sont les termes de Froissart, lorsqu'il raconte les ceremonies du couronnement de Henry IV. dit de Lancastre, en l'an 1399. neantmoins cét Henry, ou du moins Henry V. son successeur, se trouue auec vne couronne de fleurs de lys, non fermée, dans vne monnoye d'argent frappée à Calais, qui represente d'vn côté la face entiere, & le bust de ce Prince, auec de grands cheueux, & la couronne, telle que je viens de la décrire, auec ces mots à l'entour, HENRI'. DI'. GRA'. REX. ANGL'. S. FRANC. En l'autre reuers est vne croix, qui entreprend toute la monnoye auec vne double inscription, la premiere, POSVI. DEVM. ADIVTOREM. MEVM. l'autre, VILLA. CALESIE. celles d'Edoüard III. sont semblables.

Il se peut faire encore que François I. prit la couronne fermée, pour se distinguer des Princes non souuerains, des Ducs & des Comtes, qui auoient aussi le droit de porter la couronne, & qui la faisoient empreindre dans leurs monnoyes. Le sçauant Selden en ses titres d'honneur a auancé que cette espéce de couronne est d'vne inuention nouuelle, & qu'en l'an 1200. les Ducs & les Comtes n'en auoient point. Ce qu'il prouue par vn passage de l'Histoire de Geoffroy de Ville-Hardoüin, qui fait parler ainsi le Duc de Venise aux deputez du Marquis de Montferrat, des Comtes de Flandres, de Blois, de S.

*Partie II.*          P p ij

*Cerem. de France.*

*Paul. Petau in Gnorism. veter. num.*
26.

27.
28.

29.
30.

31.

*Froiss. 4. vol. c. 114.*

33.

*Titles of honor 2. part. c. 5. Villehard. n. 12.*

# DISSERTATION XXIV.

Paul, de Brienne, & autres: *Bien auons quenu que voſtre Seignors ſont li plus hauts homes, que ſoient ſans couronne.* Ce diſcours ſemble eſtre formel, pour induire que le Marquis de Montferrat & les autres Comtes ne portoient pas alors de couronnes. En effet, la couronne n'appartient qu'aux Rois; d'où vient, ſuiuant la marque d'vn Rabin, que le Roy Aſſuerus ayant commandé qu'on reuêtît Mardochée du manteau Royal, & qu'on le fît monter ſur le cheual Royal, il ne parla point de la couronne, quoy qu'Aman l'eût propoſée. Ie trouue neantmoins que les Ducs, mêmes en France, ont porté couronne bien auparauant ce temps-là. Car nos Annales écriuent que Charles le Chauue au retour de Rome vint à Pauie, où il tint ſes Etats, & qu'aprés auoir étably Boſon frere de ſa femme, Duc de ces Prouinces, & l'auoir couronné d'vne couronne Ducale, il vint en France: *Romam exiens, Papiam venit, vbi & placitum ſuum habuit, & Boſone vxoris ſuæ fratre Duce ipſius terræ conſtituto, &* CORONA DVCALI *ornato, & collegis ejus in eodem regno relictis, — ad Monaſterium S. Dionyſii peruenit.* Nous liſons mêmes qu'au temps de Geoffroy de Ville-Hardoüin les couronnes des Ducs eſtoient auſſi en vſage. Car Roger de Houeden raconte que Iean Comte de Mortain ayant appris en France la mort de Richard I. Roy d'Angleterre ſon frere, il ſe mit en chemin pour aller recueillir la couronne, & que paſſant par Rouën, en vne feſte de S. Marc, *Accinctus eſt gladio Ducatus Normanniæ, in Matrici Eccleſiâ, per manum* Walteri *Rotomagenſis Archiepiſcopi: & prædictus Archiepiſcopus poſuit in capite* DVCIS CIR-CVLVM AVREVM *habentem in ſummitate per circuitum Roſas aureas.* M. Beſly nous a donné les ceremonies, qui s'obſeruoient à la benediction des Ducs d'Aquitaine, qu'il a tirées d'vn MS. de l'Egliſe de S. Eſtienne de Limoges, auec ce titre, *Ordo ad benedicendum Ducem Aquitaniæ,* où ſont ces mots, qui juſtifient que ces Ducs receuoient la couronne: *Poſt hæc imponit Epiſcopus capiti Ducis* CIRCVLVM AVREVM, *cum oratione iſtâ, &c.* Mais il eſt incertain ſi ce Ceremonial a eſté fait pour les anciens Ducs de Guienne, ou pour ceux de la Maiſon d'Angleterre.

Ie ne doute pas que les Ducs & les Comtes de nôtre France n'ayent paru auec leurs couronnes dans les occaſions de ceremonies, & particulierement dans les Cours plenieres, ou ſolennelles, de nos Rois: du moins il eſt conſtant qu'à leurs Sacres les Ducs & les Comtes, qui auoient la qualité de Pairs de France, ou ceux qui les ont repréſentez, s'y ſont trouuez auec la couronne ſur la teſte. Le Ceremonial François dit qu'au Sacre de Charles VIII. les Pairs ſeculiers y eſtoient *veſtus de manteaux, ou ſotques de Pairie, renuerſez ſur les épaules, comme vn epitoge, ou chappe de Docteur, & fourrez d'hermines, ayans ſur leurs teſtes des cercles d'or, les Ducs à deux fleurons, & les Comtes tout ſimples.* Il fait la même remarque, lorſqu'il traite des Sacres des Rois Henry IV. & Louys XIII. Mais ce qui me confirme dans la créance que les Ducs & les Comtes ſe trouuoient auec la couronne ſur la teſte dans les grandes ſolennitez, eſt que dans la recherche des biens & des meubles du Comte d'Eu Connétable de France, qui fut faite aprés qu'il eut eſté décapité, on fit la deſcription de toute *ſa vaiſſelle, des couronnes, des chappeaux, des anneaux, des pierreries, des joyaux, & d'autres biens,* comme on voit dans les inuentaires faits le dernier de Feurier l'an 1350. & le 18. de Mars l'an 1353. qui ſont en la Chambre des Comptes de Paris. Car il eſt probable que ces couronnes étoient des cercles d'or, qui appartenoient à ce Connétable en qualité de Comte. Il ſemble même que non ſeulement les Ducs & les Comtes auoient le priuilege d'en porter, mais encore les ſimples Gentilshommes. Ce qui le pourroit faire préſumer eſt, que parmi vn grand nombre de ſeaux, que j'ay veus attachez à des lettres originales qui m'ont eſté communiquées par Monſieur d'Herouual, il s'en rencontre pluſieurs qui repréſentent les armoiries des Gentilshommes qui n'auoient aucune dignité de Duc ou de Comte, auec le caſque couronné d'vne couronne Ducale, de laquelle ſort vn cimier. Ce que

## SVR L'HISTOIRE DE S. LOVYS.

j'ay remarqué particulierement aux feaux de Louys Vicomte de Thoüars, attachez à des lettres de l'an 1340. d'Aymar Sire d'Archiac de 1343. de Iean de Corberon Viguier Cheualier Capitaine de Pierraguers de 1349. de Iean d'Ogier de Montaut Sire de S. Front de 1349. d'Arnaud d'Espagne Cheualier Seigneur de Montespan Senéchal de Perigord de 1351. de Iean de Chauuignet Seigneur de Blot Escuyer de 1380. de Iean de Saqueuille Cheualier Sire de Blaru de 1380. de Raymond Sire d'Aubeterre Cheualier de 1395. de Guichard Dauphin Cheualier Conseiller & Grand Maître d'Hôtel du Roy de 1413. & enfin de Renaut du Chastelet Conseiller & Chambellan du Roy, Bailly de Sens de 1479. Ce qui sert à justifier que c'est sans raison que quelques Gentilshommes ont crû auoir droit de porter la couronne sur leurs armes, parce qu'ils les ont veuës empreintes & figurées dans les tombeaux de leurs ancêtres ; ce que j'ay ouy autrefois remarquer au sujet de la Maison de Halluin originaire de Flandres : dautant que ces couronnes estoient alors usurpées indifferemment par les Gentilshommes, qui n'auoient aucune dignité qui leur en donnât le priuilege, & ce par vn abus de ces siécles-là, qui a passé jusques à nous, où la plûpart de la Noblesse s'est arrogée des titres imaginaires de Comtes & de Marquis, & des couronnes sur leurs armes, sans autre droit que celui que la licence des minoritez de nos Princes leur a souffert.

Il est probable que Charles le Chauue a esté le premier de nos Rois, qui a accordé la couronne aux Ducs : & mémes j'ose auancer que comme il se conforma aux coûtumes des Empereurs Grecs, dont il prit les habits & les ornemens, il suiuit aussi en cela leur exemple. Dautant que les Empereurs d'Orient accordoient ordinairement la couronne aux Cesars, & aux principales dignitez de l'Empire, ce qui a eu lieu auant le grand Constantin : car *Constantius Chlorus*, son pere, n'estant reuétu que du titre de *Nobilissimus Cæsar*, paroît auec la couronne de rayons, dans vne medaille de cuiure, qui a pour inscription CONSTANTIVS NOB. C. & à l'autre reuers, VIRTVS AVGG. Le jeune *Licinius* paroît auec la méme couronne & le méme titre dans vne autre medaille, aussi de cuiure, LICINIVS. IVN. NOB. C. l'autre reuers ayant pour inscription ces mots, VIRTVS EXERCIT. L'on voit pareillement les figures de *Crispus*, & de *Constantius* enfans de Constantin, qui estoient reuétus de cette méme dignité auec le diadéme de perles, dans leurs medailles, dont les empreintes ont esté données par Baronius, Gretzer, & S. Amant. Ce qui est encore confirmé par la plûpart des Auteurs Byzantins, qui attribuent aux Cesars, non seulement la robe de drap d'or, & d'écarlate, ἐσθῆτα κοκκοβαφῆ καὶ περίχρυσον, comme Zozime. La Chronique Alexandrine, & Constantin Manasses, mais encore la couronne. Zonaras en la vie de Marcian : ἀπήγησε Καίσαρα ςέψας ϑάτερον ὑιὸν αὐτῶ. Manasses parlant du méme Iulian :

Ἰυλιανῷ δὲ Καίσαρος ἐκόσμησα ςεφάνῳ.

Et au sujet de Tibere designé Cesar, & adopté par Iustin :

πρῶτα μὲν τῷ τοῦ Καίσαρος κατακοσμεῖ ςεφάνῳ.

Theophanes, & aprés lui Paul Diacre, racontent que Constantin Copronyme accorda à Christophle à Nicephore ses enfans, qu'il auoit creez Cesars, & à Nicetas leur frere, auquel il auoit donné le titre de Nobilissime, sçauoir aux Cesars, τὰ Καισαρείκια ἐπικεφάλαια, ( Paul Diacre tourne ces mots, *Cæsaricas galeas*, ) & à Nicetas χλαῖναν χρυσῆν καὶ τὸν ςέφανον, vne robe de drap d'or, & vne couronne. Glycas témoigne encore que Romain Lecapene, ayant obtenu de Constantin, fils de Leon, la dignité de Cesar, fut couronné par lui solennellement. Et Anne Comnene en son Alexiade, écrit que l'Empereur Alexis son pere ayant accordé à Nicephore Melissene le titre de Cesar, pour l'obliger à se désister de ses prétentions sur l'Empire, & ayant institué vne nouuelle dignité, sous le nom de Sebastocrator, pour Isâc Comnene, son fre-

*Baron.*
*Gretz. l. 1.*
*de S. Cr. c. 8.*
*S. Amant.*
*to. 3. p. 566.*
*Zozim. l. 2.*
*Chr. Alex.*
*A. 10.*
*Zonon.*
*Const. Manass. in Iuliano.*
*Zonaras*
*in Marcian.*

*Theoph.*
*Paul. Dias.*
*l. 30.*

*Glycas.*

*Anna Com.*
*l. 5. p. 78.*

re aîné, il voulut que l'vn & l'autre fussent nommez dans les proclamations publiques, & qu'ils portassent la couronne dans les jours solennels, mais beaucoup differente de celle de l'Empereur pour la richesse. Car comme le diadéme Imperial estoit tout parsemé de pierreries, & qu'il estoit couuert pardessus, ces couronnes n'estoient parsemées de pierreries que par interualles, & estoient sans couuerture, ἄνευ τȣ ἐπισφαιρώματος. Nicetas fait mention de la couronne de Sebastocrator en la vie d'Alexis l'Ange, sans en faire la description. Mais Nicephore Gregoras nous a donné celle des Cesars, lorsqu'il raconte l'entrée solennelle de Strategopule, auquel Michel Paleologue auoit donné cette dignité, aprés que ce Seigneur eut enleué Constantinople aux François, écriuant qu'il vouloit qu'il marchât par toute la ville reuétu des habits de Cesar, & auec vne superbe couronne, presque semblable à celles des Empereurs, ςεφάνῳ πολυτελεῖ ᾧ μίκρȣ δέω λέγειν βασιλικῷ. J'ay remarqué cy-deuant que dans l'Eglise de N. D. surnommée Περίβλεπτος, à Constantinople, on y voit les statuës de l'Empereur Michel Paleologue, & de l'Imperatrice Eudocie sa femme, entre lesquelles est celle de Constantin Porphyrogenite leur fils, qui est reuétu d'vn manteau parsemé d'aigles, attaché sur l'epaule droite, auec vne espéce de sceptre en la main, ayant sur la teste vn cercle d'or chargé de pierreries, rehaussé par deuant d'vn diamant enchâssé en or, & autour du cercle d'vn rang de perles. Les autres Empereurs ajoûterent auec le temps d'autres ornemens aux couronnes des Despotes, des Cesars, & autres dignitez, dont ils reuétoient leurs enfans & leurs parens, selon le degré de faueur, qu'ils auoient en la Cour de ces Princes. Car ils permirent à quelques-vns d'eux de fermer ces couronnes d'autres cercles d'or, qui sont appellez καμάραι dans les Auteurs Byzantins. Il semble que ce fut l'Empereur Iean Cantacuzene qui inuenta cette sorte de couronne en faueur de Manuel & de Iean Azen, freres de sa femme, lesquels il promût à la dignité de Sebastocrator, leur ayant accordé de porter des couronnes enrichies de turquoises & de perles, fermées d'vn seul cercle par deuant, ςεφάνȣς διὰ λίθων περσικῶν ᾧ μαργάρων, ἔχοντας ἕκαςον ἀνὰ μέση ἐμπερςοθεν ἀνὰ μίαν ᾧ μόνην καμάραν. On multiplia ensuite ces cercles de dessus, selon la dignité des Princes. Car si c'estoit le fils d'vn Empereur, il portoit la couronne fermée de quatre cercles, ςέφανον διὰ λίθων ᾧ μαργάρων, ἔχοντα καμάρας μικρὰς τέσσαρας ἐμπεροσθεν τε ᾧ ὄπισθεν, ᾧ ἐκ πλαγίων. Que s'il n'estoit que gendre de l'Empereur, ou son cousin, cette couronne n'estoit rehaussée que d'vn cercle pardeuant. Mathieu Moine en son traité des Dignitez du Palais de Constantinople a parlé des couronnes des Despotes, des Sebastocrators, & des Cesars, & ne fait pas mention de ces differences, se contentant de dire qu'elles sont enrichies de perles :

ὧν κεφαλῆς τὸ κάλυμμα κεκόσμηνται μαργάροις.

Les derniers Auteurs Byzantins parlans des couronnes de ces dignitez de l'Empire, se seruent ordinairement du mot de ςέφανος : comme au contraire, lorsqu'ils parlent des couronnes des Empereurs, de celui de ςέμμα, comme on peut recueillir de *Codinus* & d'*Achmes*, en ses Onirocritiques : Mais Anne Comnene n'obserue pas ces distinctions.

C'a esté encore à l'exemple des Princes & des dignitez de Constantinople que les Dauphins, fils aînez de nos Rois, portent de semblables couronnes, ayant remarqué dans le Cerémonial de France, qu'à l'enterrement de François Dauphin de Viennois, fils aîné de François I. l'effigie de ce Prince *auoit par dessus le bonnet de velours cramoisy vne couronne d'or, plus eminente que celle d'vn Duc, comme déja préparé à succéder au Royaume, & porter la fleur de lys entiere.* Ces termes ont peut-estre donné sujet à quelques Auteurs de former vne couronne à ce Dauphin rehaussée de fleurs de lys, & fermée de deux cercles, ou branchons en croix, auec vne fleur de lys au sommet, n'ayant pas mis plus de cercles, parce que *è numero talium absidum diademati dignitas accedit,* ainsi qu'écrit M. Paschal, celles des Rois en ayant vn plus grand nombre.

## DISSERTATION XXV.

*Pour la page 98.*
**DE LA COMMVNICATION DES ARMOIRIES** *des familles, ou d'vne partie, accordée par les Princes à diuerses perſonnes, par forme de priuilege ou de recompenſe.*

### DISSERTATION XXV.

C'Est encore vne eſpéce d'adoption d'honneur, que les Princes & les Rois ont pratiquée, lorſqu'ils ont communiqué leurs armes à diuers Gentils-hommes de leurs ſujets, ou étrangers. Car comme les armes ſont les veritables marques d'vne famille, ceux qui en ſont ainſi honnorez, ſemblent deuoir participer à ſes prerogatiues. Ce ſont des moyens qu'ils ont choiſis pour recompenſer les ſeruices de ceux qu'ils vouloient gratifier, & auſſi pour les attacher plus fortement à l'auenir & leur poſterité à leur ſeruice. Cette *attribution de partie d'Armoiries,* ſuiuant Guy Coquille en l'Hiſtoire de Niuernois, *ſe fait auec diminution notable par changement de couleurs, ou diminution de nombre des pieces qui ſont és armes des bienfaicteurs, en ſorte qu'on peut connoiſtre qu'ils ne ſont pas du lignage, mais qu'ils tiennent par bienfaict.*

Les Princes ont encore accordé ſouuent ce priuilege pour vne marque de protection. Car d'vn côté les perſonnes qui ont eſté gratifiées des armes du Prince, ont vne obligation particuliere à le ſeruir, par le ſouuenir de l'honneur qu'elles ont receu de luy, & de maintenir la dignité de celuy dont ils portent les armes. *Æneas Sylvius*, depuis Pape Pie II. écriuant à Adam de Moulins Secretaire du Roy d'Angleterre, en faueur du Secretaire de l'Empereur, qui deſiroit auoir le priuilege du même Roy de porter ſes armes, aprés luy auoir repreſenté les merites de la perſonne, pour laquelle il s'emploioit, tient ce diſcours: *Hominem digniſſimum promouebis, qui Diuiſæ regiæ non minus honoris præſtabit, quàm ipſa ſibi diuiſa decus præbeat. Scis enim tales res illis committi deberi, qui tueri earum honorificentiam poſſint.* D'autre part le Prince ſe trouue engagé en la protection de celuy auquel il a communiqué ſes armes, l'ayant reconnu par là pour vne perſonne qui luy eſt acquiſe, & qui participe en quelque façon aux prerogatiues de ſa famille, dont il eſt obligé de conſeruer l'honneur.

*Æneas Syl. ep. 80.*

Ce priuilege de porter les armes ou vne partie des armes du Prince, a eſté de tout temps eſtimé tres-particulier, n'ayant eſté conferé qu'à ceux qui auoient beaucoup merité de l'Etat, & qui luy auoient rendu de ſignalez ſeruices. Ce qui verifie la maxime des Politiques, qui tiennent que les Princes ont ſouuent des moyens innocens pour recompenſer, non ſeulement les hommes de merite, mais encore leurs fauoris, ſans apporter vn notable detriment à leurs finances, qui ſont les nerfs & le fondement des Etats: par ce qu'effectiuement l'honneur qui eſt l'vnique aiguillon de la vertu, & non la valeur des choſes, donne le prix aux recompenſes. Les couronnes de laurier, & d'autres plantes eſtoient trop peu de choſe à l'égard des belles actions qu'elles combloient de gloire, ſi vne fin plus honorable ne leur euſt donné quelque relief. Il n'y auoit rien de plus aiſé que ces ſurnoms que le Senat donnoit à ces grands Chefs, qui s'eſtoient ſignalez dans les combats, & qui auoient ſubjugué les prouinces. Cependant il ne ſe pouuoit trouuer vne plus digne recompenſe de leur courage, qu'en les faiſant connoître à la poſterité par l'impoſition d'vn nom, qui comprenoit en peu de lettres, leur eloge & leurs beaux faits d'armes, & expliquoit la grandeur & l'excellence de leurs victoires: *Qui vno cognomine declarabatur non modò quis eſſet, ſed qualis eſſet*, dit Ciceron.

*Scipione Ammirato nel diſcorſ. Polit. l. 2.*

*Cic. pro Fonteio.*

Ie mets au rang de ces recompenſes, faciles en apparence, mais glorieuſes en

# SVR L'HISTOIRE DE S. LOVYS.

en effet, les priuileges que les Princes ont concedez à leurs sujets, ou autres Seigneurs étrangers qui auoient bien merité de leurs Etats, de porter leurs armes, ou vne partie parmi celles de leurs familles. Aussi ils n'en ont vsé qu'enuers les personnes de consideration, & qui leur auoient rendu des seruices signalez, laquelle sorte de recompense se trouue auoir esté pratiquée par les Empereurs, les Rois, les Ducs, & autres Princes Souuerains, comme je vay justifier par des exemples tirez de l'Histoire.

Et pour commencer par les Empereurs d'Occident, je remarque qu'ils en ont vsé plus que tous les autres. Othon I. du nom voulut que Louys & Pierre *Del Ponte* Italiens portassent au chef de leurs armes l'Aigle de l'Empire, & prissent le nom d'*Othoni*. *Ex nostro proprio nomine, cognomine Othonis eorum familiam nominare & insigniis aquilam superaddere liberalitate Augusta concedimus*, ainsi que portent les Patentes de cét Empereur du mois de Decembre de l'an 963. rapportées par Sansouino, si toutefois elles sont veritables, parce qu'on peut mettre en doute s'il y auoit dés ce temps-là des armoiries stables, & affectées aux familles. OTHON surnommé le Roux donna pour armes à Vdalric Duc de Boheme son gendre l'Aigle de l'Empire, au lieu duquel Vladislas second Roy de Boheme prit le Lion, qui luy fut donné par l'Empereur Frederic I. aprés qu'il eut fait merueilles au siege de Milan. Le méme FREDERIC ayant conferé à *Iulio Marioni* Gentilhomme d'*Vgubio*, le titre de Comte, il luy donna en méme temps le priuilege d'ajoûter l'Aigle de l'Empire à ses armes par ses lettres du mois d'Auril l'an 1162. La maison de *Iouio* en Italie reconnoît que l'Aigle qu'elle porte au chef de ses armes est de sa concession, auxquelles l'Empereur Charles Quint ajoûta les deux colonnes d'Hercules, qui estoit sa deuise. Conrad *Malaspina* eut en don de l'Empereur FREDERIC II. vn chef de l'Empire pour auoir vaillamment combatu au siége de *Vittoria*, dont il estoit Gouuerneur, prise d'assaut par les Infidéles. Le Sire de Ioinuille écrit que Scecedun Chef des Turcs, qui estoit tenu *le plus vaillant & le plus preux de toute payennie*, portoit en ses bannieres les armes de cét Empereur, qui l'auoit fait Cheualier, & qui probablement les luy donna. Matheo, ou *Maffeo Visconti*, surnommé le Grand, reçût de l'Empereur ADOLPHE, auec le Vicariat general de Milan & de Lombardie, la permission de porter l'Aigle de l'Empire, à vn quartier de ses armes. HENRY VII. donna à *Alboino della Scala* Prince de Verone le priuilege de porter vn quartier de l'Empire en ses armes, confirmé depuis par l'Empereur LOVIS de Bauiere à *Can Grande*, qui porta cét aigle en chef au dessus de l'échelle de gueules. SIGISMOND ayant creé Comte de *Sanguinetto Louys del Verme*, Gentilhomme de Verone, luy donna l'Aigle de l'Empire l'an 1433. en laquelle année il accorda la méme prerogatiue à Iean-François de Gonzague, qu'il créa premier Marquis de Mantoüe, luy donnant pour ses armes, quatre aigles de sable. Quelque temps auparauant, sçauoir en l'an 1413. il honora François Iustinian, Gentilhomme Genois, & Comte du sacré Palais, de l'Aigle de l'Empire, que cette Maison porte au chef de ses armes, par ses lettres inserées en l'Histoire de l'Isle de Chio. Deux ans aprés, estant à Auignon, il permit à Elzeas de Sado Seigneur des Essars Gentilhomme Prouençal, de charger l'étoile de ses armes de l'aigle de sable. Vn Auteur Aleman remarque que dans les Actes MSS. du Concile de Constance, qui se conseruent dans les Archifs de cette ville-là, on y voit empreintes les armes que cét Empereur donna à diuerses familles de diuerses nations, durant la tenuë du Concile : où il ne faut pas douter qu'il n'y en ait beaucoup qui obtinrent en ce temps-là l'Aigle de l'Empire. FREDERIC IV. créa en l'an 1451. Borso d'Est, Marquis de Ferrare, & luy donna pour armes *d'azur à l'aigle d'argent*, il donna encore l'Aigle de l'Empire à *Manfredo* Comte de *Corregio*, estant à Venise, le 23. jour de May l'an 1455. Iean *Rouerello* ayant esté fait par le méme Empereur Comte Palatin en l'an 1444. il luy permit de porter l'aigle de sable à côté de ses armes. MAXIMILIAN I. confera cette méme aigle à

*Partie II.* Qq

*Sansouino nelle famig. illustr. d'Ital. l. 1. p. 33.*

*Æneas Syl. in Hist. Bohem. c. 18. 24.*

*Sansouino p. 343.*

*Paul. Iou. in descript. Larij Lacus.*

*Iean le Laboureur en la Geneal. de Malasp. Ioinuille p. 38.*

*Sansouino.*

*Iosep. Scalig. in epist. de orig. gentis Scalig. p. 18. Sansou. l. 1. p. 285, 359.*

*Giust. nell. Hist. di Gen. l. 5. an. 1413. Hist. de l'Isle de Chio p. 116. Hist. de Prou. p. 557. Goldast. to. 2. Rer. Alem. p. 197.*

*Gen. d'Est.*

*Sansou. l. 1. p. 275. 392.*

*Sansouino l. 1. p. 173.*

# DISSERTATION XXVI.

*Iean le La-*
*boureur en*
*la Gen. de*
*la Maiſon*
*de Cibò.*
*Carol. de*
*Venaſque*
*in Gen.Gri-*
*mald.p.109.*
*Iean Scoh.*
*en la Gen.*
*de la Mai-*
*ſon de Croy*
*p. 52.*
*Leand.Alb.*
*vella deſcr.*
*d'Ital.p.*
*404.*
*Carol. de*
*Venaſque*
*in Geneal.*
*Gent. Gri-*
*malda p*
*114.*
*Sanſouino l.*
*1. p.161.*
*A. Fauyn.*

Iean *Bentivoglio* II. du nom Prince de Bologne, pour la porter en vn quartier de ſes armes, auec cette deuiſe *Maximiliani munus*: à Alberic *Cibò*, Prince de Maſſe, lorſqu'il luy donna le titre de Prince de l'Empire: & à Raphael *Grimaldi*, ſurnommé de *Caſtro*, par lettres du 16. jour de Ianuier l'an 1497. le faiſant Cheualier & Comte Palatin. Le méme Empereur ayant erigé la ville de Cambray en Duché, en faueur de Iacques de Croy Eueſque, luy permit & à ſes ſucceſſeurs Eueſques, de porter au chef des armes de leurs maiſons l'aigle de l'Empire, briſé d'vn lambel de gueules, par ſes lettres patentes du 28. jour de Iuin l'an 1510. L'Empereur CHARLES Quint donna à Maximilien *Stampa* Gentil-homme Milanois le Marquiſat de *Soncino*, & l'aigle de l'Empire au chef de ſes armes, pour recompenſe de ſa fidelité en la garde du *Caſtello di Zobia* de Milan. Nicolas *Grimaldi* Seigneur de Montalde obtint en l'an 1525. du méme Empereur le titre de Comte Palatin, & l'aigle d'or en champ de gueules au chef de ſes armes, qui ſont celles des Empereurs de Conſtantinople, ſemblables à celles que l'Empereur MANVEL Paleologue donna à *Caſtellino Beccaria*, qui le reçût & le deſfraya à Milan, lorſqu'il y paſſa pour aller au Concile de Florence, ce Seigneur s'eſtant encore employé enuers les Princes pour luy faire donner le ſecours qu'il demandoit contre les Turcs.

Si nous venons en France, nous trouuerons que les mémes recompenſes y ont eſté en vſage. S. LOVIS eſtant outremer donna le chef de France à l'Ordre Teutonique. Paſſant par Antioche, il permit au jeune Prince Boëmond VI. d'écarteler ſes armes, *qui eſtoient vermeillées*, au rapport du Sire de Ioinuille, des armes de France. PHILIPPE de Valois, ſelon quelques-vns, permit à Guillaume de la Tour de porter ſon eſcu ſemé de France. Mais M. Iuſtel en l'Hiſtoire des Comtes d'Auuergne eſtime que cette permiſſion eſt beaucoup plus ancienne, remarquant qu'au château de la Tour, auant qu'il fuſt ruiné on voioit deux écuſſons des armes de la Maiſon de la Tour, grauez en vne cheminée bâtie l'an 1218. l'vn auec la tour ſimple, qui ſont les anciennes, l'autre auec le champ d'azur, ſemé de fleurs de lys d'or, & la tour d'argent, qui ſont celles que les Seigneurs de la Tour d'Auuergne ont portées juſques à preſent. Le méme Roy permit à Meſſire Pierre de Saluain Seigneur de Boiſſieu, homme de grand credit dans le Conſeil d'Humbert dernier Dauphin de Viennois, d'ajoûter à ſes armes vne bordure de France, pour auoir eſté l'vn des principaux auteurs de la ceſſion faite de cette prouince en faueur de la France. Il voulut encore que le Cardinal Bertrand chargea le cheuron d'azur de ſes armes, de trois fleurs de lys d'or, pour auoir deffendu les priuileges de l'Egliſe Gallicane contre Pierre de Cuigneres Aduocat au Parlement. CHARLES V. donna à la famille de Fabre vne fleur de lys d'or. Eſtienne Roy ou Empereur de Seruie ayant enuoyé en France Nicolo Bucchia ſon Protoucſtiaire en l'an 1351. pour rechercher la fille du Roy Philippe de Valois en mariage pour ſon fils Vroſc, quoy que cette recherche n'euſt eu effet, le Roy Charles V. voulant reconnoître la bonne conduite de cét Ambaſſadeur, luy permit de porter des fleurs de lys en ſes armes. CHARLES VI. permit à Iean-Galeas Duc de Milan en faueur de ſon mariage auec Iſabelle de France, fille du Roy Iean, & à ſes heritiers d'écarteler ſes armes de celles de France ſans nombre, par Lettres patentes du 29. jour de Ianuier l'an 1394. Le méme Roy eſtant à Toloſe l'an 1389. en preſence du Duc de Touraine ſon frere, du Duc de Bourbon ſon oncle, & de pluſieurs Seigneurs de France & de Gaſcongne, donna à Charles d'Albret ſon couſin germain, & à ſes deſcendans le priuilege d'écarteler ſes armes, qui eſtoient ſimplement de gueules, de deux quartiers de France plein ſans briſeure, *laquelle choſe le Seigneur de Labret* (dit Froiſſart) *tint à riche & à grand don*. CHARLES VII. permit à Nicolas d'Eſt, ſecond Duc de Ferrare, en conſideration de la ligue, & de la confederation qu'il auoit faite auec luy, & du ſerment de fidelité qu'il luy auoit prêté, *de porter les fleurs de lys en ſon eſcu à coſté droit, auec vn bord denté d'or & de gueules, ayant l'ancienne*

*Ioinuille en*
*l'Hiſt. de*
*S. Louys.*

*La Roque*
*en la Gen.*
*de Bourbon*
*p. 34.*
*Hiſt. d'Au-*
*uergne p.*
*247.*

*La Colomb.*
*en ſon Re-*
*cueil d'Ar-*
*moiries.*

*Mathieu de*
*Gouſſanc.*
*au Martyr.*
*des Cheu.*
*de Malthe*
*p. 50.*
*Idem p.188.*
*Mauro or-*
*bini nella*
*iſtor. degli*
*Slaui p.266.*
*Du Tillet*
*au Recueil*
*des Rois de*
*France p.*
*310.*

*Idem.*

*Froiſſart 4.*
*vol.ch. 9.*

*Du Tillet*
*ib.*

# SVR L'HISTOIRE DE S. LOVYS.

*armoirie de Ferrare au côté gauche.* par lettres du 10. jour de May l'an 1432. Il permit encore, suiuant vn Auteur de ce temps, aux Vicomtes de Beaumont de parsemer leur écu de fleurs de lys. Il en donna vne à la Pucelle d'Orleans. Chaslanée écrit que sous le regne du Roy LOVIS XI. plusieurs eurent la permission de porter la fleur de lys en leurs armes. Du Tillet dit qu'il permit à Pierre de Medici II. du nom Seigneur de Florence, & à sa posterité, de porter au chef de ses armes *vn tourteau d'azur à trois fleurs de lys d'or,* par lettres du mois de May l'an 1465. Ce qu'André Fauyn attribuë au Roy Louys XII. Tant y a que ce fut le Roy LOVIS XII. qui donna à Iean *Bentiuoglio,* II. du nom Prince de Bologne le chef des armes de France; & à Iean Ferrier Archeuesque d'Arles, vn écu *d'azur à vne fleur de lys d'or,* sur le tout de ses armes. HENRY le Grand octroya au Capitaine Libertas, qui deliura la ville de Marseille de la tyrannie de Cazaud, qui l'auoit tenuë long-temps pour la ligue, & traittoit auec l'Espagnol pour la lui mettre entre les mains, vn chef d'azur de trois fleurs de lys d'or, à ses armes de gueules à vn château d'argent. Il fit le méme à Pierre Hostager Gentilhomme de Marseille, qui seruit sa Majesté en la reddition de cette méme place l'an 1596. & lui donna vn écu *d'azur à vne fleur de lys d'or,* sur le tout de ses armes. Sur semblables considerations, il voulut que le S.t de Vic Vice-Amiral de France, & Gouuerneur de Calais & d'Amiens, qui lui rendit de signalez seruices durant ses plus fâcheuses guerres de la ligue, portât pour memoire vne fleur de lys d'or, en ses armoiries: il en donna pareillement vne au sieur Zamet. LOVIS XIII. son fils vsa de pareille gratification à l'endroit de Messire Guichart Deagent Cheualier Sire de Bruslon, Baron de Viré, Premier Président en la Chambre des Comptes de Dauphiné, lui permettant de charger l'aigle de ses armes d'vn escu *d'azur à la fleur de lys d'or,* & ce pour recompense de la fidelité qu'il auoit fait parêtre dans les affaires importantes de l'État, où il auoit esté employé. Le Cheualier *Morosini* Venitien, aprés auoir exercé en France la charge d'Ambassadeur de la Republique, fut honoré par le méme Roy du priuilege de porter trois fleurs de lys en ses armes. Enfin chacun sçait que le Roy à présent regnant a permis à Flauio Chigi Cardinal, neueu du Pape, Legat en France, d'en porter vne dans ses armes. L'Espagne & les autres Royaumes ont pratiqué le méme en plusieurs occasions. Henry III. Roy de Castille donna pour armoiries *le château d'or en champ d'azur à la bordure componée d'or & de gueules,* à Dom Ruy Lopes Daualos, qu'il créa Comte de *Ribadieu,* & Connétable de Castille, en l'an 1390. ses successeurs ont esté Marquis de *Pescara* & *d'Aquino* en Italie. Le méme Roy fit porter vn quartier des armes d'Espagne à Begues de Villaines Cheualier, renommé dans Froissart, qu'il fit aussi Comte de Ribadieu, lesquelles estoient *d'argent à trois lyons de sable à l'orle de gueules.* La Chronique M S. de Bertrand du Guesclin, a fait mention de cette gratification:

> *Vn autre Cheualier à Henry le pulant,*
> *Dont je voi la banniere dont l'escu est d'argent,*
> *A trois lyons de sable painturez gentement,*
> *Et sont* * *ourlez de gueules, je le voy clerement,*
> *A deus lyons de pourpre assis faitiuement,*
> *A vn cartier d'Espaigne, le noble tenement,*
> *Et se li a donné vne Comté présent,*
> *Con nomme Ribadieu, le noble mandement,*
> *Le Besque de Vilaines le nomment toute gent.*

Ferdinand & Isabelle Rois de Castille & d'Arragon pour recompenser Christophe Colomb Genois de la découuerte des Indes Occidentales, outre la dixiéme partie des reuenus royaux, lui donnerent le titre de Grand Amiral perpetuel des Indes, & pour armes, *l'escu en manteau, le premier de gueules au château d'or, l'autre d'argent au lyon de pourpre, en pointe d'argent ondé d'azur à*

*Partie II.*

# DISSERTATION XXV.

*cinq Isles & vn monde croisé d'or*, auec cette deuise POR CASTIGLIA y por Leon, *Nueuo mundo halla Colon*. Les Ducs de Verragua & les Marquis de Iamayca aux isles Occidentales sont issus de lui. Alphonse d'Arragon Roy de Naples & de Sicile, ayant donné l'ordre de Cheualerie à François Philelphe, l'honora d'abondant de ses armes, comme Philelphe témoigne lui-méme en deux de ses epîtres.

*Philelph. l. 11. epist.*

Les Rois de Naples des branches d'Anjou, ont vsé aussi souuent de ces gratifications : les Comtes de *Nicastro* de la Maison de *Costanzo* ont obtenu d'eux le priuilege de porter en vn quartier de leurs armes, *d'azur à six fleurs de lys d'or, au lambel de gueules* : comme encore la Maison d'Andrea en Prouence, originaire de Naples, laquelle porte *vne bordure d'azur à dix fleurs de lys d'or, au lambel de quatre pieces de gueules au dessus du chef.* Il en est de méme de celle d'Alaman, qui porte l'écu d'Anjou en cœur de ses armes : & de celle de Beccaris au méme Comté qui porte *le Chef de France, auec le lambel de gueules de trois pieces.* Celle de *la Ratta* en Italie porta le lambel semé de fleurs de lys par la concession du Roy Robert. René Roy de Sicile donna à René de Boliers Vicomte de Reillane, Gouuerneur de Marseille, vne bordure à ses armes, componée des armes d'Anjou-Naples, & de Hierusalem, de huit pieces. Alphonse Roy d'Arragon donna en l'an 1511. à Wistan Browne Gentilhomme Anglois l'aigle de sable (de Naples) pour ajoûter à ses armes. Et Ferdinand aussi Roy d'Arragon voulut que Henry Guillford autre Gentilhomme Anglois portât vne grenade au dessus de ses armes.

*Sansouino p. 290.*

*Hist. de Prouence p. 633.*

*Campanile. Mem. de M. de Pereise. Hist. de Prou. p 819. Campanile p. 78. 216. Ciuil. p. 150. Math. de Goussant. Hist. de Prou. p. 436. Thom. Mil. les de Nobil. Polit. & V. la Gen. de Ioinuille. Raph. Brookes.*

L'Angleterre, la Boheme, la Pologne, & la Suede fournissent de semblables exemples. Edoüard I. du nom Roy d'Angleterre voulut que Geoffroy Sire de Ioinuille partît les armes de sa Maison de celles d'Angleterre, ce que le Roy lui accorda pour sa valeur & ses belles actions, ainsi qu'il est porté dans l'inscription de son tombeau. Edoüard IV. donna à Louys de Bruges Seigneur de la Grutuse, & Prince de Steenhuse, le Comté de Winchester, auec la permission de porter en ses armes vn quartier des armes d'Angleterre, sçauoir *de gueules à vn leopard d'or armé d'azur,* par ses lettres patentes du 23. jour de Nouembre, le 14. de son regne. Thomas Manuors Baron de Roz, Cheualier de la Iarretiere, obtint du Roy Henry VIII. le Comté de Rutland, auec le priuilege de porter au chef de ses armes vne partie de celles d'Angleterre, sçauoir *écartelé au 1. & 4. d'azur à deux fleurs de lys d'or, au 2. & 3. de gueules à vn leopard d'or;* tant pour recompense de ses merites, que pour ce qu'il descendoit de la sœur du Roy Edoüard IV. Ie passe les armes de la Maison de Goulaines, *de gueules à 3. demy leopards d'or party d'azur, à la fleur de lys & vne demie d'or,* qui sont les armes d'Angleterre & de France à moitié, que l'on dit auoir esté données par vn Roy d'Angleterre à Alfonse Seigneur de Goulaines. En consideration de ce qu'ayant esté employé par le Duc de Bretagne son maître à pacifier les Rois de France & d'Angleterre, il en vint à bout, & y reüssit parfaitement. L'Empereur Charles IV. Roy de Boheme donna le lyon des armes de ce Royaume à Barthole Iurisconsulte, comme il témoigne lui-méme en son traité des armes. Sigismond Roy de Pologne donna pour armes à Martin Cromer son Historiographe, & son Ambassadeur vers l'Empereur, vn écu *de gueules à vn aigle esployé naissant d'argent, ayant au col vne couronne de laurier* : auquel l'Empereur Ferdinand ajoûta vn chef de l'Aigle de l'Empire, ce qu'il raconte aussi en la description de la Pologne. Gustaue Adolfe Roy de Suede donna à Henry Saint George Richemond Roy d'Armes, qui auoit porté l'ordre de la Iarretiere au méme Roy, trois couronnes d'or, qui sont les armes de Suede, pour joindre auec les siennes. Selden en ses titres d'honneur en a rapporté les patentes.

*Id.*

*Le Roy d'Armes.*

*Barth. de insign. & arm. n. 2.*

*Mart. Cromer. l. 1. Polon. A Catalogue of the Dukes, &c. of England 1634. Selden titles of honor 2. part. c. 2. §. 1. Sansouino p. 140.*

Les Ducs & les petits Princes souuerains ont vsé pareillement de ces concessions. Iean Duc de Lorraine & de Calabre donna les armes de Lorraine à Virgilio Maluezzo Comte de *Castelguelfo,* qui l'auoit logé, & reçû en sa mai-

## SVR L'HISTOIRE DE S. LOVYS.

son au voyage que ce Prince fit en Italie. Le Duc de Bourgogne permit à N...... Paterin son Chancelier de porter pour cimier de ses armes vn écu armoyé des armes de Bourgogne, auec cette deuise, *Le Duc me l'a donné*. Louys Duc de Bauieres & Empereur passant en Italie l'an 1327. permit à Castruccio Duc de Lucques de porter les armes de Bauieres. Et l'année suiuante étant à Francfort il donna à Iacques & à Fancio *de Prata*, Comtes de Luniciane en Italie, la couronne des armes du Duché de Bauieres pour la joindre au lyon de leurs armes. Freher en a rapporté les lettres. L'Empereur Robert Prince Palatin du Rhin voulut que *Iacomuzzo Attendula*, duquel la famille des *Sforza* en Italie est issuë, ajoûta le lion du Palatinat à ses armes, qui estoit vne grenade.

*Science Heroique p.175.*
*I. Villani l. 10. c. 38.*
*Freher, in Orig. Pal. c. 13.*
*Paul. Iouius in vita Iacomuzzi Attend. c.18.*

Les Republiques mémes & les villes ont souuent communiqué leurs armes à des particuliers, comme a fait celle de Venise, aux Maisons de *Foscari*, de *Magno*, & de *Nani*, des plus illustrès d'entre celles qui ont rang parmy les Nobles de cette Republique, lesquelles portent en l'écu de leurs armes le lyon de S. Marc, qu'ils ont obtenu pour recompense de seruices. Les Cheualiers de S. Marc, en la méme Republique, ont le priuilege de porter au cimier de leurs armes vn musle de lyon. La Republique de Gennes permit à *Guillelmi Cibò* (d'autres disent à *Arano Cibò*) Viceroy de Naples de porter au chef de ses armes, la Croix de gueules en champ d'argent. Ceux de Padouë donnerent à Richard Comte de *Sanbonifacio*, le priuilege de porter les armes de cette ville, conjointement auec celles de sa famille, pour les seruices qu'il leur rendit en la charge de Podestat. Ceux de Sienne firent le méme à l'endroit de Blaise de Monluc, depuis Mareschal de France, pour auoir soûtenu vaillamment le siége, que l'Empereur Charles V. mit deuant leur ville. Enfin les Papes ont fait porter à quelques Cardinaux de leurs creatures vn chef de leurs armes: comme fit Pie IV. de la Maison de Medici aux Cardinaux *Sorbellon Bonromeo*, *Altaemps*, & *Iesualdo*. Le Pape Iules III. du surnom de *Monté*, aux Cardinaux de la Corne & *Simoncello*. Le Pape Pie V. aux Cardinaux *Mafeo, Santorio*, de *Gesi, Gallio, Bonello*. Le Pape Gregoire XIII. du surnom de *Boncompagno*, aux Cardinaux de la Baulme, *Vastauillano*, de *Berague*, & *Riario*. Quant à ce que Paradin & ceux qui l'ont suiuy, ont écrit que l'Ordre de S. Iean de Hierusalem pria Amedée IV. Comte de Sauoye de prendre les armes de la Religion, en memoire des grans seruices qu'il lui auoit rendus au siége de Rhodes, cela est controuersé; car A. Du Chesne tient que cette Croix que les Ducs de Sauoye portent, est l'écu des armes de la Principauté de Piémont.

*Le arme di tutti li nobili della Città di Venetia.*
*A Fansyn l. 8 du Teatre d'hon.*
*Sansouino, & Iean lo Labourer en la Geneal. de Cibò.*
*Sansouino p. 140.*
*A. Fansyn. l. 7. du theatre d'honn.*
*Hist. de Niuernois p. 189.*
*Parad. aux annal. de Sauoye l. 2. c. 115.*
*Hist. de la Maison de Estbune p. 205.*

---

### EXPLICATION DES INSCRIPTIONS de la vraye Croix, qui est en l'Abbaye de Grandmont, & de celle qui est au Monastere du Mont S. Quentin en Picardie.

*Pour la page 99.*

## DISSERTATION XXVI.

ENTRE les plus rares reliquaires que la France Chrétienne possédé aujourd'huy est celui de la vraye Croix, que l'Abbaye de Grandmont en Limosin conserue religieusement sacré, adorable pour le bois sacré qu'il enferme, que Dieu a voulu employer pour seruir d'organe à nostre redemption. Ce pieux objet de la deuotion des Fidéles merite vne veneration toute particuliere, tant pour son antiquité que pour la main Royale, qui en a regalé cét illustre Monastere.

# DISSERTATION XXVI.

*M. François Ogier en l'inscript. de la vraye Croix de l'Abb. de Grādmont.* — Les inscriptions Grecques, qui se lisent au dos de ce reliquaire, ont exercé la plume d'vn des plus sçauans & des plus eloquens personnages de nostre siecle, lequel y a fourny de si belles & de si doctes remarques, que c'est vne espéce de temerité de s'en départir. Mais comme c'est vn champ ouuert à tout le monde, & que dans les choses obscures, & qui sont exposées aux diuinations ; il est loisible à vn châcun de produire ses conjectures, je me donneray la liberté d'étaler icy les miennes, quelque foibles qu'elles soient, sur vne matiere peu certaine, aprés m'estre précautionné de ce trait

*Symmach. l. 10. ep. 54.* — de *Symmachus* : *liceat inter olores canoros anserem obstrepere*.

Ces sortes de reliquaires ajustez en forme de croix, ou mémes contenans des portions du bois sacré, sont reconnus vulgairement par les Auteurs Grecs

*S. Greg. l. 11. ep. 7.* — du nom de φυλακτήϱιον, d'où quelques Peres de l'Eglise & autres Auteurs Latins ont formé celui de *Filaterium*. S. Gregoire le Grand Pape en a vsé en l'vne de ses epîtres, en ces termes : *Adalowaldo Regi transmittere filateria curauimus*,

*De Episc. Hagulstad. c. 9* — *id est crucem cum ligno S. Crucis*. Et Richard Prieur d'Hagulstad : *fecit igitur illam (redditionem) cum pulchro filaterio, scilicet cruce argentea in quâ Sanctorum reliquia continentur*. D'où il est aisé de restituer ce mot, qui est corrompu, dans l'ancien interpréte de Iuuenal : *Nam & Niceteria filateria sunt,*

*Sat. 3.* — *quæ ob victoriam fiebant, & de collo pendentia gestabant*. Où l'imprimé porte mal en deux endroits, *Syllateria*. Nos Poëtes François se seruent souuent aussi du mot de *filatiere*, en ce sens : le Roman de Garin :

> *Porter lor fer & crois & encensiers,*
> *Les filatires, les seintueres chers.*

Ailleurs :

> *Ne filatires, ne crucifix dorez.*

Et Guillaume Guiart en la vie de Louys VIII.

> *Galices, fiertes, filatieres,*
> *Chapes de cœur, viez sainctuaires.*

Il y auoit deux sortes de ces Reliquaires ; les vns plus grands, qui se conseruoient religieusement dans les Eglises, pour estre exposez à la vénération & à la deuotion des Fidéles ; les autres plus petits, que les particuliers portoient pendus au col, (ce que l'interpréte de Iuuenal a touché,) pour leur seruir comme de préseruatif contre toute sorte d'accidens ; c'est pour cela que dans la plûpart des Auteurs Grecs cette espece de reliquaire est nommé ϛαυρὸς

*Gretzer. to. 1. de S. Cr. l. 2. c. 27. AnnaCom. l. 2. & 3. Nicet. in vita S. Ign. Theoph. in inst. Rbinot Leo Gram. Nic. Chou. in Andr. l. 2. Octau. Syn. CP. Syn. Ephes. Greg. Niss. in Encom. Macrina. D. Chrysost. &c. Acropol. M. Ogier.* — ἐϲκόλπιος ou simplement ἐγκόλπιον, parce que comme ils estoient pendus au col ils se portoient sur le sein, & sur la poitrine. Et cela estoit si ordinaire, particulierement aux Grecs, qu'il n'y auoit presque personne qui ne portât de ces reliquaires, garnis, ou du bois de la vraye Croix, ou des reliques des Saints pendus au col. Ils les auoient d'ailleurs en telle vénération, que lorsqu'ils vouloient donner quelque assûrance de l'execution de leurs paroles, ils les tiroient de leur col, & les mettoient entre les mains, & en la possession de ceux enuers lesquels ils s'engageoient. Les Historiens, & mémes les Peres Grecs fournissent vne infinité d'exemples de cét vsage, qui fait voir que la Croix de Grandmont n'estoit pas vn reliquaire qui ait appartenu à aucune Eglise, mais à quelque particulier qui le portoit pendu au col, sa grandeur qui est fort mediocre, donnant sujet de le présumer : en voicy la description: Il est composé de deux plaques d'argent doré, jointes & adossées l'vne contre l'autre : en la partie anterieure est inseré le bois de la vraye Croix en forme de croix patriarchale. A la partie posterieure est l'inscription, qui occupe tout le quadre de la plaque, laquelle se coupe par moitié, & se peut leuer, à l'effet peut-estre de découurir vne espéce de mastic, qui se trouue étendu & couché entre les deux plaques, qui est d'vne composition de baume tres-odoriferant. Et comme cette inscription est le fondement de cette Dissertation, il est à propos de l'inserer icy toute entiere.

# SVR L'HISTOIRE DE S. LOVYS.

Βραχὺν ὑπνώσας ὕπνον * ἐν τρισδενδρείᾳ,  |  *Cùm breuem dormiſſet ſomnũ in triplici arbore,*  | *V. Leon. Allat. de Lignis S. Crucis, l. 1. Συμμικτων.*
ὁ παμβασιλεὺς καὶ Θεάνθρωπος Λόγος,  |  *Vniuerſi Rex, Deus idem ac homo verbum*
πολλὴς ἐπεδρέθωσε τῷ δένδρῳ χάριν.  |  *Multam gratiam impertitus eſt ligno.*
ἐμψύχωται γὰρ πᾶς πυρέμενος νόσοις,  |  *Refrigeratur enim omnis morbis inflammatus,*
ὁ προσπεφυχὼς τοῖς τρισδενδρίας κλάδοις.  |  *Quicumq; confugit ad ramos triplicis arboris.*
ἀλλὰ φλογωθεὶς ἐν μέσῃ μεσημβρίᾳ,  |  *Aſt ego peruſtus in medio meridie,*
ἔδραμον, ἦλθον, τοῖς κλάδοις ὑπεισέδυν,  |  *Cucurri, veni, ramos ſubii,*
καὶ τῇ σκιᾷ δέχου με, καὶ καλῶς σκέπε,  |  *Tu verò vmbrâ tuâ ſuſcipe me, & pulchrè tege,*
ὦ συσκιάζων δένδρον ἅπασαν χθόνα,  |  *O arbor inumbrans totam terram,*
καὶ τινα ἕρμον ἐνσάλαζέ μοι δρόσον,  |  *Et modicum rorem Hermon mihi inſtilla,*
ἐκ Δουκικῆς φυεὶς καλῆς εὐδενδρίας,  |  *Qui ortus ſum ex ſtirpe illuſtri Ducarum,*
ἧς ῥιζοσπερμον ἡ Βασιλὶς Εἰρήνη,  |  *Cujus ſtirpis ſurculus eſt Imperatrix Irene,*
ἡ μητρομάμμη, τῶν ἀνάκτων τὸ κλέος,  |  *Mater auiæ meæ, decus Regum,*
Ἀλεξίῳ κρατοῦντος Αὐσόνων δάμαρ.  |  *Conjux Alexii Romanorum Imperatoris.*
ναὶ ναί, δυσωπῶ τὸν μῦν φύλακά μου,  |  *Certè veneror te vnicum ſeruatorem meum,*
σὸς δοῦλος Ἀλέξιος ἐκ γένους Δουκας.  |  *Ego famulus tuus Alexius, origine Ducas.*

Les derniers vers de cette inſcription nous apprennent premierement, que le Seigneur qui a poſſedé ce Reliquaire, & cette Croix, eſtoit de la famille des Ducas, laquelle a tenu quelque temps l'Empire de Conſtantinople : En ſecond lieu qu'il ſe nommoit *Alexis Ducas*, & qu'il eſtoit deſcendu de l'Imperatrice Irene Ducas, femme de l'Empereur Alexis Comnene, laquelle eſtoit mere de ſon ayeule. Car j'eſtime que c'eſt là la force du mot μητρομάμμη, dautant que μάμμη, & μάμμα ſignifie parmi les Grecs vne ayeule, ſuiuant l'autorité de *Iulius Pollux* : d'où il s'enſuit que μητρομάμμη eſt la mere de l'ayeule, de méme que μητρομήτωρ, & πατρομήτωρ ſignifie la mere de la mere, le pere de la mere dans Iean Tzetzes, & autres Ecriuains de ces ſiecles-là. Ie ne veux pas m'eſtendre ſur la nobleſſe & l'antiquité des familles des Ducas & des Comnenes, parce que c'eſt vne matiere que je traite amplement dans mes Familles d'Orient : Ie me contente d'entrer dans la recherche, qui ſemble eſtre neceſſaire, de la perſonne de cét Alexis Ducas, & de ſon alliance auec l'Imperatrice Irene, dont l'vne des filles eſtoit mere de ſon ayeule. L'Hiſtoire remarque qu'elle en eut quatre, Anne Comnene, dont nous auons la ſçauante Alexiade ; qui epouſa Nicephore *Bryennius* Ceſar ; Marie Comnene alliée dans les familles des Gabras & des Catacalons ; Eudocie mariée à Conſtantin Laziras ; & Theodore Comnene femme de Conſtantin l'Ange, duquel mariage vinrent les Anges, qui poſſederent long-temps l'Empire d'Orient aprés les Comnenes. Nous ne liſons en aucun Auteur que ces Princeſſes ayent eu des filles, qui ayent eſté alliées à des Seigneurs du nom de Ducas : quoy que la preſomption y ſoit entiere, dautant que nous rencontrons dans Iean *Cinnamus*, qui viuoit ſous l'Empire de Manuel Comnene, petit fils de l'Empereur Alexis & d'Irene, dont il a écrit l'hiſtoire, vn Iean Ducas, auquel il donne l'eloge d'auoir eſté vn perſonnage également ſçauant & martial, ἀνὴρ ἑρμαϊκὸς ὁμοῦ καὶ ἀρεϊκός ; qu'il qualifie συγγενὴς, & ἐξάδελφος de l'Empereur Manuel, c'eſt à dire ſon couſin & ſon proche parent, eſtant probable que cette alliance prouenoit de celle des Ducas auec quelques filles de l'vne de ſes quatre tantes. Mais il n'eſt pas bien aiſé de dire preciſément en quel degré d'alliance ils eſtoient couſins, parce que συγγενὴς premier lieu le terme de συγγενὴς ſe prend pour toute ſorte de parens, & ainſi on n'en peut pas conjecturer le degré. En ſecond lieu celui d'ἐξάδελφος eſt equiuoque dans la plûpart des Ecriuains Byzantins, car quelquefois il ſignifie les couſins germains, que les Latins appellent *Patrueles*, quelquefois les couſins en degrez inferieurs, comme couſins iſſus de germains, ou tenans de germains ſur l'iſſu de germain : De ſorte qu'on ne peut pas aſſûrer par là en quel degré Iean Ducas fut couſin de l'Empereur Manuel. Mais s'il fut ſon couſin germain, il faut que ç'ait eſté par alliance, & qu'il ait épouſé vne fille de l'vne des quatre filles de l'Empereur Alexis & d'Irene : Car on ne lit pas que

*Iul. Pollux l. 3.*
*Io. Tzetz. Chil. 5. c. 17.*

*Io. Cinnamus p. 117. 158.*

ces filles se soient alliées dans la famille des Ducas, ou bien il faut dire que les enfans de ces filles prirent le surnom de Ducas, a cause de leur ayeule, ce nom estant alors tres-illustre. D'ailleurs l'vsage de prendre ainsi les surnoms des alliances estoit tres-familier chez les Grecs de ce temps-là, dont il y a vn exemple méme en la famille d'vne des filles de l'Empereur Alexis, mariée à Constantin l'Ange, dont la posterité affecta le surnom de Ducas, & particulierement Iean l'Ange Sebastocrator, issu de ce mariage, comme on peut recueillir de diuers endroits de Nicetas. Ce qui peut estre arriué dans la posterité des autres filles, & d'autant plus que nous lisons encore que les enfans d'Anne Comnéne, fille aînée de cét Empereur, & de *Bryennius* son mary, prirent & affectérent le surnom de Comnéne, laissans celuy de *Bryennius*. Tant y a qu'il y a lieu de se persuader qu'Alexis Ducas, à qui ce sacré Reliquaire a appartenu, estoit fils de ce Iean Ducas, cousin germain de l'Empereur Manuel, puisque luy-méme est qualifié dans l'inscription arriere-petit fils de l'Imperatrice Irene.

*Voyez les familles d'Orient.*

Cette conjecture est appuyée de la circonstance des temps : car Iean Ducas commença à parétre sous les premieres années de l'Empire de Manuel, dans *Cinnamus*, c'est à dire vers l'an 1145. auquel temps il auoit de glorieux emplois dans la guerre, & viuoit encore vers l'an 1166. suiuant le méme Auteur, qui estoit aussi le temps auquel Alexis Ducas son fils viuoit ; ce que l'on peut assez conjecturer de celuy auquel ce sacré Reliquaire fut apporté en France, qui est designé dans le Martyrologe de Grandmont; car il nous apprend qu'il fut donné à ce Monastere par Amaury Roy de Hierusalem, en ces termes: *Anno MCLXXIV. tempore Guillelmi VI. Prioris Grandimontis, susceptio viuificæ Crucis pridie Kl. Iunii, quam prædictus Rex Amalricus cum aureo contulit phylacterio, & diuina inspiratione illuminatus eamdem per Bernardum venerabilem Liddensem Episcopum apud Grandimontem direxit.* Ainsi cette Croix fut enuoyée à Grandmont l'an 1174. par le Roy Amaury, lequel, comme il est probable, l'auoit euë peu auparauant d'Alexis Ducas, qui la possédoit : & mémes, s'il m'est permis d'vser de conjectures, puisque nous n'auons aucun Auteur qui nous l'apprene, j'oserois asseurer qu'elle luy fut donnée par Alexis en l'an 1170. Nicetas, *Cinnamus*, Guillaume Archeuesque de Tyr, le Moine de S. Marian d'Auxerre, & autres Historiens écriuent que l'Empereur Manuel eût vne telle affection pour les Latins, soit que ce fust par vn effet d'inclination naturelle, soit que ce fust par vn trait de Politique, qu'il s'attira la haine & l'auersion de presque tous ses sujets. Ce qu'il fit assez parétre par les deux mariages qu'il contracta successiuement auec deux Princesses Latines, mais particulierement lorsqu'il fit épouser Marie sa niéce, fille de Iean Comnéne Protosebaste son frere aîné, au Roy Amaury : & encore au grand accueil qu'il fit à ce Roy, lorsqu'estant pressé & attaqué de tous côtez dans ses Etats par les Infidéles, il vint à Constantinople en l'an 1170. pour implorer le secours de Manuel : Car l'Empereur le reçût magnifiquement, le regala de sommes immenses d'or, & de riches présens. Tous les Grands de la Cour de Manuel, & ses plus proches parens s'efforcerent de leur part d'imiter l'Empereur, n'y ayant eu aucun d'entre eux, qui ne luy eust fait des présens conuenables à leurs forces, & à sa dignité.

*Tyr. l. 20, c. 1. 24, 25. l. 21. c. 1, 2.*

*L. 20. c. 26.*

Entre ceux-là, Iean Protosebaste, beaupere du Roy, fit éclater sa magnificence, lequel pour vser des termes de l'Archeuesque de Tyr, *In omnes, tamquam vir inclytus, suam effudit liberalitatem : sed & reliqui Principes*, ajoûte le méme Auteur, *eodem zelo accensi, se mutuò munificentiâ vincere cupientes, munera Domino Regi obtulerunt, quibus & materiæ dignitas, & operis elegantia, & fauor non deerat in vtroque.* Ces termes me font croire qu'il n'y a pas lieu de douter qu'entre les Parens de l'Empereur, & les Grands de sa Cour, Alexis Ducas n'ait esté l'vn d'entre eux qui ait regalé ce Roy de ses présens, & qu'il ne luy ait donné ce Reliquaire exquis, qu'il auroit tiré de son col pour en faire présent

# SVR L'HISTOIRE DE S. LOVYS.

préfent à ce deuot Monarque, qui d'ailleurs auoit témoigné tant de pieté & de veneration enuers toutes les Reliques, qui eſtoient alors conſeruées à Conſtantinople, lorſque par le commandement de Manuel on les luy fit voir toutes, & à ceux de ſa ſuite, ainſi que le méme Archeueſque raconte. Alexis ne crût pas luy pouuoir faire vn préſent qui luy fuſt plus précieux à ſon égard, que de cét *Encolpe*, que les Grecs tenoient ſi cher, qu'ils ne le tiroient jamais de leur col, que pour des neceſſitez tres-preſſantes, comme j'ay remarqué. *L. 20. c. 259*

Amaury donc eſtant deuenu poſſeſſeur de ce riche joyau, le deſtina d'abord pour le Monaſtere de Grandmont, dont Guillaume d'Axie eſtoit alors Prieur, ou Général de l'Ordre; il le mit à cét effet entre les mains de Bernard Eueſque de Lidde, qui après la mort de ce Prince arriuée au mois de Iuillet l'an 1173. l'apporta en France, & le donna au nom du Roy aux Religieux de Grandmont, qui pour conſeruer la memoire d'vn préſent ſi exquis, firent grauer à la boëte qui enferme cette croix ces vers Latins:

> *Rex Amalricus fit ſummi Regis amicus,*
> *Propter dona Crucis donetur munere lucis,*
> *Quando Crucem miſit, nos Chriſti gratia viſit, &c.*

Quant à Bernard Eueſque de Lidde, au ſuiet duquel j'ay entrepris cette digreſſion, il eſtoit François de nation, & auoit eſté Moine de Deols en Berry. C'eſt ce que Geoffroy Prieur du Vigeois nous apprend en ſa Chronique, en ces termes, *Amalricus Hieroſolymorum Rex portionem non modicam ſalutaris ligni tranſmiſit de Vret,* (forte *Acre*) *per Epiſcopum S. Georgii de Ramâ Grandmontenſibus, qui olim Monachus extitit Burgi Deolenſis.* Bernard eſtant ainſi Moine de Deols, & s'eſtant acheminé en la Terre Sainte, fut fait premierement Abbé du Mont-Thabor, qui eſtoit vn Monaſtere dépendant de l'Archeueſché de Beſſan, ou de Nazareth, & après le decés de Renier Eueſque de Lidde, il fut éleu Eueſque de cette méme ville l'an 1169. ainſi que Guillaume de Tyr écrit en deux diuers endroits. Il ſouſcrit encore auec cette qualité d'Eueſque vn titre de Guillaume Eueſque d'Acre, auec le Roy Amaury, & quelques autres Prélats, au ſujet d'vn Monaſtere de l'Ordre de Cluny, que cét Eueſque vouloit conſtruire en ſon Diocéſe. Après le decés du Roy Amaury, il vint en France pour y apporter la vraye Croix, qu'il auoit eu charge de porter au Monaſtere de Grandmont, & en paſſant il vint viſiter celui de Deols, où il auoit eſté Moine. La Chronique de Deols: *Anno* MCLXXIV. *Dominus Bernardus Liddenſis Epiſcopus Dolum venit.*

*Chron. Voſcenſe c. 69.*

*Aſſiſes de Hieruſ.*
*Will. Tyr. l. 20. c. 13. & 10.*

*Bib. Clun. p. 432.*

Cét Eueſché de Lidde, eſtoit le premier des Eueſchez ſuffragans du Patriarche de Hieruſalem, & n'eſtoit pas different de celui de Rame, ces deux places eſtans ſous vne méme juriſdiction. D'abord la reſidence de l'Eueſque fut à Rame: car les nôtres l'ayant priſe, ils y établirent vn Eueſque: mais ayant eſté repriſe incontinent après, & ayant eſté ruinée par les Sarrazins, l'Eueſque tranſporta le ſiége de ſon Eueſché à Lidde, qui eſt vne ville appellée par les anciens *Dioſpolis*, & conſerua le titre d'Eueſque de S. Georges de Rame, ou de S. Georges de Lidde, ainſi que Iacques de Vitry nous apprend. C'eſt pour cela que nous voyons que Bernard eſt qualifié *Epiſcopus S. Georgii de Ramâ*, dans la Chronique du Vigeois, & ailleurs Eueſque de Lidde. L'Itineraire de la Terre Sainte de Willebrand d'Oldenbourg parle auſſi de cette qualité d'Eueſque de S. Georges de Rame, où toutefois l'imprimé porte mal, *Samorgederamus*, au lieu de *San Iorge de Rames.* On appelloit l'Eueſque de Rame Eueſque de S. Georges, parce que ſon Egliſe Cathedrale eſtoit l'Egliſe de S. Georges à vne lieuë de Rame, qui fut éleuée à l'endroit où ce Saint ſouffrit le martyre, & dont nous auons la deſcription dans Iean Phocas, Epiphane Hagiopolite, l'Auteur Anonyme, & Willebrand d'Oldenbourg en leurs deſcriptions de la Terre Sainte, dans Robert le Moine, Baldric, Guibert, Albert d'Aix, & autres Hiſtoriens des guerres Saintes, & enfin dans le docte Selden en ſon Traité des Titres d'honneur.

*Anna Com. p. 328.*
*Alber. Aq. l. 5. c. 41.*
*l. 9. c. 5. 6.*
*Guibl. 7. c. 1.*
*Bald. l. 4.*
*p. 130.*
*Tyr. l. 10. c. 16. 17.*
*S. Hieron. ep. 27.*
*Iac. de Vitr. in Hiſt. Hier. c. 57.*

*Quareſ. de Elucid. Ter. Sanct. l. 4.*
*Peragr. l. 2. c. 3.*

*Io. Phocas n. 29. &c. Chalſi Anonymus bis laudati in Not. ad Annam Com. l. 11.*

Partie II.    R r

Cét illuſtre reliquaire me pourroit donner de la matiere pour m'étendre plus au long ſur de curieuſes recherches qui le concernent; mais outre qu'vne ſçauante plume y a desja paſſé, je me contente d'y ajoûter pour derniere obſeruation, qu'en la plûpart de ces Reliquaires, ou Encolpes, c'eſt à dire qui ſe portoient ſur le ſein, il y auoit des vers & des inſcriptions, qui marquoient non ſeulement la confiance que ceux qui les portoient, auoient en la vertu des ſacrées Reliques qu'ils contenoient, mais encore les noms de ceux qui les poſſédoient, ou qui les auoient fait enchâſſer. Tels ſont les vers de Nicolas Callicles Medecin de l'Empereur Alexis Comnene, au ſujet d'vn Reliquaire du bois ſacré de la vraye Croix que l'Imperatrice Irene femme de cét Empereur auoit fait enchâſſer : & encore ſur vn autre ſemblable, qu'Anne Comnene leur fille, dont nous auons la docte Alexiade, auoit fait pareillement orner, & qu'elle auoit eu en don d'Eudocie ſa ſœur, lorſque s'eſtant ſeparée de ſon mary, elle ſe retira dans vn Monaſtere. Il eſt inutile de les coucher icy, puiſqu'ils ont eſté donnez au public, & que je me propoſe d'en parler en mes obſeruations ſur cette Alexiade.

*Edit. ab Hier. Gont. cum Xanthopulo & aliis.*

Mais puiſque je ſuis ſur cette matiere, je veux donner icy ceux qui ſont écrits & grauez ſur le plus grand & le plus rare Reliquaire, d'entre ceux qui contiènnent des portions de la vraye Croix, qui ſoit en France. Le Monaſtere du Mont S. Quentin le poſſéde, & l'on tient par traditiue qu'il lui fut donné par Neuelon Eueſque de Soiſſons, à ſon retour de Conſtantinople, aprés ſa priſe par les François, en échange du bras de S. Morand d'Orleans, & de celui de S. Firmin Eueſque & Martyr. Il a de hauteur vn pied, ſept pouces & demy, & de largeur vn pied, quatre pouces. Il eſt trauaillé à la Grecque, auec de la marqueterie & des émaux, & enrichy de part & d'autre de nombre de Reliques & de figures de diuers Saints, dont les noms ſont écrits. D'vn côté, ſont des portions de la vraye Croix, ajuſtées dans vne figure de Croix Patriarchale, auec vn Chriſt en Croix au milieu en émail: au haut de cette Croix à châque côté ſont deux figures à demy corps, qui ſemblent eſtre de N. S. & de la Vierge, enfermées chacune dans vn rond: mais les caracteres qui ſont au deſſus de ces figures; Sçauoir dans la premiere: X. X. O A P. M I. dans l'autre ceux-cy, X. O A P. Γ A B. me font croire que ce ſont celles de S. Michel & de S. Gabriel, dont les noms ſont ou doiuent eſtre ainſi deſignez, O. AΓ. MI. C'eſt à dire, ὁ ἅγιος Μιχαήλ. O. AΓ. ΓAB. c'eſt à dire ὁ ἅγιος Γαβριήλ. A côté & à l'entour de la Croix ſont de ſemblables figures de Saints, qui y ſont marquez par leurs noms, en cette ſorte : ὁ προφήτης Σαχαρίας. ὁ προφήτης Σαμυήλ. ἅγιος Πέτρος. Ἅγιος Κωνςαντῖνος. Ἅγιος Ἀναςάσιος. ἅγιος Ἰωάννης Καλυβήτης. Ἅγιος Μεθόδιος. ἅγιος Ἀντώνιος. ἅγιος Εὐθύμιος. ἅγιος Σαββᾶς. où le mot d'ἅγιος eſt figuré par vn A, enfermé dans vn O, comme en la vraye Croix de N. D. d'Amiens, que j'ay expliquée ailleurs. Aux bordures du Reliquaire il y a d'autres figures, auec ces caracteres : ἅγιος Ἀρσένιος. ἅγιος Κλήμης. ἅγιος Ὀνούφριος. ἅγιος Παῦλος ὁ Κλεομᾶς. ἅγιος Ἀνδρέας ὁ Κρίτης. ἅγιος Ἐφραίμ. ἅγιος Ἀρχίδιος. ἅγιος Ξενοφῶν. ἅγιος Ἰωάννης. Aux côtez de la Croix qui eſt double, ainſi que j'ay remarqué, il y a pluſieurs petits creux, auec ces inſcriptions & & ces vers qui marquent les Reliques qu'ils contiennent. Ἔχει Χριστοῦ σπαργάνων μικρὸν μέρος. Ἧλον ἔσω τῶν σεβαςῶν τὶ τρύφος. Σωὴν κ̀ τῳ ὅλῳζων αἷμα τῷ κόσμῳ. φέρες ἀκανθίνης δὲ κ̀ τῷ τμήματα. Τίμιος λίθος ὅτι τῷ κρανίῳ. Λίθος ὅτι τῷ τάφῳ. Ἐκ τῆς τῷ Χριστῷ Φάτνης. C'eſt à dire en Latin, à la lettre, *Habet ſeu continet Chriſti faſciarum paruam partem. Intus eſt particula venerandorum clauorum. In hoc eſt etiam ſanguis (Chriſti) vitam dans mundo. & in hoc ſunt ſegmenta coronæ ſpineæ. Venerandus lapis ex Caluariâ. Lapis ex tumulo. Ex Chriſti præſepio.* A l'autre côté de ce Reliquaire il y a vne figure de Croix Patriarchale, empreinte & faite d'émail, au deſſus de laquelle, & aux côtez de la petite croiſade ſont écrits ces vers, qui marquent le nom du Moine qui a fait faire ce Reliquaire, & à qui il a appartenu.

*Au Traité du Chef de S. Iean Bapt.*

## SVR L'HISTOIRE DE S. LOVYS.

Οἱ τὸν δὲ προσκυνοῦντες εὐσεβεῖ νοΐ     *Vos qui mente piâ hoc sacrum lignum adoratis,*
Καὶ τῷ λόγῳ φέροντες ὑμνὸν εὐμδυῆ,     *Et Verbo hymnum benevolum offertis,*
Εὔχεθε, κᾀμοὶ τῷ Μοναχῷ Τιμοθέῳ,     *Orate, & pro me Monacho Timotheo,*
Ὅπως γένηται μοι βοηθὸς καὶ λιμήν,     *Vt sit mihi adjutor & portus,*
Ῥύσις τε τ᾿ πολλῷ ταῖχι μου πταισμάτων.     *Et me confestim à peccatis meis liberet.*

Entre les deux croisades, il y a quatre figures représentées dans des ronds auec ces caractéres, ἡ Σταύρωσις. ἡ Ἀποκαθήλωσις. ὁ τάφος. ἡ Ἀνάςασις. Acropolite remarque que les Grecs auoient coûtume d'orner ces Phylactères où ils enfermoient le bois sacré, de diuerses reliques des Saints : j'en omets le passage, de crainte d'ennuier le lecteur par vne trop longue digression.

## *DE LA PREEMINENCE DES ROIS* *de France au dessus des autres Rois de la terre, & par occasion de quelques circonstances qui regardent le regne de Louys VII. Roy de France.*

*Pour la page 104.*

## DISSERTATION XXVII.

LE Sire de Ioinuille dit que S. Louys fut *le plus grand Roy des Chrétiens.* C'est vn eloge qui ne fut pas particulier à ce grand Prince, mais qui fut commun à tous les Rois de France, acause de l'étenduë de leurs Etats, leur puissance, & leur valeur. Il se rencontre encore dans vn titre d'Amé Comte de Sauoye de l'an 1397. en ces termes : *Le Roy de France qui est le plus grand & le plus noble Roy des Chrétiens.* Mathieu Paris parlant de S. Louys passe plus auant, & dit que le Roy de France estoit le plus illustre & le plus riche d'entre les Rois de la Terre : *Dominus Rex Francorum Regum terrenorum altissimus & ditissimus.* Il encherit ailleurs au dessus de cette pensée, écriuant qu'il estoit le Roy des Rois : *Dominus Rex Francorum*; qui TERRESTRIVM REX REGVM *est, tùm propter cœlestem ejus inunctionem, cùm propter sui potestatem, & militiæ eminentiam.* Et en l'an 1257. *Archiepiscopus Remensis, qui Regem Francorum cœlesti consecrat chrismate, quapropter* Rex Francorum *censetur dignissimus, &c.* C'est pour cette même raison qu'il appelle en vn autre endroit le Royaume de France, *Regnum regnorum.*

*Aux prem. de l'Hist. de Sauoye p. 244.*
*Math. Par. A. 1251. 1254. 1257. p. 564. 634.*

Ces eloges sont d'autant moins suspects, qu'ils sont donnez à nos Rois par vn Auteur étranger, & qui viuoit sous la domination d'vn Prince puissant, & ennemy de la France. Aussi n'a-t-il rien mis en auant en cette occasion, qui n'ait esté alors dans le consentement vniuersel de tous les peuples de la terre, & particulierement du monde Chrétien. Ce qui paroît assez par ce qu'Anne Comnene écrit en son Alexiade, que lorsque les François entreprirent la conqueste de la terre Sainte. Hugues Comte de Vermandois, frere du Roy Philippes I. estant prest de partir de son pays, écriuit à l'Empereur Alexis Comnene, pere de cette Princesse, & lui manda qu'estant le Roy des Rois, & le plus grand d'entre les Princes qui fussent sous le Ciel, il deuoit venir au deuant de lui; & le receuoir suiuant la dignité de sa noblesse : ἴςθι ὦ Βασιλεῦ, ὡς ἐγὼ ὁ ΒΑΣΙΛΕΥΣ ΤΩΝ ΒΑΣΙΛΕΩΝ, ᾗ ὁ μείζων τῶν ὑπ᾽ οὐρανὸν. ᾗ καταλαμβάνοντα με ἤδη ἐνδέχεται ὑπαντῆσαι τε ἐξαίφνης μεγαλοπρεπῶς, ᾗ ἀξίως τῆς ἐμῆς εὐγενείας.

*Anna Com. l. 10.*

Il est sans doute que Hugues n'écriuit pas en ces termes à l'Empereur de Constantinople, veu qu'il n'est pas probable qu'il ait affecté ces titres pompeux de Roy des Rois, lui qui n'auoit que le titre de Comte, & de grand Gonfalonier de l'Eglise en cette expedition. Mais ce qui a imposé à cette Princesse, est qu'alors le Roy de France estoit qualifié Roy des Rois par tous les peuples de la terre. De sorte que sur le bruit de cette fameuse entreprise, on disoit par tout que le frere du plus grand de tous les Rois estoit le conducteur

*Partie II.*            R r ij

de ces troupes. Robert le Moine en son Histoire parlant de Hugues: *Is hone-state morum, & elegantiâ corporis, & animi virtute Regalem, de quâ ortus erat, commendabat prosapiam.* A quoy Guibert ajoûte, *Et licet aliorum procerum multò major quàm ipsius reputaretur autoritas, præsertim apud inertissimos hominum Græcos, de Regis Francorum fratre præualarat infinita celebritas.* De sorte qu'il ne faut pas s'étonner si la Princesse Anne témoigne en son Histoire que ce qui donna le plus de frayeur à son pere, fut le bruit qui courut alors, que le frere du Roy des Rois deuoit entrer dans les terres de l'Empire. Chacun sçait que les Rois de Perse ont autrefois affecté ce titre ambitieux de Roy des Rois, comme ceux des Parthes celui de grands Rois. Mais tous ces titres sont des marques & des effets de leur vanité, & sont donnez à beaucoup plus juste sujet par les Auteurs aux Rois de France, ausquels tous les Rois de l'Vniuers n'ont pas fait de difficulté de ceder la prérogatiue.

Anne Comnene dit que ce Prince François le porta si haut acause de la noblesse de son extraction, ses richesses immenses, & son grand pouuoir, qu'il en estoit tout bouffi d'orgueil, & imitoit en cela cét Heresiarque *Nouatus*: que tous les Ecriuains Ecclesiastiques ont blâmé, particulierement pour son arrogance insupportable, qui est vn vice commun à tous les heretiques, *omnes enim tument,* ainsi que Tertullian écrit. Les termes de cette Princesse sont, Οὗτος δέ τις ὁ τοῦ Ῥηγὸς Φραγκίας ἀδελφὸς φυσῶν τὰ Ναυάτου, ἐπ᾽ εὐγενείᾳ καὶ πλούτῳ, καὶ δυνάμει. Ie les ay rapportez, pour faire voir que son sçauant interprete n'en a pas bien pris le sens en cét endroit, & ailleurs, pour ne s'estre pas apperçû que cét heresiarque, qui est appellé par les Auteurs Latins *Nouatus*, est nommé par les Grecs Ναυάτος. Mais ce qui marque encore la puissance de ce Comte, est la remarque que cette Princesse fait, qu'il partit de la France comme vn Roy, ou plûtost en équipage de Roy, à la teste d'vne nombreuse armée, faisant ainsi parler Godefroy de Boüillon, à Hugues, qui vouloit le persuader de faire hommage à l'Empereur: Σὺ ὡς βασιλεὺς τῆς ἰδίας ἐξεληλυθὼς χώρας μετὰ τοσούτου πλήθους καὶ στρατεύματος, νῦν ἐξ ὕψους τοσούτου εἰς δοῦλον τάξιν ἑαυτὸν συνήλασας.

Ie m'étonne qu'Anne Comnene se soit seruie du terme de Βασιλεὺς lorsqu'elle a dit que le Comte de Vermandois se qualifioit le Roy des Rois, & qu'il partit en équipage de Roy, veu que les Grecs affectoient de ne donner cette qualité qu'à leurs Empereurs, comme elle fait elle-méme en cét endroit, quand elle dit que ce Prince estoit frere du Roy de France, τοῦ Ῥηγὸς Φραγκίας ἀδελφὸς, ce sera lorsqu'elle parle de l'Empereur d'Alemagne, qu'elle qualifie toûjours du titre de Ῥήξ: *Moleste siquidem ferunt quòd eorum (Theuntonicorum) Rex Romanorum se dicit Imperatorem. In hoc enim suo detrahi videtur Imperatori, quem ipsi Monarcham, id est singulariter principari omnibus dicunt, tamquam Romanorum vnicum & solum Imperatorem.* Ce sont les paroles de l'Archeuesque de Tyr, ausquelles sont conformes celles de l'Auteur de la vie de Louys VII. Roy de France, de Luithprand, d'*Helmodus*, & autres sur ce sujet. C'est pourquoy la plûpart des Auteurs Grecs font scrupule de donner le titre de Βασιλεὺς à d'autres Princes qu'à leurs Empereurs, aimans mieux se seruir du terme barbare de Ῥήξ; lorsqu'ils parlent des autres Rois, comme fait Olympiodore au sujet du Roy des Huns, Nicetas, & *Cinnamus* en diuers endroits, lorsqu'ils parlent des Rois de France, d'Angleterre, & de Sicile. *Euagrius*, & Procope remarquent plus précisément cette difference, quand ils racontent qu'Odoacre & Theodoric s'estant emparez de l'Italie, s'abstinrent du titre de Βασιλεὺς, & se contenterent de celui de Ῥήξ, quoy qu'ils eussent au surplus toutes les marques de la dignité Imperiale, Procope ajoûte que les barbares appelloient ainsi leurs Princes: ὅπω γὰρ σφῶν τοὺς ἡγεμόνας οἱ βάρβαροι καλεῖν νενομίκασι. Mais l'Empereur Louys II. se raille adroitement de la vanité des Empereurs d'Orient sur ce sujet, écriuant qu'ils témoignoient estre fort ignorans, quand ils estimoient que le mot de *Rex*, estoit vn terme barbare, & que quoy qu'il fust Latin, ils dédaignoient de le tourner par vn autre terme Grec, quia la méme force: *Quod si ita est, quia non jam barbarum, sed*

# SVR L'HISTOIRE DE S. LOVYS.

*Latinum est, oportet vt cùm ad manus vestras peruenerit, in linguam vestram fideli translatione vertatur: quod si actum fuerit, quid aliud nisi hoc nomen* Βασιλευ, *Rex interpretabitur?* De sorte que quand *Suidas* dit que par le mot de Ρήξ le Roy des François estoit désigné ὁ τῶῦ Φράγγων ἀρχηρὸς, cela se doit entendre de l'Empereur d'Occident & d'Alemagne, que les Grecs appellent ordinairement Roy des François, & non que le Roy de nôtre France ait esté ainsi appellé par excellence, comme quelques-vns se sont persuadez. Nos Annales remarquent que les Ambassadeurs de Nicephore Empereur de Constantinople ayant fait alliance auec Charlemagne, *More suo, id est Græcâ linguâ, laudes ei dixerunt, Imperatorem eum & Basileum appellantes.* Comme les Grecs refuserent & enuierent souuent ce titre de βασιλευς aux Empereurs François & Alemans, les Rois Anglois-Saxons affecterent particulierement de le prendre, laissant celui de *Rex*, comme on peut recueillir de leurs Histoires, & de leurs patentes.

 Cette grande estime de la grandeur & de la majesté du Roy de France qui a esté parmy les Grecs au temps de l'Empereur Alexis Comnene, a passé jusques aux derniers siecles. Car lorsque ces peuples se virent dénuez de toute sorte de secours pour se deffendre contre les attaques des Turcs, ils enuisagerent le Roy de France, comme le plus puissant & le premier de tous les Rois, seul capable de les secourir. La Bibliotheque de M. Mentel Docteur en la Faculté de Medecine de Paris conserue vne lamentation écrite en vers Politiques, & en Grec vulgaire, sur la prise de Constantinople par ces Infidéles, qui confirment ce consentement vniuersel de tous les peuples de la Grece, touchant cette préeminence de nos Rois, qui y sont qualifiez les premiers & les principaux Rois de l'Occident, en ces termes.

 Ὦ Κωνσαντῖνε Βασιλεῦ τύχης βαρέαν ὁποῦχες,
 Θέλω νὰ δώσω εὐθύμισιν τῶν Αὐθέντων τῆς Δύσης,
 Ρῆγαν τὸν ἐκλαμπρότατον τῆς Παρῆς, ὁ πρῶτος,
 Πρωτάρχος τῶν αὐθέντων τοπάρχων τῆς Δύσης,
 Ὦ Φερτζα πιωτάτη κὴ πολυφημισμένη,
 Φερτζόελιδες πολεμιςαί, ἄνδρες μου σρατιῶται.

Cette dignité & cette préeminence non contestée des Rois de France au dessus de tous les Princes de la terre, me fait croire que *Cinnamus* a trop témoigné sa passion contre eux, lorsqu'il a écrit que le Roy Louys VII. surnommé le Ieune, estant arriué à Constantinople, pour delà passer dans la Terre Sainte, dans la conference qu'il eut auec l'Empereur Manuel dans son Palais, prit seance au dessous de luy, sur vn siége & beaucoup plus bas : ἐπειδή τε, εἴσω τῶν ἀνακτόρων ἤδη ἐγένετο, ἔνθα Βασιλεὺς ἐπὶ τῷ μετεώρῳ καθέζετο, χαμαλή τις αὐτῷ ἐκομίζετο ἕδρα, ἣν σελλίον Ῥωμαΐζοντες ὀνομάζουσιν ἄνθρωποι, ἐφ' ἧς καθήσας, τὰ εἰκότα τε εἰπὼν καὶ ἀκούσας, &c. Car il est peu probable qu'vn Prince si puissant, comme estoit le Roy de France, eust voulu s'abaisser si extraordinairement, que de quitter le premier rang à vn Empereur Grec, que les Chrétiens de ce temps-là ne reconnoissoient que pour vn simple Roy, particulierement depuis que le titre Imperial fut transferé à Charlemagne, dans son propre Palais. Il est encore moins à croire que Louys ait pris seance dans ces pourparlers sur vn siège plus bas, que ne fut celuy de l'Empereur. Tous les Auteurs Latins, qui ont parlé de cette entreueuë de ces deux Princes, conuiennent, que le Roy de France fut reçû dans Constantinople auec beaucoup d'appareil & de magnificence, que tous les Princes du Sang, & les grands Seigneurs de la Cour sortirent de la ville, pour aller au deuant de lui, ce que *Cinnamus* témoigne aussi en termes formels, & que l'Empereur même le vint receuoir jusques dans ses Portiches ou Galeries. Eudes de Dieuil depuis Abbé de S. Denys, qui accompagna le Roy en ce voyage, en parle de la sorte : *Processimus igitur, & nobis appropinquantibus ciuitati, ecce omnes illius Nobiles & Diuites tam Cleri quàm populi cateruatim Regi obuiam processerunt, & eum debito honore susceperunt, rogantes vt ad Imperatorem intraret, & de suâ visione & collocatione desiderium adimpleret.* L'Archeues-

*Suidas.*
*Const. de adm. Imp.*
*Annal. Fr. A. 812.*
*Guill. bibl. in Hadr. II. PP. Monast. Anglic. & Hist. Angl. passim.*

*Cinnamus p. 88.*

*Prouinciale Roman.*

*Odo de Diogilo l. 3*
*Vuill. Tyr. l. 16. c. 22.*

Rr iij

# DISSERTATION XXVII.

que de Tyr rend vn semblable témoignage, en ces termes : *Interea Rex Francorum penè iisdem subsecutus vestigiis, cum suo exercitu peruenerat CPolim, vbi secretioribus cum Imperatore vsus colloquiis, & ab eo honorificentissimè, & multâ munerum prosecutione dimissus, Principibus quoque suis plurimùm honoratis,* &c. Ce qui est conforme à ce que le Roy méme écriuit à Suger Abbé de S. Denys, auquel il manda qu'il auoit esté reçû de l'Empereur, *gaudenter & honorificè*.

<small>*Lud. epist. ad Suger. apud Chiffl.*</small>

Quant à la seance des deux Princes, Eudes de Dieuil ne dit pas que le Roy de France eust esté assis sur vn siége plus bas que celui de l'Empereur, mais seulement que deux siéges ayant esté preparez ils s'assirent, & s'entretinrent quelque temps. *Tandem post amplexus, & oscula mutuò habita, interiùs processerunt, vbi positis duabus sedibus pariter subsederunt.* Et pour faire voir qu'il est probable que les seances des deux Princes furent reglées de la sorte, que l'vn ne pourroit pas auoir d'auantage au dessus de l'autre, le méme Auteur raconte que l'Empereur Manuel ayant fait prier le Roy, qui auoit passé le détroit & estoit dans l'Asie, de retourner en son Palais pour y traiter de quelques nouuelles affaires qui estoient suruenuës, il le refusa & manda l'Empereur, *Vt in ripam suam descenderet, vel in mari ex æquo colloquium fieret.* Ce qui marque assez que Louys ne voulut pas ceder à l'Empereur, ni lui donner cét auantage de l'aller trouuer chez luy, mais qu'il se comporta en ces occasions comme auec vn Prince d'vne égale dignité.

<small>*Odo de Diog. l. 4.*</small>

Il est vray que Manuel voulut traiter auec l'Empereur Conrad, qui auoit deuancé auec ses troupes le Roy de France, pour la forme de l'entreueuë, qui se deuoit faire entre eux, & auoit voulu exiger de lui des conditions qui ne lui estoient pas honorables. Ce qui obligea Conrad de passer dans l'Asie sans voir Manuel. *Sed alius ingredi ciuitatem, alius egredi timuit, aut noluit, & neuter pro altero mores suos aut fastus consuetudinem temperauit.* Ce sont les paroles de Eudes de Dieuil, qui justifient assez l'erreur de l'Archeuesque de Tyr, qui écrit qu'il se fit alors vne entreueuë entre ces deux Princes. De sorte que Manuel qui auoit eu passion d'entretenir Conrad, de crainte que Louys ne fist le méme, & qu'il ne passast dans l'Asie sans le voir, ce qu'il souhaittoit auec passion, fut obligé de lui accorder ce qu'il auoit refusé à Conrad : sçauoir qu'il viendroit au deuant de lui pour le receuoir, ce qu'il fit, estant venu jusques aux galeries des gardes du Palais.

<small>*Odo de Diog.*</small>

<small>*Cinnamus l. 2. p. 78.*</small>

Les mémes contestations pour la forme de l'entreueuë se renouuellerent, lorsque Conrad retourna de la Terre Sainte. Car estant arriué à Ephese, Manuel l'enuoya prier de passer par Constantinople. Enfin aprés plusieurs debats, on demeura d'accord qu'ils se verroient tous deux à cheual, & qu'ils se saluëroient reciproquement en méme temps. Arnoul de Lubec décrit ainsi tous ces démeslez, & l'humeur altiere des Princes Grecs : *Est quædam detestabilis consuetudo Regi Græcorum, qui etiam propter nimium fastum diuitiarum suarum Imperatorem se nominat, quam tamen dignitatem à Constantino ejusdem ciuitatis fundatore traxerat, vt osculum salutationis nulli offerat, sed quicumque faciem ejus videre meretur, incuruatus genua ejus osculatur. Quod Conradus Rex ob honorem Romani Imperii omninò detestabatur. Cúmque Rex Græcorum in hoc consensisset, vt osculum ei porrigeret, ipso tamen sedente, nec hoc Conrado Regi placuit. Tandem sapientiores ex vtraque parte hoc consilium dederunt, vt in equis se viderent, & ita ex parilitate conuenientes, sedendo se, & osculando salutarent, quod & factum est.*

<small>*Arnold. Lubec. l. 2. c. 15.*</small>

Ce qu'Arnoul de Lubec dit en cét endroit, que les Empereurs de Constantinople estoient si altiers, qu'ils vouloient que les Souuerains, qui les venoient visiter, leur baisassent les genoux, semble estre confirmé par Anne Comnene, laquelle raconte que Saisan Sultan de Coni estant venu trouuer l'Empereur Alexis, pere de cette Princesse, dans son camp, d'abord qu'il l'apperçût descendit du cheual & lui baisa le pied, παχὺ πεζεύσας, τὸν πόδα ἠσπάσατο. Mais le Roy de France estoit trop grand Seigneur pour s'abaisser à ces lâchetez. Aussi l'Histoire remarque que Manuel le vint receuoir à l'entrée de son Pa-

<small>*Anna Com. l. 15. Alex. p. 478.*</small>

## SVR L'HISTOIRE DE S. LOVYS.   319

lais, & qu'il enuoya hors de la ville au deuant de luy tous les grands Seigneurs de sa Cour : & qu'à la seconde entreueuë qu'il souhaita auoir auec lui, le Roy lui manda que s'il la desiroit, il deuoit prendre la peine de le venir trouuer sur le riuage de la mer où il estoit pour lors : ou bien faire cette entreueuë sur la mer, auec égalité de démarche, *vel in mari ex æquo colloquium fieret*. Car c'est ainsi qu'il faut lire, & non *ex equo*, comme porte l'imprimé, veu qu'on ne pouuoit pas faire cette entreueuë à cheual sur la mer, comme fut celle de Conrad auec Manuel dans Constantinople.

Boëmond Prince d'Antioche faisant la guerre à Alexis Comnene, il se presenta vne occasion d'vne entreueuë entre ces deux Princes pour traiter de quelque accord : mais Boëmond ne la voulut accepter qu'à condition qu'arriuant dans le camp de l'Empereur on enuoiroit au deuant de lui les Princes du Sang, & les grands Seigneurs de la Cour, & qu'entrant dans sa tente, l'Empereur se leueroit de son siége, & lui donneroit la main, & qu'il s'asseoiroit à côté de lui, ce qui fut accomply, ϗ ἐγγὺς τȣ̃ βασιλικȣ̃ παρεϛήσατο θρόνȣ. Il est méme probable que le siége de Boëmond ne fut pas plus bas que celui de l'Empereur, ce qu'Anne Comnene, qui raconte ces circonstances n'auroit pas oublié. Si donc vn simple Seigneur, qui n'auoit aucune qualité de Souuerain, obligea Alexis de le traiter d'egal : à plus forte raison doit-on présumer qu'vn Roy de France ne s'abaissa pas à souffrir les lâchetez ordinaires, ausquelles se soûmettoient les petits Princes voisins de l'Empire, & qui dépendoient d'eux, ou qui estoient leurs tributaires, comme fut le Sultan de Coni, & Baudoüin III. & Amaury Rois de Hierusalem. Ces deux Rois estant venus à Constantinople, pour tâcher d'obtenir de Manuel du secours contre les Infidéles, ils y furent reçûs par cét Empereur assez honorablement. Mais dans les pourparlers qu'ils eurent ensemble, l'Histoire remarque que les siéges sur lesquels ils furent assis estoient plus bas que celuy de l'Empereur. Guillaume de Tyr parlant de l'entreueuë de Baudoüin auec Manuel, *Secus eum in sede honestâ, humiliore tamen locutus est*. Et il ne faut pas s'en étonner, parce qu'alors les Rois de Hierusalem estoient en quelque maniere sous la dépendance des Empereurs de Constantinople, jusques-là méme que dans les dates des inscriptions on y mettoit leurs noms auant ceux de ces Rois. Il s'en voit vne encore à présent dans l'Eglise de Nostre Dame de Bethleem sous vn tableau de la Présentation de N. S. au Temple, fait à la Mosaïque, où il est remarqué qu'il fut fait & acheué sous l'Empire de Manuel Comnene, & aux temps d'Amaury Roy de Hierusalem & de Raoul Euesque de Bethleem. Elle est conceuë en ces termes.

*Anna Com. l. 13.*

*Cinnam. p. 201.*
*W. Tyr. l. 18. c. 24.*
*l. 20. c. 1. 24.*

ΕΤΕΛΗΩ̄ΘΗ. ΤΟΝ. ΠΑΡΟΝ. ΕΡΓΟΝ. ΔΙΑ. *ΧϚΡΟC   *χειρὸς.

ΕΦΡΑΙ. *ΜᾹΗCΤΡΙΟΓΑΦȣ¹ ₃. ΜȣCΙΑΤΟΡΟC   *Μαγιϛȣ.

ΕΠΙ ΗC ΒΑCΙΛΕΙΑC ΜΑΝȣΗΛ. ΜΕΓΑΛȣ.

ΒΑCΙΛΕS. ΠΟΡΦΥΡΟΓΕΝΝΗΤȣ. ΤȣΤ ΚΟΜΝΗΝȣ

ΚΑΙ ΕΠΙ ΤΑC ΗΜΕΡΑC ȣ ΜΕΓΑΛΟΥ ΡΗΓΟC. ΙΕΡΟ

COΛΥΜωΝ ΚΥΡȣ ΑΜΜΟΡΙ

ΚΑΙ ΤΟΥ ϚC ΑΓΙΑC ΒΗΘΛΕΕΜ ΑΓΙωΤΑȣ

ΕΠΙCΚΌΠȣ ΚΥΡȣ ΡΑȣΛ' ΝΕΤρ ΛΧΟΖ.

ΙΝ ΔΙΚΤΟΝ  Β.

## DISSERTATION XXVII.

Cette feconde indiction du regne d'Amaury Roy de Hierufalem tombe en l'an du monde, felon la maniere de compter des Grecs, 6677. & de N. S. 1169. d'où je conjecture qu'il faut reftituer ainfi les caracteres qui defignent les ans du monde, ϛΧΟΖ. Quant à ce Raoul Euefque de Bethleem, qui femble eftre appellé *Raoulinet* en cette infcription, Guillaume Archeuêque de Tyr en fait mention en plufieurs endroits de fon Hiftoire, où il remarque qu'il fut Chancelier du Roy Baudoüin III. & qu'il fut promû à cét Euefché par la faueur du Pape Adrian IV. qui eftoit Anglois de nation comme lui.

<small>W. Tyr. l. 16. c. 17. l. 18. c. 20. l. 9. c. 24. 18. Bib. Clun. p. 1432.</small>

Puifque je me fuis trouué engagé à dire quelque chofe de l'entreueuë de Louys VII. auec l'Empereur Manuel, je tâcheray d'éclaircir encore en cét endroit vn poinct de nôtre Hiftoire qui regarde ce Roy. L'Auteur qui a écrit fa vie dit qu'eftant fur fon depart de la Terre Sainte, *In portu Acconenfi nauigium confcendit, marifque nullo impediente periculo ad regnum proprium reuerfus eft.* Cependant la plûpart de tous les autres écriuains conuiennent qu'il s'en falut peu qu'il ne tombât au pouuoir des Grecs, qui eftoient alors en guerre auec les Siciliens, dans l'armée nauale defquels il s'eftoit mis pour eftre efcorté d'eux. Vincent de Beauuais dit même qu'il fut pris par les Grecs, & que comme on le conduifoit à l'Empereur Manuel qui affiégeoit Corfou, Georges Amiral de Sicile, qui retournoit des enuirons de Conftantinople, où il auoit brûlé les fauxbourgs & les Palais d'alentour, ayant même fait décocher des flèches d'or dans celuy de l'Empereur, le tira de leurs mains. *Cinnamus* confirme la même chofe, & dit qu'il s'en falut peu que le Roy ne fuft pris ; ce qui arriua, ainfi qu'il écrit, de la forte. Louys ayant refolu de retourner en France, loüa les vaiffeaux qui eftoient aux ports de la Terre Sainte, & s'embarqua. En chemin il fe joignit à l'armée nauale des Siciliens, qui couroit la mer, & rencontra celle des Grecs, qui eftoit conduite par Churupes. Le combat s'eftant liuré entre eux, Louys qui auoit quitté fon vaiffeau, pour entrer dans vn des Siciliens, s'y trouua engagé : mais comme il vit le peril dans lequel il eftoit, il fit arborer l'étendart d'vn des vaiffeaux des alliez de l'Empire ; ce qui fut caufe que l'on ne l'attaqua pas. Toutefois quelques-vns des fiens ne laifferent pas d'eftre pris, que l'Empereur Manuel renuoya depuis à fa priere, auec tout ce qui leur auoit efté enleué. Philibert Mugnos en fes Genealogies des Maifons illuftres de Sicile, rapporte vne patente du Roy Roger en faueur de Georges Lindolino, qui donne la gloire à ce Cheualier d'auoir deliuré en cette occafion le Roy Louys VII. des mains des Grecs. Voicy ce qui regarde cette action : *Maximè tu ipfemet perfonaliter tamquam prefectus de duabus noftris regiis triremibus noftræ claffis maritimæ, cum diuino auxilio cooperante, & noftrorum Militum, eorúmque præfectorum fortitudine, fidelitate, & prudentiâ, non procul Græcorum hoftium, eorúmque naues & triremes expulifti, & tandem à captiuitate illuftriffimum Regem Ludouicum VII. fuófque proceres, & Galliæ Magnates manumififti.* Mais il eft fans doute qu'il y a erreur en la date de cette patente, qui porte l'an 1146. auquel temps Louys n'eftoit pas encore allé en la Terre Sainte ; ce qui peut faire douter de la fidelité de cette piece. Quoy qu'il en foit, il refulte affez des Auteurs que je viens de citer, que Fazello s'eft mépris, quand il a écrit que Louys au retour de ce voyage, ayant efté pris par les Sarrazins, fut deliuré par le Roy Roger, qui eftoit alors en mer auec fes vaiffeaux.

<small>Hift. Lud. VII. c. 27.</small>

<small>Rob. de Monte Vinc. Bel. part. 3. l. 27. c. 126. Sanut. l. 3. part. 6. c. 20. M. Chr. Belg. p. 172. Bonfin. Dec. 2. l. 2. Cinnamus l. 2. p. 95.</small>

<small>Philadelfo Mugnos l. 4. del Theatro Geneal. delle famig. di Sicilia.</small>

<small>Tho. Fazel. dec. 2. l. 7. c. 3.</small>

## SVR L'HISTOIRE DE S. LOVYS.

# DV PORT ITIVS, OV ICCIVS.
## DISSERTATION XXVIII.

VVISSAN est vn petit bourg assis sur le riuage de la mer au Comté de Boulenois, entre Boulogne & Calais, composé d'enuiron quatre-vingts feux, sans compter trois ou quatre hameaux, qui en dépendent. Il n'y a ni portes ni fossez, ou fermetures à ce bourg, ni méme aucuns restes de vieilles murailles qui marquent qu'il ait esté fermé autrefois. Il y a vne chapelle au bout du bourg, du côté de Boulogne: mais l'Eglise paroissiale est au hameau de Sombres, distante enuiron de deux ou trois cens pas. Entre cette Eglise & le bourg est ce que l'on appelle la Mote du châtel, qui peut auoir en longueur quarante toises, sa figure estant ouale. Il y a au bourg quelques restes de vieux bâtimens que l'on dit auoir serui de magazin pour l'étappe des laines que l'on y apportoit d'Angleterre; & de plusieurs autres, qui justifient que le bourg a esté de plus grande étenduë. En effet Froissart lui donne le titre de *grosse ville*: & les Histoires nous font assez voir qu'il estoit considerable pour son port; qui estoit le lieu où l'on s'embarquoit ordinairement pour passer en Angleterre, ce que j'espere de monstrer dans la suite, quoi qu'aujourd'huy il n'en reste aucune marque. La Coûtume de Boulenois lui donne aussi le titre de ville, & encore à present il y a vn Maire & des Escheuins, qui ont la police & la connoissance des crimes qui se commettent dans le bourg, & dans la banlieuë, & ont aussi l'administration de l'Hospital. Le Comte de Boulogne, de qui ce lieu dépendoit, y auoit vn Bailly, & depuis que ce Comté a esté annexé à la Couronne, on y a étably vn Balliage Royal, qui est possedé par le Bailly de Boulogne, qui y va rendre justice vne fois la semaine. Il y a vn petit ruisseau qui passe dans ce bourg, qui prend sa source prés de l'Eglise de Sombres.

Guillaume Camden en sa description d'Angleterre a le premier écrit que ce lieu estoit l'*Itius portus*, dont Cesar fait mention: car aprés auoir refuté l'opinion de ceux qui l'ont placé à Calais, il ajoûte ces mots: *Itium igitur alibi quærendum existimo, ad* Witsan *scilicet inferius prope Blacnest, quod nos* Withsan *vocamus, verbo ab Itio non abludente. Huc enim omnes ex hac insula transmississe ex historiis nostris obseruamus.* Et comme cette conjecture est la plus plausible d'entre celles qui ont esté embrassées par diuers Ecriuains, je veux m'efforcer en cét endroit de l'établir par de si fortes raisons, & par des autoritez si formelles, qu'il n'y ait plus lieu desormais d'en doûter. Mais auparauant que d'entrer en cette matiere il faut établir pour fondement en peu de mots ce que Cesar dit de ce port; & ensuite je feray voir quelles ont esté les opinions des Auteurs sur sa situation: & auant de combattre celle de Camden & la mienne, je les refuteray succinctement, sans m'embarasser en de longs discours, parce que c'est vne matiere qui a esté souuent traitée par les Sçauans.

Entre les ports les plus commodes & les plus ordinaires pour passer des Gaules en la Grande Bretagne, Cesar en fait mention de trois, qu'il place au pays des Morins: mais il ne donne que le nom d'vn, qui est celuy qu'il choisit pour y transporter ses Legions, parce qu'il estoit à l'endroit où la mer se retrécit, & où le trajet d'entre les Gaules & l'Angleterre est le plus court: *Omnes ad portum Itium conuenire jubet, ex quo portu in Britanniam trajectum commodissimum esse cognouerat, circiter millium passuum triginta à continenti.* Et au liure precedent il place formellement ce port au pays des Morins: *Ipse cum omnibus copiis in Morinos proficiscitur, quòd inde erat breuissimus in Britanniam trajectus.* Desorte qu'à l'endroit du port *Itius* le passage d'Angleterre estoit le plus court. Outre ce port, il fait encore mention de deux autres au méme pays, l'vn qui estoit au dessous, & l'autre au dessus. Strabon parle aussi du port *Itius*, en ces termes:

Partie II. Sf

# DISSERTATION XXIII.

*Strabo l. 6.* ἐϰ τοῖς Μοϱινοῖς ὅτι ϰ̀ τὸ Ἴτιον. ᾧ ἐχϱήσατο ναυςαϑμῷ Καῖσαρ ὁ ϑεὸς, διοίϱων εἰς νῆσον.

Tous les Auteurs qui ont écrit sur les Commentaires de Cesar, & ceux qui ont traité de la Geographie des Gaules, se sont efforcez de rechercher la situation de ce port, de laquelle dépend la connoissance des deux autres qui en estoient voisins : & leurs opinions se sont trouuées tellement partagées, que les plus indifferens ont eu peine à se determiner, à laquelle ils deuoient se ranger. Ie ne veux pas m'arrêter à refuter ceux qui ont auancé que c'estoit l'Esclufe, Bruges, le Portet, parce que ces opinions ont trop peu de probabilité. Celle que Turnebe a debitée dans ses Aduersaires, & dans ses Poëmes, & qui fut d'a-
*Turneb.l.8.* bord embrassée par *Ortelius*, & enfin a esté nouuellement établie, autorisée, &
*Ad. c. 21.* expliquée par le P. Malbrancq, trouuera pareillement peu d'approbateurs, si
*in Poëm.* on y fait vne serieuse reflexion. Ces sçauans Personnages ayant estimé que
*Oriel. in Thef. Geog.* l'*Itius Portus* estoit la ville de S. Omer, sur la rencontre du nom *Sithin*, ( que
*Malbr. l. 1.* l'Histoire & les titres donnent à cette ville, auant que le Monastere de ce Saint y
*Chifflet. in Portu Iccio* fust construit) & sur ce qu'on dit qu'on a rencontré aux enuirons des anchres, des
*c. 7.* masts, & des restes de nauires enfoüis en terre, ce qu'ils appuient encore sur la
*Chr. Norm.* situation du lieu, qui represente vne espece de Golfe, ensorte qu'il semble que
*A. 845, 881.* tout ce pays fut autrefois inondé de la mer qui y formoit vn large sein : d'où ils concluent que le nom de *Sithin* lui fut donné, *quasi sinus Itius*, le port, ou plûtôt son entrée, estant vers la pointe de Sangate : ils ajoûtent encore que *Gessoriacum* est le lieu de *Soriete*, prés & en deçà de S. Omer :

*Turneb.*
> Terreus hic olim campus, dum præpete cursu
> Iccius aduersa transmittit carbasa terræ.
> Portus, & ad reduces exporrigit ora fasélos :
> Dúmque sinu Gessoriacum penetrare reductó
> Longius, immissum penitus salis alluit æquor :
> Nunc caua cæruleo quâ gurgite sæpe tenebat
> Pinus iter, sulcos infindit durus arator,
> Exercétque solum, glaucis regnatáque diuis
> Possidet arua Ceres, campi quáque antè natabant,
> Turritâ Audomarum muri cinxere coronâ.

Il ne faut que jetter les yeux sur la carte que le P. Malbrancq en a dressée, pour
*Cluuer. l. 2.* juger du peu de probabilité, que peut auoir cette conjecture, qui d'ailleurs a esté
*Germ. Ant.* refutée par Cluuer. Marlian, Meyer, M. le President de Thou, Vigenere, Ber-
*c. 28.* tius, & autres ont crû que Calais estoit le port *Itius*, acause de la commodité de son port, & que c'est aujourd'huy le plus ordinaire pour passer de la France en Angleterre. Ce que Camden improuue, acause, ce dit-il, qu'on ne lit pas qu'il soit parlé de Calais, que depuis Philippes de France Comte de Bologne, qui com-
*Chifflet. de* mença à fortifier cette place. Mais il est constant, comme je justifie ailleurs, que
*Portu Iccio.* c'estoit vn port connu auant ce temps-là. Chifflet a esté l'auteur d'vne nouuelle opinion, laquelle il a établie auec plus d'erudition, que de probabilité, ayant écrit que Mardic, prés de Dunkerke, estoit le port *Iccius*, comme si ce lieu
*Bertius de* n'auoit pas esté ainsi nommé des deux termes Theutons, ou Flamans, *MarDiik*,
*aggerib.* c'est à dire *digue de la mer*, parce qu'en cét endroit pour empêcher les inonda-
*c. 13.* tions de la mer, les habitans voisins furent obligez d'y faire de fortes digues, comme en la plûpart des côtes voisines.

Enfin la plus commune conjecture touchant la situation de ce port, & qui a
*Bucher. in* esté embrassée par Cluuer, Ioseph Scaliger, Nicolas Berger, le P. Boucher, M.
*Belg. Rom.* Sanson, & plusieurs autres, est celle qui le place à Boulogne. Les principales
*Plin. l. 4.* raisons de ces Auteurs sont fondées principalement sur ce que Pline, Suetone,
*c. 16.* *Florus*, Mela, Olympiodore, & quelques autres ne reconnoissent point d'autre
*Sueton. in Claud.* port en la region des Morins, du moins de plus fameux pour passer des Gaules
*Flor. l. 1. c. 11.* en Angleterre, que celuy de *Gessoriacum*, que les Tables de Peutinger disent
*Mela l. 3.* formellement estre la ville de Boulogne. En second lieu, ils apportent pour
*c. 2.* argument que les chemins militaires, ou Romains, aboutissoient & finissoient

# SVR L'HISTOIRE DE S. LOVYS. 323

à ce port, au delà duquel ceux qui nous les ont tracez, n'en mettent aucun, d'où le paſſage ait eſté ordinaire des Gaules en Angleterre. M. Sanſon ajoûte à ces raiſons le vent qui lui ſert en ſon trajet, & celui qui empécha les vaiſſeaux de Ceſar d'y aborder. Enfin voilà à peu prés les fondemens de cette opinion, qu'il n'eſt pas difficile de détruire. Car quoy qu'on doiue demeurer d'accord, que *Geſſoriacum*, & par conſequent la ville de Boulogne, ait eſté le principal port, & le plus connu de toute la côte des Morins, il ne s'enſuit pas qu'il n'y en ait point eu d'autres, d'où l'on paſsât en la Grande Bretagne. Auſſi Ceſar écriuant au ſujet de l'*Itius*, marque aſſez le contraire, lorſqu'il dit qu'il y en auoit vn au deſſus, & vn autre au deſſous de ce port, d'où il s'enſuit qu'il y en auoit au moins trois. Or comme il parle de ces ports, comme des plus voiſins des côtes d'Angleterre, il ne peut eſtre entendu que de ceux qui regardent directement le Promontoire de ce Royaume-là, que les Geographes nomment *Cantium*, & les Anglois *The Neſſe*; & les côtes, que les Poëtes nomment *Rhutupina littora*, c'eſt à dire les côtes de *Richborow*, qui ſont au Comté de Kent. Ainſi il faut chercher la ſituation de ces trois ports de Ceſar, depuis Calais juſques à Boulogne, qui eſt le ſeul endroit, où la mer ſe retrecit, & où les côtes des deux Royaumes ſe ferment le plus. De ſorte, que comme le port *Itius* tenoit le milieu des trois ports de cette côte des Morins, on ne le peut placer ailleurs qu'à Witſan, eſtant l'endroit où le trajet de la mer eſt ſans contredit le plus court, & ainſi les deux autres ports qui eſtoient en deçà & au delà de l'*Itius*, ſont probablement celui de Boulogne, & celui de Calais. D'ailleurs quoy que *Geſſoriacum* dés le temps de Ceſar ait eſté vn port & plus grand, & plus fameux, que les deux autres, il ne s'enſuit pas qu'il ne l'ait pû, ou dû laiſſer, pour en prendre vn autre, à l'endroit duquel le trajet eſtoit plus court, pour tranſporter plûtôt, & auec moins de peril, toutes ſes troupes dans la Grande Bretagne: veu d'ailleurs, comme je le juſtifieray dans la ſuite, que nos François en ont toûjours vſé de la ſorte, ayant laiſſé le port de Boulogne, pour s'embarquer à Wiſſan, lorſqu'ils ont voulu paſſer en Angleterre: & mémes celui de Calais, à l'endroit duquel le trajet eſt encore plus court, que vers Boulogne.

La ſeconde raiſon que l'on apporte pour établir le port *Itius* à Boulogne, n'a pas plus de fondement, laquelle regarde les chemins Romains, qui s'y terminent. Ie demeure d'accord que les chemins militaires, remarquez par Antonin, & dans les Tables de Peutinger, ne paſſent pas la ville de Boulogne, & qu'ils y finiſſent. Mais il ne s'enſuit pas delà qu'il n'y ait point eu d'autre part en la côte des Morins, qui ait pû auoir le nom d'*Itius*. Il eſt bien vray que ces chemins ne furent conſtruits que pour la commodité des marches & des logemens des armées Romaines, ce que le ſçauant Berger a ſi bien prouué, qu'il eſt inutile de cotter les paſſages des Ecriuains qui autoriſent cette verité: & ainſi on pourroit dire qu'il n'eſt pas probable que Ceſar ayant à faire marcher ſes troupes dans les frontieres des Morins, pour les tranſporter en la Bretagne, leur eût fait prendre vne autre route que celle qui eſtoit ordinaire pour les armées. Mais il eſt conſtant qu'au temps que Ceſar paſſa dans l'Angleterre, les chemins Romains n'eſtoient pas encore faits dans les Gaules, ou du moins dans la Belgique, qu'il n'auoit conquiſe que nouuellement. D'ailleurs, ces chemins, que le vulgaire nomme Chaucées de Brunehaut, ou Chemins ferrez, n'ont eſté entrepris dans la Belgique & le reſte des Gaules, que par Auguſte, ſucceſſeur de Ceſar, & par Agrippa ſon gendre. Il n'eſt pas méme veritable que les chemins Romains ayent fini à Boulogne, veu qu'ils continuoient de Boulogne à Wiſſan, & qu'ils y ſont encore entiers, eſtant reconnus vulgairement ſous le nom de Chemins vers, ou de Chaucées de Brunehaut. Ce qui eſt confirmé par le P. Malbrancq en ſa Carte des Morins, & à l'endroit où il donne la deſcription des chemins Romains, qui ſe rencontrent en ces quartiers-là. D'où l'on peut conclure que ſi les Auteurs des Itinerai-

*Partie II.* Sſ ij

res n'ont pas passé la ville de Boulogne, c'est parce qu'ils ont crû que c'estoit le port le plus grand, & le lieu le plus commode pour le logement des troupes, estant la circonstance à laquelle les Romains s'attachoient le plus, ne regardans pas en cette occasion les plus courts chemins, *Compendia viarum*, mais la commodité des logemens des armées, comme Berger a assez justifié. Quant à la raison qu'on tire des vents, cette côte estant exposée aux mêmes vents, & estant assez droite, je n'estime pas qu'on y doiue faire grand fondement, quoy que le P. Malbrancq s'en serue pour appuier son opinion sur la situation de ce port, qu'il place vers Sangate.

<small>Malbranc. l. 1. c. 9.</small>

Mais selon mon sentiment, la principale raison qui doit conuaincre, que la ville de Boulogne n'a pas esté le port *Itius*, est qu'il est peu probable que cette ville ait eu trois noms differens, en même temps, estant certain qu'elle a esté nommée *Gessoriacum*, & *Bononia*. Ie sçay bien, & il est fort probable, que le premier est celui du *Pagus*, ou de la contrée où elle estoit située. Mais en tout cas j'ose auancer qu'on trouuera peu de lieux dans la Geographie ancienne, où vne place ait eu deux noms en même temps, hors celui du peuple, ou de la region, qui lui a esté appliqué dans la suite des années: comme par exemple, Paris, appellée *Lutetia*, a eu celui de *Parisii*; Amiens, nommée *Samarobriga*, ou *Samarobriua*, celui d'*Ambiani*, & ainsi des autres, qui sont les noms des peuples & des contrées, où les villes estoient situées. Cependant il faudroit dire, que la ville de Boulogne auroit esté appellée en même temps *Gessoriacum*, du nom des peuples des enuirons, & *Itius*, & *Bononia*, d'vne particuliere appellation, ce qui n'est guere probable. Et ce que Velser rapporte pour réponse à cette objection, ne satisfait pas.

<small>Velser. ad Tab. Peutiing.</small>

Aprés auoir refuté cette opinion touchant la situation du port *Itius*, qui est la plus vniuerselle, il ne reste plus qu'à établir celle que j'ay auancée, ou plûtôt celle de Camden, puisqu'il est le premier, qui en a fait l'ouuerture, quoy qu'il ne l'ait prouuée que legerement. Pour découurir vne place, dont les anciens Auteurs ont fait mention, & dont les noms sont éteints par la suite du temps, ou du moins qui ont esté tellement alterez, qu'à peine il en reste des vestiges qui en puissent donner la moindre connoissance, on a coûtume de se seruir de trois argumens principaux, dont le premier est la situation, le second, les distances d'auec les autres lieux voisins, remarquées dans les Itineraires & dans les Geographes; & le troisiéme, le rapport des noms anciens auec les nouueaux & ceux d'aujourd'huy. Ces trois raisons nous seruiront comme de pierre de sonde, ou plûtôt de touche, pour trouuer & pour rencontrer heureusement le port *Itius*, pour la recherche duquel, tant d'Auteurs se sont si fort trauaillez jusques à présent, qu'vn d'entre eux a écrit ces paroles : *Fateor à veteribus autoribus perspicuè clarèque doceri non posse, quo olim loco Itius, aut Iccius fuerit portus : bene quidem quòd sub imperio ac ditione Morinorum, & inde breuissimum in Britanniam fuisse trajectum.* Quoy que tant de graues Auteurs ayent échoüé dans cette recherche, je prendray neantmoins la liberté de m'y engager sans que j'ose me promettre vn plus heureux succés qu'eux, soûmettant sans beaucoup de peine mes conjectures à la censure de ceux qui se piquent de literature & d'erudition.

<small>Pont. Heut. l. 2. de vet. Belg. c. 18.</small>

Pour commencer par la situation, Cesar nous apprend en termes formels, que le port *Itius* estoit à l'endroit où le trajet de l'Ocean estoit le plus commode : *Ex quo portu commodissimum in Britanniam trajectum esse cognouerat*. Et quand il dit qu'il estoit le plus commode, il entend dire qu'il estoit le plus court, ce qu'il semble specifier en vn autre endroit : *Ipse cum omnibus copiis in Morinos proficiscitur, quòd inde erat breuissimus in Britanniam trajectus*. D'où il s'ensuit que Cesar en cette occasion chercha non tant la grandeur d'vn port, comme la commodité du passage, & l'endroit où le trajet estoit le moins long. Or il est constant, par le rapport des mariniers, que le trajet de mer à l'endroit de Wisan en Angleterre est plus étroit & plus court, qu'à

## SVR L'HISTOIRE DE S. LOVYS.

l'endroit de Calais, d'vne lieuë, ou d'vne lieuë & demie, & qu'à l'endroit de Boulogne, de deux grandes lieuës. Le trajet à l'endroit du port *Itius*, ſuiuant le rapport de Ceſar, eſtoit d'enuiron trente mille pas: *Circiter millium paſſuum triginta à continenti*. Le Geographe Arabe n'y en met que vingt-cinq. Strabon dit qu'il y auoit trois cens vingt ſtades, qui font quarante milles. Mais comme ces diſtances dépendent du lieu où Ceſar aborda en Angleterre, qu'on tient auoir eſté à Richborow, ou à Sandwick, il eſt malaiſé de prendre vn fondement certain ſur les diſtances de ce trajet. Il n'eſt pas plus facile de tirer argument de la ſituation du promontoire, que Ptolemée appelle Ἴκιον, ou *Icium*, parce que ce qu'il en écrit eſt tres-incertain, quoy que le mettant à 22. degrez quinze minutes de longitude, & *Geſoriacum* à 22. degrez 45. minutes, il conuient auec la ſituation du promontoire & du cap le plus voiſin de Wiſſan, qui eſt la pointe de Blacnez, qui n'eſt éloignée de Wiſſan que d'vne demie lieuë, & trois de Boulogne: il auance dans la mer vne grande demy lieuë, & eſt la pointe de terre qui auoiſine le plus la grande Bretagne.

<small>*Aldeviſius in Geogr. Nub.*</small>

Le nom de Wiſſan ne fauoriſe pas moins la conjecture touchant le port *Itius*, ou *Iccius*. Car les MSS. de Ceſar repreſentent diuerſement ce mot, aucuns l'écriuant auec vn ſimple C, *Icius*, & les autres auec deux, *Iccius*, & enfin les autres auec vn T, *Itius*. La premiere leçon ſemble eſtre appuyée par Ptolemée qui appelle le promontoire voiſin de ce port, Ἴκιον ἄκρον. La ſeconde peut s'autoriſer par le nom de ce Chef Rémois, ou de Reims, dont parle Ceſar, qui le nomme pareillement *Iccius*, & par celui de ces peuples de la Grande Bretagne, que les Geographes appellent *Wiccii*. Enfin la troiſiéme eſt embraſſée par Strabon, qui nomme ce port Ἴτιον. Pour rechercher la veritable etymologie & l'origine de cette appellation, il faut voir quelle elle peut auoir eſté dans le langage Gaulois, auant que Ceſar l'euſt Latiniſée. Il eſt probable que Ceſar a exprimé la premiere ſyllabe de ce mot Wi, par l'I ſimple, & que ce lieu s'appelloit *Wic*, ou *Wics*, ou enfin *Wis*, & *Wits*, qui eſtoit vne prononciation familiere & ordinaire à la langue Gauloiſe, & qui s'eſt conſeruée depuis dans l'Alemande & la Flamande qui en tirent leur origine, Ceſar n'ayant pû rendre en Latin cette ſyllabe Wi, que par l'i ſimple, parce que le double W ſe prononce plus du gozier, que de la langue, & ſe rend, comme ſi l'on diſoit *ou*: ce que le Latin ne peut pas bien exprimer. Cela poſé, voyons quelle peut auoir eſté la terminaiſon de ce mot en idiome Gaulois. Si ce lieu a eſté nommé en cette langue Wic, Ceſar ne l'auroit pas tourné par *Icius*, ou *Iccius*, mais par *Icus*: comme il a fait au nom de *Litauicus*, qui eſt vn autre Chef Gaulois, dont il parle ſouuent, qui probablement ſe nommoit *Litawit* ou *Luitwic*, en langue Gauloiſe, d'où on ne doute pas que le nom de *HLudowic*, qui eſt frequent dans l'Hiſtoire de la ſeconde race de nos Rois, n'ait eſté tiré. Car c'eſt ainſi que Louys le Debonnaire eſt nommé en ce vers, rapporté par *Buſæus*:

<small>*Ceſar. l. 2. c. 3.*
*Camden.*
*Strabo l. 6.*
*Clauer. in Germ. l. 1. c. 6.*
*Pont. Heut. de vet. Belg. p. 225.*
*Ioſ. Scalig. ep. 228.*</small>

*HLudwic juſtus erat, quo Rex non juſtior alter.*

Comme auſſi dans les monnoyes qui nous reſtent de lui, où ſon nom eſt ainſi écrit HLVDOVVICVS. Heuter interprète ce mot de *Luitwich*, qu'il eſtime eſtre le méme que *HLudwic*, *via popularis*: Kilian, *populi refugium*, parce que le terme de W*ic* en langage Saxon & Aleman ancien, ſignifie tantôt vn bouleuard, tantôt vne maiſon, & quelquefois vn golfe, ou vn port. Quant à la prononciation de W*ics*, je ne me ſouuiens pas en auoir remarqué dans les vieux noms Alemans tirez de nos Hiſtoires, mais bien de W*its*, W*iſſ*, & W*ite*, qui au rapport de Pontan, en ſes Origines Françoiſes, & de Somner, ſignifient prudent, ou prudence. Mais ſi le port dont nous parlons eſtoit nommé parmi les Gaulois W*ics*, W*its*, ou W*iſſ*, Ceſar ne l'a pû exprimer que par *Icius*, ou *Itius*, la derniere lettre de ces mots Gaulois, qui eſt l'ſ, ſe pouuant rendre facilement que par cette terminaiſon. J'auouë qu'il eſt malaiſé de rencontrer quelque choſe de certain dans ces etymologies; auſſi je ne prétens

<small>*Buſæus in 1. Hincm. Not. ad ep.*
*Kilian. in etymol.*
*Somner.*
*Pontan. l. 6. Orig. Franc. p. 587.*
*Somner. in Gloſſ. Sax.*</small>

# DISSERTATION XXVIII.

pas m'arrêter à celle que quelques-vns donnent à l'*Itius portus*, qu'ils dériuent *ab Itando*, parce qu'on s'y embarquoit pour aller en Angleterre, ni à celle de Heuter, qui veut qu'*Iccius* soit dit, *quasi* Ic-cie, *hoc est, video, scilicet portum, aut insulam Britanniam*: Car tout cela a fort peu de probabilité. Il y a neantmoins beaucoup de rapport entre l'*Its* ou *Itius*, & *Witsan*: estant constant que cette terminaison *an*, est commune à beaucoup de noms de places & de familles du Boulenois. Nous remarquerons pourtant dans la suite, que les Auteurs ont tâché de lui accommoder des etymologies.

[marginal: *Paul. Æmil. Heuter. c. 10. p. 48.*]

Mais j'estime que le principal fondement, sur lequel on peut établir le port *Itius* à *Wisan*, est qu'il est aisé de prouuer par l'autorité de plusieurs graues Auteurs, que ce lieu & le port de *Wissan*, a esté celui où de tout temps on s'est embarqué pour passer des Gaules, ou de la France en Angleterre, & pour aborder d'Angleterre en France. L'entretien que j'eus sur ce sujet à Paris, dans le Cabinet de M. d'Herouual Auditeur des Comptes qui m'honore de son amitié, auec M. Sanson, qu'on sçait estre tres-sçauant en ces matieres, & celui qui a le plus penetré dans la Geographie, m'oblige de lui tenir la parole que je lui auançay pour lors, que je lui fournirois plus de soixante passages d'Auteurs anciens & irreprochables, qui justifieroient cette proposition. Pour entrer en cette preuue, j'obserueray l'ordre des temps & des siècles, où il en est parlé.

[marginal: a *Vita S. Vulgani en l'Hist. de l'Abb. de S. Oüenp. 457. Malbr. l. 2. c. 54.*]

[a] Ie trouue donc que S. Wlgan, Compagnon de S. Colomban, vers l'an cinq cens soixante-neuf, passant d'Angleterre en France, *Appulit ad portum Witsan appellatum, qui videlicet locus ex albentis sabuli interpretatione tale sortitur vocabulum*. Ce sont les termes de l'Auteur qui a écrit sa vie, qui sont conformes quant à l'etymologie de ce mot, à ce que [b] Lambert d'Ardres a auancé sur le même sujet, *Britannicum secus portum, qui ab albedine arenæ vulgari nomine appellatur Vuitsand*. Ce nom estant composé de *Vuithe*, qui en idiome Anglois & Flaman signifie blanc, & *Sand*, qui signifie sable. Et quoy que je ne fasse pas grand fondement sur ces etymologies, je remarque neantmoins que [c] Philippes le Breton parlant des Bloetins, qui habitoient ces côtes de la mer, du côté de Furnes, a obserué effectiuement que le sable qui est sur ces riuages de la mer, tire sur le blanc:

[marginal: b *Lambert. Ard. p. 3.*]

[marginal: c *Philipp. Brito, l. 9. Philipp. p. 206.*]

*Inde mouens iterum Classis legit æquoris vndas*
*Quod Bloëtinorum candentia littora lambit,*
*Quáque marescosos extendit Flandria campos.*

[marginal: d *Loco cit.*]

[d] Malbrancq confirme cecy à l'égard de Wisan, en ces termes: *Ipsum montem arenosum, qui miræ ab ipso pelago in altum exsurgit, non dixeris arenis, sed è cretaceis molibus compactum: tantus enim est candor, tantámque in duritiem abiit, vt solidiore illic non opus sit muro*. Et [e] Merula dit qu'en ces endroits-là, *arena est ejus generis, quam vrentem vocant*. [f] Palladius, & Vitruue parlent de cette espèce de sable blanc.

[marginal: e *Merula l. 3. p. 469. f Pallad. t. 1. c. 10. Vitruu. l. 2. c. 4. g Monast. Angl. to. 1. p. 194. 195. Will. Malmesb. l. 2. Hist. Angl. c. 6. p. 53. Math. Vuestmon. A. 934. h Flodoard. in Chr.*]

[g] Edoüin ayant esté enuoyé en exil par le Roy Athelstan son frere en l'an 933. passa de l'Angleterre en France, & arriua à Wissan: *Angusto scilicet à Doueria in WITHSAND mari*.

Ce fut vers ce même temps que cette place ayant esté ruinée par les Normans, fut rétablie par le Roy Loüys d'Outremer. Car c'est de ce port que j'estime qu'il faut entendre ces termes de Flodoard en l'an 938. *Ludouicus Rex maritima loca petens, Castrum quoddam, portúmque supra mare, quem dicunt GVISVM, restaurare nisus est*. Ce passage ne se pouuant adapter à vn autre port: outre que le nom qu'il lui attribuë, se rapporte à celui de GVIZANT, qu'Hariulfe donne à Wisan, & qu'il est constant que nos François prononçoient le W des Alemans auec le *Gu*, comme nous voyons dans les mots de *Vuerre, Vuage*, & autres, que nous énonçons par *guerre, gage*, &c.

[marginal: i *Brompton p. 892.*]

[i] Le Roy Ethelred ayant esté chassé de son Royaume par Swan Roy Danois, s'embarqua en l'an 1013. à Wisan pour aller trouuer Richard Duc de Normandie.

## SVR L'HISTOIRE DE S. LOVYS. 327

<sup>k</sup> Guillaume de Iumieges écrit qu'Alured frere de S. Edoüard Roy d'Angleterre retournant de France en Angleterre, *portum* WISANTI *petiit, & hac transfretans Doroberniam venit.*  <sup>k</sup> *W. Gem. et l. 7. c. 9. Walsingh. p. 434.*

<sup>l</sup> Guillaume de Poitou Archidiacre de Lizieux, parlant de ce retour d'Alured, donne en termes diserts à ce port le nom d'*Icius*: *Doroberniam venit Alueradus transfuectus ex portu* ICIO. Ce passage est singulier pour justifier la situation du port *Itius*.  <sup>l</sup> *Guil. Pict. in gest. Gnil. Reg. Angl. p. 178.*

<sup>m</sup> Eustache Comte de Boulogne passa en Angleterre pour aller visiter le même Roy Edoüard, *transfretato mari de* WHITSAND *in Douoriam.*  <sup>m</sup> *Vuill. Malmesb. l. 2. do gest. Angl. p. 81.*

<sup>n</sup> Geroüin Abbé de S. Riquier ayant dessein d'aller visiter les terres, que ce Monastere possedoit en Angleterre vers l'an 1069. *Ad maris ingressum properauit, quem nominant plebeiales* GVIZANT.  <sup>n</sup> *Hariulf. l. 4. c. 22.*

<sup>o</sup> Guillaume de Malmesbury, remarque encore qu'Estienne Comte de Mortain & de Boulogne neueu du Roy Henry, *in Angliam per* WITSAND *maturauit aduentum.*  <sup>o</sup> *Id. lib. 1. hist. Nouella p. 178.*

<sup>p</sup> S. Anselme Archeuesque de Cantorbery ayant esté banny du Royaume par le même Roy, WITHSANDVM *appulit.*  <sup>p</sup> *Id. l. 1. de gest. Pontif. Eadm. l. 2. vita S. Anselmi c. 29.*

<sup>q</sup> Guillaume le Roux ayant laissé son pere à l'extremité en Normandie, passa de son ordre en Angleterre, pour aller prendre possession de ce Royaume, *Qui mox ad portum, qui* WITSAND *dicitur, peruenit, vbique jam patrem audiuit obiisse.*  <sup>q</sup> *Ord. Vit. l. 7. p. 659. Fra. de Guil. conq. p. 32.*

<sup>r</sup> Henry d'Huntindon dit que le Roy Guillaume le Roux, au retour de la Normandie s'embarqua *apud* WITHSAND, *vnde appulit Doroberniam.*  <sup>r</sup> *Hunt. l. 7. p. 373.*

<sup>s</sup> L'an 1110. le Roy Henry ayant accordé sa fille à l'Empereur Henry, *misit eam à Douere vsque ad* WITSAND.  *Brom. p. 991. s Sim. Dun. de gest. Aug.*

Les Chanoines de l'Eglise de Laon s'y embarquerent pareillement en l'an 1113. lorsqu'ils passerent en Angleterre auec la Châsse de N. D. & autres Reliques de leur Eglise, pour amasser de l'argent pour la rebâtir, aprés qu'elle eut esté brûlée, ensuite du massacre de l'Euesque Gualdric: <sup>t</sup> *Apud portum, qui vocatur* WISSANT, *à nautis conuocati, nauem intrauimus.*  <sup>t</sup> *Herm. l. 2. de mir. S. Maria Laud. c. 4.*

<sup>u</sup> Henry Roy d'Angleterre y aborda de Douures en l'an 1155. *apud Douram mare intrauit, & appulit* WISANT.  <sup>u</sup> *Rob. de Mont. Rad. de Diceto.*

<sup>x</sup> Le Geographe Arabe, qui viuoit vers ce même temps, en fait mention comme du port ordinaire, où l'on s'embarquoit pour passer en Angleterre. en ces termes: *Ab illa etiam* (Roüen) *ad vrbem* VADISANT *exiguam valde mari adjacentem* LXXX. M. P. *& hac vrbe conscenduntur naues adeuntes insulam Angliam, quam diuidit à continente, fretum habens in longitudine* XXV. M. P. d'où nous apprenons la raison pourquoy <sup>y</sup> Lambert d'Ardres, qui viuoit au même siecle, lui donne le nom de *Portus Britannicus*, dans le passage que je viens de rapporter.  <sup>x</sup> *Alderif. 2. part. Clim. 6. p. 253.*  <sup>y</sup> *Lamb. Ard. p. 3. 116.*

<sup>z</sup> S. Thomas Archeuesque de Cantorbery s'estant retiré d'Angleterre, vint à Wissan, & au retour de son exil il s'y embarqua pour passer en ce Royaume.  <sup>z</sup> *Ger. Dorob. p. 1413. Hou.p.520. Vita S. Th. quadrip. l. 3. c. 3.*

<sup>a</sup> Robert Comte de Licestre s'y embarqua aussi en l'an 1173.  <sup>a</sup> *Rad. de Diceto.*

<sup>b</sup> Henry II. Roy d'Angleterre en l'année suiuante y fit embarquer des troupes pour l'Angleterre, & en l'an 1179. *nauem ascendens apud* WITSAND, *in Angliam rediit.*  <sup>b</sup> *Rad. de Dic. e Brompton p. 1126.*

<sup>c</sup> En la même année Philippes Comte de Flandres s'y embarqua pour aller en pelerinage au tombeau de S. Thomas.  <sup>d</sup> *Houed. p. 592.*

<sup>d</sup> Louis le Ieune Roy de France ayant dessein de passer en Angleterre pour le même sujet se mit en mer en ce port. En ce même temps vn Auteur Anglois rapporte qu'estant sur le point du retour de ce voyage, comme il apprehendoit la mer, il pria ce Saint, *vt in illo transitu nullus pateretur ex illo tempore naufragium*: ce que Camden attribuë mal à S. Loüys.  *Brompton p. 622. Math. Vuestm. A. 1179. e Bromp. p. 1140.*

<sup>e</sup> Henry Roy d'Angleterre s'y embarqua pour repasser de France en Angleterre en l'an 1180.  *Houued. p. 622.*

## DISSERTATION XXVIII.

Le méme Roy aprés auoir fait la paix entre le Roy de France & le Comte de Flandres, retourna en Angleterre 1184. *Transfretauit in Angliam inter* WITH-SAND *& Doueram.*

*Houved.*
*p. 630.*
*Bromp. p.*
*1240.*

f L'année suiuante l'Euesque de Dunelme & quelques Grands d'Angleterre, *transfretarunt inter Doure &* WITSAND.

*g Honed. p.*
*634.*

g En l'an 1187. le méme Roy Henry II. *applicuit apud* WITSAND *in Flandria.*

*h Gernaf.*
*Dorob. p.*
*1487.*

h Vn autre Auteur en cette année. *Placuit ei S. Thomam visitare, sicque per Doueriam, quò breuis est transitus* WITSANDVM *adire.*

*i Gernaf.*
*Dorob. p.*
*1546.*

i Baudoüin Euesque de Cantorbery en 1189. *Iter per* WITSANDVM *paruit in Angliam.* k Comme fit encore Geoffroy Archeuesque d'York en l'an 1191.

*k Honed. p.*
*701.*
*Brompton*
*p. 1224.*

l Quelque temps aprés, Iean Comte de Mortain, frere du Roy d'Angleterre, *applicuit in Flandriâ apud* WISSAND.

*l Honed.*
*p. 706.*
*m Brompton*
*p. 1240.*

m Vers ce méme temps Hugues Euesque de Dunelme passa la mer entre Douure & Withsan pour venir en France.

*n Ger. Dorob. p. 1381.*

n En 1193. le méme Comte de Mortain fit équiper vne flotte, *apud* WITSANDVM, pour attaquer l'Angleterre.

*o Malbran.*
*l. 11. c. 9.*

Le siecle suiuant fournit d'autres exemples qui continuent de justifier ce que j'ay auancé. o En l'an 1207. les Moines qui auoient esté chassez d'Angleterre par le Roy Iean, se retirerent en France, & vinrent aborder à Wissan.

*p Math.*
*Par. p. 399.*
*406. 554.*

p Mathieu Paris en l'an 1242. & 1243. parle des mariniers de Wissan & de Calais : & en l'an 1251. il dit que le Comte de Licestre *nauem ascendit apud* WITSAND, pour retourner en Angleterre.

*q Raynald.*
*hoc A. n. 21.*

q En l'an 1299. Iean de Bailleul Roy d'Escosse ayant esté relâché par Edoüard Roy d'Angleterre qui l'auoit tenu prisonnier, fut enuoyé à Witsan, ainsi qu'il auoit esté conuenu, où il fit l'acte qui se voit dans les Annales d'Odoric Rainaud, qui portent ces mots, *Actum apud* WISSANT, *de regno Franciæ supra mare, in hospitio Ioannis Steuari.*

*r Froiss. 1.*
*vol. ch. 16.*
*17. 19. 20.*
*Id. c. 25.*

r En l'an 1327. le Sire de Beaumont allant au secours du Roy d'Angleterre contre les Escossois, s'embarqua auec ses troupes à Wissan : ſ comme firent l'année suiuante les deputez du Roy de France vers le Roy d'Angleterre.

Mais incontinent aprés la ville de Calais estant tombée en la puissance des Anglois, non seulement ils fortifierent cette place, & rétablirent & agrandirent le port, mais encore celui de Wissan fut abandonné, & on ne se seruit plus que de celui-là pour passer de l'Angleterre en France. D'autre part comme la guerre estoit presque tousjours entre les deux nations, & que la seureté n'estoit pas entiere pour s'aller embarquer à ce port, on choisit plûtôt celui de Boulogne, parce que le lieu estoit plus considerable & plus fort que Wissan,

*t Froiss. 1.*
*vol. c. 132.*

t qui d'ailleurs auoit esté ruiné & brûlé par les Anglois au temps du siége de Calais.

*Preuues de*
*l'Hist. de*
*Guines p.*
*395.*

Ce qui justifie encore l'importance du port de Wissan, est que de tout temps les Comtes de Boulogne y auoient vn droit considerable qui se leuoit sur les vaisseaux, & les personnes qui s'y embarquoient: Il est parlé de ce droit de peage dans le titre de Guillaume Comte de Flandres, pour les coûtumes de S. Omer de l'an 1127. *Si cum Boloniensi Comite Stephano concordiam habuero, in illa reconciliatione eos à Thelonco & Swerp apud* WITSANT, *& per totam terram ejus liberos faciam.* Il en est encore fait mention dans vn autre titre de l'an mil trois cens vingt, en l'Histoire de la Maison de Dreux.

*Hist. de la*
*M. de Dreux*
*p. 309.*

*u Malbr. l.*
*11. c. 37.*
*x Iustel en*
*la Gen.*
*d'Auuergne*
*l. 2. ch. 17.*

u Le P. Malbrancq raconte qu'en l'an 1192. Renaut Comte de Boulogne en exempta les Moines de S. Bertin. : x & M. Iustel nous apprend que Marie d'Auuergne femme du Seigneur de Malines, & sœur de Robert VI. Comte d'Auuergne & de Boulogne, eut pour son partage cinq cens liures de rente sur le passage de Wissan, qui furent depuis échangez en l'an 1320. par Robert VIII. du nom Comte d'Auuergne & de Boulogne pour le Vicomté de Châteaudun.

Mais

## SVR L'HISTOIRE DE S. LOVYS.

Mais comme ce port vint à estre comblé acause qu'il fut abandonné, pour la raison que je viens de marquer, ce droit se leua dans tous les ports de cette côte: ce que j'apprens de deux Comptes du domaine du Comté de Bologne, qui sont en la Chambre des Comptes de Paris. Dans le premier, qui est de l'an 1402. il y a ces mots: *De la Preuosté & passage de* Wyssant *receu à Boulogne, en Ambletenne & ailleurs, enuiron hors ledit lieu de* Wyssant, *où aucuns sont arriuez, ou entrez en mer, pour passer en Angleterre, ou repasser*, &c. L'autre de l'an 1478. porte ces termes: *La Preuosté & passage de* Wissant, *que on dit coustume sur la coste de la mer, entre l'Eauë d'Estaples & de Grauelingues*. Ce qui justifie premierement que Wissan estoit vne dépendance du Comté de Bologne, comme il est encore aujourd'huy, & non pas du Comté de Guines, quoy que quelques Auteurs l'aient ainsi écrit, & encore moins de celui de Flandres, comme veut Roger de Houeden dans les passages que j'ay citez. En second lieu, ces Comptes font voir clairement que dés l'an 1402. il n'y auoit plus de port à Wissan, puisque le peage qui y auoit esté étably, se leuoit dans les ports voisins. Aussi je ne remarque point qu'il en soit fait mention depuis la prise de Calais, ni qu'on s'y soit embarqué: & la mer & le sable ont tellement comblé le port, qu'on a peine à remarquer le lieu où il a esté. *Ergo bene scripsit Merula Cosmographus Itium Oceano haustum euersúmque esse. Cui enim hoc quadret præterquam* Wisanto? *Sed portus illic non tam haustus, quàm sabulo, uti apparet, obrutus. Haustum enim probant, vix ad ea loca Clitophonibus, seu dunis, coërcitum mare: imò ad oceanum vsque habitatur & aratur*. Ce sont les termes du P. Malbrancq. Il y a neantmoins des Communes qui s'étendent jusques au village de Tardinghem, assez prés du Blaknez, que le Portolano appelle le Cap de Witsan, où l'on peut se figurer auoir esté l'endroit, où fut le port. Ces Communes estant bornées du côté du continent par des terres hautes & éleuées, & du côté de la mer par des dunes de sable, forment comme vn grand bassin, où la mer a pû couler, soit du côté de Wissan, par le petit ruisseau qui y passe, soit du côté de Tardinghem, par vn autre petit ruisseau, qui y coule pareillement. Et il y a lieu de croire que le commerce y ayant cessé, l'on a laissé boucher ce qui composoit l'entrée de ce port par les sables qui y volent en quantité, la côte en cét endroit-là estant plate. Ce qui fauorise encore cette pensée touchant l'endroit où fut ce port, est que le long de ces Communes, enuiron à deux cens pas du bourg, il y a vne eminence que l'on appelle le Phare, & vne maison auprés qui en retient le nom, comme si l'entrée du port de Wissan eust esté en cét endroit-là.

Il ne faut pas s'étonner que nous cherchions aujourd'huy l'endroit du port de Witsan, qui a esté si frequenté dans les siecles passez, veu qu'il en est de méme de celui d'Aiguemortes en Languedoc, où toutes nos troupes s'embarquoient pour la Terre Sainte, qui paroît si peu à présent, que la mer ne vient qu'à demie lieuë delà. Le méme est encore arriué à diuers ports de Constantinople, qui y auoient esté faits par les Empereurs, dont il ne reste plus aucuns vestiges.

——— *Sic toties versa est fortuna locorum.*
*Vidi ego quod fuerat quondam solidissima tellus,*
*Esse fretum: vidi factas ex æquore terras.*

*DuChesne en l'Hist. de Guines p. 3.*

*Merula part. 2. l. 3. c. vlt.*

*Malbr. l. 1. c. 10. Portolano p. 22.*

*Catol.*

*Ouid. 15. Met.*

# DES GUERRES PRIVE'ES ET DU DROIT
## de guerre par coûtume.

## DISSERTATION XXIX.

*Clement Vaillant l. 2. de l'ancien Estat de la France. Dadin de Altaserra l. 2. de Ducib. & Comit. c. 1.*

LEs guerres du Comte de Chalon & du Comte de Bourgogne son fils, dont le Sire de Ioinuille parle en son Histoire, me portent à embrasser en cét endroit vne matiere tres-importante pour l'intelligence des Auteurs, & qui n'a pas encore esté traitée à fond, quoy qu'aucuns l'aient effleurée legerement. Il n'y a rien de plus commun dans tout le cours de nos Histoires, & de celles de nos voisins, que ces guerres qui se faisoient entre les Barons & les Gentils-hommes à la veuë & au sceu du Prince Souuerain, & sans sa participation: En sorte que qui ne sçauroit pas démesler l'origine & l'vsage de ces funestes entreprises sur l'autorité Royale, auroit sans doute bien de la peine à en deuiner la source, & à en conceuoir la pratique. Elles ont esté si vniuerselles, qu'on peut dire que les vassaux des Princes entroient auec eux en partage du plus beau fleuron de leurs Couronnes, qui estoit le droit de faire & de declarer la guerre. Mais parce qu'il y auoit des regles & des maximes établies & receuës pour cette espece de guerre, je prétens faire voir en cette Dissertation quelles elles ont esté, & comme les Seigneurs en ont vsé en ces occasions. Ce que je propose de puiser particulierement de Philippes de Beaumanoir en sa Coûtume de Beauuaisis qui n'a pas encore esté publiée, où il a fait vn Chapitre entier au sujet de cette espece de guerre, qui est le cinquante-neufiéme, auquel il a donné pour titre ces mots, *Comment guerre se fait par coûtume, & comment elle faut, & comment on se pot aidier de droit de guerre.* J'entreprens d'ailleurs cette matiere d'autant plus volontiers qu'elle appartient à l'Histoire de S. Louis, puisqu'il est constant qu'il est l'vn de nos Rois qui a le plus trauaillé à aneantir & à détruire ces malheureuses guerres qui entretenoient toute la France en de perpetuelles diuisions.

C'a esté vn vsage obserué & reçû de tout temps parmi les nations Germaniques, de tirer la vengeance des injures particulieres par la voie des armes, & d'y interesser toute vne parenté. Celui qui auoit fait vn tort notable à vn particulier, ou qui lui auoit causé la mort, se trouuoit auoir sur les bras tous *De morib. Germ.* ceux de la famille de l'offensé, qui prenoient les armes pour venger l'injure ou l'assassinat commis en la personne de leur parent. Tacite en a fait la remarque, lorsqu'il parle des Germains, *Suscipere tam inimicitias seu patris, seu propinqui, quàm amicitias necesse est.* C'est pour cette raison que nous lisons si souuent dans les loix anciennes, que lorsque quelque assassinat auoit esté fait, non seulement on en exigeoit la peine sur ceux qui l'auoient commis, mais méme sur toute leur parenté. Ces inimitiez mortelles, qui s'entretenoient entre les familles, y sont nommées *faidæ*, que les loix des Lombars traduisent par le mot d'*inimicitiæ*; terme qui semble estre tiré du Saxon ancien, *fehth*, ou *fehthe*, & de l'Aleman *fhede*, & *feide*, qui signifie la méme chose. D'où il est arriué que ce mot a esté pris pour la vengeance qu'on tire de la mort d'vn parent : & dans la suite pour toutes sortes de guerres particulieres, comme en l'Ordonnance du Roy S. Louys du mois d'Octobre mille deux cens quarante-cinq, dont je parleray dans la suite. Nous auons quelques exemples de ces guerres priuées sous la premiere race de nos Rois, dans Gregoire de Tours & ailleurs.

*Lex Saxon. tit. 2. §. 5. 6. Vvendelin. in Gloss. Salico. v. Chrene-cruda. Leg. Long. l. 1. tit. 7. §. 1. 15, l. 2. tit.14. §.10. Lambard. Spelman. Somner, &c. Lindenbr. Greg. Tur. l. 7. c. 2.*

Mais pour proceder auec quelque ordre en cette Dissertation, il faut voir premierement qui sont ceux qui ont droit de guerre par coûtume, puis entre

# SVR L'HISTOIRE DE S. LOVYS.

quelles personnes elle se fait, pour quels sujets, en combien de manieres on la declâre, qui sont ceux qui y entrent, ou qui en sont exceptez, & enfin en combien de façons elle finit. Et ensuite, je feray voir comme cette détestable coûtume de faire la guerre entre les vassaux du Prince a esté entierement abolie.

Tous les Gentilshommes, selon Philippes de Beaumanoir, auoient droit de faire la guerre : *Autre que Gentilhomme ne poeut guerroyer.* Et ainsi il en exclud tous les roturiers, qu'il appelle *hommes de poësté*, c'est à dire qui sont sujets à leurs Seigneurs, & qui en dépendent absolument, en sorte qu'ils en peuuent disposer selon qu'il leur plaist : ce qui n'estoit pas des vassaux fieuez. Il en exclud pareillement les bourgeois, entre lesquels, s'il arriuoit quelque démélé, ou pour vser de ses termes, *manéces ou deffiëmens, ou mellées sourdent,* le crime commis estoit puny par le Iuge ordinaire, suiuant sa qualité : telles personnes ne pouuoient vser du droit de la guerre. Par le terme de Gentils-hommes, on doit entendre tous les fieuez, parce qu'anciennement les fiefs ne pouuoient estre tenus que par les Nobles. Les Euesques, les Abbez, & les Monasteres, qui auoient des terres de cette nature, auoient aussi ce droit. Et parce que leur condition ne leur permettoit pas de porter les armes, ils faisoient leurs guerres par leurs Vidames, & par leurs Auoüez. Ce que le Cardinal Pierre Damian ne peut approuuer : *Quod mihi planè satis videtur absurdum, vt ipsi Domini Sacerdotes attentent, quod turbis vulgaribus prohibetur, & quod verbis impugnant, operibus asserant.* *L. 4. ep. 9.*

D'ailleurs il ne pouuoit y auoir guerre entre les Gentilshommes d'vne part, & les roturiers, ou les bourgeois d'autre. La raison est, que si le Gentilhomme faisoit la guerre à vn bourgeois, ou à vn roturier, qu'il nomme toûjours *homme de poësté*, le bourgeois ou le roturier, n'ayant pas le droit de faire la guerre, pour n'estre pas reuêtu du titre de Noblesse, auroit esté souuent maltraité, ou tué par les Gentilshommes. Desorte que lorsque le cas arriuoit qu'il y eut quelque notable démélé entre le Gentilhomme & le roturier, celui-cy pour se mettre à l'abry de l'insulte de son ennemy, requeroit *Asseurement*, qui luy estoit à l'instant accordé. Que si le roturier negligeoit de le demander, le Gentilhomme en la personne duquel, ou de ses parens, l'injure auoit esté faite, pouuoit licitement en poursuiure la vengeance par les armes. Au contraire si le Gentilhomme auoit outragé le roturier, ou le bourgeois, l'vn & l'autre ne pouuoient pas poursuiure la reparation de l'injure par la guerre, mais par les voyes ordinaires de la Iustice. L'vsage du Royaume d'Arragon semble auoir esté autre à l'égard des Infançons ou Escuyers. Car si vn roturier, ou Villain, auoit tué vn Infançon, si le faict estoit aueré, les parens du mort pouuoient lui faire la guerre, c'est à dire tirer la vengeance de l'outrage par la voye des armes. Mais si le faict estoit dénié, auant qu'on en vinst à la preuue, il deuoit obtenir *Asseurement* des parens du mort. Il y auoit encore plus, car quoy que suiuant les Ordonnances du Royaume nul ne pût attaquer vn autre sans défiance, si est-ce que le roturier, ni l'Infançon, n'estoient pas obligez de se défier, si l'vn ou l'autre auoit tué l'vn de leurs parens, parce que les Fors ou Coûtumes les tiennent pour défiez, pourueu toutefois que le crime fust apparent & prouué. Ce qui fait croire que les vsages estoient differens selon les Royaumes. *Vitul. Epist. apud Hier. Blancam in Comment. rer. Arag. p. 735.*

Toute sorte d'injure ne pouuoit pas estre vengée par les voyes de la guerre. Il faloit que ce fust vn crime atroce, capital, & public : *Coustume suefre les guerres en Biauaisis, entre les Gentixhommes por les vilonies, qui sont faites apparens:* Ce sont les termes de Beaumanoir, qui au Chapitre suiuant en donne l'interprétation par ceux-cy : *Quant aucuns fés auenoit de mort, de mehaing, ou de bature, cil à qui la vilonnie auoit esté faite, declaroit la guerre à son ennemy.* Ainsi ce qui donnoit sujet à cette espéce de guerre, estoit l'atrocité du crime, & qui pour l'ordinaire, dans l'ordre d'vne justice reglée, meritoit la peine de *Ch. 60.*

Partie II.                     Tt ij

# DISSERTATION XXIX.

mort. Ce qui juſtifie encore cette propoſition, eſt ce qu'il ajoûte, que quoy que le Gentilhomme eut droit de pourſuiure par les voyes de la guerre la reparation du forfait commis en ſa perſonne, ou de ſes parens, en d'autres occaſions, que celles de la guerre ouuertie entre eux ; cela n'empêchoit pas que le Seigneur duquel celui, qui auoit fait l'injure eſtoit vaſſal, ne le fiſt juger & condamner par ſa juſtice, & s'il pouuoit le faire arréter, le liurer au ſupplice, ſuiuant l'exigence & l'atrocité du crime. Ce qui auoit lieu méme encore qu'aprés la guerre la paix ſe fuſt enſuiuie, ſi ce n'eſtoit que ce fut par l'entremiſe du Roy, ou du Baron Seigneur de la partie, qui auoit commis le crime : *Car autre Signeur ne poeut fere ne ſoffrir ces manieres de pez.* La raiſon pourquoy le Seigneur peut pourſuiure la vengeance de tels crimes, eſt, *que cil qui font les vilains meffez de cas de crieme, ne meſſont pas tant ſeulement à aduerſe partie, n'a lor lignage, mez au Signor qui les ont en garde, & à juſtice.*

Ce que j'ay remarqué des matieres & des ſujets qui donnoient occaſion aux guerres particulieres, ſçauoir les crimes & les meſſaits, ne ſemble pas eſtre général pour toutes les prouinces. Car nous liſons que ſouuent on les a entrepriſes pour des differents meus au ſujet des ſucceſſions & des heritages. Ce qui eſt encore remarqué par le Cardinal Pierre Damian : mais il faloit que ces ſortes de guerres euſſent eſté ordonnées par le Seigneur dominant. Ce que j'apprens particulierement d'vn titre du Cartulaire de Vendôme : *Quidam Miles, nomine Fulcradus, vicarietatem alodiorum voluit calumniari, tantáque inſtantiâ perſtitit, vt & inde bellum indiceret nobis, judicio Comitis Gaufridi. Paratis autem, hominibus ad bellum procedentibus, agnouit non eſſe bonum certamen arripere contra dominum, &c.* Ie ne ſçay ſi l'on doit rapporter à ce ſujet la Conſtitution de l'Empereur Frederic II. qui ſe lit dans Alberic, qui deffend à ſes vaſſaux de faire la guerre *abſque precedente querimoniâ.* Tant y a qu'il eſt conſtant que les Seigneurs & les Gentilhommes ont ſouuent entrepris des guerres contre leurs voiſins pour d'autres ſujets que de crimes. L'Hiſtoire nous en fournit vne infinité d'exemples, & entre autres nôtre Sire de Ioinuille, lorſqu'il traite de la guerre, qui ſe mût ſous le regne de S. Louys entre le Comte de Champagne & la Reyne de Cypre, au ſujet de la ſucceſſion de ce Comté.

*Petr. Dam. l. 4. ep. 9.*
*Charta 103.*
*Alberic. A. 1234.*

Les guerres particulieres ou priuées ſe declaroient en diuerſes manieres, ſçauoir par fait, ou par paroles. Par fait, *quant caudes mellées ſourdent entre Gentixhommes d'vne part & d'autre* : c'eſt à dire, lorſqu'on en venoit à vne querelle ouuerte, & à mettre la main aux armes. Et en ce cas, ceux qui eſtoient préſens à la mélée & à la querelle, eſtoient engagez dans la méme guerre, ſuiuans le party, à la ſuite duquel ils ſe trouuoient : *Et lors doit-on ſauoir, que quant elles viennent par fet, cil qui ſont au fet ſont en la guerre, ſi-tost come li fez eſt fet.* Les guerres ſe declaroient par paroles, *Quant li vn manece l'autre à fere vilonnie, ou anjude de ſon cors, ou quant il le deffie de li & des ſiens* : c'eſt à dire, lorſqu'on en venoit aux menaces, ou que l'on faiſoit porter les défis, ou défiances à ſon ennemy.

Les défis, que les Auteurs Latins du moyen temps appellent *diffidationes*, ſe faiſoient, ou par paroles, ou par écrit. Ils ſe faiſoient par paroles, lorſqu'on enuoyoit défier ſon ennemy, & qu'on lui declaroit la guerre, par des perſonnes qui la leur alloient dénoncer. Et en ce cas on choiſiſſoit, non des Heraux, ou des Rois d'armes, mais des perſonnes de condition, & des Cheualiers qui en alloient porter la parole, comme firent les François, lorſqu'ils dénoncerent la guerre aux Empereurs Iſaac & Alexis, en l'an mille deux cens trois, ayant choiſi à cét effet Conon de Bethune, Geoffroy de Ville-Hardoüin Maréchal de Champagne, & Miles de Braibans Cheualiers. Souuent mémes on la faiſoit porter par des Eueſques & des Abbez, comme on peut recueillir de nos Hiſtoires. Quelquefois ces défis ſe faiſoient par lettres & par écrits, qui ſont appellez *Litteræ diffidentiæ* en la Chronique d'Auſtriche. Ce

*Villehard. n. 112. Math. Par. A. 1233. p. 266. A. 1340. p. 366. Chron. de*

## SVR L'HISTOIRE DE S. LOVYS.

qui est aussi remarqué par Nicolas *de Cusa* Cardinal. Le Roman de Garin le Loherans remarque vne autre forme de défi, en secoüant le pan de sa robe :   *Nicol. de Cusa l. 3. de Cōcord. c. 11.*

> *Dist à Girbert, mult me tenez por vil,*
> *Il prist deus pans del peliçon Hermin,*
> *Enuers Girbert les rua & jali,*
> *Puis li a dit, Girbert, je vos deffi.*

Et afin qu'il ne fust pas loisible de surprendre son ennemy, sans lui donner le loisir de se préparer à sa défense, les Empereurs ordonnerent qu'on ne pourroit l'attaquer qu'après que trois jours se seroient écoulez depuis la défiance, à peine d'estre proscrit & banny, & de passer pour traître. Alberic rapporte vne Ordonnance de l'Empereur Frederic II. qui enjoint la méme chose, arrêtée à Francfort l'an mille deux cens trente-quatre, qui fut renouuellée par deux autres, l'vne de Louys de Bauieres, l'autre de Charles IV. Cette derniere ordonne encore que ces défis se doiuent faire dans les lieux de la demeure ordinaire de ceux à qui l'on déclare la guerre, pour euiter toute sorte de surprise. Car en ces rencontres on a tâché d'employer toutes les précautions, pour éuiter les occasions de trahison ; jusque-là qu'on faisoit passer pour traîtres tous ceux qui portoient la guerre à leurs ennemis, auant que de les auoir défiez.   *Alberic. Leuold. Nortof. in Chr. Marc. A. 1356. Froiss. 1. vol. ch. 35. Bulle d'or de Charles IV. ch. 17. Turpin. in Carolo M. c. 17. Autor Hist. Hieros. A. 1177. Rainald. A. 1283. n. 21. Chr. Austr. A. 1278. Villchard. n. 112.*

L'Auteur de la guerre, c'est à dire celui qui la déclaroit, & qui se prétendoit offensé par son ennemy, est appelé par Philippes de Beaumanoir *le Quietaine*, ou le Chef *de la guerre*. Quant à ceux qui y entroient auec lui, les premiers estoient ceux de son lignage. Car la guerre estant ouuerte & déclarée, tous les parens du Chef de la guerre y estoient compris sans autre déclaration particuliere, & s'y trouuoient le plus souuent enueloppez malgré eux, sous pretexte de venger l'injure faite à leurs parens, ou de les deffendre, lorsqu'ils estoient attaquez : estant vn fait qui regardoit l'honneur de la famille. Ce qui est justifié dans vne Histoire de France MS. qui est en la Bibliotheque de M. de Mesmes, à l'endroit où il est parlé de la guerre d'entre le Dauphin de Viennois & le Comte de Sauoye : *Le Dauphin requist par lignage plusieurs de ses amis, qui petit lui firent d'aide.* Ce qui a fait dire à Pierre Damian: *Plerique mox vt eis vis infertur injuriæ, ad indicenda protinus bella prosiliunt, armatorum cuneos instruunt, sicque hostes suos acriùs feriè, quàm læsi fuerant, vlciscuntur.*   *Fol. 304. L. 4. ep. 9.*

Quand je dis que tous les parens des Chefs de guerre entroient en guerre auec lui, cela se doit entendre jusques au degré, où la parenté finissoit. Anciennement, ainsi que Beaumanoir écrit, on se vengeoit par droit de guerre jusque au septiéme degré de parenté, parce qu'après ce degré la parenté estoit censée estre finie : l'Eglise ne souffrant pas les alliances par mariage, sinon au delà du septiéme. Mais depuis qu'elle s'est relâchée de cette rigueur, & qu'elle les a souffertes au delà du quatriéme, l'vsage s'est aussi introduit que les parens qui passoient ce degré, n'estoient, & ne pouuoient estre compris dans la guerre, comme parens, quoy qu'en fait de successions, ceux qui sont plus éloignez en degrez, peussent heriter de leurs parens. D'où il conclut que ceux, qui sous pretexte de la guerre, attaquent les parens de leur ennemy plus éloignez en degré que le quatriéme, se rendent coupables, & se soûmettent à vne punition rigoureuse. Gregoire de Tours rapporte quelques exemples à l'égard des parens qui entroient en guerre, ou du moins qui s'interessoient en la vengeance du crime, commis en la personne de leur parent, qui est vne coûtume qui a passé dans les siecles suiuans, où non seulement les Nobles, mais encore les roturiers se sont maintenus dans ce droit, ou plûtôt dans cette injuste pratique, comme on peut justifier par vne infinité de passages d'Auteurs. Ils y estoient mémes tellement obligez, qu'ils ne pouuoient pas s'en dispenser, sans renoncer à la parenté, & se rendre par ce moyen   *Greg. Tur. l. 5. Hist. c. 5. 33. L. 8. c. 18. L. 10. c. 27.*

Tt iij

# DISSERTATION XXIX.

incapables de succéder à aucuns de leurs parens, ou de profiter des amendes, & des interests ciuils, qui pouuoient arriuer des assassinats commis en leurs personnes : ce qui est expressément remarqué, ou plûtôt ordonné dans les loix d'Henry I. du nom Roy d'Angleterre. A quoy quelques sçauans rapportent encore le titre de la loy Salique, *De eo qui se de parentilla tollere vult.* Où les ceremonies de cét acte sont rapportées.

*LL. Henrici I. c. 88.*
*Vvendelin. in Gloss. ad leg. Salic.*
*v. Aluinos fustet.*

Mais parce qu'il arriuoit souuent que ceux du lignage, ou de la parenté, des Chefs de la guerre, n'auoient aucune nouuelle de son ouuerture, & des défiances qui auoient esté portées, & ainsi estoient surpris par les ennemis de leurs parens, qui leur couroient sus, & les attaquoient auant qu'ils eussent eu auis des défis; l'on arrêta que ceux du lignage n'entreroient en guerre, que quarante jours après la déclaration, & les défiances qui en auroient esté faites, si ce n'estoit qu'ils eussent esté présens au fait, c'est à dire, lorsque la guerre s'étoit ouuerte par querelle & par voyes de fait. *Car cil qui sont au fet présens, se doiuent bien garder pour le fét, ne vers cix ne quiert nule triue deuant qu'elle est prise par justice, ou par amis.* Mais à l'égard de ceux qui ne s'estoient pas trouuez présens à la mélée, ils auoient quarante jours de tréue, durant lesquels ils auoient le temps & la liberté d'entrer dans la guerre, & de faire leurs préparatifs pour cét effet, ou bien de faire leurs efforts pour rechercher Asseurement, ou la tréue, ou la paix. De sorte que celui qui au préjudice de ces quarante jours accordez aux parens les alloit attaquer, & leur faisoit outrage, soit en leurs personnes, soit en leurs biens, ils estoient traitez comme traîtres, & comme tels, s'il y auoit eu quelqu'vn de tué, ils estoient traînez & pendus, & leurs biens confisquez. Que s'il n'y auoit que quelque blessure il estoit condamné à tenir prison, & en vne amende à la volonté du Seigneur qui tient en Baronnie. Bouteiller en sa Somme Rurale, dit qu'on appelloit ce delay *la Quarantaine du Roy :* & écrit qu'elle fut ordonnée par S. Louys, qui commença par ce reglement à donner atteinte à cette espece de guerre, dautant que durant ce temps-là la plûpart des parens cherchoient des voyes pour s'en tirer. Philippes de Beaumanoir l'attribuë à Philippes le Hardy son fils. Il est neantmoins constant que S. Louys fut le premier qui l'ordonna, comme on peut encore recueillir des lettres du Roy Iean de l'an mille trois cens cinquante-trois, dont je parleray cy-après, où la substance de l'Ordonnance de S. Louys est rapportée en ces termes : *Videlicet quòd quotiescumque aliquæ discordiæ, rixæ, mesleiæ, aut delicta inter aliquos regnicolas in motus calidi conflictu, vel aliàs pensatis insidiis, (versio Gallica vetus habet, en caude mélée, ou par agait, & de fait apensé) euenire contingebat, ex quibus nonnullæ occisiones, mutilationes, & aliæ injuriæ sæpissimè accidebant, amici carnales hujusmodi mesleias facientium, aut delicta perpetrantium, in statu securo remanebant, & remanere debebant, à die conflictus, seu maleficii perpetrati, vsque ad* XL. *dies immediatè continuos tunc sequentes, delinquentibus personis duntaxat exceptis, quæ propter eorum maleficia capi & arrestari poterant, tam dictis* XL. *diebus durantibus, quàm posteà, & in justitiariorum carceribus mancipari, in quorum justitiâ dicta maleficia fuerant perpetrata, justitiam ibidem de suis maleficiis recepturi secundùm delicti qualitatem, prout postulabat ordo juris. Et si interim infra terminum* XL. *dierum prædictorum aliqui de parentelâ, progenie, consanguinitate, seu affinitate vtriusque partium principalium delinquentium aliter quoquo modo facere præsumebat, pro hujusmodi causâ vindictam assumere satagendo, vel aliàs exceptis malefactoribus prædictis, qui, prout fertur, capi & puniri poterant, prout casus exigebat, ipsi tamquam proditores, criminísque conuicti, & ordinationum ac statutorum regiorum transgressores puniri & justitiari debebant, per judicem ordinarium, sub cujus jurisdictione delicta existebant perpetrata, vel in loco in quo essent ab hujusmodi crimine conuicti, seu etiam condemnati. Quæ quidem ordinationes adhuc in pluribus & diuersis partibus Regni nostri non immeritò tenentur, &c.* Il paroît de cette Ordonnance que les Chefs de la guerre ne jouïssoient pas de ce priuilege des quarante jours, mais qu'ils

*Bouteiller l. 1. ch. 34.*

*Registre de l'Hostel de Ville d'Amiens.*

## SVR L'HISTOIRE DE S. LOVYS.

entroient d'abord en guerre. Il en estoit de méme des parens qui s'interes- *Bouteiller.*
soient librement dans ces guerres auant ce temps-là , & qui se trouuoient auec
armes auec les chefs de la guerre, & parce que cette ordonnance estoit ema-
née du Roy , les Iuges Royaux ont soûtenu autrefois , que l'infraction de la *Io. Hocsem.*
Quarantaine , méme dans les terres des hauts Iusticiers , estoit vn cas royal. *in Adolpho à Marka*
Mais au recit de Bouteiller, il fut jugé qu'il y auoit lieu de preuention en ce *Episc.Leod.*
cas, & que si les Officiers des hauts Iusticiers preuenoient ceux du Roy , la *c. 21.*
connoissance leur en appartenoit, & ainsi au contraire à l'égard des Officiers du *Lenol.Nort. in Chron.*
Roy. Il est parlé de cette Quarantaine dans l'Histoire des Euesques de Liege , *Mark. A.*
& des Comtes de la Mark. *1356.*

Or parce que ceux du lignage & de la parenté des deux parties estoient
compris dans la guerre, Philippes de Beaumanoir resout que deux freres ger-
mains ne se pouuoient faire guerre par coûtume , & en apporte cette raison,
dautant que l'vn & l'autre n'ont point de lignage qui ne soit commun à tous
les deux : & que celuy qui attouche de parenté également les deux chefs de
la guerre, ne peut & ne doit s'y engager. De sorte que si deux freres estoient
en different ensemble, & l'vn d'eux messaisoit à l'autre, il ne se pouuoit ex-
cuser sous pretexte du droit de guerre : non plus que celuy des parens com-
muns qui seroit engagé au secours de l'vn d'eux pour lequel il auroit eu plus
d'amitié ou d'inclination : Si bien qu'en ce cas le Seigneur deuoit punir ri-
goureusement celuy qui auoit messait à l'autre. Il en auroit esté autrement,
dit le méme Auteur, de deux freres consanguins, ou vterins, entre lesquels il
auroit pû arriuer guerre , parce que l'vn a des parens que l'autre n'a point.
Mais quant aux parens communs , & qui approchent & attouchent également
de parenté l'vn & l'autre, ils pouuoient & méme deuoient s'excuser d'entrer
en guerre.

Quoy que les parens éloignez fussent exclus , ou plûtot dispensez de la
guerre, ils pouuoient neantmoins s'y engager de leur propre mouuement, en
se déclarant pour l'vne des deux parties : ce qui se faisoit ou par dessis , ou
par fait. Par exemple , dit Philippes de Beaumanoir, si quelqu'vn alloit au
secours & en la compagnie de l'vne des parties auec armes : ou s'il luy pré-
toit ses armes & ses cheuaux , ou sa maison pour l'en aider à combatre son
ennemi : en tel cas ce parent se mettroit & s'engageroit dans la guerre par
son fait, & s'il luy arriuoit disgrace , ou messait, celuy qui en seroit l'auteur
auroit juste raison de s'en excuser par le droit de la guerre , quoy qu'il fust
également parent des deux parties. D'où il conclut que celuy-là se mettoit
dans la guerre , qui alloit au secours de celuy qui faisoit la guerre, quoy qu'il
ne luy eust appartenu en rien de parenté : *Car qui tant ayme les parties qui sont
en guerre , qu'il se mette en s'aide & se compaignie , por greuer ses ennemis , il
se met en la guerre, tout soit ce qu'il ne leur appartienne de lignage.* La Chroni- *Lenold. Nort. A:*
que des Comtes de la Mark nous donne des exemples des deffiances en- *1303,1344:*
uoyées par les parens éloignez , qui confirment ce que Philippes de Beau-
manoir écrit à ce sujet, & les Auteurs en fournissent d'autres qui justifient que
ceux qui entroient en guerre pouuoient encore tirer du secours de leurs al-
liez ; ce qui se faisoit en suite des traitez d'alliance, & de ligue offensiue & * *Hist. de la*
deffensiue , tels que sont ceux que les Historiens * des Maisons de Vergy & *M. de Ver- gy l. 5. c. 2.*
d'Auuergne, M. de Boissieu, le P. Vigner , & autres Auteurs nous repre- *M. Iussel en l'Hist. d'Au-*
sentent. *uergne p.*

Quoy que ceux qui s'estoient trouuez au fait, qui auoit donné matiere à la *162.*
guerre, y fussent compris comme complices sans autres deffiances , que celles *M.de Bois- sieu de l'v-*
qui se faisoient aux chefs de la querelle , & à ceux qui auoient fait l'outrage & *sage des*
le messait ; tels complices neantmoins pouuoient se tirer de la guerre en faisant *Fiefs c.11. Vigner aux*
appeller l'ennemi en la justice du Seigneur, pour en sa présence dénier auec *Gen. d'Al-*
ferment d'auoir jamais consenti au messait qui auoit donné sujet à la guerre, *sace p. 146.*
auec protestation de ne secourir directement ni indirectement sa partie, ni ses

amis. Et le ferment eftant fait, le Seigneur le deuoit Affeurer en fa perfonne feulement, & il deuoit demeurer en paix, fi ce n'eft que la partie aduerfe ne le vouluft directement accufer du fait.

Entre ceux du lignage, les Clercs, c'eft à dire ceux qui eftoient engagez dans les ordres Ecclefiaftiques, eftoient exceptez, comme encore les Religieux, les femmes, les enfans mineurs, & auffi les bâtards, fi ce n'eft qu'ils fe miffent en la guerre par leur fait. On exceptoit encore ceux qui s'eftoient mis dans les Hofpitaux & les Maladeries, ceux qui au temps que la guerre s'eftoit meuë eftoient dans les terres d'outremer, ou en pelerinage éloigné, ou enuoyez en terres étrangeres par le Roy, ou pour le bien public; parce qu'il auroit efté bien injufte que ceux qui eftoient ainfi dans les voyages lointains puffent eftre attaquez ou tuez dans les lieux où ils fe feroient trouuez, ou bien en faifant leurs voyages, auant qu'ils euffent rien fceu de la guerre ni des deffiances, & ainfi il en feroit arriué de grands inconueniens, qui n'auroient pas tant paffé pour des vengeances que pour des infignes trahifons. Quant aux femmes que j'ay dit eftre exemptes du droit de guerre, & ne deuoir eftre comprifes entre les parens qui entroient neceffairement dans la guerre, c'eft parce que c'eft vn fait d'armes, dont elles ne font pas capables. Ce qui nous ouure la raifon pourquoy les loix des Lombars ne vouloient pas qu'elles puffent profiter de l'amende & des interefts ciuils qui eftoient ordinairement accordez aux parens de ceux qui auoient efté affaffinez ou tuez. Iufques-là mefme que fi le mort n'auoit laiffé que des filles, ces interefts paffoient aux parens à leur exclufion: *Quia filiæ ejus, eò quòd fœmineo fexu effe probantur, non poffunt ipfam faidam leuare*, où ces termes, *leuare faidam*, ne fignifient rien autre chofe que ce que nous difons leuer l'amende, & les interefts ciuils, dont on eftoit conuenu, ou qui auoient efté ordonnez par le Iuge. Le motif de cette loy eft, parce que les filles n'eftant pas de condition à porter les armes comme les hommes, elles n'eftoient pas en état de tirer la vengeance de l'injure ou du meffait commis en la perfonne de leurs parens, ni d'obliger ceux qui auoient fait l'attentat à payer des interefts ciuils & l'amende, dont le fruit & le profit ne deuoit, & ne pouuoit paffer qu'à ceux, qui par la force des armes les contraignoient à venir à vne compofition legitime.

*Leg. Long. l. 1. tit. 9. §. 18.*

Outre ceux du lignage, & les amis, qui fe déclaroient volontairement pour l'vne des deux parties, les vaffaux & les fujets des Chefs de guerre y eftoient compris, & generalement ceux qui eftoient obligez d'aider & de fecourir leurs Seigneurs, *cix à qui il conuient faire ayde par refon de fignorage*. Tels font les hommes de fief, les hoftes acaufe de leurs hoftifes, les hommes de corps, qui eftoient tenus de fecourir leurs Seigneurs, lorfqu'ils eftoient en guerre, quoy qu'ils ne leur euffent pas appartenu de parenté. De forte que tant qu'ils eftoient à la fuite, & au fecours de leurs Seigneurs, ils eftoient cenfez eftre en guerre. Mais lorfqu'ils eftoient retournez en leurs maifons, on ne pouuoit pas les attaquer, ni trouuer mauuais qu'ils euffent porté les armes pour lui, veu qu'en ces occafions ils s'eftoient acquitez des deuoirs aufquels la qualité de vaffaux & de fujets les obligeoit enuers leurs Seigneurs. Cecy eft exprimé en diuers endroits de nos Hiftoires, & particulierement dans les anciennes Coûtumes du Monaftere de la Reole en Guienne, qui portent que les vaffaux & les hommes de Taurignac, de S. Michel, & de Guarzac eftoient obligez de venir au fecours du Prieur, lorfqu'il auroit guerre en fon nom, à raifon des fiefs qu'ils poffédoient dans l'enceinte de la ville.

*To. 2. Bibl. Labei.*

Ce feroit icy le lieu de parler des fiefs *rendables & jurables*, dont les poffeffeurs eftoient obligez de rendre & de remettre leurs châteaux & leurs foctereffes au pouuoir de leurs Seigneurs, pour s'en feruir contre leurs ennemis dans leurs guerres propres. On pourroit auffi traitter en cét endroit du droit *d'Hoft & de cheuauchée*, auquel les vaffaux & les fujets eftoient tenus durant les guerres de leurs Seigneurs, & des diuerfes conditions de ces droits. Mais

ces

# SVR L'HISTOIRE DE S. LOVYS.

ces matieres sont de trop longue haleine, & contiennent trop d'antiquitez pour estre renfermées en cette Dissertation. Ie reserue seulement de traiter des fiefs rendables & jurables en la suiuante, parce que c'est vn sujet assez curieux.

Ceux qui estoient à la solde des deux parties, estoient aussi censez estre en guerre, tandis qu'ils estoient à leur suite & en leur compagnie, & lorsqu'ils en estoient partis ils estoient hors de la guerre, & on ne pouuoit leur mesfaire, ni leur courir sus auec justice, & sans encourir le blâme.

Encore bien que les Gentils-hommes eussent le droit de guerre, si est-ce qu'ils ne pouuoient pas attaquer par cette voye le Seigneur, duquel ils releuoient, ni le deffier: & s'ils en vsoient autrement, ils confisquoient leurs fiefs, particulierement si le Seigneur qui estoit appellé de trahison ou de meurtre, offroit de s'en deffendre par les voyes de la justice, & deuant ses Pairs. *Establiss. de S. Louys l. 1.*

Après auoir traitté de ceux qui entroient en guerre, pour suiure l'ordre que j'ay établi au commencement: il ne reste plus que de voir quelles ont esté les voyes pour la faire finir. Philippes de Beaumanoir en rapporte plusieurs, dont la premiere est la paix. Lorsque la paix estoit faite, signée, & asseurée sous de bonnes cautions & sous de bons pleges, tous ceux qui estoient en la guerre, tant les chefs, que les parens, & les amis estoient obligez de la garder. Il n'estoit pas même necessaire que tous les parens des deux partis qui estoient de la guerre eussent esté présens à la conclusion & à l'arrété de la paix: il suffisoit qu'elle eust esté faite & signée par les deux chefs de la guerre. Que s'il y auoit quelqu'vn des parens qui ne voulust pas y donner son consentement & l'accorder, le chef de la guerre, au secours duquel il estoit, deuoit auertir l'autre & lui mander qu'il se donnât de garde de lui, & cét auertissement estoit tellement necessaire, que s'il en fust arriué inconuenient, ou mesfait, il pouuoit estre poursuiui *de paix brisée*. Les chefs de la guerre deuoient encore faire en sorte que leurs parents & leurs amis s'abstinssent de tout acte d'hostilité, en leur donnant auis de la conclusion de la paix. Car ce n'auroit pas esté vne excuse de dire qu'on n'en auroit pas eu d'auis. D'autre part ceux qui auoient declaré qu'ils ne vouloient pas entrer en la paix, ne pouuoient estre aydez ou secourus par ceux qui auoient fait la paix, ou ceux du lignage qui estoient en la guerre, si ce n'est qu'ils eussent pareillement fait sçauoir à l'autre partie, qu'ils ne desiroient pas entrer en cette paix, autrement on les auroit pû accuser de bris & d'infraction de paix.

Or la paix se faisoit en trois manieres, sçauoir *par fait & par paroles*, *par fait sans paroles*, ou *par paroles sans fait*: Ce qui est ainsi expliqué par Philippes de Beaumanoir. Celuy-là faisoit la paix par fait & par paroles qui mangeoit & beuuoit, ou se trouuoit en compagnie auec celuy qui estoit son ennemy, & auec qui il estoit en guerre. De sorte que si aprés cela il arriuoit qu'il l'attaquât par voye de fait, ou lui fist outrage, il pouuoit estre mis en justice comme traître, & pour auoir brisé la paix. Celuy-là faisoit la paix par paroles sans fait, qui en présence de ses amis & d'autres personnes d'honneur, ou même deuant les Iuges declaroit qu'il estoit en paix auec son ennemy, & qu'il la vouloit garder à l'auenir. Ceux qui estoient en paix par fait sans paroles estoient les parens, ou ceux qui estoient du lignage des chefs de la guerre qui auoient fait la paix, & qui n'auoient fait aucun mandement, ni deffiance, mais alloient & conuersoient auec ceux qui estoient auparauant leurs ennemis: car ils faisoient assez voir par effet qu'il n'y auoit pas lieu de se garder d'eux, puisqu'ils paroissoient aux yeux d'vn chacun pour amis.

Les traittez de paix qui se faisoient pour terminer la guerre par coûtume estoient ordinairement emologuez & enregistrez aux registres des Iustices des Seigneurs dominans. Du moins j'en ay rencontré vn qui est inseré dans vn registre de la Chambre des Comptes de Paris, contenant les Arrests & les Iugemens rendus en l'an mille deux cens quatre-vingts huit aux Grands Iours de Troies, où présidoient pour lors l'Euesque de Senlis, Maître Gilles Lam- *Communiqué par M. d'Herouual. fol. 74.*

Partie II.          Vu

bert, Monſ. Guillaume Seigneur de Grancey, & Gilles de Compiegne : & parce que cette piece nous repreſente la formule de ces traittez, je ne feray pas de difficulté de la donner entiere ſous le titre de *Balliuia de Vitriaco*. C'eſt *la paix de Raolin d'Argées, & de ſes enfans, & de leur lignage, d'une part : & de l'Hermite de Sethenai, & de ſes enfans, & de leur lignage, & de totes ſes aidans, d'autre part, apportée en la Cour de Champagne. Li Hermite jura ſur Sains li vuitieſme de ſes amis, que bien ne li fu de la mort Raolin d'Argées, ains l'en peſa plus, que biau ne l'en fu: & a doné li Hermite cent liures as amis Raolin le mort pour faire vne Chappelle, où l'en chantera pour l'ame don mort : & en doit aler Girard li fils l'Hermite outre mer, & mouoir dedans les Octaues de la S. Remi, & reuenir quand il voudra: mais que il aport lettres que il ait eſté outremer par le teſmoing de bones gens. & parmi ce fait, il eſt bone pais des enfans Raolin d'Argées, & de leur lignage, & de tous leurs aidans d'autre part. & requerent li enfant Raolin à la court, que ſe li enfant l'Hermite, ou li ami requerent lettres de teſmoignage à la Court, que la Court leur doint. & cette pais ont rapportée li Chaſtelains de Bar, & li Sires de Noroie, & Meſſ. Gauchier de Cornay, ſeir qui leſdites parties ſe miſtres, ſi com il dicnt. & ceſte pais la Court a recheuë, & fait enregiſtrer, ſauf le droit le Roy & l'autrui*.

<small>Beauman. ch. 59.</small>  La ſeconde, ou plûtôt la quatriéme maniere de faire ceſſer la guerre, qui ſe faiſoit par coûtume, eſtoit l'Aſſeurement. Le Seigneur dominant, ou le Roy, commandant aux parties chefs de la guerre de s'aſſeurer reciproquement, ce qui ſe faiſoit de la ſorte: l'vne de ces parties qui ne vouloit pas entrer en guerre, ou qui y eſtant entrée, parce qu'elle eſtoit la plus foible, en vouloit ſortir, s'adreſſoit à ſon Seigneur, ou à ſa Iuſtice, & requeroit que ſa partie auec laquelle elle eſtoit en guerre, ou eſtoit preſt d'y entrer, euſt à lui donner aſſeurement, c'eſt à dire aſſeurance qu'il ne luy ſeroit fait aucun tort, ni en ſa perſonne, ni en ſes biens, ſe remettant au ſurplus du different, qui auoit cauſé la guerre, à ce que la Iuſtice de ſon Seigneur en décideroit. Ce que le Seigneur ou ſa Iuſtice ne pouuoit refuſer; & alors il enjoignoit à ſon vaſſal de donner aſſeurement à ſa partie, laquelle eſtoit obligée de le faire obſeruer par ceux de ſa parenté ou de ſon lignage: En ſorte que ſi l'aſſeurement venoit à eſtre enfraint ou briſé, celuy qui l'auoit enfraint, & celuy qui l'auoit donné, quoy qu'il fuſt conſtant qu'il n'euſt pas eſté préſent au fait, pouuoient eſtre traduits en la juſtice du Seigneur pour bris, ce qui n'eſtoit pas de la Treue, de l'infraction de laquelle celuy ſeul qui l'auoit briſée eſtoit reſponſable. Ce qui a fait dire à Philippes de Beaumanoir, que quoy que le lien de la paix qui a eſté traitée par les amis communs, ou qui a eſté faite par autorité de la Iuſtice, ſoit bon & ſoit fort, neantmoins le lien d'Aſſeurement eſt encore plus puiſſant, & plus aſſûré. L'Aſſeurement differoit de la Treue, en ce que *la Tréue eſt vne choſe qui donne ſeureté de la guerre el tans que elle dure*: & l'Aſſeurement auſſi bien que la paix, eſtoit pour tousjours. Il differoit encore de la paix & de la treue, en ce que le Seigneur pouuoit contraindre ſes deux vaſſaux chefs de la guerre à faire la paix, & à accorder la treue, *Més de l'aſſeu-*  
<small>Lex Longob. l. 2. tit. 34.</small> *rement ſe deuoit-il ſouffrir, ſe l'vne des parties ne le requéroit*. Il eſt parlé dans les loix des Lombards, des treues enjointes par le miniſtere des Iuges. Il y a vne Ordonnance de S. Louys donnée à Pontoiſe au mois d'Octobre l'an mil deux cens quarante-cinq, par laquelle il enjoint à ſes Baillis, *Quatenus de omnibus terris & faidiis ſuæ Bailliuiæ ex parte Regis capiant, & dari faciant rectas treugas, jus faciendo ab inſtanti Natiuitatis B. Ioan. Bapt. in v. annos duraturas*, ſans attendre que les parties les requiſſent, voulant qu'elles fuſſent contraintes de les accepter: laquelle Ordonnance ſe fit dans le deſſein du voyage d'outremer, qui ne s'executa que trois ans aprés. En quoy il ſuiuit l'exem-  
<small>Will. Tyr. l. 1. c. 15.</small> ple de nos premiers Conquerans de la Terre Sainte, qui arrêterent entre eux, & enſuite de ce qui en auoit eſté ordonné au Concile de Clermont, *vt pax (quæ verbo vulgari Treuga dicitur) ab omnibus obſeruaretur illibata, ne ire volen-*

## SVR L'HISTOIRE DE S. LOVYS.

*tibus, & ad necessaria discurrere, vllum ministraretur impedimentum.* Ce sont les termes de l'Archeuesque de Tyr, au sujet de cette tréue, qui fut appellée la Tréue de Dieu, comme ceux qui sont versez dans nos Histoires, sçauent assez.

L'Asseurement se demandoit au plus prochain du mort au dessus de quinze ans, s'il y auoit meurtre, ou assassinat. S'il n'y auoit que quelque blessure, ou des coups donnez, il se demandoit à celui-là méme, qui auoit esté blessé ou frappé. Que s'ils se détournoient, ou s'absentoient pour ne pas consentir à la tréue, ou à l'Asseurement, le Seigneur les deuoit faire appeller par quinzaines. Et dautant qu'il pouuoit y auoir du peril dans les delais, il deuoit enuoyer des gardes sur celui de qui on requeroit la tréue, ou l'Asseurement: & si lors les delais expirez, il ne vouloit pas comparoir en la Cour de son Seigneur, il estoit condamné au bannissement. Et alors on s'adressoit au plus prochain du lignage pour demander la tréue ou l'Asseurement. Ce qui est encore exprimé dans les anciennes Coûtumes de Tenremonde. Que si enfin celui-cy ne vouloit pas les accorder, le Seigneur prenoit le different en sa main, & faisoit défenses aux vns & aux autres de se mesfaire, à peine de confiscation de corps & de biens. Guillaume Guiart en son Histoire de France a representé fort naïuement cét vsage des Asseuremens, en la vie de Philippes Auguste, en ces vers:

<small>Alberic. A. 1095. Orderic. Vital. l. 9. & al.</small>

<small>Art. 15. apud Lindan. in Teneren. l. 1. c. 9.</small>

<small>Guiart. MS. A. 1202. *C. d'Eu. *R. d'Ang.</small>

> Cils * d'Augi, & cils de la Marche,
> Que * Iouhan orendroit emparche,
> Estoient pour s'amour aquerre,
> Guerroyer en estrange terre.
> Quant ils oient le mauuais fait,
> Dont li Rois Iouhan si ert mesfait,
> Qu'il ne doiuent jamais amer,
> Au Roy François s'en vont clamer,
> Pour Dieu li prient qu'il les oie.
> Phelippe au Roy Iouhan enuoie,
> Et li soupplie doucement,
> Qu'aus Comtes face amendement
> Du forfait dont se sont clamez,
> Si qu'il n'en soit plus diffamez.
> Ou sans soi de droit reüser,
> Si viengne en sa Cour escuser,
> Et pour auoir pais plus seure,
> Veut que les Comtes asseure
> En chemin & en destournée.
> Cils li met certaine journée,
> D'estre en sa Cour pour deffendre
> De ce dont l'en le veut reprendre,
> Sans faire l'Asseurement,
> Come cil qui ne quiert purement
> Soit que leur pais soit france & quasse.
> Li Rois de France fait la muse,
> Iouhan ne vient, nul ne l'escuse, &c.

Et plus bas:

> Au Rois Iouhan tierçe fois mande,
> Et par ses lettres li commande,
> Sellées de cire à gomme,
> Come à celui qui est son homme,
> Que vers les Comtes face tant,
> Dont il se va entremettant,
> Que chascun apaié s'en tiengne,

# DISSERTATION XXIX.

*Ou en sa Cour plaidier en viengne,*
*Et qu'il veüille Asseurer,*
*Ou se ce non, il peut jurer,*
*Que li Rois, qui en lui se fie,*
*De lui & des siens le defie.*

Que si ni l'vn ni l'autre des deux Chefs de guerre ne vouloient pas requerir, ni demander tréue ou Asseurement, le Roy saint Louys par son Edit ordonna que tous ceux qui tenoient leurs terres en Baronie, quand ils auroient auis des défiances, pourroient obliger les parties à donner tréue ou Asseurement, sous les peines énoncées cy-dessus.

<small>Coût. de Bret. art. 669.</small>
L'Asseurement estoit reciproque, c'est à dire que la seureté & la promesse de ne faire aucun mesfait à sa partie, ainsi qu'il est porté en la Coûtume de Bretagne, soit de la part de celui qui la donnoit, & à qui on la demandoit, soit de la part de celui qui la requeroit. Et alors on expedioit des lettres & des actes sous-crits des pleiges & des cautions, que les parties gardoient. En voicy vn tiré du Cartulaire de Champagne de la Bibliotheque de M. de Thou. *Ego Mat-*
<small>Fol. 107.</small>
*thæus Dux Lothoringiæ & Marchio notum facio &c. Quòd ego Agnetem de Nouocastro & Petrum filium ejus asseuraui, nunquam in personas eorum manus violentas mis-surus, sed eos eadem libertate, quâ antè fruebantur, gaudere permittam. Super quo obsides dominam meam B. Comitissam Trecensem Palat. & D. meum Th. Comitem Campaniæ filium ipsius Comitissæ, &c. Act. anno 1221.* Il y a au quatriéme volume
<small>Te. 4. Hist. Fr. p. 584.</small>
des Historiens de France vn autre Asseurement d'Henry II. Roy d'Angleterre, où la seureté donnée est reciproque, auec promesse de faire la paix, qui seroit arrétée par ceux qui y sont nommez.

<small>Coût. de Troyes art. 114. de Bar-le-Duc art. 39. de Sens art. 170. 171.</small>
L'Asseurement est vne dépendance de la haute Iustice: en sorte que le bas justicier n'a pas droit de contraindre de donner tréue, ni de faire faire Asseurement, comme Philippes de Beaumanoir écrit formellement. Ce qui est aussi specifié dans les Coûtumes de Troyes, de Bar-le-Duc, & de Sens. Ie n'approuuerois pas toutefois, ajoute-t-il, que ceux qui se seroient accordé la tréue les vns aux autres deuant vn Seigneur bas Iusticier, qui n'auroit pas le pouuoir de la receuoir, ou de l'ordonner, se hazardassent de la briser, ou l'Asseurement: car les tréues & l'asseurement se peuuent donner sans l'entremise du Seigneur: & celui qui les auroit violez ou brisez, ne seroit pas moins coupable, ni sujet à de moindres peines, que si les tréues & les Asseuremens
<small>Beauman. ch. 58.</small>
auoient esté ordonnez par le Roy, *Car triues ou Asseuremens se poent faire entre parties par paroles, tout sans justice.*

Comme donc il n'appartenoit qu'aux hauts Iusticiers de donner la tréue, ou l'Asseurement, aussi la connoissance de l'infraction ou du bris qui s'en faisoit, estoit pareillement de leur ressort. Les établissemens de S. Louys:
<small>L. I.</small>
*Se ainsinc estoit que vns home eust guerre à vn autre, & il venist à la justice pour lui fere asseurer, puisque il le requiert, il doit fere jurer à celui de qui il se plaint, ou fiancer, que il ne li fera domage, ne il, ne li sieu; & se il dedans ce, li fet domage, & il en puet estre prouuez, il en sera pendus : car ce est appellé triue enfrainte, qui est vne des grans trahisons qui soit : & cette justice si est au Baron.* Neantmoins je trouue que par Arrest du mois de Mars 1287.
<small>Reg. des Chartes de l'Hostel de Ville d'Amiens fol. 34.</small>
les Majeurs & les Escheuins d'Amiens furent maintenus en la connoissance du bris des Asseuremens qui auoient esté faits deuant eux, contre le Bailly d'Amiens, qui soûtenoit que l'Asseurement estoit des dépendances du meurtre, dont la jurisdiction ne leur appartenoit point, mais au Roy.

Or la tréue, ou l'Asseurement ne se briseroit pas par vn different suruenu de nouueau, & qui n'auoit rien de commun auec le premier sur lequel la tréue ou l'Asseurement auoient esté donnez. Ce qui se doit entendre entre ceux du lignage des deux parties, qui ne fiancerent pas la tréue, ou l'asseurement. Car ceux qui directement, & en leurs personnes, auoient donné la tréue & l'Asseurement, ne pouuoient entrer en guerre, sans encourir la peine du bris

## SVR L'HISTOIRE DE S. LOVYS.

& de l'infraction de l'vne & de l'autre. Mais ils estoient obligez de se pouruoir par les vôyes de la Iustice. Les Assises de Champagne en l'an 1297. *Dicebat quòd postquam à dicto Milite fuerat assecuratus, dictus Miles cum cum armis inuaserat, & crudeliter vulnerauerat, &c. Quare dictus Clericus petebat apponi sibi remedium opportunum, & quædam emenda competens sibi fieret de excessu memorato, &c.* Toute la matiere des Asseuremens est traitée fort au long par Bouteiller en sa somme Rurale, dans quelques Coûtumes, & particulierement dans les Vsages MSS. de la Cité d'Amiens, dont l'extrait merite d'estre icy inseré. *Se mellée ou maneches ont esté entre les Iurez, li Maires à la requeste de chiaus qui se doutent, ou sans leur requeste, se li Maires doute k'il i ait peril, il sera l'vne partie & l'autre asseurer, & tuit chil qui on ara fait le lait autresi. Et li vn & li autre feront asseurement plain d'aus & des leur à chiaus, & à leur, pourche qui sunt du Contens kief. Mais s'il auenoit que l'vne des parties desist, ou les deux parties, qui ne vausissent asseurer de lui, ne des siens, pour le peril d'aucun de son lignage, qui ne fust mie en le vile, ou qui fust Cleres, ou Croisiez, qui ne penst mettre en l'asseurement, il asseuroit tantost plainement, fors de ses amis forains, & des Clercs & des Croisiez, & donroit vn jour suffisant de nommer par nom & par seurnom les Clercs & les Croisiez, & les forains, & chiaus qui ne porroit mettre en l'asseurance, & s'en seroit creable par son sairement k'il en seroit son pooir, sans le sien donner, & achu pour les conuerra par nom & par seurnom nommer, & les mettre hors, & en sera hors de l'asseurement, & de chu peril, & tous chu lignages ki li ara mis en l'asseurement, i seront, & ceus k'il ara mis hors, n'en seront mie. Derekief, quiconques ait asseuré plainement autrui lui & les siens, de lui & des siens, sans mettre ne Cler, ne Croisié hors, & aprés en veille mettre les Clercs & les Croisiez hors, il ne porra nul mettre hors. Derekief aucuns estranges ou forains à mellée ou contens à ciax de le vile, & il vient, ou soit atains en le vile, li Maires le doit contraindre & retenir tant k'il ait fait aseurement enuers celui à qui il a contens, & s'il i a eu caup feru, ne menaches, li Maires le tenra tant k'il ait asseuré plainement de lui & des siens, & tant con li païs & le banlieuë s'estent, ne ne porra les forains metre hors, fors les Clercs & les Croisiez, & quemandera li Maires à son Iuré faire autre tel aseurement. Derekief, s'aucuns a asseuré, & l'autre partie ne soit mie de le vile, & ne veulle mie aseurer, le partie qui aseure puet requere au Maieur k'il soit quite de l'aseurement, puisque cil ne veut mie aseurer. Li Maires doit l'aseurement restaindre & r'apeler dusques à che que l'autre partie ait aseuré. Derekief, se li Maires quemande aucun à tenir païs, ou à aseurer chelui sans plus de lui sans plus, nus n'est en peril de l'aseurement, se chil, meimes ses cors non, & si ne sourfait proprement au cors celui, & s'il li mesfaisoit, n'enfraignoit l'aseurement & atains en estoit, on abatroit se maison, ne ne soufferroit on à demourer en le vile duc à tant k'il aroit paié 60. liures 30. l. à le quemungne, & 30. l. au Roi. Derekief, quiconques ait aseuré plainement autrui de lui & des siens, celui & les siens, & se chil qui a aseuré mesfaisoit à nullui de s'en lignage, puis ki les a mis en l'asseurement ; on abatroit se maison, pour l'aseurement k'il aroit enfraint, & payera d'amende 60. l. 30. l. au Roy, & 30. l. à le quemugne. Et puis k'il ara fait gré à le vile & au Roy, il ara sa teneure, & s'il auenoit k'il ne fust mie tenus, il sera banis de le vile & de la banlieuë de la Chité d'Amiens, dusques à che k'il ara payé les li deuera, & fait gré, & puis r'ara sa teneur. Derekief, se li homes & le feme tant come il sunt ensamble, & leur biens de Kémun, li vns ne puet ne ne doit estre asseurez de l'autre. Derekief, s'aucuns a fait à feme aucun fourfait, dont il se doute à lui & as siens, s'ele s'en veut clamer à le justiche, si en ara plain droit. Et feme ne puet aseurer de lui, ne des siens, sans son baron present. Derekief quiconques ait aseuré de lui plainement de lui & des siens, se feme est en l'aseurement auenc lui, car li hom est chiez de se feme, & quiconques soit aseurez plainement il & li sien, se feme est aussi en l'aseurement, & est aussi aseurée en l'esgart de l'aseurement. Derekief, aseuremens n'et enfrais, se par ire faite, n'i a eu caus ferus, ou jetez, ou atains, ou mis mains l'vn à l'autre. Derekief, puisque chil qui est aseurez fait pais à chelui qui l'a aseuré*

Vu iij

*li aſeuremens eſt cheus plainement. Derekief, puiſque chil qui a aſeuré, mangue & boit aueuc celui k'il a aſſeuré, li aſeuremens eſt plainement cheus, & jus mis.*

La troiſiéme maniere de finir la guerre, au rapport de Beaumanoir, eſtoit quand les parties plaidoient encore par gage de bataille, d'vn faict, pour lequel ils pouuoient eſtre en guerre, c'eſt à dire, lorſqu'elles s'eſtoient pourueuës deuant la juſtice du Seigneur, & que le Iuge auoit ordonné que l'affaire ſe decideroit par le duel. Car on ne pouuoit pas legitimement tirer la vengeance de l'outrage que l'on auoit reçû de ſon ennemi par la voye de la guerre, & *par droit de Court*, c'eſt à dire par la voye de la Iuſtice. Quand donc la plainte de la querelle auoit eſté portée deuant la juſtice du Seigneur, le Seigneur deuoit prendre la guerre en ſa main, & deffendre aux parties de ſe meſfaire les vns aux autres, & puis leur faire droit, & leur rendre juſtice.

La quatriéme & derniere maniere de finir la guerre, eſtoit lorſque la vengeance auoit eſté priſe du crime, ou du meſfait, par la juſtice, pour laquelle la guerre auoit eſté entrepriſe. Par exemple, ſi celui qui auoit tué vn autre, eſtoit apprehendé par la Iuſtice, & auoit eſté condamné à mort par les formes ordinaires, en ce cas les parens & les amis du mort ne pouuoient pas tenir en guerre les parens de celuy qui auoit commis l'outrage, ou le crime.

L'on voit aſſez par ce que je viens de remarquer, que l'vſage de la guerre par coûtume, auoit eſté non ſeulement en pratique ſous nos premiers Gaulois, mais encore auoit eſté retenu par les François qui leur ſuccederent, & generalement par tous les peuples Septentrionaux, qui auec le temps s'établirent ſi puiſſamment dans les prouinces & les terres qu'ils conquirent dans l'Empire d'Occident, qu'on a eu bien de la peine à y donner atteinte, & à l'abolir entierement. Cependant cette faculté de ſe faire ainſi la guerre eſt contraire au droit des gens, qui ne ſouffre pas qu'aucun autre ait le pouuoir de déclarer & de faire la guerre, que les Princes & les Souuerains, qui ne reconnoiſſent perſonne au deſſus d'eux. Qu'il eſt méme entierement oppoſé aux maximes Chrétiennes qui veulent qu'on laiſſe la vengeance des injures à Dieu ſeul, ou aux Iuges qui ſont établis pour les punir : *Quid enim magis Chriſtianæ legi* 

*Petr. Damian.l.4. ep. 9.*
*videtur eſſe contrarium, quàm redhibitio læſionum?* On n'a pû toutefois y donner atteinte qu'auec beaucoup de peine, & dans la ſuite du temps : parce qu'il ſembloit eſtre établi ſur des priuileges qui auoient eſté accordez aux Nobles en conſideration des ſeruices qu'ils auoient rendus à la conquéte des terres étrangeres, comme s'ils auoient dû entrer en partage des droits de la Souueraineté auec les Princes, ſous les enſeignes deſquels ils auoient remporté conjointement tant de victoires. Neantmoins, nous liſons que nos Rois ont ſouuent fait leurs efforts pour en abolir la pratique, ſoit que ces guerres particulieres fiſſent bréche à leur autorité, ou pource qu'elles cauſoient trop de diuiſions dans les peuples, châcun ſe donnant la liberté de tirer la vengeance des outrages qui auoient eſté faits en leurs perſonnes, & celles de leurs parens, ſans y apporter la moderation qui eſtoit requiſe en telles occaſions.

*Capit. Car. M.l.5.§. 180.*
Charlemagne qui trauailla puiſſamment à les éteindre, ſe pleint de ces deſordres, qui s'eſtoient introduits dans ſes Etats, en ces termes : *Neſcimus quâ pernoxiâ inuentione à nonnullis vſurpatum eſt, vt hi qui nullo miniſterio publico fulciuntur, propter ſua odia, & diuerſiſſimas voluntates peſſimas, indebitum ſibi vſurpant in vindicandis proximis, & interficiendis hominibus vindictæ miniſterium : & quod Rex ſaltem in vno exercere debuerat propter terrorem multorum, ipſi impudenter in multis perpetrare non metuunt propter priuatum odium : & putant ſibi licere ob inimicitiarum vindictas, quod nolunt vt Rex faciat propter Dei vindictam.*

*L. Longob. lib.1. tit. 9. §. 34. Capit. Car. M.l.4.§.17.*
Ce fut donc cét Empereur qui le premier tâcha d'arréter ces deſordres par ſes conſtitutions, qui ſe liſent dans les Capitulaires, & dans les loix des Lombards, par leſquelles il ordonna que les Comtes & les Iuges ſeroient tenus

# SVR L'HISTOIRE DE S. LOVYS. 343

de pacifier les differents qui suruenoient dans leurs Comtez, & d'oster les occasions de diuision & de guerre entre ses sujets, obligeans les criminels de payer les interests ciuils aux parties mal-traitées, & de leur imposer la paix, & de leur faire faire serment de la garder, enjoignant aux mêmes Iuges de condamner au bannissement ceux qui ne voudroient pas déferer à leurs ordres. Charles le Chauue fit de semblables Edits à l'exemple de son ayeul : & Edmond Roy d'Angleterre, estimant qu'il estoit de la prudence des Rois d'éteindre ces inimitiez capitales entre les familles, *prudentium esse faidas compescere*, voulut qu'auant qu'elles entrassent en guerre, celuy qui auoit commis l'attentat & le mesfait, offrit d'abord aux offensez, ou à leurs parens, de reparer l'injure, & de payer les interests ciuils, afin de couper par ce moyen le mal à la racine. A l'imitation de ces Princes, Frederic I. Empereur voulut que tous ses vassaux de quelque condition qu'ils fussent obseruassent la paix entre eux, & que s'il leur suruenoit quelque different, il fust terminé par les voyes de la justice : ce qu'il ordonna sous de grandes amendes. Frederic II. fit de semblables prohibitions, qui se lisent dans les Constitutions de la Sicile, deffendant à tous ses sujets de se venger de leur propre autorité des injures & des excez qui auroient esté commis en leurs personnes, soit par les voies de presailles, ou de represailles, soit par les voies de fait, & par la guerre : les obligeans d'en rechercher la reparation dans l'ordre de la justice, ce qu'il enjoignit aux Comtes, aux Barons, & aux Cheualiers d'obseruer sous peine de la vie.

*Capit. Car. C. tit. 34. §. 10.*
*Edmond. apud Spelm. v. faida.*

*Radeuir. l. 4. c. 7.*

*Constit. Sic. l. 1. tit. 8.*

Ces rigueurs & ces menaces des Souuerains ne pûrent pas toutefois arrêter le cours d'vn mal si inueteré, & d'autant plus, comme j'ay remarqué, que les Gentils-hommes estoient si jaloux de ce droit, comme d'vne marque ou plûtôt d'vne participation de l'autorité souueraine, qu'ils n'ont jamais pû consentir à son aneantissement: au contraire ils se sont fortement opposez, lorsque les Rois y ont voulu donner quelque atteinte, & mêmes se sont soûleuez. C'est pour cela qu'en l'an mil cent quatre-vingts quatorze le traité de la tréue qui auoit esté arrêté entre le Roy Philippes Auguste & Richard Roy d'Angleterre, fut rompu, parce que le Roy de France vouloit que tous ceux qui auoient pris le party de l'vn ou de l'autre y fussent compris, sans qu'il leur fust loisible de se mesfaire les vns aux autres, ni de faire la guerre en leur particulier, ce que Richard ne voulut pas accepter, *Quia videlicet violare nolebat consuetudines & leges Pictauiæ, vel aliarum terrarum suarum, in quibus consuetum erat ab antiquo, vt magnates causas proprias inuicem allegarent*. Ce qui fait voir que Richard ne vouloit pas s'attirer la Noblesse, en faisant bréche à ses priuileges.

*Rog. Houed. p. 741.*

Comme donc il n'estoit pas entierement au pouuoir des Rois, & des Souuerains d'oster ces abus, a cause des jnterets des Barons & des Gentils-hommes, qui composoient la force, & la plus illustre partie de leurs Etats, on se contenta d'abord de reprimer les desordres & les inconueniens de ces guerres particulieres, dont les principaux estoient les meurtres, les vols, les pilleries, & les incendies qui se commettoient sous ce prétexte. C'est la plainte que Guibert Abbé de Nogent fait au sujet de ces desordres, qui estoient de son temps, & auant que nos François entreprissent les voyages de la Terre Sainte: *Erat eo tempore antequam gentium fieret tanta profectio : maximis ad inuicem hostilitatibus toties Francorum Regni facta perturbatio : crebra vbique latrocinia, viarum obsessio passim audiebantur: Imò fiebant incendia infinita, nullis præter solâ & indomitâ cupiditate existentibus causis exstruebantur prælia, & vt breui totum claudam, quidquid obtutibus cupidorum subjacebat nusquam attendendo cujus esset, prædæ patebat.*

*Guibert. l. 1. Hist. Hier. c. 7.*

Il estoit donc important d'en arrêter le cours : C'est ce qui fut premierement ordonné au Concile de Clermont en l'an mil quatre-vingts quinze, puis en celui tenu à Troies en Champagne par le Pape Paschal l'an mil cent sept : *In quo decreuit, vt per nullam guerram incendia domorum fierent, nec oues aut*

*Orderic. l. 9. Alber. &c. Chr. Mail. A. 1107. Chron. S. Alb.*

# DISSERTATION XXIX.

*agni raperentur*, ainsi que nous apprenons des Chroniques de Maillezais, & de S. Aubin d'Angers. Ce qui fut encore reïteré au Concile tenu à Rome l'an 1139. & en celuy qui fut tenu à Reims l'an 1148. d'où je me persuade que ce fut en consequence de ces decrets, que les Comtes de Flandres firent des deffenses tres-étroites dans l'étenduë de leurs terres, de faire aucun vol, ni de semblables attentats durant les guerres particulieres. Gautier Chanoine de Terouänne en fait la remarque, en ces termes : *Ab antiquo enim à Comitibus terræ nostræ statutum, & hactenus quasi pro lege est observatum, vt quantacumque inter quoslibet homines guerra emergeret, nemo in Flandriâ quidquam prædari, vel aliquem capere aut exspoliare præsumeret.*

*Conc. Rom.*
*c. 18.*
*Conc. Rem.*
*c. 11.*

*Gualter.*
*in vita S.*
*Caroli c. 19.*

Il estoit neantmoins permis d'attaquer, de renuerser, & même de brûler les forteresses des ennemis, ces deffenses ne regardans que les maisons particulieres. Ce qui est assez expliqué dans la Constitution de l'Empereur Frederic I. de l'an mil cent quatre-vingts-sept, qui se lit dans Conrad Abbé d'Vsperge : *Si liber homo ingenuus, ministerialis, vel cujuscumque conditionis fuerit, incendium commiserit pro guerrâ propriâ, pro amico, pro parente, vel causâ cujuspiam alterius occasione, de sententiâ & judicio proscriptioni statim subjectus habeatur. Hic excipiuntur si qui fortè manifestâ guerrâ castra manifestè capiunt, & si qua ibi suburbia, aut stabula, aliáve tuguria præjacent, igne succendunt.* Ie crois qu'il faut rapporter à ce sujet l'Ordonnance de Guy Comte de Neuers & de Forest, & de la Comtesse Mahaut sa femme, de l'an mil deux cens quarante, que j'ay leuë dans les Memoires de M. de Peiresc : par laquelle ils font deffense à leurs sujets : *ne quis aliquâ occasione, vel malignitate, in Niuernensi, Autisiodorensi, & Tornodorensi Comitatibus, nec infra terminos dictorum Comitatuum audeat, vel præsumat de cætero domum diruere, vel incendium perpetrare,* sous la peine de bannissement. Il excepte toutefois toutes les forteresses : *Forteritiæ ab hac institutione excipiuntur.* Ce qui fait voir que cette Ordonnance fut faite à l'occasion des guerres particulieres : car comme il estoit permis d'assieger & de prendre les forteresses des ennemis, il estoit aussi loisible de les brûler, autrement s'il y eust eu liberté d'abatre & de brûler indifferemment toutes les maisons de ceux qui estoient en la guerre des deux partis, la campagne eust esté bien-tost deserte.

*Conrad.*
*Abb. Vsper.*

S. LOVYS, le plus pieux & le plus saint de nos Rois, fut celui qui trauailla le plus serieusement à abolir absolument l'vsage de ces guerres par coûtume, qui estoient si funestes au Royaume, que la liberté du commerce, du labourage, & des chemins estoit pour le plus souuent ostée. Car non seulement il fit cette belle Ordonnance touchant la Quarantaine, dont j'ay parlé cy-deuant, mais encore il en fit vne autre, par laquelle il interdit entierement cette espece de guerre dans l'étenduë de ses Etats. Voicy comme il en parle en l'acte suiuant, qui est tiré des Registres du Parlement : *Ludouicus, &c. Vniuersis Regni fidelibus in Aniciensi diœcesi & feodis Aniciensis Ecclesiæ constitutis, Sal. Noueritis nos deliberato consilio guerras omnes inhibuisse in Regno, & incendia, & carrucarum perturbationem. Vnde vobis districtè præcipiendo mandamus, ne contra dictam inhibitionem nostram guerras aliquas, vel incendia faciatis, vel agricolas qui seruiunt carrucis, seu aratris, disturbetis : quòd si secùs facere præsumpseritis, damus Senescallo nostro in mandatis, vt fidelem & dilectum nostrum G. Aniciensem electum juuet fideliter & attentè ad pacem in terrâ suâ tenendam, & fractores pacis, prout culpa cujuscumque exigit, puniendos. Actum apud S. Germanum in Layâ, A. D. 1257. mense Ianuar.* Ce fut probablement en consequence de cette Ordonnance, & d'autres semblables des Rois successeurs de ce Prince, que les Gens du Roy poursuiuirent Odoard Seigneur de Montagu, & Erard de Saint Verain Gentils-hommes de Niuernois, par emprisonnement de leurs personnes, pour auoir assigné & executé vne bataille le jour de S. Denys l'an mil trois cens huit, en laquelle se trouuerent Dreux de Mello, Miles de Noyers, & le Dauphin d'Auuergne.

*Reg. du Parlemẽt intit.*
*Olim. fol.*
*28.*

*G. Coquille*
*en l'Hist.*
*de Niuer.*
*p. 112.*

Mais

## SVR L'HISTOIRE DE S. LOVYS. 345

Mais comme ces deffenses ne firent qu'irriter la Noblesse, tousjours jalouse de ses priuileges, le Roy Philippes le Bel se trouua obligé de les renouueller plus d'vne fois, nonobstant la resistance des Barons : & particulierement en l'an mille trois cens onze, & parce que cette Ordonnance est singuliere, & qu'elle n'a pas encore esté publiée, j'estime qu'il est à propos de l'inserer en cét endroit : *Philippus D. G. Francorum Rex, Veromand. Ambian. & Siluanect. Bailliuis & Iustitiariis nostris, Sal. Cùm in aliquibus partibus Regni nostri, subditi nostri sibi dicant licere guerras facere, ex consuetudine, quam allegant, quæ dicenda est potius corruptela, ne temporibus istis pax, & quies publica nostri regni eo prætextu turbetur, cùm multa damna inde peruenerint, & in periculum Reipublicæ pejora sperentur, nisi prouideretur de remedio opportuno, omnes guerras hujusmodi, tam ex casibus præteritis quàm pendentibus & futuris, omnibus & singulis subditis nostris prohibemus, sub pœnâ corporis & bonorum, quam ipso facto volumus incurrere, si contrà faciant, cujuscumque status aut conditionis existant; quam prohibitionem facimus, quousque super his fuerit ordinatum. Prohibemus insuper in partibus & patriis supradictis, sicut in aliis, in quibus consuetudo, seu corruptela non fuit, omnes portationes armorum, & conuocationes hominum armorum, sub pœnâ contentâ in aliâ constitutione nuper per nos edita super istis, quam constitutionem in præsenti prohibitione per vos Senescallos & Bailliuos omnibus Baronibus, Nobilibus, & aliis Subditis nostris Senescalliarum & Bailliuiarum ipsarum, vel earum ressorti publicari præcipimus, ne possint ignorantiam allegare. Dat. Pissiaci penult. die Decemb. An. D. 1311.* Trois ans aprés, le méme Roy reïtera ces deffenses sous pretexte des guerres qu'il auoit contre les Flamens, parce que ses vassaux estant occupez à se faire la guerre les vns aux autres, n'auroient pû se trouuer en ses armées. Cette seconde Ordonnance se voit au premier Registre des Memoriaux de la Chambre des Comptes de Paris, qui m'a esté communiqué par Monsieur d'Herouual. *Philippes par la grace de Dieu Roys de France, à tous les Iusticiers du Royaume ausquiex ces presentes lettres verront, Salut. Comme nous ou temps de nos guerres de Gascongne & de Flandres toutes manieres de guerres, entre toutes manieres de gens quelque estat & condition que il soient, eussions deffendu & fait deffendre par cry solemnel, & tous gages de bataille auec ce, & aprés que nosdites guerres furent finées plusieurs personnes se soient auancées de guerre faire entre eus, si comme nous entendons, & maintenant li cuens & li gens de Flandres en venant contre la paix derraine faite entre nous & eus, nous facent guerre ouuerte, Nous pour ladite guerre, & pour autres justes causes, defendons sus peines de cors & d'auoir, que durant nostredite guerre, nul ne face guerre, ne portement d'armes l'vn contre l'autre en nostre Royaume, & commandons que tuit gages de bataille soient tenus en souspens, tant comme il nous plaira. Si vous mandons, &c. Donné à Paris le Lundy aprés la Magdelaine l'an 1314.*

Fol. 61.

La restriction que Philippes le Bel apporte en la premiere de ces deux Ordonnances, *quam prohibitionem facimus, quousque super his pleniùs fuerit ordinatum*, monstre qu'il ne vouloit pas oster entierement ce droit aux Gentils-hommes, & sans esperance de le leur remettre en vn temps plus commode & plus calme. Mais la Noblesse Françoise s'estant souleuée vers ce temps-là, sous prétexte des entreprises des Officiers du Roy sur leurs franchises & leurs priuileges, elle présenta ses articles contenant ses plaintes sur ce sujet qui furent répondus & apostillez par le Roy au mois d'Auril l'an mil trois cens quinze. Entre les articles des plaintes des Nobles du Duché de Bourgogne, des dioceses de Langres & d'Authun, & du Comté de Forests, le sixiéme est conceu en ces termes : *Li dit Noble puissent & doient vser des armes quant lour plaira, & que il puissent guerroier & contregager.* Sur lequel le Roy leur accorde les armes & la guerre en la maniere qu'ils en ont vsé, & promet de faire faire enquête aux pays, comment ils ont accoûtumé d'en vser anciennement. Puis il ajoûte : *& se de guerre ouuerte li vns auoit pris sur l'autre, il ne seroient tenu de rendre, ne de recroire, se puis la deffense, que nous sur ce leur auriains fete, ne l'auoient*

Partie II.                                                                 X x

## DISSERTATION XXIX.

*P. 122.*

prins. Guy Coquille a parlé de cette plainte en l'Histoire de Niuernois. Quand le Roy se sert de ces termes, *ainsi qu'ils ont accoûtumé d'en vser*, il semble indiquer que les vsages de cette espéce de guerre estoient differens. En effet je remarque que Henry Roy d'Angleterre par ses lettres données à Londres le vingt & vniéme jour d'Auril l'an mil deux cens soixante-trois, reconnoist que Raimond Vicomte de Turenne auoit droit de faire la guerre, mais à ceux seulement qui ne releuoient point de sa Couronne, cette restriction estant particuliere : *Et similiter quòd si aliquis extra nostram potestatem existens cum armis cum impetierit, cum armis se & terram suam defendere possit, &, si necesse fuerit, impetere.* A quoy l'on peut rapporter ce qu'Eudes Abbé de Cluny raconte que Geoffroy Vicomte de Turenne attaqua en guerre Gerard Comte d'Aurillac, qui ne releuoit point du même Seigneur que luy.

*M. Iustel aux Preuues de l'Hist. de Tur. p. 62.*

*Odo Clun. in vita Geraldi l. 1. c. 37.*

Mais il est probable que ces promesses de nos Rois ne se faisoient que pour ne point effaroucher la Noblesse, & qu'ils auoient resolu de tenir rigueur à l'obseruation de ces deffenses qui estoient vtiles & profitables à ceux mémes qui les vouloient faire leuer, & apportoient vn singulier soulagement, & vn grand repos aux peuples. Ils prenoient neantmoins tousjours le pretexte de leur guerre, pour interdire à leurs sujets celles qu'ils prétendoient auoir droit de faire pour la vengeance des outrages faits en leurs personnes, ou de leurs parens. Car il n'estoit pas juste que les vassaux du Roy s'excusassent sur leurs interests particuliers, pour ne se pas trouuer dans ses armées, comme ils y estoient obligez à raison de leurs fiefs ; & d'ailleurs il n'estoit pas raisonnable que tandis qu'ils seruoient leur Prince dans ses troupes, ils fussent attaquez par les voyes de fait dans leurs biens, & dans les personnes de leurs parens & de leurs amis. Le Roy Iean par ses lettres données à Paris au mois d'Auril l'an mil trois cens cinquante trois, sur la plainte qui luy fut faite que les habitans d'Amiens n'obseruoient pas l'Ordonnance de S. Louys pour la Quarantaine, & que sans y auoir égard, ils entroient d'abord dans la guerre, ou plûtôt dans la vengeance des injures, & commettoient plusieurs excez, ordonna qu'ils seroient tenus de l'obseruer sous de grieues peines, puis il ajoûte, *Intentionis tamen nostræ non extitit per prædicta guerras aut diffidationes quascumque inter quoscumque Subditorum nostrorum nobilium aut ignobilium, cujuscumque status aut conditionis existant, nostris durantibus guerris, laudare quomodolibet, vel etiam approbare : sed prohibitiones & defensiones nostras super hijs aliàs tam in nostri præsentiâ, quàm vndique per vniuersas Regni nostri partes per nostras litteras super his factas solemniter publicatas, maximè dictis guerris nostris durantibus, teneri, & de puncto in punctum firmiter obseruari per præsentes volumus & jubemus.* Mais depuis ce temps-là, comme l'autorité royale prenoit de jour en jour de nouueaux accroissemens, le méme Roy fit d'autres deffenses bien plus rigoureuses sur ce sujet : car j'ay leû dans les Regîtres du Parlement vne autre Ordonnance du cinquiéme jour du mois d'Octobre l'an mil trois cens soixante & vn, par laquelle il deffend *les deffîemens & les coûtumes de guerroier*, tant entre les Nobles, que les Roturiers, durant la paix, comme durant la guerre. Et par vne autre du dix-septiéme de Septembre mil trois cens soixante-sept, le Roy Charles V. deffend les guerres entre ses sujets, nonobstant toutes coûtumes & priuileges, & enjoint au Preuôt de Paris de punir rigoureusement les infracteurs. Mais ce qui justifie particulierement la vigueur & la rigueur que nos Rois ont apportée de temps en temps pour abolir & aneantir entierement ces funestes guerres de coûtume, est la piece qui suit, que j'ay copiée sur l'original, qui est en la Chambre des Comptes de Paris.

*Reg. aux Chartres de l'Hostel de Ville d'Amiens fol. 175.*

*Reg. Olim fol. 67.*

*Communiqué par M. d'Herouual.*

AVDOIN CHAVVERON *Docteur és loix, Bailly d'Amiens, A nostre amé Pierre le Sene Receueur de ladite Baillie, Salut. Nous auons receu les lettres du Roy nostre Sire, desquelles la teneur ensuit.* CHARLES *par la grace de Dieu Roy de France aux Baillis de Vermandois & d'Amiens, & à tous nos autres Iusticiers, ou à leurs Lieutenans, Salut. Comme par nos Ordonnances Royaux toutes guerres &*

# SVR L'HISTOIRE DE S. LOVYS.

*voyes de faict soient deffenduës entre nos sujets & en nostre Royaume, pour ce que aucuns puissent, ne doivent faire guerre durans nos guerres, & nous ayons entendu que* CHARLES DE LONGVEVAL, *Escuier Sire de Maigremont, de sa volonté a deffié & fait deffier nostre amé & feal Chevalier* GVILLAVME CHASTELLAIN DE BEAVVAIS *& Grant Queu de France, & s'efforce ou veut efforcier par lui, & ses adherans, de faire, ou vouloir faire grieue audit Chastellain, & à ses amis, contre nos ordonances, & attemptant contre icelles, & pour occasion de ce ledit Chastellain voulant resister contre ledit Charles s'efforce de faire armées & assemblées de ses amis, & par ce lesdites parties delessent à nous seruir en nos guerres, dont il nous déplaist, s'il est ainsi. Pourquoy nous voulans pouruoir à ces choses, & pour obuier aux perils & inconueniens, qui pouroient ensseuir, vous mandons & enjoignons étroitement, & à chascun de vous, si comme il appartiendra, en commettant se mestier est, que ausdites parties, & à chascune d'icelles, se trouuées peuuent estre, à leurs personnes, vous deffendez, & faites faire inhibition & deffense de par nous, sur canques il se peuuent mesfaire enuers nous, que il ne procedent en voye de guerre, ne de faict les vns contre les autres, mais s'en cessent & desistent du tout, en les contraignant à ce par prinse de corps & de biens, & autrement, si comme il appartiendra. Et ou cas que eux ou l'vn d'eux ne pourroient estre trouuez, faites ladite deffense semblablement à leurs amis, adherens, aliez & complices, & à ce contraignez, & faites contraindre rigueureusement, & sans deport, les rebelles & autres qui feroient ou perseueroient au contraire par prinse & detention de corps & de biens, en mettant & multipliant & faisant mettre & multiplier* MANGEVRS *& degasteurs en leurs hosteux & sur leurs biens & en faisant descouurir leurs maisons, se mestier est par toutes autres voyes & remedes que faire se pourra & deura par raison, jusques à ce qu'il aient cessé ou fait cesser ladite guerre, ou qu'il aient donné ou fait donner bon & seur estat, ensemble & en ces choses procedez, & faites proceder par main armée se mestier est, car ainsi le voulons nous estre fait, nonobstant mandemens & impetrations sur ce faites subrepticement au contraire. Donné à Paris le 18. jour de May l'an de grace mil trois cens quatre-vingts, & de nostre regne le dix-septiéme, ainsi signé par le Roy, à la relation du Conseil . . . . . . . Et comme nous eussions esté mainte voye par ledit mandement de contraindre Charles de Longueual Escuier Seigneur de Maigremont, & aussi Messire Guillaume Chastellain de Beauuais Grand Queu de France & leurs amis & complices pour oster la guerre & voye de faict, qui entre icelles parties estoit mené, comme & par le maniere que ou dit mandement est contenu pour l'enterinement duquel mandement a pour lesdites parties contraindre par le maniere dite, pour ce que de fait il faisoient l'vn contre l'autre grans assemblées & cheuauchées, nous enuoyasmes plusieurs Sergeans du Roy nostre Sire atout ledit mandement par devers lesdites parties pour à iceux exposer le contenu d'icely, & les contraindre par toutes voyes raisonnables, lesquelles lettres furent monstrées à noble homme le Seigneur de Longueual, & à plusieurs autres du costé dudit Charles, & ledit Charles n'a* ouasés prés*, & à iceux fait les commandemens & defenses, selonc la teneur dudit mandement, ausquels commandemens il ne vaulient aucunement obeir ; mais toudis en perseuerant s'efforçoient & s'efforceirent de maintenir ladite guerre, & de faire plusieurs grans cheuauchées tant l'vne partie comme l'autre. Et pour ce que par ledit mandement nous estoit mandé seur ce estre pouruen, tant par main armée comme autrement, & que icelles parties perseueroient en guerre de mal en pis, comme dit est, nous & vingt-quatre hommes d'armes en nostre Compagnie la ù estoient le Preuost de Vimeu, le Preuost de Fouilloy, & autres le 24. jour de May dernier passé, nous transportasmes en plusieurs des chasteaux & forteresses appartenans, tant audit Seigneur de Longueual, comme au Seigneur de Betisy, & à plusieurs autres hors des metes dudit bailliage, & ou bailliage de Vermandois, là ù estoient lesdis Cheualiers, & pour iceux contraindre, les fismes prisonniers du Roy nostre Sire, aueuc Mess. Seigremor de Longueual, Monss. Danel, le Seigneur de Naues, Mess. Brouët de Candoure, Mess. Floridas de Bascourt, le Seig. d'Auuiller, Mess. Hue de Sapegnies, le Seig. de Riury, le Seig. de Bousincourt, le Seign. de Glisy, Mess. Fremin de Maucreux, dit Florimont, Che-*

Partie II.

naliers, Iean Buridan, Terefu Maquerel, Aubert d'Aueluis, Lionnel de Bouzincourt, Iean Seig. de Puceuiller, Robert de Beaumont, le Baſtart de Betify, & Simon de Maucreux Eſcuiers, couſins & amis dudit Charles, en prenant & mettant en la main du Roy noſtre Sire tous leurſdis chaſteaux & poſſeſſions, juſques au ſecont jour de Iuillet, que les deſſuſdis ſe rendront priſonniers du Roy noſtre Sire, ains & que ladite guerre il aroient mis au nient, & fait amende pour les pors d'armes par aus fait. Et ce fait nous tranſportames à Mourcourt ou Chaſtel dudit lieu, pour trouuer ledit Chaſtellain de Beauuais, lequel s'eſtoit abſenté ou au mains ne le peuſmes trouuer : & pour ce en la preſence de Madame ſa femme, & de pluſieurs autres des gens dudit Chaſtellain, fiſmes les commandemens & deffenſes par le maniere que oudit mandement eſt contenu, & pour plus icelly Chaſtellain venir à obeiſſance, nous fiſmes prendre en le main du Roy noſtre Sire ledit Chaſtel de Mourcourt, & icely fiſmes garder par les gens du Roy noſtre Sire, aueuc toutes les autres poſſeſſions à icely appartenans, & ſi demeurent, & encore ſeront tous les deſſus nommez en procez contre le Procureur du Roy, adfin qu'il feiſſent & deuſſent faire amende au Roy noſtre Sire pour les cauſes dites. En lequelle execution, nous & leſdits vingt-quatre hommes d'armes aueuc nous, entendiſmes & beſognaſmes, tant en allant que en venant, comme en beſongnes, quatre jours. Si vous mandons que des deniers de vôtre recepte vous nous bailliez & deliuriez pour chaſcun jour huit ſols à chaſcun pour ſes deſpens, qui vallent dix liures pour jour, pour payer & deffraier leſdites gens d'armes, qui comme dit eſt ont eſté en ladite beſongne en noſtre Compagnie, & icelle ſomme qui monte pour les quatre jours à quarante liures pariſis nous vous ferons deduire & aloüer en vos comptes par cely, ou ceulx à qui il appartiendra. Donné à Amiens ſous le ſeel de ladite Ballie le 28. jour de May l'an 1380.

Enfin pour acheuer cette Diſſertation & les remarques ſur vne matiere aſſez importante pour l'intelligence de nos Hiſtoires, Iean le Cocq rapporte deux Arreſts du Parlement de Paris, l'vn de l'an mille trois cens quatrevingts ſix, par lequel la guerre fut deffenduë entre les ſujets du Roy, non ſeulement durant la guerre, mais mémes durant les tréues. L'autre de l'an mille trois cens quatre-vingts quinze, par lequel défenſes furent faites au Comte de Perdiac, & au Vicomte de Carmain d'vne part, & au Seigneur de Barbazan en Gaſcogne d'autre, de ſe faire la guerre, & de metre en auant, *Quòd licitum eſſet eis, vel aliis de regno Franciæ guerram facere regiis guerris durantibus.* Ce qui fait voir que l'on a eu bien de la peine à abroger cette eſpéce de guerre, puiſque pour ne pas choquer abſolument la Nobleſſe, on a apporté de temps en temps ce temperament, qu'ils ne pourroient pas en vſer durant la guerre du Prince. Enfin Loys XI. qu'on dit auoir mis les Rois hors de page, n'eſtant encore que Dauphin de Viennois, par ſes lettres du dixième de Decembre mille quatre cens cinquante & vn, verifiées en la Chambre des Comptes de Grenoble, abrogea cét article, qui eſt le quatorziéme des libertez de ceux de Dauphiné, *quo cauetur effectualiter, quòd Nobiles hujus patriæ, vnus contra alium, poſſunt impunè ſibi guerram induere, & facere propriâ auctoritate, donec eiſdem ex parte juſtitiæ fuerit inhibitum.* Mais quoy que cette eſpéce de guerre ſe ſoit abolie inſenſiblement dans la plûpart des Royaumes, elle ſubſiſte encore à préſent dans l'Alemagne, où les Empereurs n'ont pû eſtre ſi abſolus, qu'ils ayent pû empécher que les Princes de l'Empire ne ſe ſoient conſeruez dans cette prérogatiue : & d'autant plus qu'elle ſe trouue auoir eſté concedée ſpecifiquement à quelques-vns d'eux.

*Io. Galli quæſt. 198.*

*Quæſt. 335.*

*Guido Papa deciſ. 437.*

*Bibl. Sebuſ. Cent. 1.c.)1.*

# DV FIEFS JVRABLES ET RENDABLES.
## DISSERTATION XXX.

IL n'y a rien de plus commun dans les titres, & dans les hommages, que ces termes de *jurable & rendable*, qui nous découurent vne espéce de fief, ou plûtôt vne condition appofée aux infeodations, de laquelle ceux qui ont traité des Fiefs n'ont prefque point parlé. Cependant c'eſt vne antiquité, dont la connoiſſance eſt neceſſaire pour l'intelligence des anciennes Chartes, & de l'vſage qui s'obſeruoit dans la poſſeſſion des grands Fiefs, qui auoient des fortereſſes. Ce qui me donnera ſujet de m'étendre ſur cette matiere, & d'en rechercher curieuſement la pratique, par la conference de diuers paſſages, tant des Auteurs, que des Titres. Ie feray voir enſuite que ces obligations, que les vaſſaux auoient de les remettre au pouuoir de leurs Seigneurs, n'eſt qu'vne dépendance du droit de guerre par coûtume.

Cette eſpéce de Fief, eſt de la qualité de ceux, que les Feudiſtes nomment impropres & irreguliers. Henry de Roſental dit que les Alemans l'appellent *Ein offen hauſſ*, & le décrit en ces termes: *Quando nempe alicui aliquod caſtrum, aut arx ea conditione infeodatur, vt Domino ſemper ad nutum pateat, ac illi cum ſuis liber eò ſit acceſſus, vel vt vaſſallus illud Domino tempore belli contra hoſtes, aut omnes accommodare, & interim eo carere teneatur.* La plûpart des titres anciens appellent ordinairement ces Fiefs *jurables & rendables*. [a] Le Codicille de Robert Duc de Bourgogne de l'an 1302. *Lou fié de Montagu jurauble & rendauble.* [b] Vn titre de l'an 1197. *Cepi de Odone Duce Burgundiæ in feodum & caſamentum Auxonam villam meam cum caſtro, jurabilem & reddibilem ſibi & ſucceſſoribus ſuis.* Ces termes qui ſe rencontrent ſouuent enſemble dans les vieilles Chartes, ſe trouuent quelquefois diuiſez. Car il y en a pluſieurs, où cette ſorte de fief eſt appellé ſimplement *fief jurable*, *feudum jurabile*. [c] Vn titre de Pons de Mont S. Iean de l'an 1211. *Cùm Theobaldus Campaniæ Comes conceſſiſſet mihi quòd ego faciam apud Rie quamdam domum fortem jurabilem ipſi, qualemcumque voluero, &c.* [d] Vn autre de Robert Comte de Dreux de l'an 1206. *Faciam forteritiam quæ erit jurabilis.* [e] Vn autre de l'an 1223. *Ego recognoui coram ipſo Theobaldo forteritias illas eſſe jurabiles ipſi Comiti ad magnam vim & paruam.* [f] Vn titre de Gautier Archeueſque de Sens de l'année ſuiuante: *Recognouit coram nobis quòd forteritia de Noolun jurata eſt domino Regi ad magnam vim & paruam.* [g] Vn autre de P. Comte de Vendôme de l'an 1242. *Cùm inter nos contentio eſſet — de feodo de Meſuncellis, & juratione domus de Meſuncellis, &c.*

Ces fiefs ſont nommez en pluſieurs autres titres ſimplement *rendables*. [h] Vn de l'an 1340. *Conceſſit in feudum antiquum & reddibile, &c.* Par [i] vn autre de l'an 1250. le Seigneur de la Tour reconnut qu'il tenoit de l'Egliſe de Lyon le Château de S. André en Reuerſmont, *ſemper reddibile.* [k] Vn autre de Eudes Duc de Bourgogne de l'an 1197. *Dominus Huo jurauit mihi & meis Virgeium reddibile.* [l] La Chronique des Eueſques de Mets: *Feodum de Maurimont cum appendiciis ſuis reddibile, & Ruckeſuignes Reddibile — acquiſiuit.* Cette condition de ce genre de fief eſt appellée *Redda* [m] dans vn titre de Bernard Abbé de Tulles en Limoſin, & *Redditio*, & *redditus* [n] dans vn autre de l'an 1239. *Quittauit juramentum & redditionem montis S. Iohannis.*

Le terme de *jurable* deſigne le ſerment particulier, & la promeſſe que le vaſſal faiſoit à ſon Seigneur, de remettre ſon Château entre ſes mains, & en ſon pouuoir, toutes les fois qu'il en auroit beſoin, & qu'il lui en feroit la demande. Ce ſerment eſtoit different de l'hommage, & n'eſtoit que pour la fortereſſe du vaſſal, & non pour le ſurplus de ſon fief, dont il y a pluſieurs formules

[a] Tract. de Feud. c. 1. Concl. 78.

[a] Aux Pr. de l'Hiſt. de Bourg. p. 105, & Vergy p. 219.
[b] Preuu. de l'Hiſt. de Vergy p. 122.
[c] Aux Pr. de Vergy p. 173.
[d] Galland au Traité du Franc-aleu.
[e] Preuu. de Vergy.
[f] 31. Reg. du Treſor des Ch. du Rey fol. 21.
[g] Reg. du chaſteau du Loir.
[h] Aux Pr. de l'Hiſt. des Dauph. p. 61.
[i] Iuſtel en l'Hiſt. d'Auuerg. aux Pr. p. 351.
[k] Preuu. de Vergy p. 151.
[l] To. 6. Spicil. p. 674.
[m] Aux Pr. de l'Hiſt. de Turen. p. 39.
[n] Aux Pr. de Vergy p. 170. 171.

dans les anciennes Chartes. [a] Vn titre de Eudes Duc de Bourgogne de l'an 1197. *Pro juramento, quod mihi fecit idem Huo super dungione Vergeii mihi & successoribus meis reddendo.* [b] Vn autre de Raymond Vicomte de Turenne de l'an 1253. *Ego etiam & successores mei tenebimur jurare quòd ad magnam vim & paruam—reddemus castrum Turenis.* [c] L'infeodation du Château de Gimel à Renauld Vicomte de Gimel par Raymond Vicomte Turenne : *Pro verò isto feudo idem Raynaldus fuit homo Litges prædicti Vicecomitis Raymundi, & firmauit ei, ac jurauit castrum de Gimel cum omni prædictâ terrâ, vt quocumque tempore, vel quocumque modo, ipse Raymundus Vicecomes Torrennensis, vel ejus successores, jam dicto Raynaldo & ipsius successoribus castrum de Gimel sibi reddi petierint, omni fraude remotâ, sine vllâ dilatione, aut occasione reddatur eis.* [d] Vn titre de Matfred de Castelnau de l'an 1221. *Et promisi in virtute præstiti sacramenti, quòd præfatum castrum omni tempore ei redderem.* Il paroît assez de ces remarques qu'il se faisoit vn serment particulier different de l'hommage, quoy que souuent l'vn & l'autre se fissent conjointement, & au même temps, & que les lettres, qui s'expedioient pour les hommages, continssent aussi les conditions de ces sermens, encore bien que l'vn differast de l'autre : car c'est vne condition apposée pour la forteresse qui dépendoit du Fief, qui pouuoit estre relâchée par le Seigneur, sans préjudice à l'hommage qui lui estoit dû. Le titre de Guillaume Seigneur de Mont Saint Iehan de l'an 1239. dont je viens de parler, *Remisit etiam mihi & hæredibus meis, & quittauit juramentum & redditionem montis S. Iohannis, Dominio Montis S. Iohannis de suo feodo ligio remanente.* Où le mot de *juramentum* est à remarquer, qui montre que le serment estoit distinct & different de l'hommage : ce qui est encore exprimé en vn titre de Robert Euesque de Clermont, qui sera rapporté cy-apres, où *juramentum*, & *fidelitas* sont distinguez. Ce qui n'est pas sans fondement : car par le mot de *Feauté* est entendu l'hommage, qui n'est qu'vn acte de respect & de reuerence enuers le Seigneur que le vassal rend entre ses mains, sans faire aucun serment, ne faisant qu'vne simple promesse de fidelité. Mais dans le cas de *la reddition*, en fait de châteaux, le vassal faisoit serment sur les saints Euangiles, ou sur les reliques des Saints, ou enfin en vne autre maniere, & s'obligeoit aux conditions ordinaires de ces fiefs enuers son Seigneur. Aussi les Feudistes font distinction entre l'hommage, & le serment de fidelité que les Euesques font au Roy, & à ce sujet on rapporte que le Pape Adrian soûtint à l'Empereur Frederic I. que les Euesques d'Italie ne lui deuoient point hommage, mais seulement le serment de fidelité. On peut neantmoins justifier que les hommages se sont faits auec serment, mais non pas toûjours. Ie laisse cette matiere pour continuer ce qui est de mon dessein.

Le terme de *rendable*, regarde le Seigneur dominant, à qui le vassal estoit obligé de rendre son château & sa forteresse dans les occasions, & dans ses besoins, en telle sorte qu'il en demeuroit le maître absolu : le vassal même étant obligé d'en sortir auec toute sa famille, comme nous remarquerons dans la suite. I'estime que c'est en cela, que, ce que les titres appellent *feudum receptabile*, differe du *reddibile*, en ce que par la condition du premier le vassal estoit obligé de receuoir le Seigneur, sans qu'il fust tenu d'en sortir, ni sa famille. Ie remarque ce terme en vn Arrest du Parlement de Paris de l'an 1390. où le Duc de Lorraine declare qu'il tient du Roy, comme Comte de Champagne, la ville & le château de Neufchastel, *in feudo receptabili, & non reddibili.* Et dans le Testament de Charles Duc de Lorraine de l'an 1424. il est dit que le château de Billestein *sera rendouble & receptauble* au Duc & à ses successeurs : c'est à dire, que ceux qui en seront possesseurs, seront tenus de receuoir le Duc, quand il y viendra pour ses affaires, & de le rendre, & lui remettre entierement entre les mains, lorsqu'il en aura besoin pour ses guerres. L'hommage d'Estienne Comte d'Auxonne fait à Eudes Duc de Bourgogne l'an 1197. porte qu'il sera obligé de receuoir le Duc & les siens dans sa

# SVR L'HISTOIRE DE S. LOVYS. 351

place, sans que le Comte soit tenu de se retirer : *Iuramus Auxonam villam cum*   Preuues de
*castro jurabilem & reddibilem Duci Burgundiæ, & successoribus suis contra omnes.*   l'Hist. de
*Hoc excepto quòd ego & successores mei in prædicto castro mansionem nostram habebi-*   Vergy p.
*mus, & si Duci Burgundiæ necessitas incubuerit, prædictum castrum Ducem Burgun-*   122.
*diæ iuuabit, & Dux & sui in eodem castro receptaculum suum habebunt.* Puis est
ajoûté le cas, où le Comte est obligé d'en sortir, qui est, s'il entre dans l'hom-
mage du Comte Othon de Bourgogne. De sorte que le *fief receptable*, est celui   M. Boissieu
que quelques Feudistes appellent *Fief de retraite*, parce que le vassal est obligé
de receuoir son Seigneur en son château, & de lui donner retraite, lorsqu'il
en a besoin, sans que le vassal soit obligé d'en sortir. Au contraire le *Fief
rendable*, est lorsque le vassal est obligé de sortir de son château, & de l'abandon-
ner à son Seigneur. Cette condition est ainsi expliquée en l'hommage que
Raymond des Baux Prince d'Orenge, fit à Charles Dauphin de Viennois le 28.
jour de Iuillet l'an 1349. pour les châteaux de Montbruison, de Curaiere, & de
Nouesan, lesquels il reconnut tenir *in feudum francum & nobile, reddibile tamen, quæ
reddibilitas sic intelligitur, videlicet, quòd quotiescumque Dominus Delfinus, vel sui,
guerram haberent, vel habere timerent verisimilibus conjecturis, ad ejus requisitio-
nem reddi debeant dicta castra, & ea tenere possit guerrâ durante cum expensis D.
Delfini, nihil accipiendo de redditibus vel exitibus, vel aliis juribus dictorum ca-
strorum, guerrâ sopitâ ipsa castra dicto Domino Principi reddere teneatur : Si verò
D. Princeps pro bono dominio ipsi D. Delphino redderet ipsa castra, tùm dictus Del-
phinus cum expensis dicti D. Principis ipsa debeat custodire.*

Tous les Seigneurs n'auoient pas le droit & le priuilege de se pouuoir faire
rendre les forteresses de leurs vassaux. Il faloit qu'ils fussent fondez, ou en
droit commun, en coûtume, & en vsance generalement receuë dans l'étenduë   Galland au
de leur seigneurie, ou bien en conuention particuliere auec leurs vassaux. Le   Traité du
reglement dressé par Alphonse Comte de Poitou & de Tolose l'an 1269. pour   Franc-
l'extinction & l'abolition du rachat à mercy, designe ces deux cas, dans les-   aleu.
quels il est permis au Seigneur de se faire rendre & remettre le château de son
vassal, en ces termes : *Et encores porroit nostre Sires li Cuens deuant dis prendre
les chasteaus & les forteresses, & de tenir à soi, ès cas où il le puet faire par droit,
ou par coustume, ou par conuenance.* De sorte que le Seigneur peut auoir ce pri-
uilege par vn droit commun, receû de tout temps dans l'étenduë de sa sei-
gneurie. Par exemple en la plûpart des prouinces de France, & particuliere-
ment en celle de Beauuaisis, tous ceux qui tenoient en Baronie auoient cette
prerogatiue, qu'ils pouuoient prendre les châteaux de leurs vassaux pour leurs
besoins. Philippes de Beaumanoir en son coûtumier de Beauuaisis en fait la   Philippes de
remarque, en ces termes : *Il Cuens, & tuit cil qui tiennent en Baronie, ont bien*   Beauma-
*droit sor lors homes par reson de Souuerain, que s'il ont mestier des forteresses à lor*   noir M S.
*homes, por lor guerres, ou por mettre lor prisonniers, ou lor garnisons, ou pour eus*   ch. 58.
*garder, ou por le profit commun du pays, il les peut penre.* Et plus bas : *Se cil qui
tient en Baronie prent la forteresse de son homme pour son besoing, &c.*

Cette coûtume de rendre les châteaux des vassaux au Seigneur, receuë
dans l'étenduë de sa seigneurie, se trouue exprimée en diuers titres, & parti-
culierement dans les loix que Simon Comte de Montfort dressa pour les peu-
ples d'Alby, de Bezieres, de Carcassonne, & de Razez, l'an 1212. *Omnes Ba-
rones, Milites, & alii Domini in terrâ Comitis tenentur reddere castra & fortias
Comiti, sine dilatione & contradictione aliquâ, irato vel pacato, ad voluntatem suam,
quotiescumque voluerit, &c.* Beranger-Guillems Seigneur de Clermont de Lo-   Plantauit.
deue reconnut en l'an 1271. qu'il estoit obligé rendre son château à l'Eues-   in Episc.
que de Lodeue, *juxta morem & consuetudinem in recognitionibus castrorum feu-*   Luteu. p.
*dalium ejusdem diœcesis obseruari solitam.* Le méme Berenger rendit son châ-   211. 272.
teau en l'an 1316. à l'Euesque Guillaume, *Quemadmodum cæteri ejusdem Epi-*   Guichenon
*scopi vassalli facere consueuerunt.* Amé IV. Comte de Sauoye, donna à Thomas   aux Preu.de
de Sauoye Comte de Flandres son frere le château de Bard en la Val d'Aouste   l'Hist. de
  Sauoye p. 902

## DISSERTATION XXX.

l'an 1242. auec cette condition, *Quòd ipsum castrum sibi redderet secundùm quòd consuetudo est in Valle Augustensi de castris reddibilibus.* Les anciennes coûtumes de Catalogne commencent par ce titre, qui est au premier Chapitre: *Aysi comensen les coustumes de Catalunya entre lo Senyors, els vassels, los quels tenen castels, ho altre feus, per Senyors hor es esgarda feu à homenatge.* Et en suite est cét article: *Si lo Senyor ha demanat al sen vassel que li done postat del Castel, o de casa, loqual, o la qual te per el, o ayan demanat fermer dret, lo vassel deu fer so que demanat li es ses tota contradictio.* Celles du Comté de Bigorre redigées par Bernard fils de Centulle Comte de Bigorre établissent la méme vsance: *De castello quisquis in terrâ voluntate & consilio Comitis tenuerit, securum Comitem faciat, ne iratus, vel absque irâ Comiti castellum retineat, ne ei quidquid mali inde exeat, nec Comes eum lege terræ de castello decipiat.*

Comme il n'estoit pas permis au vassal d'éleuer aucune forteresse sans le consentement de son Seigneur, ainsi qu'il est porté dans les mémes coûtumes de Bigorre, *Nemo Militum terræ Castellum sibi audeat facere sine amore Comitis;* Ainsi ses consentemens ne se donnoient qu'auec cette condition, que les vassaux les remettroient au pouuoir des Seigneurs, pour s'en seruir dans leurs besoins. Les titres fournissent vne infinité de ces conuentions entre le Seigneur & le vassal, touchant la reddition de leurs châteaux. Edoüard Roy d'Angleterre declare par ses lettres qu'il permet à Gailhard de Blanhas de bâtir vne forteresse, *Saluo nobis & nostris hæredibus, quòd illud fortalitium reddatur nobis, & hæredibus nostris, nostróque Senescallo Vasconensi, & cuilibet alii mandato nostro.* Hugues Duc de Bourgogne permit en l'an 1184. à Guy Seigneur de Trichâtel, *vt castrum Tilecastri firmaret hoc modo, ipsum verò castrum muro claudi, cujus altitudo à ripâ exteriori sit vnius lanceæ absque batalliis, & muro antepectorali, &c.* à condition, entre autres choses, d'hommage lige, & que Guy rendroit le château au Duc, lorsqu'il l'en requerroit. C'est en ce sens qu'il faut entendre ces termes d'Ildefonse Roy d'Arragon & Marquis de Prouence en ses lettres du mois de May 1277. par lesquelles il permet à l'Abbé de S. Victor de Marseille, & autres, *Regiâ autoritate castella construere, & villas de nouo ædificare,* auec tout priuilege de franchise & d'immunité, *Saluâ tamen honorificentiâ & fidelitate & POTESTATE, quandocumque nobis placuerit.* Souuent encore les Seigneurs qui n'auoient pas ce droit d'exiger de leurs vassaux, que leurs châteaux leur fussent rendus, soit par la coûtume, soit par la permission de les éleuer, l'acqueroient & l'achetoient d'eux. Ainsi Ponce de Mont S. Iehan promit en l'an 1219. à Blanche Comtesse de Champaigne, & à son fils Thibaud, moyennant certaines rentes qu'ils luy donnerent, de les aider de ses forteresses: *Ego juraui eis super Sanctos, quòd ipsos & hæredes eorum bonâ fide juuabo de me & gentibus meis, & de forteritiis meis,* &c. les titres sont pleins de semblables acquisitions.

Ces mémes titres specifient ordinairement diuerses conditions, auec lesquelles le vassal estoit obligé de remettre son château & sa forteresse au pouuoir de son Seigneur, *sçauoir à grande & à petite force.* La coûtume de Bar, qui est la seule de nos coûtumes qui ait parlé de cette espece de fief, porte *que tous les Fiefs du Duc de Bar en son Bailliage de Bar sont Fiefs de Danger, Rendables à luy à grande & petite force, sur peine de commise.* Les Chartes Latines tournent pour le plus souuent ces mots, *ad magnam vim & paruam,* qui se rencontrent presque en toutes celles qui sont mention de cette espece de fief. Il y en a vne au Cartulaire du Comté de Montfort, qui met ces termes au pluriel, où Pierre de Richebourg Cheualier reconnoist en l'an 1235. qu'il tient sa maison de Richebourg d'Amaury Comte de Montfort, *ad magnas vires & paruas, quotiens suæ placuerit voluntati.* Vne autre de Hugues Duc de Bourgogne de l'an 1184. *Iurauit etiam quòd eamdem firmitatem, quotiescumque quæreremus, vel quæri faciemus, cum magnâ fortitudine, vel paruâ, absque dilatione reddet.* Celle de Hugues Seigneur de Partenay de l'an 1253. *ad magnam forciam & paruam,*

# SVR L'HISTOIRE DE S. LOVYS.

*nam.* Enfin vn titre de Guillaume Comte de Geneue de l'an 1232. *Ego Guillelmus Comes Gebennensis notum facio, &c. — quòd ego teneo in feodum à nobili viro — Hugone Duce Burgundiæ castrum meum de Cleies, ita quòd de ipso castro potest ad voluntatem suam guerrare, ad magnas gentes & ad paruas, & cum armis & sine armis.* Ces derniers termes justifient euidemment que toutes ces façons de parler ne sont que pour faire voir que le vassal estoit obligé de remettre son château à son Seigneur, soit qu'il y voulust entrer le plus fort, & en faire sortir le vassal, soit qu'il y voulust venir auec sa suite ordinaire pour y exercer les marques de superiorité, comme nous dirons incontinent.

<small>M. Perard p. 425.</small>

Il y a plusieurs titres qui representent d'autres termes. Celuy de Matfred de Castelnau de l'an 1221. *& promisi in virtute præstiti sacramenti, quòd præfatum castrum omni tempore eidem redderem, cum forisfacto, & sine forisfacto, ad omnem ejus submonitionem, vel certi nuntii sui.* Il y en a vn autre semblable de l'an 1190. en l'Histoire des Euesques de Cahors, qui est de Raymond Vicomte de Turenne. Dans le Cartulaire du Comté de Bigorre qui se conserue en la Chambre des Comptes de Paris, je lis ces mots: *Arnaldus Aragonensis reddidit castros Petro Comiti Bigorrensi, qui vocantur Ors, Luci, Ferrer, Belsen, tribus vicibus in anno, ab irâ, & sine irâ, ab feit, & foras feit, à lui, & à se lignage.* L'hommage de Fortaner de Gordon, pour plusieurs châteaux qu'il possédoit au diocese de Cahors, fait à Raymond Comte de Tolose l'an 1241. vse d'autres termes, qui ont la même signification: *Et promitto vobis per solennem stipulationem, quòd hæc predicta vniuersa & singula reddam & tradam vobis & successoribus vestris, iratus & pacatus, cum delicto & sine delicto, quotiescumque à vobis per vos, vel vestrum nuntium super hoc fuero requisitus, sine omni diffugio atque mora.* Celuy de Hugues Arnauld au même Raymond de l'an 1237. qui se lit dans l'Histoire des Vicomtes de Turenne, represente les mémes mots. Vn autre de Centulle Comte d'Estrac de l'an 1230. en fournit d'autres, mais qui ont la méme signification: *Ad commonitionem vestram, vel nuntiorum vestrorum, quotiescumque, & quandocumque volueritis irati vel pacati, cum commisso, & sine commisso vobis reddemus.*

<small>Aux Preu. de l'Hist. de Turenne p. 42. La Croix in Episc. Cadurcens. p. 75. Census & debita Bigorra. Reg. des C. de Tolose, fol. 18. Com. par M. d'Heronual.</small>

<small>Aux preuues p. 354.</small>

Ie crois que toutes ces expressions ont vne signification differente de celles de *grande & de petite force*, & qu'elles forment vne condition, qui regarde les personnes du Seigneur & du vassal, au cas qu'ils ayent quelque different ensemble, ce qui est expliqué plus clairement par la formule qui se rencontre ordinairement dans les titres *d'iratus & pacatus*, en vertu de laquelle le Seigneur déclare qu'il a droit d'entrer dans le château de son vassal, soit qu'il ait different auec luy, & qu'il y ait de la mesintelligence entre-eux, *iratus, ab irâ*; soit qu'il n'ait aucun démeslé auec luy, *pacatus*, ou *pacificus*, comme porte vn titre de Hugues Comte de la Marche touchant le château de Belac, *& ipsum castrum non debent ei vetare pacifico, nec irato.* Vn titre d'Ildefonse Roy d'Arragon de l'an 1192. *Et tu & successores tui dabitis mihi & meis successoribus in perpetuum potestatem irati & pacati de Lorda, & de omnibus castellis, munitionibus & fortitudinibus ejusdem Comitatus & terræ.* Mais parmi vne infinité de titres, qui representent ces termes, je me contenteray de rapporter cét hommage de Roger de Mirepoix. *Ego Rogerius de Mirapeis & Arnaldus Rogerii, & ego Rogerius Isarni, & ego Suffredus de Marlag, juramus tibi Rogerio Comiti Fuxensi filio Rogerii & Stephaniæ castellum Mirapeis ab la forsa, & ab las forsas, quæ nunc ibi sunt, & inantea erunt, que nol ten tollam, ne non ten decipiam de las forsas quæ nunc ibi sunt, & inantea erunt; & si erit homo aut fœmina, qui hoc fecerit, recti adjutores tibi erimus, donec recuperatum habeas, & inantea in sacramento staremus; quòd pacificati & pacati reddemus eum, cum totas forcias tibi & tuo misso, quando tu volueris, juramus tibi per Deum, & per istos Sanctos.* Ce titre semble encore expliquer les termes *grande & petite force*, & faire voir qu'ils regardent les forces qui sont dans le château du vassal, desquelles il doit aider son Seigneur, soit que par ces mots on entende les artilleries, soit qu'on

<small>Reg. des Comtes d'Angoulesme cotté 25. Hist. de Bearn l. 6: ch. 9. Ib. l. 8, c. 112.</small>

Partie II.            Y y

# DISSERTATION XXX.

*Vigner aux Geneal. d'Alsace p. 146.*   les prenne pour les garnisons & les soldats qui gardoient la forteresse. Au traité d'alliance qui se fit en l'an 1266. entre Henry Comte de Luxembourg & Ferry Duc de Lorraine, le Comte promet d'aider en bonne foy le Duc contre le Comte de Bar, *en bonne foy à son pooir à grant force & à petite.*

*Art. 1.*   Les anciennes Coûtumes de Catalogne disent que le vassal est obligé de mettre son château au pouuoir, & entre les mains de son Seigneur, lorsqu'il lui en fera la demande : Et ensuite elles forment cette difficulté au sujet du vassal, qui est en procés auec son Seigneur pour quelque different qui concerne le fief : car quoy qu'il allegue qu'il en a esté dépoüillé par luy, ou d'vne partie, & qu'il n'est pas tenu de répondre au Seigneur, jusques à ce qu'il luy eust rendu & restitué ce dont il a esté dépoüillé, si est-ce, disent ces Coûtumes, que le vassal ne doit estre oüi en aucune maniere : dautant qu'en ce qui regarde la feauté, c'est à dire les deuoirs des vassaux enuers les Seigneurs, on n'est pas reçû à alleguer aucune raison. *Si lo Senyor ha playdeiat ab son vassal en juhezi sobre alcuna cosa, que riquirisca fe, e lo vassal allegua que el es despoulac per lo Senyor d'alcuna part del feu, ho d'alcuna altra cosa, per que dyu que no es tengus de respondre al Senyor, entro que sia restituit en so de que es despulat, si aquest cas lo vassel no deu essor hoit en neguna manera. Car en so que requer fieltat, e par contradir se sequeys bausia, no espresa neguna defensio.* Cét article semble expliquer disertement le mot *d'iratus*, & justifie que quoy que le Seigneur & le vassal soient en different au sujet de leurs fiefs, le vassal neantmoins ne pouuoit pas en ce cas refuser à son Seigneur de rendre son château.

*In Gloss. Lat. Barb. v. Bosinse.*   Il explique encore les termes, *Cum forisfacto & sine forisfacto ; cum delicto & sine delicto*, qui sont exprimez par celuy de *Bausia*, comme j'espere le justifier ailleurs : car il dit qu'en ce qui requiert la feauté, par le refus de l'accomplir, il y a lieu à la felonie, & que le vassal ne peut sous pretexte de different se deffendre de rendre sa forteresse à son Seigneur. Ainsi le vassal estoit obligé de remettre son château à son Seigneur à la premiere sommation, soit qu'il fust en different auec luy acause de son fief, soit qu'il fust en paix, *pacatus*.

Le Seigneur auoit droit de demander que son vassal remit en son pouuoir son château, ou sa forteresse pour s'en seruir dans ses besoins. C'est ce qui est exprimé en plusieurs Chartes. La Chronique de Senone : *Castrum suum* 

*Chron. Senonienfe c. 121.*   *Morhenges — ab eodem Duce in feodo recepit, vt si quando ipsi necessitas occurreret, illud castrum absque vllà contradictione redderetur.* Vn titre de Voldemar Duc de 

*Pontan. l. 7. rerum Danicar.*   Iustie de l'an 1326. *Antedictæ verò munitiones, semper nobis, vel nostris veris hæredibus apertæ erunt ad omnem nostram necessitatem.* L'hommage d'Arnaud Ot-

*Reg. de la Connétablie de Bordeaux fol. 183.*   ton Vicomte de Lomagne à Alphonse Comte de Poitou & de Tolose : *Dicta etiam feuda iratus & pacatus vobis reddam, quandocumque fuero requisitus, quæ tamen restituere mihi debebitis necessitate finitâ.* Cette necessité s'entendoit tant 

*Reg. de Phil. Aug. appartenant à M. d'Herouual p. 126.*   pour les grands besoins, que pour ceux qui estoient de moindre importance. Vn titre de Guillaume de Guierche : *Præterea Domino Regi juramento astricti sumus, quòd non denegabimus ei, vel mandato ejus, domum nostram de Segreio in magnâ vel paruâ necessitate.* Ces besoins sont remarquez par Philippes de Beaumanoir au passage que j'ay rapporté cy-deuant, sçauoir pour les guerres du Seigneur, pour mettre ses prisonniers, pour y auoir sa retraite & s'y faire garder, & pour le profit commun du pays.

*Reg. de Carcassone, fol. 60.*   Le premier cas se trouue ainsi exprimé en l'hommage de Pierre Bermond Seigneur de Sauue, d'Anduse & de Sommieres qu'il rendit à Louys VIII. Roy de France l'an 1226. *Et ego super sacrosancta juraui Domino Regi, quòd omnia castra, quæ nunc teneo de ipso, tradam ei & hæredibus suis ad magnam vim & paruam, & pro grauandis hostibus suis, quotiens inde à Domino Rege, vel hæredibus* 

*Reg. de Phil. Aug. p. 85.*   *suis, fuero requisitus.* Philippes Auguste donna la terre de Conches à Robert de Courtenay, à condition qu'il seroit tenu, & ses successeurs, de rendre au Roy *forteritias prædictorum castrorum, ad guerrandum, & ad magnam vim, & ad*

# SVR L'HISTOIRE DE S. LOVYS.

*paruam.* Berenger-Guillems Seigneur de Clermont de Lodeue, *Etiam castra confessus est reddere decimâ die, vel infra, ad ejus, ejúsque nuntii commonitionem propter bellum.* Vn titre de Garcias Arnaud de Nauailles de l'an 1262. *Encores promeismes & jurasmes à Monf. Edoart, que nos heres à tos jors rendron à li, o à ses hers, & à lur Seneschal, o à lux certein mesage l'auant dit chasteu de Saut, — totas las horas que il nos requerunt por lur guerra, que in a'uront en Gasconhe, & les tendrunt tant con lur guerre durra à lur cost, sauue à nos les rentes & les issues des terres. & quant lur guerre sera fenie, o paix set sera, o triue prise, eus nos rendrunt à nos heres les chastiaus auant dits.*

Que si le vassal faisoit sa demeure dans vn autre Royaume, que celui où son fief estoit situé, & ainsi fust sujet naturel d'vn autre Prince, que celui, de qui son fief releuoit mediatement, ou immediatement : en ce cas, si les deux Princes entroient en guerre ensemble, le vassal estoit obligé d'abandonner ses châteaux au Prince ennemy de son Prince naturel, pour s'en seruir tant que la guerre dureroit. I'ay leû l'original d'vn hommage que Nugno Sanche Comte de Roussillon & de Cerdaigne fit au Roy Louys VIII. pour les Vicomtez de Fenolhedes & de Pierre Pertuse, au Camp deuant Belpech, au mois d'Octobre l'an 1226. qui porte que le Comte fait hommage lige au Roy pour ces Vicomtez, *Salua fidelitate Regis Aragonum, ita tamen quòd si aliquo tempore guerra inter Nos*, (c'est le Roy de France qui parle) *& Dominum Regem Aragoniæ contra nos, vel hæredes nostros de eo quod tenet de nobis esset, totum illud nobis, vel hæredibus nostris durante guerrâ redderetur, & illud teneremus quousque guerra finiretur: quâ finitâ totum illud ad ipsum, vel hæredes suos sine contradictione aliquâ reuerteretur.*

L'autre necessité, & l'autre besoin du Seigneur, à l'égard des châteaux de son vassal, estoit pour y mettre ses prisonniers, & les y faire garder, ou pour y mettre ses garnisons, c'est à dire, tant les soldats pour le garder, que les viures & autres necessitez de ses armées. L'hommage de Geoffroy de Lezignen Vicomte de Châtelleraud du mois de May 1224. au Roy Louys VIII. *Quotiens autem, & quando Dominus Rex erit in partibus Pictauiæ, teneor reddere castrum meum de Vouuent domino Regi, vel mandato suo, ad ponendum in eo garnisionem suam, quamdiu erit in partibus Pictauiæ, & in recessu suo rehabebo castrum meum de Vouuent, &c.* Enfin le Sire de Beaumanoir dit que le Seigneur pouuoit prendre le château de son vassal pour l'vtilité publique; & pour le profit commun du pays. C'est ce qui fut representé au Concile prouincial tenu à Winceftre l'an 1139. sous Estienne Roy d'Angleterre : *Certè, quia suspectum est tempus, secundùm morem aliarum gentium, Optimates omnes claues munitionum suarum debent voluntati Regis contradere, qui pro omnium pace debet militare.* Vvill. Malmesbur. l. 2. Hist. Nouella p. 183.
Conformément à cette maxime la coûtume de Bassigny le Lorrain à Gondrecourt la Marche, arrêtée par le Duc de Lorraine le 15. de Nouembre l'an 1580. porte *que tout vassal du Duc est tenu de lui prêter ses châteaux & forteresses pour vn temps, pour la conseruation de sa vie, ou de son pays.*

Comme l'hommage se faisoit à toute mutation du Seigneur & de vassal, du moins en la plûpart des Coûtumes, ainsi le Seigneur auoit droit, en cas de cette mutation, d'entrer dans les châteaux de ses vassaux, d'y exercer les marques de souueraineté, & d'y arborer ses enseignes; ce qui se pratiquoit auec les ceremonies, qui sont remarquées dans les titres. L'hommage de Signis, veuue de Centulle Comte d'Estrac, & de Centulle son fils, pour le Comté d'Estrac, à Raymond Comte de Tolose du mois de Nouembre l'an 1245. porte, qu'aprés que l'hommage eut esté fait au Comte, *Petrus de Tolosa, nomine & loco ipsius domini Comitis Tolosani, & de mandato ipsius speciali, accessit ad castrum nouum de Barbarene, ad Durbanum, ad Montem Cassinum, & ad Simorrem, & ibi super turrim castri noui, & super turres & portalia aliorum suprascriptorum locorum, ratione & jure majoris dominii, fecit ascendere vexillum, seu banneriam dicti Comitis Tolosani, & ex parte ipsius ter præconizari, & clamare altâ voce signum dicti* Reg. de Tolose.

# 356 DISSERTATION XXX.

*Comitis, scilicet* TOLOSAM: *& dicta castra & villas pro eodem domino Comite, & nomine & loco ipsius recepit, & ab eadem Signi, & Centullo ejus filio, ratione & jure feodi & majoris dominii eidem Petro de Tolosa tradita fuerunt.* Ainsi Berenger Guillems Cheualier Seigneur de Clermont de Lodeue faisant hommage à Guillaume Euesque de Lodeue acause de son château de Clermont en l'an 1316. remit son château au pouuoir de l'Euesque, qui y entra, tandis que le Seigneur de Clermont auec sa femme, ses enfans, & sa famille demeura au dedans de l'enceinte inferieure, c'est à dire dans la basse-court du château, & hors l'enceinte superieure, qui estoit le château. Aprés quoy l'Euesque entrant auec sa suite en l'vn & en l'autre, fit fermer les portes, puis ses Escuiers arborerent sa banniere sur les murs, en diuers endroits du château, crians à diuerses reprises à haute voix, CLERMONT, *Clermont, pour Monseigneur l'Euesque de Lodeue, & S. Genez*: Ce qu'estant acheué, l'Euesque se retira, & rendit au Seigneur de Clermont le château auec les clefs. Par le traité qui fut fait entre Henry Roy d'Angleterre & Raymond Vicomte de Turenne l'an     il fut conuenu que le Vicomte feroit à l'auenir hommage au Roy d'Angleterre, & qu'à châque changement du Roy, il seroit tenu, pour marque & reconnoissance de Souueraineté, *in signum dominii*, de remettre les clefs des châteaux de Turenne & de S. Ceré entre les mains du Roy, ou de ceux qui seroient commis par lui, lesquels au nombre de deux ou trois entreroient dans ces châteaux, sans que le Vicomte, ni sa famille, fussent obligez de se retirer, & là feroient voir la banniere du Roy : aprés quoy les clefs seroient renduës au Vicomte, & ceux qui y seroient entrez de la part du Roy seroient aussi obligez de se retirer. Arnaud Archeuesque de Narbonne, ayant receu, en qualité de Duc de Narbonne, l'hommage d'Aimery Vicomte de Narbonne, *recepit palatium, posito signo Ecclesiæ in turri, pro dominio & Ducatu*, ainsi que nous lisons dans l'Histoire des Euesques de Lodeue, laquelle nous apprend encore que cette ceremonie d'arborer les bannieres, pour marque de Seigneurie, se faisoit auec les fanfares des trompettes : *Et eleuato in turris summitate ejusdem Episcopi vexillo, buccinauerunt more consueto.*

Cela s'obseruoit ordinairement, ainsi que j'ay remarqué, lorsqu'on rendoit les hommages pour cette espéce de fiefs, où le vassal estoit obligé de desemparer son château, & de le mettre au pouuoir de son Seigneur : si ce n'est qu'il y eust conuention au contraire. L'hommage du Prince d'Orenge de l'an 1349. dont j'ay parlé cy-deuant : *Et in qualibet mutatione Domini & vassalli etiam dicta castra redduntur domino Delfino, & suis, tenendo per tres dies, duntaxat cum vexillo Delfinali, nihil de bonis dictorum castrorum accipiendo.* Nous en auons vn autre exemple singulier au Cartulaire de l'Archeuesché d'Arles, en ces termes: *Anno Dom. 1263. 5. die mensis Febr. in præsentiâ dominorum P. Aurasicensis Episcopi, & Ioannis de Arsisio Senescalli de Venaisino, &c. fecerunt homagium D. Florentio Arelatensi Archiepiscopo, sub eadem formâ & verbis, & juramento, quibus suprâ proximè, Arnaudus, Pontius, & Raimundus de Montedraconis & D. Rixendis vxor D. Pontii de Montedraconis. Acta fuerunt hæc in dicto castro, & desemparato priùs castro, cum vxoribus, liberis, & totâ familiâ suâ, & apportatis clauibus castelli extra portam ad præsentiam dicti Archiepiscopi.* Estant à remarquer que par vn autre hommage, que Guillaume Seigneur de Mondragon fit à l'Archeuesque d'Arles l'an 1143. ce Seigneur s'oblige de rendre son château à sa semonce. D'où il se recueille que faire entrer, ou arborer la banniere dans vn château, estoit vne marque de Seigneurie. Ce qui paroît encore assez par la reconnoissance que Iean Sire de Vergy Senéchal de Bourgogne donna au Seigneur de Villey, que quoy qu'il fust venu en la maison de Villey, & que ses bannieres y fussent entrées, il declaroit qu'il n'y auoit aucun droit, ni par raison de fief, ni par raison de justice, ou de Seigneurie.

Non seulement le vassal estoit obligé de remettre ses forteresses au pouuoir de son Seigneur, aux deux cas que je viens de specifier, mais encore en

# SVR L'HISTOIRE DE S. LOVYS. 357

toutes occafions, & toutes les fois qu'il en auoit befoin, ou mémes qu'il voudroit y venir. L'Hiftoire des Euefques d'Auxerre dit que Pierre Comte d'Auxerre rendit le château de Mailly *ad beneplacitum Epifcopi*, & par fon ordre à Hugues Archidiacre, *qui nomine Epifcopi caftrum ipfum recepit*: Et qu'Herué Comte de Neuers reconnut qu'il eftoit obligé de rendre à l'Euefque les tours de S. Sauueur, de Châteauneuf, & de Cône, *quoties vellet, & ad libitum fuum*. Raymon de Layrat fit la méme reconnoiffance à Pierre Euefque de Lodeue, *quoties idem Petrus ibi habitare vellet.* M. deBoiffieu rapporte vn titre de l'an 1203. par lequel Guillaume de Clermont reprend à hommage de l'Eglife de Vienne fes châteaux de S. Ioire & de Crepol, & s'oblige, *quòd ad petitionem Archiepifcopi vel Canonicorum, omni ceffante dilatione, redderet caftra ifta, vel quandocumque ipfi horum peterent, & inde poffent facere placitum & guerram ad libitum fuum*. C'eft pourquoy dans les hommages, & dans les titres, qui parlent de cette nature de fiefs, il eft prefque toûjours porté que le vaffal doit remettre & rendre fon château à fon Seigneur, *ad voluntatem fuam, & quotiefcumque voluerit*, fi ce n'eftoit que dans les infeodations ou dans les conuentions particulieres faites fur ce fujet, il n'y eut des claufes au contraire. Car fouuent il y eftoit fpecifié combien de fois en l'an le Seigneur pouuoit obliger fon vaffal à lui remettre fon château. Par exemple, dans le traité fait entre Gafton Vicomte de Bearn, & Raymond Garfie Seigneur de Nauailles l'an 1205. il eft porté que le Seigneur de Nauailles eft obligé de rendre fon château au Vicomte trois fois l'an : *eft autem conuentio talis, quod R. G. debet tradere & reddere domino Gaftoni irato & pacato, & fuis fucceffioribus ter in anno caftrum de Naualbes*. Au Cartulaire de Bigorre eft l'acte fuiuant : *Raymundus Garfias de Laueda voluit capere Petrum Comitem Bigorrenfem, & ceciderunt in Leuitano — poftea R. Garfias finem fecit cum Comite, tali pacto, vt omnes caftros fuos reddidiffet tribus vicibus in anno, à lui & à fon lignatge, ab feit, & ab fora feit, ab ira, & fine ira*. Quelquefois encore le temps que le Seigneur pouuoit le garder eftoit limité. Le traité d'entre le Duc de Bourgogne & le Seigneur de Vergy de l'an 1216. *Et quotiens ego vel mei Virgeium requiremus, nobis redderetur, & poffemus illud tenere per quatuordecim dies, fi nobis placeret, & amplius tenere non poffemus, nifi Abbates Cifterienfis & Bufferiæ negotium euidens & manifeftum viderent, pro quo viros tenere deberemus*. Toutes ces conditions n'eftoient pas de droit commun, mais de conuention particuliere.

Tandis que le Seigneur eftoit dans le château, ou dans les places de fon vaffal, il en eftoit tellement le maître, qu'il auoit le droit d'y exercer tous les actes de juftice à l'endroit des habitans, pourueu que les procés n'euffent pas efté commencez, ou terminez du moins. Ce priuilege eft attribué à l'Empereur dans les villes, qui font du reffort de l'Empire, dans le droit ancien des Saxons : *In quamcumque Ciuitatem imperii Rex deuenerit, ibi telonea vacabunt fibi & moneta. Quamcumque etiam prouinciam, feu territorium intrauerit, judicium illius fibi vacabit, & ei licebit judicare omnes caufas, quæ eorum judicio non fuerunt incœpta, aut finita*. Cinnamus en fon Hiftoire remarque que l'Empereur Manuel eftant arriué à Antioche, dont Renaud de Châtillon eftoit alors Prince & Seigneur, durant le temps de huit jours qu'il y demeura, toute la juftice du Prince ceffa, & les habitans y furent jugez par les Iuges de l'Empereur : τοσαύτην γε μὴν δουλοπρέπειαν Ἀντιοχεῖς εἰς αὐτὸν ἐπεδείξαντο, ὥςε αὐτοῖς τοῖς Ῥενάλδου διαφερόντων δόμοις, ἠδεὶς ἠδεμίας τῆς ἀμφισβαλόντων πρὸς τοῖς ὁμογενέσιν ἐδικάσατο δίκην, ὅτι μὴ πρὸς Ῥωμαίοις. Ce que Manuel fit enfuite du traité qu'il auoit conclu auec Renaud, par lequel ce Prince s'eftoit obligé, *Preftito corporaliter* SACRAMENTO, *quòd domino Imperatori Antiochiam ingredi volenti, vel ejus præfidium, fiue irato, fiue pacato, liberum & tranquillum non denegaret introitum*. Ce font les termes de Guillaume Archeuefque de Tyr, qui ajoûte, qu'en fuite de ce traité on éleua la banniere de l'Empereur au deffus de la principale tour du château d'Antioche. Et cét vfage eftoit tellement conftant à l'égard

Yy iij

des Souuerains, lorſqu'ils venoient dans les châteaux & dans les places de leurs vaſſaux, que nous l'auons veû pratiquer encore de noſtre temps par le Roy Tres-Chreſtien, à preſent regnant, lequel eſtant venu à Auignon le vingtiéme jour de Mars l'an 1660. y fut ſalué par les Conſuls & les Magiſtras comme Comte de Prouence, & comme leur Souuerain. La garde du Pape à qui cette ville appartient, y fut leuée, toutes les juriſdictions ordinaires ceſſerent, celle du Roy y fut établie, & le Roy même y donna les graces, & la liberté aux priſonniers.

Quoy que le vaſſal fuſt obligé de remettre ſon château au pouuoir de ſon Seigneur, lorſqu'il l'en auoit requis, il y auoit toutefois des cas où il pouuoit en faire refus, ſans pour cela encourir le crime de felonie, ou confiſquer ſon fief. Du moins auant que de le lui liurer, il lui eſtoit permis de prendre ſes précautions, & de demander des ſeuretez à ſon Seigneur. Par exemple, le Seigneur ne pouuoit pas demander le château de ſon vaſſal, pour s'en ſeruir contre lui en quelque guerre que le vaſſal auroit contre vn autre, ou bien pour y introduire l'ennemy du vaſſal. Il y a vne piéce ancienne aux Preuues de l'Hiſtoire des Comtes de Poitou du ſieur Beſly, qui fait voir que lorſque le vaſſal auoit quelque ſujet de défiance de ſon Seigneur, il pouuoit auec fondement lui demander des cautions, ou des hoſtages, auant que de mettre ſon château en ſon pouuoir: *Comes verò dixit ei, ſi fiducias vult dare tibi, quòd inimici tui caſtrum non habeant, non potes cum tenere.* Et plus bas, parlant du vaſſal reſolu de garder ſon château, à moins que le Seigneur ne lui donne caution, *miſit Hugo omnia neceſſaria in caſtrum, & voluit eum tenere contra omnes, ſi fiducias non darent ei.* A la fin Hugues rendit ſon château à ſon Seigneur, à condition que ſon ennemy n'y pourroit entrer ſans ſon conſentement, & qu'il ne lui en ſeroit fait aucun dommage. Il y a vn autre exemple de cecy en des lettres de l'an 1199. où Robert Euesque de Clermont declare, *Quoniam ſuſpecti videmur, ex eo quòd Pontius de Captolio contra nos fecit, manente nobis* IVRAMENTO *&* FIDELITATE *quod habemus in caſtro Vertazionis, illud per quinque annos ab inſtanti feſto S. Mariæ Magdalenes non requiremus, ſed ex tunc poterimus requirere.* Et delà vient que ſouuent dans les ſermens & les hommages qui ſe rendoient à l'occaſion de cette ſorte de fiefs, le vaſſal appoſoit cette condition, que le Seigneur n'y pourroit receuoir l'ennemy capital du vaſſal. L'hommage du Seigneur de Clermont de Lodeue à l'Eueſque de Lodeue, dont j'ay parlé cy-deuant, porte expreſſément, que, *non reciperet Epiſcopus in dicto caſtro capitalem inimicum dicti domini de Claramonte.*

Philippes de Beaumanoir propoſe cette queſtion, ſçauoir ſi vn vaſſal qui a la guerre en ſon particulier, peut eſtre obligé par ſon Seigneur de lui rendre ſon château, quand il l'en requiert, & la reſout en ces termes: *Auenir porroit que noſtres Sires aroit beſoing de me forterefſe & meſtier, & moi auſſi en tel point en aroie tel meſtier, que je ſeroie en guerre: ſi ſeroit perilleuſe coſe, que li autre, que mi ami y allaſſent, ne m'eſtoient reperant. Car tout ne le vouſiſt pas mes Sires, ſi pourroiſ-je eſtre greuex par cex qui de par eus i ſeroient. Donques en tel cas ne ſuis pas tenus à baillier me tour au commandement mon Seigneur, ſe ſes cors meiſmes n'i eſt. Et s'il ne me prent à aidier, & à garentir de me guerre, tant con il i ſera reſidens. Car ce que nous auons dit que li Signeur poent penre les forterêces de leurs hommes, c'eſt à entendre qu'il ſoient gardé de domage & de peril.*

Lorſque le Seigneur vouloit ſe faire rendre le château de ſon vaſſal, il étoit obligé de l'enuoier ſommer, ou pour vſer des termes de ce temps-là, il le deuoit *ſemondre.* Et alors le vaſſal auoit quelques jours pour ſe préparer à l'y receuoir, ou ſes deputez, & pour en faire enleuer ſes meubles & ſa famille. Vn hommage que j'ay rapporté cy-deſſus, tiré de l'Hiſtoire des Eueſques de Lodeue, porte que le vaſſal eſtoit tenu de remettre ſa forteresſe au pouuoir de ſon Seigneur en dedans dix jours après ſa ſemonce. Le vaſſal même s'obligeoit par la reconnoiſſance qu'il donnoit à ſon Seigneur, de bien traiter

## SVR L'HISTOIRE DE S. LOVYS. 359

son enuoyé, & de ne pas souffrir qu'il luy fust fait aucune injure, ou aucun dommage, vn titre de Bertrand de S. Amand de l'an 1131. *Et quotiens nos ammonueris per te, vel per nuncium tuum, reddemus supradictum castrum, & de ammonitione non vetabimus, & ammonitori damnum vel injuriam non inferemus, nec consilio nostro inferetur.* J'ay leu vn semblable hommage pour le château de Montdragon à l'Archeuesque d'Arles.

<small>Liure Nou de l'Archeuesché d'Arles fol. 34.
Ib. fol. 33.</small>

Les anciennes Coûtumes de Catalogne expriment exactement ce que le vassal estoit obligé de faire après la *semonce*, qui luy auoit esté faite de la part de son Seigneur, de luy abandonner son château : qui estoit qu'en méme temps il estoit tenu d'enleuer tous ses meubles, non seulement du château, mais encore de son enceinte. Puis le Seigneur y estant entré, ou son deputé, deuoit faire monter deux ou trois de ses gens en la plus haute tour, & y faire crier à haute voix son nom & son cry, & alors le vassal deuoit sortir du château, & de son enceinte, ne pouuant y demeurer que par le consentement exprés du Seigneur, si ce n'est qu'il n'eust aucun pourpris aux enuirons du château, où il pust se loger & se retirer : car autrement demeurant dans l'enceinte du château, il tomboit dans le crime de felonie, suiuant cette coûtume. Quant au Seigneur il deuoit mettre au château autant de gardes qu'il en faloit pour le garder, & dix jours passez, le rendre au vassal. Et parce que ces Coûtumes n'ont pas encore esté publiées, il est à propos d'en rapporter icy les termes : *Si per lo Senyor es demanda postat al vassel del sen castel, deu li esser donada per aquesta manera. Lo vassel premierament gitara totes ses coses del castel, & de tot le terme del castel e ses tota contradictio e retencio, lo castel deliurara al Senyor, e intrat que sera lo Senyor, ho altres per el, en la fortalissi del castel, lo Senyor fara puyar II. ou III. aytans quant se volra en lo plus alt de la torre, los quas ab grans vous cridaran, e enuocaran lo nom del Senyor. e Adoncs lo vassel exsira de tot lo castel, e del terme. Car no deu remembre a qui, si non aytant quant sera de volentat expressada del Senyor. Si doncs lo vassel no auia alcu porpri a lou dintre lo terme del castel, en lo qual remanir poyria. En altra manera, quant lo vassel seria remanzut en lo terme del castel, no seria entes que agues donada postat, aus seria reputat Bauzador, so es que auria feyre Bauzia, segons costuma de Catalunya, e seria Bauzador aytant de temps, quo estaria & vigaria de donor plena postat. e lo Senyor rezeben la postat, pauzaria francamente, e se nes tot en payament gardes en lo castel, aytant que necessari fossen à gardar lodit castel, o mudar enfre los x. dies. en aytal cas, no seria entes que lo vassel, è ques donada plena, & liberal postat del castel. e en aytel cas ne correrien al Senyor los X. dies, aytant pot que en cas quel vassel remangues en le terme del castel, o aytant por aïuo en cas quel vassel tornes enfre los termes abans de temps. mes se la hores commensaren a correr los dies, quant lo vassel aura donada plena e liberal postat, e no sera tornat en los termes abans que temps sia.*

<small>Cap. 2.</small>

Ce qui est dit en ces Coûtumes que le Seigneur deuoit sortir du château de son vassal, aprés qu'il y auroit demeuré l'espace de dix jours, qui commençoient à courir de celuy auquel il en auoit esté mis en pleine possession, regarde les vsages particuliers de la Catalogne. Car en d'autres Coûtumes le Seigneur pouuoit le retenir tant que sa guerre duroit, laquelle estant finie, il auoit encore quarante jours pour en sortir, & pour en retirer ses gens & ses meubles. Ce qui est exprimé dans l'acte d'hommage que Mathieu Duc de Lorraine fit à Blanche Comtesse de Champagne & à Thibaud son fils, l'an 1220. pour la Châtellenie de Neuchâtel : *Et eis juraui bonâ fide, & sine malo ingenio, quòd quandocumque, & quotiescumque fuero requisitus ab ipsis, vel ex parte ipsorum, tradam eis, vel eorum mandato, dictum castrum, forteritiam videlicet & burgum, vt ibi ponant de suis gentibus ad voluntatem suam. Ipsi autem infra x L. dies, postquam de ossonio, vel de guerrâ suâ liberati erunt, tenentur mihi reddere per juramentum suum castrum illud ita munitum, & in eo puncto in quo eis traditum fuerit bonâ fide.* Les mémes termes se rencontrent en vne semblable reconnoissance de Guy de Châtillon, fils aîné de Gautier Comte de S. Paul, pour

<small>Lib. Princ. Com. par M. d'Herouual.
Ibid.</small>

## DISSERTATION XXX.

ses forteresses de Champagne : *Dictus siquidem Comes fecit jurare in animam suam quòd infra* XL. *dies postquam exierit de Essonio suo, dictas forteritias mihi & Hugoni fratri nostro, vel hæredibus nostris, in eodem statu, in quo easdem recepit, restituet bonâ fide.* Dans le Traité d'entre Eudes Duc de Bourgogne & Estienne Comte d'Auxonne de l'an 1197. le Duc s'oblige de rendre Auxonne au Comte, *Infra* VII. *dies postquam Dux negotium suum de castro & villâ fecerit.* Ce qui fait voir que les vsages estoient differents pour cette sorte de fiefs.

<small>Preuu. de l'Hist. de Vergy p.122.</small>

Le Seigneur, ou ses deputez, estant entrez dans vne pleine possession du château du vassal, s'ils y trouuoient des viures, des meubles ou des prouisions, ils pouuoient s'en seruir auec discretion, & autant qu'ils en auoient besoin pour eux, & pour leurs gardes, tant qu'ils tiendroient le château, que s'ils n'y trouuoient rien, qui fust à l'vsage de ceux qui estoient établis pour sa garde, en ce cas ils estoient obligez de fournir à la dépense, qui leur deuoit estre renduë par le vassal. Les Coûtumes de Catalogne : *é si lo Senyor, quant rechebra la postat del castel, troba negunes causas del vassel en so castel, o en le terme, lo Senyor, o les seues gardes poyron aqueles cauzes penre e despendre tempradament aytant que necessari sara, mentre que lo Castel tenga. e si non troba res, o si troba cozo que non vaste a ops de les gardes, adoncs lo Senyor, & seu, fara les despens, més en pero lo vassel es tengut de retre aque les al Senyor.*

<small>Ch. 2.</small>

Cecy estoit encore particulier à la Catalogne, car de droit commun & ordinaire, la dépense de ceux qui gardoient le château du vassal de la part du Seigneur, estoit à la charge du Seigneur. Philippes de Beaumanoir : *Se cil qui tient en Baronie, prent la forteresse de son home pour son besoing, ce ne doit pas estre au coust de son home. Car se il i met garnisons, ce doit estre du sien, & s'il y a prisonniers, il les doit fere garder du sien, & s'il empire de rien la forteresse, il le doit refere.* La plûpart des titres toutefois exceptent le foin & la paille du vassal, que le Seigneur n'estoit pas obligé de restituer, s'ils les auoit consumé tandis qu'il auoit tenu son château. Le Traité d'entre Estienne Comte d'Auxonne & Eudes Duc de Bourgogne de l'an 1197. *Et si Dux & sui in eadem villâ aliquod damnum interim fecerint, præterquam de fœno & stramine, Dux infra* XL. *dies postquam submonitus fuerit, emendabit.* Vn titre de l'an 1216. *Et si dum illud teneremus, per nos, vel per nostros, aliquod damnum, præterquam de fœno & stramine, ibi in rebus suis fieri contingeret, infra* XL. *dies postquam requisiti essemus damnum illud restaurabimus.* Pour ce qui est du foin & de la paille, il semble que les vassaux estoient obligez d'en fournir au Seigneur en ses guerres, & lorsqu'il se trouuoit en la maison du vassal. Vn titre de l'an 1208. *Si verò guerram habuerit, obedientiariam in aliquo, excepto fœno & paleâ, non grauabit.* Aussi ce tribut est fort ancien, & est appellé *fodrum* dans les Auteurs du moyen temps, & estoit fourni generalement par tous les sujets du Prince, lorsqu'il venoit dans les villes, ou à ses enuoyez & à ses Commissaires. Frederic I. Empereur appelle ce droit qui estoit dû aux Empereurs, *fodrum regale*, en vne de ses patentes de l'an 1164. mais je reserue à en parler en vne autre occasion. Si le Seigneur ne pouuoit consumer que le foin & la paille du château, & de la place de son vassal, à plus forte raison le vassal demeuroit en la jouïssance & en la perception de ses droits qui luy estoient deus : C'est ce qui est exprimé dans vn titre de Pierre Vicomte de Castillon de l'an 1246. *Et hoc non obstante nos vel hæredes nostri, vel successores, redditus nostros de castro & de Castellaniâ Albæ terræ & pertinentiis eorum liberè & integrè percipiemus.*

<small>Ch. 58.</small>

<small>Collut. l. 6. cb. 38.
Aux Preu. de l'Hist. de Vergy p. 151. des D. de Bourgog. p. 67.
M. Perard en ses Mem. de Bourgog. p. 327. 329.
S. Iulien. aux Antiq. de Mascon p. 239.
Apud Vghel. in Epist. Reatin.</small>

<small>Reg. d'Angoulesme.</small>

Au surplus le Seigneur deuoit vser du château de son vassal comme vn bon Seigneur, & vn bon pere de famille, & le luy rendre, aprés que ses guerres, ou ses affaires seroient acheuées, au même état qu'il luy auoit esté confié. Les loix de Simon Comte de Montfort : *Et ipse Comes, tanquam bonus dominus, in illo statu & valore, in quo receperit, tenetur reddere eisdem, sine diminutione, aut damno, peractis negotiis suis.* Vn titre de l'an 1219. *Dominus Amalricus ita faciat de Castro seu de castris, & eadem teneat vt bonus Dominus.* Il deuoit faire en sorte qu'il ne

<small>Reg. de Carcassonne fol. 16.</small>

# SVR L'HISTOIRE DE S. LOVVS. 361

ne souffrit aucun dommage. Le Traité de Raymond Garsie de Nauailles de l'an 1205. *Dominus autem Gasto debet tenere castrum absque damno.* Il estoit obligé de le rendre & de le restituer auec les mêmes artilleries, les mêmes armes, & autres choses qui seruoient à sa defense, qu'il y auoit trouuées. Vn titre de Roger Comte de Comminges de l'an 1211. *Et ipse & sui quando prædicta castra mihi reddent, eodem modo mihi munita & garnita reddent, quomodo & inuenerint munita & garnita die receptionis, sine damno meo, vel meorum.* Enfin il le deuoit rendre *sine fraude*, comme parle la Chronique du Vigeois, *cum integritate*, comme dit celle des Euesques d'Auxerre. Mais si le Seigneur pour son profit auoit fortifié & amelioré la forteresse qui luy auoit esté confiée, le vassal n'estoit pas obligé de luy rendre les ameliorations, ainsi que le Sire de Beaumanoir a obserué en ces termes : *Et s'il l'amende pour estre plus fort, ou plus bel pour son besoing, ses homes ne l'en est tenus à riens rendre, parce que ce ne fut pas fet por li, tout soit ce que li porfit l'en demeure.*

<small>Marca.</small>

<small>Reg. de Carcassonne.</small>

<small>Ch. Vosconse.</small>

<small>Hist. Episc. Antis. p. 500.</small>

Voilà ce qui concerne les vsages & la pratique, lorsque le vassal mettoit son château au pouuoir de son Seigneur ; mais si sans aucune excuse legitime il dilaioit, ou refusoit de le déliurer, après que les semonces auoient esté faites dans l'ordre de la part de son Seigneur, alors le château tomboit *en commise*, & estoit confisqué au profit du Seigneur. Le Traité de Raymond Garsie de Nauailles, dont j'ay parlé cy-deuant : *Si tamen R. G. nollet tradere castrum Domino Gastoni, quacumque horâ exigeret, Raymundus Garsias, vel ejus successor, esset proditor & perjurus Domini Gastonis, & totius sui generis. Et si Dominus Gasto per vim posset postea habere castrum de Naualhes, nunquam teneretur reddere illud Raymundo Garsiæ, nec suo successori.* Rigord en la vie de Philippes Auguste en fournit vn exemple en la personne du Comte de Bologne : *Petiit Rex ab eo, vt ei traderet munitiones, quas cùm ei contra jus & consuetudinem patriæ denegasset, Rex congregato exercitu accessit ad prædictum castrum, — & quarto die per vim cepit.* Henry I. Roy d'Angleterre en vsa de la sorte à l'endroit de Renaud de Bailleul, *Qui fidelitatem Regis reliquerat, eique poscenti vt domum suam de Mansione Renuardi redderet, superbè denegauerat.* Comme encore à l'endroit de Hugues de Montfort, qu'il auoit fait sommer de lui rendre son château de Montfort, *Vt munitionem castri Montisfortis sibi redderet.* Car ces Seigneurs n'ayant pas voulu deferer aux semonces du Roy, leurs places furent assiegées, prises, & confisquées.

<small>Hist. de Bearn. l. 6. c. 13. n. 2.</small>

<small>Rigord. A. 1212.</small>

<small>Order. Vit. l. 12. p. 849.</small>

<small>Id. p. 876.</small>

La confiscation toutefois ne suiuoit pas à l'instant le refus, mais le Seigneur estoit obligé de sommer son vassal en sa justice de reparer & d'amender le tort, & d'attendre vn certain temps & limité : après lequel, si le vassal ne se mettoit pas en son deuoir, le fief estoit declaré confisqué au profit du Seigneur. En la conuention qui se fit entre Roger Euesque de Beauuais, & Francon Seigneur de Gerberoy, l'Euesque fait cette promesse à Francon : *Franco, non tibi ero in damno de castello Gerboredo, vt tu illud perdas me sciente, nisi contra me forisfeceris. & si contra me forisfeceris, postquam nomine hujus sacramenti emendare te submonuero, aut per me, aut per meum missum, duabus quadragesimis emendationem tuam expectabo. & si infra duas quadragesimas illud mihi emendaueris, aut emendationem tuam accipiam, aut tibi perdonabo. & deinceps hanc ipsam conuenientiam obseruabo, si contra me & contra illos homines quos intromittere voluero, illud ipsum castellum Gerboredum non defenderis, & si sacramenta quæ mihi jurasti, & conuenientias quibus mecum conuenisti, per omnia in fidelitate meâ mihi obseruaueris.* Il est aisé de voir que ce traité regarde le refus que le Seigneur de Gerberoy pouuoit faire à l'Euesque de Beauuais de luy rendre son château, & s'il le faisoit, l'Euesque déclare qu'il attendra deux quarantaines, pour voir s'il ne reparera pas le tort & le refus, & ce suiuant la loy des fiefs, qui ne souffroit pas que le Seigneur entreprist rien sur son vassal, sous prétexte de quelque attentat que ce fust sur sa personne, ou les droits de sa seigneurie, qu'après quarante jours, pendant lesquels il estoit permis au vassal de se purger de ce que son Seigneur l'accusoit

<small>Louuet aux Antiq. de Beauuais.</small>

<small>Loisel l. 5. des Instit. tit. 3. art. 51. Pithou sur la Coust. de Troies art. 11.12.24. & 87. Brodeau sur in Coust. de Paris art. 7.</small>

Partie II.          Z z

# DISSERTATION XXX.

ou de l'amender. Il est encore parlé de cette quarantaine en vn traité qui fut fait entre l'Empereur Alexis Comnene & Boëmond Prince d'Antioche, dans l'Alexiade d'Anne Comnéne fille de cét Empereur. Tant y a que c'est à cét vsage qu'il faut rapporter ces termes de l'hommage de Geofroy Vicomte de Chastelleraud de l'an 1224. dont j'ay parlé cy-deuant : *Ita quòd si ego desicerem de hoc faciendo*, c'est à dire de rendre son château, *Dominus Rex sine se mesfacere posset assignare ad quidquid teneo de eo, & tenere in manu suâ, donec id esset emendatum per judicium curiæ suæ.*

Anna Comn. l. 13. p. 410.

Comme le vassal confisquoit son fief au profit de son Seigneur, par le refus qu'il faisoit de le mettre entre ses mains, de méme le Seigneur perdoit, non la tenuë & la mouuance, mais la *reddition*, c'est à dire le droit d'obliger son vassal de luy rendre son château, lorsqu'il en auroit besoin, & ce, s'il en vsoit contre la coûtume, & contre la bonne foy qu'il estoit obligé de garder à son vassal. Par exemple, si le Seigneur ne vouloit pas restituer à son vassal le château qu'il luy auoit confié, aprés que ses guerres estoient finies & acheuées, alors si le vassal pouuoit le reprendre par la force des armes sur son Seigneur, il estoit dispensé à l'auenir de cette charge. L'hommage de Raymond Garsie de Nauailles à Gaston Vicomte de Bearn : *Si tamen Dominus Gasto, vel ejus successor, per suam malitiam nollet reddere castrum Raymundo Garsiæ, vel ejus successori hæc facere volenti, & R. G. vim posset recuperare castrum, nunquam postea teneretur reddere castrum D. Gastoni, vel suo successori, & ipse Gasto cum suo successore esset proditor & perjurus Raymundi Garsiæ, & totius sui generis.*

Ch. 58.

Philippes de Beaumanoir rapporte plusieurs cas, où le Seigneur peut *mesfaire*, c'est à dire, se rendre criminel enuers son vassal, & entre autres, s'il se faisoit rendre le château de son vassal, sous pretexte de guerre, quoy qu'il n'en eust point : *Comme s'il disoit je l'ay pris pour moi aidier de me guerre, & il n'auoit point de guerre. dont apparoist-il qu'il ne le feroit, fors por son home greuer. & aussi s'il les prenoit pour mettre ses prisons, & il les y lessoit residens longuement. &*

 Sic in MS.

*il le peut bien amender, si come il les * bienoster de Baesques legerement, & mener en le soe prison. en tel cas se messeroit-il enuers son home, & aussi s'il faignoit qu'il en eust aucun mestier, & il auoit haine, ou maintes fétes à celi qui la forterece seroit. ou s'il le fesoit pour ce qu'il voulist porcacier vilonie de se feme, ou de se fille, ou d'autre feme qui seroit en se garde. en tos ces cas se messeroit-il.* Puis il ajoûte la voie que le vassal doit tenir en ces cas pour tirer raison de l'injure qui luy est faite par son Seigneur, en ces termes : *Et si tost come il font tex desauenans, & delaissier ne le venroient à le requeste de lor homes, se li homs le denonchoit au Roy, Barons ne doit ja soffrir plet ordené entre le Soigneur & son home en tel cas : ainçois doist tantost fére sauoir por quel cause li Sires a saisi le forterece son home. & s'il voit qu'il l'ait saisie por resnable cause, ou par son loyal besoing, on li doit soffrir : & se non, on l'en doit oster, & rendre à son home, & li defendre sor quanques il pot mesfere, qu'il ne l'en preigne plus, se n'est por son besoing cler & apparant.*

# OBSERVATIONS
DE
## CLAVDE MENARD
CONSEILLER DV ROY,
ET LIEVTENANT EN LA PREVOSTE' D'ANGERS,

*SVR L'HISTOIRE*

*DV ROY S. LOVYS.*

# OBSERVATIONS
## SVR L'HISTOIRE
## DV ROY S. LOYS.

OYS FILS.] Celui qui premier publia cette vie, *Page 1.* ayant leû par nos Histoires, qu'à saint Loys succeda Philippe, en a changé la dédicace, & au lieu de Loys écrit Philippe : sans raison, s'il eust consideré qu'elle est faite depuis la canonisation de S. Loys, que toutes les Chroniques Ecclesiastiques, ou autres, rapportent à Boniface VIII. l'an premier de sa chaire, ( ce dit Ian Villani, liure 8. chap. 11.) qui fut M. CCXCIIII. ou plûtôt le troisiéme, comme porte la souscription de la Bulle. Aussi que la Nauarre n'a point fait fleur à noftre Couronne, que par le mariage de Ieanne auec Philippe le Bel, pere de Loys Hutin, auquel cét œuure est adressé, qui print les titres de sa mere, & commença de regner l'an M. CCCXIIII. Tellement que l'Histoire ne peut auoir esté acheuée que XLIIII. ans après le deceds de ce saint Prince. Ausquels ajoûtant les XXIIII. ou enuiron que l'Auteur fut à son seruice, depuis le premier voyage d'outre mer, & ce qu'il en pouuoit auoir entrant à sondit seruice, nous le trouuerons âgé de LXXX. ans, voire beaucoup plus.

IEHAN SIRE DE IOINVILLE.] Vassebourg & des Rosiers déduisent l'origine de cette Maison depuis l'an M. CXXII. par Geofroy, neueu du grand de Boüillon, qui eut pour partage la Seigneurie de Ioinuille, épousa Iehanne Comtesse de Harecourt, & en eu Geofroy II. lequel de la fille de Gerard de Vaudemont eut Geofroy III. qui épousa Iehanne de Raynel, & en eut Simon Baron de Ioinuille, Guillaume Euesque de Langres, puis Archeuesque de Reims, Geofroy Troulard Baron de Raynel, & quatre filles : mourut l'an M. CCI. Simon II. de la Comtesse de Sarrepont eut Iehan, Godefroy, & Robert, mourut M. CCXLIX. Lequel Iehan, de Beatrice, fille de Hugues Duc de Bourgongne, eut Anseaulme, & plusieurs autres passez en diuerses alliances. Mais cette déduction n'est assez exacte, comme l'on peut voir par l'inscription suiuante, qui se trouue à Clairuaux dressée par nostre Ioinuille à Geoffroy son ayeul, & son pere Simon ; laquelle merite bien place en ce lieu, pour estre conseruée de l'oubli, & dont l'obligation est deuë au sieur

Zz i

Camufat Chanoine de Troyes, qui l'a communiquée auec quelques autres titres anciens de cette Maifon.

*Diex Sires tous poiſſans, je vous pri, que vous faciez bonne mercy à Ioffroy Seignor de Ioinuille qui cy giſt : cui vous donnaſtes tant de grace en ce monde, qui vos funda pluſours Egliſes de ſon temps. Premiers, l'Abbaye de Eſcure de l'Ordre de Ciſtiaulx. Item l'Abbaye de Ioinuille de l'Ordre de Premonſtré. Item la Maiſon de Macon de l'Ordre de Grantmont. Item la Piouſté dou Val Doune de Moleſmes. Item l'Egliſe de ſaint Lorent dou Chaſtel de Ioinuille. Dont tuit cilz, qui ſont iſſus de li, doibuent auoir eſperance, que Diex l'a mis en ſa compagnie. Quar li ſains teſmoignent, qui fait Maiſon Diex en terre, il acquier prope maiſon ou cil. Il fut Cheualiers li milurs de ſon temps. Et ce apparut par les grands fais, qu'il fit deça la mer, & delà. Et pour ce la Seneſcalcie de Champaigne en fut donnée à li & à ſes hoirs, qui depuis l'ont tenuë de lui. Il cilz Ioffroy, qui fut Sires de Ioinuille, qui fut en Acre, fut peres à Guillaume, qui giſt en la tumbe couuerte de plomb, qui fut Eueſque de Langres, puis Archeueſque de Reims, & freres germains Simon, qui fut Sires de Ioinuille, & Seneſchals de Champaigne ; & fut du nombre des bons Cheualiers, pour les grands prix d'armes qui ont deçà la mer & delà. Et fut auec le Roy Iehan à prendre Damiette. Il cilz Simons fut peres à Iehan Segnour de Ioinuille & Seneſchal de Champaigne, qui encore vit, & feiſt faire cét eſcrit l'an mil ccc. & xi. auquel Diex doint ſalut à l'ame, & ſaintey au corps. I cilz Simons reſut freres à Ioffroy Troulart, qui reſut Sires de Ioinuille & Seneſchalz de Champaigne. Liquelx Troulart, pour les grands fais qu'il fit deçà la mer & de là, reſut au nombre des bons Cheualiers. Et pource qu'il trepaſſa en la terre, ſans hoirs de ſon corps, pour ce que redonnée ne periſt, en apoutra Iehan cilz Sires de Ioinuille ſon eſcu, après ce qu'il demeure ou ſeruice dou ſaint Roy de France* LOYS *outre mer l'eſpace de ſept ans. Liquelx Rois fit audict Signour mout de biens. Ly dis Sires de Ioinuille mit ſon eſcu à ſaint Lorent, afin que on priat pour ly. Onquel eſcu après la proüeſſe qu'il fiſt, & l'onnour que li Rois Richard d'Angleterre ly fiſt, en ce que il party ſes armes à ceulx.*

ET pour eſclaircir dauantage l'ordre de cette famille, alliée à beaucoup d'autres illuſtres, nous ajoûterons ce que nous en auons appris par les titres cy-deſſus.

GEOFROY doncques Seigneur de Ioinuille Seneſchal de Champagne, qui viuoit enuiron l'an M. CXXX. eut pour femme Heluys, comme appert par titre de l'an M. CXCI.

DE ce mariage naſquirent Geofroy, Robert, Simon, Guillaume, & Guy. Geofroy dit Trouillart ou Truillart, fut Seigneur de Ioinuille & Seneſchal de Champagne, comme il ſe void par titre de l'an M. CXCVII. dans lequel ſont auſſi nommez Robert & Simon ſes freres : & mourut en la Terre Sainte ſans hoirs.

PARQVOY Simon prit le titre & les armes de Ioinuille, & fut en premieres nopces marié auec Ermengarde, comme en appert par titre de l'an M. CCXX. En ſecond lit auec Beatrix, qui ſe dit ſa femme & executrice de ſon teſtament par acte de l'an M. CCXXXV. De l'vn de ces mariages naſquit Geofroy, dont eſt parlé dans le titre inſeré cy-après. Du ſecond vint Iehan Autheur de cette Hiſtoire, ainſi qu'il eſt porté par vn titre de l'an M. CCXLI. où il nomme Beatrix ſa mere : item Geofroy, ſon frere, & autres. Tellement qu'il eſt vray-ſemblable que le premier Geofroy mourut dés le viuant dudit Simon. Et ſucceda ledit Iehan audit Simon ſon pere.

GVILLAVME de Ioinuille, fut premierement Archidiacre de Chalons, comme il s'apprend par vn titre ſans datte, qui fait auſſi mention de Geofroy ſon frere : puis Eueſque de Langres, & finalement Archeueſque de Rheims. Et mourut l'an M. CCXXVI. au retour de la guerre des Albigeois.

GVY de Ioinuille fut Seigneur de Sailly, comme il ſe void en deux titres de

# SVR L'HISTOIRE DE S. LOVYS. 367

l'an M. CCX. Et se trouue par vne ancienne Genealogie de la Maison de Dinteuille, vn Robert de Ioinuille aussi Seigneur de Sailly, qui peut estre fils dudit Guy.

CE Robert eut pour femme Aufelix, dont vint Simon de Ioinuille Seigneur de Sailly, lequel fut marié deux fois. En premieres nopces il épousa Alix de Saisse-Fontaine Dame de Clermont, & en eut Iean, Robert, Agnel, Ieannot, & Aufelix de Ioinuille, ou de Sailly. En secondesnopces Marie, qui lui donna Lore, Guy sieur de Clairmont, & Agnes de Ioinuille.

LORE de Ioinuille, Dame de Chenaits épousa Iean de Iaucourt dit de Dinteuille, Bailly de Chalons, Dijon, & terres d'outre Saone, dont est descenduë la Maison de Dinteuille.

QVANT à la Seneschaussée de Champagne, outre ladite inscription, qui en enseigne l'origine, nous auons copie d'vn titre ancien, lequel en fait suffisante foy.

*Ego Blancha Comitissa, Campaniæ Trecensis Palatina, & ego Theobaldus Campaniæ & Briæ Comes Palatinus, vniuersis præsentes litteras inspecturis. Notum facimus, quòd cùm Simon dominus Ionuillæ, Senescallus Campaniæ, discordiam haberet erga me & filium meum, super Senescantia Campaniæ, quam ipse & heredes eius iure hereditario petebant, ego & filius meus non recognosceremus esse verum hoc; pro bono pacis, & vt ipsum ad amorem nostrum reduceremus, Senescantiam sibi & heredibus suis iure hereditario concessimus habendam, & totam hereditatem suam quam saisieramus. Ita tamen, quòd si non possemus reducere feodum de Fisca in manum suam, nos concessimus eidem feodum P. Domini Borlimontis, feodum H. de Landricuria, feodum domini A. de Rinello, & feodum Ioffridi de Cyreis, vt omnia feoda ista teneret quousque prædictum feodum de Fisca ad prædictum Simonem reduceremus in tali statu in quo erat, priusquam illud saisissemus. Et quando feodum de Fisca ad eundem Simonem redierit, quatuor prædicta feoda ad me & ad filium meum reuertentur. Et sciendum quòd quamcito ego Theobaldus veniam ad ætatem XXI. annorum, sicut ego & mater mea modò cognoscimus, ita ego tunc recognoscam, & litteras meas patentes dicto Simoni sub eadem forma credam; & filium eiusdem Simonis, videlicet Goffridum statim debemus reuestire de Senescantia, & in hominem reaccipere; saluo iure dicti Simonis quamdiu vixerit. Et si fortè, quod absit, ego Theobaldus de recognitione Senescantiæ, & de litteris super hoc faciendis vellem resilire, iisdem Simon non tenebitur nobis ex homagio, nec de feodo, quousque prædictæ conuentiones adimpleantur. Quod vt ratum permaneat, & inconcussum, præsentem paginam sigillorum nostrorum munimine fecimus roborari. Actum anno gratiæ* M. CCXVIII. *mense Iunio.*

S. LOYS SON AISNE' FILZ.] Il nasquit l'an 1243. mourut 1259. ce dit Nangis. *Page 4.*

GILLES DE BRVYN.] Antoine Pierre l'appelloit de Boüyn. Mais toújours cy-aprés il est nommé le Brun: celui qui assista nostre Charles en la conqueste de la Sicile contre Mainfroy. Aucuns le font fils de Hugues de Lusignen dit le Brun, & de la sœur de Geofroy de Rancon sieur de Taillebourg, & frere de Guy & d'Aymery de Lusignen Rois de Hierusalem & de Chypre. *Page 6.*

ROBERT DE SORBON.] C'est celui qui fonda le College de Sorbonne, & le dota, dont les Antiquitez de Paris font assez de mention. Nous auons de lui quelques petits traitez au III. Tome de la Bibliotheque des Peres.

GVILLAVME EVESQVE.] Celui duquel nous auons les œuures, & deuant lequel fut traitée cette fameuse question de la pluralité des Benefices. *Page 10.*

ME COMPTA.] Et toutefois ce trait est donné à S. LOYS par les ramasseurs d'exemples. *Page 11.*

LE SIRE DE NEESLE.] Simon de Clermont, qui fut depuis Regent *Page 12.*

auec l'Abbé de S. Denys, l'an M.CCLXXIII. Aprés lequel furent Conneſtables au rapport du Feron trois autres de cette Maiſon, & armes. Arnoul ſous Philippes le Bel, l'an M.CCLXXXV. tué à Courtray M.CCCII. Renault l'an M.CCCXXXIIII. ſous Philippes de Valois. Le troiſiéme ſon fils, M.CCCXLIIII. ou L.

L E B O N S E I G N E V R D E S O I S S O N S.] L'Aloüette au liure ſecond qu'il a fait pour la Maiſon de Coucy, dit que la fille d'Yoland de Coucy fut mariée auec Raoul Comte de Soiſſons, dont elle eut deux fils, & vne fille. L'aiſné Iehan ſurnommé le Begue, qui épouſa l'heritiere de Cimay en Hainault, dont ſortit Iehan II. qui épouſa la fille de Rumigni, & en eut Iehan mort ſans enfans, & Hugues, lequel viuoit l'an M.CCCIII. Tellement que celuy-cy dont parle noſtre Ioinuille eſtoit Iehan II. ſon pere.

P I E R R E D E F O N T A I N E S.] Le Preſident Fauchet au Traité de l'origine des Magiſtrats chap. v. cite vn liure compoſé par Meſſire Philippes Fontaine Conſeiller de la Royne Blanche.

*Pag. 13.* A S S E M B L E'E D E S P R E L A T S.] Nous ne trouuons aucun veſtige de cette conuocation generale dans Paris, ſi ce n'eſtoit celle qui ſe fit enuiron l'an M.CCLXIII. ſur la leuée du centieſme denier, que l'on demandoit pour employer en Orient, laquelle nous inſererons icy auec permiſſion du Lecteur curieux : ce chapitre eſtant reſté ſeul parmy quelques regiſtres de noſtre Eueſché, pour faire foy de la forme deſdites leuées gardée lors, & ſous vn Roy ſi ſaint.

### DECLARATIO CENTESIMÆ.

H Æ C *eſt tractatio & ordinatio Pariſius in octaua Beati Martini hiemalis, anno Domini milleſimo ducenteſimo ſexageſimo tertio.*

*Primò, quòd Archiepiſcopus Tyrenſis Apoſtolicæ Sedis Legatus literas, quas habet & legi fecit ſuper centeſima redituum Eccleſiaſticorum pro ſubſidio terræ ſanctæ, tradat Domino Regi, nec eis de cetero vtatur dictus Archiepiſcopus, per ſe vel per alium contra illos, qui ordinationi Prælatorum, quæ ſequitur, fuerint obedientes, & ordinationi prædictæ adhærentes. Si verò aliqui nollent Prælatis adhærere, vel ſtare ordinationi eorumdem, contra illos ſi vellet, Dominus Archiepiſcopus vtetur litteris ſupradictis. Talis eſt autem ſuper ſubuentione prædictæ terræ ſanctæ ſpontanea, non coacta ordinatio Prælatorum.*

*Conceſſum eſt à Prælatis & ſuis ſubditis pro ſe & ſibi adhærentibus, ex ipſorum Prælatorum mera gratia, non ex vi literæ, ſuper ſubuentione terræ ſanctæ à Domino Papa impetratæ; non aliqua coactione, ſed ſponte : quòd ipſi Prælati, & eorum ſubditi, & ſibi adhærentes ob ſalutem animarum ſuarum, propter neceſſitatem terræ ſanctæ, concedunt terræ ſanctæ ſubſidium, de centum libris & viginti ſolidis redituum ſuorum Eccleſiaſticorum viginti ſolidos, & ſecundùm proportionem hujus ſummæ, ſecundùm quòd plus vel minus habebunt aliqui in reditibus Eccleſiaſticis, ſoluant : & quòd nullus compellatur per ſecularem poteſtatem ad præſtandum hujuſmodi ſubuentionem, ſiue portionem ipſum contingentem : ſed quilibet Prælatus in ſua Dioceſi compellat ſubditos ſuos ſoluere per cenſuram Eccleſiaſticam. Et ſi aliquis rebellis eſſet exemptus, vel non exemptus, qui nollet ſoluere ad mandatum & coactionem Prælati ſui : tunc Dominus Tyrenſis Archiepiſcopus per ſe vel per alium poſſet vti contra eum literis ſuis. Si quis verò fuerit Presbyter Parochialis, Capellanus, vel alius, cujus reditus eſt ita pauper & tenuis, quòd non excedit ſummam duodecim librarum Pariſienſium, nihil ſoluat, niſi voluerit, & erit in æſtimatione Dioceſani loci, qui reditus, ſiue beneficium, ſit duodecim librarum vel minus, & tunc ex iis non ſoluatur : & ſi excedat, ſoluatur : Ita tamen quòd ſi aliqua perſona habeat plura beneficia, quorum quodlibet non valeat duodecim libras, ſed omnia ſua beneficia inſimul computata valerent duodecim libras, integrè de omnibus ſoluere teneatur. Et debet iſta ſubuentio durare per quinquennium, & quolibet anno ſolui medietas in feſto Natiuitatis Beati Ioannis Baptiſtæ, & alia medietas infra Natiuitatem Domini proximè ſubſequentem. Nomine autem redituum intelliguntur valores terrarum, pratorum, vinearum, feodorum,*

# SVR L'HISTOIRE DE S. LOVYS.

*dorum, secundùm quod valores eorum per annum æstimantur in loco vbi sunt sita. De distributionibus autem quotidianis, quæ in Ecclesiis fieri consueuerunt, Canonici nihil soluant: dum tamen de communi bursa Capitulorum, vnde distributiones fieri consueuerunt, subuentio prædicta fuerit exsoluta.*

GVY D'AVSEVRE.] C'est Auxerre, que les Latins anciens appelloient *Antissiodorum*, & le Ptolomée deuant eux *Autricum*. Quant à ce Guy fils de Guillaume; les Tables de cét Euesché en disent cecy, *Guido de Meloto sedit ann. 23. mens. 6. obiit anno D. 1270. 13. Kal. Aug. sepultus in Ecclesia cathedrali regnante Ludouico, cui successit Gerardus de Ligneriis nepos ejus.*

EXCOMMVNIEZ.] Ce fut vne question agitée longuement par le Clergé contre les Iurisdictions seculieres & Royales, que l'exception d'excommunication en Iugement, ou la contrainte de se faire absoudre par dures saisies de biens. Voire qu'elle pensa pessemesler la Bretagne bien long temps, pendant les furieuses procedures de Maucler & Iean premier son filz : lequel enfin pressé deuant le Pape Alexandre, l'an M. CCLV. accorda de ce debat, & consentit au Clergé, que nul excommunié seroit receu à plaider ny ester en Iugement ou tesmoignage, comme le recitent au long les Histoires de Bretagne. Au moyen dequoy l'interdit jetté sur luy par les Euesques de Nantes & Vennes, fut leué, ce dit d'Argentré Liure IV. chap. XXIV.

LA PAIX.] Le Grefier Du Tillet, examine prudemment la faute que fit ce bon Prince par cét accord passé en Octobre M. CCLIX. quelque couleur qu'il donnast à sa conscience, & d'amitié & de vasselage. Aussi le Nangis obserue bien le patelinage de l'Anglois, qui logé dans l'Abbaye sainct Denys par les pretextes de sa deuotion surprint nostre candeur, bien ayse de voir son Royaume accreu de trois Prouinces, son thresor fourny de grandes sommes, que Mathieu Paris sous Henry trois, fait reuenir à trois cens mille liures tournois, & de trois Seneschaussées, de Bordeaux, les Lanes, & Varades, pour le rachapt & apretiation de vingt mille liures de rente. Mais il vaudra mieux employer icy la copie dudit Traité toute entiere, puisque Du Tillet n'en met qu'vn extrait. *Pag. 14.*

HENRY par la grace de Dieu Roy d'Angleterre, sire d'Yllande, & Duc «
d'Aquitaine, Nous faisons sçauoir à tous ceux qui sont, & qui à venir seront, «
que nous par la voulenté de Dieu auecque le nostre chier cousin le noble Roy «
de France auons paix faite & affermée en ceste maniere. C'EST à sçauoir «
qu'il donne à nous & à nos hers, & nos successeurs toute la droiture qu'il auoit «
& tenoit en ces trois Eueschiez & és citez, c'est à dire de Limoges, de Caors, «
& de Pirregort; en fiefs & en demaines, sauf l'hommage de ses freres, s'il y a «
aucunes choses dont ils soient des hommes, & saue les choses qu'il ne peut «
mettre hors de sa main, par lettres de lui, ou de ces ancesseurs : lesquelles cho- «
ses il doit pourchasser en bonne foy enuers ceux qui ces choses tienent, que «
nous les ayons dedans la Toussaints en vn an, ou à fere eschange aduenable «
à l'esgard de preud'hommes, qui soient nommez d'vne partie & d'autre, le plus «
conuenable au profit des deux parties. Et encores le deuant dit Roy de Fran- «
ce nous donra la valuë de la terre d'Agenois en denier chacun an, selon ce «
qu'il en sera aprecié à droite valuë de terre de preud'hommes nommez d'vne «
part & d'autre : & sera faite la paye au Temple de Paris chacun an, à la quin- «
zaine de l'Ascension la moitié, & à la quinzaine de la Toussaints l'autre. Et «
s'il aueneit que celle terre eschaist de la Comtesse Ieanne de Poitiers au Roy «
de France, ou à ses hoirs, il seroit tenu ou ses hoirs de la rendre à nous ou à nos «
hers; & rendue la terre, il seroit quitte de la ferme. Et se elle venoit à autres «
que au Roy de France, ou à ses hoirs, il nous donrroit le pays d'Agenois auec «
la ferme deuant-dite. Et se elle venoit en domaine à nous, le Roy de France «
ne seroit pas tenu de rendre celle ferme. Et s'il estoit esgardé par la Cour «
du Roy de France, que pour la terre d'Agenois auoir, deussons mettre ou ren- «
dre aucuns deniers par raison de gagierie, le Roy de France rendroit ces de- «

*Partie II.* Aaa

" niers, ou nous tendrions ou aurions la ferme, tant que eussions eu ce que nous
" aurions mis pour celle gagierie.
" Derechef il sera quis en bonne foy & de plain à nostre requeste par preud'-
" hommes d'vne part & d'autre à ce esleus, se la terre que ly Queux de Poitiers
" tient en Caorsin de par sa femme, fut du Roy d'Angleterre donnée ou baillée
" auec la terre d'Agenois par mariage, ou par gagierie, ou tout, ou en partie à
" sa seur, qui fut mere le Comte Raymon de Thoulouse derrainement mort. Et
" s'il estoit trouué que il eust ainsi esté, & se elle luy eschoit ou à ses hoirs du
" decez de la Comtesse de Poitiers, il la donneroit à nous, ou à nos hoirs. Et se
" elle escheoit à autre, s'estoit trouué par celle enqueste, toutesuois que celle
" eust esté ainsi donnée ou baillée, si comme il est dit dessus, après le decez de la
" Comtesse de Poitiers, il donrroit le fief à nous ou à nos hoirs, sauf l'hom-
" mage de ses freres, s'ils aucune chose ils tenoient, tant comme ils viuroient.
" Derechef après le decez la Comtesse de Poitiers, le Roy de France, ou ses
" hoirs Roys de France, donra à nous, ou à hoirs, la terre que li Queux de Poi-
" tiers tient en Xantonge outre la riuiere de la Charente, se elle luy eschaioit,
" ou à ses hoirs : & se elle ne luy eschaioit il pourchasseroit en maniere par es-
" change à l'esgard de prudes hommes, qui seront nommez d'vne part & d'au-
" tre. Et de ce que il donra à nous & à nos hoirs, nous luy ferons hommage li-
" ge, & à ses hoirs Roys de France, & aussi de Bordeaux, & Bayonne, & de
" Gascongne, & toute la terre que nous tenons deça la mer d'Angleterre en fiefs,
" & en demaines, & de Illes, se aucune en y a que nous tenons qui soient du
" Royaume de France : & tendrons de luy comme Pers de France & Duc d'A-
" quitaine, & pour toutes ces choses deuant dites luy ferons nous seruices aue-
" nables, jusques tant qu'il fut quis, quielx seruices les choses deuroient, & lors
" nous serons tenus de fere les tieulx comme ils seroient trouuez en l'homma-
" ge de la Comté de Bigorre, de Armeygant, & de Foyensas, soit ce que droit
" en sera. Et li Roy de France nous clame quitte se nous ou nostre ancessor luy
" feisines oncques tort de tenir son fief, sans luy fere hommage, & sans luy
" rendre son seruice, & tous arrierages.
" Derechef li Roy de France nous donra ce que cinq cents Cheualiers de-
*MS. co-" uront* compter raisonnablement à tenir deux ans, à l'esgard de prudes hom-
ster. " mes, qui seront nommez d'vne part & d'autre. Et ces deniers sera tenu de
" payer à Paris au Temple à six payes par deux ans, c'est à sçauoir, à la quin-
" zaine de la Chandelour, qui vient prochainement la premiere, c'est à dire la
" ciestime partie, & la quinzaine de l'Ascension ensuiuant l'autre paye, & la
" quinzaine de la Toussaints l'autre : & ainsi des autres payes en l'an ensuiuant.
" Et de ce donra le Roy de France le Temple & li Hospital ou ambes-deux en-
" semble en plege. Et nous ne deuons ces deniers dépendre, fors au seruice de
" Dieu, ou de l'Eglise, ou au profit du Royaume d'Angleterre : & ce par la veuë
" des prudes hommes de la terre esleus par le Roy d'Angleterre, & par les hauts
" hommes de la terre.
" Et par ceste paix faisant, auons quitté & quittons du tout, nous & nos deux
" fils, au Roy de France & ses ancesseurs, & à ses hoirs, & ses successeurs, &
" à ses freres, & à leurs hoirs & à leurs successeurs pour nous, pour nos hoirs, &
" pour nos successeurs, se nous ou nostre ancesseur aucune droiture auons euë
" ou eusmes oncques en chose que le Roy de France tiegne, ou tenist oncques,
" ou ses ancesseurs, ou ses freres, c'est à sçauoir en la Duché, ou en toute la ter-
" re de Normandie & en la Comté, & en toute la terre d'Anjou & de Maine, &
" en la Comté, en toute la terre de Poitiers, ou ailleurs, en aucune partie du Reau-
" me de France, ou de par ses ancesseurs, & de ses freres, tiennent aucune chose
" par don, ou par eschange, ou par vente, ou par eschapt, ou par ancensement;
" ou en autre semblable maniere en la Duché, & en toute la terre de Norman-
" die, en la Comté & en toute la terre d'Anjou & de Touraine, & du Maine,
" & en la Comté & en toute la terre de Poitiers, ou ailleurs en aucune partie

## SVR L'HISTOIRE DE S. LOVYS.

du Reaume de France, ou és Isles dessus dites : sauf à nous & à nos hoirs nô-
tre droiture és terres dont nous deuons faire hommage lige au Roy de Fran-
ce pour ceste paix, si comme il est dessus deuisé, & sauf ce que nous puissions
demander nostre droiture, se nous la cuidons auoir en l'Agenois, & auoir le
se la Cour le Roy de France le juge, & aussi Caorsin. Et auons pardonné li
vns à l'autre, & pardonnons & quitons tous maulx talent de contens & de
guerre, & tous arrierages, & toutes issuës qui ont esté euës en toutes les cho-
ses auant dites, & tous dommages, & toutes mises, qui ont esté faites deçà
& delà en guerres ou en autres manieres.

E T pour ce que c'est paix fermement & establement sans nulle enfraignan-
ce soit tenuë à toûjours, le Roy de France a fait jurer en s'ame par les procu-
reurs especiaux à ce establis : & ses fils ont juré ces choses à tenir tant com-
me à chacun appartiendra, & à ce ont obligé eux & leurs hoirs par leurs let-
tres pendans : & nous de choses tenir, sommes tenus de donner seureté au
Roy de France de chacunes des terres deuant dittes, maismes qu'il nous don-
ne, & des villes par nous sera-t-elle. Ils jureront qu'ils ne donront ne conseil,
ne force, ne ayde, parquoy nous ne nostre hoir veinssent en encontre la paix.
Et s'il auenoit, que Dieu ne vueille, que nous ou nostre hoir veinssions en-
contre, & nous ne le velsissions amender, puis que li Roy de France ou son
hoir Roy de France nous en auroit fait requerre, cil qu'il sa seureté auroient
faite dedans les trois mois qu'ils auroient fait requerre, seroient tenus d'estre
aydans le Roy de France & à ses hoirs, jusque tant que cette fust amendé
suffisamment, à l'esgard de la Cour le Roy de France. Et sera renouuelé ceste
seureté de dix ans en dix, à la requeste le Roy de France & nous : ceste paix
& ceste composition entre nous & le deuant dit Roy de France, à nous afer-
mée, & toutes les deuant-dites choses & chacune, si comme elles sont dessus
contenuës. Et promettons en bonne foy pour nous, & pour nos hoirs, & pour
nos successeurs au deuant dit Roy de France, & à ses hoirs, & ses successeurs,
leaument & fermement à garder, & que nous encontre ne vendrons par nous
ne par autre en nulle maniere, & que nous n'auons fait, ne ne ferons, par-
quoy les deuant-dites choses toutes ou aucune, en tout ou en partie, ayent
mains de fermeté.

E T pour ce que ceste paix fermement & establement, sans nul enfraigne-
ment soit tenuë pour, & à toûjours, nous à ce obligeons nous, & nos hoirs,
& auons fait jurer en nostre ame par nos procureurs en nostre presence, ceste
paix, si comme elle est dessus deuisée & escrite, à tenir en bonne foy, tout
comme à nous appartiendra, & que nous ne vendrons encontre & par nous,
ne par autre. Et en tesmoignage de toutes ces choses nous auons faites au Roy
de France ces lettres pendans, seellées de nostre seel. Et ceste paix, & tou-
tes ces choses, qui sont dessus contenuës, par nostre commandement especial
ont juré Odoars & Aymont nos fils, en nostre presence, à garder, & à tenir
fermement, & qu'ils encontre ne vendront par eux ne par autre. Ce fut don-
né à Londres, le Vendredy prochain aprés la feste sainct Gilles, l'an de l'In-
carnation nostre Seigneur, mil deux cens cinquante-neuf, au mois de Se-
ptembre.

Dans quelques vieux cahiers écrits sous Charles VII. contenans la défense
de nostre droit contre l'Anglois j'y trouue ceci de plus.

*Et outre bailla & liura ledit* SAINT LOYS *audit Roy Henry d'Angleterre le
paiement de cinq cens Cheualiers auec leur suitte pour vn an entier, que iceluy Roy
d'Angleterre deuoit mener auec luy en la compagnée dudit* SAINT LOYS, *à l'en-
contre des mescreans & ennemis de la Foy. Lequel paiment fut estimé douze cens mil-
le escus de la monnoie qui couroit pour lors, & tant luy en fut-il payé, combien que
de sa part il n'accomplit pas ce qu'il auoit promis, ne n'y alla ny enuoya en aucune
maniere* (Il faut qu'il y ait erreur & de l'excés en cette somme). *De laquelle
paye les Perigordins & leurs marchisans se trouuerent si marriz, qu'ilz n'affection-*

*Partie II.* Aaa ij

nerent onques puis le Roy. Et remarque cét Ecriuain ces paroles, *Et encores aujourd'huy à cette cause és marches de Perigort, Quercy, & autres d'enuiron, jaçoit que* SAINT LOYS *soit sainct canonisé par l'Eglise, neantmoins ils ne le reputent pour sainct, & ne le festoient point, comme on faict és autres lieux de France*

REGNAVD DE TROYE.] Tous les imprimez lisoient de Brie. Et defunt Paschal Robin sçauant d'ailleurs en nostre Histoire, en faisoit descendre ceux de Serrant en Anjou par Raoul de Brie Comte de Dammartin, qui portoit fascé d'argent & de sable de dix piéces au lyon sur le tout rampant de gueules armé lampassé & couronné d'or, que le Feron met parmy ses Connétables sous le nom de Bertrand de Lusignen, fils d'Anceau de Brie, fidel amy de nostre Foulques Roy de Ierusalem, comme recite l'Archeuesque de Thyr au liure XIV. chap. V. Et de fait les armes de Serrant en approchent fort, qui sont aussi fascé de sable en champ d'argent, au lyon rampant de gueules. Mais le sçauant rechercheur Du Tillèt nous apprend que Ide Comtesse de Boulogne d'vn second mariage auec Renaud de Trye, que le MS. de Ioinuille nomme de Troye, Comte de Dammartin, eut seulement Mahaud Comtesse de Boulogne & Dammartin, laquelle en premier lit épousa Philippes de France oncle de SAINT LOYS l'an M. CCI. dont elle eut Ieanne de Boulogne accordée l'an M. CCXXXVI. à Gauchier de Chastillon, Sire de S. Aignen, lequel fut depuis tué au premier voyage d'outre mer, & sa vefue mourut peu aprés. Tellement que cette branche faillie, les acquests furent adjugez, l'an M. CCLXVII. à Mathieu Sire de Trye & de Mouchi Comte de Dammartin, & autres ses heritiers.

*Page 15.* CROIX NOIRES.] Les pelerins attachoient sur le côté droit de leurs habits vne croix, depuis que le Pape Vrbain l'eut pratiqué au Concile de Clermont, comme nous lisons dans le Sermon qu'il y prononça, *Vt intestina fidei foras amorem protendant*, & dans le Tirius liure premier chapitre seize. Laquelle estoit d'escarlate ; ce dit Sigonius, au liure 9. du Royaume d'Italie : *Signum ejus expeditionis fuit crux è purpureo panno confecta, quam primus è Pontificib. Vrbanus salutaris in signum expiationis indulsit vestibus super dexteram.* Et dit Cesarius d'Alberstat liu. 8. chap. 67. *Candidissimam aciem cruces rubeas in pectore gerentem suorum multitudinem in fugam conuertisse.* Car long-temps aprés & l'an M. CXCI. Richard Roy d'Angleterre ayant arresté auec nostre Philippes Auguste, & le Comte de Flandre vn passage en Orient, ils distinguérent leurs troupes par les couleurs. Et dit Roger de Houeden Anglois, que le Roy de France & les siens prinrent le rouge, l'Anglois le blanc, Philippes de Flandre le verd. C'est pourquoy je m'étonne fort de celles-cy, qui sont noires. N'estoit volontiers pour faire distinction des croisades entreprises contre les Infideles, & celles contre les heretiques. Car nos Annales enuiron l'an M. CCXV. que nâquit S. LOYS, remarquent vne grande croisade contre les Albigeois, arrétée au Concile Général de Latran, sous Innocent III. laquelle fut chargée par Loys pere du nostre, & plusieurs autres nommez par Platine en la vie d'Innocent. Si nous ne voulions rapporter ces croix à ce que recite Mathieu Paris, estre arriué en France enuiron ce temps.

*Sub ejusdem anni curriculo, in ætate sequenti subortus est in Francia error quidam à seculis inauditus. Quidam enim puer hoste humani generis procurante, qui verè puer ætate fuit, sed moribus peruilis, per ciuitates vadens & castella, in regno Francorum, quasi à Domino missus, cantilabat Gallicè modulando:* Domine Iesu Christe, crucem sanctam nobis restitue, *additis multis aliis adjectionibus. Et cùm ab aliis pueris coætaneis videretur & audiretur, sequebantur eum infiniti, qui præstigio Diabolico penitus infatuati, relictis patribus & matribus, nutricibus & amicis vniuersis, cantantes modo consimili quo eorum cantabat pædagogus, nec eos poterat (quod mirum est dictu) vel sera retinere, vel parentum persuasio reuocare, quin suum magistrum memoratum sequerentur versus mare Mediterraneum, quod trajicientes, processionaliter & turmatim modulando pro-*

## SVR L'HISTOIRE DE S. LOVYS.

*grediebantur. Non enim poterat aliqua ciuitas eos præ multitudine jam comprehendere. Magister autem eorum in curru ponebatur pallis adornato, stipatus custodibus circumstrepentibus & armatis. Tantus autem eorum erat numerus, vt se inuicem præ nimia numerositate comprimerent, Beatum enim se reputabat, qui de vestibus suis fila vel pilos discerptos poterat reportare. Sed tandem antiquo impostore Sathana machinante, vel in terra vel in mari perierunt vniuersi.*

LE PREMIER DIMANCHE.] L'Archeuesque de Reims Guillaume de Ioinuille estant decedé peu auant, Iacques de Basouches ou Basoches auparauant Euesque de Soissons lui succeda, ce disent les Tables de Democharés. Mais il faut plûtost suiure les Diptyques de Reims, qui lui font succeder Henry de France Euesque de Beauuais.

ET POVR CE QVE LES BARONS.] Mathieu Paris explique fort particulierement & au long, mais d'vne plume Angloise, ces premiers mouuemens contre l'enfance du Roy; & dit qu'aussi-tost après la mort de Loys VIII. Blanche fit vne conuocation generale des Prelats & Seigneurs François, pour assister au couronnement de son filz le dernier Nouembre M. CCXXVI. Mais la plus grand part des Seigneurs feirent requeste, à ce que Ferrand Comte de Flandres, & Renaut de Boulogne feussent élargis des prisons où ils auoient esté detenus depuis la bataille de Bouuines, & demandoient outre deliurance des terres qui auoient esté saisies & occupées sur eux, sous les Rois Philippes & Louys son pere, prests en ce cas d'assister à son couronnement. Ce que voyant la Reine, par l'auis du Legat assembla ce peu qu'elle put du Clergé & des Seigneurs, & feist couronner son filz le jour sainct André : s'étans retirez de cette solemnité les Ducs & Comtes de Bourgongne, Champagne, sainct Paul, & de Bretagne, & quasi tous autres Officiers de la Couronne.

LE COMTE DE BOVLOGNE.] Du Haillan, qui fait courir de mauuais bruits contre Blanche, pour les auoir appris dans Mathieu Paris, dit que cette femme accorte & rusée lui opposa promptement Ferrand, de la déliurance duquel auoit esté ja traité dés le viuant de Loys VIII. l'an M. CCXXV. ainsi que dit Meyer au liure 8. Mais ne fut executée qu'aux Rois de l'an M. CCXXVII. Et ne pouuons taire en ce lieu ce que l'Alloüette nous en son Histoire de Coucy, liu. III. écrit d'Enguerran second, que je rapporteray en leurs termes, comme fort étranges.

*Aprés le deceds du Roy Loys VIII. les François, qui auoient accoustumé d'estre conduits & gouuernez par grands & magnanimes Seigneurs, n'eurent au commencement agreable la personne de ce jeune Prince, & mesmes du consentement de ses propres oncles, ils eleurent & ordonnerent pour Roy le Seigneur de Coucy, comme Prince genereux, sage, & vertueux, extraict du sang Royal & Imperial, proche parent & cousin germain du dernier Roy de France. Et fut, comme dit l'Histoire de Flandre, cette élection si agreable à toute la Noblesse, qu'incontinent on fit faire exprés vne couronne d'or pour le couronner Roy. Mais pource qu'il n'estoit pas ambitieux, & n'affectoit telles choses, le couronnement ne fut point effectué. Car la Reyne Blanche vefue du dernier Roy, qui estoit fille du Roy de Castille, & niepce du Roy d'Angleterre, ayant grande auctorité & preeminence en ce Royaume, assembla forces de tous costez, gagna & attira à soy plusieurs Communes esmouuant toute la France, & la mettant en trouble de toutes pars pour faire regner son filz : détourna par ses menées le Comte de Champagne, & aucuns autres du party contraire. Ce que considerant ce Seigneur de Coucy, encore qu'il eust assez de moyen en main pour rompre telles entreprises, & maintenir par la force des armes le droit de son élection, comme auoit fait Hue Capet, lequel estant élu par aucuns François en petit nombre, se feist par force couronner Roy, déchassant Charles Duc de Lorraine oncle paternel du Roy Loys V. du nom lors dernier, & comme auparauant luy Robert ayeul dudit Capet, & Eude son frere auoient par mesme sorte d'élection obtenu le Royaume, comme aussi auoient Loys, & Charloman bastars de Loys le Begue ; & après eux, Loys le Feneant, &*

Aaa iij

Puis Charles le Gros, & Raoul de Bourgougne : Toutesfois il estoit si debonnaire, & si amateur de paix, & auoit l'esprit si peu ambitieux, que preuoyant sagement les grands maux & inconueniens qui pouuoient aduenir, si pour telle occasion la Noblesse se diuisoit, ou le peuple se mutinoit (comme on auoit autresfois veu) & s'émouuoit vne guerre ciuile & intestine en ce Royaume, qui pourroit estre cause de la ruine d'iceluy ; il voulut plûtost preferer le bien & le repos public à son honneur & profit particulier, que de s'éleuer par trouble & diuision au prejudice du peuple.

Paroles bien hardies pour vn Escriuan François, voire sans garant. Car Meyer & autres Ecriuains Flamans n'en parlent point. Tant s'en faut, Meyer, sous l'an M. CCXXVII. qui est le huitiéme liure, parlant de cette broüillerie de Cour n'en donne la cause qu'à la Regence, enuiée par les Seigneurs François à la Reine Espagnole : les vns y voulans prendre part, comme dit nostre Auteur, les autres se soûmettans au Testament de Loys pour Blanche.

*Defuncto Rege Ludouico dissidium mox ortum inter proceres regni, pars Blancham Reginam æquo animo passi sunt, dum filius Ludouicus pubesceret, versari in administratione regni : alii contrà sentiebant, ac feminæ eidémque externæ parere recusabant. Petrus Dux Britanniæ, ejúsque frater Robertus Comes Druidum, Philippus Comes Bononiæ, Engeranus Cociacensis, cum multis aliis aduersus Blancham conjurauerunt. Theobaldus autem Campanus, & Ferdinandus Flandrensis omnibus viribus Reginæ aderant.*

Cependant le Roy d'Angleterre Henry ne dormoit pas, ains desireux de rentrer en la joüissance des pieces que son pere Iehan auoit perduës par felonnie jugée contre lui, enuoya Gaultier Archeuesque d'Yorch, & autres, pour soliciter aux armes, & souleuer les principaux de la Normandie, Anjou, Bretagne, & Poitou : mais ils furent trompez, parce que le Roy par la conduite de sa mere y mit ordre, receut les hommages de ces Prouinces, distribua le domaine & les charges aux plus factieux, & les retint par ce moyen de son party.

DEPVIS MONTLEHERY.] Depuis l'an M. CCXXVII. jusques à XXXV. les Princes disputerent le gouuernement du Roy & du Royaume par diuerses pratiques expliquées par les Ecriuains de ce siecle-là, dont le Duc de Bretagne se faisoit chef & conducteur principal. Car quant au Comte de Boulogne, ses efforts furent vains & de paille, soit qu'il se vit abatu par la prudence de la Reine, comme écriuent quelques-vns, soit qu'il fust bridé par les armes du Comte de Flandres, lequel au rapport de Meyer se jetta sur ses terres, & les mit en confusion. Quant au Comte de Champagne, bien qu'il eust pris part au mécontentement commun de la Regence Espagnole, toutefois ne pouuant haïr les beautez de la Reine qui le tenoient enlacé dans leurs rets, comme disent les Histoires, qui le chargent quelque part de la mort auancée de Loys VIII. au siege d'Auignon, pour joüir plus librement & tirer raison de ses bonnes graces ; il ne seruit que d'instrument pour les ruiner, par la découuerte de leurs menées secretes, & desseins du conseil qu'il donnoit à entendre. Tellement que piece à piece cette sage Princesse, à laquelle d'vn consentement general tous les autres donnent l'honneur de courageuse & tres-auisée, les desprit l'vn de l'autre, & fit ranger à son obeïssance, trauersée de médisance & placards honteux, qui feroient rougir le papier, si nous les employons icy, n'estans que trop effrontément rapportez par Mathieu Paris nôtre ennemy. Mais il ne sera pas hors de propos d'employer en ce lieu ces vers anciens tirez d'vne forme de Chronique, laquelle sous l'an M. CCXXX. parlant dudit Thibault, dit ainsi,

> En tel point fu li Quens Tibault,
> Qu'il ala nus comme vn ribaut,
> D'autre ribaut auecque luy,
> Qui ne feu conneu de nuluy ;

## SVR L'HISTOIRE DE S. LOVYS.

*Pour escouter que l'en disoit*
*De luy, & con en deuisoit.*
*Tuit le retroroient de traison,*
*Petit & grand, mauuais & bon,*
*Et vn & autre, & bas & haut.*
*Lors dist li Quens à son ribault:*
*Compains & voy-ie bien de plain*
*Que d'vne denrée de pain*
*Souleroye tous mes amis.*
*De n'en à nul ce m'est auis,*
*Ne ie n'ay en nuli fiance,*
*Fors qu'en la Raine de France.*
*Celle li fu loyale amie,*
*Bien monstra qu'elle n'eu haict mie,*
*Par lie fut finée la guerre,*
*Et conquise toute la terre.*
*Maintes paroles en dist en,*
*Comme d'Iseut & de Tristan.*

HENRY LE LARGE.] Il eut de Madame Marie de France fille aisnée de Loys le Ieune, & d'Eleonor d'Aquitaine, vne fille nommée Marie, femme de Baudouin Comte de Flandres, premier Empereur de Constantinople, & deux filz, Henry, & Thibault. Tellement que Henry deuoit succeder au Palatinat de Brie, & Champagne. Mais estant allé au voyage de la terre sainde auec Philippe Auguste, veuf & sans enfans, espousa en secondes nopces Isabeau sœur de Baudouin IIII. du nom Roy de Cypre & de Hierusalem, & qui estoit aussi vefue du second lict de Conrad, Marquis de Montferrat, qui luy donna deux filles. L'aisnée fut Alix Reyne de Cypre, l'autre Phelipes femme d'Airard de Brenne, pere de Thibault de Brenne. Or pendant l'absence dudict Henry, Thibault son puisné, IIII. de ce nom, s'empara de Brie & Champagne, n'ayant de son apanage que les fiefs des Comtez de Bloys, Chartres, & Sancerre, & le fié du Vicomté de Chasteaudun. Airard de Brenne donc pretendant ledit Palatinat à cause de sa femme, à laquelle il auoit esté assigné par son mariage, en demanda l'inuestiture au Roy Philippe, lequel prefera Thibault, & par jugement des Pairs en Iuillet 1216. luy fut adjugé, sur ce qu'il parut que Henry partant pour faire son voyage, *totam terram suam dimisit & dedit fratri suo Theobaldo quondam Comiti Trecensi si ipsum Comitem Henricum de transmarinis partibus contingeret non redire.* Comme porte le scellé de Loys VIII. non encore Roy, donné à Compiegne au mois de Mars M. CCXIV. Donc furent faites enquestes solemnelles par commission du P. Innocent III. Id. Decemb. l'an XVI. de son Pontificat, & sur le mariage recherché de ladicte Phelippes par ledit Airard Seigneur de Rameru, filz d'André de Brienne & Adelais ou Alix de Venissi, se firent de grands bruits tant de la part dudict Innocent qui le vouloit empescher, que de Blanche Comtesse de Champagne mere de Thibault, laquelle apprehendoit ce qui luy aduint en fin. Car quelques empeschemens que l'on fist, quelques foudres Ecclesiastiques qu'on lançast sur eux, ils ne laisserent de contracter ce mariage incestueux, & disputer à force, leur droit pretendu sur la Champagne: dont ils accorderent toutesfois à la fin, par transact du mois de Nouembre M. CCXXI. que nous auons veu, ensemble toutes les autres pieces concernant cet'affaire, que ne transcrirons.

DONT IL FVT MOVLT BLASMÉ.] Tous les Escriuains de ce temps, mesme les nostres, blasment franchement cette retraite, *qui ita turpiter peregrinationis suæ propositum & votum contra voluntatem Dei dereliquit in opprobrium æternum sui & regni ipsius,* ce dit Roger de Houeden, rapportant la lettre de Richard qu'il escriuoit sur ce sujet. Ce qu'il fit portant jalousie à la valeur de ce Prince Anglois, auquel toutes les actions plus signalées du siege d'Acre

*Pag. 19.*

furent attribuées. Et voulant depuis excuser le blasme que luy donnoit la Chrestienté sur cét abandon, passant à Rome s'en voulut justifier vers le Pape Clement en plein Consistoire, disant que l'Anglois l'auoit contraint de se retirer, *& appellauit eum de proditione sua.* Mais il ne fut creu, reconnoissans bien tous les Cardinaux qu'ils estoit plus piqué d'enuie que par aucun defaut de Richard. Et adjouste cét Autheur vn traict digne de remarque, que nous rapporterons, en ces termes : *Dominus verò Papa pro amore Domini & suo nouum fecit remedium peregrinis : scilicet quòd eum, & omnes qui cum eo venerant, vel post eum venerunt, absoluit à voto suo, & ab itinere profectionis Ierosolymitanæ : & licèt votum non soluissent, tamen palmas eis distribuit, & cruces collis eorum suspendit, statuens quòd essent peregrini.* Ce qu'il fallut faire pour l'absoudre de son vœu : iuré solemnellement auec l'Anglois sur les mysteres plus hauts de nostre religion, qu'ils ne s'abandonneroient ny les trouppes l'vn de l'autre, à l'aler ny au retour.

LE COMTE PIERRE DE BRETAGNE.] Il vescut ennemy iusques au bout de la France, & quoy que vaincu diuerses fois, rechercha les occasions de retailler nouuelles affaires à nos Roys, poussé par sa gloire & ambition: Car ainsi le taxent les Histoires qui le qualifient d'vn esprit turbulent & sans repos : pendant les armes duquel & broüilleries, nostre Anjou souffrit beaucoup, pris & repris diuerses fois. Pour quoy faire ce Breton inquiet, possedant & l'esprit & les tresors du Roy d'Angleterre, fit de grands efforts par ses armes, & courage, tant qu'enfin l'Anglois ennuyé de ses despenses, quitta sa protection. Et dit Mathieu Paris vne chose que les Annales de Bretagne taisent. Car après auoir deduit au long la contestation qu'ils eurent ensemble l'Anglois & luy, pour entreprendre sa deffense, & se voyant refusé de secours & argent, sinon auec des conditions ruineuses pour luy, cét Historien adjouste.

*Hæc audiens Comes Britanniæ, iratus à Rege recessit, & transiens in terram suam continuò ad Regem Francorum confugit. Et vt proditionem contra Regem factam sub qualicumque schemate palliaret, venit ad Regem Francorum laqueum in collo gerens, & proditorem se esse recognoscens, reddidit ei Britanniam totam cum municipiis & castellis. Cui Rex Francorum dicitur respondisse : Licèt, proditor nequissime, mortem promerueris turpissimam, parcam tamen tuæ nobilitati vt viuas, & dabo Britanniam filio tuo ad vitam suam, ita vt post mortem eius Reges Francorum terræ illius hæredes existant. Comes autem rebus omnibus vt proditor spoliatus, per internuncios Regi Anglorum reddidit homagium suum, quod ei pridem fecerat, & Rex cepit in manu sua omnia iura Comitis Britanniæ in Anglia, & honores ad illum spectantes. Comes verò videns mala sibi multiplicata, in se ipso tabescens præ dolore, & infrendens, per mare parauit insidias mercatoribus & aliis facientibus operationes in aquis, iuxta cognomentum suum, scilicet, Mauclec, rapinis iniuriosis intendebat, pirata factus execrabilis.*

Autant en dit Mathieu de Westmontier, sous l'an M.CCXLVIII. l'vn & l'autre sans apparence de verité.

*Pag. 20.* A SAVMVR.] Nangis remarque cette feste l'an M.CCXLI. & dit que tous les Prelats y parurent aussi auec grande magnificence.

YMBERT DE BELIEV.] Filz de Guichard Seigneur de Beaujeu mort l'an M.CCXVI. & de Sibylle de Flandre. Il espousa Marguerite de Bogey, Dame de Mirabel, de laquelle il eut plusieurs enfans. Mais l'aisné d'iceux fut Guichard de Beaujeu qui luy succeda.

MESSIRE HONORAT DE COVCY.] Fils d'Enguerrand second de Coucy, qui mourut sans enfans, ce dit l'Alloüette.

LE COMTE D'ARTOIS.] Qui auoit esté apanagé dudict Comté dés l'an M.CCXXXVI. ce dit Meyer, quoy que Nangis ne mette cette erection qu'en l'an M.CCXXXVIII.

APRES CELLE FESTE.] Estant en paix, & visitant son Royaume il bailla

la

## SVR L'HISTOIRE DE S. LOVYS.

la Comté de Poictou à Alfonse son frere. Mais en la reddition des hommages se presenta vne difficulté de consequence qui cousta beaucoup de sang. Car par le traité fait auec Hugues de la Marche à Clisson en May M. CCXXX. ledit Comte de la Marche ne deuoit estre sujet que du Roy. Et par autre traité de Iuin ensuiuant il auoit rendu sesdits hommages. Tellement qu'il sembloit auoir quelque couleur en sa deffense. Que si l'on desire voir au long toute cette guerre, Mathieu Paris ne s'y espargne point, mais plein de fiel & de ses aigreurs accoustumées. Seulement dirons nous que le Comte de la Marche fut porté à ce refus par les chaleurs & violences d'Isabeau sa femme, qui se faschoit de porter la queuë à la femme d'Alphonse, elle qui auoit auparauant veû sur son chef la couronne d'Angleterre, & se disoit Reyne encores : attirant sous leur ruine le Sire de Lusignan, & principaux Seigneurs du pays, & commencerent leur jeu si accortement, que le Roy Loys se voyant surpris & serré de prés par leurs armes, fut contraint de molir & faire auec eux vn accord fourré, dont du Tillet rapporte l'extraict. Mais enfin toute cette broüée fut dissipée, par le bonheur de nostre saint Roy, qui fit tourner le dos à l'Anglois, & courber à ses pieds l'arrogance du Comte de la Marche & de son fils. Voy Bouchet en ses Annales d'Aquitaine, & ledit Paris, qui traitent au long ce combat de Taillebourg, auquel le courage de Loys parut noblement, & au dessus des autres.

ET DEPVIS OY DIRE. ] Mathieu Paris & le Nangis rapportent les particularitez de cette diuision. Mais l'Abbé de Westmontier voulant diminuer la victoire des François escrit beaucoup de choses qui seroient trop ennuieuses en ces notes : Celuy qui en sera curieux les y pourra voir & se mocquer de sa passion, indigne d'vne Histoire & d'vn Religieux. Seulement obseruerons-nous vne particularité memorable, & qui pensa couster beaucoup à la France. Car pendant cette émotion de Poitou, estant suruenu dans Paris dispute entre les Escoliers & Bourgeois, pour vn voire de vin, les choses en vinrent si auant, que les Docteurs & Regens de ladite Vniuersité n'estans satisfaits de l'iniure receuë, quiterent leurs chaires, & se retirerent partie vers l'Anglois, qui les receut auec applaudissement, & pensa nous dérober lors cette fleur de couronne : l'autre partie & la plus grande print nostre Angers pour domicille, qui depuis peu de temps auoit eu priuilege d'Vniuersité par l'entremise & solicitation du Duc Charles. Ce que voyant Blanche, y mit ordre promptement, contenta ces Docteurs mutinez & les fit retourner à Paris. C'est ce que remarque Paris sous l'an M. CCXXXIX. auec paroles mordantes contre la Reyne qu'il taxe de violence & trop de cœur.

ADVINT QVE LE ROY CHEVT EN MALADIE. ] Le Nangis recite fort au long l'ordre de cette maladie, qu'il rapporte sous l'an M. CCXLIV. & le deuoir que luy rendirent tous ses sujets, ensemble le Pape Innocent en cette extremité, par prieres publiques, & deuotions. Mais le Moine de Westmontier remarque vn trait excellent à l'honneur de Blanche, qui seul suffiroit pour démentir tous les placars que tant luy, comme le Paris, affichent çà & là dans leurs Histoires contre son honneur, prudence, & courage au gouuernement. Car il dit que cette maladie suruint à nostre Roy par excés des trauaux qu'il auoit endurez à la chasse du Roy d'Angleterre, qu'il poursuiuit iusques auprés de Bordeaux. En laquelle maladie restant comme mort par vn long temps, cette sage Princesse ne perdant courage fit apporter la saincte Croix, la lance, & la couronne qui auoient esté rachetées peu d'années auparauant par le Roy Loys, *& exanimi, imò, vt asseritur, exanimato corpori applicari jussit, & suspirans cum singultibus sermonem prorumpentibus, ait ; Non nobis, Domine Christe, non nobis, sed nomini tuo da gloriam. Salua hodie regnum Franciæ, & coronam quam hactenus gratia tua sustinuisti. Monstra virtutem tuorum insignium, quæ in terra post te reliquisti in magno judicio apparitura, in quibus confidenter gloriamur.* Chose merueilleuse ! à ces paroles, le Roy commence à reſpirer, retire ſes jambes & ſes bras, & recommençant à parler demande la Croix, & fait ſon vœu.

MAIS QVANT ELLE LE VIT CROISE'.] Mathieu Paris fait vn long diſcours ſur ce ſujet, & dit que le S. Roy ſe voyant preſſé par les conſiderations que luy propoſoit Blanche & l'Eueſque de Paris, luy remonſtrant que la promeſſe par luy faite eſtoit vne action de foibleſſe ſujette au dédit, déchira la Croix qu'il portoit, & d'vn eſprit conſtant leur remonſtra que pour ſatisfaire à cette raiſon d'imbecillité il quitoit ſa Croix. Mais peu après ſe tournant vers l'Eueſque de Paris, *Vous ne pouuez maintenant*, dit-il, *taxer mon eſprit de foibleſſe ou legereté, rendez moy preſentement la Croix que je vous ay conſignée. Et premier que cela ne ſoit, je ſuis reſolu de ne permettre aucune choſe à ma nourriture.* Ce que voyant la Reyne & l'Eueſque, furent contraints de reconnoiſtre en ce mouuement la main de Dieu, & conſentir à ſa deuotion. Et certes ne pouuoit-il faire moins, qu'en la paix generale de ſes Eſtats, après vingt ans de ſa couronne, qui le rendoient heureux, en mere, femme, freres, & enfans, abondant en richeſſes, plein de renommée, appellé par l'Egliſe ſon tuteur, par la Nobleſſe Prince juſte, par le peuple Bon pere, d'offrir à Dieu la vigueur de ſon âge & de ſes armes.

MESSIRE GAVTIER SON NEVEV.] Il eſtoit fils de Guy de Chaſtillon ſieur de ſainct Aignan. Epouſa Ieanne de Boulongne, & mourut ſans enfans.

S'IL Y A NVL QVE I'AYE IAMAIS FAIT TORT.] Mathieu Paris dit que SAINT LOYS enuoya cinquante Religieux Cordeliers & Iacobins par les Prouinces, & chargea les Baillifs de faire enqueſtes ſoigneuſes, *Quòd ſi aliquis inſtitor vel injuriam paſſus aliquam quicunque alius, in aliqua accommodatione coacta, vel extorſione pecuniæ, vel victualium, vt ſolet per Regios exactores, proferret ſcriptum vel taliam, vel teſtimonium, vel juraret, vel quomodolibet aliter legitimè probaret, quia paratus erat omnia reſtituere. Quod & ita factum eſt.* Ce que venu à la cognoiſſance de l'Anglois, il ne perdit temps, pour eſſayer à recouurer ce que ſon pere auoit perdu: & à cette fin depeſcha le Comte Richard en la Cour de France pour ſoliciter la conſcience de noſtre Roy à la reſtitution de la Normandie, le Poitou & l'Anjou. Ce qu'il meſnagea ſi accortement, à ce que dit Mathieu Paris, que SAINT LOYS eſtoit preſt de ſe laiſſer ſurprendre à ſes remonſtrances, *niſi Conſiliariorum ſuorum, ſcilicet nobilium quorundam Francorum ſuperbia repagula contradictionis interpoſuiſſet, inuida cum cupiditate. Reſponſum itaque fuit in faciem Nunciis Domini Regis Angliæ, præcipuè pro Normania, quòd Dominus Rex Francorum in diutina & pacifica extiterat poſſeſſione, videlicet per circiter quadraginta annos; nec fuit poſtea efficaciter reclamatum pro iure Domini Regis Angliæ, nec ad Curiam Romanam, in qua ſolent arduæ cauſæ, & difficiles terminari, appellatum. Quapropter videbatur Francis, Dominum Regem Anglorum iure ſuo debere ſpoliari. Sed cùm puritas conſcientiæ Domini Regis Francorum non eſſet his rationibus contenta, veritas & examen determinandum ſuper hac dubitatione, ad Epiſcopos Normaniæ relatum eſt. Qui ſuper hoc districtè interrogati, dixerunt quòd credebant veraciter, quòd majus jus habuit Rex Francorum in Normania, quàm Rex Angliæ; præſertim cùm per Pares ſuos adjudicabatur. Sed hoc videbatur abſurdum & omni juſtitiæ & rationi diſſonum, ſi Dominus Rex Angliæ per inimicos ſuos deberet judicari & condemnari, maximè cùm dicat Dominus, filium, dummodo non patriſſat, non debere portare patris iniquitatem.* Action tres-remarquable pour l'inſtruction des Rois & de leur Conſeil.

LE ROY MANDA TOVS LES BARONS.] Nous ne pouuons oublier vn trait remarqué par Mathieu Paris, que le Roy Hacon de Norwege couronné de nouueau entreprit le paſſage ſaint en ce meſme temps. Ce que venu à la cognoiſſance de Loys, le conuia de ſa compagnie, faiſant offre de la conduite de ſes vaiſſeaux, ce qu'il refuſa. Mais bien demanda permiſſion de loger ſur ſes terres, & s'y fournir: ce qui luy fut accordé par vn mandement, qui merite bien place en ces notes.

# SVR L'HISTOIRE DE S. LOVYS. 379

*Ludouicus Dei gratiâ Francorum Rex vniuerfis amicis & fidelibus fuis, Bailliuis, Majoribus, & Præpofitis, ad quos præfentes litteræ peruenerint, falutem. Cùm chariffimus nofter illuftris Hacon Rex Norwegiæ in fubfidium terræ fanctæ transfretare proponat, ficut nobis per fuas literas intimauit, vobis mandamus, quatenus fi eundem regem, vel ipfius nauigium per mare contiguum littoribus terræ noftræ tranfire contingat, vel in terram noftram, vel in feuda noftra applicare, ipfum & fuos benignè & honorificè recipiatis, permittentes eofdem in terra noftra victualia emere, & fibi per forum legitimum de fibi neceffariis prouidere. Actum apud Sanctum Germanum in Laya, anno Domini milleſimo ducenteſimo quadrageſimo octauo. Cùm autem ea legiffet Dominus Rex Norwegiæ, (eft enim vir difcretus & modeftus, atque bene litteratus) gauifus eft gaudio magno nimis, & grates retulit talium bajulo literarum, & donis refpexit regalibus & vberrimis.*

Ceignit mon escherpe.] Le Rituel Romain garde encore les benedictions obferuées lors des Croifades, les pelerins faifans benir jufques à leurs armes, ce dit l'Abbé de Weftmonftier, *Populis nouo ritu gladios cum fuftibus & capfellis facerdotalis benedictio difpartiuit.* Cerémonie gardée mefme par nos Rois precedens S. Loys, comme témoigne Rigordus en la vie de Philippe, *Cum lacrimis ab oratione furgens, fportam & baculum peregrinationis de manu Guillermi Remenfis Archiepifcopi fufcepit.* Et auparauant luy Loys fils de Loys le Gros : *Venit, vt moris eft, ad Ecclefiam Beati Dionyfii à Martyribus licentiam accepturus. Et ibi poft celebrationem Miffarum, baculum peregrinationis, & vexillum B. Dionyfij accepit.* Mémes lifons-nous dans les Annales d'Angleterre de Roger de Howeden, que Richard s'eftant allié auec Philippe pour leur voyage d'outre-mer, *Perrexit Turonium, & ibi recepit peram & baculum peregrinationis fuæ de manibus Wilelmi Turonenfis.* Ce que Nangis n'a pas teu au fecond voyage de Saint Loys.

Le bon Roy estoit ia la.] Mathieu Paris inftruit à fa mode de *Page 25.* nos affaires fait prendre au Roy Loys fon chemin par Lyon, afin de moderer les aigreurs d'Innocent contre Frederic, ce qu'il ne peut. Delà luy fait prendre la voye d'Auignon, puis de Marfeille, où il luy fait auoir de la peine en ces deux villes vaincuës depuis peu d'années. Mais la Chronique de S. Denis nous apprend exactement fes logis depuis Paris jufques à fon embarquement, en ces mots, qui meritent bien d'eftre icy rapportez pour feruir d'éclairciffement à l'Auteur.

*Print doncques le bon Roy S. Loys fon chemin par Bourgongne, vint à Lyon, & là pour la deuxiéme fois vifita ledit Pape Innocent, qui y eftoit, & d'illec fe partit tirant le long de la riuiere du Rofne, ala droit à la Roche du Clin, & l'affegea, pource que le Seigneur de ladicte Roche auoit mis peages & mauuaifes couftumes fur les marchandifes qui venoient par le Rofne, & contraignoit les marchands qui y paffoient à les payer, & s'ils ne le faifoient, ou qu'ils en feuffent refufans ou dilayans, il les dépoüilloit de tous leurs biens, & les en prinoit pour les appliquer à luy, combien que par nulle raifon ne le deuoit faire. Et en peu de temps print le chafteau & le feift abatre & démolir, & après ce contraigny le Seigneur de ladicte Roche à luy bailler bonne feureté & caution de ceffer dorefnauant de prendre & leuer lefdits peages & couftumes, & receuë ladite caution luy rendit le chafteau ainfi démoly. Et delà vint à Aiguemortes, & landemain de la fefte fainct Barthelemy monta en vne nef qui luy eftoit appareillée, auec luy la Reine, & des Seigneurs qu'il auoit ordonnez. pafferent auec luy, & les autres entrerent és nefs & autres galées. Et fut deux jours audit port attendant le vent, qui luy fut propice & bon. Les deux jours paffez, feift faire voile, & par le confeil de fes Barons, pource que encores n'eftoient arriuez fes arbaleftriers & plufieurs de fes gens, il print terre en l'Ifle de Cypre, & y fejourna pour les attendre tout l'hiuer, & ne marcha plus auant jufques après Pafques enfuiuant.* Ce que Nangis a tranfcrit pareillement en fon Hiftoire mot pour mot.

Qvant fvsmes arrivez en Cypre.] Mathieu Paris écrit que l'armée du Roy tombant en neceffitez de viures, l'on écriuit aux Venitiens

Partie II. Bbb ij

pour en auoir. Ce qu'ils accorderent volontiers, & chargerent six vâisseaux de prouisions qu'ils enuoyerent. A l'enuie desquels quelques autres villes qu'il ne nomme le secoururent aussi. *Sed & ipse Fredericus, ne aliis inferior videretur, maximum eidem victualium diuersorum transmisit adminiculum. Vnde Rex affluenter abundans, & grates ei referens, scripsit domino Papæ vt reciperet ipsum Fredericum in gratiam suam, nec amplius tantum Ecclesiæ amicum ac benefactorem impugnaret vel diffamaret, per quem ipse & totus exercitus Christianus ab imminenti famis discrimine respirauit. Quod cùm audisset Blanchia mater Regis magnifica, ipsi Frederico cum muneribus impreciabilibus grates persoluit multiplices, asserens ipsum Fredericum filii sui & totius exercitus Christiani vitam & honorem conseruasse. Scripsit etiam efficaciter domino Papæ, vt rancorem contra Fredericum conceptum mitigaret. Sed dominus Papa omnes tales preces spernens, magis ac magis diatim ipsum Fredericum impugnauit, sed vbique deteriorem calculum reportauit.*

TANDISQVE LE ROY SEIOVRNOIT EN CYPRE.] Nangis marque pendant ce sejour la mort de plusieurs pelerins, & entre eux de Robert Euesque de Beauuais, de Iean de Montfort, du Comte de Vendôme, Guillaume de Merlot, Archambault de Bourbon, du Comte de Dreux, & autres jusques au nombre de deux cens quarante. Mathieu Paris ajoûte l'Euesque de Noyon, & Hugues de Chastillon Comte de S. Paul.

*Page 27.* DES PRINCES D'OVTRE MER.] Nous perdrions du temps & du papier en ces descriptions, que l'on peut voir chez les Geographes, & dans les Itineraires de Hayton ou autres, qui en font les narrations amples & fabuleuses comme ils les auoient apprises. Voy Nangis, qui s'étend sur les particularitez de ces Ambassades, & la Chronique de saint Denis qui le suit, ou luy elle. Mais j'emploiray sur ce lieu ce passage de Mathieu Paris, lequel rapporte cette legation & Ambassade du Tartare pendant le siege de Damiette; & ce d'autant plus volontiers, qu'il contient beaucoup de choses particulieres & jugemens politiques du malheur qui suiuit ce voyage infortuné. *Diebus quoque sub eisdem increbuerunt rumores jocundissimi. Quod videlicet potentissimus Tartarorum Rex, prædicante & diligenter persuadente Petro nigri Ordinis Monacho Indo, de quo in Epistolis de Tartaris multa perscribuntur, conuersus est ad Christianam fidem & baptizatus, propter munditiam, honestatem & omnimodam sanctitatem, quæ in ipsa prædicatur & edocetur. Transmisit etiam verba consolatoria & amicabilia Domino Regi Francorum apud Damiatam commoranti, animans eum ac persuadens, vt & ipse à Saracenorum spurcitiis terram Orientalem expurgando potenter & confidenter expugnaret. Iuuamen quoque spopondit efficax & festinum: vtpote fidelis Catholicus, & tyro Christi baptizatus. Epistola super his omnibus translata de Arabico in Latinum & Gallicum Domino Regi transmissa in libro Additamentorum plenius annotatur. Dominus autem Rex Francorum de amplificatione fidei Christianæ lætificatus, transmisit ei Capellam suam preciosissimam, cum reliquis charissimis, & quosdam Prædicatores, & Minores, ad ipsius pleniorem informationem. Item tempore sub eodem, alii rumores vmbratiles & ficti ad consolandum Christianos, & forte ad animandum crucesignatos, vt transfretantes Regem Francorum sequerentur, cismarinorum regna peruolarunt. Horum principalis seminator fuit Episcopus Massiliensis, similiter & quidam Templarii præclari. Vnde magis credebantur fabulæ scriptis sub sigillis commentæ. Sed quando rei veritas innotuit, magis & anxius sauciabantur. Veruntamen tantum veritatis claruit, quod Saraceni & eorum Principes post captionem Damietæ stupefacti, obtulerunt Christianis quicquid terræ vnquam Christianorum extitit & amplius, dummodo Damietam, & quæ jam ceperant cum indemnitate restituerent. Sed superbia Comitis Atrebatensis non est hoc permissa, nec humiliatis Saracenis adquieuit nisi Damietam valerent Christiani habere & quietè retinere, & insuper Alexandriam recipere. Sed huic graui pacis conditioni Saraceni minimè adquieuerunt. Vnde credimus Dominum fuisse offensum. Non enim debuerunt Christiani alia intentione transfretasse, nisi vt Christi adquirerent hereditatem. Saraceni igitur ad inuicem colloquentes dicebant: Sinite modò, sinite. superbia & auaritia, quas*

# SVR L'HISTOIRE DE S. LOVYS.

*Christus Iesus Deus eorum maximè odit, ipsos omnes exterminabit. Quod veraciter euenit, sicut sequens sermo pleniùs elucidabit.*

IEAN DE BELMONT.] Il estoit Chambellan de S. LOYS, comme appert par vn titre de l'an M. CCXXXV.  Page 28.

FIT APPELLER LE LEGAT.] La Chronique de S. Denis explique les particularitez de cette procession solennelle en ces mots : *En aprés ladite cité nettoyée & mundée des charognes de aucuns morts, & aussi des bestes mortes, & le feu estaint, & tout mis à point, le Legat, le Patriarche de Ierusalem auec plusieurs Archeuesques & Euesques en grand nombre, & de ceux des Connens qui presens estoient : le Roy de France aussi auec plusieurs en procession nudz piedz en la presence du Roy de Cypre, de plusieurs Barons & autres gens en grand nombre, entrerent en ladicte cité. Et premierement vindrent au lieu de la Mahommerie, & ce lieu, qui à l'autre prinse de ladicte cité auoit esté dedié, deputé, & consacré au nom de la glorieuse Vierge Marie, fut reconcilié par ledict Legat, & graces à Dieu rendües de ses grands benefices qu'il auoit faicts & eslargis en la prinse & conqueste de ladicte cité de Damiete. Le Legat chanta en cedit lieu Messe solennelle en la reuerence & honneur de la glorieuse Vierge Marie Mere de Dieu. Et proposa le Roy à l'aide de Dieu y mettre & constituer Prelat & Chanoines pour faire & continuer delà en auant le seruice diuin. Ladite cité de Damiette fut prinse à cette fois l'an de nostre Seigneur* M. CCXLIX. *le huictiéme jour aprés la Trinité.*  Page 30.

LE ROY IEAN.] Faut voir Marinus Sannuus au liure III. part. XI. chap. VIII.  Page 31.

MESSIRE IEAN DE VALLERY.] Nangis écriuant la bataille de Sicile contre le Ieune Coradin fait honnorable mention d'vn Erard de Valery, qu'il fait Capitaine tres-expert & aguerry contre les Infidéles. Et auons parmy quelques registres anciens trouué ce memoire de luy, qu'estimons ne deuoir estre perdu dans cette Histoire, quoy que n'ayons autre adresse de son temps.

*C'est l'ordonnance que ly Legaz Symons, Messire Erard de Valery, & ly Connestables de France ont faite de gens que ly Roys & ly Legats enuoyent outre mer, dont Messire Guillaume de* Roussillon *est Chenecteine. Premierement, l'on baille audict Guillaume* C. *hommes à cheual, c'est à sçauoir,* XL. *Archers,* XXX. *Arbalestriers, &* XXX. *Sergens à cheual. Item l'on luy baille trois cens Sergens à pied. Et pour tous sa gens mener & conduire l'en baille audit ⁙ certaine somme d'argent pour tout vn an. Et est deuisé icy quels gaiges chacun doit auoir. Et quand ly dit Guillaume vendra en la terre d'outre mer, il pourra les gages ansdits gens croistre & admenuser selon ce que mestier sera, & qu'il verra qu'il sera à faire. Item l'en luy baille deniers pour les despens de son hostel, & pour son passage, & de tous les autres dessudits ; & de ce il en doit ordonner selon sa leauté, selon ce qu'il verra à faire. Item de ces deniers que l'on ly baille, il doit aider & soustenir les Sergens que ly Sire de Valery, ly Boutilliers de France, & ly Connestable ly enuoyerent, & ly Legats dessusdits, de ceux qu'il verra qui feront à retour. Et l'aide & la sousteuance qu'il sera il leur doit faire par le conseil Monsieur Guillaume de Piquegny & Monsieur Mille de Cayphas. Item s'ainsi estoit que par le Soudan ou autre grand necessité, il feust mestiers qu'il feist autres grandes mises & despens, ou en galies ou en sodoers retenir ou autrement, il le doit faire par le conseil ly maistre le Temple, de frere Arnoul Wisemale, & le Maistre de l'Hospital, & frere Guillaus de Corcelles, & par le conseil au Patriarche, & par le conseil au Roy de Cypre, se il estoit present, & aux deux deuantdits Cheualiers. Item ils ont ordonné, que si ledit Guillaume de Roussillon mouroit, dont Dieux le deffende, & il mourut sur la mer, Messire Aubert de Baignex demourera en son lieu jusques à tant qu'il soit ordonné. Et quand il sera, ledit Aubert, & Messire Guillaume* Piquegny, *& Messire Mille de Cayphas tendront lesdits gens, & feront ou leu dudit Guillaume de Roussillon jusques à tant qu'ils ayent fait sçauoir au Roy & au Legat, & qu'ils en ayent remendé leur voulonté. Et s'aissi estoit qu'il mouruft outre mer, ledit Aubert & ly deux Cheualiers tendront lesdits gens, comme dit est par dessus.*

*MS. Roussellon.

*MS. Pinquegny.

Cét Erard semble deuoir estre frere de ce Iean de Valery, duquel la Bibliotheque de Cluny remarque plusieurs titres, & entre autres vn donné à Angers par S. Loys de l'an M. CCXXX. par lequel ce Prince luy donne *centum libratas terræ in omnibus quæ habebat apud Escuroles, & apud Maesium de Escole, & in omnibus pertinentibus ad Bailliniam de Escuroles, ab eodem Ioanne & heredibus suis in perpetuum possidendas.*

L'VN DES SERRAIS DV SOLDAN DE CONIE.] Sozomene quelque part de son Histoire Ecclesiastique, fait mention d'vne ville d'Egypte qu'il nomme Κώμη, *Coma.* Mais il est plus vray-semblable qu'il entend parler de celle que les Grecs appelloient anciennement Ικόνιον en la Cappadoce, appellée par Belon *Cogni*, de Postel *Cognia, Conia*, par le sçauant Leunclaw: soit qu'elle dépende de la Lycaonie dans les Tables de Ptolomée, soit de la Silicie comme écrit Pline, ou de la Phrygie, comme Xenophon. Car le sceptre Armenien contenoit toutes ces Prouinces.

QVAND NOVS EVSMES AINSI ESTÉ.] Nous pourrions employer icy beaucoup de choses de diuers Auteurs, que les curieux pourront rechercher dans les corps des Histoires Orientales du defunt sieur Bongars, & employerons seulement sur ce lieu celle-cy qu'auons trouuée dans vn vieil manuscrit contenant la description de quelques villes, en ces mots: *Damiette chi est vne bele chité & riche, & fort noble, & si est embellie & enforchiée de* XXXII. *grands tours fors & hautes sans les autres, dont il y a tant que je n'en sçi le nombre. Si est finée de deux pere de murs grant & forts, & d'vn grand fossé par deuers le flun, & encontre la terre si est fermée de deux pere de murs & d'vn grand fossé bien paué. Et deuant Damiette emmi le flun a vne moult grand tour & haute & fort encontre la tour au Soudan. Au pié de chele tour ist vne grand chaine de fer, & s'en va droit parmy le flun à la tour au Soudan, pour che que les nés n'y puissent ne venir ne aller se par son congié non. Car là entrent les nés carchies de tous biens qui mennent de Venice & Antioche, & de Grece & de Cypre, & des autres villes des ports de mer. Et de cette entrée est ly Soudam sires qui Roys est de Babylone, & si en rechoit les rantes. Chelle chité de Damiette est chief & clef de toutes les autres chitez de la terre d'Egypte, & de Babylone, & d'Alexandrie. De Damiette jusqu'au mont de Sinai a trois journées. En chu mont est ly cors sainte Katherine. Ly Sarrazin tiennent chu lieu à grand honneur, & les Moines qui y abitent. De Damiette jusque chi a vne journée par terre.*

*Page 34.* QVANT LE COMTE DE POITIERS FVT ARRIVÉ.] Mathieu Paris à sa mode va deduisant vne entreprise sur le Kaire par l'intelligence & pratique du Gouuerneur frere du Soldan de Babylone, laquelle fit prendre le chemin aux troupes de SAINT LOYS pour sa conqueste. Et serions trop longs d'en inserer icy tout le discours. Seulement dirons-nous qu'il taxe honteusement Robert Comte d'Artois, écriuant qu'imprudement & par temerité de son courage il engagea la meilleure part des troupes Françoises au hazard d'vn combat, qui luy causa la mort, englouty dans le Nil par la pesanteur de ses armes. Ce qui est manifestement faux par le témoignage de tous les autres Historiens, & de nostre Autheur méme qui y estoit present.

*Pag. 35.* ICY CONVIENT PARLER DV FLEVVE QVI PASSE PAR LE NIL.] Francisque Aluares ayant doublé le cap de Bonne-Esperance, trauersé l'embouchure de la mer rouge, & instruit entierement des affaires d'Ethiopie par l'espace de six ans qu'il se promena le long des bords de ce fleuue, dit que le Nil prend son origine au delà du cercle equinoxial au Royaume de Goyame, qui est l'vne des prouinces de l'Ethiopie, de deux grands lacs ressemblans à des mers; & delà faisant quelques Isles, s'auale & dresse son cours vers l'Egypte. Quant à la fertilité, je ne dy rien des causes de son accroist, qui ont taillé tant d'affaires aux bons esprits, ni des opinions differentes qui sont sur ses embouchures, content de rapporter ce passage de Pline au liure XVIII. chapitre XVIII. de son Histoire naturelle. *Et quoniam de frugum*

## SVR L'HISTOIRE DE S. LOVYS. 383

*terræque generibus abundè diximus, nunc de arandi ratione dicimus, ante omnia Ægypti felicitate commemorata. Nilus ibi coloni vice fungens euagari incipit à solstitio aut noua Luna, ac primò lentè, deinde vehementiùs quamdiu in Leone sol est, mox pigrescit in Virginem transgresso, atque in Libra resideat.*

Et nostre Chroniqueur Piçart en dit aussi ce peu de paroles, Chil fluns qui a non le Nil commanche à croistre emmi le mois de Iuin, creist jusqu'à la saincte Croix : & quant il redecroist, si viennent du pays, si y sement orge, & autres bleds, & si le recueillent en Mars, ne che le terre ne porte autre bled, & là où la plus grand partie du flun chiet en mer, si en Damiette.

SECEDVN FILZ DV SEIC.] C'est chose estrange que tous les Chroniqueurs ayent teu cette action fameuse de Frederic, qui a deu estre faite lors qu'il chargea la couronne de Ierusalem par le consentement de Saladin l'an M. CCXXIX. *Pag. 37.*

VN HOMME BEDVINS.] Cy après il descrit amplement ces peuples & leurs coustumes, pour l'origine desquels nous employrons vn passage d'Albertus Aquensis au liure XII. chapitre XXXI. de son Histoire de Ierusalem, parlant de Baudoin second, *In anno 11. regni Baldeuini de Burg noui Regis Ierusalem, Principis Rohæ ciuitatis, quidam Saraceni de regno Arabiæ, quidam etiam de gente Idumæorum, quos moderni Bidumos vocant, armenta camelorum super triginta milia, boum centum milia, greges ouium & caprarum inaudita milia, de terra & regione sua educentes, & ad pascua cogentes in latere regni Damascenorum, illuc prosecuti sunt herbarum copiam, licentia & consensu Principis terræ Damasci pro pacto Byzantiorum quæ ipse Dominus terræ ab eis accepturus erat. Cum tot milibus, equites & pedites supra 40. milia ad custodiendos greges sunt egressi de terra Ægypti & Arabiæ in lancea & gladio & omni pinguedine cibariorum necessariorum.* *Pag. 48.*

Toutefois l'Archeuesque de Tyr au 20. liure de son Histoire descrit aussi leur progrez & leur estenduë en ce peu de paroles que nous rapporterons, parce qu'elles confirment ce que dit nostre Autheur de l'Euangile, que frere Yues vit entre les mains du Vieil de la Montagne. *In prouincia Tyrensi, quæ Phænicis dicitur, circa Episcopatum Antaradensem, est quidam populus, castella decem habens cum suburbanis suis : estque numerus eorum, vt sæpius audiuimus, quasi ad sexaginta millia, vel amplior. Hi non hereditaria successione, sed meritorum prærogatiuâ Magistrum solent sibi præficere, & eligere Præceptorem, quem spretis aliis dignitatum nominibus, Senem vocant : cui tantæ subiectionis & obedientiæ vinculo solent obligari vt nihil sit tam durum, tam difficile, támque periculosum, quod ad Magistri imperium animis ardentibus non aggrediantur implere. Nam inter cætera, si quos habent Principes odiosos, aut genti suæ suspectos, data vni de suis, vel pluribus, sicâ, non considerato rei exitu, vtrum euadere possit, illuc contendit, cui mandatum est, & tamdiu pro complendo anxius imperio circuit & laborat, quousque casu injunctum peragat officium, Præceptoris mandato satisfaciens. Hos tam nostri, quàm Sarraceni, nescimus vnde deducto nomine Assissinos vocant. Hi etiam annis quadringentis Saracenorum legem, & eorum traditiones tanto zelo coluerunt, vt respectu eorum omnes alii quasi præuaricatores judicarentur, ipsi autem legem viderentur implere. Contigit autem diebus nostris, quòd Magistrum sibi præfecerint virum facundissimum, subtilem & acris valde ingenii. Hic præter morem majorum suorum cæpit habere penes se Euangeliorum libros, & codicem Apostolicum, quibus continuato incumbens studio, miraculorum Christi, & præceptorum seriem, sed & Apostoli doctrinam, multo labore aliquantisper assecutus erat. Inde conferens Christi & suorum suauem & honestam doctrinam, cum iis quæ miser & seductor Mahemet complicibus suis, & deceptis ab eo tradiderat, cæpit sordere quicquid cum lacte biberat, & prædicti seductoris immunditias abominari. Eodem quoque modo populum suum erudiens obseruantia illius superstitionis cessare fecit, oratoria quibus antea vsi fuerant dejiciens, eorum jejunia soluens, vinum & suillas carnes suis permittens.*

A LA MASSOVRE.] Mathieu Paris selon sa coustume attribuë le sinistre euenement de cette journée à la temerité du Comte d'Artois, lequel mes- *Pag. 49.*

prisant le conseil des plus sages, s'ala enferrer auec sa gendarmerie dans ce vilage, où moururent auec luy mille Gentils-hommes, & sept mille deux cens soldats. Il remarque de plus que de tous les Templiers il n'en resta que trois, des Hospitaliers quatre, & des Theutons trois, des troupes Angloises conduites par Guillaume Longue-espée, & Robert de Ver la plus grande part.

La Chronique SAINT LOYS adjouste ces mots. *Et de tous ceux qui estoient par la terre n'en eschappa vn seul qui ne feust tué ou prisonnier, excepté seulement le Legat & aucuns autres qui estoient partis le jour precedant. La plus grande partie aussi de ceux qui s'en allerent par le fleuue, pour ce que le Soudan y auoit mise grande foison galées, qu'il y auoit fait mener par terre, furent tuez & prins, & les nefs & vaisseaux esquels ils estoient grand nombre de blessez & naurez furent arces & brulez, & les Chrestiens qui dedans estoient par lesdits Sarazins. Et se monta toute cette route après la prise du Roy, soixante mille hommes & vingt mille cheuaux.* Mais il est à propos pour l'éclaircissement & confirmation de tout le discours de nostre Autheur, & particularitez de ces combats, d'employer en ce lieu la lettre qu'en écriuit lors à sa mere le bon Roy, quoy que publiée cy-deuant, & inferée dans le Corps des guerres Orientales.

## B. LVDOVICI REGIS DE CAPTIONE & liberatione sua, Epistola.

LVDOVICVS *Dei gratia Francorum Rex: Dilectis & fidelibus suis, Prælatis, Baronibus, militibus, ciuibus, burgensibus suis, & aliis vniuersis in regno Franciæ constitutis, ad quos præsentes litteræ peruenerint, Salutem. Ad decus & gloriam Domini nominis, Crucis prosequi cupientes negotium, totis affectibus vniuersitati vestræ duximus intimandum: Quòd post captionem Damiatæ, quam Dominus* IESVS CHRISTVS, *per ineffabilem suam misericordiam, quasi miraculosè præter vires humanas Christianæ tradiderat potestati, sicut vos credimus non latere, delibato communi consilio, de Damiata recessimus, vicesima die mensis Nouembris proximo præteriti; congregato tam nauali exercitu quàm terrestri, procedentes aduersus Sarracenorum exercitum, congregatum & castrametatum in loco, qui vulgariter Massoria appellatur; in ipso quidem itinere sustinuimus aliquos Sarracenorum insultus, in quibus assiduè detrimentum suorum non modicum receperunt: quadam die nonnullis eorum, qui de exercitu Ægyptiorum nostris occurrerant, interfectis. Intelleximus autem in ipso itinere, Soldanum Babyloniæ de nouo vitam miseram finisse: qui, sicut publicè dicebatur, miserat ad filium suum morantem in partibus Orientis, vt in Ægyptum veniret; & eidem à cunctis sui exercitus maioribus fidelitatis fieri fecerat juramenta: relictâ totius suæ terræ exercitus custodiâ cuidam Admirato suo, nomine Farchardino. Hæc quidem, in accessu nostro ad locum prædictum, inuenimus vera esse. Accedentes igitur ad locum prædictum, die Martis, ante festum Natiuitatis Dominicæ, in primis accessum habere nequiuimus ad Sarracenos eosdem, propter quendam fluuium inter vtrumque exercitum defluentem, qui fluuius Thaneos dicitur, & in loco illo à magno flumine diriuatur. Inter vtrumque fluuium posuimus castra nostra protendentia à maiori fluuio ad minorem: vbi aliquanto conflictu habito, cum Sarracenis, multi ceciderunt ex ipsis, nostrorum gladiis interfecti; maximâ insuper eorum multitudine submersâ in aquis validis & profundis. Sanè, quia memoratus fluuius Thaneos non erat vadabilis, propter profunditatem aquarum & riparum altitudinem, cœpimus facere super eum calciatam, vt per eam pateret transitus exercitui Christiano: ad hoc multis diebus cum immensis laboribus, periculis & sumptibus insistentes: Sarraceni autem è contra totis resistentes conatibus, machinis nostris quas exeraueramus ibidem machinas opposuerunt quamplures, quibus castella nostra lignea, quæ super passum collocari feceramus eundem, conquassata lapidibus & confracta, combuxerunt totaliter igne Græco. Quo facto, ferè omni spe & expectatione frustratâ per calciatam illam taliter transeundi, tandem per quendam Sarracenum venientem ab Ægyptiorum exercitu, datum fuit nobis intelligi locum esse vadabilem aliquantulum inferiùs, quo*

*poterat*

## SVR L'HISTOIRE DE S. LOVYS.

*poterat exercitus Christianus fluuium transmeare. Inde, communicato consilio Baronum & aliorum majorum de exercitu, die Lunæ ante cineres, fuit concorditer ordinatum, quòd in crastino, die videlicet Carniprivii, summo mane conueniremus ad locum prædictum, fluuium transituri quadam parte exercitus ad castrorum custodiam ordinatâ. Die itaque crastinâ, ordinatis aciebus, venientes ad locum, transiuimus fluuium non tamen sine graui periculo. Nam profundior & periculosior erat locus, quàm nobis fuerat intimatum: ita quòd ibi oportuit natare equos nostros: & propter altas & lutosas ripas, periculosus erat exitus fluminis antedicti. Transacto itaque flumine, ventum est ad locum vbi erant Sarracenorum machinæ, iuxta calciatam prædictam. Et habito cum Sarracenis aggressu, nostri qui præcedebant, multos ex ipsis trucidarunt gladiis, non parcentes sexui vel ætati. Inter quos Capitaneum eorumdem, & quosdam alios Admiratos interfecerunt ibidem. Deinde verò dispersis aciebus nostris, quidam nostrorum per castra hostium discurrentes, venerunt vsque ad villam quæ Massora dicitur, quotquot hostium occurrebant gladiis occidentes. Sed tandem Sarraceni, cognito eorum inconsulto processu, resumptis viribus irruentes in eos, & circumuallantes vndique, oppresserunt eosdem: vbi facta est nostrorum strages non modica Baronum & militum, tam religiosorum quàm aliorum, de qua non immeritò doluimus quamplurimùm & dolemus. Ibi etiam illum præcordialem & præclarum fratrem nostrum, recolendæ memoriæ, Atrabatensem Comitem, temporaliter amisimus: quod cum cordis amaritudine recolimus & dolore, licèt de ipso gaudendum sit potiùs quàm dolendum; Quoniam pro certo credimus & speramus eum, coronâ martyrii, ad cœlestem euolasse patriam, & ibi cum SS. martyribus perenniter congaudere. Itaque die illâ, Sarracenis super nos irruentibus vndique, ac imbrem emittentibus sagittarum, graues insultus sustinuimus eorumdem vsque circiter horam nonam, deficiente nobis omninò balistarum subsidio, & tandem, multis ibidem vulneratis ex nostris, & equis nostris pro majori parte diuersis sauciatis vulneribus aut occisis, Domino auxiliante, campum retinuimus, nostrorum viribus recollectis: & ibi, iuxta Sarracenorum machinas, quas adquisiuimus, eadem die castra nostra posuimus: vbi cum paucis moram fecimus die illo, facto ibi priùs ponte de lignis, per quem possent illi ad nos qui erant vltra fluuium transmeare. In crastino verò plures è nostris de mandato nostro fluuium transeuntes, castra metati sunt iuxta nos; & tunc, destructis Sarracenorum machinis, licias fecimus ad pontes nauales, per quos nostri de vno exercitu ad alium transire liberè poterant & securè. Sequenti autem die Veneris, filii perditionis, congregatis ex omni parte viribus suis, Christianum exercitum omninò perdere intendentes, in fortitudine maxima, & in multitudine infinita conuenerunt ad licias nostras, ex omni parte exercitus tantos tàmque terribiles facientes insultus, quantos, sicut à pluribus dicebatur, in eis marinis partibus nunquam viderant facere Sarracenos. Quibus tamen, diuinâ præualente potentiâ, ordinatâ ex omni parte exercitus nostrorum copiâ restitimus, & impetus repulimus eorundem, maximâ eorum multitudine nostrorum gladiis incumbente. Postmodum autem elapsis aliquot diebus aduentauit apud Massoram Soldani filius, veniens de partibus Orientis: in cujus aduentu tympanizantes & lætantes Ægyptii, receperunt eum ad dominum: & ex hoc augmentata est eorum non modicum fortitudo. Vnde apud nos postmodum, nescimus quo DEI judicio, omnia nostris desideriis in contrarium successerunt: inolente diuersarum ægritudinum peste, & mortalitatis etiam generalis tam in hominibus quàm in equis: ita quòd vix erant in exercitu aliqui, qui mortuos suos non plangerent, aut ægrotantes ad mortem. Vnde pro magna parte diminutus erat exercitus Christianus, & consumptus. Tantus erat defectus victualium, quòd plures inediâ deficiebant & fame. Non enim vasella naualia de Damiata ad exercitum transire poterant, impedientibus Sarracenorum galeis & vasis piraticis, quæ per terram in flumine collocauerant antedicto. Sicque compluribus vasis nostris priùs captis ab eis in flumine, tandem duas successiuè carauanas, victualia & alia multa bona ab exercitu deferentes, cæsa marinariorum & aliorum multitudine, ceperunt, in totius exercitus detrimentum. Vnde deficiente omninò victualium, & annonæ equorum suffragio, cœperunt in exercitu deficere ferè omnes, in desolationem & terrorem non modicum inciden-*

Partie II.        Ccc

tes. His igitur arctatos incommodis, tam propter ciborum carentiam & equorum annonæ, quàm propter casus superiùs annotatos, ineuitabilis necessitas nos induxit à loco prædicto recedere, & ad partes Damiatæ redire, si Dominus prouidisset. Sed, cùm viæ hominis non sint in eo, sed potiùs in illo, qui quorumque gressus dirigit, & disponit juxta suæ placita voluntatis: dum essemus in itinere reuertendi, quinto scilicet die mensis Aprilis, & Sarracenis totis suis viribus congregatis in vnum, cum multitudine infinita aggressi sunt exercitum Christianum; &, sicut accidit, permissione diuinâ, peccatis nostris exigentibus, in manus inimicorum incidimus: nobis, & karissimis fratribus nostris, A Pictauensi, & K. Andegauensi Comitibus, & cæteris qui nobiscum reuertebantur per terram, nemine penitùs euadente, captis & carceribus mancipatis, non sine maxima strage nostrorum, & effusione non modica sanguinis Christiani: majori parte illorum qui reuertebantur per fluuium, similiter captâ, aut gladio interfectâ; vasellis naualibus, vt plurimum, incendio dissipatis, in quibus incendii flamma combuxit ægrotantium multitudinem dolorosam. Sanè post captionem nostram, per dies aliquot jam dictus Soldanus requiri nos fecit de treugis faciendis: petens instanter, non sine minis & austeritate verborum, quòd sublato moræ dispendio, faceremus sibi restitui Damiatam, cum omnibus rebus ibidem inuentis; & resarciremus omnia damna, & expensas quas fecerat vsque ad tempus illud à die quâ receperant Damiatam Christiani. Tandem verò post multos tractatus, treugas iniuimus vsque ad decennium, sub hac forma: videlicet, Quòd idem Soldanus nos, & omnes qui capti fuerant à Sarracenis postquam venimus in Ægyptum, Christianos captiuos, nec non & omnes alios de quibuscumque partibus oriundos, qui capti fuerant à tempore quo Soldanus Kyemel, auus ejusdem Soldani Caym cum Imperatore treugas inierat, de carcere liberaret, & liberos abire permitteret vbi vellent: & quà terras, quas Christiani in regno Ierosolymitano tenebant in aduentu nostro, cum omnibus pertinentiis in earum pace tenerent. Nos autem tenebamur ei reddere Damiatam, & octingenta millia Bisantiorum Sarracen pro liberatione captiuorum, & damnis, & expensis prædictis, de quibus jam soluimus quadringentos: & liberare omnes Sarracenos captos in Ægypto à Christianis, postquam illuc venimus: necnon & eos qui capti fuerant in regno Ierosolymitano, à tempore treugarum olim factarum inter Imperatorem & Soldanum prædictum. Adjecto, quòd omnia bona nostra mobilia & omnium aliorum apud Damiatam remanentia post recessum nostrum, salua forent & sub custodia & defensione ejusdem Soldani, portanda ad terram Christianorum quandocumque opportunitas haberetur. Omnes etiam Christiani infirmi, & alii qui pro vendendis rebus suis quas ibi habebant, in Damiata moram traherent, tuti similiter essent, recessuri per terram vel per mare, quando vellent sine impedimento vel contradictione quacumque. Et omnibus illis qui per terram vellent recedere, tenebatur idem Soldanus vsque ad terram Christianorum securum præstare conductum. Vnde cùm hujusmodi treugæ inter nos & Soldanum prædictum, præstitis juramentis hinc inde firmatæ fuissent: & jam idem Soldanus esset cum suo exercitu in itinere veniendi aduersùs prope Damiatam, pro complendis omnibus supradictis: accidit, diuino judicio, quòd quidam milites Sarraceni, non sine conniuentia vel majoris partis exercitus, arruentes in Soldanum prædictum surgentem in manè de mensa, post prandium, ipsum immaniter vulnerauerunt; & de suo tentorio exeuntem; vt posset fugæ beneficio liberari, videntibus ferè omnibus Admiratis, & aliorum Sarracenorum multitudine, frustatim gladiis trucidarunt. Quo perpetrato, statim multi Sarraceni armati, in illo furoris calore, venerunt ad nostrum tentorium, ac si vellent, vt timebatur à multis, in nos & alios Christianos desæuire: sed diuinâ clementiâ eorum furiam mitigante, super firmandis treugis præhabitis cum Soldano, & ciuitatis Damiatæ liberatione festinâ, nos requisierunt instanter. Cum quibus, præmissis tamen ab eis verborum & comminationum tonitruis, tandem sicut Domino placuit, qui tanquam pater misericordiarum, & pius in tribulationibus consolator, gemitus compeditorum exaudit, firmauimus cum juramentis treugas quas feceramus antea cum Soldano, & ab omnibus & singulis eorum recepimus juramenta, juxta legem eorumdem super treugis nostris obseruandis: determinatis certis temporibus, infra quæ captiui liberarentur hinc

## SVR L'HISTOIRE DE S. LOVYS.

*inde, & Damiata ciuitas redderetur. In cujus redditione, & tunc cum Admiratis eisdem, & antea cum Soldano ea de causa non sine difficultate conuenimus, quia spes nulla erat de retinenda ciuitate jam dicta, sicut certissimè per illos intelleximus qui ad nos de Damiata venerant, veritatem nullatenus ignorantes: propter quos, de consilio Baronum Franciæ, & quamplurium aliorum, potiùs elegimus Christianitati fore consultius, nos & captiuos alios pro treugis hujusmodi liberari, quàm ciuitatem taliter amittere cum residuo populi Christiani existentis in illa, quàm nos & alios sub tantis periculis in carcere remanere. Die igitur statuta receperunt Admirati prædicti ciuitatem eandem: quâ receptâ, liberauerunt nos, & fratres nostros: nec non Comites Britanniæ, & Flandriæ, & Sueßion, & multos alios Barones, milites de regno Franciæ, Ierosolymorum, & Cypri. Et tunc spem firmam habuimus, ex quo nos liberauerunt & alios supradictos, quod de reddendis & liberandis omnibus aliis Christianis juramenta sua firmiter obseruarent, secundùm continentiam treugarum. His itaque peractis, à partibus Ægypti recessimus, certos nuntios dimittentes ibidem ad recipiendum captiuos à Sarracenis, & ad custodiam rerum quas ibidem dimisimus: & quòd non habebamus nauigia quæ sufficerent ad portandum. Postmodum autem, venientes in actu de rehabendis captiuis, quod multum insidet cordi nostro sollicitè cogitantes, remisimus alios solemnes nuntios & nauigia in Ægyptum, ad reducendum captiuos, & res alias quas dimiseramus ibidem: scilicet, machinas nostras, arma, tentoria, quandam quantitatem equorum, & alia multa bona. Sed Admirati prædicti nuntios nostros, cum instantia postulantes reddi sibi captiuos juxta formam treugarum & alia supradicta, detinuerunt diutius in Babylonia, sub spe reddendi omnia quæ petebant. Tandem verò post exspectationem diuturnam de captiuis omnibus quos reddere tenebantur, qui sunt, ut firmiter dicitur, numero plus quàm duodecim millia, inter antiquos & nouos, non liberauerunt nuntiis nostris nisi tantummodo quadringentos; de quibus pars quædam exiuit de carcere pecuniâ mediante. De cæteris tantùm rebus, nihil omninò reddere voluerunt. Immò, quod est detestabilius, post treugas initas & juratas, sicut intelleximus per nuntios nostros, & per captiuos quosdam fide dignos de illis partibus redeuntes, electos juuenes de Christianis captiuis ducendo ad victimam, tanquam oues, quantum in eis erat, compellebant apostatare à fide Catholica, appositis gladiis super eorum ceruicibus, & clamare legem sceleratissimi Machometi; quorum multi imbecilles & fragiles exorbitauerunt à fide, legem illam detestabilem profitendo. Cæteri verò, tanquam Athletæ fortissimi, in fide radicati, & in firmo proposito constantissimè persistentes, minis vel flagellis hostium superari nullatenus potuerunt: sed certantes legitimè, coronas martyrii receperunt sanguine rubricatas: quorum sanguis, ut pro certo tenemus, clamabit ad Dominum pro populo Christiano, & aduocati nostri erunt coram summo judice in cœlesti curia, in causa quam agimus contra fidei inimicos, vtiliores nobis in illa patria, quàm si nobiscum conuersarentur in terris. Multos etiam Christianos, qui apud Damiatam remanserant ægrotantes, gladiis trucidarunt. Nec de liberandis captiuis Christianis, nec de rerum restitutione nostrarum, aliquam certitudinem habebamus, quamuis plenè seruauerimus conditiones & pacta quæ cum eis habueramus, & parati fuerimus obseruare. Ad hoc cùm post treugas initas & liberationem nostram, firmam haberemus fiduciam, quòd liberatis captiuis, terra transmarina, quam Christiani tenebant, in statu pacifico permaneret, vsque ad tempus in treugis diffinitum: voluntatem & propositum habuimus ad partes regni Franciæ reuertendi: & jam disponi feceram de nauigio, & aliis, quæ ad nostrum passagium necessaria videbantur. Sed apertè videntes, per ea quæ superiùs sunt expressa, quòd Admirati prædicti apertè contra treugas veniebant, & contra propria juramenta nobis & Christianitati illudere non verentes, requisimus consilia Baronum Franciæ, Prælatorum, domorum Templi, Hospitalium Sancti Iohannis, & Sanctæ Mariæ Teutonicorum, & Baronum regni Ierosolymitani: quorum major pars concorditer asserebat, quòd si nos recedere contingeret his diebus, prædictam terram dimitteremus omninò in admißionis articulo constitutam; & noster recessus non esset aliud, nisi eam totaliter exponere Sarrace-*

Partie II.                                                                         Ccc ij

nis: maximè cùm in statu tam debili, & tam miserabili his diebus esset, proh dolor! constituta: Captiui etiam Christiani qui ab infidelibus detinentur, post recessum nostrum poterant pro perditis reputari, omni spe de liberatione ipsorum sublatâ. Si autem contingeret nos morari, sperabatur quòd ex mora nostra posset aliquod bonum euenire: ex quo etiam liberatio captiuorum, & castrorum & villarum regni Ierosolymitani retentio, & quædam alia toti Christianitati vtilia possent, auctore Domino, prouenire: maximè cùm inter Soldanum Halapiæ, & Babyloniæ grauis discordia sit exorta. Qui Soldanus, congregatis suis exercitibus, jam cœpit Damascum, & quædam castra sub dominio Babyloniæ constituta: processurus, vt à multis asseritur, in Ægyptum ad vindicandum mortem interfecti Soldani, & ad terram illam quantum poterit occupandam. His igitur consideratis attentè. prædictæ Terræ Sanctæ compatientes miseriis & pressuris, qui ad ejus subsidium veneramus ac captiuorum nostrorum captiuitatibus & doloribus condolentes, licèt nobis dissuaderetur à multis morari in partibus transmarinis: maluimus tamen adhuc differre passagium, & morari per tempus aliquod in regno Syriæ, quàm negotium CHRISTI totaliter relinquere desperatum, & captiuos nostros in tantis periculis constitutos. Karissimos autem fratres nostros A. Pictauiensem, & K. Andegauensem Comites, ad karissimæ dominæ ac matris nostræ, nec non & totius regni consolationem, in Franciam duximus remittendos. Cùm igitur omnes qui in nomine Christiano censentur, zelum habere debeant ad negotium memoratum, & vos præcipuè, Clerici, qui de illorum sanguine descendistis, quos Dominus ad Terram Sanctam acquirendam, tanquam populum peculiarem elegit, quam acquisitionis titulo propriam reputare debetis vniuersitatem vestram ad illud seruitium inuitamus, qui nobis in Cruce seruiuit, & pro redemptione vestra sanguinem proprium effundendo, extitit, ita quòd corda vestra noua in CHRISTI IESV. Gens enim illa scelerati
ssima, in contumeliam Creatoris, præter blasphemias quas dicebant in conspectu populi Christiani, Crucem flagellis cædebant, spuebant in eam, & deinde viliter pedibus conculcabant, in opprobrium fidei Christianæ. Eia ergo, milites CHRISTI, peculiaris Papæ DEI viui, accingimini, & estote viri potentes ad vindicandas injurias & opprobria supradicta; actus vestros ad antecessorum vestrorum exempla reducite, qui specialiter inter cæteras nationes fuerunt in fidei exaltatione deuoti, & sinceritatis affectu dominis suis temporaliter obsequentes, totum orbem gestis insignibus impleuerunt. Præcessimus vos in obsequium DEI: venite & vos, assequimini nos pro DEO, tandem nobiscum, licèt tardiùs deueneritis, recepturi, Domino largiente, mercedem, quam Euangelicus Paterfamilias primis donauit vineæ suæ operariis, & extremis. Insuper, præter indulgentiam generalem Cruce signatis indultam, venientes, vel competens subsidium transmittentes in nostrorum subsidium, immò potius Terræ Sanctæ, dum ibi præsentes fuerimus, apud DEVM, & homines multum sibi fauoris & honoris acquirent. Expedite autem negotium: vt illi, quibus virtus Altissimi inspirabit venire vel mittere in subsidium memoratum, præparent se venturos vel missuros in Passagio instantis mensis Maii vel Aprilis: ipsi autem qui parati esse non poterunt ad transmittendum in illo passagio, saltem in secundo sequenti passagio S. Iohannis transfretare procurent in subsidium memoratum. Acceleratio enim opus est, & mora dispendiosa videtur, juxta negotii qualitatem. Vos autem, Prælati & alii CHRISTI fideles, pro nobis ac memorato negotio Terræ Sanctæ specialiter orationum instantiâ interpellare velitis Altissimum; ac in locis vobis subjectis faciatis specialiter exorari, vt nostra peccata præpediunt, diuinæ suæ propitiationis annuente clementia, vestrarum aliorùmque bonorum orationum suffragiis valeat. Actum Acon, Anno Domini M. CCL. mense Augusto.

Ces tristes nouuelles apportées en France ne furent crûës du commencement, & les premiers porteurs d'icelles en furent payez de la corde, ce dit Paris. Mais la verité parut enfin, & nous donna sujet de larmes & de deüil ensemble à toute la Chrestienté, fors aux Florentins, desquels le Vilani liu. VII. chap. XXXVII. dit ces mots, E nota che quando questa nouella venne in Firenze, signoreggiando i Gibellini, ne fecero festa a grandi fallo. & les Venitiens & Genevois, lesquels n'ayant oublié la dispute qu'ils eurent dans les ports de

# SVR L'HISTOIRE DE S. LOVYS.

Cypre, pendant le séjour de l'armée, se mirent au passage de ceux qui retournoient du voyage, en détrousserent beaucoup, & en noyerent d'autres.

SONT AVCVNS QVI DISENT.] Fondez sur ce passage du liure premier *Page 48.* des Machabées chap. 9. *si appropiauit tempus nostrum, &c.* & Iosephe liu. 13. chap. 9. de ses Antiquitez Iudaïques parlant des Esseens, leur donne cette croyance entre les autres, τὸ τῆς ἑσπείαν γίνεσθαι πάντων τὴν εἱμαρμένην κυρίαν ὑπολαμβάνει. Quoy que l'on puisse accorder cette necessité par les regles qu'en donnent les Philosophes Chrestiens, expliquant le second de la Physique, comme l'école de Conimbre question 7. article 2. Suares en sa Métaphysique, dispute 19. nombre 9. Et qui la croit autrement ou la fait valoir, est fol, ce dit saint Augustin, traité 57. *in Ioan.* & en sa Cité liu. 5. chap. 9. Voire tous les traitez qu'il a faits contre les Prisciliens inserez au tom. 5. de ses œuures, sont pleins de cette question.

ET LOÜA LE ROY CENT HOMMES.] La grand' Chronique S. Denis *Pag. 56.* remarque en ce lieu des paroles excellentes de ce Prince. Car comme il fut las de ce trauail, & que ses courtisans l'excitassent à cesser, il repliqua qu'il faloit enterrer ces Martyrs, qui valent beaucoup mieux que nous.

PHILIPPES DE MONTFORT.] Fils de Simon III. ce grand ennemy *Page 61.* des Albigeois, frere de Simon IV. qui entreprint après la mort de son pere l'extirpation de ces pauures errans, & depuis ayant receû quelque déplaisir de la Reine Blanche se retira en Angleterre, dont il fut fait grand Seneschal, & duquel les Histoires Angloises parlent tant.

QVE MADAME MA MERE.] Ie n'ay pû apprendre la raison de cette alliance.

DIX CENS MILLE BEZANS D'OR.] Mathieu Paris, instruit sur les me- *Pag. 68.* moires de sa passion, dit que le Soldan proposa de retenir le Roy, & l'enuoyer pour triomphe de sa victoire aux fonds de l'Orient, afin de seruir d'étonnement & d'exemple aux autres Princes Chrestiens, qui feroient pareilles entreprises. Mais le desir qu'il eut de retirer Damiette de ses mains, qui estoit en la garde du Duc de Bourgogne, Oliuier de Thermes, & dans laquelle s'estoit sauué le Legat Eudes de Chasteau-Roux, & nombre de Prelats qui assistoient l'infortunée Reine Marguerite retenut ce dessein, pour tenter vne ruse fort galante, & que trouuons pratiquée dans les Histoires anciennes. Car, dit-il, ils firent traueftir leurs troupes des armes Françoises & de leurs étendars, & en cét estat se presenter à Damiette, qui ne sçauoit encore les nouuelles de cette grande perte. Mais la garnison du dedans reconnut aussi-tost à leur démarche & peu de discipline, à leurs visages bazannez, leurs longues barbes & paroles barbares, qu'ils estoient ennemis. Tellement que se voyans trompez, ils traiterent plus doucement le Roy captif, luy permirent d'estre seruy par sa maison, & commencerent à luy proposer les conditions de sa déliurance, marchandant le prix de sa rançon qu'ils taxerent à cent mille liures d'or, qui furent enfin, dit-il, accordez à cent mille marcs d'argent. Pour la reduction de laquelle somme & rapport aux cinq cens mille liures de nostre Autheur, il seroit à propos de dire quelque chose. L'éloignement de mes liures, & mes autres distractions en remettront le discours ailleurs non moins à propos.

LE ROY DEVOIT IVRER.] De Serres en son Inuentaire, & du Hail- *Page 71.* lan coulent icy sans titre ni autorité, que SAINT LOYS laissa pour gage de sa parole la sainte Hostie. Ce que n'auons pû trouuer aucune part, quoy que l'ayons soigneusement cherché. Et remarquerons icy vne chose que le seul Mathieu Paris a écrit, que la Reine Blanche au rapport de cette nouuelle fâcheuse, fit amas de grands deniers, qu'elle enuoya promptement au secours du Roy : Mais vn orage suruenu perdit le tout, & fit prononcer à nostre SAINT ROY ces paroles, quand il en receut l'auis, *Ni cette perte, ni autre quelconque ne me sçauroit separer de la fidelité que je dois à mon Dieu.* Et voyant

## OBSERVAT. DE CL. MENARD

le courage des siens abatu par tant de maux, leur donnoit courage en sorte, que ses ennemis mesmes touchez au vif de cette patience, l'admiroient grandement.

*Page 84.* TANTOVST APRES NE TARDA GVERES.] Frederic n'auoit jamais porté d'affection au Roy Loys ; Et quelque temps deuant auoit méme taſché de le ſurprendre en vne diette tenuë entre eux, ſi la Caualerie Françoiſe paroiſſant en ſon luſtre, n'euſt rompu dés lors ſon deſſein, dont nous voyons encore quelques epitres de cét Empereur dans les Hiſtoires d'Allemagne. Depuis ayant ſurpris grand nombre de Prelats François & Allemans, qui paſſoient en Italie pour le fulminer, il auoit eſté contraint d'ouurir ſes priſons à nos Eueſques François par les menaces du Roy, qui lui écriuit hautement, ainſi qu'on peut les lire dans celles qu'a ramaſſées Pierre Deſuignes Chancelier de cét Empereur & ſon confident. Il auoit de plus ſupporté toûjours le Saint Siége contre ſes armes, & offert ſon Royaume à le ſecourir, en ſorte qu'il ſembloit que ſa détention puſt ſeruir à ſes prétentions.

LES MESSAGERS DV GRAND ROY DE TARTARIE.] Puiſque nôtre Auteur a pris plaiſir de rapporter les commencemens de cette nation, j'eſtime n'eſtre ſans propos d'employer auſſi ce qu'écrit d'eux le Moine Haiton, en la troiſiéme partie de ſon liure chap. 1. *La terre & la contrée où les Tartarins demeuroient au commencement, eſt entre la grande montagne de Belgian, de laquelle montagne parlent les Hiſtoires d'Alexandre le Grand, quand il fait mention des hommes ſauuages qu'il trouua. En ladite contrée demeuroient premierement les Tartarins, comme gens ſauuages & beſtiaux qui n'auoient ne foy ne loy, & eſtoient vagans parmy les deſers, en gardant leurs beſtes de lieu en autre, & eſtoient reputez vils & depriſez de toutes les autres nations, auſquelles ils ſeruoient. Mais entre eux furent aucunes lignées nommées Malgots, leſquels s'aſſemblerent en vn lieu, & éleurent ſur eux Capitaines & Gouuerneurs, & multiplierent tant qu'ils furent partis en ſept nations, & ſont leſdits Malgots, & juſques aujourd'huy tenus les plus nobles de tous les Tartarins. La premiere des ſept nations des ſuſdits Malgots eſt nommée Tartarins. La ſeconde Tangots. La tierce Eurath. La quatriéme Iaſan. La cinquiéme Sonith. La ſixiéme Maugli. La ſeptiéme Thebeth. Et tandis que leſdites nations eſtoient ſugettes aux autres nations voiſines, aduint que vn veillard pauure homme nommé Cangius, eut en dormant vne telle viſion. Il luy eſtoit aduis qu'il voyoit vn Cheualier tout armé & monté ſur vn chenal blanc, qui l'appella par ſon nom Cangius : la volonté du Dieu immortel eſt que de bref tu ſoye Roy & Gouuerneur des ſept nations des Tartarins qui ſont nommez Malgots. Et faut que tu les deſliure du ſeruage où ils ont ſi longuement eſté, & que tous leurs voiſins ſoient ſujets à eux. Cangius entendant que c'eſtoit de par* IESVS-CHRIST *qu'on parloit à luy, ſe leua moult joyeuſement & feiſt aſſembler tous les Princes, Seigneurs, & Gouuerneurs des ſept nations, & leur raconta la viſion, mais ils ne le vouloient pas croire, & tenoient tout à mocquerie. Mais la nuit enſuiuant tous leſdits Princes & Gouuerneurs virent en viſion ledict Cheualier blanc ainſi que Cangius l'auoit veu, & leur commanda que tous obeïſſent à Cangius. Et pource tous les Princes & Seigneurs aſſemblerent tout le peuple des ſept nations, & leur commanderent que tous promiſſent obedience à Cangius, qui par le Dieu immortel eſtoit conſtitué leur Empereur. Et eux-meſmes les premiers pour monſtrer exemple aux autres luy promirent obedience. Et ainſi Cangius fut inſtitué premier Empereur des Tartarins.*

*Page 93.* ROYAVME DE NERONNE.] Strabon aux pieds du Mont-Taurier met vne ville qu'il appelle Νηρόασσος, *Neroaſſus.* Et Quinte-Curce au liure 8. en fait vne autre dans les Indes *Nora*, priſe par le grand Alexandre. Mais la deſignation de noſtre Hiſtorien fait que ce ſeroient plûtoſt ces peuples que Strabon & Arianus logent aux extremitez de l'Occident ſur le fleuue d'Arbys, leſquels Bonauenture Wlcanius appelle *Noritæ.*

*Page 94.* LE ROY DES COMMAINS.] C'eſt vne contrée de l'Aſie, de laquelle parlent les Autheurs anciens, deſcriuant l'Hircanie, que Xenophon appelle

# SVR L'HISTOIRE DE S. LOVYS. 39

*Comania*, Pline *Commania*. L'Archeuesque de Tyr au liure 2. chap. 21. fait mention d'eux, & Guillaume le Breton au 10. de sa Philippide, *captus à Principe Commaniorum*. La Notice de l'Orient sous la disposition du throsne d'Antioche, *sedes* 2. *Sythopoles Komanas*. Quant à cette forme d'alliance, l'on en peut voir des exemples beaucoup dans l'Antiquité. Et les Historiens des dernieres descouuertes en cottent nombre aussi. Mais il semble que l'vsage barbare de ces peuples ait esté reconnu par Herodote en sa Melpomene, quand il parle des Scytes & de leurs ceremonies, ἐς κύλικα μεγάλην κεραμίνην οἶνον ἐγχέαντες, ἅμα συμμίσγυσι τῶν τὸ ὅρκια ταμνομένων, τύψαντες ὑπέατι ἢ ἐπιταμόντες μαχαίρῃ σμικρὸν τοῦ σώματος, κ᾽ ἔπειτα ἀποβάψαντες ἐς τὴν κύλικα ἀκινάκεα, κ᾽ οἰστὸς κ᾽ σαγάρεις κ᾽ ἀκοντίον. ἐπεὰν δὲ ταῦτα ποιήσωσι, κατεύχονται πολλά, κ᾽ ἔπειτα ἀποπίνουσι αὐτοί τε οἱ τὸ ὅρκιον ποιούμενοι κ᾽ τῶν ἑπομένων οἱ πλείστου ἄξιοι. Ils meslent le sang de ceux qui font alliance, dans vn vaisseau remply de vin: pour quoy faire ils font quelque incision sur eux, & dans ce vase trempent leurs cousteaux, leurs fleches & autres armes, puis après auoir fait leurs execrations aualent ce breunage, & en font prendre aux plus apparens de la troupe.

LA CHAMELLE.] L'Archeu. de Tyr au liure 7. chap. 12. la prend pour *Pag. 99.* Emessa, *Emissa quæ vulgari appellatione Camela dicitur*: & ainsi l'appellent Iacobus de Vitriaco, & Niger en leurs descriptions: & ne sçay si en ce passage dudit Archeu. de Tyr en ces mots, *secessit in Carmelum, non ille mons, qui situs est in maritimis Heliæ familiaris, sed viculus quidam vbi olim stulti Nabat fuit domicilium*, il ne faudroit point lire *in Camelam*. mais je n'ose l'asseurer.

A NOSTRE DAME DE TOVRTOVSE.] L'Abbé Guibertus en son Hi- *Page 108.* stoire de Ierusalem parle de ce voyage, & l'Archeuesque de Tyr au liure 10.

TANTOVST APRES SA MERE MOVRVT.] C'est l'vne des actions *Page 110.* la plus remarquable en toute la vie de ce Roy, que le respect par luy rendu à la conduite & vertu de Blanche sa mere, à laquelle il desera tant qu'il ne fit rien que par son auis. Et certes auoit-il raison, puisque sa prudence auoit tiré sa jeunesse de mille broüilleries, composé les factions de son Estat, combatu l'orgueil de ses ennemis, & fait en sorte que luy deuenu maistre, il auroit receu son Estat paisible & asseuré de troubles. Mais pour éloge dernier, il nous sera permis d'employer ice que l'Histoire de ce Prince dit, *Gouuernant le Royaume elle print courage d'homme, en faisant prudemment & sagement à chacun administrer justice, garda les droits du Royaume, les deffendit vigoureusement contre plusieurs aduersaires, qui voulurent entreprendre contre le Roy son fils. Moult estoit honneste en paroles, aimoit fort religieuses personnes bonnes & deuotes, & toutes manieres de gens qu'elle conoissoit bons, honoroit sages & prud'hommes, s'esjouissoit de bien faire pour donner exemple aux autres de ainsi faire, tout mal & esclandre luy déplaisoient, elle estoit grande aumosniere aux pouures. Elle fonda deux Abbayes auant son trépas, au moins le Roy son fils à sa requeste. Et quand elle se sentit malade, cinq ou six jours auant qu'elle mourust print l'habit des sœurs de Maubuisson de l'Ordre de Cisteaux, voüa les vœux de religion, delibera les garder en obeissant aux commandemens de l'Abbaisse, receut le precieux corps de nostre Seigneur* IESVS-CHRIST *par les mains de l'Euesque de Paris, en grande humilité, deuotion & reuerance, & sentant la mort approcher, & qu'à longue piece auoit esté sans parler, pour la douleur de sa maladie, elle se fit mettre sur vn peu de feurre sans cousse, & dessus vne serge tant seulement. Là les Prestres luy voulant bailler la derniere Onction se trouuerent esbays, & ne commençoient point l'office. Elle ce voyant, commença & dit ces paroles,* Subuenite Sancti Dei omnes, &c. *à voix foible & basse. Ce oyant lesdits Prestres commencerent le seruice des morts, duquel elle dist auec eux cinq ou six vers. Mais auant qu'ils eussent acheué, elle trepassa* Mathieu Paris remarquant les causes de sa mort, dit que Alfonse Comte de Poitiers son fils, alité d'vne incurable paralysie, fut le surfais de ses ennuis, qui la mirent au tombeau, *fœmina consilio mascula, Semirami meritò comparanda*. Nangis & la Chronique S. Denys adjoustent, que cette nouuelle fut ditte au Roy par le Le-

## 392   OBSERVAT. DE CL. MENARD

gat & l'Archeuesque de Tyr, qui estoit lors son Chancelier : duquel nous auons découuert depuis quelques années la sepulture dans l'vne des Eglises de Saumur en Anjou, auec tesmoignages publics de sa Sainteté, confirmez par les Bulles de Clement & Vrbain Papes, rapportées dans le discours qui en fut fait lors.

*Pag. 118.*   DE L'ESTAT DV ROY.] Nous ne pouuons passer vne chose que toutes nos Annales ont obmis, remarquée seulement par Iean Villani, liure 6. chap. 37. de l'Histoire Florentine, que ce Prince aussi-tost aprés son retour, afin d'auoir plus souuent memoire des foüets qu'il auoit sentis tant rudement, & que ses Barons prissent cœur à s'en venger quelquefois, fit marquer de la monnoye, vers la pile de laquelle furent employez des menottes. *Et come lo Re Luis, & suoi Baroni furono liberati, & ricomperati, furono pagate dette monete, & si ritornarono in Ponente, & per ricordanza de la detta pressura accioche vendetta ne fosse fatta, o per lui o per li suoi Baroni, il detto Re Luis fece fare nella moneta del tornese grosso, da lato della pila le boie da prigioni.* Et de cette sorte en auonsnous quelques-vnes, & veû d'autres en plusieurs cabinets, marquées tant sous le nom de Loys, que de Philippe son fils en cette sorte.

Le sieur de Gorges General des Monnoyes, faisant vn discours sur le sujet de ces petites pieces dit y en auoir de deux sortes : l'vne appellée gros Tournois, l'autre Parisis, qui n'ont autre difference que le nombre des fleurs de lys autour de leurs legendes : parce que les Tournois n'en auoient que douze, & les Parisis quinze : bien en rester quelques-vnes, qui en monstrent treize, qui estoient gardées & portées superstitieusement par les hommes de ce temps-là, comme preseruatifs de la fieure. Ce que je n'ay leû nulle part.

ONQVES PVIS EN SES HABITS] Nangis dit que dés l'an 48. qu'il fut croisé la premiere fois, il quitta la pompe de ses habits, *Nec ab illo tempore indutus est scaleto vel panno viridi, seu bruneta, nec pellibus variis, sed veste nigri coloris, vel camelini, seu persei,* dont il fut blasmé quelquefois. Et mesmes vn Docteur de ce temps-là oza prescher contre cette simplicité, disant qu'vn Roy ne deuoit marcher ainsi en habit commun, mais paroistre tousjours en appareil Royal : mesme ne deuoit assister en bonne conscience à plus d'vne Messe : que le conseil qu'on luy donnoit de faire autrement estoit peché mortel, ainsi qu'escrit Thomas de Champré Iacobin de ce siecle-là, au liure second de ses Exemples, chap. 65. Pour la deffense duquel il dit que Philipes Auguste son ayeul ne fut reuestu jamais que de camelots, & que Loys son pere n'auoit jamais employé d'escarlate.

POVRCHASSA TANT.] Mathieu Paris explique fort au long tout le voyage

# SVR L'HISTOIRE DE S. LOVYS.

ge du Prince Anglois, fait aux despens de nos Espagnes, que saint Loys luy fut au deuant jusques à Chartres, auec tous les complimens d'vne telle solemnité. Il descrit de plus l'ordre d'vn festin public, que fit le Roy d'Angleterre à SAINT LOYS, lequel tenoit le milieu de la table comme plus noble, l'Anglois à la droite, Thibault de Nauarre sur le gauche. Puis y auoit douze Euesques meslez parmy vingt-cinq Ducs & Barons, dix-huit Comtesses, & entre elles celles de Cornoüaille, Anjou, & Prouence sœurs de la Reyne.

LE COMTE DE CHAALONS MON ONCLE.] Les Memoires Sequanois ne rapportent point aucun different en la Bourgongne entre Iean dit le Sage Comte de Bourgongne & son fils Hugues qui viuoient tous deux de ce temps; mais bien ils font mention d'vne course que fit Thibault de Champagne, enuiron l'an M. CCLX. aux quartiers de la surseance, & qu'aprés quelques rencontres legeres, Eustache de * Goulans Connestable de Champagne fit treues l'an M. CCLXVI. Depuis lequel temps Hugues venant à mourir premier que son pere Iean, le Comte de Chaalons & d'Auxerre, aussi nommé Iean entreprit des pratiques, & voulut débaucher les Seigneurs pour y broüiller de nouueau. Mais ses desseins furent rompus au profit d'Othon fils de Hugues par Iean son ayeul.

*Conflans,

THIBAVLT SECOND ROY DE NAVARRE.] C'est ce grabuge que venons de cotter, qui nous fait croire que l'Histoire a manqué en ce lieu.

COMMENÇA VNE AVTRE GVERRE.] Cette dispute fut pour le Comté de Namur, lequel auoit esté acheté par la Reyne Blanche; & redonné peu aprés à sa femme, dont Henry II. Comte de Luxembourg ne fut content, parce qu'il y pretendoit droit, à raison de sa femme Marguerite de Bar, issuë de Baudoüin le courageux Comte de Flandres & de Haynau. Thibault aussi II. Comte de Bar, y pretendoit à cause de son ayeul descendu de mesme tige. Tellement que disputant chacun leurs droits enuiron l'an M. CCLXVI. ils se rencontrerent, & fut Henry de Luxembourg pris. Et depuis ce debat appaisé par SAINT LOYS.

NOVS LOYS.] Cette Ordonnance est de l'an M. CCLIIII. au mois de Decembre, & meriteroit peut-estre bien d'estre inserée en ce lieu par ses termes Latins, comme elle est au Registre de la Court. Mais crainte d'ennuy nous la laisserons pour en donner vne autre de l'an second de sa Couronne, dont les collecteurs des Ordonnances n'ont fait aucune mention, trouuée dans vn vieil Registre contenant diuerses Collections d'vn nommé Rusé Conseiller de la Cour, pour seruir à l'instruction de sa charge, que le sieur du Puy digne fils du sçauant Claude du Puy, tant reconnu parmy ceux qui aiment & professent les lettres, nous a communiqué.

Pag. 120.

LVDOVICVS *Dei gratia Francorum Rex vniuersis ciuibus Albiensibus & aliis fidelibus suis per Albiensem diocesim constitutis, salutem & dilectionem. Cupientes in primis ætatis & regni nostri primordiis illi seruire, à quo Regnum recognoscimus, & id quod sumus; desideramus ad honorem ipsius qui calicem dedit honoris, quòd Ecclesia Dei, quæ in partibus vestris longo tempore fuit afflicta, & tribulationibus innumeris conquassata, in nostro Domino honoretur & feliciter gubernetur. Vnde de magnorum & prudentium consilio statuimus, quòd Ecclesia & Ecclesiastici viri in terris constituti prædictis libertatibus & immunitatibus vtantur, quibus vtitur Ecclesia Gallicana, & eis plenè gaudeant, secundùm consuetudinem Ecclesiæ memoratæ. Et quia hæretici longo tempore virus suum in vestris partibus effuderunt, Ecclesiam matrem nostram mutipliciter maculantes, ad ipsorum extirpationem statuimus quòd hæretici qui à fide Catholica deuiant, quocumque nomine censeantur, postquam fuerint de hæresi per Episcopum loci, vel per aliam Ecclesiasticam personam, quæ potestatem habeat, condemnati, indilatè animaduersione debita puniantur. Ordinantes etiam & firmiter decernentes ne quis hæreticos receptare vel deffensare quomodolibet, aut ipsis fauere, aut credere quoquomodo præsumat. Et si aliquis contra prædicta facere præsumpserit, nec ad testimonium, nec ad honorem aliquem de cetero admittatur, nec possit facere te-*

Partie II.  Ddd

*stamentum, nec successionem alicuius hæreditatis habere ; omnia bona ipsius mobilia & immobilia, quia sunt ipso facto publicata, decernimus ad ipsum vel ad potestatem ipsius vlterius nullatenus reuersura. Statuimus etiam & mandamus, vt Barones terræ, & Bailliui nostri, & alii subditi nostri præsentes & futuri, soliciti sint & intenti terram purgare hæreticis & hæretica fœditate : præcipientes quòd prædicti diligenter ipsos inuestigare studeant, & fideliter inuenire. Et cùm eos inuenerint, præsentent sine mora dispendio personis Ecclesiasticis superius memoratis, vt eis præsentibus de errore, & hæresi condemnatis, omni odio, prece, precio, timore, gratia, & amore postpositis, de ipsis festinatè faciant quod debebunt. Verùm quia honorandi sunt, & muneribus prouocandi, qui ad inueniendum & capiendum hæreticos solicitè diligentiam suam exercent : Statuimus, volumus, & mandamus, vt Bailliui nostri, in quorum Bailliuiis capti fuerint hæretici, pro quolibet hæretico capto, postquam de hæresi condemnatus erit, vsque ad biennium soluant duas marcas integrè capienti : post biennium autem, vnam. Sanè quia ruptarii solent deuastare & demoliri terram prædictam, & quietem Ecclesiæ & Ecclesiasticorum virorum turbare : Statuimus, vt omninò ruptariu ipsis expulsis, pax perpetuò seruetur in terra : ad quam seruandam dent omnes operam efficacem. Adhuc quia claues Ecclesiæ consueuerunt in terra illa contemni, statuimus vt excommunicati vitentur secundùm canonicas sanctiones, & si aliqui per annum contumaciter in excommunicatione perstiterint, extunc temporaliter compellantur redire ad Ecclesiasticam vnitatem, vt quos à malo non retrahit timor Dei, saltem retrahat pœna temporalis. Vnde præcipimus, quòd Bailliui nostri omnia bona talium excommunicatorum, mobilia & immobilia, post annum capiant, nec eis aliquo modo restituant, donec prædicti soluti fuerint, & Ecclesiæ satisfactum : nec tunc etiam nisi de nostro speciali mandato. Decimæ sanè, quibus fuit longo tempore per malitiam inhabitantium defraudata, statuimus & ordinamus quòd restituantur citiùs : & ampliùs laici decimas non detineant, sed eas habere liberè permittant. Hæc statuta inuiolabiliter seruari jubemus & mandamus, vt Barones & vassalli & bonæ-villæ iuuent ista seruare, Bailliuis nostris ad hoc executoribus deputatis, qui infra mensem postquam fuerint in Bailliis constituti, publicè & in loco publico, & die solemni jurent, quòd hoc seruabunt, & facient ab omnibus bona fide seruari: Quod si non fecerint, pœnam omnium bonorum & corporum poterunt formidare. Noueritis etiam quòd ista Statuta sic volumus obseruari, quòd etiam quando super terram illam tenebit, jurabit hoc seruare, & quod faciat à suis fidelibus obseruari. Vt autem hæc statuta firma & inconcussa permaneant, ea sigilli nostri munimine fecimus communiri. Actum anno gratiæ millesimo ducentesimo vicesimo octauo.*

Iean le Bouteiller Auteur de la Somme Rurale, fait mention d'vne autre, concernant les querelles & meurtres, qu'il appelle la Quarantaine SAINT LOYS, de laquelle n'ayant autre connoissance, que ce qui en est dit par cét Auteur, nous employrons icy ses mots sous le titre des larcins & punition d'iceux. *Pour obuier aux grands maux & inconueniens qui de jour en jour sourdoient & aduenoient au Royaume de France, pour les contreuengemens des vns contre les autres, & souuentesfois sur qui rien n'en sçauoient, & qui coulpe n'y auoient, & souuent aduenoit que vn fait de chaude meslée se prenoit d'entre aucuns qui l'vne partie en demouroit naurée & blecée, dont pour eux contreuenger ils auisoient au long des amis des faiseurs qui rien n'en sçauoient, qui garde ne s'en prenoient, & leur alloient courir sus & naurer ; qui à proprement parler estoit murdre & mauuais fait. Pour ce, fut ordonné par le Roy SAINT LOYS, que doresnauant puis que vn fait seroit aduenu d'entre lesquelles parties que ce fust, de celuy jour ce seroit fait que jusques en quarante jours aprés tous acomplis auroit treues de par le Roy, qu'on appelleroit la Quarantaine du Roy, & qui comprendroit en ladite quarantaine tous les amis d'vn costé ou d'autre, fors les faiseurs, par telle maniere, que les faiseurs qui s'en mouueroient, ce seroit en murdre & en mauuais fait, & encourroient ceux qui ce feroient, en peine capital tel que de murdre, & en confiscation de biens. Si sçache que jaçoit ce que ce ait esté ordonné par Loy &*

## SVR L'HISTOIRE DE S. LOVYS.

*Edict du Roy, si comme dessus est dict, qui est Roy & Empereur en son Royaume, & qui y peut faire Loy & Edict à son plaisir, pour ce vellent souuentefois les Officiers Royaux, quand infraction de quarantaine aduient en la terre d'aucun haut justicier sur vmbre de ce qu'ils dient qu'à eux en appartient la cognoissance, & parce que cét Edict Royal, &c. Toutesfois peus & dois sçauoir que par deliberation de tres-grand conseil à Paris, il a esté deliberé que si le cas est aduenu en la terre de haut Iusticier, & ledit haut Iusticier en prend la connoissance à faire auant que lesdicts Officiers du Roy, à luy comme haut Iusticier doit demourer. Mais si lesdicts Officiers du Roy encommencent premierement leurs exploicts sur ce & la cognoissance, sçache que à eux appartiendra. Et est ceste Loy plus vsé & introduite aux parties de Picardie, & delà l'eaue de Somme.* Qui est volontiers cette ordonnance de laquelle entendoit parler Mathieu Paris en son Histoire, quand il dit au commencement du regne de S. Loys, & entre les plaintes des Princes, qui ne vouloient assister à son Sacre. *Petierunt quidam eorum terras suas sibi restitui, quas pater ejus Ludouicus, & auus illius Philippus multo jam tempore injustè detinuerant occupatas. Adjiciunt etiam, quòd nullus de regno Francorum debeat ab aliquo jure suo spoliari nisi per judicium* XII. *Parium, nec aliquis bello premi, nisi priùs denunciaretur per annum, & præmuniretur.*

LE ROY MANDA TOVS SES BARONS.] Le Pape Clement pressé par les necessitez de la Terre Sainte, lesquelles empiroient chacun jour, y enuoya le Cardinal d'Albi qui lui fit reprendre la Croix, ensemble soixante mil hommes dont estoient composées ses troupes, comme dit Lambert de Schafnaburg, ou son Continuateur. Et Nangis discourt au long de la deliberation prise, & de l'adresse qu'il failloit tenir pour le voyage. Mais Charles d'Anjou nouueau Seigneur de la Sicile, voulant établir ses costes, & les asseurer des courses barbares emporta le conseil, & fit prendre la route de Barbarie. La Chronique S. Denis ajoûte vne autre raison que ne pouuons passer, bien que sans apparence. *Car le bon Roy* (dit-elle) *auoit esté aduerty par gens dignes de foy, que le Roy de Thunis auoit volonté d'estre Chrestien, & en auoit eu plusieurs messagiers, & aduertances que ledict Roy de Thunis ne desiroit autre chose : mais qu'il peust trouuer opportunité sans encourir la haine des Sarrazins, & qu'ils n'en sceussent rien que ce ne fust fait. Mesmement sous celle esperance d'attirer iceluy Roy de Thunis à la foy Catholique, il auoit voulu aller à Carcassonne & à Narbonne feignant de visiter son pays, afin que si ledict Roy de Thunis le vouloit faire qu'il se trouuast plus prés de luy.* Mais ce voyage fut infructueux plus que le premier : car aussitost les maladies se mirent dans le camp qui en emporterent la meilleure part. Ne nous reste memoire aucune de tout l'appareil de ce voyage, que certaines * petites pieces restées de l'oubly, qu'employerons en ce lieu à l'honneur de ceux lesquels y consacrerent leurs courages & leurs vies.

<small>* Elles ont esté conferées auec vn autre MS. depuis la 1. edition, qui est en la Chambre des Comptes de Paris au Registre cotté Noster, page 280.<br>* MS. deurent<br>* les</small>

*Cy sont les Cheualiers qui * deuront aller auec le Roy S. Loys outre-mer, & * des conuenances qui furent entre eux & le Roy.*

MONSIEVR de Valery y doit aller luy trentiéme de Cheualiers, & <sup>a</sup>luy doit ly Rois donner huit mille liures, de tur. & doit auoir restorde cheuaux du Roy à la coustume le Roy & le passage: <sup>b</sup> mais <sup>c</sup> ils n'auront pas bouche à court, & <sup>d</sup> demeuront vn an, il & sa gent, <sup>e</sup>lequel an commencera si-tost comme ils seront arriuez à terre faiche de la mer. Et <sup>g</sup> se aduenoit que par accord ou par tourment de mer <sup>h</sup> conuenist que l'en iuernast en Isle, où ly Rois & l'ost iuernassent, parquoy il y demourast mer derriere eux, l'année commenceroit quand <sup>j</sup> ils seroient arriuez pour iuerner. Et si est assauoir que de ce que il donne à ses Cheualiers, il leur doit payer la moitié de leurs dons, là où l'année commence ; & l'autre moitié quand la premiere moitié du demy an <sup>k</sup> seroit passée. Et s'il est assauoir <sup>m</sup> qu'il doit passer à chacun banne-

<small>« <sup>a</sup>ly<br>« b mes<br>« <sup>c</sup> il demourront<br>« <sup>e</sup> liquiex sce<br>« <sup>h</sup> qui il<br>« <sup>k</sup> sera si<br>« <sup>m</sup> que il</small>

Partie II.                     Ddd ij

## OBSERVAT. DE CL. MENARD

„ ret deux cheuaux, & à chacun qui n'eft pas banneret vn cheual ; & ly che-
„ uaux emporte le garçon qui le garde. Et doit paffer le banneret luy fixiéme
„ de perfonne, & le pouure homme foy tiers.

*autrei, ly  „ Ly Conneftable ira * entrefi lui quinziéme de Cheualiers, és mêmes con-
*mes  „ ditions que Meffire de Valory ira. * Il n'aura du Roy que * trois mille liures
*quatre  „ tournois.
*Amirauz
*autrefi  „ Monfieur Florent de Varennes ly Admiraulx * ira * entrefi en fes mêmes con-
*ly  „ ditions * lui 12. de Cheualiers, * aura du Roy * iij. mil ij. c. lv. liu. tournois.
*&
*iij.mil ij.c.  „ Monfieur Raoul d'Eftrées ly Marefchau ira entrefi en ces mêmes conditions
„ ly 6. de Cheualiers, & aura xvj c. liu. tournois.

*Maart  „ Monfieur Lancelot de S. * Maard Marefchau, ira en ces * mefmes conditions
„ ly 5. de Cheualiers, & aura xiiij. c. liu. tournois.

*meifines  „ Monfieur Pierre de Moleines ira ly 5. de Cheualiers en ces mefmes condi-
*fi  „ tions, fauf ce que il & * fon compagnon mangeront à court, & aura du Roy
*fegré  „ xiij. c. liu. tour. & iiij. c. liu. de don * priué à ces deux.
*au  „ Monfieur Collard de Moleines fon frere ira en * telles conditions, & en la
„ maniere même que Monfieur Pierre fon frere ira.

„ Monfieur Gilles de la Tournelle ira ly 4. de Cheualiers en ces mêmes con-
„ ditions, & aura xij c. liu. & mangeront à court.

„ Monfieur Mahi de Roie ira foy 8. de Cheualiers en ces mêmes conditions,
*cens  „ & mangeront à court, & aura ij. mil. liu. & deux * liu. de don priué.

„ Monfieur Girard de Morbois ira foy 10. de Cheualiers iij. mil liu. tournois.

„ Monfieur Raoul de Neelle foy 15. de Cheualiers, iiij. mil. liu. tour. & man-
„ geront à fon Hoftel.

„ Monfieur Amauri de Meulenc foy 15. de Cheualiers, iiij mil. liu. tourn. &
„ mangeront à fon Hoftel.

„ Monfieur Anfout d'Offemont foy 10. de Cheualiers, ij. mil. vj. c. liu. tour. &
*le  „ mangeront à l'Hoftel * du Roy.

„ Monfieur Raoul le Flamant foy 6. de Cheualiers, mil. v. c. liu. tour. & man-
*le  „ geront à l'Hoftel * du Roy.

„ Monfieur Baudoüin de Longueual foy 4. Cheualiers xj. c. liu. tournois.

„ Monfieur Loys de Beaujeu foy 10. de Cheualiers ij. mil. vj. c. liu. & mange-
*le  „ ront en l'Hoftel * du Roy.

*de  „ Monfieur Iean * Ville foy 4. de Cheualiers xij. c. liu. & mangeront à l'Hoftel
*le  „ * du Roy.

„ Monfieur Mahi de la Tournelle foy 4. de Cheualiers xij. c. liu. & mangeront
*le  „ en l'Hoftel * du Roy.

*l'Arceuef-  „ * L'Archeuefque de Reims iiij. mil. li. ⎫
que  „ L'Euefque de Langres iiij. mil. liu.   ⎬ & leur baillera l'en vne nef.
„ Pour ces deux xxx. Cheualiers.        ⎭

„ Monfieur Guillaume de Courtenay foy 10. de Cheualiers ij. mil. ij. c. liu. &
*le  „ mangeront en l'Hoftel * du Roy.

„ Monfieur Guillaume de Paray ly & fon frere iiij. c. liu. & mangeront en l'Ho-
*le  „ ftel * du Roy.
*Sarz
*le  „ Monfieur Pierre de * Sauz tout fel viij. xx. liu. & mangera à l'Hoftel * du Roy.
*Gencelin  „ Monfieur Robert de Bois-Goucelin * tout feul viij. xx. liu. & mangera à
*le  „ l'Hoftel * du Roy.

*le  „ Monfieur Eftienne Granche tout feul viij. xx. liu. & mangera à l'Hoftel * du
„ Roy.

*le  „ Monfieur Maci de Loüe tout feul viij. xx. liu. & mangera à l'Hoftel * du
„ Roy.

„ Monfieur Gilles de Mailly foy 10. de Cheualiers iij. mil. liu. & paffage &
„ retour de cheuaux, & mangera à court.

*Ytier de  „ Monfieur * Ibert de Mongnac foy 5. de Cheualiers xij. c. liu. & paffage & re-
Maignac  „ tour de cheuaux, & mangera à court.

# SVR L'HISTOIRE DE S. LOVYS. 397

Ly Fouriers de Vernuel pour foy 4. de Cheualiers xij. c. liu. & mangera à l'Hoſtel * du Roy.

Monſieur Guillaume de Freſnes foy 10. de Cheualiers, & mangera à l'Hoſtel * du Roy ij. mil. vj. c. liu.

Ly Cuens de Guignes foy 10. de Cheualiers, & mangera à l'Hoſtel * du Roy, ij. mil. vj. c. liu.

Ly Cuens de ſaint Pou foy 30. de Cheualiers pour paſſage, pour retour de cheuaux, pour manger & pour toute autre choſe xij. mil. liu. & * xij. c. liu. de don priué.

Monſieur Lambert de Limous foy 10. de Cheualiers aux gages le Roy, c'eſt à ſçauoir chacun x. ſ. de tourn. par jour. & ne mangeront pas à court, ſomme xviij. c. xxv. liu.

Monſieur Girard de Campendu foy 15. aux gages le Roy, & ne mangeront pas à court ainſi comme Monſieur Lambert, ij. mil. vij. c. xxxvij. liu. x. ſ.

Monſieur Raimond Aban, foy 5. aux gages le Roy auſſi ix. c. xij. l. x. ſ.

Monſieur Iean de Belnes foy 10. iij. mil. l. & aura retour de cheuaux & paſſage, & mangera à court. *

Ly Mareſchaux de Champeigne ira foy 10. & n'aura rien du Roy.

Monſieur Gaillard * d'Arte foy 5. aux gages le Roy ix. c. xij. l. x. ſ.

Monſieur Guillaume de Flandres foy 20. vj. mil. l. & paſſage & retour de cheuaux, & mangera à court.

Monſieur Aubert de Longueual foy 5. xj. c. l. & paſſage & retour de cheuaux, & mangera à court.

*Cy ſont les Cheualiers de l'Hoſtel * du Roy, pour la voye de Thunes.*

| | |
|---|---|
| Monſieur de Walory. | Meſſire Nicolas Routier. |
| Ly Boutillers. | Meſſire Pierre Dautoil. |
| Ly Conneſtables. | Meſſire * Guillaume Deſcoz. |
| Monſieur Guillaume de Flandres. | Meſſire * Colaiz de Molaines. |
| Ly Sire de Neelles. | Meſſire Pierre de Molaines. |
| Ly Sire de Montmoranci. | Meſſire * Mahiu de Roye. |
| Ly Sire de Harcour. | Meſſire * Ian de Varennes. |
| Meſſire Iean ſes fils. | Meſſire Simon de * Faloüel. |
| Meſſire Baudoüin de Longueual. | Meſſire Gilles de la Tournelle. |
| Meſſire Lancelot ly Mareſchaux. | Meſſire Gaufr. de Rinel ou de Clermont. |
| Meſſire Guillaume de Courtenay. | |
| Meſſire Florent de Varennes. | Meſſire Maurice de * Creon. |
| Meſſire Amauri de * Mellece. | Le Comte de ſaint Pou. |
| Meſſire Iean de Ville ly eſtous. | Le Comte de Pontiz. |
| Meſſire Guillaume de Prunay. | Meſſire Iean de Neelle. |
| Meſſire Raoul d'Eſtrées. | Meſſire Raoul de Neelle. |
| Meſſire Simon de Contes. | Meſſire Guillaume de Minieres. |
| Ly Maiſtres des Arbaleſtriers: | Ly Mareſchaux de Champaigne. |
| Meſſire Guillaume Clignez. | Le Cuens de Seſſons. |
| Meſſire Renault de Mormant. | Meſſire Bonnables. |
| Meſſire Gui li Bas. | Meſſire Guillaume de Fiennes. |
| Meſſire Guinemer de Guimeri. | Le Cuens de * Dreux. |
| Meſſire Iean de * Chauine. | Meſſire Iean Malez. |
| Meſſire Landri de Bonnay. | Meſſire Guillaume de * Patri. |
| Meſſire Gilles de Brienon. | Meſſire Robert de Girolles |
| Meſſire Pierre de Bailly. | Meſſire Lambert de Limous. |
| Meſſire Robert Sanſauoir. | Meſſire Gaultier ly Chambellant. |
| Meſſire Macé de * Lionne. | Meſſire Phelipes de Nemous. |
| Meſſire Nebert de Medionne. | Meſſire Guillaume de Centegnonuille. |

Marginal notes: "le, *le, *le, ij. mil., Somme mille 325. liu. 5. den., 90915. ll., * Arce, * le, * Gautier, * Colars, * Mahy, * Iehan, * Falloel, * Craon, * Dreuz, * Paroy, Mellene, Chaumes, Lyons"

## 398 OBSERVAT. DE CL. MENARD

| | | |
|---|---|---|
| * Paiune- uaire | " Mesſire Iean * Pannebere. | Mesſire Guillaume de * Chaſteau- nom. | * Chaſteau- nou |
| | " Mesſire Phelipes de Autoil. | |
| | " Mesſire Hue Gaignars. | Mesſire Iean Malez. |
| * Coupe- riaus | " Mesſire Renault * Compains. | Mesſire Guillaume de Sandreuille. |
| | " Mesſire Henry ly Baacles, | Mesſire Girards de Campendu. |
| | " Mesſire Matheu de Ron. | Mesſire Pierre Rambauz parent, l'A- poſtole Climent. |
| | " Mesſire Iean de Rochefort. | |
| * Raoul | " Mesſire * Raol Flamenz. | Mesſire Flaſtre de Henequerque. |
| | " Mesſire Hubert Cheſnars. | Mesſire Iean de Chaſtenoi. |
| | " Mesſire Robert de Bois-Ioſſelin. | Mesſire Pierre de * Bleumet. | * Blemus |
| | " Mesſire Iean de Riuellon. | Mesſire Eſtienne Granche. |
| | " Mesſire Simon de Menon. | Mesſire Guillaume Granche. |
| | " Mesſire Hue de Villers. | Mesſire Iean de Soilly. |
| * Bebreie | " Mesſire Iehan de * Breie. | Mesſire * Gui de Tornebu. | * Iehan |
| | " Mesſire Pierre de Breie. | Mesſire Enfans Cheualier au Conné- table. |
| | " Mesſire Renault de S. Meart. | |
| | " Mesſire Pierre de Villenoiue. | Mesſire Pregent ly Bretons. |
| | " Meſſire Geuffroy de Boiſmenard. | Mesſire Pierre de Saux. |
| *Boiſgau- tier | " Mesſire Robert de * Boiſgaut. | Mesſire Iean de Beaumont. |
| | " Mesſire Iean * Damon. | Mesſire Gaultier ly Poures * Hon. | * Homme |
| * Dauion | " Mesſire Hector Dorillac. | Mesſire Aufroy de Monfort. |
| | " Mesſire Renault de Precigni. | Mesſire Gilles de Boiſſaueſnes. |
| * Aunoy | " Mesſire Guillaume de * Annoi. | Mesſire Baudoüin de Wandieres. |
| | " Mesſire Anſout d'Oſemont. | Mesſire Raoul de Wandieres. |
| | " Mesſire Iean de Clery. | Mesſire Gilles de Mailly. |
| | " Mesſire Amori de S. Cler. | Mesſire Iean Britauz. |
| | " Mesſire Iohens d'Amiens. | Monſieur Galerens de Yury. |
| | " Ly Mareſchaux de Mirepoix. | Monſieur Raoul de Iupilles. |
| | " Mesſire Guillaume de Coardon. | Monſieur * Guillaume ſes fils. | * Guitier |
| * Gaudon- uillier | " Mesſire Henry de * Grandonuiller. | Monſieur Roger de Morteigne. |
| * Lorris | " Mesſire Gocerem de * Lauis , co- fins. | Mesſire Anguerrans de Iorni. |
| | | Mesſire Pierre de * Bancoi. | * Bautru |
| * Medion | " Mesſire Neſbert de * Modions. | Mesſire Simon de * Boiſgency. | * Baugenci |
| | " Mesſire Iean de Chambly. | Mesſire Eſtienne * Iannoy. | * Iaunoy |
| | " Ly Seneſchaux de Champagne. | Mesſire Vorez. |
| * Engerens * Soins * Loon | " Mesſire * Enguerrands de Bailloil. | Ly Fouriers de Vernoil. |
| | " Mesſire Iean de * Hoins. | Ly Bruns ſes fils. |
| | " Mesſire Pierre de Looy. | Mesſire Guillaume de Precigni. |
| * Toucy | " Mesſire Otes de * Tous. | |

BEAVFILS.] Nous ſerons excuſez ſi pour la conſeruation de l'antiquité, & mémes autoriſation de cette inſtruction, nous en employons vne autre dif- ferente en quelque choſe, qui montrera le langage de ce temps-là, qui a eſté tirée d'vn Manuſcrit, communiqué par Monſieur Loiſel Aduocat en Parle- ment, aſſez reconnu par ſon nom & ſes écrits.

*Chi apres ſunt eſcrit ly bons enſeignement ke ly bons Roys S. LOYS eſcrit de ſa propre main à Carthage à Monſeigneur PHELIPPON ſen fill.*

" CHIERS fieus, premiere coſe que je t'enſeigne, ſi eſt que tu mettes tout
" t'en cuer en Diu amer. Car ſans chou nus ne ſe puet ſauuer. Garde toy de faire
" toute coſe, qui deſplaire li puet : cheſt pechiez morteus. Anchois deueroies
" ſouffrir toute maniere de tourment, ke tu pechaiſſes mortelment. Se Diex
" t'enuoye aduerſité, ſueffre le en bone graſe, & en bone patienſe, & penſe ke tu
" l'as bien deſerui, & ke il te tournera tout à ton preu. Se il t'enuoye proſpe-

## SVR L'HISTOIRE DE S. LOVYS. 399

rité, fi l'en merchie hautement, fi que tu n'en foies pas pires v par orgueil, v
par autre maniere. Car on ne doit pas Diu de fes dons guerroijer. Confeffe
toi fouuent, & eflis Confeffours preudommes & fages, ki te fachent enfigner,
ke tu dois faire, & dequoi tu te dois garder. Si te dois en tel maniere porter,
& auoir, ke tes Confeffours & ti ami te ofechent feurement reprendre & mon-
trer tes defautes. Le feruiche de fainte Glife oes deuotement, fans bourder
& trufer, & fans regarder cha & là. Mais prie Diu de bouche & de cuer en
penfant à lui deuotement. Et efpeciamment à la Meffe à chele eure ke li con-
fecrations eft faite. Le cuer aies douch & piteus as poures, & à lor mefaife,
& les conforte & aide felonc chou que tu poras. Se tu as aucune mefaife,
di le tantoft à ton Confeffour, ou à aucun preudomme: fi le porteras plus le-
gierement. Gardes que tu aies en ta compaignie tous preudommes, foient re-
ligieux, foient feculiers, & fouuent parole a eus ; & fui la compaignie des
mauuais. Efcoute volentiers les fermons, & en apert, & en priué: & pour-
cache volentiers prieres & pardons. Aime tout bien, & hé tout mal en coi
ke che foit. Nus ne foit fi hardis, qui die parole deuant toi, qui atraie ou ef-
mueue à pechié; ne ne mefdie d'autrui par derriere, ne en maniere de detra-
ction. Ne nule vilonnie de Diu ne de fes Sains ne fueffre que on die de-
uant toi ; ke tu n'en faches tantoft venjanche. Ren graces à Diu fou-
uent de tous les biens ke il t'a fais : fi ke tu foies dignes encore de plus auoir.
A juftice & à droiture foies roides, & loiaus enuers tes fougis, fans tourner
ne à dextre ne à feneftre, mais tousjours à droit : & fouftien la querele au
plus poure, jufkes-là veritez foit declarée. S'aucuns a faire en querele deuant
toi, foies tousjours por lui encontre toi, jufques tu faches la verité. Car enfi
jugeront ti Confillier plus hardiement, felonc droiture, & felonc verité. Se tu
tiens rien de l'autrui par toi v par tes baillius, & cheft cofe chertaine, rien
fans demeure. Et fe cheft cofe douteufe, fai enquerre par fages houmes inel-
ment & diligemment. A chou dois metre toute t'entente comment tes gens
& ti fougis viuent en pais & en droiture defous toi, meifmement li religieus,
& les perfonnes toutes de fainte Glife. On reconte du Roy PHELIPPE,
que vne fois li dift vns de fes Confilliers, ke mout de tors, & mout de four-
fais li faifoit fainte Eglife. En che qu'il toloient fes droitures, & amenuifoient
fes juftiches.. & ke chetoit moult grans merueille comme il le souffroit. Et li
bons Rois refpondit, ke affez le creoit. Mais quant il regardoit les honnours
& les courtoifies ke Diex li auoit faites; il voloit miex laiffier s'en droit aler,
ke à fainte Glife contens ne efchans fufciter. Aime dont, biaus fiex, les per-
fonnes de fainte Glife, & garde lor pais tant com tu porras. Chaus de reli-
gion aime, & lor fai bien à toy pooir. & meifmement chaus par qui Diex eft plus
hounorez, & la fois prechie & effauchie. A ton pere & à ta mere dois tu amour &
reuerence, & garder lor commandemens. Les benefices de fainte Glife donne à
perfonnes boines & dignes du confeil as preudoumes, & donne à chez qui riens
n'ont en fainte Glife. Garde toi de mouuoir guerres fans trop grand confeil,
meifmement contre toute Chreftienté. Et s'il le conuenoit faire, garde fainte
Glife, & chaus qui rien n'ont meffait, de tous domages. Guerres & contens
apaife au plus toft ke tu porras, aufi com fains Martins faifoit. Soies diligens
d'auoir bons Prouos & bons Baillius, & enquier fouuent daus, & de cheus de
ton oftel, comment il fe maintienent. Trauaille toi as pechiez empechier, &
meifmement vilains pechiez & lais, & vilains feremens. Et herifies fai deftrui-
re & abaiffier à ton pooir. Encore te recorde jou, que tu reconnoiffes les be-
nefices noftre Signour, & ke tu l'en rendes graces & merchis. Fai prendre
garde, ke li defpens de ton oftel foient raifnable & à mefure. Et en la fin,
dous fiex, je te conjur & requier, ke fe je muir auant toi, ke tu faches fecour-
re à m'ame en Meffes, en oroifons, par tout le Royame de Franche, & que
tu m'otroies efpecial part, & pleniere, en tous les biens ke tu feras. Au daer-
rain, tres-chier fiex, je te doins toutes les beneichons ke bons peres & preus

400  OBSERVAT. DE CL. MENARD

„ puet donner à fill. Et li benoite Trinitez, & tout li Saint te gardent & def-
„ fendent de tout mal. Et Diex te doint grace de faire fa volenté tous jours,
„ fi k'il foit honnerez par toi, & que nous puiffons aprés chefte vie enfamble
„ auoec luy & luy loer fans fin. Amen.

  Il en fit autant à Madame Yfabeau Royne de Nauarre fa fille, que nous in-
fererons pareillement en ce lieu, pour feruir de depoft à fi riches pieces, der-
niers chants de ce Cigne diuin.

**Chi aprés funt efcrit li enfeignement, ke li bons Roys SAINT LOYS efcrit de fa main à Madame YSABEL fa fille, qui fu Royne de Nauarre.**

* Amye &
fille, M S.
* Salut de
pere.*

*A fa chiere * & amée fille YSABEL Royne de Nauarre,
  * falus & amiftié de pere.*

„  CHIERE fille, pour che que je quit, que vous retenrez plus volentiers
„ de moy, pour l'amour que vous auez à moy, que vous ne feriez de pluifours
„ autres, j'ay penfé ke je vous fache aucuns enfeignemens efcrits de ma
„ main.
„  CHIERE fille, je vous enfeigne, que vous amez noftre Signeur de tout voftre
„ cuer, & de tout voftre pooir. Car fans chou, nus ne puet riens valoir, nule cofe ne
„ puet bien eftre amée, ne fi droiturierement ne fi pourfitablement. Cheft li Sires, à
„ qui toute creature puet dire : *Sire, vous eftes mes Diex, vous n'auez meftier de nus*
„ *de mes biens*. Chou eft li Sires, qui enuoya fon fill en terre, & le liura à
„ mort, pour nous deliurer de la mort d'infer. Chiere fille, fe vous l'amez, li
„ pourfis en fera voftres. Mout eft la creature defuoije, qui aillors met l'amour
„ de fon cuer, fors en luy, ou defous lui. Chiere fille, la mefure dont nous 'e
„ deuons amer, fi eft amer fans mefure. Il a bien deferuy que nous l'amons : car
„ il nous ama premiers. Ie vaurroi ke vous feuffiez bien penfer as œures ke li
„ benois fius Diu fift pour noftre raenchon. Chiere fille, aijés grant defirier
„ coument vous li pluffiez plus plaire, & metrez grant entente à efchiuer tou-
„ tes les cofes, que vous quiderez qui li doient defplaire. Efpeciaument vous
„ deuez auoir chefte volenté, que vous ne feriez pechié mortel pour nu-
„ le cofe qui peuft auenir : & ke vous vous laifferiez anchois les membres
„ cauper v detrenchier, & la vie tolir par cruel martire, que vous le feffiffez
„ à enfient. Chiere fille, acouftumez-vous fouuent à confeffer, & eflifiez tous
„ jours Confeffours qui foient de fainte vie, & de fouffifant lettrure, par qui
„ vous foijez enfignie & doctrinée des cofes que vous deuez efchieuer, & des
„ cofes ke vous deuez faire. Et foijez de tel maniere parquoy voftre Confef-
„ fours; & voftre autre ami vous ofent enfignier & reprendre. Chiere fille,
„ oijez volentiers le feruife de fainte Glife. Et quant vous ferez v Mouftier,
„ gardez-vous de mufer & de dire vaines paroles. Vos orifons dites en pais ou
„ par bouche, ou par penfée. Et efpeciaument entrues con li corps noftre Si-
„ gnour Ihefucris fera prefens à la Meffe, foijez plus en pais, & plus ententiue
„ à orifon ; & vne pieche deuant. Chiere fille, oijez volentiers parler de noftre
„ Signour en fermons & en priuez parlemens. Toute voye priuez parlemens
„ efchiuez, fors que de gens mout efleuez en bontez & en faintées. Pourca-
„ chiez volentiers les pardons. Chiere fille, fe vous auez aucune perfecution
„ ou de maladie, ou d'autre cofe, enquoy vous ne puiffiez metre confeil en bo-
„ ne maniere : fouffrez le debonairement, & en merchijez noftre Signeur, &
„ l'en fachiez bon grei. Car vous deuez quider, ke cheft pour voftre bien, &
„ deuez quidier que vous l'aijez deferui, & plus fe il vaufift, pour chou que
„ vous l'auez pau amé & pau ferui, & auez maintes cofes faites contre fa vo-
„ lenté. Se vous auez aucune profperité, ou de fanté de cors, ou d'autre cofe,

                   merchijez

# SVR L'HISTOIRE DE S. LOVYS.

merchijez ent noſtre Seigneur humelement, & l'en ſachiez bon gré, & vous "
prenez bien garde que de chou n'empiriez ne par orgueil, ne par autre meſpri- "
ſon : car chou eſt mout grans pechiez de guerroijer noſtre Signour, pour l'ocoi- "
ſon des dons. Se vous auez aucune malaiſe de cuer, ou d'autre coſe, dites le "
à voſtre Confeſſour, ou à aucune autre perſonne, ke vous quidiez qui ſoit "
loiaus, & ki vous doiue bien cheler pour chou ke vous le portez plus en pais, "
ſe cheſt coſe ke vous puiſſiez dire. Chiere fille, aijez le cuer piteus vers tou- "
tes gens ke vous entenderez qui ſoient à meſchief ou de cuer ou de cors, & "
les ſecourez volentiers ou de confort, ou d'aucune aumoſne ſelonc chou ke "
vous le porrez faire en bone maniere. Chiere fille, amez toutes bonnes gens, "
ſoient de religion, ſoient du ſiecle, par qui vous entenderez ke noſtres Sires "
ſoit hounerez & ſeruiz. Les poures amez & ſecourez, & eſpeciaument cheus, "
qui pour l'amour noſtre Signour ſe ſont mis à poureté. Chiere fille, obeïſ- "
ſiez humelement à voſtre marit, & à voſtre pere, & à voſtre mere és coſes "
qui ſont ſelonc Dieu. Vous deuez volentiers faire pour l'amour que vous "
auez à aux, & aſſez plus pour l'amour noſtre Signour, qui enſi l'a ordené à "
caſcun ſelonc qu'il affiert. Contre Dieu vous ne deuez à nului obeïr. Chiere "
fille, metez grant peine, que vous ſoijez ſi parfaite, que chil qui orront par- "
ler de vous, & vous verront, i puiſſent prendre bon exemple. Il me ſamble, "
qu'il eſt bon ke vous n'aijez mie trop grant ſourauis de reubes enſamble, ne de "
ioaus, ſelonc l'eſtat où vous eſtes ; ains me ſamble miex, que vous fachiez "
vos aumoſnes au mains de chou qui trop ſeroit, & que vous ne metez mie "
trop grant tans, ne trop grant eſtuide en vous parer ne acheſmer. Et prenez "
garde que vous ne fachiez outrage en voſtre atour, mais tous jours vous en- "
clinez au chois, deuers le mains, que deuers le plus. Chiere fille, aijez vn "
deſirier en vous, ke jamais ne ſe departe de vous. cheſt à dire comment vous "
puiſſiez plus plaire à noſtre Signour, & metez voſtre cuer à chou, ke ſe vous "
eſtiez chertaine, que vous ne fuiſſiez jamais guerredonnée de bien que vous "
feſiſſiez, ne punie de mal que vous feſiſſiez, ſi vous deuriez vous garder de "
faire coſe ki deſpleuſt à noſtre Signour, & entendre à faire les coſes qui li "
plairoient à voſtre pooir purement pour l'amour de lui. Chiere fille, pour- "
cachiez volentiers oriſons de bones gens, & m'i acompaigniez. Et ſe il auient "
k'il plaiſe à noſtre Signour, que jou treſpaſſe de cheſte vie deuant vous ; je "
vous pri que vous pourcachiez Meſſes & oriſons, & autres biens-fais pour "
m'ame. Ie vous commant nus ne voie cheſt eſcrit ſans congiet. Noſtre Sire "
Diex vous faſche bone en toutes coſes, autant comme je deſir, & plus aſſes ke "
je ne ſaroie deſirrer. Amen. "

L'Hiſtoire ſaint Denys adjouſte, qu'il luy enuoya pour preſent de petites
cheſnettes de fer, dont elle prenoit diſcipline par chacune ſemaine, luy don-
na auſſi deux cheſnettes, auſquelles pendoit vne petite haire qu'elle ceignoit
aucuneſfois.

Mais outre ces deux pieces, nous employerons encore le **Teſtament** dudit
Roy, qu'il fiſt peu auant que partir.

## TESTAMENTVM REGIS LVDOVICI SANCTI.

IN *nomine ſanctæ & indiuiduæ Trinitatis, amen.* LVDOVICVS *Dei gratiâ*
*Francorum Rex. Notum facimus quòd nos per Dei gratiam ſani & incolumes Te-*
*ſtamentum noſtrum ordinauimus in hunc modum. Volumus quidem & præcipimus,*
*quòd omnia debita noſtra ſoluantur, & quòd omnia forisfacta noſtra emenden-*
*tur, & fiant reſtitutiones noſtræ per executores hujus Teſtamenti inferiùs nomi-*
*natos, per ſe, vel per alios, ſecundùm quod viderint expedire : quibus ſi viſa fuerint*
*aliqua dubia vel obſcura, damus eis poteſtatem ordinandi & faciendi ſuper hiis,*
*prout inſpecta ſalute animæ noſtræ viderint faciendum. Legamus autem cariſſimæ*
*vxori noſtræ* MARGARETÆ *Reginæ quatuor milia librarum. Abbatiæ noſtræ Rega-*

lis Montis sexcentas libras. Libros verò nostros, quos tempore decessus nostri in Francia habebimus, præter illos, qui ad vsum Capellæ pertinent, legamus Fratribus Prædicatoribus, & Fratribus Minoribus Paris. Abbatiæ Regalis Montis, & Fratribus Prædicatoribus Compend. secundùm discretionem & ordinationem executorum nostrorum eisdem æquis portionibus diuidendos: præter illos libros, quos dicti Fratres Prædicatores Compend. jam habent. Item legamus Abbatiæ beatæ Mariæ Regalis juxta Pontis. quadringentas libras. Abbatiæ Lilii beatæ Mariæ juxta Meledunum trecentas libras. Domui Dei Paris. centum libras ad vsus pauperum ejusdem Domus. Domui Dei Pontis. sexaginta libras ad vsus pauperum. Domui Dei Compend. similiter ad vsus pauperum sexaginta libras. Domui Dei Vernon. similiter ad vsus pauperum sexaginta libras. Item legamus ducentis Domibus Dei magis indigentibus & plus oneratis duo milia libr. distribuendas, vnicuique videlicet secundùm discretionem & ordinationem executorum nostrorum. Item octingentis Leprosar. duo milia libr. eodem modo distribuendas eisdem, secundùm discretionem & ordinationem executorum nostrorum. Item legamus Domui Fratrum Minorum Paris. quadringentas libras. Aliis autem domibus Fratrum Minorum in regno Franciæ constitutis, per consilium & ordinationem Ministri Prouincialis Franciæ, necnon Gardiani & Lectoris Paris. qui pro tempore fuerint, vel duorum ex ipsis, sexcentas libras. Item legamus domui Fratrum Prædicatorum Paris. quadringentas libras. Aliis autem Domibus Fratrum Prædicatorum in regno Franciæ constitutis per ordinationem & consilium Prioris Prouincialis Franciæ, necnon Prioris, & Lectoris antiquioris Domus Paris. sexcentas libras. Item legamus Abbatiæ S. Victoris Paris. quinquaginta libras. Abbatiæ Victoriæ juxta Siluan. quinquaginta libr. Aliis autem Abbatiis Ordinis sancti Augustini magis indigentibus, & plus oneratis in regno Franciæ constitutis trecentas libras distribuendas eisdem secundùm discretionem & ordinationem executorum nostrorum. Item legamus Prioratui S. Mauricii Siluan. quinquaginta libras. Abbatiæ Cisterciensi quinquaginta libras, & aliis viginti magis indigentibus & plus oneratis Abbatiis ejusdem Ordinis trecentas libras distribuendas eisdem secundùm discretionem & ordinationem executorum nostrorum. Abbatiæ S. Antonii Paris. C. libr. Abbatiæ de Parco juxta Crispiacum LX. libr. Abbatiæ Thesauri B. Mariæ XL. libr. Abbatiæ de Villar. juxta Feritatem XL. libr. Abbatiæ de Byarz versus Peronam XL. libr. Abbatiæ de Saluatorio juxta Laudunum XL. libr. Et aliis Abbatiis Monialium Cisterc. Ordinis DC. libras distribuendas magis indigentibus & plus oneratis secundùm discretionem & ordinationem executorum nostrorum. Item legamus Domui sororum S. Dominici juxta Montem Argi XXX. libr. Nouæ Domui sororum ejusdem Ord. vltra pontem Rothom. sitæ LX. libr. Abbatiæ Humilitatis B. Mariæ juxta S. Clodoaldum L. libr. Monialibus S. Damiani Remens. XV. libr. Monialibus ejusdem Ordinis, quæ sunt apud Pruninum XV. libr. Item legamus Abbatiæ Fontis Ebraudi C. libr. Et triginta Prioratibus Fontis Ebraudi in regno Franciæ constitutis, CC. libr. distribuendas magis indigentibus & plus oneratis secundùm discretionem & ordinationem executorum nostrorum. Item Domui S. Mathurini Paris. Ordinis S. Trinitatis & Captiuorum, LX. libr. Fratrib. nouæ Domus Fontis Bliaudi Ordinis ejusdem, ad vsus pauperum, XL. libras, & aliis Domibus ejusdem Ordinis in regno Franciæ constitutis magis indigentib. & plus oneratis C. libr. Item legamus Abbatiæ Premonstr. XXX. libr. Abbatiæ Albæ-Curiæ XX. libr. Abbatiæ Gaudii-vallis XX. libr. Et aliis Domibus ejusdem Ordinis magis indigentibus, & plus oneratis, secundùm discretionem & ordinationem executorum nostrorum C. libr. Item legamus Domui Vallis Scholarium Paris. XL. Et aliis Domibus ejusdem Ordinis C. libras, distribuendas eisdem secundùm discretionem & ordinationem executorum nostrorum. Item legamus Domibus Ordinis Caturssien. in regno Franciæ constitutis LX. libr. distribuendas similiter secundùm discretionem & ordinationem executorum nostrorum. Et Fratrib. ejusdem Ordinis ad ædificationem nouæ Domus suæ juxta Paris. C. libr. Item legamus Domui de Vicen. Grandis-montis Ordinis XX. lib. Fratribus de Saccis Paris. LX. libr. Fratribus de Monte Carmeli Paris. XX. libr. Fratribus eremitis de Ordine S. Guillelmi juxta Paris. XX. libr. Fratribus eremitis de Ordine S. Augustini Paris. XV. libr. Fratribus

# SVR L'HISTOIRE DE S. LOVYS.

*Ordinis* S. *Crucis* xx. *libr. Fratrib. de Ordine* B. *Mariæ matris Christi Parif.* xx. *libr. Item legamus ad ædificandum & amplinndum locum Beguinarum Parif.* c. *libr. & ad sustentationem pauperiorum ex ipsis* xx. *libr. Item legamus pauperibus mulieribus Beguinis in regno Franciæ constitutis* c. *libras, per bonos viros, quos ad hoc executores nostri viderint ordinandos, distribuendas. Item pauperibus Beguinis de Cantiprato juxta Cameracum* xl. *libras. Item legamus Filiabus Dei, & mulieribus Pœnitentibus Parif.* c. *libr. Volumus autem, quòd executores nostri requirant ab omnibus Religiosis, & Conuentibus Religioforum, locorum quibus legata fecimus, quatinus intuitu pietatis singulis annis faciant anniuersarium nostrum certa die obitus nostri. Capellanos autem Capellæ nostræ Parif. attentè requirimus, vt pro nobis post decessum nostrum Missam, quæ pro defunctis fidelibus dicitur, per vnum ex Concapellanis suis singulis diebus celebrari faciant in futurum, & anniuersarium nostrum die obitus nostri sollemne faciant annuatim. Item legamus pauperibus mulieribus maritandis vel assignandis mille libras. Item legamus* d c. *libras ad burellos emendos pro pauperibus vestiendis, &* c. *libr. pro sotularibus pauperibus distribuendis. Item legamus pauperibus Scolaribus Sancti Thomæ de Lupara Parif.* xv. *libr. & pauperib. scolaribus* S. *Honorati Parif.* x. *libr. Bonis-pueris Parif.* lx. *libr. & minutis scolarib. Parif.* c i. *libr. per Priorem Fratrum Prædicatorum & Gardianum Fratrum Minorum Parif. distribuendas. Item legamus orphanis, viduis, & minutis pauperib. duo milia libr. Item legamus* c l. *libras pro calicibus, albis, & aliis ornamentis Ecclesiasticis emendis & distribuendis per manum executorum nostrorum, pauperibus locis quæ indigebunt in domaniis nostris, vbi videbitur bonum esse. Item legamus seruientibus nostris, qui nondum sunt à nobis remunerati, vel qui minus sufficienter remunerati sunt, duo milia libr. distribuend. per manum executorum nostrorum. Volumus autem & præcipimus, quòd omnia supradicta de mobilibus quæ habebimus in regno Franciæ tempore decessus nostri, soluantur. Quæ si forte ad ea soluenda non sufficerent, volumus & præcipimus, vt de venditionibus boscorum nostrorum omnium, qui sunt in domaniis nostris, perficeretur solutio omnium prædictorum, tam ex illis venditionibus quæ tunc essent, quàm ex aliis quæ possent fieri in boscis prædictis. Ita quòd in illis venditionibus nihil perciperet hæres noster, donec omnia prædicta essent plenariè persoluta. Et ad hæc omnia tenenda & firmiter obseruanda hæredem nostrum & terram nostram obligamus. Præterea volumus & præcipimus, vt Clerici nostri & Capellani tempore decessus nostri de nostro existentes hospitio, quibus in aliquo beneficio Ecclesiastico prouisum non fuerit, habeant & percipiant in bursa hæredis nostri Regis quilibet eorum* xx. *libr. annuæ pensionis, quousque sibi debeneficiis Ecclesiasticis, vel aliàs sit prouisum. De Baptizatis autem nostris tam majoribus quàm minoribus quos venire fecimus citra mare; volumus & præcipimus, vt secundùm quod ordinatum est à nobis de prouisionibus ipsorum, filius noster, qui successurus est nobis in regno, post decessum nostrum prouidere teneatur eisdem; nisi causa rationabilis obsisteret, quare subtrahi vel minui deberet prouiso aliquorum ex ipsis. Volumus insuper & præcipimus, vt prouisionem, quam fecimus quibusdam honestis mulieribus quæ Beguinæ dicuntur, in diuersis ciuitatibus & villis religiosè degentibus seruet & teneat hæres noster, qui nobis succedet in regno, & eam seruari faciat & teneri, quamdiu vixerit earum quælibet; quæ videlicet assignata non fuerint aliàs competenter. Donamus autem & assignamus filiis nostris* Ioanni, Petro, *&* Roberto, *certas terrarum portiones, secundùm quod in litteris nostris patentibus super hiis confectis plenius continetur. Quibus portionibus volumus & præcipimus ipsos fore contentos. Et si forte contingeret ipsorum aliquem, vel hæredem ejus, sine hærede de corpore suo decedere, portio terræ sibi assignata ad hæredem seu successorem nostrum, quicumque pro tempore regnum tenuerit, reuertatur. Item legamus carissimæ filiæ nostræ* Agneti *decem milia libr. Denique volumus, præcipimus, & ordinamus, vt præter portiones liberorum nostrorum, necnon restitutiones, emendationes, donationes, & legata, quæ vel quas modò vel aliàs fecimus aut faciemus, seu fieri ordinauimus vel ordinabimus in futurum, tota alia terra nostra, & omnia immobilia ad nos pertinentia totaliter remaneant*

Partie II.                                                                  Eee ij *hæredi nostro, qui nobis succedet in regno. Mobilia verò omnia eidem similiter remanere volumus, dum tamen ea in bonos usus ad honorem Dei & utilitatem regni expendere teneatur. In his autem, & in omnibus supradictis, volumus & ordinamus jus alienum per omnia & in omnibus esse saluum. Hujus autem Testamenti nostri executores constituimus dilectos & fideles nostros* STEPHANVM *Episcopum Parif.* PHILIPPVM *Ebroic. electum, S. Dionysii & Regalis Montis Abbates, qui pro tempore fuerint, & Magistros Ioannem de Trecis & Henricum de Verzel. Clericos nostros, Archid. in Ecclesia Bajoc. Quibus ad præmissa omnia exequenda volumus & præcipimus, ut hæres noster, qui nobis succedet in regno, tam ipsis, quàm aliis quos deputauerint loco sui, prouideat in expensis. Quòd si non omnes his exequendis voluerint, vel non potuerint interesse, vel aliquem ex ipsis contingat decedere nominatis, major pars numero superstitum nihilominus potestatem habeat exequendi præmissa. In cujus rei testimonium præsentem paginam sigilli nostri fecimus impressione muniri. Actum Parif. anno Domini* M. CC. *sexagesimo nono, mense Februario.*

RENDIT L'ESPRIT.] L'Histoire saint Denis dit ces mots, *Ledit Roy* SAINT LOYS *trespassé auoit le visage plus cler & beau que jamais n'auoit eu, & sembloit qu'il feust vif & souriant, ainsi comme le témoignent pour verité ceux qui l'ont veu auant que l'en separast la char des os. Les Barons, Princes, & Seigneurs de France, qui estoient là presens feirent lors foy & hommage à Philippe son aisné fils, lequel ordonna à ses Confesseurs & autres à faire separer la char des os, & mettre les ossemens en un coffre honneste & magnifique pour les enuoyer à sainct Denys en France, ouquel sainct lieu ledict glorieux* SAINT LOYS *auoit esleu sa sepulture. Et les eussent portez lesdicts Confesseurs, & autres grands Seigneurs que le Roy Philippe auoit pour ce faire esleus & deleguez auant le departement de l'ost, ce n'eust esté le consentement du Roy Charles son oncle, qui luy conseilla d'attendre son retour, ce qu'auec leur compagnie il feist emporter lesdictes Reliques. Car les merites du glorieux Sainct estoient si grands, qu'ils pourroient garder & conseruer l'ost, & le preseruer de peril & danger.*

ET FVT APPORTÉ LE CORPS.] Nous ne pouuons mieux expliquer l'ordre & particularitez de cette conduite, que par les termes de sa vie, qui en parle ainsi: *Tantost après que le traittié dessusdit eust esté faict en la maniere que dit est, & que ledit Roy de Thunis eust esté soûmis au Roy Charles oncle du Roy Philippe; iceluy Roy Philippe disposa & ordonna de s'en retourner en France & tout son ost semblablement, & recueillis les os de son Pere en son nauire & ceux de son frere le Comte de Neuers. Et aprés qu'ils orent fait voile, leur sourdit si grande tempeste & si horrible, que par la force des vents les uns furent jettez & transportez au port de Trappes en Cecille. Au moyen & par la force de laquelle tempeste plusieurs moururent, entre les autres Thibault Roy de Nauarre & Comte de Champaigne, & auec ce sa femme, fille dudict Monsieur* SAINT LOYS, *qui fut frapée d'un vaisseau qui toucha à son cheual, surquoy elle estoit montée, qui cheut, & ladite Royne aussi qui estoit enceinte d'enfant, & fut portée à Cousance où elle trespassa, & y fut faict pour elle solemnel seruice. Alphons Comte de Poitiers frere de mondict sieur* SAINT LOYS, *la Comtesse sa femme, la Royne de France Isabeau d'Aragon, femme du nouueau Roy Philippe, & moult d'autres de grand renom, Barons & Cheualiers y finerent leurs jours. Plusieurs autres aussi depuis qu'ils furent arriuez à terre moururent auant qu'ils peussent retourner en leur pays. Le Roy Philippes doncques arriué à Trappes se mist par terre, feist mettre les os de son Pere en une litiere dedans un petit escrin, les os aussi de la Royne sa femme; & ceux de son frere le Comte de Neuers en un autre lieu honorablement & richement commis. Au regard de la char, du cueur, & des entrailles du glorieux Saint, qui estoient cuittes & separées desdicts os, le Roy Charles oncle du Roy requist les luy donner, ce que sondict neueu luy octroya, & les feist porter & mettre reueremment en une Abbaye qui est prés de Palerme en une cité de Secille, & vindrent au deuant à grande & solemnelle procession, tout le Clergié & le peuple de la terre. Là*

## SVR L'HISTOIRE DE S. LOVYS.

*furent mises & élevées honorablement, & le jour qu'ils y furent apportées y eut & depuis encor plusieurs miracles faicts audit lieu. Aprés ce le Roy Philippe print son chemin, & en sen venant par la Calabre & par Secille & par Rome, par Viterbe, où les Cardinaux estoient lors assemblez pour l'esletion du Pape, tout le Clergié & peuple & tout le pays venoient en procession au deuant des Reliques, eux efforçans de touchier l'escrin, ou la litiere, pareillement à Boulongne & és autres citez de Lombardie & jusques en France, & par tout leur voyage & chemin, furent convoyées & conduites lesdictes Reliques à grandes processions & solemnitez, & jusques à tant qu'elles furent apportées à Paris, en l'Eglise Cathedrale, où ils furent receuës en grande solemnité, & y fut fait & celebré seruice solemnel & honorable present toujours ledict Roy Philipes, & aprés les feist porter de là en grande reuerence & procession à S. Denys, en laquelle compagnie auoit grande assemblée des Prelats, Barons & Seigneurs du Royaume.*

*La Chronique S. Denys, adjoûte vne particularité fort singuliere au conuoy qui fut faict à S. Denys par Philippe. Quand le Roy fut venu à Paris qu'il desiroit moult voir, il fut commandé qu'on aornast les corps qui auoient esté apportez de si loing: quand ils furent aornez, le bon Roy Philippe porta son pere & conduisit à Nostre Dame de Paris, auec les autres qui estoient morts en la voye de Thunis. Si leur chanta l'on Vigiles de morts bien & haultement, & auoit entour les beres des morts, grand multitude de luminaire embrazé & grand compaignie de nobles gens qui toute nuict veillerent jusques au matin. Landemain le Roy print son pere sur son coul & se mist à la voye tout à pié à aller droit à sainct Denys en France: auec luy furent grand faison des plus hauts hommes de France qui allerent en sa compaignée. Toutes les Religions de Paris yssirent hors ordonneement à grands processions disans le seruice des morts, & prians pour l'ame du bon Roy qui tant les aymoit; Euesques, Archeuesques, Abbez, furent reuestus les Mitres és testes & les Croces emmy les mains, & allerent aprés le bon Roy en grand deuotion disant leurs prieres & leurs orisons. Tant allerent qu'ils vinrent à S. Denys: mais qu'ils entrassent en la ville, auant le Conuent vint à l'encontre, & furent tous les Moines reuestus en chappes, & auoit chacun en la main vn cierge ardant, & receurent humblement & deuotement les corps des trespassez. Et specialement le corps S. LOYS. Si comme l'en vouloit entrer au Moustier les portes furent closes à l'encontre de leur venuë. La cause fut pource que l'Archeuesque de Sens & l'Euesque de Paris estoient tous reuestus de leurs ornemens pour le corps dudict SAINT ROY receuoir & de ses compagnons, mais les Moines S. Denys ne le peurent souffrir pour ce qu'ils vouloient vser de leur franchise & auoir jurisdiction & pouuoir sur leur Eglise, ainsi comme ils ont sur les autres Eglises de leur Diocese: car les Moynes S. Denys sont exens & ne feroient rien pour l'Archeuesque ne pour l'Euesque de Paris, s'il ne leur plaisoit, & si ce n'estoit de leur gré. Le Roy fut deuant les portes son pere sur ses espaules, & les Barons & Prelats qui ne pouuoient entrer en l'Eglise. Adoncques il fut commandé à l'Archeuesque & à l'Euesque que ils se allassent deuestir & qu'ils ne feissent nul empeschement en telle besogne. Quand ils s'en furent allez, les portes furent ouuertes & le Roy entra dedans & ses Barons, & les Prelats. Si commencerent le sainct seruice de nostre Seigneur à chanter hautement, & puis enterrerent les os du bon Roy Loys, auprés de son ayoul le Roy Philippe qui tant fut puissant en armes: & mirent vne tombe de pierre dessus, tant qu'on luy eust fait vne tombe d'or & d'argent & de noble faiture. Les ossemens Pierre le Chambellan furent enterrez aux pieds du bon Roy, tout en la maniere que il gisoit à ses pieds quand il estoit en vie. Madame Isabel fut enterrée d'autre part auprés du bon Roy Loys. Et Messire Iean Tritam Comte de Neuers de couste luy. Toutes ces choses passerent le Vendredy d'aprés la Pentecoste, M. CCLXXI.*

MAINT BEAV MIRACLE.] La Chronique S. LOYS rapporte soixante & quinze miracles faits dans les cinq premiers ans de sa sepulture, que pensions adjoûter au corps de cette Histoire, mais la prolixité nous a retenus craignant d'enfler par trop ce volume & l'empescher. Mais au lieu nous adjoûterons ce chapitre seulement tiré d'icelle, qui éclaircit fort cette fin du bon Ioinuille, & les causes du retardement de cette canonization.

En l'an M. CCLXXVIII. regnant en France Philippes Roy fils de Monsieur S. LOYS, par l'ordonnance du Pape qui lors estoit, vint en France Messire Simon Cardinal Legat du Siege Apostolique, pour soy informer des grands miracles que auoit faicts en sa vie & aprés sa mort, mondit sieur SAINT LOYS, dont la renommée estoit ja fort diuulgée par tout le Royaume & en diuerses contrées de la Chrestienté, laquelle information ledict Legat & presens & assistans auec luy plusieurs Prelats, Maistre Gilles de Castelle Archidiacre de Meleun, frere Gaultier de Burgues de l'Ordre des Freres Mineurs Maistre de la Prouince de France, frere Iean de Samoisen Prouincial de France de l'Ordre des Prescheurs, Frere Guillaume Grand Prieur de sainct Denys, & Maistre Acurce Notaire dudict Cardinal, fist bien & notablement le procés sur ce par luy comme en tel cas appartient: auquel estoient designez & exprimez plusieurs des miracles deussus dicts faicts par l'intercession dudict glorieux Sainct, bien approuuez & testifiez par gens dignes de foy, s'en retourna à Rome, & lors il trouua le Pape mort, & pource demeura le procés dudict Legat sans estre veu & decidé jusques en l'an M. CC. LXXXXVII. que viuant lors Pape Boniface VIII. de ce nom, ledict procés fut diligemment veu & visité, & deuëment examiné par gens dignes & de meure deliberation, & du conseil & consentement des Cardinaux & des Prelats assistans lors au Sainct Siege Apostolique iceluy Boniface feist dudict glorieux Sainct sermon solemnel, ordonna & le feist inscrire ou catalogue des Saints, institua sa feste, & solemnité estre à tousjours chacun an celebrée par toute l'Eglise, le landemain de la feste sainct Barthelemy XXV. jour d'Aoust, qui estoit le jour qu'il trespassa en Thunis.

*Page 129.* TANTOVST QVE LE SERMON FVT FINE.] Il ne fut pas long-temps en ce lieu: car Boniface VIII. dés l'an suiuant de la canonization à l'instance de Philippes fit transporter les os de S. LOYS dans la saincte Chappelle de Paris, à laquelle il accorda quelques Indulgences, permettant seulement aux Religieux S. Denys auoir ou l'vn de ses bras ou l'vne de ses cuisses, comme appert par ce rescrit qu'il leur enuoya datté l'an quatriéme de son Pontificat.

BONIFACIVS *Episcopus seruus seruorum Dei, dilectis filiis Abbati & Conuentui Monasterii sancti Dionysii, Ordinis sancti Benedicti, Paris. dioces. salutem & Apostolicam benedictionem.* ILLIVS *deuotionis affectum, & zelum reuerentiæ erga nos, & Romanam Ecclesiam matrem vestram, vos gerere credimus; quòd ea, quæ beneplacitis nostris inesse perpenditis, promptis desideriis exequi studeatis. Cùm itaque nostræ omninò voluntatis existat, vt venerabile corpus beatissimi* LVDOVICI *Confessoris, quem pridem exigente suorum excellentia meritorum Sanctorum catalogo duximus ascribendum, de Monasterio vestro, in quo illud requiescere noscitur, ad Capellam Regiam Parisius constitutam, ad laudem Dei, & honorem ipsius Sancti solemniter transferatur, certamque indulgentiam propter hoc* CHRISTI *fidelibus duxerimus concedendam; volumus, & per Apostolica scripta vobis districtè præcipiendo mandamus, quatinus cùm super translatione corporis supradicti, ex parte charissimi in Christo filii nostri* PHILIPPI *Regis Franciæ illustris fueritis requisiti, eidem Regi totum corpus prædictum, ejus brachio seu tibia vobis duntaxat retento, in eodem Monasterio venerabiliter conseruando, contradictione qualibet, aut dilatione, seu difficultate prorsus amota, humiliter assignetis. Sic vos in hoc prompté & efficaciter habituri, vt hujusmodi negotium, quod specialiter insidet cordi nostro, votiuum exitum sortiatur, & nos deuotionem vestram plenis exinde in Domino laudibus attollamus. Datum Romæ apud sanctum Petrum, Nonas Iulii, Pontificatus nostri anno quarto.*

*Pag. 37.* Sur la page 37. en ces mots, [FEIST FAIRE DEVX BEFROYS QV'ON APPELLE CHAS CHATEILZ.] Faut adjoûter, Le President Fauchet descriuant noz engins de batterie, allegue seulement ce passage, ne luy souuenant pas volontiers de Froissard, au premier tome chap. 121. qui dé-

# SVR L'HISTOIRE DE S. LOVYS.   407

crit fort bien, *Les Anglois qui seoient denant la Reole, & qui y furent plus de neuf semaines, auoient fait charpenter deux besfroys de gros mesrien à trois estages, & seant chacun besfroy sur quatre rouelles, & estoient ces besfroys au lez deuers la ville: tous couuertz de cuir boulu pour deffendre du feu & du trait, & auoit en chacun estage cent archers;* & ce qui suit pour en faire voir l'effect, & son vsage. Et au ch. 21. du mesme tome parlant du siege d'Aguilon posé par le Duc de Normandie, *Le lendemain vinrent deux maistres Engigneurs au Duc de Normandie, qui dirent que si on leur vouloit liurer bois & ouuriers ils feroient quatre Chaufaux qu'on meneroit aux murs du chastel, & seroient si hautz qu'ilz surmonteroient les murs.* L'abregé de Sala lit *chatz* au lieu de *Chaufaux*. Et certes, semblent ils aux manteletz dont parle Vegece liure 4. ch. 15. Et si l'edition de Paris a le mieux rencontré sont mesme chose. *Vineas dixerunt veteres, quas nunc militari barbaricóque vocabulo cattas vocant*, sans que l'vsage de ce mot ait esté depuis ; fors pendant la guerre Simon de Montfort, lequel assiegeant Tolose le remist sus au dire de Bernard Guido Iacobin, en ses Chroniques. *Comes Simon roboratus recentibus peregrinis, non tam aggressionibus quæ fiebant extrinsecus, quàm & discursibus qui fiebant circa villam, quos & ciues impediebant, barreriis, & fossatis aduersarios infestabant, cujus demum fuit consilium ædificare machinam ligneam quam catham vocauit, cum qua terram & ligna pertraherent ad implendum fossatum, & quibus æquatis pugnam cominus inferrent.* L'Histoire Albigeoise au siege de Moissac, *fecit fieri Comes machinam ligneam, quam vulgaris lingua cattam dicit.* Il est vray que ceux de Cremone tenus de court par Frideric premier s'en seruirent peu auparauant pour deffenses de leurs murs. *Non segniter se communiunt*, dit Radeuic au 2. liu. de sa continuation ch. 59. *magnáque audacia super muros, & in suis machinis quas qattas vocant, opperiuntur ; vt cùm admouerentur pontes, ipsi eos vel occuparent vel dejicerent.*

PERRIERE PAR LAQVELLE ILS GETTOIENT DV FEV GREGEOIS.] *Pag. 38.*
Seneque au premier de ses questions naturelles, *Sunt Pithiæ cùm magnitudo vasti rotundíque ignis dolio similis vel fertur, vel vno in loco flagrat.* Que l'Empereur Leon ch. 15. de ses institutions militaires appelle μαχαιρα αλαγλια pleines de feu pour embraser les machines de charpente qui abordent de trop prés les murailles. Ainsi les Mores de Lisbonne assiegez par Alphonse II. Prince de Castille jettoient de leurs murailles des tonneaux pleins de feu, ce disent Vasseus & Tarapha, differents toutefois en leur composition de ceux dont se seruirent contre Cesar les habitans de *Puech d'Vssoldun.*

# TABLE
## DES MATIERES PLVS REMARQVABLES,
contenuës dans les Obseruations & les Dissertations du sieur DV CANGE.

### A

Abbaye de Cheminon. 54. b
Admiral, ou Amiral, etymologie de ce mot. 77. c
Adoption d'honneur en fils. 268. & suiu.
Adoption d'honneur en frere. 260. & suiu.
Adoption par les armoiries. 270
Adoption spirituelle par les cheueux. 272. 273. par la barbe. 273. par le Baptême. 274. b
Adouber vn Cheualier. 271
Albergue. 276. a
Arbalêtes, & pourquoy deffenduës. 74. a. b
Armes à outrance. 174. & suiu.
Armes en banniere. 197. a
donner Armes, pour faire Cheualier. 271. b
Armoiries en vsage parmy les Mahumetans. 70. c
Armoiries du Vicomte de Conzerans. 76. du Prétre Iean. 90. a. du Prince d'Antioche. 93. de la Maison de Fors en Angleterre. 42.
Arnaud Vicomte de Conzerans. 73. a. b. 76. c
Arsur, ville de la Terre Sainte. 95. c
Artaud de Nogent. 47. c
Assassins. 87. b. c
Assemblées solennelles des Rois de France. 152. & suiu.
Asseurement. 331. 338. 339
Aumuce. 296

### B

Bacheliers. 190
Banniere, leuer Banniere. 191. c
Bannerets. 190. & suiu.
Barbaquam Empereur de Perse. 54
Barguiner. 79
Barons. 189. 190
Beduins, peuples de la Terre Sainte. 75. c
Beffroy. 67 b
Behours. 181. a
Behourdis. 181. a
Bernard Euesque de Lidde. 313. b. c
Bernicles, quel tourment. 253. & suiu.
Berrie. 89
Bordel. 63. b
Bourder. 116. c. 181. c
Bourdons, & la ceremonie de les prendre. 235. c 236

Brancion, Maison illustre. 77
Brûlots. 71. c
Buie, ce que c'est. 255. c

### C

Camelin, ou Camelot. 38. b
Chaland, espece de vaisseau. 71. c
Chamele, siege du Sultan. 95. a
Champs à Articles. 175. a
Champs de Mars & de May. 152. & suiu.
Chapeau pyramidal des Grecs. 294. b
Charlemagne deffendit les guerres priuées. 342
Chat, quelle machine. 68. a
Cheualiers Bannerets. 190. & suiu. Bacheliers. 190
Cheualiers du Roy. 161. c
Cheualerie, & son origine. 270. 271
Chemiés. 150. c
Chicane, le jeu de la Chicane. 185. 188
Chole, quel jeu. 188. b
Commensaux du Roy. 145. a
Compagnon. 54
Compagnon d'armes. 265
Comte de Iaphe. 60. c
Comtes Palatins, Comtes Palatins de France, Comtes de France. 225. & suiu.
Comtes de Lomello. 229
Conob. 279. b
parler en Conseil. 37. b
Cor Sarrazinois. 61. b
Corps de N. S. porté sur les vaisseaux. 38 c
Cottes d'armes. 127. & suiu.
Couleurs dans les armoiries, & leur origine. 130. & suiu.
Couronnes des Ducs. 300. fermées. 290. 291. de rayons. 290. c. des Empereurs d'Occident. 297. 298. d'Orient. ibid. des Rois de France. 298. 299 des Cesars & des Despotes 299
Couuertoirs entre les meubles precieux. 65. b
Croix noires, bannales. 43. c
Cry de guerre, son origine. 203. son vsage. 215. c
Cuens palais. 234

### D

Dague. 76. c
Dames juges de Tournois. 179. b

Fff

# TABLE

Damiete prise par S. Louys. 62. b
Deliurer. 39. c
Diable appellé maufez, *malus*. 106. c
Donner armes, pour faire Cheualier. 271. b

### E

Eglise de N. D. de Tortose. 98. a
Eglise de S. Estienne de Troies. 47. c
Enfans de tribut chez les Turcs. 58
Enseigne de S. Denys. 60. c
Entrer en banniere. 195. a
Entreueuë de Manuel Empereur, & de Louys VII. Roy de France. 317. 318
Entreueuë de Boëmond, & de l'Empereur Alexis. 319
Ercatay Roy des Tartares. 58. c
Escarcelle des pelerins. 235. c
Eschecs. 59
Eschele, peine. 106. b
Escossois voyageurs. 38. a
Espées d'Alemagne. 73
Esperer, pour craindre. 81. a
Estienne Boileau Preuost de Paris. 107. b
Estrenes presentées aux Roys. 154. & suiu.
Excommuniez obligez de se faire absoudre. 41. b
Executeurs testamentaires. 37. c

### F

Festes solennelles des Roys. 157. & suiu.
Fermail. 48. b
Feu Gregeois. 71
Fiefs jurables & rendables. 349. & suiu.
Fiefs de retraite. 351. a
Filatieres, reliquaires. 312. b
Fonts baptismaux de S. Louys. 43. c
Frachardin, sa mort. 76. c
Frerage, Frerager. 143
Freres d'armes. 264. & suiu.
Freres, les Roys s'appelloient ainsi. 278. b
Frederic Empereur donne l'Ordre de Cheualerie à Secedun Turc. 70. b

### G

Gasmoules. 85. a. c
Gaubison. 74. c
Gautier d'Aspremont. 50. c
Gentilhomme de nom & d'armes. 198. & suiu.
Gentilhomme de parage. 151. b
Geoffroy de Preuilly Auteur des Tournois. 766. c
Geoffroy de Sargines. 63. c
Geoffroy de la Chappelle. 45. c
Geoffroy de Villette. 40. a
Gilles le Brun Connétable de France. 35. a
Glaine. 61. c
Glaine courtois. 169. a
Guerres priuées. 330. & suiu.
Guete. 66. c
Gueule, couleur d'armoirie. 135. 136
Guy de Melo Euesque d'Auxerre. 41. c

### H

Halape appellée *Chalybon*. 59. a
Hely, & sa loy. 75. a
Heretiques condamnez au feu. 39. b
Hermines. 130. 131
Huissieres, espece de vaisseau. 55. b

### I

Iean Sarrazin. 43. c
Iean de Valery. 62. c
Ieux de l'épinete. 181. b
Incendies deffendus dans les guerres. 344. a
Ionas Roy des Comains. 90. c 91. b
Ioustes & Tournois. 177
*Itius Portus*. 321. & suiu.

### L

Lances des François. 167. a
Largesse, criée aux jours solennels. 162. a
Leuer banniere. 195. a
Lidde, ville de la Terre Sainte. 313. b
Louys VII. pris par les Grecs. 320
S. Louys fait ses efforts pour abolir les guerres priuées. 344. ses fonts baptismaux. 43
Liure de monnoye. 259. a

### M

Mahomerie, Mosquée des Turcs. 66. c
Maistres des Requestes, & leur origine. 145
Mameluchs. 80. c
Mangeurs. 347
Manteau Royal, & sa forme. 158. b. c
Droit de Manteau. 145. 161. a
Mathurins dits Freres des Asnes. 81. a
Mayenfeld. 153. a
Menestrels. 161. b
Menoison. 78. c
Meseau, mesellerie. 34
Mesalliances peu vsitées en France. 200. c
Monnoye de Theodebert expliquée. 279. & suiu. de Childebert. 284
Montjoye, cry des François. 208. 209
Morrier des Presidens. 293. 294
Mouuance du Comté de Champagne. 222
Musard. 34. c

### N

Nacaire. 59. c
Nesse. 96
Nil, de ses sources & de ses bouches. 67. a
Noms de sobriquet. 35. c
Nostre-Dame de Tortose celebre pelerinage. 98. a
Nouatus heretique a passé pour superbe. 316. b

## DES MATIERES.

### O

| | |
|---|---|
| Olive, Euéché. | 102. a |
| Oliuier de Termes. | 96. c |
| Ombel. | 294 |
| Ordre de l'Hermine. | 133. d |
| Oriflamme. | 244. & suiu. |
| Outrer, Outrance. | 174. c |

### P

| | |
|---|---|
| Pairs de France choisis pour arbitres des differents par l'Empereur Frederic II. | 56.b |
| Paix dans les guerres priuées. | 337. a.c |
| Paix brisée. | 337. b 340. c |
| Palmes, prises par ceux qui retournoient de la Terre Sainte. | 237. 238 |
| Panne, en armoiries. | 130 |
| Parage, tenir en Parage. | 147. 150 |
| Pas d'armes. | 179. c |
| Partir le jeu. | 91. c |
| Patriarche de Hierusalem. | 62. b |
| Pauure homme, qui ainsi appellé. | 191. b |
| Payennie. | 58. b |
| Peaux de Babylone. | 132 |
| Pelerinage de N. D. de Tortose. | 98. a |
| Penon. | 193. c |
| Peres, les Empereurs ainsi appellez par les Princes. | 277. 278 |
| Pierre de Fontaines. | 40. a |
| Plaits de la Porte. | 143. 144 |
| Poulains, dans la Terre Sainte. | 84. 85 |
| Pourpre, couleur d'armoiries. | 138 |
| Poursuiuans le Roy. | 144 |
| Prestres à la guerre. | 75. c |
| Prestre Iean. | 89. b |
| Preudhomme & Preuhomme. | 96. a. b |

### Q

| | |
|---|---|
| Quarantaine du Roy. | 334 |
| Quintaine. | 182. c |

### R

| | |
|---|---|
| Rames, ville de la Terre Sainte. | 313. c |
| Rançon de S. Louys. | 257. & suiu. |
| Raquettes. | 186. b |
| Rats de Pont. | 131. c |
| Recreu, Recreant. | 85. c |
| Regnaut de Trie. | 42. b |
| Releuer banniere. | 195. a |
| Ressil. | 76. c |
| Rexy. | 67 |
| Riches hommes. | 50. b |
| Ricos hombres, chez les Espagnols. | 189. 190 192. b |
| Richard Roy d'Angleterre craint par les Sarrazins. 45. b. auteur des Tournois en Anglet. | 167 |
| Robert de Sorbonne, & son Testament. | 36. |
| Roy de France appellé le Roy des Roys. 315. & suiu. où il est parlé de ses prerogatiues. | |

### S

| | |
|---|---|
| Sable, couleur en armoiries. | 136. c |
| Sale, ce que c'est. | 240 |
| Sandale. | 34. a |
| Sciade. | 294 |
| Seich, en Arabe ce que veut dire. | 70. b |
| Senéchal. | 33. a |
| Soude, bourse des marchands. | 62. a |
| Sultans, de ce nom. | 258. & suiu. |
| Sultan de Babylone. | 58. b |
| Sultan de Coni. | 58. a |
| Sultan de Haman. | 58. c |

### T

| | |
|---|---|
| Table ronde, espece de Tournois. | 178 |
| Tabours, ou Tambours. | 61 |
| Toucy, Maison illustre. | 90. 91 |
| Touffe. | 292. b |
| Traité de Paix de la Reyne de Cypre. | 46 |
| Traité de Paix entre S. Louys & le Comte de la Marche. | 48. 49 |
| Tournois, & leur origine. | 165. 177. b |
| Treue, dans les guerres priuées. | 338 |
| Truffer. | 117. a |
| Tupineis, espece de Iouste. | 173. b |

### V

| | |
|---|---|
| Vair, en armoiries. | 133 |
| Vilain serment. | 103. b |
| Wissan en Boulenois est l'*Itius Portus* de Cesar. | 321. & suiu. |

---

*Fautes suruenuës en l'Impression.*

### EN LA GENEALOGIE DE IOINVILLE.

Page 6. l. 12. ce mot. p. 7. l. 22. de Ioux. p. 8. l. 19. Airard. p. 9. l. 43. raiez il. p. 24. l. 14. trouua. p. 26. l. 16. raiez &. p. 27. l. 25. raiez qu'.

### AVX OBSERVATIONS.

P. 34. l. 38. misello. l. 45. Comtes. p. 35. l. 14. rayez II. p. 39. l. 19. conta. l. 35. Oxyte. p. 55. l. 17. Mezeries. l. 34. Huissieres. p. 57. l. penult. en l'Epître qu'il écriuit au. p. 59. l. 19. liure 12. p. 61. l. 20. Garin. l. 27. *Tamburium*. l. 41. ἄρμησαν. p. 64. l. 51. Comtes. p. 68. l. 2. arbore. l. 4. educuntur. p. 69. l. 36. Πολιορκητικῶν. p. 71. l. 36. ce feu. l. 41. Φόρυς. p. 72. l. 4. ἐσκευασμένων. l. 10. αὐλίσκοις. l. 37. Ribaus. l. 44. Taudis. l. 45. Taudis. p. 75. l. 7. Coactile. p. 78. l. 1. Ionesse. l. 18. Elmahadin. p. 81. l. 26. sans. p. 87. l. 53. χασύεσιν. l. 55. χάστοι. p. 96. l. 33. a regardé. p. 111. l. 4. lesteria.

Ff iij

## AUX DISSERTATIONS.

P. 128. l. 19. *samit*. p. 131. l. 41. de Pont. p. 132. l. 2. sebelin. l. 7. *Hermellina*. l. 8. Gagniu. p. 133. l. 1. *sindaux*. l. 33. *dunque*. l. 34. *quei*. l. 36. *chiamano*. l. 37. *lunque*. qualche. p. 135. l. 40. *Pseudolatinus*. p. 136. l. 34. le même Epith. p. 157. l. 36. *eidem*. p. 164. l. 37. stage. p. 167. l. 33. *statuit statim*. p. 168. l. dern. μϱοις. p. 181. l. 21. vse. l. 43. seruit. l. 44. *behourder*. p. 183. l. 33. Poihiers. l. 39. *à la marge*, Namurrois. p. 187. l. 17. αἰχϻϑυν. p. 199. l. 36. estoc. p. 214. l. 22. Hornoy. p. 219. l. 7. *signa*. p. 231. l. 18. la Saxe. p. 235. l. 32. des Emp. p. 238. l. 25. Tegralbec, & ainsi dans la Suite. p. 239. l. 40. Αμυγδλου. p. 248. l. 11. presente. p. 251. l. 1. feet. p. 255. l. 38. *chaunes*. p. 256. l. 4. Hugues Plagon. p. 261. l. 1. subit. p. 267. l. 22. cela se refute. p. 168. l. 7. meurt. p. 269. l. 8. *rayez* méme. p. 270. l. 4. *qua in*. p. 273. l. 11. κουϱόσωμα. p. 176. l. 3. *riechelino*. p. 278. l. 29. écrit. l. 39. *patientia*. p. 281. l. 44. reseruez. p. 287. l. 50. ses états. p. 291. l. 13. *calamaucus*, & *calamaucum*. p. 292. l. 3. Dans. l. 23. qu'écrit. p. 295. l. 19. πϱοτέϱων. p. 296. l. 20. qui m'a esté com. par M. &c. p. 305. l. 5. remarque. p. 301. l. 42. Ιουλιανὸν. p. 310. l. 22. *lor fut*. p. 311. l. 35. Lazitas. p. 314. l. 36. Ζαχαϱ. l. 35. ὁ Ἅγιος ou Ἄγγελος. p. 317. l. dern. *collocutione*. p. 318. l. 17. à l'Emp. p. 323. l. 29. *locatus*. p. 323. l. 36. poit. p. 327. l. 20. ibique. p. 318. l. 3. entiere. Sous. p. 340. l. 11. *rayez* que. p. 351. l. 46. Beziers. p. 357. l. 38. *rayez* du moins. p. 359. l. 52. *essonio*.

# LES
# ETABLISSEMENS
## DES LOVYS
### ROY DE FRANCE,
SELON L'VSAGE DE PARIS, ET D'ORLEANS,
& de Court de Baronnie.

*Auec les Notes & les Obseruations du S<sup>r</sup> DV* CANGE
*Trésorier de France.*

Le Conseil que PIERRE DE FONTAINES Cheualier
Bailly de Vermandois donna à son amy.

*Le tout tiré des Manuscrits.*

## PARTIE III.

# PRÉFACE

## SVR CETTE TROISIE'ME PARTIE
## de l'Histoire de S. Lovys.

ES E'TABLISSEMENS de S. Lovys, que je publie en ce volume, ont esté veûs par plusieurs de nos Iurisconsultes François, qui les ont citez souuent, & en ont donné des extraits dans leurs liures. Ce qui en paroît icy a esté tiré de la copie, que M. Menard Aduocat au Parlement, & Maire de la ville de Tours en a faite sur le Manuscrit de feu M. le Feure-Chantereau Trésorier de France en la Generalité de Soissons, qui en auoit déja inseré quelques Chapitres dans son Traité des Fiefs. Cette copie a esté conferée auec vn autre Manuscrit qui appartient à M. Nublé aussi Aduocat au Parlement, & qui a quelques differentes leçons, que j'ay representées aux marges.

Ces mémes Etablissemens se trouuent encore inserez dans vn Regiftre de l'Hôtel public de la ville d'Amiens, intitulé sur le dos, *Loix*, auec ce titre: *Les Eftablissemens de France ordonnez, & confirmez en plein Parlement par les Barons du Royaume, & les Docteurs en loix*. Mais parce que ce Regiftre, où je les ay leûs autrefois, s'est trouué engagé dans vn procés, je n'ay pû m'en seruir pour cette edition. Ils se trouuent aussi en diuers Manuscrits, sous le titre d'*Vsages de Touraine & d'Anjou*, auec presque les mémes Chapitres, & les mémes termes, en sorte qu'il n'y a rien, qui ne se rencontre dans les Etablissemens de S. Louys.

Il n'est pas bien aisé de resoudre si ces Etablissemens ont esté effectiuement publiez par le Roy S. Louys en plein Parlement,

# PREFACE.

pour auoir force de loix, comme leur intitulation semble dire en termes diserts. Car ce qui y est porté, qu'ils y furent publiez, par ce Grand Roy en l'an 1270. auant que d'entreprendre le voyage d'Afrique, où il termina saintement sa vie, peut former quelque difficulté : dautant que cela ne s'accorde pas auec ce *Guill. Nan-* que l'Auteur de son Histoire écrit, qu'il partit d'Aiguesmortes *gius in S.* pour ce voyage le Mardy d'après la Feste de S. Pierre & de S. *Lud. p. 385.* Paul l'an 1269. d'où il s'ensuit qu'il n'a pû faire publier ces Ordonnances en l'an 1270. si ce n'est que cette publication ait esté faite en son absence.

Ce qui peut faire vn autre doute sur la qualité de ces Establissemens, est la citation frequente qui s'y rencontre des Loix du Code & du Digeste, & des Canons du Decret : cette forme de dresser des Ordonnances, ne se trouuant dans aucune de celles, qui ont esté publiées par les premiers Rois de la Troisiéme Race. Il est vray qu'ils sont conceûs au nom de S. Louys, & qu'en plusieurs endroits ils portent les termes ordinaires de commandemens, & de deffenses, qui se trouuent dans les Ordonnances. On y *Guill. Car-* remarque méme que plusieurs Decrets particuliers, que l'Histoi- *not. de vita* re attribuë à ce saint Roy, y sont inserez, comme, entre autres, *& mirac.* ce qui concerne les deffenses d'vser à l'auenir de gages de bataille. *S. Lud.*

D'autre-part on pourroit se persuader que ces Establissemens n'ont esté dressez que pour estre obseruez dans la Preuôté de Paris, & dans les Bailliages d'Orleans & de Touraine, comme on peut recueillir du Titre. Ce qui a fait que souuent ils sont citez sous celui des Vsages des Prouinces d'Anjou & de Touraine, dont les Coûtumes conseruent encore à present plusieurs articles, qui sont semblables en substance à ceux de ces Establissemens. Il se peut faire encore que les Establissemens de S. Louys ont esté tirez de ces Vsages, parce qu'ils contenoient la forme judiciaire, qui estoit receuë pour lors, & decidoient plusieurs questions qui se presentoient à juger. Mais ce qui est ajoûté en la Preface, qu'ils ont esté dressez pour estre obseruez *dans toutes les Cours laies de France*, fait voir clairement qu'ils furent dressez pour estre obseruez dans toute l'étenduë du Royaume, ou du moins dans les terres qui estoient de l'*obeïssance* du Roy, ainsi qu'on parloit alors. De sorte que je me persuade que ce sont ces Ordonnances, que Philippes de Beaumanoir cite souuent sous le titre d'*Establissemens* *Chopin. l. 1.* *le Roy*, encore que ce terme soit general pour toute sorte d'Ordon- *in Consuet.* nances. Quoy qu'il en soit, c'est sur ce fondement qu'vn sçauant *And. c. 71.* Iurisconsulte de nostre temps a auancé qu'ils doiuent encore à

# PREFACE.

presént tenir lieu de Loix & de Coûtumes generales, dans les cas où les nouuelles n'ont pas dérogé, écriuant en ces termes, au sujet de ces Etablissemens : *Priscæ istæ Gallorum consuetudines, quæ in Manuscriptis codicibus memorantur, eatenus debent custodiri, quatenus ipsis recèns emendatæ scriptæque consuetudines autore Principe non repugnant.*

Mais parce que ce liure contient plusieurs choses, & même des termes, qui ne sont pas dans l'vsage commun, j'ay crû que j'obligerois ceux qui ne sont pas tout à fait versez dans cette sorte de lecture, si je l'accompagnois de quelques Notes pour en éclaircir legerement les difficultez ; ce que j'ay fait assez precipitamment, en parcourant les feüilles depuis leur impression.

J'ay joint aux Etablissemens de S. Louys le liure qui fut composé par PIERRE DE FONTAINES sur l'ordre judiciaire obserué en France, tant à cause de la conformité du sujet, que pource que c'est ce Seigneur dont le Sire de Ioinuille fait mention, & qu'il appelle vn des plus fidéles Conseillers de S. Louys.

PIERRE DE FONTAINES estoit originaire du Comté de Vermandois, où vne famille de ce nom a paru long-temps auec éclat entre les plus nobles de cette Prouince, qui a pris son nom du village de Fontaine aux enuirons de S. Quentin. L'Histoire de cette ville remarque entre autres Seigneurs de ce nom, MATHIEV de Fontaines Cheualier, de qui l'Abbaye de Humblieres receût plusieurs bienfaits, & THOMAS Cheualier Seigneur de Fontaines, qui fit aussi diuerses donations à l'Eglise de S. Quentin. Celui-cy eut pour fils GERARD Seigneur de Fontaines, qui eut deux enfans, COLARD de Fontaines, & HVGVES Seigneur de Fillaines, qui viuoit en l'an 1237. Quant à PIERRE DE FONTAINES Cheualier, Auteur de ce liure, qui pouuoit estre issu de Colard, je trouue qu'il fut Bailly de Vermandois en l'an 1253. vers lequel temps probablement il le composa. Il lui donna pour titre, *Le Conseil que Pierre de Fontaines donna à son amy*, ayant entrepris de former vn jeune Gentilhomme dans la science des Loix Romaines, qui estoient receuës en France, & dans l'ordre judiciaire qui s'y obseruoit, afin qu'il pût par les connoissances qu'il en aquerroit, gouuerner son bien & sa famille, & paruenir aux charges qui estoient instituées pour la distribution de la justice. Il paroît clairement par les applications qu'il y fait des Loix Romaines, aux vsages du Bailliage de Vermandois, qu'il estoit originaire de ce Comté. Il fut le premier de nos François, ainsi qu'il dit en la Preface de

*Hemeræus in Aug. Verom. p. 99.227.160.*

*Comput. Bailliuor. Franc. A. 1253. in Camera Comp. Par.*

# PREFACE.

cét ouurage, qui entreprit d'écrire de l'ordre judiciaire de France: *Nus*, dit-il, *n'emprit onques mais cefte cofe deuant moi*. Ce qui m'a porté d'autant plus à joindre ce Traité aux Etabliſſemens de S. Louys, comme eſtant le fondement de tout ce qui s'eſt écrit depuis ſur l'ordre judiciaire. Dans le cours de ce Liure, il a choiſi quelques matieres, qui eſtoient le plus en vſage dans les Iuſtices de France, & a tiré du Code & du Digeſte les loix qui y eſtoient receuës, & que j'ay indiquées aux marges, pour ſoulager le Lecteur. Ie l'ay copié ſur vn Manuſcrit, que l'Hôtel public de la ville d'Amiens conſerue. Pierre de Fontaines fut auſſi Maître en Parlement en l'an 1260. & aſſiſta en cette qualité au jugement, qui fut donné pour le Roy S. Louys contre l'Abbé de S. Benoît ſur Loire, aux Enquétes du Parlement des Octaues de la Chandeleur de cette année-là. Il ſe trouua encore en la méme qualité à celui qui fut rendu pour le méme Roy contre les Religieux du Bois de Vincennes, au Parlement de la Chandeleur. Il eſt nommé en ces Iugemens incontinent aprés le Connétable de France, & deuant les autres Cheualiers, qui y aſſiſterent en la méme qualité que lui. Ce qui fait voir que ce Seigneur eſtoit alors en grand credit, & conſideré par le Roy S. Louys, comme tres-ſçauant dans la ſcience du droit, & comme tres-verſé dans les Coûtumes & dans les Vſages du Royaume. Car perſonne n'eſtoit alors appellé aux dignitez de Baillis, ou de Senéchaux, ou de Maîtres en Parlement, c'eſt à dire de Conſeillers de la Cour, qui n'eut aquis par vne grande étude, & par vne longue experience, vne parfaite connoiſſance des affaires. Ainſi ce n'eſt pas ſans raiſon que S. Louys le tint toûjours prés de ſa perſonne ſacrée, comme vn de ſes principaux Conſeillers, quand il rendoit en perſonne la juſtice à ſes Sujets. Ce qui eſt remarqué par le Sire de Ioinuille, lors qu'il dit que ce ſaint Roy *commandoit ſouuent à Monſeigneur Pierre de Fontaines, & à Monſeigneur Geoffroy de Villette de déliurer les parties*, c'eſt à dire de les expedier & de les juger.

*Du Tillet.*
*Minummût.*

Ie ne doute pas que ces deux Traitez que j'entreprens de donner au public auec l'Hiſtoire de S. Louys, ne faſſent naître la curioſité à la plûpart des Sçauans, de voir encore les autres qui ont eſté écrits ſur la méme matiere, & qui nous découurent l'origine de tout ce que nous liſons dans nos Coûtumes, & la plus grande partie de nos Antiquitez Françoiſes. Mais comme ce volume a ſa juſte proportion, & que d'ailleurs ces Traitez n'ont pas le rapport auec cette Hiſtoire, qu'ont ces deux-cy, j'ay crû

# PREFACE.

qu'il falloit, ou en differer le recueil & l'impreſſion à vne autre occaſion, ou les laiſſer faire à d'autres.

Entre ces Traitez dont on pourroit compoſer ce Recueil, eſt premierement celui qui porte le titre de *Liure de la Reyne Blanche*, parce que, ſuiuant quelques-vns, il ſe trouue inſeré dans vn volume qui porte ces mots ſur le dos. Mais Chopin qui en a donné quelques extraits, lui donne celui-cy, *Li Liures la Reigne, & enſeigne droit à fere, & juſtice à tenir tres-eſpeciaument.* Le méme Chopin, comme auſſi Pithou, écriuent que PIERRE DE FONTAINES, duquel je viens de parler, en eſt l'Auteur: Galland en ſon Traité du Franc-aleu, & autres le citent aſſez ſouuent. Chop.l.1.in Conf. And. c.75. n. 5. Id.l.1.de Dom.tit.10. §.9.l.3.de ſacra Poli͡t, tit. 4 §.15. Pithou en ſes Comtes de Champ. p.184. Galland p. 88.90.

On pourroit joindre vn autre Traité compoſé ſur le méme ſujet, qui eſt cité par Chopin, & a pour titre, *Pour monſtrer & enſeigner à vn chaſcun quel ordre de proceder eſt en Court laye, par la couſtume gardée par droit au Chaſtelet de Paris:* Et cét autre Liure qui a pour titre, *Le grand Couſtumier de France, & Inſtruction de pratique, & maniere de proceder & pratiquer és Cours de Parlement, Preuoſté, & Vicomté de Paris.* Chop.l.1.its Conf.And.c. 2.§.10.l.1. in Conf Pariſ.tit. 3.§. 26.29. Chop.l.1.in Conſ. Par. tit.3.§.35. l.2. tit. 7º §.1.&c.

Mais entre les Traitez qui ont eſté écrits ſur ces matieres, le plus curieux ſans doute eſt celui de Philippes de Beaumanoir, dont le titre eſt en ces termes: *Liure des couſtumes & des vſages de Beauuaiſins, ſelon ce que il corroit ou temps que ce liure fuſt fait, eſt à ſauoir en l'an de l'Incarnation de Noſtre Seigneur 1283.* Ce volume eſt aſſez gros, & contient LXX. Chapitres qui traitent fort au long de diuerſes matieres ſur l'ordre judiciaire de ce temps-là, & auec beaucoup d'exactitude: en ſorte que ce que Bouteiller a écrit depuis en ſa Somme Rurale, n'eſt rien en comparaiſon de ce qui ſe lit dans cét Auteur. Il fut Bailly de Clermont en Beauuaiſis ſous Robert Comte de Clermont, fils de S. Louys. Il fut encore Bailly de Senlis en l'an 1295. ainſi que j'apprens d'vn compte des Baillis de France de cette année-là. Ch.10.35.

Comme les François ont pouſſé bien loin leur domination dans l'Europe & dans l'Aſie, ils y ont auſſi porté leurs Loix & leurs Coûtumes. Deſorte que *les Aſſiſes du Royaume de Hieruſalem*, qui furent redigées par écrit par Iean d'Ibelin Comte de Iaphe & d'Aſcalon & Seigneur de Rames, vers l'an 1250. n'eſtant autre choſe que les loix & les vſages de la France, meritent de trouuer place en ce Recueil. I'en ay leû le Manuſcrit dans vn des Volumes des Memoires de M. de Peyreſc, copié ſur celui du Vatican, d'où la plûpart des copies qui ſont dans

# PRÉFACE.

<small>L.1.in Conf.<br>And. tit. 1.<br>§. 2.</small> les Bibliotheques de Paris ont esté tirées. Chopin les a pareillement citées en sa Coûtume d'Anjou.

La Iurisprudence de France s'est aussi portée dans l'Angleterre par les Normands, qui la conquirent. Nous auons *les loix de Guillaume le Bâtard* écrites en langue vulgaire de ce temps-là, & dressées tant pour les Anglois, que pour les Normands, qui ne seruiroient pas d'vn petit ornement à ce Recueil. Le texte François de *Littleton*, qui a esté commenté par Edoüard Cok Anglois, y peut pareillement entrer, comme aussi Glanuille, Fleta, Bracton, Briton, Stanford, & autres liures écrits par les Anglois sur cette matiere, qui ne sont pas bien connus en France.

Enfin on pourroit ajoûter les anciennes Coûtumes de nostre France, qui sont venerables pour les antiquitez, dont elles nous ont laissé des restes, & pour plusieurs points de pratique, qui y sont decidez. Ie mets en ce rang *les anciens vsages de la cité d'Amiens*, qui nous apprennent la matiere des Contremands & des Duels par champion, & dont le Manuscrit est en l'Hôtel public de la méme ville: *L'Ancien Coûtumier de Normandie*, qui est inseré au Reg. *Noster* de la Chambre des Comptes de Paris: <small>Chop. in Pref. ad Conf. And. Part. 3. §. 2. Galland en son Traité du Franc-aleu p. 355. & suiu.</small> *L'Ancien Coûtumier de Champagne* donné au public par Pithou. *Les Coûtumes d'Anjou intitulées selon les rubriches de Code*, & celles d'Alby, d'Aiguesmortes, & de Lorris publiées par le sieur Galland, & autres semblables, dont on pourroit faire vn choix. Ie ne desespere pas qu'il ne se rencontre auec le temps quelque personne assez curieuse pour entreprendre vn trauail si glorieux, & si vtile au public, & à ceux qui font profession de la Iurisprudence Françoise.

# LES ETABLISSEMENS
## DE
# S. LOVYS
## ROY DE FRANCE,

SELON L'VSAGE DE PARIS, ET D'ORLEANS,
& de Court de Baronnie.

*TIREZ*

Du *MS*. qui a appartenu à M. le Fevre Chantereau, Conseiller du Roy Tresorier de France en la Generalité de Soissons, conferé par M. Ménard Maire & Aduocat de Tours, auec vn autre *MS*. qui appartient à M. Nublé Aduocat au Parlement de Paris.

# TABLE DV PREMIER LIVRE.

1. LA premiere rebriche du premier cas ſi eſt de l'office au Preuoſt.
2. De deffendre batailles, & d'amener prueues.
3. D'appeller homme de murtre, & de noncer la prueue au pleintif.
4. De quas de haute Iuſtice de Baronnie.
5. De demander homme comme ſon ſerf.
6. De fauſſer jugement, & comment cil doit fere qui le veut fauſſer.
7. De pugnir faus teſmoins.
8. De don de Gentilhomme à ſes enfans, & comment eus doiuent partir, ſe li peres muert ſans aus aſſener.
9. De don de Gentilhomme qu'il donne à ſa fille, ou à ſa ſuer en mariage.
10. De Gentilhomme qui n'a que filles.
11. De don de mariage à la porte du monſtier & du tenir ſa vie puis que li hoirs en a crié & bret.
12. De fole femme gentil.
13. De Gentilfemme qui eſt hoirs de terre, comment elle prend doüere.
14. Quel doüere Gentilfemme doit auoir, & de rendre à l'hoir ſes achas qui mucuent de fié.
15. Comment Gentilfemme doit partir aus meubles quand ſes Sires eſt jus, & de l'aumoſne ſon Seigneur.
16. Quel herbergage Gentilfeme doit auoir aprés la mort ſon Seigneur, & tenir en bon eſtat.
17. Comment Gentilfame doit tenir aprés la mort ſon Seigneur le bal de ſon hoir, & toutes les choſes en bon eſtat, & en bon point.
18. Deuant qui l'en puet plaidier de ſon doüere.
19. Quel aſſenement Gentilhomme doit faire à ſon fil, quand il le marie, ou quand il le fet Cheualier.
20. Duquiex eſcheoits Gentilfemme doit prendre doüere & ſon aſſenement.
21. D'eſcheoites entre freres.
22. D'eſcheoites en parage, & de Gentilhome qui tient en parage.
23. De parties faites entre les enfans de Gentilfame qui prend homme couſtumier.
24. Quiex parties enfant de Baron doiuent auoir, & de mettre ban en terre de Baron & de vauaſſor.
25. Quiex les cas ſont de haulte juſtice de Baronnie.
26. De punir maufecteur, & home ſonpeçonneux, & comment la Iuſtice en doit ourer.
27. De homme qui ocit autre en mellée.
28. De homme qui requiert aſſeurement pardeuant juſtice aqui l'en fet force de corps ou d'auoir, ou dommage.
29. Quel juſtice l'on doit fere de laron, ſelon ce qu'il a meſfait.
30. De homme qui emble à ſon Seigneur qu'il ſert.
31. De Vauaſor qui faict forban.
32. De tenir compagnie aux larrons meurtriers, de ceux qui les conſentent.
33. D'encuſement de larron.
34. De pugnir ſoupçonneurs.
35. De fame qui tuë ſon enfant par meſcheance.
36. De volonté d'homicide ſans plu faire.
37. D'home qui menace autruy ſans plus pardeuant Iuſtice, & n'en veut donner aſſeurement.
38. De juſtice de Vauaſor.
39. De Vauaſor qui relathe larron.
40. De quel meſfait Vauaſor n'aura pas la cort de ſon home, de la cort au Baron.
41. De requerre larron ou murtrier.
42. De faire aide à ſon Seigneur, & de ſemondre ſes aparageurs.
43. En quel aide aparageurs doiuent mettre terme du parage, & quel franchiſe à cis à qui il tient en parage.
44. De requerre ſon aparageeur de faire homage, & quel ſeruice il doit rendre, ſe il ne puet conter lignage.
45. D'ome qui demande heritage à ſon

Partie III.  A ij

home, comment li home en doit querre droit.
46. De Baron qui demande auoir le fié, que ses hom tient, de bail, & comment li hom le doit monstrer.
47. De droit à Gentilhomme.
48. De quel meffait Gentilhome doit perdre son fié.
49. De semondre son home pour aller guerroyer son Seigneur.
50. De quel meffait Gentilhome pert ses meubles, & de quel son fié.
51. De bailler pucelle à garder.
52. Dequoy li Sires pert son homme.
53. Comment l'en se doit tenir en son lige estage.
54. De Gentilhomme qui pert ses muebles par son meffet.
55. D'ome qui se plaint en la cort le Roy de son Seigneur.

*Ce titre est autrement dans le conteste.
56. *De demander en la cort le Roy la cort de son home : de requerre hom en la cort le Roy qui ait esté deffaillant.
57. Comment li Sires doit rendre larron à son home, & li hom à son Seigneur.
58. Comment li Gentilhome garissent eus & leurs gens de ventes & de paages, & leur Preuost d'ost & de cheuauchie.

* des gages
59. D'ost & de cheuauchiée enuers le Roy, le Baron, & des amandes *gagiées.
60. Comment Dame doit faire rachat.
61. De Dame qui donne seureté à son Seingneur pour soupeçon du mariage sa fille.
62. Quiex dons Gentishom & Gentisfeme pueent faire de leur heritage, pour qu'ils ayent hoirs.
63. D'home qui se plaint de nouuele dessesine.
64. Comment la Iustice doit ouurer d'home deffaillant.
65. Comment l'en doit pourforcier Gentilhome, qui ne veut faire homage à son Seingnieur.
66. D'home qui se plaint de deniers, ou de muebles, ou d'autres choses.
67. D'home qui se plaint à qui l'en a fait dommage.
68. D'home qui se plaint que l'en li fet tort d'eritage.
69. De Baron qui ne veut mie estre jugié par ses Pers.
70. De demander heritage à home qui atend à estre Cheualier.
71. De aage de Gentilhome, & de tenir en bail.
72. De conter lignage à son parage.
73. De rendre roncin de seruice.
74. Quel redeuance cil qui tient de parage fet à son parageur.
75. De demander homage à enfans qui sont en bail.
76. De Gentilhome qui demande amendement de Iugement.
77. De gent qui ont à marchir au Roy d'aucunes choses : comment le Roy esgarde droit à lui, & à autrui.
78. Comment l'en doit demander amendement de Iugement.
79. Comment l'en doit appeller son Seingnieur de défault de droit.
80. De bataille de Vilain & de Gentilhome.
81. D'home qui s'enfuit de prison.
82. Comment laie Iustice doit ouurer ou de croisié, ou d'home de religion, à quelque meffet que l'en les prengne.
83. De pugnir mescreant & herite.
84. De pugnir les vsuriers.
85. De home estrange qui n'a point de Seingnieur.
86. D'home ou de fame qui se pene & noye, ou occit en aucune maniere.
87. D'home qui muert descousés.
88. De treuuer aucune chose par fortune ou autre maniere.
89. D'auoir son garend en chose qui est emblée.
90. De quiex choses l'en rend les despens en la Cour laie.
91. De sesinne brainsiée.
92. De Gentilhomme qui fait eschange à son homme pour fere ses herbergements.
93. De meson taillable à Gentilhome.
94. D'ome mescogneu en terre à Gentilhome.
95. D'home Bastart.
96. De vente d'heritage de bastart.
97. De tenir terres de bastars à terrages.

98. De mesurer terres de censiues.
99. De demander à son home seruice trespassé.
100. D'ome qui a essoine de corps, comment il doit establir Procureur pour lui.
101. Debattre homme que l'en aterme par-deuant la Iustice.
102. De rendre home par pleiges, qui est appellés en murtre.
103. Comment la Iustice doit ouurer quand iugement est contendus deux fois deuant luy.
104. De requerre à partir terres parçonnieres.
105. De moudre à moulin par ban, & de faire rendre les dommages au mouleor.
106. De moulin à parçonnier, comment l'en en doit ouurer & vser.
107. Comment Vauasor doit auoir for, & comment il en doit vser.
108. De moudre à moulin par ban.
109. De tenir sié en autrui Baronnie.
110. De debte de Baron & de Vauasor.
111. De donner heritage à home, à lui, ou à son hoir, de sa femme espousée.
112. De don entre femme & homme.
113. De don en mariage aus hoirs qui de eus deus istront.
114. Comment l'on puet donner son home de foi.
115. Comment l'en doit garder hoir de Gentilhomme qui a pere & mere.
116. De requerir son pleige, & comment l'en en doit ouurer.
117. De estre deffaillant aprés monstrée des choses mueblans.
118. Ces essoines sont resnables, parquoi l'en est quites des deffauts.
119. Du dommage qui puet aduenir de beste qui a male teche.
120. De demander à enfant de chose qui n'est mie cogneuë aprés la mort de son pere.
121. D'escommenié pourforcier pour venir à amendement, & comment, & quelles resons il a en cor laie.
122. De donner erres de mariage pour enfans qui sont en non aage.
123. D'eritage qui est donné en aumosne à Religion.
124. D'ome qui deffend à son parageur à vendre son heritage.
125. De deffendre pescherie d'euë corant.
126. De requerre la cort de celuy qui doit au més le Roy deniers.
127. De requerre la cort à home qui plede à jüif, & de resmoins à jüif.
128. Comment vilenage est franchis en gentillece.
129. Comment l'en doit rendre roncin de seruice à son Seingneur.
130. De partie faire entre les enfans coustumiers.
131. Quel doüere femme acoustumée doit auoir, & où elle en doit plaider, se l'en li en fet tort.
132. De fere bonnage, ou de faire partie sans justice.
133. D'homme coustumier qui a eu deus fames, & de fames qui a eu deus Seigneurs, comment leurs enfans doiuent partir.
134. De achat entre home & fame, comment eus le doiuent tenir.
135. De Bail en vilenage.
136. D'ome coustumier fausser jugement.
137. De parties faictes entre enfans coustumiers.
138. De frerages de fox enfans.
139. D'ome qui fait amendement en l'eritage sa femme.
140. De aage d'homme coustumier.
141. D'ome coustumier qui aquiert frerage.
142. D'omme coustumier qui trenche chemin qui doit paage, ou qui vent à fausse mesure.
143. De marchant qui trespasse paage.
144. De marcheans qui portent fauses mesures ou faus draps.
145. De responce de fame.
146. D'appeller home ou fame de folie desloyal.
147. D'ome qui met main par mal despit à son Seigneur, ou qui bat son Seingnieur.
148. De meffet pourquoy homme coustumier paye soixante sols d'amende.
149. De sesinne qui n'est pas certaine.
150. De fere eschange de terres.
151. De retraire terres qui sont venduës par eschange.
152. D'omme qui demande achat par lignage, comment il le doit auoir.

A iij

153. De mettre amandement en achat qui est demandés.
154. D'ome qui a demoré hors du pays, de demander achat.
155. D'achat que li Sires puet retraire à li.
156. De rendre ventes & achats qui il retret.
157. D'ome qui retrait achapt, à qui l'en demande plus que li achas n'a costé.
158. De rendre ventes d'eritage.
159. De retraire achas entre freres & se-
reurs, ou cousins germains.
160. De rendre cens & coustumes.
161. De tenir terres à terrages, où il n'ait point de coustume, fors le terrage.
162. De requerre la cort d'ome qui est appellés de murtre, ou qui est pris en present.
163. D'ome qui sieut oés fuitiues.
164. De fame qui demande douere és ventes son Seigneur.
165. De batailles entre freres.
166. De bataille de mehaignés.

## TABLE DV SECOND LIVRE.

1. DE quas de haulte Iustice.
2. Et de requerre maufeteur, qui est pris en present fait.
3. De justice qui a à marchir au Roy.
4. De demander saisinne de heritage.
5. Comment l'en doit demander recreance.
6. Comment l'en doit demander saisinne de la chose, auant que l'en responde.
7. De quas de haulte justice sans rendre & sans recroire.
8. De l'office de procurateurs.
9. De veer recreance.
10. De demander saisinne au deffaillant aprés monstrée d'heritage.
11. Comment l'en doit appeller de murtre.
12. Comment l'en doit requerre chose emblée.
13. De requerre home qui est à jour pardeuant le Roy.
14. Comment Auocas se doit contenir en sa cause.
15. Comment l'en doit fere jugement & rendre aus parties, & demander amandement ou fausser, se il n'est bons & loyaus.
16. Comment l'en doit justicier home soupeçonneux.
17. De chose emblée qui est requise pardeuant Iustice, que la Iustice en doit faire.
18. Comment Gentilhomme doit requerre son Seigneur, & que il le mete en sa foi, & comment li Sires le reçoit à home.
19. Comment l'en va auant en toutes querelles qui à machir au Roy.
20. Cmment l'en va auant en querele, quand home est appellés de cas de
haute justice.
21. Des detes deuës au Roy.
22. Des commandemens au Roy.
23. D'home qui bat autre, ou fait sanc, comment la justice en doit ouurer.
24. De parole vilaine, quel justice l'en fait.
25. De dons & de parties que pere & mere fet à leur enfans
26. De la semonce au Preuost, & de faire esquenusse à son serjant.
27. D'homme qui se plaint en la cort le Roy de son Seignor.
28. De donner asseurement qui est fait en la curt le Roy.
29. D'home qui desadouë son Seigneur.
30. D'aubins & de bastars.
31. De demander homme comme son sert.
32. De semondre les hommes le Roy en autre Iustice qu'en la sene.
33. De requerre son justisable en la cort le Roy.
34. De franchir home.
35. De relaschier larron.
36. De gentillece de Baron.
37. Comment jugement doit estre fais, quand prueues sont igaux d'une part & d'autre.
38. Comment l'en doit fere appel de murtre.
39. De muebles & d'eritage de larrons & de murtriers, comment eux demeurent au Seigneur.
40. De dette cogneüe & prouuée, comment en doit le deteur pourforcier, quant il ne veut fere payemēt.
41. De cheuauchiée fere ò armes.
42. De desauoër son fié de son droit Seigneur.

# LES
# ETABLISSEMENS
## DE SAINT LOVYS
### ROY DE FRANCE,
SELON L'VSAGE DE PARIS ET D'ORLEANS,
& de Court de Baronnie.

### LIVRE I.

'AN DE GRACE 1270. li bons Rois Loeys fit & ordona ces establissemens auant ce que il allast en Tunes en toutes les Cours layes du Royaume & de la Preuosté de France, & enseignent ces establissemens comment tous Iuges de Court laie doiuent oir & jugier & terminer toutes les querelles qui sont tretiées pardeuant eux, & des vsages de tout le Royaume & d'Anjou, & de Court de Baronnie, & des redeuances que li Prince & li Baron ont sur les Cheualiers & sus les Gentis-hommes qui tiennent d'eux, & furent faits ces establissemens par grand conseil de sages hommes & de bons Clers, par les concordances des lois & des Canons & des Decretales, pour confermer les bons vsages & les anciennes Coustumes, qui sont tenuës el Royaume de France, seur toutes querelles, & seur tous les cas qui y sont auenus, & qui chacun jour y auiennent; & par cét establissement doit estre enseigné li demanderres & li deffendierres à soy deffendre, & commence en la maniere qui ensuit.

LOEYS Roys de France par la grace de Dieu à tous bons Chrestiens habitans el Royaume, & en la seignorie de France, & à tous autres qui y sont presens & auenir, Salut en nostre Seingnieur. Pour ce que malice & tricherie est sy porcreuë entre vns l'vmain lignage, que les vns font souuent aux autres tort, & anuy, & messes en maintes manieres contre la volenté & le commandement de Dieu, & n'ont li plusours poor ni espouuantement du cruel jugement IESVS-CHRIST, & pource que nous voulons que le pueple qui est dessous nous puisse viure loyaument & en pés, & que li vns se garde de forfere à l'autre pour la poor de la deceplîne du cors, & de perdre l'auoir, & pour chaftier & refrener les mauféteurs par la voye de droit, & de la roideur de juftice, nous en apellons l'aide de Dieu qui eft juge droicturier feur tous autres, auons ordené ces Eftabliffemens felon lefquiex nous volons que l'en vfe és Cours laies par tout le reaume & la feigneurie de France.

## CHAPITRE I.

### *Comment le Preuoſt ſe doit contenir en ſes ples.*

SE aucuns vient deuant aus, & muet queftion de marchié qu'il ait fait encontre vn autre, ou demande heritage, le Preuoft femondra celuy dont l'en fe plaindra: Et quand les parties vendront à ce jor li demandierres fi fera fa demande, & celuy à qui l'en demande; refpondra à cel jour mefme, fe ce eft de fon faict, & fe ce eft d'autruy fet, il aura vn autre feul jour à refpondre, fe il le demande, & à cel jor il refpondra, fe cil à qui l'en demande connoift ce que l'en li dira contre luy, le Preuoft fera tenir & enterîner ce qui fera conneu, & ce qui eft accouftumé felon droit efcrit, el code *de tranſactionibus*, en la loy *ſi cauſa cognita*, en la fin, & en la digefte qui fe commence *de re judicata*. 1. *à diuo pio*. Se cil a qui l'en demande ne dit aucune refon qui valoir luy doie à fa deffenfe, & fe il auenoit fe cil à qui l'en demande meïft en ny, ce que l'en li demandera, ou fe cil qui demande niaft ce que l'en li met fus à la deffence de cil à qui l'en demande, les parties iuerront de la querelle, & la forme du ferement fi fe fera tele. Cil qui demande iuerra que il cuide auoir droite querelle & droite demande, & qu'il refpondra droite verité felon ce qu'il croit, & que il ne donra riens à la juftice, ne ne promettra por la querele, ne aus tefmoins, fors que leurs defpens, ne n'empefchera les preuues de fon aduerfaires, ne riens ne dira contre les tefmoins qui feront amenez contre luy, qu'il n'vfera de voir foit, & qu'il n'vfera de faufes prueues. Cil à qui l'en demande iuerra qu'il croit auoir droit & bone refon de foi deffendre, & iuerra les autres articles qui font dites deffus. Aprés ces feremens, le Preuoft demandera aux parties la verité de ce qui fera dit pardeuant luy, & fe cil à qui l'en demande met en ny ce que l'en li demandera, fe cil qui demande a fes tefmoins prés, li preues les receura, & orra tantoft, fe ce non fe il veut felon ce que li tefmoins ou les parties feront prés, ou loin, & felon ce qu'il femblera bon au Preuoft. Et à fauoir quant li tefmoins feront prefens, lors demandera li Preuos fe cil contre qui eus feront amenez veut riens dire contre les tefmoins, & les perfonnes, & lors conuiendra que il refponde, & fe il dit que non, il ne porra riens dire contre ceus d'illeques en auant: & fe il dit que oui, il conuiendra dire dequoy, & fe il dit chofe qui vaille, l'en li mettra jour à prouuer ce que il dit contre les tefmoins vn feul jour, & receura le Preuos les tefmoins du demandeur, & iuerra chacun par foi, & les doit oïr fecreement, & tantoft les puepliera, & porra dire contre lefdits tefmoins cil à qui l'en demande, fe il puet dire chofe qui vaille, & fe il auenoit chofe que li tefmoins feront amnez, que cil à qui l'en demande dit par fon ferrement que il ne cogneuft les tefmoins, l'en li mettra jour, fe il le demande, à dire contre les tefmoins & les perfones vn feul jour, & vn autre à prouuer, fe il le demande, & il dit chofe qui vaille, & non pour quant fi les tefmoins du demandeur fi feront receus & puepliê en la maniere qui eft dite defus, & fe il auenoit que li tefmoins fuffent amenez contre les tefmoins au demandeur, l'en demanderoit à celi demandeur felon ce qui eft dit deffus, c'eft à fçauoir fe il vodra riens dire contre les tefmoins qui feront amenez à reprouuer les fiens, & conuiendra que il refponde felon ce que il dit deffus, & garderoit l'en la forme deffus dite en toutes chofes, ne plus de tefmoins ne feront receus d'illeques en auant à reprouuer des tefmoins, & donroit

roit le preues jugement selon ses errcmens, se la chose estoit clere, ne pourra l'en appeller de son jugement, selon droit escrit el Code *de precibus Imperatori offerendis, l. vlt. & l. Si quis. Authent. ibi signata, quæ supplicatur gloriosis*, més l'en poura bien supplier au Roy que il le jugement voye, & se il est contre droit, que l'en le depiece. où il est escrit el Code *de Sententiis Præfectorum Prætorio*, en la loy qui commence *Vnica*, où il est escrit en cete matere. cist meismes ordres de Preuost & de prueues sera gardés à faire selon plés d'eritage ou d'appartenances à heritage. De rechief se cil à qui l'en demande, met en sa deffense aucune chose qui vaille, li ordres dessus dit sera gardés au premier faire: & est à sauoir que faus tesmoins sera punis, selon ce que li Preuos verra que bon sera, & seront li tesmoins contraints à porter tesmoignage en quereles qui seront pardeuant les Preuos.

### CHAPITRE II.

*De deffendre batailles & d'amener prueues.*

NOvs deffendons les batailles par tout nostre demaine en toutes quereles: mais nous n'ostons mie les dénis, les responses, & les contremans, qui ayent esté accoustumés selon les vsages des diuers pays, fors itant que nous en ostons les batailles, & en lieu des batailles, nous mettons prueues des tesmoins, ou de chartres, & est escrit en Code selon droit *de pactis* qui commence, *pactum, quod bona fide interpositum*. en Cod. *de transact. l. cùm transegisset*, & si n'ostons mie les autres bones prueues & loyaus qui ont esté accoustumée en court laie en jusques à ores.

### CHAPITRE III.

*D'appeller homme de murtre, & d'anoncer la peine au pleintif.*

NOvs mandons que se nus hom veut appeller vn autre de murtre, que il soit oïs ententiuement, & quand il vodra faire sa clameur, que l'en li die, *Se tu veus nului apeler de murtre, tu seras oïs, mais il conuient que tu lies à souffrir tele peine comme tes aduersaires souffrroit, se il en estoit atteins, selon droit escrit en Dig.* nouel. *de priuatis. l. finali au tiers liu. & soiés bien certain que tu n'auras point de batailles, ains te conuiendra jurer par bons tesmoins jurés, & si conuient que tu en aies deux bons au mains, & bien ameine tant de tesmoins comme il te plaira à prouuer tant comme tu quideras, qui aidier te puissent & doiuent, & si vaillent ce qu'il te doit valoir, car nous ne contons nulles prueues qui ayent esté receuës en court laie en jusques à ores fors la bataille.* Et saches tu bien que tes aduersaires porra bien dire contre tes tesmoins se il veut, & se celuy qui veut appeller quand l'en li aura ainsi dit, se il ne veut poursuiure sa clameur, laissier la puet sans peril & sans peine. & se il veut sa clameur poursuiure, il la sera si comme l'en la doit fere à la coustume du païs & de la terre, & en aura respit, & ses contremans, & cil que l'en appelle aura ses deffenses & ses contremans, selon la coustume du païs & de la terre. & quand l'en viendra au point que la bataille deura venir, cil qui par bataille prouuast, se bataille fust, si prouuera par bons tesmoins aus cous de celuy qui les requiert, se els sont de sous son pouuoir: & se cil encontre qui li tesmoins seront amenés veut aucune raison dire contre les tesmoins qui seront amenés contre luy, pour quoi eus ne doiuent estre receus, l'en l'orra, & se la raison est bonne & loiaux, & communaument sauuée, & elle est muée de l'autre partie, l'en enquerra les resons de l'vne partie & de l'autre, & seront li dis pueploiés aus deus parties, & ce cil encontre qui li tesmoins seront amenés vousist dire après le pueploiement aucune chose resonable encontre les dis des tesmoins, si seroit oïs selon droit escrit en Decretales, *de testibus*, en premier Chap. qui commence *Præsentium statuimus*, où il est escrit en ceste matiere, & puis aprés fera la justice son jugement.

## CHAPITRE IV.

### De quas de haute Iustice de Baronnie.

EN tele maniere come vous auez oï ira l'en auant és quereles que nous vous nommeron, de traïson, de rat, de arson, de murtre, de scis, de tous crimes où il ait peril de perdre vie ou membre, là où l'en fesoit bataille, & en tous ces quas deuant dis feront tesmoins; & se aucuns est encusés des quas dessus dis pardeuant aucuns Baillis, li Baillis si orra la querelle jusques aus prueues, & adont il li nous fera sauoir, & adont nous i enuoyerons les prueues oïr, si apeleront cil que nous i enuoyerons de ceus qui deuront estre au jugement fere.

## CHAPITRE V.

### De demander home comme son serf.

EN querele de seruage cil qui demande homme, comme son serf, il fera sa demande, & poursuiura sa querele selon l'ancienne coustume jusques au point de la bataille, & en lieu de bataille, cil qui prouueroit par bataille, se bataille fust, si prouuera par tesmoins, ou par chartres, ou par bonnes prueues & loyaus, qui ont esté accoustumées en jusques à ores. ainsi se cil qui demande, prueue celui que il demande come son serf, & se il defaut de prueue, il demourra en la volenté au Seigneur pour l'amende.

## CHAPITRE VI.

### De fausser jugement.

SE aucuns veut fausser jugement en païs, là où faussement de jugement afiert, il n'i aura point de bataille, més li cleim, li respons, & li autre errement du plet feront rapportés en nostre Court, & selon les erremens du plet, l'en fera tenir, ou depiecer les erremens du plet tot le jugement, & cil qui fera treuué en son tort l'amendera par la coustume du païs & de la terre. & se la defaute est prouuée, li Sires qui en fera apelés il perdra ce que il deura par la coustume du païs & de la terre. Et est à sauoir que li dis tesmoins qui seront menés en querele de seruage, ou en querele que l'en apele deuant son Seigneur de defaut de droit, si seront pueploié, si comme il est dit dessus, & se cil encontre qui li tesmoins seront amenés veut dire aucune chose resonable encontre aus, il fera oïs.

## CHAPITRE VII.

### De pugnir faus tesmoins.

SE aucuns est atains, ou reprins de faus tesmoignage és quereles deuant dites, il demourra en la volenté la Iustice pour l'amende : & les batailles nous ostons par tout nostre demaine à tousjours més, & volons & commandons & octroions que les autres choses soient tenuës en nostre demaine, si comme il est deuisé dessus, & en tele maniere que nous puissions, & mettre, & oster, & amander, quand il nous plaira, se nous voyons que bon soit.

## DE S. LOVYS.

### CHAPITRE VIII.

*De don de Gentilhome à ses enfans, & comment eus doiuent partir, se li peres meurt sans assener eus.*

GEntishome ne puet donner à ses enfans à ceus qui sont puisnés, que le tiers de son heritage, més bien puet donner ses achats & ses conqués auquel que il voudra, se faire le voloit. Més se il auoit faict achas qui fussent de son fié, & il les donnast à vn étrange, li ainés, les auroit pour les deniers payant que li peres y auroit mis. Et se ainsi auenoit que li Gentilhome allast de vie à mort, sans fere partie à ses enfans, & il n'eust point de fame, tuit li mueble seront à l'aisné : més il rendroit les detes de son pere loiaument, & se li puisné li demandoit partie, il leur feroit du tiers de sa terre [a] par droit, & se ce est fiés enterins, [b] li aisnés ne fera la foy à Seigneur de cete partie, & garantira aus autres de parage [c]. Et se ainsi estoit que li freres aisnés fust rioteus, & il leur eust leur tierce partie faicte trop petite, le puisné ne la prendroit pas, se il ne voloit, ains remaindroit à l'aisné, & li puisné li partiroit l'autre [d] [terre] en deux parties, & li aisné prendroit ce que li plairoit, & ainsi a li aisné les deux parties, & si a les herbergemens en heritage.

[a] *Le MS. de M. Nublé commance en ces endroit.*
[b] *Ne sera forsqu'estre garens au tiers en parage, & se ainsi auenoit qu'il ne lor bailloit mie tesié, il lor garroit en parage.*

### CHAPITRE IX.

[e] *De don de Gentilhome qu'il donne à sa fille ou à sa suer en mariage.*

GEntishom si puet bien donner à sa fille plus grand mariage que auenant [f], & se il la marioit à mains que auenant, si puet elle recouurer à la franchise. Et ainsi se Gentishome a sa suer, & il li donne petit mariage, cil qui la prend ne puet autre demander : més elle puet bien demander auenant partie, puisque li peres est mors. Car bien li semble que li freres li ait faite petite partie, pour retenir à soy & à ses enfans, se la mere moroit.

[e] *Il i a vn art. en ces endroit, qui a pour titre de baillier fié entier, & se garantent en parage, & de don de freres au mariage.*
[d] *Deest terre.*
[e] *De parties de freres.*
[f] *ne puet retorner à la franchise.*

### CHAPITRE X.

[g] *De Gentilhome qui n'a que filles.*

GEntishom se il n'a que filles, tout autretant prendra l'vne comme l'autre. Més l'aisnée aura les heritages en auantage, & vn coqe, se il i est, & se il n'i est, v. s. de rente, & querra aus autres parage.

[g] *Ce 10. ch. manque.*

### CHAPITRE XI.

[h] *De don de mariage à porte de monstier, & de tenir sa vie, puisque li hoirs en a crié & bret.*

GEntishome tient sa vié, ce que l'en li donne à porte de monstier en mariage aprés la mort sa feme, tout n'ait il hoir, pour qu'il en ait eu hoir qui ait crié, & bret, se ainsi est que sa femme li ait esté donnée pucelle.

[h] *Ce chap. manque pareillement.*

### CHAPITRE XII.

[i] *De sole Gentilfame.*

GEntisfame quand elle a eu enfans, ains qu'elle soit mariagée, ou quand elle se fait depuceler, elle perd son heritage par droit, quand elle en est prouuée.

[i] *Deest in MS.*

*Partie III.*           B ij

# LES E'TABLISSEMENS

## CHAPITRE XIII.

^a^ *De Gentilfame qui est hoir de terre, comment elle prend douere.*

>[!note] ^a^ *D'auoir partie commune.* ^b^ *freres perteram.* ^c^ *& ses ainés prendra la tierce partie en la seuë.*

SE Gentilfame est hoir de terre, & ses ^b^ Sires soit morts, & elle ait ses hoirs, & elle veille prendre douere en la terre son Seigneur, ce est la tierce partie en la seuë ^c^.

## CHAPITRE XIV.

*Quel douere Gentilfame doit auoir, & demander à l'hoir ses achats.*

GEntilfame si n'a que le tiers en douere en la terre son Seigneur. Més li Sires li puet bien donner ses achas, & ses acqués à fere sa volenté. Et se ainsint estoit que li Sires eust fete sa volenté, & se ainsint estoit que li Sires eust eust fait achapt en son fié, cel achat auroit ses fieuls aisnez par deniers payans & rendans ^d^ que li Sires i auroit mis.

>[!note] ^d^ *& ou les deniers que li peres en auroit donnés.* ^e^ *de paier les detes son Seigneur.*

## CHAPITRE XV.

^e^ *Comment Gentilfemme doit partir as muebles, quand ses Sires est mors, & de l'aumosne son Seigneur.*

GEntilfame ne met riens en l'aumosne son Seigneur, & si aura la moitié és muebles, se elle veult, més elle mettra la moitié és detes, & se elle ne veut rien prendre és muebles, elle ne mettra riens és detes, ^f^[ & de ce est il à son chois.]

>[!note] ^f^ *desunt inclusa.*

## CHAPITRE XVI.

^g^ *Quel herbergement Gentilfame doit auoir aprés la mort son Seigneur, & de tenir le en bon estat.*

>[!note] ^g^ *dou droit as femmes, & de tenir lor douaire en bon estat.* ^h^ *le manoir* ^i^ *retour.* ^k^ *manoit* ^l^ *au rendre & à amander*

GEntilfame doit auoir ^h^ les hebergements son Seigneur aprés sa mort, jusques à tant que cil qui doibt auoir le ^i^ recort de la terre li ait fet ^k^ herbergement auenant, & elle le doit tenir en bon estat, & se elle ne li tenoit, cil li porroit oster par droit : pourquoy ce fust en sa defaute, que li manoirs fust empiriés, & encore seroit elle tenuë,^l^ à amender les dommages, & se elle ne les pooit amender, il li porroit oster le douere, & si l'en deuroit perdre par droit. Et tout ainsi deuroit elle tenir en bon estat vignes, & arbres fruit portant, se elle les auoit en son douere, sans couper, & sans main mettre.

## CHAPITRE XVII.

^m^ *Comment Gentilfame doit tenir aprés la mort son Seigneur le bail de son hoir, & toutes choses en bon estat.*

>[!note] ^m^ *de tenir bail en bonne estance jusques à tant que li hoir soit en aage.* ^n^ *desunt inclusa.*

SE ainsint auenoit que Gentilfame eust petit enfant, ^n^[ & ses Sires mourust], elle tendroit le bail de son hoir malle jusques à xxi. an, & le bail de la fille jusques à xv. ans, pourcoi il n'i ait hoir malle, & toutes les choses si doit elle tenir en bon estat, & se il i auoit bois, ou estanc, que li Sires eust autrefois vendu, elle le porroit bien vendre. en tele maniere maintendroit li Sires la chose, se elle se marioit, & se ele, ou ses sires, lessoient le manoir descheoir, ou fondre, ou il vendissent bois, qui n'eust esté autrefois vendus, cil à qui le

# DE S. LOVYS.

ª recort de la terre deuroit auenir porroit bien demander le bail à auoir par droit. *ᵃ recor*

## CHAPITRE XVIII.

ᵇ *Deuant qui l'en puet pledier de son douere.*  ᵇ *de plait de terre.*

GEntilfame puet plaidier son douere en la cort ᶜ à celui en qui chastellerie il sera, ou en la cort de sainte Esglise, ᵈ [ & en est à son chois,] & ainsi puet fere Gentilhome de son mariage qui li a esté donnés à porte de monstier, ᵉ [ pourcoi sa femme li ait esté donnée pucelle.]

ᶜ le Roi, ou en la court celui &c.
ᵈ desunt inclusa.
ᵉ desunt inclusa.

## CHAPITRE XIX.

ᶠ *Quel assenement Gentilhom doit fere à son fil, quand il le marie.*  ᶠ *de don de Cheualier en mariage.*

SE Gentishom marie son fil, il li doit donner le tiers de sa terre, & aussi quand il est Cheualiers. més il ne li fet pas partie de ce qui li a esté donné ᵍ [ à porte de moustier ] du mariage, ʰ porcoi sa fame ne soit hoir de terre, il li fera aussi le tiers de la terre sa mere.

ᵍ desunt inclusa.
ʰ Car sa femme ne sera mie hoirs de terre: car ses fils ara la terre sa mere. reliqua desunt.

## CHAPITRE XX.

ⁱ *Le quiex eschoites Gentilfame doit prendre douere, & son assenement.*  ⁱ De départir eschoite de taion & de taie.

SE ainsi estoit que Gentishom eust aiol, ou aiole, pere & mere, & il eust fame, & il se morust auant que sa femme, & il n'eussent nul hoir, & quand li pere & la mere & l'aiol & l'aiole seront mort, elle a en ces ᵏ choses son douere, & en toutes autres eschoites, fussent de freres, ou de serors, ou de oncles, ou de neueus, ˡ [ ou d'autre linngnage ] : més elle n'i auroit riens, se elles estoient auenuës puisque li Sires l'auroit prise, & se elles estoient escheoites auant, elle i auroit son douere.

ᵏ escheoites
ˡ desunt inclusa.

## CHAPITRE XXI.

ᵐ *D'escheoites entre freres.*  ᵐ *d'eschaotes de terre par droit.*

TOvtes escheoites qui auiennent entre freres si sont à l'aisné, puis la mort au pere, se ce n'est de leur mere, & d'aiol, & d'aiole, car l'en apele celles escheoites droites auentures.

## CHAPITRE XXII.

ⁿ *D'escheoites en parage, & de Gentilhome qui tient en parage.*  ⁿ *de rachat de parage.*

NVs Gentishom ne fet rachat de riens qui li eschieie ᵒ deuers soy, jusques à tant que il ait passé cousin germain, ne nus ne puet demander à autrui franchise, se il n'est cousins germains, ou plus prés ᵖ & chose que Gentishom prend en sa femme, ᑫ pourcoi il en face foi au Seingnieur, ʳ il en fet rachat l'ennée de sa terre, & se elle tient en parage, il n'en fera point.

ᵒ de par.
ᵖ & tes coses Gentishom prent ou sa femme.
ᑫ puis qu'il ne
ʳ & s'il ne fet le rachat as Seignors l'année.

## LES ETABLISSEMENS

### CHAPITRE XXIII.

<sup>a</sup> *De partie fere entre les enfans de gentil fame qui prend home couſtumier.*

*a De parre ilain.*
*b Office.*
*c Deſuntincluſa, & au lieu il i a, ſe il eſt.*
*d Et ſe li herbergement ou li choſe n'i eſtoit, il aroit.*

SE gentil fame prend home vilain couſtumier, li enfant qui iſtront d'aus deus ſi auront <sup>b</sup> el fié deuers la mere autretant li vns come li autres, ſe il n'i a foi, & ſe il i a foi à faire, li aiſné le fera, & aura le herbergement, [en aduantage] ou vne choſe à ſon chois. <sup>d</sup> ſe li hebergement n'i eſt, ne le chois, il aura ſelon la grandeur du fié pour fere la foi au ſeingnieur, & pour garantir aus autres en parage. & en cette maniere ſera més touſiours partis, juſques à tant qu'il deſcendra en la tierce foi puis ſi departira touſiours més gentiment.

### CHAPITRE XXIV.

*e De Baronnie departir.*

<sup>e</sup> *Quiex parties enfans de Baron doiuent auoir, & de mettre ban en terre de Vauaſor.*

BARONNIE ne part mie entre freres, ſe leur pere ne leur a fait partie, més li aiſnés doit fere auenant bien fet au puiſné, & ſi doit les filles marier. Bers ſi à toutes juſtices en ſa terre. ne li Rois ne puet mettre ban en la terre au Baron ſans ſon aſſentement, ne li Bers ne puet mettre ban en la terre au Vauaſor.

### CHAPITRE XXV.

*f De haute juſtice de Baronîe, de murtre, de rat, de encis.*
*g Deſunt incluſa.*

<sup>f</sup> *Quiex li cas ſont de haute juſtice de Baronnie.*

BERS ſi a en ſa terre murtre, & rat, & encis, tout ne l'euſt pas auques anciennement. Rat ſi eſt fame esforciée. Encis ſi eſt fame enceinte quand l'en la fiert, & elle muert de l'enfant. Murtre ſi eſt d'home & de fame, quand en les tuë en leur lict, ou en aucune maniere pour que ce ne ſoit en mellée, en ſa voie porroit l'en vn home murtrir, ſe l'en le feroit ſi qu'il en moruſt, <sup>g</sup> [ ſans menacier ] & ſans tancier à lui, & ſans lui deſſier.

### CHAPITRE XXVI.

*h De ſemonce, & de punir mauſator, & de venir puis le forbannis de faire ra-uage.*

<sup>h</sup> *De pugnir maufeteur & home ſouſpçonneux, comment la juſtice en doit ouurer.*

HOME quand l'en li tot le ſien, ou en chemin, ou en bois, ſoit de jour ſoit de nuit, c'eſt apelé eſcharpelerie : Et tous ceus qui font tel meſer, ſi doiuent eſtre pendu, trainné, & tuit li mueble eſt au Baron, & ſe il ont terre, ou meſons en la terre au Baron, li Bers les doit ardoir, & les prés arer, & les vignes eſtreper, & les arbres cerner. Et ſe aucuns tel maufeteur s'enfuiſſent, qu'ils ne peuſſent eſtre trouuez, li Bers les doit fere ſemondre en jugement el lieu où il eſteront, ſelon droit eſcrit el Code *de foro compet. l. juris ordinis*, & en Decretales, *de dolo & contumacia* : en vn chapitre qui commence, *Cauſam*, où il eſt eſcrit de cette matiere, & au mouſtier de la parroiſſe dont ils ſeront, que eus veignent au droit dedans les ſept jors & les ſept nuits, pour cognoiſtre, ou pour defendre. & ſi les fera l'en apeler en plain marchié. & ſe ils ne venoient dedans les ſept jours, & les ſept nuits, ſi les feroit l'en ſemondre derechef en jugement que eux veniſſent dedans les quinze jours, & les quinze nuits, l'en les feroit ſemondre derechief que eus veniſſent dedans les x L. jours & les x L. nuits; & ſe eus ne venoient lors, ſi ſeroient bannis en plein

## DE S. LOVYS.

marchié. & se eux venoient puis, & ils ne peussent monstrer resonable essoigne, qu'il eussent esté en pelerinage, ou en autre resonable lieu, parcoi eus n'eussent oï le ban, ne les semonces, li Bers feroit ª reagier sur la terre, & seroient li mueble sien. ᵇ Et se aucuns est souspçonneus de tel meffet, ou d'autre semblable, dont il deust perdre vie ou membre, & il s'en fust allés hors du païs,& venist aprés, quand les sept jours & les sept nuits, & les xv. jours, & les x v. nuits, ᶜ [& les x L. jours & les x L. nuits] fussent, & il venist à la Iustice, & il li deist que aussi-tost comme il sot que l'en l'ot appelé à droit, il estoit venus pour soi deffendre, adont en deuroit la Iustice prendre son serement, que il diroit voir, & atant auroit sa deffense qui l'en vodroit appeller se il ne treuuoit qui l'en apelast, la Iustice le porroit bien retenir pour la soufpeçon: car soufpeçon si doit estre estrange à tous par ᵈ des homes, selon droit escrit du Code *de furtis*, en la loy qui commence *ciuilem rem*, & el titre des choses emblées, en la fin, où il est escrit de cette matere de sept jours & de sept nuits, de x v. iours, & x v. nuits, de x L. iours & de x L. nuits, & feront semondre le lignage du mort pour sauoir se eulx le voudroient appeller & dire au monstier & crier au marchié, & se nus ne venoient auant pour lui appeller, la Iustice le deuroit lessier aller par pleges, se il les puet auoir, & se il ne les puet auoir si li face fiancier que il ne s'en fuira dedans l'an, ne ne se destornera, & qu'il rendroit à droit qui l'en voudroit apeller.

ª reuerchier
ᵇ Ici commence vn autre chap. auec ce titre, de souspçon & de semonce par iustice en la Court laic.
ᶜ Defunt inclusa.
ᵈ Preudomes.

### CHAPITRE XXVII.
ᵉ *D'ome qui occit autre en mellée.*

ᵉ De champ de mellée.

HOME qui occit autre en mellée, & puisse monstrer plaie que cil li ait faite auant qu'il l'ait occis, il ne sera pas pendu par droit, fors que en vne maniere: se aucuns du lignage l'apelle de la mort de celuy & li meist sus, sans ce que cil l'eust feru, ne nauré, & li deist en telle maniere que le mort li en eust donné commandement, & auouërie ᶠ, & atant porroit l'en iugier vne bataille d'aus deus, & se li quiex que soit auoit x L. ans, il porroit bien mettre autre pour luy, & cil qui seroit vaincus si seroit pendus.

ᶠ Dou prouuer & dou derraignier, & li autre porroit dire qu'il ne l'en croiroit mie que li mort l'en eust dónément, ne aduouërie.

### CHAPITRE XXVIII.
ᵍ *D'ome qui requiert asseurement pardeuant la Iustice, à qui l'en fet force de cors, ou d'auoir, ou dommage.*

SE ainsint estoit que vns hom eust guerre ʰ à vn autre, & il venist à la Iustice pour li fere asseurer, puisque il le requiert, il doit ⁱ fere iurer à celui del qui il se plaint, ou ᵏ financier qui ne li fera domage ne il ne li sien, & se il dedans ce li fet dommage, & il en puet estre promis, il en sera pendus: car ce est appellé triue enfrainte, qui est vne ˡ des grans traïsons qui soit: & ceste Iustice si est au Baron, & se ainsint estoit que il ne volist asseurer, & la Iustice li deffendist, & deist, Ie vous deffens que vous ne vous en alliés pas deuant ce que vous aurés asseuré: & se il s'en alloit sur ce que la Iustice li auroit deffendu, & l'en ardist à celui sa maison, ou l'en li estrepast ses vignes, ou l'en le tuast, il en seroit aussi bien ᵐ coupable, comme s'il l'eust fait.

ᵍ D'asseuremēt requerre en la Court laie, & de trieue enfrainte.
ʰ se doutast.
ⁱ fiancer ou noier.
ᵏ Leg. fiancier.
ˡ grande traïson.
ᵐ pendu.

### CHAPITRE XXIX.
ⁿ *Quele iustice l'en doit de larron selonc qu'il a meffet.*

LI lierres est pendables qui emble cheual, ou jument, & qui art meson de nuit, & cil pert les eüls qui emble riens en monstier, & qui fait fausse monnoye, & qui emble ᵒ soc de charruë, & qui emble autres choses, robes, ou

ⁿ D'embler cheual, ou beste, ou de perdre ses membres par son meffet.
ᵒ harnois.

deniers, ou autres menuës choses, il doit perdre l'oreille el premier meffet, & de l'autre larrecin il perd le pied, & au tiers larrecin il est pendables : car
ᵃ gros. l'on ne vient pas du gros au petit, més du petit au ᵃ grand.

## CHAPITRE XXX.

ᵇ De haute Iustice par la raison de traïson par femelionse.
ᶜ Vouërie.

ᵇ *D'ome qui emble à son Seigneur qu'il sert.*

HOME, quand il emble à son Seigneur, & il est à son pain & à son vin, il est pendables : car c'est maniere de traïson, & cil à qui il fet le mesfet, le doit pendre par droit, se il a ᶜ Iustice en sa terre.

## CHAPITRE XXXI.

ᵈ De Iustice de Vauasor.

ᵈ *De Vauasor qui fet forbanu.*

ᵉ A son home & à sa chastellerie ne sorjurier son païs, sans, &c.

NVs Vauasor ne puet fere forbanu, ᵉ ne ne puet à home fere forjurier sa chastellerie, sans l'assentement du Baron en qui chastellerie il sera, & se il le fesoit, il en perdroit sa Iustice : car la Iustice si n'est mie au Vauasor.

## CHAPITRE XXXII.

*De tenir compagnie à larrons & meurtriers, & de ceux qui les consentent.*

ᶠ Desunt inclusa.
ᵍ Ici cōmence un autre chap. dont le titre est, De consentir murtreours ou larrons.
ʰ Ecclef.

FAMES qui sont auec murtriers, ᶠ[ & auec larrons,] & les consentent, si sont à ardoir, & se aucuns ou aucunes leur tenoit compaignie, qui les consentissent, & ne emblassent riens, si leur feroit l'en autre tant de peine, comme se eus l'eussent emblé. ᵍ Et se li murtriers qui tuënt les gens aportent aucune chose, que soit à ceus que il auront tués, & il l'aportent chiés aucun ame, soit homme, ou fame, & il sachent bien que eus sont larron, & ils suffrent tiex menèsterieux, & les recéent, ils sont pendables, ainsi come li murtriers sont, selon droit escrit, en Code *de sacrof.* ʰ *Euangel.* en la loi qui commence, *Iubemus.* §. *œconomus,* & en Decretales, *de officio delegati, quia quæsitum,* car li consenteour, si sont aussi bien pugnis, comme li maufeteur.

## CHAPITRE XXXIII.

ⁱ Decompagnie de murtreours.

ⁱ *D'encusement de laron.*

ᵏ portasaire rien cognoistre.

SE aucuns lierres ou murtriers dit que aucuns soient ses compains, il n'est pas pour ce prouué, més la Iustice le doit bien prendre pour sauoir se il li ᵏ porroit recognoistre.

## CHAPITRE XXXIV.

ˡ Des soupeçoneus punir par l'office du Preuost.
ᵐ puet.

ˡ *De pugnir soupeçonneus.*

SE aucuns est qui n'ait riens, & soit en la ville sans riens gaigner, & il hante tauernes, la Iustice le ᵐ doit prendre, & demander dequoy il vit, & se il entent qu'il mente, & que il soit de mauuaise vie, il le doit ietter hors de la ville : car ce appartient à l'Office de Preuost de netoier la Iurisdiction & sa prouince de mauuais homes & mauueses fames, selon droit escrit en Dig. *de offic. Præsidis,* en la l. qui commence *Congruit.*.

CHAPITRE

## DE S. LOVYS.

### CHAPITRE XXXV.

#### ª De fame qui tuë son enfant par meschéance.

SE il meschiet à fame qui tuë son enfant ᵇ [par mescheance] ou estrangle de jours, ou de nuits, elle ne sera pas arse du premier ᶜ, ains la doit l'en rendre à saincte Yglise, més se elle en tuoit vn autre, elle en seroit arse, pour ce que ᵈ ce seroit accoustumé, selon droit escrit en Code, *de Episcop. audient. l. nemo*. en la ᵉ fine concordance.

*ª De meschief de fames, & de l'accoustumance.*
*ᵇ Desunt inclusa.*
*ᶜ messe.*
*ᵈ elle en seroit accoustumée.*
*ᵉ fin auec les concordemens.*

### CHAPITRE XXXVI.

#### De volenté d'omicide sans plus faire.

SE aucuns gens auoient ᶠ enpensé à aler tuer vn homme, ou vne femme, & fussent pris en la voie de jours, ou de nuits, & l'en les amenast à la Iustice, & la Iustice lor demandast que il aloient querant, & il deissent que eus allassent tuer vn home, ou vne femme, & il n'en eussent plus fet, jà pour ce ne perdroient ne vie ne membre.

*ᶠ entrepris*

### CHAPITRE XXXVII.

#### De menace & d'asseurement véé pardeuant Iustice, & de querre au Souuerain par Iustice ᵍ aus parties.

SE aucuns hom menaçoit vn autre, qui li fera domage de cors & de l'auoir, pardeuant Iustice, & li menaciés en demande asseurement, & li autres deist, Ie m'en conseillerai, & la Iustice deist, ne vous en allés pas ʰ deuant que vous l'aiez asseuré, & il s'en allast seur sa deffense, & sans lui asseurer, & ⁱ ardist l'en à celui ses mesons, ou li feist l'en autre dommage, de corps, ou d'auoir, & tout ne l'eust encore pas fet, cil menacierres si, en seroit-il autresi bien atains & prouués, comme se il l'eust fet, ou qui auroit tué celui qui auroit demandé asseurement, & l'en en voulsist bien ensuiure jusques à droit par qui l'asseurement eust esté veé, ou refusé ᵏ à fere en la Court le Roy, ou en la court au Baron, ou en la court de quelque chastellerie il seroit, il en seroit autresi bien pendables, come s'il eust fet le fet, & pour ce ne doit nus veer droit de triues à donner deuant justice, & quand aucuns se doute, il doit venir à la justice, & requerre asseurement, selon droit escrit, el Code en la l. *de iis qui ad Eccles. confug. l. denuntiamus*.

*ᵍ droit aus*
*ʰ de ceans deuant*
*ⁱ arsist à celuy*
*ᵏ Il en seroit aussi coupable, come s'il l'eust tué, & l'en pourroit on arrester par droit, jà ne l'eust-il mie fait, & en auroit deserui à estre puni, pour ce ne doit mie home refuser à donner sauue triues, &c.*

### CHAPITRE XXXVIII.

#### De justice de Vauasor.

TVIT Gentis-hommes qui ont voirie en leur terre, pendent larron de quelque larrecin que il ait fait en leur terre, més en aucune chastellerie les mene l'en juger à leur Seingnieur, & quand li Sires les a jugiés, si les enuoye arriere, & cil en font la justice. ˡ & encore ont plus li Vauaseur, car eus tiennent leurs batailles deuant eus de toutes choses, fors de grans meffés que nous vous auons nommés pardeuant. & si lor mesures en lor terre, & les ᵐ prennent, & les mettent és ⁿ cors des chastiaux, & les baillent à leurs hommes. & puis se eus trueuent seur leur home fausse mesure, li droits en est leur, & en ᵒ pueuent leuer LX. s. d'amende. & se li Bers la trueue, ains que li Vauaseur, li droit en est siens, & se li Vauaseur puet estre prouués que il ait baillé

*ˡ Ici est vn chap. dont le titre est, De Vauasour, & de Seignour de Vauasour.*
*ᵐ prouuent*
*ⁿ curs.*
*ᵒ prennent.*

Partie III.          C

fauſſe meſure, il en perdra ſes muebles : Et ſe il voloit dire que il ne li euſt baillé fauſſe, il s'en paſſeroit par ſon ſerement, & li vilains en paieroit ſoixante ſols d'amende.

*a De relaſchier larron, & de lui eſpurgier par la ſoupeçon.*
*b ne larreneſſe ſans*
*c que il le gardaſt miex que il peut, & defiſt, de ce ferai je queconque je deurai, s'en porroit li Sires penre le ſerement, & ſe il le juroit, &c.*

## CHAPITRE XXXIX.

### *a De Vauaſor qui relache larron.*

NVs Vauaſeur ne peut relachier larron, *b*, ſans l'aſſentement au Chief Seignieur : & ſe il le relaſche, & il en puiſt eſtre prouués, il en perdra ſa Iuſtice. & ſe il voloit dire que il ne l'euſt pas relachié, & que il fuſt eſchapé, & *c* qu'il en fiſt la meilleure garde que il onques poi ſere, ſe li porroit li Sires eſgarder vn ſerement, & ſe il l'oſoit ſere, il en ſeroit quittes atant.

*d De requerre ſa curt & s'obeïſſance, droit à cent, & de maner par ſa main en la curt ſon homme juſtiſable loiaument.*
*e en auroit mie la court, fors à mener par ſa main*
*f lui ſapuoient mie recorder de riens qui ſoit jugié pardeuant aus en la curt au Vauaſeur*
*g Baronnie*

## CHAPITRE XL.

### *d De quel meffet Vauaſor nera pas la cort de ſon Seignior homme de la cort au Baron.*

DE quelque meffet li Bers apelaſt home à Vauaſor, li Vauaſſeur en auroit la cort, ſe il la requeroit à mener ſon home par ſa main : ſe ce n'eſtoit de haute juſtie. Car ſe aucuns hom ſe plaint d'home à Vauaſeur en la cort au Baron, li Vauaſeur en aura la court, ſe ce n'eſt de chemin briſié, ou de meffet de marchié, de ce il *e* n'aura pas la cort, ne il n'en auroit mie des deffauts, ſe li autres l'en apeloit, ne de choſes jugiées, ſe li autres dit que l'en li ait riens jugié en la cort au Baron, ne de choſes conneuës, toutes les auoaſt il aprés, car li Bers, ne ſes Iuſtices ne *f* doit pas ſere recors au Vauaſeur de riens du monde, qui ſoit jugié pardeuant eus.

*h ou Baron*
*i ou*

## CHAPITRE XLI.

### *De requerre larron ou murtrier la maniere.*

SE aucuns lierres, larron, ou murtrier, fet larrecin, ou murtre en vne *g* chaſtelerie, & il s'enfuit en vne autre, ſe li Bers en qui chaſtelerie il ſera fet, l'enuoye querre, il l'aura par droit, & rendra pour chacun larron 11. ſ. vi. d. au Baron qui les aura arreſtés. & ſe li larcins auoit eſté fait en la terre à aucun Vauaſeur *h*, pour que li Vauaſeur ait vouërie en ſa terre, ſes Sires li deuroit rendre *i* ô les 11. ſ. vi. d. païans, que il auroit rendus au Baron.

*k De Parageours*
*l Deſunt incluſa.*
*m pardeuers lui*
*n aucuns*
*o li parageour ne li lairoit mie por ce à mettre.*

## CHAPITRE XLII.

### *k De fere aide à ſon Seigneur, & de ſemondre ſes aparageurs.*

*l* [ SE li Bers fet s'aide par deſſus ſes Vauaſeurs ] il les doit mander *m* pardeuant. Et ſe li Vauaſeur auoient *n* aſſés aparageors qu'il deuſſent mettre en l'aide, il leur doit mettre jor que il auront leurs aparageurs. Et li Vauaſeurs doit dire aus autres aparageurs que eus viegnent à tel jour voir ſere l'aide, & *o* ſe li aparageur n'i viennent, eus n'i ſeront pas pour ce à mettre, puis qu'ils i ſont ſemons. Et ſe aucuns fet s'aide ſans ſemondre ſes aparageurs, il n'i mettront riens, ſe eus ne veulent.

# DE S. LOVYS.

## CHAPITRE. XLIII.

<sup>a</sup> *En quel aide aparageurs doiuent mettre tenu du parage, & quel franchise à* <sup>a</sup> *de tenir en parage. qui tient en parage.*

NVs hom qui tient en parage ne fet aider à son aparageur, se il ne le fet au Chief Seigneur. & se aucuns est qui ait aparageurs, qui tiennent de lui en parage, il ne lor puet terme mettre hors du parage par droit. <sup>b</sup> Hom qui ait <sup>b</sup> *Ici commence un* parageur, se tient auſſi franchement & gentement, come celui de qui il tient, *titre, de te-* & ſi a autretant de juſtice en parage. *nir franchement en parage.*

## CHAPITRE XLIV.

<sup>c</sup> *tient en parage.*

<sup>d</sup> *De requerre ſon aparageur de fere homage, & quel ſeruice il doit fere ſe il ne* <sup>d</sup> *De monſtrer lignage puet conter lignage.* *à ſon ſeigneur, &*

QVAND aucuns hom a tenu grand piece en parage, & cil de qui il tient *de tenir en* requiert que il li face homage, ou ſe, ce non, ce que il doit fere, ſi face, *parage, ſans* cil li doit monſtrer que il ait entre eus deus tel parage que leur enfans ne *rendre roncin de ſer-* s'entrepuiſſent auoir par mariage. & ſe il ne li puet monſtrer le lignage, il li *uice.* fera homage par droit: & li Sires ne li puet aſſeoir qu'vn roncin de ſeruice, <sup>e</sup> *De monſtrer ſon fié* pour ce que li fiés eſt iſſu de parage. *ldiaument à ſon Seigneur lige.*

## CHAPITRE XLV.

*De juger bataille encontre ſon*

<sup>e</sup> *De home qui demande heritage à ſon home: comment li hom en doit Seignour li-querre droit.* *ge.*
<sup>f</sup> *Vauaſeur*

SE li Bers demande à ſon Vauaſeur l'eritage que ſes <sup>f</sup> hom tendra de <sup>g</sup> *deſunt incluſa.* lui, li Vauaſor ne pledera pas pour lui par deuant lui, <sup>g</sup> [ ſe il ne veut ] car <sup>h</sup> *il eſt* <sup>h</sup> li Bers ſi eſt ainſi come li tolerres, & pour ce ne doit-il pas plaidier par- <sup>i</sup> *au Seignor.* uant lui, ains plaidera en la Cort au Seignor, de qui li Bers tendra. Et ſe ba- <sup>k</sup> *Suit ce* taille eſt jugiée entre lui & ſon Seigneur, li hom ne ſe combatra pas en la *titre, de* cort <sup>i</sup> là où il plede, car la cort ne ſeroit pas ygal, pour ce que ſemblant ſeroit que *grief de Seignor li-* li Sires i euſt plus pooir, que li hom. <sup>k</sup> Se li Sires eſt Bers, il doit nommer la cort *ge, & de* le Roy, ou la court de deus autres Barons, & li hom ſi prendra laquelle que *eſler ſon fié* il voudra des trois. Se li Sires eſt <sup>l</sup> Bers, ou Vauaſor, la bataille ſera en la cort *enuers ſon Seignor li-* au Baron de qui eus tendront, ſe li hom ne puet <sup>m</sup> nommer que il li ait fet *ge par* grief. *monſtrée.*
<sup>l</sup> *Vauaſeres.*

## CHAPITRE XLVI.

<sup>m</sup> *monſtrer.*
<sup>n</sup> *De grief,*

<sup>n</sup> *De Baron qui demande à voir le fié que ſes hom tient de bail, & comment & d'eſlire la cuir pour li hom le doit monſtrer.* *faire bataille, & de*

SE li <sup>o</sup> hom ſemont ſon hom, que il li monſtre ſon fié, il li doit <sup>p</sup> demander *monſtrer ſon fié loiaument au* terme de quinze jours, & de quinze nuits, & cil li en doit monſtrer quan- *Seigneur li-* que il en ſaura. Se li hom auoit Vauaſeur, ou hom qui <sup>q</sup> ne vouſiſt eſtre *ge, & de* venus, li Sires li doit aidier à pourchaſſer & pourforcier à venir. Après quand *jugier bataille en-* li Sires aura veu ſon fié, il demandera à ſon hom, <sup>r</sup> *en i a il plus que vous aiés* *contre ſon* *à tenir de moi*: li hom li doit reſpondre, & dire, *Sire, je vous demant enqueſte* <sup>o</sup> *Bers.* *tele comme je dois auoir: car je ne ſuis pas bien pourpenſé*: & li Sires li en doit *mettre.* donner quarante jours, & quarante nuits de terme par droit à enquerre & à <sup>q</sup> *n'oſoit.* encerchier, & emprés l'enqueſte, ſe li hom dit à ſon Seigneur, *Sire, je ne puis* <sup>r</sup> *ſe il en a plus à tenir de lui.*

Partie III. C ij

# LES E'TABLISSEMENS

<sup>a</sup> je n'an tins plus.
<sup>b</sup> que il ne puet plus auoir de lui, reliqua inclufa defunt.

*trouuer que je en tiegne plus de vous* <sup>a</sup> : aprés li Sires li doit demander fe il veut droit <sup>b</sup> : [ & quand li hom l'en a monftré, quanque l'en en trueue en l'enquefte, li Sires li puet bien efgarder par droit que il n'en puet plus auoir de lui à tenir.] Et fe li Sires en fauoit aucunes chofes, & qu'il le deïft à fon home en tele maniere, *je veuil que vous ayés perdu le fié que vous tenés de moy : car ce eft de mon fié,* ( & li monftroit quoi) *& fi ne le m'aués mie monftré*. Et fe li hom dit, *Sire, je ne le fauoie mie, & en feré ce que je deurai* : Si li puet l'en bien efgarder que li iuërra feur fains, que il ne le fauoit mie au jour que il li rendi l'enquefte, & itant en demoerra au Baron, comme il en aura trouué, & fe li hom n'ofe fere le ferement, il perdra fon fié : car fe feroit ainfi come fe il li voloit embler, & ainfi feroit-il de tous les autres Seigneurs qui auroient homme de fié, fe tiex quas leur auenoit.

## CHAPITRE XLVII.

<sup>c</sup> De trancher au fouret.
<sup>d</sup> & le gage.
<sup>e</sup> fié mueble.
<sup>f</sup> defunt inclufa.
<sup>g</sup> ou femme defloial.
<sup>h</sup> tranche.

### <sup>c</sup> De droit à Gentilhomme.

GENTISHOME ne puet fere que trois drois, <sup>d</sup> le gage de fa loi, & fon fié, & fon <sup>e</sup> mueble, fe ce ne font de drois eftablis, c'eft à dire fe il apele home, <sup>f</sup>[ ou fame ] de folie <sup>g</sup> defloial, ou fe il <sup>h</sup> coupe en foreft, dont le droit foit de LX. f. en la Court le Roy, & en autres plufeurs Chafteleries.

## CHAPITRE XLVIII.

### De quel meffet Gentilhomme doit perdre fon fié.

SE Gentishom met main à fon Seigneur par mal defpit, auant que fes Sire l'ait mife en lui, il perd fon fié par droit, & fe il venoit fus fon Seigneur en guerre o gens qui riens ne li tendroient, il en perd fon fié, & fe nus hom liges ofe appeller fon Seigneur qui eft fes droits Sires de traïfon, & il s'en offre à deffendre, il en perd fon fié.

## CHAPITRE XLIX.

<sup>i</sup> De defendre fon Seigneur lige de traïfon, quans fes homes liges le vuet apeler & femontre pour garroier encontre lo Chief Seigneur encontre à autre, & de veer le jugement de fa court.
<sup>k</sup> à vous.
<sup>l</sup> voife.
<sup>m</sup> defunt inclufa.
<sup>n</sup> defunt inclufa.
<sup>o</sup> & par droit n'en perdroit riens de fon fié.

### <sup>i</sup> De femondre fon home pour aller guerroier fon Chief Seigneur.

SE li Sires a fon hom lige, & il li die, venez vous-en ô moi, car je veuil guerroier mon Seigneur, qui m'a vëé le jugement de fa Curt : li hom doit refpondre en tele maniere à fon Seigneur, *Sire, je iray volentiers fçauoir à mon Seigneur fe il eft ainfi que vous me dites*. Adont il doit venir au Seigneur, & doit dire, *Sire, mes Sire dit que vous li auez vëé le jugement de voftre Cort, & pour ce fuis-je venu* <sup>k</sup> *à voftre Court pour fauoir en la verité, car mes Sires m'a femons, que je* <sup>l</sup> *aille en guerre encontre vous*, & fe li Seigneur li dit que il ne fera jà nul jugement en fa cort, li hom en doit tantoft aller à fon Seigneur, & fes Sires le doit pourueoir de fes defpens : & fe il ne s'en voloit aller ô lui, il en perdroit fon fié <sup>m</sup>[ par droit ], & fe li Chief Seigneur auoit répondu, *Ie feré droit volentiers à voftre Seigneur en ma Cort*, li home deuroit venir à fon Seignor, & dire, *Sire, mon Chief Seigneur m'a dit que il nous fera volentiers droit en fa Court*, & fe li Sires dit, <sup>n</sup>[ *Ie n'enterré jamais en fa Court*, ] més *venez-vous en ô moi, fi comme je vous ai femons*, adont pouroit bien dire li hom, *Ie n'iray pas*, <sup>o</sup> pour ce n'en perdroit jà par droit, ne fié, ne autre chofe.

# DE S. LOVYS.

## CHAPITRE L.

### ᵃ *De quel meffet Gentilhom perd fes muebles, & fon fié.*

HOME qui fet efqueuffe à fon Seigneur, il perd fes muebles ou fe il met main à fon certain ᵇ mefage par mal ᶜ defpit, ᵈ [ou fe il dement fon Seigneur par mal defpit,] ou fe il a mife fauffe mefure en fa terre, ou fe il va pourfuiuant fon Seigneur par mal defpit, ou fe il a pefchié en fes eftans fans fon congié, ou fe il a emblé fes conins en fa garenne ᵉ, & fe il gift à fa feme, il en perd fon fié, ou à fa fille, pourquoi elle foit pucelle, ᶠ [& il en puiffe eftre preuués,] il en perd le fié & droits & couftume fi accorde.

ᵃ *De guerre à fon Seignor, & de fauffer mefures, & pefchier en eftan, & de panre, & encerchier en eftan, & de panre conins en varennes, & de gefir à fame par force.*
ᵇ terrain auoé.
ᶜ refpit.
ᵈ defunt inclufa.
ᵉ fes varennes.
ᶠ defunt inclufa.

## CHAPITRE LI.

### ᵍ *De bailler pucelle à garder, comment l'en la doit garder.*

SE vns Gentishom baille vne pucelle à garder à vn autre Gentilhom fon home, & foit de fon lignage, ou d'autre, fe il la depuceloit & il en porroit eftre prouués, il en perdroit fon fié, tout fuft ce à la volenté de la pucelle. & fe ce eftoit à force, il en feroit pendus, fe il en pooit eftre prouués ʰ [& bien en doit eftre pugnis,] felon droit efcrit, en Code *de raptoribus*, en la premiere Loy, & par tout le titre des meffets.

ᵍ *De depuceler fame à force, & qui eft gardé en bail.*
ʰ defunt inclufa.

## CHAPITRE LII.

### ⁱ *Dequoi li Sires perd fon hom.*

QVAND li Sires vée le jugement de fa cort ᵏ, il ne tendra jamais riens de lui : ains tendra de celui qui fera par deffus fon Seigneur. Et ainfi feroit-il fe il gefoit à la fame fon home, ou ˡ à la fille, fe elle eftoit pucelle, ou fe li hom auoit aucunes de fes parentes, & elle fuft pucelle, & il l'euft bailliée à garder à fon Seigneur, & il li depucelaft, il ne tendra jamais riens de luy.

ⁱ *De veer droit & le jugement de fa curt à fon homo lige, ou à autrui.*
ᵏ & il en puet eftre prouués, il
ˡ auec fa fille.

## CHAPITRE LIII.

### ᵐ *Comment l'en fe doit tenir en fon lige eftage.*

SE li Sires fet femondre fes hommes qui li doiuent fa garde, cil qui doit fa garde, il doit eftre ouecques fame, & fe il doit la garde fans fame, il & ⁿ fon Sergent doiuent eftre, & i doit gefir toutes les nuits. Et fe il ne le fefoit, comme nous auons dit, il en perdroit fes muebles. cil qui doit lige eftage, il doit eftre auec fa fame, ᵒ [& auec fon Sergent] & auec fa mefnie la plus grant partie. més il ne lerra pas à aler à fes affaires fouffifamment : & fe il ne fe tenoit à fon eftage fouffifamment, & li Sires l'en apelaft, & li deift, *vous m'auez laiffié agaftir mon lige eftage*, li Sires en porroit bien auoir fon ferement, que il n'euft pas laiffié agaftir fon eftage : & fe il n'ofe fere le ferement, il en perd ᵖ fes muebles.

ᵐ *De faire leaument la garde ou chaftel vers lige.*
ⁿ *fes Sergens.*
ᵒ *defunt inclufa.*
ᵖ tous fes

C iij

## CHAPITRE LIV.

### *De Gentilhome qui perd ses muebles par son meffet.*

<sup>a</sup> *defunt in-*
*clusa.*
<sup>b</sup> *ses som-*
*miers, se*
*il est riche*
*qui le*
*maint par*
*terre.*
<sup>c</sup> *se il l'a, &*
<sup>d</sup> *vne paar*
*de robe.*
<sup>e</sup> *à cointoier.*

SE Gentishom perd ses muebles, il doit jurer voir à son Seigneur, quand il les a perdus, que il ne li celera riens, ains les trera tous auant & <sup>a</sup> [ se il est homme qui porte armes, ] si li remaindra ses palefrois, & le roncin son Escuier, & deus seles à lui & à son Escuyer, & son <sup>b</sup> sommier que il mene par la terre, & son lit, & sa robe à cointoier, & vn fermail, & vn anel <sup>c</sup> & le lit sa fame, & vne <sup>d</sup> robe à la Dame <sup>e</sup> & vn anel, & vne ceinture, & vne aumô-niere, & vn fremail, & ses guimples, & toutes les autres choses sont au Sei-gneur qui a gaigné les muebles. & se il porte armes sor son cheual, & tou-tes ses autres choses ensin, & se li Sires mescroit son home, que il ne li ait dit voir de ses muebles, il ne l'en puet au plus mener que par son sere-ment.

## CHAPITRE LV.

### <sup>f</sup> *D'ome qui se plaint en la cort le Roy de son Seigneur.*

<sup>f</sup> *De plain-*
*te faire en*
*curt de Roi,*
*& de faire*
*le plait re-*
*manoir.*
<sup>g</sup> *defunt in-*
*clusa.*
<sup>h</sup> *le Roi.*

SE aucuns hom se plaint en la cort le Roy <sup>g</sup> [ de son Seigneur, ] li hom n'en sera jà droit, ne amende à son Seigneur, ainçois se la justice <sup>h</sup> sauoit que il les pledoiast, il en feroit le plet remaindre, & feroit li Sires droit au Roy, dont il l'auroit pledoyé.

## CHAPITRE LVI.

### <sup>i</sup> *De monstre fete, & d'enteriner les choses conneuës, & de defaute en la cort au Baron.*

<sup>i</sup> *De mon-*
*strées faites*
*par Iustice.*

SE aucuns se plaint en la cort le Roy de son Seigneur, que il li ait tolu ses terres, ou ses mesons, ou de vignes, ou de prés, & li Bers en qui chaste-lerie ce sera, & il demandast la cort à auoir, & cil de qui il sera clamés dit, *Ie ne me vuel pas partir de cete cort deuant qu'il aura esté veu*, lors il doit l'en mettre jour de la veuë, & i doit estre la Iustice le Roy, & celle du Baron, & cil qui demande doit demander la veuë de deux autres justices, ce qu'il demande

<sup>k</sup> *à la veuë*.
<sup>l</sup> *si elle est*
*de son fié*,
<sup>m</sup> *se il si*
*plaiguent*
*il leur doit.*
<sup>n</sup> *demant*
*autrefois à*
*voir ce qui*
*aroit esté*
*veu.*
<sup>o</sup> *defunt in-*
*clusa.*

à l'autre. Et après <sup>k</sup> la veuë, li Sires doit auoir la cort, <sup>l</sup> se ce n'est de son fié, & <sup>m</sup> leur doit mettre jour de estre à droit pardeuant lui. Et se il <sup>n</sup> s'en plaint autrefois à celui, dont il doit auoir ce qu'il aura veu par Iugement de la cort le Roy, droit ne li donroit mie que toutes les veuës qui sont fetes en la cort <sup>o</sup> [ le Roy, ou ] au Chief Seigneur, sont fermes & estables par droit.

*Entre le* 56. *& 57. Chapitres, il y en a 2. autres dans le MS. de M. Nublé, qui sont conceus en ces termes.*

### Dou droit au Prince.

LI Bers n'a mie en la Curt le Roi la curt de son homme des defautes, mas des choses conneuës, on lui rent la curt à faire à son gré, & anquerre les choses conneuës pardeuant la Iustice le Roi, & oïës & attenduës.

### *De defaute de droit, & de requerre son malfaisant, ou son larron, ou son meurtrier.*

SE li Bers ne li facoit droit, & il s'en plainnissent arriere, par la defaute dou larron, & il puent estre prouué, & il demandast la curt, il ne l'aroit mie, ainçois serient les Iustices an-querre par leur mains tout ce qui aroit esté fait pardeuant aus.

## DE S. LOVYS.

### CHAPITRE LVII.

<sup>a</sup> *Comment li Sires doit rendre larron à son home, & li home à son Seigneur.*

<sup>a</sup> De larron, ou de meurtreour.

SE larrons, ou murtriers auoit esté <sup>b</sup> en la Court le Roy, qui eust meffet en la chastellerie au Baron, li Bers si l'auroit, & si ne rendroit mie les 11. s. v 1. d. car nus hom ne les rend à son Seigneur, ne li Sires à son home, més il <sup>c</sup> rendent bien les cousts aueñamment que il a despendus, pardeuant <sup>d</sup> qui que il soit requis du Seigneur, ou de l'ome. Et se il auenoit que il i eust debat, il ne rendroit nus des cousts qui seroient faits d'illuec en auant.

<sup>b</sup> arresté en
<sup>c</sup> rend
<sup>d</sup> ce que il soit requis, & il se trouuassent, il ne rendroit, &c.
<sup>e</sup> De franchises de Gentilhome.

### CHAPITRE LVIII.

<sup>e</sup> *Comment li Gentishom garissent o els & leur gent de ventes, & de paages, & leur Preuos d'os, & de paages, & de cheuauchiées.*

NVs Gentishom ne rend coustumes, ne paages de riens qu'il achate, ne qu'il vende, se il n'achate pour reuendre, <sup>f</sup> [ & pour gaaigner ] & se il auoit bestes achetées, & les gardast vn an & vn iour en sa meson, & en sa garde, il n'en rendroit nulles ventes, <sup>g</sup> & ainsi garantissent li Gentilhome leurs Sergens de vente & de paages de leurs bestes, & de leurs norritures, qu'il ont norries en leurs chastelleries de leurs biens qui croissent en leurs tenemens <sup>h</sup> aus Cheualiers, pour quoi que il ait son pooir, & il tiegnent leur coust, il les garentissent d'ots & de cheuauchies.

<sup>f</sup> desunt inclusa
<sup>g</sup> ici est vn autre chapitre auec cét autre titre, de franchir Sergent
<sup>h</sup> chacun Vauasseur puisqu'il sont lor Preuost, &
<sup>i</sup> De semonre hommes à aler en l'ost le Roi.

### CHAPITRE LIX.

<sup>i</sup> *D'ost & de cheuauchie deuers le Roy, le Baron, & des amendes, & des gaiges.*

<sup>k</sup> desunt
<sup>l</sup> à ce mot commence vn autre chap. auec ce titre, De cheuauchies c'on doit

SE li Bers fet semondre ses hommes, & il amaine ses homes coutumables pour aller en l'ost le Roy, li Preuos les doiuent amener de chacun ostel au commandement leur Seigneur <sup>k</sup> [ el cuer du chastel, ] & puis s'en doiuent retourner. <sup>l</sup> Més nule fame n'a <sup>m</sup> coustumés n'en ost n'en cheuauchies, ne fournier, ne mousnier qui gardent les fors & les moulins. & se nus de ceus qui sont semons <sup>n</sup> ne venoient, & l'en le pooit sçauoir, il en paieroit LX. s. de gages; & li Preuos au Baron si doit mener ses homes <sup>o</sup> [ de cheualerie ] iusques au Preuos le Roy el chastel, dont li hom sont du ressort, & puis si s'en doit retorner arriere. <sup>p</sup> Et ainsi li homes coustumier des Cheualiers <sup>q</sup> si doiuent aus Barons leurs cheuauchiées, & li Preuos <sup>r</sup> aus Vauasors si les doiuent mener el cors du chastel au commandement au Baron. & li Bers ne les doit mie mener en lieu dont en ne puissent venir iusques au soir. & cil qui remeindroit, en paieroit LX. s. d'amende. & se li Sires les voloit mener si loins que eus ne peussent venir au soir, ils n'iroient pas, se ils ne voloient, & n'en seroient jà droit, ne nule amende. <sup>s</sup> Et ainsi li Baron & li home le Roy doiuent le Roy suiure en son ost, quand il les en semondra, & le doiuent seruir soixante iours, & soixante nuits, & tant de Cheualiers, comme chacun li doit, & ses seruices qu'il li doiuent quand il les en semont, & il en est mestiers. & se li Roy les voloit tenir plus de soixante iours <sup>t</sup> au leur, il ne remeindroient mie, s'il ne voloient par droit, & se li Roi les voloit tenir au sien pour le Royaume defendre, il deuroient bien remaindre par droit. més se li Roi les voloit mener hors du Royaume <sup>u</sup>, puisqu'ils auroient fet soixante iours, & soixante nuits, & nule Dame ne doit ne ost, ne cheuauchiée desoremés, se elle est <sup>x</sup> fame le Roy:

<sup>m</sup> accoustumée ne doit aler en l'ost
<sup>n</sup> remenoient, &
<sup>o</sup> desunt
<sup>p</sup> autre chap. De cheuauchie qu'on doit au Roi
<sup>q</sup> de la chastellerie
<sup>r</sup> preux
<sup>s</sup> autre chap. d'être iours en l'ost le Roi
<sup>t</sup> & soixante nuits au iour
<sup>u</sup> Il n'iscroiet mie s'il ne voloient, puisqu'il aroiet, &c.
<sup>x</sup> sucrs

LES E'TABLISSEMENS

més elle puet bien enuoyer tant de Cheualiers, comme ses fiés doit, & li Roy
ne la puet achoisonner. Et se les gens le Roy trueuent les homes ⁿ le Roy par les
chaſtelleries qui fuſſent remés, fors ceus qui deuroient remaindre, li Roy en por-
roit bien leuer ſus chacun LX.ſ. d'amende, & li Bers ne les en porroit garentir.
Et li home couſtumier ne doiuent eſtre en l'oſt le Roy que quarante jours & qua-
rante nuits, & ſe il en ᵇ venoit auant, & il en fuſſent prouué, la Iuſtice le Roy
en porroit bien leuer LX.ſ.

ⁿ couſtu-
miers par

ᵇ aloient

## CHAPITRE LX.

### ᶜ Comment Dame doit faire rachat.

NVle Dame ne ſet rachapt, ſe elle ne ſe marie, més ſe elle ſe marie, ſes
Sires fera rachapt au Seigneur, qui ele ſera ᵈ fame, & ſe au Seigneur ne
plaiſt ce qu'il li offerra, il n'en peut prendre que les iſſeuës d'vne année de ſon
fié, & ſe il y auoit bois que la Dame euſt commencié à vendre, ou que li, ou
ſon Seigneur, & que ᵉ ele le peuſt bien vendre par droit, ou par raiſon du
rachat, li Sires le porroit bien vendre à ce meſme fuer que il auroit eſté
commenciés à vendre, més il n'en porroit pas faire plus grant marchié que
cil auroit fet deuant.

ᶜ De pañre
à ſon Sei-
gneur les ra-
liés de ſa
terre pour ſon
rachat, &
de rachat
quāđ Dame
ſe marie.
ᵈ home.
ᵉ autre li &
ſon Sei-
gneur l'euſ-
ſient venda
autrefois.

## CHAPITRE LXI.

### ᶠ De Dame qui donne ſeureté à ſon Seigneur pour ſoupeçon du mariage ſa fille.

QVANT Dame remeint véue, & elle a vne fille, & elle ᵍ aſebloie, & li
Sires à qui elle ſera feme lige viengne à luy, & li requierre, Dame je vuel
que vous me donnés ſeureté que vous ne mariez voſtre fille ſans mon conſeil, & ſans
le conſeil au lignage ſon pere, car ele eſt ʰ fame de mon home lige, pour ce ne vuel & je
pas que ele ſoit fors conſeillée. Et conuient que la Dame li doint ⁱ par droit: &
quand la pucelle ſera en aage de marier, ſe la Dame tru qui ſa li demaint
ele doit venir à ſon Seigneur, & au lignage deuers le pere à la Damoiſelle, &
leur doit dire en tele maniere: Seigneurs l'en me requiert ma fille à marier, & je
ne la voel pas marier ſans voſtre conſeil: ore metés nos conſeil que tel homme la me de-
mande: & le doit nommer, & ſe li Sires dit, Ie ne voel mie que cil l'ait, quar tiex vuet
la me demande qui eſt plus riches, & plus gentis-hom ᵏ & riches, que cil de qui
vous parlés, qui volentiers la prendra, & ſe li lignage dit, Encore en ſauons nous
vn plus riche & plus gentishom que nus de ceux ˡ. Adonc ſi doiuent regarder le
meilleur des trois, & le plus proufitable à la Damoiſelle, & cil qui dira le meil-
leur des trois, ſi en doit eſtre creus ᵐ: & ſe la Dame la marioit ſans le conſeil
au Seigneur, & ſans le conſeil au lignage deuers le pere, puiſque li Sires
li auroit donnée, ele perdroit ſes muebles & ſi l'en porroit li Sires deſtrain-
dre par ſa foy, ou par pleges, ſe meſtiers eſtoit, ainçois que elle parliſt de ſon
fié ou de ſa foy, & juërroit à dire voir des muebles, puis l'eure que ele les auroit
perdus par jugement, & quand ele les auroit tous mis auant, ſi li remaindroit
ſa robe à chacun jour, & ſa robe à cointir ſoi, & joiaux auenans, ſe ele les auoit,
& ſon lit, & ſe charette, & deux roncins qui ſouffiroient à aler en ſes beſon-
gnes, pourquoy elle n'ait point de Seignieur, & ſon Palefroy, ſe ele l'a.

ᶠ De ſeure-
té dōner par
ſoupeçon de
mariage à
ſon Seignor
lige, & de
faire l'enor.
& le preu à
la Damoi-
ſelle par a-
mis.
ᵍ aſſebloie
ʰ fille
ⁱ ſeureté
par

ᵏ dueſt &
riches

ˡ que vous
aués nōmés.
ᵐ Que nus
ne doit fai-
re le ſordois
par droit.

CHAPITRE

# DE S. LOVYS.

## CHAPITRE LXII.

*Quiex dons Gentilhome pueent fére de leur heritage, puisque eus aient hoirs.*  <sup>a</sup> *Don masle garder sans amenuisement.*

DAME n'est que bail de son heritage, puisqu'elle a hoir masle, ne elle ne puet donner, ne choisir pour que ce soit amenuisement de l'oir, se ce n'est à son <sup>b</sup>aduersaire, ou ele ne puet donner ne le tiers, ne le quart, ne le quint, selon l'vsage de cort laie: més Gentishom puet bien donner le tiers de son heritage, tout ait il enfant, ou non, més il n'en puet plus donner qui fust par droit. <sup>b</sup> *annivcrsaire.*

## CHAPITRE LXIII.

*<sup>c</sup> D'ome qui se plaint de nouuele dessesine.* <sup>c</sup> *De nouele dess. sine, & de tenir la chose sauuement droitfaisant aus partiës, & de rendre coust & domages.*

SE aucuns hom vient à son Seigneur, soit gentis-home, ou coustumiers, pourquoy li Sires ait voerie en sa terre, & li die, Sire, vns riches hom est venus à moy d'vne meson, ou de pré, ou de vignes, ou de terres, ou de cens, ou d'autres choses, & m'a desseisi de nouuele dessesine, que je exploitié au seu & ô veu en sernage de Seigneur en jusques à ores, que il m'en a dessaisi à tort & à force dont je vous pri que vous pregniez la chose en vostre main. Li Sires li doit respondre, Si feré-je, se vous metés pleiges à poursuiure le plet, à ce que cil vous a dessesi à tort, & à force, si come vous auez dit. Et se il ne met pleiges, li Sires n'a mie à dessesir l'autre, & se il dit, je vous en mettré volentiers bons pleges, il doit les pleiges prendre bons & souffisans, selon ce que la querele sera grande, & quand il aura pris bons pleiges, il doit l'autre partie mander par certain mesages, & li doit dire que cil a mis bons pleges que il a dessesi à tort & à force, & de tele chose, & la nommera l'en, <sup>d</sup> *je vuel scauoir se vous mettrés pleges au deffendre là*, & se il dit, *je n'i mettré jà pleiges*, l'en doit l'autre lessier en la sesinne pour les pleges que il i a mins. & se cil dit, *je i mettré bons pleges au deffendre que il n'i a riens eus, & que ce est ma droiture*, la justice li doit mettre jour aus deus parties, & tenir la chose en sa main, jusques à tant que li quiex que soit ait gaigniée la saisinne par droit, selonc droit escrit en Code *de ordine cognition.* <sup>e</sup> *si autem negotium*, enuiron le milieu de la loy. & se li plaintif est deffaillant, & li autres viegne au Seigneur, & li die, Sire, cil vous auoit fet entendant que je l'auoie desseisi à tort & à force, & auoit mis pleges de prouuer, & m'en fist dessesir à tort, & je en aie gaigné ma querelle & ma droicture par jugement de vostre court, dont je vous requiex comme à Seigneur que vous me faciez rendre mes cous, & mes despens que je ai mis el plet. car droit est qui fait autre dessaisir, & il li met sus que il l'a dessesi à tort & à force, & il perd la querele, il doit rendre à l'autre partie ses couts, & ses despens, pour ce que il l'a fet dessaisir, & pour ce en prend l'en les pleges, si il doit l'en sere rendre les couts & les domages, & les dépens que il a mis el plet, & aus pledeurs loüer, & en autres choses qui appartiennent au plet, & à tant l'en aura <sup>f</sup> à la capcion de Iuge, selon droit escrit en Code *de judiciis, l. properandum, & l. sentimus*, en la Dig. *de judiciis*. & en Decretales, *de dolo & contumacia, cap. finem*, où il est escrit de cette matere. <sup>g</sup> Toutes les choses qui sont mises en main de Iustice, si valent autant come si elles estoient monstrées en jugement, & quand les deux parties ont terme de ce qui est en main de justice, & l'vne s'en deffaut, l'en doit mettre jour au deffaillant en jugement par trois homes, si que eus se puissent recorder du Iugement. & se il ne vient au terme que l'en li aura mis el Iugement, l'en doit bailler la sesinne à l'autre qui est prest par pleges <sup>h</sup> més ceux qui rien li demanderoit de la querele.

<sup>d</sup> *De nouuelle desaisine, je.*

<sup>e</sup> *Leg. l. si quando negot.*
<sup>f</sup> *par le tant sement de iuge il y a en cêt endroit vn titre, en ces termes De desaute faire aprés monstrée faite en jugement, & de adjornement par justice.*

<sup>h</sup> *A l'autre qui est prest, quád il No nes est passé, ô pleges merans d'estre à droit qui lui demandera riens de la querele.*

Partie III.  D

# LES ETABLISSEMENS

## CHAPITRE LXIV.

<sup>a</sup> *Comment la Iuſtice doit ouurer d'ome deffaillant.*

*<sup>a</sup> Ce chap. auec le precedent fait vn ſeul chapitre.*

SE aucuns ſe plaint d'vn autre à la Iuſtice d'heritage, la Iuſtice li doit mettre jour, & ſe cil qui ſera atermés ſe deffault, cil qui ſe plaint doit dire en tele maniere, *Sire, je vous requiex droit*, la Iuſtice doit oïr le jugement, & ſi doit oïr parler les Serjans qui ont le terme mis, & ſe les Serjans garantiſſent que euls li ayent mis terme, la Iuſtice les doit atermer par trois termes, & quant li Serjant auront garanti les trois termes, la Iuſtice doit bien eſgarder par droit que cil qui ſe defaut doit eſtre <sup>b</sup> atermés en jugement, & la Iuſtice i doit en <sup>c</sup> trois Serjans qui s'en puiſſent recorder. Et ſe cil qui aura eſté deffaillant de trois termes vient au terme que l'en li aura mis au jugement, & l'autre partie qui ſe plaint li demande ſa querele & ſes dommages à amander de chacun default <sup>d</sup> L. ſ. ſe il eſt gentils, & ſe li autres dit, *je n'en vuel rien rendre*, & <sup>e</sup> dire reſon pourquoy, *Car je n'en oï onques terme, ne ne ſoi, fors que cetuy*. Et ſe li autres dit, *Ie ne vuel mie qu'il s'en puiſſe deffendre, car li Serjant ont bien garenti que euls l'ont ſemons, & que eus li meſtrent les trois termes*, & ſe il dit, *Ie m'en deffens bien contre vous, & contre les Sergens, ſi comme l'en m'eſgardera*. Adonques la Iuſtice puet bien eſgarder que ſe il oſe jurer ſeur Sains qu'il n'oï n'entendi que li <sup>f</sup> Serjans l'euſſent atermé par les trois termes, ſi comme ils ont garenti ci auant, aitant ſi doit eſtre quites des defautes, & ainſi ne vaudroit le jour jugié qu'vne ſimple ſemonce, & ſe il n'oſe fere le ſerment, ſi rendra au Gentilhome pour ſon deffaut L. ſ. més cil juërra que tant li aura couſté en deffault conſeil & en ſes pledeeurs, & la Iuſtice ſi prendra pour chacun deffault le gage de ſa loi, & ainſi à l'en de chacune defaute prouuée, conneuë & jugiée en Gentis-hom. L. ſ. ſoit vilains, ſoit Gentis-hom, pourquoy les deffautes fuſſent fetes auant veuë, car cil qui deffaut aprés veuë, ſi perd la ſeſine des choſes que l'en li a monſtrées, quand il eſt prouués de defaute.

*<sup>b</sup> conſeilliés.*
*<sup>c</sup> auoir.*

*<sup>d</sup> L X.*
*<sup>e</sup> die.*

*<sup>f</sup> Seignour.*

## CHAPITRE LXV.

<sup>g</sup> *Comment l'en puet porforcier home qui ne veut faire hommage à ſon Seigneur.*

*<sup>g</sup> De requerre ſon home, & d'entrer en foi de Seignor ſans nul defaut.*
*<sup>h</sup> faire le doie.*
*<sup>i</sup> Deſunt quæ ſequuntur vſque ad v. cl jugement.*
*<sup>k</sup> puet*
*<sup>l</sup> puet*

*<sup>m</sup> du quart*
*<sup>n</sup> par droit*
*<sup>o</sup> à terme de*
*<sup>p</sup> terme par jugement.*

SE aucuns Sires eſt qui ait home qui ne li ſoit pas venus fére ſon homage, li Sires le doit fére ſemonre qui li viegne fere ſon homage, & fera ſemondre celui par homme qui foi <sup>h</sup> li doie, ſe il l'a, & ſe il ne l'a, par aucun prudhomme ſouffiſant, & ſe il ne vient au terme, li Sires le doit fere atermer autre fois, <sup>i</sup> & ſe il ne vient au ſecond terme, li Sires li doit mettre le tiers terme, & ſe il ne vient au tiers, li Sires li doit mettre terme ou jour el jugement, & ſe il ne vient au jour jugié, li Sires doit leſſier le jour paſſer, & lendemain, & adoncques il <sup>k</sup> doit prendre le fié en ſa main, & le <sup>l</sup> repuet faire ſemondre en jugement par trois Gentishom, ou par Serjans ſouffiſans, & doit eſtre le terme de huit jours, & de huit nuits, & li doient li Sergent dire, *Sires, pour ce que vous eſtes deffaillant de trois termes ſimples, &* <sup>m</sup> *du tiers en jugement, pour ce a més Sire pris le fié que vous deuex tenir de luy par* <sup>n</sup>, *& vons en fet ſemondre en jugement* <sup>o</sup> *de huit jours & de huit nuits*. & ſe il ne vient au jour que li eſt atermés de huit jours & de huit nuits, l'en li doit mettre <sup>p</sup> en jugement de quinze jours & de quinze nuits, & ſe il ne vient, li Sires doit oïr les Serjans, & ſe il li meſtrent terme, & il le garentiſſent, li Sires li doit mettre terme de quarante jours & quarante nuits auſſi ſouffiſamment, comme nous auons dit deſſus, & ſe il ne vient au terme, li Serjant doiuent eſtre oïs, & ſe eus le garentiſſent li Sires doit leſſier ᵃ, & li doit mettre terme d'an & jour el jugement, & ſe ne vient au terme, li Sires li puet bien eſgarder par jugement, que il a le fié perdu par droit. Quand li jors ſera paſſé ainſi ᵇ remeſt le fié au Seigneur. & ſe il vient auant que li Sires face tous ſes exploits ſous luy, il n'en perdra pas ſon fié par droit, més il en aura perdu quanque li Sires en aura leuë, & li ſera droit des defautes.

<sub>ᵃ paſſer le jor, & ᵇ demorra le fié.</sub>

### CHAPITRE LXVI.

*ᶜ D'ome qui ſe plaint de deniers ou de muebles, ou d'autres choſes.*

<sub>ᶜ Des choſes en jugemēt jugiées.</sub>

SE aucuns ſe plaint d'vn autre de deniers, & cil en viegne à la cort, & li autres die, *Vous me deués itant de deniers*: Et li detierres die, *je n'en oï onques parler, pourquoi je demant jour auenant, & à ce jour je reſpondré ce que je deuré*, comme cil *qui deffent que nul tort je ne vous fais*: & li autres die, *je ne vueil mie que vous aiez terme, ains vuel que vous me cognoiſſiés, ou niés ma dete*, & ſe il atend droit, dira que il li doit cognoiſtre, ou nier; & ſe il li connoiſt, il aura terme de huict jours & de huict nuits de rendre à veuë de Iuſtice. Si que li vns ne ſoit meſcreus de rendre, ne li autres de prendre, fors ce que la Iuſtice eſgardera, ſe il i a contens. Et ſe ainſi eſtoit que il deffendiſt que il ne li deuſt riens, il auroit terme ; & ſe il defailloit en terme, il auroit terme en jugement: pour ce que quand les choſes qui ſont mueblant ſont monſtrées en court, elles valent autant come ſe elles eſtoient monſtrées en jugement, & ſe il ne vient au terme jugié, & s'il die, *Sire, cil ſe deffault, je en demant droit, car je ſuis tout prés de prouuer ma debte*, li Sires doit fere ſemondre l'autre en jugement, que il viegne veoir prouuer ſa dete que l'autre dit que il li doit. Li termes doit eſtre mis ô ſouffiſant recort, & ſe il ne vient, ne à l'vn jor ne à l'autre, & li Serjant garentiſſent que elles aient mis les termes, il doiuent tant prendre de la choſe à celui que ils facent l'autre payer ſans prouuer : & quand la ſeuë choſe ſera priſe, ſe diſoit, *vous me faites tort, je me plain de celui que je ne lui dois riens*, la Iuſtice li en doit mettre jour : més la Iuſtice ſi doit eſtre bien certains du Iugement, & ſe il dit, *je ne vous doi riens*, & li autres die, *je le puis bien prouuer comme choſe jugiée*, adonc ſi doit on oïr les Sergens qui ont mis les termes, & qui ont mis le jugement, & ſe il recordent que ainſi ſoit, ſi ſera cil payés, & li autres ſi fera droit à la Iuſtice dont il aura veé le jugement.

### CHAPITRE LXVII.

*ᵈ D'ome qui ſe plaint à qui l'en ait fet dommage.*

<sub>ᵈ De domage rendre.</sub>

SE aucuns ſe plaint que nus autres li ait fet dommage, & cil veniſt à la cort, & ſe deffendiſt, & en demandaſt jour, il l'auroit, & ſe il s'en defailloit, ainſi come nous auons dit deſſus, l'en feroit rendre à l'autre ſon domage [ᵉ ſans prueue.]

<sub>ᵉ deſunt</sub>

### CHAPITRE LXVIII.

*ᶠ D'ome qui ſe plaint que l'en li fet tort d'eritage.*

<sub>ᶠ De tort fait, & de defaut de Iuſtice.</sub>

SE ainſi auenoit que aucuns ſe plainſiſt de vn autre qui li fiſt tort de heritage qui euſſent eſté monſtré par jugement, & cil à qui l'en le demanderoit ſe defanſiſt, & il fuſt prouué de la defaute, il en perdroit ſa ſaiſinne, & ſi la bailleroit l'en à l'autre par bons pleiges metans de ſuiure à droit. Més pour ce n'auroit-il pas gaaingniée la choſe, que li autres ᵍ ne l'euſt, ſe il pooit monſtrer que ce fuſt ſa droicture.

<sub>ᵍ euſt</sub>

*Partie III.*     D ij

## LES ETABLISSEMENS

### CHAPITRE LXIX.

*Deu droit dou Ber, & d'eſtre jugiés par ſes homs.*

<sup>a</sup> *De Baron qui ne veut pas eſtre jugiés par ſes pers.*

SE li Bers eſt apelés en la cort le Roy d'aucune choſe qui apartienne à criſtage, & il die, *Ie ne vuel mie eſtre jugiés par mes pers de cette choſe*, adonc ſi doit on les Barons ſemondre juſques à trois à tout le mains, & puis la Iuſtice doit fere droit à ceux, & <sup>b</sup> à autres Cheualiers.

<sup>b</sup> auec eus & aus autres Cheualiers.

### CHAPITRE LXX.

*De demander eritage à home qui atend à eſtre Cheualier.*

SE l'en demande à Baron, ou à autre Gentilhomme, aucune choſe de ſon heritage, & il ne ſoit mie encore Cheualiers, & il die à ceux qui li demandent, *Ie ne vous feré nus tors, més je demant attente d'eſtre Cheualiers, ains que je vous reſponde*, il aura l'atente de vn an & <sup>c</sup> deux jours par droit,

vn jour

### CHAPITRE LXXI.

<sup>d</sup> *D'aage de Gentilhomme, & de tenir en bail.*

<sup>d</sup> *De aage de bail ſans faire reſponſe, & de prouuer ſon aage.*
<sup>e</sup> *ſaiſine,*

GENTILHOM n'a aage de ſoi combattre deuant que il ait XXI. an, ne ne doit tenir terre, ne auoir <sup>e</sup> Seignorie de nul heritage, que l'en li demandaſt ſe l'en ne l'en auoit deſſeſi, més à ſa deſſeſinne il auroit reſponſe. & auſſi Gentishom & Gentilfame ſe il tiennent enfant en bail, il ne pueent riens demander de leur droicture, ſe leur pere n'en eſtoit mort veſtu & ſeſi, ou ſe ce n'eſtoit eſcheoite qui leur eſt auenuë de droit puis la mort au pere. Et ſe l'en demandoit en bail choſes dont li peres aus enfans fuſt mors ſeſis & veſtus, tout le teinſiſt il a tort, ſi n'en reſpondroit jà le bail, & ſe ainſi eſtoit que le bail rendiſt à l'enfant ſa terre, & l'euſt fait prendre à home à ſes Seigneurs, ainçois que il fuſt en aage, & aucun li demandaſt du ſien, il ne reſpondroit point par droit juſques atant qu'il euſt XXI. an, & ſe ainſi eſtoit que le bail ne li vouſiſt rendre ſa terre, & deiſt qu'il n'euſt pas aage de terre tenir, & cil l'offriſt à prouuer qu'il euſt XXI. an, il le prouueroit par ſes parrains, <sup>f</sup> & par le Preſtre qui le baptiſa, & le juëroient ſeur Sains, & li Preſtres le diroit en parole de preuoire, il ne les pooit auoir, qu'il fuſſent tuit mort, il le proueroit par preudoms, & par preudes fames qui ſeroient certains de ſon aage, & le juëroient ſeur Sains, & quant la Seignorie auroit receu les parties des preudomes, l'en le mettroit en ſa foi & en la Seignorie de ſa terre, & ſe ainſi eſtoit que le bail li euſt rendu, & de ſa volenté, il ne deuroit pas prendre les hommages de ſa terre deuant que il ſoit en la foy au Seigneur.

<sup>f</sup> *& par ſes marraines, &*

### CHAPITRE LXXII.

*De conter lignage à ſon aparageur.*

SE aucuns auoit tenu en parage longuement, & cil de qui il auroit tenu deiſt, *Ie ne vuel que vous teigniez plus en parage de moi, ſe vous ne me monſtrés le lignage*, & li autres dit, *Ie vous le monſtreré*, il li doit mettre terme pardeuant ſoi pour le parage conter, & cil li doit monſtrer & conter dont il eſt iſſus, & le lignage de degré en degré, & ſe il trueuent ſi prés que eus ne s'entrepuiſſent auoir par mariage, & li vns ſoit homme, & li autres ſoit fame, il remaindra en paraige, & ſe cil <sup>g</sup> ne l'en croit il juërra ſeur ſains, que il a conté

<sup>g</sup> *qui ſera aparagés, ſe on ne l'an croit*

loiaument le lignaige à fon encient, & quand il aura fet le ferement, il remaindra en paraige, & fe il ne l'ofe fere le ferement, il li feroit homage, & quand il li auroit fet homage, li Sires ni porroit affeoir que vn roncin de feruice.

## CHAPITRE LXXIII.

### ᵃ *De rendre roncin de feruice.*

ᵃ *De feruice en paraige.*

NVs hom ne rend roncin de feruice deuant que il fe part de la foi celui à qui il l'aura rendu: car fe cil à qui il l'auroit rendu fe mouroit, il tendroit à celuy à qui la terre efcharroit, & fe ainfi auenoit que aucuns euft rendu fon roncin de feruice à fon Seingneur, & fes Sires le vouffit donner à fon fils, ou à fa fille, & li hom refpondift, *Ie ne me voel pas partir de voftre foy, fe je ne m'en part comme de foy feruie, quand je vous ai rendu voftre roncin de feruice,* il ne s'en partira pas par droit, fe il ne fet quitter à l'autre, à qui il le ᵇ rendoit, fe cil mouroit, ou il li fera ottroier que il ne prendra point de roncin de feruice, tant comme il viue à qui il l'aura rendu.

ᵇ *voloit donner*

## CHAPITRE LXXIV.

### ᶜ *Quel redeuance cil qui tient en paraige fet à fon aparageur.*

ᶜ *De tenir en parage fans faire feruice au Seigneur.*

NVs hom qui tient en paraige ne met riens en roncin de feruice, ne en nus rachat, ne en nul feruice, que cil face de qui il tient en parage au Chief Seignieur, fe ce n'eft en fes loiaux aides.

## CHAPITRE LXXV.

### ᵈ *De demander homage à enfans qui font en bail.*

ᵈ *De tenir bail en bon eftance fans faire homage lige au Seignor.*
ᵉ *defuns vfque ad, fi vuell*
ᶠ *eftance*

SE aucuns homs ou aucune fame tient enfant en bail, & cil enfant tiennent en paraige, & li Sires leur die, ᵉ *Ie ne vuel que vous me faciés mon hommage, que cil enfans ne me font riens que vous tenez en bail, fi vuel que vous me faciés la foi, ou vous me contez le lignage,* & cil qui tient en bail fi li doit refpondre, *Ie ne vous feré ne l'vn ne l'autre, que je ne fuis que bail, fi vuel tenir en* ᶠ *achat ce que li peres aus enfans tint, & en atend droit.* Si li efgardera l'en que il n'en doit point fere, ne conter le lignage, ainçois tendra en autel eftat, comme ᵍ li heritiers auoit tenu auant que il mouruft.

ᵍ *li peres*

## CHAPITRE LXXVI.

### ʰ *De Gentilhome qui demande amandement de Iugement.*

ʰ *De faus jugement; ou tenir pour bon, ou pour loial.*
ⁱ *& pour loial, fe*

NVs Gentishom ne puet demander amandement de Iugement que l'en li face, ains conuient que l'en le fauffe tout oultre, ou que il le tienne pour bon ⁱ, fe ce n'eft en la cort le Roy : car illuec pueent toute gent demander amandement de Iugement par droit, felon droit efcrit en Code *de precib. Imperat. offerendis. l. vlt. l. fiquid.* Et por ce ne l'en fauffer, car l'en ne trouueroit mie qui droit en feift, car li Rois ne tient de nului fors de Dieu & de luy.

D iij

## LES E'TABLISSEMENS

### CHAPITRE LXXVII.

*ᵃ De requerir le droit au Roy.*

ᵃ *Comment gent qui ont à marchir au Roy d'aucunes choses, & comment li Roy esgarde droit à lui & à autruy.*

SE li Rois tient aucunes choses de ses hommes qui li demandent, & li dient, ce est nostre droicture que vous demandons, & somes prest de trere l'enqueste & la jurée de la gent du païs, li Rois ne leur puet veer par droit, ains doit commander au Baillif que il face semondre les gens des plus prochaines paroisses, & les prochains Cheualiers, & les prochains Serjans fiefés, & les prochains Barons, se la querele est si grand, & si les doit l'en fere jurer à dire voir, & se il est conneu que ce soit la droicture le Roy, elle li remaindra, & tout ainsi à l'autre partie se la mode garantist que ce soit leur droicture.

### CHAPITRE LXXVIII.

*ᵇ Amandement & de querre.*

*Comment l'en doit* ᵇ *demander amandement de Iugement.*

NVs hom ne puet demander amandement de Iugement en la court le Roy, se ce n'est le jour mesme que li Iugement sera fés : car l'en doit maintenant apeler selon l'vsage de la court laie, car les choses qui sont jugiées, dont l'en apele, sont tenuës selon droit escrit en Code *De aduoc. diuer. judic.* en la loi prem. en la fin. car il n'auroit point de amandement de jugement, se li jors passoit, & se le requiert au Baillif en soupliant, le doit dire, & li doit requerre,

*ᶜ deest tant*

Sire, il me semble que cist Iugement me grieue, & pour ce en requier je amandement, & que vous me mettez terme, & fêtes ᶜ tant de bonnes gens venir, que eux connoissent se li amandement i est, ou non, par gens qui le puissent fere, & doiuent selon le droit & l'vsage de Baronnie.

*ᵈ Il y a en cest endroit vn chapitre, dont le titre est, Coment on doit jurre en jugement, & par quex personnes par droit faisant en jugement.*

ᵈ Adonc li Baillif li doit mettre terme, & li doit fere semondre des hommes le Roy, & ceux qui furent au jugement fére, & autres preudhommes qui connoissent de droit & de jugement : & pour garder se le jugement est bon, par leur esgard & par leur dit il sera tenus, & se il n'est bons, il le conuient amander, & se il regardent que il n'y ait point d'amandement, cil qui aura demandé amandement de Iugement, il en gagera ses muebles, se il est Gentishom, & hom le Roy. & se li Baillif ne vouloit fere l'amandement de Iugement, cil en puet apeler deuant le Roy, & se li Rois & ses Conseils dient que il soit bons & loiaus, cil engage ses muebles : més le Roy le doit sçauoir par ceus qui furent au jugement fére, & se li jugement ne fut bien faict, li Rois li doit fére rendre ses cousts & ses dommages au Baillif qui fist le Iugement.

### CHAPITRE LXXIX.

*ᵉ D'apeler son Seigneur de faus jugement.*

ᵉ *Comment l'en doit appeler son Seigneur de default de droit.*

SE aucuns Gentishom ôt que ses Sires li face mauuais jugement, il li puet bien dire, cist jugement est faus, & je ne plederé ja plus pardeuant vous, & se li Sires est Bers, il s'en doit clamer en la court le Roy, ou en la cour de celui de qui il teindroit, & se li Sires est Vauasor qui aura fet le jugement faux, li autres s'en doit clamer en la court au Bers, ou de celui de qui il tendra, & li puet dire en tele maniere, Sire, cist m'a fet faux jugement, pour laquelle reson je ne vuel plus tenir de lui, ainçois tendre de vous qui estes Chief Sires. & se li Vauasors dit, Ie m'en deffent, & li autres die, je ne ᶠ vuel mie qu'il s'en

*ᶠ voi*

puisse deffendre, car il me fist le jugement faux à veuë & ᵍ asseuë de moi qui foi li

*ᵍ à seüe*

doit, & le sui prest de monstrer contre son cors, se il le veut deffendre, & tout ainsi

appelle l'en son Seigneur de faus jugement,<sup>a</sup> [ & en puet l'en bien jugier vne    <sup>a</sup> *defunt*
bataille ] & se cil qui appelle son Seigneur vaint l'autre, il ne tendra jamés    *inclusa*
riens de <sup>b</sup> l'autre, ainçois tendra du Chief Seigneur : & se il estoit vaincus, il    <sup>b</sup> *de lui*
perdroit le fié : & sachiés que <sup>c</sup> nus jugement ne doit tenir à injure, se l'en ap-    <sup>c</sup> *aus*
pelle de sa Sentence, & de son jugement, ne en grant querele ne en petite,
selon droit escrit en Code *de appellationibus.* en la loi qui commence, *& in ma-*
*joribus & in minoribus negotiis* , &c. où il est escrit de cette matere.

### CHAPITRE LXXX.

*De bataille de Cheualier & de vilain.*

SE ainsinc auenoit que vns hom coustumier appellast vn Cheualier, ou vn
autre Gentil-home qui deust estre Cheualier<sup>d</sup>, de murtre, ou de larrecin, ou    <sup>d</sup> *ou vn*
de roberie de chemin, ou d'aucun grand meffet, dont li quiex que soit deust    *Gentihome*
prendre mort, li Gentis-hom ne se combatroit pas à pied, més à cheual, se il
voloit. Més se li Gentis-home appelloit le vilain, droit <sup>e</sup> donroit qu'il se com-    <sup>e</sup> *dit*
batist à pié, pource que ce fust de si grand chose, comme nous auons dit des-
sus, & cil <sup>f</sup> qui seroit vaincus, seroit pendus.    <sup>f</sup> *sachiés*
   *bien que cil*

### CHAPITRE LXXXI.

*D'ome qui s'enfuit de prison.*

SE aucun estoit en prison pour souspeçon de murtre, ou de larrecin, ou
d'aucun grand meffet, dont l'en doutast que il deust prendre mort, & se
il s'en aloit de prison, il seroit aussi courpables du fet, comme se il l'auoit fet <sup>g</sup>,    <sup>g</sup> *aussi bien*
tout ne l'eust pas fet, si en seroit-il pendus.    *que s'il l'a-*
   *uoit cogneu*

### CHAPITRE LXXXII.

<sup>h</sup> *Comment laie Iustice doit ouurer de Cler ou de Croisié , ou d'ome de Religion*    <sup>h</sup> *De co-*
         *à quelque meffet que l'en les praigne.*    *gnoissance*
   *de Clers, &*
   *de rendre,&*
SE li Rois ou Quens, ou Bers, ou aucun an Iustice en sa terre prent Cler,    *de troisiés*
ou Croisié , ou aucun home de Religion , tout fust-il lais, l'en le    *rendre à*
doit rendre à sainte Eglise de quelque meffet que il face. & se li Clerc fet    *Sainte Egli-*
chose dont il doie estre pendus , & deffés , <sup>i</sup> & ne porte point de cou-    *se.*
ronne, la Iustice laie en doit fere iustice: & se il a la couronne & l'habit de    <sup>i</sup> *desunt se-*
Clerc, & soit lierres, nulle cognoissance, ne nulle response que il face, ne li    *quentia us-*
puet porter domage: car il n'est mie ses Iuges ordinaires, & cognoissance fai-    *que ad v.*
te deuant celuy qui n'est mie ses Iuges ordinaires si ne vaut riens, selon droit    *lierres.*
escrit, en Decretales, *de Iudiciis & si Clerici,* & el chapitre *Cum homine.*

### CHAPITRE LXXXIII.

*De pugnir mescreant & herite.*

SE aucuns est souspeçonneux de bouguerie, la Iustice <sup>k</sup> laie le doit prendre,    <sup>k</sup> *abeft laïe*
& enuoyer à l'Euesque, & se il en estoit prouués, l'en le doit ardoir, & tuit li
mueble sont au Baron; & an tele maniere doit-on ouurer d'ome herite, puisque
il en soit prouués, & tuit si mueble sont au Prince, ou au Baron, selon droit
escrit en Decretales, el titre des significations de paroles, el chap. *super qui-*
*busdam,* & coustume si accorde.

# LES ETABLISSEMENS

### CHAPITRE LXXXIV.

#### ᵃ *De pugnir les vsuriers.*

ᵃ *Des vsu-*
*riés pnnrs.*

QVAND en la terre au Baron a aucun vsurier, ou en quelque terre que ce soit, & il en est prouuez, li muebles si doiuent estre au Baron, & puis si doiuent estre pugnis par sainte Eglise pour le peché. Car il appartient à sainte Eglise de chastier châcun pecheur de son pechié selon droit escrit en Decretales, el titre des Iuges, ou chapitre *Nouiter.* des Iuges, où il est escrit du Roy de France & du Roy d'Angleterre.

### CHAPITRE LXXXV.

#### *D'ome estrange,* ᵇ *qui n'a point de Seigneur.*

ᵇ *Defunt se-*
*quentia.*

ᶜ *Se aucuns*
*hom qui ne*
*soit mie de*
*la ville vient*
ᵈ *seigneurie*

ᶜ SE aucuns hom estrange vient ester en aucune chastelerie de aucun Baron, & il ne face ᵈ Seingneur dedans l'an & le jour, il en sera esploitable au Baron, & se auanture estoit que il morust, & il n'eust commandé à rendre I v. den. au Baron, tuit si muebles seroient au Baron.

### CHAPITRE LXXXVI.

#### *D'ome qui se pend ou noie, & de fame, ou s'occit en aucune maniere.*

ᵉ *tuit si*

SE il auenoit que aucuns hom se pendist, ou noiast, ou s'occist en aucune maniere, ᵉ si muebles seroient au Baron, & aussi de la fame.

### CHAPITRE LXXXVII.

#### *D'ome qui muert desconfés.*

SE aucuns hom, ou aucune fame auoit geu malade huit jours, & il ne se voulust confesser, & il morust desconfés, tuit li muebles seroient au Baron: més se il moroit desconfés de mort subite, la Iustice, ne la Seignorie n'i auroit riens, & se cette chose auenoit en la terre à aucun qui eust toute Iustice en sa terre, tout ne fussent il Baron, si en seroit la Iustice leur, & se le mort auoit fait son testament, car nule chose n'est si grande come d'accomplir la volenté au mort selon droit escrit au Cod. *de sacrosanct. Eccles. l. jubemus*, où il est escrit de cette matere.

### CHAPITRE LXXXVIII.

#### ᶠ *De trouuer aucune chose par fortune, ou en autre maniere.*

ᶠ *De fortune*
*trouuer.*

ᵍ *lor*
ʰ *for sa*
*terre*
ⁱ *trouue, &*
*sic infra.*

NVs n'a fortune d'or, se il n'est Rois, & les fortunes d'argent sont aus Barons, & à ceux qui ont grand Iustice en sa terre, & se il auenoit que aucuns hom qui n'eust voierie en ᵍ sa terre, trouuast ʰ sous terre aucune trouuaille, elle seroit au Vauasor, à qui la voierie de la terre seroit, où la ⁱ trouuaille fu trouuée, & se cil venoit auant qui l'auroit perduë, il la l'auroit à son serement, se il estoit de bonne renommée, & se li hom de foy la receloit à son Seigneur, & il la li eust demandée, il en perdroit son mueble, & se il disoit, *Sire, je ne sçauoie mie que je la vous deusse rendre*, il en seroit quittes par son serement, & si rendroit la trouuaille au Baron. Fortune si est quand elle est trouuée dedans terre, & terre en est effondrée.

CHAPITRE

DE S. LOVYS. 33

## CHAPITRE LXXXIX.

### D'auoir son garend de chastel emblé.

SE vns hom achetoit vn cheual, ou vn buef, ou autre chose, & il fust de bonne renommée, & vns autres venist auant & li deist, *cette chose m'a esté emblée*, & il feust bien cogneus, & il ne seust de qui il l'eust achetée, li autres l'auroit se il voloit iurer sor Sains loiaument que elle fust seuë, & cil qui l'auroit achetée si auroit son argent perdu, & se il li conuenoit iurer que il ne sauroit de qui il l'auroit achetée[a], il l'amerroit à la Iustice se il voloit venir, & se il ne voloit venir il leueroit le cri aprés lui,[b] & se il disoit cette chose sai-je bien de qui je l'ai achetée, & en auré bon garend, à [c] terme nommé, il doit auoir terme, & se amaine son garand au terme nommé, & die en cette maniere, *l'en me demande ce que vous m'auez vendu*, cil doit demander [d][ à voir la chose, & cil la li doit monstrer ] & se il ne la demande à veoir, ainçois la garantisse, ce ne vaut riens, & aprés la veuë, se cil deist, *ce vous garantirai-je bien*, li autres doit estre quittes du plet, & auoir son argent du garantisseur, car tout paiast-il la chose, si rendroit-il l'argent à celui qui l'auroit achetée, & tout ainsi puet aler de garentisseur iusques à sept, & si li derreniers garentisseur dit, *cette chose li garentiré-je bien, car ce est de ma norriture*, & se c'est drap ou robe, & autre chose, il pourroit bien dire, *ce est de l'œure de ma maison*, & se cil dit, *je la deffent, elle me fu emblée*, adonc doit tenir la Iustice la chose en sa main, & ainsi puet en esgarder des deux vne bataille, ou par deux autres, se eux voloient changier, & sera le serement à celui qui se fera garantisseur, & quand il sera au jour de la bataille, il vendra deuant les Sains, & prendra li autres par la main, & dira, *ô tu hom qui je tiens par la main, & vous Iustice, se Dieu*[e] *m'ait, & li Sains iceste chose qui est en main de Iustice, dont je me fais garentisseur, & me sui trait auant pour garantir, si estoit moie deuant que je la vendisse, si comme je dis quand je la vendi à celui qui m'a trait à garand*: & li autres si doit iurer encontre & dire, *se Dieu m'ait, & les Sains, que tu és pariure*, & tost ainsi si l'en doit les mettre en champ, & cil qui appelle, si [f] doit aler à l'autre, & requierre le, & cil qui sera vaincus ne perdra ja ne vie ne membre pour ce qu'ils ne s'entrapellent pas de traïson, ne de larrecin: [g] mais cil qui sera vaincus, paiera à l'autre ce que ses champions li aura cousté en chief, & les couteeurs du jour que la bataille aura esté jugiée: més il ne mettra riens en autres coustemens, & si fera le droit à la Iustice de LX. s.

## CHAPITRE XC.

### [h] De quiex choses l'en rend despens en la cort laie.

TELE est la coustume en la cort laie, que l'en n'i rend cous ne despens que de [i] trois choses, ce est de bataille vaincuë, & de deffautes, quant elles sont prouuées auant veuë, non aprés: se ce estoient les cous d'vn Gentilhome de chacun desfaut L. s. & au coustumier X. s. més els les doiuent conter par leur serement que tant leur a-il cousté [k][ en pledeours louër ], & se ce estoit que eux fissent pes pardeuant la Iustice de chose jugiée, & cil qui auroit perdu venist auant derechief en cort, & en pledoiast l'autre de quanqu'il auroit perdu par jugement, ou par pés, & cil deist, *Ie ne vous vuel reprendre*[l], *car je le gaaigne par jugement* [m], *& bien le prouuerai-je par Iugeeurs*, si li puet l'en bien esgarder qu'il doit nommer la Iustice, & ceux qui furent au jugement si les doit l'en oïr parler, & se eux garantissent que le jugement fust tieus, comme il dit, si li doit ou rendre ses despens & ses cous qu'il a mis el plet, si comme il a dit dessus el titre de Nouuelle dessessinne, selon droit escrit en Code *de fructibus & iis*

Partie III. E

## 34 LES E'TABLISSEMENS

*a. Ici commence vn chap. auec ce titre, De nouuelle deſſaiſinne, & de rendre couſts & domages*
*b quatre*

expenſis, en la loi qui commence *non ignoret*, ô ſes concordances. a Et ſe il auenoit, que aucuns ſe plainſiſt pardeuant la Iuſtice que aucun l'euſt deſſeſi à tort & à force de nouuelle deſſeſinne, & li autres s'en deffendiſt, & cil l'offriſt à prouuer, & juſtice euſt la choſe en ſa ſaiſinne, cil qui perdra la querele rendra à l'autre ſes couſts par droit que il aura mis el plet, & de nule autre choſe l'en ne rend cous en cort laie, fors des b trois choſes deſſus dites.

### CHAPITRE XCI.

*c De ſaiſie briſiée, & de refuſer ſerement.*
*d homs*

c *De ſeſinne briſiée.*

SE aucuns d Sires appelloit ſon home qu'il li euſt ſa ſaiſinne briſiée, & emportées les choſes qui i eſtoient, & les nommera, & ſe li homs dit en tele maniere, Ie ne deſdiré jà que je vous les aie oſtées, més je ne ſauois pas que ils fuſſent en voſtre ſeſinne, & en feré ce que je deuré, & ce que l'en m'eſgardera.

*e rapporte*

Adonc li Sires li puet eſgarder que il e porte tout arriere en la ſaiſinne ce qu'il en aura oſté, ou la valuë, & paritant ſera-il quittes: mes il juërra ſeur Sains de ſa main, que il ne ſauoit mie la ſeſinne, & ſe il n'oſe fere le ſerement, la paine

*f &*
*g reliqua deſunt in alio M S.*

ſi il eſt telle que il doit eſtre tenus f en condamnés ſelon droit eſcrit en Code *de juramento calum.* en la loi 2. ſi reus. & par tout le titre el Code *de Iudiciis*: properandum: & auſſi par toute la loi & eſt eſcrit de cette matere, g & eſt à ſçauoir que il perdra ſes muebles, ſe il eſt Gentishome, & ſe il eſt couſtumiers, il en paiera L X. ſ. ſelonc la laie Iuſtice.

### CHAPITRE XCII.

*h De panre & de tenir le herbergement au vilain.*

h *De Gentilhome qui fet eſchange à ſon homme pour fere ſes herbergemens.*

SE Gentishome ſe voloit herbergier, & ſes homme couſtumiers euſt vne piece de terre ou deux, que il tienne de luy, li Sires la prendra ſe il veut à luy herbergier, ou en fera ſon eſtanc, ou ſon moulin, ou autre herbergement, ô lui faiſant eſchange auenant.

### CHAPITRE XCIII.

*i De heritages.*

i *De meſon taillable à Gentilhome.*

SE Gentilhome auoit meſon, qui li fuſt eſcheoite en la terre le Roy, ou en chaſtel à Baron, qui ſoit taillable, en quelque maniere que li Gentils l'ait, ſoit d'eritaige, ou d'eſcheoite, ou d'autre choſe, elle eſt taillables: ſe il i fet eſtage pour lui, pourcoi il la tiegne en ſa main, elle ne ſera pas taillable: més ſe il l'auoit louée ou afermée à home couſtumier, il ne le porroit pas garantir de taille.

### CHAPITRE XCIV.

*k Debaſtars & d'aubains.*
*l meſcreu*

k *De home meſconnu en terre de Gentilhome.*

SE Gentilhome a home l deſconeu en ſa terre, ſe il ſeruoit le Gentilhome, & il moruſt, le Gentilhome auroit la moitié de ſes muebles: & ſe il muert ſans hoir, & ſans lignage, toutes ſes choſes ſeront au Gentilhome. més il

*m & ſi ſera aumoſne hautement*
*n les iſſues*
*o l'en*

rendra ſa dette m & s'aumoſne. & ſe li meſconneus auoit conquiſes aucunes choſes ſous autres Vauaſors, que ſous celui à qui il ſeroit homs, li autres Sires n'i auroit riens par droit, més il ne prendroit pas n le cens, ne les couſtumes du Seingnieur, ains conuiendroit que li Sires li en baillaſt home couſtumier qui o le ſeruiſt.

# DE S. LOVYS.

## CHAPITRE XCV.

### ᵃ D'home baſtart.

QVAND baſtart muert ſans hoir de ſa fame, toutes ſes choſes ſont à ſes Seigneurs, à chacun ce qui ſera en ſon fié : més il puet bien ᵇ prendre ſes muebles à s'aumône, & ſa fame ſon doüere, més il retornera aprés ſa mort aux Seignories.

ᵃ D'eſcheance de baſtard au Seigneur.
ᵇ donner

## CHAPITRE XCVI.

### ᶜ De ventes d'heritaiges de baſtart.

SE baſtart vendoit de ſes heritages, & il eſt freres, ou couſins, ou autres lignage, il n'auroient point de la vente au baſtart, ne li baſtars de la leur, ſe il ne l'auoient par achat, & ſe eus moroient ſans hoir & ſans lignage, ſi eſcharroit il au Seigneur auant que au baſtart, ou à la Seignorie de qui li baſtard tendroit. Car le baſtard ne puet rien demander ne par lignage ne par autre raiſon pour ſa mauuaiſe condicion : & droit ſi accorde ſelon le Code d'eſtablir hoirs, & qu'eux perſonnes doiuent eſtre hoirs en la ſeconde loi, *ſi pater*. ᵈ [en la Dig. des achats des homes, en la loi qui commence *Virgo concepit*,] & ſelon le titre d'Orlenois ᵉ, el titre des baſtars, & couſtume ſi accorde.

ᶜ Ce chapitre eſt joint au precedent dans le MS.
ᵈ incluſa deſunt
ᵉ l'uſage d'Olliens

## CHAPITRE XCVII.

### ᶠ De tenir terres de baſtars à terrages.

SE aucuns Gentishom auoient homs qui tinſſent terres à terrages de baſtars, & il ne l'en rendiſſent autres couſtumes que les terrages, li Sires les porroit bien prendre à ſon gaaingnage, més il ne les porroit pas ᵍ bailler à autre.

ᶠ De baſtars, & de terres à terrage.
ᵍ donner

## CHAPITRE XCVIII.

### De meſurer terres cenſiues.

SE aucuns Gentishom auoit hom qui teniſſent de luy terres à cens, & il douraſt que il leur en rendiſſent poi de cens, il leur porroit bien fere meſurer, & ſe il trouuoit plus dont il ne rendiſſent le cens, & celle terre ſe teniſſent à la ſeuë ce qu'il en auroit trouué, & ſe ele ne tenoit à la ſeuë, ſi ne la porroit pas prendre à foi, més il li porroit bien croiſtre le cens à la reſon qu'il auroit trouué en la terre, & des autres cens, & rendroit les autres defaux des cens des années que il auroit les terres tenuës, & feroit droit de la premiere année, & feroit le gaige de la loy, & ainſi li remaindroit ſa terre, & non pas au Seigneur.

## CHAPITRE XCIX.

### ʰ De demander à ſon home ſeruice treſpaſſé.

SE aucuns eſtoit qui laiſſaſt ſon ſeruice à rendre à ſon Seigneur, ⁱ ou eſperons, ou autre ſeruice à jour nommé de trois, ou de cinq, ou de plus, ou de mains, & li Sires l'en apelaſt, & li deiſt, *Vous ne m'auez pas rendu mon ſeruice de ces années treſpaſſées*, il li en feroit le droit gage de ſa loy. Més li Si-

ʰ De ſeruice treſpaſſé, & de panre par defaus d'homes.
ⁱ yuans ou eſperons.

*Partie III.*

res en porroit bien ouurer en ª cette maniere : quar quand li terme fera paſſé, que il ne li euſt pas rendu ſon ſeruice, li Sires porroit bien prendre en ſon fié el demaine à ſon home ou beſtes, ou autres choſes, s'il les auoit, & ſi les puet bien vendre par ſouffrete de ſeruice, & ſe il vient auant au Seigneur, & li die, *Vous auéz priſes les moies choſes, je les vous demant* ᵇ *par pleges, car je ſuis tout preſt de fere droit pardeuant vous*: & li Sires ᶜ li puet reſpondre, *Ie ne vuel pas que vous les aiez, car je les ay venduës par defaute de ſeruice*, més ſe ainſi eſtoit que il les requiſt à ſon Seigneur, auant que la choſe fuſt venduë, & il la trouuaſt en la main ſon Seigneur, ᵈ il la deuroit auoir par ſi que il li euſt ainſi fet, & aitant rendre ſon ſeruice & le gaige.

ª autre

ᵇ à auoir par
ᶜ lui reſpõd

ᵈ ou il ne li trouuaſt mie, il la

## CHAPITRE C.

ᵉ *D'home qui a eſſoine de ſon corps, comment il doit eſtablir Procureur pour luy.*

ᵉ D'eſſoine de maladie, & d'eſtablir ſon fil pour lui come pour ſon Procureur.
ᶠ derechef

SE aucuns vieus hom, ou foibles, ou malade, feſoit tort à aucune gent, & cil s'en veniſt plaindre à la Iuſtice, l'en li doit mettre jour, & ſe ſi ne venoit au jour, & il mandaſt l'eſſoigne de ſa maladie, l'autre partie deuroit attendre huict jours, & huict nuits, & ſe le plaintif vient deuant ᶠ le Roy, & die, *Sire, je vous requiex droit, car cil de qui je m'eſtois plaint ſi eſt malade*, la Iuſtice i doit enuoier hommes ſouffiſans, & cil li doiuent dire, *tieux gens ſe plaignent de vous, & de tele choſe*, & la nommeroit, *& vous eſtes malade de longue maladie, ſi vous* ᵍ *eſgarde l'en que vous mettez vn autre pour vous qui vous deffende quant vous ne cognoiſſiez*, ʰ [ſelon l'vſage de la Cour laie] ſelon droit eſcrit en Dig. el titre des Procureurs, *ſed hæ perſonæ*, & el Cod. auſſi des Procureurs *exigendis*, & en Decretal. des Procureurs, où il eſt eſcrit ⁱ que le fil puet eſtre pour le pere. ᵏ Ne ne conuient pas que il ait autre commandement que du pere, quand il eſt perſonne conjointe, ſi comme ladite eſcriture le dit, que cil i doit mettre ſon fil l'aiſné, & ſe il n'a enfans, celui à qui le ˡ recors de la terre auient, & ainſi l'eſgarde l'en par droit qu'il i ſera eſtably, & ce que il fera ſera eſtablis eſtable.

ᵍ eſgardés en que vous
ʰ defunt incluſa.
ⁱ de cette materc. le reſte eſt le titre d'vn autre chapitre, qui commence à ces mots, Ne ne conuient
ᵏ retour

## CHAPITRE CI.

ᵐ *De battre home que l'en aterme pardeuant Iuſtice.*

SE ainſi auenoit que l'en ſe plainſiſt d'vn home, ou de battre, ou de ferir, ou de deniers, ou de terre, ou d'aucune autre choſe, & Iuſtice li meiſt terme, & il veniſt au terme, & cil li demandaſt ſa droiture, ou autre choſe, & cil li répondiſt, *Ie m'en deffent que jé nul tort ne li fay, comme cil qui point ne tiens de ſa droiture, ne riens ne li dois, més je vuel que il me face droit de ce qu'il m'a meffet dedans le terme que vous m'auiez mis à ſa plainte, comme cil qui m'a battu, & fet autre meffet, & le vous nommeré*, (fet li autres) *je ne vuel pas à luy reſpondre, car je n'ai point de jour à ſa plainte, més il a jour à la moie, pource ſi vuel qu'il reſponde à ce que je li demanderai*. *Sire*, (fet li autre) *je ne vuel mie reſpondre, més reſponde à moi de ce qu'il m'a meffet dedans le terme que vous m'auez mis*, tout n'ait-il point de jor ˡ [à ſa plainte] il reſpondra auant que cil reſponde, ᵐ & ſe il puet prouuer que il ait miſe main ſus luy dedans le terme, ſe ce n'eſtoit ſus ſon corps defendant, il en ⁿ paieroit L X. ſ. d'amende à la Iuſtice, ſe il eſtoit couſtumiers ; & ſe il eſtoit Gentilhom, il en paieroit ſes muebles, & amenderoit à celui à qui il auroit meffet tous ſes dommages, & pour ce ſe doit l'en bien garder de meffaire dedans le terme, car l'en en pert ſa reſponſe au jour, & en fet-on droit, ſi comme nous auons dit deſſus.

ˡ defunt incluſa.
ᵐ pour mal reſpit dedãs le terme,
ⁿ perdroit

## DE S. LOVYS. 37

### CHAPITRE CII.

#### ᵃ *De rendre par pleges home qui est appellé de murtre.*

SE il auenoit que aucuns apelast vn autre de murtre ou de traïson, parquoi il deust perdre vie ou membre, la Iustice doit tenir les cors de eus deux en ygal prison, si que li vns ne soit plus ᵇ à maléſe que li autres, & ſe aucune ᶜſole Iustice estoit qui lessast aller l'vn hors de prison par pleges, & teinst l'autre, & cil s'enfouist qu'il auroit ᵈmis en prison par pleges, & ne venist mie au terme que l'en li auroit mis: adonques la Iustice doit dire au pleges, *Vous auez tel homme pleui à estre à tel jour à droit pardeuant nous*ᵉ [ & le nomme-ra, ] & si estoit apellez de si grand meffet, & il s'en est foüis, & pour ce vuel je *que vous en soiez proués & atains de porter tele peine, comme cil qui s'en est foüis fet*. Sire, ce dient cil, ce ne ferons nous mie, car se nous plenissons nostre ami, nous fesons ce que nous deuons. Et ainsi puet l'en esgarder des pleges que eux en fe-ront à c. s. & 1. d. d'amande, & atant en seront quittes, & icelle amende si est appellée relief d'home, & pour ce se doit bien garder la Iustice que il ne prai-gne pleges de gent qui s'entre-appellent de si grand meffet, comme de mur-tre, ou de traïson. Car il n'en puet porter autre amande que ce que nous auons dit dessus.

ᵃ *D'appeller home de murtre & de traïson, sans randre, & sans re-croire, & de faire égal prison.*
ᵇ *à aise*
ᶜ *sole, deest*
ᵈ *laissé al-ler par ple-ges*
ᵉ *desuns in-clusa.*

### CHAPITRE CIII.

#### ᶠ *Comment la Iustice doit ouurer quand jugement est contendus deus fois pardeuant luy.*

SE aucun se plaint à Iustice de aucun meffet, & li jugement contende au premier jour de leurs paroles, la Iustice leur doit mettre terme auenant: & se à cel jour content li jugement par meismes paroles, la Iustice si leur doit mettre l'autre terme, & à celuy terme se doit leuer & appeler gens souf-fisans, qui ne soient de l'vne partie, ne de l'autre, & si doit fere la parole re-trere, & des paroles qu'auront dites si leur doit fere droit, & si leur doit retraire ce qu'il auroit jugié, & ainsi Iustice ne se puet leuer, ne ne doit, deuant ce que Iugement ᵍ ait contendu deux fois pardeuant luy.

ᶠ *Ce chapi-tre est joint à l'autre ſans distin-ction.*

ᵍ *soit ren-dus*

### CHAPITRE CIV.

#### ʰ *De requerre à partir terres parçonnieres.*

SE aucunes gens auoient terres ou vignes, qui fussent communes ensem-ble, & li vns venist à l'autre, & deist, *Biau Sire, partons nos terres que nous auons ensemble, & li autres die, Ie ne vuel pas partir*, si se pouroit cil plaindre à la Iustice, & la Iustice li leur doit mettre terme, & quand eux seront au ter-me, se cil qui se seroit plaint deist, *Sire, entre moi & cét homme auons terres parçonnieres, & je vuel que elles soient parties, car je vuel sauoir ou ma par-tie en gist*: & li autres die, *Ie ne vuel pas partir ; & je partiré*, puet dire li autres, *& vous choisissez comme cil qui n'i a plus de moy, & je i ai autant comme vous, & en atens droit*, & ainsi puet esgarder la Iustice que cil qui se haste doit partir, & partira à l'autre, & cil choisira. & se il auenoit que li vns eust plus de Iustice en la terre que li autres, & il deist, *Biau Sire, je ne vuel mie que nous partons ensemble, car je ai la Iustice en la terre, tant y ai je* ⁱ *plus de vous, & vous n'y auez riens plus de moy, & sont les rentes renduës par moy & par mes mains, & par mon Sergent, & bien puet estre que vostre Sergent i a esté ; & les coustumes me sont renduës au terme ; je tiens le plet se vous n'y volés estre: & pour ce*

ʰ *De reque-rir partie par Iustice droit faisãt.*

ⁱ *plus, deest*

E iij

que je i ai ces auantages, ne vuel jé pas partir, & se ainsinc est, il ne partira pas par droit.

## CHAPITRE CV.

<sup>a</sup> *De moudre à moulin par ban, & de fere rendre les domages au mouleeur.*

<sup>a</sup> De muniers, & de moulins.
<sup>b</sup> veüë
<sup>c</sup> sa
<sup>d</sup> desunt inclusa.
<sup>e</sup> home qui auroit amené son blé
<sup>f</sup> moilant, mas li moilant doit
<sup>g</sup> tous leurs

SE aucuns hom auoit moulin, qui eust <sup>b</sup> voiere en sa terre, il doiuent moudre à son moulin tuit cil qui sont dedans <sup>c</sup> la banlieuë, & se aucuns en defailloit puis qu'il en seroit semons, li Sires li puet bien esgarder que il ne moule à autre moulin <sup>d</sup> [ & se li Sires, ou ses Serjans le trueuent apportant farinne d'autre moulin que du sien, ] la farisne si est au Seigneur & li hom n'en doit autre amende. Et se il auenoit que li mousniers feist dommage à aucun <sup>e</sup> de ses mouleeurs, & cil venist au Seigneur, & li deist, *Sire, vostre mousnier m'a fet dommage de mon blé, fetes le moy amender* : li Sires doit amender le mousnier, & li doit dire, *cest homme se plaint de toy, & dit que tu li as fet dommage de son blé.* & se li mousniers dit, *Ie m'en deffens*, & li autres die, *Ie le prouueré, si comme je deuré*, si li doit en fere amender, se il i a plus de XII. den. par son serement : & se il y a moins, par sa foy; & ainsi puet on entendre que nus mousniers n'a point de deffense seur son <sup>f</sup> moulin : més cil doit jurer, ou fiancier, qu'il y a bien eu tant de dommages en la garde au mousnier, & ainsy auront li moulant leur dommage, comme nous auons dit dessus. & se li Sires ne leur vouloit fere rendre <sup>g</sup> leurs dommages, il ne seroient pas tenus de moudre à son moulin, jusques à tant que il leur eust fet amender, ne li Sires ne les en pourroit parforcier par droit.

## CHAPITRE CVI.

<sup>h</sup> *De moulin à parçonnier, comment l'en en doit vser.*

<sup>h</sup> Ce chapitre est joint au precedét.
<sup>i</sup> qu'il li aura
<sup>k</sup> & encore conuettra il que il prueue par son sairement combien il i aura mis de loiaus cousts, & fera côpté ce qu'il en aura eu de mouture.

SE aucuns auoient moulin parçonnier, & il fausist mueles en ce moulin, ou autre chose, parquoi il ne peust moudre, il doit venir à celuy qui i a part, & li doit dire, *il faut en vostre moulin moüille, metez i vostre part*, & se il dit, *Ie n'i mettré rien, que je ne puis* : & aprés il li doit autresi monstrer pardeuant la Iustice, & se il dit, *Ie n'i vuel plus mettre*, cil puet bien fere affetier le moulin, & aura toute la mouture & l'vne partie & l'autre, jusques à tant que il aura renduë sa partie des cousts & des despens, ainsi receura toute la mouture sans conter. & se il le fesoit affetier sans l'autre semondre, cil ne feroit que rendre l'argent, tant comme il auroit cousté par parties, & diroit par son serement combien, & compteroit ce qu'il en auroit receu <sup>k</sup> en payement de la mousture, & se il en auoit plus eu que li coustement ne vaudroient, il rendroit le surplus.

## CHAPITRE CVII.

<sup>l</sup> *Comment Vauasor doit auoir for, & comment il en doit vser.*

<sup>l</sup> D'vn droit au Vauasseur & au Baron.
<sup>m</sup> en ville
<sup>n</sup> cuire

NVL Vauasor ne puet auoir for à <sup>m</sup> village, où il puisse fere cuire ses hommes, se il n'a bourc, ou partie en bourc, més se il l'a, il puet bien auoir for, & se il a voirie en sa terre, & y doiuent si homme cuire. & se il y a aucun qui cuise à autre four, li Sires en puet bien fere porter le pain, quand l'en l'apporteroit du four, & cil ne l'en rendroit jà autre amende, més le pain seroit au Seigneur, & se li forniers fesoit dommage aus cuiseeurs de lor pain mal <sup>n</sup> cuit; li Sires leur deuroit fere amender, ou il ne seroient pas tenu de cuire à son four, jusques à tant qu'il leur eust fet amender le dommage.

## CHAPITRE CVIII.

### De moudre à moulin par ban.

SE aucuns Bers est qui ait ª ses Vauasor en sa chastelerie, & le Vauasor n'ait point de moulin, & tuit si homme coustumiers moudront au moulin au Baron, pourquoi il soit dedans la ᵇ banlieuë, & se il en estoit hors, il n'i moudroient pas, ᶜ [se eus vouloient,] & li Bers leur feroit amender leurs domages à leurs prueues, si comme il est dessus dit. Et se aucuns ᵈ des Vauasors féisoit moulin en sa chastelerie, n'en eust-il oncques point eu, tuit si homme moudroient à son moulin, més se eus estoient hors de sa chastelerie, ils n'i moudroient pas, tout fussent-ils dans la banlieuë, ne li Bers n'en perdroit pas sa droiture.

ª ses Vauasors
ᵇ Baronnie.
ᶜ defunt inclusa
ᵈ de ses Vaₐ

## CHAPITRE CIX.

### ᵉ De tenir fié en autrui Baronnie.

SE li Bers à fié ᶠ en autrui Baronnie à aucun autre Baron, li Bers à qui seront li fié, n'i auroit ne petite Iustice ne grant, ains feroit la Iustice au Baron en qui chastelerie li fiés feroit. & bien auient aucune fois ᵍ que li Vauasors tendra en la terre à aucun Baron, & si sera en autre chastelerie, que en cele de qui il tendra, & aura la voiere en la Iustice ʰ du Baron, en qui chastelerie il sera, & en céte maniere set l'en bien d'vn fié deux hommages, à l'vn d'vn fié, & de ⁱ l'autre la terre, & à l'autre ᵏ la voiere. & se il auenoit que aucuns se plainsist d'vn autre à celui qui tendroit le fié en autre chastelerie, il porroit bien tenir les plés jusques à la bataille : més il ne porroit tenir la bataille, porce qu'il n'i à point de Iustice, ains feroit d'illueques en auant ˡ deuant l'autre Baron en qui chastelerie ce ᵐ feroit.

ᵉ De justicier generaument ès Barons les fiés qui sont enclous en lor chastelleries, & se faire hommage & obeïssance des fiés.
ᶠ en sa Bar.
ᵍ en aucun fié
ʰ le Baron
ⁱ la terre
ᵏ de la voierie
ˡ li plaits deuant
ᵐ li fiés de la terre feroit

## CHAPITRE CX.

### ⁿ De dete de Baron & de Vauasor.

SE li Bers deuoit deniers au Roy, li Rois né se porroit pas venger à ses hommes par droit, fors que les ᵖ redeuances que li hommes doiuent au Baron: més il ne porroit mie prendre par droit, ᑫ [ne aussi] par nul meffet que li Bers fist, pourquoi li home ne l'eussent desserui ʳ, & ainsi di-je que li Bers né porroit mie prendre par droit pour dete que li Vauasor li doie, ne pour meffet que il li face autrement, fors ainsi comme nous auons dit dessus, & ainsi puet l'en entendre que nule Iustice ne puet ˢ.

ⁿ Dou droit au Prince pour sentence igal & esprouué.
ᵖ rentes
ᑫ desunt
ʳ de lui
ˢ autrement fors que li Rois.

## CHAPITRE CXI.

### ᵗ De donner heritage à hommage à lui & à son hoir de sa femme espousée.

SE ainsi auenoit que li Rois eust donné à aucun home pour son seruice, ou par sa volenté aucun heritage à lui & à ses hoirs, que il auroit de sa fame espousée, se il morust, & elle eust hoir, quand li hoir seroit en aage ᵘ, & partis de sa mere, se sa mere demandoit douere, & il respondist, Dame, vous n'en deués point auoir, car se mes peres fust mors sans hoir, vous n'en eussés point, ainçois demorast au Roy quites : car li Rois ne la donna fors qu'à lui & à ses hoirs qui seroient de sa fame espousée, & pour ce se je fusse mort, vous n'eussiés point de douere ô le Roy. Ainsi puet-on entendre que fame n'a point de douere ˣ en tiex dons qui que les face, ô Roy, ô Comtes ʸ, ou autres homs.

ᵗ De don de Roi à lui & à son hoir, & de loial mariage.
ᵘ il en seroit en la foi le Roi, &
ˣ riens en
ʸ ou Barons

## CHAPITRE CXII.

### De don entre faine & home.

DAME ne puet rien donner à son Seingnieur en aumosne, tant comme elle soit seinne, que li dons feust pas estables: car par auenture ele ne l'auroit pas fet en sa bone volenté, ains li auroit donné ᵃ pource que il ne li en fist pis, ou par la grand amor que il auroit à lui. & pour ce ne li puet elle donner de son mariage, més auant que elle l'eust pris, elle li porroit bien donner le tiers de son heritage, ou à sa mort, quand elle seroit malade, pour qu'il n'i eust hoir masle.

ᵃ *par cremeurs que il n'en fesist pis*

## CHAPITRE CXIII.

### ᵇ De don en mariage aus hoirs qui de eus deus istront.

SE ainsi auenoit que aucuns Gentishom mariast sa fille, & li peres venist à la porte du moustier, & deist, Sire, je vous doins cette Damoiselle, & tant de ma terre à vous deus, & aus hoirs qui de vous istront, & se ainsi est que il i ait hoir, & la Dame repreigne Seigneur, & ait hoirs, & la fame se muire, & les enfans du derrenier Seigneur deissent à l'aisné du premier Seigneur: Fétes-nous partie de la terre nostre mere, & li aisné deist, je ne vuel que vous y aiez riens, car elle fu donnée à mon pere & à ma mere, & aux hoirs qui de eus deus istroient, & ce sui-je tout prest de prouuer: & se li puisnés disoit que il ne l'en creust mie, si conuiendroit amener gens qui eussent esté au mariage, au mains trois prudes hommes, ou quatre, qui jurassent seur Sains que ce mariage eust esté donné au pere & à la mere, à aus, & à leurs hoirs, qui de eus deus istroient, à veuë & à seuë d'eus, & tout ainsi remaindroit à l'aisné: & se il ne pooit ainsi prouuer, la tierce partie demourroit au puisné du darrenier Seigneur, & li aisné leur garroit en parage, & se il auenoit que du premier Seignor n'i eust que filles, & elles le peussent prouuer, comme nous auons dit dessus, toute la chose leur demourroit, & li puisné n'i auroit riens: & se elles ne le pooient prouuer, li enfant du derrenier Seigneur i auroient la tierce partie, & elles les deus parts, & leur garroit l'aisnée en paraige, & feroit la foy, se elle estoit à fére.

ᵇ *Le MS. de M. Nublé finit en cet endroit la premiere partie des établissemés de S. Louis, & n'a pas les autres chapit. suiuans, & a ces mots, Ly fenissent les Vsaiges de Touraine & d'Anjou.*

## CHAPITRE CXIV.

### Comment l'en puet donner son homme de foy.

NVs ne Quens, ne Bers, ne autres ne puet donner son homme de foy, se n'est à son frere, ou à sa suer: més à ceus le puet-il bien donner en partie; més il ne le porroit pas donner à vn estrange, se il ne le donnoit à toute l'obeïssance qu'il i auroit sans riens retenir. Car se li Bers le donnoit à vn de ses Vauasors, ce seroit au dommage de celui: car il conuiendroit fere deus obeïssances à celui à qui il la deuroit, & au Baron de qui il tendroit son fié, & ainsi feroit d'vne obeïssance deus. Més se li Bers le vouloit en tele maniere, que cil à qui il le deuroit du Roy, se li Bers en tenoit vn d'vn autre Seigneur, car ainsi n'en retient li Bers nule obeïssance: & en tele maniere porroit li Vauasor donner à vn autre Vauasor, pourquoi cil à qui l'en le donnast tenist de celui de qui li Vauasors tendroit.

CHAPITRE

DE S. LOVYS.

## CHAPITRE CXV.

*Comment l'en doit garder hoir de Gentil-homme qui a pere & mere.*

SE il auenoit que vns Gentilhomme moruſt lui & ſa fame, & ils euſſent hoir, cil qui deuroit auoir le retor de la terre de par le pere & de par la mere, ſi auroit la terre en garde: més il n'auroit pas la garde des enfans, ains l'auroit vn de ſes amis de par le pere qui ſeroit de ſon lignage, & deuroit auoir de la terre par reſon à norrir les enfans, & à poruoir. Car cil qui ont le retor de la terre ne doiuent pas auoir la garde des enfans, car ſouſpeçons eſt que il ne vouſiſſent plus la mort des enfans que la vie, pour la terre qui leur eſcharroit.

## CHAPITRE CXVI.

*De requerre ſon pleige, & comme l'en en doit ouurer.*

SE aucuns hom veut mettre vn autre en pleges, il l'en doit garder de tous dommages, & ſe il i a dommage en quele maniere que ce ſoit, il li eſt tenus à amender à ſa prueue. & ſe aucuns eſt pleiges à vn autre, il puet bien prendre du ſien, ſe il le cognoiſt que il ſoit ſes pleges; & ſe il le deffent, il ne doit pas prendre du ſien à force, més il s'en doit plaindre à Iuſtice, & doit dire en tele maniere, *Sires, c'eſt m'a eſqueus ſes gages & ſes proies, & ſi eſtoit mes pleges, fétes m'en droit.* Car il eſt en la volenté de celuy à qui l'en doit de prendre aus pleges, ou au deteur principal, ſelon l'vſage d'Orlenois, & en court de Baronnie. Més il doit ançois requerre le principal que le plege, quand le principal eſt preſens & ſouffiſans, ſelonc droit eſcrit, en Code, el tiltre des pleges, en la loi qui commence *Non rectè*, en l'authentique preſent, *Qui ſine illis*, où il eſt eſcrit de cette matere. & adonc l'en leur doit mettre terme, & quand vendra au terme, & li vns & li autres ſera venus, il dira, *Sires, veez cy ceſt homme qui eſt mes pleges por celui* (& le nommera) *& pour itant d'argent, ou pour itel choſe & ſi m'a eſqueus ſes pleges:* & cil dira, *Ie m'en deffent, je n'és vous eſqueus onques, ainçois eſtois tout preſt de fére vous en comme plege, & le prouuerai, ſi comme l'en m'eſgardera que prouuer le doie.* Se li puet l'en eſgarder puiſque il iuërra ſeur Sains de ſa main, qu'il ne fiſt onques la reſqueuſſe, & pourtant en ſera quites. & ſe il ne l'oſoit iurer, il l'amenderoit à celui ſes dommages qu'il auroit eu en la reſqueuſſe à ſa prueue, & ſi feroit à la Iuſtice le gage de ſa loi. & ſe il auenoit que il deiſt, *Ie ne vous ſui de riens pleige, & m'en deffent bien, & en feré ce que je deuré,* ſi li puet en eſgarder que ſe il oſe iurer de ſa main que il ne ſoit ſon plege, il en ſera quittes, ſe il le veut laiſſier corre à ſon ſerement. & ſe il n'oſe fere le ſerement, il amendera à celui tous les couts, & ſera tenus à la pleuuine, & ſera à la Iuſtice l'amende de ſa loy. & ſe la querele eſt à plus de v. ſ. & il niaſt que il ne ſe fuſt mis en la pleuine, ſi comme il eſt dit deſſus, li autres li porroit chalangier par vn champ de bataille cors à cors, ou par deus autres champions, & cil qui ſeroit vaincus, rendroit à l'autre ſes couts que il auroit donnés à ſon champion, & aux couteeurs du jour, & feroit à la Iuſtice LX. ſ. d'amende, ſe il eſtoit couſtumiers.

## CHAPITRE CXVII.

*De eſtre defaillant aprés monſtrée des choſes mueblans.*

SE aucuns ſe plaint de autres, que il li doie deniers, ou que il li ait fet dommage d'aucune choſe qui appartiene à mueble; & cil de qui l'en ſe pleindra ſoit defaillant, l'en li doit bien mettre terme en jugement pour qu'il euſt

Partie III.                                    F

eüe la monftrée en court, & femondre par trois Sergens feeus, & fe cil ne venoit au jour jugié, & il n'auoit refnable effoine de l'autre terme, & li autres l'appelaft de la defaute, l'en bailleroit à l'autre la fefinne de ce qu'il auroit demandé en court: car les chofes monftrées en court, & motées parquoy elles foient mueblant, fi valent jugiées, & pour ce fe doit l'en garder de defaillir en tele maniere.

### CHAPITRE CXVIII.

*Ces effoines font refnables, parquoi l'en eft quites des defautes.*

CEs effoines font refnables quant li homs eft malade, ou fon fiuls, ou fon pere, ou fa mere, ou fes freres, ou fes niez, pourquoi eus fuffent en peril de mort, ou fe il aloit à l'enterrement d'aucun de ceus que nous auons dit deffus, ou fe aucuns eftoit qui euft terme en la court au Baron, & il deuft aler en la court le Roy, & l'en l'appelaft de la defaute en la court au Baron, & il deift en tele maniere, *Ie n'en vuel nul droit fere, car j'auoie terme en la court le Roy, & m'i ajorna celui Serjant*, & le nommeroit, & adonc doit on oïr le Serjant parler, & doit enuoier li Bers fçauoir que li Sergens dira. car les Iuftices le Roy ne fe recordent pas en la court au Baron, & fe li Sergent garantift qu'il euft terme en la court le Roy, fi eft cil quites de la defaute; & fe il deift qu'il ne li meift onques termes, fi eft cil quites de la defaute. & fe il voloit ainfi jurer que l'en ne li meift onques terme en la court au Baron, fi eft cil quites auffi de la defaute. & fi eft refnable effoine d'eüe où il n'a port, més l'en doit venir à l'eüe, & faire fon pooir de paffer. & qui l'appeleroit de la defaute, & il deift que il fuft ainfi venus, & en feroit ce que l'en li efgarderoit, fi li porroit l'en efgarder par droit. Que fe il ofoit jurer feur Sains que il euft ainfi alé, & qu'il euft fet fon pouuoir du paffer, fi feroit quites de la defaute.

### CHAPITRE CXIX.

*Du dommage qui puet auenir de befte qui a male teche.*

SE aucuns menaft fa befte au marché, & ele mordift ou ferift aucuns, & cil qui feroit bleciés s'en plainfift à la Iuftice, & li autres deift : *Sire je ne fauois mie que ele euft itele teche*, à itant rendra au pleintif fon dommage à fa prueue, & n'en fera jà nul droit à la Iuftice, fe il ne l'ofoit jurer, il perdroit la befte, & feroit à la Iuftice : & fe il auenoit que la befte tuaft vn homme, ou vne fame, & la Iuftice prinft celui qui l'auroit amenée, & li deift, *Ta befte a tué vn home*, & il deift, *elle n'eft pas moie* : fi li puet l'en efgarder que il juërra for Sains, que elle n'eft pas feuë, & qu'il ne l'amena pas, & ainfinc remaindroit à la Iuftice la befte, & fi ne le puet ou à plus mener. & fe il difoit, *Elle eft moie, je l'amené, més je ne fauoie mie que ele euft tele teche*, encore remaindra la befte à la Iuftice, & fera cil à qui la befte eftoit le relief d'vn homme c. f. & 11. d. & par itant fera quites, & fe il eftoit fi fox que il deift que il feuft la teche de la befte, il en feroit pendus pour la recognoiffance.

### CHAPITRE CXX.

*De demander à enfant dete qui n'eft mie cogneuë aprés la mort fon pere.*

SE aucuns apelloit vn autre que fes peres li deuft deniers, & le nommera, & fon pere fuft alez de vie à mort, & cil deift à fon fiuls, *puifque li recors de la terre vous eft auenus, je demain ma dete*, & cil die, *il fe mourut bien confés, & ne* vous enconnenança riens à rendre, si en vuel estre quites, & je ne vuel mie, dit l'autre, car je suis prest de prouuer ma dete, si li esgardera l'en par droit, que il doit prouuer sa dete lui tiers, & autrement n'en aura il point.

## CHAPITRE CXXI.

*D'escommenié pourforcier de venir à amendement, & comment il respond en cour laie.*

SE aucuns escommeniés vn an & vn jour, & li officians mandast à la Iustice laie que il le contrainsist par la prise de ses biens, ou par le cors, car le jugement de l'Euesque doit estre menés à exception, & à fin par l'office du Preuost, selon droit escrit, en Code el titre de l'audience de l'Euesque, ensemble ses concordances, se mestiers est, & si ne le doit pas prendre pour que ce soit de detes, més la Iustice doit tenir toutes ses choses en sa main, sauf son viure jusques à tant que il se soit fet assoudre. & quand il sera assous, il paiera IX. l. d'amende, dont les LX. s. seront à la Iustice laie, & les VI. l. seront à l'autre Iustice, & les doit auoir par la main de la Iustice laie. & se il estoit souspeçonneus de la foy, la Iustice laie le deuroit prendre adonques, & enuoier au Iuge ordinaire ; car quand sainte Eglise ne puet plus fere, elle doit apeler l'aide des Cheualiers, & la force selon droit escrit en Code des Euesques & des Clercs, en la loy qui commence *si quis in hoc genus*. & quand li Iuges l'auroit examiné, se il trouuoit que il feust bougres si le deuroit fere enuoier à la Iustice laie, & la Iustice laie le doit faire ardoir. Tuit escommeniés sont ois en la cort laie en demandant & en defendant. més ils ne sont mie ois en la cort de sainte Eglise en demandant : car ils ne doiuent mie auoir proufit en leur malice, selon droit escrit en Decretales, ou titre des Iuges, ou chapitre qui commence *intelleximus* : més il seroit ois en la court de sainte Eglise en defendant, car toutes defenses sont gardées à escommeniés par droit selon droit escrit en Decretales, des exceptions, *cùm inter puerum*, où il est escrit de cette matere.

## CHAPITRE CXXII.

*De donner erres de mariage pour enfans qui sont en non aage.*

SE aucuns auoit son fils qui feust en non aage, & li peres deïst à aucuns de ses voisins, *Vous auez vne fille, qui est auques de l'aage de mon fils, se vous voliés que ele fust à mon fils, quand elle seroit en aage, je le voudroie bien, en tele maniere que vous me baillissiez vne piece de vostre terre, & je x. liures par non d'erres, en tele maniere que les erres me demoüeront, quand vostre fille seroit en aage de marier, se elle ne vouloit le mariage ottroier.* Les erres demoërroient à l'autre ou à ses hoirs, se il n'y auoit lignaige, ou autre cas, parquoy le mariage ne deust estre, parcoi sainte Eglise ne si accordast, les erres demoërroient à chacun ce qu'il auroit baillié. & se il auoit fet tele conuenance en autre maniere que il eussent mis pleiges de rendre c. l. ou plus, ou mains, se li mariages n'estoit, la peine ne seroit pas tenable par droit.

## CHAPITRE CXXIII.

*De heritage qui est donné en aumosne à Religion.*

SE aucuns auoit donné à aucune Religion, ou à aucune Abaïs, vne piece de terre, li Sires en qui fié ce seroit ne le soufferroit pas par droit, se il ne voloit, ains le pourroit bien prendre en sa main. Més cil à qui l'aumosne aura esté donnée, si doit venir au Seigneur, & li doit dire en tele maniere:

Sire, ce nous a efté donné en aumofne, fe il vous pleft nous le tenions, & fe il vous pleft nous l'ofterons de noftre main dedans terme auenant, fi leur doit li Sires efgarder qu'ils la doiuent ofter dedans l'an & li jour de leur main, & fe il ne l'oftoient, li Sires la porroit prendre comme en fon demaine, & fi ne l'en répondroit jà par droit.

## CHAPITRE CXXIV.

*D'home qui deffent à fon aparageeur à vendre fon heritage.*

SE aucuns hom tenoit en parage d'vn autre, & cil de qui il tendroit fuſt fox, & vendiſt ſa terre, & li autre veniſt au Seingnieur du fié de qui il mouuroit, & li deiſt, Sire, cil de qui je tiens en parage vent ſa terre, & ce qu'il a, je vous requier que vous le facez atermer. Si puet cil dire à l'autre : *Bians amis vous vendeZ ce que vous aueZ*, je ne voi mie que vous le puiſſiez vendre, ains vuel que vous en reteneZ à moy querir, ou vous me baillez tant de ce que vous tenez que en puiſſe rendre le ſeruice. Et ſe li autres dit, *Bians amis, il me eſtuet vendre ce que je ai, més ſeré volontiers ce que je deuré.* Si li puet l'en esgarder que il ne lera pas à vendre pour ſon parageeur. més il li baillera tant de ſa terre, que il en puiſſe bien fere le ſeruice à celuy à qui il ſera hom, & à qui il ſera la foy, & ainſi doit l'en eſgarder de doumage que il y aura ſelon la grandeur du fié, & tel ſeruice fere, & à l'obeïſſance du Seigneur d'aides & d'autres choſes.

## CHAPITRE CXXV.

*De deffendre peſcherie d'ëue courant.*

SE aucuns Gentishom auoit ëue qui coruſt par ſa terre, & i euſt coru, & la vouſiſt defendre que l'en i peſchaſt pas, il ne le porroit pas fere ſans l'acort au Baron, en qui chaſtelerie ce ſeroit, & ſans l'accord du Vauaſor.

## CHAPITRE CXXVI.

*De requerre la cort de celui qui doit au més le Roy.*

SE aucuns deuoit au més le Roy deniers, & le més s'en fuſt alé clamer à la Iuſtice le Roy, & li Bers de qui chaſtelerie ce ſeroit, en demandaſt la court à auoir, il n'en auroit point, car les muebles au més le Roy ſont au Roy.

## CHAPITRE CXXVII.

*De requerre la court à home qui plede à Iuif, & de tefmoins à Iuif.*

SE li Bers auoit Iuif qui ſe pleinfiſt des hommes au Vauaſor en la court au Baron, & li Vauaſor en demandiſt la cort à auoir, il ne l'auroit mie, car les muebles aus Iuifs ſont au Baron, & nus Iuif n'eſt receus en teſmoignage, ſelon droit, auſſi ſont deuées li teſmoignage au Iuif encontre les Chreſtiens, ſelon droit eſcrit en Code *de hæret. & Manich.* en la loy qui commence *quum multi judices, &c.* où il eſt eſcrit de cette matere.

## DE S. LOVYS.

### CHAPITRE CXXVIII.
#### Comment vilenages est franchis en gentillece.

SE aucuns hom estoit Cheualier, & ne fust pas Gentishome de parage, tout le fust-il de par sa mere, si ne le pourroit il estre par droit. ains le porroit prendre li Rois ou li Bers en qui chastelerie ce seroit, & trencher ses esperons seur vn fumier, & seroit li mueble à celuy en qui chastelerie ce seroit : car vsage n'est mie que fame franchisse home, més li hom franchit la fame : car se vns hom de grand lignaige prenoit la fille à vn vilain à fame, ses enfans porroient bien estre Cheualiers par droit.

### CHAPITRE CXXIX.
#### Comment l'en doit rendre roncin de seruice à son Seignieur.

SE aucuns auoit vn hom qui li deust roncin de seruice, & il le semonsist, & li deist, *rendez moy mon roncin de seruice, car je le vuel auoir, je n'en vuel mie auoir deniers*. Adonc il li doit amener son roncin de seruice dedans XL. jours, se cil ne li en veut donner plus long terme, & cil li doit amener à frain & à selle, & à quanque mestiers est, & ferré de tous les quatre piés, & se li Sires dist, *Ie ne le vuel mie, car il est trop foibles*; cil li porroit respondre, *Sire, fetes' le essayer si comme vous deuez*. Li Sires puet fere monter vn Escuier dessus si grand comme il l'aura, & vn haubert troussé derrier, & vnes chauces de fer, si l'enuoier XII. lieuës loin, & se il les puet bien aller en vn jour, & lendemain retorner, li Sires ne le puet pas refuser par droit. & se il ne puet fere les deux journées, li Sires le pourroit bien refuser, & conuiendroit que il en queist vn autre qui peust fere ces deux jornées. & quand il l'auroit pourchassé souffisant, se li Sires ne le prenoit il ne li en rendroit jamés point tant comme il vescust, més se il plest au Seigneur, il le puet bien rendre dans l'an, pourquoi il chetiaux soit sains ainsi comme cil li bailla, & li hom ne le puet refuser, & quand ce vendra desques à vn an, li Sires li puet demander son roncin de seruice, & cil li doit amener, si come nous auons dit dessus, & se li Sires le tenoit plus d'vn an & vn jor, li hom ne le reprendroit pas, se il ne voloit.

### CHAPITRE CXXX.
#### De partie fere entre les enfans coustumiers.

QVAND homme coustumier a enfans, autant a li vns, comme li autres en la terre au pere & à la mere par droit, soit fils ou fille, & tout autant és muebles & achas, & és aqués, car lois à vilain si est patremoines selonc l'vsage de la court laie. & se li hom coustumiers auoit fuils marié, ou fille, & il en eust autant à l'hostel, & il demandassent partie és escheetes à ceux qui ne seroient pas mariés, cil qui ne sont pas mariés ne le pueent véer par droit partie. més il conuiendroit aus autres que chacun aportast ce qu'il auroit eu en frerage, fust terre, fussent mesons, fussent deniers, ou autres muebles; & se il auenoit que aucuns de ceus eussent amendé leur partie que l'en leur eust fetes, mesons ou plants, vignes, tuit cil amendement retorneroit au frerage : més l'en feroit regarder par preudomes la valuë de la terre, combien elle valoit quand elle li fu donnée en mariage, & ce que il aura mis sera conté, & frerageroit comme les autres. & se il i auoit aucun fol qui eust delessié empirier sa partie, comme laisser vignes agastir, ou trenchier arbres, ou laissier vignes à fere,

F iij

ou fe il auoit vendu tout ce qu'il auoit eu, & il demandaft frerage en l'efcheoite du pere & de la mere, & li autre frere li deiffent, *Nous ne volons pas que vous freragiez auec nous, fe vous n'amendez ce que vous auez empirié de voftre partie.* & fe il dit, *je ne la puis amender, mais je vueil que l'en efgard par preudomes, que la chofe valoit quand elle me fu donnée, & combien elle eft empiriée.* Et en cette maniere compteroient li prudom la valuë de la chofe, & ce qu'il l'auroit empiriée li feroit compté en partie, & puis freragetoit auec les autres, felonc ce que il en auroit eu. & du remanant auroit autant li vn come li autres, & és terres & és muebles; & fe il auenoit que li vns euft eu trop grand partie, & il ne vouſiſt retourner à l'efcheoite du pere & de la mere, & li autres li demandaſſent, *Vous auez eu trop grande partie, venez freragier ô nous, & ſi nous fetes droit retour.* Adonc droit donroit que ſa partie feroit veuë par preudes homes & fe il auoit trop eu, il leur feroit droit retour, fauf les amendemens, fe il les i auoit mis, ſi come nous auons dit deſſus.

### CHAPITRE CXXXI.

*Quel doüere fame couſtumier doit auoir, & où elle en doit pledier, fe l'en li en fet tort.*

FAME couſtumiere ſi a la moitié de l'heritage ſon mari en doüere, & doit tenir ſon doüere en bon eſtat, & ſi doit mettre la moitié és couſtemens, & qui li feroit tort de ſon doüere, elle en pourroit bien plaindre en la court le Roy, ou en la court au Baron, ou en la court de ſainte Egliſe, & en eſt à ſon choiſ, & ſi n'en feroit pas la cort renduë au Seingnieur en qui terre ce feroit.

### CHAPITRE CXXXII.

*De fere bonnage, ou de fere partie ſans Iuſtice.*

SE freres couſtumiers partiſſoient enſemble, ils pourroient bien ſeignier leurs parties de pieus, ou de pierre, ſans Iuſtice. car il ne porroient mettre bonnes, ne ne deuroient ſans Iuſtice. & ſe eux i mettoient bonnes ſans Iuſtice, eus en feroient l'amende à la Iuſtice de chacune bonne LX. ſ. & itieux parties qui ſont ſeigniées ſans Iuſtice ſi ne ſont pas eſtables, ſe li quiex que ſoit ne s'en deſdiſoit, més iceles qui ſont fetes & bonnées pardeuant Iuſtice ſi ſont bien eſtables. ne nule perſone ne doit fere bonnage ſans Iuſtice. car nus ne ſe doit fere Iuſtice, ne de ſon deteur ne doit nus prendre ſans Iuſtice, ſe ſes detierres ne li bailloit de ſa bonne volenté. més il doit venir à la Iuſtice, & requierre droit, & demander. & que ce ſoit voir que nus ne ſe doit fere Iuſtice, ne prendre de l'autrui ſans Iuſtice, ou par le commandement à la Iuſtice, ſelon droit eſcrit en Digeſte el titre des choſes qui ſont fetes par force, ou par poor, en la loy qui commence *Decet enim decretum*. où il eſt eſcrit de cette matere.

### CHAPITRE CXXXIII.

*D'ome couſtumier qui a eu deus fames, ou la fame deus Seignieurs, comment leurs enfans doiuent partir.*

SE aucuns hom couſtumier a eu deux fames, li enfant de chacune des meres ſi prendront autretant li vns comme li autres en la terre de par le pere. & ſe l'vne des fames auoit eu deux Seingnieurs, li enfant ſi auroient en la terre de par la mere autretant li vns comme li autres. & ſe ainſi eſtoit que entre le Seingnieur, & la premiere fame, euſſent fet achat, li enfant de la premiere fame ſi auroient tuit ſeul la moitié par la reſon de la mere, & l'autre partie ſi ſera partie entre les premiers & les derreniers, ſi que autretant en aura li vn comme li autre, tout ainſi comme nous auons dit deuant.

### CHAPITRE CXXXIV.

#### De achat entre home & fame comment eus le doiuent tenir.

SE vn homme, ou vne fame, achetoient terre enſemble, cil qui plus vit, ſi la tient ſa vie, & les achas, & quand ils ſeront mors ambedui, ſi retorneront li achat l'vne moitié au lignage deuers l'homme, & l'autre moitié au lignage deuers la fame.

### CHAPITRE CXXXV.

#### De bail en vilenage.

NVL homme couſtumier n'a baillie d'autrui enfant ſe en vne maniere non, que je vous dirai. que ſe vns hom & vne fame moroient, cil qui doit auoir le retor de la terre, ſi porroit bien tenir les enfans tant qu'ils porroient aler à vn de leurs autres amis, ſe il leur grée miex, ou à vn autre eſtrange, il iroient bien ſe eus voloient, & eus & leurs terres, & cil à qui eux ſeront alé, ſi doiuent tenir les choſes en bon eſtat: & ſe eus ne le feſoient, ils ſeroient tenus à l'amender, quand ils ſeroient partis de lui: més il ne rendroit nules des iſſues de la terre de tant comme il auroit eſté el lieu. & ainſi n'a nul home couſtumier bail d'enfant, ſe ce n'eſt ſon pere, ou ſa mere. puiſque il ſet dire auquel il li pleſt miex d'aler de ſes amis.

### CHAPITRE CXXXVI.

#### D'home couſtumier qui fauſſe jugement.

NVs hom couſtumier ne puet jugement fere froiſſier, ne contredire, & ſe ſes Sires li auoit fet bon jugement, & loial, & demandaſt amendement de jugement, il feroit au Seigneur amende de ſa loy v.ſ. ou v I. ſ. & demy, ſelon la couſtume de la chaſtelerie, & ſe il auoit dit à ſon Seigneur, Vous m'auez fet faus jugement, & le jugement fuſt bons & loiaus, il feroit au Seignieur LX. ſ. de amende, & à tous ceux qui auroient eſté au jugement qui feroient Gentilhome, ou qui auroient fié, & ſi feroit à la Iuſtice l'amende de ſa loy.

### CHAPITRE CXXXVII.

#### De parties fetes entre enfans couſtumiers.

SE aucun hom qui auoit muebles prenoit vne fame qui n'euſt riens, & il moruſt, tout n'euſt-il hoir, ſi auroit la fame la moitié des muebles. & ſe vne fame bien riche prenoit vn hom poure, & ele moruſt, ſi auroit-il la moitié des muebles. Et ainſi puet l'en entendre que li muebles ſont comun: Et ſe il auenoit que la riche fame, qui auroit eu le poure hom, repriſt Seigneur, & ils euſſent hoir, & il ſe moruſt, & la mere, & li enfant du premier & du derrenier vouſiſſent partir les muebles qu'ils auroient trouués en eſtant, fuſſent oes, ou beſtes ou buſches qui fuſſent du tems au premier Seigneur, il i auroient la moitié tuit ſeul, & l'autre par la reſon de la mere, ſi feroit partie entre les premiers & les derreniers : & en cette maniere aura li enfés la moitié des muebles, & l'autre partie si sera partie entre les premiers, & les derreniers par la reson de la mere, si come nous auons dit deſſus, més li gaaignages des terres sera comuns, pource que ils l'auront gaaingné ensemble, & contera l'en, & autant en aura li vns come li autres, & ensemble seront parties fetes entre les premiers & les derreniers le mueble que la mere auoit conquesté puis la mort au pere, & auec le derrenier Seigneur, autant en aura li vns comme li autres.

### CHAPITRE CXXXVIII.

#### De frerages de fous enfans.

SE il auient que hom couſtumier ait enfans, & il i en ait de sages & de bien gaaingnans, & il i euſt vn fol & tauerniers, & joueür de dez qui s'en fuſt alés par le païs, & li peres se moruſt, & si fox l'oïſt dire, & il reueniſt frera gier, il auroit autant és muebles, & en la terre, comme vn des autres freres, & en auroit autant par droit, comme cil qui les auroit aidiés à gaaignier, & tot autresi vne des suers, se ele s'en estoit alée en meschiïnnage, ou en autre leu ailleurs pour soi jouër, si frerageroit elle par droit auec les autres freres, come li fous.

### CHAPITRE CXXXIX.

#### D'home qui fet amendement en l'heritage de sa femme.

SE aucuns Gentishom, ou couſtumiers, auoit prise fame, & il euſt fet en la terre sa fame bonnes mesons, ou vignes plantées, & sa fame mouroit sans hoir, li amendement que il auroit fet en la terre sa femme remaindroient au lignage à la femme, ne jà li lignage à la fame ne l'en feroit retour: itant gaaingne qui met amendement en autrui heritage.

### CHAPITRE CXL.

#### D'aage d'home couſtumier.

HOme couſtumier si eſt bien aagé quand il a paſſé quinze ans d'auoir sa terre, & de tenir de seruice de Seigneur, & de porter garantise. Més il n'eſt pas en age de soy combatre deuant que il ait vingt-vn an, se il ne le voloit de son gré.

### CHAPITRE CXLI.

#### D'home couſtumier qui acquiert frerage.

SE aucuns home couſtumier conqueroit, ou achetoit chose qui feiſt à mettre homage, ou il porchase enuers son Seingnieur comment il le mette en foy, ou en hommage en tous ses heritaiges, ou vne partie, en tele foy, comme eſt la chose qui seroit pourchaciée, si auroit autant li vns comme li autres des enfans, fors li aisné, qui feroit là, si auroit la moitié selon la grandeur de la chose, & pour faire la foy, & pour garir les autres en parage. & tout ainsi departira tousjours més jusques en la tierce foy, & d'ileques en auant si aura l'aisné les deus parties, & se departira tousjours més gentiment.

CHAPITRE

# DE S. LOVYS.

## CHAPITRE CXLII.

*D'home couftumier qui trenche chemin, qui doit paage, ou qui vend à fauffe mefure.*

HOME couftumier qui trefpaffe chemin, qui doit paage, il en païe LX. f. d'amende à celui à qui eft li chemins, & tout ainfi fe l'en trueue fauffe mefure de feur lui, fe il vend, ou achate.

## CHAPITRE CXLIII.

*De Marcheant qui trefpaffe peage.*

SE vn Marcheant qui trefpaffe paage fans paier fon paage, & li paagierres le prend, & li dit, *Vous vous en alés fans paier voftre paage, nous volons que vous nous en facés droit, & que vous nous engagiés l'amende*, & cil die en tele maniere, *Sire, je ne fauoie mie que je deuffe ci endroit point de paaige, & en feré ce que je deuré*, & ainfi l'en li puet efgarder que fe il ofe jurer feur Sains, que il ne fauoit que il i euft point de paage, il en fera le gage de fa loy, & li rendra le paage, & à itant fera quites. & fe il ne l'ofe jurer, il en paiera LX. f. au paageur. Més Marcheant qui va par yauë & meine chalant, fe il s'en emble du paage par aucun paffage, & l'en le prouuoit, il en perd fon chalant, & ce qui eft ens.

## CHAPITRE CXLIV.

*De Marcheans qui portent fauffes mefures, ou faus dras.*

MARCHEANT qui porte fauffes mefures ou faus dras, & il en eft prouués, il en paie LX. f. & qui porte faus dras à vendre, & il en eft prouués par les Marchans drapiers, qui bien auront cognu que li dras feront faus par leur ferement, la Iuftice doit faire les dras ardoir à veuë & à feuë d'autres gens, & fi paiera cil que les aura apportés LX. f. d'amende à la Iuftice, & fe il eftoit prouué que il meifmes euft fet les dras qu'il auroit apportés, il en perdroit le poing par droit, pource qu'il auroit ouuré comme faus & comme lierres.

## CHAPITRE CXLV.

*De refponfe de fame.*

NVLE fame n'a refponfe en cour laie, puifque ele a Seigneur, fe ce n'eft du fet de fon corps. Més qu'il l'auroit batuë, ou dit folie, ou autre defloiautés en tele maniere ele a refponfe fans fon Seigneur. ou fe ele eftoit marchande elle auroit bien la refponfe des chofes que ele auroit bailliés de fa marchandife & autrement non, felon droit efcrit en la Digefte vielle, el titre des Ruiles du Iuge en la l. *femina à publicis judiciis*. Car fame fi eft oftée à tous offices.

## CHAPITRE CXLVI.

*D'appeller home ou fame de folie defleal.*

SE aucuns appele vn autre faus, ou larron, ou murtrier, ou pugnés, ou d'aucun autre folie vilene ou defleaus, & cil qui feroit ainfi appelés s'en pleinfift à la Iuftice, & doit dire en telle maniere, *Sire, il m'a apelé defleal ou*

## LES ETABLISSEMENS

*larron, à veuë & feuë de gens, fi vuel que vous m'en facés droit*, & fe li autre dit, *Ie m'en deffent, & en feré ce que je deuré*, fi puet l'en efgarder qu'il juërra feur Sains de fa main que il ne li aura pas dit la folie, & à itant s'en paffera, & fe il n'ofe fere le ferement, il en paiera v. f. à la Iuftice d'amende, & v. f. 1. d. au pleintif, li come nous auons dit deffus.

### CHAPITRE CXLVII.

*D'ome qui met main à fon Seigneur par mal defpit, ou qui bat fon Serjant.*

HOME couftumiers qui met main à fon Seigneur par mal defpit, pour qu'il foit Gentishom, il perd le poing, fi fes Sires ne l'auoit feru auant. & fe il bat le Preuoft fon Seigneur, ou fon Serjant de fon oftel qui porte les clés, il en paiera à la Iuftice LX. f. d'amende, & à celuy fon dommage à fa prueue.

### CHAPITRE CXLVIII.

*De meffet d'home couftumier dont il paie LX. f. d'amende.*

HOME couftumiers fi fet LX. f. d'amende, fe il bouche la fefinne fon Seigneur, ou il chace en fes garennes, ou il pefche en fes eftans, ou en fes defois, ou fe il a tauerne feur fon ban, ou fe il garde nuit autre bués, ou vaches el bois, qui n'ait pas trois ans, ou fe il i met chieures, ou fe il fet efcouffe à fon Seingnieur, ô à fon Preuoft, il en paie LX. f.

### CHAPITRE CXLIX.

*De fefinne qui n'eft mie certainne.*

SE aucuns Sires difoit à fon home couftumier, *Ie preing cefte chofe en ma main*, & il n'en prift autrement la fefinne, & li hom couftumiers oftaft la chofe, ou remuaft, il n'en feroit à fon Seigneur que le gage de fa loy, car tiex fefinne n'eft pas certainne, elle n'eft que vée, més s'il l'oftaft de la fefinne, puifque il l'euft fefie, & mife en fa main, il en paieroit LX. f. d'amende.

### CHAPITRE CL.

*De fere efchange de terre.*

SE aucunes gens fefoient efchange de terres les vns as autres, & elles n'eftoient pas d'vn fié, ne d'vne feigneurie, li Sires feroit les terres prifier par prudommes, & de tant comme elles feroient prifiées en auroit li Sires fes ventes. més fe elles eftoient de vne feignorie, il n'en auroit nulles ventes, fe en vne maniere n'eftoit, que nous vous dirons, que li hom tenift de deux Barons, & qu'il n'euft home en chacune chaftelerie, li hom chanjaffent li vns aus autres leurs terres, leurs ventes feroient renduës par la refon de ce que ce eft de deux fiez, tout foit-ce d'vn Seigneur.

### CHAPITRE CLI.

*De retrere terres qui font venduës par efchange.*

SE aucuns eftoit qui achetaft à vn autre vn grand achat de cent liures ou de plus, ou de mains, fuffent prez, ou vignes, ou terres, ou mefons, & cil qui l'auroit achetté, fi en baillaft vne aune de terre qui ne vaufift que

## DE S. LOVYS.

x. 1. tout vaufift li achas c. l. fi comme nous auons dit deſſus, ou plus ou mains, & li lignagés veniſt auaht & le demandaſt à auoir, & cil deiſt, *Ie ne vuel pas que vous l'aiez, que c'eſt eſchange, car je en ai donné vne grand partie de ma terre en eſchange.* Ainſi n'auroit pas le lignage ceſte maniere d'achat ſelon l'vſage qui cort.

### CHAPITRE CLII.

*D'ome qui demande achat par lignage, coment il le doit auoir.*

EN tous les achas que l'en achete qui apartiennent à heritage, puiſque eux le tiennent an & jour ſans chalange, à veuë & ſeuë du lignaige de celui de qui il l'auroit achetée, ſe il veniſſent aprés que li ans & li jours fuſſent paſſés, & il demandaſt ceſt achat à auoir, il n'auroit point par droit, pour qu'il fuſſent en l'Eueſchié: més ſe il venoient dedans l'an & le jor, & aucun du lignage demandaſt l'achat il l'auroit, puiſqu'il n'euſt eſté ſemons deuant Iuſtice. més il rendroit à celui les amendemens que il y auroit mis & fés & ſe il auoit eſté ſemons par deuant Iuſtice de reprendre, il n'en auroit point part.

### CHAPITRE CLIII.

*De mettre amendement en achat qui eſt demandés.*

SE il auenoit que aucuns achetaſt vn achat, & vn autre du lignage li demandaſt l'achat, & li offriſt les deniers à rendre que li achas li auroit couſté, & li monſtraſt les deniers, & ait prouué que li achas li ait couſté, & deiſt, *Contez bien tous les couſtemens, & je les vous rendré, que veés ci l'argent,* & ſe cil ne voloit prendre les deniers, & i meiſt amendement aprés, ou de vignes planter, ou de meſons fere, ou d'autres amendemens que il i auroit fés, il n'en rendroit rien, ainçois auroit l'achat par les deniers paians que li autres i auroit mis.

### CHAPITRE CLIV.

*D'home qui a demoré hors du païs de demander achat.*

SE aucuns hom achettoit d'vn autre qui euſt lignage hors de l'Eueſchié, & cil veniſt demander aprés ce que li ans & li jors ſeroit paſſés, cil qui auroit acheté ne s'en paſſeroit pas par le terme, ainçois auroit l'achat qui demanderoit par les deniers paians, & ſe li autres i auoit mis amende il les auroit à la loy pruë, & ſi ne rendroit riens de choſe qu'il i euſt leué: car droit ne donroit mie que l'en alaſt ſemondre hors de l'Eueſchié.

### CHAPITRE CLV.

*D'achat que li Sires puet retrére à luy.*

SE aucuns achetoit d'vn autre qui ne li teniſt riens, icelui achat adonc i ce mouuroit, ſe il voloit, ains que vns eſtranges.

*Partie III.*  G ij

# LES E'TABLISSEMENS

## CHAPITRE CLVI.

### De rendre ventes qui sont retraites.

SE aucuns achetoit, & vns autre retrefift qui fuft du lignaige, il n'en rendroit nulles ventes aus Seignieurs, més il les rendroit au Seigneur, & à celui dont il les auroit retrés, & les deniers & les rentes que cil auroit rendues au Seigneur.

## CHAPITRE CLVII.

### D'ome qui retret achat à qui l'en demande plus que li achas n'a couſté.

SE aucuns hom auoit acheté d'vn autre prez, vignes, ou terres, ou mefons, ou autres chofes qui aparteniffent à heritage, & aucuns demandaſt l'achat à auoir qui fuſt du lignage, & li autres deiſt, Ie vuel bien que vous l'aiez, més que vous me rendés ce qu'il m'a couſté, & li autres li demandaſt, combien vous a il couſté, & il deiſt, L. l. ou plus, & deiſt que tant luy euſt il couſté tout ne luy euſt il couſté que xx. l. & li autres deiſt, tant il ne vous couſta que xx. l. & tant ſui-je preſt de paier, & cil die, je n'en prendré mie mains de L. l. car tant me a il couſté, & bien en feré ce que je deuré, ſi eſgardera l'en par droit que cil apportera tous les deniers, auant que il die que li achas li aura couſté, & quand les deniers feront apportez deuant luy, la Iuſtice ſi dira, véés ci les deniers L. l. tant comme li achas vous a couſté ſi comme vous dites: ſi conuendra adonc que cil jure ſeur Sains de ſa main, que tant li aura couſté en leal achat, & ſe il ne l'oſe jurer, & il die en telle maniere, je n'en prendré que xx. l. car il n'a plus couſté, & li autres die, or ne vous vuel je rien paier: car je vous offri les deniers xx. l. par deuant la Iuſtice, & en lieu & en temps que fere je dui, & vous ne les vouſiſtes prendre, ains me deiſtes qu'il vous auoit couſté L. l. ſi m'auez fet dommage à pourchaſſer ſi grand fés de deniers, & pour ce que vous deiſtes deuant la Iuſtice que il vous auoit tant couſté, & vous ne l'oſaſtes jurer, ne prouuer, ainſi comme vous l'auez empris, & pour icele reſon je demande l'achat auoir ſans denier, & ſans maaille, ſe drois eſt. Adonc eſgardera l'en par droit que il aura l'achat ſans denier & ſans maaille.

## CHAPITRE CLVIII.

### De rendre ventes d'heritage.

SE aucuns achate, & il ne rend les ventes dedans ſept jors & ſept nuis, & il n'en ait pris reſpit à la Iuſtice, il amendera le gage de ſa loy, & ſe il paſſe l'an & le jour que il ne les rende, ou que il n'en preingne reſpit à la Iuſtice, il en paiera L x. ſ. d'amende.

## CHAPITRE CLIX.

### De retrére achas entre freres & ſuers, & entre couſins germeins.

AInſi gaaingnent freres, ou ſuers ou couſins germeins leurs achas li vns vers l'autre, comme vers vn eſtrange, car ſe ils eſtoient trois freres, & li vn vendiſt à l'autre, & le tiers frere qui n'euſt vendu, ne acheté, demandaſt ſa part en cel achat, aprés ce que li ans & li jours ſeroit paſſés, il n'en auroit point par droit, pourquoy il euſt leſſié an & jour paſſer ſans chalenge, ſe il eſtoit en l'Eueſchié. Més ſe il venoit dedans l'an & le jor l'achat, & demandaſt à la Iuſtice l'achat pourquoy il n'en euſt onques eſté ſemons du reprendre par la Iuſtice, il l'auroit par la moitié des deniers paians: més il n'auroit nules des iſſuës que li autres en auroient leuées.

## CHAPITRE CLX.

### De rendre cens & couſtumes.

QVAND homme couſtumiers ne rend ſes cens & ſes couſtumes au jor que il les doit au Seigneur, il en fet le gage de ſa loy d'amende.

## CHAPITRE CLXI.

### De tenir terres à terrages, où il n'ait point de couſtume, fors le terrage.

LI Sires ſi la puet bien prendre à ſon gaaingnage, més il ne li puet pas bien oſter pour baillier à vn autre. & ſe il i auoit aucunes couſtumes accouſtumées, chapons, ou autres choſes, li Sires ne li porroit pas oſter, s'en vne maniere non que cil l'euſt leſſiée ſept ans en frichete. Adonc la porroit prendre li Sires en ſon demaine tout i euſt-il couſtume, & encore ſeroit il tenu à amender les dommages du terrage de tant comme il l'auroit laiſſé à gaaignier tant comme li preudome diroient par leur ſerement ne n'en feroient ja autre amende fors que il perdroit ſa terre. & pour ce ſe doit l'en garder de leſſier terres en friche.

## CHAPITRE CLXII.

### De requerre la cort d'home qui eſt apellés de murtre.

SE aucuns hom eſtoit apelés de larrecin ou de murtre, ou de traïſon, ou d'autre choſe qui apartenift à deſleauté, il conuient que il ſe deffende en la chaſtelerie où il ſera apelez, & droit ſi accorde en Code *de crimine*, ſi demande en la premiere loy en l'authent. ſeignie ſur la loi *quia in prouincia*. li autres Sires n'auroit pas la cort, car tiex perſonnes n'ont point de ſuites, ou ſe aucuns meſſefoit en la court au Baron, & la Iuſtice le preigne en preſent, il conuient que il ſe deffende en la court au Baron pour la reſon du preſent qui eſt contenu el titre du preſent fet, en l'vſage de France.

## CHAPITRE CLXIII.

### De home qui ſuit és fuitiues.

SE aucun a és, & elles s'en fuient, & cil à qui elles feront les enuoye aler, & il les ſuit touſjours à veuë & ſans perdre, & eles s'aſſieent en aucun lieu el manoir à aucun preudome, & cil en qui porpris elles ſont aſſiſes, les preigne auant que il viegne, & cil die aprés, *ces és ſont moies*, & li autres die, *je ne vous en croi mie*, & cil viegne à la Iuſtice en qui terre ce ſera, & li die, *c'eſt hom a recueillis mes és*, li Sires doit mander l'autre par deuant lui, & cil doit dire, *Ie auoie és qui s'enfouirent de mon eſſein, & je les ai ſuiuies en la terre à ce preudhomme, qui les a recueillis, & ne les me veut rendre, & je ſui preſt de fere ce que voſtre cort eſgardera que eles ſont moies, & que je les ai ſuiuies à veuë d'elles, & ſans perdre leur voie, & je vueil que il en face ce qu'il en doit fere*, ſi li eſgardera l'en que il juërra ſeur Sains de ſa main que elles ſont ſeuës, & que elles iſſirent de ſon eſſein à veuë & à ſeuë de luy, & ſans perdre la veuë, juſques au lieu, où il les a cueillies, & par itant aura ſes és, & rendra à l'autre la volée du vaiſſel où il les a cueillies.

LES E'TABLISSEMENS

## CHAPITRE CLXIV.

### De fame qui demande doüere.

SE aucuns hom vendoit sa terre, fust Gentilhom ou coustumiers, sa fame après sa mort auroit son doüere és choses que il auroit venduës, & après la mort à la fame si retorneroit arriere à celui qui l'auroit achetée : & se cil qui l'auroit achetée disoit, *Ie ne l'acheterai pas de vous, se vous ne faites jurer à vostre fame que jamais riens n'i demandera, ne par doüere, ne par autre chose, & vuel que vous li en facez en autre lieu eschange pour son doüere,* & par dessus je vuel auoir les lettres l'*Official* l'*Euesque ou du Iuge,* & seellées, & se elle l'auoit ainsi juré de sa volonté sans force, & en eust eschange, & cil qui l'eust achetée eust eu lettres du don, elle n'i porroit puis rien rapeler. car les lettres du Iuge ordinaire si sont tenuës & creuës, & jusqu'à tant que li contreres soit prouuez, selon droit escrit en Decretales el titre des prueues, en la Decretale qui commence *post cessationem*, où il est escrit de cette matere. & ce qui est fet par force & par poor, la Iustice ne le doit pas tenir pour estable, ains doiuent estre tenuës teles conuenances pour nules, selon droit escrit en Code de transactions, en la loi qui commence *interposita*, où il est escrit de cette matere : en Code *De his quæ vi metusve causa.* en la l. *Si donationis*, & en la loy, *Si per vim*, & en la derreniere loy, & par tout le Chapitre, & en la Digeste en cel meismes discret. *Quod metus causa.* en la premiere loy, cl commencement.

## CHAPITRE CLXV.

### De bataille entre freres.

DV I freres ne se combattent pas ensemble de fié, de terres, & de muebles, se ce n'est de traïson, ou de murtre, ou de rat : & se ils s'entrappelloient de terres, ou de muebles, dont il doie istre bataille, il porroit bien mettre Serjans pour aus, ou por autres.

## CHAPITRE CLXVI.

### De bataille de mehaigniés.

SE aucuns home, ou autres qui fussent mehaigniés, & eust passé LX. ans, & vn jour, & vn autre qui soit sours, ou lours, ou qu'il peust monstrer, & li quiex que soit apelast l'autre de murtre, de rat, ou de traïson, ou d'aucun autre meffet, dont li vns deust prendre mort, se il estoit vaincus, & li vns se vousist changer de l'autre, & li deffendierres deist, *je ne vuel pas que vous vous changiées, car vous m'apelés, & de tel meffet dont je prendroie mort, se je estoie vaincus*, droit diroit qu'il se changeroit au deus, ou il le leroit.

*Cy finist le premier liure des Establissemens le Roy de France, selon l'vsage de Paris,* & *d'Orleans,* & *de Court de Baronnie.*

# LIVRE SECOND
# DES ÉTABLISSEMENS
## DE S. LOVYS ROY DE FRANCE.

### CHAPITRE I.

*De quas de haute Iuſtice de droit, & des commandemens de droit, & de la deuiſion de droit.*

IVSTICE ſi eſt vne volonté eſtable qui donne à chaſcun ſon droit : & les commandemens de droit ſi ſont tels, honneſtement viure, ne nulle perſonne ne doit deſpire, & doit donner à chaſcun ſon droit, ſelonc droit eſcrit ᵃ en Code, el tiltre de Iuſtice & de droit, où il eſt traitié el comencement eſpeciaument de cette matiere. ᵃ en Inſtit;

### CHAPITRE II.

ᵇ *De requerre home qui eſt pris en preſent fait.*    ᵇ De pæne manufatorem preſent fait.

SE aucuns Iuſtice prend vn home le Roy, ou ᶜ aucun juſtiſable, qui au Roy s'auoë, en quelque meſchief que ce ſoit, en preſent fet en ſa Iuſtice, ou en ſa ſeignorie, & il ᵈ noie le preſent, la Iuſtice qui le ſuiura ſi prouuera le preſent pardeuant la Iuſtice le Roy, ſi en ſeront en ſaiſinne la gent le Roy auant toute œuure, & le preſent prouué loiaument, ou conneu, l'en le rendroit en la cort de ceux qui le tendroient pour juſticier, & ſe il preſent n'eſt prouués ſouffiſamment, il demoerroit en la cort que il aura auoé pour juſticier par ᵉ la Couſtume de Baronnie. ᶜ vn ſien juſt.<br/>ᵈ nie<br/><br/>ᵉ le general de la Couſtume

### CHAPITRE III.

ᶠ *De Iuſtice qui a à marchir au Roy.*

SE aucune Iuſtice a à marchir au Roi de quelque Iuſtice que ce ſoit, de heritage, de ſeignorie, ou d'autre choſe, li Roy pour le debat prendra la choſe en ſa main, & ſi eſgardera droit à luy, & à autruy. Car li Roy n'emporte pas ſeſinne de autrui, més l'en l'emporte de luy, ſelonc l'vſage de cort ᵍ de Baronnie. ᶠ En la main le Roi pour deli-<br/>des parties,<br/>& des per-<br/>ſonnes qui<br/>ont à mar-<br/>chir au<br/>Roi.<br/>ᵍ deſunt de Baronie

### CHAPITRE IV.

ʰ *De demander ſeſinne de heritage.* ʰ De demā-<br/>der ſaiſinne<br/>come pro-<br/>chiens, ou<br/>come oirs,&<br/>de faire pro-<br/>teſtation ſe-<br/>lon vſage de<br/>Baronnie.

NVs ne puet, ne ne doit demander ſeſinne de heritage, ſe il n'a auant eſté enſeſinné, ou ſe cil por qui il l'a demandé, n'en a eſté ſeſis dequoi il eſt deſpouillés, que quiconques demande ſeſinne d'heritage, il le doit demander en tele maniere, *Mon pere, ou* ⁱ *mon frere, mon couſin, ou mon parent, morut ſeſſis & veſtus, tenans & prenans,* ᵏ [ *ploians & deſploians* ] *tenant de Seigneur, & à itel temps, que il ala de vie à mort, & morut en paiſible ſaiſinne ſans ſuite de nului, & de tel heritage,* ( & le doit nommer ) *& eſt aſſis en tele ſeſinne,* ⁱ ma mere, ou mes fre-<br/>res<br/>ᵏ deſunt,<br/>incluſa

## LES ETABLISSEMENS

*a* quift
*b* m'engagerai à lui
*c* defunt inclufa
*d* à ces mots commence le chap. qui a pour titre, De refponfe d'heritage.
*e* defunt inclufa
*f* defunt inclufa
*g* par Cheualiers
*h* eft
*i* le puet dōner par fon loiau cōfel que il ara
*k* à ces mots cōmence vn autre chap. auec ce tit, D'appeller fon Seigneur de defaute de droit & demander recreance.
*l* defunt inclufa
*m* penroit li Souuerains droit, & li Sires perdroit tel droit
*n* defunt inclufa
*o* De vaer recreāce par la couft. de la terre.
*p* ici cōmence vn autre ch. auec ce titre, De requerre faifine de veer recreāce par la couft. de la terre
*q* De recroire faifine fanspleidier de faifis.
*r* auant
*s* defunt
*t* tenir, ne nier, ne ne fere
*u* defunt inclufa
*x* Et d'aduoüer les perfonnes fans delai.
*y* n'eft
*z* en ocis
*a* defunt inclufa
*b* ne en omicide

& en tel lieu, & en tel fié, & come je foie li plus prochains hoirs, & de cele part, dont li heritage muet, & ª cil tienne à tort lefdites chofes, dont je requiex à auoir la fefinne, & bien m'en à li ᵇ gnaierai, fe il le me nie en fefant vers vous ce que je deuré, comme vers Seigneur, on doit fçauoir, fe je le dois fauoir, ou non, ᶜ [ Et fi en doit fere retenuë de plus fere, & de plus dire, & de plus fere fe meftiers en eft, que retenuë vaille, & eft efcrit el titre d'appeller homme de murtre & de traïfon.] ᵈ Droit dit que hoirs doit eftre en poffeffion, & eft efcrit en Code *de Edicto diui Adriani tollendo*, en la loy qui commence ainfi, *quamuis qui fe filium defuncti*, &c. & li vfages ᵉ [ de Paris ] d'Orleans fi eft tieux que li morts ᶠ [ fefit le vif, & que il ] doit auoir fefinne, fe autres ne fe tret auant qui ait plus grand droit en la chofe que cil, & li doit li Sires deuant qui il requiert les chofes deuant dites efgarder en fa court par droit par fes hommes liges, par ceux qui foy li doiuent ᵍ, car les chofes qui font faites en la prefence de perfonnes nobles, & en la cort au Prince, font tenuës felon droit efcrit, en Code, des teftamens eft ordené en la loy de tous teftamens, qui commence *Solemnitate*, par Cheualiers, par Boriois, par Serjans. Et fe li jugement ʰ, & debattus & contendus la premiere journée, & la feconde & la tierce, li Sires ⁱ la puet donner de foy à loyal confeil que il aura eu, ᵏ fe il ne puet accorder, ˡ [ felonc droit efcrit en la Digefte des chofes jugiées, en la loy qui commence *inter pares*, ] & fe il ne le fefoit, & il en fuft en defaute, & la defaute fuft prouuée feur luy, la cort en vendroit au fouuerain, & en ᵐ perdroit li drois li Sires tele droiture comme il i deuroit auoir par la couftume du païs & de la terre ⁿ [c'eft à fçauoir l'obeïffance, felon les Eftabliffemens le Roy, fi comme il eft contenu el titre d'appeller fon Seigneur de defaute de droit felon l'vfage de Paris & d'Orleans en court laie.]

### CHAPITRE V.

ᵒ *Comment l'en doit demander recreance.*

SE aucuns demande à auoir recreance d'aucune chofe, il doit mettre pleiges de la recreance : car recreance ne fiet mie fans pleiges, felon l'vfage de cort laie : ᵖ més nus ne doit fere recreance de chofe où il i ait peril de vie, ou de membre, ne là où il a point de fanc.

### CHAPITRE VI.

ᑫ *Comment l'en doit demander la faifinne de la chofe auant que l'en refpondre.*

NVs ne doit en nulle cort pleder de fefis, més il doit demander fefinne en ʳ toute œuure, où doit fauoir fe il la doit auoir, & droit dit que il la doit auoir, & n'eft mie tenus de refpondre des fefis, ˢ [ ne defpoüillés ] ne le fien ᵗ tenant, ne ne fere nule connoiffance, ne refponfe, ne defautes nules, felonc droit efcrit en Decretales, el titre de l'ordre des connoiffances, en la Decretale qui commence, *Cùm dilectus filius*, ᵘ [ el chap. feur la defpouillerie, par tout le titre, ] felon l'vfage de court laie.

### CHAPITRE VII.

*De quas de haute Iuftice fans rendre & fans recroire.* ˣ

RECREANCE ʸ ne fiet mie en chofe jugiée, ne en murtre, ne en traïfon, ne en rat, ne ᶻ en cis, ne en aguet de chemin, ne en roberie ᵃ [ ne en larrecin, ] ᵇ ne en trieue frainte, ne en arfon, felonc la cort laie : car li pleiges n'en perdroient ne vie ne membres. & fe aucuns eft appellés de aucun des

quas

# DE S. LOVYS. 57

quas deſſus dis, qui requierrent painne de ſanc, ᵃ procurateur pour noient i eſt eſtablis, ſelonc droit eſcrit, en la Digeſte, el tiltre des communs jugemens, en la penultiéme loy. car tiex mauſeteurs ſont au Seigneur des auoir, & des cors. des autres quas puet l'en fere pés & tranſaction, ſelon droit eſcrit en Code des tranſactions, en la loy qui commence, *Tranſigere & paciſci*, où il eſt eſcrit de cette matere fors d'auontire.

ᵃ ne ne puet eſtablir Procureur

## CHAPITRE VIII.

### ᵇ De l'office de Procurateur.

PROCVRATEVR eſt appellés cil qui fait & ameniſtre à autrui beſongne ᶜ, ſelonc droit eſcrit en la Dig. el tiltre des Procureurs en la premiere loy; & ſans le commandement au Seigneur il n'eſt mie loyaux, ainçois eſt ᵈ deſloiaus, ſelon droit eſcrit en Code, el titre de larrecin, en la loy qui commence *Falſus Procurator*, où il eſt eſcrit de cette matere. & ce qui eſt fet par faux Procurateur ne li jugemens, ne la ſentence ne vaut riens, ſelonc droit eſcrit en Code des Procureurs, en la loy qui commence *licet*, el commencement: ne Procureeur ne puet fere à ſon Seigneur dommage, ſe il n'a commandement de ce qu'il fera, ſelon droit eſcrit, en Code, ᵉ [ des tranſactions ou du pleſir de tranſaction: ] ne nus Procureeur n'a pooir fors que de ce dont ſes Sires li donne commandement ſelon droit eſcrit en Code des Procureeurs, en la loy qui commence *ſi Procuratorem* [ & en la lettre de procuration fete au Seigneur, en Decretales de l'office du Iuge delegat. du chapitre qui commence *cum olim*, en la fin, & ſelon les droits deſſus dis o les concordances : & Procurateur doit garder ᶠ [ diligemment ] les commandemens ſon Seigneur, ſelonc droit eſcrit en Decretales, el titre *de reſcriptis. dilecta in Chriſto*, & en la Digeſte des commandemens, en la loy qui commence *diligenter*, ſelonc l'vſage de cort laie, & de cort de Baronnie: ne nus Procurateurs n'eſt receus en cort laie, ſe ce n'eſt de perſonne autentique de Eueſque ou de Baron, & ou de Chapitre, ou ſe ce n'eſt de cauſe de commun profit de cité, ou de ville, ou d'vniuerſité, ou ſe ce n'eſt du conſentement des ᵍ perſonnes, & doiuent enuoyer les lettres à leurs aduerſaires, & vault moult miex à la Iuſtice, ſelonc droit eſcrit en Digeſte, des Procureurs, en la loy *ſi Procuratorem*. Se ce eſt pour contremans, ou pour eſſoigner ſon Seigneur, ou pour ʰ eſloigner s'eſſoigne, car prouffis eſt & choſe commune de deffendre celui qui n'eſt preſent, ſelon droit eſcrit en la Digeſt. du Procureur, en la loy qui commence *ſeruum quicumque*, [ ⁱ en vn pelagreſe *publicè vtile eſt*, ] & doit venir li contremans à la Iuſtice, & à la partie aduerſe, & reuocation de procurateur quant li Sires le veut faire, ſelon le droit eſcrit en Decretales, des Procureurs, en la loy qui commence *extra mandatum*, en Dig. en cel meſme chapitre, qui commence, *ſi Procuratorem*. en Code *de ſatis dando*, en la loy qui commence *vnica*, où il eſt eſcrit de cette matere. & ſelon l'vſage de court laie, qui ne ſe deffend par Procurateur, l'en le doit tenir pour defaillant, ſelon droit eſcrit en Dig. *de diuerſis reſcriptis*, en la l. prem. & ſi puet l'en bien dire ᵏ [ contredire] contre les contremans, quand il eſt tardis, ou quand il eſt pluſieurs fois contremandés après monſtre d'heritage: & ſe li Procurateur eſſoigne ſon Seigneur, il doit nommer l'eſſoigne ou de la maladie, ou d'autre choſe, & ſe l'eſſoigne eſt reſnable, li Iuges le doit oïr. Més li Sires doit fere de l'eſſoigne ce qu'il deura fere ſelon droit eſcrit en Decretales des Procureurs, en la loy *querelæ*, où il eſt eſcrit de cette matere. Et quand il vendra à la journée que il ſera ajournés, il doit prouuer ſon eſſoigne en ſon empeſchement, car il porroit bien perdre après monſtrée ſeſinne, ou proprieté, ou la querele perdre, ſe il ne prueue ſon eſſoigne, ſelonc l'vſage de court laie, ſe il auoit ou la demande, ou autres pour luy, & ˡ fere monſtrée par Iuſtice ſelonc droit eſcrit en Decretales, *de lite non conteſtata* ᵐ.

ᵇ De l'office aus Procureurs, & du contremans & d'eſſoine, & de rapeller Procureur, & d'eſtablir nouuel Procureur.

ᶜ dou commandemet dou Seigneur, ſelonc
ᵈ ſaus
* deſunt incluſa

ᶠ deeſt

ᵍ parties

ʰ eſlegier s'eſt.

ⁱ deſunt incluſa

ᵏ deeſt

ˡ faite
ᵐ c. quoniam frequenter

Partie III. H

# LES ETABLISSEMENS

## CHAPITRE IX.

### ᵃ De veer recreance.

ᵃ De en-
querre re-
creance
par droit.
ᵇ pourquoi,
ou
ᶜ entiere-
ment

RECREANCE ne doit mie estre vée en droit fesant, se il n'i a resonables choses, ᵇ ou se n'est des cas dessus dis, & quand recreance est fete par Iustice ᶜ certainement il doit assener jour souffisant aus parties, & mener par droit selon tous erremens, & selon les coustumes du païs & de la terre.

## CHAPITRE X.

### ᵈ De demander sesinne au defaillant aprés monstrée de l'heritage.

ᵈ D'apeller
home de de-
faute faite
aprés mon-
strée d'he-
ritage.
ᵉ li deman-
derres doit
faire sa de-
mande, &
dire en tel
ᶠᶠ sesinne
ᶠ aique
ᵍ tel dama-
ge
ʰ decst com-
me

SE aucuns est defaillant aprés monstrée d'heritaige, si comme nous auons dit dessus, li demander & dire ᵉ en tele maniere : *Comme je demandasse à tel homme pardeuant vous tel heritaige assis en tel lieu, & en telle* ᶠᶠ *censiue, & en tel fié, que il tient à tort,* & doit retraire la demande, & ont an & jour de monstrée, & jour de conseil, & jour certain de respondre, & doit nommer le jour & le defaut, *Et celle journée nous fusmes atendant, & il fu defaillant de tout en tout, sans fere responsse & passa heure, parquoi l'en perd, dont se il cognoist le defaut, je ne* ᶠ *que prouer, si en demant à auoir saisinne ou proprieté en querele gaignée, ou tel gaains, comme la cort esgardera par loyal jugement,* que auoir en doie. & il i ait ᵍ témoignage tel ʰ [comme] il i doit auoir, comme aprés monstrée, & se il le nie en la court laie, il doit requerre le recors, se il le puet auoir. car recors n'est mie en cort laie, se les parties ne s'accordent, & otroient, se ce n'est en chose jugiée, ou chose mise à fin en la cort le Roy, ou en assise de Baillif, ou prouuée par tesmoins, ou par gage de bataille, se ce est hors de l'obeissance le Roy, & doit nommer & auoir presentement le garant qui le jour vit mettre, & assener aus parties, & le defaut fere, & en puet l'en jugier vne bataille, & se les parties aucuns mehaïns aparissant, & il le meissent auant, & il en eussent mention, ou retenuë, il pourroient bien mettre champions pour eus : & se ce estoit en l'obeissance le Roy, ou en sa Seigneurie, ou en son demainne, ⁱ par tesmoins, car le Roy deffend batailles par ses Establissemens.

ⁱ si prou-
uerient par

## CHAPITRE XI.

### ᵏ Comment l'en doit appeller de murtre.

ᵏ D'apeller
home de
murtre,
ou de traï-
son
ˡ plainte
ᵐ N.
ⁿ & à tel
ore, & à tel
lieu
ᵒ defunt in-
clusa
ᵖ se ce fut
nuit entré
ᑫ il le doit
mettre en sa
plainte, se il
est certains
dou prou-
uer
ʳ & furent
monstrées à
la Iustice
ˢ amendés
X.ll. CLV.

SE aucun accuse vn autre de murtre, ou de traïson, ou des quas qui sont dessus dit ; où il a ˡ point de sanc, li encusierres doit fere sa plainte pardeuant la Iustice, & dire en telle maniere : *Ie me plains de* ᵐ *Iehan, qu'à tel jour,* ⁿ *& à tel lieu, sans tort que je li feïsse, & sans droit que je li veasse* ᵒ [*deuant Iustice*] ᵖ *nuit entré & en traïson, & en aguet de chemin* ᑫ *porpensé.* se il y a esté fet, il le doit en tele maniere mettre auant, en sa plainte, & se il est certain du prouuer, & il i fust attains, il en seroit pugnis, si comme il est dit dessus el commencement des Establissemens le Roy : *Sire, il me ferï de ses armes esmouluës & me donna coups, & colées, dont cuir creua, & sanc en issi. & me fist plaie mortieux, qui bien sont aparissans* ʳ, *dont se il se cognoist je demande & requiers, qu'il en soit pugnis comme de tel fet, & vn dommage me soient* ˢ *rendus jusques à la valuë de* X. *l.* & se il le me nie, je li offre à prouuer par enqueste ou par tesmoins. car tesmoins si ont aussi grand force, comme chartres & instrument du plet, selonc droit escrit en Code *de fide instrum.* en la loy qui commence *in exercendis,* où il est escrit de cette matere, ou ainsi comme la cour esgardera que faire se doie, & li doit la Iustice denoncier la peine qui est dite dessus,

# DE S. LOVYS.

se ce est en l'obeïssance le Roy, & se ce est hors de l'obeïssance le Roy, gage de bataille.

### CHAPITRE XII.

[a] *Comment l'en doit requerre chose emblée.*

SE aucuns accuse autre personne de larrecin, il doit auoir les prueues prestes, selon droit escrit, en Code, en la loy qui commence, *qui accusare voluerit* [b], & doit nommer le larrecin, se ce est cheual, ou robes, ou [c] gages d'argent, & doit dire en telle maniere : *Ie me plaing de tel homme*, (& doit mettre 4. deniers dessus la chose pardeuant la Iustice) *il m'a emblé tele chose*, & puis le larrecin, je l'en ai veu ensaisinné, car larrecin si est vne chose que l'en ne set pas en apert, & est vne chose qui est ostée contre la vollenté au Seigneur, & sans [d] seu, selon droit écrit en Institut. des obligat. *ex delicto furtum.* [e] [ & en Code el titre des larrecins, en la loy *si quis seruo alieno*, enuiron le milieu de la loy ] & de cel larrecin comment il cuide dire qu'il l'ait veu ensesinné puis le larcin, & le doit prouuer par bons tesmoins ; & se il defaut de prueues, il demourra à la Iustice à pugnir, si comme nous auons dit dessus, se ce est en l'obeïssance le Roy : se cil ne le cognoist, & n'a esté prouués, ne pris en present set, ne n'a esté sesis, ne vestus, car cognoissance sere en jugement vaut chose jugiée, selon droit escrit en Code *de Confessis*, en la loy qui commence *vnica*.

[a] D'apeller home de larrecin, & de nommer le larrecin, & de cognoissance faite en jugement.
[b] voluntou dendo.
[c] titre de deniers
[d] son seu
[e] desunt inclusa.

### CHAPITRE XIII.

*De requerre homme qui est à jor pardeuant le Roy.*

SE aucuns est appellés pardeuant le Roy, ou deuant sa gent, par adjornement, ou par semonce, il doit venir à la Iustice le Roy, à sçauoir se il est justissable, ou non, ou de s'obeïssance, ou de sa Seignorie, ou por alegier son priuilege selon droit escrit en la Dig. el tiltre des Iuges, en la loy qui commence *siquis ex aliena*, & selon l'vsage de court laie : & se il n'est à s'obeïssance, il doit dire en telle maniere, *Sires, je ai Seigneur, par qui je ne vée nul droit, & sui couchant & leuant en tel lieu*, & en telle Seignorie, & doit nommer son Seignor. & se la Iustice le Roy est certaine que li Sires ait Iustice en celuy lieu du set dont l'en le suiura, l'en le doit ramener à son Seingnieur, se il le requiert. Se il n'i a chose resonable en present, ou ni, ou cognoissance, ou responce : car frans home si set responce, ou ni sans auoër Iustice, ne cort, il ne la puet puis decliner aprés plét entamé. Car là où cis plés est entamés & commanciés, illuec doit prendre la fin selon droit escrit, en Code des Iuges, *vbi*, en Code *de foro competenti*, en la loy qui commence *Nemo*, où il est escrit de telle matere : car nus ne puet aprés ni decliner siege ordinaire, & se la Iustice en doute qu'il ne soit justissable, à celui qui aura auoüé à Seigneur, il le doit tenir jusques à tant que cil le requiere qu'il l'aura auoüé à Seingnieur : car l'en ne doit pas rendre court par derrieres, ne nus n'est souffisans tesmoins en la querele. & pour ce ne le doit pas selon droit escrit, en Code des tesmoins, en la loy qui commence, *omnibus.* ne pour ce ne le doit pas la Iustice croire ne adjouster foy deuant qu'il soit certains du demandement au Seigneur, ou par certain message, ou par Sergens generaument connus, ou par lettres au Seignieur, ou par son Preuost, ou par son Major, selon droit escrit en Code des mandemens au Prince, en la premiere loy, où il est escrit de cette matere : car quand aucun dit qu'il est au Roy, ou à l'Apostole, l'en ne le doit pas croire se l'en ne voit les lettres. & quand li Sires le requerra, & il face certains souffisammant la gent le Roy, si comme nous auons dit dessus, l'en le doit rendre, & se il en

Partie III. H ij

doute, il le doit recroire, se la recreance li fiet par le commun de la terre par pleges mettans souffisans, ou soi meismes par sa foi, ou par son serement, se il ne puet pleges trouuer par Iusticier deuant lui, ou là où droit le metra, & doiuent les Iustices aller el lieu pour enquerre de la Iustice & de la Seignorie, & les parties presantes à certain jour à qui la chose touche, & appartient: car l'en ne fet pas en cort laie jugement d'vne parole. Que se l'autre partie n'est oïe, & appellée souffisamment, l'en ne puet riens definer, ne jugier, selon droit escrit en Decretales de coust de possession & de proprieté en la premiere Decretale, vers la fin, & selon droit escrit en Code, *si aduersus*, en la premiere loy, en la fin où il est escrit de cette matere. Que li Preuos de la Prouince doit cognoistre la partie aduerse, presente Baronnie, & se il y a debat de la Iustice entre les parties, le Roy, qui est souuerain entre les choses temporieux, le prent en sa main, & li Rois ne desesist nului, ains enquiert de son droit loyaument, & de l'autrui esgarde droit à soy & à autrui. Car l'en emporte sesinne du Roy, non pas li Rois d'autrui, si comme nous auons dit dessus : car li Rois n'a point de souuerain des choses temporieus, ne il ne tient de nului que de Dieu, & de lui, ne de son jugement, l'en ne puet appeller qu'à nostre Seigneur de lassus: car cil qui l'en appelleroit, ne trouueroit pas qui droit l'en fist.

## CHAPITRE XIV.

### *Comment Auocas se doit contenir en cause.*

QVAND aucuns a bonne deffense & loiaux, li Auocas & li auantparlier doit metre auant & proposer en jugement ses deffenses, & les barres, & toutes les choses qu'il cuident qui valoir leur doie, & qu'il puissent loyaument fere. car ce que li Auocas dit, si est aussi estable, comme se les parties le deissent, quand il entendent ce que il dient, & il ne le contredient presentement selon droit escrit, en Code, des jours des Auocas, en la premiere loy, & toutes les resons à destruire la partie aduerse, & le doit dire courtoisement sans vilenie dire de sa bouche, ne en effet, ne en dit ; & si ne doit fere nul marchié à celui pour qui il plaide plet pendant, & droit le deffend en Code, *de postulando*, en la loy qui commence *quisquis vult esse causidicus*, & ce appartient à loyal Auocas, si comme ladite loy le dit, & doit dire & requerre à la Iustice en souploiant, *De mes barres, & de mes deffenses que je ai dites & proposées en jugement pardeuant vous, qui me sont proufitables, si comme je croy, ne me veillés mie partir sans droit & sans loial jugement de vostre cort : car l'en puet metre & oster en sa demande jusqu'au jugement, si fais-je bien retenuë de plus fere & de plus dire en lieu & en temps, quand droit m'i amerra, si comme de barres peremptoires, qui ont lieu jusqu'à jugement, & jusqu'à sentence, selon droit escrit en Code* sentent. en la loy, qui commence peremptorias exceptiones, *si que je ne chiée mie en tort enuers le demandeur, ni à la Iustice, dont je vous requiers droit comme à Iustice se vous le deués fere ou non :* en souppliant lui doit dire & en requerant droit, & la Iustice li doit faire esgarder en la court par droit, & faire jugier ses barres & ses deffenses par cil qui le pueent faire, & doiuent, par l'vsage du païs, & donner loial jugement des choses qui sont jugiées pardeuant luy selon l'vsage de la cort, à ses justissable droit faisant, & le doit nommer par droit selonc la coustume de la terre.

# DE S. LOVYS.

## CHAPITRE XV.

*Comment l'en doit faire jugement & rendre aux parties, & demander amendement, ou fausser, se il n'est loyaux.*

QVAND les parties seront coulées en Iugement, li Preuost ou la Iustice si feront les parties renser & appelleront souffisamment gent qui ne seront mie des parties, & doit la Iustice retrére ce dequoy eus seront mis en jugement pour l'vne partie & pour l'autre, & liurer les paroles aux jugeeurs, & ils doiuent loyaument jugier les fuils des hommes, & ne doiuent mie jugier selon la face, ains doiuent rendre loyal jugement, & doiuent auoir Dieu deuant leurs els. Car jugement doit estre épouuantable, selon droit escrit en Code *de judiciis*, en la loy qui commence *sicuti*. ne ne doiuent auoir remembrance d'amor, ne de haine, de don, ne de promesse, quand ce vient au jugement, se li li plaist, & il voye que bien soit & loiautés, més il doit dire aux parties, que eus facent pés, & en doit faire son pooir. car il apartient à toute leal Iustice, & à tout Iuge de depecier les plés, & les quereles metre à fin loiaument, selonc droit escrit en la Digeste, en la loy qui commence, *Si iterum*, & se il se puet accorder de pés, la Iustice si doit apeller leurs parties presentes à jugement, si come il a esté fet, car li Iuges si ne doit pas faire le jugement selon la court laie, & doit dire en telle maniere, comme vous vous sussiés mis en droit, & coulé en jugement seur toutes demandes, & sur tieuz deffenses en requerant droit, & les doit retraire, pource que vous les auez proposées, & que vous auez répondu, & de la demande ne tardés pas ces preudomes qui ci sont, se il vous esgardent loyaument, & par droit jugement, se ce est de heritage, ou de mueble, & se ce est de murtre, ou d'autre chose, il doit dire en telle maniere: *Nous l'assolons, ou condamnons de la demande qu'il faisoit encontre luy par loial jugement, que nous auons fet par droit*. liquiex doit estre à eux rendus, & ne doit pas estre vendus, & se aucune des parties se sent du jugement greuée, & que l'en leur ait fet tort, & grief qui soit apert, il en doit tantost appeller sans demorer, au Chief Seigneur, ou à la cort de celuy, de qui il tiendra de degré en degré, si comme nous auons dit dessus el titre, comment l'en doit demander en amendement de jugement: & doit appeller sans delay: car les choses jugiées en court de Baron, desquiex l'en n'appelle pas, tantost sont tenuës estables selon l'vsage de la cort laye, & selon droit escrit en Code des Auocas, & des diuers Iuges, où il est escrit expressément de cette matere, & doit dire en telle maniere: *De ce jugement je demande amendement de jugement*, si come nous auons dit dessus el tiltre de demander amendement de jugement ; [a] en souploiant : car souplications doit estre faite en court de Roy, & non pas apel : car apel contient felonnie, & iniquité selon droit escrit en Code de haut Prince les prieres, en la loy qui commence, *Si quis aduersùs*, en la loy, *instrumentorum*, & en la loy qui commence *vnica*, el Code *de sententiis præfectorum*, & en la Digeste, *de minoribus*, en la loy *perfecta*, où il est escrit de cette matere, que l'en doit souploier au Roy, que il le jugement voye, ou face voir, & se il est contre droit, [b] que il le face tenir, & enterinner par la coustume du païs, & [c] ce ne puet il veer aux parties selon les Establissemens le Roy, si comme il est dit dessus, & se ce est hors de l'obeïssance le Roy, & il viegne en la cort le Roy par resort, par apel, ou par defaute de droit, ou par faus jugement, ou par recreance née, ou par tort, ou par grief, ou par véer le droit de sa cort, il conuient, que il die, que le jugement est faus, ou autrement il ne seroit pas oïs [d] [selon les Establissemens,] & selon l'vsage de cort laie, [e] s'il appelloit son Seigneur des choses dessus dites, li Sires en auroit [f] le recort de sa cour droit fesant, & comment que ce soit prouué par bons tesmoins, si comme il est dit dessus [g] & cil qui sera trouués en son tort l'amendera par la coustume de la terre.

[e] s'il n'apeloit  [f] la court  [g] és establissemens, &

[a] Le MS. a ici cette periode entiere, si le puet auoir, & s'il ne puet estre oÿs en amendemét il doit faire retenuë de fauser, & doit dire presentement, *cist jugemens n'est ne bons ne loiaus, ains est faus & mauuais*, & si en apel au Souuerain. & bien doit sauoir qui a fet tel jugement, & doit nommer la Court où il apelle, & le prouuera par deuant le Souuerain par tel come je di, si come on l'esgardera selon les Establissemés le Roi. & se il defaut dou il sera punis selon la coust. de la terre, si come il est dit dessus au commencement és établissemés le Roi. & se li Sires est ataint de faus jugement, il en perdra l'obeïssance. tant que à lui, selon l'vsage de cour laie, & selon droit escrit en Code, de l'office de Prince, I.sî quis, en la loi *instrumentorum*: [b] que il le depiece, & se il n'est côtre droit, que [c] ce puet *defunt inclusa*.

H iij

## LES E'TABLISSEMENS
### CHAPITRE XVI.
<sup>a</sup> *Comment l'en doit justicier homme, qui est souspeçonneus.*

<sup>a</sup> *De mauuaise renōmée, & de l'office de Iustice, & de punir maufeteurs.*

SE aucuns est mauuaisement renommez par cri, ou par renommée, la Iustice le doit prendre, & si doit enquerre de son fet, & de sa vie, & là où il demeure: & se il le treuue par enqueste, que il soit coupable de aucun fet, ou il ait paine de sanc, il ne le doit mie condamner à mort, quand nus ne l'accuse, ne quand il n'a esté pris en nul present fet, ne en nule recognoissance. Més se il ne se voloit mettre en l'enqueste, lors puet la Iustice bien fere, &

<sup>b</sup> *qu'il sera*

doit forbannir hors de son pooir, selonc ce <sup>b</sup> que li semblera courpables par le fait, & comme il le trouuera par l'enqueste, qu'il en aura faite de par son office : car il appartient à l'office du Preuost, & à toute loyal Iustice de nettoyer la Prouince, & sa Iurisdiction des mauués hommes, & des mauueses femmes selon droit escrit en la Digeste des recepteeurs, en la premiere loy qui commence *illicitas*, & en la loy *congruit*, en la Digest. *de off. presidis*. & si com-

<sup>c</sup> *& puis*

me nous auons dit dessus el tiltre des souspeçonneus pugnir, <sup>c</sup> & se puis le forbanni estoit trouués el pays, il seroit pendable, selonc l'vsage de la cort laye, & se il se mettoit en l'enqueste, & l'enqueste trouuast qu'il fust coupable, la Iustice le deuroit condamner à mort, se ce estoit de ces quas que nous auons dit dessus, & toute Iustice doit tous ceus enquerre, & aprendre, comment

<sup>d</sup> *car mesais ne doit mie remenoir,*

elle porra, & deura pugnir les maufeteurs, <sup>d</sup> ne ne doit mie remeindre, que il ne soit pugnis, pource que li autres n'i pregnent exemple de leur mal fere, & selonc droit escrit en la Digeste *ad legem Aquileiam*, en la loy qui commence *ita vulneratus*, enuiron le milieu : car li mauués lessent à mal fere pour la poor de la painne, & li bon pour auoir l'amour de Dieu, selonc droit escrit en la Digeste de Iustice de droit, en la premiere loy <sup>e</sup> [ el premier respons. ]

<sup>e</sup> *desunt inclusa.*

### CHAPITRE XVII.
<sup>f</sup> *De chose emblée, qui est requise pardeuant Iustice, & que la Iustice en doit fere.*

<sup>f</sup> *De chose qui a esté emblée chalangier, & demarchander saigemēt, & sans souspeçon.*

SE aucune personne suit aucune chose, qui li a esté emblée, & il la requiert comme emblée, il doit mettre iv. den. seur la chose, si comme nous auons dit dessus par la coustume du païs, & doit dire en telle maniere à la Iustice, Sire, ceste chose, si m'a esté emblée, & sui tout prest de jurer seur Sains <sup>g</sup> [ de ma main, & de ma bouche ] que je ne fis onques chose, dequoy je en deusse perdre la sesinne : & cil seur qui la chose est trouuée, die que il l'a achetée de preudomme, & de loial, si comme il croit, & l'osera bien jurer seur Sains ; adonc il sera hors de la souspeçon, & du peril, mais il perdra son chastel, quand il ne

<sup>g</sup> *desunt inclusa.*

puet son garent trouuer, & se il auoit garend il auroit jour à amener son garend, selon la tenuë de la chose, & à venir au jour conuenable: & se le garand li témoigne que la chose li ait venduë, il demoërra à la Iustice : & se il ne trueue son garant, cil sera hors de souspeçon, & se il n'a trouué son garand, il juërra ce que nous auons dit dessus, & juërra que se il le puet auoir, ne sçauoir, ne aperceuoir, que il le fera prendre, ou que il leuera le cry, ou fera sçauoir à la Iustice, & si perdra son Chastel : & quand li demandierres aura fet la chose pour seuë, se li marchands ne l'auoit achetée à la foire de Pasques ; & se il l'i auoit achetée, il r'auroit son argent par la coustume d'Orlenois, & seroit hors de la souspeçons, se ce estoit home qui eust vsé, & accoustumé à acheter tiex choses, & qui fust de bonne renommée, selon droit escrit en Code., ou commencement <sup>h</sup> [ de sesinne brisiée ] el tiltre des larrons, & du serf corrompu, en la loi qui commence *in ciuilem rem*, & en la l. qui commence *ciuilem*, où il est escrit de cette matere, ne il ne

<sup>h</sup> *desunt inclusa.*

doit pas dire, que cil l'ait achetée d'home qui soit mescopneu, & doiuent sagement marcheander, que eus ne chieent en ᵃ crisme de mauués souspeçon, si ᵃ blasme comme ladite l. le dit en la fin, car souspeçon doit estre estrange à tous preudes hommes.

### CHAPITRE XVIII.

ᵇ *Comment Gentishom doit requerre son Seigneur, que il le mete en sa foy, & comment li Sires le reçoit à homme.*

ᵇ Comment on doit requerir son Seigner, ou entrer en sa foi sans demoute, & da faire obeissance ligement.

QVAND aucuns doit tenir de Seigneur en ᶜ foy, il doit requerre son Seigneur dans quinze jours, & se il ne le faisoit dedans ᵈ quinze jours, li Sires pourroit, & deuroit assener à son fié par defaute d'omes, & seroient les choses seuës que il trouueroit sans retor, & si feroit vers son Seigneur, ce que il deuroit fere du rachat; car quand aucuns veut entrer en foy de Seingnieur, si le doit requerre, si comme nous auons dit cy-dessus, & doit dire en en tele maniere: *Sire, je vous requiex comme à mon Seigneur, que vous me mettés en vostre foy, & en vostre homage de tele chose assise en vostre fié, que j'ay achetée,* & li doit dire de quel home, & doit cil estre presens, qui est en la foy du Seignieur, ᵉ & se ce est por achat, ou se ce est d'escheoite, ou de descenduë, il le doit nommer, & jointes meins, & dire en tele manere: *Sire, je deuien vostre homme, & vous ᶠ doi feeuté d'ore en auant, comme à mon Seigneur enuers tous hommes,* ᵍ [ *qui puissent viure, ne mourir* ] *telle redeuance, comme li fiés la porte, en fesant vers vous de vostre rachat, comme vers Seigneur,* & doit dire quoi du bail, ou d'escheoite, ou d'achat, & li Sires doit presentement respondre, *Et je vous reçois, & preing à home, & vous en bese en nom de foy, & sauf mon droit & l'autruy,* ʰ [ *selon l'vsage de diuers païs,* ] & li Sires puet prendre ⁱ large place de la moitié, & des rentes, se il ne fine du rachat, & ᵏ aussi des releuoisons, més nus ne set releuoisons de bail, ˡ ne de douere, ne de frerage ᴵᴵ, ne jour de monstrée, selonc les vsages ᵐ de diuers païs; ce n'est en vn quas, car qui relieue de bail, il doit fere seures les parties, quand li enfant vendront en aage; ⁿ [ *cil qui a le bois les fera fere à ses dépens, & à ses cousts, & en gardera les censiers de dommage.* ] bail si est de fié, més en vilenage, si n'a point de bail.

ᶜ fié
ᵈ XL.
ᵉ & saisir l'autre, & dessaisir en la main du Seigneur
ᶠ promets foi & loiauté
ᵍ desunt inclusa
ʰ desunt inclusa
ⁱ la leueur l'année, les rentes, il n'a vers lui du rachat
ᵏ ainsi
ˡ ne de don paier
ᵐ fresche, ne nus n'a jour de conseill fraresche, ne de jour de monstrée de la curt laie
ⁿ desunt inclusa

### CHAPITRE XIX.

ᵒ *Comment l'en va auant en toutes quereles, qui a à marchir au Roy.*

SE aucune Iustice prend vn home le Roy, ou bourjois, ou manant, ou qui au Roy s'aüoe en l'obeïssance le Roy, la gent le Roy si doiuent mander à la Iustice en tele maniere; *Nous vous mandons que vous à tel homme, qui au Roy s'aüoë, que vous aués pris, ou aués fet prendre, ou* ᵖ [ *detenés* ] *à tort,* autrement n'auroit-il pas recreanee, se il ne disoit à tort, selonc l'vsage de Baronnie, *Rendés ou recreés, ou vous soiés au jour pardeuant nous,* & li doit l'en assener jour, qui soit soufsisant, selon ce que la Iustice verra que il sera bon à faire, selon la personne qu'il tendra, & selon ce que la Iustice sera honneste, & selon ce qu'il tendra en Baronnie, & ᑫ au jour il doit enuoyer souffisant gent, ou il doit venir, ou dire raison souffisant, parcoi il n'est pas tenus à fere ʳ, & li resons est à fere resonable que il ait present en autre chose, si comme nous auons dit dessus, & il en mueue Iuge, il doit estre oïs, & se ˢ [ il ne dit chose resonable, ] & il ne le vuelle rendre, ou recroire, la Iustice le Roy le doit parforcier par la prise de ses hommes, à ce qu'il ayent la sesinne de l'home le Roy, & qui au Roy s'aüoë, & quand il seront en sesinne, li Rois gardera droit à soy, & à autruy, si comme nous auons dit dessus; car li Rois si ne porte de nului sesinne, més l'en l'emporte de lui, & si fera amende de la recreance vée aus gens le Roy.

ᵒ Comment on doit mander recreance pour sa gent enquerre de son droit, sans celer sa droittire, nu seignorie, quand la chose partiet au Roi
ᵖ deest
ᑫ & se li resons est resceuable, & il en mueue le Iuge, on l'en doit oïr, ou present, ou en autre chose
ˢ desunt inclusa

## LES E'TABLISSEMENS

*a il rent quite*  
*b par les Establissemens*  
*c qui est par*  
*d au Prince*  
*e quant la chose*

Car li Roy en est en sesinne & en possession, & qui vée recreance à sa gent, ᵃ il le ront quite, & fet amender de la recreance vée, selonc l'vsage du païs & de la terre : & si enquierent les gens le Roy de son droit par bonnes gens, & par bonnes prueues & loiaus, se il les veut amener, & s'il i a son droit, l'en li rendra la cort pour justifier selonc ce que cil sera trouués en tort, si comme il sera prouués par l'enqueste, qui en aura esté fete loyaument, & ainsi va l'en auant en toutes quereles qui auront à marchir au Roy, ou de contens, d'escheoire, ou de muebles, ou d'heritage, ou d'apartenances à heritage, ou de Iustices, ou de seigneuries ; car li Rois ne tient de nului que de Dieu, & de luy, ne de son jugement, nus ne puet appeller, qu'à Dieu, si comme nous auons dit dessus ᵇ : ne nule Iustice le Roy ne puet pledier de son droit, ne de ses heritaiges, fors en sa Cort; & li Roy ne perd pas par son feble Serjant, més à luy puet en bien perdre, & rien gaaingnier, & li Baillis, ᶜ qui par de seur les Serjans doit veoir, & les droits fere sçauoir au Roy, selonc droit escrit en Code des Auocas ᵈ de haults Princes, en la loy, qui commence *fisci Aduocatis*, & si se doit garder, qu'il ne toîle les droits le Roy, ne les profis au Roy, se ce est d'heritage, ou d'autre grande chose, car nus Serjant ne puet fere dommage au Roy, ne chose qui soit contre droit, selonc droit escrit, en Code de *Imperatori precibus offerendis*, en la loy qui commence *ne damnosa*; més bien puet fere son profit, & enquerre de son droit selonc l'vsage de la Court laie, & de l'Hostel le Roy, que il soit estables ᵉ quant a la chose à proprieté, ou à Iustice ou à seignorie.

### CHAPITRE XX.

*f D'apeller home de meurtre & de traïson, & de respondre presentement, & de sere retenuë, de plus fere en curt de Baronnie sans estre defaillant.*  
*g ou de rat, ou*  
*h car nus homs n'a jor de conseil de tel fet*  
*i cort laie*  
*k desunt inclusa*  
*l que ele itteroit*  
*m se mes Sires*  
*n deest*  
*o jusqu'à tant que le Barons*

ᶠ Comment l'en va auant en querele, quand home est appellé de quas de haute Iustice.

SE aucun appelle vns autre de traïson, ou de murtre, ᵍ ou de cas dessus dit où il i ait peinne de sanc, ou de peril, ou de perdre vie, ou membre, il doit presentement respondre sans demeure, & sans jor de conseil ʰ de tel fet, selon l'vsage de ⁱ diuers pays, & se la journée passoit que il ne s'en meist à plus li deffens li porroit bien porter grand dommage, & se il estoit d'autre Iustice, il deuroit dire ce que nous auons dit dessus, & doit fere retenuë, que l'en appelle protestation. ᵏ [ se est que retenuë vaille ] Il est escrit en Decretales, *De iis, quæ vi, vel causa metus fiunt*, el premier chap. qui se commence *probatum*, où il est escrit de la noble Dame qui fit protestation, ˡ qu'ele estoit de religion, quand ele i entra par la force de son Seignor, & li valut, & doit dire en tele maniere : ᵐ *Messires n'auoit pas tel Iustice en celuy leu, je l'offre à deffendre, ci, ou là endroit où droit m'amerra, si comme je deuray*, & doit nommer son Seigneur, & doit auoir pour luy qui le requierre en la Cour droit faisant, si comme nous auons dit dessus, & ainsi se porroit passer du deffaut, & doit la Iustice ces deux parties bien tenir ⁿ [ ygaument ] ᵒ tant qu'il soit cogneus de la Iustice, & que ses Sires le requierre; car se il fesoit fosse auoërie, elle li porroit bien porter dommage, se il n'auoit fet tele retenuë, comme nous auons dit dessus ᵖ en la fin, el tiltre de justice de Vauasor. ᵖ ou ses Sires n'auoit tele Iustice en sa terre, & tele Iustice n'auoit mie Vauaseur, ains là li si come nous auons dit dessus en la fin ou chap. de Iustice de Maufaitour.

### CHAPITRE XXI.

*q Dou droit au Roi de tenir home pour sa dete conneuë & esprouuée;*

ᑫ De dettes deuës au Roy.

SE Sires li Roy est en sesinne, & en possession generalement de prendre, & de tenir pour sa dette conneuë & prouuée cors, & auoir, & heritage

## DE S. LOVYS.

tage selon l'vsage de la cort laie, ᵃ ne l'enne met pas l'home en prison pour dete, se ce n'est pour la ᵇ seuë, selonc droit escrit en Decretales [ᶜ des solutions, el chapitre *Odardus cum suis concordantiis*, & en Code, en la tierce loy *Si aduersus fiscum*;] més il doit fere la loy du pays que il le fera paier au pluftost que il porra, & jucrra seur Sains, qu'il n'aura dequoy payer ne tout, ne en partie, & au pluftost que il pourra venir en plus grand fortune; qu'il payera, & doit jurer, que il vendra son heritage dedans quarante jours, se il l'a, & se il ne lesesoit, li deteur le vendroient, & li feroient enteriner la vente selon l'vsage de la cort laie.

*& d'abandonner ses biens selon la Coustume dou leu, & de trouuer la vente.*
*ᵃ & selon droit escrit en Decretales des paiemens, & ou Code Si aduersus fiscum, l. 3.*
*ᵇ saisine*
*ᶜ desunt inclusa.*

### CHAPITRE XXII.

#### Des commandements au Roi.

QVAND li Roy mande aucun Baillif, que il face droit à aucun plaintif, il mande seur tele forme, *Nous te mandons, que à tel porteeur de ces presentes faces bon droit & hastif, selon la Coustume du pays, & de la terre* ᵈ; selonc droit escrit en Decretales de l'office des Testamens, en la loy, si quando talis, *el commencement*. Car quand l'en n'vse pas du droit escrit, l'en doit auoir recort selonc la coustume du pays & de la terre, & coustume passe droit, ᵉ [ & est tenuë par droit, selonc droit escrit, en la Digeste *de leg. & Senatusconf. & long. consuet*. en la loy *de quibus causis*, où il est escrit de cette matere, & en Code *quæ sit longa consuetudo*, en la premiere loy, où il est escrit de cette matere, ] & li Baillif puet bien enquerre en apprenant les drois le Roy, tant que il soit certain par bonnes prueues, que aucuns a droiture en la chose, car li Roy donne droit à soi & à autruy, si comme nous auons dit dessus, & selon l'vsage de Baronnie.

*ᵈ car li entencions au Prince n'est mie de toslir autrui droit, & d'aller contre la coustume du pais, & droits s'i accorde, Cod. de in off. l. si quando.*
*ᵉ desunt inclusa.*

### CHAPITRE XXIII.

#### ᶠ *D'home, qui bat autre, ou fet sanc, comment la Iustice en doit ouurer.*

SE aucuns se plaint d'vn autre, qu'il li ait fet sanc ou plaie ᵍ qui soit aparissant, ʰ [ ou monstrée ] à la Iustice, cil qui sera trouués en tort, & aura ⁱ la colée donnée, & si l soit de atains par tesmoins, il paiera LX. s. d'amende à la Iustice, & XV. s. au plaintif, se il les en veut leuer, & amendera au plaintif ses dommages, & la plaie li doit fere guerir : més l'en doit regarder dont le sanc est issus, & se il i a plaie mortele, il fera l'amende qui est dessus dite, selon l'vsage de Paris & d'Orleans; car tant li bourjois, & li manant ne payent que LX. s. d'amende de quelque meffet qu'ils facent, se ce n'est de larrecin, ou de rat, ou de traïson, ou se il ᵏ [ ne ] li a aucun membre tolu, pié, ou poing, ou oreille ¹, selon la forme de la Chartre, si comme il est dessus dit.

*ᶠ De faire amende de sanc, ou haute ou chaable Iustice.*
*ᵍ ou chaable*
*ʰ deest*
*ⁱ les cops*
*ᵏ desunt inclusa*
*¹ ou œil*

### CHAPITRE XXIV.

#### ᵐ *De parole vilaine.*

SE aucuns dit parole à autre sans fet ⁿ, qui soit vilaine, & sans sanc, le plaintif en a V. s. se il est prouué, que il ait ainsi dit, & V. s. à la justice; més la femme paye, que demie amende de 3. s.

*ᵐ De faire amende de plainte sans sanc.*
*ⁿ sans sanc & fet.*

*Partie III.* i

## LES ETABLISSEMENS

### CHAPITRE XXV.

<sup>a</sup> *De dons & de parties, que pere & mere font à leurs enfans.*

ᵃ De dons entre home & feme en mariage.

CE que pere & mere font à leurs enfans deuant le mariage fi eſt eſtable, & ſe il marie ſon fiul ou ſa fille, ſi s'en va quittes o ce que pere & mere li donne ſans retor, ſe droite eſcheoite ne li donne : més pere & mere ne puet ce fere en ſa veüeté l'vne partie plus grande de l'autre, ſe ce n'eſt de l'aſſentement aus enfans, qui ſoit pas eſtables, ſelonc l'vſage ᵇ de diuers pays.

ᵇ de curt laie

### CHAPITRE XXVI.

*De la ſemonce au Preuoſt, & de fere eſcouce à ſon Sergent.*

SE aucuns eſt ſemons de la ſemonce au Preuoſt, & il ne vient à jour, le Preuoſt en a v. ſ. d'amende de la defaute, & ſe cil veut jurer qu'il ne ſot ne n'oï l'ajornement, il s'en paſſera quites ᶜ, ne il reſqueut ſon gage au Serjant, il payera LX. ſ. de la reſqueuſſe, ſe il en eſt prouués, & ſe il veut arraïnir, ou jurer, que il ne fit la reſqueuſſe, il s'en paſſera quites enuers les Serjans ſelonc l'vſage de court laie. més ſe il en eſt prouués par teſmoin, il en payera LX. ſ. ᵉ

ᶜ de la bannie, &

ᵈ l'amende

### CHAPITRE XXVII.

ᵉ *D'home qui ſe plaint en la cort le Roy de ſon Seignieur*

ᵉ D'eſtre Iuge en ſa propre querele.
ᶠ juſtifaubles ſe

SE aucuns ᶠ ſe plaint en la court le Roy de ſon Seigneur de dete, que ſon Seigneur li doie, ou de promeſſes, ou de conuenance que il li ait fetes, li Sires n'aura mie la cour : car nus Sires ne doit eſtre juges, ne dire droit en ſa propre querele, ſelonc droit eſcrit en Code, *Ne quis in ſuâ cauſâ judicet*, en la loy qui commence *Vnica*, el rouge, & el noir, où il eſt eſcrit de cette matiere. non auroit ᵍ il ſe plaignoit de ſon home, ou de ſon fié, ou d'eritage, ou d'autre choſe, qui deuſt eſtre tenuë de Seigneur, ʰ il n'en aura pas la cort ne l'obeïſſance droit feſant : car à ce jugement faut trois choſes, & ſont neceſſaires Iuges, & demandemens, & deffendant, & en ces quas où il auront deffendant & demandant, li Sires feroit quere ⁱ litres, ſi ne ſeroit pas la cort igax, car jugement ſi ne doit pas ᵏ ecligier, ſelon l'vſage de cort laie.

ᵍ mais
ʰ il en aura ne

ⁱ lerres
ᵏ clochier

### CHAPITRE XXVIII.

*De donner aſſeurement, qui eſt fet en la cort le Roy.*

SE aucuns donne aſſeurement en la cort le Roy à aucun plaintif, & puis l'aſſeurement li ait la triue enfrainte, & l'aſſeurement brinſié, & il en ſoit ſemons pardeuant la gent le Roy, il reſpondra pardeuant aus, tout ſoit il leuant & couchant en autre ſeignorie, tout ait li Sires telle haute Iuſtice en ſa terre, & conuendra que il demore illuec por juſticier pour la raiſon de l'aſſeurement fet en la cort le Roy, ou pardeuant ſa gent, ſelon l'vſage de Baronnie, tout ne ſoit pas pris en fet preſent : car li Roy eſt ſouuerains, ſi doit eſtre ſa cort ſouueraine.

## CHAPITRE XXIX.

### ᵃ D'home, qui desauoë son Seigneur.

SE aucuns Gentilhomme ᵇ [ne desauoë son Seigneur] assenne à son fié par de-faut d'ome, ou de rachat, ou de roncin, ou de seruice, ou por autre chose en vi-sant de son droit, & cil qui est li demaines s'auoë bien à tenir la chose de luy, li Sires li rendra la seuë chose, ou ᶜ requerra, ou l'enmerra par droit, & li as-senera souffisant jour dedans les nuis, ou dehors les nuis de quinzaine ᵈ [se-lonc l'vsage d'Orlenois] entre les Vauasors, & le justicera, & menra par droit selonc la coustume ᵉ [du païs] & de la terre. més se il desauoë à tenir de luy pardeuant Iustice, & il auoë vn autre, il ne puet, ne ne doit assener au fié, ainçois en aura cil la sesinne. ᶠ més se il a droit el fié, il le puet bien ᵍ sere, & doit, & se il puet monstrer que cil li ait fet mauuese auoërie, & que li fiés doit estre tenus de celuy ʰ [& de ses deuanciers, ] & que il ait sere nouuelle auoërie, car li Rois dessent nouuelles auoëries, cil perdra le demaine, se il en estoit atains, & que cil l'ait proué contre luy, & pource si en doiuent ⁱ li Gentil-home garder, que il ne vendent à autre Seigneur que à leur droit Seigneur : car tiex dommages ᵏ si en pueent bien venir comme de perdre le demaine, selonc l'v-sage de Baronie, & si est grand pechié mortiex, comme desauoër son Seigneur : car l'en en perd l'ame & son demaine, ᵏ [ & si en puet jugier bataille, se ce est hors de l'obeïssance le Roy : car l'en met bien le fié encontre le demaine, selonc l'vsage de cort laie ; ] & se ce est en l'obeïssance le Roy, par enqueste, selon les establissemens le Roy.

ᵃ D'assener à son fié pour defau-te d'home, & de sau-uer son Sei-gneur.
ᵇ desunt in-clusa.
ᶜ recreera,
ᵈ desunt in-clusa.
ᵉ desunt.
ᶠ que il ara auoé, mas
ᵍ suir
ʰ desunt
ⁱ li Vauas-sours & li gent.
ᵏ desunt in-clusa

## CHAPITRE XXX.

### ˡ De Aubains, & de bastards.

SE aucuns aubains, ou bastard muert sans hoir, ou sans lignaige, li Roy est hoirs, ou li Sires sous qui il est, se il muert el cuer du chastel. més bastards, ou aubains ne puet fere autre Seigneur que le Roy ᵐ en obeïssan-ce, ne en autre Seignorie, ne en son ressort, qui vaille, ne qui soit estable, ⁿ [ selon l'vsage d'Orlenois, & la Saaloingne. ]

ˡ De bastars & d'au-bains, & d'apeller ho-mage de ser-uage, & de deffendre nouuelle auoïrie, & de fráchise.
ᵐ en s'o-beïssance.
ⁿ desunt.
ᵒ Il n'y a point de di-stinction a' article.

## CHAPITRE XXXI.

### ᵒ De demander homme comme son serf.

SE aucuns s'auoë homs le Roy, le Roy li tient en sa garde jusques à tant que contreres soit proués, selonc droit escrit en Decretales des presom-ptions ᵖ [ en la loy dern. des Decretales, & en la Digeste de re militari, en la loi qui commence, à Barbaris ] se aucuns le sient de seruage, il doit sere sa demande en tele maniere : Sire, je demánt quell, car il est mes hom de cors, & de chief : car mes pe-re en mourut en saisinne, & en possession comme de son serf, & comme son justi-fable de contens, & d'eschéoites, & de muébles & de fet de cors, & de heritage comme son serf, & ce après la mort mon pere en requier la sesinne, comme mon serf, dont se il cognoist ce que je dis, je vous requier, que vous le me rendés, comme mon home, & se il le nie je l'offre à prouuer, si comme je deuré par l'esgard de la cort. Lors est la demande oïe en jugement. Cil qui est demandés doit demander jour de con-seil, & le doit auoir selonc l'vsaige de Baronnie, & au jour proposer toutes ses loyaux deffenses, & leur est la Iustice, & li doit demander la painne des establissemens le Roy. car se il prueue ce qu'il dit, il l'enmerra comme son serf, & se il defaut de prueue, il demoerra en la volonté de la cour pout l'amende,

ᵖ desunt in-clusa.

Partie III.                                                                I ij

& se doit lier à la peinne auant toute veuë, & li deffendierres si doit dire en tele maniere, Sire, je suis home le Roy, & bien m'i auoé, & en tieng mes muebles, & mes choses, ᵃ dont je vous requiex la deliurance de mes choses, ou la recreance, droit fesant. Il le doit auoit selonc l'vsage de la Baronnie, & puet dire en tele maniere: Sire, ma mere fut franche fame le Roy, & nus ne perd au Roy ᵇ de sainġ de crois, ou de sainġ seigniés, selonc l'vsage d'Orlenois ᶜ, dont je vuel que li Generaus valle, & la coustume, dont je doi suiure la condicion de ma mere, si droit s'i accorde, & si est en Code *de rei vendicatione*, en la premiere loy, qui commence *partum ancillæ*, où il est escrit de cette matere. & aprés la mort de ma mere ᶜᶜ xx. ans, ou xxx. ans, & plus, se il est certains en prouuer, ᵈ [ autrement non ] à veuë, ᵉ [ & seuë ] du païs, par laquelle reson nous volons demourer en l'avoërie le Roy, se droit nous i amainne, droit dit & li vsages de Baronnie que longue tenué de xx. ans de serfs ᶠ contre Seigneur, & meismement en franchise, ne puet estre brisiée, selonc droit escrit en la Digeste des regles de droit, en la loi qui commence, *libertas*, où il commence mot à mot de cette matiere. & pour ce Messires li Roy deffent les nouuelles auoëries conneuës & loyaument prouées. ne ne sient nului fors les bastars, ᵍ [ & les aubains ] ne nus bastars ne puet fere faute, ne esploits, que l'en face seur luy à tort, ne ne puet porter dommage au Roy à ce qu'il en perde l'obeïssance ne le droit, qui que ait son cors, selonc l'vsage d'Orlenois, & la coutume de Saaloingne, & se cil qui est apelés puet prouuer, que il soit fils de la franche fame, il demoerra pardeuers le Roy, se il n'est home, ou fame de sainte Crois, ou de S. Aignien, & doit auant prendre la Seigneurie de par le pere, quand ce vient aus parties fere, selonc l'vsage de la Saaloingne : & se autre personne le suit, il demourra en l'avoërie le Roy. Car nus ne part au Roy que saincte Crois, & S. Aignien, si comme nous auons dit desus, & se ainsi estoit que cil qui est apelés de seruage ne fust en aage, il n'en auroit la responce deuant qu'il fust à droit en la sesinne des biens, & en la possession ʰ dequoi ses peres estoit sesis, & vestus, au temps que il ala de vie à mort, & donner bons pleiges de tenir la chose en bon estar, & de torner vers le Seigneur, se il pooit prouer, que cil fust ses hom de corps, quand il vendroit en aage, se li Sires le voloit appeler comme son serf, selonc droit escrit en Code *de Carbonario edicto*, en la premiere loy, où il est escrit mot à mot de cette matere. & se aucuns est apelés de seruage deuant ⁱ aucune Iustice le Roy, ᵏ [ ou deuant aucun Serjant en aucun diuers païs ] il ne doiuent pas pledier de seruage pardeuant eus : car il n'en puent, ne ne doiuent connoistre de cele querele, où il apent heritage, & est ˡ [ en cause ] de grant pitié, & fauorable, qui ne puet estre prisiée qu'en franchise. ne il ne doiuent pas cognoistre, ains en doit cognoistre li Prouos, ou li Baillis, & si est escrit en Code, el tiltre des Iuges pedanées, en la seconde loy, qui commence, *Placeat vobis*. en la fin, où il est escrit de cete matere. & de ce sont li homme le Roy, & qui auoënt au Roy en sesinne, & en possession, en la Saaloigne, qui ne sont mie tenus de pledier, ne de respondre pardeuant aus ᵐ [ selonc l'vsage de cort laie. ]

## CHAPITRE XXXII.

ⁿ *De semondre les hommes le Roy en autre Iustice, qu'en la seuë.*

SE aucuns Barons, ou aucuns Vauasors, qui ait Iustice en la terre, semont, ou fet semondre l'home le Roy, li hom le Roy n'est pas tenus à aler pardeuant aus, ne à leur ajournement, se il ne sont couchant & leuant el cuer de son chastel, ou se il ne tient d'aus, ou ᵒ du fet de leur cors, il ne se justiceront mie par aus, ne il n'ont prise Iustice, ne Seignorie en l'home le Roy, ᵖ se il n'est pris en present la gent le Roy, ou en ont cognoissance, ou la sesinne, si comme nous auons dit dessus el tiltre des mausereurs en present fet;

# DE S. LOVYS.

où il est escrit de cette matere selonc l'vsaige de cort laie, & de cort de Baronnie.

## CHAPITRE XXXIII.

### ᵃ *De requerre son justifable en la cort le Roy.*

SE aucuns hom se plaint d'vn autre en la court le Roy, ou deuant sa gent, de fons d'heritage, ou de fié, ou de ᵇ censiue, & les parties soient mises en responce sans ᶜ auoir autre Iustice, ne autre cort, & il soient justifable à aucun Baron, ou à aucun Vauasor, & li Sires viegne auant, & requiere sa cort, & ce soit d'heritage, qui doie estre tenus de luy, pour ce ne perdra-t-il pas l'òbeïssance de la cort, ᵈ [ ains li rendra l'en la cort en celui point,] quand la Iustice le Roy sera certaine qu'il en doie auoir la cort, ᵉ qui trouuera la part deffendant en la terre, & selon les erremens dessus faits, & dits, & se la gent ᶠ trouuoient aucune partie deffendant en la cour au Baron, ou en la court de celuy qui eust Iustice en sa terre, ᵍ il en auroit le recort, se ce estoit chose dont il deust auoir la cognoissance, tout se fussent mises les parties en ny & en deffense, & li esploit & li erremens du plet fet en la cort au Baron ne seroient mie tenus en la cort le Roy, ainçois feroient nouuellement deffenses, & les menroit l'en par droit selon l'vsage de la terre, & coustume du païs. Il n'est mie auenant que le fet du justifable soit tenu en la cort au Souuerain, & ainsi est il tenu selon l'vsage de Baronnie en cort laie. més se ce est de muebles ʰ [ ou de heritages qui appartiennent à muebles, ] ou deffaut de son corps, & se ils s'estoient mis en responce, & en ny en la cort le Roy, li Sires n'auroit mie le recort de sa cort, ainçois demoertroit illuec, pour justicier, quand il n'ont auoë autre Seigneur auant la responce. Car frans hom puet fere Iuge en tel cas de qui que il veut, quand il sçait qu'il a Iustice en sa terre, & frans hom puet bien renoncier à ce qu'il fet pour luy, selonc droit escrit en Code, des jugements, el tiers liure en la l. qui commence *seruus in judicio*, où il est escrit de ceste matere especiaumentⁱ.

## CHAPITRE XXXIV.

### ᵏ *De franchir home.*

NVs Vauasor ne Gentishom ne puet franchir son home de cors en nulle maniere sans l'assentement au Baron, ou du chief Seigneur, selon l'vsage de la cort laie.

## CHAPITRE XXXV.

### *De relaschier larron.*

NVs Vauasor ne puet relaschier larron sans l'assentement du Baron, ainçois apartient au Baron la cognoissance que il ne puet fere enqueste qui appartiegne à si grand Iustice, ne il ne puet leuer Iustice ne forches, se li fés n'i auoient esté jugiés, & se les forches chieent par quas d'auenture, il ne les puet releuer, ne ne doit sans l'assentement du Baron, ou Chief Seigneur, ne ne puet ˡ à homme forjurer sa chastellerie, ne fere ᵐ forban, & se il le fet, il perd sa Iustice. Car ce n'est pas Iustice de Vauasor. Iustice de Vauasor, si est en l'vsage d'Orlenois, el tiltre d'apeller homme de murtre, & de traïson, & de fere retenuë, en la fin selonc l'vsage de cort laie.

---

ᵃ *De requerre sa court de ses justisaubles, droit faisant, & de tenir estans le fait dou Souuerain, & de ses fuitifs.*
ᵇ *sesinne*
ᵈ *desunt inclusa*
ᵉ *& li rendra l'en la court en tel point come il trouuera,*
ᶠ *le Roi*
ᵍ *le Roi en*
ʰ *ou d'eschoites. inclusa desunt*

ⁱ *& li sers quand il s'enfuit de son Seigneur, il fait larrecin de lui mesmes, ne la fuite dou serf ne puet porter domage au Seigneur en nulle maniere, selon droit escrit en Code, & selon l'vsaige de Baronnie.*
ᵏ *Ce chap. & le suiuants sont dans le precedent.*

ˡ *faire à home ban*
ᵐ *ban*

I iij

## LES E'TABLISSEMENS

### CHAPITRE XXXVI.

#### ᵃ De gentillece de Baron.

ᵉ Il n'y a pa-
reillement
aucune dif-
tinction.
ᵇ frerage
ᶜ marchié

NVs ne tient de Baronie, se il ne part de Baronnie par partie, ou par ᵇ frerage, ou se il n'a le don dou Roy sans riens retenir fors que resort, & qui a ᶜ à marchir, chastelerie, ou paage, & lige ostage, il tient en Baronnie, & en droitement parler. & porte bien le droit recort en choses jugiées, & en choses mises à fin & en autres plusieurs choses, selonc l'vsaige de la cort laie, & doiuent estre semons souffisamment comme Ber par certain Serjant par la raison de la Baronnie. autrement il ne seroit tenu de respondre, se il ne leur plesoit, ᵈ [ selonc l'vsaige de diuers païs. ]

ᵈ desunt

### CHAPITRE XXXVII.

#### ᵉ Comment jugement doit estre establis, quand prueues sont igaux d'vne part & d'autre.

ᵉ De sen-
tence qui est
donnée pour
franchise.

SE aucuns est appellé de seruage, ou de murtre, ou d'aucun autre meffet, dont il doie perdre vie, ou membre, & prueues soient trétes contre lui, & il soit auis à la Iustice, que li fet soit souffisamment prouués, & li deffendierres ait proposé en jugement sa deffense que il ait fet le fet seur luy deffendant, & cele chose soit prouuée souffisamment, & les prueues soient d'vne part & d'autre soient pariagl, ou cil qui est apelés de seruage, & ait prouué que il soit en estat de franchise, ou en autre presomption qui li doient aidier, si comme il est dit dessus, & prueues soient igaux d'vne part, & d'autre, droit dit que sentence & jugement doit estre plustost donnés pour celuy ᶠ escuser & apeler de seruage, que pour l'autre, & aussi por celuy qui est appellés de murtre, que pour l'autre, selonc droit escrit en Decretales, el titre des prueues, en la Decretale, qui commence *ex literis tuis*, où il est escrit de cette matere, que quand prueues sont igax d'vne part & d'autre, & sentence doit estre donnée pour franchise plus pour celuy qui est ᵍ escusés, que pour l'autre : car droit est plus prés à asoudre, que à condamner à mort, si comme il est escrit en Decretales mot à mot, & vsages du païs si accorde. & ainsi doit fere jugier toute leal Iustice : car ʰ l'en doit les fiuls de ses homes, se cil qui sont ⁱ escusé, ou qui accusent, ᵏ & promettent veent à Iustice liurée l'enqueste, ou les prueues aus jugeeurs, & droit le dit en Decretales, el tiltre aus Iuges delegat, en la bonne Decretale, qui commence *Prudentiam*, el second respons, où il est escrit de cette matere, que jugemens soit enterins, qui est confermés par plusors sentences, & coustume du païs est esprouuée, & vsaiges ˡ si accorde.

ᶠ qui est
accusés

ᵍ apelés

ʰ on doit
jugier
leiaument
les fils des
hommes,
ⁱ accusés
ᵏ ne prou-
uent & ju-
stice,
ˡ de court
laie

### CHAPITRE XXXVIII.

#### ᵐ Comment l'en doit appeller de murtre.

ᵐ D'apa-
ler home de
trieue en-
frainte.
ⁿ ou de
traïson, ou

QVAND aucuns apele aucune persone de murtre, ⁿ ou de larrecin, ou de cas, qui sont dessusdis de haute Iustice, el tiltre d'apeler home de murtre, de traïson, il doit dire dont vient la traïson, ou se ce est de trieue enfrainte, il doit monstrer sanc ou plaie, ou descireure, ou chaple : car traïson n'est mie de parole, ainçois i conuient fet aparissant monstrer à Iustice, & en puet l'en jugier bataille selon les paroles ; & conuient que l'en mete en murtre le veoir, & le sauoir. Et se aucuns apele nus autres de traïson deuant Iustice, il doit dire en tele maniere : *Come je fusse tel jour en tel lieu sans tort que je fisse à nului, sans droit que je veasse, & sans ce que je eusse regard de nului, quell*

# DE S. LOVYS. 71

vint à moy enuers qui je eſtoie en tricues, & en aſſeurement fet par la Iuſtice, & cel jour me feri, dont cuir creua, & ſanc en iſſit, come traitres, dont ſe il le connoiſt je requiers que il ſoit punis, comme de ce fet, & me fit ſanc, & plaie. Car le ſanc ſi eſt le garand de l'home, ſelonc l'vſage de la cort laie. & fut monſtrée à la Iuſtice. & ſe il le nie, je l'offre à ᵃ monſtrer, & à voir en champ de bataille, ainſi comme la cort eſgardera, que tere le doie, comme home qui a ſon eſoine ᵇ apariſſant, il conuient que bataille en ſoit cors à cors, ſelonc l'vſage du pays, & conuient que il face encontre la demande preſentement tel ny, & telle deffenſe come il doit, ſi come nous auons dit deſſus, el tiltre d'appeller home de murtre, & de traïſon ᶜ : li Rois deffent les batailles en ſon demainne par ſes Eſtabliſſemens.

ᵃ prouer & enquerre
ᵇ & ſe li eſſoigne eſt apariſſant
ᶜ & ſe c'eſt en l'obeïſſance le Roy, par enqueſte, car li Rois, &c.

## CHAPITRE XXXIX.

ᵈ *Des muebles, & des heritages de larrons, & des murtriers, comment ils demeurent aus Seigneurs.*

ᵈ De meurtre, d'homicide, de faire rauage

SE aucuns hom fet ᵉ murtre, ou larrecin, ou autre meffet par quoy il doie perdre le cors ᵉᵉ, [ & il ait heritage, ou mueble, ou autre chaſtelerie, ] & li Sires ait Iuſtice en ſa terre, & haute & baſſe, & li murtriers ait heritage en aucune chaſtelerie, ou en aucune Iuſtice, li Sires ſi aura les muebles & les heritages qui ſont ſous luy tot ne ſoit-il couchant, ne leuant en ſa Iuſtice. par la reſon du murtre, & de l'amende generaument tout Seigneur, qui ont la haute Iuſtice en leur terre, auront les choſes que il trouueront en leur Iuſtice, & en leur Seignorie; car murtrier & homecide n'ont point ᶠ de ſuite, ſelonc l'vſaige de la cort laie. & eſt en la volenté des Seigneurs à tenir comme leur propre demaine, & de fere ᵍ reuaigier; c'eſt à ſauoir des vignes fere eſtreper ʰ, ſelonc l'vſage de diuers païs. En tel pays en tel vſage ſi apartient à Gentilhom & à Baron ſelonc l'vſage de la court laie, & tel Iuſtice doit l'en fere de murtrier & de robeeurs de gens par chemins, & d'homecides, & de robeors d'Ygliſes, & de ardeeurs de meſons, & de fauſſonniers de monnoyes, & de pluſieurs autres quas, ſi comme nous auons dit des cas de haute Iuſtice, où il eſt eſcrit de ceſte matere.

ᵉ murtre, ou homicide, ou larrecin
ᵉᵉ & auoir, cætera incluſa deſunt

ᶠ de ſeureté

ᵍ rauage
ʰ les meſons abátre, les arbres coper, & les piez arer

## CHAPITRE XL.

ⁱ *De dete conneuë & prouuée, comment l'en doit le deteur porforcier, quand il ne veut fere payement.*

ⁱ De cognoiſſance faire en jugemēt, & de entreuer les choſes jugées.

QVAND aucuns eſt cognoiſſans en droit que il doit aucune ſomme d'argent à aucune perſonne, & ſeur ladite cognoiſſance li detierres en ait donnees lettres de Preuoſt, ou d'aucune autre Iuſtice ordinaire, & il ſoit defaillans de payement au terme nommé, & cil viegne à la Iuſtice plaintif pour enterriner ſa lettre ᵏ en feſant paiement, la Iuſtice doit mander à celui que il paie, & le doit pourforcier par la priſe de ſes choſes en paiement fere, & ce appartient à Iuſtice de Preuoſt, & toute Iuſtice doit pourforcier ˡ ſelon droit eſcrit des executions de choſes jugées en la ſeconde loy en la fin, & el Code en autre lieu des Tranſactions, en la loy, *Si cauſa cognita*, & en la Digeſte de choſe jugée en la loy, qui commence *à diuo Pio*. Se il ne veut monſtrer paiement, ou quittance, ou aloignement de terme, lors doit eſtre oïe ᵐ la Iuſtice, & li doit l'en mettre jour ſouffiſant ſelon l'vſage de la court laie, & prouuer ſ'entencion, & ſe il defaut de prueue, la Iuſtice le doit parforcier par la priſe de ſes choſes, ſi comme il eſt dit deſſus, & ſe aucuns eſtoit en tel eſtat, que il n'euſt ne muebles ne chaſtel, parquoi il peuſt payer la choſe parforciée, conneuë, & jugiée, ſi jueroit ſeur Sains, que il n'auroit dequoy payer ne tout, ne en partie, & que au pluſtoſt que il vendroit en plus grande fortune, que il paieroit,

ᵏ pour faire

ˡ de forcier des corps

ᵐ oïs de la Iuſtice

# LES E'TABLISSEMENS DE S. LOVYS.

& doit abandonner ſes biens par ſon ſerement, & droit ſi accorde en Decretales des ſolutions, & en la Decretale *Odardus Clericus*. & ſi comme nous auons dit deſſus [a] el titre du droit au Roy où parle de cette matere.

[a] en l'vſage d'Ollenois

## CHAPITRE XLI.

### *De cheuauchiée fere come armes.*

QVAND aucuns eſt plaintif en jugement d'aucune perſonne qui eſt venus à ſon droit & à ſon fié ou à ſa ſeignorie à force & à tort [b] d'armes, & en lieu où il n'auoit riens à tenir de luy ne en fié, ne en demeinne, où il n'a ne priſe ne ſeignorie, ne vengement [c] du Roy mi ami enſemble, ou mes autres fiés, & dont je ſui en la foy, & en la ſeigneurie le Roy, & en ſui ſes homes lige a portez, ou fet porter mes muebles, ( & les doit nommer ) dont je requier que li ſiens en ſoient ſaiſis enterinement, & mes dommages amender juſques la montance de [d] cent liures, & doit nommer en ſa plainte le jour de ſa cheuauchiée. & ſe il connoiſt, que il ſoit venus ainſi come il doit; je vous requier come à Souuerain, que vous le me faciés amender. & ſe il le nie, je l'offre à prouuer par enqueſte, ou par teſmoins, ſi come la cort eſgardera, que fere le doie ſelon les Eſtabliſſemens le Roy, & le demant en jugement; li demandierres doit fere encontre la demande preſentement tel ny, & tel deffenſe, come il doit : car nus n'a jour de conſeil, de force, de cheuauchiée, ne d'armes, ne de fet de ſon cors, ſelon les Eſtabliſſemens le Roy, qui ſont cy-deſſus el commencement de dons ou franchiſe, ne Roy ne li doue, ou couſtume de pays [e], & ſe il eſt à cort ainſi venus, come j'ay dit el leu qui eſt dit, & auoë du Roy, il fera ſa demande par la couſtume du païs, & de la terre, & fera l'amende de LX.l. ſe il eſt Bers ou Cheualiers, ou Gentishoms, nus n'en eſt garantis ſelon l'vſage de [f] diuers païs, tout ſoit il Bers, ou tiegne en Baronnie.

[b] o armes  
[c] neluſtice, li quiex fiés, ou laquex ſeignorie je tiens dou Roy nu à nu enſemble o mes d CLV.  
[e] eſprouuée  
[f] d'Olenois, ſe il n'eſt Bers, ou ſe il ne tiente de Baronnie

## CHAPITRE XLII.

### *De deſauoër ſon fié de ſon droit Seigneur.*

SE aucuns deſauoë mauuéſement le fié de ſon Seignor lige, & il en ſoit atains, il perdra ſon fié ſi come nous auons dit deſſus, el titre de deſauoër ſon Seigneur, où il eſcrit de cette matere mot à mot, & vſaiges & couſtumes de païs generaux eſprouuée ſi accorde. Noſtre Sire li Roy deffent les armes & les cheuauchiées en ſes Eſtabliſſements.

[g] Le MS. de M. Nublé porte ces mots : *Cy feniſſent li Eſtaubliſſemens le Roy de Frāce à l'vſage d'Anjou, & d'Ollenois, & de toute terre le Roy de France en curt de Baronnie.*

[g] *Cy feniſſent les Eſtabliſſemens le Roy de France, ſelon l'vſage de Paris, d'Orleans, & de cort de Baronnie, ſi a deux cens & treize Chapitres.*

# LE CONSEIL

QVE

## PIERRE DE FONTAINES

DONNA A SON AMY.

OV

# TRAITE'

DE L'ANCIENNE

# IVRISPRVDENCE

DES FRANÇOIS.

# TABLE DES CHAPITRES.

I. Prologve que Pierre de Fontaines fit deuant le Liure que il donna à son ami.
II. Le consell que Pierre de Fontaines donna à son ami.
III. Des semonces & des ajornemens à Frans homes & à Vilains, que on fait semonre pour plaidier.
IV. Des contremans, & qui puet contremander, & quant Vilains puet contremander.
V. De la forme des sairemens que on fait pour les contremans.
VI. De ceus qui ne vont à leur jour, ne ne contremandent.
VII. De ceus qui plegent autrui d'estre à droit, & ki sunt soufisant plege.
VIII. Se aucuns est replegiés d'estre à droit, en quel point on le doit remettre.
IX. De ceus qui leur replegies n'ont à droit.
X. Quelle amende Franc & Vilain doiuent, qui defaillent de semonse que on leur fait.
XI. Chi parolle des més dis amparliers.
XII. Que li Iuges accomplisse les més dis ad amparliers.
XIII. En quele cause on a jour de Consell, & en quele non.
XIV. Des sousaagiés, qui ont vendu terre & autre coses.
XV. Pour gent commune de toutes manieres.
XVI. Chi parolle de tricherie.
XVII. De chiaus qui sont despaïsé, en quele cause il sont rétabli, & en quele non.
XVIII. Des mises & des arbitres qui les coses prennent sur aus.
XIX. Des Tauerniers & des Hosteliers, qui on baille les coses à warder pour faire sauf.
XX. Des coses mises en autrui main pour muer jugement.
XXI. Des jugemens que on doit faire bons & loiaus.
XXII. De fausser jugement, & comment on le puet fausser.
XXIII. Que nus ne mete home en son lieu pour plait tenir, si n'est de sa jurisdission en se demande.
XXIV. De donner se demande.

XXV.     Comment plait est entamés.
XXVI.    De ceus qui demandent.
XXVII.   Des festes, & du tans que on doit plaidier.
XXVIII.  Du pooir à Iustices, & de Cort auenant.
XXIX.    En quel lieu cascuns doit plaidier, ou estre enplaidiés.
XXX.     Chi parole où il conuient plaidier des crimes.
XXXI.    Quant li Empereur jugent des causes as orphelins &
         à véues, & as autres foibles personnes.
XXXII.   Où il conuient plaidier de dessaisine, & des fautes.
XXXIII.  Des testamens qui ne sunt mie à droit fais.
XXXIV.   Des dons que li peres puet faire à ses enfans.
XXXV.    Des possessions de bone foi, & de male foi.

# TRAITÉ
## DE L'ANCIENNE
# IVRISPRVDENCE
## DES FRANÇOIS.

*Chi commence li Prologues que* PIERRE DE FONTAINES *fist deuant le Liure, que il donna à son ami.*

### CHAPITRE I.

'EMPRENDRE de che don vous m'aués tantefois proié & requis, en apel jointes mains le pourueanche de la deuine bonté, sans qui aide nus hom morteus ne souffiroit à vostre requeste. Et de moi suis tous certains ke sens ne engiens ke je aie, ne estui- de ke je puisse faire, sans s'aide ne porroit pourfi- ter. Mais entre les autres ke je ai en pourpens pour vostre amitié retenir, vers qui je ne compe- re nulle cose humaine, fors vostre amour, me suis pourpensés en mon corage, que Dix puet donner les coses c'on espoire en bien, & parfaire les par sa grant vertu, si come le loy dist, & pour ce ai-je cangié le repos de m'aïe à grant trauail, pour conseillier vostre fill par vostre requeste, selonc mon pooir.

II. Entendant m'aués fait plusieurs fois, ke vous aués vn fill, ki moult bien se doutrine de bones meurs, & de ferme creanche, ke vous esperés ke il aprés vous tiengne vostre hyretage, pour ce si n'auriés ke il s'entendist és lois, si ke kant il hyretast, ke il sache droit faire à ses sougis, & retenir se terre selonc les lois du païs, & selonc les coustumes dont il est, en vsage de court laie, & saches ses amis conseillier, kant mestier sera : & de che m'aués-vous requis, & requerés ke je fache vn escrit selonc les vsages & les coustumes du païs, & de toutes cours laies.

K iij

# LE CONSEIL

III. Mais acouſtumés ke nous auons me truis moult eſbahis : pour ce que les anchienes couſtumes, ke li preudoumes ſoloient tenir & vſer, ſunt moult anoienties, partie par Baillieus, & par Preuos, ki plus entendent, à leur volenté faire, ke à vſer des couſtumes : partie par le volenté à ceux qui plus s'aherdent à leurs auis, ke as fais des anchiens : partie plus par les Rices, ki ont ſouffert & deſpoüilliés les poures, & or ſunt li riche par les poures depooſté. Si ke li païs eſt à bien prés ſans couſtume. Si ke puis n'a par auis d'oumes de quatre, ou de trois, fairs eſſample de couſtume ki tiengnent. & de ces auis auient il à le fois, ke cix en pert, ki gaagnier deuſt. car li auis eſt mult perilleus, ki ne ſieut en loys eſcrite, ou couſtume eſprouuée. Car nulle coſe n'eſt plus plenierement deſtintée, come de droit faire, ſi come le loys diſt. Et pour ce proi jou ciaus ki orront par eſcrit le conſell ke je donrai à voſtre fill, ke s'il i a aucune coſe, ou trop, ou peu, ke il m'ajuënt d'eſcuſer par trois raiſons. Premierement pour ce ke nus n'enpriſt onques, mais deuant moi ceſte coſe dont j'ai : l'autre, pour ce ke les couſtumes ſunt preske corrompuës, & moult ſe renuerſent par les caſteleries. La tierce, pour ce que tot doiuent auoir en memore en nulle riens pechier : & che apartient plus à Dieu, ke as homes morteus, ſi come le loys diſt, & mult me plaiſt ke il i metent amendement, ſe il voient ke meſtier en ſoit. Et ſachent-il bien ke là où il s'amenderont, il ſeront plus à loër, que je. car, ſi comme le loys diſt, cil qui amende ſoutieument le coſe ki eſt faite, fait plus à loër, ke cil ki le fiſt. mais je leur proi ki ne ſe hatent mie de reſpondre, ains dient tout atrait les mos, & entendent ke on veut dire. car on n'entent mie tel fois eſt ſi-toſt come on ôt le coſe dire.

*Chi commence le Conſell de* PIERRE DE FONTAINES, *ki donne à ſon ami, & à tous les autres.*

### CHAPITRE II.

I. TV qui te veus doutriner de droit, & de terre tenir, ſi te lô ke tu aies en toi quatre coſes princhipaus : cremeur de Dieu, contenir ſoi, caſtiement de tes Serjans, amour à deffendre tes ſougis. & pour ce ke tu n'as meſtier de parolles fors ne oſcures pour te joncce, & pour ce ke * ſeus de ſai home ne puet mie mult eſtudier en teles choſes, quatre coſes, & toutes les autres ki venront chi aprés, te dirai briement, legierement, & clerement.

*ceus

II. Cremeurs de Dieu, eſt li commenchement de ſapienſe, ſi comme diſt l'Eſcriture. Contenir ſoi, eſt li premiers commandemens des loys, ki dient ke on viue honneſtement : car ki eſt ſages, & deshonneſtement ſe maine, mains en eſt priſiés & creus. Caſtijer tes Serjans, ſi ciert bone renommée & profis à te terre, & t'eskieuera de blâme : car maintefois a eſté mis des meſfais à Serjans ſeur les Sengneurs par commune renommée, meement kant il ne l'amendent. Amours eſt defendement de tes ſougis, ce ſera mult grant preus. car mout de maus en ſunt venu à Sengneur par le haine de leur ſougis, maint ochis, & maint deſyreté, & maint eſſilié ; ne de riens n'aquerras-tu tant leur amour, come de garder leurs couſtumes, & d'aus deffendre, ke on tort ne leur face. Et ſaches tu ke plus ſeroies haus hom en honneur, Empereurs, ou Quens, & plus te pourfiteroit à auoir ces quatre coſes.

*Chi parolle des ſemonſes & des ajornemens à Frans homs, & à Vilains, ke on fait ſemonre pour plaidier.*

### CHAPITRE III.

I. TV peus ſemonre ton vilain ki eſt tes coukans & tes leuans, du matin au veſpre, & du veſpre au matin, ſi n'eſt garni encontre toi d'autre loi priuée. Li ajornemens de tes Frans homes doit eftre de quinze jots, foit k'il foient coukant & leuant fous toi, ou fous autrui.

II. Tu me demandes vne cofe de coi aucune gent doutent, fçauoir mon, fe femonfe eft Iuftice. & certes tu pués femondre ton vilain en quelkonque lieu ke tu le treuues, ou ton Franc home : mais s'il s'en deffent, tu n'en pués faire contraingnement, fors où la Iuftice eft tiene, ne plait tenir, pour ce pués tu entendre ke pure femonfe n'eft mie juftice.

III. Ie vois bien ke tu ne veus de riens demourer en doutance, dont tu puiffe eftre certains, & fe tu vas enfi enkerant ke tu as commencié, tu me feras me penfée efleuer en tel lieu & en tel cofe, dont ele n'euft meftier.

IV. Pour ce fe tes vilains a acaté vn fief, & il couke & il lieue en ton vilenage, ne laira-il mie k'il ni voit à ta femonfe ke tu li fis, du matin au vefpre, ou telle come tu li feras. & fe on dift feur fon franc fief, il ne requerra mie jour de confeill, fe il ne veut pour le femonfes ki ne fuft pas rainable.

V. Mais fi catel & fes conuenances font juftichables par loi vilaine, s'il n'eft mie gentix-hom de lingnage, & il couke & lieue feur fon franc fief, & il l'eft, les fiennes cofe doiuent eftre menées par le loy de Frankife là où il fe tient, & s'il tient aucune cofe en vilenage de toi, & il couke & lieue feur fon franc-fief ke il tient de toi, il doit auoir femonfe tele, come de quinze jors : & fe fes clains eft fait de vilenage, il doit le clain recheuoir. & fe jors li eft affis, il doit auoir quinzaine, & en tel cas repare-il à le loy vilaine. Car s'il n'auoit mie frankife, fi feroit-il menés par vne quinzaine d'yretage après le claim.

VI. Et fe Gentixhom de lingnage ki tient franc-fief de toi eft coukans & leuans en ton vilenage aueuc tes autres vilains, encore deuft-il auoir auantage pour fe franchife naturel. nekedent il foufferra la loi où il eft accompagniés, fors de fon franc fief. Mais autre cofe feroit fi tenoit de toi vne maifon à cens, & hors de la communité des tes vilains; car lors feroit-il menés de fes cateux & de fes conuenances comme frans hom. Et du cenfel feroit-il vers toi che k'il deueroit. & fe il eft autrui frans hom, & il eft coukans & leuans en ton vilenage k'il tient de toi, lor conuarroit il ke tu le menaiffes par la loi vilaine. car on dift ke li homs eft juftichables de cors & de catel là où il couke & lieue: meemement kant il n'eft Gentix-hom de lingnage. Mais s'il eft Gentixhom de lingnage, & eft autrui frans hom, & il eft coukans & leuans en ton vilenage, du vilenage fache vers toi che ki doit : & fes cors & fi catel feront mené par le loi de frankife. & le raifons eft bonne : car fe vilains ki ne s'ahert à franchiffe, fors ke prés le franc fief k'il a acaté à frans coukans & à leuans feur fon franc fief, moult miex le doit eftre ki à naturel frankife de par mere & de par pere, & encore maig........ en lingnage, fe ainffi n'eft ki ne foit mis du tout en loi vilaine, & par fon fait.

VII. Le parole ke on dit ke li hom doit eftre jufticiés par tout là û il eft coukans & leuans, c'eft voirs felon le tans où il eft : & s'il eftoit Gentixhom de lingnage, & ne tenift point de franc fief de nullui, & il prent te vilaine, & lieue & couke en te Iuftice, lor fera-il mené par le loi vilaine, là où il fe met du tout, fors de fon cors, par fon fait.

VIII. Se Bailliex le Roi, ou autres Sires, de qui tu tiens, femont ton vilain, il n'i doit pas aler par noftre Vfage. mais fe il kemande ke tu aies ton vilain pardeuant aus auoir, li dois, fe ainfi eft ke tu tiengnes du Seigneur le lieu ou li vilains maint. mais encore ne le tiengnes-tu du Roy, fi le dois-tu auoir pardeuant fon Baillieu, en le Caftellerie dont tu és. Mais kant Baillieus fait ajorner franc home pardeuant lui, aler i doit, encore ne le tiengne-il du Roi, illuec puet le Cort fon Sengneur r'auoüer, s'il veut, fe li clains ki eft fais feur lui le fueffre.

## LE CONSEIL

*V. tit.* **Dig**
*de in jus*
*vocando, &*
*tit. si quis*
*cautionib in*
*judicio si-*
*stendi cau-*
*sa sactis*
*non obtem-*
*perauerit.*

Chi parolle des Contremans, & ki puet contremander, & ki non, & kant vilains puet contremander, & de le forme des sairemens, ke on fait pour les Contremans.

### CHAPITRE IV.

I. TEs vilains ne puet contremander le semonse ke tu li fais. mais s'il a ensoine il le doit noncher, & tu dois se semonse atemprer selonc son ensoine.

*l. 4. §. 2.*
*D. si quis*
*caution.*

II. Tes frans hom puet contremander à quinzaine, s'il a ensoine loial. ne pren pas garde naturelement araisoner, ne api kil pardeuant toi demande le desraine de le querelle contre son auersaire pour le contremant ke il sist au clain, & aprés clain respons, ki pour le mort son pere ki morut le jour du plait. car teus ensoines est loiaus, si come la lois escrite le tesmoingne fermement. Et cil meimes ensoines de le mere sera loiaus à contremander, & de se feme, & & de ses enfans, & de son frere : se les deuant dites personnes ne sunt teles à veuë de toutes gens ke leur vie soit de leurs escandelissement ; si come se il estoient sorsené, ke il le conueniste garder, ou lier, larron & meurdreur, ou coumunaument, ou priuéement, si come se les femes estoient bordelieres coumunaument, ou d'autres mauuais visces aprés : Car lors ne seroit mie li contremans recheus pour leur joie, & pour leur bone auenture.

III. Bien doit souffrir humanités & debonairetés de droit, ke cil ki est là où on tient son pere, ou aucune des deuant dites personnes, le candelle en le main, pour cremeur de mort, puisse son jor contremander, ansi come s'il sust mors.

IV. Se li peres à celui ki plai de pardeuant toi, ou aucune des personnes soient outremer, ou loins du païs, & on aporte certaines noueles de la mort d'aucuns d'aus le jour de son plait, pour ce ne puet-il mie, ne ne doit le jor contremander : car le doleur de tele auenture n'escuse fort le jor, dont on est certains.

V. Che............ne a raison ki debat le contremant ke ses auersaires li fait pour son sill ki sust mors, dont on li apporta certaines nouueles aprés mort. Car lors gist-il premierement mors en se pensée, come il en est certains.

VI. Cil n'auoit mie grant talent de finer se besoingne, ki contremande par se feme, ki trauailloit d'enfant, encor en ait-on veu mainte morir. Car il n'est mie honneste cose à home d'abiter entor feme, ki est en tel point. Se ont propose engrossement, li demanderes qui dist ke li contremans ne su mie loiaus, ki su fais de le mort vn enfant, & sust mors ains ki sust nés. Mais certes graindres doleurs doit cil engerrer en cors d'oume, ke de le mort de deus bautisiés & leués, pour le kel li contremans est loiaus.

VII. En grant perill est ceus de perdre se querele, ke come il venist à son jour, ses sex ki su aueuques lui, li caï mors deuant lui, & il enuoya son jour contremander. mais ce ne su mie en point ke li contremanderres i peust venir & à pié, ne à cheual, dedans l'eure de miedi, ke on doit faire les contremans des estoines, ki le jour meimes auiennent; car il ne se deust pas si estraindre d'aler à son jor, ke se il ne pooit venir, ke il sist sauoir son ensoine dedens l'eure, ke il deust estre presens. & à ce s'accorde bien de lois escrite, & encore doune le lois

*l. 2. §. 4.*
*D. si quis*
*caution.*

escrite à le feme tele escusance d'aler plaidier pour se groisse, sans autre maladie. ne pour kant je ne te lô mie ke tu sueffres pardeuant toi tel contremant, sans autre aide, se il est debatus, se ainsi n'est k'eles soient à deus mois, ou à là entor prés de l'acoukier. car la grant volontés k'eles ont d'aler, leur fait legierement porter leur fais juskes à tel terme, & lors doiuent contremander leurs plais sans terme, encore soit elle coukans & leuans en le vile, où ses plais est, & voist au moustier : car du moustier se puet ele partir, kant ele veut, pour les

priués

## DE PIERRE DE FONTAINES.

priués enſoines, ke les femes ont, ki ſont en tel point. mais ce ne porroit ele mie faire de le cort ſans damage, ſe ele ieſt entrée pour plaidier, & ſe ele ne veut prendre nul auantage, ains contremande ſon jor parmi ſe groiſſe à quinſaine, ſelonc ſe defaute, & cé ke on dira encontre ke on fache droit.

VIII. Phelippes, ke Robert plaidoit deuant toi, ne contremande ſouffiſaument le jour du plait par le femonce ke ſes Sires li auoit fait, huit ou quinſe deuant le plait, ke il ſes cors li alaſt garder ſa maiſon au jor ke li plais eſcarroit: car encore fuſt li enſoines ſouffiſans, ne fu il mie fait à point, ne d'eure, ne à point ke il deuſt par le couſtume. car li enſoines ki ſet auſqués doit eſtre contremandés, pour ce ſe cil don tu te conſelles à moi, a la à ſon jor aprés che k'il euſt contremandé, n'i perdera-il nient: car ſe loiautés le gardera de damage. Car comment pooit-il à deuiner que ſes Sires liges ki ſemons l'auoit le jour à armes ke li plais eſcaoit, ſi contremandaſt le ſemonce le nuit deuant le plait, ou en tel point faire à ſauoir ne à partie, ne à Iuſtice. Car s'il ſe teniſt à ſon contremant, & on li demandaſt l'enſoine de l'autre jour, & il deiſt ke ſes Sires l'auoit ſemons à cel jour, ce ne fuſt mie loi aus enſoines, ſe il ne deiſt, & juraſt ke il i euſt eſté: & enſſi le conueniſt-il vn des deus, ou parjurer, ou perdre. mais ſe li auerſaires ſauoit le contremant, & veniſt au jour, pour ce ne ſeroit-il mie en defaute. car droite cauſe l'en eſcuſe. mais ſe li auerſaires ne ſauoit riens du contremant, ſe defaute li porroit bien nuire.

IX. Bien fés-tu ke cil ne puet plaidier, ne contremander, pour le forſené, ne où il eſt keus dedens la plait. mais pour ce ke tu auois meu plait contre lui d'yretage tolu deuant le forſenerie, raiſons eſt ke on li doinſt par l'aſentement de le Iuſtice, & de ſes amis loiaus deffendeurs, ki le plait maintienent: car ſe forſenerie ne te doit pas nuire. autre coſé eſt d'enfans ki eſt deſous age; car il i a tans certain dedens, kant on puet plaidier à lui: mais en l'autre n'a point de certaineté.

X. Robers ki eſt tes coukans & tes leuans fu ajornés pardeuant toi pour catix & pour muebles, & à cel meiſmes jour auoit vn autre jor pardeuant vn autre Sengneur de l'yretage ki tenoit de lui: le jor de l'yretage li contremanda, pour venir au jour ke il auoit pardeuant toi, pourcoi ſes auerſaires demanda le gaaing de le quetele. mais certes il ne prent mie garde à raiſon. car mult grengneur reuerenſe doit-il à le cort ſon Sengneur, ſous ki il couke & lieue, ke à celui de ki il tient la terre à cens ſans plus.

XI. Ce n'eſt mie tout vn ſe tes vilains eſt à plait deuant toi, & pardeuant autre Sengneur de ki il tiegne tere, ou ſe tes vilains fait ajorner autrui pardeuant toi, & il eſt ajornés pardeuant autre de ki il tiegne. Car lors deuera-il delaier, & contremander le jor k'il a pardeuant toi, & aler à l'autre: car autrement le feroit-il ſouffiſaument ajourner pardeuant toi d'iretage, & auſſi pardeuant ſon Sengneur lige, & à cel meiſmes jour. Car il puet bien le jour k'il a pardeuant toi contremander, pour l'autre, à ki il doit plus de reuerenſe c'a toi.

XII. Conſell requier d'aucune coſe, dont aucune gent doutent, ſauoir mon ſe vns hom eſt apelés de ſon cors en le cort à vn Vaaſſeur, & ait plait d'yretage en le cort le Roi à cel meiſmes jour, & fuſt auant commenciés, ſe il puet contremander le jour ke il a deuant le Roi, ſans autre enſoine. Et certes ſe il demande deuant le Roi, contremander puet le jour, ke on li demande deuant le Roi. Encore dient aucunes gens, ke le grandeur du crime li doie aidier au contremant. Nekedent pour ſon apel ne puet mie, ne ne doit perdre le Court le Roi ſon auantage, ne le reuerenſe ke on li doit deuant toutes cours, come à Court ſoueraine: ſe ainſi n'eſtoit ke il le conueniſt à cel jour aler à court armé, où ſon campion, & i fuſſent.

XIII. Le lois diſt, ke ſi aucuns ki aſeur le jornée, ſegnourie le tient, ke il ne voiſt à ſon jour, c'eſt loiaus enſoines: mais contremander li conuient par noſtre Vſage. & voirs eſt ke c'eſt loiaus enſoines, li ajornés i eſt tenus ſans ſes coupes & ſans tricherie. Mais ſe il porcache ke il ſoit detenus, ou il endorme

*l. 2. §. 9. l. 6. D. ſi quis cautionʼ.*

Partie III.           L

le caufe, ce ne li vaurra nient: mais fe tricherie lui nuira, fe ele eft aperchute. & fe aucuns bas hom le retient, or n'eft mie enfoines de contremant.

XIV. Affés auient ke puis ke li Rois femont, ke li plait, & ceus ki funt femons, funt contremandés le jour k'il font femons, duc au definement. Car encore ait-il deus mois ou trois, duc au jour de le femonfe, duc au mouuoir, nekedent teus efpace n'eft mie pour plaidier, mais pour lui enharneskier, & à che repaire ceu. au demander doit cafcuns ajourner fon auerfaire.

XV. Se li Veskes, ou autre ki ait jurifdiffion de fainte Eglife, fait ajorner aucun, ki foit ajornés à cel meimes jour deuant le Roi: encore leur doi-on plus de reuerenfe pour le Chreftienté, ke à leur Sengneur terrien. Nekedent pour ce ke on puet metre procurafion pardeuant aus, n'eft mie li contremans fouffifans pardeuant le Roi, fe ainfi n'eft que le caufe de la Chreftienté foit de crime. Car encore i puift-il metre procurateur: s'eft-il plus feure cofe au Vefke en quel lieu k'ele foit traitié en fe prefenfe. Mais s'il eft femons à le Chretienté pour tefmoignier, ke on ne puet mie porter par procurateur, ce eft loiaus enfoines pour contremander le jour k'il a deuant le Roi, & certes oïl pour la reuerenfe de la Chreftienté, & pour le verité ke cafcuns doit manifefter, kant il eft femons.

XVI. Se tu plaides, ou és emplaidiés, en caftel, ou en cité qui foit preuilegije de Roi, felonc leur preuiliege pren garde feur le perill de te querele, à tes contremans faire de plait ke tu as à tel jor, foit ke tu les aies deuant le Roi, ou en autre cort.

XVII. Ie t'ay bien dit ke li vilains ne puet femonfe contremander: non puet il plait de conuenance ne de catel. Mais fe on le plaide d'yretage, jor de confell doit auoir à quinfaine, & contremant à quinfaine par enfoine loial: & enfi s'il eftoit en wages, il n'eft mie befoin de celui ki a aucun plait en aucune cort d'aler, ou de contremander à le cort, dont il eft certains ke le Iuftice n'i eft, ne arme pour lui, encore i foit fes auerfaires.

XVIII. Par vfage ki or queurt, peut-on faire trois contremans cil ki il loift, fe on a enfoine loial, aprés cafcun jour ke en fe part de court, & le quart par enfoine de fon cors. Mais fe on fait le premier par enfoine de fon cors fans jor, & aprés on le fait ajorner, li autre troi jour funt perdu. Enffi enten-je che ke aucune gent dient, ke on ne puet contremander par enfoine de cors ke vne fié, & on ne doit mie prendre garde à l'enfoine ke li mefages du contremander dift, kant il fait le contremant, mais au jour ki motift, en maniere ke fe il doit jor de loi, il doit prendre pleges, & lui retenir, mais ne mie vilainement, jufke miedis foit paffés du jor ki contremande. & fe il noume jor hors loi, fi comme de huit, ou de quatre femaines, lors foit bien tenus fermement & gardés, de fi là ke on varroit ke fes Sires feroit, & fi l'enuoiera garantir: ou non, & s'il motift contremant fans jor par enfoine de cors, lors doit-on prendre bone feureté de lui, ke fes Sires tarra ferme & eftable tel contremant, & s'il i a mis feureté, ele fera lors deliurée, kant li Sires fe fera r'ajourner, fe li Sires meimes ne fe fait ajorner par cel meimes mefagier, car lors feroit oublié juskes à la venuë le Sengneur le feureté, & cete forme ofte moult de barat. Car la û il aroit contremandé fans jor, porroit li Sires venir à quinfaine, & dire, ke tel contremant auoit-il fait. Encore dift le Couftume ke li quatre contremant par enfoine de cors doiuent eftre fans jour. Nekedent cil ki le fait le puet metre à quinfaine, fi veut: car che ke le Couftume dift, fans jour, fu eftabli pour fon preu, à coi il peut bien renoncher, fe il veut, & perdre fe querele aueucques.

XIX. Tu pues bien fauoir, & dois, ke par chou ke Robers contremanda fon premier jour à quinfaine par enfoine de fon cors, ne pert il mie pourche les autres contremans, ke il auoit fais à quinzaine des autres enfoines. Mais de che ki contremanda aprés par enfoine de cors fans jor, mift il fe querele en auanture, & pourche ki contremanda le premier jor par enfoine de cors en tel cas.

## DE PIERRE DE FONTAINES.

XX. Tu me demandes fe on puet contremander deus fois, ou trois, par vn meimes enfoines: fi come fe tes Sires te femonnoit à quinfaine, & tu euffes plait en autre cort, & pour ce contremandaiffe à l'autre auffi : & je te di, Oïl bien.

XXI. Cil ne contremande mie fagement ki pour la mort de fon enfant ki n'auoit que trois mois contremanda k'il morut celui jor. Car teus enfans ne fait mie à plourer à home, tant ki s'ahert à le mamele fe mere, fe ainfi n'eft ki fuft mort de mort vilaine, ou ars, ou noiés, ou eftains, ou d'autre mort ki fuft plourable : & lors puet contremander, & noumer l'enfoine, & deuera enfi dire, *Ie contremanderai le jor por le mort de mon enfant, ki iere bien plourables*, ne outre ne le doit-on mie à preffer de dire.

XXII. Se cil qui contremande fans jour, ne fe fait r'ajourner dedans la quinfaine k'il contremandera, il ne pourra plus en toute le querele contremander fans jor. Car s'il atent, fi come il puet, de lui faire ajourner duskes vers la fin de l'an, & du jor, & auffi li fouffrift-on faire tes contremans, aprés tous les jors k'il fe departiroit de court, jamais plais ne feroit finés. Mais en tes contremans, comme dit eft, n'a ke le delai d'vne quinfaine à cafcune fois, ne en delai de fi peu de tans n'a mie grant perill. & fe tu euffes deuant retenu che ke je t'auoie dit deuant : & loé tu feuffes bien ke on deuft faire du meffagier ki contremanda le jor ke on li auoit kemandé à quinfaine fans jor.

XXIII. Encore ne prent-on mie garde à l'enfoine, fi le nouma au faire le contremant, nekedent au jor ki motifs fe doit-on aherdre. Car autrement ne s'en fçauroit-on à ki tenir : & en doit bien garder à ki on baille fe befoingne.

XXIV. Ce n'eft mie vne cofe moult vfée, ke tu me demandes, canbien on doit atendre celui ki contremande par enfoine de fon cors fans jor. Certes mult de bones gens confentent on l'atent vn an & vn jor, en tele manie ki fe fache ajorner à quinfaine dedans l'an & le jor : & s'il n'eft garis au cief de l'an & du jor, lors le puet faire r'ajourner fes auerfaires, & lor Princes eft-il tenus d'enuoier home ki le defenfe. Car s'il languift outre l'an, tel langeur ne doit mie nuire à autrui : mais pour ce s'il n'eft garis dedens l'an & le jor, ne il ne fait fon auerfaire ajorner dedens tel terme, pour ce ne pert-il mie fe droiture, il, ou fes oirs : car il ne puet mie felonc le couftume aufi metre en fen lieu pour pourfuir fe droiture, comme il puet pour lui defendre.

XXV. Ie te di bien ke cil ki vint à jor moti, ne puet aprés eures demander l'enfoine du contremant, ke on a fait contre lui : car aufi bien fe defaut cil ki ne vient dedens heure, come cil ki ne vient point. & cil meimes ki vient à eure ki point ne fe prefente, ne le puet demander.

XXVI. Cil ki le jor refgarde ke fes auerfaires auoit contremandé, ne puet demander l'enfoine, ne cil aufi ki fe prefente, fi n'atent duskes aprés eure : ne Iuftice ne doit pas douner congié duskes aprés eure.

XXVII. Cil contre qui on a contremande, puet demander l'enfoine du contremant, ain ki paraut de fe querele, puis k'il fera prefentés.

XXVIII. Nul barre ne puet valoir à celuy ki a contremandé, ke il ne li conuiengne noumer fes enfoines, s'ils funt en point requis nis quitanche, s'ele en eft faite en cort, ou par letres pendans. mais fe il i a paine, fe on vfoit du contremant, le paine puet-on demander en autre jugement. Car fe ainfi n'eftoit, on porroit les querelles trop delaier, ou contremander par enfoine : bien doit cil noumer fes enfoines pour coi il contremande, & s'il ne veut, il en fueffre paine, comme de defaute de tant de jors, comme il ne les veut noumer, aueuc celui jor en coi il les requiert.

*Partie III.*

# LE CONSEIL

*Chi parole de le fourme des fairemens ke on fait pour les contremans.*

## CHAPITRE V.

I. QVANT li enſoingne ſunt jugié à loial, on doit faire aporter les Sains auant. cil ſe doit agenouïller, ki prouuer les veut par fairement, & le Iuſtice le doit enſi * eſcherir : Enſi vous ait Dix, & li Saint ki chi funt, & tout li autres, ke l'enſoine ke vous aués noumé euſtes loiaument à chu jour, ſans pourcas, & ſans barat ke vous en feiſſiés, ne vous, ne autres ke ſeuſſiés.

<small>* enquerir</small>

II. Il ne m'eſt mie auis ke cil ki fiſt deus contremans, ou trois, ou quatre, & retés en eſt, ki ſe doie paſſer par vn ſeul fairement. car chou eſt vilenie de deſpire le cort, & grant peciés eſt de delaier autrui droiture contre droit, & pour ce doit auoir caſcuns contremans ſans enſoine, & ſon fairement.

III. Ce n'eſt mie coſe vſée ke on puiſſe riens faire contre le fairement celui ki ſes enſoines jure.

IV. Sagement ouura le Iuſtice, ki par barat apointa ſes contremans, ke li daarains caï en quaréme, û quel tans on ne doit point jurer. Car la Iuſtice le fiſt à la requeſte de l'autre partie ſes eſoines noumer, & après li miſt jor en tel point, ke il puet bien jurer, & enſi fuſt contr voiſdie requit, & che aferi bien à le Iuſtice par le requeſte de l'autre partie.

V. Se aucuns a fait contremant, & viegne à jour, & l'autre partie auſſi, & le Iuſtice alonge le jor par ſe volenté, pour ce ne perdera mie li eſſoines des contremans fais, fors le partie, nis s'il contremande meimes, ne chaus, ne les autres. Car il ne doit mie perdre ſon droit ſans coupe. Mais ſe li autres faiſoit * niſun des contremans, s'en perdroit-il les enſoines : Car lors feroit che pour ſon fait.

<small>* ainſi</small>

VI. Sairemens ceſſe dés le commencement de l'Auent, duskes à lendemain de le Teſſaigne, & deske l'Aleluie cloſt, juskes à la quinſaine de Paskes.

VII. Le paine de celui ki ſon enſoine ne veut noumer, ne jurer, oſte de lui l'aide de Dieu en ſe querelle, encore l'euſt-il bone : & en voit-on mult ſouuent perdre par mauparler, ou par autres airremens.

*Chi parole de ceus ki ne vont à leur jor, ne ne contremandent.*

## CHAPITRE VI.

I. IL n'eſt mie raiſons ke cil ki à ſon jor ne fu, ne ne contremanda, k'il perde pour ce ſe querelle. Car li pons ke il trouua deffais par la droite voie, & le defaute de la nauie, ke il ne pot paſſer, l'en eſcuſe. meemement kant prés de l'iaue n'auoit lieu où on peuſt paſſer, pour ataindre au lieu du plait.

<small>L. 2. §. 7. D. ſiquis cautio.</small>

II. Tu me demandes vne coſe c'on ne voit mie ſouuent auenir, ſauoir mon ſe vns Rices hom eſt ajornés en le cort le Roi, & il muet de ſa maiſon bien apoint pour ataindre ſon jor par droites jornées, & il treuue le pont de le droite voie defait, & la riuiere ſi eſpanduë, ke on n'i puiſt paſſer, fors ke par plankes, en tel maniere ke cheuaus n'y puet paſſer, nis nauie illuecques prés, mais gens à pié i paſſoient bien, ſe il doit aler à pié, & aler à ſon jor à pié. Et certes ſe li lieus eſt prés du plait, ke il puiſt aler au plait auſi kome tout eſbaniant, aler i doit : & s'il n'i puet aler ſans trauaill, pource ke on n'i puiſt aler à pié, ſon enſoine doit faire à ſauoir, & remanoir puet. Car li plait ne ſunt pas de tele nature, ke il veulent faire aler les haus homes à cort deſauenaument par cas d'auanture, puis ki meuuent à point de leur oſteus, pour venir à plait.

<small>L. 1. §. 8. D. cod.</small>

III. Tempeſte de pierres eſcuſe bien l'oume d'aler à ſon jor, ou de contremander, ſe eles cheent û lieu où il eſt, & tele ke perill de cors fuſt de lui mettre fors de s'ame.

<small>L. : . §. . D. cod.</small>

## DE PIERRE DE FONTAINES.

IV. Noif ki totes les voies queuure, & les cans, efcufe d'aler efdits jour, & de contremander : encore ne foit ele cheuë k'en vn lieu en tout fens, là où cil iert, fe ainfi n'iert ke il puift fouffifaument aler encor.

V. Pourche ke Phelippes ki auoit fait fes trois contremans, & le quart par enfoine de fon cors, & refait ajorner à quinzaine, fe adont n'i vient, ne ne contremande, pour ce ne perdra il mie fe querele, ne n'encarra en damage. Car la grant nois ki caï, kant il aloit à fon jor, l'en efcuferoit, ki eftoit tele, k'ele couuroit toutes les voies & les cans, ne che ne li greuoit mie ke fes auerfaires s'abandonnaft en ce grant perill, & fu à fon jor : car il n'eft mie tenus de foi mettre en perill, là où il puet perdre vie pour cair, ou pour membre blefsier. Là eftoit li periex fi grant & fi apers, ke il ne pooit voie tenir, ne voie trouuer defcouuerte, là où il peuft r'auifer. ne li ajornemens ki fift après fes contremans, là où il ne fuft mie, ne li greuera riens, puis ke tes enfoines li auint, après che ki fut meus pour aler à fon plait. Car li enfoines ke li homes fet, & ne fait che ki doit, li apartient à damage.

VI. Bien dift le lois, fe aucuns eft pris de fes ennemis, ki ne puift aler à fon jor, il a bone caufe de lui deffendre, & li cas d'auenture l'en efcufent, fi n'i a aucune cofe, dont on le puet tenir, ou de trop tart mouuoir, ou d'autre cofe : & fi enten-je les enfoines de tout ceft fiecle. *L. 4. §. 3. D. eod.*

VII. Se aucuns ki ait eus ces enfoines, n'eft r'ajornés par fon auerfaire, il le doit faire r'ajorner le plus-tot ke il puet, foit ke on lui demant, ou il demant. Tu me demandes comment tes enfoines feroit prouués par fairement fans plus. Nekedent ceus de coi on ne contremande mie, feront prouué par fairement, fe le partie ne s'i afent : meemement kant teus enfoines auient au r'ajornement du quart contremant, ains doit eftre prouués par enqueftes.

*Chi parole de ceus ki plegent autrui d'eftre à droit, & ki funt fouffifant plege.*

### CHAPITRE VII.

I. Bien ce doit-on tenir à che ke le lois dift, que cil ki a autrui plegié d'eftre à droit, ne doit mie tant feulement eftre riches de facultés, mais bien juftichables. *L. 1. D. in jus vocat. ut eant, &c.*

II. Se Phelippes mift pleges par deuant toi, en tel forme, ke il rendroit à Robert cank'il prouueroit ke il li deuft, & après fift vn clain grant fur Phelippes, & puis fe defailli Phelippes, tant k'il perdi le clain par jugement, pour ce n'eft mie les pleges tenu à paier le clain. Car autre cofe eft de plegier kanke on prouuera, & autre cofe eft kanke on ataindra. *L. 5. D. qui satisd. cogantur. L. 2. D. qui satisdare cogantur.*

III. Se cil ki mift pleges d'eftre à droit, muert, ains ke jors foit venus, li pleges eft quites. Mais fi ne vient à fon jor ki mis i eft, & il muert après, li pleges i eft tenus, & à che s'acorde bien le loy ki dift.

IV. Li pleges ki n'eft de la Iurifdifion à celui deuant ki on plaide, encore foit il fouffifant de facultés, nekedent n'eft-il mie prenables : & fi ne puet auoir illecques vn autre, jure le feur Sains, & après fache on le plege renoncher, & promettre, ke il fe jufticera pardeuant cele Iuftice : & fi il ne puet auoir nul là où il plaide, mais il l'aroit bien en autre cort, ou après fon fairement, fe on enuoioit au lieu, s'il eft dedens le prouince, fe le querele le requiert, & à che s'acorde bien le loys. & fi n'en puet nul auoir par fon fairement, face le cort feure après fon fairement fait. *L. 7. D. qui satisd. cogantur. L. 7. §. 1. ibid.*

V. Cil ki tient yretages ne doiuent mie eftre contraint de baillier pleges d'eftre à droit, fe le querele n'eft de laide euure. Cil tient bien hyretage, ki l'a à kan, ou à vile : & cil meimes ki n'a terre, fors à perpetuel cens, tient hyretage : & cil ki n'a nulle proprieté, encore ait autres les fruis, ne tient mie hyretage. & fe tu tenoies hyretage ke l'en te demandaft, & fuft jugié *L. 15. D. qui satisdare cogantur.*

» contre toi, & tu faufiſſes le jugement, ou te en apelaiſſes, nekedent ſi peus
» tu encore, ne pour ce ne paſſe mie ke tu ne tiengnes quites che ki puet eſtre
» tolus. Car ſe li hom tient hyretage, ou non, li rans ke on demande, le ſeurté doit eſtre bien regardés. Car nient plus ke cil grieue ki deuſt la ſeurté,

§. 7. l. tad. nient plus ne pourfite-il celui ki la quiſt aprés la ſeurté k'il auoit donnée, & che diſt le loys.

L. 16. qui ſatiſd. cogantur. VI. Cil ki par ſon fairement s'oblige d'eſtre à droit, & par aucune loial » cauſe n'i eſt, ne ne ſe parjure mie.

*Se aucuns eſt replegiés d'eſtre à droit, en quel point on le doit remetre.*

## CHAPITRE VIII.

» I. CHE diſt le Loys, Se aucun replege hom d'eſtre à droit en autre tel
» point, comme il i ert au jor ke il le repleja, le doit rendre juſk'à la fin
» du plait. Et certes en cel meimes point iert il r'amenés, ſe li drois de celui
» ki en plaide, n'i eſt empitiés.

II. Bien pués tu ſauoir, & dois, ke Phelippes ne r'amena mie celui, ki pleja en cel meimes point, ke il eſtoit, kant il le repleja, quant il a puis rechut couronne.

III. Tu me demandes vnes coſe ki maintefois a eſté demandée, ſauoir mon, ſe aucuns eſt replegiés d'eſtre à droit en le Cort le Roi, ains ke li plais ſoit entamés, demande du clain, ke on a fait ſeur lui, recort en la Cort ſon Sengneur, ſe il le doit auoir. Et certes je n'entent mie par tes paroles ke il ne le doie auoir, ſe le Iuſtice du clain, ke il fait ſeur lui, eſt le Sengneur ſous ki il couke & lieue. & entent bien ke tu ramaines ton fill en autretel point, come il eſtoit quant tu le replejas, encore ſoit-il aprés croiſſiés, puis k'il ſe vout juſtichier de toute le querelle par le Cort laie, ſans renonchier preuilege. Et en-

L. 4. D. qui ſatiſd. cogant. core t'eſcuſaſt la mort à celui ke tu replejas d'eſtre à droit, s'il fuſt mors deuant ſon jor. Nekedent la religion où il eſt mis, ne t'eſcuſera mie.

IV. Pour ce ſe tes fiex, ke tu replejas eſt alés ſous autre Sengneur, pour mariage, ou pour autre maniere, & bien ſoit k'il s'offre à droit, pour ce n'es tu mie quite de le plegerie, ſe celle Cors ne le renuoie ariere par euure volentaire.

V. Il a grant difference entre celui ki plege d'eſtre à droit en autre Cort moitié. Car û premier cas, ſe le cort le renuoie par droit diſant en autre cort, pour ce n'eſt mie le plegerie deliurée. Mais autre choſe ſeroit s'ele le renuoioit par euure volentaire: car lors ſeroit enſi deliurée.

*De chiaus ki leur replegiés n'ont à droit.*

## CHAPITRE IX.

I. CHIL ne te fiſt mie entendre à droit, ki te diſt ke li pleges eſtoit atains de cel claim, come on voloit dire ſeur ſon replegie, puis ki ne le l'eut au jor, & li pleges vint à ſon jor, & en fait claim ſeur lui de deniers, ou de conuenanches, & aprés de defaute, & il eſt atains du claim, li pleges eſt tenus à paier. Ne ce ne pourfitera mie ke li pleges vaut ſouſtenir le plait juſ-

L. 2. §. 5. D. ſatiſd. cogantur. k'à la fin, s'il n'en eſtablis Procureurs. Car li pleges d'eſtre à droit ne s'eſtent mie en ces cas, fors de païer chou dont on eſt atains, felonc noſtre vſage.

II. Ce n'eſt mie merueilles ſe li replegiés ne vient à ſon jor, & li pleges i vient, s'il veut oïr le claim, & les preuues voir, encore ne puiſſe cil riens faire encontre les preuues, mais bien apartient à le Iuſtice ki les pregne bones & ſouffiſans.

III. Sagement me demandes, ſans trepaſſer coſe doutable, ſe il auient par

## DE PIERRE DE FONTAINES.   87

auenture ke li replegiés ne viengne à son jour, & li pleges i vient, & on fait seur lui claim, c'est seur le replegié de x x. lib. & li pleges les reconnoist; sauoir se on li doit faire paier sans autre preuue. & certes nenil, puis k'il ne fust establi procureres en plait pour le replegié. Car encore le replejast-il d'estre à droit, ne s'estent mie tele plegerie à paier les connissans k'il seroit. Mais pour paier ce ke on prouueroit seur lui, s'il en defailloit, ne pour che s'il connut ke cil li deuoit, ne les paiera-il mie meemement kant on ne li demandoit les x x. lib. droitement, mais bien le porra prouuer par le sairement du plege, & la loys dist ke ce ke pleges tesmoingne, c'est voirs, kant cil l'atrait auant contre ki il plaide.

IV. Phelippes se fist replegier d'estre à droit contre Robert, & puis se defailli, Robert demanda x x. lib. au plege ke li pleges li deuoit. Or demandés sauoir mon se li pleges puet mettre barre contre Robert, teles come Phelippes auoit: & se il met auant quitanche, ou paiement, ou treme cheus, ou autre barre, par coi quitanche n'i eust, ou delaier le doit-on, ou le preuue k'il en veut faire, & ce dist le lois escrite. Et ce c'on dit que pleges ne doit mie plaidier, c'est voirs de le dete princhipall, se elle est deuë, ou non, ne de riens contre les preuues. Mais en ce ke je di ke on doit oïr lui & ses prueues, plaide il en vne maniere ausi come en se querele. Pour ce se Phelippes a eu son replegié à tous les jors, au claim, & au respons, & à tous les autres erremens, sans defaute jusques après le jugement, n'est-il mie deliures, se li replegié ne paie ce ke on li a jugié contre lui, puis ke il le pleja d'estre à droit.

V. Encore dient aucunes lois escrites, ke li oïr au plege sunt tenu à le plegerie rendre. Mais nos vsages ne s'i asent mie, se ainsi n'est ke li pleges en ait fait se propre dete, ou nans baillié pour le dete, se li replegiés est en defaute d'estre à droit, & n'amaine preuues deuant le plege de le dete, ke li replegiés deuoit, & on met terme souffisant au plege qui pait, ou k'il sache come pleges, pour ce s'il muert dedens le terme, n'i ert mie tenus ses hoirs à paier: mais s'il moroit après terme, li hoirs i seroit tenus, cha en auant te dirai plus plenierement. Mais puis ke pleges est semons par droit terme de quinze jors, autresi est conuenanciés, li perieus de mort, ki par dedens auient, n'est mie à son hoir; mais s'il après terme auient, nis sans nans mettre: car nus ne doit nient gaagnier en se mensonje.

*L. 4. D. de Fidejuss. l. 24. C. eod.*

*Chi parolle kelle amende de Franc & de Vilain doiuent ki defaillent de semonse ke on leur fait.*

### CHAPITRE·X.

I. L'AMENDE du Vilain, ki se defaut de venir à le semonse son Seigneur, ke il li fait pour plaidier, c'est deus sols & sis deniers par droit vsage. mais asés i a de castiaus & de viles, ki ont pour lois priuées, & pour teus defautes autres amendes, grandes, ou meneurs.

II. Quant Frans hom de franc fief tenant ne vient à le semonce, ke ses Sires li fait pour plaidier, il est tenus en dis sols d'amende par le commune loi de VERMANDOIS.

III. Se li Frans hom, ou li Vilains veut jurer seur Sains ki ne seut, ne n'oï le semonce passer, s'en puet sans amende, encore soit ke li Serjans au Sengneur soit presens, ki dist k'il le semont, & l'offre à jurer. Et encontre le sairement de ciaus, qui escondirent le semonce, ne puet riens faire.

IV. Se li Sires prent nans de Frans home par l'acoison de teux defautes, & li Frans hom les requiert, auoir les doit deuant l'escondit: & se li Sires prent de son Vilain par tele acoison, se li Vilains le requiert, il n'en ara mie deuant l'escondit, se enssi n'est ki soit teus, ke il ne li laisse jurer: car lors li retarroit-on le sien, puis ke li escondis ne demouroit par lui. Et la raison de teus diuersités eſt boné : car mult plus eſt tenus li Frans hom à ſon Sengneur par le raiſon de l'iretage, ke li Vilains par ſes rentes paiant. Parcoi on puet plus quidier pour le Franc hom, ki ne ſeut pas le ſemonce, ke pour le Vilain.

*Chi parole des Amparliers, & des meſdis as amparliers.*

## CHAPITRE XI.

I. LE lô à l'amparlier, ki euſt des plus bres paroles, & des plus cleres ki porra. Car nulle parole n'eſt plus inelle à hom ki entent, ne n'eſt nulle ſi toſt retenuë : encore oſtent les lois eſcrites aucune perſonnes. Fermement doit garder le juſtiche, ce ke les lois eſcrites enſengne, ki diſt ke on doit trouuer debonaire celui ki droit rent, kant il ne le requiert, mais il ne ſe doit mie ſouffrir à deſpire. Et pour ce lô-jou ke tu oïes debonairement les amparliers,
*L. 14. C. de Aduoc. diuerſ. Iudic.*
ki eſclairent, ſi comme le lois eſcrite diſt : Les quereles eſclairent ſouuent par le force de leur paroles, ki ſunt eſcoulourgies és comunes beſoingnes, & és priuées, & r'appellent les coſes ki ſunt decheuës. Il ne ſouffiſt pas mains à l'umaine lignie, ke s'il ſauuaiſſent le païs & les peres par batailles, & par plaies, & nous ne creons mie ke s'il defent noſtre empire, k'il ſe combatent à glaiues, & as eſcus, & as haubers : mais li amparlier le ſunt autreſi bien. Li Patron des cauſes ſe trauaillent bien, ki edefient à le gariſon de le glorieuſe vois, & deffendent l'eſperanche & le vie & les oirs as laboureurs.

II. Pour ce ke j'ai veü aucune fois le Iuſtice dire moult de paroles pour auiſer le partie ki n'aſeroit pas ſon office, te lô-jë ke tu faces come le loys diſt, ki
*L. 6. Cod. de Poſtul.*
enſi parole ; Se aucuns veut eſtre amparliers, vns meïmes ne ſoit pas Iuges & amparliers en vne meïme querelle. & deuant toutes les autres coſes li amparlier deffendent les plaideeurs dehors, en tele maniere, ke il ne prendent pas congié de laidengier, ne de meſdire plus ke li pourſis de le querele ne requiert, faicent
*& procax*
ce ke la cauſe le requiert, & s'atemprent de tort faire. Car ſi aucuns eſt ſi * gengleres, ki li ſoit auis ke on ne doie pas plaidier par raiſon, & par meſdit il ſouffera apeticement de ſe renomée : ne on ne leur doit pas douner licenſe, ke aucuns laiſſe ſe beſoingne, & s'entremete de faire anui à ſon auerſaire en apert, ou en traïſon ; ne nus amparliers ne doit alongier le plait de ſon gré, & ne quit pas aucuns amparliers ke s'onneurs ſoit amenuiſiée, s'il eſt laidoiés pour ſouſtenir loiaument le droiture de ſe partie.

III. Maintefois m'a on demandé, ſe Maires de bone vile puet eſtre amparliers, fors pour ſe vile. & certes le lois eſcrite en parole ainſi par force, & diſt :
*L. 2. C. de Aduoc. diuerſ. Iudicum.*
Nous ne volons pas ke ceus ki à leur païs doiuent ſeruiſe, & deffendement, & entendement, s'en eſloingnent, ne k'il voiſent fabloiant : ne pourkant nous leur otroions k'il aient en leur paroles office d'amparlerie ; & voiſent à court pour leur propres cités, en tele maniere ki ne leur ſoit pas otroié à eſtre contre le preu de leur cité, en laquelle il ont cét honeur.

*\* Leg. Honorius & Theodoſe.*
IV. Cil n'auoit mie oï toutes les lois, ki rampſoua vn amparlier, ki baillie auoit tenuë, & puis repairà à l'office d'amparlerie. Car li Empereurs * Diocletians & Valerians dient à vn Preuoſt ainſi : Se aucuns eſt amparliers, eſt de
*L. 9. C. de Aduoc. diuerſ. Iud.*
telle hautece, ou de le Preuoſté de vile, ou de cité, ou de ceus ki deffendent les cauſes en jugement des contrées, rechoit par élection le don de ton ſiege, & le pooſté de gouuerner aucune contrée ; kant il ara tenu ſe bailliée entierenement ſans aucun corrompement de ſe renoumée, il ait pooir de reüenir à l'office dont il fuſt oſtés, & dont il ſe ſoloit gouuerner, & gaagnier che ke meſtier li eſt, ne il ne li ſoit pas deffendu par aucune enuie, ki ne puiſſe come deuant cauſes defendre.

*L. 14. §. 1. C. de Iudiciis.*
V. Bien diſt le loys eſcrite, & pourfitablement, ke li deffendeurs des quereles, après clain ; après reſpons ; en quel lieu ke che ſoit, graindre, ou meneur, ou par deuant arbitre de miſe, on par deuant Iuges dounés, ou eſleus, ou en autres

manieres

manieres, touçent les saintes Euangilles, & façent fairement, ki s'entremetront « de toute leur vertu, & de toute leur aihuë à chiaus ki defendent, felonc ke il « quideront kė se soit drois & voirs : & meteront toute l'entente ki porront, ki ne « sousténront nule querele ki deffende, ki soit desloiaus, ne desesperée, ne ki « croient sainte, ne faussèté à leur ensient. «

VI. Et façent bien li amparlier ke trop est graus desloiautés de vendre sa lange pour autrui deserte, ne pour faire lui damage. Car s'il n'estoit tant de sousteneurs de mauuaises querelles, il ne seroit mie tant d'entrepreneours : ne si ne seroient pas tant de larrons ; s'il n'estoit tant de recheueeurs. & cette fourme de fairement ne t'aie mis en escrit, pour che ke on l'ûst en court laie : mais pour che se tu le veus vser en ta court, jà blasmés ne seras, ou se tu le loës à aucun riches hom, Roi, ou Conte, bien t'en deuera croire.

VII. Le lois escrite dist ke les choses ke li amparlier dient, quant cil qui les quereles sunt en present, doiuent valoir autrestant, come si le Sengneur meimes des quereles les disoient. « L. 1. C. de errorē Aduoc. »

VIII. Li mesparliers des amparliers, si parole par amendement, ne puet greuer son Sengneur, si t'appelle son maudit, ains s'apuit au jugement, & ains ke l'autre partie mete en ni le maudit par vsage de court laie.

IX. Bien puet Phelippes r'appeler le maudit son amparlier, ke can l'en mist sus à Phelippes dessaisine, Phelippes kemanda à son amparlier, que il demandast jour de veuë, & il mist en ni le saisine, puis ke li amparliers dist par amendement Phelippes r'appella tantost : car li amparliers n'a mie plaine poosté de dire en le querele kanke il vaura, puis ke li Sires retint l'amendement de lui, & de son conseill.

X. Cil ne fust mie bien entendant, ki te dist ke mettre auoient canques ses amparliers auoit dit, n'ert mie droit nons d'amendement, ains est drois non rapel ; car Amendemens est si come il doit ajouster ou oster des paroles ki dites sunt, & ne mie du tout anientir. Mais certes ne prent mie garde à raison ; car il amende bien, ke de mauuais estat se met en bon. & les lois meimes escrites dient bien, Ke li Sires puet rapeller ses jours jusques au jugement, & « le sen Auocat jusques au tiers jor, se sentence n'en est donnée. »

*Chi parolle ke li Iuges accomplisse che ki defaut as amparliers.*

### CHAPITRE XII.

I. BIEN s'accorde le lois escrite à nostre vsage, ki dist ainsi ; On ne doit pas douter ke li Iuges ne puist accomplir ce ke li plaideur dient, ou cil ki les causes defendent, fors che ki s'accorde as lois, & au kemun droit. Bien puet dire & doit le justice au jugier le querele toutes les raisons k'ele puet & set, ki apartiennent au droit & as parolles, ki sunt dites, encore ne les aient mie dites li amparliers. Mais du fait principal ne puet il, ne ne doit riens dire, ne metre auant, ne de partie auiser par nostre vsage, fors ke de tant ke les parties en ont mis auant. du fait de tant puet ele, & doit metre auant raison jusk'au jugement pour le fait jugier, & deuant les parties se doit taire. Mais aucune fois doit le justice demander à l'vne partie & à l'autre che ki set, ki asiert à le querele par droit. « L. vn. C vt quā defunt Aduocati &c. »

II. Il est raisons par nostre vsage, ke cil ki demande à son Auersaire aucune chose en plait, die par quele raison il le demande : si come il demant vn cheual, ou autre chose, il doit dire : *Ie te demande chu cheual pour chou ke tu me le vendis, ou donnas*, ou dire autre raison s'il l'a. & si demande yretage, il doit dire ki fu celui, & ki la siet. & aucune fois auient-il ke on ne puet mie noumer toutes les coses ke on demande : si come se deus homes estoient compaignons d'vne marchaandise, ains doit dire ainsi en gros : *Nous auons esté compaignon entre moi & cest home, si vous pri ke vous me faciés auoir conte & partement de nostre compaingnie*. & aukune fois auient il ke cil ki a droit en aucune hyretage, ki ne le puet tout demander, ne certaine partie : fi come fe vns hom'a vn fill, & il aift fe femme groffe, & il muert, il ne puet tout demander, là où les cofes funt partiffables pour le groiffe, che ne le certaine partie. Car il ne fet kans enfans le femme ara, ne il ne deuera pas tant atendre fi ne veut, ke on fache kans enfans ele ara. Et pour che fe li lô-je que il le requiere ainfi : *Ie requier l'iretage ki fu celui, fauf l'enfantement à la Dame ki de celui eft groffe.* Et s'il funt pluseur home, cele meime forme requiere cafcuns, & ke on en deuera faire bien le te dirai.

III. Se aucuns requiert vne cofe come fieuë, ne ne dift plus, noftre Vfage ne rechoit mie tel claim, fe le partie ne le rechoit par fa volenté : mais fe aucun requiert chofe ki foit fienë, il doit dire, *Ie te quier cele chofe come miene, qui m'a efté mautonluë, ou ke j'ai defmanée,* ou autre raifon par coi ele parti de lui outre fon gré.

*L. 1. D.*
*de probat.*
*L. 1. & 8.*
*C. eod.*

IV. Tu ne demandes mie bien, fi come le lois efcrite dift, deniers ke tu baillas en garde, fi come deniers ki funt Dieu : mais en les doit demander come tiens ke baillas en garde.

V. Le lois efcrite dit, Ke cil ki doiuent demander, doiuent auoir preuues : & fi ne puet preuuer, li defenderes doit gaagnier le querele, jà foit ce ki ne preuue riens.

VI. Ce n'eft pas nouuele cofe, ce dift le lois efcrite, Se cil à ki on demande deniers veut fauoir les raifons pour coi on li demande ce, fi ke verités en puift eftre feuë.

*\*f. fe*
*\*f. preuuer*

VII. Vne autre lois efcrite dift* ke on demande à aucun pour foi & pour autre, il a droit, fe les * paines qui ont efté faites en comun foient monftrées, fi ke on puiffe fauoir ke il afiert à fe partie. Cil pardeuant qui le parolle eft traitie commandera ke li airrement, & li comun efcrit foient regardé pour faire foi de verité, & ce dit le lois.

VIII. Tu m'as demandé fe on puet amender en fon claim jufques à quel point. Certes aucunes gens dient ke on puet amenuifer le claim toutes les fois ke on veut deuant refpons : mais croiftre ne le puet on pas, fe le partie s'eft partie après le claim de deuant le Iuftice pour le Confeillier, ou s'ele a le claim baré, ou refpondu, pour cefte raifon ki dient ke li mains eft contenus û plus, & ce croi je bien, kant li Sires fait fon claim il meimes. Car il ne puet amender en fon claim, il ne le fait dire par amparlier, & par amendement, dont le puet amenuifer & acroiftre jusk'au refpons : & autretant vous vaut che ke nous faifons dire par amendement, come chou ke li Clerc funt par proteftation, fors felonc aus.

IX. Se li Sengneur des querelles funt proteftation à l'vfage de Vermandois, ne retienent mie li Sengneur amendement, kant il meimes dient leur parolles.

X. Se vns hom fait ajorner vn home, & il face vn claim feur lui d'aucune chofe, cil bare le claim en tele maniere, ke drois foit dis ke il n'eft mie tenus de refpondre, fauoir mon fe il pour autre raifon puet demander cele cofe meifmes, ou autre tel claim faire feur lui. & certes par droite loi, par autre raifon ne le puet-il demander, ne autre claim faire iceluy jour : mais s'il clamoit deus cofes feur lui, ou trois, ou quatre, tout en vn claim, s'il i ert jugié ke il ne refponderoit ke d'vne, pour ce ne lairoit-il mie à refpondre des autres cofes.

*Chi parolle en quel caufe on a jor de confeill, en queles non.*

## CHAPITRE XIII.

I. Qvant on demande aucun hyretage, jour de confeill doit auoir à quinfaine, fi le demande.

II. Se conuenanche eft demandée feur aucun, ou de te ke il ait faite, ou meffais, keuski foit refpons ke on li mete fus, refpondre en doit, come de fon fait fans auoir jor de confeill.

# DE PIERRE DE FONTAINES.

III. Dete ki eſt demandée à hoir pour cel lieu où il yrete, il a jor de conſeill, ſe il eſt demandés come d'autrui fait.

IV. Se on demande dete à Vilain, come à l'hoir, doit-il auoir jor de conſeill? certes nennil, ne il ne porra à tel jor contremander, mais ſon enſoine fera à ſauoir: & ſelonc l'enſoine on i metra atempreement jour.

V. Li Frans hom, ke on demande come à hoir, doit auoir jor de conſeill à quinſaine. Aucune fois auient-il que on demande catiex & muebles & yretages tout en vn claim, ſi me demande ſi on ara jour de conſeill à quinſaine de tout le claim pour l'yretage qui eſt. Nennil, fors de l'iretage, les autres ſoient menées, ſi come elles fuſſent menées par elles, ſe ainſi n'eſt ke le catel & li mueble pendent à cel hyretage clamer: ſi come s'il clamoit l'hyretage, & les fruis k'il en auoit recheus, & damages k'il en auoit eus pour ce. Car lors deueroit toute la querele eſtre menée par quinzaine, pour ce ke li catel, & li damage dependent de l'hyretage.

VI. Se aucuns eſt ki ait fait faus jugemens en cort, a perdu reſpons.

VII. Cil ki eſt apelés de crime, qués k'il ſoit, dont il perdit vie ne membre, s'il eſt prouués, puis relaiſſés, il pert nekedent reſpons en cort.

VIII. Se aucuns Sires eſt apelés de ſon home de defaute de droit, & il eſt atains, il pert l'oumage, & pert auſi reſpons en cort. & ſe li hom ne le preuue, aueuc ſon fief k'il pert, pert-il auſi reſpons.

IX. S'on apele, & aient eſté li gage douné, d'yretage, & de mueble, li Sires qui ſes campions eſt recreans, pert reſpons en court.

X. Cil ki ert atains de demande k'il ait noié, & fait en ait ſairement, pert reſpons en court: & ſe li hom ne le preuue aueuc ſon fief k'il empert, pert il reſpons en court.

XI. Cil ki fuit bataille Roial ſans enſoine ſouffiſans, ne appariſſant en ſon cors, pert reſpons en cort. & moult miex le doit perdre cil ki fuit bataille contre les Sarraſins, qui laiſt ſon Sengneur lige en peril; queske il ſoit, là où il le puiſt aidier & valoir, il pert reſpons.

XII. Et generaument de toute tricherie dont li hom eſt prouués vers ſon Sengneur, il pert reſpons & le fief aueuc ki apartient à le tricerie.

XIII. Cil ki forjuge ſon ami carnel, ki à droite offre ne veut venir, pert reſpons, ſe force de ſengnorage ne li fait forjurer par aucun crime.

XIV. Cil ki ſunt bani de leur païs, & ne veulent venir auant pour doute de crime, perdent reſpons.

XV. Cil ki eſt prouués & atains k'il ait Sengneur deſauoüé, aueuc le paine k'il en a, pert-il reſpons.

XVI. Chil ne te fiſt mie bien entendant, que Robers auoit perdu reſpons en cort pour vn larrecin, ke on li auoit mis ſus, dont il ne fuſt onkes prouués, mais il en fuſt mis en priſon par le volenté le Iuſtice. Vne lois eſcrite determine ce ke tu me demandes, ki ainſi diſt: On ne puet pas entendre ke cil ſoit damnés de larrecin, ne de rapine, ne de catel tolu, ki a plus pris de ſon deteur, ki ne li auoit creu, ains fuſt condannés par le * Preuoſt à rendre ce k'il auoit plus rechut ki ne deuoit, ſe li fiſt rendre au double, ne pour ce ne pert il mie reſpons. «L. 2. C. ex quib. infam. irrog. * Præſes

XVII. Li Empereres diſt à vne feme, ainſſi * vne loi, tu as eſté damnée de larrechin, jà ſoit che coſe ke tu n'en as eſté fuſtée, tu en es diffamée. mais ſe cele coſe ke autres ait emblée, eſt trouuée ſeur toi, ki riens n'en ſauoies, la dure ſentenſe ki a eſté dounée ſeur toi, n'empire pas ta renommée. «en vne L. 8. C. eod.

XVIII. Et pour che di-jou, ke ſe celui n'a la paine du crime, dont il eſt prouués, pour ce ne demeure il mie ke il ne perd reſpons. mais ſe on le juge cruelment, che ne le grieue nient par ceſte loi. mais ſe hom eſt apelés de tel jugement, & il ne fait che k'il apartient, il en pert reſpons en cort.

XIX. Vne autre lois diſt, Ke nus n'eſt diffamés, che k'il fiſt en enfanche: «L. 21. C. eod.

XX. Torsfais de feme ne taut mie reſpons.

Partie III.                                                   M ij

LE CONSEIL

L.16.C. cod. „ XXI. Il eſt aperte choſe, che dit le lois, ke tiex ki eſt menés par le vile
„ pour batre en monſtranche, k'il eſt maufaiterres & diffamés perdurablement.

XXII. Tu me demandes vne coſe, ke onkes ne vi jugier, ne plait n'en vi tenir, ſe Vilains pert auſi reſpons li vns contre l'autre, com Gentix hom fait: & certes mon auis t'en dirai. Se tous les crimes ke vilains perderoit vie ou membre, s'il l'i eſt prouués, & puis ait ſe pais, ſi perderoit-il reſpons en cort. mais des autres blâmes, pour che ki ne ſunt mie ſi honneſte ke li Gentilhome, ne ne ſeuent mie ſi bien ke honneurs eſt, pour che ne ſunt-il mie ſi tenu de garder leur honneur, ne perderoient-il mie reſpons. Car ki vauroit dire que vilains perdiſt reſpons en cort, pourche ſi s'enfuioit d'vne bataille, ou ſes campions pour hyretage, ou pour mueble i ert recreans, il ne diroit mie à droit.

* Subtilement

XXIII. * Soutieueſment me demandés ſauoir mon ſe je bien entent che meimes en vn vilain ki aroit achaté vn franc fief, s'il frans en ſeroit : & je te di ke oïl, fors de che k'il entrependeroit ſeur ſon Sengneur. Car de che k'il entrependeroit vers ſon Sengneur lige, il en ſeroit diffamés come vn Gentix home, & en perderoit reſpons en cort.

L.18.C. eod. XXIV. Maintefois m'a eſté demandé ſe vns hom eſtoit apelés d'autrui crime, & il en faiſoit pais : ſauoir mon ſe pour che pert reſpons. & certes oïl : car il ſanle bien k'il connoiſſe ſon meſfait, ki pais en fait. mais s'il le faiſoit par le Iuſtice, deliures ſeroit du blame.

XXV. Se aucuns trait témoignage auant en ſe querele, & il enkiet, & perde li Sires par bataille outre, li teſmoins eſt diffamés par noſtre vſage, & pert reſpons en cort. mais c'eſt contre le loys eſcrite : Car vns ſages ainſi co-
L.13. & 14.C. de teſtibus. „ me vne loi diſt : Se teſmoins, dont li teſmoignages eſt fauſſes doiuent eſtre
„ nombré entre les infames, auſſi come atains de faus teſmoignages. Reſpon-
„ du eſt en le loy que nenil : Car il ne ſe conuient mie, ce diſt le lois, ke d'v-
„ ne ſeule ſeurté, ke d'vne ſeule ſentenſe, mais k'ele ſoit bone ou mauuaiſe, ki
„ donnée eſt par autrui, ke autres en ſoit greués.

XXVI. Ie ne crois pas ke ochiſſions, s'elle n'eſt prouuée par vilain fait, toille reſpons en cort.

XXVII. Nus n'oſeroit dire par droit, ke peres ki occheſiſt ſon enfant, perdit reſpons. Car le grant amour ke nature met de pere à fill, torne plus l'ochiſion ſeur cas d'auenture, par coi il ne pert pas reſpons, fors * ſeule * obcure volentaire.

XXVIII. Se le meſcaanche de l'ociſſion de ſe feme, ou de ſon frere, ou de ſon nueueu, n'eſt ſi aperte, ke caſcuns le puiſt ſauoir, encore ſoit li ochiſſeres apelés, ſi n'en pert-il pas reſpons en cort.

XXIX. Se on preuue ke aucuns Sires ſoit defaillis de droit faire à aucun ki ne ſoit en ſon houmage, pour che ne pert il mie reſpons.

*Chi parole des ſouſaagiés qui ont vendu tere & autres choſes.*

## CHAPITRE XIV.

I. CIL ki ont mains de quinſe ans, doiuent demourer en la tenanche, où leur pere & leur mere eſtoient, ou cil de qui leur vient eſcaïrent au jor k'il deuierent.

II. Maintefois m'a eſté demandé coment j'entent ceſt mot, *en tel tenanche*, ſi come ſe ſes pere auoit acaté vn hyretage vn mois ou deus deuant ſe mort à vn ſien frere, ou à vn autre ſien parent, ou s'il auoit tolu vne pieche de tere deuant ſa mort vn mois, & li ſouſaagiés n'eut k'vn an, ſi conuerroit atendre au deshyreté juſk'à ſon aage : & certes nenil, en che cas. Car auſi come li ſouſaagiés a auantage, ki ne reſpont juſkes il ait ſon aage, ainſi a li autre auantage ke il r'ait le terre ki a eſté vendue par lingnage dedens l'an & jour, ne c'on l'en toille *, dont on n'a encore vſé fors de daute, ne doit pas remanoir au souſaagiés, ſe li termes de ſon aage n'eſt ſi prés ke vns damages ne fuſt à requerreeurs pour atendre. Pourcoi je di ke li bail au souſaagié doit reſpondre de ces coſes, ou ſes wardes. & ſe li souſaagiés n'a ne bail, ne wardes, le Iuſtice en doit enquerre le verité loiaument le pluſtoſt qu'ele pourra, & pardeuant plenté de bone gent. Car s'ainſi n'eſtoit fait, on porroit maintefois enrichir ſon hoir d'autrui rapine ke l'on fait, & briſſier les lois, ke on ne doit mie ſouffrir. & le mot ke on diſt, *en autre telle tenanche, come ſes pere eſtoit au jor ki deuia*, je l'entent enſi, come il auoit vn an deuant ſa mort. & le loys eſcrite diſt bien, ke on ne doit mie aidier souſaagiés en tous poins, mais on les doit bien warder ki ne ſoient decheu.

III. Se terre eſtoit eskeuë au pere du souſaagié, ſe celui ki l'auoit tenuë an & jour, & en plaidaſt-on, & li peres au souſaagié ne l'euſt tenuë ke deus mois, ou mains, & puis morut, ſi morroit li plais juſc'à l'aage de l'enfant.

IV. Se dens an & le jour ke enffés ara ſon aage accompli, puet-il demander le ſaiſine, ke ſes pere auoit, kant il deuia : & che doit faire li Baillieus le Roy, ou autres, kemander au Sengneur de ki on le tient ki le fache : & ſe il ne le fait dedens le jor raiſnable ke on i metera, li Baillieus le fachent, & par loial enqueſte ſoit fait ſans plait faire. Et s'il le fait requerre aprés l'an & le jour, ajorner deuera faire le tenant, & le querele ſoit traitie par chelui, ou par reſpons, ſans aide de souſaagié.

V. Se li baus de l'enfant auoit requiſe ſaiſine, tel come li peres auoit au jor k'il deuia, ki bien apartient à ſon offiſſe, & enqueſte en fuſt faite, ki ne ſemblaſt pas à l'enfant k'ele fut raiſnable, demander le puet derechef dedens terme, & auoir le deuera ſes coſes dont on auoit meu plait vers le pere, & k'il auoit tenu an & jor deuant ſa mort, ne reſpondera li ſix, n'autre pour li, deuant k'il ara acompli ſon aage, & ainſi des coſes k'on auoit tenu an & jour, dont li peres auoit meu plait, ne reſpondera mie vers le fill, ne vers autrui pour li, deuant k'il ait ſon aage. Mais ſe parens au pere auoit vendu hyretage au mains vn an deuant le mort le pere, & que li peres en euſt eſté requerans û non de l'enfant, en reſpondera-on à l'oir & au baill, & auſi de le ſaiſine, tele come il l'auoit vn an deuant ſa mort.

VI. Se toutes les coſes qui ſe volenté n'en partirent, & generaument de toutes les coſes ou couſtume eſt aſſiſe, & loys courans, deuera on oïr le baill au souſaagié, ou autres pour lui qui dounés li ſera de par le Iuſtice, ke par le conſeil des amis à l'enfant, & de bone gent, doit-on vſer. & auſi en tous les cas. Là où il a loy & couſtume aſſiſe, ne doit-on pas atendre l'aage de l'enfant, ke on ne ſache la commune loy & la couſtume tenir. Car il n'apert pas ke cil ki eſt dedens aage ſoit decheus, ki a vſé de commun droit, & ce diſt vne lois eſcrite. "L. 9. C. de in integr. reſtit."

VII. Se toutes les choſes c'on vſera plus cruelment vers le souſaagié, ke lois ne ſouſtrait li souſaagiés, s'il veut prouuer quant il varra en aage, ke on ara plus cruelment fait vers lui, ke lois ne ſueffre, aprés ſe preuue deuera eſtre reſaiſſis : ne che ne li greuera mie, que ſon baill s'aſenti à chu tort ki ſu fais.

VIII. Bien s'accorde noſtre vſages à moult d'aides que les lois eſcrites dient, & funt à souſaagiés. Pour che, ſe feme a enfans dedens douſe ans k'ele a primes accompli loial aage, & par noſtre vſage ne pert-ele mie le ſaiſine, tele come ele doit auoir par l'aide de souſaagement. & che diſt vne lois eſcrites, qui ainſi en parole : Se te ſeur doit rechevoir les parties des biens ton pere, ki mors fu ſans faire teſtament û tans ke aages li deuoit aidier, jà ſoit che ke cinq * ans ait paſſés, pour che ne doit-ele pas perdre l'auantage de l'eſtabliſſement, c'eſt à ſavoir, ke benefice de reſtitution li ſoit dounée par aage. "L. 2. C. eod. *enfans"

IX. Se li enfés eſt en baill, & li baus li vent aucune coſe de ſon hyretage, cil markiés n'eſt pas tenables : & s'il n'a point de baill, & eſt dedens

## LE CONSEIL

*defendu,*   aage, & vent, il ne li ert pas * deuéé à demander le faifine, kant il varra en
*non vetatur*   aage, fe li tans n'eft paffés ki eft eftablis, & enfi s'accorda le lois efcrite, ki
*L. 4. C. eod.,*   dift enfi : Se tu monftres ke tu auoies mains de * quinze ans, kant tu feis
*xxv.*   „ markié, & tes auerfaires ne puet prouuer ke li tans ki eft eftablis à auoir le
„ faifine foit paffés, li Preuos de le contrée te deuera donner ahiuë de r'entrer
„ en reftitution.

X. Quant enffés ki a mains d'aage fait markié à qui ke fe foit, fe dedens
le terme ki eft eftablis puet prouuer k'il foit decheus, encore ne foit-il mie
proüué par fon auerfaire k'il foit decheus, s'il fera il refaifis, s'il demande le
faifine dedens l'an & le jor aprés fon aage, jà foit ke la tricherie à l'auerfai-
re ne foit pas prouuée. & il eft certains drois, ke cil ki funt dedens aage,
puent, ains ke quinfe ans foient aconpli, demander certaine reftituffion des co-
fes en coi il quident eftre decheu.

XI. Se aucuns a enfant en baill par lingnage, & fe veut deliurer du baill,
& fait prouuer l'aage de l'enfant, cans ans k'il ait, & puis acat à lui aucune
chofe, bien puet li enffés demander pleniere refaifine, fe li termes n'eft paf-
fés ki eft mis, & li enffés puet prouuer k'il n'auoit pas aage, quant li markiés
fuft fais. & che puet-il demander l'acateur, ou à fes hoirs, & à che s'accor-
*L. 7. C. de*   de vne lois, ki dift ainfi : Se tans ki eft eftablis n'eft pas paffés, tu peus bien
*in integr.*   „ emplaider ton oncle, ou fes hoirs, par caufe de reftitution enteríne, pour ce
*reftit.*   „ ke tes baus & tes deffenderes ert leur peres à qui tu donnas deliuranche, kant
„ tes aages fuft prouués fauffement. Car l'office du deffendement à la prochai-
„ neté du lignage montre qui ne deuft pas eftre, qui ne feut pas bien ton
„ aagée.

*L. x de filio*   Vne lois efcrite dit ainfi, & determine : Se li enffés auoit mains de fon aa-
*famil. mi-*   „ ge, & pleges fuft pour vn autre hom, & paie, il ne li ert pas deuéé à demander
*nore.*   „ plaine reftitution. & fe il fu pleges pour fon pere, il puet demander enteriné
„ reftitution.

XIII. Tu me demandes fe cil ki eft dedens aage vent aucune cofe des biens
fon pere, & il met pleges de garantir le, pour eftre eftable la vente k'il a faite
pour fon aagée, fauoir mon fe il doit faire efcange de fes propres biens, ou fe
li pleges i funt tenu. & certes noftre vfages ne fe defcorde mie de le loy, ki
*L. 1. C.*   „ ainffi dift : Puis ke tu as enterine reftitution pour le benefice de ton aagée,
*de fi de juff.*   „ tu n'es pas contrains de faire efcange à celui qui tu vendis aucune cofe des
*minor.*   „ biens ton pere: mais cele cofe ne puet pas efcufer tes pleges que tu i meis. &
„ fe il paient les deniers, ou fe il funt condanpnés, il te porroit bien emplaidier,
„ fe tu ne les aides de che, par la reftitution ke tu en as.

XIV. Et fe aucuns vent le fieuë cofe propre, ki foit fous aage, & le fait
deuant le Iuftice, & pleges i met, k'en i ert-il ? ce dift vne lois efcrite : Se
*L. 2. C.*   „ cil ki te vendi poffeffion par la volenté à la Iuftice, eft aidié tant feulement
*eod.*   „ par le benefice d'aage, il n'eft pas doute ke le plege k'il i met ne foit obligiés
„ au markié tenir. Mais s'il apert ke li markiés foit fait par tricherie, il eft a-
perte cofe ke on doit mettre confell entre les perfonnes, c'eft à fauoir du ven-
deur, & des pleges aus foufaagiés.

XV. Se foufaagiés vient à l'hyretage fon pere, & par l'actorité fon baill
l'hiretage eft fi carkiés de detes, ki ne fouffift mie juski le venderoit pour fai-
re gré à creanchiers, ains k'il foit en aage, plaidier en puet à fon baill. & fe
li baus n'eft fouffifans, bien fe puet aftenir li foufaagiés de l'yretage fon pere,
fe li termes n'eft paffés, ki mis i fu. Et fe il eft venus à l'yretage puis ke il acon-
pli fon aage, il fe puet bien efcufer vers les creanchiers : Car che ne li gre-
uera mie fe fon baill fift : nis s'il en auoit cofes leuées & prifes, fe li feroient
eles reftorés puis k'il eft dedens l'aage. De ta demande ne fe defacorde pas
*L. 3. C. fi.*   vne lois efcrite, ki dift ainfi : Il nous plaift ke aide & reftitutions foit dou-
*tutor vel*   „ née à ciaus ki funt dedens aage, és cofes ke l'on puet prouuer, ke leur defen-
*curatorin-*   „ deur, ou leur procurateur firent malitieufement, & qu'il puiffe recouurer
*tromenerit.*

# DE PIERRE DE FONTAINES.

leur damage feur aus, fi ke nus griés ne leur foit engenrés par tel action.

XVI. De le Damoifelle ke tu demandas ki n'auoit pas fon aage, qui iert coumuns à lui & à fes freres, le lois en refpont bien, ki enfi dift : Se voftre feur auoit plus de * quinfe ans, ele ne puet riens amenuifier de voftre droiture, fe vos ne li kemandés, ou euffiés dit ke ferme & eftables le pais k'ele feroit tenriés. & fe vous afentiftes après che ke vous euftes * quinfe ans, & vous vous afentiftes à le pais, ou à che k'ele fift, jà foit che ke cil ki eft dedens l'aage puift demander reftabliffement, ne pour kant fes aages ne vous puet pas aidier à auoir communité de benefice de reftitution.  « * vint-cinq
L. vn. C. fi in commmuni eadem que caufa, &c.
* vintcinq

XVII. Se li enfant, dont tu te confeilles à moi n'auoient pas aage, kant li jugemens fu fais, parcoi il ont eu mains ke leur partie, il n'ont droit de demander che ki en defaut. Mais fe li jugemens fu dounés puis k'il furent en aage, il ne peut pas commencher plait de ces meimes cofes : & ce dift bien le lois.  L. 6. C. de in integr. reftit.

XVIII. Se aucuns foufaagiés eft ki n'a point de baill, li Baillieus, ou li Preuos de le contrée le doit warder ke tors ne li foit fais, fe li Sires, fous qui il eft, ne s'en veut meller.

XIX. Tu me dis ke vns foufaagiés vendi terre & autres cofes, & douna bone feurté à l'acateur ke jamais n'en parleroit, & le jura feur Sains. Or demandes s'il iert reftablis pour fon foufaage : & certes le lois en refpont ainffi : Se tu dounas caution à celui ki acata te poffeffion, ke tu encontre lui ne mouueroies jamais plait, & che afermas-tu à warder par ton fairement, tu ne dois pas quidier ke tes foufaages te doint acoifon de parjurer toi, ne de tricherie faire.  « L. 1. C. fi aduerfus vendit.

XX. Tu me demandes fi li enffés, ki eft dedens aage prent femme, il li doune aucunes fieuës chofes, ains k'il l'efpeut, û tans de fes efpoufailles, fauoir s'il pourra rapeller le don pour fon foufaage : Et certes fe aucunes cofes te furent dounées deuant les nueches par defauenant atemprement de ton mari ki iert dedens aage û tans des efpoufailles, & par deuant fon baill, eles ne feront pas rapelées par le droit de fon foufaage : pour ce ke tu vois ke cil ki funt dedens aage ont tant d'auantage par loi & par couftume, fi me demandes s'il ont auffi auantage en leur meffais, & certes bien en parolle le lois efcrite ki ainffi dift : Cil qui funt dedens aage ne font pas apelé és crimes par le loi de non aage : car le foibleté & l'enfermeté du corage n'efcufe pas les meurs des homes mauuais. mais kant li meffais n'i eft pas du courage, mais dehors, il n'ia pas coupe, jà foit che ke li damage du catel enfieuent pour paine : & pour che cil ki funt dedens aage puent auoir aide de reftitution. mais par noftre vfage tendroit-il le damage, ou fes bans.  L. vn. C. fi aduerf. dotem.
« L. 1. C. fi aduerf. delictum.

XXI. Nus n'eft efcuffés és meffais, ce dift le lois. & certes c'eft voirs, fe li aages foit teus k'il puiffe fauoir, ou doie, k'eft meffais.

XXII. Se Preuos ou Baillieus ont vendu les cofes au foufaagié pour deniers ke on deuoit le Roi. Mais de droit il aront droit pris de le vente, & autre tel aide pour leur nonaage enuers lui, come enuers vn autre.

XXIII. Se * Parrafius, ki ert dedens aage, fut decheus par Rufin, ki iert ordenneres de nos cofes, funt li Empereur Seuerus & Antoines, fi ke il fehafta par le legiereté de fon corage de vendre moult mains fe cofe, ke ne valoit, noftre Bourffe fi à l'actorité du coumun droit, & de faire li reftitution.  « * Probus
« L. 1. C. fi aduerf. fifcum.

XXIV. Tu me demandes tres-bien fe vns foufaagiés auoit fait vn markié, là û fes preus fuft tout apertement, & après demandaft le reftabliffement, l'aueroit-il ? & certes nenil : car lois & vfages ne prent pas garde à leur volenté faire tant come à leur preu, & à garder k'il ne foient dechut : car fe ainfi eftoit, nus ne marchanderoit à aus, & ainfi recheueroient fouuent grans damages, & à che s'acorde vne lois, ki ainfi dift : Pour che ke tu nes reconneus ke tu feis markié à zenodoire, tu n'auois pas encore * quinfe ans, ne tu ne pues monftrer au Preuoft k'ele foit riche pour le markié, tu dois entendre k'ele en doie auoir enterine reftitution.  « L. 1. C. fi aduerf. creditor.
« * xxv.

## LE CONSEIL

*L. 1. C. qui & aduerſus quos, &c.*

XXV. Tu me demandes, ſe li peres a marié ſon fill, & puis mis hors de ſon baill, ains ke il ait ſon aage, & aprés ſache marchié au pere dedens ſon aage, ſauoir mon s'il ara auſi reſtabliſſement vers lui, come vers autrui. Et certes nenil, ſi come le lois eſcrite le teſmoingne, ne vers le mere auſi : car le reuerenſe de pere & de mere leur taut reſtitution, & il n'eſt pas doute ke teles perſonnes ne ſe vuardent bien, car riens ne ſoit contraire à leur opinion.

*L. 1. C. ſi minor ſe major." dixerit. * ne ne kant il*

XXVI. Se aucuns ki n'euſt pas ſon aage acompli, mais bien appareuſt par cors ke il l'euſt, ſi il aprés che fait, fait markié, & il eſt decheus, ſera-il reſtablis? & certes nennil, nis certes ſe il ne l'euſt diſt: car le lois diſt ainſi : Se cil, ki diſt ki eſt dedens aage, te deehoit par menchoine de ſon aage, il ne doit pas auoir enterine reſtitution, ſelonc l'eſtabliſſement de droit. Car li anchien droit ſequeurent à ceus ki ſunt dedens aage, * ke ke il foloient, & vendent à teus ki les dechoiuent. Plus certainement ne te puis jou reſpondre ke par loi, puis ke noſtre vſage s'acorde à lui.

*L. 1. C. de his qui veniam ætat. im.- petr.*

XXVII. Se li Rois rechoit vn enfant en ſon homage, & li laiſt ſa terre tenir, & ſache aucun markié à lui, là où il ſoit decheus, ne porra-il mie demander reſtabliſſement, puis k'il fu requerans ke li Rois le rechut à home. Car vne lois diſt ainſi : Il eſt aperte choſe ke teus par le debonnaireté au Prince ont enpetré pardon de leur aage, jà ſoit che ke il n'ameniſtrent pas aſés conuenablement leurs coſes, ne puent empetrer ahiuë d'enterine reſtitution, ne il n'apert pas ke cil ki ſunt markié ſoient dechut par l'auctorité au Prinche. Mais pour che ſai-je bien ke jà ſoit cheu ke il ait pardon d'aage, n'a-il pas pleniere pooſté d'eſtrangier ſon hiretage.

*L. 3. C. cod.*

XXVIII. Ie veus ke tu ſaches ke vne lois en kemande : Entendons & kemandons, fait le lois, ke cil ki par ſon debonnaire Prinche ont pardon de leur aage, ne puiſſent ſans jugement faire obligement de leur coſes ki ne ſunt pas mouuables. Et autreſi eſt li jugemens neceſſaire à l'eſtrangement, come obligement, des coſes à chiaus ki n'ont pardon d'aage deſerui, ke en ce ſoit ſamblable à la condiſſion de tous ceus ki ſunt dedens aage, & à cheus ki ont empetré pardon d'aage, & à cheus ki ne l'ont pas empetré.

*L. 2. C. ſi major factus, &c.*

XXIX. Il ne conuient pas r'apeler les coſes dedens aage faites, puis ke li ſouſaagiés les ont confremées aprés che k'il ont rechut aage.

*L. vn. C. de reput. quæ ſunt in Iud.*

XXX. Chi reſpont bien le loi de che ke tu m'as demandé, ki ainſi diſt: Cil ki enterine reſtitution a, autreſi come il ne doit pas demeurer en ſon damage, autreſi ne doit-il pas demourer en ſon gaaing. & pour che doit-on entendre kanki vint à lui, ou d'acat, ou de vente, ou de markié. mais ſe cil ki a reſtitution, eſt dedens aage, il a action & raiſon de demander, & doit eſtre reſtablis à l'an de tenir. Mais kant cil ki eſt en aage requiert ſon hiretage, & il li eſt rendus, il doit maintenant rendre che dont il eſt tenus pour l'iretage.

*Chi parolle pour gent kemune de toutes manieres.*

### CHAPITRE XV.

*L. 10. C. de tranſ. L. 7. C. de pactis.*

I. BIEN doit-on garder che ke on conuenanche, ke le lois eſcrite dit : K'il n'eſt nule riens tant ſoit conuenable à l'humaine foi, comme de warder che ke on conuenanche. Et ſi ne dis-je pas ke on doit garder toutes les conuenanches ke on fait. Car conuenanche fait pour laide cauſe, ou par tricherie, ou contre bones meurs, ou contre couſtume de païs, ou contre l'eſtabliſſement au ſouuerain Sengneur du pays n'eſt mie à tenir. Et generaument, diſt le lois, ke toutes les fois ke conuenanche eſt oſtée de droit commun, il ne le conuient pas garder, ne fairement con en ſache n'eſt mie à tenir, s'on n'en plaidera pas. Car n'eſt mie ſelonc le loi conuenanche ke on fait pour laide choſe, ſi come on promet deniers, ou autre coſe pour ardoir maiſon, ou pour home batre, ou tuër, ou pour faire autre maliſſe. Et autreſi ſe conuenans eſt

*L. 6. Cod. cod.*

# DE PIERRE DE FONTAINES. 97

eſt fais ke on ne plaide de larrechin, ne de vilenie, ſe on le fait: car c'eſt pour-
fitable coſe ke on crieme le paine ke on doit auoir de tort fait, & de larre-
chin fouſtenir. & ainſſi enten-je ke de teus coſes on ne tient conuenant de-
uant ki ſunt fait: mais puis ki ſunt fait, on puet bien parfaire, c'eſt voirs par
noſtre vſage, anchois ke on ſe claint, mais puis le claim on ne puet riens faire
ſans luſtice.

II. Conuenanche faite par tricherie n'eſt mie à tenir, ſi come ſe tu conue-
nanchoies dis liures à vn home, ki t'euſt apareillié pour faire damage à autrui,
ou aucun anui, tu li donroies ſi t'en deliuraſt.

III. Conuenanche faite contre bones meurs, eſt comme tu conuenanchoies
à vn home de religion, ou autre, ke tu li querroies vne feme pour geſir aueuc lui,
ou tu li conuenanchaſſes autre coſe, ki fuſt contre honneſteté, teus conuenanches
ne ſunt mie bones à tenir.

IV. Conuenanche faite contre couſtume & contre loi & eſtabliſſement de  *L. 6. C. coñ.*
païs, & du Sengneur, ne vaut riens. Car pour che ſunt les lois & les couſtu-
mes du païs, ke on doit vſer ſelonc eles, & ne mie encontre. & pour che ſunt
li Sengneur leur eſtabliſſement, ke il veulent c'on les tiengne, & ne mie ke
on les brit. mais moult ſe doiuent garder de faire de mauuais eſtabliſſement,
ki ne ſoient pourfitable au païs, & ki à leur requeſte ſoient fait. car nouuel
eſtabliſſement maugardé n'accroiſſent pas l'onneur leur Sengneur. Car n'eſt
mie ſelonc le loi conuenanche ki eſt faite pour laide coſe, ſi coume on pra-
met deniers pour ardoir maiſon, ou pour home batre, ou tuër, ou pour faire
autre maliſſe. & autreſi ſe conuenans eſt fais ke on ne plaide de larrechin.

V. Toutes les fois ke conuenanche eſt faite pour laide cauſe, n'eſt pas à  *L. 27. §. 4.*
tenir, ne paine, s'ele i eſt miſe, ne puet-on demander, ne ſairement n'en tient-  *D. de paſt.*
on ki fais en ſoit. Car ſairemens n'eſt mie de tel nature, ke il obliſſe l'oume
en maliſſe. & che meimes enten-je és conuenances faites par tricherie encon-
tre bones meurs. & ſachiés ke j'entent conuenanches de tricherie, ke on ne
puiſſe mie connoiſtre au commencement du marchié, mais aprés. & auſſi en-
ten-je quant conuenanche eſt faite contre loi & contre couſtume du païs, ſe-  *L. 6. C. de*
lonc che ke le lois diſt k'ele vaut.  *paċtis.*

VI. Mais tu me demandes coument tu entendras dont vne parolle, ke on
ſeut dire ſelonc noſtre vſage, *ke conuenanche lai vaint.* & certes je l'entent ainſ-
ſi. Se aucuns fait conuenanche de le ſieuë propre coſe, & ſoit le conuenanche
contre le couſtume, ſe il le jure tenir, le dort, & auſi ſans jurer, ſe il le con-
uenanche ſeur paine, ou le paine à paier. Mais ſe le coſe ki eſt conuenanchie
n'eſt acomplie à ſon tans, ne li eſt mie tenu de faire le, ne de paier le paine.
mais s'il a fait conuenanche de coſe kemune, ele ne vaut riens. & s'il auoit pris
vne pieche de terre de le Communité, & il li mandaſt à edefier, & vn au-
tre li * deueaſt ki n'i ouuraſt mie, come en terre commune, & aprés apenſaiſ-  * empé-
ſent ki feiſſent conuent ke il euſt cel lieu à ouurer, chele conuenanche ne li  chât
vaurroit riens, ke ne les peuſt emplaidier. car le conuenanche d'aus deus ne
puet riens nuire à le coſe dont caſcuns ki eſt de le Communité puet plaidier.

VII. Le conuenanche ke tu dis ki fu faite entre deus freres, ki n'auoient
nul enfant, ke li qués ki moruſt auant, ſes hyretages reueniſt à l'autre, ne puet
riens nuire à l'aîné en Franc-fief, ne autres enfans en vilenages. car en ceſt
cas a li aînés le Franc-fief, & li vilenages eſt partiſſables. Vilains n'a nul hoir
d'iretage par noſtre vſage.

VIII. Tu me dis k'il eſtoit vns Gentix hom en Vermandois, ki auoit fre-
res & ſereurs, & ſe maria par tel conuenant, ke ſe feme aroit le moitié, s'il
defaloit de lui ſans hoir de ſon cors, de che c'apartenoit à li. Or me deman-
des ſe teles conuenanches valent. & certes oïl, par noſtre vſage de Verman-
dois, ſauf la fouſtenanche as enfans k'il auoit, ains ke li mariages fuſt fais. Car
feme puet il bien prendre pour noient, ſe il veut, & ſa terre oblegier toute ou
partie, ſe il veut, pour ſe dete. & ſe le dete vint du pere ſans ſoutenanche,

*Partie III.*    N

& fans mariage prendre, le puet & enwagier : car le pere conuenift il chou faire, fe li creanchier vaufiffent, ou toute vendre. Et fi n'i auoit ne frere ne fereur, ne point n'i auoit de dete, ne de par lui, ne de par fon pere, le peut-il faire ? oïl : car aufi bien puet-il faire conuenanche à cele ke il doit prendre à feme, ains k'il l'efpeut, come à aucun autre, ne les Dames ne doiuent pas demourer fans douaire, mais ki n'apere en cette cofe, ki foit faite pour autrui defyreter. Car che ne conuient-il pas par noftre couftume.

IX. Le conuenanche ki eft faite entre l'oume & feme par mariage, ne puet eftre aquitée, tant comme li mariages dure.

X. Ce ke tu dis ke tu vendis ton hiretage, ke tu conuenanchas as acateurs, ke tu leur warandiroies felonc les vs & les couftumes du païs, tu t'en pues bien deffendre, pour che ke il ton le plait a celé. che dift vne lois, Ke li conuenant ki funt fais contre les lois & contre l'eftabliffement, n'aient nule force.

*L. 6. C. de pactis.*

XI. Bien refpont vne lois à che ke tu me demandes, pour ce fe il eft prouué ke le bone feme quita tele droiture, come ele auoit vers les hoirs à celui ki fu fes maris, ne le greuera mie cele quitanche, kant ele vaura plaidier vers les deteurs fon mari.

XII. Il n'eft mie vfée cofe par noftre vfage de Vermandois, ke on riens enconuenanche à fa feme a l'efpoufer de fon hyretage, ke ele le tiengne come fon hyretage après mariage : mais de fon conqueft le puet il faire.

*L. 7. D. de pact.*

XIII. Cil n'a bone raifon ki demande pour che ke on li conuenancha fans autre raifon mettre en auant.

XIV. Kant li preudons maria fa fille, de qui tu te confeilles, & li douna vne pieche de terre en mariage, ce n'eft pas contre couftume de terre, fe ladite terre reuint au pere après la mort fa fille, ki morut fans hoir de fon cors. mais fe deniers furent baillié à mariage, & le terre baillie à mort gage, pour les deniers après le mort à la fille, ki n'a point d'oir de fon cors, demouera la terre pour la moitié du nombre au mari, ou à fon hoir, felonc le conuenanche ki mife i fu : & à che s'accorde bien vne lois ki ainfi dift : Tu n'as mie raifon d'emplaidier te maraftre pour le conuenanche k'ele fift à ton pere, kant il li douna vne pieche de terre en douaire, k'ele paieroit les vfures à ceus à ki ele iert obligée, jà foit che ke li conuenans foit prouués en jugement. mais fe le terre eft * poffiue, ki eft dounée en douaire, fi come vne partie de l'inftrument le demonftre, tu as bien droit de requerre li ke li conuenans foit tenus.

*L. 11. C. de pactis.*

*\* eftima- tus.*

XV. Bien refpont vne lois à che ke tu me demandes, ki dift : Ke le loiautés de droit requiert ke li daarain conuenant foient tenu. & pour che ke l'vne partie & l'autre s'afenti à che ke il en ifteroit de la premiere conuenanche, meefmement ce fu afremé deuant le Preuoft, fi come tu propofes, il n'en n'iert pas deuée à vfer de la raifon ke tu auoies, ains ke le conuenanche fuft faite.

*L. 11. C. eod.*

XVI. Le Iufticche de Vermandois, ce dift le lois, fera efgarder au miex k'ele porra, felonc droit, le conuenant ke on pourra monftrer ki a efté fait par bone foi, jà foit che ke vns efcris ki a efté fais monftre la verité d'vne cofe.

*L. 17. C. eod.*

XVII. Li preudons de Vermandois, ki maria fa fille par tel conuenant ke le feme ke il prent, fe il moruft fans hoir euft autreftant des hyretages, come vn des autres enfans, ne puet riens amenuifier le partie des autres.

*L. 15. C. eod.*

XVIII. Le conuenanche ke tu me dis, ke li doi frere ki auoient enffans firent de l'iretage k'il attendoient de leur pere, ke kant il efcarroit, fuft partis par entre aus igalement, ne vaut riens. Car li peres n'a mie pooir de douner fes enffans autant à l'vn come à l'autre.

*L. 21. C. eod.*

XIX. Tu me dis ke il i auoit plait par deuant toi de deus homes, ki s'eftoient entrebatu, & après s'entrequiterent par conuenanche : puis leur defpleut cele

*L. 14. C. eod.*

# DE PIERRE DE FONTAINES.

conuenanche, & firent autre ke bien s'en pooit cafcuns clamer. Or fi me demandés fe on fe doit tenir à le premiere conuenanche, ou à la daaraine. & certes puis ke la bature fut quitée par conuenanche, par conuenanche ne doit elle mie refoudre. Car raifons de plaindre de vilenie faite ne naift mie de conuenance.

XX. La terre ke tu dis ki fuft dounée à mor wage, mais on n'en puet pas fauoir nombre, pour le tans trefpaffé, eft d'autre tele maniere, come fi li mor wages n'i fuft pas mis.

XXI. Aucune fois auient-il ke d'vne conuenanche faite, n'i euft autre conuenanche faite fans motir le : fi come aucuns louë fe maifon à vn autre, toutes les cofes ke cil i porte font obligiés à l'ofte, encore ne foit-il pas enconuenancé. Et à che s'accorde bien le lois, ki ainfi dift : Par biau parler puet-on bien faire conuenanche. *L. 5. C. de locato & cond.*

XXII. Si come vn Cheualiers empruntoit deniers à vn bourjois feur fes lettres, & aprés rendit li bourjois au Cheualier fes lettres : bien fanla par che ke li bourjois quita au Cheualier fe dete, & k'il i ait en conuenant ke jamais ne li demandera.

XXIII. Se aucuns baille gaige pour dete, & li gaiges funt rendu, pour che n'eft-il mie quite de fe dete, fi ne preuue autre cofe : & le raifon de tele diuerfité eft moult bone. Car cil ki rent fes lettres k'il a, c'eft toute le feureté k'il a pour fe dete. Mais il auient moult fouuent c'on prent gage ki n'eft mie fouffifant pour le dete, rend-on fouuent wages, ou par emprunt, ou par proiere, & à che s'accorde le lois, ki dift ainfi : Se aucuns laift à fon deteur en fon teftament fon gage, bien fanble ke il ait fa dete quitée. Et à che s'accorde le lois. Et aucune fois auient che le cofe meimes fait le conuenant fans autre motiflement : fi come fe tu empruntes à moi vne cofe, autrefi bone le dois me rendre, come je te le preftai, encore ne foit-il mie en conuenant. *L. 7. C. de remiff. pignor. L. 59. D. de legat. 3. L. 7. C. de remiff. pignor.*

XXIV. Cil ki par deuant toi amaine preuues, ke fes Sires li conuenanche blé, ne preuue mie kantel ne canbien, il ne preuue rien ki valoir li doie.

XXV. Li Empereur Iuftinians dift ainfi : Vne tele queftion nous fuft demandée de l'auócatie de Cefare : deus perfonnes eftoient, ou plufours, ki auoient efperanche d'auoir l'iretage à vn autre, pour ce ki leur pooit efcaoir par lingnage, fi firent entre aus conuenant, où il ot tele condiffion, ke fe cil moroit, ke cafkuns d'aus en aroit partie. Or il eft à fauoir s'il eftuet à garder tés conuenances. Et che fait doute ke cil viuoit encore de quel iretage il auoient efperanche & li conuenant ne furent mie fait autrefi come il ne pueft eftre autrement, ke li hiretages ne peuft venir fans aus non : ainffi i acort il deus condiffions, fe cil moroit, & fe cil ki fift le conuenant eftoit apelés à l'hiretage. Mais il fanle ke toutes teles conuenances font mauuaifes, & ont perilleufe fin. Car pour coi funt aucun conuenant des cofes à celui ki encore vit, & ki riens n'en fer. Nous eftabliffons donc felonc les anchienes lois, ke les conuenanches ki funt faites contre bones meurs foient refufées en toutes bonnes manieres, & ke riens n'en foit wardé. Se cil de ki hiretages li conuenans eft ne s'i afent par auenture, & s'il le tient jusk'à la mor : car lors en fera oftée toute mauuaife efperanche, & il leur laiffa à garder tés conuenances ki funt faites à fon feu, & par fon kemandement, nous kemandons ke dons de tel cofe, ne enwagemens ne foient pas recheu, ne n'autres markiés ki en foit fais. Car nous ne foufferiens pas en no tans ke nulle cofe foit faite, ne enconuenanchie és cofes ki funt autrui contre le volenté de chiaus qui eles funt : & ce pues tu entendre par noftre vfage de che ki vient de cofté, & aufi en che ki defcent de pere. *L. 30. Cod. de pactis.*

XXVI. Tu me demandes fe aucuns fait markié, & il conuenanche ki s'endroitoiera, s'il s'en puet partir de cele conuenance, fi come il le promit par indegnité ne par ordre de prouuoire : & certes le lois en refpont biens, ki ainfi dift : Se aucuns reconnoift ke il ait efcrit d'aucun, ou inftrument d'au- *L. 29. C. eod.*

*Partie III.* N ij

*de pre-*
*ſtre.*

„ cune conuenance k'il ait faite, k'il ne refuſera pas à reſpondre en toutes cors
„ pour ordre, pour Cheualerie, ne pour digneté *de prouuoire, jà foit ce ke on
„ le doutoit auant, ſauoir mon s'il en conuenoit tenir che k'il en eſcrit, & ſe
„ cil ki ſe conuenanche ne deuoit pas venir contre ſe conuenanche : ou ſauoir
„ mon s'on li deuoit donner congié à departir ſoi de che k'il eſcrit, & vſaſt de
„ ſe droiture : Nous eſtabliſſons ke il ne laiſſe à nul aler encontre ſes conuenans,
„ ne à decheuoir ceus ki à lui ſunt markié. & ſi li conuenant ſunt fait pardeuant
„ le Iuſtice, ki ne ſoient fait contre loi, ne par tricherie, il conuient eſtre war-
„ dez en toutes manieres. Car pourcoi ne valent li conuenant, ki ſunt fait en
„ cette maniere. & c'eſt vne autre rieule d'ancien droit, ke caskuns a congié de
„ quiter les coſes ki ſunt eſtablies pour lui : & tuit noſtre vſage gardent ce don-
„ kes és plais, & che s'eſtende à tous les arbitres eſleus.

XXVII. Tu me dis ke on fait en Vermendois vne forme de lettre tele, ke li emprunteeur dient en leur lettres & en leur conuenances, ki renderoit tous les cous & tous les damages ke li preſteour i aront, & par leur plaine parole, ou par leur fairement, ſans plus faire encontre, & par l'abandont de toutes leurs coſes. Or ſi me demandes ſe li preſteour ont ſi plaine pōoſté de rouuer leur damages, comme leur conuenanche leur donne, ou ſe on le doit atemprer : en kele maniere on le doit faire. & ſe li oirs à preſteours doiuent autretel forme auoir de preuue, comme leur pere, ou come cil de qui leur dete leur eſ-caï. Et certes li preſterres doit dire par mon auis les damages k'il i a eus : & ſe il les diſt raiſonables, ke nus hom ne l'en puiſt meſcroire, k'il ne s'euſt fait tricherie reſſement pour le deteour greuer. La bone foi ke li emprunterres ot au commencement de lui croire come de preudoume ne doit pas eſtre ſou-miſe par ſa tricherie, ains li va encontre du tout. & cil ki par ſon fairement les veut r'auoir, dire les doit, & le maniere coment il ont eſté fait : ou ſe le Iuſtice les voit raiſnables, ou encore à vn poi de ſeur fait, par ſon fairement r'auoir les doit ſelonc le conuenanche. mais ſi i les diſt deſmeſurables, où il les ait fait par triceresse maniere, encore les veulle il jurer, ſe i doit le Iuſti-ce mettre raiſnable ameſurèment. Car coument ſoufferra drois ne couſtume tricherie en preuue, ki en le conuenanche le deſſent du tout. & ſi il les doit r'auoir par ſon fairement, & n'i fuſt mis cis mos, *ſans plus faire encontre*, le porra on leuer, & i afiert-il bataille. & certes plus porfitables li iert li ame-ſuremens de le Iuſtice, ke le bataille. mais li qués ki requiere l'ameſurement, le doit auoir : & ſe l'vns ou li autre eſt ſi enreués, ke il ne demandent nul a-meſurement, entrer puent par folie en plait de wage.

XXVIII. En tous ces cas doiuent li hoir prouuer par teſmoins leur da-mages, & par l'ameſurement à la Iuſtice : car bataille n'a pas lieu là où Iu-ſtice a meſure, & on * carroit aſés tes coſes aperes par leur plaines parolles, „ ke on ne carroit à leur hoirs par leur fairement. & bien diſt le lois, ke li fai-„ remens as hiretiers ſe ſe * deſcorde moult au principal ferment : & c'eſt du fairement de celui de ki on tient l'hiretage. & ſi auient moult ſouuent que li hoirs ne ſoit pas le verité de che ke ſon ancīſſour a fait ſeur loi. & ſe les le-tres eſtoient jugiés c'on les deuſt tenir, ſi enten-jou cela meimes fourme ki eſt deuant dite : car autrement jugeroit-on le tricherie à tenir, ke on voit aper-tement, ne eſtre ne doit par nulle raiſon : & kant on veut jugier tes lettres, on doit dire ſans plus, *tenés vos lettres*, mais en tel fourme, ke riens n'i de-meurt obſcure en jugement, dont plait puiſſe ſourdre.

*croiroit*
L.12. in *princip. C.*
*de reb. cre-dit.*
*diſcrepat*

XXIX. De l'abandon te diſ-je, ke li Frans hom puet prendre & retenir tant ke Iuſtice s'en entremete. & Vilains en doit faire prendre par Iuſtice, & bour-jois auſſi, s'il n'en eſt garnis par chartre Roial. & cette fourme eſt moult de triceresses demandes, & s'acorde à toute loiauté.

XXX. Bien s'acorde noſtre vſage ſelonc te demande à vne loi, qui ainſi „ diſt : Li cateus ki par droit eſt departis entre les hoirs, ſi ke caſcuns en ait ſe „ droite partie, ne puet pour le conuenant des hoirs à deteurs obligier à crean-

L. 18. C. *de pactis.*

# DE PIERRE DE FONTAINES.

tiers l'vn d'aus, si ke il sunt tenu à respondre : & ce meismes tient nostre vsage.

XXXI. Tu ne requiers mie bien selonc droit, ce dist vne lois, ke tu soies mis en saisine des biens ton auersaire, ki te promist, si coume tu proposes, ke il te paieroit vne paine, ki fust noumée, se il ne tenoit les conuenances. mais tu le peus plaidier seur le paine, & gaagneras. Car il tara le conuenanche, ou il paiera le peine ki i fu mise. *L. 14. C. de eod.*

XXXII. Tu te conseilles d'vne Dame de ton païs, ki auoit eu vne fille d'vn autre Sengneur, & se maria à Phelippes, ki auoit vn fill : & el tans de cel mariage firent tés conuenances à la Dame : & Phelippes, ke li fiex Phelippes prenderoit le fille à la Dame, & paine i mirrent, se on aloit encontre: Phelippes muert, le Damoiselle ne veut mie de son fill prendre. Or demandés se on puet auoir le paine ki mise i fu. & certes le lois dist ke nenil : pour che ke il n'est mie honneste cose ke on sache mariage pour peur de paine, si comme le lois dist. Nekedent nostre vsages, je croi, seroit auoir le paine. *L. 5. §. vlt. C. de sponsal.*

XXXIII. Cil ki jugent les querelles en Cort laie n'est pas legistre, dont ne puent il mie si soutieument traitier les querelles con le letre le dist. Mais certes si n'ot mie si grant soustillece à entendre de celi ki fist tel conuenant, con li dût dis libures cascun an, tant come il viuroit, à Paskes & à le S. Iehan à paier, & le conuenance su faite au Noël. Or dient aucunes gens ke pour che ki morut deuant le terme, ke ses hoirs n'a nul droit en le dete demander. & certes il ne dient mie selonc chou ke dete est deuë nis lendemain du Noël.

XXXIV. De toutes acoisons se peut-on apaiser par Iustice, fors de meurdre, se on ne s'en est ains clamés. *L. 18. C. de transact. L. 1. & 2. de aliment. pup. præst.*

XXXV. Le lois dist, ke le soustenance ki est laissie ou dounée as orfenins, ne puet-on pas faire fors par Iustice. mais nostre vsage s'asent ke on le puet bien faire sans Iustice, se li arphelin ont leur aage. mais bien asiert à le Iustice, ke se li orphelin n'ont leur aage passé quinse ans, ou plus, ki n'asentiront mie à le pais, se il ne voient ke che soit pourfitable. car nostre vsage met meneur tans à auoir aage, ke ne sunt les lois, ki le metent à vint-cinq ans acomplis. *L. 5. D. de agnosc. & alend. lib. L. 8. C. de transact.*

XXXVI. De tous mesfais se puet-on acorder sans Iustice, se on ne s'en est clamés, nis de larechin, si n'est teus c'on n'eust cri leués après. Car lors n'en poroit-on faire pais sans le Iustice. *L. 18. C. de Transact.*

XXXVII. Ie te lô ke tu faces toutes les concordes ki ont esté faites pardeuant toi par pais faisant, ou ki prises i seront, ki ont esté faites en autre lieu autresi fermement tenir, come s'eles eussent esté jugiés. *L. 20. C. de eod.*

XXXVIII. Ne suesfre mie ke de cose apaisiée par concorde, dont escris sunt fais, & recors oïs, ke plais en soit : mais en tel baillie, en kelke lieu ke che soit, comande k'ele soit tenuë. Nis se aucune des parties demande recort de se Castelerie, on disoit k'ele ne fust ajornée pour ceste cose. Car cose determinée par escrit, ou par recort, ne doit-on pas delaier : car moult de mal en viennent. *L. 17. C. eod.*

XXXIX. Bien dist le lois, ke le pais ki fust faite de che ke tes perés douna à toi & à ton frere, en tel maniere ke cil ki morroit sans enfans baillast à l'autre, tel rieulle est ferme. Car le fraternel amour tant ke li vns ne conuoite pas la mort à l'autre : & le pais ne seroit mie depechie en test cas, aussi con se tu eusses esté deceus au conuenant faire, car tu ne dois pas dire ke tu soies dedens aage, ke les lois seulement secoure : & se tu i fusses, se ne deus tu pas auoir restablissement pour les deuant dites raisons. *L. vn. C. eod.*

XL. Se plais est meus, ce dist vne autre maniere de lois, de coses ki sunt passées, bien en puet-on faire pais. mais le pais ki est faite de cose ki est à venir, sans Iustice n'est nulle, par l'auctorité de droit. Bien puet tante faire pais par nostre Vsage, se tu estoies en son bail du testament ton pere, ki n'iert pas *L. 8. C. eod.*

fais à droit, felon che ke l'en difoit, tant coume amonte à muebles & à ca-
teux : mais d'iretage ne s'en puet meller, fi come le lois dift.

*L.31.C. eod.*
XLI. Se en le conuenance de le pais, ki eft entre aucuns, certaine cofe eft
continuée, ke riens n'en foit plus, ne pour kant le demande des autres keu-
relles remaint entiere.

XLII. Vne autre lois dift ainffi : Pour ce ke vous propofés ke vous auiés
à voftre enfient quité par pais faifant, l'obligement par coi voftre freres eftoit
obligiés à vous pour che ki vous auoit à garder, & tricherie n'en eft pas faite à
*L. 39. C. eod.*
celui ki fe confent à ceu con li fait, vous vous plaignés pour nient de tricherie:
jà foit, ce dift le lois, ke che k'il a enconuenancé d'aucune cofe par pais faifant
*l. loif-foit, lice-bat*
s'en repenti maintenant, ne pour kant li conuenant ne pot pas eftre depechiés,
ne li plais recommenchiés. & cil ki l'amounefta ki li * laiffoit bien à departir
foi de fa conuenanche dedens certain tans, ce dift (faus.)

*L. 36. C. eod.*
XLIII. Se tu auoies plus de vint-cinq ans, ce dift le lois, quant tu feis
paix, jà foit che ke il ne fuft prouué, ke ce ki te fuft promis, t'euft efté
rendu, ni cil ki tu as trait en caufe, ne le t'ofre pas, loialté de la barre
fait ke tu ne puiffes rien demander, ke ce ki te fuft promis, & entent le ainffi,
ki n'i euft autre conuenant.

XLIV. Autretant vaut le conuenance ki eft faite par nuit, come par jor.
Car nul tans ne refufe le confentement de celui qui a s'ame penfe, & à fon aa-
ge acompli.

*L. 9. C. eod.*
XLV. Se ton frere, fait vne lois, te traioit en plait pour vne poffeffion ke
il te demandaft, & conuenant fuft fais entre vous, en tel maniere fi coume
tu propofes, ke fe tes auerfaires repaioit dedens vn jor certain dis deniers d'or,
tu li lairoies le poffeffion, & fi ne repaioit, il ne redemanderoit riens d'iluec en
auant. & cil ki promift ne fift pas fatisfaffion de le promeffe, il s'enfuit ke tu
à ki le cofe apartient, ne doit eftre plus traualhés. & kant tu requiers de ce
le Preuoft de le contrée, il defendera ke force ne foit faite. Car fe l'autre par-
tie euft bone raefon en le caufe, fi le peus-tu perdre par barre de conuenance.

XLVI. Se cil ki promet par fa foi, & feur paine, à warder le pais, ki eft
faite, fi ne le warde, il paiera le paine, encore ait-il fe foi mentie.

*L 14.C. de paƭis.*
XLVII. Se pais eft faite, encore n'i ait-il point de paine, fi la fait-on te-
nir par noftre vfage, fe ele eft faite deuant Iuftice, ou en autre lieu, kant ele
eft prouuée.

*L. 24. C. eod.*
XLVIII. Il auoit plait entre deus homes d'vn hyretage : pais firent en
tele maniere, ke cafcuns euft certaine partie de l'iretage. Or demandes à qui
li creanciers demanderont leur detes. & certes s'on deuoit à l'hyretage k'il
ont departi, felon chou k'il ont ordené, demandera cafcuns. Et fe li hyreta-
tages deuoit à autres, felonc chou ke cafcuns a d'hyretage par le pais, deman-
der puent li creanchier vers cafcun.

XLIX. Se vns hom vendi fon hyretage, & quita à l'acateeur toutes les
raifons k'il auoit à demander à ceus ki deuoient pour l'hyretage. Aprés auint
ke vns des deteeurs de l'iretage, ki riens n'en fauoit k'il euft vendu, fift pais
à lui de che ki deuoit pour l'iretage, & l'en douna aucune cofe. Or deman-
des, s'il iert de che deliures vers l'acateour. Et certes bien s'en porra deffen-
dre contre lui, pour ce ki n'en fauoit mot, & ce meimes aura on en celui ki
rechut feur fa foi autrui cofe; Se li hoirs fift concorde au deteeur, de qui je
vous ai parlé orendroit, ki mot n'en fauoit : & ce dift le lois.

*L.1.C. de his quæ vi metuƒ ve cauƒa, &c.*
L. Il eft refpondu par droit, que les cofes, ki ont efté toluës par forche ou
par larrechin, doiuent eftre demandées, & enquifes, & cerkijes, fe on puet
fauoir où eles funt alées. Puis ke tu reconnois ke tu ne promis pas feulement
les deniers, nous ne poons pas veir feulement par quele raifon tu requiers
*L .2.C. eod.*
autrefi come s'en t'euft fait forche ke che ke tu pais te foit rendu. Car il ne
femble mie verité ke tu te haftaiffes de paier, & laiffaiffes le querelle & le rai-
fon ke tu auoies de che ke tolu te fu come par force : fe tu ne dis ke force te

## DE PIERRE DE FONTAINES.

fu faite; de che ne te fai-je ke dire: mais de cofes ki funt faites par force, ou par peur, ke che ke les lois en dient, askeles noftre Vfage ne s'acorde mie, fors ke par peur.

LI. Tes aiex fu contrains de vendre hyretage par force ou par peur, jà foit ce ke cil ki l'acata l'ait vendu à autre, ne pour kant fe tu es hoirs ton aieul, il nous plaît ke il te foit rendus, kant tu atas rendu le pris ki te fu vendus. « *L. 3. C. eod.*

LII. Se vous vendift par force, ou pour eftable peur de mort, ou par tourment de cors, & vous ne confremaftes puis le vente, & ne vous i afentiftes, fe vous en plaidiés dedens l'an, felonc le fourme de l'eftabliffement, fe le cofe ne vous eft rendüe pour le pris ke vous en euftes, voftre auerfaires fera condampnés en quatre doubles. après l'an vous doit demander le voftre fans plus. mais noftre Vfage ne doit rendre fors le cofe fans plus, & l'amende au Sengneur: & après l'an ne refpont-on mie, s'autre cofe n'i a. « *L. 4. C. eod.*

LIII. Il n'a point de differenfe de qui la force fu faite à ton pere, & à ton oncle, ou de l'acateeur meimes, ou d'autres perfonnes, fans ce k'il fuffent contraint de douner les cofes pour poi ki valoient affés miex, il conuiendroit par le force de juridiffion ke che ki a efté fait mauuaifement, foit ramenée û premier eftat. « *L. 5. C. eod.*

LIV. Il ne conuient mie ke nule dingneté nuife à aucun: & pour ce entens-tu ke les dingnetés ke tes auerfaires a, pour ce k'il eft Senateurs, ne forfift mie vne toute feule à contredire le peur pour coi tu dis ke li marchiés fu fais entre toi & lui. « *L. 6. C. eod.*

LV. Se tu pues prouuer par deuant le Baillieu de le contrée, ke le chartre du don, ou de païs faite, ou de mife, ou d'aucun obligement, eftorfe pour peur de mort, ou par cremeur de manaces capitaus, il ne foufferra mie ke fe foit reñable felonc le fourme de l'eftabliffement. « *L. 7. C. eod.*

LVI. Pour ce ke tu propofes ke tu vendis ta maifon, ton courtill, en efperanche de r'acater vne chartre ke tu auoies faite, ou par peur ke tu ne fuffes noumés en le taille, & tu veus ke cette vente foit depechie, come cele ki fuft faite par peur: façes ke cele maniere de peur ne vaut riens à depechier le marchié. « *L. 8. C. eod.*

LVII. Il ne conuient pas ke peur foit prouuée tant feulement par vantances, ne par manaches, mais par l'actuauté du fait. « *L. 9. C. eod.*

LVIII. * Li defieuries n'eft preus de celui ki a peur d'accufement ki eft fais, ou ki eft à faire, puis requiert ke le vente, ou le promeffe, ki eft faite, foit r'apelée. « * *defiderium*

LIX. S'aucuns tient vn autre ki foit en aucune baillie par la force, & il li baille par raifon de vente fe cofe, k'il a en le contrée, û lieu k'il a en fe baillie: ce ki a efté acaté foit rendu, & li denier foient retenu. & celle meimes paine foit gardée, fe aucuns vfe mauuaifement û non d'amis ki l'eurent proie à leur ens. mais li Rois ne fait mie garder cefte loi enuers fes Bailliex. « *L. 10. C. eod.*

LX. Li lois dift, Ke on ne doit mie recheuoir toutes manieres de peur, mais peur de greneur mal. *L. 13. C. de tranf.*

LXI. La peur du coüart n'apartient pas à droite peur: mais celle qui chet par droit feur home fort & hardi. « *L. 6. D. quod metus caufa.*

LXII. Ie n'entent mie ke che ke tu promis k'on ne t'aquellift mauuais los, ne ke on te trauaillaft par droit, fuft droite peur. & pour ce fe aucuns coüars aprenoient en peur de tés cofes, ce n'eft mie droite peurs, par coi il doie eftre quite de fes promeffes. « *L. 7. D. eod.*

LXIII. Et s'aucuns eft entrepris de larrechin, ou en aouutire, ou en autre meffait, & il doune aucune cofe, où il oblige, le lois dift ke c'eft droite peur: car il cremit ki ne fuft ocis, ou pris, jà foit che ke il ne * laift mie ochire tote maniere d'aouutire, ou de larron, fe il ne fe deffent par armes. Mais il peut auoir efté ocis à tort, & pour ce ot-il caufe de peur, & fe il promit, ou douna aucune chofe à celui ki le prit au meffait, ke il ne l'accufaft bien aperte- "*d. l. 7. §. 1.* "*loift* " *L. 8. eod. D.*

## LE CONSEIL

*d. l. 8. §. 2.* „ ment, ke il euſt droite peur, kant il douna & promiſt. Mais ſe hons, ou fe-
„ me, doune ki ne li conuiengne faire aoutire, ou promettre, c'eſt droite peurs:
„ car li preudoume & les preudefemes doiuent auoir plus grant peur de che, ke
„ de la mort.

*§. 3.* „ LXIV. Des cofes ke jou ai dites, ki apartiennent à droite peur, il n'y a
„ nulle difference ſauoir mon, ſe aucuns doutent qu'eles ſoient faites à li, ou à
„ ſes enfans, ke li peres ne ſunt pas mains eſpoeuté de leurs enfans, ke d'aus
„ meimes. On doit entendre droite peur, ki eſt preſente, & ne mie peur ki vient
*L. 9. in pr. D. cod.* „ de ſoupechon de cofe ki puet auenir.

„ LXV. Or fait le lois vne tele demande: Se je laiſſe me terre, pour ce ke j'ai
*d. l. §. 1. in pr.* „ oï dire ke aucuns viengne ſeur mi à armes, eſt che droite peur? reſpondu eſt,
„ ke ce n'eſt pas droite peur, ne force meimes n'eſt-ce mie: car il n'apert pas ke
„ je ſoie mis hors à force, kant je n'atendi tant ke je fuſſe mis hors, ains m'en-
„ fui. mais autrement ſeroit, ſe je m'en parti ains ki fuſſent entré en me terre à
„ armes, euſement c'eſt droite peurs, & plaindre m'en puis come de forche.

*d. l. in pr.* „ LXVI. Kant je ſueffre c'on edefie en ma terre par forche, & n'i a point de
„ difference ki face la peur en vne perſonne, ou raſamblée, ou kemune. Mais
„ jà ſoit ke vns autres te fache force, ſe tu m'en dounes, ou promés aucune
„ cofe ke je t'en oſte la force, tu t'en pues paſſer come par droite peur, ſe je
„ meimes ne le t'auoie pourcachié. Car il n'eſt aperte cofe ke je reçoiue tel
„ loier, outre le promeſſe, pour me paine.

*d. l. §. 2.* „ LXVII. Et ſe aucuns franciſt ſes ſers, ou abat ſes edefiemens par force,
„ bien ſe puet plaindre de droite peur. Mais or wardons che ke on diſt, ke che
„ ki eſt fait par force, ne puet riens valoir, coument on entendra. Et certes il i
„ conuient faire vne tele condiſion, ke le cofe n'eſt mie parfaite, jà ſoit che ke
„ il eut eu peur: ſi come le cofe ki fuſt promiſe, ne fuſt pas païe, ou ele eſt par-
„ faite, ſi come kant le cofe ki eſt dounée, ou kant on quitte che ke on voit, ou
„ kant vn autre cofe eſt quitée en tel maniere.

*d. l.* „ LXVIII. Es cofes ki ſunt parfaites, a-on aucuneſois droit de demander
„ ariere, & aucuneſois peut-on barrer, ke on ne reſpondera mie. demander les
„ puet-on, kant elles ſunt baillies par peur.

*d. l. §. 5. 6.* LXIX. Barrer peut-on ſelonc le loi, quant aucunes cofes ſunt venduës
par force, & on les calenge aprés, kant li acaterres veut ke li venderres li
warandiſſe. mais ſelonc noſtre Vſage, ſe li venderres conniſſoit ki les euſt ven-
duës, & deiſt ke ce fuſt par force, warandir li conuerroit, & pour li l'on con-
ſtroit la vente, & aprés plaidaſt de le forche, ſe il voloit, des cofes ki ne ſunt
pas parfaites: ſi come les promeſſes ne ſunt mie paiés, n'apartient for ſeule-
ment batre pour ſoi deffendre, ke on n'en pait che ki a eſté conuenanché par
peur. & ſe aucune chofe eſt promiſe par peur, & n'eſt pas paié, bien puet on
barrer, ſe on le demande.

*d. l. §. 7.* LXX. On demande quitanche à chiaus, à ki on le fiſt par peur, ſe on veut.

„ LXXI. Le lois diſt: Se deniers ſunt deu à autrui, & il eſt contraint par
„ force de tenir ſoi apaié, ou s'il rendi ſes wages, k'il auoit eus, ou s'il quita
„ les pleges par peur, li deterres doit eſtre condampnés en quatre doubles: &
„ ſe ſages ou ſeruices en ſunt perdu par force, il doiuent eſtre rendu. & quant le
„ cofe ki a eſté tolué par force ne puet eſtre reſtorée par celui ki le toli vers tous
„ marcheans, & vers tous ciaus ki le tiennent, le puet-on demander.

*L. 10. D. eod.* „ LXXII. Il eſt voirs ke ſe li plege ſunt deliure par le fait au deteneur,
„ ki fiſt force, on puet plaidier contre les pleges ke il le remetent en obli-
„ gation.

*d. l. §. 1.* „ LXXIII. Tu m'as contraint par peur tant ke je t'auoie quité le conuenan-
„ ce, ki eſt entre moi & toi, ke je me ſuis tenus à paié. Il ne conuient mie ke
„ li obligemens ſoit tant ſeulement reſtorés en ſe perſonne, mais ke tu en doin-
„ gnes pleges, ou ceus meimes ki eſtoient deuant, ou autres ki ne ſunt mie mains
„ ſouffiſant, & auecc ce ke tu reſtabliſſes en ce meimes point le wage ke tu auoies
„ baillié auant.    LXXIV.

## DE PIERRE DE FONTAINES.

LXXIV. Il conuient rendre, ce dift le lois, les enfans à ferfs, & les faons à beftes, & les fruis des abres, & non pas tant feulement chiaus ki ont efté recheus, mais teus ke on puet auoir recheus, non pas tant fe le forche euft efté faite. « L. 11. D. eod.

LXXV. Or puet-on demander fe aucuns a prife aucune chofe par force, & cele meimes cofe ki a efté aprés oftée autrefi par force, fauoir mon fe che ki li a efté tolu, li doie eftre rendu. & refpondu eft en le loi, k'ele ne li doit pas eftre renduë, pour che ke c'eft * à bauter ariere force par force, ainfi come on le fait. & pour ce fe aucuns te contraint par peur, ke tu li promettes aucune cofe, & je te contraing maintenant par peur ke tu li claimes quite, il n'i a mie cofe ki li doie eftre reftorée, & fi s'eforce à fon deteur de paier li che ke li li doit, jà foit che ke il ne puiffe pas noier ke il ne foit keus en foi, l'on deffent ke force ne li foit faite, k'il n'en ait perdu le droiture de le cofe treuuée. « d. l. §. 1. * vim vi repellere

LXXVI. On ne doit pas quider ke force foit fans plus faire, kant hons eft batus & naurés: mais force eft en toutes les fois ke on demande aucune cofe fans Iuge, ke on quidoit ki li foit deu. « L. 1). D. eod.

LXXVII. Quiconkes fera adont ataïns k'il tenra ou ara pris fans juftice aucunes cofes des cofes à fon deteur, ou les deniers meimes k'il deuoit, ki ne l'ara mie bailliés par fa volenté, & k'il meifmes ara fait jugement pour foi en cefte cofe, il n'ara mie pooir de retenir le pour ce con li deuoit. « d. L.

LXXVIII. Quant on plaide de peur, on ne demande mie ki fift le peur, ou k'il enplaidoie, ou autre. Car il ne fouffift mie bien ke cil ki s'enplait, monftre ke le peur li ait efté faite, ou le force, & ke cil ki le plaidoie ait gaaigné en cela force, encore n'ait ele pas efté faite par lui. & vefchi la raifon : pour ce ke peour a en foi ignorance. « L. 14 §. 3. D. eod.

LXXIX. Nus n'eft par droit contrains de dire ki ait fait le peor, ou le forche. & pour chou cil k'il demande eft contrains à ceu tant feulement ke il preuue ke par peur fe tinft-il apaiés de fes deniers ke on li deuoit, ou k'il baillaft fe cofe, ou feift autre cofe. « d. l. §. 3.

LXXX. Tel jugement doit on faire à rendre le cofe toluë par peur, ki le Iuftice demande à celi ki l'a prife par forche, ke il le rende, nis le cofe eftoit venduë à autrui : & cil à ki ele iert venduë, le rende auffi, encore ait autres fait le peur. Car il ne conuient pas ke li peurs ke autres ait, fait tort à gaaing, mais liqués ki le rende, li autres en iert deliures, tant come monté à le cofe. « d. l. §. 5.

LXXXI. Cil ki m'a fait forche, & a parchon en ma poffeffion, ne pourkant il n'eft pas lerres, jà foit che ke il apere ke cil ki rauift par forche foit pire ke lerres. Et c'eft le raifon, ke cil ki rauift, toutes voies ait-il le volenté au Sengneur, encore foit ele enforchie : mais lerres emble contre le volenté au Sengneur. « d. l. §. 12.

LXXXII. Si pluifour funt forchié enfanble, & li vns d'aus eft entrés en caufe, & rent le cofe de fon gré deuant le jugement, tuit li autre funt deliure. C'eft voirs par noftre vfage, tant come fans amonte ; & non mie de l'amende : car tout i funt tenu li enforceur par l'vfage de Court. « d. l. §. 15.

LXXXIII. Se Cheualiers fait force, & il maint Efcuiers & autres gens auec lui en autre terre, il feus ki les maine, amende le force faite. Mais je ne croi mie ke s'Efcuiers fait force, ki ne li conuiengne amender, & tous ceus ki auec lui furent, fi n'i furent par houmage, & dont l'ament li Efcuiers pour tous, & pour cafcun pait s'amende.

LXXXIV. Cefte demande de cofe toluë par peur, ou par force, apartient as hoirs, & as autres ki ont l'hiretage, pour tant ke il eft à aus venu de le cofe toluë, & encore foit li hoirs quite de l'amende, ne pourkant che ki a efté aquis laidement & vilainement, ne doit pas apartenir à l'oir. Or veons dont fe li hoirs, à qui tel cofe eft venuë, a defpendu che ki vint à lui, fauoir mon fe L 17. 19. D. eod.

Partie III.

il eft tenus à le paine, ou fe il fouffift bien ke le cofe foit vne fois venuë à lui, fe il muett après che ke la cofe fera defpenduë, fauoir mon fe le demande apartient contre fon hoir, pource k'il a recheu feur foi tous les carkemens de l'iretage, ou s'ele n'i doit pas eftre demandée, pour che ke riens n'en eft pas venu à lui, ki eft fecons hoirs. Refponduë eft k'il eft miex ke cefte cofe foit dounée contre l'oir, ke contre autre : Car il fouffift bien ke li fecons hoirs i foit tenus, puis ke le cofe foit venuë vne fois au premier hoir, & ke le demande foit commenchie à eftre perdurable. car fachiés s'il eftoit autrement, on pourroit dire ke cil ki a defpendu ce ki eftoit venus à lui n'i eft pas tenus : & le cofe ki eft venuë à aucun eft perie, & fans fe coupe, nus ne doute mie k'il en foit plus riches. mais fe ele eft tornée en deniers, ou en autre cofe, on ne doit pas plus demander à que quelle fin elle vint, ains apert k'il en foit fait plus rices, encore periffe le cofe après.

*L.18.D. eod.*

*L.23.D. eod.*

" LXXXV. Il ne fanle pas verité, ke cil ki difoit ki auoit aucune noble dingneté, ait efté contrains par force, ou cités de paier cofe k'il ne deuoit mie
" ke il en puet apeler le coumun droit, & requierre à cafcun de ciaus ki ont les
" pooftés ki deffendiffent ke force ne li fuft faite : mais il doit amener auant
" trois perfounes apertes à prouuer encontre celui ki dampne.

*d.l.§.1.*

" LXXXVI. Se aucuns fuft efpoentés par droite caufe de peur, pour che
" k'il auoit puiffant auerfaire, ki le manechoit ki le feroit aller en tel lieu plai" der, ki ne plaideroit mie à fa volenté, & il vendi par chefte paour che k'il auoit,
" il fera reftablis de fes cofes.

*d.l.§.86. \*athleta*

" LXXXVII. Se li vferiers ki a prefté deniers à vn * campion, & le tient
" en fa prifon, & le fait warder vilainement, & li deffende ki ne s'aille combatre,
" ne on l'en laiffe partir de lui, deuant ke il ait dounée feurté de plus ki ne doit,
" kant ces cofes ferunt prouuées, on jugera ke les cofes foient ramenées loiaument.

*d.l.§.5.*

" LXXXVIII. Se aucuns eft contrains par Preuoft, ou par Serjant de rendre
" che k'il ne deuoit pas à celui à qui fes auerfaires l'auoit abouté par force, fans
" fauoir ent la verité ; par droit li Iuges kemandera ke les cofes ki li ont efté
" toluës contre droit li foient renduës par celui ki les damages li fift. mais s'il
" paia par fimple kemandement, fans parler de force, il ne r'ara pas che ke il
" paia. par noftre Vfage garandira-il fa conniffanche, & puis conniftra-on de
" le force, fe on veut.

*Chi parole de tricherie.*

## CHAPITRE XVI.

*L. 1. D. de dolo malo.*

" I. CEST ban & ceft eftabliffement met li Sires contre les Trikeeurs,
" qui autrui grieuent par leur bofdie barretereffement, ke il ne veut
" pas ke il gaagnent par leur maliffe, ne ke li autre aient damage en leur
" fimplece. Les paroles des Eftabliffemens funt teles : Seur teles cofes ki par mau" uaife tricherie faites funt, il n'i a autre raifon de demander : car le tricherie
" donra jugement. Courtoifement parole dont cil, kant il promet dont jugement, kant il n'a nulle raifon en demander, & tel jugement en doune, fe l'on
ne s'aquite mie pour rendre le cofe trikiée, fe on ne rent chou c'on a de damages, & fe on ne leur reftore, & le tient bien noftre Vfage.

*L. 6. C. eod.*

" II. Il conuient que tricherie foit prouuée & monftrée par apertes prouuances.

*\*xxv. L.7.C. eod.*

" III. Se tu auoies plus de * quinfe ans, kant tu quitas li iretage ton frere, tu
" n'as nul pooir de redemander lé. mais fe che fuft fait par le tricherie fe feme, tu pues auoir raifon contre tricherie.

*l.1. C. eod.*

" IV. Se tes pleges acata tes wages de ton creanchier, & il pert fon eatel,
" li vferiés, fe il fait ke fages, te rendera les vfures & les fruis, ke il a recheus

## DE PIERRE DE FONTAINES.

en bone foi, ke tu ne puisse auoir contre lui requeste de tricherie pour endroit de foi ke il a ramproüuée & corrompuë.

V. Se tu as requeste de tricherie vers autrui, pour che ke tu ne le pour- *L. 5 C. eod.* suis dedens l'an & le jor ke tu en as perchus, ne le perdera il mie, si tu és escuffés par loial cause.

VI. Bien dit le lois, Ke pour petit de cose ne doit-on oïr plait de triche- «*L. 3. §. 5.* rie: & si ne doit-on mie souffrir ke li enffent plaident contre leur pere, ne «*L. 11. D.* contre leur mere par tricherie, ni li frans contre ciaus ki les franchirent, ne à «*eod* poures hom contre chelui ki est de grant dingneté: ne à vn ribaut, ne à vn hou- « ler, contre celui ki est de bone vie. & coument plaideront ces persones, se on « les trichiées, ne il n'ont autre raison de demander ke de tricherie, il deuront « el fait atemprer leur raisons & leur paroles, en disant ainsi, nous auons esté de- « cheu en tel fait.

*Chi parolle de chiaus ki sunt despaïsiés, en qués causes i sunt restablis, & en quelles non.*

### CHAPITRE XVII.

I. JE ne di mi ke li despaïsié ki ont leur aage soient restabli en toutes causes: mais par loiaus causes soufsisans. & sachié ke tous ceus ki sunt forpaïsié, je te distinté: ou il sunt hors par leur volenté, ou il sunt hors par leur propre besoingne. Che ne leur pourfite mie à estre restablis, se il sunt despaïsié maugré eus pour leur pourcas: il sunt restablis en telé manière, ké on ne leur torne à gaaing, ne à damage.

II. Or sachiés ke cil ki sunt despaïsiés, ki sunt restablis, il sunt restablis en quatre coses. La premiere si est, si l'ont esté si longement hors du païs, ke autres ait aquis leur coses moüables, ou autres par tenuë. La seconde est s'il auoient vsages en aucunes coses, & on n'en eust mie vsé en leur nom, tant come il fussent hors du païs. La tierce si est se cil ki aucune cose leur dounoit encontre qui il auoient eu raison de demander, se voloit defendre par tenuë. La quarte est ke les deuandites persones puent aussi bien aucunes coses aquerre sans autre damage, despaïsiés, si come il fussent û païs. Si come s'on leur auoit aucune cose dounée, ou laissiée tant come il seroient û païs, ou se on leur laissoit, ou dounoit, en tel forme: *Se vous estes û païs û tans de me mort, je vous doings, ou je vous lais teus coses:* encontre teus coses les sequeurt on, aussi bien come s'il i fussent û païs ke il sunt despaïsiés par loiaus causes.

III. Tu me dis ke vns preudons de ton païs vendi vne pieche de terre, & vn autre aprés lendemain ke la fu venduë, li Rois enuoia l'acateur à l'Empereour pour le besoingne du Roiaume, & demoura bien deus ans, ou plus, vns de ciaus du lignage à celui ki vendi le terre requist dedens lendemain k'il vint. Li autres dist ki ne l'en veut respondre pour le tenuë de deus ans k'il a faite. Or demandés ke il en sera. Certes à droit le demande, par nostre vsage, li prochains l'ara. Car cele tenuë ne doit pas greuer ne ke le sist celui, ki par tel cas sust despaïsiés.

IV. Vns preudons ki auoit vsage en vn pré, alla en se markandise, & bien demoura dis ans, ou plus: nekedent entrementiers nus n'vsa en son nom de l'vsage k'il auoit au pré. Li preudons ki reuenus est demande son vsage, & requiert aussi autres terres par proimeté ke ses lingnages auoit venduës. Or veut sauoir s'on l'en respondra, puis k'il requiert chou dedens l'an k'il iert repairiés: & je di ke hennil. Car puis k'il se despaïsa, pour son propre preu, se il ne laisse son procureur pour garder se droiture, & à li s'en plain. mais nostre Vsage ne sueffre mie ne procuteres requierre hiretage à autrui: mais bien permet tenir che ke on li laisse.

V. Bien est despaïsié par droite cause ki li Rois enuoie garder ses castiaus,

*Partie III.* O ij

VI. Des emprifounés, dont tu me demandes, ne fe defcorde pas noftre
„ vfages de le loi, ki dift que, Bien doit-on tenir pour defpaïfiés, tant come
„ on a l'aide des defpaïfiés. Monte ceus ki eft en prifon, que quele ke prifon
foit, ou kemune, ou de larrons, ou de robeours, ou de poiffans homes, &
quele ke le prifon foit, ou d'aniaus, ou de foffe, ou d'eftre en ferme maifon.
& cil meimes funt bien en prifon, ki s'en ifteroient, fe il vouloient, mais fans
honte auoir, faire ne le puent : fi come fe vns Sires quemande à fes fougis, &
deffent feur cors & leur auoir, ki n'ifent de fe court. D'autre part ceus ki funt
de le prife à leur anemis, & bien eft dift cil ki funt pris, ke à fuites, ne doit-
on douner nul auantage : & fe aucuns ki pris eft de fes anemis eft mors, tou-
tes les droitures k'il auoit à fon viuant, à fon hoir viengnent. & bien entent
le lois celi pris de fes anemis qui i fu nés.

VII. De Cheualier croiffié, ke tu me demandes, encore fe croiffaft il par
fe volenté, fi eft bien cefte befoing de toute Creftienté, pour coi toutes fes
droitures funt fauuées, & toutes celes ki li efchient autrefi, puis k'il mût à a-
ler û feruice Dieu. Mais de che ke tu dis k'il s'enfui de bataille kemune des
Creftiens & des Sarazins, mift-il en perill toutes les cofes ki li eftoient ef-
keuës, fans grant apariffance en fon cors, mift-il en perill toutes fes droitu-
res ki li eskaïrent, puis k'il mût ineemement dont autres s'eft fais tenans par
Sengneur, fe le fuite ne fuft kemune.

*V. tit. Cod. de bonis profer.*

VIII. Du bani, dont tu me requiers, ki par fon mesfait fuft banis, & a-
prés fuft rapelés, te di-jou ke toutes les cofes ki li remerent fieuës dés le tans
qui fu banis, le fecourra on. & fe aucune cofe li defcent de par pere, ou de
par mere, ou de cofté li efcaoit, & autres par fe defaute, ki ne l'ot requiert,
s'en fait tenans, & le tiengne an & jor, & plus, fera il reftablis de ce-
le droiture, ou non ? & certes fe li banniffemens fu fais pour tel cas, dont
il peuft perdre vie, ce ne crois-je mie ke il fuft reftablis. Et fe li banniffe-
ment eft d'autre cofe, ke de vilain fait, je croi k'il feroit reftablis : car noftre
couftume le fait ainfi. & le lois efcrite fequeurt aciaus ki pour neceffité ne
veulent entrer entor leur cofes, & mie à ciaus ki funt negligent de garder lés.

IX. Vns Clers demande terre par proimeté, ke vns fiens pere a venduë, fi
en ot plaidié par Creftienté longement, & fans jugement ki en foit dounés, re-
paire à la Cort laie, & la requiert. Chil dift ki ne veut refpondre, pour che
k'il l'a tenuë an & jor en pais. Li Clers dift ke non n'a : car on en a plaidié
en Cort de Creftienté. Or demandes fe le tenuë vaurra à l'acateur : & certes,
oïl : car cil ne rendit mit fouffifaument le cofe, ki en Cort auenant le
requiert.

*L. 2. quib. ex cauf. major. &c.*

X. Bien refpont vne loi à tele demande, ki ainfi dift : Se aucuns n'eft en
„ warde, ne en prifon, bone feureté a dounée ki ne fe mouuera, & pour che
„ ke il ne puift mouuoir fans damage, reftablis fera come emprifonné, encontre
„ lui en quelkonques manieres ke cil fe defpaïffe. Ki n'a pas encore la cofe k'il
tient faite fieuë par le couftume du païs, & le vent à autrui, & met en au-
trui main en kelke maniere ke che foit vers le tenant, ou vers les hoirs, le
puet requerre cil, ou fes hoirs, fe li autre n'ont aconplie le droite tenuë.

XI. Il ne m'eft pas auis ke cil ki auoit acaté le terre, & tenuë l'auoit demi
an, & plus, & puis fe defpaïffa, & morut ains ke li ans de droite tenuë fuft
aconplis, ne fe hoirs ne requift l'iretage deuant vn an aprés fa mort, ke pour
telle tenuë puiffe, ne ne doie eftre li proimes boutés arriere de fa requefte. car
lors primes k'il requiert l'iretage, eft-il tenus à demandeeurs, & on auffi à lui,
ne kans ne courut mie entre le paine, là où nus ne tenoit.

*L. 1. C. de uxorib. militum &c.*

XII. Se che ke tu me demandes, fe on doit fecourre par noftre vfage à fe-
mes, & à ciaus ki funt hors du païs par loiaus caufes, aufi bien come à leur
Sengneur : refpondu a bien vne lois, ki ainfi dift : Il eft bien feuë cofe ke
„ on feut fecourre à femes, ki ont laiffié leurs befoingnes temporex, & funt hors
„ du païs auec leur maris pour le befoingne de le cofe commune.

## DE PIERRE DE FONTAINES. 109

XIII. Teneur de lonc tans, ce dift vne lois, ne nuit pas à le feme, ki eft aueuc fon mari, kant il entendoit à le cofe kemune. mais pour che ke menchoines ajouftées à cefte demouranche, & afaities, ne doiuent pas nuire du tout, nous jugeons ke fe tel feme monftre ke le maifons apartenift à lui, ki fu venduë, tant come elle fuft hors du païs, ke elle l'ait kant li pris fera rendus ki vraiement a efté païés. «L. 1. e. eod.

XIV. Cefte demande a efté maintefois demandée ke tu me demandes, fauoir mon fe li Croiffiés, ki ala outremer ara lettre ke fes proimes vendi kant il reuerra, puis ki le requiert dedens l'an & jour k'il eft reuenus, encore l'ait li acaterres tenu an & jour, & plus affés, & ait la terre moult amendée, & fus edifié : fauoir fe il l'ara, & fi rendra l'amendement. Et certes encore ne s'eftent mie leur preuilege à ceu, fi come je quit, ki ainffi dift : ke toutes leur cofes funt en protection de fainte Eglife, & demeurent entieres & paifibles defi là ke ou foit certains de leur repaire, ou de leur mort : ne par loi meimes ne qui-je mie k'il le reuffent, nekedent par noftre vfage le fait maintefois r'auoir. Et che ke le lois dift ke li feruifes de Dieu ne defirete nullui, c'eft voirs de defcendement de pere & de mere, ne de droite efcaanche. mais je te lô kant teus cas t'efcarra, ke tu prengnes garde quelles perfonnes vendirent, pere ou mere, frere ou fereur, ou autres perfonnes du lingnage, & cambien il demoura outremer, & cambien il a tenu. Car che feroit moult damacheufe cofe à tel gent, k'il deuffent atendre leur parens ki funt outremer, ou * en loges caitiuifons, à vendre leur cofes. & ceft caufe t'aprendra à ouurer, & là où li defpaïffiés deuera eftre reftablis, il rendra tout le fourfait & l'amendement ki fu mis en le cofe, puis ke li ans & li jors fu paffés fans r'auoir les fruis : & ceft confell fueffre bien noftre Vfage. * carcere detenti, cap. ptini

XV. Se tu ne pues eftre, ce dift le lois efcrite, deuant ton arbitre, pour che ke tu eftoies en prifon par le kemant au Preuoft, & tu pués prouuer ke che foit voirs, tu aras reftitution de le cofe. «L. 1. C. quib. ex caufis major. in integr. refl. L. 3. C. eod.»

XVI. Li kemuns drois fequeurt, ce dift vne lois autre, par le Iuftice des markiés ki funt fas en bone foi jus à ciaus ki funt en aage, kant le caufe eft conueuuë.

XVII. Le cofe kemune, ce dift le lois, feut vfer de lé droiture à ciaus ki funt dedens aage, & pour che puent-il demander aide de reftitution. «L. 4. C. eod.»

XVIII. Vns hom auoit cheuaus & muebles acatés, & fes deniers païes : mais ains ke li cofes li fuffent baillies, il fu pris en * Audijois, & longement tenus. Car cil ki les cofes auoit encore, les vendi à vn autre, & li bailla, & bien le feut li fecons acaterres. Trois ans & plus après li premiers acaterres iffi de prifon. Or demandés fauoir mon s'il ara les cofes, k'il auoit acatées : Et certes, nenil, ce dift le lois : Car puis k'il n'ot onkes le faifines des cofes, fans coi nul n'aquiert la Sengnorie, il n'eft mie reftablis à ce k'il n'euft onques, ne on ne doit mie entendre k'il ait perdu che ke il n'ot onques. * Aubijois.

XIX. Bien s'accorde noftre Vfages à la loi ki dift generaument, ke toutes les cofes ke la Iuftice n'ara en rainableté à coi funt à reftablir ciaus ki funt en aage, faire le puet.

*Chi parole des mifes & des arbitres qui les cofes prenent feur aus.*

### CHAPITRE XVIII.

I. Mi s e, ce dift le lois, eft ramenée à la femblance des jugemens, & apartient à finer les plais. «L. 1. D. de receptis arbitr.»

II. Nule riens ne tient noftre Vfage ne de mife, ne de mifeors, fors de celé ke le lois i veut, & pour ce veu-jou ke tu faches k'elles en dient.

III. Il a efté fouuent efcrit ke on ne puet mie r'apeler du jugement à l'arbitre ki eft efleus pour mife. Car on ne puet pas demander la cofe, k'il a ajugiée, & pourche i eft paine par mife de part & d'autre, ke on ne fe departe «L. 1. C. eod.»

O iij

" de le mife pour peour de le paine. mais fe on juge puis ke li jors eft paffés, ki
" eft en le mife, li jugemens n'eft nus, & ki li obeïft, n'eft mie tenus à paier le
" paine, ki fu conuenanchie.
" IV. Se tes auerfaires refufe contre forme de le mife à venir deuant l'arbi-
" tre ki eft efleus, il apert bien k'il eft tenus à le paine paier ki fu conue-
L. 3. D. " nanchie.
eod.
" V. On ne doit nullui contraindre, ce dift le lois, de recheuoir mife feur
" lui. Cefte cofe apartient bien à Iuftice, non mie pour cefte cofe eft mife fran-
" que & abfoluë, & mife hors de Iuftice. & ne pour kant aucuns rechoit mife
" feur lui, cefte cofe apartient bien à Iuftice, non mie pour tant feulement ke
" le Iuftice s'entremete ke li plais foit finés: mais pour che ke cil ki ne doiuent
" pas eftre dechut, ki l'eflurent à eftre departeur de leur' plait, come preudo-
" me & loial. Et s'il auient aprés ke le caufe ait efté traitie en mainte maniere,
" & que li fecret de le befoingne foient à ouuert qu'arbitres foient meus par
" graffe, ou corrompus par loier, & par aucune autre caufe, fi ki ne veulle
" douner fentence, nus ne peut veer ke par droit Iuftice ne s'en entremete, fi
" ke il li fache aconplir ce qu'il rechut feur foi.

L. ead. " VI. Or traitons des perfounes à ciaus ki puent eftre arbitres : Car Iuftice
§. 3. " contraint l'arbitre, de quel dingneté qu'il foit, que il acompliffe che k'il a re-
" chut feur lui, s'il n'eft par auenture fes compains en le Iuftice, ou plus haus
L. 4. D. " de lui. Car li plus haut maiftre ne puent eftre contraint par ciaus à ki il funt
eod. " paraill : ne on ne doit pas garder fe il ont rechut puis k'il furent en la mai-
L. 5. D. " ftrie, ou deuant. & feur ke tout on dift ke li fix, ki eft en baill le pere, puet
cod. " bien eftre arbitre en le caufe fon pere : Car il plait à pluifors k'il en foit
" Iuges.
L. 7. D. " VII. Il a peu de difference fe cil ki eft arbitres eft naturelment frans, ou
cod. " s'il a efté frankis, ou s'il eft de bone renoumée, ou de mauuaife.
L. ead. " VIII. Mife ne puet eftre faite feur ferf : & pour ke dift vn fage hom, fe
" mife eft faite feur vn franc hom, & feur vn ferf, li frans hom ne puet eftre
" contrains de douner jugement pour de k'il ne rechut pas le mife feur foi à
" par lui, mais aueuc vn autre, jà foit ce ke le fentence au ferf foit nulle. & fe li
" frans home doune jugement par foi, fi que il ne le veut receuoir, ne doit
" mie eftre contrains de paier le paine. Car il ne douna pas le jugement, fi co-
" me il reçut le mife : mais le mife fu ainfi faite, ke li jugement, auquel ke ce
" foit, fuft tenus & vaufift.

L. 9. D. " IX. Li frans homs doit eftre contrains de douner le fentence : & fe aucuns
eod. " rechut le mife tant come il fu fers, & il douna jugement aprés che ki fu fran-
" chis, je croi ke li jugement vaut, fe il fuft douné par l'afentement des parties.
d. l. 9. §. 1. " X. Mife ne doit pas eftre faite feur home ki eft dedens aage, ne feur
" fourt.
d. l. 9. §. 3. " XI. Aucun arbitre funt ki ne doiuent pas eftre contraint de douner juge-
" ment de le mife k'il ont prife feur aus, fi come kant leur mauuaiftiés eft
" aperte.
" XII. Se cil ki enfanle plaidant diffament l'arbitre fur qui il fe funt mis, le
d. l. 9. §. 4. " Iuftice ne le doit pas maintenant acufer de le mife rendre : mais quant il ara
" feu ke c'eft voirs.
" XIII. Et fe cil ki plaident defpiffent l'actorité à l'arbitre, & il vont à Iu-
d. l. 9. 5. & " ftice, ou autre arbitre, & puis reuiennent à lui, le Iuftice nel doit mie con-
l. 10. & 11. " traindre de juger entre ciaus ki li funt tel honte ki l'eurent en defpit, & aler
" à l'autre.
d. l. 10. §. 1. " XIV. Li arbitres ne doit pas eftre contrains de douner jugement, fe pai-
" ne n'a efté pourmife en le mife, & fi n'i a afeurement.
L. 14. D. " XV. Kant mife eft faite fans afingner jor, il conuient ke li arbitre l'eftablif-
eod. " fent par l'affentement des parties, & fi ainffi nel fait, i doit eftre contrains
" de douner jugement. encore doie le Iuftice contraindre l'arbitre de douner
" jugement.

# DE PIERRE DE FONTAINES.

XVI. Ne pour kant il doit aucune fois mettre raison, & recheuoir s'acu- « L. 15. D.
sation, si come cil ki plaident l'ont diffamé, ou haine mortel est seur ce en- « eod.
tre lui & vn des plaideurs, ou se li aages, ou maladie, ki puis li soit venuë, «
l'en escuse, ne se il a trop affaire de ses propres besoingnes, teles ki li tornaissent « L. 16. D.
à perte d'iretage, ou de deshonour : ou se il li conuient issir hors du païs par « cod.
aucun destraingnant pelerinage, ou pour faire aucun seruice pour son païs, aprés «
ce qu'il ara le mise enkarkie. mais és causes de maladie, & és autres sanlables «
causes est-il contrains de prolonguier le jugement, kant le cause sera connuë. «

XVII. Arbitres doit estre escausés de mise pour son jugement qu'il a à voir en « L. 16. §.
se querelle, se li jors de le mise ne puet estre esslongiés. Encore soit ses jugemens 1. D. eod.
de careus & de muebles, par nostre Vsage ne doit mie estre prolongiés.

XVIII. Mais se il ne le puet prolongier, je ne voi mie pour coi on le doie «
contraindre, quant il sera deliurés de le siene besoingne, & il porra enten- «
dre sans nul damage à l'autre, se ainsi est ke l'vne partie & l'autre veulle ke il «
doint le jugement, bien est droit ki le sache. Mais se li jors ne puet estre prolon- «
giés, li arbitres puet estre contrains de douner jugement, ains ke li jors past, jà «
soit che k'il ait plait à mener ki siens soit. Ne che ne puet estre ki ne soit con- « L. 17. D.
trains par la seconde mise : ou se li vns de ciaus ki plaide n'abandonne ses biens, « eod.
se ainsi n'est par nostre vsage que il ait liuré bons pleges à le mise tenir.

XIX. Se cil ki plaident renuienent au jugement leur arbitre, moult lon- L. end. §.
gement aprés ce que mise fu faite, si come vn an, par nostre vsage, & trois 1.
ans, selonc les lois, Kant il n'i ont nul jor establi, ou aprés le jor ki fu esta- «
blis, on ne doit pas contraindre l'arbitre de douner jugement, se mise n'est «
faite en tel maniere : Nous metons seur Robert en tel maniere que il die ke Phe- «
lippes kemandera li qués doit estre contrains de douner jugement : & res- « d. l. §. 3.
pondu est en la loi, que cele mise ne vaut riens en coi li arbitres n'a franche «
poosté de douner jugement. Mais se le mise fu ainssi faite, ke li plais fu de- « d. l. §. 4.
terminés par le jugement Robert, ou Phelippes, tel mise est bone, & cil deuera «
estre contrains de douner jugement à ki les parties s'asentirent.

XX. Se mise est faite seur deus homs, en tel maniere, que se il ne se puent acor- « d. l. §. 5.
der ensanble, k'il prendront le tiers : je quit ke cele mise ne vaut riens : car il «
porra bien auenir k'il ne se concorderont pas à prendre le tiers. Mais se le «
mise estoit ainssi faite, que se il ne se puent acorder, que Bernards fust li tiers, tele «
mise seroit bone.

XXI. La loi dist : Ke se mise est faite seur deus homs, sans plus dire, & ne « d. l. §. 6.
se puent acorder li doi : le Iustice doit contraindre les arbitres de prendre le «
tiers persoune ki les concorde. Mais je ne quit mie ke nostre Vsage le souf- «
frist, s'il n'auoit esté mis en le mise, ke il prissent le tiers, si se descordoient.

XXII. Li jugement de deus souffist bien, se ainsi est ke li tiers soit pre- d. l. §. 7.
sens. Car se il n'est presens, li jugemens ne vaut riens, encore s'acordent li doi
ensanble, pour ce ke le mise fu faite seur trois : par auanture se li tiers fust pre-
sens, il eust bien trait les deus à son jugement.

XXIII. Se mise est rechute de pluisors coses ki s'entrepartienent, si come
je disoie ke je t'eusse presté vn cheual, dont j'auoie eu damage duc à c. sols,
parche ke tu le n'auoies rendu à point, né à eure.

XXIV. Se li arbitres ne fenist toutes les querelles, il n'apert pas ke il ait L. 19. §. 1.
douné jugement : ains en deuera estre contrains par le Iustice, & pour ce con- D. eod.
uient il veoir s'il puet muer le jugement ke il a douné.

XXV. Maintefois a-il esté demandé, se vns arbitres a kemandé ke vne « d. l. 19. §.
cose soit dounée, & puis desfent k'ele ne le soit mie dounée, sauoir mon au- « 2.
quel on se doit tenir, ou à celi ki l'a kemandé, ou à celui qui l'a deffendu. «
& certes se li arbitres kemande ke les parties viengnent à vn jor par deuant lui, «
& aprés kemande k'eles viengnent à vn autre, bien le puet faire. Mais s'il ke- «
mande aucun, & aprés l'assolt, il ne puet pas muer de sentence. car il laisse «
d'estre arbitres dés k'il eut dounée le premiere sentence : ne riens n'apatient «

» à le Iuftice que le fentence il ait douné bone, ou mauuaife, puis ke il dift
» fon auis de le mife.

*L. 28 D. cod.*
*\* Si arbiter errauerit in fententia dicenda &c.*
*\* L. 21. D. cod. L. end.*

XXVI. Se li arbitres * foloie à douner fe fentenfe, ne le puet puis amender.

XXVII. *Se on fe met feur vn arbitre de pluifors querelles, qui ne s'appartiennent de riens, & il doune jugement de l'vne, & il ne doune mie des autres, il ne laiffe pas à eftre arbitre.

XXVIII. Or veons donc, fe il puit le jugement, ke il a douné en nulle querelle, muer. & au droit douner doit on moult prendre garde, fe le mife fu faite feur lui par cele maniere, k'il die jugement de toutes enfanble, ou de cafcune par foi. & fe ele fu faite par tel conuenant ke il dounaft jugement de toutes les quereles enfanble, ou de cafcune par foi, c'eft auffi come pluifors mifes, & pour che ne puet-il muer le jugement, ke il a douné de l'vne des quereles. Car il a laiffié à eftre arbitre de tant come à celle querele amonte.

*d. l. 21. §. 2.*
*d. l. §. 3.*

XXIX. Ie croi ke li arbitres puet eftablir jor à paier ce ki eft deu.

XXX. Iugemens ke li arbitres doune, ki n'eft mie certains, ne vaut riens, fi come s'il difoit, *Ne paie riens à ton auerfaire de che ke tu li dois.*

*d. l. §.*

XXXI. S'il eft remés arbitres, que le querelle ne foit finée dedans le jor ke on i a mis, on le doit contraindre, fe les parties s'i afentent, que il reprengne le mife feur foi.

*d. l. §. 7.*

XXXII. Cil ki plaident ne doiuent pas obeïr à le fentenfe, fe li arbitres leur kemande aucune cofe ki foit deshonefte.

*d. l. §. 10.*

XXXIII. Se li arbitres kemande à ceus ki ont fait le mife, que il viengne par deuant lui en vne autre contrée, que là où le mife fu faite, tu demandes fe cil ki n'i veut venir, eft quites de le paine : faches ke li jugemens doit eftre dounés û le lieu ki fu eftablis à le mife. Cil fera donc quites de le paine ki n'ira mie en autre lieu, encore li coumant li arbitres. on dit par droit ke on doit venir au lieu où le mife fu faite, ne pourquant fe li arbitres quemande à venir en vn lieu, ki foit prés du lieu, où le mife fu faite, cis kemandemens ne veut.

*d. l. §. 11.*

XXXIV. Se li arbitres eft de tele autorité, ke il doie ce faire, & les parties puiffent legierement venir au lieu, venir i doiuent. mais s'il leur kemande à venir en aucun vilain lieu, fi come en bordel, ou en lieu ki ne foit pas honeftes, cil n'obeïra pas à lui ki n'i ira, anchois iert quites de le paine. & pour ce fe li liex iert teus, ke nulle des parties ne puiffe venir honeftement, & l'autre partie n'i puift aller, ou demande fauoir mon fe cil ki n'i vient pas eft tenus à le paine. & refpondu eft en loi, ki n'i eft pas tenus. car il fanle moult male cofe, que vne cofe fuft en l'vne des parties, & ne fuft pas gardée en la perfoune de l'autre.

XXXV. Par noftre Vfage puet-on demander le paine ki fu mife puis ke le mife fu renduë, & aucune des parties ne le veut warder, ne tenir.

*L. 13. D. cod.*

XXXVI. Se li arbitres kemande à paier à vn certain jour, & on ne paie encore grant pieche aprés, nekedent le paine ki a efté vne fois fourfaite, ne faut mie : car c'eft tout voirs c'on ne paia mie à jour afingné. Mais fe cil à ki le cofe dût eftre paié à terme, le rechoit, aprés kant on li offre, il ne puet pas demander le paine.

*L. ead. §. 1.*

XXXVII. Se li arbitres a quemandé ke je te rende aucune cofe à vn certain jour, & tu es empecié par maladie, ou par autre droite caufe, fi ke tu ne le puiffes recheuoir, ne fui pas tenus à le paine. car il fanble ke li arbitres fache deus kemandemens : li vns eft ke je rende le cofe au jor noumé. Ià foit che ke je ne foie mie tenus à le paine, fe je n'ai paié à jor noumé, ne pour kant pour ce ne fui-je mie tenus que je ne le paie aprés, pour obeïr à le fentenfe à l'arbitre.

*L. 15. D. cod.*

XXXVIII. S'il a efté eftabli en le mife, ke li arbitres dounaft en vn

meimes

## DE PIERRE DE FONTAINES.

meimes jour jugement de toutes les querelles ki eſtoient entre les parties, & k'il peuſt prolongier le jour, quant il aroit douné jugement de toutes les coſes, & il prolonja le jor kant il n'ot pas douné jugement des autres, li proloingemens vaut. & cil ki n'obeïſt à la ſentence qu'il a dounée puet eſtre quites de le paine. & li mos de prolongier le jor de le miſe ne doune à l'arbitre nul pooir ke de prolongier le : & pour ce ne puet-il mie amenuiſier le forme de le premiere miſe : ne muer le, & doit * enterkier les autres querelles, & douner pour toutes vn jugement. «* diſcuteré

XXXIX. Li arbitres puet prolongier le jour, ou par ſoi meimes, kant il i eſt preſens, ou par ſon meſage, ou par ſes letres. « L. 17. D cod.

XL. Se menſion n'eſt faite en le miſe des hoirs, ou d'autres ; le miſe faurra par le mort à aucune des parties, ne on n'vſe mie de le ſentence. « d. l. §. 1.

XLI. Labeon ki quidoit ke ſe li arbitres comande, c'aucuns paiaſt deniers dedens jor, & muert ains k'il pait, le paine eſt faite, jà ſoit che ke ſes hoirs ſoit apareillés de païer les deniers. On doit le ſentencé tenir à l'arbitre, quele k'ele ſoit, loiaus ou deſloiaus, & cil ki tele la priſe ne doit blamer ſe lui non. « d. §. « §. 2.

XLII. Se pluiſours arbitres ſunt en vne miſe, & il dient diuerſes ſentenſes, les parties ne les tenront pas, s'eles ne veullent : mais là û le grenneur partie s'accorde en vne ſentenſe. « d. l. §. 3.

XLIII. Or eſt la demande tele, ſe trois arbitres ſunt en vne querelle, li vns kemande que l'vne des parties pait à l'autre douſe ſols ; & li autres diſt dis ſols, & li autres diſt cinq ſols, lequele ſentenſe doit eſtre tenuë ? Rendu eſt par droit jugement, ke li cinq ſols doiuent eſtre payé, car il s'aſentirent tous à cele ſentenſe daaraine de cinq ſols. « d. §.

XLIV. Se aucuns de ciaus qui plaident ſe defalent, pource ke il remaint û lieu, ke li arbitres ne doune ſentenſe, il eſt tenus à le paine. & pour ce le ſentenſe ki ſera dounée, & dite en derriere de ceus ki plaident, ne vaut riens, ſi ne fuſt eſtablis eſpecieument en le miſe, ke le ſentenſe puet eſtre dounée ſans l'vn d'aus, ou ſans ambedeus. « d. l. §. 4.

XLV. Il apert ke ſe il diſt ſe ſentenſe par deuant les parties, ki le die par deuant ciaus ki ont ſens. Car s'il le diſt par denauant le forſené, ou par deuant le derué, ou par deuant celui ki eſt dedens aage, il n'apert pas ki le die deuant les parties : ſe cil ne ſunt en preſent ki les ont en garde. mais ſe aucuns ki eſt preſens deffent ke li arbitres ne doint ſentenſe, il ſera tenus à le paine : & ſi n'i auoit point de paine promiſe, ains promeſiſt aucune coſe ſimplement ke il tenroit le ſentenſe, bien le puet-on applaidier, pour che ki le promiſt à tenir. « d. l. §. 5. 6. 7.

XLVI. Il n'a point de differenſe ſe l'on fait miſe de coſe certaine, ou de coſe ki n'eſt pas certaine. « L. 18. D. eod.

XLVII. On fait contre le ſentenſe à l'arbitre, kant on demande à celui à ki il defendi par ſentenſe ke on ne demandaſt nient. « L. 29. D. eod.

XLVIII. Or eſt le demande, ſe cil ki demanda à ſon plege eſt tenus à le paine, reſpondu eſt ke oïl. car cil ki demande au plege, demande à celui pour ki il fu pleges. « L. ead. §. 1.

XLIX. Celui ki fait ce n'eſt mie tenus à le paine, ſe li pleges n'i a damage pour le demande. « d. §.

L. Se aucuns amaine en jugement le coſe de coi miſe a eſté faite, aucun dient ke le Iuſtice ne s'en doit entremetre de contraindre l'arbitre de douner ent ſentenſe. pour ce ne puet eſtre paine demandée, kant le miſe eſt falie. mais ſe il eſtoit ainſi, il auarroit k'il ſeroit en le pooſté de celi, ki ſe repentiroit de le miſe, ki le fiſt faillir. Il eſt donkes miex k'il ſoit tenus à le paine, & ke le querelle ſoit menée par deuant, ſi come ele deuera. « L. 30. D. eod.

LI. Paine eſt fourfaite, quant aucune coſe eſt faite contre le miſe, ſe elle eſt faite ſans le tricherie à l'autre. mais paine eſt fourfaite en maniere ke nus ne gaaigne riens en ſe tricherie. « L. 31. D. eod.

Partie III.          P

LII. Si a esté mis en le mise, ke nule cose ne soit faite par tricherie, ki ke fait la tricherie ne puet estre enplaidiés pour le paine. & pour ce se il corront l'arbitre, ou par loier, ou par grasse, ou par l'auocat à l'autre partie, ou par aucuns de ciaus à qui ses auersaires auoit baillié le querelle, il porra estre enplaidiés pour se tricherie: autresi si dechoit son auersaire par male voidie, ou fait aucune cose par se tricherie, ou entant le plait. car le mise est pleniere de coi mensions est faite, ki n'i ait point de tricherie.

LIII. Se mise a esté faite de meffait, de coi male renoumée vient, ou de che ki conuient à rendre jugement commun, si come de larrons, ou de ceus ki sunt sanblables à aus, le Iustice doit deffendre ke li arbitres ne doinst jugement: & se il la doune, le Iustice ne le doit mie faire tenir.

LIV. Se mise est faite de querelle de frankise, li arbitres ne doit mie estre contrains de douner sentense. car le grasse de frankise est tele k'ele doit auoir grenneur Iuge.

LV. Se sers a faite mise, li arbitres ne doit pas estre contrains de douner sentense: & se il le doune, & il ne le tient, le paine ne doit pas estre paié de son catel.

LVI. Et se vns frans hom & vn sers sunt mises, & jugemens est dounés contre le franc home, le deuera-on faire tenir? respondu est ke nennil, car la mise ne fu nule.

LVII. Quant mise est faite par tel conuenant, ke tuit li miseour doingnent leur sentense, & ke ce soit tenu à coi la grenneur partie s'acorde, le Iustice ne doit pas contraindre cascun par soi: car la sentense ke cascuns donrroit par soi ne porroit pas faire ke paine fust demandée.

LVIII. Quant il auient aucune fois ke vns arbitres doune tout apertement jugement pour aucune mise, et tans de ceus ki auoient fait le mise seur lui, & il ont dist pluiseur fois par deuant tesmoins, ke il ne dounast mie jugement en cele querelle, & li arbitres ne laissa mie pour chou ki ne le dounast, sans che ke nus ne le contraingnoit: li Empereur Antoines si dist à vn jugement ki se confelloit, & deuant ki on demandoit le paine, ke jà soit che c'on ne puisse apeler contre le sentense à l'arbitres, ne pour quant le paine est demandée, on puet metre auant barre de le tricherie, par coi on puet r'apeler le sentense à l'arbitre.

LIX. Cil ki traitent de l'offisse as arbitres doiuent sauoir ke toute leur pooste doit estre prise de le force de le mise ki peussent faire, il ne porra dont mie le cose faire, for ce dont le mise a esté faite.

LX. Ie croi fermement ke paine ne doit pas estre paié, se li arbitres dist par jugement, que on aille par deuant le juge, ou ke mise en soit faite de rekief seur lui, ou seur autrui. car nule sentense ne doit-on paier, se on n'obeist à le sentense à l'arbitre. car kant il quemande on aille as autres arbitres, tel cose ne fine pas le plait. mais se il en tele maniere dist, ke le cose de coi le mise soit renduë si come Bernars jugera, ou ke seurtés fust dounée, on doit tenir tele sentense, c'est voirs s'il auoit tel pooir par le fourme de le mise. Car il conuient ke li arbitres tesmoingne le querelle par jugement, ke les mises ne soient eslongies. car elles ne soient aucunefois mises seur les anemis à ceus ki plaident, & li plais n'est mie finés, kant le sentense est prolongie, ou kant le cose est mise seur autre.

LXI. Se cil ki ont fait mise, veulent plaidier par deuant leur Procureurs, il puent kemander ke aus meimes viengnent par deuant lui.

LXII. Li arbitres ne puent riens faire for che ki est mis en le mise de prolongiet le jor ki est establis. car se mension n'en est faite, cil ki n'obeira pas à l'arbitre kant il vaurra prolongier le jor, ne sera pas tenus à le paine.

LXIII. Se arbitres est ensi esleus, k'il puisse prolongier le jor de le mise, bien le puet faire, se cil ki firent le mise ne le contredient.

LXIV. Se li arbitres deffent ke li vns de ciaus ki plaident ne demant riens

à l'autre, & il le demande, il eft tenus à le paine. car on ne fe met pas en ar- "
bitres pour prolongier le jour, mais pour ofter les. "

LXV. Kant paine eft demandée pour mife ki a efté faite, & cil ki fift le " d.l.34.
mife ne le veut tenir, doit eftre condampnés, ne il n'a point de differenfe, fe "
cil ki demande le paine euft gaaignié ou non, fe le fentenfe fuft dounée. "

LXVI. Vns arbitres kemanda ke les parties fuffent pardeuant lui à vn " L.40.D.
jour noumé, & deuant chu jours il fu mors, & li vns des plaideeurs ne vint " eod.
mie au jour, ne au lieu, où il fuft affignés ; fans doute il n'eft pas tenus à le "
paine. "

LXVII. Kant li arbitres ne vint mie, aufi come s'il remaint par chelui " L. ead.
qui doit recheuoir la cofe k'ele ne li eft pas paié, fes auerfaires n'eft pas te- "
nus à le paine. "

LXVIII. Li arbitres puet jugier des cofes & des querelles ki eftoient " L. 46. D.
entre ciaus ki firent le mife, anchois qui le feiffent, & ne mie de ceus ki puis " eod.
funt auenuës. "

LXIX. Se mife eft faite en tel maniere, ke li arbitres doint le fentenfe " L.47.D.
pardeuant l'vn, & pardeuant l'autre de ceus ki plaident pardeuant les Sen- " eod.
gneurs, ou pardeuant les hoirs, & li vns d'aus deus muert, & laiffe fon hoir "
ki eft dedens aage, le fentenfe ne doit pas eftre quite, fe li orphelins ne le "
rechoit par fon baill. "

LXX. Li arbitres puet kemander par mefages, ou par letres, ke cil ki plai- " L.49.§.
dent viengnent par deuant lui. " 1.D.eod.

LXXI. Se menfion eft faite en le mife de l'oir à l'vne des parties tant feu- " d.l.§.1.
lement, le mife faurra par le mort à aucuns des plaideeurs, autrefi come "
elle faufift par le mort à l'vn, fe menfion ne fuft de l'oir n'a l'vn n'a "
l'autre. "

LXXII. Se cil ki eft arbitres d'aucune mife mande à aucun k'il pait de- " L 51.D.
niers, & il demeure à paier, il eft tenus à le paine. mais s'il les paie aprés, " eod.
il eft deliurés de le paine, c'eft voirs par noftre Vfage, fe cil vers ki le paine "
eft fourfaite velt miex recheuoir che ki eft jugié, ke le paine. "

LXXIII. Se le mife ki eft faite feur arbitre par efcrit, ou le fait aufi " L. 1.C.
bien tenir de ciaus, come fe li plais eft coumenciés par deuant le Iuftice. & " eod.
generaument és cofes ki funt faites par deuant les arbitres, fe il i a cofe ki "
ne foit à droit faite, ou ki foit contredite, bien en puet-on plaidier deuant le "
Iuftice. "

LXXIV. Nous eftabliffons, fait li Empereurs Iuftinians, k'il fouuiengne " L. 6. C.
as femes de leur * caâftée & des euures ke nature leur otroia, & des quelles " eod.
elle kemanda qu'eles fe teniffent, elle rechoiuent mife feur foi, jà foit che " * pudici-
k'eles foient de bonne opinion & de haute, ou s'eles funt * patroñnées, & " * patrona
elles oient les querelles à cieus à qui elles ont franchis, elles foient departies "
de toute compagnie de jugement : fi ke pour leur jugement ne foient en nul- "
le paine, ne nulle barre de conuenant à ciaus ki le vaurront tenir. mais par "
leur vfage ki le noftre foufmet, on-elles affés grenneur pooir ke de mifes pren- "
dre feur elles, car elles ont vois jus és jugemens. "

*Chi parolle des tauerniers & des hofteliers k'on baille les cofes à* WARDER,
*& pour faire fauf.*

## CHAPITRE XIX.

I. C'EST drois ke li Tauernier & li hoftelier rechoiuent aucunes cofes ke " L. 1.D.
il prometent à rendre tot fauf, & s'il nel rendent de leur gré, ke le " Nauta,
Iuftice leur fache rendre. Car bien eft raifons & drois ke je à mon ofte bail- " caupo-
le mes chofes à garder : & puis k'il les rechoit, bien eft drois k'il les rende. car " nes,fta-
il eft en fe volenté k'il n'en rechoit nulle fans warde, fe on ne leur feift ren- " bul.&c.

*Partie III.* P ij

dre, matere leur fuſt dounée d'eſtre compaingnons as larrons contre che k'il rechoiuent en leur garde. car encore ne ſe tiennent-il mie de teus barres.

*d. l. §. 1.* » II. Il conuient ſauoir ki ſunt ki i ſunt tenu : che ſunt li maiſtres des oſteus » & des tauernes, ou leur valet, ou leur baiſſele, qui ſunt à leur loier.

*L. 3. D.* » III. Cil ki ſunt les menuës beſoingnes de l'oſtel n'i ſunt mie tenus, ſi *eod.* » come cil ki les maiſons netoient, & apelent les gens pour herbergier, & alu-» ment le fu : & pour che ſe l'on baille coſe a tel garchonnaille, ſans le feu du » Sengneur, à warder, li Sires n'eſt pas tenus au rendre.

IV. Il ne conuient pas demander les coſes ki ſunt miſes as otiex as tauer-niers, ki ſunt baillies à maiſtres des otiex : car ſe elles n'eſtoient trouuées, ſi apert-il k'elles li ſoient baillies, puis k'elles ſunt miſes en ſon oſtel par ſon feu & par ſa ſouffranche, & le doiuent rendre.

*i. baille* V. Tu me demandes vne coſe ki ſouuent auient : ſe vns eſtranger home vient en l'oſtel d'vn oſtelier, & herberge, & * baut vne partie de ſes coſes à warder à l'oſte, coume cheuaus, & autres coſes, & retiengne entor ſoi joiaus & de-niers, ſans dire le à l'oſte ſe il li ſunt emblé la nuit, je demant ſauoir mon, ſe l'oſtes eſt tenus au rendre. & certes ſe il puet eſtre ſeu, & prouué, rendre le doit : car on part moult ſouuent coſes, ke on ne veut mie monſtrer à tous, car ſe ainſi n'eſtoit, on donrroit as oſtes & à leur maiſnies matere d'embler che ke li eſtranges ne leur vauroit monſtrer.

VI. On doit metre grant cure d'eskieuer la deſloiautés as hoſteliers.

VII. Che n'eſcuſe pas l'hoſtelier, ki diſt c'on li a emblé de ſes coſes au-tant ou plus aſſés ke ſes hoſtes n'a perdu ke il herberge. car s'il a mauuaiſe-ment gardé ſes coſes & les autrui, ce ne l'eſcuſera pas k'il ne rende che ki li a eſté emblé en ſon oſtel : car tel larrechin meimes puet il faire. & s'eles ont eſté emblées le coupe à l'oſtelier, & ſans tricherie, ſi conuient il ki les rende, ſe cel damage n'auient par tel, dont il ne puiſſe auoir preuues, ſi cou-me par grant forche de robeours, ou d'autres cas ſi coume de fu. & ce meimes enten-je, ſe li hoſteliers herberge l'eſtrange ſans oſtage paier, c'eſt mauuais ſingne.

VIII. Se aucuns va herbergier ciés ſon voiſin ki ne ſoit mie herbergerres, s'il part ſes coſes, elles ne ſunt pas renduës, s'eles ne li ſunt emblées par le cou-pe de celui qui il herberge, ou par ſa tricherie.

*L. 7. §. vlt.* » IX. Se li fix qui eſt û baill, ou en le mainbürnie du pere, ou li Serjans ki re-*D. eod.* » çoit aucunes coſes, & ſes peres, ou ſes Sires, s'i aſent aprés, il porra eſtre trais » en plait, ſe le coſe n'eſt renduë k'il a recheuë, li peres eſt tenus à rendre.

*L. 3. §. 3.* » X. Quant les coſes ſunt emblées ciés l'oſtelier, bien en puet plaidier hoſteliers *D. eod.* » coume de larrechin, s'il veut, puis ke li perill des coſes emblées apartiennent » à lui, & puis ki li conuient rendre les coſes deuant dites ki ſunt fortraites par » larrechin. & che meimes doit eſtre entendu des coſes ki ſunt damagies en le » warde à l'oſtelier. Car il ne conuient mie douter, ke cil ki prent vne coſe à » garder, k'ele ne ſoit damagie n'enpitije en ſe warde, ne k'ele ſoit enblée, come » la ſiene meimes coſe.

*L. 6. §. 1.* » XI. Se on me bat mon Serjant, ou me fait aucune coſe en l'oſtel à l'oſte-*D. eod.* » lier, ou au tauernier, li vns & li autres ſunt tenu d'amender che ke on a meſ-» fait à ceus ki i ſunt pour cauſe d'abiter en leur oſteus, ſe li meſfais eſt par leur » maiſnie fais.

*L. 7. prin-* » XII. Quant li oſteliers met eſtrange gens en ſon ſeruice, il doit enquerre *cip. D. eod.* » de quel foi, & de quele loiauté il ſunt. car il doit reſtorer les meſfais à ſes » Serjans quelki ſoient, franc ou ſerf. ce n'eſt mie tors, s'il reſtore leurs meſfais, » puis k'il les a mis en ſon ſeruice, & à ſon perill. mais il ne les reſtorera pas » autrement ſe il ſunt damage, ou le meſfait, en ſon oſtel meimes : car ſe il le ſunt » dehors, il ne ſunt pas tenu au reſtorer. & ſe li oſtes diſt au coumenchement » du herbergier, ke caſcuns garde bien ſe coſe, ou il le baillent à metre en ſau-*i. coffre* » ue-garde, ou il leur veut baillier * huche & clef, & il ne le veulent pren-

# DE PIERRE DE FONTAINES.

dre, se il perdent puis le leur, li oftes n'en refpondera noient, s'aucune cofe n'i «
eft prouuée de fa tricherie. «

XIII. Se Serjans, ou fiex & tauernier, par la volenté fon pere, ou fon Sen- «*d.l. §. vlt.*
gneur, fi ke la tauerniere, ou l'ofteliere facent nulle tricherie en leur ofteus, «
ou en leur tauernes, je croi ke li peres, ou li Sires, foit tenus as cofes deuant «
dites. car il fanble bien k'il aient recheu feur aus les cofes de coi damages «
auient entor aus. ce meimes enten-jou d'vn eftrange Serjant, fe il l'auoit fait «
en la maifon à la tauerniere, ou à l'ofteliere. «

*Chi parole des cofes mifes en autrui main pour muer jugement.*

## CHAPITRE XX.

I. JE te demant vn cheual pardeuant vne juftiche, come mien, tu le vendis *L.1. D. de*
à vn home d'autre contrée dedens plait pour eskieuer le plait de moi: *alienatio-*
mais chèrtes che ne te vaut noient ke je ne te puiffe plaidier, fe je veul, ou *ne judicii*
celui à qui tu le vendis. & fe tu n'eftoies fouffifans de rendre le cofe venduë, & *mutandi*
j'en plaidoie à ki tu le vendis, & j'amenoies preuues ki fu miens, je l'aroie. *caufa.*

II. Ie te puis demander les damages par droit ke j'ai eus en che ke je plai-
dai plus loing pour ton fait, ke je ne deuffe. car fe veul plaidier celui qui eft
d'autrui contrée, en fa contrée le doi plaidoier, encore ne puiffe-je mie de-
mander damages ne defpens deuant le Iuftice, où je le plaidoie : Car noftre
Vfage ne fait rendre nul defpens fais en plait. Le lois le dift ainffi ke tu me *L.3. D. eod.*
dois rendre mes damages, fe tu l'auoies mis en main de poiffant home, ou vendu,
pour eskieuer le plait, encore fuft-il de cele meimes contrée, dont tu es : car
nous ne poons pas eftre per à plus poiffans de nous.

III. Tu edefias par force en ma terre, ou en repoft, ou en mauuaife maniere: *d.l. 3. §. 2;*
aprés tu vens le cofe, ou més en autrui main, le lois dift ke mes plais en eft enpi- *3. 4. 5:*
riés. car fe je plaidaffe à toi ki l'euure auoies faite, ofter le deuffes à ten defpens.
mais ore puis ki me conuient plaidier contre celui ki le tient, & ke l'euure ne fift
mie, je doi ofter l'euure à men defpens. car celui ki tient che autres à fait, n'eft
tenus fors de tant k'il li conuient fouffrir ke l'uëure foit oftée. & pour che pui-
jou demander celui ki l'uëure fift che ke l'uëure coufte à abatre, & te deffent
ke nu n'i uëures là où tu as comenchié, & puis aprés n'en le lieu où tu auoies
comenchié à ouurer : & cil ki l'acate parfait l'euure, le lois dift ke tu es te-
nus entant come j'euffe de preu de celui damage rendre, fe tu ne l'euffes ven-
du. car je ne puis pas enuers toi plaidier de nouuele euure, pour che ke tu
n'en feis mie : ne contre chelui à qui tu vendis le lieu, car je ne li deffendi
mie. & fe celui ki les cofes a mis hors de fa main, veut le plait fouftenir,
autrefi come s'il eut encore les cofes k'il a mis hors de fa main, partant s'en
puet paffer.

IV. Le lois ne blame mie celui ki tient aucune cofe vers lui, dont il quide *L. 4. §. 1;*
ke on le plaide par droit, fe il le laiffe. car le penfée de celui ki het plait ne *D. eod.*
doit on pas blamer. mais le penfée à chelui doit eftre blamée, ki veut auoir «
le cofe, & baille autrui le plait, fi ki met pour lui plus poiffant auerfaire «
k'il n'eft. «

V. En tous ces cas doit on entendre celui ki veut autrui cofe, qu met la co-
fe hors de fa main de fon propre hiretage par douner, ou par laiffier les à au-
cun en fon teftament, on ne doit mie recouurer damage feur douneur, à qui
ke il le donift, encore le puiffe on recouurer feur ciaus ki les ont.

VI. Cil ki rent les cofes à chelui ki les vendi, il n'apert pas k'il les mete hors *L. 8. §. 5;*
de fa main pour muer le jugement. Car kant le cofe eft renduë, toutes les co- *L. 9. &*
fes funt en eftat où elles eftoient deuant. & c'eft voirs, kant funs de terre, ou *10. D. eod.*
droiture d'iretage, ki ert vendus, kant on le rent à celui ki che fu, puis c'on
et k'il en eft droit hoirs. & pour ce me fanble il k'il le mift hors de fa main

P iij

pour muer le jugement de le Iuſtiche, ſe ainſi n'eſt ke il ne le rent pas, & ſe fuſt pour muer jugement de le Iuſtice.

*L. II. D.* „ VII. Quant vns Cheualiers requiert k'il puiſſe plaider en ſon nòm de poſ-
*eod.*
*ⁿleg. reſpō.* „ ſeſſions, ki diſoit ki li auoient eſté dounées, il fu * rendu en le loi ke ſe li
*du* „ dons fu fais pour cauſe de muer jugement de le Iuſtice, il conuient ke li pre-
„ miers Sires de le coſe en plait, ſi come on croie miex ke on baillié ait le coſe
„ au Cheualier, ke le plait. Li Cheualiers ne puet plaidier par nulle droiture
„ ke il li ait, & ſe il en plaidoit, jugemens ſeroit dounés contre lui, car le lois
diſt ke il le feroit pour muer jugement en toutes les querelles.

*Chi parolle des jugemens que on doit faire bons & loiaus.*

## CHAPITRE XXI.

I. EN toutes les querelles où il te conuarra jugier, te lô-jou ke tu juges droi-
turierement ne pren mie garde à lermes ne pleurs, ke les parties ſunt
pardeuant, mais pren bien garde à faire droit jugement. aies tousjors, kant tu
jugeras, deuant les iex de ton cuer celui ki rendra à caſcun le loier ſelonc
ſes euures : car tel meſure come tu meſureras, ou bone ou mauuaiſe, à tel me-
ſure te meſurra-on.

*L. 14. C. de* II. Ces ſaintimes loies ne ſoloit nus prendre jugement à faire, ſe il anchois
*judiciis.*
* *doueroit* ne feiſt fairement, ke ſe il * deueroit en toutes manieres le jugement en ve-
rité, & ſelonc les lois.

*L. ead.* „ III. Iuſtinians feiſt kemandement ke tuit li Iuge, de quelconkes maniere
„ ke il ſoient, ne coumencent plais à oïr, ſe les ſaintimes eſcritures ne ſunt par
„ deuant : c'eſt le ſaintime figure noſtre Sengneur, celle doit eſtre aportée de-
„ uant le Iuge, & i ſoit dés le coumencement du plait duſqu'à la fin de la
„ querelle, & duſques à tant que jugemens ſoit dounés : car c'eſt li vſages de
Roume. & pour che ke noſtre Vſage ne s'aporte mie à plais, ſi te lô jou que
tu aies tout jors le figure noſtre Sengneur deuant les iex de ton cuer, & bou-
te ariere toute enuie kant tu jugeras, & toute amour terriene, & toute con-
uoitiſſe, toute haine, toute eſperanche de gueredon terrien, tout perill d'eſ-
ſil & de pouerté, & toute peour de mort : car aueuc teus oſtes ne ſe herber-
ge mie droiture, ne juſtice. Car li Philoſophes diſt ke hons ne puet mie auoir
droiture en ſoi, ki doute mort, perill, n'eſſil, ne pouerté. aime toi plus ke nul-
lui terrien, car là ù tu prendras garde à jugier à terrienes coſes, quelles k'eles
ſoient qui a droit jugement faire, là te haras tu plus ke nullui, & plus greue-
ras toi, ke la partie ke tu forjugeras. & ſaces tu ke li jugemens eſt aſés plus
eſpoentables à jugeours, ke à parties ki ſunt deſous aus à jugier. Li jugeours
ſunt deſous Dieu, qui tout jors le garde qués jugemens i ſunt, ſi coume le
lois diſt.

IV. Li hons ſoit ententiex à toutes les parolles ke on dira en cort, dont on
doie rendre jugement, & né fache mie coume moult de gens ſunt, qui doi &
doi vont conſeillant entr'aus ke les parties plaident, ne riens n'entendent des
parolles ki conuarra jugier. & ſi auient-il ſouuent ke le partie ki n'eſt pas bien
entenduë pert là où elle deuſt gaaignier, & s'elles fuſſent bien entenduës, el-
les n'i perdiſſent pas tel fois eſt. & ſachiés bien que chu pechiés eſt ſi grans,
kant on ne fait ſon pooir de bien entendre & retenir toutes les parolles ke il
conuient jugier, ke s'aucunes parties pert par ſes parolles mal entendre & re-
tenir, ne fait pas che ki doit.

V. Cil qui leur pooir ne firent pas de bien entendre & de retenir, ſunt te-
nu de lui rendre ſon damage, ſelonc le droit Noſtre Sengneur. & cil meimes
ki leur pooir funt de bien oïr & du retenir, ſe il ne l'ont bien retenu, facent
le tant recorder à parties k'il l'oient bien retenu : car autrement ne ſeroient-
il mie ſans coupe ſelonc Dieu.

## DE PIERRE DE FONTAINES.

VI. Soies au jugement pour toi, car tu ne respondras * car de ton mef-    *ke
fait, & se tu vois tes compaignons desuoier en jugement, fais ton pooir d'aus
r'auoier: car autrement ne t'aquitas-tu mie selonc Dieu.

VII. Encore metent les lois en escrit terme de finer toutes manieres de plais,    L. 13. C. de
ki moult est proufitable cose, si coume és querelles ki sunt de crime l'espasse    judiciis.
de 11. ans: en cele qui sunt pour catel, qui aucunesfois sunt matere de crime,    L. 2. 3. C.
l'espasse de 111. ans. nequedent nostre Vsage n'i met point de terme, mais il li    ut intra cer-
met ordre & maniere, qui tele est.    tum tempus crim. &c.

VIII. Bien t'ai dit en quele maniere tu pues semondre ton vilain & ton
franc home, & saces bien ke selonc Diex tu n'as mie pleniere poosté seur ton
vilain. dont se tu prens du sien, fors les droites amendes k'il doit, tu les prens
contre Dieu, & seur le perill de t'ame. & che l'on dist ke toutes les coses
ke vilains a, sunt son Sengneur à garder : car s'eles estoient son Sengneur pro-
pres, il n'aueroit nule differense, kant à ceu, entre serf & vilain. mais par
nostre Vsage n'a il entre toi & ton vilain Iuge, fors Dieu, tant coume il est
tes coukans & tes leuans, se il n'a autre loi ver toi ke le coumuneté.

IX. Or veons se tu fais ajorner ton franc hom par deuant toi, se il se deffent,
coument tu le contraindras de venir auant. & certes se tu le semons par toi
meimes, ou par ton Serjant, & il s'en deffent, tu pues prendre du sien seur le
fief k'il tient de toi pour se defaute, tu le rendras quant il le requerra, se il
ne noie auant ki ne seut, ne n'oït le semonse, & aueuc les damages raisnables
ki prouuera par son sairement, sans riens faire encontre ne par toi, ne par au-
trui. dont je te lô se il se deffent de tel semonse, coume je t'ai dit, que tu le
faces ajorner par deus de ses Pers, se tu veus, pour t'amende, & contre son
auersaire. & se il de le semonse après se defaut, prendre pués tantost du sien
par l'ensengnement de tes Pers, &. de tes homes seur le fief k'il tient de toi:
& s'il requiert le sien, il ne l'ara mie deuant k'il ara paié l'amende pour le de-
faute de le semonse après : & quant il ara paié, lors li rendras tu le sien. car
saciés certainement * car il n'a mie contre le semonse de ses Pers escondit,    *k'il
ausi coume il a vers le tiene. & de toutes les semonses par Pers, dont il se de-
faurra, ouurer en pourras ainsi. Et en ceste prise de le tierce defaute, soit saisis
tout le fief k'il tient de toi, sans riens leuer ent, fors le viure & le loier à Ser-
jans ki sunt en le saisine. & se il ainssi, & ainssi ne veut auant venir pour damages
ke il ait, après quarante jors passés tu pues par l'ensengnement à tes homes
prendre & leuer du sien sans riens rendre. & puis que tu coumencheras à pren-
dre & lieuer pour tes amendes, & il veut auant venir, il puet estre quites de
tant coume il apartient à toi, & doit retenir le sien, & chou ke tu en aras
leué soit tien, & doit respondre à son auersaire. Et se il est si engrés que pour
damages ke il ait ne veut auant venir, & ses auersaires dist ke se li semons fust
presens ki li demandast tout ce fief, ou vne partie, ou deniers. Aprés l'an &
jour ke li Sires ara tenu, soit oïs li auersaires de son claim, tel coume il l'en
aura faite de tout le fief, ou d'vne partie : ses preuues amaint à quinsaine, &
tu qui preuues saisine, ou proprieté sans plus, sois mis en le saisine. & aussi se
il claime de te, & t'en sache par son sairement ke tu ne soies greués par
la raison du fief dont il a la saisine en nulle maniere tant coume il tiengne la
saisine ; mais en kelke point ke li semons viengne auant dedens l'an & le jor,
ke li auersaires est mis en saisine, puis k'il s'offrera à droit & à loi, il recouu-
rera la saisine sans riens r'auoir des coses ki leuées en sunt, & puet courre li
plais par son cours, & face tantost li auersaires son claim seur le semons, cou-
me il aura recouuré la saisine. Et se li ans & li jors passe, & li semons ne dei-
gne auant venir pour deffendre le fief, k'il set & voit ke autre tient, en le
maniere ki est dite deuant, ne nulle droite cause ne l'empeeche par coi il ne
puist venir auant, lors soit autresi la cose ajugie à l'auersaire, coume de re-
queste d'iretage. & s'il rechoit la saisine pour nombre de dete, lors tiengne
tant le saisine, ke il ait se dete ; & kant le dete iert païe, lors reuiengne la

terre au femons. car puis ke li auerfaires à fe dete, & li Sires fes amendes, cil ki veut fauffer le jugement de fon Sengneur, ne de fes homes, s'il n'eft garnis de loi priuée, par coi il le puiffe faire.

X. Tuit cil ne puent jugement fauffer, ki par couftume de païs, ou par loi priuée funt en jugement de frans homes.

XI. Quant jugemens eft fauffés, & cil ki le fauffe ne le puet prouuer, par bataille, tele coume il l'a araimie, ains enkiet, on doit moult regarder de coi li plais eftoit, ou de mueble, ou d'iretage, ou de crime, ou de feruage, & en quel point le querelle eftoit, fe clains & refpons en fu fais, ou clains fans plus.

XII. Se païs iert d'iretage, & clains en iert fais fans plus, kant on fauffa le jugement, li faufferres ki tel ne le puet prouuer, l'amendera as homes ke il fauffa à cafcun de dis libures, & au Sengneur de vint libures. Quant la cort eft à Vaaffeur, & quant la court eft à Baron, l'amende eft le LX. lib. & le partie pour ki jugemens fu dounés fera mife en le faifine de l'iretage pour le defaute de celui ki ne refpondi mie vers lui, kant il fu jugié, ki apertement fu en faifine, kant li jugemens fu auerés. mais li plais du fons de le querelle li demeure tous entiers dedens l'an & le jour. mais en tout ceft plait, ne en autre ne porra fauffer jugement. & fe clains, ou refpons iert fais, kant il le fauffa, il perdroit, s'il encaoit, toute le faifine, & le funs de le querelle, fans eftre ent jamais oïs, aueuc les amendes deuant dites. & che meimes enten-je kant plais eft de mueble, ou de droiture.

XIII. Quant li plais eft de crime, ou de feruage, & clains & refpons iert fais, & on fauffe jugement, toute le querelle i queurt de par le fauffeeur. car je regarde la defaute du jour ki dût prouuer, ou du deffendre, ou du laiffier.

XIV. De nulle querelle ne fe doit-on mie combatre c'vne fois pour qui clains eft fais & refpons, fors en ceft cas. fe on jujoit après claim, & après refpons, & on fauffoit tel jugement, & vainquift li faufferes contre les jugeours, pour ce ne feroit-il mie deliures k'il ne fe combatift à le partie, ainfi come il requeroit la bataille, & non pas ainffi come on le juja puis k'il le fauffe. enffi enten-je kant li plais eft de droiture, ou d'iretage, ou de mueble : & en ceft cas queurt toute le querelle à combrer le fauffeeur, & ne mie à fa deliuranche. car la partie ne doit mie perdre le querelle pour autrui meffait, kant jugemens fuft dounés pour lui.

XV. Et fe clains eft fait fans plus, & on jujaft ke on deuft refpondre, & cil contre ki il fu jugié fauffaft tel jugement, fe il a tel ne le pouruoit, coument ke autre en dient, je n'os dire pour nulle riens ke il pour ce perde le querelle : car tuit li fage home, ki cha en arriere ont efté, n'oferent onkes faire jugement de funs de querelle pour feule defaute, fors ke après claim, & après refpons. car en ceft cas fe li demanderes a efté enfaifiné & an & jor pour le defaute de l'auerfaire enfi le tiennent tuit li droit vers Frankife, & plus funt apareillié k'à encombrer. mais aueuc le paine, & aueuc les amendes, come dit eft deuant, foit tenus metre aus en la merchi au Sengneur dufques à la fin du plait. & s'il prouuoit le jugemens mauuais, il feroit quites & deliures, & l'amenderoit la apellerres à le court, & à l'apelé, come de lait dit. & fe on li auoit jugié par auanture, ke li apelés ne doit refpondre au claim, & li apelerres fauffaft tel jugement, & le prouuaft à tel, il ne gaaigneroit à le partie, fors tant que il refponderoit à fon claim.

XVI. Se cil ki fauffe jugement ne le puet prouuer à mauuais, & ne puet paier les amendes, come on ara pris can k'il a, paine du cors li foit enjointe, ou banniffement du païs, ou tenir prifon, ou autre paine, fauue fe vie & fes membres. & quant li fauffemens eft fais en tel cas, ke il li queurt vie ou membre, par celle paine funt tuit ki l'ait dit vengie, & fes cofes demeurent toutes au Sengneur, qui eles efcient toutes pour tel fait.

XVII. Sagement me demandes, fe cil ki iert apelés de traïfon, & li jujaft-
on

## DE PIERRE DE FONTAINES.

on k'il en deuoit refpondre, & tel jugement fauſſaſt, mais prouuer ne le pot, il li conuarra prouuer par bataille.

XVIII. Le témoins ke fes auerfaires trait auant à prouuer le traïſon, pour ce ke li campions à fon auerfaire fu vaincus, & fauſſement, & partant l'a-il perdu que il ne puet nullui apeler par wages, fi come tu dis. & certes je me dout ke mult de gent ne fe tiengnent à toi: mais je ne m'i acort en nulle fin, ains me tieng au droit efcrit, ki dift, ke trop eft dure cofe kant li apelerres afaut, " fe il ne fueffre au deffendeur auoir fes deffenfes. ne en ceſt cas ne puet-il mie " autrui droitement apeler de wages, en faifant claim feur lui, ains refufe celle preuue qui autrement ne puet eftre refufée ke par bataille. & trop feroit cruel cofe, contre droit meefmement, & contre humanité, ke vns garchons de mauuaife vie fuft recheus en témoingnage de vie d'oume du claim, ke cieus fift feur vers ki tés fu, & le doit-on dire. & fe cil qui fe defaut, & contre qui jugemens eſt dounés en le maniere par deuant dite; requeroit k'il fuſt hoirs aprés jugemens, ou apelaſt, il n'en feroit oïs en nulle maniere par defpit. car cil ki *l. defaut fe * deffent n'a pooir d'apeler en nulle maniere; ce dift le lois. *L. 1. C. quorum appellat. non recip. l. 1j. §. 4. C. de Iudiciis.*

XIX. Kant claims & refpons eſt fais, fe defaut i eſt prouuée en le maniere ke jou ai deuant dite, ou fe elle eſt foingniiée en le fourne ki dite eſt deuant, lors foit fais li jugemens contre le defailleeur, ne mie tant feulement de le faifine, mais du funs de le querelle, mais k'il qu'ele foit proprement à celui ki elle fera jugiée, fans ke li autres ne foit plus oïs ne feur querelle, ne feur funs. Car deuant ke clains & refpons foit fais, ne doit-on faire jugement feur funs de querelle, fe ce n'eſt en tel cas où li auerfaires a ieu an & jour le faifine par le *L. vn. C. de litis conteſtꝫ* defaute de l'ajorné: & à che s'acorde le lois & decrés.

XX. Se plais eſt entre Vilain & Franc home, s'il eſt de cofe dont li Vilains ait contremans, le deuant dite forme d'effonijer les defautes fera bien gardée, en tel maniere ke fe li Vilains eſt demanderres le defaute du Franc home foient foingnijés par Pers, fi come dit eſt deuant. & fe li Frans hom eſt demanderres, les defautes du Vilain foient foinnijées par fon Sengneur en le forme deuant dite, pour ce k'il eſt en fon feul jugement. car pour coi ne li deueroit-on faire en celé meime forme, ke li Frans hom à tant come à ceu, puis k'il puet & doit auoir tant de contremans come li Frans hom: & les triceour dift, ke on doit ainfi jugier le haut home, come le bas.

XXI. Encore ne puiffe li Vilains fauffer le jugement fon Sengneur, nekedent, fe li doit, il doit faire; car fe fes contremanderres ne lui puet faire fes contremans, fi come il li aroit quemandé pour aucun cas d'auenture ki li auint, & auffi au fecond jour, ou au tiers contremandera-il fon plait pour enfoingné de fon cors ki auient au mefagier. & fe li Sires atendi à che que mot n'en fôt, ou moult de cofes ki au Sengneur paent auenir, ki à fon jor venoit, & ni pooit auenir.

XXII. Et pour ce ke toutes cofes puent auenir, c'efcufe bien des defautes, ne doit-on mie fi-toſt come l'on ot les defautes jugier deuant là con i ait fonnijée les defautes en le deuant dite forme: car nus ne doit faire jugement feur cofe ki n'eſt certaine.

XXIII. Kant l'vne partie & l'autre vient auant fans defaute, ne demeure mie par elles ke li plais foit finés, ains demeure par le Sengneur, ou par les jugeeurs, ki trop eſt defloiaus cofes. car il n'eſt nus ki bien ne fache ke le fin de le plais ne foit moult en la poofté au Sengneur, & au Iuge. car s'il voloit il ne trouueroit nul fi hardi plaideeur qui ofaiffent le plait alongier maugré aus homes, fi come le lois dift.

XXIV. Voions coment on doit ouurer, & canbien il puent delaier les jugemens, & en quel forme, & en quel damage li home enkiet, s'il ne le funt dedens le terme, k'il ont par noftre Vfage: & s'il demeure par le Sengneur, voions quel damage il en rechoit. & certes de toutes les cofes ki funt mifes feur les homes de le court pour jugier, foit de barre, foit de founs de querelle, par l'afente-

*Partie III.* Q

ment des parties puent prendre par noſtre Vſage trois reſpis, caſcun de quin-
ſaine, & puis de quarante jors, & puis ſept jors & ſept nuis : & ſe lendemain
ne rendent le jugement, ke il le delaient, ou par conuoitiſe de gaaing vilain,
ou par aucun vilain viſſe, ki eſt entrés és caitis cuers des Iugeors, ki ſunt de
L. 13. §. 8.  tele maniere par le loi eſcrite, l'amenderoit li Iuges ki le terme d'afiner les
C. de judi-  plais treſpaſſeroit, s'il n'auoit loial cauſe de treſpaſſer le, & cil ki ſeroit auſſi en
ciis.        ſon lieu mis pour jugier, en tel maniere ke s'il eſtoit en grant maiſtrie, ou
en grant dingneté, il l'amenderoit de dis liures d'or : & s'il iert de meneur
maiſtrie ou dingneté, il l'amenderoit de trois liures d'or.

XXV. Et croi-jou par noſtre Vſage, ke lequele qui ſe vauroit departir des
parties, puet faire ſon auerſaires ajorner en la Court en l'auant Sengneur, & là
ſera li jugemens rendus ſelonc les paroles ki dites furent en le premiere court,
ki là le deuoient recorder, & ſeur le perill de leurs ames : car tuit li recort & li
jugement ki ſunt fait, ſunt ſeur le perill des ames à ciaus ki les funt. ne de
che n'auera mie ſe cort le premier Sengneur, encore ſoit & li vns & li autres
ſes homs, pour ce ke teus coſes ſunt prouuées qui deuant ſunt dites. mais il
doit ſaiſir le fief à ſes homes qui le reſpit prirent du jugement, puis ke li
ſept jor & les ſept nuis furent paſſées, & tenir le puet tant ke caſcuns l'ait
amendé de LX. liures, & paié l'amende, come de grant deſpit. car du Sen-
gneur ne ſe doit-on mie plaindre, come de defaute du meſfait à ſes homes.

XXVI. Et ſe li home ki ont pris le reſpit ſe deſpaïſſent tout enſanble pour
cauſe ſouffiſans, ou ait autre loial enſoine, ou il n'en i demeure ke vn, ou ke deus,
liqués nombre ne ſouffiſt mie au jugement faire, li autre hom paraconpliſſent,
& facent le jugement dedens le reſpit ki remaint : & ſe tous les reſpis iert
paſſés trukes au jour ke li home, ki onques mais n'i furent, veniſſent, ſi que
che fuſt li daarains jors du reſpit, vne ſeule quinſaine porroient prendre reſ-
pit pour jugier : & adont deueroient jugier ſeur tel perill come li autre jujaſ-
ſent. car ſe tuit home auoient nouuel reſpit, ainſſi coume il viennent, jamais
plait ne venroit à klef.

XXVII. Et ce eſt voirs, quant au daarain jour du reſpit, n'atent-on ho-
me qui autrefois ait eu reſpit, k'il peuſſent jugement faire. car puis k'il i a ſes
homes pour faire le jugement, nouuel reſpit ne doit mie eſtre pris pour ciaus ki
ore vienent daarainement, puis k'il ſunt cauſe û daarain reſpit k'il ont par le
couſtume. & ſe cil qui auoient tout leur reſpis diſoient à nouuiaus venus
ki les euſſent, où il feiſſent nouuel jugement, & meilleur, ſe il ſçauoient,
bien les doiuent enſuir, s'il lor eſt auis k'il ſoit bons, ou il pecheroient morte-
lement, & meſferoient vers leur Sengneur. & s'il leur eſt auis k'il ne ſoient
mis bons, ne il ne ſeuent auiſer de meilleur, il n'eſt mie tenus de ſuir les,
puis k'il ne furent onques mis à jour. car chou eſt ces aſſis morteus pechiés
d'aſentir ſoi contre ſa conſienſe à jugement. mais cil ki n'aroient eſté mis à
vn ſeul reſpit prendre, ne ſe porroient pas iſſir k'il n'en ſe i viſſent, ou feiſſent
meillour. & ſe li home de le Court ki leur reſpit aroient, eſtoient en debat de
leur jugement, ſi ke l'vne partie d'entre aus jugeeurs deiſſent vne coſe, & li
autre partie vne autre, ſi deueroit-on rendre jugement, là où la grenneur par-
tie s'aſentiroit.

XXVIII. Et s'il auoit autant de jugeeurs de l'vne partie coume de l'au-
tre, & les parties ne ſe vouloient ſouffrir ke jors fuſt prolongiés, ſe ſe teniſſent
L. 13. C. de  à ce k'il en diroient : & certes en tel cas, ce diſt le lois, doit-on bien prendre
judic.       garde s'il eſt de frankiſe, ou de crime. S'il eſt de crime, le jugement ki eſt pour
le deffendeur, ſi eſt pour dete cil ki eſt pour le deteeur : & s'il d'iretage
ke on rendiſt le iugement ki eſt pour le deffendeur : car tuit li jugement ſunt
plus apareillié au delaier, qu'à condampner. & kant i conuarra celui juge-
ment rendre, je lò ke cil ki ne s'i aſentirent mie viengnent pas à ceſt ju-
gement. Car cil contre ki on rent ceſt iugement puet demander par noſtre
vſage lequel k'il vaurra des jugeeurs, s'il enſieut les autres de chu iugement:

& ſe cil diſt oïl, il le peut fauſſer ſi veut, & courtoiſie eſt ke tuit cil ki s'aſentirent au jugement, ſoient au rendre, car en loiauté ne doit point auoir fuite, ne deſtorbement.

XXIX. Or veons kant il defaut par le Sengneur, coume c'eſt tres-grant pechiés, en kel damage il enkiet. Et certes en tel cas je ne quit k'il en perde fors ſa cort, ſoit ke li plaideeur ſoient ſi home, ou autrui : car tele defaute n'a mie en ſoi foimentie, encore i ait-il pechié. & bien le defaut li Sires, kant il n'a ſa cort bien garnie d'oumes, ki puiſſent le jugement faire, & rendre dedens le terme ki mis i eſt, ou ſe il n'i a homes, ne il n'i eſt autres pour lui ki à ſes homes feïſt faire le jugement, & che ki au jour apartient. Car je ne croi mie ki ſe peut de legier eſcuſſer là où il puet enuoier home, qui autant i fache coume lui.

XXX. Encore ſe peut-on departir de ſe cort à le premiere defaute ke on trouueroit par droit : nekedent je ne lô mie à plaideeurs ki ſunt ſi home, ki s'en partent ſi-toſt, pour le reuerenſe ke on doit à ſon Sengnour. Mais s'il ont atendu trois quinſaines, ou quatre, continuées, & tous les jors le traiſent en defaute, je croi k'il s'en puet partir, & aler à la Court à l'auenant Sengneur, & ſoit ſinés li pais en la forme par deuant dite. & ſe li Sires faiſoit deus quinſaines de defaute, & puis veniſt, & puis defailliſt, ſi k'il ne peuſt auoir trois quinſaines, ou quatre, de continueus defautes, kant teus baras ſeroit aperceus deus fois, ou trois, bien s'en porroit-on enſi partir de ſe court. car baras ne tricherie ne doit à nullui valoir.

XXXI. Quant aucuns ſe veut partir de le Court ſon Sengneur pour le defaute ke il treuue, face ſon auerſaire ajorner en le cort le Roi, ou en le Caſtelerie, où li auerſaires eſtoit, kant li plais fu entamés, de coi ke li plais ſoit, ou de conuenanche ou de crime, ou d'iretage.

XXXII. Se li Sires demande ſe Court, on doit oïr le plait de le defaute, & ſe elle eſt prouuée, li plais demeure laiens ſans autre damage ke li Sires en ait : car elle n'eſt pour autre coſe miſe en auant. & ſe li plais eſt d'iretage, & li Sires li demande ſe court, diſt ki ne tient mie ſes fiés de laiens. ſe c'eſt de le Caſtelerie, li plais ne ſe mouuera de laiens, deſi là ke li Sires, de qui il le relieue, le requerra par lui, ou par certain meſage en tans & lieu. ne à chu premerain jour, kant plais eſt d'iretage, ne doit-on mie contraindre l'auerſe partie de droitoier û lieu, juske jour ſouffiſant ſoit mis, ke cil, de ki on le tient, ne puiſſe ſa cort requerre, ou autre pour lui, s'il eſt û païs, ou û tenement. & ſe le cors eſt requiſe, on le doit rendre, & fache li Sires droit à parties en le maniere ki deuant dite eſt. & s'il eſt d'autre Caſtelerie, que de Caſtelerie le Roi, ou d'autre Sengnorie, là le fache ajorner * ſans auerſaire : & cette ſemonce lô-jou ainſi à faire. *f. ſon

XXXIII. Pour ce ſe cil ki ſe depart de le Cort ſon Sengneur pour defaute, en le maniere deuant dite, faiſoit ajorner ſon auerſaire en la Court au Sengneur de qui ſes Sires tient, i n'iroit mie, ſe ce n'eſt teus Sires qui tiegne Baronnie, ou ſi coume Quens, ou Dus, ou autres ſi grans Sires. & ſe bas Sires, auſſi coume Vaaſſeurs, prenoit de l'ajourner pour ſe defaute, il conuarroit ki le rendiſt au Sengneur de l'ajornement. mais kant li auerſaires eſt ajornés en le Cort à ſi grant Sengneur, coume j'ai dit, il conuient k'il i voiſt, & maint ſon Sengneur aueuc lui, ou ſon certain meſage. & quant li demanderres requerra ke on li face droit de ſon auerſaire, & li premiers Sires requerra ſa cort, pour ce ke il ſunt ſi home, & ke on tient le coſe clamée de lui, kant on dira contre ſe defaute où il fu trouué, & que empeekier ke il ne r'ait ſa Cort, & on l'offerra à prouuer à l'eſgard de la Court, ſe elle n'eſt prouuée, li Sires r'ara ſa court, & li enjoindra l'en à parties faire droit en la forme ki deuant eſt dite : & ainſi iroit li auerſaires en la Court au Vaaſſeur, de qui ſes Sires tient. Car ſe on en plaidoit le Sengneur ki ſe defailli droitement de le defaute, il en pourra auoir grengnour paine ke de cort perdre, meeſmement ſe ſes homes l'en plaidoit.

XXXIV. Ceste meimes forme qui deuant est racontée de le defaut as ajornés, entent-je ke on doit regarder en le defaute à l'oume, qui ses Sires plaidoie en se Cort meimes. & kant li home plaidoie à son Sengneur meimes, pour ce ke li Sires puet contremander aussi bien coume li homs doit, & doit li hons atendre trois quinsaines, & quarante jors aprés, ains k'il se puisse departir de le court son Sengneur par defaute. Car ajornemens ne puet il auoir par Pers, si coume il a en l'oume pour son Sengneur: Car li Per n'ont mie pooir d'ajorner leur Sengneur.

XXXV. Mais je ne quit pas ke li hons puisse son Sengneur apeler de defaute, fors ke du messait k'il lui aroit fait en son propre Fief k'il tient de lui, ou en ses propres coses ki seroient issuës du Fief. & aprés ceu k'il l'aroit semons

*L. 1. 2. C. de offic. diuers. judic. l. 1. C. qui & aduers. quos in integr. &c. l. 1. D. de obseq. parent. præst.*

pardeuant bones gens, par trois quinsaines, & puis atendu quarante jors, & fait encore ammonester par le souuerain Sengneur ke il droit li feist. Car les lois meimes escrites dient, c'on doit porter reuerense à son Sengneur terrien, & pere & mere, & patron & patrone ne doit on traire en plait sans congié du Souuerain, & se on le fait, on l'amende. mais du messait ke li Sires feroit à son home lige, ou à son propre cors, ou à ses coses ki ne seroient mie du fief ke on tient de lui, ne plaideroit il jà en sa Court, ains s'en clameroit au Sengneur de qui ses Sires tenroit. car li home n'ont mie pooir de jugement faire seur le Cors leur Sengneur, ne de ses torfais amender, se ce n'est du fait ki apartiengne au fief, dont il est Sires.

XXXVI. Tu me demandes cans homes il conuient à jugement rendre: certes quatre i sunt souffisant, & si puet demander cascun contre qui on rent le jugement, à celui ki le rent, se il le rent pour bon, & aprés à cascun des autres troi, & se li troi ne sunt acordable, il puet le jugement fausser. Nekedent je ne te lô mie ke tu le faces rendre, se il n'i a cinq homs au mains, se ainssi n'est k'il i eust perill. car se li cinkemes i estoit, & li fausserres li demandoit s'il ensuit aussi coume li autre, & il disoit oïl, si seroit li descordables boutés ariere du jugement, & seroit tenu che ke li quatre aroient jugié, & ainsi puet on perdre par entrance.

XXXVII. Ce n'est mie loiautés, ne raisons, ke li home de te court dient ke il ne jugeront mie, se tuist ti home n'i sunt, ou le graindre partie, ou li plus sage: car cascuns est tenus de faire loialté endroit soi, & vers ta Cort cil ki doit prendre garde à ceus qui ne sunt mie che ki doiuent. Car se tu n'auoies ke quatre homs, si conuarroit il ki jujassent, ne il n'est nus ki osast dire ke se li Sires estoit entrepris en vne bataille, ke si homs ne li deussent aidier, encore n'i soient il mie la moitie, si sunt il tenu à garder le coume leur cors. mais bien apartient au Sengneur, & à l'onneur de sa Cort, k'il a ses jugemens faire ait de ses plus vaillans homes & des plus sages, meesmement kant le querelle le requiert.

XXXVIII. Quant ti homes prennent respit en ta cort de jugement faire, & metent le jor à quinsaine, adont se defaillent aucun ki ni menent mie, ne point ne s'ensoinent, tu me demandes ke en puès faire & dois. & certes prendre puès du sien ki n'arra mie kant il le requerra, desi à k'il ait paié l'amende de X L. sols. Car chu despis est trop graindres, kant il prennent respit, & metent jor.

XXXIX. Quant Sires à jor, & il se defaillent, & se il dist ke il eut ensoine, & tel ki ne le pooit faire, & noumer le doit: quant il aura juré, tu dois le sien rendre sans damage k'il ait: car tu eus droit raison du prendre. & puis k'il ot droit ensoingné k'il jura, & il l'ot oublié à faire à sauoir, doucement dois ouurer vers lui de cele amende. mais se il noie k'il n'en prist mie respis, ne ne fu en le Court aueuc les autres, kant il pirent respit, ne ne fu ajornés aueuc les autres, tu li rendras le sien, & les damages raisnables. mais kant il vaura jurer k'il ne prist mie respit, ne ne fust aueuc les autres, au respit prendre, se tu as home qui le veist, & l'en velle leuer coume parjure,

## DE PIERRE DE FONTAINES.

faire le puet. mais raiſon eſt que tu recroies le coſe juſc'à la fin du plait, & ne demeure mie pour che li jugemens ki ne queure entre les parties, là où cil qui eſt leués coume parjurés puet auſſi bien jugier come li autre. car on ne doit mie prendre garde ſe le coſe ki eſt à jugier ſu grans, ou petite, mais à la defaute. car kant Sires ſemont, on ne doit mie prendre garde pour quele coſe il ſemont, grande ou petite, mais à la defaute.

XL. Pour che ke li home ne ſunt deſtraint, come il doiuent, de jugier, ſunt li plait ſans fin, & en naiſſent ſouuent morteus haines, & grans maus par le païs & par les contrées, & haines à les Sengnors.

XLI. Kant on ne puet droit auoir en leur Court, je n'en ai mie veu vſer ne par vois, ne par letres, ne par meſage, ſe par aus meimes non.

XLII. Encore conuiengne il au jugement faire quatre homs au mains, nekedent il conuient deus homes à faire le ſemonſe, & auſi deus à faire record, ne contre record ne puet on riens faire.

XLIII. Tu n'es mie tenus d'oïr record de ceus qui jugier ne te pueuent.

XLIV. Cil ne fu mie legiſtres bons, ne bien ſachans, n'il ne ſot pas bien les couſtumes du païs, ki te juja ke tu eſtoies entré en plait, pourtant ſans plus ke tu auoies demandé jor de Conſeill : Car je quit ke tout li droit eſcrit ki ſunt, & toutes les bones couſtumes, dont on vſe, ſunt contre tel jugement, nis le loi de la Beſſée.

XLV. Tu pues & dois refuſer jugement de ceus ki ne te puent jugier, ains ke tu reſpondes pardeuant aus. mais bien dois dire de ki tu atens jugement, & ki jugier te doit.

XLVI. Bien puet & doit li Sires de quel cort il tient enuoier ſon certain meſage pour veir quel droit il fera, s'il en eſt requis, & bien fera prouuer le defaute par le raaport de ceus k'il a enuoiés là. mais tel raport ne s'eſtent mie à le defaute de foimentie, mais à tort plaider ſans plus.

XLVII. Se le Court ton Sengneur eſtoit ſoupechoneuſe, où il euſt ſi peu d'oumes k'il ne peuſſent faire jugement, ou on i enuoiaſt hons de le Cort ſouueraine, ki te fuſſent ſoupechonneus, par droite raiſon refuſer les porroies, encore fuſt che li Rois, ki les i enuoiaſt.

XLVIII. Pour ce ki conuient de terminer les plais, ſi come le lois diſt, ſans ſoupechon, Il eſt bien certaine coſe, ce diſt le lois, ke pooſté de jugier eſt otroié à tous les hons ki ſunt en ordre de Cheualerie. car ke le nuiſanche a-il, ſe li home, ki ſunt en aucune coſe ſage, jugent. & nous ſauons bien, diſt li Empereres Iuſtinians, ke li Cheualiers ſunt eſprouués en teus coſes par vſage de caſcun jour k'il oient les plais, & metent à fin ſelonc leur enſient, & ſelonc les lois. «L. 17. C. de judiciis. « « « «

XLIX. Serf, ce dit le loi, ne puet eſtre en jugement, & s'il i eſt, & aucun condampnemens eſt fais en ſa perſone, il ne vaut riens. «L. 6. C. eod.

L. Il nous plaiſt bien, fait le lois, que le raiſon de Iuſtice & de loiautés ſoit mieudre en toutes coſes, que cele de deſtroit. ſi coume ſe aucuns m'auoit tolu le miene coſe, & puis le me rendiſt, ſe il aprés le requeroit que je li rendiſſe, par droit conuatroit il ke je li rendiſſe ? Non. & de ce droit vſons nous. mais ſelonc loi iroit il autrement, puis k'il ne demanderoit fors le ſaiſine, & je diroie k'il n'en ot onques ſaiſine, fors de toute. ou s'aucuns auoit vſé d'aucune coſe contre ki que ce ſoit, ki fuſt contre loiauté & contre juſtice, & il aprés en laiſſaſt à vſer, & autres en fuſt tornés en ſaiſine, qui la proprieté en aparteniſt, puis k'il ne l'aroit aquiſe par force, pour dire ſans plus k'il en aroit vſé, & ſi anciſſor auſſi, pour ce n'aueroit-il mie le ſaiſine, ſe autre droiture nel monſtroit : ains ſeroit droiture & loiauté audeſeure contre qui il requerroit apertement. «L. 8. C. «eod.

LI. Nus ne ſoit, fait le lois, eſcuſés ni eſcoutés, ki deuiſe le continuenté de ſe querelle, & ki veut par l'auantage de beneſiſe mener ſe querelle pardeuant «L. 10. C. eod.

Q iij

" uant diuers Iuges, ce qui puet * determiné par vn meimes Iuge, & paine
" meimes establic.

LII. Le lois dist de chelui ki requiert vn jugement seur saisine, & vn au-
tre seur le querelle principal, & ce est moult contre l'Eglegie & les veues fe-
mes, qui toute jour requierent saisine, & kant elles le l'ont par Court laie
prise, n'en veulent il rendre fors par Crestienté. mais pour coi les soustient
nostre vsages en ce : car elles n'ont mie douaire par leurs maris, ains ont tele
saisine par l'Establissement le Roi PHELIPPES, ki tout le plait doit auoir de
l'Establissement & de cank'il i apartient, aussi bien coume il auoit le plait de
se chartre.

LIII. Il est drois ke nous esclairions que cil ki n'a fors les fruis d'vne co-
se se vie, s'il en pert le saisine aprés claim, pour defaute de venir à jor sans
plus, ke dedens l'an & le jor ne doie estre ois, se il offre à droit en le manie-
re que jou ai dite deuant : Car tel defaute n'aporte mie desraine de querelle
deuant l'an & le jor, ains est vne paine que cil soustient ki defaut de venir
à droit.

LIV. Se cil ki a perdu le saisine par faute de venir à droit, repaire aprés de-
dens court terme, & s'offre à droit. & se cil qui seur lui conquist ne puet
monstrer sa droiture en che k'il tint si tost coume ciert conuenu, il perdra le
saisine, & le r'auera li premiers, encore soit ce proprement en dedens l'an &
le jor. Car cel terme n'est fors kant nus ne veut auant venir, ou si veut, li
plais ne puet estre finés dedens l'an.

L. 53. §. 3. „ LV. Il n'apert pas, ce dist le lois, ke cil se defaille malitieusement, ki n'est
D. de re „ mie contrains de receuoir jugement, kant il est presens.
judic.
„ LVI. Se aucuns, fait le lois escrite, d'estrange jurisdission est apelés de venir a-
„ uant par deuant le Preuost de la contrée, il doit venir : & il apartient au Preuost
„ de la contrée à rawarder se le juridicion est sieuë ou non, & au semons n'a-
„ partient pas k'il ne despise mie l'autorité au Preuost. Car li mesage & li au-
„ tre ki ont pooir de prolongier le plait en tant coume il soient venu en leur
„ païs deuant leur propre Iuge là où il sunt semons pour alegier leur preuilege.
Et c'est voirs ke par nostre Vsage tout li Franc home i doiuent aler, & li estran-
ge ki Sengnor ont, encore soient il Vilain. Et le Vilain meimes, se il sunt hors
de le terre leur Sengnour, & il sunt en le vile où le Preuost est, il doiuent
tantost venir à le semonse, & toutes teles persounes, coume dites sunt dessus,
i voisent. & doiuent dire ki ne sunt mie tenu a respondre deuant lui, se le
querelle ne le requiert : & si doit elle estre jugiée en le Cort leur Sengnor &
par ses homes.

LVII. Quant aucuns vient en la Court son Sengnour par semonse, ou sans
semonse, ou tele fois est pour aucune cose requerre, & li Sires li deffent ki
n'en port mie les drois de la Cort, & li hons toutes voies s'en va, tu ne de-
mandes à coi teles parolles s'estendent, & en quel damage. Il en doit caïr en
paine de defaute, ki tantost doit estre jugiée, come cil s'en part de te Court
en tel maniere puis ke eure est passée. car il n'est nulle defaute de coi on
doie estre plus certains ke de celle c'on fait en Cort. & ce meimes soit
esfwardé si plaidoie le Sengneur, ne autrui. mais se il vient à Cort pour
querre aucune cose, ke il dit que ses Sires tient du sien, puis ke il ara faite se
requeste, & ses Sires ara dit ses raisons encontre, & doit li offre seur che ke dit
est, se il aprés s'en part sans droit atendre, il ne fait tort se lui non. Et aprés
se il repaire à le Cort le sien requerant, & il s'offre à droit, s'il est esgardé
par droit ke li Sires tenist du sien contre raison, il li rendera, & tous les da-
mages raisnables qu'il prouuera par son sairement pour chu jour ke il se mist
à droit ; mais les damages k'il a eus puis le prise dusqu'au jour k'il refusa
droit, & ceus aussi k'il ot dés le jor k'il se mist à droit, ne rendera mie li Si-
res, mais à lui s'en prengne, kant il droit refusa. Et cil ki dist qui ne prendera mie
droit des saisis, dessaisist le Fief, & sueffre son damage : Car il puet bien estre

que li Sires tient par droite raifon. & fe il le tenoit contre raifon, fi n'eft mie li jugement au requerant, ains eft as homes de le Court. Car où il dift k'il n'ara mie droit des faiffis, fait-il jugement en fe propre querelle. & che ke on dift c'on ne doit mie plaidier des faiffis, c'eft voirs : mais ce doit dire drois : car i funt moult de cas, là où on ne doit mie eftre refaiffis, nis par droit. en tout les cas coume dit funt puet-on auffi ouurer coume dit eft fans dire teus parolles, n'en portes mie le droit la Cort.

LVIII. Ie ne doute mie ke cieus ki vient à Court, quant fes Sires l'a femons à refpondre contre autre, & il requiert fon Sengneur, ke il li rende le fien k'il tient, & encore ait il oï le claim c'on fait feur lui, & dift ainffi : Sire, je vieng pour le mien requerre, & li Sires dira che ke il li plaira, & cil ains s'en part : je quit que on doit ajugier au clameour la faifine de le cofe clamée pour tel defaute. car j'entent ke on doit che faire k'an clains eft recheus, & il dift k'il s'en confellera, & puis fe defaut-on : & pour ce s'il vient à Cort en le maniere qui dite eft pardeuant, & ot le claim que on fait feur lui, & s'en confelle, & dift que il ne veut mie refpondre au claim, tant coume fe Sires tiengne le fien, ne n'en veut droit oïr, encore ait-il bone bare, fi croi-je bien que par tele defaute doit-il perdre le faifine de le cofe clamée.

LIX. Che n'eft mie raifons ke tu dis, ne c'aucunes gens dient, & deffendent à leurs homes kant il funt au jugement, ke il n'iffent de le Cort, fi iert fais li jugemens. Car le refpit ke le Couftume leur doune ne leur puet-il tolir : & fe il au daarain refpit ne le funt, li damages en eft leur, ne au Sengneur n'eft-il mie tenu d'obeïr là ù il leur fait edefois, & contre raifon, ou ke-mandement.

LX. Kant on demande à parties s'elles veulent droit oïr felonc leur parolles, & ki ne dift qu'elle l'orra volentiers felonc les fieuës, & ne les veut mie oïr felonc che ke l'en a dift contre lui, ele fe met en defaute, puis que les parolles dites appartiennent à le querelle.

LXI. Il ne m'eft mie auis ke cil deift à droit, ki demanda à parties, s'eles voloient oïr droit felonc che k'eles auoient dit, & puis ne prift mie garde à fon jugement, ains le feift felonc les daaraines parolles k'eles auoient dit, fans che ke les parties renonchaffent ariere k'eles les euffent dites en aucune maniere.

LXII. Quant aucuns entent à refufer Cort, fi demande jor de confeill, & on li doune tout fimplement, pour che ne s'afent il mie à le Court, & bien le puet il encore refufer. mais s'il demande jor de confeill, ou droit fe il le doit auoir, ou non, & le droit en atent, ne le puet refuser. car puis k'il a oï droit de ceus ki voloit refufer, partant s'eft il afentis à le Court, & puis k'il s'i eft vne fois afentis, il ne le puet puis refufer, fe nouuelle caufe n'i auoit. & che meimes enten-je, s'aucuns demande jor de confeill, s'il l'aura, ou non. Mais pour oïr tel droit, c'eft voirs k'il l'ait tant coume amonte as perfounes refufer. mais après tel jugement puet encore refufer la cort pour le cofe ki pas n'i doit eftre jufticiée, fauoir mon s'il en refponderoit, ou non, pardeuant aus, ou fauoir mon s'il auoit retour. En tel plait ne fe confent il mie en aus, ains les refufe : tout apertement juge les parolles qui dites funt fans autres aconpaingnier qui dites n'i funt mie.

LXIII. Quant vns demandoit jor de confeill, pour che ke ù claim ke il faifoit couroit hyretage, fi coume il difoit : & li autres difoit ki ne voloit mie k'il euft le jor, pour ce ke cefte querelle auoit efté faite & meuë autrefois, & menée en autre jour, li Iuges ne prift mie garde à che ki auoit efté dit deuant, ains i nia ki deuoit refpondre, pour che k'il eftoit prefens, & che ne fu mie jugié à droit. dont je te lô ke tu te wardes de faire tel jujement, car il funt contre droit.

LXIV. Pour che ke aucune fois auient, & moult fouuent, que moult de gent vont à la Cort le Roi, li vns pour fon propre plait, li autres pour tef-

128    LE CONSEIL

L.1.§.3.   moingnage, li autres pour mesage, & passent parmi te terre, garde ki n'i soit
D.de Iu-   arrêté à tort, Oïés coument le loi en parolle : Pooir est dounés à Legas, (ce
dic.       est mesagiers) de prolongier le plait de che ki feissent auant k'il fussent Legat,
           dusques à tant k'il aient aconpli leur offisse, & k'il soient reuenu en leur
           oſtel, & à ceus qui funt mandé pour jugier, ou ki funt enuoié en autre con-
           trée. & à celui ki apele, & est venus à la Cort pour pourfuir son apel, n'est
           pas tenus à respondre à nullui dedens le tans de l'apel. car Celsus, ki fu vn
           sages hom de lois, dist ke congiés li doit eſtre dounés, tant k'il soit reue-
           nus à son hoſtel, ains ki responde à nullui. & li Empereres Pius escrit à Cel-
           sion, que cil ki eſtoient allés à Roume, pour rendre raifon d'vn orphelin ki
           l'auoient en garde, ne deuoient mie eſtre contrains de receuoir jugement
           d'vne autre garde k'il auoient euuë. Pourcoi? par che ki n'eſtoit pas apelés à
           Roume.

d.l.§.4.      LXV. Tuit cil prolongnent le plait tant k'il soient retourné en leur païs,
           & deuant leur juge il feront ce pour coi il feront trait en cause, & jà foit
           che ke il aient le meſſait fait à Roume, se il le firent ains ki furent Legat, il
           n'en feront mie contraint d'aus deffendre à Roume, tant coume il li demeurent
* deten-   pour cauſe de legation. ains eſcriuent li * Empereor Iulians, & puis dirent
dumEm-     ke s'il demeurent û lieu puis k'il aront fait leur legation (ce est leur meſage)
pereor     il puent eſtre trait en cauſe, nis s'il auoient fait le meſſait à Roume, ou hors
           de leur contrée.

d.l.§.5.      LXVI. Marcians vns ſages hom dist : Il doiuent vfer du preuiliege du rapel
           jufque maifon, & ce ſans plus k'il ont fait en leur cités, ou en leur contrées.
           mais s'il veulent riens demander, il font contrains de deffendre contre tous ciaus
           ki riens leur demanderont, puis ki veullent gens traire en cauſe : ne mie tant
           feulement s'il pourſieuent le meſſait ki leur a eſté fait, ou de larrecin, ou de
           meurdre, s'il eſt autrement, fi coume Iulians dist. ou cil ki leur funt vilenie ou
           damage feront sans paine, ou il fera en la poofté à chaſcun de foufmettre les
           à le juriſdicion à celui par deuant qui il vauront plaidier contre aus, se il veul-
           lent vengier.

d.l.§.6.      LXVII. Mais se on doute fauoir mon se aucuns eſt en tele cauſe, k'il doie
           prolongier le plait tant ke il foit en son païs, ou non : le Iuſtice en doit faire
           jugement tant k'il ara conneu le cauſe. & ſe il eſt certaine coſe k'il doie pro-
           longier le plait, il doit douner cauſſion k'il en fera au droit, & le juſtice li aſar-
           ra le jour. mais Marcians doute fauoir mon se il deuera douner cauſſion, ou
           pleges : & il li ſanle k'il s'en puet paſſer par promeſſe : & Mela, vn ſages hom,
           le diſt ainſſi. Car s'il eſtoit autrement, il conuarroit là rechevoir le jugement,
           kant il ne puet baillier pleges.

d.l.§.7.      LXVIII. En toutes cauſes ou plais eſt prolongniés, il conuient ke che ſoit
           fait en tel maniere, ke li demanderres n'ait point de damage en le demeure du
           tans.

L. 3. D.      LXIX. Il n'apert pas, ce diſt le lois, ke cil defaille malicieuſement, ki
eod.       n'eſt mie contrains de receuoir jugement, kant il eſt preſens.

L. 4. D.      LXX. Nous ne poons auoir pooir encontre celui en noſtre poofté, fors
eod.       de che k'il a conquis en Cheualerie & en catel. Et s'aucuns a eſté Cheualiers
L. 7. D.   puis k'il a eſté apelés en droit, où il comencha à eſtre d'autre poofté, il ne
eod.       r'aura mie pooir de r'apeler le querelle à la Iuſtice ſans qui il a coumenchié
           à eſtre, pour ce ke il ait eſté deuant Cheualiers. C'eſt voirs par noſtre Vſage,
           s'il iert entrés en plait en la Court premiere, & il ſi iert alojés par pleges, &
           che ke la lois diſt apelés, ce enten-je par noſtre Vſage.

              LXXI. Kant Sires a femons son Vilain, & il s'en va de defous lui, ki doit
           reuenir à ſa Cort, il n'apert pas ke chis delait le plait ki prolonge, mais cil ki
           du tout le laiſſe.

L.13.D.       LXXII. Troi jugement ſunt en toi, on demande liqués eſt demanderres,
eod.       & liqués eſt deffenderres, c'eſt à favoir en jugement en partie d'iretage, & à
                                                                                    departir

## DE PIERRE DE FONTAINES.

departir cofes kemunes, & de bourner terres. cil eſt tenus à demandeur qui l'autre apele à jugement: mais kant ambedoi apelent à jugement li vns l'autre, le cofe s'eſt eſtre jugiée par la fin.

    L X X I I I. On entent ke jugemens eſt fais par tricherie, kant on voit apertement ke li Iuges eſt meus par graſſe, ou par haine, ou par loier.

    L X X I V. Se li fix qui eſt en bailli veut plaidier d'aucun meſfait ki li a eſté fait, dont li plais apartient à ſon pere, nous lui otroions k'il en plaide û nom du pere, car il plaiſt Iulians, ki fu moult ſages des lois, ke ſe li fiex ki eſt û bailli ſon pere, & hors du païs en meſage, ou à eſcole, & on li fait damage, ou larrechin, ou tort fait, il en puet plaidier. Car s'il atendoit tant ke ſes peres veniſt, li meſfais ne ſeroit mie amendés, pour ce ke par auanture li peres deuieroit par voies, ou par auanture ki ne porroit pas venir à tans, ou li maufeterres s'enfuiroit endementieres k'il venroit. & pour che di-jou, & diroie ke le cofe le requiert ke li fiex plaide pour ſon pere, & demant che k'il baille en garde, & deniers, ſe il les a preſtés, ſe il treuue ciaus en eſtranges contrées. & ſe par auanture il fu à Roume pour aprendre, ſe nus ne li donniens congié de plaidier, il ſeroit baretés en pluiſors manieres, & porroit eſtre à Roume ſouffreteus, & porroit eſtre perdus chou ke ſes peres bailleroit, ou enuoieroit à ſouſtenir ſe vie. Et ſe li fix ki eſt en bailli eſt eſleus Maires, ou autres grant Sires, & ſes peres eſt tenans vne autre contrée, il doit eſtre lies, ſe ſes preus eſt creus, & il eſt en grant dingneté.

" L. 14. D.
" cod.
"
" L. 14. §.
" 1.D. cod.
"
" L. 18. §.
" 1.D. cod.
"
"
"
"
"
"
"
"
"
"
"
"
"
"
"
"

*Chi parolle de fauſſer jugement, & conment on le puet fauſſer.*

### CHAPITRE XXII.

I.   CIL contre ki jugemens eſt dounés puet tantoſt demander auqués k'il li plaira des homes ki ſunt à jugement rendre, s'il vſent de tel jugement, & il dit ke oïl, & auſi au ſecont, & puis au tiers. & ſe il dient ke il s'i aſentent, li fauſſerres puet dire à aus trois, *Ie vous fauſſe de ceſt jugement, ke il n'eſt ne bons, ne loiaus*, & en doit porter ſon gage en la main ſon Sengnor, & doit requerre jor raiſnable à prouuer che k'il arami.

II. Et ſe on diſoit par auanture k'il n'aroit point de jour, ſe droit nel diſoit, ou ſe il ne diſoit autres parolles ſeur leſquelles on li demandaſt s'il en voloit oïr droit, bien ſe wardaſt k'il en refuſaſt droit, & k'il n'oïſt droit de ceus k'il aroit fauſſés, ne de leur parchoniers: car s'il iert mis à leur jugement, il aroit renoncié à ſon fauſſement. mais ſeurement puet ainſſi dire: *Droit oroi-je volentiers de ceus ki me puent jugier & deueront, mais de ceus ke j'ai fauſſés, ne de leur parchoniers, n'oroi jou nul droit, ains les refus moult bien.* & pour ce ke il ſanble bien que voſtre home ki chi ſunt, ki tel jugement ont oï, & ſouffert ſans debat, & s'i ſunt aſenti d'aus, n'oroi-je nul jugement; ſe ainſſi n'eſtoit k'il i en euſt aucun ki deiſſent ki ne s'i fuſſent mie aſentis. car de ceus aueucques autres homs, qui au jugement n'ont eſté faire, orroie-jou volentiers droit. Et ainſſi porra-il en tous les fairemens de le querelle dont on li demandera, ſi vaurra droit oïr. s'il eſt ſages, il ne puet dire parcoi on doie ſa terre tenir.

III. Kant li ſemons vient à ſon jour, & on fait claim ſeur lui, ſe il aprés ſe defaut, voions coument il ſe tenra. & certes chi conuient faire vne deuiſion, & tele. ou il ſe defaut en court, coume cil ki au claim ne veut reſpondre, ne dire pourcoi ne veut oïr droit de coſe ke il die, ne ke on die ſeur lui en Cort, & meeſmement là û il eſt tenus de droitoier de le coſe clamée, ou en autre maniere ke le Cort fuſt bien certaine de ſe defaute: coume ſe il venoit à ſon jour à la cort, & ne ſe preſentaſt mie, ou ſe preſentaſt, & ne feiſt mie ke au jor aparteniſt, ou ſe il ſe defailloit, coume cil ki au jor ne veniſt, ne ne contremandaſt. Et certes el premier cas, par noſtre Vſage, perdroit-il le ſaiſine, & l'aroit ſes auerſaires: mais du fons de le querelle por-

*Partie III.*                                                                            R.

roit-il à lui plaidier dedens l'an & dedens le jor k'il a recheu le faifine par jugement. & bien fouffift ki* recoument le plait dedens l'an & dedens le jor, fi ne veut perdre, & le maintiengne jufc'à la fin: & fe cil ki ore eft faifis ne porroit monftrer vers le deffaffi, ke il euft droit en le proprieté, il feroit mis hors de la faifine, & le r'aroit cil qui primes le perdi fans recouurer les fruis que on en aroit leués: car cefte paine & ceft damage a-il pour le defaute, où il fu troués après le claim. car noftre Vfage ne fait rendre nul defpens pour defaute de jor, ne damage ke l'on i ait. & fe li ans & li jor paffe, ke li premiers deffaiffis ne fieue mic le plait feur le proprieté, fon auerfaire le tenra coume le fien propre, fans che k'il en foit jamais trauailliés, par lui feur faifine, ne feur proprieté: & c'eft voirs là où yretage eft clamés. Mais fe deniers, ou autre muebles, funt clamé, & par tele defaute, coume deuant eft dit, foit atains, on doit tant jufticher les cofes à l'ataint, ke les cofes foient paiées. Et en tout cas c'eft kant i ne vient à fon jour, ne ne contremande, lors foit atendus par trois quinfaines: car tant pooit il contremander: & s'il ne vient adont, li demanderres demandera droit de le defaute. lors le r'ajornent li home de fa Cort, qui funt fi Per, à quinfaine: & lors fe defaut, fi veut par trois quinfaines. & s'il adont ne vient, dont le doiuent fi Per ainfi ajorner: *Nous vous metons jor à la Court Monfeigneur d'ui en quarante jors encontre celui.* & s'il adont ne vient, foit encore atendus fept jours & fept nuis. & s'il ne vient après les fept jors, lendemain parde le faifine par le jugement de le cofe clamée, fi ke dedens l'an & le jor foit feur le proprieté en le forme qui deuant eft dite. & fe che funt denier, ou autre catel, ce en foit fait ki deuant eft dit. & ces ajornemens li funt li home de la Cort enprés che k'il eft defaillis par trois quinfaines pour adeuancher fon malifce, ke il deiffent par auenture ke il jujaffent tantoft après les trois defautes premeraines k'il euffent fait mauuais jugement contre lui, coume cil ki diroit k'il auoit fon plait contremandé à fon jor par enfoingne de fon cors. mais après teus ajornemens ne feroit-il oïs de cofe k'il diroit feur le jugement. mais en quelkonques jor qui venift à la femonfe des Pers, felonc ceu que on acuferoit fe defaute, ou parleroit de le querelle, feift-on droit. & fe teus hom ki ainfi eft defaut, n'a nul Pers en la Cort fon Sengnour qui r'ajornement li facent, de ce fe prengne garde li Sires au coumenchement du plait. Que fe on fe plaint par auenture par deuant lui de fon franc home, & par auenture il n'en a plus, ou il en ait encore vn ou deus aueuc celui de qui on fe plaint, il doit requerre le Sengneur de qui on tient cel home dont ce fu claime ki li enuoit fes homs de fe Court pour fon home jugier: & fi ne li veut enuoier, il puet metre en fa Cour celui Sengnour, & le foit li Frans hom droitoiés en le forme deuant dite: & che fueffre bien noftre Vfages. car li Frans hom n'eft mie el jugement fon Sengneur, auffi qu'eft fes Vilains, ains eft du jugement à Frans homs dont fon fief muet.

IV. Quant cil ki on demande fe defaute deuant che le claims foit fais, on ne fait puis l'ajorné garder nul jour, s'il n'eft autrefois refemons. mais de legier ne le doit-on pas refemonrre, s'il n'i ot raifon pour coi le premiere femonfe ne fu parfuïe. & fe il fe defaut après claim, en icele meifmes maniere doit eftre li deffenderres atendus, & li ajornés, puis que fon auerfaire requiert k'il foit afaus par jugement du claim k'il ait fait feur lui. car autant de contremans puet auoir li demanderres, coume à cil à ki on demande. ne jugement ne doit-on faire feur le demandeur, ke cele meifmes loi que li deffenderres a. auffi doit elle eftre gardée en la perfoune au deffendeur, coume au demandeur, & à chou croi jou ke le lois s'acorde. & quant on fera jugement feur le demandeur, on deuera ainffi dire au deffendeur: *Nous difons par droit que vous denés demourer quites en pais fans riens faire encontre.* & par cefte raifon porroit-on auffi bien amener en témoingnage l'anemi à l'apelé, coume vn autre ki eftre n'i deueroit: car lors feroient fauffe li droit efcrit, qui de che parollent, & dient: *On doit amener kant on eft acufés preues plus cleres que li*

*i. recommence.

L. 25. C. de probat.

# DE PIERRE DE FONTAINES.

jors: c'est à dire k'eles soient teles, que on ne puist riens dire, ne en leur dis, ne en leur parolles, ne en leur parsounes.

V. En quelconques point que on fausse jugement aprés claim, ou aprés respons, ou ainsquerespons soit fais, le partie ki le fausse, tele preuue ne requiert point de deliurance vers l'autre partie, fors là où li faussemens touke le fait à la partie : si coume kant on juge que on doie respondre au claim, & on fausse le jugement. & tel le preuue on : En cest cas gaaigne li fausserres deliurance vers l'autre partie : car li faussement touke son fait, entant coume de mauuais claim fait.

VI. Quant aucun fausse jugement par lui, ou par son auoüé, come homs qui a ensoine, se on le requiert puis ke li faussemens est fais en point que il en puist meperdre. mais se vie n'i queurt, il n'est mie tenus de monstrer essoine. car tout sans essoine puet-il metre auoüé là où il ne gist vie ne membre.

VII. Quant Vilains est en jugement de Cheualier par chartre, où par Vsage, & il fausse le jugement, coument li gage seront deduit ? se li Vilains traira à pié le Cheualier par son faussement, ou se le Cheualier traira le Vilain à cheual, ou coument le bataille sera ? & certes en faussement ne gist ne vie ne membre, se ceus qui sunt faussés en quelconques point que ü faussemens soit fais, & queleque le querelle soit. mais che porroit bien faire * la vie au fausseur, si coume és cas ki deuant sunt dit : ne en tele bataille ne doit nus estre mis à meschief par droit, ne d'armes, ne d'autre cose. Car se li Vilains est à pié, & li Cheualiers est à cheual, & eust encore toutes les armes c'asierent à Cheualier, qu'estre ne doit, si seroit il à grant meschief pour l'vsage des armes k'il n'a pas aprises, si coume li Cheualier les ont. dont je te di ke tel bataille doit estre à pié, & par Campions. & le lois escrite dit moult bien, ke moult est necessaires li vsages d'apeler : car par che est amendée le felonie des jugeeur & leur * non sens. & se il estoit ainsi k'il conuenist combatre le fausseeur à meskief, matere seroit dounée à jugeeurs de faire tel jugement coume il vauroient; pour ki ne douteroient paine de fausser. & on doit che moult douter ke nus osast emprendre de fausser jugement, se ne le voit trop apertement mauuais pour lui mettre en si grant paine, & en si grant perill, come dessus est dit.

*perdre

«L. 1. D. de appellatio. * imperitia

VIII. Quant aucuns est greués par jugement ke on li ait fait, il en puet apeler selonc le lois escrite. & se il est prouué ke il ait apelé à tort, on le renuoie à la Iustice de qui il apela, & le condampne l'en à l'autre partie en despens en cank'ele en a fait en l'apel: * fait rendre nostre Vsage par fausser, mais nostre Vsage ne fait rendre nul despens à partie, mais met en saisine selonc che ke dit est deuant, en lieu de despens, & fait rendre amende à homs & à la Cort.

f. & ce fait

IX. Ie n'entent mie ke cil ki faussa jugement, s'il en fait amende, k'il le doie faire fors à celui à qui il le rendi, & à ciaus ki l'ensieuent apertement en la Cort, kant il fu rendus. car moult d'oumes sunt à rendre vn jugement, qui au conseill ne s'i asentirent mie, se ainsi n'estoit par auenture ke on eust demandé au fausseeur deuant l'amende, s'il vauroit oïr droit d'aucuns des sairemens, & il eust dit oïl, fors ke de ceus k'il aroit faussés, & de leur parchoniers. & se on li demande que il tient à parchoniers, & il disoit tous les homes ki furent au rendre le jugement, & ki dirent ki s'i asentirent kant il le rendirent.

X. Quant le partie demande qui ensieut de tel jugement, & tuit li home se taisent, fors que doi, ki disent qu'il ensieuent, se on en fait amende, pour coi seroit-elle faite fors à ciaus qui s'i asentirent apertement, fors k'és cas qui deuant sunt dit. mais kant la partie demande *ki ensieut cest jugement*, se tout li home disoient ensanble, *Nous l'ensieuons* : & puis deist le partie : *Sire, faites parler vos homes li vns aprés l'autre, ensfi coume je leur demanderai*; en cest cas, s'il en faisoit amende, l'amenderoit-il à tous.

Partie III.   R ij

# LE CONSEIL

XI. On doit moult bien prendre garde quant on rent jugement, par queles paroles il est rendus. Se cil qui le rent dist ainssi ; *Ie vous di par droit*, & le partie demande, *Qui vous ensieut ?* & tuit li home se taisent, fors deus qui ensieuent, se l'on fait amende, elle ne sera c'a trois. & si il dist ainssi au rendre le jugement : *Li home de chaiens dient par droit*, pour ke li home se taisent qui au jugement sunt ensanble, il s'i assentent. ki ensieut de cest jugement, & il n'en i a que deus ensieuans, si sunt-il tous en faussement.

XII. Nus ne doit auoir amende de faussement, s'il n'est au jugement rendre, & encore k'il soit accordés au Conseill.

XIII. Tu me demandes kantes fois on puet fausser en vne querelle : & je te di que toutes les fois que on fait jugement de nouuel article en vne meismes querele, puet on fausser. mais se cil qui vne fois, ou plus, auoit faussé, enkiet du daarain faussement, de tous les autres est atains : car il n'asiert pas des airremens du plait ke vne seule bataille entre vne meismes gent.

XIV. Se on juge bataille qui fausse jugement à Cheualiers, & il se fausse dont il ne puet mais, tu me demandes coment te querelle est afinée. Et certes je ne voi kel jugement on en puist faire en tel cas, dont il conuient le Sengnieur en qui cort li faussemens est fais, k'il aprochast les jugeours de la cort souuraine c'on ne puist fausser. & se il ne les puet auoir, mete sa Cort en la Cort souueraine, se il de li tient en kief. Mais li Rois FELIPPES enuoia jadis tout son conseill en la Court l'Abbé de Corbie pour vn jugement ki i estoit faussés. & se li Sires ne tient droitement du Souuerain, requiere à son Seingneur de ki il tient, & ainssi de Sengnor en Sengnor, dusqu'au souurain : Car autrement ne seroit le querelle affinée, & trop est pure cose d'attendre le tiers faussement. mais je lô au Sengneur en qui cort li faussemens est fais, ke il ainssi come li Vilains se presente, & se deffent, ausi facent pour oster le desconueuüe de la cort & le grant perill.

XV. Se li jugeour de le souuraine Cort disoient pour droit ke le bataille deueroit estre, & on ne les peust fausser sans meskief, entre le vilain ki faussa, quant on juja meskief en se bataille, & les Cheualiers que il faussa, pour che ne se remuë li autres jugemens ki est fais entre les parties (ne) ne doit pas greuer as autres, si come dist le lois. mais se li Vilains enkiert de tel faussement, & il est atains de l'autre, bien poera auoir damage. Et se li Cheualiers enkiert, pour ce n'est mie li Vilains deliures vers les premerains, ki ne se combate ne le maniere ki s'offri : car il ne doiuent mie perdre le querelle pour autrui messait. Et si li secont Cheualier eussent jugiée le bataille ô el, & li premiers Cheualiers fussent faussé, ou enchaïssent, li Vilains fust deliures de son faussement, & de tous perieus.

XVI. Ie meimes menai le querelle pardeuant le Roi que tu me demandes, sauoir mon se jugemens puet estre r'apelés par vsage de Court laie, fors par bataille. Et certes je vi à saint Quentin que li home le Roi firent jugement entre deus Dames, dont l'vne apela en la Court le Roi, & sist ajorner les jugeeurs, & le partie, & après moult de debas, & moult de parolles ki i furent, li Rois vaut oïr le recort du jugement ke il auoient fait, & il fisent le recort. le meimes dis pour la Dame ke selon che meimes k'il recordoient, k'il auoient fait à la Dame deus faus jugemens. après moult de parolles, on demanda as homes & à la Dame, s'il voloient oïr droit : il dirent que oïl. On juja k'il auoient fait à la Dame deus mauuais jugemens, pourquoi la Dame recouura kank'elle auoit perdu, & l'amenderent au Roi. & che fu li premiers dont j'oïsse onques parler ki fust r'apelés en Vermandois.

XVII. Pour ce ke le Cors de saint Quentin est au Roi, & sunt si home li jugeour, si me demandes se je vi onques aler d'autrui cort à la Cort le Roi pour r'apeler jugement. Et je te di que de la Cort le Comte de Pontyu, là où li home auoient fait vn jugement, sist cil ajorner les homes le Comte en la Cort le Roi, ne ne s'en peurent passer pour riens qui deïssent, ne que li Quens

# DE PIERRE DE FONTAINES.

deïft, que il ne recordaſſent le jugement k'il i auoient fait en le Cort le Comte, & illuec en fauſſa l'en deus des homes le Comte. Mais il s'en deliura par droit diſant, pour ce ke li jugemens n'auoit pas eſté fais contre celui qui le fauſſoit, & l'amenderent li home au Roi, & à chelui ki le fauſſa.

XVIII. Ie ne vi onques jugier amende de celui ki fauſſe jugement, ne des fauſſés: mais bien puet-on prouuer quele amende doit eſtre par le loi eſcrite, qui ainſſi diſt : Il eſt eſtablis vn nouuel droit que cil ki diſt k'il a douné au- « cune coſe, ou promis à aucun, & il noume le perſonne, le Iuge, ou autre « pour lui, & il prueue che, il en deſert à auoir reſtor. mais ſe le coſe eſt de ca- « tel, cil ki reçoit le don, ou le promeſſe, ſoit contrains par le * Comte des « coſes priuees de rendre le * treble de le coſe ki li a eſté dounee, & le double « de che ki li a eſté promis, & ſoit deſpouïlliés de toute dengneté de Cheualerie. & ſe le cauſe eſt criminel, tout ſi bien li ſoient tolu, & enuoiés en eiſſil. « & entent ceſte paine, quant on prueue contre lui k'il a mauuaiſement jugié « par loier, ou par promeſſe. Mais ſe cil qui plaide ne puet prouuer ki ſu dounés, ou promis, ſi come il auoit arami, & le Iuge que on diſt ki le rechut, jure ke il ne rechut ne par lui, ne par autre, ne le don, ne le promeſſe, ainſſi « eſt deliures. mais li plaidërres qui ne pot prouuer che k'il auoit arami en cauſe qui iert pour catel, ſoit contrains par le Comte des coſes priues entendre conte le value du plait en coi je entent les damages, ke li juges i a eus, & li plais atende ſe droite ſin. En le cauſe criminel tout ſi bien ſoient gaſte, & le cauſe ſoit terminée loiaument pardeuant auenant Iuge. Et tele amende entenje ke li fauſſerres doit, kant il ne prueue ſon fauſſement, aueuc les damages k'il a vers l'autre partie és cas qui deuant ſunt dit.

*Comes rerum priuatarum.
*triplum

XIX. La paine de ceus qui ſunt fauſſés, quant il en ſunt conuaincus, & l'amende, eſt qui doiuent rendre au Sengneur tous les damages k'il i a eus, & tous les deſpens ke il li a fais, kant le cauſe en n'eſt de crime, & il ſunt auſſi diffamé à toſjors. mais ſe le cauſe eſt de crime, & il prueue de faux jugement, l'amende eſt à la volenté au Sengneur, & ce puet on bien prouuer par le loi; & pour che ke le met à la volenté au Sengneur, puis k'il apert que li jugemens ne ſu pas fais par tricherie, mais par non ſens. & s'il aparoit k'il euſt eſté fais par tricherie, ſi come ſe li fauſſerres diſoit : *Ie fauſſe le mauuais jugement que vous m'auès fait par loier, que vous en auès eu, ou promeſſe*, & prouuaſt ce, il perdroient tous leur biens & ſeroient enuoiés en eiſſill; ſe le cauſe eſtoit de crime, ſelon li loi eſcrite.

XX. Cil ne puet fauſſer jugement qui ſe defailli par deſpit, kant il ſu ſemons à traitier le querelle : & à che s'accorde bien le lois eſcrite.

L.1.C. quorum appellat. non recip.

XXI. Homecide, ou enuenimeure, larron, rauiſſeeur de femes, & ceus qui ont fait violetés de ſainte Egliſe apertes, ki ſunt conuaincus par enginemens, & par apertes ſemblances, & par leur propre vois ont conneu leur meſfait, ne puent fauſſer; ſi come li lois eſcrite diſt. Mais bien diſt le lois que ſe li homs n'eſt conniſſans de ſon meſfait, ou ſi l'a conneu, ch'a eſté par contrainghement, ſe on li fait faus jugement, apeler en puet.

L.2.C.eod.

XXII. Quant aucuns fauſſe jugement pour cauſe mouuable, ki ajugije eſt autrui, la coſe ſoit oſtée à celui ki le tient, & ſoit bailliée à auenant warde, pour eſtre rendue à le partie qui elle eſtre deuera. Et ſé li fauſſemens eſt pour poſſeſſions, ou partie, tous les frais & les iſſuës qui varront û tans du fauſſement, ou après, ſoient mis en ſauue main, & le poſſeſſions du founs remaigne à celui qui apela. & ſachent cil qui apelent, ke ſe il eſt aperte coſe ke il aient ſouſpendu la juriſdiſſion au Iuge à tort, li jugemens eſt teus qui ſeront pugnis en L. ll. d'argent, ce diſt le lois. Se jugemens eſt dounés que li plus prochains ſoit mis en ſaiſine de l'iretage au mort: & s'on fauſſe tel jugement, li fauſſerre l'amende de x x. ll. ne ja ne tarra on plait de ſon fauſſement, ſi come le lois diſt, qui ainſſi parolle : Cil qui offerra plait contre le volenté au mort, qui eſt eſcrite & ouuerte, & ke cil ki ſunt eſcrit à eſtre hoir ne ſoient en «

«L.5.C. eod.

«L.6.C. eod.

R iij

134  LE CONSEIL

" poſſeſſion, & li Iuge ki dira k'ildoie recouurer tel apel, paine de xx. ll. ſoit
" enjointe à celui qui apelera contre droit, & à chelui qui recheuera l'apel.

XXIII. Generaument te di que nus n'eſt oïs ki veulle fauſſer jugement
contre le nouuelle couſtume du païs.

*L. 1. C.*
*quando pro-*
*uoc. non eſt*
*nec.*

XXIV. Il n'eſt meſtiers ke on fauſſe jugement, quant il eſt fais aperte-
ment felonc le commune couſtume du païs. à che s'acorde bien le lois, qui
" diſt ainſi : Quant plais eſtoit entre toi & t'aiole à vn jor pour ſon hiretage,
" ſe li jugemens qui fu données par le Preuoſt de ceſte contrée prononcha que
" cil qui ert mors ki auoit mains de XIIII. ans puet faire teſtament, & que a-
" pertement s'aiole qui plus prés eſtoit de ſon hiretage, il eſt coſe aperte ke le
" ſentence ki fu douneé contre le forme de ſi apert droit n'a nulle forche : & pour
" che n'eſt il pas meſtier d'apeler en ceſt cas. mais kant on plaidoit de l'aige, ſe
" il prononcha ke li mors auoit acompli XIIII. ans, & que partant auoit eſté
" li teſtamens fais par droit, ne tu n'apelas pas, ou kant tu eus apelé tu laiſſas
" ton apel, tu ne dois pas r'apeler la coſe ajugiée.

XXV. Tu dis que vns nobles hom de ton païs fiſt ſemonre vn ſien Franc
home, que il venist à ſes plais. cil n'i vint mie, il en demanda l'amende. Cil
l'offre à paier tele come il le doit par loi comune du païs, & a droit s'en met:
ſi home dient & jugent k'il en doit c. ſ. d'amende. Or demandes ſe il ne fauſ-
ſe cel jugement, ſe il paiera c. ll. Et certes ne fauſſer ne doit, ne les c. ſ.
paier. Car par le Couſtume du païs n'a-il en tel defaute que x. ſ. d'amende.
Ne de jugement qui eſt ſi apertement contre couſtume du païs ne doit on ne
fauſſer, ne paier. Car peu proufiteroient les couſtumes, s'il en conuenoit com-
battre, ne deſpecher nes puet on par bataille, & à che s'acorde bien le lois,
qui ainſi diſt : Li Preuos puet enjoindre paine par certaine raiſon, & par

*L. 3. C.*
*eod.*

" droite fin. mais ſe li Preuos de la contrée vous enjoint paine autrement, &
" contre le maniere qui eſt eſtablie en le loi, il n'eſt pas doute que che ki fu
" fait contre droit ait nulle fermeté : ains puet eſtre quaſſés ſans apel. mais je
" lô que cil contre qui tel jugement ſunt rendu, k'il dient, *Ie ne rechois ; ne ni
aſent à tel jugement qui eſt contre le Couſtume du païs* : & voiſt au Roi, à qui les
couſtumes du païs ſunt à garder, & à faire tenir : & deuera parmi le jugemens
qui eſt fais contre le couſtume du païs, aueuc l'amende que li jugeor feront
au Roi. & ainſi lô à ouurer en tous les jugemens ki feront fais contre le Cou-
ſtume du païs.

XXVI. Quant aucuns diſt que on li a fait jugement contre le couſtume
du païs, bien afiert au Roi, ki les couſtumes ſunt à warder, k'il oïe le recort
du jugement. & là où il conniſtra les coumunes couſtumes du païs briſſies
par mauuais jugement, bient afiert à lui ke il les face r'enteriner & amen-
der. mais ſe il ne trueue le couſtume briſiſe: encore truis je le jugement mau-
uais. par autre raiſon ne s'en doit li Rois meller, puis k'il ne fu fauſſés, ſi come
il dût, & en tans conuenable.

XXVII. Tu me demandes ſe cités, ou caſtiaus, ki ont poins & char-
tres par le Roi, & couſtumes, ſe on i faiſoit jugemens contre ſes poins, &
contre ſes couſtumes, dont il s'aida deuant le jugement, ſi doit fauſſer, ou
obeïr à la coſe jugie. & certes s'il veut, nennil, ains puet ainſi ouurer come
diſt eſt, kant jugemens eſt fais contre coumune couſtume du païs.

*Chi parole ke nus ne mete home en ſon lieu pour plait tenir, ſe il n'eſt
de ſa juriſdiſſion.*

## CHAPITRE XXIII.

" I.   LI Empereurs Iulians & Theodoſes dient en vne loi : Nous queman-
"       dons que che ſoit ſagement gardé és enuoiemens de querelles, k'eles
"       vaillent, ſe cil à qui li enuoiemens eſt fais apartient à le juriſdiſſion celui qui

# DE PIERRE DE FONTAINES.

le fait. Mais se aucun enuoie querele à aucun qui soit d'estrange jurisdiction, nous jugeons que cil a qui il enuoie n'obeïsse pas à son quemandement : & se il obeïst, c'est contre loi. nous quemandons que les coses qui sunt faites par tel enuoi ne vaillent plus que s'el ne fussent onques faites: si que cist qui sunt vaincu n'aient pas besoin d'apeler contre les sentences. Et pour ce se doiuent garder li Baillieu d'enuoier querelles à oïr à hom qui ne soit de sa jurisdiction. & c'est drois vsages, se les parties ne s'i asentent.

II. Vnes besoingnes sont en cort, où il conuient atendre le Baillieu du païs, & je croi que c'est en totes les querelles où il queurt vie ou membre, ou de son aisrement.

III. En vne loi dient li Empereurs Gratians & Valentins ainsi: Nous jugeons par general loi que nus ne soit juges de soi meimes, ne n'en die droit. car trop est desloiaus cose de douner congié à aucun de jugier en se propre cause.

" L. vn. C.
ne quis in
sua cau-
sa judicet.

IV. Nous ne requerons mie, ne ne faisons si grans * soutieutés en nô demandes faire, come sunt li clerc: mais toutes voies tenons nous tele maniere.

* su...
toz

V. Se vns hom plaide d'vne seule querele ki n'a point d'ordre, se il i a pluisors querelles, ou elles sunt toutes sans crime, ou elles sunt criminelles, ou elles sunt mellées. se elles sunt toutes sans crime el nom de diuerses coses les puet-on toutes proposer ensanble, se elles ne sunt contraires: si come s'il demande deniers ki li eussent esté tolus, & en eust acaté terres en son nom, ou autre cose, & il demandoit les deniers come tolus, & demandast aussi la cose qui en fust acatée. & de che en parolle la loi, qui ainsi dist: Se aucuns acata terre de tes deniers par le quemandement de tes Serjans, tu dois eslire sauoir mon se tu dois miex metre auant demande * que larrechin pour auoir tes deniers, ou demande pour r'auoir che qui fu acatés de tes deniers. car loiautés ne sueffre mie que on poursieue cose de crime, ains requiers c'on aconplisse le marchié de bonne foi. Et aussi se l'vne querelle depent de l'autre si come se cil demandast vne dete dont il est hoirs, si com il dist, & dist que il veut bien que on enquiere se il est hoirs, ou non, le demande de le dete doit estre desaraínie, se l'vne des querelles doit aller deuant l'autre, si come s'il veut plaidier du funs de le querele, & de le dessaisine ensanble, de le dessaisine doit on plaidier auant: & se il demande hiretage, & les fruis, & les damages k'il i a eus: des fruis, ne des damages ne doit-on pas respondre, tresque on sache se li yretages est siens, ou non.

"L. 1. de
furtis, &
seruo cor-
rupto.
"*de
"
"

VI. Se aucuns veut pluisours raisons d'yretage metre auant contre aucun d'vne meismes cose, il ne puet.

VII. Se aucuns veut plaidier de pluisors crimes ensanble, se ce n'est de diuers fais, faire le puet. mais se ce est d'vn seul fait, faire nel puet. & che puet on prouuer par vne loi, qui ainsi dist: Cil qui est acusés par aucun crime quemun, ne puet estre acusés par autre de cel meimes crime. ne pourkant se pluisors crimes naissent d'vn meimes fait, & cil ki l'a fait, a esté acusés par aucun de l'vn seul des crimes, il n'est pas deuée que nus autres le puisse acuser de l'autre crime, & jugier le cause de l'vn & de l'autre crime. Et par nostre Vsage le querelle qui auant vint, sera anchois determinée, & l'autre aprés.

VIII. Ie ne quit pas que nostre Vsage sueffre que on puit apeler pluisors de diuers crimes en vn meimes tans: mais du crime puet-on acuser en vn meimes tans, ou en diuers, se li compaingnon du fait ierent fuitis, kant aucuns en fu apelés.

IX. Quant cause citoiene qui n'est mie de crime est principaument menée, & puis requiert querelle de crime: ou cele de crime est premierement meuë, & puis l'en chiet le citoiene, li Iuges puet, ce dist le lois, en cel tans terminer par sentence l'vne & l'autre demande. par nostre Vsage courroit chascune son cors, si come elle escharoit.

"L. 3. C. de
ord. judic.
"
"
"
"

X. Aucune fois auient que on muet plait d'yretage, ou d'autre cofe, & de
crime enfanble, pour ce fi veull que tu croies la loi, qui ainfli dift : Et pour
ce k'il atient aucune fois que on entrelaiffe le querele, & le queftion citoiene,
autrefi come fe elle fuft nouuellement amenée en jugement, fi que le fin de le
caufe criminel donift tout de nouuel comencement à la caufe citoiene dés le
jor que le fentenfe fut dounée entre les parties.

*L. 4. C. eod.*

### Chi parolle coment plais eft entamés.

### CHAPITRE XXV.

PLAIS eft entamés, quant clains & refpons eft fais par deuant le Iuftice de le querele principal. mais fe on fait fimple requefte feulement, ou fe on dift au deffendeur par quele raifon on li demande, pour ce n'eft pas li plais entamés.

### Chi parolle de ceus qui demandent.

### CHAPITRE XXVI.

*C. de plus petit.*

I. BIEN puet fouffrir noftre Vfages aprés che que le lois dift de chiaus qui plus demandent que on ne leur doit: & facés que on demande plus que on ne doit en quatre manieres : par caufe, par cofe, par lieu, par tans. Par caufe, fi come fe vn promet deus cofes en cefte forme, Ie vous promet vn palefroi, ou vn Ronchi de x. ll. ou fe il promet vn mui de vin, dont il fe puet bien aquiter par te promeffe de tel vin come il vaura, nis du pieur. Se il demande plus k'il ne doit, & cil li veut tolir le pooir d'eflire che k'il vauroit. car il iert en fon voloir d'eflire che k'il vauroit, quant il li demande plus que promeffe. Par cofe demande on plus que on ne doit, kant on ne doit ke x. ll. & on demande x x. ll. Par lieu demandeon plus, fi come fe l'en auoit promis à douner en vn lieu, & on demandaft en vn autre. car il auient moult de fois que les cofes que on promet en vn lieu à paier funt de meneur pris à paier en cel lieu qu'en vn autre. & plus aaiffiés en eft on de paier en vn lieu qu'en vn autre, encore i foient-elles plus chieres. Par tans demande on plus que on ne doit, fi quant on demande deuant le jor ke on doit. quant on te demande par caufe plus que on ne doit, fi come kant on te demande efpeciaument vne cofe ke on promift, & c'eft pour ve que en demande.

II. En tele maniere quant on demande plus par cofe, fi come l'en demande x x. ll. pour x. ll. il part les x x. ll. & les x. Kant on demande cofe en lieu que on a promis en vn autre, on ne le rent mie où l'en le preuue. Kant on demande deuant le jor que on doit, on en a autant de terme aprés le jor,
*L. 3. C. eod.*
*\* callidi- tates*
come il le demande deuant, & bien en parolle le lois, qui ainffi deft : Nos volons ofter les mauuaifes * voidies de cieus ki funt marchié, & jujons que fe aucuns à qui aucune cantité eft deuë, demande caution, c'eft feurté de plus paier par tricherie & par enging, & il fait venir le deteor au jugement, fe il fe repent de fon maliffe, anchois que li plais foit coumenciés, & il conoit le verité de le dete, il n'en foit greués par nul damage. mais fe li plais eft entamés, & il fe tient en fon maliffe, & dift que li demanderres ajoufte plus k'il ne doit, & il ne le preuue, fait auoir au demandeeur fe dete toute, & au maliffieus fait paier fe cauffion, & en tel manieres que les premieres & les fecondes conniffances aient en ceft cas leur fermeté. car ne conuient pas opofer à teles feurtés.

Chi

# DE PIERRE DE FONTAINES.

*Chi parolle des festes, & du tans que on ne doit pas plaidier.*

## CHAPITRE XXVII.

I. BIen puet-on porter reuerenfe à foi tenir de plaidier és jors que les lois quemandent, ki ainffi dient. Li Empereurs Valentins & Valerians & Gratians difent à vn Preuoft * Fapurre: Determine les comunes caufes & celes qui apartienent à le Bourfe as Empereurs entrelaiffe deus mois feriaus, Aouft, & Vendanges. L. 5. C. de Feriis. * Olybrius

II. Toutes conniffances de commun plait foient dounées à XL. jors ki funt eftabli deuant Pafques en repoft de trauaill, & li jors des Calendes de Genuier foient efcufé. & fi ajouftons aueuc cels les jors del fondement des tresgrans cités Roume & Conftentinoble, en coi on doit prolongnier les drois pour che ki nafkirent d'eles. & auons nombré en cele meifme garde les fept jors qui funt deuant Pafques, & les fept jors qui funt aprés le jor du Noël, & la Tiefaigne en coi on ramembre la paffion des Apoftles ki furent dotrineeur de toute la Chreftienté. & es deuant dis fains jors nous ne dounons pas congié de regarder giex, ne mufes. & le jor du Diemenche ki repaire cafcune femaine eft il drois k'il aient aucune reuerence, fi c'onn ne s'entremete de nul plait, ne par deuant arbitre qui foient douné ne efleus pour jugier, ne en nos jors kant nous comenchafmes à gouuerner l'Empire, & és quinfe jors de Pafques foient prononchié & prolongié toute forte de feruice à faire, & toutes demandes de dete, ou priuees, ou quemunes, & tout li fait priué ou quemun foient repus és quinfe jors de Pafques, & tout aient congié en ceft jor de franchir & de metre hors leur baus tant feulement. & on ne deffent pas que efcrit ne foient fait de dete. L. 6. & 7. C. eod.

III. Li Iuge foient amonnefté que il ne gardent ne les jors de Paskes ne de Quareme és demandes des larrons, ne deuë demonftrance (de) deflojals confeilliers, & ne foient prolongnié en tormenter les. Car on efpoire legierement le pardon Dame Dieu, par coi li falus & li pourfis de tous eft procurés. L. 8. C. eod.

IV. Nous ne volons pas, (ce dift le lois) que li jor de fefte, ne li jor ki funt de le diuine Maïfté foient pourpris de nul delit, ne ordoié de nule greuance de feruice, & Nous volons que li jors de Diemence foit fi honnerables & de fi grant reuerenffe, que il foit efcuffés de toutes les efcufafions. Nus n'i foit contrains de nul amouneftement, ne nulle pleuine n'i foit demandée. tout feruice de Court foient en repos. toutes auocaffions fe taifent, tout foient eftrange de toutes conniffanches de plait. vois de banniffement fe repofe. li plaideour fe repofent, & aient efpace d'alianche, li auerfaire n'aient pas peour li vns des autres. Il puiffent auoir terme de repentir foi, & parollent de le païs. ne pour kant pour ce que Nous deuons eftre wifeufe à ces religieus jor, ne fouffrons Nous pas que aucuns foit detenus en nuifant delit. Il n'aillent pas chi jor * à caroles, ne à giex, ne à * baleftiaus. & fe li jors de noftre Natiuité, ou de noftre Empire i efchiet, il foit prolongié, & cil perdera Cheualerie & fera effiliés de fon (païs) par témoingne ki à cel jor fera as mufées, ou li Serjans au Iuge qui brifera les cofes qui funt eftablies en cefte loi pour endroit d'aucune befoingne priuée. L. 9. C. eod.<br>* theatralis scena<br>* circenfe certamen<br>ferarum.

*Chi parolle du pooir as Iuftices, & de Cort auenant.*

## CHAPITRE XXVIII.

I. LI Empereurs Zenones & Antoines dient, & vn Preuos, & vns autres auffi: Vns noftres Procureres ne fu pas par droit Iuge en plait qui iert L. 1. C. de jurifdict. omn. jud.

*Partie III.*          S

138 LE CONSEIL

„ entre Nous. mais quant Nous les l'euſt ajugié, & douna ſentenſe par l'aſente-
„ ment as auerſaires, il Nous conuint obeir à coſes jugiés. Car li Procureres a
„ pooſté de jugier entre ſes autres perſonnes. & vous qui ſauiés ki n'eſtoit aue-
„ nant Iuge, & les i euſtes à s'audience. & quant il n'eſt ſouffiſans, auſſi puet-il
„ greuer à celui ki demande, come à celui qui deffent. & che poés vous prou-
„ uer ke nus qui viengne au Conſeil le Roi n'eſt juges des Preuos le Roi, ne
„ d'autres, ſe ce n'eſt par leur conſentement, où il i ſunt enuoié par ce.

*L. 1. C.*
*cod.*
„ II. Tu me requiers, fait le loi, que l'ordre de droit ſoit meſtornée, & ne
„ ſieue l'en pas la Cort au deffendeur, mais que li deffenderres enſieue la Cort
„ au demandeur, c'eſt là u li deffenderres a ſe maiſon, & auoit û tans que li
„ markiés fu fais, dont li plais eſt, jà ſoit che que il l'ait puis remuée, illuec les
„ conuient il emplaidier tant ſeulement.

*L. 2. C.*
*ubi in*
*v. maſtir,*
*&c.*
„ III. Le lois diſt, ſe ambedeus les perſonnes ſunt en vne contrée, illuec
„ doit eſtre le cauſe determinée, que il ne remaingne pour nul preuiliege. Et
„ ſe cil eſt hors du païs de qui j'ai ſouffert aucun tort, il enplaidera celui qui
„ ſe coſe tient autreſi come procurateur. & quant termes li ara eſté dounés, &
„ il li loiſt k'il le ſache à ſauoir au Sengnieur de le cauſe: & ſe li Sires n'i vient,
„ ne n'enuoie, li premiers ſemons ſoit condampnés, & ſeur ke tout cil qui n'i
„ veut enuoier ſoit coupables: car de ſes biens ſera faite ſatisfaſſions, ſe cil qui
„ eſt preſens ne puet paier, & ſe cil qui dut amener ſon Sengnieur ne vient
„ auant, kant il ara eſté huciés par le banniſſement, ſoit condampnés par
„ ſa couſtumance c'eſt pour ſon deſpit. & ſe li acuſerres defaut, & li acuſés
„ n'i vient, ou il li enuoie, il doit eſtre aſaus, & ſi damage li doiuent eſtre re-
„ ſtoré. & ce eſt excepté s'il eſt commandé à aucun pour le commun beſoing
„ ki ſoit en le compaignie au Prinche, & li termes d'amener le auant eſt eſta-
„ blis, eſt ke ce eſt enſoingne.

*L. 3. C. de*
*juriſdict.*
*omn. jud.*
„ IV. Li conſentemens de deus priués, ou de trois tant ſeulement ne fait
„ pas Iuge celui qui n'a nule juridition, ne ce k'il eſtablit n'a pas force de coſe
„ jugie.

*L. 4. C.*
*cod.*
*\* Præfe-*
*ctus Præ-*
*torio*
„ V. Nus n'eskieue le Iuge ordinaire puis k'il a plait entamé, ne ne requie-
„ re pas l'ahiuë au \* Preuoſt de le grant Preuoſté, ains appiaut ſelonc les lois,
„ & viengne au ſaint auditoire.

*L. 5. C.*
*cod.*
„ VI. Li acuſerres ſieue la cort en cauſe criminel, & cil qui vaura que le cau-
„ ſe ſoit determinée en Cort que il ait deuée ſans nô letres queles queles ſoient,
„ ou criminel, ou citoienne, on requerra execution de Cheualier, li demander-
„ res parde ſe demande, & ſe li deffenderres fait ce, il ſoit condampnés. Li
„ Serjant & li Vicaire s'atent ki ſoufferront paine, ſe il en tel cauſe metent l'exe-
„ cution des Cheualiers ki iert deffenduë.

„ VII. Li doi Vilain qui alerent plaidier par deuant ton voiſin par leur aſen-
„ tement, ne tolent mie que tu ne r'aies ta Iuſtice, encore fuſſent-il alé juſ-
„ ques à gages, puis ki n'i a riens ki ſoit de la Iuſtice de ton voiſin.

„ VIII. Noſtre couſtume eſt tix, & bien eſt certaine coſe, & enſuians le loi,
„ ke li defenderres ki eſt Cheualiers, ou Vilains, ne puet eſtre juſticiés fors par
„ ſon Iuge, ne contrains d'amender s'il l'a meſfait.

*L. 7. C.*
*cod.*
„ IX. Il nous ſemble, fait le lois, ke c'eſt fole coſe & deſloiaus, ke cil qui
„ s'entremetent d'aucun offiſſe, ou d'aucunes marchaandiſſes, ſe il forchent d'eſ-
„ chiuir la juriſdiſſion à ciaus à qui la cour des offiſſes, ou des marchaandiſſes
„ apartient. & pour che vous quemandons que li auantages d'aucune Cheua-
„ lerie, ne d'aucune dignèté ne vaille à teus homes en cette partie, ains volons
„ que cil qui ſunt, ou ki ſeront eſtabli en aucune Cheualerie, ou cil ki mon-
„ ſtreront k'il ont aucune dignèté, ſoient contraint d'obeïr à tes juges, ſans nule
„ bare, auſſi bien és cauſes coumunes, come és priuées à qui li gouuernement
„ de l'offiſſe apartient, ſi come nous auons diſt, en tele maniere que il ne laiſſe pas
„ pour choù à reſpondre des autres coſes as Iuges de qui la juriſdiſion apar-
„ tient de leur Cheualerie & de leur dignèté eſt. & cil qui enſaierent à venir

# DE PIERRE DE FONTAINES. 139

contre le teneure de ceſte loi, ſoient pour tel enforcement deſpoillé de l'or-
dre de Cheualerie & de dingneté.

X. Aucuneſois auient que ti vilain vont de deſous toi ſous autrui, & deſous
le Roi: or ſi demande d'eus s'il ont aucune choſe meſfait en te terre, ſe le Iu-
ſtice en iert tiene, ou celui ſous qui il eſt alés. & certes de toutes les coſes
dont il ſeroient en plait pardeuant toi, ains k'il s'en partiſt, ou auroies areſté
du ſien, ſeroit le Iuſtice tiene, & auſi s'il auoit eu entor toi aucune office,
dont il ne t'euſt rendu conte: encore ne fuſt il mie en plait pardeuant ti, quant
il s'en parti, ſi le te r'enuoieroit on pour conter à toi.

*Chi parolle en quel lieu caſcuns doit plaidier, ou eſtre enplaidiés.*

### CHAPITRE XXIX.

I. LI hoirs qui eſt hors du païs doit eſtre deffendu, & illuec doit eſtre en «L. 19. D.<br>de judiciis,<br>& vbi cō-<br>uen. &c.
cauſe trais, * ſe il eſt trouués, ne il n'iert eſcuſés par nul preuiliege
k'il ait.

II. Se aucuns a aminiſtré en certain lieu garde, ou * cille, ou beſoing, dont «* vbi de-<br>functus<br>debuit.
obligemens naiſſe, jà ſoit che ke il n'i ait maiſon, ne pour quant il ne ſe de-
uera-il deffendre: & ſe il ne s'i deffent, il conuient que ſes auerſaires ſoit mis «L. ead.§.1
en poſſeſſion de ſes biens. * Et ſe il a vendu en vn certain lieu marchaandiſe, «§. 2.
où il les bailla en warde, il le doit illuec deffendre, ſe il ne fu mis en con-
uenant que il s'en deffenderoit ailleurs, ſe nus en demandoit riens. * ou s'au-
cuns a acaté d'aucun marchant, ou il vent ki ſet bien k'il ſe partira du lieu «§. 3.
maintenant, il ne conuient pas ke ſes coſes ſoient areſtées illuec, ains ſieue le
cort de le Iuſtice, dont il eſt. & ſe aucuns a acaté de celui ki a aloé en certain
lieu, tauernes, ou offechines, il eſt drois k'il ſoit trais en cauſe en cel meimes
lieu. & ce eſt bien raiſons. Car quant aucuns vient en lieu pour partir s'en
maintenant, celi ki acate de lui acate auſi come à treſpaſſant, ou de celui qui
ſe fait porter de lieu en autre, ou de celui qui eſt marcheans par mer. Car il
ſeroit trop dure coſe ſe il conueniſt que caſcuns ſe deffendiſt en tous les liex,
où ſa nef arriueroit, & où il treſpaſſeroit. Mais s'il s'areſte en aucun lieu pour
droiture d'auoir moiſon, je ne di pas que on ne le puiſſe illuecques ſuir. mais
s'il prent illuecques tauernes, ou greniers, ou autres offecines, & il vent ſe
marchaandiſe, & fais ſes beſoingnes, il ſe deuera illuecques deffendre. * & La- «§. 4.
beon, qui fu vn ſages home des lois, diſt que ſi vns hom d'aucune contrée à
loüé vn Serjant marcheant pour vendre ſes dariées, che que il fera deueroit au-
treſtant valoir, come ſe ſon Sengnieur le faiſoit, & pour che ſe deuera illuec-
ques deffendre. * Et l'on doit ſauoir puiſ ſi il fu obligiés k'il paiaſt en Lon- «§. 5.
bardie che ki doit, ſe il a ſa maiſon en vne autre contrée, il eſt retrais en cau-
ſe, & en Lonbardie, & en la contrée ou le maiſon eſt. & autreſi plaiſt il à Iu-
lian & à pluiſors autres.

III. On doit dire que tous obligemens eſt tenus pour marchié, ſi que il a- «L. 20. D.<br>eod.
pere que aucuns ſache marchaandiſe là où il s'oblige, jà ſoit che k'il n'i doie
nule coſe ki li ait eſté preſtée.

IV. Se je veull mouoir demande contre mon deteeur, & il veull connoiſtre «L. 21. D.<br>eod.
le dete, & diſt k'il eſt apareilliés de paier, il doit eſtre oïs, & li doit on dou-
ner jor de paier les deniers, ſe il douue ſouffiſant ſeurté. car il n'a pas da-
mage en vn peu de tans, s'il a fait demeure, on doit atendre vn poi de tans,
tant come l'en otroie au deteur après ce k'il eſt condampnés.

V. Chil qui n'eſt pas contrains de recheuoir jugement en vn lieu, ſe il co- «L. 22. D.<br>eod.
menche plait, il eſt contrains de recheuoir ſes demandes à ciaus qui vauront
plaidier contre lui, & doit eſtre enuoiée à cel meiſmes Iuge. Ce ne tient pas no-
ſtre vſages fors de le meimes cauſe dont plais eſt.

VI. Il ne doit pas ſanbler ki ſoit venus en jugement, ki eſt auenu puis k'il «L. 23. D.<br>eod.

*Partie III.*                                                                       S ij eft fais : & pour ce eft il meftiers de faire autre demande.

*L. 24. D. eod.*
VII. Actions ( c'eft demande ) n'apartient pas contre ceus que li Princes a apelés à Rome, fors de ce que puis eft fais.

*L. ead. §. 1. 2. * defunt funt contrains de*
VIII. Li Legat ( ce funt li mefage ) * de fouffrir à Roume jugement de ciaus qui ont meffait en la legation, ki que les ait fais, ou il, ou leur ferf. mais fe actions eft fans aucune cofe demandée contre le Legat, doit-elle eftre dounée, pour ce que il pourfuient encore la cofe por coi s'actions eft meuë. Caffius dift que on doit enfi garder que fes fers ne li foit demandés ki eft moult neceffaires, pour ce k'il n'en a plus, actions n'en doit pas eftre otroié contre lui. mais fe cil en a pluifors, & on plaide contre lui pour vn d'aus, on ne doit pas deffendre l'action. Car Iulians dift fans nule diftinction, ke action ne doit pas eftre dounée contre lui, ki ne foit rapelés de fa legation k'il a recheuë.

*L. 15. D. eod.*
IX. Se aucuns a acaté ferf, ou autre cofe û tans de fa legation, & il comence à pourfieure le pour autre cofe, ce ne fera pas tors fe il eft contrains de recheuoir jugement en fon nom. Car s'il eftoit autrement, poofté feroit dounée au Legat de tolir autrui cofe par tel maniere.

*L. 28. §. 2. D. eod.*
X. Es cofes decoi li Legas n'eft pas contrains de recheuoir jugement, n'eft il pas contrains de faire fairement, ains eft leués de plait entamés.

*d. l. §. 5.*
XI. Se vns hom muert, & il laiffe vn fill, & fe feme groffe ; li fiex ne puet par droit demander le moitié de le dete qui eftoit deuë au pere. Pourcoi ? car fe vn fiex iert aprés nés, auffi puet-il auenir k'il en nafquift plus. mais il eftoit certaine cofe pour le nature k'vns en naiftroit. mais Sabinus & Caffius dient que il deuft auoir demandé le quart part de fe dete. Car il n'eftoit pas certaine cofe fe trois en naiffoient, que li vns n'euft autreftant come li autres : ne l'on ne doit pas regarder à le nature des cofes, mais à che que on ne fet pas que il auarra.

*L. 29. D. eod.*
XII. Cil qui fe plaint foit premierement oïs.

*L. 30. D. eod.*
XIII. Là où li jugemens eft, là doit eftre finés li plais.

*L. 31. D. eod.*
XIV. Se cil qui demandoit aucune cofe a laiffié pluifors hoirs, & li vns d'aus en plaide en jugement, il ne doit pas plaidier de toutes les cofes dont mentions eft faite û premier jugement. Car nus ne puet amener en jugement autrui demande fans fon compaingnon.

*L. 33. D. eod.*
XV. Il n'apert pas que cil fe foit afentis au jugement qui requiert que le maniere de le demande li foit dite par deuant tel Iuge.

*L. 34. D. eod.*
XVI. Se cil qui auoit recheu tel jugement muert, jà foit che cofe que fes hoirs ait fa maifon outre la mer, ne pour kant il doit eftre deffendus à Roume : Car il eft à celui ki a fait de lui fon hoir.

*L. 35. D. eod.*
XVII. Iugemens ne puet eftre fais de cofes qui funt à venir, autrefi come obligemens de pleuine ne puet eftre fais de cofes qui funt à venir. car je ne quit que nus dont que pleges puiffe eftre pris, ains que le dete foit denée, & que jugemens puiffe eftre fais deuant que vne cofe foit deuë.

*L. 36. D. eod.*
XVIII. Les conniffances des cofes doiuent eftre aucune fois prolongies par droites raifons, & pour certaines caufes : fi come fe on dift que cil qui ont les inftrument du plait funt hors du païs pour le caufe de le caufe quemune, & bien eft bone cofe que fes caufes foient prolongnies pour fes cas d'auenture : fi come fe li peres qui plaide a perdu fon fill, ou fe fill, ou le feme fon mari, ou li enffant leur pere, & pour les autres femblables caufes fouffifans pour quemander felonc les lois.

*L. 37. D. eod.*
XIX. Se on fe plaint de forche, fait le lois, & d'aucune proprieté, li fains Empereus efcrit qui ot nom Adrians, que on doit premierement cognoiftre de le forche, que de le proprieté.

*L. 40. §. 1. D. eod.*
XX. Le lois dift, que fe li Iuges entre en aucune cofe contre le quemandement de le loi, & par tricherie : kant il fait quemandement, il fait contre le loi.

*L. 41. D. eod.*
XXI. Vlpians dift, fe feme fe part à Roume de fon mari ki eft mefages,

# DE PIERRE DE FONTAINES.

que li maris se doit deffendre par droit par nom de doüaire.

XXII. Cil meismes dist, que cil ki conuenancha vne maison en vn lieu, ki li fu noumés dedens vn certain tans, le puet faire. & quant chu tans iert passés en vn autre lieu aussi conuenable, & que on wart à la raison de la maison, & de la conuenanche ki fu faite. «*L. 43. D. eod.*

XXIII. Paulus dist, vns hom qui auoit acaté vne cose, denoncha à celui qui li auoit venduë, ki li garandesist ce que il li auoit vendu, & li venderres dist k'il ne deuoit respondre fors pardeuant son Iuge. Or demande on se il puet r'apeler à son Iuge le plait qui est comenciés deuant vn autre. & Paulus respont que li venderres doit suir l'acateur. «*L. 49. D. eod.*

XXIV. Vlpians dist : Se li lais est demandés à aucun, & il dist que le grenour partie de l'yretage n'est pas illuec, il ne deuera pas estre contrains en pluisors establissemens, que li lais ne soit demandés là u la greneur partie de l'iretage est, se il ne prueue que cil qui fist le testament vausist qui fu paiés en cel lieu. «*L. 50. D. eod.*

XXV. On demande des detes, sauoir mon se on a plus en le contrée ou li lais est demandés, se bare i a lieu, pour ce que le greneur partie de l'iretage n'est pas illuec. & il nous plait en cest cas que li nons de la dete n'i fait riens. Car la dete n'apartient pas à vn lieu, mais à tout le patremoingne du deteeur. Mais par nostre Vsage, de demande de terre, ou de dete, kant elle est saisie par le Iustice de qui on le tient : se ce sunt muebles, on les demandera là où les coses ierent, kant elles furent laissiées, encore soit-il hors d'autre Iustice, n'en doit li hoirs nulle mouuoir, se il ne doune bone seurté k'il se justichera par le Iustice du lieu où elles furent laissiées, ou par la Iustice de la Crestienté du lieu là où les coses sunt, lequel que il miex amera. «*d. l. 50. §. 1.*

XXVI. Paulus dist : Il ne conuient pas que * grés soit fais à la grennor cause pour la menour laissier. Car li grenneurs plais trait à tout jors le meneur à soi. «*L. 54. D. eod. * præjudicium.*

XXVII. Cil meimes dist, * le semonse que li Iuges fist, qui fu deuant celui qui ore est fais, doit estre nombrée el nom de trois semonses. & jà soit che que cil qui fu deuant ait faites toutes les semonses, ne pour kant cil iert en son lieu, n'en puet faire c'vne autre aprés. & ce tient bien nostre Vsages. «*edistum, L. 55. D. eod.*

XXVIII. Se Pers auoient fait toutes leurs semonses, & fussent enpeechié par aucune cause qui ne peussent jugier, li autre home qui seroient mis en leur lieu, pouroient mander celui qui venist oïr leur jugement, se il voloit.

XXIX. Vlpians dist : on puet bien traire en cause le fill qui est en baill pour les marchiés k'il a fais, ou pour ses fourfais. Et nostre Vsage tient ke se le fiex muert, on puet plaidier le peré pour tant k'il a de catel tant seulement : ou pour tant k'il a torné en son preu du markié au fill. «*L. 56. & 57. D. eod.*

XXX. Cil meimes dist, quant on quemande que aucuns soit juge, & on ne determine pas le lieu, il apert k'il soit quemandé que on juge el lieu que on seut jugier sans damage à ceus qui plaident. «*L. 59. D. eod.*

XXXI. Cil meimes dist : Plait ne puet estre depeciés entre les plaideeurs, si n'i a vn qui demant vn autre ki poursieue. Car il doit auoir qui soustiengne le parrie au demandeur, ki soit û lieu du poursieueeur. Cil meimes doit estre deffendeur par droit, & rechevoir jugement, ou par soi, ou par autre, si que seurtés en soit dounée auant. ne il n'apert pas que cil se deffende par droit, ki ne paie che ki a esté jugié. «*L. 61. D. eod.* «*L. 62. D. eod.*

XXXII. Cil meimes dist : Feme doit demander son doüaire là où ses maris eut se maison, & ne mie là où li instrumens du doüaire furent escrit. Car ceste cose n'est pas de tel nature, que il conuiengne rewarder au lieu là où li instrumens fu fais : mais en cel lieu là où la feme doit venir par le condission du mariage. «*L. 65. D. eod.*

XXXIII. Cil meimes dist : On vient par cest ordre à faire semonse peremptoire, ke aucuns demandent premierement vne semonse, aprés ceu que

S iij

ses auersaires soit defalis, & puis vn autre: si k'il n'ait pas autre deus semon-
ses, mais d'espasse de dix jors par nostre Vsage. & kant il les ara eus, lor de-
mande la tierce qui soit peremptoire, & elle a ainsi a nom, pour che que el-
le sine les defautes. Car cil qui en est semons, ne puet plus guencir, & che est
par nostre Vsages aprés les XL. jors & les VII. jors & les VII. nuis, qui ne
puent plus guencir, ki ne viengne.

*L. 68. 69. 70. D. eod.*

XXXIV. Cil meimes dist: En le semonse peremptoire doit manecher cil
qui le doune, que se cil qui en est semons se defaut plus, il ne laira pas pour-
che à connoistre de le cause, & adouner jugement.

*L. 71. D. eod.*

XXXV. Cil meimes dist, que ceste semonse, que on apele peremptoire,
est aucunefois dounée aprés tant de semonses, come nous vous auons dist, &
aucunefois aprés deus, & aucunefois aprés vne, & aucunefois dés les commen-
cement que on apele vne pour totes. Et il conuient que li Iuges prengne gar-
de de che selonc le maniere de le cause, & du tans, & de le persoune, & que
il atenpre ainsi s'ordre des semonses.

*L. 72. D. eod.*

XXXVI. Se cil qui a empetré le semonse peremptoire se defaut à jour, &
cil qui est semons i vient, lors sera le semonse peremptoire abatuë, ne cause
ne sera pas traitée, ne sentense ne sera pas dounée selonc celui qui est pre-
sens au jor qui fu semons.

*L. 73. D. eod.*

XXXVII. Quant le semonse sera abatuë, voions se li defenderres puet
estre plus trais en cause, se li plais remaint tous, ou se le semonse soit perie,
& que on plaide derekief. Nous deuons sauoir ke chieus qui se defaut, quant
il est semons par semonse peremptoire, n'a pas pooir d'apeler, kant il est con-
dampnés, c'est voirs quant il se defaut de chief. & li Decrés dist de chieus
qui tantes fiés a esté semons, ne auant ne vient, ne n'enuoie, est connissans
de son meffait. & le despit de che qui defaut le fait tenir pour present: Ce
est voirs à cen que on le puisse jugier. mais autre cose seroit s'il defaloit sans
despit par loial cause.

*d. l. §. 2.*

XXXVIII. Africans dist: Li pere puet bien auoir son fill à Iuge en
ses priuées besoingnes, ou li fix le pere, & à lieu que Iuges est communs
offisses.

*L. 77. D. eod.*

XXXIX. Vlpians dist, quant li Iuges doute de droit li Preuos de le contrée
seut respondre. Aprés quant il demandent consell du fait, li Preuos ne leur
doune pas, ains leur doit quemander que il doingnent sentence selonc le cou-
stume du païs. car ceste cose diffame aucunefois, & doune matiere de graa-
ce, ou de haine.

*L. 79. §. 1. D. eod.*

XL. Cil meismes dist: cil qui n'a point de jurisdiction, ne nule poosté, que
li Princes li ait dounée, ne il ne li est pas douné par celui qui a le pooir de
douner Iuges.

*L. 81. D. eod.*

*Chi parolle quant li Empereres jugent des causes as orphelins & à veuues
& as autres foibles personnes.*

## CHAPITRE XXX.

LI Empereres Constantius dist: El jugement de nostre debonaireté est em-
petré contre orphelins, ou contre veuues, ou contre ceus qui sunt lon-
guement malade, ou contre les foibles, il ne soient pas contrains par nus de
nô Iuges de venir par deuant vous: ains plaident dedens le contrée ou li tes-
moing & li instrument sunt: si que le forme de droit soit gardée loiaument,
k'il ne soient pas contraint d'issir hors de leur contrée. & se li orphelins, ou
les veuues, ou li autres mesaaissié requierent nostre jugement, si come quant il
criement le puissanche d'aucun, leur auersaire soient contraint de venir par-
deuant Nous.

*L. vn. C. quando Imper. in- ter pupill. viduas, &c.*

## DE PIERRE DE FONTAINES.

*Chi parolle où il conuient plaidier des crimes.*

### CHAPITRE XXXI.

I. LI Empereur Zenones & autres dient : Il est assés seuë cose ke les questions des crimes qui selonc les doiuent estre amendées, & par les Iuges terminées, là où li crimes sunt fait, là où li plait sunt comenchié, ou là où il sunt trouué ki sunt coupable du crime. Là où li crime sunt fait doiuent li maufaiteur estre jugié, se il est pris û present forfait, ou là où li plais est entamés sans auoir court auenant, ou là où cil sunt trouué qui forfissent, connus est se il sunt eskieu, ou par tel fait, ou par autre de leur Iustice. « *L. 1. C. vbi de criminel bus agi oporteat.*

II. Tu me demande coment cil vengera la mort son pere, qui est eskiex de le terre, ou cil couque & lieue qui l'ocist. & certes s'il treuue le maufaiteur en autrui Iustice, arester le puet. & se li Sires au maufaiteur demande sa Cort, ains que plais soit entamés, il le r'ara, mcemement quant li maufeterres est eskiex de se terre. mais il conuarra que li Sires qui r'ara sa court k'il mete li enseur l'acuseur de tant come à lui amonte, ou en se cort propre, ou en la cort son Sengneur de qui il tient, s'il est eskix de se terre pour tel cas ki n'i puist entrer. car se justice ne perdra mie li Sires pour le mesait à l'acuseur, ne le crime ne doit pas remanoir sans estre espeni.

III. Li Autentike dist: En le contrée où aucuns a mesfait, de quele cose i soit coupables, illuec doit estre justitié, & c'est drois perdurables, s'il est pris û present forfait, ou s'il est puis arestés k'il fist tel mesfait. « *Auth: Quia. C. eod.* « *Nou. 69.*

IV. Li Sires qui a le Rat & le Meurdre en ses Fiés, & en son demaine, & a le plait de ses homes, s'il en sunt apelé puis k'il sunt si coukant, & si leuant û tans d'apel.

*Chi parolle où il conuient plaidier de saisine, de dete, & de defaute.*

### CHAPITRE XXXII.

I. CONTRE droit veulent tolir & tolent Baillieu & Preuost as nobles hom du païs le plait des saisines & des defautes, & de force faire és possessions de leurs Frans homes, ki autre enplaident, encore soient-il leur coukant & leur leuant.

II. Li Emper. Seuerius & autres dient : Il ne conuient pas douter que cose qui est bailliée à aucun ne doie estre demandée là où li yretages est laissiés. & se c'est mueble, on le doit demander là où cil maint qui les coses a en warde, ou là où les coses sunt. « *L. vn. C. vbi fideicommiss. &c.*

III. Li Emper. Alixandres dist : Cil qui s'oblige dedens paier en certain lieu, se il ne fait satisfaction de paie, il puet estre semons en autre lieu par droite demande, encoi il conuient* esmer caubien cascuns i eust de preu & de damage, se li denier eussent esté paié û lieu où il furent conuenencié, plus ke ce ne soit sunt paié û lieu où l'en les demande. « *L. vn. vbi conuen. qui certo loco, &c.* « *i. esti- mer*

IV. Li Emper. Dioclesians & Maximians dient: Quant on puet demander aucune cose certaine, on ne doit pas plaidier contre celui qui le cose vendi, mais contre celui ki le tient. Tu atens adont à tort que cil qui calenge le sengnorie que tu tiens, ne plaide pas contre toi, mais contre ton warant. mais se tu l'as denoncié à celui qui le te vendi, tu fés bien que li periex du warandir est seur lui: car cil qui demande le cose, & cil qui le tient sunt en la contrée. Le forme de le justice ne doit pas estre muée pour ton warant, se il n'est en la contrée. « *L. 1. C. vbi in rem actio, exer. &c.*

V. Li Emper. Constantins dist à tous ceus des contrées: S'aucuns poursieut û nom d'autre cose qui n'est pas mouuable, coment k'il le tiengne, & est « *L. 2. C.*

## LE CONSEIL

„ enplaidiés d'aucun qui calenge le cofe, il doit maintenant noumer û plait fon
„ warant où que il foit : & li Iuge li donift auenant terme pour amener auant,
„ & cil viengne auant, ou enuoit Procureur au lieu où fe poffeffions eft, & ref-
„ ponde à celui qui demande, fe il ne veut faire che ki eft eftablis après le
„ terme qui ainffi li eft otroiés, li Iuges le fera femonre par loi aus femonce,
„ autrefi come fe li plais fuft entamés dés le jor que cil qui tient fu apelés en ju-
„ gement pour entrerompre le longe tenuë.

*d. l.§. 1.* „ VI. Et pour ce que li Sires de la cofe ne vient pas auant après l'vmanité
„ ki li a efté faite : & s'il fe tient lors en cel meimes volenté, li Iuges orra tou-
„ te le befoingne en vne foume, & ne demouera pas à metre le demandeur en
„ poffeffion de la cofe, fi que cil qui fe defaut ara pooir de monftrer toutes fes
„ allegations, quant il varra auant fur le principal, & ne mie fus la poffeffion de-
„ dens l'an. Ainffi l'enten-je, & ainffi l'entent noftre Vfage, quant les femonfes
„ funt faites là où elles doiuent.

*L. 3. C.* „ VII. Li Emper. Gratians & Valentins dient. Li demandeur fieuent le Cort
*eod.* „ au deffendeur fus coi qu'il ait demande, ou fus le cofe qui tient, ou fus
„ le perfoune. mais Nous quemandons que le demande qui eft fus le cofe foit
„ menée contre celui ki le tient és liex en coi les cofes funt de coi on plaide.

*L. vn. C.* „ VIII. Li Emp. Diocletians & Maximians dient : Là où l'en propofe que
*ubi de*
*hæredita-* „ les cofes qui eskieent par iretages, là les doiuent li hoir requerre k'il en
*te, &c.* „ foient mis en poffeffions, & li plais de l'iretage deuera eftre finés là où cil qui
„ eft emplaidiés à fon manoir, fe le cofe de l'iretage i foit.

*L. vn. C.* „ IX. Cil meimes Emp. dient : Il conuient que cil qui amenistrent autrui
*vbi de ra-* „ befoingnes, ou par warde, ou par autre maniere, k'il rende raifon là où il a
*tiociniis.*
*&c.* „ ce fait.

*L. 1. C.* „ X. Li Emper. Alixandres dift : Celle qui s'enfuï d'aueu toi, quant elle te
*vbi caufa* „ feruoit, & s'en alla en autre contrée, & veut eftre franque, doit eftre contrain-
*ftatus agi*
*debeat.* „ te de plaidier en cel lieu, dont elle fu fuitiue. & pour ce li Preuos de le con-
„ trée, qui eft Iuge du lieu où elle eft s'entremete de renuoier le au lieu où elle
„ ferui auoit. Car elle ne doit pas eftre oïe û lieu où elle a efté prife.

*L. 3. C.* „ XI. Li Emper. Diocletians & Maximians dient : Se cele dont on dift, qui
*eod.* „ eft ferue eft en poffeffions de frankife, pour ce qu'en le caufe meimes d'eftat
„ enfieut li demanderres meimes le Court au deffendeur, il conuient traitier de
„ le caufe de la frankife là où elle demeure, jà foit ce que li demanderres mei-
„ mes ait le digneté du Senateur.

*L. 4. C.* „ XII. Cil meimes Emper. dient : Se aucuns qui eft en feruage veut eftre
*eod.* „ frans à forche, il n'eft pas doute que il nés conuiengne le plait de l'eftat là où
„ cil qui fe tient pour Sengnor a fon manoir.

*L. 1. C.* „ XIII. Li Emper. Conftantins dift : Quiconques fera en clere digneté, &
*vbi Sena-* „ prendra par force pucele, & brifera aucunes marches, ou fera entrepris d'au-
*tor. vel*
*clariff.* „ cun crime, il fera foufmis as coumunes lois dedens le contrée, où il fait le mef-
*&c.* „ fait, ne il ne fe deffendera mie par bare de court auenant. car li meffais met
„ hors, & taut cele honneur.

*L. 3. C. eod.* XIV. Bien puet-on fauoir, & par le loy, que fe crimes communs, ou
priués, eft opofés à celuy qui eft Preuos, ou Baillieus le Roi, ou aucuns qui
foit de l'oftel le Roi, fe ce eft tel crime, ou il queure vie ou membre, en quel
lieu que cil demeurt feur qui on le met, le conniffance ne le juftice de tel
cofe n'apartient fors au Roi, ou à celui qui le vaura mander par fes lettres, en
telle maniere que le querele foit traitie felonc le couftume du païs, fans nul
auantage que perfonne i ait : en tel maniere que ciex qui eft acufés ne fuef-
fre nul damage. deuant ki li foit Preuos, & quant il li iert Preuos, cil à qui
il iert quemandé de par le Roi, doie raporter au Roi fe crime, quant il fera
prouués. Car la mefure de prendre venjance de tel qui eft en fi grant digne-
té, ne fera fors en le volenté le Roi. & il eft aperte cofe, que fe il funt acu-
fé de Cort, il doiuent eftre maintenant deliure. & cil qui fauffement les

acufe

# DE PIERRE DE FONTAINES. 145

acufe doit eftre pugnis, fi come le couftume du païs leur enfeingne fans parler ent au Roi, fe li acuferres n'eft par auenture d'aufi grant digneté come li acufés.

XV. Li Empereres Valentins & Theodoxes & * Archemes dient à ciaus des contrées: Nous donnons à tous franque poofté qui que foit Cheualiers ki ira par nuit eflilier les cans, ou waitera les chemins ki funt hantables par armes, congiés foient dounés as juftices de foufmetre les à digne torment, & rechoiue le mort qui voloit douner à autrui, & enquerre l'en cele k'il apareilloit as autres. après nous otroions que ce qui n'en porra eftre etaint, ne jugié par jugement, foit vengié par cruel baniée. Nus n'efpargne Cheualier qui aille as armes malicieufement c'on ne face de lui aufi con d'vn larron, s'il eft prouués.

*Arcadius
" L. 1. C.
" quĕdo li-
" cæt vni-
" cuique fi-
" ne jud. fe
" vindic.
" &c.
"
"
"

XVI. Cil meimes Empereurs dient: Nous otroions à tous ceus des contrées pooir de pendre les desherteeurs. & fe il ofent contrefter, nous volons ki foient plus cruelment tourmenté, ke de le comune venjanche n'aporte à quemuns larrons.

" L. 1. C.
" eod.
"
"

XVII. Par noftre Vfage doit-on plaidier deuant les Baillieus du païs de forche & de deffaifine en quelconques lieu que che foit en leur Baillie: car à aus apartient d'ofter les forces, & de tenir cafcun en fe faifine. & les funs des quereles voift au Sengneur de qui muet, & ch'yfent li Baillieu és Vaafsories. & à ceus qui tienent Baronies en leur Baillies, doiuent il amonefter, fe on fe plaint à aus de force, k'il oftent le force, & facent retenir les deffaifines. & fi ne le funt faire, le puent li Baillieu. Mais és Baronies qui funt és parties de France, ne puent-il riens manouurer, fors par le quemandement le Roi efpecial. car tous perfounes ne refpondent mie en d'aus, ne de lor terres, fors par le Roi.

XVIII. Bien pués fauoir, & dois, que cil qui dift k'il a droiture d'auouërie, ou de banie, ou d'aucune droiture fus tresfuns là où li Vilain mainent qui tienent d'autre Sengneur, & fe il offre à prouuer k'il i a tel droiture, on le doit-on, & fe li Sengneur de qui li vilain tienent en cief leur terres, come leur propres, la doiuent-il r'auoir? Nennil: car leur terres ne funt mie fief pour que on demande droitement la Chartre du demaine au vilain: car le Sengnorie, ne le Iuftice, n'eft mie au vilain, mais le Chartre en deftinte le loiauté de le terre. & autre cofe feroit aufi, fe cil qui ont les deuant dites droitures, ou le maniere des faifines? Non, car che apartient au Baillieu du païs: & fe ainfi n'eftoit, li vilain renoieroient toutes autrui droitures ke on a feur leur teneures.

XIX. Vlpians dift, que plainte de teftament qui n'eft mie à droit fais, viennent fouuent, & il en loift à plaidier à peres & à meres, & as enfans. mais li parent, ki funt plus loing que frere & fereur, feroient bien fi ne plaidoient mie; car il ne puent par nule raifon mouuoir tel plait. Par noftre Vfage tuit cil à qui yretages eskiet puent plaidier, fe on a plus laifié de l'yretage que on ne puet par loi du païs.

" L. 1. D.
" de inof-
" fir. teft.
"
"
"
"
"

XX. Marchians dift: On plaide de teftamens ki n'eft mie à droit fais en tel maniere, come fe cil qui le teftament firent, fuffent * defuoiés de leurs penfées. ne on ne dift mie autrefi fi fuffent * forfené, ou derué, mais autrefi come s'il euffent fait par droit leur teftament, mais ki ne fu mie fais felon l'office de pieté. car s'il fuft ne * forfenés, ne derués, li teftamens ne fuft nus.

" L. 2. D.
" eod.
" * demens,
" *furiofus,
" vel de-
" mens.
" "furiofus,
" vel de-
"mens.

XXI. Tu pues entendre kant li hons n'a riens fors muebles & conqués, k'il puet tout laiffier là où il vaurra par couftume du païs, s'il n'a enfans qui riens n'ont, ou il ait pere & mere d'autre tel maniere. Se il en ceft cas laifie tous fes biens as eftranges, il ne fait mie fon teftament felonc l'office de pieté, car qui doit-il miex laiffier que fes enfans, & à fon pere & à fa mere, puis k'il en ont meftier, ne il n'ont mie forfait que on ne leur doie laiffier.

*Partie III.*                  T

## LE CONSEIL

dont je te lô, & quemant coment que on en ait vſé, ou par mauuais ordenement, ou par mauuais entendement, ou par che ke nus ne s'en eſt aidiés. car ſe teſtamens eſt fais à qui que les coſes ſoient laiſſiées, que tu en faches as enfans, & à caſcun, & à celui qui li lais eſt laiſſiés autretant auoir li come l'autre, & partir igaument, kant tu en feras requis. & ſi n'i a enfans, & li pere ou le mere, ou li vns d'aus deus eſt delaiſſiés en cel teſtament, que tu le face ingaument departir aueuc celui, ou aueucques ciaus qui les coſes ſunt delaiſſiées. car puis que pere & mere ſunt contrains de leur enfans norrir, ſelonc noſtre vſage, pourcoi ne reprouuera cel meimes vſage à pere & à la mere des biens au fill, puis que il en ont meſtier, meemement en cel point que il ne valent, mais rien au fill.

*L. 3. & 4.*
*D. eod.*
XXII. La lois diſt: On ne ſe doit pas aſentir à peres contre les fix, kant il „ ſunt aguillonné, & corrompu par leur maraſtres, ſi que il vont contre leur ſanc, „ & quierent acoiſon par coi il deſeritent leur enffans en leur teſtamens.

XXIII. Quant aucun laiſſe tous ſes biens as eſtranges, & nient à ſes enffans, il apert bien k'il iert auſi come deſuoiés de ſe penſée, kant il fiſt ſon teſtament. & pour ce veulent les lois que li teſtamens ſoit nus, s'autre coſe n'eſt prouuée.

*L. 6. D.*
*eod.*
XXIV. Vlpians diſt: Li enffés qui eſt encore û ventre ſe mere, kant li „ teſtamens à cels fu fais, à qui il puet eſtre hoirs par droit, s'il ne fut à cel „ tans û ventre ſa mere, puet dire que li teſtamens n'eſt mie à droit fais. car cil „ qui eſtoit encore à naiſtre ne doit riens perdre en ceu.

*L. end.*
XXV. On ne deffent pas à faire teſtament à ceus qui faire le doiuent: „ mais il ſunt blamé & repris kant il ne ſunt ſelonc l'office de pieté.

*d. l.*
XXVI. Celui meimes qui fu trais du ventre ſa mere après le teſtament, ſa „ mere qui fuſt ouuerte puet plaidier du teſtament qui n'eſt pas à droit fais.

*d. l. §. 1.*
XXVII. Se aucune de ces perſounes ki n'euſſent mie l'iretage à aucun, „ s'il fu mors ſans faire teſtament, acuſent ſon teſtament qui n'eſt pas à droit „ fais, & il vainquent la cauſe, la victoire ne leur vaille riens, mais à ciaus à qui „ l'yretages veniſt, ſi fuſt mors ſans teſtament.

*d. §.*
XXVIII. Vlpians diſt, & Papinians eſcrit, que li peres par droit ne puet „ mie û nom ſon fill mouoir plait du teſtament qui n'eſt pas à droit fais mau- „ gré le fill, ſe li peres meimes a eſté fait hoirs, il a eſté ſouuent eſcrit que pour „ ce ne remanra pas que li teſtamens ne puiſſe eſtre acuſés ki n'eſt pas à droit „ fais.

*L. 8. §. 3.*
*D. eod.*
XXIX. Papinians diſt: li teſtament au vieillart: ki a vſé ſon tans en che- „ ualerie, & s'en eſt venus à ſon oſtel après ceu qu'il a eſté en ſaudées, puet eſtre „ acuſés ki n'a pas à droit fait ſon teſtament, jà ſoit che k'il n'euſt fors les co- „ ſes k'il a conquis en cheualerie. Ceſte lois aide à ciaus ki dient que li peres „ n'a mie pooir de douner tous ſes meubles à vn de ſes enffans.

*d. l. §. 6.*
XXX. Li peres ne puet laiſſier le quint de ſon yretage, ſi tient l'yretage franquement, ou à chens, ou à yretage, ou à terage; mais feur terre qui tient juſtice ne puet il riens laiſſier, tant puet-il laiſſier feur ſes coſes, jà ſoit che k'il n'ait nul enffant, ou il en ait. Nous apelons hyretage toutes les teneures & toutes les droitures ki eſchient de pere & de mere, ou d'autres perſounes de noſtre lingnage. mais les conqués k'il firent, ne meubles, ne cateus, n'apelons nous mie hyretage, encore nous ſoient-il eſqueu de deuant dites per- ſounes par proimeté.

XXXI. Se aucuns fait ſon teſtament, & il laiſſe aucune perſonne che ki deueroit eſcair par droit de lui, ſans deuis k'il en fiſt, ne à lui, ne à autre : Ie n'entent mie que tes lais ſoit conqués, mais iretages. mais che dont il porroit faire ſa volenté par la Couſtume du païs, ce lairoit à qui que che fuſt, ce ſeroit conqués à celui qui tés lais recheueroit.

XXXII. Ce que on puet laiſſier à eſtrange perſoune, puet-on laiſſier à vn de ſes enfans, ou à ſe feme meimes.

# DE PIERRE DE FONTAINES.

XXXIII. Se li peres a muebles, & conqués, & yretages, pour che si fait lais de ses muebles, & de ses conqués, ne laira-il mie ki ne laist aussi le quint de son hyretage, si veut. Il conuient entendre le quint de l'iretage, quant les detes sunt paiées : & c'est adire c'on doit metre hors de l'iretage tant come il afarroit à detes paiier. & lors coutra li lais si quint seur le remanant. car qui autrement l'entendoit, li lais demoueroit trop à paier : car li hoir diroient tout jors, les detes sunt mie paies. mais si n'i auoit hoir qui osast prendre l'iretage pour le car des detes, cil meimes quint ki seroit laissiés courroit en aquit des detes auant l'iretage deuant dit. & quant li hyretages seroit aquités, r'alast le quint là où il fu laissiés. *d. l. §. 9.*

XXXIV. Se li fix qui est desiretés par le deuis au pere, est en possession de l'iretage son pere, cil qui est fais hoirs par le testament au pere demandera l'iretage : & li fix le porra contretenir, & metre auant que li testamens ne fu pas à droit fais, autresi come il feist, si nel tint pas, ains demandast. & à che s'acorde bien nostre vsages, ke de tous les biens au mort sunt mis en possession li hoir, & en saisine : mais demande-on le lais. "*d. l. §. 13*"

XXXV. Il conuient, ce dist le lois, que on ait en memore ke cil qui dist que li testamens qui n'est pas à droit fais, & ne vainki pas le plait, doit perdre che k'il a du testament, & * le Bourse l'Empereour le doit auoir. voirs est que on li doit tolir che ki li fu laissié en son testament, kant il maintient à tort le plait dusc'à tant que li Iuges a douné jugement. & se il laisse le plait ains que sentence soit dounée, ce ki li fu douné ne li iert pas tolu. & pour ce si ne vient à jor, & sentence fu dounée pour celui qui estoit presens, on puet dire que on li doit garder che k'il a recheu, aucuns doit perdre ce sans plus dont li preus apartient à lui. "*d. l. §. 14.* * *fiscus*"

XXXVI. Il est bien seuë cose, ke cil qui a recheu le lais qui li fu fais du testament, ne puet pas dire par droit que li testamens ne fu pas à droit fais, si ne li fu quemandé k'il dounast à vn autre tout son lais. "*L. 10. D.*" "*eod.*"

XXXVII. Modestus dist : Ià soit que aucuns n'ait pas vaincuë la cause, que il mut contre le testament k'il acusa k'il n'estoit pas à droit fais ; ne pour quant le cose que on dist ke cil ki fist le testament li douna tant come il estoit vif; ne cele cose qui furent dounées en dotaire, ne doiuent pas estre toluës. "*L. 11. D.*" "*eod.*"

XXXVIII. Cil meimes dist : Car ià soit che cose que li hyretages au fill ne soit pas deus au pere, & pour le veu des peres, & pour le naturel amour k'il ont vers les fiex, se li ordres de nature est troublés pour mortalité, & li fill meurent auant que li pere, li hiretage doiuent autresi bien estre laissiés à peres. "*L. 14. 15.*" "*D. eod.*"

XXXIX. Paulus dist : Cil qui ne vient auant acuser le testament son pere, qui n'est pas à droit fais, ains refusa à plaidier, on ne sait pas que cil qui veulent mouoir plait n'aient comune partie de l'iretage. & pour ce se li vns des fiux ki sunt desireté, plaident pour le testament son pere qui ne fu pas à droit fais, & li autres refusast à plaidier, & ses testamens estoit depeciés par jugement, cil qui vaincroit le cause aroit par droit tout l'iretage son pere, ausi come s'il fu mors sans testament faire, & il vsera de la cose jugie, autresi come cil qui fisent le jugement creüssent ki n'i eust des fiux au mort, fors que cil qui acusa son testament. "*L. 17. D. eod.*"

XL. Entent ainssi ceste loi : Se doi fill sunt desireté û testament au pere, & en plaident pour ce ki n'est mie à droit fais, & li vns laisse après ce le plait, & sa partie eskiet à l'autre. autresi se l'vns est mis ariere par tenuë de v. ans, & à l'vsage par tenuë d'vn an.

XLI. Paulus dist : Se cil qui sunt de l'iretage acatent l'iretage à ciaus qui se sunt fait hoir el testament, où il acatent d'aus aucune partie de l'iretage, kant il seuent bien ki sunt establi à estre oir, ou il prennent d'aus terre à louäge, ou il prenent che qu'il deuoient à chelui qui fist le testament : il apert k'il otroient che que li mors fist, & ne puet acuser le testament ki ne soit à droit fais. "*L. 23. §. 15*" "*D. eod.*"

*Partie III.*            T ij

148   LE CONSEIL

*L. 28. D.*  
*eod.*

XLII. Cil meimes dift : Kant la mere oï dire ke fes fix ki eſtoit Cheualiers eſtoit mors, & ele fiſt autre ſon hoir en ſon teſtament : li Empereour Adrians ju- ja ke ſes heritages aparteniſt à ſon fill, & que ſes frankiſes & li lais li fuſſent douné. mais che ki i eſt mis des frankiſes & des lois, i eſt mis contre droit, & auſſi eſt de grace. car puis que teſtamens eſt repris ki n'eſt mie à droit fais, nule coſe qui ſoit faite par cel teſtament ne vaut.

*L. 31. D.*  
*eod.*

XLIII. Cil meimes diſt : Se cil qui eſt recheus felonc les lois à acuſer te- ſtament, ne le puet, ou non ne veut acuſer, il conuient voir ſe cil qui vient aprés, i doit eſtre recheus : Il nous plaiſt que oïl, ſi que li hoir eſt en ceu toute la droiture à celui qui il eſt hoirs. Entant come il apartient à mon hoir

§. 1.

plait du teſtament, qui n'eſt pas à droit fais ; Il n'a nule difference ſe cil qui eſt fais hoirs, eſt des enffans à celui qui firent le teſtament, ou eſtranges. mais je veul que tu faces que ſe li lais fu defſtrainables, ki fu laiſſiés à vn des enffans à mors, k'il ſoit r'apelés duſques à loial partie : & ſe il eſt laiſſiés à étran- ges, il ſera r'apelés tous.

*L. 32. D.*  
*eod.*

XLIV. Cil meiſmes diſt : Se cil qui eſt deſiretés el teſtament eſt Auocas ou Procureres à celui qui demande lais ki li fu laiſſiés el teſtament, il eſt mis arie- re d'acuſer le teſtament. Car il apert k'il ait otroié al volenté au mort, puis que il deffent ce qu'il fiſt.

*d. l. §. 1.*

XLV. Se cil qui eſt deshiretés û teſtament eſt hoirs à celui à qui vn lais fu fais en cel teſtament, & il demande le lais : il nous conuient veoir s'il doit eſtre mis ariere d'acuſer le teſtament. Car il eſt certaine coſe, qui conferme la volenté au mort, & il demande le lais, & il eſt certaine coſe que nulle coſe ne li fu laiſſie el teſtament, ne pour quant il ſera plus feurement, ſe il tient de demander le lais.

*L. 1. C.*  
*eod.*  
\* *ex cauſa fideicom- miſſi*

XLVI. Li Empereres Zenoines & Antoines dient : Quant li fix veut dire du teſtament ſa mere, qui n'eſt mie à droit fais, contre celui qui tient l'ireta- ge par l'acoiſon de chou ki li fu baillié feur * ſa loiauté : ce n'eſt pas deſloiaus coſe ſe il li eſt otroié ke cil qui ainſſi le tient ſoit auſi tenus, come cil qui eſt en poſſeſſions d'aucunes coſes.

*L. 3. C.*  
*eod.*

\* *negle- ɑus*

XLVII. Cil meimes dient : Se la mere qui fiſt ſes hoirs de ſes deus fiex aprés le teſtament, kant ele le pot faire, li tiers fix puet mouuoir plait du teſtament qui n'eſtoit pas bien fais, ſi come cil qui n'eſtoit pas * deſpis par droites raiſons. Mais pour ce que tu propoſes que le mere morut en l'enfantement, la deſ- loiauté du cas qui auient foudainement doit eſtre amendée : pour ce que on puet croire, que ſe la mere euſt veſcu, ele n'euſt pas eu mains de pieté de ce- ſtui, que d'vn des autres. Et pour ce Nous jujons que autretel partie ſoit dou- née au fill, qui en nul maniere ne forfiſt l'iretage ſe mere, come s'ele euſt fait de tous ſes fiex ſes hoirs. mais s'eſtrange furent eſcrit à eſtre hoirs, lors ne li iert il pas deffendu ki ne mete auant demande du teſtament qui n'eſt pas à droit fais.

*L. 5. C.*  
*eod.*

XLVIII. Li Emper. Antoines diſt : Se tes peres morut aprés plait entamé, ou puis k'il auoit eu propoſement de dire que li teſtamens ſon frere n'auoit pas eſté à droit fais, & il fiſt de toi ſon hoir, il ne t'iert pas deuée que tu ne puiſſe pourſuir la cauſe k'il auoit comenchiée.

*L. 8. C.*  
*eod.*

XLIX. Se li peres a douné à aucun de ſes fiex vn grant don, & caſcuns des autres a tele partie d'iretage, come à celui pooit venir par droit, il loiſt à celui à qui li peres a fait ſa largece, que il tiengne che que il a douné, & ſe tiengne de l'iretage pour ce que il parfache de ſon don la droite partie à caſcuns des autres qui doiuent auoir, ſe meſtiers eſt.

\* *in arenâ damnatus*  
*L. 11. C.*  
*eod.*

L. Li meimes Emper. diſt : Cil qui ijert campions de ſon gré, * & n'a pas eſté condampnés en camp, puet bien auoir l'iretage ſon pere. Mais ſe li pe- res fait ſon teſtament, il ne le puet acuſer qui ne ſoit à droit fais, ne ne puet demander poſſeſſions de ſes biens. Car aucuns jugent par droit ke tes fix n'eſt pas dingnes d'auoir ſon iretage, ſe il meimes n'eſt d'au tel condiſſion.

# DE PIERRE DE FONTAINES.

LI. Li Emper. Diocletians & Maximians dient : Se tu veus metre ta fille «*L. 19. C.*
hors de ton hyretage, pour ce k'ele vit laidement, & vilainement contre ho- *eod.*
nefteté : fe tu es efmeus en cefte haine par * fa deferte, & non pas par autre «*ex meri-*
efcauffement, tu aras congié de faire ta volenté en ton daarain jugement, «*tis ejus.*
entant come monte as chatex & as conqués. mais prochainetés, ou partie d'i- «
retage ne li pués tu tolir. Chi vient vne Autentike, qui amende chefte *Nou. 115.*
loi, & dift : Se ele a paffé xxv. ans, & tu ne la veus marier : par cefte acoi- « *c. 3.*
fon fe ele chiet en pechié de fon cors, ou ele fe marie fans ton confeil & fans «
ton afentement, tu ne la pues defireter. «

LII. Cil meimes Emper. dient : Vous qui conniffiés que vous deffendiftes «*L. 23. C.*
à voftre mere à faire teftament, tefmoigniés apertement que vous feiftes tant « *eod.*
k'ele fe couroucha par droit à vous. «

LIII. Cil meimes : Il eft contenus en droit que le mere qui a mauuaife «*L. 25. C.*
foupechon des meurs fon mari, puet fi confeillier fes fix k'ele face fes hoirs «*eod.*
en cefte maniere, fe li peres ne fait cefte condifion, il apert ki ne puet mie «
demander par droit à la mere la poffeffion des biens : ne il ne puet cele ma- «
niere auoir que il puift demander û nom de fon fill, que li teftamens ne foit «
à droit fais : ne la mere ne doit pas reftorer pour ce ke ele ne leur a fait nul «
tort, ains les quida bien pourueoir. «

LIV. Li Emper. Conftantins dift : Se la mere vient contre le teftament fon «*L. 28. C.*
fill mouuoir plait qui n'i ait pas efté à droit fais, on enquiere deligentement « *eod.*
fauoir mon fe le mere fift cofe vers fon fill, par coi fes fiex l'ait greuée en «
fon teftament, & ne li a pas laiffié loial partie, & fe ele n'a meffait enuers «
lui, li teftamens foit r'apelés, & en ait che qu'ele en doit auoir. mais fe ele «
par auenture l'ait greuée par vilains fais, & par enging qui ne foit pas aue- «
nant, & n'ele a efté amie à fes ennemis, & s'eft fi coumune vers lui, k'il pai- «
re miex qu'ele fuft s'anemie que fa mere, kant che fera prouués, ele s'acort «
maugré sien à la volenté fon fill. «

LV. Li Emper. Iuftinians dift : Nous penfons en moult de manieres de à «*L. 30. C.*
faire la volenté à ciaus qui funt teftament, & volons ofter trop grant maliffe «*eod.*
de r'apeler leur ordenement, & à confeillier as mors & à leur fix, & as autres «
perfounes en certain cas en coi querelle puiffe eftre menée de teftament qui «
n'ierent pas à droit fais, ou de chiaus qui deuoient eftre r'apelés par autre ma- «
niere que on quemande que il foit, & s'il eft mis û teftament ke la loi aus par- «
tie des enfans foit aconplie, ou s'il n'i eft mis, li teftamens foit fermes. & il «
loift à ceus qui plaindre s'en puent que li teftamens n'iert pas à droit fais, ou «
ki deuoit eftre r'apelés en autre maniere k'il demandent fans nule demeure ce «
k'il leur fu mains laiffié que leur loiaus partie, fe il n'eft loiaument prouué ke «
il euffent tant fait vers celui qui le teftament fift, qui ne deuoient pas auoir «
fon hiretage par vilain cas : Nous eftabliffons de ce de teles perfounes defque- «
les cil qui fift li teftament fift menfion laiffa aucune cofe, foit en hyretage, «
ou en lais k'il aient : jà foit che que ce fuft plus ou mains que leur loiaus par- «
tie. Mais s'il ont aucunefois perfoune paffée, qui jà eftoit née, ou qui anchois «*S. 1.*
que li teftamens fuft fais, fu concheuë, mais ele eftoit encore û ventre fe me- «
re, & il ait mife hors de l'iretage, ou il en a fait autre mention, & ne li aient «
riens laiffié, lors voulons Nous que li anchien droiti aient lieu, & ne rechoi- «
uent de ceft eftabliffement nulle nouuelleté, ne nulle muanche. & Nous vo- «
lons que à fiex, & autres perfounes qui cha en ariere foloient eftre caufe à «
mouuoir plait de teftament qui n'eft pas à droit fais, foient contées en leur «
loiaus parties les cofes k'eles ont aquifes des deniers au mort pour l'acoifon de «
cheualerie foit tele k'ele foit venduë, ou kant li Cheualiers eft mors, que «
certains deniers en vienent à fes hoirs, en tel maniere que li degrés de Che- «
ualerie foit regardés, ke autres tient par la mort à celui qui fift le teftament, «
ke tant deniers li foient conté, ou fa loial partie, come il eft eftabli que on «
dounaft. «

L. 53. §. 1.
C. eod.

LVI. Se cil qui a conquis le Cheualerie par les deniers à celui qui fift le teftament, & fu mors en chu degré, cil meifmes Empereour dift : Nous o-
" ftons la durté de l'anchienne loi, & faifons cefte tres debonnaire Conftitu-
" tion, ke la loi que Paulus & Iulus fift, ne foit pas jougement en vs. Car il
" eft efcrit que fa mere ne pouuoit pas fon fill mettre hors de fon yretag,
" pour che k'il auoit deferui ki ne fuft pas fes hoirs, & pour ce ne pooit
" il pas eftre eflongiés du teftament fa mere, s'ele ne le faifoit pour la hai-
" ne de fon mari, ki l'enffant engenra. Et Nous difons que ce n'eft pas loiau-
" té que li vns foit greués por la haine de l'autre, & jujons que ce foit du tout
" desfacié. & ne volons pas que cefte caufe foit mife auant contre les enffans,
" de kel aage k'il foient. Car la mere puet laiffier à fon fill fon hiretage par tel
" maniere qui foit hors mis du baill au pere : & ainffi puet ele pugnir le haine
" du pere, & garder foi de nuire à le droiteure de fon fill, & de dechevoir fa
" nature. Car il Nous fanble que chou eft afés male cofe, fe cil qui n'a nulle
" diffenfion foit deshyretés, & pugnis autrefi come s'il l'euft deferui.

L. 36. C.
eod.

LVII. Cil meime Emper. dift : Nous fauons que vns eftablifemens fu fais
" cha en ariere, en coi il fu eftabli que fe li peres euft laiffié à fon fill mains que
" fe droite partie, li fuft parfaite par jugement de preudoumes, jà foit che que
" nulle menfion n'en fu faite à parfaire li, quant li peres li douna cke li vaut.
" On demandoit fe li fix fet la cofe que fes peres li ait douuée à fa mort, ou à
" fa vie, ou laiffié li en fon teftament, & il s'en tient apaié pour fa partie : &
" aprés cele meimes cofe k'il a foit calengie, ou toute, ou en partie : fauoir mon
" fe par noftre eftabliffement doie eftre fa partie parfaite en prés le calengement :
" ou fe li lais, & les cofes qui funt bailliées en garde, & li don qui ont efté fait
" pour l'acoifon de mort, doiuent eftre apetitié cafcun endroit foi pour parf i-
" re fa loiaus partie. Nous eftabliffons dont en tous ces cas, comenr que li ca-
" lengemens foit fais, en tout, ou en partie ke li viffes foit amendés, ou que li
" deniers, ou les autres cofes foient reftorées : ou que la loiaus partie au fill foit
" faite, que nule droiteure que li hoir aient ne li nuifent, ke fes peres li laiffa
" mains que droit trés le coumencheement. ou fe aucune caufe qui vient par de-
" hors li fait aucun damage, ou le grieue, ou aucune cofe, ou en cantité, ou
" en tans, fe li foit reftoré en toutes manieres, & li fix ait en foi noftre aide, &
" fa loial partie li foit parfaite du lais au pere, non pas des gaains que li fix a
" fais pour autres cofes. Car Nous eftabliffons pour le graffe d'vmanité que s'il
" i a aucune cofe conquife par dehors, ele foit fiene de gaaing.

*Chi parolle des dons que li peres puet faire à fes enffans.*

## CHAPITRE XXXIV.

L. 2. C.
de inoffic.
donat.

" I. LI Empereres Valentins & Valerians dient : Se tes peres douna à fon
" fill tout fon patremoigne, pour le grant amour que il auoit vers lui,
" Nous diftincons ainffi : ou fe fes fix iert en fon baill, ou il iert hors. S'il
" iert en fon baill, li dons ne vaut riens, fi ne fu confremés par la mort au pe-
" re. Pour ce que ce k'il douna à fon fill remeft en fa main, & pour ce il apar-
" tient à l'arbitre, que il redonift la quarte partie du deuant dit patremoingne
" qui t'efchaït, & fe tes peres fuft mors fans faire teftament. Se li fiex ert hors
" du baill fon pere, pour ce ke li dons n'a pas befoing d'autrui aide, ains vaut par
" fa forme meimes, felonc le couftume du país. Cil ki gouuerne la contrée te fera
" aide de loiauté à la maniere du plait du teftament qui n'eft pas à droit fais.

II. Par noftre Vfage puet li Frans hom douner à fes enffans le tierc de fon franc fief, & fi departir entre fes enffans, cambien k'il en ait, ke les deus pars en demeurent à fon ainfné fill.

* f. vne
rieulle eft.

III. Et * merueille eft que s'il depart plus que le tierc, li ainfnés ne le puet r'apeler par noftre Vfage, & s'il depart mains que le tierc, li autre ne le puent

## DE PIERRE DE FONTAINES.

pas plaidier pour le parfaire. & c'eſt pour chou que li mainné n'ont nulle partie certaine, ſe li peres ne leur deuiſe : mais il ont ſouſtenanche, ſelonc l'iretage le pere, & leur hautece.

IV. Se li peres deuiſe à ſes enffans moult loins du tierc, & ſi que ſelonc le fief, & leur hautece, n'aient pas leur ſouſtenanche, il puent laiſſier le deuis leur pere, ſi n'en veulent, & requerre leur frere qui leur doniſt ſouſtenanche ſelonc leur fief & leur hautece.

V. Ie ne quit mie que ſe li peres deuiſe à ſes enfans le tierc de ſon franc fief, que il pour che leur tolle quemune partie des cenſiex, & des villenages ke la Couſtume du païs leur doune : encore ait dit li peres ki ſe tiengne apaié de tel partie come il leur a faite.

VI. Kant li peres deuiſe entre ſes enffans aſſés mains ke le tierc de ſon franc fief : ſe les parties des cenſeus & des vilenages leur ſouffiſt à auoir raiſnable ſouſtenanche, il ne puent plus demander à l'ainſné.

VII. Tu me demandes ſe li peres qui a aſſés plus cenſeus & vilenages, que franc fief, ſi depart ſi tout ſon hiretage entre ſes enffans, que li frans fief demeure tout à l'ainſné : ſauoir mon ſe li enffant doiuent tenir tel deuis dont la franciſe va tout d'vne part, n'eſt mie bone à tenir, ſe ainſſi n'eſt par auenture ki ne doie, ne ne puiſſe eſtre departis. car moult valent les frankiſes as Eſcuiers, tautes & tailles, & tonlieus, & trauers, & moult d'autres coſes ſemblables.

VIII. Ce ne me ſanble que fiés ne puiſſe eſtre departis, ne ne doie, dont caſcune part n'eſt ſouffiſans à ſeruir.

IX. Fief n'eſt mie ſouffiſans à departir, dont caſcune partie ne vaut au moins LX.l. dont il conuient en tel cas les hoirs apaiſier par conſeill de preudoumes ki eſgarderont canbien li ainſnés donrra as autres ſans le fief departir. car la raiſon eſt tele que li maiſné ne puent demander certaine partie és frans fiés : & és vilenages le peuent demander, ſe ce n'eſt que li fief ne fuſſent ſouffiſant à ſeruir.

X. Trop eſt cruelle ceſte ſentenſe & contre humanité, ke aucuns gens dient, que li peres * puet douner auquel ki vaurra de ſes enffans tous ſes conqués   * ne
& ſes cateus, & ſes muebles, nis as eſtranges, s'il n'eſt ainſi ki n'ait fors muebles & conqués, dont ce feroit contre tout droit, & contre les lois eſcrites. Ie veul que tu ſaches que j'entent ainſſi que li peres puet faire ſa volenté de ſes conqués : c'eſt qui puet à ſa volenté deuiſer ſes conqués entre ſes enffans, & douner ent à l'vn plus c'a l'autre: ſi que le don qu'il doune plus à l'vn m'amenuiſe le don à l'autre. mais ſe il doune tout à l'vn, & nient as autres, aprés la mort leur pere pueent li enffant demander à leur frere autretel partie, come ſe li peres fu mors ſans le don faire à ſon fill. & s'il douna par ſon deuis tous ſes biens à eſtranges gens, & nient as enffans, par les lois eſcrites aroient tout li enffant, & l'eſtrange nient. mais bien ſoufferra noſtre Vſages, s'il eſt bien entendu, ke li eſtranges en ait vne autre tel partie come vn des enffans, ſelonc chou k'il en i a. car on doit bien quidier que ceus à qui li peres douna ainſſi tous ſes biens, & treſpaſſa tous ſes enffans, pour che k'il auoit fait au pere aucun ſeruice, pourcoi le peres le deuoit amer autant come vn de ſes enffans. mais plus ne le deuoit-il pas amer, tant come à departir ſes biens, & ce tenra bien noſtre Vſages, ſi n'apert apertement que li peres ait fait tel deuis plus pour le haine de ſes enfans, que pour ſeruice que cieus li ait fait. car en tel cas n'aroit li eſtranges point du deuis, ains aroient tout li enffant, ſi ne s'eſtoient mauuaiſement contenu vers le pere, ſi ki ne fuſſent mie dingne d'auoir ſes biens. car en tel cas feroit tenus li deuis du pere ki fait à l'eſtrange : & s'enten-je kant li peres n'a riens fors conqués, & ce meimes enten-jou ſi n'auoit fors que muebles. mais ſe li peres a hyretages & conqués, & li hyretages ſouffiſt à le ſouſtenanche des enffans, de ſes conqués & de ſes muebles puet-il faire plainierement ſa volenté auquel ki veut de ſes enffans, ou as eſtranges. & ſe li hyretages eſt petit, & li conqués ſunt grant, & ſi que

li hyretages ne fouffife pas à la fouftenanche as enffans, de fon conqueft, il ne puet deuifer fors che qui feur monte à la foutenanche as enffans. car qui doit miex eftre fouftenus de la foutenanche au pere, ke li enffant qui funt de fon propre fanc, & ki doit nourrir felonc nature, & pouruoir felonc les lois. & ce que on dift que li peres puet faire fes volentés de fes conqués & de fes muebles, c'eft voirs, kant n'i a nul enffant: & fi les a, il funt pourueu par le pere, ou pourcacié par aus meimes k'il ont bien de coi à auoir leur foutenanche.

XI. Frere ne fuer, ne autres du lingnage ne puet r'apeler don, ne deuis, ne lais que li peres fache de fes conqués, ne de fes muebles. mais bien puet foufftir noftre Vfages ke pere & mere i aient cele droiteure, ke li enffant i ont, puis k'il ne funt de quoi fouftenir.

XII. Ce c'on dift que fiés ne doit mie eftre partis, kant il eskiet d'aucun lingnage, mais kant il defcent de pere ou de mere, pourcoi ne fera-il partis entre les enffans pour leur fouftenanche? mais en efcaanche de poofté ne puent-il demander nulle foutenanche, kant il eskiet à leur frere, ou à leur fereur. mais autre cofe feroit s'ele efcaoit au pere, & puis venift au fill par efcaanche, que ke j'aie dit des muebles & des conqués, quant il n'i a fors muebles & conqués: ou des muebles & des conqués, quant il i a hyretages, eft-il auffi tenus és vilains come és frans homs, fors que de l'iretage au vilain doit auoir autant l'vn des enffans, come l'autre, & de fes conqués, & de fes muebles, en le forme qui dite eft deuant des Frans homes. & che meimes que peres puet faire és deuant dites cofes, enten-je de le mere.

*L. 3. C. eod.*    XIII. Cil meimes Emper. dient: Ne letres ki furent faites & efcrites à ta priere, reprent teus peres, ki aprés che k'il ant en leur vie anienté tout leur patremoingne par grans dons k'il funt, & k'il laiffent as eftranges, & à leurs hoirs noient. Cefte meimes raifon de defloiauté s'eftent à ciaus qui i muerent fans teftament faire, ke li enffant qui ont cefte maniere pardu le patremoingne leur pere, puent autrefi bien auoir par raifon de demander en leur loial partie, s'il ne feift point de teftament, come fi le faifoit.

*L. 4. C. eod.*    XIV. Li Emper. Diocletians & Maximians dient: Se tes fuix departi fon patremoingne par demefurée largece, tu vferas de l'ahide au Preuoft de le contrée: & quant il ara enquis le verité, fi voit con te doit reftablir, ou pour la perfoune ton fill, ou pour ce k'il iert dedens aage i fift ce, ou pour autre raifon, ou pour la grant defmefure de fon don, il te fecourra en r'apeler les cofes qui funt mallement faites. & pour ce tu n'as pas meftier en contre les defatenprés dons d'autre tel ahide, come contre les teftamens qui ne funt pas à droit fais.

*L. 5. C. eod.*    XV. Cil meimes Empereors dient: Se tu as departi toutes tes facultés que tu as dounées à tes fix, qui funt ti hoir, che ki te conuient laiffier as enfans qui n'ont pas deferui à eftre hors de l'iretage leur pere, ki ne puiffent mouuoir plait ke li teftamens ne foit mie à droit fais, doit eftre fouftras des dons que tu as fais, & reuenir à ton patremoingne: fi que li fix, ou li neueu ki furent puifné en loial mariage aient teus fecors en tes biens, come il doiuent auoir. pour les neueus ne r'apelera-on mie dons que peres ait fait de fes cofes, encore n'en ait-il riens plus. Encore cefte loi ne fu mie bien gardée à la cort, quant li peres douna à fa fille en mariage tout fon hyretage, jà foit che qui n'euft plus d'enffans: mais encore en pooit-il bien auoir de chu mariage, ou d'autre, ce dift le lois qui dift ainffi d'aucun.

*L. 9. C. eod.*    XVI. Li Empereor Conftantins dift: Il ne conuient mie douter que reftitutions de demefuré don ne foit à tous otroiée par la loi, autrefi come du teftament, qui n'eft pas à droit fais. & le querelle d'vne & de l'autre demande c'eft de dons & de teftamens foient fanblable à ceu, & eles foient menées en vn meimes tans en vne meimes maniere.

*L. 6. C. eod.*    XVII. Li Empereres Diocletians & Maximians dient: Pour ce que tu propofes

# DE PIERRE DE FONTAINES.

poſes que les riqueces ton pere ſunt anoientées toutes par dons k'il ara fait à ton frere, & que tes perés deuiſa ſes coſes qui li crent remeſes entre vous en ſon teſtament, ſe tu ne t'aſentis pas à le volenté ton pere, ne tu ne pues contre ceſte coſe eſtre aidiés par ſon *aſouagement ; ne li doüaires que tes peres douna, ne les coſes que il bailla à warder, ne contienent pas tant que il ſouffiſent à oſter le querelle : Li Preuos de le contrée fera ce qu'il apartient à ſe juſtice des dons deſmeſurés à le maniere du teſtament, qui n'eſt pas à droit fais.

*beneficium ſatis

XVIII. Li Empereres Conſtantins diſt : Pour ce que ta mere a douné à ſon ſecont Sengneur tous ſes biens en doüaire, il eſt aperte coſe que le lois s'acorde que li fill puiſſent auoir puiſſanche & raiſon de demander contre le deſatempré doüaire, à le maniere du teſtament aient leur droites parties. Car le mere doit douner ou laiſſier à caſcun de ſes fix autreſtant à ſa part, come ele doune à ſon ſecond Sengnor en doüaire. & ſachiés ke le loi apelle doüaire che que li hons prent à ſe feme, dont il ſanble que ceſte loi aide moult à ciaus ki dient que che ke li hons prent à ſe feme doit eſtre as enffans ki iſſent d'aus deus, ſans parchonerie d'autres enffans, encore ſe remariaſt-elle autre faie, & ait enffans. Par noſtre Vſage n'ont li enffant nulle part en l'iretage la mere tant come ele vit : dont s'ele ſe remarie, ſes ſecont maris ara tout ſon hyretage, ſauf la ſouſtenanche as premerains enffans, ſi * ne ſunt de coi ſouſtenir de le ſouſtenance de leur pere. Par noſtre Vſage ne doit-on demander d'iretage, fors ce que celui monſtre, où qui motiſt en ſe demande.

L. vn. C. de inoffic. dotib.

*nes ont

XIX. Li Emper. Zenoines & Antoines dient : Se vns hom a acaté de celui qui eſtoit fais hoirs par eſcrit, le moitié des biens mouuables qu'il auoit puis que plais en fu meus, & il ſauoit bien que on en plaidoit, il & ſi hoir ſunt contrains de rendre les fruis k'il en auoit recheus. mais s'il eſt prouué que le vente fuſt faite anchois que li plais coumenchaſt, li fruit ſoient rendu d'icel jor en auant ke le coſe fu amenée en jugement. car li hyretages eſt acreus des fruis, ſe cil tient de qui il puet eſtre demandés par droit. mais ſi acaterres qui eſt garnis des poſſeſſions, c'eſt à dire qui tient le coſe en bone foi, eſt trais en plait pour le coſe qui tient ſeulement, & non mie pour les fruis k'il en a cueillis.

*Chi parolle des poſſeſſions de bone foi, & de male foi.*

## CHAPITRE XXXV.

I. Li Empereor Antoines diſt : Se jugemens a eſté fais contre toi d'yretage ke tu tenoies par bone foi pour deniers que tu aras, quant tu renderas l'iretage, che que tu pour que tu aras paié as creanchiers celui qui li hyretages fu. car on ne puet riens demander à creanchiers qui n'ont recheu ſe le leur non.

L. 5. C. de petit. hared.

II. Li Emper. Diocletians & Maximians dient : Il n'eſt nus qui bien ne ſache que demande qui eſt encontre ceus qui poſſieent come hoir, ne puet eſtre abatuë par tenuë de lonc tans. car la raiſons de ce que l'actions & le demande que on i a vers le perſoune i eſt mélée le fait durer. mais il eſt aperte coſe ki que le tiengne, ſe le demande n'a eſté faite dedens le tans de longe tenuë.

L. 7. C. eod.

III. Li Emper. Honoires & Archemes dient : Il eſt vilaine coſe que cil qui demande l'yretage contraingne celui qui le tient de dire pour quelle raiſon il le tient, fors celui à qui on le demande ſauoir mon s'il tient come poſſierres, ou come hoir.

L. 11. C. eod.

IV. Vlpians diſt, & Pius eſcrit : Ke on doit deffendre à celui qui poſſiet l'iretage de coi on plaide, ke il n'en oſt riens deuant ke li plais ſoit finés, ſe il ne veut douner ſeurté de tout l'iretage, & pour le valué des coſes qui i ſunt, & ki i ſeront. ne pour quant jà ſoit che que ſes ſeurtés ne ſoit pas dounée, mais tes ſeurtés qui eſt acouſtumée, il eſt otroié que aucune coſe en ſoit amenuiſie, pour che que li pourſis de l'yretage ne ſoit enpeekiés, s'il eſtoit du tout def-

L. 5. D. de haredi. petit.

Partie III.   V

## LE CONSEIL

" fendus que nulle cofe n'en foit amenuifijée : fi come pour chou qui n'eft ne-
" ceffaire à le mort à celui qui li hyretages fu, car chou eft droite cofe. ou s'il
" eft ainfi que wages de l'yretage foit vendus, fe li deniers ne funt paié au jor
" qui i eft mis pour paiftre les mainijes, coumendera l'en amenuifier les cofes
" de l'iretage. & les cofes funt teles que eles perdroient par defmefure, on otroiera
" qu'elles foient venduës.

*L. 9. D. eod.* " V. Vlpians dift : On doit jugier felonc rieülle de droit ke li hyretages puet
" eftre demandés à celui ki le tient come hoirs, ou coume poffierres de droi-
" teure, ou le cofe de l'yretage, car i n'en eft mie hoirs.

*L. 11. D. eod.* " VI. Vlpians dift : Cil poffiet coume poffierres ki quide eftre hoirs. mais on
" demande fe cil qui fet bien ki n'eft mie hoirs, poffiet come hoirs. & Proculus
" efcrit ke nous vfons de ceft droit. & il apert que cil qui poffiet les biens en pais,
" poffiet come hoirs : & cil qui iert mis à forche, tele faifine poffiet come poffierres.

*L. 13. D. eod.* " VII. Cil meimes dift : On ne puet dire nulle raifon de poffeffion, & pour
" ce puet eftre li hyretages demandés à celui qui l'a pris à forche. cis titles eft
" come de poffeoir. Poffierres eft joint à tous les autres titles de poffeoir, co-
*furio-sus* " me acaterres. car fe j'acate hyretage de * forfené à mon enfient, je poffie co-
" me poffierres de male foi. & on demande du title, fauoir mon fe cil a qui li
" hyretages eft le poffiet come poffierres. fi come quant le feme doune à fon
" mari, & le mari fe feme. & le fentence Iulian nous plaift que il poffiée co-
" me poffierres, c'eft à dire pour ce qu'il eft en poffeffion fans nulle autre rai-
" fon. & pour ce li pourra li hyretages eftre demandés, fe lais n'i eft paiés pour
" fauffe caufe : & je le fai bien, je le poffie come poffierres, car je n'ai nulle autre
" caufe de poffeoir le, fors que j'en fui en poffeffion. Et en tous ces cas puet li hy-
" retages ki ainfi eft poffeis eftre demandés. Cil meimes dift qui refpont ainfi
" quant on li demande pour coi il poffiet, & il dift que il poffiet pour celui qui ne
" fe tient mie come hoir.

*d. l. §. 5.* " VIII. Neratius dift : Li hyretages puet eftre deliurés à l'hoir à celui qui le
" tenoit, jà foit ce que il ne fache pas fe li mors à qui il eft hoirs le poffeoit co-
" me hoirs, ou come poffierres.

*d. §.* " IX. Cil meimes dift : Que les cofes qui funt defcenduës à lui fuffent venuës,
" de fon hyretage. Par noftre vfage doit-on demander l'iretage à celui ki le tient,
" coment ki le tiengne, ou par acat, ou par don, ou par efcaanche, ou par au-
" tre maniere.

*d. l. §. 10.* " X. Il eft raconté és liures Marcel, ke fe vne feme a douné fon hyretage en
" doüaire, fe mari le poffiet come hyretage par title de doüaire, par pourfitable
" demande. & Marciaus efcrit que le feme i eft tenuë par droite demande, nis
" fe li mariages eft departis.

*d. l. §. 11.* " XI. Se aucuns poffiet hyretage fu nom à celui qui eft hors du païs, pour ce
" qu'il n'eft pas certaine cofe ke celui ki eft hors du païs l'otroit, je croi que
" li hyretages doit eftre demandés el nom à celui qui le poffiet. Car il n'a-
" pert pas que cil qui poffiet pour autrui, poffiée come poffierres, fe ainfi n'eft
" que cil en qui nom il poffiet, fi come il dift, ne l'otroioit mie. car lors eft il
" auffi come rauifferres tenus en fon nom.

*d. l. §. 13.* " XII. Il conuient fauoir fe on doit demander hiretage à celui tant feulement
" ki poffiet les cofes, ou à celui qui riens ne poffiet, & s'offre à le defenfe. & Cel-
" fus efcrit k'il eft tenus par fa tricerie. Car il apert que cil qui s'offre à deffendre
" ki ne poffiet pas fors par tricherie. & Marciaus preuue generaument cefte fen-
" tence, que tuit cil qui s'offre à deffendre foient tenu à le demande auffi, co-
" me s'il poffeïffent.

*d. l. §. 14.* " XIII. Et s'aucuns fait par tricherie ki ne poffiée pas, pour ce ne remanra
" il pas k'il ne foit tenus à le demande de l'yretage. mais fe vns autres qui tient
" le poffeffion, que je ai laiffiée par triquerie, eft apareilliés de fouftenir juge-
" ment. Marciaus demande fauoir mon fe le demande faut contre moi que j'ou
" ai laiffié à poffeoir, & il dift ke lo quide ke le faille. Se li preus au deffendeur

## DE PIERRE DE FONTAINES.

n'eſt plus apareilliés contre moi à plaidier k'encontre celui qui poſſiet l'iretage. Mais s'il eſt apareilliés de rendre le coſe à celui qui demande, il n'eſt pas doute que le demande ne defaille contre moi. & ſe cil qui par tricherie laiſſa premierement à poſſeoir eſt premierement trais en cauſe, il ne laira pas celui qui poſſiet. Enſſi entent-je ſe ainſſi n'eſt k'il rende le pris de le coſe par le ſairement de celui qui l'a conquiſe.

XIV. Vlpians diſt, & Iulians eſcrit, ke ſe cil ki poſſiet come hoirs, eſt mis deſpoſſeſſion hors à force, li hyretages eſt demandés à lui come poſſièrres ki poſſiet, & qui puet plaidier par entredit de forche contre celui qui on miſt hors, ſe il eſt vaincus en le demande de l'iretage, li doit quiter le plait de le forche de celui qui vaincu l'a ki emplaide, ſi veut. & cil qui l'en miſt hors, eſt remis ens par demande d'yretage. Car il ne tient le coſe d'iretage parmi la raiſon, fors par ceu qu'il en eſt en poſſeſſion. "L. 16. §. 4. D. eod.

XV. Iulius diſt, Que ſe aucuns poſſiet le coſe d'yretage, cil ne la poſſiet pas, ains l'a venduë, li hyretages lui puet eſtre demandés, coment ke il ſoit, s'il en a recheu le pris, ou ſe il ne l'a encore recheu. Car en ceſt cas doit il quiter les demandes à celui qui demande l'iretage. "d. l. §. 5.

XVI. Gajus diſt, Se cil qui poſſiet hyretage, a paié aucune coſe par nom de lais, pour ce qu'il quidoit eſtre hoirs par le teſtament : ſe aucuns conquiert tel hyretage, autreſi come ſe teſtamens n'i euſt eſté fais, jà ſoit ce k'il apere ke li damages ſoit à celui qui le poſſiet, de ce qui ne miſt en conuenant ke li lais li fuſſent rendu, ſe li hyretages li eſtoit tolus, ne por quant ce ki auenir pot ki paia le lais el tans que nus plait n'en eſtoit encore meus ; & pour ce ne fuſt il beſoing de demander ent ſeurté : Il nous plait en ceſt cas que poöir li ſoit dounés de demander les lais ariere, ſe li hyretages li eſt tolus. Mais quant ſeurtés n'eſt pas dounée, & poöir li eſt dounés de demander ariere les lais, il eſt en perill de perdre le lais pour le pouerté à ciaus à qui il fu paiés : & pour ce il le doit ſecourre ſelonc le ſentence du Conſeill au Senat, ſi que il retiengne des coſes de l'yretage tant que ſatisfaſſion li ſoit faite de kankes il a paiés, & doniſt ſes demandes au demandeur, qui les maintiengne à ſon perill. "L. 17. D. eod.

XVII. Papiniens diſt : Cil qui poſſiet hyretage, doit rendre le pris, jà ſoit che que les coſes ſoient peries, ou amenuiſijées. mais il conuient veir liquex les doit ainſſi rendre, ou cil qui poſſiet par bone foi, ou cil qui poſſiet par male foi : & ſe li acaterres a encore les coſes, & elles ne ſunt pas peries, ne amenuiſiées, il n'eſt pas doute que cil qui les tient par male foi ne les doie rendre. ou ſe il ne les puet auoir en nulle maniere de celui qui les acara, il en doit paier tant come li demanderres jurera qu'elles valoient. & ſe eles ſunt peries n'amenuiſijes, le vrai pris en doit rendre. Car ſe li demanderres euſt euuë le coſe, il l'euſt venduë, & n'en euſt pas rendu le vrai pris. "L. 10. §. 20. 21. D. eod.

XVIII. * Saulus diſt : En entent que le coſe eſt perie, ki a laiſſié à eſtre à la nature des coſes, & la coſe eſt amenuiſie c'autres a gaaignié par longe ſaiſine, & ki eſtoit iſſuë de l'yretage. * Gaius L. 21. D. eod.

XIX. Paulus diſt, Se cil qui poſſiet en bone foi, & le coſe & le pris, enten-je k'il vendi primes le coſe x x. mars d'or, or le r'acata x. Il conuient veir ſauoir mon s'il doit eſtre oïs, s'il veut rendre le coſe, & non mie le pris. & nous diſons que s'il rauiſt les coſes, le cois en doit eſtre au demandeeur d'auoir les coſes ou le pris. & ſi conuient veir ſe cil qui poſſiet l'iretage doit eſtre oïs, ſe il veut rendre le pris, jà ſoit ce qu'ele ſoit empiriée, & non pas li demanderres, ſe il veut que li pris li ſoit rendus, ou s'il doit rendre che dont il eſt fais plus riches des coſes de l'yrerage. Car li baniſſement diſt ainſſi : Biau Sengneur, eſgardés s'il eſt drois que cil qui poſſiet autrui yretage n'i waingne riens, & lui rende le pris k'il a recheu d'autrui coſe de l'yretage qui a eſté vendus, & que il eſt fais rices autreſi come de l'yretage. Il conuient dont que cil qui poſſiet l'iretage rende au demandeur le coſe, & ce k'il a gaaignié au vendre le. Par noſtre Vſage, quant aucuns a vendu, ou a loué autrui hyreta- "L. 22. D. eod.

Partie III. V ij

" ge à diuerfes perfounes, il li conuient miex plaidier contre celui qui le vendi,
" & aloüa, s'il eft fouffifans. Car fe il plaide contre les acateurs, il li conuer-
" ra prouuer contre chafcun que il eft hoirs, & que li hyretages foit fiens, &
" ainffi feroit il trop greués.

L.25.§.11.
D. eod.
XX. Paulus dift : Li Senas mift confeill en ceus qui poffieent par bone foi
" ki n'aient damage, ains foient tenu en che tant feulement de coi il funt
" plus fait riche, kelque defpens il aient fait de l'yretage, & canbien il en aient
" gafté, ou perdu, kant il quident ke le cofe foit leur, il ne le rendront pas,
" & s'illes ont douées, foient naturelment obligié à guerredouner le. Mais s'il
" en ont recheu guerredon, on doit dire k'il en foient fais plus rice de tant co-
" me il en ont recheu : car cha efté vne maniere de cange. S'il vfe plus large-
" ment de le cofe pour endroit de l'yretage que il quidoit qui li fuft efchaus :
" Marciaus quide que il ne doie pourchou retenir nule cofe de l'iretage, fe il
" n'apertient à lui. & tout autrefi fi il a emprunté deniers de coi il a coumen-
" chié a eftre plus rices, & il a mis en wages les cofes de l'yretage, il conuient
" veir fauoir mon fe li hyretages eft atoukiés en cefte maniere, & chou eft griés
" cofe, pour che que il meimes eft obligiés.

d.l.§.12.
XXI. Cil qui poffiet par bone foi, ki n'eft fais plus rices des cofes de l'y-
" retage k'il a venduës, n'en eft pas tenus au rendre. mais fe aucuns quide k'il
" foit hoirs de tout l'iretage, & il wafte fans triquerie toute le moitié de l'ire-
" tage : Marciaus dift qui ne foit pas tenus au rendre autrefi coume fe che k'il
" a defpendu ne fuft pas fien ki n'apertient à lui, mais as autres hoirs. Car fe
" cil qui n'eft pas hoir, & le quident eftre, euffent wafté canques il tenoient de
" l'iretage, fans doute il ne fuffent pas tenu au rendre le. mais en le queftion
" qui eft propofée puet-on dire felonc leur openion k'il doit rendre che ki li re-
" maint de l'iretage, autrefi come fe il euft wafté fe partie. En vne autre opi-
" nion eft que ce ki wafté eft doit eftre feur l'vn & feur l'autre, & li tenans je
" croi ne doit pas eftre tous rendus entierement, mais la moitié.

2. 1,
" XXII. Et on demande fauoir mon fe che que aucuns a defpendu de l'iretage,
" doit eftre pris feur l'iretage tous, & fe vne partie doit eftre prife feur fon
" tremoingne, fi come s'il a tout vendu, & ofté le tierc de l'iretage, ou fe vne
" partie en doit eftre prife feur fon patremoingne, fi que il apere que il en foit
" fait plus riques de tant come il l'a efpargnié, que il a defpendu du fien.

d.l. §. 16.
*Marcus
*l.Pytho-
dore
XXIII. Se il vent en l'iretage que s'il a defpendu aucune cofe plus lar-
" gement pour endroit de l'iretage, il n'apert pas k'il foit fais plus rices de che,
" mais de che k'il foloit auant defpendre. Car fans doute il fu plus rices, &
" n'eut dependu fi largement. Car li fains Empereres * Martians juja en le que-
" rele * Phirodore ki fu priés el teftament, par coi il fu fais hoirs, k'il rendreit
" che ki li eftoit demouré de l'iretage des cofes qui eftoient venduës, non pas
" pour caufe d'amenuifier le lais, & de coi li pris n'eft pas venus û patremoin-
" gne, Phirodore fuffent pris en partie de fon patremoingne, & en partie de l'i-
" retage. Et il conuient ore veir fe li acouftume defpens doiuent eftre pris de l'i-
" retage à l'efxample de l'Emper. Marcel, ou du patremoingne tant feulement
" eft-il drois que les cofes foient prifes, fe il n'eft pas fais plus rices du peïs.

d.l.§.17.
XXIV. En doute fe cil qui demande l'iretage, le doit calengier à l'aca-
" teur, s'il ne l'a tant tenu, k'il ait waagnié par longe tenuë : & s'il l'a calen-
" gié, fauoir mon s'il iert mis ariere : car ce ne grieue nient entre celui ki de-
" mande l'iretage, & celi ki le vendi. & il n'apert pas que le cofe qui fu ven-
" duë viengne en la demande de l'iretage, pour ce fe li acateur funt venu. Car
" il conuient ki retort à celui qui le vendi. & je croi que cil qui demande l'ire-
" tage, puet calengier le cofe contre ceus qui les acatent, fe li acateur ne fe tor-
" nent à chelui qui le vendi. mais fe cil qui vendi les cofes eft apareilliés de def-
" fendre les, autrefi come fe il le poffeïft, lors coumenche barre à auoir lieu en
" le perfoune as acateurs.

L. 28. D.
eod.
XXV. Paulus dift : On doit dire, aprés le Confeill au Senat, que on doit

# DE PIERRE DE FONTAINES.

tolir toute le wagne à celui qui pofsiet par bone foi, aussi bien come au ra- uiffeeur.

XXVI. Vlpians dift : S'aucune cofe d'iretage eft deuë à celui qui le pof- fiet par male foi, il ne le porra retenir : meemement fe c'eftoit de ceu ki li eftoit deus par raifon de l'iretage. & pour ce ne pourra il pas demander les defpens ke il i a fais és cofes de l'iretage, de coi li iretages eft amendés : ne pour quant fe c'eft li preus à celui qui demande l'iretage, ke cele dete foit païe pour paine ou pour autre cofe, on peut dire ke il meimes eft païés. "L. 31. §. 1. D. eod.

XXVII. Cil qui pofsiet l'iretage par bone foi, deuera retenir fans nule doute che ki li eft deu. tout autrefi come fe aucuns retient les defpens que il a fais en l'iretage doit il rendre raifon fe il les deut faire, & il ne les fift mie, fe il ne pofsiet l'iretage par bone foi. car pour che fi fu negligens, ou le co- fe que il creoit ki fuft fieuë, on l'en puet riens demander deuant que li plais eft meus contre lui de l'iretage : car aprés pofsiet il par bone foi. "d. l. §. 2. 3.

XXVIII. On ne doit mie blamer celui qui pofsiet par male foi de ce k'il a souffert que li deteur funt deliure par tans, ou k'il funt apouri : ne de ce k'il ne les trait pas en caufe. car il n'auoit par droit nule demande con- tre aus. "d. l. §. 4.

XXIX. Or veons fe cil qui pofsiet l'iretage doit rendre ceu ki li eft paié. & il nous plaift que il le doie rendre, coment ke il pofsiet, ou par bone foi, ou par male. & fe il rent, li deteur en funt deliure par droit, fi come cafcuns dift & efcrit. "d. l. §. 5.

XXX. Paulus dift : On doute en quel tans on doit entendre fe cil qui pofsiet par bone foi en eft fais plus riques. & il nous miex que on regart au tans de le cofe jugije. On doit entendre les fruis de l'iretage, cift qui remainent quant li defpens funt prifié ki funt fais pour querre, & pour queillir les fruis, & pour garder les naturels raifons. Mais ce n'eft mie tant feulement en cels qui pofsieent par male foi, mais en connifseeur figne, il plait à Sabin. "L. 36. §. 4. D. eod.

XXXI. Vlpians dift : S'il a recheus les defpens fais, & il n'a recheu nul des fruis : il fera drois que li defpens foit contés à celui ki pofsiet par bone foi. "L. 37. D. eod.

XXXII. Paulus dift : Les autres defpens necefsaires & profitables, ki ne funt mie fais pour les fruis pour amender les cofes, puet on faire tel deuife, que cil qui pofsiet les cofes par bone foi, les prengne fus l'iretage. & cil qui les prent par male foi, fe plaingne de foi meimes, k'il à fon enfient a fait def- pens pour autrui cofe. mais il eft plus benigne chofe que les difpenfes que il l'i a faites, li foient contées. Car cil qui demande l'iretage, ne doit pas waai- gnier en autrui demande, & c'eft contenu en l'offifse au luge : car bare de tri- cherie n'eft mie recheuë en tel cas. Mais le differenfe i puet eftre tele, que cil qui pofsiet en bone foi tiengne en toutes les manieres les defpenfes que il l'i a fais : jà foit che que le cofe foit perie en coi il les fift, autrefi come il eftoit procureur & deffendeeur. & cil qui pofsiet en male foi, ne les retien- gne pas, s'ele n'eft amendée. "L. 38. D. eod.

XXXIII. Gaius dift : Li defpens pourfitables & necefsaires funt chaiaus qui funt fais pour refaire edefiemens, ou pour cultiuer les terres, qui onques mais ne furent cultiuées : ou quant aucune cofe eft païe pour le meffait au ferf, fe ce n'eft pourfitable cofe que d'abandouner le fouffrir paine. & il eft aperte cofe que pluifors defpens funt en cefte maniere. Mais or voions fe bar- re de triquerie puet valoir contre celui qui demande les defpens qu'il a fais és painteures, & és autres cofes * qui apartienent à delit. & je ne croi pas qu'e- le vaille contre celui qui pofsiet par bone foi. Car on dira par droit, que cil qui pofsiet par bone foi ne doit pas auoir fait en autrui cofe defpens k'vn lieu ne tiengne. mais poofté li foit dounée d'ofter che ki li a fait, qui oftée en puet eftre fans empirier le cofe. "L. 39. D. eod. * voluptuaria imenfa.

XXXIV. Hermogenes dift : Se cil qui pofsiet iretage, où il a vilain con- queft, il fera contrains de rendre le : car il ne doit pas auoir gaaing de vilain conqueft. "L. 52. D. eod.

158 LE CONSEIL

*L. 55. D. cod.*
" XXXV. Paulus dist : Que cil qui possiet hyretage en puet vendre aucune
" cose, non pas tant seulement pour paier les deniers, mais pour faire necessai-
" res despens és cofes de l'iretage : ou fe les cofes funt teles k'eles periffent, ou
" empirent par demerier.

*L. 56. D. cod.*
" XXXVI. Africans dist : Quant li hiretages est demandés, cil qui possiet
" rendra tous les fruis k'il en aura recheus : jà foit che que cil qui demande l'ire-
" tage ne les eust pas recheus par auenture.

*L. 57. D. cod.*
" XXXVII. Neracius dist : Quant vns hom deffent vn iretage contre deus
" ki le demandent, & jugemens est dounés pour vn de ceus qui le demande,
" on seur demander sauoir mon se il conuient k'il foient autresi rendus, come se
" autre ne le demandast mie : ou quant jugemens est dounés par l'vn des de-
" mandeurs, se cil qui le possiet doit faire danger de rendre li, ne il ne doune
" seur de deffendre le contre l'autre qui ausi le demande. mais il est miex c'on
" le sequeure par le forche à le Iustice à celui qui est vaincus par cauffion, ou
" par pleges, & le cofe foit fauuée à chelui qui vient plus tart à auoir contre le
" premier vainqueur qui a esté vaincus par cauffion.

*i. persé- uere*
" XXXVIII. Sceuola dist : Vn fix qui estoit hors du baill fon pere, quist
" felonc le forche du testament l'iretage fa mere, ke fes peres auoit pris ains ki le
" meist hors de son baill, & en auoit recheus les fruis, mais il en auoit moult des-
" pendus pour l'onneur de fon fill, quant il fu Senateur, & pource que li pe-
" res est apareilliés de rendre l'iretage, quant il ara conté ce qu'il despendi pour
" li : on demande fe li fix, qui tout jors * encauce pour demander hyretage,
" puiffe estre mis arriere par barre tricherefle. & le refponfe est ke s'il n'en par-
" loit mie, fi i doit on faire metre confeil par l'offiffe au Iuge.

*L. 1. D. si pars ha- red. pet.*
" XXXIX. Vlpians dist : Après le demande que li Preuos a propofé, qui
" apartient à celui qui dist que hyretages doit estre tous à lui feul, fu il drois
" k'il propofas le demande qui apartient à celui qui demande vne partie de l'i-
" retage. car ne mefura pas droiteure de ce ki porfiet à proprie, mais de ce k'il
" apartient à lui par droit : & pour ce s'il est hoirs de tout l'iretage, il le calen-
" gera. & fe doi funt qui poffieent l'iretage, & doi autre funt qui le deman-
" dent, & dient que les parties en appartiennent à aus, ne doiuent mie li vns de-
" mander à chelui, & li autre à ceftui : car il ne tienent pas le partie à l'vn &
" à l'autre deuifeement. & pour ce cil qui demande, & cil à qui il deman-
" de porfieut l'iretage de coi cafcuns dist qui doit auoir le moitié, il deue-
" roient demander li vns à l'autre, fi que cafcuns ait fe partie des cofes. &
" s'il ne veulent demander & plaidier par demande, de partir conuient l'ire-
" tage.

*d. l. §. 3.*
" XL. Se je ki fui hoir d'vne partie d'iretage, & cil qui est hoirs aueuc moi,
" porfieut l'iretage aueuc vn estrange, pour ce ke mes compains n'en a riens
" pris que fe partie, on demande l'iretage à l'eftrange, ou à celui qui est hoirs
" aueuc moi : Et Pagafius dist que il quide c'on doie demander à l'estrange fans
" plus, & qu'il doie rendre cank'il en tient. & Labeon dist que ce doit estre fait
" par auenture par l'office au Iuge : mais raifon dist que je le demant à mon
" compaignon, & il le demant à l'eftrange ki le tient. mais le fentenfe que Pa-
" gafius doune, est le mellor.

*d. l. §. 4.*
" XLI. Se je dis que je fui hoirs de le moitié d'vn hyretage. & je porfieue
" le tierc part, & je veull après demander che ki m'en faut, & ke j'en aie la moi-
" tié, voions coment on en doit plaidier. Labeon eferit que je doi deman-
" der à cafcuns de ciaus qui en tienent, & ainfi aroie-je les deus pars : 
" mais je feroie tenus à rendre le moitié de le tierce part que je tenoie. & pour
" che fe cil à qui je demant l'iretage en funt mi compaignon, ce que je tien
" me fera conté par l'offifce au Iuge en contre autres tant que je deuoie auoir au
" dit des autres. Li Preuos otroie aucune fois que partie foit demandée, ki n'est pas
" certaine pour aucune droite caufe: fi come li vns des freres qui funt mort auoient
" vn fill, & laiffaft fe feme groffe ; il n'est pas certaine cofe kel partie li fix au

frere doit demander : car il n'eſt pas certaine coſe quant fix il naiſtra de le feme au frere qui eſt mors. Il ſera donques drois k'il puiſſe demander partie qui n'eſt pas certaine : mais on ne dira pas par tout là où aucuns n'eſt pas certains quel partie il doit demander que on li doit otroier par droit k'il puiſſe demander partie qui n'eſt pas certaine.

XLII. Gaius diſt : Se pluiſors ſunt à qui vn meimes iretages apartient, & li vn rechoiuent leur partie, & li autres ſe pourpenſent encore ſe il requerront le leur, ou non. ſe cil qui ont recheu demandent le coſe d'yretage, il ne doiuent pas demander grenneur partie d'yretage k'il euſſent ſe tous recheuſſent enſanble leur partie : ne che ne leur vaurra riens ki li autres n'ont pas encore recheuës leur parties. mais ſe li autres refuſent du tout leur parties, lors puent demander leur parties, s'eles aſierent à aus. « L. 2. D. cod.

XLIII. Paulus diſt : Li home qui pouruirent en tel maniere aueuc les franques femes, ſi warderont leur droiteures toutes entieres, ſi come il apartient en le droiteure des iretages, en coi cil qui ſunt plus loing d'auoir l'eritage que cil qui eſt û ventre de ſa mere, n'eſt pas recheus à auoir le, deuant k'il eſt certaine coſe que cil qui eſt û ventre ſa mere viura, ou non. mais là où li autres ſunt ſi prés d'auoir l'iretage, con cil qui eſt û ventre ſa mere, lors furent li ancien en doute que l'iretage doit remaindre ſans partie faire, pour ce ki ne pooient pas ſauoir cans enffans il naiſtroit. & de ce treuue-on pluiſors coſes diuerſes qui ne ſunt pas creables, & que on quide que che ſoient fables, ke on treuue que vne feme eut quatre filles en vn lit. & autre Auteur de grant autorité, teſmoingnent que vne feme eut à cinq fois vint enffans, à caſcune fois quatre. & pluiſors femes d'Egypte en eurent ſept à vn lit, & nous meimes en veimes trois à vn lit, & furent tous trois Senateurs. Et Lelius eſcrit qui vit û païs l'Empereor vne feme qui fu amenée d'Alixandre pour monſtrer à l'Empereour à tout cinq fix, dont on diſoit qu'ele en ot quatre à vn lit, & le quint aprés quarante jors. Li Sage Maiſtre de droit jugerent dont vne maniere, ſi k'il regarderent à cheu qui puet auenir aucuneſois, c'eſt trois enffans naiſtre à vn lit, & pour ce eſtablirent que celui qui eſt auant ait la quarte partie duſque l'en ſache cans il en naiſtra aprés. & pour ce ſe le feme doit enffanter que quatre, ſi n'aura pas cil qui iert jà nés la moitié, mais ſa loial partie. « L. 3. D. cod.

XLIV. Paulus diſt : On doit ſauoir quant le feme n'eſt pas groſſe, & on quide que elle ſoit, cil qui iert jà nés ſoit dedans ce hoirs de tout l'iretage, jà ſoit ce qu'il ne ſache pas qui ſoit hoirs de tout, & ce meimes eſt en l'eſtabliſſement de l'eſtrange. Cil qui eſt fais hoir d'vne partie, & cil qui ſunt au ventre ſunt fait hoir de autre partie, & ſe li eſtabliſſemens eſt par auenture ainſſi fais, li enffant de coi vne feme eſt groſſe cans k'ele en ait, Lucius & Caïus eſcriuent que li vns ait autreſtant de l'iretage, come li autres. Il i a doute ſe cil qui eſt fais hoirs aueuc les enffans qui ſunt û ventre puet demander ſe partie, autreſi come cil qui ne ſet quel partie il doit auoir de teſtament. Il eſt miex que cil qui ne ſet ſa partie, demande l'iretage, ſe il ſet les autres coſes k'il li conuient ſauoir. « L. 5. D. cod.

XLV. Par noſtre vſage, ſe feme eſt groſſe, & elle eſt en ſaiſine de l'iretage par le raiſon de ſon ventre, & li enffés muert ains qu'il ſoit nés, ne rent elle riens des coſes k'elle ait priſes. mais ſe on doute ſe feme eſt groſſe, ou on le croit par ſon ſairement, & ele en jure qu'ele en quide miex eſtre, qu'autrement : en ceſt cas ſera miſe la coſe en autrui main, & en ſauue, decoi que elle veulle jurer, & qu'ele veulle baillier ſeurtés des biens, & de rendre les fruis qu'ele en aroit leués, s'ele enffant n'auoit, & dedens les quatre mois & demi, qu'ele doit auoir de reſpit pour ſauoir s'ele eſt groſſe : mais des maiſons ne ſe mouuera ele mie deuant les quatre mois & demi : ſe ele jure qu'ele quide miex eſtre groſſe, qu'ele ne le ſoit mie. Mais ſe ainſſi eſtoit que elle fuſt ſi groſſe, & elle n'euſt où prendre ſa ſouſtenanche tous les quatre mois & demi, aprés ſon ſairement, le prendera ſeur l'iretage.

# 160 LE CONS. DE PIERRE DE FONTAINES.

XLVI. Aucune fois auient que feme ne puet fauoir ne croire qu'ele foit groffe : fi come fe fes maris a efté aueuc lui huit jors, & aprés muire, dont conuient-il qu'ele ait le faifine, fe elle demande quatre mois & demi : dont il eft raifons, qu'ele fache feur, & s'ele ne puet pour fa pouerté, au mains le fache par fon fairement.

\* Seuere L. 1. C. de rei vindic.

XLVII. Li Emper. * Zenoïnes & Antoines dient : Il nous plait que Sengnorie & obligemens foit aquis par autre férf, qui eft pourfis par bone foi de le cofe celi qui le poffiet, ou du conqueft au ferf meimes. & pour ce fe il poffiet par bone foi, & il acata ferf de tes deniers, en cel tans tu pués felonc le forme de droit vfer de tes fentenfes. mais s'il quitent à autrui ferf par male foi, il ne puet rien conquerre, mais il eft contrains de rendre ne mie tant feulement le ferf, mais tout fon gaaing, & les enffans à canberieres, & les fruis à beftes.

*Chi fenift le Liure que Mesires* PIERRE DE FONTAINES *fift. cank'il en fift onques, funt chi dedens efcrit.*

NOTES,

# NOTES,
## OV OBSERVATIONS
## SVR LES ETABLISSEMENS
### DE S. LOVYS.

STABLISSEMENS ] Ce mot se trouue souuent **Livre I.** dans le Sire de Ioinuille, & autres écrits de ce temps-là, pour signifier les Ordonnances & les Edits de nos Roys, comme celui de *stabilimenta*, au même sens dans Guill. de Nangis en la Vie de S. Louis, & autres Auteurs.

DECEPLINÉ DE CORS ] *Disciplinam corpora-* Pref. *lem imponere*, dans Marculphe *l. 2. For. 27*. Cette façon de parler se rencontre pareillement dans les loix des Wisigoths l. 3. tit. 3. §. 4. l. 4. tit. 5. §. 1. l. 6. tit. 5. §. 8. 12. l. 7. tit. 4. §. 7. & dans celles des Lombards l. 1. tit. 9. §. 27. l. 2. tit. 13. §. 3. où toutefois souuent le mot de *Disciplina* est emploié pour la *Fustigation*, qui est aussi en vsage dans les Monasteres en cette signification. Vn MS. de celui de Corbie, intitulé de *Mensa Abbatis*, dit qu'il estoit de la charge de l'Aumônier, *prouidere disciplinas, scilicet virgas de booul, & vimiaus de Kalre in capitulo*.

CIL QVI DEMANDE IUERRA ] V. le titre du Codé, *de jurejurando* Chap. 1. *propter calumniam dando*, & ce que les I.C. ont écrit sur ce sujet.

DE DEFFENDRE BATAILLES. ] Cette deffense des duels dans les ju- Chap. 2. gemens, faite & ordonnée par S. Louys, eut lieu seulement dans l'étenduë de ses terres, mais non pas de ses vassaux. *Dominus Rex amouit duellum de terrâ suâ, sed non de terris vassallorum suorum*, ainsi qu'il est rapporté dans vn Arrest rendu entre ce Prince & le Prieur de S. Pierre le Moustier, qui se lit *inter judicia & consilia expedita Parisiis in Parlamento Octauâ Candelosæ A. 1260*. Ce qui est exprimé en termes assés diserts au l. 2. de ces Establissemens ch. 10. & 11. C'est pour cela qu'en diuers autres endroits, il y est encore parlé des Duels & des Champions, parce que l'vsage n'en estoit pas osté dans les terres des Barons, au l. 1. ch. 27. 79. 89. 109. 116. 165. 166. l. 2. ch. 10. & 11. &

Partie III. X

# OBSERVATIONS

dans Philippes de Beaumanoir qui écriuit fa Coûtume de Beauuaifis depuis la mort de S. Louys, & dans diuers Edits & Titres qui furent dreffez depuis ce temps-là, il eft parlé fouuent des duels, comme eftans encore en vfage.

LES CONTREMANDS] Le contremand n'eft rien autre chofe qu'vne excufe propofée en jugement, pour laquelle on ne peut fe trouuer à l'affignation qui a efté donnée. Il en eft parlé amplement, & de la forme qui s'obferuoit dans ces occafions, aux loix de Henry I. Roy d'Angleterre ch. 59. & 60. dans les Affifes du Royaume de Hierufalem chap. 49. dans Philippes de Beaumanoir chap. 3. qui eft intitulé, *des effoines & des contremans qu'on pot faire par couftume*. Il en parle encore au chap. 67. & ailleurs. Les anciennes Ordonnances du Parlement: *Diem habens in curia, ipfa die veniat, vel Procuratorem conftituat, in cafibus in quibus poteft conftitui Procurator, vel contramandet, fi contramandatum locum habeat, alioquin fequenti die infra prandium deficiens reputetur.* Guillaume Guiart en l'an 1292. décriuant comme Edoüard Roy d'Angleterre fut ajourné par le Roy Philippes le Bel:

> *Qu'à Paris viengne au Parlement*
> *Oïr refon, & jugement*
> *De ce c'on lui demandera,*
> *Se droit de foi s'efcufera,*
> *Deuant les Meftres fe deffende:*
> *Més ne vient, ne ne contremande.*

Chap. 4.    DE ARSON] Ou *Arfin*, ainfi qu'il eft écrit dans diuers titres qui fe lifent aux Preuues de l'Hift. de Guines p. 278. dans *Hemer.eus in Auguftâ Verom.* p. 294. & *in Regefto* p. 61. dans les Annales de Noion p. 946. dans Vander Haër au l. 1. des Châtelains de Lille p. 142. 143. Ioignez Monftrelet au 1. vol. ch. 155. Ce mot qui fignifie *incendium*, vient d'*ardere*. Ph. de Beaumanoir ch. 67. *vos arfiftes cele mefon*. Guill. Guiart en l'an 1304.

> *Qui l'orent trouez en la cendre*
> *Des arfis, & les veulent vendre,*

DE SCIS] Ou plûtôt *Encis*, comme au chap. 15.

Chap. 6.    DE FAVSSER IVGEMENT] *Fauffer*, eft declarer & dire qu'vne chofe eft fauffe. *Falfare accufationem*, dans les lois d'Edgar Roi d'Anglet. Art. 9. *apud Bromptonum*, eft dire que l'accufation eft fauffe. De forte que fauffer vn jugement, eft dire que le jugement qui a efté rendu, a efté rendu méchamment par des Iuges corrompus, ou par haine. Philippes de Beaumanoir chap. 66. établit deux fortes de faux jugemens, dont il y a appel: Le premier qui fe doit *demener par erremens, fur quoi li jugemens fu fais*, comme, quand celui qui eft greué dans le jugement, appelle fimplement, en difant, *cis jugemens eft faux & malués, & requiers l'amendement de la Cort mon Seigneur*. L'autre, quand auec l'appel fimple on ajoûte quelque vilain cas, & on dit, *vous aués fet le jugement faux & malués, comme malués que vous eftes, ou par loier, ou par promeffe, ou par maluéfe autre caufe, laquelle il met auant*. Tel appel de faux jugement fe demenoit par gage de bataille. Ie parleray du premier appel cy-après fur le ch. 78. Quant au fecond, le même Beaumanoir ch. 62. dit que *qui apelle de faus jugement, il doit apeler tantoft après le jugement: & s'il fe part de Cort fans apeler, il pert fon apel, & tient le jugement*. Ailleurs il ajoûte que *cil qui apele par defaute de droit, ou por faus jugemens, doit apeler deuant le Seigneur de qui on tient le Cort, ou li faus jugemens fu fés*, &c. Les Affifes du Royaume de Hierufalem ch. 103. expliquent fort au long la matiere de ces appels, qu'il importe d'inferer en cét endroit, pour expliquer vn fujet qui n'eft pas commun. En voicy les termes: *Se vn home veut la Court fauffer, & dit que l'efgart, ou le jugement, ou la connoiffance, ou le recort que la Court a fait, eft faus, ou déloiaument fait, ou que il n'eft mie de droit fait, ou en aucune autre maniere, la veille fauffer, difant contre aucune des auant dites chofes, que la Court aura fait, ou retrait, tous ceaus de la Court le doiuent maintenant dementir, & offrir maintenant à la Court aleauter de lor cors con-*

## SVR LES ETABLISSEMENS. 163

*ere le ſien, & ſe il la veut fauſſer, il conuient que il ſe combatte à tous les hommes de celle Court l'vn après l'autre, & auſſi ceaus qui n'auront eſté à la connoiſſance, ou à l'eſgart, ou à recort faire, come ceaus qui l'auront fait ; Car ſe il fauſſe la Court, il ne fauſſe pas tant ſeulement ceaus qui l'eſgard, ou la connoiſſance, ou le recort auront fait, mais tous ceaus qui ſont homes de celle Court. Et pource que le honnour, ou la honte eſt à tous commune, ceaus qui ſont de celle Court, le doit chaſcun des homes de celle Court deffendre, & aloiauter la de ſon cors, contre celui qui la veut fauſſer. Car Court qui eſt fauſſée, ne peut puis faire eſgart, ne connoiſſance, ne recort qui ſoit vallable, ſe aucun veut dire à l'encontre.* Et plus bas, ſur le ſujet du gage receu; *Et quant il ſont au champ pour la bataille faire, il doit eſtre d'vne part, & tous les homes d'vn autre : Et vn des homes lequel que ils eſliront ſe doit premier combattre vers lui ſoul à ſoul, & ſe celui qui eſt parti eſt vaincu, maintenant ſe doit mouuoir vn des autres, en quelque point que celui qui vodra la Cour fauſſer ſera, & ſe il vainc maintenant cel autre, vn autre doit maintenant mouuoir, & enſi ſe combatent tous vn à vn, & que il les vainc tous en vn jour, & ſe il ne les vainc tous en vn jour, il doit eſtre pendu.* On pouuoit neantmoins ſans fauſſer la Cour appeller de faux jugement vn ou pluſieurs des hommes qui ſe ſeroient vantez d'auoir fait quelque choſe contre la partie, ſans faire mention de la Court, auquel cas, *ſe il vainc tous, pource n'eſt pas la Court fauſſée, & ne perd rien de ſon honnor, & le jugement que elle a fait eſt eſtable, & tous ceus que il vainquera ſeront pendus, & il ſera pendu ſe il eſt vaincu.* Enfin au Chap. ſuiuant, il eſt dit que c'eſt vne grande temerité à vn homme de vouloir fauſſer la Court : *Si me ſemble que nul home, ſi Dieu ne faiſoit apertes miracles pour lui qui la fauſſât en dit, la fauſſât en fait : & ſe il s'en aſaiat que il peut eſchaper d'auoir le Chief copé* ( c'eſtoit la peine de celuy qui appelloit de faux jugement, s'il ne vouloit combatre contre tous) *ou d'eſtre pendu par la goule, ſi ne le doit nul home qui aime ſon honour & ſa vie, emprendre à faire ce que qui s'en aſſaiera au faire, il mora de vil mort, & hontouſe.* Pierre de Fontaines au Chap. 22. de ſon Conſeil traite encore amplement de cette matiere. Il en eſt parlé auſſi en diuers autres endroits de ces Etabliſſemens, ſçauoir au l. 1. ch. 76. 78. 79. 136. l. 2. ch. 15. & dans *Regiam Majeſtatem*, l. 3. ch. 24. §. 6. 7. 8. où il fait mention comme le faux jugement ſe decidoit par le Duel. Par les loix de Guillaume le Bâtard, qui ont eſté données au public par Selden en ſes Notes ſur Eadmer, & par Welhoc en ſon Recueil des Loix d'Angleterre, ſuffiſoit que le Iuge qui auoit fait faux jugement fiſt ſerment ſur les Euangiles, qu'il auoit rendu le jugement ſelon ſa conſcience. En l'Art. 15. *Altreſi qui faus jugement fait, pert ſa were, ſi il ne pot prouer for ſains qui melz ne ſot juger.* Ce qui eſt repeté en l'Art. 41. *Ki tort eſleuera, ŭ per aueir, ŭ faus jugement fra, par curruz, ne par hange, ŭ per aueir, ſeit en la forfaiture le Rei de XL. ſols, s'il ne pot aleier qui plus dreit fair nel ſot.* C'eſt à dire en termes plus vſitez, parce que Selden ne les a pas bien conceus, *Celui qui fera tort, ou qui fera faux jugement, par courroux, ou par haine, ou pour argent, ſoit en la forfaiture du Roy de 40. ſols s'il ne peut ſe purger par ſerment, qu'il n'a pû rendre mieux la Iuſtice.*

FERE PARTIE ] C'eſt à dire partager ſes enfans. demander partie, eſt *Chap. 2.* demander ſa part d'vne ſucceſſion : & la part que châcun des enfans auoit droit de demander en la ſucceſſion paternelle, eſt vulgairement appellée dans les titres, *Pars terræ*. Au Treſor des Chartes du Roy, Laiette Bologne I. Tit. 11. eſt vne patente de Philippes Comte de Bologne, par laquelle il reconnoît que S. Louys ſon neueu lui a donné ſa vie durant 6000. ll. tourn. à prendre tous les ans au Temple, moyennant quoi il promet de ne lui rien demander à l'auenir *pro parte terræ*, c'eſt à dire pour ce qui lui pouuoit appartenir par droit de ſucceſſion, ou d'apanage. & au Cartulaire du Comté de Montfort eſt vn titre de l'an 1265. qui commence par ces mots : *Sçachent tous que comme M. Iean d'Acre Bouteiller de France demandaſt partie de terre pour damoiſelle Blanche ſa fille en la terre du Chaſtel du Loir, &c.* Voyez cy-après les chapp. 19. 23. 24.

MARIAGE AVENANT ] Voyez l'Art. 241. de la Couſt. d'Anjou. Maria- *Chap. 9.*

Partie III. X ij

ge est ce que la femme porte en dot à son mary, dans la Coûtume de Labourt Tit. 9. Art. 12. & en la Coût. de Norm. Art. 262. desorte que *mariage auenant*, est l'auantage que l'on fait aux filles en les mariant, conuenablement à leurs qualitez & à leurs biens, ainsi que porte la même Coûtume de Normandie Art. 262. & 263. & celle d'Anjou Art. 254. Au contraire *mariage desauenant*, est celui qui n'est pas conuenable à la fille, soit pour estre trop petit, soit pour estre grand, comme en la Coûtume d'Anjou art. 247. le 1. Registre de Iean de S. Iust en la Chambre des Comptes de Paris : *Pater dat filiæ desauenans maritagium, moritur pater relicto filio infra ætatem, qui filius tacet per annum & diem postquam peruenerit ad ætatem legitimam, postea conqueritur, & sororem suam & maritum ejus de maritagio desaduenanti, quæritur an possit, &c.*

RECOVVRER A LA FRANCHISE] *Demander à autrui franchise*, au ch. 22.

Chap. 10. VN COCQ] Il semble que *le Cocq*, en cet endroit, est ce que l'ancienne Coust. de Paris Art. 8. appelle *le Vol du Chapon*, que celle d'Anjou Art. 122. reduit à *vne piece de terre ou jardin prés la maison* (que l'aîné ou l'aînée a par preciput, qui est icy appellé heritage) *jusques à la valeur de cinq sols Tournois de rente, & non plus*.

Chap. 11. A PORTE DE MONSTIER] Il est parlé encore de ces dons faits aux portes des monstiers, ou des Eglises aux chap. 18. 19. 113. V. *Regiam Majestatem l. 2. c. 16. 18.* où la difference entre le doüaire & le mariage est remarquée.

QVI AIT CRIÉ ET BRET] C'est à dire s'il a donné des marques de vie. La même chose se trouue dans les loix d'Escosse, intitulées : *Regiam Majestatem*, l. 2. ch. 58. §. 1. en ces termes : *Cùm itaque terram aliquam cum vxore sua quis acceperit in maritagio, si ex eadem hæredem habuerit auditum, vel braxantem inter quatuor parietes, si idem vir vxorem suam superuixerit, siue vixerit hæres, siue non, illi viro pacificè in vitâ suâ remanebit terra illa. Post mortem verò ejus ad hæredem, si vixerit, vel ad donatorem, vel ejus hæredem, terra reuertetur.* Les loix des Bourgs d'Escosse ch. 44. §. 4. expriment cecy en des termes plus Latins : *Ita tamen quòd vir ille habeat testimonium duorum legalium virorum, vel mulierum vicinarum, qui audierunt infantem clamantem, vel plorantem.* Le Speculum Saxon. l. 1. art. 33. *Idque mulier cum quatuor viris qui eum plorantem audierunt, & cum duabus mulieribus, quæ ei in partu ministrauerunt, poterit comprobare.* De sorte que *braire* est le *vagire* des Latins, *brès*, ou *brais*, *vagitus*. Le Glossaire Grec-Latin, κλαυθμὸς παιδίν, *vagitus*. Le Roman de Guarin : *Grant sont li brés, & fier furent les cris*.

Chap. 12. GENTILFAME] V. la Coust. d'Anjou art. 251. & les loix d'Escosse l. 2. ch. 49.

Chap. 14. LE TIERS EN DOVAIRE] V. la Coust. d'Anjou Art. 300. & 302. & celle du Maine Art. 314. & 316. celle de Normandie ch. 15. art. 352. celle du Grand Perche tit. 6. art. 111.

Chap. 15. NE MET RIENS EN L'AVMOSNE SON SEIGNEVR] Au ch. 112. *Dame ne peut rien donner à son Seigneur en aumosne, &c.* Cecy est expliqué en la Coust. d'Anjou Art. 238.

Chap. 16. IVSQVES A TANT] Les Coust. d'Anjou Tit. 15. Art. 309. & 311. & du Maine Tit. 16. Art. 322. disent la même chose. Comme aussi les Statuts d'Alexandre II. Roy d'Escosse ch. 22. & celui de Iean Roy d'Angleterre dans Mathieu Paris A. 1215. p. 178.

Chap. 18. PEVT PLAIDOIER DE SON DOVERE] V. les Coust. d'Anjou Tit. 15. Art. 313. & du Maine Tit. 26. Art. 326.

Chap. 20. SE AINSI ESTOIT] Conferez l'Art. 303. de la Coust. d'Anjou.

Chap. 21. DROITES AVENTVRES] *Rectum caducum, siue recta escheeta*, en vn titre de l'an 1279. aux Preuues de l'Hist. des Ducs de Bourg. p. 94.

Chap. 23. SE GENTILFAME] V. l'Art. 252. de la Coust. d'Anjou.

HOME VILAIN] *Villa* dans les Auteurs du moien temps, est ce que les

Latins appellent *Vicus*. La Vie de S. Georges premier Euefque de Puy en Velay : *In quodam vico, — quem situm juxta fluuium Bornæ vulgari lingua Villam nuncupauit, eo quòd polleret quondam frequentiâ pagensium, ac pluribus tuguriis.* V. Edoüard Cok fur l'Atleton fect. 171. Delà ceux qui habitoient ces villages, ont efté nommez *Vilains*, & dans les Auteurs & les titres Latins *Villani. Vitalis Epifc. apud Blancam in Comment. Rer. Aragon.* p. 729. *Villani, funt dicti à Villa, eo quòd in villis commorantur, qui & ruftici à ruribus quæ excolunt.* Et parce que ces fortes d'habitans eftoient perfonnes non nobles & ordinairement laboureurs & fermiers, d'où ils font encore appellez dans les titres *Coloni*, & par confequent fujets aux tailles & aux imposts des Seigneurs, & autres coruées, on a donné ce nom à tous les roturiers & aux non nobles. V. Pierre de Fontaines ch. 21. Ils eftoient mémes dans le commerce comme les ferfs, dépendans des Seigneurs, defquels ils releuoient, qui en difpofoient comme de perfonnes qui leur appartenoient, comme on peut recueillir de diuers Titres rapportez par Orderic Vital l. 6. p. 602. & 603. par M. de Marca en l'Hift. de Bearn l. 6. ch. 13. n. 6. en l'Hift. de S. Martin des Champs p. 16. par Blanca au lieu cité, & autres. Et comme ces villains pouuoient poffeder des terres, ces mémes terres eftoient dites eftre poffedées en *villenage*, defquelles Littleton a fait vn chapitre entier, qui commence à la fection 172. J'efpere de parler ailleurs plus amplement de toute cette matiere.

COVSTVMIER] *Hommes Couftumables*, au ch. 39. ces mémes *Villains* font encore nommez *Couftumiers* dans nos Couftumes & dans les Titres, parce qu'ils eftoient fujets aux preftations, & aux tributs, que les Seigneurs exigeoient de leurs hommes, qui font appellez *confuetudines* dans Caffiodore l. 1. ep. 10. l. 3. ep. 23. l. 7. ep. 2. Gregoire de Tours l. 9. c. 30. &c. συνήθειᾳ, dans la Nouelle de Iuftinian 123. 128. dans Anne Comnene *lib. 3. Alex.* p. 85. & dans Leon *in Tact.* c. 19. §. 18. &c. d'où ces *Couftumiers* font appellez *Confuetudinarii* dans les Titres Latins qui fe lifent dans l'Hift. des Comtes de Poitou de Befly, p. 467. 496. 504. 505. & 543. To. 4. *Gall. Chrift.* p. 150. *Cuftumarii*, en d'autres, comme je feray voir ailleurs.

BARONIE NE PART MIE] Plufieurs de nos Couftumes font conformes à ce qui eft dit icy, que les Baronnies, ni leurs droits & leurs prerogatiues ne fe partagent point entre freres : comme celles d'Anjou Art. 215. 278. du Maine Art. 234. 294. de Tours Art. 284. de Lodunois ch. 28. Art. 1. & 2. de Meaux Art. 160. de Bar Art. 2. de Normandie ch. 26. Art. 1. &c. *Chap. 24.*

AVENANT BIENFAIT] La Couft. d'Anjou Art. 212. dit que *l'auenant bienfait*, eft le tiers des biens d'vn deffunt, le preciput de l'aîné deduit, qui fe donne aux puînez leur vie durant, ce tiers aprés leur decés retournant à l'aîné.

BER SI A TOVTES IVSTICES] Voyez Phil. de Beaumanoir ch. 58. où il rapporte toutes les prerogatiues de la Baronie.

METTRE BAN] *Bannum mittere*, dans les Titres, *apud Vghellum in Italia facra* to. 1. p. 849. 852. & ailleurs eft, *mettre ban*. Car *mittere* dans les Auteurs du moyen temps fe prend fouuent pour *ponere*, d'où nous auons emprunté le mot de *mettre*.

RAT] *Raptus*, les anciens vfages d'Anjou difent, qu'*à la grande Iuftice n'appartiennent que les quatre cas, Rap, Murtre, Encis, Efcerpillerie de chemin, & Equipollens.* V. *Regiam Majeftat.* l. 1. c. 1. l. 4. c. 8. *Chap. 25.*

ENCIS] V. la Couft. d'Anjou Art. 44. celle du Maine Art. 51. Chopin *l. 1. in Conf. And. cap. 44. N. 2.* lit mal en cét endroit *Occifion*. Ce mot *Encis*, femble eftre tiré d'*incifio*, parce que fouuent on eftoit obligé de tirer les enfans des femmes qui auoient efté bleffées, par incifion du côté.

MVRTRE] Les Affifes de Hieruf. ch. 77. *Murtre, eft quand home eft tué de nuit, ou en repos, dehors, ou dedens vile.* Au ch. 22. la difference d'entre le meurtre & l'homicide eft ainfi expliquée : *home murtri & home tué autrement* que murtre, n'est pas vne chose, car le tué sans murtre est homicide. Et au ch. 85. il est dit que le meurtre par les Assises de Hierusalem se peut prouuer par le duel, mais non pas l'homicide: *Meurtre est fait en repos, & pour ce est l'Assise faite tel, que l'on puet prouer par son cors: Car en cest cas le cors murtri porte partie de la garentie, & l'apeloir l'autre, & celui à qui l'en donne cos dequoi il reçoit mort, est homecide: ne homecide ne puet prouer par l'Assise, ou l'vsage du Royaume de Hierusalem, que par deux garens de la loi de Rome, qui facent que loiaus garens que il jurent les cos donner dequoi il a mort receuë.* Ioignez encore les chap. 86. & 94. Les Loix d'Escosse l. 4. ch. 5. §. 3. *Duo sunt genera homicidii, vnum quod dicitur Murdrum, quod nullo vidente, vel sciente, clam perpetratur, præter solum interfectorem, & ejus complices, ita quòd mox non sequatur clamor, aut vox popularis. ―― secundum genus homicidii est quod dicitur simplex homicidium. &c.* En vn titre de Guillaume Comte de Pontieu de l'an 1210. le Meurtre est defini *homicidium furtim factum*, en l'Hist. des Comtes de Pontieu. V. le Gloss. sur Villehard.

Chap. 16.   ESCHARPELLERIE ] V. la Coust. d'Anjou Art. 44. celle du Maine Art. 51. Chopin *l. 1. in Cons. And. c. 2. n. 2. c. 44. n. 12.* & ce que j'ay remarqué sur l'Hist. du Sire de Ioinuille.

VIGNES ESTREPER ] *Exstirpare.* V. le ch. 28.

LES ARBRES CERNER ] Degrader les arbres, *decorticare*, leur oster l'escorce. *Gloss. Gr. Lat.* ἀπολεπίζω, *decortico. Gloss. Lat. Gr. decorticat*, λεπίζει δένδρον. *Miliarium aut pirarium decorticare, in lege Sal. Tit. 28. §. 10. arbores decorticatæ, in diplom. Henrici Imp. apud Baron. A. 1014. N. 9.*

Chap. 27.   OCCITEN MÉLLÉE ] Les loix de Robert II. Roy d'Escosse chap. 3. & 6. font difference d'entre l'homicide commis *ex calore iracundiæ*, qu'elles appellent *chaudemelle*, & celui qui se fait *ex certo & deliberato proposito*, qu'elles qualifient du nom de *Felonia*. C'est pour cela qu'au terme de meslée on y joint ordinairement celui de *chaude*, parce que la colere & la chaleur inconsiderée donnent lieu à ces sortes de combats, comme fait Phil. de Beaumanoir aux ch. 58. & 59. c'est ce qui est appellé par le IC. *Paulus, calor iracundiæ. l. 48. de Reg. Iur.* τὸ κατ' ὀργὴν ἢ θερμότητα λεγόμενον, ἢ γινόμενον, par S. Basile, *ira calor*, par Lucain l. 7. *inconsultus calor*, en la l. 5. C. de injur. Par les loix d'Escosse l. 1. ch. 3. §. 7. la connoissance & justice des Meslées appartient aux Barons: Il en est de méme en France où elle est vne dépendance de la Haute Iustice. Le Cart. de S. Victor de Paris: *& sciendum quòd in terris prædictis mihi retinui Mesleam, sanguinem, & latronem. Miscella*, en vn tit. de Thibaud C. de Champ. de l'an 1200. au Cartul. de Champ. de M. de Thou p. 73.

Chap. 28.   ASSEVREMENT ] I'ay traité amplement des Asseuremens, & des guerres priuées en la Dissert. 29. sur l'Hist. du Sire de Ioinuille.

PROMIS ] Il faut lire *prouués*.

TRIVE ENFRAINTE ] Voyez les Coust. d'Anjou Art. 78. 152. & 386. du Maine Art. 396. de Normand. Art. 46. 48. L'Ordonnance de Frederic II. dans Alberic en l'an 1234. veut que ceux qui enfraignent la tréue, ayent la main couppée. I'ay remarqué ailleurs la difference entre l'Asseurement & la Tréue.

Chap. 29.   LIERRES ] Larron. Guill. Guiart en l'an 1304.
*Qui apelent gloutons & lierres.*
Le Roman de Garin:
*Lerres, traîtres, & briseres de chemin.*
Voyez le chap. 41.

QVI EMBLE SOC DE CHARVE. ] V. les loix des Lombards l. 1. Tit. 19. §. 6. la Coust. de Lodunois ch. 39. Art. 14.

IL PERD L'OREILLE ] L'essorillement est vne peine connuë de long-temps parmy nos François, & autres peuples, comme on peut recueillir des loix des Saxons, *in Addit. Tit. 12.* de Gregoire de Tours *l. 5. Hist. c. 48. l. 9. c. 38.* de l'Ordon. de Philippes le Bel pour les duels Art. 6. de celles de Henry

## SVR LES E'TABLISSEMENS.

V. Roy d'Angleterre dans *Nicol. Vptonus l. 4. de Militari offic. p. 140.* & de Casimir Roy de Pologne de l'an 1368. de la Coust. d'Anjou Art. 148. & il en est encore parlé au Compte de la terre de Champagne de l'an 1348. qui est en la Chambre des Comptes de Paris, où il est fait mention de deux femmes, *ausquelles on couppa les oreilles par soupçon de larrecin.* Les Coustumes M S S. de Bellac accordées par Adelbert III. C. de la Marche, l'ordonnent contre ceux qui arrachent les vignes, ou qui y font dommage. Voyez les remarques de M. d'Orleans sur Tacite p. 620.

IL PERD LE PIED] LL. Guillelmi I. Reg. Angl. Art. 67. *Interdicimus etiam ne quis occidatur, vel suspendatur pro aliqua culpa, sed eruantur oculi, abscindantur pedes, vel testiculi, vel manus, ita quòd truncus remaneat viuus in signum proditionis & nequitiæ suæ: secundùm enim qualitatem delicti debet pœna maleficis infligi.*

IL EST A SON PAIN] *Larron domestique*, en la Coust. de Lodunois ch. 39. Chap. 30. Art. 7. en celle de Bourdeaux Art. 107. vn titre d'Edoüard Roy d'Angleterre au Reg. de la Connétablie de Bourdeaux fol. 202. *Scilicet Dominus hæreditatis, vel filius suus, vel alius qui secum sit in domo ad panem & vinum.* Dans les Coustumes de Hainaut ch. 42. 98. 106. de Mons ch. 6. 8. 9. 10. 36. de l'Alleue Tit. 1. Art. 14. & de Tournay, les enfans sont dits estre *en pain* de leurs peres, qui sont en leur puissance: comme au contraire l'emancipation est appellée *mise hors de pain*, en celle de Mons Art. 10. & en celle de l'Alleue Art. 14.

VAVASSOR] Les Vauasseurs sont ceux qui ont moyenne, ou basse Iustice, Chap. 31. comme il est remarqué au chap. 38. d'où vient qu'ils sont nommez entre les Gentils-hommes du moindre estage. Pierre de Fontaines ch. 21. *Et se bas Sire, comme vaasseur, &c.* & le Roman de Merlin: *Ie sui vn Cheualier nés de cest païs, & estrais de Vauassours & de basse gent.* Voyez ce que le docte Selden a remarqué au sujet des Vauasseurs en son liure des *Titles of honor*, 2. part. chap. 5. §. 4. & 18. en attendant que je donne ailleurs ce que j'en ay remarqué.

FERE FORBANN] C'est à dire *banir, faire vn banny.* au l. 2. *Et se puis le forbann estoit troués el païs, il seroit pendables.* De sorte que le bannissement est vn droit qui appartient à la haute Iustice, ainsi qu'il est exprimé dans la Coustume d'Anjou Art. 48. qui vse du terme de *forbanir*, & en celle du Perche Art. 10. les termes de *forisbannire*, & de *Forisbannitus* sont fort communs dans la basse Latinité.

FORIVRER SA CHASTELLERIE] C'est ce que la Coust. de Normandie en diuers endroits appelle *forjurer le païs* chap. 23. 24. 80. 82. 115. 121. & les loix d'Edoüard le Confesseur chap. 6. *prouinciam forisjurare.* L'Epitre 221. d'entre celles qui se lisent au 4. Vol. des Hist. de France. *Villam etiam in hunc modum forjurauit. Accidit postea quòd villam intrauit: captus est à justitiis meis, in vinculis, in ceppo positus est. Parentelam forjurare, seu ex parentela se tollere,* in ll. Henrici I. Reg. Ang. c. 88. qui est le *forjur*, dont il est parlé dans la Coust. de Hainaut chap. 45. *Forjurer son ami charnel*, dans Pierre de Fontaines chap. 13. *forjurer son Seigneur*, dans G. Guiart en l'an 1304. *Forjurer son heritage*, dans la Coust. de Normand. ch. 100. nous parlerons de tous ces termes ailleurs plus amplement.

PAR MESCHEANCE.] Par malheur. Le lignage de Coucy M S. *La 2. fille* Chap. 35. *du C. Thibaud de Bar fu mariée à Mahieu fils du Duc Ferri, lequel Mahieu fu noié par meschance en vn viuier.* Gautier de Mets:

  *Pour mesquanche qui li auiengne,*
  *Ne puet estre pris ne l'en viengne.*

Guill. Guiart:

  *Priant Dieu que par sa puissance*
  *Gardast le Roi de meschance.*

Ce mot se rencontre souuent dans Alain Chartier p. 392. 429. 716. 854.

*Chap. 37.*    ASSEVREMENT VE'E'] *Véer* vient de *vetare*. Le Traducteur de G. de Tyr l. 1. chap. 31. traduit ces mots, *rerum venalium forum interdixerat*, par ceux-cy, *il auoit véez les viandes à nostre gent*. Robert Bourron au Roman de Merlin: *Li Rois prie à ses Barons qu'il li aident à amender la honte de sa Cour: & cil respondent que chou ne li puent il véer.* Il se rencontre encore dans Guiart en la Vie de Hugues Capet, & cy-aprés aux chap. 49. 52. 66.

*Chap. 38.*    QVI ONT VOIRIE] C'est à dire Iustice moienne, ou basse. Voyez Chopin *in Conf. And.* l. 1. c. 1. n. 4. c. 2. n. 2. en attendant que nous expliquions ailleurs tous ces termes.

PENDENT LARRON] Cette Iustice est appellée vulgairement *latro* dans les Titres Latins. V. Spelman. Phil. de Beaumanoir ch. 58. *On doit sçauoir que tos cas de crime que il soient, dont on pot & doit perdre vie, qui en est atains & condamnez, appartient à haute Iustice: excepté le larron. Car tout soit que les res predent la vie, ne por quant larrecin n'est pas de haute Iustice.*

TIENNENT LEVRS BATAILLES] Quoi qu'il soit dit ici que les Vauasseurs, c'est à dire les moiens & les bas Iusticiers auoient droit d'ordonner des duels dans leurs Iustices, dans les cas, qui estoient de leurs ressorts; il est constant toutefois que tous Seigneurs n'auoient pas droit de faire faire les duels dans l'étenduë de leurs seigneuries, quoi qu'ils eussent celui de l'ordonner; estant vne prerogatiue qui appartenoit aux hauts Iusticiers. Car les bas Iusticiers estoient obligez de renuoier ceux qui auoient esté condamnez à se purger par le duel en la Cour & en la Iustice du Seigneur dominant, deuant lequel le duel se paracheuoit. Vne Notice qui est au Reg. du Château du Loir: *Ad Maietum non potest fieri duellum, quòd non mittatur ad castrum Lidi, exceptis hominibus S. Martini de omni terrâ Archiepiscopi, si contentio sit judicij, vel duelli, vel etiam sacramenti, debet terminari ante Senescallum Comitis ad castrum Lidi.* Le sieur Hemeré rapporte vn titre semblable en l'Hist. de S. Quentin p. 177. Le Preuost de Paris saisit au nom du Roy par Sentence du mois de Mars 1292. *vns gages de bataille, que les Chanoines de S. Benoist de Paris faisoient deduire en leur Cour — pour cas de larrecin, pource qu'il entendoit que lesdits Chanoines n'auoient pas telle Iustice en leur terre à Paris.* Vn Titre de Philippes Auguste de l'an 1214. au Cartul. de Bourgueil *fol. 101. Si duellum acciderit in Curia Prioris, judicabitur & armabitur, & armati ducentur ad Nonencourt, Dominus de Nonencourt custodiet campum, & emenda erit Prioris.* Vn autre de l'an 1202. *Quotiescumque ventum fuerit ad vadia duelli, ducetur duellum in Curiam Canonicorum in monte, & ibi finietur, salua tamen medietate nostra de emendâ duelli.* Ce qui fait voir que les vsages estoient differents.

SI ONT LOR MESVRES] Voiez les Coust. d'Anjou Art. 40. de Lodunois ch. 2. Art. 2. 3. 4. de Tours Art. 42. du Maine Art. 50. Chopin *in Conf. And.* l. 1. c. 40. 43.

*Chap. 39.*    ESGARDER VN SERMENT.] Les Assises de Hierusalem ch. 64. au passage rapporté cy-dessous, remarque trois sortes de jugemens, les vns qui se faisoient par *recort*, d'autres par *connoissance*, & enfin les autres qui se faisoient par *esgard de Court*. Ce dernier terme est fort vsité dans les vieilles Coûtumes, & dans les Titres, qui est tourné dans les Chartes Latines par ceux de *consideratio Curiæ. Monast. Angl. to. 1. p. 221. Abstulit ei dictam terram per considerationem Curiæ suæ. V. Regiam Majest.* l. 2. c. 13. §. 2. *Math. Paris in Addit. p.* 97. Brompton. p. 937. L L. Longobard. l. 1. Tit. 9. §. 21.

*Chap. 40.*    DE QVEL MEFFET VAVASSOR] La Coust. d'Anjou Art. 75. 76. 77. 78. 79. remarque les cas, où le Seigneur suzerain ne rend point la cour, ni les causes à son vassal, qui sont *l'empêchement de chemin peageau*, qui est icy appellé *chemin brisé*, *le delit fait en grand chemin*, *fausse mesure*, *bris de marché*, qui est icy appellé *meffet de marché*, &c. Chopin explique tous ces termes au l. 1. sur cette Coustume ch. 79.

FERE RECORS AV VAVASSEVR] Les termes de *record* & de *recorder*, sont

# SVR LES ETABLISSEMENS.

font frequents dans les Ordonnances, les Coûtumes, les Iugemens, & les Liures de pratique de ce temps-là : c'est pourquoy il importe de les expliquer. *Record* signifie proprement vn témoin qui rapporte fidelement les choses qu'il sçait, ou qu'il a veuës, ou dont il se souuient. Dans le Poëte, *si bene audita recordor*. & delà ordinairement ce mot est pris pour des informations faites en jugement. Vne Enquête de l'an 1208. concernant les Lombards: *Gosbertus de Marchia recordatus ea quæ Magister Gaufridus asserit in suo recordo. Guillelmus Bottucu juratus per juramentum suum recordatus est sicut Guillelmus de Crispeio, & addit*, &c. Philippes de Beaumanoir ch. 62. dit qu'*en cose qui se peut prouuer par recort, ne doit auoir nul gage*, c'est à dire que lors qu'on peut prouuer vne chose par témoins, il n'échet pas d'ordonner le duel. Les Assises de Hierusalem chap. 44. *Vous requereʒ recort de chose desconuenable, & de tel que vous ne deueʒ auoir recort*, c'est à dire qui ne se doit vuider par enquête. Ensuite on a vsé du terme de *recorder*, pour juger sur vne enquête. Vn jugement rendu au temps de Guillaume le Bâtard dans Selden sur Eadmer p. 199. *Et ab omnibus illis probis & sapientibus hominibus, qui affuerunt, fuit ibi dirationatum, & etiam à toto Comitatu recordatum atque judicatum*. Ainsi *record de Cour*, est vne enquête ordonnée & faite par la Cour. Les Assises de Hierusalem ch. 13. *Et l'offre à prouer, & le preuue si come il doit, & tele preuue ne doit estre que par recort de Cort*. Au chap. 64. *Ie vous pri que vous ne souffrés que tel home, qui ne sont mes Pers, ou qui ont perdu vois en Court soient à cest recort, ou à cest esgard, ou à cest conoissance.* Vn Arrest rendu au sujet des Marchands Lombards: *Quam conuentionem idem Procurator noster per recordum Curiæ obtulit probaturum : tandem visis prædictis conuentionibus, & audito recordo Curiæ nostræ super his*, &c. Ce qui fait voir que *le Record de le Cour*, estoit vne Enquête faite par les Iuges de la Cour, sur laquelle on rendoit jugement: De sorte que c'est pour cela que la Iustice qui auoit droit de juger par enquête, comme a esté premierement la Chambre des Enquétes du Parlement, a esté appellée *la Cour de record*, comme dans Littleton sect. 175. Philippes de Beaumanoir chap. 62. dit qu'il n'y a point d'appel, *Quant home qui ont pooir de jugement, font aucun recort de jugement pour le debat des parties : car en recort n'a point d'appel*. Mais cela se doit entendre lorsque le *record* estoit jugé en la Cour des Barons, ou des hauts Iusticiers : car quant aux records des Vauasseurs, ou bas Iusticiers, il y auoit appel en la Cour des Barons. Et en ce cas le record de la Cour estoit *relatio, seu repetitio litis, vel processus deducti in inferiore Curiâ, facta in Curia superiore*, ainsi que *Skenæus* Iurisconsulte Escossois le definit : & c'est ce qui est dit icy que le Baron ne doit pas faire record au Vauasseur d'aucune chose qui ait esté jugée par deuant lui, parce qu'estant Iuge superieur, il n'auroit pas esté juste qu'il fist rapport de son jugement à son inferieur. A plus forte raison on ne peut demander le record du jugement du Roy, c'est à dire le rapport, parce qu'il n'y a point d'appel de ses jugemens : Les loix de Henry I. Roy d'Angleterre chap. 49. *Omnem recordationem dominicæ Regis Curiæ non potest homo contradicere* : Ce qui est aussi remarqué par Glanuille l. 8. chap. 9. & ainsi expliqué dans *Regiam Majestatem* l. 1. chap. 13. §. 3. *Sciendum est, quòd lites decisæ legitimè per magnam Assisam Domini Regis, postmodum nullâ occasione resuscitantur*. ce qui est repeté au l. 3. chap. 17. §. 3. car quoi qu'il n'y eust point d'appel *des records* des Barons, si est-ce qu'il y auoit des cas où les causes jugées par eux estoient renuoiées au Roy, pour estre decidées souuerainement, & qui sont remarquez dans le même liure intitulé *Regiam Majestatem*, l. 3. chap. 23. & 24. où la matiere des Records est traittée amplement. & mêmes il est dit dans les loix de Henry chap. 31. que *recordationem Curiæ Regis nulli negare licet.* Voyez cy-aprés le chap. 55. 56. mais je ne m'apperçois pas que je m'engage trop auant sur ce sujet.

A PARAGEORS] Voyez ce que j'ay remarqué des Parages en vne Dissertation sur le Sire de Ioinuille.    *Chap. 42.*

QVANT AVCVNS HOM] V. Chopin l. 1. *in Consf. And.* c. 62. n. 2.    *Chap. 44.*

Partie III.     Y

*Chap. 45.* ET SE BATAILLE EST IVGE'E] Voyez sur ce sujet les loix des Barons d'Escosse l. 2. chap. 63. §. 7. & les suiuans. Phil. de Beaumanoir chap. 62. dit que nul ne peut appeller son Seigneur, à qui il est homme de corps & de mains, auant qu'il lui eust delaissé l'hommage, & ce qui tenoit de lui. Et vn Vassal qui vouloit appeller son Seigneur, & l'accuser de quelque crime, deuoit venir le trouuer, & en presence de ses Pairs, lui tenir ce discours : *Sire, j'ay esté vne pieche en vostre foi & en vostre homage, & may tenu de vous tex heritages en fief, & à l'hommage, & à le foi je renonce, parce que vous m'aués meffet, duquel meffet j'entens aquerre vengeance par appel.* Aprés cela il deuoit le faire semondre ou ajourner en la Cour du Souuerain, & y poursuiure son appel. Que si auant l'appel il ne renonçoit pas au fief & à l'hommage, il n'y auoit aucun gage de bataille, mais il tomboit en l'amende du Seigneur, pour lui auoir dit *villenie*. Il en estoit de méme du Seigneur qui vouloit appeller son homme : car auant que de proceder en son appel, il deuoit en la presence de son Souuerain renoncer à l'hommage de son vassal. La raison de cette parité est, que *tout autant que li home doit à son Seigneur de foi & de loiaté par le reson de son hommage, tout autant en doit li Sires à son home.*

*Chap. 46.* QVE IL LI MONSTRE SON FIE'] La Coûtume d'Anjou Art. 6. est conforme. Il est encore parlé des *monstrées de terre*, dans celles de Tours, de Lodunois, du Maine, de Bretagne, de la Marche, &c. comme aussi dans les Assises de Hierusalem ch. 27. & 222. Vn Arrest de l'an 1260. rapporté aux Preues de l'Hist. de Guines p. 374. *Et habuerat super hoc diem consilii, & diem ostensionis.* Phil. de Beaumanoir au ch. 9. traite *Des cas, ou jours de veuë appartient, & coment on peut baroier en Cort laie, & coment veuë doit estre monstrée, &c.* Et au ch. 27. il dit qu'on peut *dilaier le plet, en demandant jor de Conseil, ou jor de veuë, ou aucune autre reson dilatoire.* V. cy-aprés le ch. 56. & au l. 2. ch. 10.

DE QVEL MEFFET] Par les Assises de Hierusalem ch. 186. & 195. l'on peut perdre son fief en trois manieres. *L'vne est l'an & jour, l'autre toute sa vie, & la tierce lui & ses hoirs. L'an & le jour le peut home perdre par defaut de seruice. Toute sa vie, le peut home perdre, & pert par defaut d'homage, & par autres choses. Et l'om peut perdre, & pert pour Dieu renoier, & pour estre traitour vers son Seignor.* Et au ch. 193. *Ce sont les choses de quoi il me souuient ores, pourquoi on peut & doit par l'Assise, ou Vsage du Royaume de Ierusalem, estre desheritez, lui & ses hoirs. Qui est herege :* (heretique) *qui se renoie : qui met main sur le cors de son Seigneur ; qui vient à armes contre son Seignor en champ : qui vent sans le congié de son Seignour sa cité, ou son chastiau, ou sa forteresse à son ennemi, tant come il a à boire ne à manger tant ne quant : qui traist son Seignor ; & le liure à ses enemis : qui porchasse la mort & le desheritment de son Seignour, & est de ce ataint & proué : Qui vent par l'Assise son fié : qui est apelé de traïson, vencu en champ, ou defaillant de venir soi defendre en la Cour de son Seignor de la traïson que l'on li met ses, se il est semons, come il doit.* Au chap. suiuant : *Ce sont les choses pourquoi il me semble que l'on peut & doit estre desherité sa vie. Se vn home tient vn fié dou Seignor de qui il li doiue homage, & se il ne le fait, où il ne s'euffre à faire si come il doit dedens vn an & vn jour, &c. qui est ataint de foi mentie vers son Seignor, il pert le fié contre sa vie.* Nos Coustumes rapportent d'autres cas, où le Vassal peut commettre & confisquer son fief, comme aussi le Liure des Fiefs *lib. 1. Tit. 2. 21. l. 3. Tit. 1.* Et ceus qui l'ont commenté, comme *Zazius* entre autres *part. 10. de Feudis.*

MET MAIN A SON SEIGNEVR] V. *Regiam Majestatem l. 2. c. 63. §. 5.* & la Coust. d'Anjou Art. 188. 189. & suiuans.

DE SEMONDRE] Les Assises de Hierusalem chap. 200. *Et se il auient que le Chief Seignor ait contens, ou guerre à aucuns de ses homes qui ait home qui li ait fait ladite ligesse, ceaus homes doiuent venir à lor Seignor, & dire li, Sire, vos saués que nous somes homes liges dou Chief Seignor dou Roiaume deuant vous, por que nous ne deuons estre contre lui : si vous prions & requerons que vous nous addressés vers lui, & que vous lui mandés que il nous méne par esgard de sa*

## SVR LES ETABLISSEMENS. 171

*Court, & se vous ne ce faites dedans 40. jours, nous vous guerpirons, & irons à lui aider & conseiller contre vous, se en lui ne remaint, & se vous faites ce que vous requerrons, & il vous faut de droit faire par sa Court, nous ne vous guerpirons pas : mais se vous dedans 40. jours faites chose qui fut contre lui, nous ne le souffrirons pas, se nous le poissiens amender, ne destourber son mau, nous vous guerpirons lors, & iriens à lui, & feriens ver lui ce que nous deuriens.* Les mémes formalitez semblent deuoir auoir esté obseruées par ceux qui deuoient homage simple & non lige, lors qu'ils estoient semons par leurs Seigneurs liges de les suiure en guerre contre leurs Seigneurs non liges. V. LL. *Henrici I. Reg. Angl.* c. 43. l. 4. *Feud. Tit.* 27. & *Regiam Majest* l. 2. c. 63. §. 2.

QVI FIT ESQVEVSSE] C'est ce que les Loix d'Escosse l. 2. c. 63. §. 1. appellent *infestare dominum*.     Chap. 50.

SE IL PESCHE EN SES ESTANS] V. la Coust. d'Anjou Art. 192.

ET SE IL GIST A SA FEME] — *Si fidelis cucurbitauerit dominum, id est cum vxore ejus concubuerit,* — *vel si cum filia,* &c. lib. *de Feud. Tit.* 2. Voyez la Coust. d'Anjou Art. 193.

DE BAILLER PVCELLE ] V. la Coust. d'Anjou Art. 194.     Chap. 51.

QVAND LI SIRES VE'E &c. ] C'est lors que le Vassal appelle son Seigneur *de defaut de droit*. Voyez Pierre de Fontaines ch. 13. & la Coust. d'Anjou Art. 195.

QVI LI DOIVENT SA GARDE ] Chopin *l. 1. in Consuet. And.* c. 43. & *l.*    Chap. 52. 3. *de Doman. Tit.* 18. §. 8. a traité des gardes qui estoient deuës aux Châteaux des Seigneurs par les Vassaux. C'est ce qui est appellé *Eschargaita*, dans la Charte des Libertez de Iasseron en Bresse, aux Preuues de l'Hist. de Bresse p. 107. L'ancien interprete de Guill. de Tyr l. 3. ch. 12. *Locatis in girum excubiis*, tourna ainsi ces mots, *Ils firent leur ost bien eschargaiter*. Et le Gloss. Latin-Franc. *Excubiæ, veillées, gaites, eschaugaites*. V. les Coust. d'Anjou Art. 136. 174. du Maine Art. 146. 194. de Tours Art. 98. 99. de Loudun ch. 8. Art. 4. 5. 6. Littleton sect. 111.

CIL QVI DOIT LIGE ESTAGE ] *Estage*, signifie maison, logement, comme j'ay fait voir au Glossaire sur Ville-Hardoüin : Le Traducteur de Guillaume de Tyr l. 16. ch. 1. *Illius dimissâ habitatione, auoit laissé l'estage de la cité.* Le Roman de Merlin, *Ne m'en partirai deuant que j'aye fait vn estage aussi biel & aussi riche, come il onques fu faís, où je remarray toute ma vie.* Tenir *estage*, dans les Assises de Hierusal. ch. 228. *stare* pour vne maison, dans l'Hist. des Euesques de Lodeue p. 135. 170. 179. Desorte que dans la plûpart de nos Coûtumes *Estager* signifie vn habitant, ou vne personne qui a domicile en vn lieu, & dans Ville-Hardoüin n. 107. le méme mot signifie habiter. V. l'Hist. des Châtellains de Lille p. 180. Mais particulierement on appelloit *Estagiers* les vassaux du Seigneur d'vn fief, qui estoient obligez par l'infeodation de venir demeurer en son château en temps de guerre, pour le garder contre ses ennemis : d'où ils sont nommez *munitionis obseruatores* dans vne lettre de Guillaume de Ville-Hardoüin Maréchal, & de Miles de Braibans Bouteiller de Romaine à Blanche Comtesse, rapportée en mes Obseruations sur l'Hist. du méme Ville-Hardoüin N. 4. Car les Coûtumes d'Anjou Art. 134. du Maine Art. 144. font voir clairement que ces *estages* ne se deuoient qu'en temps de guerre : Ce qui est confirmé par les termes du Registre des Fiefs de Champagne p. 30. *Talis est consuetudo Musterioli, quòd si guerra erga illud castellum emerserit, omnes Milites veniunt illuc stare*. Et en la p. 38. *Talis est consuetudo Rvuini, quòd si guerra emerserit erga castellum Pruuini, omnes Milites à chemino calciato vsque ad nemus Asiotri, & à nemore Ioiaci ad Secanam venient stare Pruuini, exceptis illis qui sunt de honore Braii.* J'ay rapporté ailleurs les vers du Roman de Garin qui confirment la méme chose. Cét estage se deuoit faire en personne par les Vassaux, huit jours aprés qu'ils en auoient esté requis par leurs Seigneurs, ainsi que porte la Coust. d'Anjou. Les vns le deuoient auec leurs

Partie III.                   Y ij

femmes & leur famille, d'autres estoient exemptez d'y mener leurs femmes. Quelques-vns estoient obligez de le faire toute leur vie, comme en cét acte de l'an 1162. tiré de la Chambre des Comptes de Paris : *Notum — quòd ego Ioannes Martini dono corpus meum per hominem per me & per omnem meam potestatem tibi Giraydo Rossilionensi Comiti, & omni tuæ posteritati in perpetuum, & conuenio tibi vt stent omnibus diebus vitæ meæ in villa de Malpas pro stage cum omnibus infantibus meis, quos ego meliùs voluero.* Ce stage continuel ne differoit pas de ce que les titres appellent *Rosseandisse*, les vassaux qui y estoient obligez, estant tenus d'auoir maison dans le village du Seigneur, cessant quoi nul ne pouuoit tenir heritage. Vn titre de l'an 1247. au Cartul. de Champ. de la Bibl. du Roy, *fol. 343. Nus ne puet tenir heritage en la vile, se il n'est estagiers dedens la vile.* D'autres estoient obligez à l'estage toute l'année, comme on lit en la page 72. du Reg. des Fiefs de Champagne : *Hæc dedit Domina Comitissa pro continuo stagio faciendo apud sanctam Menoldim per totum annum Dudoni de Buixiaco 7. libratas terræ cum carrucata terræ, quam Dominus Comes ei dederat.* Aux Preuues de l'Hist. de Guines p. 350. *Dominus de Firmitate est par & dimidium Ribemontis, & debet estagium per annum.* D'autres ne deuoient que six mois, V. les Preuues de l'Hist. de Chastaigner p. 6. Enfin d'autres deuoient moins, comme on peut apprendre des pieces suiuantes tirées du Cartulaire du Vidamé de Piquigny, qui nous découurent l'vsage & la pratique de ces estages. fol. 57. *In nomine Dom. Ego Hugo Caus dauaine dominus Bellenallis omnib. præs. script. inspecturis, Notum facio quòd ego & hæredes mei debemus Ingerranno domino de Pinconio Vicedomino Ambianensi, domino meo ligio, & hæredibus suis, vnum mensem stagii singulis annis, si inde submoniti fuerimus, ad sumptus proprios, apud Pinconium faciendi, & cum vxore, sicut Pares mei, & liberi homines sui faciunt. Et si contigerit dum in stagium meum fuero, prædictum dominum meum hominum & amicorum suorum auxilio indigere, vxorem meam si voluero ad domum meam potero remittere, & cum armis me tertio de Militibus stagium incœptum debeo perficere. Si autem cùm submonitus fuero legitimâ detinebor essoniâ, quòd in stagium meum præsentiam mei non valeam exhibere, quinque Milites pro me ad stagium meum peragendum teneor mittere. Cùm autem istud stagium, sicut in Chirographo illo continetur, perfecerim, seruitium memorato debeo Vicedomino ad sumptus ipsius, sicut & alii liberi homines sui, &c. Anno Incarn. 1210. mense Iunio.* Vn autre Aueu de Renaud d'Amiens Seigneur de Vinacourt à Enguerrand Seigneur de Piquigny de la méme année. *Ego Reginaldus de Ambianis & hæredes mei debemus Ingerranno Domino de Pinchonio Vicedomino Ambian. cujus homo ligius sum, sex hebdomadas de seruitio apud Pinconium cum armis, sine vxore, ad custum meum si negotium habuerit de guerra. Et si extra Pinchonium me ducere voluerit, ita quòd non possim ipsa die remeare ad prædictum Pinconium, ad custum suum ire tenor. Completis autem 6. hebdomadis plenum seruitium illi debebo ad custum suum sicut liberi homines sui, &c.* Vn autre de Thibaud Seig. de Tilloy de l'an 1224. au méme Registre. *De prædictis autem domino meo Pinconiensi stagium per xv. dies apud Pinconium me altero milite ad custum meum proprium, quando aliquis ex parte mea vel ego submonitus fuero rationabili submonitione absque soubspressura. Et si dominus meus Pinconiensis voluerit, mecum vxorem meam habebo per quatuor dies, &c.* Il y a en ce Registre vn grand nombre de semblables aueux. Ceux qui estoient tenus à ces estages, estoient aussi obligez d'auoir maison aux lieux où il se deuoient faire : & s'ils n'en auoient pas, le Seigneur leur en deuoit fournir, comme il est porté en l'art. 135. de la Coust. d'Anjou, ou leur en bâtir comme on recueille de cét extrait du Reg. des Fiefs de Champagne fol. 62. *Lutans de Trians & Geruasius de Vienna debent facere continuum estagium in castro sanctæ Menoldis, ab instanti festo S. Remigii, quod est anno Incarn. Dom. 1201. in 2. annos completos : & deinceps vnusquisque eorum faciet in eodem castro singuli sex septimanas de custodia. Ego autem Blancha Comitissa dedi vnicuique illorum 60. libras pro domibus faciendis.* Ces termes font voir que l'estage differoit de la garde.

# SVR LES ETABLISSEMENS. 173

AGASTIR] Gaster, du mot Latin *vastare. vignes agastir*, au ch. 130.

SA ROBE A COINTOIER] Sa principale robe, & dont elle se sert dans *Chap. 54.* les jours solennels. *Cointoier* vient de *coint*, & *coint* de *comptus*. V. cy-aprés le ch. 61.

VNE AVMOSNIERE] Vne bourse. Le Roman de la Rose,

> Lors a de s'aumosniere traite
> Vne petite clef bien faite.

Gaces de Brulez,

> Moult i a de ceus,
> Qui deslient aumosniere,
> S'en font lor anians,
> Et g'en sui bouté ariere.

*Almoneria* dans Guill. de Puylaurens ch. 21. & dans deux comptes des Baillis de France des années 1268. & 1269. *Eleemosynaria*, dans vn titre de Simon de Baugency de l'an 1149. au Cartulaire de S. Euuert d'Orleans : *Et super altare ipsius Ecclesiæ per eleemosynariam meam lapidem Beryllum habentem propriâ manu imposui*. V. Coquille en l'Hist. de Niuernois.

SES GVIMPLES] Ce sont voiles que les femmes mettent sur léurs testes. Philippes Mouskes en la vie de Louys VIII.

> Et quant li Rois les vit tant simples,
> Come pucelles à leur guimples.

Alain Chartier en la Balade de Fougeres :

> Iamais homme sage, ne simple,
> Point ne doit passer vn contrat,
> S'il ne veut estre d'vne guimple
> Affublé par vostre barat.

V. Georges Chastellain en la vie de Iacques de Lalain ch. 18. & M. Ménage. Bolandus au 5. Feur. p. 647. dit que ceux de Catane en Sicile appellent le voile de sainte Agathe *Grimpa*, mais il est probable que ses memoires ont porté *Guimpa*.

DOIT DEMANDER LA VEÜE] Ce qui est icy appellé *venë*, & en la plus- *Chap. 56.* part de nos Coûtumes, est nommé *Monstrée* au ch. 46. L'ancien Coûtumier de Normandie 2. part. dit que *recort de venë de Fieu soloit estre fet par 4. Cheualiers, ou par celes personnes qui ne doiuent pas estre ostées del Iugement, ou del recort*, &c. Mais il arriua sur cét vsage vn grand different entre les Cheualiers riches, qui vouloient se dispenser de se trouuer à ces coruées, & les pauures Cheualiers, qui en estoient foulez : enfin par Arrest de l'Eschiquier de la S. Michel l'an 1282. il fut ordonné que les pauures Cheualiers en seroient exempts: *De Militibus pauperibus Normanniæ conquerentibus de citationibus & vexationibus sibi factis pro visionibus tenendis, ditiores Milites qui dictis visionibus interesse debent dimittendo, habito super hoc consilio concordatum fuit quòd Milites ditiores dictis visionibus intersint, & pauperes, & inopes dimittantur & deportentur, prout meliùs & vtiliùs poterint deportari saluo jure alieno, ita tamen quòd per hanc deportationem querelæ detrimentum secundùm consuetudinem patriæ patiantur.* Mais comme ces Cheualiers refusoient & differoient de se trouuer à ces veües, & que cela empeschoit que les affaires ne se vuidassent promptement, l'Arrest suiuant interuint qui se trouue inter *arresta Paschæ & S. Michaëlis en 1289. Peruenerabiles Magistros præsentis scacarii finem litibus imponere cupientes, quòd per defectum Militum qui visionibus interesse solebant, longum & prolixum tractatum habebant, adeò quòd causæ siue lites, quasi immortales vix aut nunquam poterant deuenire. De consilio & consensu Bailliuorum, Vicecomitum, Militum & Prudentium taliter extitit ordinatum, quòd in omnibus causis motis, in quibus requireretur visio, non vocentur Milites. In causis verò juris patronatuum ecclesiarum, & aliis causis feoda liberè tangentibus, & curiam & vsum habentium Milites aut antea vocabuntur, consuetudine priore non obstante.*

COMMENT] Voyez le ch. 40.                                        *Chap. 57.*

Y iij

## OBSERVATIONS

*Chap. 59.*  **FAIT SEMONDRE**] Cette matiere *d'Ost & de Cheuauchée*, qui est encore traitée au l. 2. chap. 45. est de trop longue haleine, pour estre icy expliquée. Voyez seulement le l. 1. des Châtellains de Lille p. 141. où la formule de ces semonces des hommes Coûtumiers, ou des Bourgeois est rapportée.

**NE LA PVET ACHOISONNER**] C'est à dire, *on ne la peut inquieter, ni vexer.* Vn titre de Mathieu de Montmorency de l'an 1205. aux Preuues de l'Hist. de cette maison p. 75. *Quicumque autem non reddet mihi censum, vel caponem, ad terminos qui dicti sunt, reddet mihi 7. sol. pro amenda. Si autem achesonatus fuerit quòd censum suum vel caponem non bene reddiderit, si voluerit jurare quòd censum suum reddidit, sicut debuit, per juramentum suum quittabitur de amenda.* Gaces Brulez,

  *Et sius amis à tort achesonnez.*

Iean Erard en ses chansons,

  *Dame, tant m'ont felons achesonnez.*

*Malæ consuetudines, & malæ achesones*, au titre cy-dessus, pour des maltotes. Tous ces termes viennent *d'acheson*, tiré du Latin *occasio*, qui est employé dans les Auteurs du moyen temps pour des leuées induës, & pour des vexations que l'on fait aux peuples, sous pretexte des *Occasions pressantes*. Roderic Arch. de Toiede en l'Hist. des Arabes ch. 15. *Fiscum diuersis occasionibus augmentauit.* Aux loix des Lombards l. 3. Tit. 1. §. 33. *De injustis occasionibus & consuetudinibus nouiter institutis, &c.* V. Doublet en l'Hist. de S. Denys p. 827. 833. Les Annales de Noion p. 681. 682. Le *Monasticum Anglic. to. 1. p. 503. to. 2. p. 812.* Delà le mot *d'Occasionare*, pour *achesoner* au Tom. 2. du méme *Monast.* p. 1026. en la méme signification que ce mot est pris icy.

*Chap. 60.*  **NVLE DAME**] V. l'Art. 87. de la Coust. d'Anjou.

*Chap. 61.*  **IE VVEL QVE VOVS ME DONNE'S**] La Tenuë par hommage, par seauté, & par escuage, qui emportoit auec soi la garde, le mariage, & le relief, ainsi que parle Littleton sect. 103. Mais à l'égard du mariage, cela regardoit particulierement les filles qui estoient heritieres effectiues ou presomptiues d'vn fief qui deuoit seruice de Cheualier, ou autre, comme il est porté dans *Regiam Majestatem* l. 2. ch. 42. §. 2. ch. 48. §. 2. dans la Coust. de Normand. ch. 33. & ailleurs. Et mémes c'estoit vn vsage receu vniuersellement qu'vne fille heritiere apparente d'vn fief ne pouuoit estre mariée sans le consentement du Seigneur : ensorte que si vn pere auoit marié sa fille sans le requerir, il perdoit son fief. La raison en est apportée dans les loix d'Escosse au l. 2. ch. 48. §. 6. *Cùm enim ipsius mulieris maritus homagium aliquod de tenemento illo facere Domino tenetur, requirenda est ipsius Domini voluntas, & assensus ad faciendum, ne de inimico suo, vel aliâ minùs idoneâ personâ, homagium de feodo suo, ex coactione recipere teneatur.* Mais lors qu'vn pere demandoit à son Seigneur la permission de marier sa fille, il estoit obligé de la donner, ou d'alleguer vne cause raisonnable de son refus, à faute dequoi le pere pouuoit la marier, comme il est porté au méme chap. §. 7. & 8. Cecy est encore exprimé dans le statut d'Henry I. Roy d'Angleterre, qui se lit au chap. 1. de ses Loix, dans Mathieu Paris en l'an 1100. & 1213. & dans l'Hist. de Richard Prieur d'Haguftald en l'an 1135. en ces termes : *Si quis Baronum vel hominum meorum filiam suam nuptui tradere voluerit, siue sororem, siue neptem, siue cognatam, mecum inde loquatur. Sed neque ego aliquid de suo pro hac licentia accipiam, neque ei defendam, quin eam det, excepto si eam jungere vellet inimico suo.* Falcand au Liure qu'il a fait des miseres de la Sicile p. 663. dit que les Barons de ce Royaume reprocherent autrefois au Roy Guillaume le Mauuais de ce qu'il abusoit de ce priuilege, ne permettant pas que leurs filles fussent mariées. *Vt enim cætera quæ perpessi fuerant omittantur, miserrimum esse vel apud seruilis conditionis homines filias suas innuptas domi toto vitæ tempore permanere. Nec enim inter eos absque permissione Curiæ matrimonia posse contrahi, adeóque difficile permissionem hanc hactenus impetratam, vt aliàs quidem tunc demùm liceret nuptui dari, cùm jam omnem spem sobolis senectus*

## SVR LES E'TABLISSEMENS. 175

*ingruens suStulisset: aliàs verò perpetuâ virginitate damnatus sine spe conjugii decessisse.* Tout cela auoit lieu à l'esgard des filles qui estoient heritieres presomptiues des fiefs, du viuant de leurs peres. Mais lors qu'elles tomboient en minorité, le Seigneur en auoit la garde, comme aussi de leurs fiefs en quelques Coûtumes, ( ce qui est appellé garde Royale en Normandie ) comme en Escosse, au l. 2. *Regiam Majestatem* ch. 42. §. 2. ch. 48. §. 1. & alors le Seigneur estoit obligé de les marier, & ce dedans deux ans de leur âge de majorité, qui estoit de quatorze ans pour les filles : le temps passé, elles cessoient d'estre en la garde & en la puissance de leurs Seigneurs. Que si la fille auoit esté mariée du viuant du pere, qui seroit decedé auant qu'elle eust ataint l'âge de quatorze ans, le Seigneur auoit la garde de son fief, jusques à ce qu'elle auoit ataint cét âge, ainsi qu'il est exprimé dans Littleton sect. 103. Si les filles estoient âgées au temps du decez de leur pere, le Seigneur ne laissoit pas d'auoir leur garde jusques à ce qu'elles fussent mariées par leur conseil, come il est dit dans *Regiam Majestatem* chap. 48. §. 3. Si les filles majeures se marioient sans le consentement du Seigneur, quoy qu'il leur eust offert de les marier sans les déparager, alors le Seigneur pouuoit tenir leurs fiefs saisis, & en jouïr jusques à tant qu'il se seroit indemné au double des profits qu'il auroit eu de leurs mariages, qui sont ceux du rachat, dont il est parlé en la Coustume d'Anjou Art. 87. comme il est enoncé dans les loix des Barons d'Escosse intitulées, *Quoniam Attachiamenta*, chap. 91. Les Assises de Hierusalem chap. 239. proposent cette question à ce sujet : *Se vn home dou Seignor espouse feme qui tient fié dou Seignor, dequoi elle li en doit mariage, ou ne se puisse marier sans le congié dou Seignor, & il ne le fait par comandement dou Seignor, il ne doit saisir, ne tenir le fié de la feme que il a espousée, se il ne le fait par le Seignor : ains le doit laisser ester : pource que se il tient le fié de la feme que il a espousée sans le congié dou Seignor, il s'i est mis autrement que il ne doit au droit de son Seignor, si a mespris vers lui de sa foy, se me semble, & me semble que le Seignor en pora auoir droit come de foi mentie. Mais se il espouse la feme sans le congié dou Seignor, & il ne saisit le fié de la feme, il m'est auis que le Seignor n'en pora auoir droit ne amende de lui par sa Court, pource que la feme doit le mariage au Seignor que elle doit pour le fié, & que son home qui a la feme espousée sans son congié, ne s'est mis au droit dou Seignor, autrement que il doit, ne mespris vers lui de sa foi. Et se autre que home dou Seignor à qui il soit tenus de foi, espouse feme qui tiegne dou Seignor fié de qui elle doiue le mariage, ou tel que elle ne se puisse marier sans son congié, mette soi, ou ne le mette en saisine dou fié, le Seignor, se m'est auis, le peut prendre, ou faire prendre, se il veaut, & justicier à sa volenté, puis que la feme qui deuoit au Seignor mariage, ou qui ne se peut marier sans son congié marier, & espouse sans son congié, que il se saisit dou fié, il se met au droit dou Seignor, & se il ne se mete en saisine, si ait desprisé le Seignor, & fait contre la seignorie, quant il a la feme qui li deuoit le mariage, ou que sans son congié ne se peut marier, a espousée, & pour ce me semble-il que le Seignor en peut auoir droit, & en peut faire sa volenté, puis que il n'est tenus de foi à lui. Au chapitre 240. A moi semble que cestui (des homes dou Seigneur) qui auroit la feme espousée qui deuoit mariage au Seignor, & se seroit mis el fié, auroit fait vers son Seignor vn raim de trayson : & se telle trayson se voit bien apparente & manifeste, il me semble que bataille y puisse bien estre, & se il en estoit attaint, il en seroit à la merci dou Seignor, si le poroit le Seignor faire morir, si come il li plairoit, ou tollir tant de membre come il vodroit, & se il li soffroit la vie il auroit honor perdu à tosjours, & seroit desheritez de quanques il seroit de celui Seignor,* &c. En tous ces cas, comme j'ay remarqué, le Seigneur ne pouuoit les déparager, c'est à dire qu'il estoit obligé de les marier selon leur condition, particulierement s'il les marioit en minorité, à peine de perdre tous les emolumens de la garde. mais si estant majeures elles donnoient leur consentement à leur deparagement, le Seigneur n'estoit sujet à aucune peine, suiuant les loix des Barons d'Escosse, chap. 92. & dans Littleton sect. 107. 108. Que si la fille mineure possedoit plusieurs fiefs releuans de diuers Seigneurs, les loix d'Escosse l. 2. ch.

44. & celles des Barons d'Escosse chap. 94. resoluent que celui des Seigneurs doit auoir le mariage de l'heritiere, duquel le predecesseur a esté premierement saisi du fief. Les Assises du Royaume de Hierusalem chap. 237. apportent cette distinction sur ce cas : *Se feme a & tient plusiours fiés de plusieurs Seignors, & aucun des fiés doit seruice de cors, & se tous les fiés que ele tient, ou partie d'eaus, doiuent seruice, & en desert l'vn de son cors, & les autres come d'escheete, elle en doit le mariage à celui sans plus de qui ele tient le fié que ele desert de son cors.* Car, ainsi qu'il est dit au méme chapitre, *feme ne peut deuoir mariage que à vn Seignor, car ele ne puet auoir deus maris, ne plus ensemble,* &c. Quand le Seigneur entreprenoit de marier ainsi sa vasalle, il le deuoit faire auec le consentement & le conseil des parens. La Coust. de Normandie ch. 33. *Se femme est en garde, quand elle sera en âge de marier, elle doit estre mariée par le conseil & licence de son Seigneur, & par le conseil & l'assentement de ses parens & amis, selon ce que la noblesse de son lignage, & la valeur de son fief requerra.* Les Assises de Hierusalem chap. 234. specifient encore la forme qui s'obseruoit en ces occasions, en ces termes : *Quant le Seignor veaut semondre, ou faire semondre, si com il doit, feme de prendre Baron, quant elle a, & tient fié, qui doit seruice de cors, ou à Damoiselle à qui le fié escheit, ou est escheu que il li doit seruice de cors, il li doit offrir trois Barons, & tels que ils soient à lui aferans de Parage, ou à son autre Baron, & la doit semondre de deux des homes, ou de plus, ou faire la semondre de deus par trois de ces homes, l'vn en leuë de lui, & deux come Court, & celui que il a establi en son leuë à ce faire, doit dire enci, Dame je vous euffre de par Monseignor, que dedans tel jor, (& motisse le jor,) aiés pris l'vn des trois Barons, que je vous ay només, & de ce trais a guarent ces homes dou Seignor, qui sont ci come Court, & enci le die par trois fois. & se l'on ne la treuue à la semondre en sa persone, l'on la doit semondre en son ostel, ou en son fié, ou en l'ostel, ou elle fut derrainement, se elle n'a ostel sien en qui elle maigne, &c. Et se elle vient dedans ledit terme deuant le Seignor en la Court, & elle ne dit, ou fait dire chose dedans celui terme parquoi Court esgarde, ou conoisse que elle est tenuë d'acueillir la semonce, de ce que le Seignor l'aura fait semondre, & elle sera defaillant dou seruice, que elle doit au Seignor, si en porra le Seignor auoir droit & amende d'elle, si il veaut, come feme qui defaut de seruice de Baron prendre.* Quant au refus que l'heritiere du Fief faisoit, ou pouuoit faire, de se marier, les loix des Barons d'Escosse definissent que si elle declaroit qu'elle ne vouloit pas se marier, le Seigneur ne pouuoit pas l'y obliger : mais que lors qu'elle seroit paruenuë en âge nubile, c'est à dire à quatorze ans, elle deuoit indemner le Seigneur, d'autant qu'il auroit pû auoir de celuy qui l'auroit épousée, & ce auant qu'elle puisse entrer en possession de sa terre. Mais la principale raison que le Seigneur auoit d'obliger sa vassalle de prendre mary, estoit afin que le fief qui lui appartenoit fust desserui, principalement lors que ce fief estoit obligé à seruice de corps. Les Assises de Hierusalem chap. 179. *Quant feme a & tient fié qui doit seruice de cors, & elle le tient en heritage ou en baliage, ele en doit le mariage au Seignor, de qui ele tient le, se il la semont, ou la fait semondre, si come il doit, de prendre Baron.* & au chap. 222. *Se feme tient fié qui doit seruice de cors, doit au Seignor tel seruice que ele se doit marier, & quant ele sera mariée, son baron doit au Seignor tous les seruices.* La méme chose est repetée au chap. 172. 179. 190. & ailleurs. Par cette raison l'âge de soixante ans dispensoit la femme de prendre mary, dautant que par l'Assise du Royaume, les hommes qui deuoient seruice de corps, en estoient exemptez, lors qu'ils y estoient paruenus : outre qu'il n'estoit pas juste de requerir qu'vne femme de cét âge fust obligée de se marier, veu que *le mariage estant establi pour multiplier le siecle sans peché*, comme parlent les mémes Assises chap. 136. *la feme qui a passé soixante ans, si a perdu sa porteure*. Pour ce qui est des veuues, il y a eu diuers Reglemens. Les Statuts d'Alexandre II. Roy d'Escosse chap. 23. veulent qu'on ne puisse pas obliger vne veuue à se marier, pourueu qu'elle donne plege qu'elle ne se mariera pas sans le consentement de son Seigneur. Les Assises de Hierusalem au chap.

# SVR LES ETABLISSEMENS. 177

179. difent que *feme qui a & tient doüaire de fié qui doit feruice de cors, ne doit pas le mariage au Seignor de qui ele tient le doüaire de celui fié, ne ele ne peut marier foi fans la volenté & le congié de celui, ou cele, de qui ele tient celui doüaire de cel fié, & fe ele le fet, ele perdra le fié que ele tient en doüaire.* Et au chap. 181. il eſt dit que ſi la femme ayant doüaire ſur les biens de ſon mary, qui eſt la moitié, ſelon les Aſſiſes de Hieruſalem, & balliage ſur l'autre moitié, à cauſe de ſes enfans mineurs, vouloit s'exempter du deuoir de mariage qu'elle deueroit au Seigneur, à raiſon du bail, elle eſtoit obligée de ſe tenir à ſon doüaire, & de renoncer au bail, & de prier le Seigneur de faire ſeruir comme Seigneur de ce qui eſtoit du balliage de ſes enfans. Voyez encore les loix de Henry I. Roy d'Angleterre chap. 1. Celles des Barons d'Eſcoſſe chap. 95. reglent auſſi ce qui doit eſtre obſerué, lors que l'heritier, qui deuoit mariage, auoit eſté enleué par quelqu'vn. Ce que je viens de dire des veuues ſuiuant les Aſſiſes de Hieruſalem, fait voir qu'en ce Royaume la garde & la tutelle n'appartenoit pas au Seigneur, mais aux peres & aux meres. La meſme choſe paroît en ce chap. 61. des Eſtabliſſemens, qui eſt conforme à la Couſtume d'Anjou Art. 85. & 89. qui defere la garde des enfans nobles aux peres & aux meres ſeulement, qui ont la garde de leurs corps & de leurs biens, ce qui n'eſt pas de ceux qui n'ont pas le bail naturel. Et en ce cas les Eſtabliſſemens ordonnent, que la veuue, qui a vne fille *qui affebloie*, c'eſt à dire mineure, dont elle a la garde, eſt obligée de donner caution & plege au Seigneur, qu'elle ne la mariera pas ſans ſon conſentement. Il y a vn titre de S. Louys du mois de May 1246. au Reg. du Comté du du Maine, qui eſt en la Chambre des Comptes de Paris, Tit. 3. contenant les Coûtumes d'Anjou & du Maine, qui porte ces mots : *Quicumque etiam ſiue mater, ſiue aliquis amicorum habeat cuſtodiam fœminæ, quæ ſit hæres, debet præſtare ſecuritatem Domino, à quo tenebit in capite, quòd maritata non erit, niſi de licentia ipſius domini, & ſine aſſenſu amicorum.* Cette obligation de requerir le conſentement des Seigneurs pour le mariage des heritiers des fiefs, ne regardoit pas ſeulement les filles, mais encore les mâles, comme on peut recueillir des loix des Barons d'Eſcoſſe chap. 91. 92. & ſuiuans. En France le méme a eu lieu, en ſorte que les Barons, c'eſt à dire ceux qui releuoient immediatement du Roy, ne pouuoient pas ſe marier, ou marier leurs heritiers apparens, ſans ſon conſentement. Nous en auons l'exemple entre autres en la perſonne de Blanche Comteſſe de Champagne, que le Roy Philippes Auguſte obligea de lui donner des pleges, qu'elle ne marieroit pas ſon fils ſans ſon conſentement. Et à l'eſgard des Barons, l'Auteur du Roman de Garin fait voir que cét vſage eſtoit commun en ſon temps :

> *Car Fromondin a voſtre mueble feſi,*
> *Quant ſans congié a li Cuens fame pris.*

Ailleurs, il fait ainſi parler le Roy Pepin :

> *Honte m'a fet, & meſpriſé petit,*
> *Sans mon congié porquoi a fame pris,*
> *Viengue droit fere à Reims, ou à Paris.*

Voyez l'Epître 133. de S. Bernard §. 3.

FORSCONSEILLE'E ] *Forſconſeiller* eſt donner vn mauuais conſeil à celui qui le demande. Cela paroît clairement au ſerment de Louys Roy d'Alemagne, *in Capit. Car. C. Tit. 26.* qui fait difference entre donner *verum conſilium*, & *Forconſiliare.* V. les p. 230. 231. 245. 246. 381. des mémes Capitulaires.

DESTRAINDRE ] *Diſtringere*, dans les loix anciennes, & dans les titres, pour, obliger quelqu'vn à faire quelque choſe. *Regiam Majeſt. l. 2. c. 16. §. 38. Poteſt diſtringi per feudum quòd ad Curiam veniat. Carta priuilegiorum conceſſorum Hiſpanis to. 2. Hiſt. Fr. p. 321. Liceat illi eos diſtringere ad juſtitias faciendas*, &c. occurrit paſſim. Les Aſſiſes de Hieruſalem ch. 3. *Et ſe le Seignor ne li viaut fere la connoiſſance fere, ſi le deſtreingne*, &c.

PAR HOME QVI FOI LI DOIE ] Par ſes Pairs : car les vaſſaux d'vn   Chap. 65.

Partie III.                                                                 Z.

Seigneur ne pouuoient estre semons, ou ajournez, que par leurs Pairs, c'est à dire les autres vassaux du même Seigneur.

Chap. 69. IVGIE' PAR MES PERS] Philippes de Beaumanoir chap. 1. dit que *li home ne doiuent pas jugier lor Signeur, mais il doiuent jugier l'vn l'autre, & les quereles du commun pueple.* De sorte que la Iustice des Pairs est la Iustice du Seigneur, qui pouuoit se trouuer aux jugemens de ses vassaux. Tous les vassaux toutefois n'estoient toûjours Pairs, car dans les grands fiefs, qui en auoient vn grand nombre, il n'y en auoit que les plus qualifiez qui auoient ce titre, & qui en cette qualité estoient tenus de se trouuer aux jugemens de leur Seigneur, par exemple, les Comtes de Champagne auoient sept Pairs, sçauoir les Comtes de Ioigny, de Rethel, de Brienne, de Roucy, de Brenne, de Grandpré, & de Bar sur Seine. En vne lettre du Roy Charles VI. du 4. de Mars 1403. au Reg. du Parlement *Olim*, fol. 176. il est dit que le Comte de Ioigny est le Doyen des sept Pairs de Champagne, & a seance auprés du Comte de Champagne, *quand il tient son Estat és Grands Iours.* Vn Arrest du dernier Auril 1351. nous apprend que le Comte de Vermandois en auoit six, entre lesquels estoit le Seigneur de Ham. Le titre de la Commune de S. Quentin de l'an 1195. les qualifie *Grands Pairs*, & Hemeré dit que le Doyen de S. Quentin en estoit l'vn, *in Augusta Verom.* p. 152. Du Tillet parle des quatre Pairs de l'Abbé de S. Amand, & des quatre autres Pairs du château de la Ferté Milon. Vinchant dit que les Comtes de Hainaut auoient pour Pairs les Seigneurs de Chimay, d'Auesnes, de Barbançon, de Lens, de Silly, de Warlaincourt, de Longueuille, & de Bandoul. Nos Rois qui auoient vn grand nombre de vassaux & de Barons, reduisirent leurs Pairs à douze, & probablement ce fut à leur exemple que quelques Seigneurs reduisirent les leurs à vn pareil nombre. Lambert d'Ardres en attribuë autant au Comte de Flandres, p. 156. 157. *Vnde & Flandrensis Comes ei (Arnoldo Ardensi Domino) concessit, vt hæreditario jure cum 12. Flandrensis Curiæ Paribus & Baronibus sedeat & judicet.* Philippes de l'Espinoy au l. 1. de la Noblesse de Flandres chap. 32. en a donné les noms. Les Comtes de Guines auoient pareillement douze Pairs, ainsi que nous apprenons de M. du Chesne en l'Histoire de ces Comtes, comme aussi les Seigneurs d'Ardres, qui furent instituez par Arnoul I. du nom Seigneur d'Ardres, suiuant le même Lambert p. 149. Cecy regarde les Seigneurs qui auoient vn grand nombre de vassaux: mais s'ils en auoient peu, telle estoit la Iurisprudence de ce temps-là, suiuant ce qu'écrit Philippes de Beaumanoir chap. 61. & 67. qu'vn Pair, ou homme de Fief ne pouuoit seul faire jugement, mais il en faloit deux au moins sans compter le Seigneur. Et s'il arriuoit qu'vn Seigneur n'eust aucun Pair, ou qu'il n'en eust pas vn nombre suffisant pour rendre la Iustice, le Seigneur ne perdoit pas pour cela sa Iustice; mais il pouuoit & deuoit emprunter de son Chef-Seigneur de ses hommes à ses dépens pour faire le jugement. Que s'il estoit si pauure, qu'il ne les pût emprunter, ou si le Seigneur ne les vouloit pas prêter, les parties s'adressoient en la Iustice du Chef-Seigneur, selon le même Auteur chap. 62. & 67. D'autre part si les Pairs dilaioient ou refusoient de se rendre en la Cour du Seigneur pour juger, il pouuoit les y obliger par saisie de leurs fiefs, & par establissement de gardes, ainsi qu'il écrit au chap. 65. Il remarque encore qu'en la Coûtume de Beauuaisis, le Seigneur ne pouuoit pas assister aux jugemens des Pairs, & que dans les lieux où ils auoient droit de s'y trouuer, ils ne pouuoient y assister, lors qu'ils estoient parties. Nos Coûtumes parlent souuent des Pairs, comme aussi nos Histoires, mais je me suis contenté d'auoir icy effleuré cette matiere.

LES BARONS] Les Pairs, ces mots sont synonymes en cét endroit: car les Barons sont ceux qui releuent immediatement du Prince. Le liure MS. intitulé, *Les loix communes d'Angleterre*:
*Barons nous apelons les Piers del Realme.*
La Chronique de Bertrand du Guesclin:
*Et les Lyons ce sont les Barons & li Per.*

# SVR LES ETABLISSEMENS.

L'Arreſt rendu contre l'Eueſque de Châlons l'an 1267. *Propoſuit pars alia quòd de hoc tenebatur in hac curiâ reſpondere dictus Epiſcopus, cùm ſit Baro & Par Franciæ, & homo ligius Domini Regis.*

IVSQVES A TROIS] Voyez Pierre de Fontaines ch. 21.

EN PAROLLE DE PREVOIRE] De Prêtre, V. Pierre de Fontaines ch. *Chap.71.* 14. Robert Bourron, *Merlin vit che duel, & les prouuoires & les Clercs qui chantoient.* Le Roman de Garin.

*E les preuoires eſcorcent il tout vis.*

Ailleurs :

*La veiſſiez maint preuoire ordené,*
*Toſt reueſtu pardeuant ſon autel.*

CONTER LIGNAGE] Voyez cy-après le ch. 75. l'art. 217. de la Coût. *Chap. 72.* d'Anjou, & ce que j'ay écrit des Parages en la Diſſ. 3.

RONCIN DE SERVICE] Voyez cy-après le ch. 129. la Couſt. d'Anjou *Chap. 73.* Art. 131. 132. 133. celles de Poitou, du Perche, de Meaux, de Chartres & les autres, qui parlent du cheual de ſeruice. Et Chopin l. 1. *in Conſ. And.* c. 47. §. 9.

LOIAVS AIDES] Qui ſont introduits par la loy, & ſe paient ordinaire- *Chap.74.* ment en trois cas au Seigneur, ſçauoir lors qu'il fait ſon fils aîné Cheualier, lors qu'il marie ſa fille aînée, & pour le rachat de ſa priſon. Ils ſont ainſi appellez dans les Coût. de Poitou, de Tours, de Lodunois, &c. & dans vn titre d'Edoüard I. Roy d'Angleterre dans Selden au liure des Titres d'Honneur 2. part. ch. 5. §. 36. *Legitimæ talliæ*, dans vn titre de Guill. du Pleſſis au Cartul. de l'Abb. de la Roüe, *Et propter legitimas tallias, videlicet, de Militia primogeniti filii, &c. Aydes Couſtumieres*, en la Coût. de Normand. ch. 31. parce qu'ils ſont introduits par la Coûtume: *Rationabilia auxilia, in Charta libertatum, Angliæ apud Math. Paris A. 1215. p. 178. in Regiam Majeſt. l. 2. c. 73. §. 1. apud Bractonum lib. de acquirendo rer. domin. Tract. 1. c. 16. n. 8. & in Monaſt. Anglic. to. 1. p. 374. to. 2. p. 663. Aides Cheuels* en la Coût. de Normandie, parce qu'ils ſont deus au Chef Seigneur. Ces *aydes* differoient des *Aides gratieuſes*, qui ſe payoient au Seigneur dans les neceſſitez vrgentes par les vaſſaux de pure grace, que Mathieu Paris en l'an 1241. p. 374. appelle *Liberum adjutorium. Subſide gratieux*, dans vn titre de Philippes de Valois du 17. Feur. 1349. *In Reg. Memorabilium Cameræ Comput. Pariſ. ſignato C. fol. 64.* Vn autre titre de l'an 1310. au Reg. d'Anjou en la Chambre des Comptes de Paris fol. 60. remarque encore la difference d'entre les Aydes & les Tailles, en ces termes : *Tailles ne ſont mie Aides, ne de nom, ne leur ſemblent. Car tailles ſont leuées pour cas de neceſſité & de volenté de Prince: mais celles aides nul ne puet leuer, ſi ce n'eſt ù cas pourquoi elles ſont deuës.* Mais la difference qu'il y a entre les tailles & les aides gratieuſes, eſt que les tailles ſe leuoient ſur les Roturiers, & les Aides gratieuſes ſur les vaſſaux nobles.

AMENDEMENT DE IVGEMENT] Voyez cy-après le ch. 78. & Pierre *Chap.76.* de Fontaines ch. 22.

AMARCHIR AV ROY] Ce terme ſe rencontre encore au l. 2. ch. 3. 19. *Chap. 77.*

DE BATAILLE DE CHEVALIER, &c.] Philippes de Beaumanoir *Chap. 80.* ch. 61. *Se vn Gentixhoms apele vn Gentilhome, & li vns & li autres eſt Cheualiers, il ſe combattent à ceual, à toutes armeures, tel come il lor pleſt, excepté coutel à pointe, & mache d'armes molues, ne doit caſcuns auoir que deux eſpées, & vne glaiue. Se Cheualiers, ou Eſcuiers appelle home de Poeſté, il ſe combat à pié, armés à guiſe de Campion, auſſi come li homs de Poeſté. Car por ce qu'il s'abaiſſe à appeler ſi baſſe perſonne, ſe dignités eſt ramenée en tel cas à tex armeures, come cil qui eſt appelés à de ſon droit, & ſeroit cruel coſe ſe le Gentixhoms appelloit vn home de Poeſté, & il auoit l'auantage du ceual & des armes. Se li home de Poeſté appelle le Gentilhome, il ſe combat à pié à guiſe de Campion, & li Gentix à ceual, armés de totes armes; car en aus defendant, il eſt bien auenant qu'il vſent de lor*

Partie III.                                                                                                                      Z ij *auentage. Se home de poesté appele home de poesté, il se combat à pié: Et de tote tele condition est li Campions à le Gentilfeme, s'ele appelle, ou est appellée, come il est denisé par cy-dessus.* Au ch. 63. il resout que si vn Gentilhomme ayant appellé vn homme *de Poesté*, ou Roturier, se presente à cheual, armé comme il appartient à vn Cheualier, & que le Roturier se presente à pied comme champion, le Cheualier doit estre desarmé en pure chemise, ses armes confisquées au profit du Seigneur, & obligé de combatre sans armeure, sans escu & sans bâton; & ajoûte, qu'il fut ainsi jugé de son temps à Crespy. Les Assises du Royaume de Hierusalem ch. 66. *Se home qui n'est Cheuᴀlier porte garantie contre Cheualier, & le Cheualier le veaut torner de la garantie, & leuer com esparjur, & combattre sen à lui, il se combattra à lui à pié come Sargent, porce que l'appelloir doit suiure le defendoir en sa loi. Enquoi le Cheualier en cest cas est l'appelloir, & le Sargent defendoir.*

Chap. 82.

CROISIE'] Les Papes ont accordé de temps en temps plusieurs priuileges à ceux qui entreprenoient ces longs & fâcheux voyages pour la conquéte & la conseruation de la Terre Sainte, dont le principal estoit, qu'ils les prenoient & leurs biens en leur sauuegarde, & du S. Siege, & des Archeuesques & Euesques, comme on peut voir dans Guillaume de Tyr liu. 1. ch. 15. Guillaume de Neubourg l. 3. ch. 23. Rigord en l'an 1188. Simeon de Dukelm, p. 249. & Houeden p. 639. Mathieu Paris en l'an 1245. p. 454. Othon de Frisingen *l. 1. de Gest. Frider. c. 35.* & autres. Aussi n'estoit-il pas juste que durant de si longues absences, ils fussent exposez aux injures & aux poursuites de leurs ennemis & de leurs creanciers: *Peruiæ sunt enim semper injuriis facultates absentium, & quodammodo videtur occasio homines in delictum trahere, quæ non potest animum peruadentis de resultatione terrere*, comme parle Cassiodore au l. 1. ep. 15. S. Louys fut le premier qui leur donna, & à leurs cautions, temps de trois ans pour payer leurs detes, par son ordonnance expediée à Pontoise au mois d'Octobre l'an 1245. Ce que l'Auteur de l'Histoire de France MS. qui est en la Bibliotheque de M. de Mesmes, en cette année, improuue, en ces termes: *Vne chose fist S. Louys que les aucuns ne tindrent pas à grant bien: Car il se acorda aux respits des détes, que deuoient les plusieurs qui estoient croisez pour aler audit voiage. Si ne fist pas ainsi Godefroi de Boüillon qui vendi sa propre terre, & ala au saint voiage du sien propre, & n'emporta riens de l'autrui, & pour ce lui vint il bien de ce voiage.* Les Euesques & les gens d'Eglise, qui en ce temps-là ne cherchoient que les occasions d'accroître leurs jurisdictions, prirent sujet de cette protection que les Papes accorderent aux Croisez, pour attirer à leurs justices les causes de ceux qui auoient pris la Croix, comme il est icy remarqué, duquel ressort il est parlé dans l'Epître 173. d'Iues Euesque de Chartres, & dans l'Ep. 197. de celles d'Innocent III. liure 15. Mais S. Louys & ses Officiers reclamerent contre cette vsurpation, & le Roy s'en plaignit au Pape Alexandre IV. en l'an 1267. qui décida l'affaire en sa faueur, ayant dit que *Crucesignatos à jurisdictione dominorum ipsorum indulgentia prædicta non eximit, nisi forte consuetudo legitimè præscripta defendat eosdem, vt aliàs priuilegio seu indulgentia speciali, vel jure alio sint muniti.* La Bulle est inserée entiere *in Gallia Christ. Sammarth. in Archiep. Rothom. n. 59.* & se trouue encore au 31. Reg. du Trésor des Chartes du Roy fol. 7. 8. auec vne autre du même Pape donnée à Anagnie le 2. des Kalend. de Feur. l'an 6. de son Pontificat, addressée aux Prelats de France, par laquelle il leur enjoint de laisser la jurisdiction entiere aux Officiers du Roy sur les crimes des Croisez laïcs, qui meritent peine de sang. Voyez *Stabilimentum crucesignatorum A. 1214. to. 6. Spicileg. Acheriani p. 466.* Pour les autres Priuileges des Croisez, voyez Pierre de Fontaines ch. 17. §. 7. 14. Chopin *l. 3. de Sacra Polit. Tit. 4. §. 15. & Petr. Mathaus in Constit. Pontif. p. 5. 633.*

BOVGVERIE] V. le ch. 121. les *Bougres* sont les Heretiques Albigeois, dont le nombre estoit grand en ce temps-là en France, qu'ailleurs on nom-

## SVR LES ETABLISSEMENS. 181

moit Paterins, Cathares, Populicans, & d'autres noms, comme j'ay remarqué en mes Obseruations sur Ville-Hardoüin n. 208. Mathieu Paris en l'an 1238. parlant de Robert de l'Ordre des FF. Prêcheurs, qui fut surnommé *Bougre*, parce qu'il faisoit viuement la guerre aux Bougres en qualité d'Inquisiteur, *Ipsos autem nomine vulgari Bugaros appellauit, siue essent Paterini, siue Iouiniani, vel Albigenses, vel aliis hæresibus maculati.* Philippes Mouskes parlant de ce Robert,

> Si estoient Bougre nommé,
> De fausse loy pris & prouué.

Le Moine d'Auxerre en l'an 1201. *Eruandus Miles hæresis illius, quam Bulgarorum vocant, coram Legato arguitur.* Il en parle encore en l'an 1206. & 1207. où il fait assez voir que les Bougres estoient les mêmes que les Albigeois. L'Hist. de France MS. de la Bibl. de M. de Mesmes, en l'an 1223. parlant de Philippes Auguste : *Enuoie son fils en Albigeois pour destruire l'heresie des Bougres du pays.* Vne autre Chronique MS. qui finit en l'an 1322. en l'an 1225. *En cest an fist ardoir les Bougres Freres Iehans, qui estoit de l'Ordre des Freres Prescheurs.* Alberic en l'an 1239. dit que ces heretiques tiroient leur origine des Manicheans, rapportant qu'en cette année on en fit brûler vn grand nombre en Champagne, qui estoit le supplice, qu'on faisoit souffrir en ce temps-là à ces heretiques, comme il paroît encore par ce chapitre des Etablissemens. Ils furent ainsi nommez, pource qu'ils passerent de Bulgarie, où estoit leur Patriarche, dans l'Italie & dans la France; ce qui est disertement remarqué dans l'Epitre de l'Euesque de Port, qui se lit dans Mathieu Paris en l'an 1223. & *Raynerus lib. contra Valdenses* ch. 6. racontant les Eglises des Cathares, qui sont les mêmes que les Albigeois, fait mention de celle des Bulgares. Quelques Auteurs donnent encore ce nom aux Vsuriers, comme Mathieu Paris en l'an 1255. *Ipsi vsurarii, quos Franci Bugeros vulgariter appellant.* Vn Rôle de la Chambre des Comptes de Paris de l'an 1233. *Pro rebus saisiendis Caorsini capti propter Brogrisiam 7. libr. &c.*

HERITE] Heretiques. *Hereges* dans Guill. Guiart en l'an 1207. & ailleurs. V. Chifflet *de linteis sepulch. p. 64.*

HOME ESTRANGE] Aubain, *Aduena*. *Chap. 85.*

DESCONFE'S] Ceux qui mouroient sans confession, & sans receuoir le sa- *Chap. 87.* cré Viatique, estoient dits mourir ἀσύντακτοι, chez les Grecs, comme on recueille de la vie de sainte Eusebie Vierge ch. 3. n. 12. dans Bolandus. C'est ce que les Latins disent mourir *inordinatus*, sans auoir donné ordre à ses affaires, comme dans le IX. Concile de Tolede ch. 4. les loix des Wisigoths l. 5. Tit. 7. §. 14. *Si inordinatus moriens filios legitimos non reliquerit, &c.* Vn traité des Veniciens, rapporté par Guill. de Tyr l. 12. ch. 25. *Vbi Veneticus ordinatus, vel inordinatus, quod nos* SINE LINGVA *dicimus, obierit, &c.* Desorte que mourir *inordinatus*, c'est mourir sans auoir fait testament : & il semble que *mourir desconfés*, est la même chose dans ces Etablissemens, veu que dans la suite il est dit que si le mort auoit fait son testament, on est obligé de le tenir. D'ailleurs ce qui y est dit que les meubles de celui qui meurt *desconfés* appartiennent au Baron, est conceu dans ces termes dans *Regiam Majestatem* l. 2. ch. 53. *Cùm quis intestatus decedit, omnia catella Domini sui erunt.* Mais parce que *Skenæus*, qui a donné les Loix d'Escosse, n'a pas sceu ce que cette loy vouloit dire, j'expliqueray icy en peu de mots ce qui se pratiquoit alors à cét égard. Les Seigneurs n'ont pas laissé d'occasion de s'emparer des biens de leurs sujets, colorans toûjours leurs vsurpations de quelques pretextes specieux. Et comme c'estoit vne espece de crime de mourir sans receuoir le sacré Viatique, & sans auoir fait son testament, ils prenoient sujet delà de s'appliquer les biens de ceux qui mouroient de la sorte, comme ils auroient fait de ceux des criminels. Le *Monasticum Anglic. to. 1. p. 297. Non decet ecclesiam nostram coinquinari munere ejus qui decessit intestatus.* C'est pour cela que les Prêtres estoient obligez d'exhorter les malades qu'ils alloient visiter, de se confesser, & de faire leurs testamens, dans le Synode de Sodore en l'Isle de Man ch. 1. De sorte que cét abus s'enracina si fort auec le temps, que l'escheoite des biens de ceux qui mouroient intestats au profit des Seigneurs, passa pour vn droit Seigneurial. D'où vient que nous lisons ces mots dans vn Titre original de Hugues de Belpin Cheualier, de l'an 1238. par lequel il vend à Gaucerand de Pinos le lieu de Pi en Cerdaigne : *Et ostem, & caluacatas, & seguis, & cucucias, & exorquias, & homicidia, & intestationes, & arsinas, &c.* Et dans vn autre de Roger Comte de Foix du 13. des Kl. de May 1250. *Exfranquimus omnes & singulos homines & fœminas de Valle de Meranges, & eorum proles in perpetuum de exorquia, intestia, arsina, & cugucia, — & de questis, — justiciis, monctaticis, exceptis exercitibus & caualcatis, &c.* Ce méme abus passa à vn tel point, que les Seigneurs refusoient de paier les détes de ces intestats. C'est vne plainte, que firent autrefois les Euesques d'Angleterre, qui se lit aux Additions à Mathieu Paris p. 131. *Mortuo laico intestato, Dominus Rex, & cæteri Domini Feodorum, bona defuncti sibi applicantes, non permittunt de ipsis debita solui, nec residuum in vsum liberorum & proximorum suorum, & alios pios vsus, per loci ordinarium, quorum interest, aliqua conuerti.* Ce qui fait voir que ce droit estoit vne pure vsurpation de la part des Seigneurs. Et ce qui est ajoûté à la fin de cét article, que les Ordinaires & les Euesques deuoient regler la disposition des biens de ceux qui mouroient intestats, fut introduit pour corriger cét abus, ainsi qu'on peut voir dans les Statuts de Guillaume Roy d'Escosse ch. 22. & 30. lequel veut encore que l'Ordinaire dispose de ces biens, ensorte qu'ils ayent soin de faire paier les détes auparauant : ce qui est aussi ordonné dans le synode de Sodore ch. 6. Les Ecclesiastiques se sont pareillement arrogé ce droit, comme on peut remarquer en l'Epître 559. de celles qui sont inserées au 4. vol. des Historiens de France. Et Mathieu Paris en l'an 1181. raconte que Roger Archeuesque d'York obtint du Pape Alexandre le priuilege, *Vt si Clericus suæ jurisdictioni suppositus, agens in extremis, testamentum conficeret, & propriis manibus bona sua moriens non distribueret, Archiepiscopus haberet facultatem injiciendi manus in bona defuncti.* Le Pape croioit en cette occasion pouuoir ordonner des biens des Clercs, parce que les Conciles veulent qu'ils retournent aprés leur mort à l'Eglise, des reuenus de laquelle ils semblent auoir esté aquis. C'est sur ce fondement que les Rois ont estimé auoir droit sur les biens meubles des Euesques decedez intestats, parce qu'ils auoient esté épargnez des reuenus des Regales, c'est à dire des biens qui auoient esté donnez par les Rois aux Eglises. Louys VII. en vn Titre de l'an 1158. qui se lit au Reg. de Philippes Auguste, qui appartient à M. d'Herouual, expedié en faueur de Maître Gautier de Mortagne Euesque de Laon, porte ces mots : *In hoc autem memoriali regio, & pro cuidentia rerum in posterum, & pro conseruando ejusdem libertatis statu inserere dignum duximus, quòd decedens Episcopus, sicut testatus fuerit, ratum erit : & si decesserit intestatus, quod absit, regii juris erit aurum ejus & argentum totum, annona tota, exceptâ illâ quam custodes granchiarum, magistri carrucarum retinebunt ad seminandos agros, & ad sufficienter sustentandum se, & seruientes necessarios sibi, & animalia sua. Similiter vinum ab intestato Episcopo remanens, totum regii juris erit, excepto vino illo quod de vineis acquisitis, vel plantatis à præfato Episcopo fuerit : quod sanè vinum nostrum non erit, sed inde præoccupati Episcopi soluentur debita. Et si nulla sint, reseruabitur vinum successori.* Ainsi nous voions la raison pourquoy dans Mathieu Paris & Raoul de Dicet, Richard Roy d'Angleterre en l'an 1188. s'empara de tout l'argent que Geoffroy Euesque d'Ely auoit laissé aprés sa mort, parce qu'il estoit decedé intestat. L'Euesque de Madaure en l'Hist. des Euesques de Mets p. 488. remarque encore que les puissances temporelles prétendoient ce droit sur tous les Ecclesiastiques. L'on a mémes reproché aux Papes de s'estre approprié la disposition des biens des intestats, au préjudice des droits des Seigneurs. Mathieu de Westminster en l'an 1246.

## SVR LES E'TABLISSEMENS. 183

*Misit etiam Dominus Papa manum ad vlteriora, vt scilicet bona sine testamento decedentium, non sine Principum injuriâ & jacturâ, in gremio suæ auaritiæ amplecteretur; etiam si infirmus propter imbecillitatem non potens, vel nolens loqui,* ( ces mots expliquent ceux de *mori sine lingua*) *pro se relinqueret testatorem, quæ injuria & leges dicitur contraire.* Et en vn autre endroit, parlant du Pape p. 334. *adjuncto eo quòd vellet sibi bona intestatorum vsurpare.* Mais Mathieu Paris p. 485. écrit que les Cardinaux obligerent le Pape l'année suiuante de se départir de cette injustice. Quelques Princes l'ont aussi reconnuë, & ont fait leurs efforts pour l'abolir & l'éteindre. Canut Roy d'Angleterre en ses loix, chap. 68. ordonna que *, siue quis incuriâ, siue morte repentinâ fuerit intestato mortuus, Dominus tamen nullam suarum rerum partem* ( *præter eam quæ jure debetur Heresti nomine*) *sibi assumeret: verùm eas judicio suo vxori, liberis, & cognatione proximis distribueret.* Et dans la patente des libertez d'Angleterre du Roy Henry I. dans Mathieu Paris p. 38. il est porté que si aucun des Barons, ou des vassaux du Roy, dispose de ses biens, que cette disposition aura lieu : *Quòd si ipse præuentus vel annis, vel infirmitate pecuniam suam nec dederit, nec dare disposuerit, vxor sua, siue liberi, aut parentes & legitimi homines sui pro anima ejus eam diuidant, sicut eis melius visum fuerit.* Mais dans celle du Roy Iean, qui se lit dans le même Auteur p. 179. il est porté que ce partage se doit faire par les parens & les amis, *per visum Ecclesiæ*, c'est à dire en y appellant l'Ordinaire. Voyez cy-après le chap. 120. Ie me suis vn peu étendu sur cette matiere, parce qu'elle n'est pas commune.

FORTVNE D'OR] Voyez la Coût. d'Anjou Art. 61.& ce que Chopin a écrit *Chap. 88.* sur le méme Art. & au l. 2. du Dom. Tit. 5. §. 9. 10. 11. Le Cartulaire de l'Abb. de N. D. de Saintes *fol. 25. Si Santonis fuerit inuentum aurum, vel argentum, aut fortuna, Comes habet inde medietatem, & qui inuenerit, aliam.* Vn Titre de l'an 1080. au Cartul. de Vendôme n. 370. *Vicaria autem & forsfactorum omnium emendationes, & fortunæ, nostræ erunt omnes.* Le *Monast. Anglic.* to. 1. p. 298. *cum terris, pratis, — redditibus, fortunis,* &c.

D'HOME BASTARD] V. l'Art. 343. de la Coût. d'Anjou.

TERRES CENSIVES] Terres baillées à cens, *terra censalis, in Capit. Caroli* *Chap. 95.* *Chap. 98.* *M. l. 4. cap. 39. & in Capit. Caroli C. Tit. 32. c. 8. Terra censualis in leg. Longob. l. 3. Tit. 8. §. 3. Hugo Flauiniac. in Chr. A. 1098. In terrâ censuali suâ scarritiones firmauerunt, & carnes reposuerunt.*

ESSOINE DE SON CORS] V. le ch. 118. *Chap. 106.*

SE LI BERS] V. Chopin l. 1. *de jurisd. Andeg. c. 47. §. 4.* *Chap. 109.*

IL N'AVROIT PAS LA GARDE DES ENFANS] V. l'Art. 89. de la *Chap. 115.* Coût. d'Anjou.

TROIS SERGENS FEEVS] *Fieffez*, comme ils sont nommez en la Coût. *Chap. 117.* de Senlis Art. 87. *Feodez*, en celle de Bretagne Art. 21. *seruientes feodati*, en vn Titre de l'an 1218. pour la Commanderie de N. D. du Temple de la Rochelle.

LES CHOSES—MOTE'ES] C'est vn terme de ce temps-là, qui vient de *mouere. querela mota, in L L. Burgun. Scot. cap. 24. motir la querelle in the Court dequoi on veut plaider*, aux Assises de Hierus. chap. 6. 10. 11. &c. *lieu moti*, ch. 27. 42. *hore motie, jour moti*, au chap. 20. 48. 89. *motir le terme* chap 228. & ailleurs souuent, *motir le jour*, dans Pierre de Fontaines chap. 3. de sorte que *motir*, est designer quelque chose en jugement. Les Escossois & les Anglois vsent du mot de *Mote* ou *Mute*, pour vne action en jugement. V. *Skenæus ad C. 10. Quon. Attach. Spelman. in Gemotum, & Somner. in Burghmotum.*

CES ESSOINES] *Hincmarus in Quaternion. Opusc 29. Qui mittens ad Domi-* *Chap. 118.* *nationem vestram excusationem impossibilitatis suæ illuc veniendi mandauit, requisita est, quam patriotica lingua nominamus, exonia, quia venire nequiuerit. De vocis etymo consulendi Cujac. ad African. Tract. 7. ad l. 23. de obligat. & act. Pithæus, Bignonius, Spelman. Vossius, Brodæus,* &c.

QVANT LI HOMES EST MALADES] *V. Specul. Saxon. l. 2. Art. 7. Regiam Majeſt. l. 1. c. 8. Quoniam Attach. cap. 57. §. 5.* Pierre de Fontaines chap. 4. où toutes les eſſoines, qui ſont receuës en jugement, ſont rapportées.

*Chap. 119.* DV DOMAGE] Voyez le Titre du Digeſte, *Si quadrupes pauperiem feciſſe dicatur.*

*Chap. 121.* IL LE CONTRAINSIST] Ioignez ce qui eſt écrit dans ce chapitre, à ce que j'ay remarqué ſur ce ſujet dans mes Obſeruations ſur le Sire de Ioinuille p. 41. L'Ordonnance de S. Louys donnée à Pontoiſe au mois d'Octobre l'an 1245. dont j'ay parlé cy-deuant, lors que j'ay dit que ce Prince accorda trois ans de delay, ou de reſpit, aux Croiſez pour le payement de leurs détes, ajoûte ces mots, *Si quis verò pro debitis excommunicati fuerint, creditores eorum ad hoc compellas, quòd faciant eos abſolui, ſaluis tamen aſſignamentis factis obligationibus terrarum.* cela confirme ce qui eſt dit des excommunications pour détes au To. 6. du *Spicilegium* du R. P. d'Achery p. 494.

*Chap. 122.* NONAAGE] minorité. ce mot ſe rencontre ſouuent dans la Coûtume de Normandie & dans Littleton. *Spec. Saxon. l. 1. Tit. 23. §. 1. Vbi filii Inennes ſunt, agnatus expeditorias accipit res.*

*Chap. 123.* EN AVMOSNE] Voyez Littleton ch. 6. ſect. 133. & ſuiu. les loix de Simon Comte de Montfort dans le Traité du Franc-aleu de Galland p. 357.

*Chap. 124.* SE AVCVNS HOM] Voyez Chopin l. 2. *in Conſ. Andeg. Tit. 2. §. 3.*

*Chap. 126.* ME'S LE ROI] *Miſſus dominicus.*

*Chap. 127.* LES MVEBLES AVX IVIFS SONT AV BARON] Les Iuifs en France & ailleurs ont toûjours appartenu aux Seigneurs des lieux où ils s'habituoient, & eſtoient preſque au rang des hommes de corps, ( qui eſtoit vne eſpece de ſeruitude) & comme eux ils ne pouuoient ſortir de la ſeigneurie, & s'aller habituer ailleurs, ſans la permiſſion du Seigneur: ni vn autre Seigneur ne pouuoit pas les receuoir, comme il eſt porté dans l'Eſtabliſſement de Saint Louys ſur le fait des Iuifs de l'an 1230. qui eſt au 5. vol. des Hiſtoriens de France p. 421. & dans le Style du Parlement Part. 3. Tit. 40. §. 2. Rigord écrit que ſous le regne de Philippes Auguſte il y auoit vn grand nombre de Iuifs en France, qui s'y eſtoient venus établir de long-temps de diuerſes parties du monde, *ob pacis diuturnitatem, & Francigenarum liberalitatem,* où ils s'enrichirent de telle ſorte par leurs vſures, qu'ils auoient preſque la moitié de Paris en propre. Ce Roy les chaſſa de ſon Royaume en l'an 1182. & depuis en l'an 1198. il les rappella. Mais quoy que les Iuifs appartinſſent aux Barons & aux Seigneurs particuliers, ſi eſt-ce qu'ils eſtoient ſpecialement au Roy, qui auoit tout pouuoir ſur eux. C'eſt pour cela que Guillaume de Chartres au liure qu'il a fait de la Vie & des Miracles de S. Louys, fait ainſi parler ce Roy: *De Chriſtianis fœnerantibus & vſuris eorum, ad Prælatos Ecclesiæ pertinere videtur: ad me verò pertinet de Iudæis, qui jugo ſeruitutis mihi ſubiecti ſunt, ne ſcilicet per vſuras Chriſtianos opprimant, & ſub vmbrà protectionis meæ talia permittatur vt exerceant, & veneno ſuo inficiant terram meam.* Conformément à ce diſcours, j'ay leu vn accord de l'an 1309. qui eſt au Tréſor des Chartres du Roy, entre Philippes le Bel & Amaury Vicomte de Narbonne, pour les biens des Iuifs de Narbonne, que le Roy pretendoit lui appartenir *jure regio* par tout ſon Royaume, *Laiette Narbonne Tit. 14.* Il en eſtoit de méme en Angleterre, ſuiuant les loix du Roy Edoüard le Confeſſeur chap. 29. qui porte ces termes: *Sciendum quoque quòd omnes Iudæi, vbicumque in Regno ſunt, ſub tutela & defenſione Regis ligea debent eſſe, nec quilibet eorum alicui diuiti ſe poteſt ſubdere ſine Regis licentia. Quòd ſi quiſpiam detinuerit eos, vel pecuniam eorum, perquirat Rex, ſi vult, tamquam ſuum proprium.* Il eſt donc probable que les Barons ſe ſont appropriez les Iuifs par la permiſſion des Rois, en ſorte qu'auec le temps ils ont paſſé dans le commerce, & ont eſté tranſportez & cedez ſouuent auec les terres, comme on peut voir dans Ditmar liu. 3. p. 27. dans vne Patente de Charles le Chauue, qui ſe lit dans l'Hiſtoire de Vienne de *Ioannes à Boſco,* p. 56. & dans vne de Philippes

## SVR LES E'TABLISSEMENS. 185

lippes Augufte de l'an 1188. rapportée en l'Hift. des Euefques de Lodeüe p. 9. Le profit qui fe tiroit des Iuifs par les Seigneurs eftoit grand, fe donnans la liberté de leur impofer de grandes tailles. I'ay leu à ce fujet ce qui fuit: *Entre les Arrefts de la S. Martin de l'an 1282. nous auons veu les lettres feellées de noftre chier Seigneur le Roy à la requefte du Duc de Braban, il a franchi deforendroit Abraam de Faloie & fa mefnie demorant auecques lui en fon hoftel, nous felonc la grace, & le commandement noftre chier Seigneur le Roy octroions que des* LX. *mille liures que on taille maintenant fur les Iuis, ledit Abraam & fa mefnie & fi chatel foient quitte, & la grace li foit tenuë, enfi comme il ert contenu dedans la lettre noftre Seigneur le Roy, laquelle fut donnée au Bois de Vicennes le Lundi deuant Pafques Flories l'an de N. S. 1282. & fut depuis declarié de ce mot, fa propre mefnie, demourant en fon oftel, ce eft à entendre de ceus qui font fes propres befoignes, & à fes defpens.* L'Hiftoire des Euefques de Lodeüe p. 258. rapporte quelques Patentes de Philippes le Bel de l'an 1306. par lefquelles il mande au Senéchal de Carcaffonne, *Ne impediret quominus Iudæi foluerent pedagium pro perfonis ipforum Epifcopo Lodouenfi, prout a pluribus retrò annis fuerat confuetum,* &c. Il lui enjoignit encore de faire en forte qu'on lui conferuât tout le droit qu'il auoit *in Iudæos ejus originarios, vel dono feu emptione comparatos.* Enfin les profits qui fe tiroient des Iuifs eftoient fi grands, que Charles II. Roy de Sicile, ayant fait vne Ordonnance pour l'expulfion des Iuifs, des Lombards, des Caourcins, & des autres vfuriers de fes Comtez d'Anjou & du Maine le 8. de Decembre l'an 1289. il tient ce difcours: *Licèt perampla emolumenta à prædictis Iudæis temporalia habeamus;* De forte que pour s'indemnifer de ces profits, qui deuoient ceffer par le banniffement des Iuifs, du confentement du Clergé, & des Barons du pays il établit vn foüage pour vne fois de trois fols fur châcun feu, & de fix deniers fur châque perfonne qui gagnoit fa vie de fon métier. I'ay veû vn titre d'Alfonfe C. de Poictiers & de Tolofe du mois de Iuillet 1249. par lequel il reconnoift qu'encore que les habitans de Poitiers, de la Rochelle, de S. Iean d'Angely, de Niort, de Xaintes & de S. Maixant, *pro Iudæis expellendis & remouendis perpetuò de dominio fuo totius Comitatus Pictauenfis & Xantonenfis teneantur ei reddere, vel mandato fuo* IV. *fol. currentis monetæ per manum Majoris de quolibet* FOCO *fub fua poteftate conftituti, dum tamen dominus foci habeat valorem* XX. *folid. tam in mobilibus quàm immobilibus, exceptis veftibus,* &c. il leur quitte & remet ce foüage.

EN TESMOIGNAGE] Voyez le Concile d'Alby ch. 19. *Tom.* 2. *Spicileg. Acheriani* p. 643.

TRENCHER SES ESPERONS] Les efperons dorez ont toûjours efté la marque principale de la Cheualerie. Le Moine de Marmoûtier décriuant la Cheualiere de Godefroy Duc de Normandie: *calcaribus aureis pedes ejus aftricti funt.* Le Roman d'Aïe d'Auignon: *Ch*. *p.* 118.

  *Quant Sanfes ce regarde, vit cheoir Berenger,*
  *Les efperons à or tournés deuers le Ciel,*
  *Et l'hiaume d'Arabe en el fablon fichier,*
  *La felle treftourner, & fuir le deftrier.*

Le Roy Charles V. donnant l'Ordre de Cheualerie à Louys II. Roy de Sicile, & à Charles fon frere, *Eos accinxit baltheo militari, & per Dominum de Chauuiniaco calcaribus deauratis juffit Rex Carolus infigniri.* Ce font les termes de l'Hift. de Charles VI. Les François ayant pris la ville de Courtray en Flandres, aprés la bataille de Rofbeque l'an 1382. trouuerent dans le Beffroy 300. efperons dorez des Cheualiers François que les Flamans auoient tuez en la bataille de Courtray l'an 1302. ainfi que nous lifons dans d'Orronuille ch. 56. & dans Froiffart 2. vol. ch. 117. voyez Monftrelet au 2. vol. p. 12. L'Ordene de Cheualerie de Hues de Tabaire MS.

  *Aprez deux efperons li mift*
  *En fes deux piés, & puis li dit,*

*Partie III.*                   A a

> *Sire tout autres esmaus*
> *Que vous volés que vos cheuaux*
> *Soit de bien corre entalentez,*
> *Quant vous des esperons ferez.*
> *K'il voit par tout à vô talent,*
> *Et chà & là isnellement,*
> *Senefient chist esperon,*
> *Qui doré sont tout enuiron,*
> *Que vos aijés bien encorage*
> *De Dieu seruir tout vostre eage,* &c.

La Chronique M S. de Bertrand du Guesclin :
> *Et n'y ara celi de ceus de no parson,*
> *Qui ne puist bien chausser le doré esperon,*
> *Tous seron Cheualier de la main de Charlon:*

Ailleurs :
> *Si n'estoit Cheualier à esperon doré.*

Non seulement les Cheualiers portoient les esperons, mais encore tout le harnois dorés, ainsi qu'écrit Bouteiller en sa Somme Rurale l. 2. Tit. 1. & Sicile Roy d'Armes en son Blason des Couleurs. Ils auoient mêmes le droit de porter des brides dorées à leurs cheuaux, comme nous apprenons de l'Ordonnance de Charles V. du 9. d'Aoust 1371. donnée en faueur des Parisiens. Anciennement il n'y auoit que les Empereurs, qui pussent orner les frains & les selles des cheuaux de perles, ou de pierreries, *l. 7. Tit. 12. lib. 11. Cod.* Et Ioseph à Costa au l. 6. de l'Hist. des Indes chap. 27. dit qu'au Perou, il n'y a que les Cheualiers, qui aient droit de porter l'or & l'argent sur leurs habits, & de se vestir de coton. Quant aux Escuyers, ils portoient les esperons blancs. La Chronique M S. de France de la Bibl. de M. de Mesmes fol. 373. *Il s'arresta & dist au Seigneur de Mortmer, Nous auons perdu nostre bestail, mais nous auons trouué la bataille contre le plus vaillant Escuyer, qui onques en son temps chaussa esperons blancs.* Le Registre des hommages du Duché de Guienne de l'an 1273. p. 27. qui est en la Chambre des Comptes de Paris : *Willelmus Sancii de Pomeriis cum partiariis suis tenent castrum de Pomeriis, &c. Item debent vnum cibum domino Regi cum 10. Militibus, quando veniet in Vasconiam apud castrum Redorte, si ipse eis præceperit qualis debet cibus esse cum carnibus porcinis & veruecinis, cum caulibus & cinapi, & cum gallinis assatis. Et si vnus eorum sit Miles, debet seruire domino Regi cum caligis rubeis de scarleto & calcaribus deauratis, siue sotularibus dum dominus comedit. & si aliquis eorum non esset Miles, vnus eorum debet seruire D. Regi dum comedit cum caligis albis de scarleto & calcaribus argentatis.* Comme donc les esperons dorez estoient la marque de la Cheualerie, quand on vouloit faire affront à vn Cheualier, ou qu'on le vouloit dégrader, on les lui ostoit, & on lui chaussoit ceux d'Escuyer. Richard de Bourdeaux Roy d'Angleterre ayant esté arresté par Henry Duc de Lancastre son cousin, on luy enuoia vn cheual noir, & vn habit noir, pour estre conduit en prison : *Et quant le Roy Richard vit les noirs esperons & tout habit noir, adonc demanda pourquoy me apportez-vous ces noirs esperons ? le varlet respondit, Tres-chier Seigneur c'est pour vous. Le Roy repartit, Va dire à Henry de Lancastre de par moy que je suis loyal Cheualier, & que onques ne forsis Cheualerie, & qu'il m'enuoie esperons de Cheualier, ou autrement je ne chauceray point. adonc le varlet lui apporta les esperons dorez,* &c. Ce sont les termes de l'Histoire M S. de la mort tragique de ce Prince, qui y est décrite auec d'autres circonstances, que celles qui se lisent dans Froissart sur la fin du 4. vol. Mais la forme qui se pratiquoit ordinairement dans les degradations, estoit de coupper & de trancher les esperons sur le fumier, comme il est remarqué en cét endroit des Establissemens de S. Louys. L'Ordonnance & la maniere de créer les Cheualiers des Bains : *A l'issuë de la chapelle, le Maistre Queux du Roy sera prest de oster les esperons, & les prendra pour son fié : & dira, Ie suis*

# SVR LES ETABLISSEMENS.

*venu le Maistre Queux du Roy, & prens vos esperons pour mon sié, & si vous faites choses contre l'ordre de Chevalerie, (que Dieu ne vueille) je couperay vos esperons de dessus vos talons.* Le Roman de Garin:

> *Encore say bien sor mon cheval saillir*
> *A grant besoin, & mon droit maintenir,*
> *El grant estor demein vos en enui,*
> *Et qui voaus ô de vos ô de mi*
> *Le fera oucles, savez vos que ge di,*
> *Li esperons li soit copé parmi,*
> *Prés del talon au branc acier forbi.*

Selden en son liure, intitulé *Titles of honor*, 2. Part. ch. 5. §. 38. remarque que lors qu'André Harcley Comte de Carlile fut condamné pour crime de leze-Majesté sous le Roy Edouard II. il fut ordonné qu'auparauant l'espée luy seroit desceinte, & *que les esperons dorez luy seroient coupez des talons*. Ce qui est aussi observé par Tho. Walsingham en son Hist. p. 118. *Nempe primò degradatus est, amputatis securi ad talos suos calcaribus, & sic vicissim discinctus est baltheo militari, ablatis calceis & chirothecis. deinde suspensus, & in quartas partes divisus est.*

RONCIN DE SERVICE] V. Chopin *in Conf. And.* l. 1. c. 47. n. 9.   Chap. 129.

AVOIR DENIERS] V. l'Art. 131. de la Coût. d'Anjou.

DE PARTIE FERE] V. l'Art. 259. de la Coût. d'Anjou. Du *Frerage*, voyez cy-après les chap. 138. & 141. le l. 2. ch. 18. 36. & ce que j'en ay remarqué en mes Dissertations.   Chap. 130.

QVEL D'OÜERE] V. l'Art. 299. de la Coût. d'Anjou.   Chap. 131.

DE FERE BONNAGE] V. l'Art. 280. de la Coût. d'Anjou.   Chap. 132.

SE AVCVNS] V. l'Art. 267. de la Coût. d'Anjou.   Chap. 133.

DE ACHAT] V. la Coût. d'Anjou Art. 257. 283. 284.   Chap. 134.

LI GAAGNAIGES DES TERRES] Le revenu des terres. delà le mot de *gagnage* a esté employé pour toutes les terres à labeur, & desquelles on tire du *gaing*, ou du revenu. *Terræ lucrosæ, terræ laboriosæ*, dans vn Titre qui se lit *in Gall. Christ.* To. 4. p. 870. Guill. Guiart en la Vie de S. Louys:   Chap. 137.

> *Par jardins & par gaaingnages.*

En l'an 1304.

> *Li autre apportent jonc & herbe,*
> *Ou avaine liée en gerbe,*
> *Qu'il ont cueillie és gaaingnages.*

L'Hist. de France M S. de la Bibl. de M. de Mesmes, en la Vie de Philippes Auguste: *Les gens qui soioient les blés és gaignages, laissoient tout, pour venir au devant de lui. Gaangnium sex carrucarum*, en vn Tit. de l'an 1269. au Recueil de M. Perard p. 518. le labeur de six charuës. *gagner*, labourer. Le Caton en Roman:

> *Se tu veux labourer en terre,*
> *Vergile dois lire & enquerve,*
> *Chil te sara bien enseigner,*
> *Ques terres tu dois gaaigner.*

Le Traducteur de Guill. de Tyr l. 3. ch. 19. *agriculturis operam dare,* — *gaigner les terres.* au l. 6. ch. 1. *Suburbanorum incolæ,* — *li vilain qui estoient gagneur en la terre.*

EN MESCHINAGE] En service. Car *meschine* parmy nous signifie vne servante. Guill. Guiart en l'an 1183.   Chap. 138.

> *Des sains corporaux des Yglises,*
> *Faisoient volez & chemises*
> *Comunement à leurs meschines,*
> *En despit des œuvres divines.*

Dans vn Titre de Sance Roy d'Aragon de l'Ere 1131. dans *Surita* l. 1. *Indic.* mi-

Partie III.   Aa ij

*schinus* est pris pour vne espece de serf, ou homme de corps : *Cum omnibus do-cimis suis, — & cum omnibus hominibus & mischinis suis, & posteritate illorum.* Mais ce qui nous a donné lieu d'appeller nos seruantes *meschines*, a esté de ce que ce mot signifioit autrefois parmi nous vne jeune fille. Le Roman de Garin :

  *Au matin lieuent meschines & pucelles.*

Mathieu Vacce en la Chronique des Ducs de Normandie :

  *Li Duc de Normandie auoit vne serour,*
  *Meschine parcreuë, més n'auoit pas* * *Seignour,*
  *Guillaume de Poitiers torna vers li s'amour,*
  *Li freres li douna, & cil en fist soi sour.*

* i. *mary*

Ainsi *meschin*, se prend tres-souuent pour vn jeune Gentilhomme, dans le Roman de Garin :

  *Trés bien lieuent & vieillart & meschin.*

Ailleurs,

  *Li Loherans fu à l'eschole mis,*
  *Tant come il fu jouenciax & meschins.*

Le méme Poëte,

  *Alés en fuëre, s'il vos plaist, le matin,*
  *Si vos siuront & danzel & meschin.*

Ailleurs,

  *Enuoiés le l'Emperere Pepin,*
  *Si fera bien Cheualier le meschin,*
  *Ses parens est, & ses cousin germain.*

*Chap.* 140.   D'AGE D'HOME COVSTVMIER ] V. la Coût. d'Anjou Art. 344.

*Chap.* 141.   SE AVCVNS ] V. la Coût. d'Anjou Art. 262.

*Chap.* 142.   QVI TREPASSE ] Chopin sur la Coût. d'Anjou l. 1. ch. 79. n. 3. en cét endroit, *tranche chemin.*

*Chap.* 143.   ET MEINE CHALANT ] I'ay parlé des *chalands* en mes Obseruations sur Ville-Hardoüin, & sur le Sire de Ioinuille.

*Chap.* 144.   FAVSSES MESVRES ] V. Chopin sur la Coût. d'Anjou l. 1. chap. 79. n. 3.

*Chap.* 146.   OV PVGNE'S ] La Charte des Libertez de la ville de Iazeron en Bresse, de l'an 1283. *Si dicat aliquis, aut appellet aliquem latronem, homicidam, vel proditorem, vel aliter criminosum, vel* FOETIDVM, *vel leprosum, vel aliter vitiosum, &c.* Lex Salica Tit. 32. *Si quis alterum cenitum clamauerit, — si quis alterum concagatum clamauerit, &c.* Voyez ce que M. Bignon a écrit à ce sujet, & la conjecture de M. de Marca l. 1. de l'Hist. de Bearn, chap. 16. n. 6. sur le mot de *concagatus.*

*Chap.* 148.   EN SES DEFOIS ] Si ce mot estoit joint auec celui de *Garenne*, j'estimeròis qu'on auroit entendu vn parc, ou vn bois *defendu* de murailles, ou de hayes, que la plûpart des titres Latins appellent *defensa*, ou *defensum*, dans le Monast. Anglic. to. 1. p. 219. to. 2. p. 114. dans Knyghton és années 1352. & 1390. dans les vies des Abbez de S. Auban p. 93. Besly en l'Hist. des Comtes de Poitou p. 475. la Gaule Chrétienne to. 4. p. 889. Raynald. A. 1285. n. 46. &c. Les loix des Lombards l. 3. Tit. 35. *De Forestibus nostris, vt vbicumque fuerint diligentissimè inquirentur, quomodo salua facta sunt & defensa.* Ainsi *defensa*, en Latin signifie vne portion de terre fermée, dans le Glossaire Latin Grec. *Defensa*, λύϊον ἐκδικηϊἑή. Il se peut faire que ces parcs estoient ainsi appellez, parce qu'il estoit deffendu d'y aller chasser. V. l'Art. 157. de la Coût. d'Orleans.

*Chap.* 150.   SES VENTES ] C'est ce que nous appellons *lods & ventes*, ces termes sont frequens dans nos Coûtumes & dans les Titres. Le Cartul. de Marmoûtier n. 32. *Et quia census molini ipsius Nithardi erat, justum erat vt inde venditiones haberet.* V. Galland en son Traité de Franc-aleu.

*Chap.* 151.   DE RETRERE ] V. l'Art. 346. de la Coût. d'Anjou, & les suiuans.

# SVR LES ETABLISSEMENS.

EN FRISCHETE] L'Escournay aux Memoires de Dourdan p. 76. *Es trois*    Chap. 16. *paroiſſes deſſuſdites, & en tous les friſches que ils ont enclos entre leurs coignes, & leurs terres gaignables.* Le Reg. de Louys Roy de Sicile p. 59. b. *Item vignes en freſche, vingt arpens. Terres hermes* dans quelques titres, qui ſemblent eſtre ce que Roderic Arch. de Tolede en l'Hiſt. des Arabes chap. 13. & 16. appelle *fretoſa*.

E's FVITIVES] *apes fugitiuæ.* V. *l. 8. D. Familiæ Herciſc.* Si ces abeilles    Chap. 163. n'eſtoient pas reclamées, elles appartenoient au Seigneur. Ce droit eſt appellé *abollagium*, dans vn titre de l'an 1319. au Cartulaire de Château Meliand, *Abollagium nemorum de Nichier, quod abollagium eidem nobili pertinebat ratione ſuæ caſtellaniæ de caſtro Melliandi.* La Chronique de Beze p. 601. l'appelle *inuentionem apum*, V. les Mem. de M. Perard p. 95. & M. Menage. Le Regiſtre du Chaſteau du Loir f. 56. *Borrel & Creſtien de Burau ont l'aurillerie par tote la foreſt de Burçai, & ont chaſcun doré Manſais ou premier paſnage. & poent prendre les ées (*apes*) en cette maniere: ſe les ées ſont en trous de Cheſne, ou d'autre arbre, l'aurilleor peut eſcrouſer (creuſer) l'arbre où eles ſeront, & ſe il ne les poent aueir pour eſcrouſer, il poent l'arbre eſtroillier à doze piet de haut, ſe il ne les poent auoir autrement.*

SE VOVS NE FAITES IVRER] Les titres anciens ſont pleins de ces re-    Chap. 164. nonciations de douaires ſur les terres cedées, ou tranſportées, & des autres terres données en échange aux femmes.

DE BATAILLES ENTRE FRERES] Les Aſſiſes de Hieruſalem ch. 102.    Chap. 165. diſent qu'il eſtoit Aſſiſe au Royaume de Hieruſalem, que le Seigneur ne deuoit pas receuoir les gages de pere à fils, ni de fils à pere, ni de deux freres l'vn contre l'autre.

MEHAIGNE'S] *LL. Scotic. l. 4. c. 3. Declinare autem duellum poteſt accuſatus in*    Chap. 166. *huiuſmodi placitis per mahaimum, vel per ætatem. ætas autem talis eſſe debet, quòd accuſatus ſit 60. annorum, vel ſuprà. Mahaimum autem dicitur oſſis cuiuſlibet fractio, vel teſtæ capitis incuſſio, vel per abraſionem cutis attenuatio.* Voyez cy-aprés le chap. 10. du l. 2.

DESPIRE] *Deſpicere*, mépriſer. *Le deſpirement du corps.* M S.    LIVRE II.
            *On ne puet trop le cors deſpire.*    Chap. 1.
Caton en Roman:
            *Vn menour de toi ne deſpire.*
Ailleurs:
            *Ichil n'a gaires de ſauoir,*
            *Qui le grain deſpit pour la paille.*

PRESENT FET] *Flagrans delictum, manifeſtum*, qui eſt appellé *rubra*, ou    Chap. 2. *rubea manus*, *in Statut. Dauid. II. Reg. Scot. cap. 2. & in LL. Baron. Scotic. c. 39. §. 2. manuale factum*, *in Spec. Saxon. l. 2. Art. 66. §. 2. Art. 71. §. 4.* V. Chopin ſur la Coût. d'Anjou l. 1. ch. 74. n. 1. & cy aprés le ch. 18.

SANS SVITE DE NVLLVI] C'eſtadire ſans qu'aucun lui ait fait action    Chap. 4. pour raiſon de ce. C'eſt la force du mot de *ſuite*, qui eſt appellée *ſecta* & *ſequela* par les I C. Anglois. Voyez les Gloſſaires de Spelman, de Watſius, & de Somner. & le ch. 13. 17.

SANS RENDRE ET SANS RECROIRE] Ces deux mots ſont ſynonymes.    Chap. 7. Vne Ordonnance de Philippes le Bel de l'an 1303. au 36. Reg. du Tréſor des Chartes du Roy p. 59. *Et que leurs corps & leurs biens ſoient pris en noſtre main ſans rendre & ſans recroire.* Iues Eueſque de Chartres ep. 275. *Reddet aut recredet Comitem Niuernenſem*. Geoffroy Abbé de Vendôme *l. 2. ep. 30. Olim Carnotenſis Eccleſia boues & oues, vel quacumque Eccleſiarum prædæ ſi caperentur, reddi aut recredi faciebat. Formulæ Vet. apud Bignon. p. 196. Et ipſe homo in præſenti pro colono ad caſam Sancti illius — recognouit vel recredidit. Vet. Notitia de mancipiis atpud Sirmond. in Notis ad Capit. Caroli C. p. 135. Cognoſcenté ſque rei veritatem, atque comprobationem, ſtatim ſe recrediderunt.* Delà le mot de *recreant*, en fait de duel, pour celui qui ſe rend & ſe confeſſe vaincu, & de *recreance* dans la pratique ordinaire. Le mot de *recroire* en cette signification se rencontre encore en quelques-vnes de nos Coustumes. V. le ch. 13. 19.

FORS D'AVOVTIRE] D'adultere, *Auulterie*, dans les loix Normandes de Guill. le Bâtard ch. 37.

*Chap. 10.* METTRE CHAMPIONS] V. les loix Latines du même Roy ch. 62. en attendant que je parle à fonds des Champions.

LE ROY DEFEND BATAILLES] V. le l. 1. ch. 2. Guill. de Chartres, *de Vita & Mirac. S. Lud. Monomachiam, quæ bellum dicitur, vel duellum conuocato discretorum & Iurisperitorum consilio ex diuersis regni partibus, intellecto per eos quòd sine peccato mortali exerceri non poterat, cùm non videatur esse justitia, sed potiùs tentatio sit in Deum, de dominio suo penitus exterminari decreuit*, &c.

*Chap. 11.* COVPS ET COLLÉES] *Colaphi*, coups donnez sur le col, & generalement pour toutes sortes de coups. Guiot de Prouins :

*Moult donne Dex fieres collées.*

Le Roman de Garin ;

*Il s'entredonnoient de leur poing grant collée.*

La Chr. de Bertrand du Guesclin :

*Là veist on donner mainte belle collée.*

Guill. Guiart vse aussi souuent de ce mot, comme aussi Alain Chartier. Il se prend encore particulierement pour le coup qui se donnoit sur le col du nouueau Cheualier. Voyez cy-aprés le ch. 23.

*Chap. 12.* ET DOIT METTRE QVATRE DENIERS] Voyez cy-aprés le ch. 17. & les loix des Barons d'Escosse ch. 12.

*Chap. 14.* AVANTPARLIER] C'est ainsi que Pierre de Fontaines ch. 10. les Assises de Hierusalem ch. 57. 68. 81. & autres appellent les Aduocats, qui sont nommez *Prælocutores, in Regiam Majestatem l. 1. c. 11. &c. in LL. Baron. Scotic. seu Quoniam Attachiamenta c. 35. §. 1. c. 57. §. 5. in Statut. Roberti I. Reg. Scot. part. 1. c. 15. & seq. part. 2. c. 28. Prolocutores, in Chron. Reichersperg. A. 1160. p. 203. & apud Philippum Eysletens. in Vita S. Willibaldi cap. 24.* Voyez Casaubon *in exercit. 15. in Baronium, cap. 5.*

ET LES BARRES] Ce mot signifie exception faite en jugement. Phil. de Beaumanoir ch. 61. parle des *barres & exceptions dilatoires, & peremptoires*. En certaines lettres de l'an 1361. qui sont au Tresor des Chartes du Roy, laiete Bretagne, Tit. 74. & en d'autres de l'an 1393. touchant les entreprises du Duc de Bretagne, le mot de *Barre* est pris pour vn siége de Iustice. A Paris dans le Palais est celle *de la Barre.*

*Chap. 15.* RENSER] Lisez *reuser*, comme il est écrit dans le MS. Voyez les loix Normandes de Guill. le Bâtard ch. 41. & celles de Henry I. chap. 28.

*Chap. 17.* DE CHOSEEMBLE'E] V. les loix Normandes de Guill. le Bâtard ch. 25.

*Chap. 16.* ARAMIR OV IVRER] *Adhramire, in l. Sal. Tit 39. in Capitulatione Caroli M. pro partibus Saxoniæ §. 31. in Capit. Car. M. l. 3. c. 58. & l. 4. c. 28. 29. apud Marculph. & alios, est cauere se certâ die & certo loco juraturum, inquit Bignonius. Arramire bellum, in Tabul. Major. Monast. n. 9. 159.* est promettre en jugement de defendre sa cause par le duel. Voyez M. du Bosquet sur les epîtres d'Innocent III. p. 146. Le mot d'*aramir* se trouue aussi dans Phil. de Beaumanoir chap. 61. dans Philippes Mouskes. La Chronique de Bertrand du Guesclin, le Roman de Garin, & autres anciens Auteurs François, qui l'emploient ordinairement pour vne promesse solennele de faire quelque chose.

*Chap. 31.* HOM DE CORS ET DE CHIEF] *Homo de corpore*, dans les Titres. Voyez les Coût. de Vitry, de Châlons, &c. Tels serfs sont encore appellez *homes de chef, capite censi, qui persoluunt censum de capite*, d'où ils sont appellez *Capitales homines*, en l'epître de l'Euesque de Noyon to. 4. Hist. Franc. p. 646. aux Preuues de l'Hist. de Guines p. 191. & dans le titre de la Commune de Meaux de l'an 1179. *In Tab. Campaniæ, Bibl. Thuani* fol. 298. Delà le cens que ces serfs paioient est appellé *capitale*, dans *Baldricus Dol. in Hist. de capite S. Valentini*

# SVR LES ETABLISSEMENS. 191

*Mart. c. 3. n. 21. apud Boland.* par d'autres, *Capitalitium, Cauagium, Capitagium, Cauelicium, cenſus capitis, &c.* l'eſpere parler ailleurs plus amplement de tous ces termes.

SANS L'ASSENTEMENT AV BARON] *V. LL. Scot. l. 2. c. 12. 13. 14.*  *Chap. 34.*

RELASCHER LARRON] *V. Quoniam attachiamenta c. 77.*  *Chap. 35.*

LIGE OSTAGE] Liſez *eſtage.*  *Chap. 36.*

CHAPLE] C'eſt ce qui eſt appellé *Capulatura, & capulatio, in Formul. ſolenn.* *Chap. 38.* *c. 119. Violenter ſuper ipſam euaginato gladio venit, vnde liuores, vel Capulaturæ, atque colaphi* (colées) *manifeſtè apparent.* Et plus bas, *& ſuper ipſum liuores & capulationes miſit.* Ce mot vient de *capulare,* c'eſt à dire *ſcindere,* ſelon *Ioannes de Ianua.* Il ſe trouue ſouuent en ce ſens dans les loix anciennes: *Mulieri ingenuæ crines capulare, in leg. Burg. Tit. 5. §. 1. Ariſtatonem ſuper mortuum capulare, in leg. Sal. Tit. 17. §. 4. conciſam, vel ſepem alterius capulare, Tit. 18. §. 4. & in lege Ripu. Tit. 43. leg. Aleman. Tit. 99. §. 26. arborem capulare, in leg. Sal. Tit. 29. §. 30. pedem capulare, Tit. 31. §. 6. capulare veſtitus, in Capit. Car. M. c. 1. §. 81. linguam capulare, l. 7. §. 277. & apud Hincmar. Laudun. in Concil. DuZiac. 1. part. 2. cap. 11. Capillare,* ſe rencontre en la même ſignification, *in leg. Longob. l. 1. Tit. 19. §. 20. 26. & apud Miræum in Diplom. Belg. l. 2. c. 60. Papias, capillare, concidere.* Nos François ont vſé du terme de *chapler.* Guill. Guiart:

  *En telle maniere i chaplerent,*
  *Qu'à force les desbaraterent.*

Ailleurs,

  *Grant flot de gent aprés s'arriue,*
  *Deſquiex chaſcun tant i cheploie,*
  *Qu'il metent Anglois à la voie.*

Le même Auteur en l'an 1264. vſe du mot de *Chaple*:

  *Le chaple commence aus eſpées.*

En l'an 1298.

  *Le chaple aſſés longuement dure.*

Ailleurs il ſe ſert du mot de *chapleis.* Parlant de l'oriflambe,

  *Es chapleis des meſcreans*
  *Deuant lui porter la feſoit.*

Le Roman de Garin,

  *La veiſiés vn riche chapleis.*

Berry en l'Hiſt. de Charles VII. p. 232. *Et durant le chapelis par l'eſpace d'vne forte heure.*

DE MVEBLES, &c.] V. les loix d'Eſcoſſe l. 2. ch. 55. §. 16.  *Chap. 39.*

LI ROY DEFFENT LES ARMES] Les guerres priuées. Voyez la *Chap. 42.* Diſſert. XXIX.

FIN.

# TABLE DE PLVSIEVRS PIECES
## TIREES DES MANVSCRITS,
### INSEREES DANS LES OBSERVATIONS
& les Diſſertations du ſieur DV CANGE.

Lettre de Iean Sire de Ioinuille au Roy Louys Hutin. pag. 19
Teſtament de Robert de Sorbonne de l'an 1270. 36
Lettre de Gaufridus de Barro Doyen de Paris, 1274. 237
Ordonnance de S. Louys 1229. touchant les Heretiques. 40
Lettre de Pierre Duc de Bretagne 1229. 44
Traité de Paix entre la Reyne de Cypre & le Comte de Champagne, 1234. p. 46
Vente des fiefs des Comtez de Chartres, de Blois & de Sancerre, & du Vi-
comté de Châteaudun à S. Louys, par Thibaud C. de Champagne, 1234. 46
Ratification de la meſme vente par la Reyne de Cypre, 1234. 46
Traité de Paix entre S. Louys & le C. de la Marche, 1242. 48
Lettre de Louys VIII. Roy de France, 1226. 53
Lettre de Frederic II. Empereur, 1246. 56
Autre Lettre du méme Empereur, 1246. 57
Lettre de Guillaume Patriarche de Hieruſalem & des Barons de la Terre Sain-
te à Thibaud Roy de Nauarre. 64
Extrait du Regiſtre PATER.
Extrait du Roman de Charité. 99
Giſta quæ D. Regi debentur. 101
Ordonnance de S. Louys contre les blaſphemateurs. 104
Ordinatio hoſpitii & familiæ D. Regis facta A. D. 1261. 108
Ordonnance de l'Hoſtel du Roy & de la Reyne faite à Vincennes en Ianuier
1285. 112
Lettre de Clement IV. Pape à S. Louys. 116
Lettre d'Alexandre IV. Pape à Philippes le Hardy. 117
Lettre de Charles VIII. aux gens des Comptes de Paris 1497. 147
Extrait du Regiſtre des Fiefs de Champagne. 149
Extrait du Traité du deuoir & de l'office des Herauts. 162
Ordonnance de Philippes le Bel pour les Tournois 1311. 172
Ordonnance du méme Roy ſur le méme ſujet 1312. 173
Lettre de Iean Duc de Bourbon contenant vn défi pour des armes à outrance,
1414. 176
Cartel publié par le Roy Henry II. pour les jouſtes celebrées à Paris 1559. p. 180
Maniere & Ordonnance comment on ſouloit faire anciennement les Tournois. 183
Extrait du liure des Fiefs de Champagne. 224
Traité entre Louys XI. & Charles Duc de Bourgogne pour la Fraternité
d'armes. 265

# TABLE DES PIECES.

*Traité d'alliance offensiue & défensiue entre Bertrand du Guesclin Connétable de France, & Oliuier Seigneur de Clisson 1370.* 266

*Extrait des Vsages MSS. de la Cité d'Amiens sur le sujet des Asseuremens.* 341

*Ordonnance de S. Louys sur le sujet des guerres priuées 1257.* 344

*Ordonnance de Philippes le Bel sur le méme sujet 1311.* 345

*Ordonnance du méme Roy sur le méme sujet 1314.* 345

*Procés verbal d'Audouin Chauueron Bailly d'Amiens sur le sujet des guerres priuées 1380.* 346

---

### Autres Pieces inserées dans les Obseruations du sieur MENARD.

*INSCRIPTION du tombeau de Ioffroy Seigneur de Ioinuille à Cleruaux.* 366

*Titre de Blanche Comtesse de Champagne pour la Seneschaussée de Champagne de l'an 1218.* 367

*Declaratio Centesimæ.* 368

*Traité de paix entre le Roy S. Louys & le Roy d'Angleterre 1259.* 369

*Ordonnance de Simon Legat du S. Siege, faite sur le sujet du voyage d'Outremer.* 381

*B. Ludouici Regis de captione & liberatione sua Epistola.* 384

*Ordonnance de S. Louys de l'an 1228.* 393

*Estat des Cheualiers qui deuoient aller auec le Roy S. Louys outre mer, conferé en cette seconde Edition, auec vn autre Manuscrit.* 395

*Enseignemens que le Roy S. Louys écriuit pour Philippes le Hardy son fils.* 398

*Pareils enseignemens pour Ysabel Reyne de Nauarre.* 400

# TABLE

## DES AVTEVRS, ET DE DIVERS AVTRES Liures & Regiſtres MSS. citez dans les Obſeruations & dans les Diſſertations ſur l'Hiſtoire du Sire de Ioinuille.

*Ceux qui ſont marquez d'vn Aſteriſque, ſont conſeruez en la Chambre des Comptes de Paris.*

*B. ſignifie les Notes ſur les Etabliſſemens de S. Louys.*

ALBERICI *Chronicon.* pag. 7. 8. 9. 10. 12. 47. 51. 53. 59. 62. 81. 89. 90. 91. 94. 102.
\* Aſſiſes de Champagne. 19. 106.
Aſſiſes du Royaume de Hieruſalem. 14. 51. 63. 85. 86. 88. 93. 313. *B.* 162. 165. 166. 169. 170. 175. 176. 180
Cartulaire d'Abſie en Gaſtine. 236
Cartulaire de l'Egliſe d'Amiens. 150. 154
Cart. de l'Archeueſché d'Arles. 356. 359
Cart. de l'Egliſe d'Auxerre. 22. 80. 84
Cart. de l'Abbaye de Beaulieu. 194
Cart. de l'Abbaye de Bourgueil. 235. *B.* 168.
Cart. de Champagne de la Bibliotheque du Roy. 53. 63. 103. *B.* 172
\* Cart. de Champagne de la Chambre des Comptes de Paris. 53. 78. 92
Cart. de Champagne de la Bibl. de M. de Thou. 7. 11. 12. 63. 194. 233. 340
Cart. de l'Abbaye de Caſaure. 228. 230. 241
\* Cart. de l'Abbaye de Cluny. 63. 131
Cart. de Feſcan. 259
Cart. de S. Enuert d'Orleans. *B.* 173
Cart. de l'Abbaye de ſainte Geneuieue de Paris. 119
Cart. du Prioré de Lihuns en Sangters. 54
Cart. de l'Abbaye de Molémes. 6. 7. 12
Cart. de la terre de Montfort. 352. *B.* 163
Cart. de l'Abbaye de Monſtier en Der. 8
Cart. de Piquigny. 164. 182
Cart. de l'Eueſché de Paris de la Bibl. de M. du Puy. 83. 84. 236
Cart. de l'Abbaye de Valoires. 164
Cart. de l'Abbaye de Vendôme. 143. *B.* 183
Cart. de N. D. de Saintes. *B.* 183
Cart. de l'Abbaye de S. Victor de Marſeille. 352
Cart. de l'Abbaye de S. Victor de Paris. 92
Cart. du Vidamé de Piquigny. *B.* 172
Caton en Roman. *B.* 187
Ceremonial ancien. 141. 179. 183. 191. 193
Chronique en vers de Bertrand du Gueſclin. 58. 60. 61. 63. 66. 81. 85. 160. 181. 182. 217. 218. 219. 252. 256. *B.* 186.
Chronique de France de la Bibl. de M. de Meſmes. 237. 307. *B.* 180. 181. 187
Chronique de France finiſſant en 1322. 119. 120. *B.* 181

\* Compte des aydes impoſées pour la deliurance du Roy Iean 1368. 146
\* Comptes de Barthelemy du Drach Treſorier des guerres du Roy 1339. & 1340. 16. 28
\* Compte de Iean du Cange Treſorier des guerres 1340. 197
\* Compte de la Terre de Champagne. 22. 27. *B.* 167
\* Compte du Domaine de Bologne de l'an 1402. 182
\* Comptes d'Eſtienne de la Fontaine Argentier du Roy 1350. & 1351. 34. 38. 66. 134. 138. 139. 141. 158. 160
\* Compte de Guillaume Charriet Receueur des Finances de l'an 1422. 162
\* Compte de l'Hoſtel du Roy. 66. 81. 161. 170
\* Compte de Iean l'Huiſſier Receueur des Aydes. 252
\* Compte de Iean le Mire Treſorier des guerres du Roy. 24
\* Compte du Treſor. 64. 65. 120. 161
\* Compte de Math. Beautarlet Receueur des Finances de Languedoc 1452. 162
\* Compte de la Baillie de Troies. 28
Continuateur de l'Hiſt. de Guill. de Nangis. 296
\* Couſtumes anciennes de Catalogne. 352. 354. 359. 360
Couſtumes de Bellac. *B.* 167
\* Couſtume ancienne de Normandie. 14. 50. 272
Le Doctrinal, Roman en vers. 151
\* *Feoda Campaniæ.* 13. 14. 94. 149. 224. 272 *B.* 171
*Georgius Pachymeres* Gr. de la Bibliotheque du Roy. 77. 85
Gautier de Mets en ſa Mappemonde. 234. 240. *B.* 167
Guillaume Guiart en ſon Hiſtoire de France, intitulée *La Branche aus Royaus lignages.* 14. 44. 51. 52. 60. 61. 69. 72. 73. 74. 78. 83. 107. 136. 151. 215. 217. 218. 245. 247. 250. 251. 256. 339. *B.* 161. 187. 191
Guillaume de Nangis en ſon Hiſt. de France. 14. 78
*Guillelmi Britonis Vocabularium.* 255
Genealogie de la maiſon de Traſegnies. 35

Bbb ij

# TABLE DES AVTEVRS.

Glossaire Latin-François. 256
Hardoüin de la Iaille au Traité des Duels. 174
Histoire des guerres saintes. 45
Histoire du Duc de Lancastre. 186
Hugues Plagon en sa traduction de Guill. de Tyr. 55. 95. 256. B. 168. 171. 187
Iacques Millet de la Destruction de Troie. 61. 137
Iacques Valere en son Traité de la Noblesse. 169. 175. 194
* Iournal du Tresor. 100. 119
Le Lapidaire, Roman. 78
* *Liber Principum*, qui est vn Cartulaire de Champagne. 12. 13. 17. 18. 21. 359
Le Lignage de Coucy. B. 167
Le Lucidaire, Roman. 95
Martyrologe de l'Eglise de Ioigny. 6
Ordonnances Barbines. 146
Ordonnances du Parlement commençant en 1316. 146. a 148
Ordonnances de l'Ordre des Cheualiers du S. Esprit au droit desir. 213
L'Ordene de Cheualerie en prose, & en vers. 65. 92. B. 185
Le Prieur de sainte Geneuieue en son Art de Dicter. 35
Prouinciaux, ou Recueils de Blasons. 9. 213. 220
Philippes de Beaumanoir en sa Coûtume de Beauuaisis. 14. 151. 330. & suiu. 351. 358. 360. 361. 362. B. 162. 166. 168. 169. 170. 178. 179
Philippes Mouskes en l'Hist. de France, dont le MS. est en la Bibl. du Roy. 9. 34. 136. 213. 214. 234. 250. 252.
*Radulphus Coggeshallensis, ex Bibl. S. Victor. Paris.* 45. 96. 166.
Le Reclus de Moliens, Roman en vers. 99. 136. 177
Registres de l'Hostel de ville d'Amiens. 334. 340. 346
* Reg. du Comté d'Angoulesme. 353. 360
* Reg. du Comté d'Anjou. B. 179. 186. 189
* Reg. du Comté de Bigorre. 353. 357
Reg. du Château du Loir. B. 168
* Reg. de la Connétablie de Bourdeaux. 14. 13. 66. 352. 354. B. 167
* Reg. des Fiefs de Bourgogne. 12
* *Registrum Camera Comput. Paris.* 28
* Reg. du Comté de Carcassonne. 163. 354. 360. 361
Reg. de la Chancellerie de France. 146
* Reg. des grands Iours de Champagne. 14. 22. 108

Reg. des Fiefs de Langres. 25
* Reg. des affaires concernant Louys Dauphin de Viennois. 54
* Reg. de Iean de S. Iust. B. 164
Reg. des hommages de Guyenne. B. 186
* 1. Reg. des hommages rendus au Roy. 29
* Reg. du Comté du Maine. B. 177. 185
* Reg. intitulé, Memoriaux de la Chambre des Comptes. 345. 172. B. 179
* Reg. des Priuileges des Nobles de Lombardie. 229. 230
* Reg. intitulé *Noster*. 81. 112. 138. 144. 195. 259
Reg. du Parlement. 172. 183. 259. B. 161. 162
Reg. du Parlement, intitulé *Olim*. 344. 346 B. 178
Reg. de Philippes Auguste de la Bibl. de M. d'Herouual. 149. 354. B. 182
* Reg. du Comté de Tolose. 219. 353. 355
2. Reg. du Tresor des Chartes du Roy. 51
10. Reg. du Tresor. 40. 103
26. Reg. du Tresor. 40
31. Reg. du Tresor. 43. 48. 349. B. 180
35. Reg. du Tresor. 172
37. Reg. du Tresor. 40
Robert Bourron en son Roman de Merlin, ou de Graal. 86. 174. 181. 271. B. 167. 168. 171. 179
Le Roman de Belissaire en vers Grecs-barbares. 60
Le Roman de Garin le Loherans. 14. 43. 54. 58. 63. 65. 67. 68. 72. 85. 91. 106. 136. 137. 151. 171. 181. 217. 224. 233. 234. 246. 255. B. 287. 288
Le Roman de la Malemarastre. 182
* Diuers Roulleaux de la Chambre des Comptes de Paris. 19. 44. 52. 60. 66. 74. 90. 101. 103. 108. 121
Statuts de l'Ordre de l'épine. 103. 116. 181
Tresor des Chartes du Roy. 228. &c.
Diuers Titres originaux, &c.
Traité des Cheualiers de la Table ronde. 169. 181
Traité de la Terre d'Outremer. 79. 87
Traité des Tournois. 169. 177. 179
Traité de l'Office des Heraux. 86. 130. 162
Traité des Familles éteintes de Normandie. 197. 213
Vie de S. Louys Roy de France, de la Bibl. du Roy. 107
Voyages de M. de Lannoy Seigneur de Vileruäl, Cheualier de la Toison d'or. 67. 77
Vsages de la Cité d'Amiens. 341
Vsages d'Orleans. 150

# TABLE DE QVELQVES TERMES
## DE LA BASSE LATINITE',

qui sont expliquez dans les Observations & dans les Dissertations sur l'Histoire & les Etablissemens de S. Louys.

B. signifie les Notes sur les Establissemens de S. Louys.

| | | | | | |
|---|---|---|---|---|---|
| ABOLAGIVM. | B.189. a | Burra. | 116. c | Disciplina corporalis. | B.161 |
| Achesonare. Acheso. | B. 174. a | Byzantius. | 257. b | Disparagare. | 151.202 |
| Ad magnam vim & paruam. | 352. 353 | Byzantius Saracenatus. | 258. a | Distringere. | B. 177. c |
| | | Camelaucus. | 291. b | Diuites homines. | 52. a |
| Admiraldus. | 78. a | Campana bannalis. | 68. c | Donum. | 154. c |
| Adoptio per arma. | 269. b | Campitor equus. | 185. c | Dona annua. | 153. a. b.154.155 |
| Adiutores. | 110. b | Campus Maii, Martii. | 152.153 | Dona regalia. | 155. a |
| Almoneria. | B.173. a | Capellus ferreus. | 74. c | Eleemosynaria. | B.173. b |
| Altamor. | 61. b | Capulare. | B. 191 | Eleemosynarii. | 37. c 110. c |
| Amirabilis. | 78. a | Caput mansi. | 150. c | Eleemosynatores. | 37. c |
| Annatus. | 150. a | Carementrannus. | 78. b | Equi canonici. | 155. a |
| Apanamentum. | 147. c | Carretum. | 92. b | Erogatarii. | 37. c |
| Arma dare. | } 271. c | Catta. | 69. a | Erogatores. | 37. c |
| Armare. | | Catus. | 68. c. 69. a | Eschargaita. | B. 171. b |
| Arrestum. | 143. c | Causæ, publicæ, Palatinæ, Reip. &c. 126. 227. | | Essonia. | B. 183. c |
| Arsacidæ. | 87. c | | | Faida. | 330. c. 336. b. 343. a |
| Assisini. | 87. c | Centurini. | 78. c | Falsare. | B. 162. b |
| Anicularius. | 111. b | Cheolare. | 188. b | Familiaris. | 108. b |
| Aurum primum, secundum. | 258. c | Chartæ indentatæ, partitæ. | 192. a | Felonia. | B.166. b |
| | | Christiani de Cincturâ. | 78. c | Feltrum. | 75. a |
| Baccalaria. | 194. c | Cineralis. | 194. b | Festum tenere. | 163. c. 164. a |
| Bachinator. | 66. b | Coactilarii. | 75. a | Festa annualia. | 108. a |
| Bannum mittere. | B.165. c | Comes Francorum. | 234. c | Festa regalia. | 162. c |
| Barbatoria. | 273. c. 274 | Comes Palatinus. | 225. | Feudum jurabile. | 349. d |
| Barcaniare. | | Consilium. | 143. c | Feudum reddibile. | 349. c |
| Barnagaticum. | } 80. a | Concagatus. | B. 188. b | Feudum receptabile. | 350 |
| Bargena. | | Consideratio Curiæ. | B. 168. c | Fibulatorium. | } 48. b |
| Barguinare. | | Consiliari. | 37. b | Fibularium | |
| Barillarii. | 110. a | Conspalatius. | 234. a | Fidejussores. | 275. a |
| Bausia, Bausiare. | 354. b | Consuetudo. | B.165. b | Filaterium. | 310. b |
| Beduini. | 75. b | Consuetudinarii. | B.165. b | Flammulum. | 245. c |
| Belfragium. | 67. c 68 | Contramandare. | B.162 | Forconsiliare. | B. 177. c |
| Bellum campale. | 175. c | Conuentus. | 152. c | Forisjurare. | B.167. c |
| Beneuentanum. | 132. b | Coup. | 86. b | Fortuna. | B. 183. c |
| Berfredum. | 68. a | Creditarius. | 80. a | Fratriagium. | } 148 |
| Beria. | 89. a | Cruces Bannales. | 44. a | Fraternitas. | |
| Bilfredus. | 68. b | Cruces nigræ. | 44. a | Fratres conjurati & adjurati. | 262. 267. c |
| Billa, Billeta. | 142. b | Crusina. | 136. a | | |
| Boja. | 256 | Cucurbitare. | B. 171. a | Frayreschia. | 148. a |
| Bohordica. | 181. b | Curia coronata. | 159. b | Francus. | 244. b |
| Boia. | 256 | Curia generalis. | 160. b | Fretosus. | B. 189. b |
| Boutarii. | } 110. a | Curia plenaria. | 164. a. b | Fructuaria. | 111. b |
| Bontus. | | Custumarii. | B.165. b | Funda. | 162. a |
| Brayare. | B. 164. c | Dagger. | 76. c | Furetarius. | 111 |
| Bugari. | B.181. a | Decorticare. | B.166. b | Gaagnium. | B. 187. b |
| Burdare. | 116. c 181 c | Defensa. | B. 188 | Gambesa. | |
| Burdo. | 236. c | Deliberare. | 40. a | Gambesonum. | } 74. c |
| Burdonarii. | 236. c | Dies hastiludii. | 164. a | Garcunculi. | 111. d |
| | | Diffidatio. | 352. c | Gestantes. | 275. a |

Bb iij

| | | | | | | |
|---|---|---|---|---|---|---|
| Gibellina pellis. | 137. b | Mons placiti. | 242. a | Salicæ terræ. | 243. 244 | |
| Giftum. | 101 c | Mota. | B. 138. c | Salfarii. | 110. c | |
| Grimpa. | B. 173. c | Murina. | 131. c | Salutatorium. | 240. b | |
| Grifeæ pelles. | 134. c | Murdrum. | B. 166. a | Scancionarius. | 109 | |
| Gueta. | 66. b | Mufardus. | 34. a | Scutellarii. | 110 | |
| Gula. | 135. c | Nacaria. | 59. c | Senex de Montanis. 87. Signum. | | |
| Hanaperium. | 86. c | Oblearius. | 109. b | 204. a | | |
| Haftatores. | 110. b | Occafio. Occafionare. | B. 174. a | Sonus. | 204 | |
| Hebdomas crucium. | 44. b | Officina. | } 286. a | Sperare. | 81. a | |
| Hernefium. | 110. c | Officinator. | | Stabilimenta. | B. 161 | |
| Hoftiarii coquinæ. | 110. c | Ordo afinorum. | 81 | Stapha. | 141. b | |
| Huiferia. | 556. c | Oftenfio. | B. 174. b | Stare. | B. 171. b | |
| Ignis Græcus. | 71 a | Paganifmus. | 58. b | Strena. | 154 | |
| Inermis. | B. 184 b | Pallia. | 161. a | Strepa. | 141. b | |
| Inordinatus. | B. 181. c | Paneteria. | 109. c | Strinna. | 154. b | |
| Infeftatio. | B. 182 | Pannus. | 130. b. 139. b | Sufflator. | 110 | |
| Iratus & pacatus. | 353. b | Paragium. | 151. a | Summularii. | 109 | |
| Indicium. | 143. c | Pars terræ. | B. 163. c | Surcarium. | 38. c | |
| Iurabilis. | 349. b | Pares laici. | 56. b | Symbolum. | 204. a | |
| Iuramentum. | 350. a. b | Paffus. | 179. c | Tabula rotunda. | 178. b | |
| Iurati ad arma. | 262. c | Perilare. | 100. a | Talliæ legitimæ. | B. 179. b | |
| Iuratio. | 349. c 358. b | Placitum. | 152. c | Tamburlum. | 61. b | |
| Iufta. | 177. b | Placitum generale. | 156. c | Tarantarizare. | 60. b | |
| Largus. | 47. b | Potarius. | 110. a | Terræ lucrofæ, laboriofæ. B. 187. c | | |
| Lecteria. | 111. | Poteftas. | 352. b 359. c | Teftamentarius. | 37. c | |
| Leticæ terræ. | 244 | Præbenda. | 108. c | Tinctitare. | 60. b | |
| Letauia. | 244. c | Præceptum. | 144 a | Toacula. | | |
| Liberatæ. | | Prælocutor. | B. 190. b | Toalia. | } 79. b | |
| Liberationes. | } 160. c | Probus. Probitas. | 96. b | Togilla. | | |
| Lorica. | 49. c | Pfeudocalidus. | | Torna. | 165. c | |
| Loricale. | 74. c | Pfeudolatinus. | } 135. c | Tornatrices. | 166. a | |
| Loricati. | 44. a | Pfeudoflauus. | | Torneametum aculeatum. | 174. b | |
| Macla. | | Pugneia. | 108. c | Torneamentum quafi hoftile. | | |
| Macula. | } 141. c | Pullani. | 84. c | 176. a | | |
| Mahomeria. | 66. b | Pullarius. | 111. a | Trenga. | 338. b | |
| Mahamium. | P. 189. b | Quadrellus. | 79. a | Trufa. | } 117. a | |
| Malbergum. | 241. 242. a | Quadrigarius fructus. | 111. c | Trufari. | | |
| Malus. | 106. c | Quadrigarii prandii. | 111. | Tufa. | 292 | |
| Mameluchus. | 80. c | Quintana. | 182. c | Turcati. | 85. c | |
| Mannelatus. | } 257. 297. b | Recordari. | | Tzycanifterium. | 186. b | |
| Manlat. | | Recordum. | } B. 169. a. b. c | Valetus cameræ. | 108. c | |
| Mandatum. | 144. a | Recordatio. | | Variæ pelles. | 134. c | |
| Manfi ingenuiles, letales. | 244 | Recredere. | } 86. b. B. 189 | Venditio. | B. 188. c | |
| Mannale factum. | B. 189. b | Recreditus. | | Verfredus. | 68. b | |
| Maritagium de fauenans. B. 164 | | Redda. | | Vetulus de Montanis. | 87 | |
| Maftruga. | | Redditio. | } 349. c | Villa, Villani. B. 164. 165. a | | |
| Menfa rotunda. | | Redditus. | | Vifio. | B. 173. c | |
| Miles ciueralis | | Regnum. | 293. a | Vfaria. | 55. b | |
| Militiæ. | | Remorfus candelarum. 108. c 111 | | Vfferii. | 55. b | |
| Michalatus | | Æternare. | 166. a | Wambafia. | | |
| Miniftelli. | 161. c | Rici homines. | 51. b | Wambais. | } 74. c | |
| Mifcella. | B. 166. a | Rubramanus. | B. 189. b | Wifferia. | 55 b | |
| Mifchinus. | B. 187. c | Rocca. | 55. b | Xenium. | 154. a | |
| Mifelli. | } 34. c | Roga. | 161. b | Ζωγριον. | 59. b | |
| Mifellaria. | | Sabellina pellis. | 137. b | Zobellina pellis. | 137. b | |
| Mittere. | B. 165. c | Sala. | 240. c 241. a | | | |

*Fautes furuenuës en l'Impreßion.*

AVX OBSERVATIONS SVR LES ETABLISSEMENS DE S. LOVYS.

PAGE 163. l. 34. il fuff. p. 164. l. 25. Brayantem. p. 165. l. 4. Littleton. p. 171. l. 44. Romanje, Comteffe de Cham-
pagne. p. 172. Reffeand. p. 173. l. pénult. vt. p. 174. l. 27. rayez qui. l. dern. alias. p. 175. l. 1. alias, damnatas. p.
178. l. 7. n'eftoient pas. p. 180. l. 19. Dunckm. p. 182. l. 23. il ait. p. 183. l. 12. Hereoti.

## PRIVILEGE DV ROY.

LOVIS PAR LA GRACE DE DIEV ROY DE FRANCE ET DE NAVARRE, A nos amez & feaux Conseillers les gens tenans nos Cours de Parlement, Maistres des Requestes ordinaires de nostre Hôtel, Baillifs, Senefchaux, Prenosts, leurs Lieutenans, & à tous nos Iusticiers & Officiers, qu'il appartiendra, SALVT. Nôtre amé SEBASTIEN MABRE-CRAMOISY, Marchand Libraire en nôtre bonne ville de Paris, nous a fait representer, que considerant de quelle vtilité sont les Histoires particulieres des Rois nos predecesseurs écrites par des Auteurs contemporains, & combien il seroit desauantageux de les laisser perdre, puisqu'elles sont les veritables sources de l'Histoire de France, il auroit fait dessein d'imprimer l'*Histoire de S. Louis*, *Neuniéme du nom*, *écrite par* IEAN DE IOINVILLE, *Seneschal de Champagne*, témoin de toutes les actions de ce Roy; qu'à cét effet, il auoit choisi la copie, que feu le sieur Ménard en a donnée, suiuant l'original, il y a prés de cinquante ans, auec ses Obseruations : qu'il auoit méme esté assez heureux, pour recouurer diuers Traitez, & Memoires manuscrits, concernant cette Histoire, & sur tout les excellentes Obseruations du sieur DV CANGE nostre Conseiller, Tresorier de France, & General des Finances en la Generalité de Picardie : que de toutes ces pieces il estoit sur le point de dresser vn corps d'Histoire fort curieux, & fort vtile au public : mais que pour le faire auec quelque succés, & sans apprehension de concurrence, il auroit besoin de nos Lettres de Priuilege, & qu'il nous supplioit tres-humblement de les luy accorder. NOVS, pour fauoriser les loüables intentions dudit MABRE-CRAMOISY, luy auons permis & permettons par ces presentes d'imprimer en tel volume, marge, & caractere qu'il voudra, l'*Histoire de S. Louis par* IEAN DE IOINVILLE, & les autres pieces qu'il a recouurées, soit imprimées, soit manuscrites, concernant l'Histoire de ce regne ; & ce durant le temps & espace de dix années, à compter du jour que l'impression dudit ouurage sera finie. Faisons tres-expresses défenses à toutes personnes, de quelque qualité & condition qu'elles soient, d'imprimer, ou faire imprimer, vendre ou distribuer, pendant ce temps *ladite Histoire de S. Louis par* IEAN DE IOINVILLE, ni les pieces y jointes, sous quelque pretexte que ce soit de changement ou correction, en vn corps ou separément, à peine de confiscation des exemplaires contrefaits, de trois mil liures d'amende, applicable vn tiers à Nous, vn tiers à l'Hospital General de cette ville de Paris, & l'autre tiers à l'Exposant, & de tous dépens, dommages, & interests enuers luy : à condition qu'il sera mis deux exemplaires dudit Liure dans nostre Bibliotheque publique, & vn dans celle de nostre tres-cher & feal le sieur Seguier, Cheualier, Comte de Gien, Chancelier de France, auant que de l'exposer en vente, à peine de nullité des presentes: Du contenu desquelles nous voulons & vous mandons que vous fassiez joüir dans tous les lieux de nostre obeïssance ledit MABRE-CRAMOISY, sans souffrir qu'il luy soit fait aucun empeschement, & qu'en mettant      mmencement ou à la fin dudit Liure vn extrait des presentes, elles soient tenuës pou     e deuëment signifiées. MANDONS au premier nostre Huissier ou Sergent sur ce r      de faire pour l'execution des presentes tous actes & exploits necessaires, sans deman    re permission: CAR tel est nostre plaisir, nonobstant oppositions ou appellations que'    es & sans prejudice d'icelles, desquelles nous nous reseruons la connoissance, & à no     onobstant Clameur de Haro, Chartre Normande, & autres Lettres à ce co     NE' à Paris, le dixiéme jour de May l'an de grace mil six cens soixante-six, &     regne le vingt-troisiéme. Signé, Par le Roy en son Conseil, BEGVIN. Et à c     crit :

*Registré sur le Liure de la Communauté des Imprimeurs &     nds Libraires de cette ville de Paris, suiuant l'Averst du Parlement, en date du 8. Auril 1653. Fait à Paris le 16. Iuin 1666. Signé,* S. PIGET, *Syndic.*

Acheué d'imprimer au mois d'Octobre 1667.